Obras Completas
de Teresa de Jesus

teresa de jesus

OBRAS COMPLETAS
DE TERESA DE JESUS

Texto estabelecido por
Fr. Tomas Alvarez, OCD

Edição brasileira estabelecida a partir de Obras Completas, texto revisado e anotado por Frei Tomas de la Cruz, OCD, Editorial Monte Carmelo, Burgos, 1997. As Cartas seguem o texto original segundo a edição crítica de Frei Silvério de Santa Teresa, OCD.

Coordenação: Frei Patrício Sciadini, OCD
Tradução: Adail Ubirajara Sobral
Maria Stela Gonçalves
Marcos Marcionilo
Madre Maria José de Jesus
Índice analítico: Carmelo de Cotia
Capa: Ronaldo Hideo Inoue
Composição sobre detalhe da escultura de Santa Teresa de Jesus, de Juan Luis Vassallo Parodi (1908-1986), *Plaza de Santa Teresa*, Ávila, Espanha. Imagem de © Malgorzata Kistryn. Contracapa e orelhas/guardas: Escultura diante da Igreja-Convento de Santa Teresa, Ávila, Espanha. Imagem de © David San Segundo. *Transverberação* (experiência mística) *de Santa Teresa de Ávila* (1640), pintura de Guglielmo Caccia "Moncalvo" (1568-1625), Igreja de Santa Teresa, Turim, Itália. Imagem de © Renáta Sedmáková. © Adobe Stock.
Diagramação: Sowai Tam
Revisão: Maria de Fátima Cavallaro
Iracema Santos Fantaguci

Edições Carmelitanas
Rua Piauí nº 844 – Higienópolis
01241-000 São Paulo, SP
C 55 11 97673 8085
edicoesocd@gmail.com
www.edicoescarmelitanas.com.br

Edições Loyola Jesuítas
Rua 1822 nº 341 – Ipiranga
04216-000 São Paulo, SP
T 55 11 3385 8500/8501, 2063 4275
editorial@loyola.com.br
vendas@loyola.com.br
www.loyola.com.br

Todos os direitos reservados. Nenhuma parte desta obra pode ser reproduzida ou transmitida por qualquer forma e/ou quaisquer meios (eletrônico ou mecânico, incluindo fotocópia e gravação) ou arquivada em qualquer sistema ou banco de dados sem permissão escrita da Editora.

ISBN 978-85-15-01195-7
ISBN 978-65-5504-207-8

8ª edição: 2021

© EDIÇÕES LOYOLA, São Paulo, Brasil, 1995

SUMÁRIO

Apresentação 25
Prefácio 27
Introdução — Obras de Santa Teresa 29
Introdução geral 31

LIVRO DA VIDA

Introdução 39
1. Trata de como o Senhor começou a despertar a sua alma na infância para as coisas virtuosas e de quanto contribui para isso serem os pais virtuosos. 45
2. Trata de como foi perdendo essas virtudes e de quanto importa, na infância, tratar com pessoas virtuosas. 47
3. Trata de como a boa companhia serviu para reavivar seus desejos e de como o Senhor começou a dar-lhe algum conhecimento sobre o engano pelo qual se deixara atrair. 49
4. Diz como o Senhor a ajudou a triunfar sobre si mesma para tomar o hábito e das muitas doenças que Sua Majestade começou a lhe dar. 51
5. Continua a falar das grandes enfermidades que teve e da paciência que o Senhor lhe deu para suportá-las, e diz como Ele do mal extrai o bem, como se verá pelo que aconteceu a ela no lugar ao qual foi para curar-se. 54
6. Trata do muito que ficou devendo ao Senhor por este lhe ter dado conformidade em tão grandes sofrimentos e de como tomou por mediador e advogado o glorioso São José, e do grande proveito que disso obteve. 58
7. Conta como foi perdendo as graças que o Senhor lhe fizera e a vida ruim que começou a ter. Fala dos males decorrentes de os mosteiros de monjas não serem muito fechados. 60
8. Fala do grande bem que obteve do fato de não se afastar por inteiro da oração para não perder a alma e do grande auxílio que isso é para se recuperar o que se perdeu. Defende essa prática por parte de todos. Diz que são grandes os ganhos dela decorrentes e que, mesmo que a deixem, é muito bom fruir por algum tempo de tão grande bem. 67
9. Conta de que modo o Senhor começou a despertar a sua alma, dando-lhe luz em tão grandes trevas, e a fortalecer suas virtudes para não ofendê-Lo. 70
10. Começa a declarar as graças que o Senhor lhe concedia na oração. Como podemos nos ajudar e como é importante entender os dons de Deus. Pede ao seu destinatário que doravante o que ela escrever seja secreto, visto que a mandaram falar de uma coisa tão particular quanto são essas graças. 72
11. Diz por que não amamos a Deus com perfeição desde o início. Mediante uma comparação, afirma a existência de quatro graus de oração. Tratará aqui do primeiro, que considera muito proveitoso para os principiantes e para os que não têm prazer na oração. 75
12. Prossegue no primeiro estado. Diz até onde podemos chegar, com o favor de Deus, por nós mesmos, e fala do prejuízo que é querer, antes que o Senhor o faça, elevar o espírito a coisas sobrenaturais. 80
13. Prossegue no primeiro estado e dá avisos sobre algumas tentações que o demônio algumas vezes suscita. Faz advertências quanto a isso. — É muito proveitoso. 82

14. Começa a tratar do segundo grau de oração, em que o Senhor permite à alma sentir gostos mais particulares. — Fala disso para dar a entender que esses gostos são sobrenaturais. 87

15. Continua a tratar do mesmo assunto e faz algumas advertências sobre o modo de proceder na oração de quietude. Fala da existência de muitas almas que chegam a ter essa oração, sendo poucas as que vão adiante. Diz que as coisas aqui tratadas são muito necessárias e proveitosas. 90

16. Trata do terceiro grau de oração e fala de coisas muito sublimes, daquilo que a alma pode fazer quando chega a esse ponto e dos efeitos produzidos por essas graças tão grandes do Senhor. Diz que essas coisas servem para arrebatar o espírito em louvores a Deus e para dar grande consolação a quem chega a esse ponto. 95

17. Continua a falar do terceiro grau de oração, terminando de descrever os seus efeitos. Fala dos prejuízos trazidos aqui pela imaginação e pela memória. 97

18. Trata do quarto grau de oração. Começa a fazer uma excelente exposição da grande dignidade a que o Senhor leva a alma que está nesse estado. Isso serve para animar muito os que tratam da oração, para que se esforcem para alcançar estado tão elevado, porque isso é possível na terra, embora não por merecimento, e sim pela bondade do Senhor. Este capítulo deve ser lido com atenção porque a declaração é muito complexa e contém importantes instruções... 100

19. Continua com o mesmo assunto. Começa a falar dos efeitos que este grau de oração produz na alma. Insiste muito em que não se volte atrás, mesmo que depois dessa graça se caia outra vez, nem se deixe a oração. Fala dos males decorrentes de não se fazer isso. O tema é digno de atenção e traz grande consolo para os fracos e pecadores. 104

20. Trata da diferença entre união e arroubo. Explica o que é o arroubo e fala do bem que a alma que o Senhor, pela sua bondade, aproxima de Si obtém. Fala dos efeitos que isso produz. Isso é de causar muita admiração. 108

21. Termina de explicar o último grau de oração. Fala do que sente a alma que o alcança ao voltar a viver no mundo e da luz que o Senhor dá a ela para ver os enganos dele. É boa doutrina. .. 115

22. Diz que o caminho mais seguro para os contemplativos é não elevar o espírito a coisas superiores se o Senhor não o levanta, e que o meio para a contemplação mais sublime é a Humanidade de Cristo. Fala de uma ilusão em que esteve por algum tempo. Este capítulo é muito proveitoso. 118

23. Retoma a narração de sua vida e diz como começou a crescer na perfeição e por que meios. É proveitoso para as pessoas que se encarregam de dirigir almas que têm oração saberem como devem agir no princípio e tomarem conhecimento do benefício que obteve por ter encontrado quem a dirigisse. 124

24. Prossegue no relato iniciado e conta como a sua alma foi progredindo depois que começou a obedecer, dizendo quão pouco lhe adiantava resistir às graças de Deus e como Sua Majestade continuava a dá-las com maior abundância. 129

25. Fala da maneira de entender as palavras que Deus dirige, sem ruído, à alma, e de alguns enganos que pode haver nisso. Explica os meios de saber quando são palavras divinas. É muito proveitoso para quem estiver nesse grau de oração, porque é muito bem explicado e contém abundante doutrina. 131

26. Continua no mesmo assunto. Narra certas coisas que lhe aconteceram e a levaram a perder o temor e afirmar que era o bom espírito que lhe falava. 137

27. Trata do outro modo pelo qual o Senhor ensina a alma e, sem falar, a faz entender Sua vontade de maneira admirável. Fala também de uma visão e da grande graça que recebeu do Senhor. Este capítulo é muito importante. 139

28. Narra as grandes graças que o Senhor lhe concedeu e como Ele lhe apareceu a primeira vez. Explica o que é visão imaginária. Fala dos grandes efeitos e sinais que a visão deixa quando vem de Deus. Este capítulo é muito proveitoso e importante. 145

29. Prossegue no assunto começado e narra algumas grandes graças que o Senhor lhe deu, falando das coisas que Sua Majestade lhe dizia para infundir-lhe confiança e para que respondesse aos que a contradiziam. 150

30. Retoma a narração de sua vida e diz como o Senhor remediou muitos dos seus sofrimentos por trazer ao lugar onde ela estava o santo Frei Pedro de Alcântara, da Ordem do glorioso São Francisco. Trata das grandes tentações e sofrimentos interiores que por vezes a acometiam. 154

31. Fala de algumas tentações exteriores e aparições que o demônio produzia nela, bem como dos tormentos que lhe infligia. Trata também de algumas coisas muito boas, como aviso para pessoas que seguem o caminho da perfeição. 160

32. Trata de como o Senhor quis conduzi-la em espírito ao lugar do inferno que ela, por seus pecados, tinha merecido. Dá uma ideia do que lhe foi apresentado ali. Começa a tratar da maneira como se fundou o mosteiro de São José, onde ela agora se encontra. 167

33. Continua a falar da fundação do mosteiro do glorioso São José. Explica que lhe deram ordens de não se envolver nela, relata o tempo em que obedeceu e algumas provações que teve, dizendo como o Senhor a consolava nisso. 173

34. Trata de como foi conveniente ausentar-se de Ávila nessa época. Conta a causa e diz que o seu prelado a mandou consolar uma senhora nobre que se encontrava muito aflita. Começa a narrar o que lhe aconteceu ali e o grande favor que o Senhor lhe concedeu ao servir-se dela para despertar uma pessoa de posição elevada para dedicar-se verdadeiramente ao Senhor. Dessa pessoa lhe vieram, mais tarde, favor e amparo. Trata-se de capítulo digno de nota. 178

35. Continua a falar da fundação do mosteiro do nosso glorioso Pai São José. Conta de que maneira o Senhor ordenou que se viesse a guardar nele a santa pobreza, bem como a razão por que deixou a companhia daquela senhora com quem estava. Fala de algumas outras coisas que aconteceram. 184

36. Prossegue no assunto comentado e conta como se concluiu e fundou o mosteiro do glorioso São José, narrando ainda as grandes contradições e perseguições que houve depois de as religiosas tomarem hábito, bem como os sofrimentos e tentações por que ela passou, revelando que de tudo o Senhor a fez sair vitoriosa para Sua glória e louvor. 188

37. Trata dos efeitos que nela ficavam quando o Senhor lhe concedia alguma graça. Junta a isso uma boa doutrina. Diz que devemos estimar e lutar pela aquisição de mais algum grau de glória e que, pelos bens perpétuos, não nos detenhamos ante dificuldade alguma. 196

38. Trata de alguns favores que o Senhor lhe fez ao revelar-lhe alguns segredos do céu. Narra outras grandes visões e revelações que Sua Majestade lhe concedeu. Relaciona os efeitos que isso produzia nela e o grande proveito daí resultante para sua alma. 199

39. Continua a tratar das grandes graças que o Senhor lhe tem concedido. Afirma que Ele lhe prometeu fazer pelas pessoas o que ela Lhe pedisse. Fala de algumas ocasiões especiais em que Sua Majestade fez esse favor. 206

40. Continua a narrar os grandes favores que o Senhor lhe concedeu. Diz que de alguns deles é possível extrair uma doutrina muito boa. Afirma que, como tem dito, a sua principal intenção, depois de obedecer, foi descrever as graças que podem ser de proveito para as almas. Diz que, com este capítulo, acaba o relato de sua vida. Dedica esse relato à glória do Senhor. Amém. 212

CAMINHO DE PERFEIÇÃO

Introdução 223

Prólogo 229

1. Da razão que me levou a fazer este mosteiro com tão estrita observância. 231

2. Trata do dever de não cuidar das necessidades corporais, assim como do bem que há na pobreza. 232

3. Prossegue no que começou a falar e procura convencer as irmãs a se ocupar sempre de suplicar a Deus para que favoreça os que trabalham pela Igreja. Termina com uma exclamação. 234

4. Argumenta em favor do respeito à regra e de três coisas importantes para a vida espiritual. Discorre acerca da primeira dessas três coisas, que é o amor ao próximo, e sobre o prejuízo que causam as amizades particulares. 236

5. Continua a falar sobre os confessores. Explica como é importante que eles sejam letrados. . 239
6. Retorna ao assunto de que começara a falar: o amor perfeito. 241
7. Continua a tratar da questão do amor espiritual e dá alguns conselhos para que ele seja conseguido. 243
8. Trata do grande bem que é desapegar-se interior e exteriormente de todas as coisas que há. 246
9. Fala do grande benefício que é para os que deixaram o mundo fugir dos parentes; diz que se acham amigos bem mais verdadeiros. 247
10. Afirma que não basta desapegar-se do que foi dito se não nos desapegarmos de nós mesmas, e diz que essa virtude está unida à humildade. 248
11. Continua a discorrer sobre a mortificação; afirma que é preciso adquiri-la nas enfermidades. 250
12. Trata de como deve desdenhar a vida e a honra quem verdadeiramente ama a Deus. 251
13. Continua a falar da mortificação e explica como é importante fugir das questões de honra e das razões do mundo, a fim de chegar à razão verdadeira. 253
14. Explica quão importante é não permitir a profissão de nenhuma pessoa cujo espírito seja contrário às coisas que foram ditas até agora. 255
15. Discorre sobre o grande bem que há em não se desculpar, mesmo quando se é condenado sem culpa. 256
16. Trata da diferença que deve haver entre a perfeição da vida dos contemplativos e a dos que se contentam com a oração mental; fala de como é possível algumas vezes Deus elevar uma alma distraída à contemplação perfeita, e da causa disso. Este capítulo e o que vem depois dele merecem muita atenção. 257
17. Discorre sobre o fato de nem todas as almas serem destinadas à contemplação e de algumas chegarem a ela tarde; afirma que o verdadeiro humilde deve seguir contente o caminho pelo qual o Senhor o conduzir. 260
18. Continua a tratar do mesmo assunto, mostrando que os sofrimentos dos contemplativos são maiores do que os dos ativos. Traz muitas consolações. 262
19. Começa a tratar da oração. Fala com almas que não podem discorrer com o intelecto. 264
20. Fala de como, por diferentes meios, nunca falta consolação no caminho da oração, e aconselha as irmãs a fazerem disso suas práticas constantes. 268
21. Fala da importância de se começar com muita determinação a ter oração e não fazer caso dos inconvenientes sugeridos pelo demônio. 270
22. Declara o que é oração mental. 272
23. Trata de quão importante é para quem começou o caminho de oração não voltar atrás, tornando a falar da grande relevância de se seguir por ele com determinação. 274
24. Trata de como se deve fazer com perfeição a oração vocal e de como sempre andam juntas a oração mental e a vocal. 275
25. Fala do muito que ganha a alma que reza vocalmente com perfeição e de como acontece de Deus elevá-la disso a coisas sobrenaturais. 277
26. Explica o que se deve fazer para recolher o pensamento. Indica meios para isso. Este é um capítulo muito proveitoso para os que começam a ter oração. 278
27. Trata do grande amor que o Senhor demonstrou por nós nas primeiras palavras do pai-nosso, bem como da enorme importância de que se reveste não fazer nenhum caso da nobreza de linhagem para aquelas que desejam verdadeiramente ser filhas de Deus. 280
28. Explica o que é oração de recolhimento e indica alguns meios para as almas se acostumarem a ela. 282
29. Continua a indicar recursos a serem empregados para se procurar a oração de recolhimento. Fala do pouco valor que devemos dar ao ser favorecidas pelos prelados. 284
30. Diz quanto importa compreender aquilo que se pede na oração. Trata das palavras do pai-nosso: *Sanctificetur nomen tuum, adveniat regnum tuum*. Aplica-as à oração de quietude, que começa a explicar. 286

31. Continua a tratar do mesmo assunto. Explica o que é oração de quietude. Dá alguns avisos para os que a têm. É muito digno de nota. 288
32. Trata das seguintes palavras do pai-nosso: *Fiat voluntas tua sicut in coelo et in terra*. Fala do muito que realiza quem profere essas palavras com toda a determinação e diz quão bem paga por isso o Senhor. 291
33. Trata da grande necessidade que temos de que o Senhor nos dê aquilo que pedimos ao proferirmos as seguintes palavras do pai-nosso: *Panem nostrum quotidianum da nobis hodie*. 294
34. Continua a falar do mesmo assunto. Este capítulo é muito útil para ser lido depois de se ter recebido o Santíssimo Sacramento. 296
35. Encerra o assunto iniciado com uma exclamação ao Pai Eterno. 299
36. Trata das seguintes palavras do pai-nosso: *Dimitte nobis debita nostra*. 300
37. Fala da excelência desta oração do pai-nosso e de como acharemos de muitas maneiras consolo nela. 303
38. Trata da grande necessidade que temos de suplicar ao Pai Eterno que nos conceda aquilo que pedimos quando proferimos as palavras: *Et ne nos inducas in tentationem, sed libera nos a malo*. Fala também de algumas tentações. É digno de nota. 304
39. Continua a falar do mesmo assunto e faz advertências, de diferentes maneiras, sobre algumas tentações, indicando os meios para se libertar delas. 306
40. Diz que, procurando andar sempre dentro do amor e do temor a Deus, caminharemos seguras entre tantas tentações. 308
41. Fala do temor a Deus e de como devemos evitar os pecados veniais. 310
42. Trata das últimas palavras do pai-nosso: *Sed libera nos a malo. Amen*. "Mas livrai-nos do mal. Amém." 312

CASTELO INTERIOR

Introdução 317

PRIMEIRAS MORADAS

1. Trata da formosura e da dignidade da nossa alma. Faz uma comparação para que se entenda melhor o assunto e fala do lucro que há em compreendê-la e conhecer as graças que recebemos de Deus. Diz ainda que a porta do castelo é a oração. 325
2. Diz quão feio é uma alma estar em pecado mortal e como Deus quis dar a entender algo disto a uma pessoa. Fala também alguma coisa sobre o próprio conhecimento e acerca das maneiras de se entenderem essas moradas. 327

SEGUNDAS MORADAS

Único. Trata da grande importância da perseverança para se chegar às últimas moradas, bem como da grande guerra travada pelo demônio. Fala também que convém muito não errar o caminho no princípio para ter êxito na tarefa. Dá um meio que verificou ser muito eficaz. 332

TERCEIRAS MORADAS

1. Trata da pouca segurança que podemos ter enquanto vivemos neste desterro, por mais elevado que seja o estado atingido por nós, e da conveniência de andar com temor. Há alguns bons pontos. 336
2. Prossegue no mesmo assunto e trata das securas na oração, bem como do que, em sua opinião, pode daí advir. Fala também que devemos provar-nos e que o Senhor prova os que se encontram nestas moradas. 339

QUARTAS MORADAS

1. Trata da diferença que há entre contentamentos ou ternuras na oração e gostos. Fala do contentamento que lhe suscitou entender que a imaginação e o intelecto são coisas diferentes. É de utilidade para quem se distrai muito na oração. 343

2. Prossegue no mesmo assunto e mostra, através de uma comparação, o que são gostos e como devem ser alcançados sem ser procurados. 347

3. Explica o que é oração de recolhimento, que o Senhor costuma conceder antes da dos gostos. Fala dos seus efeitos, bem como dos que ficam da oração anterior. 349

QUINTAS MORADAS

1. Começa a falar como a alma se une a Deus na oração. Diz como se saberá não ser engano. . 354

2. Prossegue no mesmo assunto. Explica a oração de união por meio de uma comparação delicada. Fala dos efeitos disso na alma. É de muito notar. 358

3. Prossegue no mesmo tema. Fala de outra maneira de união que a alma pode alcançar com o favor de Deus e de como é importante para isso o amor ao próximo. É de grande proveito. . 362

4. Prossegue no mesmo assunto, explicando com mais detalhes este tipo de oração. Fala da importância de andar com atenção, pois o demônio faz de tudo para levar a alma a retroceder no caminho começado. 365

SEXTAS MORADAS

1. Diz que, ao começar o Senhor a conceder maiores graças, há maiores sofrimentos. Menciona alguns, mostrando como se comportam neles os que estão nesta morada. É útil para quem padece sofrimentos interiores. 368

2. Fala de algumas maneiras pelas quais Nosso Senhor desperta a alma. Ao que parece, nelas não há o que temer, embora se trate de coisa muito elevada, bem como de grandes graças. ... 372

3. Trata do mesmo assunto e da maneira como Deus fala à alma, quando assim é servido. Avisa como se comportar nisso, não devendo a alma seguir o próprio parecer. Dá alguns sinais para se reconhecer quando é ou não engano. É de grande proveito. 374

4. Fala como o Senhor suspende a alma na oração com arroubo, êxtase ou rapto, palavras que, a meu ver, significam a mesma coisa. Diz que é necessário grande ânimo para receber elevadas graças de Sua Majestade. 379

5. Dá prosseguimento ao mesmo assunto e mostra como Deus eleva a alma por um voo de espírito diferente do que ficou dito. Enumera algumas das razões pelas quais é preciso ânimo. Afirma logo dessa graça que o Senhor concede de modo saboroso. É muito proveitoso. 383

6. Diz um efeito da oração explicada no capítulo anterior pelo qual se entenderá ser ela verdadeira, e não engano. Trata de outra graça que o Senhor concede à alma para impeli-la a louvá-Lo. 386

7. Trata da grande aflição que sentem pelos seus pecados as almas a quem Deus concede as mencionadas graças. Diz o grande erro que é não se exercitar, por mais espiritual que se seja, em ter presente a Humanidade de Nosso Senhor e Salvador Jesus Cristo, bem como a sua sacratíssima Paixão e vida, sua gloriosa Mãe e os santos. É de grande proveito. 389

8. Fala como Deus se comunica com a alma por visão intelectual. Dá alguns avisos e expõe os efeitos dessa visão, quando é verdadeira. Recomenda guardar segredo dessas graças. 393

9. Fala como o Senhor se comunica com a alma por visão imaginária. Recomenda muito que não se deseje ir por esse caminho e dá as razões para isso. É de muito proveito. 396

10. Fala de outras graças, concedidas à alma por Deus de uma maneira que difere das mencionadas. Trata também do grande proveito que elas deixam na alma. 401

11. Trata de certos desejos tão grandes e impetuosos que Deus dá à alma de fruir Dele que a põem em perigo de perder a vida. Fala também do benefício que essa graça do Senhor proporciona. 402

SÉTIMAS MORADAS

1. Trata das grandes graças que Deus concede às almas que chegam a entrar nas sétimas moradas. Diz que, a seu ver, há alguma diferença entre alma e espírito, embora sejam uma só coisa. Há pontos notáveis. 405

2. Prossegue no mesmo assunto. Mostra a diferença que há entre união e matrimônio espiritual. Declara-o com delicadas comparações. ... 409

3. Trata dos grandes efeitos produzidos por essa oração. Devem-se considerar atenta e cuidadosamente esses efeitos. É admirável a diferença que há entre estes e os anteriores. ... 412

4. Conclui dizendo o que, a seu parecer, Nosso Senhor pretende ao conceder tão grandes graças à alma. Fala como é necessário que andem juntas Marta e Maria. É muito proveitoso. ... 415

AS FUNDAÇÕES

Introdução ... 425

1. Fala dos meios mediante os quais começou-se a tratar desta e das outras fundações. ... 429
2. Como veio a Ávila o nosso Padre Geral; consequências de sua vinda. ... 431
3. De que maneira se começou a tratar da fundação do mosteiro de São José em Medina del Campo. ... 433
4. Trata de algumas graças que o Senhor concede às monjas desses mosteiros e dá conselhos às prioresas acerca do modo de proceder nesses assuntos. ... 437
5. Em que se dão alguns avisos sobre coisas de oração e de revelação. É muito proveitoso para os que têm vida ativa. ... 439
6. Avisa sobre os prejuízos que podem atingir as pessoas espirituais quando elas não compreendem quando devem resistir ao espírito. Trata dos desejos de comunhão que a alma tem e do engano que pode estar envolvido nisso. Fala ainda de coisas importantes para as encarregadas do governo dessas casas. ... 443
7. Fala sobre o modo de proceder com as irmãs que têm melancolia. É necessário para as preladas. ... 448
8. Faz algumas advertências acerca de revelações e visões. ... 451
9. Trata de sua partida de Medina del Campo para a fundação de São José de Malagón. ... 453
10. Trata da fundação da casa de Valladolid, do mosteiro da Conceição de Nossa Senhora do Carmo. ... 454
11. Continua o assunto começado, narrando os recursos de que se valeu dona Casilda de Padilla para conseguir a realização dos seus santos desejos de ser religiosa. ... 458
12. Trata da vida e da morte de uma religiosa que Nosso Senhor trouxe a esta casa. Ela se chamava Beatriz de la Encarnación; e teve uma vida de tanta perfeição, bem como uma morte tão inspiradora, que é justo fazer-lhe memória. ... 460
13. Trata de como e por quem foi começada a primeira casa da Regra Primitiva dos Carmelitas Descalços. Ano de 1568. ... 463
14. Continua a falar da fundação da primeira casa dos Carmelitas Descalços. Diz algo sobre a vida que ali levavam e dos favores que Nosso Senhor começou a fazer naqueles lugares para honra e glória de Deus. ... 464
15. Trata da fundação do convento do Glorioso São José na cidade de Toledo, no ano de 1569. ... 467
16. Trata de algumas coisas que se passaram neste Convento de São José de Toledo para honra e glória de Deus. ... 471
17. Trata da fundação dos conventos de Pastrana, um de frades e um de monjas. Foi no mesmo ano de 1570, digo 1569. ... 472
18. Trata da fundação do Convento de São José de Salamanca, que ocorreu no ano de 1570. Dá alguns avisos, importantes para as prioresas. ... 476
19. Continua a falar da fundação do convento de São José da cidade de Salamanca. ... 480
20. Trata da fundação do mosteiro de Nossa Senhora da Anunciação, situado em Alba de Tormes. Foi no ano de 1571. ... 482
21. Trata da fundação do Glorioso Carmo de São José de Segóvia. Ocorreu no próprio dia de São José, no ano de 1574. ... 486

22. Trata da fundação do Glorioso São José do Salvador, na localidade de Beas, no ano de 1575, dia de São Matias. 488
23. Trata da fundação do Mosteiro do Glorioso São José do Carmo na cidade de Sevilha. Celebrou-se a primeira missa no dia da Santíssima Trindade, no ano de 1575. 493
24. Continua a falar da fundação de São José do Carmo na cidade de Sevilha. 496
25. Continua a falar da fundação do Glorioso São José de Sevilha, tratando das dificuldades passadas a fim de ter casa própria. 500
26. Prossegue na mesma fundação do Mosteiro de São José na cidade de Sevilha. Refere-se a algumas coisas dignas de nota acerca da primeira monja que nele entrou. 503
27. Trata da fundação da vila de Caravaca. Entronizou-se o Santíssimo Sacramento no dia de Ano-Novo do mesmo ano de 1576. É consagrado ao Glorioso São José, cujo nome leva. 506
28. A fundação de Villanueva de la Jara. 512
29. Trata da fundação de São José de Nossa Senhora da Rua, de Palência, que foi no ano de 1580, dia do Rei David. 521
30. Começa a fundação do mosteiro da Santíssima Trindade na cidade de Sória. Fundou-se no ano de 1581. A primeira missa foi dita no dia do Nosso Pai Santo Eliseu. 528
31. Começa a tratar neste capítulo da fundação do glorioso São José de Santa Ana na cidade de Burgos. Celebrou-se a primeira missa aos dezenove dias do mês de abril, oitava da Páscoa da Ressurreição do ano de 1582. 531

AS RELAÇÕES

Introdução 547
Texto 547

CONCEITOS DO AMOR DE DEUS

Introdução 593
Prólogo 595

1. Trata da veneração com que devem ser lidas as Sagradas Escrituras e da dificuldade que as mulheres têm para compreendê-las, principalmente no que se refere ao "Cântico dos Cânticos". 597
2. Trata de nove maneiras de falsa paz que o mundo, a carne e o demônio oferecem à alma. Declara a santidade do estado religioso, que leva à verdadeira paz, desejada pela Esposa nos *Cânticos*. 600
3. Trata da verdadeira paz que Deus concede à alma, de Sua união com ela e dos exemplos de caridade heroica de alguns servos de Deus. 608
4. Fala da oração de quietude e de união e da suavidade e gostos que causam ao espírito. Em comparação com isso, os deleites da terra nada são. 611
5. Continua a falar da oração de união e se refere às riquezas que a alma adquire nela pela mediação do Espírito Santo e a quão determinada está ela a suportar sofrimentos pelo bem-amado. 614
6. Trata de como os benefícios dessa união amorosa sobrepujam todos os desejos da esposa. Fala da suspensão das faculdades e diz como algumas almas chegam em pouco tempo a essa oração tão elevada. 615
7. Fala dos grandes desejos da Esposa de sofrer muito por Deus e pelo próximo, e dos frutos abundantes que essas almas favorecidas pela união com Deus e desapegadas do interesse pessoal dão na Igreja. 618

EXCLAMAÇÕES DA ALMA A DEUS

Introdução 625
Texto 627

CONSTITUIÇÕES

Introdução	641
Da ordem que se há de manter nas coisas espirituais	643
Em que dias se há de receber o Senhor	643
Do temporal	644
Dos jejuns	644
A clausura	645
Aceitação das noviças	646
Ofícios humildes	646
As enfermas	647
As defuntas	648
Deveres de cada uma no próprio ofício	648
O capítulo das culpas graves	649
Da culpa leve	650
Da culpa média	651
Da culpa grave	651
Da culpa mais grave	651
Da culpa gravíssima	652
Deo gratias	653

MODO DE VISITAR OS CONVENTOS

Introdução	657
Texto	659

CERTAME

Introdução	671
Texto	673

RESPOSTA A UM DESAFIO

Introdução	677
Texto	679

POESIAS

Introdução	683
I. Aspirações à Vida Eterna	684
II. Nas Mãos de Deus	686
III. Sobre aquelas Palavras: "Dilectus meus mihi"	688
IV. Colóquio Amoroso	689
V. Feliz o que Ama a Deus	689
VI. Ante a Formosura de Deus	689
VII. Ais do Desterro	690
VIII. Buscando a Deus	692
IX. Eficácia da Paciência	693
X. Para a Pátria	693
XI. Ao Nascimento de Jesus	694

XII.	Ao Nascimento de Jesus	695
XIII.	Para a Natividade	696
XIV.	Ao Nascimento do Menino Jesus	697
XV.	À Circuncisão	697
XVI.	Outra à Circuncisão	698
XVII.	Na Festividade dos Santos Reis	699
XVIII.	À Cruz	699
XIX.	O Caminho da Cruz	700
XX.	Abraçadas à Cruz	701
XXI.	A Santo André	702
XXII.	A Santo Hilarião	703
XXIII.	A Santa Catarina Mártir	704
XXIV.	À Tomada de Hábito da Irmã Jerônima da Encarnação	705
XXV.	À Tomada de Véu da Irmã Isabel dos Anjos	705
XXVI.	À Profissão de Isabel dos Anjos	706
XXVII.	A uma Professa	707
XXVIII.	Para uma Profissão	708
XXIX.	Para uma Profissão	709
XXX.	Para uma Profissão	710
XXXI.	Contra um Flagelo Impertinente	711
Apêndice I – Saudades de Deus		712

CARTAS

Introdução	715
1. A D. Alonso Venegrilla, em Gotarrendura	719
2. A D. Lorenzo de Cepeda, em Quito	719
3. Ao Pe. García de Toledo, em Ávila (?)	722
4. Aos senhores do Conselho de Ávila, em Ávila	723
5. A Juan de San Cristóbal, em Ávila	723
6. A D. Alvaro de Mendoza	723
7. Ao mestre Gaspar Daza, em Ávila	724
8. A D. Luisa de la Cerda, em Antequera	724
9. A D. Luisa de la Cerda, em Antequera	725
10. A D. Luisa de la Cerda, em Antequera	728
11. A D. Luisa de la Cerda, em Antequera	728
12. A Cristóbal Rodrigues de Moya, em Segura de la Sierra	729
13. A D. Alvaro de Mendoza, em Olmedo	729
14. A D. Francisco de Salcedo, em Ávila	730
15. A D. Luisa de la Cerda, em Toledo	731
16. Ao Pe. Pablo Hernández, em Toledo	732
17. A D. Luisa de la Cerda	733
18. A Diego de Ortiz, em Toledo	733
19. A Alonso Alvarez Ramírez, em Toledo	734
20. A D. María de Mendoza, em Valladolid	735

21. A D. Juana de Ahumada, em Alba de Tormes 736
22. A Simón Ruiz, em Medina del Campo 736
23. A D. Juana de Ahumada, em Alba de Tormes 737
24. A D. Juana de Ahumada, em Alba de Tormes 738
25. A D. Lorenzo de Cepeda, em Quito 739
26. A Frei Antonio de Segura, Guardião dos Franciscanos Descalços (Alcantarianos) de Cadalso de los Vidrios 742
27. A Diego de San Pedro de Palma, em Toledo 743
28. A Diego Ortiz 743
29. A D. Catalina Hurtado, em Toledo 744
30. A Alonso Alvarez Ramírez, em Toledo 744
31. A Diego Ortiz 745
32. A Diego de Ortiz, em Toledo 746
33. Ao Senhor García de San Pedro, em Toledo 747
34. A D. Catalina Balmaseda 748
35. A D. Guiomar Pardo de Tavera, em Paracuellos 748
36. A D. María de Mendoza, em Valladolid 748
37. A D. Luisa de la Cerda, em Paracuellos 749
38. A D. Isabel de Jimena, em Segóvia 751
39. A D. Juana de Ahumada, em Galinduste, aldeia da jurisdição de Alba de Tormes 751
40. A D. María de Mendoza, em Valladolid 752
41. A D. María de Mendoza, em Valladolid 754
42. A D. Juana de Ahumada, em Alba de Tormes 755
43. A Madre María Bautista, em Valladolid 756
44. A D. Juana de Ahumada 756
45. A D. Juana de Ahumada, em Alba 756
46. A D. Inés Nieto 757
47. A Martín Davila Maldonado, em Salamanca 758
48. Ao Pe. Gaspar de Salazar, em Cuenca 758
49. A Madre Inés de Jesús, em Medina 759
50. A D. Juana de Ahumada, em Alba 759
51. Ao Rei Filipe II 760
52. Ao Pe. Juan Ordóñez del Campo, SJ, em Medina 760
53. A D. Pedro de la Banda, em Tozas (Salamanca) 762
54. A Pedro de la Banda, em Salamanca 763
55. A D. Juana de Ahumada, em Alba de Tormes 763
56. Ao Pe. Domingo Báñez, em Valladolid 764
57. A Madre Ana da Encarnação, em Salamanca 765
58. A D. Alvaro de Mendoza, Bispo de Ávila 766
59. A Madre María Bautista, em Valladolid 767
60. A Frei Domingo Báñez, em Valladolid 768
61. A Madre Ana da Encarnação, em Salamanca 769
62. A Madre María Bautista, em Valladolid 770
63. A Antonio Gaytán, em Alba 771
64. A D. Teutonio de Bragança, em Salamanca 771

65. A D. Teutonio de Bragança, em Salamanca	772
66. A Madre María Bautista	773
67. A Mateo de las Peñuelas, em Ávila	774
68. A Madre María Bautista, em Valladolid	775
69. A D. Teutonio de Bragança, em Salamanca	776
70. A Madre María Bautista, em Valladolid	777
71. Ao Pe. Domingo Báñez, em Valladolid	778
72. A Antonio Gaytán, em Salamanca	778
73. A D. Ana Enríquez, em Toro	779
74. A uma senhora	780
75. A D. Inés Nieto	780
76. A D. Teutonio de Bragança, em Salamanca	781
77. A D. Alvaro de Mendoza, em Ávila	783
78. A Madre Inés de Jesús Medina	784
79. A uma pessoa de Ávila	785
80. Ao Revmo. Pe. Frei Juan Bautista Rubeo, Geral do Carmo em Roma	786
81. A D. Inés Nieto, em Madri	788
82. A Antonio Gaytán, em Alba	789
83. A Filipe II	790
84. A D. Juana de Ahumada, em Alba	790
85. A Madre María Bautista, Priora em Valladolid	791
86. Ao Pe. Jerónimo Gracián	794
87. Ao Pe. Jerónimo Gracián	795
88. Ao Pe. Jerónimo Gracián	795
89. A um seu Confessor, em Salamanca	796
90. A uma Parenta, em Ávila	797
91. A D. Inés Nieto, em Madri	797
92. Ao Pe. Jerónimo Gracián, em Sevilha	798
93. A Diego Ortiz, em Toledo	799
94. A Madre María Bautista, em Valladolid	800
95. Ao Pe. Jerónimo Gracián	802
96. A Frei Luís de Granada, em Lisboa	802
97. A Madre María Bautista, em Valladolid	803
98. Ao Pe. Juan Bautista Rubeo, Geral dos Carmelitas em Roma	804
99. A D. Rodrigo de Moya, em Caravaca	807
100. A Madre María Bautista, em Valladolid	808
101. Ao Pe. Ambrosio Mariano, em Madri	810
102. Ao Pe. Jerónimo Gracián	812
103. A Madre María de S. José, Priora de Sevilha	815
104. A Madre María de S. José, Priora de Sevilha	816
105. Ao Pe. Jerónimo Gracián, em Sevilha	817
106. A Madre María de S. José, Priora de Sevilha	817
107. A Madre María de S. José, Priora de Sevilha	818
108. A D. Lorenzo de Cepeda, em Ávila	819
109. As Descalças de Beas	821

110. Ao Pe. Jerónimo Gracián	822
111. Ao Pe. Jerónimo Gracián	822
112. Ao Pe. Jerónimo Gracián	824
113. Ao Pe. Frei Jerónimo Gracián	825
114. A Madre María de S. José, Priora de Sevilha	825
115. A Madre María de S. José, Priora de Sevilha	828
116. Ao Pe. Jerónimo Gracián	830
117. A D. Francisco de Salcedo, em Ávila	831
118. Ao Padre Jerónimo Gracián, em Sevilha	831
119. A Madre María de S. José, Priora de Sevilha	834
120. A Madre María de S. José	835
121. A Madre María de S. José, Priora de Sevilha	835
122. Ao Pe. Jerónimo Gracián	836
123. Ao Pe. Juan de Jesús (Roca)	837
124. A Madre María de S. José, Priora de Sevilha	838
125. A Madre María de S. José	840
126. Ao Pe. Ambrosio Mariano de S. Benito	841
127. Ao Pe. Jerónimo Gracián, em Sevilha	842
128. Ao Pe. Ambrosio Mariano de S. Benito, em Madri	843
129. Ao Pe. Jerónimo Gracián, em Sevilha	846
130. A Madre María de S. José, Priora de Sevilha	848
131. Ao Pe. Jerónimo Gracián, em Sevilha	849
132. A Madre María de S. José, Priora de Sevilha	850
133. A Madre María Bautista, Priora de Valladolid	851
134. Ao Pe. Ambrosio Mariano de S. Benito	852
135. Ao Pe. Jerónimo Gracián, em Sevilha	853
136. A D. Lorenzo de Cepeda, em Ávila	854
137. A Madre María de S. José, Priora de Sevilha	855
138. A Madre María de S. José, Priora de Sevilha	856
139. Ao Pe. Jerónimo Gracián, em Sevilha	858
140. Ao Pe. Jerónimo Gracián, em Sevilha	859
141. Ao Pe. Jerónimo Gracián, em Sevilha	860
142. Ao Pe. Jerónimo Gracián, em Sevilha	860
143. Ao Pe. Jerónimo Gracián, em Sevilha	861
144. A Madre María de S. José, Priora de Sevilha	861
145. A Madre María de S. José, Priora de Sevilha	863
146. A D. Luís de Cepeda, em Torrijos	864
147. Ao Pe. Jerónimo Gracián, em Sevilha	865
148. Ao Pe. Jerónimo Gracián, em Sevilha	866
149. Ao Pe. Jerónimo Gracián, em Sevilha	866
150. A Madre María de S. José, Priora de Sevilha	867
151. A Madre María de S. José, Priora de Sevilha	867
152. Ao Pe. Jerónimo Gracián	869
153. Ao Pe. Jerónimo Gracián	870
154. Ao Pe. Jerónimo Gracián, em Sevilha	870

155. Ao Pe. Ambrosio Mariano de S. Benito 873
156. A Madre María de S. José, Priora de Sevilha 874
157. A um Benfeitor de Toledo 875
158. A Madre María de S. José, Priora de Sevilha 876
159. A Madre Brianda de S. José, Priora de Malagón 876
160. A D. Antonio de Sória 877
161. A Madre María Bautista, Priora de Valladolid 877
162. A D. Francisco de Salcedo 878
163. A D. Diego de Guzmán y Cepeda, em Ávila 879
164. A D. Diego de Guzmán y Cepeda, em Ávila 879
165. A D. Lorenzo de Cepeda, irmão da Santa 879
166. A Madre María de S. José, Priora de Sevilha 885
167. Ao Pe. Jerónimo Gracián, em Sevilha 886
168. Ao Pe. Jerónimo Gracián, em Sevilha 886
169. Ao Pe. Ambrosio Mariano de S. Benito 887
170. A Madre María de S. José, Priora de Sevilha 888
171. A D. Lorenzo de Cepeda, em Ávila 890
172. A Madre María de S. José, Priora de Sevilha 893
173. A Madre María Bautista, Priora de Valladolid 894
174. A Madre María de S. José, Priora de Sevilha 895
175. Ao Pe. Ambrosio Mariano de S. Benito, em Madri 897
176. A D. Lorenzo de Cepeda, em Ávila 898
177. Ao Pe. Ambrosio Mariano de S. Benito, em Madri 901
178. Ao Pe. Ambrosio Mariano de S. Benito, em Madri 901
179. A D. Lorenzo de Cepeda, em Ávila 902
180. A Madre María de S. José, Priora de Sevilha 905
181. A Madre María de S. José, Priora de Sevilha 906
182. Ao Pe. Ambrosio Mariano de S. Benito, em Madri 908
183. Ao Pe. Ambrosio Mariano de S. Benito, em Madri 909
184. A Madre María de S. José, Priora de Sevilha 910
185. Ao Pe. Ambrosio Mariano de S. Benito 911
186. A Madre María de S. José, Priora de Sevilha 911
187. A Pe. Ambrosio Mariano de S. Benito, em Madri 913
188. A Madre María de S. José, Priora de Sevilha 914
189. A Madre María de S. José, Priora de Sevilha 915
190. Ao Pe. Jerónimo Gracián 916
191. A Madre María de S. José, Priora de Sevilha 917
192. A Madre Ana de San Alberto, Priora de Caravaca 918
193. A Madre María de S. José, Priora de Sevilha 919
194. Ao Licenciado Gaspar de Villanueva, em Malagón 920
195. A Roque de Huerta, em Madri 922
196. Ao Pe. Jerónimo Gracián 922
197. Ao Pe. Jerónimo Gracián 922
198. As Carmelitas de Toledo 922
199. A Madre María Bautista, Priora de Valladolid 923

200. A D. Alvaro de Mendoza, Bispo de Ávila, em Olmedo	923
201. A Frei Jerónimo Gracián	924
202. A D. Alvaro de Mendoza, Bispo de Ávila	925
203. A Sua Majestade Filipe II, em Madri	925
204. Ao Pe. Jerónimo Gracián	927
205. A Juan de Ovalle	927
206. A Madre María de S. José, Priora de Sevilha	928
207. A Alonso de Aranda, em Madri	929
208. Ao Pe. Jerónimo Gracián	930
209. A Madre María Bautista	930
210. A D. María Enríquez, Duquesa de Alba	930
211. Ao Pe. Jerónimo Gracián	931
212. A Sua Majestade Filipe II	931
213. Ao Padre Gaspar de Salazar, em Granada	933
214. A D. Juan de Ovalle e D. Juana de Ahumada	934
215. A Madre María de S. José, Priora de Sevilha	935
216. A Madre María de S. José, Priora de Sevilha	937
217. Ao Padre Frei Jerónimo Gracián	938
218. A D. Teutonio de Bragança	938
219. Ao Padre Jerónimo Gracián	942
220. Ao Padre Juan Suárez, Provincial da Companhia de Jesus	942
221. Ao Padre Gonzalo Dávila, Reitor da Companhia	943
222. Ao Padre Jerónimo Gracián	944
223. As Carmelitas Descalças de Toledo	947
224. Ao Padre Jerónimo Gracián	947
225. A Madre María de S. José, em Sevilha	949
226. A Roque de Huerta, em Madri	949
227. Ao Padre Jerónimo Gracián, em Alcalá	950
228. A D. Luís de Cepeda, em Torrijos	951
229. Ao Padre Jerónimo Gracián	951
230. A D. María de Mendoza, em Valladolid	952
231. A Madre María de S. José, em Sevilha	952
232. Ao Padre Jerónimo Gracián, em Alcalá	954
233. Ao Licenciado Gaspar de Villanueva, em Malagón	956
234. Ao Padre Jerónimo Gracián, em Alcalá	957
235. A D. Juana Dantisco, em Madri	959
236. Ao Padre Jerónimo Gracián, em Alcalá	960
237. Ao Padre Jerónimo Gracián, em Alcalá	961
238. Ao Padre Jerónimo Gracián, em Alcalá	961
239. Ao Padre Jerónimo Gracián, em Alcalá	963
240. Ao Padre Jerónimo Gracián, em Alcalá	964
241. A Madre María de S. José, em Sevilha	966
242. Ao Padre Gonzalo Dávila, Reitor da Companhia de Jesus, em Ávila	968
243. A Madre María de Jesús, em Toledo	970
244. A Padre Domingo Báñez, em Salamanca	970

245. Ao Padre Jerónimo Gracián, em Peñaranda 971
246. A D. Juana de Ahumada, em Alba de Tormes 971
247. Ao Padre Jerónimo Gracián, em Peñaranda 972
248. A Roque de Huerta, em Madri 974
249. A Roque de Huerta, em Madri 975
250. Ao Padre Jerónimo Gracián, em Madri 975
251. Ao Padre Jerónimo Gracián, em Madri 977
252. A Roque de Huerta 979
253. Ao Padre Jerónimo Gracián, em Madri 979
254. Ao Padre Frei Jerónimo Gracián, em Madri 980
255. Ao Padre Frei Jerónimo Gracián, em Madri 980
256. A Madre María de S. José, em Sevilha 980
257. As Jovens Ines e Isabel de Osório, em Madri 981
258. Ao Padre Jerónimo Gracián, em Madri 981
259. A Roque de Huerta, em Madri 982
260. Ao Padre Pablo Hernández, em Madri 984
261. Ao Padre Jerónimo Gracián, em Pastrana 986
262. A Roque de Huerta, em Madri 988
263. Ao Padre Jerónimo Gracián, em Pastrana 988
264. Ao Padre Jerónimo Gracián 988
265. A Roque de Huerta, em Madri 989
266. A Roque de Huerta, em Madri 990
267. A D. Juana Dantisco, em Madri 990
268. A Roque de Huerta, em Madri 991
269. A Madre Ana de Jesús, em Beas 991
270. A Madre María de S. José, em Sevilha 992
271. A D. Hernando de Pantoja, em Sevilha 992
272. As Carmelitas Descalças de Sevilha 994
273. A D. Inés Nieto, em Alba de Tormes 995
274. Ao Pe. Jerónimo Gracián, em Madri 996
275. A Roque de Huerta, em Madri 996
276. Ao Pe. Jerónimo Gracián, em Alcalá 998
277. Ao Pe. Jerónimo Gracián, em Alcalá 998
278. Ao Pe. Jerónimo Gracián, em Alcalá 999
279. Ao Pe. Jerónimo Gracián, em Alcalá 999
280. A Madre Ana de Jesus 1001
281. A Roque de Huerta, em Madri 1001
282. As Madres Isabel de S. Jerónimo e María de S. José, em Sevilha 1002
283. As Carmelitas de Valladolid 1006
284. A Madre María Bautista, Priora de Valladolid 1007
285. A Madre María Bautista, Priora de Valladolid 1008
286. Ao Pe. Jerónimo Gracián 1009
287. A Madre Ana de la Encarnación, em Salamanca 1010
288. A Madre María Bautista, em Madri 1011
289. A María de S. José, Priora de Sevilha 1012

290. Ao Padre Jerónimo Gracián, em Alcalá	1013
291. Ao Pe. Jerónimo Gracián, em Alcalá	1015
292. A Madre María de S. José, Priora de Sevilha	1016
293. A D. Teutonio de Bragança, Arcebispo de Évora	1017
294. A Roque de Huerta, em Madri	1018
295. Ao Padre Jerónimo Gracián, em Alcalá	1019
296. A Roque de Huerta, em Madri	1019
297. A D. Lorenzo de Cepeda, em Ávila	1020
298. Ao Padre Jerónimo Gracián, em Alcalá	1021
299. A D. Isabel Osório, em Madri	1023
300. Ao Pe. Jerónimo Gracián, em Alcalá	1023
301. A Roque de Huerta, em Madri	1023
302. A D. Isabel de Osório, em Madri	1024
303. Ao Padre Jerónimo Gracián, em Alcalá	1025
304. Ao Padre Jerónimo Gracián, em Alcalá	1027
305. Ao Padre Jerónimo Gracián, em Alcalá	1028
306. Ao Padre Nicolás de Jesús María (Doria), em Sevilha	1028
307. Ao Padre Jerónimo Gracián, em Alcalá	1030
308. A Madre Ana de S. Alberto, Priora de Caravaca	1031
309. A Madre Ana de S. Alberto, Priora de Caravaca	1031
310. A Madre María de S. José, Priora de Sevilha	1031
311. Ao Padre Nicolao de Jesús María (Doria), em Sevilha	1033
312. As Descalças de Sevilha	1035
313. Ao Padre Jerónimo Gracián, em Alcalá	1036
314. Ao Padre Jerónimo Gracián, em Alcalá	1038
315. A Madre María de S. José, Priora de Sevilha	1038
316. A Madre María de Jesús, em Beas	1041
317. A Madre María de S. José, Priora de Sevilha	1042
318. A D. Lorenzo de Cepeda, em La Serna (Ávila)	1044
319. Ao Padre Jerónimo Gracián, em Alcalá	1044
320. A D. Juana de Ahumada, em Alba	1045
321. Ao Padre Jerónimo Gracián, em Alcalá	1045
322. A Madre María de S. José, Priora de Sevilha	1046
323. A D. Isabel Osório, em Madri	1048
324. A D. Lorenzo de Cepeda, em La Serna	1049
325. A D. Lorenzo de Cepeda, em La Serna	1050
326. A Madre María de Cristo, Priora de Ávila	1051
327. Ao Padre Jerónimo Gracián, em Sevilha	1052
328. A D. Pedro de Casademonte, em Medina	1053
329. A D. María Enríquez, Duquesa, em Alba de Tormes	1054
330. Ao Padre Jerónimo Gracián, em Madri	1055
331. Ao Padre Jerónimo Gracián, em Madri	1056
332. A D. Lorenzo de Cepeda, em La Serna	1057
333. A D. Lorenzo de Cepeda, em La Serna	1057
334. A Madre María de S. José, Priora de Sevilha	1058

335. A senhora viúva de Juan Alonso de Mejia, em Valladolid 1061
336. A Madre María de S. José, Priora de Sevilha 1061
337. A Irmã Teresa de Jesús, Sobrinha da Santa, em Ávila 1063
338. A D. Juana de Ahumada, em Alba de Tormes 1063
339. A D. Diego de Mendoza 1064
340. A Roque de Huerta, em Madri 1065
341. Ao Padre Jerónimo Gracián, em Medina del Campo 1066
342. A Priora e Monjas de S. José de Ávila 1067
343. Ao Padre Jerónimo Gracián, em Sevilha 1068
344. A Madre María de S. José, Priora de Sevilha 1069
345. Ao Padre Jerónimo Gracián, em Sevilha 1070
346. A Madre María de S. José, Priora de Sevilha 1072
347. A Madre Ana de la Encarnación, Priora de Salamanca 1073
348. A umas jovens de Ávila 1073
349. A um Confessor das Descalças de Sevilha 1074
350. A D. Lorenzo de Cepeda, seu sobrinho, em Quito 1074
351. A Madre María de S. José, Priora de Sevilha 1076
352. Ao Padre Juan de Jesús (Roca), em Pastrana 1077
353. A D. Juana Dantisco 1079
354. A Madre María de S. José, Priora de Sevilha 1079
355. A D. Juana de Ahumada, em Alba de Tormes 1080
356. A Madre Ana de la Encarnación, Priora de Salamanca 1081
357. Ao Padre Jerónimo Gracián 1082
358. Ao Padre Jerónimo Gracián 1083
359. Ao Padre Jerónimo Gracián, em Alcalá de Henares 1085
360. Ao Padre Jerónimo Gracián, em Alcalá 1087
361. A D. Pedro Juan de Casademonte, em Madri 1089
362. A D. Ana Enriquez, em Valladolid 1090
363. A D. Jerónimo Reinoso, em Palência 1091
364. Ao Padre Jerónimo Gracián, em Alcalá 1091
365. A D. Alonso Velázquez, Bispo de Osma 1092
366. Ao Padre Jerónimo Gracián, em Madri 1093
367. A D. Ana Enriquez, Marquesa de Alcañices, em Valladolid 1094
368. Ao Padre Jerónimo Gracián 1094
369. A Madre María de S. José, Priora de Sevilha 1095
370. A D. Antonio Gaytán, em Alba de Tormes 1095
371. A uma Religiosa que Pretendia Passar à Descalcez 1096
372. A D. Jerónimo Reinoso, em Palência 1096
373. A Madre Ana de San Agustín, em Villanueva de la Jara 1097
374. Ao Padre Jerónimo Gracián, em Salamanca 1098
375. Ao Padre Jerónimo Gracián, em Salamanca 1099
376. A D. Gaspar de Quiroga, arcebispo de Toledo 1099
377. A Madre María de S. José, Priora de Sevilha 1100
378. Ao Padre Jerónimo Gracián, em Salamanca 1101
379. Ao Padre Jerónimo Gracián, em Salamanca 1101

380. Ao Licenciado Dionisio Ruiz de la Peña, em Toledo 1101
381. Ao Licenciado D. Dionisio Ruiz de la Peña, em Toledo 1103
382. A D. Jerónimo Reinoso, em Palência 1104
383. Ao Padre Jerónimo Gracián, em Valladolid 1106
384. A D. Juana de Ahumada, em Alba de Tormes 1108
385. A Madre María de S. José, Priora de Sevilha 1108
386. A D. Jerónimo Reinoso, em Palência 1109
387. Ao Licenciado D. Dionisio Ruiz de la Peña, em Toledo 1110
388. Ao Pe. Jerónimo Gracián, em Salamanca 1110
389. A D. Sancho Dávila, em Alba de Tormes 1111
390. Ao Padre Jerónimo Gracián, em Salamanca 1113
391. A D. Gaspar de Quiroga, Arcebispo de Toledo 1115
392. A D. María Enríquez, Duquesa de Alba 1115
393. A Madre María de S. José, Priora de Sevilha 1116
394. Ao Licenciado Martín Alonso de Salinas, Cônego de Palência 1119
395. A D. Juan de Ovalle, em Alba de Tormes 1120
396. A D. Pedro de Castro y Nero, em Ávila 1121
397. A D. Pedro Castro y Nero, em Ávila 1122
398. A D. Pedro Castro y Nero, em Ávila 1122
399. A Madre María de S. José, Priora de Sevilha 1123
400. A D. Juan de Ovalle, em Alba de Tormes 1123
401. Ao Pe. Jerónimo Gracián, em Salamanca 1124
402. Ao Pe. Jerónimo Gracián, em Salamanca 1126
403. Ao Pe. Jerónimo Gracián, em Salamanca 1126
404. Ao Pe. Jerónimo Gracián, em Salamanca 1126
405. A D. Beatriz de Mendoza y Castilla, em Madri 1127
406. Ao Pe. Jerónimo Gracián, em Salamanca 1127
407. A D. Lorenzo de Cepeda Filho, em Quito 1129
408. A uma Pessoa Desconhecida 1130
409. As Descalças de Sória 1131
410. A uma Pessoa Desconhecida 1132
411. Ao Licenciado Dionisio Ruiz de la Peña, em Toledo 1132
412. A Irmã Leonor de la Misericordia, em Sória 1133
413. A D. Catalina de Tolosa, em Burgos 1134
414. A D. Beatriz de Ovalle, em Ávila 1135
415. A Madre María de S. José, em Sevilha 1135
416. Ao Licenciado Martín Alonso de Salinas, em Palência 1136
417. Ao Padre Nicolás Doria, em Madri 1137
418. As Irmãs Isabel de la Trinidad e María de S. José, em Palência 1137
419. A Madre María de S. José, em Sevilha 1138
420. Ao Padre Ambrosio Mariano de S. Benito, em Lisboa 1138
421. A D. Alvaro de Mendoza, Bispo de Palência 1139
422. A D. Fadrique Alvarez de Toledo, em Alba de Tormes 1140
423. A Madre María de los Angeles, em Toledo 1140
424. Ao Cônego Diego Montoya, em Roma 1141

425. A D. Pedro Manso, em Burgos 1141
426. A Irmã Leonor de la Misericordia, em Sória 1142
427. A Pedro Juan Casademonte, em Madri 1142
428. A Roque de Huerta, em Madri 1143
429. A D. Jerónimo de Reinoso, em Palência 1143
430. A Madre Ana de Jesús, Priora de Granada, e as suas Religiosas 1144
431. Ao Licenciado Dionisio Ruiz de la Peña, em Madri 1147
432. Ao Padre Jerónimo Gracián, em la Roda 1148
433. A Madre María de S. José, Priora de Sevilha 1149
434. A Irmã Leonor de la Misericordia, em Sória 1150
435. A Madre María de S. José, Priora de Sevilha 1150
436. A Madre Tomasina Bautista, Priora de Burgos 1152
437. A D. Catalina de Tolosa, em Burgos 1153
438. A D. Teresa Laiz, em Alba de Tormes 1153
439. A Madre Tomasina Bautista, Priora de Burgos 1154
440. A D. Sancho Dávila, em Alba de Tormes 1155
441. A Madre Ana de los Angeles, Priora de Toledo 1156
442. A Madre Tomasina Bautista, Priora de Burgos 1157
443. Ao Padre Jerónimo Gracián, em Sevilha 1158
444. A Madre Ana dos Anjos, Priora de Toledo 1161
445. A D. Pedro Sánchez, em Alba de Tormes 1162
446. A Madre Catalina de Cristo, Priora de Sória 1162
Índice analítico 1169

APRESENTAÇÃO

É para mim grande alegria poder apresentar esta edição brasileira das *Obras* de Teresa de Jesus, Doutora da Igreja.

Cada edição trata de dar um passo adiante no caminho da exposição dos escritos de uma mulher que imprimiu marca própria na história da humanidade.

Teresa de Jesus não perde atualidade e continua exercendo, em suas obras — fruto de uma experiência de Deus na vida —, um magistério espiritual de primeira grandeza.

Apesar da distância de tempo e lugar, a experiência da Doutora de Ávila é iluminadora: por ser experiência evangélica, é capaz de superar as barreiras do tempo e do espaço.

Teresa de Jesus ensina-nos particularmente uma série de atitudes básicas para responder — como ela o fez — ao Senhor da história. Ele, que a interpelou, questiona-nos a nós, os cristãos da América Latina, comprometidos em um trabalho de evangelização libertadora em meio a nossos povos que, apesar de oprimidos, creem.

Parece-me que Teresa nos ensina especialmente *quatro atitudes fundamentais* neste momento:
— saber responder às interpelações de Deus com *discernimento teologal*;
— saber responder às interpelações de Deus *centrando-nos em Cristo*;
— saber responder às interpelações de Deus *em comunhão com a Igreja*;
— saber responder às interpelações de Deus pelo compromisso de *uma esperança ativa*.

Necessitamos, primeiramente, de *discernimento teologal*. Teresa nos ensina a discernir por meio de uma oração comprometida no seguimento de Jesus. Explicando os caminhos do discernimento, ela fixa como centro desse processo a oração, entendida como trato de amizade com Deus e como caminho de amadurecimento e crescimento. A oração exige uma conversão permanente e leva a ter uma "determinação determinada" no seguimento de Jesus, contemplado na história.

A segunda atitude fundamental que a Santa nos ensina no caminho de nossa vida *é contemplar a humanidade de Jesus*. Para Teresa, o lugar central do projeto do Pai é ocupado por Jesus de Nazaré, o Filho de Deus, que assumiu verdadeiramente a aventura humana. Por meio da leitura e meditação do Evangelho, ela descobre a humanidade de Jesus e seu papel central na história da salvação. Situa Cristo em sua vida terrena. Contempla-o como mestre e modelo, como livro vivo, e ressalta que seguir Jesus é partilhar de seu destino. Faz-nos ver que, quando alguém vive "em Cristo", tem a força de servir a Ele nos irmãos, aceitando os trabalhos e fadigas que isso comporta.

Conhecida e proverbial é a expressão que revela o amor que Teresa de Jesus professou à Igreja: "Por fim, Senhor, morro filha da Igreja". Em seus escritos, ela convida a viver a atitude fundamental de responder às interpelações de Deus *em comunhão com a Igreja*. Viveu e morreu a serviço do Povo de Deus, em todas as circunstâncias, inclusive as mais adversas. Sentiu-se sempre filha da Igreja e buscou a ela ser fiel. Escolheu como sinal de santidade autêntica o serviço evangelizador e o amor à Igreja até o fim da vida.

Por fim, a Santa de Ávila indica-nos o caminho do *compromisso de uma esperança ativa* no cumprimento de nossa missão. Ela enfrentou os trabalhos de revitalizar o Carmelo. Expôs-se à contradição e a todo tipo de dificuldades. Em meio a tudo isso, viveu a certeza da bondade e misericórdia do Senhor como fonte de esperança e de consolo; como impulso para seguir avante, não obstante tudo e todos. Em meio aos atropelos de suas fundações, soube manter o ritmo de seu compromisso e de seu trabalho pessoal mediante uma esperança animada e confiante.

Estou certo de que esta edição das *Obras completas* de Teresa d'Ávila servirá de instrumento para todos os que buscam viver as dimensões de uma espiritualidade cristã encarnada na realidade da América Latina.

Roma, 15 de outubro de 1994
Fr. Camilo Maccise, OCD
Prepósito Geral

PREFÁCIO

Quem é Teresa de Ávila? Uma mulher que fala de Deus. Fala de Deus como de Alguém conhecido. Quem mergulhar na leitura destas suas *Obras* terá a real impressão de que ela se encontrou com Ele, antes de se pôr a escrever.

Mas nem todos viram a Santa de Ávila por esse prisma, houve quem dissesse tratar-se de uma mulher inquieta, andarilha, desobediente e teimosa, que a título de devoção inventava más doutrinas, andando fora da clausura, contra o que ordenara o Concílio de Trento e os prelados; ensinando como mestra, contra São Paulo, que ordenara às mulheres não ensinar.

Teresa de Ávila teve por inimigos aqueles que viam em nossa monja um perigo permanente: ela se apresentava como modelo de liberdade e de acesa busca do Absoluto, caminheira incansável e defensora da verdade. As ações, palavras e escritos dessa mulher audaciosa perturbaram a tantos, mas iluminaram a muitos outros em seu tempo e ao longo da história. A sua doutrina tornou-se um texto de indiscutível sabedoria, onde todos vão beber com segurança, em busca de uma autêntica experiência de Deus.

Teresa nasceu em 28 de março de 1515, em Ávila, e morreu em 4 de outubro de 1582, em Alba de Tormes. Viveu 67 anos, dos quais apenas vinte de intensa atividade como fundadora, escritora, contemplativa e caminheira de Deus pelas terras da Espanha do século XVI.

Educada com esmero, ouvia nas longas noites invernais, ao calor da lareira, a leitura da vida dos santos mártires, feita por seus pais. Animada por essas leituras, aos 7 anos Teresa sente a necessidade de fugir para a terra dos mouros, com seu irmão, Rodrigo. Fuga frustrada. Mas o ideal da fuga — "quero ver a Deus" — torna-se o seu horizonte de vida.

A morte da mãe, dona Beatriz, provavelmente em 1529, foi uma experiência cruciante, a partir da qual ela decide tomar Nossa Senhora por Mãe. Não obstante, confessa, continuou a viver uma vida medíocre, dedicando-se à leitura de romances de cavalaria, do que se sentiria culpada por muito tempo.

O pai, preocupado com o futuro da filha, decide levá-la para o colégio de Nossa Senhora das Graças (1531), onde Teresa foi recuperando o antigo fervor. A saúde é que se debilita, e Teresa é forçada a deixar o colégio em 1532 e a voltar para casa. Recuperada a saúde, pede ao pai para ingressar no Carmelo da Encarnação em Ávila. A recusa paterna leva-a a tomar uma atitude drástica: no dia 2 de novembro de 1535, junto com seu irmão, Antônio, que queria ser dominicano, foge de casa e é aceita entre as Carmelitas.

Em 1538, abandona o convento para restabelecer-se de uma enfermidade misteriosa que quase a levou à morte. A leitura do famoso livro *Abecedário espiritual*, do franciscano Francisco de Osuña, será para a jovem madre Teresa o início do despertar espiritual e do amor pela oração. O encontro com as *Confissões* de Santo Agostinho constituirá também uma retomada da vida de oração, ante a angústia que vai tomando forma em sua vida. Nesse processo, a presença de São Pedro de Alcântara, franciscano austero, um pouco extravagante em penitência, mas possuidor de grande sabedoria, será para a santa auxílio determinante.

A ideia de assumir como projeto de vida a regra primitiva do Carmelo foi se tornando lentamente o ponto de referência para a meditação e vida de Teresa.

No dia 24 de agosto de 1562, ela inicia nova vida no pequeno mosteiro de São José, em Ávila. Um desejo cada vez mais veemente leva Teresa a cuidar da propagação de sua obra. As fundações se sucedem com rapidez. Visões e graças místicas surgem como estímulo à doação integral e à radicalidade na vida de oração.

O sucesso da iniciativa teresiana estende-se de forma providencial e maravilhosa, com o auxílio de São João da Cruz, outro inquieto com a mediocridade do Carmelo. João planejava ir para a Cartuxa, mas Teresa o conquista para sua obra.

O duro período da reforma teresiana encontra madre Teresa atenta aos sinais do Espírito, sempre pronta a trabalhar sem desanimar em favor da obra que iniciara. Nem mesmo o sequestro e prisão de João da Cruz no cárcere conventual de Toledo abatem o espírito dessa mulher, totalmente entregue à ação de Deus, tornada instrumento em Suas mãos. Ao redor da contemplativa carmelita encontramos um séquito de discípulos que passa a seguir sua doutrina. Assessorada por teólogos, doutos e sábios, consegue fugir à caçada da Inquisição. Problemas internos à reforma dos descalços a preocupam, mas sua personalidade de madre e fundadora não permite que dissensões internas entravem o assentamento da obra.

Teresa, obediente à Igreja, questionadora da Igreja, submissa à autoridade, procura caminhos para levar à frente os desígnios de Deus, defendendo, acima de tudo, a felicidade de ser filha da Igreja. Como tal, falece em 1582.

Com seus escritos, Teresa rompe os limites do mundo dos carmelitas descalços e das monjas carmelitas descalças. Seu nome, sua mensagem ultrapassam a Igreja e conquistam pessoas de todas as raças e religiões, em busca do Infinito e do desejo de Deus.

Não se pode hoje aprofundar o tema da necessidade do encontro do homem com Deus sem recorrer à experiência e doutrina teresianas. Os escritos teresianos se configuram como incomparável fonte de esperança. E Teresa tornou-se mestra e doutora.

O povo, que, com suas intuições, normalmente precede a Igreja, desde o início descobriu em Teresa a mestra dos espirituais. Paulo VI, no dia 27 de setembro de 1970, a proclamou solenemente doutora da Igreja.

A melhor forma de compreender a figura dessa mulher é aproximar-se de seus escritos em atitude de simplicidade, sem esquecer que Madre Teresa fala mais ao coração que à inteligência. A sua afetividade encontra pleno transbordamento no íntimo diálogo com Deus. O método de oração teresiano é o caminho que devemos seguir para obter a água da fonte para regar o jardim de nossa alma.

Nada te turbe,
nada te espante.
Todo se pasa,
Dios no se muda.
La paciencia
todo lo alcanza.
Quien a Dios tiene
nada le falta.
Sólo Dios basta!

Frei Patrício Sciadini, OCD

INTRODUÇÃO — OBRAS DE SANTA TERESA

É com alegria que quero apresentar esta edição de *Obras Completas* de Santa Teresa de Ávila. Teresa é a mulher escolhida por Deus para, como Doutora da Igreja, relembrar os caminhos da oração. Ao longo dos séculos, bem antes de ser proclamada Doutora por Paulo VI, ela sempre foi considerada "mestra dos espirituais", sendo ovacionada por todos os que, desejosos de encontrar a Deus como fonte de vida, procuram um caminho seguro. Teresa soube se impor com sua doutrina, seu caráter, sua firmeza e feminilidade diante dos teólogos e diante de seus detratores. O feminismo teresiano se impõe a partir dos valores que enriqueceram sua vida, não de manifestações exteriores nem de polêmicas inúteis, como às vezes estamos acostumados a ver.

Caminhando rumo ao V Centenário de Teresa, possamos aprofundar cada vez mais os escritos desta mística que é procurada e estimada acima da religião católica; ela é patrimônio que pertence à humanidade. As vertentes mais diferentes procuram na doutrina de Teresa caminhos para realizar a harmonia interior. Ela interessa a artistas, teólogos, místicos, psicólogos e psicanalistas. Não nos deixa maravilhados que, de vez em quando, se "levante poeira" tentando banalizá-la. Teresa de Ávila é bem maior que nossas mesquinharias e nossas pretensões de jogarmos nos outros o que temos dentro de nós. "Se o teu olho for puro todo o teu corpo será puro... se teu olho for contaminado todo o teu corpo será contaminado." É inevitável julgar os outros a partir de nós mesmos. Por isso, os santos têm outra lógica: consideram-se pecadores e consideram os outros melhores do que eles.

Teresa tem uma palavra para o ser humano do terceiro milênio: não há outro caminho para superar a solidão, a falta de sentido da vida, os vazios existenciais, a materialização da vida e os mais variados consumismos; o único caminho é o encontro com Deus, que nos realiza e nos chama a ser um com ele. **"Que todos sejam um como tu, Pai, estás em mim e eu em ti, para que eles estejam em nós, e o mundo creia que tu me enviaste"** (Jo 17,21).

Faça conhecer Santa Teresa e verá como sua doutrina anima, faz bem e cura muitas de nossas feridas.

Frei Patrício Sciadini, OCD

INTRODUÇÃO GERAL

Teresa de Ahumada sentiu vocação literária desde muito cedo. Por volta dos 14 anos, escreveu um pequeno romance de cavalaria para diversão de seus amigos e amigas. Mas sua tarefa de "escritora espiritual" é posterior. Surge ao mesmo tempo de sua chegada ao porto da maturidade humana e cristã e se desenvolve ao compasso de sua atividade de fundadora e reformadora. Começa por volta dos 45 anos, quando ela dá início a seu projeto fundacional do primeiro Carmelo. Termina aos 67 anos, antevéspera de sua morte. Inaugura-se com obras-primas: *Vida e Relações* e se conclui com uma brilhante narrativa, quase juvenil — a fundação de Burgos —, escrita com pena ágil, em páginas densas e grafia vigorosa.

Teresa é autodidata. Não teve ensino técnico. Toda sua formação foi doméstica, recebida num lar onde as armas e as letras tinham lugar de honra. Leu muito. Quando menina, relatos ingênuos no *Flos sanctorum*. Mais tarde, em plena adolescência, os enredos fantásticos dos romances de cavalaria. Jovem ainda, encontra-se com as páginas de um escritor de peso: as cartas de São Jerônimo, ante as quais não consegue manter-se neutra. A partir dos 20 anos, suas leituras serão quase exclusivamente religiosas. Tem bom critério de seleção: entusiasmam-na os livros de Padre Granada; lê com gosto os espirituais franciscanos, Osuna, Laredo, Pedro de Alcântara; e livros fundamentais: a *Vida de Cristo*, do cartuxo Ludolfo de Saxônia, traduzido pelo poeta da rainha Isabel, Ambrósio de Montesinos; as *Moralia* de São Gregório e as *Confissões* de Santo Agostinho. Este foi quem mais incisivamente marcou o estilo teresiano de pensar e de dizer, combinando o relato, a exposição e o solilóquio. Porém, diferentemente de Santo Agostinho, ela ignorou as regras da retórica, a arte da ênfase, a busca do efeito e o tentar causar impressão.

Ela consegue falar com o leitor, apesar do papel e da pena, como fala com seu grupo de monjas na sala capitular e no recreio, ou como o faz em tantas de suas cartas. E como o faz com Deus, quando interrompe o relato para iniciar o solilóquio.

As primeiras obras

Seus primeiros escritos são autobiográficos. Inicia com três *Relações* de dimensões reduzidas e culmina com a "relação grande", o livro de sua *Vida*. Páginas introspectivas e testemunhais. Com amplo filão de autocrítica e muito espaço para a doxologia: cantar, como na Bíblia, as misericórdias de Deus. Daí provêm os dois planos ocupados pelo relato autobiográfico: um de superfície, suas peripécias humanas e religiosas; outro de fundo, o drama inefável de sua experiência mística.

Mais páginas autobiográficas

Por toda a vida, Teresa terá de pagar tributo à necessidade de dirigir-se ao mundo exterior por meio de seus escritos. Escreverá longa série de *Relaciones*, 67 em nossa edição, muitas das quais se perderam pelo caminho. Não têm unidade, nem se assemelham a um diário reservado para jornadas excepcionais. São antes um florilégio de peças esparsas, de tom e dimensões variados, algumas delas com não mais de três linhas. Em geral, intimistas ou de conteúdo muito reservado; para ela apenas ou para o confessor. Uma delas (R, 4), dirigida a um censor da Inquisição, chega a ser impessoal e protocolar. A última (R, 67) é testamento e profecia para seus frades carmelitas.

Pedagogia e mistagogia

Duas obras maiores preenchem o espaço central do magistério teresiano: o *Caminho de perfeição* e o *Castelo interior*, obras de formação espiritual para suas monjas. Todavia, para Madre Teresa, "ensinar", longe de teorizar, é transmitir convicções e comunicar experiências.

No *Caminho* dará indicações para a prática da vida cristã na consagração religiosa e no ideal do Carmelo. No *Castelo*, se proporá chegar ao mais profundo do mistério cristão e acenar para o pleno desenvolvimento da vida interior.

Ela ensina comprometendo-se pessoalmente: o que ela viveu é suporte do que propõe; o leitor saberá como pensa e vive a autora, como ora, o que se passa entre ela e Deus, entre ela e os demais. E se sentirá pessoalmente atingido, interpelado, chamado. Não será fácil seguir indiferente ao testemunho espiritual dessa mulher ou impedir que adentre o próprio espaço interior.

Narrativa

Um livro dedicado a contar a história de suas fundações: viagens, peripécias, êxitos. É o *Livro das Fundações*. Ela o escreveu enquanto viajava. Na *Vida*, narrara a fundação de São José de Ávila (caps. 32-36; ano de 1565). Abre o novo relato em 1573, quando já fundara outros sete Carmelos (Medina, Malagón, Valladolid, Toledo, Pastrana, Salamanca, Alba de Tormes), além do de Duruelo, por meio dos padres Antônio e João da Cruz. Reinicia várias vezes a narração, à medida que as fundações prosseguem. Leva o manuscrito a Burgos, e ali mesmo escreve o último episódio, com muita vivacidade, pouco antes de empreender a última viagem (1582).

A Santa se propõe fazer história e não lenda piedosa. Mas a seu modo. Não só inclui excertos de sua vida mística em pleno relato familiar ou humorístico, como interrompe de vez em quando a narração — como quando seu carro de fundações é forçado a parar no caminho — para conversar sobre o tema de sempre: o espiritual, conselhos às prioras, estímulo à obediência, oração e amor fraterno, advertências sobre a melancolia...

Duas pequenas obras de governo

Para o Carmelo de São José de Ávila escreve as *Constituições*, que depois retoca e destina a todos os seus conventos. Ao lado delas, há que situar um escrito íntimo: *Modo de visitar os conventos*, sugestões enviadas ao prelado (Padre Gracián), pensando na visita canônica dos Carmelos. No novo estilo de vida religiosa por ela implantado — suavidade, oração, amor, experiência de Deus... —, a visita canônica vem a ser o momento excepcional de tensão e revisão de vida. É quando ela indica a Gracián como quer que os reverendos prelados puxem os fios sem cortá-los.

Obras menores e escritos esparsos

Entre as composições da Santa, há duas menos afortunadas: umas elevações sobre "motivos" seletos do Cântico dos Cânticos, editadas pelo Padre Gracián com o título barroco de *Conceitos do amor de Deus*, mas que já antes haviam sido objeto da hostilidade de um teólogo censor. Terminada a redação, a própria autora lançou o autógrafo ao fogo, quando Padre Yanguas desaprovou que "uma mulher ousasse comentar o Cântico Bíblico". Também perdemos o autógrafo de uma série de solilóquios teresianos, publicados por Frei Luis de León sob o título de *Exclamações*. Entre os escritos esparsos da Santa, há duas peças de qualidade: o *Vexame* e a *Resposta a um desafio*.

O primeiro é um escrito espiritual, crítico e humorístico, que ousa atribuir espiritualismo excessivo a São João da Cruz. A *Resposta*, porém, é uma espécie de retorno ao divino dos torneios da época e dos desafios dos livros de cavalaria, mas com uma lição espiritual plena de colorido e autenticidade. A Santa deixou mais papéis esparsos, que figuravam ou como registro de algum fato em seu breviário ou recordavam um dado de interesse pessoal. São poucos, mas nunca insignificantes. Arquivados nos Carmelos primitivos, há ainda cadernos de outro tipo: "livros de tombo", "contratos de fundação", cadernetas de "compras e gastos".

Poesias

Teresa não era poeta, mas às vezes via-se levada a compor "de repente versos muito sentidos"; o mesmo lhe ocorria com a música: não tinha afinação, mas caía em êxtase ouvindo por exemplo irmã Isabel de Jesus cantar. Entre seus poemas, há alguns compostos sob a pressão das graças místicas: "Vivo sem viver em mim", "Oh formosura que excedeis"; há cançonetas para cantar e dançar nas festas de Natal e uma série de composições festivas, para celebrar tomadas de véu, profissão de votos e procissões caseiras.

Autógrafos e difusão

Madre Teresa não fez seus escritos para a imprensa, mas para uso doméstico. Graças a isso seus autógrafos não caíram em mãos de tipógrafos, podendo assim chegar quase íntegros até nós. Nenhum outro escritor clássico teve tanta sorte. Nem mesmo Leonardo da Vinci.

Depois de sua morte, um egrégio mecenas, Filipe II, reclamou seus autógrafos para a Biblioteca do Escorial. Padre Doria conseguiu reunir uns quantos: a *Vida*, o *Caminho* (primeira redação), as *Fundações* e o *Modo de visitar os conventos*, e o Rei os integrou aos presumidos autógrafos de dois escritores fundamentais — São João Crisóstomo e Santo Agostinho. Em que pesem quatro séculos de guerras e deportações, esses quatro autógrafos teresianos permanecem no Escorial.

O autógrafo do *Castelo interior* se conserva nas Carmelitas Descalças de Sevilha e o do *Caminho de perfeição* (segunda redação) nas Carmelitas de Valladolid, em excelente estado de conservação. Dispersos pelo mundo inteiro, conservam-se quase duzentos autógrafos menores: cartas, relações, memoriais... Os mais numerosos encontram-se na Espanha, Portugal e Itália; em menor escala, encontram-se autógrafos na França, Bélgica, Polônia, Áustria, Inglaterra, México, Cuba, Equador, Peru e Chile.

O primeiro editor das *Obras* da santa foi Frei Luis de Léon. Precederam-no Padre Gracián (*Constituciones*, Alcalá 1581), D. Teutonio (*Caminho*, Évora 1583), outra vez Padre Gracián (*Camino*, Salamanca 1585), São João de Ribera (?) (*Camino*, Valência 1586). Mas Frei Luis responsabilizou-se pelas "obras completas": *Vida* e *Relações, Caminho* e *Avisos* (sendo estes espúrios), *Castelo* e *Exclamações*. Foram impressos em dois tomos por Guillermo Fóquel, em Salamanca 1588. No mesmo ano e com o mesmo texto de Frei Luis, Jayme Cendrat publicava as *Obras completas* em Barcelona, reeditando-as em Salamanca no ano seguinte. Os quatro séculos seguintes veem manter-se esse ritmo inicial, ano após ano, com leves oscilações.

Fora da Espanha, a difusão das obras da santa tem início ainda no século XVI na Itália: *Vita della M. Teresa...* tradotta dal R. Mons. Giovanni Bordini... in Roma appresso Guglielmo Facciotto, 1599. Depois na França (Paris, chez Guillaume de la Nouë, 1601), com tradutores de grande fôlego: J. de Brétigny y Quintanadueñas, Cipriano de la Natividad, Arnaldo d'Andilly. O processo de difusão continua em latim (edições de Mogúncia, Roma, Colônia, Antuérpia, Colônia outra vez, todas no primeiro terço do século XVII) e nas principais línguas europeias, atingindo hoje as línguas africanas e asiáticas.

A Argentina e o México foram na América os dois focos de mais intensa difusão. Recorde-se que "o primeiro impresso de Buenos Aires — 1780" foi uma "Letrilla que llevaba por registro em su Beviario la Seráfica Madre Santa Teresa de Jesús: Nada te turbe, nada te espante".

Unidade orgânica da mensagem

Todos os escritos teresianos são ocasionais, não obedecem a um plano prévio nem se voltam para um mesmo objetivo. Têm destinatários sumamente diversos: o livro de sua *Vida*, um cenáculo de leitores íntimos; as *Relações*, uma série de diretores espirituais: Ibáñez, Gracián, Rodrigo Álvarez, Alonso Velázquez e talvez, no caso de algumas delas, frei João da Cruz; o *Caminho*, o *Castelo* e as *Fundações*, suas monjas. Mas em que pese essa desarticulação, trata-se na realidade de peças unidas entre si, que oferecem ao leitor uma mensagem única.

O ponto de partida é a experiência vivida pela autora. Ela fala da cátedra de sua vida, testemunhando (obras autobiográficas). Sua lição doutrinal deriva da experiência: indicações ascéticas para encaminhar-se à fonte de água viva (*Caminho*) e convite a entrar no profundo da alma e preparar-se para a celebração nupcial da união mística com Deus (*Castelo*). Por fim, um terceiro bloco de escritos reflete e acompanha a vida (*Fundações*).

Uma ideia de conjunto dos escritos teresianos está no quadro sinótico abaixo:
— Plano da experiência:
Vida (1565). *Relações* (1560-1581)
— Mensagem ascética:
Caminho de perfeição (1566); *Constituições* (1567-1581); *Modo de visitar os conventos* (1576)
— Ensinamento místico:
Castelo interior (1577); *Exclamações; Conceitos de amor de Deus*
— Comunhão e vida de grupo:
Fundações (1537-1582); *Epistolário; Poesias*
— Escritos humorísticos:
Vexame; Desafio

Nossa edição

Publicamos as obras e os escritos menores. Na apresentação dos textos, adotamos os critérios do Padre Silverio de Santa Teresa, cuja edição crítica fixou o que se pode chamar de "textus receptus", especialmente no que concerne à numeração interna a cada capítulo. Revisamos a leitura e pontuação (é de todos sabido que a Santa emprega um sistema ortográfico original, muito sóbrio em parágrafos e pontuação). Em notas de rodapé, procuramos registrar dados úteis para a compreensão do texto e o estudo da doutrina teresiana. Demos especial atenção à indicação dos lugares paralelos aos quais a autora se refere sem remissão.

A cada obra, antepusemos uma breve introdução histórica e doutrinal. Apresentamos as obras da Santa na seguinte ordem:
— Obras maiores
1. *Vida*; 2. *Caminho de perfeição*; 3. *Castelo interior*; 4. *Livro das Fundações*
— Obras menores
5. *Relações*; 6. *Conceitos do amor de Deus*; 7. *Exclamações*; 8. *Constituições*; 9. *Modo de visitar os conventos*; 10. *Vexame* e *Resposta a um desafio*; 11. *Poesias*; 12. *Notas, pensamentos, memoriais*.

Devemos agradecer à Serva de Deus, madre Maria José de Jesus (Honorina Capistrano de Abreu), monja carmelita descalça do mosteiro de Santa Teresa no Rio de Janeiro, o ter traduzido pela primeira vez no Brasil *as Obras completas* de Santa Teresa.

Sua tradução foi feita com todo o esmero, mas o decorrer dos anos mostrou-nos a necessidade de uma nova tradução, fiel ao texto original, mas mais ágil, mais próxima da atual forma brasileira de expressar-se.

Edições Loyola apresenta ao público brasileiro uma edição das *Obras completas*, para a qual se utilizou o texto do nosso amigo e mestre Frei Tomas Alvarez, OCD, o melhor existente no mundo.

As *Obras completas* de Santa Teresa serão, sem dúvida, um instrumento de trabalho para os estudiosos e meio eficaz de meditação para os que querem mergulhar na experiência e conhecimento vivo do Deus-amor.

Para obra poética, mantivemos a tradução de madre Maria José de Deus. Grande poetisa, ela contou com a assistência de Manuel Bandeira para o estabelecimento do texto brasileiro.

Cronologia

1515	28 de março: nasce Teresa de Ahumada em Ávila; 4 de abril: batismo
1519	nasce seu irmão, Lourenço
1520	nasce seu irmão, Antônio
1521	nasce seu irmão, Pedro
1522	(?) foge com Rodrigo para a terra dos mouros: nasce seu irmão, Jerônimo
1527	nasce seu irmão, Agostinho
1528	novembro/dezembro: falece sua mãe, dona Beatriz
1531	(?) casamento de sua irmã mais velha, Maria, com Martin de B.; entra em Santa Maria da Graça
1533	(?) convalescente em Hortigosa y Castellanos de la Cañada
1534-35	partem para a América Hernando (Peru) e Rodrigo (Rio da Prata)
1535	2 de novembro: foge de casa para a Encarnação
1536	2 de novembro: toma o hábito
1537	3 de novembro: professa como carmelita no convento da Encarnação
1538	outono: sai enferma do convento da Encarnação. Lê o *Tercer abecedario*
1539	primavera: em Becedas; 15 de agosto: colapso de quatro dias na casa paterna; regressa ao convento da Encarnação; paralítica durante "quase três anos"
1542	curada, abandona a oração
1543	24-25 de dezembro: morre seu pai, don. Alonso; à época, Pe. Vicente Barrón é seu diretor espiritual
1546	18 de janeiro: batalha de Iñaquito; morre seu irmão, Antônio, devido aos ferimentos
1548	verão: peregrina ao santuário de Guadalupe
1554	quaresma (?): converte-se perante um Cristo chagado
1554-55	primeiros confessores jesuítas (Cetina, Prádanos)
1556	confessor: Pe. Baltasar Alvarez
1557	colóquio com São Francisco de Borja
1559	"Eu te darei o livro vivo": visões de Jesus Cristo
1559-60	visão do inferno; projeto de fundação do convento São José; encontro com São Pedro de Alcântara; escreve a primeira *Relação*
1561	trâmites para a fundação; 24 de dezembro: ordem de mudar-se para Toledo para a casa de dona Luisa de la Cerda
1562	janeiro-junho em Toledo; 7 de fevereiro: rescrito apostólico autorizando a fundação; junho: conclui a primeira redação da *Vida*; 24 de agosto: inaugura a fundação do convento São José
1563	priora do convento São José
1564	21 de outubro: primeiras profissões no convento São José
1565	17 de julho: bula de Pio IV, pobreza do novo Carmelo
1566	redige *Caminho de Perfeição*; agosto (?): visita do Pe. Maldonado, missionário na Índia
1567	18 de fevereiro: Rubeo inicia a visita ao Carmelo de Ávila; 27 de abril: Rubeo concede-lhe autorização para fundar; 13 de agosto: sai para a fundação de Medina
1568	abril: fundação de Malagón; 9 de agosto: de Medina a Valladolid, com frei João da Cruz; 15 de agosto: fundação do Carmelo de Valladolid; 28 de novembro: fundação dos frades descalços em Duruelo
1569	14 de maio: fundação do convento de Toledo; 22 de junho: fundação do convento das monjas em Pastrana; 26 de agosto: nomeação de visitadores dominicanos

1570	1º de novembro: fundação em Salamanca
1571	25 de janeiro: fundação de Alba de Tormes; 6 de outubro: priora do convento da Encarnação, em Ávila
1572	no final: escreve *Resposta a um desafio*; 18 de novembro: graça do matrimônio espiritual
1573	25 de agosto: começa a redação das *Fundações* em Salamanca
1574	março: viaja de Alba para Segóvia com João da Cruz; 19 de março: fundação de Segóvia; 7 de abril: chega a Segóvia a comunidade de Pastrana; 6 de outubro: termina no convento da Encarnação o seu mandato de priora; regresso a São José de Ávila
1575	24 de fevereiro: fundação de Beas; abril-maio: encontro com Gracián em Beas; 29 de maio: fundação de Sevilha; julho: Inquisição toma o autógrafo de *Vida*; 12 de agosto: chega da América à Espanha Lourenço de Cepeda; denunciada à Inquisição de Sevilha
1576	4 de junho: viaja de Sevilha a Toledo; verão: escreve *Modo de visitar os conventos*
1577	janeiro-fevereiro: episódio do *Vejámen*; 2 de junho: começa a escrever o *Castelo interior*, 27 de julho: em Ávila, o Carmelo de São José passa à jurisdição da Ordem; 29 de novembro: conclui o *Castelo interior*, 24 de dezembro: cai da escada e desloca o braço esquerdo
1578	em Ávila, chegam os Breves condenatórios de Sega (23 de julho-20 de dezembro)
1579	6 de junho: Quatro avisos aos Descalços; viaja a Medina, Valladolid, Salamanca, Alba, Ávila, Toledo e Malagón; 24 de novembro: chega a Malagón
1580	fevereiro: funda em Villanueva de la Jara. Viaja de Villanueva a Toledo, Madri, Segóvia; 22 de junho: Breve de separação dos Descalços; 26 de junho: morre seu irmão, Lourenço, em La Sema; agosto: gravemente enferma em Valladolid; 20 de dezembro: fundação de Palência
1581	3 de março: capítulo de Alcalá; escreve a *Relação* 6; 3 de junho: fundação de Sória; viaja para Sória, Osma, Villacastín, Ávila; 10 de setembro: priora no convento São José de Ávila
1582	janeiro: sofrida viagem de Ávila a Burgos; 20 de janeiro: São João da Cruz e Ana de Jesus fundam em Granada; abril: sai a primeira expedição de carmelitas missionários para a África; 19 de abril: fundação de Burgos; 26 de julho: deixa Burgos; viagem para Palência, Valladolid, Medina, Alba de Tormes; 20 de setembro: chega a Alba de Tormes, enferma; 4 de outubro: morre em Alba de Tormes

LIVRO DA VIDA

INTRODUÇÃO

Gênese e composição

A *Vida* é o primeiro livro escrito por Madre Teresa. Brotou de sua pena em plena maturidade, quando ela se aproximava dos 50 anos, depois de uma década de intensa e tormentosa vida mística.

A autora possuía o dom da palavra, tão fluida e vivaz em sua pena como em seus lábios. Nem a gramática nem o código de normas sintáticas eram seu forte. Mas ela se bastou a si mesma para forjar um estilo plástico, inquieto, brilhante e eficaz, mais fascinante na linguagem oral que na escrita, apesar de ter preservada no papel a mesma força que possuiria em seus lábios. Como escritora, ela demonstrou-se especialmente dotada para o relato e a descrição, como amplamente evidenciado nos seus livros posteriores.

A *Vida*, que devia ser puro relato, teve uma gestação lenta e trabalhosa. Foi fruto de prolongados forcejos e autênticas dores de espírito, através de um processo cujas etapas não nos será possível reconstruir. O *Livro da Vida* brotou na terra difícil da vida mística da própria autora, primícias da década de turbulentas experiências interiores, crisol no caminho místico, inédito na vida das pessoas e na elaboração dos escritos espirituais.

Fatos geradores

De 1555 a 1562, uma série de graças místicas invade a vida da Santa, transforma as mais profundas convicções de sua alma e por fim a confronta com a necessidade de empunhar a pena para referir suas desconcertantes experiências, a fim de submetê-las ao controle de técnicos profissionais, capazes de apurar os fatos e autenticar suas experiências interiores.

Mas a Santa não teve sorte: sua alma e seus papéis não caíram em boas mãos. Os conselheiros de primeira hora (um cavaleiro espiritual, Salcedo, e um padre secular, Daza) não estavam preparados para afrontar fenômeno de tamanha envergadura. Receosos da Santa e da própria incompetência, obrigaram sua alma a peregrinar de mão em mão, por entre consultores, jesuítas e dominicanos, que se alternaram na demanda de minuciosos informes escritos.

O mais penoso era que a pobre monja podia referir seus pecados, de palavra e por escrito; mas "o outro" — a onda de graças e de vida nova que se apoderava de sua alma — era simplesmente indizível, refratário a toda palavra. Uma barreira intransponível se interpunha entre suas experiências místicas e o papel disposto a recolhê-las. Ou mais exatamente, entre as experiências e suas próprias ideias a respeito delas: nem as compreendia, nem se entendia a si mesma. Eram vivências inexprimíveis mediante vocábulos, inaferráveis ao próprio pensamento: "Se entende, não entende como entende" (V 18, 14).

A mística neófita lutou contra a própria impotência; em vão. Teve de recorrer a um livro que falava de coisas similares às suas e ceder-lhe a palavra: nele sublinhou e anotou as passagens que pudessem dizer algo de semelhante ao que lhe ocorria e o entregou a seus examinadores. Tratava-se da *Subida del Monte Sión*, do insigne franciscano Bernardino de Laredo (V 23, 12).

Seu caso era, nem mais nem menos, o de todos os místicos: a transcendência, nocional e psicológica, das experiências interiores, que se traduz em uma situação de inefabilidade. O emaranhado de conceitos e pobres noções naturais, profanas ou simplesmente humanas, não serve para captar e reter as vivências de ordem superior filtradas no espírito; nem pode servir de veículo transmissor. Total inefabilidade: impotência expressiva e comunicativa.

Em Santa Teresa, o fenômeno revestiu um caráter mais relevante, pela pujança e abundância das graças místicas da primeira década, e pela facilidade e plenitude expressiva que sobreveio ao cair a mordaça da inefabilidade: "Por vários anos li muitas coisas e nada entendi; depois, apesar do que Deus me dava, eu não sabia dizer uma palavra que exprimisse essa situação, o que não me custou poucos sofrimentos... Para dizer a verdade, mesmo falando com muitas pessoas espirituais que queriam me explicar o que o Senhor me dava, para que eu o soubesse dizer, minha rudeza era tanta que pouco nem muito aproveitava" (V 12, 16).

A chegada de novos conselheiros impõe novas tentativas, que dão como resultado as primeiras *Relações* escritas. Quando São Pedro de Alcântara entra em cena, a Santa mística capta a sintonia espiritual do novo consultor ("vi que me entendia por experiência"), mas permanece reduzida à própria impotência ou a um mísero balbucio do inefável.

Até que, por fim, cai a cortina da inefabilidade, e ela passa a ser capaz de entender e dizer. E dessa nova capacitação nasce o *Livro da Vida*.

Ela mesma dá a explicação carismática da origem de sua obra. Segundo ela, a escala que conduz da experiência mística ao escrito místico consta de três passos: "Um favor é receber a graça do Senhor, outro é entender qual o favor e qual a graça, e outro ainda saber entender e explicar como é" (V 17,5). E, pena em punho, constata por si mesma que não é ela que elabora o que escreve.

Tudo isso acontecia em 1562 (primeira redação de *Vida*). O livro causou impacto. Ante aquelas páginas de indescritível dramatismo espiritual, os examinadores ficaram atônitos.

Os mestres, ainda sem depor de todo a toga de juízes do espírito, passam ao lugar de discípulos. Sua ordem de reescrever o livro traduzia um vivo anseio de aprendizado: precisavam ler e repassar aquelas páginas, a fim de adentrar no espírito do livro e da autora. Ela o compreendeu e aceitou.

O novo plano era não apenas passar para o papel a história de sua própria alma, mas comunicar seu próprio espírito. A história de sua vida passa a ser veículo do caudal de graças que a inundara.

Assim nasceu o texto definitivo, que atualmente possuímos. A autora o liberou do penoso cânon do puro relato confessional e o abriu à comunicação dos ideais e da própria tensão espiritual, elevando-o ao altiplano doutrinal da teologia mística. Introduziu em sua obra um tratado dos graus de oração, sob o símbolo sedutor de quatro maneiras de regar um jardim; para o bem das futuras leitoras de seu novo Carmelo, incluiu a história da fundação do mosteiro de São José; completou a exposição com o relato das graças finais e a forma de vida em que haviam desembocado os favores místicos anteriores e deu a seu escrito ares de livro, dividindo-o em quarenta capítulos.

Mensagem

O *Livro da Vida* é um *testemunho pessoal* e uma *tese*. A autora reflete sobre seu próprio caso para elevar-se a uma lição universal.

Para "dar testemunho", examina sua consciência e analisa sua alma, em um supremo esforço de simplicidade e de verdade; descreve e refere, até fazer de seu livro uma confissão. Pecados e graças, "bens e males" constituíam o núcleo primitivo do relato e subsistem como matéria-prima da redação definitiva, apesar de aqui a invasão do místico ter rompido o equilíbrio entre esses dois elementos, com evidente predomínio das graças sobre os pecados. E isso não só porque em seu caso pessoal prevaleceu o místico sobre o ascético, mas porque a razão de ser e o verdadeiro objeto de seu "testemunho" era o sobrenatural: atestar a existência e o valor das realidades sobrenaturais de seu mundo interior; para depois afirmar, num plano universal, a presença e excelência dessas realidades sobrenaturais em toda vida interior.

Essa combinação de testemunho e doutrina caracteriza todo o magistério teresiano e impõe à autora uma atitude pedagógica especial, nítida, precisa. Ela tem a clara consciência de não se achar numa cátedra, nem de dirigir-se a pobres aprendizes sentados a modo de discípulos. Eles são teólogos e juízes, que estudarão e julgarão inexoravelmente. Impossível adotar um tom doutoral.

Além disso, ela sabe que não sabe escrever, que não conhece o valor dos termos mais exatos para dizer o que diz; não sabe filosofia nem teologia; não possui a mágica pedra de toque que é a Sagrada Escritura.

Mas conta com vantagens que compensam amplamente essas lacunas. Tem a certeza de haver chegado, pela via da experiência, a um saber incontestável. Por isso não teme medir forças com qualquer letrado.

Sabe que Deus a cumulou com um tesouro de dados sobrenaturais que não necessita de sistemas nem de teorias para ser exposto. Sabe, ainda, que nem todos possuem, como ela, o carisma de dizer o inefável místico, concedido pelo Senhor depois de longos anos de balbucios e impotência expressiva. O carisma não só impregnou de unção sua palavra viva, mas conferiu uma espécie de magia e poder de transmissão a sua palavra escrita.

Por isso escreve: para contagiar outros com sua loucura, para fazê-los padecer de seu mal. Não pretende teorizar, mas atrair para a órbita radiosa da vida que descobriu. Sabe que faz escola. E, longe de soltar-se pelos domínios aventurosos do puro saber, aprofunda-se nos caminhos do espírito até a raiz estremecida do advento do sobrenatural no humano.

Mais que teologia espiritual, seu livro é pedagogia mística: sua mensagem foi vivida, antes de ser escrita.

O Livro da Vida não pode ser considerado uma autobiografia no sentido técnico da palavra. Ele não se atém à linearidade cronológica dos fatos. Antes, deixa-se levar pela força do Espírito Santo, que impulsiona a autora a extravasar todo o amor que se agita no seu coração. É espontâneo, familiar, uma autêntica fotografia do seu mundo interior. Os mais íntimos sentimentos que nortearam a vida de Teresa menina, jovem, carmelita são expressos com o sabor de uma longa e detida confissão.

Trata-se de uma narrativa em tom coloquial, que seduz o leitor, conduzindo-o a envolver-se plenamente nos projetos dessa monja audaciosa.

A redação do *Livro da Vida* não apresenta esquema preestabelecido, ocorrendo inevitáveis repetições, que não cansam porque apresentam prismas sempre novos.

A *Vida* é considerada por muitos teresianistas o acesso pelo qual penetramos o mundo de Teresa e descobrimos os fenômenos místicos, as graças particulares, o limiar do Divino, a transmutação de uma mulher de gênio forte e vigoroso, animada pela força do Espírito de Deus, que a quer como fermento de vida nova na Igreja.

Teresa é uma reformadora da vida religiosa do seu tempo. O seu espírito crítico leva-a a seguir novos caminhos. Com a ousadia que a celebrizou, não poupa observações rigorosas aos clérigos e bispos do seu tempo.

Neste livro, para além da riqueza de temas, Teresa concede particular atenção à oração, sem deixar de abordar a triste e difícil situação da Igreja dividida e os problemas da Espanha do século XVI. Os dominicanos e jesuítas são frequentes parceiros de diálogo, bem como São Pedro de Alcântara, grande amigo de Teresa, cujas extravagantes penitências a comoviam, sem movê-la à imitação.

No *Livro da Vida*, Teresa, como verdadeira mestra e pedagoga, nos conduz suavemente ao encontro dos mistérios de Deus. O Deus de Teresa não está ausente de nossa vida. Caminha e faz história conosco, vive dentro de nós e nos envia para dar testemunho de seu amor aos homens.

JHS

1. Quisera eu que, assim como me mandaram e deram ampla licença para escrever o modo de oração e as mercês que o Senhor me tem concedido, também ma dessem para que, com muita frequência e clareza, dissesse os meus grandes pecados e vida ruim; isso seria para mim grande consolo. Mas não quiseram e, antes, preferiram que a isso me restringisse. E por isso peço, por amor de Deus, que quem ler este relato da minha vida tenha diante dos olhos que fui tão ruim que não encontro santo dentre os que voltaram para Deus com quem me consolar. Porque considero que depois de o Senhor os ter chamado, não O tornavam a ofender. Eu não só voltava a ser pior, como parecia estudar a maneira de resistir às mercês que Sua Majestade me concedia, como quem se visse obrigado a servir mais e percebesse não ser capaz de pagar parte mínima do que devia.

2. Bendito seja Ele para sempre, que tanto me esperou; e, com todo o meu coração, suplico me dê graça para, com toda clareza e verdade, fazer este relato que meus confessores me mandam. Que o Senhor o quer, eu o sei há muitos dias, mas não me atrevi; e que seja para glória e louvor Seu e para que, doravante, conhecendo-me eles melhor, ajudem-me na minha fraqueza para que eu possa compensar algo do que devo ao Senhor, a Quem sempre devem louvar todas as coisas. Amém.

CAPÍTULO 1

Trata de como o Senhor começou a despertar a sua alma na infância para as coisas virtuosas e de quanto contribui para isso serem os pais virtuosos.

1. Não fosse eu tão ruim, bastaria ter pais virtuosos e tementes a Deus como favor do Senhor para que fosse boa[1]. Meu pai gostava de ler bons livros e os tinha em vernáculo para que seus filhos os lessem. E isso[2], ao lado do cuidado de minha mãe em fazer-nos rezar e ter devoção por Nossa Senhora e por alguns santos, começou a despertar-me com a idade de, ao que me parece, seis ou sete anos. Ajudava-me não ver em meus pais inclinação senão para a virtude. Tinham muitas.

Meu pai era homem muito caridoso com os pobres e piedoso com os enfermos e até com os criados; tanto que jamais se pôde conseguir que tivesse escravos[3], porque tinha deles grande dó. Estando certa vez uma escrava de um seu irmão em sua casa, ele a tratava como a seus filhos. Dizia que o fato de não ser ela livre em nada prejudicava a sua piedade. Era muito sincero. Ninguém jamais o viu praguejar ou murmurar. Era de extrema honestidade.

2. Minha mãe também tinha muitas virtudes e passou a vida com grandes enfermidades. Grandíssima honestidade. Embora muito bela, nunca deu ensejo a que se pensasse ser ela vaidosa, porque, apesar de morrer aos trinta e três anos, seu traje já era o de uma pessoa de muita idade. Muito pacífica e de grande entendimento. Foram enormes os trabalhos por que passou enquanto viveu. Morreu muito cristãmente.

3. Éramos três irmãs e nove irmãos. Pela bondade de Deus, todos se pareciam com os pais na virtude, menos eu, embora fosse a mais querida de meu pai. E, antes de começar a ofender a Deus, parece que eu tinha alguma razão para isso; porque me lastimo quando me recordo das boas inclinações que o Senhor me dava e de quão mal delas tirei proveito.

4. Pois os meus irmãos em nada me prejudicavam no servir a Deus[4]. Um deles, quase da minha idade, juntava-se a mim na leitura da vida dos santos (ele era aquele a quem eu mais que-

---

1. Foram pais da Santa: Alonso Sánchez de Cepeda (1480?-1543) e Beatriz de Ahumada (1495?-1529?). Alonso casara em segundas núpcias com Beatriz em 1509, quando ela tinha cerca de 14 anos. Beatriz deu à luz a Santa por volta dos 20 anos. A primeira esposa de Alonso fora Catalina del Peso y Henao, falecida em 1507, em Horcajuelo, e deixou dois filhos, María e Juan.

2. No original, *estos*, os bons livros. A frase correta seria: *esto... comenzó a despertarme*. O leitor vai encontrar em muitas passagens dos escritos teresianos essas liberdades gramaticais; é bom que saiba disso desde a primeira página para evitar embaraços. Deve-se seguir o texto não como quem lê um livro, mas como quem escuta uma conversa. — Entre os "bons livros" da biblioteca de Alonso naqueles anos havia um *Retablo de la vida de Cristo, De Officiis*, de Túlio, um livro de Boécio, um *Tratado de la Misa, Los siete pecados, Proverbios* de Sêneca, de Virgílio, *Las trescientas* e *La Coronación*, de Juan de Mena, "e um *Lunario*".

3. Mouros a serviço de famílias fidalgas em situação de liberdade limitada.

4. Foram muito numerosos os irmãos da Santa: duas irmãs (a primeira e a última na série de filhos de Alonso) e, ao menos, oito irmãos; com a Santa, eram onze. Ei-los: María de Cepeda, nascida por volta de 1505; Juan de Cepeda, 1507; Hernando de Ahumada, 1510; Rodrigo de Cepeda, 1511; Teresa de Ahumada, 1515; Lorenzo de Cepeda, 1519; Antonio de Ahumada, 1521; Jerónimo de Cepeda, 1522; Agustín de Ahumada, 1527, e Juana de Ahumada, 1528. Os dois primeiros pertencem às primeiras núpcias de Alonso. Há antigos historiadores que falam de um terceiro filho dessas núpcias, um certo Pedro, de quem nada de concreto se sabe. Propôs-se recentemente em seu lugar o nome de Juan de Ahumada, que seria filho de Alonso e Beatriz.

ria, embora tivesse grande amor por todos, e eles por mim). Como via os martírios que as santas passavam por Deus, parecia-me que pagavam muito pouco o gozo de Deus, e eu desejava muito morrer assim, não pelo amor que achava ter por Ele, mas para gozar, tão cedo, dos grandes bens que lia haver no céu; e, com esse meu irmão, discutia o meio que haveria para isso. Combinávamos ir para a terra dos mouros, pedindo pelo amor de Deus que nos decapitassem. E parece-me que o Senhor nos daria ânimo em tão tenra idade se víssemos algum meio, mas o fato de ter pais nos parecia o maior problema[5].

Espantava-nos muito a afirmação, no que líamos, de que a pena e a glória eram para sempre. Ocorria de passarmos muito tempo tratando disso e nos agradava dizer muitas vezes: para sempre, sempre, sempre! Por dizer isso muito devagar, ficava impresso em mim, em tão tenra idade, o caminho da verdade — com que o Senhor era servido.

5. Quando vi ser impossível ir aonde me matassem por Deus, resolvemos ser eremitas; e, numa horta que havia na casa, tentávamos, como podíamos, fazer ermidas, amontoando pedregulhos, que logo vinham abaixo. E assim em nada achávamos remédio para nosso desejo; como se reforça agora a minha devoção ver que Deus me dava tão cedo o que perdi por minha culpa.

6. Eu dava esmola como podia, e pouco podia. Procurava a solidão para rezar as minhas devoções, que eram muitas, em especial o rosário, de que a minha mãe era muito devota, e, assim, nos fazia sê-lo. Gostava muito, quando brincava com outras meninas, de fazer mosteiros, como se fôssemos monjas; e parece-me que eu desejava sê-lo, embora não tanto quanto as outras coisas de que falei.

7. Recordo-me de que, quando minha mãe morreu, eu tinha doze anos, ou um pouco menos[6]. Quando comecei a perceber o que havia perdido, ia aflita a uma imagem de Nossa Senhora e suplicava-lhe, com muitas lágrimas, que fosse ela a minha mãe. Parece-me que, embora o fizesse com simplicidade, isso me tem valido; porque reconhecidamente tenho encontrado essa Virgem soberana sempre que me encomendo a ela e, enfim, voltou a atrair-me a si[7]. Incomoda-me agora ver e pensar no motivo por que não me mantive íntegra nos bons desejos com que comecei.

8. Ó Senhor meu! Como pareceis ter determinado que eu me salve, praza a Vossa Majestade que assim seja; e, concedendo-me tantas mercês como me tendes concedido, não teríeis podido fazer que, não para meu proveito mas por respeito a Vós, não se sujasse tanto a pousada onde com tanta frequência haveríeis de morar? Aflige-me, Senhor, até dizer isso, pois sei que foi minha toda a culpa; porque não me parece que vos faltasse desvelo para levar-me, desde essa idade, a ser toda Vossa. Quanto a queixar-me de meus pais, tampouco posso, porque não via neles senão todo bem e cuidado pelo meu bem.

Porque, depois dessa idade, em que comecei a entender as graças de natureza que o Senhor me dera — que, segundo diziam, eram muitas — e, devendo começar a dar graças por elas, passei a me utilizar de todas para ofendê-Lo, como agora direi.

---

5. Não somente "combinaram" a expedição como a iniciaram. O fato é fartamente documentado. Diz Ribera: "Enfim, levou isso tão a sério que, com alguma coisa para comer, saiu com o irmão da casa do pai, determinados a ir à terra de mouros, onde lhes cortassem a cabeça por Jesus Cristo. E, saindo pela porta do Adaja... cruzaram a ponte, até que um tio seu os encontrou e os fez voltar à casa... O menino se desculpava dizendo que a irmã o fizera tomar aquele caminho" (*Vida*..., 1,4). — À margem dessa passagem, Gracián anotou em seu exemplar das obras da Santa: "Rodrigo de Ahumada". Ele foi o companheiro de fuga de Teresa. "Rodrigo foi para a América em setembro de 1535 e morreu no ano seguinte, ou em 1537, lutando contra os índios payaguas, em terras banhadas pelo rio da Prata até o deserto do Chaco. Nascera em 1511, e tinha tanto carinho pela irmã Teresa que, ao partir para as Índias, fê-la sua herdeira legal" (Silverio).

6. É pouco precisa a memória da Santa para datas. Beatriz fez testamento em 24 de novembro (último dia do ano no sistema avilês de então) de 1528. Morreu nos primeiros dias do ano seguinte. Portanto, Santa Teresa, nascida em 1515, já chegara aos treze anos.

7. "Diz a tradição que a imagem a quem a Santa suplicou que fosse sua mãe é Nossa Senhora da Caridade, então venerada na ermida de São Lázaro, junto ao Adaja, e, na catedral, quando foi derrubada a ermida, na primeira metade do século XIX. Afirma-se que Teresa e Rodrigo se encomendaram a essa mesma imagem antes de iniciarem o caminho do martírio. Para comemorar esses fatos da vida da Santa, celebra-se todos os anos uma procissão que vai da catedral ao Convento das Carmelitas Descalças, no dia 15 de outubro" (Silverio).

CAPÍTULO 2

Trata de como foi perdendo essas virtudes e de quanto importa, na infância, tratar com pessoas virtuosas.

1. Parece-me que começou a me prejudicar muito o que agora vou dizer. Considero algumas vezes o mal que fazem os pais em não procurar que seus filhos vejam sempre, e de todas as maneiras, coisas virtuosas. Porque, sendo minha mãe, como eu disse[1], tão virtuosa, ao chegar ao uso da razão não aproveitei tanto do bem, enquanto o mal muitos prejuízos me trouxe. Ela gostava de livros de cavalaria[2], e esse passatempo não lhe fazia tão mal quanto a mim, porque ela não deixava seu labor, somente nos dando liberdade para lê-los. E é possível que o fizesse para não pensar nos grandes sofrimentos que tinha, e para ocupar seus filhos, evitando que se perdessem em outras coisas. Isso pesava tanto a meu pai, que era preciso ter cuidado para que ele não o visse. Acostumei-me a lê-los; e aquela pequena falta que nela eu via fez esfriar em mim os desejos, levando-me a me descuidar das outras coisas; e não me parecia ruim passar muitas horas do dia e da noite em exercício tão vão, escondida de meu pai. Era tamanha a minha absorção que, se não tivesse um livro novo, em mais nada encontrava contentamento.

2. Comecei a enfeitar-me e a querer agradar com a boa aparência, a cuidar muito das mãos e dos cabelos, usando perfumes e entregando-me a todas as vaidades. E eram muitas as vaidades, porque eu era muito exigente[3]. Não tinha má intenção, não desejava que alguém ofendesse a Deus por minha causa. Durou muitos anos esse requinte demasiado, ao lado de outras coisas que não me pareciam pecado. E agora vejo que mal deviam trazer.

Alguns primos irmãos meus[4] eram os únicos a frequentar a nossa casa, porque o meu pai era muito recatado; e quisera Deus que também o tivesse sido com esses, pois agora percebo o perigo que vem do contato, na idade em que se deve começar a ter virtudes, com pessoas que, não reconhecendo a vaidade do mundo, nos atraem para ela. Meus primos eram quase da minha idade, sendo pouco mais velhos que eu. Andávamos sempre juntos. Eles gostavam muito de mim, e conversávamos sobre todas as coisas que lhes davam prazer. Eu os ouvia falar de suas aspirações e leviandades, que nada tinham de boas. Pior ainda foi que a minha alma começou a não resistir ao que lhe causava todo o mal.

3. Se eu tivesse de aconselhar, diria aos pais para se acautelarem com as pessoas que têm contato com seus filhos nessa idade. É grande o perigo, já que a nossa natureza tende mais para o mal do que para o bem.

Foi o que aconteceu comigo. Eu tinha uma irmã mais velha do que eu[5], e não aprendi nada com a sua grande honestidade e bondade, mas assimilei todo o mal de uma parenta que frequentava muito a nossa casa. Sua grande leviandade levara minha mãe a se esforçar muito para afastá-la de casa; ela parecia adivinhar o prejuízo que me sobreviria, e eram tantas as oportunidades de visitas que minha mãe nada pôde fazer. Passei a gostar dessa parenta. Com ela tinha conversas e entretenimentos, porque ela me ajudava em todas as diversões do meu agrado e até me atraía para elas, tornando-me ainda confidente de suas conversas e vaidades. Até o momento em que com

---

1. Capítulo 1, n. 2.
2. Romances fantásticos de aventuras amorosas muito em voga por todo o século XVI, até que Cervantes os ridicularizou de modo definitivo (cf. *Dom Quixote*, P. I, cap. 6). A Santa, de alma cavalheiresca e muito filha de sua época, deixou-se seduzir por essas leituras. Há até biógrafos antigos que lhe atribuem a autoria de um desses livros, escrito nessa época com a colaboração de Rodrigo, o da fuga em busca do martírio (cf. Ribera, *Vida*, L. 1, cap. 5, confirmado pelo Pe. Gracián).
3. Numa carta de 23 de dezembro de 1561, ela escreve acerca da beleza de uma imagem da Virgem, artefato indígena que lhe fora presenteado pelo seu irmão Lorenzo, trazido de Quito: "Se fosse no tempo em que eu me adornava com ouro, teria tido muita inveja da imagem".
4. É bem provável que esses primos tenham sido os filhos de Elvira de Cepeda, viúva de Hernando Mejía: Vasco (1507), Francisco (1508) e Diego (1513).
5. "Chamava-se María de Cepeda", anota Gracián à margem do seu exemplar. Era a primogênita de Alonso, dez anos mais velha que a Santa.

ela convivi, por volta dos meus catorze anos, ou um pouco mais (quando ela era minha amiga e eu ouvia as suas confidências), não creio ter me afastado de Deus por algum pecado mortal nem perdido o temor d'Ele, embora fosse mais forte o sentimento da honra. Este foi forte o bastante para que eu não a perdesse de todo; e tenho a impressão de que nada neste mundo poderia me fazer mudar nesse aspecto, nem o amor de nenhuma pessoa era capaz de me fazer fraquejar quanto a isso. Teria sido muito melhor se eu tivesse usado essa força para não ofender a honra de Deus, em vez de empregar tanto esforço em não fracassar no que considerava a honra do mundo! E, no entanto, eu a perdia de tantas outras maneiras!

4. Eu exagerava nesse inútil apego à honra. Não empregava os meios necessários para conservá-la, preocupando-me apenas em não me perder por inteiro.

Meu pai e minha irmã tinham muito desgosto com essa amizade, repreendendo-me frequentemente por mantê-la. Como não podiam evitar que a parenta fosse à nossa casa, foram inúteis os seus esforços, pois era grande minha esperteza para o mal. Às vezes, o prejuízo que vem das más companhias me causa espanto e, se não tivesse passado por isso, não poderia acreditar; especialmente na época da mocidade, deve ser maior o mal que isso traz. Eu gostaria que os pais, com o meu exemplo, se acautelassem e observassem bem isso. A verdade é que essa amizade me transformou a tal ponto que quase nada restou da minha inclinação natural para a virtude; e me parece que ela e outra moça, que gostava do mesmo tipo de passatempo, imprimiam em mim seus hábitos.

5. Isso me faz entender o enorme proveito que vem da boa companhia, e estou certa de que, se naquela idade tivesse tido contato com pessoas virtuosas, a minha virtude teria se mantido intacta; porque, se tivesse tido, nessa idade, pessoas que me ensinassem a temer a Deus, a minha alma teria se fortalecido contra a queda. Tendo perdido esse temor de Deus, ficou-me apenas o de perder a honra, o que, em tudo o que eu fazia, me trazia aflição. Pensando que não se teria como descobrir, atrevi-me a fazer coisas contra a honra e contra Deus.

6. Foram essas coisas que, em princípio, me fizeram mal, e creio que a culpa não devia ser dessa parenta, mas minha, visto que já bastava minha própria inclinação para o mal; havia na casa criadas, que em tudo me ajudavam em minhas vaidades; se alguma me tivesse dado bons conselhos, talvez eu tivesse aproveitado. Mas dominava-as o interesse; e a mim, a afeição. Eu não me entregava a pecados graves, porque não gostava, por natureza, de coisas desonestas, mas me dedicava a conversas agradáveis — o que não impedia que eu estivesse em perigo, exposta a situações arriscadas, expondo a elas também meu pai e meus irmãos. De tudo isso Deus me livrou, e de um modo que mostrou com clareza estar Ele procurando, até contra a minha vontade, evitar que eu me perdesse por inteiro. Mas o meu proceder não permaneceu tão oculto a ponto de não lançar dúvidas contra a minha honra e criar suspeitas em meu pai. Eu estava envolvida nessas vaidades há uns três meses, quando me levaram a um mosteiro existente no lugar[6]; nele, criavam-se pessoas em condições semelhantes, embora não de costumes tão ruins quanto os meus; e isso de maneira tão discreta, que só eu e um parente o soubemos. Dessa maneira, esperaram uma ocasião adequada, que não parecesse estranha: foi o casamento da minha irmã, que me deixou só, sem mãe, o que não parecia próprio[7].

7. Era tão grande o amor de meu pai por mim, e tanta a minha dissimulação, que ele não acreditava que eu fosse tão má, razão por que não perdeu a confiança em mim. Como o período dessas minhas leviandades foi curto, embora alguma coisa tivesse sido percebida, nada se podia

---

6. "Fala do convento de Nossa Senhora da Graça, de monjas agostinianas, situado fora da cidade, que ainda existe, com fama de muita observância regular. Eram recebidas nele donzelas seculares, em geral nobres e recatadas. Sobre a vigilância de alguma monja, levavam uma vida virtuosa e de recolhimento, mas não equivalente, em cultura, à que agora existe nos colégios de religiosas" (Silverio).

7. Essa sua irmã, María de Cepeda, casou-se em janeiro de 1531. A Santa tinha dezesseis anos ao tornar-se aluna de colégio.

dizer com certeza; com o grande cuidado que eu tinha para que nada se soubesse, visto que temia tanto pela minha honra, eu não via que não podia ocultar algo de quem tudo vê. Ó Deus! Que mal faz ao mundo não se levar isso em conta e pensar que alguma coisa contra Vós possa ser secreta! Estou certa de que muitos males seriam evitados se soubéssemos que o importante não é nos ocultar dos homens, mas evitar descontentar a Vós.

8. Os primeiros oito dias foram dolorosos, e mais por eu temer que minha vaidade tivesse sido divulgada do que por estar ali. Na época, eu já estava cansada e passara a temer muito a Deus quando o ofendia, procurando confessar-me tão logo pudesse. Isso me causava tanto desassossego que, depois de oito dias no mosteiro, talvez antes, eu estava muito mais feliz que na casa de meu pai. Todas estavam satisfeitas comigo, pois o Senhor me concedeu a graça de agradar a todos onde quer que eu estivesse, sendo assim muito querida. Naquele tempo, desgostava-me a ideia de tornar-me monja; apesar disso, eu apreciava ver as boas religiosas daquela casa, muito honestas, fervorosas e recatadas. E, no entanto, isso não impedia o demônio de me tentar nem as pessoas de fora de me desassossegar com recados. Como, porém, eu os desencorajasse, breve tudo teve fim. Minha alma reencontrou o bem de minha meninice, e vi o grande favor que Deus concede a quem se põe em companhia dos bons. Creio que Ele buscava incessantemente a melhor maneira de me trazer a Si. Bendito sejais, Senhor, que tanto sofrestes por mim! Amém.

9. Havia algo que, não fossem tantas as minhas culpas, talvez pudesse me desculpar: minhas amizades podiam acabar bem, resultando em casamento. Meu confessor e outras pessoas que me aconselhavam diziam que muitas coisas que eu fazia não eram contrárias a Deus.

10. Em nosso dormitório de educandas dormia uma monja[8] por meio da qual o Senhor quis, ao que parece, começar a iluminar-me; falarei disso agora.

CAPÍTULO 3

Trata de como a boa companhia serviu para reavivar seus desejos e de como o Senhor começou a dar-lhe algum conhecimento sobre o engano pelo qual se deixara atrair.

1. Comecei a gostar da boa e santa conversa dessa monja, agradando-me ouvi-la falar tão bem de Deus. Ela era muito discreta e virtuosa. Em nenhum momento, penso eu, perdi o prazer de ouvir essas coisas. Ela me contou que decidira ser monja apenas por ter lido as palavras do Evangelho: *Muitos são os chamados e poucos os escolhidos*[1]. Ela me falava da recompensa dada pelo Senhor a quem deixa tudo por Ele. Essa boa companhia foi dissipando os hábitos que a má tinha criado, elevando o meu pensamento no desejo das coisas eternas e reduzindo um pouco a imensa aversão que sentia por ser monja. Eu tinha muita inveja quando via alguma monja chorar ao rezar ou praticar outras virtudes. Nesse período, meu coração era tão duro que a leitura de toda a Paixão não arrancaria de mim uma lágrima, o que me deixava muito pesarosa.

2. Fiquei nesse mosteiro um ano e meio, tendo melhorado muito. Comecei a fazer muitas orações vocais e a pedir a todos que me encomendassem a Deus, para que Ele me indicasse o caminho em que melhor o servisse. Eu queria, no entanto, que não fosse como monja, que Deus não me desse esse desejo, muito embora temesse o casamento.

Ao final do tempo que ali passei, já aceitava mais a condição de monja, mas não naquele lugar, porque havia ali algumas práticas virtuosas que me pareciam exageradas. Algumas das colegas mais novas eram também dessa opinião. Teria sido muito bom se todas pensassem igual. Além disso, eu tinha uma grande amiga[2] em outro mosteiro e decidira ser monja, se isso tivesse

---

8. María de Briceño (1498-1584), de ilustre família avilesa, então mestra das colegiais.
1. Mt 20,16.
2. À margem do seu exemplar, o Pe. Gracián anotou: "Chamava-se Juana Juárez". Ela era monja carmelita no Mosteiro da Encarnação de Ávila e, na época, a Santa costumava visitá-la. Outra freira do mosteiro recordou-se, muitos anos

de acontecer, apenas onde ela estivesse. Eu me entregava mais ao que agradava à minha sensualidade[3] e vaidade do que àquilo que era para o bem da minha alma. Tinha algumas vezes bons pensamentos de dedicar-me a Deus, mas estes logo passavam, e eu não me convencia a fazê-lo.

3. Nessa época, embora não me dedicasse à minha salvação, o Senhor cuidava mais de mim, encaminhando-me para o estado que mais me servia. Ele me deu uma grave doença, que me fez voltar para a companhia de meu pai. Curada, fui levada à casa de minha irmã, que morava numa aldeia[4], para fazer-lhe uma visita. Era muito grande o seu amor por mim e, por sua vontade, eu nunca deixaria a sua companhia. Seu marido compartilhava disso; pelo menos demonstrava-me grande afeição. Uma das grandes graças que devo ao Senhor é ter sido querida em todo lugar em que estive, e eu em troca o servia sendo o que sou.

4. Um irmão de meu pai morava no caminho. Pessoa muito experiente, muito virtuosa, viúvo, ele estava sendo preparado pelo Senhor para o Seu serviço. Tendo deixado tudo o que tinha em idade avançada, abraçou a vida religiosa e morreu em tamanha santidade que deve estar na companhia de Deus[5]. A pedido seu, detive-me com ele alguns dias. Ele costumava dedicar-se à leitura de bons livros em castelhano e de modo geral falava sobre Deus e a vaidade do mundo. Meu tio fazia-me lê-los e, embora não me agradassem esses livros, eu mostrava que sim; porque, no tocante a dar prazer aos outros, mesmo que me custasse sacrifícios, eu me esforçava muito. E a tal ponto que em outras pessoas teria sido uma virtude, enquanto em mim era, reconheço, enorme defeito, visto agir muitas vezes sem discrição.

Valha-me Deus! De que maneira Sua Majestade dispunha de mim para a condição em que quis se servir de mim! Sem que eu o quisesse, obrigou-me a me fortalecer! Bendito seja para sempre. Amém.

5. Fiquei poucos dias na casa desse meu tio. A força das palavras de Deus, tanto lidas como ouvidas, e a boa companhia me fizeram compreender as verdades que entendera quando menina: a inutilidade[6] de tudo o que há no mundo, a vaidade existente neste, a rapidez com que tudo acaba. Passei a pensar e a temer que talvez fosse para o inferno caso morresse naquele momento. Apesar de a minha vontade de ser monja não ser absoluta, percebi ser essa a condição melhor e mais segura; e, assim, aos poucos, decidi forçar-me a abraçá-la.

6. Passei três meses nessa batalha, lutando comigo mesma com o seguinte raciocínio: os trabalhos e o sacrifício de ser monja não podiam ser maiores do que os do purgatório, e eu bem que merecia os do inferno; por isso, não seria demais viver como no purgatório se depois fosse diretamente para o céu. E assim me decidi.

Nesse esforço para decidir sobre a escolha de estado, acredito que me impelia mais um temor servil do que o amor. O demônio insinuava que eu não ia suportar as exigências da vida religiosa, por gostar tanto de comodidades. Eu replicava com a lembrança dos sofrimentos de Cristo, acreditando que não seria demais passar por alguns por Ele; achava também que Ele me ajudaria — mas não tenho certeza disso. Foram muitas as tentações por que passei.

---

mais tarde, dessas visitas: "Lembro-me de quando a Santa Madre vinha visitar algumas vezes este convento e tenho vaga memória de uma saia alaranjada com debruns de veludo negro". (Cf. B. M. C., t. 11, p. 113.)

3. *Sensualidade*: no léxico teresiano, tem acepção própria e um tanto variada, mas sempre distinta da moderna; equivale à "parte sensitiva ou sensível do composto humano", a "sentidos e sensibilidade" e também à "carne como terceiro inimigo da alma" (cf., nesta última acepção: *Fund.* cap. 5, n. 12, e *Vida*, cap. 7, n. 4). O adjetivo *sensual* é usado na mesma acepção.

4. Ela se refere à irmã mais velha, María de Cepeda, a quem elogiou no cap. 2, n. 3, casada desde o começo de 1531, pouco antes de Teresa ir para Santa María de Gracia; seu cunhado era Martín de Guzmán y Barrientos. Eles moravam em Castellanos de la Cañada, aldeota avilesa de dez famílias.

5. Tratava-se de Pedro Sánchez de Cepeda (viúvo de Catalina del Aguila), residente na aldeota de Hortigosa, a poucos quilômetros de Ávila. Homem "espiritual", dado à penitência e à leitura piedosa, vivia como um frade e de fato morreu monge num mosteiro de jerónimos.

6. Alusão às suas profundas meditações infantis, cf. cap. 1, n. 4.

7. Afligiam-me nessa época constantes desmaios, bem como febres. Minha saúde nunca foi muito boa. O que me ajudou foi já ter me tornado amiga dos bons livros. Lia as Epístolas de São Jerônimo[7], que me animaram a tal ponto que decidi dizê-lo a meu pai. Isso quase equivalia a tomar o hábito, porque, sendo tão briosa, de maneira alguma voltaria atrás, tendo-o declarado. Era tanto o amor que meu pai me dedicava que de forma alguma pude convencê-lo, nem o conseguiram as pessoas a quem pedi que lhe falassem. O máximo que ele disse foi que, depois de sua morte, eu faria o que quisesse. Eu sabia que não podia confiar em mim mesma e temia que a minha fraqueza me fizesse recuar, e por isso achei que devia insistir e fiz esforços que me conduzissem a isso por outro caminho, como vou contar agora.

CAPÍTULO 4

Diz como o Senhor a ajudou a triunfar sobre si mesma para tomar o hábito e das muitas doenças que Sua Majestade começou a lhe dar.

1. Na época em que eu estava preocupada com essas decisões, convenci um dos meus irmãos a se tornar frade[1], persuadindo-o da vaidade do mundo; e resolvemos ir juntos um dia, bem de manhã, ao mosteiro onde estava aquela minha amiga — esse era o mosteiro que mais me agradava[2]. Naquele momento, eu estava de tal modo decidida a ser monja que teria ido a qualquer mosteiro onde pudesse servir mais a Deus ou que agradasse ao meu pai. Eu estava voltada para curar a minha alma e dedicava o maior descaso à minha comodidade.

Lembro-me bem, e creio que com razão, que o meu sofrimento ao deixar a casa paterna não foi menor que a dor da morte[3]. Eu tinha a impressão de que os meus ossos se afastavam de mim e que o amor de Deus não era maior do que o amor ao meu pai e à minha família, sendo necessário fazer tamanho esforço que, se o Senhor não me tivesse ajudado, as minhas considerações não teriam bastado para que eu prosseguisse. No momento certo, o Senhor me deu ânimo na luta contra mim mesma e, assim, levei adiante o meu propósito.

2. Quando tomei o hábito, o Senhor logo me fez compreender como favorece os que se esforçam por servi-Lo. Ninguém percebeu o meu esforço, mas só a minha imensa vontade. Ao fazê-lo, tive tal alegria de ter abraçado aquele estado que até hoje permaneço com ela; Deus transformou a aridez que tinha a minha alma em magnífica ternura. As observâncias da vida religiosa eram um deleite para mim; na verdade, nas vezes em que varria, em horários que antes dedicava a divertimentos e vaidades, me vinha uma estranha felicidade não sei de onde, diante da lembrança de estar livre de tudo aquilo.

Quando me lembro disso, não existe nada, por mais difícil e penoso, que eu deixe de realizar se puder. Na minha experiência de muitas ocasiões, se faço o esforço inicial, determinando-me a fazê-lo (sendo só por Deus, Ele quer — para o nosso maior merecimento — que a alma sinta aquele pavor até começar e, quanto maior ele for, maior a recompensa, e mais saborosa se torna depois), ainda nesta vida nos premia Sua Majestade por caminhos que só quem passa por isso o entende. Sei disso por experiência, como disse, em muitas coisas deveras graves; por isso, jamais

---

7. Muito provavelmente ela as leu na versão do bacharel Juan de Molina, "Las epístolas de San Jerónimo con una narración de la guerra de las Germanías", dedicada a María Enríquez de Borja, Duquesa de Gandía e Abadessa do Mosteiro de Santa Clara, da mesma cidade, em Valência, por Juan Jofre, 1520, ou, talvez, em alguma das sucessivas reedições: Valência 1522 e 1526, ou Sevilha 1532.

1. Tratava-se de Antonio de Ahumada, cinco anos mais novo que ela, que pediu o hábito dominicano no Colégio de Santo Tomás. Menos eloquente ou menos eficaz do que Teresa, ele não conseguiu convencer os religiosos, amigos de D. Alonso, a admiti-lo sem o consentimento paterno. Entrou depois nos Jerônimos de Ávila, de onde teve de sair por falta de saúde. Foi para as Índias, onde morreu em 20 de janeiro de 1546, devido aos ferimentos recebidos na batalha de Iñaquito (Equador), travada dois dias antes.

2. Mosteiro da Encarnação de Ávila, onde era carmelita "aquela sua amiga", Juana Juárez: cf. cap. 3, n. 2.

3. Gracián anotou à margem do seu exemplar "Dia de Finados". Era, provavelmente, 2 de novembro de 1535.

aconselharia, se tivesse de fazê-lo, que, quando vier uma boa inspiração repetidas vezes, se deixe, por medo, de empreendê-la; porque, se o fizermos somente por Deus, não há por que temer o fracasso, pois poderoso é Ele em tudo. Bendito seja para sempre. Amém.

3. Bastariam, ó sumo Bem e descanso meu, as mercês que me tendes feito até aqui: trazendo-me, por tantos rodeios da Vossa piedade e grandeza, a uma condição tão segura e a uma casa com tantas servas Suas que me podem servir de exemplo para ir crescendo em Vosso serviço. Não sei como prosseguir ao me lembrar como cheguei à minha profissão[4], a grande determinação e contentamento com que o fiz, a aliança que fiz convosco. Não posso dizê-lo sem lágrimas; e estas teriam de ser de sangue, despedaçando-me o coração, e ainda assim não seria demasiado pelo tanto que depois Vos ofendi.

Tenho agora a impressão de que estava certa em recusar tão grande dignidade, pois a haveria de usar muito mal. Mas Vós, Senhor meu, quisestes ser — nos quase vinte anos em que tenho empregado mal essa mercê — o ofendido, para que eu fosse melhorada. Até parece, Deus meu, que prometi não cumprir nada do que Vos havia prometido, embora na época esse não fosse o meu propósito; mas, depois, prossegui de tal maneira que já não sei o que pretendia. Isso manifesta ainda mais quem sois Vós, Esposo meu, e quem sou eu. Pois é verdade que muitas vezes o sentimento de minhas grandes culpas é temperado pelo contentamento que me dá a compreensão da multiplicidade das Vossas misericórdias[5].

4. Em quem, Senhor, poderiam essas misericórdias brilhar senão em mim, que tanto obscureci com minhas obras más os grandes favores que começastes a me conceder? Ai de mim, Criador meu, que não posso me desculpar por nenhuma desculpa ter, só podendo culpar a mim mesma! Para retribuir um pouco do amor que começastes a me mostrar, só em Vós eu poderia empregar o meu amor, o que teria remediado todo o mal. Como não o mereci, nem tive tanta ventura, valha-me agora, Senhor, a Vossa misericórdia.

5. Mudar de vida e de alimentação causou-me danos à saúde. Embora fosse grande a alegria, não o suportei. Os desmaios aumentaram, com uma dor no coração de tamanha intensidade que todos os que me viam se espantavam, ao lado de tantos outros males. O primeiro ano, eu o fui passando com a saúde bem abalada, embora não me pareça ter ofendido muito a Deus. Era tão grave a doença que eu ficava quase sempre privada de sentidos, chegando às vezes a perdê-los de fato. Meu pai se empenhava em encontrar algum remédio. Como os médicos daqui não resolveram, ele decidiu me levar a um lugar muito famoso na cura de outras enfermidades, onde, pelo que lhe disseram, eu também me livraria do meu mal[6]. Acompanhou-me a amiga que, como eu disse, era antiga na casa[7], porque em nosso convento não se fazia voto de clausura.

6. Fiquei quase um ano naquele lugar. Por três meses, padeci tanto, devido ao rigoroso regime a que fui submetida, que não sei como suportei o tormento. Por fim, embora eu tenha resistido, minha compleição delicada se abalou, como direi[8]. O tratamento iria começar no princípio do verão, mas fui para lá no início do inverno. Passei todo esse tempo na casa de minha irmã[9], que vivia numa aldeia pouco distante, para esperar o mês de abril, e para evitar idas e vindas.

7. Quando eu ia, aquele tio que morava, como eu disse, no caminho, me deu um livro; chamava-se *Terceiro Abecedário* e ensinava a oração de recolhimento[10]. Nesse primeiro ano, eu ha-

---

4. A profissão da Santa foi em 3 de novembro de 1537.
5. Reminiscência do *Salmo* 50,1.
6. Becedas, lugar situado a alguns quilômetros de Ávila, onde morava uma famosa curandeira. Durante três meses, a Santa se submeteu ao tratamento da terrível mulher.
7. Isto é, no mosteiro: era Dona Juana Juárez.
8. Ela volta ao relato no cap. 5, n. 7.
9. Dona María de Cepeda (cf. cap. 3, n. 3).
10. Ela se refere ao tio Pedro S. de Cepeda (cf. cap. 3, n. 4). O livro que ele lhe deu era a famosa obra do franciscano Francisco de Osuna, *Terceira parte del libro llamado Abecedario espiritual*. O exemplar usado pela Santa está em San José de Ávila, segundo a tradição do mosteiro. É, sem dúvida, um dos livros espirituais que mais marcaram Santa Teresa.

via lido bons livros (pois não quis mais usar outros, visto que já entendia o mal que me tinham causado), mas não sabia como agir na oração nem no recolhimento, e por isso aquele livro me deu grande alegria. Decidi seguir aquele caminho com todas as minhas forças[11]. Naquela época, o Senhor já me tinha dado o dom das lágrimas, e, como eu gostava de ler, comecei a ter momentos de solidão, a confessar-me com frequência e a seguir aquele caminho, tendo o referido livro por mestre. Outro mestre, isto é, algum confessor que me entendesse, busquei durante vinte anos, mas não o encontrei, o que me prejudicou e me fez retroceder muitas vezes, podendo ter me levado à ruína total. Se tivesse tido um confessor, eu teria sido ajudada em evitar as ocasiões de ofender a Deus.

Sua Majestade começou a me dar tantas graças desde o início que, ao fim do tempo que ali passei (aproximadamente nove meses de solidão; não vivia tão livre de ofender a Deus como o livro recomendava, mas passava por cima disso; parecia-me quase impossível evitar tudo; tinha cuidado para não cometer pecados mortais, e quisera Deus que sempre o tivesse tido; dos veniais, eu fazia pouco caso, e foi isso o que me destruiu)...[12] me concedia tanta força para seguir esse caminho que me agraciava com a oração de quietude e até de união. Eu ainda não compreendia nenhuma dessas coisas, nem quanto mereciam ser prezadas; teria sido um grande bem compreendê-lo. É verdade que a oração de união durava muito pouco, talvez menos do que uma ave-maria. Causava, no entanto, efeitos tão grandes que eu, com menos de vinte anos de idade[13], tinha a impressão de estar pairando acima do mundo. Lembro que lastimava quem seguia as coisas do mundo, embora lícitas.

Eu buscava com todas as forças manter dentro de mim Jesus Cristo, nosso bem e Senhor, sendo esse o meu modo de oração. Se me ocorria algum passo da Paixão, eu o representava no meu íntimo; mas a maior parte do tempo eu dedicava a ler bons livros, sendo essa toda a minha recreação. Não recebi de Deus o dom de orar discursivamente nem de aproveitar a imaginação — é tão fraca a minha que, mesmo para pensar e representar para mim, como tentava fazer, a humanidade do Senhor, nunca consegui. É verdade que, não podendo usar o intelecto, quem persevera chega mais depressa à contemplação, mas com muitos sofrimentos e aflições. Se não há o emprego da vontade, nem o amor tem com que se ocupar, a alma fica sem apoio e sem exercício; a solidão que sobrevém, acompanhada de aridez, é causa de grande sofrimento e instala um enorme combate aos pensamentos.

8. Quem não consegue agir com o intelecto precisa de mais pureza de consciência do que quem o faz. De fato, quem medita sobre o que é o mundo, sobre o quanto deve a Deus, os muitos sofrimentos de Cristo, o pouco que realiza a seu serviço e o que o Senhor concede a quem o ama tem como defender-se dos pensamentos, das ocasiões e dos perigos. Porém, quem não pode tirar proveito disso se expõe a maior risco e precisa se ocupar muito da leitura, pois por si mesmo não consegue fazer boas reflexões; esse modo de proceder na oração causa muito sofrimento a essas pessoas. Por mais curta que seja, a leitura tem utilidade para elas e é até necessária para que se recolham; ela supre a oração mental que elas não conseguem fazer. Se o mestre que ensina insistir que a oração seja sem leitura (sendo a leitura uma grande ajuda para que essas pessoas se recolham), pessoas assim não conseguem perseverar muito tempo na oração. E, se lutarem, elas sentirão um enfraquecimento, porque o combate é muito penoso.

9. Agora acho que a Providência Divina quis que eu não encontrasse quem me ensinasse. Eu não teria conseguido perseverar na oração nos dezoito anos em que me acometeram tamanhos sofrimentos e aridez, visto não poder fazer oração discursiva, sem as leituras. Por todo esse tempo, eu não me atrevia a começar a orar sem livro, exceto quando acabava de comungar; minha alma

---

11. Era o caminho da "oração de recolhimento", ensinada pelo livro de Osuna. *Dom das lágrimas:* cf. cap. II, n. 9; primeiro grau da oração. Nesse mesmo número, ela fala de "oração de quietude" e oração de "união"; são dois graus superiores de oração, de que vai falar nos caps. 14-15 e 18-22, respectivamente.

12. Esse longo parêntese é uma das digressões redacionais típicas da Santa, que tornam o texto infenso a toda pontuação.

13. Ela já tinha, provavelmente, cerca de 22 ou 23 anos.

temia tanto orar sem livro que era como se tivesse de enfrentar um exército. Com esse recurso, que era uma companhia ou escudo que amortecia os golpes dos muitos pensamentos, eu obtinha consolo. Porque a aridez não costumava vir quando eu tinha um livro; os pensamentos se recolhiam carinhosamente, e o espírito se concentrava. Muitas vezes, o simples fato de ter o livro à mão bastava. Em algumas ocasiões, eu lia pouco e, em outras, muito, a depender da graça que o Senhor me dava.

Eu tinha a impressão, nesses primeiros anos de que falo, de que, com livros e solidão não corria o risco de perder tanto bem; e creio, com o favor de Deus, que o teria perdido se tivesse tido mestre ou alguma pessoa que desde o início me ensinasse a fugir dos perigos ou a evitá-los tão logo me visse enredada neles. E, se o demônio me atacasse abertamente na época, penso que de nenhuma maneira me levaria a cometer um pecado grave. Mas ele foi tão sutil, e eu, tão imperfeita, que pouco aproveitei de todas as minhas determinações, embora aqueles dias em que servi a Deus, sofrendo as terríveis doenças que tive, com toda a grande paciência que Sua Majestade me deu, muito me tenham servido.

10. Muitas vezes pensei, espantada, na grande bondade de Deus, ficando minha alma maravilhada ao ver sua grande magnificência e misericórdia. Bendito seja Ele por tudo, pois sempre vi com grande clareza que, mesmo nesta vida, Ele não deixa de recompensar nenhum bom desejo. Por piores e mais imperfeitas que fossem as minhas obras, o Senhor as melhorava, aperfeiçoava e tornava meritórias, apressando-se a esconder minhas faltas e pecados. E, mais do que isso, Sua Majestade cegava e tirava a memória dos que tinham visto essas minhas faltas e pecados. O Senhor doura as culpas, faz com que resplandeça uma virtude que Ele mesmo põe em mim, quase me maltratando para que eu a tenha.

11. Quero voltar à ordem que me deram e dizer que, se fosse contar com detalhes o modo como o Senhor se relacionava comigo nesses princípios, seria necessário um talento maior que o meu para mostrar o valor do que lhe devo, e para revelar minha grande ingratidão e maldade, pois esqueci tudo isso. Que Ele seja para sempre bendito, pelo tanto que me tem suportado. Amém.

CAPÍTULO 5

Continua a falar das grandes enfermidades que teve e da paciência que o Senhor lhe deu para suportá-las, e diz como Ele do mal extrai o bem, como se verá pelo que aconteceu a ela no lugar ao qual foi para curar-se.

1. Esqueci de dizer que, no ano de noviciado, tive grandes desassossegos com coisas que, em si, pouca importância tinham. Culpavam-me muitas vezes sem que eu tivesse culpa, e eu sofria com muitos desgostos e imperfeições, embora o meu grande contentamento com o fato de ser monja a tudo compensasse. Como me viam buscar a solidão, bem como chorar algumas vezes por meus pecados, pensavam que eu estivesse descontente, e o diziam.

Eu gostava de todos os costumes religiosos, mas não tolerava sofrer o que me parecesse menosprezo. Apreciava que gostassem de mim, dedicava-me a tudo o que fazia. Tudo me parecia virtuoso, embora isso não me sirva de desculpa, porque eu sabia procurar o que me dava prazer, razão por que a ignorância não me tira a culpa. O fato de o mosteiro não estar fundado em muita perfeição pode relevar algumas faltas minhas; contudo, por minha ruindade, eu acolhia o que era defeituoso e desprezava o que era bom.

2. Uma das religiosas sofria então, prostrada por grande e dolorosa enfermidade; devido a uma obstrução, fizeram-lhe abertura no ventre, por onde regurgitava tudo o que comia. Em pouco tempo faleceu. Eu via todas temerem aquele mal, mas tinha grande inveja de sua paciência; pedia a Deus que, dando-me semelhante paciência, também me desse as enfermidades que desejasse. Parece-me que eu não temia nenhuma, pois estava tão determinada a obter bens eternos que me

dispunha a ganhá-los por qualquer meio. E espanto-me porque então ainda não tinha — a meu ver — amor a Deus, como acreditei que tivesse depois que comecei a fazer orações. Tratava-se apenas de uma luz que me levava a ver o pouco valor do perecível e o alto preço dos bens que com ele se podem ganhar, visto serem eternos.

Sua Majestade me ouviu tanto que, em menos de dois anos, a minha condição era tal que, embora diferente daquela, a minha enfermidade não foi menos dolorosa nem deu menos trabalho; durou três anos, como agora vou narrar.

3. Chegado o momento de ir me tratar, que eu aguardava com a minha irmã nesse lugar[1], esta, o meu pai e a monja amiga minha que viera comigo, e que muito gostava de mim, me levaram com extremo cuidado.

O demônio logo começou a inquietar minha alma, mas Deus retirou disso grandes benefícios. No lugarejo onde fui me curar[2], morava um sacerdote que, além de nobre e inteligente, tinha alguma instrução. Comecei a confessar-me com ele, porque sempre fui amiga das letras, apesar do grande dano que me tinham feito confessores mais ou menos letrados, a quem eu recorria por não encontrar algum mais instruído. Sei por experiência que é melhor que os religiosos, sendo virtuosos e de vida santa, sejam antes totalmente ignorantes do que doutos pela metade. Os ignorantes não confiam em si, consultando os mais sábios; os verdadeiramente cultos nunca se enganam, ao passo que os outros, embora não pretendam enganar, também não sabem mais do que ensinam. Eu achava que os confessores de pouca instrução fossem competentes, julgando que bastava apenas lhes dar crédito. Por outro lado, a doutrina que me transmitiam era ampla e de maior liberdade. Se assim não fosse, sou tão ruim que por certo buscaria outros. O que era pecado venial, eles me diziam não ser pecado; o que era pecado mortal gravíssimo, diziam que era venial. Isso me fez tanto mal que é preciso dizê-lo aqui, para alertar outras pessoas sobre os danos que isso traz. Bem sei que isso não é desculpa aos olhos de Deus; o simples fato de certas coisas não serem boas em si devia ser suficiente para que eu as evitasse. Creio que, por causa dos meus pecados, Deus permitiu que esses confessores se enganassem e me enganassem. E eu enganei outras tantas pessoas por lhes transmitir o mesmo que eles me tinham dito.

Fiquei com essa cegueira, creio eu, por mais de dezesseis anos, até que um padre dominicano[3], grande erudito, dissipou esses erros; os da Companhia de Jesus incutiram em mim um saudável temor, revelando-me a gravidade de princípios tão maus, como depois vou contar.

4. Assim, comecei a confessar-me com o sacerdote de que falei; ele se afeiçoou muito a mim, porque então eu tinha pouco o que confessar, em comparação com o que tive, depois de me tornar monja. Sua afeição não era má, mas, em seu excesso, deixou de ser boa. Ele passou a acreditar que eu jamais faria coisas graves contra Deus por nada deste mundo; ele também me assegurava isso, sendo muita a confiança recíproca. Fascinada por Deus, o que mais me agradava era falar somente Dele. E, sendo eu tão jovem, o sacerdote ficou, diante disso, muito confuso. Por fim, dada a grande amizade que tinha por mim, começou a me confessar a perdição em que vivia. E não era pouca, porque há quase sete anos ele estava em situação muito perigosa, com amizade e relações com uma mulher do lugar, mas, ainda assim, dizia missa. Era uma coisa tão pública que ele perdera a honra e a fama, e ninguém ousava contestá-lo. Isso me entristeceu muito, pois era grande a minha amizade por ele. Eu tinha a grande leviandade e cegueira, que me parecia virtude, de ser grata e pagar na mesma moeda aos que me queriam bem. Maldito seja esse princípio, que chega a ponto de ser contra os de Deus! É um despropósito comum no mundo que me desatina: devemos todo o bem que nos fazem a Deus, mas temos como virtude, embora indo contra Ele, manter essa ami-

---

1. O lugar era Castellanos de la Cañada (cf. cap. 4, n. 6). A monja amiga é Juana Juárez, de quem a Santa falou no cap. 3, n. 2 e no cap. 4, n. 5.
2. Becedas.
3. Vicente Barrón, famoso teólogo dominicano.

zade. Ó cegueira do mundo! Quem dera, Senhor, que eu tivesse sido ingrata com todos, mas sem me opor em um único ponto a Vós! No entanto, devido aos meus pecados, ocorreu o contrário.

5. Procurando saber e me informar com as pessoas de sua casa, entendi melhor a sua perdição e percebi que o pobre não tinha tanta culpa; porque a desventurada mulher havia posto feitiços num idolozinho de cobre, que lhe rogara trouxesse ao pescoço por amor a ela. E ninguém tinha sido capaz de tirá-lo dele.

Decididamente não acredito em feitiços; mas digo o que vi, para avisar aos homens que se afastem de mulheres que recorrem a semelhantes ardis. Acreditem que, sendo obrigadas, mais do que os homens, a ter honestidade, as mulheres, ao perderem a vergonha diante de Deus, em nada merecem confiança, porque, para levar adiante a sua vontade e o desejo que o demônio lhes incute, são capazes de tudo. Embora tenha sido tão ruim, eu nunca caí em nada dessa espécie, e jamais pretendi fazer mal ou forçar alguém, mesmo que pudesse, a gostar de mim, porque o Senhor me protegeu disso; mas, se Ele me tivesse permitido, eu também teria feito mal em outros planos, pois em mim não há nada digno de confiança.

6. Assim, como soube disso, comecei a demonstrar-lhe mais afeição. A minha intenção era boa, mas a ação, má, pois não se deve, por maior que seja o bem que se deseje conseguir, fazer um pequeno mal. Eu falava muito de Deus. Isso devia lhe trazer proveito, mas creio que ele era movido, sobretudo, por me querer muito. Desejando agradar-me, terminou por me entregar o idolozinho, que eu logo mandei jogar no rio. Assim que este desapareceu, ele começou, como quem desperta de um grande sono, a se dar conta de tudo o que fizera naqueles anos; e, espantado consigo mesmo, sofrendo pela sua perdição, começou a libertar-se dela. Nossa Senhora deve tê-lo ajudado muito, pois ele era muito devoto de sua Conceição, festejando-a, naquele dia, com muito fervor. Por fim, deixou de ver a mulher, e não se cansava de dar graças a Deus por havê-lo iluminado.

Exatamente um ano depois que o conheci, ele faleceu. Por todo esse tempo, perseverou no serviço de Deus. Nunca achei que a sua afeição por mim fosse má, embora pudesse ter sido mais pura; mas também houve ocasiões em que, não estivesse a lembrança de Deus bem presente, ele podia ter cometido ofensas mais graves. Como já disse[4], eu não seria capaz de cometer o que considerasse pecado mortal. Parece-me que essa minha disposição o ajudava a ter amizade por mim; pois creio que todos os homens devem ser mais amigos de mulheres inclinadas à virtude; por esse caminho, elas têm mais a ganhar, como depois direi. Tenho certeza de que aquele sacerdote está no caminho da salvação. Morreu muito bem, e bem afastado de suas antigas faltas. Parece que o Senhor desejou salvá-lo por esse meio.

7. Penei naquele lugar durante três meses, porque o tratamento foi mais forte do que a minha compleição. Em dois meses, graças aos remédios, a minha vida quase chegou ao fim; as dores no coração, de que me fora curar, aumentaram tanto que eu às vezes sentia que ele era rasgado por dentes agudos, a ponto de temerem que eu tivesse contraído raiva. Fiquei muito fraca (porque não podia comer nada, apenas bebendo um pouco, e com esforço), com febre contínua, e muito desgastada, devido a quase um mês de purgativos diários. Estava tão ressequida que meus nervos começaram a doer de maneira insuportável, não me dando descanso nem de dia nem à noite. Sentia uma tristeza muito profunda.

8. Diante disso, meu pai voltou a me levar aos médicos; todos me desenganaram, dizendo que, além de todos os males, eu estava tuberculosa. Isso não me incomodava muito; o que me fatigava eram as dores, porque eram contínuas, e dos pés à cabeça. Os próprios médicos diziam serem essas dores espasmódicas intoleráveis. Eu sofria duros tormentos e, graças a Deus, não perdi, por minha culpa, tantos méritos.

Fiquei sofrendo assim por três meses; e parecia impossível que alguém pudesse suportar tantos males ao mesmo tempo. Hoje me espanto e considero grande graça do Senhor a paciência

---

4. No n. 4.

que Ele me deu, pois era claro que vinha Dele. Para tê-la, muito me serviu ter lido a história de Jó, nas *Moralia*[5] de São Gregório. Creio que o Senhor me preparou com isso, e com a oração, que eu começara a fazer, para eu poder suportar os meus males com tanta conformidade. Meu pensamento estava sempre no Senhor. Lembrava-me com frequência das palavras de Jó, que costumava repetir: *Se das mãos do Senhor recebemos os bens, por que não sofreremos também os males?*[6] Ao que parece, isso me dava forças.

9. Veio a festa de Nossa Senhora de Agosto. O tormento vinha desde abril, embora tivesse aumentado nos últimos três meses. Apressei-me a confessar-me, pois sempre gostei de fazê-lo frequentemente. Pensaram que eu tinha medo de morrer e, para não me alarmar, meu pai não consentiu. O amor carnal demasiado, que mesmo vindo de um pai tão católico, e tão esclarecido, o que ele era em grande grau, não tendo agido por ignorância, tanto mal me poderia fazer! Naquela noite, tive um paroxismo tão forte que fiquei sem sentidos por quase quatro dias. Administraram-me o Sacramento da Unção dos Enfermos, pensando que eu poderia morrer a qualquer hora. Não paravam de repetir o Credo, como se eu entendesse alguma coisa. Tinham tanta certeza de que eu morreria que até cera achei depois nos olhos[7].

10. Foi grande o pesar do meu pai de não me ter permitido confessar-me; muitos foram seus clamores e orações a Deus. Bendito seja Aquele que se dignou ouvi-lo; há um dia e meio a sepultura estava aberta no meu mosteiro à espera do corpo, e já tinham sido feitas as exéquias num convento de frades fora da cidade, quando o Senhor quis que eu recuperasse os sentidos. Desejei logo confessar-me. Comunguei com muitas lágrimas; para mim, contudo, não eram só de sentimento e de pena por ter ofendido a Deus — isso teria bastado para me salvar, não me desculpando o engano, em que alguns confessores me fizeram cair, ao dizerem que não eram pecado mortal certas coisas que sem dúvida o eram. Porque as dores com que fiquei eram insuportáveis, não me permitindo a plena recuperação dos sentidos, embora, a meu ver, a minha confissão tenha incluído todas as minhas faltas contra o Senhor. Entre outras, Sua Majestade me concedeu a graça de, depois que comecei a comungar, jamais deixar de confessar qualquer coisa que eu considerasse pecado, mesmo venial. Mas por certo acho muito duvidosa a minha salvação se eu tivesse morrido então; de um lado, por serem tão pouco instruídos os confessores e, de outro, por ser eu tão ruim — para não dar muitos outros motivos.

11. Neste ponto da minha vida, vendo que, de certa maneira, o Senhor me ressuscitou, é tão grande o meu espanto que chego a tremer. Creio que foi para que visses, alma minha, de que perigo o Senhor te livrava; já que por amor não deixavas de ofendê-lo, tu o fizeste, ao menos, por temer os castigos, porque Ele poderia matar-te outras mil vezes numa condição ainda mais perigosa. Acho que não exagero muito ao falar outras mil, mesmo que seja repreendida por quem me mandou ter moderação ao narrar os meus pecados. Por isso, formoseados vão.

Peço que, pelo amor de Deus, essa pessoa em nada diminua as minhas culpas, para que brilhe mais a magnificência de Deus e se perceba o que sofre uma alma. Bendito seja Ele para sempre. Queira Sua Majestade que eu antes me consuma a deixar de lhe ter amor.

---

5. O famoso livro de São Gregório foi usado pela Santa em sua versão castelhana, *Los morales de San Gregorio, Papa, Doctor de la Iglesia*, obra do licenciado Alonso Alvarez de Toledo, editada em Sevilha em 1514. — As Carmelitas de São José de Ávila conservam um exemplar dessa obra em dois volumes; o segundo tem a seguinte nota preliminar: "Estas Morais são as de nossa Santa Madre; na hora de dormir, ela apoiava nelas a sua Santa cabeça; algumas marcas que elas têm foram feitas por suas Santas mãos, que apontavam coisas pelas quais ela tinha devoção".

6. Jó 2,10.

7. "A sepultura estava aberta na Encarnação; o corpo estava sendo esperado para o enterro, e estavam ali [na casa de D. Afonso] monjas da Encarnação enviadas para ficar com o corpo. Ela teria sido enterrada se o seu pai, contra a opinião de todos, não o tivesse impedido muitas vezes. E ele o fez porque, como conhecia muito o pulso, não conseguia se convencer de que ela estivesse morta. Quando diziam que a enterrassem, ele proclamava: *Minha filha não vai ser enterrada*." — "Estando a velá-la numa dessas noites, Lorenzo de Cepeda, seu irmão, adormeceu; uma vela que estava sobre a cama se acabou, e as almofadas, as mantas e a colcha da cama começaram a queimar e, se ele não despertasse a tempo, a enferma poderia queimar-se ou acabar de morrer." Ribera, *Vida* I, 1.

CAPÍTULO 6

Trata do muito que ficou devendo ao Senhor por este lhe ter dado conformidade em tão grandes sofrimentos e de como tomou por mediador e advogado o glorioso São José, e do grande proveito que disso obteve.

1. Fiquei, depois desses quatro dias de paroxismo, num estado tal que só o Senhor pode saber os insuportáveis tormentos que sentia em mim. De tão mordida, a língua estava dilacerada; a garganta, devido a eu nada ter ingerido e à minha grande fraqueza, me deixava quase sem respirar, pois nem água eu podia engolir, eu parecia estar inteiramente desconjuntada, com a cabeça em grande desatino. Aquele tormento me fez ficar encolhida, como se fosse um novelo, incapaz de mover os braços, os pés, as mãos e a cabeça, como se estivesse morta, sem ajuda; creio que só movia um dedo da mão direita. Era difícil me tocarem, pois eu sentia tantas dores que não podia suportá-lo. Usavam um lençol, que duas pessoas seguravam, uma de cada lado, para me mudarem de posição.

Isso durou até a Páscoa Florida. Eu só sentia alívio quando não se aproximavam de mim; as dores então muitas vezes cessavam, e eu, por descansar um pouco, me considerava curada, o que traía o temor de que me viesse a faltar paciência. Fiquei muito contente quando deixei de sentir dores tão contínuas e agudas, embora ainda fossem insuportáveis quando me acometiam os calafrios intensos das violentas febres intermitentes que ainda me afligiam; todo alimento me repugnava.

2. Eu tinha tanta pressa de voltar ao meu mosteiro que fiz com que me levassem para lá nesse estado. Receberam viva quem esperavam morta; o corpo, no entanto, estava pior do que morto, dando pena vê-lo. Era tamanha a minha fraqueza que posso dizer: tinha apenas ossos. Fiquei nessa condição por mais de oito meses. Mesmo tendo melhorado, fiquei paralítica por quase três anos. Quando comecei a andar de gatinhas, louvei a Deus. Padeci com grande conformidade e, exceto no começo da doença, até com alegria. Em comparação com as dores e tormentos do princípio, tudo o mais pouco representava. Eu estava conformada com a vontade de Deus, mesmo que Ele me deixasse para sempre naquele estado.

Eu ansiava pela cura, unicamente para voltar a ter solidão e orar, o que, na enfermaria, não era possível. Confessava-me com frequência e sempre falava de Deus, de maneira que todas as companheiras se sentiam edificadas, admirando-se da paciência que o Senhor me concedia; porque, sem a intervenção de Sua Majestade, parecia impossível alguém sofrer tanto mal com tanta alegria.

3. Muito me beneficiaram as dádivas recebidas do Senhor na oração; esta me levava a compreender o que era amá-lo. Naquele pouco tempo, vi surgirem em mim novas virtudes, embora não de todo fortes, visto não me terem sustentado no caminho da justiça: não tratar mal a ninguém, por menos que fosse. Em geral, eu evitava todos os murmúrios, pois tinha bem presente não querer dizer de outra pessoa o que não queria dissessem de mim. Eu levava isso ao extremo nas diversas ocasiões; a perfeição não era tanta, pois havia ocasiões, e não eram raras, em que eu fracassava; e em geral era assim. Isso convenceu a tal ponto as pessoas que me cercavam e que se relacionavam comigo que elas passaram a praticá-lo. Todas vieram a entender que, onde eu estava, não tinham o que temer quando se fossem; nesse aspecto, seguiam aquelas com quem eu tinha amizade e parentesco, e a quem ensinava; embora, em outras coisas, eu tenha boas contas a prestar a Deus pelo mau exemplo que lhes dava.

Que Sua Majestade me perdoe, pois causei muitos males, embora a minha intenção não fosse tão má quanto depois o foram os atos.

4. Passei a desejar a solidão, amiga de tratar e falar de Deus; se encontrasse alguém com quem fazê-lo, eu obtinha disso mais alegria e satisfação do que em todos os requintes — melhor dizendo, em toda a grosseria — da conversação do mundo; comungava e confessava-me com muito mais frequência, sempre desejando fazê-lo. Amiga de ler bons livros. Quando ofendia a Deus, eu muito me arrependia, a ponto de, muitas vezes, não ousar fazer oração por temer o profundo pesar que ia sentir por tê-Lo ofendido, o que era um grande castigo para mim. Essa atitude cresceu

a tal ponto que não sei a que comparar esse tormento. E não era por temor, pouco ou muito, jamais! Afligia-me a lembrança dos dons que o Senhor me fazia na oração e do muito que lhe devia, e de quão insignificante era a minha retribuição. Essa ideia me perturbava ao extremo, e foram muitas as lágrimas que derramei por minhas culpas, pois via que eu pouco me corrigia; pois não bastavam minhas decisões nem a dor que me vinha para que eu não fraquejasse. Pareciam-me lágrimas enganosas, aumentando a minha culpa, porque eu via a grande graça que o Senhor me dava ao conceder-lhes por companhia um tão grande arrependimento. Eu procurava me confessar logo e tudo fazia para voltar à graça.

O mal estava todo em não cortar pela raiz as ocasiões e no fato de eu ter confessores que pouco me ajudavam; se eles me dissessem que eu corria perigo e que tinha a obrigação de evitar aqueles tratos, tudo sem dúvida se remediaria; porque, se disso tivesse consciência, eu de forma alguma passaria um só dia em pecado mortal.

Todos esses sinais de temor a Deus vieram-me com a oração; e, melhor que tudo, o amor substituiu o temor, sem que eu me lembrasse do castigo. No período em que a minha saúde ia tão mal, a minha consciência sempre foi despertada para os pecados mortais. Oh! Valha-me Deus! Eu desejava a saúde para melhor servi-Lo, e isso causou todo o meu mal!

5. Vendo-me tão tolhida com tão pouca idade, e por não me valerem os médicos da terra, resolvi recorrer aos do céu para que me curassem; embora suportasse os sofrimentos com muita alegria, eu ainda desejava a saúde, imaginando que, com ela, serviria muito mais a Deus, embora pensasse que, se ficar curada servisse para me condenar, seria melhor continuar doente. Um dos nossos enganos é não nos submeter por inteiro ao que o Senhor faz, pois Ele sabe melhor do que nós o que nos convém.

6. Comecei a mandar celebrar missas e a fazer orações aprovadas, pois nunca fui amiga de outras devoções praticadas por certas pessoas, mulheres em especial, com cerimônias que, parecendo-me insuportáveis, lhes causavam devoção; depois entendi que não convinham, que eram supersticiosas. Assim, tomei por advogado e senhor o glorioso São José, encomendando-me muito a ele. Vi com clareza que esse pai e senhor meu me salvou, fazendo mais do que eu podia pedir, tanto dessa necessidade como de outras maiores, referentes à honra e à perda da alma. Não me lembro até hoje de ter-lhe suplicado algo que ele não tenha feito. Espantam-me muito os grandes favores que Deus me concedeu através desse bem-aventurado Santo, e os perigos, tanto do corpo como da alma, de que me livrou. Se a outros santos o Senhor parece ter concedido a graça de socorrer numa dada necessidade, a esse Santo glorioso, a minha experiência mostra que Deus permite socorrer em todas, querendo dar a entender que São José, por ter-Lhe sido submisso na terra, na qualidade de pai adotivo, tem no céu todos os seus pedidos atendidos.

O mesmo viram, por experiência própria, outras pessoas a quem aconselhei que se encomendassem a ele, também por experiência; e há hoje muitas que lhe são devotas de novo, experimentando essa verdade[1].

7. Eu procurava festejá-lo com toda a solenidade, movida mais pela vaidade do que pelo espírito, querendo que tudo fosse perfeito e primoroso, embora com boa intenção. Mas havia algo de mau: se o Senhor me dava a graça de fazer um bem, eu o fazia com imperfeições e muitas faltas. Para o mal, para os exageros e para a vaidade, era grande a minha esperteza e diligência. Que o Senhor me perdoe!

Eu queria persuadir todos a serem devotos desse glorioso Santo, pela minha grande experiência de quantos bens ele alcança de Deus. Não conheço nenhuma pessoa que realmente lhe seja devota e a ele se dedique particularmente, que não progrida na virtude; porque ele ajuda muito as almas que a ele se encomendam. Há alguns anos, sempre lhe peço, em seu dia, alguma coisa, nunca deixando de ser atendida. Se a petição vai algo torcida, ele a endireita para maior bem meu.

---

1. É incerta a leitura dessa passagem do autógrafo.

8. Se eu fosse pessoa cujos escritos tivessem autoridade, de bom grado descreveria longamente as graças que esse glorioso Santo tem feito a mim e a outras pessoas; mas, para não fazer mais do que me mandaram, em muitas coisas serei mais breve do que gostaria e, em outras, me alargarei mais do que devo, como quem em tudo o que é bom tem pouca discrição. Só peço, pelo amor de Deus, que quem não me crê o experimente, vendo por experiência o grande bem que é encomendar-se a esse glorioso patriarca e ter-lhe devoção. As pessoas de oração, em especial, deveriam ser-lhe afeiçoadas; não sei como se pode pensar na Rainha dos Anjos, no tempo em que tanta angústia passou com o Menino Jesus, sem se dar graças a São José pela ajuda que lhes prestou. Quem não encontrar mestre que ensine a rezar tome por mestre esse glorioso Santo, e não errará no caminho. Queira o Senhor que eu não tenha cometido erro por me atrever a falar dele; pois, embora apregoando que lhe sou devota, em servi-lo e imitá-lo sempre falhei.

Pois ele mostrou quem é ao fazer que eu me levantasse, andasse, e não mais ficasse paralítica. Também eu mostrei quem sou, usando tão mal esse favor.

9. Quem diria que eu cairia tão depressa depois de receber tantas bênçãos de Deus, depois de haver sua majestade começado a dar-me virtudes que me estimulavam a servi-lo, depois de, quase morta, correndo o risco da condenação, ter tido a alma e o corpo ressuscitados, provocando a admiração de todos? Que é isso, Senhor meu? Teremos de viver vida tão perigosa? Enquanto escrevo isto, parece-me que, com o Vosso favor e a Vossa misericórdia, eu poderia dizer, com São Paulo, embora sem tanta perfeição, que: *Não sou eu quem vive; é Cristo*, Criador meu, *que vive em mim*[2]. Pelo que sei, Vossa mão me sustenta há vários anos; percebo-o agora pelos meus desejos e determinação de nada fazer, por mais insignificante, contra a Vossa vontade. E, de algum modo, eu o tenho provado por experiência, nesses anos, em muitas coisas, por pequenas que sejam, não obstante muito tenha ofendido a Vossa Majestade sem o saber. E também me parece que não há tarefa que eu deixe de executar, com grande empenho, por amor a Vós. Na verdade, em muitas ocasiões tenho tido, para realizá-la, ajuda Vossa. Nada quero com o mundo nem com as suas coisas, nem me traz alegria o que não vem de Vós; tudo o mais me parece uma pesada cruz.

É bem possível que eu me engane, não tendo o que digo; mas Vós sabeis, meu Senhor, que, pelo que me é dado saber, não minto, e temo, com muita razão, que volteis a me abandonar. Conheço bem o ponto a que chegam minha força e minha pouca virtude quando não me confortais nem me ajudais para que eu não me afaste de Vós. Queira Vossa Majestade que, agora mesmo, eu não esteja afastada de Vós por sentir como meu o que acabo de dizer.

Não sei como queremos viver, já que tudo é tão incerto. Parece-me, Senhor meu, que já me é impossível deixar-Vos tão inteiramente como já Vos deixei tantas vezes; não posso evitar temer que, se Vos apartardes um pouco de mim, tudo venha abaixo. Bendito sejais para sempre, porque, mesmo quando Vos deixei, Vós não vos afastastes de mim por inteiro, dando-me sempre a mão para que eu voltasse a me levantar; muitas vezes, Senhor, eu não a queria, nem procurava ouvir quando me chamáveis de novo, como agora direi.

CAPÍTULO 7

Conta como foi perdendo as graças que o Senhor lhe fizera e a vida ruim que começou a ter. Fala dos males decorrentes de os mosteiros de monjas não serem muito fechados.

1. E assim comecei, de passatempo em passatempo, de vaidade em vaidade, de ocasião em ocasião, a envolver-me tanto em tão grandes ocasiões e a estragar a alma em grandes vaidades, que tinha vergonha — em tão particular amizade como é tratar de oração — de me aproximar de Deus. Contribuiu para isso o fato de que, como os pecados aumentaram, o gosto e a alegria da

---

2. Gl 2,20.

prática da virtude começaram a escassear¹. Eu via muito claramente, Senhor meu, que isso me faltava por eu faltar a Vós.

Esse foi o mais terrível engano que o demônio me podia fazer sob a capa de humildade: por me ver tão perdida, passei a temer a oração. E eu tinha a impressão de que era melhor andar como os muitos². Porque, em ser ruim, eu era das piores, rezando apenas as orações a que estava obrigada, e vocalmente, pois não era justo fazer oração mental e relacionar-se tanto com Deus quem merecia estar na companhia dos demônios e enganava os outros, visto que, no exterior, mantinha as aparências. A casa onde eu estava não tem culpa, porque eu, com a minha malícia, fazia com que me tivessem em alta conta. Mas eu não o fazia em sã consciência, fingindo cristandade; porque, em termos de vanglória e hipocrisia — glória a Deus! —, não me lembro de O ter um dia ofendido, pelo que posso julgar. Ao primeiro sinal, era tanto o meu pesar que o demônio era derrotado, e eu lucrava; nesse aspecto, poucas tentações tenho tido. Se por acaso Deus tivesse permitido que eu fosse tentada nisso com a mesma intensidade com que o tenho sido em outras coisas, eu também teria caído; mas Sua Majestade até agora me tem protegido disso. Seja para sempre bendito! Na realidade, desgostava-me muito que gostassem de mim, porque eu sabia o que havia em segredo em mim.

2. Não me julgavam tão ruim porque, apesar de eu ser jovem e de estar frequentemente exposta a tantas oportunidades de pecado, as pessoas viam que eu inúmeras vezes me afastava, buscando a solidão para rezar e ler, falar muito de Deus, fazer pintar a sua imagem em vários lugares e conservar o oratório, colocando nele coisas que produzissem devoção. Eu não falava mal dos outros, havendo ainda em mim outros hábitos aparentemente virtuosos. E eu, iludida, sabia aproveitar as coisas que o mundo em geral estima. Assim, davam tanta liberdade a mim quanto às mais antigas, e até mais. Eu era objeto de grande confiança. De fato, cometer certas ousadias ou fazer coisas sem licença, como falar por alguma fresta, por cima dos muros ou à noite, num mosteiro, não eram do meu feitio. Nunca o fiz, porque o Senhor me segurava com a mão. Creio — porque com atenção e ponderação eu observava muitas coisas — que eu não queria correr o risco de, pela minha ruindade, pôr em perigo a honra de tantas boas religiosas. Como se fossem dignas outras coisas que eu fazia! Na verdade, ainda que fosse muito, o mal não era tão consciente, como o seria se eu fizesse essas coisas.

3. A meu ver, causou-me grande prejuízo não estar num mosteiro enclausurado. Porque a liberdade que as que eram boas podiam ter sem culpa (porque não lhes era exigido mais, já que não prometiam clausura)³ a mim, que sou ruim, por certo teria levado ao inferno se eu não tivesse sido libertada desse risco por tantos meios, remédios e dons particulares do Senhor. Por isso, considero

---

1. Essas passagens em que a Santa faz uma humilde e passional acusação de sua "vida ruim" foram exploradas à exaustão por escritores sensacionalistas, bem como defendidas com ingênuas apologias por hagiógrafos que eram mais devotos da Santa do que especialistas nos cânones exegéticos. Oferecemos ao leitor dois pontos de apoio para que ele julgue por si mesmo. O primeiro é a afirmação da Santa, no n. 17 deste cap. 7: "Fui cuidar dele [do seu pai moribundo], estando mais enferma da alma do que ele do corpo, presa de muitas vaidades, embora não de forma que — pelo que eu sabia — estivesse em pecado mortal nesse tempo perdido, pois, dando-me conta, de modo algum me colocaria em tal situação". O segundo é a declaração do Padre Báñez no processo de Salamanca: "Na vida que teve na Encarnação em sua mocidade, não vê [o declarante] que houvesse nela outras faltas que não as comumente encontradas em semelhantes religiosas que se chamam mulheres de bem, sendo necessário considerar que, na época a que ela se refere, [Teresa] foi uma dedicada enfermeira e orava mais do que se costuma, embora, pelo que ouviu dizer, a sua simpatia e a sua alegria a fizessem ser visitada por muitas pessoas de diferentes condições; ela lamentou isso por toda a vida, depois que Deus lhe concedeu o favor de lhe dar mais luz e ânimo para aperfeiçoar-se em sua condição. E sabe disso não somente por tê-lo ouvido dizer a pessoas que antes trataram do mesmo assunto como também a partir do relato da própria Teresa de Jesus". (B. M. C., t. XVIII, pp. 6-7).

2. Provável alusão à frase evangélica "Muitos são os chamados e poucos os escolhidos" (Mt 20,16), ou então a "Quão espaçoso é o caminho da morte, e muitos são os que o seguem" (Mt 7,13): abandonar a oração é resignar-se a andar "como os muitos" que seguem o caminho da perdição.

3. Isto é, não se aplicava a rígida disciplina da clausura papal, renovada em 1563 pelo Concílio de Trento (cf. cap. 4, n. 5).

muito perigosos mosteiros de mulheres com liberdade. Eles se tornam portas abertas para que as que quiserem ser ruins tomem o caminho do inferno, em vez de remédio para as suas fraquezas.

Isso não se aplica ao meu[4]. Nele, há muitas que servem ao Senhor com sinceridade e bastante perfeição, não podendo Sua Majestade, por ser bom, deixar de favorecê-las; além disso, não é dos mais abertos e, nele, respeita-se toda a observância. Falo de outros, que conheço e vi.

4. Muito me entristece que o Senhor precise fazer apelos particulares — e não uma, mas repetidas vezes — para que as monjas se salvem, dada a permissão para cortesias e entretenimentos mundanos e o tão mau entendimento daquilo a que estão obrigadas. Queira Deus que elas não tenham por virtude o que é pecado, como tantas vezes fiz. Compreender essas verdades é tão difícil que, para consegui-lo, é necessário que o Senhor ponha nisso realmente a Sua mão.

Se quisessem seguir o meu conselho, os pais que põem as filhas em mosteiros onde elas, em vez de encontrar recursos para seguir o caminho da salvação, correm maiores riscos do que no mundo fariam melhor, para a própria honra das filhas, se as casassem, mesmo em condições humildes, ou as mantivessem em casa. Isso é preferível a tê-las nesses mosteiros, a não ser que elas tenham ótimas inclinações. Mesmo assim, que Deus as ajude a conservá-las. Na casa dos pais, o mau comportamento só se mantém oculto por pouco tempo; nesses mosteiros, pelo contrário, mantém-se até que o Senhor tudo revele. Os danos atingem não apenas a culpada, mas a todas. Às vezes, as pobrezinhas não têm culpa, porque seguem o que veem; é uma lástima verificar que, com frequência, afastando-se do mundo e acreditando que vão servir ao Senhor e preservar-se dos perigos, elas se encontram em dez mundos juntos, sem saber como se valer nem remediar; a mocidade, a sensualidade e o demônio as convidam e inclinam a seguir coisas que são do próprio mundo; elas veem ali o que é considerado bom, por assim dizer. Acho que elas são em parte como os desventurados hereges, que querem cegar a si mesmos e ensinar que é bom aquilo que seguem, e assim o creem, embora não acreditem de fato, porque têm dentro de si quem lhes diga que é mau.

5. Ó enorme mal, enorme mal dos religiosos — refiro-me tanto às mulheres como aos homens —, que vivem onde não se guarda a religião, num mosteiro onde existem dois caminhos, igualmente trilhados: o da virtude e da religião, e o da falta de religião. Não faço justiça, eles não são igualmente trilhados; devido aos nossos pecados, o mais seguido, e mais favorecido, é o mais imperfeito. O da verdadeira religião é tão pouco percorrido que quem desejar de fato vivê-lo em tudo, seguindo sua vocação, deve temer mais os de sua própria casa do que toda a corte demoníaca. Essas pessoas devem ter mais cautela e reserva ao falarem da amizade que desejam ter com Deus do que de outras amizades e vontades introduzidas nos mosteiros pelo demônio. Não vejo de fato razão para estranharmos os tantos males que há na Igreja se os que deveriam ser modelo de virtude exibem uma imagem tão apagada que não lembra o primor que os santos do passado, com o seu espírito, deixaram nas ordens religiosas. Que a divina Majestade remedie tanto mal, como vê que é preciso, amém.

6. Porque, tendo começado a participar dessas coisas, visto não me parecer — por ser costume — que disso viessem para a minha alma o prejuízo e a distração — o que só mais tarde constatei —, tive a impressão de que essas visitas, tão generalizadas em muitos mosteiros, não fariam maior mal a mim que às outras, cuja bondade eu conhecia. Eu não via que elas tinham muito mais virtudes e que, onde para elas talvez não houvesse perigo, para mim havia. Não duvido de que, mesmo limitadas à perda de tempo, essas coisas envolvem perigo. Estando com uma pessoa que há pouco conhecera, percebi que o Senhor queria dar-me a entender que aquelas amizades não eram convenientes, alertando-me e me esclarecendo sobre a minha grande cegueira: de fato, eis que vi Cristo representado diante de mim, com muito rigor, mostrando-me o quanto aquilo lhe pesava[5].

---

4. Ela se refere ao seu Mosteiro da Encarnação, e não ao de São José.

5. Por purismo teológico, um dos censores corrigiu o autógrafo: "O quanto aquilo *não lhe agradava*". Mas não se lê em Gênesis 6,6 que pesou a Deus ter criado o homem?

Vi-o, com os olhos da alma, com mais clareza do que o poderia ver com os olhos do corpo. A sua imagem tornou-se tão indelével que até hoje, mais de vinte e seis anos depois, ainda tenho a sensação de vê-lo. Tomada de um profundo temor e de grande perturbação, não quis mais receber a pessoa com a qual me encontrava então.

7. Muitos prejuízos me causou não saber ser possível ver sem usar os olhos do corpo; e o demônio me ajudou para que eu assim pensasse, fazendo-me entender que isso era impossível, que seria imaginação, artes diabólicas e coisas semelhantes. No fundo, porém, mantive a impressão de que se tratava de obra de Deus; mas, como aquela lembrança não me agradasse, procurei me dissuadir, sem ousar contar aquilo a pessoa alguma. Insistiam muito comigo, garantindo-me que receber aquela visita não me prejudicava e que, em lugar de perder a boa fama, eu, fazendo-o, a aumentaria. Por isso, voltei atrás. A partir de então, em outras oportunidades e com outras pessoas, permaneci vários anos nesse divertimento pestilento. No entanto, eu não o considerava, visto participar dele, como mau, embora visse claramente que não era bom. Mas nenhuma pessoa me trouxe tanta dissipação quanto essa, dada a afeição que eu nutria por ela.

8. Certa vez, entretida em sua companhia, vimos — e outras pessoas que estavam ali também o viram — uma espécie de sapo grande dirigir-se para nós, caminhando com uma rapidez que não é própria dessas criaturas[6]. Não tenho como explicar o aparecimento, em pleno dia, de semelhante criatura naquele lugar, pois aquilo nunca ocorrera. E o que isso me causou por certo envolvia mistério, jamais tendo saído da minha lembrança. Ó Deus, quão grandioso sois! Com que solicitude e piedade me avisáveis de todas as maneiras, e que pouco proveito tirei!

9. Havia ali uma monja, minha parente, antiga e grande serva de Deus, muito religiosa. Ela também me alertava algumas vezes; eu, porém, não acreditava nela e ainda ficava desgostosa, pensando que ela se escandalizava sem motivo.

Disse isso para que se entenda a minha maldade, e a grande bondade de Deus, e para que se veja o quanto mereci o inferno por tamanha ingratidão. E também para que, se em algum momento Deus ordenar, e for obedecido, que se leia isto, as monjas possam tirar proveito de minhas experiências. Peço a todas que, por amor a Nosso Senhor, fujam dessas recreações. Possa Sua Majestade, através de mim, resgatar as tantas pessoas que enganei sem desejar, dizendo-lhes que isso não era ruim, e promovendo tão grande perigo com a cegueira que tinha. Certo é que, devido ao mau exemplo, como eu disse[7], causei bastante mal, sem pensar que o fazia.

10. Estando doente naqueles primeiros dias, antes que pudesse valer-me a mim mesma, eu tinha grande desejo de fazer o bem aos outros — tentação muito comum aos iniciantes, que comigo teve bons resultados. Era tanto o meu amor pelo meu pai que resolvi transmitir-lhe o tesouro que acreditava ter encontrado na oração, que eu considerava o maior desta vida. Fazendo rodeios, da maneira possível, também tentei levá-lo a ter aquele bem que tanta alegria me dava. Com esse propósito, dei-lhe livros. Ele, muito virtuoso, como já falei[8], se dedicou tanto a esse exercício que em cinco ou seis anos fizera muitos progressos; com isso, vinha-me um grande consolo, e eu muito louvava o Senhor. Provações de grande monta o atingiram de todos os lados, tendo ele sofrido todas em perfeita concordância com a vontade de Deus. Ele me visitava muitas vezes, consolando-se ao falar sobre coisas de Deus.

11. Mais tarde, quando eu andava tão destruída e sem ter oração, não tolerei deixá-lo pensar que eu era a mesma de antes; porque passei mais de um ano sem ter oração, acreditando ser com isso mais humilde. Essa, como depois direi[9], foi a maior tentação que tive porque, por meio dela,

---

6. "À esquerda da porta regular de entrada do mosteiro da Encarnação, conserva-se, na parte baixa, um reduzido parlatório, onde, diz a tradição, a Santa viu o sapo de proporções desmesuradas, bem como Cristo, na forma que ela acabou de explicar linhas acima" (Silverio).

7. No cap. 6, n. 3.

8. No cap. 1, n. 1.

9. Cf. cap. 8, n. 5; cap. 19, n. 4 e 10-15.

eu acabaria de me perder. Enquanto orava, mesmo ofendendo a Deus algumas vezes, eu conseguia, com o Seu auxílio, recolher-me e apartar-me da ocasião. Como o bendito homem se apegava a esses assuntos, eu sofria por vê-lo tão enganado ao pensar que eu tratava com Deus como costumava e lhe disse que já não orava, mas não lhe contei a causa. Atribuí-o às minhas enfermidades, porque, embora curada daquela doença tão grave, sempre tive e tenho ainda outros grandes males. É verdade que há algum tempo tenho melhorado, pois as dores não são tão intensas; no entanto, elas não deixam de me afligir de várias maneiras.

Em especial, tive durante vinte anos vômitos pela manhã, o que me impedia de alimentar-me até o meio-dia e, por vezes, até mais tarde. Agora que frequento mais vezes a comunhão, é à noite, antes de me deitar, com muito mais sofrimento, que tenho de provocá-los com penas ou outras coisas, porque, se não o faço, é muito grande o meu mal-estar; e vejo que quase nunca estou sem muitas dores, às vezes bem graves, especialmente no coração, se bem que esse mal, antes contínuo, agora é bem raro. Há oito anos curei-me da paralisia aguda e das frequentes febres. Incomodo-me tão pouco com todos esses males que é comum eu ter alegria, porque tenho a impressão de com isso servir ao Senhor de alguma maneira.

12. E o meu pai acreditou ser essa a causa, porque, como ele não dizia mentira, considerou, conforme o que eu tratava com ele, que também eu não a diria. Acrescentei, tentando convencê-lo mais, que já era muito esforço rezar o ofício no coro (embora eu visse que não havia desculpa para isso). Por outro lado, isso não era suficiente para deixar de fazer uma coisa que não exige força corporal, mas só amor e costume. Quando queremos, o Senhor dá sempre oportunidade. Sempre, repito, visto que, se em certas circunstâncias ou em caso de doença, não se consegue ter muito tempo de solidão, há outras ocasiões em que a saúde o permite. Na doença e em situações difíceis, a alma que ama tem como verdadeira oração fazer a dádiva dos seus sofrimentos, lembrar-se daquele por quem os padece, conformar-se com as suas dores, havendo muitas outras coisas possíveis. Trata-se do exercício do amor; pois não somos obrigados a orar quando temos momentos de solidão, porque, mesmo à falta destes, sempre se pode orar. Com um pouquinho de boa vontade, obtém-se muitos lucros nos momentos em que o Senhor nos tira o tempo da oração com sofrimentos. E assim era comigo quando a minha consciência era boa.

13. Mas ele, com a sua opinião de mim e o amor que me tinha, em tudo acreditou, e de mim teve pena. Mas o seu espírito tinha se elevado tanto que eram rápidas as suas visitas. Logo depois de me ver, partia, dizendo que permanecer era tempo perdido. Como eu desperdiçava tempo com outras vaidades, nem me dava conta disso.

Também tentei fazer com que outras pessoas tivessem oração. Mesmo acossada por essas vaidades, eu percebia que elas gostavam de rezar e lhes dizia como meditar, e lhes dava livros, o que lhes trazia proveito. Porque esse desejo de que outros servissem a Deus, eu o tinha, como já disse[10], desde que comecei a fazer oração. Eu julgava justo que, como não servia ao Senhor de acordo com a minha consciência, a iluminação que Sua Majestade me dera não se perdesse, levando outros a servi-lo por mim. Narro-o para que se veja a minha grande cegueira ao me deixar perder e procurar ao mesmo tempo salvar os outros.

14. Nessa época meu pai foi acometido da doença que o matou, e que durou alguns dias. Fui cuidar dele, estando mais enferma da alma do que ele do corpo, presa de muitas vaidades, embora não de forma que — pelo que eu sabia — estivesse em pecado mortal nesse tempo perdido de que falo, pois, entendendo-o eu, de nenhuma maneira o estaria.

Enfrentei grandes trabalhos durante a sua doença. Creio tê-lo compensado pelo que ele passara com as minhas. Apesar de estar muito mal, eu me esforçava, pois, faltando-me ele, me faltariam todo o bem e todo o consolo que ele me trazia[11]. Fingindo nada sentir, mostrei-me forte, sem deixá-lo

---

10. Cf. n. 10.
11. Cf. cap. 5, n. 8, e cap. 40, n. 18.

perceber a minha pena, tendo ficado ao seu lado até que expirasse; no entanto, tive a impressão, ao ver que a sua vida acabava, de que me arrancavam a alma, tanto era o amor que lhe tinha.

15. A sua morte e a sua vontade de morrer foram dignas de louvores ao Senhor. Ele nos aconselhou, depois de ter recebido a Santa Unção, encarregando-nos de encomendá-lo a Deus, de pedir misericórdia para ele; disse-nos que sempre O servíssemos, que nos lembrássemos de que tudo desta vida se acaba. Falava-nos, em lágrimas, do grande pesar de não ter servido ao Senhor como deveria; meu pai desejava ter sido um frade que seguisse a mais estreita observância.

Tenho certeza de que, quinze dias antes, o Senhor o fizera ver que não havia de viver; porque, antes disso, embora estivesse mal, não pensava nisso; a partir de então, embora melhorasse e fosse consolado pelos médicos, pouco caso fazia disso e só se importava em preparar a alma.

16. O que mais o afligia era uma permanente dor, muito forte, nas costas; esta se tornava às vezes tão aguda que o atormentava. Eu lhe disse que, por ser ele tão devoto do Senhor carregando a cruz, pensasse que Sua Majestade desejava, com essa dor, levá-lo a sentir algo do que sofrera com aquela dor. Foi tal a sua consolação que, pelo que sei, ele nunca mais gemeu.

Ele passou três dias quase sem sentidos. No dia da morte, o Senhor lhe devolveu a consciência de um modo tão perfeito que nos causou admiração. Assim se manteve até que, no meio do Credo, que ele mesmo dizia, expirou. Parecia um anjo — e estou convencida de que realmente o fosse, por ter alma tão boa, bem como disposição.

Não sei por que contei isso, a não ser para culpar mais a minha vida ruim depois de ter visto aquela morte e de ter entendido aquela vida. Eu deveria ter melhorado, pelo menos para ser um pouco parecida com o meu pai. Seu confessor, um dominicano[12] muito erudito, falou que não duvidava de que meu pai tivesse ido direto para o céu. Como o confessava há alguns anos, esse dominicano louvava a sua pureza de consciência[13].

17. Esse padre dominicano, virtuoso e temente a Deus, muito me ajudou. Confessei-me com ele, e ele se encarregou de zelar pela minha alma e de alertar-me para a perdição a que eu me entregara. Ele me fazia comungar de quinze em quinze dias. E, pouco a pouco, no contato com ele, falei-lhe de minha oração. Ele me disse que não a abandonasse, que ela só me podia trazer proveito. Comecei a voltar a ela, embora sem evitar as ocasiões de pecado, e nunca mais a deixei.

A minha vida era trabalhosa ao extremo, porque, na oração, eu via melhor as minhas faltas. De um lado, Deus me chamava; do outro, eu seguia o mundo. Davam-me grande alegria todas as coisas de Deus, mas eu me via ligada às do mundo. Tenho a impressão de que desejava conciliar esses dois contrários, tão inimigos um do outro: a vida espiritual e os gostos, alegrias e divertimentos dos sentidos. Na oração, eu passava por grandes trabalhos, porque o espírito não era senhor, mas escravo; por isso, eu não podia me recolher dentro de mim (que era o meu modo de proceder na oração) sem levar comigo mil vaidades.

Passei assim muitos anos, a ponto de agora me espantar com o fato de uma criatura poder sofrer tanto tempo sem deixar um ou outro desses contrários. Bem sei que deixar a oração já não estava em minhas mãos, porque Aquele que me queria para me conceder maiores graças me sustentava com as Suas.

18. Oh! Valha-me Deus! Se eu pudesse dizer as ocasiões de que Sua Majestade me livrou nesses anos, e de como eu tornava a me envolver nelas, para não falar do risco, de que Ele me afastou, de perder todo o crédito. E eu, nas minhas obras, revelava quem era, enquanto o Senhor, encobrindo o mal, fazia surgir alguma pequena virtude, se é que eu a tinha, tornando-a grande aos olhos de todos, de modo que estes sempre me tinham em alta conta! Porque, apesar de algumas vezes as minhas vaidades se evidenciarem, todos viam outras coisas que pareciam boas e por isso não acreditavam naquelas.

---

12. Padre Vicente Barrón (cf. cap. 5, n. 3, nota).
13. Dom Alonso morreu em 24 de dezembro de 1543, último dia do ano, segundo a contagem então vigente em Ávila. Dois dias depois (26 de dezembro de 1544), foi feita a abertura do seu testamento.

O Conhecedor de todas as coisas já via então que isso era necessário para que eu tivesse algum crédito mais tarde, quando me dedicasse a Seu serviço. Sua soberana grandeza não via os grandes pecados, mas sim os desejos que eu muitas vezes tinha de servi-Lo e o pesar por não ter em mim forças para levá-lo a efeito.

19. Ó Senhor da minha alma! Como poderei enaltecer as graças que me concedestes nesses anos? E o fato de, na época em que eu mais Vos ofendia, Vós logo fazerdes com que eu me arrependesse para fruir dos Vossos favores e consolações? Na verdade, escolhíeis, Rei meu, o castigo mais delicado e mais penoso que podia existir, pois bem sabíeis o que mais dores me causaria. Castigáveis as minhas faltas com enorme ternura.

E não acredito dizer desatinos, embora pudesse estar desatinada, ao recordar a minha ingratidão e maldade.

Para mim, era muito mais penoso receber mercês, tendo cometido graves faltas, do que receber castigos. Uma única graça por certo me abalava, confundia e fatigava mais do que as minhas muitas enfermidades, ao lado de outras provações. Estas últimas, como eu bem o via, eram merecidas, expiando de alguma maneira um pouco dos meus grandes pecados (embora tudo fosse pouco, porquanto eles eram muitos). Mas ser recebida com ternura outra vez, tendo sido tão ingrata nas anteriores, era um tormento inenarrável para mim e, acredito, para todos os que têm algum conhecimento ou amor de Deus, algo que, sendo virtuosos, podemos perceber aqui. Vinham-me lágrimas e aborrecimentos por eu ver o que sentia, percebendo-me prestes a cair outra vez, embora a minha determinação e o meu desejo fossem firmes naquela hora.

20. Grande mal é estar a alma só entre tantos perigos. Tenho a impressão de que, se tivesse com quem falar disso tudo, eu teria tido ajuda para não fraquejar outra vez, ao menos por vergonha, já que, com relação a Deus, já não a tinha.

Por isso, eu aconselharia aos que têm oração que, especialmente no princípio, procurem ter amizade e relações com pessoas que se ocupem da mesma coisa. Isso é importantíssimo, pois, além da ajuda mútua nas orações, muito há a lucrar aí! E não sei por que (já que, para conversas e prazeres humanos, mesmo que não sejam muito bons, procuramos amigos com quem folgar e melhor aproveitar esses prazeres vãos) não se há de permitir à alma que começa a amar e a servir a Deus com sinceridade que compartilhe da companhia de pessoas que têm oração, confiando-lhes suas alegrias e tristezas, visto serem os seus sentimentos os mesmos. De fato, quem realmente deseja obter a amizade do Senhor não deve temer a vanglória, para que, ao primeiro sinal de fraqueza, possa escapar com mérito. Creio que, tendo esse objetivo, obterá maior proveito para si e para os seus ouvintes, adquirirá mais experiência e, ainda sem entender como, ensinará a seus amigos.

21. Quem se vangloriar por conversar sobre isso também terá vanglória em ouvir a missa com devoção quando estiver sendo observado, bem como em praticar outras coisas que, a não ser que deixe de ser cristã, a pessoa tem de fazer sem temer a vanglória.

Porque isso tem tamanha importância para almas que não estão fortalecidas na virtude — que têm tantos inimigos e amigos a incitá-las ao mal — que não sei como insistir mais. Acho que o demônio usa um ardil que muito lhe serve: ele leva os bons a ocultar o fato de buscarem realmente amar e contentar a Deus; e tem incitado a que se descubram outras amizades pouco honestas, tão em uso, quase se gloriando delas e chegando a apregoar as ofensas que, assim agindo, cometem contra Deus.

22. Não sei se falo despropósitos. Se o faço, que Vossa Mercê os revele; e, se não o faço, suplico-vos que me ajudeis na minha ignorância, acrescentando aqui outros elementos. Porque as coisas do serviço de Deus já andam tão fracas que é necessário, aos que O servem, apoiarem-se mutuamente para irem em frente, tal é a fama de bondade dos divertimentos e vaidades mundanos — para os quais poucos olhos estão atentos[14]. Contudo, se uma única alma começa a cuidar de

---

14. Para os que praticam vaidades mundanas.

Deus, são tantos os murmúrios que ela é obrigada a procurar defesa e companhia até ficar forte e não ter medo de padecer. Se não o fizer, se verá em grandes apuros.

Creio ser esse o motivo de muitos santos irem viver nos desertos; é próprio do humilde não confiar em si mesmo, mas acreditar que o Senhor lhe dará auxílio em atenção àqueles com quem conversa, pois a caridade aumenta ao ser transmitida, havendo mil benefícios a ser obtidos, de que eu não falaria se não tivesse grande experiência da enorme importância disso.

Reconheço ser mais fraca e ruim que todos os nascidos, mas acredito que quem se humilha, embora sendo forte, nunca perde, razão por que precisa dar crédito a quem tem mais experiência. Quanto a mim, digo apenas que, se o Senhor não me tivesse revelado essa verdade e me dado condições de ter contatos frequentes com pessoas que têm oração, eu teria terminado, caindo e levantando, no centro do inferno. Para a queda, tinha a ajuda de muitos; para levantar-me, no entanto, estava tão sozinha que até hoje me espanta não ter caído de vez. Louvo a misericórdia de Deus, pois só Ele me dava a mão.

Bendito seja para sempre e sempre. Amém.

CAPÍTULO 8

> Fala do grande bem que obteve do fato de não se afastar por inteiro da oração para não perder a alma e do grande auxílio que isso é para se recuperar o que se perdeu. Defende essa prática por parte de todos. Diz que são grandes os ganhos dela decorrentes e que, mesmo que a deixem, é muito bom fruir por algum tempo de tão grande bem.

1. Houve uma causa para que eu insistisse tanto em relatar essa época da minha vida. Sei bem que não agrada a ninguém ver coisa tão ruim, e por certo eu gostaria que os que lessem isto me detestassem ao ver uma alma tão teimosa e ingrata para com quem tantas graças lhe tem dado. Gostaria de ter permissão para falar das muitas vezes que, nessa época, falhei diante de Deus, por *não*[1] me ter apoiado na forte coluna da oração.

2. Singrei esse mar tempestuoso durante quase vinte anos, caindo e levantando — levantando-me mal, pois voltava a cair. Era tão pouca a minha perfeição que quase não me importava muito com os pecados veniais, e, embora temendo os mortais, nem por isso me afastava dos perigos. Trata-se de uma das vidas mais penosas que, a meu ver, se pode imaginar: eu não me rejubilava em Deus nem me alegrava no mundo. Nos contentamentos mundanos, era atormentada pela lembrança do que devia a Deus; quando estava com Ele, era perturbada pelos contentamentos do mundo. É tão dura essa batalha que nem sei como suportaria um mês, quanto mais tantos anos.

Porém, vejo claramente a grande misericórdia do Senhor ao me dar ânimo para orar enquanto eu tratava com o mundo. Digo ânimo, porque não creio que haja na terra algo que exija mais coragem do que trair o rei, sabendo que ele o sabe, sem conseguir sair de sua presença. Naturalmente, todos estão sempre diante de Deus; mas, para quem trata da oração, isso ocorre em outro plano; enquanto estes percebem que o Senhor os olha, os outros conseguem às vezes passar muitos dias sem nenhuma lembrança de que Deus os vê.

3. É verdade que, nesses anos, houve muitos meses e, talvez, anos em que eu não ofendi ao Senhor, dedicando-me à oração e me esforçando para não desagradá-lo. Digo-o para não faltar à verdade. Pouco me lembro dessas boas épocas, que devem ter sido raras, já que as outras foram muito mais numerosas. Poucos dias passei sem ter longos períodos de oração, a não ser que estivesse muito mal de saúde ou bastante ocupada; quando estava doente, relacionava-me melhor com Deus, procurando levar as pessoas próximas a assim ficarem, suplicando ao Senhor que as ajudasse e falando dele frequentemente.

---

1. O *não* em destaque foi acrescentado ao autógrafo pelo Padre Báñez.

Desse modo, afora o ano de que falo, em vinte e oito anos de oração, passei mais de dezoito nessa luta entre lidar com Deus e lidar com o mundo[2]. Nos outros, de que ainda vou falar, mudou a razão da contenda, mas a guerra ainda é dura. Contudo, estando, a meu ver, a serviço de Deus e com conhecimento da vaidade que é o mundo, tudo foi suave, como adiante direi.

4. Eu me estendi tanto, como já disse[3], para que se vejam a misericórdia de Deus e a minha ingratidão, bem como para que se compreenda o grande benefício que Deus dá à alma dispondo-a a ter oração com vontade, mesmo que a sua disposição não seja a necessária. Com perseverança, tenho certeza de que o Senhor conduzirá a alma a um porto de salvação, como — pelo que vejo agora — fez comigo, apesar dos pecados, tentações e mil quedas que o demônio ocasiona. Queira Sua Majestade que eu não volte a me perder.

5. O bem que quem pratica a oração — refiro-me à oração mental — obtém já foi tratado por muitos santos e homens bons. Glória a Deus por isso! Se assim não fosse, embora pouco humilde, eu não sou tão soberba que me atrevesse a falar disso.

Do que tenho experiência posso falar: quem começou a ter oração não deve deixá-la, por mais pecados que cometa. Com ela, terá como se recuperar e, sem ela, terá muito mais dificuldades. E que o demônio nunca tente ninguém como tentou a mim, levando-me a abandonar a oração por humildade; creiam-me que as palavras do Senhor não hão de faltar se nos arrependermos de verdade e tivermos o firme propósito de não mais ofendê-Lo; nesse caso, Ele nos recebe com a mesma amizade, concedendo-nos as mesmas graças de antes e, às vezes, se o arrependimento fizer jus a isso, muitas mais.

Por isso, peço aos que ainda não começaram que, por amor a Deus, não se privem de tanto bem. Não há o que temer, mas o que desejar. Porque, mesmo que não vá adiante nem se esforce pela perfeição, a ponto de merecer os gostos e regalos que Deus dá aos perfeitos, ao menos irá conhecendo o caminho que leva ao céu. Se perseverar, tudo espero da misericórdia de Deus, pois ninguém fez amizade com Ele *sem dele obter grande recompensa*[4]. Para mim, a oração mental não é senão tratar de amizade — estando muitas vezes tratando a sós — com quem sabemos que nos ama. E se ainda não O amais (porque, para que o amor seja verdadeiro e duradoura a amizade, deve haver compatibilidade; o Senhor exige, como se sabe, que não se cometam faltas, que se seja perfeito; nós, no entanto, somos viciosos, sensuais e ingratos), não podeis por vós mesmos chegar a amá-Lo, porque não é de vossa condição; mas, levando-se em conta o muito que Ele vos ama e o quanto vale ter a Sua amizade, passai pelo sofrimento de estar muito na presença de quem é tão diferente de vós.

6. Ó infinita bondade do meu Deus, que me parece que Vos vejo e me vejo dessa maneira! Ó delícia dos anjos, que, ao ver isso, todo o meu ser gostaria de desfazer-se em Vosso amor! Como é certo que sofreis com quem sofre por ter-Vos junto a si. Que bom amigo sois, Senhor meu! Como vais brindando a alma, e sofrendo, à espera de que ela alcance Vossa condição, suportando a sua, até que ela o consiga! Considerais, Senhor meu, os instantes em que ela o quer e, por um vislumbre de arrependimento de sua parte, esqueceis que ela Vos tem ofendido!

Vi isso com clareza em mim mesma, e não entendo, Criador meu, por que o mundo inteiro não procura travar convosco essa amizade particular. Os maus, que não têm a Vossa condição,

---

2. Dados interessantes para a cronologia da vida interior de Santa Teresa: ela escreveu isso, provavelmente (primeira redação do *Livro da Vida)*, em 1562. Sua vida de oração começou vinte e oito anos antes, em 1534. Mais de dezoito foram de luta: até 1552/1553. Os nove anos finais foram de intensa vida mística: 1553/1562. Houve, contudo, um grande ano sem oração: 1542/1544 (cf. cap. 7, n. 11). — Cotejem-se esses dados com os que a Santa oferece no cap. 10, n. 9 ("nos vinte e sete anos em que me dedico à oração…"); cap. 11, n. 8 ("… porque o Senhor, em quatro meses, a fez avançar mais do que eu consegui em dezessete anos"); cap. 23, n. 12 ("porque, se ao fim de quase vinte anos de prática nada conseguira lucrar… melhor seria deixá-la"). Neste último texto, ela se refere aos eventos de 1554; para essa data, soma-se aos dezoito anos de "luta" um ano de oração mística.

3. Cf. os n. 1-2; cap. 5, n. 11, e o final do capítulo anterior.

4. As palavras em destaque foram acrescentadas por Frei Luis na edição príncipe (p. 98) para completar o sentido. Contudo, a ideia não é de *pagamento,* mas de *correspondência.*

deviam fazê-lo para que nos fizésseis bons. Isso acontecerá se eles permitirem que estejais com eles ao menos duas horas por dia, mesmo que não estejam convosco, mas às voltas com mil cuidados e pensamentos do mundo, como eu fazia. Devido ao esforço que fazem por querer estar em tão boa companhia, sabeis que, no princípio, e até depois, não podem fazer mais; Vós, como recompensa, impedis os ataques dos demônios, reduzindo a força destes a cada dia, ao mesmo tempo que fortaleceis a alma. Jamais matais os que confiam em Vós e que Vos querem por amigo — Vida de todas as vidas! Vós lhes sustentais a vida do corpo, dando-lhes mais saúde, vivificando a alma.

7. Não entendo os que temem começar a oração mental, nem sei de onde vem esse medo. Bem sabe o demônio criá-lo para provocar o verdadeiro mal, levando-me, pelo terror, a não pensar em que ofendi a Deus nem no muito que Lhe devo; assim agindo, ele não deixa que pensem no inferno, na glória e nos grandes sofrimentos e dores que Deus passou por mim.

Nessas coisas consistiu toda a minha oração enquanto eu corria esses perigos, sendo esses os meus pensamentos quando eu podia. E muitas vezes, durante alguns anos, eu me preocupava mais em desejar que passasse o tempo para mim determinado de estar ali e em escutar quando batia o relógio, do que em outras coisas boas. Com frequência, acolhia com maior vontade alguma penitência grave do que o recolhimento em oração.

E é certo que a força que o demônio fazia — ou o meu mau costume — era tão incomparável, e tamanha a tristeza que eu sentia ao entrar no oratório, que eu precisava empregar todo o meu ânimo (que, dizem, não é pouco, tendo Deus me feito mais corajosa do que a maioria das mulheres, embora eu a tenha usado mal) para me obrigar, contando por fim com a ajuda do Senhor.

E, depois de me ter obrigado assim, eu ficava com maior quietude e alegria do que algumas vezes em que tinha desejo de rezar.

8. Porque, se o Senhor suportou por tanto tempo alguém tão ruim quanto eu, sendo claro que foi por isso que se curaram todos os meus males, que pessoa, por pior que seja, poderá temer? Porque, por mais que o seja, não o será por tantos anos depois de ter recebido tantas graças do Senhor. Quem poderá duvidar disso se o Senhor tanto me suportou, apenas porque eu desejava e procurava algum lugar e tempo para que Ele estivesse comigo, e isso muitas vezes sem vontade, graças à grande força que eu empregava contra mim ou que o próprio Senhor usava em mim? Se para os que não O servem, mas O ofendem, a oração faz tão bem e é tão necessária, quem poderia objetar que não há maior dano para os que servem a Deus e O querem servir do que deixar de fazê-la? Com certeza não posso entender que as pessoas passem com mais dores pelos sofrimentos da vida ao fecharem para Deus a porta através da qual Ele lhes daria a verdadeira felicidade. Na verdade, tenho pena delas, pois servem a Deus prejudicando a si mesmas, enquanto os que se dedicam à oração recebem a ajuda do Senhor, que, por menos que eles se esforcem, lhes dá contentamento para que suportem os sofrimentos.

9. Como tratarei adiante das alegrias dadas pelo Senhor aos que perseveram na oração, nada falarei aqui. Digo apenas que a oração foi a porta que me levou às grandes graças que recebi; se a fecharmos, não sei como Ele as poderá conceder; porque, ainda que queira entrar para deliciar-se com uma alma e cumulá-la de contentamento, Deus não terá por onde, pois a quer sozinha, pura e com vontade de recebê-Lo. Se lhe impusermos obstáculos e nada fizermos para retirá-los, como Ele poderá vir até nós? E ainda queremos que Deus nos conceda grandes favores!

10. Para que todos vejam a misericórdia de Deus e o grande benefício que tive por não ter abandonado a oração e a lição ou leitura, falarei, pois importa muito que se entenda isso, de como o demônio ataca uma alma para conquistá-la, e do artifício e benevolência com que o Senhor busca levá-la para Si. Digo-o para que se acautelem dos perigos que não evitei. Peço sobretudo, por amor de Nosso Senhor e pela grande afeição com que Ele procura fazer-nos voltar para Si, que se evitem as ocasiões de pecado; porque, uma vez nelas, em nada podemos confiar numa guerra onde tantos inimigos nos combatem e onde são tão fracas as nossas defesas.

11. Eu gostaria de saber descrever a escravidão da minha alma naquela época, porque bem entendia que estava cativa, mas não percebia em que consistia o cativeiro, nem podia crer de todo que aquilo que os confessores não consideravam tão grave fosse tão ruim como eu o sentia em minha alma. Um deles, a quem consultei a respeito de uma reserva minha, disse-me que, mesmo que eu chegasse a um alto grau de contemplação, as relações e conversas de que eu me ressentia não me fariam mal.

Isso aconteceu nos últimos tempos, quando eu, com o favor de Deus, me afastara mais dos grandes perigos, apesar de não evitar por inteiro as ocasiões. Como me viam com bons desejos e ocupada com a oração, pensavam que eu fazia muito; minha alma, contudo, sabia que eu não fazia o que Aquele a quem eu tanto devia merecia. Lamento agora o quanto a minha alma sofreu, e a pouca ajuda que recebeu, a não ser de Deus, bem como a liberdade que lhe era dada para os passatempos e alegrias por aqueles que os consideravam lícitos.

12. Não era pequeno o meu tormento nos sermões, de que gostava muito. Quando eu via alguém pregar com espírito e discorrer bem, adquiria por essa pessoa uma afeição particular, sem que eu a procurasse e sem saber de onde me vinha. Quase nunca o sermão me parecia tão ruim que eu não o ouvisse com vontade, embora os presentes dissessem que [o pregador] não pregava bem. Se fosse bom, causava-me um deleite particular. Eu quase nunca me cansava de falar de Deus ou de ouvir sobre Ele depois que comecei a ter oração. De um lado, conseguia grande consolo nos sermões, mas, de outro, me atormentava, porque eles me faziam ver que em muitas coisas eu não era como devia ser. Eu suplicava ao Senhor que me ajudasse; mas, pelo que vejo agora, eu não depositava total confiança em Sua Majestade nem perdia de todo a que punha em mim. Eu procurava soluções, fazia esforços; mas ainda não compreendia que isso de nada serve se, mesmo não confiando por inteiro em mim, eu não pusesse a confiança em Deus.

Eu desejava viver, pois bem entendia que não vivia, combatendo, em vez disso, uma sombra da morte, sem que ninguém me desse vida e sem poder consegui-la eu mesma; e quem podia dá-la a mim tinha razão para não socorrer-me, pois tantas vezes me chamara a Si e outras tantas fora abandonado.

CAPÍTULO 9

Conta de que modo o Senhor começou a despertar a sua alma, dando-lhe luz em tão grandes trevas, e a fortalecer suas virtudes para não ofendê-Lo.

1. A minha alma já estava cansada e, embora quisesse, seus maus costumes não a deixavam descansar. Aconteceu-me de, entrando um dia no oratório, ver uma imagem guardada ali para certa festa a ser celebrada no mosteiro. Era um Cristo com grandes chagas que inspirava tamanha devoção que eu, de vê-Lo, fiquei perturbada, visto que ela representava bem o que Ele passou por nós[1]. Foi tão grande o meu sentimento por ter sido tão mal-agradecida àquelas chagas que o meu coração quase se partiu; lancei-me a seus pés, derramando muitas lágrimas e suplicando-lhe que me fortalecesse de uma vez para que eu não O ofendesse.

2. Eu era muito devota da gloriosa Madalena e muitas vezes pensava em sua conversão, em especial quando comungava, certa de que o Senhor estava dentro de mim, pondo-me a Seus pés, por ter a impressão de que as minhas lágrimas não seriam desdenhadas; e eu não sabia o que dizia (pois muito fazia quem permitia que eu as derramasse, já que eu logo esquecia aquele sentimento), encomendando-me a essa gloriosa Santa para que ela me alcançasse o perdão.

3. Mas esta última vez, com a imagem de que falei, parece-me ter sido mais proveitosa, porque eu já desconfiava muito de mim mesma e depositava toda a minha confiança em Deus.

---

1. "Esta imagem, que não representa, como disseram alguns, Jesus preso à coluna, mas um tristíssimo e terno Eccehomo, ainda é venerada no Mosteiro da Encarnação de Ávila" (Silverio).

Creio que eu disse que não me levantaria dali enquanto a minha súplica não fosse atendida. Tenho certeza de que isso me beneficiou, porque a partir de então fui melhorando muito.

4. Eu rezava assim: como não podia raciocinar com o intelecto, esforçava-me por representar Cristo dentro de mim, e sentia-me melhor — ao que parece — nas passagens onde o via mais sozinho. Eu acreditava que, estando só e aflito, Ele haveria de me acolher, sendo eu pessoa necessitada. Eram muitas as minhas simplicidades desse tipo.

Eu me sentia muito bem, em especial na oração do Horto, onde Lhe fazia companhia; ficava pensando no suor e na aflição que ele sofrera, desejando, caso fosse possível, enxugar-Lhe o suor tão doloroso, mas lembro-me de que nunca ousei fazê-lo, pois vinham à lembrança os meus graves pecados; eu ficava ali, com Ele, enquanto os meus pensamentos deixavam, porque eram muitos os que me atormentavam. Por longos anos, quase todas as noites, antes de dormir, ao me encomendar a Deus para dormir, eu sempre pensava um pouco nessa passagem da oração do Horto, mesmo antes de ser monja, porque me disseram que com isso se obtinham muitos perdões; e tenho para mim que a minha alma muito ganhou com isso, porque comecei a orar sem saber que o fazia, tendo esse costume ficado tão constante que nunca o abandonei, assim como nunca deixei de me persignar para dormir.

5. Voltando ao que dizia do tormento que os pensamentos me traziam: proceder sem o discurso do entendimento requer que a alma esteja muito concentrada ou perdida em distrações. Aproveitando, é grande o ganho da alma, por ser progresso no amor. Mas, para chegar a isso, fazem-se grandes esforços, a não ser que o Senhor se digne conduzir a alma, num breve espaço de tempo, à oração de quietude, o que acontece com algumas pessoas que conheço. Para quem segue esse caminho, é útil um livro que leve ao rápido recolhimento. Eu também me beneficiava de ver campos, águas, flores; encontrava nessas coisas a lembrança do Criador, isto é, elas me despertavam e me recolhiam, servindo-me de livros, ao mesmo tempo que me lembrava da minha ingratidão e dos meus pecados. Era tão grosseiro o meu intelecto que jamais pude imaginar coisas do céu ou coisas elevadas, até que o Senhor as representasse de outra maneira para mim.

6. Eu era tão pouco hábil na representação de imagens mentais que, se não visse com os meus próprios olhos, pouco uso fazia da imaginação, ao contrário de certas pessoas que conseguem servir-se dela quando se recolhem. Eu só podia pensar em Cristo como homem, mas nunca pude representá-Lo no meu interior, por mais que lesse sobre a Sua beleza e por mais que contemplasse as Suas imagens; eu agia como uma pessoa cega ou no escuro, que, falando com outra, sabe que está com ela porque tem certeza da sua presença (digo, percebe e crê que ela está ali, mas não a vê); assim ficava eu quando pensava em Nosso Senhor. E por isso eu gostava tanto de imagens. Infelizes os que por sua culpa perdem esse bem! Bem parece que não amam o Senhor, porque, se o amassem, gostariam de ver o Seu retrato, como no mundo há prazer em contemplar o retrato daqueles a quem se quer bem.

7. Deram-me nessa época as *Confissões* de Santo Agostinho[2]. Parece que o Senhor o ordenou, porque nunca as procurei nem as tinha visto. Sou muito afeiçoada a Santo Agostinho, porque o mosteiro onde fui secular era de sua Ordem[3], e também por ele ter sido pecador. Nos santos que o foram e, depois de sê-lo, foram atraídos outra vez pelo Senhor, eu encontrava muito consolo, parecendo-me que neles encontraria ajuda e que, como os havia perdoado, o Senhor também poderia me perdoar. Só uma coisa me desconsolava, como eu disse[4]: o Senhor só os chamou uma vez, e eles não voltaram a cair; quanto a mim, já eram tantos os chamados que isto me afligia. Mas,

---

2. A Santa pôde ler a versão de Frei Sebastián Toscano, intitulada *Las confesiones de San Agustín, traducidas de Latín en Romance castellano*. — A data do encontro da Santa com o livro do Doutor de Hipona ocorreu, muito provavelmente, no ano de 1554, data de sua conversão.

3. Nossa Senhora da Graça (cf. cap. 2, n. 6).

4. Cf. Prólogo, n. 1.

considerando o amor que Ele tinha por mim, eu me reanimava, pois da Sua misericórdia jamais duvidei, enquanto de mim duvidava com frequência.

8. Valha-me Deus! Como me espanta a teimosia da minha alma, apesar de tanta ajuda de Deus! Traz-me medo ver minha grande fraqueza e os vínculos que me impediam de me entregar por inteiro a Deus.

Começando a ler as *Confissões*, tive a impressão de me ver ali. Passei a encomendar-me muito a esse glorioso Santo. Quando cheguei à sua conversão e li que ele ouvira uma voz no jardim[5], senti ser o Senhor quem me falava, tamanha foi a dor do meu coração. Passei muito tempo chorando, com grande aflição e sofrimento. Como sofre uma alma, valha-me Deus, por perder a liberdade de ser senhora de si mesma, e que tormentos padece! Hoje me admiro por ter podido viver com tanta aflição. Glória a Deus, que me deu vida para eu sair de uma morte tão mortal.

9. A minha alma ganhou grandes forças da Divina Majestade, que deve ter ouvido minhas súplicas e ter-se condoído por tantas lágrimas. Aumentou em mim a vontade de ficar mais tempo com Ele; passei a fugir das ocasiões de pecado porque, livre delas, logo voltava a amar Sua Majestade. Eu bem sabia que O amava, mas não compreendia, como iria entender, o que é amá-Lo verdadeiramente.

Creio que eu nem bem me dispunha a querer servi-Lo e Sua Majestade já recomeçava a me deliciar. Eu via que aquilo que os outros procuram adquirir com muito esforço, o Senhor instava comigo para que eu o recebesse, visto que, nos últimos anos, já me concedia gostos e regalos[6]. Jamais me atrevi a suplicar que me desse isso ou ternura de devoção; eu lhe pedia apenas que me desse graças para que não O ofendesse e que perdoasse os meus grandes pecados. Vendo-os tão grandes, nunca me atrevi conscientemente a desejar regalos ou gostos. Para mim, a Sua piedade já fazia demais permitindo-me permanecer diante de Si e trazendo-me à Sua presença, pois eu via bem que, se Ele não me procurasse tanto, eu sozinha nunca o faria.

Lembro-me apenas de uma ocasião em que Lhe pedi consolações, por estar muito necessitada; porém, vendo que o fazia, fiquei tão confusa que a dor de me ver com tão pouca humildade me deu o que eu me atrevera a pedir. Eu sabia que não era errado pedi-las, mas achava que quem as merecia eram os que estavam bem-dispostos, e que tinham procurado a verdadeira devoção com todas as suas forças, sendo esta não ofender a Deus e estar pronto e determinado para todo bem. Eu pensava que as minhas lágrimas eram coisinhas de mulher, ineficazes, pois eu não conseguia com elas o que desejava. No entanto, acho que me valeram; porque, especialmente depois dessas duas vezes[7] de tão grande arrependimento e de tanta dor no coração, passei a me dedicar mais à oração e a me afastar das coisas que me pudessem trazer a perdição, embora não o fizesse de todo, contando com a ajuda de Deus para delas me separar. Como Sua Majestade só esperava alguma correspondência de minha parte, as graças espirituais foram aumentando da maneira como vou contar. Trata-se de algo incomum, porque o Senhor as costuma dar aos que têm maior pureza de consciência.

CAPÍTULO 10

Começa a declarar as graças que o Senhor lhe concedia na oração. Como podemos nos ajudar e como é importante entender os dons de Deus. Pede ao seu destinatário que doravante o que ela escrever seja secreto, visto que a mandaram falar de uma coisa tão particular quanto são essas graças.

---

5. *Confissões*, L. VIII, cap. 12.
6. *Gostos e regalos:* no léxico teresiano, trata-se de termos reservados quase exclusivamente à designação de certas *graças*, ou formas de *oração mística*.
7. Ela se refere aos episódios tratados nos n. 1 e 8.

1. Como disse[1], eu tinha começado a sentir às vezes, embora com brevidade, o que passo a relatar. Vinha-me de súbito, na representação interior de estar ao lado de Cristo, de que falei[2], tamanho sentimento da presença de Deus que eu de maneira alguma podia duvidar de que o Senhor estivesse dentro de mim ou que eu estivesse toda mergulhada nele. Não se tratava de uma visão; acredito ser o que chamam de *teologia mística:* a alma fica suspensa de tal modo que parece estar fora de si; a vontade ama, a memória parece estar quase perdida, o intelecto não discorre, mas, a meu parecer, não se perde; entretanto, repito, também não age, ficando como que espantado com o muito que alcança, porque Deus lhe dá a entender que ele nada compreende daquilo que Sua Majestade lhe representa.

2. Antes, eu tivera continuamente uma ternura que, em parte, é possível procurar: uma satisfação que não é completamente dos sentidos nem é bem espiritual. Tudo é dado por Deus; mas, ao que parece, para isso podemos contribuir considerando nossa inferioridade e a ingratidão para com Deus, o muito que Ele fez por nós, sua Paixão, em que sofreu graves dores, Sua vida tão cheia de aflições; deleitando-nos por ver Suas obras, Sua grandeza, o amor que tem por nós e muitas outras coisas que quem deseja progredir espiritualmente encontra por toda parte, mesmo que não as viva procurando. Se, ao lado disso, houver algum amor, a alma fica inebriada, o coração fica terno, vêm lágrimas; às vezes, parece que as arrancamos à força e, em outras, elas vêm do Senhor, e com tanta energia que não podemos resistir. Ao que parece, Sua Majestade nos recompensa pelo nosso pequeno esforço com um dom imenso que é o consolo sentido pela alma ao ver que chora por tão grande Senhor; e não me espanto com isso, pois razão há de sobra para sentir consolo, pois ali ela se inebria e se deleita.

3. Considero boa a comparação que agora me ocorreu: os prazeres obtidos da oração devem ser os dos que estão no céu, porque, como não veem mais do que o Senhor, de acordo com o seu merecimento, quer que vejam, e como reconhecem os poucos méritos que têm, cada um deles se contenta com o lugar em que está, embora haja uma enorme diferença entre a felicidade de cada um no céu, que é muito maior do que a que há entre os gozos espirituais daqui da terra.

E, com efeito, a alma, no início, ao receber essa graça de Deus, quase tem a impressão de que não há mais a desejar, dando-se por bem paga por tudo quanto serviu. E sobram-lhe razões, pois uma lágrima dessas, que, como digo, quase procuramos — embora sem Deus nada se faça —, não me pareça poder ser comprada nem com todos os trabalhos do mundo, pois muito se ganha com elas; e que lucro maior do que ter um testemunho de que contentamos a Deus? Por isso, quem chegar a esse ponto louve muito a Deus, reconhecendo que muito Lhe deve, porque parece que o Senhor já o deseja para a Sua casa e o escolheu para o Seu Reino — se a alma não voltar atrás.

4. Não procure as humildades, de que pretendo falar, de certas pessoas que creem ser humilde não compreender que o Senhor vai lhes concedendo dons[3]. Entendamos, como deve ser, que Deus no-los dá sem nenhum merecimento nosso, e agradeçamos a Sua Majestade; porque, se não reconhecermos que recebemos, não vamos despertar para amar. Uma coisa é certa: quanto mais vemos que estamos ricos, sabendo que somos pobres, tanto maior o nosso aproveitamento e ainda mais verdadeira a humildade. O resto é abater o ânimo por pensar que não se é capaz de obter grandes bens se, começando o Senhor a dá-los, a alma se atemoriza com medo da vaidade. Acreditemos que Aquele que nos dá os bens nos concederá a graça para que, começando o demônio a tentar-nos nesse aspecto, nós o entendamos e nos fortaleçamos para resistir-lhe; isto é, se andarmos com retidão diante de Deus, voltados para contentar apenas a Ele, e não aos homens.

5. É evidente que amamos mais a uma pessoa quando nos lembramos muito das boas obras que faz por nós. Pois, se é lícito e tão meritório nos lembrarmos sempre de que Deus nos deu a

---

1. Ela se refere ao que diz no cap. 9, n. 9. Cf. cap. 4, n. 7.
2. Ibid., e no cap. 9, n. 4.
3. Ela vai tratar dessas "humildades" no cap. 13, n. 4.

vida, nos criou do nada, nos sustenta, e de todos os outros benefícios que a Sua morte e os Seus sofrimentos nos deram, bem como do fato de que muito antes de nos criar Ele já os sofrera por cada um de nós, por que não seria lícito que eu reconheça, veja e considere muitas vezes que costumava falar em vaidades e que agora, pelo favor de Deus, só tenho vontade de falar Dele? Eis aqui uma joia que, se reconhecermos que nos foi dada e que a possuímos, nos força a amar, porque o amor é todo o bem da oração fundada na humildade. Pois o que deve ocorrer quando tivermos em nosso poder joias mais preciosas — que alguns servos de Deus já receberam — como as do menosprezo do mundo e de nós mesmos? É claro que nos consideraremos mais devedores e mais obrigados a servir e a compreender que não tínhamos nada disso e a reconhecer a generosidade do Senhor. Porque, para alma tão pobre, ruim e pouco merecedora como a minha, bastava a primeira joia destas, que ainda seria muito, mas ainda assim o Senhor quis cumular-me de mais riquezas do que eu poderia desejar.

6. Devemos tirar forças para servir mais e procurar não ser ingratos; porque o Senhor nos oferece esses dons com essa condição, pois, se não usarmos bem o tesouro e o elevado estado em que nos põe, Ele voltará a tomá-los, e ficaremos ainda mais pobres; e Sua Majestade dará essas joias a quem as preze e beneficie com elas a si e aos outros.

Como pode aproveitar e gastar com liberalidade quem não sabe que está rico? É impossível — a meu ver devido à nossa natureza — que tenha ânimo para grandes coisas quem não percebe ser favorecido por Deus; porque, dada a nossa inferioridade e inclinação para as coisas da terra, dificilmente nos desapegaremos de fato, com grande aversão, das coisas da terra se não soubermos que partilhamos dos bens celestes. Com esses dons, o Senhor nos dá a força que, pelos nossos pecados, perdemos. Se não tivermos provas do amor de Deus, ao lado de uma fé viva, como poderemos desejar que todos fiquem descontentes e se aborreçam conosco e com todas as grandes virtudes que os perfeitos exibem? Carecemos tanto de estímulo que logo acreditamos no que temos diante dos olhos; assim, são esses favores que despertam e fortalecem a fé. Pode ser que eu, por ser tão ruim, esteja julgando por mim, podendo haver outros para quem basta a verdade da fé para fazerem obras muito perfeitas, enquanto eu, miserável que sou, precisei de todas essas graças.

7. Que eles falem disso; eu falo do que aconteceu comigo, como me ordenaram. Se eu estiver errada, aquele a quem me dirijo[4] destruirá esta relação; pois ele saberá entender, mais do que eu, o que está errado; a ele suplico, pelo amor do Senhor, que publique o que eu disse até agora da minha vida ruim e dos meus pecados (concedo-lhe a licença a partir de agora, estendendo-a a todos os meus confessores, sendo um deles aquele a quem me dirijo), e, se quiser, enquanto eu estiver viva, para que o mundo não se engane mais pensando que há em mim algum bem; e por certo, digo sinceramente, pelo que agora sinto, isso me trará grande consolo.

Para o que vou falar, não dou igual licença, nem desejo que, caso o mostrem a alguém, digam quem o escreveu, quem é, nem a quem sucedeu; por isso, não direi o meu nome, nem o de ninguém, tentando escrever o melhor que puder para não ser reconhecida, e assim o peço pelo amor de Deus. Bastam pessoas tão instruídas e sérias para aprovar alguma coisa boa se o Senhor me der graça de dizê-la; se houver algo assim, será Dele, e não meu, porque não sou instruída, não tenho boa vida, nem fui educada por mestres nem por ninguém (porque só os que me mandaram escrever sabem que eu o faço, e no presente não está aqui)[5]; e quase furtando o tempo, e com pesar, porque me impede de fiar e porque, estando em casa pobre[6], há muitas ocupações... Assim, mesmo que

---

4. Trata-se provavelmente do Padre García de Toledo. A seguir, a Santa tinha escrito *que sabrán*, referindo-se ao grupo de conselheiros que lhe "ordenam" escrever. Ela depois corrigiu para *sabrá*.

5. O Padre Gracián anotou à margem do seu exemplar: "O Mestre Frei Domingo Báñez e Frei García de Toledo". Eles foram os principais autores da ordem de escrever. — A estranha passagem do plural para o singular *(me lo mandan escribir... no está aqui)* se explica, porque a atenção da Santa oscila entre o grupo de conselheiros que interviram na ordem de escrever e o principal destinatário do livro, Padre García de Toledo.

6. Passagem alusiva à pobreza do Mosteiro de São José, onde ela escreve (e não no palácio de Dª Luisa de la Cerda). Entende-se com isso que as primeiras carmelitas da Reforma ganhavam o sustento fiando.

o Senhor me tivesse dado mais capacidade e memória, podendo eu me aproveitar, com esta, do que ouvi ou li, o que não é o caso, se alguma coisa de bom eu disser, é o Senhor que o quer para algum bem; o que for ruim terá vindo de mim, e vossa mercê o suprimirá. Em nenhum dos casos há proveito em dizer o meu nome. Enquanto eu estiver viva, está claro que não se deve divulgar o bem; estando morta, isso de nada vai servir, a não ser para que o bem perca a autoridade e o crédito por ser dito por uma pessoa tão ínfima e ruim.

8. E por pensar que vossa mercê e os outros que o virem haverão de fazer o que peço, pelo amor de Deus, escrevo com liberdade; se assim não fosse, eu teria grandes escrúpulos, não para falar dos meus pecados, que nesse aspecto não tenho nenhum. Quanto ao mais, basta-me ser mulher para estar restrita, ainda mais sendo mulher e ruim. Assim, o que ultrapassar a simples narrativa da minha vida, tome-o vossa mercê para si — já que tanto me importunou para que eu indicasse as graças que Deus me faz na oração —, caso esteja em conformidade com as verdades da nossa santa fé católica; se não o estiver, que vossa mercê o queime logo, que a isso me sujeito. E direi o que se passa comigo para que, respeitada a fé, possa vossa mercê tirar disso algum proveito e, caso contrário, para que desenganeis a minha alma, e para que o demônio não ganhe onde eu penso ganhar; pois o Senhor já sabe, como depois direi[7], que sempre procurei buscar quem me dê luz.

9. Por mais clara que eu tente ser falando das coisas de oração, tudo será bem obscuro para quem não tiver experiência. Falarei de alguns impedimentos que no meu entender impedem o progresso nesse caminho, bem como de coisas em que há perigo, daquilo que o Senhor me ensinou por experiência e do que aprendi discutindo com grandes mestres e pessoas que há muito se dedicam às coisas do espírito. Todos estes reconhecem que, nos vinte e sete anos em que me dedico à oração, Sua Majestade me deu a experiência — apesar dos meus tantos tropeços e de eu ter trilhado tão mal esse caminho — que outros conseguiram em trinta e sete ou quarenta e sete anos, sempre na penitência e na virtude.

Bendito sejais por tudo! E, por quem sois, Senhor, servi-vos de mim, pois bem sabeis que não pretendo outra coisa senão que sejais louvado e engrandecido um pouco por haverdes plantado um jardim de flores tão suaves num pântano tão sujo e malcheiroso. Queira Sua Majestade que eu, pela minha culpa, não volte a arrancá-las nem torne a ser o que era. Suplico a vossa mercê que, pelo amor do Senhor, peça-Lhe isso, pois sabeis quem sou com mais clareza do que me permitistes dizer aqui.

CAPÍTULO 11

Diz por que não amamos a Deus com perfeição desde o início. Mediante uma comparação, afirma a existência de quatro graus de oração. Tratará aqui do primeiro, que considera muito proveitoso para os principiantes e para os que não têm prazer na oração[1].

1. Falando agora dos que começam a ser servos do amor (que não me parece outra coisa além de nos decidirmos a seguir por esse caminho de oração Aquele que tanto nos amou), considero uma dignidade tão grande que sinto enorme prazer só de pensar nela; porque o temor servil logo desaparece se passamos por esse primeiro estágio como devemos. Ó Senhor de minha alma

---

7. Cf. cap. 13, n. 17ss; cap. 28, n. 6; cap. 22, n. 3.

1. Para facilitar ao leitor a compreensão do que segue, cremos ser úteis as seguintes indicações. Neste capítulo começa o tratado dos "graus de oração" ou das "quatro águas", um longo parêntese doutrinal (caps. 11-22) inserido em pleno relato autobiográfico; na realidade, trata-se de um livro à parte. Seu objetivo é teorizar em linhas gerais sobre o processo da vida mística, a fim de facilitar ao leitor o entendimento do singularíssimo caso pessoal teresiano (cf. cap. 23, n. 1). O "pequeno tratado" tem ainda uma sutil intenção polêmica contra uma falsa teoria de iniciação mística muito em voga naquela época — cf. caps. 12 e 22, o primeiro e o último do "pequeno tratado". As quatro águas, ou quatro maneiras de regar o jardim, são quatro modos ou graus de oração, que constituem um processo ascendente e intensivo de aproximação de Deus e de intimidade com Ele; através desse processo, a Santa tenta fazer um esboço geral do desenvolvimento da vida espiritual.

e Bem meu! Por que não quisestes que, determinando-se a amar-Vos — fazendo tudo o que pode para deixar o mundo e se dedicar ao amor de Deus —, a alma não gozasse logo a elevação a esse amor perfeito? Não me exprimo bem: tinha de falar e me queixar do fato de nós não a querermos; a culpa é toda nossa por não gozarmos logo de tamanha dignidade, pois, se chegarmos a ter com perfeição esse verdadeiro amor de Deus, também obteremos todos os bens. Somos tão difíceis e demoramos tanto a nos entregar de todo a Deus que, como Sua Majestade não deseja que gozemos coisa tão preciosa sem pagar um grande preço, nunca acabamos de nos dispor.

2. Bem vejo que não há com que se possa comprar na terra tão grande bem; mas, se fizéssemos o que está em nossas mãos, desapegando-nos das coisas dela, dedicando-nos por inteiro ao céu, creio que sem dúvida teríamos esse bem muito depressa, se logo nos entregássemos de todo, como o fizeram alguns santos. Contudo, julgamos dar tudo quando oferecemos a Deus somente a renda e os produtos, ficando com a raiz e a propriedade. Determinamo-nos a ser pobres — o que é bastante nobre —, mas muitas vezes voltamos a preocupar-nos e a labutar para que não nos falte não apenas o necessário como o supérfluo, e para granjear amigos que no-los deem, e temos maiores preocupações (expondo-nos, por vezes, a perigos) para que nada nos falte do que antes, quando éramos proprietários.

Parece também que abandonamos a honra quando nos fizemos religiosos ou quando começamos a ter vida espiritual e a procurar a perfeição; no entanto, se um ponto de honra é atacado em nós, esquecemo-nos de que já consagramos a honra a Deus e buscamos recuperá-la e — por assim dizer — arrancá-la das Suas mãos, depois de tê-Lo feito senhor dela por nossa própria vontade, ao menos aparentemente. Assim ocorre com todas as outras coisas.

3. Estranha maneira de buscar o amor de Deus! E logo o queremos em abundância, como se diz. Não fica bem manter nossas afeições (já que não procuramos realizar nossos desejos nem nos apartamos totalmente deles) ao lado das muitas consolações espirituais que recebemos, nem essas duas coisas me parecem compatíveis. Com isso, como não damos tudo de uma vez, também não recebemos de vez esse tesouro. Queira o Senhor que, gota a gota, Sua Majestade nos dê esse tesouro, mesmo que isso nos custe todos os sofrimentos do mundo.

4. Ele é rico em misericórdia para com aqueles a quem dá graça e ânimo para que se decidam a procurar esse bem com todas as forças; porque Deus não se nega a quem persevera, habilitando pouco a pouco o seu ânimo a alcançar a vitória. Digo ânimo porque são muitas as coisas que o demônio põe diante de quem começa, para impedi-lo de começar de fato esse caminho. Porque este último sabe do prejuízo que tem ao perder não somente essa alma, mas muitas. Se o iniciante se esforça, com o favor de Deus, para chegar ao auge da perfeição, creio que nunca vai sozinho ao céu, levando sempre muita gente consigo; como a bom capitão, dá-lhe Deus quem vá em sua companhia.

São tantos os perigos e as dificuldades que ele põe[2] que não é pouco o ânimo necessário para não voltar atrás, além do constante favor de Deus.

5. No princípio está a maior dificuldade dos que estão determinados a buscar esse bem e a realizar esse empreendimento (quanto ao que comecei a falar sobre a teologia mística — acho que é esse o seu nome —, retomarei adiante); porque, no início, são eles que trabalham, embora o Senhor lhes dê capital. Nos outros graus de oração, só há prazer, embora no começo, no meio e no fim todos carreguem suas cruzes, ainda que diferentes; pelo mesmo caminho que Cristo percorreu devem passar os que O seguem, se não quiserem se perder. Benditos sofrimentos que, ainda nesta vida, são pagos tão excessivamente!

6. Terei de recorrer a alguma comparação, embora, por ser mulher, preferisse evitá-las e escrever simplesmente o que me mandam. Mas é tanta a dificuldade da linguagem espiritual[3] para os

---

2. Ele = o demônio.

3. A expressão "linguagem espiritual" tem na realidade caráter técnico; Santa Teresa a aprendeu nos livros espirituais de sua época: cf. cap. 12, n. 5; cap. 14, n. 8; cap. 23, n. 16 etc.

que, como eu, não têm instrução que terei de buscar algum meio, correndo o risco de nem sempre acertar nessa comparação; divertirá vossa mercê[4] ver tanta ignorância.

Parece-me que li ou ouvi esta comparação — como tenho memória ruim, não sei onde nem por quê; mas, para o meu objetivo aqui, basta-me citá-la[5]. Quem principia deve ter especial cuidado, como quem fosse plantar um jardim, para deleite do Senhor, em terra muito improdutiva, com muitas ervas daninhas. Sua Majestade arranca as ervas daninhas e planta as boas. Façamos de conta que isso já aconteceu quando uma alma decide dedicar-se à oração e começa a se exercitar nela. Com a ajuda de Deus, temos de procurar, como bons jardineiros, que essas plantas cresçam, tendo o cuidado de regá-las para que não se percam e venham a dar flores, cujo perfume agradável delicie esse nosso Senhor, para que Ele venha a se deleitar muitas vezes em nosso jardim e a gozar entre essas virtudes.

7. Vejamos agora a maneira de regar, para sabermos o que fazer e o quanto isso nos há de custar; verificar se o lucro é maior do que o esforço e o tempo que o trabalho levará.

Parece-me que é possível regar de quatro maneiras:
— tirando a água de um poço, o que nos parece grande trabalho;
— tirá-la com nora e alcatruzes movidos por um torno; assim o fiz algumas vezes[6]: dá menos trabalho que a outra e produz mais água;
— trazê-la de um rio ou arroio; rega-se muito melhor, a terra fica bem molhada, não é preciso regar com tanta frequência e o jardineiro faz menos esforço;
— contar com chuvas frequentes; neste caso, o Senhor rega, sem nenhum trabalho nosso, sendo esta maneira incomparavelmente melhor do que as outras.

8. Agora, apliquemos à oração essas quatro maneiras de regar, com as quais haveremos de conservar o jardim, que, sem ser irrigado, perecerá. Com esta comparação acredito poder explicar algo dos quatro graus de oração em que o Senhor, pela sua bondade, pôs algumas vezes a minha alma. Queira a Sua bondade que eu o diga de um modo que traga proveito a uma das pessoas que me mandaram escrever[7], porque o Senhor, em quatro meses, a fez avançar mais do que eu consegui em dezessete anos. Essa pessoa se dispôs melhor do que eu e, assim, rega sem trabalho seu vergel com essas quatro águas, embora a última só lhe venha gota a gota; mas, a prosseguir assim, logo estará mergulhada nela, com a ajuda do Senhor, e gostarei que ria se lhe parecer disparatada a minha forma de dizer.

9. Pode-se dizer dos que começam a ter oração que apanham a água do poço, o que é muito trabalhoso, como eu disse[8], porque eles têm de cansar-se para recolher os sentidos, algo que, como não estão acostumados a concentrar-se, requer muito esforço. É preciso que eles vão se habituando a não se incomodar com o que veem ou ouvem, fazendo-o efetivamente nas horas de oração, ficando em solidão e afastados para pensar em sua vida passada. Na verdade, todos devem fazer isso com frequência, tanto iniciantes como os que estão avançados, pensando mais ou menos nisso, como depois direi[9]. No princípio, os iniciantes ainda sofrem, por julgarem que não se arrependem dos pecados, embora o seu arrependimento seja sincero, pois estão de fato determinados a servir a Deus. Eles devem procurar pensar na vida de Cristo e, nisso, cansa-se a mente.

---

4. Ela se refere provavelmente ao Padre García de Toledo.
5. Ela alude talvez a vagas reminiscências das parábolas evangélicas (Mt 21,33), do Horto do *Cântico dos Cânticos* (1,5; 4,12) ou a qualquer outra passagem dos Profetas ou dos Salmos. A Santa certamente tinha lido essa mesma comparação no *Tercer Abecedario de Osuna* (tr. 4, cap. 3). — Contudo, para verificar as origens dessa alegoria, cf. cap. 14, n. 9 do *Livro da Vida*.
6. Na casa da Santa havia uma nora; quando ela e Rodrigo fugiram para a "terra dos mouros", sua mãe "fazia com que os procurassem por toda parte com muita tristeza, temendo que tivessem caído numa nora da casa e se afogado" (Ribera, *Vida* da Santa, L. I, cap. 4).
7. Gracián anotou, à margem do seu exemplar: *o P. Fr. Pedro Ibáñez*. Apesar do seu parecer, é muito provável que a Santa se refira ao *P. García de Toledo*.
8. No n. 7.
9. Cf. cap. 13, n. 14-15; cap. 15, n. 6 etc.

Até aqui podemos chegar sozinhos, claro que com o favor de Deus, pois, como se sabe, sem Ele, não podemos ter um único bom pensamento. Isso é começar a tirar água do poço, e queira Deus que este não esteja seco. Pelo menos fazemos a nossa parte, indo apanhar água e fazendo o que podemos para regar as flores. E é o bom Deus que, por motivos que Ele conhece — talvez para grande proveito nosso —, quer que o poço esteja seco, devendo nós fazer como o bom jardineiro, que, sem água, mantém as flores e faz crescer as virtudes. Chamo de "água" aqui as lágrimas e, à falta delas, a ternura e o sentimento interior de devoção.

10. E o que fará aqui quem vir que, em muitos dias, só há secura, desgosto, dissabor e tão má vontade para ir tirar a água? Se não se recordasse de que serve e agrada ao Senhor do jardim e se não receasse perder todo o serviço já feito, além do que espera ganhar com o grande trabalho que é lançar muitas vezes o balde ao poço e tirá-lo sem água, abandonaria tudo? Muitas vezes, nem conseguirá levantar os braços, nem poderá ter um bom pensamento, porque esse trabalho com o intelecto, entenda-se, é tirar água do poço.

Como eu dizia, que fará aqui o jardineiro? Alegrar-se, consolar-se e considerar uma enorme graça trabalhar no jardim de tão grande Imperador. Sabendo que contenta ao Senhor com aquilo, e que a sua intenção não há de ser senão contentar a Ele, louve-O muito, pois o Senhor nele confia, por ver que, sem nada receber, a alma cuida muito do seu trabalho; que o jardineiro O ajude a carregar a cruz e pense que o Senhor nela viveu por toda a vida; que não procure seu reino aqui na terra e nunca abandone a oração. E se determine, mesmo que essa secura dure a vida inteira, a não deixar que Cristo caia com a cruz, pois virá o momento em que toda a sua recompensa lhe será dada de uma vez. Não tenha medo de que o seu trabalho se perca, pois ele serve a bom patrão, que o está olhando. Não se incomode com os maus pensamentos; pense que o demônio também os representava a São Jerônimo no deserto[10].

11. Esses trabalhos têm seu valor, eu o sei, pois os fiz durante muitos anos (quando eu tirava uma gota de água desse poço bendito, pensava que Deus me concedia uma graça), sendo necessário, para vencê-los, mais coragem do que para muitos outros trabalhos do mundo. Mas vi com clareza que Deus não deixa de dar grande recompensa, ainda nesta vida; pois é certo que, em uma hora na qual o Senhor me permite rejubilar-me nele, considero pagas todas as angústias por que, para perseverar na oração, passei.

Creio que o Senhor deseja dar, muitas vezes no princípio e outras no final, esses tormentos e muitas outras tentações que aparecem, para testar os que O amam e saber se poderão beber o cálice e ajudá-Lo a levar a cruz, antes de lhes oferecer grandes tesouros. E é para o nosso bem que Sua Majestade deseja levar-nos dessa maneira para que compreendamos quão pouco somos; porque as graças que depois vêm têm tamanha dignidade que Ele, antes de dá-las, deseja que, pela experiência, percebamos antes a nossa insignificância, a fim de que não aconteça conosco o que sucedeu a Lúcifer.

12. Que fazeis Vós, Senhor meu, que não seja para maior bem da alma que já sabeis ser Vossa e que se põe em Vosso poder para seguir-Vos por onde fordes, até a morte na cruz, determinada a ajudar-Vos a carregá-la e a não Vos deixar sozinho com ela?

Quem vir em si essa determinação... de modo algum deve temer. Não tem razão para afligir-se quem se dedica às coisas do espírito. Estando já no nível tão alto que é o do desejo de ficar a sós com Deus e de renunciar aos passatempos do mundo, a alma fez a maior parte. Louvai por isso Sua Majestade e confiai em Sua bondade, pois Ele nunca faltou aos seus amigos. Fechai os olhos da mente para não pensardes: por que Ele dá devoção a alguém em poucos dias e a nega a mim em tantos anos? Acreditemos que é tudo para o nosso bem maior. Guie Sua Majestade por onde quiser. Já não somos nossos, mas Seus. Ele já nos favorece bastante ao nos dar disposição para cavar no Seu jardim e estar aos pés do seu Senhor, que por certo está conosco. Se Ele deseja que

---

10. Alusão à carta do Santo a Eustáquio (M. L., 22, 398-399).

essas plantas e flores cresçam, para uns jardineiros com a água que tiram do poço e, para outros, sem ela, que importância tem isso para mim? Fazei Vós, Senhor, o que quiserdes. Que eu não Vos ofenda e que não se percam as virtudes, se alguma já me destes só por Vossa bondade. Desejo padecer, Senhor, pois Vós padecestes. Faça-se em mim, de todas as maneiras, a Vossa vontade, e não permitais que uma coisa tão valiosa quanto o Vosso amor seja dado a quem só Vos serve em busca de consolações.

13. Deve-se acentuar — e o digo por experiência — que a alma que, nessa trilha da oração mental, começa a caminhar com determinação e consegue de si mesma não fazer muito caso, nem consolar-se ou desconsolar-se muito por faltarem ou não esses gostos e essa ternura, ou por lhos dar o Senhor, já venceu boa parte do caminho; e que não tenha medo de recuar, por mais que tropece, já que começou o edifício com firmes alicerces. Sim, pois o amor de Deus não está em ter lágrimas nem em ter esses gostos e essa ternura, que em geral desejamos e com os quais nos consolamos, mas em servir com justiça, força de ânimo e humildade. Isso me parece mais receber do que dar alguma coisa.

14. Para mulherzinhas como eu, fracas e pouco constantes, creio que convém, como Deus agora o faz comigo: conduzir-me com regalos, para que eu possa sofrer algumas dificuldades que Sua Majestade desejou que eu tivesse. Mas, para servos de Deus, homens de valor, instruídos, inteligentes, desgosta-me ouvi-los se queixarem tanto de que Deus não lhes dá devoção; não digo que não a aceitem, se Deus a der, tendo-a em alta conta, porque, nesse caso, Sua Majestade sabe que isso lhes convém, mas que, quando não a tiverem, que não se aflijam, entendendo que ela não lhes é necessária, já que Sua Majestade não a dá, e sigam seu caminho. Acreditem que é uma imperfeição. Eu o vi e experimentei. Acreditem que é imperfeição e falta de liberdade de espírito; é mostrar fraqueza para qualquer empreendimento.

15. Não falo isso tanto para os que começam (embora eu o acentue tanto porque é muito importante para eles começar com essa liberdade e determinação), mas para outros, pois haverá muitos, e há realmente, que começaram e nunca acabam de acabar; e creio que isso se deve em grande parte ao fato de eles não abraçarem a cruz desde o início, razão por que ficam aflitos, julgando que nada fazem. Não conseguem suportar que o intelecto deixe de atuar, não percebendo que, então, a vontade aumenta e se fortalece.

Temos de pensar que o Senhor não olha coisas que, embora nos pareçam faltas, não o são. Sua Majestade já conhece a nossa miséria e baixeza natural melhor do que nós mesmos, sabendo que essas almas desejam sempre pensar nele e amá-Lo; o que Ele quer é essa determinação, não servindo essa outra aflição senão para inquietar a alma. Quem está incapacitado de obter frutos durante uma hora assim o estará por quatro. Porque muitíssimas vezes (tenho enorme experiência nisso, e sei que é verdade, porque o examinei com cuidado e disso tratei com pessoas espirituais) tudo vem da indisposição corporal; somos tão miseráveis que essa pobre alma está aprisionada aos males do corpo; e as mudanças do tempo e variações dos humores muitas vezes fazem com que, sem culpa, ela não possa fazer o que quer, padecendo de todas as maneiras. Nesses momentos, quanto mais a quisermos forçar, tanto pior e mais duro será o mal; nesse caso, é preciso ter discrição para ver quando se deve fazer o quê, para não atormentar a pobre. Que elas percebam que estão doentes e mudem a hora da oração, o que muitas vezes durará alguns dias. Suportem como puderem esse desterro, pois é grande a desventura da alma amante de Deus ao ver que passa por essa desolação, sem poder fazer o que quer, por ter um hóspede tão ruim quanto o corpo.

16. Eu disse "ter discrição" porque às vezes o demônio age. Assim, é bom que não se deixe sempre a oração quando se está muito distraído e perturbado no intelecto, nem se atormente sempre a alma, obrigando-a a fazer o que não pode.

Há outras ocupações além de obras de caridade e de leitura, mesmo que por vezes nem isso seja possível. Sirva-se então ao corpo por amor a Deus, para que ele, em muitas outras ocasiões, sirva à alma; dedique-se o tempo a conversas virtuosas ou a passeios pelo campo, segundo o conselho do confessor. Em tudo, vale muito a experiência, que nos dá a entender o que nos convém e nos faz ver que em tudo servimos a Deus. Suave é o seu jugo, e muito vale a pena não arrastar a alma, como se diz, mas levá-la com suavidade[11] para seu maior aproveitamento.

17. Assim, repito — e mesmo que não pare de fazê-lo, ainda não o terei enfatizado o bastante — que importa muito que não nos atormentemos nem nos aflijamos com essas securas, com a inquietude e com a distração nos pensamentos. Quem quiser obter liberdade de espírito e não ficar sempre atribulado deve começar por não se espantar com a cruz; se o fizer, verá que o Senhor também ajuda a levá-la, e viverá contente e tirando proveito de tudo. É natural, pois se o poço está seco, nós não podemos enchê-lo de água; é verdade que não podemos nos descuidar, para que, quando houver água, a tiremos — porque, nesse caso, Deus deseja por meio dela multiplicar as virtudes.

CAPÍTULO 12

Prossegue no primeiro estado. Diz até onde podemos chegar, com o favor de Deus, por nós mesmos, e fala do prejuízo que é querer, antes que o Senhor o faça, elevar o espírito a coisas sobrenaturais[1].

1. O que pretendi dar a entender no capítulo anterior — embora tenha enveredado por outras coisas que me pareciam muito necessárias — foi o ponto até o qual podemos chegar por nós mesmos e a maneira como, nessa primeira devoção, podemos valer-nos dos nossos próprios recursos. Porque, ao pensarmos detalhadamente no que o Senhor passou por nós, alcançamos a compaixão, encontrando sabor nesse sofrimento e nas lágrimas que dele vêm; pensar na glória que esperamos, no amor que o Senhor teve por nós e em Sua ressurreição nos dá um prazer que não é de todo espiritual nem dos sentidos, mas é um prazer virtuoso e um pesar muito meritório. Assim são todas as coisas que causam devoção quando o entendimento está envolvido, muito embora, se Deus não a desse, não se poderia merecê-la nem ganhá-la. É muito bom que uma alma que só chegou até aqui graças ao Senhor não procure ir além por si — e muito se atente para isso —, para que não obtenha, em vez de lucro, prejuízo.

2. Neste estado, ela pode fazer muito para se determinar a servir bastante a Deus e despertar o amor, assim como para ajudar a crescer as virtudes, como o diz um livro chamado *Arte de servir a Dios*[2], que é muito bom e apropriado para os que estão nesse estado em que a mente age. A pessoa pode imaginar que está diante de Cristo e acostumar-se a enamorar-se da Sua Sagrada Humanidade, tendo-O sempre consigo, falando com Ele, pedindo-lhe auxílio em suas necessidades, queixando-se dos seus sofrimentos, alegrando-se com Ele em seus contentamentos e nunca esquecendo-se Dele por nenhum motivo, e sem procurar orações prontas, preferindo palavras que exprimam seus desejos e necessidades.

É excelente maneira de progredir, e com rapidez. E adianto que quem trabalhar para ter consigo essa preciosa companhia, aproveitando muito dela e adquirindo um verdadeiro amor por esse Senhor a quem tanto devemos, terá grande benefício.

---

11. Mt 11,30.

1. *Elevar o espírito,* que equivale a *alçá-lo a coisas sobrenaturais,* e outras expressões equivalentes (cf., por exemplo, n. 4-5) são típicas da "linguagem espiritual" (n. 5), de uso corrente entre os contemporâneos da Santa dedicados às coisas do espírito; segundo ela, significam fazer um esforço para interromper o discurso mental (cf. n. 5) sem que Deus o interrompa passivamente. Vejam-se o título do cap. 22 e a dura crítica que a Santa faz a essa técnica pseudomística nos n. 1-7 deste cap.; no cap. 22, n. 13 e 18; e nas *Moradas* IV, cap. 3, n. 2 e 6. Entre os autores lidos pela Santa, pude ver essas expressões em Osuna (*Tercer Abecedario,* tr. 9, cap. 8) e em Laredo (*Subida del Monte Sión,* P. III, cap. 41: "Mostra como a alma vem a penetrar em si mesma e a elevar-se sobre si mesma, chegando, no final, a êxtases".). Mas talvez o léxico espiritual dos escritores franciscanos não coincida exatamente com a acepção teresiana. — *Sobrenatural* não tem em Santa Teresa o significado teológico moderno; corresponde mais ou menos a místico e infuso (cf. *Relações* 5, n. 3).

2. Obra do franciscano Alonso de Madri, muito lida na época da Santa, como o demonstram suas copiosas edições: Sevilha, 1521, Alcalá, 1526, Burgos 1530 e, sucessivamente, 1542, 1551, 1555, 1570 etc.

3. Para isso, não façamos caso de não ter devoção sensível — como eu disse[3] —, mas agradeçamos ao Senhor, que nos permite estar desejosos de contentá-Lo, embora as nossas obras sejam fracas. Esse modo de trazer Cristo conosco é útil em todos os estados, sendo um meio seguríssimo para tirar proveito do primeiro e breve chegar ao segundo grau de oração, bem como, nos últimos graus, para ficarmos livres dos perigos que o demônio pode pôr.

4. Pois isso é o que podemos fazer. Quem quiser passar daqui e levantar o espírito a sentir gostos, que não lhe são dados, perde, a meu ver, tudo. Os gostos são sobrenaturais e, perdido o entendimento, a alma fica desamparada e com muita aridez. E como esse edifício tem a sua fundação na humildade, quanto mais próximos de Deus estivermos, tanto maior deverá ser essa virtude, pois, se assim não for, tudo perderemos. E parece algum tipo de soberba querermos ir além disso, visto que Deus já faz em demasia, pelo que somos, ao permitir que nos aproximemos dele.

Não se entenda com isso que não é bom elevar o pensamento a coisas superiores do céu e de Deus, às grandezas que lá há e à sabedoria divina; porque, embora eu nunca o tenha conseguido (porque não tinha capacidade — como disse[4] — e me achava tão ruim que, mesmo para pensar em coisas da terra, precisava que Deus me fizesse a graça de entender esta verdade, por não ser isso pouco atrevimento, para não falar em pensar em coisas do céu), outras pessoas tirarão proveito disso, especialmente se forem instruídas, pois a instrução é, a meu ver, um grande tesouro para esse exercício, se for acompanhada da humildade. Ultimamente, tenho percebido que alguns estudiosos[5], que há pouco começaram, tiveram um grande proveito; isso me faz desejar ansiosamente que muitos deles sejam espirituais, como adiante direi.

5. Quando digo "não se elevem sem que Deus os eleve", uso linguagem espiritual; quem tiver alguma experiência vai me entender, pois, se não o entender, não sei dizer com outras palavras. Na teologia mística, de que comecei a falar[6], o intelecto deixa de agir porque Deus o suspende, como depois explicarei se souber e se Ele me conceder para isso o seu favor. Tentar ou presumir suspendê-lo por nós mesmos, deixar de agir com ele, é o que considero inconveniente, porque assim ficaremos bobos e frios, e não conseguiremos nem uma coisa nem outra. Quando o Senhor o suspende e o faz parar, Ele mesmo lhe dá com que se ocupar e se impressionar, de maneira tal que, no espaço de um credo, podemos compreender, sem raciocinar, mais do que, em muitos anos, com os nossos próprios esforços terrenos. É um disparate querermos conter as faculdades da alma e pensar em aquietá-las.

E repito, ainda que não se entenda: isso não é de grande humildade. Embora não haja culpa, haverá danos, pois será trabalho perdido, e a alma vai ficar um tanto desgostosa, como se estivesse prestes a dar um salto e se sentisse segura por trás, parecendo empregar a força sem conseguir o seu intento. Quem quiser comprová-lo verá o pouco ganho que vai ter, e, neste, a pequena falta de humildade de que falei[7]. Porque numa coisa essa virtude é excelente: o que é feito com o seu apoio nunca deixa desgosto na alma.

Creio que expliquei bem, mas talvez só esteja claro para mim. Que o Senhor abra os olhos dos que isto lerem dando-lhes experiência, que, por pouca que seja, logo os fará entender.

6. Por vários anos li muitas coisas e nada entendi; depois, apesar do que Deus me dava, eu não sabia dizer uma palavra que exprimisse essa situação, o que não me custou poucos sofrimentos. Quando deseja, Sua Majestade ensina tudo num momento, e de uma maneira que me espanta.

---

3. Cf. cap. 11, n. 13-14.
4. Cf. cap. 9, n. 5.
5. Entre os eruditos catequizados pela Santa nessas datas distinguem-se os seguintes dominicanos: Padre Pedro Ibáñez e Padre García de Toledo, e talvez também o Padre Báñez, bem como o Bispo de Ávila, Dom Alvaro de Mendoza. Do cuidadoso esforço que a Santa fez a vida inteira para a "conversão" de teólogos e eruditos a uma intensa vida espiritual temos uma copiosa documentação no epistolário teresiano e, sobretudo, nos Processos de Beatificação; essa foi uma de suas paixões apostólicas. — *Como adiante direi:* cf. cap. 34, n. 7 e, *passim,* nos últimos capítulos do livro.
6. Cf. cap. 11, n. 5 e cap. 10, n. 1, bem como caps. 18-22.
7. No n. 4.

Para dizer a verdade, mesmo falando com muitas pessoas espirituais que queriam me explicar o que o Senhor me dava, para que eu o soubesse dizer, é certo que a minha rudeza era tanta que eu nada aproveitava; ou, talvez, o Senhor, que sempre foi o meu mestre (seja por tudo bendito, pois bastante confusão me causa poder dizer isto com verdade), tenha querido que nesse aspecto eu não tivesse de agradecer a ninguém; sem que eu quisesse nem pedisse (que nisso não fui nada curiosa — porque teria sido virtude sê-lo —, sendo-o apenas em outras vaidades), Deus me deu num momento a graça de entender com toda a clareza e de saber exprimi-lo, de tal modo que os meus confessores se espantavam, e eu mais do que eles, porque conhecia mais a minha rudeza. Foi há pouco que recebi essa graça; e o que o Senhor não me ensinou, eu não o procuro, a não ser o que tem que ver com minha consciência.

7. Torno a avisar que é muito importante "não elevar o espírito se o próprio Senhor não o eleva" — o que isso significa logo se entende. Isso é especialmente ruim para mulheres, em quem o demônio poderá causar alguma ilusão; embora eu tenha certeza de que o Senhor não consente que se prejudique quem, com humildade, procura chegar a Ele, fazendo com que, pelo contrário, obtenha mais proveito e lucro daquilo com que o inimigo julgou provocar prejuízo.

Como esse caminho é o mais usado pelos iniciantes, sendo muito importantes os avisos que dei, estendi-me tanto. Há livros em que isso estará escrito melhor, eu confesso, e foi com grande confusão e vergonha que o escrevi, se bem que sem ter tanta quanto deveria ter.

Bendito seja por tudo o Senhor, que deseja e consente que uma pessoa como eu fale de Suas coisas, tão elevadas e sublimes.

CAPÍTULO 13

Prossegue no primeiro estado e dá avisos sobre algumas tentações que o demônio algumas vezes suscita. Faz advertências quanto a isso. — É muito proveitoso.

1. Creio ser necessário falar de algumas tentações que experimentei, que ocorrem no princípio, bem como alertar para coisas que me parecem importantes. No princípio, deve-se ter alegria e liberdade, não acreditando, ao contrário do que dizem algumas pessoas, que um pouco de descuido destrói a devoção. É bom temer a si mesmo, não confiando em si, para não se pôr em situações nas quais se ofenda a Deus; isso é deveras necessário até que a virtude assente sólidas raízes na alma. E não há muitos que alcançam tal estado que, em ocasiões favoráveis aos seus apetites naturais, possam se descuidar, visto que, enquanto vivermos, e até por humildade, é bom conhecer a nossa natureza miserável. Mas há muitas ocasiões em que se pode, como eu disse[1], espairecer um pouco para voltar à oração com mais fervor. Em tudo é preciso ter discrição.

2. Devemos ter grande confiança, porque convém muito não reduzir os desejos, confiando em Deus que, se nos esforçarmos, poderemos chegar — pouco a pouco, embora não logo — ao ponto alcançado por tantos santos com o Seu favor; se estes nunca se determinassem a desejá-lo e a passar gradativamente à prática, não teriam atingido tão alto estado. Sua Majestade deseja almas corajosas e é amigo delas, desde que sejam humildes e sempre desconfiem de si mesmas. Nunca vi quem assim age perder-se no caminho, nem uma alma covarde que, sob pretexto de humildade, percorresse em muitos anos o que as outras percorrem em pouco tempo. Causa-me forte impressão a grande importância que tem nesse caminho procurar grandes coisas; mesmo que não tenha forças logo, a alma vence uma enorme distância, como uma ave de asas fracas que cansa e pára.

3. Antigamente, eu me lembrava com frequência do que São Paulo disse: *Em Deus tudo se pode.* Eu estava bem convencida de que, por mim, nada podia fazer. Isso muito me valeu, assim como as palavras de Santo Agostinho: *Dai-me o que me ordenais e ordenai-me o que quiserdes.*

---

1. No cap. 11, n. 15-16.

Eu pensava muito que, embora depois tivesse medo, São Pedro nada perdera por se lançar ao mar[2]. Essas determinações logo no começo são excelentes. Nesse primeiro grau de oração, é preciso caminhar com lentidão e prudência, seguindo o que um mestre disser. Mas é bom tomar cuidado para que o confessor não ensine a andar como um sapo, nem treine a alma para só caçar lagartixas. É preciso ter sempre a humildade diante dos olhos para entender que essas forças não vêm de nós.

4. É necessário, porém, compreender como deve ser essa humildade. Creio que o demônio muito prejudica, impedindo que as almas que têm oração avancem, ao lhes dar um falso conceito de humildade, fazendo parecer soberba ter grandes desejos, querer imitar os santos e aspirar ao martírio. Ele cedo nos diz ou sugere que as ações dos santos devem ser admiradas, e não imitadas por pecadores como nós. Eu também o digo, mas devemos ver com clareza o que tem de ser admirado e o que tem de ser imitado. Naturalmente, não seria razoável que uma pessoa fraca e doente se pusesse a fazer muitos jejuns e penitências, fosse para um deserto — onde não pudesse dormir nem tivesse comida — ou coisas semelhantes. Temos de pensar que, com o favor de Deus, podemos esforçar-nos para atingir um grande desprezo pelo mundo e pelas suas honras, desapegando-nos dos bens terrenos. É tão fraco o nosso coração que achamos que o chão vai faltar se nos descuidarmos um pouco do corpo para dar mais ao espírito. Logo pensamos que a fartura facilita o recolhimento, porque a preocupação perturba a oração. Muito me dói que a nossa confiança em Deus seja tão pouca e que seja tanto o amor-próprio a ponto de nos preocuparmos com essas coisas. Quando o espírito está assim tão fraco, coisas insignificantes nos trazem tanto sofrimento quanto coisas grandes e muito importantes a outras pessoas. E, no íntimo, consideramo-nos pessoas espirituais!

5. Acho que essa maneira de caminhar aparenta-se a querer conciliar corpo e alma, para não se perder o descanso aqui e ir ao céu fruir as delícias de Deus. Isso de fato acontecerá se nos apegarmos à justiça e à virtude. Mas é um passo curto, com o qual jamais chegaremos à liberdade de espírito. É muito correto para pessoas casadas, que devem viver de acordo com a sua vocação. Mas, para outro estado, de forma alguma desejo essa maneira de aproveitar, nem me farão crer que é boa, porque já a experimentei e teria ficado no mesmo ponto se o Senhor, com a Sua bondade, não me tivesse ensinado outro caminho.

6. É verdade que, no tocante aos desejos, os meus sempre foram grandes. Eu, contudo, procurava fazer o que disse[3]: ter oração e viver ao bel-prazer. Acredito que, se tivesse quem me ensinasse, eu teria feito esforços para pôr em prática os desejos. Mas, pelos nossos pecados, há tão poucos[4], tão raros, que não têm demasiada discrição nesse caso que penso ser essa, em grande parte, a razão de os principiantes não se elevarem mais depressa à grande perfeição; porque o Senhor nunca falta nem cria impedimentos — nós somos os culpados e miseráveis.

7. Também podemos imitar os santos procurando a solidão, o silêncio e muitas outras virtudes que não matarão os corpos manhosos, que tão organizadamente querem servir para desconcertar a alma. Por outro lado, o demônio ajuda muito a torná-los incapazes quando percebe um pouco de temor. Ele não precisa de muito para nos fazer imaginar que tudo nos tira a saúde e a vida; e até evita que choremos ao infundir em nós o medo da cegueira. Sei que é assim, pois passei por isso; não entendo que melhor visão ou saúde podemos desejar do que a sua perda por semelhante causa.

Sendo tão doente, enquanto não me resolvi a desprezar o corpo e a vida, sempre estive amarrada, sem nenhuma utilidade. E, mesmo hoje, faço bem pouco. Deus quis que eu percebesse o ardil; e quando o inimigo me trazia o receio de perder a saúde, eu lhe respondia: "Pouco importa que eu morra". Se ele me sugeria descanso, eu dizia: "Não preciso de descanso, e sim de cruz". E assim por diante. Vi claramente que, em inúmeras circunstâncias, embora eu de fato seja bem

---

2. Ela se refere sucessivamente a Fl 4,13; *Confissões* L. X, cap. 29; e Mt 14,29-30.
3. Cf. cap. 7, n. 17 e *passim*.
4. *Tão poucos mestres espirituais*.

doente, tudo não passava de tentação do demônio ou lassidão de minha parte. Depois que deixei de me tratar com tantos cuidados e mimos, fiquei muito mais sadia.

Em resumo, desde o início, quando se começa a fazer oração, é fundamental não amesquinhar os pensamentos: acreditem-me, pois falo por ter experiência. Esta relação de minhas faltas pode ao menos servir para que elas sejam evitadas.

8. Outra tentação, muito comum nos que começam a saborear o sossego e a ver o quanto ganham com ele, é o desejo de que todos sejam espirituais. Não é ruim desejá-lo, mas lutar por isso pode não ser bom se não se tiver muita sagacidade e discrição para agir de uma maneira que não dê a impressão de que se pretende ensinar. Quem quiser fazer algum bem nesse aspecto deve fortalecer muito as suas virtudes para não causar tentação nos outros.

Isso aconteceu comigo quando eu procurava que outras pessoas fizessem oração — por isso o entendo. De um lado, elas me viam enaltecer o grande bem que é isso e, de outro, me viam viver sem virtudes, embora eu me exercitasse nelas. Por isso, ficavam perplexas e tentadas, como depois me disseram. Elas estavam cobertas de razão, porque não entendiam como era possível conciliar coisas tão opostas. Por minha causa, não tomavam por mal o que de fato o era, porque tinham boa opinião de mim e me viam agir assim algumas vezes.

9. Nisso consiste a astúcia do demônio, que usa nossas virtudes e boas qualidades para promover o mais que pode o mal que pretende fazer; por menor que este seja, ele lucra bastante quando se vive em comunidade. Ainda mais que o mal que eu fazia era enorme. Com efeito, em muitos anos, só três pessoas[5] se beneficiaram do que eu lhes dizia. Mais tarde, quando o Senhor já me tinha dado mais forças na prática da virtude, em dois ou três anos muitas outras progrediram, como adiante direi[6].

Há, além disso, outro grande inconveniente, a perda da alma. Sobretudo no princípio, ela só deve se preocupar consigo mesma e pensar que na terra há apenas Deus e ela; isso lhe fará grande bem.

10. Outra tentação é ter pena dos pecados e faltas dos outros. Tudo isso se apresenta sob a aparência de zelo pela virtude. Precisamos saber discernir e ser precavidos. O demônio instiga a querermos remediar de pronto os males, fazendo-nos acreditar que o nosso único objetivo é zelar pela honra de Deus e desejar que Ele não seja ofendido. Isso nos inquieta de uma maneira que impede a oração. O maior prejuízo é estarmos convencidos de que tudo isso é virtude, perfeição e grande zelo pela glória de Deus. Não falo da dor causada por pecados públicos — se eles forem costumeiros — de uma Congregação ou dos males que chegam à Igreja com as heresias, causa da perda de tantas almas. Essa dor é muito saudável e, por isso, não inquieta. A segurança para quem começa a fazer oração está em deixar tudo e todos e só querer saber de si e de contentar a Deus. Isso é muito conveniente, porque, se eu fosse contar os erros que vejo serem cometidos por se confiar na boa intenção!... Procuremos sempre olhar as virtudes e coisas boas que virmos nos outros e encubramos os seus defeitos com os nossos grandes pecados. Este modo de agir — mesmo que, no princípio, não seja perfeito — nos dá uma excelente virtude: considerarmos todos melhores do que nós; fazendo assim, vamos progredindo, com o favor de Deus — que é necessário em tudo e sem o qual os nossos esforços serão inúteis. Supliquemos ao Senhor que nos conceda essa virtude, porque, se fizermos o que está ao nosso alcance, Ele não nos faltará.

11. Quem usa muito o intelecto, tirando de cada coisa muitos conceitos e conclusões, deve dar atenção a este aviso — aos que não podem trabalhar com a mente e raciocinar, como era o meu caso, só tenho uma coisa a dizer: sejam pacientes, até que o Senhor lhes dê com que se ocupar e os ilumine, pois podem tão pouco por si que o seu intelecto mais os estorva que os ajuda. Voltando aos que raciocinam, digo que, embora muito meritória, essa atividade não deve ocupar

---

5. "Foram María de San Pablo, Ana de los Angeles, dona María de Cepeda", anota Gracián em seu livro.
6. Alusão à última parte do livro, caps. 32-36.

todo o tempo. Como obtêm prazer na oração, essas pessoas não querem saber de domingos nem de pausas (que consideram tempo perdido). Para mim, essa aparente perda produz muitos lucros. Em vez disso, repito, imaginem que estão diante de Cristo e, sem cansar o intelecto, falem e alegrem-se com o Senhor, sem o trabalho de formular raciocínios. Digam-Lhe as suas necessidades, lembrando-se também dos motivos que Ele teria para não admiti-los à Sua presença. Façam ora uma coisa, ora outra, evitando que a alma se canse de comer sempre o mesmo alimento. E esses alimentos de que falo são muito saborosos e proveitosos; se o paladar se acostuma ao seu gosto, eles trazem grande substância para dar vida à alma e muitos outros ganhos.

12. Quero exprimir-me melhor, porque todas essas coisas de oração são custosas e, se não se tiver mestre, difíceis de entender. Por isso, embora eu queira ser breve — e bastaria tocar no assunto para que quem me mandou escrever logo entendesse —, minha pouca inteligência não me permite explicar em poucas palavras o que tanto precisa de boa explicação. Como sofri muito, compadeço-me de quem começa só com livros; porque eu me admiro ao ver como se compreende, neles, uma coisa que a experiência revela ser bem diferente.

Voltando ao que eu dizia[7], pensemos numa passagem da Paixão — por exemplo, a do Senhor atado à coluna — e, com o intelecto, procuremos avaliar as grandes dores e o sofrimento que Sua Majestade teve ali tão só, e tantas outras coisas que um espírito esforçado pode perceber aí. Se se for instruído, então!... Esse é o modo de oração conveniente para todos, um caminho excelente e muito seguro até que o Senhor os leve a outras coisas sobrenaturais.

13. Digo "todos" porque há muitas almas que, em outras meditações, têm mais proveito do que na da Sagrada Paixão, porque, assim como há muitas moradas no céu[8], há muitos caminhos: algumas pessoas se beneficiam considerando-se no inferno, e outras, no céu; estas se afligem ao pensar no inferno, e outras, na morte. Algumas, se são ternas de coração, se cansam muito em pensar sempre na Paixão, alegrando-se e aproveitando ao considerarem o poder e a grandeza de Deus nas criaturas, bem como o amor que Ele teve por nós, manifesto em todas as coisas. Todos esses modos são admiráveis, desde que não se deixem a Paixão e a vida de Cristo, que é de onde nos veio e vem todo o bem.

14. O iniciante deve prestar atenção para saber o que é melhor para si. O mestre, se experiente, é muito necessário aqui; se não o for, pode errar muito e dirigir uma alma sem entendê-la nem deixar que ela se entenda — porque, como sabe que é grande o mérito de estar sujeita a um mestre, ela não se atreve a sair do que ele manda. Já encontrei almas encurraladas e aflitas devido à falta de experiência do seu mestre — o que me causava pesar —, e uma que nem sabia o que fazer de si; porque, não entendendo o espírito, aflige[9] a alma e o corpo, atrapalhando o aproveitamento. Outra pessoa estava há oito anos paralisada pelo mestre, que não a deixava avançar além do seu próprio conhecimento. Como o Senhor já concedera a essa alma a oração de quietude, era muito o seu apuro.

15. Embora o conhecimento próprio nunca deva ser abandonado, nem haja alma, nesse caminho, tão forte que não precise muitas vezes voltar a ser criança e a mamar (nunca nos esqueçamos disso; eu talvez o repita[10] outras vezes, por ser muito importante), e embora não haja estado de oração tão elevado que torne desnecessário voltar ao princípio com frequência — sendo os pecados e o conhecimento próprio o pão com que todos os manjares, por mais delicados, devem ser comidos nesse caminho da oração (pão sem o qual ninguém poderia se sustentar) —, é preciso comer com moderação. Porque, quando se vê rendida e percebe claramente que nada de bom possui, sentindo vergonha diante de Rei tão grandioso, a alma vê o pouco que Lhe paga pelo muito que Lhe deve. Que necessidade temos de gastar o tempo aqui, se é melhor buscar outras coisas que

---

7. No n. 11 e cap. 12, n. 2.
8. Jo 14,2.
9. *Afligem:* os mestres espirituais.
10. Cf. cap. 15, n. 12. Ela acaba de recomendá-lo no n. 1.

o Senhor nos põe diante dos olhos — e que não tem cabimento deixarmos, já que Sua Majestade sabe melhor que nós o que nos convém comer?

16. Por isso, é muito importante que o mestre seja inteligente — isto é, de bom entendimento e experiente. Se, além disso, tiver instrução, será perfeito. Contudo, não sendo possível achar as três coisas juntas, as duas primeiras são mais relevantes, porque, caso seja necessário, os principiantes podem recorrer aos letrados para alguma consulta. No início, os mestres que não fazem oração, ainda que sejam sábios, são de pouca ajuda; não digo que não se deva ter contato com letrados, porque um espírito que não comece pela verdade melhor faria em não orar. Além disso, a instrução é muito boa porque ensina aos que pouco sabemos e nos dá luz, para que, chegando às verdades da Sagrada Escritura, façamos o que devemos; de devoções tolas, livre-nos Deus.

17. Desejo explicar-me melhor, pois acredito que me perco em muitas coisas. Sempre tive o defeito de não saber dizer as coisas — como falei[11] — senão com muitas palavras. Uma monja começa a fazer oração; se for dirigida por um simplório, e a este parecer melhor, ele lhe dará a entender que é preferível que ela lhe obedeça a que obedeça ao seu superior — e sem malícia, imaginando estar certo; porque, se não for religioso, ele vai pensar que assim deve ser. Se for uma mulher casada, ele lhe dirá que é melhor, em vez de cuidar da casa, dedicar-se à oração, mesmo que descontente o marido. Dessa maneira, ela não vai saber organizar o tempo nem as suas ocupações para que tudo siga a verdade. Por lhe faltar luz, ele não a dá a ninguém, embora queira. E, ainda que para isto não pareça necessário ter instrução, sempre tive a opinião de que todo cristão deve procurar ter relações com quem a tenha, se puder, e quanto mais melhor; e os que seguem o caminho da oração têm mais necessidade disso, e tanto maior quanto mais espirituais forem.

18. E ninguém se engane, dizendo que os letrados sem oração não servem para quem a tem. Tenho lidado com muitos, porque de uns anos para cá minha necessidade tem sido maior. E sempre fui amiga deles, pois, mesmo que alguns não tenham experiência, não se opõem ao que é espiritual nem o ignoram, já que, nas Sagradas Escrituras que estudam, sempre acham a verdade do bom espírito. Tenho para mim que a pessoa de oração que se relacionar com letrados não será enganada pelas ilusões do demônio, se não quiser se enganar, porque, creio eu, os demônios temem muito a instrução humilde e virtuosa, sabendo que serão descobertos e prejudicados.

19. Eu disse isso porque há quem pense que os letrados não servem para pessoas de oração se não seguirem o espírito[12]. Já falei que o mestre espiritual é necessário; se, contudo, este não for instruído, há aí um grande inconveniente. Ajuda muito relacionar-se com pessoas instruídas; se forem virtuosas, mesmo que não sejam espirituais, trazem proveito, e Deus fará com que entendam o que precisam ensinar e até as tornará espirituais para que nos ajudem. E não o afirmo sem tê-lo experimentado; aconteceu-me com mais de dois. Errará muito uma alma que, resolvida a submeter-se a um só mestre, não procurar um que seja como eu digo; porque, se lhe faltarem as três coisas[13], a cruz não será leve. Que não desejemos, por vontade própria, submeter-nos a quem não tenha bom entendimento. Eu ao menos nunca pude aceitar isso, nem o considero conveniente. Quem é secular deve louvar a Deus por poder escolher aquele a quem há de sujeitar-se e não deve perder essa liberdade tão virtuosa; deve preferir ficar sem mestre, até encontrá-lo, porque o Senhor lhe dará um, se tudo estiver fundado na humildade e no desejo de acertar. Eu muito O louvo por isso, e as mulheres e os que não temos instrução deveríamos sempre dar-Lhe infinitas graças por haver quem, com tantos esforços, tenha alcançado a verdade que nós, ignorantes, desconhecemos.

20. Espantam-me muitas vezes as pessoas instruídas, religiosas em especial, que conseguiram com trabalho o que eu, sem nenhum, além de perguntar, aproveito. E ainda há quem não

---

11. Cf. n. 12 e cap. 11, n. 6.

12. Alusão a teorias concretas daquela época: São Pedro de Alcântara opinava, contra a Santa, que os mestres deviam ser pessoas que tivessem vida de oração, e não "juristas ou teólogos". Ele assim escreveu a ela, depois de ler o autógrafo do *Livro da Vida*, mas não a convenceu! (cf. B. M. C., t. 2, p. 125).

13. *Três coisas:* "bom entendimento", "experiência" e "instrução" (cf. n. 16).

queira se valer desse meio! Que Deus não o permita! Eu as vejo viver sujeitas aos trabalhos da religião, que são grandes, com penitências e pouca alimentação, submetidas à obediência — o que por vezes me deixa confusa —, padecendo, além disso, de poucas horas de sono, de muito trabalho, de muitas cruzes. Considero um grande mal que alguém, por sua culpa, deixe passar a oportunidade de aproveitar tanto bem. E talvez alguns dentre nós, livres desses labores, vivendo ao bel-prazer, e recebendo dessas pessoas o alimento mastigado, como se diz, pensem que, por ter um pouco mais de oração, levam vantagem diante de tantos sofrimentos[14].

21. Bendito sejais, Senhor, que tão inábil e sem utilidade me fizestes! Mas louvo-Vos muito, porque despertais tantos que nos despertam. A nossa oração por quem nos dá luz devia ser contínua. Que seríamos sem eles em meio às tempestades tão grandes que ora atingem a Igreja? Se tem havido alguns ruins[15], mais brilharão os bons. Queira o Senhor sustentá-los com a Sua mão e ajudá-los para que nos ajudem, amém.

22. Eu me afastei muito — e de propósito — do que comecei a dizer; mas tudo tem como alvo os iniciantes, para que comecem caminho tão elevado seguindo o rumo verdadeiro. Voltando ao que dizia[16], pensar em Cristo atado à coluna, é bom pensar um pouco e refletir sobre os sofrimentos que Ele teve ali, por que os teve, quem é e com que amor os suportou. Mas ninguém se canse em procurar sempre isso, mas, aquietado o intelecto, fique ali com Ele. Se puder, que se ocupe em ver que Ele o olha, fazendo-Lhe companhia, falando com Ele, pedindo, humilhando-se e deliciando-se com Ele, tendo sempre em mente que não merece estar ali. Se puder fazer isso, mesmo que seja no princípio da oração, terá grande proveito, pois esse modo de oração é muito benéfico, ou ao menos o foi para a minha alma.

Não sei se falo verdades; vossa mercê o julgará. Queira Deus que eu sempre consiga contentá-Lo, amém.

CAPÍTULO 14

Começa a tratar do segundo grau de oração, em que o Senhor permite
à alma sentir gostos mais particulares. — Fala disso para dar a entender
que esses gostos são sobrenaturais.

1. Já falei do trabalho com que se rega este jardim, tirando água do poço com a força dos braços. Falarei agora do segundo modo de tirar a água que o Senhor do jardim ordenou, para que, mediante um torno e alcatruzes, o jardineiro tirasse mais água com menos trabalho e, sem ter de trabalhar continuamente, pudesse descansar. Agora quero tratar desse modo, aplicado *à oração*, a que chamam de *quietude*[1].

2. Nele, a alma começa a se recolher e já atinge coisas sobrenaturais, porque de nenhuma maneira pode conseguir isso por si mesma, por mais que se esforce. É verdade que ela parece ter se cansado em algum momento de manejar o torno e de encher os alcatruzes; aqui, porém, a água subiu mais, exigindo muito menos trabalho do que quando era tirada diretamente do poço. Digo que a água está mais perto porque a graça se dá a conhecer com mais clareza à alma.

Isso[2] é o recolhimento das faculdades dentro de si para uma alegria mais prazerosa com o contentamento que se obtém. Mas essas faculdades não se perdem nem ficam adormecidas; só a

---

14. O sentido é: Pode ser que alguns de nós, que estamos livres desses trabalhos... pensem que, por ter um pouco "mais de" oração, têm vantagem diante [dos letrados sujeitos a] tantos trabalhos.

15. Provável alusão ao recente "caso" de Agustín Cazalla, capelão e pregador de Carlos V, castigado no auto de Valladolid de 24 de maio de 1559.

16. Ela vinha falando disso nos n. 11-12, antes de enveredar pela prolixa digressão dos n. 13-21.

1. *Oração a "que chamam" de quietude:* a Santa provavelmente se refere às suas leituras do *Tercer Abecedario* de Osuna, no qual conheceu a expressão "oração de quietude".

2. *Isso:* a oração de quietude. — Segue a frase: essas faculdades "não *se perdem nem ficam adormecidas*"; esses dois termos, aplicados às faculdades, têm valor técnico no léxico teresiano: "perder-se" equivale a "ficar suspenso"; as fa-

vontade se ocupa, de modo que, sem saber como, se torna cativa, apenas dando consentimento para que Deus a encarcere, como quem bem sabe ser presa daquele a quem ama. Ó Jesus, Senhor meu! Quanto nos vale aqui o Vosso amor. Pois ele ata a tal ponto o nosso que não deixa liberdade, naquela hora, para amar alguma coisa além de Vós.

3. As outras duas faculdades ajudam a vontade, para que esta se vá tornando capaz de fruir de tanto bem, embora algumas vezes, mesmo estando a vontade unida, muito atrapalhem. Se isso acontecer, não se deve fazer caso delas, mas conservar a alegria e a quietude; porque, se a vontade quiser recolhê-las, acaba por se perder junto com elas, pois estas se tornam então pombas que não se contentam com a comida que o dono do pombal dá, buscando alimento por conta própria; essas pombas, nesse caso, se dão tão mal que acabam por voltar, ficando assim indo e vindo, na esperança de que a vontade lhes dê um pouco do que desfruta. Se o Senhor quiser jogar-lhes comida, elas se detêm; se Ele não o faz, elas voltam a procurar. Elas devem pensar que beneficiam a vontade. Mas, nas vezes em que a memória ou imaginação quer representar para a vontade o que esta está sentindo, o resultado é maléfico. Deve-se atentar, pois, para a maneira de se comportar de que agora falarei[3].

4. Pois tudo o que acontece aqui traz um enorme consolo e exige tão pouco trabalho que a oração não cansa, mesmo que se prolongue muito; porque o intelecto age aqui com muita suavidade e tira muito mais água do que tirava do poço[4]; as lágrimas que Deus concede já vêm com prazer, brotando naturalmente, sem esforço nenhum nosso.

5. Essa água de grandes bens e graças que o Senhor dá aqui faz crescer as virtudes muito mais do que no modo precedente, porque a alma já vai se elevando acima de sua miséria e já percebe um pouco as delícias da glória. Creio que isso as faz progredir mais, levando-as para mais perto da verdadeira virtude, fonte de todas as virtudes, que é Deus; porque Sua Majestade começa a comunicar-se a essa alma e quer que ela sinta como Ele faz isso.

Logo se começa, tendo chegado aqui, a perder a cobiça das coisas da terra, o que não causa espanto; porque a alma vê com clareza que aquele prazer não pode ser obtido aqui, nem há riquezas, prestígio, honras ou encantos suficientes para criar um átimo desse contentamento, por ser ele um júbilo verdadeiro que nos contenta por inteiro. Porque os prazeres daqui só por milagre poderemos descobrir, já que nunca lhes falta um *"senão"*. Aqui, tudo é *"sim"* naquele momento; o *"não"* vem depois, quando vemos que se acabou e que não podemos fazê-lo voltar nem sabemos como. Pouco servem penitências, orações ou outras coisas, pois, se o Senhor não o quiser dar. Deus quer, pela sua grandeza, que a alma entenda que Sua Majestade está tão perto dela que não há por que enviar-Lhe mensageiros, se ela pode falar diretamente com Ele, e falar baixo, visto que, dada a Sua proximidade, Ele já entende o simples mover dos lábios.

6. Parece impertinência dizer isso, dado que sabemos que Deus sempre nos entende e está conosco. Não há dúvida de que seja assim, mas esse Imperador e Senhor nosso quer que saibamos aqui que Ele nos entende e o que produz em nós a Sua presença. Ele também faz entender que deseja particularmente começar a agir na alma, através da grande satisfação interior e exterior que lhe dá e pela diferença que existe, como eu disse[5], entre esse deleite e contentamento e os prazeres

---

faculdades "se perdem" na quarta água ou oração de quarto grau, por exemplo, no êxtase. — As faculdades "ficam adormecidas" quando ficam absortas, semissuspensas. Elas vão ficar assim na terceira água ou oração de terceiro grau, "sono das faculdades". (Cf. as expressões do cap. 16, n. 1; [É o sono das faculdades, que não] "se perdem de todo nem percebem como agem", e os n. 2 e 4, em que o adormecimento das faculdades equivale a uma "embriaguez de amor" ou "loucura celestial".) — Em contrapartida, na oração de quietude (segunda água), as faculdades não chegam a "se perder" nem há "adormecer", isto é, não chegam a ser suspensas nem a ficar absortas; só a vontade entra num suave sossego passivo (cf. cap. 15, n. 1, 6 e 9), preludio e começo da verdadeira passividade mística (cf., além disso, a oscilação entre o "sono das faculdades" e o êxtase no cap. 18, n. 13).

3. Cf. n. 7 e cap. 15, *passim*.
4. Alusão ao primeiro grau de oração.
5. No n. 5.

da terra, parecendo preencher o vazio que, pelos nossos pecados, tínhamos criado na alma. É bem no íntimo que a alma sente essa satisfação, sem saber por onde nem como lhe veio, e desconhecendo o que fazer, o que querer, o que pedir. Parece que ela acha tudo junto e não sabe o que achou, nem eu sei ainda como explicá-lo, porque para essas coisas seria preciso instrução. Seria bom explicar aqui o que é graça geral e graça particular[6], porque há muitos que o ignoram. Isso serviria para mostrar que, com relação a essa graça tão particular, o Senhor quer que a alma, como se diz, veja com seus próprios olhos. Isso também serviria para esclarecer muitas coisas que devem estar erradas; mas, como este relato vai ser lido por pessoas que saberão identificar os erros, não me preocupo. Confio nessas pessoas, tanto em termos de instrução como de espírito, certa de que, tendo-o em seu poder, elas o entenderão e corrigirão o que estiver errado.

7. Eu queria explicar isso, porque o Senhor começa a dar essas graças no princípio, quando a alma não as entende nem sabe o que fazer de si. Se Deus a levar pelo caminho do temor, como me levou, é grande o sofrimento se não houver quem a entenda — e é grande o gosto da alma quando lhe fazem o seu retrato, permitindo-lhe ver claro que segue o caminho certo. É um grande bem saber o que deve fazer para avançar em qualquer um desses estados. Porque passei por muitas coisas e perdi muito tempo por não saber o que fazer, e sofro muito pelas almas que se veem sozinhas quando chegam aqui. Tenho lido muitos livros espirituais que, embora falem do essencial, pouco explicam; se a alma não tiver muita experiência, mesmo que os livros explicassem muito, o esforço por entender a si mesma ainda assim seria grande.

8. Eu queria muito que o Senhor me favorecesse para que eu dissesse os efeitos causados na alma por essas coisas, que já começam a ser sobrenaturais, para que através disso se pudesse entender quando se trata do espírito de Deus. Digo "entender" no sentido da compreensão possível na terra, pois é sempre bom ter temor e cautela; porque, mesmo que as graças venham de Deus, o demônio poderá transfigurar-se algumas vezes em anjo de luz, e a alma, se não for muito experiente — e experiente a ponto de ter chegado ao auge da oração —, não o perceberá.

O pouco tempo de que disponho não me favorece, sendo preciso que Sua Majestade trabalhe por mim; pois tenho de estar com a comunidade e cuidar de muita coisa, por estar em casa recém-fundada[7], como depois se verá. Por isso, escrevo com muitas interrupções, pouco a pouco, e não como gostaria. Contudo, quando o Senhor dá ânimo, tudo é feito melhor e com mais facilidade, como quem tem um modelo diante de si e o copia; quando falta o ânimo, não se acham mais as palavras certas, mesmo que o exercício da oração venha de muitos anos, como se, por assim dizer, se falasse grego. Por isso, parece-me grande vantagem, quando escrevo, o estar concentrada, porque vejo com clareza que não sou eu quem o diz, nem forma os conceitos com a mente, nem sei depois como consegui dizer. Isso me acontece muitas vezes.

9. Voltemos agora ao nosso jardim ou vergel, e vejamos como essas árvores começam a impregnar-se para florescer e depois dar frutos, e os cravos e flores, para dar perfume. Agrada-me essa comparação, porque inúmeras vezes, quando comecei (e queira o Senhor que eu tenha começado a servir Sua Majestade; digo "quando comecei" referindo-me ao início do que doravante contarei da minha vida), eu tinha grande deleite em considerar a minha alma um jardim e ver o Senhor passeando nele. Eu Lhe suplicava aumentasse o perfume das florezinhas de virtudes, que começavam, pelo que eu percebia, a querer brotar, e que elas fossem para a Sua glória, e que Ele as sustentasse, pois eu não queria nada para mim, pedindo-Lhe ainda que podasse as que quisesse, porquanto eu sabia que flores melhores iriam brotar. Digo "podar" porque há momentos em que a alma não se lembra desse jardim: tudo parece seco, sem água para sustentar, tendo-se a impressão de que a alma jamais teve em si virtudes. É grande o sofrimento. Porque o Senhor deseja que o pobre jardineiro pense que todo o trabalho que teve para cuidar do jardim e regá-lo se perdeu. É

---

6. Graça *geral* ou *particular*: alusão às duas espécies de graça. Já naquela época, a Santa era discípula de Báñez... Lembremo-nos de que o grande dominicano foi o antagonista de Molina na batalha teológica *"de auxiliis divinae gratiae"*.

7. O mosteiro de São José de Ávila, recém-fundado e pobre ao extremo; ela falará disso nos caps. 32-36 do livro.

então que chega o real momento de arrancar pela raiz as ervas daninhas, mesmo pequenas, que ficaram e de reconhecer que nenhum esforço basta se Deus nos tira a água da graça; assim, vemos que o pouco que temos é nada, e menos que nada, ganhando muita humildade. Eis que as flores voltam a crescer.

10. Ó Senhor e Bem meu! Não posso falar isso sem lágrimas e com grande júbilo na alma! E quereis, Senhor, estar assim conosco, e estais no sacramento, onde com certeza permaneceis, pois assim é — e com acerto podemos fazer essa comparação; e, se não perdermos a Vossa companhia por culpa nossa, poderemos deliciar-nos Convosco e tereis prazer conosco, pois dizeis ser Vossas delícias estardes com os filhos dos homens[8]. Ó Senhor meu! Que é isso? Sempre que ouço isso, tenho grande consolo, até quando eu estava muito perdida. Será possível, Senhor, que haja uma alma que, tendo chegado a esse ponto e recebido de Vós tamanhas graças e alegrias, tendo compreendido que Vos deliciais com ela, volte a Vos ofender — esquecendo tantos favores e mostras tão grandes do Vosso amor, de que não se pode duvidar, pois são vistas claramente na obra que fazeis? Sim, por certo há, e que não Vos ofendeu uma, mas muitas vezes: essa sou eu. E queira a Vossa bondade, Senhor, que seja só eu a ingrata, a que fez tantas maldades e teve uma ingratidão tão excessiva. Porque de mim algum bem Vossa infinita bondade já tirou e, apesar de o mal ser maior, mais resplandece o grande bem de Vossas misericórdias. E com quanta razão eu as posso cantar para sempre![9]

11. Suplico-Vos, Deus meu, que assim seja e que eu as cante sem parar, já que Vos dignastes conceder-me graças tão imensas que espantam os que as veem e que muitas vezes me deixam fora de mim para que eu melhor Vos louve; porque, sem Vós, eu não poderia, Senhor meu, senão voltar a ter cortadas as flores desse jardim, de modo que essa terra miserável servisse outra vez de monturo. Não o permitais, Senhor, nem desejeis que se perca uma alma que com tantos sofrimentos conquistastes, e que tornastes a resgatar em inúmeras oportunidades, arrancando-a dos dentes do espantoso dragão.

12. Vossa mercê me perdoe[10] a digressão; não estranheis que eu fale de mim mesma, porque isso vem da impressão que causa na alma o que escrevo, sendo por vezes custoso deixar de irromper em longos louvores a Deus, à medida que me vem à mente, enquanto escrevo, o muito que ela lhe deve. E creio que isso não vai desagradar vossa mercê, porque nós, creio eu, podemos entoar um mesmo cântico, se bem que de maneira diferente. Isso porque devo muito mais a Deus, por ter Ele me perdoado mais[11], como vossa mercê o sabe.

CAPÍTULO 15

Continua a tratar do mesmo assunto e faz algumas advertências sobre o modo de proceder na oração de quietude. Fala da existência de muitas almas que chegam a ter essa oração, sendo poucas as que vão adiante. Diz que as coisas aqui tratadas são muito necessárias e proveitosas.

1. Voltemos ao nosso propósito. Essa quietude e recolhimento da alma é coisa que se torna muito sensível pela satisfação e pela paz que traz, pelo grande contentamento e sossego das faculdades e por um deleite muito suave. Como a alma nunca foi além, vem a impressão de que nada lhe falta para desejar, e ela com prazer diria, com São Pedro, que quisera ter ali a sua morada[1]. Ela não se atreve a se mexer nem a se agitar, temendo que aquele bem fuja de suas mãos. Às vezes,

---

8. Pr 8,31.
9. Alusão ao Salmo 88,2, de que a Santa muito gostava: "Cantarei para sempre a misericórdia do Senhor". Trata-se do lema do *Livro da Vida*, que, nesse aspecto, tem uma simpática coincidência com a *História de uma Alma*, de Santa Teresinha.
10. Provável alusão ao Padre García de Toledo.
11. Alusão ao episódio evangélico de Maria Madalena: Lc 7,47.
1. Mt 17,4.

nem sequer deseja respirar. A pobrezinha não entende que, como por si nada pode fazer para atrair esse bem, muito menos o pode para mantê-lo mais do que o Senhor o deseja.

Eu disse que, nesse primeiro recolhimento e quietude, não se perdem as qualidades da alma[2], mas esta, de tão satisfeita com Deus enquanto aquilo dura, mesmo que as duas faculdades possam extraviar-se, não perde a quietude e o sossego, já que a vontade está unida com Deus, voltando a recolher pouco a pouco o intelecto e a memória. Porque, embora não totalmente engolfada, a alma está tão ocupada, sem saber como, que as duas faculdades, por mais que se esforcem, não conseguem arrebatá-la de seu contentamento e prazer; sem nenhum trabalho, ela vai ajudando a si mesma para que essa centelhazinha de amor de Deus não se apague.

2. Conceda-me Sua Majestade a graça de eu me fazer compreender bem, visto haver muitíssimas almas que chegam a esse estado e poucas que vão adiante, e eu não sei de quem é a culpa. É bem certo que Deus não falta; tendo concedido o favor de que a alma chegue a esse ponto, Sua Majestade, acredito eu, não deixaria de conceder muitos mais, exceto se não correspondermos. É muito necessário que a alma que chega aqui reconheça a grande dignidade em que está e a grande graça que o Senhor lhe concedeu, bem como haver boas razões para não mais ser da terra, porque a Sua bondade já a deixa próxima do céu, se ela não puser empecilhos; e quão desventurada será a alma que voltar atrás. Creio que ela desceria sempre, como teria acontecido comigo se a misericórdia do Senhor não me tivesse salvo; a meu ver, isso acontece devido a graves culpas, porque não é possível deixar tão grande bem sem uma enorme cegueira.

3. E assim peço, por amor do Senhor, que as almas a quem Sua Majestade fez o grande benefício de levar a esse estado conheçam a si mesmas e tenham muita consideração por si, com uma humildade e santa presunção, para não retornarem aos alimentos do Egito[3]. Se, por sua fraqueza, maldade e natureza ruim e miserável, caírem, como eu caí, que elas sempre tenham diante dos olhos o bem que perderam e se alarmem e tenham medo (pois não lhes falta razão para tanto) de que, se não voltarem à oração, irão de mal a pior. Considero a verdadeira queda aquela em que a alma rejeita o caminho onde obteve tantos benefícios. Para quem se vê nessa situação, já não digo que não ofendam a Deus nem pequem, embora seja razoável que se proteja disso quem começou a receber essas graças. Mas, como somos miseráveis, aconselho insistentemente que não deixem a oração, porque, nela, vão compreender o que fazem e ganharão do Senhor o arrependimento, bem como força para se levantarem; acreditem-me: quem se afasta da oração se expõe, a meu ver, a perigos. Não sei se o digo bem, porque, como falei[4], julgo por mim...

4. Essa oração é, portanto, uma centelhazinha do Seu verdadeiro amor que o Senhor começa a acender na alma, para fazê-la compreender que é esse amor feliz. Essa quietude, esse recolhimento e essa centelha, quando são espírito de Deus, e não gosto dado pelo demônio ou procurado por nós, são compreendidos imediatamente, por quem tem experiência, como uma coisa que não se pode adquirir. Porém, a nossa natureza deseja tanto coisas saborosas que prova tudo, mas cedo fica muito fria, porque, por mais que deseje acender o fogo para conseguir esse gosto, não faz mais que jogar-lhe água para apagá-lo... porque a centelhazinha vinda de Deus, por menor que seja, faz muito ruído e, se a alma não a extinguir por sua culpa, ela vai começar a acender o grande fogo que lança chamas, como direi no momento certo[5], do enorme amor de Deus, que Sua Majestade concede às almas perfeitas.

5. Essa centelha é um sinal ou garantia dados por Deus à alma, indicando que já a escolheu para grandes coisas, caso ela se disponha a recebê-las. É um dom imenso, que está além do que posso definir.

---

2. Isto é, as faculdades da alma "não se perdem nem ficam adormecidas", como está escrito no cap. 14, n. 2; cf. nota 2.
3. Alusão bíblica a Ex 16,3.
4. Nos n. 2 e 3.
5. Cf. cap. 18, n. 2, e cap. 32, n. 2-3.

É uma lástima o fato de eu conhecer, repito[6], muitas almas que chegam aqui, mas poucas que passam desse ponto como devem passar — causando-me vergonha dizê-lo. Não posso garantir que são poucas, pois deve haver muitas, porque não é em vão que Deus nos sustenta, mas falo do que vi. Gostaria de insistir que procurem não esconder seu talento[7], pois Deus parece ter querido escolhê-las para beneficiar muitas outras, especialmente nesta época, em que são necessários amigos fortes de Deus para sustentar os fracos; considerem-se fortes os que virem em si essa graça, se souberem corresponder às injunções que até as boas amizades do mundo fazem; se assim não for, como eu disse[8], desconfiem e temam fazer mal a si mesmas, e queira Deus que não o façam a outros!

6. Nos momentos dessa quietude, basta à alma proceder com suavidade e sem ruído. Chamo de "ruído" agir com o intelecto, buscando muitas palavras e considerações para agradecer por esse benefício, e amontoando pecados e faltas para ver que não o merecem. Tudo isso se movimenta aqui: o intelecto vem com razões, a memória não se aquieta; confesso que essas faculdades às vezes me cansam, porque, mesmo tendo pouca memória, não a consigo subjugar. Que a vontade, com sossego e discrição, entenda que não é com a força dos braços que se negocia bem com Deus, e que estes[9] são achas de lenha postas sem discernimento para apagar a centelha. Que ela reconheça isso e, com humildade, diga: "Senhor, que posso fazer aqui? Que tem que ver a serva com o Senhor e a terra com o céu?" Podem-se dizer também outras palavras de amor, que surgem espontaneamente, com a força da verdade que são, sem levar em conta o intelecto, que é um moinho. E se a vontade quer partilhar do que frui com o intelecto, ou se esforça para recolhê-lo, muitas vezes a alma experimentará o repouso e a união da vontade, e uma grande confusão no intelecto; é melhor que o abandone, não indo atrás dele, mantendo-se contudo na alegria da graça, recolhida como uma sábia abelha; porque, se nenhuma abelha entrasse na colmeia, mas se fossem todas, umas em busca das outras, como seria possível fabricar o mel?

7. Desse modo, a alma vai perder muito se não tiver cuidado, especialmente se o intelecto for arguto e, organizando reflexões e arrolando razões, por insignificantes que sejam, pensar, se essas reflexões e razões forem bem formuladas, que realiza alguma coisa. O máximo a que podemos chegar aqui é entender com clareza que não há nenhuma razão para que Deus nos faça tão grande favor, a não ser a Sua bondade, e ver que estamos muito próximos de Sua Majestade, pedindo-Lhe favores, rogando-Lhe pela Igreja, pelos que se encomendaram a nós e pelas almas do purgatório — não com o ruído das palavras, mas com o sentimento de desejar que Ele nos ouça. É uma oração que abrange muito e alcança mais do que o exercício permanente do intelecto. A vontade deve despertar em si algumas razões que avivem esse amor para que, vendo-se tão melhor, faça alguns atos amorosos em prol daquele a quem tanto deve; isso, como eu já disse[10], sem admitir o ruído do intelecto, sempre em busca de grandes coisas. Mais valem aqui umas palhinhas colocadas com humildade (e são menos que palhas, já que colocadas por nós), que servem para avivar mais esse fogo, do que um monte de lenha de razões muito eruditas que, a meu ver, o apagarão no espaço de um credo.

Isso é bom para os letrados que me mandaram escrever, porque, pela bondade de Deus, todos chegam até aqui, e pode acontecer que eles passem o tempo todo aplicando as Escrituras. Mesmo que as letras sejam proveitosas antes e depois dessa oração, pouco precisamos delas, pelo que sei, enquanto ela durar. Só serviria para enfraquecer a vontade, porque o intelecto, aproximando-se da luz, fica a tal ponto esclarecido que até eu, sendo quem sou, pareço outra pessoa.

---

6. No n. 2.
7. Alusão a Mt 25,25.
8. No n. 3.
9. *Estes,* ou seja, os braços, que simbolizam os esforços reflexivos da mente.
10. No n. 6.

8. E tem me acontecido que, embora eu não entenda quase nada do que rezo em latim, do Saltério em especial, por vezes, estando nessa quietude, compreendo os versos como se estivessem em romance[11]. E, mais do que isso, alegro-me com o sentido das palavras.

Quanto aos letrados, é justo que usem o conhecimento em favor de pobres ignorantes como eu, quando têm de pregar ou ensinar; a caridade e o desejo de levar as almas a sempre terem proveito são importantes, desde que se busque a Deus com pureza.

Assim, nesses momentos de quietude, mesmo os eruditos devem descansar, repousando junto de Deus, deixando de lado o conhecimento. O saber mais tarde terá muita utilidade no serviço do Senhor. Será tão precioso que eles de maneira alguma iriam desejar não ter se instruído apenas para servir a Sua Majestade, porque as letras ajudam muito. Contudo, diante da Sabedoria infinita, acreditem-me que vale mais um pouco de estudo da humildade e um ato desta virtude do que toda a ciência do mundo. Aqui, não há por que argumentar[12], e sim perceber com franqueza o que somos e, com simplicidade, pôr-nos diante de Deus, que deseja que a alma se faça pequenina e ignorante, como na verdade é, em Sua presença, porque Sua Majestade muito se humilha, sendo nós como somos, suportando-nos diante de Si.

9. A mente também busca dar graças muito elaboradas. Mas a vontade, em quietude, sem ousar sequer levantar os olhos, como o publicano[13], sabe agradecer melhor que a mente com sua retórica e suas belas palavras. Não se deve deixar de todo a oração mental[14], nem algumas palavras, mesmo pronunciadas, caso a alma queira ou consiga dizê-las; porque, se a quietude for profunda, mal se poderá falar, exceto com muito esforço.

A meu ver, sentimos quando se trata do espírito de Deus ou quando esse estado é provocado por nós; neste caso, se Deus nos tiver dado um começo de devoção e quisermos, como eu disse, passar da vontade a essa quietude da vontade, nenhum efeito obteremos, pois o estado depressa se acabará, deixando aridez.

10. Se a devoção vem do demônio, penso que qualquer alma experiente o perceberá, visto produzir inquietação, bem como pouca humildade e disposição para os efeitos próprios do espírito de Deus. Nesse caso, não há luz no intelecto nem firmeza de vontade. Talvez isso provoque pouco ou nenhum prejuízo se a alma dirigir o seu deleite e suavidade, que sente nesse estado, a Deus, pondo nele seus pensamentos e desejos, como alertei; o demônio nada pode ganhar se assim agirmos, porque Deus permitirá que ele, com o próprio deleite que causa na alma, perca muito. Esse deleite faz com que a alma, julgando que é sempre de Deus, procure muitas vezes a oração pela avidez de se deleitar. Se a alma for humilde, não curiosa nem movida pelo interesse de prazeres, mesmo espirituais, mas amiga da cruz, nenhuma importância dará ao deleite gerado pelo espírito maligno. Quanto às coisas vindas do demônio, este, como é todo mentira, ao ver que a alma se humilha com gosto e satisfação (que nisso é preciso, em todas as coisas de oração e em todos os prazeres, tentar ser humilde), não volta muitas vezes, ao ver que sai perdendo.

11. Por isso, e por muitas outras razões, avisei, ao tratar do primeiro modo de oração ou primeira água, que é muito importante que as almas, ao começarem a oração, se desapeguem de toda espécie de prazer e entrem nesse caminho voltadas apenas para ajudar Cristo a carregar a cruz, como bons cavaleiros que, sem pagamento, desejam servir a seu rei, pois sabem que contam com ele, com os olhos voltados para o reino verdadeiro e perpétuo que pretendemos ganhar. Espe-

---

11. Santa Teresa não sabia latim, apesar de rezar nessa língua o Ofício divino ("o Saltério"). *Verso* equivale a "versículo de um salmo"; *romance,* a língua vulgar, em contraposição ao latim. Cf. *Conceitos do Amor de Deus,* cap. 1, n. 2.

12. *Argumentar:* raciocinar, discorrer, mas o termo contém uma alusão maliciosa ao modo de raciocínio típico daqueles letrados: "argumentar" se aplicava tecnicamente à parte da "disputa pública" em que o objetante opunha dificuldades à tese. Daí, passou a designar todo gênero de demonstração técnica, por exemplo, "aplicando as Escrituras", como disse a Santa pouco antes (n. 7).

13. Lc 18,13.

14. *Oração mental* discursiva.

cialmente no início, é muito bom lembrar disso; adiante perceberemos, com todas as provas, quão pouco duram todas as coisas e que tudo é nada, não se devendo levar em conta o descanso, visto ser preciso esquecê-lo, em vez de recordá-lo, para viver.

12. Isso parece coisa rudimentar, o que é verdade, pois os avançados na perfeição o considerariam uma afronta e se ofenderiam se pensassem que abandonam os bens deste mundo porque estes têm fim quando, mesmo que durassem para sempre, os deixariam alegremente por Deus; e quanto mais perfeitos forem, e quanto mais esses bens durassem, tanto mais o fariam. Nessas almas, o amor já está amadurecido, sendo ele quem age; para os que começam, no entanto, é importantíssimo fazê-lo — e que não o considerem pouco, pois este meio produz grandes bens, razão por que o recomendo tanto. Haverá momentos, mesmo para os muito adiantados na oração, em que Deus os vai querer testar, momentos em que terão a impressão de que Sua Majestade os abandonou; porque, como eu já disse — e não queria que fosse esquecido —, nesta vida a alma não cresce como o corpo, embora cresça verdadeiramente; mas uma criança, depois que cresce e atinge o desenvolvimento, tornando-se adulta, não volta a ter um corpo pequeno. No caso da alma, no entanto, isso acontece, como eu vi em mim, pois em outro lugar não o vi; isso deve servir para que nos humilhemos em nosso próprio benefício e para que não nos descuidemos enquanto estivermos neste desterro; quanto mais alto estivermos, mais devemos temer e menos confiar em nosso próprio poder. Há ocasiões em que as próprias almas já submetidas por inteiro à vontade de Deus — sendo até capazes de sofrer tormentos e enfrentar mil mortes para não serem imperfeitas — são assoladas por tentações e perseguições. Nessa circunstância, elas devem usar as primeiras armas da oração: voltar a pensar que tudo se acaba e que existem céu, inferno e outras coisas dessa espécie.

13. Voltando ao que eu dizia[15], é fundamental que a alma, para livrar-se dos prazeres e ardis do demônio, decida desde o início seguir com determinação, e sem querer consolações, o caminho da cruz. O Senhor revelou ser essa a trilha da perfeição ao dizer: *Toma tua cruz e segue-me*[16]. Ele é o nosso modelo; quem segue Seus conselhos só para agradá-Lo não tem o que temer.

14. As almas perceberão que as graças não vêm do demônio pelo progresso que virem em si; mesmo que voltem a cair, levantam-se de pronto — o que é um sinal, entre outros de que vou falar, de que o Senhor esteve nelas. Quando o espírito de Deus age, nada é preciso fazer para ter humildade e confusão, porque o próprio Senhor já as dá, e de um modo bem distinto do que nós o fazemos com as nossas ínfimas considerações, que nada são diante da verdadeira humildade iluminada que o Senhor ensina, trazendo tal confusão que a alma parece desfazer-se. É coisa muito conhecida o saber que Deus dá para que percebamos que por nós nenhum bem possuímos; e quanto maiores as graças, maior o entendimento. O Senhor infunde na alma grande vontade de avançar na oração e de nela manter-se, por maior que seja o sofrimento; Ele faz com que a alma se ofereça para tudo; dá-lhe segurança, com humildade e temor, quanto à sua salvação; acaba logo com o temor servil da alma, dando-lhe um temor filial muito mais maduro; faz com que a alma perceba que começa um amor com Deus em que não há interesse próprio e que deseje momentos de solidão para melhor aproveitar esse bem.

15. Para não me cansar, resumo: o princípio de todos os bens está no fato de as flores ficarem num ponto em que não lhes falta quase nada para desabrochar. A alma vê isso com muita clareza e de maneira alguma vai se convencer de que Deus não esteve com ela, até voltar a se ver com falhas e imperfeições, passando então a temer tudo. E é bom que tema, embora haja almas que se beneficiam mais em ter certeza de serem favorecidas por Deus do que com todos os temores que possam surgir em si; porque, se for naturalmente amorosa e agradecida, a memória da graça recebida a faz voltar mais a Deus do que a lembrança de todos os castigos do inferno. Ao menos comigo, embora eu seja tão ruim, isso aconteceu.

---

15. No n. 11: "se desapeguem de toda espécie de prazer".
16. Mt 16,24.

16. Os sinais do bom espírito vão ser revelados, mas, como me dá muito trabalho discernir com clareza todos eles, não o faço agora. Creio que, com o favor de Deus, perceberei algo disso; porque, além da experiência, que muito me tem feito aprender, tenho obtido informações de alguns letrados muito eruditos e de pessoas muito santas, que merecem receber crédito. E que as almas, quando chegarem aqui pela bondade do Senhor, não fiquem tão fatigadas quanto eu fiquei.

CAPÍTULO 16

> Trata do terceiro grau de oração e fala de coisas muito sublimes, daquilo que a alma pode fazer quando chega a esse ponto e dos efeitos produzidos por essas graças tão grandes do Senhor. Diz que essas coisas servem para arrebatar o espírito em louvores a Deus e para dar grande consolação a quem chega a esse ponto.

1. Vamos falar agora da terceira água com que se rega esse jardim — a água corrente de rio ou de fonte —, trabalho feito com muito menos esforço, exceto o de canalizar a água. O Senhor quer ajudar o jardineiro aqui de uma maneira em que Ele quase é o jardineiro, encarregando-se de tudo.

É o *sono das faculdades*, que nem se perdem de todo nem percebem como agem. O gosto, a suavidade e o deleite são bem mais sem comparação que os do grau passado; aqui, a água da graça é posta na garganta da alma; esta já não pode ir adiante, nem sabe como, nem pode voltar atrás; ela gostaria de regozijar-se com uma grandíssima glória. É como um moribundo que está com a vela na mão, prestes a ter a morte que deseja, fluindo daquela agonia com o maior prazer que se pode imaginar. Não me parece senão um morrer quase por inteiro para todas as coisas do mundo e um estar fruindo de Deus.

Não sei explicar em outros termos. Nesse estado, a alma não sabe o que fazer: se fala, se fica em silêncio, se ri ou se chora. É um glorioso desatino, uma loucura celestial, onde se aprende a verdadeira sabedoria, sendo para a alma uma maneira muito deleitosa de se regozijar.

2. O Senhor me deu em abundância essa oração, muitas vezes, creio que há cinco ou seis anos. Eu nem a compreendia nem seria capaz de descrevê-la e, chegando aqui, decidira dizer muito pouco ou nada. Eu entendia bem que não era uma união completa de todas as faculdades, mas que era claramente mais intensa que a precedente; mas confesso que não podia determinar nem compreender essa diferença. Creio que, pela humildade que vossa mercê[1] revelou ao querer ser ajudado por alguém tão simples quanto eu, o Senhor me concedeu hoje, quando eu acabava de comungar, esse modo de oração, e eu não pude ir adiante. Ele me mostrou essas comparações, me ensinou a maneira de explicá-lo e o procedimento que a alma deve seguir aqui, sendo muito o meu espanto por ter compreendido logo. Muitas vezes estive desatinada e ébria desse amor, e nunca tinha conseguido compreender. Sabia que isso vinha de Deus, mas não como era a sua ação; porque, na verdade, as faculdades estão unidas quase por inteiro[2], mas não a um ponto que as faça deixar de agir. Gostei deveras de tê-lo compreendido agora. Bendito seja o Senhor, que mo permitiu!

3. As faculdades só têm condições de ocupar-se em Deus; parece que nenhuma ousa mexer-se, nem podemos fazer que se movam, exceto com muito esforço para distrair-nos, e, ainda assim, acho que não poderíamos consegui-lo por inteiro. Vêm então, desordenadamente, muitas palavras de louvor a Deus, que só o próprio Senhor as pode corrigir. O intelecto, pelo menos, de nada vale aqui. A alma fica desejosa de louvá-Lo em voz alta, pois não cabe em si, estando num saboroso desassossego. Eis que as flores já se abrem e já começam a exalar seu odor. A alma gostaria que todos a vissem e compreendessem a sua glória para dar graças a Deus; ela gostaria que a ajudassem

---

1. Ela continua a dirigir-se ao Padre García de Toledo. Cf. n. 6, nota, e fim do capítulo.
2. *As faculdades estão unidas:* "unidas" na acepção técnica, *em união mística* com Deus ou com o objeto amado ou contemplado.

nisso e queria comunicar-lhes parte do seu prazer, porque quase não aguenta tanta satisfação. Isso me faz pensar na mulher que, segundo o Evangelho[3], queria chamar ou chamava suas vizinhas. O espírito admirável do grande profeta David, quando tocava a harpa e cantava os louvores de Deus, devia sentir isso. Sou muito devota desse glorioso rei e quisera que todos, especialmente os que somos pecadores, também o fossem[4].

4. Oh! Valha-me Deus! Como fica então a alma! Ela desejaria ser toda línguas para louvar o Senhor. Diz mil disparates santos, procurando sempre contentar Quem a deixou assim. Sei de alguém que, não sendo poeta, improvisava estrofes muito sentidas, declarando seu penar, não usando para isso o intelecto; para mais gozar a glória que um penar tão saboroso lhe dava, queixava-se dele ao seu Deus. Essa pessoa gostaria que todo o seu corpo e alma se despedaçassem para demonstrar a alegria que esse sofrimento lhe trazia. Que tormentos poderia haver que ela não tivesse regozijo em passá-los pelo seu Senhor? Via com clareza que os mártires nada faziam em seu próprio benefício quando sofriam torturas, porque conheciam bem que a força vinha de outro lugar. Mas quanto sentirá a alma voltando a recuperar a razão para viver no mundo, tendo de voltar aos cuidados e cortesias nele existentes?

Não creio que eu exagere ao descrever as delícias que o Senhor concede à alma em seu desterro. Bendito sejais para sempre, Senhor! Que todas as coisas Vos louvem para sempre. Permiti agora, Rei meu, eu Vos suplico, porque, ao escrever isto, não estou, por Vossa bondade e misericórdia, fora dessa loucura celestial — pois Vós me concedeis essa graça sem que eu tenha méritos —, que fiquem loucos de Vosso amor todos com quem eu me relacionar, ou que eu já não me relacione com ninguém — ou, então, que eu já não me importe com nada deste mundo, ou que seja tirada dele por Vós! Esta Vossa serva já não pode sofrer tanto por ver-se sem voz, porque, se há de viver, não quer descanso nesta vida, senão em vós! Esta alma queria ver-se livre: o comer a mata; o dormir a aflige; ela percebe que o tempo de sua vida se passa em regalos e que nada a pode regalar fora de Vós; pois lhe parece que vive contra a natureza, já não querendo viver em si, mas em Vós.

5. Ó verdadeiro Senhor e Glória minha! Que cruz leve e pesadíssima reservais aos que chegam a este estado! Leve, porque é suave; pesada, porque às vezes é grande o sofrimento de carregá-la; contudo, a alma jamais queria ver-se livre dela, senão para ver-se já Convosco. Quando percebe que não Vos serviu em nada e que, vivendo, pode servir-Vos, ela deseja carregar cruz muito mais pesada e não morrer até o fim do mundo. Nem pensa em descanso, para Vos prestar um pequeno serviço; não sabe o que desejar, mas entende bem que não deseja outra coisa senão a Vós.

6. Ó filho meu![5] (Que de tão humilde assim quer ser chamado aquele a quem dirijo isto e que me mandou escrevê-lo.) Guarde só para si algumas coisas que vossa mercê considerar excessivas; porque nenhuma razão basta para me controlar quando o Senhor me tira de mim, nem creio que, desde esta manhã, depois que comunguei, seja eu quem fala. O que vejo parece um sonho e só queria ver enfermos deste mal que me aflige. Suplico a vossa mercê que sejamos todos loucos de amor por Quem por nós se fez chamar assim. Vossa mercê diz que me estima, e desejo que o prove, dispondo-se a que Deus lhe conceda essa graça, porque são muito poucos os que não têm razão demasiada quando se trata dos seus próprios interesses. Talvez eu a tenha mais do que todos; que vossa mercê, Padre meu, que também é meu filho, por ser meu confessor, a quem confiei minha alma, não o permita. Desiluda-me com verdade, embora não se costumem dizer verdades.

---

3. Lc 15,9.

4. Cf. 2Rs 6,14. — No calendário litúrgico dos carmelitas, aprovado pelo capítulo geral de 1564, a festa do rei David figurava no dia 29 de dezembro.

5. Ó *filho meu!:* ela se dirige ao Padre García de Toledo. Essa frase foi retocada, e a seguinte, quase toda modificada, de maneira que se lesse: "Ó Padre meu, a quem isto é dirigido". A emenda não veio do padre Báñez, como se tem afirmado, mas da autora, que, ao reler o escrito, considerou excessiva sua própria efusão. Pela mesma razão, ela corrigiu outra frase semelhante no final do parágrafo 6. — Frei Luis preferiu em ambos os casos o texto primitivo (pp. 188-189). Com o perdão da Santa, nós também não aceitamos a sua correção.

7. Eu gostaria que esse pacto fosse feito pelos cinco que no momento nos amamos em Cristo[6]; assim como outros, nos últimos tempos, se juntavam em segredo contra Sua Majestade e para tramar maldades e heresias, procuremos juntar-nos alguma vez a fim de nos desenganar mutuamente e dizer em que poderíamos nos corrigir e contentar mais a Deus. Porque não há quem se conheça tão bem a si quanto o conhecem os que o observam, se é com amor e cuidado pelo nosso proveito. Digo "em segredo" porque já não se usa essa linguagem. Até os pregadores fazem os seus sermões de maneira a não descontentar. A intenção é boa, e também a obra; mas, dessa maneira, poucos se corrigem! E por que não são muitos os que deixam os vícios públicos por causa dos sermões? Sabe o que me parece? Porque os pregadores têm demasiada prudência. Não estão tomados pelas grandes chamas do amor de Deus como o estavam os Apóstolos, e por isso suas labaredas são brandas. Não digo que tenham o mesmo fervor, mas gostaria que fosse maior do que o que vejo. Sabe vossa mercê o que ajuda muito? Não ter prazer na vida e ter pouca estima pela honra; porque os Apóstolos — para dizerem uma verdade e sustentá-la para a glória de Deus — não se incomodavam com perder tudo ou ganhar tudo, já que, quem de fato arrisca tudo por Deus não distingue entre essas coisas. Não digo que eu seja assim, mas gostaria de sê-lo.

8. É grande liberdade ter por cativeiro viver e comportar-se de acordo com as leis do mundo! Quando alcança essa liberdade do Senhor, não há escravo que não arrisque tudo para ser resgatado e voltar à sua terra. Assim, como este é o verdadeiro caminho, não temos de parar nele, porque só acabaremos de ganhar esse grande tesouro quando a vida acabar. Que o Senhor nos dê para isso o Seu favor.

Se lhe parecer conveniente, rasgue vossa mercê o que eu disse, tomando-o como carta pessoal, e me perdoe, pois me mostrei muito atrevida.

CAPÍTULO 17

Continua a falar do terceiro grau de oração, terminando de descrever os seus efeitos. Fala dos prejuízos trazidos aqui pela imaginação e pela memória.

1. Está razoavelmente descrito esse modo de oração e o que a alma há de fazer, ou, melhor dizendo, o que Deus faz a ela, visto ser Ele que já assume o ofício de jardineiro, querendo que ela folgue. A vontade só consente nas graças que recebe, devendo oferecer-se a tudo o que a verdadeira sabedoria nela quiser fazer, embora por certo seja preciso ter ânimo; porque é tanto o gozo que, por vezes, parece não faltar quase nada para a alma sair do corpo. E que morte venturosa seria!

2. Aqui, parece-me bom, como se disse a vossa mercê[1], deixar-se por inteiro nos braços de Deus: se Ele quiser levá-la ao céu, que vá; se ao inferno, que não sofra, pois vai com seu Bem; que a vida se acabe por inteiro deve ser o seu desejo; que viva mil anos, também. Que Sua Majestade disponha dela como de algo seu, pois a alma já não pertence a si mesma, estando entregue por inteiro ao Senhor, despreocupada de tudo. Quando Deus concede tão alta oração, a alma pode fazer tudo isso e muito mais, porque esses são seus efeitos, compreendendo o que faz sem nenhum cansaço do intelecto; ela parece estar admirada por ver que o Senhor é um jardineiro tão bom e

---

6. *Os cinco:* é difícil fixar com exatidão os seus nomes. São certos os de García de Toledo e de Francisco de Salcedo; prováveis, o Mestre Daza e dona Guimar de Ulloa. — *Assim como outros... se juntavam em segredo contra S. M.:* provável alusão às maquinações de Cazalla e do seu grupo de adeptos, castigados no famoso auto de 24 de maio de 1559 em Valladolid. Nas informações de Salamanca, Ana de Jesús depôs: "Quando quiseram falar das heresias de Cazalla e dos seus sequazes com dona Guimar de Ulloa e outras senhoras viúvas e religiosas, estes, vendo que elas tinham relações com pessoas de diferentes Ordens, disseram que não queriam entrar em casa de tantas portas; com isso, elas se livraram de saber de suas coisas... Eles também tentaram falar com a Santa antes de saberem que ela se relacionava com muita gente" (B. M. C., t. 18, pp. 471-472).

1. Ela continua a dirigir-se a García de Toledo. Cf. o fim do n. 2, e os n. 4 e 8. — *Como se disse a vossa mercê:* alusão a práticas espirituais realizadas com o padre.

que não quer que ela tenha trabalho, mas que se deleite em começar a aspirar o perfume das flores. Numa dessas visitas, por menos que dure, é tal o jardineiro, na verdade o criador da água, que a dá sem medida; e aquilo que a pobre alma, às vezes com um esforço de vinte anos, que cansa o intelecto, não conseguiu efetuar, o jardineiro celestial lhe dá num instante, fazendo a fruta crescer e amadurecer para que a alma se sustente com o seu jardim, porque assim o Senhor o quer. Mas Ele não lhe permite repartir as frutas até que a alma esteja tão forte com o que comer que não gaste as frutas todas apenas provando-as e dando-as aos outros — o que não lhe traria proveito nem pagamento daqueles a quem as der —, mas que as conserve e não se ponha a dar de comer do seu próprio alimento, ficando talvez a morrer de fome. Vão entendê-lo bem essas inteligências[2], que o saberão explicar melhor do que eu, mesmo me cansando.

3. Enfim, as virtudes ficam agora mais fortes do que na oração de quietude; a alma não pode ignorá-las, porque vê que se tornou outra e não sabe como. Ela começa a realizar grandes coisas com o odor que as flores exalam, pois o Senhor deseja que estas desabrochem para que ela veja que tem virtudes, embora bem consciente de que não as podia — nem pôde — obter em muitos anos, enquanto, naquele pouco tempo, as recebeu do jardineiro celestial. Aqui, a humildade em que a alma fica é muito maior e mais profunda do que antes; ela vê com mais clareza que a única coisa que fez foi consentir que o Senhor lhe concedesse favores e que a vontade os abraçasse.

Esse modo de oração me parece união muito evidente de toda a alma com Deus, mas tenho a impressão de que Sua Majestade permite que as faculdades entendam e fruam do muito que Ele realiza[3].

4. Acontece algumas, e até muitas vezes de, estando a vontade unida — para que vossa mercê veja que é possível e o compreenda quando o tiver, a mim, ao menos, isso traz tontura, e por isso o digo aqui —, ver-se com clareza que a vontade está aprisionada e em júbilo. Quando falo de "ver-se com clareza", falo da vontade, que está em muita quietude; o intelecto e a memória, por sua vez, ficam livres, podendo tratar de negócios e dedicar-se a obras de caridade.

Embora isso se assemelhe à oração de quietude, há certas diferenças: na primeira, a alma não quer agir nem se mover, fruindo o santo ócio de Maria; na segunda, ela pode também ser Marta. Logo, quase se está ao mesmo tempo numa vida ativa e contemplativa: ocupamo-nos de obras de caridade, tratamos de negócios convenientes ao nosso estado e podemos ler, se bem que não sejamos por inteiro senhores de nós, pois percebemos que a melhor parte de nós se encontra em outro lugar. É como se falássemos com uma pessoa, e outra nos falasse do outro lado; não estaríamos bem com uma nem com a outra. Isso fica muito patente e traz muita alegria e contentamento quando é alcançado, facilitando muito à alma, quando esta tem tempo de solidão ou está livre de negócios, a permanência numa quietude muito tranquila. É um estado de quem se encontra satisfeito a ponto de não necessitar comer; a pessoa sente o estômago alimentado e não tem vontade de comer nenhum manjar, não estando, no entanto, tão farta que, se vir uma boa iguaria, deixe de comê-la com disposição. Assim, a alma não quer nem se satisfaz com contentamentos do mundo, por ter em si o que mais a farta: maiores alegrias em Deus, ímpeto de satisfazer o seu desejo, de rejubilar-se mais, de estar com Ele, é isso o que ela quer.

5. Há outra maneira de união que, mesmo que não seja completa, ainda é maior do que esta de que acabei de falar, mas não tanto quanto esta terceira água de que falei[4].

Vossa mercê gostará muito, quando o Senhor lhe conceder todos esses modos, se é que já não os concedeu, de ver tudo escrito e perceber o que é. De fato, um favor é receber a graça do Senhor,

---

2. *Essas inteligências:* bondosa alusão aos "inteligentes eruditos" a quem ela destina o livro.
3. Isto é, esta oração é união de toda a alma, mas as faculdades desta, embora unidas, não ficam suspensas, mas percebem e fruem o muito que Deus realiza nesse estado.
4. Ela distingue, portanto, três "maneiras de união": a que *acabei de falar* (espécie ínfima, n. 4); outra, superior, mas que ainda não é "união completa" (n. 5); e a que chega à "união completa", que é *esta terceira água de que falei* (cap. 16, *passim*).

outro é entender qual o favor e qual a graça, e outro ainda saber entender e explicar como é. Embora pareça ser suficiente o primeiro estado, para que a alma não fique confusa e medrosa e siga com mais afinco o caminho do Senhor, pondo sob os pés todas as coisas do mundo, é um grande benefício e dádiva entendê-lo. Cada um desses favores é, para quem o recebeu, razão para louvar muito ao Senhor; quem não os recebeu, também O louve, porque Sua Majestade os concedeu a algum vivente para que nós nos beneficiássemos.

Ora, muitas vezes, neste modo de união que quero explicar, acontece (a mim em especial, pois Deus me concedeu a graça de ter essa sorte com frequência) de Deus tomar posse da vontade e do intelecto — a meu ver, porque este não raciocina, estando ocupado em fruir do Senhor, como quem está olhando e vê tanta coisa que não sabe o que olhar, já que a visão de muita coisa o desvia da de outra, e ele não sabe dizer o que viu. A memória fica livre, talvez ao lado da imaginação; e, vendo-se sozinha, ela move uma guerra e procura espalhar por toda parte um desassossego, somente para louvar a Deus. Ela me cansa e me aborrece, e, com frequência, suplico ao Senhor que, se é para me incomodar tanto, tire-a de mim nessas ocasiões. Algumas vezes Lhe digo: "Quando, Deus meu, a minha alma estará toda unida em Vosso louvor, e não aos pedaços, sem poder ajudar a si mesma?" Aqui vejo o mal que o pecado nos causa, sujeitando-nos a não fazer o que queremos: estar sempre ocupados com Deus.

6. Digo que me acontece às vezes[5] — e hoje aconteceu, e por isso o tenho bem presente na memória — de ver a minha alma se desfazer devido ao desejo de estar por inteiro onde está a maior parte de mim mesma, mas sem o poder, porque a memória e a imaginação lhe movem tal guerra que não o consigo. E, como faltam as outras faculdades, estas não valem, mesmo para fazer mal, nada, só servindo para trazer desassossego; digo "para fazer mal" porque elas não têm força nem conseguem ficar quietas. Como o intelecto em nada ajuda a memória, esta não para em nada, andando de um lado para o outro, assemelhando-se a essas mariposinhas noturnas, importunas e irrequietas. Essa comparação me parece extremamente adequada, porque, ainda que não possam fazer mal, essas mariposinhas incomodam.

Não conheço remédio para isso, pois até agora Deus não me permitiu entender; se conhecesse, de boa vontade eu o tomaria, pois isso me atormenta, como eu disse[6], inúmeras vezes. Percebemos aqui a nossa miséria e, com muita clareza, o grande poder de Deus, pois a memória, mantendo-se solta, muito nos prejudica e cansa, enquanto as outras faculdades, que estão com Sua Majestade, nos trazem descanso.

7. O último remédio que encontrei, depois de sofrer longos anos, é o de que falei ao tratar da oração de quietude[7]: não ouvir mais a fantasia do que se ouve um louco; deixá-la com sua teimosia, que só Deus pode tirar — afinal, ela já está dominada. Temos de suportá-lo com paciência, como Jacó padeceu com Lia[8], porque é grande o favor que o Senhor concede permitindo que tenhamos prazer com Raquel. Digo "já está dominada" porque ela não pode, por mais que faça, atrair para si as outras faculdades; na verdade, estas, sem nenhum trabalho, a atraem muitas vezes para si. Em certas ocasiões, Deus se compadece vendo-a tão perdida e desassossegada, desejosa de unir-se às outras, e lhe permite arder no fogo da luz divina, onde as outras já viraram pó, tendo perdido o seu ser natural, estando quase sobrenaturais, no prazer de tão grandes bens.

8. Em todos esses modos que descrevi falando desta última água de fonte, são tão grandes a glória e o descanso da alma que o corpo participa muito sensivelmente dessa felicidade e alegria — disso não tenho dúvida —, e as virtudes, como eu disse[9], se fortalecem.

---

5. Ela vinha dizendo no n. 5.
6. No n. 5.
7. Cf. cap. 14, n. 3, e cap. 15, n. 6, 7 e 9, embora ela pareça referir-se ali, de preferência, ao intelecto; mas não nos esqueçamos de que a Santa nem sempre distingue claramente entre intelecto e imaginação (cf. *Moradas* IV, cap. 1, título).
8. Gn 29,28.
9. No cap. 16, n. 3, e no cap. 17, n. 2-3.

Parece que o Senhor quis explicar esses estados em que a alma fica, tanto quanto, a meu ver, é possível fazê-lo aqui. Que vossa mercê fale disso com uma pessoa espiritual que tenha chegado a esse ponto e tenha instrução. Se essa pessoa disser que está certo, creia que foi Deus que lho disse e preze muito Sua Majestade; porque, como eu disse, com o tempo vossa mercê muito prazer terá em entender o que é isso, pois talvez ainda não tenha recebido a graça de compreendê-lo (embora Ele lhe tenha permitido desfrutá-lo). Como Sua Majestade lhe concedeu desfrutá-lo, vossa mercê, com a sua inteligência e instrução, o compreenderá pelo que digo aqui. Que o Senhor seja louvado em todos os séculos dos séculos por tudo, amém.

CAPÍTULO 18

Trata do quarto grau de oração. Começa a fazer uma excelente exposição da grande dignidade a que o Senhor leva a alma que está nesse estado. Isso serve para animar muito os que tratam da oração, para que se esforcem para alcançar estado tão elevado, porque isso é possível na terra, embora não por merecimento, e sim pela bondade do Senhor. Este capítulo deve ser lido com atenção porque a declaração é muito complexa e contém importantes instruções[1].

1. Que o Senhor me ensine palavras para que eu possa falar da quarta água. Tenho muita necessidade do seu favor, mais do que para a oração precedente; porque, nela[2], a alma ainda sente que não está totalmente morta, embora já o esteja para o mundo; mas, como eu disse, ela tem consciência para entender que está no mundo e sentir sua solidão, aproveitando-se do exterior para dar a entender o que sente, ao menos por sinais.

Em toda a oração e em seus modos, de que falei, o jardineiro faz algum serviço, se bem que, nestes últimos, o trabalho seja acompanhado de tanto júbilo e consolo que a alma não deseja deixá-lo, não o considerando trabalho, e sim glória. Aqui[3], não há sentir, mas um regozijar-se sem compreensão de sua causa. Sabe-se que se frui um bem que traz em si todos os bens, mas não se compreende esse bem. Todos os sentidos se ocupam desse prazer, não ficando nenhum desocupado para ser empregado em outra coisa, interior ou exterior.

Antes, era-lhes permitido dar mostras da sua grande felicidade; aqui, a alma desfruta incomparavelmente mais, mas o demonstra muito menos, porque não resta poder no corpo nem na alma para a comunicação desse gozo. Nesses momentos, tudo passa a ser grande embaraço, tormento e estorvo para seu descanso; e afirmo que, se é união de todas as faculdades, ainda que queira — encontrando-se nesse estado —, a alma não o pode exprimir e, se o pode, já não é união.

2. Não sei explicar como é essa oração a que chamam união[4], nem o que é. Na teologia mística, ela é explicada, enquanto eu não tenho palavras para dizê-lo, nem sei bem o que é a mente, nem sei diferenciar entre alma e espírito; tudo me parece uma só coisa, embora a alma por vezes saia de si mesma, como se fosse um fogo que está ardendo e se incendeia, e algumas vezes esse fogo aumenta com ímpeto e essa chama se eleva muito acima do fogo, mas nem por isso se distinguem: é a mesma chama que está no fogo. Com sua instrução, vossas mercês o entenderão, pois não sei explicar melhor.

---

1. Um dos censores — provavelmente o Padre Báñez — tirou do autógrafo as palavras *por excelente manera* e *léase con advertencia porque se declara por muy delicado modo y tiene cosas mucho de notar*, talvez incomodado com o autoelogio que contém. Frei Luis não chegou a tanto, mas concordou em omitir a última parte ("porque... notar", p. 198). Contudo, as expressões riscadas constituem um belo exemplo da ingenuidade com que a Autora estendia o título dos capítulos dos seus livros. Compare-se com as epígrafes dos caps. 14, 16, 19, 20, 21, 22, 25 etc., e com quase todos os das *Moradas*.

2. *Nela*: na oração passada ou terceira água. — *Mas como eu disse*: no cap. 16, n. 1 ss. Quer dizer que, na *terceira água, nem* as faculdades nem os sentidos entram em suspensão extática.

3. *Aqui*: na *quarta água*. Ela vai estabelecer esse mesmo paralelo a seguir: *antes* (terceira água), *aqui* (quarta).

4. *A que chamam união*: tal como ao enunciar a oração de *quietude* (cap. 14, n. 1), a Santa remete a uma nomenclatura aprendida nos livros espirituais da sua época, particularmente em Laredo: *Subida del Monte Sión por la via contemplativa* (Sevilha, 1535).

3. O que pretendo explicar é o que a alma sente quando está nessa divina união. O que é união já está entendido: duas coisas separadas se tornam uma. Ó Senhor meu, como sois bom! Bendito sejais para sempre! Louvem-Vos, Deus meu, todas as coisas, pois nos amastes de tal maneira que não faltaríamos à verdade ao falar da comunicação que tendes com as almas ainda neste desterro! E mesmo com as que não são boas é grande vossa liberalidade e magnanimidade, porque, Senhor meu, dais como quem sois. Ó generosidade infinita, quão magníficas são Vossas obras![5] Isso espanta a quem não tem a mente ocupada em coisas da terra a ponto de não poder perceber verdades. Pois concedeis a almas que tanto Vos ofenderam graças tão soberanas que, quando penso nisso, falta-me o entendimento, e não consigo ir adiante. E para onde eu iria senão para trás? Porque dar-Vos graças por tão grandes benefícios não sei como, aliviando-me algumas vezes com dizer disparates.

4. Acontece-me muito, quando acabo de receber essas graças ou quando Deus começa a agir em mim (porque, como eu já disse, no momento em que as recebemos não podemos fazer nada), de dizer:

"Senhor, olhai o que fazeis, não esqueçais tão rapidamente os grandes males meus; como para perdoar-me Vós os esquecestes, suplico que Vos lembreis deles para moderardes os Vossos favores. Não depositeis, Criador meu, licor tão precioso em vaso tão quebrado[6], pois já vistes que volto a derramá-lo. Não guardeis semelhante tesouro num lugar onde ainda não está, como deveria estar, perdida de todo a cobiça de consolações da vida, pois, assim fazendo, o esbanjareis. Como confiais as armas dessa cidade e as chaves de sua fortaleza a governante tão covarde, que no primeiro assédio dos inimigos permite que eles aí penetrem?

Que o Vosso amor não seja tanto, ó Rei eterno, que ponhais em risco joias tão preciosas. Parece-me, Senhor meu, que isso pode permitir que se tenha pouca estima por Vós, pois as deixais em poder de criatura tão ruim, tão baixa, tão fraca e miserável, e tão sem valor que, embora trabalhe para, com o Vosso favor, não as perder (e é necessário um grande favor, sendo eu quem sou), não consegue beneficiar outras pessoas; em suma, mulher, e não boa, mas ruim. Parece que os talentos não só são escondidos, mas enterrados[7], ao serem depositados em terra tão árida. Não costumais, Senhor, conceder semelhantes riquezas e benefícios a uma alma, a não ser para que muitas aproveitem. Já sabeis, Deus meu, que com toda a vontade e de todo o coração eu Vos suplico, e tenho suplicado algumas vezes: não me importo de perder o maior bem da terra desde que concedais essas graças a quem delas tire maior benefício para que cresça a Vossa glória".

5. Essas e outras coisas eu disse muitas vezes. Depois, via a minha insensatez e pouca humildade; porque o Senhor bem sabe o que convém e que não havia na minha alma forças para que ela se salvasse se Sua Majestade não as infundisse com tantas graças.

6. Também pretendo falar dos favores e efeitos que permanecem na alma[8], assim como assinalar o que esta pode fazer ou se pode contribuir para alcançar estado tão elevado.

7. Às vezes vem esta *elevação de espírito ou junção* com o amor celestial (visto que, no meu entendimento, a *união* é diferente da *elevação*) nessa mesma união[9]. Quem não tiver experimentado esta última não perceberá a diferença. Para mim, embora tudo seja uma coisa só, o Senhor age

---

5. Cf. Salmos 91,6 e 103,24.
6. Alusão a 2Cor 4,7.
7. Mt 25,18.
8. Cf. o começo do n. 3.
9. Para facilitar a compreensão desta difícil passagem, editada nas formas mais inverossímeis e traduzida às vezes de uma maneira que distorce o sentido de todo o capítulo, convém lembrar que "elevação de espírito", "junção" com Deus, "voo do espírito", "arroubo", "suspensão" (cf. n. 12), "enlevo e arrebatamento" (cf. cap. 20, n. 1) são termos análogos que, na "linguagem espiritual" da Santa, equivalem a "êxtase" (cf. cap. 20, n. 1), se bem que com ligeiras diferenças (cf. *Relação* 3 e *Moradas* VI, cap. 4). Observe-se ainda que a expressão "*esta* elevação" equivale a "a elevação seguinte, de que vou falar". Esse uso do demonstrativo "este" na acepção de "seguinte" é comum nos escritos da Santa; neste caso, contudo, ela faz imediatamente uma ampla digressão, só voltando a descrever "esta elevação" no n. 10.

de maneira distinta; o desapego das criaturas cresce muito mais no *voo do espírito*. Tenho visto com clareza que há diferença entre as graças, embora, como eu digo, tudo pareça uma só coisa; mas um fogo pequeno é tão fogo quanto um grande, e é perceptível a diferença entre os dois: num fogo pequeno, leva muito tempo para que um pequeno pedaço de ferro fique em brasas; mas, se o fogo é grande, por maior que seja, o ferro num instante se transforma por inteiro. Assim ocorre, penso eu, com essas duas modalidades de graças do Senhor, e quem tiver chegado a *arroubos* o entenderá bem. Quem não os tiver experimentado vai pensar que é um desatino, e talvez seja; porque uma criatura como eu querer explicar uma coisa cujo mero esboço parece não haver palavras para fazer é um grande desatino.

8. Mas creio que o Senhor há de me ajudar nisso, pois Sua Majestade sabe que, além de obedecer, tenho a intenção de despertar nas almas a avidez por um benefício tão elevado. Não vou falar de coisas que não tenha vivenciado muito. Assim, quando comecei a escrever sobre esta última água, parecia-me impossível tratar disso, pois é mais difícil do que falar grego. Por essa razão, parei de escrever e fui comungar. Bendito seja o Senhor, que tanto favorece os ignorantes! Ó virtude de obedecer, que tudo podes! Deus me esclareceu o entendimento, às vezes com palavras e, outras vezes, sugerindo-me como exprimi-lo, como o fez na oração passada[10]; tal como então, Sua Majestade parece querer dizer o que eu não posso nem sei fazer.

Essas são palavras de verdade; o que for bom é doutrina de Deus, e o mau, claro está, vem do abismo de males que sou eu. Por isso, se houver pessoas que, tendo chegado às coisas de oração que o Senhor concedeu a esta miserável — e deve haver muitas —, desejem tratar disso comigo, por se sentirem desencaminhadas, o Senhor ajudará a Sua serva para que a verdade triunfe.

9. Falando dessa água que vem do céu para, com sua abundância, regar e fartar todo o jardim, se o Senhor nunca deixasse de dá-la oportunamente, já se vê que descanso teria o jardineiro. Além disso, se não houvesse inverno, mas somente uma estação amena e temperada, nunca faltariam flores e frutas, e que delícia haveria de ser! Contudo, enquanto vivermos, isso é impossível; devemos sempre ter o cuidado de procurar outra água quando faltar uma. A do céu vem muitas vezes quando o jardineiro menos espera. É verdade que, no princípio, sempre vem depois de uma longa oração mental em que, de degrau em degrau, o Senhor vai levando essa avezinha e pondo-a no ninho para que descanse. Como viu que ela esvoaçou muito, buscando, com o entendimento, com a vontade e com todas as suas forças, a Deus e o Seu contentamento, o Senhor deseja recompensá-la ainda nesta vida. E que grande recompensa: basta um momento para pagar todos os sofrimentos que aqui se podem ter!

10. Estando à procura de Deus dessa maneira, a alma se sente, com um grande e suave prazer, num desfalecimento quase completo, uma espécie de desmaio, que lhe tira o fôlego e todas as forças corporais, de modo tal que só com muito esforço é possível mexer as mãos; os olhos se fecham sem que os queiramos fechar, ou, se se mantêm abertos, não vemos quase nada; da mesma forma, se estivermos lendo, não distinguimos as letras, sequer as percebemos: vemos que há uma letra, mas, como a mente não ajuda, mesmo querendo, não a podemos ler, ouvimos, mas não entendemos o que ouvimos. Assim, os sentidos de nada nos servem, servindo antes para acabar com a felicidade. Falar é muito difícil, pois não conseguimos formar palavras, nem temos forças, caso formássemos alguma, para pronunciá-la; porque perdemos todas as forças exteriores, aumentando as da alma para que melhor nos rejubilemos na Sua glória. É grande e bem conhecido o deleite exterior que sentimos.

11. Por mais que dure, esta oração não prejudica; ao menos a mim nunca prejudicou, nem me lembro de que o Senhor alguma vez me tenha concedido esse favor, por pior que eu estivesse, de uma maneira que me fizesse mal, havendo antes uma grande melhora. Mas que mal poderia fazer bem tão grande? Os seus efeitos exteriores são tão patentes que não é possível duvidar da sua grandeza, visto que essa oração tira as forças com muita suavidade para torná-las maiores.

---

10. No cap. 16, n. 2.

12. É verdade que, no princípio, ela é tão rápida — ao menos acontecia assim comigo — que, graças à sua brevidade, não são tão perceptíveis esses sinais exteriores nem a perda dos sentidos, entendendo-se contudo, pela abundância de graças, que a claridade do sol que ali esteve foi imensa, visto ter deixado a alma derretida. E observe-se que, a meu ver, por maior que seja, o tempo em que a alma está nessa suspensão de todas as faculdades é sempre curto: meia hora já é muito, e eu, pelo que sei, nunca fiquei tanto tempo. Devo reconhecer que, como nos faltam os sentidos, mal podemos calcular a duração; mas sei que é muito pequena a duração desse estado sem que alguma faculdade volte a si. A vontade se mantém impávida, mas as outras duas faculdades logo voltam a importunar. Como está imóvel, a vontade volta a suspendê-las; elas ficam um pouco mais e então voltam a agitar-se.

13. É possível passar nisso algumas horas de oração, e passamos; porque as duas faculdades[11], quando começam a se embriagar e a degustar o vinho divino, são perdidas outra vez com facilidade para que se ganhe muito mais: elas acompanham a vontade, e as três se inebriam. Mas a sua total suspensão, sem nenhuma imaginação — faculdade que, para mim, também se perde por inteiro —, dura muito pouco, embora as faculdades não sejam recuperadas de todo, ficando algumas horas como que desatinadas, voltando Deus, pouco a pouco, a uni-las a si.

14. Vejamos agora o âmago daquilo que a alma sente. Diga-o quem o sabe, pois não se pode entendê-lo e muito menos explicá-lo!

Depois de comungar e de sair dessa oração de que falo, eu estava pensando, para escrever o que a alma fazia naquele momento. O Senhor me disse as seguintes palavras: *Desfaz-se toda, filha, para se pôr mais em Mim. Já não é ela que vive, mas Eu. Como não pode compreender o que entende, é um não entender entendendo.*

Quem o tiver experimentado compreenderá alguma coisa disso, pois não posso ser mais clara, visto ser tão obscuro o que ali acontece. Posso dizer apenas que temos a impressão de estar junto de Deus, permanecendo uma certeza em que de nenhuma maneira se pode deixar de acreditar. Aqui, todas as faculdades faltam e ficam suspensas a tal ponto que, como eu disse[12], não se percebe absolutamente a sua ação. Se estávamos pensando numa passagem da Paixão, esta nos sai da memória como se nunca tivesse estado ali. Se estávamos lendo ou rezando, não conseguimos nos lembrar do que líamos, nem fixar o pensamento, o mesmo ocorrendo se estávamos rezando.

Desse modo, essa mariposinha importuna da memória tem aqui as asas queimadas, não mais podendo esvoaçar. A vontade deve estar bem ocupada em amar, mas não percebe como ama. O intelecto, se entende, não sabe como entende, ou, ao menos, não pode compreender nada do que entende. Não me parece que entenda, porque não entende a si mesmo. Também eu não consigo entendê-lo!

15. No princípio, atingiu-me uma ignorância de não saber que Deus está em todas as coisas, o que, como Ele me parecia estar tão presente, eu achava ser impossível. Eu não podia deixar de crer que Ele estivesse ali, pois achava quase certo que percebera a sua presença. Os que não tinham letras me diziam que Ele só estava ali mediante a graça. Eu não podia acreditar nisso, porque, como digo, sentia a Sua presença. Por isso, ficava aflita. Um grande teólogo da Ordem do glorioso São Domingos[13] me tirou dessa dúvida, ensinando-me que o Senhor está presente e se comunica conosco, o que me trouxe imenso consolo.

Convém observar e compreender que essa água do céu, esse sumo favor do Senhor, dá à alma imensos proveitos, como passo a dizer.

---

11. *As duas faculdades:* o intelecto e a memória. — *Embriagar e degustar o vinho divino:* terminologia mística inspirada no Cântico dos Cânticos; designa vagamente as oscilações entre o "sono das faculdades" (à maneira da terceira água) e o ingresso no êxtase (quarta água). — *São perdidas outra vez com facilidade:* expressão típica com que se designa a entrada em estado extático (cf. cap. 14, nota 2).

12. Nos n. 10 e 13; cf. n. 1.

13. *Frei Vicente Varrón, anota* Gracían em seu exemplar. A Santa falou dele no cap. 7, n. 16ss.

CAPÍTULO 19

Continua com o mesmo assunto. Começa a falar dos efeitos que este grau de oração produz na alma. Insiste muito em que não se volte atrás, mesmo que depois dessa graça se caia outra vez, nem se deixe a oração. Fala dos males decorrentes de não se fazer isso. O tema é digno de atenção e traz grande consolo para os fracos e pecadores.

1. A alma sai dessa oração e união com imensa ternura, desejando desfazer-se, não de tristeza, mas de enorme gozo. Ela se sente banhada de lágrimas, sem que as tenha percebido e sem saber quando ou como as chorou; mas tem grande deleite por ver aplacado o ímpeto do fogo com uma água que a faz crescer mais. Isso parece confuso e de fato o é. Algumas vezes me aconteceu, ao final dessa oração, estar tão fora de mim que não sabia se era sonho ou se era verdadeira a glória que eu havia sentido; vendo-me inundada pela água que com facilidade jorrava com um impulso e uma rapidez da água que cai de uma nuvem, eu percebia que não tinha sido um sonho. Isso acontecia no princípio, quando essa graça era breve.

2. A alma fica animada a ponto de, se naquele momento a fizessem em pedaços por Deus, ela teria isso por grande consolo. Surgem as promessas e determinações heroicas, a vivacidade dos desejos, o começo do aborrecimento do mundo e o claro reconhecimento da sua vaidade. A alma aproveitou muito mais do que nas orações passadas, tendo crescido em humildade, porque vê bem que nada fez, nem contribuiu, para trazer ou ter uma graça tão excessiva e grandiosa. Ela vê com muita clareza que é muito indigna, porque em quarto onde entra a luz do sol não há teia de aranha escondida; a alma vê a sua miséria. A vaidade está tão longe dela que ela tem a impressão de que não pode tê-la, porque com os seus olhos pouco ou nada pode ver, reconhecendo que quase não houve consentimento de sua parte, parecendo antes que, mesmo sem o querer, a porta de todos os sentidos foi fechada para que ela mais pudesse desfrutar do Senhor.

Estando sozinha com Ele, que há de fazer senão amá-Lo? Ela não vê nem ouve, a não ser com muito esforço: pouco merecimento tem. Sua vida passada lhe é apresentada depois, assim como a grande misericórdia de Deus, com grande verdade e sem que seja necessário recorrer ao intelecto, porque a alma acha cozido ali o que vai comer e entender; ela percebe que merece o inferno e que é castigada com a glória; desfaz-se em louvores a Deus, e quisera eu me desfazer agora. Bendito sejais, Senhor meu, que fazeis de lodo tão imundo uma água tão límpida que pode ser levada à Vossa mesa! Sede louvado, ó delícia dos anjos, por desejardes elevar um verme tão vil!

3. Esse proveito da alma permanece por algum tempo: ela entende com clareza que o fruto não é seu e que já pode começar a reparti-lo sem que lhe faça falta[1]. Ela começa a se mostrar como alma que guarda tesouros do céu e a ter desejos de reparti-los com os outros, suplicando a Deus que não seja ela a única abastada. Ela passa a beneficiar os que lhe são próximos sem o saber e sem nenhum esforço pessoal; as pessoas o compreendem, porque as flores têm um odor tão forte que despertam o seu desejo de aproximar-se delas. Entendem que há virtudes naquela alma e veem a fruta, que desperta o paladar; desejam ajudá-la a comer.

Quando a terra é muito estragada por provações, perseguições, murmúrios e doenças — porque poucos chegam aqui sem isso —, e está bem fofa devido ao desapego do interesse próprio, a água nela penetra tanto que quase nunca seca; contudo, se a terra ainda está por ser lavrada e cheia de espinhos, como eu no princípio, sem que a alma se tenha afastado das ocasiões de pecado nem tenha o sentimento de gratidão merecido por graça tão elevada, logo volta a aridez. E se o jardineiro se descuidar e o Senhor, com a Sua bondade, não quiser fazer com que chova outra vez, deveremos considerar perdido o jardim, o que me ocorreu muitas vezes, causando-me espanto, a ponto de eu não poder acreditar se não tivesse acontecido comigo. Escrevo-o para o consolo de almas fracas, como a minha, para que nunca se desesperem nem deixem de confiar na grandeza de Deus; mesmo que,

---

1. Alusão à alegoria do jardim: cf. cap. 11, n. 6 e cap. 17, n. 2.

depois de dádiva tão sublime, que é o Senhor fazê-la chegar até aqui, venham a cair, que não desmaiem se não quiserem perder-se de todo; porque as lágrimas tudo conseguem: uma água traz outra[2].

4. Uma das coisas que me animaram, sendo eu quem sou, a obedecer e escrever isto, dando conta da minha vida ruim e dos favores que o Senhor me fez, sem que eu O servisse, mas O ofendesse, foi o desejo de alertar sobre isso. É certo que, para que me acreditassem no tocante a isso, eu gostaria de ter grande autoridade. Suplico ao Senhor que Sua Majestade a conceda. Repito, quem começar a ter oração não deve desanimar pensando que, por voltar a ser mau, seja pior continuar na oração. O mal seria deixar a oração e não se corrigir; mas quem não a deixar com certeza voltará à luz.

No tocante a isso, o demônio muito me atacou, fazendo-me sofrer bastante ao me sugerir que, por ser eu tão ruim, continuar a oração era ter pouca humildade. Por isso, como eu disse, deixei-a por um ano e meio, ou ao menos por um ano, pois não me lembro bem dos outros seis meses. Fazer isso era, e de fato o foi, arrojar-me eu mesma no inferno, sem que os demônios precisassem me levar até lá[3]. Valha-me Deus! Que cegueira tão grande! E como acerta o demônio, para seu propósito, ao concentrar aqui seus ataques! O traidor sabe que a alma que persevera na oração está perdida para ele. Por isso, muito lhe interessa fazê-la cair. Contudo, se ela perseverar na oração, essas mesmas quedas vão ajudá-la, graças à bondade de Deus, a avançar mais em Seu serviço.

5. Ó Jesus meu! O que é ver uma alma que chegou aqui e caiu em pecado quando Vós, pela Vossa misericórdia, tornais a lhe dar a mão e a levantais! Como ela reconhece a multiplicidade de Vossas grandezas e misericórdias, e a sua miséria. Aqui, ocorre o real desfazer-se, o conhecimento de Vossa magnificência, o alçar os olhos para ver o que Vos é devido, o fazer-se devota da Rainha do Céu para que Vos aplaque. Aqui, ela invoca os Santos[4] que caíram depois de Vós os terdes chamado, para que a ajudem; parece-lhe demasiado tudo o que lhe dais, pois ela vê que não merece sequer a terra que pisa. Ela recorre aos sacramentos, à fé viva que lhe advém ao perceber a virtude que Deus infundiu neles; ela Vos louva porque deixastes esse remédio e esse unguento para as nossas chagas, não somente curando-as por fora, mas extirpando-as por inteiro[5]. Ela fica espantada com isso. E quem, Senhor da minha alma, não se espantaria com uma misericórdia tão grande e um favor tão imenso diante de traição tão feia e abominável? Nem sei como meu coração não se parte quando escrevo isto! É porque sou ruim!

6. Com estas lagrimazinhas que aqui verto, dadas por Vós — mas água de um poço ruim, por procederem de mim —, parece que Vos pago por tantas traições, por sempre agir mal e procurar desfazer as graças que me concedíeis. Senhor meu, valorizai-as; tornai límpida água tão turva, pelo menos para evitar a alguém a tentação, que eu tive, de julgar tão erradamente, pensando por que, Senhor, abandonais pessoas muito santas que sempre Vos serviram e trabalharam por Vós, criadas na religião, e sendo religiosas, e não como eu, que disso só tinha o nome, enquanto concedeis graças a mim. Eu via com clareza, Bem meu, que guardáveis a recompensa delas para dá-la de uma vez, enquanto a minha fraqueza precisava desses favores. Elas, sendo fortes, Vos servem sem isso e, assim, Vós as tratais como pessoas esforçadas e não interesseiras.

7. Contudo, Vós sabeis, meu Senhor, que eu clamava muitas vezes diante de Vós, desculpando as pessoas que murmuravam contra mim, pois achava que elas estavam cobertas de razão. Isso, Senhor, ocorreu depois que a Vossa bondade me tomara pela mão para que eu não Vos ofendesse tanto, quando eu já estava me afastando de tudo o que me parecia poder desgostar-Vos; nesse momento, Vós começastes, Senhor, a abrir os Vossos tesouros para a Vossa serva. Parece que não

---

2. Bela observação final: *uma água traz outra* água: a água das lágrimas trará a água da graça para regar o jardim.
3. *Um ano e meio*: cf. cap. 7, n. 11. Esse fato é tão importante na história interior da Santa que ela vai se referir a ele repetidas vezes.
4. São Pedro, São Paulo, Santo Agostinho, Santa Madalena etc., advogados prediletos da Santa.
5. Provável alusão à doutrina luterana: segundo a teologia protestante, a justificação não "tira", mas apenas "cobre" as chagas dos nossos pecados.

esperáveis outra coisa de mim, além de vontade e disposição para recebê-los, tamanha a rapidez com que começastes a não só concedê-los, como a querer que os outros percebessem que o fazíeis.

8. Quando o perceberam, as pessoas começaram a ter uma boa opinião daquela cuja maldade ainda não tinham visto, embora ela fosse muito translúcida. Começaram os murmúrios e as perseguições, o que, a meu ver, era bem motivado; e eu não ficava inimiga de ninguém, mas suplicava a Vós que percebêsseis quanta razão tinham. Elas diziam que eu queria me fazer passar por santa, inventando novidades, pois não tinha sequer chegado a cumprir toda a minha Regra, nem igualara as boas e santas religiosas que havia na casa (nem creio que chegarei a fazê-lo, se Deus, pela sua bondade, não fizer tudo sozinho), sendo mais capaz de tirar o que havia de bom e introduzir costumes que não o eram; eu pelo menos fazia o que podia para introduzi-los, e era grande a minha capacidade para o mal. Logo, as que me acusavam não tinham culpa. Não eram somente as monjas, mas outras pessoas que me mostravam verdades, pois Vós o permitíeis.

9. Uma vez, ao rezar as Horas, voltando de novo essa tentação, cheguei ao versículo que diz *Justus es, Domine, e teus juízos*[6] e comecei a pensar quão grande verdade é essa, porque, quanto a isso, o demônio jamais teve forças para tentar-me de um modo que me levasse a duvidar de que Vós, Senhor meu, tendes todos os bens, nem de qualquer coisa da fé, parecendo-me que, pelo contrário, quanto mais longe do caminho natural as coisas, mais firme era a minha fé e maior a minha devoção. Só de pensar que sois todo-poderoso, eu incluía todas as grandezas que tendes; nesse aspecto, como digo, nunca tive dúvidas. Quando pensei que, com justiça, permitíeis a muitas servas Vossas, como eu disse[7], seguir sem os consolos e graças que me concedíeis, sendo eu quem era, Vós me respondestes: *Serve-me e não te envolvas nisso*. Foi a primeira palavra Vossa que ouvi, o que muito me espantou.

Depois vou explicar[8] essa maneira de ouvir, ao lado de outras coisas de que não vou falar aqui para não fugir ainda mais do meu propósito, pois muito já o fiz, a ponto de quase não saber mais o que estava dizendo. Mas não há como não ser assim, meu filho[9], e vossa mercê há de perdoar esses intervalos; porque, ao pensar no que Deus sofreu de mim e me ver neste estado, não causa surpresa que eu perca o tino do que digo e vou dizer. Queira o Senhor que os meus desatinos sempre sejam esses e que Sua Majestade não me permita ter o poder para opor-me a Ele; que Ele antes me consuma agora.

10. Isso já basta para que se vejam Suas grandes misericórdias: o Senhor perdoou tanta ingratidão, não uma, mas muitas vezes. A São Pedro perdoou uma só vez[10], e a mim, muitas; não era sem razão que o demônio me tentava para que eu não desejasse uma amizade íntima com quem eu tinha uma inimizade tão pública. Que cegueira imensa a minha! Onde eu pensava, Senhor meu, achar remédio senão em Vós? Que disparate fugir da luz para andar sempre tropeçando! Que humildade tão soberba o demônio inventava em mim: afastar-me do apoio da coluna e báculo que há de me sustentar para evitar uma queda tão grande!

Faço agora o sinal da cruz, e creio que não passei por perigo maior do que essa invenção que o demônio me ensinava como se fosse humildade. Ele me sugeria que, sendo eu uma coisa tão ruim e tendo recebido tantas graças, não podia dedicar-me à oração; bastava-me fazer as orações obrigatórias, como todas, e, como nem isso eu fazia bem, não podia querer fazer mais, pois, assim agindo, desrespeitava e desprezava os favores de Deus.

Uma coisa era pensar e entender isso; mas praticá-lo foi um enorme mal. Bendito sejais Vós, Senhor, pois me resgatastes.

---

6. Salmo 118,137.
7. Cf. n. 6.
8. Ela o fará nos caps. 25-27.
9. *Meu filho:* Báñez (?) riscou isso, considerando-o demasiado pessoal. Essas alusões, contudo, são o que dão sabor de intimidade e imprimem uma fisionomia própria a este livro teresiano.
10. Isso faz parte de uma série de alusões à tentação, em que ela caiu, de abandonar a oração: cf. n. 4 e cap. 7, n. 11.

11. Isso me parece ser o princípio da tentação que o traidor fez a Judas, embora ele não ousasse me atacar de maneira tão aberta; mas teria me levado, aos poucos, onde o levou. Todos os que se dedicam à oração considerem bem isto, por amor de Deus. Saibam que, quando vivi sem ela, a minha vida era muito pior; observem a boa solução que o demônio me oferecia e a estranha humildade, coisas que me trouxeram grande desassossego. Mas como podia a minha alma estar sossegada? A coitada estava longe do seu descanso, lembrava-se das graças e favores e via que as alegrias da terra merecem asco.

Como pude passar por isso, causa-me espanto. Era com esperança que eu nunca pensava[11] (se não me falha a memória, já que deve ter acontecido há mais de vinte e um anos), deixava a determinação de voltar à oração; mas esperava ficar, antes disso, livre de pecados. Oh, como estava mal encaminhada nessa esperança! O demônio me manteria nela até o dia do juízo para dali levar-me ao inferno.

12. Porque, fazendo oração e leitura — que me faziam ver verdades e o caminho ruim que eu seguia — e importunando o Senhor muitas vezes com lágrimas, eu era tão ruim que não conseguia me controlar, privada disso, entregando-me a passatempos e com muitas oportunidades e pouca ajuda — e, ousaria dizer, com nenhuma, a não ser para o mal —, não podendo esperar senão a minha queda.

Creio que muito conseguiu de Deus um frade dominicano, muito instruído, que me despertou desse sonho; ele me fez comungar de quinze em quinze dias, embora eu não me afastasse tanto do mal. Comecei a voltar a mim, embora não deixasse de ofender ao Senhor; mas, não tendo saído do caminho, eu ia por ele, mesmo devagar, caindo e levantando; e quem não deixa de caminhar e seguir adiante, mesmo tarde, chega. Creio que perder o caminho é abandonar a oração. Deus nos livre disso, por quem é!

13. Fique entendido — e, por amor de Deus, atente-se para isso — que a alma, mesmo que Deus lhe dê graças tão grandes na oração, não deve confiar em si, porque pode cair, nem se expor de modo algum a ocasiões de queda. Considere-se isso com seriedade, pois muito está envolvido: o demônio pode nos enganar depois, mesmo que a graça venha com certeza de Deus; o traidor se aproveita como pode dela, em especial quando se trata de pessoas não adiantadas nas virtudes, não mortificadas nem desprendidas, e que por isso não têm força suficiente, como adiante direi[12], para escapar às ocasiões e perigos, por maiores que sejam os seus desejos e determinações.

Eis uma excelente doutrina, que não é minha, mas ensinada por Deus; eu bem queria que pessoas ignorantes como eu a conhecessem. Porque, mesmo que se encontre neste estado, a alma não deve confiar em si para combater, porque já fará muito se se defender. Faltam-lhe armas para resistir aos demônios, e ela ainda não tem força para lutar contra eles e subjugá-los, como fazem os que chegam ao estado de que vou falar[13].

14. O demônio se aproveita da alma que, vendo-se tão próxima de Deus e conhecendo a diferença entre os bens do céu e os da terra, bem como o amor que o Senhor demonstra ter por ela, faz nascer desse amor a confiança e a segurança de não perder esse prazer; ela parece ver com clareza o prêmio e julga que não poderia deixar um dom tão suave e delicioso por uma coisa tão baixa e suja quanto o prazer dos sentidos. Tendo ela essa confiança, o demônio a leva a esquecer-se de que não deve confiar em si.

E ela, desse modo, se expõe a perigos e começa, com muito zelo, a distribuir sem controle as frutas, acreditando que não há mais o que temer de si. Ela não o faz com orgulho, pois bem compreende que por si não tem poder, mas por causa de um excesso de confiança indiscriminada em Deus, decorrente do fato de ela não perceber que só está coberta de penugem, podendo sair do

---

11. *Pensava*. Esse verbo está sobrando, pois ela retoma a frase depois dos parênteses. Frei Luis o suprimiu (p. 220). — *Mais de vinte e um anos:* isso ocorreu efetivamente entre 1543 e 1544; ela escreve isto em 1565 (segunda redação).
12. No cap. 20, n. 22-29, e cap. 21, n. 11.
13. Ib.

ninho quando Deus a tira de lá, sem, no entanto, poder voar. Porque as virtudes ainda não estão fortalecidas, e ela não tem experiência para conhecer os perigos nem sabe o dano que provoca ao confiar em si mesma.

15. Foi isso o que me destruiu; e, para isso e para tudo, há grande necessidade de um mestre e de relações com pessoas espirituais. Se a alma que chega a Deus neste estado não se afastar de Sua Majestade por inteiro, não deixará de ser favorecida pelo Senhor, que não permitirá que ela se perca; mas quando, como eu disse[14], cair, que se esforce para não ser enganada e induzida a deixar a oração, como ocorreu comigo por falta de humildade, como eu já disse[15] e queria dizer muitas vezes.

A alma deve confiar na bondade de Deus, que é maior que todos os males que possamos causar e que não se lembra da nossa ingratidão quando nós, percebendo o que fazemos, desejamos recuperar a Sua amizade. Do mesmo modo, o Senhor não se lembra das graças que nos concedeu para nos castigar por elas; a lembrança delas, pelo contrário, leva-O a nos perdoar mais depressa, por sermos pessoas de Sua casa e que comeram, como se costuma dizer, do Seu pão. Recordem-se de Suas palavras[16] e vejam o que Ele fez comigo: embora eu me cansasse de ofendê-Lo, Sua Majestade nunca deixou de perdoar-me. Ele nunca se cansa de dar nem a Sua misericórdia pode se esgotar; que nós não nos cansemos de receber. Que Ele seja bendito para sempre, amém, e que todas as criaturas cantem Seus louvores.

CAPÍTULO 20

Trata da diferença entre união e arroubo. Explica o que é o arroubo e fala do bem que a alma que o Senhor, pela sua bondade, aproxima de Si obtém. Fala dos efeitos que isso produz. Isso é de causar muita admiração[1].

1. Eu queria saber explicar, com o favor de Deus, a diferença que há entre *união* e *arroubo*, ou *enlevo*, ou *voo* que chamam de *espírito*, ou *arrebatamento*, que são uma coisa só. Digo que esses diferentes nomes se referem a uma só coisa, que também se chama *êxtase*[2]. É grande a vantagem que ele tem diante da união. Produz efeitos muito maiores e vários outros benefícios, porque a união parece ser igual no início, no meio e no fim, e o é no interior; mas esses outros fins alcançam um grau mais alto, manifestando-se seus efeitos tanto interior como exteriormente. Que o Senhor o declare como o fez com as outras coisas, pois, por certo, se Sua Majestade não me tivesse dado a entender os modos e formas de dizer, eu não o saberia.

2. Consideremos agora o fato de que esta última água é tão abundante que, se a terra o permitisse, poderíamos crer que já se encontra conosco a nuvem da grande Majestade. Mas quando Lhe agradecemos por esse bem enorme, fazendo obras de acordo com as nossas forças, o Senhor nos colhe a alma tal como as nuvens colhem os vapores da terra, afastando-a por inteiro desta[3].

---

14. Nos n. 3-5 e 10; e no cap. 7, n. 11.
15. No n. 4.
16. Alusão às passagens bíblicas em que o Senhor promete o perdão ao pecador: Ez 33,11; Mt 9,13; Lc 15.
1. Esta última frase, tão ingenuamente teresiana, foi riscada por um censor.
2. Devemos lembrar aqui o elogio feito por São João da Cruz a esta doutrina teresiana: "Este seria um lugar conveniente para tratar das diferenças entre enlevos, êxtases e outros arroubos e sutis voos de espírito que costumam acontecer com as pessoas espirituais. Contudo, como meu intento não é senão apresentar brevemente estes cânticos... devo deixá-lo para quem saiba tratar disso melhor do que eu, e porque *a bem-aventurada Teresa de Jesus, nossa Madre, deixou escritos admiráveis sobre essas coisas do espírito*, coisas que, espero em Deus, logo serão impressas". (*Cântico A* 12, 6, passagem transferida intacta para o *Cântico B* 13, 7.) Com efeito, o próprio São João da Cruz tinha promovido a edição das obras da Santa no Definitório de 1º de setembro de 1586 (cf. Jeronimo de San Jose, *Historia del Carmen Descalzo*, t. I, L. 5, cap. 13, pp. 878 s).
3. A Santa anotou à margem, um tanto temerosa de envolver-se em filosofias: *Eu ouvi dizer que as nuvens ou o sol apanham os vapores.* Frei Luis (p. 225) omitiu essa nota marginal. Foppens (edição de Bruxelas, p. 73) a incluiu no texto e, depois dele, quase todos os editores. Na nossa opinião, ela não deve ser omitida, posto que autêntica, nem incluída no texto, por não ser parte dele.

E a nuvem vai ao céu, levada pelo Senhor, que começa a lhe mostrar as coisas do reino que tem preparado para ela. Não sei se a comparação é adequada, mas na verdade é assim que acontece.

3. Nesses arroubos, parece que a alma não anima o corpo, que sente faltar-lhe o calor natural; ele vai se esfriando, embora com uma enorme suavidade e deleite. Aqui, não há como resistir, ao contrário da união, em que ficamos em nosso próprio terreno, podendo quase sempre, mesmo que com sofrimentos e esforços, resistir; nos arroubos, na maioria das vezes, isso não é possível, pois eles muitas vezes surgem sem que penseis nem coopereis, vindo como um ímpeto tão acelerado e forte que vedes e sentis uma nuvem ou águia possante levantar-se e colher-vos com suas asas.

4. E digo que percebeis e vos vedes levados, sem saber aonde; porque, mesmo com júbilo, a fraqueza que é nosso natural no início nos causa temor, sendo necessária uma alma determinada e corajosa — muito mais do que para o que eu já falei — que arrisque tudo, ocorra o que ocorrer, entregando-se nas mãos de Deus e indo de bom grado para onde for levada, visto que, mesmo resistindo, é levada.

Isso acontece de maneira tão forte que muitas vezes tentei resistir, empregando todas as minhas forças, especialmente em situações públicas, e também estando a sós, pois temia ser enganada; algumas vezes eu conseguia, mas com grande prostração, como quem combateu um forte gigante, ficando depois exausta; outras, eu não o podia: a alma era arrebatada e quase sempre levava a cabeça atrás de si, sem que eu pudesse controlar, havendo ocasiões em que o corpo inteiro ficava suspenso do chão.

5. Isso ocorreu poucas vezes, como certa feita em que estávamos juntas no coro, indo comungar; eu estava ajoelhada e fiquei muito pesarosa, pois me parecia uma coisa muito extraordinária que logo haveria de chamar muita atenção; assim, mandei que as monjas (pois isso se passou depois que assumi o ofício de Priora) não o revelassem. Mas outras vezes, ao perceber que o Senhor ia fazer isso (e, numa delas, na presença de importantes senhoras, pois era a festa da Vocação[4], durante um sermão), eu me estendia no chão, e as irmãs me rodeavam para segurar meu corpo, mas isso não passava despercebido. Supliquei muito ao Senhor que não quisesse mais me conceder graças que tivessem mostras exteriores; porque eu estava cansada de andar com tanta cautela, podendo Sua Majestade conceder-me esse favor sem que os outros o percebessem. Parece que Ele, pela Sua bondade, dignou-se ouvir-me, porque, até agora, isso não voltou a acontecer; é verdade que faz pouco tempo[5].

6. Parecia-me, quando eu queria resistir, que se erguiam sob os meus pés forças tão grandes que não sei como explicar, forças muito mais impetuosas do que as presentes em outras coisas do espírito. E eu ficava em pedaços, porque grande é a luta e pouco o seu proveito, porque, quando o Senhor quer, nada se opõe ao Seu poder. Há ocasiões em que Ele se contenta em nos mostrar que

---

4. *A festa da vocação* não era a festa da *vocação dos gentios* (Epifania), nem da *vocação ou conversão de São Paulo* (25 de janeiro), mas a da *advocação ou consagração da casa* ou igreja, isto é, o dia de *São José,* já que, com toda a probabilidade, o fato referido pela Santa ocorreu no mosteiro de São José de Ávila. (Veja-se o termo usado com a mesma acepção nas *Fundações,* prólogo, n. 5). A graça mística aqui insinuada pela Santa se identifica, muito provavelmente, com uma das duas descritas no Processo de Ávila pela Madre Petronila Bautista: "De outra feita, estando o padre frei Domingo Báñez, dominicano, circunspecto religioso, catedrático da Universidade de Salamanca, e confessor da Santa Madre, ministrando uma prática às religiosas deste convento no locutório, a Santa Madre foi tomada por um arroubo; o dito Padre tirou o capuz, interrompeu a prática e ficou em silêncio até que ela voltasse a si; foi isso que a declarante veio a saber tão logo entrou neste convento... Ela teve muitos arroubos em diversos lugares, e um foi tão grande, no dia do bem-aventurado São José, quando ouvia missa na grade do coro deste convento, que ela, sentindo que o seu corpo era levantado, se agarrou à rede e pediu a uma irmã que a segurasse, evitando que vissem, principalmente por se encontrar ali uma pessoa muito espiritual que tinha licença de Sua Santidade para entrar neste convento, estando essa pessoa junto à Santa Madre" (B. M. C., t. 19, p. 582).

5. Ela escreve isso no final de 1565 (segunda redação do *Livro da Vida).* Adiante, voltou a ter êxtase, arroubos e levitações; vejam-se, por exemplo, as *Relações* 15 (êxtase de Salamanca, 1571) e 35 (comunhão de mãos de São João da Cruz, 1572), bem como a carta a don Lorenzo de Cepeda, 17/1/1577, pouco antes de ela escrever as *Moradas.*

deseja nos conceder uma graça e que não faltará; se resistirmos por humildade, Ele produzirá os mesmos efeitos que produziria caso o consentíssemos.

7. São grandes esses efeitos: um deles[6] é a demonstração do grande poder do Senhor, a lição de que, quando Sua Majestade o quer, não controlamos o corpo nem a alma, nem somos senhores deles; verificamos que, a despeito de nós, há uma coisa superior, essas graças são dadas por Ele e nada podemos fazer — o que nos traz grande humildade. E eu confesso que tive muito medo e, no princípio, um enorme medo, por ver o corpo se levantar da terra, levado pelo espírito com grande suavidade, quando não se resiste. Não se perdem os sentidos; eu ao menos ficava num estado em que podia perceber que era arrebatada. Mostra-se tão bem a majestade de Quem pode fazer aquilo que os cabelos se arrepiam, ficando um grande temor de ofender a Deus tão grandioso; esse temor vem envolto num enorme amor por Aquele que ama tanto um verme tão podre a ponto de dar a impressão de que não se contenta em levar a alma a Si, querendo levar também o corpo, mesmo sendo este tão mortal e de terra tão suja — pois assim se tornou por causa de suas muitas ofensas.

8. O arroubo deixa também um estranho desapego, que não sei descrever. Acho que posso dizer que é diferente, isto é, maior do que as outras coisas do espírito; porque, embora estas provoquem o desprendimento de todas as coisas no campo do espírito, no desapego o Senhor parece querer que o corpo também seja envolvido, o que cria uma nova estranheza diante das coisas da terra, tornando a vida muito penosa.

9. Depois ele nos traz um tormento que não podemos criar por nós mesmos nem, quando acontece, evitar. Eu queria muito explicar esse sofrimento tão grande, mas acho que não conseguirei, embora vá dizer alguma coisa. É bom notar que essas coisas[7] são recentes, vindo depois de todas as visões e revelações de que vou falar; no tempo em que costumava ter oração, época em que o Senhor me dava grandes consolos e alegrias, bem como agora, já que isso não parou, o mais comum é que venha esse sofrimento de que vou falar. Ele pode ser maior ou menor. Falo agora de quando ele é maior, falando adiante[8] dos grandes ímpetos que me acometiam quando o Senhor queria me conceder os arroubos. A dor que eu então sentia em nada se parece com o tormento de que falo agora, distinguindo-se como se distingue uma coisa muito corporal de uma muito espiritual, e creio que não exagero. De fato, o primeiro sofrimento é sentido pela alma, mas esta está acompanhada do corpo e parece que os dois o dividem, não havendo o extremo desamparo de que agora falo.

O segundo sofrimento, como eu disse, não tem a nossa participação; muitas vezes, vem de repente um desejo cuja origem não se sabe, desejo que penetra a alma por completo, começando a fatigá-la a tal ponto que ela se eleva acima de si mesma e de toda a criação; Deus a deixa tão isolada de todas as coisas que, por mais que a alma trabalhe, parece-lhe que não há na terra quem a acompanhe, nem ela o queria, desejando apenas morrer naquela solidão. Se alguém lhe fala, ela não pode responder, por mais que se esforce, pois o seu espírito não sai dessa solidão. Embora pareça estar muito longe, Deus às vezes lhe comunica Suas grandezas do modo mais estranho que se pode imaginar; assim, não[9] se sabe explicar, nem creio que acredite nisso ou o entenda quem não teve a experiência; porque a comunicação não vem consolar, mas mostrar a razão que a alma tem de afligir-se por estar distante do bem que contém em si todos os bens.

10. Crescem com essa comunicação o desejo e a extrema solidão em que a alma se vê, com um pesar tão sutil e penetrante que ela pode dizer ao pé da letra, como se estivesse no deserto (e o disse, na mesma solidão, o real Profeta, que, sendo santo, teve a permissão do Senhor para senti-la

---

6. *Um deles:* em primeiro lugar. Ela começa a enumerar os *efeitos* resultantes das graças; o segundo está no n. 8; o terceiro, no n. 9 e assim por diante.

7. *Essas duas coisas*, tinha escrito a Santa, referindo-se ao estranho desapego (n. 8) e ao sofrimento tão grande (n. 9); portanto, é provável que ela mesma tenha riscado a palavra *duas*, dando um alcance diferente à sua afirmação. Ela vai falar das "visões e revelações" nos caps. 27-29, 32, 38-40.

8. Ela vai falar dos "grandes ímpetos" no cap. 29, n. 8-14.

9. *Me*, parece que a Santa escreveu, num evidente *lapsus calami*. Frei Luis leu *não* (p. 230).

de maneira mais extrema): *Vigilavi, et factus sum sicut passer solitarius in tecto*[10]. Assim, vem-me à memória esse verso, e pareço vê-lo realizado em mim, vindo o meu consolo do pensamento de que outras pessoas sentiram essa solidão em tão alto grau. Tem-se a impressão de que a alma não está em si, mas no telhado de si mesma e de toda a criação, e até acima da parte superior de seu espírito.

11. Outras vezes, parece que a alma tem extrema necessidade de Deus, dizendo e perguntando a si mesma: *Onde está o teu Deus?*[11] Devo observar que eu não sabia bem o significado desses versos em romance e, quando pude entendê-lo, consolei-me por ver que o Senhor os tinha trazido à minha memória sem que eu o procurasse. Outras vezes, eu me lembrava de que São Paulo disse que estava *crucificado para o mundo*[12]. Não digo que estou assim, pois bem vejo que não é verdade; mas a alma parece não ter consolo do céu nem estar nele, ao mesmo tempo que não mais habita a terra, cujo consolo não quer; ela parece estar crucificada entre o céu e a terra. Com efeito, o que vem do céu (que é, como eu já disse[13], uma notícia tão admirável de Deus que supera tudo quanto possamos desejar) lhe causa mais tormento, visto aumentar tanto o desejo que às vezes priva a alma dos sentidos, embora por pouco tempo.

Esse sofrimento é semelhante às agonias da morte, mas traz em si tamanho contentamento que não tenho termos de comparação. É um duro martírio delicioso, pois tudo o que é oferecido à alma, mesmo o que costumava agradá-la, é recusado por ela, que não admite nenhuma coisa da terra. Ela bem entende que só deseja o seu Deus; mas não ama uma coisa particular dele, desejando-O por inteiro, e não sabe o que quer. Digo "não sabe" porque a imaginação nada lhe apresenta. Acho até que as suas faculdades não agem em grande parte do tempo em que ela está assim. A dor as suspende, assim como o júbilo o faz na união e no arroubo.

12. Ó Jesus! Gostaria que houvesse alguém que o pudesse explicar a vossa mercê[14], ao menos para que me dissesse o que é, pois assim se encontra sempre a minha alma. De maneira geral, estando desocupada, ela fica com essas ânsias de morte e tem medo, quando vê que elas começam, porque sabe que não vai morrer; mas, quando fica nesse estado, gostaria de viver nesse sofrimento, embora ele seja tão excessivo que mal consigo suportá-lo, o que às vezes me faz perder o pulso quase inteiramente, como dizem as irmãs que se aproximam de mim e que já compreendem melhor a minha situação. Fico com os braços muito abertos e com as mãos tão rígidas que às vezes não consigo juntá-las; fico com dor nos pulsos e no corpo, como se estivessem desconjuntados, até o dia seguinte.

13. Penso que numa dessas vezes o Senhor será servido, se tudo continuar assim, em me tirar a vida, pois, a meu ver, esse grande sofrimento é capaz disso, embora eu não o mereça. Nesses momentos, só tenho o desejo de que isso aconteça; não me lembro do purgatório, nem dos grandes pecados que cometi, pelos quais mereceria o inferno. Esqueço tudo no anseio de ver a Deus; e o deserto e a solidão me parecem melhores do que toda a companhia do mundo. Se algo poderia consolar a alma, esse algo seria falar com quem já tivesse passado por esse tormento; mas, embora ela se queixe disso, parece-lhe que ninguém vai lhe dar crédito.

14. Outra fonte de tormento é que, diante de dor tão intensa, a alma não deseja a solidão como antes e só quer a companhia de alguém a quem possa queixar-se. É como se estivesse sendo enforcada e procurasse tomar fôlego. Creio que essa vontade de ter companhia vem da nossa fraqueza, porque o sofrimento como que nos expõe a um perigo mortal (como já estive várias vezes exposta a esse perigo, quando tive graves enfermidades e em outras situações, como falei[15], creio que posso afirmar que esse sofrimento é tão grande quanto qualquer outro). O desejo que o corpo e

---

10. A Santa escreveu em latim quase flamante: "Vigilavi ed fuius sun sicud passer solitarius yn tecto". Salmo 101,8.
11. Salmo 41,4.
12. Gl 6,14.
13. Cf. n. 9.
14. Ela continua a dialogar com o Padre García de Toledo. Cf. n. 15 e 19.
15. Cf. caps. 4 e 5.

a alma têm de não se separarem é a causa do pedido de socorro para tomar fôlego; queremos narrar o nosso sofrimento, queixar-nos e distrair-nos, buscando conservar a vida, bem contra a vontade do espírito ou da parte superior da alma, que não deseja sair desse penar.

15. Não sei se percebo a verdade ou se sei explicá-lo, mas, pelo que percebo, assim acontece. Veja vossa mercê que descanso pode a alma ter nesta vida, porque o que tinha — a oração e a solidão, que atraíam o consolo do Senhor — agora se tornou, quase sempre, este tormento, que é, porém, tão saboroso e, reconhece a alma, de preço tão alto que ela passa a desejá-lo, preferindo-o, ainda assim, a todas as consolações anteriores. Ela o julga mais seguro por ser o caminho da cruz, que traz em si um gosto de muito valor, porque o corpo só participa do sofrimento, e a alma é quem padece, mas saboreia sozinha o prazer e o contentamento que vêm dessa dor.

Ignoro como isso pode ser dessa maneira, mas de fato acontece assim; acho que não trocaria essa graça dada pelo Senhor (porque bem[16] de Sua mão — como eu disse —, pois nada fiz para consegui-lo, por ser ele deveras sobrenatural) por todas aquelas de que falarei; não digo juntas, mas cada uma delas por si. E não deve ser esquecido o fato de isso vir depois de tudo quanto relato neste livro, e daquilo em que o Senhor agora me mantém[17].

16. No princípio, eu tinha medo, como ocorre quase sempre que recebo alguma dádiva das mãos de Deus, até que, continuando, Sua Majestade me tranquiliza. Numa ocasião, o Senhor me disse que não temesse e que valorizasse mais essa graça do que todas as já recebidas, porque, nesse sofrimento, a alma se purifica, tal como o ouro no crisol, para melhor se dispor a receber o esmalte dos Seus dons, padecendo ali o que haveria de sofrer no purgatório.

Eu já entendia que recebia uma grande graça, mas depois disso fiquei muito mais segura. Meu confessor me disse que isso é bom. Embora temendo, por ser tão ruim, eu nunca pude acreditar que isso não fosse bom; o que me fazia temer era a grandeza excessiva do favor recebido, pois me lembrava do meu pouco merecimento. Bendito seja o Senhor, que é tão bom. Amém.

17. Parece que fugi do meu propósito, porque comecei a falar de arroubos[18], embora o que falei seja superior a eles e deixe os efeitos citados.

18. Voltemos agora aos arroubos e aos seus efeitos gerais. Muitas vezes, eu tinha a impressão de deixar o corpo com tanta rapidez que ficava livre do seu peso, chegando mesmo a um ponto em que mal sentia tocar o chão com os pés. Quando está enlevado, o corpo parece morto, sem ação, mantendo-se na posição em que é tomado: se de pé, se sentado, se com as mãos abertas, se fechadas[19]. É rara a perda dos sentidos. Há ocasiões em que os perco por inteiro, mas elas são poucas e é pequena a duração; de modo geral, a alma, mesmo perturbada e sem poder agir no exterior, continua a perceber e ouvir como se estivesse distante.

Não digo que ela perceba e ouça quando se encontra no mais alto grau de arroubo[20], isto é, no tempo em que as faculdades se perdem por estarem unidas a Deus, porque, então, ao que parece, ela nada vê nem ouve nem sente. Mas, como falei ao tratar da oração de união[21], essa transformação total da alma em Deus dura pouco; mas, enquanto dura, nenhuma faculdade age nem sabe o

---

16. Frase incompleta; Frei Luis transcreveu: *que vem de Sua mão* (p. 234), e sua leitura tem sido seguida por todos os editores e tradutores.

17. À margem dessas últimas linhas a Santa anotou: *Digo que esses ímpetos vêm depois das graças de que falo aqui, que o Senhor me concedeu.* — Frei Luis fez uma correção combinando o texto com a nota: *...esquecido que digo que esses ímpetos vêm depois das graças de que falo aqui, que o Senhor me concedeu, depois de tudo quanto relato neste livro, e daquilo em que o Senhor agora me mantém* (p. 235). — Os editores atuais se limitam a acrescentar materialmente a anotação como última frase do parágrafo. Preferimos não misturá-la com o texto, respeitando seu evidente caráter de glosa marginal. — Para a cronologia da vida mística teresiana, observe-se que essas linhas datam de 1565.

18. Ela começou a falar dos *arroubos* no n. 1, tratando da *levitação* no n. 6. Tratou do *estranho desapego* e do *sofrimento tão grande* nos n. 8-16. No número seguinte, vai retomar o tema da levitação.

19. Elipse muito expressiva: *se é tomado de pé, de pé permanece etc.* — Frei Luis entendeu equivocadamente: *e quando é tomado, permanece sempre sentado...* (p. 236). Todos os editores incorreram nesse erro.

20. *Mais alto grau do arroubo*, isto é, do arroubo com suspensão de faculdades e sentidos.

21. Cf. cap. 18, n. 12.

que acontece ali. Não devem ser coisas que se possam entender enquanto se vive na terra; pelo menos Deus não quer que o entendamos, pois não devemos ser capazes disso, o que sei por experiência própria.

19. Vossa mercê há de perguntar como é que o arroubo dura às vezes tantas horas e ocorre muitas vezes. O que acontece comigo é que — como falei na oração passada[22] — a felicidade vem com intervalos: de vez em quando, a alma se engolfa ou, melhor dizendo, o Senhor a engolfa em si, e, enquanto Ele a mantém consigo um pouco, ela conserva somente a vontade. Parece-me que o movimento das outras duas faculdades tem como que uma lingueta de relógio de sol, que nunca para; mas, quando o quer, o Sol da Justiça as detém. Isto[23] é o que digo ter pouca duração; contudo, como o ímpeto e a elevação de espírito foram grandes, mesmo que as outras faculdades voltem a se agitar, a vontade fica mergulhada em Deus e, como senhora do todo, realiza no corpo aquela operação[24]; logo, se as duas outras faculdades turbulentas desejarem importuná-la, que sejam as únicas a fazê-lo, não vindo perturbá-la também os sentidos, porque assim quer o Senhor. Na maior parte do tempo, os olhos ficam fechados, mesmo contra a nossa vontade; nas poucas vezes em que ficam abertos, não conseguem, como eu disse[25], perceber ou distinguir o que veem.

20. Aqui, é muito pouco o que o corpo pode fazer de si para que, quando as faculdades voltarem a se juntar, não haja tanto o que fazer. Por isso, aquele a quem o Senhor conceder isso não deve se desconsolar quando vir o corpo preso assim por muitas horas, com a memória e o entendimento às vezes distraídos. É verdade que, em geral, essas faculdades estão mergulhadas em louvores a Deus ou na busca da compreensão e do entendimento do que lhes ocorreu; mas, mesmo para isso, elas não estão bem despertas, mas como uma pessoa que dormiu muito, e sonhou, e ainda não acabou de despertar.

21. Detenho-me tanto nisso porque sei que existem hoje, neste lugar[26], pessoas a quem o Senhor concede esses favores, e se os que as dirigem não passaram por isso, talvez tenham a impressão de que elas parecem estar mortas no arroubo, especialmente se não forem letrados, e é uma lástima o que se padece com confessores que não o compreendem, como mais tarde falarei[27]. Talvez eu não saiba o que digo; vossa mercê saberá dizer se sou coerente, pois o Senhor já lhe deu experiência disso, se bem que não há muito tempo, e é possível que vossa mercê não o tenha considerado tanto quanto eu.

Com efeito, por mais que eu tente, durante longos períodos não há forças no corpo para me mover; a alma as levou todas consigo. Muitas vezes — estando bastante enfermo e cheio de dores —, fica restabelecido[28] e com maior capacidade, pois é grandioso o que ali acontece, querendo o Senhor algumas vezes que ele também se beneficie, porque já obedece ao que a alma deseja. Depois que recupera a consciência, se foi grande o arroubo, acontece à alma ficar um dia ou dois, e até três, com as faculdades tão absortas — ou como se estivesse abobada[29] — que não parece estar consciente.

22. Vem então a dor de voltar a viver; a penugem já lhe caiu, e a alma tem agora asas para voar bem alto. Ela ergue o estandarte pela causa de Cristo, parecendo que o comandante da fortaleza subiu ou foi levado à torre mais alta para desfraldar a bandeira de Deus. Ela olha para os de baixo como quem está a salvo; já não teme os perigos, mas os deseja, como quem de alguma ma-

---

22. Cf. cap. 18, n. 12: essa passagem permite entender claramente o texto bastante obscuro que é lido em seguida: *De vez em quando, a alma se engolfa* com todas as faculdades (suspensas) durante um breve período, depois do qual fica suspensa *somente a vontade*.

23. *Isto,* o ter suspensas as duas faculdades.

24. *Aquela operação:* a suspensão das funções somáticas e a leveza física da levitação, de que ela falou no n. 18.

25. Cf. cap. 18, n. 10.

26. Neste lugar: Ávila.

27. Cf. caps. 23 e 24.

28. Fica restabelecido: o corpo.

29. Abobada: a alma.

neira tivesse a garantia da vitória. Vê-se com muita clareza quão pouco se devem estimar as coisas daqui, que nada valem. Quem está no alto percebe muitas coisas; já não quer querer, nem gostaria de ter livre-arbítrio[30], e assim o suplica ao Senhor, entregando-lhe as chaves de sua vontade.

Eis o jardineiro feito comandante; ele não deseja coisa alguma além da vontade do Senhor nem quer sê-lo[31] de si, nem de nada, sequer de uma pera da horta. Seu único desejo é que, se houver nessa horta alguma coisa boa, Sua Majestade a distribua, porque, doravante, o jardineiro nada quer ter de seu; que Deus disponha de tudo de acordo com a Sua glória e a Sua vontade.

23. E é isso o que acontece quando os arroubos são verdadeiros, ficando a alma com os efeitos e os benefícios indicados. Se os arroubos não fossem verdadeiros, eu muito duvidaria de que viessem de Deus, receando que fossem os acessos de raiva de que fala São Vicente[32]. Sei por experiência que numa hora a alma fica senhora de tudo e com liberdade — e até em menos de uma hora —, a ponto de não poder se reconhecer. Ela percebe que não fez nada para receber tanto bem, nem sabe como ele lhe foi dado, mas percebe com clareza o enorme proveito que cada um desses arrebatamentos lhe traz.

Quem não passou por isso não pode acreditar; e assim a pobre alma, cuja grande maldade foi vista e que de repente aspira a coisas tão elevadas, não merece crédito, visto não se contentar em servir pouco ao Senhor, buscando chegar a extremos. As pessoas pensam que isso é tentação e disparate. Se compreendessem que isso não vem dela, mas do Senhor, a quem ela já entregou as chaves de sua vontade, não se espantariam.

24. Tenho para mim que a alma que chega a esse estado já não fala nem age por si, pois o soberano Rei cuida de tudo o que ela há de fazer. Valha-me Deus! Como é clara a declaração do verso e quanta razão tinha o salmista, e têm todos, de pedir *asas de pomba*[33]. Entende-se bem que o espírito dá um voo para elevar-se acima de todo o criado e, antes de tudo, de si mesmo; mas é voo suave, voo jubiloso, voo sem ruído.

25. Que poder tem a alma que o Senhor transporta até aqui; ela olha tudo sem estar apegada a coisa alguma! Como está longe o tempo em que esteve apegada! Quão espantada fica ela de sua cegueira! Como lastima os que estão enredados, especialmente se são pessoas de oração a quem Deus já concede favores! Ela gostaria de dizer em voz alta quão enganadas elas estão, e faz isso algumas vezes, atraindo mil perseguições. Ela é considerada pouco humilde, alguém que quer ensinar a pessoas de quem devia aprender, em particular se for mulher. E as pessoas a condenam — e com razão — porque não sabem o ímpeto que a move, ímpeto que às vezes a impede de se conter e a leva a desenganar aqueles de quem gosta, que ela deseja ver livres do cárcere desta vida, pois o cativeiro em que ela esteve não é menor nem lhe parece menor.

26. Ela fica aflita ao lembrar-se da época em que se preocupava com a honra e em que se enganava ao crer que era honra o que o mundo assim diz; ela percebe a grande mentira que isso é e vê que todos nos enganamos; ela percebe que a verdadeira honra não é mentirosa, mas plena de verdade; essa honra valoriza o que de fato tem valor e não leva em conta o que nada vale, porque é nada, e menos que nada, tudo o que se acaba e não alegra a Deus.

27. Ela ri de si mesma, do tempo em que levava em conta o dinheiro e a sua cobiça, embora nesse aspecto eu não creia — e é verdade — que tenha tido culpa, sendo porém grande culpa levar isso em conta. Se com o dinheiro eu pudesse comprar o bem que agora vejo em mim, eu muito o

---

30. Báñez (?) depurou teologicamente a frase da Santa, tirando *gostaria de ter livre-arbítrio* e inserindo: *outra vontade, mas fazer a de Nosso Senhor*. Frei Luis desta feita deu razão a Báñez, embora melhorando-lhe a gramática (p. 239).

31. *Nem quer sê-lo de si*: nem quer ser o senhor *de si*.

32. No *Tractatus de vita spirituali*, São Vicente Ferrer escreveu: "Et scias pro certo quod maior pars raptuum, *immo rabierum*, nuntiorum antichristi venit per istum modum" (cap. 14), "... abhorreas earum visionem... tamquam stultas dementias et eorum raptus *sicut rabiamenta*" (cap. 15). Cito pela edição da BAC., 1956, pp. 517 e 519. A Santa pôde ler essas passagens na edição castelhana publicada por Cisneros (Toledo, 1515). Ela pôde ler o mesmo jogo de palavras ("arrobamientos como si tuvieran rabiamientos") em Osuna, *Tercer Abecedario*, t. 5, cap. 2.

33. Salmo 54,7.

apreciaria; mas vê-se que esse bem só se alcança ao abandoná-lo por inteiro. O que se compra com esse dinheiro tão desejado? Uma coisa de valor? Um objeto duradouro? Para que o desejamos? Que horrível descanso se procura obter com algo que custa tão caro! Muitas vezes, consegue-se com ele o inferno, comprando-se um fogo inextinguível e dores infinitas. Se todos o desprezassem, o mundo teria muita ordem e alegria! Com que amizade se tratariam todos se não ligássemos para a honra e o dinheiro! Creio que assim tudo seria corrigido.

28. A alma vê a grande cegueira dos prazeres e percebe que, com eles, só consegue sofrimento, mesmo para esta vida, bem como desassossego. Que inquietude, pouco contentamento, trabalho vão! E ela vê não somente as teias de aranha que há em si mesma, suas grandes faltas, como até algum cisco, por menor que seja, já que está exposta a muita luz; assim, por mais que trabalhe para a sua perfeição, se de fato for atingida por este Sol, ela logo se considerará muito impura. É como a água que está num vaso: não sendo iluminada, parece límpida; se o sol a atinge, logo se vê que está cheia de poeira.

Entenda-se essa comparação literalmente. Antes de alcançar o êxtase, a alma acredita que procura não ofender a Deus e que faz o que pode segundo suas forças; chegando aqui, porém, atinge-a este Sol de Justiça, e ela, abrindo os olhos, vê tanta poeira que desejaria voltar a fechá-los, porque ainda não é tão filha dessa Águia majestosa que seja capaz de olhar este Sol frente a frente; e, por menos que abra os olhos, vê-se toda turva e se recorda do verso que diz: *Quem será justo diante de ti?*[34]

29. Quando olha esse sol divino, a alma fica deslumbrada com a claridade. Quando olha para si, a impureza lhe tapa os olhos e essa pombinha fica cega. Assim é que, inúmeras vezes, ela fica totalmente ofuscada, absorta, espantada, desfeita diante de tantas grandezas que vê. Aqui alcança a verdadeira humildade, não dando importância a falar bem de si nem ao que os outros digam. Quem reparte a fruta da horta é o Senhor, e não ela, não tendo a alma nada de seu; todo o bem que possui é dado por Deus, e quando fala algo de si, ela o faz para a Sua glória. Ela sabe que nada tem ali e, mesmo que quisesse, não o poderia ignorar, porque o vê com os seus próprios olhos. Sem que ela cooperasse, o Senhor os fechou às coisas do mundo e fez que ela os tivesse abertos para compreender verdades do espírito.

CAPÍTULO 21

Termina de explicar o último grau de oração. Fala do que sente a alma
que o alcança ao voltar a viver no mundo e da luz que o Senhor dá a ela
para ver os enganos dele. É boa doutrina.

1. Concluindo o que falava[1], digo que, neste grau, a alma não precisa consentir; ela já pertence ao Senhor e sabe que se entregou em Suas mãos com vontade e que não pode enganá-Lo porque Ele conhece tudo. Não é como aqui, onde a vida está toda cheia de enganos e fingimentos: quando se pensa ter conquistado um coração com base nas provas de afeição que dele vêm, descobre-se que tudo é mentira. Não há quem possa viver com tantas intrigas, especialmente quando há um pouco de interesse.

Bem-aventurada a alma que o Senhor faz entender verdades! Que ótimo estado para os reis! Como seria muito melhor para eles procurá-lo, em vez de um grande reino! Que retidão haveria no reino! Quantos males teriam sido evitados e se evitariam! Nele, não se temeria perder a vida nem a honra por amor de Deus! Que grande bem é esse para quem está mais obrigado a zelar pela honra do Senhor, pois todos o estão menos, já que devem seguir os reis! Por um pequeno aumento da fé

---

34. Salmo 142,2.
1. Ela retoma o tema dos *efeitos* e do *estado* correspondentes ao quarto grau de oração. A Santa começou sua exposição no cap. 19, n. 1; voltou a falar dele, em fragmentos, no cap. 20, n. 7 e 23. Vai concluí-lo agora. Ela começa referindo-se a uma afirmação do cap. 19, n. 2: "Reconhecendo que quase não houve consentimento de sua parte".

e por alguma luz dada aos hereges, perderíamos mil reinos, e com razão. Ganharíamos assim um reino que não se acaba, visto que a alma, ao provar uma única gota de sua água, aborrece de tudo o que há na terra. E que será quando estiver de todo engolfada nele?

2. Ó Senhor! Se me désseis condições para dizer isso em voz alta, não me acreditariam, tal como não acreditam nos que sabem dizê-lo de outra maneira, mas eu ao menos me satisfaria. Parece-me que, para explicar uma única verdade dessas, eu daria de bom grado a vida como coisa de pouco valor; não sei o que faria depois, porque não se pode confiar em mim. Sendo quem sou, tenho grande vontade de dizer isso aos que governam, consumindo-me por nada poder. Assim sendo, volto-me para Vós, Senhor meu, pedindo-Vos um remédio para tudo; e bem sabeis que de muito boa vontade eu me despojaria das graças que me tendes dado, permanecendo num estado que não Vos ofendesse, e as daria aos reis; porque sei que, recebendo-as, eles não poderiam consentir no que agora toleram, daí resultando grandes benefícios[2].

3. Ó Deus meu! Fazei-os compreender as suas obrigações, pois quisestes de tal maneira diferenciá-los na terra que, pelo que ouvi dizer, surgem sinais no céu quando levais algum deles desta vida[3]. Na realidade, comovo-me ao pensar que desejais que percebam, com essas demonstrações no céu, na época em que morrem, tal como ocorreu na Vossa, que devem imitar-Vos em vida.

4. Atrevo-me muito. Rasgue-o vossa mercê se lhe parecer ruim, e acredite que eu o diria melhor na presença deles, se pudesse ou pensasse que acreditariam em mim, porque os muito encomendo a Deus e gostaria que disso viesse proveito. Por isso valeria arriscar a vida, de que desejo muitas vezes ser privada, e o preço seria pequeno, pois o benefício seria muito; porque não se pode viver quando se vê com os próprios olhos a grande ilusão em que vivemos e a cegueira que demonstramos.

5. Chegando aqui, a alma não deseja apenas a glória de Deus; Sua Majestade lhe dá condições para levar isso a efeito. Não há nada que ela veja e considere que O serve que não se disponha a fazer; e nada faz, porque — como falei[4] — ela vê com clareza que só tem valor agradar a Deus. O sofrimento vem do fato de não haver oportunidades disso para pessoas tão inúteis quanto eu. Que um dia, Bem meu, eu possa pagar um centavo do muito que Vos devo. Ordenai, Senhor, de acordo com a Vossa vontade, que esta serva Vossa Vos sirva em algo. Outras também eram mulheres, e fizeram coisas heroicas por amor a Vós. De minha parte, só sei tagarelar e por isso não quereis, Deus meu, levar-me a agir; sirvo somente em palavras e desejos, e nem para isso tenho liberdade, e, caso a tivesse, em tudo cometeria faltas.

Fortalecei minha alma, preparando-a primeiro, Bem de todos os bens e Jesus meu, ordenando em seguida os meios para Vos servir, pois já não suporto receber tanto e nada pagar. Custe o que custar, Senhor, não permitais que eu chegue diante de Vós com mãos tão vazias, pois a recompensa será dada de acordo com as obras. Aqui está a minha vida, aqui está a minha honra e a minha vontade; tudo Vos dei, Vossa sou, disponde de mim de acordo com a Vossa vontade. Bem vejo, meu Senhor, que pouco posso; mas, aproximando-me de Vós, chegando a essa fortaleza de onde se veem verdades, e não Vos afastando de mim, tudo poderei; se me afasto de Vós, por menos que seja, voltarei para onde estava, o inferno.

6. O que é para uma alma que aqui chegou ter de voltar a tratar com as pessoas, de olhar e ver a farsa desta vida tão desorganizada, perder tempo com o corpo, dormindo e comendo! Tudo a

---

2. "Indo à fundação de Toledo em 1569, e passando pela Corte, a Santa fez chegar a Filipe II, por meio da princesa Dona Juana, alguns avisos que impressionaram vivamente o Rei, que mostrou desejos de conhecer pessoalmente a célebre fundadora. Não há informações seguras sobre se eles chegaram a se conhecer, mas o Rei prudente sempre teve muita estima pela Santa e não a favoreceu pouco para que ela levasse adiante sua obra de reforma" (Silverio).

3. Alusão a uma crença popular antiquíssima: sobre a morte de César, Virgílio cantou que o sol *caput obscura nitidum ferrugine texit*. E, perto da época da Santa, foi divulgado o rumor de uma horripilante chuva de estrelas quando da morte de Filipe, o Belo (1506). — Segue-se uma alusão a Mt 27,45.

4. *Como falei:* cf. n. 1 e cap. 20, n. 22 e 26.

cansa; ela não sabe como escapar, vendo-se acorrentada e prisioneira. Ela sente mais verdadeiramente o cativeiro do corpo e a miséria da vida. Vê com que razão São Paulo suplicou a Deus que o livrasse dele[5]; ao lado do apóstolo, ela pede a Deus liberdade, como falei[6].

Aqui, muitas vezes é grande o ímpeto; a alma parece querer sair do corpo em busca de liberdade, já que não a tiram dele. Ela se sente uma escrava em terra estrangeira, e o que mais a cansa é não achar muitas pessoas que se queixem com ela e supliquem por isso; a maioria deseja viver. Se fôssemos desapegados e não tivéssemos contentamento em nenhuma coisa da terra, a dor de viver sempre sem Ele compensaria o medo da morte com o desejo de gozar da vida verdadeira!

7. Penso algumas vezes que, se uma pessoa como eu, tendo recebido do Senhor esta luz e sendo tão fraca em caridade e vivendo em tão grande incerteza de alcançar o verdadeiro descanso, por não tê-lo merecido com as minhas obras, sofre tanto por se ver neste desterro, qual seria o sentimento dos santos? O que devem ter passado São Paulo, Santa Madalena e outros, cujo anseio do amor de Deus era tão intenso? Viver deve ter sido para eles um contínuo martírio.

Parece-me que obtenho algum alívio e consolo no relacionamento com pessoas que também têm esses desejos; falo de desejos acompanhados de obras; digo de obras porque há pessoas que, a seu ver, estão desprendidas e o alardeiam, e que de fato deveriam estar, pois seu estado o exige, bem como os muitos anos em que vêm seguindo o caminho da perfeição. Mas esta alma conhece de longe os que são perfeitos em palavras e os que tiveram suas palavras confirmadas por obras; ela tem visto o pouco proveito de alguns e o muito de outros, porque quem tem experiência o reconhece com muita facilidade.

8. Citados os efeitos que vêm de Deus...[7] é verdade que há maiores ou menores. Menores porque, no início, embora os arroubos os produzam, eles não são muito perceptíveis por não terem sido comprovados por obras. A alma vai crescendo em perfeição e busca afastar os vestígios de impurezas, o que exige algum tempo; quanto mais aumentam o seu amor e a sua humildade, maior o odor que vem dessas flores de virtude para a alma e para os outros. É verdade que o Senhor pode agir de tal maneira na alma num desses enlevos que pouco trabalho lhe resta para alcançar a perfeição, mas quem não tem experiência não pode acreditar no que o Senhor concede aqui nem no fato de não haver esforço nosso capaz de alcançá-lo.

Não afirmo que, passados muitos anos, essa alma não alcance, com a graça de Deus, a perfeição, bem como um grande desapego, com muita labuta, empregando os meios descritos pelos que falaram de oração, de princípios e recursos. Mas não em tão breve tempo como os alcança, sem nenhum esforço, quando o Senhor age e, com determinação, tira a alma da terra e lhe dá domínio sobre tudo o que há nela, mesmo que essa alma não tenha mais merecimento do que a minha, não sendo exagero dizer que não tinha quase nenhum.

9. Sua Majestade o faz porque quer, e como quer[8], e, mesmo que não haja disposição na alma, Ele a dispõe para receber o bem que lhe dá. E nem sempre Ele o dá a quem merece, trabalhando bem no jardim — embora seja certo que quem faz isso bem, procurando desapegar-se, não deixa de ser recompensado —, pois em certas ocasiões deseja mostrar Sua grandeza na pior terra, como eu disse[9], preparando-a para todo o bem; e o faz de tal maneira que ela já não pode viver ofendendo a Deus como o fazia. O seu pensamento se acostuma a tal ponto a compreender a verdade verdadeira que todas as outras coisas lhe parecem brinquedo de criança. Ela ri muito quando vê pessoas graves, dedicadas à oração e vivendo em estado religioso, darem demasiada importância a questões de honra que para ela já não existem. Essas pessoas dizem que têm prudência e que

---

5. Rm 7,24.
6. Cf. n. 5 e cap. 20, n. 25.
7. Frase anacolútica e dura; parece que a Santa a truncou intencionalmente com dois fortes riscos, passando sem mais ao período seguinte. Frei Luis a emendou em parte.
8. Compare-se com São João da Cruz, *Subida III*, 42, 3, e cf. Rm 9,15-16.
9. Cf. cap. 19, n. 6-10; cap. 18, n. 4; cap. 15, n. 7; cap. 10, n. 4.

zelam pela dignidade de sua condição para o seu maior proveito. Contudo, maior proveito teriam se renunciassem à honra um único dia do que defendendo-a durante dez anos.

10. Assim, a alma tem uma vida árdua e cheia de cruzes, mas cresce muito. Os que têm relação com ela têm a impressão de que chegaram ao auge; mas em pouco tempo ela está muito mais perfeita, porque Deus sempre a favorece mais, pois é alma Sua que está a Seu cargo. Ele a ilumina, parecendo que a assiste e guarda permanentemente para que ela não O ofenda, protegendo-a e despertando-a para que O sirva.

Quando a minha alma recebeu de Deus esse favor tão grande, meus males cessaram e o Senhor me deu forças para me livrar deles. As situações e pessoas que antes me distraíam já não me causavam prejuízo; era como se não existissem; o que outrora me prejudicara passou a me ajudar. Tudo era um meio para mais conhecer e amar a Deus, para ver o quanto Lhe devia e mais lamentar o que eu tinha sido.

11. Eu tinha certeza de que aquilo não vinha de mim nem dos meus esforços, porque ainda não havia tempo para tanto. Sua Majestade me dera forças para isso só por bondade.

Até agora, desde que o Senhor começou a me conceder a graça desses arroubos, essas forças têm crescido, pois Ele, por Sua generosidade, me tem conduzido pela mão para que eu não fraqueje; assim, quase nada faço, e vejo com clareza que é o Senhor quem age.

Isso me faz pensar que as almas às quais o Senhor concede esses favores — almas que, vivendo com humildade e temor, sempre entendem que o próprio Senhor age e elas quase nada fazem — poderiam viver entre quaisquer pessoas; mesmo que fossem as mais distraídas e viciosas, essas pessoas não as abalariam em nada nem as impressionariam, antes[10] ajudando-as a ser de tal maneira que obtenham um proveito muito maior. Essas já são almas fortes escolhidas pelo Senhor para fazer o bem a outras, embora sua força não venha delas mesmas. Quando atrai uma alma, o Senhor vai lhe comunicando segredos muito grandes.

12. Nesse êxtase, vêm as verdadeiras revelações, bem como grandes favores e visões, e tudo contribui para apequenar e fortalecer a alma, afastando-a cada vez mais das coisas desta vida e dando-lhe um maior conhecimento da grandeza da recompensa que o Senhor tem preparada para os que O servem.

Queira Sua Majestade que a imensa generosidade que tem tido com esta miserável pecadora sirva de alguma maneira para incitar e animar os que isto lerem a tudo deixar por Deus. Porque, se Sua Majestade paga já nesta vida com tanta abundância, vendo-se com clareza o prêmio e o lucro que recebem os que O servem, como não o fará na outra?

CAPÍTULO 22

Diz que o caminho mais seguro para os contemplativos é não elevar o espírito a coisas superiores se o Senhor não o levanta, e que o meio para a contemplação mais sublime é a Humanidade de Cristo. Fala de uma ilusão em que esteve por algum tempo. Este capítulo é muito proveitoso.

1. Quero dizer uma coisa que me parece importante; se vossa mercê o considerar bom, isso servirá de aviso, talvez de aviso necessário. Porque alguns livros de oração dizem que, embora não possa por si chegar a esse estado, já que tudo é obra sobrenatural do Senhor nela, a alma pode ajudar-se elevando o espírito acima das coisas criadas, fazendo-o com humildade, depois de muitos anos de vida purgativa e de ter aproveitado a iluminativa. Não sei bem por que dizem "iluminativa"; deve ser o caminho dos que vão progredindo.

Esses livros insistem em que se deve afastar toda imaginação corpórea, chegando-se a contemplar a Divindade; eles afirmam que, para quem chegou tão longe, mesmo a Humanidade de

---

10. Ela se refere ao que disse no final do n. 10.

Cristo é um embaraço e um empecilho à contemplação mais perfeita. Recorrem esses livros ao que o Senhor disse aos Apóstolos quando da vinda do Espírito Santo — digo, quando subiu aos céus[1]. Porque lhes parece que, sendo essa obra toda espiritual, qualquer coisa corpórea a pode impedir ou prejudicar, e que, vendo-se as coisas de modo amplo[2], deve-se considerar que Deus está em toda parte e ver-se engolfado nele.

Isso me parece correto algumas vezes. O que não posso tolerar é o total afastamento de Cristo e a consideração de Seu divino Corpo como membro da relação de nossas misérias e das coisas criadas. Que Sua Majestade me permita saber explicá-lo.

2. Eu não o contradigo, porque os seus autores são letrados, pessoas espirituais, que sabem o que dizem; além disso, Deus conduz as almas por muitos caminhos e veredas. Quero explicar agora como conduziu a minha — nas outras coisas não me intrometo — e o perigo em que me vi por querer seguir aquilo que lia. Acredito que quem chegar a ter união e não passar adiante — isto é, chegar a ter arroubos, visões e outras graças que Deus dá às almas — vai considerar muito boa, como eu considerei, essa doutrina; mas, se eu tivesse continuado a acreditar, creio que nunca teria chegado ao ponto em que estou, porque, a meu ver, ela é errônea. Talvez eu é que esteja enganada; mas vou contar o que me aconteceu.

3. Como não tinha diretor, eu costumava ler tais livros, imaginando ir aos poucos entendendo alguma coisa (mais tarde percebi que, se o Senhor não me mostrasse, eu pouco poderia aprender com os livros, porque nada compreendia até que Sua Majestade me permitia entender por experiência; eu não sabia sequer o que fazia); quando comecei a ter alguma oração sobrenatural, isto é, de quietude, eu procurava afastar todas as coisas corpóreas, embora não me atrevesse a elevar a alma, porque, como era sempre tão ruim, eu sabia ser ousadia. Mas eu tinha a impressão de sentir a presença de Deus, o que é verdade, procurando estar recolhida com Ele — trata-se de oração saborosa, se Deus ajuda, de grande deleite.

Vendo-me com tais proveitos e gostos, não havia o que me fizesse voltar à Humanidade, a qual, para falar a verdade, me parecia um impedimento. Ó Senhor de minha alma e Bem meu, Jesus Cristo crucificado! Não me recordo uma única vez dessa opinião que tive sem sentir pesar; parece-me que cometi uma grande traição, embora por ignorância.

4. Sempre fui muito devota de Cristo (porque isto[3] aconteceu depois, sendo pouco o tempo que durou essa opinião) e sempre voltava ao costume de alegrar-me com esse Senhor, em especial quando comungava. Quisera ter sempre diante dos olhos o Seu retrato e a Sua imagem, já que não podia tê-Lo tão gravado na minha alma como desejava.

Será possível, Senhor meu, que tenha estado por um instante no meu pensamento a ideia de que me havíeis de impedir alcançar o maior bem? De onde me vieram todos os bens senão de Vós? Nem quero pensar que fui culpada disso, porque muito me lastimo, sendo a causa, por certo, a

---

1. Ela se refere a Jo 16,7: "Convém que eu me vá". À margem do autógrafo, a Santa acrescentou, em letra miúda, uma anotação que os editores, equivocadamente, costumam introduzir no texto: *Parece-me que, se tivessem fé, crendo que era Deus e Homem, como tiveram depois da vinda do Espírito Santo,* [a presença de Cristo] *não os impediria, pois não se disse isso à Mãe de Deus, embora ela O tenha amado mais que a todos.* Em todo este capítulo, tal como no cap. 12 e nas *Moradas* IV, cap. 3 e VI, cap. 7, a Santa ataca a técnica de uma certa pseudomística em voga entre as pessoas espirituais de sua época, e até entre alguns dos livros que contribuíram para a sua própria formação (cf., por exemplo, o Prólogo ao *Tercer Abecedario Espiritual*, de F. de Osuna, em que se leem argumentos semelhantes aos refutados aqui pela Santa).

2. *Considerarse en cuadrada manera*: frase expressiva que se refere muito provavelmente a uma expressão lida ou ouvida pela Santa na disputa de que tem tratado. Pouco depois, Frei Juan de los Angeles, remetendo-se a "um livro muito antigo de um religioso de nossa Ordem", escreveria que "*entendimiento cuadrado* é aquele que não se estreita para olhar e contemplar Deus por meio de uma só verdade, mas que estende sua ação a tudo, porque Deus é imenso, incompreensível... e está todo em toda parte, e em nenhuma estreito e limitado" (*Diálogo de la Conquista*, IV, 3).

3. *Isto:* o abandono da Humanidade de Cristo. À margem dessa passagem, esclarecendo o termo "depois", a Santa anotou: *digo depois de o Senhor me conceder as graças de arroubos e visões.* Isto é, a Santa cometeu o erro que vem deplorando somente no fim do período pré-místico. Em seguida, no texto, ela tinha escrito, com toda a dureza: "Sendo pouco o tempo que durou esse *erro*"; em seguida, substituiu *erro* por *opinião*, por modéstia e respeito aos contendores da disputa.

ignorância; e Vós quisestes, por Vossa bondade, remediá-la, dando-me alguém para me tirar desse erro, permitindo também que eu Vos visse muitas vezes, como adiante direi[4], para que percebesse com mais clareza quão grande era o erro, e para que eu o dissesse a muitas pessoas, como já o fiz e o faço agora.

5. Tenho para mim que isso é o que impede muitas almas de não aproveitar mais nem alcançar uma liberdade de espírito muito maior quando chegam a ter oração de união. Parece-me que há duas razões para isso, e talvez eu não diga nada pertinente, mas o que digo sei por experiência, já que a minha alma estava muito mal, até que o Senhor a iluminou. Todas as alegrias da alma vinham a sorvos, e ela, saindo dali, não sentia a Companhia que depois teve nos sofrimentos e tentações.

Uma delas é[5] certa falta de humildade, estando esta tão escondida e dissimulada que não a sentimos. E quem será o orgulhoso e miserável, como eu, que, quando tiver passado toda a vida com todas as penitências, orações e perseguições que se puderem imaginar, não se considere muito rico e muito bem pago, quando o Senhor lhe consente ficar ao pé da cruz com São João?[6] Não sei em que outra cabeça, além da minha, caberia a ideia de não se contentar com isso, perdendo no que havia de ganhar.

6. Porque se, todas as vezes, a nossa condição ou enfermidade não nos permitem, por ser penoso, pensar na Paixão, quem nos impede de estar com Ele depois de ressuscitado, pois tão perto O temos no Sacramento, onde já está glorificado, e onde não o contemplamos tão fatigado e despedaçado, sangrando, cansado de caminhar, perseguido por aqueles a quem fez tanto bem, privado da crença dos Apóstolos?[7] Pois com certeza ninguém suporta pensar sempre nos tantos sofrimentos que Ele teve.

Ei-Lo aqui, sem sofrimentos, cheio de glória, confortando uns, animando outros, antes de subir aos céus, nosso companheiro no Santíssimo Sacramento, porque parece que Ele não poderia afastar-se um momento de nós. Mas eu pude afastar-me de Vós, Senhor meu, para melhor servir-Vos! Quando Vos ofendia, eu não Vos conhecia; mas, conhecendo-Vos, como pude pensar em ganhar mais seguindo esse caminho? Ó Senhor, que mau rumo eu seguia! Parece-me que eu me teria perdido se Vós não me fizésseis voltar ao caminho, pois, ao ver-Vos junto a mim, vi todos os bens. Não há sofrimento que eu, vendo o que sofrestes diante dos juízes, não me alegre em padecer. Com tão bom amigo presente, com tão bom capitão, que se ofereceu para sofrer em primeiro lugar, tudo se pode suportar; Ele é auxílio e encorajamento, nunca falta, é amigo verdadeiro.

E vi com clareza, e continuei a ver, que Deus deseja, para O agradarmos e para que nos conceda grandes favores, que os recebamos por meio dessa Humanidade sacratíssima, em que Sua Majestade se deleita[8]. Muitíssimas vezes o tenho visto por experiência; o Senhor me disse. Tenho certeza de que temos de entrar por essa porta[9] se quisermos que a soberana Majestade nos revele grandes segredos.

7. Assim, que vossa mercê, senhor[10], não deseje outro caminho, mesmo que esteja no auge da contemplação; pois esse caminho é seguro. É por meio desse Senhor nosso que nos vêm todos os bens[11]. Ele o ensinará; o melhor modelo é contemplar a Sua vida. Que mais queremos além de

---

4. Cap. 28ss.
5. *Uma delas*, isto é, a primeira das *duas razões* que ela vai arrolar. A segunda só vai aparecer nos n. 9-10.
6. Jo 19,26.
7. Na pontuação dessa difícil passagem teresiana, afastamo-nos decididamente dos editores modernos e seguimos Frei Luis (p. 299).
8. Mt 3,17.
9. Jo 10,9.
10. Pela primeira vez, ela trata o Padre García de Toledo pelo título de *senhor*; ele tinha direito a isso por ser filho dos Condes de Oropesa. A Santa o faria outra vez numa passagem do seu epistolário (cf. a carta de 6/7/1567 a D. Alvaro de Mendonza: "o Senhor frei García"). Trata-se de mais uma prova de que Santa se dirige pessoalmente a esse insigne dominicano ao longo de todo o livro. Vejam-se, neste mesmo capítulo, as alusões dos n. 13 e 18.
11. Cf. Hb 2,10, e 2Pd 1,4.

um amigo tão bom ao nosso lado, que não nos deixa passar sozinhos por sofrimentos e tribulações, ao contrário dos do mundo? Bem-aventurado quem O amar de verdade e sempre O tiver junto a si. Contemplemos o glorioso São Paulo, de cuja boca só saía o nome de Jesus, tão bem gravado o tinha no coração. Observei com cuidado, depois que compreendi isso, alguns santos, grandes contemplativos, que não seguiam outro caminho. São Francisco dá mostras disso nas chagas; Santo Antônio de Pádua, no Menino; São Bernardo se deleitava com a Humanidade; Santa Catarina de Sena... e tantos outros que vossa mercê conhece melhor do que eu.

8. Deve ser correto apartar-se do corpóreo, porque pessoas muito espirituais o aconselham; mas, para mim, só quando a alma já está muito adiantada, porque, antes disso, está claro, deve-se buscar o Criador por intermédio das criaturas[12]. Tudo depende de como o Senhor concede graças a cada alma; nisso não me intrometo. O que eu queria explicar é que a Humanidade sacratíssima de Cristo não faz parte disso. E que se entenda bem esse ponto, que eu gostaria de saber explicar.

9. Quando Deus quer suspender todas as faculdades, como nos modos de oração que vimos[13], está claro que, mesmo sem desejarmos, essa presença nos é tirada. Que ela vá em boa hora; essa perda é ditosa, pois serve para fruirmos mais do que temos a impressão de perder; porque, então, a alma se entrega toda a amar aquilo que o intelecto procurou conhecer; ela ama o que não compreendeu, regozijando-se no que não poderia se comprazer tão bem se não perdesse a si mesma para melhor ganhar. O que não me parece correto é que, intencional e cuidadosamente, acostumemo-nos a não procurar com todas as forças ter sempre diante dos olhos — e quisera o Senhor que fosse sempre — essa sacratíssima Humanidade; fazê-lo é ter a alma no ar, como dizem; porque parece que ela não tem apoio, por mais que pense estar plena de Deus.

É muito importante, enquanto vivemos e somos humanos, ter um apoio humano, sendo este o outro inconveniente de que falo. O primeiro, como comecei a dizer[14], é a falta de humildade, que faz a alma querer se levantar antes que o Senhor a eleve, e não contentar-se com meditar uma coisa tão preciosa, pretendendo ser Maria antes de ter trabalhado como Marta[15]. Quando o Senhor o permite, mesmo que seja no primeiro dia, não há o que temer; mas sejamos comedidos, como acho que já disse. Esse pequeno argueiro da pouca humildade, embora não pareça ser grande coisa, muito prejudica quem deseja progredir na contemplação.

10. Voltando ao segundo ponto, não somos anjos, pois temos um corpo; querer ser anjo estando na terra — ainda mais do modo como eu estava — é um disparate, devendo-se ter um apoio material para o pensamento; ainda que algumas vezes a alma saia de si ou ande tão plena de Deus que não precise de coisas criadas para atingir o recolhimento, isso não é algo tão comum; quando não é possível ter tranquilidade, quando se anda às voltas com negócios, perseguições e sofrimentos, e em tempo de aridez, Cristo é um amigo muito bom, porque O vemos Homem, com fraquezas e sofrimentos, e permanecemos em Sua companhia; e, quando nos acostumamos, encontramo-Lo com facilidade junto a nós, embora haja dias em que não conseguimos nem uma coisa nem outra.

Quando isso acontece, é bom aquilo que já falei[16]: não procuremos consolos do espírito; aconteça o que acontecer, ficar abraçado à cruz é muito bom. Este Senhor se viu privado de todo o consolo, restando-Lhe apenas os sofrimentos; não O deixemos só, fazendo-O sofrer mais. Ele nos ajudará mais do que os nossos esforços, ausentando-se quando vir que convém e que o Senhor quer tirar a alma de si mesma, como falei[17].

---

12. Cf. Sb 13,5.
13. Na *quarta água*, caps. 18s.
14. No n. 5.
15. Alusão a Lc 10,42.
16. No cap. 11, n. 13, e cap. 12, n. 3.
17. No n. 9.

11. Muito alegra a Deus que uma alma se sirva humildemente do Seu Filho, amando-O tanto que, mesmo que Sua Majestade queira levá-la a uma grande contemplação — como falei[18] —, ela se reconhece indigna, dizendo com São Pedro: *Apartai-vos de mim, Senhor, porque sou homem pecador*[19].

Passei por essa experiência; assim Deus tem conduzido a minha alma. Outros irão, como eu já disse[20], por outro atalho. O que entendo é que todo o alicerce da oração tem como base a humildade e que, quanto mais se humilha na oração, tanto mais a alma é elevada por Deus[21]. Não me recordo de ter recebido nenhuma graça especial das que falarei adiante num momento em que não estivesse desfeita por ver que era tão ruim; e Sua Majestade ainda procurava dar-me a entender coisas que eu jamais saberia imaginar para que eu melhor me conhecesse.

Acredito que tudo o que a alma faz para se ajudar nessa oração de união logo volta a desaparecer, mesmo que pareça muito proveitoso, por ser coisa sem fundamento. Receio que, com isso, nunca se alcance a verdadeira pobreza de espírito, que consiste em não buscar consolo nem prazer na oração — porque os da terra já foram abandonados —, mas consolação nos sofrimentos, por amor Daquele que sempre viveu em meio a eles, e em ter paz nos sofrimentos e nas securas. Mesmo que sinta alguma coisa, a alma não deve se inquietar ou perturbar, como o fazem certas pessoas que consideram tudo perdido se não estiverem sempre trabalhando com o intelecto e sentindo fervor, como se, pelos seus esforços, pudessem merecer tão grande bem. Não digo que não se queira estar nem se esteja com reverência diante de Deus; mas que, se não puderem ter um único pensamento bom, como já falei[22], que as pessoas não se matem. Somos servos inúteis; que pensamos poder?

12. O Senhor quer antes que saibamos disso e que sejamos como jumentinhos para trazer a água por meio da nora de que falei[23]; porque, mesmo com os olhos fechados e sem saber o que fazem, eles vão tirar mais água do que o jardineiro com todos os seus esforços. Temos de percorrer esse caminho com liberdade, entregues às mãos de Deus; se Sua Majestade quiser que sejamos Seus camareiros e confidentes de Seus segredos, que vamos de boa vontade; se Ele não o quer, que O sirvamos em tarefas subalternas e não nos sentemos no melhor lugar[24], como já falei. Deus tem mais cuidado do que nós e sabe o que é bom para cada um.

Que proveito obtém de governar-se a si quem já entregou toda a sua vontade a Deus? Para mim, tolera-se isso aqui muito menos do que no primeiro grau de oração, havendo muito mais prejuízo; trata-se de bens sobrenaturais: quem tem uma voz ruim não a torna boa, por mais que se esforce para cantar. Se Deus quiser dá-la, só se tem de recebê-la sem esforço. Supliquemos sempre que Ele nos dê Suas graças, com a alma submissa, embora confiante na grandeza de Deus. Como é permitido à alma ficar aos pés de Cristo, que esta não procure sair dali[25], seja qual for a sua condição; que ela imite Madalena e, quando estiver forte, Deus a levará ao deserto.

13. Assim, que vossa mercê, até achar quem tenha mais experiência que eu e saiba melhor, acredite nisso. Se forem pessoas que começam a gostar de Deus, não lhes dê crédito, pois elas têm a impressão de que aproveitam e obtêm mais prazer ajudando-se a si mesmas[26]. Quando o Senhor

---

18. Id.
19. Lc 5,8.
20. Nos n. 2 e 8.
21. Lc 14,11.
22. No cap. 11, n. 10. Segue-se uma alusão a Lc 17,10.
23. No cap. 14. A frase inteira tem sentido figurado, baseando-se na tarefa do asno, que dá voltas na nora de olhos vendados e sem saber o que faz. O sentido da figura é: a tarefa do asno são os atos de entrega humilde; o trabalho do jardineiro é a ação do intelecto. "O Senhor quer antes" a primeira que o segundo.
24. Alusão a Lc 14,10, precedendo outra alusão a Ct 1,3.
25. Lc 10,39. A última frase alude à lenda de Santa Maria Madalena.
26. *Ajudando-se a si mesmas:* isto é, "elevando o espírito" para experimentar coisas sobrenaturais, nos termos da teoria errônea que a Santa vem censurando. Daí a finíssima ironia das *ajudazinhas* nossas, de que Deus não precisa, bem como da vã esperança de que "o sapo voe por si mesmo".

quer, apresenta-se por inteiro sem essas ajudazinhas! Por mais que façamos, Ele arrebata o espírito, como um gigante a uma palha, e não há quem resista — como crer que, quando o quer, Ele espere que o sapo voe por si mesmo? O nosso espírito fica ainda mais pesado e difícil de levantar quando Deus não o eleva; estando carregado de terra e de mil impedimentos, pouco o beneficia o querer voar. Porque, embora isso seja mais natural para ele do que para o sapo, o espírito está tão mergulhado na lama que perdeu essa capacidade por sua própria culpa.

14. Quero concluir dizendo: sempre que pensarmos em Cristo, lembremo-nos do amor com que nos deu tantas graças e da grande prova que Deus nos dá disso ao nos conceder esse penhor do muito que nos ama; recordemo-nos de que o amor gera amor. E, mesmo que seja bem no princípio e embora sejamos muito ruins, procuremos ver isso sempre, e despertemo-nos para amar; porque, se o Senhor nos conceder uma vez o favor de que esse amor fique impresso no nosso coração, tudo ficará fácil, e faremos muito com rapidez e sem esforço. Que Sua Majestade nos dê esse amor — pois sabe o quanto ele nos convém —, em nome do amor que nos teve e do Seu Filho glorioso, que com muitos sofrimentos no-lo mostrou. Amém.

15. Desejo perguntar uma coisa a vossa mercê: por que, começando o Senhor a conceder graças a uma alma, e graças tão elevadas, como levá-la à perfeita contemplação, não fica ela logo totalmente perfeita (e com razão, porque quem recebe semelhante favor não devia mais querer consolos na terra)? Quando ela chega a ter arroubos e já está mais habituada a receber graças, por que será que os efeitos não ficam mais elevados? A alma deveria ficar tanto mais desapegada quanto mais se multiplicassem as graças; chegando a esse ponto, não poderia o Senhor santificá-la de uma vez, da mesma maneira como, mais tarde, com a passagem do tempo, vai aperfeiçoando-a nas virtudes?[27]

Isso eu gostaria de saber, pois o ignoro; mas sei que a força que Deus infunde no princípio, quando essa graça dura somente um piscar de olhos e só é perceptível pelos efeitos, é diferente da que vem de uma concessão mais generosa desse favor. E muitas vezes eu tenho a impressão de que o problema está em a alma não se dispor logo por inteiro, devendo o Senhor, pouco a pouco, educá-la, torná-la determinada, dando-lhe forças viris, para que ela tudo ponha inteiramente sob os pés. Tal como Ele o fez com Madalena num breve instante, o faz com outras pessoas, na medida da sua entrega à ação divina. Nunca acreditaremos o bastante no fato de Deus recompensar, ainda nesta vida, concedendo cem por um[28].

16. Também pensei nesta comparação: as almas adiantadas e principiantes recebem o mesmo alimento, um manjar de que comem muitas pessoas. As que comem pouco ficam somente com o bom sabor por algum tempo; as que comem um pouco mais obtêm dele a ajuda para se sustentar; as que comem muito recebem alento e força. É possível que se coma tantas vezes, e com tanto proveito, desse manjar da vida que já não se possa comer qualquer outra coisa; porque se vê o benefício que ele traz e fica-se com o paladar tão afeito a esse gosto suave que se prefere morrer a comer outras coisas, que só servem para tirar o gosto agradável deixado pelo bom manjar.

Também privar de uma companhia santa não traz tanto benefício num dia como em muitos; e podem ser tantos os dias em que estamos com ela que, se Deus nos favorecer, nos tornemos como ela. Na verdade, tudo depende do que Sua Majestade quer dar e a quem quer dar; mas é muito importante que a alma que começa a ser agraciada se desapegue de tudo e aprecie devidamente esse favor.

17. Também tenho a impressão de que Sua Majestade procura descobrir quem O ama ou não. E Ele revela quem é, com um deleite muito soberano, capaz de avivar a fé — caso esta esteja amortecida — naquilo que há de nos dar, dizendo: "Olhai, que isto é uma gota do imenso mar

---

27. Não fica claro o sentido da "pergunta" que a Santa quer fazer ao Padre García, devido à série de inserções que truncam o período. Seu problema é saber por que as primeiras graças místicas não conseguem purificar e desapegar a alma com a mesma eficácia dos arroubos e graças dos grandes místicos supremos. Ele já tinha aflorado, com uma formulação melhor, no cap. 11, n. 1, que pode servir para esclarecer essa passagem, muitas vezes traduzida e pontuada de modo desconcertante.

28. Lc 18,29-30, e Mc 10,29-30.

de bens". Ele nada deixa por fazer àqueles a quem ama. E, vendo que O recebem, dá e se dá a Si mesmo. Ele ama a quem O ama; e como sabe amar e que bom amigo é! Ó Senhor de minha alma, quem dera eu tivesse palavras para explicar o que dais a quem confia em Vós e o que perde quem chega a esse estado e fica apegado a si mesmo! Vós não desejais isso, pois fazeis muito mais vindo a uma pousada tão ruim quanto a minha. Bendito sejais por todo o sempre!

18. Volto a suplicar a vossa mercê que, se tratar dessas coisas de oração que escrevi com pessoas espirituais, que elas o sejam de fato; porque, se não conhecerem senão um caminho ou se tiverem ficado na metade dele, elas não o poderão compreender. E há algumas que são levadas desde o início por um caminho muito elevado; a essas parece que outros também poderão tirar proveito ali, aquietando o intelecto, sem se valerem de coisas materiais — ficando assim secas como paus. Outras, tendo tido um pouco de quietude, logo pensam que, como têm uma coisa, podem fazer a outra; e, em vez de aproveitarem, desperdiçam, como eu disse[29]. Em resumo, em tudo há necessidade de experiência e discernimento. Que o Senhor no-los conceda pela Sua bondade.

CAPÍTULO 23

Retoma a narração de sua vida e diz como começou a crescer na perfeição e por que meios. É proveitoso para as pessoas que se encarregam de dirigir almas que têm oração saberem como devem agir no princípio e tomarem conhecimento do benefício que obteve por ter encontrado quem a dirigisse.

1. Quero agora voltar ao ponto em que interrompi a narração da minha vida[1], pois creio que me desviei mais do que devia para que se entendesse melhor o que vem a seguir. Daqui por diante, é um novo livro, isto é, uma vida nova. A que levei até aqui era minha; a que passei a viver depois que comecei a falar dessas coisas de oração é a que Deus vive em mim. Porque entendo que era impossível sair por mim mesma em tão pouco tempo de costumes e ações tão maus. Louvado seja o Senhor, que me livrou de mim mesma.

2. Tão logo abandonei as ocasiões e me dediquei mais à oração, o Senhor começou a dar-me graças, como quem desejasse, ao que parece, que eu as quisesse receber. Sua Majestade passou a me conceder com frequência a oração de quietude e, muitas vezes, de união, que durava um longo tempo. Como naquela época havia casos de grandes ilusões e enganos provocados nas mulheres pelo demônio[2], eu comecei a temer, visto serem grandes o deleite e a suavidade que eu sentia, muitas vezes sem poder evitar, por ver em mim uma enorme segurança que era Deus, em especial quando estava em oração. Eu via que, nessa condição, ficava muito melhor e mais forte; mas, quando me distraía um pouco, voltava a ter medo e a pensar se o demônio não quereria, fazendo-me entender que era bom, suspender-me o intelecto para privar-me da oração mental, impedindo-me de pensar na Paixão e de me beneficiar do raciocínio, pois isso me parecia a maior perda, porque eu não compreendia as coisas.

3. Contudo, como Sua Majestade já queria me iluminar para que eu não O ofendesse e reconhecesse o muito que Lhe devia, esse temor aumentou tanto que fui procurar com urgência pessoas espirituais com quem tratar, pois já tinha conhecimento de algumas, visto a minha casa ter sido visitada por membros da Companhia de Jesus, de quem eu — sem conhecer nenhum deles —

---

29. No n. 5.

1. Ela retoma o relato interrompido no cap. 11, com a introdução do tratado dos graus de oração, intercalado para que se entendesse melhor o que viria, isto é, a história da vida mística da Santa.

2. Os casos de visionárias embusteiras tinham sido uma praga da espiritualidade espanhola dos decênios anteriores a esses eventos vividos pela Santa. Eles haviam pululado entre "deslumbrados" e "espirituais", motivando ruidosas intervenções da Inquisição. Ainda era recente e comentado o caso de sóror Magdalena de la Cruz, abadessa das Clarissas de Córdoba, cujos embustes chegaram à própria corte imperial, e cujo processo inquisitorial (1544-1546) "deixou espantada toda a Espanha", na frase do Padre Ribera (*Vida de Santa Teresa*, I, cap. 11).

gostava muito, só por conhecer o seu modo de vida e de oração. Mas eu não me considerava digna de falar com eles nem capaz de obedecer-lhes, o que me trazia mais medo, pois me parecia muito difícil suportar tratar com eles e permanecer sendo quem era.

4. Assim continuei por algum tempo, até que, com muita luta e temores, decidi procurar uma pessoa espiritual para perguntar-lhe o que era a oração que eu tinha, para que ela me desse luz, explicando-me se eu estava errada, ajudando-me a fazer tudo o que eu pudesse para não ofender a Deus; porque, como eu disse[3], a falta de coragem que via em mim me deixava muito tímida. Que erro tão grande, valha-me Deus: por querer ser boa, eu me afastava do bem! O demônio deve fazer muita oposição aos iniciantes no caminho da virtude, pois eu não conseguia vencê-la. Ele sabe que todo o recurso de uma alma está em se relacionar com amigos de Deus, e por isso eu nunca conseguia me decidir a fazê-lo. Eu esperava me corrigir antes, como quando deixei a oração[4], o que jamais deveria ter feito, pois já estava tão envolvida em coisinhas de mau costume, sem conseguir perceber que eram más, que precisava da ajuda de outros que me dessem a mão para me levantar. Bendito seja o Senhor, pois a Sua mão foi a primeira.

5. Como vi que o meu temor crescia, porque a oração progredia, pensei que nisso havia grande bem ou imenso mal; eu já compreendia que tinha uma coisa sobrenatural, porque às vezes não podia resistir-lhe nem conseguia tê-la quando desejava. Pensei comigo que não havia remédio se não procurasse ter a consciência limpa e afastar-me de toda ocasião de pecado, mesmo venial; se isso vinha do espírito de Deus, o benefício era claro; se vinha do demônio, o fato de eu procurar alegrar o Senhor e não ofendê-Lo fazia com que eu me prejudicasse pouco, ao mesmo tempo que derrotava o demônio. Determinada, e suplicando sempre a Deus que me ajudasse, agi assim por algum tempo e vi que a minha alma não tinha força para manter-se tão perfeita sozinha, devido a alguns apegos a coisas que, embora não fossem más em si, bastavam para estragar tudo.

6. Falaram-me de um culto sacerdote[5] neste lugar, cuja bondade e vida santa o Senhor começava a mostrar às pessoas. Eu o procurei por meio de um fidalgo santo[6] que vive aqui. É casado, mas tem vida tão exemplar e virtuosa, e de tanta oração e caridade, que em todo o seu ser resplandecem a bondade e a perfeição. E com muita razão, porque grande bem tiveram muitas almas por seu intermédio, visto ter ele tantos talentos que, embora a sua condição não o ajude, não pode deixar de praticar boas obras: é muito inteligente e muito amável com todos; sua conversa não é monótona, mas suave e graciosa, além de reta e santa, dando grande contentamento a quem com ele se relaciona. Ele tudo faz para o grande bem das almas com quem conversa, não tendo outro desejo senão beneficiar a todos, dando-lhes contentamento.

7. Pois esse bendito e santo homem, com seu engenho, me parece ter sido o princípio da salvação da minha alma. Sua humildade me provoca admiração. Ele, pelo que sei, há cerca de quarenta anos tem oração — talvez com uma diferença de dois ou três anos a menos — e leva a vida de maior perfeição que seu estado lhe permite; pois tem uma mulher tão grande serva de Deus e tão caridosa que só pode ajudá-lo; em suma, Deus a escolheu como esposa de alguém que Ele sabia que viria a ser um grande servo Seu. Alguns dos seus parentes tinham desposado pessoas da

---

3. No n. 3.
4. Cf. cap. 7, n. 1.
5. O Mestre Gaspar Daza (falecido em 1592), sacerdote secular de Ávila que, a partir desse momento, vai intervir ativamente no drama interior da Santa.
6. Trata-se de Francisco de Salcedo, cujo elogio a Santa faz aqui longamente. É uma das figuras mais pitorescas da história teresiana: casado com Dona Mencía del Aguila (prima de Dona Catalina del Aguila, que foi mulher de Pedro S. de Cepeda, o tio que iniciou a Santa na leitura de livros espirituais, cf. cap. 3, n. 4, e cap. 4, n. 7), ele assistiu durante vinte anos às aulas de teologia ministradas pelos dominicanos no Colégio de Santo Tomás de Ávila, tendo vivido como um autêntico "espiritual" do seu século. Quando Dona Mencía faleceu, ele se tornou sacerdote. Morreu em 1580, tendo sido enterrado no primeiro mosteiro teresiano, São José de Ávila, na capela de São Paulo, fundada por ele mesmo. "Eu o conheci e tratei com ele muitas dessas coisas da Madre Teresa", escreveu Gracián, anotando uma passagem da vida da Santa escrita por Ribera.

minha família[7], havendo também um estreito relacionamento seu com outro servo de Deus casado com uma prima minha.

8. Por esse meio, procurei que viesse falar-me o sacerdote que eu disse ser tão servo de Deus[8], muito amigo daquele fidalgo. Eu pretendia tê-lo como confessor e diretor. O fidalgo o trouxe para que eu lhe falasse; eu me senti muito confusa na presença de homem tão santo e falei-lhe apenas da minha alma e da minha oração, pois ele não quis confessar-me, dizendo que era muito ocupado, o que era verdade. Ele começou com a santa resolução de conduzir-me como alma forte — pois havia razão para que eu assim fosse, a julgar pela oração que ele viu que eu tinha —, a fim de que eu, de nenhuma maneira, ofendesse a Deus. Vendo sua determinação imediata em coisinhas que eu, como disse[9], não tinha forças para enfrentar com tanta perfeição, fiquei aflita, e, percebendo que ele considerava as coisas da minha alma dificuldades que seriam vencidas de uma só vez, vi que tinha necessidade de muito mais cuidado.

9. Enfim, entendi que os recursos que ele me oferecia não me levariam a me remediar, por serem adequados a uma alma mais perfeita, enquanto eu, embora avançada nas graças de Deus, mal começava a praticar as virtudes e a mortificação. Se eu tivesse de tratar somente com ele, creio que certamente a minha alma nunca iria progredir, porque a própria aflição que me dava por eu ver que não fazia — nem parecia poder fazer — o que ele me dizia era suficiente para que eu perdesse a esperança e abandonasse tudo.

Fico algumas vezes espantada com o fato de que, sendo ele uma pessoa que tem a graça particular de conduzir a alma de principiantes a Deus, não tivesse podido entender a minha, nem se dispusesse a encarregar-se dela; e vejo que tudo foi para o meu maior bem, para que eu conhecesse e me relacionasse com pessoas tão santas quanto as da Companhia de Jesus.

10. Combinei com esse fidalgo santo que me visitasse algumas vezes. Aqui se provou sua grande humildade, pois ele se dispôs a tratar com uma pessoa tão ruim quanto eu. Ele começou a visitar-me, animando-me e dizendo que eu não pensasse que um dia me afastaria de tudo de uma vez, e que Deus faria isso aos poucos. Contava-me que, durante anos, ele mesmo estivera envolvido com coisas ruins, não as tendo podido acabar por si mesmo. Ó humildade, que grandes bens fazes onde te encontras e aos que se aproximam de quem te tem! Dizia-me esse santo (que, a meu ver, posso chamar assim), para me beneficiar, que tinha fraquezas — porque, com sua humildade, ele assim as considerava; mas, levando-se em conta o seu estado, não eram faltas nem imperfeição, ao passo que, para o meu, o eram em alto grau.

Não é sem razão que digo isso, embora pareça que me estendo em detalhes: isso importa muito para que uma alma comece a aproveitar e para levá-la a voar (mesmo sem asas, como dizem), o que só pode receber crédito de quem tiver passado por isso. Faço-o também porque espero em Deus que vossa mercê beneficie muitos. Digo que toda a minha salvação foi ter quem soubesse me curar, tivesse humildade e caridade para ficar comigo e sofresse ao ver que eu não me corrigia de todo. Discretamente, ele ia me ensinando aos poucos várias maneiras de vencer o demônio. Comecei a ter tamanho afeto por ele que não havia maior descanso do que o dia em que o via, embora isso não fosse muito frequente. Quando ele demorava a me visitar, eu ficava muito aflita, crendo que, por ser eu tão ruim, não viesse mais.

11. Como ele foi percebendo minhas imensas imperfeições, e talvez pecados (embora depois do meu contato com ele eu estivesse melhor), e como eu lhe contasse das graças que Deus me concedia, para que ele me esclarecesse, disse-me o fidalgo que uns e outros não eram compatíveis

---

7. A mulher de Salcedo era prima da mulher de D. Pedro Sánchez de Cepeda, tio da Santa (veja-se a nota anterior). O "outro servo de Deus" era D. Alonso Alvarez Dávila, "homem — segundo o Padre Ribera — de linhagem muito nobre, e mais nobre em virtudes, razão por que era chamado de Alonso Alvarez, o Santo" (*Vida de Santa Teresa*, L. II, cap. 5). Uma de suas filhas, Maria Dávila, se tornaria carmelita em São José com o nome de María de S. Jerónimo (cf. Ribera, ibid.).

8. Gaspar Daza.

9. Cf. n. 5.

entre si, pois aqueles regalos eram de pessoas muito avançadas e mortificadas, razão por que não podia deixar de temer muito, pois algumas coisas lhe pareciam vir do mau espírito, apesar de ele não chegar a uma conclusão definitiva. Ele me disse que refletisse bem sobre tudo o que percebia em minha oração e lhe contasse. Isso era difícil para mim, que não sabia dizer nada sobre o que era a minha oração, porque essa graça de entender o que ela é, e de poder explicá-la, me foi dada por Deus há pouco tempo.

12. Quando ele me disse isso, como eu já estivesse com medo, foi grande a minha aflição, e muitas as lágrimas que derramei; porque, é claro, eu desejava contentar a Deus e não podia me convencer de que aquilo fosse obra do demônio. Mas temia que, devido aos meus grandes pecados, Deus me cegasse para que eu não o entendesse. Olhando livros para ver se conseguia uma descrição da oração que eu tinha, encontrei em um, *Subida del Monte*[10], no tocante à união da alma com Deus, todos os sinais que se manifestavam em mim, notadamente a impossibilidade de pensar. Pois isso era o que eu mais observava: quando tinha aquela oração, eu não podia pensar; sublinhei essas passagens e dei-lhe o livro, para que ele e o clérigo a que me referi[11] olhassem e me dissessem o que devia fazer. Eu lhes disse que, se essa fosse a sua opinião, eu deixaria a oração por inteiro, pois não havia motivo para me expor a tais perigos. Porque, se ao fim de quase vinte anos de prática[12] nada conseguira lucrar — só tendo obtido enganos do demônio —, melhor seria deixá-la, embora isso também fosse muito ruim, visto eu já saber como ficava a minha alma sem a oração. É grande o sofrimento que disso advém, como quem cai no rio e, vá para onde vá, vê maior perigo, estando prestes a se afogar.

Este é um grande sofrimento, e desse tipo tenho tido muitos, como falarei adiante[13]. Embora pareça não importar muito, talvez seja benéfico entender como se há de provar o espírito.

13. E é sem dúvida grande a aflição por que passamos, sendo necessária a prudência, em especial quando se é mulher, porque, sendo grande a nossa fraqueza, seria muito ruim dizer com clareza que se trata de obra do demônio; é preferível observar muito bem, afastando-as dos perigos que possa haver, avisando-as discretamente, e mantendo o segredo, porque assim convém.

Falo isso porque muito sofri pelo fato de algumas pessoas com quem tratei da minha oração não terem sido discretas, falando com uns e outros, causando-me, por bem, imenso dano, divulgando coisas que ficariam melhor ocultas — pois não são para todos — e dando a impressão de que eu as tornava públicas. Creio que o Senhor permitiu que assim agissem, sem culpa sua, para que eu padecesse. Não digo que revelassem segredos da confissão; contudo, como eram pessoas a quem eu contava meus temores para que me esclarecessem, eu achava que tinham de ficar caladas. Todavia, nunca ousei ocultar-lhes coisa alguma.

Afirmo, pois, que se alertem as pessoas com muita prudência, estimulando-as e aguardando: o Senhor as ajudará como ajudou a mim. Se Ele não me tivesse ajudado, eu me teria prejudicado muito, temerosa e medrosa que era. Como eu sofria muito do coração, espanto-me que isso não tenha me trazido muitos malefícios.

14. Dei o livro e um relato[14] da minha vida e dos meus pecados, que fiz o melhor que pude (não como confissão, por ser ele secular, mas dando bem a entender quão ruim eu era), para que os dois servos de Deus verificassem, com sua grande caridade e amor, o que era conveniente para mim.

---

10. *Subida del Monte Sión, por la vía contemplativa. Contiene el conocimiento nuestro y el seguimiento de Cristo y el reverenciar a Dias en la contemplación quieta, copilado en un convento de frailes menores...* Impresso pela primeira vez em Sevilha, no ano de 1535, teve como autor Bernardino de Laredo, leigo franciscano e médico de D. João II de Portugal.

11. Os mesmos Salcedo e Daza. Cf. n. 6.

12. 1554-1555, anos em que a Santa mal se aproximava dos 40 anos.

13. Cf. cap. 28, n. 5-6, e, *passim,* os últimos capítulos deste livro.

14. Ou seja, o livro de Laredo (cf. n. 12), anotado, além de um relato autobiográfico, provavelmente *o primeiro* a ser escrito pela Santa.

Quando veio a resposta que eu, muito temerosa, esperava, depois de ter pedido a muitas pessoas que me encomendassem a Deus e de ter feito muitas orações naqueles dias, o fidalgo, muito aflito, veio a mim e me disse que, ao ver de ambos, se tratava do demônio, sendo recomendável que eu procurasse um padre da Companhia de Jesus, que viria se eu o chamasse dizendo quanta necessidade tinha; eu deveria contar-lhe toda a minha vida, numa confissão geral, falando-lhe de minha condição, de maneira muito explícita. A virtude do sacramento da confissão lhe daria, com a graça de Deus, mais luz; disseram-me que esses padres têm muita experiência nas coisas do espírito e que eu não deveria descuidar daquilo que me dissesse, pois corria grande risco se não houvesse quem me dirigisse.

15. Isso me trouxe tanto medo e pesar que só pude chorar. Estando num oratório, desfeita, sem saber o que haveria de ser de mim, li num livro que o Senhor parece ter posto em minhas mãos, o que dizia São Paulo: *Deus é muito fiel e jamais consente que os que o amam sejam enganados pelo demônio*[15]. Isso me trouxe muito consolo.

Comecei a cuidar da minha confissão geral, anotando todos os males e bens, narrando a minha vida da maneira mais clara que podia, sem omitir nada[16].

Recordo-me que, depois de escrever, vi muitos males e quase nenhum bem, o que me deu muita dor e aflição. Eu também sofria pelo fato de me verem tratar em casa com pessoas santas como as da Companhia de Jesus, temendo pela minha ruindade, pois me parecia, fazendo isso, ficar mais obrigada a não ser tão ruim e a afastar-me dos meus passatempos, porque, se não o fizesse, estaria agravando a minha situação. Por essa razão, pedi à sacristã e à porteira que não o revelassem a ninguém. Isso pouco me valeu, porque estava à porta, quando me chamaram, quem o contou a todo o convento. Que empecilhos e temores põe o demônio no caminho de quem deseja chegar a Deus!

16. Tratando com aquele servo de Deus[17] — muito dedicado e prudente —, revelei-lhe tudo o que me ia na alma. Bom conhecedor dessa linguagem, ele me disse o que era e muito me estimulou. Afirmou ser notoriamente espírito de Deus, mas que havia necessidade de que eu recomeçasse a oração, porque ela não estava bem fundada, e eu não tinha começado a entender a mortificação (e isso era tão verdadeiro que até o nome eu parecia não entender). Eu de nenhuma maneira deveria deixar a oração, sendo preciso que eu me esforçasse muito, já que o Senhor me concedia favores tão particulares. Ele declarou que talvez o Senhor quisesse, por meu intermédio, beneficiar muitas outras pessoas, bem como fazer outras coisas (parece que ele profetizou o que depois o Senhor fez comigo), e que eu seria muito culpada se não correspondesse às graças que Deus me dava. Em tudo me parecia falar nele o Espírito Santo, para curar a minha alma, tamanha a força com que se imprimiam nela as palavras dele.

17. Isso me deixou muito confusa, levando-me por caminhos que me davam a impressão de que eu me tornara uma pessoa completamente diferente. Que grande coisa é compreender uma alma! Ele me disse que eu orasse todos os dias com uma passagem da Paixão, que me beneficiasse de Cristo e não pensasse senão em Sua Humanidade, e que resistisse o quanto pudesse aos recolhimentos e gostos, só permitindo que ocorressem quando ele me ordenasse outra coisa.

18. Ele me deixou consolada e estimulada; o Senhor me ajudou, e a ele, para que entendesse a minha condição e a maneira de me dirigir. Fiquei determinada a não me desviar do que ele me mandasse em nenhuma coisa, e tenho agido assim até hoje. Louvado seja o Senhor, que me deu a graça de obedecer aos meus confessores, ainda que de modo imperfeito; tenho tido como confessores, quase sempre, esses benditos homens da Companhia de Jesus e, como digo, eu os tenho seguido, se bem que imperfeitamente.

A minha alma começou a ter uma sensível melhora, como agora direi.

---

15. 1Cor 10,13.
16. *Novo relato* autobiográfico, de que não há vestígios, assim como não há do anterior.
17. Diego de Cetina (1531-1572?), ainda estudante de teologia, ordenado sacerdote em 1554. Ele foi confessor da Santa até o verão de 1555, aproximadamente (cf. cap. 24, n. 1).

CAPÍTULO 24

Prossegue no relato iniciado e conta como a sua alma foi progredindo depois que começou a obedecer, dizendo quão pouco lhe adiantava resistir às graças de Deus e como Sua Majestade continuava a dá-las com maior abundância.

1. Depois dessa confissão, a minha alma ficou com tanta paz que eu tinha a impressão de que não havia nada a que eu não me dispusesse. Assim, comecei a mudar muitas coisas, embora o confessor não me pressionasse, parecendo antes não fazer caso de nada. Isso me estimulava mais, pois me levava pelo caminho do amor a Deus, dando-me liberdade para que eu agisse por amor, e não pela recompensa.

Assim fiquei quase dois meses, tudo fazendo para resistir aos regalos e graças de Deus. Quanto ao exterior, a mudança era perceptível, porque o Senhor já começava a me dar forças para suportar certas coisas que pessoas que me conheciam consideravam extremas, inclusive as da minha casa[1]. Levando em conta o que eu fazia antes, elas tinham razão em pensar assim; mas, considerando as obrigações que o meu hábito e profissão impunham, isso não era nada.

2. Resistindo a esses gostos e regalos de Deus, consegui que Sua Majestade me ensinasse; porque, antes, eu pensava que, para que Ele me desse regalos na oração, precisava de total isolamento, e quase não me atrevia a me mexer. Depois percebi que isso pouco adiantava; porque, quanto mais eu procurava me distrair, tanto mais o Senhor me cobria de uma suavidade e de uma glória que me pareciam rodear por inteiro, deixando-me sem condições de fugir. Era tanta a minha preocupação que eu muito sofria. O Senhor se preocupava mais em me conceder favores e a se manifestar mais intensamente nesses dois meses, para que eu melhor compreendesse que não podia resistir-Lhe.

Comecei a sentir de novo amor pela sacratíssima Humanidade. A minha oração melhorou, como um prédio melhor assentado; passei a ter afeição pelas práticas de penitência que não costumava seguir devido às minhas grandes enfermidades. Aquele santo homem a quem me confessei me disse que algumas coisas não poderiam me prejudicar e que, se porventura Deus me mandava tanto sofrimento, isso devia ser por causa de eu não fazer penitência, desejando Sua Majestade que eu a fizesse. Ele me mandava praticar algumas mortificações de que eu não gostava muito. Porém, eu tudo fazia, por achar que o Senhor o tinha enviado a mim, dando-lhe a graça de me ordenar de uma maneira que me fizesse obedecer. A minha alma já começa a se ressentir de qualquer ofensa que fizesse a Deus, por ínfima que fosse, razão por que, enquanto houvesse alguma coisa supérflua, eu não podia ficar em recolhimento. Eu rezava muito para que o Senhor me levasse pela mão; tratando com seus servos, eu Lhe pedia que me permitisse não recuar, pois isso me parecia ser um grande delito, capaz de fazê-los perder crédito por minha causa.

3. Nessa época, veio a este lugar o Padre Francisco[2], que era duque de Gandía e que, há alguns anos, tinha abandonado tudo e entrado na Companhia de Jesus. Meu confessor[3] fez com que eu travasse contato com ele; o fidalgo de que falei também veio a mim, pedindo que eu lhe

---

1. A Encarnação de Ávila.
2. São Francisco de Borja, nomeado por Santo Inácio Comissário das Províncias da Espanha (7/1/1554). É duvidosa a data desse seu primeiro contato com a Santa; é bem provável que tenha ocorrido no verão de 1555, quando era seu confessor o Padre Cetina, como parece depreender-se do relato teresiano (cf. n. 4); talvez tenha sido em meados de abril de 1557, quando já era confessor da Santa o Padre Prádanos. Cf. a *Relação* 4, n. 1. No processo de beatificação da Santa, a Duquesa de Gandía, Dona Juana de Velasco, depôs: "No artigo 115 digo: que ouvi o Duque de Gandía, Padre Francisco de Borja, que foi Geral da Companhia de Jesus, falar muito do espírito, da vida e da santidade da Madre Teresa de Jesus, tendo ouvido também o Padre Baltasar Alvarez... e o Senhor Bispo de Tarazona (Yepes), pessoas de grande espírito, que se comunicavam com a referida Madre Teresa de Jesus, e que a veneravam como Santa" (B. M. C., t. 20, p. 261). É interessante notar que os dois únicos contemporâneos mencionados pelo próprio nome na *Vida* da Santa sejam São Francisco de Borja e São Pedro de Alcântara.
3. O Padre Cetina ou o Padre Prádanos: cf. a nota anterior.

falasse e contasse sobre a oração que tinha, pois sabia que o Padre Francisco vivia num alto grau de contemplação, sendo muito favorecido e consolado por Deus; desde aquele momento, Deus o recompensava por ter ele deixado tudo pelo Senhor.

Tendo me ouvido, ele declarou tratar-se do espírito de Deus, parecendo-lhe ruim resistir-lhe, embora até então isso não tivesse feito mal. Ele me recomendou que eu sempre começasse a oração com uma passagem da Paixão e que, caso depois o Senhor me arrebatasse o espírito, eu não resistisse, mas me deixasse levar por Sua Majestade, também não O procurando. Como praticante avançado, ele me deu remédios e conselhos, visto que a experiência é muito importante nesse aspecto. Ele me disse que seria um erro resistir por mais tempo. Isso trouxe muito consolo a mim e ao fidalgo, que se alegrou muito por saber que tudo vinha de Deus. Ele sempre me ajudava e avisava no que podia, que era muito.

4. Nessa época, transferiram meu confessor[4], o que senti muitíssimo, pois pensei que voltaria a ser ruim, não me parecendo possível encontrar outro como ele. A minha alma ficou como num deserto, muito desconsolada e temerosa. Eu não sabia o que fazer de mim. Uma parente minha levou-me para sua casa, e procurei logo arranjar outro confessor na Companhia. Quis o Senhor que eu começasse a fazer amizade com uma senhora viúva, muito nobre e dedicada à oração, que tinha constante contato com os jesuítas[5]. A instâncias dela, seu próprio diretor me ouviu. Fiquei vários dias em sua casa, porque ela morava perto dos padres, e eu gostava muito de conversar com eles; a minha alma muito se beneficiava só por ver a santidade de sua vida.

5. Esse padre[6] passou a exigir de mim mais perfeição. Dizia-me que, para contentar por inteiro a Deus, nada era demais. Ele o fazia com tato e suavidade, porque a minha alma ainda não estava nada forte, e sim bem frágil, em especial no tocante a certas amizades; embora manter essas amizades não ofendesse a Deus, a afeição era muita, parecendo-me ser ingratidão abandoná-las. Eu lhe dizia que, como não ofendia a Deus, eu não tinha por que ser mal-agradecida. Disse-me ele que eu me encomendasse a Deus por alguns dias e rezasse o hino *Veni, Creator*, para que Ele me desse luz sobre a melhor decisão a tomar. Certo dia, depois de muita oração e súplicas ao Senhor para que me ajudasse a contentá-Lo em tudo, comecei o hino e, quando o rezava, veio-me um arrebatamento tão repentino que quase me tirou de mim, coisa de que não pude duvidar, por ter sido muito manifesto. Essa foi a primeira vez que o Senhor me concedeu o favor dos arroubos. Entendi as palavras: *Já não quero que fales com homens, mas com anjos*[7]. Isso me causou um grande espanto, porque a moção da alma foi grande e porque essas palavras, ditas no fundo do meu espírito, me causaram temor. Contudo, também me deram grande consolo, que permaneceu depois que se foi o temor, que, assim me pareceu, foi provocado pela novidade do fato.

6. Essas palavras se cumpriram, pois nunca mais consegui permanecer em amizades nem ter consolo nem afeição particular senão por pessoas que, pelo que percebo, amam a Deus e procuram servi-Lo. Mesmo que se trate de parentes e amigos, não tenho como agir de outro modo. Tratar com quem não ama a Deus nem se dedica à oração se tornou uma penosa cruz. Assim é, segundo me parece, sem nenhuma exceção.

---

4. O próprio Padre Diego de Cetina, que dirigiu a Santa durante pouquíssimo tempo.

5. Era D. Guiomar de Ulloa, nobre dama avilesa que, tendo enviuvado aos 25 anos, se dedicara a uma vida intensamente espiritual. Foi íntima da Santa e lhe prestou excelentes serviços, como ela mesma vai contar. Mais tarde, D. Guiomar tentou seguir a vida carmelita instaurada por sua amiga, a Santa, entrando no mosteiro de São José, mas abandonou o claustro por razões de saúde.

6. *Esse padre*, confessor de D. Guiomar, era o Padre Juan de Prádanos, SJ, nascido em Calahorra no ano de 1528 e quase recém-ordenado sacerdote (1554).

7. Esse primeiro arroubo da Santa ocorreu em 1558, segundo o Padre Silverio (edição "breviário" das *Obras da Santa*, Burgos, 1954, nota a essa passagem); em 1556, de acordo com o Padre Efren de la Madre de Dios (*Tiempo y Vida de Santa Teresa*, Madri, 1951, p. 489). Compare-se esse favor com outras "primeiras graças místicas": cap. 19, n. 9, "primeira palavra"; cap. 7, n. 6, "primeira visão". A resistência da Santa aos arroubos e falas do Senhor durou dois anos (cap. 25, n. 15, e cap. 27, n. 1-2) ou "quase dois anos" (cap. 25, n. 1).

7. Desde aquele dia, fiquei animada a deixar tudo por Deus, de uma maneira que me deu a impressão de que Ele quis, naquele momento — pois não me parece ter sido mais do que isso —, transformar por inteiro Sua serva. Assim, não foi necessário que me mandassem fazê-lo; o confessor, vendo-me tão apegada até então, não se atrevera a me dizer de modo patente que abandonasse as amizades. Ele devia estar esperando que o Senhor agisse como agiu. De minha parte, nunca pensei que o conseguisse; eu já tentava fazê-lo, mas era tanta a dor que sentia que desistia, ainda mais por não ver nessas amizades nenhum inconveniente. Naquele momento, porém, o Senhor me dera liberdade e força para levá-lo a efeito. Eu disse isso ao confessor e tudo abandonei, seguindo sua determinação. A pessoa com quem eu conversava tirou muito proveito do fato de ver que eu estava decidida.

8. Bendito seja Deus para sempre, por ter me dado, num instante, a liberdade que eu, com todos os esforços que fizera por muitos anos, não pude alcançar sozinha, tendo chegado muitas vezes a ponto de me exaurir tanto que abalava a própria saúde. Como foi dada por Aquele que é poderoso e Senhor verdadeiro de tudo, essa liberdade não me causou nenhum sofrimento.

CAPÍTULO 25

Fala da maneira de entender as palavras que Deus dirige, sem ruído, à alma, e de alguns enganos que pode haver nisso. Explica os meios de saber quando são palavras divinas. É muito proveitoso para quem estiver nesse grau de oração, porque é muito bem explicado e contém abundante doutrina.

1. Parece-me conveniente explicar esse modo de Deus dirigir-se à alma, e a maneira como esta se sente, para que vossa mercê o entenda; porque, desde que o Senhor me fez essa graça pela primeira vez[1], ela tem sido muito comum, como se verá adiante.

Trata-se de palavras bem formadas[2], mas inaudíveis aos ouvidos corporais. São, porém, entendidas mais claramente do que se fossem ouvidas. Por mais que se resista, é impossível deixar de compreendê-las. Aqui na terra, quando não se quer ouvir, podem-se tapar os ouvidos ou desviar a atenção, de modo que, ainda que se ouça, não se escute. Nesse estado em que Deus põe a alma, não há como fazer isso; mesmo que seja trabalhoso, somos obrigados a escutar, e o intelecto fica tão apto a entender o que Deus quer que entenda que pouco importa querer ou não querer. Porque quem tudo pode exige que saibamos que havemos de fazer o que Ele quer, mostrando ser o nosso verdadeiro Senhor. É grande a minha experiência nisso, porque resisti durante quase dois anos, dado o grande temor que sentia. Mesmo agora, ainda o tento algumas vezes, mas em vão.

2. Eu queria falar dos enganos que pode haver (embora, para quem tenha muita experiência, eles me pareçam poucos ou mesmo inexistentes — mas a experiência tem de ser muita) e da diferença existente entre a presença do bom espírito e a do mau, bem como das ocasiões em que tudo não passa de apreensão do próprio intelecto ou de comunicação do espírito consigo mesmo (não sei se isso pode acontecer, mas hoje mesmo tive a impressão de que sim). Quando essa comunicação vem de Deus, tenho tido muitas provas, em inúmeras coisas que me foram ditas dois ou três anos antes, de que se cumprem as palavras proferidas, sem exceção; acontecem também outras coisas em que se vê com clareza ser o espírito de Deus, como adiante direi.

3. Parece-me que uma pessoa, encomendando a Deus uma coisa com grande afeto e preocupação, poderia imaginar que ouve dizer que a coisa se cumprirá ou não. Isso é muito possível,

---

1. Ela se refere ao arroubo mencionado no cap. anterior, n. 5.
2. *Palavras formadas:* comunicações místicas com notificação ideológica e verbal, em oposição às *notícias puras* comunicadas nas visões intelectuais. Trata-se de um tema delicado de alta mística. Veja-se a nota 11 do cap. 27; n. 6 e a primeira nota ao cap. 3 das *Moradas* VI. São João da Cruz emprega uma terminologia parecida ("palavras sucessivas, *formais* e substanciais"), mas num quadro nacional distinto do teresiano (cf. *Subida*, L. II, cap. 28, n. 2; e caps. 30 e 31).

mas quem entendeu desta outra maneira[3] perceberá claramente do que se trata, porque é enorme a diferença. Se for uma coisa criada pelo intelecto, por mais sutil, cedo se perceberá ser ele que organiza e fala. O que distingue esses dois modos é a diferença entre elaborar um discurso e escutar o que outra pessoa diz; o intelecto percebe que não escuta, visto que age, pois as palavras que alinha são como um ruído surdo, sons fantásticos, sem ter a clareza das palavras do espírito. Quando o intelecto age, podemos distrair-nos e, se estivermos falando, calar-nos; quando Deus fala, isso não é possível.

O indício fundamental é que não produzem efeito[4], enquanto o que o Senhor diz são palavras e obras; mesmo que não sejam palavras de devoção, mas de repreensão, dispõem a alma à primeira, fortalecendo-a, enternecendo-a, iluminando-a e dando-lhe felicidade e quietude. Se a alma estava em aridez, agitada e desassossegada, nada disso permanece e, melhor ainda, o Senhor parece querer que se compreenda que Ele é poderoso e que as Suas palavras são obras[5].

4. Creio que a diferença é igual à que há entre falar e ouvir, nem mais nem menos do que isso; o que falo, como eu disse[6], vou ordenando com o intelecto; se me falam, contudo, limito-me a ouvir, sem nenhum esforço. No primeiro caso, não podemos determinar bem o que significa, como se estivéssemos meio adormecidos; no segundo, a voz é tão clara que não perdemos uma sílaba. Por outro lado, às vezes o entendimento e a alma se encontram tão alvoroçados e distraídos que não conseguiríamos formular uma frase razoável, e mesmo assim encontramos prontas frases elaboradíssimas que a alma, mesmo estando muito recolhida, não poderia formular; à primeira palavra, como eu disse, a alma se transforma por inteiro. Especialmente quando está em arroubo, com as faculdades suspensas, como poderia a alma entender coisas que antes nunca lhe ocorreram? Como surgem elas, então, já que a alma quase não age e já que a imaginação está como abobada?

5. Deve-se entender que, quando tem visões ou ouve essas palavras, a alma nunca está unida a Deus no arroubo; porque, neste último caso — como eu já declarei, creio que na segunda água[7] —, as faculdades se perdem de todo e, pelo que sei, não é possível ver, nem entender, nem ouvir: a alma está entregue por inteiro a outro poder e, nesse tempo, que é muito curto, não creio que o Senhor lhe dê alguma liberdade. Depois que isso passa, encontrando-se a alma ainda no arroubo, ocorre isso de que falo[8]; porque as faculdades ficam de tal maneira que, embora não estejam perdidas, quase nada fazem. Estão como absortas, sem capacidade de raciocinar. Há tantos indícios que permitem compreender a diferença que, embora possamos nos enganar, isso não vai ocorrer muitas vezes.

6. Afirmo que, se a pessoa for experiente e estiver prevenida, vai percebê-lo com clareza. Descartando outros elementos que o comprovam, como já falei[9], basta ver que as palavras, quando são falsas, não causam efeito. A alma não as admite (ao passo que aceita, mesmo sem querer, as palavras místicas)[10] nem lhes dá crédito, percebendo tratar-se de um devaneio do intelecto, da mesma maneira como não levaria a sério uma pessoa que delirasse.

---

3. *Desta outra maneira:* em forma de fala mística, como ela descreveu no n. 1. Observe-se que, a partir do n. 2, a Santa estabelece um paralelo entre as falas místicas e as falas fictícias, fantasiadas pelo sujeito ou sugeridas pelo demônio; com termos equivalentes a *desta outra maneira,* ela vai designar muitas vezes as falas místicas, contrapondo-as às outras.

4. Isto é, as falas fantasiadas não produzem efeitos interiores, ao contrário das do Senhor, que "são palavras e obras", ou, como ela diz no final do número, "Suas palavras são obras".

5. Alusão a FI 4,13. Cf. cap. 13, n. 3.

6. Nos n. 2-3.

7. Não na *segunda, mas na quarta água*; vejam-se o cap. 18, n. 1ss e o cap. 20, n. 3ss.

8. Ela o disse no final do número 4. Ela afirmou duas coisas aqui: que durante o arroubo propriamente dito (enquanto dura a suspensão das faculdades) não há falas místicas e que, depois dele, ao cessar a suspensão, "encontrando-se a alma ainda no arroubo", "ocorre isso de que falo": vêm as locuções místicas. Para entender este número e os seguintes, deve-se ter em mente a doutrina teresiana do êxtase, exposta nos caps. 18 e 20; cf. especialmente cap. 18, n. 12-13.

9. *Outros elementos que o comprovam:* comprovam a diferença entre falas místicas e pseudomísticas, de que ela vem falando a partir do n. 2.

10. Cf. n. 1.

No caso das palavras místicas, é como se ouvíssemos uma pessoa muito santa ou instruída, e de grande autoridade, que sabemos não há de mentir para nós. E essa comparação ainda fica a dever, porque essas palavras trazem consigo, por vezes, uma majestade que, sem que saibamos quem as profere, nos faz tremer, se são de repreensão, e nos desmanchar de amor, se são amorosas. Trata-se, como eu disse[11], de coisas que estavam bem longe da memória, sendo ditas num átimo frases muito grandes que, para serem organizadas, requereriam muito tempo — por isso, não me parece que haja maneira de ignorar que não são coisas feitas por nós. Por conseguinte, não preciso me deter aqui, porque creio ser impossível que uma pessoa experiente venha a se enganar se conscientemente não o quiser.

7. Muitas vezes, quando tenho dúvidas, acontece-me de não acreditar no que me dizem, pensando que eu mesmo o criei (depois que ocorre, porque, enquanto está acontecendo, é impossível), e ver as palavras realizadas muito tempo depois. O Senhor as faz permanecer na memória, não permitindo que as esqueçamos, enquanto o que vem do intelecto é como um fraco movimento do pensamento, que passa e é esquecido. No caso das palavras de Deus, embora se esqueça um pouco com o passar do tempo, nunca se perde por inteiro a memória do que foi dito, exceto se foi há muito tempo ou se são palavras de favor ou de doutrinação. As palavras de profecia, no entanto, não são esquecidas, a meu ver, pelo menos por mim, mesmo com tão pouca memória.

8. Repito que, a meu ver, a alma, a menos que seja tão perversa que deseje fingir — o que traria grandes males —, dizendo que ouve quando na verdade não o faz, não pode deixar de ver com clareza quando é ela quem ordena as palavras e fala, se alguma vez tiver ouvido o espírito de Deus; porque, se jamais o percebeu, poderá passar a vida inteira nessa ilusão e ter a impressão de que ouve palavras divinas, embora eu não saiba como isso pode acontecer.

Para mim, a alma quer ou não quer entender: se se desfaz com o que ouve e de forma alguma gostaria de ouvir alguma coisa — por causa de mil temores e tantas outras coisas que a possam levar a querer estar quieta em sua oração sem essas coisas —, por que dá tanta liberdade para que o intelecto componha argumentos? E preciso muito tempo para fazê-lo. Aqui[12], sem perder nenhum tempo, a alma fica instruída e compreende coisas que levariam um mês para imaginar; e o próprio entendimento e a própria alma ficam espantados com algumas coisas que escutam.

9. Assim é, e quem tiver experiência verá que tudo o que eu digo é tal como digo. Louvo a Deus por tê-lo conseguido dizer. Para terminar, afirmo que, quando isso vem do intelecto, poderíamos entendê-lo quando desejássemos e, cada vez que temos oração, poderíamos imaginar ouvi-lo. Mas, quando vem de Deus, não é assim; fico muitos dias querendo entender algo, sem o poder, e, como eu disse[13], tenho de entendê-lo quando não o quero. Quem deseja enganar os outros falando que ouviu de Deus o que vem de si não terá maior dificuldade para afirmar que o ouviu com os ouvidos corporais. Na verdade, nunca pensei que houvesse outro modo de ouvir ou de entender até conhecê-lo por mim mesma, o que, como afirmei[14], me custou um enorme sofrimento.

10. Quando provêm do demônio[15], as palavras, além de não deixarem bons efeitos, deixam maus. Isso me aconteceu não mais de duas ou três vezes, e logo fui avisada pelo Senhor de que vinham do demônio. Além da grande aridez que permanece, a alma fica com uma inquietação semelhante à de muitas outras vezes em que o Senhor permitiu que a minha alma tivesse grandes tentações e sofrimentos de diversas espécies; e, embora me atormente muitas vezes, como direi[16], trata-se de uma inquietação que não se consegue saber de onde vem; ao que parece, a alma resiste,

---

11. No n. 4.
12. Nas genuínas falas místicas.
13. Nos n. 1 e 6.
14. Ela se refere aos episódios narrados no cap. 23.
15. Ela passa agora a comparar as falas místicas com as diabólicas.
16. Ela vai falar disso, especialmente, no cap. 31. Vejam-se também os caps. 32, n. 1; 36, n. 7-11; 38, n. 23 e 24; e 39, n. 4.

se perturba e fica aflita sem saber a razão, porque não ouve coisas ruins, e sim boas. Penso que um espírito sente o outro. O prazer e o deleite que daí advêm são, a meu ver, bastante distintos. O demônio poderia enganar com eles aquele que não tiver ou não tiver tido prazeres vindos de Deus.

11. Falo dos prazeres verdadeiros, que trazem uma consolação suave, forte, profunda, deleitosa, calma. Porque não considero devoções umas devoçõezinhas da alma, lágrimas e outros sentimentos pequeninos que ao primeiro sopro da perseguição desaparecem, embora sejam bons princípios e santos sentimentos, porque não são capazes de determinar se esses efeitos vêm do bom ou do mau espírito. Assim, é bom andar sempre advertido porque, se tivessem visões ou revelações, pessoas que não estão adiantadas na oração além desse ponto poderiam ser enganadas. Eu nunca experimentei essas coisas, até que Deus me concedeu, apenas pela Sua bondade, a oração de união, excetuando a primeira vez de que falei[17], ocorrida há muitos anos, quando vi Cristo. Se Sua Majestade me tivesse permitido entender tratar-se de uma visão verdadeira, como mais tarde entendi, grande benefício teria daí advindo. As palavras do demônio não deixam nenhuma suavidade na alma, mas um pavor e um grande tédio.

12. Considero muito certo que o demônio não enganará — nem Deus lhe permitirá fazê-lo — a alma que em nada confia em si e está fortalecida na fé, uma alma que entenda que é capaz de morrer mil vezes por uma verdade. Com esse amor à fé, que Deus logo infunde, gerando uma fé viva e forte, a alma deve procurar sempre seguir o que ensina a Igreja, perguntando a uns e outros, como quem já tem pés fincados com vigor nessas verdades, não podendo nenhuma revelação imaginável — mesmo que o céu se abrisse — demovê-la em um único ponto do que a Igreja ensina.

Mesmo que alguma vez se veja vacilar em pensamento contra isso ou parar para dizer: "Se Deus me diz isso, também pode ser verdade, como o que dizia aos santos", não digo que a alma chegue a acreditar no demônio, mas que ele começa a fazer os primeiros movimentos para tentá-la. Então, o simples deter-se aí seria muito danoso. Mas creio que, nesse caso, nem mesmo os primeiros movimentos vão ocorrer se a alma estiver nisso tão forte quanto o Senhor toma aqueles a quem concede essas coisas, capaz de desafiar os demônios diante de qualquer dúvida sobre alguma verdade da Igreja, por menor que seja.

13. Afirmo que, se a alma não vir em si essa grande força e se a devoção ou a visão não a ajudarem, não se considere segura. Porque, embora não sinta de imediato o prejuízo, este poderia fazer-se, pouco a pouco, muito grande. Pelo que vejo, e sei por experiência, só há certeza de que essas coisas procedem de Deus se elas respeitarem as Sagradas Escrituras, já que a mais diminuta distorção me faria ter muito mais firmeza em acreditar que vêm do demônio do que a que tenho agora de que vêm de Deus, por maior que seja esta certeza. Quando as palavras vêm de Deus, não é preciso procurar sinais nem discernir de que espírito vêm; o simples fato de se ter de fazer isso é indício tão claro de que vêm do demônio que, mesmo que todos me garantissem que vêm de Deus, eu não o acreditaria.

Quando é o demônio que age, parece que todos os bens se escondem e fogem da alma, que fica desabrida e alvoroçada, sem nenhum efeito bom; pois, embora isso pareça incutir desejos na alma, estes não são fortes. A humildade que fica é falsa, agitada e desprovida de suavidade. Parece-me que quem experimentou o bom espírito vai entendê-lo.

14. No entanto, o demônio pode recorrer a muitos embustes, razão por que o mais certo é temer sempre e permanecer de sobreaviso, ter um mestre instruído e não lhe esconder nada. Agindo assim, nenhum dano pode advir, se bem que muitos me tenham atingido, graças aos temores demasiados de algumas pessoas. Uma vez em especial, aconteceu de se reunirem muitas pessoas a quem eu dava crédito — e era justo que desse. Embora eu já estivesse sob a direção de uma delas, ia tratar com as outras a mando seu, e todas tratavam longamente do meu caso, pois eram muito amigas minhas e temiam que eu fosse enganada. De minha parte, eu também tinha grande temor

---

17. No cap. 7; n. 6-7.

quando não estava em oração, já que, estando nela e recebendo do Senhor alguma graça, logo me tranquilizava. Creio que eram cinco ou seis[18]. Disse-me meu confessor[19] que todos estavam convencidos de que era o demônio quem agia em mim. Eu não devia comungar com tanta frequência, devendo me distrair e evitar a solidão.

Eu era extremamente medrosa, como disse[20], para o que contribuía minha doença do coração; assim, muitas vezes não me atrevia a ficar sozinha numa sala mesmo em plena luz do dia. Percebendo que tantos o afirmavam e eu não podia acreditar, senti-me envergonhada, parecendo-me ter pouca humildade; porque todas aquelas pessoas tinham uma vida infinitamente melhor do que a minha, sendo além disso instruídas, não havendo razões para eu não crer nelas. Eu me forçava ao máximo para acreditar e, pensando em minha vida ruim[21], achava que estavam falando a verdade.

15. Saí da igreja com essa aflição e entrei num oratório. Há muitos dias eu não comungava e estava privada da solidão — que era todo o meu consolo —, sem ter uma pessoa com quem tratar, porque todas estavam contra mim: eu tinha impressão de que alguns zombavam de mim quando falava disso, pensando ser fantasias. Outros alertavam o confessor para que ele se precavesse quanto a mim. Outros ainda afirmavam que tudo era claramente obra do demônio. Apenas o confessor[22] me consolava sempre, embora parecesse concordar com todos — ele o fazia para me provar, como depois vim a saber. Ele me dizia que, mesmo que fosse obra do demônio, nada me podia fazer, desde que eu não ofendesse a Deus, pois Ele me libertaria. O confessor mandava que eu suplicasse muito a Deus, pois ele e todas as pessoas que confessava[23], e outras muitas, o faziam com fervor. Quanto a mim, dedicava toda a minha oração pedindo a Sua Majestade que me levasse por outro caminho, solicitando que fizessem o mesmo todas as pessoas que eu considerava servas de Deus. E assim fiquei por uns dois anos, não sei bem, suplicando continuamente ao Senhor.

16. Quando eu pensava que era possível ter ouvido tantas vezes o demônio, nenhum consolo me bastava. Porque, embora não conseguisse horas de solidão para orar, mesmo em conversas o Senhor me levava ao recolhimento, e, sem que eu pudesse recusar, me dizia o que queria, e eu, contra a minha vontade, era obrigada a ouvi-lo.

17. Numa certa ocasião, estando sozinha, sem ninguém com quem falar, sem poder rezar nem ler, e estando espantada de tantas tribulações e cheia de temores de que o demônio me enganasse, fiquei toda ansiosa e cansada, sem saber o que fazer de mim. Nessa aflição já me vi muitas vezes, mas nenhuma, creio eu, num grau tão extremo. Fiquei assim durante quatro ou cinco horas[24], pois não havia para mim consolo do céu ou da terra; o Senhor me deixou padecer, temerosa de mil perigos.

Ó meu Senhor, como sois o amigo verdadeiro; és poderoso, quando quereis podeis, e nunca deixais de querer quem Vos quer! Louvem-Vos todas as coisas, Senhor do mundo! Feliz quem puder percorrer todo o universo para dizer quão fiel sois a Vossos amigos! Todas as coisas faltam; Vós, Senhor de todas elas, nunca faltais. Pouco deixais sofrer quem Vos ama. Ó Senhor meu! Com

---

18. As "cinco ou seis" pessoas foram provavelmente G. Daza, Gonzalo de Manda, Prádanos ou Baltasar Alvarez y Dávila. Considere-se, contudo, que é preciso ter muito cuidado ao atribuir a uma personagem concreta o que a Santa oculta sob o véu de um discreto anonimato.

19. O Padre Prádanos ou, talvez, o Padre Baltasar Alvarez. Ribera em *Vida de la Santa*, L. I, cap. 11, e L. de la Puente, na vida do próprio Padre Baltasar (cap. 11), afirmam que ele a submeteu a essa prova. Já no cap. 23, n. 14, Daza e Salcedo tinham dito, sobre a mística teresiana, "que, ao ver de ambos, se tratava do demônio" (cf. também *Fundações*, cap. 6, n. 20).

20. Cf. cap. 23, n. 13.

21. Frei Luis corrigiu a frase, substituindo o *que* do original por *em* (p. 303).

22. Muito provavelmente Prádanos ou, talvez, o Padre Baltasar.

23. Ou seja, os "penitentes" do seu confessor. Com estes, a Santa nos apresenta todo o esquadrão de "orantes" que mobilizou em sua própria ajuda: seis conselheiros, os dirigidos e penitentes do Padre Baltasar, os próprios amigos da Santa e "todas as pessoas que eu considerava servas de Deus".

24. Lembremo-nos de que ela continua a referir-se ao seu pequeno drama, iniciado no n. 14. Daí o sentido da frase anterior: a aflição interior em nenhuma vez foi tão extrema quanto nesta.

que delicadeza, polidez e sabor sabeis tratá-los! Feliz quem tiver se dedicado a amar somente a Vós! Parece, Senhor, que provais com rigor quem Vos ama, para que no extremo do sofrimento possa entender o maior extremo do Vosso amor. Ó Deus meu, feliz quem tivesse capacidade, letras e novas palavras para louvar Vossas obras, como as vê minha alma!

Falta-me tudo, Senhor meu. Mas, se não me desampararardes, não serei eu quem vai faltar a Vós. Levantem-se contra mim todos os doutos, persigam-me todas as coisas criadas, atormentem-me os demônios, mas não me falteis Vós, Senhor, pois já tenho experiência dos benefícios que concedeis a quem só em Vós confia.

18. Encontrando-me eu com essa grande fadiga (até então, eu não tinha começado a ter visões), bastaram-me estas palavras para me tirar dela e apaziguar-me por inteiro: *Não tenhas medo, filha, pois sou Eu, que não te desampararei; não temas.* Na condição em que eu me encontrava, parece-me que eram necessárias muitas horas para que eu me convencesse a ficar calma, e ninguém seria capaz de consegui-lo. E eis-me sossegada, só com essas palavras; eis-me forte, disposta, segura, em quietude e iluminada, e a tal ponto que vi minha alma transformada por inteiro. Naquele momento, eu teria enfrentado o mundo inteiro, defendendo a convicção de que era Deus quem falava. Quão bom é o Senhor, e quão poderoso! Ele dá não só o conselho como também o remédio. Suas palavras são obras[25]. Valha-me Deus, como Ele fortalece a fé e aumenta o amor!

19. Isso é tão certo que muitas vezes eu me lembrava de quando o Senhor ordenou que os ventos parassem no mar, no momento em que a tempestade se desencadeou[26]. Assim, eu dizia: quem é este a quem obedecem todas as minhas faculdades, que dá a luz, num átimo, em meio a tanta escuridão, suavizando um coração que parecia de pedra e dando a água de lágrimas suaves onde parecia dever haver, por muito tempo, secura? Quem traz estes desejos? Quem dá este ânimo? E me veio o pensamento: que temo? Que é isso? Desejo servir a esse Senhor, não pretendo senão contentá-Lo; não quero consolação, nem descanso, nem outro bem afora fazer a Sua vontade (pois disso eu estava bem certa e, a meu ver, podia afirmá-lo).

Porque, se este Senhor é poderoso, como vejo e sei que é, e se os demônios são seus escravos (e disso não se pode duvidar, pois é verdade de fé), que mal me podem eles fazer sendo eu serva deste Senhor e Rei? Por que não haverei de ter forças para enfrentar todo o inferno?

Naquele momento, eu carregaria uma cruz com a mão, pois Deus parecia verdadeiramente me dar ânimo, modificando-me por inteiro num breve instante, a ponto de eu não temer enfrentar os demônios corpo a corpo. Eu tinha a impressão de que, com aquela cruz, venceria facilmente a todos. Desse modo, disse: "Agora vinde todos, pois, sendo serva do Senhor, eu quero ver o que me podeis fazer".

20. Não havia dúvidas de que eles pareciam temer-me, porque fiquei calma e tão destemida diante de todos eles que todos os medos que eu tinha até então desapareceram. Embora algumas vezes tenham voltado, como adiante direi[27], nunca mais os temi, parecendo que eram eles que me temiam. Fiquei com tal poder contra eles — dádiva bem clara do Senhor de todos — que não me incomodam mais do que moscas. Eles me parecem tão covardes que, vendo que somos capazes de enfrentá-los, ficam faltos de força. Esses inimigos não atacam de frente, mas apenas a quem recua diante deles — ou nas ocasiões em que Deus permite, para o maior bem dos seus servos, que eles os tentem e atormentem. Queira Sua Majestade que temamos a quem temos de temer e que compreendamos que pode haver maior dano num só pecado venial do que no inferno inteiro, porque assim é.

21. Esses demônios nos deixam espantados porque nós queremos nos espantar com apegos à honra, bens e deleites. Eles, juntando-se a nós — já que trabalhamos contra nós mesmos ao amar e

---

25. Cf. Fl 4,13. Cf. n. 3.
26. Mc 4,39.
27. Nos caps. 31, 32, 38 e 39 (cf. nota 16).

querer o que devíamos rejeitar —, muitos prejuízos nos trazem. Nós fazemos com que eles lutem contra nós com as nossas próprias armas, que pomos em suas mãos em vez de usá-las para nos defender. Isso é uma grande lástima. Mas, se rejeitarmos tudo por Deus, abraçando-nos com a cruz e buscando servi-Lo de verdade, os demônios fugirão dessas verdades como quem foge da peste. O demônio é amigo das mentiras, a própria mentira, e não faz pacto com quem anda na verdade[28]. Quando ele vê que o intelecto está obscurecido, dá uma grande ajuda para que acabemos mal; porque, vendo que alguém está cego ao buscar seu repouso em coisas vãs, e tão vãs quanto as coisas deste mundo, que são brinquedo de criança, ele logo percebe que se trata de uma criança, tratando-o como tal e enfrentando-o inúmeras vezes[29].

22. Praza ao Senhor que eu não seja assim. Que Sua Majestade me favoreça para que eu tenha por descanso o que é descanso, por honra o que é honra e por deleite o que é deleite, e não tudo ao contrário. E uma figa para todos os demônios[30], pois são eles que hão de me temer. Não entendo esses medos. Por que dizer: "demônio! demônio!" quando se pode dizer: "Deus! Deus!" — fazendo tremer o demônio?[31] Sim, pois já sabemos que o demônio não pode sequer mover-se se o Senhor não lhe permitir. Que digo? Sem dúvida, tenho mais medo dos que temem muito o demônio do que dele mesmo; porque ele não me pode fazer nada, ao passo que aqueles, especialmente se são confessores, trazem muita inquietação — e passei alguns anos com tamanho tormento que ainda hoje me espanto por tê-lo suportado. Bendito seja o Senhor, que tão verdadeiramente me ajudou!

CAPÍTULO 26

Continua no mesmo assunto. Narra certas coisas que lhe aconteceram e a levaram a perder o temor e afirmar que era o bom espírito que lhe falava.

1. Considero uma das grandes graças concedidas pelo Senhor a disposição que me deu contra os demônios; porque a alma andar acovardada e receosa de alguma coisa além de ofender a Deus é um enorme inconveniente. Pois temos um Rei todo-poderoso e um majestoso Senhor que tudo pode e a todos sujeita, não havendo por que temer, se andarmos — como falei[1] — em verdade diante de Sua Majestade, e com a consciência limpa. Para isso, como já afirmei, eu queria todos os temores: para não ofender em nada Aquele que num momento pode nos destruir. Porque, estando Sua Majestade contente, não há inimigo nosso que não fique confuso.

Alguém pode dizer que assim é; mas, como não há alma tão reta que O contente de todo, vem-nos o temor. A minha com certeza não o é, por ser muito miserável, inútil e cheia de mil defeitos. Mas Deus não é como as pessoas: Ele entende as nossas fraquezas. Mas a alma, se O ama de verdade, sente isso em si de maneira inequívoca, porque, para quem chega a esse estado, o amor não fica dissimulado como no início, exibindo em vez disso grandes ímpetos e desejos de ver a Deus, como depois direi ou já disse[2]: tudo cansa, tudo fatiga, tudo atormenta. Se não é com Deus ou por Deus, não há descanso que não canse, porque a alma se vê ausente do seu verdadeiro descanso, e assim é uma coisa muito clara que, como digo, não fica dissimulada.

---

28. Jo 8,44.

29. Ela vai voltar a falar sobre o tema com insistência; veja-se *Caminho,* cap. 23, n. 4-5.

30. Covarrubias, em seu *Tesoro,* define a figa dizendo: "É uma maneira de menosprezo que fazemos cerrando o punho e mostrando o dedo polegar entre o indicador e o médio: é uma afirmação maldosa disfarçada". "O amuleto que disfarçava esse gesto feio costumava ser de coral ou azeviche. Acreditava-se que livrasse do mau olhado. Por isso, era levado como preservativo contra os malefícios. Era, além disso, uma forma de menosprezar alguém, muito usada em nossa literatura antiga" (Silverio).

31. Alusão irônica à intervenção pouco gloriosa do coro de diretores medrosos (cf. n. 14) que a amedrontaram por ocasião das graças místicas que vem relatando.

1. No cap. 25, n. 21. A seguir, ela remete ao cap. 25, n. 20.

2. Ela vai falar disso no cap. 29, n. 8-11, e, com muita frequência, nos últimos capítulos da obra; ela "já disse" nos caps. 20, n. 9-14 e 22, cap. 21, n. 6 etc.

2. Aconteceu-me outras vezes de eu estar às voltas com grandes tribulações e murmúrios sobre certo assunto de que mais tarde vou falar, problemas que envolviam quase todo o lugar em que me encontro e a minha Ordem[3]. Estando eu aflita com as muitas coisas capazes de me inquietar, disse-me o Senhor: *Que temes? Não sabes que sou todo-poderoso? Eu cumprirei o que te prometi* (e assim o fez bem depois). Fiquei logo com muita força, e teria empreendido outra vez muitas coisas, mesmo que me custassem mais sofrimentos, para servi-Lo, dispondo-me a padecer de novo.

Isso me aconteceu tantas vezes que eu nem consigo contá-las. Em muitas delas, Ele me repreendia, o que faz ainda hoje quando tenho imperfeições, e de uma maneira capaz de desfazer a alma. Essas repreensões ao menos trazem consigo a correção, porque Sua Majestade, como eu disse[4], dá o conselho e o remédio. Outras vezes, Ele me trazia à memória meus pecados passados, em especial quando desejava me conceder favores destacados; nessas ocasiões, a alma tem a impressão de já estar no verdadeiro Juízo. Porque a verdade lhe é apresentada com tamanha clareza que ela não sabe onde se esconder.

Em outras ocasiões ainda, o Senhor me dava avisos de alguns perigos para mim e para outras pessoas, sobre coisas que viriam a acontecer, para as quais fui alertada três ou quatro anos antes, coisas que sempre se cumpriram. Algumas delas eu poderia nomear. Dessa maneira, há tantas evidências de que isso vem de Deus que, a meu ver, não se pode ignorar a Sua ação.

3. O mais seguro é (e eu assim ajo e, sem isso, não teria sossego, nem é razoável que o tenhamos, pois somos mulheres, e sem letras), como muitas vezes me disse o Senhor (e aqui não pode haver danos, mas muitos proveitos), não deixar de revelar o que vai na alma e as graças concedidas pelo Senhor ao confessor; esse confessor deve ser instruído, e devemos obedecer a ele. O Senhor me tem dito isso muitas vezes.

Eu tinha um confessor que muito me mortificava e, por vezes, me afligia e muito me fazia sofrer, porque me inquietava em demasia. Contudo, tenho para mim ter sido ele o que mais me beneficiou[5]. Embora eu tivesse muita afeição por ele, às vezes me sentia tentada a deixá-lo, pois me parecia que os exercícios da oração que ele me mandava fazer me estorvavam. Toda vez que estava decidida a abandoná-lo, eu logo percebia que não devia fazê-lo; era uma repreensão que me desfazia mais do que as advindas do confessor. Em certas ocasiões, eu ficava cansada: discussões de um lado e repreensões do outro; mas tudo era necessário, pois a minha vontade era muito pouco submetida.

O Senhor me disse certa feita que não é obediente quem não está determinado a padecer; que eu devia levar em consideração aquilo que Ele padecera, pois assim tudo ficaria mais fácil para mim.

4. Um confessor com quem tive contato no início aconselhou-me que, como estava provado que o bom espírito agia em mim, eu me calasse e disso não falasse com ninguém, porque, nessas coisas, o melhor é calar. Eu gostei disso, porque sofria muito cada vez que as contava ao confessor, e era tanta a minha vergonha que superava a que eu sentia ao confessar pecados graves. Particularmente quando se tratava de grandes favores, eu tinha a impressão de que não me haveriam de crer e zombariam de mim; eu sentia tanto isso que considerava ser um desacato às maravilhas de Deus, sendo esse o motivo de eu querer calar. Mas vim a compreender que fora muito mal aconselhada por ele, pois de nenhuma maneira devia ocultar coisas àqueles a quem me confessava, porque, fazendo isso, tinha grande segurança, ao passo que, fazendo o contrário, podia ser enganada alguma vez.

5. Sempre que o Senhor me ordenava uma coisa na oração e o confessor me dizia outra, o próprio Senhor repetia que lhe obedecesse; depois Sua Majestade mudava a sua opinião, para que me ordenasse outra vez de acordo com a vontade divina.

---

3. Alusão ao pequeno drama da fundação de São José, de que ela vai falar no cap. 36.
4. No capítulo anterior, n. 3 e 18.
5. O Padre Baltasar Alvarez. Cf. cap. 28, n. 14.

Senti muito quando se proibiu a leitura de muitos livros em castelhano[6], porque alguns muito me deleitavam, e eu não poderia mais fazê-lo, pois os permitidos estavam em latim; o Senhor me disse: *Não sofras, que te darei livro vivo.* Eu não podia compreender por que Ele me dissera isso, pois ainda não tinha tido visões. Mais tarde, há bem poucos dias, o compreendi muito bem, pois tenho tido tanto em que pensar e em que me recolher naquilo que me cerca, e tenho tido tanto amor do Senhor, que me ensina de muitas maneiras, que tenho tido muito pouco ou quase nenhuma necessidade de livros. Sua Majestade tem sido o livro verdadeiro onde tenho visto as verdades. Bendito seja esse livro, que deixa impresso na alma o que se há de ler e fazer, de modo que não se pode esquecer!

Quem pode ver o Senhor coberto de chagas e aflito por perseguições sem que as abrace, ame e deseje? Quem vê algo da glória que Ele dá aos que O servem e não reconhece que de nada vale tudo o que se pode fazer e padecer quando esperamos esse prêmio? Quem vê os tormentos que passam os condenados e não considera deleites os sofrimentos daqui nem reconhece o muito que deve ao Senhor por ter sido libertado tantas vezes daquele lugar?

6. Como, com o favor de Deus, falarei mais sobre algumas coisas, desejo prosseguir com a narrativa da minha vida. Queira o Senhor que eu tenha conseguido explicar-me no que tenho dito. Bem creio que quem tiver experiência o entenderá e verá que algo eu consegui dizer. Quem não a tem não me causará espanto se considerar tudo o que eu disse um disparate. Basta que eu o diga para ficar desculpado quem assim pensar, e não serei eu a culpá-lo. Que o Senhor me permita acertar ao cumprir a Sua vontade. Amém.

CAPÍTULO 27

Trata do outro modo pelo qual o Senhor ensina a alma e, sem falar, a faz entender Sua vontade de maneira admirável. Fala também de uma visão e da grande graça que recebeu do Senhor. Este capítulo é muito importante.

1. Voltando ao relato da minha vida, *eu estava*[1] com grandes aflições e faziam por mim, como eu disse[2], muitas orações, para que o Senhor me levasse por um caminho mais seguro, visto ser aquele, como diziam, muito suspeito. Verdade é que, embora eu o suplicasse a Deus e por mais que desejasse outro caminho, eu via minha alma tão melhorada, exceto em algum momento em que estava muito cansada das coisas que me diziam e dos receios que me inspiravam, que não estava em minhas mãos desejá-lo, embora eu sempre pedisse.

Eu me via inteiramente transformada; eu não podia[3], mas me punha nas mãos de Deus, porque Ele sabia o que me convinha, para que cumprisse em mim na íntegra a Sua vontade. Eu percebia que por esse caminho rumava para o céu e que antes marchara para o inferno; que tinha de desejar isso sem acreditar que fosse do demônio, mas não me podia forçar, embora fizesse o que estava ao meu alcance para crer nisso e para desejar outro caminho, pois não estava nas minhas mãos. Eu oferecia o que fazia, quando era alguma boa obra, por essa intenção. Recorria a santos devotos para que me livrassem do demônio. Fazia novenas; encomendava-me a Santo Hilarião, ao

---

6. Dom Fernando de Valdés, Inquisidor Geral da Espanha, publicou em 1559 um *Índice*, proibindo a leitura não apenas de livros que continham heresias, como também de muitos escritos de devoção em castelhano que, a seu ver, podiam prejudicar almas sensíveis. Frei Luis de Granada, em uma carta ao arcebispo Carranza, dizia com muita graça, falando desse *Índice*: "E com tudo isso haverá muito trabalho, por estar o Arcebispo tão contrário a coisas, como ele diz, de contemplação para mulheres de carpinteiros" (cf. *Obras de Fray Luis de Granada*, t. 14, p. 441) (Silverio). Observe-se, pois, que as visões místicas de que ela vai falar em seguida são posteriores a essa data, porque então a Santa "ainda não tinha tido visões" (n. 5). O decreto de Valdés, que encabeça o *Índice*, está datado de *17 de agosto de 1559* (p. 6).

1. *Eu estava* são palavras introduzidas por Frei Luis (p. 314) no texto teresiano. Com o perdão da Santa, conservamo-las em seu texto, para evitar a dureza de uma frase anacolútica no início do capítulo. *Voltando ao relato da minha vida*: ela retoma o fio do cap. 25. Cf. cap. 25, n. 15.

2. No cap. 25, n. 15.

3. *Eu não podia* desejá-lo. Cf. cap. 29, n. 5.

anjo São Miguel, pelo qual voltei a ter devoção, importunando muitos outros santos para que, com a sua intercessão, o Senhor me esclarecesse.

2. Passados dois anos, durante os quais fiz todas essas orações, ao lado de outras pessoas, para que o Senhor me levasse por outro caminho ou declarasse a verdade — porque eram muito contínuas as vezes que, como eu disse[4], o Senhor falava comigo — aconteceu-me o seguinte. Estando no dia do glorioso São Pedro dedicada à oração, vi perto de mim, ou, melhor dizendo, senti, porque com os olhos do corpo ou da alma nada vi, Cristo ao meu lado. Parecia-me que Ele estava junto de mim, e eu via ser Ele que, na minha opinião, me falava.

Dada a minha grande ignorância sobre a possibilidade de semelhante visão, senti grande temor no início, e a única coisa que fiz foi chorar, embora, ouvindo do Senhor uma só palavra de segurança, ficasse em meu estado habitual, em quietude, consolada e sem nenhum temor. Parecia-me que Jesus Cristo sempre estava ao meu lado; e, como não era visão imaginária[5], não percebia de que forma. Mas sentia com clareza tê-Lo sempre ao meu lado direito, como testemunha de tudo o que eu fazia. Nenhuma vez em que me recolhesse um pouco ou não estivesse muito distraída eu podia ignorar que Ele estava junto de mim.

3. Muito aflita, corri ao meu confessor para lhe contar. Ele me perguntou em que forma eu via Cristo. Eu disse que não O via. Ele me perguntou como eu sabia que era Cristo. Respondi que não sabia como, mas que não podia deixar de perceber que Ele estava junto de mim, pois O via e sentia com clareza. O recolhimento da alma era muito maior na oração de quietude, e muito mais intenso, sendo os efeitos muito diferentes dos que eu costumava ter. Isso era muito evidente.

Para me explicar, eu só podia recorrer a comparações; e é certo que, para esse modo de visão, não me parece haver comparação adequada. Assim como é uma visão das mais sublimes (como depois me disse um santo homem de grande espírito, Frei Pedro de Alcântara, de quem depois farei menção[6], bem como outros grandes eruditos, que me alertaram para o fato de ser ela a visão em que o demônio menos se pode imiscuir), assim também não há termos para descrevê-la, pelo menos por nós, pobres ignorantes, porque os eruditos melhor o explicarão. Porque, se digo que não O vejo com os olhos do corpo nem da alma[7], por não ser visão imaginária, como percebo e afirmo com mais clareza que está perto de mim do que se O visse?

Não ajuda muito dizer que é como uma pessoa que está no escuro e não vê outra que está ao seu lado, ou como uma pessoa cega; isso tem alguma semelhança, mas não muita, porque nesse caso é possível percebê-la com os sentidos, ouvi-la falar ou mexer-se, ou mesmo tocá-la. No caso de que trato, não há nada disso, nem se vê escuridão; a presença é percebida pela alma com mais clareza do que o sol. Não digo que se veja o sol ou a claridade. Vemos uma luz que, sem se mostrar na realidade, ilumina o entendimento para que a alma goze de tão grande bem. Ela traz consigo inúmeros benefícios.

4. Não é como a presença de Deus, que é sentida muitas vezes, em especial pelos que têm oração de união e de quietude. Parece que, quando se começa a ter oração, encontra-se imediata-

---

4. Cf. cap. 24, n. 5; 25 passim; 26, n. 2 e 5.

5. *Não era visão imaginária*, mas intelectual. Logo ela vai distinguir, como veremos, ao menos três classes de visões místicas: *intelectuais* (como esta, que ela vai definir, à sua maneira, no n. 3), *imaginárias* (percebidas com o que ela denomina "os olhos da alma" — cf. n. 3 —, ou seja, com a fantasia ou a imaginação, como a visão de que vai falar no próximo capítulo, n. lss) *e corporais* (vistas com os olhos físicos, que a Santa dirá nunca ter tido, cf. cap. 28, n. 4). Assim, o sentido da frase teresiana é: ela via o Senhor andar sempre ao seu lado, mas "como o via intelectualmente, não percebia a forma sensível ou concreta ou corporal de Sua presença". Note-se, contudo, que a Santa é bastante livre no uso dos termos; assim, ela vai dizer, em seguida, que "sentia" essa visão intelectual. Essa primeira visão ocorreu provavelmente no dia 29 de junho de 1560 (cf. cap. 29, n. 5) ou, talvez, em 18 de janeiro ou 22 de fevereiro do mesmo ano; adiante (cap. 29, n. 5), a Santa vai dizer que teve a primeira visão na festa de São Pedro e São Paulo; sabemos, por outro lado, que o fato aconteceu depois da publicação do *Índice* de Valdés (decretado em 17/8/1559), quando a Santa "ainda não tinha visões" (cap. 26, n. 5).

6. Neste mesmo cap., n. 16-20, e cap. 30, n. 2-7.

7. *Olhos da alma:* sentidos interiores (cf. cap. 28, n. 4).

mente com quem falar e, pelo visto, percebemos que nos ouve por meio dos efeitos e sentimentos espirituais de grande amor, grande fé, e outras determinações cheias de ternura. Esse grande favor é de Deus, e quem o receber tenha-o em alta conta, porque é uma oração muito elevada, embora não seja visão, sendo a presença de Deus percebida pelos efeitos que, como eu disse, são produzidos na alma, por ser desse modo que Sua Majestade quer dar-se a sentir. Aqui[8], vê-se com clareza que Jesus Cristo, filho da Virgem, está presente. Na outra oração, manifestam-se somente umas influências da Divindade; nesta, percebemos ao lado disso que a Humanidade Sacratíssima nos acompanha e nos quer conceder graças.

5. O confessor me perguntou: quem disse que era Jesus Cristo? Ele mesmo o disse muitas vezes, respondi; mas, antes que Ele me dissesse, já estava impresso no meu pensamento que era Ele. Antes disso, Ele já me dizia, mas eu não O percebia. Se uma pessoa que eu nunca tivesse visto e só conhecesse pela fama viesse me falar, estando eu cega ou numa grande escuridão, e me dissesse quem era, eu acreditaria nela, mas não com a mesma certeza com que o faria se a visse. Nesta oração, sim, sem que vejamos, imprime-se em nós uma evidência tão clara que não me parece haver como duvidar; quer o Senhor que isso esteja tão gravado em nosso entendimento que não possamos duvidar mais do que duvidaríamos do que vemos — e até teríamos mais dúvidas neste último caso, porque algumas vezes resta a suspeita de que tenhamos imaginado; aqui, embora possa haver tal suspeita, a certeza é tão grande que a dúvida não tem força.

6. Assim é também uma outra maneira pela qual Deus ensina a alma, falando-lhe sem falar, como expliquei[9]. É uma linguagem tão sublime que mal se pode dar a entender, por mais que o queiramos, se o Senhor, pela experiência, não o ensinar. O Senhor apresenta o que deseja que a alma compreenda no mais profundo do seu íntimo, agindo ali sem imagens nem palavras, mas à maneira da visão já explicada.

E deve-se dar muita atenção a esse modo de Deus fazer com que a alma entenda o que Ele quer, e grandes verdades e mistérios, porque muitas vezes, quando me explica alguma visão, Sua Majestade quer dizer qual a Sua vontade com relação a mim. Parece-me que, por estas razões, essa é a oração em que o demônio menos pode se intrometer[10]. Se elas não são boas, devo estar enganada.

7. É tão espiritual essa espécie de visão e de linguagem que não há nenhuma manifestação nas faculdades nem nos sentidos, o que, a meu ver, impede que o demônio perceba o que vai na alma[11]. Isso acontece raras vezes e por breve tempo, porque, em outras, tenho certeza de que as faculdades não estão suspensas nem os sentidos aquietados, mas muito em si. Ou seja, isso não acontece sempre na contemplação, mas muito poucas vezes; nestas, não somos nós que agimos, nem nada fazemos: tudo parece obra do Senhor. É como se sentíssemos no estômago um alimento que não ingerimos; percebemos que está ali, mas não sabemos o que é nem quem o pôs. Aqui[12] sim; mas como foi posto não o sei, pois não se vê nem se entende, jamais se pensou em desejá-lo nem passou pela cabeça a ideia de que isso fosse possível.

8. Nas palavras de que já falei[13], Deus obriga o intelecto, mesmo a contragosto, a prestar atenção, entendendo o que é dito; a alma parece ter outros ouvidos de ouvir, ouvidos que a fazem escutar e impedem que se distraia: é como alguém que ouvisse bem e fosse proibido de tapar os

---

8. *Aqui:* na visão mística do n. 2.

9. No cap. 25 (no título e no n. 1). São falas divinas da mesma espécie das visões não imaginárias de que ela tem falado. Ela vai defini-las a seguir pela sua semelhança com estas. Portanto, ela distingue três espécies de falas: a) formadas e sensíveis; b) formadas e não imaginárias, que são compreendidas sem que se ouçam (cf. cap. 25); e c) falas não formadas, sem palavras, semelhantes ao que ocorre no céu (cap. 27, n. 10). Ela começa a tratar destas últimas a partir do n. 6.

10. *Estas razões:* as que virão a seguir. Ela vai começar a enunciá-las no n. seguinte, mas perderá o fio, só o recuperando no n. 1 do cap. 29.

11. Observe-se que ela fala tanto de visões como de falas místicas.

12. *Aqui:* nas falas místicas. Ela o contrapõe ao *ali* da linha anterior, que designa o "estômago", que empregou como comparação.

13. No cap. 25 *passim*.

ouvidos. Se pessoas falassem perto dele, ainda que não quisesse, ele haveria de ouvir. De qualquer modo, algo faz, pois está atento para compreender o que é falado.

No caso em questão, nem essa pouca participação permitida no passado, simplesmente escutar, permanece. A alma encontra tudo cozido e comido; só lhe resta aproveitar, como alguém que, sem ter aprendido nem se esforçado para saber ler, e sem estudar nada, encontrasse toda a ciência dentro de si, sem saber como nem de onde ela veio parar ali, visto que jamais fez qualquer coisa mesmo para aprender o alfabeto.

9. Parece-me que esta última comparação explica algo deste dom celestial, porque a alma se vê, num átimo, sábia e tão instruída sobre o mistério da Santíssima Trindade e de outras coisas muito elevadas que não há teólogo com quem ela não se atrevesse a argumentar acerca da verdade dessas grandezas. É tamanho o espanto que basta uma graça dessas para provocar uma reviravolta na alma, levando-a a não amar senão Aquele que ela vê, sem nenhum trabalho seu, torná-la capaz de tão grandes bens, comunicando-lhe segredos e tratando com ela com tanta amizade e amor que não é possível descrever. O Senhor concede alguns favores que, por serem tão admiráveis e dados a quem tão pouco os merece, trazem consigo uma suspeita que, se a fé não for muito viva, impede a alma de acreditar neles.

Por isso, se não me ordenarem outra coisa, pretendo falar de algumas graças que o Senhor me tem concedido; vou me limitar a algumas visões que possam ser de algum proveito ou sirvam para que a pessoa a quem o Senhor as conceder não se espante, julgando-o impossível, como fazia eu. Poderão também servir para explicar o modo como o Senhor me conduziu e o caminho pelo qual me levou, porque é isso que me mandam escrever.

10. Voltando agora a esta maneira de compreender, parece que o Senhor quer de todo modo que a alma saiba algo do que se passa no céu; tenho a impressão de que, assim como lá é possível compreender sem que ninguém fale (o que eu nunca soube com certeza até que o Senhor, pela Sua bondade, quis que eu visse e me mostrou num arroubo), assim também aqui Deus se entende com a alma, bastando que Sua Majestade o deseje; não são usados artifícios para que se compreenda o amor que une esses dois amigos.

É como o que acontece no mundo quando duas pessoas têm um grande amor mútuo e se entendem muito bem, sem nem precisar de sinais, sendo suficiente que olhem uma para a outra. Creio que assim ocorre nesta maneira de entender, porque, sem que percebamos, estes dois amantes se olham, face a face, como diz o Esposo à Esposa no *Cântico dos Cânticos*[14], ou ao menos acho que ouvi dizer que é aí que diz.

11. Ó benignidade admirável de Deus, *que assim Vos*[15] deixais mirar por olhos que se dedicaram a tanto mal como os de minha alma! Que eles, Senhor, diante desta visão, se acostumem a não olhar coisas baixas, nem se contentem senão Convosco! Ó ingratidão dos mortais! A que ponto há de chegar? Sei por experiência que é verdade o que digo, sendo bem pouco o que se pode dizer do que fazeis a uma alma que levais a essa condição. Ó almas que começastes a fazer oração e que tendes verdadeira fé, que bens podeis buscar nesta vida que sejam iguais ao menor dos bens celestiais, sem falar no que se ganha para a eternidade?

12. Deus com certeza se dá a todos os que deixam tudo por Ele. Ele não faz distinção entre as pessoas[16], pois ama a todas; ninguém pode dizer que Ele aja de outra maneira, por pior que seja a pessoa, já que assim foi comigo, tendo me elevado a esse estado. O que digo nada vale diante do que se poderia dizer; só falei do que é imperativo para se explicar esta maneira de visão e de graças que Deus concede à alma. Mas não posso falar do que se sente quando o Senhor revela segredos e grandezas Suas, dos prazeres tão superiores a todos os do mundo, prazeres que com

---

14. Ct 4,9 e 6,4.
15. *Que assim Vos:* palavras acrescentadas à margem e aceitas por Frei Luis (p. 323) para suprir uma linha ilegível do autógrafo, talvez riscada pela própria autora.
16. Rm 2,11 e Mt 22,16.

razão nos fazem aborrecer os deleites da vida, que não passam de lixo. O simples fato de evocá-los aqui para fins de comparação já me dá náuseas, mesmo que eu os pudesse aproveitar por toda a eternidade, enquanto estes que o Senhor dá são apenas uma gota do grande rio caudaloso que está preparado para nós[17].

13. Isso nos causa vergonha — com certeza causa a mim. Se fosse possível haver confusão no céu, eu com razão estaria lá mais confusa do que todos. Por que havemos de querer tantos bens, deleites e glórias por todo o sempre à custa do bom Jesus? Não vamos ao menos chorar com as filhas de Jerusalém[18], já que não O ajudamos a levar a cruz, como o Cireneu? Haveremos de gozar com prazeres e diversões o que Ele conseguiu para nós vertendo tanto sangue? É impossível. E pensamos remediar com vãs honrarias o desprezo que Ele sofreu para que nós pudéssemos reinar para sempre? Não tem cabimento; agindo assim, errado, erradíssimo, é o caminho; nunca chegaremos lá.

Apregoe vossa mercê[19] essas verdades, pois Deus me tirou essa liberdade. Eu gostaria de repeti-las sempre para mim, mas muito demorei a ouvir-me e a entender a Deus, como se verá no que escrevo[20]. Por isso, tenho grandes dificuldades para falar delas, razão por que vou me calar, dizendo apenas uma coisa que às vezes considero. Queira o Senhor conceder-me um dia o favor de gozar desse bem.

14. Que glória acidental será, e que contentamento, a dos bem-aventurados que já gozam disso quando virem que, embora tarde, não deixaram de fazer por Deus o que puderam, e nada lhe negaram, dando-Lhe de todas as maneiras que puderam, de acordo com as suas forças e o seu estado. E quem mais tiver feito tanto mais receberá! Quão rico ficará quem deixou todas as riquezas por Cristo. Que honrado será quem não quis honra por amor a Ele, mas se comprazia[21] em ver-se muito abatido! Quão sábio quem folgou por ver que o tinham por louco, pois o levaram à própria Sabedoria! Quão poucos assim há agora, devido aos nossos pecados! Sim, parece que se acabaram aqueles que as pessoas tinham por loucos ao vê-los realizar façanhas heroicas de verdadeiros amantes de Cristo. Ó mundo, mundo, como tens ganho honras por haver poucos que te conheçam!

15. E, no entanto, pensamos que se serve mais a Deus se se é considerado sábio e discreto! Sem dúvida assim é, a julgar pela moda da discrição. Desse modo, parece-nos pouco edificante não ter muita compostura e dignidade, cada qual em seu estado. Até o frade, o clérigo e a monja têm a impressão de que usar hábitos velhos e remendados é uma novidade, um escândalo para os fracos, ocorrendo o mesmo com o recolhimento e a oração. O mundo está de tal maneira, e estão tão esquecidas as coisas da perfeição e os grandes fervores que os santos tinham, que não se vê que o pretenso escândalo causado por religiosos que mostrem em obras o que dizem com palavras — a pouca importância que se deve dar ao mundo — não contribui tanto para as desventuras desta época quanto o desejo de ser tido por sábio e discreto.

Desses pretensos escândalos o Senhor obtém grandes proveitos. E, se uns se escandalizam, outros se arrependem. Quem dera houvesse ao menos um esboço do que Cristo e os Seus apóstolos passaram nesta nossa época, que mais do que nunca precisa disso!

16. E que bom modelo Deus nos levou agora no bendito Frei Pedro de Alcântara! O mundo não consegue suportar tanta perfeição. Fala-se que a saúde está mais fraca e que são outros os tempos. Esse santo homem viveu nesta época, mas o seu espírito era vigoroso como nos outros tempos; ele tinha o mundo sob os pés. Mesmo que não andemos descalços nem façamos penitên-

---

17. Frase lacônica e vigorosa: a Santa sente forte repugnância diante da mera comparação entre os gozos místicos e o "lixo" dos prazeres terrenos. O sentido é: "Causa náuseas estabelecer comparação entre os dois gozos, mesmo que os terrenos fossem eternos e os místicos não passam de uma gota do rio caudaloso que está preparado para nós no céu". Frei Luis de León pontuou mal essa passagem (p. 324) e, seguindo-o, fizeram o mesmo quase todos os editores e tradutores.
18. Dupla alusão a Lc 23,27 e Mt 27,32.
19. Fala com o Padre frei Garcia de Toledo, anotou Gracián em seu exemplar.
20. Passagem difícil, objeto de dificuldades na transcrição e na edição.
21. Esta passagem está coalhada de reminiscências bíblicas: Mt 19,21-29; 27,28; 2Cor 11,16 etc.

cias tão duras quanto ele, há muitas coisas, como eu já disse outras vezes[22], com que se desprezar o mundo; quando vê disposição, o Senhor as ensina. E que grande coragem Sua Majestade deu a esse santo de que falo, que, como todos sabem, fez durante quarenta e sete anos uma áspera penitência! Quero dizer algo sobre isso, pois sei que é pura verdade.

17. Ele me contou, e a outra pessoa[23], para a qual não tinha segredos (quanto a mim, a causa de me dizer foi o amor que me tinha, amor que o Senhor nele inspirou para que cuidasse de mim e para me animar num momento de muita necessidade, como eu disse e direi[24]): pelo que me lembro, ele disse que por quarenta anos dormiu apenas uma hora e meia por dia. Contou que no início a sua maior penitência foi vencer o sono e que, para isso, ficava sempre de joelhos ou de pé; quando dormia, era sentado, com a cabeça encostada a um pedaço de madeira que tinha pregado na parede. Ainda que quisesse, não podia deitar-se, porque a sua cela, como se sabe, não tinha nem um metro e meio. Em todos esses anos, nunca se cobriu com um capuz, por mais fortes que fossem o sol ou a chuva, nunca cobriu os pés e só vestia o corpo com um hábito de saial sem nada mais sobre a carne. Tratava-se de um hábito bem apertado, por cima do qual ele usava um pequeno manto do mesmo pano.

Ele me contou que tirava o manto quando fazia muito frio e deixava a porta e o postigo da cela abertos, a fim de que, pondo depois o manto e fechando a porta, o corpo fosse contentado e ficasse sossegado com algum abrigo. Ele costumava comer somente de três em três dias, afirmando ainda que isso não era motivo de espanto, por ser muito possível a quem se acostumasse. Um companheiro seu me contou que ele às vezes passava oito dias sem comer. É provável que isso ocorresse quando ele estava em oração, porque tinha grandes arroubos e ímpetos de amor de Deus, como testemunhei certa feita[25].

18. Era extrema a sua pobreza; na mocidade, foi tamanha a sua mortificação que, segundo me contou, aconteceu de passar três anos numa casa de sua Ordem sem conhecer nenhum frade a não ser pela fala; porque jamais levantava os olhos. Ele não conhecia os lugares a que por necessidade tinha de ir, pois seguia os outros frades. Fazia o mesmo em todos os caminhos. Nunca olhou uma mulher — e isso por muitos anos. Disse-me que pouca diferença fazia para ele ver ou não ver; mas era muito velho quando o conheci[26], e tão extrema a sua fraqueza que parecia feito de raízes de árvores.

Com toda essa santidade, era muito afável, se bem que de poucas palavras, a não ser quando falavam com ele. Sua conversa era muito agradável, por ser grande a sua compreensão. Quisera dizer muitas outras coisas, mas tenho medo de que vossa mercê pergunte por que me intrometo nisso, e foi temerosa que o escrevi. Concluo, pois, dizendo que o seu fim foi como a sua vida; ele morreu pregando e admoestando seus religiosos. Quando viu que tinha chegado a sua hora, disse o salmo *Laetatus sum in his quae dicta sunt mihi* (Alegrei-me com o que foi dito)[27] e, de joelhos, expirou.

19. Depois disso, o Senhor tem permitido que eu tenha mais ajuda dele do que tive em vida; ele me aconselha em muitas coisas. Vi-o muitas vezes com imensa glória. Da primeira vez em que

---

22. Cf. n. 14 e cap. 16, n. 1, 4 e 8, bem como cap. 21 *passim*.
23. "Esta pessoa de quem a Santa fala aqui era a venerável Maria Díaz (Maridíaz), muito famosa em Ávila pelas suas grandes virtudes. Ela teve por mestre espiritual São Pedro de Alcântara. Em sua correspondência, a Santa fala dessa mulher piedosa, encarecendo-a muito. Atribui-se a São Pedro de Alcântara a afirmação de que Ávila tinha dentro de seus muros três Santas de uma só vez: a Madre Teresa, Maria Díaz del Vivar e Catalina Dávila, esta última de família nobre" (Silverio).
24. No n. 3 e, depois, no cap. 30.
25. A Santa se refere, provavelmente, a um episódio ocorrido na Encarnação de Ávila em 1561. O frei tinha ido à cidade para tratar de assuntos de sua Ordem. Teresa tinha preparado comida para ele no locutório do mosteiro, onde pôde surpreendê-lo em êxtase na presença de várias outras pessoas. Assim o diz Francisco Marchese em sua biografia do Santo (Lión, 1670), L. VII, cap. 5.
26. Não tão velho; se, segundo parece, a Santa o conheceu no verão de 1558, ele ainda não tinha sessenta anos. Ele nascera em Alcântara no ano de 1499 e faleceu em 1562 em Arenas de San Pedro (Ávila).
27. A Santa, doutora em mística mas não bacharel em latim, o escreveu a seu modo: *letatum sun yn is que dita sun mihi*, Sl 121,1.

me apareceu, ele me disse que fora feliz a penitência que lhe granjeara tamanha recompensa, e muitas outras coisas. Um ano antes de morrer, ele me apareceu, embora estivesse ausente[28]. Assim, eu soube que ele havia de morrer e mandei que o avisassem, estando ele a alguns quilômetros daqui. Quando expirou, ele me apareceu e disse-me que ia entrar em seu descanso[29]. Eu não acreditei e contei a algumas pessoas; oito dias depois, chegou a notícia de que morrera ou, melhor dizendo, começara a viver para sempre.

20. Eis acabada essa vida tão áspera com glória tão imensa. Acho que agora ele me consola mais do que quando estava aqui. O Senhor me disse uma vez que concederia em nome desse Santo tudo o que Lhe pedissem. Muitas coisas que lhe encomendei que pedisse ao Senhor vi serem realizadas. Bendito seja para sempre, amém.

21. Mas para que falar tudo isso? Não é para despertar vossa mercê para que não estime em nada as coisas desta vida! Como se vossa mercê não o soubesse ou não estivesse determinado a tudo deixar, tendo já posto mãos à obra!

Digo-o porque vejo tanta perdição no mundo que, embora dizê-lo não sirva senão para que eu me canse de escrever, falar isso é descanso, ainda que tudo isso seja contra mim. Que o Senhor perdoe as minhas ofensas nesse caso, e que vossa mercê, a quem canso sem motivo, também o faça. Parece que desejo que vossa mercê faça penitência pelos pecados que eu cometi nesta matéria.

CAPÍTULO 28

Narra as grandes graças que o Senhor lhe concedeu e como Ele lhe apareceu a primeira vez. Explica o que é visão imaginária. Fala dos grandes efeitos e sinais que a visão deixa quando vem de Deus. Este capítulo é muito proveitoso e importante.

1. Voltando ao nosso propósito[1], durante alguns dias a visão permaneceu, sendo-me tão proveitosa que eu não saía da oração e, mesmo quando o fazia, buscava que fosse de modo a não descontentar a quem claramente o testemunhava. E, embora eu às vezes temesse, devido às tantas coisas que me diziam[2], pouco durava o medo, porque o Senhor me dava tranquilidade.

Certo dia em que eu estava em oração, quis o Senhor mostrar-me apenas as Suas mãos; era tamanha a sua formosura que eu não consigo descrevê-las. Isso me deixou muito temerosa, porque qualquer novidade em termos de graça sobrenatural que o Senhor me concede muito me assusta no princípio. Há poucos dias, vi também o rosto divino, que, ao que parece, me deixou inteiramente absorta. Eu não podia compreender por que o Senhor se mostrava assim, pouco a pouco, se haveria de me fazer a graça de vê-Lo por inteiro, mas vim a entender que Sua Majestade me conduzia segundo minha fraqueza natural. Bendito seja para sempre, porque tanta glória junta era insuportável para criatura tão baixa e vil, razão por que, sabendo disso, o piedoso Senhor ia me preparando.

2. É provável que vossa mercê ache que não era preciso muito esforço para ver mãos e rosto tão formosos. Mas os corpos glorificados são tão belos que a glória que traz consigo a visão de coisa tão sobrenaturalmente formosa nos perturba; e, assim, isso me deixava cheia de temor, confusa e inquieta, se bem que, mais tarde, me viessem uma certeza e uma segurança tais que eu logo perdia o temor.

---

28. Deve ter acontecido no outono de 1551. De acordo com o biógrafo italiano do Santo, Santa Teresa estava atribulada por causa de certas deficiências do Decreto Apostólico que autorizava a fundação do futuro Mosteiro de São José de Ávila; nessa conjuntura, apareceu-lhe o santo franciscano para dar-lhe conselhos (cf. a mencionada biografia de São Pedro de Alcântara de F. Marchese, L. III cap. 11; cf. também o cap. 36, n. 20 da autobiografia teresiana). O episódio mereceu as honras da Bula de Canonização do Santo.

29. "Lembro-me de que ele me disse, na primeira vez em que o vi, entre outras coisas, que muito se deleitava, que feliz penitência fora a que tinha feito, pois grande recompensa havia alcançado" (cap. 36, n. 20).

1. *Voltando ao nosso propósito:* ao tema da visão referida no cap. 27, n. 2-5.
2. *Devido às tantas coisas que me diziam:* devido aos muitos perigos que lhe diziam haver nas visões.

3. Num dia de São Paulo, durante a missa, essa Humanidade sacratíssima se apresentou a mim por inteiro, tal como é representado ressuscitado; sua formosura e majestade eram como eu já disse a vossa mercê, seguindo ordem vossa. E me custou muito fazê-lo, porque não há como descrevê-las sem as desmerecer; mas expliquei da melhor maneira que pude[3], não havendo por que repeti-lo. Digo somente que, se no céu não houvesse senão a formosura dos corpos glorificados para deleitar a vista, seria imensa a glória especial de ver a Humanidade de Jesus Cristo Nosso Senhor. Se aqui na terra Sua Majestade se mostra na medida do que pode suportar a nossa miséria, como se mostrará Ele ali onde se goza a plenitude desse bem?

4. Embora essa visão seja imaginária, nunca a vi com os olhos corporais, nem a alguma outra, mas com os olhos da alma.

Os que sabem mais do que eu dizem que a visão anterior é mais perfeita do que essa, que é muito maior do que as que se veem com os olhos do corpo, consideradas as mais baixas[4], aquelas que mais admitem ilusões do demônio. Como eu não podia entender isso, desejava, quando me era concedido esse favor, ver com os olhos corporais, para que o confessor não me dissesse que eu estava enganada. Depois que ela acabava, acontecia-me, imediatamente depois, pensar que tinha de fato me enganado, ficando aflita por tê-lo dito ao confessor, achando que o tinha enganado. Eu caía em prantos, voltava a ele e contava-lhe as minhas dúvidas. Ele me perguntava se eu pensava que lhe dizia a verdade ou se o tinha querido enganar. Eu lhe dizia a verdade, pois a meu ver não tinha mentido nem o pretendera; por nenhuma coisa deste mundo eu usaria de enganos. Ele bem o sabia e, assim, procurava tranquilizar-me, e eu sentia muito por ir procurá-lo com essas ninharias, que não sei como o demônio conseguia convencer-me de que eram fingimento de minha parte, trazendo-me grande tormento.

Mas o Senhor apressou-Se tanto em me dar essa graça e declarar essa verdade que cedo afastou de mim a dúvida sobre a realidade disso. Mais tarde, vi com muita clareza a minha tolice; porque, mesmo que dedicasse muitos anos a imaginar coisa tão bela, eu não o teria podido nem sabido, já que excede tudo aquilo que se pode pensar aqui, ao menos na brancura e esplendor.

5. Não é um esplendor que deslumbre, mas uma suave brancura e um brilho infuso que dão enorme prazer à vista e não cansam, o mesmo ocorrendo com a claridade que acompanha a visão dessa beleza tão divina. É uma luz tão diferente das do mundo que o clarão do sol que vemos parece sem brilho em comparação com a claridade e a luz que se apresentam à vista. Quase não se quer abrir os olhos depois disso. É como ver uma água muito clara que corre sobre cristal e onde o sol reverbera, comparada a uma água muito turva num dia nublado correndo sobre a terra. Não que se veja o sol ou que a luz se assemelhe à dele; na verdade, parece luz natural, enquanto a solar parece coisa artificial.

É luz que não conhece noite, mas que, como sempre brilha, por nada pode ser ofuscada. Em suma, é de tal maneira que, por maior entendimento que tivesse, ninguém, em todos os dias de sua vida, poderia por si mesmo imaginar como é. E, no entanto, Deus a põe diante de nós num átimo, mal nos dando tempo de abrir os olhos, caso fosse necessário fazê-lo. Pouco importa que estejam abertos ou fechados, porque, quando o Senhor deseja, mesmo que não queiramos, a vemos. Não há distração que a perturbe, nem resistência, nem esforço, nem cuidado. Tenho boa experiência disso, como direi[5].

6. Eu desejaria explicar agora o modo como o Senhor se mostra nessas visões; não digo que possa explicar a maneira pela qual essa luz tão forte se imprime nos sentidos interiores, nem

---

3. A Santa se refere a um relato feito anteriormente para o próprio Padre García de Toledo, e que não chegou até nós. A visão da Humanidade do Senhor ocorreu muito provavelmente na festa da Conversão de São Paulo, 25/1/1561 (cf. cap. 27, nota 5).

4. A *visão anterior é mais perfeita* (visão intelectual, cf. cap. 27, n. 2) *do que essa* (visão imaginária, de que ela está falando), *que é muito maior do que as que se veem com os olhos do corpo* (que ela acabou de dizer que nunca teve), *consideradas as mais baixas* (de menor qualidade).

5. Cap. 29, n. 7.

como o nosso intelecto percebe imagem tão clara, que verdadeiramente parece estar ali, por ser isso assunto de eruditos. O Senhor não me quis dar a entender de que forma isso acontece; e sou tão ignorante e de entendimento tão grosseiro que, embora me tentassem explicá-lo, ainda não o consegui entender.

É verdade, muito embora vossa mercê tenha a impressão de que há em mim vivacidade de espírito; porque já passei por isso muitas vezes e só o compreendo, como dizem, o que me é dado mastigado. Algumas vezes, o meu confessor se espantava com as minhas ignorâncias, pois jamais entendi, nem desejei entender, como Deus fazia isso ou como isso era possível, nem nunca o perguntei, embora, como eu disse[6], de alguns anos para cá tenha tratado com bons letrados. Eu só perguntava se uma coisa era ou não pecado. Quanto ao mais, bastava-me pensar que Deus tinha feito tudo e logo via que não tinha por que me admirar, mas razões para louvá-Lo. As coisas difíceis até me levam à devoção, e, quanto mais difíceis, tanto mais o fazem.

7. Falarei, pois, do que vi por experiência. Como o Senhor o faz, vossa mercê o explicará melhor, elucidando tudo o que estiver obscuro e eu não souber dizer. Bem me parecia, em algumas coisas, que o que eu via eram imagens; mas, por muitas outras razões, eu achava que era o próprio Cristo, de acordo com a clareza com que era servido mostrar-se a mim. Em algumas ocasiões, a visão era tão confusa que me parecia imagem, mas não semelhante aos quadros da terra, por mais perfeitos que sejam, pois destes vi muitos, e belos[7]; pensar que uns e outros são semelhantes é disparate, pois se parecem tanto quanto uma pessoa viva com seu retrato, já que este, por melhor que seja, não pode ser tão natural, sendo perceptível que não passa de coisa morta. Mas deixemos isso de lado, que já está bem explicado e é tal como digo.

8. O que digo não é uma comparação, pois elas nunca são tão cabais, mas a pura verdade: há de fato uma diferença como a existente entre o vivo e o pintado — nem mais nem menos. Porque, se for imagem, é imagem viva, não um homem morto, mas o Cristo vivo. Ele dá a entender que é homem e Deus, mostrando-se não como estava no sepulcro, mas com a aparência com que saiu dele ao ser ressuscitado. Ele vem por vezes com tanta majestade que não há quem possa duvidar de que se trata do próprio Senhor, em especial quando acabamos de comungar, pois já sabemos que está ali, visto que a fé assim nos diz. Ele se apresenta tão senhor daquela pousada que parece que a alma toda desfeita se vê consumir em Cristo.

Ó Jesus meu, quem poderia explicar a majestade com que Vos mostrais? E quão Senhor de todo o mundo, dos céus, de outros mil mundos, e de mundos e céus sem conta que poderíeis criar! A alma compreende que, diante da majestade com que Vos representais, nada é para Vós serdes Senhor do universo.

9. Aqui se vê com clareza, Jesus meu, o pouco poder de todos os demônios diante do Vosso; na verdade, quem Vos contenta pode pisar em todo o inferno. Vê-se a razão que os demônios tiveram de temer quando fostes ao limbo, sendo eles obrigados a desejar mil outros infernos mais inferiores para fugir de tão grande majestade. E percebo que quereis dar a entender à alma quão grande sois e que poder tem essa Sacratíssima Humanidade unida à Divindade. Vemos muito bem como será, no dia do Juízo, ver a majestade desse Rei e o seu rigor para com os maus. Aqui, a visão deixa na alma a verdadeira humildade, pois esta vê sua miséria e não a pode ignorar. Aqui, ocorrem a confusão e o verdadeiro arrependimento dos pecados; a alma, mesmo vendo tantas mostras de amor, não sabe onde se esconder, e se desfaz toda.

Essa visão tem força tão imensa que, quando o Senhor quer mostrar à alma grande parte de Sua grandeza e majestade, é impossível (se o Senhor, de maneira muito sobrenatural, não quisesse ajudar a alma pondo-a em arroubo e êxtase, onde ela perde de vista, com o prazer que sente, a visão daquela presença divina) que alguém possa suportá-la.

---

6. Cf. cap. 10, n. 9 e cap. 13, n. 18.
7. "A Santa bordava e fazia outros trabalhos manuais muito primorosamente, como se pode ver pelos trabalhos feitos por ela e venerados nas Carmelitas de Toledo, Medina del Campo e outros lugares" (Silverio).

É verdade que se esquece depois? A majestade e a formosura ficam tão impressas que só se pode esquecer quando o Senhor deseja que a alma padeça de uma aridez e de uma imensa solidão de que vou falar[8], porque, nesse caso, ela parece esquecer-se até de Deus. A alma se transforma, sempre embebida; parece-lhe que começa a amar Deus com um novo amor vivo muito elevado. E, embora a visão passada de que falei[9], que representa Deus sem imagem, seja mais elevada, esta última é mais adequada à nossa fraqueza, pois dura mais na memória e traz bem ocupado o pensamento, porque deixa representada e impressa na imaginação presença tão divina.

E quase sempre vêm juntos esses dois tipos de visão. E é bom que venham, porque, com os olhos da alma, vemos a excelência, a formosura e a glória da Santíssima Humanidade, e, da outra maneira aludida, percebemos como é Deus e quão poderoso, vemos que Ele tudo pode, tudo ordena, tudo governa e tudo enche com o Seu amor.

10. É muito boa essa visão e, a meu ver, desprovida de perigo, porque se percebe, nos seus efeitos, que aqui o demônio não tem força. Tenho a impressão de que por três ou quatro vezes o demônio tentou me apresentar o Senhor numa representação falsa em que Este toma a forma de carne, mas, quando é assim, a visão nada tem que se compare com a glória que emana da que vem de Deus. O demônio faz representações para desfazer a verdadeira visão que a alma teve; esta, contudo, resiste, sente-se perturbada, desabrida e inquieta, perdendo a devoção e o gosto que antes tinha, além de ficar sem oração.

Isso me aconteceu, como eu disse[10], três ou quatro vezes no princípio. Trata-se de coisa tão diversa que até pessoas que só tiveram oração de quietude são capazes de entender a diferença, com base nos efeitos das falas a que já me referi[11]. É coisa muito conhecida, e a alma que não quer se deixar enganar e que tem humildade e simplicidade não poderá, a meu ver, ser iludida. Quem já experimentou uma verdadeira visão de Deus o perceberá quase imediatamente; porque, embora comece com regalos e satisfação, essa falsa visão logo é rejeitada pela alma. Isso porque, a meu ver, o gosto deve ser diferente, e a visão não tem aparência de amor puro e casto, revelando-se em breve de quem vem. Por isso, creio que onde há experiência o demônio não pode causar prejuízo.

11. É completamente impossível que isso seja imaginação; isso a nada leva, porque só a formosura e a brancura de uma mão superam tudo o que possamos imaginar; é claramente impossível à alma ver presentes, de repente, coisas em que nunca pensou e de que não se lembra, e que mesmo em muito tempo não poderiam ser concebidas pela imaginação, por serem muito mais sublimes — como eu já disse[12] — do que se pode compreender no mundo. E, mesmo que o pudéssemos, a sua origem seria claramente perceptível pelo que vou dizer.

Se fosse produzido pelo intelecto, isso não deixaria os grandes efeitos de que falei nem geraria frutos, pois seria a situação de alguém que quisesse dormir, mas permanecesse desperto porque o sono não veio. Essa pessoa, sentindo necessidade de dormir ou a cabeça fraca, e querendo adormecer, esforça-se por consegui-lo; depois de algum tempo, às vezes parece conseguir algum resultado. Contudo, se não for verdadeiro, o sono não se sustenta nem fortalece a cabeça, deixando-a em certas ocasiões mais atordoada. É mais ou menos o que acontece na visão falsa: a alma fica confusa, sem sustento e sem força, cansada e desgostosa. Na visão verdadeira, não posso exagerar a riqueza que fica; o próprio corpo recebe dela saúde e conforto.

12. Eu arrolava essa e outras razões quando me diziam que minhas visões vinham do demônio e que eu me enganava — e o faziam muitas vezes —, explicando-o por meio de comparações de acordo com o que o Senhor me explicava. Mas isso era em vão, porque, como havia pessoas muito

---

8. Cap. 30, n. 12, 15, 18 etc.
9. Ela se refere à visão intelectual tratada no cap. 27, n. 2. Afirma que, embora esta seja "mais elevada", as visões "imaginárias", por durarem mais tempo impressas na memória, podem ser mais úteis.
10. Ela acaba de afirmá-lo neste mesmo número.
11. Cap. 27, n. 7ss.
12. No n. 4 deste mesmo capítulo.

santas neste lugar (sendo eu, em comparação, uma pessoa perdida) que não eram levadas por Deus por esse caminho, logo surgia nelas o temor. Ao que parece, os meus pecados eram a causa disso. Estes eram transmitidos de umas para as outras, de modo que todas vinham a saber sem ouvir de mim, visto que eu só os contava ao meu confessor ou a quem ele me mandava que contasse.

13. Eu lhes disse uma vez que, se os que falavam isso me dissessem que uma pessoa com quem eu acabasse de falar, e conhecesse muito, não era ela mesma e que eu me enganava, eu acreditaria mais neles do que naquilo que tinha visto. Mas que, se a pessoa em questão deixasse comigo algumas joias como prova do seu grande amor por mim, ficando eu — antes pobre e sem nenhuma joia — rica, eu não poderia acreditar neles, mesmo que quisesse. E eu poderia mostrar a eles essas joias, porque todos os que me conheciam viam que sem dúvida a minha alma se transformara — e assim o dizia meu confessor. A diferença era muito grande em todas as coisas, nada tendo de dissimulação, mas sim de uma clareza que todos podiam ver. Eu dizia que, tendo sido antes tão ruim, não podia acreditar que o demônio, para me enganar e me levar ao inferno, empregasse um recurso tão contrário como era tirar-me os vícios e imprimir em mim virtudes e forças. E eu percebia claramente que essas coisas me deixavam modificada por inteiro.

14. Meu confessor, que era um padre bem santo da Companhia de Jesus[13], dizia, segundo eu soube, o mesmo que eu. Ele era muito discreto e humilde; e essa humildade tão grande me deu muito trabalho, porque, embora ele fosse homem de muita oração e deveras instruído, não tomava a si mesmo por critério, já que o Senhor não o conduzia por esse caminho[14]. Ele sofreu muito, e de muitas maneiras, por minha causa. Eu soube que lhe diziam que se acautelasse de mim e que não deixasse o demônio enganá-lo para fazê-lo acreditar em alguma coisa do que eu lhe dizia. Davam-lhe exemplos de outras pessoas. Tudo isso era muito cansativo para mim, que vivia temendo não ter com quem me confessar, que todos fugissem de mim. A única coisa que eu fazia era chorar.

15. Foi pela providência divina que ele quis continuar a me atender; era um servo de Deus tão virtuoso que tudo faria por Ele. Dizia-me que não ofendesse a Deus, não me desviasse dos seus conselhos e não temesse que ele me abandonasse; sempre me animava e acalmava. Ordenava-me sempre que não lhe escondesse nada, e eu obedecia. Ele me falava que, se eu seguisse isso, mesmo que tudo fosse ação do demônio, eu nenhum dano sofreria, pois antes o Senhor tiraria bem do mal que o demônio quisesse fazer à minha alma; o Senhor sempre procurava aperfeiçoá-la em tudo o que podia.

Como vivia cheia de temor, eu lhe obedecia em tudo, mesmo imperfeitamente; ele muito sofreu comigo durante os três anos e tanto[15] em que me confessou, em meio a tantas dificuldades. Porque, nas grandes perseguições que me fizeram, e nas muitas circunstâncias em que o Senhor permitiu que me julgassem mal, na maioria das vezes sem que eu tivesse culpa, as pessoas o procuravam e lhe lançavam a culpa, apesar de ele ser totalmente inocente.

16. Teria sido impossível, se não fosse tão santo, nem fosse animado pelo Senhor, suportar tanto, porque ele tinha de responder aos que pensavam que eu estava perdida e não lhe davam crédito; por outro lado, ele precisava me tranquilizar e tirar de mim o medo que eu trazia, se bem que

---

13. "O Padre Baltasar Alvarez", anotou Gracián em seu livro. O Padre Baltasar — "um dos maiores amigos que tenho", como a Santa escreveu já no final de sua vida (carta a Isabel Osorio, 8 de abril de 1580) — foi jesuíta, nascido em Cervera (Logroño) em 1533. Reitor dos Colégios de Medina, Salamanca e Villagarcía de Campos, foi várias vezes Provincial e Visitador. Contava entre 25 e 26 anos quando assumiu a direção da alma de Santa Teresa (1558 ou 1559), de maneira que a delicada observação feita pela Santa a seguir — "não tomava a si mesmo por critério" — é o mais cabal elogio que pode ser feito da prudência desse jovem jesuíta recém-ordenado sacerdote (1558).

14. *O Senhor não o conduzia por esse caminho* de graças místicas. Por isso, ele submeteu a Santa a muitas provas: "Fê-la passar por rigorosas provas... e exames muito detalhados e, entre outras coisas, a fez confessar-se, de modo geral, com o rosto descoberto" (B. M. C., t. 19, p. 554). "Tirou-lhe a comunhão por vinte dias, para ver como ela se comportava", L. de la Puente, *Vida del P. Baltasar* A. (Madri, 1943, cap. 11, p. 136).

15. Na verdade, ele foi seu confessor durante seis anos, segundo o diz a própria Santa (*Relações* 4, n. 3). Os três anos especialmente penosos a que a Santa se refere aqui foram os primeiros: 1558 (ou 1559) — 1562.

infundindo-me um temor ainda maior. Além disso, ele tinha de me acalmar depois de cada visão, porque, como isso era uma coisa nova, Deus permitia que eu tivesse, no final, muito medo. Tudo isso se deve ao fato de eu ter sido tão pecadora, o que ainda sou. Ele me consolava com muita piedade e, se tivesse confiança em si mesmo, eu não teria padecido tanto. Porque Deus lhe fazia entender toda a verdade e, creio eu, lhe dava luz no Sacramento[16].

17. Os servos de Deus que não se sentiam seguros relacionavam-se muito comigo[17]. Eu falava por simplicidade coisas que eles interpretavam de outra maneira, razão por que o que eu dizia sem maiores considerações lhes parecia falta de humildade. Eu gostava muito de uma dessas pessoas, porque a minha alma tinha para com ela uma dívida infinita e por ser ela muito santa; eu sentia muito ao ver que ela não me entendia, mesmo desejando com grande ardor que eu me beneficiasse e fosse iluminada pelo Senhor. Quando me faziam perguntas, eu respondia com simplicidade e de modo descuidado, e elas logo imaginavam que eu queria ensinar-lhes e me fazer de sábia. Tudo chegava aos ouvidos do meu confessor, porque, é claro, elas desejavam o meu bem; e ele ralhava comigo.

18. Duraram muito tempo esses tormentos, que vinham de todos os lados, mas que passavam com as graças que o Senhor me concedia. Digo isso para que se entenda a grande dor que é não contar com quem tem experiência nesse caminho espiritual, pois se o Senhor não me favorecesse tanto, não sei o que teria sido de mim. Não faltavam coisas para me tirar o juízo, e algumas vezes eu me via em situações em que só me restava elevar os olhos ao Senhor.

Quando se fala, a oposição de pessoas tão boas a uma mulherzinha ruim e fraca como eu, e temerosa, parece não significar nada. Mas posso dizer que, tendo passado na vida por enormes provações, essa foi das maiores para mim. Queira o Senhor que nisso eu tenha servido de alguma maneira a Sua Majestade; porque estou bem certa de que os que me condenavam e interrogavam estavam a Seu serviço, e que era tudo para maior bem meu.

CAPÍTULO 29

Prossegue no assunto começado e narra algumas grandes graças que o Senhor lhe deu, falando das coisas que Sua Majestade lhe dizia para infundir-lhe confiança e para que respondesse aos que a contradiziam.

1. Fugi muito do assunto, porque falava das razões que nos mostram que essas visões não são imaginação[1]. Como nos seria possível representar à custa de esforços a Humanidade de Cristo, reproduzindo com a imaginação Sua grande formosura? E não bastaria pouco tempo para que a nossa criação se assemelhasse um pouco ao seu modelo. É claro que se pode representar na imaginação uma figura, contemplando-a por algum tempo, ver seus traços e a sua brancura, e, pouco a pouco, aperfeiçoá-la e gravá-la na memória. Quem o pode impedir, se o intelecto a pode fabricar? Naquilo que tratamos[2], nada disso é possível, visto termos de contemplá-la quando o Senhor a quer apresentar, e da maneira como Ele quer e da perspectiva que deseja. Não é possível pôr nem tirar nada, nem podemos, por mais que nos esforcemos, conseguir uma maneira de ver quando queremos ou de deixar de ver. Quando se quer olhar alguma coisa particular, logo se perde Cristo de vista.

2. Por dois anos e meio, Deus me concedia com frequência essa graça, e há mais de três já não a tenho assim, pois Ele a substituiu por uma coisa mais elevada — como talvez eu venha a

---

16. "Ao dizer, nas últimas palavras, que Deus 'lhe dava luz no Sacramento', ela se refere às revelações que o Padre Baltasar tinha na Missa acerca das pessoas que estavam a seu cargo" (La Puente, *L. cit.*, p. 137).

17. Ela se refere aos "cinco ou seis" confessores ou conselheiros citados no cap. 25, n. 14.

1. Ela afirma que a visão intelectual e a espécie de falas místicas a que se referiu no cap. 27, n. 7 *não são imaginação*. No cap. e n. citados, ela começou a enunciar as "razões". Ela retoma aqui o tema, mas trata *apenas* das visões, e mais das imaginárias do que das intelectuais.

2. Naquilo que tratamos: nas visões místicas.

dizer[3]. Vendo que o Senhor falava comigo, e olhando aquela grande formosura e a suavidade das palavras que vinham daqueles lábios belíssimos e divinos — ou, às vezes, o rigor —, eu desejava muito perceber a cor dos Seus olhos e saber a Sua altura para dizer depois, mas nunca o mereci, nem havia esforço capaz de me proporcionar isso, ocorrendo antes a perda da visão do todo.

Algumas vezes, eu O via olhar-me com piedade; mas aquele olhar tem tanta força que a alma não consegue suportá-lo, ficando num arroubo tão elevado que, para mais fluí-lo por inteiro, deixa de ver aqueles formosos olhos. Assim sendo, pouco importa se desejamos ou não a visão; vê-se com clareza que o Senhor quer apenas que tenhamos humildade e confusão, que tomemos o que nos é dado e louvemos quem o dá.

3. Isso acontece em todas as visões. Nada podemos fazer para ver menos ou mais, nossos esforços nada fazem nem deixam de fazer. Quer o Senhor que reconheçamos de uma vez que não se trata de obra nossa, mas de Sua Majestade, para que fiquemos humildes e temerosos vendo que, assim como o Senhor nos tira o poder de ver o que queremos, assim também pode nos tirar esses favores e graças, deixando-nos inteiramente perdidos, razão por que devemos sempre andar com temor enquanto vivemos neste desterro.

4. Quase sempre o Senhor aparecia a mim em Sua forma de ressuscitado, o mesmo ocorrendo na Hóstia. Algumas vezes, para me revigorar, quando eu passava por tribulações, mostrava-se com as chagas; em outras ocasiões, na cruz e no Horto, e, raramente, com a coroa de espinhos. Eu O via também levando a cruz. Tudo isso, como eu disse, ocorria de acordo com as necessidades minhas e de outras pessoas; mas sempre com a carne glorificada.

Muitas afrontas e desgostos passei por contar essas coisas, para não falar dos temores e das perseguições. Algumas pessoas tinham tanta certeza de que isso vinha do demônio que queriam me exorcizar. Isso não me incomodava muito. Eu sentia quando via que os confessores tinham medo de me confessar ou quando sabia que lhes falavam de mim. No entanto, eu não podia me sentir pesarosa por ter tido essas visões celestiais, nem as trocaria uma única vez por todos os bens e prazeres do mundo; eu sempre as considerava uma grande graça do Senhor, um enorme tesouro, o que o próprio Senhor muitas vezes me garantia. Eu sentia crescer em mim cada vez mais o amor que tinha por Ele; queixava-me com Ele de todas essas angústias, e sempre saía consolada, e com novas forças, da oração. Eu não me atrevia a contradizê-los, porque via que seria muito pior, já que tomariam por manifestação de pouca humildade. Eu falava com meu confessor, que, quando me via cansada, sempre me consolava muito.

5. Como as visões foram se multiplicando, uma dessas pessoas, que antes me ajudava[4] (era a pessoa com quem eu me confessava quando o ministro não podia), começou a dizer que sem dúvida era obra do demônio. Disse-me que, como não era possível resistir, eu sempre fizesse o sinal da cruz e figas quando tivesse alguma visão, tendo certeza de que via o demônio e afugentando-o com isso; disse-me ainda que não tivesse medo, pois Deus me protegeria e livraria daquele mal.

Isso era para mim um grande sofrimento, porque, não podendo acreditar senão que era Deus, era terrível fazê-lo. E eu tampouco podia, como disse[5], desejar ser privada disso; porém, fazia o

---

3. Ela se refere provavelmente aos "ímpetos" de que vai falar nos n. 8-14 deste capítulo ou ao "sofrimento" de que já falou no tratado de oração, no cap. 20, n. 9ss. Para estabelecer a cronologia da vida anterior da Santa, observe-se que as visões não são anteriores a 1560 (cf. cap. 26, n. 5); as "visões imaginárias" começam depois, provavelmente na segunda metade de 1560 (cf. cap. 28, n. 1 e 3), e persistiram com especial frequência durante "dois anos e meio" (cap. 29, n. 2), ou seja, até o começo de 1562; vieram imediatamente outras graças místicas que duraram "mais de três" (ibid.), justamente o momento em que a Santa escrevia estas linhas, em meados de 1565.

4. *Uma dessas pessoas, que antes me ajudava:* "Gonzalo de Aranda", anota Gracián à margem do seu texto. Esse clérigo era um dos membros do grupo dos "cinco ou seis" que atormentaram a pobre monja mística e visionária. São conhecidas as polêmicas entabuladas para designar um réu ou réus da penosa imposição a que a Santa vai se referir, e que deixou uma profunda marca em seu íntimo. Não temos razões suficientes para duvidar do testemunho de Gracián; mas nem o que ele diz nem o que a Santa diz bastam para apurar com certeza a verdade dos fatos aqui narrados.

5. Ela o disse no cap. 27, n. 1, bem como no n. 4 deste capítulo.

que me mandavam. Sempre suplicava muito a Deus que me livrasse dos enganos, sempre com muitas lágrimas. Recomendava-me a São Pedro e a São Paulo, porque o Senhor me falou pela primeira vez em seu dia[6], dizendo-me que eles me guardariam dos logros. Assim, eu muitas vezes os via muito claramente do meu lado esquerdo, embora não numa visão imaginária. Eu tinha muita devoção por esses santos gloriosos.

6. Causava-me muita aflição fazer figas quando tinha essa visão do Senhor; porque, quando sentia a Sua presença, eu podia ser feita em pedaços antes de crer que era demônio. Assim, isso era unia espécie de penitência bem penosa para mim e, para não fazer tanto o sinal da cruz, eu andava com uma cruz na mão[7]. Isso eu fazia quase sempre, mas não fazia tanto as figas, porque muito me doía. Eu me recordava das injúrias que os judeus tinham feito ao Senhor e suplicava-Lhe que me perdoasse, pois eu o fazia para obedecer aos que ocupavam o Seu lugar, e que não me culpasse, pois eram os ministros que Ele tinha posto em sua Igreja que o pediam. Ele me dizia que não me importasse e que bem fazia em obedecer, mas que Ele os faria compreender a verdade. Quando fui proibida de fazer oração, pareceu-me que o Senhor ficara descontente. Ele me ordenou que lhes dissesse que aquilo já era tirania. Ele me dava mostras de que não se tratava do demônio; mais tarde falarei de algumas[8].

7. Certa vez, estando com a cruz na mão, que eu trazia num rosário, o Senhor a tomou em Suas mãos[9] e, quando me devolveu, ela estava formada por quatro pedras grandes muito mais preciosas que diamantes, incomparáveis, pois quase não se pode comparar o visível com o sobrenatural; diante das pedras preciosas lá de cima, o diamante parece pedra falsificada e imperfeita. As cinco chagas estavam formosamente cravejadas na cruz. Disse-me Ele que eu sempre veria a cruz dessa maneira, o que aconteceu: eu já não via a madeira de que era feita, e sim essas pedras — mas só eu o via.

Quando me mandaram fazer essas provas e resistir, os favores aumentaram muito; mesmo quando queria me distrair, eu nunca saía da oração. Mesmo dormindo, tinha a impressão de estar nela, porque cresciam o amor e as queixas que eu fazia ao Senhor; eu não podia suportar não pensar nele, nem isso estava ao meu alcance, por maior que fosse o meu desejo e por mais que eu me esforçasse. No entanto, obedecia quando era possível; mas era pouco, ou quase nada, o que eu podia fazer. O Senhor nunca me disse que não obedecesse, mas, ao mesmo tempo que me mandava obedecer, me dava garantias, ensinando-me o que eu haveria de dizer às pessoas, tal como o faz ainda hoje, dando-me razões tão fortes que me deixava plena de confiança.

8. Há pouco tempo, como tinha prometido[10], Sua Majestade começou a me dar mais indicações de que se tratava dele. Cresceu em mim um imenso amor por Deus, que eu não sabia de onde vinha, porque era muito sobrenatural e não era procurado por mim. Eu me via morrer de desejo de ver a Deus, e não sabia onde mais procurar essa vida verdadeira a não ser na morte. Vinham-me uns ímpetos grandes desse amor que, embora não fossem tão insuportáveis quanto os de que já falei[11], nem de tanto valor, me deixavam sem saber o que fazer: nada me satisfazia, eu não cabia em mim, e sentia verdadeiramente que a alma me era arrancada.

---

6. *Em seu dia,* isto é, em sua festa. Ela se refere à graça citada no cap. 27, n. 2 e cap. 28, n. 3.

7. *Eu andava com uma cruz na mão:* evidentemente, o conselho dos mal aconselhados mestres consistia em *fazer figas* — gesto de desprezo —, *fazer o sinal da cruz* — gesto de defesa, para afugentar o inimigo — e *opor-lhe a cruz* — gesto de esconjuração. "As Carmelitas Descalças de Medina del Campo conservam um pedaço de chifre ou matéria córnea em forma de cone, preso na base por um aro de flandres, arrematado por um anel do mesmo material. Diz a tradição da comunidade, se bem que, de acordo com as próprias monjas, sem muito fundamento, que a Santa fazia figas com ele nas visões de Nosso Senhor quando os confessores o ordenavam" (Silverio).

8. *Ele me dava mostras:* razões comprobatórias (cf. cap. 33, n. 16). Ela vai falar dessas razões no n. 8 e nos caps. 30, n. 8 ss e 34, n. 16.

9. Sobre a história dessa cruz, veja-se Ribera, *Vida de la Santa,* P. I, cap. 11; Jerónimo de San José, *Historia del Carmen Descalzo,* L. II, cap. 20.

10. Cf. n. 6.

11. No cap. 20, n. 9ss.

Ó artifício soberano do Senhor! Que meios tão delicados usáveis com Vossa escrava miserável! Vós Vos escondíeis de mim e, ao mesmo tempo, me púnheis, com o Vosso amor, numa morte tão saborosa que a alma jamais quisera sair dela.

9. Quem não tiver experimentado esses ímpetos tão grandes não os poderá entender, pois não se trata de um desassossego do coração, nem de devoções muito comuns que parecem sufocar o espírito e inundar o nosso íntimo. Estas são uma oração inferior, devendo-se evitar semelhantes emoções, procurando-se, com suavidade, recolher a alma e fazê-la calar-se, como se faz com as crianças que choram aceleradamente, parecendo perder o fôlego, mas que logo se acalmam quando lhes damos água.

O mesmo devemos fazer; que a razão procure estabelecer o controle, para que a natureza não se intrometa aqui. Deve-se mudar a consideração, introduzindo o temor de que nem tudo seja perfeito, podendo haver uma grande participação da parte sensível. Que ela cale essa criança com um amoroso afago que a faça amar de modo suave, e não, como se diz, açodadamente.

Cumpre recolher o amor no íntimo, não permitindo que ele seja como a panela que ferve em demasia porque há lenha demais e se derrama toda. Modere-se a causa de todo esse fogo, abrandando as chamas com lágrimas suaves, e não amargas como as que vêm das devoções sensíveis e que causam muito mal. Eu as tive algumas vezes no início, e ficava confusa e com o espírito cansado, levando um ou mais dias para conseguir voltar à oração. Por isso, é necessário muita discrição no começo para que tudo tenha suavidade e para que o espírito aprenda a agir interiormente, procurando evitar a todo custo as coisas exteriores.

10. Os ímpetos de que falo são muito diferentes. Não somos nós a pôr a lenha, parecendo antes que, estando o fogo já aceso, logo somos lançados dentro dele para nos queimar. A alma não procura a dor dessa chaga da ausência do Senhor; em vez disso, fincam-lhe uma seta no mais profundo das entranhas e do coração, deixando-a sem saber o que fazer ou querer. Ela bem entende que quer a Deus, mas a seta parece capaz de levar a alma a perder-se de si por amor a este Senhor e a entregar a própria vida por Ele. Não é possível encarecer nem exprimir o modo como Deus chaga a alma, nem o tormento enorme que isso provoca, deixando-a fora de si. Essa dor é, no entanto, muito deliciosa, não havendo deleite na vida que possa ser comparado com ela. A alma desejaria, como eu disse[12], morrer sempre desse mal.

11. Essa dor e essa glória juntas me deixavam desatinada, sem conseguir entender como era possível. Oh, o que é ver uma alma ferida! A alma entende e se declara ferida por causa tão excelente e vê claramente que nada fez para que surgisse esse amor, mas que caiu sobre ela uma pequena centelha do grande amor que o Senhor lhe tem, fazendo-a arder por inteiro. Quantas vezes me recordo, quando estou assim, do versículo de David: *Quemadmodum desiderat cervus ad fontes aquarum!*[13] Parece-me vê-lo cumprido ao pé da letra em mim!

12. Quando isso não ocorre com muito ímpeto, parece que algo se aplaca ou, ao menos, a alma busca remédio, por não saber o que fazer, em algumas penitências. Mas ela não sente as penitências, e derramar sangue do corpo não dói mais do que se este estivesse morto. Ela busca todos os meios para fazer alguma coisa que sinta por amor de Deus; mas a primeira dor[14] é tão grande que não conheço tormento corporal capaz de dissipá-la. Como não está nisso a solução, esses remédios são muito fracos para mal tão elevado; aplacam-se algumas coisas quando se pede a Deus a cura, pois a única que a alma vê é a morte, porque ela espera fluir plenamente do sumo Bem. Outras vezes, o ímpeto é tão veemente que nada se pode fazer, ficando o corpo inteiro despedaçado. Não se podem mover os pés nem os braços e, se se estiver de pé, cai-se sentado como

---

12. Nos n. 8 e 10.
13. Salmo 42,1 (Assim como o servo deseja as fontes das águas).
14. *A primeira dor:* a causada pelo sofrimento místico, e não a das mortificações, que são feitas precisamente para extinguir aquela.

objeto sem vida. O peito mal pode respirar, e a alma dá uns gemidos baixinhos, por lhe faltarem forças, mas bem altos em termos de sentimento.

13. Quis o Senhor que eu tivesse algumas vezes esta visão: eu via um anjo perto de mim, do lado esquerdo, em forma corporal[15], o que só acontece raramente. Muitas vezes me aparecem anjos, mas só os vejo na visão passada de que falei[16]. O Senhor quis que eu o visse assim: não era grande, mas pequeno, e muito formoso, com um rosto tão resplandecente que parecia um dos anjos muito elevados que se abrasam. Deve ser dos que chamam querubins[17], já que não me dizem os nomes, mas bem vejo que no céu há tanta diferença entre os anjos que eu não os saberia distinguir.

Vi que trazia nas mãos um comprido dardo de ouro, em cuja ponta de ferro julguei que havia um pouco de fogo. Eu tinha a impressão de que ele me perfurava o coração com o dardo algumas vezes, atingindo-me as entranhas. Quando o tirava, parecia-me que as entranhas eram retiradas, e eu ficava toda abrasada num imenso amor de Deus. A dor era tão grande que eu soltava gemidos, e era tão excessiva a suavidade produzida por essa dor imensa que a alma não desejava que tivesse fim nem se contentava senão com a presença de Deus. Não se trata de dor corporal; é espiritual, se bem que o corpo também participe, às vezes muito. É um contato tão suave entre a alma e Deus que suplico à Sua bondade que dê essa experiência a quem pensar que minto.

14. Nos dias em que isso acontecia, eu ficava como que abobada; não queria ver nem falar com pessoa alguma, mas ficar abraçada ao meu sofrimento, que era para mim uma glória maior do que todas as das coisas criadas.

Isso me acontecia algumas vezes quando o Senhor desejava que me viessem esses arroubos tão grandes, e eu, mesmo estando entre pessoas, não podia resistir a eles. Para meu pesar, isso começou a ser divulgado. Desde que os tenho, não sinto tanto esse tormento, mas apenas a dor de que falei antes, não me lembro onde[18], que é muito diferente em muitas coisas e de maior valor. Quando começa esta dor de que falo agora, parece que o Senhor arrebata a alma e a leva ao êxtase, não havendo como ter mágoa ou padecer, porque o deleite logo vem.

Bendito seja para sempre Aquele que tantas graças concede a quem tão mal corresponde a tão grandes benefícios.

CAPÍTULO 30

Retoma a narração de sua vida e diz como o Senhor remediou muitos dos seus sofrimentos por trazer ao lugar onde ela estava o santo Frei Pedro de Alcântara, da Ordem do glorioso São Francisco. Trata das grandes tentações e sofrimentos interiores que por vezes a acometiam.

1. Vendo o pouco ou nada que podia fazer para não ter esses ímpetos tão grandes, comecei a temê-los; porque não conseguia entender como podiam estar juntos a dor e o contentamento[1]; sabia que era possível dor corporal e alegria espiritual, mas ficava perturbada com um sofrimento espiritual tão excessivo ao lado de um imenso prazer.

Eu não parava de tentar resistir, mas tinha tão pouca força que às vezes me cansava. Eu me amparava na cruz, procurando defender-me Daquele que com ela nos amparou a todos. Eu percebia que ninguém me entendia, o que era claro para mim, mas não ousava dizê-lo senão ao meu confessor, pois, do contrário, daria provas de não ter humildade.

---

15. *Em forma corporal* não quer dizer que fosse visão "corporal" (cf. cap. 28, n. 4, onde ela diz que não teve visões corporais), mas imaginária. A visão de uma coisa em forma de... é imaginária; a visão sem forma alguma, intelectual (cf. cap. 31, n. 9).
16. Ela se refere à visão intelectual do cap. 27, n. 2.
17. *Deve ser dos que chamam querubins:* Báñez, muito mais competente em "angelologia", anotou no autógrafo teresiano: "Mais parece dos que chamam serafins". Infelizmente, a correção foi interpolada em muitas edições antigas.
18. No cap. 20, n. 9 ss.
1. Cf. cap. 29, n. 11.

2. Quis o Senhor remediar boa parte do meu sofrimento, e por algum tempo todo ele, ao trazer a este lugar o bendito Frei Pedro de Alcântara, a quem já mencionei e a cuja penitência me referi[2]. Além disso, garantiram-me que ele portou durante vinte anos um cilício de folhas de lata. Ele é autor de uns libretos de oração escritos em castelhano, hoje muito divulgados; trata-se de livros muito proveitosos, escritos por alguém que muito a praticou para os que a têm[3]. Ele guardou a primeira Regra do bem-aventurado São Francisco com todo o rigor, além de ter feito o que já foi dito.

3. A viúva serva de Deus de que já falei[4], amiga minha, soube que estava por aqui esse eminente homem. Ela conhecia a minha necessidade, pois testemunhava minhas aflições e muito me consolava, porque era tanta a sua fé que não podia deixar de crer ser espírito de Deus o que todos os outros diziam ser o demônio. Além disso, sendo pessoa de ótimo entendimento e muito discreta, a quem o Senhor concedia muitas graças na oração, quis Sua Majestade esclarecê-la no que os doutos ignoravam. Meus confessores davam-me licença para que contasse a ela algumas coisas, por ser muito merecedora de confiança. Às vezes, ela recebia parte das graças que o Senhor me concedia, com avisos muito proveitosos para a sua alma.

Sabendo da presença do Frei Pedro, ela obteve licença do meu Provincial, sem nada me dizer, para que eu passasse oito dias em sua casa, com maior facilidade de contato. Nesta e em algumas igrejas[5], falei com ele muitas vezes na sua primeira vinda a Ávila. Contei-lhe resumidamente a minha vida e meu modo de proceder na oração, com a maior clareza que pude (porque isso sempre consegui, tratando com toda a clareza e verdade com aqueles a quem conto as coisas da minha vida; até os primeiros movimentos eu gostaria de tornar públicos e, nas coisas mais duvidosas e suspeitosas, eu chegava a dar-lhes argumentos contra mim), abrindo-lhe minha alma sem duplicidade nem subterfúgios.

4. Quase desde o início eu vi que ele me entendia por experiência, o que era tudo de que eu precisava, porque, na época, não sabia me entender como agora nem como me exprimir — porque, mais tarde, Deus me permitiu entender e descrever as graças que Sua Majestade me concede —, e era necessário, para me entender por inteiro e dizer o que era, que a pessoa tivesse passado pela mesma coisa. Ele muito me iluminou porque, ao menos nas visões que não eram imaginárias, eu não podia entender o que acontecia e, no tocante às que eu via com os olhos da alma, também havia muito mistério. Porque, como eu disse[6], eu só julgava importantes as que se veem com os olhos corporais, e estas eu não tinha.

5. Esse santo homem me deu muita luz e muito me explicou. Disse-me que não me angustiasse, mas louvasse a Deus e me convencesse de que era espírito de Deus e que, excetuando a fé, não podia haver coisa mais verdadeira nem mais digna de crédito. E ele se consolava muito comigo e muito me favorecia e agraciava, revelando desde então ter muita estima por mim, informando-me das suas coisas e negócios. Vendo-me com os desejos que ele já possuía em forma de obras — pois o Senhor me dava esses anseios muito intensos — e com tanto ânimo, alegrava-se em tratar comigo. Isso porque, para uma alma a quem Deus elevou a esse estado, não há prazer nem consolo que se igualem a encontrar quem parece ter recebido do Senhor o início disso. Na época, pelo que posso julgar, eu não devia ter muito mais do que isso, e queira o Senhor que eu o tenha agora.

---

2. No cap. 27, n. 16ss.
3. Com toda a probabilidade, a Santa se refere ao discutido *Tratado de oración y meditación* (Lisboa, 1557-1559) e a vários outros pequenos tratados publicados em Lisboa em 1560: *Breve introducción para los que comienzan a servir a Dios; Tres cosas que debe hacer el que desea salvarse; Oración devotísima; Petición especial de amor de Dios*.
4. D. Guiomar de Ulloa (como já o anotara Gracián), cujo elogio a Santa fez no cap. 24, n. 4, grande devota e discípula de São Pedro de Alcântara, a quem oferecera uma fundação em sua propriedade de Aldea del Palo.
5. "Na capela de Mosén Rubi, na paróquia de São Tomé e na Catedral" (Silverio).
6. No cap. 28, n. 4.

6. Ele teve muita compaixão de mim. Disse-me que uma das maiores provações da terra era aquela que eu sofrera, que é a contradição dos bons, e que ainda me restava muito por sofrer, porque sempre tinha necessidade e não havia nesta cidade quem me entendesse. Ele falou que conversaria com o meu confessor e com uma das pessoas que mais me faziam sofrer, o fidalgo casado de que já falei. Este, por ser grande a sua amizade por mim, era quem mais me atacava; sendo alma temerosa e santa, e tendo visto que eu, até há pouco tempo, era tão ruim, não se tranquilizava por inteiro. E assim o fez o santo varão, falando com os dois e dando-lhes explicações para que ficassem tranquilos e não me inquietassem mais. O confessor não tinha necessidade disso, mas o fidalgo precisava tanto que ainda assim não sossegou inteiramente[7], mas a conversa serviu para que ele não me amedrontasse tanto.

7. Combinamos que eu lhe escreveria sobre o que me acontecesse dali por diante e de nos encomendarmos mutuamente a Deus. Era tanta a humildade de Frei Pedro que ele levava em conta as orações desta miserável, o que me causava grande confusão. Ele me deixou com um consolo e um contentamento imensos, ordenando-me que continuasse a orar com segurança sem duvidar da presença de Deus. Afirmou que, se tivesse alguma dúvida, eu deveria contar tudo ao confessor, a fim de viver tranquila; para maior segurança, eu deveria contar tudo.

Mas eu também não podia ter essa segurança total, porque o Senhor me conduzia por um caminho de temor, o que me permitia voltar a crer que era ação do demônio quando alguém me dizia. Assim, ninguém conseguia me infundir temor nem segurança de uma maneira que me fizesse dar mais crédito ao que se dizia do que àquele que o Senhor infundia em minh'alma. Por isso, embora tendo ficado muito consolada e tranquilizada por esse Santo, eu não acreditei nele a ponto de ficar livre do medo, em especial quando o Senhor me deixava nos sofrimentos de alma que vou relatar agora. Mesmo assim, fiquei muito consolada. Não me cansava de dar graças a Deus e a meu glorioso pai São José, que a meu ver fora quem enviara o Santo, que era Comissário Geral da Custódia de São José[8]. Eu me encomendava muito a São José e a Nossa Senhora.

8. Acontecia-me algumas vezes — o que ainda acontece, embora com menor frequência — sentir enormes sofrimentos interiores, ao lado de tormentos e dores corporais tão violentos que eu não tinha alívio.

Outras vezes, eram males corporais mais graves que, não sendo acompanhados pelos da alma, eram suportados por mim com alegria; mas, quando vinha tudo junto, a dor era tamanha que eu não sabia o que fazer. Eu me esquecia de todas as graças que o Senhor me dera, restando apenas uma vaga lembrança, semelhante a um sonho, para dar pena; porque, nessas circunstâncias, o intelecto fica entorpecido, trazendo mil dúvidas e suspeitas, dando a impressão de que eu não conseguira entender, de que talvez estivesse enganada. Eu pensava: não era suficiente que eu estivesse enganada, sem enganar os bons? Via-me tão ruim que julgava que todos os males e heresias surgidos eram causados pelos meus pecados.

9. Tratava-se de uma falsa humildade que o demônio inventava para me tirar a paz, tentando levar a alma ao desespero. Agora, já tenho tanta experiência com as coisas do demônio que ele, percebendo que o entendo, já não costuma me atormentar tantas vezes. Quando o demônio age, percebemo-lo com clareza na inquietação e no desassossego com que ele começa, na agitação que traz à alma enquanto dura a sua ação, e na obscuridade e na aflição que ele deixa, ao lado da aridez e da pouca disposição para a oração e para fazer algum bem. Ao que parece, ele afoga a alma e amarra o corpo para que de nada aproveite.

---

7. O *confessor* era o Padre Baltasar Alvarez; o *fidalgo* persistente era o já conhecido Francisco de Salcedo. O alcance da afirmação da Santa com relação ao padre confessor pode ser medido cotejando-se a biografia de São Pedro de Alcântara por F. Marchese (L. II, cap. 12) com a vida da Santa escrita por Ribera, L. I, cap. 11, e com a do Padre Baltasar, feita por La Fuente, cap. 11, pp. 134, 142.

8. A *Custódia de São José:* Semiprovíncia franciscana que leva o nome de São José.

Porque a verdadeira humildade, mesmo que nos faça ver que a nossa alma é ruim e nos leve a sofrer ao ver o que somos, fazendo-nos lamentar com sinceridade a nossa maldade, gerando sofrimentos grandes como os de que já falei[9], e que são sentidos de verdade, não vem com alvoroço nem desassossega a alma, não a obscurece nem lhe traz secura. Em vez disso, a verdadeira humildade traz graças à alma, e tudo ocorre ao contrário da falsa: com quietude, com suavidade, com luz.

A alma, embora sofra, se conforta ao ver o grande favor que Deus lhe faz ao dar-lhe essa dor e o bom emprego desta. Ela fica condoída por ter ofendido a Deus, mas ao mesmo tempo se alegra com o pensamento de Sua misericórdia. Ela tem luz para confundir a si mesma e louva Sua Majestade por tê-la suportado tanto.

Na humildade vinda do demônio, não há luz para nenhum bem, parecendo que Deus leva tudo a ferro e fogo, considerando somente Sua justiça. A alma, embora acredite que há misericórdia, porque o demônio não há de ter tanta força a ponto de fazê-la se perder, não fica consolada; pelo contrário, quando vê tanta misericórdia, ela tem aumentado o seu padecimento, pois vê que está obrigada a maior gratidão.

10. Tudo isso é uma das mais penosas, sutis e dissimuladas invenções do demônio que conheço, razão por que quis avisar vossa mercê para que, diante da tentação, tenha vossa mercê alguma luz e o reconheça, caso ele deixe intacto o intelecto para que isso aconteça. Não pense vossa mercê que isso depende dos estudos e do saber, já que, embora eu não os tenha, depois de ter saído dessa situação, bem vejo que é desatino. O que entendi é que o Senhor quer, permite e dá licença ao demônio, como lha deu para tentar Jó[10], se bem que a mim, sendo pessoa ruim, ele não o faça com o mesmo rigor.

11. Aconteceu-me isso um dia antes da véspera de *Corpus Christi*, festa da qual sou devota, embora nem tanto quanto deveria. Dessa vez, só durou até o dia, enquanto outras ocorrências duraram oito ou quinze dias, e até três semanas — não sei se mais do que isso —, em especial durante as Semanas Santas, que costumavam me trazer muitas consolações na oração. De repente, o intelecto se compraz com coisas tão pueris que, em outras circunstâncias, seriam motivo de riso. Ele me faz vagar por onde quer, numa grande perturbação. A alma fica aprisionada, sem controle sobre si e sem condições de pensar em outra coisa além dos disparates que o demônio lhe traz. Trata-se de coisas sem importância, que não se definem nem desaparecem, servindo apenas para oprimir a alma a ponto de deixá-la fora de si.

Nesses casos, ocorre-me pensar que os demônios fazem de bola a alma, sem que ela consiga furtar-se ao seu poder. O que se sofre aqui é impossível de descrever. A alma procura socorro e Deus permite que ela não o encontre, deixando-lhe apenas a razão do livre-arbítrio, mas obscurecida. Creio que ela deve ter os olhos quase tapados, como alguém que passou muitas vezes por um caminho de dia e o percorre à noite, e que, pelo que viu antes, sabe onde pode tropeçar, porque passou por ali de dia e procura se precaver dos perigos. Assim ocorre com a alma que, para não ofender a Deus, parece guiar-se pelo costume. Deixemos de lado o apoio do Senhor, que é o mais importante.

12. Nessas ocasiões, a fé está tão amortecida e adormecida quanto as outras virtudes, embora não perdida, pois a alma acredita no ensinamento da Igreja. Vocalmente, ela age, mas sente, por outro lado, que está sendo esmagada e entorpecida, pois tem a impressão de que conhece a Deus de maneira muito vaga. O amor que ela tem é tão pequeno que, quando ouve falar de Deus, escuta como se acreditasse ser Ele porque a Igreja o ensina, mas não se recorda do que experimentou Dele em si.

Ir rezar só causa mais aflição, ocorrendo o mesmo com buscar a solidão, pois o sofrimento que se sente, sem saber de onde vem, é insuportável. Tenho para mim que há nisso uma imagem

---

9. No final do n. 8.
10. Jó 2,6.

fidedigna do inferno, que é de fato assim, pelo que o Senhor me deu a entender numa visão; porque a alma se queima por dentro, sem saber quem lhe pôs fogo nem por onde ele entrou, tampouco fugir dele nem como apagá-lo. Buscar remédio na leitura equivale ao esforço de quem não sabe ler. Aconteceu-me certa feita de ir ler a vida de um santo para ver se me acalmava e me consolava com aquilo que ele padeceu. Li quatro ou cinco vezes várias linhas e, embora estivesse em castelhano, eu entendia menos no fim do que no início, e por isso parei de ler. Isso se passou muitas vezes, mas me recordo particularmente dessa.

13. Do mesmo modo, conversar com alguém é pior, porque o demônio incute um espírito de ira tão desagradável que deixa a impressão de que queremos matar todos, de maneira incontrolável. Já é grande esforço o autocontrole — ou talvez seja o Senhor quem controla quem está assim — para que não se diga nem se faça contra o próximo coisas que o prejudiquem e que ofendam a Deus.

Quanto a procurar o confessor, muitas vezes me acontecia o que direi; embora santos como o eram aqueles com quem tratei e trato, eu ouvia palavras e reprimendas tão ásperas que, mais tarde, quando lhes repetia suas palavras, eles também ficavam espantados e diziam ter fugido do controle. De fato, embora prometessem não repeti-lo quando me vissem com tais sofrimentos de corpo e de alma, para não ficarem depois com compaixão e escrúpulo, determinando-se a consolar-me com piedade, eles não o podiam. Não diziam más palavras — isto é, coisas que ofendessem a Deus —, mas ainda assim proferiam as palavras mais ásperas que podiam vir da boca de um confessor. Eles deviam querer mortificar-me, e eu, embora outras vezes me alegrasse e tivesse paciência para suportá-lo, não o conseguia nessas ocasiões, porque, então, tudo era tormento para mim.

Vinha-me o temor de os estar enganando. Eu os procurava e os avisava com muita convicção que se precavessem de mim, pois era possível que eu os estivesse iludindo. Eu bem sabia que não o faria por querer, nem lhes mentiria, mas tinha medo de tudo. Disse-me um deles certa feita, entendendo a tentação, que não me afligisse, porque, ainda que eu o quisesse enganar, ele tinha capacidade suficiente para impedi-lo[11]. Isso me deixou muito consolada.

14. Algumas vezes — quase sempre, ao menos era o mais comum —, depois de comungar, eu descansava. Não era raro que, aproximando-me do Sacramento, no mesmo instante[12] ficasse tão boa, de alma e de corpo, que eu me espantava. Ao que parece, num átimo se desfaziam todas as trevas da alma e, raiando o sol, eu percebia as bobagens a que me havia entregado. Outras vezes, bastava uma palavra do Senhor — por exemplo: *Não te aflijas; não tenhas medo*, como eu já disse[13] — para que eu ficasse curada de todo, como se não tivesse tido nada. O mesmo ocorria quando me vinha alguma visão. Eu me consolava com Deus; queixava-me a Ele por consentir que eu padecesse tantos tormentos. Mas era boa a recompensa, pois quase sempre vinha depois uma grande abundância de graças.

Tenho a impressão de que a alma sai do cadinho como o ouro, mais refinada e límpida para ver em si o Senhor. Assim, esses sofrimentos, que antes pareciam insuportáveis, tornavam-se pequenos; se forem para a maior glória do Senhor, a alma deseja tornar a passar por eles. Por mais dolorosos que sejam as tribulações e perseguições, se as passarmos sem ofender ao Senhor e alegrando-nos por sofrê-las por Ele, tudo será para o nosso maior proveito, embora eu não as suporte como deveria, mas muito imperfeitamente.

15. Também me vinham, e vêm, sofrimentos de outro tipo, parecendo ser tirada a possibilidade de pensar em coisas boas ou de desejar fazê-las. O corpo e a alma me parecem inúteis e pesados, mas não há outras tentações e desassossegos, mas sim um desgosto, que não se sabe de onde vem, e nada contenta a alma. Eu procurava fazer boas obras exteriores para me ocupar meio

---

11. *Disse-me um deles certa feita:* "O Padre Baltasar Alvarez", adverte Gracián em seu livro.
12. Cf. cap. 36, n. 11.
13. A Santa o mencionou duas outras vezes em termos equivalentes: no cap. 25, n. 18 e no cap. 26, n. 2.

à força, e sei bem o pouco valor que tem uma alma quando a graça se oculta. Isso não me causava muito sofrimento, porque ver a minha baixeza me trazia alguma satisfação.

16. Há ocasiões em que me vejo incapaz de concentrar o pensamento em Deus ou em alguma coisa boa; não consigo ter oração, mesmo estando em solidão, mas sinto que conheço a Deus. Vejo que o intelecto e a imaginação são o que me prejudica aqui, pois tenho a impressão de que a vontade está boa e pronta para todo bem; mas o intelecto[14] está tão perdido que se assemelha a um louco furioso que ninguém pode controlar. Só consigo acalmá-lo pela duração de um Credo. Algumas vezes, rio e percebo a minha miséria; fico a contemplar o intelecto para ver até onde vai e, glória a Deus, nunca, nem por exceção, ele procura coisas ruins, mas sim assuntos que pouco importam, como o que há a fazer aqui, ali ou em outro lugar.

Nesses momentos, conheço mais a enorme graça que o Senhor me concede quando mantém esse louco controlado em perfeita contemplação. Imagino o que ocorreria se me vissem nesse desvario as pessoas que me consideram boa. Lamento ver a alma em companhia tão ruim; fico desejando vê-la livre e, assim, digo ao Senhor: quando, Deus meu, verei a minha alma unida e entregue a Vosso louvor de maneira que todas as suas faculdades se regozijem? Não permitais, Senhor, que ela seja ainda mais despedaçada, pois me parece que vejo seus pedaços espalhados por todos os lados!

Passo por isso com muita frequência; algumas vezes, bem compreendo que isso se deve em grande parte à pouca saúde corporal. Lembro-me muito do prejuízo que o primeiro pecado nos causou e penso que veio daí o sermos incapazes de gozar de tanto bem em um ser. Em mim pelo menos assim é, porque, se não tivesse tido tantos pecados, eu seria mais constante no bem.

17. Passei também por outro grande sofrimento: como todos os livros que tratam de oração que eu lia me pareciam compreensíveis, pensei que o Senhor já me tinha dado o entendimento e que eu não precisava deles; assim, eu não os lia mais, preferindo vidas de santos, já que ver-me tão longe do modo como eles serviam a Deus me beneficiava e animava, embora eu julgasse ser pouca humildade pensar que já tinha chegado a ter aquela oração. Não podendo deixar de pensar dessa maneira, eu ficava muito aflita, até que homens de saber e o bendito Frei Pedro de Alcântara me disseram para desdenhar esses pensamentos.

Tenho certeza de que nem comecei no serviço de Deus, mas nas graças recebidas de Sua Majestade estou próxima de muitas pessoas boas; sou a própria imperfeição, exceto nos desejos e no amor, pois nestes últimos tenho certeza de que o Senhor me favoreceu para que eu O pudesse servir em algo. Tenho plena convicção de que O amo, mas me desconsolo diante das minhas obras e das inúmeras imperfeições que vejo em mim.

18. Outras vezes me acomete uma estupidez da alma — eu digo que é — que me dá a impressão de que não faço bem nem mal, mas ando por ver andar os outros, como se diz: sem pesar e sem glória, nem viva nem morta, sem prazer nem sofrer. Parece que não se sente nada. Eu penso que a alma anda como um jumentinho que pasta e que se sustenta porque lhe dão de comer, comendo quase sem sentir. Porque a alma nesse estado não deve estar sem comer algumas grandes graças de Deus, já que, tendo vida tão miserável, não é para ela um peso viver, e o seu ânimo não arrefece; no entanto, não se sentem movimentos nem efeitos para que a alma o entenda.

19. Isso me parece agora navegar com ares muito serenos, andando muito sem saber como. Porque nas outras maneiras de que falei são tão grandes os efeitos que a alma quase alcança de imediato sua melhoria, já que os desejos logo fervem, e ela nunca acaba de se satisfazer. Isso acontece com os grandes ímpetos de amor de que falei[15], que atuam nas pessoas a quem Deus os dá. É semelhante a umas fontezinhas que tenho visto brotar: nunca cessa de haver movimento na areia, empurrada por elas para cima. Este exemplo ou comparação me parece compatível com o estado

---

14. Observe-se que a Santa nem sempre distingue claramente entre intelecto, pensamento e imaginação.
15. No cap. 29, n. 8-14, e cap. 26, n. 1, nota.

das almas que aqui chegam: o amor sempre está borbulhando e pensando no que fará. Ele não cabe em si, assim como na terra aquela água parece não caber, borbulhando sempre.

A alma fica assim com frequência, sem sossego nem controle com o amor que tem, com o qual já está embebida; quisera que os outros bebessem, pois a ela a água não faz falta, para que a ajudassem a louvar a Deus. Quantas vezes me recordo da água viva de que o Senhor falou à samaritana. Por isso, tenho muita afeição por aquele Evangelho; e sempre a tive, sem entender como entendo agora este bem, desde muito pequena, tendo suplicado muitas vezes ao Senhor que me desse daquela água. Eu tinha a cena no meu quarto, registrando o momento em que o Senhor chegou ao poço, com este letreiro: *Domine, da mihi aquam*[16].

20. Isso parece também um fogo grande que, para não se apagar, precisa ser sempre alimentado. Assim são as almas a que me refiro: mesmo que lhes custasse muito, gostariam de trazer lenha para que a chama não se apagasse. É tal a minha miséria que até me contentaria se lhe pudesse lançar algumas palhas, o que me acontece muitas vezes; de umas rio, em outras muito me canso. O movimento interior me incita a servir adornando as imagens com raminhos e flores, varrendo, arrumando um oratório e fazendo outras coisas insignificantes — pois para mim não sirvo — que me deixam confusa.

Quando fazia alguma penitência, eu fazia tão pouco e de tal maneira que, se o Senhor não levasse em conta a boa vontade, eu mesma considerava insignificante, chegando a rir de mim. Pois não têm pouco trabalho as almas a quem Deus dá, pela Sua bondade, este fogo do Seu amor em abundância quando lhes faltam forças corporais para fazer algo por Ele; é um imenso sofrimento porque, como lhes faltam meios para lançar alguma lenha nesse fogo, sendo elas capazes de morrer para que ele não se apague, elas vão se consumindo interiormente e se tornando cinzas. Desfazem-se em lágrimas e se abrasam, padecendo muito tormento, se bem que saboroso.

21. Louve muito o Senhor a alma que, tendo chegado aqui, receba dele forças corporais para fazer penitência ou conhecimento, talentos e liberdade para pregar, confessar e levar almas a Deus. Uma alma assim não sabe nem compreende o bem de que dispõe se não tiver aprendido por experiência o que é nada poder fazer no serviço do Senhor e receber sempre muito. Bendito seja Ele por tudo e rendam-Lhe glória os anjos, amém.

22. Não sei se ajo bem ao apresentar tantos detalhes. Como vossa mercê mandou me dizer outra vez que eu não receasse me estender e que nada omitisse, vou tratando com clareza e sinceridade de tudo aquilo que me vem à lembrança. E ainda assim deixo muita coisa de lado, para não ocupar um tempo ainda maior — e tenho tão pouco tempo, como eu disse[17], talvez sem obter nenhum proveito.

CAPÍTULO 31

Fala de algumas tentações exteriores e aparições que o demônio produzia nela, bem como dos tormentos que lhe infligia. Trata também de algumas coisas muito boas, como aviso para pessoas que seguem o caminho da perfeição.

1. Desejo falar, já que falei de tentações e perturbações interiores e secretas que me eram causadas pelo demônio[1], de outras quase públicas em que a sua presença não podia ser ignorada.

2. Eu estava certa vez num oratório e me apareceu, do lado esquerdo, uma figura abominável; percebi especialmente a boca, porque falava: era horrível. Parecia que lhe saía do corpo uma grande chama, muito clara, sem nenhuma sombra. Disse-me, aterrorizando-me, que eu me livrara de suas garras, mas que voltaria a elas. Fiquei com muito temor e fiz o sinal da cruz como

---

16. Cf. Jo 4,15.
17. Cap. 10, n. 7 e cap. 14, n. 8.
1. No cap. 30, n. 9ss.

pude. Ela desapareceu, mas logo voltou. Isso me aconteceu por duas vezes. Não sabendo o que fazer, peguei da água benta que ali havia e lancei-a para onde essa figura se encontrava. Ela nunca mais voltou.

3. Em outra ocasião, o demônio me atormentou durante cinco horas com dores e desassossegos interiores e exteriores tão terríveis que pensei não poder suportar. As pessoas que estavam comigo ficaram espantadas e não sabiam o que fazer, nem eu a que recorrer. Costumo, quando as dores e o mal corporal são muito intoleráveis, fazer atos interiores como posso, suplicando ao Senhor que, se for do Seu agrado, me conceda paciência e me deixe sofrer assim até o fim do mundo.

Nessa ocasião, vendo um padecimento tão rigoroso, procurei refugiar-me nesses atos e na determinação de resistir. Quis o Senhor que eu percebesse que era o demônio, já que vi ao meu lado um negrinho bem abominável, rangendo os dentes como se estivesse desesperado ao perceber que, em vez de ganhar, perdia. Eu, ao vê-lo assim, ri-me e não tive medo. Estavam ali algumas irmãs a quem eu não podia recorrer e que não sabiam como aliviar tanto tormento. Eram grandes os golpes que ele me fazia dar, levando-me, sem que eu pudesse resistir, a bater o corpo, a cabeça e os braços. O pior era o desassossego interior, que de forma alguma me permitia descansar. Eu não me atrevia a pedir às irmãs água benta, para não assustá-las e para que não percebessem do que se tratava.

4. A partir de muitos fatos, obtive a experiência de que não há coisa de que os demônios fujam mais, para não voltar, do que da água benta. Eles também fogem da cruz, mas retornam. Deve ser grande a virtude da água benta. Minha alma sente particular e manifesta consolação quando a tomo. É certo que tenho quase sempre um alívio que eu não saberia explicar, uma espécie de deleite interior que me conforta toda a alma. Não se trata de ilusão nem de coisa que só aconteceu uma vez, mas sim de algo frequente que tenho observado com cuidado. Digamos que seja como se a pessoa estivesse com muito calor e sede e bebesse um jarro de água fria, sentindo todo o seu corpo refrescar. Penso em quão importante é tudo o que a Igreja ordena, e alegra-me muito ver que tenham tanta força as palavras que comunica à água para que esta fique tão diferente da comum[2].

5. Como, pois, não cessasse o tormento[3], eu disse às pessoas que, se não fossem rir, eu pediria água benta. Trouxeram-na e me aspergiram com ela, mas não adiantou; lancei-a na direção onde estava o demônio, e ele se foi de imediato e o mal desapareceu por inteiro como se fosse retirado por uma mão, muito embora eu estivesse cansada como se tivesse sido espancada com muitos paus. Foi muito proveitoso ver que o demônio, se já faz tanto mal a uma alma e a um corpo que não lhe pertencem, quando o Senhor o permite, muito mais faria se eles fossem definitivamente seus. Isso renovou o meu ânimo de livrar-me de companhia tão ruim.

6. Há pouco tempo me aconteceu o mesmo, embora não tenha durado tanto nem ocorrido na presença de pessoas; pedi água benta, e as pessoas que entraram depois que os demônios tinham partido (eram duas monjas dignas de crédito que de nenhuma maneira mentiriam) sentiram um cheiro muito ruim, como se fosse de enxofre. Eu não o senti, mas durou tanto que pôde ser percebido.

Em outra ocasião, estando no coro, caí em profundo recolhimento. Afastei-me dali para que não percebessem, mas todas as que estavam ali perto ouviram grandes pancadas no lugar onde eu estava e, ao meu lado, ouvi vozes como que combinando alguma coisa, mas não entendi nada, pois estava mergulhada na oração; também não tive medo. Isso sempre acontecia quando o Senhor me concedia a graça de, por meu intermédio, beneficiar alguma alma.

---

2. "A Venerável Ana de Jesus fala, nas informações para a beatificação da Santa registradas em Salamanca, do extremo cuidado desta: 'Ela nunca queria que andássemos sem ela (água benta). E, diante da angústia que a acometia se alguma vez a esquecêssemos, levávamos recipientes pendurados na cintura, e ela sempre queria que puséssemos um na sua, dizendo-nos: *Vocês não imaginam o alívio que se sente quando se tem água benta; é um grande bem fruir com tanta facilidade do sangue de Cristo*. E todas as vezes que começávamos a rezar o Divino Oficio pelo caminho, ela nos fazia tomar da água'" (B. M. C., t. 18, p. 465).

3. Ela retoma o relato interrompido no final do n. 3.

Também me aconteceu o que vou narrar agora (e disso há muitos testemunhos, em especial daquele que agora me confessa[4], que o viu escrito numa carta; sem que eu lhe dissesse qual a pessoa referida na carta, ele bem sabia quem era):

7. Veio a mim uma pessoa que há dois anos e meio estava num pecado mortal dos mais abomináveis de que tenho notícias e que, por todo esse tempo, não o confessava nem se emendava e dizia missa. Embora confessasse outros, dizia que este não o podia, por ser coisa muito feia. Tinha grande desejo de redimir-se, mas não tinha forças para isso. Fiquei muito triste e com muita pena ao ver que se ofendia a Deus dessa maneira. Prometi-lhe suplicar muito a Deus para que Ele o corrigisse e fizesse com que outras pessoas Lho pedissem, pois eram melhores que eu. Eu escrevia a ele por intermédio de uma pessoa a quem ele me dissera que eu podia entregar as cartas.

Com a primeira carta, ele se confessou, pois Deus quis (pelas muitas pessoas tão santas que haviam dirigido súplicas a Ele, pessoas a quem eu o encomendara) fazer tal misericórdia com essa alma; e eu, embora miserável, fazia o que estava ao meu alcance com muito cuidado. Ele me escreveu que melhorara tanto que havia dias sem recaída; mas que era tão grande o tormento trazido pela tentação que lhe parecia estar no inferno. E me pedia que o encomendasse a Deus. Voltei a encomendá-lo às minhas irmãs, por cujas orações o Senhor deveria conceder-me esse favor, e estas desempenharam a tarefa com muito ânimo. Tratava-se de uma pessoa que ninguém devia identificar. Supliquei a Sua Majestade que se aplacassem aqueles tormentos e tentações e que viessem contra mim aqueles demônios, desde que eu nada fizesse contra Deus. Assim, passei um mês acossada por enormes tormentos. Foi nessa ocasião que aconteceram as duas coisas de que falei[5].

8. O Senhor foi servido, pois, como me escreveram, os demônios o deixaram. Eu lhe dei conta do que passara naquele mês, sua alma recobrou forças, e ele ficou totalmente livre, nunca se fartando de dar graças a Deus — e a mim, como se eu tivesse feito alguma coisa, quando na verdade fora o crédito que eu tinha de receber favores do Senhor que lhe trouxera benefícios. Ele me disse que, quando se via aflito, lia minhas cartas e ficava livre da tentação, ficando muito espantado com o que eu padecera e com o modo como ele se livrara. Eu também me espantei, e teria sofrido muitos outros anos para ver aquela alma liberta. Seja louvado por tudo o Senhor, pois muito poder tem a oração dos que O servem, como creio que o fazem nesta casa[6] minhas irmãs. Vendo que eu as estimulava, os demônios se lançaram ainda mais contra mim, e o Senhor, devido aos meus pecados, permitia a sua ação.

9. Naquela época, pensei certa noite que iam me estrangular; lançamos muita água benta, e vi uma multidão demoníaca se afastando, como se caísse de grande altura. São tantas as ocasiões em que esses malditos me atormentam, e tão pouco o medo que agora tenho deles, por saber que não podem se mexer se o Senhor não lhes der licença, que eu cansaria vossa mercê, e a mim, se as contasse.

10. Que isso seja útil ao verdadeiro servo de Deus, que assim vai desdenhar os espantalhos com que os demônios desejam nos causar temor. Saibam que, quanto mais os desprezamos, tanto menor fica a sua força e tanto mais senhora de si fica a alma. Sempre resta algum grande proveito, que não vou descrever para não me estender; direi somente o que me aconteceu numa noite de Finados: estando num oratório, tendo rezado um noturno, eu dizia umas orações muito devotas — que estão no fim do nosso Breviário —, quando o demônio se pôs sobre o livro para que eu não acabasse de fazê-las. Persignei-me e ele desapareceu. Quando recomecei, ele retomou. Creio que por três vezes o tentei, só o consegui quando lancei água benta. Tão logo acabei, vi que saíram algumas almas do purgatório, almas cuja expiação pouco faltava para se completar e que o demônio, pensei eu, pretendia perturbar.

---

4. Muito provavelmente o Padre Domingo Báñez, personagem de primeira ordem na história teresiana, como o leitor verá.
5. As duas intervenções diabólicas citadas no n. 6.
6. O Mosteiro de São José.

Poucas vezes vi o demônio em forma corporal, sendo comum vê-lo sem nenhuma forma, como na visão que descrevi antes, na qual não há forma sensível, embora se perceba com clareza a sua presença[7].

11. Também quero relatar algo que muito me espantou; estando num dia da Santíssima Trindade completamente arrebatada no coro de certo mosteiro, vi uma grande contenda entre demônios e anjos. Não pude entender o que significava aquela visão. Não se passaram quinze dias e entendi quando irrompeu certa desavença entre pessoas de oração e muitas outras que não o eram. Isso causou graves prejuízos à casa, tendo sido uma batalha que muito durou e trouxe farto desassossego.

Outras vezes, eu via uma densa multidão deles ao meu redor, estando eu cercada por uma grande claridade que não lhes permitia a aproximação. Entendi que Deus me guardava para que não chegassem a mim de um modo que O ofendesse. Pela minha experiência, entendi que era uma verdadeira visão. Com efeito, já compreendi o pouco poder que tem o demônio quando não estou contra Deus, e quase não o temo; de nada valem suas forças se ele não vê almas entregues e covardes, pois só assim mostra seu poder[8].

Por vezes, nas tentações de que falei[9], eu tinha a impressão de que todas as vaidades e fraquezas de tempos passados voltavam a despertar em mim, que bem fazia em me encomendar a Deus. Vinha então o tormento de pensar que tudo em mim vinha do demônio. Isso só passava quando o confessor me acalmava; porque, para mim, quem recebia tantas graças do Senhor não podia sequer ter um primeiro movimento de mau pensamento.

12. Eu também ficava muito angustiada, e ainda fico, ao ver que me consideram muito, em especial pessoas importantes, e que falam muito bem de mim. No tocante a isso, sofri bastante e ainda sofro. Quando isso acontece, concentro-me de imediato na vida de Cristo e dos santos, tendo a impressão de que ando ao contrário, pois eles só encontraram desprezo e injúrias. Isso me faz ficar temerosa, e quase não ouso erguer a cabeça, desejando não ser vista, o que não faço quando me atingem perseguições, porque, então, a alma está tão senhora de si, ainda que o corpo padeça e eu também me ressinta, que não sei como pode ser. Mas assim é; nas tribulações, a alma parece estar no seu reino, trazendo tudo sob os pés.

Era comum que isso me acontecesse, durante muitos dias. Na época, parecia-me virtude e humildade, mas vejo com clareza agora que era tentação (um frade dominicano, muito instruído, me esclareceu sobre isso) pensar que as graças que o Senhor me concede viriam a ser conhecidas e ter um sofrimento tão excessivo a ponto de inquietar muito a alma. Isso chegou a tal ponto que, analisando-o, penso que estaria mais disposta a ser enterrada viva do que sofrê-lo; por essa razão, quando comecei a não poder resistir, mesmo em público, aos grandes recolhimentos ou arroubos, eu ficava depois muito coberta de vergonha, não desejando ser vista por ninguém.

13. Estando eu muito fatigada disso, o Senhor me perguntou *por que eu temia, se, nesse caso, só havia duas alternativas: murmurarem de mim ou louvarem a Ele*. Deus dava a entender que os que acreditavam nele O louvariam e os que não acreditavam me condenariam, sendo eu inocente, e que essas duas coisas representavam ganhos para mim, motivo pelo qual eu não devia me afligir. Isso me deixou bastante sossegada e me consola quando me vem à mente. A tentação atingiu um tal grau que eu quis sair deste lugar e ir para um mosteiro, muito mais fechado que

---

7. Ela se refere à famosa visão intelectual do cap. 27, n. 2. Dadas as frequentes alusões a essa visão, pode-se perceber a importância que ela teve na vida mística da Santa.

8. À margem do autógrafo, o Padre Báñez escreveu, ilustrando esse pensamento teresiano: "São Gregório, em *Los Morales*, disse do demônio que é formiga e leão; isto vem bem a este propósito". Com efeito, a afirmação peregrina de São Gregório está no L. V, cap. 20 de *Los Morales* (p. L., 75, 700-701), no comentário ao cap. 4, v. 11 do livro de Jó ("Morreu o tigre, por não ter presa"), que o Santo doutor interpretou na versão dos Setenta, em que se lê: "Morreu a formigaleão, por não ter presa". A formigaleão é o diabo. Lembremo-nos de que a Santa lera esse livro do Santo doutor (cf. cap. 5, n. 8).

9. Ela alude ao referido nos n. 1ss e no cap. 30, n. 9ss.

aquele em que estava, de cujos rigores ouvira falar[10]. Também era um convento da minha Ordem, e muito distante. Meu consolo seria estar onde não me conhecessem, mas o confessor nunca me permitiu.

14. Esses temores também me tiravam em larga medida a liberdade de espírito, mas depois vim a entender que não eram verdadeira humildade, visto que me inquietavam tanto. E o Senhor me ensinou esta verdade. Se estivesse determinada e convencida de que nenhuma coisa boa vinha de mim, mas de Deus, assim como não me custava ouvir louvar outras pessoas (eu até gostava e me consolava muito por ver manifesta aí a presença de Deus), tampouco me custaria que Ele mostrasse em mim as Suas obras.

15. Também cheguei a outro extremo, que foi suplicar a Deus — e numa oração particular — que, quando alguma pessoa pensasse bem de mim, Sua Majestade lhe declarasse meus pecados para que ela visse com quão poucos méritos meus Ele me concedia graças, desejo que tenho sempre muito vivo. Meu confessor me disse que não agisse dessa maneira; contudo, até há pouco tempo, quando via que alguém pensava muito bem de mim, eu usava de rodeios e outros recursos para revelar-lhe meus pecados e, com isso, me sentia descansada. Também me ordenaram ter muito escrúpulo nisso.

16. Vejo que isso não provinha da humildade, mas da tentação, de uma tentação que gerava muitas outras. Eu achava que enganava a todos e, se bem que seja verdade que as pessoas se enganam ao pensar que há algum bem em mim, não era minha intenção fazê-lo, nem nunca o pretendi; é o Senhor que, com algum objetivo, o permite. Mesmo com os confessores, só tratei do assunto quando havia necessidade, e sempre com grande cuidado.

Todos esses temorezinhos, aflições e sombras de humildade eram uma grande imperfeição, e falta de mortificação, percebo-o agora. Porque uma alma que se abandona por completo nas mãos de Deus é indiferente ao mal e ao bem que falam dela, se entender de verdade — caso o Senhor a queira agraciar com essa compreensão — que nada tem de si. Ela confia naquele que lhe dá tantos bens, pois saberá mais tarde por que Ele os revela, prepara-se para a perseguição, que é certa nos tempos de hoje quando o Senhor quer que se saiba que alguma pessoa recebe dele semelhantes favores[11]. Para uma alma como essa, há mil olhos, enquanto para mil almas de outra natureza não há um único.

17. Na verdade, não há poucas razões para temer, e esse devia ser o meu temor; não a humildade, mas a fraqueza. De fato, uma alma que, com a permissão de Deus, passa a ser alvo dos olhos de todos tem condições de se preparar para ser mártir do mundo: se ela não desejar morrer para ele, ele mesmo lhe dará a morte. Com certeza não vejo nele nada que me pareça útil, a não ser não consentir nos bons faltas que, à força de murmúrios, não sejam corrigidas.

Afirmo que é preciso ter mais ânimo, se não se é perfeito, para seguir o caminho da perfeição do que para sacrificar a vida; porque a perfeição não é alcançada num instante, a não ser que o Senhor deseje conceder o privilégio particular de tal graça. O mundo, ao ver a pessoa começar a trilhar esse caminho, deseja que ela logo alcance a perfeição e, depois de muitos quilômetros, ao ver uma falta que talvez seja virtude, faz com que a condenem pessoas que cometem a mesma falta, e que até estão viciadas nela, julgando o outro por si.

---

10. O P. Silverio anotou, quanto a esse episódio: "O Padre Frederico de S. Antonio (*Vita della S. Madre Teresa de Gesù*, L. I, cap. 22) suspeita que a Santa pensou em retirar-se para um convento de Flandres ou da Bretanha. As Carmelitas de Paris (*Oeuvres de Sainte Thérèse*, t. I, p. 409) dão um sentido mais concreto ao pensamento afirmando que talvez Santa Teresa tenha querido ir para o convento edificado perto de Nantes, em 1477, pela Beata Francisca de Amboise. Parece-nos que ela não tinha necessidade de sair da Espanha para encontrar conventos afastados, austeros e observantes". É muito mais aceitável do que a opinião dos comentadores estrangeiros a do Padre Efren, que indica o Mosteiro da Encarnação de Valência como o desejado pela Santa (*Tiempo y Vida de Santa Teresa*, I, n. 469).

11. Alusão dolorida à sua própria história e ao ambiente de suspeição que naquela época na Espanha contra certas manifestações de vida mística.

O mundo não lhe permite comer, nem dormir, nem, como dizem, respirar. E quanto mais a alma o tem em boa conta, tanto mais parece esquecer que ainda está no corpo mortal e que, por mais perfeita que a considerem, ela ainda está sujeita a muitas misérias da terra, por mais que as tenha sob os pés. Assim, como eu digo, é preciso muito ânimo, já que a pobre alma, nem bem começou a andar, já a querem obrigar a voar; nem bem venceu as paixões, e já se espera que em ocasiões de perigo seja perfeita como os santos confirmados na graça.

É para louvar o Senhor o que se passa nessas circunstâncias, bem como de cortar o coração; porque são inúmeras as almas que recuam, pobrezinhas que não sabem a que recorrer. E creio que assim teria ocorrido com a minha se o Senhor, tão misericordiosamente, não fizesse todo o trabalho por ela. E, mesmo que Ele, com Sua bondade, tenha me tomado a Seu cargo, vossa mercê sabe que a minha vida tem sido um constante cair e levantar.

18. Eu gostaria de saber explicá-lo, porque acredito que aqui se enganam muitas almas que aspiram a voar antes de receber de Deus asas. Creio que já fiz essa comparação[12], mas ela cabe aqui. Vou tratar disso porque vejo algumas almas muito aflitas por essa razão. Elas começam com grandes desejos, fervor e determinação de avançar na virtude, e algumas deixam por Ele todas as coisas exteriores. Contudo, vendo em outras pessoas mais avançadas na perfeição virtudes muito grandes que lhes são concedidas pelo Senhor, virtudes que não podemos conseguir por nós mesmos; vendo em todos os livros de oração e contemplação coisas que temos de fazer para nos alçar a essa dignidade, mas que não conseguem praticar logo, elas se desconsolam.

Trata-se de ensinamentos como estes: não devemos nos incomodar que falem mal de nós, contentando-nos até mais do que quando falam bem; devemos desprezar a honra, desapegar-nos dos parentes de maneira tal que, se não têm oração, não queiramos tratar com eles e até nos cansemos com a sua presença; e muitas outras coisas dessa espécie, que constituem, pelo que sei, antes bens sobrenaturais ou contrários à nossa inclinação natural, que só podem ser concedidos por Deus. Que essas almas não se fatiguem e esperem no Senhor, pois o que agora têm em desejos Sua Majestade fará com que tenham em obras, desde que perseverem na oração e façam quanto estiver ao seu alcance. Devido à nossa fraqueza natural, é muito necessário ter grande confiança e não desanimar nem pensar que, se nos esforçarmos, deixaremos de alcançar a vitória.

19. E, como tenho muita experiência nesse assunto, direi algo para alertar vossa mercê; não pense, embora lhe pareça acertado, ter adquirido a virtude sem antes experimentá-la pelo seu contrário[13]. Devemos sempre duvidar e não nos descuidar enquanto vivermos; pois com muita facilidade nos apegamos se, como digo, não estiver concedida de modo pleno a graça de perceber o que tudo é e que nesta vida só há muitos perigos. Há alguns anos, eu tinha a impressão de que não só estava desapegada dos meus parentes, mas de que me cansava com a sua convivência, e, de fato, sua conversa não me interessava. Surgiu certo assunto de muita importância e tive de tratar com uma irmã minha de quem muito gostava antes, e embora na conversa, apesar de ela ser melhor que eu, eu não me entendesse com ela (porque, como o seu estado é diferente, sendo mulher casada, não podíamos conversar os assuntos que me agradavam, e porque eu, sempre que podia, ficava sozinha), vi que seus sofrimentos eram compartilhados por mim, muito mais do que os do próximo, e que eu sentia até certa preocupação[14]. Entendi então que não estava tão livre quanto pensava e

---

12. Veja-se no cap. 23, n. 13.

13. No que resta do capítulo, ela vai se dirigir *mais expressamente* ao Padre García de Toledo, com quem se mantém em diálogo por quase todo o livro. *Sem antes experimentá-la pelo seu contrário:* se não a põe a prova em ocasiões contrárias. Trata-se por certo de uma reminiscência da moral escolástica, que dependia do princípio "contraria contrariis curantur".

14. "A Santa fala aqui da fundação de São José, para a qual lhe prestaram serviços muito úteis sua irmã Dona Juana e seu marido, Juan de Ovalle. A boa irmã de Santa Teresa tinha seus sofrimentos matrimoniais, tanto pela condição enfermiça, infantil e volúvel de Don Juan, como pela escassez de recursos para sustentar de modo conveniente a qualidade fidalga da casa. Essas duas coisas se mostram muito claramente em algumas cartas de Santa Teresa ao seu irmão

que ainda necessitava fugir das ocasiões para que essa virtude que o Senhor tinha começado a me conceder pudesse crescer. Desde então, com o Seu favor, tenho procurado agir assim.

20. Devemos considerar muito importante uma virtude quando o Senhor começa a nos agraciar com ela e de nenhuma maneira devemos colocar-nos em perigo de perdê-la. Isso se aplica a coisas que atingem a reputação e a muitas outras; creia vossa mercê que nem todos os que pensamos estar desapegados de tudo o estamos de fato, sendo imperativo nunca descuidar disso. E qualquer pessoa que se perceba presa a algum ponto de honra, se quiser aproveitar, acredite em mim e livre-se desse apego, por ser ele uma corrente que nenhuma lima quebra, a não ser com a ajuda de Deus, obtida na oração e em muito esforço de nossa parte. Isso me parece um empecilho neste caminho, causando-me espanto o dano que faz.

Vejo algumas pessoas santas em suas obras, que são tão grandes que deixam as pessoas abismadas. Valha-me Deus! Por que ainda se encontra na terra uma tal alma? Como não está ela no auge da perfeição? Que é isto? Quem detém a quem tanto faz por Deus?[15] Oh, ela está presa a um ponto de honra...! E o pior é que não quer entender que o está e, às vezes, o demônio a convence de ser obrigada a conservar esse apego.

21. Acreditem em mim, creiam pelo amor do Senhor nessa formiguinha que Ele quer que fale! Se não for tirado, esse defeito será como uma lagarta; talvez não estrague a árvore inteira, restando algumas virtudes, se bem que todas carcomidas. A árvore não é frondosa, não medra nem deixa medrar as que estão perto de si, porque a fruta que dá de bom exemplo nada tem de sã e pouco vai durar. Eu digo muitas vezes[16] que, por menor que seja, o ponto de honra é como o canto acompanhado por um órgão que toca um trecho ou compasso errado, desafinando toda a música. Trata-se de coisa que em toda parte muito prejudica a alma, mas que, neste caminho de oração, gera pestilência.

22. Procuramos juntar-nos com Deus e queremos seguir os conselhos de Cristo, carregado de injúrias e de falsos testemunhos, desejando conservar íntegros a nossa honra e o nosso crédito? Se sim, não poderemos chegar lá, pois essas duas coisas não seguem o mesmo caminho. O Senhor se aproxima da alma quando nos esforçamos e procuramos renunciar ao nosso direito em muitas coisas. Dirão alguns: "Não tenho em que aplicar isso nem me surgem oportunidades". Acredito que quem mantiver essa determinação não verá o Senhor permitir a perda de bem tão precioso; Sua Majestade lhe propiciará tantas ocasiões para obter essa virtude que a pessoa as julgará excessivas. Mãos à obra.

23. Quero falar das insignificâncias e bagatelas que fazia quando comecei, ou pelo menos de algumas delas: as palhinhas que, como tenho dito[17], atiro ao fogo, por não ser capaz de ir além disso. O Senhor tudo recebe; bendito seja para sempre!

Entre as minhas faltas estava o pouco conhecimento da salmodia, dos procedimentos do coro e do modo de oficiar; isso ocorria devido ao meu descuido e preocupação com muitas vaidades, mesmo vendo outras noviças que podiam me ensinar. Eu não lhes perguntava nada, para que não percebessem que pouco sabia. Vinha-me logo a ideia do bom exemplo, o que é muito frequente. No entanto, Deus me abriu um pouco os olhos, e eu, mesmo sabendo, por menor que fosse a dúvida que tivesse, consultava as meninas. Com isso, não perdi a honra nem o crédito; pelo contrário, quis o Senhor, a meu ver, dar-me doravante uma memória melhor.

Eu não sabia cantar direito. Sentia tanto se não tinha estudado o que me mandavam (e não por cometer uma falta diante do Senhor, o que seria virtude, mas por causa das muitas pessoas

---

Don Lorenzo. O casal Ovalle teve de ir de Alba a Ávila para tratar dos negócios da fundação requeridos pela Santa em agosto de 1561" (Silverio).

15. A Santa anotou cuidadosamente essa frase na margem superior do fólio. *Ponto de honra:* apego e cultivo da própria honra; para melhores esclarecimentos, talvez sirva a leitura do cap. 36, n. 3ss do *Caminho*.

16. Alusão às suas conversas com os doutos.

17. Ela usou essa figura no cap. 30, n. 20.

que me ouviam) que, por puro amor-próprio, me perturbava a ponto de dizer muito menos do que sabia. Mais tarde, tomei a resolução de, quando não o sabia muito bem, dizer que nada sabia. No início, foi doloroso, mas depois passei a gostar disso. Desse modo, a partir do momento em que já não me importava o fato de perceberem a minha ignorância, passei a cantar muito melhor. É que a negra honra antes me impedia de fazer bem o que devia, essa honra que cada qual põe onde quer, e que eu colocava nessas coisas.

24. Essas pequenas coisas, que nada são — sendo eu ainda menos, visto me incomodar com elas —, pouco a pouco se traduzem em atos. Com essas pequenas decisões, que vão sendo reforçadas por Deus, já que vêm dele, nós O ajudamos a conseguir coisas maiores. Assim é que, em termos de humildade, por exemplo, vendo que todas progrediram na virtude, exceto eu[18] — porque nunca servi para nada —, passei a recolher e dobrar as capas das irmãs que saíam. Eu tinha a impressão de servir àqueles anjos que ali louvavam a Deus. Fiz isso até que, não sei como, vieram a saber, o que me deixou bem confusa, visto que a minha virtude não chegava a suportar a revelação dessas coisas, e não por humildade, mas para que não rissem de mim diante de ações tão desimportantes.

25. Ó Senhor meu! Que vergonha é ver tantas maldades e contar uns grãos de areia que ainda não eram levantados da terra para Vosso serviço, mas que estavam envoltos em mil misérias! Debaixo dessas areias de Vossa graça[19] ainda não brotava a água que as fizesse subir. Ó Criador meu, quisera ter alguma coisa importante para relatar, em meio a tantos males, pois narro as grandes graças que recebi de Vós. Assim, Senhor meu, não sei como pode suportá-lo o meu coração nem como poderá, quem isto ler, deixar de me desprezar ao ver tão mal correspondidos favores tão imensos; e não tenho vergonha de me referir a esses serviços, que são, afinal, meus.

Sim, Senhor meu, tenho vergonha, mas de não ter para contar senão atos tão minúsculos, para que quem os fizer grandes tenha esperança; porque, se os meus parecem ter sido levados em conta pelo Senhor, tanto melhor Ele acolherá esses outros. Queira Sua Majestade dar-me o favor de eu não ficar para sempre no princípio. Amém.

CAPÍTULO 32

Trata de como o Senhor quis conduzi-la em espírito ao lugar do inferno que ela, por seus pecados, tinha merecido. Dá uma ideia do que lhe foi apresentado ali. Começa a tratar da maneira como se fundou o mosteiro de São José, onde ela agora se encontra.

1. Havendo já muito tempo desde que o Senhor começara a me conceder muitas das graças de que falei[1] e outras muito grandes, certo dia, estando em oração, vi-me de repente, sem saber como, no inferno. Entendi que o Senhor queria que eu visse o lugar que os demônios tinham preparado para mim ali e que eu merecera pelos meus pecados[2]. Isso durou muito pouco tempo, mas, mesmo que eu vivesse muitos anos, parece-me impossível esquecer. A entrada me pareceu um longo e estreito túnel, semelhante a um forno muito baixo, escuro e apertado; o solo dava a

---

18. Anotando essa passagem, o Padre Silverio se recorda de uma glosa do Padre Gracián ao cap. 15 do L. IV da *Vida da Santa* escrita por Ribera: "... o mundo lhe havia levantado três falsos testemunhos sem nenhum fundamento: o primeiro, quando moça, ao se dizer que ela era bonita, porque, quando ela, ouvindo isso, ia se olhar no espelho, não conseguia perceber por que proferiram semelhante mentira, sendo ela tão feia; o segundo, quando se dizia que ela entendia bem as coisas, porque, quando via a compreensão de suas filhas, ela se envergonhava em falar diante delas; o terceiro, quando se dizia que ela era boa — este último ela não tinha paciência para tolerar, visto conhecer bem suas faltas".

19. Ela alude à figura no cap. 30, n. 19.

1. Ela se refere às graças místicas narradas nos caps. 23-31.

2. O Padre Silverio glosa essa passagem: "Diremos aqui, com o Padre Ribera (*Vida de Santa Teresa*, L. I, cap. 8), que (os demônios) lhe puderam mostrar o lugar, 'não que, na época, ela merecia, mas o que viria a merecer devido ao caminho que seguia'. Contudo, não é a interpretação de Ribera, mas o texto teresiano, que deve servir de base aos tradutores".

impressão de conter uma água igual a uma lama muito suja e de odor pestilencial, havendo nele muitos répteis daninhos; havia no fundo uma concavidade aberta numa parede, parecida com um armário, onde fui colocada, ficando bastante apertada. Tudo isso é agradável em comparação ao que senti ali. Isto que digo está muito aquém da verdade.

2. O que senti parece ser impossível de definir de fato e de entender; mas senti um fogo na alma que não sei como explicar. As dores corporais eram tão insuportáveis que mesmo os tantos sofrimentos que tive nesta vida, que foram graves e, segundo os médicos, os maiores que se podem passar aqui (por exemplo, quando se encolheram todos os meus nervos e fiquei paralítica[3], sem falar de outros tantos padeceres de diversas espécies, alguns, como eu disse[4], causados pelo demônio), não foram nada em comparação com elas, ainda mais que percebi que elas seriam sem fim, incessantes.

Na verdade, em comparação com a agonia da alma, que é um aperto, um afogamento, uma aflição tão intensa, unida a um descontentamento tão desesperado e angustioso, que as palavras não podem descrever, tudo isso é insignificante. Porque dizer que é igual à sensação de que estão sempre arrancando a alma é pouco, pois isso seria equivalente a ter a vida tirada por alguém; nesse caso, no entanto, é a própria alma que se despedaça. Não sei como fazer jus com palavras ao fogo interior e ao desespero que se sobrepõem a gravíssimos tormentos e dores. Eu não via quem os provocava, mas os sentia queimando-me e retalhando. Mesmo assim, tenho a impressão de que aquele fogo e aquele desespero interiores são o pior.

3. Quando se está num lugar tão pestilento, sem poder esperar consolo, não se pode ficar sentado nem deitado, nem há lugar para isso, pois me puseram naquela espécie de buraco feito na parede; entre essas paredes, que espantam a visão, somos apertados e ficamos como que sufocados. Não há luz, mas sim trevas escuríssimas. Não entendo como pode ser que, não havendo luz, vê-se tudo que possa causar padecimento.

Nessa ocasião, o Senhor não quis que eu visse mais coisas do inferno; mais tarde, tive outra visão de coisas assombrosas sobre o castigo de alguns vícios. Vê-las me mostrou quão espantosas eram, mas, como não sentia o sofrimento, não tive tanto temor. Na visão referida, no entanto, foi vontade do Senhor que eu sentisse verdadeiramente os tormentos e aflições no espírito como se o corpo os estivesse padecendo. Não sei como isso aconteceu, mas bem entendi ser um grande favor e que o Senhor desejava que eu visse com os meus próprios olhos aquilo de que a Sua misericórdia me livrara. Porque uma coisa é ouvir dizer ou ter pensado sobre os diferentes tormentos (o que eu fizera poucas vezes, já que pelo temor a minha alma não era levada muito bem), ou saber pelos livros que os demônios supliciam e infligem outras torturas, e outra é passar por isso. Em uma palavra, saber disso e vivê-lo são tão diferentes quanto o desenho o é da realidade; queimar-se aqui na terra é dor muito leve em comparação com o fogo de lá.

4. Fiquei tão abismada, e ainda o estou quando escrevo, apesar de já se terem passado quase seis anos[5], que me parece ter o corpo enregelado de medo. A partir de então, não me lembro de ocasiões em que padeça sofrimentos ou dores e não considere um nada tudo o que se pode passar na terra, o que me dá a impressão de que, em parte, nos queixamos sem razão. Por isso, repito ter sido essa uma das maiores graças que o Senhor me concedeu, pois me trouxe grandes proveitos, tanto para que eu perdesse o temor das tribulações e contradições desta vida como para que me esforçasse por padecê-las e dar graças ao Senhor por ter me livrado, como é agora minha convicção, de males tão perpétuos e terríveis.

5. Desde então, como eu disse, tudo me parece fácil diante de um momento em que se tenha de sofrer o que lá padeci. Fico aturdida ao pensar que, tendo lido muitas vezes livros onde se ex-

---

3. Cf. cap. 6, n. 1-2.
4. Nos caps. 30-31.
5. A Santa escreve no final de 1565; portanto, a visão do inferno deve ser datada do princípio de 1560.

plica algo das penas do inferno, eu não as temesse nem as tomasse pelo que são. Onde estava eu? Como podia ter descanso estando num caminho que me conduzia a lugar tão ruim?

Bendito sejais, Deus meu, para sempre! E como me tem parecido[6] que me amáveis muito mais do que eu a mim mesma! Quantas vezes, Senhor, me livrastes de cárcere tão tenebroso e quantas eu, contra a Vossa vontade, voltava para ele!

6. Isso também criou em mim uma grande compaixão pelas muitas almas que se condenam (em especial dos luteranos, que já eram, pelo batismo, membros da Igreja) e intensos ímpetos de salvar almas, pois tenho a impressão de que, para livrar uma só delas de aflições tão graves, eu voluntariamente enfrentaria muitas mortes. Se vemos aqui uma pessoa de quem gostamos de modo especial passar por um grande sofrimento ou dor, a nossa própria natureza nos impele à compaixão e, se a sua aflição for grande, tanto maior será a opressão do nosso coração. Assim sendo, ver uma alma imersa eternamente no sumo sofrimento, quem o pode suportar? Não há coração que veja isso sem compadecer-se, porque, se aqui, sabendo que a vida um dia vai acabar e que de qualquer maneira não é longa a sua duração, ainda assim somos movidos a tanta compaixão, quão maior não será o nosso desassossego diante dessa dor que não se acaba, infligida às tantas almas que o demônio leva consigo a cada dia!

7. Isso também me faz desejar que, numa coisa tão importante, não nos contentemos com fazer menos que tudo o que pudermos; não deixemos nada por fazer, e que o Senhor seja servido de nos dar graças para isso. Por outro lado, considero que, embora tão ruim, eu algo fazia para servir a Deus e não fazia certas coisas muito comuns no mundo, visto que, afinal, passava por grandes enfermidades e com muita paciência dada pelo Senhor. Eu não tinha inclinação para murmúrios, nem para falar mal dos outros, assim como, creio eu, não podia querer mal a ninguém, não tinha cobiça nem, pelo que me lembro, inveja, de modo a cometer ofensa grave contra o Senhor. Isso ocorria porque, embora tão ruim, eu costumava temer sempre a Deus; mesmo assim, vi o lugar que os demônios tinham preparado para mim, e é verdade que, considerando as minhas culpas, ainda julgava merecer maior castigo.

Contudo, digo que era um tormento terrível, sendo muito perigoso que uma alma que a cada passo cai em pecado mortal fique satisfeita, sossegada ou contente. Pelo amor de Deus, devemos evitar as ocasiões, e o Senhor nos ajudará, como me ajudou. Que Sua Majestade nunca tire a Sua mão para que eu não volte a cair, pois já vi onde iria parar. Não o permita o Senhor, por quem Sua Majestade é. Amém.

8. Estando eu (depois de ter visto essas e outras grandes coisas e segredos que o Senhor, por quem é, quis me mostrar da glória que será concedida aos bons e do castigo que recairá sobre os maus) em busca de maneiras de fazer penitência de tanto mal e de alcançar o mérito de obter tanto bem, desejava fugir das pessoas e afastar-me de uma vez por todas do mundo; meu espírito não sossegava, mas não era um desassossego inquieto, e sim delicioso. Via-se com clareza que isso vinha de Deus e que Sua Majestade concedera à alma calor para que ela saboreasse outros manjares mais suculentos do que aqueles que comia.

9. Imaginando o que poderia fazer por Deus, pensei que a primeira coisa era seguir o chamamento que Sua Majestade me fizera para ser religiosa, respeitando a minha Regra com a maior perfeição possível. E, embora na casa onde eu estava houvesse muitas servas de Deus, sendo Ele bem servido nela, por causa de uma grande necessidade as monjas saíam muitas vezes e passavam períodos em lugares onde, com toda a honestidade e religião, podiam estar. Por outro lado, a Regra não fora estabelecida com o seu rigor inicial, sendo respeitada de acordo com o que era costume na Ordem, seguindo-se a Bula de Mitigação[7]. Havia também outros inconvenientes, parecendo-me demasiado o bem-estar, visto ser a casa grande e agradável.

---

6. *E como me tem parecido: parecer* equivale a mostrar, demonstrar, evidenciar, nessa e em muitas outras passagens da Santa. Cf. cap. 35, n. 13; cap. 36, n. 3; e outra versão em *Fundações*, cap. 2, n. 7.

7. Ela se refere à Bula "Romani Pontificis", de Eugênio IV, datada de 15 de fevereiro de 1432 (cap. 36, n. 26, nota).

Mas o problema das saídas, embora eu fosse uma que muito saía, era o maior para mim, porque algumas pessoas a quem os prelados não podiam dizer não gostavam de me ter em sua companhia; elas importunavam os prelados, que me mandavam ir. Assim, por seguir as ordens, eu ficava pouco no mosteiro. O demônio devia ter a sua parte, impedindo-me de ficar em casa, porque, quando ficava, eu transmitia a algumas irmãs aquilo que me ensinavam os religiosos com quem eu tratava, o que trazia grande proveito.

10. Certa feita, estando na companhia de uma pessoa, disseram a mim e a outras que se quiséssemos ser monjas à maneira das Descalças, seria talvez possível fundar um mosteiro[8]. Eu, como o desejava, comecei a tratar disso com aquela senhora minha companheira[9], a viúva que, como eu disse, tinha o mesmo desejo. Ela começou a esboçar planos para obter recursos, planos que agora vejo não serem muito viáveis, parecendo-nos que eram devidos ao nosso desejo. Mas eu, por outro lado, estando muito contente na casa em que estava[10], que me agradava muito, assim como a cela que ocupava, que muito me servia, ainda me detinha. Contudo, combinamos de encomendar muito a Deus o nosso plano.

11. Certo dia, depois da comunhão, Sua Majestade me ordenou expressamente que me dedicasse a esse empreendimento com todas as minhas forças, prometendo-me que o mosteiro não deixaria de ser feito e dizendo que ali seria muito bem servido. Disse-me que devia ser dedicado a São José; esse Santo glorioso nos guardaria uma porta, e Nossa Senhora, a outra; Cristo andaria ao nosso lado, e a casa seria uma estrela da qual sairia um grande resplendor. Além disso, embora as religiões[11] estivessem relaxadas, eu não devia pensar que Ele era pouco servido nelas, pois o que seria do mundo se não houvesse religiosos? O Senhor me ordenou ainda que revelasse tudo ao meu confessor e que lhe rogasse, em Seu nome, que não se opusesse ao projeto nem criasse obstáculos a ele.

12. Teve tal impacto essa visão, e tais efeitos as palavras que o Senhor me dirigiu, que não tive como duvidar de que era Ele. Fiquei muito pesarosa porque, em parte, imaginei os grandes desassossegos e sofrimentos que isso me custaria. Por outro lado, eu já vivia muito contente no meu convento; embora tratasse do assunto como antes, já não tinha tanta determinação nem certeza de que o projeto se realizaria. Nesse ponto, contudo, eu me sentia pressionada e, como via que começava a surgir um grande desassossego, estava em dúvida sobre o que faria. Mas foram tantas as vezes em que o Senhor voltou a me falar disso, exibindo-me tantas causas e razões, que

---

8. Trata-se de um grupo de interlocutoras, entre as quais se destaca uma. Sabemos o nome de quase todas. A "pessoa" autora da afirmação foi Maria de Ocampo, filha de primos da Santa, que logo se tornou Carmelita em São José com o nome de Maria Bautista. Quase todas as outras componentes do grupo eram parentes de Madre Teresa, algumas carmelitas e as outras amigas seculares; todas elas passavam deliciosas jornadas espirituais na cela da Santa no Mosteiro da Encarnação. Eram elas: Beatriz de Cepeda, Leonor de Cepeda, María de Cepeda, Isabel de S. Pablo, Inês de Tapia, Ana de Tapia, Juana Suárez (já conhecida do leitor) etc.

María de San José, uma das grandes escritoras discípulas da Santa, se refere ao episódio: "Estando um dia a Santa com ela (Maria de Ocampo) e com outras religiosas da Encarnação, começaram a discutir vidas de santos do deserto; na ocasião, algumas delas disseram que, já que não podiam ir ao deserto, poderiam juntar-se para fazer penitência num mosteiro pequeno e de poucas monjas; a madre Teresa de Jesus lhes disse que tratassem de reformar-se e de guardar a Regra primitiva, que ela pediria a Deus que as iluminasse sobre o que mais convinha. Então, Maria Bautista disse: Madre, funde um mosteiro como este e eu a ajudarei com meus recursos. Quando estavam nesse ponto, chegou a Senhora D. Guiomar de Ulloa, a quem a madre Teresa de Jesus relatou a conversa que tinham tido ela e as moças parentes suas; D. Guiomar de Ulloa disse: 'Madre, eu também a ajudarei no que puder para essa obra tão Santa'" (em *Memorias Historiales*, letra R, n. 14).

As *Descalças*, cuja maneira de vida Maria de Ocampo propõe como modelo, são as chamadas *Descalças Reais* de Madri, de origem avilesa. Foram fundadas em Ávila pela Princesa Dona Juana, irmã de Filipe II, com um grupo de franciscanas do mosteiro dessa cidade, seguindo a iniciativa de São Pedro de Alcântara. A fundação passou sucessivamente para Valladolid e Madri.

9. D. Guiomar de Ulloa (cf. cap. 30, n. 3; cap. 24, n. 4), a quem adiante a Santa designará assim (cf. n. 13, 15 e 16).

10. O Mosteiro da Encarnação.

11. *As religiões:* as ordens religiosas. O "confessor" a que ela se refere em seguida é o Padre Baltasar Alvarez.

eu via ser convincentemente Sua vontade que não mais me atrevi a não contá-lo ao meu confessor, a quem relatei por escrito tudo o que acontecera[12].

13. Ele não teve coragem de me dizer claramente que eu não levasse o projeto adiante, mas via que não era viável nos termos da razão natural, já que havia pouquíssimas ou quase nenhuma possibilidade de a minha companheira, que era quem o havia de levar a efeito, conseguir recursos. Ele me disse que eu me entendesse com o meu prelado e que fizesse o que ele mandasse. Eu não tratava com o prelado dessas visões, mas a senhora em questão lhe disse que desejava fazer o mosteiro; e o Provincial[13] concordou plenamente, visto que era amigo de tudo o que é da religião, dando-lhe todo o apoio necessário e dizendo-lhe que tomaria o mosteiro sob sua jurisdição. Eles trataram dos recursos necessários e do nosso desejo de haver no máximo treze[14] religiosas na casa, por várias razões.

Antes de começarmos a tratar do negócio, escrevemos ao santo frei Pedro de Alcântara, relatando tudo o que acontecia; ele nos aconselhou a seguir em frente e nos deu seu parecer sobre todos os assuntos[15].

14. Tão logo se soube do projeto do lugar, caiu sobre nós uma enorme perseguição cujo relato levaria muito tempo: choveram insinuações e risadas, bem como afirmações de ser um disparate. Diziam-me que eu estava bem na minha casa, perseguindo tanto minha companheira a ponto de deixá-la aflita. Eu não sabia o que fazer; em parte, parecia-me que tinham razão. Quando eu estava muito fatigada, encomendando-me a Deus, Sua Majestade começou a me consolar e animar. Ele me disse que, através daquilo, eu veria o que tinham passado os santos fundadores das religiões, devendo passar por tribulações muito maiores do que eu podia imaginar, mas que não devíamos ter medo.

Ele acrescentou algumas palavras que eu devia transmitir à minha companheira, e o que mais me espantava era que logo ficávamos consoladas pelo que tínhamos sofrido e com ânimo suficiente para resistir a todos. Na realidade, entre as almas de oração e até na própria cidade, não havia quase ninguém que na época não se opusesse a nós nem considerasse tudo um enorme desatino.

15. Foram tantas as insinuações e o alvoroço no meu mosteiro que o Provincial julgou impossível ter de enfrentar a todos, razão por que mudou de opinião e retirou o seu apoio. Ele afirmou que a renda não era suficiente, além de pouco segura, bem como muitos os nossos opositores. Ao que parece, devia estar coberto de razão. O fato é que retrocedeu e cancelou a licença. Quanto a nós, veio-nos a impressão de que esses eram os primeiros golpes, o que nos trouxe muito pesar; sofri em especial por ver o Provincial opor-se, visto que, se assim não fosse, eu teria como me desculpar diante dos outros. E já não queriam absolver a minha companheira caso ela não desistisse do projeto, dizendo-lhe que tinha a obrigação de interromper o escândalo[16].

---

12. Não se conservou nada do escrito aqui mencionado por Santa Teresa.

13. "O Padre Angel de Salazar", anotou cuidadosamente Gracián em seu livro. Salazar sucedera no provincialato, em 1560, o Padre Gregorio Hernández.

14. "Só doze mulheres e a priora, que não devem ser mais", escreverá a Santa no cap. 36, n. 19. E, no *Caminho*: "Nesta casa, não são mais de treze nem o haverão de ser" (cap. 4, n. 7). Cf. *Fundações*, cap. 1, n. 1; *Modo de Visitar*, n. 27-28; e cartas 16, 81, 210, 350, 386 (numeração da B. M. C.). Apesar disso, ela escrevera ao seu irmão Lorenzo de Cepeda, no dia 23 de dezembro de 1561: "Hão de ser apenas quinze, pois não se pode aumentar o número sem ter problemas". Mais tarde, a Santa mudou de opinião, elevando consideravelmente o número de monjas de cada Carmelo.

15. "Ele mesmo veio a Ávila e lhe indicou os termos em que deveria ser redigida a petição ao Reverendíssimo da Ordem Carmelita, Padre Nicolás Audet, a fim de obter a licença para fundar o mosteiro que se pretendia" (Silverio).

16. "Estando com sua irmã, Dona Juana de Ahumada, foram um dia ao sermão na igreja de São Tomé, e um religioso de certa Ordem, que pregava ali, começou a repreender asperamente, como se tratasse de algum grande pecado público, referindo-se às monjas que saíam de seus mosteiros para fundar novas Ordens, dizendo que com isso pretendiam ter liberdades; disse outras palavras tão pesadas que Dona Juana se sentiu afrontada, decidindo ir a Alba ou à sua casa para dizer à nossa Santa Madre que voltasse ao mosteiro e abandonasse as obras. Com esse propósito, Dona Juana se voltou para encará-la, vendo que ela, com uma grande paz, ria. Isso deixou Dona Juana ainda mais decidida, levando-a a fazer alguns comentários sobre isso. No entanto, Deus logo a fez mudar de opinião, e ela, deixando de lado esses propósitos, permane-

16. Ela foi procurar um erudito, grande servo de Deus, da Ordem de São Domingos, contando-lhe todos os eventos[17]. Isso aconteceu antes de o Provincial recusar a licença, já que, em todo lugar, não tínhamos quem se dispusesse a nos favorecer, razão por que diziam que íamos adiante por puro capricho. Essa senhora relatou tudo ao santo homem, falando-lhe da renda advinda de suas propriedades, pedindo-lhe com fervor que nos ajudasse, visto ser ele o religioso mais instruído do lugar, havendo poucos mais sábios do que ele em sua Ordem.

Contei-lhe tudo o que pretendíamos fazer e falei de algumas das razões que nos moviam; não recorri a revelações, apresentando-lhe as razões naturais, porque queria que ele nos desse a sua opinião de acordo com estas últimas. Ele nos pediu um prazo de oito dias para responder e nos perguntou se nos dispúnhamos a fazer o que ele dissesse. Respondi-lhe que sim; mesmo afirmando, e creio que o cumpriria (porque na época não via como levar o projeto adiante), nunca deixei de acreditar no êxito do nosso empreendimento. Minha companheira tinha mais fé; ela nunca se disporia a abandonar o projeto por coisa alguma que lhe dissessem.

17. Eu, como disse, julgava impossível que a casa não viesse a ser fundada, tamanha a minha crença na verdade da revelação, pois não lhe daria fé se ela contrariasse a Sagrada Escritura ou as leis da Igreja, que somos obrigados a cumprir...[18] Porque, embora me parecesse que de fato era vontade de Deus, se aquele douto me dissesse que não podíamos levá-lo a efeito sem ofendê-Lo e sem contrariar a consciência, creio que logo me afastaria daquilo ou procuraria outra solução; mas o Senhor só me dava uma alternativa: a fundação.

Mais tarde, aquele servo de Deus me confessou que tivera a firme determinação de tudo fazer para nos dissuadir, pois já chegara aos seus ouvidos o clamor do povo, sendo também seu o parecer de que o projeto era um disparate. Sabendo-se que o tínhamos procurado, enviou-se um emissário para avisá-lo de que visse o que fazia e pedir que não nos ajudasse. Quando ele começou a ponderar sobre a resposta que nos daria, examinando o empreendimento, a nossa intenção, o modo de vida e de prática religiosa que queríamos estabelecer, concluiu que isso muito serviria a Deus e que não podia deixar de ser feito. Por isso, ele nos respondeu que nos apressássemos a concluí-lo e nos indicou os meios e o modo de proceder; disse que, apesar de os recursos serem poucos, sempre se podia esperar em Deus. Afirmou também que todos os opositores deveriam procurá-lo, que ele se encarregaria de responder — e ele de fato sempre nos ajudou, como mais tarde vou dizer[19].

18. Com isso, ficamos muito consoladas, e também porque algumas pessoas santas, que antes eram contrárias a nós, já estavam mais aplicadas, havendo até algumas que nos ajudavam. Entre estas últimas estava o fidalgo santo[20] que já mencionei, o qual, virtuoso como era, percebia estar o nosso projeto inteiramente baseado na oração, embora acreditasse que os meios fossem difíceis e quase inviáveis; mesmo assim, ele achava que podia ser coisa de Deus, advinda do próprio Senhor. Era por certo Deus que o movia, tal como movera o Mestre, o clérigo servo de Deus que, como eu disse, foi o primeiro a quem falei[21]; esse Mestre é um modelo para todos, pessoa que Deus tem para remédio e proveito de muitas almas, e que também já vinha em minha ajuda.

Estando as coisas nesse pé, e sempre com a ajuda de muitas orações, compramos uma casa em um bom lugar, embora pequena. Isso em nada me incomodava, pois o Senhor me dissera que

---

ceu em Ávila e recebeu nossa Santa Madre em sua casa, dando continuidade à obra começada" (Depoimento de Teresa de Jesus no Processo de Ávila; B. M. C., t. 2, p. 333).

17. "O Padre Frei Pedro Ibáñez", anota Gracián. A esse benemérito dominicano (não confundi-lo com o Padre Báñez) se deve o fato de a Santa escrever este *Livro da Vida*.

18. A frase fica suspensa: talvez ela tenha querido dizer que, embora lhe parecesse impossível que não se realizasse a fundação (ela segue um dos seus típicos parênteses), *não tinha tanta fé quanto D. Guiomar*.

19. Cf. cap. 35, n. 4-6 e cap. 36, n. 23.

20. Francisco de Salcedo. Cf. cap. 23.

21. Gaspar Daza. Cf. cap. 23, n. 6.

começasse como pudesse e mais tarde veria o que Sua Majestade havia de fazer[22] — e quão bem o tenho visto!

Assim, embora reconhecesse que a renda era pouca, eu tinha fé no Senhor, que haveria de nos favorecer e prover tudo por outros meios.

CAPÍTULO 33

Continua a falar da fundação do mosteiro do glorioso São José. Explica que lhe deram ordens de não se envolver nela, relata o tempo em que obedeceu e algumas provações que teve, dizendo como o Senhor a consolava nisso.

1. Quando os negócios estavam a ponto de se resolver, visto que, no dia seguinte, seriam lavradas as escrituras, nosso Padre Provincial mudou de opinião[1]. Pelo que vi depois, creio que ele foi movido por inspiração divina; porque, sendo tantas as orações, o Senhor ia aperfeiçoando a Sua obra e determinando que se fizesse de outro modo. Quando o Provincial não quis admitir a fundação, o meu confessor me ordenou que não mais me envolvesse nisso[2]. Mas o Senhor sabe dos grandes sofrimentos e aflições que me tinha custado ter levado o empreendimento até esse ponto. Como ele foi abandonado e as coisas ficaram assim, confirmou-se mais a opinião de tratar-se de disparate de mulheres, aumentando os murmúrios sobre mim, embora tudo tivesse sido feito até então com a concordância do Provincial.

2. A opinião do meu mosteiro[3] sobre mim não era das melhores, pois eu queria fazer um mosteiro de clausura mais estrita. As pessoas diziam que eu as ofendia, pois ali também se podia servir a Deus, havendo religiosas melhores que eu. Diziam também que eu não tinha amor pela casa e que melhor seria que procurasse obter recursos para ela do que para outra obra. Umas pensavam que eu devia ser lançada no cárcere[4]; umas poucas faziam uma tímida defesa de mim. Eu bem via que em muitas coisas elas tinham razão e por vezes justificava a sua conduta, embora, como não pudesse falar do essencial, que era ter recebido ordens do próprio Senhor, não soubesse o que fazer, deixando assim de falar de outras coisas. O Senhor muito me agraciava porque, em tudo isso, não me deixava inquieta; deixei a obra de lado com muita facilidade e contentamento, como se até então não tivesse feito nenhum esforço. Ninguém pôde acreditar nisso, nem mesmo as almas de oração que tinham relação íntima comigo; pensava-se que eu estava muito confrangida e confusa, o que era a opinião do meu próprio confessor. Quanto a mim, tendo certeza de ter feito tudo o que podia, não mais me sentia obrigada a fazer esforços para cumprir a ordem do Senhor, ficando na casa em que estava muito contente e satisfeita. Se bem que jamais pudesse deixar de acreditar que a casa seria fundada, eu não via os meios para isso nem sabia como nem quando a obra se realizaria, mas achava que viria a existir.

3. O que me causou muito sofrimento foi ter recebido do meu confessor, como se eu tivesse feito coisa contra sua vontade (verdade é que o Senhor devia querer que também desse lado, que mais dores haveria de causar, eu não deixasse de receber sofrimentos), num momento em que uma multiplicidade de perseguições deveriam merecer dele, a meu ver, uma palavra de consolo, uma carta em que dizia perceber, diante do que ocorrera, que a obra não passava de sonho. Na carta, ele me ordenava que doravante desistisse do assunto e não mais falasse dele, devido ao escândalo e a tantas outras coisas lamentáveis.

---

22. Ela vai falar disso com detalhes no cap. 33. Veja-se o n. 12, em que ela apresenta as palavras textuais do Senhor.
1. Cf. cap. 32, n. 15.
2. O confessor, de quem ela continuará a falar durante todo o capítulo, é o próprio Padre Baltasar.
3. O Mosteiro da Encarnação.
4. "Era uma cela escura ainda conservada na Encarnação" (Silverio).

Isso foi para mim mais lamentável do que todas as outras aflições juntas, dando-me a impressão de que, se eu fora causa e agente de ofensas a Deus, e se as visões que tivera eram uma ilusão, toda a oração que eu tinha era um engano, e eu estava perdida e errada. Isso me afligiu de modo tão extremo que fiquei toda perturbada e muito agitada. Mas o Senhor, que nunca me faltou, e que em todas as provações que me atingiram me consolou e animou muitas vezes — não cabendo relatá-las aqui —, me disse *que eu não devia me afligir, que muito O serviria, em vez de ofendê-Lo, naquele empreendimento e que obedecesse ao confessor, não me manifestando por enquanto, até que chegasse o momento de retomá-lo.* Fiquei tão consolada e contente que toda a perseguição que me moviam me pareceu insignificante.

4. Nesse ponto, o Senhor me ensinou o imenso bem que é passar por sofrimentos e perseguições por Ele, porque foi tanto o aumento do amor de Deus que vi em minha alma, ao lado de muitas outras coisas, que fiquei espantada. Isso me faz não poder deixar de desejar tribulações. As outras pessoas pensavam que eu estava envergonhada, e eu de fato estaria se o Senhor não me tivesse favorecido com tanto desvelo ao me conceder graça tão grande. Por essa época, comecei a ter aqueles ímpetos de amor a Deus já referidos[5] e arroubos maiores, embora me calasse e não contasse a ninguém os ganhos que obtinha. O santo varão dominicano[6] também tinha a mesma certeza minha de que a casa seria fundada; e, como eu não queria me envolver no assunto para não desobedecer ao meu confessor, ele o negociava com a minha companheira, escrevendo a Roma e dando todos os passos necessários.

5. Nesse ponto, o demônio também começou a espalhar, de boca em boca, que eu tinha tido alguma visão sobre o caso; por isso, as pessoas me procuravam, com muito medo, para me dizer que vivíamos tempos ruins[7] e que poderiam levantar contra mim falsos testemunhos, denunciando-me aos inquisidores. Achei muita graça e ri, porque nunca tive temor disso, pois bem sabia que, em matéria de fé, eu antes morreria mil vezes do que me oporia a qualquer coisa da Igreja ou a qualquer verdade da Sagrada Escritura. Eu lhes disse que não temessem quanto a isso, pois em estado bem ruim estaria a minha alma se houvesse nela algo que me levasse a recear a Inquisição; se achasse que havia, eu mesma iria procurá-la. Eu disse ainda que, em caso de falsos testemunhos, o Senhor me livraria de tudo e ainda me propiciaria algum benefício.

Procurei o padre dominicano que, como eu disse, era tão instruído[8] que eu podia ficar tranquila diante do que ele me dissesse, e lhe contei todas as visões, o modo de oração e as grandes graças que o Senhor me concedia, com a maior clareza que pude, suplicando-lhe que a tudo examinasse muito bem e me dissesse se havia naquilo algo contra a Sagrada Escritura. Ele me tranquilizou muito e, a meu ver, tirou algum proveito das minhas confidências, porque, embora fosse já muito bom, doravante se dedicou ainda mais à oração e se recolheu a um mosteiro de sua Ordem, muito mais solitário[9], para melhor poder praticar virtudes, tendo estado ali por mais de dois anos, até que a obediência o tirou dali — o que ele muito lamentou —, visto que as suas qualidades o tornavam necessário em outro lugar.

6. Senti muito quando ele se foi — embora não tenha tentado retê-lo — devido à grande falta que ele me faria. Mas percebi que era para seu proveito porque, estando muito pesarosa com a sua ida, o Senhor me disse que me consolasse e não ficasse assim, pois ele seguia um bom caminho. Quando ele voltou, sua alma tinha aproveitado tanto e avançara a tal ponto no caminho do espírito que ele me disse que não gostaria de ter deixado de ir por nada deste mundo. O mesmo eu podia dizer; porque quem antes me tranquilizava e consolava apenas com o saber intelectual também

---

5. Os *ímpetos* místicos de que falou no cap. 29, n. 9ss.
6. Pedro Ibáñez (cf. cap. 32, n. 16).
7. *Tempos ruins:* e de fato o eram. Apenas dois anos antes (1559) fora iniciado o ruidoso processo do Arcebispo de Toledo, Carranza, o mesmo ano em que se celebrou em Valladolid o auto de A. Cazalla.
8. Ela falou sobre a sua erudição no cap. 32, n. 16.
9. Ele se retirou para o convento de Trianos (León); lá, morreria no dia 2 de fevereiro de 1565.

passou a fazê-lo com a experiência espiritual, pois tinha muita em coisas sobrenaturais, tendo Deus promovido o seu retorno bem no momento em que viu ser ele necessário para ajudar em Sua obra do mosteiro.

7. Estive, pois, em silêncio, sem tratar nem falar do empreendimento por cinco ou seis meses, e o Senhor nunca me ordenou que o fizesse. Eu não podia saber a causa, mas não perdia a esperança de que o projeto se realizaria. Passado esse tempo, tendo ido daqui o Reitor da Companhia de Jesus, Sua Majestade trouxe outro muito espiritual, com grande ânimo e compreensão e muito douto, e num momento em que eu tinha muita necessidade disso. Porque, como o padre que me confessava era subordinado a um superior e como os jesuítas têm em extremo a virtude de seguir a vontade do seu Maior, esse meu confessor não se atrevia a decidir em algumas circunstâncias, por várias razões, embora entendesse bem meu espírito e desejasse que eu avançasse muito mais. Na época, minha alma já tinha ímpetos tão grandes que muito sofria ao ver-se tão restrita, embora eu de modo algum deixasse de fazer o que ele me mandava[10].

8. Estando um dia com uma forte tribulação, pensando que o confessor não acreditava em mim, disse-me o Senhor que eu não me afligisse, pois aquele padecer logo se acabaria. Fiquei muito contente, julgando que não demoraria muito a morrer, sentindo grande alegria quando me lembrava disso. Depois, vi com clareza tratar-se da vinda desse Reitor de que falei; porque o sofrimento acabou, já que ele nada impedia ao Padre que era meu confessor, dizendo-lhe que me consolasse sem nenhum receio e que não me levasse por um caminho tão árduo, deixando agir o espírito do Senhor. Com efeito, às vezes a minha alma ficava, por assim dizer, quase sem poder respirar devido aos grandes ímpetos do espírito.

9. Esse Reitor foi me procurar, e o confessor me ordenou tratar com ele com toda a liberdade e clareza. Eu costumava me sentir muito inibida diante de contatos como esse. Contudo, ao entrar no confessionário, tive um sentimento interior desconhecido que não me lembro de ter sentido antes nem depois com ninguém; não sei descrevê-lo sequer com comparações. Porque foi um prazer espiritual, uma sensação de que aquela alma havia de entender a minha, de que havia entre elas uma afinidade, embora, repito, eu não saiba como.

Não causaria espanto essa alegria pela esperança de ser compreendida se eu já tivesse falado com ele ou recebido informações a seu respeito, mas isso nunca ocorrera. Vi depois que o meu espírito não se enganara; desse relacionamento adveio, sob todos os aspectos, um enorme proveito para os meus empreendimentos e a minha alma. Ele dirige muito bem as pessoas que o Senhor parece ter elevado bem alto, pois não as faz caminhar passo a passo, e sim correr, buscando desapegá-las de tudo e mortificá-las, pois também nisso, como em muitas outras coisas, o Senhor lhe deu um talento fora do comum.

10. Desde que passei a me relacionar com ele, entendi seu estilo e vi ser ele uma alma pura e santa, dotada pelo Senhor de um talento particular de discernir espíritos, o que muito me consolou. Pouco depois desse contato, o Senhor voltou a me impelir a tratar da questão do mosteiro, mandando-me dizer ao meu confessor e a esse Reitor das muitas razões e motivos para que eles não se tornassem empecilhos a isso. Algumas dessas razões causaram impressão, porque o Padre Reitor nunca duvidou, depois de estudar com muito cuidado e solicitude todos os efeitos que se

---

10. "O Reitor que saiu de Ávila foi o Padre Dionísio Vázquez, confessor de São Francisco de Borja e famoso na Companhia por suas intrigas com Filipe II, a Inquisição e a Santa Sé para retirar as casas da Espanha da jurisdição do Geral de Roma. Foi substituído no cargo pelo Padre Gaspar de Salazar em abril de 1561. Devido a certas desavenças que surgiram entre o Colégio de San Gil e o Bispo de Ávila, D. Alvaro de Mendoza, o Visitador, Padre Nadal, julgou oportuno, quando passou por Ávila no início de 1562, tirar do Padre Salazar o cargo de Reitor. Quando Santa Teresa regressou de sua viagem a Toledo, ele já não tinha essa função. O pouco tempo em que o Padre Salazar esteve em Ávila foi suficiente para que a Santa se afeiçoasse a ele. Ela faz uma honrosa menção a ele em várias de suas cartas. Depois de ter desempenhado a função de Reitor no Colégio de Madri e em outros colégios da Companhia, morreu Santamente em Alcalá no dia 27 de setembro de 1593" (Silverio). O novo Reitor chegou a Ávila em 9 de abril de 1561. Sobre a atitude do predecessor, Padre Dionisio Vázquez, para com a Santa, veja-se Ribera, *Vida de Santa Teresa*, L. I, cap. 14.

manifestavam em mim, de que se tratava do espírito de Deus. Enfim, por várias razões, eles não se atreveram a me estorvar[11].

11. Meu confessor me permitiu outra vez dedicar-me por inteiro à obra. Eu percebia que problemas tinha pela frente, visto estar só e ter muito poucos recursos. Combinamos que tudo se faria em segredo e, assim, fiz que uma irmã minha[12] que vivia fora daqui comprasse a casa, e lavrasse a escritura como se fosse para si mesma, com os recursos que o Senhor fez chegar a nós, por certos meios, em quantidade suficiente para a aquisição. Seria extenso narrar aqui como o Senhor foi fazendo isso.

Eu tinha o maior cuidado em nada fazer contra a obediência; mas sabia que, se o dissesse aos meus prelados, tudo se perderia como da vez passada ou até de modo pior. Para conseguir dinheiro, fazer as diligências necessárias, organizar planos e dirigir obras, tive momentos de enorme dificuldade, alguns bem sozinha (minha companheira fazia o que podia, mas podia pouco, e tão pouco que era quase nada, além de permitir que a obra fosse feita em seu nome e com o seu favor; todo o trabalho restante era meu), tendo sofrido de tantas maneiras que agora me espanto de tê-lo podido suportar.

Por vezes, desarvorada, eu dizia: "Senhor meu, como me ordenais coisas que parecem impossíveis? Se eu, mesmo sendo mulher, ao menos tivesse liberdade! Mas, impedida por todos os lados, sem recursos e sem ter aonde buscá-los, mesmo para as despesas do Breve, que posso fazer, Senhor?"

12. Numa ocasião, estando numa necessidade que não sabia resolver, nem tendo com que pagar aos operários, apareceu-me São José, meu verdadeiro pai e senhor, e deu-me a entender que recursos não me faltariam e que eu devia contratá-los. Eu o fiz, sem dispor de um centavo, e o Senhor, por caminhos que espantavam aos que o viam, me forneceu os recursos[13]. Comecei a achar a casa muito pequena, e tanto que parecia impossível torná-la um mosteiro; por isso, quis comprar outra (não tinha com que, não havia maneira de fazer a aquisição, nem eu sabia como proceder), situada ao seu lado, também muito pequena para erigir a igreja.

Certo dia, quando eu acabava de comungar, disse-me o Senhor: *Já te falei que comeces como puderes.* E, exclamando: *Ó cobiça do gênero humano, que até a terra pensas que te há de faltar! Quantas vezes dormi ao relento por não ter onde me abrigar!* Fiquei pasma e vi que o Senhor tinha razão; fui à casa pequenina, elaborei meus planos e encontrei meios para torná-la um mosteiro regular, se bem que minúsculo. Desisti de comprar mais terras, mas fiz adaptações para que se pudesse viver na casa; tudo era tosco e grosseiro, tendo o suficiente para não prejudicar a saúde; e assim se deve fazer sempre.

13. No dia de Santa Clara, indo comungar, a Santa me apareceu, muito formosa[14]. Disse-me que me esforçasse e desse continuidade ao que iniciara, pois teria a sua ajuda. Tomei por ela gran-

---

11. Ribera, em sua bela *Vida* da Santa, nos proporciona um dado que ilustra essa passagem: "O Ministro (o Padre Baltasar) veio a entender a vontade de Deus da seguinte maneira: disse um dia Nosso Senhor a Madre Teresa de Jesus: 'Dize a teu confessor que faça amanhã sua meditação sobre o versículo *quam magnificata sunt opera tua, Domine! nimis profundae factae sun: cogitationes tuae*', que são palavras do Salmo 91 e significam Quão grandes são Tuas obras, ó Senhor, e teus projetos, quão profundos! Ela lhe escreveu logo um bilhete que continha o que o Senhor lhe dissera. Ele assim o fez e viu tão claramente com isso o que Deus queria, meditando sobre aquele versículo, percebendo que por meio de uma mulher o Senhor havia de mostrar Suas maravilhas, que logo disse a ela que não duvidasse mais c voltasse a se envolver com afinco na fundação do mosteiro. Recebi essa informação de um Padre da Companhia, digno de toda fé, a quem, naquela mesma tarde, o Padre Baltasar mostrou o bilhete que a Madre lhe enviara" (*Vida de Santa Teresa*, L. 1, cap. 14).

12. Dona Juana de Ahumada, que residia em Alba com seu esposo, Juan de Ovalle.

13. Ajuda da Providência veio dessa vez por mãos estrangeiras: de Quito, D. Lorenzo, irmão da Santa, enviou uma grande soma que a tirou de apuros. D. Lorenzo se estabelecera em Quito depois da famosa batalha de Iñaquito; em 1556, casou com a filha de um dos conquistadores do Peru. Em Quito, ocupou postos de honra e de recursos, como tesoureiro das Caixas Reais, vereador do Cabido e alcaide da cidade. Ele bem podia abrigar à sombra de sua fortuna a pobre irmã que andava por Ávila sem um centavo. (Cf. a carta de Teresa a D. Lorenzo, datada de 23 de dezembro de 1561).

14. 12 de agosto de 1561.

de devoção e, em cumprimento de sua promessa, um mosteiro de monjas de sua Ordem[15] situado perto deste ajuda a nos sustentar. Além disso, a bem-aventurada Santa elevou pouco a pouco os meus anseios a tamanha perfeição que a pobreza que ela instituiu em seus mosteiros também está presente neste, e vivemos de esmola. Não me tem custado poucos esforços estabelecer com toda a firmeza e autoridade do Santo Padre que não se aja senão assim e que nunca se tenham rendimentos[16]. E o Senhor faz mais ainda, talvez atendendo às súplicas dessa bendita Santa, pois, sem que peçamos, nos fornece o necessário com muita fartura. Bendito seja para sempre, amém.

14. Também por esses dias, eu estava na capela de um mosteiro da Ordem do glorioso São Domingos no dia de Nossa Senhora da Assunção[17] considerando os inúmeros pecados que em tempos passados confessara naquela casa e outras coisas da minha vida ruim. De repente, veio-me um arroubo tão intenso que quase perdi os sentidos; sentei-me e creio que não vi a elevação nem ouvi a missa, ficando depois envergonhada disso. Enquanto me encontrava naquele estado, tive a impressão de que me cobriam com uma roupa de grande brancura e esplendor. No início, eu não via quem o fazia, tendo percebido depois Nossa Senhora do meu lado direito e meu pai São José do esquerdo adornando-me com aquelas vestes. Eles me deram a entender que eu estava purificada dos meus pecados.

Depois que acabaram de me vestir, estando eu com enorme deleite e glória, tive a impressão de que Nossa Senhora tomava-me as mãos, dizendo-me *que lhe dava muito contentamento ver-me servir ao glorioso São José e que eu estivesse certa de que o mosteiro se faria de acordo com o meu desejo, sendo o Senhor e eles dois muito bem servidos ali. Eu não devia temer que nisso viesse a haver quebra, embora a obediência não fosse bem do meu gosto, porque eles nos guardariam, e o seu Filho já nos prometera andar ao nosso lado. Como sinal de verdade, ela me dava uma joia.*

Tive a impressão de que ela me punha no pescoço um colar de ouro muito formoso do qual pendia uma cruz de muito valor. O ouro e as pedras dessa joia são tão diferentes dos de cá que não há comparação; porque a sua formosura muito difere do que podemos imaginar aqui, não podendo o intelecto compreender de que era a veste nem imaginar a alvura que o Senhor deseja nos apresentar, de tal modo que todas as coisas deste mundo parecem, por assim dizer, um esboço a carvão.

15. Era grandíssima a beleza que vi em Nossa Senhora, embora não tenha podido observar nenhum traço particular seu, mas o conjunto do rosto, estando ela vestida de branco, com enorme resplendor, não do tipo que deslumbra, mas algo suave. Não vi o glorioso São José tão claro, mas percebi a sua presença, como nas visões de que falei, em que não se veem imagens[18]. Nossa Senhora me pareceu muito jovem. Estiveram comigo mais um pouco, estando eu cheia de glória e de júbilo, numa intensidade que eu talvez jamais tenha sentido e que não quisera ver chegar ao fim.

Pareceu-me então vê-los subir ao céu com uma enorme corte angélica. Fiquei com muita saudade, mas tão consolada, enlevada, recolhida em oração e enternecida que por algum tempo permaneci quase fora de mim, sem poder mover-me nem falar. Veio-me um veemente ímpeto de me desfazer por Deus, ímpeto que teve tais efeitos em mim que nunca pude duvidar da verdade de que todo o ocorrido era coisa de Deus. Fiquei consoladíssima e com muita paz.

16. O que a Rainha dos Anjos dissera sobre a obediência[19] referia-se ao fato de eu sentir muito não pôr o mosteiro sob a jurisdição da nossa Ordem, pois o Senhor me falara que não convinha

---

15. O Convento das Clarissas da cidade, comumente chamado de *Las Gordillas*, nome que vem da primeira ocupação da casa em que estava instalado.

16. De fato, custou-lhe nada menos que três documentos pontifícios consecutivos: *um Breve* de 7/2/1562 dirigido a Dona Aldonza de Guzmán e a D. Guiomar de Ulloa, que não continha concessões em matéria de pobreza absoluta; *uma resolução pontifícia* do Sagrado Tribunal Pontifício, de 5/12/1562, facultando ao mosteiro o direito de viver sem rendas; *e uma Bula* de 17/7/1565 dando caráter definitivo ao documento anterior.

17. A Santa recebeu essa graça mística no dia 15 de agosto de 1561, ao que parece na Capela do Santíssimo Cristo de São Tomás de Ávila.

18. Ela se refere aos tipos de visão mencionados no cap. 27, n. 2.

19. Cf. n. 14.

fazê-lo. Indicou-me os motivos pelos quais isso de nenhum modo era conveniente, dizendo-me para recorrer a Roma, por certa via que também me indicou, prometendo que faria vir por esse meio as licenças. Isso de fato ocorreu — quando até então nunca chegávamos a uma solução —, e com pleno êxito, quando segui o caminho indicado pelo Senhor.

Considerando-se as coisas que mais tarde sucederam, foi muito conveniente ter-se prestado obediência ao Bispo. Mas, na época, eu não o conhecia, nem sabia que prelado seria; quis o Senhor que ele fosse muito bom e favorecesse bastante esta casa, o que era bem necessário diante da grande conflagração que a envolveu, como mais tarde vou contar[20], levando-a ao estado em que se encontra. Bendito seja Aquele que assim tudo fez, amém.

CAPÍTULO 34

Trata de como foi conveniente ausentar-se de Ávila nessa época. Conta a causa e diz que o seu prelado a mandou consolar uma senhora nobre que se encontrava muito aflita. Começa a narrar o que lhe aconteceu ali e o grande favor que o Senhor lhe concedeu ao servir-se dela para despertar uma pessoa de posição elevada para dedicar-se verdadeiramente ao Senhor. Dessa pessoa lhe vieram, mais tarde, favor e amparo. Trata-se de capítulo digno de nota.

1. Mesmo me esforçando para que não se soubesse da obra, não era possível deixá-la num segredo tamanho que ninguém o percebesse. Algumas pessoas acreditavam e outras não. Eu temia muito que, vindo o Provincial, dissessem a ele algo sobre isso, e fosse proibida de me ocupar da obra, parando todo o trabalho. Mas o Senhor agiu da seguinte maneira: numa cidade grande, a mais de vinte léguas daqui, uma senhora estava muito aflita por causa da morte do marido; estava abalada a tal ponto que se temia pela sua saúde[1]. Ela teve notícia desta pecadorazinha, pois o Senhor assim o dispôs; alguém falou bem de mim, o que produziu outros benefícios a partir disso.

Essa senhora conhecia muito o Provincial e, sendo pessoa importante e sabendo que eu estava num mosteiro sem clausura, teve, por inspiração do Senhor, um intenso desejo de me ver, pois lhe parecia poder se consolar comigo, já que sozinha não o podia. Ela logo procurou, por todos os meios, levar-me até lá, tendo enviado um mensageiro ao Provincial, que se encontrava bem longe. Ele me deu ordem, com preceito de obediência, para partir de imediato com uma companheira. Eu recebi a ordem na noite de Natal[2].

2. Essa ordem me perturbou um pouco e me magoou muito quando percebi que a causa de quererem me levar era a crença de que havia em mim algum bem, o que eu, vendo-me tão ruim, não conseguia suportar. Encomendando-me muito a Deus, fiquei todo o tempo das Matinas, ou grande parte dele, tomada por um grande arroubo. O Senhor me disse que não deixasse de ir e não me incomodasse com objeções, porque poucos me aconselhariam sem temeridade. Disse ainda que, embora eu fosse sofrer, isso muito serviria a Deus e que, para os fins do mosteiro, convinha que eu me ausentasse até chegar o Breve.

Acrescentou que o demônio tinha feito uma grande trama para quando o Provincial voltasse; eu nada devia temer, porque Ele me ajudaria. Fiquei muito animada e consolada e disse tudo ao Reitor, que respondeu que eu de modo algum deixasse de ir. Outras pessoas, contudo, me diziam que isso não era admissível, que era invenção do demônio para que lá me atingisse algum mal e que eu devia me comunicar outra vez com o Provincial.

---

20. Cf. cap. 36, n. 15ss.
1. Dona Luisa de la Cerda, viúva de Arias Pardo de Saavedra, marechal de Castela, senhor das vilas de Malagón, Paracuellos e Femán Caballero, sobrinho do Cardeal Arcebispo de Toledo, Pardo de Talavera; ele morrera em 13 de janeiro de 1561. Dona Luisa era filha de Juan de la Cerda, duque de Medinaceli. Residia em Toledo, para onde a Santa teve de ir.
2. 24 de dezembro de 1561.

3. Obedeci ao Reitor e, com o que entendera na oração, parti sem medo, embora sentisse grande confusão por ver a que título me levavam e como se enganavam tanto a meu respeito. Isso me fazia importunar mais o Senhor para que não me deixasse só. Um grande consolo meu era o fato de haver uma casa da Companhia de Jesus no lugar para onde ia[3], o que me parecia dar muita segurança, pois estaria sujeita, lá como cá, às suas ordens.

Pela vontade do Senhor, aquela senhora se consolou tanto que passou a ter de imediato pronunciada melhora, consolando-se mais e mais a olhos vistos. Isso causou grande impacto porque, como eu disse[4], a sua dor a deixava em grande angústia; o Senhor deve ter feito isso pelas muitas orações que faziam por mim as boas pessoas que eu conhecia para que tudo corresse bem. Essa senhora era muito temente a Deus e tão piedosa que a sua grande religiosidade supriu o que me faltava. Ela tomou-se de grande afeição por mim, e eu também gostava muito dela por ver sua bondade.

Mas quase tudo se tornava cruz para mim; porque os regalos me davam um grande tormento, e o fato de me terem tanta consideração me deixava com um imenso temor. A minha alma andava tão encolhida que eu não me atrevia a descuidar dela, nem o Senhor o fazia; porque, enquanto eu estava ali, Ele me fez muitos favores, que me davam tanta liberdade e tanto me faziam menosprezar tudo o que via — e, mais valioso o objeto, maior o meu desprezo — que eu não deixava de tratar com aquelas damas, a quem servir era para mim grande honra, com a naturalidade de quem fosse igual a elas.

4. Obtive disso muito proveito, o que dizia à própria Dona Luisa. Vi que ela era mulher, e tão sujeita a paixões a fraquezas quanto eu, e compreendi como se devem estimar pouco as grandezas humanas e que, quanto maiores as posses, tanto maiores os cuidados e sofrimentos que se têm. Além disso, a preocupação de ter a compostura correspondente ao seu estado não deixa essas pessoas viverem; elas comem fora de hora e de qualquer jeito, porque tudo deve corresponder à dignidade, e não ao temperamento; degustam muitas vezes manjares mais adequados ao seu estado do que ao seu gosto.

Por isso, desprezei totalmente o desejo de ser senhora — Deus me livre, contudo, da má compostura! —, se bem que aquela, apesar de ser das mais importantes do reino, seja talvez insuperável em humildade e afabilidade. Eu tinha pena, e ainda tenho, de vê-la forçada muitas vezes a ir contra suas inclinações para atender às exigências da sua condição. É preciso confiar pouco nos criados, mesmo que, como os dela, sejam bons. Não se deve falar mais com um do que com outro, para que o favorecido não fique malquisto. Trata-se de uma sujeição que me faz afirmar que uma das mentiras do mundo é chamar de senhores pessoas como essas, que não me parecem senão escravas de mil coisas.

5. Quis o Senhor que, durante o tempo em que estive naquela casa, todas as pessoas se aperfeiçoassem no serviço a Sua Majestade, embora eu não estivesse livre de tribulações e invejas da parte de algumas pessoas, devido ao muito amor que a senhora tinha por mim; com certeza pensavam que me movia algum interesse. O Senhor devia permitir que eu tivesse alguns sofrimentos e coisas semelhantes, para que não me embebesse das facilidades que ali havia, e fez com que eu obtivesse de tudo melhoras para a minha alma.

6. Durante a minha estada, chegou um religioso, pessoa muito importante com a qual eu há muitos anos tivera contato[5]. Estando assistindo à missa num mosteiro de sua Ordem próximo do lu-

---

3. De fundação recente, graças à intervenção de São Francisco de Borja junto ao Arcebispo Carranza (1558). Era superior da Casa o Padre Pedro Domenech, sendo Ministro o Padre Gil González Dávila. A Santa entabulou com eles íntimas relações espirituais, especialmente com o primeiro.

4. No n. 1.

5. "O Padre Frei García de Toledo", anota Gracián à margem do seu livro, repetindo a afirmação em nota ao n. 17, como vamos assinalar. Fica descartada, por esta e outras razões, a opinião de Ribera, Yepes e outros teresianistas que propõem o nome do Padre Vicente Barrón (de quem a Santa falou no cap. 7, n. 17). Que fosse "pessoa muito importante" se explica pelos títulos e pela história do Padre Garcia, neto dos Condes de Oropesa, sobrinho do Vice-Rei do Peru, e que

gar onde me encontrava, desejei saber as disposições daquela alma, pois queria que fosse um bom servo de Deus. Levantei-me para lhe falar; como já estava recolhida em oração, julguei que isso seria perder tempo e voltei a me sentar, perguntando a mim mesma o que tinha que ver com aquilo.

Creio que isso aconteceu por três vezes e, finalmente, o anjo bom venceu o mau, e eu fui até ele, que veio falar comigo num confessionário. No início, como há muitos anos não nos víamos, perguntamos sobre a vida um do outro. Eu lhe disse que a minha tinha sido marcada por muitos tormentos de alma. Ele insistiu muito em que eu lhe falasse desses tormentos. Eu lhe disse que não eram para ser sabidos, nem eu os devia contar. Ele respondeu que o padre dominicano de que falei[6] — que era muito amigo seu — logo o poria a par de tudo e que por isso eu podia confiar nele também.

7. Na verdade, não estava em suas mãos deixar de me importunar, nem nas minhas, creio eu, deixar de contar-lhe; porque, sendo tanto o pesar e a vergonha que costumo ter quando falo dessas coisas, com ele e com o Reitor de que falei[7], não tive nenhuma dificuldade e até me consolei muito. Eu lhe contei tudo sob segredo de confissão. Ele me pareceu mais esclarecido do que nunca, embora eu sempre o considerasse pessoa de grande compreensão. Percebi os enormes talentos e capacidades que ele tinha para aproveitar muito, caso se entregasse por inteiro a Deus. Porque, de uns anos para cá, não posso ver pessoa que muito me agrade sem desejar vê-la totalmente dedicada a Deus, sentindo ânsias tais que por vezes não posso me conter. Embora deseje que todos sirvam ao Senhor, desejo com muito ímpeto que essas pessoas que me alegram o façam, razão por que muito suplico ao Senhor por elas. Com esse religioso, assim aconteceu.

8. Ele me rogou que o encomendasse muito a Deus, mas nem era preciso, pois eu já não podia fazer outra coisa. Fui para onde costumava ter oração sozinha e comecei a tratar com o Senhor, estando em profundo recolhimento, de uma maneira simples com que muitas vezes, sem saber o que digo, me relaciono com Ele; nesses momentos, é o amor que fala, e a alma fica tão fora de si que não vê a diferença que há entre ela e Deus. Porque o amor que ela sabe que Sua Majestade tem por ela a faz esquecer de si mesma e lhe dá a impressão de estar Nele, e, como se ela e Ele fossem uma coisa só, a faz dizer desatinos. Lembro-me de ter Lhe dito, depois de pedir com muitas lágrimas que pusesse aquela alma a Seu serviço de verdade — porque, embora fosse alma tão boa, eu não me contentava com isso, querendo que fosse muito santa: "Senhor, não me negueis este favor; vede quão boa é essa pessoa para ser nossa amiga".

9. Ó bondade e grande humanidade de Deus, que não vê as palavras, mas os desejos e a vontade com que são ditas! Como suporta que uma pessoa como eu seja tão atrevida com Sua Majestade? Bendito seja para todo o sempre!

10. Lembro-me de que naquela noite, enquanto orava, tive uma grande aflição ao pensar que talvez me tivesse tornado inimiga de Deus; e, como não podia saber se estava ou não em Sua graça (não que eu desejasse saber, querendo antes morrer para não me ver em vida onde não tinha certeza de estar morta ou viva, porque não podia haver para mim morte pior do que pensar que tinha ofendido a Deus), sentia-me constrangida; eu Lhe suplicava que não permitisse isso, cheia de ternura e derretida em lágrimas.

Então percebi que podia me consolar e ter certeza de estar em graça[8]; porque semelhante amor de Deus, as graças que Sua Majestade dava à minha alma e os sentimentos que me inspirava

---

já em 1535 fizera uma expedição ao México, militando sob as ordens do Vice-Rei D. Antonio de Mendoza. Em 1567, cruzaria de novo o Atlântico, com o título de Provincial do Peru, regressando à Espanha às vésperas da morte da Santa, em 1581 (cf. a carta desta a Maria de San José de 8/11/1581, em B. M. CAP., t. 9, pp. 112-113).

6. O Padre Pedro Ibáñez, de quem ela falou no cap. 33, n. 5.

7. Padre Gaspar de Salazar, referido no cap. 33, n. 9 e 10.

8. Na edição príncipe se lê "consolar e confiar", em lugar de "consolar e ter certeza" (p. 431). A correção de Frei Luis se deve seguramente a um sutil escrúpulo de teólogo, causado pelos decretos dogmáticos do recente Concílio de Trento, um dos quais dizia que ninguém pode saber com certeza de fé se está ou não em graça de Deus (*Denz,* 802; cf. 805). Na

jamais teriam como alvo uma alma que estivesse em pecado mortal. Fiquei confiante de que o Senhor faria o que eu suplicava para essa pessoa. Ele me encarregou de lhe transmitir algumas palavras. Eu o senti muito, pois não sabia como fazê-lo, já que dar recado a uma pessoa é, como eu disse[9], o que mais me custa, em especial quando é preciso dá-lo a alguém que eu não sabia como o tomaria ou se zombaria de mim. Fiquei muito aflita. Depois, persuadi-me tanto que, pelo que me lembro, prometi a Deus que não deixaria de fazê-lo. Contudo, dada a grande vergonha que tinha, eu escrevi as palavras do Senhor e assim as transmiti ao religioso.

11. Foi perceptível, dado o efeito que as palavras produziam nele, tratar-se de coisa de Deus[10]. Ele decidiu verdadeiramente dedicar-se à oração, se bem que não de imediato. Como o queria para Si, o Senhor lhe mandava dizer, por meu intermédio, algumas verdades que, sem que eu as entendesse, eram tão a propósito que o espantavam e o dispunham a crer que vinham de Sua Majestade. Eu, embora miserável, suplicava muito ao Senhor que o atraísse por inteiro a Si, e o fizesse desdenhar as alegrias e coisas da vida. E assim — louvado seja Ele para sempre! — o fez, e com tanta intensidade, que cada vez que esse religioso me fala, fico maravilhada; e, se eu não fosse testemunha, duvidaria que em tão breve tempo o Senhor lhe tivesse concedido tão grandes graças e o mantivesse tão ocupado em Deus, pois ele não parece viver para coisas da terra.

Que Sua Majestade o leve pela mão, pois, se for adiante — como espero em Deus que vá, visto conhecer a si próprio sólida e profundamente —, ele há de ser um dos Seus mais notáveis servos e um grande benefício para inúmeras almas. De fato, ele adquiriu em pouco tempo muita experiência em coisas do espírito, um dom que Deus dá quando quer e como quer, pouco importando a antiguidade ou os serviços prestados. Não que essas coisas não ajudem muito, mas é verdade que o Senhor muitas vezes não dá em vinte anos a um a contemplação que concede a outro num único ano. Sua Majestade é quem sabe por quê.

Iludimo-nos ao pensar que os anos nos levam a entender o que de nenhuma maneira se pode alcançar sem experiência; e assim muitos erram, como eu disse[11], querendo discernir espíritos sem ter a capacidade para tanto. Não afirmo que quem não a tiver não governe quem a tem, caso seja douto; isso é possível, desde que siga a via natural, mediante a ação do intelecto, tanto nas coisas exteriores como nas interiores, e que, no tocante às coisas sobrenaturais, siga a Sagrada Escritura. Quanto ao mais, que não se atormente, não pense compreender o que não entende nem afogue os espíritos[12], porque, nesse ponto, um Senhor maior o governa, não estando ele sem superior.

12. Tal pessoa não deve se espantar nem considerar nada impossível — tudo é possível ao Senhor —, procurando antes avivar a sua fé e humilhar-se com o fato de que o Senhor, nesta ciência, talvez torne uma velhinha mais sábia do que uma pessoa muito educada; com essa humildade, a pessoa beneficiará mais às almas e a si mesma do que se fizer as vezes de contemplativo não o sendo. Repito: quem não tem experiência e também não tiver muita humildade para se persuadir de que as coisas que não entende nem por isso são impossíveis pouco ganhará, e ganharão ainda

---

realidade, a afirmação da Santa é da mais pura ortodoxia tridentina, sendo inoportuna a correção de Frei Luis. Mas esse pequeno retoque justificará o escândalo teatral de certos tradutores e autores espirituais que não sabem como rasgar as vestes diante do desacato do primeiro editor da Santa?

9. No cap. 32, 12, e cf. cap. 33, n. 2.

10. Vale a pena acrescentar o relato de uma testemunha ocular; o fato é referido no *Informe sobre el espíritu de Santa Teresa*, atribuído ao próprio Padre Pedro Ibáñez: "No tocante a uma pessoa que nunca se determinava a tratar com grande delicadeza com Deus, e que eu pensava que já começara, porque assim tínhamos combinado eu e ela — não querendo eu, numa coisa feita, voltar para onde essa pessoa estava —, falou-me esta Santa, dizendo-me que o seu Mestre (que é Cristo) mandava que eu voltasse a esse lugar e lhe desse um recado que, embora curto, vinha todo de Deus e de sua parte, desejando Dona Teresa, então, desculpar-se com Deus... Fui e lhe dei o recado; ele começa a chorar, pois as palavras lhe penetraram as entranhas; e trata-se de um homem capaz de governar o mundo, não sendo nada mulheril nem efeminado para chorar, mas muito homem" (B. M. C., t. II, pp. 149-150).

11. Cf. cap. 13, n. 14. Provável alusão ao Padre Baltasar; cf. cap. 28, n. 14-16.

12. Cf. 1 Ts 5,19.

menos as almas que dirige. Se for humilde, a pessoa não deve recear, pois o Senhor não lhe vai permitir que se engane a si nem aos outros.

13. Esse padre que eu disse ter recebido muitas graças do Senhor procurou estudar tudo o que é possível conhecer sobre essa matéria, pois é muito instruído. Ele pergunta a quem tem experiência aquilo que não entende por não tê-la; com isso, é ajudado pelo Senhor, que lhe dá muita fé. Assim sendo, muito tem beneficiado a si e a algumas almas, incluindo a minha.

Pois o Senhor, sabendo em quantos sofrimentos eu me veria, parece ter determinado que, já que havia de levar para Si alguns dos que me dirigiam[13], ficassem outros, que me têm ajudado nas minhas grandes dificuldades e me feito um grande bem. Esse padre foi transformado por inteiro por Sua Majestade, a tal ponto que quase não reconhece a si mesmo, por assim dizer. Deus lhe tem dado forças corporais para a penitência (que ele antes não tinha, vivendo enfermo) e ânimo para tudo o que é bom, o que parece ser um chamamento muito particular do Senhor. Bendito seja Ele para sempre.

14. Creio que todo o bem vem das graças que o Senhor lhe tem concedido na oração, que são bem reais; porque, em algumas coisas, o Senhor já quis que ele tivesse experiência, pois ele sai delas como quem já conhece a verdade do mérito que se acumula ao sofrer perseguições. Espero que, pela grandeza do Senhor, muitos benefícios advenham por meio dele a pessoas de sua Ordem e a ela mesma.

Isso já começa a se manifestar. Tive grandes visões, e o Senhor me disse algumas coisas dignas de admiração a seu respeito e a respeito do Reitor da Companhia de Jesus de quem falei[14], assim como de outros dois religiosos da Ordem de São Domingos, especialmente de um[15], de cujo avanço espiritual, manifesto em obras, o Senhor vem mostrando coisas de que antes me falara. Têm sido muitas, em especial, as revelações acerca do religioso de quem tenho falado.

15. Desejo narrar agora um fato. Eu estava certa vez com ele num locutório, e era tanto o amor que a minha alma e o meu espírito percebiam arder nele que eu quase estava absorta; porque considerava o poder de Deus que, em tão pouco tempo, elevara uma alma a estado tão sublime. Eu ficava muito confusa ao vê-lo escutar com tanta humildade algumas coisas de oração de que eu falava e verificava quão pouca era a minha por tratar assim com uma pessoa como ele, mas o Senhor devia permiti-lo porque eu tinha grande desejo de vê-lo adiantar-se muito. Era-me tão proveitoso estar com ele que eu tinha a impressão de que a minha alma recebia um novo ardor para desejar servir ao Senhor, como se eu estivesse começando de novo. Ó Jesus meu, quanto faz uma alma abrasada em Vosso amor! Quanto a deveríamos estimar e suplicar ao Senhor que a deixe nesta vida! Quem tem o mesmo amor deveria, se pudesse, andar em busca de almas assim.

16. É muito bom para um enfermo encontrar outro acometido pelo mesmo mal; muito consola ver que não se está só; os dois se ajudam mutuamente a padecer e a merecer, formando um excelente par de pessoas determinadas a arriscar mil vidas por Deus e que desejam que lhes sejam oferecidas ocasiões nas quais perdê-las. São como soldados que, para ganhar os despojos e ficar ricos com eles, desejam que haja guerra, certos de que, de outro modo, nada conseguirão, pois esse é o seu ofício.

Oh! Que grande coisa acontece quando o Senhor nos ilumina para entender o quanto ganhamos em sofrer por Ele! E não entendemos isso bem até abandonarmos tudo, porque quem está preso a algo revela gostar desse algo e, se gosta, muito lhe há de pesar deixá-lo, o que torna tudo imperfeito e perdido. Vem a propósito o ditado de que perdido está quem anda atrás do perdido. E que maior perdição, maior cegueira, maior desventura que estimar muito o que nada é?

---

13. Quando ela escrevia isto, já estavam mortos São Pedro de Alcântara (18 de outubro de 1562) e o Padre Ibáñez (2 de fevereiro de 1565).
14. Padre Gaspar de Salazar, de quem ela falou no cap. 33, n. 9-10.
15. "Os Padres Pedro Ibáñez e Domingo Báñez, especialmente o primeiro" (Silverio).

17. Voltando agora ao que dizia[16], eu estava em grande regozijo contemplando aquela alma, parecendo-me que o Senhor queria que eu visse com clareza os tesouros que tinha posto nela. Vendo a graça que Deus me fizera ao permitir que por meu intermédio — achando-me eu indigna disso — isso acontecesse, eu apreciava ainda mais os favores que o Senhor lhe concedera, muito mais do que se fossem feitos a mim, louvando muito a Deus ao ver que Ele realizava meus desejos e ouvia a minha oração, pois eu queria que o Senhor despertasse pessoas semelhantes.

Minha alma, com uma alegria incontida, saiu de si e se perdeu para mais ganhar. Deixou de lado as considerações e, ao ouvir a língua divina na qual o Espírito Santo parecia falar, levou-me a um grande arroubo que quase me fez perder os sentidos, embora tenha durado pouco. Vi Cristo com enorme majestade e glória, mostrando grande contentamento com o que ali se passava. E foi o que ele me disse, desejando que eu tivesse certeza de que Ele sempre estava presente em semelhantes práticas e visse o muito que Lhe agrada ver-nos regozijar ao falar Dele.

Em outra ocasião, estando ele longe deste lugar, eu o vi ser elevado com muita glória pelos anjos[17]; percebi, com essa visão, que a sua alma muito se adiantaria. E assim ocorreu, porque, quando levantaram um falso testemunho contra a sua honra, sendo autor uma pessoa a quem ele muito bem fizera e de quem cuidara em termos de honra e de alma, ele a tudo suportou com muito contentamento, tendo realizado outras obras no serviço de Deus e padecido outras perseguições.

18. Não me parece conveniente ir adiante com isso. Se vossa mercê[18] mais tarde julgar oportuno que eu conte mais coisas, já que as conhece, eu o farei para a glória do Senhor. Todas as profecias que me têm sido reveladas sobre esta casa e sobre vários acontecimentos, alguns já referidos e outros de que virei a falar, se têm cumprido. Em alguns casos, três anos antes de se realizarem, elas me foram ditas pelo Senhor. Em outros casos, mais cedo e, em outros ainda, mais tarde. Eu sempre as contava ao meu confessor e à viúva amiga minha com quem tinha licença para falar, como eu disse[19]; eu soube que ela o relatava a outras pessoas, e estas sabem que não minto. E que Deus não permita que em coisa alguma, ainda mais em assunto tão grave, eu falte à verdade.

19. Tendo falecido de repente um cunhado meu[20], e estando eu penalizada por ele não ter conseguido confessar-se, recebi na oração a mensagem de que a minha irmã também morreria assim e que eu fosse até lá e a procurasse dispor a estar sempre preparada. Eu o disse ao meu confessor, que não me deixou partir, só o fazendo depois de eu ter recebido o aviso outras vezes, quando me disse que fosse, pois nada se perderia com isso. Ela estava numa aldeia[21]. Fui sem lhe dizer nada e, chegando, esclareci-a aos poucos sobre todas as coisas, persuadindo-a a se confessar com frequência e a ter muito cuidado com a sua alma. Como era boa, ela assim o fez.

Ao fim de quatro ou cinco anos, mantendo sempre esse costume e tendo a consciência em muito boa conta, ela morreu sem que ninguém a visse e sem poder confessar-se. Ainda bem que, como estava acostumada, ela se confessara há pouco mais de oito dias. Quando recebi a notícia de sua morte, essa circunstância muito me alegrou. Ela esteve muito pouco tempo no purgatório. Menos de oito dias depois, ao que parece, quando eu acabava de comungar, o Senhor me apareceu e quis que eu visse como Ele a levava para a glória. Em todos esses anos entre a revelação e a sua morte, aquela nunca me saíra da cabeça nem da memória da minha amiga, que, ao saber do

---

16. No n. 15.
17. "O Padre Frei Garcia de Toledo", assinala Gracián em seu livro. *Longe deste lugar:* Ávila.
18. *Se vossa mercê mais tarde julgar oportuno... já que as conhece...:* linda maneira de manter o segredo! Observe o leitor que a Santa vem falando dos movimentos interiores do Padre García de Toledo e que esse "vossa mercê" que "as conhece" é o mesmíssimo Padre García de Toledo, a quem a Santa destinou estas páginas; contudo, não sendo ele o único destinatário, a autora estende um cândido véu sobre as coisas a que se referiu.
19. D. Guiomar. Ela o disse no cap. 30, n. 3.
20. D. Martín de Guzmán y Barrientos, casado com Dona Maria de Cepeda, irmã mais velha da Santa. Cf. cap. 3, n. 3.
21. Castellanos de la Cabala, para onde a Santa fora por ocasião de suas enfermidades (cf. cap. 3, n. 3; cap. 4, n. 6). O sentido da frase seguinte é: *Fui sem lhe dizer nada* da revelação que o Senhor me fizera...

falecimento da minha irmã, veio me ver, muito espantada ao perceber que tudo se havia cumprido. Louvado seja Deus para sempre, que tanto cuida das almas para que não se percam.

CAPÍTULO 35

Continua a falar da fundação do mosteiro do nosso glorioso Pai São José. Conta de que maneira o Senhor ordenou que se viesse a guardar nele a santa pobreza, bem como a razão por que deixou a companhia daquela senhora com quem estava. Fala de algumas outras coisas que aconteceram[1].

1. Estando eu com essa senhora de quem falei, em cuja casa passei mais de meio ano, o Senhor ordenou que tivesse notícia de mim uma beata de nossa Ordem, que residia a mais de setenta léguas daqui e fez um grande rodeio para vir a mim[2]. O Senhor a movera, no mesmo ano e mês que a mim, a fundar outro mosteiro da nossa Ordem; com esse desejo, ela vendera tudo o que tinha e fora a Roma, a pé e descalça, requerer o Breve para a fundação.

2. É mulher de muita penitência e oração, a quem o Senhor agraciava com muitos favores, tendo-lhe aparecido Nossa Senhora, que lhe mandou realizar essa obra. Diante de mim, ela progredia tanto em servir ao Senhor que eu tinha vergonha de estar em sua presença. Ela me mostrou os despachos que trazia de Roma e, nos quinze dias que passou comigo, estabelecemos como haveríamos de fazer esses mosteiros.

Até falar com ela, eu não sabia que a nossa Regra — antes de ser mitigada[3] — determinava que nada possuíssemos. Eu nunca pensei em fundá-lo sem rendas, pois pretendia que não tivéssemos cuidado com aquilo de que precisávamos para viver, sem considerar as muitas preocupações envolvidas pelas posses. Essa bendita mulher, sendo ensinada pelo Senhor, tinha um bom entendimento, sem saber ler, do que eu, tendo lido tanto as Constituições, ignorava. O que ela me disse me pareceu bom, embora eu tivesse receio de que não o consentissem, mas que dissessem ser um desatino e que eu não devia fazer uma coisa que fizesse padecer outras pessoas por minha causa.

Se eu estivesse sozinha, nada me teria detido e, pelo contrário, teria grande contentamento com a perspectiva de guardar os conselhos de Cristo Nosso Senhor, porque Sua Majestade já me dera grandes desejos de pobreza. Por isso, eu não duvidava de que isso fosse o melhor para mim; porque havia dias em que desejava que o meu estado possibilitasse pedir esmolas por amor de Deus, e não ter casa nem qualquer outra coisa.

Mas eu temia que, se o Senhor não desse às outras esses desejos, elas vivessem descontentes e que resultasse daí alguma distração, porque eu via alguns mosteiros pobres e pouco recolhidos, sem compreender que eram pobres devido à falta de recolhimento e que a pobreza não era a causa da distração. Esta, pelo contrário, não faz ninguém mais rico, nem falta Deus jamais a quem O serve. Ou seja, a minha fé era fraca, o que não ocorria com essa serva de Deus.

3. Como costumava fazer, pedi a opinião de várias pessoas sobre isso, mas quase ninguém pensava assim, nem o confessor, nem os eruditos a quem me dirigi. Eles me apresentavam tantas razões que eu não sabia o que fazer, porque, como já sabia que a pobreza era um aspecto da nossa

---

1. Ela esteve na casa de Dona Luisa de la Cerda, em Toledo, do início de janeiro ao final de junho ou início de julho de 1562. Cf. cap. 34, n. 1 e 3.

2. Chamava-se María de Jesús. Nascida em Granada no ano de 1522, ao enviuvar, muito jovem, tornou-se carmelita em sua cidade natal. Mas, sentindo-se chamada a fundar um Carmelo reformado, saiu do convento antes de fazer profissão e foi a pé até Roma, onde conseguiu o desejado Breve. Fundou o convento da *Imagem* em Alcalá no mês de julho de 1563, um ano depois de a Santa fundar o de São José. A beata andaluza levou a vida reformada a um rigorismo extremado e imprudente que, em 1567, foi mitigado pela própria Santa Teresa, quando esta passou pelo mosteiro da Imagem a caminho de Malagón.

3. Com efeito, no cap. VI da Regra Carmelita se lê: "Nenhum dos irmãos deve ter propriedades, pois todas as coisas devem ser posse comum de todos". Essa prescrição de pobreza absoluta foi estabelecida por um Breve de Gregório IX de 6/4/1229.

Regra, e considerando-a uma atitude mais perfeita, eu não podia me convencer a ter renda. Quando ocorria de eu me persuadir com os argumentos que ouvia, ao voltar à oração e olhar Cristo na cruz tão pobre e desnudo, não suportava a ideia da riqueza; eu Lhe suplicava com lágrimas que fizesse as coisas de maneira que eu me visse tão pobre quanto Ele.

4. Eu achava muitos inconvenientes em ter renda e via ser isso causa de tanta inquietação e distração que vivia a discutir com os eruditos. Escrevi sobre isso ao dominicano[4] que nos ajudava; ele me respondeu por escrito, em duas folhas plenas de teologia e argumentos, opondo-se à ideia, dizendo-me que muito ponderara sobre o assunto. Eu lhe respondi que, para não seguir o meu chamamento, o voto de pobreza que tinha feito e os conselhos de Cristo com toda a perfeição, eu não queria me aproveitar da teologia, renunciando ao benefício dos seus conhecimentos.

Quando eu achava alguma pessoa que me ajudasse, muito me alegrava, contando para isso com o grande auxílio daquela senhora em cuja casa estava[5]; algumas, desde o princípio, me diziam concordar com o meu intento, mas, depois de ponderarem mais, encontravam tantos inconvenientes que terminavam por se opor a isso outra vez. Eu lhes respondia que, já que mudavam de opinião com tanta rapidez, eu preferia seguir seu primeiro parecer.

5. Nessa época, quis o Senhor, atendendo aos meus apelos, que o santo Frei Pedro de Alcântara viesse à casa daquela senhora, que ainda não o conhecia. Como amava verdadeiramente a pobreza, que observava há tanto tempo, ele bem conhecia os tesouros que ela contém, razão por que muito me ajudou e me ordenou que de modo algum deixasse de levar adiante o que pretendia. Tendo obtido essa opinião e esse apoio, vindos de quem melhor os podia dar, visto ter um conhecimento fundado em larga experiência, decidi não consultar mais ninguém[6].

6. Estando um dia encomendando muito o caso a Deus, disse-me o Senhor que de forma alguma deixasse de estabelecer o mosteiro na pobreza, por ser essa a vontade do Seu Pai e Sua, e que me ajudaria. Isso aconteceu num arroubo tão intenso e que teve efeitos tão fortes que não pude duvidar de que fosse obra de Deus.

Em outra ocasião, disse-me Ele que a confusão estava na renda, acrescentando muitas coisas em louvor da pobreza e me dando a garantia de que o necessário para viver não falta a quem O serve — falta que eu, como disse, nunca temi. Do mesmo modo, o Senhor mudou também o coração do padre Presentado[7], isto é, do religioso dominicano que me escrevera dizendo que não fizesse o mosteiro sem renda. Eu já estava muito contente por ter sabido disso e ter obtido tais opiniões; parecia-me possuir toda a riqueza do mundo a partir do momento em que me decidira a viver só por amor de Deus.

7. Nessa época, meu Provincial[8] levantou o preceito de obediência que me impusera para estar com aquela senhora, deixando a meu critério partir ou permanecer algum tempo. Aproximavam-se as eleições em meu mosteiro, e me avisaram que muitas monjas desejavam me dar o cargo de prelada, algo que, só de pensar, me trazia tamanho tormento que eu antes me determinaria a sofrer por Deus qualquer martírio para não ter de aceitá-lo; nenhum artifício seria capaz de me persuadir do contrário. Isso porque, na minha opinião, deixando de lado o enorme trabalho, por serem muito numerosas[9] as religiosas, eu nunca gostei de nenhum cargo nem de muitas outras coisas, sempre tendo recusado quando me ofereciam, visto achar que aí havia perigo para a cons-

---

4. Padre Pedro Ibáñez, que vivia solitário em Trianos (cf. cap. 32, n. 16-17).
5. A própria Dona Luisa.
6. Além dos conselhos verbais, a Santa recebeu de São Pedro de Alcântara a famosa "carta da pobreza" (14/4/1562), digna da pena do próprio São Francisco (cf. B. M. C., t. 2, pp. 125-126).
7. *Presentado:* título acadêmico usado entre os dominicanos e equivalente ao de licenciado. Trata-se do mesmo Padre Ibáñez; cf. n. 4.
8. Padre Angel de Salazar, que lhe facultava a decisão de regressar ao convento da Encarnação para a eleição da nova Priora.
9. *Por serem muito numerosas:* as religiosas da Encarnação, cujo "número passava de 150", como ela vai escrever em *Fundações*, cap. 2, n. 1.

ciência. Assim, entoei louvores a Deus por não me achar no mosteiro. Escrevi a minhas amigas para que não votassem em mim.

8. Eu estava muito contente por não me achar em meio àquele alvoroço quando o Senhor me disse que de forma alguma deixasse de ir, pois, se eu desejava cruz, havia uma excelente à minha espera, que eu não deveria desprezar, devendo partir com ânimo, pois Ele me ajudaria, e sem demora. Sofri muito com isso e só chorava, pensando que a cruz seria ser prelada, algo que, como eu disse, não podia me convencer de nenhuma maneira que fosse bom para minha alma, nem considerava razoável tal coisa.

Contei-o ao meu confessor, que me mandou partir de imediato, pois claro estava a ser uma oportunidade de maior perfeição, acrescentando que, como fazia grande calor e eu só precisava estar lá na hora das eleições, ficasse ainda uns dias para que a viagem não me fizesse mal; mas o Senhor, que tinha ordenado outra coisa, prevaleceu, pois era grande o desassossego que eu sentia, sofrendo ainda por não poder ter oração, além de sentir que faltava ao que o Senhor mandara, estando ali, ao bel-prazer e regalada, sem querer me oferecer para o trabalho. Eu julgava que por certo minhas promessas a Deus não passavam de palavras, que, podendo estar onde havia mais perfeição, não o fazia; que, se fosse preciso morrer, morresse! Além disso, a minha alma estava aflita, e o Senhor me tirava todo o prazer da oração.

Enfim, eu me encontrava em tal estado, e com um tormento tão grande, que supliquei à senhora que me fizesse a gentileza de deixar-me partir, visto que também o meu confessor, ao me ver assim, me dissera que eu devia ir, pois Deus o movia tal como a mim.

9. A senhora sentiu tanto a minha partida que me causou mais um sofrimento. Muito lhe custara obter licença do Provincial, depois de muito importuná-lo, para estar comigo. Considerei um enorme favor que ela me permitisse ir, levando-se em conta o que sentia. Ela, sendo muito temente a Deus e ouvindo de mim que podia prestar-Lhe um grande favor, fazendo por Ele muitas outras coisas, ao me deixar ir, além de ter recebido de mim a esperança de voltar a estar comigo outra vez, não criou empecilhos, embora muito sofresse.

10. Eu já não temia ir, porque entendia que era para maior perfeição e serviço de Deus. Com o contentamento que obtenho de contentá-Lo, venci o pesar de deixar aquela senhora, que eu via tão contristada, bem como outras pessoas a quem eu muito devia, especialmente meu confessor, que era da Companhia de Jesus[10], e com o qual eu me dava muito bem. Mas, quanto maiores as consolações que eu perdia pelo Senhor, tanto maior o prazer que tinha por perdê-las.

Eu não podia entender como era possível abrigar no peito sentimentos tão contrários: regozijar-me, consolar-me e alegrar-me com o que me deixava a alma pesarosa. É que, ali, eu estava consolada e em sossego, dispondo de tempo para muitas horas de oração, e via que me punha num fogo, já que o Senhor me dissera[11] que uma grande cruz me esperava — se bem que nunca imaginei que ela fosse tão grande como mais tarde comprovei. E, no entanto, parti alegre, pronta para entrar logo na batalha, por ser essa a vontade do Senhor, que me dava a força, incutindo-a na minha fraqueza.

11. Eu não podia, repito, compreender o que ocorria comigo. Surgiu-me esta comparação: se possuo uma joia ou coisa que me dá grande alegria e venho a saber que a deseja uma pessoa de quem gosto mais do que de mim e a quem quero contentar mais do que a mim mesma, dá-me grande prazer ficar sem o que tenho para satisfazer essa pessoa. E, como essa alegria de ver o seu prazer excede o meu próprio contentamento, desaparece o pesar que eu devia sentir com a falta da joia ou coisa que amo e com a perda da satisfação que me dava. O mesmo ocorria naquela situação: embora desejasse sentir ao ver que deixava pessoas que muito sentiam afastar-se de mim, algo que, em outra situação, muito me afligiria, por eu ser naturalmente muito grata, agora, mesmo que quisesse ter pesar, eu não o podia.

---

10. "O Padre Domenech", anota Gracián.
11. Cf. n. 8.

12. Ter partido de imediato teve tal importância para o negócio desta bendita casa que não sei como ele teria sido concluído se eu me tivesse detido um único dia. Ó grandeza de Deus! Muitas vezes me espanto quando me lembro dessas coisas e vejo quão particularmente desejava Sua Majestade ajudar-me para que se estabelecesse este cantinho de Deus — pois assim o considero —, esta casa em que Sua Majestade se compraz, como certa vez me disse, quando eu estava em oração, ao falar *que esta casa*[12] *era para Ele um paraíso de delícias*. Com efeito, Sua Majestade parece ter escolhido as almas que trouxe para cá, almas em cuja companhia vivo com uma confusão muito grande; porque eu não saberia desejá-las tão adequadas para vida de tamanha austeridade, pobreza e oração.

Essas religiosas suportam tudo com muita alegria e contentamento, achando-se cada uma indigna de merecer o lugar que ocupa. Isso ocorre especialmente com algumas que o Senhor tirou de muita vaidade e prazeres do mundo, onde poderiam estar felizes nos termos das leis da terra; Deus lhes deu contentamentos tão maiores aqui que se verifica com clareza que elas receberam cem por um daquilo que deixaram[13], e essas religiosas não se fartam de dar graças a Sua Majestade.

Outras foram transformadas pelo Senhor de bem para melhor. Às de pouca idade, Ele concede forças e conhecimento para que não possam desejar outra coisa e para que entendam que, mesmo estando ainda no mundo, vivem com muito maior descanso por estarem longe de todas as coisas da vida; às de mais idade, e com pouca saúde, Ele sempre concede vigor para que suportem as dificuldades e as penitências como todas as outras.

13. Ó Senhor meu, como mostrais que sois poderoso! Não é preciso buscar razões para o que quereis, porque, acima de toda razão natural, fazeis todas as coisas tão possíveis que levais a entender sem nenhuma dúvida que basta amar-Vos de verdade e abandonar com sinceridade tudo por Vós para que, Senhor meu, torneis tudo fácil. Cabe dizer neste ponto que fingis trabalho em Vossa lei; porque não vejo, Senhor, nem sei como é estreito o caminho que leva a Vós[14]. Vejo que é caminho real, e não vereda; caminho pelo qual vai com segurança quem de verdade entra nele. Muito longe estão os recifes e despenhadeiros onde cair, porque as ocasiões também o estão. Senda, e senda ruim, e caminho difícil, considero ser o que de um lado tem um vale muito profundo onde cair e do outro um despenhadeiro. A um mero descuido, os que vão por aí caem e se despedaçam.

14. Quem Vos ama de verdade, Bem meu, vai seguro por um caminho amplo e real, longe do despenhadeiro, estrada na qual, ao primeiro tropeço, Vós, Senhor, dais a mão; não se perde, por uma queda e nem mesmo por muitas, quem tiver amor a Vós, e não às coisas do mundo. Quem assim é percorre o vale da humildade. Não posso entender o que temem as pessoas diante do caminho da perfeição. O Senhor, por quem é, nos mostra quão falsa é a segurança dos que seguem os costumes do mundo sem se darem conta dos manifestos perigos aí existentes, e que a verdadeira segurança está em fazer esforços para avançar no caminho de Deus. Ponhamos os olhos Nele e não tenhamos medo de que esse Sol de Justiça conheça ocaso, pois Ele não nos deixará andar nas trevas para a perdição se não O tivermos deixado antes.

15. Não se teme andar entre leões — parecendo que cada um quer levar um pouco —, leões que são as honras, deleites e contentamentos semelhantes do mundo, enquanto, no caminho da perfeição, o demônio infunde temor até de insetos. Mil vezes me espanto e dez mil vezes gostaria de chorar copiosamente e clamar a todos, tornando pública minha grande cegueira e maldade, para ajudar as pessoas de alguma maneira a abrirem os olhos. Que Aquele que pode, pela Sua bondade, abra-lhes os olhos e não permita que os meus voltem a ficar cegos. Amém.

---

12. *Esta casa:* o convento de São José.
13. Mt 19,29.
14. Ela se refere sucessivamente a três passagens bíblicas: Mc 10,28; Sl 93,20 e Mt 7,14.

CAPÍTULO 36

Prossegue no assunto comentado e conta como se concluiu e fundou o mosteiro do glorioso São José, narrando ainda as grandes contradições e perseguições que houve depois de as religiosas tomarem hábito, bem como os sofrimentos e tentações por que ela passou, revelando que de tudo o Senhor a fez sair vitoriosa para Sua glória e louvor.

1. Tendo partido daquela cidade[1], eu vinha muito contente pelo caminho, determinada a passar por tudo o que o Senhor quisesse com toda a vontade. Na mesma noite em que cheguei aqui, chegou o nosso despacho para o mosteiro com o Breve de Roma, o que espantou a mim e a todos os que sabiam que o Senhor tinha apressado a minha vinda, entendendo a grande necessidade disso e as circunstâncias em que Deus me trouxera, porque encontrei aqui o Bispo, o santo Frei Pedro de Alcântara e outro senhor, grande servo de Deus[2], em cuja casa esse santo homem se hospedava, por ser pessoa em que os servos de Deus achavam proteção e acolhimento.

2. Os dois conseguiram que o Bispo[3] admitisse o mosteiro sob sua jurisdição, o que não foi pouco, porque o mosteiro era pobre, mas o Bispo era tão amigo de pessoas que via determinadas a servir ao Senhor que logo se afeiçoou à casa, favorecendo-a. A aprovação desse santo velho e o seu grande empenho com uns e com outros para que nos ajudassem foram determinantes. Se eu não tivesse vindo naquele momento, como já disse, não sei como a casa teria sido fundada; porque esse santo homem esteve pouco tempo aqui, creio que por menos de oito dias, tendo-os passado muito enfermo. Há bem pouco tempo o Senhor o levou[4]. Ao que parece, Sua Majestade o preservara até a conclusão desse negócio, pois há muito tempo — não sei bem, mas creio que há mais de dois anos — ele estava muito doente.

3. Tudo foi feito sob grande segredo, pois só assim seria possível, tanta era a oposição ao projeto, como vimos depois. Quis o Senhor que um dos meus cunhados[5] adoecesse enquanto sua esposa estava ausente daqui. Diante de tamanha necessidade, deram-me licença para cuidar dele; assim, nada transpareceu, embora algumas pessoas não deixassem de suspeitar, sem contudo acreditar de todo. Foi uma coisa admirável, pois a doença não durou mais do que o tempo necessário para o negócio. No momento em que ele precisava recuperar a saúde para que eu me desocupasse e a casa ficasse à disposição, o Senhor lha restituiu tão prontamente que o deixou assombrado.

4. Tive bastante trabalho para conseguir a aprovação de várias pessoas, com o enfermo e com os operários, para que a casa ficasse pronta logo e tivesse forma de mosteiro, pois faltava muito. E a minha companheira[6] não estava aqui, pois nos pareceu melhor que estivesse ausente para dissimular mais o que se passava. Eu, por muitos motivos, via que o sucesso dependia da rapidez. Um desses motivos era o meu temor de que me mandassem voltar ao meu mosteiro[7]. Foram

---

1. Ela saiu de Toledo no final de junho ou princípio de julho. Em Ávila, encontrou o Breve de fundação, expedido em Roma com data de 7 de fevereiro de 1562.

2. "Francisco de Salcedo", anota solícito o Padre Gracián em seu livro; mas, provavelmente, desta vez se equivoca: trata-se de D. Juan Blázquez, Senhor de Loriana e pai do Conde de Uceda, costumava hospedar em sua casa de Ávila São Pedro de Alcântara.

3. Era D. Alvaro de Mendoza, que não foi tão fácil de convencer quanto a Santa parece indicar aqui. Atendendo à solicitação de São Pedro de Alcântara, resolveu entrar em contato com Madre Teresa: "Terminada a visita, aconteceu com o Sr. Bispo o que acontecia a quase todos os que tratavam com a gloriosa Reformadora, por piores que fossem as informações que dela tivessem: mudou completamente de opinião, tendo saído disposto a favorecer no que pudesse o novo mosteiro projetado" (Silverio).

4. Morreu em Arenas (Ávila) em 18 de outubro de 1562.

5. D. Juan de Ovalle, casado com Dona Juana de Ahumada. Embora domiciliado em Alba, ele se transferira para Ávila a fim de cuidar da primeira fundação; foi a Toledo, de onde acompanhou a Santa em sua viagem. Em Ávila, ficou providencialmente enfermo e precisou dos cuidados dela, motivando assim sua saída do mosteiro.

6. D. Guiomar fora para Toro.

7. O da Encarnação.

tantos os problemas que tive que fiquei a pensar se não seria essa a cruz[8], embora me parecesse que ainda era pouco para ser a grande cruz que, pelo que me dissera o Senhor, eu haveria de suportar.

5. Por fim, estando tudo pronto, foi o Senhor servido que, no dia de São Bartolomeu, algumas religiosas tomassem hábito[9]. Pôs-se o Santíssimo Sacramento, e o novo mosteiro do glorioso pai nosso São José foi fundado, cumpridas todas as formalidades requeridas e obtidas as devidas autorizações, no ano de 1562. Eu estava presente à tomada de hábito ao lado de duas outras monjas do nosso convento, que por acaso estavam fora da clausura[10].

Como a casa em que se faz o mosteiro era a residência do meu cunhado (que, como eu disse[11], a tinha comprado para melhor disfarçar o empreendimento), eu estava ali com licença, e não fazia nada sem seguir a opinião de pessoas doutas, para não faltar aos deveres da obediência; essas pessoas me diziam que continuasse a trabalhar em prol do mosteiro, embora de maneira secreta e cautelosa para que os meus prelados não soubessem. Se não fizesse assim, a mínima imperfeição que me dissessem haver me faria deixar mil mosteiros, e mais ainda um.

O certo é que, embora eu desejasse o mosteiro para afastar-me mais de tudo e cumprir a minha profissão e chamamento com maior perfeição e recolhimento, meus desejos eram acompanhados por um desprendimento que me faria desistir de tudo, como o fiz da outra vez[12], caso percebesse que assim serviria melhor ao Senhor, e tudo com muita tranquilidade e paz.

6. Para mim, foi como que antegozar a glória ver instalado o Santíssimo Sacramento e recebidas quatro órfãs pobres — porque não se exigia dote para aceitar candidatas[13] —, todas elas grandes servas de Deus (pois desde o início era nossa intenção aceitar pessoas que, com o seu exemplo, servissem de estímulo à concretização do nosso intento de termos vida de grande perfeição e oração). Vi então realizada, de acordo com os meus desejos, uma obra que eu sabia ser para o serviço do Senhor e para a honra do hábito de sua gloriosa Mãe.

Deu-me também grande consolo ter feito o que Deus tanto me recomendara e ter dado a esta localidade mais uma igreja — até então inexistente —, dedicada ao meu glorioso pai São José; não que eu julgasse ter feito alguma coisa para isso, o que nunca me parecia nem parece (sempre entendo que era o Senhor quem o fazia, e aquilo que eu fazia tinha tantas imperfeições que eu devia antes me culpar do que merecer agradecimentos). Mas me alegrava muito ver que Sua Majestade me tomara por instrumento — embora eu fosse tão ruim — para obra tão grande. Assim, estive com tanto contentamento que estava quase fora de mim, absorta na oração.

7. Cerca de três ou quatro horas depois de tudo estar acabado, o demônio me moveu uma guerra espiritual que agora relato. Ele me sugeriu que o que eu fizera podia estar errado e talvez eu tivesse ido contra a obediência ao tê-lo realizado sem que o Provincial me ordenasse. Eu de fato achava que ele ficaria descontente vendo o convento sob a jurisdição do Ordinário, sem que lhe tivesse sido dado aviso prévio. Se bem que, por outro lado, eu também pensava que ele talvez não se importasse, visto que não tinha querido admitir a fundação e considerando que eu continuava sujeita a ele.

Veio-me também a dúvida: estariam contentes as religiosas que viviam em tanta clausura? Faltar-lhes-ia o que comer? Teria tudo sido um disparate? Por que eu me envolvera nisso se já tinha o meu mosteiro? Tudo o que o Senhor me ordenara e as muitas opiniões e contínuas orações que eu fazia há quase dois anos tinham fugido da minha memória como se não tivessem existido.

---

8. A cruz anunciada pelo Senhor: cf. cap. 35, n. 8.

9. No dia 24 de agosto de 1562. Foram quatro as monjas: Antonia Henao, que passou a se chamar Antônia do Espírito Santo, María de la Paz, na religião Maria da Cruz, Ursula de los Santos e María de Ávila, que se tornou Maria de São José.

10. Eram Dona Inés e Dona Ana de Tapia, que, quando se tornaram Descalças, assumiram os nomes de Inés de Jesus e Ana da Encarnação.

11. No n. 3 e cap. 33, n. 11.

12. Cf. cap. 33, n. 1-2.

13. Apesar dessa afirmação da Santa, os historiadores lembram que Antônia do Espírito Santo contribuiu com 17.000 maravedis e Ursula de los Santos com 300 ducados.

Eu só me lembrava da minha própria opinião, e a fé e outras virtudes estavam em mim, então, suspensas, sem que eu tivesse força para fazer uso delas ou me defender de tantos golpes.

8. O demônio também me sugeria outras coisas: como eu podia me fechar em casa tão pequena e com tantas enfermidades, para sofrer tanta penitência, deixando uma casa tão grande e deleitosa onde sempre vivera contente e tinha muitas amigas, talvez não tendo aqui amigas que me agradassem tanto quanto as de lá? Teria eu me obrigado a muito, estando talvez desesperada, tendo caído num ardil preparado pelo demônio para me tirar a paz e o sossego, impedindo-me de ter oração e levando à perda da minha alma?

Essas e outras coisas o inimigo me apresentava ao mesmo tempo, não estando em minhas mãos pensar em outra coisa; ao lado disso, vinham-me aflição, obscuridade e trevas na alma, de uma maneira que não sei descrever. Ao me ver assim, pus-me diante do Santíssimo Sacramento, embora num estado em que não podia encomendar-me a Ele. Tinha a impressão de ter uma angústia semelhante à de quem agoniza. Não me atrevia a tratar disso com ninguém, ainda mais que nem tinha confessor designado[14].

9. Valha-me Deus, que vida tão miserável! Não há contentamento seguro nem coisa que não mude. Há muito pouco tempo, eu não trocaria, a meu ver, a minha alegria por nenhuma outra da terra, e agora a mesma coisa que a causara me atormentava a tal ponto que eu não sabia o que fazer de mim. Quem dera considerássemos com cuidado as coisas da nossa vida, para ver pela experiência quão pouco se devem valorizar os contentamentos e descontentamentos dela.

O certo é que considero esta uma das mais duras provas por que passei na vida. Meu espírito parecia adivinhar os muitos padecimentos que me esperavam, embora nenhum pudesse ser tão grande quanto este, caso tivesse durado. O Senhor, no entanto, não permitiu que Sua pobre serva sofresse muito tempo; assim como o Seu socorro nunca me faltou nas tribulações, também me acudiu dessa vez, dando-me um pouco de luz para que eu visse ser isso coisa do demônio e para que pudesse entender a verdade e perceber que em tudo agia o demônio, desejoso de me aterrorizar com suas inverdades.

Desse modo, fui relembrando minhas grandes determinações de servir ao Senhor e os meus anseios de padecer por Ele; pensei que, se os queria cumprir, não devia procurar descanso, e que, se surgissem sofrimentos, estes eram merecidos e, se descontentamentos, que eu os tomasse como serviço a Deus, pois me serviriam de purgatório. Eu nada tinha a temer porque, se desejava padecimentos, estes bem me serviam, pois na maior contradição estava o maior lucro; e por *que*[15] me haveria de faltar ânimo para servir a Quem eu tanto devia?

Com essas e outras considerações, e esforçando-me por me dominar, prometi diante do Santíssimo Sacramento fazer tudo o que pudesse para obter licença de ficar nesta casa[16], e, podendo fazê-lo em boa consciência, prometer clausura.

10. Tão logo fiz isso, o demônio fugiu num instante, deixando-me sossegada e contente, como desde então tenho estado. Tudo o que se observa nesta casa em termos de clausura, de penitência e de outras coisas é para mim deveras leve e suave; é tão grande a alegria que por vezes penso que não há coisa mais saborosa que eu pudesse escolher na terra. Não sei se se deve em parte a isso o fato de eu ter mais saúde do que nunca, ou se é o Senhor que quer — percebendo ser necessário e justo que eu faça o mesmo que todas — dar-me este consolo para que eu possa a tudo observar, se bem que com certo custo. Mas essa minha força causa espanto em todos os que conhecem as minhas enfermidades. Bendito seja Aquele que tudo dá e por cujo poder tudo é possível![17]

---

14. Afirmação estranha, dado o número de sacerdotes zelosos que se interessavam pelo seu espírito e pela sua obra precisamente naquele momento.

15. O *que* em itálico não está no autógrafo. Seguimos a leitura de Frei Luis (p. 458).

16. O mosteiro de São José de Ávila. *Prometer clausura*: ela fala isso porque ainda não estavam em vigor as leis de clausura que o Concílio de Trento "renovaria" em dezembro de 1563.

17. Alusão a Fl 4,13. (Cf. cap. 13, n. 3).

11. Fiquei muito fatigada com essa batalha, mas rindo-me do demônio, pois vi com clareza ter sido obra sua. Creio que o Senhor o permitira, porque eu nunca soube nem por um momento o que era o descontentamento de ser monja[18] em mais de vinte e oito anos, o que me permitiu compreender a grande graça que Ele me fizera naquilo, assim como tormento de que me livrara. Com aquilo, Ele também quisera que, se eu visse que alguma religiosa estivesse sofrendo o que eu padecera, não me espantasse, mas me apiedasse dela e a soubesse consolar.

Passado isso, eu queria, depois da refeição, descansar um pouco, porque a noite inteira quase não descansara nem tinha deixado, em algumas outras noites, de ter sofrimentos e cuidados, tendo passado todos os dias cheia de fadiga. Contudo, quando souberam no meu mosteiro e na cidade de todo o ocorrido, surgiu um grande alvoroço pelas causas a que já me referi[19], que não deixavam de ter fundamento. A prelada[20] logo me ordenou que voltasse imediatamente. Diante dessa ordem, deixei minhas monjas muito pesarosas e logo parti. Bem vi que me esperavam não poucos sofrimentos; mas, como o que estava feito feito estava, pouco me incomodei.

Rezei, suplicando ao Senhor que me favorecesse, e pedindo a meu pai São José que me trouxesse de novo à sua casa, oferecendo a Deus o que ia sofrer e, muito satisfeita por me terem apresentado ocasião de por Ele padecer e poder servi-Lo, fui com a certeza de que me lançariam no cárcere[21]. Isso, pensava eu, me traria muito contentamento, pois não precisaria ter de falar com ninguém e descansaria um pouco em solidão, algo de que bem necessitava, pois estava fatigada de falar com tanta gente.

12. Chegando lá, dei minhas explicações à prelada, e esta se aplacou um pouco. Chamaram o Provincial para julgar o meu caso. Tendo ele chegado, fui inquirida, tendo tido grande alegria por padecer um pouquinho pelo Senhor[22]. Eu achava que nesse caso em nada ofendera Sua Majestade nem a Ordem, tendo procurado engrandecê-los com todas as minhas forças, morrendo de bom grado por isso, pois todo o meu desejo era que se cumprisse a Regra com toda a perfeição.

Lembrei-me do julgamento de Cristo, vendo que o meu nada era. Confessei minha culpa[23] com grande ênfase, pois culpada me considerava quem não soubesse todas as razões do meu procedimento. Depois de me ter feito uma grande repreensão — embora não com o rigor que o delito merecia nem de acordo com o que muitos diziam ao Provincial —, eu não me quis desculpar, pois ia determinada a isso, pedindo antes que ele me perdoasse, me castigasse e não ficasse descontente comigo.

13. Em algumas coisas eu tinha certeza de que me condenavam sem culpa de minha parte, porque me diziam que eu tinha feito aquilo para me exaltar, para ser louvada pelo povo e coisas semelhantes. Em outras, porém, sabia que diziam a verdade, pois alegavam que eu era pior que outras e que, não tendo seguido perfeitamente a observância do meu mosteiro, como podia pensar em guardá-la em outro com mais rigor? Isso escandalizava o povo e era a introdução de novidades. Nada disso me perturbava ou causava pesar, embora eu revelasse tê-los, para que não pensassem que pouco se me dava aquilo que me era dito. Por fim, recebi ordem de, diante das monjas, justificar a minha ação, o que fui obrigada a fazer.

14. Como tinha paz interior e contava com a ajuda do Senhor, expliquei-me de uma maneira que nem o Provincial nem as pessoas ali presentes encontraram motivo para me condenar. Quando

---

18. Ela escreve isso em 1565; ela era freira desde o final de 1536 (tomada de hábito; cf. cap. 4, n. 1; a entrada ocorrera em 1535); fazia, portanto, cerca de vinte e nove anos.

19. No cap. 32, n. 14-15, e no cap. 33, n. 2.

20. "Dona Isabel de Ávila", alerta Gracián em seu livro, desta vez enganado; a Priora era María Cimbrón, recém-eleita na temida assembleia de que a Santa nos falou quando de sua partida de Toledo (12 de agosto de 1562; cf. cap. 35, n. 7-8).

21. Contra a opinião de tantos teresianistas amigos do sensacionalismo, parece que os temores da Santa não chegaram a se concretizar; ela não foi recolhida à cela-cárcere.

22. Cf. At 5,41.

23. *Confessei minha culpa:* fez confissão pública dela; a Santa se refere à cerimônia concreta de acusar-se perante o Provincial e o capítulo.

fiquei só com ele, fui mais clara, e ele ficou muito satisfeito, prometendo-me que, se o negócio fosse adiante, tão logo se restabelecesse a paz na cidade, me concederia licença para voltar ao novo mosteiro. E o Provincial tinha razão, pois a balbúrdia que envolvia toda a cidade era, como agora direi, enorme.

15. Dois ou três dias depois, reuniram-se alguns regedores com o corregedor e alguns membros do Cabido, resolvendo por unanimidade que de nenhuma maneira se devia tolerar o mosteiro, pois daí adviriam claros danos ao bem público, devendo-se retirar o Santíssimo Sacramento. Disseram que absolutamente não permitiriam a fundação. Reuniram todas as Ordens para dar um parecer, vindo de cada uma dois eruditos; uns se calavam e outros condenavam. Concluíram por fim que se desfizesse imediatamente a casa.

Só um Presentado da Ordem de São Domingos[24], embora contrário — não ao mosteiro, mas à total pobreza —, disse não ser a casa algo que se desfizesse sem mais nem menos, que se ponderasse bem, pois havia tempo para tudo. Afirmou que o caso era da alçada do Bispo, e outras coisas desse gênero, que foram muito proveitosas, pois era tamanha a fúria que foi um milagre não porem logo mãos à obra. É que, na verdade, o convento havia de ser mantido; o Senhor desejava a sua fundação, e pouco podiam todos contra a Sua vontade. Os que se opunham a nós apresentavam as suas razões, movidos por bom zelo e, sem ofenderem a Deus, faziam-me padecer e infligiam sofrimentos a todas as pessoas que nos favoreciam. Estas eram poucas, e sofreram muita perseguição.

16. O alvoroço do povo era tanto que não se falava em outra coisa; todos se dedicavam a me condenar, procurando ora o Provincial, ora o meu mosteiro. Eu em nada me afligia com o que diziam contra mim; era como se não o dissessem. O meu temor era que desfizessem a fundação. Isso me deixava com imenso pesar, o mesmo ocorrendo ao ver que as pessoas que me auxiliavam perdiam o crédito e passavam por muitas provações. Quanto ao que diziam contra mim, creio poder afirmar que até me alegrava com isso. E se eu tivesse tido fé bastante, nenhuma alteração teria sentido. Mas qualquer carência numa virtude é suficiente para que todas as outras fiquem entorpecidas.

Assim, fiquei muito magoada nos dois dias em que se reuniram na cidade as juntas de que falei. Estando bem angustiada, disse-me o Senhor: *Não sabes que sou poderoso? Que temes?* E me assegurou que o convento não se desfaria. Isso me deixou muito consolada. O povo da cidade enviou ao Conselho Real uma informação escrita, vindo deste a ordem de que fosse feito um relato de todo o ocorrido.

17. Começou aqui um grande pleito; porque os representantes da cidade foram à Corte, e fomos obrigados a enviar representantes do mosteiro, mas não havia dinheiro nem eu sabia como agir. Pela Providência do Senhor, meu Padre Provincial nunca me ordenara que se deixasse de tratar do negócio; sendo muito amigo de toda virtude, embora não ajudasse, não queria se opor. Mas não me permitiu, enquanto não tivesse uma ideia clara dos acontecimentos, vir para cá. As servas de Deus estavam sós e faziam mais com suas orações do que eu nas negociações, embora tivesse de empregar bastante diligência.

Às vezes, parecia que tudo falhava, especialmente um dia antes da chegada do Provincial, pois a Priora me mandou não me envolver em nada, o que significava abandonar tudo. Recorri a Deus, dizendo-Lhe: "Senhor, essa casa não é minha; foi feita por Vós. Agora que já não há quem trate dos negócios, fazei-o Vossa Majestade". Eu estava tão sossegada e sem pesar que parecia ter o mundo inteiro negociando por mim, razão por que considerei o sucesso certo.

18. Um grande servo de Deus, um sacerdote[25] que sempre me ajudara, amigo de toda perfeição, foi à Corte tratar do negócio, tendo feito muitos esforços ali. E o santo fidalgo, que já men-

---

24. "O Mestre Frei Domingo Báñez", anota Gracián. E o próprio Báñez escreve, à margem do autógrafo teresiano: "Isso ocorreu no ano de 1562, no final de agosto; eu estava presente e dei este parecer, Frei Domingo Báñez (rubrica e prossegue); e escrevo isto no ano de 1575, 2 de maio, quando a Madre tem fundados nove conventos muito observantes".
25. "Gonzalo de Aranda", anota o Padre Gracián; e, linhas abaixo: "Francisco de Salcedo".

cionei, também fazia muito, favorecendo-nos de todas as maneiras. Ele teve muitos sofrimentos e perseguições, e, em tudo, eu sempre o tinha e tenho como um pai.

O Senhor infundia tanto fervor nos que nos ajudavam que eles consideravam a nossa causa como se fosse um assunto que lhes interessasse de perto, algo de que dependessem a sua vida e a sua honra — e isso só por acharem que se tratava de servir ao Senhor. Pareceu-me claro que Sua Majestade ajudava o Mestre de que falei[26], que também nos defendeu muito, tendo obtido do Bispo a nomeação como seu representante numa grande junta realizada para tratar do assunto, na qual esteve só contra todos. No final, ele os aplacou sugerindo-lhes certos meios que foram suficientes para os entreter, embora nenhum bastasse para que eles não voltassem a dar a vida, por assim dizer, pela destruição do mosteiro.

O servo de Deus a que me referi foi quem deu os hábitos às noviças e instalou o Santíssimo Sacramento, sendo por isso alvo de grande perseguição. Essa tormenta durou quase meio ano, e seria tomar muito tempo relatar aqui com minúcias as grandes provações que passamos.

19. Admirava-me o fato de o demônio lutar com tanto furor contra umas mulherzinhas, sendo estranho que os nossos opositores considerassem capazes de causar muitos danos à cidade só doze mulheres e a priora, que não devem ser mais, e de vida tão austera; o prejuízo ou erro, se houvesse, atingiria a elas mesmas. Mas dizer que o mosteiro poderia prejudicar a cidade me parecia um absurdo, o que não os impedia de, com boa consciência, encontrar inconvenientes para lhe fazerem oposição.

Por fim, disseram que, se o convento tivesse renda, tolerariam a fundação e permitiriam a sua continuidade. Eu estava tão cansada de ver, mais que o meu, o sofrimento de todos os que me apoiavam, que não me pareceu ruim admitir que houvesse renda até que tudo sossegasse, para mais tarde renunciar a ela. Outras vezes, sendo ruim e imperfeita, eu chegava a imaginar que talvez fosse essa a vontade do Senhor, pois, sem aceitar essa proposta, não poderíamos ir adiante, inclinando-me a fazer o acordo.

20. Estando em oração, na noite anterior ao dia em que se trataria de tudo, e estando o acordo[27] prestes a ser firmado, disse-me o Senhor que não o aceitasse, porque, se começássemos a ter renda, não nos permitiriam mais tarde deixar de tê-la, ao lado de outras coisas. Na mesma noite, apareceu-me o santo Frei Pedro de Alcântara, que já era falecido e que, antes de morrer, me escrevera[28] — ao saber da grande contradição e perseguição movidas contra nós — dizendo que se alegrava por ver a fundação provocar tanta oposição; para ele, isso era sinal de que no mosteiro muito se serviria ao Senhor, já que o demônio se empenhava tanto em nos combater. Disse também que de modo algum eu concordasse em ter renda, renovando na carta, por duas ou três vezes, os mesmos argumentos, prometendo-me que, se eu assim fizesse, tudo se realizaria de acordo com a minha vontade.

Eu já o tinha visto duas outras vezes depois de sua morte, testemunhando sua grande glória; por isso, a visão não me causou temor, e sim muito contentamento. Porque ele sempre aparecia com o corpo glorificado, cheio de júbilo, alegrando-me muito vê-lo. Lembro-me de que ele me disse na primeira vez em que o vi, entre outras coisas, que muito se deleitava, que feliz penitência fora a que tinha feito, pois grande recompensa havia alcançado.

21. Como já falei, creio eu, a respeito disso[29], direi apenas que nesta última ele mostrou rigor, dizendo-me apenas que de modo algum eu aceitasse a renda, perguntando-me por que eu não

---

26. "Gaspar Daza", também o anota Gracián; a Santa falou dele no cap. 23, n. 6ss.

27. *O acordo* de que ela acabou de falar (n. 19), que consistia em aceitar as exigências da cidade e fundar o convento com renda.

28. Possuíamos uma carta do santo franciscano, dirigida à Fundadora, datada de 14 de abril de 1562. Mas a carta referida aqui foi escrita quando o santo já estava quase moribundo, no mês de setembro, não tendo chegado ao nosso conhecimento. Ribera a conheceu: "Também vi uma carta que ele escreveu à Madre Teresa de Jesus em setembro; está numa folha de papel apenas suficiente para o que ele tinha de escrever. O sobrescrito diz: 'À mui magnífica e religiosíssima Sra. Dona Teresa de Ahumada, em Ávila, que Nosso Senhor torne Santa'" (*Vida*, L. I, cap. 17).

29. Veja-se o cap. 27, n. 19.

queria seguir o seu conselho. Em seguida, desapareceu. Fiquei atônita e, no dia seguinte, contei o ocorrido ao fidalgo[30], a quem eu para tudo recorria por ser ele tão dedicado. Disse-lhe que não aceitasse de maneira alguma ter renda, mas que deixasse ir adiante o pleito. Ele, que quanto a isso tinha muito mais firmeza do que eu, alegrou-se muito, dizendo-me mais tarde que com muita má vontade estivera tratando do acordo.

22. Depois, outra pessoa[31], grande serva de Deus, movida por bom zelo, propôs, quando o negócio ia bem encaminhado, que se entregasse a questão aos eruditos. Isso me deixou muito desassossegada, porque alguns dos que me ajudavam concordaram. De todas as ciladas do demônio, foi essa a mais indigesta. Mas em tudo contei com a ajuda do Senhor. Narrando assim de maneira sumária, não é possível explicar bem o que ocorreu nos dois anos que separaram o começo desta casa da sua conclusão. A primeira e a última parte do segundo ano foram as épocas mais penosas.

23. Estando a cidade um pouco mais calma, o padre dominicano Presentado, que nos auxiliava, foi muito astucioso em nosso favor. Embora estivesse fora, o Senhor o fez retornar a tempo de nos beneficiar muito, parecendo que Sua Majestade só o fez voltar com esse objetivo, pois ele me disse depois que não tivera motivos para vir, tendo sabido por acaso o que ocorria. Ele permaneceu aqui o tempo necessário. Quando se foi, conseguiu do nosso Provincial licença para que eu viesse a esta casa, ao lado de algumas religiosas — parecendo quase impossível ter sido conseguida tão depressa a permissão —, a fim de iniciar a reza do Ofício divino e ensinar às que lá estavam. O dia em que chegamos foi um enorme consolo para mim.

24. Quando fazia oração na igreja antes de entrar no mosteiro e estando quase em arroubo, vi Cristo que, com grande amor, me recebia e punha em mim uma coroa, agradecendo-me pelo que eu fizera pela Sua Mãe.

De outra vez, quando estavam todas no coro em oração depois das Completas, vi Nossa Senhora cercada de glória com um manto branco, debaixo do qual parecia amparar todas nós. Percebi o elevado grau de glória que o Senhor daria às religiosas desta casa.

25. Quando se começou a rezar o Ofício, o povo começou a ter grande devoção com esta casa. Recebemos mais noviças, e o Senhor começou a mover os que mais nos tinham perseguido para que muito nos favorecessem e dessem esmolas. Assim, foram aprovando o que tanto haviam reprovado e, aos poucos, desistiram do pleito, dizendo-se convencidos de ser a casa obra de Deus, já que, com tanta oposição, Sua Majestade desejara que fosse adiante.

No momento, ninguém julga que não foi acertado estabelecer o convento, estando todos muito solícitos em tudo nos fornecer, sem esmolar nem pedir a ninguém, pois o Senhor os desperta para que venham em nosso auxílio. Assim, vivemos sem que nos falte o necessário, e espero no Senhor que sempre possa ser dessa maneira. Como são poucas as religiosas, estou segura de que, se fizerem o que devem, como Sua Majestade hoje lhes dá a graça para fazer, Ele não lhes faltará, nem elas terão necessidade de se tornar um peso nem de importunar ninguém. Deus vai velar por elas como tem feito até agora.

26. É para mim um grande consolo estar aqui com almas tão desapegadas. Sua preocupação é encontrar meios de avançar no serviço de Deus. A solidão é o seu consolo, e elas não pensam em ver ninguém a não ser para mais se inflamarem no amor do seu Esposo; até o contato com os parentes lhes é penoso. Por isso, não vem a esta casa quem não está voltado para o serviço de Deus, pois nela não encontra consolo nem contenta as religiosas. As monjas só sabem falar de Deus, razão por que só as entende e é entendido quem fala a mesma linguagem. Guardamos a Regra de

---

30. Francisco de Salcedo.
31. Ignora-se quem foi o autor dessa última cilada. Esta consistiu no fato de um dos cândidos eruditos que intervinham no pleito, quando este já estava quase resolvido favoravelmente, ter lançado a genial ideia de não fazer o pleito tramitar por via legal, mas deixá-lo ao critério de "eruditos".

Nossa Senhora do Carmo, sem mitigação, tal como a redigiu Frei Hugo, Cardeal de Santa Sabina, em 1248, no quinto ano do Pontificado do Papa Inocêncio IV[32].

27. Parece-me serão bem empregados todos os problemas que enfrentamos. Agora, ainda que haja algum rigor, porque nunca se come carne a não ser em caso de necessidade, praticando-se o jejum de oito meses e outras coisas presentes na Regra primitiva, as irmãs tudo acham pouco, dedicando-se a outras austeridades que julgamos necessárias para cumprir a Regra com mais perfeição. E espero no Senhor que vá muito adiante o que começamos, como Sua Majestade me prometeu.

28. A outra casa que a beata de que falei procurava fundar[33] também recebeu o favor do Senhor, estando estabelecida em Alcalá. Também não lhe faltou muita oposição nem ela deixou de passar por grandes provações. Sei que se observa nela todo o rigor dessa primeira Regra nossa. Queira o Senhor que tudo seja para a Sua glória e louvor, e para a honra da gloriosa Virgem Maria, cujo hábito trazemos, amém.

29. Creio que vossa mercê[34] ficará enfadado com o longo relato que fiz deste mosteiro. E olhe que ele é muito sucinto diante dos muitos padecimentos envolvidos em sua fundação e das muitas maravilhas que o Senhor tem operado, havendo de tudo isso muitas testemunhas que podem afirmá-lo sob juramento. Assim, rogo a vossa mercê, pelo amor de Deus, que, se resolver lançar fora o que está escrito agora, ao menos guarde a parte referente ao mosteiro e, depois da minha morte, entregue-a às irmãs que aqui estiverem, pois isso muito animará as monjas vindouras a servir a Deus e a procurar que a perfeição inicial não só não decaia como avance, ao verem o muito que Sua Majestade se empenhou em estabelecer a casa por meio de uma criatura tão ruim e baixa como eu.

E, como o Senhor quis favorecer tão particularmente esta fundação, creio que fará mal e será muito castigada por Deus aquela que começar a relaxar na perfeição por Ele estabelecida aqui desde o início, favorecendo-nos para que o façamos com tanta suavidade. Pois se vê muito bem que é tolerável e que é possível observar as práticas com tranquilidade. A casa proporciona grande facilidade para que vivam em paz as que quiserem fruir a sós de Cristo, seu Esposo. E isso é o que elas sempre devem querer: viver a sós apenas com Ele. E que não sejam mais de treze. Pelas muitas opiniões que ouço, é isso que convém; sei por experiência que, para se viver com o espírito com que aqui se vive, só de esmolas e sem ter de pedir, não podem ser em maior número.

Nesse aspecto, creiam sempre mais em quem, com grandes sofrimentos e à custa da oração de muitas pessoas, procurou o que seria melhor. O grande contentamento e alegria e a pouca dificuldade que vemos terem todas — nestes anos e desde que estamos nesta casa —, e com muito mais saúde do que costumavam ter, mostram ser isso o mais conveniente. Quem considerar áspero o nosso modo de vida deve culpar a sua falta de espírito, e não o que se observa aqui (porque pessoas delicadas e não saudáveis, tendo o espírito, podem suportá-lo com muita suavidade), devendo ir para outro convento, onde se salvará de acordo com o espírito que o anima.

---

32. A Santa quis marcar meticulosamente essas datas, tomadas quase literalmente da Constituição Apostólica "Quae honorem Conditoris", que contém o texto da Regra Carmelita modificada pelo Cardeal Hugo de San Caro (falecido em 1236) e por um certo Guillermo, Bispo titular de Antarados (ou Tartous, na Síria). Mas, outra vez, a Autora cometeu um erro de data: a Constituição Apostólica foi promulgada no quinto ano do pontificado de Inocêncio IV, mas não em 1248, e sim em 1º de outubro de 1247.

Para a compreensão dessa importante passagem, convém recordar que a Regra Carmelita, composta por volta do ano de 1209 por Honório III com a bula "Ut vivendi normam" (30/1/1226), foi sucessivamente modificada por Inocêncio IV (1247) e mitigada por Eugênio IV com a Constituição Apostólica "Romani Pontificis", de 15 de fevereiro de 1432. Quando a Santa escreve que em seu mosteiro de São José se guarda a Regra de Nossa Senhora do Carmo, sem mitigação, deve-se entender que fala do abandono do texto mitigado por Eugênio IV, que ela observara no convento da Encarnação, substituído pela Regra aprovada por Inocêncio IV; esse era o ponto de partida, jurídico e espiritual, de sua reforma.

33. Maria de Jesus, de quem ela falou no cap. 35, n. 1ss.
34. Ela se dirige ao Padre García de Toledo.

CAPÍTULO 37

Trata dos efeitos que nela ficavam quando o Senhor lhe concedia alguma graça. Junta a isso uma boa doutrina. Diz que devemos estimar e lutar pela aquisição de mais algum grau de glória e que, pelos bens perpétuos, não nos detenhamos ante dificuldade alguma.

1. Custa-me ter de falar de outras graças que o Senhor me tem dado, além daquelas a que já me referi; e mesmo estas últimas são demasiadas para que se possa crer que Ele as concedeu a pessoa tão ruim. Mas, obedecendo ao Senhor que o ordenou e a vossas mercês[1], direi algumas coisas para a glória de Deus. Permita Sua Majestade que alguma alma se beneficie ao ver que, se a alguém tão miserável o Senhor quis favorecer dessa maneira, quanto mais Ele não fará a quem O servir de verdade, animando-se todos a contentar Sua Majestade, que já nesta vida dá tais provas de amor.

2. Em primeiro lugar, deve-se entender que, nesses favores que Deus faz à alma, há mais e menos glória; porque, em algumas visões, a glória, o prazer e a consolação excedem tanto os que o Senhor dá em outras que me espanto com tanta diferença entre deleites ainda nesta vida. Pois acontece de diferirem tanto os gostos e regalos que Deus dá numa visão ou num arroubo que parece não ser possível haver aqui na terra mais a desejar; assim, a alma não o deseja, nem pediria maior contentamento. É verdade que, depois que o Senhor me fez compreender quão grande é a diferença existente no céu entre o que gozam uns e o que gozam outros, bem vejo que também aqui Ele, quando quer, não põe limites nos seus dons.

Assim, eu não queria que houvesse limites no meu serviço a Sua Majestade, desejando empenhar nisso toda a minha vida, todas as minhas forças e a minha saúde, para não perder, por minha culpa, nem um pouco de maior felicidade. Dessa maneira, digo: se me perguntassem se quero ficar na terra até o fim do mundo com todos os sofrimentos nela existentes e depois me elevar um pouco mais na glória, ou se prefiro, sem nenhum padecimento, ir já gozar uma glória um pouco mais baixa, eu com boa vontade tudo padeceria para fruir um pouco mais de compreensão da grandeza de Deus, pois percebo que quem mais O entende mais O ama e mais O louva.

3. Não digo que não me satisfaria nem me consideraria venturosa por estar no céu, ainda que fosse no último lugar, porque, diante do que me fora preparado no inferno, o Senhor já me faria nisso grande misericórdia, e queira Sua Majestade que eu vá para o Seu reino e que Ele esqueça meus grandes pecados! Digo sim que, embora muito me custasse, eu não queria, se pudesse e se o Senhor me desse o favor de muito trabalhar, perder nada por minha culpa. Pobre de mim que, com tantas culpas, tinha perdido tudo!

4. Deve-se observar também que, a cada graça que o Senhor me concedia, de visão ou revelação, a minha alma obtinha algum grande benefício que, em algumas visões, era imenso. Quando vi Cristo, imprimiu-se em mim Sua grandíssima formosura, que ainda hoje está presente; e, para isso, bastava uma única vez, quando são tantas as vezes em que o Senhor me concede esse favor! Muito lucrei com isso: eu tinha uma enorme falta que muitos danos me causou; quando começava a ver que uma pessoa gostava de mim e tinha afinidade com ela, eu passava a ter tanta afeição que ocupava grande parte do tempo pensando nela. Eu não fazia com a intenção de ofender a Deus, mas gostava de vê-la e de pensar nela, bem como nas suas boas qualidades. Isso era uma coisa tão prejudicial que a minha alma muito perdia com ela.

Depois de contemplar a grande beleza do Senhor, nunca mais vi alguém que, comparado a Ele, me parecesse formoso ou me ocupasse o espírito. Basta-me voltar um pouco os olhos para a imagem que guardo na alma para adquirir uma liberdade que, desde então, me faz ter asco de tudo o que vejo; porque nada faz par com as excelências e graças que vi no Senhor. Não há saber nem prazer que eu considere dignos de estima diante do ouvir uma única palavra dita por aqueles lábios

---

1. Padres Domingo Báñez e García de Toledo.

divinos — e com que frequência as tenho ouvido! Considero impossível — desde que o Senhor, pelos meus pecados, não permita que essa memória se apague — que alguém possa me ocupar o pensamento; basta-me lembrar um pouco deste Senhor para disso ficar livre.

5. Aconteceu-me demonstrar amizade por algum confessor; porque, como os considero verdadeiros representantes de Deus, eu me sentia segura. Além disso, creio que é a eles que mais dedico amizade, pois sempre estimo muito os que me dirigem a alma. Eles, sendo tementes a Deus e servos Seus, receavam que eu me apegasse em demasia a eles, embora santamente, e mostravam desagrado. Isso ocorreu depois de eu passar a estar sujeita a obedecer-lhes, porque antes não tinha tanto afeto por eles. Eu ria comigo mesma ao ver como eles se enganavam, se bem que nem sempre lhes dizia com clareza o ponto até o qual eu me sentia e estava desprendida de tudo. Mas os tranquilizava, e eles, depois de um maior contato comigo, viam quantas graças eu devia ao Senhor, deixando de lado essas suspeitas, que aliás só se manifestavam no princípio.

Vendo o Senhor e falando com Ele com tanta frequência, vi brotar em mim um amor muito maior por Ele e uma enorme confiança. Eu percebia que, embora fosse Deus, era Homem, alguém que não se espanta com as fraquezas dos homens, que compreende a nossa vil natureza, sujeita a tantas quedas por causa do primeiro pecado, que Ele viera reparar. Mesmo sendo Ele Senhor, posso tratá-Lo como um amigo, pois Ele não é como os que temos na terra por senhores, que põem todo o seu poderio em manifestações exteriores: marcam horas para que as pessoas lhes falem e determinam quem lhes pode falar. Se quem tem com eles algum negócio é um pobrezinho, mais rodeios, favores e sofrimentos são necessários para que deles se aproximem.

E se se quiser falar com o Rei? Nesse caso, é proibida a entrada de quem é pobre e sem brasões, não havendo alternativa senão recorrer aos mais íntimos, que por certo não são pessoas que estão acima deste mundo, pois estas falam verdades, não devem nem temem, não são feitas para o palácio. Neste, isso não tem uso, devendo-se calar o que parecer mau, e ninguém sequer se atreve a pensar que algo é mau para não ser desfavorecido.

6. Ó Rei da glória e Senhor de todos os reis, Vosso reino não é uma armação de pauzinhos, pois não tem fim! Não se precisa de terceiros para chegar a Vós! Basta perceber Vossa pessoa para logo saber que sois o único a merecer ser chamado de Senhor, pela majestade que mostrais. Não são precisos acompanhantes nem guardas para que se saiba que sois Rei. Aqui na terra, estando só, um rei não é reconhecido como tal, necessitando de todo um aparato exterior para que isso aconteça, pois do contrário ninguém o teria por nada. Isso acontece porque não vem dele a aparência de poderoso, pois a sua autoridade vem de outros.

Ó Senhor meu! Ó Rei meu! Quem poderia descrever agora Vossa Majestade! Não se pode deixar de ver que sois Imperador, por serdes Vós quem sois. Ver Vossa majestade causa assombro; e mais assombra, Senhor meu, ver ao lado dela Vossa humildade e o amor que demonstrais por alguém como eu. Tão logo perdemos o primeiro espanto e temor de ver a Vossa Majestade, de tudo podemos falar Convosco como quisermos, embora nos fique um temor ainda maior de não mais Vos ofender. Isso, porém, não vem do medo do castigo, Senhor meu, pois este nada importa diante do mal que é Vos perder!

7. Esses são os benefícios dessa visão, sem falar de outros grandes efeitos que ela deixa na alma. Quando esta está iluminada, logo sabe se recebe uma graça de Deus pelos benefícios que dela advêm; porque, como eu já disse[2], às vezes o Senhor quer que fiquemos em trevas, sem ver a luz, não sendo pois de admirar que quem, como eu, se vê tão sem virtudes revele temor. Há pouco tempo, aconteceu-me passar oito dias com a impressão de não haver em mim, nem poder haver, conhecimento da minha dívida para com Deus nem recordação das Suas graças.

Fiquei com a alma tão insensível e absorta não sei em quê, nem como — não com maus pensamentos, mas incapaz de voltar-se para os bons —, que ria de mim mesma e me alegrava ao ver

---

2. Cf. cap. 30, n. 8-18.

a baixeza de uma alma quando Deus não age continuamente nela. A alma, é verdade, percebe que não está sem Ele, pois o que passa não equivale aos grandes sofrimentos que tenho algumas vezes, como já falei[3]. Mas, embora lance lenha e faça o pouco que pode, ela não consegue atear o fogo do amor de Deus. Pela grande misericórdia divina, ainda há alguma fumaça para que a alma entenda não estar a chama de todo apagada. Contudo, só o Senhor pode voltar a acendê-la.

Nesse caso, ainda que a alma se mate de soprar e de arrumar a lenha, parece que tudo abafa o fogo ainda mais. Acredito que o melhor é conformar-se de vez com o fato de nada poder por si só e dedicar-se a outras coisas meritórias, como já aconselhei[4]. Talvez o Senhor lhe esteja tirando a oração para que ela se ocupe dessas coisas e venha a saber, por experiência, quão pouco é capaz de fazer.

8. O certo é que hoje me consolei com o Senhor, tendo tido o atrevimento de me queixar de Sua Majestade, dizendo-Lhe: "Como, Deus meu, não é suficiente que me mantenhais nesta vida miserável e que eu, por amor a Vós, passe por isso e deseje viver onde tudo são empecilhos para fruir de Vós, tendo de comer, dormir, tratar de negócios e falar com as pessoas? Bem sabeis, Senhor meu, que isso me causa imenso tormento, que padeço por Vos amar, e, no entanto, nos poucos momentos que me restam para me regozijar Convosco, Vós vos escondeis de mim. Como conciliar isso com a Vossa misericórdia? Como pode suportá-lo o amor que me tendes? Creio, Senhor, que se eu pudesse esconder-me de Vós como Vos escondeis de mim, não o consentiríeis, dado o amor que eu penso e creio que tendes por mim. Vós, porém, estais comigo e sempre me vedes... Isso não pode, pois, ser assim, Senhor meu! Eu Vos suplico que reconheçais ser isto magoar aquela que tanto Vos ama."

9. Aconteceu-me dizer essas e outras coisas, sempre me recordando quão suave era o lugar que estava preparado para mim no inferno diante do que mereço. Mas, por vezes, o amor tanto me desatina que nem sei quem sou e, em sã consciência, faço essas queixas — e o Senhor tudo suporta. Louvado seja tão bom Rei! Que seria de nós se dirigíssemos aos reis da terra semelhantes atrevimentos? Quanto ao rei, não me espanta que não ousemos falar-lhe, pois lhe devemos reverência, bem como aos senhores principescos. Mas o mundo está de tal maneira que não basta uma vida para aprender as etiquetas, novidades e modos de polidez, se é que se quer usar uma parte dela para servir a Deus.

Diante do que se passa, eu me benzo de admiração. Para falar a verdade, quando me encerrei aqui, eu já não sabia lidar bem com o mundo. Leva-se a mal o mínimo descuido em não se tratar as pessoas de maneira muito superior ao que merecem. Tem-se isso por afronta tão grave que é necessário dar satisfações e justificar a intenção quando se age inadvertidamente. E ainda é preciso pedir a Deus que as pessoas as aceitem!

10. Repito que eu por certo não sabia viver, chegando a minha pobre alma a se cansar. De um lado, ela vê que lhe ordenam ter sempre o pensamento ocupado em Deus, devendo mantê-lo Nele para se livrar de muitos perigos. Por outro lado, percebe que não pode se descuidar das coisas do mundo, para não correr o risco de ofender os que têm sua honra posta em melindres. Isso me deixava com muita fadiga, e eu nunca acabava de dar satisfações, já que não podia, por mais que o tentasse, deixar de cometer muitas faltas nessas coisas que, no mundo, são consideradas muito importantes.

E nas Religiões — onde seria justo sermos desculpadas nesses casos —, será verdade que há dispensa quanto a isso? Não, pois dizem que os conventos devem ser lugar de boa educação, e inclusive do seu ensino. O certo é que não posso entender isso. Fico a imaginar se algum santo que disse que os mosteiros deviam ser escola dos que quisessem ser cortesãos do céu não teve as suas palavras deturpadas. Pois não sei como alguém que, por justiça, deve se ocupar continuamente em contentar a Deus e desdenhar o mundo possa se dedicar tanto a agradar aos que nele vivem

---

3. Cf. cap. 30, n. 8-18.
4. Cf. cap. 11, n. 15-16.

em coisas tão sujeitas a mudança. Se ao menos fosse possível aprender de uma vez, muito bem; mas, até para o cabeçalho das cartas, já é preciso que haja, por assim dizer, cátedra onde se ensine o que se deve fazer. Porque, quanto a isso, ora se deixa papel de um lado, ora do outro, e, a quem se devia chamar magnífico, deve-se tratar agora por excelência[5].

11. Não sei onde isso vai parar, porque ainda não tenho cinquenta anos[6] e, nos que vivi, presenciei tantas mudanças que já não sei viver. O que haverão, pois, de fazer os que nascem agora e viverem muito? Por certo me dão pena as pessoas espirituais que, por algum santo motivo, são obrigadas a viver no mundo, por ser isso uma terrível cruz. Se todas elas pudessem combinar fingir-se de ignorantes e fazer com que os outros as considerassem assim nessas ciências, de muito sofrimento se livrariam.

12. Vejo agora em que tolices me envolvi! Para discorrer sobre as grandezas de Deus, desandei a falar das baixezas do mundo. Pois, se o Senhor me fez o favor de me afastar dele, quero deixá-lo inteiramente; que lidem com ele aqueles que tanto se esforçam para sustentar essas ninharias. Queira Deus que na outra vida, que é imutável, não tenhamos de pagar por elas um alto preço. Amém!

CAPÍTULO 38

Trata de alguns favores que o Senhor lhe fez ao revelar-lhe alguns segredos do céu. Narra outras grandes visões e revelações que Sua Majestade lhe concedeu. Relaciona os efeitos que isso produzia nela e o grande proveito daí resultante para sua alma.

1. Estando uma noite tão doente que queria ser dispensada da oração, peguei um rosário para me ocupar vocalmente, procurando não recolher o intelecto, embora estivesse retirada num oratório. Mas, quando o Senhor quer, pouco valem esses esforços. Mantive-me assim por algum tempo, vindo-me um arroubo de espírito de tamanho ímpeto que não tive como resistir-lhe. Tive a impressão de estar no céu, tendo visto ali, em primeiro lugar, meu pai e minha mãe. E vi coisas tão sublimes — num espaço de tempo breve como o de rezar uma Ave-Maria — que fiquei bem fora de mim, considerando aquilo uma graça grande demais para mim.

Não posso garantir que o tempo tenha sido tão breve; talvez fosse maior, mas a minha impressão era de ser muito pouco. Embora achasse que não, receei que fosse alguma ilusão. Não sabia o que fazer, pois tinha vergonha de levar isso ao meu confessor. Ao que parece, não por humildade, mas por julgar que ele zombaria de mim, dizendo: temos então um São Paulo ou São Jerônimo[1] para ver coisas do céu! Justamente por terem esses gloriosos santos passado por coisas assim, era maior ainda o meu temor, e eu só fazia chorar muito, pois achava ser tudo um disparate. Por fim, se bem que muito o sentisse, procurei o confessor, pois jamais ousei omitir alguma coisa, por mais que sofresse em dizê-la, devido ao grande medo de ser enganada. Ele, vendo-me tão aflita, muito me consolou, dizendo-me boas palavras que me tiraram toda a angústia.

2. Com o passar do tempo, o Senhor foi me mostrando mais segredos, o que ainda faz algumas vezes. A alma não pode de maneira alguma ver mais do que lhe é representado, e eu só via, de cada vez, o que Deus queria me mostrar. Porém, via tanto que a menor parcela seria suficiente para deslumbrar e beneficiar muito a alma, levando-a a pouco estimar e considerar as coisas da vida. Eu gostaria de poder explicar um pouquinho do que percebia nessas revelações, mas, ao imaginar como fazê-lo, admito ser impossível.

---

5. "Chegara-se a tal extremo de exagero nos tratamentos e em outras firulas cortesãs na época de Santa Teresa que não eram raros os desafios entre cavalheiros por causa dessas coisas, tendo Filipe II se sentido obrigado a publicar um decreto regulamentador dessas fórmulas urbanas de cortesia" (8 de outubro de 1586) (Silverio).

6. É provável que ela já tivesse cinquenta anos completos: nascera em 28/3/1515 e escreveu isso no final de 1565.

1. Alusão a 2Cor 12,2 e 4, e à carta de São Jerônimo a Eustáquio: M. L. 22, cap. 416.

Só a diferença entre a luz que vemos e a que nos é apresentada nas visões, sendo tudo luz, impede a comparação, pois mesmo o clarão do sol parece apagado diante do fulgor que há ali. Em outras palavras, a imaginação, por mais sutil que seja, não consegue pintar nem esboçar aquela luz, nem coisa alguma das que o Senhor me apresentava, causando-me uma felicidade cujo caráter sublime está além da descrição. Nesses momentos, todos os sentidos se regozijam em grau tão alto e com tamanha suavidade que as minhas palavras jamais poderiam fazer-lhes jus, razão por que prefiro me calar.

3. Certa feita, fiquei nesse estado por mais de uma hora, tendo o Senhor me mostrado coisas admiráveis, dando-me a impressão de não Se afastar de mim. Ele me disse: *Vê, filha, o que perdem os que são contra Mim; não deixes de lhes dizer isto.* Ó Senhor meu, quão pouco aproveitam minhas palavras aqueles que estão cegos diante das Vossas obras se Vossa Majestade não lhes dá luz! Algumas pessoas que a receberam de Vós muito se beneficiam por conhecer Vossas grandezas; mas, como as veem, Senhor meu, manifestas em pessoa tão ruim e miserável, é um prodígio enorme que alguém tenha acreditado em mim.

Bendito seja o Vosso nome e bendita a Vossa misericórdia, pois ao menos eu constato em minha alma notória melhora. Ela deseja ficar sempre ali e não voltar a viver, visto ser grande o desprezo por tudo o que há na terra infundido em mim. Tudo me parecia lixo, e vi a que baixeza nos submetemos cuidando de coisas passageiras.

4. Quando fazia companhia àquela senhora de quem já falei[2], veio-me certa feita uma crise no coração (porque, como já disse, muito sofri dele, embora já não sofra). Ela, muito caridosa, mostrou-me joias de ouro e pedras preciosas, pois as tinha de grande valor, especialmente uma de diamantes muito valiosa. Ela pensava que com isso me alegraria; quanto a mim, ria por dentro e tinha compaixão ao ver as coisas que os homens estimam e ao pensar no que o Senhor tem guardado para nós.

Pensei como me seria impossível, mesmo que eu quisesse me convencer, valorizar aquelas coisas, a menos que o Senhor me privasse da lembrança de outras. Para a alma, isso significa um poder tão grande que só quem o possui pode entendê-lo: trata-se do desapego verdadeiro e natural, que vem sem esforço nosso, pois é dado por Deus. Sua Majestade mostra as verdades eternas de tal maneira que a impressão que deixam em nós nos permite ver com clareza que por nós mesmos não poderíamos obter isso, do modo como o adquirimos, em tempo tão curto.

5. Também passei a ter pouco medo da morte, a qual sempre temi antes disso. Hoje, ela me parece coisa facílima para quem serve a Deus, porque, com ela, a alma se vê, num instante, livre deste cárcere e posta em descanso. Esses arroubos de espírito e a revelação de coisas tão sublimes, feitos por Deus, se assemelham, a meu ver, à saída da alma do corpo — ela se vê, num átimo, de posse de todo esse bem. Deixemos as dores do desenlace, pois pouca relevância devemos atribuir-lhes. Os que amarem a Deus de verdade e tiverem desprezado de fato as coisas desta vida devem morrer mais suavemente.

6. Creio que isso também me serviu muito para conhecer a nossa verdadeira pátria e perceber que aqui na terra estamos de passagem; é grande coisa ver o que há por lá e saber onde vamos viver. Porque, para quem vai viver numa terra, é de grande ajuda, para suportar as agruras do caminho, já saber ser ela um lugar onde se vai viver com sossego. Isso também torna fácil considerar as coisas celestiais e fazer que sejam elas o objeto das nossas conversas. Isso é muito valioso. O simples voltar os olhos para o céu põe a alma em recolhimento, porque, como o Senhor quis mostrar-lhe algo do que há ali, ela pensa naquilo que viu. Com muita frequência, acompanham-me e me consolam os que sei que lá vivem; são esses que verdadeiramente me parecem vivos, pois os daqui levam a vida tão mortos que o mundo inteiro, por assim dizer, não me faz companhia, em especial quando me vêm aqueles ímpetos.

---

2. Ela falou de Dona Luisa de la Cerda no cap. 34, n. 1ss e, dos grandes problemas do coração, nos caps. 4, n. 5; 5, n. 7;7, n. 11 etc.

7. Tudo o que vejo com os olhos do corpo me parece sonho e farsa. O que já vi com os da alma é aquilo que ela deseja; e, como se vê longe dali, considera esta vida a morte. Enfim, é enorme a graça que o Senhor dá a quem permite tais visões; estas trazem um enorme proveito, ajudando muito a alma a carregar sua pesada cruz, já que aqui nada a satisfaz e tudo a aborrece. Se o Senhor não permitisse que nos esquecêssemos das coisas sublimes, embora voltemos a nos lembrar delas, não sei como seria possível viver.

Bendito e louvado seja Deus para sempre! Queira Sua Majestade, pelo sangue que o Seu Filho derramou por mim, já que desejou que eu visse alguma coisa de bens tão grandes e começasse a fruir deles de algum modo, que não me aconteça o mesmo que a Lúcifer, o qual, por sua própria culpa, tudo perdeu. Que Ele, por quem é, não o permita! Não é pouco o temor que tenho algumas vezes, embora seja muito comum que a misericórdia de Deus me dê a segurança de que, tendo Ele me tirado de tantos pecados, não vai querer negar-me a Sua mão para que eu me perca. Suplico a vossa mercê que sempre Lhe peça isso.

8. Mas as graças de que falei não são, a meu ver, tão grandes quanto a que vou relatar agora; digo-o por causa dos grandes efeitos benéficos que ela me causou, destacando-se a grande força que infundiu na alma. Na verdade, considerada por si mesma, cada uma das graças tem tal valor que não é possível compará-las entre si.

9. Certo dia, na véspera do Espírito Santo[3], fui depois da missa a um lugar bem afastado, onde rezava muitas vezes, e comecei a ler num *Cartusiano*[4] sobre essa festa. Quando cheguei aos sinais que devem ter os principiantes, os experientes e os que alcançaram a perfeição para compreenderem se o Espírito Santo está com eles, e tendo lido sobre esses três estados, tive a impressão de que, pelo que podia perceber, Deus, pela Sua bondade, sempre estava comigo.

Comecei a louvá-Lo, lembrando-me de que, da outra vez em que tinha lido o referido trecho, eu estava bem destituída de tudo aquilo — pois isso eu via muito bem —, ao passo que agora sucedia o contrário. Reconheci ser muito grande o favor que o Senhor me fizera. Assim, passei a considerar o lugar que, pelos meus pecados, tinha merecido no inferno; e entoei muitos louvores a Deus, pois me parecia que a minha alma, de tão mudada, mal podia ser reconhecida.

Quando eu fazia essas considerações, veio-me um ímpeto imenso cuja causa não percebi; parecia que a alma queria sair do corpo, não cabendo mais em si nem se achando capaz de esperar tanto bem. Era um ímpeto tão excessivo que eu não o podia controlar, sendo, pois, distinto dos outros. Eu não entendia o que se passava na alma nem o que ela desejava para estar tão alterada. Reclinei-me, pois nem sentada conseguia ficar, já que me faltava toda a força natural.

10. Estando nisso, vejo sobre a minha cabeça uma pomba, bem diferente das de cá, porque não tinha penas e exibia asas de umas conchinhas que lançavam para todos os lados um grande resplendor. Ela era maior do que as pombas comuns, e pareceu-me ouvir o ruído que fazia com as asas. Isso durou talvez o espaço de uma Ave-Maria. A alma já estava de tal maneira que, perdendo-se de si[5], não mais viu a pomba. Na presença de tão bom Hóspede, o espírito se acalmou. A meu ver, a graça tinha sido tão maravilhosa que o desassossegara e abismara. Mas, assim que começou a fruí-la, ele perdeu o medo e, com a felicidade, aquietou-se, ficando em êxtase.

---

3. Era a véspera de Pentecostes. Esse *lugar bem afastado* para onde foi a Santa era uma das capelas do Convento de São José. Muitos anos mais tarde, em outra véspera de Pentecostes, essa graça mística vai provocar outra, não menos esplêndida, mas mais apostólica e memorável. Começa assim a *Graça 67:* "Estando em São José de Ávila, na véspera da Páscoa do Espírito Santo, na capela de Nazaré, considerando uma grandíssima graça que Nosso Senhor me fizera num dia como este, há pouco mais ou menos de vinte anos…" A própria Santa datou essa segunda graça de 1579. A primeira não podia ter ocorrido em 1559 ("vinte anos…"), mas, muito provavelmente, em 29 de maio de 1563.

4. Chamavam-se *Cartusianos* os quatro volumes da *Vida de Cristo* escritos em latim pelo "cartuxo" Ludolfo de Saxônia e, por ordem do Cardeal Cisneros, traduzidos por Ambrosio de Montesinos (editados em Alcalá, em 1502, 1503 etc.). A meditação de Pentecostes trata dos "iniciantes", "proficientes" e "perfeitos", que são os "três estados" da vida espiritual a que a Santa se refere em seguida.

5. *Perdendo-se de si:* designa o processo psíquico de entrada em arroubo.

11. Foi grandíssima a glória desse arroubo. Passei o resto da Páscoa tão abobada e estonteada que não sabia o que fazer, nem como cabia em mim tão grande favor e graça. Com o grande gozo interior, eu, por assim dizer, não ouvia nem via. A partir daquele dia, percebi ter tido um grande aproveitamento, tendo aumentado muito o amor de Deus e ficado muito mais fortalecidas as virtudes. Bendito e louvado seja Ele para sempre. Amém.

12. Em outra ocasião, via a mesma pomba acima da cabeça de um padre da Ordem de São Domingos[6]. Desta feita, tive a impressão de que os raios e resplendores das asas se estendiam muito mais. Tive a revelação de que ele atrairia muitas almas para Deus.

13. De outra vez, vi Nossa Senhora pondo um manto muito branco sobre o Presentado dessa mesma Ordem[7], de quem tenho falado algumas vezes. Disse-me Ela que, pelo serviço que ele Lhe tinha prestado ao ajudar a fundar esta casa, lhe dava aquele manto como sinal de que doravante manteria a sua alma limpa e não a deixaria cair em pecado mortal. Tenho para mim que isso de fato ocorreu; porque poucos anos depois ele morreu, e a vida que viveu teve tanta penitência e a morte, tanta santidade que, pelo que se pode saber, não há por que duvidar.

Um frade que tinha assistido à sua morte me contou que, antes de expirar, ele disse que tinha Santo Tomás a seu lado. Ele faleceu com grande gozo e vontade de sair deste desterro[8]. Ele me tem aparecido algumas vezes, coberto de glória, e dito algumas coisas. Era tão dedicado à oração, quando de sua morte, que, embora tivesse desejado não fazê-la, devido à grande fraqueza em que estava, não o podia, pois tinha muitos arroubos. Pouco antes do evento, enviou-me uma carta perguntando que meios haveria de empregar, porque, assim que acabava de dizer missa, ficava muito tempo em êxtase sem poder evitá-lo. No fim, o Senhor lhe deu a recompensa pelo muito que O tinha servido por toda a vida.

14. Do reitor[9] da Companhia de Jesus, a quem mencionei algumas vezes, tenho visto algumas coisas das grandes graças que o Senhor lhe dava, que não narro aqui para não me estender. Certa feita, ele passou por extrema tribulação, sendo muito perseguido e vendo-se deveras aflito. Um dia, quando eu ouvia missa, vi Cristo na cruz no momento da elevação da hóstia. Cristo me disse algumas palavras destinadas a ele, para consolá-lo e preveni-lo do que estava por vir, lembrando-lhe o que Ele tinha padecido em seu favor e advertindo-o de que se preparasse para sofrer. Isso muito o consolou e animou, tendo tudo ocorrido tal como o Senhor me disse.

15. Também tenho visto grandes coisas dos membros da Ordem desse padre, a Companhia de Jesus, e de toda a Ordem junta. Algumas vezes, eu os vi no céu, com bandeiras brancas nas mãos, tendo visto também outras coisas deles que causam muita admiração. Por isso, tenho enorme veneração por essa Ordem, tanto porque me relaciono muito com eles como por ver que a sua vida corresponde ao que o Senhor me tem falado sobre eles.

16. Uma noite, estando eu em oração, o Senhor começou a me dizer algumas palavras, fazendo-me recordar de quão má tinha sido a minha vida, o que me infundiu grande confusão e pesar. Porque essas palavras, embora não sejam ditas com rigor, provocam mágoa e pena a ponto de me desfazerem. Uma única palavra dessas nos permite conhecer a nós mesmos de maneira muito melhor do que o conseguiríamos em muitos dias de consideração da nossa miséria, pois cada um contém em si um cunho de verdade que não se pode contestar.

Ele me representou as afeições que eu tivera outrora com tanta vaidade, dizendo-me que eu deveria ter por grande graça a que me concedia ao querer e admitir que Lhe fosse dedicada uma

---

6. "Frei Pedro Ibáñez", anota o Padre Gracián.
7. "Frei Pedro Ibáñez", anota de novo Gracián.
8. À margem do autógrafo, o Padre Ibáñez anota: "Este (?) padre morreu Prior em Trianos". A nota foi mutilada pela lâmina do encadernador. O Padre Ibáñez morreu em 2 de fevereiro de 1565.
9. Padre Gracián anota: "Baltasar Alvarez". Com ele concorda María de São José, mas ambos estão errados; trata-se do Padre Gaspar de Salazar; o Padre Baltasar ainda não era Reitor quando a Santa escrevia estas páginas (cf. cap. 39, n. 2, e ver *Vida del P. Baltasar*, escrita por La Puente, cap. 23).

amizade como a minha, antes tão mal-empregada. Em outras ocasiões, fez-me recordar a época em que eu parecia ter por honra contrariar a Sua. Em outras, ainda, instou-me a me lembrar do que eu Lhe devia, porque, quando me concedia graças, maior era o golpe que Ele recebia. Quando cometo alguma falta, o que não é incomum, Sua Majestade me infunde tal luz para que eu a perceba que me deixa, por assim dizer, desfeita. Quando me acontecia ser repreendida pelo confessor e procurar me consolar na oração, nela encontrava a verdadeira repreensão.

17. Voltando ao que dizia[10]: o Senhor começou a me trazer à lembrança minha vida ruim, e pensei, debulhada em lágrimas, que Ele, já que, na minha opinião, eu nada tinha feito, estava querendo me fazer algum favor. É que, com muita frequência, recebo uma graça particular do Senhor depois de me aniquilar interiormente. Creio que o Senhor faz assim para que eu veja bem que estou muito longe de merecê-la.

Pouco depois, o meu espírito foi tomado por tal arrebatamento que senti estar ele quase todo fora do corpo, ou, ao menos, eu não percebia que ele estivesse unido ao corpo. Vi a Humanidade Sacratíssima com uma glória excessiva que eu jamais experimentara. Ele se manifestou, de modo admirável e claro, repousando no seio do Pai. Não sei dizer como foi, porque, sem ver, senti-me na presença daquela divindade. Foi tão forte o abalo que passei muitos dias, pelo que me lembro, sem poder voltar a mim, sempre com a impressão de trazer presente aquela majestade do Filho de Deus, mas de uma maneira diferente da primeira. Essa presença, por mais breve que tenha sido, fica tão impressa na imaginação que não se apaga por algum tempo, resultando daí um grande consolo e muito proveito.

18. Voltei a ter essa visão outras três vezes. Trata-se, a meu ver, da mais sublime visão que o Senhor me permite ter, trazendo consigo enormes benefícios. Ela parece purificar por inteiro a alma, afastando-nos dos nossos sentidos. É uma grande chama que parece abrasar e destruir todos os desejos da vida. Eu, graças a Deus, já não punha desejos em coisas vãs; nessas ocasiões, contudo, ficou ainda mais claro que tudo é vaidade e que de nada valem as grandezas da terra. É um grande ensinamento que leva os nossos desejos à verdade pura; deixa impressa uma reverência que não sei elucidar, mas que muito difere de tudo quanto se pode alcançar aqui. A alma fica muito abismada ao ver como se atreveu, e como outros podem se atrever, a ofender uma Majestade tão sublime.

19. Já falei dos efeitos das visões e de outras coisas, tendo afirmado também[11] que há maior ou menor aproveitamento. O desta última visão é enorme. Depois disso, ao me aproximar para comungar, eu me lembrava da imensa Majestade que vira e me dava conta de que era Ele que estava no Santíssimo Sacramento, o que fazia os meus cabelos se arrepiarem e me dava a impressão de estar toda desfeita. Ainda mais que em muitas ocasiões o Senhor ainda permite que eu O veja na hóstia.

Ó Senhor meu! Se não encobrísseis Vossa grandeza, quem se atreveria a unir tantas vezes com uma tão grande Majestade uma coisa tão suja e miserável? Bendito sejais, Senhor! Louvem-Vos os anjos e todas as criaturas, pois assim arranjais as coisas de acordo com a nossa fraqueza, para que, fruindo de graças tão soberanas, não fiquemos espantados diante de Vosso grande poder a ponto de não nos atrevermos sequer a nos regozijar com elas, como pessoas fracas e miseráveis.

20. Poderia acontecer conosco o que se passou com um lavrador — e tenho certeza de ser isso verdade. Ele encontrou um tesouro, vendo-se, de repente, possuidor de riquezas que em muito superavam a sua avareza. Não sabendo como aproveitá-las, ficou com tamanha aflição e preocupação que aos poucos definhou e terminou por morrer. Se tivesse achado o tesouro não todo junto, mas em parcelas, ele teria ficado mais contente do que quando era pobre e não teria perdido a vida.

21. Ó riquezas dos pobres! Como sabeis admiravelmente sustentar as almas! E, sem que elas vejam tão grandes riquezas, pouco a pouco as ides mostrando! Assim, quando vejo, desde aquela visão, uma tão grande Majestade oculta em coisa tão pequena como uma hóstia, não posso deixar

---

10. No início do n. 16.
11. Sobre os efeitos das visões, ela falou no cap. 28, n. 10-13, e cap. 32, n. 12; sobre a diferença de grau entre elas, no cap. 37, n. 2.

de me admirar com tão grande sabedoria. Nem imagino como ousaria me aproximar do Senhor se Ele, que me deu e ainda me dá muitas graças, não me infundisse força e coragem.

Sem Ele, eu também não poderia disfarçar a minha admiração nem me impedir de dizer em altos brados tão grandes prodígios. Pois que sente uma miserável como eu, cheia de abominações e que com tão pouco temor de Deus tem desperdiçado sua vida, ao ver aproximar-se de si este Senhor de tão imensa majestade quando Ele quer que minha alma O veja? Como pode tocar aquele corpo gloriosíssimo, cheio de pureza e carregado de piedade uma boca que tantas palavras proferiu contra Ele? O amor que aquele rosto tão formoso revela com tamanha ternura e afabilidade traz à alma muito mais mágoas e aflições por não tê-Lo servido do que temor da Majestade que nele vê. Mas que poderia eu ter sentido nas duas vezes em que vi o que vou contar?[12]

22. É certo, Senhor meu e glória minha, que tenho dito que, de alguma maneira, nessas grandes aflições que a minha alma sente tenho feito algo para Vos servir. Ai de mim, que já não sei o que digo, pois quase já não sou eu quem escreve isto! Estou muito perturbada e quase fora de mim, por ter trazido de volta à memória essas coisas. Caso esse sentimento viesse de mim, eu bem poderia, Senhor meu, afirmar ter feito algo por Vós. Como nada fiz, visto que nem um único bom pensamento pode existir se não o dais, eu sou a devedora, Senhor, e Vós, o ofendido.

23. Indo comungar, vi com os olhos da alma[13], com maior clareza do que com os do corpo, dois demônios deveras abomináveis. Tive a impressão de que, com os seus chifres, mantinham presa a garganta do pobre sacerdote. E, na hóstia que ia receber, vi meu Senhor, com a majestade que descrevi, posto naquelas mãos, que percebi com clareza serem transgressoras, compreendendo que aquela alma estava em pecado mortal. Que seria, Senhor meu, ver Vossa formosura entre figuras tão abomináveis? Elas estavam como que amedrontadas e espantadas diante de Vós, e creio que de boa vontade teriam fugido se Vós lhes tivésseis permitido.

Isso me provocou tamanha perturbação que não sei como pude comungar, e fui tomada de grande temor, pensando que, se fosse visão de Deus, Este não me permitiria ver o mal que se instalara naquela alma. O Senhor me disse que rogasse por ele e que permitira semelhante coisa para que eu entendesse que força tinham as palavras da consagração e visse que, por pior que seja o sacerdote que as pronuncia, Deus está sempre ali; disse também que o fizera para que eu conhecesse Sua grande bondade, que se põe nas mãos do inimigo só para o meu bem e o de todos.

Vi com nitidez que os sacerdotes estão mais obrigados a ser bons do que os outros e que é uma coisa terrível receber o Santíssimo Sacramento indignamente. Dei-me conta também de que o demônio é senhor da alma que está em pecado mortal. Essa visão me trouxe inúmeros benefícios e fez-me perceber com profundidade o quanto eu devia a Deus. Bendito seja Ele para sempre!

24. Em outra ocasião, ocorreu um fato semelhante que me deixou com imenso terror. Eu estava num certo lugar onde morrera certa pessoa que vivera muito mal por muitos anos, segundo me disseram. Antes de morrer, contudo, passara dois anos enfermo e, ao que parece, se corrigira em algumas coisas. Morreu sem confissão, mas, mesmo assim, não me pareceu que fosse ser condenado. Enquanto o seu corpo era amortalhado, vi muitos demônios o agarrarem, parecendo divertir-se com ele, além de torturá-lo. Isso me encheu de grande pavor, pois eles o passavam uns aos outros com grandes garfos. Quando vi que ele seria enterrado com as mesmas honras e cerimônias concedidas a todos, fiquei pensando na bondade de Deus, que não quisera que aquela alma fosse difamada, deixando encoberto o fato de ela ser Sua inimiga.

25. Fiquei meio atordoada com isso. Durante o Ofício, não vi nenhum demônio; mais tarde, quando o corpo foi sepultado, era tão numerosa a legião demoníaca que o cercava que quase perdi os sentidos, sendo preciso muita determinação para tudo dissimular. Considerei o que fariam com aquela alma se assim dominavam o triste corpo. Quem dera o Senhor permitisse que todos os que

---

12. No n. 23.
13. *Vi com os olhos da alma:* numa visão imaginária.

estão em mau estado vissem, como eu, aquela coisa horripilante, pois creio que isso seria um grande estímulo para que vivessem bem. Tudo isso me faz ver ainda mais o que devo a Deus e aquilo de que Ele me livrou. Até falar disso com o meu confessor, fiquei muito receosa, pensando se não seria ilusão do demônio para difamar uma alma considerada tão cristã. Na verdade, embora não tenha sido ilusão, sempre tenho temor quando me recordo.

26. Já que comecei a falar de visões de pessoas mortas, quero contar algumas coisas que o Senhor me mostrou de algumas almas. Limitarei os exemplos para não me alongar e porque não vejo muito proveito em fazê-lo.

Disseram-me que morrera um ex-Provincial nosso, na época em outra Província, com quem eu tinha tido relações e a quem devia alguns favores[14]. Era pessoa muito virtuosa. Ao saber de sua morte, fiquei muito perturbada, pois temi pela sua salvação, já que ele tinha sido prelado durante vinte anos, o que sempre me inspira temor, pois me parece muito perigoso o encargo de zelar por almas. Com extrema aflição, fui a um oratório. Ofereci em seu benefício todo o bem que eu fizera em minha vida, que não era muito, dizendo ao Senhor que suprisse com os seus méritos o que aquela alma precisava para sair do purgatório.

27. Quando eu estava pedindo isso ao Senhor da melhor maneira que podia, pareceu-me ver o prelado sair da terra, do meu lado direito, e subir ao céu com enorme alegria. Embora fosse bem velho, vi-o com uns trinta anos ou menos, tendo grande resplendor no rosto. Essa visão foi muito breve, mas me trouxe consolação tão extrema que nunca mais sofri pela sua morte, mesmo diante da aflição de muitas pessoas por ele, que era muito querido.

Era tamanho o consolo que invadia minha alma que eu em nenhum momento duvidei de ser boa a visão, isto é, eu tinha certeza de não se tratar de ilusão. (Quando isso aconteceu, não se tinham passado quinze dias de sua morte.) Fiz que o encomendassem a Deus, e também me dediquei a isso, mas não com o fervor com que o teria feito se não tivesse tido aquela visão; porque, se o Senhor me mostra alguma alma assim e depois desejo encomendá-la a Ele, tenho a impressão de dar esmola a um rico. Depois, porque ele morreu bem longe daqui, eu soube da morte que Deus lhe deu; foi de tamanha edificação que todos ficaram admirados com a sabedoria, as lágrimas e a humildade com que ele terminou seus dias.

28. Morrera na casa uma monja, grande serva de Deus[15], há mais ou menos um dia e meio. Durante o Ofício de Defuntos, rezando em sua intenção no coro, eu estava de pé para dizer um versículo com outra monja. Estando no meio, tive a impressão de ver a alma sair das profundezas da terra, no mesmo lugar da visão anterior, e ir para o céu. Essa visão não foi imaginária, como a do Provincial, mas das que não têm imagem, de que já falei[16], que deixam tão pouca dúvida quanto as imaginárias.

29. Morreu também no mesmo convento outra monja. Ela vivera enferma por dezoito ou vinte anos; era muito serva de Deus, jamais faltava ao coro e tinha muitas virtudes. Eu tinha certeza de que lhe sobrariam méritos e de que, tendo passado por tantas enfermidades, não entraria no purgatório. Quando rezava as horas canônicas, antes do seu enterro, passadas pouco mais de quatro horas da morte, percebi que também ela ia para o céu.

30. Estando num colégio da Companhia de Jesus, às voltas com as grandes dores da alma e do corpo que por vezes tenho, eu estava num estado que, segundo me parece, me impedia de ter um único bom pensamento[17]. Tinha morrido naquela noite um irmão da casa[18]. Quando o

---

14. Padre Gregorio Hernández (cf. cap. 32, n. 13, nota).

15. "Neste e no parágrafo seguinte, a Santa fala de duas religiosas da Encarnação, porque, quando escrevia isso, ainda não morrera nenhuma em São José" (Silverio).

16. Isto é, visão intelectual, como a contada no cap. 27, n. 2 etc.

17. No Colégio de Ávila. "As grandes dores" são evidentemente as tribulações espirituais por que ela passou no início de sua vida mística: cf. os caps. 23-25 e, em especial, todo o cap. 30, particularmente o n. 8.

18. "Esse irmão chamava-se Alonso de Henao; viera do Colégio de Alcalá, tendo morrido em 11 de abril de 1557" (Silverio).

encomendava a Deus, como podia, e ouvindo missa em sua intenção rezada por um padre da Companhia, caí em profundo recolhimento e o vi subir ao céu, com muita glória, acompanhado do Senhor. Vi ser aquilo uma graça particular de Sua Majestade.

31. Um frade da nossa Ordem[19], muito bom religioso, estava com grave enfermidade. Durante a missa, entrei em recolhimento e vi que ele morrera e subia ao céu sem passar pelo purgatório. Mais tarde, eu soube que ele falecera na hora em que o vi. Eu me espantei por ele não ter passado pelo purgatório; percebi que, como tinha sido frade e correspondido à sua profissão, aproveitara as Bulas da Ordem para evitar o lugar de expiação[20]. Não sei por que entendi assim; creio que foi porque o fato de ser religioso não se traduz por envergar o hábito, isto é, não basta usá-lo para usufruir do estado de maior perfeição que é ser frade.

32. Não vou mais falar dessas coisas, porque, como eu disse[21], não há razão para tal, muito embora sejam muitas as vezes que o Senhor me concede vê-las. Mas, em todas que vi, nenhuma alma deixou de entrar no purgatório, pelo que entendi, exceto a desse padre, a do santo Frei Pedro de Alcântara e a do padre dominicano de que falei[22]. De algumas almas, o Senhor quis me mostrar os graus de glória que têm, revelando-me os lugares em que estão. É grande a diferença que há entre umas e outras[23].

CAPÍTULO 39

Continua a tratar das grandes graças que o Senhor lhe tem concedido.
Afirma que Ele lhe prometeu fazer pelas pessoas o que ela Lhe pedisse.
Fala de algumas ocasiões especiais em que Sua Majestade fez esse favor.

1. Estando eu, certa vez, importunando muito o Senhor para que fizesse uma pessoa — a quem eu devia obrigações e de quem tinha pena — recuperar a visão, quase toda perdida, receei que, devido aos meus pecados, o Senhor não me ouvisse. Ele me apareceu como de outras vezes[1], e começou a me mostrar a chaga da mão esquerda, tirando com a direita um grande cravo que estava nela. Parecia-me que, ao lado do cravo, tirava carne. Ele me deixava perceber a grande dor que sentia, o que me deixava muito condoída. Disse-me que, tendo suportado aquilo por mim, melhor faria o que eu Lhe pedisse, *prometendo-me que não deixaria de fazer o que eu Lhe pedisse*, pois sabia que eu só pediria o que fosse conforme à Sua glória, e que por isso atenderia à minha súplica daquela hora.

Ele me mostrou que, mesmo quando eu não O servia, nunca deixara de atender ao que eu Lhe pedia, atendendo às minhas súplicas para além do que eu sabia pedir, e que o faria muito melhor agora, pois tinha certeza do meu amor. Portanto, que eu não duvidasse de Suas promessas. Creio que em menos de oito dias o Senhor restituiu a visão àquela pessoa. O meu confessor logo o soube. Pode ser que isso não se devesse às minhas orações; mas, como tinha tido essa visão, eu fiquei com a certeza de que Ele me fizera esse favor e Lhe dei muitas graças.

2. Em outra ocasião, uma pessoa estava muito mal de uma dolorosa enfermidade que, por não conhecê-la, não nomeio aqui[2]. Ela sofria há dois meses dores tão insuportáveis que quase se despedaçava. Meu confessor, que era o Reitor[3] de quem tenho falado, foi vê-la; ele ficou muito

---

19. "Frei Matía", alerta Gracián em seu livro. Trata-se do Padre Diego Matías, carmelita de Ávila, que por algum tempo fora confessor no Convento da Encarnação.
20. Alusão aos privilégios da Bula Sabatina.
21. Cap. 37, n. 1. Ela vai repetir no cap. 39, n. 20, e no cap. 40, n. 17.
22. Cf. cap. 38, n. 13.
23. Cf. 1Cor 15,41.

1. *Ele me apareceu como de outras vezes:* alusão às visões "imaginárias" da Humanidade do Senhor, que foram as mais frequentes; a Santa remete a elas muitas vezes com expressões como esta: cf. cap. 29, n. 4, e cap. 37, n. 4, bem como *Fundações*, cap. 1, n. 8.
2. "Era seu primo-irmão; chamava-se Pedro Mejía", anota Gracián.
3. Provavelmente o Padre Gaspar de Salazar, já que o Padre B. Alvarez nunca foi Reitor de Ávila, mas, no máximo, Vice-Reitor ou Ministro (cf. La Puente, *Vida del P. Baltasar Alvarez,* cap. 23). A Santa falou muitas coisas boas dele no cap. 33, n. 7ss.

angustiado e disse-me que não deixasse de ir vê-la, pois era pessoa a quem eu podia visitar, um parente meu. Fui e tive tamanha piedade que comecei a pedir de modo importuno pela sua saúde ao Senhor. Vi claramente, sem nenhuma dúvida, a graça que me foi concedida; porque, no dia seguinte, a pessoa estava totalmente livre da dor.

3. Eu estava certa feita com enorme pesar, pois sabia que uma pessoa a quem devia muitas obrigações queria fazer uma coisa contra Deus e contra sua própria honra, já estando muito determinada a isso. Era tamanha a minha aflição que eu não sabia o que fazer; parecia já nada haver que a demovesse. Supliquei a Deus que a fizesse mudar de opinião, com toda a sinceridade, mas, enquanto não O via, a minha dor não se aliviava. Nesse estado, fui a uma capela bem afastada[4], pois há várias neste mosteiro, e, estando numa onde Cristo está atado à coluna, roguei-Lhe que me concedesse essa graça. Ouvi-O falar-me em voz muito suave, muito semelhante a um murmúrio. Eu me arrepiei toda, pois isso me deixou assombrada. Eu queria compreender o que Ele me dizia, mas foi tamanha a rapidez que não o pude.

Passado o assombro inicial, que foi curto, fiquei com um sossego, um gozo e um deleite interior tamanhos que me espantei com o fato de o mero ouvir uma voz (pois eu a ouvi, e com os ouvidos corporais, sem entender palavra) produzir tal efeito na alma. Assim, concluí que o que eu pedira seria atendido, e toda a angústia que eu sentia se dissipou, como se o meu desejo já estivesse realizado, como depois o foi. Contei isso a meus confessores, que, na época, eram dois religiosos muito instruídos e servos de Deus[5].

4. Veio ao meu conhecimento que uma pessoa que estava decidida a servir muito verdadeiramente a Deus e que tivera oração por alguns dias, tendo recebido de Sua Majestade muitas graças, abandonara a oração por causa de certas situações bem perigosas nas quais se envolvera e de que ainda não se afastara. Isso me infundiu um imenso pesar, por ser ela pessoa a quem eu muito devia e queria. Creio que passei mais de um mês suplicando a Deus incessantemente que a voltasse para si.

Estando um dia em oração, vi um demônio perto de mim; ele, com muita raiva, despedaçou uns papéis que tinha na mão. Isso me deu grande consolo, pois me pareceu que o que eu pedira fora feito. E assim foi, pois mais tarde soube que a pessoa se confessara com grande contrição e passara a se dedicar a Deus com tanta fidelidade que, espero em Sua Majestade, há de avançar sempre muito. Bendito seja Ele por tudo. Amém.

5. Acontece muitas vezes de Nosso Senhor tirar almas de pecados graves e levar outras a uma maior perfeição devido a súplicas minhas. No tocante a tirar almas do purgatório e outras coisas especiais, são tantas as graças que o Senhor me concede, mais em termos da saúde das almas do que da dos corpos, que seria tedioso contá-las todas. Isso é uma coisa notória, havendo inúmeras testemunhas. Logo depois que isso acontecia, eu ficava muito envergonhada, pois não podia deixar de crer que o Senhor o fazia atendendo à minha oração — sem falar em Sua bondade, que é o principal. Mas são tantos os fatos, e tão conhecidos por outras pessoas, que não me aflijo em crer nisso e louvo Sua Majestade. Fico, no entanto, confusa ao ver que Lhe devo mais; isso, a meu ver, faz crescer o desejo de servi-Lo e de avivar o amor que Lhe tenho.

O que mais me espanta é que, quando o Senhor percebe que as coisas que peço não convêm, por mais que eu queira e me esforce, não posso pedi-las com a mesma força, o mesmo zelo e o mesmo favor com que peço outras coisas que Sua Majestade me concede. Sinto poder pedir muitas vezes e com insistência favores que o Senhor me faz; quando não observo bem as coisas, Ele as apresenta a mim para que eu as distinga.

---

4. A capela do "Cristo na Coluna", em São José de Ávila, assim chamada devido a um belo quadro do Senhor atado à coluna, feito por ordem e sob a direção da própria Santa. O caso a que ela se referiu no n. anterior ocorreu antes da fundação de São José.

5. "Padre García de Toledo e Domingo Báñez" (Silverio).

6. É grande a diferença entre esses dois modos de pedir, e não sei bem como explicar. Porque certas coisas, embora eu peça (pois não deixo de me esforçar ao suplicá-las ao Senhor, mesmo que não sinta o fervor que há em outras e mesmo que o assunto muito me toque), me trazem a língua como que travada, e eu, embora queira falar, não o consigo e, ainda que o faça, percebo não ser entendida. Em outras, é como se eu falasse clara e distintamente a quem vejo que me ouve de boa vontade. Aquelas são pedidas como que em oração vocal, por assim dizer; estas, numa contemplação tão sublime que o Senhor se mostra de uma maneira que nos faz ver que nos entende, que Se alegra com o nosso pedido e que vai nos conceder a graça.

Bendito seja Ele para sempre, que tanto dá e tão pouco recebe de mim. Porque, Senhor meu, que faz quem não se desfaz por inteiro por Vós? E quanto, quanto, quanto — eu podia repetir mil vezes — me falta para isso! Só por isso eu não devia querer viver, embora haja outras causas, pois não vivo de acordo com o que Vos devo. Com quantas imperfeições me vejo! Com que relaxamento em Vosso serviço! Certo é que, algumas vezes, eu gostaria de estar sem sentidos para não perceber tanto mal em mim. Que Aquele que tudo pode o remedie!

7. Estando eu na casa daquela senhora de que já falei[6], era constante a necessidade de sempre levar em conta a vaidade presente em todas as coisas da vida, pois eu era muito estimada e festejada, e porque me ofereciam muitas coisas a que eu podia me apegar se pensasse em mim mesma. Eu, no entanto, pensava Naquele que tem a verdadeira visão de tudo, para que Ele não me negasse a Sua mão...

8. Por falar em "verdadeira visão", lembro-me dos grandes sofrimentos que passam as pessoas a quem Deus mostra o que é a verdade ao se envolverem com as coisas na terra, onde a verdade está tão encoberta, como me disse uma vez o Senhor. Muitas coisas que escrevo aqui não vêm da minha cabeça, sendo ditas por esse meu Mestre celestial. Em especial, quando declaro: "Ouvi isto" ou "Disse-me o Senhor". Tenho muito cuidado para não pôr nem tirar uma única sílaba. Quando não me lembro bem de tudo, eu escrevo como se eu mesma tivesse dito, bem como porque às vezes eu mesma disse. Não digo que o que é meu seja bom, pois sei que não há em mim o que o seja; eu assim classifico o que o Senhor, sem que eu o mereça, me transmite. Por isso, considero "dito por mim" o que não me foi permitido ouvir em revelação.

9. Mas ai, Deus meu! Quantas vezes desejamos, nas coisas espirituais, fazer nossos próprios julgamentos, distorcendo a verdade, como se tratássemos de coisas do mundo! Que pretensão a nossa, querendo medir o nosso aproveitamento pelos anos em que nos dedicamos à oração, como se quiséssemos impor limites Àquele que dá ilimitadamente os Seus dons quando quer, e que pode conceder, em meio ano, mais a uma alma do que a outra em muitos! Eu tenho visto isso tantas vezes em tantas pessoas que me abismo de que alguém possa duvidar.

10. Creio que não se enganará nisso quem tem o dom de discernir espíritos e recebeu do Senhor a verdadeira humildade. Quem assim é avalia pelos efeitos, pela determinação e pelo amor, recebendo do Senhor luz para fazê-lo. Considera o crescimento e o aproveitamento das almas, e não os anos, pois pode ter alcançado em meio ano mais do que outro em vinte, já que, como eu disse, o Senhor dá a quem quer e a quem melhor se dispõe a receber.

Vejo agora chegar a esta casa umas moças bem novas[7]; mal Deus as tocou, dando-lhes um pouco de luz e de amor — isto é, mal provaram os regalos que Ele brevemente lhes concedeu —, elas logo corresponderam a Ele e não viram impedimentos, porque, desdenhando refeições, elas se trancam em casa, sem renda, como quem só avalia a vida nos termos Daquele por quem sabem ser amadas. Deixam tudo, não querem ter vontade e não temem se descontentar com tanta clausura e austeridade. Juntas, oferecem-se a Deus em sacrifício.

---

6. Dona Luisa de la Cerda (cf. cap. 34, n. 1ss).

7. "A Santa pode referir-se a Isabel de São Paulo, filha de Francisco de Cepeda, que professou no dia 21 de outubro de 1564, aos 17 anos; e a María Batista, Maria de São Jerônimo e Isabel de São Domingos, todas jovens, que tomaram o hábito em 1563 e 1564" (Silverio).

11. Com grande boa vontade reconheço que, nesse aspecto, elas têm vantagens sobre mim. E eu devia ter vergonha diante de Deus; o que Sua Majestade não conseguiu comigo na multidão de anos desde que comecei a ter oração e desde que Ele começou a me fazer graças, consegue delas em três meses — e, em alguns casos, até em três dias —, fazendo-lhes muito menos favores do que a mim, embora lhes pague com generosidade. Elas, sem nenhuma dúvida, não estão descontentes com o que têm feito por Ele.

12. Para que nos humilhássemos, eu gostaria que nos lembrássemos dos muitos anos que temos de profissão e que as pessoas têm de oração; façamos isso com esse fim, e não para afligir os que num curto tempo avançam muito, fazendo-os voltar atrás para seguir o nosso passo, nem obrigar os que voam como águias, com as graças que Deus lhe concede, a andar como frangos amarrados. Pelo contrário, voltemos os olhos para Sua Majestade e, se virmos essas pessoas com humildade, deveremos deixá-las soltas, pois o Senhor, que tantos favores lhes faz, não as deixará cair.

Elas se entregam a Deus baseadas na verdade da fé que conhecem. E não havemos nós de entregá-las a Ele, em vez de preferir medi-las pelas nossas medidas, avaliá-las de acordo com o nosso pouco ânimo? Não vamos agir assim. Se não alcançamos os grandes efeitos que ocorrem nelas nem a sua determinação — que sem experiência mal podemos entender —, humilhemo-nos em vez de condená-las. Porque, sem isso, parecemos visar ao bem do próximo e terminamos por perder o nosso, deixando passar a ocasião que o Senhor nos proporciona para nos humilhar e ver o que nos falta. Essas almas devem estar muito mais desapegadas do mundo e unidas a Deus, visto que Sua Majestade tanto se aproxima delas.

13. Não entendo nem desejo entender outra coisa: prefiro a oração que em pouco tempo produz efeitos muito grandes (que logo são percebidos, pois não é possível deixar tudo, só para contentar a Deus, sem ser movido por um grande amor) à que em muitos anos não levou a alma a estar mais determinada no último dia do que no primeiro a fazer por Deus coisas ínfimas como grãos de sal, que não têm peso nem volume — parecendo poder ser levados no bico de um pássaro —, e que consideramos grandes atos e mortificações. Damos importância a certas coisas insignificantes que fazemos pelo Senhor; lastimo que nos demos conta delas, mesmo que sejam muitas. Eu sou assim: a cada passo, esqueço-me das graças.

Não digo que Sua Majestade não as valorize muito, porque é bom; mas eu gostaria de não fazer caso delas, nem perceber que as faço, porque elas nada são. Perdoai-me, Senhor meu, e não me culpeis, pois com alguma coisa hei de me consolar, já que em nada Vos sirvo. Se eu Vos servisse em grandes coisas, nem sequer perceberia as ninharias. Bem-aventurados os que Vos servem com obras grandes! Se de algo valer a inveja que tenho deles e o meu desejo de imitá-los, não ficarei muito atrás em contentar-Vos; contudo, Senhor meu, nada valho. Vós, que tanto me amais, ponde em mim o valor.

14. Num destes dias, a fundação ficou totalmente concluída, pois chegou um Breve de Roma[8] permitindo que a casa não tenha renda. Aconteceu-me de, estando consolada de ver a obra assim concluída e pensando nos sofrimentos por que tinha passado — e louvando o Senhor, que de alguma maneira quisera servir-se de mim —, considerar todas as coisas até então decorridas. Vi que, em cada coisa em que eu parecia ter feito algo, havia muitas faltas e imperfeições, e, por vezes, pouco ânimo e fé minúscula. Vejo que se cumpriu tudo o que o Senhor prometera a respeito desta casa, mas até agora não tinha conseguido crer de todo que se cumpririam todas as promessas feitas pelo Senhor sobre ela, embora também não pudesse duvidar.

Não consigo explicar como era isso. Por um lado, eu julgava muitas vezes impossível, mas, por outro, não podia duvidar, isto é, crer que a obra não se realizaria. Por fim, descobri que, quanto

---

8. Trata-se da Bula que permitia definitivamente que o Convento de São José vivesse sem renda. Foi expedida em Roma no dia 17 de julho de 1565 (cf. B. M. C., t. II, pp. 161-166). Não é o Breve datado de 5/12/1562.

ao bem, o Senhor fizera Sua parte, e, quanto ao mal, eu dera a minha contribuição. Por isso, deixei de pensar nessas coisas, e gostaria de não me recordar delas para não deparar com tantas faltas minhas. Bendito seja Aquele que de todas essas faltas extrai o bem quando assim o deseja. Amém.

15. Digo, pois, que é um perigo contar os anos de oração, porque, mesmo com humildade, creio que pode ficar uma tentaçãozinha de pensar que se merece alguma coisa pelos serviços prestados. Não digo que não se mereça, nem que não se vá ser bem recompensado; mas qualquer pessoa espiritual que pensar merecer esses regalos de espírito pelos muitos anos de oração por certo não chegará ao ponto mais alto.

Não basta conseguir que Deus nos tenha conduzido pela mão para que não O ofendamos como o fazíamos antes de começar a ter oração? Queremos ainda, como se diz, exigir direitos na justiça? Isso não me parece profunda humildade; talvez seja, mas eu o considero atrevimento, porque, embora a minha não seja muita, também nunca ousei fazer tal exigência. Pode ser que, como nunca O servi, também nunca tenha pedido isso; talvez se O tivesse servido, eu viesse a querer, mais do que todos, que o Senhor me pagasse.

16. Não afirmo que, se a sua oração for humilde, a alma não vá crescendo nem Deus deixe de recompensá-la. Mas é preciso esquecer esses anos, porque tudo quanto podemos fazer de nada vale em comparação com uma gota de sangue que o Senhor derramou por nós. Se, ao servi-Lo mais, mais Lhe devemos, que recompensa é essa que pedimos? Pagamos um centavo da dívida e recebemos em troca mil ducados. Pelo amor de Deus, abandonemos esses juízos que só a Ele pertencem. Essas comparações nunca são boas, mesmo quando aplicadas às coisas da terra, quanto mais àquilo que só Deus conhece — como bem o mostra Sua Majestade ao pagar tanto aos últimos como aos primeiros[9].

17. Escrevi estas três últimas folhas tantas vezes e em tantos dias — porque tive e tenho, como disse[10], pouco tempo livre — que ia me esquecendo do que comecei a narrar. Eis a visão: estando em oração, vi-me sozinha num grande campo, cercada de muita gente de todas as espécies. Tive a impressão de que todos tinham armas nas mãos para me agredir; uns tinham lanças, outros, espadas, adagas e outras armas. Eu não podia escapar sem me pôr em risco de morte e não contava com ninguém do meu lado. Meu espírito estava nessa aflição, e eu não sabia o que fazer de mim; então, levantei os olhos na direção do céu e vi Cristo. Ele não estava no céu, mas bem acima de mim, no ar, estendendo-me a mão e amparando-me de tal modo que eu não tinha temor de toda aquela gente, nem as pessoas, embora quisessem, podiam me fazer mal.

18. Essa visão que parece sem fruto tem me feito um grande bem, pois vim a entender o seu significado. De fato, pouco depois, quase sofri um ataque semelhante, vindo a saber ser aquela visão uma imagem do mundo: tudo quanto há nele parece portar armas para ferir a triste alma. Não vamos falar dos que pouco servem ao Senhor, nem das honras, riquezas, prazeres e outras coisas semelhantes, que, é evidente, enredam ou ao menos procuram enredar a alma não prevenida. Refiro-me aos amigos, aos parentes e, o que mais me causa espanto, a pessoas muito boas. Todos esses mais tarde me atormentaram tanto que eu não sabia como me defender nem o que fazer. E todos julgavam que faziam bem.

19. Oh! Valha-me Deus! Se eu contasse os vários sofrimentos de toda espécie que tive nessa época — depois do que contei —, que bela ocasião para nos acautelarmos e esquecermos por inteiro do mundo! Essa foi, creio eu, a maior perseguição de todas as que sofri. Sim, repito, em certos momentos vi-me tão cercada que o único remédio era erguer os olhos ao céu e chamar por Deus. Eu me lembrava bem do que contemplara naquela visão; isso muito me serviu para que eu não confiasse em ninguém, porque só Deus é estável. Como o Senhor já me revelara, sempre havia, a

---

9. Cf. Mt 20,12.
10. Disse no cap. 10, n. 7. Ela retoma aqui o relato da visão que esteve a ponto de fazer no n. 8, relato cujo conteúdo profético se refere evidentemente às contendas causadas pela fundação de São José.

mando Seu, quem me desse a mão, visando apenas agradar ao Senhor. Assim agistes, Senhor, para sustentar o pouquinho de virtude que eu tinha em desejar servir-Vos. Sede para sempre bendito!

20. Em outra ocasião, eu estava muito inquieta e confusa, sem poder me recolher, envolvida numa árdua luta, numa enorme batalha interior; meu pensamento se dirigia a coisas imperfeitas, a ponto de me parecer que eu não estava com o desapego que costumo ter. Vendo-me assim tão ruim, temi que as graças que o Senhor tinha me concedido fossem ilusões; eu estava, em suma, com a alma envolta numa grande escuridão.

Estando eu nesse padecer, o Senhor começou a me falar, dizendo-me que não me afligisse. Vendo-me nesse estado, eu compreenderia quão miserável eu seria se Ele se afastasse de mim e que, enquanto estamos nesta carne, não há segurança. Ele me permitiu compreender a validade desta batalha diante da recompensa a ser ganha, e tive a impressão de que Ele tinha pena dos que vivem neste mundo. Ele me disse que não pensasse que Se esquecera de mim; nunca me deixaria, mas eu precisava fazer tudo o que pudesse. Ele me disse isso com uma compaixão e ternura, e com outras palavras em que me fazia uma grande graça, que não tenho termos para descrever.

21. Sua Majestade tem me dito muitas vezes, mostrando grande amor por mim, estas palavras: *Já és minha, e Eu sou teu.* Eu sempre costumo Lhe dizer e, a meu ver, com sinceridade: pouco me importo comigo, Senhor, mas apenas Convosco. As palavras que Ele me dirige e os regalos que me concede me deixam tão confusa que, quando me lembro de quem sou, como já disse outras vezes[11] e ainda digo algumas ao meu confessor, penso que é preciso mais coragem para receber essas graças do que para suportar os piores sofrimentos. Quando isso acontece, eu me esqueço de minhas obras e vejo apenas que sou ruim, sem o trabalho do intelecto, numa sensação que às vezes me parece sobrenatural.

22. Acometem-me por vezes uns anseios tão grandes de comungar que nem sei explicar. Certa manhã em que chovia muito, parecendo que o tempo não era bom para sair, estando eu fora do meu mosteiro, estava tão tomada por aquele ímpeto que, se apontassem lanças para o meu peito, creio que me atiraria contra elas, quanto mais contra a água. Chegando à igreja, veio-me um grande arroubo. Tive a impressão de ver os céus abertos, e não apenas uma entrada como já ocorreu de outras vezes[12]. Foi-me apresentado o trono que já vi algumas vezes, como informei a vossa mercê, e outro acima dele; neste, de uma maneira que não sei descrever, entendi estar a Divindade, embora nada visse.

Ele parecia estar sustentado por uns animais, cuja significação já me foi explicada. Imaginei que fossem talvez representações dos evangelistas[13]. Não vi como era o trono nem quem estava nele, mas apenas uma grandíssima multidão de anjos. Eles me pareceram incomparavelmente mais belos do que todos os que tenho visto no céu. Fico a imaginar se serão serafins ou querubins, pois a glória destes parece ser superior, e eles dão a impressão de estar inflamados. Há, repito, muita diferença entre eles[14].

A alegria de que me senti inundada não pode ser descrita de nenhuma maneira, nem a pode imaginar quem não a experimentar. Entendi estar ali, junto, tudo o que se pode desejar, mas nada vi. Disseram-me — não sei quem — que eu podia compreender ali que nada podia entender e ver o nada que era tudo comparado com aquilo. Mais tarde, a minha alma ficava envergonhada só de pensar que podia se deter em alguma coisa criada ou, o que seria pior, se afeiçoar a ela, porque tudo me parecia um formigueiro.

23. Comunguei e assisti à missa, nem sei como. Pareceu-me que só se passara pouco tempo. Fiquei espantada quando o relógio deu as horas e vi que tinha passado duas naquele arroubo e glória. Mais tarde, eu me maravilhava ao ver como, vindo o fogo do verdadeiro amor de Deus,

---

11. Cf. cap. 7, n. 19, e cap. 31, n. 12.
12. Alusão a relatos orais feitos ao Padre García de Toledo.
13. Cf. Ap 4,6-8; e Ez 1,4ss.
14. Cf. cap. 29, n. 13.

pois parece vir de cima (porque, por mais que eu o queira, o procure e me desfaça por ele, nada sou nem posso fazer para conseguir uma única centelha sua, a não ser quando Sua Majestade o deseja dar, como eu já disse[15]), o homem velho é totalmente consumido com as suas faltas, fraquezas e misérias.

Tal como a fênix, que, como li[16], depois de queimada, renasce das próprias cinzas, assim também a alma, depois disso, se transforma, tendo desejos diferentes e uma grande força. Ela não parece ser a mesma de antes, recomeçando, com pureza renovada, a trilhar o caminho do Senhor. Quando supliquei a Sua Majestade que assim fosse e que eu começasse a servi-Lo de novo, Ele me disse: *Boa comparação fizeste; procura não te esqueceres dela para buscares ir sempre melhorando.*

24. Estando outra vez com a mesma dúvida de que há pouco falei[17], se essas visões eram mesmo de Deus, o Senhor me apareceu e me disse, com rigor: *Ó filhos dos homens, até quando sereis duros de coração?* Acrescentou *que eu examinasse bem em mim uma coisa: se me entregara de todo a Ele ou não; que, se assim tinha feito, e era Sua por inteiro, acreditasse que Ele não deixaria que eu me perdesse.*

Fiquei muito aflita com aquela exclamação. Ele me disse, com grande ternura e carinho, que eu não me perturbasse, pois Ele já sabia que, se fosse por mim, eu não deixaria de tudo suportar para servi-Lo. Ele me prometeu fazer tudo o que eu quisesse. E foi assim que se fez o que eu Lhe suplicava então. Prosseguindo, o Senhor disse que eu devia ver o amor por Ele que, dia após dia, ia aumentando em mim, para assim perceber não serem as visões obra do demônio. Eu nem devia pensar que Ele fosse permitir ao inimigo tamanho domínio sobre as almas dos Seus servos, nem condições para dar a clareza de compreensão e a paz que eu tinha. Fez-me compreender que eu agiria mal se não acreditasse nas tantas pessoas, e tão capacitadas, que diziam que era Deus.

25. Estando uma vez rezando o salmo *Quicumque vult*[18], foi-me explicado o modo pelo qual Deus é um só em três Pessoas com tanta clareza que eu fiquei abismada e muito consolada. Isso muito me favoreceu no maior conhecimento da grandeza de Deus e de Suas maravilhas, e, quando penso na Santíssima Trindade, ou quando ouço falar dela, tenho a impressão de que entendo como isso pode ser, o que me dá imenso contentamento.

26. Num dia da Assunção da Rainha dos Anjos e Senhora nossa, quis o Senhor fazer-me o seguinte favor: num arroubo, apresentou-me Sua subida ao céu e a alegria e solenidade com que Ela foi recebida, bem como o lugar onde está. Eu não saberia dizer como ocorreu isso. O meu espírito teve uma enorme exultação ao contemplar tão imensa glória. Isso deixou em mim grandes efeitos, fazendo-me desejar cada vez mais suportar grandes sofrimentos e servir a essa Senhora, que tanto o mereceu.

27. Estando num colégio da Companhia de Jesus[19], vi, quando os irmãos da casa comungavam, um pálio resplendente acima de suas cabeças. Isso aconteceu duas vezes. Quando outras pessoas comungavam, eu não o via.

CAPÍTULO 40

Continua a narrar os grandes favores que o Senhor lhe concedeu. Diz que de alguns deles é possível extrair uma doutrina muito boa. Afirma que, como tem dito, a sua principal intenção, depois de obedecer, foi descrever as graças que podem ser de proveito para as almas. Diz que, com este capítulo, acaba o relato de sua vida. Dedica esse relato à glória do Senhor. Amém.

---

15. Cf. cap. 37, n. 7, e cap. 21, n. 9.
16. Ela o leu provavelmente em Osuna, *Tercer Abecedario*, tr. 16, cap. 5.
17. No cap. 39, n. 20. A seguir, o Senhor usa as palavras do Salmo 4, v. 3.
18. Não *salmo*, mas o *Símbolo* chamado atanasiano.
19. No de São Gil de Ávila.

1. Estando uma vez em oração, fui invadida por tamanha felicidade que, sendo indigna de tal bem, comecei a pensar que merecia muito mais estar naquele lugar que eu tinha visto preparado no inferno para mim, porque, como venho dizendo[1], nunca me saí da memória a sensação que ali tive. Ao considerar isso, senti a alma inflamar-se mais, vindo-me um arroubo de espírito que não sei descrever. Eu parecia ter o espírito imerso naquela Majestade que de outras vezes percebi.

Compreendi nessa Majestade uma verdade que é a plenitude de todas as verdades; mas não sei descrever como, porque nada vi. Disseram-me (não sei quem, mas percebi que era a mesma Verdade): *Não é pouco o que faço por ti, sendo uma das coisas em que muito me deves; porque todo mal que vem ao mundo decorre de não se conhecerem as verdades da Escritura com clareza, da qual nem uma vírgula ficará por cumprir*[2]. Pareceu-me que eu sempre tinha acreditado nisso e que todos os fiéis o creem. O Senhor me disse: *Ai, filha, quão poucos me amam de verdade! Se Me amassem, Eu não lhes encobriria meus segredos. Sabes o que é amar-Me com verdade? Entender que tudo o que não é agradável a Mim é mentira. Verás com clareza isso que agora não entendes pelo fruto que sentirás em tua alma.*

2. E assim ocorreu, seja o Senhor louvado; desde então, considero tão vaidoso e mentiroso tudo o que vejo que não está voltado para o serviço de Deus que eu não saberia exprimir até que ponto o entendo nem o pesar que sinto diante dos que estão em trevas com relação a essa verdade. Com isso, obtive outros benefícios que vou narrar, embora muitos deles eu não saiba descrever. O Senhor me disse aqui uma palavra particular de enorme graça[3]. Não sei como foi isso, porque nada vi; mas fiquei de uma maneira que nem posso descrever: surgiram em mim uma grande força e uma verdadeira determinação de cumprir com todo o empenho a mínima palavra da divina Escritura. Creio que não deixaria de enfrentar nenhum obstáculo para fazê-lo[4].

3. Essa Verdade divina, que me foi apresentada sem eu saber como nem por quem, deixou impressa em mim uma verdade que me faz respeitar Deus de modo inteiramente novo, porque dá um conhecimento de Sua Majestade e do Seu poder que é impossível descrever; só posso dizer que esse dom é grande coisa. Fiquei com uma imensa vontade de só falar coisas muito verdadeiras que estejam acima das coisas do mundo, começando por isso a sofrer por viver nele.

Essa graça infundiu em mim grande ternura, deleite e humildade. Parece-me, sem que eu saiba como, que o Senhor muito me concedeu aqui. De maneira nenhuma suspeitei que fosse ilusão. Embora nada visse, compreendi o grande benefício que há em não considerar senão as coisas que nos aproximam de Deus e, assim, compreendi o que é estar uma alma de verdade na presença da própria Verdade[5]. Mediante isso, compreendi que o Senhor é a própria Verdade.

4. Todas essas coisas me foram reveladas por palavras ou sem elas[6]. Quando sem palavras, a compreensão era às vezes ainda mais clara do que quando havia palavras. Aprendi enormes verdades sobre essa Verdade, mais do que se tivesse sido ensinada por muitos eruditos. Creio que de forma alguma eles poderiam imprimir assim no meu espírito, nem me explicar tão claramente, a vaidade do mundo.

Essa Verdade é em si mesma verdade, não tendo princípio nem fim. Todas as outras verdades dependem dessa Verdade, assim como todos os demais amores, desse Amor, e todas as outras grandezas, dessa Grandeza. Mas o que digo é, em comparação com a luz com que o Senhor me

---

1. Ela se refere à visão mencionada no cap. 32, n. 1ss. Fala de sua perene recordação nesse mesmo n. 1 e no n. 6.
2. Mt 5,18.
3. Cf. cap. 39, n. 20.
4. Toda essa passagem (n. 1-4) é um típico exemplo de inefabilidade mística e de profunda "experiência" da Verdade como atributo de Deus e como conteúdo da Sagrada Escritura: um sublime balbuciar e forcejar para exprimir com palavras humanas realidades inefáveis. Cf. *Moradas* VI, cap. 10, n. 5-6, onde ela faz menção a essa mesma experiência.
5. Trata-se da experiência mística que está na base da doutrina teresiana sobre a humildade; compare-se esse relato com *Moradas* VI, cap. 10, n. 7, e com *Relações* 28.
6. Isto é, nas duas formas de comunicação mística: com e sem palavras formadas.

explicou isso, obscuro. E como brilha o poder dessa Majestade que em tão breve tempo deixa um proveito tão grande, imprimindo essas verdades na alma!

Ó Grandeza e Majestade minha! Que fazeis, Senhor meu todo-poderoso? Vede a quem concedeis tão soberanos favores! Não vos dais conta de que esta alma foi um abismo de mentiras, uma imensidão de vaidades, e tudo por minha culpa; e de que, apesar de me terdes dado uma natureza que abomina a mentira, eu mesma me obriguei a lidar com muitas coisas a partir da mentira? Como se tolera, Deus meu, como se permite que tão grande favor e graça possam ser dados a quem tão mal os tem merecido?

5. Estando uma vez nas Horas com todas as irmãs, a minha alma se recolheu de imediato e deu-me a impressão de ser um claro espelho[7]. Não havia parte posterior, nem lados, nem alto, nem baixo que não fosse claridade; e, no centro, foi-me apresentado Cristo Nosso Senhor da maneira como costumo vê-Lo[8]. Eu parecia vê-Lo em todas as partes da minha alma claro como um espelho; e esse espelho, não sei como, também era feito todo do próprio Senhor, através de uma comunicação muito amorosa que não sei descrever.

Sei que essa visão me traz grande proveito cada vez que me lembro dela, em particular quando acabo de comungar. Compreendi que, quando a alma está em pecado mortal, esse espelho se cobre de densa névoa e fica muito escuro; o Senhor não pode se refletir nele nem O podemos ver, embora Ele esteja sempre presente, dando-nos o ser.

No tocante aos hereges, é como se o espelho estivesse quebrado, o que é muito pior do que apenas obscurecido. É enorme a diferença entre ver e explicar essas coisas, pois não há palavras que bastem para tanto. Mas disso tenho obtido muitos benefícios, infundindo-me uma grande angústia ao pensar nas vezes em que, com minhas faltas, obscureci a minha alma de uma maneira que não me permitia ver esse Senhor.

6. Essa visão me parece benéfica para as pessoas que se dedicam ao recolhimento[9], ensinando-as a considerar o Senhor no mais íntimo de sua alma, pois essa consideração nos envolve mais e dá muito mais frutos do que se O considerarmos fora de nós, como eu já disse[10]. Em alguns livros de oração, diz-se ser aí que se deve buscar a Deus; o glorioso Santo Agostinho, em especial, diz que nem nas praças, nem nos contentamentos, nem em todos os lugares onde O buscou O encontrou como dentro de si. Isso é com certeza o melhor, já que não é preciso ir ao céu, nem procurar mais longe nem fora de nós mesmos; fazer estas últimas coisas cansa o espírito e distrai a alma, e sem dar tantos frutos.

7. Quero dar um aviso a quem tem grandes arroubos a respeito do que ocorre neles. Passado o momento em que a alma se encontra em união (em que as faculdades estão totalmente absortas, o que dura pouco, como eu já disse[11]), acontece-lhe de ficar recolhida e até sem condições de voltar a si, mas as duas faculdades, a memória e o intelecto, ficam quase frenéticas, delirando.

Isso acontece algumas vezes, como digo, principalmente no início. Creio que isso decorre do fato de a nossa fraqueza natural não suportar tanta força de espírito, o que leva ao debilitamento da

---

7. De todas as graças místicas tratadas pela Santa na *Vida*, esta é uma das mais fecundas em termos doutrinais; dela veio o livro das *Moradas* (I, cap. 1), bem como um dos mais belos capítulos do *Caminho* (cap. 28, n. 9-12; deve-se comparar isso também com as *Relações* 24, 16 e 18).

8. Isto é, numa visão imaginária e com aparência gloriosa. Cf. cap. 28, n. 1 e 3, e alusões semelhantes nos caps. 29, 4; 37, 4; e 39, 1; cf. também *Fundações,* cap. 1, n. 8.

9. Com efeito, ela o recomendará insistentemente nos caps. 38-39 do *Caminho.*

10. Ela falou disso no cap. 9, n. 4-6. Os *livros de oração* a que ela se refere são provavelmente o *Tercer Abecedario* (18, 1), de Osuna, e a *Subida del monte Sión* (P. III, caps. 22 e 41), de Laredo. Há a seguir uma alusão aos *Solilóquios pseudoagustinianos,* cap. 31, ou então a *Confissões,* L. 10, cap. 27. Cf. *Moradas* IV, cap. 3, n. 3 e VI, cap. 7, n. 9; *Caminho*, cap. 28, n. 2; *Exclamações* 5, n. 2.

11. O que dura pouco é o êxtase puro, que mantém absortas ou suspensas todas as faculdades (cf. cap. 18, n. 12; cap. 19, n. 14; cap. 20, n. 18); passado "o momento em que a alma está em união" (suspensas todas as faculdades), segue-se um estado semiextático mais ou menos prolongado; cf. cap. 20, n. 19.

imaginação. Sei que isso acontece com algumas pessoas. Nessas ocasiões, parece-me melhor que se esforcem por deixar a oração, recuperando em outro momento aquilo que então perdem. Elas não devem insistir, pois poderão provocar muito mal. A experiência indica que é muito acertado verificar quanto a nossa saúde pode aguentar.

8. Em tudo são necessárias a experiência e a direção, porque, chegando a alma a esse estado, surgirão muitas ocasiões em que é imperativo ter alguém com quem o tratar. Se, tendo buscado um diretor, a pessoa não o achar, o Senhor não lhe faltará, pois não faltou a mim, sendo eu quem sou. De fato, encontram-se poucos mestres, acredito eu, que tenham alcançado a experiência de coisas tão elevadas; não a tendo, em vão procuram ajudar a alma sem a deixar inquieta e aflita. Mas isso também o Senhor leva em conta, sendo assim melhor tratar disso, como eu já disse[12], com um confessor digno.

Eu talvez esteja repetindo tudo, porque a minha memória não ajuda. Especialmente quando se é mulher, é muito importante dizer tudo ao confessor. O Senhor concede essas graças muito mais a elas do que aos homens, como me disse o santo Frei Pedro de Alcântara e como eu mesma observei. Para ele, nesse caminho elas vão mais longe do que eles; ele apresentava excelentes razões, todas em favor das mulheres, que não é preciso repetir aqui.

9. Estando uma vez em oração, foi-me apresentado muito brevemente (sem que eu visse uma coisa formada, mas numa representação muito clara) como se veem todas as coisas em Deus e como todas elas estão encerradas nele por inteiro. Não sei descrevê-lo, mas a imagem ficou muito impressa na minha alma, sendo essa uma das grandes graças que o Senhor me concede, uma das que mais me deixaram confusa e envergonhada quando me lembrei dos pecados que cometi. Acredito que, se o Senhor quisesse que eu visse isso em outra época, e se permitisse essa visão aos que O ofendem, nem eu nem eles teríamos coragem nem atrevimento para o fazer.

Parece-me que vi o que vou dizer, embora não o possa afirmar, digo desde já, que de fato vi alguma coisa. Mas algo devo ter visto, já que posso fazer essa comparação[13], mas tudo ocorre de modo tão sutil e delicado que o intelecto não o pode alcançar. Talvez seja eu quem não sabe entender essas visões, que não parecem imaginárias, embora algumas devam conter um quê de imagem. Mas, como isso ocorre com a alma em êxtase, as faculdades não conseguem reproduzir o que se vê tal como o Senhor lhes apresenta e lhes permite provar.

10. Digamos, portanto, que a Divindade é apresentada como um diamante muito claro, muito maior que o mundo inteiro, ou como um espelho — como eu já disse ao falar da outra visão[14], embora, nesta, tudo seja tão superior e sublime que não sei como lhe fazer jus. Nesse diamante, vemos tudo o que fazemos, pois ele encerra tudo em si, não havendo nada que exista fora de sua imensidade.

Foi um espetáculo maravilhoso ver nesse claro diamante, em tão breve espaço de tempo, tantas coisas juntas. Como lastimo, cada vez que me lembro disso, ter visto coisas tão feias como os meus pecados refletidas naquela claridade translúcida. Diante dessa lembrança, nem sei como posso resistir; fico tão envergonhada que não sei onde me esconder.

Quem dera se pudesse explicar isso aos que cometem pecados muito grandes e desonestos, para que se lembrassem de que não ficam ocultos e de que Deus, com razão, os sente, visto que cometemos esses pecados na presença de Sua Majestade, sendo grande o desacato com que O ofendemos! Vi como é justo merecer o inferno por um único pecado mortal. É gravíssima coisa cometê-lo diante de tão grande Majestade, à qual muito repugnam coisas semelhantes. Dessa maneira, vemos ainda mais a Sua misericórdia, porque, vendo que sabemos tudo isso, ainda assim nos suporta.

11. Isso me tem feito pensar: se uma visão como essa deixa a alma tão espantada, como será no dia do juízo, quando essa Majestade se mostrar bem claramente a nós e virmos o quanto O

---

12. Ou seja, "já disse" o que acaba de afirmar, e talvez tudo o que tem dito, "porque a... memória não ajuda", dizendo-o agora porque o considera muito importante.
13. Ela vai fazer essa comparação no n. 10.
14. No n. 5.

ofendemos? Valha-me Deus, que cegueira esta em que tenho vivido! Muitas vezes fico abismada com o que tenho escrito, e vossa mercê deve espantar-se apenas com o fato de eu ainda viver depois de ver essas coisas e a mim mesma. Bendito seja para sempre Quem tanto me tem suportado.

12. Estando certa vez em oração, muito recolhida e envolta em suavidade e quietude, senti-me rodeada de anjos e muito próxima de Deus. Comecei a rogar a Sua Majestade pela Igreja. Veio-me a compreensão do grande proveito que certa Ordem religiosa traria nos últimos tempos e da força com que seus filhos haveriam de sustentar a fé[15].

13. Eu estava em oração perto do Santíssimo Sacramento quando me apareceu um santo cuja Ordem está um tanto decaída. Tinha nas mãos um grande livro, que abriu, dizendo-me que lesse umas palavras escritas em letras grandes e muito legíveis: *Nos tempos vindouros, esta Ordem florescerá; haverá muitos mártires*[16].

14. De outra vez, estando no coro durante as Matinas, vi diante dos meus olhos seis ou sete religiosos dessa mesma Ordem — ou assim me pareceu — com espadas nas mãos. Isso significava, penso eu, que eles hão de defender a fé; porque mais tarde, quando eu estava em oração, meu espírito foi arrebatado, e eu parecia estar num enorme campo onde muitos lutavam; os combatentes dessa Ordem se batiam com grande ânimo. Seus rostos estavam formosos e muito abrasados; eles deixaram muitos caídos, vencidos, e outros mortos. Tive a impressão de que a batalha era contra os hereges.

15. Tenho visto algumas vezes este glorioso Santo[17], que tem me dito algumas coisas e agradecido minhas orações pela sua Ordem, prometendo me encomendar ao Senhor. Não nomeio as Ordens, para que as outras não fiquem ofendidas; se o Senhor quiser que se saiba, Ele mesmo as nomeará. Mas cada Ordem, ou cada membro, tinha de fazer com que, através de si, o Senhor os fizesse tão ditosos que pudessem servir à Igreja num momento de tão grande necessidade. Felizes as vidas que por isso se sacrificarem!

16. Uma pessoa me pediu que eu suplicasse a Deus para que Ele lhe dissesse se seria serviço Seu aceitar um bispado[18]. Quando eu acabava de comungar, disse-me o Senhor: *Quando entender com toda a verdade e clareza que a genuína autoridade é não possuir coisa alguma, ele o poderá aceitar.* Isso significa que quem se destina às prelazias de modo algum deve desejá-las ou querê-las, ou, ao menos, não deve procurá-las.

17. Essas e muitas outras graças foram e são concedidas pelo Senhor a esta pecadora, parecendo-me desnecessário detalhá-las, pois, pelo que eu já disse, é possível conhecer a minha alma e o espírito que o Senhor tem infundido em mim. Bendito seja Ele para sempre, que tanto cuidado tem tido comigo.

18. Disse-me Ele certa feita, consolando-me com muito amor, que eu não me afligisse, porque nesta vida não podemos estar sempre num mesmo estado. Numas ocasiões, eu teria fervor e, em outras, estaria sem ele; numas, teria desassossego e, noutras, quietude e, em outras ainda, tentações. Contudo, eu devia confiar Nele e nada temer.

19. Um dia, eu estava pensando se seria apego gostar de estar com as pessoas com quem trato da minha alma e ter afeição pelos que considero servos fiéis de Deus, pois me consolava com eles. O Senhor me disse que, se um enfermo que está correndo risco de morte julgar que um

---

15. "A de São Domingos", anota Gracián. Ribera, SJ, por sua vez, afirma ser a Companhia de Jesus (*Vida de Santa Teresa*, L. 4, cap. 5). Toda essa passagem (n. 12-15) tem conteúdo profético, havendo sobre ela uma longa e curiosa história.

16. "São Domingos", anota outra vez Gracián, desta feita de acordo com Ribera, sem que mereçam a nossa fé: trata-se com toda a segurança da Ordem Carmelita.

17. "São Domingos", volta a anotar Gracián.

18. "Era o Inquisidor Soto, Bispo de Salamanca", alerta Gracián. Francisco de Soto y Salazar, que foi Inquisidor em Córdoba, Sevilha e Toledo, e da Suprema, e que logo chegou a ser Bispo de Albarracín e Segorbe, e, por fim, de Salamanca (1575).

médico lhe dá saúde, não teria virtude de sua parte ser-lhe grato e ter amizade por ele? Que teria sido de mim sem a ajuda dessas pessoas? Conversar com os bons não prejudica, mas as minhas palavras sempre deveriam ser ponderadas e santas, e eu não deveria deixar de tratar com eles, pois isso antes me traria proveito que prejuízo.

Essas palavras muito me consolaram, porque algumas vezes, julgando haver apego, eu penso em deixar de lado esses relacionamentos. O Senhor sempre me aconselha em todas as coisas, chegando a me dizer como me relacionar com os fracos e com algumas pessoas. Ele jamais se descuida de mim; às vezes, sofro por me ver tão incapacitada para o Seu serviço e obrigada a perder um tempo maior do que eu gostaria com um corpo tão fraco e ruim como é o meu.

20. Estando em oração, chegou a hora de ir dormir. Eu estava com muitas dores, esperando o vômito costumeiro[19]. Vendo-me tão prejudicada pelo corpo e vendo o espírito querendo tempo para si, fiquei tão perturbada que comecei a chorar, muito angustiada. Isso aconteceu muitas vezes, levando-me a ficar aborrecida comigo mesma, beirando o desprezo por mim. Mas, em geral, percebo que não me odeio o bastante nem recuso o que me parece necessário. Queira o Senhor que eu não tome muito mais do que é preciso! É bem provável que eu o faça.

Nessa ocasião de que falo, o Senhor me apareceu, consolando-me muito, dizendo que eu fizesse essas coisas por amor a Ele e a tudo suportasse, pois a minha vida ainda era necessária. Assim, desde que me determinei a servir com todas as forças a esse Senhor e consolador meu, não há ocasião em que Ele, embora me deixe padecer um pouco, não me console muito depois, o que tira os meus méritos de desejar sofrimentos.

Agora, não acho outro motivo para viver, além do sofrimento. E é isso o que peço a Deus com todo o empenho, dizendo-Lhe, por vezes: Senhor, só peço para mim o morrer ou o padecer. Fico consolada ao ouvir soar o relógio, pois tenho a impressão de que isso me aproxima um pouco mais de ver a Deus, tendo aquela hora da minha vida se extinguido.

21. Em outras ocasiões, é tal o meu estado que não me sinto viver nem pareço ter vontade de morrer. Fico com um tédio e um acabrunhamento em tudo, como eu disse[20], muito frequentes por causa dos meus grandes sofrimentos interiores. E, tendo o Senhor desejado tornar públicas as graças que me faz, como Ele mesmo o previra há alguns anos, eu muito me aflijo, e não é pouco o que tenho padecido até agora, como o sabe vossa mercê, porque cada um o interpreta a seu modo.

Consola-me saber que isso não ocorreu por minha culpa; porque tenho tido muito cuidado e grande reserva em não o contar senão a meus confessores ou a pessoas a quem eles o tenham comunicado. E ajo assim não por humildade, mas porque, como já disse[21], tenho vergonha de contá-lo até aos confessores. Agora, graças a Deus, embora falem muito de mim com bom zelo, havendo ainda os que temem ter relações comigo e até me confessar, e outros que me dizem muitas coisas, como vejo que o Senhor quis dar dessa maneira um corretivo a muitas almas (porque tenho visto isso com clareza e me recordo de quanto passaria pelo Senhor em benefício de uma só alma), pouco me importa o que dizem de mim.

Não sei se contribui para isso o fato de Sua Majestade ter-me posto neste lugar[22] tão afastado, onde vivo como se já tivesse morrido. Eu pensava que ninguém mais se lembrasse de mim, mas não foi assim, pois sou obrigada a falar com algumas pessoas; contudo, como estou num local onde não podem me ver, creio que o Senhor já me trouxe a um porto que, espero em Sua Majestade, é seguro.

22. Como já estou fora do mundo, com poucas e santas companheiras, olho tudo de cima e nenhuma importância dou ao que se possa falar ou saber de mim; isso vale muito menos do que

---

19. Ela se refere ao vômito que em geral a acometia todos os dias à hora de dormir (cf. cap. 7, n. 11).
20. Ela se refere às purificações místicas e estados de espírito mencionados no cap. 30, n. 8ss.
21. Cf. cap. 26, n. 4, e cap. 38, n. 1.
22. Mosteiro de São José.

o mínimo proveito que uma alma possa obter. Desde que estou aqui, quis o Senhor que todos os meus desejos estejam voltados para isso. Ele tornou a minha vida uma espécie de sonho em que o que vejo não parece ter realidade: não vejo em mim nenhum contentamento nem pesar significativos.

Se alguma coisa me deixa pesarosa, é tal brevidade com que passa que fico abismada; o sentimento que fica em mim é como uma coisa sonhada. Isso é a pura verdade, porque, mesmo que depois eu queira me alegrar com um contentamento ou me afligir com um pesar, não está em minhas mãos fazê-lo, tal como não estaria nas de uma pessoa sensata angustiar-se ou rejubilar-se com um sonho. Isso acontece porque o Senhor já despertou a minha alma e a afastou daquilo que, por eu não estar mortificada nem morta para as coisas do mundo, me provocava tantos sentimentos. Sua Majestade não quer que a minha alma volte a ficar cega.

23. Assim vivo agora, senhor e padre meu[23]. Suplique vossa mercê a Deus que me leve para Si ou me mostre como servi-Lo. Queira Sua Majestade que este manuscrito traga proveito a vossa mercê, porque, devido ao pouco tempo de que disponho, me custou algum trabalho. Mas bendito trabalho, se conseguir dizer algo que leve alguém, ao menos uma vez, a louvar o Senhor. Com isso eu me consideraria recompensada, mesmo que vossa mercê logo o queimasse.

24. Contudo, eu não gostaria que isso ocorresse sem que o vissem as três pessoas que vossa mercê sabe[24], que são e têm sido meus confessores. Se o que digo de nada vale, é bom que eles percam a visão favorável que têm de mim; se vale alguma coisa, sei que eles, que são bons e instruídos, verão de onde vem e louvarão Quem o disse por mim.

Que Sua Majestade sempre conduza vossa mercê pela mão e o torne um santo tão grande que, com sua luz e espírito, ilumine esta pessoa miserável, pouco humilde e muito atrevida que ousou pôr-se a escrever sobre coisas tão sublimes. Queira Deus que eu não tenha errado nisso, pois tive a intenção e o desejo de acertar e obedecer, pretendendo que, por meu intermédio, se louvasse um pouco o Senhor, coisa que Lhe suplico há muitos anos.

Como me faltam as obras, cometi a temeridade de tentar dar ordem à minha vida desorganizada, embora não tenha tido mais cuidado nem tempo do que o que foi necessário para fazer este relato. Contei apenas com toda a lisura e verdade que estavam ao meu alcance, o que ocorreu comigo.

Queira o Senhor, que é poderoso e, se quer, pode, que em tudo eu faça a Sua vontade, não permitindo que se perca esta alma que Ele, com tantos artifícios e de tantas maneiras, tem tirado inúmeras vezes do inferno e trazido para Si. Amém.

JHS

1. O Espírito Santo esteja sempre com vossa mercê, amém[1].

Não seria impróprio encarecer a vossa mercê este serviço para obrigá-lo a ter muito cuidado de me encomendar a Nosso Senhor, pois, pelo que tenho passado ao me ver retratada e ao trazer à lembrança tantas misérias minhas, eu bem o posso fazer. É verdade que senti mais por falar dos favores que o Senhor me tem feito do que das ofensas que tenho cometido contra Sua Majestade.

2. Fiz o que vossa mercê me mandou; fui extensa[2], mas com a condição de que vossa mercê faça o que prometeu, rasgando o que lhe parecer ruim. Eu não tinha acabado de lê-lo, depois de escrito, quando vossa mercê o mandou buscar. Pode ser que algumas coisas estejam maldescritas

---

23. Retorna a figura do Padre García de Toledo, "senhor" por sua linhagem nobre e "padre meu" pelo seu interesse pela alma da Santa.

24. Uma dessas "três pessoas" era com certeza o Padre Báñez; as outras duas eram provavelmente os Padres Baltasar Alvarez e Gaspar de Salazar, ou, talvez, Gaspar Daza.

1. Este epílogo foi escrito para o Padre García de Toledo quando a Santa lhe remeteu a *Vida*.

2. Cf. cap. 30, n. 22; veja-se também cap. 37, n. 1 e cap. 10, n. 8.

e outras repetidas, porque o meu tempo tem sido tão pouco que nem reli o que ia escrevendo. Suplico a vossa mercê que o emende e o faça copiar, se tiver de mandá-lo ao Padre Mestre Ávila[3], pois talvez alguém reconheça a letra.

Eu desejo muito que ele o veja, pois com essa intenção comecei a escrever; se ele achar que sigo um bom caminho, ficarei muito consolada, porque já não há nada que eu possa fazer de minha parte. Em tudo faça vossa mercê como melhor lhe parecer, vendo a quanto está obrigado diante de quem assim lhe confia a sua alma.

3. A de vossa mercê eu encomendarei por toda a vida a Nosso Senhor. Por isso, apresse-se em servir Sua Majestade para me fazer uma graça, pois vossa mercê verá, pelo que aqui escrevi, quão bem é empregada a vida de quem se entrega por inteiro, como vossa mercê começa a fazer, a Quem tão sem limites se entrega a nós.

4. Bendito seja Ele para sempre. Espero em Sua misericórdia que eu e vossa mercê nos encontremos onde vejamos mais claramente as grandezas que Ele nos concedeu, e onde para todo o sempre vamos louvá-lo, amém.

Este livro foi concluído em junho, no ano de 1562[4].

---

3. Ela se refere a São João de Ávila, a quem de fato o livro logo seria enviado, tendo ela recebido do santo uma carta "muito atenciosa" (cf. B. M. C., t. II, p. 208).

4. Logo depois dessa data, o Padre Báñez escreveu: "Esta data remete à primeira vez que a Madre Teresa de Jesus escreveu o livro, sem distinguir os capítulos. Mais tarde, ela fez esta cópia, acrescentando muitos eventos que sucederam depois dessa data, tal como a fundação do Mosteiro de São José de Ávila, como se vê na folha 169. Frei Domingo Báñez."

No autógrafo, seguem-se ainda seis páginas escritas pelo próprio punho e com a letra desse mesmo padre, aprovando o livro e o espírito da autora; essa aprovação destinava-se ao tribunal da Inquisição, que submeteu o escrito a censura com base na acusação da famosa princesa de Eboli. O Padre Báñez datou sua alegação de 7 de julho de 1575, dez anos depois da segunda redação do *Livro da Vida*.

CAMINHO DE PERFEIÇÃO

CAMINHO DE PERFEIÇÃO

Livro chamado Caminho de Perfeição, composto por Teresa de Jesus, monja da Ordem de Nossa Senhora do Carmo. Destina-se às monjas descalças de Nossa Senhora do Carmo da Regra Primitiva.

INTRODUÇÃO

Composição do livro

O *Caminho de perfeição* é um livro de formação espiritual escrito por Santa Teresa para suas monjas, o primeiro livro formativo que nasceu de sua pena e provavelmente o melhor. Foi composto pela filial insistência das destinárias. Privadas da leitura daquele maravilhoso livro da Madre que andava de mão em mão no meio dos confessores — a *Vida* —, solicitaram para si páginas espirituais: conselhos práticos, iniciação à vida de oração, normas para a vida reformada. A insistência foi tanta que, por fim, a Madre se rendeu a seus desejos: "Era tamanho o desejo em que as vi, e a importunação, que me determinei a fazê-lo" (prólogo primitivo).

Mas essas páginas briosas, vazadas em corajosa grafia, provavelmente não chegaram às mãos das destinárias, por um fato de alcance histórico: naquele tempo, os espirituais espanhóis e os livros de oração estavam submetidos a dura prova. Em 1559, a Inquisição espanhola publicava um *Índice* de livros proibidos, no qual se incluíam obras de autores tão insignes quanto João da Cruz, Francisco de Borja e Padre Granada. Temas doutrinais prediletos da Santa, como a oração mental, contemplação, recolhimento, quietude, eram olhados com desconfiança. A tese mesma sobre que se baseava seu ideal de reforma — "valor daquele grupinho de humildes mulheres com vocação contemplativa, postas a serviço da Igreja" — era considerada com suspeição.

Tudo isso influenciou o ânimo da Madre, desviando-lhe a pena para uma polêmica velada, mas robusta e vibrante. Unção e singeleza alternam-se então em suas páginas com fortes tons de polêmica: formidável defesa daquelas "mulherzinhas" virtuosas que ousavam embarcar na aventura da contemplação; apologia da oração mental e firme rejeição de quantos procuravam incutir-lhes medo; exposição demorada e reticente da oração de recolhimento; explicação da oração de quietude; amplo comentário do pai-nosso; tudo configurando um livro que ninguém poderá "proibir" nem arrebatar a suas monjas.

Páginas de tamanha audácia não podiam passar impunes pela censura. E não passaram, apesar de terem sido submetidas a censor tão benévolo e admirador da Autora quanto Padre García de Toledo. O erudito dominicano leu atentamente o manuscrito, riscou páginas inteiras, fez frequentes anotações à margem, e por fim o devolveu à Madre, para que o refizesse. As observações do censor recaíam sobre várias passagens polêmicas, algumas delas claramente alusivas às proibições inquisitoriais; corrigiam vários textos que beiravam — ao ver da época — erros teológicos, por exemplo a interpretação acomodatícia do Sl 8,8 que a Santa aplica aos contemplativos perfeitos, e o censor desaprova. O censor ainda desautoriza a interpretação do *panem nostrum* e vai contra a afirmação da Santa de que as injúrias feitas a ela não mereciam ser chamadas de ofensas, nem demandavam perdão.

Os reparos do censor eram muitos e variados. Para remediá-los não bastava arrancar umas quantas páginas do caderno, antes de entregá-lo às leitoras. Santa Teresa teve de refazê-lo integralmente, tarefa penosa que executou com decisão, emendando todo o livro e, em grande parte, redigindo-o de novo. Isso sucedeu com toda probabilidade em 1566, quando ainda não existia outro mosteiro além do de São José de Ávila.

O segundo caderno superou a prova da censura, feita ainda por Padre García de Toledo. Teólogo consciente de seu papel e da gravidade do assunto, releu o escrito, sem pressa e com escrupulosa atenção. E dessa vez ainda não perdoou à Santa pequenos deslizes doutrinais, seguramente não tão pequenos para a pupila dos teólogos tridentinos, nem para a sensibilidade dos leitores e inquisidores daqueles dias. A solução foi arrancar algumas páginas do caderno, substituindo-as por outras, ajustadas às diretrizes do censor e redigidas pela Autora. Com isso, o livro pôde finalmente ser lido pelas monjas de São José.

Doutrina

Ao revisar sua obra, já aprovada por Padre García de Toledo, a Autora escreveu na página inicial, à guisa de título: "Este livro contém avisos e conselhos que Teresa de Jesus dá às irmãs religiosas e filhas suas dos mosteiros que... fundou de acordo com a Regra primitiva de Nossa Senhora do Carmo".

Só mais tarde esses "avisos e conselhos" passaram a ser conhecidos como "Livro chamado Caminho de perfeição". Esta segunda epígrafe não surgiu da pena da Santa, mas ela a conheceu e a ela não se opôs.

Os dois títulos são exatos, com antecedentes na tradição espiritual cristã e de palpitante atualidade. Tema central do *Caminho* é a "iniciação da carmelita à vida de oração". Com olhar certeiro e intuitivo, a Autora começa fixando o fim da vida carmelitana: valor apostólico da vida contemplativa, função eclesiológica da oração no Carmelo de São José, claro ideal de auxiliar a Igreja (atacada por cismas, heresias e claudicações inconfessas).

E a inserção na vida da Igreja que ela recomenda é completa, concreta, baseada na importância da vida interior e na eficácia da oração. Mesmo que tão alto ideal haja de encarnar-se num exíguo ajuntamento de pobres mulheres — as dez ou doze do mosteiro —, a Autora não duvida em caracterizá-lo com tons decisivamente combativos.

Para alcançar esse objetivo, é preciso plantar a oração no sólido alicerce de virtudes práticas: amor fraterno, desapego de todo o criado, humildade; todas cercadas pela fortaleza.

A partir de tais princípios se abre o caminho da oração. A Autora pede que se suplante a oração apenas de palavras. Preconiza a verdadeira oração vocal — palavras com sentido e ressonância interior — como excelente caminho de ingresso à oração mental, verdadeiro caminho real que leva ao Senhor. Concebida e ensinada à maneira teresiana, não como meditação metódica e sim como "trato de amizade com Deus", a oração mental deve conduzir suavemente à oração de recolhimento, preâmbulo contemplativo de fácil alcance. Por fim, a oração de recolhimento será a melhor disposição para a contemplação infusa e para o fulgurante séquito de graças místicas que a cortejam. Oração vocal, oração mental, recolhimento, quietude infusa, contemplação perfeita são os elos dessa cadeia de ouro.

A Santa foi bordando sua doutrina sobre a trama de quatro ou cinco alegorias que a tornam diáfana e sugestiva: alegorias do castelo e do campo de batalha, do caminho e da água viva, do jogo de xadrez, do mestre de oração...

O *Caminho de perfeição* é o livro de Santa Teresa de Jesus que tem tido mais sorte: foi o mais burilado e amado por ela. Um tratado de espiritualidade que, com arte magistral, intuições profundas e transbordando de experiência, vai indicando o caminho a seguir para chegar à perfeição.

O *Caminho de perfeição*, nas duas redações, apresenta um conteúdo aparentemente restrito à vida monástica carmelitana, por dirigir-se a um pequeno grupo de pessoas sem maior influência na vida da Igreja. Mas, na verdade, trata-se de um livro de grandes horizontes: rompe os muros do Carmelo para tornar-se, pouco a pouco, patrimônio da humanidade e clave fundamental para os que almejam chegar a uma experiência calma, serena e decisiva de Deus.

Temos em mãos um dos mais belos manuais de espiritualidade de todos os tempos, o *Caminho* para adentrar ao mistério, ao incompreensível.

Madre Teresa sabe que o fim da vida carmelitana é a oração, ao mesmo tempo em que tem consciência de que é bem difícil viver o relacionamento com Deus se faltarem pessoas que possam orientar e ajudar nessa via espiritual. Por isso, esboça os seus "Avisos". Essa é uma doutrina segura, simples e compreensível que infunde em quem a segue a certeza interior de que Deus vive em nós pelo amor e ama com imenso amor. O *Caminho de perfeição* continua a ser no Carmelo e na Igreja a obra mais ilustrativa de Santa Teresa, alimento substancioso para quem hoje resolva se aventurar na busca da experiência de Deus.

JHS

Este livro contém avisos e conselhos que Teresa de Jesus dá às irmãs religiosas e filhas suas dos mosteiros que, com o favor de Nosso Senhor e da gloriosa Virgem Maria Mãe de Deus, Senhora nossa, fundou de acordo com a Regra Primitiva de Nossa Senhora do Carmo. Dirige-se em especial às irmãs do mosteiro de São José de Ávila, que foi o primeiro, e do qual ela era priora quando o escreveu[1].

Em tudo o que nele disser, sujeito-me ao que ensina a Santa Madre Igreja Romana, e se alguma coisa for contrária a isso, a razão será a minha ignorância. Assim, peço aos letrados que o virem, por amor de nosso Senhor, que o vejam com muito cuidado e o corrijam se houver algum erro nele quanto a isso e a muitas outras coisas. Se houver alguma coisa boa, que seja para a glória e a honra de Deus e para o serviço de sua sacratíssima Mãe, Padroeira e Senhora nossa, cujo hábito eu trago, se bem que muito indigna dele[2].

---

1. Um censor anotou em seguida: "Eu vi este livro, e o parecer que tenho dele está escrito no final e firmado com o meu nome". No final do livro está, numa folha solta, a "aprovação", mas sem assinatura. Ao longo do autógrafo, esse mesmo censor riscou, emendou e glosou profundamente o texto da Santa. Os editores acreditaram tratar-se do P. Báñez, mas estavam equivocados.

2. Esta protestação foi tomada do manuscrito de Toledo. Foi composta pela Santa quando ela preparava o livro para a edição. É precedida do trecho: "Começa o tratado chamado *Caminho de Perfeição*".

JHS
PRÓLOGO

1. Sabendo as irmãs deste Mosteiro de São José que eu tinha licença do Padre Presentado Frei Domingo Báñes[1], da Ordem do glorioso São Domingos, meu atual confessor, para escrever algumas coisas de oração, em que poderei acertar por ter tratado com muitas pessoas espirituais e santas, têm insistido comigo para que eu lhes diga algo sobre esse assunto; assim, resolvi obedecer-lhes, vendo que o grande amor que têm por mim pode tornar mais aceitável aquilo que eu lhes disser, de maneira imperfeita e num mau estilo, do que alguns livros muito bem escritos por quem sabia o que escreveu. Confio em suas orações, pois poderá ser que, por elas, o Senhor me permita dizer alguma coisa que convenha ao modo e à maneira de viver nesta casa.

Se o que eu disser não estiver correto, o Padre Presentado — que o há de ler primeiro — vai corrigi-lo ou queimá-lo, e eu não terei perdido nada em obedecer a essas servas de Deus, e elas verão o que consigo por mim mesma quando Sua Majestade não me ajuda.

2. Penso apresentar aqui alguns corretivos para umas pequenas tentações que o demônio nos sugere, tentações que, talvez por serem tão ínfimas, não são consideradas por nós. Falarei ainda de outras coisas, à medida que o Senhor me inspirar e eu for me lembrando, porque, não sabendo o que direi, não o posso determinar com acerto. Creio até que assim é melhor, pois o próprio fato de pôr-me a escrever isto é um desacerto. Que o Senhor ponha a Sua mão em tudo o que eu fizer, para que tudo siga a Sua santa vontade, pois é sempre isso que desejo, embora as obras sejam tão falhas quanto eu mesma.

3. Sei que não me faltam o amor nem o desejo de ajudar no que puder para que as almas das minhas irmãs muito avancem no serviço do Senhor. Talvez esse amor, ao lado dos anos e da experiência que tenho de alguns conventos, sirva para que eu me dê conta, mais do que os letrados, de coisas ínfimas. Por terem outras ocupações mais importantes e serem varões fortes, estes não se importam muito com coisas que em si não parecem nada, mas que a nós, mulheres, tão fracas como somos, podem causar mal. É que as sutilezas do demônio, para as que vivem em estreita clausura, são muitas, pois ele sabe necessitar de novas armas para lhes causar danos.

Eu, imperfeita como sou, não tenho sabido me defender bem, razão por que desejo que minhas irmãs aprendam com os meus erros. Não falarei de coisa de que não tenha experiência, por a ter visto em mim ou em outras.

4. Há poucos dias, mandaram-me escrever uma relação da minha vida, onde também tratei de algumas coisas de oração[2]. Talvez o meu confessor não queira que vós a vejais e, por isso, repetirei aqui algumas coisas do que ali está dito, apresentando também outras que me pareçam necessárias. O Senhor dirija tudo com Suas próprias mãos, como Lhe tenho suplicado, e o ordene para Sua maior glória. Amém.

---

1. Um censor riscou: *frei Domingo Báñes*. Ele repetiu isso no epílogo do livro (cap. 42, n. 7). Em contrapartida, a autora, ao preparar o manuscrito de Toledo para a edição, considerou o novo título do catedrático de Prima e riscou *Presentado*, para escrever: *Mestre*, acrescentando depois do nome: *catedrático* em Salamanca. Sobre Báñez, veja-se *Vida*, cap. 36, n. 15.

2. Referência ao *Livro da Vida*.

CAPÍTULO 1

Da razão que me levou a fazer este mosteiro com tão estrita observância.

1. No início, quando se começou a fundar este mosteiro (pelas causas indicadas no livro que escrevi[1], onde são relatadas algumas grandes graças do Senhor, em que Ele me deu a entender que muito seria servido nesta casa), não era minha intenção impor tanta aspereza no exterior, nem que a casa não tivesse rendimentos; eu teria preferido que houvesse condições de nunca lhe faltar nada. Enfim, eu agia como pessoa fraca e ruim, embora tivesse algumas boas intenções e pouco cuidasse da minha própria satisfação.

2. Nessa época, chegaram a mim notícias sobre os danos e estragos causados na França pelos luteranos, e sobre o grande crescimento que essa seita experimentava. Isso me deixou muito pesarosa, e eu, como se pudesse fazer alguma coisa ou tivesse alguma importância, chorava com o Senhor e Lhe suplicava que corrigisse tanto mal. Eu tinha a impressão de que daria mil vidas para salvar uma só alma das muitas que ali se perdiam. E, vendo-me mulher, imperfeita e impossibilitada de trabalhar como gostaria para servir ao Senhor, fui tomada pela ânsia, que ainda está comigo, tendo Deus tantos inimigos e tão poucos amigos, de que estes fossem bons.

Decidi-me então a fazer o pouco que posso: seguir os conselhos evangélicos com toda a perfeição e ver que essas poucas irmãs que aqui estão fizessem o mesmo. Depositei a minha confiança na grande bondade do Senhor, que nunca deixa de ajudar a quem se determina, por Ele, a abandonar tudo. Eu pensava que, sendo elas como eu as via em meus desejos, os meus defeitos não teriam força em meio às suas virtudes, e eu poderia contentar o Senhor em alguma coisa.

Assim, ocupadas todas em orar pelos que são defensores da Igreja, pregadores e letrados que a sustentam, ajudaríamos no que pudéssemos a este Senhor meu, tão atribulado por aqueles a quem fez tanto bem. Pode-se dizer que esses traidores querem pregá-Lo na cruz outra vez, privando-O de onde reclinar a cabeça[2].

3. Ó Redentor meu! Meu coração não pode chegar aqui sem se afligir muito! Que se passa agora com os cristãos? Será que sempre os que mais Vos devem mais Vos afligem? Aqueles a quem concedeis mais graças, a quem escolheis para Vossos amigos, entre os quais andais e com os quais Vos comunicais mediante os sacramentos? Não estão satisfeitos com os tormentos que por eles padecestes?

4. É certo, Senhor meu, que nada faz quem agora se afasta do mundo. Sendo vós tratado nele com tão pouco respeito, que esperamos nós? Por acaso merecemos ser tratados melhor? Porventura fizemos mais por eles para que nos tenham amizade? Que é isso? Que mais esperamos nós, que, pela bondade do Senhor, não estamos contaminados por essa sarna pestilencial, se esses inimigos já pertencem ao demônio? Bom castigo obtiveram com suas próprias mãos, tendo merecido, com seus deleites, o fogo eterno. Que eles mesmos escapem dos perigos em que se puseram, embora não deixe de me partir o coração ver como se perdem tantas almas. Mas, para que o mal não seja tão grande, seria bom que não se perdessem mais almas a cada dia.

---

1. O *Livro da Vida* de que ela falou no n. anterior: cf. caps. 32-36.
2. Alusão a Lucas 9,58.

5. Ó irmãs minhas em Cristo! Ajudai-me a suplicar isso ao Senhor, pois foi com esse fim que Ele vos reuniu aqui. Essa é a vossa vocação; esses devem ser os vossos cuidados e os vossos desejos; empregai aqui as vossas lágrimas e para isso dirigi vossos pedidos. Não cuideis, pois, irmãs minhas, dos negócios do mundo, que desdenho e diante dos quais até me aflijo, nem das coisas que às vezes nos encarregam de suplicar a Deus: rendas e dinheiro. E esses pedidos muitas vezes vêm de pessoas que, a meu ver, deveriam implorar a Deus graças para desprezar tudo isso. Elas têm boa intenção e, vendo sua confiança, condescendemos; mas tenho para mim que, nessas coisas, o Senhor nunca me ouve.

O mundo está sendo tomado pelo fogo; querem voltar a condenar Cristo, como se diz, pois se levantam mil testemunhos falsos, pretendendo derrubar a Sua Igreja. E vamos perder o tempo em súplicas que, se fossem ouvidas por Deus, talvez levassem a se perder mais uma alma no céu? Não, minhas irmãs; não é hora de tratar com Deus de coisas pouco importantes.

6. Com certeza, se não levasse em conta a fraqueza humana, que se compraz em ser ajudada em tudo (e bom seria se valêssemos algo), eu me regozijaria que se entendesse que não são essas as coisas a serem pedidas a Deus com tanto empenho.

CAPÍTULO 2
Trata do dever de não cuidar das necessidades corporais, assim como do bem que há na pobreza.

1. Não penseis, minhas irmãs, que, por não viver para contentar os do mundo, o alimento vos há de faltar; isso eu vos asseguro. Jamais procureis, por artifícios humanos, sustentar-vos, porque morrereis de fome, e com razão. Fitai vosso esposo: Ele vos há de sustentar. Estando Ele contente, os menos devotos, ainda que não o queiram, vão vos dar de comer, como tem mostrado a experiência. E, se assim fazendo, morrerdes de fome, bem-aventuradas as monjas de São José!

Pelo amor de Deus, não vos esqueçais disso; quem deixar a renda deixe também de preocupar-se com o alimento; do contrário, tudo vai se perder. Aqueles que, pela vontade do Senhor, disponham de rendimentos devem ter esses cuidados quando for oportuno, e há razão para isso, pois é essa a sua vocação; mas nós, irmãs, dedicar-nos a eles é um disparate!

2. Preocupar-se com as rendas alheias é para mim pensar nos prazeres dos outros. Sim; porque, com a vossa preocupação, ninguém muda de pensamento nem lhe vem a vontade de dar esmola. Deixai isso nas mãos de Quem move os corações, o Senhor dos ricos e das riquezas. Viemos aqui por Seu mandamento; Suas palavras são verdadeiras e não podem faltar; antes faltarão os céus e a terra[1].

Que nós não Lhe faltemos, nem tenhamos medo de que Ele nos falte; e, se alguma vez nos faltar o necessário, será para o nosso maior bem, assim como faltava a vida aos santos quando eram mortos em nome do Senhor, para que a sua glória aumentasse pelo martírio. Seria boa troca acabar depressa com tudo e gozar da fartura infinita.

3. Olhai, irmãs, que muito vos importa, depois da minha morte, o que vou dizer, razão por que o deixo escrito. Enquanto vida tiver, eu vos recordarei disso, pois a experiência me mostra o grande proveito que há aí. Quanto menos tenho, menos preocupada estou, e o Senhor sabe que, a meu ver, tenho muito mais pesar quando sobra muito do que quando falta. Não sei se fico assim, em parte, por saber que o Senhor logo nos socorre. Fazer o contrário seria enganar o mundo, sendo pobres no exterior sem sê-lo no espírito. Isso nos traria um peso à consciência, como se pessoas ricas pedissem esmola — e peço a Deus que isso não aconteça.

Onde há preocupação excessiva com esmolas, algumas vezes se vai angariá-las por costume, ou se pode ir, pedindo aquilo de que não se necessita talvez a quem tem mais necessidade; e, embo-

---

1. Cf. Lucas 21,33.

ra estes últimos nada possam perder, mas, ao contrário, ganhem, nós sairíamos prejudicadas. Que Deus não o permita, minhas filhas. Se isso tiver de ocorrer, antes vou preferir que tivésseis renda.

4. De modo algum se ocupe vosso pensamento com esmolas, eu vos peço por amor de Deus. E, quando a menorzinha vir isso alguma vez nesta casa, clame a Sua Majestade e lembre-o à priora. Humildemente, diga-lhe que está errada, e tão errada que, pouco a pouco, vai perdendo a verdadeira pobreza. Espero no Senhor que isso não venha a acontecer e que Ele não abandone Suas servas. Que isto que me haveis mandado escrever sirva de alerta quanto a esse ponto, mesmo que não sirva para mais nada.

5. E acreditem, minhas filhas, que, para o vosso bem, o Senhor me fez compreender um pouquinho os benefícios que há na santa pobreza; as que a experimentarem vão entender. Talvez não tanto quanto eu; porque fui, não pobre de espírito, como tinha professado, mas louca de espírito. A pobreza é um bem que traz em si todos os bens do mundo; é uma grande soberania. Digo que quem pouco se importa de deixar todos os bens da terra termina por apoderar-se de todos eles. Que me importam os reis e senhores se não desejo suas rendas, nem desejo contentá-los, caso precise, para fazê-lo, descontentar em alguma coisa a Deus? E que valor posso dar às suas honras se estou persuadida de que, para o pobre, a verdadeira honra é ser de fato pobre?

6. A meu ver, as honras e o dinheiro quase sempre andam juntos; e quem quer honra não despreza o dinheiro, ao passo que quem o desdenha pouco valor dá às honras. Entenda-se bem isso, pois me parece que desejar honra sempre envolve algum interesse por rendas ou dinheiro. Só por milagre quem é pobre recebe honras no mundo; na realidade, mesmo que as mereça por si, o pobre pouco é considerado. A verdadeira pobreza traz consigo uma honra que a todos se impõe. A pobreza aceita só pelo amor de Deus não precisa contentar senão a Ele. É muito certo: quando não se precisa de ninguém, os amigos são muitos. Isso eu sei bem por experiência.

7. Havendo tanta coisa escrita sobre essa virtude, não direi mais nada sobre ela, pois pouco é o meu entendimento e menor ainda a capacidade de explicá-la. Assim, para não comprometê-la com os meus louvores, nada mais digo. Só falei o que conheço por experiência, e confesso que estava tão absorvida nisso que nem percebi até agora o que escrevi. Mas, enfim, está dito. Uma coisa vos peço por amor de Deus: já que os nossos brasões são a santa pobreza, que, no princípio da fundação da nossa Ordem, era tão estimada e guardada pelos nossos santos padres (pois, como me disse quem o sabe, não se guardava coisa alguma de um dia para o outro), procuremos tê-la no interior, embora no exterior ela já não seja praticada agora com tanta perfeição. É bem curta a nossa vida, e inestimável a recompensa; e, mesmo que não houvesse nenhuma, a não ser seguir os conselhos do Senhor, grande prêmio seria para nós imitar em alguma coisa Sua Majestade.

8. Nossos estandartes devem ter esses brasões, e tudo façamos para defendê-los: na casa, nas roupas, nas palavras e, muito mais, no pensamento. E, enquanto fizermos isso, não precisais temer que a perfeição desta casa decaia — pois isso, com o favor de Deus, não vai acontecer. Como dizia Santa Clara, grandes muros são os da pobreza[2]. Ela dizia que gostaria de cercar os seus conventos com esses muros e com os da humildade; e é certo que, se respeitarmos isso de verdade, a honestidade e tudo o mais estarão muito melhor protegidos do que se cercados por suntuosos edifícios. Destes, eu vos peço pelo amor de Deus e pelo Seu sangue, fugi; e, se em sã consciência o posso dizer, eu o faço: que volteis a cair no dia em que deles vos aproximardes.

9. Parece muito ruim, minhas filhas, que se façam grandes edifícios com as economias dos pobrezinhos. Que Deus não o permita. Nossas casas devem ser pobres em tudo, e pequenas. Assemelhemo-nos em algo a nosso Rei, que teve por casa apenas o presépio de Belém, onde nasceu, e a cruz onde morreu. Nessas casas, pouca diversão podia haver. Os que fazem casas grandes, que prestem contas a Deus, pois têm outros intentos santos; mas, para treze pobrezinhas, qualquer

---

2. Alusão à *Legenda S. Clarae*, n. 13. Cf. a edição de I. Omaechevarria, em *Escritos de S. Clara y documentos contemporáneos*, Madri, BAC, 1970, p. 144.

canto basta. Se tiverem espaço, uma coisa necessária pela estrita clausura em que vivem, com algumas capelas para o recolhimento na oração (o que ajuda na oração e na devoção), muito bem. Mas edifícios e casas grandes e bem decoradas, nunca! Deus nos livre! Lembrai-vos sempre de que tudo há de cair no dia do juízo. E quem sabe se este não virá breve?

10. Pois não é razoável que, quando cair, a casa de treze pobrezinhas faça muito barulho; os verdadeiros pobres não devem produzir ruído, devendo ser pessoas silenciosas para inspirar compaixão. E como eles vão se alegrar se virem alguém livrar-se do inferno graças à esmola que lhes deu! É bem possível que isso aconteça, pois estais muito obrigadas a *rogar por suas almas* continuamente, pois vos dão de comer[3]. E o Senhor também deseja, embora tudo venha de Suas mãos, que agradeçamos às pessoas por meio das quais Ele nos dá o sustento. Não descuidemos de fazê-lo.

11. Não sei de que tinha começado a falar, pois me distraí. Creio que o Senhor assim o quis, porque nunca pensei em escrever o que disse aqui. Que Sua Majestade nos socorra para que nunca cedamos nesse ponto. Amém.

CAPÍTULO 3

Prossegue no que começou a falar e procura convencer as irmãs a se ocupar sempre de suplicar a Deus para que favoreça os que trabalham pela Igreja. Termina com uma exclamação.

1. Voltando ao principal motivo[1] pelo qual o Senhor nos reuniu nesta casa, o que me faz desejar muito que tenhamos algum valor para contentar a Sua Majestade, digo que, vendo tão grandes males e compreendendo que as forças humanas não são capazes de conter o fogo ateado por esses hereges, embora se tenha pretendido reunir pessoas para que se pudesse, com a força das armas, corrigir tão grande mal, que se vai alastrando, julguei necessário agir da mesma maneira como se faz em tempo de guerra, quando o inimigo invade uma região.

Vendo-se perseguido, o Senhor da terra invadida se recolhe a uma cidade, que fortifica muito bem, e, a partir dali, sai para atacar os adversários; as pessoas da cidadela são tão especiais que, sozinhas, têm mais poder que muitos soldados que fossem covardes. Desse modo, alcança-se muitas vezes a vitória, e, embora não se ganhe, ao menos não se é vencido; porque, como não há traidores, a não ser pela fome, os da cidade não podem ser derrotados. Em nosso caso, não há fome capaz de nos levar à rendição. A morrer, sim, mas não a ser vencidas.

2. Mas para que digo isso? Para que compreendais, irmãs minhas, que temos de pedir a Deus que neste castelinho, onde já temos bons cristãos, nenhum se passe para o lado adversário, e que os capitães deste castelo ou cidade, ou seja, os pregadores e teólogos, se tornem notáveis no caminho do Senhor. E, como a maioria deles pertence às ordens religiosas, suplicai que progridam em sua perfeição e vocação, o que é muito necessário, visto que o que nos há de valer, como tenho dito[2], é o braço eclesiástico, e não o secular. Como nenhuma importância temos nem para um nem para o outro na defesa do nosso Rei, procuremos ser de tal maneira que as nossas orações possam ajudar esses servos de Deus que, com tanto trabalho, se fortaleceram com o conhecimento e com uma vida santa, empenhando-se agora em ajudar o Senhor.

3. Talvez pergunteis por que insisto tanto nisso, dizendo que devemos ajudar os que são melhores que nós. Explico: porque creio que não entendeis bem o quanto deveis ao Senhor por terdes sido trazidas para um lugar tão longe de negócios, situações perigosas e relações com o mundo,

---

3. A parte destacada vem da primeira redação. A Santa a omitiu por descuido ao copiar a página. Frei Luis de León (p. 10) a introduziu no texto. A própria Santa, ao corrigir o manuscrito de Salamanca, fez uma emenda: "Muito obrigadas a *encomendá-los a Deus*".

1. Ela volta ao cap. I, n. 2s: o tema da França e dos protestantes.

2. No n. 1.

uma enorme graça. O mesmo não ocorre com aqueles de quem falei[3], nem é bom que ocorra, muito menos nesta época, pois a eles cabe animar os fracos e encorajar os pequenos: o que seria dos soldados sem comandantes!

Estes devem viver entre os homens e tratar com eles, estar nos palácios e, algumas vezes, conformar-se exteriormente com o que exigem as pessoas do mundo. Pensais, filhas minhas, que é preciso pouco para tratar com o mundo e nele viver, para cuidar de negócios do mundo e adaptar-se, como eu já disse[4], às conversas do mundo, sendo ao mesmo tempo estranho ao mundo e inimigo seu, vivendo nele como exilado, não sendo, enfim, um ser humano, mas um anjo?

Porque, se não agirem assim, sequer vão merecer o nome de comandantes; nem permita o Senhor que saiam de suas celas nessas condições, pois provocarão mais danos do que benefícios. Este não é o momento de se perceberem imperfeições em pessoas que devem ensinar.

4. Se não estiverem interiormente fortalecidos em compreender como é importante ter todas as coisas sob os pés, desapegando-se delas e voltando-se para as coisas eternas, por mais que o queiram encobrir, eles o deixarão transparecer. Isso assim é porque eles tratam com as pessoas do mundo. Tende certeza: o mundo nada lhes perdoa, nem deixa de perceber qualquer imperfeição sua. De muitas coisas boas não se dará conta, chegando até a não considerá-las como tais; quanto às faltas ou imperfeições, sem dúvida não as deixará passar.

Isto me causa espanto: quem mostra ao mundo a perfeição, não para que ele a pratique (pois ele não parece sentir nenhuma obrigação de fazê-lo, parecendo-lhe muito respeitar razoavelmente os mandamentos), mas para condená-la, chegando a considerar facilidade o que é virtude?

Assim, não penseis que é preciso pouco favor de Deus para que eles travem a grande batalha em que estão envolvidos; é enorme a ajuda de que precisam.

5. Eu vos peço que procureis agir de um modo que nos faça merecer alcançar de Deus estas duas coisas: a primeira é que, dentre os muitos eruditos e religiosos, haja muitos com as qualidades necessárias para isso, como tenho dito[5], e que o Senhor anime os que não estão muito dispostos, já que um perfeito fará mais do que muitos que não o sejam. A outra é que o Senhor os sustente, uma vez que estejam na batalha, que, repito, não é pequena, para que eles possam livrar-se dos inúmeros perigos que há no mundo e não ouvir o canto das sereias desse mar perigoso.

Se algo pudermos fazer junto a Deus, estando enclausuradas, lutemos por Ele, e eu considerarei muito bem empregados os sofrimentos que tive para fazer este recanto[6], onde desejava que se respeitasse a Regra de Nossa Senhora e Imperatriz com a perfeição primitiva.

6. Que não vos pareça inútil o ser contínua esta súplica porque há algumas pessoas que consideram ruim não rezar muito por sua própria alma. Que melhor oração do que essa? Se tendes receio de não descontar as penas do purgatório, sabei que também por esse meio elas serão descontadas. Se ainda faltar alguma coisa, que falte.

Que me importaria ficar no purgatório até o dia do juízo se pela minha oração uma só alma se salvasse? Ainda mais nesse caso, em que há proveito para muitas e para a glória do Senhor! Não vos incomodeis com a redução das penas quando se trata de servir mais àquele que tanto sofreu por nós. Informai-vos sempre sobre o que é mais perfeito. Por isso vos peço, pelo amor de Deus: suplicai a Sua Majestade que nos ouça nisso. Eu, embora miserável, o peço, pois é para glória Sua e bem de sua Igreja, objeto dos meus desejos.

7. Parece atrevimento que eu pense em contribuir de alguma maneira para conseguir isso; mas confio, ó Senhor meu, nestas Vossas servas que aqui estão, e sei que não querem outra coisa nem pretendem senão contentar-Vos. Por Vós elas deixaram o pouco que tinham e desejariam ter ainda mais para servir-Vos. Pois Vós não sois, Criador meu, mal-agradecido para que eu pense que

---

3. *Aqueles de quem falei:* os pregadores e teólogos, cf. n. 2.
4. Neste mesmo n. 3.
5. Nos n. 2-3. À margem, o censor de plantão anotou: "O quanto importam letrados perfeitos".
6. O mosteiro de São José.

deixaríeis de fazer aquilo que Vos suplicam. Nem Vos aborrecestes, Senhor, quando andáveis no mundo, com as mulheres; sempre as favorecestes com muita piedade.

Quando Vos pedirmos honra, renda, dinheiro ou outras coisas do mundo, não nos ouçais; mas, sendo para a honra do Vosso Filho, por que não haveríeis de ouvir, Pai eterno, a quem perderia mil honras e mil vidas por Vós? Não por nós, Senhor, que não o merecemos, mas pelo sangue do Vosso Filho e pelos Seus merecimentos.

8. Ó Pai eterno! Vede que não se devem esquecer tantos golpes, injúrias e gravíssimos tormentos! Pois, Criador meu, como podeis suportar em Vosso coração amoroso que aquilo que o Vosso Filho fez com amor tão ardente e para maior contentamento Vosso — pois mandastes que Ele nos amasse — seja tão pouco estimado pelos hereges que hoje desrespeitam o Santíssimo Sacramento, tirando-Lhe suas moradas e destruindo igrejas? Ainda se o Vosso Filho tivesse deixado de fazer alguma coisa para Vos contentar!

Mas Ele tudo fez com perfeição. E não bastava, Pai eterno, que Ele não tivesse onde reclinar a cabeça enquanto viveu[7], passando sempre por tantos sofrimentos, e ainda Lhe tiram agora as moradas para as quais convida Seus amigos (por nos ver fracos e saber que é necessário que os que têm de trabalhar se sustentem com esse manjar)?

Não tinha Ele pago suficientemente pelo pecado de Adão? Haverá esse amantíssimo Cordeiro de pagar cada vez que voltarmos a pecar? Não o permitais, Imperador meu! Aplaque-se já Vossa Majestade! Olhai, não os nossos pecados, mas Vosso Sacratíssimo Filho, que nos redimiu, Seus merecimentos e os de Sua gloriosa Mãe, bem como de tantos santos e mártires que morreram por Vós!

9. Ai de mim, Senhor! Quem se atreveu a fazer este pedido em nome de todas! Que má intermediária, filhas minhas, para serdes ouvidas e para fazer por vós a petição! Este soberano Juiz haverá de se indignar ao me ver tão atrevida, e com razão e justiça! Mas, Senhor, já que sois Deus de misericórdia, tende compaixão desta pecadorazinha, deste vermezinho que se atreve a dirigir-se a Vós! Vede, Deus meu, os meus desejos e as lágrimas com que Vos faço essa súplica, e esquecei, por quem sois, as minhas obras! Tende misericórdia de tantas almas que se perdem e favorecei Vossa Igreja. Não permitais, Senhor, mais prejuízos para a cristandade. Iluminai estas trevas.

10. Eu vos peço, irmãs minhas, por amor do Senhor, que encomendeis esta pobrezinha a Sua Majestade, suplicando-Lhe que lhe dê humildade, pois disso tendes obrigação. Não vos faço uma recomendação especial em prol dos reis e prelados da Igreja, em particular do nosso bispo[8], porque vos vejo tão cuidadosas nisso que me parece não ser necessário. Quanto às que vierem depois, que se dêem conta de que, tendo um prelado santo, as suas súditas também o serão; sendo isso coisa tão importante, ponde-a sempre diante do Senhor. Quando as vossas orações, desejos, disciplinas e jejuns não estiverem voltados para isso de que falo, tende certeza de que não alcançais nem cumpris o objetivo para o qual o Senhor nos reuniu aqui[9].

CAPÍTULO 4

Argumenta em favor do respeito à regra e de três coisas importantes para a vida espiritual. Discorre acerca da primeira dessas três coisas, que é o amor ao próximo, e sobre o prejuízo que causam as amizades particulares[1].

---

7. Lucas 9,58. Precede uma alusão a Marcos 7,37.

8. Dom Alvaro de Mendoza (cf. *Vida*, 33,16). No manuscrito de Toledo, a Santa acrescentou: ...*e esta Ordem da Virgem sacratíssima e as outras*.

9. Na primeira redação, ela conclui assim: *e não permita o Senhor que isso saia algum dia de vossa memória, por quem Sua Majestade é*.

1. Este capítulo corresponde aos capítulos IV e V do autógrafo. No n. 5 começava um novo capítulo; a própria Santa, porém, anotou à margem do manuscrito de Toledo, depois de riscar o título correspondente: "Não deve haver capítulo aqui, pois é o mesmo quinto capítulo". Seguindo essa indicação, reduzimos os dois capítulos a um só, mas conservamos o título do "quinto" na segunda cláusula desta epígrafe.

1. Já vistes, filhas, o grande empreendimento a que desejamos nos dedicar. Como havemos de ser para que, aos olhos de Deus e do mundo, não sejamos consideradas muito atrevidas? Está claro que precisamos trabalhar muito, e muito ajuda ter pensamentos elevados, para que as obras também o sejam. Porque, se procurarmos respeitar perfeitamente e com muito cuidado a nossa Regra e Constituições, espero que o Senhor atenda às nossas súplicas. Não vos peço, filhas minhas, nada de novo, mas apenas que guardemos o que professamos, pois é essa a nossa vocação e a nossa obrigação, muito embora haja muita diferença entre guardar e guardar.

2. A nossa primeira Regra diz que oremos sem cessar[2]. Por isso, façamo-lo com todo o cuidado possível, que é o mais importante, não deixando de cumprir os jejuns e disciplinas, bem como o silêncio requerido pela Ordem; porque já sabeis: para que a oração seja verdadeira, devemos recorrer a isso, pois os prazeres e a oração são incompatíveis.

3. Vós me pedistes para falar da oração; em troca do que eu disser, peço-vos que observeis, lendo muitas vezes de boa vontade, o que até agora escrevi. Antes de falar do interior, isto é, da oração propriamente dita, direi algumas coisas que quem pretende seguir o caminho de oração precisa ter, coisas tão necessárias que as que as seguirem, mesmo não sendo muito contemplativas, poderão avançar muito no serviço do Senhor; é impossível, não as seguindo, ser muito contemplativa, e quem pensar que o é estará muito enganado. Que o Senhor me favoreça neste ponto e me ensine o que tenho de dizer, a fim de que seja para a Sua glória. Amém.

4. Não penseis, amigas e irmãs minhas, que vos encarregarei de muitas coisas, pois queira o Senhor que façamos as que os nossos santos Padres ordenaram e praticaram, merecendo esse nome por seguirem esse caminho[3]. Seria um erro buscar outro ou aprendê-lo de alguém. Só me alongarei em falar de três, que são parte da mesma Constituição, porque é muito importante percebermos o grande proveito de guardar essas coisas para ter a paz interior e exterior que o Senhor tanto nos encomendou. A primeira é o amor de umas para com as outras; a segunda, o desapego de todo o criado; a terceira, a verdadeira humildade — que, embora tratada por último, é a principal, abarcando todas[4].

5. Quanto à primeira, é extremamente importante amar-vos muito umas às outras; porque não há problema que não seja resolvido com facilidade entre os que se amam, e deve ser grave a coisa capaz de causar um problema. E creio que, se fosse respeitado no mundo como deve, este mandamento favoreceria muito a guarda dos outros. Contudo, por excesso ou por falta, nunca chegamos a guardá-lo com perfeição.

Embora pareça não prejudicar, o excesso entre nós provoca tantos males e imperfeições que só o acredita quem tem experiência própria. No tocante a isso, o demônio tece muitas tramas que, para uma consciência que procura contentar a Deus de modo grosseiro, parecem virtudes, passando despercebidas. Quem, contudo, busca a perfeição as percebe muito bem, porque pouco a pouco elas enfraquecem a vontade, impedindo a total dedicação ao amor de Deus.

6. Creio que isso deve acontecer mais com mulheres do que com homens, provocando danos muito evidentes para a comunidade. Porque disso vem não se amar tanto a todas; o sentir a ofensa feita à amiga; o desejo de ter com que lhe dar prazer; a busca de tempo para lhe falar e, muitas vezes, para lhe dizer o quanto a ama, e outras impertinências, em vez de falar do quanto ama a Deus. Essas grandes amizades raramente estão voltadas para a ajuda mútua no aumento do amor a

---

2. Assim estava escrita a versão castelhana da Regra Carmelita usada pela Santa: "Todos os irmãos devem sempre estar em suas celas ou junto a elas, meditando e pensando, noite e dia, na lei de Deus, e velando em oração, caso não estejam ocupados em outros justos e honestos ofícios e exercícios".

3. A Santa modificou intencionalmente essa passagem; na primeira redação se lia: *Praza ao Senhor que façamos as que os nossos Padres ordenaram enfaticamente na regra e nas constituições, e que são parte integrante da guarda da virtude*. A modificação do texto decorreu, provavelmente, da introdução de novas constituições no mosteiro reformado de São José.

4. Neste ponto se concluía o capítulo IV.

Deus; creio que o demônio as faz começar para que se criem partidos na religião. Logo se conhece a amizade que quer servir Sua Majestade, pois não é levada pela paixão, mas procura ajuda para vencer outras paixões.

7. Eu gostaria que houvesse muitas destas amizades nos grandes conventos. Mas, nesta casa, onde não são mais de treze, nem o hão de ser[5], todas as irmãs devem se amar. Evitai, por amor do Senhor, essas amizades particulares, que até entre irmãos costumam ser peçonha[6], e nenhum proveito vejo nisso; e, se são parentes, muito pior: é pestilência.

E acreditai, irmãs, que, embora vos pareça extremo, isso é grande perfeição e grande paz, evitando-se muitas situações ruins para as almas que ainda não estão fortes. Se, no entanto, a nossa amizade inclinar-se mais para uma do que para outra irmã (o que nem sempre pode ser evitado, por ser natural, levando-nos muitas vezes a amar o pior se ele tiver mais atrativos naturais), tenhamos muito cuidado para não nos deixar dominar por essa afeição. Amemos as virtudes e a beleza interior, empenhando-nos sempre, com muito cuidado, para não dar importância ao que é exterior.

8. Não consintamos, ó irmãs, que a nossa vontade seja escrava de ninguém senão daquele que a comprou com o Seu sangue[7]; vede que podeis, sem perceber como, ficar apegadas sem conseguir recursos contra isso. Oh, valha-me Deus, as ninharias daqui advindas são incontáveis. São tão pequenas que só quem as vê as entende e nelas acredita. Sobre isso, basta dizer que, em qualquer irmã, é ruim e, na prelada, uma verdadeira peste.

9. Para impedir essas parcialidades, deve-se ter um grande cuidado desde que a amizade começa, mais com jeito e amor do que com rigor. Para corrigir isso, é muito importante que não fiqueis juntas nem vos faleis, a não ser nas horas marcadas, seguindo o nosso costume, previsto na Regra, de que fique cada qual em sua cela, e não na companhia umas das outras. Não tenhais, neste convento de São José, sala de trabalhos, porque, embora isso seja um costume louvável, guarda-se o silêncio com mais facilidade quando cada qual está sozinha; além disso, acostumar-se à solidão é fundamental para a oração e, como esta há de ser o cimento desta casa, é necessário cuidarmos de ter afeição por aquilo que mais nos ajuda a cultivá-la.

10. Voltando ao amor de umas pelas outras, parece impertinência recomendá-lo, porque quem será tão rude que não se afeiçoe muito a pessoas com quem tem contínuas relações, com as quais vive e com as quais conversa — sem conversar com estranhos, nem tratar com eles ou se recrear em sua companhia —, ainda mais acreditando, como ocorre entre nós, que Deus ama as nossas irmãs e elas a Ele, pois por Sua Majestade deixaram tudo?

Isso ocorre, em especial, porque a virtude suscita por si o amor e porque ela, espero em Sua Majestade, com o favor de Deus, sempre estará presente nas irmãs desta casa. Assim, não me parece preciso insistir muito nesse ponto.

11. Mas, quanto ao modo como haveremos de nos amar e quanto ao amor virtuoso — aquele que desejo ver aqui —, bem como no tocante a saber se temos essa virtude, que é muito grande, pois Nosso Senhor a recomendou tão encarecidamente a nós, e em particular aos Seus apóstolos[8], eu gostaria de discorrer agora um pouco sobre eles, em meus termos tão rudes. Se encontrardes isto em outros livros com abundância de detalhes, nada tomeis de mim, que talvez não saiba o que digo.

12. Quero tratar de duas maneiras de amor: uma, espiritual, porque parece que nada tem com os sentidos nem com a ternura da nossa natureza a ponto de ser privada de sua pureza; a outra também é espiritual, mas é acompanhada da nossa sensibilidade e da nossa fraqueza. É amor

---

5. A Santa mais tarde ampliou esse número. Cf. *Vida*, cap. 32, n. 13, nota 14.
6. Na primeira redação, ela acrescentou: *Caso contrário, vede o que aconteceu a José*, aludindo ao episódio bíblico dos filhos de Jacó (Gn 37). A exclamação seguinte — "é pestilência!" — é uma espécie de anátema teresiano que indica a gravidade e o poder de contágio de um mal moral (cf. n. 8).
7. Alusão a 1 Pedro 1,19.
8. João 13,34.

bom, que parece lícito, como o que há entre os parentes e amigos. Sobre este amor alguma coisa já foi dita[9].

13. Do que é espiritual, no qual não intervém nenhuma paixão, quero falar agora, porque, quando há paixão, a harmonia se perde. Se tratarmos com moderação e discrição com pessoas virtuosas, especialmente confessores, sempre teremos proveito. Mas, se percebermos no confessor alguma tendência frívola, deveremos suspeitar de tudo e, de modo algum, por melhores que sejam as suas conversas, manter maiores contatos com ele. Confessemo-nos com brevidade e retiremo-nos. E melhor seria dizer à prelada que a alma não se sente à vontade com ele e mudar de confessor. Essa é a coisa mais certa a fazer, desde que o consigamos sem ofender a honra do confessor.

14. Quando não sabemos o que fazer nessas e em outras situações difíceis, em que o demônio poderia armar suas tramas, o melhor será procurar alguma pessoa que tenha instrução — pois, quando é necessário, isso é permitido —, confessar-se com ela e fazer o que ela lhe disser que faça. É preciso recorrer a algum remédio, pois sem isso pode-se errar muito.

E quantos erros são cometidos no mundo por não se fazerem as coisas de acordo com um conselho, em especial quando está envolvida a possibilidade de prejudicar alguém! O que não se pode é deixar de agir; porque, quando o demônio ataca por esse lado, grande é o seu avanço se não o atalharmos com brevidade. Por isso, como eu disse, o mais correto é falar com outro confessor, quando for possível, e espero no Senhor que sempre seja.

15. Dai muita atenção a isso, pois se trata de coisa muito perigosa, que envolve o inferno e a danação. Digo que não espereis até compreenderdes que o mal é imenso; deveis, desde o princípio, recorrer a tudo o que puderdes e souberdes. Afirmo isso com boa consciência. Mas espero que o Senhor não venha a permitir que religiosas dedicadas à oração possam ter amizade a não ser com quem seja muito servo de Deus. Isso é o mais correto e, se não acontecer, é porque as irmãs não têm a oração nem a perfeição pretendidas por esta casa. De fato, se virdes que uma pessoa não entende a vossa linguagem nem é afeiçoada a falar de Deus, não podereis ter amizade por ela, por não ser essa pessoa semelhante a vós. Se o for, com as pouquíssimas oportunidades de contato que aqui haverá, a pessoa ou será muito simples ou não vai querer desassossegar-se e desassossegar as servas de Deus.

16. Já que comecei a falar deste assunto, no qual o demônio pode prejudicar muito, como eu disse[10], demorando a ser descoberto, direi também que isso pode ir estragando a perfeição, sem que saibamos como acontece; porque, se o confessor quer dar ensejo a vaidades porque as tem, com certeza vai considerar ninharias todos os pecados que as irmãs confessarem.

Deus nos livre, por quem Sua Majestade é, de coisas semelhantes. Isso bastaria para perturbar todas as monjas, porque suas consciências lhes dizem uma coisa e o confessor, outra, ao mesmo tempo em que se espera que se comportem de uma única maneira, o que as deixa sem saber o que fazer nem como encontrar o sossego, já que quem devia acalmá-las e curar é quem as prejudica. Inúmeras aflições dessa espécie devem haver em alguns lugares; isso me deixa muito pesarosa, e, assim, não vos espanteis por eu insistir tanto em vos falar desse perigo[11].

CAPÍTULO 5

Continua a falar sobre os confessores. Explica como é importante que eles sejam letrados.

---

9. Toda essa passagem foi modificada pela Autora, que, não contente com a primeira redação (manuscrito de Valladolid), tirou a página do autógrafo e a substituiu pela que agora lemos. Ela continua no n. 15. Todo o n. 14 faltava na primeira redação (manuscrito do Escorial).

10. No n. 14.

11. Na primeira redação, ela concluía o capítulo da seguinte maneira: *Vi em alguns mosteiros uma grande aflição provocada por esses problemas — embora não no meu —, aflições que me levaram a ter uma grande piedade.*

1. Que o Senhor, por quem Sua Majestade é, não permita que ninguém desta casa passe pelo sofrimento de que falei, o de serem oprimidas na alma e no corpo. Quando a prelada se dá bem com o confessor, ninguém fala dela a ele nem dele a ela. Sobrevém assim a tentação de não confessar pecados muitos graves por medo de ficar em desassossego. Oh, valha-me Deus, que mal pode fazer aqui o demônio, e que alto é o preço de evitar o constrangimento e proteger a honra!

As pessoas, não tratando senão com um confessor, pensam obter grande proveito para a religião e para a honra do convento; é aí que entra o demônio para colher as almas, visto não lhe restar outra via. Creem as pessoas que pedir outro confessor provoca a desarmonia da religião. Mesmo que ele seja um santo, o fato de não ser da Ordem faz com que a simples relação com ele pareça às pessoas uma afronta[1].

2. Essa santa liberdade eu peço por amor de Deus a quem for priora; que procure sempre, junto ao bispo ou provincial, a autorização para que ela e todas possam tratar, comunicando o que lhes vai na alma, com pessoas letradas, não se restringindo aos confessores, em especial se estes últimos, embora muito bons, não forem instruídos. O conhecimento é muito importante para tudo esclarecer. Será possível encontrar a santidade e o conhecimento unidos em algumas pessoas; quanto maiores as graças espirituais que o Senhor vos der, tanto maior a necessidade de terdes sólidas bases para vossas obras e orações.

3. Já sabeis que a primeira pedra deve ser a boa consciência; e, com todas as vossas forças, libertai-vos até de pecados veniais e segui o mais perfeito. Tem-se a impressão de que qualquer confessor sabe disso, mas trata-se de uma ilusão; aconteceu-me de tratar com um deles, que fizera todo o curso de teologia, de coisas de consciência, tendo ele me prejudicado muito ao não dar importância a certas faltas. E sei que ele não pretendia enganar-me, nem tinha razões para isso; simplesmente não tinha melhores recursos. O mesmo me aconteceu com outros dois ou três[2].

4. Ter verdadeira luz para guardar a lei de Deus com perfeição é todo o nosso bem; sobre isso se assenta devidamente a oração. É um cimento forte sem o qual todo o edifício não se sustém. Isso acontecerá convosco se não vos for dada liberdade de confissão e de tratamento das coisas da alma com pessoas como as de que falei[3]. E atrevo-me a dizer mais: mesmo que o confessor tenha todas essas qualidades, deveis por vezes fazer o que digo, pois pode ser que ele se engane, não sendo bom que todas se deixem enganar ao segui-lo. E para tudo há meios, devendo-se procurar sempre respeitar a obediência. Mas sem dúvida é muito importante para a alma essa liberdade, devendo-se buscá-la de todas as maneiras.

5. Todas essas providências de que falo cabem à prelada. Por isso, volto a pedir-lhe, visto que o único consolo que se pretende ter aqui é o da alma, que procure consolar as irmãs nesse aspecto. Há diferentes caminhos pelos quais Deus conduz a alma, e um confessor não os há de conhecer forçosamente. Eu vos garanto que, mesmo sendo vós pobres, não vos faltarão pessoas santas que desejem tratar convosco e consolar vossas almas, se essas pessoas forem de fato o que devem ser. Aquele que vos sustenta o corpo haverá de despertar e dar boa vontade a quem, com ela, possa iluminar vossas almas, o que vai remediar esse mal que tanto temo. Assim, mesmo que

---

1. Na primeira redação, a Santa escrevera, com fina ironia: *Se não for da Ordem, mesmo que seja um São Jerônimo, logo a Ordem inteira se sente afrontada. — Louvai muito, filhas, a Deus por essa liberdade que tendes, graças à qual podeis tratar com alguns, embora não com muitos, mesmo que não sejam os confessores comuns, que vos deem luz para tudo.* É interessante notar que, neste delicado assunto, a legislação eclesiástica veio a dar razão a Santa Teresa.

2. Veja-se *Vida*, cap. 6, n. 4; cap. 4, n. 7; cap. 5, n. 3; cap. 8, n. 11; cap. 26, n. 3 etc.

3. Essa frase lacônica compreende as seguintes frases da primeira redação: *Assim, é necessário tratar com pessoas de espírito e de letras. Se não se puder ter um confessor com todas essas qualidades, devem-se procurar outros; e, se porventura ele vos determinar que não vos confesseis com outros, tratai de vossa alma, sem confissão, com pessoas semelhantes às de que falo.* Um dos censores, depois de ter sublinhado amplamente o texto do autógrafo, anotou à margem: "Isto está certo; porque há uns mestres espirituais que, para não errarem, condenam quantos espíritos houver, tendo-os por demônios; e erram mais ao fazê-lo, porque afogam os espíritos do Senhor, como diz o Apóstolo".

o demônio tente o confessor, enganando-o em alguma doutrina, ele, sabendo que a alma conta com a ajuda de outros, será mais cauteloso em tudo aquilo que fizer.

Fechada essa porta ao demônio, espero em Deus que ele não a encontrará nesta casa; assim, peço pelo amor do Senhor ao bispo em exercício que dê essa liberdade às irmãs, em vez de tirá-la delas, desde que as pessoas de fato tenham letras e bondade, o que logo se percebe num lugar tão pequeno quanto este.

6. Tenho visto e compreendido tudo de que falo aqui, além de tê-lo discutido com pessoas instruídas e santas que tinham em mente o que mais convinha a esta casa para que, nela, a perfeição avançasse. Disso posso concluir que, dentre os vários perigos — e, enquanto vivermos, haverá perigos —, o dessa liberdade é o menor. E que nunca haja um vigário[4] nem um confessor que tenham o direito ou a liberdade de entrar e sair. Eles devem zelar pelo recolhimento e honestidade da casa, e pelo progresso interior e exterior, bem como alertar o prelado quando houver falta; mas que nenhum deles seja superior.

7. É isso o que se faz agora. E não apenas por causa da minha opinião, mas principalmente porque o bispo que hoje temos, sob cuja autoridade estamos (porque, devido a muitas causas, não ficamos sujeitas à Ordem), uma pessoa amiga de toda religião e santidade e grande servo de Deus (chama-se Dom Alvaro de Mendoza, homem de alta nobreza de linhagem e que gosta muito de favorecer esta casa de todas as maneiras)[5]; reuniu pessoas instruídas, espirituais e experientes para tratar desse ponto, chegando então a essa determinação.

Isso é uma razão para que, no futuro, os prelados aceitem esse parecer, formulado por pessoas tão dignas que, com muitas orações, pediram ao Senhor que lhes mostrasse o melhor. O sucesso dessa determinação tem mostrado até agora o seu acerto. Queira Deus levá-la sempre adiante para a Sua maior glória. Amém.

CAPÍTULO 6

Retorna ao assunto de que começara a falar: o amor perfeito.

1. Desviei-me muito; mas é tão importante o que acabei falando que quem o compreender não vai me culpar. Voltemos agora ao amor que devemos ter umas pelas outras[1], aquele que falei ser puramente espiritual. Não tenho certeza sobre como explicá-lo. Parece-me que não é preciso falar muito dele, porque poucos o têm. Aquele a quem o Senhor tiver dado essa graça deve louvá-Lo muito, pois deve ter muita perfeição. Mas não vou deixar de falar dele; talvez haja algum proveito em pôr diante dos olhos a virtude, pois isso pode levar a afeiçoar-se a ela quem desejá-la e pretender obtê-la.

2. Queira Deus que eu consiga entendê-lo e, mais ainda, explicá-lo, pois não creio que saiba quando é amor espiritual nem quando se misturam os sentidos, nem como me atrevo a falar disso. Como alguém que ouve falar de longe e não entende o que dizem, assim sou eu, que algumas vezes não entendo o que digo, mas o Senhor permite que o diga bem. Se outras vezes falo disparates, tenho aí o mais natural em mim, que é não acertar nada.

3. Parece-me que a pessoa a quem Deus leva ao claro conhecimento do que é e de como é o mundo, de que há outro mundo e da diferença existente entre um e outro, sendo um eterno e o outro sonhado; do que é amar o Criador ou a criatura (mediante a experiência, que muito se distingue de apenas pensar e crer); e de muitas outras coisas que o Senhor ensina a quem se deixa

---

4. *Vigário:* superior nomeado pelo bispo ou provincial. Cf. carta ao Padre Gracián (B. M. C., 350, n. 1), em que há instruções para o governo das carmelitas.

5. Veja-se *Vida*, cap. 33, n. 16. O elogio de D. Alvaro feito aqui pela Santa foi riscado por ela mesma no manuscrito de Toledo, quando preparava o livro para a edição, bem como no manuscrito de Madri; ela o conservou no manuscrito de Salamanca.

1. Ela retoma o tema do cap. 4, n. 13.

instruir por Ele na oração ou a quem Ele deseja instruir; essa pessoa ama de um modo deveras distinto daquele de quem não chegou a esse ponto.

4. Pode ser, irmãs, que eu vos pareça impertinente ao tratar deste assunto e que digais que essas coisas que falei já são todas conhecidas. Queira o Senhor que assim seja, que as saibais da maneira conveniente ao caso, impressas nas entranhas; porque, se as souberdes, havereis de ver que não minto ao afirmar que quem o Senhor leva até esse ponto tem esse amor. Essas pessoas são almas generosas e régias que não se contentam em amar algo tão ruim quanto o corpo, por mais belo que seja, e por mais gracioso, mas que, embora o admirem, louvando o Senhor por isso, não se detêm nele a ponto de admirá-lo por seus atrativos exteriores.

Para essas pessoas, apegar-se ao corpo parece amar uma coisa sem substância e um esforço por querer bem a um espectro; se assim fizessem, elas ficariam cobertas de vergonha e não teriam coragem para, sem afrontá-Lo, dizer a Deus que O amam.

5. Dir-me-eis: "Essas pessoas não saberão amar nem retribuir afeto que se tiver por elas". — Ao menos, pouco vai lhes importar que alguém goste delas. Se por vezes, num primeiro momento, por inclinação natural, gostarem de se sentir amadas, depois, ao caírem em si, verão que isso é um disparate, se aqueles que gostam delas não forem pessoas que lhes tragam proveito para a alma, seja com a doutrina ou com a oração. Para essas pessoas, todos os outros afetos são cansativos, pois veem que não lhes trazem nenhum proveito, podendo-as pôr até a perder; mas nem por isso deixam de agradecer e de retribuir, encomendando-os a Deus, àqueles que têm afeição por elas. Essas pessoas deixam tudo a cargo do Senhor, por ser isso algo que não apenas Lhe diz respeito como Dele procede.

Porque elas não veem em si mesmas motivo para merecer afeição, logo tendo a impressão de que os outros as querem porque Deus as quer. Por isso, deixam a Sua Majestade a tarefa de o pagar, suplicando-Lhe que o faça, ficando desse modo livres, pois acham que isso não lhes cabe. Na realidade, se observarmos bem, quando esse afeto não vem de quem possa nos ajudar a alcançar os bens verdadeiros, penso às vezes ser grande cegueira desejar ser amado.

6. Vede agora que, quando desejamos o amor de outrem, sempre visamos a algum proveito ou a nosso contentamento pessoal, ao passo que essas pessoas perfeitas já têm sob os pés todos os bens e prazeres que o mundo pode lhes dar. Estão de uma maneira que só podem ter contentamento — mesmo que o queiram — com Deus ou em tratar de Deus. Que proveito, pois, pode lhes vir de serem amadas?

7. Quando essa verdade é compreendida, elas riem de si mesmas, da preocupação que chegaram a ter sobre ser ou não retribuída a sua amizade. Mesmo que a vontade de amar seja boa, é da nossa natureza cedo querermos recompensa. Quando a recebemos, temos apenas palha, pois tudo é ar e insubstancial, levado pelo vento. Porque, por mais que nos tenham querido, que nos fica disso? Dessa maneira, se não é para proveito de sua alma, essas pessoas de que falo, sabendo ser da nossa natureza cansar dos outros quando não há algum amor, pouco se importam de serem ou não queridas.

Pode parecer que pessoas assim não amam ninguém, nem o sabem, senão a Deus. Afirmo que elas amam sim[2], e muito mais, com um amor mais verdadeiro, com mais paixão e um amor mais proveitoso; enfim, com o amor. E essas almas sempre cuidam mais de dar muito do que de receber; mesmo diante do Criador agem assim. Isso merece o nome de amor, que tem sido usurpado por outras afeições baixas.

8. Também pode parecer que, se elas não amam aquilo que veem, a que se afeiçoam? Na verdade, elas amam o que veem e se afeiçoam ao que ouvem; mas as coisas que veem são estáveis.

---

2. Volta a formular a questão apresentada no início do n. 5. As palavras *afirmo que elas amam sim* foram apresentadas pela Autora à margem; em contrapartida, na última revisão do livro (manuscrito de Toledo), ela emendou o trecho *com mais paixão* da seguinte maneira: *embora sem paixão*.

Assim, quando amam, vão além dos corpos e põem os olhos nas almas, vendo se há o que amar. Se não houver, mas encontrarem alguma semente de virtude ou disposição para tal, a ponto de, se cavarem, acharem ouro na mina, elas não poupam esforços, pois têm amor a isso; nada se põe diante delas que elas não enfrentem de boa vontade para o bem daquela alma, pois desejam amá-la de modo duradouro e sabem muito bem que, se a alma não tiver bens espirituais e não amar muito a Deus, elas não o podem fazer.

Digo que não podem fazê-lo, por mais que a pessoa lhes preste grandes favores e faça todas as boas obras que puder, e ainda que tenha reunidas em si todas as graças da natureza; sem as condições de que falei, a vontade de amar não terá força nem poderá ser duradoura. A pessoa que ama de verdade conhece e tem experiência de todas as coisas, não sendo possível enganá-la. Ela vê que não há semelhança entre si e aquele que deseja ser amado, bem como que é impossível perseverarem em amar uma à outra, por ser um amor que se há de acabar com a vida, já que, se a outra não guarda a lei de Deus e, em consequência, não ama a Deus, as moradas a que estão destinadas vão ser diferentes.

9. Uma alma em quem o Senhor já infundiu a verdadeira sabedoria não estima o amor que só dura em vida mais do que ele merece nem deseja amizades nele baseadas. Para quem gosta de gozar das coisas do mundo, deleites, honras e riquezas, esse amor valerá alguma coisa, se a pessoa for rica ou tiver como oferecer passatempo e recreação; para quem já aborrece tudo isso, pouco ou nada valerá.

Quando amam alguém, as almas perfeitas têm um ardente desejo de que ele seja digno do amor de Deus, porque, como eu disse[3], sabem que só assim podem continuar a amá-lo. É uma amizade que lhes custa muito; elas não deixam de fazer tudo o que puderem para dar-lhe proveito, e perderiam mil vidas para que ele tivesse um pequeno bem.

Ó amor precioso, que imita o capitão do amor, Jesus, nosso bem!

CAPÍTULO 7

Continua a tratar da questão do amor espiritual e dá alguns conselhos
para que ele seja conseguido.

1. É coisa estranha o amor apaixonado, que custa tantas lágrimas, tantas penitências e orações, tantos cuidados de encomendar o amigo às orações de todos os que possam valer junto a Deus! Há um desejo permanente de vê-lo beneficiar-se, e um descontentamento quando isso não acontece. Quando, julgando melhorar, vê que ele retrocede um pouco, parece que o prazer da vida lhe fugiu: não come nem dorme, cuidando apenas disso[1], sempre temendo que a alma a quem tanto quer venha a se perder, afastando-se para sempre.

A morte corporal pouco lhe importa, visto não querer apegar-se a algo que, com um sopro, lhe é arrancado das mãos sem que nada se possa fazer. É, como eu disse[2], um amor sem pouco nem muito interesse próprio. Tudo o que se deseja e quer é ver a alma amada plena de bens celestes. Isso é amor, não o sendo o "querer" daqui da terra, esses amores desastrados do mundo — e nem falo dos maus. Desses, Deus nos livre!

2. Quando se trata de coisas do inferno, nunca podemos nos cansar de desprestigiá-las, pois não é possível exagerar o menor de seus males. Essas coisas, irmãs, não devem sequer estar em nossa boca, nem devemos pensar que existam no mundo; não devemos ouvi-las nem de brincadeira nem deveras, nem consentir que, diante de nós, sejam tratadas ou narradas semelhantes amizades. Para nada isso é bom, e o simples fato de ouvi-lo pode levar à perdição.

---

3. *Como eu disse:* no n. 8. Um dos censores corrigiu erroneamente o autógrafo, e sua emenda foi aceita por Frei Luis (p. 39) e seguida por todos os editores, inclusive Silverio.
1. A Santa acrescentou, à parte, no códice de Toledo: *que não se entenda que isso ocorra com inquietude interior.*
2. No cap. 6, n. 6 e 9.

O mesmo não ocorre, contudo, com as outras amizades, lícitas, que, como falei, devemos ter umas pelas outras, pelos nossos parentes e amigos. Nesta espécie de amor, empenhamo-nos sempre em que a pessoa amada não morra³: se lhe dói a cabeça, parece que nos dói a alma; se a vemos sofrer, lá se vai, como se diz, a nossa paciência. E tudo segue esse molde.

3. Aquele outro amor não é assim. Mesmo que, devido à fraqueza natural, sintamos alguma coisa, logo a razão vem ver se isso é para o bem daquela alma, se ela se fortalece mais na virtude e se suporta bem tudo; depois disso, roga a Deus que lhe dê paciência e a torne merecedora em suas provações. Quando vê que a alma amada tem merecimento, a razão não sente nenhuma pena, antes se alegrando e ficando consolada, muito embora preferisse assumir-lhe os sofrimentos a vê-la padecer, caso pudesse, com isso, transferir para ela o mérito e o ganho que há em sofrer, mas sem com isso se inquietar ou se desassossegar.

4. Repito⁴: esse amor se assemelha ao que teve por nós Jesus, nosso bom amigo, imitando-o. Assim, quem ama dessa maneira acolhe todos os sofrimentos e deixa que os outros, sem sofrer, colham os benefícios. Desse modo, muito ganham os que têm a sua amizade; e crede que quem assim ama ou deixará de ter pelo amigo particular amizade ou conseguirá de Nosso Senhor que ele siga Seu caminho, pois vai na companhia do amigo, como Santa Mônica e Santo Agostinho, para o mesmo lugar.

Seu coração não consegue tratar o amigo com fingimento, porque, quando o vê seguir caminho errado ou cometer alguma falta, logo lhe diz, sendo-lhe impossível agir de outro modo. Se não vê o amigo corrigir-se, quem ama assim não usa de lisonjas nem dissimula nada: ou ele se corrige ou a amizade acabará; porque, sem isso, a situação fica insuportável e não deve ser suportada. Para um e outro, é guerra contínua, já que essas almas, alheias ao mundo, sem se preocupar em saber se nele se serve ou não a Deus, e que cuidem só de si, não podem se descuidar nem deixar passar coisa alguma na vida dos seus amigos, vendo até as falhazinhas. Afirmo que quem assim ama traz pesada cruz⁵.

5. Essa maneira de amar é a que eu queria tivéssemos pelas outras. Mesmo que no princípio não o façamos de modo tão perfeito, o Senhor haverá de aperfeiçoá-lo. Comecemos por um meio-termo que, embora tenha algo de ternura, não prejudique, por não ser esta particularizada. É bom e necessário demonstrar algumas vezes ternura na amizade, e até mesmo tê-la, chegando a sentir alguns sofrimentos e enfermidades das irmãs, mesmo pequenos; porque às vezes uma coisa muito leve produz tão grande aflição numa pessoa quanto a produziria em outra um enorme sofrimento, já que há pessoas que, por natureza, se afligem muito por pouca coisa⁶.

Se acontece convosco o contrário, não deixeis de vos compadecer; talvez Nosso Senhor tenha querido preservar-nos dessas penas e as soframos em outras coisas. E aquilo que para nós é grave, mesmo que por si o seja, para outras pessoas será leve. Assim, nessas coisas, não julguemos por

---

3. No códice de Toledo, a autora organizou essa passagem de maneira a dizer: *empenhamo-nos em que não nos tire a paz e a liberdade.*

4. Veja-se o trecho do final do cap. 6.

5. A Santa suprimiu aqui uma passagem interessante da primeira redação: *Oh, ditosas as almas que são amadas por pessoas assim! Ditoso o dia em que as conheceram! Oh, Senhor meu, não me faríeis a graça de que houvesse muitas pessoas que assim me amassem? Eu, Senhor, por certo me empenharia mais por isso do que por ser amada, por todos os reis e senhores do mundo; e com razão, pois aquelas pessoas procuram, com todos os meios, nos fazer tais que dominemos o próprio mundo e sujeitemos todas as coisas dele.*

Quando conhecerdes alguma pessoa semelhante, irmãs, que a Madre tudo faça para que ela trate convosco. Gostai o quanto quiserdes de pessoas assim. Poucas deve haver, mas o Senhor não deixa de querer que se perceba quando há alguma que alcançou a perfeição. Alguém poderá vos dizer que não há necessidade de tratar com essas pessoas, que basta ter a Deus. Um bom meio para ter a Deus é o contato com os Seus amigos; sempre se obtém grande proveito, como o sei por experiência: se não estou no inferno, devo isso, abaixo de Deus, a pessoas como essas, pois sempre desejei que me encomendassem a Deus, razão por que procurava consegui-lo. Voltemos agora àquilo de que vínhamos falando.

6. A primeira redação prossegue: *E não vos espanteis; pois o demônio talvez tenha posto ali todo o seu poder com mais força do que para vos fazer ter grandes padecimentos.*

nós mesmas nem consideremos períodos em que, talvez sem esforço de nossa parte, o Senhor nos tenha sustentado, preferindo considerar característico o tempo em que tivermos estado mais fracas.

6. É muito importante este conselho para que saibamos condoer-nos dos sofrimentos alheios, por menores que sejam. Ele é especialmente útil para as almas de que falei[7], porque estas, como já desejam sofrer, tudo consideram pouco, sendo muito necessário que tenham o cuidado de lembrar-se de quando eram fracas, vendo que, se agora não o são, isso não se deve aos seus próprios esforços; a relevância disso vem do fato de o demônio poder aproveitar-se dessa disposição para tirar a caridade para com o próximo, fazendo-nos perceber como perfeição o que é falta.

Em tudo é necessário ter cuidado e vigiar, pois o demônio não dorme; para quem tem mais perfeição, o cuidado e a vigilância devem ser ainda maiores, pois as tentações são muito dissimuladas em pessoas assim, já que o inimigo não se atreve a mais do que isso, razão por que as mais perfeitas só perceberão o mal quando ele já tiver sido feito. Por isso, mantenhamo-nos vigilantes e em oração; não há melhor recurso para fazer o demônio dar sinal de si, revelando as sombras em que se oculta, além da oração[8].

7. Procuremos também recrear-nos com as irmãs quando estas tiverem necessidade disso, e no momento costumeiro, ainda que não seja do nosso gosto, já que, havendo prudência, tudo é amor perfeito. Assim, é bom que umas se apiedem das necessidades das outras, mas sem falta de discrição e sem contrariar o dever da obediência. Mesmo que, no íntimo, considereis duro o que a prelada mandar, não o demonstreis nem conteis a ninguém, a não ser à própria priora, e com humildade, para não provocardes muitos danos.

Procurai entender quais são as coisas que havereis de sentir e quando apiedar-vos das irmãs, sentindo sempre qualquer falta notória que nelas virdes. Aqui se mostra e exercita bem o amor; nessas circunstâncias, devemos saber sofrer diante da falta cometida pela irmã, não nos espantando com ela, pois o mesmo hão de fazer as outras irmãs diante das nossas faltas, que devem ser em número ainda maior, embora não o saibamos.

Assim, encomendemos veementemente a irmã faltosa a Deus, procurando praticar com grande perfeição a virtude contrária à falta que ela parece ter cometido. Esforçai-vos nisso, para ensinar através de obras o que a irmã talvez não entenda por palavras nem corrija por castigo. É muito comum que se pratique a virtude que se vê resplandecer na companheira. Trata-se de um bom conselho, que não deve ser esquecido.

8. Oh! Que bom e verdadeiro amor será o da irmã que puder beneficiar a todas, deixando o seu proveito pelo das outras, avançando muito em todas as virtudes e guardando com grande perfeição a sua Regra! Uma amizade como essa será melhor que todas as ternuras possíveis, que não estão presentes nem haverão de estar nesta casa — tais como "minha vida", "minha alma", "meu bem" e coisas semelhantes, usadas por algumas pessoas para se referirem a outras. Deixai essas palavras afetuosas para vosso Esposo, pois havereis de estar tanto com Ele, e tão a sós, que deveis tudo aproveitar, visto que Sua Majestade se digna aceitá-las, ao passo que, sendo muito usadas entre nós, não enternecem tanto o Senhor.

Na verdade, não sendo na presença do Senhor, não há sentido em usar essas palavras. Elas são muito típicas das mulheres, e eu não gostaria, filhas minhas, que o fôsseis em nada, nem que o parecêsseis, mas que vos assemelhásseis a varões fortes; se fizerdes o que está em vossas mãos, o Senhor vos fará tão varonis que os homens vão se espantar. E como isso é fácil para Sua Majestade, que nos fez a partir do nada!

9. É também uma boa mostra de amor procurar aliviar as irmãs do trabalho, tomando a si os ofícios da casa, o mesmo ocorrendo com o alegrar-se e louvar muito ao Senhor pelo progresso que observar em suas virtudes. Todas essas coisas, deixando de lado o bem que constituem em si,

---

7. É muito importante este conselho... *para as almas de que falei* no n. 4.
8. Alusão aos conselhos do Senhor: Mateus 26,41 e 17,20.

muito contribuem para a paz e o acordo entre todas, como o vemos agora por experiência, graças à bondade de Deus. Queira Sua Majestade fazer-nos avançar nisso sempre, porque o contrário seria uma coisa terrível, e muito difícil de suportar; que Deus não permita que sejamos poucas e malcomportadas!

10. Se por acaso vos escapar alguma palavrinha dita de repente, corrigi logo a situação e orai muito. Quando qualquer coisa como essa perdurar, sejam grupinhos, desejos de ser mais do que as outras ou questiúnculas ligadas à honra (e parece que o sangue gela em minhas veias quando escrevo isto, só de pensar que algum dia essas coisas venham a acontecer, pois vejo ser esse o principal mal dos mosteiros), quando isso acontecer, dai-vos por perdidas.

Pensai e crede que expulsastes vosso Esposo de casa e que O obrigastes a procurar outra pousada, pois O deixastes fora do Seu lar. Clamai a Sua Majestade. Procurai remediar a situação; e, se com tantas confissões e comunhões, não vos corrigirdes, temei pela existência de algum Judas.

11. Que a priora, por amor de Deus, tudo faça para não o permitir, corrigindo-o desde o princípio, pois nele está todo o dano ou solução[9]; a que ela perceber ser causa de alvoroço haverá de ser encaminhada a outro mosteiro; Deus criará condições para isso. Afastai de vós essa pestilência; cortai como puderdes os ramos e, se isso não bastar, arrancai a raiz.

E, quando isso não for possível, que quem agir mal não saia do cárcere; isto é muito melhor do que permitir que todas adquiram tão incurável peçonha. Oh, quão grande é esse mal! Deus vos livre do mosteiro onde ele entrar; eu antes preferia que entrasse um fogo que nos abrasasse a todos. Como em outro lugar creio que vou falar mais disso — por ser uma coisa tão importante —, não me alongo mais aqui[10].

CAPÍTULO 8

Trata do grande bem que é desapegar-se interior e exteriormente de todas as coisas que há.

1. Falemos agora do desapego que devemos ter, porque nisso está tudo, se o guardamos com perfeição. Digo que tudo está aqui porque, quando nos apegamos apenas ao Criador e consideramos nada todas as coisas criadas, Sua Majestade nos infunde as virtudes de maneira tal que nós, trabalhando pouco a pouco de acordo com as nossas forças, não teremos mais lutas a travar, pois o Senhor toma a si a nossa defesa contra os demônios e contra o mundo inteiro.

Pensais, irmãs, ser pouco benefício procurar entregar-nos sem reservas ao Todo? E, como Nele estão todos os bens, como digo, louvemo-Lo muito, irmãs, por nos ter reunido aqui, onde não se trata de outra coisa além disso. Assim, não sei para que o digo, pois todas vós que aqui vos encontrais podeis ensiná-lo a mim; confesso não ter, nesta questão tão importante, a perfeição tal como a desejo e entendo que convém[1], o mesmo ocorrendo no tocante a todas as virtudes, pois é mais fácil escrever do que fazer. E, mesmo nisso, não acerto muito, pois às vezes é preciso ter experiência da coisa para dela falar; por isso, se eu acertar, é porque fiz o contrário do que compõe essas virtudes.

2. No tocante ao exterior, já se vê quão afastadas estamos de tudo[2]. Ó irmãs, entendei, por amor de Deus, a grande graça que o Senhor concedeu às que trouxe para cá, e que cada uma pense

---

9. Ela acrescenta, com vigor, na primeira redação: *e quando não bastar o amor, que sejam duros castigos*.

10. O capítulo tinha um belo epílogo na primeira redação. Ei-lo aqui: *Como [em] outro lugar voltarei a tratar disso, não me alongo aqui, mas desejo que vos ameis e queirais ternamente e com prazer (mesmo que não seja de maneira tão perfeita quanto a do amor de que falei, mesmo que seja aquém disso), a fim de não haver razões de discórdia. Não o permita o Senhor, por quem Sua Majestade é. Amém.*

1. ...*confesso, nesta questão tão importante, que sou a mais imperfeita; contudo, como me ordenastes, tocarei em algumas coisas que me ocorrem...* Assim era esse trecho na primeira redação.

2. Na primeira redação, a Santa escreveu com uma espontaneidade e uma veemência bem maiores: *parece que o Senhor quer afastar de tudo todas as que trouxe para cá, para que cheguemos com muito menos embaraços à presença*

nisso profundamente consigo mesma: sendo apenas doze, quis Sua Majestade que cada uma de vós fosse uma delas. E quantas de vós, sendo melhores que eu, tomaríeis de bom grado este lugar que o Senhor me deu, apesar de tão pouco merecimento! Bendito sejais Vós, meu Deus, e que Vos louve toda a criação, visto que não Vos posso agradecer devidamente por essa graça, nem pelas muitas outras que me concedestes — foi enorme o favor de me concederdes o estado religioso.

E, como me mostrei tão ruim, não confiastes em mim, Senhor, porque, onde havia muitas boas monjas reunidas, a minha vida poderia se acabar sem que se percebesse a minha ruindade; assim, trouxestes-me para onde, sendo elas tão poucas, fosse impossível não se ver essa ruindade, a fim de que eu andasse com mais cuidado e ficasse liberta de todas as ocasiões. Já não há desculpa para mim, Senhor, eu o confesso, sendo ainda mais necessária a Vossa misericórdia para que me perdoeis as faltas que eu vier a cometer.

3. O que vos peço muito é que quem se der conta de que não foi feita para levar a vida habitual daqui não deixe de dizê-lo; há outros conventos onde também se pode servir ao Senhor. Que ninguém perturbe estas poucas almas que Sua Majestade aqui reuniu. Em outros lugares há liberdade para se consolarem com os parentes; aqui, quando se admitem alguns deles, é para que eles se consolem.

A monja que desejar ver os parentes para obter consolo, caso eles não sejam pessoas de oração, deve considerar-se imperfeita e crer que não se desapegou, não está sã, não terá liberdade de espírito nem paz perfeita, precisando de um médico. E afirmo que, se o mal não deixar de acometê-la e ela não sarar, não foi feita para esta casa.

4. A melhor solução que vejo é que não encontre os parentes até ver-se liberta, conseguindo-o do Senhor por meio de muita oração. Quando estiver no ponto em que as visitas forem encaradas como uma cruz, que em boa hora os veja, pois então os beneficiará sem se prejudicar[3].

CAPÍTULO 9

Fala do grande benefício que é para os que deixaram o mundo fugir dos parentes; diz que se acham amigos bem mais verdadeiros.

1. Oh, se nós, religiosas, soubéssemos o malefício que nos vem das muitas relações com os parentes, como fugiríamos deles! Eu não entendo que consolo eles podem trazer — mesmo deixando de lado aquilo que a Deus pertence, e falando apenas do nosso sossego e descanso —, pois de seus folguedos não podemos nem é lícito gozar, mas sim sentir os sofrimentos por que passam — não deixamos de lamentar nenhum, às vezes chorando mais do que quem os suporta. É certo que, se eles nos regalam o corpo, bem o paga o nosso espírito. Aqui, estais livres disso, porque, sendo tudo comum e não podendo nenhuma ter bens particulares, a esmola recebida se destina a todas, e aquela que a recebe não tem de retribuir ao doador por isso, pois já sabe que o Senhor provê a necessidade de todas em conjunto.

2. Fico pasma com o prejuízo causado pelo contato com os parentes; creio que só o acredita quem tem experiência. E quão esquecida parece estar hoje em dia nas Religiões essa perfeição[1]. Não sei o que deixamos do mundo quando dizemos que tudo deixamos por Deus se não nos afastamos do principal, que são os parentes. Já chegamos a tal ponto que se considera falta de virtude o fato de os religiosos não desejarem contato nem o terem muito com seus parentes. E ainda se afirma isso apresentando várias razões!

---

de Sua Majestade. Ó Criador e Senhor meu! Quando mereci tão grande dignidade, pois parece que estivestes procurando meios de Vos aproximardes mais de nós? Queira Vossa bondade que não venhamos a perdê-la por culpa nossa, ó irmãs minhas!...

3. Na primeira redação, ela insistia: *mas se tiver amor por eles, se se condoer muito dos seus sofrimentos e escutar de boa vontade seus sucessos no mundo, acredite que vai se prejudicar, não trazendo a eles nenhum benefício.*

1. Segue-se uma alusão aos conselhos evangélicos (Lc 14,33).

3. Nesta casa, filhas, tende muito cuidado de encomendá-los a Deus, pois isso é justo; quanto ao mais, devemos afastá-los da lembrança o máximo possível, porque é natural que o nosso coração se apegue mais a eles do que a outras pessoas.

Fui muito querida por eles, ao que diziam, e eu os amava tanto que não lhes permitia se esquecerem de mim. E tenho a experiência, pessoal e contada por outras, de que, afora os pais (que só por milagre deixam de se lembrar dos filhos, não sendo conveniente que nos tornemos estranhos a eles quando precisarem de consolo, desde que isso não nos prejudique no principal, por poder ser feito com desapego — aplicando-se o mesmo aos irmãos), todos os outros parentes — mesmo diante dos grandes sofrimentos por que passei — foram os que menos me ajudaram neles, ao contrário dos servos de Deus[2].

4. Crede, irmãs, que, servindo ao Senhor como deveis, não encontrareis melhores parentes que os que Sua Majestade vos enviar — eu sei que é assim. Firmando-vos nisso, como estais, e entendendo que ao fazer outra coisa ofendeis ao vosso verdadeiro amigo e Esposo, crede que muito em breve ganhareis esta liberdade, a de confiar, mais do que em todos os vossos parentes, naqueles que vos amarem apenas por Ele; estes não vos faltarão e, em quem menos pensais, encontrareis pais e irmãos. Porque, como pretendem a recompensa de Deus, estes tudo fazem por nós; aqueles que a pretendem de nós, vendo-nos pobres e percebendo que em nada podemos beneficiá-los, cedo se cansam. E ainda que isso não seja sempre assim, esse é o costume de hoje no mundo, porque, enfim, o mundo é o mundo.

Não acrediteis em quem vos disser outra coisa, afirmando ser ela virtude; se eu fosse contar todo o malefício que essas outras coisas trazem consigo, muito me alongaria e, como outros que sabem muito melhor o que dizem têm escrito sobre isso, basta o que eu já falei. Parece-me, pois, que, sendo eu tão imperfeita, ainda assim compreendi tanto disso, o que não acontecerá com os que são perfeitos?

5. Todos os conselhos dos santos que nos recomendam fugir do mundo são claramente bons. Pois crede-me: o que mais nos apega ao mundo, como eu disse[3], são os parentes, sendo eles o que mais dificuldade temos de abandonar. Por isso, fazem bem os que fogem de sua terra, se isso lhes for de proveito, é claro, pois não acredito que a solução esteja na fuga do corpo, mas sim na determinação da alma de abrigar-se junto ao bom Jesus, Senhor nosso. Aí, como encontra tudo, a alma tudo esquece. Todavia, é de grande ajuda afastar-nos enquanto não tivermos compreendido essa verdade, pois pode ser que depois o Senhor, para nos dar cruz na própria coisa em que costumávamos ter prazer, venha a desejar que tenhamos contato com os parentes.

CAPÍTULO 10

Afirma que não basta desapegar-se do que foi dito se não nos desapegarmos de nós mesmas, e diz que essa virtude está unida à humildade.

1. Desapegadas do mundo e dos parentes e encerradas aqui nas condições de que falei, parece que já fizemos tudo e que já não há combate a travar. Ó irmãs minhas, não vos considereis seguras nem abandoneis a vigilância, pois acontecerá convosco o que se passa com quem se deita muito sossegado, por ter fechado muito bem as portas por temor aos ladrões, mas que os deixa dentro da casa. E já sabeis que não há pior ladrão do que o que fica em casa, pois ficamos nós mesmas e, se não tivermos grande cuidado e cada uma, em prol do que há de mais importante, não se empenhar em contrariar a própria vontade, muitas coisas haverão de impedir essa santa liberdade de espírito que permite à alma voar para o seu Criador sem um peso de terra e de chumbo.

---

2. Frei Luis editou assim essa passagem: "Meus parentes foram os que menos me ajudaram neles, e quem me ajudou foram os servos de Deus" (p. 55).

3. Ela o disse no n. 2.

2. Para isso, importa muito ter sempre presente a vaidade de todas as coisas e sua curta duração. Assim, tiram-se as afeições das coisas fúteis, ficando elas livres para se concentrar no que nunca há de se acabar. Embora pareça um recurso insignificante, isso muito fortalece a alma. Ponde muita atenção nas coisas pequenas e, se vos afeiçoardes a alguma criatura, procurai afastar dela o pensamento e voltá-lo para Deus, pois Sua Majestade há de ajudar. E Ele nos fez uma grande graça ao nos trazer para esta casa, em que o principal está feito, embora[1] desapegar-nos de nós mesmas e sermos contra nós mesmas seja coisa dolorosa, pois estamos muito juntas e muito nos amamos.

3. Entra aqui a verdadeira humildade, pois esta e aquela[2] virtude andam, ao meu ver, sempre juntas; são duas irmãs inseparáveis. Desses parentes eu não vos aconselho a fugir, mas a abraçá-los e a amá-los, nunca estando sem eles. Ó soberanas virtudes, senhoras de todo o criado, imperatrizes do mundo, libertadoras de todos os laços e armadilhas criados pelo demônio, tão amadas por Cristo, nosso mestre, que em nenhum instante se viu sem elas!

Quem as tiver bem pode lançar-se a combater todo o inferno junto, bem como o mundo inteiro e suas ocasiões; não tenha medo de ninguém, pois seu é o reino dos céus; não tem a quem temer, pois pouco se importa de tudo perder, e nem isso considera perda. Seu único temor é descontentar a seu Deus; vive a suplicar-Lhe que o conserve nessas virtudes para que não venha a perdê-las por culpa sua.

4. É verdade que essas virtudes têm a capacidade de se ocultar da pessoa que as possui, de modo que ela nunca as vê nem chega a acreditar que as tem, mesmo que lhe digam. Mas ela as tem tanto que sempre procura tê-las; assim, vai aperfeiçoando-as em si cada vez mais, sendo bem fácil descobrir os que as têm, pois logo se dão a conhecer aos que com eles têm contato, mesmo que não o queiram.

Mas que destino o meu! pôr-me a louvar a humildade e a mortificação estando elas tão louvadas pelo Rei da glória e tão confirmadas por tantos trabalhos Seus! Pois, filhas minhas, trata-se de trabalhar para sair da terra do Egito, já que, fazendo isso, achareis o maná. Todas as coisas serão saborosas para vós e, por mais amargas que sejam para o paladar das pessoas do mundo, para vós serão doces[3].

5. Agora, a primeira coisa a fazer é afastar de nós o amor pelo corpo. Algumas de nós são tão comodistas por natureza e tão amigas da própria saúde que há muito o que fazer aqui, devendo-se louvar a Deus pela guerra que isso exige, das monjas em especial, e até de quem não o é. Mas parece que algumas de nós só vieram ao mosteiro para tentar não morrer, e cada qual procura isso como pode. Na verdade, não há aqui muitas condições para isso, ao menos na prática, mas eu gostaria que sequer houvesse o desejo.

Decidi-vos, pois, irmãs; viestes para morrer por Cristo, e não para viver ao bel-prazer por Ele. O demônio incute a ideia de que é preciso tratar bem de si "para observar e guardar as regras da Ordem". E tanto se procuram guardar essas regras mediante a manutenção da saúde que se acaba morrendo sem tê-las cumprido inteiramente por um mês, e às vezes nem por um dia. Não sei para que estamos aqui.

6. Não temais que nos falte bom senso no tocante a isso por algum milagre; logo temem os confessores que cheguemos a nos matar com penitências. E nos aborrece tanto essa falta de bom senso que quisera eu tivéssemos o mesmo zelo para com as outras coisas! Quem faz o contrário por certo não vai se ofender por eu dizer isto, nem me incomodo se disserem que julgo por mim, pois é verdade. Acredito que, por isso, o Senhor deseja que sejamos mais doentes; ao menos a

---

1. A passagem é mais clara na primeira redação: *E Ele nos fez uma grande graça ao nos trazer para esta casa em que o principal está feito; mas resta desapegarmo-nos de nós mesmas. Esse afastamento é coisa dolorosa...*
2. *Aquela:* a virtude do desapego, de que ela vem falando.
3. Alusão a Sabedoria 16,20 e a Êxodo 16.

mim, o fato de o ser foi uma grande misericórdia, porque o Senhor, vendo que eu haveria de me regalar de qualquer maneira, quis que fosse com causa.

É ruim andarem as monjas entregues aos tormentos que impõem a si mesmas; e algumas vezes elas têm o desejo de fazer penitência sem critério nem sentido — penitência que, por assim dizer, dura dois dias. Depois, o demônio põe em sua imaginação que isso as prejudicou, fazendo-as temer as penitências e impedindo-as de mais tarde cumprir o que manda a Ordem, alegando "que já o experimentaram".

Não guardamos pequenas exigências da Regra — como o silêncio, que não há de nos fazer mal — nem nos dói a cabeça quando deixamos de ir ao coro — que tampouco nos mata —, mas queremos inventar penitências para que não possamos fazer nem uma coisa nem outra. Às vezes, o mal é pequeno, mas nos parece que não estamos obrigadas a fazer nada, porque, ao pedir licença, já cumprimos o dever.

7. Poderíeis dizer: mas para que a priora dá a licença? Se conhecesse o interior da pessoa, talvez não a desse. Contudo, como lhe dizeis que há necessidade, e como não falta médico que reforce a alegação, levado pela mesma informação que lhe dais, bem como uma amiga ou parente que chore ao lado, o que ela pode fazer? A priora teme faltar com a caridade e antes quer que vós falteis do que ela faltar[4].

8. Coisas como essas podem acontecer de vez em quando. Para que vos guardeis delas, eu as assinalo aqui. Se o demônio começar a nos amedrontar com a possibilidade de perda da saúde, nunca faremos nada. Que o Senhor nos dê luz para acertar em tudo. Amém.

CAPÍTULO 11

Continua a discorrer sobre a mortificação; afirma que é preciso adquiri-la nas enfermidades.

1. Parece-me imperfeição, irmãs minhas, queixar-nos sempre de males insignificantes; se puderdes sofrê-los em silêncio, não vos queixeis. Quando é grave, o mal queixa-se por si mesmo; o queixume é diferente e logo transparece[1]. Vede que sois poucas e que, se uma tem esse costume, tanto basta para cansar a todas, se vos amais e houver caridade. Contudo, quem tiver um mal verdadeiro deve revelá-lo e tomar o remédio necessário; pois, se perdeis o amor-próprio, sentireis tanto qualquer alívio que não deveis temer tomar o remédio sem necessidade nem vos queixar sem causa. Quando há causa, é muito pior encobri-la do que, sem que haja, tomar o remédio; e seria grande erro das irmãs não se apiedar de quem está nessa situação.

2. Ficai, porém, certas de que, onde há caridade e tão poucas irmãs, nunca há de faltar o cuidado de vos proporcionar a cura. Mas as fraquezas e malezinhos de mulher deveis esquecer, pois algumas vezes é o demônio que nos põe na mente essas dores, que vão e vêm. Se não se perder o costume de falar para se queixar de tudo, exceto se for a Deus, será um nunca acabar[2]. Porque nosso corpo tem um defeito: quanto mais cuidamos dele, mais necessidades ele descobre. É espantoso o quanto ele gosta de ser cuidado; e, como aqui encontra um bom pretexto, por menor que seja a necessidade, ele engana a pobre alma para que ela não progrida.

---

4. *E não lhe parece justo julgar-vos mal* — acrescentava ela na primeira redação. Em vez do n. seguinte, a redação primitiva terminava assim: *Oh, este queixar-se — valha-me Deus — entre monjas! Que Ele me perdoe, pois temo já ser costume: Aconteceu-me certa feita ver o seguinte: determinada monja tinha o costume de queixar-se da cabeça, e o fazia muitas vezes. Quando se fez uma averiguação, a cabeça não lhe doía pouco nem muito; ela tinha uma dor em outra parte.* Todo este capítulo é muito mais espontâneo e finamente cáustico no códice do Escorial.

1. Na primeira redação, o capítulo começava com termos mais peremptórios: *Parece-me coisa imperfeitíssima, irmãs minhas, esse uivar e queixar-se sempre, e esse enfraquecer a fala fazendo-se de enferma...*

2. Na primeira redação, ela acrescentava: *Acentuo tanto isso porque o considero importante e por ser uma coisa que tem relaxado muito os mosteiros.*

3. Lembrai-vos dos tantos pobres enfermos que não têm a quem se queixar. Assim, não podeis ser a um só tempo pobres e regaladas. Lembrai-vos também de muitas mulheres casadas que, sofrendo graves males, não ousam se queixar para não enfadar os maridos, mesmo quando muito padecem — sei que há muitas, e pessoas de alta condição. Ai de mim, pecadora! Por certo não viemos para cá a fim de ser mais mimadas que elas.

Oh, já que estais livres dos grandes sofrimentos do mundo, sabei sofrer um pouco por amor a Deus, sem que todos tenham de sabê-lo! Se uma mulher infeliz no casamento, para que o marido não saiba que ela fala e se queixa, sofre suas desventuras sem desabafar com ninguém, não passaríamos por problemas, entre Deus e nós, decorrentes dos nossos pecados? Ainda mais que quase nada se aplaca do mal com o desabafo.

4. Em tudo o que eu disse, não falei de doenças graves com febre alta — embora eu sempre peça moderação e paciência. Referi-me a pequenos achaques que podemos aguentar de pé. Mas que ocorreria se alguém lesse isto fora desta casa? Que diriam de mim todas as monjas? De boa vontade eu suportaria todas as reclamações se alguma se corrigisse! Porque basta que uma aja assim para que a coisa chegue a um ponto em que, na maioria das vezes, não se acredita em nenhuma, por mais grave que seja o seu mal[3].

Recordemo-nos de nossos santos Padres do passado, os eremitas, cuja vida pretendemos imitar: que terão eles enfrentado de dores, e a sós, bem como de frios, fome, sol e calor, sem ter a quem se queixar senão a Deus? Pensais que eles eram de ferro? Pois eram tão delicados quanto nós. E crede, filhas, que, se começarmos a vencê-los, estes corpinhos não nos cansarão tanto. Sempre há quem se encarregue do necessário; descuidai-vos de vós mesmas, se não for uma necessidade reconhecida. Se não nos decidirmos a vencer de uma vez por todas a morte e a falta de saúde, nunca faremos nada.

5. Enfrentai-as sem temor e entregai-as a Deus, aconteça o que acontecer. Que importa que morramos? Se o corpo zomba de nós tantas vezes, por que não zombaríamos dele também alguma? E crede que essa determinação é mais importante do que podemos entender; porque, se aos poucos superarmos o corpo, ao fim de algum tempo seremos, com o favor de Deus, senhoras dele. E vencer tal inimigo é muito bom para triunfar na batalha desta vida. Faça-o o Senhor como puder. Acredito que só consegue entender a relevância deste conselho quem já goza da vitória, que é tão grande, a meu ver, que ninguém deixaria de sofrer para alcançar esse sossego e domínio.

CAPÍTULO 12

Trata de como deve desdenhar a vida e a honra quem verdadeiramente ama a Deus.

1. Passemos a outras coisas igualmente importantes, embora pareçam insignificantes. Muito difícil parece tudo, e com razão, por tratar-se de guerra contra nós mesmas. Mas, quando a alma começa a esforçar-se, Deus age tanto nela e lhe concede tantas graças que tudo quanto se possa fazer nesta vida lhe parece pouco. Nós, monjas, fazemos o mais difícil, que é renunciar à liberdade por amor a Deus, entregando-a a outrem e passando por muitos sofrimentos, por jejuns, silêncio, encerramento, assistência ao coro — a ponto de, por mais que tentemos satisfazer-nos, é raro conseguirmos. E talvez só eu o tenha feito em muitos conventos por que passei. Assim, por que nos preocuparíamos em mortificar o interior? Porque essa mortificação torna tudo isso muito mais meritório e perfeito, ajudando-nos a cumprir as obrigações com muito mais suavidade e descanso. Vamos adquirindo a virtude aos poucos, resistindo à nossa vontade e apetites, mesmo em coisas diminutas, até sujeitar inteiramente o corpo ao espírito[1].

---

3. A primeira redação prosseguia: *Enfim, chega a coisa a tal ponto que perdem umas por outras: e se algumas sofrem de fato, nem os próprios médicos acreditam nelas, por terem visto outras com pouco mal se queixarem tanto.*

1. Ver o cap. II, n. 5.

2. Repito[2]: tudo, ou grande parte, reside em deixar o cuidado de si mesmo e das próprias comodidades, porque quem começa a servir ao Senhor verdadeiramente o mínimo que pode Lhe oferecer é a vida; se já entregou sua vontade, o que teme? Claro está que o verdadeiro religioso ou pessoa de oração que pretende obter graças de Deus não pode recusar o desejo de morrer pelo Senhor e de por Ele sofrer martírio.

Pois já não sabeis, irmãs, que a vida do bom religioso que deseja ser um dos amigos mais chegados de Deus é um longo martírio? Longo porque, em comparação com o dos que logo eram degolados, pode ser considerado assim; mas toda vida é curta, e algumas, curtíssimas. E como poderemos saber se a nossa será tão curta que, na hora ou no momento em que nos determinemos a servir de todo a Deus, venha a se acabar? Isso é possível. Enfim, não devemos nos apegar às coisas perecíveis; e, pensando que cada hora é a última, quem não vai se esforçar? Acreditai em mim: pensar isso é o mais seguro.

3. Dessa maneira, empenhemo-nos em contradizer por todos os meios a nossa vontade; porque, se tiverdes esse cuidado, como eu disse[3], sem saber como pouco a pouco estareis no auge. Mas quão rigoroso parece dizer que não tenhamos prazer em nada! Isso ocorre porque não se diz que gostos e prazeres traz consigo essa contradição, nem o que se ganha com ela ainda nesta vida! Quanta segurança! Aqui, como todas costumam fazê-lo, o mais difícil está feito. Vós despertais e ajudais umas às outras. Nisso, cada qual deve procurar ir à frente das outras.

4. Tenha-se muito cuidado no tocante aos movimentos interiores, em especial no que se refere às primazias. Deus nos livre, por sua Paixão, de dizer ou mesmo pensar, detendo-nos aí, "se sou mais antiga", "se tenho mais anos", "se tenho trabalhado mais", "se tratam outra melhor que a mim". Se esses pensamentos vierem, deveis combatê-los de imediato, porque, se vos demorardes neles ou os puserdes em prática, instalar-se-á a pestilência, de que nascem grandes males[4]. Se tiverdes priora que consinta nessas coisas, por pouco que seja, crede que, por vossos pecados, Deus o permitiu para que vós começásseis a caminhar para a ruína. Rezai com insistência para que Ele remedie a situação, pois estareis correndo grande perigo.

5. Alguém poderá perguntar por que insisto tanto nisso e falo com tanto rigor se Deus concede graças a quem não está tão desapegado. Creio que o Senhor, com Sua sabedoria infinita, acha que isso é conveniente para levar-vos a tudo deixar por Ele. Não designo por "deixar" entrar numa Ordem religiosa, porque pode haver empecilhos; além disso, a alma perfeita pode ser desprendida e humilde em qualquer lugar, mesmo com maiores esforços. Isso, é claro, não quer dizer que um ambiente adequado não favoreça.

Mas, acreditai-me, se houver questões de honra ou de dinheiro (e isso tanto pode acontecer nos mosteiros como fora deles, embora neles, como as ocasiões são menos frequentes, maior é a culpa), mesmo que se tenha anos de oração (ou, melhor dizendo, de meditação, porque a oração perfeita termina por eliminar os ressentimentos), nunca se poderá florescer muito nem chegar a fruir o verdadeiro fruto da oração.

6. Vede se isso vos toca em alguma coisa, irmãs, pois não estais aqui para outra coisa. Com essas desavenças, não ficareis mais honradas e perdereis o proveito que poderíeis obter; assim sendo, a desonra e o prejuízo caminham juntos aqui[5].

Que cada uma de vós veja em si mesma o que tem de humildade, e verá que proveito obteve. Tenho a impressão de que o demônio não se atreverá a tentar em questões de primazia o verdadeiro humilde, ainda que bem suavemente. O inimigo, sagaz como é, teme o golpe. É impossível que a pessoa humilde não ganhe mais força e aproveitamento nesta virtude, caso venha a ser tentada

---

2. Cf. cap. 11, n. 4.
3. No n. 1 e no cap. 11, n. 5.
4. Na primeira redação: ... *de onde nascem grandes males nos mosteiros. Vede que o sei muito!*
5. Alusão a uma espécie de lei do código de honra. Na primeira redação, a referência era explícita.

por aí. Porque, naturalmente, ela revê, nessa tentação, a sua vida passada, comparando o serviço que prestou com o que deve ao Senhor, bem como o enorme favor que Ele fez ao humilhar a Si Mesmo para nos deixar um exemplo de humildade. Ela considera também os seus pecados e pensa no lugar onde deveria estar por causa deles. A alma sai disso tão bem que não ousa voltar[6] outro dia para não ter quebrada a cabeça.

7. Segui este meu conselho e não o esqueçais. Não só no interior (se assim não fosse, grande mal seria), mas no exterior, procurai fazer com que as irmãs tirem proveito de vossas tentações. Se quereis vingar-vos do demônio e livrar-vos mais depressa da tentação, tão logo ela vos assalte, pedi à prelada que vos mande realizar alguma tarefa inferior ou lutai como puderdes. No tocante a isso, refleti sobre o modo de sujeitar a vossa vontade em coisas que vos contrariam, pois o Senhor far-vos-á descobrir as ocasiões, o que vai levar a tentação a durar pouco[7].

Deus nos livre de pessoas que, desejosas de servi-Lo, se lembrem da própria honra. Vede ser isso pouco lucro e, como eu disse[8], perde-se a honra com desejá-la, em especial no tocante à primazia. Não há veneno no mundo que mate com tanta eficiência quanto essas coisas matam a perfeição.

8. Direis que se trata de coisinhas naturais que não devem ser levadas em conta. Não vos deixeis enganar, pois isso cresce como espuma, e não há nada pequeno em perigo tão grande quanto as questões de honra e as suscetibilidades, que nos levam a sentir as ofensas. Sabeis por que é assim, sem falar de muitas outras coisas?

Uma irmã começa com um pequeno melindre, um quase nada. Mas logo o demônio faz outra dar-lhe maior dimensão, pensando até ser caridade dizer à primeira que não sabe como ela suporta aquela ofensa, que Deus lhe dê paciência, que ela deve oferecê-la a Ele, que um santo não sofreria mais. Assim, induz aquela a ficar tentada a se vangloriar, mesmo quando decide sofrer com resignação, muito embora não tenha suportado a ofensa com a devida perfeição.

9. Deve-se isso à nossa natureza tão fraca, que, mesmo quando dizemos a nós mesmas que não há razão para sofrer, nos leva a pensar que fizemos alguma coisa e a senti-lo, ainda mais quando vemos que alguém o sente por nós. Assim, a alma vai perdendo as oportunidades que lhe foram dadas para o seu merecimento, ficando mais fraca e abrindo a porta ao demônio, para que este retorne com outra coisa pior. Pode também acontecer, mesmo quando a irmã deseja suportá-lo, que alguém lhe diga que ela é tola, pois é bom que se sintam essas coisas[9]. Oh, por amor de Deus, irmãs minhas, que nenhuma de vós seja movida pela caridade indiscreta de mostrar pena de outra em matérias referentes a ofensas imaginárias. Essa pena é a mesma que os amigos do santo Jó tiveram por ele[10], e sua mulher.

CAPÍTULO 13

Continua a falar da mortificação e explica como é importante fugir das questões de honra e das razões do mundo, a fim de chegar à razão verdadeira.

1. Muitas vezes repito, irmãs, e agora quero deixar escrito aqui, para que não seja esquecido, que todas desta casa, bem como toda pessoa que quiser alcançar a perfeição, fujam em desabalada carreira de expressões como "tive razão", "fizeram-me isso sem razão", "não teve razão quem fez

---

6. "O demônio" *não ousa voltar*, acrescentou a Santa no manuscrito de Madri.
7. Na primeira redação, ela acrescentava: (em coisas que vos contrariam...) *"e com mortificações públicas, pois estas se usam nesta casa. Como de pestilência, fugi dessas tentações do demônio e procurai que estejam pouco convosco".*
8. No n. 6.
9. Na primeira redação, ela acrescentava uma de suas típicas exclamações sutilmente irônicas: *Ah, como faz falta uma amiga!*
10. Jó 2,11. No manuscrito de Toledo, a Santa corrigiu a frase final, equívoca: *... e a que teve sua mulher.*

isso comigo"... Das más razões nos livre Deus. Parece-vos que havia razão para que o nosso bom Jesus sofresse tantas injúrias e tivesse infligidos a si tantos sofrimentos?

Não sei para que está no mosteiro quem não quer carregar uma cruz a não ser aquela que muito se fundamente em razões; que volte para o mundo, onde também suas razões não serão respeitadas. Porventura sofreis tanto que não ficais a dever mais? Que razão é essa? Eu por certo não a entendo.

2. Quando vos honrarem, distinguirem ou forem delicados convosco, brandi então essas razões, pois sem dúvida tratar-nos assim nesta vida é contra a razão. Mas quando vos dirigirem ofensas — pretensas ofensas —, não sei o que havereis de dizer. Somos ou não esposas de rei tão importante? Se o somos, que mulher honrada haverá que não participe, mesmo que por sua vontade não o queira, das desonras praticadas contra o seu Esposo? Mas, seja como for, da honra ou da desonra participam um e outro. Pois é disparate partilhar do Seu reino e dele gozar sem querer participar das desonras e sofrimentos.

3. Que Deus não nos permita querer isso. Pelo contrário, aquela que tiver a impressão de ser a menos considerada deve ter-se como a mais feliz. E assim é, se o soubermos encarar como devemos, pois não lhe faltará honra nesta nem na outra vida. Acreditai em mim. Mas que disparate o meu, ao pedir que acrediteis em mim, se é a verdadeira sabedoria que o diz[1].

Filhas minhas, imitemos um pouco a grande humildade da Virgem Santíssima, cujo hábito trazemos, pois é muito impróprio nos chamarmos monjas suas, já que, por mais que tenhamos a impressão de nos humilhar, bem longe estamos de ser filhas de tal Mãe e esposa de tal Esposo.

Assim, se as coisas de que falei não forem combatidas com diligência, o que hoje não parece nada amanhã talvez seja pecado venial. Elas são tão indigestas que, se não tiverdes cuidado, o problema não vai parar por aí. São coisas muito ruins para congregações.

4. Nós que vivemos nelas deveríamos atentar muito para isso, a fim de não causar dano a quem trabalha para nos fazer o bem e nos dar bom exemplo. Se compreendêssemos o grande mal que se faz ao iniciar um mau costume, antes desejaríamos morrer do que ser causa disso[2]; porque sofreríamos a morte corporal, ao passo que a perda de almas é gravíssimo mal, um mal que parece não se acabar. Porque, mortas umas, morrem outras, e talvez todas sigam mais um mau costume que tenhamos introduzido do que muitas virtudes. O demônio não deixa o mau costume decair, ao passo que a própria fraqueza natural nos faz perder as virtudes.

5. Oh, que grandíssima caridade faria, e que grande serviço a Deus, a monja que, vendo em si que não pode seguir os costumes desta casa, o reconhecesse e partisse! Vede que isso é o que lhe cabe fazer se não desejar ter um inferno aqui na terra, e queira Deus que não tenha outro lá[3], pois há muitas razões para temer isso, e talvez nem ela nem as outras as entendam como eu.

6. Crede em mim; do contrário, o tempo será minha testemunha. Porque o estilo de vida que pretendemos ter não se limita a sermos monjas, exigindo que sejamos eremitas; assim, desapeguemo-nos de todas as coisas criadas. Vejo que o Senhor concede essa graça àquelas a quem escolheu particularmente para este lugar. E, mesmo que não seja logo com toda a perfeição, vê-se que já há em vós um grande progresso nesse sentido, pelo grande contentamento e alegria que revelais por estardes livres das coisas da vida e pelo prazer que tendes em todas as da religião.

Repito: quem se inclinar para as coisas do mundo deve partir se não vir que faz progressos; se ainda quiser ser monja, deve ir para outro mosteiro e, se não, verá o que acontece. Não se queixe de mim, que iniciei este, por não tê-la avisado.

---

1. Alusão à sentença evangélica de Lucas 14,11 e à dos versículos do Magnificat: Lucas 1,48 e 52.

2. ...*um mau costume desses pontinhos de honra, antes desejaríamos morrer mil mortes* — assim estava o trecho na primeira redação.

3. Quando a Santa releu essa passagem, já pronta para imprimir, considerou dura sua ameaça "se não desejar ter um inferno aqui na terra e outro lá" e a riscou. Entre linhas, completou a frase anterior ...*o reconhecesse e se fosse "antes de professar, como eu já disse em outra ocasião"*.

7. Esta casa é um céu, se pode haver um na terra. Para quem só se contenta em agradar a Deus, não dando importância ao seu próprio prazer, leva-se uma vida muito boa. Quem quiser mais alguma coisa tudo vai perder, porque não a pode ter. E uma alma descontente é igual a uma pessoa com grande fastio, a quem repugna qualquer alimento, por melhor que seja; aquilo que as pessoas sãs comem com grande gosto lhe provoca náuseas.

Semelhante alma se salvará melhor em outro lugar, e pode ser que, pouco a pouco, alcance a perfeição que não conseguiu suportar aqui por ser apresentada toda de uma vez. Porque, embora no interior se espere por algum tempo até que a alma se desapegue de todo, mortificando-se, no exterior exige-se que seja logo. Aquela que, vendo que todas o fazem e estando sempre em tão boa companhia, não aproveitar em um ano, temo que não aproveite mais, e sim menos, em muitos. Não digo que todas se igualem em perfeição, mas que pelo menos mostrem que vão recuperando a saúde, pois logo se vê quando o mal é de morte.

CAPÍTULO 14

Explica quão importante é não permitir a profissão de nenhuma pessoa
cujo espírito seja contrário às coisas que foram ditas até agora.

1. Estou bem certa de que o Senhor favorece muito a quem se determina com fervor, sendo por isso necessário levar em conta a intenção da pessoa que entra na Ordem. Não pode ser unicamente para ter um meio de vida (como acontece com muitas), se bem que o Senhor possa aperfeiçoar essa intenção, se a pessoa tiver bom entendimento; porque, se não o tiver, de nenhum modo deve ser admitida, já que nem entenderá por que entra nem vai aceitar o esforço de quem a quiser levar a maior perfeição. Na maioria das vezes, quem tem essa falha sempre tem a impressão de saber mais o que lhe convém do que os sábios; esse é um mal que considero incurável, porque só por milagre deixa de trazer consigo a malícia. Onde há muitas religiosas, poderá ser tolerado, mas, entre tão poucas, não é admissível.

2. Um bom entendimento, caso comece a amar o bem, apega-se a ele com vontade, pois vê ser o mais acertado; e, se isso não servir para aperfeiçoar o espírito, vai servir para que se aconselhe sensatamente, assim como para muitas coisas, sem cansar ninguém. Quando ele falta, não sei que proveito a pessoa possa trazer à comunidade, sendo possível, em vez disso, que muito a prejudique.

Esse defeito não é identificado com facilidade, porque muitas falam bem e entendem mal, enquanto outras falam pouco, e discretamente, tendo capacidade para muita perfeição. Porque há algumas simplicidades santas que pouco valem nos negócios e no estilo do mundo, mas que são muito valiosas para tratar com Deus. Por essa razão, é preciso ter informação confiável para aceitar as pessoas, bem como muita provação para deixar que professem. Entenda de uma vez o mundo que tendes liberdade para recusá-las e que, em mosteiro com muitas austeridades, haverá muitas ocasiões para isso, não devendo ninguém se ofender se vir ser esse o vosso costume.

3. Digo isso porque são tão desventurados estes tempos, e tanta a nossa fraqueza, que não basta considerar a tradição dos nossos antepassados para que deixemos de respeitar aquilo que hoje é tido por honra, temendo ofender os parentes. Queira Deus que nós, que as admitimos, não o paguemos na outra vida, já que nunca faltam oportunidades para que expliquemos ser necessário recusar quem não atenda os requisitos[1].

4. Esse é um assunto que cada uma de vós devia considerar e encomendar a Deus, estimulando ao mesmo tempo a prelada, por ser da maior importância. Assim, suplico a Deus que vos ilumine nisso, pois é um grande bem não receberdes dotes, visto que, onde eles são recebidos, pode

---

1. Na primeira redação, ela acrescentava: *E, numa questão tão importante, ninguém é bom; porque, quando o prelado, sem afeição nem paixão, considera o que é compatível com a casa, creio que Deus nunca o deixará errar. E tenho para mim que não deixa de haver erro em se levar em conta essas piedades e razões bobas.*

acontecer de, para não restituir o dinheiro já gasto, admitir-se em casa o ladrão que há de levar o verdadeiro tesouro, o que não causa pouca lástima. Quanto a isso, não tenhais pena de ninguém, porque causaríeis a danação daquelas a quem pretendêsseis beneficiar.

CAPÍTULO 15

Discorre sobre o grande bem que há em não se desculpar, mesmo quando se é condenado sem culpa.

1. Causa-me grande confusão o que vos vou dizer, porque eu deveria ter praticado ao menos um pouco as recomendações que vos faço a respeito dessa virtude. Confesso que quase nada progredi nela. Nunca, ao que parece, me falta motivo para julgar ser maior virtude desculpar-me[1]. Como algumas vezes é lícito, sendo errado não fazê-lo, não tenho discernimento — ou, melhor dizendo, humildade — para fazê-lo quando convém. Porque, na verdade, é grande humildade ver-se condenar sem culpa e calar; isso constitui uma grande imitação do Senhor que tomou sobre Si todas as nossas culpas.

Dessa maneira, rogo-vos muito que leveis isto em muita consideração, por ser um ponto que envolve grande lucro, ao passo que, em procurarmos nós mesmas livrar-nos da culpa, não vejo nenhum, a não ser, como tenho dito, em alguns casos em que causaria ofensa ou escândalo não falar a verdade; quem tiver mais discernimento do que eu com certeza o compreenderá.

2. Creio ser fundamental que vos acostumeis com essa virtude ou que procureis alcançar do Senhor a verdadeira humildade que daí deve vir. Porque o verdadeiro humilde deve desejar com sinceridade ser pouco considerado, perseguido e condenado sem culpa, mesmo em coisas graves. Se quer imitar o Senhor, em que o poderia mais do que nisso? Pois, para isso, não se necessita de forças corporais nem de ajuda de ninguém, a não ser de Deus.

3. Irmãs minhas, eu gostaria que essas grandes virtudes fossem objeto do nosso particular esforço, tornando-se a nossa penitência, porque, como já sabeis, não aprovo penitências excessivas, que, se forem feitas sem discernimento, pode provocar malefícios à saúde. Neste caso, porém, não há o que temer, já que, por maiores que sejam, as virtudes interiores não privam o corpo de suas forças para servir à religião, antes fortalecendo a alma. E, como eu disse outras vezes, podemos acostumar-nos a coisas muito pequenas para alcançarmos a vitória nas grandes[2].

Nestas, eu nunca pude fazer experiências, porque nunca ouvi dizer coisas ruins a meu respeito que não visse que deixavam a desejar; porque, mesmo que não fosse nas mesmas coisas, eu tinha ofendido a Deus em outras tantas, parecendo-me ter sido muito beneficiada por não tê-las lançadas ao rosto. Sempre prefiro que digam de mim o que é falso a que me apresentem as verdades[3].

4. Ajuda muito a consideração de quanto se ganha de todas as maneiras com isso e de que nunca, a bem dizer, somos culpadas sem razão, já que o justo cai sete vezes ao dia, sendo men-

---

1. Na primeira redação, esse n. era precedido de uma interessante introdução: *Mas que disparates escrevo! É bem coisa de quem não sabe o que faz. É vossa a culpa, irmãs, pois me mandastes escrever. Lede como puderdes, pois escrevo como posso: e, se não o fizerdes, queimai-o por ser ruim. É preciso tranquilidade, coisa que, como vedes, tenho tão pouca, pois já há oito dias que não escrevo; assim, esqueço o que já disse e até o que vou dizer, sendo isso culpa minha; rogo-vos que não façais o que acabo de fazer, que é desculpar-me. Vejo que não se desculpar é um costume perfeitíssimo, e de grande edificação e mérito; e, embora eu vo-lo ensine muitas vezes, e embora vós, pela bondade de Deus, o sigais, nunca Sua Majestade mo concedeu.*

2. Cf. cap. 12, n. 1-2, e cap. 11, n. 5. Na primeira redação, ela acrescentava: *Mas com que facilidade escrevo isto, e com que imperfeição o pratico! Na verdade, em coisas importantes nunca pude fazer essa prova.*

3. A primeira redação continha outros detalhes: *Estas outras coisas, por mais graves que fossem, não. Mas, em coisas pequenas, eu seguia — e sigo — minha natureza, sem me dar conta do que é mais perfeito. Por isso, desejo que logo comeceis a entender, e que cada uma de vós considere o muito que ganha de todas as maneiras com isso, não perdendo, a meu ver, de nenhuma. Ganhamos o mais importante quando seguimos em algo o Senhor. Digo em algo porque, como afirmei, nunca nos culpam sem culpas.*

tira dizer que não temos pecado[4]. Assim, mesmo que não sejamos culpadas naquilo de que nos acusam, jamais estamos inocentes de tudo, ao contrário do bom Jesus.

5. Ó Senhor meu! Quando penso nos muitos sofrimentos que padecestes sem ter merecido nenhum, não sei o que dizer de mim, nem onde estava com a cabeça quando não queria sofrer, nem onde tenho o juízo quando me desculpo. Vós já sabeis, Bem meu, que, se tenho algum bem, ele não me é dado por outras mãos senão pelas Vossas. Será, Senhor, que Vos é mais difícil dar muito do que pouco? Se é porque não o mereço, eu tampouco merecia os favores que me tendes concedido. Será possível esperar que sempre se tenha uma boa impressão de criatura tão vil quanto eu, quando tantas coisas ruins disseram de Vós, que sois o bem que supera todos os bens?

Não, não é possível suportar, é intolerável, Deus meu — nem queria eu que Vós o suportásseis —, que haja em vossa serva algo que não agrade aos Vossos olhos. Pois, vede, Senhor, os meus olhos estão cegos e se contentam com muito pouco. Dai-me luz e fazei que, com sinceridade, eu deseje que todos se aborreçam de mim, já que tantas vezes eu me aborreci de Vós, que me amais com tanta fidelidade.

6. O que é isto, meu Deus? Que pensamos obter de contentar as criaturas? Que nos importa ser muito culpadas por todas elas se, diante do Senhor, estamos inocentes? Ó minhas irmãs, nunca chegamos a entender plenamente esta verdade! E, assim, nunca vamos chegar à perfeição se não considerarmos e pensarmos muito no que ela é e no que ela não é!

Porque, mesmo que não haja outro lucro senão a confusão que se instalará na pessoa que vos tiver culpado ao ver que vós, sendo inocentes, vos deixais condenar, grande benefício já seria, visto que, às vezes, uma coisa destas eleva mais a alma do que dez sermões. E todas nós devemos procurar ser pregadoras por obras, já que o Apóstolo e a nossa incapacidade nos impedem de o ser por palavras[5].

7. Nunca penseis que, por mais enclausuradas que estejais, o mal ou o bem que fizerdes ficará oculto. E pensais, filhas, que mesmo que não vos desculpeis haverá de faltar quem vos defenda? Vede como o Senhor respondeu por Madalena na casa do fariseu e quando a sua própria irmã a culpava[6]. Ele não vos tratará com tanto rigor quanto tratou a si próprio, pois, quando teve um ladrão como Seu defensor, Ele já estava na cruz[7]; assim, Sua Majestade fará que alguém vos defenda e, quando não o fizer, é que não será necessário.

Sei disso por experiência, e assim é, embora eu prefira que não vos lembreis disso, mas que vos rejubileis de ser consideradas culpadas; o tempo será a testemunha do proveito que vereis em vossas almas. Porque, quando começamos a obter liberdade e já nada nos incomodamos que falem mal ou bem de nós, parecendo isso uma coisa estranha ao nosso ser, como se fossem outras duas pessoas falando entre si, nada tendo que ver conosco, nem nos obrigando a cuidar de uma resposta — assim acontece aqui. Com o costume de não ter de responder, acabamos por pensar que não falam conosco.

Para nós, muito suscetíveis e pouco mortificadas, isso pode parecer impossível. De fato, no início, é difícil; mas sei que é possível alcançar essa liberdade, essa negação e esse desprendimento de nós mesmas, com o favor do Senhor.

CAPÍTULO 16

Trata da diferença que deve haver entre a perfeição da vida dos contemplativos e a dos que se contentam com a oração mental; fala de como é possível algumas vezes Deus elevar uma alma distraída à contemplação

---

4. Alusão a Provérbios 24,16, e 1 João 1,8-10.
5. Alusão à prescrição paulina de 1 Coríntios 16,34.
6. Lucas 7,36-40, e 10,38.
7. Lucas 23,41.

perfeita, e da causa disso. Este capítulo e o que vem depois dele merecem muita atenção[1].

1. E que não vos pareça muito tudo o que tenho dito, pois estou entabulando o jogo, como se diz no xadrez. Pedistes-me que vos explicasse o princípio da oração; eu, filhas, embora não tenha sido levada por Deus por este princípio, porque ainda nem mesmo devo ter o dessas virtudes[2], não sei outro. Acreditai-me: quem não sabe mover as peças no jogo do xadrez, mal saberá jogar, e, se não souber dar xeque, não saberá dar mate.

Haveis de me repreender porque falo em coisas de jogo, não havendo nem devendo haver jogo nesta casa. Por aí vereis a mãe que Deus vos deu, que até essa coisa desprezível conhecia; mas dizem que isso é lícito algumas vezes. E quão lícita será para nós essa maneira de jogar, e com que rapidez, se a usarmos muito, daremos xeque-mate neste Rei divino, que não poderá nem quererá fugir das nossas mãos.

2. A rainha é a que mais guerra Lhe pode mover neste jogo, contando com a ajuda de todas as outras peças. Não há rainha que force o Rei a se render como a humildade; esta O trouxe do céu nas entranhas da Virgem e, com ela, nós O traremos preso por um fio de cabelo a nossas almas[3]. E crede-me, quem mais a tiver mais O reterá, e quem menos a tiver, menos O poderá. Não consigo entender como há ou pode haver humildade sem amor ou amor sem humildade, do mesmo modo como não compreendo como pode haver essas duas virtudes sem que haja grande desapego de todas as coisas criadas.

3. Direis, filhas minhas, para que vos falo em virtudes quando tendes tantos livros que as ensinam, e que não quereis senão contemplação. Afirmo que, mesmo que pedísseis meditação, eu poderia falar dela e aconselhar todas a tê-la como prática, mesmo que não tivésseis virtudes; porque ela é um princípio para se alcançarem todas as virtudes, coisa que, para nós, cristãos, é questão de vida ou morte. Ninguém, por mais perdido que esteja, deve deixá-la, se Deus o despertar para bem tão grande, como eu já escrevi em outro lugar[4], e como o dizem outros tantos que sabem o que escrevem, pois eu por certo não o sei; Deus bem o sabe.

4. Mas contemplação é outra coisa, filhas, e esse é o engano em que todos incorremos. Se alguém tirar diariamente um tempinho para pensar em seus pecados (coisa a que está obrigado se não for cristão só de nome), logo será considerado muito contemplativo, sendo exigidas dele as enormes virtudes que o muito contemplativo tem obrigação de ter; e ele mesmo pensa ter chegado a esse ponto, mas se equivoca. No princípio, ele não soube entabular o jogo, pensando que o simples conhecimento das peças o levava a dar xeque-mate, o que é impossível, já que este Rei só se entrega a quem se dá de todo a Ele.

5. Assim, filhas, se desejais que eu vos diga o caminho que leva à contemplação, suportai que me estenda um pouco em coisas que não vos parecem tão importantes à primeira vista, embora, na minha opinião, não o deixem de ser. Quem não desejar ouvir falar delas nem praticá-las deve manter-se em sua oração mental o resto da vida, pois eu vos asseguro, e a todos quantos desejem esse bem (embora eu talvez me engane, por julgar por mim, que a procurei durante vinte anos), que sem essas virtudes não vai ser possível alcançar a verdadeira contemplação.

6. Quero agora explicar — porque algumas de vós ainda não o entendem — o que é oração mental, e queira Deus que a pratiquemos como convém. Mas também temo que ela exija muito esforço se não procurarmos alcançar as virtudes, embora não num grau tão elevado quanto o neces-

---

1. Os quatro primeiros números deste capítulo foram tomados da primeira redação (o códice do Escorial). A autora também os incluiu na segunda (autógrafo de Valladolid), mas logo arrancou ela mesma as páginas que os continham, começando com o n. 5. Os quatro parágrafos suprimidos têm por título: *Em que trata de quão necessárias são as coisas ditas para começar a tratar da oração.*

2. *Dessas virtudes:* a humildade e o silêncio quando se é acusado (cf. cap. 15, n. 2-3).

3. Alusão a Cântico dos Cânticos 4,9.

4. *Vida*, cap. 8, n. 4, e *passim.*

sário para a contemplação. Afirmo que o Rei da glória não virá à nossa alma — isto é, não se unirá a ela — se não nos empenharmos em adquirir as grandes virtudes. Quero falar disso porque, se me surpreenderdes em alguma coisa que não seja verdade, não acreditareis em nada mais — e teríeis razão se eu o fizesse intencionalmente, mas que Deus não me permita tal coisa: se eu o fizer, será por não saber mais ou por não o entender. Desejo, pois, dizer que, algumas vezes, Deus vai querer conceder a pessoas em mau estado esse enorme favor, a fim de tirá-las, por esse meio, das mãos do demônio[5].

7. Oh, Senhor meu, quantas vezes Vos forçamos a andar a braços com o demônio![6] Não terá sido bastante que Vos deixásseis tomar neles, quando fostes levado ao pináculo, para nos ensinar a vencê-lo? Mas o que seria, filhas, ver aquele sol ao lado daquelas trevas? E que terror sentiria esse espírito desventurado, sem saber de quê, pois Deus não permitiria que o compreendesse? Bendita seja tanta piedade e misericórdia; que vergonha deveríamos ter, nós, cristãos, de O fazer andar todos os dias a braços — como eu disse — com besta tão suja!

Bem preciso foi, Senhor, que os tivésseis tão fortes. Mas como não ficaram fracos com tantos tormentos que passastes na cruz? Oh, é que tudo o que se sofre por amor volta a curar-se! E assim creio que, se ficásseis com vida, o próprio amor que tendes por nós voltaria a curar Vossas chagas, sem necessidade de outro remédio. Ó Deus meu, e quisera eu poder usar esse remédio em todas as coisas que me trazem pena e sofrimentos! Eu de bom grado desejaria tê-las se tivesse certeza de ser curada por unguento tão salutar.

8. Voltando ao que dizia[7], há almas que Deus entende poder, por esse meio, atrair para Si; vendo-as totalmente perdidas, não quer Sua Majestade que algo lhes falte de Sua parte. Ainda que estejam em mau estado e carentes de virtudes, Ele lhes dá gostos, consolos e ternura, começando a despertar-lhes desejos, chegando até a pô-las em contemplação, mas raras vezes e por pouco tempo. E isso, como eu digo, Ele faz para prová-las, para ver se, com esses favores, se disporão a gozá-los muitas vezes. Se elas não se dispõem, que me perdoem — ou, melhor dizendo, que Vós me perdoeis, Senhor —, mas é muito ruim que uma alma, a quem atrais dessa maneira para Vós, se aproxime depois de coisas da terra para a elas se apegar.

9. A meu ver, há muitos a quem Deus nosso Senhor submete a essa prova, e poucos os que se dispõem a gozar de semelhante graça; quando o Senhor a concede e é correspondido, tenho por certo que Ele nunca cessa de dá-la até que a alma alcance um grau muito alto. Quando não nos entregamos a Sua Majestade com a determinação com que Ele se dá a nós, é grande favor o fato de Ele nos deixar na oração mental e nos visitar de quando em vez, como a trabalhadores de suas vinhas[8]. Os outros são filhos queridos, que Ele não quer afastar nem afasta de Si, porque eles mesmos já não querem se afastar; Ele os senta à Sua mesa, dá-lhes do alimento que come, a ponto de tirar da própria boca para dá-lo a eles.

10. Oh, que feliz cuidado, filhas minhas! Maravilhosa renúncia de coisas tão pequenas e tão baixas que nos leva a tão grande altura! Vede: estando nos braços de Deus, que importância terá para vós ser culpadas por todo o mundo? O Senhor tem poder para livrar-vos de tudo, já que, quando mandou que o mundo se fizesse, este se fez; Seu desejo é obra. Portanto, não temais, pois Ele só consente em que falem contra vós para o maior bem da vossa alma; Ele vos ama e não quer pouco a quem O quer.

Logo, por que, irmãs minhas, não Lhe mostraremos nós, tanto quanto pudermos, o nosso amor? Vede que é uma bela troca dar o nosso amor em troca do Seu; vede que Ele tudo pode e que

---

5. Com essa proposição, ela começa uma passagem doutrinalmente interessante, profusamente discutida e comentada por teresianistas e teólogos da espiritualidade. As muitas modificações feitas pela autora nas várias redações para chegar a uma formulação satisfatória do "seu problema" demonstram que havia nele dados fugidios, não captados por inteiro pela sua mente nem de fácil expressão.

6. *Andar a braços:* lutar corpo a corpo. Segue-se uma alusão a Mateus 4,5.

7. No n. 6.

8. Alusão a Mateus 21,37.

nós, aqui, só podemos o que Ele nos faz poder. E o que fazemos por Vós, Senhor, nosso Criador? Praticamente nada, uma mera determinaçãozinha. Ora, se pelo que nada vale Sua Majestade quer que mereçamos o tudo, não sejamos néscias.

11. Ó Senhor! Todo o prejuízo vem de não termos os olhos postos em Vós, porque, se o nosso olhar não visse outra coisa além do caminho, chegaríamos depressa. Contudo, caímos mil vezes, tropeçamos e perdemos o rumo por não fixarmos o olhar, como estou dizendo, no verdadeiro caminho. Parece que nunca andamos por ele, já que tanto nos parece novo. É por certo de lastimar o que algumas vezes acontece. Porque, quando querem nos menosprezar em alguma coisa minúscula, não o suportamos, nem nos parece possível suportar; e logo dizemos: "Não somos santas!"

12. Deus nos livre, irmãs, de dizer, quando fizermos uma coisa imperfeita: "Não somos anjos", "não somos santas". Percebei que, apesar de não o sermos, muito bem nos traz pensar que, se nos esforçarmos, poderemos sê-lo, desde que Deus nos dê a mão; e não tenhais medo de que Ele nos falte, se nós não Lhe faltarmos. E como não viemos aqui para outra coisa, mãos à obra, como se diz; e que não haja serviço para a maior glória do Senhor que não tenhamos certeza de nos desincumbir bem com o Seu favor. Eu gostaria de ver nesta casa essa pretensão, porque ela sempre faz crescer a humildade e confere uma santa ousadia, pois Deus ajuda os fortes e não faz exceção de pessoas[9].

13. Muito me desviei; desejo voltar ao que dizia[10], que é a explicação da oração mental e da contemplação. Parece impertinência, mas para vós tudo passa; talvez o entendais melhor por meio do meu estilo grosseiro do que por outros, elegantes. Que o Senhor me dê favor para isso, amém.

CAPÍTULO 17

Discorre sobre o fato de nem todas as almas serem destinadas à contemplação e de algumas chegarem a ela tarde; afirma que o verdadeiro humilde deve seguir contente o caminho pelo qual o Senhor o conduzir.

1. Parece que finalmente começo a tratar da oração, mas falta dizer algo, que muito importa, pois se refere à humildade e é necessário nesta casa[1]; falo do exercício principal da oração, e, como eu disse[2], é fundamental que trateis de entender como praticar muito a humildade. E aquilo de que vou falar está intrinsecamente ligado a ela, sendo vital para todos quantos pratiquem a oração: como poderá o verdadeiro humilde julgar-se tão bom quanto os que chegam à contemplação? Sem dúvida, Deus pode nos levar a isso por Sua bondade e misericórdia. Mas, a meu ver, devemos sempre colocar-nos no lugar mais baixo, pois assim nos disse o Senhor que fizéssemos, tendo-nos ensinado por obras[3]. Disponhamo-nos a seguir esse caminho se Deus por ele nos quiser levar; se não for esse o caso, recorramos à humildade e tenhamo-nos por felizes em servir às servas do Senhor, louvando-O porque, embora merecêssemos ser escravas dos demônios do inferno, Sua Majestade nos permitiu ficar entre elas.

2. Não digo isso sem base, porque, como afirmei[4], muito importa compreender que Deus não leva a todos pelo mesmo caminho, sendo possível que quem tiver a impressão de estar muito mais baixo esteja, aos olhos do Senhor, mais elevado.

Assim, não é porque nesta casa todas estão voltadas para a oração que todas haverão de ser contemplativas; é impossível; o fato de não se compreender que o ser contemplativo é coisa dada por Deus causa grande desassossego na pessoa que não está destinada a isso. Esse dom não é

---

9. Efésios 6,9.
10. No n. 6.
1. Mosteiro de São José de Ávila.
2. No cap. 12, n. 6-7.
3. Lucas 14,10.
4. No cap. 16, n. 9.

necessário à salvação, nem é exigido de nós; não pensemos que haveremos de prestar contas por isso, pois ninguém deixará de ser muito perfeito, não sendo contemplativo, se fizer o que foi dito. Na realidade, alguém assim poderá até ter muito mais mérito, por ter de alcançar tudo com seus próprios esforços; o Senhor o conduzirá na outra vida ao lugar onde há de fluir com intensidade tudo o que não goza aqui. Nem por isso deve essa pessoa desanimar, nem deixar a oração e os exercícios comuns a todas; às vezes, o Senhor vem muito tarde, mas paga tão bem quanto paga em muitos anos a outras almas.

3. Passei mais de catorze anos sem conseguir nem mesmo a meditação, a não ser recorrendo a alguma leitura. Haverá muitas pessoas assim e outras que, mesmo com a leitura, não podem ter meditação, restringindo-se a rezar vocalmente, nisto se detendo mais. Há pensamentos tão ondulantes que não conseguem fixar-se numa coisa e que estão sempre desassossegados, e a tal ponto que, se se quiser fazê-los deter-se em pensar em Deus, se deixam levar por mil disparates, escrúpulos e dúvidas.

Conheço uma pessoa bem velha, de vida muito edificante, penitente e boa serva de Deus que passa muitas horas, já há vários anos, em oração vocal, não podendo contudo fazer oração mental; o máximo que consegue, e não é muito, é deter-se um pouco mais nas orações vocais. E há muitas outras pessoas nessas condições, pessoas que, se tiverem humildade, não creio que no final sejam menos favorecidas, mas sim igualadas àqueles que recebem muitas consolações; e, em parte, com maior segurança, visto não sabermos se as consolações vêm de Deus ou são postas pelo demônio. Se não forem de Deus, o perigo é ainda maior, porque o inimigo se empenha aqui em torná-las soberbas; quando são de Deus, não há o que temer, pois trazem consigo a humildade, como falei extensamente no outro livro[5].

4. Estas outras[6] têm humildade, suspeitam que são assim por sua culpa e sempre têm o cuidado de progredir. Não podem ver as pessoas chorar uma lágrima que elas não tenham chorado sem pensar que estão muito atrás daquelas no serviço de Deus — embora talvez estejam muito adiante. Porque as lágrimas, embora sempre sejam boas, não são todas perfeitas; sempre há mais segurança na humildade, na mortificação, no desapego e em outras virtudes. Quem assim for não há de temer deixar de chegar à perfeição que os muito contemplativos alcançam.

5. Santa era Marta, e não dizem que fosse contemplativa. Logo, que mais desejais do que poder chegar a ser como essa bem-aventurada, que mereceu ter Cristo Nosso Senhor tantas vezes em sua casa, dando-Lhe de comer, servindo-O e comendo com Ele à sua mesa?[7] Se todos ficassem como Madalena, embevecida, não haveria quem desse de comer a esse divino hóspede. Pensai, pois, que esta congregação é a casa de Santa Marta, devendo nela haver de tudo; e quem for levada pela vida ativa, não fique murmurando contra as que muito se absorverem na contemplação, pois sabe que, mesmo que elas se calem, o Senhor sai em sua defesa, já que, na maior parte do tempo, Ele as faz se descuidarem de si e de tudo.

6. Recordai-vos de que é necessário ter alguém que faça a comida do Senhor, e considerai-vos felizes por O servirdes como Marta. Vede que a verdadeira humildade reside em nossa disposição de nos contentar com aquilo que o Senhor quiser de nós e em nos considerar sempre indignas de ser tidas por servas Suas. Se contemplar, ter oração mental, ter oração vocal, curar enfermos, servir nas coisas da casa e trabalhar — mesmo nas tarefas mais humildes — é servir ao Hóspede que vem ter conosco, ficando em nossa companhia, comendo conosco e conosco se recreando, que nos importa servi-Lo mais de uma maneira do que de outra?

7. Não digo que deixemos de esforçar-nos por alcançar a contemplação. Afirmo que em tudo deveis exercitar-vos, visto não estar em vossas mãos, mas nas do Senhor, o escolher, mas,

---

5. Em *Vida*, cap. 15, n. 14; cap. 17, n. 3; cap. 29, n. 7 e 29 etc.
6. *Estas outras:* as pessoas não agraciadas com consolos espirituais na oração.
7. O trecho era mais expressivo na primeira redação: *dando-lhe de comer, servindo-O e talvez comendo à Sua mesa e até no Seu prato?* Há aqui uma alusão a Lucas 10,38-42.

se depois de muitos anos Ele quiser dar a cada qual o seu ofício, bela humildade seria a vossa se desejásseis escolher por vós mesmas. Dai total liberdade de ação ao Senhor da casa, que é sábio e poderoso, compreendendo o que convém para vós, bem como o que Lhe é conveniente.

Ficai seguras de que, fazendo o que está ao vosso alcance, e preparando-vos para a contemplação com a perfeição de que falei, só não a recebereis Dele (e creio que Ele não deixará de concedê-la, desde que o desapego e a humildade sejam verdadeiros) se Ele vos tiver guardado esse regalo para vos dar no céu, para onde, como eu já disse[8], Ele vos quer levar como almas fortes, dando-vos aqui a cruz que Sua Majestade sempre teve.

E que maior amizade do que escolher para vós o que escolheu para Si? Talvez não fôsseis tão recompensadas no caminho da contemplação. A Deus cabem os julgamentos, não havendo razão para interferirmos neles; é um grande bem que não tenhamos de escolher, pois do contrário, como nos parece que contemplar é mais descanso, cedo seríamos todos grandes contemplativos.

Oh! É grande lucro não querer lucrar no tocante à nossa vontade, temendo sofrer uma perda, pois Deus nunca permite que se prejudique a alma bem mortificada, a não ser para fazê-la ganhar mais!

CAPÍTULO 18

Continua a tratar do mesmo assunto, mostrando que os sofrimentos dos contemplativos são maiores do que os dos ativos. Traz muitas consolações.

1. Pois eu vos digo, filhas a quem Deus não leva por esse caminho, que, pelo que vi e compreendi acerca dos que vão por ele, a cruz que levam não é mais leve e vos espantaríeis ao saber os caminhos e maneiras pelos quais Deus lhes dá essa cruz. Conheço uns e outros, e sei claramente serem intoleráveis os sofrimentos que Deus dá aos contemplativos; eles são de tal sorte que, se não lhes fosse dado aquele manjar de consolações, não os poderiam suportar. Sem dúvida — já que aqueles a quem muito quer Deus leva por caminhos de padecimentos e, quanto mais os ama, maiores são estes —, não há razão para crer que Ele desdenhe os contemplativos, porque por Sua boca os louva e tem por amigos[1].

2. É absurdo crer que o Senhor admita como amigos íntimos pessoas comodistas e que não sofrem. Tenho plena certeza de que Deus dá sofrimentos muito maiores aos contemplativos; Ele os leva por caminhos ásperos, cheios de irregularidades, fazendo-os por vezes pensar que se perdem e que devem começar de novo e percorrer os trechos já percorridos, sendo por isso necessário que Sua Majestade lhes dê mantimentos; não água, mas vinho, para que, embriagados, não percebam aquilo por que passam e possam suportá-lo. Assim, são poucos os verdadeiros contemplativos que eu não veja animados e determinados a sofrer, porque a primeira coisa que Deus faz por eles, se forem fracos, é incutir-lhes ânimo e tirar-lhes o medo de padecer.

3. Creio que os da vida ativa pensam, quando veem uma minúscula consolação nos contemplativos, que a vida destes é sempre assim. Pois afirmo que talvez não pudésseis suportar um único dia do que eles passam. Por isso, o Senhor, sabendo a que estão destinados todos, dá a cada um o seu ofício, aquele que mais convém à sua alma, ao próprio Senhor e ao bem do próximo; desde que não deixeis de vos dispor a servi-Lo, não temais que o vosso trabalho se perca.

Atentai, digo que todas procuremos a contemplação — pois não estamos aqui para outra coisa —, e não um só ano, nem dois, nem mesmo dez, para não darmos a impressão de ter desistido por covardia, pois é bom que o Senhor entenda que não é culpa nossa não ser contemplativas. Sejamos como soldados que, embora tendo servido muito, sempre estão às ordens do capitão para

---

8. No n. 2.
1. Alusão à passagem evangélica (Lc 10,41) de que ela falou no cap. 17, n. 5.

que ele os envie a realizar a tarefa que quiser, pois há de lhes pagar o soldo. E quão melhor do que os reis da terra o paga o nosso Rei!

4. O Senhor, vendo-vos como soldados dispostos a servir, e tendo já compreendido para que serve cada uma, divide as tarefas de acordo com as forças que vê em vós. Se não estivésseis presentes, Ele não vos daria nada nem vos mandaria servi-Lo em alguma coisa.

Assim, irmãs, praticai a oração mental; quem não puder, faça oração vocal, leituras e colóquios com Deus, como depois direi[2]. Não abandoneis as horas de oração comum; não sabeis quando o Esposo vos chamará (que não vos aconteça como às virgens loucas)[3] nem se vos quererá dar mais sofrimentos compensados por consolos. Se Ele não vos der, percebei que não sois destinadas a isso e que vos convém aquilo. Aqui, importa muito alcançar o merecimento mediante a humildade, crendo que não servis sequer para o pouco que fazeis[4].

5. Andai alegres, servindo no que vos é mandado, como eu disse[5], e se vossa humildade for verdadeira, felizes de vós que servis na vida ativa, pois não murmurareis senão de vós mesmas. Deixai as outras com sua guerra, que não é pequena; porque, embora nas batalhas o alferes não peleje, nem por isso deixa de correr grande perigo e, no seu íntimo, deve lutar mais do que todos, já que, portando o estandarte, não se pode defender e, mesmo que o façam em pedaços, não pode soltá-lo.

Assim, os contemplativos devem levar erguida a bandeira da humildade e sofrer todos os golpes sem dar nenhum; porque o seu ofício é padecer como Cristo, levantar bem alto a cruz, não a deixar sair das mãos por mais perigos em que se vejam; não devem eles dar mostras de fraqueza no sofrimento, pois para suportá-lo receberam esse honroso ofício. Eles devem ver o que fazem, porque, se largam a bandeira, perdida está a batalha. Logo, creio ser muito prejudicial para os que não estão tão adiantados o ver que, naqueles por eles já considerados capitães e amigos de Deus, as obras não correspondem ao ofício de que se desincumbem.

6. Os outros soldados se arranjam como podem, afastando-se às vezes do lugar onde veem um perigo maior. E nem por isso são notados nem perdem a honra. Os comandantes, no entanto, têm todos os olhos postos sobre si, mal podendo mover-se. Por isso, se bom é o ofício e grande honra e graça faz o Rei àquele a quem o dá, quem o aceita não se obriga a pouco.

Assim, irmãs, não sabemos o que pedimos[6]; deixemos o Senhor agir como quiser, não sendo como algumas pessoas que parecem pedir a Deus consolações como se por direito próprio. Curiosa maneira de ser humilde! Por isso, age bem Aquele que conhece todos, pois raramente, creio eu, as concede a estas, pois vê muito bem que não servem para beber o cálice[7].

7. Para saberdes, filhas, se estais adiantadas na virtude, que cada qual compreenda que é a pior de todas, mas de tal maneira que permita perceber pelas suas obras que o reconhece, beneficiando e fazendo avançar, assim, as outras. Ter mais consolos na oração, e mais arroubos ou visões, assim como receber do Senhor mais graças desse tipo, nada indicam por si, devendo nós esperar o outro mundo para ver seu valor. Contudo, a moeda corrente, a renda segura, os juros perpétuos, em vez de censos remíveis, que se tiram e põem[8], são a grande virtude da humildade e da mortificação, da grande obediência em não se opor em nada ao que ordena o prelado, que, como sabeis, dá as ordens que vêm de Deus, já que está em Seu lugar.

A obediência é o que julgo de maior importância; e como me parece que, se não a tendes, não sois monjas, não falo nada sobre isso, pois me dirijo a monjas, a meu ver boas, ou ao menos

---

2. Cf. cap. 30, *passim* e n. 7. A frase seguinte se refere às horas de oração a que todas estão obrigadas por lei.
3. Mateus 25,1-13.
4. Lucas 17,10.
5. No n. 4, bem como no cap. 17, n. 6.
6. Mateus 20,22. *Não sabemos o que pedimos* quando solicitamos os regalos da contemplação. Na primeira redação: deixemos o Senhor agir como quiser, *pois Ele nos conhece melhor que nós mesmas. E a verdadeira humildade é ficarmos contentes com aquilo que nos é dado.*
7. Alusão a Mateus 20,22.
8. *Censos remíveis:* opunham-se aos *juros*, que eram *perpétuos*, como a própria Autora insinua.

que o desejam ser. Sendo isso coisa tão evidente e relevante, não direi mais de uma palavra, para que não o esqueçais.

8. Para mim, quem estiver obrigada à obediência por votos e a ela faltar, não tendo o máximo empenho em cumpri-la com grande perfeição, não tem por que estar no mosteiro. Eu pelo menos lhe asseguro que, enquanto fracassar nesse ponto, nunca chegará a ser contemplativa nem sequer uma boa ativa — tenho plena certeza disso. Mesmo quem não está obrigado a isso, mas deseja alcançar a contemplação, precisa, para ir com segurança, sujeitar sua vontade, com toda a determinação, a um confessor experiente. Porque é muito sabido que se aproveita mais, com isso, em um ano do que em muitos sem isso. Como para vós isso não é necessário, não tenho por que insistir.

9. Concluo que essas virtudes são as que desejo que tenhais, filhas minhas, que procureis e invejeis santamente. Quanto às demais devoções, não vos amofineis por não as terdes, pois são coisa incerta. Pode ser que, em outras pessoas, sejam de Deus, mas que, em vós, Sua Majestade permita que sejam ilusão do demônio e que vos enganem, como fez com outras pessoas[9]. Para que quereríeis servir ao Senhor em coisa duvidosa, tendo tanto em que O servir com segurança? Quem vos impele a esses perigos?

10. Alarguei-me tanto nisso porque sei que convém, pois esta nossa natureza é fraca. A quem Deus quiser dar a contemplação, Sua Majestade fará forte; quanto àqueles a quem Ele não a queira dar, alegro-me por ter feito estas advertências, com as quais também os contemplativos se humilharão.

O Senhor, por quem é, nos ilumine para em tudo seguir a Sua vontade; e nada teremos a temer.

CAPÍTULO 19

Começa a tratar da oração. Fala com almas que não podem discorrer com o intelecto.

1. Faz tantos dias que escrevi as coisas precedentes sem ter oportunidade de continuar que, se não voltasse a ler, eu não saberia o que dizia; para não tomar tempo, o que digo irá como sair, sem plano a seguir. Para intelectos bem ordenados e almas muito experientes e capazes de se concentrar, há tantos livros escritos, e tão bons e de autoria de pessoas tais, que seria erro que fizésseis caso do que digo sobre coisas de oração. Porque, como eu digo, tendes esses livros que apresentam, divididos pelos dias da semana, os mistérios da vida do Senhor e de Sua Paixão, assim como meditações sobre o juízo, o inferno, a nossa insignificância e o muito que devemos a Deus, livros que contêm excelente doutrina e métodos para o início e o fim da oração[1].

Quem puder e já tiver o costume de praticar esse modo de oração não precisa que eu diga nada, pois, seguindo um caminho tão bom, será levado pelo Senhor a porto de luz; com tão bons princípios, não menos bom será o fim da jornada. Todos aqueles que puderem seguir essa via hão de encontrar repouso e segurança; porque, estando o intelecto dominado, marcha-se com descanso.

O assunto de que eu queria tratar, indicando algum remédio, se o Senhor me permitir acertar (e, se não, que ao menos possais entender que há muitas almas que passam por esse sofrimento, para que não se fatiguem as que por ele passarem), vem a seguir.

2. Há almas e intelectos descontrolados como cavalos sem freio, não havendo quem os faça parar; mal estão aqui, já os vemos ali, sempre com desassossego: é de sua própria natureza ou é Deus que o permite. Tenho muita pena delas, porque me parecem semelhantes a pessoas que têm

---

9. *Que em mulheres é coisa perigosa,* acrescentava ela na primeira redação.

1. Ela se refere, muito provavelmente, aos livros do Padre Granada, conhecidos e estimados pela Santa, recomendados às suas monjas nas *Constituições* e louvados em termos superlativos em carta ao autor: "Dentre as muitas pessoas que amam no Senhor a Vossa Paternidade por terdes escrito tão Santa e proveitosa doutrina, e que dão graças a Sua Majestade por tê-lo permitido a Vossa Paternidade para tão grande e universal bem das almas, eu sou uma" (B. M. C., t. 7, p. 211).

muita sede e veem a água muito de longe e querem ir até ela, mas acham quem se ponha em seu caminho no princípio, no meio e no fim. Acontece que, quando com seus esforços — um grande esforço — vencem os primeiros inimigos, se deixam vencer pelos segundos, e desejam antes morrer de sede que beber uma água que tanto lhes há de custar. Elas arrefecem, tendo-lhes faltado o ânimo.

Outras há que têm forças para vencer também os segundos inimigos, mas que fraquejam diante dos terceiros, talvez quando estão a dois passos da fonte de água viva de que o Senhor falou à samaritana, aquela da qual quem beber não terá sede[2]. E quão certas e verdadeiras essas palavras saídas da boca da própria Verdade! Quem dela beber não ficará sedento das coisas desta vida, embora aumente, muito mais do que podemos imaginar a partir da sede natural, a das coisas da outra vida. E com que sede se deseja ter esta sede! Porque a alma entende todo o seu grande valor. E, mesmo sendo penosíssima, a ponto de fatigar, esta sede traz consigo a mesma satisfação com que se mata aquela, de modo que é uma sede que só afoga a das coisas terrenas, trazendo antes fartura. Assim, quando Deus a satisfaz, a maior graça que Ele pode conceder à alma é deixá-la com essa mesma necessidade, sendo cada vez maior a sua vontade de voltar a beber dessa água.

3. A água tem três propriedades, ou ao menos me lembro de três que vêm a propósito, pois há muitas mais.

Uma é a que "refresca". De fato, por maior que seja o nosso calor, logo sentimos alívio quando nos aproximamos da água; e se houver um grande fogo, matamo-lo com ela, exceto se for o de alcatrão[3], que se acende mais. Oh, valha-me Deus, que maravilha há nesse atiçar mais o fogo com a água, quando é fogo forte, poderoso, não sujeito aos elementos, pois aquela, embora seja o seu contrário, em vez de atalhá-lo, o faz crescer! Muito me valeria aqui poder falar com quem conhece filosofia, porque, conhecendo as propriedades das coisas, poderia explicá-las a mim, que vou me deleitando nisso sem saber o que dizer e até sem o compreender.

4. Quando Deus, irmãs, vos fizer beber dessa água, e algumas dentre vós já a bebeis, tereis o gosto disso e entendereis que o verdadeiro amor de Deus — se está em toda a sua força, já livre de todo das coisas da terra, pairando acima delas — é senhor de todos os elementos e do mundo; não temais que a água, como vem da terra, mate esse fogo de amor de Deus; isso não é de sua jurisdição. Embora ela seja o seu contrário, ele já é senhor absoluto, não lhe estando sujeito. Assim, não vos espanteis, irmãs, do muito que tenho dito neste livro para instar-vos a procurar essa liberdade.

Não é maravilhoso que uma pobre monja de São José possa chegar a dominar toda a terra e os seus elementos? E haveremos de nos espantar com o fato de os santos fazerem deles o que queriam, com o favor de Deus? A São Martinho, o fogo e as águas obedeciam; a São Francisco, até as aves e os peixes; e o mesmo ocorria com muitos outros santos. Via-se com clareza que eles tinham domínio de todas as coisas do mundo, por terem trabalhado bem em tê-lo em pouca conta, sujeitando-se de verdade, com todas as forças, ao seu Senhor. Assim, como eu digo, a água que nasce na terra não tem poder contra esse fogo, cujas chamas são muito elevadas, e cuja origem não está em coisa tão baixa.

Há outros fogos, de pequeno amor de Deus, que qualquer coisa apaga. Mas tal não acontece com este, não, mesmo que venha todo o mar de tentações, nada o faz deixar de arder de uma maneira que o leva a dominar todas as águas[4].

5. E se for água que chove do céu, ela o abafará ainda menos, pois não são contrários, tendo uma mesma origem. Não tenhais medo de que um elemento faça mal ao outro, pois, em vez disso,

---

2. Alusão a João 4,13.

3. *Alcatrão:* "É uma espécie de betume de que se fazem fogos inextinguíveis para lançar aos inimigos"; assim o define Covarrubias, s. v. A exposição seguinte baseia-se na antiga teoria filosófica dos quatro elementos simples de que se compõe o universo: terra, ar, água e fogo; eram contrários entre si o primeiro e o segundo, e o terceiro e o quarto. Daí decorrem as aplicações que a Santa faz da "água viva" e do "fogo do amor", lamentando-se por não saber filosofia, já que esta, acreditava ela, a teria iniciado no conhecimento das "propriedades das coisas".

4. Alusão ao Salmo 8,7.

eles se ajudam mutuamente; porque a água das lágrimas verdadeiras (que são as que procedem de uma verdadeira oração, sendo dadas de fato pelo Rei do céu) ajuda a atiçar ainda mais o fogo, e faz que dure, enquanto este a ajuda a refrescar.

Oh, valha-me Deus, que coisa tão bonita e tão maravilhosa é o fogo refrescar! Pois assim é, chegando a gelar todas as afeições do mundo quando se une à água viva do céu, que vem da fonte de onde procedem as lágrimas de que falei, lágrimas que são dadas, e não adquiridas por nosso engenho. Assim, é bem certo que esse fogo não deixa calor em nenhuma das coisas do mundo, impedindo a alma de nelas se deter, a não ser que possa incorporar esse ardor ao seu ser, pois é da natureza do fogo de que falo não se contentar com pouco; se pudesse, ele abrasaria todo o mundo.

6. A outra propriedade é "limpar o que não está limpo". Se não houvesse água para lavar, que seria do mundo? Sabeis que essa água viva, essa água celestial, essa água clara, quando não está turva, quando não tem lama, mas cai do céu, é limpa como nenhuma outra coisa? Ela o é a tal ponto que, se bebermos dela uma única vez, tenho certeza de que deixa a alma clara e limpa de todas as culpas; porque, como tenho escrito[5], Deus não permite que se beba dessa água (pois não está em nosso querer sorvê-la, por ser coisa muito sobrenatural essa divina união) se não for para purificar a alma, deixando-a limpa e livre do lodo e da miséria nos quais, por suas culpas, está mergulhada.

Os outros gostos, que vêm do intelecto, por mais que façam, trazem a água que corre pela terra, que não é bebida junto à fonte; nunca faltam neste caminho coisas sujas em que a água se detenha, razão por que não chega tão pura nem tão limpa. Não chamo esta oração, que, como eu digo, vai discorrendo com o intelecto, de "água viva"; porque, por mais que nos esforcemos, sempre se apega à nossa alma alguma coisa indesejável do caminho, ajudando nisso este nosso corpo e a nossa inferioridade natural.

7. Explicando melhor: pensamos no que é o mundo e em como tudo se acaba, para menosprezá-lo. Mas, quase sem nos dar conta, vemo-nos envolvidas em coisas suas que nos agradam; e, desejando nós fugir delas, pensar sobre como foi, como será, sobre o que fiz e o que farei sempre nos perturba um pouco. Assim, refletindo sobre o que é necessário para nos livrar disso, às vezes nos pomos outra vez em perigo. Não que devamos deixar de fazer isso, mas é preciso fazê-lo com temor, sendo vital não andar descuidadas.

Aqui, o próprio Senhor toma esse cuidado, pois não quer deixar-nos entregues a nós mesmas[6]. Ele tem a nossa alma em tal conta que não lhe permite envolver-se em coisas que a possam prejudicar no período em que a quer favorecer. Pondo-a logo junto a Si, Ele lhe mostra num átimo mais verdades, dando-lhe um conhecimento mais claro do que são todas as coisas, do que poderíamos obter na terra em muitos anos. Porque, como não temos a vista desimpedida, o pó nos cega à medida que vamos caminhando. Aqui, o Senhor nos conduz ao fim da jornada sem que entendamos como.

8. A outra propriedade da água é "saciar e tirar a sede"; porque sede, a meu ver, quer dizer desejo de uma coisa que nos faz grande falta, tanta que, totalmente privados dela, perdemos a vida. Estranha coisa esta que, se nos falta, nos mata, e, se nos sobra, acaba com a nossa vida, como vemos com tantos afogados. Ó Senhor meu! Feliz de quem se visse tão engolfado por essa água viva que tivesse tirada a vida! Mas será isso possível? Sim; tanto podem crescer o amor e o desejo de Deus que o sujeito natural não consiga suportá-lo, o que levou pessoas a morrer. Conheci uma que, se Deus não a tivesse socorrido de imediato, essa água viva, de tão abundante, teria tirado de si com arroubos[7]. Digo isso porque, nos arroubos, a alma descansa. Parece que, afogada por não

---

5. No cap. 16, n. 6 s. Sobre a questão da mesma origem da água e do fogo celestiais, mencionada no n. 5, cf. cap. 40, n. 8.

6. Observe-se que ela compara a "água viva" (contemplação infusa) com a "água lodosa" (oração discursiva). *"Aqui"* se refere à "água viva", isto é, à contemplação.

7. A Santa se refere a si mesma; veja-se o cap. 20 de *Vida e Relação* 1.

poder suportar o mundo, ela ressuscita em Deus, e Sua Majestade a capacita a gozar aquilo que, estando em si, ela não poderia fruir sem morrer.

9. Entenda-se disso que, por não haver em nosso sumo Bem coisa que não seja perfeita, tudo o que Ele dá é para o nosso bem; e, por maior abundância que nos dê dessa água, não pode haver excesso em coisa Sua. Porque, quando dá muito, Ele, como eu disse[8], torna a alma capaz de beber muito, tal como o oleiro que faz a vasilha do tamanho necessário para aquilo que vai ser posto nela.

Quando desejamos isso, como costumamos fazer, nunca agimos sem falhas; se nos levar a alguma coisa boa, é porque o Senhor nos ajuda. Porém somos tão indiscretos que, como é um penar suave e gostoso, nunca nos fartamos dele; comemos sem medida, atiçamos o desejo como podemos, razão por que ele, algumas vezes, mata. Que ditosa morte! Mas, talvez, se vivêssemos, ajudássemos outros a morrer com desejos dessa morte. Creio que é o demônio que faz isso, porque compreende o mal que havemos de fazer se vivermos; assim, ele nos tenta com penitências indiscretas para nos tirar a saúde — e, nisso, não é pouco o que ganha.

10. Digo: a alma que chegar a ter essa sede tão impetuosa deve acautelar-se, porque, acredite, terá essa tentação; e, ainda que não morra de sede, acabará com a própria saúde e dará sinais exteriores dessa sede interior, mesmo que não o queira, sinais que se devem evitar de todas as maneiras. Algumas vezes, pouco nos serve nossa atenção, pois não poderemos encobrir tudo como quereríamos; mas tenhamos cuidado quando vierem ímpetos muito grandes de crescimento desse desejo para não o aumentarmos, e sim, com suavidade, interrompê-lo com outra consideração; isso porque, às vezes, pode ser que a nossa natureza atue tanto quanto o amor, pois há pessoas que desejam qualquer coisa, mesmo que seja ruim, com grande intensidade. Não creio que estas sejam pessoas muito mortificadas, já que tudo serve para a mortificação. Parece um absurdo interromper coisa tão boa; mas isso não é verdade, pois não digo que se afaste o desejo, mas que ele seja interrompido, talvez até com outro desejo mediante o qual mereçamos a mesma graça.

11. Quero dizer uma coisa que o explique melhor: sobrevêm-nos um grande desejo de nos ver já com Deus e libertos deste cárcere, como São Paulo[9]; pena que, sendo por essa causa, deve ser por si mesma muito agradável. Para interrompê-la, será preciso muita mortificação, e não poderemos para-la de todo. Mas, quando o desejo se torna tão intenso que se chega perto de perder o juízo (como eu já vi suceder há pouco tempo com uma pessoa[10], naturalmente impetuosa, embora habituada a dominar a própria vontade — que parece tê-la perdido, como se pode verificar em outras circunstâncias —, digo que, por certo período de tempo, eu a vi como que desatinada, devido à grande dor e sofrimento que impunha a si mesma para o dissimular), afirmo que, sendo um caso tão excessivo, mesmo decorrente do espírito de Deus, a humildade nos recomenda temer, pois não devemos pensar que somos possuidoras de uma caridade capaz de nos expor a tão grande risco.

12. Creio que não seria ruim (quando se puder, pois nem sempre se pode) substituir esse desejo pensando que, se se viver, se poderá servir mais a Deus e, talvez, dar luz a alguma alma que haveria de se perder, bem como que, servindo mais, se merecerá gozar mais de Deus; devemos nos lembrar também do pouco que servimos. Esses são bons consolos para aflição tão grande, para aplacar o sofrimento e para fazer a alma ganhar muito, porque ela, para servir ao próprio Senhor, deseja ficar aqui e viver com seu padecimento. É como querer consolar alguém que tem um grande sofrimento ou grave dor dizendo-lhe que tenha paciência e se entregue às mãos de Deus, deixando que se cumpra a Sua vontade, pois não há nada melhor do que nos entregar a Ele.

13. E se o demônio tiver ajudado de algum modo num desejo tão grande — o que seria possível, como conta, creio, Cassiano de um eremita de vida asperíssima a quem o inimigo deu a entender que devia deitar-se num poço para ver mais depressa a Deus? Estou bem persuadida de

---

8. No n. 8.
9. Cf. Filipenses 1,23.
10. Ela se refere a si mesma.

que esse eremita não devia ter servido a Deus com humildade nem perfeição, porque o Senhor é fiel[11] e não permitiria que ele se cegasse em coisa tão evidente.

Mas está claro que, se o desejo fosse de Deus, não lhe teria feito mal, porque, nesse caso, traz consigo a luz, o discernimento e a medida. Isso é evidente, mas esse adversário, inimigo nosso, procura levar-nos à danação, por todos os lados que puder[12]; e como ele não anda descuidado, que não andemos nós. Isso é muito importante para muitas coisas, como, por exemplo, para encurtar o tempo da oração, por mais prazerosa que seja, quando vemos que as nossas forças corporais se exaurem ou a nossa cabeça fica pesada. Em tudo, é muito necessário o discernimento.

14. Por que pensais, filhas, que eu quis descrever o fim e mostrar a recompensa antes da batalha, falando sobre o bem que traz consigo o chegar a beber dessa fonte celestial, dessa água viva? Para que não vos desanimeis diante dos esforços e das contradições que há pelo caminho, para que sigais com ânimo e não vos canseis; porque — como eu disse[13] — talvez, tendo chegado e não vos faltando senão abaixar-vos para beber da fonte, abandonásseis tudo e perdêsseis esse bem por pensardes que não teríeis forças para chegar a ele nem condições para tanto.

15. Vede que o Senhor convida a todos. Ele é a própria verdade, não há por que duvidar. Se esse convite não fosse geral, Ele não nos chamaria a todos e, mesmo que chamasse, não diria: *Eu vos darei de beber*[14]. Ele poderia dizer: "Vinde todos porque, afinal, não perdereis nada; e darei de beber a quem eu quiser". Mas como Ele disse, sem impor essa condição, "a todos", tenho por certo que não faltará dessa água viva a todos quantos não ficarem pelo caminho.

Dê-nos o Senhor, que a promete, graça para procurá-la como devemos, por quem Sua Majestade é.

CAPÍTULO 20
Fala de como, por diferentes meios, nunca falta consolação no caminho
da oração, e aconselha as irmãs a fazerem disso suas práticas constantes.

1. Parece que, no capítulo precedente, eu contradisse o que antes tinha afirmado; porque, para consolar as que não chegavam aqui[1], falei que o Senhor atrai a Si as almas por diversos caminhos, da mesma maneira como há muitas moradas[2]. Assim, eu o repito; porque, como Sua Majestade compreendeu a nossa fraqueza, atendeu a todos por ser quem é. Mas Ele não disse: "Venham uns por este caminho e outros por aquele". Em vez disso, foi tão grande a Sua misericórdia que a ninguém impediu de procurar chegar a essa fonte de vida e dela beber. Bendito seja Ele para sempre! E com que razão Ele mo teria impedido!

2. Pois, se não me mandou que o deixasse quando eu o comecei, nem fez que me lançassem nas profundezas, é bem verdade que Ele não impede ninguém, mas, em vez disso, chama a todos publicamente em alta voz[3]. Sendo porém tão bom, Ele não nos força, mas dá de beber de muitos modos aos que O querem seguir, para que nenhum se afaste desconsolado ou morra de sede. Por-

---

11. 1 Coríntios 10,13. Trata-se do solitário Heron, cuja história é contada por Cassiano na *Conferência II*, cap. 5. Sobre a afeição de Santa Teresa pelos livros de Cassiano, depõe Maria Bautista no Processo Remissorial (Ávila, 1610): "Imitando o dito Padre São Domingos, [ela] era muito devota das *Colaciones* de Cassiano e Padre do Deserto, e, assim, quando esta declarante esteve com ela, a Santa Madre a mandava todos os dias ler duas ou três vidas daqueles santos, por não ter ela sempre oportunidade de fazê-lo, devido às suas justas e Santas ocupações, e, de noite, falar a respeito delas, e assim esta declarante o fazia" (B. M. C., t. 19, p. 591).

12. Alusão ao texto bíblico de 1 Pedro 5,8, que a Santa lia na *Regra* carmelita.

13. No cap. 2.

14. João 7,37. Esse texto não aparece na Bíblia na forma citada por Santa Teresa. Parece uma combinação de João 7,37 com Mateus 11,28, conservando o pensamento do primeiro e a forma gramatical do segundo. Cf. *Exclamações*, IX, 1.

1. No cap. 17, n. 2.

2. Cf. João 14,2.

3. Alusão a Provérbios 1,20s, e a João 7,37.

que dessa fonte caudalosa saem arroios, uns grandes e outros pequenos, e algumas vezes pequenos charcos para crianças, que isso lhes basta, podendo algo maior espantá-las com muita água — estes são os que ainda se encontram no princípio.

Dessa maneira, irmãs, não tenhais medo de morrer de sede neste caminho; a falta da água da consolação nunca é tanta que não consigamos suportar. Sendo assim, segui o meu conselho e não fiqueis no caminho, mas pelejai como fortes até morrer na batalha, pois não viestes aqui senão para pelejar. Seguindo sempre com a determinação de antes morrer do que deixar de chegar ao fim do caminho, se o Senhor vos levar com alguma sede nesta vida, naquela que é para sempre Ele vos dará de beber com toda a abundância, e sem o perigo de que vos falte. Queira o Senhor que não Lhe faltemos nós, amém.

3. Agora, para começar esse caminho de que falei[4] sem errar desde o princípio, tratemos um pouco de como se deve iniciar essa jornada, porque isso é o mais importante, ou melhor, é de importância absoluta. Não digo que quem não tiver a determinação de que vou falar aqui deva deixar de começá-lo, porque o Senhor há de aperfeiçoá-lo; e, mesmo que o principiante não fizesse mais do que dar um passo, este tem em si tanta virtude que não é preciso temer a sua perda nem que deixe de ser muito bem recompensado.

É — digamos — como quem tem uma conta de perdões[5]: se rezar uma vez, ganha, e quanto mais vezes rezar, mais ganha. Mas se nunca rezar, guardando o rosário na arca, seria preferível não tê-la. Assim é que quem começa a trilhar o caminho da oração, mesmo que não continue a segui-lo, receberá, pelo pouco que tiver andado, luz para percorrer bem outros; e quanto mais andar, melhor. Enfim, fique certo de que não o prejudicará em coisa alguma ter começado o caminho, embora tendo-o deixado, já que o bem nunca faz mal.

Por isso, procurai tirar de todas as pessoas que tratarem convosco, desde que sejam bem-dispostas e tenham alguma amizade por vós, o receio de começar o caminho que leva a tão grande bem. E vos peço que, pelo amor de Deus, a vossa conversa sempre esteja voltada para o proveito das pessoas com quem falardes, pois a vossa oração sempre deve procurar o bem das almas. Como haveis de pedir isso sempre ao Senhor, não seria bom, irmãs, que não o procurásseis de todas as maneiras.

4. Se quereis ser boas parentes, é esta a verdadeira amizade; se quereis ser boas amigas, entendei que não o podeis senão por este caminho. Ande a verdade em vossos corações, como deve andar pela meditação, e vereis com clareza o amor que somos obrigadas a ter pelo próximo.

Já passou o tempo, irmãs, da brincadeira de crianças, pois não parecem outra coisa essas amizades do mundo, mesmo quando boas. Do mesmo modo, não haja entre vós expressões como "se me queres bem", "não me queres bem", nem no trato com presentes nem com ninguém, a menos que estejais voltadas para um grande fim e proveito daquela alma. Pode acontecer de, para que o vosso parente, irmão ou pessoa semelhante vos escute e entenda uma verdade, terdes de o preparar com essas afirmações e mostras de amor, que sempre alegram a sensibilidade; e acontecerá de uma boa palavra — pois assim a chamam — ser mais levada em conta, dispondo-os melhor para isso, do que muitas sobre Deus, para que mais tarde estas últimas sejam introduzidas. Logo, se as usardes com cuidado, a fim de procurar o proveito, eu não vos impeço de fazê-lo.

Se, contudo, não for esse o objetivo, semelhantes expressões nenhum proveito podem trazer, sendo possível, sem que vós o percebais, que causem prejuízo. Já sabeis que sois religiosas e que a vossa vida é de oração. Não admitais que vos venha a ideia: "Não quero que me tenham em boa conta", pois o prejuízo ou benefício decorrente do que se vir em vós atingirá toda a comunidade. É muito danoso que pessoas tão obrigadas a falar apenas de Deus, como são as monjas, ajam

---

4. *Esse caminho de que falei:* o da oração, o único de que trata o livro dentre os muitos aludidos no n. 1.

5. *Conta de perdões:* espécie de rosário indulgenciado que servia para contar o número de vezes em que as orações prescritas eram rezadas. *Perdões = indulgências.*

conscientemente com dissimulação no tocante a isso, exceto num caso raro em que isso seja para o maior bem das almas.

A oração é o vosso assunto, e a sua é a vossa linguagem; quem quiser tratar convosco deve aprendê-lo, e, se não o fizer, que vos resguardeis de aprender a delas: isso seria um inferno.

5. Se vos tiverem por grosseiras, nada perdereis; se por hipócritas, menos ainda. Ganhareis disso o não serdes procuradas senão por quem entende vossa língua; é impossível que quem não sabe algaravia aprecie falar longamente com quem só sabe essa língua. Assim, não vos cansarão nem prejudicarão, já que não seria pouco prejuízo começardes a falar uma nova língua, pois todo o vosso tempo seria dedicado a isso. E não podeis saber, ao contrário de mim, que por isso passei, o grande mal que é para a alma; porque, para saber uma, esquece a outra, ficando num perpétuo desassossego de que deveis fugir com todas as forças. O mais conveniente para esse caminho de que começamos a tratar é a paz e o sossego na alma.

6. Se as pessoas que falam convosco desejarem aprender a vossa língua, já que não vos cabe ensinar, podeis discorrer sobre as riquezas obtidas com a sua aprendizagem; disso não vos canseis, mas fazei-o com piedade, amor e oração para que haja proveito, para que a pessoa, entendendo o grande benefício que há nisso, procure um mestre que a ensine. Não seria pouca graça do Senhor permitir-vos que despertásseis alguma alma para esse bem.

E quantas coisas boas são oferecidas a quem começa a seguir por esse caminho, mesmo a uma pessoa que o tem percorrido tão mal quanto eu! Queira o Senhor que eu saiba, irmãs, falar delas melhor do que as tenho praticado. Amém.

CAPÍTULO 21

Fala da importância de se começar com muita determinação a ter oração
e não fazer caso dos inconvenientes sugeridos pelo demônio.

1. Não vos espanteis, filhas, com as muitas coisas que é necessário considerar para iniciar essa viagem divina, que constitui a via régia para o céu. Ganha-se, indo por ele, um grande tesouro, não sendo, pois, demasiado que custe muito, a meu ver. Tempo virá em que se vai entender como tudo é nada para obter tão grande recompensa.

2. Voltando agora aos que desejam seguir por ele e não parar até o fim[1], que é chegar a beber dessa água de vida, como devem começar? Digo que muito importa, sobretudo, ter uma grande e muito decidida determinação de não parar enquanto não alcançar a meta, surja o que surgir, aconteça o que acontecer, sofra-se o que se sofrer, murmure quem murmurar, mesmo que não se tenham forças para prosseguir, mesmo que se morra no caminho ou não se suportem os padecimentos que nele há, ainda que o mundo venha abaixo. E quantas vezes não acontece de ouvirmos dizer: "Há perigos", "Fulana se perdeu por aqui", "O outro se enganou", "Aquele que rezava muito, caiu", "Prejudicam a virtude", "Não é para mulheres, pois podem sobrevir-lhes ilusões", "Será melhor que vão fiar", "Deixem de lado essas delicadezas", "Basta o pai-nosso e a ave-maria"!

3. Isto também digo eu, irmãs; e como basta! É sempre um grande bem fundardes vossa oração em orações ditas por lábios como os do Senhor. Nisso têm razão, porque, se a nossa fraqueza não fosse tão fraca e a nossa devoção, tão debilitada, não seriam necessários outros modos de oração nem outros livros. E assim pareceu-me agora acertado (pois, como digo[2], dirijo-me a almas que não podem recolher-se em outros mistérios, almas às quais parece necessário usar de artifícios, havendo também espíritos tão engenhosos que com nada se contentam) fundar por aqui alguns princípios, meios e fins de oração, sem me deter, contudo, em coisas elevadas. Desse modo, não vos poderão tirar livros porque, se fordes estudiosas e humildes, não precisareis de outra coisa além do pai-nosso.

---

1. *Voltando agora ao tema:* ela começou a tratar dele no cap. 19, n. 1-2
2. Ela se refere ao cap. 19, n. 2.

4. Sempre tive afeição pelas palavras dos Evangelhos, que me levavam a maior recolhimento do que livros muito bem redigidos — especialmente se o autor não era muito aprovado, eu não tinha vontade de lê-los. Recorro, portanto, a esse Mestre da sabedoria e talvez aprenda Dele alguma consideração que vos contente.

Não digo que farei comentários dessas orações divinas[3] (pois não me atreveria a tanto, além de haver muitos escritos; e, mesmo que não os houvesse, seria disparate fazê-lo); apenas vou considerar as palavras do *pai-nosso*. Porque, algumas vezes, parece que, com muitos livros, perdemos a devoção àquilo que é tão importante para nós, visto ser claro que todo mestre, quando ensina uma coisa, afeiçoa-se ao discípulo e gosta que ele se contente com o que lhe é ensinado, além de ajudá-lo muito para que aprenda. Assim fará conosco esse Mestre celestial.

5. Por isso, não façais nenhum caso dos temores que quiserem vos incutir, nem dos perigos que vos apontarem. Seria muito engraçado que eu quisesse seguir por um caminho onde há tantos ladrões sem correr riscos, ganhando com facilidade um grande tesouro. Muito bom está o mundo para que vos seja permitido tomá-lo em paz; pelo contrário, por um centavo de interesse, as pessoas do mundo são capazes de ficar acordadas muitas noites e de desassossegar o corpo e a alma.

Porque, se quando vamos obtê-lo — ou roubá-lo, pois, como diz o Senhor, os esforçados o arrebatam[4] —, seguindo um caminho real, uma estrada segura, trilhada pelo nosso Rei e por todos os Seus escolhidos e santos, nos dizem que há tantos perigos e nos exibem tantos temores, imaginemos que riscos não correrão aqueles que decidem, sem orientação e sem saber o caminho, ganhar esse bem.

6. Ó filhas minhas! Eles correm perigos sem comparação, e em número muito maior, mas não os percebem até avistar o verdadeiro perigo, quando não há quem lhes dê a mão, perdendo por inteiro a água, sem beber pouco nem muito, nem de charco nem de arroio.

Pois, como já podeis ver, de que maneira se passará por um caminho onde há tantos inimigos a enfrentar sem uma gota dessa água? É claro que, quando menos esperarem, eles morrerão de sede — porque, queiramos ou não, filhas minhas, todos caminhamos para essa fonte, se bem que de diferentes maneiras. Acreditai-me, e não vos deixeis enganar por ninguém que vos mostre um caminho que não seja o da oração.

7. Não digo agora que a oração deva ser mental ou vocal para todos; no tocante a vós, digo que necessitais de uma e da outra, pois é esse o ofício dos religiosos. Tende aquele que vos disser que isso é um perigo pelo próprio perigo, e fugi dele; e não vos esqueçais deste meu conselho, que talvez venha a ter utilidade. Perigo será não ter humildade nem as outras virtudes; mas o caminho de oração ser caminho de perigo é algo que Deus nunca vai permitir. O demônio parece ter inventado esses temores, tendo com suas manhas, ao que parece, derrubado algumas pessoas de oração.

8. E vede que cegueira a do mundo, pois não se veem os muitos milhares que caíram em heresias e em grandes males sem ter oração, e sim dissipação. E se, entre a multiplicidade destes, o demônio, para melhor atingir os seus alvos, conseguiu derrubar alguns que tinham oração, essa mesma vitória logo faz incutir em outros um imenso temor diante das coisas da virtude. Quem recorrer a esse amparo para se livrar deve ter cautela, porque foge do bem para se livrar do mal[5]. Nunca vi uma invenção tão ruim: bem parece coisa do demônio. Ó Senhor meu, defendei a Vossa causa; vede que entendem Vossas palavras ao contrário. Não permitais semelhantes fraquezas em Vossos servos[6].

---

3. *Dessas orações divinas:* o pai-nosso e a ave-maria, porque, no princípio, ela se propôs a comentar as duas, logo desistindo da segunda.
4. Mateus 11,12.
5. *Quem recorrer...: os* que fogem da oração para evitar seus perigos.
6. *Fazei-o bem filhas, pois não vos tirarão o pai-nosso nem a ave-maria.* Assim prosseguia a primeira redação, aludindo à proibição inquisitorial. A alusão não agradou a um dos censores, que a riscou no autógrafo do Escorial, acrescentando à margem: "Parece que ela repreende os inquisidores que proíbem livros de oração". Esta glosa marginal foi riscada tão meticulosamente que até agora não tinha sido decifrada.

9. Há um grande bem aí: sempre vereis alguns que vos ajudem, porque com isso conta o verdadeiro servo de Deus, a quem Sua Majestade esclareceu sobre o verdadeiro caminho; esses temores só fazem com que aumente o seu desejo de não parar. Ele percebe sem nenhuma dúvida de onde vem o golpe do demônio para furtar-lhe o corpo e quebrar-lhe a cabeça. O demônio sente mais isso do que se alegra com todos os prazeres que outros lhe trazem. Quando, em tempo de alvoroço, numa desavença que semeia, o demônio parece conduzir todos meio cegos atrás de si, por tê-los enganado com o que parece ser o bom zelo, Deus incita alguém a abrir-lhes os olhos e dizer-lhes que vejam que o inimigo enevoou a sua visão para que não percebessem o caminho.

Que grandeza a de Deus! Pode mais, às vezes, um homem ou dois que digam a verdade do que muitos juntos; pouco a pouco se descobre o caminho outra vez: Deus lhes dá ânimo. Se disserem que há perigo na oração, procurai que se compreenda quão boa ela é, se não por palavras, por obras; se disserem que não é bom comungar muitas vezes, frequentai a comunhão com mais assiduidade. Assim, quando houver um ou dois que, sem temor, sigam o melhor, logo o Senhor voltará aos poucos a ganhar o perdido.

10. Desse modo, irmãs, não considereis esses medos; nunca façais caso, em coisas semelhantes, da opinião comum. Vede que estes não são tempos de se acreditar em todos, mas naqueles que virdes seguir a vida de Cristo. Procurai ter a consciência limpa e ser humildes, menosprezando todas as coisas do mundo e crendo firmemente no ensinamento da Santa Madre Igreja, e estareis seguras de seguir um bom caminho.

Deixai — como eu disse[7] — de temores onde não há o que temer. Se alguém vos apresentar algum, mostrai-lhe com humildade o caminho. Dizei que tendes Regra que vos ordena orar sem cessar — pois assim ela nos manda — e que deveis guardá-la[8]. Se vos disserem que deveis orar vocalmente, verificai se o intelecto e o coração devem estar naquilo que dizeis; se vos disserem que sim — pois não poderão dizer outra coisa —, vede como confessam que estais obrigadas a ter oração mental, e até contemplação, se Deus a conceder a vós ali.

CAPÍTULO 22

Declara o que é oração mental.

1. Sabei, filhas, que a diferença entre a oração mental e não mental não está em ter a boca fechada ou aberta; se, falando, entendo perfeitamente e percebo que falo com Deus, concentrando-me mais nisso do que nas palavras que digo, estão juntas aqui a oração mental e a vocal. Isso assim é, a menos que vos aconselhem a falar com Deus, rezando o pai-nosso, ao mesmo tempo que pensam no mundo; nesse caso, calo-me. Mas, se quereis tratar com tão grande Senhor da maneira cabível, é bom que encareis Aquele com quem falais, bem como quem sois vós, ao menos para usar de cortesia. Porque como podeis chamar o rei de Alteza ou conhecer as cerimônias que se empregam para falar com uma grande personagem se não conheceis bem a Sua e a vossa condição social? Porque é de acordo com a dignidade, e conforme o uso comum, que se prestam as honras, sendo vital que também saibais disso se não quiserdes ser despedidas como simplórias, sem nada conseguir.

Pois o que é isto, Senhor meu? O que é isto, meu Imperador? Como é possível suportar semelhante coisa? Sois rei, Deus meu, para sempre, e não é emprestado o reino que tendes. Quando se diz no credo: *Vosso reino não terá fim*, quase sempre me alegro de maneira especial. Louvo-Vos, Senhor, e bendigo-Vos para sempre. Pois nunca permitais, Senhor, que se tenha por bom que, indo falar Convosco, o faça apenas com a boca.

2. Que é isto, cristãos, então dizeis que não é preciso oração mental? Estais entendendo a vós mesmos? Certamente penso que não sabeis o que falais, querendo assim que todos fiquemos

---

7. No n. 5.
8. Veja-se o texto da *Regra* no cap. 4, nota 2.

desatinados; não sabeis como é a oração mental nem como se deve rezar a vocal, nem o que é contemplação, visto que, se o soubésseis, não condenaríeis de um lado o que louvais por outro.

3. Sempre que me lembrar, hei de unir a oração mental à vocal, para que não vos espanteis, filhas; pois sei onde vão dar essas coisas, tendo tido minha cota de sofrimento nesse particular, razão por que não gostaria que ninguém vos deixasse desassossegadas, porque andar com medo nesse caminho pode prejudicar. É muito importante entender que ides bem, já que, quando se diz a algum caminhante que ele está errado e se perdeu, faz-se que ele ande de um lado para o outro e, enquanto fica procurando por onde há de seguir, ele se cansa, perde tempo e chega mais tarde.

Quem poderá afirmar que é ruim, se começarmos a rezar as Horas ou o rosário, que iniciemos pensando Naquele com quem vamos falar e em quem é que fala para saber de que modo O haveremos de tratar? Pois eu vos digo, irmãs, se o muito que é preciso fazer para compreender essas duas coisas fosse bem-feito, antes de começardes a oração vocal que ides fazer, teríeis dedicado bastante tempo à oração mental. Sim; não vamos falar a um príncipe com o descuido com que falamos a um lavrador ou a uma pobre como nós, para quem qualquer tratamento é adequado.

4. Assim, por Sua humildade, este Rei, se eu, sendo grosseira, não sei falar com Ele, nem por isso deixa de me atrair para Si nem de me ouvir, nem os Seus guardas me expulsam; porque os anjos que ali estão bem conhecem a condição do seu Rei, que gosta mais da grosseria de um pastorzinho humilde que Ele vê que, se mais soubesse, mais diria do que dos muito sábios e eruditos, por mais elaborados os seus raciocínios, se não se dirigem a Ele com humildade. O fato de Ele ser bom não justifica, no entanto, que sejamos irreverentes.

Pelo menos devemos agradecer-Lhe por tolerar o mau odor que vem do fato de permitir junto a Si pessoas como eu, sendo bom que procuremos conhecer Sua limpeza e saber quem é. É verdade que, ao chegar, logo se percebe isso, ao contrário do que ocorre com os senhores daqui, que, dizendo-nos quem foi seu pai e o que possuem de renda, bem como o seu título, nada mais têm a dizer; porque, aqui na terra, não se levam em conta as pessoas para honrá-las, por mais que o mereçam, considerando-se apenas suas posses.

5. Ó miserável mundo! Louvai muito a Deus, filhas, pois deixastes coisa tão ruim, onde não se consideram as qualidades pessoais, mas o número de vassalos e propriedades arrendadas; e se estes faltam, logo faltam as honras. Esta é uma coisa engraçada com que podeis divertir-vos quando estiverdes em recreação; é bom passatempo perceber quão cegamente passam os dias as pessoas do mundo.

6. Ó Imperador nosso, sumo Poder, suma Bondade, a própria Sabedoria, sem princípio, sem fim, sem limites em Vossas obras: são infinitas, incompreensíveis, um poço sem fundo de maravilhas, uma formosura que traz em si todas as formosuras, a própria Fortaleza! Oh, valha-me Deus! Quisera ter aqui toda a eloquência e sabedoria dos mortais, para bem saber — como aqui se pode saber, porque tudo é não saber nada, neste caso — explicar alguma das muitas coisas que podemos considerar para conhecer um pouco quem é esse Senhor e Bem nosso!

7. Sim, aproximai-vos pensando e compreendendo com quem ides falar ou com quem estais falando. Em mil vidas das nossas não conseguiremos entender por inteiro como merece ser tratado esse Senhor, diante do qual os anjos tremem. Ele tudo governa, tudo pode; Seu querer é operar. Há, pois, razão, filhas, para que procuremos deleitar-nos nessas grandezas que tem o nosso Esposo e para que compreendamos com quem estamos casadas e que vida havemos de ter.

Oh, valha-me Deus! Aqui na terra, quando alguém se casa, primeiro sabe com quem, quem é a pessoa e o que tem; nós, já prometidas, não haveremos de pensar em nosso Esposo, antes do dia das bodas, em que Ele há de nos levar para a Sua casa? Se aqui não se impedem esses pensamentos às que estão prometidas em casamento com os homens, por que nos haveriam de impedir de procurar entender quem é esse Homem, quem é seu Pai, que terra é essa para onde há de nos levar e que bens promete nos dar, qual a Sua condição, como poderemos melhor contentá-Lo, como poderemos agradá-Lo e que faremos para compatibilizar o nosso gênio com o Dele? Para que uma mulher venha a ser bem casada, não a advertem senão que procure fazer isso, mesmo que o marido seja homem de condição muito baixa.

8. Pois, Esposo meu, será que em tudo Vos considerarão menos que aos homens? Se isso não lhes agrada, que eles deixem que Vossas esposas o façam, pois estas haverão de viver sempre Convosco. E terão, na verdade, vida feliz! Se um esposo for tão ciumento que não queira que a esposa fale com ninguém, seria bonito se ela não pensasse em lhe dar esse prazer, ainda mais quando a razão para o suportar e para ele não querer que ela fale com outro é o fato de ela ter nele tudo o que pode querer!

Eis a oração mental, filhas minhas, entender essas verdades. Se quiserdes nutrir esses pensamentos enquanto rezais vocalmente, muito bem. Mas não fiqueis falando com Deus e pensando em outras coisas, pois isso leva a não entender o que é a oração mental. Creio que o expliquei. Queira o Senhor que o saibamos praticar, amém[1].

CAPÍTULO 23

Trata de quão importante é para quem começou o caminho de oração não voltar atrás, tornando a falar da grande relevância de se seguir por ele com determinação.

1. Pois digo que é muito importante começar com grande determinação, e isso por tantas causas que eu muito me alargaria se as dissesse aqui. Quero vos dizer, irmãs, apenas duas ou três[1].

Uma é que não é justo não dar, a Quem tanto nos tem dado e que dá continuamente, uma coisa que já nos tínhamos decidido a dar-Lhe com determinação. Esse cuidadozinho (que, por certo, não deixa de ter interesse para nós, por trazer consigo grandes benefícios) devemos ter, não como quem empresta uma coisa para mais tarde tomá-la, mas com todo o nosso ser. Dar como quem empresta não me parece dar, restando sempre algum desgosto naquele a quem algo é emprestado quando se volta a tomá-lo, especialmente se ele precisava disso e o considerava seu, ou se é amigo daquele que o emprestou, tendo feito muitas coisas por ele sem nenhum interesse. Com razão ele vai considerar essa atitude mesquinha, prova de muito pouco amor, já que o amigo não quer deixar com ele uma coisa tão pequena, sequer em sinal de amizade.

2. Que esposa há que, recebendo muitas joias de valor do esposo, não lhe dê sequer um anel, não pelo que vale, pois tudo já é seu, mas como prova de que será sua até morrer? Merecerá menos este Senhor, para que o consideremos tão pouco, dando e retomando o nada que Lhe damos? Demos-Lhe esse pouquinho de tempo que nos determinamos a dar-Lhe — do muito que gastamos conosco e com quem não vai nos agradecer —, já que Lhe queremos dar esse nada, com o pensamento livre e desimpedido de outras coisas, e com toda a decisão de nunca mais tomá-lo outra vez Dele, por mais sofrimentos que nos advenham daí, por mais contradições e securas, e de uma maneira que ele já não seja mais nosso, pensando que Ele pode exigi-lo de mim com razão quando eu não quiser dá-lo a Ele de todo.

3. Digo "de todo" para que não se entenda que deixar o tempo da oração em algum momento, ou por alguns dias, devido a justas ocupações ou a alguma indisposição, seja tomá-lo de volta. Que a intenção esteja firme, pois o Senhor não é dado a melindres, nem fica pensando em detalhezinhos. Ele vos será agradecido, pois isso já é dar algo. Outro comportamento serve para quem não é franco, mas tão avarento que não tem coração para dar e, quando muito, empresta.

---

1. A primeira redação se encerrava assim: *Que ninguém vos assuste com esses temores. Louvai a Deus, que tem poder sobre todos e de quem ninguém poderá vos privar. Aquela que não puder rezar vocalmente com a atenção voltada para isso deve saber que não cumpre sua obrigação; ela deve — se quiser rezar com perfeição — procurar fazê-lo com todas as suas forças, sob pena de não fazer o que convém à esposa de tão grande rei. Suplicai-lhe, filhas, que me dê graças para que eu o faça como vos aconselho, pois muito me falta para isso. Sua Majestade, por quem é, há de provê-lo.*

1. Ela vai falar de três: n. 1, 4 e 5.

Enfim, que se faça alguma coisa, pois este Senhor nosso tudo leva em conta e tudo faz de acordo com os nossos desejos. Ele em nada é exigente em Suas cobranças, mas sim generoso; para Ele, por maior que seja a dívida, perdoá-la é pouco. Já para pagar, é tão minucioso que não deveis ter medo de que Ele deixe de recompensar um só alçar de olhos acompanhado da lembrança Dele.

4. Outra razão[2] é que o demônio fica com o seu poder para tentar enfraquecido; ele tem tão grande medo de almas determinadas, pois já tem a experiência de que elas lhe fazem grande dano, que aquilo que ordena para fazê-las se perder acaba trazendo-lhes proveito, e aos outros, ficando o inimigo com o prejuízo. Mas não devemos nos descuidar nem confiar nisso, porque tratamos com pessoas traidoras, não ousando o demônio arremeter contra quem está alerta, por ser muito covarde.

Se, no entanto, perceber um descuido, provocaria grandes perdas. E, se sabe que alguém é inconstante e não está consolidado no bem, sequer com uma enorme determinação de perseverar, ele não o deixa em paz de dia nem de noite, suscitando-lhe medos e mostrando-lhe inconvenientes que nunca se acabam. Sei disso muito bem por experiência, e assim o soube explicar, e afirmo que ninguém sabe quão importante é isso.

5. A outra razão, muito relevante, é que a alma luta com mais ânimo, pois já sabe que, aconteça o que acontecer, não vai voltar atrás. É como alguém que está numa batalha e sabe que, se for vencido, não lhe perdoarão a vida, e que, se não morrer no combate, morrerá depois. Assim, peleja com maior determinação, querendo vender caro sua vida, como se diz, sem temer tanto os golpes, porque tem em mente que o importante é a vitória, pois dela depende a sua vida.

Também é necessário começarmos seguras de que, se não nos deixarmos vencer, vamos nos sair bem — e sem nenhuma dúvida, porque, por menor que seja o lucro que obtivermos, ainda ficaremos muito ricas. Não tenhais medo de que o Senhor que nos chama a beber desta fonte vos deixe morrer de sede. Eu já disse isso[3], e queria repeti-lo muitas vezes, porque esse temor acovarda muito pessoas que ainda não conhecem de todo a bondade do Senhor por experiência, se bem que a conheçam pela fé. Mas é grande coisa ter experimentado o prazer e a amizade com que Ele trata quem segue por este caminho, bem como o modo como faz quase tudo às Suas custas.

6. Quanto aos que não o experimentaram, não me causa espanto que desejem segurança do lucro a ser obtido. Pois já sabeis que ele é de cem por um, ainda nesta vida, e que o Senhor disse *Pedi e vos será dado*[4]. Se não acreditais em Sua Majestade nas partes do seu Evangelho que asseguram isso, pouco proveito há, irmãs, em quebrar eu a cabeça para vos dizer. Contudo, digo a quem tiver alguma dúvida que pouco se perde em experimentá-lo, pois isto tem de bom essa viagem[5]: recebe-se mais do que se pede e até do que se poderia desejar. Isso é infalível, eu o sei. E aquelas de vós que o sabem por experiência, pela bondade do Senhor, eu posso apresentar como testemunhas.

CAPÍTULO 24

Trata de como se deve fazer com perfeição a oração vocal e de como sempre andam juntas a oração mental e a vocal.

1. Agora voltemos[1], pois, a falar com as almas que eu disse não poderem se recolher nem fixar o intelecto na oração mental, nem fazer considerações. Não mencionaremos aqui estas duas coisas, que não são para vós; mas há muitas pessoas, na verdade, a quem o simples termo oração mental ou contemplação parece atemorizar.

---

2. Cf. a primeira no n. 1.
3. No cap. 19, n. 15.
4. Dupla alusão a Mateus 19,29, e Lucas 11,9.
5. *Essa viagem:* o caminho da oração (cf. n. 5, final).
1. Cf. cap. 19, n. 2s, cujo tema ela agora retoma; cf. também cap. 21, n. 3.

2. E se² alguma dessas pessoas vier a esta casa — porque, como eu já disse, nem todas vão pelo mesmo caminho —, é ainda mais conveniente que eu vos aconselhe, e até ensine, porque, como madre, tendo o ofício de priora, isso é lícito, sobre como deveis rezar vocalmente, visto ser justo que entendais o que dizeis. E como pode ser que aqueles que não podem pensar em Deus também se cansem com longas orações, tampouco vou falar disso, concentrando-me nas orações que estamos obrigadas a fazer como cristãs, que são o pai-nosso e a ave-maria.

Façamos isso para que não se diga que falamos e não entendemos o que dizemos — salvo se nos parecer que basta fazê-lo por costume, limitando-nos a pronunciar as palavras. Se isso basta ou não, não me cabe dizê-lo; digam-no os eruditos³. O que eu queria que fizéssemos, filhas, é que não nos contentássemos só com isso; porque, quando digo "Credo", parece-me ser razoável que eu entenda e saiba aquilo em que creio; e quando digo "pai-nosso", exige o amor que eu compreenda quem é esse Pai nosso e quem é o Mestre que nos ensina essa oração.

3. Podeis dizer que já o sabeis, não havendo razão para que eu vos recorde. Se o fizerdes, não estareis certas, visto haver muita diferença entre mestre e mestre, e já que, aqui na terra, é grande erro não nos lembrarmos daqueles que nos ensinam, especialmente quando são santos e mestres da alma; de fato, se formos bons discípulos, não nos será possível esquecê-los. Quanto ao Mestre que nos ensinou essa oração, com tanto amor e desejo de que ela nos fosse proveitosa, nunca permita Deus que não nos recordemos muitas vezes Dele quando a dissermos, embora a nossa fraqueza nos impeça de ter sempre essa lembrança.

4. Quanto à primeira coisa, já sabeis que Sua Majestade ensina que a oração seja feita na solidão. Ele fazia assim sempre que orava⁴, e não por necessidade Sua, mas para nos ensinar. Já foi dito que é insuportável falar com Deus e com o mundo ao mesmo tempo, pois não é outra coisa estar rezando e ouvindo, por outro lado, aquilo que se diz, ou pensando no que nos vem à cabeça, sem nos controlar. Deixo de lado certos períodos em que, por maus humores — em especial em pessoas que têm melancolia — ou fraqueza da cabeça, por mais que se queira, nada se consegue fazer, ou em que Deus permite que haja grande turbulência em Seus servos para o seu maior bem. Mesmo que não se aflija e procure aquietar-se, a pessoa não pode estar nem está atenta àquilo que diz, por mais que se esforce; o intelecto não se fixa em nada, parece frenético, de tal maneira está descontrolado.

5. Quem assim está verá, devido ao sofrimento que lhe sobrevém, que não é culpado por isso. Não deve afligir-se, porque é pior, nem se cansar em querer trazer à razão quem não a tem, isto é, seu próprio intelecto; reze como puder ou até não o faça, e procure aliviar a sua alma como a uma enferma, ocupando-se de outra obra de virtude. Esta advertência destina-se a pessoas que se dedicam a cuidar da própria perfeição e já perceberam que não devem falar a Deus e ao mundo ao mesmo tempo. De nossa parte, o que podemos fazer é procurar ficar a sós, e queira Deus que isso baste, como eu digo, para que entendamos com quem estamos e a resposta que o Senhor dá aos nossos pedidos.

Depois que Ele está calado? Mesmo que não O ouçamos, Ele nos fala ao coração quando de coração lhe pedimos. E é bom que cada uma de nós considere que Ele lhe ensinou pessoalmente essa oração e que ainda continua a ensiná-la. Pois o mestre nunca fica tão longe do discípulo a ponto de precisar falar em altos brados; ele fica muito perto. Uma coisa desejo que entendais: para rezardes bem o pai-nosso, convém que não vos afasteis do Mestre que o ensinou a vós.

---

2. Cf. cap. 17, n. 2; cap. 20, n. 1s; cap. 19, n. 9.

3. Na primeira redação, ela escreveu: *Se isso basta ou não, não me intrometo. É coisa de eruditos; eles o dirão às pessoas a quem Deus der luz para que o desejem perguntar. E quanto aos que não têm nossa condição, nada tenho a dizer.*

4. Dupla alusão bíblica: a Mateus 6,6 e a Lucas 6,12, 12 e 22,41. No manuscrito de Toledo, a própria Autora emendou essa afirmação demasiado peremptória da seguinte maneira: *pois assim fazia Sua Majestade muitas vezes*. Com as palavras "a primeira coisa", a Santa se refere à questão de como se deve rezar vocalmente, tema de que se propôs a tratar nos n. 1 e 2; seu plano abarca dois pontos: o primeiro é expor a oração vocal em geral; o segundo, como rezar especialmente o pai-nosso e a ave-maria. No final, ela apenas vai expor a oração dominical, omitindo o comentário da saudação angélica, como afirma na primeira relação do cap. 42.

6. Direis que isso já é meditação, que não podeis nem quereis senão rezar vocalmente. Porque também há pessoas impacientes e adeptas de comodidades que, como não têm o costume de recolher o pensamento, têm dificuldades de fazê-lo no princípio; e, para não se cansarem nem um pouco, dizem que não podem nem sabem mais do que rezar vocalmente.

Tendes razão em afirmar que isso já é oração mental. Mas eu vos digo que, na verdade, não sei como separá-la da oração vocal, se é que pretendemos rezar vocalmente com perfeição, entendendo com quem falamos. De fato, é nossa obrigação procurar rezar com atenção; e queira ainda Deus que, com esses recursos, o pai-nosso acabe por ser bem rezado e não acabemos em mais uma coisa impertinente. Passei pela experiência algumas vezes, e o melhor remédio que encontro é procurar fixar o pensamento Naquele a quem dirijo as palavras. Por isso, tende paciência e procurai transformar em costume uma coisa tão necessária[5].

CAPÍTULO 25

Fala do muito que ganha a alma que reza vocalmente com perfeição e de como acontece de Deus elevá-la disso a coisas sobrenaturais.

1. E para que não penseis que se tira pouco proveito do rezar vocalmente com perfeição, eu vos digo ser muito possível que, estando a rezar o pai-nosso, o Senhor vos ponha em contemplação perfeita; porque assim Sua Majestade mostra que ouve aquele que Lhe fala e lhe revela a Sua grandeza, suspendendo-lhe o intelecto e interrompendo-lhe o pensamento, tirando-lhe, como se costuma dizer, a palavra da boca — porque a alma, mesmo que queira, não pode falar a não ser com muito esforço.

2. A alma entende que, sem o rumor das palavras, esse Mestre divino está lhe ensinando, suspendendo-lhe a atividade do intelecto, porque esta, nessa circunstância, antes prejudicaria que beneficiaria; a alma goza sem entender como. Ela está abrasando-se em amor e não entende como ama; sente deleitar-se naquilo que ama e não sabe como. Ela bem entende que o seu intelecto nunca alcançaria esse prazer; é tomada por uma intensa vontade sem compreender como. Mas, se puder entender algo, vê que esse não é um bem que se possa merecer em troca de todos os sofrimentos juntos da terra. Ele é dom do Senhor do céu e da terra, que o dá como quem é.

Esta, filhas, é a contemplação perfeita.

3. Agora entendereis a diferença que há entre ela e a oração mental, que é o que fica dito[1]: pensar e entender o que falamos, com Quem falamos e quem somos nós que nos atrevemos a falar com tão grande Senhor. Oração mental é pensar nisso e em outras coisas semelhantes, como no pouco que O temos servido e no muito que estamos obrigadas a servir; não penseis que seja uma coisa complicada, nem vos espanteis com o nome. Rezar o pai-nosso e a ave-maria ou qualquer outra coisa é oração vocal.

Vede que, sem a primeira[2], esta vai produzir uma música desafinada; até as palavras nem sempre sairão certas. Nessas duas coisas[3], também podemos fazer alguma coisa, com o favor de Deus; na contemplação de que acabei de falar, nada está ao nosso alcance: Sua Majestade é quem faz tudo, pois é obra Sua, que está além da nossa natureza.

4. Como já expliquei longamente a questão da contemplação, da melhor maneira que pude, no relato da minha vida que, como eu disse, escrevi para meus confessores[4], atendendo a uma

---

5. A primeira redação terminava *assim: Por isso, tende paciência, virtude necessária à condição de monja, e mesmo para se rezar como bons cristãos, a meu ver.*

1. *Fica dito* no cap. 22.

2. *Sem a primeira:* a oração vocal sem a mental.

3. *Nessas duas coisas:* oração mental e vocal.

4. *No relato de minha vida que, como eu disse:* (cf. Prólogo, n. 4). Ela se refere ao livro da *Vida*. A Santa tratou amplamente da *contemplação* nos caps. 14-21 e em quase toda a terceira parte do livro, caps. 22-31. Cf. especialmente o cap. 14, n. 2 e 6, e o cap. 18, n. 14.

ordem sua, só falarei disso aqui de passagem. As que tiverem sido tão felizes a ponto de serem levadas pelo Senhor a um estado de contemplação e puderem ler aquele livro, ali encontrarão certas observações e avisos que Deus me permitiu escrever com correção, o que as consolará muito e dará muito proveito. Também pensam isso algumas pessoas que o leram e o apreciaram. Que vergonha sinto ao dizer-vos para dardes importância a coisas minhas!

O Senhor bem conhece a confusão com que redijo muito do que escrevo. Bendito seja Ele, que me suporta! As que, como eu digo, tiverem oração sobrenatural devem procurar lê-lo depois da minha morte; quem não a tiver não tem por que fazê-lo, devendo esforçar-se para praticar o que explico aqui, deixando ao Senhor a decisão, pois só Ele pode nos dar essa oração e não há de negá-la a vós se vos empenhardes em chegar ao fim, não ficando pelo caminho.

CAPÍTULO 26

Explica o que se deve fazer para recolher o pensamento. Indica meios para isso. Este é um capítulo muito proveitoso para os que começam a ter oração.

1. Voltemos, pois, à nossa oração vocal para que a façamos de maneira que, sem que entendamos como, Deus nos dê ao mesmo tempo a oração mental e para que, como eu disse[1], rezemos como se deve.

Já se sabe que a primeira coisa a fazer é o exame de consciência, bem como a confissão e o sinal da cruz.

Procurai logo, filhas, pois estais sós, ter companhia. E que melhor companhia que a do próprio Mestre que ensinou a oração que ides rezar? Fazei de conta que tendes o próprio Senhor junto de vós e vede com que amor e humildade Ele vos ensina; e, acreditai-me, enquanto puderdes, não fiqueis sem tão bom amigo. Se vos acostumardes a tê-Lo junto a vós e Ele vir que o fazeis com amor e procurais contentá-Lo, não podereis, como se diz, afastá-Lo de vós; Ele não vos faltará nunca, vos ajudará em todos os sofrimentos, e vós O achareis em toda parte. Pensais que é pouco ter um amigo como esse ao vosso lado?

2. Ó irmãs que não podeis discorrer muito com o entendimento nem recolher o pensamento sem vos distrairdes: acostumai-vos, acostumai-vos! Vede que sei que podeis fazer isso, pois enfrentei a dificuldade de concentrar o pensamento numa coisa durante muitos anos, e bem sei que não é fácil. Mas sei também que o Senhor não nos deixa tão abandonadas, pois se chegarmos com humildade a pedir-Lhe, Ele não deixa de nos acompanhar. Se em um ano não o conseguirmos, que seja em mais! Não nos lamentemos do tempo gasto em coisa tão boa. Quem nos está apressando? Afirmo que podeis adquirir esse costume e, com algum esforço, ficar na companhia desse verdadeiro Mestre.

3. Não vos peço agora que penseis Nele nem que tireis muitos conceitos nem que façais grandes e delicadas considerações com vosso entendimento; peço-vos apenas que olheis para Ele. Pois quem vos impede de voltar os olhos da alma, mesmo de relance, se não puderdes mais, para esse Senhor? Se podeis olhar para coisas muito feias, como não poderíeis contemplar a coisa mais formosa que se possa imaginar?

Vede que o vosso Esposo nunca tira, filhas, os olhos de vós; o Senhor tem suportado as mil coisas feias e abominações que temos praticado contra Ele e nada disso bastou para que deixasse de vos olhar. Será muito pedir que desvieis os olhos das coisas exteriores, contemplando-O algumas vezes? Vede que Ele, como diz à esposa[2], não está esperando outra coisa. Se quiserdes, achá-Lo-eis. Ele gosta tanto de um olhar nosso que tudo faz para consegui-lo.

---

1. No cap. 24, n. 2.
2. Cântico dos Cânticos 2,14.

4. Dizem que a mulher, para ser bem casada, deve agir com o marido da seguinte maneira: mostrar-se triste quando ele está triste e alegre quando o vê alegre, mesmo que nunca o esteja (vede de que sujeição vos livrastes, irmãs); e isso com sinceridade, sem fingimento, o Senhor faz conosco: Ele Se sujeita, desejando que sejais a senhora e Lhe imponhais a vossa vontade.

Se estais alegres, vede-O ressuscitado, pois o simples imaginar que Ele saiu do sepulcro vos alegrará. Com que esplendor, com que formosura, com que majestade, quão vitorioso, quão alegre! Como quem se saiu bem da batalha onde conquistou um reino tão importante, que Ele deseja dar-vos por inteiro, junto Consigo. Assim, será muito que volteis os olhos de vez em quando para Aquele que tanto vos dá?

5. Se estais padecendo ou tristes, vede-O a caminho do Horto. Que aflição tão grande Lhe ia na alma, já que, sendo todo paciência, chegou a confessá-la e a queixar-se dela! Ou vede-O atado à coluna, cheio de dores, com a carne toda feita em pedaços pelo muito que vos ama, padecendo muito: perseguido por uns, cuspido por outros, renegado pelos amigos, desamparado por eles, sem ninguém que O defendesse, gelado de frio, posto em imensa solidão. Se o fizerdes, um com o outro vos podeis consolar. Contemplai também o Senhor carregando a cruz, sem que O deixassem recobrar o fôlego. Ele porá em vós os Seus olhos formosos e piedosos, cheios de lágrimas, esquecendo-Se de Suas dores para consolar as vossas, só porque ides consolar-vos com Ele e voltais a cabeça para fitá-Lo[3].

6. "Ó Senhor do mundo, verdadeiro Esposo meu (podeis dizer-Lhe, se o vosso coração se enterneceu por vê-Lo assim, levando-vos não só a querer olhar para Ele como também a desejar falar-Lhe; não com orações compostas, mas do sofrimento do vosso coração, que Ele tem em muitíssima conta), tão necessitado estais, Senhor meu e Bem meu, que quereis admitir uma pobre companhia como a minha? Estarei vendo em Vosso semblante que Vos consolastes comigo? Pois como, Senhor, é possível que os anjos Vos deixem só e que nem mesmo Vos console o Vosso Pai? Se assim é, Senhor, que tudo isso quereis passar por mim, o que é isto que eu passo por Vós? De que me queixo? Já estou envergonhada de Vos ter visto assim e desejo, Senhor, passar por todas as provações que me acometerem e tê-las como grande bem para Vos imitar em algo. Marchemos juntos, Senhor; por onde fordes, terei de ir, por onde passardes, terei de passar".

7. Pegai, filhas, a cruz, para que Ele não siga tão carregado, e não vos incomodeis se os judeus vos atropelarem; não vos importeis com o que eles vos disserem, fazei-vos surdas aos seus murmúrios. Tropeçando, caindo com vosso Esposo, não vos afasteis da cruz nem a deixeis. Considerai muito o cansaço com que Ele vai caminhando e quão maior é o Seu sofrimento diante do que padeceis, por grandes que queirais pintar e por muito que queirais sentir vossos penares. Saireis consoladas deles, pois vereis que são coisa de nada comparadas com os que sofreu o Senhor.

8. Perguntareis, irmãs, como será possível fazer isso; direis que, se O vísseis com os olhos do corpo quando Sua Majestade estava no mundo, vós o faríeis de boa vontade e O contemplaríeis para sempre.

Não acrediteis nisso, porque quem agora não quer fazer um pouquinho de esforço até para recolher-se e olhar dentro de si esse Senhor (podendo-o fazer sem perigo e com o mínimo de empenho) de modo algum se poria ao pé da cruz com Madalena, tendo a morte diante de si. O que deviam passar a gloriosa Virgem e essa santa bendita! Que ameaças, que más palavras, que encontrões, quantos desacatos! Que cortesãos encontrariam entre aquela gente? Sim, havia cortesãos, mas do inferno, ministros do demônio. Por certo, deve ter sido terrível o que elas passaram; mas, diante de uma dor maior, não sentiam a sua.

Dessa maneira, irmãs, não acrediteis que servísseis para tão grandes padeceres, se não servis para insignificâncias cuja prática pode levar-vos a suportar provações maiores.

9. O que está em vossas mãos é tentar trazer uma imagem ou retrato desse Senhor que atenda ao vosso gosto; não para guardá-la consigo e nunca olhar, mas para falar com Ele muitas vezes,

---

3. À margem do autógrafo do Escorial a Santa escreveu, à maneira de título do n. seguinte: *exclamação*.

pois Ele mesmo vos ensinará o que dizer. Se falais com outras pessoas, por que vos haveriam de falar palavras para falar com Deus? Não acrediteis nisso; eu ao menos não acredito que isso aconteça se vos acostumardes a dirigir-vos a Ele. A falta de hábito é que nos torna estranhas quando falamos com alguém, levando-nos a não saber como tratar com as pessoas; temos a impressão de não conhecê-las, mesmo que sejam parentes nossas. Com a falta de comunicação, o parentesco e as amizades se perdem.

10. Também é muito útil usar um bom livro, mesmo para recolher o pensamento e vir a rezar bem vocalmente; assim, vai-se acostumando pouco a pouco a alma, com carinhos e artifícios, para não amedrontá-la. Fazei de conta que ela é uma esposa que há muito abandonou o esposo e que, para que deseje voltar para casa, precisamos saber convencê-la, pois assim são os pecadores: temos a alma e o pensamento tão acostumados a andar a seu bel-prazer, ou melhor, ao seu pesar, que a triste alma não se entende e, para se convencer a voltar para casa, exige muitos artifícios; se não agirmos assim, com habilidade e pouco a pouco, nunca faremos nada.

E volto a vos garantir que, se com cuidado, vos acostumardes ao que eu disse[4], obtereis tantos benefícios que eu não os saberia dizer mesmo que quisesse. Assim, uni-vos a esse bom Mestre, muito determinadas a aprender o que Ele vos ensina, e Sua Majestade vos recompensará, tornando-vos boas discípulas e não vos deixando se não O deixardes. Olhai as palavras proferidas por aqueles lábios divinos e, logo à primeira, compreendereis o amor que Ele vos tem. Não é pequeno bem e consolo para o discípulo ver que o seu mestre o ama.

CAPÍTULO 27

Trata do grande amor que o Senhor demonstrou por nós nas primeiras palavras do pai-nosso, bem como da enorme importância de que se reveste não fazer nenhum caso da nobreza de linhagem para aquelas que desejam verdadeiramente ser filhas de Deus.

1. *Pai nosso que estais no céu*[1]. Ó Senhor meu, como pareceis Pai de tal Filho, e vosso Filho parece filho de tal Pai! Bendito sejais para todo o sempre! Já não seria uma graça excessiva, Senhor, que nos permitísseis no final da oração chamar-Vos de Pai? Mas eis que, já no começo, nos encheis as mãos e fazeis favor tão grande que seria justo absorvermos nele o intelecto para ocupar a vontade de tal maneira que não se pudesse pronunciar uma única palavra.

Oh! Como seria bom falar aqui, filhas, da contemplação perfeita! Oh, com quanta razão a alma entraria em si para melhor elevar-se acima de si mesma[2], para aí escutar desse santo Filho palavras sobre o lugar onde Ele diz que está o Seu Pai, que é no céu! Afastemo-nos da terra, filhas minhas, pois é justo que se tenha em alta conta uma graça como esta, sendo incoerente que, tendo conhecido a sua grandiosidade, permanecêssemos na terra.

2. Ó Filho de Deus e Senhor meu! Como dais tantos bens juntos à primeira palavra? Se já Vos humilhais tanto ao juntar-Vos a nós no pedido, fazendo-Vos irmãos de coisa tão baixa e miserável, como ainda nos dais, em nome do Vosso Pai, tudo o que se pode dar, obrigando-O a nos ter por filhos, já que Vossa palavra não pode faltar?[3]

Vós O obrigais a cumpri-la, o que não é pequena carga, já que, sendo Ele Pai, há de nos suportar, por mais graves que sejam as nossas ofensas; se nos voltarmos para Ele, como o filho

---

4. *Ao que eu disse:* na primeira redação: *...a considerar que trazeis convosco este Senhor e a falar com Ele muitas vezes...*

1. Mateus 24,35.

2. *Entrar em si* e *elevar-se acima de si* eram expressões correntes entre as pessoas espirituais da época e tinham um significado mais ou menos sutil. A Santa as usa aqui para designar, com a primeira, a ação de recolher-se ao interior, e, com a segunda, uma elevação mística em geral. Em outras ocasiões, ela mesma critica a teoria do "elevar-se acima de si" (cf. *Vida*, cap. 22, n. 1, 4, 5 e 7; e *Moradas* IV, cap. 3, n. 2 e 6).

3. Lucas 24,35.

pródigo, Ele há de nos perdoar[4], de nos consolar em nossos padeceres, de nos sustentar como o faz um tal Pai, que forçosamente vai ser melhor que todos os pais do mundo, já que nele não pode haver senão a perfeição de todos os bens[5]. E, depois de tudo isso, fará de nós participantes e herdeiros do Seu reino Convosco.

3. Vede, Senhor meu, já que, com o amor que tendes por nós e com a Vossa humildade, nada é capaz de Vos fazer vacilar (enfim, Senhor, estais na terra e revestido dela, tendo, pois, nossa natureza, parecendo ter assim algum motivo para procurar o nosso proveito), vede que Vosso Pai está no céu; Vós mesmo o dizeis. Assim, é justo zelardes por Sua honra. Como Vos oferecestes para ser desonrado por amor a nós, deixai Vosso Pai livre; não O obrigueis a tanto por gente tão ruim como eu, que tão mal-agradecida há de ser.

4. Ó bom Jesus! Com que clareza mostrastes ser uma só coisa com Ele[6], e que Vossa vontade é a Sua, e a Sua, Vossa! Que confissão tão patente, Senhor meu! Quão grande é o amor que tendes por nós! Estivestes rodeando, escondendo do demônio que sois Filho de Deus, e, com o grande desejo que tendes de ver o nosso bem, não retrocedeis diante de nenhuma dificuldade para nos conceder tão imensa graça. Quem a poderia dar senão Vós, Senhor? Eu não sei como, nesta palavra, o demônio não compreendeu quem éreis sem nenhuma dúvida[7]. Eu ao menos bem vejo, Jesus meu, que falastes como Filho dileto, por Vós e por nós, e que sois poderoso para que se faça no céu o que dizeis na terra. Bendito sejais para sempre, Senhor meu, que sois tão amigo de dar que nada é capaz de se pôr no Vosso caminho.

5. Não vos parece, filhas, que este é um bom Mestre, já que, para nos tornar amigas de aprender o que nos ensina, começa concedendo-nos um favor tão grande? Não vos parece que devemos, mesmo quando dissermos vocalmente essas palavras — Pai nosso —, compreendê-las com o intelecto para que se faça em pedaços o nosso coração ao ver tamanho amor? Pois que filho há no mundo que não procure saber quem é seu pai, ainda mais quando ele é bom e de tanta majestade e soberania? Se ele acaso não fosse assim, não me espantaria que não quiséssemos ser tidos por filhos seus, porque o mundo vai de tal maneira que, se o pai tem condição inferior à do filho, este não se julga honrado se reconhecê-lo como pai.

6. Não há por que falar disso aqui, já que, nesta casa, nunca permita Deus que nos lembremos de tais coisas; seria um inferno. Em vez disso, quem tiver linhagem mais nobre deve ter o nome do pai menos vezes na boca, pois todas devem ser iguais.

Ó colégio de Cristo, em que mandava mais São Pedro, sendo um pescador, porque assim quis o Senhor, que São Bartolomeu, que era filho de rei![8] Sua Majestade sabia quantas dissensões haveria no mundo acerca de quem era da melhor terra, o que equivale a discutir se um punhado de terra serve mais para adobes ou para taipas. Valha-me Deus, que trabalheira inútil. Que Deus nos livre, irmãs, de disputas semelhantes, mesmo por brincadeira. Espero em Sua Majestade que assim seja. Quando alguém revelar laivos disso, remediemo-lo logo, e que a pessoa receie ser um Judas entre os Apóstolos; devemos dar-lhe penitências até que ela se convença de que não merece ser nem uma terra muito ruim.

Bom Pai tendes, que vo-lo dá o bom Jesus. Para se falar Dele, não se conheça aqui outro pai. E procurai, filhas minhas, ser tais que possais merecer lançar-vos nos braços desse Pai e regalar-

---

4. Lucas 15,20.

5. Na primeira redação, ela insistia: *há de nos regalar; há de nos sustentar, pois tem com quê.* Seguem-se duas alusões bíblicas: Efésios 3,15 e 2 Pedro 1,4.

6. Alusão a João 10,30 e 8,29.

7. Um censor riscou do autógrafo essa afirmação da Santa, provavelmente por escrúpulo teológico: a fé do diabo não pode estar isenta de dúvidas.

8. *Não sei onde o achou*, anotou à margem um dos corretores do autógrafo. A Santa leu essa notícia peregrina nos *Flos Sanctorum* da sua época, que, baseados na etimologia da palavra (Bartolomaeus), faziam o apóstolo descendente dos Ptolomeus.

vos com Ele. Já sabeis que Ele não vos afastará de Si se fordes boas filhas; assim, quem não fará tudo a fim de não perder esse Pai?

7. Oh, valha-me Deus! Quantas razões há aqui para vos consolardes! Mas, para não me alongar, deixo-as à vossa reflexão. Por mais confuso que esteja o vosso pensamento, haveréis de achar forçosamente, entre tal Filho e tal Pai, o Espírito Santo. Que esse Espírito tome conta da vossa vontade, e a prenda o amor tão grande que Ele tem, se não bastar para isso tão enorme interesse.

CAPÍTULO 28

Explica o que é oração de recolhimento e indica alguns meios para as almas se acostumarem a ela.

1. Agora vede o que diz vosso Mestre: *que estais no céu*.

Pensais que importa pouco saber que coisa é o céu e onde se deve procurar vosso Pai sacratíssimo? Pois eu vos digo que, para intelectos distraídos, muito importa não apenas acreditar nisso como procurar entendê-lo por experiência. É uma das considerações que muito prendem o intelecto e fazem recolher o espírito.

2. Já sabeis que Deus está em toda parte. Pois claro está que, onde está o rei, está, como se diz, a corte, isto é, onde Deus está é o céu. Sem dúvida podeis crer que, onde está Sua Majestade, está toda a glória. Vede que Santo Agostinho falou que O procurou em muitos lugares e só veio a encontrá-Lo dentro de si mesmo[1]. Pensais que importa pouco a uma alma dissipada entender essa verdade e ver que não precisa, para falar com seu Pai eterno ou para regalar-se com Ele, ir ao céu nem falar em altos brados?

Por mais baixo que fale, Ele está tão perto que a ouvirá; do mesmo modo, ela não precisa de asas para ir procurá-Lo[2], bastando pôr-se em solidão e olhar para dentro de si, não estranhando a presença de tão bom hóspede. A alma deve, com grande humildade, falar-Lhe como a um pai, pedir-Lhe como a um pai, contar seus sofrimentos e pedir alívio para eles, compreendendo que não é digna de ser Sua filha.

3. Ela deve deixar de lado uns retraimentos que algumas pessoas têm pensando ser humildade. Porque a humildade não consiste em rejeitar o que nos dá o Rei, mas em recebê-lo e entender o quanto ele está acima do nosso merecimento, folgando com isso. Curiosa humildade seria se eu, entrando em minha casa o Imperador do céu e da terra, vindo a ela para me fazer uma graça e deleitar-Se comigo, por humildade não quisesse responder-Lhe, ficar com Ele nem receber o que me dá, deixando-O sozinho. E que dizer se, falando-me Ele e rogando que Lhe fizesse meus pedidos, eu por humildade ficasse pobre e O deixasse ir por ver que não consigo decidir-me?

Deixai, filhas, dessas humildades, tratando com Ele como com um pai, um irmão, um Senhor e um Esposo, às vezes de uma maneira e às vezes de outra; Ele vos ensinará o que tendes de fazer para contentá-Lo. Deixai de ser bobas; tomai a palavra, já que, sendo Ele vosso Esposo, deve tratar-vos como esposas.

4. Este modo de rezar, mesmo vocalmente, recolhe o intelecto com muito mais rapidez, além de ser uma oração que traz consigo muitos bens. Chama-se *recolhimento*, porque a alma recolhe todas as faculdades e entra em si mesma com seu Deus; seu divino Mestre vem ensiná-la com mais brevidade e lhe dá a oração de quietude, de uma maneira que nenhum outro modo de oração propicia. Porque a alma, absorta em si mesma, pode pensar na Paixão, representar ali o Filho e oferecê-Lo ao Pai, sem cansar o intelecto indo procurá-Lo no Monte Calvário, no Horto ou na coluna.

Aquelas que puderem se recolher nesse pequeno céu de nossa alma onde está Aquele que o fez, bem como à terra, e acostumar-se a não olhar nem estar onde os sentidos exteriores se dis-

---

1. Alusão aos *Solilóquios* pseudoagostinianos, cap. 31, ou às *Confissões*, L. 10, cap. 27. Cf. *Vida*, cap. 40, n. 6.
2. Alusão ao Salmo 54,7.

traiam, acreditem que seguem excelente caminho e que não deixarão de beber da água da fonte[3], pois o percorrerão em muito pouco tempo. É como quem viaja num navio e, com algum vento favorável, chega ao fim da jornada em poucos dias, ao passo que quem vai por terra demora mais[4].

6. Estas, como se diz, já se fizeram ao mar; embora não tenham deixado totalmente a terra, durante o espaço do recolhimento fazem o que podem para livrar-se dela, recolhendo os sentidos em si mesmas. Se for verdadeiro o recolhimento, elas vão sentir muito claramente, porque ele produz um efeito que nem sei explicar; quem o sentir há de entendê-lo: parece que a alma compreende que todas as coisas da terra não passam de divertimento. A alma, por assim dizer, se levanta, ergue-se à melhor altura, como quem entra num castelo forte a fim de não temer os inimigos. É um retirar os sentidos das coisas exteriores, abandonando-as de tal maneira que, sem compreender, ela vê os seus olhos se fecharem para não as contemplar e para que mais se desperte a visão das coisas espirituais.

Por conseguinte, quem segue esse caminho quase sempre quem reza tem os olhos fechados, o que é um admirável costume para muitas coisas, pois é preciso fazer força para não olhar o que é da terra. Isso no princípio, pois mais tarde não é necessário, porque, adquirido o costume, maior esforço se faz quando é preciso abrir os olhos. Parece que a alma entende que se fortalece e esforça às custas do corpo, deixando-o só e enfraquecido, abastecendo-se no recolhimento para opor-se a ele.

7. E embora no princípio não se perceba isso, pois não há tanta intensidade — havendo graus maiores e menores de recolhimento —, se nos acostumarmos (ainda que, no início, dê trabalho, porque o corpo reclama seus direitos, sem entender que corta a própria cabeça por não se entregar), se praticarmos alguns dias e nos fizermos essa violência, veremos com clareza o ganho e entenderemos, começando a rezar, que as abelhas vêm para a colmeia e entram nela para fabricar o mel, sem que nada façamos.

O Senhor deseja, como recompensa pelo tempo em que a alma a isso se dedicou, que ela e a vontade alcancem tal domínio que, diante do simples ato que indique que desejam recolher-se, os sentidos obedeçam e se recolham. E, mesmo que mais tarde voltem a sair, é já grande coisa terem se rendido, pois saem dali como cativos e súditos, e deixam de fazer o mal que antes podiam. Quando a vontade voltar a chamá-los, eles virão com mais presteza, até que, por fim, depois de muitas entradas repetidas, o Senhor os faça permanecer de todo em contemplação perfeita.

8. Entenda-se bem isso que falei, porque, embora pareça obscuro, será entendido por quem o quiser pôr em prática.

Assim, as almas caminham pelo mar[5]. E como há muito interesse em não caminhar vagarosamente, falemos um pouco de como vamos nos acostumar a tão bom modo de proceder. As almas estão mais salvas de muitas ocasiões, a chama do amor divino acende-se com mais rapidez nelas, já que, como está mais perto do fogo, bastam alguns sopros do intelecto e uma simples centelha que a toque incendeia tudo. Como não há empecilhos exteriores, encontrando-se a alma sozinha com seu Deus, há nela grandes disposições para se entender[6].

9. Façamos de conta que há dentro de nós um palácio de grandíssima riqueza, todo feito de ouro e de pedras preciosas, enfim, algo digno de tão grande Senhor; imaginemos que depende de nós a magnificência desse palácio, o que é verdade, pois não existe palácio tão formoso quanto

---

3. *Com o favor de Deus,* acrescentou a Santa no manuscrito de Toledo.

4. Lia-se a seguir, na primeira redação: *É caminho do céu; digo do céu, pois estão no palácio do rei, não estão na terra, e mais protegidos de muitas ocasiões.* Na segunda redação, ela desenvolveu esses conceitos nos n. 6, 7 e 8.

5. *Caminham pelo mar:* alusão ao princípio do n. 6, referindo-se aos que "sabem recolher-se".

6. Também se poderia ler *acender-se (encenderse),* seguindo Frei Luis (p. 162) e a maioria dos editores. Preferimos, contudo, *entender-se,* por ser uma leitura mais provável do autógrafo e por coincidir com a primeira redação, em que ela acrescenta: *Eu gostaria que entendêsseis muito bem esta maneira de oração, que — como eu disse — se chama recolhimento.*

uma alma limpa e plena de virtudes. Quanto maiores forem elas, tanto mais resplandecerão as pedras. Imaginemos que nesse palácio está o grande Rei que desejou ser nosso Pai, e que Ele está num trono de enorme valor, o nosso coração.

10. No início, isso vai parecer impertinente — digo, criar essa ficção para dar a entender o que penso —, mas pode ser que muito beneficie, principalmente a vós; porque, como nós mulheres não temos instrução, tudo isso é preciso para que compreendamos com verdade que há outra mais preciosa e sem comparação dentro de nós do que o que vemos aqui fora. Não nos imaginemos ocas por dentro.

E queira Deus que sejam apenas as mulheres quem assim se descuida; porque considero impossível que, se tivéssemos o cuidado de perceber que temos tal Hóspede dentro de nós, nos entregássemos tanto às coisas do mundo, já que, nesse caso, veríamos quão inferiores são diante das que possuímos no íntimo. Que mais faz um animal ao ver o que o contenta senão precipitar-se sobre a presa para matar a fome? Sim, há de haver diferença entre os animais e nós.

11. Talvez riais de mim, dizendo que isso está muito claro, e tereis razão, mas para mim foi obscuro por algum tempo. Eu bem entendia que tinha alma, mas não o que essa alma merecia nem quem estava dentro dela, pois eu mesma tapava os olhos com as vaidades da vida para não vê-lo. Tenho a impressão de que, se então entendesse que nesse palaciozinho da minha alma cabe Rei tão grande, eu não O teria deixado tantas vezes só; de vez em quando estaria com Ele e teria me empenhado mais em não ser tão imperfeita. Que motivo de tanta admiração! Aquele que poderia encher mil mundos, e muitos mais, com a Sua grandeza encerrar-se numa coisa tão pequena! Na verdade, como é Senhor, Ele traz consigo a liberdade e, como nos ama, adapta-se à nossa medida.

12. Quando a alma começa, o Senhor, para que ela não fique alvoroçada vendo-se tão íntima para conter em si tanta grandeza, não Se dá a conhecer enquanto não a for aumentando pouco a pouco nos termos que compreende ser necessário para conter o que quer pôr nela. Por isso eu digo que Ele traz consigo a liberdade, já que tem o poder de tornar grande esse palácio. Tudo reside em nos entregar a Ele com toda a determinação, deixando o palácio à Sua vontade, para que Ele ponha e tire coisas dele como se fosse propriedade Sua. E Sua Majestade tem razão; não Lhe neguemos o que nos pede. E como não pretende forçar a nossa vontade, Ele recebe o que Lhe damos, mas não Se entrega de todo enquanto não nos damos a Ele por inteiro.

Isso é uma coisa certa e, por importar tanto, eu a recordo muitas vezes. O Senhor não opera na alma enquanto ela não se entrega a Ele, sem empecilhos, e nem sei como haveria de agir se assim não fosse; Ele é amigo de toda harmonia. Ora, se enchermos o palácio de gente baixa e de bagatelas, como poderão o Senhor e a sua corte caber nele? Ele já faz muito por se deixar ficar um pouco no meio de tanta confusão.

13. Pensais, filhas, que Ele vem sozinho? Não vedes que o Seu Filho diz: *que estais no céu?* A tal Rei os cortesãos não se atreveriam a deixar só; eles estão com Ele, rogando-Lhe por nós todos, em nosso benefício, pois estão plenos de caridade. Não penseis que é como aqui, onde, se um senhor ou prelado favorecer alguém por motivos particulares ou predileção, o pobre favorecido logo será invejado e malquisto pelos outros, sem que nada lhes tenha feito.

CAPÍTULO 29

Continua a indicar recursos a serem empregados para se procurar a oração de recolhimento. Fala do pouco valor que devemos dar ao ser favorecidas pelos prelados.

1. Fugi, por amor de Deus, filhas, de dar importância aos favores dos prelados. Que cada qual procure fazer o que deve, porque, se o prelado não lhe agradecer por isso, pode estar certa de que o Senhor a recompensará e lhe agradecerá. Sim, pois não viemos aqui buscar prêmios desta vida; nosso pensamento deve estar sempre no que é eterno, não devendo dar nenhuma importância

às coisas aqui, que, mesmo para o tempo que se vive, não são duradouras. Hoje a prelada está bem com uma; amanhã, se vir em vós uma virtude a mais, estará melhor convosco. E que importa se não o estiver? Não deis lugar a esses pensamentos, que às vezes começam por pouco, mas vos podem desassossegar muito; rechaçai-os pensando que este não é o vosso reino e que tudo bem depressa terá fim.

2. Mas isso ainda é um recurso inferior, sem muita perfeição. O melhor é que dure e que vos vejais desfavorecidas e abatidas, e, mais do que isso, desejosas de assim estar por amor do Senhor que está convosco. Fixai os olhos em vós mesmas e contemplai o vosso interior, como eu disse[1]; encontrareis vosso Mestre, que não vos faltará e que, quanto menos consolos exteriores tiverdes, tanto mais vos agraciará. O Senhor é muito piedoso e jamais falta aos aflitos e desfavorecidos se estes confiarem apenas Nele. Como disse David, o Senhor está com os atribulados[2]. Ou credes nisto ou não; se o fazeis, por que vos atormentais?

3. Ó Senhor meu, se Vos conhecêssemos de verdade, nada nos importaria, porque dais muito a quem deveras quer confiar em Vós! Acreditai, amigas, que é grande coisa compreender esta verdade, para verdes que os favores daqui são todos falsos quando desviam o mínimo que seja a alma do recolhimento em si mesma. Oh, valha-me Deus! Quem poderia vos fazer entender isto? Não eu, por certo; sei que, embora o deva mais do que ninguém, nunca chego a compreender essa verdade como cumpre entendê-la.

4. Voltando ao que dizia[3], quisera saber declarar como essa corte santa vem com nosso companheiro, Santo dos santos, sem impedir a privacidade da alma e de seu Esposo quando ela deseja entrar em si, nesse paraíso com seu Deus, fechando atrás de si a porta a todas as coisas do mundo. Digo "deseja" porque, entendei, isso não é coisa sobrenatural[4], estando em nossas mãos e sendo algo que podemos fazer com o favor de Deus, já que sem Este não podemos nada, sequer ter um bom pensamento. Porque isto não é o silêncio das faculdades, mas o encerramento delas no interior da alma.

5. Vai-se alcançando isto de muitas maneiras, como está escrito em alguns livros[5]: temos de largar tudo para nos aproximar interiormente de Deus e, mesmo em meio às ocupações cotidianas, retirarmo-nos em nós mesmas. Embora dure um breve momento, a recordação de que tenho companhia dentro de mim é muito proveitosa. Enfim, acostumemo-nos a achar gosto na prática de não falar em voz alta quando nos dirigimos ao Senhor, porque Sua Majestade nos fará sentir a Sua presença ali.

6. Desse modo, rezaremos vocalmente com muito sossego, poupando trabalho. Tendo nos esforçado por algum tempo para ficar próximas desse Senhor, Ele nos entenderá por sinais de maneira que, se antes tínhamos de dizer muitas vezes o *pai-nosso*, agora Ele nos ouve na primeira. O Senhor gosta muito de poupar-nos trabalho; mesmo que em algum momento não o rezemos mais de uma vez, tão logo entendamos que estamos em Sua companhia, o que Lhe pedimos, e a vontade que Ele tem de nos dar, bem como a boa vontade com que está conosco, Ele não vai querer que quebremos a cabeça falando-Lhe muito[6].

---

1. *Como eu disse:* no cap. 28, n. 2.
2. Salmos 90,15 e 33,19. Na primeira redação, a citação era dupla: *assim diz David "nunca vi o justo desamparado"* [36,25] *e, outra vez, "o Senhor está com os atribulados"* [34,19].
3. Ela retoma o tema do cap. 28, n. 2 e 11-13.
4. À margem do autógrafo, lê-se: "*Sobrenatural* quer dizer aquilo que não está em nosso alvitre com os favores comuns de Deus". Ao final da anotação, veem-se as iniciais "f.D.B.", que equivaleriam a "frei Domingo Báñez", mas que na realidade são um enxerto malfeito. A anotação não é do ilustre dominicano.
5. Provável alusão a B. de Laredo, *Subida del Monte Sión*, P. I, caps. 10 e 22. Na primeira redação, ela desenvolvia extensamente esse pensamento.
6. O autógrafo do Escorial prossegue: *Por isso, Irmãs, por amor do Senhor, acostumai-vos a rezar com este recolhimento o pai-nosso e vereis o lucro em pouco tempo. Porque é um modo de oração que cedo acostuma a alma a não ficar perdida e as potências a não ficarem alvoroçadas, como o tempo vos dirá. Só vos rogo que o experimenteis, mesmo que vos*

7. Que o Senhor ensine aquelas de vós que não o sabem, pois de minha parte confesso que nunca soube o que era rezar com satisfação até que Ele me ensinou esse modo de oração; e sempre encontrei tantos proveitos nesse hábito do recolhimento dentro de mim que por isso me alonguei tanto.

Concluindo, quem o quiser adquirir — porque, como eu disse, isso está em nossas mãos — não se canse de acostumar-se ao que foi dito[7], dominando-se pouco a pouco a si mesmo, sem se distrair à toa, mas sim ganhando-se a si para si, pois isso é aproveitar-se dos sentidos em prol da vida interior. Se falar, procure lembrar-se de que há Alguém com quem falar dentro de si mesmo; se ouvir, recorde-se que deve escutar a voz que mais de perto lhe falar.

Em suma, esteja persuadido de que, se o desejar, sempre poderá estar na companhia tão boa de Deus, devendo ter pesar quando deixar sozinho, por muito tempo, seu Pai, pois necessita Dele. Se puder, esteja com Ele muitas vezes ao dia; caso não o possa, poucas. Adquirindo o hábito, sairá com ganhos cedo ou tarde. Depois que o Senhor lhe conceder esse favor, não o trocará por nenhum tesouro.

8. Como nada se aprende sem um pouco de esforço, pelo amor de Deus, irmãs, considerai bem empregado o empenho que nisso tiverdes. Sei que, se o fizerdes, em um ano, e talvez em meio, com o favor de Deus obtereis benefícios. Vede quão pouco tempo para tão grande ganho, como é construir tão bom fundamento para que, se quiser elevar-nos a grandes coisas, o Senhor encontre em nós disposição, achando-nos perto de Si. Que Sua Majestade não consinta que nos afastemos de Sua presença, amém.

CAPÍTULO 30

Diz quanto importa compreender aquilo que se pede na oração. Trata das palavras do pai-nosso: Sanctificetur nomen tuum, adveniat regnum tuum. Aplica-as à oração de quietude, que começa a explicar.

1. Quem há, por disparatado que seja, que, quando pede alguma coisa a uma autoridade, não tenha antes pensado como lhe há de pedir, para agradá-la e não ser descortês com ela, bem como no que lhe há de pedir e com que objetivo o pede, especialmente se pedir uma coisa importante, como nos ensina que peçamos o nosso bom Jesus? Uma coisa, me parece, merece observação. Não poderíeis, Senhor meu, concluir com uma palavra e dizer: "Dai-nos, Pai, o que nos convém"? Porque, para quem tudo entende tão bem, tenho a impressão de que não era preciso mais.

2. Ó Sabedoria eterna! Entre Vós e Vosso Pai isso bastava, e, assim, o pedistes no Horto, mostrando Vossa vontade e temor, mas entregando-Vos à vontade do Pai[1]. Quanto a nós, sabeis, Senhor meu, que não estamos tão entregues quanto o estáveis Vós à vontade de Vosso Pai e que é necessário pedir coisas definidas, para que nos detenhamos em ver se o que pedimos está bom para nós e, se não o estiver, para não o pedirmos. Porque, dada a nossa natureza, se não nos dão o que queremos, nós, com o livre-arbítrio que temos, não admitimos aquilo que o Senhor nos der; mesmo que Ele nos dê o melhor, como não vemos logo o dinheiro na mão, nunca pensamos nos ver ricos.

3. Oh, valha-me Deus! O que faz ter a fé tão adormecida para uma e outra coisa, pois nunca chegamos a entender a certeza de que teremos o castigo nem quão certa é a recompensa. Por isso, filhas, é bom que entendais o que pedis no pai-nosso, para que, se o Pai Eterno vo-lo der, não vireis o rosto a Ele. Pensai muito bem no que quereis e, se não tiverdes certeza, não o peçais, suplicando, em vez disso, que Sua Majestade vos ilumine. Porque estamos cegos e enfastiados, não podendo

---

custe algum trabalho, pois tudo a que não se está acostumado o dá. Mas eu vos asseguro que, em pouco tempo, vos será de grande consolo entender que, sem vos cansardes para procurar esse santo Pai a quem pedia, O achareis dentro de vós.

7. No cap. 28, n. 7.

1. Mateus 26,39.

comer os manjares que nos hão de dar vida, mas apenas os que nos hão de levar à morte. E que morte tão perigosa e tão para sempre!

4. Pois disse o bom Jesus que proferíssemos estas palavras com as quais pedimos que venha a nós um tal reino: *Santificado seja o vosso nome, venha a nós o vosso reino*[2].

Agora vede, filhas, que sabedoria tão grande a do nosso Mestre. Considero aqui, e é bom que o entendais, o que pedimos com este reino. Como Sua Majestade viu que não podíamos santificar nem louvar, nem engrandecer, nem glorificar o santo nome do Pai Eterno de maneira adequada se Deus não nos desse o Seu reino aqui na terra, o bom Jesus pôs o louvor e o pedido um ao lado do outro. Para que entendamos, filhas, o que pedimos, e quão importante é para nós importunar por isso e fazer o que puder para contentar Aquele que nos há de dar o que pedimos, desejo explicar aqui o que entendo. Se isso não vos contentar, fazei vós mesmas outras considerações; nosso Mestre vos dará licença, desde que em tudo nos sujeitemos ao que diz a Igreja, como faço aqui.

5. Ora, o grande bem que a meu ver há no reino do céu, com muitos outros, é já não se levar em conta as coisas da terra, adquirindo-se um sossego e glória íntimos, um alegrar-se de que se alegrem todos, uma paz perpétua, uma grande satisfação interior, que vem do fato de se ver que todos santificam e louvam ao Senhor, e bendizem o Seu nome, e que ninguém O ofende. Todos O amam, e a própria alma não se volta senão para amá-Lo, não podendo deixar de fazê-lo, porque O conhece. E assim O amaríamos aqui, embora não com essa perfeição, nem com estabilidade, mas por certo de maneira muito diferente da que amamos agora, se O conhecêssemos.

6. Parece que vou dizer que temos de ser anjos para fazer esse pedido e rezar bem vocalmente. Bem o gostaria nosso divino Mestre, visto nos mandar fazer pedido tão excelso, sendo bem certo que não nos manda fazer pedidos impossíveis, pois seria possível, com o favor de Deus, chegar a isto uma alma que ainda está neste desterro, se bem que não com a mesma perfeição em que estão as almas que saíram deste cárcere, porque andamos no mar e seguimos este caminho.

Há, porém, momentos em que o Senhor, vendo-nos cansados, nos dá um sossego das faculdades e uma quietude da alma que nos fazem perceber claramente, como por sinais, um pouco daquilo que recebem os que o Senhor leva ao Seu reino. Ele concede aos que estão aqui, de acordo com o pedido, penhores que lhes permitam ter grande esperança de ir gozar eternamente o que gozam aqui gota a gota.

7. Se não fôsseis dizer que estou tratando da contemplação, seria oportuno falar um pouco aqui do princípio da pura contemplação, denominada pelos que têm oração de quietude. Mas como falo da oração vocal, quem não entender do assunto pode pensar que uma coisa não é compatível com a outra, embora eu saiba que o é. Perdoai-me por insistir, porque sei que muitas pessoas, rezando vocalmente — como já foi dito[3] —, são elevadas por Deus, sem saber como, a uma enlevante contemplação.

Conheço uma pessoa que sempre só pôde ter oração vocal, mas que, mergulhada nesta, tinha tudo; e, se não rezava, o seu intelecto ficava tão confuso que ela não podia suportar. Quem dera a nossa oração mental fosse tão elevada quanto a oração vocal dessa alma! Em algumas ocasiões em que rezava o pai-nosso pelas vezes em que o Senhor derramou sangue, ou fazia outras orações, ela deixava-se ficar por horas. Certa feita, procurou-me muito contristada porque não sabia fazer oração mental nem contemplação, mas apenas rezar vocalmente. Perguntei-lhe o que rezava; e vi que, rezando o pai-nosso, ela tinha pura contemplação e que o Senhor a atraía até uni-la a Si. E ela bem revelava em suas obras receber graças tão grandes, pois aproveitava muito bem a sua vida. Louvei o Senhor e tive inveja de sua oração vocal.

---

2. Mateus 6,9-10.
3. Disse-o no cap. 25, n. 1.

Se isso é verdade, como o é, não penseis, vós que sois inimigos de contemplativos, que estais livres de sê-lo, se rezais as orações vocais como se deve, tendo a consciência limpa[4].

CAPÍTULO 31

Continua a tratar do mesmo assunto. Explica o que é oração de quietude. Dá alguns avisos para os que a têm. É muito digno de nota.

1. Quero ainda explicar, filhas, da maneira como o ouvi dizer ou como o Senhor quis me dar a entender, talvez para que eu vos dissesse alguma coisa, esta oração de quietude, na qual, segundo me parece, o Senhor, como eu disse[1], começa a mostrar que ouviu a nossa súplica e a nos dar o seu reino, para que O louvemos de verdade, santifiquemos-Lhe o nome e procuremos que o façam todos.

2. Isso já é coisa sobrenatural, que não podemos obter por nós mesmas[2], por mais esforços que façamos. Porque, aqui, a alma se põe em paz, ou o Senhor a põe com Sua presença, melhor dizendo, como fez com o justo Simeão, já que todas as faculdades sossegam. A alma compreende, de uma maneira muito longe do alcance dos sentidos exteriores, que já está junto do Seu Deus e que, com mais um pouquinho, chegará a formar uma única coisa com Ele por meio da união.

Não que O veja com os olhos do corpo ou da alma; o justo Simeão também não via do glorioso Menino pobrezinho senão aquilo que O envolvia e as poucas pessoas que iam com Ele na procissão, sendo mais possível que O julgasse, diante disso, antes filho de pobres do que do Pai celestial; mas o próprio Menino se deu a conhecer. E assim o entende a alma aqui, se bem que não com essa clareza; porque entende mas não sabe como entende, tendo apenas a certeza de que se vê no reino, ou ao menos perto do Rei que lhe há de dar o reino. Ela se sente tão respeitosa que sequer Lhe ousa pedir algo.

É como um amortecimento interior e exterior, pois não quereria o homem exterior (digo "o corpo", para que melhor me entendais)[3] mexer-se, mas, como quem já chegou quase no final do caminho, descansa para poder melhor retomar a caminhada, pois ali as suas forças se multiplicam para que o faça.

3. Sente-se um enorme deleite no corpo e grande satisfação na alma[4]. Está tão contente por se ver junto à fonte, que antes de beber já está satisfeito. Parece-lhe já não haver mais a desejar: as faculdades, aquietadas, não desejam mexer-se, pois tudo lhes parece estorvar o amor; mas não estão tão perdidos que não possam pensar junto de quem estão, pois duas delas estão livres.

A vontade é a que está cativa, e o único sofrimento que pode ter, estando assim, é o de ver que vai voltar a ter liberdade. O intelecto não gostaria de entender nenhuma outra coisa, nem a memória de ter outra ocupação; eles veem que só esta é necessária e que todas as outras a perturbam. Quem assim está não deseja mover o corpo, pois tem a impressão de que isso o fará perder aquela paz, razão por que não ousa mexer-se; tem dificuldade para falar, podendo levar uma hora para dizer o pai-nosso.

A pessoa sente-se muito perto de Deus e vê que se entende com Ele por sinais; está no palácio, ao lado do seu Rei, e vê que Ele começa a lhe dar "seu reino" aqui na terra. Não lhe parece estar no mundo nem quer vê-lo nem ouvi-lo, mas apenas a Deus; nada a aflige nem a pode afligir.

---

4. Na primeira redação, ela concluía: *Esse continua a ser o meu modo de pensar. Quem não o quiser ouvir que passe adiante.*

1. No cap. 30, n. 6.

2. No autógrafo, um censor acrescentou à margem: "por nossa habilidade". É interessante notar que a própria Santa, no manuscrito de Toledo, riscou *obter* e escreveu *adquirir*. Segue-se uma alusão ao "nunc dimitis" (Lc 2,29).

3. O parênteses continha, na primeira redação, uma deliciosa ironia teresiana: *digo o corpo, pois haverá alguma simplesinha que não saiba o que é interior e exterior.*

4. À margem do autógrafo do Escoriai, um dos censores escreveu: "Explica divinamente esta oração de quietude..." [o resto está riscado e ilegível].

Enfim, enquanto dura isso, está tão embebida e absorta, com a satisfação e o prazer que a inundam, que não se lembra da existência de algum outro desejo; de bom grado diria, com São Pedro: *Senhor, façamos aqui três moradas*[5].

4. Algumas vezes, nesta oração de quietude, Deus concede outro favor bem difícil de se entender se não se tiver grande experiência. Se houver alguma, aquelas dentre vós que a tiverem logo vão entender, tendo muito consolo por compreender em que consiste — e creio que, muitas vezes, Deus dá essa graça junto com esta outra. Quando é grande e duradoura esta quietude, parece-me que, se a vontade não estivesse presa a alguma coisa, a paz de que falo não poderia durar muito. Acontece de nos ver um ou dois dias com essa satisfação, sem nos entender — refiro-me aos que a têm, vendo verdadeiramente que não estamos totalmente presentes naquilo que fazemos exteriormente, pois nos falta o melhor, que é a vontade — que, a meu ver, está unida com seu Deus e deixa as outras faculdades livres para que tratem do seu serviço divino. E para essa união temos então muito mais habilidade; mas, para lidar com as coisas do mundo, ficamos entorpecidos e, por vezes, aparvalhados.

5. Esta é uma grande graça do Senhor, porque quem a recebe tem vida ativa e contemplativa ao mesmo tempo. Os que ficam nesse estado de todo servem ao Senhor, no que quer que façam. Porque a vontade faz o seu serviço, sem saber como age, e fica em sua contemplação; as outras duas faculdades fazem o trabalho de Marta. Assim, Marta e Maria andam juntas.

Conheço uma pessoa a quem o Senhor deixava assim muitas vezes, sem que ela pudesse entender-se a si mesma. Ela buscou a ajuda de um grande contemplativo[6], que lhe disse tratar-se de algo muito possível que também ocorria com ele. Assim, penso que, quando a alma está tão satisfeita nessa oração de quietude, a faculdade da vontade está unida quase sempre ao Único capaz de satisfazê-la.

6. Parece-me ser útil dar aqui alguns avisos para aquelas de vós, irmãs, a quem o Senhor trouxe até aqui, pois sei que há algumas.

O primeiro é: como se veem nesse contentamento e não sabem como ele lhes veio, vendo pelo menos que por si mesmas não o podem alcançar, dá-lhes a tentação de pensar que poderão reter essa graça, e, para isso, não se atrevem nem a respirar. Isso é uma bobagem, pois assim como não podemos fazer amanhecer, tampouco podemos impedir que anoiteça; já não se trata de obra nossa, pois é sobrenatural, algo que está bem fora do nosso alcance. Retemo-la melhor entendendo com clareza que nada podemos tirar nem pôr no que se refere a essa graça, mas somente recebê-la como pessoas indigníssimas de merecê-la, com ações de graças, mas não com muitas palavras, e sim com um erguer de olhos, como fez o publicano[7].

7. É bom procurar mais solidão para dar lugar ao Senhor e deixar que Sua Majestade aja como em coisa própria. Quando muito, digamos uma palavra de raro em raro, suavemente, como quem sopra uma vela quando vê que ela vai se apagar para tornar a acendê-la. Se, contudo, ela estiver ardendo, soprá-la só serve, a meu ver, para apagá-la. Digo que seja suave o sopro para que, por tentarmos unir muitas palavras com o intelecto, não se ocupe a vontade.

8. E notai muito, amigas, este aviso que agora quero dar, pois vos vereis muitas vezes sem poder recorrer a estas duas faculdades[8]. Acontece de estar a alma com enorme quietude e de o intelecto estar tão distante que parece não ser em sua casa que aquilo acontece. Assim, parece-lhe que

---

5. Mateus 17,4.

6. No manuscrito de Toledo, a Santa anotou: *que era o Padre Francisco, da Companhia de Jesus, que fora duque de Gandía, e bem o sabia por experiência.* — Tratava-se de São Francisco de Borja; a pessoa que o consultou foi a própria Santa Teresa.

7. Lucas 18,13.

8. *Estas duas faculdades:* o intelecto e a memória. Ela já as designou com esses termos genéricos neste mesmo capítulo (n. 5), em contraposição à vontade (n. 3 e 4), única que entra no estado de quietude. *O intelecto tão distante*, de que ela vai falar em seguida, compreende, confusamente, "entendimento e imaginação". De fato, no manuscrito de Toledo, a própria Santa escreveu, acima da palavra "intelecto", *ou imaginação*. Há no manuscrito de Toledo várias passagens que

está em casa alheia como hóspede e buscando outros lugares onde estar: aquele não o contenta, pois ele não sabe o que é estar num mesmo ser.

Talvez só ocorra com o meu, não devendo ser assim com os outros. Quanto a mim, algumas vezes desejo morrer, por não poder controlar essa inquietação do intelecto. Outras vezes, parece-me que ele se estabelece em sua casa e acompanha a vontade. E, quando as três faculdades se unem, é uma glória; é como num casal quando há amor entre os esposos: o que um deseja é a vontade do outro. Contudo, se são mal casados, já se vê o desassossego que o marido dá à mulher. Assim, a vontade, quando se vê nesta quietude, deve considerar o intelecto um louco, porque, se desejar trazê-lo consigo, será obrigada a se ocupar de algo e com isso se inquietar. Nessa altura da oração, tudo seria esforço e nenhum lucro, pois perderíamos o que o Senhor nos dá sem nenhum esforço nosso.

9. E dai muita atenção a esta comparação, que me parece muito adequada[9]. A alma está como um nenê que ainda mama no seio da mãe, que, por ternura, põe-lhe o leite na boca sem que ele precise sugá-lo. Assim acontece nesta oração: sem o esforço do intelecto, a vontade ama; quer o Senhor que, sem sequer pensar, a alma entenda que está com Ele, e que apenas beba o leite que Sua Majestade lhe põe na boca, e frua daquela suavidade, saiba que o Senhor lhe está fazendo aquela graça e se alegre por gozá-la. Mas que não queira entender como goza e do que goza, limitando-se a descuidar-se de si, pois quem está ao seu lado não vai se descuidar de ver o que lhe convém. Se ela for lutar com o intelecto para repartir com ele o gozo, atraindo-o para si, nada conseguirá e forçosamente deixará cair o leite da boca, perdendo aquele alimento divino.

10. Aí está a diferença entre a oração de quietude e aquela em que toda a alma está unida com Deus: na oração de união, a alma nem precisa ingerir o alimento; o Senhor o põe dentro dela, sem que ela saiba como. Na de quietude, Sua Majestade deseja que ela trabalhe um pouquinho, embora com tanto descanso que quase não se sente. Quem a atormenta é o intelecto, coisa que não acontece quando há a união das três faculdades, porque, então, Aquele que as criou as suspende; porque, com o gozo que lhes dá, ocupa-as a todas sem que elas saibam como e sem poder entender.

Assim, como eu digo, sentindo em si esta oração, que é um fluir grande e quieto da vontade, embora não se possa saber com certeza o que é fruído, a alma percebe claramente que a alegria é muito distinta das da terra e que dominar o mundo, com todos os prazeres que nele há, não bastaria para que a alma sentisse em si aquela satisfação, que ocorre no interior da vontade — pois os outros contentamentos da vida, parece-me, são gozados pelo exterior da vontade, a sua casca, digamos assim. Quem se vir nesse grau tão elevado de oração (que é, como eu disse[10], evidentemente sobrenatural), se o intelecto — ou pensamento, para melhor me explicar — procurar os maiores desatinos do mundo, deve rir dele e tratá-lo como néscio, permanecendo em sua quietude; ele irá e virá, pois, aqui, a vontade é senhora e poderosa, e o atrairá para si sem que vos ocupeis.

Se desejar atraí-lo à força, a vontade vai perder o domínio que tem sobre ele, advindo do ter ingerido e assimilado o alimento divino, e nenhum dos dois ganhará nada, perdendo ambos. Dizem que quem tudo quer tudo perde; esse me parece o caso aqui. A experiência mostrará isso, porque não me espanto que quem não tenha essa oração considere tudo muito obscuro, uma coisa

---

revelam ter ela titubeado entre o uso de intelecto, pensamento e imaginação. Nos últimos retoques do texto, ela escreveu, acima da palavra "intelecto": *ou pensamento ou imaginação, pois eu não sei o que é.*

9. Prova da fruição com que Santa Teresa escreveu essa famosa "comparação" são os sucessivos retoques a que a submeteu: ela escreveu na primeira redação *E dai muita atenção a esta comparação que me deu o Senhor quando eu estava nesta oração e que me parece muito adequada.* Em nosso texto (segunda redação), ela a desenvolveu amplamente, mas omitindo a alusão à origem divina. Na redação final (manuscrito de Toledo), o texto ficou assim: *E dai muita atenção a esta comparação, que me parece adequada* (a Santa riscou "muito") *e que o dá a entender.* No manuscrito de Salamanca, há marcas de outras elaborações dessa mesma passagem. Um dos censores advertiu, à margem do autógrafo de Valladolid: "Mediante esta comparação, pode-se compreender como é possível amar sem entender o que se ama nem quem ama, o que é de difícil entendimento".

10. Disse-o no n. 6.

desnecessária. Mas eu já disse[11] que, por menor que seja a experiência, é possível entendê-lo, podendo-se aproveitá-lo e louvar por isso o Senhor, que me fez o favor de dizê-lo aqui com acerto.

11. Vamos, pois, concluir dizendo que, posta a alma nesta oração, já me parece que o Pai Eterno lhe concedeu o pedido de dar-lhe aqui na terra o Seu reino. Oh, feliz pedido, pois tanto bem pedimos nele sem o compreender! Feliz maneira de pedir! Por esse motivo, desejo, irmãs, que atentemos para o modo como rezamos o pai-nosso e todas as outras orações vocais; porque, tendo recebido de Deus essa graça, devemos descuidar das coisas do mundo, pois, chegando, o Senhor dele tudo lança fora.

Não digo que todos os que a tiverem estejam necessariamente desapegados por inteiro do mundo; eu queria ao menos que entendessem o que lhes falta, humilhando-se e procurando desapegar-se do todo, porque, se não o fizerem, pararão aqui. Para a alma, o fato de Deus lhe dar semelhantes penhores indica que Ele muito a quer; se não for por sua culpa, avançará muito. Mas, se vê que, pondo o reino do céu em sua casa, ela volta para a terra, o Senhor não só não lhe mostrará os segredos que há em Seu reino, como poucas vezes lhe concederá essa graça, e por um breve espaço de tempo.

12. Pode ser que eu me engane quanto a isso, mas é o que observo, e sei que é assim, e considero isso a causa da existência de poucas pessoas espirituais; porque, como não respondem nos serviços de acordo com graça tão grande — já que não voltam a preparar-se para recebê-la e tiram das mãos do Senhor a vontade que já Lhe tinham entregue, fixando-a em coisas baixas —, Ele vai procurar quem O queira, para dar mais, se bem que não tire de todo o que deu quando a pessoa vive com a consciência limpa.

Há, porém, pessoas — e eu fui uma delas — que o Senhor enternece e a quem dá inspirações santas e iluminação sobre todas as coisas; enfim, Ele vai lhes dando esse reino e pondo-as nessa oração de quietude, enquanto elas se fazem de surdas. Por serem tão amigas de falar e de dizer às pressas muitas orações vocais, como quem quer acabar logo sua tarefa — já que julgam bastante dizê-las todos os dias —, mesmo que o Senhor lhes ponha o Seu reino nas mãos, não o recebem, pensando que com suas orações obtêm maior proveito e, assim, se distraindo.

13. Não façais isso, irmãs; ficai atentas quando o Senhor vos fizer essa graça. Vede que perdeis um grande tesouro e que fazeis muito mais com uma palavra, proferida de quando em quando, do pai-nosso do que dizendo-o muitas vezes apressadamente. Aquele a quem pedis está muito perto de vós e não vos deixará de ouvir. Crede que aqui está o verdadeiro louvar e santificar o Seu nome: como pessoas da família, glorificais o Senhor e O louvais com mais afeto e desejo, parecendo que não podeis deixar de servi-Lo.

CAPÍTULO 32

Trata das seguintes palavras do pai-nosso: Fiat voluntas tua sicut in coelo et in terra. Fala do muito que realiza quem profere essas palavras com toda a determinação e diz quão bem paga por isso o Senhor.

1. Agora que o nosso bom Mestre pediu por nós e nos ensinou a pedir coisa de tanto valor, que encerra em si todas as coisas que aqui podemos desejar, concedendo-nos a grande graça de nos fazer irmãos Seus, vejamos o que Ele quer que demos a Seu Pai, o que Lhe oferece por nós e o que nos pede, pois é justo que O sirvamos em alguma coisa quando recebemos tão grandes favores. Ó bom Jesus, se dais tão pouco de nossa parte, como pedis tanto em nosso benefício? Sim, porque o que damos é em si nada diante do que devemos, ainda mais se tratando de tão grande Senhor! Certo é, porém, Jesus meu, que não nos deixeis sem nada, e que nós Vos damos tudo o que podemos dar, se o dermos como dizemos.

---

11. Disse-o no n. 4. É interessante a variante da primeira redação: *A experiência dará isso a entender, pois para entendê-lo sem que no-lo digam é necessária muita, e para fazê-lo e entendê-lo depois de tê-lo lido, é necessária pouca.*

2. *Seja feita a vossa vontade, assim na terra como no céu*[1].

Bem fizestes, nosso bom Mestre, em apresentar primeiro o pedido anterior, para que pudéssemos cumprir aquilo que dais em nosso nome; porque é certo, Senhor, que, se assim não fosse, não nos seria possível fazê-lo. Mas, como o Vosso Pai faz aquilo que Lhe pedis — dar-nos aqui o Seu reino —, sei que não Vos deixaremos faltar com a verdade ao dardes o que dais por nós. Porque, tornada a terra céu, será possível fazer-se em mim a Vossa vontade. Sem isso, contudo, e em terra tão ruim quanto a minha, e tão estéril, não sei, Senhor, como isso poderia acontecer. De fato, é coisa grandiosa o que ofereceis.

3. Quando penso nisso, divirto-me com as pessoas que não se atrevem a pedir sofrimentos ao Senhor por pensarem que logo vão ser atendidas[2]. Não falo dos que deixam de fazê-lo por humildade, por lhes parecer que não são capazes de suportá-los, se bem que eu acredite que Aquele que lhes dá amor para que peçam um meio tão árduo de provar que O amam também lhes dará para suportá-lo.

Eu gostaria de perguntar aos que, por temor de que logo lhes deem, não os pedem[3] o que dizem quando suplicam ao Senhor que cumpra a Sua vontade neles, a não ser que o digam por dizer, porque todos o dizem, mas não para que isso aconteça. Isso, irmãs, não seria bom. Vede: o bom Jesus, fazendo aqui as vezes de nosso embaixador, dispôs-se a intervir entre nós e Seu Pai, não pagando por isso pequeno preço; não é justo que não demos de fato o que Ele oferece por nós. Se não pretendemos dá-lo, não o prometamos.

4. Agora desejo seguir outro rumo. Vede, filhas, isso se há de cumprir, queiramos ou não, e a Sua vontade há de se fazer no céu e na terra. Crede-me, segui meu parecer e fazei da necessidade virtude. Ó Senhor meu, que grande prazer é este para mim: saber que não deixastes de querer que em pessoa tão ruim quanto eu se cumprisse Vossa vontade! Bendito sejais para sempre e louvem-Vos todas as coisas! Glorificado seja eternamente Vosso nome!

Em que boa situação eu estaria, Senhor, se estivesse em minhas mãos cumprir-se ou não a Vossa vontade! Eu Vos entrego agora a minha vontade livremente, embora não sem interesse, pois já experimentei e tenho grande experiência do lucro que obtenho ao entregar livremente a minha vontade à Vossa. Ó amigas, que grande ganho é aqui — ou que grande perda, se não cumprirmos o que prometemos ao Senhor ao dizer o pai-nosso!

5. Antes de falar do que se ganha, quero discorrer sobre o muito que ofereceis, para que mais tarde não alegueis que estáveis enganadas e que não o entendestes. Não sejais como algumas religiosas que só fazem prometer e, não o cumprindo, tentam reparar as coisas afirmando que não tinham entendido o que prometiam. E pode ser verdade, porque dizer que entregamos a nossa vontade a outrem parece muito fácil, até que, na hora da prática, se percebe que é a coisa mais difícil de fazer, se a fizermos como devemos. Mas nem todas as vezes os prelados nos levam com rigor, porque veem a nossa fraqueza; e, em certas circunstâncias, tratam da mesma maneira fracos e fortes. Com o Senhor não é assim, pois Ele sabe o que pode suportar cada um e, vendo força numa alma, não deixa de cumprir nela Sua vontade[4].

---

1. Mateus 6,10.
2. *E conheci pessoas tão pusilânimes que, mesmo sem o benefício da humildade, não têm coragem de pedi-los* [sofrimentos], *pois pensam que eles logo lhes serão dados*: assim era o trecho na primeira redação.
3. Frei Luis (p. 188) organizou assim essa passagem: "Eu queria perguntar aos que, por temor de logo recebê-los, não os pedem o que dizem quando suplicam ao Senhor que faça a Sua vontade neles".
4. Em lugar desta última passagem, lia-se na primeira redação: *Não sejais como algumas monjas que não passam das promessas e, como não cumprem nada, dizem que, quando fizeram profissão, não entenderam o que prometiam. E eu assim o creio, porque é fácil falar e difícil fazer; e se pensaram que um não era mais difícil do que o outro, com certeza não o entenderam. Fazei que quem aqui professar entenda, através de muitas provas, que não deve pensar que haveremos de ficar nas palavras, e sim que devemos também agir. Assim, desejo que entendais com quem falais, como dizem, bem como o que oferece por vós ao Pai o bom Jesus e o que Lhe dais quando dizeis que se faça em vós a Sua vontade, pois não dizeis outra coisa.*

6. Quero, pois, advertir-vos e lembrar qual é a Sua vontade. Não temais que seja dar-vos riquezas, deleites, honras ou os outros bens da terra. Ele não vos quer tão pouco e considera muito o que Lhe dais, desejando pagar-vos bem, já que, ainda em vossa vida, vos dá o Seu reino. Quereis ver como Ele age com os que Lhe dizem sinceramente que se faça neles a Sua vontade? Perguntai-o ao seu Filho glorioso, que Lhe pediu isso na oração do Horto[5]. Como Ele o fez com determinação e com toda a vontade, vede se o Pai não a cumpriu bem Nele, considerando-se o que Lhe deu de sofrimentos, dores, injúrias e perseguições, até que Lhe tirou a vida com a morte na cruz.

7. Assim, filhas, vendo o que Ele deu Àquele a quem mais amava, compreende-se qual é a Sua vontade. Esses são os Seus dons neste mundo. Ele dá de acordo com o amor que nos tem: aos que ama mais, dá mais dessas dádivas; aos que ama menos, dá em menor quantidade, tudo de acordo com a disposição que vê em cada um e com o amor que cada qual tem por Sua Majestade. Ele vê que quem O ama muito pode padecer muito por Ele, e quem ama pouco, pouco. Acredito que a medida do amor é a capacidade de levar cruz grande ou pequena. Assim, irmãs, se O amais, procurai dizer-Lhe palavras que não sejam de mero cumprimento, como se deve fazer diante de tão grande Senhor, esforçando-vos por passar o que Sua Majestade quiser. Porque, se assim não entregardes a vontade, agireis como quem mostra a joia e faz menção de dá-la, rogando à pessoa que a aceite, mas que, quando a pessoa estende a mão, toma-a outra vez e a guarda bem guardada.

8. Não se deve zombar dessa maneira de Quem tantas zombarias suportou por nós. Mesmo que não houvesse outro motivo, não é certo fazer isso com Ele tantas vezes, visto não serem poucas as ocasiões em que Lhe entregamos a vontade no pai-nosso. Demos-Lhe a joia de uma vez, para sempre, já que tantas vezes fazemos menção de dá-la. Além disso, Ele já nos concede antes os Seus dons para que Lhe demos essa joia.

As pessoas do mundo já farão muito se tiverem verdadeira determinação de cumprir suas promessas. Vós, filhas, dizendo e fazendo palavras e obras, como na verdade parece que fazemos nós, os religiosos; contudo, por vezes não só oferecemos a joia como a pomos em Sua mão, mas voltamos a tomá-la. De repente, somos generosos e, depois, tão avaros que seria melhor termos refletido um pouco mais antes de dá-la.

9. Porque todas as advertências que faço neste livro se referem à necessidade de nos dar por inteiro ao Criador, de entregar a nossa vontade à Dele, de nos desapegar das criaturas. Como já deveis ter compreendido quão importante é isso, não insisto. Falarei apenas da razão por que o nosso bom Mestre incluiu essas palavras no pai-nosso, sabedor que é do muito que ganharemos por prestar esse serviço ao Seu Pai eterno.

Com essas palavras, dispomo-nos a, com muita brevidade, chegar ao final do caminho e beber da água viva da fonte de que falei. Se não dermos totalmente a nossa vontade ao Senhor, para que Ele faça, em tudo o que se referir a nós, conforme a Sua vontade, nunca poderemos beber dela[6]. Essa é a contemplação perfeita que me pedistes para explicar.

10. E, nisso, como já tenho escrito[7], nada fazemos por nós mesmas; não trabalhamos, não negociamos nem precisamos fazer nada (porque todas as outras coisas nos atrapalham e impedem) além de dizer *fiat voluntas tua*: cumpra-se em mim, Senhor, a Vossa vontade, de todos os modos e maneiras que Vós, Senhor meu, quiserdes. Se desejais que eu tenha sofrimento, dai-me forças para suportá-los e mandai-os; se perseguições, enfermidades, desonras e necessidades, aqui estou, e não vou virar o rosto, Pai meu, nem há razão para dar-Vos as costas. Se o Vosso Filho deu em nome de todos esta minha vontade, não há razão para que eu falhe, mas sim que me façais Vós a graça de me dar o Vosso reino para que eu então o possa fazer, já que Ele me pediu que fizesse, deixando que disponhais de mim como de coisa Vossa, de acordo com a Vossa vontade.

---

5. Mateus 26,39.
6. Cf. cap. 19.
7. *Como tenho escrito:* no cap. 29, n. 4, cf. nota. O mesmo censor que fez a anotação na passagem do cap. 29 escreveu agora, à margem do autógrafo: "Que pelo nosso engenho e habilidade queiramos negociar a quietude".

11. Ó irmãs minhas, que força tem esse dom! Se tivermos a determinação que devemos ter, no mínimo faremos o Todo-Poderoso formar unidade com a nossa baixeza e transformar-nos em Si Mesmo, fazendo uma união do Criador com a criatura. Vede que recebereis boa recompensa e que tendes um Mestre bom que, como sabe o caminho para agradar a Seu Pai, nos ensina como agir e com que O havemos de servir.

12. E quanto mais formos demonstrando, mediante obras, que não proferimos essas palavras por obrigação, tanto mais o Senhor nos aproximará de Si, elevando-nos acima de todas as coisas da terra e de nós mesmas, habilitando-nos a receber grandes favores, já que o Senhor não se cansa de nos pagar nesta vida por esse serviço; Ele o preza tanto que já nem sabemos o que Lhe pedir, e Sua Majestade nunca cansa de dar. Porque, não contente de ter formado com a alma uma unidade, por tê-la unido a Si[8], Ele compartilha Seus prazeres com ela, revela-lhe segredos, alegra-Se por vê-la compreender quanto tem ganho e conhecer parte daquilo que Ele tem para lhe dar.

Deus a faz perder os sentidos exteriores, para que ela de nada se ocupe: isto é arroubo. Ele começa a tratá-la com tanta amizade que não só lhe devolve sua vontade como lhe entrega a Dele; como o Senhor Se alegra com uma amizade tão grande, permite que cada qual mande uma vez, como se diz: Ele cumpre a vontade dela, de acordo com o que ela pede, do mesmo modo como a alma segue as Suas ordens. O que o Senhor faz é muito melhor, pois Ele é poderoso e pode fazer o que quiser, e nunca deixa de querer.

13. A pobre alma, mesmo que queira, não pode fazer tudo o que deseja, nem tem nenhum poder sem que ele lhe seja concedido; e esta é a sua maior riqueza: ficar, quanto mais serve ao Senhor, mais endividada. Muitas vezes, ela se aflige por se ver submetida a tantos inconvenientes, empecilhos e obstáculos decorrentes do fato de estar no cárcere deste corpo, pois gostaria de resgatar parte de sua dívida.

E ela é muito boba por se afligir; porque, mesmo que façamos todos os esforços possíveis, como poderemos nós, que nada temos para dar se não recebermos, pagar ao Senhor? O máximo que podemos fazer é nos conhecer e, o que está ao nosso alcance, entregar a nossa vontade com toda a perfeição. Todas as outras coisas, para uma alma que o Senhor trouxe até aqui, são embaraços, prejuízos, e nenhum proveito; porque só a humildade pode alguma coisa. Adquirimo-la não pelo intelecto, mas com uma verdade clara que compreende num único momento o que não poderia alcançar, em muito tempo e empregando a imaginação, acerca de quão absoluta é a nossa insignificância e de quão infinita é a grandeza de Deus.

14. Dou-vos um aviso: não penseis chegar aqui por vossa força ou recursos; será em vão! Porque, se antes sentíeis devoção, ficareis frias; mas, com simplicidade e humildade — pois esta última é a que tudo consegue —, dizei: *fiat voluntas tua*.

CAPÍTULO 33

Trata da grande necessidade que temos de que o Senhor nos dê aquilo que pedimos ao proferirmos as seguintes palavras do pai-nosso: *Panem nostrum quotidianum da nobis hodie*.

1. Pois, entendendo o bom Jesus, como eu disse[1], quão difícil era a coisa que ofereceu por nós, conhecendo a nossa fraqueza e o fato de muitas vezes darmos a entender que não compreendemos qual é a vontade do Senhor — por sermos fracos e Ele tão piedoso —, bem como que era necessário nos dar recursos (porque viu que deixarmos de dar o prometido de maneira alguma nos convém) para isso, por estar aí tudo o que temos a ganhar, procurou ajudar-nos.

---

8. *Unido a Si*. Na primeira redação, ela escreveu: *convertido em Si*. Um dos censores riscou a frase, considerando-a demasiado atrevida teologicamente, e a substituiu entre linhas pela outra, que foi aceita pela autora na segunda redação.

1. *Como eu disse:* esse foi o tema do cap. anterior.

O Mestre sabia que cumprir a promessa era difícil, porque dizer a uma pessoa rica e afeita aos prazeres que a vontade de Deus é que modere o apetite para que os que morrem de fome comam ao menos pão a faz brandir mil razões para entender isso apenas como lhe convém; dizer a um murmurador que a vontade de Deus é que ele deseje tanto para o próximo como para si boa fama não pode levá-lo a ter paciência, nem há motivo para que por si só o faça compreender; dizer a um religioso dado às liberdades e ao conforto que ele precisa dar o exemplo e ver que não é só com palavras que deve cumprir o que disse ao fazer essa promessa a que se obrigou ao fazer os votos, dizer-lhe também que é vontade de Deus que cumpra seus votos e perceba que, agindo escandalosamente, muito se opõe a eles, mesmo que não os quebre de todo, e dizer-lhe ainda que, tendo prometido pobreza, a guarde sem rodeios, pois isso é o que o Senhor quer, não o faz modificar-se.

Se ainda hoje não há meio de fazer algumas pessoas cumprir a vontade do Senhor, como estaria a situação se Ele não nos ajudasse na maioria das vezes com o recurso que nos deixou? Por certo haveria muito poucos cumprindo as palavras que Cristo disse por nós a Seu Pai: *fiat voluntas tua*. Assim, vendo essa necessidade, o bom Jesus buscou um meio admirável com o qual nos mostrou o imenso amor que tem por nós[2]; em Seu nome e no de Seus irmãos, fez a súplica: *O pão nosso de cada dia nos dai hoje*.

Entendamos, irmãs, por amor de Deus, o que pede o nosso bom Mestre, pois não podemos passar a vida deixando isso de lado. E considerai bem ínfimo o que tendes dado, pois muito haveis de receber.

2. Parece-me, salvo outra opinião melhor, que o bom Jesus, vendo o que tinha prometido por nós e a grande dificuldade nossa em cumpri-lo, como eu disse[3], por ser tal a nossa natureza que nos inclina a coisas baixas e por termos tão pouco amor e ânimo, percebeu ser necessário que víssemos o quanto nos amava, e não uma vez, mas cada dia, resolvendo então ficar para sempre conosco. E, sendo isso uma coisa de muita gravidade e importância, quis o Senhor que esse recurso nos viesse da mão do Pai Eterno.

Mesmo formando uma unidade com o Pai, e sabendo que o que fizesse na terra Deus o faria no céu e o consideraria bom, já que a Sua vontade e a do Pai são uma só, o bom Jesus[4], de tão humilde, quis como que pedir licença, pois já sabia que era amado pelo Pai e que Nele se deleitava. Ele bem compreendeu que pedia mais nisso do que pedira nas outras coisas, pois já sabia da morte que viria a merecer, bem como das desonras e afrontas que haveria de padecer.

3. Pois que pai haveria, Senhor, que, tendo nos dado o seu filho, e um filho especial, e vendo a condição em que o deixamos, consentiria em deixar entre nós o seu filho para sofrer outra vez a cada dia? Certamente, Senhor, nenhum, exceto o Vosso; bem sabeis a quem pedis.

Oh, valha-me Deus, que grande amor do Filho e que grande amor do Pai! Não me espanto tanto com o bom Jesus, que, já tendo dito *fiat voluntas tua*, o haveria de cumprir como quem é. Sim, pois Ele não é como nós! Ele sabia que devia nos amar como a Si Mesmo e, assim, tentava cumprir esse mandamento com a maior perfeição, mesmo em detrimento de Si Mesmo. Mas Vós, Pai eterno, como o consentistes? Por que quereis ver todos os dias em mãos tão ruins Vosso Filho? Porque uma vez quisestes que Ele aqui estivesse, e o consentistes, e bem vedes como Lhe pagaram! Como pode a Vossa piedade a cada dia, todos os dias, vê-Lo sofrer injúrias? E quantas não se fazem hoje a este Santíssimo Sacramento? Em quantas mãos inimigas deve vê-Lo o Pai! Quantos desacatos desses hereges!

4. Ó Senhor eterno! Como aceitais semelhante pedido? Como o consentistes? Não Vos deixeis levar pelo amor do Vosso Filho, que, para cumprir com perfeição Vossa vontade e para nos

---

2. Alusão à instituição da eucaristia: João 13,1.
3. No cap. 32.
4. Por escrúpulo teológico, o já mencionado censor pôs, à margem do autógrafo, a advertência: "Pela parte que era humana".

beneficiar, cumprindo-a por nós, Se deixará a cada dia fazer-Se em pedaços! Cabe a Vós, Senhor meu, fazer o que é de justiça, já que diante do Vosso Filho nada é obstáculo[5]. Por que razão há de o nosso bem ser todo às custas de Jesus? Por que Ele cala diante de tudo e não sabe falar por Si, mas só por nós? Acaso não deve haver quem fale por esse amantíssimo Cordeiro?

Vi que só nessa súplica Ele repete as palavras: primeiro diz e pede que Lhe deis esse pão de cada dia e, enfatizando-o, diz *nos dai hoje*. Ele também recorre a Seu Pai, como se dissesse que o pão já é nosso, visto que Ele uma vez nos deu o Filho para morrer por nós, pedindo-Lhe que não O torne a tirar de nós até que o mundo se acabe, que O deixe servir a cada dia. Que isso vos enterneça o coração, filhas minhas, para amar vosso Esposo, pois, não havendo escravo que diga de boa vontade que o é, eis que o bom Jesus parece honrar-se de dizê-lo.

5. Ó Pai eterno! Esta humildade tem muitos merecimentos! Com que tesouro compramos Vosso Filho? Já sabemos que podemos vendê-Lo por trinta dinheiros[6]; para comprá-Lo, no entanto, não há preço que baste. Nesta oração, Ele forma uma unidade conosco pela parte que tem da nossa natureza. E, como Senhor de Sua vontade, lembra o Pai que ela é Sua e que, portanto, pode dá-la a nós; assim, diz: *o pão nosso*. Não há diferença entre Ele e nós; mas nós criamos uma diferença entre nós e Ele para não nos dar a cada dia por Sua Majestade.

CAPÍTULO 34

Continua a falar do mesmo assunto. Este capítulo é muito útil para ser lido depois de se ter recebido o Santíssimo Sacramento.

1. Pois, nesta súplica, *de cada dia* parece significar *para sempre*. Estive pensando por que o Senhor repetiu, depois de ter dito *cada dia, nos dai hoje*. Tive a impressão de que ser nosso pão *cada dia* significa que O possuímos na terra e O possuiremos também no céu, se aproveitarmos bem a Sua companhia, pois Ele não está aqui conosco senão para nos ajudar, para nos sustentar e para nos animar a fazer essa vontade que temos pedido faça-se em nós.

2. *Hoje* me parece ser um só dia, enquanto dura o mundo, e não mais do que isso. E de fato este mundo não dura mais de um dia! Os desventurados, que se condenam, e não O gozarão na outra vida, não podem atribuir-Lhe a culpa por se deixarem vencer, já que o Senhor não deixa de nos animar até o fim da batalha; eles não terão como se desculpar nem poderão se queixar ao Pai por lhes ter tomado o Filho quando eles mais precisavam.

E assim o Filho diz ao Pai que, não sendo esta vida mais que um dia, O deixe passar na servidão. Sua Majestade já nos deu o Seu Filho, enviando-O ao mundo pela própria vontade Deste. O Filho, por Sua própria vontade, não quer agora abandonar o mundo, mas ficar aqui conosco para maior glória dos Seus amigos e temor dos Seus adversários. Por isso Ele só pede o pão sacratíssimo para "hoje", apesar de Sua Majestade já nos ter dado esse alimento e maná da humanidade, que está agora à nossa disposição. E só morreremos de fome por nossa própria culpa, porque, coma como comer desse alimento, a alma achará no Sacratíssimo Sacramento delícias e consolos[1]. Não há necessidades, sofrimentos nem perseguições que não vençamos com facilidade se começarmos a provar os que Ele suportou.

3. Pedi ao Pai, filhas, como este Senhor, que vos deixe "hoje" o vosso Esposo, que não vos vejais neste mundo sem Ele. Basta, para reduzir tão grande contentamento, que Ele fique disfarça-

---

5. O escrupuloso censor citado outras vezes submeteu essa passagem a dura prova, riscando e modificando o autógrafo: "Não vos deixeis levar, Irmãs, [pelo] *amor do vosso esposo*, que, para cumprir com perfeição *a vontade do Pai* e para nos beneficiar, cumprindo-a por nós, Se deixará a cada dia fazer-Se em pedaços. *Caberia a Vós, ó Pai eterno, fazer por* Vosso Filho; diante Dele não há nada *que seja obstáculo*..." Os trechos em itálico correspondem às modificações do teólogo censor e dão uma ideia do purismo e do convencionalismo teológico com que ele atacou o ingênuo e diáfano pensamento teresiano.

6. Alusão a Mateus 26,15.
1. Alusão ao maná bíblico (Sb 16,20).

do sob os acidentes de pão e vinho, o que é grande tormento para quem não tem outra coisa para amar nem outro consolo. Mas suplicai-Lhe que não vos falte e vos dê a disposição para recebê-Lo dignamente.

4. Quem de fato se tiver entregue à vontade de Deus não deve preocupar-se com o outro pão. Quer dizer, nos momentos de oração, tratais de coisas mais importantes, havendo outras ocasiões para que trabalheis e ganheis de comer. Mas em nenhum tempo deveis gastar nestas últimas coisas o pensamento. O corpo deve trabalhar, pois é certo que procureis sustentar-vos, e a alma, descansar. Deixai essa preocupação, como já foi dito amplamente[2], ao vosso Esposo; Ele a terá sempre.

5. Se um criado começa a servir a um senhor, empenha-se em tudo fazer para contentá-lo; mas o senhor está obrigado a alimentar o servo enquanto este se encontra em sua casa e o serve, a não ser que seja tão pobre que não tenha para si nem para ele. Isto não acontece aqui; o Senhor é e sempre será rico e poderoso. Assim, não ficaria bem o criado viver pedindo comida, visto saber que o seu amo se preocupa em alimentá-lo e que ele há de ter o que comer. O Senhor, com razão, lhe dirá que cuide de servi-Lo e de ver como contentá-Lo, pois, por viver ocupado com aquilo que não devia causar preocupação, o criado não faz nada direito.

Assim, irmãs, quem quiser que se preocupe em pedir esse pão; quanto a nós, peçamos ao Pai Eterno merecer receber o nosso Pão celestial de uma maneira que, como os olhos do corpo não podem deleitar-se em contemplá-Lo por estarem muito encobertos, o Pão se revele aos olhos da alma, dando-se a conhecer — pois é outro manjar de alegrias e contentamento, um alimento que sustenta a vida.

6. Pensais que esse santíssimo manjar não sustenta inclusive esses corpos, sendo um grande remédio mesmo para os males corporais? Eu sei que assim o é e conheço uma pessoa acometida por grandes enfermidades que, padecendo muitas vezes de graves dores, as tinha tiradas de si e ficava boa de todo graças a ele[3]. E isso acontecia muitas vezes, sofrendo ela, a meu ver, de males evidentes que não podiam ser resultado de fingimento.

E como as maravilhas que esse santíssimo Pão opera nos que o recebem com dignidade são muito conhecidas, não vou me referir a outros prodígios relativos a essa pessoa de que falei, pois sei de muitos, e verdadeiros. Mas essa pessoa recebera do Senhor uma fé tão viva que, quando ouvia algumas pessoas dizendo que desejavam ter vivido no tempo em que Cristo, nosso Bem, habitava o mundo, ria de si para si por lhe parecer que, estando Ele presente tão verdadeiramente no Santíssimo Sacramento como naquela época, que mais se poderia querer?

7. Também é do meu conhecimento que essa pessoa, durante muitos anos, embora não fosse muito perfeita, quando comungava, tentava reforçar a fé, agindo como se visse com os olhos corporais o Senhor entrar em sua casa; e, como acreditava que o Senhor de fato entrava em sua pobre morada, ela desimpedia o pensamento de todas as coisas exteriores, no limite de suas possibilidades, e entrava junto com Ele. Procurava recolher os sentidos para que estes compreendessem que grande bem recebiam, quer dizer, para que não atrapalhassem a alma quando esta buscava conhecê-Lo. Ela se imaginava aos pés do Senhor e chorava como Madalena, como se O visse com os olhos do corpo na casa do fariseu; porque, embora não sentisse devoção, tinha pela fé a impressão de que Ele de fato estava presente na sua alma.

8. Porque, se não queremos ser bobos, cegando a nossa inteligência, não podemos duvidar. Não se trata de representação da imaginação, como quando consideramos o Senhor na cruz ou em outra passagem da Paixão, representando em nós o que se passou. Aquilo de que falo ocorre no presente e é inteira verdade, não havendo por que buscar o Senhor em algum lugar mais longe. Mas, visto sabermos que, enquanto o calor natural não consumir os acidentes do pão, o bom Jesus está conosco, aproximemo-nos Dele.

---

2. Ela o disse nos caps. 2 e 8.
3. Ela fala de si mesma.

Pois se Ele, quando andava no mundo, curava os enfermos sem que estes precisassem mais do que tocar-Lhe as vestes, por que haveríamos de duvidar que faça milagres estando tão dentro de nós, se tivermos fé, e que nos dê o que pedirmos, visto que está em nossa casa? Sua Majestade não costuma pagar mal a hospedagem quando encontra boa acolhida.

9. Se vos dá pesar o não vê-Lo com os olhos corporais, percebei que isso não nos convém; uma coisa é vê-Lo glorificado e, outra, quando andava na terra. Diante da nossa imensa fraqueza natural, ninguém suportaria a visão Dele; não haveria mundo nem quem quisesse ficar nele. Porque, se se visse essa verdade eterna, se perceberia que todas as coisas a que tanta importância damos aqui não passam de mentiras e ilusões. E, vendo tão excelsa majestade, como se atreveria uma pecadorazinha como eu, que tanto O ofendeu, a ficar tão perto Dele?

Sob as aparências daquele pão, Ele é mais acessível; porque, se um rei se disfarçasse, não me parece que nos incomodássemos nem um pouco em conversar com ele sem tantas cerimônias e respeitos; por ter-se disfarçado, ele teria de nos suportar. De outra maneira, quem se atreveria a aproximar-se com tanta fraqueza, com tanta indignidade, com tantas imperfeições?

10. Oh, como não sabemos o que pedimos, e como o viu melhor a Sua sabedoria![4] Pois Ele se revela aos que percebe que vão aproveitar a Sua presença; mesmo que não O vejam com os olhos do corpo, Ele tem muitas maneiras de mostrar-se à alma: grandes sentimentos interiores e diversas vias. Mantende-vos com Ele de boa vontade; não percais uma ocasião tão boa de negociar quanto a que sucede à comunhão. Se a obediência vos mandar, irmãs, outra coisa, procurai deixar a alma com o Senhor; porque, se logo desviais o pensamento Dele e não considerais nem vos importais com o que está dentro de vós, como poderá Ele Se dar a conhecer a vós? Por isso, esse é um tempo precioso para que nosso Mestre vos ensine, para que O ouçamos e Lhe beijemos os pés por ter querido nos ensinar; suplicai-Lhe que não se afaste de vós.

11. Se pedis isso olhando para uma imagem de Cristo, parece-me bobagem abandonar Sua presença divina para contemplar o Seu retrato. Não o seria se tivéssemos o retrato de alguém a quem muito queremos e, vindo ele nos visitar, não lhe falássemos e conversássemos o tempo inteiro com o retrato? Sabeis quando isso é muito bom, coisa em que muito me deleito? Quando a pessoa está ausente, ou quando, por meio de muita aridez, quer nos fazer entender que o está, é um grande consolo ver uma imagem de alguém a quem amamos com tanta razão. Eu gostaria de vê-Lo em qualquer ponto para o qual voltasse os olhos. Em que coisa melhor, ou mais agradável à vista, poderíamos empregar o esforço de olhar do que Naquele que tanto nos ama e que traz em Si todos os bens? Desventurados os hereges, que por sua culpa perderam essa consolação, além de outras.

12. Quando acabardes de receber o Senhor, tendo a própria pessoa presente, procurai fechar os olhos do corpo e abrir os da alma, e olhai vosso próprio coração. Eu vos digo, e repito, e gostaria de dizer muitas vezes, que, se vos acostumardes a fazer isso sempre que comungardes (e procurai ter uma tal consciência que vos permita gozar muitas vezes este Bem), Ele por certo não virá tão disfarçado que, como eu disse[5], não se dê a conhecer de muitas maneiras de acordo com o nosso desejo de vê-Lo; e podeis desejá-Lo tanto que Ele se revele a vós por inteiro.

13. Se, porém, O desdenharmos e, recebendo-O, O deixarmos para procurar coisas inferiores da terra, o que Ele há de fazer? Haverá de nos levar à força e ver que deseja se manifestar a nós? Não! Pois não O trataram tão bem quando Ele se apresentou a todos às claras, dizendo-lhes de modo inequívoco quem era. Foram muitos poucos os que Nele acreditaram. Assim sendo, Sua Majestade age com muita misericórdia diante de todos os que Ele deseja que entendam que está presente no Santíssimo Sacramento. Mas deixar que O vejam às claras, comunicar Suas grandezas e dar dos Seus tesouros Ele reserva àqueles que percebe que O desejam muito, porque esses são os seus verdadeiros amigos.

---

4. Alusão à resposta de Jesus a Tiago e João (Mt 20,22).
5. Ela o disse nos n. 5 e 10.

Eu vos digo que quem não for um verdadeiro amigo Seu e não chegar a recebê-Lo como tal, fazendo tudo o que está ao seu alcance, jamais deverá importuná-Lo para que ele se revele. Falo de pessoas que mal veem a hora de se livrar das obrigações prescritas pela Igreja e que logo se vão da Sua casa e procuram afastá-Lo de si. Pessoas assim, voltadas para outros negócios, ocupações e problemas do mundo, parecem aflitas para que não lhes ocupe a casa Aquele que é, na verdade, Senhor dela.

CAPÍTULO 35
Encerra o assunto iniciado com uma exclamação ao Pai Eterno.

1. Tenho me estendido tanto nisso, embora tivesse falado, ao tratar da oração de recolhimento, da imensa relevância de a alma entrar em si mesma para tratar a sós com Deus, *por ser uma coisa muito importante*. E quando não comungardes, filhas, e ouvirdes missa, podeis comungar espiritualmente, o que traz enorme proveito, fazendo depois o recolhimento, para que se imprima profundamente em vossa alma o amor desse Senhor; porque, se nos prepararmos para receber, Ele jamais deixa de dar de várias maneiras que estão além do nosso conhecimento.

É como quando nos aproximamos do fogo; mesmo que ele esteja muito aceso, se ficarmos distantes dele e escondermos as mãos, não poderemos nos aquecer. E, no entanto, ainda assim há mais calor aí do que num lugar sem fogo. Se nos aproximarmos, contudo, do Senhor, estando a alma disposta, isto é, com desejo de livrar-se do frio, mesmo que fiquemos ali por um instante, mantemo-nos aquecidas durante horas.

2. Pois vede, irmãs, que se no princípio não vos sentirdes bem (o que pode acontecer, pois talvez o demônio possa vos fazer sentir tristeza e um aperto no coração, por saber o grande prejuízo que pode lhe advir dessa prática), e se algo vos der a entender que achareis mais devoção em outras coisas do que nessa, não abandoneis este modo de oração, porque, nele, o Senhor comprova o quanto vós O amais. Lembrai-vos de que há poucas almas que O acompanhem e O sigam em sofrimentos; passemos algo por Ele, pois Sua Majestade há de nos pagar. Recordai-vos também de quantas pessoas haverá que não somente não querem ficar com Ele como também O afastam de si com muita descortesia.

Pois temos de sofrer alguma coisa por Ele para fazê-Lo entender que desejamos vê-Lo. Ele tudo suporta e se dispõe a sofrer para encontrar uma única alma que O receba e Lhe dê uma acolhida amorosa; que essa alma seja a vossa. Porque, se não houvesse nenhuma, o Pai Eterno com razão não permitiria ao Filho ficar aqui conosco. Mas Ele é tão amigo dos Seus amigos e Senhor dos Seus servos que, vendo a vontade do seu bom Filho, não deseja atrapalhá-Lo em obra tão excelente, por meio da qual mostra com tanta perfeição o amor que tem pelo Seu Pai.

3. Assim, Pai santo que estais no céu, já que o quereis e aceitais, e claro está que não havíeis de negar algo que nos faz tanto bem, tem de haver alguém, como eu disse no princípio[1], que fale por Vosso Filho, pois Ele nunca se defendeu. Que sejamos nós, filhas, embora seja um atrevimento, sendo nós quem somos; mas, confiantes naquilo que o Senhor nos ordena que peçamos, em obediência ao que diz o bom Jesus, e em Seu nome, supliquemos a Sua Majestade que, como o Seu Filho não deixou nada por fazer, tendo dado aos pecadores um benefício tão grande como este, Sua piedade evite que Ele seja tão maltratado. E que, como o Seu Filho estabeleceu um meio admirável para que O pudéssemos oferecer muitas vezes em sacrifício, esse dom tão precioso sirva para que não vão adiante o mal imenso e o desacato que se manifestam entre os luteranos nos lugares onde estava o Santíssimo Sacramento: igrejas destruídas, tantos sacerdotes perdidos, sacramentos banidos[2].

---

1. Ela se refere à "exclamação" do cap. 3, n. 8-10.
2. Na primeira redação, ela escreveu mais expressivamente: *pois parece que querem expulsá-Lo outra vez do mundo, tirá-Lo dos templos, perder tantos sacerdotes, profanar tantas igrejas, mesmo entre os cristãos, que às vezes vão lá com a intenção antes de ofendê-Lo do que de adorá-Lo.*

4. Que é isso, meu Senhor e Deus? Ou dai fim ao mundo ou corrigi esses gravíssimos males, pois não há coração que o suporte, mesmo o de pessoas tão ruins como nós. Eu Vos suplico, Pai Eterno, que não o suporteis. Apagai esse fogo, Senhor, pois se quiserdes, podeis. Vede que o Vosso Filho ainda está no mundo. Por respeito a Ele, que cessem coisas tão feias, abomináveis e sujas; por Sua formosura e pureza, Ele não merece estar numa casa onde se passam coisas semelhantes. Não o façais por nós, Senhor, que não o merecemos; fazei-o por Vosso Filho. Suplicar-Vos que não O deixeis conosco é um pedido que não nos atrevemos a fazer: que seria de nós? Se algo Vos aplaca é termos aqui tal preciosidade. Mas algum meio deve haver, Senhor meu. Empregai-o Vossa Majestade.

5. Ó meu Deus! Que bom seria se eu pudesse Vos importunar muito, e se Vos tivesse servido muito, para poder pedir-Vos uma graça tão grande em troca dos meus serviços, visto não deixardes ninguém sem recompensa! Mas eu não o fiz, Senhor; na verdade, talvez eu até Vos tenha desagradado de maneira tal que os meus pecados sejam a própria causa de tantos males. Assim, que posso fazer, Criador meu, além de Vos apresentar esse Pão sacratíssimo e, mesmo tendo-O recebido de Vós, devolvê-Lo a Vós? Eu Vos suplico, pelos méritos do Vosso Filho, que me concedais essa graça, pois Ele de muitos modos a mereceu. Fazei, Senhor, e depressa, que se acalme esse mar! Que a nave da Igreja não fique sempre em meio à tormenta; e salvai-nos, Senhor meu, que perecemos[3].

CAPÍTULO 36
Trata das seguintes palavras do pai-nosso: *Dimitte nobis debita nostra*.

1. Vendo, pois, o nosso bom Mestre que com este manjar celestial tudo nos é facilitado, a não ser por nossa culpa, e que podemos cumprir muito bem o que temos dito ao Pai que se cumpra em nós — a Sua vontade —, diz-Lhe agora que nos perdoe as nossas ofensas, pois nós também perdoamos. Assim, prosseguindo na oração que nos ensinou, Jesus diz estas palavras: *perdoai-nos as nossas ofensas, assim como nós perdoamos a quem nos tem ofendido*[1].

2. Observai, irmãs, que Ele não diz "como vamos perdoar", para que entendamos que quem pede um dom tão grande como este e já submeteu a sua vontade à de Deus já deve ter feito isso; e, assim, diz: *como nós perdoamos*. Desse modo, quem tiver dito sinceramente ao Senhor *fiat voluntas tua* já deve ter perdoado ou, ao menos, se dispõe a isso.

Vede que, por isso, os santos se alegravam com as injúrias e perseguições, porque tinham algo a apresentar ao Senhor quando Lhe pediam isso. Que fará alguém tão pobre quanto eu, que tão pouco teve a perdoar e tanta coisa tem a ser perdoada?

Trata-se, irmãs, de algo a que devemos dar muita atenção; uma coisa tão grave e tão importante quanto o perdão de nossas culpas, que mereceriam o fogo eterno, pelo nosso Senhor nos é concedida por algo tão ínfimo quanto o fato de nós perdoarmos, ainda mais que o perdão inferior que é o nosso ocorre tão poucas vezes que quase nada temos a oferecer, e Vós, Senhor, haveis de nos perdoar a troco de nada! Aqui se revela bem Vossa misericórdia. Bendito sejais Vós, Senhor, por suportardes uma pobre como eu. Quando Vosso Filho fala em nome de todos, tenho de me excluir, por ser muito vil e tão sem merecimentos.

3. Mas, Senhor meu, será que há pessoas iguais a mim que não tenham compreendido isso? Se houver, eu lhes peço em Vosso nome que se recordem disso e não se incomodem com umas coisinhas que chamam de ofensas, pois parece que, como crianças, fazemos casinhas de palha com essas questões de honra. Oh, valha-me Deus, irmãs, quem dera entendêssemos o que é a honra e o que é perdê-la! Não me dirijo agora a vós, pois seria muito triste se não tivésseis entendido isso; falo para mim mesma, referindo-me ao tempo em que tive a honra em apreço sem compreender o

---
3. Alusão a Mateus 8,25-26.
1. Mateus 6,12.

que era ela. Eu andava por ver andar os outros. Oh, com que coisas me ofendia, que chego a me envergonhar agora!

E vede que eu não era das que davam mais importância a essas coisas. No entanto, não compreendia a questão principal, pois não atentava para a verdadeira honra, que consiste em buscar o proveito da alma, nem me incomodava com ela. E quão bem falou quem disse que a honra e o proveito não podem andar juntos, embora eu não saiba se o disse a propósito disso. Entendo-o ao pé da letra, porque o proveito da alma e aquilo que o mundo chama de honra nunca podem ser bons companheiros. É de espantar ver como o mundo anda às avessas. Bendito seja o Senhor, que nos tirou dele.

4. Mas vede, irmãs, que não se esqueceu de nós o demônio; ele também inventa suas honras nos mosteiros e implanta suas leis, que preveem ascensões e quedas em termos de dignidade. Os eruditos são considerados de acordo com sua graduação, coisa que não entendo. O que chegou a ser professor de teologia não vai se rebaixar a ler filosofia, pois é uma questão de honra que se deve subir, e não descer. E, mesmo que a obediência o mandasse fazê-lo, ele o tomaria por ofensa e haveria quem lhe tomasse a defesa, considerando isso uma afronta. E o demônio logo descobre razões para, mesmo nos termos da lei de Deus, parecer ter razão. Entre nós, a que foi priora deve ficar inabilitada para outro ofício mais inferior; fazemos questão de ver qual é a mais antiga, pois disso nunca esquecemos, e às vezes até o julgamos um mérito, porque assim manda a Regra.

5. Isso é coisa para rir, ou para chorar, pois há mais razão para isto. Sim, porque a Regra não manda que não tenhamos humildade. Manda que haja harmonia; mas eu não devo ficar tão harmonizada com as coisas que estimo que tenha mais cuidado em observar esse ponto do que em seguir outras coisas que talvez guardemos imperfeitamente. Não deve toda a nossa perfeição estar em observar esse ponto de Regra; se eu me descuidar nisso, não faltará quem o observe por mim. Porém, temos tanta inclinação para subir, embora não cheguemos ao céu por aqui, que não queremos saber de descer. Ó Senhor, Senhor! Não sois Vós nosso modelo e mestre? Sim, por certo! Então, em que esteve a Vossa honra, Exemplo da Honra? Não a perdestes, sem dúvida, ao serdes humilhado até a morte? Não, Senhor; Vós a ganhastes para todos.

6. Oh, pelo amor de Deus, irmãs! Seguimos o caminho errado, pois nos perdemos desde o início, e queira Deus que não se perca alguma alma por defender esses obscuros pontos de honra sem entender em que está a honra. Além disso, chegamos a pensar que teremos feito muito se perdoarmos uma coisinha dessas, que não é ofensa, não é injúria, nem nada. Então, com ar de quem fez muita coisa, suplicamos ao Senhor que nos perdoe, já que perdoamos. Dai-nos, meu Deus, a compreensão de que não nos entendemos e de que estamos com as mãos vazias, e perdoai-nos, por Vossa misericórdia. Em verdade, Senhor, não vejo nada (pois todas as coisas se acabam e o castigo é eterno) que possamos pôr diante de Vós para que nos concedais um favor tão grande, a não ser que o façais por Aquele que Vos pede.

7. Mas quanto deve o Senhor estimar que nos amemos uns aos outros! Pois o bom Jesus poderia ter apresentado a Seu Pai outras coisas e dizer, por exemplo, perdoai-nos, Senhor, porque fazemos muita penitência, ou porque rezamos muito, jejuamos, deixamos tudo por Vós e muito Vos amamos. Ele também não disse "porque daríamos a vida por Vós"[2], nem, como eu digo, poderia dizer. Ele falou somente "assim como nós perdoamos". Talvez Ele o tenha dito porque, conhecendo-nos como grandes amigos desta negra honra e sabendo ser o perdoar uns aos outros a coisa mais difícil de conseguir de nós, viu ser ela a coisa que mais agrada a Seu Pai[3], tendo-a oferecido de nossa parte.

---

2. Alusão a Mateus 26,35.
3. Esse inciso ("que mais agrada a Seu Pai") foi riscado no autógrafo por um dos censores. O inciso não existia na primeira redação e não continuou nas demais cópias revisadas pela Santa (Toledo, Salamanca, Madri).

8. *Efeitos que o bom espírito deixa*. Levai muito em conta, irmãs, que Ele diz: *assim como nós perdoamos* — como coisa já alcançada, segundo eu já disse[4]. Demos muita atenção a isto: quando uma alma a quem Deus concede as graças de que eu falei na oração de contemplação perfeita[5] não sai dela muito determinada a perdoar todas as injúrias, por mais graves que sejam, e não essas questiúnculas que dizem ser injúrias, *não deve confiar muito em sua oração*[6]. Porque uma alma que Deus atrai a Si numa oração tão elevada não é alcançada pelas injúrias nem se incomoda mais em ser ou não estimada.

E não me exprimo bem; ela se importa em ser estimada, sofrendo muito mais quando recebe honras do que quando é desonrada e contentando-se muito mais com as tribulações do que com o descanso. Porque, quando o Senhor lhe deu aqui de verdade o Seu reino, ela nada mais quer do mundo; e, para reinar mais elevadamente, compreende ser esse o verdadeiro caminho, e já viu por experiência os grandes benefícios que lhe advêm e quanto avança uma alma quando padece por Deus. Porque só muito raramente o Senhor concede graças tão sublimes a pessoas que não tenham sofrido muito, de bom grado, por Ele, já que, como eu disse em outra parte deste livro[7], são grandes os padecimentos dos contemplativos, razão por que o Senhor procura pessoas experimentadas.

9. Entendei, pois, irmãs, que essas pessoas, como já entenderam o que tudo é, não se detêm muito em coisas passageiras. Se, num primeiro momento, vêm-lhes o pesar de uma grande injúria e sofrimento, nem bem a sentiram, já vem a razão em seu favor, parecendo levantar por si o estandarte da humildade e deixando quase reduzida a nada a dor que se sentiu, diante do prazer que a alma tem por ter o Senhor dado a ela uma coisa que lhe permite ganhar mais graças e favores perpétuos, num dia, do que poderia vir a ganhar em dez anos com sofrimentos escolhidos pela própria alma. Isso é muito comum, pelo que sei, já que tenho tratado com muitos contemplativos, sabendo com certeza que assim se passam as coisas. Do mesmo modo como outros apreciam o ouro e as joias, os contemplativos apreciam os sofrimentos, e os desejam, porque já compreenderam que são estes últimos que os farão ricos.

10. Essas pessoas estão muito afastadas da mínima estima com relação a si próprias; elas gostam que seus pecados sejam descobertos e apreciam dizê-los publicamente quando veem que alguém as estima. Elas agem assim no tocante à sua linhagem, por saber que não haverão de ganhar o reino que não se acaba partindo disso. Só estimariam ser de boa estirpe se isso fosse necessário para mais servir a Deus; quando não é esse o caso, sofrem por ser consideradas mais do que são e, sem nenhum pesar, mas com todo o gosto, logo esclarecem o engano. Deve ser porque, sendo almas a quem o Senhor concedeu o favor de ter tanta humildade e tanto amor a Deus, estão tão voltadas para servi-Lo mais que se esqueceram de si a ponto de não acreditar que alguém se ressinta de coisas ínfimas e as tome por injúrias.

11. Esses efeitos, de que comecei a falar no final, manifestam-se em pessoas já mais próximas da perfeição a quem o Senhor de ordinário dá a graça de atraí-la a Si em contemplação perfeita. Mas as coisas de que falei antes, a determinação de sofrer ofensas e suportá-las mesmo com pesar, logo se tornam comuns em quem já recebeu do Senhor a graça de ter oração de união. Quem, nessa circunstância, não sentir esses efeitos e não sair muito forte naquela determinação deve ter certeza de que não se tratava de uma graça de Deus, mas de alguma ilusão e regalo do demônio — que nos faz ter a impressão de ser mais honrados por Deus.

---

4. No n. 2. À margem dessa passagem, a Santa escreveu: *efeitos que o bom espírito deixa*. Ela voltou a escrever essa nota marginal no manuscrito de Salamanca. A nota coincide com a epígrafe do título correspondente da primeira redação, que começava justamente no princípio desse n. 8 e dizia: "Trata dos efeitos que tem a oração quando é perfeita". No autógrafo do Escorial (primeira redação), um dos censores escreveu com letras maiúsculas, cruzando de alto a baixo a margem direita: "Oh, grande sinal!" Talvez se deva a esta nota do censor a ampliação da passagem na segunda redação (n. 9-13).

5. No cap. 25s.

6. O inciso em itálico foi acrescentado por Frei Luis de León (p. 219) para completar o sentido. Ele já figurava no manuscrito de Toledo, revisado pela Santa.

7. Ela dedicou a este tema o cap. 18.

12. Quando o Senhor começa a conceder essas graças, pode ser que a alma não fique logo tão forte; mas afirmo que, se Ele continuar a dá-las, breve ela o ficará. Se não o ficar na prática de outras virtudes, ao menos vai ficar na de perdoar. Não posso acreditar que uma alma que tanto se aproxime da própria Misericórdia, onde conhece quem é e o muito que Deus lhe tem perdoado, deixe de perdoar logo com toda a facilidade e não se disponha a ficar muito bem com quem a ofendeu, por ter bem presentes o regalo e a graça que Deus lhe concedeu, tendo visto sinais de grande amor, razão por que agora se alegra por ter a oportunidade de mostrar algum de sua parte.

13. Repito que conheço muitas pessoas a quem o Senhor favoreceu em elevar a coisas sobrenaturais, dando-lhes essa oração ou contemplação de que falei. E, embora veja nelas outras faltas e imperfeições, nunca vi nenhuma, nem creio que haja, com a de não perdoar com facilidade — desde que, como falei[8], as graças sejam de Deus. Quem receber maiores graças deverá examinar com cuidado em si mesmo como esses efetivos vão aumentando; se não vir nenhum em si, deve temer muito e não acreditar que esses regalos venham de Deus, pois os divinos sempre enriquecem a alma na qual se manifestam. Isso é certo. Mesmo que o favor e o consolo passem depressa, aos poucos se entende se vêm de Deus com base nos benefícios com que a alma fica. O bom Jesus, como bem sabe disso, diz decididamente a Seu Pai que *"perdoamos a quem nos tem ofendido"*.

CAPÍTULO 37

Fala da excelência desta oração do pai-nosso e de como acharemos de muitas maneiras consolo nela.

1. É de louvar muito ao Senhor ver quão elevada em perfeição é esta oração evangélica, no que demonstra ter sido elaborada por um Mestre tão bom; e assim podemos, filhas, usá-la para nossas próprias necessidades particulares. Espanta-me ver que estejam, em tão poucas palavras, encerradas a contemplação e a perfeição, parecendo que não temos necessidade de estudar nenhum livro: basta-nos o pai-nosso. Porque até aqui o Senhor nos ensinou todo o modo de oração e de alta contemplação, desde os principiantes, na oração mental, até os mais elevados, na oração de quietude e de união. Se eu fosse pessoa capaz de explicar as coisas, seria possível fazer um grande livro de oração a partir de fundamento tão verdadeiro[1]. Agora, o Senhor já começa a nos revelar os efeitos que as graças que Dele procedem deixam na alma.

2. Tenho pensado sobre a razão de Sua Majestade não ter se explicado mais acerca de coisas tão elevadas e obscuras, para que todos entendessem. Pareceu-me que (como essa oração devia ser geral, usada por todos) foi para que cada um pudesse pedir de acordo com as suas necessidades e se consolar tendo a impressão de ser boa a sua própria interpretação que Ele a deixou indeterminada. E, assim, os contemplativos, que já não desejam coisas da terra, e as pessoas já muito entregues a Deus pedem as graças do céu que, pela bondade de Deus, é possível receber aqui na terra; os que ainda vivem nela, e é bom que vivam de acordo com sua condição, também podem pedir o seu pão, pois têm de se sustentar e prover o sustento de sua casa, o que é muito justo e santo. Logo, cada qual pede de acordo com suas próprias necessidades.

3. Observai, contudo, que entregar-Lhe a nossa vontade e perdoar se aplicam a todos. É verdade que há graus menores e maiores disso, como eu disse[2]; os perfeitos entregarão a vontade como perfeitos e perdoarão com a perfeição a que me referi; nós, irmãs, faremos o que pudermos, pois tudo o Senhor recebe. Parece que Jesus faz com Seu Pai eterno, em nosso nome, uma espécie de contrato, como quem diz: "Fazei Vós isto, Senhor, e os meus irmãos farão aquilo." Pois é certo que, de Sua parte, o Pai não faltará. Oh, Deus é um ótimo pagador e paga muito além de qualquer medida!

---

8. Nos n. 8-9.
1. Na primeira redação, ela remetia ao livro da *Vida: porque — se já não se houvesse escrito sobre ela em outra parte, e também para não me alongar, tornando-me enfadonha — eu faria um grande livro de oração...*
2. Ela o disse no n. 2.

4. É possível dizer uma só vez essa oração de maneira que o Pai, vendo que em nós não há fingimento e que faremos o que prometemos, nos deixe ricas. Ele se compraz muito em que sejamos sinceras com Ele; se O tratarmos com sinceridade e clareza, sem dizer uma coisa e fazer outra, Ele sempre nos dará mais do que pedimos.

Conhecendo tudo isso, nosso bom Mestre sabia que quem de fato chegasse à perfeição no pedir haveria de ficar cada vez mais elevado pelas graças que o Pai lhe haveria de conceder. Com efeito, os perfeitos ou que seguem o caminho da perfeição, que "não devem nem temem", como se diz, têm o mundo sob os pés e só querem contentar o Senhor dele (pois, pelos efeitos manifestos em suas almas, podem ter uma grande esperança de que Sua Majestade esteja contente); embebidos pelas dádivas que recebem, nem gostariam de se lembrar de que há neste mundo, nem de que têm adversários.

5. Ó Sabedoria eterna! Ó bom Imperador! E que grande coisa é, filhas, um mestre sábio, prudente, que nos previne dos perigos. Esse é todo o bem que uma alma espiritual pode desejar aqui na terra, por ser grande segurança. Eu não poderia descrever em palavras a enorme e fundamental importância disso. Vendo o Senhor que era necessário despertar as pessoas e fazê-las ver que têm inimigos — pois muito mais perigoso é que elas andem descuidadas, ainda mais que, quanto mais elevadas, tanto mais precisarão de ajuda do Pai Eterno, porque, se caírem, cairão de mais alto —, assim como não andar enganadas, sem entender que os têm, fez essas súplicas tão necessárias a todos nós enquanto vivermos neste desterro:

"E não nos deixeis cair em tentação, mas livrai-nos do mal".

CAPÍTULO 38

Trata da grande necessidade que temos de suplicar ao Pai Eterno que nos conceda aquilo que pedimos quando proferimos as palavras: *Et ne nos inducas in tentationem, sed libera nos a malo.* Fala também de algumas tentações. É digno de nota.

1. Temos aqui, irmãs, grandes coisas sobre que refletir e compreender, pois as pedimos. Agora vede que tenho muita certeza de que quem chega à perfeição não pede ao Senhor que o livre dos sofrimentos, das tentações, nem das perseguições e lutas. Pois este é outro efeito muito grande, indício claro de ser espírito do Senhor, e não ilusão, a contemplação — e as graças — que Sua Majestade lhe dá. Porque, como eu disse há pouco[1], quem assim é antes os deseja, os pede, os ama. Essas pessoas são como soldados, quanto mais há guerra, tanto mais contentes ficam, visto esperarem obter o maior ganho. Se não há guerra, elas só recebem o soldo, mas veem que assim não podem florescer muito.

2. Crede, irmãs, que os soldados de Cristo — que são os que têm contemplação e estão voltados para as coisas da oração — não veem a hora de combater; nunca temem muito os inimigos declarados, pois já os conhecem e sabem que, com a força que o Senhor lhes dá, os inimigos nada podem contra eles; certos de que sempre sairão vencedores, e com grandes lucros, nunca lhes voltam as costas. O que eles temem, e é bom que temam, pedindo sempre ao Senhor que os livre deles, são uns inimigos traiçoeiros, demônios disfarçados em anjos de luz[2]. Estes não se revelam até terem prejudicado muito a alma; eles ficam bebendo o nosso sangue, e acabando com as nossas virtudes, e nos deixam mergulhados na tentação sem que nos demos conta.

Destes últimos inimigos, peçamos, filhas, e supliquemos muitas vezes no pai-nosso, que o Senhor nos livre, e que não consinta cairmos em tentação e ser enganadas, e que faça a peçonha ser descoberta e que não nos escondam a luz e a verdade. Oh, com quanta razão nosso bom Mestre nos ensina a pedir isso e o pede por nós!

---

1. Cf. cap. 36, n. 8-10.
2. Alusão a 2 Coríntios 11,14.

3. Vede, filhas, que esses demônios nos põem a perder de várias maneiras; não é somente fazendo-nos acreditar que os gostos e consolos que eles simulam em nós vêm de Deus, pois este me parece o menor prejuízo, em parte, que podem fazer. Isso porque, talvez, nos façam caminhar mais depressa, já que, acalentadas por esse prazer, permaneceremos mais horas na oração. Ignorando que vêm do demônio, e considerando-se indigno desses regalos, quem assim for tentado nunca vai parar de dar graças a Deus; se sentirá ainda mais obrigado a servi-Lo e se esforçará para mais se dispor a isso, a fim de receber ainda mais graças do Senhor, pensando que elas vêm Dele[3].

4. Procurai sempre, irmãs, ter humildade e ver que não sois dignas desses favores, não os procurando. Tenho para mim que, fazendo-se isso, o demônio perde muitas almas, que pensa estar levando à perdição, pois o Senhor tira do mal que é o intento do inimigo o nosso bem. Sua Majestade o faz porque percebe a nossa intenção, que é contentá-Lo e servi-Lo, permanecer com Ele na oração, e porque fiel é o Senhor[4]. É muito bom que fiquemos de sobreaviso, sem arrefecer na humildade nem nos deixar levar pela vanglória. Suplicando ao Senhor que vos livre desses perigos, não tendes, filhas, de temer que Sua Majestade vos deixe ter muitos prazeres com ninguém mais além Dele.

5. Há um ponto em que o demônio pode nos fazer um grande dano sem que o percebamos: levando-nos a crer que temos virtudes quando não as temos, o que é pestilência! Porque, nos gostos e regalos, parece que só recebemos, e ficamos mais obrigadas a servir; mas, quando cremos possuir virtudes, parece que damos e servimos e que o Senhor está obrigado a pagar. Isso vai, aos poucos, causando muito mal: de um lado, vai nos enfraquecendo a humildade e, de outro, nos faz descuidar de adquirir a própria virtude que temos a impressão de já possuir.

Como remediá-lo, irmãs? A meu ver, o melhor é fazer o que nos ensina o nosso Mestre: orar e suplicar ao Pai Eterno que não nos permita cair em tentação[5].

6. Também vos quero falar de outro meio: se nos parece que o Senhor já nos deu alguma virtude, compreendamos que é um bem recebido que Ele pode tirar de nós, como, na verdade, acontece muitas vezes, e não sem grande providência de Deus. Nunca o vistes por experiência própria, irmãs? Pois eu sim: algumas vezes me parece que estou muito desapegada e, pondo isso a prova, de fato o estou; de outras vezes, estou tão apegada, e a coisas de que talvez tenha zombado no dia anterior, que quase não me reconheço. Há também ocasiões em que tenho a impressão de estar com muito ânimo e de que faria todas as coisas que fossem servir a Deus, e de fato o estou; mas vem outro dia em que me vejo incapaz de matar uma formiga por amor de Deus se para tal tiver de fazer algum esforço.

Do mesmo modo, há dias em que não me incomodo que murmurem contra mim ou falem mal de mim, tendo até contentamento com isso, assim como há outros dias em que uma única palavra me aflige e me faz querer ir embora deste mundo, porque tudo nele me cansa. Isso não acontece só comigo, pois o tenho visto em muita gente melhor do que eu, e sei que as coisas se passam assim.

7. Se isso é assim, quem poderá dizer de si mesmo que tem virtude, ou que é rico, se, no momento em que precisar de virtude, se vê privado dela? Não, irmãs, pensemos sempre que estamos pobres, e não nos endividemos sem ter com que pagar. Porque o tesouro há de vir de outro lugar, e não sabemos até quando o Senhor vai querer deixar-nos no cárcere da nossa miséria sem nos dar nada; e se as pessoas, tomando-nos por boas, nos fizerem favores e nos honrarem — e é a isso que me refiro quando falo de se endividar —, ficarão tão enganadas quanto nós.

É verdade que, se O servirmos com humildade, Ele não deixará de nos socorrer na hora da necessidade. Mas, se não tivermos de fato uma grande humildade, Ele vai nos deixar, a cada passo, como se diz, entregues a nós mesmas. E isso é uma grande graça Sua, que nos é dada para que tenhamos humildade e entendamos verdadeiramente que nada temos que não tenhamos recebido.

---

3. O censor de plantão anotou à margem: "Esta é doutrina de Santo Agostinho".
4. Alusão ao texto paulino, 1 Coríntios 10,13.
5. Alusão a Marcos 14,38 e 9,28; e a Mateus 6,13.

8. Agora atentai para outro aviso. O demônio nos dá a impressão de que temos uma virtude, digamos, a da paciência, porque nos determinamos e nos dispomos continuamente a sofrer muito por Deus. E parece-nos ser verdade que sofreríamos de fato, o que nos deixa muito contentes, já que o demônio nos ajuda a acreditar nisso. Mas eu vos aviso: não deis importância a essas virtudes, nem penseis que as conheceis senão de nome, nem que o Senhor as concedeu a nós, enquanto não tiverdes a prova.

Porque pode acontecer de, diante da mínima palavra que vos desgoste, a vossa paciência desaparecer. Quando sofrerdes repetidas vezes, louvai a Deus, que começa a vos ensinar essa virtude, e esforçai-vos por padecer, pois isso é sinal de que Ele deseja que Lhe pagueis sofrendo com paciência, já que vos dá a paciência. Não a considereis senão, como já ficou dito, um depósito[6].

9. Há outra tentação. Julgamo-nos muito pobres em espírito e temos o costume de dizê-lo, afirmando que nada queremos e que a nada damos importância. Ainda bem que não surge a ocasião de recebermos alguma coisa, mesmo que não vá além do necessário, pois logo perderíamos por inteiro a pobreza em espírito. Muito contribui para nos parecer que temos uma virtude o hábito de ficar alardeando que a temos.

Tanto nisso como nas muitas coisas de que falei, é essencial andar de sobreaviso. Porque, quando o Senhor realmente dá uma virtude sólida, esta parece trazer consigo todas as outras; esse é um fato muito conhecido. Mas eu volto a advertir-vos: mesmo que tenhais a impressão de ter uma virtude, duvidai sempre, temendo estar enganadas; porque o verdadeiro humilde sempre duvida de suas próprias virtudes, e é muito comum que julgue mais certas e de maior valor as que vê no próximo.

CAPÍTULO 39

Continua a falar do mesmo assunto e faz advertências, de diferentes maneiras, sobre algumas tentações, indicando os meios para se libertar delas[1].

1. Guardai-vos também, filhas, das humildades que vêm do demônio, acompanhadas de grande inquietação a respeito da gravidade dos nossos pecados, que costuma nos acometer de muitas maneiras até afastar a alma das comunhões e da oração particular (por não ser ela digna, sugere-lhe o demônio). E quando a alma se aproxima do Santíssimo Sacramento, perde todo o tempo em que havia de receber graças pensando se está ou não bem preparada. A coisa chega a tal ponto que a alma tem a impressão de que, por ser como é, está tão abandonada por Deus que quase duvida de Sua misericórdia. Tudo o que ela faz lhe parece perigoso, e o seu serviço, por melhor que seja, infrutífero. Vem-lhe uma desconfiança que a impede de fazer qualquer bem, por pensar ela que o que é bem nos outros nela é mal.

2. Observai muito, filhas, o que vou dizer-vos, porque algumas vezes considerar-vos tão ruins pode ser humildade e virtude, e, outras vezes, uma enorme tentação. Eu sei disso, pois tive experiência. A humildade não inquieta, não desassossega nem deixa a alma em alvoroço, por maior que seja; ao contrário, vem com paz, com contentamento e tranquilidade. Mesmo que a pessoa, por se considerar ruim, entenda com clareza que merece estar no inferno, afligindo-se e tendo a impressão de dever ser justamente condenada por todas as pessoas, quase não ousando pedir misericórdias, se a humildade for boa, esse sofrimento trará consigo uma suavidade e uma alegria de que não gostaríamos de nos ver privadas.

Quando a humildade é assim, não traz alvoroço nem angústia, mas amplia o coração, tornando a alma capaz de servir mais a Deus. Aquele outro sofrimento tudo perturba, tudo agita, revolve

---

6. Ela falou disso nos n. 6-7.
1. Um dos censores anotou sobre o título: "O capítulo 40 é muito digno de nota, não somente para os que têm a tentação das falsas humildades, como também para os confessores". Os copistas incluíram a observação no texto, sendo ela aí conservada por Frei Luis de León (p. 235).

a alma inteira e é muito penoso. Creio que o demônio pretende com isso que pensemos ter humildade e, se puder, levar-nos a desconfiar de Deus.

3. Quando vos achardes assim, interrompei o quanto puderdes o pensamento sobre a vossa miséria e ponde-o na misericórdia de Deus, pensando no quanto Ele nos ama e padeceu por nós. Se for tentação, nem isso podereis fazer, pois ela não vos deixará sossegar o pensamento nem fixá-lo em coisa alguma, fatigando-vos cada vez mais; já será muito se perceberdes que é tentação[2].

O mesmo faz o inimigo incitando-nos a penitências exageradas, que só servem para que pensemos que somos mais penitentes que as outras e que fazemos alguma coisa a mais. Se andais vos escondendo do confessor ou da prelada, ou se, ordenando-vos eles que deixeis essas penitências, não obedeceis, está claro que é tentação. Procurai, mesmo que sofrais ainda mais, obedecer, pois nisso está a maior perfeição.

4. O demônio ainda nos acomete com algo bem perigoso, que é a certeza de que de forma alguma voltaríamos às culpas passadas e aos prazeres do mundo, pois "já o entendi e sei que tudo se acaba e que me dão mais prazer as coisas de Deus". Se acontecer no princípio, isso é muito ruim, porque essa segurança faz que não tenhamos cuidado de evitar as ocasiões arriscadas; ela nos faz fechar os olhos, e queira Deus que a recaída não seja muito pior. Porque o demônio, como vê que se trata de uma alma capaz de lhe causar prejuízos e de favorecer outras, faz tudo o que pode para que ela não se eleve.

Dessa maneira, por mais presentes e provas de amor que o Senhor vos dê, nunca fiqueis tão seguras que deixeis de temer voltar a cair, protegendo-vos das ocasiões.

5. Procurai falar muito dessas graças e consolações com alguém que possa vos esclarecer e com quem não precisais ter segredos; e tende o cuidado de, no princípio e no fim da oração, por mais elevada que seja a contemplação, concluir sempre com o conhecimento próprio. E se são de Deus as graças e consolações, mesmo que não queirais nem considereis esta advertência, vós o fareis ainda muitas vezes, porque isso traz humildade e sempre nos ilumina mais para vermos quão pouco somos.

Não quero me deter mais aqui, pois achareis muitos livros com esses avisos. Falei tudo isto por ter tido experiência e me ter visto em dificuldades algumas vezes. Tudo o que se possa dizer não nos pode dar inteira segurança.

6. Pois, Pai Eterno, que haveremos de fazer senão recorrer a Vós e suplicar-Vos que os nossos inimigos não nos façam cair em tentação? Venham antes ataques públicos, porque, com o Vosso favor, melhor nos livraremos. Mas essas traições, quem as entenderá, meu Deus? Sempre precisamos Vos pedir socorro. Dizei-nos, Senhor, algo que possamos entender e nos dê segurança; já sabeis que por este caminho poucos vão e que, se tiverem de ir com tantos temores, percorrerão um trecho muito menor.

7. Que coisa estranha! O mundo se espanta mais com um dos que estão mais perto da perfeição que se engane do que com cem mil que de fato estão mergulhados em enganos e pecados públicos — como se o demônio não tentasse os que seguem o caminho da oração! E esses cem mil são pessoas para as quais nem é preciso olhar para ver se são boas ou más; a mil léguas de distância já se vê que são de Satanás.

Na realidade, o mundo está coberto de razão. Entre aqueles que rezam o pai-nosso da maneira que descrevi, são pouquíssimos os que se deixam enganar pelo demônio. É muito próprio dos mortais não perceber o que veem comumente e se espantar muito com coisas que acontecem

---

2. Em lugar dos períodos precedentes, lia-se na primeira redação: *Pois guardai-vos, filhas, de certas humildades sugeridas pelo demônio, com grande inquietude, acerca da gravidade dos pecados passados: "Será que mereço chegar perto do Sacramento?" "Será que me disponho da maneira correta?" "Não sirvo para viver entre os bons" — e coisas como essas que, vindo com sossego, alegria e prazer, e trazendo consigo o conhecimento próprio, merecem estima, mas que, se trazem o alvoroço, a inquietude e a aflição à alma, impedindo-a de acalmar o pensamento, por certo são tentação, acreditai-me; se isso acontecer, não vos tenhais por humildes, pois essa virtude não vem daí.*

poucas vezes ou quase nunca. Os próprios demônios fazem que os mortais se espantem, pois isso é conveniente a eles, já que perdem muitos por causa de um único que chegue à perfeição.

CAPÍTULO 40

Diz que, procurando andar sempre dentro do amor e do temor a Deus, caminharemos seguras entre tantas tentações.

1. Bom Mestre nosso, dai-nos portanto algum remédio para vivermos sem muito sobressalto em guerra tão perigosa.

O remédio que podemos ter, filhas, e quem no-lo dá é Sua Majestade, é "amor e temor". O amor nos fará apressar o passo; o temor nos levará a atentar onde pomos os pés, para não cairmos numa trilha tão pedregosa como é a desta vida. Desse modo, com certeza não seremos enganadas.

2. Dizei-me: como saberemos se temos essas duas virtudes tão grandes? E tereis razão em fazê-lo, pois sinal muito certo e determinado não há; porque, se possuíssemos indício de ter amor, ficaríamos seguros de que estamos em graça[1]. Mas vede, irmãs, existem sinais que até os cegos enxergam. Eles não são secretos e, mesmo que não os desejeis entender, fazem muito ruído, destacando-se por não serem muitos os que os têm com perfeição. Amor e temor a Deus! É dizer pouco? São dois castelos fortes a partir dos quais se faz guerra ao mundo e aos demônios.

3. Aqueles que de fato amam a Deus amam tudo o que é bom, desejam tudo o que é bom, estimulam tudo o que é bom, louvam tudo o que é bom. Aos bons se unem sempre, favorecendo-os e defendendo-os; não amam senão a verdade e as coisas verdadeiramente dignas de amor.

Pensais que quem ama genuinamente a Deus possa amar vaidades? Não, tampouco podendo amar riquezas, coisas do mundo, deleites, honras, ou ter contendas ou invejas. Tudo porque não pretende senão contentar o Amado. Desejando ardentemente ser amado por Ele, empenha a vida em entender como agradá-Lo mais. Acaso pode esse amor esconder-se?[2] Nunca, o amor a Deus — se de fato é amor — não pode ocultar-se. Senão, olhai um São Paulo, uma Santa Madalena. O primeiro percebeu, ao cabo de três dias, estar enfermo de amor, a segunda constatou-o já no primeiro dia, e quão bem o fez!

Pois o amor pode ser maior ou menor, revelando-se de acordo com a sua força. Se é pequeno, mostra-se pequeno; se grande, grande. Mas, pouco ou muito, quando existe, o amor a Deus sempre se revela.

4. Mas do que tratamos agora — os enganos e ilusões que o demônio suscita nos contemplativos — não há pouco. O amor dos contemplativos sempre é muito — caso contrário, não seriam eles contemplativos —, revelando-se com clareza de variadas maneiras. É um grande fogo, não podendo senão produzir um intenso resplendor. E se isso não acontecer, há motivo de temor. Nesse caso, devem eles recear, pois há causa para isso, procurar entender do que se trata, agir com humildade e suplicar ao Senhor que os livre da tentação; pois, não havendo esse sinal, creio que se está nela. Mas, se agirdes com humildade, procurando saber a verdade, sujeitando-vos ao confessor e usando com ele de sinceridade e franqueza, como eu disse[3], aquilo com que o demônio pensava vos dar a morte vos dará a vida, por mais ciladas e ilusões que ele vos queira armar.

5. Se, contudo, sentis esse amor a Deus de que tenho falado e o temor de que agora tratarei[4], andai alegres e quietas, pois, para vos perturbar a alma e impedi-la de fruir tão grandes bens, o demônio vos infundirá, por si e por meio dos outros, mil temores falsos.

---

1. Por escrúpulo teológico, um dos censores acrescentou à margem do manuscrito: "O que não é possível senão por privilégio especial".

2. "Por completo", acrescentou à margem o mesmo censor, em função do mesmo escrúpulo, riscando em seguida as frases referentes a São Paulo e a Santa Madalena.

3. Ela o disse no cap. 38, n. 3-4. Na primeira redação, recorria de novo ao pensamento de São Paulo (*fiel é o Senhor*, 1 Coríntios 10,13) e recomendava que *se sujeitassem a tudo o que ensina a Igreja...*

4. A Santa falará dele no cap. 41.

Ele o faz porque, vendo que não pode ter-vos, pelo menos procura fazer-vos perder alguma coisa, bem como os que poderiam ganhar se acreditassem serem de Deus as graças tão grandes concedidas a uma criatura tão ruim, e que isso é possível. Parece às vezes que esquecemos as Suas antigas misericórdias[5].

6. Pensais que importa pouco ao demônio suscitar esses temores? Não, tem grande importância para ele, porque gera dois prejuízos: atemoriza os que o ouvem, impedindo-os de aproximar-se da oração, pelo receio de também ser enganados; reduz o número dos que se aproximariam muito mais de Deus, vendo-O tão bom — como eu disse[6] — que se comunica estreitamente com os pecadores. Isso desperta-lhes a cobiça — e com razão —, pois conheço algumas pessoas que, animando-se a partir daí, começaram a ter oração, transformando-se em pouco tempo em verdadeiros contemplativos e recebendo do Senhor grandes graças.

7. Assim, irmãs, se virdes que entre vós há alguma a quem o Senhor concede essas graças, louvai muito a Deus, mas nem por isso a considereis segura; ajudai-a antes com mais orações. Porque ninguém pode julgar-se seguro enquanto vive e anda engolfado nos perigos deste mar tempestuoso.

Portanto, não deixareis de perceber esse amor onde ele estiver, não sabendo eu sequer se pode ele ser encoberto. Pois isso é impossível, como dizem, se na terra amamos as criaturas, e por mais que façam para encobri-lo, tanto mais ele se revela. Mas é coisa tão baixa que não merece o nome de amor, apoiando-se sobre o nada. Se assim é, seria possível dissimular um amor tão forte, tão justo, que sempre se desenvolve, que não vê obstáculos diante de si? Um amor fundado na sólida base que é a certeza de ser retribuído com outro amor, do qual já não se pode duvidar, já que se revela por tão grandes dores e sofrimentos, pelo derramamento de sangue e pelo sacrifício da própria vida, a fim de provar a sua veracidade?

Valha-me Deus! Que diferença há entre esses dois amores para quem experimentou um e outro!

8. Praza a Sua Majestade conceder-nos o Seu amor antes de nos tirar desta vida, porque será de grande importância na hora da morte sabermos que seremos julgados por Aquele a quem amamos acima de todas as coisas. Poderemos partir seguras, embora nos acompanhem as nossas dívidas; não será ir a terra estranha, mas à nossa pátria, terra de Quem tanto amamos e que tanto nos ama[7].

Lembrai-vos aqui, filhas, do lucro que traz consigo esse amor e da perda que é não o ter, perda que nos põe nas mãos do tentador — mãos tão cruéis, tão inimigas de todo bem e tão amigas de todo mal.

9. Que será da pobre alma que, tendo saído das imensas dores e sofrimentos da morte, cai em seguida em tais mãos? Que mau descanso para ela! Despedaçada irá para o inferno! Que multiplicidade de serpentes de toda espécie! Que apavorante lugar! Que desventurada hospedaria! Se uma noite passada em má hospedaria é muito para uma pessoa amiga de comodidades (que é provavelmente o tipo de pessoa que mais deve ir para lá), o que sentirá a triste alma indo a tal pousada destinada a todo o sempre?

Não desejemos comodidades, filhas. Estamos bem aqui; tudo não passa de uma só noite em má pousada. Louvemos a Deus. Empenhemo-nos em fazer penitência nesta vida. Mas que doce será a morte para quem já se penitenciou de seus pecados e não tem de ir para o purgatório! Já na terra poderá começar a fruir da glória! Não verá em si temor, mas completa paz.

10. Se não chegarmos a isso, irmãs, supliquemos a Deus que, se tivermos de receber logo penas, que seja em lugar onde haja esperança de sair delas, que as soframos com boa vontade e

---

5. Alusão ao Salmo 88,50.
6. Ela alude ao que disse no cap. 16, n. 6-8; e cap. 25, n. 1-2.
7. Na primeira redação: *Pois isto é melhor — com todo o demais — do que os amores daqui: porque, amando-O, estamos bem seguras de que Ele nos ama.*

onde não percamos Sua amizade e Sua graça. Supliquemos-Lhe também que no-las dê nesta vida, para que não andemos em tentação sem o entender⁸.

CAPÍTULO 41
Fala do temor a Deus e de como devemos evitar os pecados veniais.

1. Como me estendi! Contudo, não tanto quanto gostaria, pois, se é muito saboroso falar de tal amor, o que não será possuí-lo?[1] O Senhor mo conceda, por quem Sua Majestade é.

Falemos agora do temor a Deus[2]. É também coisa muito conhecida da alma que o possui e dos que tratam com ela. Desejo, no entanto, que entendais que ele nem sempre está bem desenvolvido no princípio, a não ser em algumas pessoas a quem — como eu disse[3] — o Senhor concede grandes graças, tornando-as em pouco tempo ricas de virtudes.

Mas no princípio não é percebido em todos. Vai aumentando aos poucos, embora desde logo se faça notar, porque faz a alma afastar-se dos pecados e das ocasiões, bem como das más companhias, e se veem outros sinais. Mas, quando a alma chega à contemplação — que é o nosso principal tema aqui —, tanto o temor a Deus como o amor a Ele se revelam de modo claro, não se dissimulando nem exteriormente. Por maior a atenção com que observeis essas pessoas, nunca as vereis descuidadas; o Senhor as mantém de tal modo que não cometerão advertidamente um único pecado venial, sejam quais forem as circunstâncias. Quanto aos pecados mortais, temem-nos como ao fogo.

Essas são as ilusões, irmãs, que eu gostaria que temêssemos muito, suplicando sempre a Deus que a tentação não seja tão violenta que O ofendamos, mas que no-la dê segundo a força que nos dará para vencê-la. Isto é o mais importante; desejo que esse temor não se afaste de nós, pois é isso o que nos há de valer.

2. Oh, que coisa maravilhosa não ter ofendido ao Senhor, a fim de que Seus servos e escravos infernais fiquem de mãos atadas. Enfim, todos O deverão servir, por mais que isso os desgoste; eles à força e nós de boa vontade. E assim, contentando a Deus, ficarão eles afastados e não nos prejudicarão, por mais que nos tentem e nos armem ciladas traiçoeiras.

3. Tende em grande conta este aviso — que importa muito — até que vos vejais com tão grande determinação de não ofender ao Senhor que antes preferiríeis perder mil vidas a cometer um pecado mortal. Quanto aos veniais, cuidai muito para não cometê-los. Refiro-me aos que se cometem com advertência, pois, de outra maneira, quem estará livre de cometer muitos? Mas há uma advertência refletida. E há outra tão rápida que, na prática, cometer o pecado venial e refletir sobre ele são uma única coisa. Sequer chegamos a entender o que fazemos.

Deus nos livre de pecado plenamente deliberado, por menor que seja! Tanto mais que não pode ser pequena coisa, já que se volta contra tão grande Majestade e uma vez que sabemos que

---

8. A conclusão da primeira redação era mais extensa: *Louvemos a Deus e cuidemos de suplicar-Lhe que nos proteja sempre, bem como a todos os pecadores, livrando-nos dessas tentações ocultas.*

1. A primeira redação prosseguia: *Ó Senhor meu, dai-mo Vós! Que eu não me vá desta vida até não desejar coisa alguma dela, nem saber o que é amar senão a Vós, nem chegar a atribuir esse nome a ninguém, pois tudo é falso; sendo-o o cimento, não perdura o edifício.*

Não sei por que nos espantamos. Quando ouço alguém dizer: "Fulano não me retribuiu", "Sicrano não gosta de mim", rio-me de mim para mim. Quem vos irá retribuir ou quem há de gostar de vós? Nisso vereis o que é o mundo, já que o vosso próprio amor vos dá depois o castigo; e isso é o que vos despedaça, porque a vontade sente muito por ter sido envolvida por vós em brincadeira de criança.

Falemos agora do temor, embora eu gostasse de discorrer um pouco sobre esse amor do mundo, porque o conheço bem, por meus pecados, e desejaria mostrá-lo a vós para que vos livrásseis dele para sempre. Mas, como me afastaria do meu propósito, não o farei. — Frei Luís incluiu essa bela passagem em sua edição (pp. 246-247), embora com muitos retoques.

2. Veja-se a divisão do tema no cap. 40, n. 1.
3. Ela o disse no cap. 40, n. 3, e no cap. 16, n. 6-9.

Ele está nos observando! Isso me parece pecado premeditado, como se alguém dissesse: "Senhor, farei isto mesmo que vá contra Vós; sei que o estais vendo, que não o desejais e o compreendo, mas quero antes seguir o meu capricho e o meu apetite do que a Vossa vontade." Não creio que haja pouco em coisas deste teor, por mais leve que seja a culpa, mas muito, e muitíssimo[4]:

4. Irmãs, pelo amor de Deus, se quereis obter esse temor a Deus, atentai. Deveis entender quão grave é uma ofensa a Deus e tratar disso em vossos pensamentos muitas vezes, bem como — e principalmente — enraizar desse temor na alma. Para nós, essa é uma questão de vida ou morte. E, até que entendais de fato que o possuís[5], deveis andar sempre com muito cuidado e afastar-vos de todas as ocasiões e companhias que não nos ajudem a achegar-nos ao Senhor.

Empenhemo-nos muito em tudo o que fazemos para dobrar com isso a nossa vontade. Esforcemo-nos também para que haja edificação naquilo que dizemos e fujamos das práticas que não sejam de Deus.

É grande necessidade que fique bem impresso em nós esse temor, ainda que, se de fato houver amor, ele se manifeste depressa. Mas, tendo a alma visto em si uma grande determinação — como eu já disse[6] — de não fazer nenhuma ofensa a Deus por coisa alguma criada (ainda que depois caia alguma vez, porque somos fracos e não devemos confiar em nós; quanto mais determinados, menos confiemos em nós, pois é de Deus que nos há de vir a confiança), o caso é outro. Quando entendermos de nós mesmos isto que acabei de dizer, já não precisaremos andar tão retraídos e tímidos, pois o Senhor nos favorecerá e o costume virá em nossa ajuda para não O ofendermos, e passaremos a caminhar com uma santa liberdade, tratando com pessoas justas, ainda que sejam distraídas.

As mesmas pessoas que, antes de terdes esse verdadeiro temor a Deus, foram veneno para vós e ajuda para matar a alma, depois muitas vezes vos servirão para mais amardes ao Senhor e O louvardes porque vos livrou daquilo que vedes ser perigo notório. Se antes ajudáveis essas pessoas em suas fraquezas, agora as auxiliais a se conterem em vossa presença, embora isso aconteça sem quererem elas nos acatar.

5. Pensando na origem e na causa dessa força, louvo ao Senhor muitas vezes e me pergunto como um servo de Deus, muitas vezes sem nada dizer, impede as palavras ditas contra Ele. Deve ser como no mundo: se temos um amigo, sempre se procura não ofendê-lo em sua ausência perto de nós. O mesmo acontece com o homem em estado de graça, por mais modesto que seja: é respeitado por todos e ninguém o magoa em coisa tão grave quanto ofender a Deus. O fato é que, embora eu não conheça a causa, sei que isso ocorre com muita frequência.

Dessa forma, não vos acanheis, porque, se a alma começa a fazê-lo, isso é péssimo para todo o bem. Ela às vezes passa a ser escrupulosa, tornando-se incapaz de ajudar a si e aos outros. E, mesmo que o mal não chegue a tanto, será boa apenas para si, deixando de levar, por causa de seu constrangimento extremo, muitas almas a Deus. É que a nossa natureza é de tal sorte que as atemoriza e sufoca, afastando-as do caminho que percorreis, embora elas reconheçam ser ele de maior virtude.

6. E há outro prejuízo aqui, que é julgar os outros: como não andam pelo vosso caminho, mas com mais santidade (pois, para beneficiarem o próximo, agem com liberdade e sem retraimentos), logo vos parecerão imperfeitos. Sua alegria santa parecerá dissipação, em especial para nós que não temos estudo e não sabemos discernir o que se pode fazer sem pecado. É coisa muito perigosa; é andar em tentação contínua, deveras prejudicial, porque atinge o próximo. De fato, é péssimo julgar que se portam menos bem os que não agem como vós, com constrangimento.

---

4. A primeira redação continuava: *Pelo amor de Deus, filhas, continuai sempre a não vos descuidar disso, como agora — glorificado seja o Senhor — o fazeis.*

5. O censor corrigiu *até que o tenhais,* por causa do mesmo escrúpulo teológico que motivou outras emendas do autógrafo: não é possível, sem uma graça especial, ter certeza absoluta dessa espécie de "temor". Em geral, os editores transcreveram a passagem de acordo com o censor.

6. Ela o disse nos n. 1 e 3.

E há outro dano: em algumas coisas em que deveríeis falar — e é conveniente que faleis —, não ousais fazê-lo por medo de cair em algum excesso, chegando até a dizer bem do que seria muito bom que abominásseis.

7. Assim, irmãs, tanto quanto puderdes, sem ofensa a Deus, procurai ser afáveis e agir de tal maneira com as pessoas com quem tratardes que elas apreciem a vossa conversa, desejem o vosso modo de viver e tratar e não se atemorizem nem se amedrontem de praticar a virtude.

Isso é muito importante para as religiosas; quanto mais santas, tanto mais afáveis nas conversas com as irmãs. E, mesmo que vos sintais contristadas quando os assuntos de suas conversas não forem o que mais desejaríeis, nunca vos esquiveis se quereis ser úteis e amadas. Com efeito, isto é o que devemos procurar com ardor: ser afáveis, agradar e contentar às pessoas com quem lidamos, em especial nossas irmãs.

8. Assim, filhas, procurai conhecer a Deus de verdade; ao contrário do que pensais, Ele não valoriza tantas minúcias. Não deixeis tão tolhidos a alma e o ânimo, pois com isso se perderão muitos bens. Em vez disso, como tenho dito[7], intenção reta e vontade determinada de não ofender a Deus. Não permitais que vossa alma se encurrale; se assim for, em lugar de buscar santidade, ela ganhará muitas imperfeições que o demônio lhe porá por outros meios e, como eu disse[8], não beneficiará como poderia nem a si própria nem às outras.

9. Vede, portanto, como através dessas duas coisas — amor e temor a Deus — podemos trilhar esse caminho sossegados e tranquilos, ainda que, como o temor sempre deve tomar a dianteira, não descuidados. Essa segurança não a teremos em vida, porque constituiria grande perigo. E assim o entendeu o nosso Mestre quando, no fim do pai-nosso, dirigiu ao Pai essas palavras[9], considerando-as necessárias.

CAPÍTULO 42
Trata das últimas palavras do pai-nosso: *Sed libera nos a malo. Amen.*
"Mas livrai-nos do mal. Amém."

1. Parece-me que o bom Jesus tem razão de pedir isso para Si, porque vemos quão cansado estava desta vida quando disse na ceia aos Apóstolos: *Desejei ardentemente cear convosco*[1]. Era a última ceia de Sua vida, e por aí vemos como Ele devia estar fatigado de viver; e agora não se cansam mesmo os que têm cem anos, desejando viver mais.

Na verdade, não vivemos tão mal, nem com tantos sofrimentos e tanta pobreza, quanto o fez Sua Majestade. Que foi toda a Sua vida senão uma morte contínua, trazendo sempre diante dos olhos o fim tão cruel que lhe haviam de dar? E isso era o de menos; o pior eram as inúmeras ofensas feitas a Seu pai e a visão de tantas almas que se perdiam! Pois se aqui, para uma alma que tenha caridade, isso representa grande tormento, o que terá sentido a caridade sem limites desse Senhor? E quanta razão tinha de suplicar ao Pai que O livrasse de tantos males e sofrimentos e O pusesse para sempre no descanso de Seu reino, pois era Ele seu verdadeiro herdeiro!

2. Amém. Ao dizer este Amém, segundo me parece — já que com ele se acabam todas as coisas —, o Senhor pede que fiquemos livres de todo mal para sempre[2]. E também suplico eu a Ele que me livre de todo mal para sempre, pois não só não acabo de pagar o que devo, como talvez esteja me endividando cada dia mais. E o que não consigo suportar, Senhor, é não poder saber ao certo se Vos amo, nem se os meus desejos são aceitos diante de Vós.

---

7. Disse-o no n. 3.
8. Nos n. 5-6.
9. *Essas palavras*, isto é, a última súplica do pai-nosso.
1. Lucas 22,15.
2. Aqui, a própria Santa arrancou uma página do seu autógrafo, limitando-se a retocar as frases seguintes para preencher a lacuna.

Ó Senhor e Deus meu, livrai-me já de todo mal e dignai-Vos levar-me ao lugar onde se encontram todos os bens! Que esperam ainda aqui aqueles a quem destes algum conhecimento do que é o mundo e os que têm viva fé do que o Pai Eterno lhes tem reservado?

3. Pedir isso com veemente desejo e grande determinação é para os contemplativos um poderoso sinal de que são de Deus as graças que recebem na oração. Assim, os que o forem, tenham-no em grande conta.

Também eu o peço, embora não pelo mesmo motivo; faço-o porque, tendo vivido até hoje tão mal, temo já viver mais e cansam-me tantos sofrimentos. Não espanta que as almas que participam das alegrias de Deus queiram estar onde não as gozem só a sorvos, não desejando permanecer numa vida em que tantos embaraços se antepõem ao gozo do bem supremo. Elas anseiam estar onde não tenha ocaso o Sol de justiça[3]. Tudo quanto veem depois na terra parece-lhes sombrio, e me espanto que ainda possam viver! Por certo não deve encontrar contentamento quem já começou a fruir aqui o reino de Deus; e não há de viver por sua vontade, mas pela de seu Rei.

4. Oh! Quão diferente deveria ser esta vida para que não se desejasse a morte! Como a nossa vontade se inclina diversamente daquilo que é a vontade de Deus! Ele deseja que busquemos a verdade, nós queremos a mentira; deseja que busquemos o eterno, nós nos inclinamos para o que se acaba; deseja que busquemos coisas grandes e elevadas, nós a queremos baixas e terrenas; desejaria que só buscássemos o seguro, mas amamos o duvidoso.

Até parece uma farsa, filhas! Dessa maneira, suplicai a Deus que nos afaste desses perigos para sempre e nos livre de todo mal. E, ainda que o nosso desejo permaneça imperfeito, esforcemo-nos por fazer essa súplica. Que nos custa pedir muito, se o fazemos a Quem é poderoso?[4] Mas, para que mais possamos acertar, deixemos o dar à Sua vontade, pois já Lhe entregamos a nossa; e seja para sempre santificado o Seu nome no céu e na terra, e que em mim se faça a Sua vontade. Amém.

5. Vede agora, irmãs, como o Senhor me poupou trabalho ensinando-vos, e a mim, o caminho sobre o qual comecei a falar-vos. Ele me deu a entender o muito que pedimos quando dizemos essa oração evangélica; seja bendito para sempre, pois é certo que jamais me tinha vindo ao pensamento a existência nela de tão grandes segredos. Como vistes, essa oração encerra em si todo o caminho espiritual, desde o princípio até o ponto em que Deus engolfa a alma e dá-lhe de beber abundantemente da fonte de água viva que, como eu disse[5], se encontra no fim do caminho.

Parece, irmãs, que o Senhor nos quis dar a entender o grande consolo que está aí encerrado, sendo grande o proveito que disso tiram as pessoas que não sabem ler. Se o entendessem, elas poderiam extrair dessa oração muita doutrina e consolar-se com ela.

6. Aprendamos, pois, irmãs, com a humildade que usa esse nosso bom Mestre para nos ensinar; e suplicai-Lhe que me perdoe por ter eu me atrevido a falar de coisas tão elevadas. Bem sabe Sua Majestade que, se não me ensinasse o que tenho dito, minha inteligência não o poderia fazer. Agradecei-Lhe vós, irmãs, porque Ele deve ter agido assim pela humildade com que mo pedistes e quisestes ser ensinadas por criatura tão miserável como eu.

7. Darei este escrito, antes que o vejais, ao Padre Presentado Frei Domingo Báñez, que é o meu confessor; se ele o considerar de proveito para vós e vo-lo entregar, me consolará o fato de vos ver consoladas. Se, porém, não for próprio que alguém o veja, aceitai a minha boa vontade, porque com a obra obedeci ao que me mandastes; dou-me por bem paga do trabalho que tive em escrever — em escrever, e não em pensar o que deixo dito.

Bendito e louvado seja o Senhor, de Quem nos vem todo o bem que falamos, pensamos e fazemos. Amém.

---

3. Alusão ao texto litúrgico tomado do Salmo 19,1 e de Malaquias 3,20. Toda esta passagem foi profundamente reelaborada pela autora.

4. A primeira redação acrescentava: *Vergonha seria pedir a um imperador um maravedi.*

5. Ela alude ao cap. 19.

CASTELO INTERIOR

INTRODUÇÃO

O *Castelo interior* é o ensinamento maior da Autora. Fruto maduro de sua última jornada terrena, reflete o estádio definitivo de sua evolução espiritual e completa a mensagem das obras anteriores, *Vida* e *Caminho*.

O relato autobiográfico da *Vida* tem agora uma nova versão, mais sóbria e discreta, disfarçada no anonimato e integrada pelas experiências da última década.

E a pedagogia do *Caminho* dispensa agora as hesitações da iniciação à vida espiritual para mergulhar no profundo do mistério: a plenitude da vida cristã.

Para completar a lição, virão depois as *Fundações* e as *Cartas*, para referendar a consigna das sétimas moradas: que a suprema vivência mística não faz o cristão se abstrair, mas o mantém pés em terra, em diálogo com os irmãos.

Ponto de partida

O primeiro projeto do *Castelo* se junta com a autobiografia teresiana. Vista à distância de doze anos, a *Vida* parecia incompleta. Era preciso retomar o relato, ultimá-lo... talvez refazê-lo sob novo enfoque teológico.

Os últimos doze anos haviam trazido um caudal de experiências nitidamente superior às que tinham sido historiadas na *Vida*. É certo que estavam fragmentariamente anotadas nas *Relações*, mas não se tratava apenas de ajuntar novos materiais. As vivências do último quinquênio — especialmente a partir do magistério de São João da Cruz (1572) — haviam subministrado nova chave de interpretação a todo o arco de sua vida. Com visão mais unitária e profunda. Com maiores possibilidades de síntese teológica.

Num primeiro momento, o projeto fracassou. Dom Alvaro de Ávila, a quem o pedira, não lhe enviou o exemplar da *Vida* e dali a poucos dias o excesso de trabalho alquebrou a saúde da Santa. Foi uma crise de esgotamento, com profundas sequelas físicas. Grandes dores de cabeça, que a fazem temer ficar de todo inválida. Ela tem de recorrer aos préstimos de uma amanuense para despachar a correspondência, por ordem expressa do médico. Assim se desvanece o projeto de refundir a *Vida*.

A ordem de escrever

Mais ou menos refeita do achaque de fevereiro, a Santa se encontra em fins de maio com Padre Gracián. Os dois conversam no locutório do Carmelo de Toledo. Ele está de passagem, indo de Andaluzia para Madri, convocado pelo núncio. Ela cumpre a ordem de reclusão imposta pelo Capítulo Geral da Ordem. Um pedaço da conversa chegou até nós, registrada pelo próprio Gracián:

"Sendo eu seu Prelado e tratando uma vez em Toledo muitas coisas de seu espírito, ela me dizia:

— Oh! Como esse ponto já está bem escrito no livro de minha *Vida* que está na Inquisição!

Eu lhe disse:

— Já que não podemos tê-lo... escreva outro livro e diga a doutrina comum, sem nomear a quem sucedeu o que ali disser.

E assim mandei que escrevesse este livro das *Moradas*, dizendo-lhe, para melhor persuadi-la, que tratasse disso também com o Doutor Velázquez, que a confessa algumas vezes. Ele também lhe ordenou fazê-lo" (Notas de Gracián in Antonio de San Joaquin, *Año teresiano*, t. VII [1758], p. 149).

Anos depois, Gracián completa o informe:

"Estando em Toledo, eu persuadia Madre Teresa de Jesus com muita insistência, para que escrevesse o livro que depois escreveu, que se chama *As moradas*. Ela me respondia, do mesmo modo que disse muitas vezes em seus livros, quase com estas palavras:

— Para que querem que eu escreva? Escrevam os letrados, que estudaram. Sou uma tonta e não saberei o que falar: trocarei uma palavra por outra e com isso causarei dano. Já se escreveram muitos livros sobre coisas de oração. Pelo amor de Deus, deixem-me fiar em minha roca e seguir meu coro e meus ofícios de religião, como as outras irmãs. Não sirvo para escrever, não tenho saúde nem cabeça para isso..." (Jeronimo Gracián, *Dilucidario del verdadero espíritu*, I, 5: B. M. C., t. 15, Burgos, 1932, p. 16).

Mas Gracián e Velázquez venceram a resistência da Madre. Ela o reconhecerá no prólogo do *Castelo*, ao enfatizar quão difícil fora obedecer, repetindo os motivos de sua oposição: insuportável dor de cabeça, total ausência de inspiração literária; e seguia com uma velada alusão ao livro de sua *Vida*, que continuava em mãos da Inquisição, e a impossibilidade de trazer à memória as muitas coisas nele contidas. Por isso não refundirá o relato autobiográfico. Haverá de ater-se às indicações dos dois conselheiros, sujeitando-se em tudo a seu parecer. Escreverá o novo livro não para seus confessores — como a *Vida* —, nem para gente douta — seria desatino fazê-lo —, mas para as leitoras de seus Carmelos, gente simples e olhos benévolos que acolherão com amor qualquer página sua.

Projeto modestíssimo, desenvolvido desde o primeiro capítulo do livro.

Tema da obra

Padre Gracián, que decidiu a composição do *Castelo*, estava certo de ter sugerido à Autora a linha temática. Quando ela resistiu a tomar a pena, alegando suas obrigações de coro e roca, além de suas dores de cabeça, Gracián insistiu:

"Eu a convenci com o exemplo de que algumas pessoas costumam sarar mais facilmente de doenças com receitas conhecidas por experiência do que com a medicina de Galeno, Hipócrates e de outros livros de muita doutrina. E que o mesmo pode acontecer com almas que seguem oração e espírito, que mais facilmente tiram proveito de livros espirituais escritos do que se sabe por experiência do que daquilo que leram e estudaram nos doutores... Porque como essas coisas do espírito são práticas e se põem por obra, melhor as declara quem tem experiência do que quem tem só ciência, mesmo que fale apropriadamente" (Gracián, op. cit., pp. 16-17).

A Santa se rende à insistência de Gracián, aceitando seu humilde papel de escritora "curandeira" da vida espiritual. No prólogo se propõe escrever coisas práticas, declarar algumas dúvidas de oração, ir falando com as monjas dos mosteiros carmelitas, pois as mulheres entendem melhor o linguajar umas das outras e o amor que as monjas lhe têm facilitará a mútua inteligência.

Mas esse projeto não se mantém nas páginas que seguem. Desde a primeira linha, se focalizará o tema da vida espiritual em termos originais: o mistério do homem, com sua alma capaz de ver a Deus, e o mistério da comunicação com a divindade que nele habita. Surgirá em seguida o projeto de desembaraçar-se rapidamente dos temas introdutórios — primeiros passos da vida espiritual —para enfrentar o difícil tema, de que pouco se fala nos livros espirituais: últimas fases da vida cristã e pleno desenvolvimento da santidade.

De fato, a Autora aborda nos cinco capítulos iniciais todo o tema ascético que tomara quase todo o *Caminho de perfeição*, e reserva o resto da obra — 22 capítulos — para a jornada maior: entrada na terra santa da vida mística (moradas IV), união e santificação inicial (V), o crisol do amor (VI), consumação na experiência dos mistérios cristológico e trinitário (VII).

Plano da obra

No *Castelo*, a Autora se mantém fiel a si mesma e às diretivas de seu magistério. Não faz teologia a partir de teorias próprias ou alheias, ou a partir de um sistema. Parte sempre do dado empírico. Sua fonte é a experiência, enquanto a vida da graça é uma teofania do plano salvífico de Deus. Ela tem um jeito particular de assimilar o dado bíblico em textos incorporados a sua experiência, graças à sintonia com as grandes figuras bíblicas. E por fim é mestra na arte das comparações e na elaboração dos símbolos.

Três recursos serviram para organizar e estruturar o *Castelo:* um substrato de material autobiográfico, uma série de referências escriturísticas e uma trama de símbolos.

a) *Suporte biográfico:* O livro mantém o projeto inicial de refazer ou completar a *Vida.* Mas mudou de método. Aqui já não se tece uma narração autobiográfica, para depois oferecer ao leitor seu sentido teológico profundo. Essa havia sido, em grandes linhas, a montagem de relatos e teses na *Vida.* No *Castelo,* os planos autobiográfico e doutrinal se invertem para ser fundidos. Antes de tudo, dá-se uma lição de vida espiritual. Latente, abaixo dela, há um substrato de experiências pessoais que servem de suporte. O livro inteiro codifica a história da própria no plano da teologia espiritual.

b) *Inspiração bíblica —* Também aqui a Santa é fiel a sua vocação mística.

Não faz exegese nem exibe uma erudição bíblica que não possui. Ela evoca o dado bíblico com frequência e acerto. Há textos sagrados que passaram a ser a substância de seu saber, vindo a converter-se em firmes colunas de sua vida espiritual. Ela geralmente os incorporou num momento crucial de seu drama interior. Agora, os textos emergem e dão lugar a uma lição. Cada morada está centrada em uma ou várias dessas unidades bíblicas.

Por outro lado, a Santa incorporou a seu mundo interior uma série de figuras bíblicas. Nelas, vê personificadas determinadas situações do processo espiritual. A conversão, em Paulo e Madalena; o risco permanente, em David, Salomão, Judas; a luta, nos soldados de Gedeão; os começos, no filho pródigo; a chegada ao umbral da mística, nos diaristas da parábola; o mistério da vida mística, na esposa do Cântico...

c) *Os símbolos —* É o recurso literário e doutrinal melhor manejado pela Santa. Ela não chega a elaborá-los com o grau de refinamento e a profundidade de São João da Cruz. Mas o que perdem em fineza e densidade ganham em sobriedade, transparência e eficácia pedagógica.

No livro se destacam quatro símbolos maiores: o castelo, as duas fontes, o bicho-da-seda e o símbolo nupcial. Poderíamos qualificá-los nessa mesma ordem: símbolo antropológico, o castelo; símbolo tomado da natureza, as fontes; de matiz biológico, o do bicho-da-seda; sociológico, o símbolo nupcial. Nenhum símbolo de envergadura cósmica, como os de São João da Cruz. Mas nas quatro criações teresianas, mais que o traçado e o calado, interessa a função de serviço doutrinal.

O processo: sete jornadas da vida espiritual

O castelo tem traçado linear. Estrutura e processo dinâmico coincidem. Em grandes traços os elementos estético-espaciais (fosso, porta, moradas, centro) correspondem aos funcionais vitais (penetração, luta, interiorização, transcendência). A Autora ressaltou intencionalmente o conteúdo mistérico da vida cristã: alma, graça, Cristo, inabitação, pecado. Mas sem descuidar do lado prático. Fixou-se um duplo objetivo: comunicar sua experiência cristã, provocando-a no leitor, e comprometê-lo num programa concreto: lutar, conhecer-se a fundo, não perder de vista a exigência do amor — amar os outros —, manter-se sensível ao risco, programar e esperar. São as duas inflexões do magistério teresiano: mistagógica e pedagógica.

O processo descrito no castelo segue duas linhas: interiorização (linha antropológica) e união (linha teologal cristológica). Elas são desenvolvidas a partir de pressupostos simples: um ponto de partida, presença de Deus no homem; um ponto de chegada, união com Deus, quintessência da santidade; e um caminho a percorrer: oração como atuação da vida teologal, núcleo da vida cristã. Não há oração sem coerência com a vida concreta, e esta tem sua tábua de valores no amor aos demais. O que está em jogo não é o muito pensar, mas o muito amar; e amor é determinação e obras, mais que sentimento e emoção.

Materialmente o processo de vida espiritual descrito no livro divide-se em dois tempos, que poderíamos assim definir: *ascético* o primeiro, *místico* o segundo. A luta ascética, cujo protagonista é o homem, estende-se ao longo das moradas I-II-III; a vida mística, protagonizada pelo divino ator, predomina nas moradas V-VI-VII. Entre ambos os grupos, as moradas quartas são o vínculo, jornada em que se imbricam o natural e o sobrenatural.

Um sumário das sete moradas do processo pode ser traçado, mesmo com grave risco de oferecer uma visão empobrecida do panorama teresiano:

— *Primeira morada*: entrar no castelo, converter-se, iniciar o trato com Deus (oração); conhecer-se a si mesmo e recuperar a sensibilidade espiritual.

— *Segunda morada*: lutar; o pecado ainda cerca; persistem os dinamismos desordenados; necessidade de ancorar-se numa opção radical; progressiva sensibilidade na escuta da palavra de Deus (oração meditativa).

— *Terceira morada*: a prova do amor. Estabelecimento de um programa de vida espiritual e de oração; manter-se nele; surgimento do zelo apostólico; mas sobrevêm a aridez e a impotência como estados de prova. "Prova-nos, Senhor, que sabes as verdades."

— *Quarta morada*: brota a fonte interior, passagem à experiência mística; mas a sorvos, intermitentemente: momentos de lucidez infusa (recolhimento da mente) e de amor místico-passivo (quietude da vontade).

— *Quinta morada*: morre o bicho-da-seda; a alma renasce em Cristo; estado de união por conformidade de vontades, manifestada especialmente no amor ao próximo.

— *Sexta morada*: o crisol do amor. Período extático e tensão escatológica. Novo modo de sentir os pecados. Cristo presente. Esponsal místico.

— *Sétima morada*: matrimônio místico. Duas graças de ingresso no estado final: uma cristológica, outra trinitária. Plena inserção na ação. Plena configuração a Cristo crucificado.

Cristo foi a meta em todo o processo, da primeira à última morada.

Este tratado, chamado castelo interior, foi escrito por Teresa de Jesus, monja de Nossa Senhora do Carmo, para suas irmãs e filhas, as monjas carmelitas descalças*.

---

* Depois do título e da dedicatória da Santa, o Padre F. Ribera fez esta interessante anotação: "Neste livro muitas vezes está apagado o que a Santa escreveu, tendo sido acrescentadas outras palavras ou postos comentários à margem. E de ordinário está mal-apagado, sendo melhor o primeiro texto; ver-se-á que a frase se antecipa ao que a Santa Madre vem depois a declarar e que as emendas muitas vezes não se harmonizam com o que é dito mais tarde. Assim, podiam-se muito bem evitar as emendas e os comentários. E, como eu o li e observei todo com muito cuidado, pareceu-me bom avisar o leitor que leia este livro tal como o escreveu a Santa Madre, que o entendia e dizia melhor, e negligencie os acréscimos e emendas da letra da Santa, a não ser quando se tratar de revisões feitas por ela mesma, o que ocorre poucas vezes. E rogo por caridade a quem ler este livro que reverencie as palavras e as letras escritas por tão Santa mão, procurando entendê-las bem; assim, verá que não há o que emendar, e, mesmo que não o compreenda, creia que quem o escreveu o sabia melhor. Não se podem corrigir bem as palavras senão através do entendimento pleno do seu sentido; se assim não for, o que está dito de maneira muito adequada parecerá inadequado, prejudicando-se e pondo-se a perder, dessa forma, os livros."

JHS

1. Poucas coisas das que me têm sido ditadas pela obediência se tornaram tão difíceis para mim quanto a de escrever agora sobre coisas de oração. Em primeiro lugar, porque não me parece que o Senhor me dê espírito nem desejo para fazê-lo; em segundo, por ter a cabeça já há três meses com um zumbido e uma fraqueza tão grandes que mesmo os negócios indispensáveis escrevo a custo.

Mas, compreendendo que a força da obediência costuma aplainar coisas que pareciam impossíveis, a vontade se determina a fazê-lo de bom grado, embora a natureza pareça afligir-se muito. Porque o Senhor não me deu tanta virtude que o pelejar com a enfermidade contínua e as múltiplas ocupações se façam sem grande contradição da natureza. Faça-o Ele — que tem feito outras coisas mais difíceis para me conceder graça —, em cuja misericórdia confio.

2. Creio bem que pouco saberei acrescentar ao que já tenho dito em textos que escrevi em cumprimento à obediência[1], temendo antes repetir as mesmas coisas; porque me assemelho aos pássaros a quem ensinam a falar e que não sabem senão o que veem ou ouvem, repetindo-o constantemente. Assim se passa comigo, sem tirar nem pôr.

Se quiser que eu diga algo novo, o Senhor o fará, ou se dignará trazer-me à lembrança o que de outras vezes disse; isso só já me contentaria, pois tenho a memória tão ruim que me alegraria atinar com algumas coisas que, segundo dizem, estavam bem explicadas em escritos que talvez se tenham perdido[2]. Se o Senhor tampouco me conceder essa graça, mesmo que não se tire disto nenhum proveito, ficarei com o lucro de cansar-me e aumentar a dor de cabeça por obediência.

3. E, assim, começo a cumprir essa obediência hoje, dia da Santíssima Trindade[3] do ano de 1577, neste mosteiro de São José do Carmo de Toledo, onde atualmente me encontro, sujeitando-me em tudo o que disser ao parecer de quem mo mandou escrever — que são pessoas muito eruditas[4]. Se eu disser alguma coisa que não esteja em conformidade com o que ensina a Santa Igreja Católica Romana, atribua-se isso à minha ignorância, e não à malícia[5]. Isso se pode ter por certo; pela bondade de Deus, sempre estive, estou e estarei sujeita a ela. Que Ele seja para sempre bendito e glorificado! Amém.

4. Disse-me quem me mandou escrever que as monjas dos mosteiros de Nossa Senhora do Carmo precisam de alguém que lhes esclareça algumas dúvidas em matéria de oração e que lhe parecia que as mulheres entendem melhor a linguagem umas das outras. Assim sendo, se eu acertar em dizer alguma coisa, lhes serei de maior proveito, dado também o amor que me devotam.

Por isso, falarei com elas naquilo que escrever. Seria desatino pensar em fazê-lo com outras pessoas. Grande graça me concederá o Senhor se isto servir para que alguma de minhas irmãs O louve um pouquinho mais. Bem sabe Sua Majestade que não tenho outro desejo.

---

1. Ela alude ao livro da *Vida* e ao *Caminho de Perfeição*.
2. Alusão velada ao livro da *Vida*, que se achava na Inquisição há alguns anos.
3. Era o dia 2 de junho de 1577. Ela concluirá este livro em Ávila, no dia 29 de novembro do mesmo ano. Cf. Epílogo das *Moradas*, n. 5.
4. Ela se refere ao Padre Jerónimo Gracián e ao Dr. Alonso Velázquez, seu confessor e futuro bispo de Osma e Arcebispo de Santiago de Compostela.
5. As palavras *Santa Católica Romana* foram acrescentadas nas entrelinhas pela própria Santa.

E claro está que, quando eu atinar em dizer alguma coisa, elas entenderão que não vem de mim, pois não há causa para isso, a não ser um entendimento tão pequeno quanto o é — se o Senhor não me socorre com a Sua misericórdia — a minha habilidade em coisas semelhantes.

PRIMEIRAS MORADAS
HÁ NELAS DOIS CAPÍTULOS

CAPÍTULO 1

Trata da formosura e da dignidade da nossa alma. Faz uma comparação para que se entenda melhor o assunto e fala do lucro que há em compreendê-la e conhecer as graças que recebemos de Deus. Diz ainda que a porta do castelo é a oração.

1. Estando eu hoje suplicando a Nosso Senhor que falasse por mim — já que eu não atinava com o que dizer nem sabia como começar a cumprir a obediência —, deparei com o que agora direi para começar com algum fundamento. Falo de considerar a nossa alma como um castelo todo de diamante ou de cristal muito claro onde há muitos aposentos, tal como no céu há muitas moradas[1]. A bem da verdade, irmãs, não é outra coisa a alma do justo senão um paraíso onde Ele disse ter Suas delícias. Pois não achais que assim será o aposento onde um Rei tão poderoso, tão sábio, tão puro, tão pleno de todos os bens se deleita?

Não encontro outra coisa com que comparar a grande formosura de uma alma e a sua grande capacidade. De fato, a nossa inteligência — por aguda que seja — mal chega a compreendê-la, assim como não pode chegar a compreender a Deus; pois Ele mesmo disse que nos criou à Sua imagem e semelhança[2].

Se assim é — e não há dúvida disso —, não há razão para nos cansar buscando compreender a formosura deste castelo. Pois, ainda que entre ele e Deus exista a diferença que há entre Criador e criatura — já que esse castelo é criatura —, basta que Sua Majestade diga que o fez à Sua imagem para que possamos entender a grande dignidade e formosura da alma.

2. Não é pequena lástima e confusão que, por nossa culpa, não nos entendamos a nós mesmos nem saibamos quem somos. Não seria grande ignorância, filhas minhas, que se perguntasse a uma pessoa quem é e ela não se conhecesse nem soubesse quem foi seu pai, sua mãe ou a terra em que nasceu?

Se isso seria grande insensatez, muito maior, sem comparação, é a nossa quando não procuramos saber quem somos e só nos detemos no corpo. Sabemos que a nossa alma existe apenas por alto, porque assim ouvimos dizer e porque assim nos diz a fé. Mas poucas vezes consideramos as riquezas existentes nessa alma, seu grande valor, quem nela habita; e, assim, não damos importância a conservar sua formosura. Todos os cuidados se consomem na grosseria do engaste ou muralha deste castelo, que são os nossos corpos[3].

---

1. João 14,2. Segue-se outra alusão a Provérbios 8,31.
2. Gênesis 1,26-27.
3. *Engaste ou muralha:* a Santa desenvolverá ocasionalmente a alegoria do castelo, sem nunca chegar a precisá-la por completo. Aqui, o uso simultâneo de *engaste e muralha deixa* entrever, a um só tempo, um castelo de ourivesaria e um castelo de guerra.

3. Consideremos portanto que esse castelo tem, como eu disse[4], muitas moradas, umas no alto, outras embaixo, outras dos lados. E, no centro, no meio de todas está a principal, onde se passam as coisas mais secretas entre Deus e a alma.

Deveis compreender bem esta comparação; talvez queira Deus que eu possa por meio dela dar-vos a entender alguma coisa das graças que Ele concede às almas e das diferenças que há entre elas, até onde eu tiver entendido ser possível — pois são tantas e tamanhas essas graças que ninguém seria capaz de conhecê-las todas, muito menos eu, que sou tão ruim. Pois vos será de grande consolo, quando o Senhor vos conceder essas graças, saber que Ele o pode fazer; quanto àquelas a quem não forem elas concedidas, que louvem a Sua grande bondade.

Assim como não nos causa prejuízo considerar as coisas que há no céu e o que nele gozam os bem-aventurados, antes nos alegrando e nos estimulando a alcançar o que eles já fruem, tampouco nos prejudicará ver que é possível, ainda neste desterro, comunicar-se tão grande Deus com uns vermezinhos asquerosos como nós e amá-los com uma bondade tão plena e uma misericórdia tão sem limites.

Tenho por certo que quem se perturbar em saber que Deus concede grandes graças já neste exílio está muito desprovido de humildade e de amor ao próximo; se assim não é, como podemos deixar de nos alegrar com o fato de Deus conceder essas graças a um irmão nosso, já que isso não impede que o faça a nós, e de Sua Majestade dar a entender Suas grandezas a quem quer que seja? Algumas vezes Ele o fará apenas para mostrar essas grandezas, como afirmou a propósito do cego a quem deu a visão quando os apóstolos Lhe perguntaram se a cegueira se devia aos seus pecados ou aos dos seus pais[5].

E assim acontece de Deus conceder essas graças não porque as pessoas que as recebem sejam mais santas do que as outras, mas para que se conheça a Sua grandeza — como vemos em São Paulo e em Madalena — e para que O louvemos em Suas criaturas.

4. Poderá se dizer que essas coisas parecem impossíveis e que é bom não escandalizar os fracos. Perde-se menos com o fato de que estes não o creiam do que com o de que deixem de beneficiar-se aqueles a quem Deus as concede; estes se consolarão e procurarão amar mais Aquele que, com Seu imenso poder e majestade, tem tanta misericórdia para com eles.

Por outro lado, sei que falo com almas que não estão sujeitas a esse perigo, porque sabem e creem que Deus dá ainda maiores provas de amor. Sei que os que não creem nisto não o verão por experiência, porque Deus aprecia muito que não imponham limites às suas obras. Portanto, irmãs, que nunca vos aconteça de fazer isso; digo-o às que não forem levadas por este caminho.

5. Voltando, pois, a nosso formoso e agradável castelo, temos de ver como entrar nele.

Pode parecer que digo algum disparate; porque, se esse castelo é a alma, claro está que não se trata de entrar, pois, se é ele mesmo, pareceria desatino dizer a alguém que entrasse num aposento estando já dentro. Mas deveis saber que há grande diferença entre os modos de estar; existem muitas almas que ficam à volta do castelo[6], onde estão os que o guardam, e que não têm interesse em entrar, não sabendo o que há nesse precioso lugar, nem quem está dentro, nem sequer que aposentos possui. Certamente já vistes alguns livros de oração aconselharem a alma a entrar em si mesma[7]; pois é assim que penso.

6. Dizia-me há pouco um grande erudito[8] que as almas que não têm oração são como um corpo paralítico ou tolhido, que, embora tenha pés e mãos, não os pode mover. E assim se passa.

---

4. No n. 1.
5. João 9,2-3.
6. À *volta do castelo:* novo elemento da alegoria. A Santa se refere ao espaço que havia entre o muro exterior e o castelo ou a praça fortificada propriamente dita. Na acepção simbólica que a autora lhe dá aqui, significa todo o contorno corporal da alma, no qual vêm a cravar-se sentidos e faculdades.
7. A Santa alude provavelmente a seus preferidos, Osuna e Laredo; cf. *Subida del Monte Sión*, P. III, cap. 41.
8. Veja-se, contudo, a *Rel.* 24, na qual ela menciona uma infusão mística sobre esse tema.

Há almas tão enfermas e tão habituadas às coisas exteriores que não há remédio nem parecem poder entrar em si mesmas. É tal o seu costume de tratar sempre com os parasitas e alimárias que estão à volta do castelo que já quase se tornaram como eles. Embora de natureza tão rica, capazes de conversar com o próprio Deus[9], não há remédio que as cure. E se não procuram entender e remediar sua grande miséria, essas almas se transformarão em estátuas de sal por não voltarem a cabeça para si mesmas, tal como ocorreu à mulher de Lot por voltá-la para trás[10].

7. Pelo que posso entender, a porta para entrar nesse castelo é a oração e reflexão. Não digo oração mental mais do que vocal; para haver oração, é necessária a reflexão. Não chamo oração aquilo em que não se percebe com quem se fala e o que se pede, nem quem pede e a quem; por mais que se mexam os lábios, não se trata de oração. E, se algumas vezes o for, mesmo sem esse cuidado, será por motivos que se justificam.

Mas o costume de falar com a Majestade de Deus como se falaria a um escravo, sequer reparando no que se diz, mas apenas repetindo o que se decorou ou se disse muitas vezes, não o tenho por oração. Praza a Deus que nenhum cristão ore dessa maneira! Entre vós, irmãs, espero em Sua Majestade que jamais haja isso, pois vos acostumastes a tratar de coisas interiores, o que é muito bom para não cair em semelhante insensatez.

8. Não falemos, pois, com essas almas tolhidas que, se o Senhor não vem e lhes ordena que levantem — como o fez com aquele que jazia há trinta anos na piscina[11] —, são muito desventuradas e correm grande perigo. Façamo-lo com as almas que chegam enfim a entrar no castelo; porque, embora ainda estejam muito envolvidas no mundo, elas têm bons desejos e vez por outra se encomendam a Nosso Senhor, refletindo sobre quem são, ainda que de forma não muito profunda. No espaço de um mês, rezam um dia ou outro distraídas com as mil coisas que lhes enchem o pensamento; extremamente apegadas a elas, o coração acorre, como se diz, para onde está o seu tesouro[12].

Elas procuram de quando em quando libertar-se, sendo já grande coisa o próprio conhecimento e o fato de verem que não estão bem encaminhadas para chegar à porta do castelo. Por fim, entram nas primeiras dependências da parte de baixo; mas entram com elas tantos parasitas que não lhes permitem ver a formosura do castelo nem sossegar; muito fazem já em ter entrado.

9. Talvez vos pareça, filhas, que isto é impertinente, pois, pela bondade do Senhor, não sois dessas pessoas. Deveis ter paciência; se assim não for, não saberei explicar, como as tenho entendido, algumas coisas interiores de oração. E queira Deus que eu ainda consiga dizer algo, porque é bem difícil o que eu queria que compreendêsseis se não houver experiência. Se a houver, vereis que o mínimo que se pode fazer é tocar em certos pontos que, praza o Senhor por Sua misericórdia, não nos dizem respeito.

CAPÍTULO 2

Diz quão feio é uma alma estar em pecado mortal e como Deus quis dar a entender algo disto a uma pessoa. Fala também alguma coisa sobre o próprio conhecimento e acerca das maneiras de se entenderem essas moradas.

1. Antes de passar adiante, eu gostaria que considerásseis o que será ver esse castelo tão resplandecente e formoso, essa pérola oriental, essa árvore de vida plantada nas próprias águas vivas da vida, que é Deus, quando cai em pecado mortal[1]. Não há treva tão tenebrosa, nem coisa tão escura e negra que se lhe compare.

---

9. Alusão bíblica a Filipenses 3,20.
10. Gênesis 19,26.
11. *Trinta:* "e oito", acrescentou Gracián de acordo com João 5,2-8.
12. Mateus 6,21.
1. Toda esta passagem está permeada de alusões bíblicas: *castelo resplandecente e formoso*, cf. Apocalipse 21,2 e 10 (textos sobre a Jerusalém Celeste); *pérola oriental*, cf. Mateus 13,45 (textos sobre essa pedra preciosa, ou então as

Basta dizer que o próprio Sol, que lhe dava tanto resplendor e formosura, se encontra ainda no centro da alma, mas é como se isso não acontecesse. Assim como o cristal pode refletir o resplendor do sol, a alma ainda é capaz de fruir de Sua Majestade. Todavia, isso não se beneficia em nada, daí decorrendo que todas as boas obras que fizer, estando ela em pecado mortal, são de nenhum fruto[2] para alcançar a glória. Isso porque não procedem do princípio pelo qual nossa virtude é virtude — Deus —, mas nos apartam Dele, não podendo ser agradáveis aos Seus olhos.

Porque, em suma, a intenção de quem comete um pecado mortal não é contentar a Deus, mas dar prazer ao demônio. Sendo este as próprias trevas, a pobre alma torna-se também treva como ele.

Conheço uma pessoa[3] a quem Nosso Senhor quis mostrar como fica uma alma quando comete um pecado mortal. Diz ela que, se se entendesse o que significa isso, ninguém seria capaz de pecar, ainda que tivesse de submeter-se aos maiores sofrimentos para fugir das ocasiões. E assim quis essa pessoa que todos o entendessem. Que também vós, filhas, sintais esse desejo de rogar a Deus pelos que se encontram nesse estado, todos imersos em profunda escuridão, assim como suas obras.

Porque, assim como são claros os pequenos arroios que brotam de uma fonte clara, assim também é uma alma que está em graça, razão pela qual suas obras são tão agradáveis aos olhos de Deus e dos homens. Porque elas procedem dessa fonte de vida na qual, à semelhança de uma árvore[4], a alma está plantada; e ela não teria frescor nem fertilidade se não estivesse ali, sendo a água a responsável pelo seu sustento e pelos seus bons frutos. Quanto à alma que por sua culpa se afasta dessa fonte e se transplanta a outra de águas sujas e fétidas, não produz senão desventura e imundície.

3. Deve-se considerar aqui que a fonte, aquele sol resplandecente que está no centro da alma, não perde seu resplendor e formosura. Ele continua sempre dentro dela, e nada pode tirar-lhe o brilho. Mas, se sobre um cristal que está ao sol se puser um pano espesso e negro, claro está que, embora o sol incida nele, a sua claridade não terá efeito sobre o cristal[5].

4. Ó almas remidas pelo sangue de Jesus Cristo! Entendei-vos e tende dó de vós mesmas! Como é possível que, entendendo essa verdade, não procureis tirar o piche desse cristal? Olhai que, se a vida se vos acaba, jamais tornareis a gozar dessa luz. Ó Jesus! O que é ver uma alma afastada dela! Como ficam os pobres aposentos do castelo! Como se perturbam os sentidos, isto é, a gente que aí vive! E as faculdades — que são os guardas, os mordomos, os mestres-salas —, com que cegueira e incompetência desempenham suas funções! Em suma: se o lugar em que está plantada a árvore é o demônio, que fruto pode ela dar?

5. Um homem espiritual disse-me certa vez que não se espantava com o que faz aquele que está em pecado mortal, mas com o que não faz. Que Deus, em Sua misericórdia, nos livre de tão grande mal, pois só há uma coisa, enquanto vivemos, que de fato merece esse nome, já que acarreta males eternos e sem fim: o pecado. Isso, filhas, é o que deve nos atemorizar e o que havemos de pedir a Deus em nossas orações. Se Ele não guardar a cidade, trabalharemos em vão[6], pois somos a própria vaidade.

Dizia aquela pessoa[7] que extraíra duas coisas proveitosas da graça que Deus lhe concedera. Em primeiro lugar, um imenso temor de ofendê-Lo, o que a levava, vendo tamanhos danos, a suplicar-Lhe sempre que não a deixasse cair. Em segundo lugar, um espelho para a humildade, no

---

passagens apocalípticas correspondentes à alusão anterior: Apocalipse 21,21...); *árvore de vida, plantada nas águas da vida,* cf. Salmo 1,3, ou Gênesis 3,22 (a árvore da vida do paraíso), ou ainda os textos evangélicos (Mt 7,17) ou apocalípticos (Ap 22,1 e s.); *treva tenebrosa:* cf. a parábola do banquete (Mt 22,13; 8,12).

2. Por escrúpulo teológico, Gracián riscou *fruto* e escreveu *merecimento.*
3. A própria Santa; ver a *Rel.* 24, que narra ao vivo essa visão.
4. Alusão ao Salmo 1,3.
5. Cf. *Rel.* 57 e *Vida,* cap. 40, n. 5.
6. Salmo 126,1.
7. *Aquela pessoa:* a própria Santa, cf. n. 2.

qual via que as eventuais coisas boas que façamos não procedem de nós mesmos, mas da fonte onde está plantada a árvore da nossa alma, bem como do sol que dá calor às nossas obras.

Segundo ela, essa verdade lhe apareceu de forma tão clara que, ao fazer alguma coisa boa ou vendo outros fazê-la, pensava logo Naquele que é a sua fonte e compreendia como, sem a Sua ajuda, de nada somos capazes. Isso a levava a louvar continuamente a Deus e, de modo geral, a não lembrar-se de si quando praticava boas ações.

6. Não será tempo perdido o que gastamos — vós em ler isto, eu, em escrevê-lo — se pelo menos nos restarem esses dois ensinamentos, que os letrados e eruditos conhecem muito bem. Mas a nossa ignorância de mulheres de tudo carece; talvez por isso o Senhor nos traga à lembrança semelhantes comparações. Praza a Sua Majestade dar-nos graça para isso.

7. São tão obscuras de entender essas coisas interiores que é forçoso a quem sabe tão pouco como eu dizer muitas coisas supérfluas e até desatinadas para conseguir chegar a uma formulação adequada. Quem o ler deverá ter paciência, assim como eu a tenho para escrever o que não sei; pois é certo que, às vezes, tomo o papel como uma criatura tola, sem saber o que dizer nem como começar. Bem sei que é importante para vós afirmar-vos algumas coisas interiores, como melhor o puder fazer.

Com efeito, sempre ouvimos falar da excelência da oração, estando pelas nossas constituições obrigadas a ela por várias horas[8]. Mas só nos exortam àquilo que podemos fazer por nós mesmas, falando pouco do que o Senhor opera numa alma, ou seja, de coisas sobrenaturais[9]. Explicando-se essas coisas de muitas maneiras, nos será de grande consolo considerar esse edifício celestial interior, tão desconhecido dos mortais, embora muitos passem por ele.

E, ainda que em outras coisas que escrevi o Senhor me tenha dado algo a entender[10], creio que algumas não as tinha entendido como de então para cá, em especial as mais difíceis. O problema é que, para chegar a explicá-las, como eu disse[11], terei de repetir coisas muito conhecidas. Não pode ser de outra forma, dada a minha pouca inteligência.

8. Voltemos agora ao nosso castelo de muitas moradas. Não deveis imaginar essas moradas uma após outra, como coisa alinhada; deveis, isto sim, pôr os olhos no centro, que é o aposento ou palácio onde está o rei, e considerá-lo como um palmito, que tem muitas coberturas que cercam tudo o que é saboroso, aquilo que se destina a comer. O mesmo acontece aqui: ao redor desse aposento, há muitos outros e também por cima. Porque as coisas da alma sempre devem ser consideradas com plenitude, amplidão e grandeza, sem receio de exagerar[12]. Sua capacidade suplanta tudo o que podemos considerar, e a todas as partes dela se comunica esse sol que está no palácio.

Isso tem grande importância para qualquer alma que tenha oração, pouca ou muita: que ela não se tolha nem se restrinja. Que ande por essas moradas, em cima, embaixo, dos lados, pois Deus lhe deu essa grandíssima dignidade. Que não seja ela forçada a permanecer muito tempo num só aposento, mesmo que seja o do próprio conhecimento, por mais necessário que seja.

Entendam-me bem: mesmo as almas a quem o Senhor tiver chamado ao aposento íntimo em que se encontra, por mais enlevadas que aí estejam, não devem negligenciar o conhecimento próprio. Nem o poderão fazer, ainda que o queiram, porque a humildade é como uma abelha na colmeia: sempre fabrica o seu mel. Sem isso, tudo estaria perdido.

---

8. Cf. *Const.,* n. 2 e 7. A *Regra* carmelita impõe que a monja dessa ordem "ore dia e noite"...

9. A Santa lamenta a existência de poucos livros que expliquem a fundo a oração *sobrenatural,* isto é, mística. No n. 1 do cap. seguinte, ela afirmará que, em contrapartida, são "muitos" os que tratam de coisas ascéticas. Daí sua orientação para temas místicos neste livro.

10. Alusão a *Vida e Caminho*. Veladamente, a Santa alude à influência divina na composição de seus escritos místicos. Cf. *Vida,* cap. 39, n. 8: "Muitas das coisas que aqui escrevo não são de minha cabeça, tendo me sido ditas por meu Mestre celestial".

11. Neste n. 7.

12. Sobre a origem desses conceitos teresianos, ver a *Rel.* 54.

Mas consideremos que a abelha não deixa de sair e voar para trazer flores. Do mesmo modo, a alma voltada para o próprio conhecimento deve voar algumas vezes, a fim de considerar a grandeza e a majestade do seu Deus. Ela constatará a sua baixeza mais do que olhando para si, libertando-se dos parasitas que entram nos primeiros aposentos, que são os do próprio conhecimento. Embora seja grande misericórdia de Deus a alma exercitar-se nisso, tanto se peca por excesso como por falta, segundo se costuma dizer. E crede nisto: com a virtude de Deus, praticaremos assim melhor a virtude do que muito presas ao nosso barro[13].

9. Não sei se fui clara o bastante, porque a questão de nos conhecer é tão importante que eu gostaria que não houvesse nisso nenhuma negligência, por mais elevadas que estejais nos céus. Enquanto estamos nesta terra, não há coisa que mais nos importe do que a humildade. E assim volto a dizer que é muito bom, extremamente bom, entrar primeiro no aposento do conhecimento próprio antes de voar aos outros, porque esse é o caminho. Se podemos ir pelo seguro e plano, para que haveremos de querer asas para voar? Devemos, pelo contrário, aprofundar-nos mais no conhecimento de nós mesmas.

A meu ver, jamais chegamos a nos conhecer totalmente se não procuramos conhecer a Deus. Olhando a Sua grandeza, percebemos a nossa baixeza; observando a Sua pureza, vemos a nossa sujeira; considerando a Sua humildade, constatamos como estamos longe de ser humildes.

10. Há nisso duas vantagens. Em primeiro lugar, está claro que uma coisa branca parece muito mais branca quando perto de uma negra, e vice-versa. Em segundo, porque o nosso intelecto e a nossa vontade se tornam mais nobres e mais dispostos a todo bem quando, às voltas consigo mesmos, tratam com Deus. Há muitos inconvenientes em nunca abandonar o nosso lodo de misérias.

Assim como, ao falar dos que estão em pecado mortal, dizíamos quão negras e de mau odor são suas águas, assim também, se não sairmos da miséria do nosso lodo — embora, Deus nos livre, isto não passe de comparação, pois não se trata do mesmo caso daqueles —, nunca a corrente sairá do lodo de temores, de pusilanimidade e de covardia, bem como de pensamentos como estes: "Estão me olhando — não estão me olhando"; "por esse caminho não terei êxito"; "devo me atrever a começar esta obra?"; "será soberba fazê-lo?"; "pode uma pessoa tão miserável como eu tratar de assuntos tão elevados como a oração?"; "vão me achar melhor do que os outros, porque não sigo o caminho trilhado por todos"; "não são bons os extremos, mesmo no que se refere à virtude"; "como sou tão pecadora, cairei de mais alto"; "talvez eu não vá adiante e prejudique os bons"; "não deve ter singularidades uma pessoa como eu".

11. Oh! Valha-me Deus, filhas, quantas almas o demônio deve ter posto a perder por esse meio! Pois tudo isso lhes parece humildade, bem como muitas outras coisas que eu poderia dizer. A causa é o fato de não nos conhecermos devidamente; distorcemos o conhecimento próprio e, se nunca saímos de nós mesmos, esses e outros males devem causar-nos temor.

Por isso digo, filhas: ponhamos os olhos em Cristo, nosso bem, e com Ele, bem como com seus santos, aprenderemos a verdadeira humildade. Isso nos enobrecerá o intelecto, como eu disse[14], e evitará que o nosso conhecimento próprio se torne rasteiro e covarde. Porque, embora esta seja apenas a primeira morada, é extremamente rica e de grande valor. Se escaparmos dos parasitas que nela existem, conseguiremos avançar. Terríveis são os ardis e manhas do demônio para que as almas não se conheçam a si mesmas nem entendam o caminho a seguir.

12. Dessas primeiras moradas tenho experiência e poderei dar-vos indícios bastante seguros. Por isso digo[15] que não se imagine serem poucos os aposentos, mas milhares. E as almas entram aqui de muitas maneiras, umas e outras com boa intenção. Mas, como é mal-intencionado, o demônio deve manter legiões de seus emissários em cada peça, a fim de impedir a passagem das almas

---

13. Alusão a Filipenses 4,13; cf. *Rel.* 58.
14. Cf. n. 10 (a segunda "vantagem").
15. Cf. n. 8.

de umas para as outras. Não o entendendo a pobre alma, de mil formas ele a faz cair em ilusão; mas já não o consegue tanto, perdendo sua força, com as almas que se aproximam de onde está o rei.

Os primeiros aposentos ainda abrigam pessoas muito absorvidas pelo mundo, engolfadas nos contentamentos e desvanecidas com as honras e pretensões. Assim sendo, não têm força os vassalos da alma — que são os sentidos e faculdades naturais que Deus lhe deu —, sendo essas almas facilmente vencidas, embora nutram desejos de não ofender a Deus e façam boas obras.

As que se virem nesse estado devem recorrer com frequência, como puderem, a Sua Majestade, tomando por intercessora Sua bendita Mãe e pedindo aos Seus santos que pelejem por elas, pois os seus criados pouca força têm para se defender. Na verdade, em todos os estados o auxílio deve proceder de Deus. Sua Majestade no-lo dê por Sua misericórdia. Amém.

13. Que miserável é a vida em que vivemos! Como já falei muito, em outra parte, do prejuízo que nos causa, filhas, não entender adequadamente a questão da humildade e do conhecimento próprio[16], não me estenderei mais aqui, ainda que isso seja o mais importante, e praza a Deus tenha eu dito alguma coisa que vos seja de proveito.

14. Notareis que essas primeiras moradas quase não recebem nenhuma réstia da luz que sai do palácio onde está o rei. Embora não estejam escuras e negras como quando a alma está em pecado, estão de alguma maneira obscurecidas e não se consegue ver quem está nelas. Isso não por culpa do aposento (não sei dar-me a entender bem), mas porque entraram com a alma tantas cobras, víboras e animais peçonhentos que não a deixam ver a luz. É como se alguém entrasse num lugar com muita claridade e, tendo um cisco nos olhos, quase não os pudesse abrir. O aposento está claro, mas a alma não o percebe por causa dessas feras e alimárias, que a obrigam a fechar os olhos para não ver senão a elas.

Assim me parece ser uma alma que, embora não esteja em mau estado, está tão envolvida em coisas do mundo e tão mergulhada em dinheiro, nas honras ou nos negócios — como tenho dito[17] — que, ainda que de fato deseje ver e gozar sua formosura, não o consegue e não parece poder desvencilhar-se de tantos impedimentos.

Para entrar nas segundas moradas, convém abrir mão das coisas e negócios não necessários, cada um de acordo com seu próprio estado. Isso é tão importante para se chegar à morada principal que, se a alma não o começa a fazer, considero impossível a empreitada, sendo difícil até mesmo manter-se sem perigo nos primeiros aposentos, entre animais peçonhentos, que não a deixarão de morder uma vez ou outra.

15. Pois que seria, filhas, se as almas que já estão livres desses tropeços, como nós, que penetramos em outras moradas secretas do castelo, voltassem por sua culpa a buscar agitações mundanas? Por nossos pecados, deve haver muitas pessoas a quem Deus concedeu graças que, voluntariamente, se lançam nessa miséria. Aqui, estamos livres no que toca ao exterior. No interior, queira Deus que o estejamos, e que Ele nos livre desse mal.

Guardai-vos, filhas minhas, de cuidados alheios. Vede que poucos são os aposentos desse castelo em que os demônios deixam de nos combater. É verdade que, em alguns, os guardas — como creio ter qualificado as faculdades[18] — têm força para lutar. Mas é preciso que não nos descuidemos em desmascarar os ardis do demônio e em não nos deixar iludir pelo inimigo transfigurado em anjo de luz. Pois há uma multiplicidade de coisas em que ele pode nos prejudicar, pouco a pouco, e, até que o faça, não o entendemos.

16. Eu já vos disse uma vez[19] que o demônio age em nós como lima surda. É preciso descobrir suas artimanhas desde o princípio. Vou dizer-vos mais algumas coisas para que o entendais melhor.

---

16. Em *Caminho*, cap. 39, n. 5.
17. No cap. 1, n. 8.
18. Cf. n. 4 e 12.
19. *Caminho*, cap. 39, *passim*, e cap. 38, n. 2.

Por exemplo, o demônio dá a uma irmã vários ímpetos de penitência, e ela só parece ter descanso quando está se atormentando. Esse princípio é bom; mas, se a priora mandou que não se façam penitências sem licença, o demônio inspira na monja o desejo de se atrever a uma coisa que lhe parece tão boa. Se ela, às escondidas, continua a flagelar-se, acaba por perder a saúde e não poder cumprir o que manda a sua Regra. Por aí já vedes que resultado teve esse bem!

A outra infunde o demônio um zelo de perfeição muito grande. Isto também é muito bom. Mas poderá acontecer de qualquer pequena falta das irmãs parecer a esta monja uma grande infração, o que a levará a vigiá-las atentamente e recorrer à priora para queixar-se. O seu grande zelo da religião pode ainda fazê-la não ver as suas próprias faltas; como as irmãs não veem o interior, mas apenas o cuidado exterior, podem não interpretá-lo de modo tão favorável.

17. O que o demônio pretende aqui não é pouco: esfriar a caridade e o amor mútuo entre as irmãs, o que seria grande prejuízo. Entendamos, filhas minhas, que a verdadeira perfeição é o amor a Deus e ao próximo. Quanto mais fielmente guardarmos esses dois mandamentos, tanto mais perfeitas seremos. A nossa Regra e as nossas Constituições, em seu conjunto, não servem senão de meios para seguir isso com mais perfeição. Deixemo-nos de zelos indiscretos, que podem nos causar muito dano. Que cada uma olhe para si mesma.

Como já discorri bastante sobre essa questão em outra parte[20], não me estenderei mais aqui.

18. É tão importante esse amor mútuo entre as irmãs que eu desejaria que nunca vos esquecêsseis dele. Porque, ao nos fixar nas ninharias umas das outras — que às vezes nem são imperfeições, julgando-as nós assim pela nossa ignorância —, fazemos nossa alma perder a paz e até inquietamos a das demais. Vede como custaria caro a perfeição!

Nesse ponto, o demônio poderia inspirar uma tentação ainda mais perigosa: atingir a priora. Aqui é necessária muita discrição. Se forem coisas que vão contra a Regra e as Constituições, nem sempre é bom dar-lhes interpretação favorável. Convém avisar a priora e, se ela não se emendar, dar conta ao prelado. Isto é caridade.

E o mesmo vale para as irmãs, se se tratar de coisa grave. Deixar passar tudo com medo de que seja tentação constituiria a própria tentação. Mas é preciso ponderar muito — para que não sejamos enganados pelo demônio — e não falar desses assuntos com as companheiras, já que o inimigo pode tirar disso grande proveito e instaurar o costume da murmuração. Como eu já disse, devemos falar sobre isso apenas com a pessoa em questão. Aqui, glória a Deus, não há tanta ocasião para isso, porque se guarda contínuo silêncio, mas é bom manter-nos de sobreaviso.

SEGUNDAS MORADAS
HÁ NELAS UM ÚNICO CAPÍTULO

CAPÍTULO ÚNICO

Trata da grande importância da perseverança para se chegar às últimas moradas, bem como da grande guerra travada pelo demônio. Fala também que convém muito não errar o caminho no princípio para ter êxito na tarefa. Dá um meio que verificou ser muito eficaz.

1. Vejamos agora quais são as almas que entram nas segundas moradas e o que fazem nelas. Eu gostaria de falar-vos pouco, porque já me estendi bastante sobre o assunto em outras partes[1], mas, não me recordando de nada do que escrevi, isso me será impossível. Se o pudesse dizer de modo diferente, bem sei que não vos aborreceríeis, assim como não nos enfastiam os livros que tratam desse assunto, embora sejam muitos.

---

20. Cf. *Vida*, cap. 13, n. 8 e 10 (duas tentações de zelo indiscreto), e *Caminho*, cap. 4.
1. No *Caminho de Perfeição*, passim, e em *Vida*, "primeira água" (caps. 11-13) e capítulos anteriores.

2. As segundas moradas são os aposentos dos que já começaram a ter oração e entenderam a grande importância de não permanecer nas primeiras moradas, mas que, em geral, não têm ainda determinação para deixar de estar nelas[2], porque não abandonam as ocasiões, o que é um grande perigo. Mas já é grande misericórdia que, mesmo por pouco tempo, procurem fugir das cobras e coisas peçonhentas e entendam que é bom deixá-las.

Estes, em parte, têm muito mais trabalho que os primeiros, ainda que não tenham tanto perigo; pois parece que já os entendem, havendo grande esperança de que se aprofundem cada vez mais. Digo que têm mais trabalho, porque os primeiros[3] são como surdos-mudos, e assim suportam melhor o sofrimento de não falar. Muito pior seria a situação dos que, ouvindo, não pudessem falar. Mas nem por isso é desejável o sofrimento dos que não ouvem, porque, enfim, grande coisa é entender o que nos dizem.

Assim ocorre com as almas que estão nas segundas moradas: entendem os chamados que lhes faz o Senhor, porque vão se aproximando mais de onde se encontra Sua Majestade, que é muito bom vizinho e tem tanta misericórdia e bondade que uma vez ou outra não nos deixa de chamar, pois tem em grande conta que O queiramos e procuremos a Sua companhia. Mesmo estando nós em nossos passatempos, negócios, contentamentos e bagatelas do mundo, ora caindo em pecados, ora levantando-nos (porque esses animais são tão peçonhentos e buliçosos, e tão perigosa é a sua companhia, que só por milagre se pode deixar de tropeçar e cair), não deixa de nos chamar para que nos aproximemos Dele. E essa voz é tão doce que se desfaz a pobre alma se não fizer logo o que ela lhe ordena, sofrendo mais — como digo — do que se não ouvisse a voz divina.

3. Não digo que essas vozes e chamados sejam como outros de que falarei depois[4]. São palavras que se ouvem de pessoas boas, ou sermões, ou a leitura de bons livros e várias outras coisas que nos são ditas e de que se serve o Senhor para nos chamar. Podem ser também doenças, sofrimentos, bem como uma verdade que ensina nos momentos em que estamos em oração. Deus valoriza muito esses momentos, por mais destituídos de firmeza e fervor que estejamos.

E vós, irmãs, não tenhais em pouca conta esta primeira graça, nem vos desconsoleis se não responderdes logo ao Senhor. Bem sabe Sua Majestade aguardar muitos dias e anos, em especial quando vê perseverança e bons desejos. Essa perseverança é o mais necessário aqui, porque com ela jamais se deixa de ganhar muito.

Mas terrível é a guerra que aqui travam, de mil maneiras, os demônios, com mais tormento da alma que na anterior[5]; porque ali ela estava surda e muda — ou pelo menos ouvia muito pouco — e resistia menos, como quem tem, em parte, perdida a esperança de vencer. Aqui, o entendimento está mais vivo e as faculdades, mais hábeis, sendo de tal modo estrondosos os golpes e a artilharia que a alma não pode deixar de ouvir. Os demônios começam a representar aqui as coisas do mundo — que são as cobras — e a fazer que seus contentamentos pareçam quase eternos. Trazem à memória os amigos e parentes, a estima em que a pessoa é tida, a saúde que pode ser perdida nas coisas de penitência — pois, sempre que entra nesta morada, a alma começa a desejar fazer alguma — e mil outras maneiras de impedimento.

4. Ó Jesus, que confusão estabelecem aqui os demônios, e como fica aflita a pobre alma, que não sabe se deve avançar ou voltar ao primeiro aposento! É que a razão, por outro lado, mostra-lhe o engano que é pensar que tudo isso vale alguma coisa em comparação com o seu fim último. A fé ensina-lhe o que deve fazer. A memória recorda-lhe onde vão parar todas as coisas do mundo, tornando-lhe presente a morte (e algumas súbitas) dos que muito fruíram dessas frivolidades. Alguns, vistos em grande prosperidade, jazem debaixo da terra pisada pelos transeuntes, esque-

---

2. *Nelas:* nas segundas moradas, ou na oração.
3. *Os primeiros:* os das moradas I; em contrapartida, linhas abaixo, vemos *estes:* os das M. II.
4. M. VI, cap. 3.
5. *Na anterior:* nas Moradas 1; *ali:* nas M. 1; *aqui:* nas M. II.

cidos de todos. Quantas vezes, ao passar por uma dessas sepulturas, a alma se lembra de que ali se encontra aquele corpo fervilhando de vermes, não lhe escapando igualmente outras coisas que podem acontecer.

A vontade inclina-se a amar Aquele em quem tem visto tão inumeráveis coisas e mostras de amor. Ela gostaria de corresponder a pelo menos uma delas, especialmente quando considera que esse verdadeiro amigo nunca se afasta dela, acompanhando-a e dando-lhe vida e ser. O intelecto, por sua parte, logo acorre e dá a entender à alma que ela não pode encontrar melhor amigo, ainda que viva muitos anos, que o mundo está cheio de falsidade e que os contentamentos que o demônio lhe oferece estão permeados de sofrimentos, cuidados e contradições.

Diz-lhe ainda o intelecto que, fora desse castelo, não encontrará segurança nem paz, devendo abandonar as casas alheias, já que a sua própria casa está repleta de bens que ela pode saborear. Ninguém acha tudo de que precisa senão em sua casa, em especial quando acolhe tal Hóspede, que a fará senhora de todos os bens. Se a alma quiser, não andará perdida, como o filho pródigo, comendo alimento de porcos[6].

5. Estas são razões suficientes para vencer os demônios. Mas, ó Senhor e Deus meu, o costume de viver na vaidade e a visão de um mundo que só trata dela estragam tudo. Como a fé se encontra muito amortecida, queremos mais o que vemos do que aquilo que ela nos diz. Entretanto, os nossos próprios olhos nos mostram como são desventurados os que vivem atrás dessas coisas visíveis.

Todo esse mal foi provocado pelas coisas peçonhentas com que lidamos. Como alguém que é mordido por uma víbora se envenena e incha todo, o mesmo acontece conosco neste caso, se não nos acautelamos. É claro que, para sarar, devemos submeter-nos a vários tratamentos. Grande misericórdia tem Deus em não permitir que morramos desse mal. Não há dúvida de que a alma passa aqui por grandes sofrimentos, em particular quando, por seus costumes e condições, o demônio percebe que ela pode avançar muito no caminho de Deus. Todo o inferno se juntará para obrigá-la a sair dessa morada.

6. Ah! Senhor meu! Aqui é necessária a Vossa ajuda, pois sem ela não se pode fazer nada[7]. Por Vossa misericórdia, não permitais que essa alma seja enganada e abandone o caminho começado. Dai-lhe luz para que ela veja que nisso está todo o seu bem e se afaste das más companhias. De extrema importância é lidar com aqueles que se empenham nas mesmas coisas, bem como aproximar-se deles, não só os que se encontram nos mesmos aposentos, como também os que já se aprofundaram mais. A alma receberá disso grande ajuda, pois a conversa persistente com essas pessoas pode acabar por levá-la para junto delas.

Que ela sempre esteja de sobreaviso para não se deixar vencer; o demônio se afastará depressa se a vir com grande determinação de não voltar às primeiras moradas, preferindo a isso perder a vida, o descanso e tudo o que ele lhe oferece. Que seja viril, e não imite os que se deitavam de bruços para beber, quando iam para o combate, não me lembro com quem[8]. Em vez disso, ela deve determinar-se com firmeza: vai pelejar com todos os demônios e não há melhores armas do que as da cruz.

7. Embora eu já tenha dito isto outras vezes[9], vou repeti-lo aqui porque é de grande importância: que a alma não se lembre de que há prazeres nisto que principia, pois essa seria uma maneira muito baixa de começar a construção de um edifício tão precioso e magnífico. E, se começar sobre a areia, dará com tudo no chão e viverá sempre desgostosa e tentada. Porque não são estas as moradas em que chove o maná. Elas estão mais adiante, onde tudo se revela saboroso segundo os desejos da alma[10], já que ela só quer o que Deus quer.

---

6. Lucas 15,16.
7. Alusão a João 15,5.
8. "Com Gedeão, em *Juízes*, cap. 7", corrigiu Gracián depois de riscar *não me lembro com quem*.
9. Trata-se de um dos axiomas ascéticos da Santa. Cf. *Caminho*, cap. 20, n. 2; caps. 23, 36, 41; *Vida*, cap. 4, n. 2; cap. 11, n. 2, 10, 12, 13, 15 etc.
10. Alusão ao texto bíblico de Sabedoria 16,20.

É coisa que não deixa de ser engraçada: ainda estamos em meio a mil dificuldades e imperfeições, nossas virtudes ainda não sabem andar, pois só há pouco começaram a nascer (e queira Deus que algumas tenham começado a fazê-lo), e não temos vergonha de querer prazeres na oração e de nos queixar de aridez? Que isso nunca vos aconteça, irmãs! Apegai-vos à cruz que vosso Esposo tomou sobre Si e entendei que ela deve ser a vossa tarefa. Aquela que mais puder padecer, que padeça mais por Ele e será a que melhor se liberta. Considerai o resto acessório e, se o Senhor vo-lo quiser dar, rendei-Lhe muitas graças.

8. Talvez julgueis que estais bem determinadas para os trabalhos exteriores, desde que Deus vos console interiormente. Sua Majestade sabe melhor o que nos convém; não temos de dizer-Lhe o que nos deve dar, pois Ele pode com razão replicar-nos que *não sabemos o que pedimos*[11].

Todo o empenho de quem começa a ter oração — e não vos esqueçais disto, pois tem grande importância — deve ser trabalhar, determinar-se e dispor-se, com toda a diligência possível, a amoldar sua vontade à de Deus. Como direi depois[12], estai bem certas que nisso consiste a maior perfeição a que se pode chegar no caminho espiritual. Quem mais se amoldar à vontade do Senhor mais receberá Dele e mais adiantado estará nesse caminho.

Não penseis que haja aqui muitas complicações nem coisas desconhecidas e ocultas. Todo o nosso bem está nisso. Pois, se erramos no princípio, querendo logo que o Senhor faça a nossa vontade e nos leve por onde imaginamos, que firmeza pode ter o edifício?

Procuremos fazer o que está em nossa mão e evitemos os parasitas peçonhentos. Muitas vezes o Senhor deseja que haja securas e que sejamos perseguidos por maus pensamentos, sem que os possamos afastar para longe de nós. Ele chega mesmo a permitir, em certas ocasiões, que sejamos mordidos, para que saibamos nos proteger melhor depois e para ver se nos pesa muito a ofensa a Ele.

9. Não desanimeis, portanto, se alguma vez cairdes. Não deixeis de querer avançar, pois dessa mesma queda Deus extrairá o bem, como faz aquele que vende o antídoto: para provar sua eficácia, bebe primeiro o veneno. Se não víssemos em outra coisa a nossa miséria e o grande prejuízo que nos advém da dissipação, só esta luta que se passa para voltar a nos recolher bastava.

Poderá haver maior mal do que não nos encontrar em nossa própria casa? Se em nosso próprio lar não temos tranquilidade, que esperança podemos ter de encontrar sossego em outras coisas? Nossos grandes e verdadeiros amigos e parentes — ou seja, as nossas faculdades, com as quais, mesmo que não queiramos, sempre temos de viver — parecem mover-nos uma guerra, como que sentidos das que lhe fizeram os nossos vícios. Paz, paz, minhas irmãs, disse o Senhor, e admoestou os Seus apóstolos tantas vezes[13]. Pois, crede-me que, se não a temos e não a procuramos em nossa casa, não a acharemos na dos estranhos.

Acabe-se já esta guerra. Pelo sangue que Ele derramou por nós, eu o peço aos que não começaram a entrar em si; e os que já começaram, que nada seja bastante para fazê-los voltar atrás. Olhai que é pior a recaída do que a queda. Quanto tempo perdido!

Confiai na misericórdia de Deus e nada em vós mesmas, e vereis como Sua Majestade leva a alma de umas moradas a outras, colocando-a na terra[14] onde essas feras não a podem tocar nem cansar; pelo contrário, ela as sujeita a todas e zomba delas, usufruindo de muitos mais bens do que poderia desejar — já nesta vida, digo.

10. Porque, como disse no princípio[15] escrevi como deveis vos portar nessas perturbações que o demônio aqui suscita, bem como sobre a suavidade que deve caracterizar o começar a re-

---

11. Mateus 20,22.
12. Em M. V, cap. 3, n. 3s.
13. João 20,21.
14. *Terra* "de promissão da bem-aventurança", anotou Gracián à margem.
15. *No princípio* deste cap., n. 1. A Santa escreveu sobre isso em diversos lugares: acerca das tentações e perturbações do demônio, fala no cap. 13 de *Vida* (e cap. 8, n. 7-10); acerca da suavidade no modo de recolher-se, cf. *Vida*, cap. 15, n. 1-7, e *Caminho*, caps. 28-29, e 31.

colher-se — que não deve ser feito à força, a fim de ser mais duradouro e contínuo. Assim sendo, não o direi mais aqui, só acrescentando que tem grande importância consultar pessoas experimentadas. Porque o cumprimento de certas coisas obrigatórias vos poderá parecer, equivocadamente, prejudicial ao recolhimento.

Mesmo que não encontremos alguém que nos ensine, o Senhor tudo guiará em nosso proveito, contanto que não deixemos este começo de recolhimento. Para semelhante mal[16] não há remédio senão recomeçar. Caso contrário, a alma pouco a pouco vai perdendo, cada dia mais. Queira Deus que ao menos ela o entenda!

11. Alguma de vós poderia pensar que, se retroceder constitui tão grande mal, melhor seria não se meter nessa tarefa e permanecer fora do castelo. Já vos disse no princípio — e o próprio Senhor o confirma — que *quem anda no perigo nele perece*[17] e que a porta para entrar nesse castelo é a oração. Ora, pensar que entraremos no céu sem entrar em nós, conhecendo-nos e considerando nossa miséria e o que devemos a Deus e pedindo-Lhe muitas vezes misericórdia, é desatino.

O próprio Senhor diz: *Ninguém subirá a meu Pai senão por mim*. Não sei se disse dessa maneira, creio que sim. E também: *Quem vê a mim vê a meu Pai*[18]. Pois, se nunca olhamos para Ele, nem consideramos o que Lhe devemos e a morte que sofreu por nós, não sei como O poderemos conhecer nem fazer obras em Seu serviço.

Que valor pode ter a fé sem obras? E o que valerão estas se não se unirem aos merecimentos de Jesus Cristo, nosso Bem? E quem nos despertará a amar esse Senhor? Praza a Sua Majestade dar-nos a entender o muito que lhe custamos e como o servo não é mais do que o Senhor. Que Ele nos mostre também que precisamos trabalhar para gozar de Sua glória; para isso, é necessário orar, a fim de não andar sempre em tentação[19].

TERCEIRAS MORADAS
CONTÊM DOIS CAPÍTULOS

CAPÍTULO 1
Trata da pouca segurança que podemos ter enquanto vivemos neste desterro, por mais elevado que seja o estado atingido por nós, e da conveniência de andar com temor. Há alguns bons pontos.

1. Àqueles que, pela misericórdia de Deus, venceram esses combates, entrando pela perseverança nas terceiras moradas, que lhes diremos senão: *Bem-aventurado o homem que teme o Senhor?*[1] Não foi pequena graça Sua Majestade permitir que eu agora entenda — eu que costumo ser rude nesses casos — o que quer dizer em vernáculo esse versículo. Sem dúvida, é com razão que chamamos de bem-aventurado quem teme o Senhor, pois, se não retrocede, percorre — a nosso ver — o caminho seguro de sua salvação[2].

---

16. *Semelhante mal:* deixar a oração.
17. Eclesiástico 3,27.
18. Textos extraídos de João 14,6 e 9. Gracián emendou a primeira citação (não *subirá*, mas *vem*), riscou a expressão de hesitação (*não sei se disse dessa maneira, creio que sim*) e por fim anotou à margem: "ambas são ditas em São João, cap. 14". Cf. as mesmas citações em M. VI, cap. 7, n. 6.
19. Ela conclui com três alusões bíblicas: Mateus 10,24 ("não existe servo superior ao seu senhor"), Marcos 10,17 ("Bom Mestre, que farei para herdar a vida eterna?") e Mateus 26,41 ("Vigiai e orai para não entrardes em tentação"). O primeiro destes textos tem especial importância na vida mística da Santa.
1. Salmo 111,1.
2. *Caminho seguro de salvação:* por escrúpulo teológico, Gracián riscou *seguro* e escreveu *reto*. Todo este capítulo foi salpicado de correções por Gracián, que temia que a Santa afirmasse uma *certeza* do estado de graça, ou uma *segurança* da própria salvação, contrária à doutrina do Concílio de Trento e semelhante a certas teorias de iluminados e quietistas. Felizmente, as correções de Gracián deixaram o original perfeitamente legível.

Aqui vereis, irmãs, a grande importância de vencer as batalhas precedentes. É certo que o Senhor nunca deixa de pôr essa alma em segurança de consciência, o que não é pequeno bem. Digo em segurança e digo mal, pois ela não existe nesta vida; por essa razão, entendei sempre o que digo: a alma sente segurança se não retrocede no caminho começado.

2. Imensa miséria é viver sempre como quem tem inimigos à porta, em constante sobressalto, sem poder dormir nem comer desarmado, com receio de que por algum lado seja possível arrombar sua fortaleza. Ó Senhor e Bem meu! Como quereis que se deseje vida tão miserável? Não é possível deixar de querer e pedir que nos tireis dela, a não ser pela esperança de perdê-la por Vós ou empregá-la em Vosso serviço, e, sobretudo, pela confiança de estar fazendo a Vossa vontade. Se assim ocorre, Deus meu, morramos Convosco, como disse São Tomé[3], já que viver sem Vós não é senão morrer muitas vezes. Ainda mais considerando estes temores de perder-Vos para sempre, temores que não são vãos.

Por isso digo, filhas, que a felicidade que devemos pedir é a de estar já em segurança, como os bem-aventurados. Pois, com esses temores, que satisfação pode ter aquele que a concentra toda em contentar a Deus? E considerai que tal satisfação, e muito maior, tinham alguns santos que caíram em graves pecados. Não sabemos com segurança se Deus nos dará a mão para sair deles e para fazer a penitência que eles fizeram[4].

3. Certo é, filhas minhas, que escrevo isto com tanto temor que nem sei como o faço nem como vivo quando disso me lembro, o que não ocorre poucas vezes. Rogai a Sua Majestade, filhas minhas, que viva sempre em mim; pois, se assim não for, que segurança pode ter uma vida tão mal-empregada quanto a minha? Não vos perturbeis por saberdes que é assim — como algumas vezes tenho percebido em vós quando digo essas coisas. Desejaríeis que eu tivesse sido muito santa, e tendes razão; também eu o quisera. Mas que hei de fazer, se perdi tão grande bem e o fiz só por minha culpa? Não me queixarei do Senhor, que sempre me deu grande ajuda para que se cumprissem os vossos desejos. Não posso dizer isto sem lágrimas, invadida pela grande confusão de ver que escrevo a quem na verdade poderia me ensinar. Dura obediência tem sido esta!

Queira o Senhor que, tendo-o eu feito apenas por Ele, seja de utilidade para vós. Pedi-lhe que perdoe esta miserável atrevida. Mas bem sabe Sua Majestade que só posso confiar em Sua misericórdia; e, já que não posso deixar de ser quem tenho sido, não tenho outro remédio senão apegar-me a ela e confiar nos méritos de Seu Filho e da Virgem, Sua Mãe, cujo hábito indignamente envergo. E vós, que o trazeis também, louvai-O, pois verdadeiramente sois filhas dessa Senhora. Assim, não tendes de vos perturbar por eu ser ruim, já que possuís tão boa Mãe. Imitai-A e considerai a imensa grandeza dessa Senhora, bem como a vantagem de tê-la por padroeira; pois nem meus grandes pecados e o fato de ser como sou podem empanar minimamente esta sagrada Ordem.

4. Mas de uma coisa vos aviso: que o fato de pertencerdes a esta Ordem e de terdes tal Mãe não vos deixe seguras. Muito santo foi David, e bem sabeis o que foi Salomão. Não deis importância à clausura e à penitência em que viveis, nem vos tenhais em segurança por tratardes sempre de Deus, exercitar-vos constantemente na oração e estardes tão afastadas das coisas do mundo, as quais, em vosso parecer, vos aborrecem. Tudo isso é bom, mas não basta — como eu disse[5] — para deixar de temer. Desse modo, continuai a refletir sobre este versículo, lembrando-vos dele muitas vezes: *Beatus vir, qui timet Dominum*[6].

5. Já não sei o que dizia; distraí-me muito e, pensando em mim, fiquei tolhida e incapaz de dizer alguma coisa boa. Quero então deixar disso, por enquanto, e voltar ao que comecei a dizer-vos[7]. Trata-se das almas que entraram nas terceiras moradas.

---

3. João 11,16. "Como disse São Tomé" foi escrito pela Santa à margem, burilando seu pensamento.
4. A Santa anotou à margem: *entenda-se em termos de auxílios particulares* (cf. *Vida,* cap. 14, n. 6).
5. No n. 2.
6. Salmo 111,1 (cf. n. 1).
7. Volta ao tema do n. 1.

Com isso, foi grande a graça que receberam do Senhor, que lhes permitiu superar as primeiras dificuldades. Creio que, pela bondade de Deus existem muitas almas dessas no mundo. Elas têm grande desejo de não ofender Sua Majestade e apreciam fazer penitência, evitando até mesmo os pecados veniais. Têm seus momentos de recolhimento e empregam bem o tempo, exercitando-se em obras de caridade para com o próximo. Essas almas são corretíssimas no falar e no vestir, bem como na administração da casa, quando a têm. Trata-se de estado desejável, sem dúvida, e parece que não há motivo para se negar a elas o acesso até as últimas moradas. O Senhor não lhes negará tal coisa, se elas a quiserem. E que bela disposição é esta para que lhes sejam concedidas todas as graças divinas!

6. Ó Jesus, quem não desejará um bem tão grande, em especial se já passou pelo mais trabalhoso? Todos o quererão. O mesmo acontece conosco, irmãs. Mas, como ainda é preciso mais para que o Senhor possua por completo a alma, não basta dizer que o desejamos, como não bastou ao jovem a quem o Senhor perguntou se queria ser perfeito[8]. Desde que comecei a falar dessas moradas, tenho-o diante dos olhos. Porque somos como ele, sem tirar nem pôr, sendo essa a causa mais comum das agruras na oração, embora também haja outras.

Não menciono certos sofrimentos interiores intoleráveis por que passam muitas almas boas, sem nenhuma culpa de sua parte, sofrimentos dos quais o Senhor sempre as tira com muito proveito. Tampouco me refiro às que padecem de melancolia e de outras enfermidades. Enfim, em todas as coisas temos de respeitar os juízos de Deus. Mas tenho para mim que a causa mais habitual de agruras na oração é a que mencionei[9].

Com efeito, essas almas percebem que nada neste mundo as levaria a cometer um pecado, nem mesmo um pecado venial deliberado. Elas empregam bem sua vida e suas posses. Mas se impacientam ao ver que permanece fechada para elas a porta de entrada ao aposento do nosso Rei, de quem se consideram súditas, e de fato o são. Todavia, que não se esqueça: aqui na terra, ainda que o rei tenha numerosos vassalos, nem todos têm acesso à câmara real.

Entrai, entrai, filhas minhas, no interior! Transcendei vossas pequenas obras, pois, por serdes cristãs, deveis tudo isso e muito mais. Que vos baste ser vassalas de Deus. Não vá tão longe a vossa ambição que fiqueis sem nada.

Olhai os santos que tiveram acesso à câmara do Rei e vereis a diferença que há entre eles e nós. Não peçais aquilo que não mereceis; tendo ofendido a Deus, nem nos devia vir à mente a ideia de merecer algum dia a entrada nesse aposento real, por maiores que sejam os nossos serviços.

7. Ó humildade! Não sei que tentação me atinge aqui, pois não posso deixar de crer que falte um pouco dessa virtude a quem dá tanta importância às agruras na oração.

Digo que deixo de lado os grandes trabalhos interiores que mencionei[10], pois estes são muito mais falta de devoção. Provemo-nos a nós mesmas, irmãs minhas, ou, antes, que nos prove o Senhor, pois Ele bem o sabe fazer, embora muitas vezes não o queiramos entender, e voltemos às corretas almas de que falávamos. Observemos o que elas fazem por Deus e logo veremos como não temos razão de nos queixar de Sua Majestade. Porque, se Lhe voltamos as costas e, à semelhança do jovem do Evangelho[11], nos entristecemos quando nos diz o que devemos fazer para ser perfeitos, o que pode, segundo vos parece, fazer o Senhor, se Ele há de dar o prêmio de acordo com o amor que Lhe temos? E esse amor, filhas, não será fabricado em nossa imaginação, mas sim provado com obras. E não penseis que o Senhor olhe para as nossas obras; Ele examina a determinação da nossa vontade[12].

---

8. Mateus 19,16-22.
9. Ela alude ao episódio do jovem rico do Evangelho (n. 6), bem como à pretensão de passagem franca até as sétimas moradas (n. 5, final).
10. No n. 6.
11. Mateus 19,22. A frase é uma anotação marginal da Santa.
12. Gracián julgou que também nesta passagem a Santa se opunha aos cânones de Trento e a corrigiu: "*Não* olha somente *as nossas obras*, mas também".

8. Talvez pareça a nós, que trazemos o hábito da Ordem — tendo-o feito por nossa vontade e deixado todas as coisas do mundo, e o que tínhamos, por amor ao Senhor (ainda que sejam as redes de São Pedro[13], pois sempre julga dar muito quem dá tudo o que tem) —, que tudo já está feito. Excelente disposição é para a alma perseverar e não voltar ao contato com os parasitas dos primeiros aposentos, nem mesmo pelo desejo.

Sem dúvida, se persistir nesse despojamento e desapego de tudo, a alma alcançará o que pretende. Mas isso deve se dar com a condição — e guardai bem este meu aviso — de se considerar servo inútil, como disse São Paulo ou Cristo[14]. E não creia ela poder assim obrigar Nosso Senhor a conceder-lhe semelhantes graças; pelo contrário, quem mais recebeu mais endividado se encontra[15].

Que podemos fazer por um Deus tão generoso, que morreu por nós, nos criou e nos dá a vida? Podemos dar-nos por venturosos de ir amortizando um pouco o que Lhe devemos, por nos ter Ele servido como fez (uso esta palavra de má vontade, mas de fato foi isso que se passou, pois Ele não fez outra coisa enquanto viveu no mundo). E ainda Lhe pediremos novas graças e consolações?

9. Atentai muito, filhas, para algumas coisas que aqui aponto, ainda que de modo confuso, porque não sei formulá-las melhor. O Senhor vos fará entendê-las, para que possais extrair das agruras humildade, e não inquietação (que é o que pretende o demônio).

E crede que onde há de fato humildade, ainda que Deus nunca dê consolações, dará paz e resignação. Estas vos trarão mais contentamento do que suscitam os regalos em outras almas. Muitas vezes, como tendes lido[16], Sua Majestade concede esses regalos aos mais fracos, embora eu creia que eles não os trocariam pelas fortalezas dos que se veem às voltas com agruras. Somos mais amigos de contentamentos do que de cruzes. Prova-nos Tu, Senhor, que sabes as verdades, para que nos conheçamos.

CAPÍTULO 2

Prossegue no mesmo assunto e trata das securas na oração, bem como do que, em sua opinião, pode daí advir. Fala também que devemos provar-nos e que o Senhor prova os que se encontram nestas moradas.

1. Conheci algumas almas, e creio que posso dizer bastantes, que chegaram a este estado. Elas têm vivido muitos anos, ao que parece, nessa retidão e harmonia de alma e corpo. E, depois disso, quando deviam estar com o mundo sob os pés — ou pelo menos plenamente desenganadas dele —, são provadas por Sua Majestade em coisas não muito grandes; ficam então de tal modo inquietas e com o coração tão angustiado que me deixam perplexa e até muito temerosa.

Dar-lhes conselho não é remédio, porque, como elas há muito tratam de virtudes, pensam poder ensinar aos outros e sobrar-lhes razão para se sentir como se sentem.

2. Enfim, não encontrei solução, nem encontro, para consolar tais pessoas, a não ser mostrar grande sentimento de sua pena (e, na verdade, é de dar pena vê-las sujeitas a tanta miséria) e não contradizer suas razões. Isto porque elas as ajeitam de tal modo no pensamento que julgam tudo sentir por amor de Deus, não percebendo que se trata de imperfeição, o que é outro grande engano em gente tão adiantada. Não é de espantar que o sintam, embora, a meu ver, devesse passar depressa o sentimento de coisas semelhantes.

Muitas vezes Deus quer que Seus escolhidos sintam essa miséria e, assim sendo, afasta um pouco o Seu favor. Isso é bastante para que nos conheçamos bem depressa. E logo se entende essa

---

13. Mateus 19,27.
14. A Santa escreveu primeiro: *como disse São Paulo*. Depois de uma hesitação, escreveu entre linhas: *ou Cristo*. Gracián riscou ambas as coisas e escreveu: "isto é dito por São Lucas no capítulo 17".
15. Alusão a Lucas 12,48.
16. Citação um tanto vaga e enigmática. Provavelmente se trata de uma alusão à leitura pública do *Caminho de Perfeição* e, concretamente, ao cap. 17 (cf. os n. 2 e 7).

maneira de prová-los; o seu objetivo é fazê-los compreender sua falta de modo muito claro. Às vezes, dá-lhes mais pesar verem-se aflitos pelas coisas da terra, não muito graves, do que pelo sentimento da própria miséria. Neste caso, Deus mostra, ao meu ver, grande misericórdia por eles. Embora haja falta, a humildade sai lucrando muito com isso.

3. Tal coisa não acontece com as pessoas a que me refiro; como eu disse[1], elas canonizam em seus pensamentos o próprio modo de proceder e desejam que os outros também o façam. Falo de algumas delas, a fim de que nos entendamos e nos provemos a nós mesmas, antes que o Senhor nos prove. É de extrema importância andar atentas e nos termos entendido primeiro.

4. Digamos que sobrevenha uma perda material a uma pessoa rica, sem filhos e sem herdeiros. Nada, porém, que afete o necessário para que ela se mantenha e sustente a casa, sobrando-lhe ainda alguma coisa. Se fica desassossegada e inquieta como se não lhe restasse um pão para comer, como essa pessoa receberá o pedido de Nosso Senhor de que deixe tudo por Ele?[2]

Aqui entra o pretexto: a pessoa diz que o sente porque quer ter para dar aos pobres. De minha parte, creio que Deus prefere que eu me conforme com a Sua vontade e conserve a paz da minha alma a essa caridade, embora seja desejável procurá-la. Se alguma alma não age assim, porque o Senhor não a elevou tanto, está bem. Mas que ela entenda ao menos que lhe falta essa liberdade de espírito; com isso, se disporá a que o Senhor a conceda, uma vez que a pedirá a Ele.

Outra pessoa tem o bastante para se manter e até lhe sobra. Apresenta-se a ela a oportunidade de aumentar suas posses. Se se trata de doação, não há mal nisso. Mas procurar essa oportunidade e, depois de a ter, procurar mais e mais não é coisa, por certo, que leve a alma a subir às moradas mais próximas do Rei, ainda que tenha boa intenção — e deve tê-la porque, como eu disse[3], se trata de pessoas de oração e virtude.

5. O mesmo ocorre com essas pessoas quando lhes sobrevém algum desdouro ou pequena mácula da honra. Embora muitas vezes Deus lhe conceda a graça de suportar bem a afronta (porque Ele gosta muito de favorecer a virtude em público, para que não padeça a própria virtude em que elas são tidas; e talvez também porque essas pessoas O têm servido, e Ele é muito bom), fica-lhes uma inquietação tal que elas não conseguem dominar nem esquecer tão depressa.

Valha-me Deus! Serão essas as pessoas que há tanto tempo meditam sobre a Paixão do Senhor, considerando muito bom padecer e até desejando-o? E ainda gostariam que os outros fossem tão corretos quanto elas no seu modo de agir! Queira Deus que essas pessoas não atribuam a dor que sentem à culpa alheia e não a tornem, em seu pensamento, meritória.

6. Talvez vos pareça, irmãs, que eu digo desatinos e que não me dirijo a vós, pois aqui não temos dessas coisas, já que não possuímos renda, nem a queremos ou procuramos, nem tampouco ninguém nos injuria.

Isso mostra que as comparações nem sempre correspondem à realidade. Mas delas se extraem muitas outras coisas que podem acontecer, coisas que não valeria a pena mencionar, nem há por quê. Através dessas comparações, entendereis se estais suficientemente desapegadas do que deixastes. Aparecem situações sutis — embora não do tipo a que nos referimos — nas quais poderíeis muito bem colocar-vos à prova e verificar se dominais vossas paixões.

Crede-me: a importância disso não reside no fato de se envergar o hábito religioso, mas em procurar exercitar as virtudes, em submeter a vontade à de Deus em tudo e em dispor a vida de acordo com os desígnios de Sua Majestade. Não desejemos que se faça a nossa vontade, mas sim a Dele. Se não tivermos chegado a este ponto, tenhamos — como eu disse[4] — humildade, que é o unguento para as nossas feridas. Se de fato a tivermos, virá, ainda que tarde algum tempo, o cirurgião, que é Deus, para nos restituir a saúde.

---

1. No n. 2.
2. Alusão ao jovem do Evangelho (cf. cap. 1, n. 6).
3. No n. 1; cf. cap. 1, n. 5.
4. Alusão a Mateus 6,10, ou a Lucas 22,42. Em seguida vem *como eu disse*: no n. 4; cf. cap. 1, n. 7.

7. As penitências que essas almas fazem são tão bem calculadas quanto o seu modo de agir. Elas gostam muito da vida para servir a Nosso Senhor com ela, o que não pode ser levado a mal. São muito comedidas ao fazer penitências, a fim de não prejudicar a saúde. Não tenhais medo de que se matem, porque a sua razão está muito em si. O amor nelas ainda é insuficiente para que esta seja negligenciada.

No que tange a nós, eu gostaria que a tivéssemos para não nos contentar com essa maneira de servir a Deus, sempre passo a passo[5], sem nunca chegar ao fim do caminho. E já será uma grande coisa que não nos percamos, uma vez que, a nosso ver, continuamos andando e nos cansando (porque, crede, esse é um caminho difícil).

O que vos parece, filhas: se uma viagem de um lugar a outro pode ser feita em oito dias, seria bom andar um ano em meio a ventos, neves, chuvas, e percorrendo estradas ruins? Não seria melhor trilhar o caminho de uma vez? Além de tudo, há também o perigo de serpentes. Oh! Que boas provas poderia eu dar disso! E queira Deus que eu tenha avançado, pois muitas vezes me parece que não.

8. Como vamos com tanta prudência, tudo nos assusta, porque a tudo tememos. Assim, não ousamos avançar, como se pudéssemos chegar a essas moradas sem percorrer o caminho, pedindo a outros que o façam por nós. Como isso não é possível, esforcemo-nos, irmãs minhas, pelo amor de Deus. Deixemos nossa razão e nossos temores em Suas mãos e esqueçamos a fraqueza natural que tanto pode nos prejudicar.

Que o cuidado destes nossos corpos fique a cargo dos diretores espirituais; eles lá decidam. Quanto a nós, procuremos apenas caminhar depressa, a fim de ver esse Senhor. Porque, embora o consolo que possais ter seja pouco ou nenhum, o cuidado da saúde pode enganar-nos, ainda mais que não se terá mais por isso, eu posso afirmá-lo.

Também sei que não se trata de castigar o corpo, isso é o de menos. Quando falo em caminhar, refiro-me a fazê-lo com grande humildade. Se bem o entendestes, sabeis que aqui está o problema das que não conseguem avançar. Persuadamo-nos dessa verdade e consideremos sempre ter dado poucos passos; em contrapartida, tenhamos como muito pressurosos e ligeiros os passos de nossas irmãs. Que cada uma não só deseje como procure ser julgada a pior de todas.

9. E, com isso, esse estado é de grande excelência. Caso não haja humildade, ficaremos a vida inteira no mesmo lugar, em meio a mil sofrimentos e misérias. Porque, quando não abandonamos a nós mesmas, o caminho se torna difícil e trabalhoso, carregadas como estamos da terra da nossa miséria. Não a transportam as pessoas que sobem aos aposentos restantes.

Nestas terceiras moradas, o Senhor, justo e misericordioso (pois dá sempre muito mais do que merecemos), não deixa de pagar, dando-nos contentamentos muito maiores do que os que podemos ter nos consolos e distrações desta vida. Mas não creio que dê muitos gostos, a não ser às vezes para convidar-nos a ver o que se passa nas demais moradas. Isso para que nos disponhamos a entrar nelas.

10. Talvez vos pareça que *contentamentos* e *gostos* são a mesma coisa e estranheis a distinção que estabeleço entre eles. A meu ver, trata-se de coisas bem diferentes, embora eu possa estar enganada. Direi o que penso nas quartas moradas, que vêm depois destas[6]. Será mais adequado tratar disso lá, porque terei de tratar dos gostos que o Senhor então dá.

Embora pareça sem proveito, isso pode ter alguma utilidade, para que, entendendo o que é cada coisa, possais empenhar-vos em seguir o melhor. É também motivo de muito consolo para as almas que Deus conduz até ali, assim como gera confusão nas que imaginam ter alcançado tudo. As que tiverem humildade se mobilizarão para dar graças; as que estiverem destituídas dessa

---

5. *Passo a passo:* lentamente, *a passo de galinha,* em termos teresianos (*Vida,* cap. 13, n. 5).
6. O cap. 1 das M. IV "trata da diferença que há entre contentamentos ou ternuras na oração e gostos" (título); cf., além disso, o n. 4 de M. IV, cap. 1. Dos *gostos* a Santa falará em particular no cap. 2 e em parte do cap. 3 (n. 9-14).

virtude sentirão despeito, embora não tenham motivo para isso. A perfeição não se encontra nos gostos, nem na recompensa, mas em quem mais ama e em quem melhor age com justiça e verdade.

11. Direis: para que serve tratar dessas graças interiores e dar a entender como são se isso é verdade, como sem dúvida o é? Não o sei. Perguntai-o a quem me mandou escrever. Não sou obrigada a discutir com os superiores, nem ficaria bem; só devo obedecer.

O que vos posso dizer com verdade é que, em outra época, eu não tinha nem conhecia, por experiência, essas graças. Tampouco pensava um dia poder conhecê-las, e não sem razão (com efeito, grande contentamento já teria sido para mim saber ou conjeturar que de algum modo agradava a Deus). Todavia, eu sentia imensa felicidade ao ler nos livros a descrição das graças e consolos concedidos pelo Senhor aos que O servem com fidelidade. Minha alma via neles motivo para louvar com fervor a Deus.

Ora, se a minha alma, que é tão ruim, agia assim, as que são boas e humildes O louvarão muito mais. Se uma só alma O louvar uma única vez, isso já é razão suficiente para dar a conhecer os contentamentos e deleites que perdemos por nossa culpa. Sobretudo porque, se são de Deus, esses contentamentos vêm carregados de amor e apoio, a fim de podermos caminhar sem trabalho e ir crescendo em virtude e boas obras.

Não penseis que importa pouco não colocar barreiras de nossa parte. Quando não é nossa a falta, justo é o Senhor[7]. Sua Majestade vos dará por outros caminhos o que vos tira por este. Só Ele conhece a razão, pois são muito secretos os Seus desígnios. Sem dúvida será o que mais nos convém.

12. Ao que me parece, as almas que, pela bondade do Senhor, chegaram a este estado (como eu disse[8], Deus não lhes faz pequena misericórdia, já que elas estão muito perto de subir mais) teriam grande proveito exercitando-se na prontidão da obediência. Mesmo que não sejam religiosas, lhes seria muito útil — como o fazem muitas pessoas — ter a quem recorrer para em nada fazerem a própria vontade, que é o que em geral nos causa prejuízos. E elas não devem procurar uma pessoa do seu temperamento, como se diz, que faça tudo com demasiado cuidado, devendo buscar quem esteja muito desenganado das coisas do mundo.

Tratar com quem já conhece o mundo é de grande proveito para nos entender, insuflando-nos grande ânimo ver praticados por outros, com tanta suavidade, sacrifícios que nos parecem impossíveis de fazer. Parece que, com o seu voo, nos atrevemos a voar, como acontece com os filhotes das aves quando o aprendem. Ainda que não possam dar grandes voos, eles pouco a pouco imitam seus pais. É de grande proveito, posso afirmá-lo.

Por mais determinadas que estejam em não ofender o Senhor, essas pessoas evitarão as ocasiões de pecar, agindo assim com acerto. Porque, como estão perto das primeiras moradas, poderão voltar a elas. A sua fortaleza não está fundada em terra firme, como os que estão já exercitados em padecer. Estes conhecem as tempestades do mundo e sabem quão pouco têm a temer ou a desejar seus contentamentos. O demônio bem sabe armar ciladas para lhes fazer mal, e poderia acontecer que, indo com bom zelo, querendo impedir pecados alheios, essas pessoas não pudessem resistir às tentações que sobreviessem.

13. Olhemos as nossas faltas e deixemos as dos outros, pois é muito característico de pessoas tão corretas espantarem-se com tudo. E talvez tivéssemos muito que aprender, no que importa, com aqueles diante dos quais nos espantamos. Na compostura exterior e no trato com o próximo levamos vantagem sobre eles. Entretanto, essas coisas, embora louváveis, não são as mais importantes. Não há por que desejar logo que todos vão pelo nosso caminho, nem devemos pôr-nos a ensinar coisas do espírito, pois talvez nem saibamos o que isso significa.

---

7. Alusão ao Salmo 118,137. Sobre a história desse texto na experiência mística da Santa, ver *Vida*, cap. 19, n. 9. Sobre o tema seguinte (os diversos caminhos pelos quais Deus leva as almas), ver *Caminho*, caps. 16-18, especialmente o cap. 17, n. 7.

8. No cap. 1, n. 1, 5 e 8.

Com efeito, irmãs, este desejo do bem das almas, que nos é dado por Deus, pode levar-nos a cometer muitos erros. O melhor é ater-nos ao que diz a nossa Regra: "Procurar viver sempre em silêncio e esperança"[9]. Ao Senhor caberá o cuidado das almas alheias. Desde que não nos descuidemos de suplicá-lo a Sua Majestade, muito nos beneficiaremos com o Seu favor. Que Ele seja bendito para sempre.

QUARTAS MORADAS
CONTÊM TRÊS CAPÍTULOS

CAPÍTULO 1

Trata da diferença que há entre contentamentos ou ternuras na oração e gostos. Fala do contentamento que lhe suscitou entender que a imaginação e o intelecto são coisas diferentes. É de utilidade para quem se distrai muito na oração[1].

1. Para começar a falar das quartas moradas, bastante necessário é o que fiz: encomendar-me ao Espírito Santo e suplicar-Lhe que, daqui em diante, fale por mim, a fim de que eu possa dizer algo das moradas restantes de um modo que o entendais. Porque se começa aqui a abordar coisas sobrenaturais[2], dificílimas de explicar, a não ser que Sua Majestade o faça, como fez quando, há cerca de catorze anos, escrevi acerca do que até então havia entendido[3].

Tenho hoje, ao que me parece, um pouco mais de luz no que tange a essas graças que o Senhor concede a algumas almas. Saber dizê-las, no entanto, é algo muito diferente. Que o faça Sua Majestade, se disso resultar algum proveito. Caso contrário, não o faça.

2. Como estas moradas já se encontram mais perto de onde está o Rei, é grande a sua formosura, havendo coisas tão delicadas para ver e entender que o intelecto não consegue fazê-lo de modo adequado, resultando tudo bastante obscuro para os que não têm experiência. Quanto aos que já a possuem — particularmente os que a têm muita —, bem o entenderão.

Parece razoável pensar que, para chegarmos a estas moradas, deveremos ter vivido nas outras muito tempo. Embora se costume passar pela que acabamos de descrever, não se trata de regra absoluta, como já tereis ouvido muitas vezes. Porque o Senhor oferece Suas dádivas quando quer, como quer e a quem quer, não afrontando ninguém[4].

---

9. Palavras da Regra Carmelita tomadas de Isaías 30,15.

1. Sobre o léxico teresiano empregado neste cap., observe-se: *contentamentos e ternuras* são sinônimos e significam toda espécie de experiências positivas (paz, satisfação, agrado) "não infusas", mas "adquiridas" (cf. n. 4 e cap. 3, n. 3), isto é, psicologicamente semelhantes às naturais, embora percebidas na oração e na prática das virtudes sobrenaturais. Em contrapartida, *gostos* são todas as experiências infusas, não adquiridas nem semelhantes às naturais.

2. *Sobrenatural* tem, na acepção teresiana, o sentido já conhecido de "infuso ou místico". *Começa-se aqui a abordar coisas sobrenaturais:* com o recolhimento infuso (cap. 3), a oração de quietude ou os gostos (cap. 2), têm início as moradas místicas. Na realidade, a Santa apresenta as Moradas IV como moradas de transição, mescla de "natural e sobrenatural" (adquirido e infuso), como ela própria o dirá ao concluí-las (cap. 3, n. 14).

3. A Santa o escreveu no livro da *Vida* (ela alude aos numerosos capítulos dedicados às graças e estados místicos: cf. 14-32 e 37-40). *Acerca do que até então havia entendido:* de fato, eram muito incompletos a experiência e o saber místicos da Santa quando ela escreveu *a Vida*. Ela só chegaria pessoalmente ao estado de "matrimônio místico" descrito nas sétimas moradas em 1572. A "quarta água" (caps. 18-22), os fortes ímpetos místicos (caps. 23-32) e as "grandes graças" dos caps. finais (37-40) correspondem às Moradas VI; às M. VII não têm correspondência no livro da *Vida*. Daí a insistência da autora em dizer-nos que corrigirá ou completará muitas coisas afirmadas naquele livro (cf. M. I, cap. 2, n. 7; M. IV, cap. 2, n. 4). *Há cerca de catorze anos:* a Santa terminou a primeira redação da *Vida* em 1562 e escreve estas páginas no final de 1577.

4. Alusão à parábola dos trabalhadores da vinha: Mateus 20,13. Essa absoluta liberdade divina no dar ou negar favores místicos é ideia frequente em todos os livros teresianos. Nas *Moradas*, chega a ser insistente o seu aparecimento: M. IV, cap. 2, n. 9 (duas vezes); M. V, cap. 1, n. 12; M. VI, cap. 4, n. 12; cap. 7, n. 9; cap. 8, n. 5 etc.

3. Nestas moradas poucas vezes entram os répteis peçonhentos e, se o fazem, não causam prejuízo, antes gerando lucro. E creio que é muito melhor quando entram e perturbam neste estado de oração; porque, se não houvesse tentações, o demônio poderia enganar, misturando suas armadilhas com os gostos que Deus dá. Com isso, poderia causar muito mais prejuízo à alma do que com as suas tentações.

Por sua vez, a alma não lucraria tanto, mergulhando num embevecimento constante e privando-se de tudo o que pode ser ocasião de merecimento para ela. Quando o embevecimento é habitual num ser[5], não o tenho por seguro, nem considero possível que, neste desterro, o espírito do Senhor esteja sempre num mesmo ser.

4. Falemos agora do que prometi abordar aqui[6]: a diferença que há entre contentamentos na oração e gostos. Parece-me que podemos chamar de contentamentos o que adquirimos com a nossa meditação e nossas súplicas a Nosso Senhor. Eles procedem da nossa natureza e, evidentemente, da ajuda de Deus. Pois, em tudo o que se disser, deveis entender que nada podemos fazer sem Ele[7].

Mas esses contentamentos nascem das próprias obras de virtude que realizamos, constituindo de alguma forma o fruto do nosso trabalho. Não é sem razão que ficamos contentes ao praticar obras semelhantes. Por outro lado, se o considerarmos bem, experimentamos os mesmos contentamentos em muitas coisas que podem ocorrer na terra. Por exemplo, a herança inesperada de uma grande fortuna, o encontro súbito com uma pessoa muito querida, a realização de um negócio importante ou algum feito ilustre que todos reconhecem, ou ainda o ver regressar vivo um marido, irmão ou filho que se julgava morto.

Nessas ocasiões, derramam-se lágrimas de puro contentamento. Até a mim já tem acontecido algumas vezes. Parece-me que, assim como esses contentamentos são naturais, o mesmo se passa com os que nos dão as coisas de Deus; a diferença reside no fato de estes últimos serem de linhagem mais nobre, embora aqueles tampouco sejam de todo maus. Em suma: os contentamentos começam no que é natural em nós e terminam em Deus.

Por sua vez, os gostos começam em Deus e são sentidos pela nossa natureza, que frui tanto deles como dos que falei, e ainda muito mais. Ó Jesus! Que desejo tenho de saber explicar isto! É que o entendo bem e me parece muito clara a diferença. Mas o meu saber não é suficiente para dá-la a entender; faça-o o Senhor!

5. Agora me lembro de um versículo do último salmo que rezamos em Prima. Ele termina assim: *Cum dilatasti cor meum*[8]. Essas palavras serão suficientes para que quem tem muita experiência compreenda a diferença que há entre contentamentos e gostos. Quem não a tiver precisará de mais.

Os contentamentos a que me referi não dilatam o coração, costumando antes apertá-lo um pouco, sem empanar a alegria da alma em fazer alguma coisa por Deus. Mas sobrevêm algumas lágrimas de aflição que de algum modo parecem provir da paixão. Eu sei pouco dessas paixões da alma — caso contrário, talvez me fizessem entender. Sendo eu muito ignorante, não sei o que procede dos sentidos e o que procede da nossa natureza. Eu saberia explicá-lo se, além de ter passado por isso, como o fiz, o entendesse. Grande coisa para tudo é ter ciência e letras.

6. O que sei desse estado — isto é, dos regalos e contentamentos que se obtêm na meditação — é que, começando a chorar por causa da Paixão, não parava até ficar com a cabeça atordoada. E o mesmo acontecia se eu chorava por meus pecados. E nisso Nosso Senhor me concedia

---

5. *Ser habitual num ser... estar num ser:* recorde-se que são expressões que designam estabilidade e continuidade ininterruptas. Aqui, significam embevecimento ou absorção sem distração nem interrupção (cf. a explicação de M. VI, cap. 2, n. 4).
6. Ela o anunciou em M. III, cap. 2, n. 10.
7. Alusão a João 15,5.
8. Salmo 118,32.

grande graça. Não quero examinar qual é o melhor — o contentamento ou o gosto. Eu gostaria apenas de saber expressar a diferença que existe entre eles. Às vezes, a disposição de espírito e a natureza contribuem para esses desejos e essas lágrimas. Mas, no final, como eu disse[9], desembocam em Deus.

Os contentamentos são muito estimáveis quando há humildade para perceber que não se é melhor por isso. Não sabemos com certeza se são todos efeitos do amor; e, quando forem, são dados por Deus. De forma geral, essas devoções se encontram nas almas que estão nas moradas anteriores, porque agem quase de contínuo com o intelecto, empenhando-se em usá-lo na meditação. E essas almas fazem bem, uma vez que não lhes foi dado mais; melhor fariam, contudo, em ocupar-se em atos de amor e de louvor a Deus, alegrando-se com a Sua bondade e com o fato de Ele ser quem é.

Elas deveriam também empenhar-se em desejar a Sua honra e glória. Enfim, façam-no como puderem, pois isso desperta muito a vontade. E estejam de sobreaviso quando o Senhor lhes der coisas mais elevadas, não as deixando de lado para acabar a meditação de costume.

7. Como me estendi muito acerca deste assunto em outras partes[10], não o direi aqui. Só quero que estejais cientes disto: para ter benefício neste caminho e subir às moradas que desejamos, o importante não é pensar muito, mas amar muito[11]. E, assim, deveis fazer o que mais vos despertar o amor.

É possível que nem saibamos o que é amar; isso não me espantaria muito, porque o amor não está no maior gosto, mas na maior determinação de desejar contentar a Deus, em procurar, na medida do possível, não ofendê-Lo e em pedir-Lhe o aumento contínuo da honra e glória de Seu Filho, bem como a prosperidade da Igreja Católica.

São esses os sinais do amor, e não penseis que a oração consista em fixar o pensamento num só ponto, nem que tudo estará perdido se vos distrairdes um pouco.

8. Eu tenho andado assim, nessa confusão do pensamento, bem aflita algumas vezes. Há pouco mais de quatro anos vim a entender, por experiência, que o pensamento (ou imaginação, para que melhor se compreenda)[12] não é a mesma coisa que o intelecto. Perguntei-o a um erudito, que me confirmou essa verdade, o que não foi para mim motivo de pouco contentamento.

Isso porque, sendo o intelecto uma das faculdades da alma, causava-me tristeza vê-lo às vezes tão volúvel. A imaginação, por sua vez, voa tão depressa que só Deus a pode deter, fixando-a a tal ponto que a alma parece, de certo modo, estar desligada do corpo. Eu via — segundo o meu parecer — as faculdades da alma fixadas em Deus e recolhidas Nele, e, por outro lado, a imaginação alvoroçada. Isso me deixava zonza[13].

9. Ó Senhor, tende em conta o muito que sofremos neste caminho por falta de instrução! E o mal é que, como não pensamos ser preciso mais do que pensar em Vós, nem sabemos perguntar aos que têm instrução, nem consideramos que haja necessidade de perguntar. Experimentamos

---

9. No n. 4.
10. Em *Vida*, cap. 12, e *Caminho*, caps. 16-20.
11. Trata-se de um axioma teresiano: cf. *Fund.*, cap. 5, n. 2.
12. O esclarecimento contido entre parênteses foi acrescentado pela Santa à margem do autógrafo. Gracián teve o mau gosto de riscá-lo e escrever entre linhas: "ou imaginação, como nós, mulheres, costumamos chamá-lo". Depois de Gracián, veio Ribera, que riscou a nota deste último e advertiu à margem: "Não se apague nada!" Apesar desta afirmação da Santa, a sua ignorância acerca desse ponto não era absoluta; cf. *Vida*, cap. 17, n. 5. Não sabemos quem foi o erudito que esclareceu a Santa; pensam alguns tratar-se de São João da Cruz, que em 1572 foi seu confessor e diretor.
13. Esses desvarios da imaginação preocuparam insistentemente a Santa. Em *Vida*, cap. 17, n. 7, ela escrevia: "O último remédio que encontrei, depois de me ter fatigado durante muitos anos…, é não dar importância à imaginação mais do que se dá a um louco, deixando-a com seus afazeres". Contudo, em *Caminho*, cap. 31, n. 8, retoma o tema: "Talvez seja só a minha [sua imaginação talvez seja a única a sofrer tais distrações], não devendo ocorrer o mesmo com os outros. Às vezes, chego a desejar morrer, dizendo-me que não posso remediar essa variedade do entendimento". (Observe-se a instabilidade do léxico teresiano: aqui, "entendimento" equivale a "imaginação", e não a "intelecto") Nas *Moradas*, a Santa já chegara a uma grande segurança doutrinal sobre esse ponto: a instabilidade e rebeldia da imaginação nada mais são do que consequência da desordem produzida em nós pelo pecado original (cf. n. 11. Ver, além disso, as *Fundações*, cap. 5, n. 2).

terríveis sofrimentos por não nos entendermos. E chegamos a pensar que é grande culpa o que, longe de ser mau, é bom. Daqui provêm as aflições de muitas pessoas voltadas para a oração, ao menos das que são pouco esclarecidas. Elas se queixam de sofrimentos interiores, tornam-se melancólicas, perdem a saúde e até abandonam a oração por completo, desconhecendo que há um mundo interior em nós.

E assim como não podemos deter o movimento do céu, que anda a toda velocidade, tampouco podemos deter a nossa imaginação. Se confundimos todas as faculdades da alma com ela, julgamo-nos perdidas e damos por mal-empregado o tempo em que estamos diante de Deus. E muitas vezes, pelo contrário, a alma está muito unida a Ele nas moradas mais elevadas, ao passo que a imaginação se encontra nos arrabaldes do castelo, padecendo com mil animais ferozes e peçonhentos e merecendo com esse padecer. Assim, nem a imaginação deve nos perturbar nem devemos deixar a oração, que é o que deseja o demônio. E, na maioria das vezes, todas as inquietações e sofrimentos advêm do fato de não nos entendermos.

10. Enquanto escrevo, examino o que se passa em minha cabeça, considerando o grande ruído que há nela, como eu disse no princípio[14]. Esse zumbido quase me tornou impossível escrever isto que me mandaram. Tenho a impressão de ter na cabeça rios caudalosos, cujas águas se precipitam. Ouço muitos passarinhos e silvos — não nos ouvidos, mas na parte superior da cabeça, onde dizem estar a parte superior da alma. Pensei assim durante muito tempo, pois julgava que o grande movimento do espírito subia para o alto com velocidade.

Queira Deus que, ao falar adiante das demais moradas, eu me lembre de dizer a causa disso. Aqui não é adequado. Não duvido muito de que o Senhor tenha querido dar-me este mal da cabeça para que eu o entendesse melhor. Com efeito, mesmo este grande zumbido que tenho na cabeça não me atrapalha a oração nem me impede de escrever; pelo contrário, a alma está inteiramente mergulhada em sua quietude, em seu amor e nos desejos de claro conhecimento.

11. Ora, se a parte superior da alma está na parte superior da cabeça, como pode ela não perturbar-se? Isso não o sei, mas sei que é verdade o que digo. É pena quando não se trata de oração com suspensão, pois, nesse caso, até que passe, não se sente nenhum mal. Mas grande mal seria se, por causa desse impedimento, eu deixasse tudo.

Assim sendo, que não nos perturbe a imaginação, nem façamos caso dos pensamentos, porque, se vierem do demônio, desaparecerão só com essa nossa atitude. E se procederem, como de fato o fazem, da miséria herdada, com muitas outras, em consequência do pecado de Adão, devemos ter paciência e sofrer por amor de Deus. Acaso também não estamos sujeitas a comer e dormir, sem poder evitá-lo (o que não é pequeno sofrimento)?

12. Reconheçamos a nossa miséria e desejemos ir ao lugar onde "ninguém nos despreza". Às vezes me lembro de ter ouvido essas palavras proferidas pela Esposa dos Cânticos[15]. De fato, não vejo coisa mais justa de repetir aqui neste desterro em que vivemos. Creio que todos os desprezos e sofrimentos que pode haver na vida não têm comparação com essas batalhas interiores.

Sejam quais forem o desassossego e a guerra, tudo suportamos se, como eu disse[16], temos paz em nosso mundo interior. O que é de fato penoso e quase insuportável é que queiramos vir a descansar dos mil sofrimentos que há no mundo, que o próprio Senhor deseje preparar-nos o descanso e que o impedimento esteja em nós mesmas. Por isso, Senhor, levai-nos ao lugar onde não sejamos desprezadas por essas misérias, que parecem às vezes escarnecer da alma!

Nesta vida, a alma pode ver-se liberta disso pelo Senhor ao chegar à última morada, como diremos[17], se Deus for servido.

---

14. No *prólogo*, n. 1.
15. Cântico 8,1.
16. Nas M. II, n. 9.
17. Cf. *Moradas* VII, cap. 2, n. 11.

13. E talvez essas misérias não causem em todos tanto sofrimento, nem os acometam, como o fizeram a mim durante muitos anos, por eu ser ruim. Parecia que eu queria vingar-me de mim mesma. E, como essa luta foi muito dolorosa para mim, creio que também o pode ser para vós. Por isso o repito sem cessar, na esperança de explicar que se trata de coisa inevitável, não devendo, portanto, inquietar-vos nem afligir-vos. Deixemos andar essa taramela do moinho e moamos a nossa farinha, continuando a trabalhar com a vontade e o intelecto.

14. Esse tormento pode ser maior ou menor, de acordo com a saúde e a época. Padeça-o a pobre alma, ainda que não tenha culpa; pois outras teremos pelas quais é justo sofrer com paciência. E, como não são suficientes nossas leituras e os conselhos que nos dão para que não demos importância a esses pensamentos e imaginações (nós, que pouco sabemos), não me parece tempo perdido aquele que emprego em afirmá-lo e em consolar-vos neste caso. Mas, até que o Senhor nos queira dar luz, pouco benefício temos. Apesar disso, é preciso — e Sua Majestade o deseja — que conheçamos e entendamos o que faz a fraca imaginação, não culpando a alma pelo que procede dela, da natureza e do demônio.

CAPÍTULO 2

Prossegue no mesmo assunto e mostra, através de uma comparação, o que são gostos e como devem ser alcançados sem ser procurados.

1. Valha-me Deus! Em que me meti! Já tinha esquecido do que falava, porque os negócios e a saúde me obrigam a deixá-lo quando está na melhor parte. Como tenho memória ruim e não posso reler o que escrevo, tudo resulta desconcertado[1]. E talvez seja desconcerto tudo aquilo que digo; ao menos é a minha impressão.

Parece-me que falei[2] dos consolos espirituais: como algumas vezes se mesclam com as nossas paixões, gerando agitações e soluços. Certas pessoas, segundo ouvi dizer, sentem o peito apertado, sobrevindo-lhes mesmo movimentos exteriores que não podem conter. Chegam a pôr sangue pelo nariz e a experimentar outras coisas penosas. Sobre isso não sei dizer nada, porque nunca o senti, mas deve suscitar consolo; porque, como digo[3], tudo desembocará em desejos de contentar a Deus e de fruir de Sua Majestade.

2. O que chamo de "gostos de Deus" — que em outra parte denominei "oração de quietude"[4] — são coisas muito diferentes, como o entenderão aquelas de vós que, pela misericórdia de Deus, já os tiverem experimentado.

Façamos de conta, para o entender melhor, que vemos duas fontes que vão enchendo de água dois reservatórios ou piscinas. Para explicar algumas coisas do espírito, nada vejo de mais apropriado do que a água. Como sou ignorante e não tenho talento, tenho considerado mais detidamente esse elemento por ser muito amiga dele. Sem dúvida, em todas as coisas criadas por Deus tão grande e sábio deve haver imensos segredos de que não podemos nos beneficiar. É o que fazem os eruditos. Mas creio que, em cada coisinha que Deus criou, há elementos que transcendem o entendimento, ainda que se trate de uma simples formiguinha.

3. Esses dois reservatórios ou piscinas enchem-se de diferentes maneiras. Para um, a água vem de mais longe, através de muitos aquedutos e artifícios; o outro, tendo sido construído na própria nascente, vai se enchendo sem nenhum ruído e, quando o manancial é caudaloso — como este a que nos referimos —, transborda e forma um grande arroio, sem precisar recorrer a artifícios. Ele sempre está vertendo água, sem depender de aquedutos.

---

1. Sobre as interrupções que permearam a composição deste livro, ver a nota às M. V, cap. 4, n. 1.
2. No cap. I, n. 4-6.
3. Cf. cap. 1, n. 5.
4. Ela alude à *Vida*, caps. 14-15; lá, contudo, denominou esse grau de oração "gostos" e "quietude" indistintamente.

A mesma diferença se estabelece entre os contentamentos e os gostos. Os "contentamentos" que, como tenho dito[5], resultam da meditação são, em minha opinião, a água trazida por encanamentos. Isso porque os trazemos mediante o pensamento, recorrendo na meditação às coisas criadas e cansando o intelecto. Em suma, como chegam a nós por meio das nossas diligências, fazem ruído ao encher a alma de proveitos, como fica dito[6].

4. Na outra fonte, a água vem de sua própria nascente, que é Deus. Assim, quando Sua Majestade deseja e é servido de conceder alguma graça sobrenatural, produz esta água com grandíssima paz, quietude e suavidade no mais íntimo de nós mesmos. Não sei até que ponto nem como. Não sentimos esses contentamentos e deleites no coração, como os da terra — falo do princípio, porque depois todo o ser é preenchido. Essa água vai correndo por todas as moradas e faculdades até chegar ao corpo. Por isso, eu disse[7] que ela começa em Deus e termina em nós. O certo é que, como o constatará quem o tiver provado, todo o ser exterior usufrui desse gosto e suavidade.

5. Lembrei-me agora, ao escrever isto, de que no versículo *Dilatasti cor meum*[8], o Profeta diz que se lhe dilatou o coração. Como digo, não creio que esse deleite se origine no coração, mas num lugar ainda mais interior, como uma coisa profunda. Penso que deve ser o centro da alma, tal como depois vim a entender e explicarei no fim[9]. Pois a verdade é que vejo segredos em nós mesmos que muitas vezes me espantam. E quantos mais deve haver!

Ó Senhor e Deus meu, quão magníficas são Vossas grandezas! E andamos aqui como pastorzinhos bobos, julgando enxergar de Vós algo que não deve ser mais que nada, já que em nós mesmos há grandes segredos que não entendemos. Digo que não deve ser mais que nada para o muito, muitíssimo que há em Vós, e não porque não sejam magníficas as grandezas que vemos no que podemos compreender das Vossas obras.

6. Voltando ao versículo, a utilidade que pode ter aqui é, ao meu ver, falar dessa dilatação do coração. Parece que, assim que começa a ser produzida a água celestial da nascente a que me refiro — o mais profundo de nós mesmos —, todo o nosso interior vai se dilatando e ampliando e se produzem bens indizíveis. Nem a própria alma sabe entender o que se passa ali. Sente uma fragrância interior, digamos agora, como se nessa grande profundidade houvesse um braseiro onde se lançassem finíssimos perfumes. Não se vê o fogo, não se sabe onde arde, mas o calor e os perfumados vapores penetram a alma toda, não poucas vezes, como eu disse[10], atingindo também o corpo.

Olhai, entendei-me: não se sente calor nem se aspira o perfume, o que se passa é coisa mais delicada. Uso essas expressões para que compreendais o que digo. E que as pessoas que não o experimentaram acreditem: isso de fato acontece dessa maneira, entendendo-o a alma mais claramente do que eu o digo agora.

Não se trata de coisa que se possa imaginar, porque, por mais esforços que façamos, não a podemos adquirir. Nisso mesmo vemos não ser ela do nosso metal, mas daquele puríssimo ouro da sabedoria divina. Aqui, a meu ver, as faculdades não estão unidas; encontram-se antes embevecidas, olhando com espanto o que será aquilo.

7. É possível que, nestas coisas interiores, eu contradiga algo do que escrevi em outras partes. Não é de espantar, porque, nos quase quinze anos[11] decorridos desde que o escrevi, creio ter recebido do Senhor mais luzes para entender tais coisas. Posso estar totalmente errada, tanto agora como então. Mas não minto. Pela misericórdia de Deus, antes preferiria mil mortes a fazê-lo. Digo o que entendo.

---

5. Em M. III, cap. 2, n. 9s; e M. IV, cap. 1, n. 4s.
6. No cap. 1, n. 5-6 e 10.
7. No cap. 1, n. 4.
8. Salmo 118,32, citado no cap. 1, n. 5.
9. Em *Moradas* VII; cf. cap. 1, título, e n. 3, 7 e 10; cap. 2, n. 3 e 9.
10. No n. 4.
11. Ver a nota ao n. 1 do cap. 1, onde a Santa afirmou fazer "cerca de 14 anos". Recorda-se que, entre o cap. 1 e 2 destas moradas, houve uma grande interrupção redacional (cf. cap. 2, n. 1).

8. Bem me parece que a vontade deve estar unida, de alguma maneira, à de Deus[12]. Mas é nos efeitos e obras posteriores que se conhecem essas verdades da oração, pois eles são o melhor crisol para prová-las. Essa graça de Nosso Senhor é grandíssima para quem a reconhece ao recebê-la; e ainda muito maior será se a alma não voltar atrás depois de recebê-la.

Haveis logo de querer, filhas minhas, procurar ter essa oração, e tendes razão. Pois, como eu disse[13], a própria alma não chega a compreender as graças que então lhe concede o Senhor, bem como o amor com que Ele a vai aproximando de Si, sem logo desejar saber como conseguir esse favor. Eu vos direi o que tenho entendido a esse propósito.

9. Deixemos o Senhor concedê-la quando Lhe aprouver, por Sua Majestade assim desejá-lo e sem outra razão. Não devemos nos meter nisso. Ajamos como os que ocupam as moradas anteriores. E humildade, humildade! Por ela, o Senhor se deixa render a tudo quanto Dele queremos.

A primeira coisa em que vereis se sois humildes é não pensando que mereceis essas graças e gostos do Senhor nem que os haveis de ter em vossa vida. Talvez digais: se assim for, como alcançaremos essas graças se não as procuramos? Respondo-vos que não há melhor maneira do que a que vos disse: não procurá-las. E pelas razões que direi.

Em primeiro lugar, porque a principal coisa a fazer neste caso é amar a Deus sem interesse. Em segundo, porque não deixa de ser de pouca humildade pensar que, por nossos serviços miseráveis, haveremos de conseguir coisa tão grande. Em terceiro, porque a verdadeira preparação para essa graça é o desejo de padecer e de imitar o Senhor, e não o de ter consolos, já que, afinal, O temos ofendido. Em quarto, porque Sua Majestade não é obrigado a conceder-nos gostos, como o é de dar-nos a glória eterna se seguirmos os Seus mandamentos. Sem essas graças poderemos salvar-nos, sabendo Ele melhor do que nós o que nos convém e quem O ama de verdade.

Tenho certeza do que falo; conheço pessoas que, só para servir a seu Cristo crucificado, trilham o caminho do amor como se deve fazê-lo. Não só não pedem gostos ao Senhor nem os desejam, como também suplicam a Ele que não lhes dê tais graças nesta vida. É a pura verdade.

A quinta razão é que trabalharíamos em vão, pois, se esta água não é, ao contrário da precedente, trazida por encanamentos, se o manancial não quer produzi-la, pouco benefício extrairemos de nosso cansaço. Quero dizer que, por mais meditação que tenhamos e por mais que nos preocupemos e derramemos lágrimas, não é por aquedutos que essa água é conduzida. Ela só é concedida a quem Deus quer e, na maioria das vezes, isso ocorre quando a alma mais está despreocupada.

10. Ao Senhor pertencemos, irmãs. Que Ele faça o que quiser de nós, levando-nos por onde Lhe aprouver. Creio de fato que a quem genuinamente se humilhar e desapegar — digo genuinamente, porque não devemos fazê-lo só em pensamento, que muitas vezes nos engana; é preciso desapegar-se por completo — o Senhor não deixará de conceder essa graça, bem como muitas outras que nem se sabem desejar. Seja Ele bendito para sempre. Amém.

CAPÍTULO 3

Explica o que é oração de recolhimento, que o Senhor costuma conceder antes da dos gostos. Fala dos seus efeitos, bem como dos que ficam da oração anterior.

1. São muitos os efeitos desta oração; direi alguns. Mas falarei primeiro de outra maneira de oração, que quase sempre começa antes da que tratamos. Como já a abordei em outras partes[1], não me estenderei sobre o assunto.

---

12. Ela explica a última afirmação do n. 6.
13. No n. 5.
1. Ela falou da "oração de recolhimento" em várias obras: *Vida*, caps. 14-15; *Caminho,* caps. 28-29; *Relação* 5 (escrita pouco antes das *Moradas*). Convém ter em conta que a Santa não é constante na nomenclatura dos graus de oração: ora fala de um "recolhimento" não infuso, última forma de oração não mística, ora de um "recolhimento infuso", primei-

Trata-se de um recolhimento que também me parece sobrenatural, porque não consiste em ficar às escuras ou em fechar os olhos, nem em coisa alguma exterior, muito embora, involuntariamente se fechem os olhos e se deseje solidão. Sem artifícios humanos, parece que se vai construindo o edifício para a oração a que me referi[2]. Os nossos sentidos e as coisas exteriores parecem ir perdendo seus direitos, ao passo que a alma vai recuperando os seus, que havia perdido.

Dizem que a alma entra em si; outras vezes, que "se eleva acima de si"[3]. Com essa linguagem não saberei esclarecer nada, pois tenho este defeito: pensar que, dizendo as coisas como sei, me dou a entender, quando talvez elas só estejam claras para mim.

Façamos de conta que os sentidos e as faculdades — que são, como eu já disse[4], os habitantes deste castelo (a comparação que usei para conseguir explicar algo do assunto) — saíram e andam, há dias e anos, com gente estranha, inimiga do bem do castelo. Suponhamos também que, vendo a sua perdição, eles já vêm se acercando deste, embora não cheguem a entrar (porque terrível é o mau costume). Mas já não são traidores e andam ao seu redor.

Vendo-os já animados de boa vontade, o grande Rei que reside no castelo deseja, por Sua grande misericórdia, trazê-los de novo a Si e, como bom pastor, com um assovio tão suave que nem mesmo eles quase ouvem, faz que conheçam Sua voz e não andem tão perdidos, mas voltem à sua morada. E tem tanta força esse assovio do pastor que eles abandonam as coisas exteriores que os absorviam e entram no castelo.

3. Parece-me que nunca o dei a entender tão bem quanto agora. Pois, para buscar a Deus no interior da alma — onde, mais que nas criaturas, melhor O encontramos e com mais proveito, como disse Santo Agostinho, que aí O achou, depois de tê-Lo procurado em muitos lugares[5] —, é de grande ajuda receber de Deus essa graça.

E não julgueis que ela possa ser alcançada por meio do intelecto, empenhando-vos em pensar que tendes Deus dentro de vós, ou pela imaginação, imaginando-O dentro de vós. Isto que acabei de dizer, além de bom, é uma excelente maneira de meditar, porque se funda sobre esta verdade: o fato de Deus estar dentro de nós mesmos. Contudo, não se trata disso, pois cada um o pode fazer, com o favor do Senhor, evidentemente.

Aquilo a que me refiro, no entanto, se passa de modo diferente. Às vezes, antes de se começar a pensar em Deus, os sentidos e faculdades já se encontram no castelo, não sabendo eu por onde nem como ouviram o assovio do pastor. Não foi pelos ouvidos, pois não se ouve nada. Mas sente-se notavelmente um recolhimento suave para o interior, como verá quem passar por isto, já que eu não o sei elucidar melhor.

Creio ter lido que é semelhante ao que o ouriço ou a tartaruga fazem quando se escondem em si mesmos[6]. E quem o escreveu devia entendê-lo bem. Mas esses animais entram em si quando

---

ro grau de oração mística. Assim, em *Vida*, a segunda água (2º grau de oração: quietude infusa) será designada indistintamente com os termos de "recolhimento e quietude" (cf. cap. 15, n. 1 e 4). Em contrapartida, nos belos caps. 28-29 do *Caminho*, ela ensinará uma forma de "oração de recolhimento" perfeitamente adquirível e não infusa. Na mencionada *Relação* 5, n. 3-4, a oração de "recolhimento interior" é como o primeiro sinal de oração mística, degrau de acesso à oração de quietude (n. 4; mas cf. o último número dessa mesma *Relação*). Essa posição doutrinal se manterá nas *Moradas* IV, cap. 3: o recolhimento é uma forma de oração infusa ("que também me parece sobrenatural", n. 1; cf., não obstante, o n. 8) que prepara imediatamente a alma para a oração de quietude. Por tudo isto, seria errôneo insistir demais na nomenclatura teresiana para captar o pensamento da Santa.

2. O sentido é: nesta oração de recolhimento, a alma se prepara para a oração de quietude; *sem artifícios* quer dizer sem esforço pessoal, passivamente ou por via infusa. Essa expressão e a seguinte ("construir o edifício") aludem ao símbolo dos reservatórios e aquedutos, cap. 2, n. 2-4.

3. Alusão ao *Tercer Abecedario*, de F. de Osuna, tratado 9, cap. 7, e à *Subida del Monte Sión*, de B. de Laredo, parte 3, cap. 41. Sobre esse ponto, ver *Vida*, cap. 12, título e n. 1, 4, 5 e 7; e cap. 22, n. 13 c 18.

4. Cf. M. I, cap. 2, n. 4, 12, 15.

5. *Confissões*, L. 10, cap. 27; mas, mais provavelmente, ela alude ao cap. 31 dos *Solilóquios* atribuídos a Santo Agostinho e editados em castelhano em Valladolid, no ano de 1515. Cf. *Vida*, cap. 40, n. 6, e *Caminho*, cap. 28, n. 2.

6. Nova alusão ao *Tercer Abecedario* do franciscano F. de Osuna, tratado 6, cap. 4.

querem; isto de que falo não está em nosso querer, ocorrendo quando o Senhor deseja nos conceder essa graça.

Tenho para mim que, quando a concede, Sua Majestade o faz a pessoas que já abriram mão das coisas do mundo. Não digo por obras — pois alguns, em virtude de seu estado, não o podem fazer —, mas pelo desejo, chamando-as particularmente a atentar para as coisas interiores. Assim, creio que, se queremos dar lugar a Sua Majestade, Ele não se limitará a dar isto àqueles a quem já começou a convidar para muito mais.

4. Louve-O muito quem reconhecer isto em si, pois é muitíssimo justo que se entenda o favor recebido; e a ação de graças que se dá por ele disporá a alma a conseguir outros maiores. Prepara também a alma para saber escutar a Deus, como se aconselha em alguns livros; eles dizem que não se procure discorrer com o intelecto, mas que se fique atento para o que o Senhor opera na alma[7].

E, se Sua Majestade não começou a fazê-lo em nós, não consigo entender como seja possível deter o pensamento de maneira que não provoque mais prejuízo do que benefício. É verdade que isso foi objeto de uma controvérsia bem renhida entre algumas pessoas espirituais. Eu, por mim, confesso a minha pouca humildade: nunca me deram razão para que eu me renda ao que dizem. Uma dessas pessoas recorreu a certo livro do santo Frei Pedro de Alcântara, a quem tenho de fato na conta de santo. A ele eu me renderia, porque sei que dominava o assunto[8]. Lemos esse livro, e ele diz o mesmo que eu, embora com outras palavras. Mas entende-se no que diz que o amor já deverá estar desperto. Pode ser que eu me engane, mas guiam-me as seguintes razões:

5. A primeira é que, nesta obra de espírito, quem menos pensa e quer fazer é quem mais faz. O que devemos fazer é pedir como pobres necessitados diante de um rico imperador e logo baixar os olhos, esperando com humildade. Quando percebemos que Deus, por Seus secretos caminhos, nos ouve, devemos calar-nos, pois Ele nos permitiu estar junto de Si, sendo aconselhável procurar não trabalhar com o intelecto — se nos for possível, quero dizer. Mas, se ainda não percebemos que esse Rei nos ouviu e nos vê, não devemos ficar espantados.

Não pouco o fica a alma quando isso procurou. E fica muito mais seca, e até talvez mais inquieta a imaginação, com a força despendida para não pensar em nada. Não façamos assim; o Senhor quer que Lhe peçamos e consideremos estar em Sua presença, pois sabe o que nos convém. Não posso concordar com o recurso a artifícios humanos em coisas a que Sua Majestade parece ter imposto limites, porque as reserva para Si. Ele não impôs esses limites a muitas outras, que podemos fazer com a Sua ajuda, até onde permite a nossa miséria, como penitências, boas obras e orações.

6. A segunda razão é que essas obras interiores são todas suaves e pacíficas, e fazer algo penoso antes prejudica do que beneficia. Chamo de algo penoso todo esforço que se queira fazer, como, por exemplo, reter a respiração. Não é isso o que convém, mas abandonar-se a alma nas mãos de Deus. Que Ele faça dela o que quiser, ficando a alma, tanto quanto puder, num total desapego do proveito próprio e resignando-se à vontade do Senhor.

A terceira é que a própria preocupação em não pensar nada talvez desperte o pensamento a pensar muito.

A quarta é que o mais substancial e agradável a Deus é que nos lembremos de Sua honra e glória, e nos esqueçamos de nós mesmos e do nosso proveito, do nosso consolo e gosto. Pois, como estará esquecido de si aquele que se preocupa tanto que nem ousa se mexer nem sequer deixa que o seu intelecto e os seus desejos se movam a desejar a maior glória de Deus nem se alegrem por aquela que o Senhor possui?

---

7. Passagem obscura. A Santa alude a Bernardino de Laredo, *Subida del alma a Dios*, parte 3, cap. 27.
8. Ela se refere ao *Tratado de oración y meditación*, aviso 8, do Padre Granada, então atribuído a São Pedro de Alcântara.

Quando quer que o intelecto se detenha, Sua Majestade ocupa-o de outra maneira e dá ao conhecimento uma luz tão superior à que podemos alcançar que o faz ficar absorto. E, então, sem saber como, ele aprende muito mais do que o faria com todos os nossos esforços, que antes poriam tudo a perder. Pois, se Deus nos deu as faculdades para que com elas trabalhássemos e se tudo tem o seu valor, não há por que sujeitá-las a encantamentos. Deixemo-las fazer o seu ofício, até que o Senhor lhes reserve outro maior.

7. Segundo entendo, o que mais convém à alma a quem o Senhor quis colocar nesta morada é fazer o que fica dito[9]. Que sem nenhum esforço ou ruído ela procure interromper o discorrer do intelecto, mas não suspendê-lo, nem à imaginação. É bom que se lembre de que está diante de Deus e Quem é esse Deus. Se, com o que sente em si, a alma ficar embebida, tanto melhor. Mas que não procure entender o que é, porque se trata de dom destinado à vontade. Usufrua dele sem nenhum artifício, apenas com algumas palavras amorosas. Embora não procuremos estar aí sem pensar em nada, estamos assim muitas vezes, ainda que por um breve espaço de tempo.

8. Mas, como eu disse em outro lugar[10], o motivo pelo qual, nesta maneira de oração (falo daquela pela qual comecei esta morada, pois acabei falando também da de recolhimento, de que devia ter falado primeiro, porque esta última é inferior à dos gostos de Deus de que falei — embora seja princípio para chegar a ela —, na oração de recolhimento, não se devem deixar a meditação nem o trabalho do intelecto)[11], nesta fonte manancial que não vem por aquedutos, o intelecto se contém ou é contido pelo fato de ver que não entende o que quer. Assim anda de um lado para o outro, como tonto que em nada toma assento.

Quanto à vontade, está tão mergulhada em seu Deus que lhe causa grande perturbação a agitação do intelecto. Assim, não deve dar importância a ele — pois a fará perder muito do que usufrui —, mas deixá-lo e deixar-se a si mesma nos braços do amor. Sua Majestade lhe ensinará o que fazer nessa situação. Quase tudo consiste em achar-se indigna de tanto bem e dedicar-se à ação de graças.

9. Por ter tratado da oração de recolhimento, deixei para depois os efeitos ou sinais que se observam nas almas a quem Deus Nosso Senhor dá esta oração[12]. Percebe-se claramente uma dilatação ou alargamento da alma, tal como se a água que escorre de uma fonte não tivesse para onde dirigir-se, mas a própria fonte fosse de forma tal que, quanto mais água corresse, maior ela se tornasse. Assim parece acontecer nesta oração. Verificam-se também muitas outras maravilhas que Deus opera na alma, com a finalidade de ir capacitando-a e dispondo-a a nela depositar tudo o que puder.

Assim, essa suavidade e dilatação interior são vistas na liberdade que a alma adquire de não ficar presa como antes às coisas do serviço de Deus, passando a encará-las com muito mais amplitude de espírito. Por exemplo, não fica tolhida pelo temor do inferno, porque, embora tenha um grande medo de ofender a Deus, perde aqui o temor servil e adquire grande confiança de que há

---

9. Nos n. 4-6; cf. cap. 2, n. 9.

10. Provavelmente remete às passagens paralelas do *Caminho,* cap. 31, n. 3 e 7. Paralelo ao que ela vinha dizendo no número anterior *é Vida,* cap. 13, n. 11-22, apesar de achar-se em contexto diferente.

11. A aparente confusão da frase e a desordem redacional destas *Moradas* IV tornam necessário um esclarecimento: no cap. 1, a Santa falou da diferença entre "gostos e contentamentos" (oração infusa e oração não infusa); no cap. 2, tratou da oração de quietude ("gostos"), contrastando-a com a oração de recolhimento ("contentamentos") e introduzindo para isso a bela alegoria dos reservatórios e aquedutos (n. 3-5); neste cap. 3, ela fala da oração de recolhimento (primeira manifestação da oração infusa) e dos efeitos da oração de quietude (n. 9-14). Essa manifesta desordem deve-se, em parte, às interrupções ocorridas durante a composição destas Moradas. Deveria ser a seguinte a ordem lógica:

a) diferença entre contentamentos e gostos (cap. 1);
b) oração de contentamentos: últimas formas de oração não infusa (cap. 2, n. 1-5);
c) oração de recolhimento infuso (cap. 3, n. 1-7);
d) oração de quietude (cap. 2, n. 2 e 6-10);
e) efeitos da oração de quietude (cap. 3, n. 9-14).

12. *Esta oração:* de quietude. Ela retoma o n. 1.

de gozar de Sua presença. Tampouco tem o costumeiro temor de fazer penitência e perder a saúde, parecendo-lhe que tudo poderá em Deus[13]. Sente mais desejos de penitência do que até então.

Modera-se o temor que a alma sentia dos sofrimentos, porque tem mais viva a fé e entende que, se padecê-los por Deus, Sua Majestade lhe dará graça para suportá-los com paciência. Ela chega mesmo algumas vezes a desejá-los, porque tem também grande vontade de fazer alguma coisa por Deus. Como vai conhecendo melhor Suas grandezas, considera-se já mais miserável; como já experimentou os gostos de Deus, vê que os do mundo são lixo, vai se afastando deles pouco a pouco e tem mais domínio para fazê-lo.

Em suma, a alma aperfeiçoa-se em todas as virtudes e não deixa de continuar a crescer se não retrocede e volta a ofender a Deus. Neste caso, tudo se perde, por mais que uma alma tenha atingido o ápice. Não quero dizer que, concedendo Deus estas graças por uma ou duas vezes, resultem todos esses frutos. A alma deve perseverar em recebê-las, pois nessa perseverança consiste todo o nosso bem.

10. Insisto num aviso a quem se encontrar neste estado: evite muitíssimo as ocasiões de ofender a Deus. É que, neste ponto, a alma ainda não está formada. Que se pode esperar senão a morte se se afasta do peito da mãe uma criança que começa a mamar? Tenho grande temor de que isso aconteça a quem, tendo recebido de Deus essa graça, se afastar da oração, a não ser por motivo muito grave e que se volte a ela de imediato. Caso contrário, a alma irá de mal a pior.

Muito há que temer neste caso. Conheço algumas pessoas que me causam grande lástima. Elas exemplificam o que digo: afastaram-se Daquele que, com tanto amor, queria dar-lhes a Sua amizade, mostrando-o por obras. Insisto tanto no aviso de evitar as ocasiões de pecado porque o demônio tenta muito mais uma alma destas do que várias outras a quem o Senhor não tenha concedido essas graças. Isso porque as almas que as receberam podem causar-lhe grande prejuízo levando outras consigo e, provavelmente, beneficiando muito a Igreja de Deus. Basta, aliás, ao demônio ver que Sua Majestade mostra por uma alma amor particular para que tudo faça a fim de perdê-la. Assim, essas almas são muito combatidas e, se vierem a perder-se, serão muito mais desgraçadas do que as outras.

Vós, irmãs, estais, ao que parece, livres desses perigos. Deus vos livre da soberba e da vanglória, bem como das ilusões do demônio! Embora ele possa querer contrafazer essas graças, logo é percebido, porque não se produzem os efeitos acima descritos, mas tudo ao contrário.

11. Para um perigo vos quero alertar, ainda que já o tenha feito em outra parte[14]: aquele em que vi cair pessoas de oração, em especial mulheres, porque, como somos mais fracas, damos mais ocasião ao que vou dizer. Algumas há que, sendo fracas de compleição — por causa de muita penitência, oração e frequentes vigílias, ou mesmo sem isso —, são submetidas pela natureza a terem algum consolo. Como sentem algum contentamento interior e uma fraqueza exterior[15], confundem o sono espiritual — que é uma graça superior às mencionadas[16] — com o comum e deixam-se embevecer. E, quanto mais se entregam a isso, tanto mais se embevecem, porque a natureza vai se enfraquecendo mais e, em sua opinião, isso constitui um arroubo. Eu, de minha parte, o chamo de pasmaceira, pois não se trata senão de perda de tempo e de saúde.

12. A certa pessoa lhe acontecia de ficar nesse estado oito horas. Ela nem perdia os sentidos nem tinha noção de Deus. Mantinha em engano o confessor e muitos outros, bem como a si mesma, embora involuntariamente. Mas houve quem a entendesse. Mandaram-na comer, dormir e não fazer tanta penitência; com isso, desapareceu tudo. Creio de fato que o demônio se esforçava aí para tirar algum lucro, tendo chegado a consegui-lo em alguma medida.

---

13. Alusão a Filipenses 4,13. Cf. *Vida*, cap. 13, n. 3, e *Rel.* 58, n. 2.
14. No cap. 6 das *Fundações*. Ela insistirá no mesmo aviso em M. VI, cap. 7, n. 13.
15. A Santa escreveu *flaquedad*.
16. *Que é uma graça superior às mencionadas:* mais intensa do que a oração infusa de quietude de que ela tem falado. Sobre o "sono espiritual" (ou "sono das faculdades"), cf. *Vida*, caps. 16 e 17, onde a Santa lhe concede maior importância no quadro da vida mística.

13. Entenda-se bem: quando é coisa verdadeiramente de Deus, embora haja desfalecimento interior e exterior, a alma não desfalece. Pelo contrário, tem grandes sentimentos ao ver-se tão perto de Deus. Mas esse estado não dura tanto, sendo bastante breve, embora a alma volte às vezes a ficar absorvida. Esta oração, a não ser por fraqueza, como eu já disse[17], não chega a abater o corpo nem produz efeitos exteriores.

Ficai, portanto, de sobreaviso: quando sentirdes isso em vós, dizei-o à prelada e distraí-vos como puderdes. Que ela faça que não tenhais tantas horas de oração, mas muito pouco tempo, e que durmais bem e comais até que vos torne a vir a força natural, se ela foi perdida por demasiada austeridade.

Se alguma for de tão fraca compleição que não lhe bastem esses cuidados, crede-me que Deus não a deseja senão para a vida ativa, já que deve haver de tudo nos mosteiros. Que seja ocupada em ofícios, sempre sendo usadas precauções para que não tenha muita solidão; caso contrário, poderá perder por completo a saúde. Grande mortificação será para ela; o Senhor quer aqui provar o amor que essa alma Lhe tem, pela forma como suporta a Sua ausência, e talvez seja servido de voltar a lhe dar forças depois de algum tempo. Se isso não acontecer, com oração vocal e obediência, essa alma ganhará e merecerá o que deveria merecer por este outro caminho, ou porventura mais.

14. Também pode haver algumas tão fracas de cabeça e imaginação — como tenho conhecido — que lhes pareça ver tudo quanto imaginam. Isso é muito perigoso. Como talvez se venha a tratar desse assunto adiante[18], não direi aqui mais nada. Estendi-me muito nesta morada por ser nela que, segundo creio, entra o maior número de almas. E, como também entra o natural juntamente com o sobrenatural[19], o demônio pode causar mais prejuízo. Isso porque, nas moradas restantes, o Senhor não lhe dá tanto lugar. Que Ele seja para sempre louvado! Amém.

QUINTAS MORADAS
CONTÊM QUATRO CAPÍTULOS

CAPÍTULO 1

Começa a falar como a alma se une a Deus na oração. Diz como se saberá não ser engano.

1. Ó irmãs! Como vos poderei descrever a riqueza, os tesouros e os deleites que há nas quintas moradas? Creio que seria melhor não dizer nada das que faltam, pois não se saberia descrevê-las; o intelecto não é capaz de captá-las nem as comparações servem para explicá-las. Para esse fim, são muito baixas as coisas da terra.

Senhor meu, enviai do céu luz para que eu possa esclarecer de algum modo estas Vossas servas — pois sois servido que algumas delas fruam com frequência esses consolos —, a fim de que não sejam elas enganadas pelo demônio, transfigurado em anjo de luz. Pois empregam todos os seus desejos em querer contentar-Vos.

2. Eu disse que "algumas delas" fruem esses deleites. No entanto, bem poucas não entram nesta morada de que falarei agora. Há mais e menos[1], e assim digo que são em maior número as que entram nelas. Não obstante, poucas recebem certas graças particulares que há nesse aposento,

---

17. Nos n. 11-12. *Abater* significa, neste caso, o estado de impotência corporal produzido por certas graças extáticas; as graças místicas das Moradas IV não produzem tal "abatimento", mas o grande "desfalecimento interior e exterior".

18. Cf. todo o cap. 3 das M. VI.

19. *O natural juntamente com o sobrenatural:* nestas moradas se entrecruzam atos e estados infusos e não infusos. Por isso, a Santa falou de contentamentos e gostos; de meditação e quietude (cf. n. 8).

1. *Há mais e menos:* nas M. V, há variedade de graus e graças.

disso tenho certeza. Embora elas não façam mais que chegar à porta, é grande a misericórdia de Deus, porque, ainda que sejam muitos os chamados, poucos são os escolhidos[2].

Assim, digo agora que, embora todas as que trazemos este sagrado hábito do Carmo sejamos chamadas à oração e contemplação (porque foi essa a nossa origem; descendemos dos santos padres do Monte Carmelo que, em tão grande solidão e com tanto desprezo do mundo, buscavam esse tesouro, essa pérola preciosa de que falamos), poucas de nós nos dispomos a que o Senhor nos revele esse tesouro. No que tange ao exterior, caminhamos bem para chegar ao necessário nas virtudes; mas, para chegarmos aqui, precisamos de muito, muito, não devendo nos descuidar nem pouco nem muito.

Por isso, irmãs minhas, devemos pedir agora ao Senhor — já que de algum modo podemos gozar do céu na terra — que nos dê o Seu favor, a fim de não o desmerecermos por nossa culpa. Que Ele nos mostre o caminho e dê forças à nossa alma para cavar até encontrar esse tesouro escondido[3]. A verdade é que Ele está em nós mesmas; é isso o que eu gostaria de explicar-vos, se o Senhor for servido que eu o saiba fazer.

3. Eu disse "forças à alma" para que entendais que as do corpo não fazem falta a quem Deus Nosso Senhor não as dá. A sua ausência não impossibilita ninguém de adquirir as Suas riquezas. Desde que cada um dê o que tiver, Ele já se contenta. Bendito seja tão grande Deus!

Mas olhai, filhas, para isso de que tratamos, o Senhor não quer que fiqueis com nada. Pouco ou muito, tudo o quer para Si. De acordo com o que considerardes que tendes dado, vos serão concedidas maiores ou menores graças. Não há melhor prova para entender se a nossa oração chegou ou não à união total.

Não penseis que se trata de algo parecido a um sonho, como a passada[4]. Digo semelhante a um sonho porque a alma parece estar como que adormecida: nem lhe parece que dorme nem se sente acordada. Aqui, estamos todas adormecidas, e bem adormecidas, às coisas do mundo e a nós mesmas. Na verdade, ficamos como sem sentidos durante o pouco tempo em que dura a união e não podemos pensar, ainda que o queiramos. Aqui, não é preciso artifício para deter a imaginação.

4. Até no amor é assim: a alma não entende como ama, o que ama nem o que deseja. Em suma, está como quem morreu para o mundo, a fim de viver mais em Deus. Assim, é uma morte saborosa, apartando-se a alma — que permanece no corpo — de todas as operações que pode ter. Morte igualmente deleitosa, porque, embora pareça de fato que se afasta do corpo, a alma o faz para melhor estar em Deus, e de tal maneira que sequer sei se lhe resta vida para respirar. Pensando agora nisso, parece-me que não. Pelo menos, se respira, é sem saber que o faz[5].

A alma desejaria empregar todo o seu intelecto em entender algo do que sente; como suas forças não bastam, ele se admira. Se não se perde de todo, não mexe pé nem mão, como se costuma dizer de uma pessoa tão desmaiada que parece morta. Ó segredos de Deus! Eu não me cansaria tentando explicá-lo a vós se acreditasse poder acertar de alguma maneira. Assim, direi mil disparates e, se alguma vez acertar, louvemos muito ao Senhor.

5. Eu disse que não era semelhante ao sonho[6] porque, na morada anterior, até ser grande a experiência, a alma fica em dúvida sobre o que foi aquilo: ilusão, sonho, coisa dada por Deus ou transfiguração do demônio em anjo de luz. Ela fica com mil suspeitas, sendo bom que as tenha, porque — como eu disse[7] — até a própria natureza pode ser aí fonte de engano para nós.

Embora nessa morada não entrem os répteis venenosos, algumas pequenas lagartixas podem fazê-lo, porque são delgadas e passam por qualquer lugar. Elas não causam prejuízo (em especial

---

2. Mateus 20,16.
3. Alusão à parábola do tesouro escondido: Mateus 13,44.
4. *A passada*: oração das M. anteriores (cf. cap. 3, n. 11).
5. No original, em função dos numerosos incisos, a Autora perdeu o fio e deixou a frase inconclusa.
6. No n. 3. Segue-se uma alusão às moradas anteriores.
7. Nas M. IV, cap. 3, n. 11-14.

se não se dá importância a elas, porque são pequenos pensamentos que procedem da imaginação e do que foi dito[8]), mas muitas vezes importunam.

Na morada de que falamos aqui, por esguias que sejam, as lagartixas não podem entrar, já que não há imaginação, memória ou intelecto que possam impedir este bem. E ousarei afirmar que, se se tratar de genuína união de Deus, o demônio não pode entrar nem tampouco causar prejuízo, porque o Senhor se encontra tão unido à essência da alma que o inimigo não arriscará aproximar-se. Creio que nem mesmo entende esses segredos. E é claro; se, como dizem, ele não entende o nosso pensamento, menos entenderia coisa tão secreta que Deus não a confia nem ao nosso intelecto[9].

Ó grande bem, estado onde esse maldito não nos faz mal! Assim fica a alma com inestimáveis lucros, já que Deus trabalha nela sem que ninguém O atrapalhe, nem nós mesmos! O que não vos dará Quem é tão amigo de dar e pode dar tudo o que deseja?

6. Parece que vos deixo confusas dizendo "se é união de Deus" e sugerindo outras uniões. E como as há! Ainda que seja em coisas vãs, havendo grande paixão por elas, o demônio causa transportes[10]. Mas não da maneira que Deus o faz nem com o deleite e satisfação da alma, bem como paz e gozo. Estes ultrapassam todos os prazeres da terra, todos os deleites, todos os contentamentos, e ainda muito mais. Pois, considerando-se onde são engendrados, em nada se relacionam esses contentamentos com os da terra. É muito diferente o modo de os sentir, como mostra a experiência. Disse eu uma vez[11] que é como se uns atingissem a superfície grosseira do corpo e os outros tocassem a medula dos ossos. E parece que discerni bem, não sabendo agora como explicar melhor.

7. Parece-me que ainda não vos vejo satisfeitas, com receio de cair em algum engano, considerando esse interior coisa difícil de examinar. Ainda que, para quem já passou pela experiência, baste o que fica dito, como é grande a diferença dos sentimentos entre uns e outros, quero dar-vos um sinal claro para que não haja dúvida possível a respeito das verdadeiras graças de Deus. Sua Majestade o trouxe hoje à minha memória, e me parece ser ele o sinal certo.

Em coisas difíceis, mesmo quando eu julgo entendê-las e dizer a verdade sobre elas, uso sempre a expressão "parece-me". Se acontecer de eu me enganar, estou bem pronta a aceitar o que disserem os eruditos. Porque, ainda que não tenham passado por essas coisas, eles têm um não sei quê próprio dos grandes letrados. Como Deus os destina a iluminar a Sua Igreja, quando se trata de uma verdade, dá-lhes luz para que a admitam; e se não são dissipados, mas servos de Deus, nunca se espantam com as Suas grandezas, pois bem sabem que Ele pode muitíssimo mais. Enfim, quando se trata de coisas não perfeitamente esclarecidas, eles encontram meios de explicá-las por meio de outras já descritas. Através destas, veem que as primeiras são também possíveis.

8. Tenho imensa experiência disso, bem como de uns semiletrados cheios de espanto, porque estes me custam muito caro[12]. Pelo menos julgo que tem bem fechada a porta ao recebimento dessas graças aquele que não crê que Deus pode muito mais, bem como que teve e tem por bem comunicá-lo algumas vezes às Suas criaturas. Por isso, irmãs, que isso nunca vos aconteça.

Pelo contrário, crede que Deus pode fazer muito mais, e mais ainda, e não vos detenhais considerando se são ruins ou bons aqueles a quem Deus concede essas graças, pois Sua Majesta-

---

8. Ela aconselhou a não dar importância a essas *pequenas lagartixas em* M. IV, cap. 1, n. 8-12 (cf. n. 3). *São pequenos pensamentos que procedem da imaginação e do que foi dito:* nesse mesmo capítulo das M. IV, ela alertou que não procedem do intelecto (n. 8) e os atribuiu à "miséria que herdamos do pecado de Adão" (n. 11).

9. Gracián corrigiu intensamente essa passagem do autógrafo. Retocou a primeira frase *se é união de Deus* "apenas com a alma". Na frase seguinte, riscou as palavras *essência da alma*. Mudou *pensamento* por *intelecto* na frase: *não entende o nosso pensamento*. E, finalmente, anotou à margem: "Entende-se dos atos de intelecto e vontade, pois o demônio vê claramente os pensamentos da imaginação se Deus não o cega nesse ponto". Ribera riscou uma a uma todas as emendas de Gracián. Em contrapartida, Frei Luis incluiu no texto essa longa observação de Gracián (p. 92).

10. *Transportes:* enlevos.

11. Provável alusão a alguma de suas conversas com eruditos.

12. Cf. *Vida*, cap. 5, n. 8.

de sabe o que faz, como vos disse[13]. Não temos de nos intrometer nisso; o que devemos fazer é, com simplicidade de coração e humildade, servir a Sua Majestade e louvá-Lo por Suas obras e maravilhas.

9. Voltemos, pois, ao sinal que digo ser o certo[14]. Considerai essa alma a quem Deus atordoou por completo para melhor imprimir nela a verdadeira sabedoria; e isso a tal ponto que ela nem vê, nem ouve, nem percebe o tempo em que está assim (tempo que sempre é breve, parecendo-lhe a ela muito mais breve do que realmente é). Deus se fixa a Si mesmo no interior da alma de modo que, quando esta volta a si, de nenhuma maneira pode duvidar que esteve em Deus e Deus nela.

Essa verdade se imprime nela com tanta firmeza que, ainda que passem anos sem Deus voltar e conceder-lhe essa graça, nem a alma se esquece nem pode duvidar de que esteve na presença divina. Deixando de lado os efeitos que nela ficam — sinais dos quais falarei depois[15] —, essa certeza é o sinal que mais importância tem.

10. Vós me direis: como a alma viu e como entendeu que era o Senhor, se nada viu nem entendeu? Não digo que o tenha visto então, mas que o vê depois claramente. Não porque se trate de visão, mas de uma certeza que fica na alma e que só Deus pode infundir.

Conheço uma pessoa que não tinha conhecimento de que Deus está em todas as coisas, fazendo-o por presença, potência e essência. Ora, por uma graça que o Senhor lhe concedeu, ela o veio a crer de tal maneira que não deu ouvidos a um dos semiletrados[16] a que me referi. Ela foi consultá-lo sobre o assunto, e ele lhe responde que Deus está em nós apenas pela graça (assim falando por ser tão pouco instruído quanto ela, antes de Deus iluminá-la). Contudo, estava ela tão convicta da verdade que não acreditou e perguntou a outros; tendo estes lhe dito a verdade, ficou ela muito consolada[17].

11. Não vos enganeis pensando que essa certeza assuma forma corporal, tal como o Corpo de Nosso Senhor Jesus Cristo está no Santíssimo Sacramento, ainda que não O vejamos. Aqui não é assim: trata-se apenas da Divindade. Ora, se nada vemos, como nos resta essa certeza? Isso eu não sei, são obras de Deus. Sei, no entanto, que digo a verdade. E se alguém não tiver essa convicção, é sinal, em minha opinião, de que não houve união de toda a alma com Deus, mas apenas de uma das faculdades, ou outras das muitas e variadas graças que Deus concede à alma.

Devemos deixar de buscar razões para todas essas coisas. Se o nosso intelecto não é capaz de entendê-lo, para que desejar indagar inutilmente? Basta sabermos que é todo-poderoso Quem o faz. Por mais esforços que façamos, não temos parte nisso nem o podemos alcançar. Pelo contrário, é Deus que o faz; por isso, não desejemos entendê-lo.

12. Sobre o fato de nada contribuirmos de nossa parte, agora me lembro de um trecho dos Cânticos que conheceis. Diz a Esposa: *Levou-me o Rei à adega dos vinhos*, ou *introduziu-me*, creio eu. E não diz que ela entrou por si mesma. Fala também que *andava procurando seu Amado por todos os lados*[18]. Segundo entendo, essa é a adega onde nos quer introduzir o Senhor, quando deseja e como deseja. Mas, por mais esforços que envidemos, por nós mesmos não conseguimos entrar. Sua Majestade é Quem vai nos introduzir, entrando também Ele no centro de nossa alma.

E, para melhor mostrar Suas maravilhas, Ele não quer que participemos disso mais do que rendendo inteiramente a nossa vontade à Sua. Tampouco deseja que se Lhe abra a porta das faculdades e dos sentidos, pois todos estão adormecidos; é Ele quem entra no centro da alma sem

---

13. Em M. 1V, cap. 1, n. 2, e cap. 2, n. 9.
14. Ela falou dele no n. 7.
15. Ela falará dos efeitos dessa forma de oração infusa no cap. 2 (cf. título e n. 7-14). Também neste número, bem como no seguinte, Gracián atenuou as expressões que denotavam segurança ou certeza com três monótonos "parece-me". Frei Luis rejeitou todas as emendas de Gracián.
16. Ela se referiu a eles no n. 8, e em *Vida*, cap. 25, n. 22, e cap. 13, n. 19.
17. Cf. *Vida*, cap. 18, n. 15; e *Relação* 54.
18. Cântico dos Cânticos 2,4; e 3,2.

porta alguma, como entrou onde estavam seus discípulos quando disse *Pax vobis* ou quando saiu do sepulcro sem levantar a pedra. Adiante vereis como, na última morada[19] — ainda mais do que aqui —, Sua Majestade quer que a alma usufrua Dele no seu próprio centro.

13. Ó filhas! Muito veremos se não quisermos ver mais do que a nossa baixeza e miséria. Devemos entender que não somos dignas de ser servas de um Senhor que é tão grandioso que sequer podemos alcançar Suas maravilhas! Seja Ele para sempre louvado. Amém.

CAPÍTULO 2

Prossegue no mesmo assunto. Explica a oração de união por meio de uma comparação delicada. Fala dos efeitos disso na alma. É de muito notar.

1. Talvez vos pareça que já foi dito tudo sobre as maravilhas desta morada, mas ainda falta bastante, porque, como eu disse[1], há mais e menos. Quanto ao que é união, não creio que eu saiba dizer mais. Mas, quando a alma a quem Deus concede essas mercês se dispõe, há muitas coisas a dizer sobre o que o Senhor opera nela.

Direi algumas coisas acerca disso, bem como do modo como fica essa alma. Para melhor explicá-lo, quero fazer uso de uma comparação útil para esse fim. Ela também é proveitosa para vermos como, embora nesta obra do Senhor não possamos fazer nada, muito ajudamos dispondo-nos a que Sua Majestade nos conceda essa graça.

2. Já tereis ouvido das maravilhas de Deus no modo como se cria a seda, invenção que só Ele poderia conceber. É como se fosse uma semente, grãos pequeninos como o da pimenta. Devo dizer que nunca o vi, mas ouvi-o dizer; assim, se algo não corresponder, não é minha a culpa[2]. Pois bem, com o calor, quando começa a haver folhas nas amoreiras, essa semente — que até então estivera como morta — começa a viver. E esses grãos pequeninos se criam com folhas de amoreira; quando crescem, cada verme, com a boquinha, vai fiando a seda, que tira de si mesmo. Tece um pequeno casulo muito apertado, onde se encerra; então desaparece o verme, que é muito feio, e sai do mesmo casulo uma borboletinha branca, muito graciosa.

Mas se isso não fosse visto, e só contado como ocorrido em outros tempos, quem o poderia crer? Que razões teríamos para concluir que uma criatura irracional como a lagarta ou a abelha seja tão diligente e engenhosa para trabalhar em nosso proveito, chegando a pobre lagartinha a perder a vida na tarefa de o fazer?

Para um pouco de meditação basta isso, irmãs, mesmo que eu nada mais acrescentasse, porque aí podeis considerar as maravilhas e a sabedoria do nosso Deus. E o que seria se conhecêssemos as propriedades de todas as coisas? É de grande proveito que nos ocupemos em meditar nessas grandezas e nos alegremos de ser esposas de Rei tão sábio e poderoso.

3. Voltemos ao que dizia. A alma — representada por essa lagarta — começa a ter vida quando, com o calor do Espírito Santo, começa a beneficiar-se do auxílio geral[3] que Deus dá a todos, fazendo uso dos meios confiados pelo Senhor à Sua Igreja: confissões frequentes, boas leituras e sermões. São esses os remédios para uma alma que está morta em seu descuido, pecados e ocasiões de cometê-los. Então ela começa a viver e encontra sustento nisso, bem como em boas meditações, até estar crescida. É aqui que se concentra o meu propósito, pois o resto pouco importa.

---

19. João 20,19. *Adiante vereis:* cf. M. VI, cap. 2, n. 3, onde ela retoma o tema. Recorrerá de novo ao texto de São João em M. VII, cap. 2, n. 3.

1. No cap. 1, n. 2.

2. Toda essa deliciosa observação foi riscada por Gracián, que, além disso, trocou *grãos de pimenta* por "de mostarda" e acrescentou à margem: "Assim é, pois eu já o vi". Ribera respeitou a emenda e Frei Luis omitiu a frase em sua edição (p. 98).

3. Compare-se com o "auxílio particular" de M. III, cap. 1, n. 2, nota.

4. Tendo, pois, se desenvolvido — que é o que disse no princípio disto que escrevi[4] —, a lagarta começa a fabricar a seda e a edificar a casa onde há de morrer. Eu gostaria de explicar que essa casa é, para nós, Cristo. Creio ter lido ou ouvido em algum lugar que *a nossa vida está escondida em Cristo ou em Deus* — o que é a mesma coisa — ou que *nossa vida é Cristo*. Para o meu propósito, qualquer uma dessas expressões serve[5].

5. Portanto, vedes aqui, filhas, o que podemos fazer com o favor de Deus: que o próprio Senhor seja a nossa morada, como o é na oração de união, edificando-a nós mesmas! Ao dizer que Ele é a morada e que a podemos fabricar para entrarmos nela, pareço afirmar que podemos tirar e pôr alguma coisa em Deus. Oh! Se o podemos! Não tirar ou acrescentar em Deus, mas fazê-lo em nós, como fazem as lagartinhas de que falei.

Ainda bem não terminamos de fazer tudo o que nos cabe, Deus une a esse trabalhinho — que não é nada — a Sua grandeza, conferindo-lhe tanto valor que o próprio Senhor se torna a nossa recompensa. E assim como foi Ele quem fez quase tudo à Sua custa, assim também quer juntar nossos trabalhinhos com os grandes sofrimentos que padeceu Sua Majestade, e que tudo seja uma só coisa.

6. Eia, pois, filhas minhas! Apressemo-nos a fazer esse trabalho e a tecer tal casulo, despojando-nos do nosso amor-próprio e da nossa vontade, do apego a coisinhas da terra, fazendo obras de penitência, oração, mortificação, obediência e tudo o mais que sabeis. Quisera Deus fizéssemos como sabemos e somos ensinadas tudo aquilo que devemos fazer!

Morra, morra esse verme, tal como o da seda quando acaba de realizar a obra para a qual foi criado! E comprovareis como vemos a Deus[6] e nos vemos tão introduzidas em Sua grandeza como a lagartinha em seu casulo. Atentai, contudo: quando digo que vemos a Deus, refiro-me ao modo como Ele se faz sentir nesse tipo de união.

7. Vejamos agora o que acontece a essa lagarta; é para isso que tenho dito tudo o mais. Quando está nesta oração — e bem morta está para o mundo —, dela sai uma borboleta branca[7]. Ó grandeza de Deus! Quão transformada sai a alma daqui, depois de ter estado imersa na grandeza de Deus e tão unida a Ele, embora esse estado seja tão breve que, em minha opinião, nunca chega a meia hora!

Eu vos digo, na verdade, que a própria alma não se conhece a si mesma. Porque há aqui a mesma diferença que existe entre uma lagarta feia e uma borboletinha branca. A alma não sabe como pode merecer tanto bem — de onde ele pode advir, quero dizer, pois ela bem sabe que não o merece. Vê-se com tal desejo de louvar ao Senhor que gostaria de desfazer-se e morrer por Ele mil mortes. Logo começa a sentir o anseio de padecer grandes sofrimentos, sem poder fazer outra coisa. Tem grandíssimos desejos de penitência, de solidão e de que todos conheçam a Deus. Daqui provém um grande pesar de O ver ofendido.

Na morada seguinte, falaremos com mais detalhes de todos esses efeitos[8]. Embora o que há nesta quinta morada e o que vem depois seja o mesmo, há muita diferença na intensidade dos efeitos. Isso porque, como eu disse[9], se, depois que Deus faz chegar uma alma até aqui, ela se esforça por avançar, verá grandes coisas.

---

4. Moradas I-IV; observe-se a correspondência da alegoria do castelo com a do bicho da seda.

5. Colossenses 3,3-4. Já Gracián emendou as hesitações e imprecisões da Santa. Frei Luis deu razão a Gracián e respeitou suas emendas e supressões: "Eu gostaria de explicar aqui que essa casa é Cristo, como diz São Paulo, que nossa vida está escondida com Cristo em Deus e que Cristo é a nossa vida. Vede, pois…" (p. 99). Contudo, a última frase teresiana, omitida cautelosamente, não faltava ao respeito pela Santa Escritura; a Santa queria simplesmente dizer que não desejava comprometer sua palavra ao fazer a citação de memória.

6. Gracián risca *vemos* e escreve *contemplamos*, temendo que a Santa se comprometa com a afirmação da "visão" de Deus nesta vida; era absolutamente suficiente o esclarecimento que a Autora faz em seguida.

7. Frase não muito clara no original. Frei Luis a leu assim: "Vejamos, pois, o que acontece com essa lagarta (motivo pelo qual disse todo o resto): quando, nesta oração, está bem morta para o mundo, sai uma borboletinha branca". (p. 101).

8. M. VI, cap. 6, n. 2; e cap. 11 *passim*.

9. No cap. 1, n. 2-3 e 13.

8. Oh! Ver o desassossego dessa borboletinha, apesar de nunca ter estado mais quieta e tranquila em sua vida, é coisa para louvar a Deus! Ela não sabe onde pousar e descansar. Depois de ter experimentado tal estado, tudo da terra a descontenta, em especial quando são muitas as vezes que Deus lhe dá desse vinho.

Quase sempre lhe ficam novos lucros. Já não dá valor ao que fazia quando lagarta, que era tecer pouco a pouco o casulo. Nasceram-lhe asas. Se pode voar, como pode ela contentar-se em andar passo a passo? Tudo quanto pode fazer por Deus lhe parece pouco, comparado com os seus desejos. Não acha muito o que os santos fizeram, uma vez que já entende por experiência como o Senhor ajuda e transforma uma alma a ponto de transfigurá-la.

Com efeito, a fraqueza que antes sentia para fazer penitência transformou-se em força; o apego aos parentes, amigos e posses (que era tal que nem seus atos interiores, suas determinações e seu desejo de apartar-se conseguiam rompê-lo, fortalecendo-se ele, pelo contrário, cada vez mais) converte-se em peso. A alma tem pena de se ver obrigada àquilo que, para não ir contra Deus, é preciso fazer. Tudo a cansa, porque ela provou que o verdadeiro descanso não pode ser oferecido pelas criaturas.

9. Pareço estender-me demais; no entanto, muito mais poderia dizer. Quem tiver recebido de Deus essa graça verá que fico aquém. Não é de espantar que a nossa borboleta, percebendo-se renovada e estranha às coisas da terra, busque repouso em outro lugar. Mas aonde irá a pobrezinha? Não pode voltar ao lugar de onde saiu, pois, como eu disse[10], não está em nossa mão fazê-lo. Temos de esperar até que Deus seja servido de voltar a conceder-nos essa graça.

Ó Senhor! Que novos sofrimentos começam para essa alma! Quem diria que tal viesse a acontecer depois de graça tão elevada? Enfim, de uma maneira ou de outra, há de existir cruz enquanto vivermos. E eu diria que nunca chegou até aqui aquele que afirma estar sempre em descanso e deleite depois que o fez. Creio que não se tratou senão de algum gosto, se é que tal alma entrou na morada anterior, e gosto favorecido pela fraqueza natural, e até talvez pelo demônio, que lhe dá paz para depois lhe mover uma guerra ainda mais renhida.

10. Não quero dizer que os que chegam até aqui não tenham paz; têm-na, e muito grande, porque os próprios sofrimentos são de tanto valor e tão bem fundados que, embora muito grandes, geram eles mesmos paz e contentamento. Do próprio descontentamento com as coisas do mundo nasce um desejo tão penoso de sair dele que, se algum alívio tem a alma, é pensar que Deus quer que viva neste desterro. E isso não basta, porque ela, apesar de todos os proveitos que tem, não está, como se verá adiante[11], tão rendida à vontade de Deus. Embora não deixe de se resignar, fá-lo com um grande sentimento e com muitas lágrimas. Ela não pode fazer mais que isso, pois mais não lhe foi dado.

Cada vez que tem oração, esse é o seu pesar, talvez decorrente, de certo modo, da dor que lhe causa ver o quanto Deus é ofendido e pouco estimado no mundo, bem como quantas almas se perdem, tanto de hereges como de mouros. O que mais a tortura, no entanto, é a perda de muitos cristãos. Teme que muitos sejam condenados, embora saiba que a misericórdia de Deus é infinita e que esses, mesmo os que levam pior vida, podem se emendar e salvar.

11. Ó grandeza de Deus! Poucos anos antes — e talvez ainda há poucos dias — estava essa alma de tal forma que não se lembrava senão de si! Quem lhe incutiu tão penosas preocupações? Embora possamos querer ter muitos anos de meditação sobre isso, não o conseguiremos sentir tão penosamente quanto o sente agora essa alma.

Mas valha-me Deus! Não bastará que eu durante muitos dias e até anos procure refletir sobre o grande mal que é ofender a Deus, pensar que esses que se condenam são filhos de Deus e

---

10. *Voltar ao lugar de onde saiu:* à oração de união, ou à adega dos Cânticos, ou ao centro da alma; *como eu disse:* no cap. 1, n. 12. Cf. os textos paulinos do n. 4 e M. IV, cap. 2, n. 9.
11. Nas M. VI e VII; cf. M. VI, cap. 10, n. 8, e M. VII, cap. 3, n. 4.

irmãos meus, considerar enfim os perigos em que vivemos e o bem que adviria de sair desta vida miserável?

Não, filhas, não basta. Pois a pena que se sente neste estado não é como as daqui da terra. Depois de muito meditar, bem poderíamos experimentar grande dor, se Deus nisto nos ajudasse. Mas ela não chegaria ao íntimo das entranhas, como aqui, em que a alma parece ficar despedaçada e moída, sem nada fazer para isso e às vezes até sem o querer. Mas então o que é isso? Onde se origina? Eu vo-lo direi.

12. Não ouvistes a Esposa dizer que *o Senhor a introduziu na adega do vinho e ordenou nela a caridade?* Eu já o mencionei aqui em outra passagem, embora não a esse propósito[12]. Pois assim se passa nesse caso. Como a alma já se entrega em Suas mãos e está tão rendida pelo grande amor, não sabe nem deseja senão que Deus faça dela o que quiser (na verdade, creio que Deus só concede essa graça à alma a quem já toma por inteiramente Sua). Ela deseja também que, sem que entenda como, saia dali marcada com o Seu selo.

Com efeito, a alma não faz neste estado mais do que a cera quando alguém lhe imprime o selo, já que ela própria não o imprime em si mesma; apenas se dispõe a isso, pela sua brandura. Ainda assim, não é ela que se dispõe; só faz permanecer quieta e consentir em receber a marca. Ó bondade de Deus, tudo se deve passar à Vossa custa! Só quereis a nossa vontade e que não haja resistência na cera.

13. Vedes aqui, irmãs, o que o nosso Deus faz para que essa alma já se tenha por Sua: dá-lhe do que tem, que foi o que o Seu Filho teve nesta vida. E não nos poderia conceder maior graça. Quem mais do que Ele quereria sair desta vida? E assim o disse Sua Majestade na Ceia: *Com ardente desejo desejei*[13].

Mas como, Senhor meu? Não vedes a torturante morte que vos espera, tão cruel e dolorosa? Não — dizeis Vós —, porque o grande amor que tenho e o desejo de que as almas se salvem sobrepujam em muito essas dores. E os grandíssimos sofrimentos que padeci e padeço desde que estou no mundo são suficientes para julgar insignificantes os outros, se comparados aos meus.

14. Asseguro-vos que é assim. Tenho considerado muitas vezes isso e penso no tenebroso tormento que padeceu e padece certa pessoa que conheço[14] ao ver as ofensas feitas a Nosso Senhor. Trata-se de dor tão profunda que preferiria a morte a ela. E pensa: se uma alma com tão pouca caridade, comparada com a de Cristo (pode-se dizer que é quase nenhuma), sente tão atroz sofrimento, qual não terá sido o sentimento de Nosso Senhor Jesus Cristo? E que vida terá sido a Sua, Ele que via todas as coisas e a Quem não escapava nenhuma das grandes ofensas que se faziam a Seu Pai?

Não tenho dúvida de que esses sofrimentos de Cristo foram muito maiores do que os da Sua sacratíssima Paixão, porque então Ele já via o fim desses pesares e, assim, unindo isso ao contentamento de ver-nos salvos com a Sua morte e demonstrar o amor que tinha pelo Pai, se mitigariam as Suas dores. É o que acontece aqui na terra com aqueles que, movidos pela força do amor, fazem grandes penitências, mas quase não as sentem; antes gostariam de fazer mais e mais, e tudo lhes parece pouco. Se assim é, como seria esse sentimento em Sua Majestade, que estava em tão boa ocasião de mostrar ao Pai que cumpria perfeitamente a obediência a Ele devida e o preceito do amor ao próximo?

Oh! Que grande deleite sofrer fazendo a vontade de Deus! Mas ver tantas e tão contínuas ofensas feitas a Sua Majestade, bem como a perda de tantas almas, é para mim coisa tão difícil que, se Nosso Senhor não fosse mais que um simples homem, um dia daquela pena seria o suficiente para tirar-Lhe não uma, mas muitas vidas!

---

12. No cap. 1, n. 12. A citação é de Cântico dos Cânticos 2,4.
13. Lucas 22,15.
14. A própria Santa. Cf. *Vida*, cap. 39, n. 9, e cap. 38, n. 18.

CAPÍTULO 3

Prossegue no mesmo tema. Fala de outra maneira de união que a alma pode alcançar com o favor de Deus e de como é importante para isso o amor ao próximo. É de grande proveito.

1. Voltemos à nossa pombinha[1] e vejamos algo do que o Senhor concede neste estado, sempre entendendo que devemos procurar avançar no serviço de Deus e no conhecimento próprio. Se a alma não fizer mais do que receber essa graça e, tendo-a como coisa já certa, descuidar-se em sua vida e desviar-se do caminho do céu — que são os mandamentos —, lhe acontecerá como à borboleta que sai do bicho da seda. Deita semente para nascerem outras, enquanto ela morre e fica morta para sempre.

Digo que deita semente porque creio que Deus quer que uma graça tão grande não seja concedida inutilmente. Se a alma não se beneficia a si com ela, que sirva de proveito para outros. Porque, como fica com esses desejos e virtudes durante todo o tempo em que perdura no bem, ela beneficia outras almas, comunicando-lhes calor a partir do seu próprio calor. E, mesmo depois de perdido esse calor, ainda lhe fica a ânsia de fazer bem aos outros e o gosto de lhes comunicar os favores concedidos por Deus a quem O ama e serve.

2. Conheci urna pessoa a quem acontecia o seguinte[2]: estando muito perdida, gostava que outras pessoas se beneficiassem com as graças que Deus lhe tinha concedido e de mostrar o caminho de oração às que não o entendiam. Assim procedendo, fez muitíssimo bem a elas. Depois, voltou o Senhor a chamá-la. Verdade é que até então não experimentara os efeitos que descrevi.

Mas quantos deve haver que, chamados pelo Senhor ao apostolado e à comunicação divina, como Judas, ou escolhidos para se tornarem reis, como Saul, depois vêm a perder-se por sua própria culpa! Aprendamos daí, irmãs, que, para merecermos mais e mais e não nos perdermos como esses, deveremos ter como segurança a obediência e o seguimento sem desvios da lei de Deus. Digo isso aplicando-o àqueles a quem o Senhor conceder semelhantes graças, mas serve para todos.

3. A despeito de tudo o que disse, parece-me que ainda fica obscura esta morada. Havendo tanto proveito em entrar nela, é bom que não fiquem sem essa esperança as almas a quem o Senhor não concede coisas tão sobrenaturais. Pois a verdadeira união pode muito bem ser alcançada — com o favor de Nosso Senhor — se nos esforçarmos em procurá-la mantendo a nossa vontade atada apenas ao que for a vontade de Deus.

Quantos de nós haverá que dizemos isso, não desejando outra coisa, e que morreríamos por essa verdade, como creio já ter dito![3] Pois eu vo-lo digo e direi muitas vezes: quando assim for, tereis alcançado essa graça do Senhor, não devendo preocupar-vos com a outra união acompanhada de consolações.

Quanto a esta última, seu maior merecimento está em proceder desta união a que me refiro agora. Tampouco tenhais pena por não poder atingir a que fica dita — à qual só se pode chegar com a união estável e segura da submissão à vontade de Deus[4]. Oh! Que união esta para desejar! Venturosa a alma que a tiver alcançado, pois viverá com descanso nesta vida e na outra também. Nenhum evento da terra a afligirá, a não ser que ela se veja em algum perigo de perder a Deus ou

---

1. *Pombinha:* borboleta ou "borboletinha" (M. VI, cap. 4, n. 1) na qual se metamorfoseou a crisálida do capítulo anterior. A alegoria do bicho da seda talvez chegue a prevalecer sobre a do "castelo" nos capítulos seguintes; quase todos começam com a típica alusão à pombinha ou borboletinha (cf. cap. 4, n. I; M. VI, cap. 2, n. 1; cap. 4, n. I; cap. 6, n. 1; cap. II, n. 1).
2. A própria Santa; cf. *Vida*, cap. 7, n. 10.
3. No cap. 2, n. 6-7.
4. Para se entender corretamente essa passagem, considerem-se as duas "maneiras de união" que a Santa distingue: "união deleitosa" (gozosa, infusa) — da qual falou nos capítulos anteriores — e "união não deleitosa" (não infusa, que podemos "muito bem alcançar… se nos esforçarmos por buscá-la"). A última é abordada por ela neste capítulo.

de ver que Ele é ofendido. Fora disso, nem enfermidade, nem pobreza nem mortes a atingirão — exceto de alguma pessoa que há de fazer falta à Igreja de Deus. Bem vê essa alma que o Senhor sabe fazer melhor do que ela pode desejar.

4. Deveis observar que há sofrimentos e sofrimentos. Há alguns produzidos de súbito pela natureza. O mesmo acontece com relação a alegrias, afetos de caridade e de compaixão para com o próximo. Esse foi o sentimento de Nosso Senhor quando ressuscitou Lázaro[5].

Os sofrimentos desse tipo não impedem a união com a vontade de Deus, nem tampouco perturbam a alma com uma paixão inquieta, desassossegada, que dura muito. Essas penas passam depressa. Como eu disse[6] a propósito dos gozos na oração, parece que não chegam ao fundo da alma, parando no nível dos sentidos e das faculdades. Perambulam pelas moradas precedentes, mas não entram na última, de que falarei depois (pois para isso é preciso o que fica dito[7] da suspensão das faculdades). Poderoso é o Senhor para enriquecer as almas por muitos caminhos e trazê-las a estas moradas, sem passar pelo atalho que foi mencionado.

5. Mas prestai grande atenção a isto, filhas: é necessário que morra a lagarta — e o faça à vossa custa. Ali[8] ajuda muito a fazê-la morrer o ver-se em vida tão nova; aqui é preciso que a matemos nós mesmas. Eu vos confesso que será com muito mais sofrimento, mas tem o seu valor, sendo muito maior a recompensa se sairdes vitoriosas. Quanto a ser possível, não há que duvidar, desde que haja união verdadeira com a vontade de Deus[9].

Esta é a união que tenho desejado por toda a minha vida. É ela a que peço sempre a Nosso Senhor, a união mais clara e segura.

6. Mas, ai de nós, quão poucos devemos chegar a ela! Aqueles que evitam ofender ao Senhor e abraçam o estado religioso imaginam que tudo está feito. Que engano! Restam umas lagartas que não se dão a conhecer, até que, como a que roeu a hera de Jonas[10], acabam por nos roer as virtudes: com o amor-próprio, a estima de si mesmo, o hábito de julgar os outros, ainda que em coisas pequenas, a falta de caridade para com o próximo, a quem não amamos como a nós mesmos. Com isso, vamos nos arrastando e cumprimos a obrigação apenas para evitar o pecado; no entanto, não chegamos nem de longe ao que é necessário para estar inteiramente unidas à vontade de Deus.

7. Que julgais, filhas, ser a Sua vontade? Que sejamos completamente perfeitas, a fim de nos tornar uma só coisa com o Filho e com o Pai, como Sua Majestade pediu[11]. Olhai quanto nos falta para chegar a isso! Digo-vos que escrevo isto com grande pena de me ver tão longe, e tudo por minha culpa. E, para chegarmos, o Senhor não precisa conceder-nos grandes consolos; basta o dom que nos fez, enviando Seu Filho para ensinar-nos o caminho.

Não penseis que a união consista em resignar-me eu à vontade de Deus a ponto de não sentir a morte de meu pai ou de meu irmão. Ou então, ao passar eu por sofrimentos e enfermidades, padecê-los com alegria. É bom fazê-lo, constituindo às vezes discrição; sabedores de que nada podemos fazer, transformamos a necessidade em virtude. Quantas coisas assim faziam os filósofos, ou outras de diferente espécie, por terem muita sabedoria!

Aqui, só duas coisas nos pede o Senhor: amor a Sua Majestade e ao próximo. É nisso que devemos trabalhar. Seguindo-as com perfeição, fazemos a Sua vontade, unindo-nos assim a Ele. Mas, como tenho dito, quão longe estamos de fazer como devemos essas duas coisas a tão grande

---

5. João 11,35.
6. No cap. 1, n. 6 (cf. M. IV, cap. 1, n. 4-5, e cap. 2, n. 3-5). O que aqui ela chama de *gozos* equivale aos *contentamentos* das M. IV.
7. No cap. 1, n. 3-4.
8. *Ali:* na união deleitosa ou oração infusa (cf. n. 3); *aqui:* na união não deleitosa, de pura conformidade de vontades. *Ajuda a fazê-la morrer:* tenha-se em mente o símbolo do bicho da seda (cap. 2, n. 7).
9. O sentido é: a possibilidade dessa morte não é passível de dúvida, contanto que a união (= conformidade com a vontade de Deus) seja verdadeira.
10. Jonas 4,6-7.
11. João 17,22.

Deus! Queira Sua Majestade dar-nos graça a fim de que mereçamos chegar a este estado. Está em nossas mãos fazê-lo; basta que o desejemos.

8. A meu ver, o sinal mais certo para verificar se guardamos essas duas coisas é a observância fiel do amor ao próximo. Com efeito, não é possível saber se amamos a Deus (embora haja grandes indícios para entender que O amamos); já o amor ao próximo pode ser comprovado[12]. E convencei-vos: quanto mais praticardes este último, tanto mais estareis praticando o amor a Deus. Isso porque é tão grande o amor que o Senhor nos tem que, para recompensar aquele que demonstramos pelo próximo, faz crescer por mil maneiras o amor que temos a Ele. Disso não posso duvidar.

9. É de grande importância estarmos muito atentas a isso. Se guardamos com perfeição o amor ao próximo, temos tudo feito. Pois creio que, sendo má a nossa natureza, só chegaremos a praticar com perfeição esse preceito se o amor ao próximo tiver como raiz o amor a Deus.

Já que esse ponto tem tal importância para nós, procuremos, irmãs, verificar como caminhamos nesse aspecto, mesmo em coisas miúdas. Não façamos caso de coisas grandiosas, que se apresentam a nós em conjunto na oração e nos persuadem de que faremos e aconteceremos[13] por amor ao próximo e por uma única alma que se salve. Porque, se as obras posteriores não estão em concordância com isso, não é de crer que o faremos. O mesmo digo da humildade e de todas as virtudes.

São grandes os ardis do demônio; para fazer-nos crer que temos alguma virtude, sem que a tenhamos, é capaz de dar mil voltas ao inferno. E tem razão, porque com isso causará muito prejuízo, já que essas virtudes fingidas nunca vêm desacompanhadas de alguma vanglória, dada a sua má raiz. Quanto às virtudes advindas do Senhor, estão isentas de toda vaidade e soberba.

10. Acho às vezes graça quando vejo certas almas nas horas de oração desejosas de ser abatidas e publicamente afrontadas pelo amor de Deus, e, depois, se cometem uma pequena falta, quererem encobri-la se o puderem. Ai! E se não a fizeram e dela são acusadas! Deus nos livre! Pois que note bem quem não sabe padecer essas ninharias: não faça caso do que no seu íntimo se determinou a sofrer, pois não se tratou de genuína determinação da vontade. Quando esta é real, é muito diferente.

É mais provável que tenha sido algum produto da imaginação, pois nesta o demônio arma suas ciladas e enganos. A mulheres, ou a pessoas sem instrução, o inimigo poderá enganar muitíssimo, porque não sabemos entender as diferenças entre as faculdades e a imaginação, bem como mil outras coisas interiores.

Ó irmãs, como se pode ver claramente que em algumas de vós existe de fato o amor ao próximo, enquanto em outras não chegou ele à mesma perfeição! Se entendêsseis a real importância dessa virtude, não teríeis outro anseio na vida!

11. Quando vejo algumas pessoas muito diligentes em compreender a oração que têm e muito empertigadas quando estão nela (a tal ponto que não ousam mexer-se nem agir com o pensamento, a fim de não perderem um pouquinho do gosto e da devoção que tiveram), percebo quão pouco entendem do caminho por onde se alcança a união. E pensam que nisso reside o essencial.

Não, irmãs, não; o Senhor quer obras. Se vedes uma enferma a quem podeis dar algum alívio, não vos importeis em perder essa devoção e tende compaixão dela. Se ela sente alguma dor, doa-vos como se a sentísseis vós. E, se for necessário, jejuai para que ela coma; não tanto por ela, mas porque sabeis que o vosso Senhor deseja isso.

Essa é a verdadeira união com a vontade de Deus. E se virdes uma pessoa ser grandemente louvada, alegrai-vos mais do que se louvassem a vós. Na verdade, isso não é difícil; se tem humildade, uma alma sente antes pesar por se ver louvada. É grande coisa a alegria sentida por se

---

12. Cf. 1 João 4,20.
13. *Faremos e aconteceremos:* "Frase familiar com que se indica a oferta de um bem ou benefício grande" (Dicaps. de la Acad.).

conhecerem as virtudes das irmãs; e, quando virmos alguma falta, deveremos senti-la como se nós a tivéssemos cometido e encobri-la.

12. Falei muito em outros lugares sobre este assunto[14] porque vejo, irmãs, que se houver descuido, estaremos perdidas. Queira o Senhor que nunca o haja. Se assim for, digo-vos que não deixareis de alcançar de Sua Majestade a união aqui descrita. Quando vos virdes falhas nessa virtude, ainda que tenhais devoção e consolos, e talvez alguma pequena suspensão na oração de quietude (a algumas pessoas logo lhes parecerá que tudo está feito), crede-me que ainda não chegastes a essa união. Pedi então a Nosso Senhor que vos conceda com perfeição o amor ao próximo e deixai-O agir em vós.

Sua Majestade vos dará mais do que sabeis desejar, desde que vos esforceis e façais tudo o que puderdes para alcançar essa virtude. Forçai vossa vontade para que se faça em tudo a das irmãs, ainda que com prejuízo dos vossos direitos; esquecei o vosso bem pelo bem delas, por mais que nisso contrarieis a vossa natureza; e, havendo ocasião, procurai encarregar-vos do trabalho que pertencia a elas fazer. Não penseis que isso vos será fácil nem que o haveis de achar já feito. Olhai o que custou a nosso Esposo o amor que nos teve. Para nos livrar da morte, sofreu-a, e penosíssima, na cruz.

CAPÍTULO 4

Prossegue no mesmo assunto, explicando com mais detalhes este tipo de oração[1]. Fala da importância de andar com atenção, pois o demônio faz de tudo para levar a alma a retroceder no caminho começado.

1. Parece-me que desejais saber o que faz a pombinha mencionada e onde pousa, pois fica claro que não é em gostos espirituais nem em contentamentos da terra. Mais alto é o seu voo. Não posso satisfazer o vosso desejo senão na última morada, e queira Deus que eu me lembre ou tenha ocasião de escrevê-lo; porque já se passaram quase cinco meses desde que comecei este escrito até agora[2]. E, como não tenho cabeça para voltar a lê-lo, tudo deve estar saindo desconcertado, e talvez eu diga algumas coisas duas vezes. Como é para minhas irmãs, pouca importância tem.

2. Quero ainda dizer-vos o que me parece ser esta oração de união. Farei uso de uma comparação, tudo de acordo com a minha inteligência. Depois falaremos mais dessa borboletinha, que não para — embora não deixe de fazer bem a si e a outras almas — porque não acha o seu verdadeiro repouso.

3. Já tereis ouvido dizer muitas vezes que Deus se une espiritualmente às almas. Bendita seja Sua misericórdia, que tanto se quer humilhar! E, ainda que seja comparação grosseira, não encontro outra melhor do que o sacramento do matrimônio para explicar o que pretendo. Não há dúvida de que é de maneira diferente. Nisto que tratamos nunca há nada que não seja espiritual. O que é corpóreo fica muito aquém; os contentamentos espirituais que o Senhor concede, se comparados com os gostos que devem ter os que se desposam, estão a mil léguas de distância. Aqui, tudo é amor com amor, sendo suas operações tão límpidas — e tão delicadas e suaves — que não há palavras que as possam descrever. Mas o Senhor sabe muito bem dá-las a sentir.

---

14. Em *Caminho*, cap. 7, *Fund.*, cap. 5.

1. Ela continua a tratar da *oração de união:* cf. o título do cap. 2 e o n. 2 deste capítulo.

2. Penosa alusão às dificuldades que acompanharam a composição deste livro. Iniciado em Toledo no dia 2 de junho de 1577 (cf. Prólogo, n. 3), em menos de um mês e meio estava redigido até o cap. 2 (inclusive) das M. V. apesar das contínuas interrupções impostas "pelos negócios e pela saúde" (M. IV, cap. 2, n. 1). Em meados de julho, a viagem da autora de Toledo a Ávila impõe uma interrupção que quase se transforma em suspensão definitiva da obra. Ela escreve o cap. 3 (M. V) ou durante a longa viagem ou em seus primeiros dias em Ávila. Seguem-se meses de abandono total da tarefa, até que, no princípio de novembro, a Santa tem de retomar a redação a partir do cap. 4 das Moradas V: "Passaram-se quase cinco meses desde que comecei até agora". Ela ainda não estava sequer na metade do livro; mas, em menos de um mês, escreveu o resto, datando o epílogo em Ávila no dia 29 de novembro.

4. Parece-me que a união não chega ao noivado espiritual. É como se passa no mundo quando duas pessoas vão se casar: procuram ver se há harmonia de temperamentos e se um e outro desejam o matrimônio. Por fim, marcam um encontro, para maior satisfação de ambos.

Assim é aqui[3]. Pressupõe-se que o contrato já está feito, a alma, bem informada das vantagens da aliança e determinada a fazer em tudo a vontade do Esposo, de todas as maneiras que a Este aprouver. Sua Majestade — como quem bem entende se de fato as coisas se passam assim — está contente com ela e concede-lhe a graça de querer conhecê-Lo melhor. Como dizem, concede-lhe que se vejam[4] e se encontrem. Aproxima-a de Si.

Podemos dizer que é assim, porque assim se passa, ainda que num curtíssimo espaço de tempo. Aí já não há dar e tomar, mas a visão secreta que a alma tem Daquele a Quem há de tomar por Esposo. Pelos sentidos e faculdades, não entenderia em mil anos, de nenhuma maneira, o que aqui entende num átimo. Sendo tal o Esposo, basta a Sua visão para que a alma se torne mais digna do enlace, de dar-Lhe a sua mão, como dizem.

Com efeito, a alma fica tão enamorada que tudo faz para que não se rompa esse divino noivado. Mas, se se descuidar e colocar sua afeição em coisa que não seja Ele, a alma perderá tudo. E é imensa a perda, como imensas são as graças que Ele vai concedendo; é muito maior do que se pode avaliar.

5. Por isso, almas cristãs, peço, pelo amor de Deus, àquelas a quem Ele fez chegar a estes termos que não vos descuideis. Afastai-vos das ocasiões de pecado, porque mesmo neste estado a alma não está tão forte que se possa envolver nelas. Só o estará depois de celebrado o noivado, o que ocorre na próxima morada.

A comunicação com Deus não foi mais do que um breve encontro, e o demônio se esforçará por perturbar a alma e desviá-la desse noivado. Depois, como já a vê inteiramente rendida ao Esposo, não se atreve a tanto, porque tem medo dela e sabe que, se alguma vez o fizer, ficará com grande prejuízo, enquanto à alma restará maior lucro.

6. Eu vos digo, filhas, que tenho conhecido pessoas muito adiantadas que, tendo chegado a este estado, foram tiradas dele pela grande sutileza e astúcia do demônio, que voltou a apoderar-se delas. Deve juntar-se todo o inferno para isso, pois, como digo muitas vezes[5], não é uma só alma que se perde, mas uma multidão delas. O demônio tem boa experiência disso.

Se olhamos a grande quantidade de almas que Deus atrai a Si por meio de uma, somos levadas a louvá-Lo muito pelos milhares de conversões conseguidas pelos mártires — por exemplo, uma donzela como Santa Úrsula! E quantas almas terão sido arrancadas do demônio por São Domingos, São Francisco e outros fundadores de Ordens, como é o caso hoje do padre Inácio, que fundou a Companhia! Está claro que todos, como o lemos, recebiam graças semelhantes de Deus[6]. A que se atribui isso senão ao fato de que eles se esforçaram por não romper por sua culpa tão divino noivado?

---

3. Ela se refere à vida espiritual.
4. A Santa se refere a um rito pré-nupcial, anterior ao noivado, em que os pretendentes se conheciam mutuamente e fruíam das alegrias desse primeiro encontro (um uso da época da Autora). Ao introduzir em seu livro essa terceira alegoria (a matrimonial), ela irá falando de passagem — como nas duas anteriores (do castelo e do bicho da seda) — dos elementos reais ou materiais, que depois carregará de conteúdo simbólico. Podemos oferecer ao leitor um esquema — sumaríssimo e só aproximado — da versão alegórica dada a esses elementos: o "contrato" corresponde vagamente às graças preparatórias das M. IV; o "encontro" é uma ilustração brevíssima de entendimento e vontade, a fim de iniciar a alma num conhecimento mais profundo de Deus e despertar nela um amor novo (n. 4-5); o "enamoramento" significa uma permanente ferida de amor (M. VI, cap. 1, n. 1); o "conceder a mão" indica o compromisso de vigilância e proteção do esposo divino com relação à alma: "ninguém há de tocar nela" (M. VI, cap. 4, n. 16); o mútuo intercâmbio de dons tem sua correspondência mística nas três "joias que o Esposo começa a dar à esposa": "conhecimento da grandeza de Deus", "conhecimento próprio" e desprezo do terreno (M. VI, cap. 5, n. 10-11).
5. Nas M. IV, cap. 3, n. 9-10.
6. Vaga alusão às leituras de vidas de Santos, comuns nos mosteiros carmelitas já na época da Santa.

Ó, filhas minhas! Quão disposto está esse Senhor a conceder-nos as mesmas graças que deu a eles! E, de certo modo, tem agora mais necessidade de quem as queira receber, porque há poucos que zelam pela Sua honra, muito menos do que antes. Temos extremo amor a nós mesmos, demasiado apego aos nossos direitos! Oh! Que engano tão grande! Que o Senhor, por Sua misericórdia, nos ilumine para não cairmos em semelhantes trevas!

7. Podereis estar em dúvida sobre duas coisas. A primeira: se a alma está tão unida com a vontade de Deus, como foi dito[7], como pode se enganar, já que em nada quer fazer a própria vontade? A segunda: por que meios pode entrar o demônio tão perigosamente que vos faça perder a alma, vós que estais tão afastadas do mundo e tão próximas dos sacramentos, bem como na companhia — podemos dizer — de anjos? Pois, pela bondade do Senhor, todas as irmãs têm apenas o desejo de servi-Lo e de agradá-Lo em tudo. Se se tratasse de pessoas envolvidas nas ocasiões do mundo, já não seria tanto de admirar que se perdessem.

Digo que nisso tendes razão, pois grande misericórdia teve Deus para conosco. Mas, quando considero — como já disse — o caso de Judas (que vivia em companhia dos Apóstolos, tratando sempre com o próprio Deus e ouvindo as Suas palavras), vejo que não há segurança no que diz respeito a esse assunto[8].

8. Respondo assim à primeira dúvida: se a alma estivesse sempre unida à vontade de Deus, está claro que não se perderia. Mas vem o demônio com suas sutis armadilhas e, sob a aparência de bem, vai afastando-a da vontade divina em coisinhas insignificantes e introduzindo-a em outras que faz parecer não ruins. Assim, vai pouco a pouco obscurecendo o seu intelecto, enfraquecendo-lhe a vontade e fazendo crescer nela o amor-próprio, até que, de queda em queda, afasta a alma da vontade de Deus e a aproxima da sua.

Isso já serve de resposta à segunda dúvida. Não há recinto tão fechado onde o demônio não possa penetrar nem deserto tão isolado onde deixe de ir. E ainda vos digo outra coisa: talvez o Senhor o permita para ver como se comporta a alma a quem escolheu para ser luz de outras. Se ela há de ser ruim, é melhor que o seja no princípio do que depois, quando pode causar prejuízo a muitas.

9. O esforço que considero mais acertado — depois de pedirmos sempre a Deus na oração que nos proteja e pensarmos sempre que, se Ele nos deixa, caímos logo no abismo; por isso, nunca confiemos em nós mesmas, pois seria desatino — é o de agir com particular cuidado e atenção, verificando como caminhamos nas virtudes.

Devemos observar se estamos progredindo ou piorando em alguma delas, em especial no amor de umas pelas outras, no desejo de sermos tidas como as menores e na perfeição das coisas comuns. Se examinamos bem isso e pedimos ao Senhor que nos ilumine, logo veremos o lucro ou a perda.

E não penseis que, depois de fazer uma alma ascender a tão elevado estado, a mão de Deus a deixe tão depressa que o demônio não tenha muito trabalho para desviá-la. Sua Majestade sente tanto que essa alma se perca que lhe dá mil avisos interiores de mil maneiras. Assim, ela não poderá esconder de si própria o prejuízo.

10. Enfim, concluo dizendo que procuremos sempre avançar. Se não houver progresso, tenhamos grande temor, pois sem dúvida o demônio nos prepara alguma armadilha, já que não é possível que, tendo a alma chegado a tanto, deixe de ir crescendo. O amor jamais está ocioso, sendo assim muito mau sinal o não avançar. A alma que pretendeu ser esposa do próprio Deus, tendo tratado já com Sua Majestade e chegado ao ponto que fica dito, não pode deitar-se e pôr-se a dormir.

E para que vejais, filhas, o que Ele faz com as almas que já tem por esposas, comecemos a abordar as sextas moradas. Vereis quão pouco é tudo o que podemos fazer e padecer em Seu serviço para nos prepararmos para tão grandes graças.

---

7. No n. 4; e caps. 1-3 *passim*.
8. Vejam-se as alusões a Judas e Saul no cap. 3, n. 2.

É possível que Sua Majestade tenha ordenado que me mandassem escrever isto para que, tendo os olhos no prêmio e vendo como é infinita a Sua misericórdia — pois deseja comunicar-Se e manifestar-Se a uns vermes como nós —, esqueçamos os nossos pequenos contentamentos da terra e, voltadas para a Sua grandeza, corramos inflamadas pelo Seu amor.

11. Queira Deus que eu acerte em explicar algo de coisas tão difíceis; porque, se Sua Majestade e o Espírito Santo não guiarem a minha pena, bem sei que será impossível. E se não há de ser para o vosso proveito, suplico-Lhe que não acerte eu em dizer nada. Bem sabe o Senhor que não é outro o meu desejo — ao menos pelo que posso entender de mim mesma — senão que seja louvado o Seu nome e que nos esforcemos por servir a um Deus que nos recompensa com tanta generosidade já aqui na terra.

Por essas graças, podemos entender algo do que Ele nos há de dar no céu, sem as interrupções, os sofrimentos e os perigos deste mar de tempestades. Pois, se não existisse o risco de O perdermos e ofendermos, seria um descanso que a vida não se acabasse até o fim do mundo, a fim de trabalharmos por tão grande Deus, Senhor e Esposo.

Praza a Sua Majestade mereçamos prestar-Lhe algum serviço sem as nossas faltas costumeiras, que aparecem mesmo nas obras boas. Amém.

SEXTAS MORADAS
HÁ NELAS ONZE CAPÍTULOS

CAPÍTULO 1

Diz que, ao começar o Senhor a conceder maiores graças, há maiores sofrimentos. Menciona alguns, mostrando como se comportam neles os que estão nesta morada. É útil para quem padece sofrimentos interiores.

1. Com o favor do Espírito Santo, falemos, pois, das sextas moradas, onde a alma, já ferida pelo amor do Esposo, procura mais ocasiões de estar a sós e deixar — de acordo com o seu estado — tudo quanto possa atrapalhar essa solidão.

Está tão esculpida na alma aquela visão[1] que todo o seu desejo é voltar a fruí-la. Como eu disse, nesta oração não se vê nada (no sentido que se pode dar a ver), nem com a imaginação; digo visão por causa da comparação que fiz[2].

A alma já está bem determinada a não aceitar outro esposo; mas o Esposo não atende aos seus grandes desejos de que se realize logo o noivado, pois ainda quer que ela o deseje mais e que lhe custe alguma coisa um bem que é o maior dos bens. E, embora tudo seja pouco para tão grande lucro, digo-vos desde já, filhas, que não deixam de ser necessários os penhores e sinais com que a alma é favorecida. Isso para que ela possa suportar os sofrimentos que a esperam. Oh! Valha-me Deus! Que sofrimentos interiores e exteriores padece ela até entrar nas sétimas moradas!

2. Algumas vezes considero o assunto e temo que, se a fraqueza natural o percebesse antecipadamente, seria dificílimo para ela determinar-se a sofrê-lo, por maiores que fossem os bens vislumbrados, a não ser que tivesse chegado à sétima morada. Nesta, não há temor que a impeça de lançar-se deveras a padecer tudo por Deus[3]. E a causa é que ela está quase sempre tão unida a Sua Majestade que daí extrai a sua força.

Creio ser bom contar-vos alguns dos sofrimentos que sei ocorrerem com certeza. É possível que nem todas as almas sejam levadas por esse caminho, mas duvido que vivam livres dos sofri-

---

1. *Aquela visão:* a Santa alude à graça mística simbolizada pelo "encontro" do cap. anterior, n. 4. Em seguida, *como eu disse:* nas M. V, cap. 1, n. 9-11.
2. Ela alude à mencionada graça do "encontro"; cf. M. V, cap. 1, n. 9-11, e cap. 4, n. 3 s.
3. Cf. M. VII, cap. 3, n. 4-5. Ver, além disso, M. VI, cap. 11, n. 11.

mentos terrenos, de uma maneira ou de outra, as almas que por vezes fruem tão intensamente as coisas do céu.

3. Embora eu não pretendesse tratar desse assunto, pensei que, para algumas almas envolvidas nesses tormentos, seria de grande consolo saber o quanto sofrem aqueles a quem Deus concede semelhantes graças. Nessas circunstâncias, tudo parece verdadeiramente perdido. Não enumerarei pela ordem esses sofrimentos, mas à medida que me ocorrerem à memória.

Quero começar pelos menores. Trata-se de uma algazarra das pessoas com quem tratamos, e até daquelas com quem não o fazemos, as quais não se diria que pudessem se lembrar de nós. Dizem elas: "Faz-se de santa"; "usa de extremos para enganar o mundo e desmerecer os outros, que são melhores cristãos sem essas cerimônias". E deve-se notar que não há aqui cerimônia nenhuma; a alma procura apenas guardar bem o seu estado.

As pessoas tidas por amigas afastam-se dela, sendo as que mais lhe causam sofrimento, e dos mais dolorosos. Dizem: "Aquela alma está perdida e notavelmente enganada"; "são coisas do demônio"; "vai acontecer-lhe como a fulano ou sicrano, que se perderam e desacreditaram a virtude"; "engana os confessores". E essas pessoas procuram os confessores e tentam convencê-los, citando-lhes exemplos do que ocorre a alguns que se perderam de modo semelhante. São inúmeros os ditos e zombarias dessa espécie.

4. Conheço uma pessoa[4] que receou muito não ter a quem confessar-se, a tal ponto haviam chegado as coisas — são tantas que não me deterei nelas. E o pior é que não passam depressa, durante toda a vida. As pessoas vivem avisando umas às outras que evitem tratar com semelhante gente.

Vós me direis que também há quem diga bem. Ó filhas, como são poucos os que acreditam nesse bem, em comparação com os muitos que o abominam! Tanto mais que esse é outro sofrimento, maior do que os mencionados, porque, como a alma vê claramente que, se tem algum bem, é dado por Deus — e não seu, de maneira nenhuma, pois pouco antes estava pobre e envolvida em grandes pecados —, experimenta um tormento intolerável ao ser louvada, ao menos no princípio. Depois, nem tanto, e por algumas razões.

A primeira, porque a experiência lhe faz ver claramente que as pessoas tão depressa dizem bem como mal e, assim, não dá mais importância a uma coisa do que à outra. A segunda, porque o Senhor lhe tem dado maior entendimento para ver que nenhuma coisa boa é sua, mas dada por Sua Majestade; desse modo, põe-se a louvar a Deus, sem se lembrar do que lhe diz respeito, como se fosse uma graça dispensada a outra pessoa. A terceira: vendo algumas almas beneficiadas em função das graças que Deus lhe concede, pensa que Sua Majestade usou esse meio — de a considerarem boa, quando não o é — para fazer bem a outras pessoas. A quarta: valorizando antes a honra e a glória de Deus do que as suas próprias, supera uma tentação comum no início: a de que esses louvores hão de causar a sua ruína, como tem visto acontecer com algumas pessoas. Ela pouco se importa de ser desacreditada, contanto que, pelo menos uma vez, o Senhor seja louvado por seu intermédio. Venha depois o que vier!

5. Essas e outras razões aplacam o grande pesar provocado por esses louvores. Apesar disso, quase sempre se sente algum, a não ser quando não se atenta nem pouco nem muito para o assunto. Mas, sem comparação, o maior sofrimento é ver-se considerada publicamente boa sem que haja razão para isso[5]. Quando uma alma chega a não dar importância aos louvores, muito menos a dá aos vitupérios. Antes se alegra, soando-lhe a crítica como música suavíssima.

Essa é uma grande verdade, antes fortalecendo que acovardando a alma. A experiência já lhe ensinou o grande proveito que lhe advém deste caminho, e ela julga que não ofendem a Deus os que a perseguem. Na verdade, Sua Majestade o permite para seu maior benefício. Como sente isso

---

4. A própria Santa; cf. *Vida*, cap. 28, n. 14.
5. É maior sofrimento ver-se tida publicamente por boa do que padecer críticas, murmúrios e acusações (cf. n. 3-4).

claramente, a alma adquire por essas pessoas um amor terno e particular, pois considera que são mais suas amigas e lhe dão a ganhar mais que as outras, com os seus elogios.

6. O Senhor também costuma dar enfermidades gravíssimas. Este é um sofrimento muito maior, em especial quando são dores agudas. De certa maneira, parece-me ser este o maior sofrimento exterior que há na terra, se as dores são violentas, pois decompõem o interior e o exterior[6]. Elas alteram a alma de tal modo que esta não sabe o que fazer de si e de muito bom grado preferiria qualquer martírio rápido, embora essas dores não durem tanto com essa violência extrema. Deus não dá mais do que se pode sofrer, concedendo primeiro a paciência. Mas ter outras grandes dores é o costume, bem como enfermidades de muitos tipos.

7. Conheço uma pessoa que, desde que começou a receber do Senhor a graça mencionada[7] — há uns quarenta anos —, não pode dizer sem mentir que tenha estado um dia sem dores e sem outras maneiras de padecer. Refiro-me à falta de saúde corporal, sem falar de outros grandes padecimentos. É verdade que, tendo sido muito ruim e considerando-se o inferno que merecia, tudo lhe parece pouco.

Outras almas, que não tenham ofendido tanto a Nosso Senhor, talvez sejam levadas por Ele por outro caminho. Mas eu sempre escolheria o do sofrimento, ao menos para imitar Nosso Senhor Jesus Cristo, ainda que não houvesse outro benefício. Quanto mais havendo tantos!

Oh! E se tratamos dos sofrimentos interiores! Se eu conseguisse falar deles, as outras penas pareceriam pequenas! É impossível descrever de que maneira se passam.

8. Comecemos pelo tormento que é deparar com um confessor tão temeroso e pouco experiente que não há coisa que julgue segura; de tudo tem medo, em tudo põe dúvida, pois vê coisas extraordinárias. De modo particular, se vê imperfeições na alma favorecida por Deus (parecendo-lhe que devem ser anjos aqueles a quem Deus conceder essas graças, o que é impossível enquanto se vive neste corpo), logo condena tudo e o atribui ao demônio ou à melancolia. E desta o mundo está tão cheio que não me espanto que o faça. São tantos os casos e o demônio espalha tantos males por esse caminho que os confessores estão certíssimos em temê-la e examinar tudo muito bem.

Mas a pobre alma que tem os mesmos temores e procura o confessor como a um juiz, sendo condenada por este, não pode deixar de sentir grande tormento e perturbação. E só entenderá como é grande esse sofrimento quem tiver passado por ele.

Esta é outra das maiores provações que tais almas padecem, em especial se foram ruins: pensar que, por seus pecados, Deus há de permitir que sejam enganadas. Ainda que, quando Sua Majestade lhes concede a graça, estejam seguras e não possam crer advir aquilo de outro espírito senão de Deus, como isso passa depressa e a lembrança dos pecados está sempre viva, voltam logo a sentir esse tormento. Porque veem em si faltas, já que estas sempre existem.

Se o confessor lhes dá segurança, aplaca-se o tormento, embora volte depois. Mas, quando ele ajuda com mais temor, é coisa quase intolerável, em especial quando a isso se segue tal aridez que a alma considera nunca ter pensado em Deus nem nunca vir a pensar. Quando ouve falar de Sua Majestade, age como quem ouvisse falar de uma pessoa que está longe.

9. Tudo isso não seria nada se, além do mais, a alma não julgasse que não sabe informar bem os confessores e que os engana. Por mais que pense e veja que não lhes oculta sequer um movimento, não consegue tranquilizar-se. Porque o intelecto está tão obscurecido que não é capaz de ver a verdade, acreditando apenas no que a imaginação lhe sugere — a ela cabe então o domínio — e nos desatinos que o demônio quer lhe apresentar; Nosso Senhor deve ter dado licença a este para que prove a alma, e até para persuadi-la de que está reprovada por Deus. De fato, são

---

6. Compare-se com *Vida*, cap. 30, n. 8.

7. A *graça mencionada* é a oração de união ou graça do "encontro", própria das M. V, a que a Santa aludiu no n. 1. *Conheço uma pessoa:* trata-se da própria Autora, que escreve estas linhas no final de 1577 e que, por volta de 1537 ("quarenta anos" antes), se viu submetida a terríveis enfermidades (cf. *Vida*, caps. 4, 5 e 6) e chegou ao limiar da oração de união (ib., cap. 4, n. 7).

muitas as coisas que a assaltam com uma angústia interior, de maneira tão sensível e intolerável que não sei com que compará-las senão aos tormentos que se padecem no inferno. Durante a tempestade, nenhum consolo dá alívio.

Se a alma procura alento no confessor, parece que os demônios se valem dele para mais atormentá-las. Assim, lidando um confessor com uma alma que padecia esse sofrimento (trata-se de angústia perigosa, já que agrega tantas coisas ao mesmo tempo), e tendo este passado, dizia-lhe que o avisasse quando estivesse nessas tribulações. Mas sempre era muito pior, até que ele veio a entender que o remédio já não estava em sua mão[8]. De tal modo estava aquela alma que, se quisesse ler um livro escrito em sua própria língua, não conseguia fazê-lo, porque o intelecto se mostrava incapaz.

10. Enfim, não há outro remédio nessa tempestade senão aguardar a misericórdia de Deus, que de repente, só com uma palavra Sua, ou por meio de uma ocasião que se apresente, tira tudo tão depressa que nem parece ter havido uma sombra naquela alma, de tal maneira fica ela cheia de sol e de muito maior consolação.

E, como quem escapou de uma batalha perigosa e conseguiu a vitória, ela fica louvando a Nosso Senhor, já que foi Ele quem pelejou pelo triunfo. Com efeito, a alma reconhece com clareza que não lutou, pois todas as armas com que podia defender-se parecem a ela estar nas mãos de seu adversário. Assim, conhece verdadeiramente a sua miséria e sabe o pouquíssimo que podemos por nós mesmos, se o Senhor nos desamparar.

11. A alma parece já não ter necessidade de consideração para entendê-lo, porque a experiência de passar por isso — tendo-se visto de todo incapacitada — a levou a perceber a nossa insignificância e miserabilidade. A graça — que continua presente, pois em toda essa tormenta a alma não ofende a Deus nem O ofenderia por coisa nenhuma da terra — está tão escondida que a pessoa julga não ver em si sequer uma pequena centelha de amor a Deus. Parece-lhe até que nunca o teve, porque, se fez algum bem, ou se Sua Majestade lhe concedeu alguma graça, tem-nos por coisa sonhada ou fantasia. Só tem certeza de ter cometido muitos pecados.

12. Ó Jesus, o que é ver uma alma assim desamparada! E, como eu disse[9], quão pouco benefício lhe traz qualquer consolo da terra! Por isso, irmãs, se algum dia vos virdes assim, não penseis que os ricos e os que gozam de sua liberdade encontrem para esses momentos melhor remédio. Não, não! A meu ver, é como se diante de condenados fossem postos todos os deleites do mundo; nada disso bastaria para lhes dar alívio, antes aumentando-lhes o tormento.

Aqui, todo tormento vem do alto, de nada valendo para mitigá-lo as coisas da terra. Esse grande Deus quer que O conheçamos como Rei e que percebamos a nossa miséria. Isto tem grande importância para o que adiante se dirá.

13. Que fará a pobre alma se o tormento se mantiver assim por muitos dias? Se reza, é como se não o fizesse — para o seu consolo, quero dizer —, porque não penetra no interior nem entende o que reza, embora se trate de oração vocal. Oração mental é absolutamente impossível nesse estado, já que as faculdades não se dispõem a isso. A solidão a prejudica, ainda que estar ou falar com alguém constituam outro tormento. Assim, por mais esforços que faça, mostra um modo desabrido e mal-humorado claramente perceptível.

E saberá ela na verdade dizer o que tem? É indizível, tratando-se de aflições e pesares espirituais que não se sabem denominar. O melhor remédio (não para acabar com o sofrimento, pois este não o conheço, mas para melhor suportá-lo) é ocupar-se em obras de caridade e outras coisas exteriores, esperando na misericórdia de Deus, que nunca falta aos que Nele confiam. Que seja para sempre bendito. Amém.

14. Há outros sofrimentos exteriores provocados pelos demônios; mas, como não são tão habituais nem tão penosos, não há para que falar neles. A meu ver, por mais que os demônios façam,

---

8. A Santa e o Padre Baltasar Alvarez; cf. *Vida*, cap. 30, n. 13. A alusão seguinte corresponde a *Vida*, cap. 30, n. 12.
9. Nos n. 9-10.

não chegam a incapacitar assim as faculdades nem a perturbar a alma dessa maneira, porque, em suma, não podem fazer mais do que o Senhor lhes der licença. Enquanto se pode raciocinar, tudo é pouco em comparação com o que ficou dito.

Falaremos de outros sofrimentos interiores nestas moradas, à medida que tratarmos das diferenças que há na oração e nas graças do Senhor. Ainda que haja alguns mais dolorosos que os mencionados — como se verá pelo estado em que deixam o corpo —, não merecem o nome de sofrimentos, nem devemos chamá-los assim, porque são imensas graças do Senhor e porque, em meio a eles, a alma entende com clareza serem graças, e muito acima dos seus merecimentos.

Esse imenso sofrimento vem quando já se está para entrar nas sétimas moradas, fazendo-se acompanhar de outros grandes tormentos. Enumerarei apenas alguns deles[10], porque seria impossível falar de todos, ou mesmo declarar a sua natureza. Eles descendem de linhagem muito mais alta do que a dos demais. Se não pude explicar melhor os primeiros, que são de casta mais baixa, muito menos saberei falar destes. O Senhor nos dê para tudo o Seu favor, pelos méritos de Seu Filho. Amém.

CAPÍTULO 2

Fala de algumas maneiras pelas quais Nosso Senhor desperta a alma. Ao que parece, nelas não há o que temer, embora se trate de coisa muito elevada, bem como de grandes graças.

1. Parece que abandonamos a nossa pombinha, mas não o fizemos. Porque estes sofrimentos são os que a fazem voar ainda mais alto.

Portanto, comecemos agora a ver como o Esposo se comporta com ela, fazendo-a desejar intensamente o noivado. O Senhor usa para isso de meios tão delicados que a própria alma não os entende, nem creio que acertarei em explicá-los de modo compreensível, a não ser àquelas que passaram por isso. Trata-se de impulsos tão delicados e sutis, procedentes do mais íntimo da alma, que não sei com que compará-los de maneira adequada.

2. É bem diferente de tudo o que podemos procurar aqui na terra, e até mesmo dos gostos que mencionei[1], pois muitas vezes, estando a própria pessoa descuidada e sem se lembrar de Deus, Sua Majestade a desperta, à maneira de um cometa que passa depressa, ou de um trovão, ainda que não haja ruído. A alma entende muito bem que Deus a chamou. Fá-lo de forma tão evidente que, às vezes — em especial no princípio —, estremece e até se queixa, embora não seja algo que provoque dor.

A alma sente-se saborosissimamente ferida, mas não percebe como nem quem a feriu. Sabe tratar-se de coisa preciosa e deseja não sarar jamais daquela ferida. Queixa-se a seu Esposo com palavras de amor, mesmo exteriores, sem poder fazer outra coisa. Ela entende que Ele está presente, mas não quer Se manifestar de modo a deixar-Se fruir.

E isso provoca grande dor — ainda que dor saborosa e doce. Embora não a queira ter, a alma não pode deixar de senti-la. Está longe de querer desfazer-se dela! Essa dor a satisfaz muito mais do que o embevecimento saboroso, desprovido de padecer, da oração de quietude[2].

3. Desdobro-me, irmãs, para vos explicar essa obra de amor, mas não sei como fazê-lo. Parece haver uma contradição. Por um lado, o Amado dá claramente a entender que está com a alma; por outro, parece chamá-la com um sinal tão certo que não se pode duvidar. É um silvo tão penetrante que a alma não pode deixar de ouvir. Parece que o Esposo — que está nas sétimas moradas — se expressa assim numa fala não articulada e, ao fazê-lo, toda a gente que está nas outras moradas — os sentidos, a imaginação e as faculdades — não ousa mexer-se.

---

10. *Enumerarei alguns:* no cap. 11, último capítulo das M. VI.
1. Nas M. IV.
2. M. IV, cap. 3, n. 11-14.

Ó meu poderoso Deus, como são grandes os Vossos segredos! E que diferentes são as coisas do espírito de tudo o que por aqui se pode ver e entender! Não há força humana capaz de explicar um fenômeno como este. E, no entanto, ele é pequeno diante das grandes coisas que operais nas almas!

4. Ele age nela de modo tão poderoso que ela se desfaz em desejos e não sabe o que pedir, porque claramente lhe parece que com ela está o seu Deus.

Vós me direis: se percebe isso, o que deseja ela, ou o que a aflige? Que maior bem quer? Não o sei. Sei que lhe parece chegar às entranhas essa aflição e, quando delas lhe arranca a seta Aquele que a fere, verdadeiramente é como se levasse consigo as entranhas, tal é o sentimento de amor experimentado[3].

Estava eu pensando agora: será que desse braseiro aceso que é o meu Deus salta alguma fagulha e cai na alma, de modo a deixá-la sentir aquele abrasamento? Como a fagulha em si, tão deleitosa, é insuficiente para queimá-la, causa-lhe aquela dor. O seu toque produz aquele efeito. Parece-me que essa é a melhor comparação a que pude chegar.

Porque essa dor saborosa — que não é dor — não permanece sempre no mesmo grau. Às vezes, dura muito tempo, outras se acaba depressa. É como o Senhor o quer comunicar, pois não é coisa que se possa procurar por nenhum meio humano. Mas, embora às vezes permaneça por um bom tempo, ela desaparece e torna a voltar. Em suma, essa dor nunca é contínua e, por isso, jamais deixa de abrasar a alma. Mal vai se acender, morre a centelha e a alma fica com o desejo de tomar a padecer aquela dor amorosa que ela lhe causa.

Aqui não há dúvidas. Não se trata de coisa provocada pela natureza, pela melancolia, nem tampouco engano do demônio ou fruto da imaginação. Porque se percebe com clareza que esse movimento provém de onde está o Senhor, lugar imutável. Seus efeitos diferem dos de outras devoções em que o grande embevecimento do gosto pode nos causar dúvidas. Aqui, todos os sentidos e faculdades estão destituídos de embevecimento, considerando o que poderá ser aquilo. A meu ver, eles em nada estorvam essa pena deleitosa, não lhe acrescentando nada nem nada tirando dela.

Quem receber de Nosso Senhor essa graça — e, tendo-a recebido, ao ler isto, a reconhecerá — dê-Lhe muitas e muitas graças, pois não tem que temer ser ou não engano. Pelo contrário, deve temer vir a ser ingrato a tão grande favor, procurando esforçar-se em servir e em melhorar em tudo a sua vida. Verá assim que essa graça não se interrompe, multiplicando-se em muitas outras. Conheço uma pessoa que foi favorecida durante vários anos com essa graça[4]. Só com ela já estava bem satisfeita, pois, se tivesse de servir ao Senhor por inúmeros anos com grandes sofrimentos, esse favor já a recompensaria. Bendito seja Ele para sempre. Amém.

6. Pode ser que observeis que neste aspecto há mais segurança do que em outras coisas. A meu ver, por estas razões: a primeira, porque o demônio nunca pode proporcionar uma dor saborosa como esta. Ele pode dar sabor e deleite que pareçam espirituais; mas unir dor, e tanta, com quietude e gosto da alma não é da sua alçada. Todos os seus poderes dizem respeito ao exterior; quanto às suas dores, quando ele as dá, não são nunca, ao que me parece, saborosas e pacíficas, mas inquietas e perturbadoras.

A segunda razão: essa tempestade saborosa vem de uma região que o demônio não pode controlar. A terceira: a alma é grandemente beneficiada. Entre os proveitos que lhe ficam estão, mais

---

3. "Parece que as leva consigo, tal é o sentimento de amor" — assim esclareceu Frei Luis (p. 138). Toda essa passagem, com a dupla experiência do fogo e da seta, tem um belo paralelo biográfico em *Vida*, cap. 29, n. 10.

4. A Santa alude a si mesma. Ela foi vítima desses ímpetos irresistíveis durante os anos em que escreveu o livro da *Vida*, 1562-1565. Em 1568 (?), São João de Ávila lhe escreve assegurando-lhe "que são bons" (cf. *Rel.* 5, n. 13; e a carta do Santo em B. M. C., t. II, pp. 208-210). Ainda em 1571, a Santa apresenta muitas vezes esses ímpetos, apesar de escrever: "De uns dias para cá, parece-me não ter tão grandes ímpetos como costumava" (*Rel.* 15, n. 1). Pouco depois, sem que seja possível fixar a data, essa graça mística cede lugar a outras menos violentas: "O desejo e o ímpeto tão grande de morrer me abandonaram" (*Rel.* 21).

comumente, determinar-se a padecer por Deus, desejar ter muitos sofrimentos e dispor-se a evitar os contentamentos e conversas da terra, bem como outras coisas semelhantes.

7. O fato de não ser ilusão[5] está muito claro; mesmo que outras vezes procure reproduzi-lo, não conseguirá, por mais que faça. E é coisa tão notória que a ilusão é inteiramente impossível — impossível parecer que é, não sendo, ou duvidar de sua verdadeira realidade. Se alguém tiver alguma dúvida — isto é, se não souber se o experimentou de fato ou não —, saiba que não se trata de ímpetos verdadeiros, porque estes se fazem sentir como aos ouvidos uma grande voz.

Quanto a ser melancolia, é sem cabimento pensá-lo, pois a melancolia não faz nem fabrica suas ilusões senão na imaginação; isto, pelo contrário, procede do interior da alma. Bem pode ser que eu me engane, mas até ouvir outras razões de pessoas competentes, manterei esta opinião. Conheço uma pessoa cheia de receios de ser enganada que nunca temeu nada a respeito desta oração[6].

8. Nosso Senhor também costuma ter outras maneiras de despertar a alma. Encontrando-se esta a qualquer momento em oração vocal, sem atentar para o que se passa em seu interior, parece que lhe sobrevém um deleitoso abrasamento. É como se de repente fosse penetrada por um perfume tão intenso (não digo ser um perfume; apenas faço uma comparação) que se espalhasse por todos os sentidos. Perfume ou algo do gênero; digo-o para explicar como se percebe estar ali o Esposo. Isso desperta na alma um saboroso desejo de fruir Dele, dispondo-a a fazer grandes coisas e louvar muito a Nosso Senhor.

Essa graça nasce de onde já ficou dito[7]. Mas aqui não há nada que cause dor, não sendo penosos os próprios desejos de fruir da presença de Deus. Essa graça é percebida com mais frequência pela alma. Tampouco me parece haver aqui o que temer, por algumas das razões já ditas[8]; deve-se apenas procurar admitir esse favor com ação de graças.

CAPÍTULO 3

Trata do mesmo assunto e da maneira como Deus fala à alma, quando assim é servido. Avisa como se comportar nisso, não devendo a alma seguir o próprio parecer. Dá alguns sinais para se reconhecer quando é ou não engano. É de grande proveito[1].

1. Deus tem outro modo de despertar a alma. Embora possa parecer uma graça maior do que as já mencionadas[2], oferece mais riscos e, por isso, me deterei um tanto nela.

Trata-se de falas que Deus mantém com a alma de muitas maneiras. Umas parecem vir do exterior, outras, do mais íntimo da alma; e outras ainda, tão do exterior que se escutam com os ouvidos, assemelhando-se a uma voz articulada. Algumas vezes — muitas —, podem ser ilusão, especialmente em pessoas de imaginação fraca ou melancólicas — isto é, de melancolia notável.

2. Creio que, quando se trata destes dois últimos casos, não se deve dar importância, mesmo que as pessoas digam que veem, ouvem e entendem. Não devemos tampouco inquietá-las dizen-

---

5. *O fato de não ser ilusão:* a graça de que falou nos primeiros números. A imaginação não poderá reproduzi-la.

6. Na *Relação* 5, n. 13, ela assegura que mesmo os seus confessores estavam isentos de temor com relação a essa graça mística: "ninguém o condena". Todo este capítulo tem seu paralelo biográfico no cap. 29 da *Vida*; cf., além disso, o cap. 20.

7. Ela disse no n. 1 que os "impulsos delicados... procedem *do mais íntimo da alma*"; a "ferida saborosíssima" (n. 2) ou o "silvo penetrante" (n. 3) procedem do "Esposo, que está na sétima morada" (n. 3) e "lhe chega às entranhas" (n. 4); é um "movimento" que procede "de onde está o Senhor [centro da alma], que é imutável" (n. 5). Veja-se, além disso, o n. 1 do cap. 3.

8. No n. 6.

1. Este capítulo é uma espécie de duplicação do cap. 25 de *Vida*. Em ambos, a ideia dominante é a preocupação de distinguir entre falas místicas (provenientes de Deus e de Seus Santos) e suas distorções (artifícios da imaginação ou do diabo); cf. *Vida*, cap. 25, n. 2, e *Moradas* VI, cap. 3, n. 4. Observe-se que, neste primeiro capítulo, a Santa fala primeiro das falas em geral (n. 1-11) e, depois, de uma espécie de falas místicas "com visão intelectual" (n. 12-18).

2. No cap. 2, n. 1-4 e 8.

do-lhes ser obra do demônio, mas ouvi-las como pessoas enfermas — quer a priora, quer o confessor, conforme o caso — e acalmá-las quanto a isso. Não reside aí o essencial do serviço a Deus. Muitos têm sido enganados por esse meio, embora talvez esse não seja o caso dessa pessoa; mas deve-se dizer isso a ela para que não padeça ainda mais do que já o faz com o seu humor doentio. Porque, se lhe dissermos tratar-se de melancolia, será um nunca mais acabar; ela jurará que vê e ouve, porque assim lhe parece.

3. É verdade que devemos cuidar de dispensar essas enfermas da oração e persuadi-las de que não deem importância a essas falas. Porque o demônio costuma aproveitar-se dessas almas — embora não para o seu dano, mas para o de outros — e, tanto em enfermas como em sãs, sempre se devem temer essas coisas, até reconhecer o espírito do qual procedem.

E digo que o melhor é opor-se no princípio. Se os favores advêm de Deus, as dificuldades ajudam a alma a avançar e a desenvolver-se. Esta é a verdade. Contudo, não convém angustiar e inquietar muito a alma, porque verdadeiramente ela não pode agir de outra maneira.

4. Voltando, pois, às falas com a alma, de todos os modos que disse[3], podem ser de Deus ou advir do demônio e da própria imaginação. Explicarei, se puder, com o favor de Deus, os sinais pelos quais se reconhece sua fonte, bem como quando essas falas são perigosas. Há muitas almas que as ouvem, entre gente de oração, e eu não gostaria, irmãs, que pensásseis fazer mal não lhes dando crédito ou, pelo contrário, dando-lhes atenção. Refiro-me ao caso de se dirigirem somente a vós — quer sejam palavras de consolação ou de advertência. Diga-as lá quem as disser, seja ilusão ou não, pouco importa.

Aviso-vos, contudo, de uma coisa: não penseis, mesmo que essas palavras sejam de Deus, que elas vos fazem melhores, pois muito falou Ele aos fariseus. Todo o bem está no uso que se faz delas. E, se ouvirdes alguma que não se harmonize com a Sagrada Escritura, não façais mais caso dela do que se a ouvísseis do próprio demônio. Mesmo que essas palavras não sejam mais que fruto da vossa fraca imaginação, considerai-as uma tentação contra a fé. Resisti-lhes sempre, a fim de que elas se dissipem. De fato, essas falas desaparecerão, porque têm pouca força[4].

5. Retomando o que primeiro dizia[5], quer venham do interior, da parte superior ou do exterior, pouco importa para se avaliar se essas falas procedem ou não de Deus. A meu ver, são estes os sinais mais certos que se podem ter[6]: o primeiro e mais garantido é a soberania e o poder que trazem consigo, de modo que à fala corresponde a ação.

Explico-me melhor. Uma alma está em meio a toda tribulação e alvoroço interior mencionados[7], debatendo-se na obscuridade do intelecto e na aridez. Ouve uma palavra destas — basta que seja: *Não te aflijas* — e fica sossegada, tranquila e com grande luz. Desaparece toda aquela angústia que há pouco ainda a fazia crer que, se o mundo inteiro e todos os eruditos lhe dessem razões para acalmá-la, nada conseguiriam, por mais que se empenhassem.

A alma se aflige porque o seu confessor e outras pessoas lhe disseram ser o espírito do demônio o que ela tem, e isso a enche de temor. Uma única palavra destas — como *Sou Eu, não tenhas medo* — dissipa-lhe todo o medo e lhe traz muito consolo, não podendo ninguém convencê-la do contrário.

Ou a alma se aflige por causa de alguns negócios graves, pois não sabe que resultado poderão ter. Mas, entendendo que lhe dizem que sossegue, que tudo acabará bem, fica com uma grande certeza e sem angústia. E o mesmo acontece em muitas outras circunstâncias[8].

---

3. No n. 1.
4. Ela é mais categórica em *Vida*, cap. 25, n. 12-13.
5. Alusão à diversidade de falas interiores (n. 1), ou aos sinais para discerni-las (n. 4).
6. Já no cap. 25 de *Vida* ela arrolara essas três "razões": a primeira e a segunda no n. 3; a terceira no n. 7.
7. No cap. 1, n. 7-15.
8. Cf. os fatos a que ela veladamente alude em *Vida*, cap. 25, n. 14-19, e cap. 30, n. 14.

6. O segundo sinal é a grande quietude em que mergulha a alma, bem como um recolhimento devoto e pacífico que a dispõe aos louvores de Deus. Ó Senhor, se uma mensagem transmitida por um vosso pajem (diz-se comumente que, ao menos nesta morada, não é Deus quem diz as palavras, mas algum dos seus anjos) tem tanta força, o que não fareis quando a alma estiver inteiramente unida pelo amor a Vós, assim como Vós a ela?

7. O terceiro sinal é o fato de, ao contrário das coisas ouvidas na terra, essas palavras não se apagarem da memória por muito tempo — e algumas nunca. Já as palavras que ouvimos dos homens, mesmo sendo estes muito graves e eruditos, não nos ficam tão esculpidas na lembrança, nem lhes damos crédito se se referem a acontecimentos futuros.

As palavras de Deus deixam uma grandíssima certeza, embora algumas vezes, em coisas que parecem sobremodo impossíveis, não deixe a alma de vacilar e de entregar o intelecto a certa hesitação. No entanto, na própria alma há uma segurança que não se rende, ainda que lhe pareça ocorrer tudo ao contrário do que entendeu. Os anos passam, mas não se apaga nela a convicção de que Deus empregará outros meios, desconhecidos dos homens. Por fim, sua palavra se realizará, o que de fato acontece.

Todavia, a alma não deixa de padecer quando vê muitos obstáculos. Distanciando-se no tempo aquelas palavras e não sentindo ela de forma tão intensa os efeitos e a certeza de serem de Deus, surgem hesitações e o pensamento de que aquilo foi obra do demônio ou fruto da imaginação. Mas nenhuma dessas dúvidas a assalta na ocasião em que lhe falam. A alma até morreria por aquela verdade.

Mas, como digo, o demônio suscita todas essas ilusões para perturbar e acovardar a alma, particularmente se se trata de assunto que, se bem cumprido, beneficiará sobremaneira as almas, ou de empreendimentos sumamente árduos que visam a maior glória e serviço de Deus. O que não fará ele então? Ao menos enfraquece a fé, pois é grande prejuízo não crer que Deus é poderoso para realizar obras que ultrapassam a nossa compreensão.

8. Há muitos combates e obstáculos que parecem se antepor ao cumprimento de tais palavras, não faltando quem diga à própria pessoa que são disparates — isto é, os confessores com quem se abordam essas coisas[9]. A despeito disso, resta sempre na alma, não sei onde, uma vivíssima centelha de que tudo se há de realizar. Ainda que a alma desejasse e que todas as demais esperanças estivessem mortas, não poderia deixar de sentir essa vívida centelha de segurança.

E, por fim, como eu já disse[10], cumpre-se a palavra do Senhor, e a alma fica tão alegre e contente que não desejaria senão louvar continuamente a Sua Majestade; e isso antes por ver comprovada a veracidade das palavras do que pelo fato em si, ainda que tenha se empenhado grandemente nele.

9. Não sei de onde vem esse esforço da alma em constatar como verdadeiras tais falas. Pois, se ela própria fosse apanhada em algumas mentiras, creio que não o sentiria tanto. É como se nisso ela pudesse dizer mais do que lhe dizem. A esse respeito, certa pessoa se lembrava inúmeras vezes do profeta Jonas, quando temia que não se realizasse a destruição de Nínive[11].

Em suma, tratando-se do espírito de Deus, é justo ter-Lhe fidelidade, desejando que não O considerem falso, pois é a suma Verdade. E assim é grande a alegria da alma quando, depois de mil rodeios e em coisas dificílimas, vê as falas cumpridas. Ainda que daí venham a sobrevir grandes sofrimentos à própria pessoa, esta antes os quer padecer do que ver não cumpridas o que sabe com certeza serem palavras do Senhor. Talvez nem todas as pessoas tenham essa fraqueza — se se trata de fraqueza. Eu não posso condená-la.

---

9. Cf. o paralelo em *Vida*, cap. 25, n. 14-15.
10. No n. 7.
11. Jonas, caps. I e 4. Essa "certa pessoa" talvez seja a própria Santa. Veja-se, contudo, o livro das *Fund.*, cap. 20, n. 12.

10. Se essas falas procedem da imaginação, não há nenhum desses sinais: nem certeza, nem paz, nem gosto interior. O que poderia acontecer — e conheço algumas pessoas que passaram por isso — é que, estando elas muito embebidas em oração de quietude e sono espiritual, tenham a impressão de que lhes falam, como num sonho. Algumas, por serem fracas de compleição ou imaginação, ou por algum outro motivo, ficam tão verdadeiramente fora de si nesse grande recolhimento que nada percebem do exterior. Todos os sentidos ficam adormecidos. Assim, como pessoas que dormem (e talvez seja isso mesmo que aconteça), elas chegam a ver coisas, pensando que tudo vem de Deus. Afinal, os efeitos que nelas ficam são como os de um sonho.

Poderá também acontecer que, pedindo uma coisa afetuosamente a Nosso Senhor, essas pessoas julguem ouvir a resposta que desejam. Isso acontece algumas vezes. Mas, ao que me parece, quem tiver muita experiência das falas de Deus não cometerá enganos no que diz respeito à imaginação[12].

11. Do demônio há mais que temer. Mas, se se verificam os sinais mencionados[13], há grande segurança para a alma de que sejam falas de Deus. Tratando-se de assuntos graves, alguma obra a empreender ou negócios de outras pessoas, ela nada deve fazer. Nem lhe passe pela ideia agir sem a opinião de um confessor erudito, prudente e servo de Deus. Isso mesmo que o entenda muito bem e lhe pareça claramente ser coisa de Deus.

Esse é o desejo de Sua Majestade. Não devemos deixar de fazer o que Ele manda, pois nos diz que consideremos o confessor como Seu representante, palavras que são indubitavelmente Suas. Elas nos ajudam a ter ânimo, se se trata de assunto difícil; e Nosso Senhor o dará ao confessor e fará que ele creia que é espírito Seu, quando Ele o quiser. Quando assim não suceder, a alma não está obrigada a fazer coisa alguma. Já agir de outro modo neste aspecto, guiando-se pelo próprio parecer, considero-o coisa muito perigosa. Assim vos admoesto, irmãs, em nome de Nosso Senhor, que nunca isso vos aconteça![14]

12. O Senhor tem ainda outra maneira de falar à alma, maneira de cuja origem divina não duvido: por meio de alguma visão intelectual, de que falarei adiante[15]. Passa-se no mais íntimo da alma; e esta parece ouvir tão claramente do próprio Senhor essas palavras, e tão em segredo, que o próprio modo de as entender e os efeitos produzidos pela visão asseguram e dão certeza de que o demônio não pode penetrar ali. Ela deixa grandes efeitos, que confirmam essa convicção. Pelo menos há segurança de que não é fruto da imaginação.

Com efeito, quem andar com advertência poderá sempre tê-la[16] pelas seguintes razões. Em primeiro lugar, porque deve haver diferença na clareza da fala. As palavras de Deus são tão claras que, se falta uma sílaba daquilo que ouviu, a alma logo se lembra. Ela também memoriza o estilo em que foram ditas. Em contrapartida, quando a fala é fruto da imaginação, não há a mesma clareza nem palavras tão distintas, assemelhando-se estas a coisa meio sonhada.

13. Em segundo lugar, muitas vezes a pessoa sequer pensava no que ouviu. Essa fala dá-se a qualquer hora, de repente, até mesmo quando se está em conversa com outras pessoas. Pode acontecer muitas vezes, por outro lado, que as palavras correspondam a algum pensamento que passa pela mente na ocasião, ou ao que antes a pessoa tenha pensado. Mas com frequência se referem a fatos que nunca lhe ocorreram como passíveis de acontecer. Portanto, a imaginação não as poderia ter fabricado com base no que a alma nunca desejou, quis ou conheceu.

14. Em terceiro lugar, porque a alma está, nessa fala, como quem ouve. Nos devaneios da imaginação, ela se sente como quem vai compondo, pouco a pouco, o que deseja que lhe seja dito.

---

12. Compare-se com *Vida*, cap. 25, n. 3 e 6.
13. Nos n. 5-7.
14. Cf. *Vida*, cap. 25, n. 10-14.
15. Ela falará das visões intelectuais no cap. 8; cf. cap. 5, n. 8-9. Abordará as falas com visão intelectual no cap. 10.
16. O sentido é: *poderá sempre ter* segurança de que essa "fala com visão intelectual" não procede da imaginação, pelas seguintes razões. As três primeiras razões coincidem literalmente com o lugar paralelo de *Vida*, cap. 25.

15. Em quarto lugar, porque as palavras são muito diferentes; com uma só, compreende-se muito, coisa que o nosso intelecto não poderia fazer com a mesma rapidez.

16. Em quinto lugar, porque muitas vezes, ao lado do que se ouve, compreendem-se muitas outras coisas que nos são expressas sem palavras. Como isso acontece, não o sei explicar.

Falarei adiante[17] com mais vagar desse modo de entender, que é muito delicado e se destina aos louvores de Nosso Senhor. Esses diversos tipos de fala têm suscitado dúvidas em muitas pessoas — sei de uma, em especial, que passou por isso[18], assim como deve haver outras. Esta de que falo tem considerado o assunto com muito cuidado (pois o Senhor lhe tem concedido com frequência essa graça), e a maior dúvida que tinha no princípio era se aquilo constituía ilusão.

É mais fácil reconhecer quando se trata de coisa do demônio, embora saiba ele, com suas inúmeras sutilezas, imitar o anjo de luz. Mas, a meu ver, ele o faz só nas palavras, procurando torná-las claras, para que não tenhamos dúvida de tê-las ouvido, como sucede quando fala o espírito de verdade. Já os efeitos mencionados[19], o demônio não consegue reproduzi-los, tampouco deixar a mesma paz e clareza na alma. Na verdade, os efeitos que provoca são inquietação e alvoroço. Todavia, pouco ou nenhum prejuízo causará se a alma tiver humildade e, como antes recomendei[20], não agir levianamente em coisa alguma, por mais palavras que ouça.

17. Se se trata de favores e graças do Senhor, a alma deve examinar com atenção se, por causa disso, está se julgando melhor. Se não se sentir tanto mais confundida quanto mais elogiosas para si forem as graças, creia que não é espírito de Deus. Porque uma coisa é certa: quando se trata desse espírito, quanto maior a graça concedida, tanto menos se considera a própria alma. Esse favor a lembra com mais clareza de seus pecados, fazendo-a esquecer-se do seu próprio benefício e empregar com mais ardor sua vontade e memória em desejar a honra de Deus. Olvidando-se de si, ela experimenta maior temor de afastar-se da vontade divina, bem como a convicção de não merecer essas graças — e sim o inferno. Se o resultado de todos os favores e graças recebidos na oração forem esses efeitos, a alma não precisa assustar-se, podendo confiar na misericórdia do Senhor, que é fiel e não permitirá — embora seja sempre bom conservar o temor — enganos por parte do demônio[21].

18. É possível que aqueles a quem o Senhor não leva por esse caminho considerem que essas almas não deveriam dar ouvidos às palavras que lhes são ditas. Se se trata de falas interiores, deveriam distrair-se e negligenciá-las; com isso, viveriam sem tantos perigos.

Respondo-lhes que isso não é possível. Não me refiro às falas suscitadas pela imaginação; o remédio para estas é não desejar coisa alguma nem dar importância a essas fantasias. Quanto às falas verdadeiras, não há como evitá-las, porque o próprio Espírito que fala detém todos os outros pensamentos e exige atenção às Suas palavras. Creio que de fato seria mais fácil uma pessoa que escuta muito bem não ouvir o que outra falasse em altos brados. A alma poderia não se preocupar e concentrar a atenção e o intelecto em outra coisa. Aqui, no entanto, não pode ser assim: não há ouvidos que se tapem nem capacidade para colocar o pensamento senão naquilo que se diz.

Aquele que fez parar o sol — a pedido de Josué, segundo creio[22] — pode deter as faculdades e todo o interior da alma. De tal maneira que esta percebe com clareza que um Senhor maior do que ela governa aquele castelo, enchendo-a de extrema devoção e humildade. Portanto, a alma de forma alguma pode evitar as falas divinas.

Que a divina Majestade nos dê o remédio para só desejar contentá-Lo e esquecer-nos de nós mesmos, como tenho dito. Amém.

---

17. Cf. cap. 10 e cap. 4.
18. A própria Santa; veja-se *Vida*, cap. 25, n. 14-19.
19. Nos n. 12-16.
20. No n. 11.
21. Dupla alusão bíblica: 1 Coríntios 10,13, e Filipenses 2,12.
22. Josué 10,12-13. Cf. *Vida*, 25, 1.

Praza a Deus que eu tenha acertado em explicar-vos o que pretendia a respeito deste tema, servindo isto de aviso para quem tiver sido favorecido por essas graças.

CAPÍTULO 4

Fala como o Senhor suspende a alma na oração com arroubo, êxtase ou rapto, palavras que, a meu ver[1], significam a mesma coisa. Diz que é necessário grande ânimo para receber elevadas graças de Sua Majestade.

1. Com os grandes sofrimentos mencionados, bem como as demais coisas, que sossego pode ter a pobre borboletinha? Tudo serve para aumentar-lhe os desejos de fruir do Esposo. E Sua Majestade, conhecedor da nossa fraqueza, vai capacitando-a com essas e muitas outras coisas, a fim de que ela tenha ânimo para unir-se a tão grande Senhor e tomá-Lo por Esposo[2].

2. É possível que riais do que digo, julgando-o um desatino. Porque talvez vos pareça que não é preciso tê-lo, não havendo nenhuma mulher, por mais baixa que seja a sua condição, que não apresente esse ânimo para desposar um rei.

No que se refere aos reis da terra, concordo convosco. Mas, para desposar o rei do céu, digo-vos ser necessário mais ânimo do que pensais, já que a nossa natureza é muito mesquinha e baixa para tão grande coisa. Tenho por certo que, se Deus não o infundisse na alma, apesar de tudo quanto vedes e dos numerosos proveitos decorrentes, ela não o poderia ter.

Vereis então o que Sua Majestade faz para concluir esse noivado — o que, segundo me parece, ocorre quando dá arroubos, que a tiram de seus sentidos. Se, estando de posse destes, a alma se visse tão perto dessa grande majestade, com certeza não poderia conservar a vida.

Falo de arroubos genuínos, e não de fraquezas de mulheres, como por vezes sentimos. Tudo logo nos parece arroubo e êxtase. E, como creio já ter dito[3], há compleições tão fracas que, com uma única oração de quietude, quase morrem.

Como tenho lidado com muitas pessoas espirituais, quero enumerar aqui algumas maneiras de arroubo de que tenho conhecimento. Não sei se conseguirei explicá-lo como fiz em outro lugar em que escrevi sobre o assunto, bem como sobre outros aqui mencionados[4]. Por algumas razões, parece-me bom repeti-los aqui, para reunir tudo o que diz respeito a essas moradas.

3. Uma das maneiras é que, estando a alma (mesmo fora da oração) tocada por alguma palavra de Deus que ouve ou recorda, parece que Sua Majestade, a partir do interior da alma, faz crescer a centelha que já mencionamos[5], movido pela piedade de vê-la padecer tanto tempo com desejo Dele. Abrasando-se toda, tal outra fênix, ela se renova por completo. E, segundo piedosamente se pode crer, tem perdoadas as suas culpas[6] — evidentemente, estando ela com as disposições exigidas, através dos meios postulados pela Igreja.

E, assim purificada, o Senhor a une Consigo, sem que ninguém o possa entender, a não ser os dois. Nem a própria alma o entende, de modo a poder explicá-lo depois, embora não esteja destituída de sentidos interiores. Pois isto não se assemelha a um desmaio ou a um paroxismo, nos quais não se entende nenhuma coisa interior ou exterior.

---

1. Sobre essa nomenclatura, vejam-se *Vida*, cap. 20, n. 1, e *Rel.* 5, n. 9.
2. O indispensável requisito do "grande ânimo" para poder suportar as graças místicas é tema constante nas obras da Santa. Vejam-se *Vida*, cap. 13, n. 1; cap. 20, n. 4; cap. 39, n. 21; *Rel.* 5, n. 9; *Caminho*, cap. 18. Ao longo das M. VI, ela repetirá insistentemente a mesma ideia: cap. 5, n. 1, 5, 12. Ao concluí-las, a Santa ainda acrescentará: "Vedes aqui, irmãs, se tive razão em dizer que é preciso ânimo" (cap. 11, n. 11).
3. Em M. IV, cap. 3, n. 11-12, e VI, 3, 10.
4. Em *Vida*, cap. 20 (cf. *Rel.* 5).
5. Em M. VI, 2, 4.
6. Para evitar interpretações distorcidas, a Santa anotou à margem do autógrafo: *deve-se entender com a disposição e os meios que a alma deve ter, segundo os ensinamentos da Igreja*. Frei Luis de León, que em sua edição se propôs a defender a ortodoxia teresiana, incluiu no texto a anotação do autógrafo (p. 156). O mesmo fizeram todos os editores posteriores.

4. Pelo que entendo desse caso, a alma nunca esteve tão desperta para as coisas de Deus, nem com tão grande luz e conhecimento de Sua Majestade. Isso pode parecer impossível, porque, se as faculdades estão tão absortas que podemos dizer estarem mortas (o mesmo acontecendo com os sentidos), como pode a alma entender esse segredo? Eu não o sei, nem talvez nenhuma criatura; só o próprio Criador. O mesmo acontece com muitas coisas que se passam neste estado, isto é, nessas duas moradas. Com efeito, bem se poderiam unir esta e a última, pois de uma à outra não há porta fechada. Mas, como na última há coisas que ainda não se manifestaram aos que não chegaram a ela, julguei melhor separá-las.

5. Nessa suspensão, quando o Senhor tem por bem mostrar à alma alguns segredos — como coisas do céu e visões imaginárias —, esta sabe repeti-los depois. Ficam tão impressos em sua memória que ela jamais se esquece. Mas, quando se trata de visões intelectuais, a alma tampouco sabe dizê-las. Pois deve haver aí algumas visões tão elevadas que não convém que os que vivem nesta terra as entendam para poderem repeti-las. Contudo, há outras visões intelectuais que a alma consegue exprimir quando recupera o uso dos sentidos.

Talvez algumas de vós não entendam o que é visão, em especial intelectual. Eu o direi a seu tempo[7], porque assim me ordenou quem pode. E, ainda que pareça coisa impertinente, talvez beneficie algumas almas.

6. Talvez digais: se depois não há lembrança dessas elevadas graças que o Senhor aí concede à alma, que proveito podem elas lhe trazer? Ó filhas, é tão grande que sequer se pode avaliar. Porque, embora não se saibam repetir essas faltas, ficam bem impressas no mais íntimo da alma e jamais se esquecem.

Mas, se essas visões não têm imagem nem são entendidas pelas faculdades, como podem ser lembradas? Eu tampouco entendo isso; mas sei que ficam na alma certas verdades tão vívidas da grandeza de Deus que, mesmo se não existisse nela a fé — ensinando-lhe quem é Deus e a obrigação que tem de crer Nele —, ela O adoraria como tal desde esse momento, como fez Jacó quando viu a escada[8]. Este deve ter entendido outros segredos que não soube repetir, pois só a visão de uma escada por onde subiam e desciam anjos não lhe permitiria, se ele não tivesse sido favorecido com mais luz interior, o entendimento de tão grandes mistérios.

7. Não sei de acerto no que digo, porque, embora o tenha ouvido, não tenho certeza de recordá-lo bem. Tampouco soube Moisés dizer tudo o que viu na sarça, mas apenas o que Deus quis que dissesse[9]. Mas, se Deus não mostrasse à alma alguns segredos, certamente para que visse e cresse que era Deus, não se envolveria em tantos e tão grandes sofrimentos. Moisés deve ter percebido tão grandes coisas dentro dos espinhos daquela sarça que, a partir daí, pôde fazer o que fez pelo povo de Israel.

Portanto, irmãs, quando se trata das coisas ocultas de Deus, não devemos buscar razões para entendê-las. Assim como cremos que o Senhor é poderoso, assim também devemos crer que vermezinhos tão limitados como nós não podem entender Suas grandezas. Louvemo-Lo muito, porque é servido que entendamos algumas.

8. Estou desejando deparar com uma comparação que possa me ajudar a explicar-vos algo deste tema. Creio não haver nenhuma muito adequada, mas vejamos esta: suponde que entrais no aposento de um rei ou de um grande senhor — creio que lhe dão o nome de câmara. Nele há infinitos tipos de vidros e louças, bem como muitas outras coisas, dispostos em tal ordem que quase todos se veem logo que se entra.

Uma vez me levaram a um desses aposentos na casa da duquesa de Alba — onde, de volta de uma viagem, tive de permanecer, por obediência aos meus superiores, a quem essa senhora tinha

---

7. No cap. 8, ela tratará das visões intelectuais; no 9, das imaginárias.
8. Gênesis 28,12.
9. Êxodo 3,2.

dirigido insistentes pedidos[10]. Fiquei espantada logo ao entrar, pensando para que podia servir aquela barafunda de coisas, e vi que se podia louvar ao Senhor ao ver tamanha diversidade. Agora acho graça ao ver como essa câmara me está sendo útil aqui.

E, embora eu tenha permanecido no aposento durante algum tempo, era tanto o que havia para ver que logo me esqueci de tudo, a tal ponto que nenhuma daquelas peças me ficou na memória, nem sou capaz de dizer qual era o seu feitio. Mas, em conjunto, lembro-me de o ter visto.

Assim acontece aqui, quando a alma, unida intimamente a Deus, está nesse aposento do céu empíreo que devemos ter no interior de nossa alma. Pois, se Deus habita em nós, está claro encontrar-se em alguma destas moradas. Nem sempre, quando a alma está assim em êxtase, Deus lhe permite ver esses segredos, porque ela está tão embebida em fruí-Lo que lhe basta tão grande bem.

Algumas vezes, no entanto, Ele gosta que a alma saia do embevecimento e veja de repente o que há nesse aposento. Desse modo, depois de voltar a si, ela fica com a representação das grandezas que viu. Mas não é capaz de descrever nenhuma, nem a sua natureza chega senão a ver o que sobrenaturalmente Deus lhe quis mostrar.

9. Digo logo tratar-se de ver, de visão imaginária. Não quero falar disso, pois estou abordando apenas a visão intelectual; mas, como não tenho erudição, a minha ignorância nada sabe explicar. E o que tenho dito aqui, a propósito desta oração, entendo claramente que, se acertei em dizê-lo, não fui eu quem o fez.

Creio que não se trata de arroubos se a alma a quem Deus dá essa graça não entende vez por outra esses segredos. Nesse caso, parece-me ser alguma fraqueza natural, própria de pessoas de compleição fraca — como nós, mulheres —, aliada a alguma força de espírito que sobrepuje a natureza. Isso lhes produz embevecimento, como creio ter dito na oração de quietude[11]. Esse fenômeno em nada se relaciona com arroubos, porque, quando se trata destes, crede que Deus rouba toda a alma para Si e, tomando-a já como coisa Sua e Sua esposa, vai lhe mostrando alguns aspectos do reino que mereceu em função dessa sua condição.

Por mínima que seja, essa pequena parcela do reino é imensa, como tudo o que há neste grande Deus. E não admite estorvo de ninguém, nem das faculdades nem dos sentidos. Pelo contrário, manda fechar de súbito as portas de todas essas moradas, ficando aberta apenas a daquela em que Ele se encontra, a fim de que possamos entrar. Bendita seja tanta misericórdia! E com razão serão malditos os que não quiserem beneficiar-se dela e perderem esse Senhor.

10. Ó irmãs minhas! Nada é o que deixamos, o que fazemos e o que procuramos realizar por um Deus que assim se comunica com vermes como nós!

E, se ainda nesta vida temos esperança de gozar desse bem, o que fazemos e em que nos detemos? O que será suficiente para que deixemos de buscar um só momento a esse Senhor, como o fazia a Esposa, por bairros e praças?[12] Oh! E que farsa é tudo o que há no mundo se não nos leva e ajuda nisso, ainda que durassem para sempre os seus deleites, riquezas e alegrias, por maiores que se possam imaginar! Tudo é asco e lixo, comparado aos tesouros que haveremos de gozar para sempre! Nem mesmo estes representam alguma coisa se comparados com o fato de possuirmos o Senhor de todos os tesouros do céu e da terra.

11. Ó cegueira humana! Até quando, até quando permaneceremos com os olhos cheios de terra? Pois, embora entre nós ela não pareça ser tanta que nos cegue de todo, vejo uns argueirinhos, umas manchazinhas que, se os deixarmos crescer, bastarão para nos causar prejuízo. Pelo amor de Deus, irmãs, que isso não aconteça! Aproveitemos essas faltas para conhecer a nossa miséria; elas nos darão uma melhor visão, como a deu o lodo ao cego a quem curou o nosso

---

10. Isso ocorreu nos primeiros meses de 1574. *Onde... me mandou a obediência estar dois dias*, completou Frei Luis (p. 159).

11. M. IV, cap. 3, n. 11-13.

12. Cântico dos Cânticos 3,2 (cf. M. V, cap. 1, n. 12).

Esposo[13]. Dessa forma, vendo-nos tão imperfeitas, supliquemos-Lhe continuamente que extraia bem de nossas misérias, a fim de em tudo contentarmos Sua Majestade.

12. Desviei-me muito do assunto sem percebê-lo. Perdoai-me, irmãs, e crede que, chegando a essas grandezas de Deus — isto é, chegando a falar delas —, não posso deixar de afligir-me em ver o que perdemos por nossa culpa. Porque, embora seja verdade que são coisas que o Senhor concede a quem deseja, se quiséssemos a Sua Majestade como Ele nos quer, seriam distribuídas a todos. Ele não deseja outra coisa senão ter a quem dar Suas riquezas, que, por mais que sejam repartidas, não diminuem.

13. Voltando, pois, ao que dizia, o Esposo manda fechar as portas das moradas, e até as do castelo e da cerca[14]. De fato, no momento do arrebatamento, a alma fica sem fôlego, de tal maneira que, embora às vezes possa manter por um pouco de tempo a posse dos outros sentidos, de nenhum modo pode falar. De outras vezes, perde os sentidos de repente, as mãos e o corpo esfriam a tal ponto que não parece ter alma. Nem se sabe se ainda respira. Isso dura pouco tempo — quero dizer, sem mudança. Ao atenuar-se um pouco essa grande suspensão, parece que o corpo volta um pouco a si e toma alento. Mas logo volta a morrer, a fim de dar mais vida à alma. No entanto, isso não dura muito nesse êxtase tão grande.

14. Mas, mesmo passada a suspensão, acontece de a vontade ficar tão absorvida e o intelecto tão fora de si que a pessoa assim permanece por um dia inteiro, ou até por dias. Ela só parece dedicar-se àquilo que lhe desperta a vontade para amar. Para isso, a alma está muito desperta, embora esteja adormecida para lançar-se ao apego a alguma criatura.

15. Oh! Quando a alma volta inteiramente a si! Em que confusão se encontra e quão grandes são os seus desejos de servir a Deus de todas as maneiras que a Ele aprouver! Se das orações passadas já ficam os grandes efeitos a que me referi, o que não suscitará uma graça imensa como esta?

A alma gostaria de ter mil vidas para empregá-las todas em Deus. Quisera que todas as coisas da terra fossem línguas para louvar ao Senhor em seu nome. Sente grandíssimos desejos de fazer penitência. E não lhe custa suportá-la porque, com a força do amor, considera pouco o que faz, vendo claramente que os mártires não faziam muito nos tormentos que padeciam — já que, com esse auxílio da parte de Nosso Senhor, é fácil padecê-los. Quando não se lhes oferecem sofrimentos, essas almas se queixam a Sua Majestade.

16. Quando essa graça lhe é concedida secretamente, a alma a julga maior. Sendo em público, são tão grandes a vergonha e a confusão que lhe ficam que de algum modo se reduz o seu embevecimento, devido à angústia e à preocupação que lhe causa considerar o que pensarão os circunstantes[15]. A alma conhece a malícia do mundo e sabe que estes podem distorcer a fonte daquele efeito, fazendo dele ocasião mais de maus juízos que de louvores ao Senhor.

Essa angústia e preocupação me parecem de certo modo falta de humildade. Mas a alma não tem em suas mãos o superá-lo. Com efeito, se há desejo de ser acusada, o que isso lhe importa? A propósito disso, ouviu certa pessoa de Nosso Senhor: *Não te aflijas, porque ou Me louvarão a Mim ou murmurarão contra ti. Seja qual for o caso, sairás com lucro*[16]. Tive depois oportunidade de saber que essa pessoa se animou e se consolou muito com essas palavras. Deixo-as aqui para beneficiar aquelas que se virem na mesma aflição.

Nosso Senhor parece desejar que todos entendam que aquela alma já é Sua e que ninguém deve tocar nela. Não há mal no fato de se atingirem o corpo, a honra e as posses (pois de tudo se tirará honra para Sua Majestade); mas a alma não o deve ser nunca. O Senhor lhe servirá de amparo

---

13. João 9,6-7.
14. Ela retoma o n. 9: "De repente manda (Deus) fechar as portas dessas moradas"...
15. Cf. *Vida*, cap. 20, n. 5.
16. Alusão a si própria; veja-se *Vida*, cap. 31, n. 13.

contra todo o mundo e até contra todo o inferno, a não ser que ela, com inconcebível atrevimento, se afaste de Seu Esposo.

17. Não sei se consegui explicar algo do que é o arroubo. Porque, como eu disse[17], é impossível fazê-lo de todo. Creio que nada se perdeu com a minha explanação, a fim de se entender do que se trata, porque há efeitos muito diferentes nos arroubos fingidos. Digo fingidos não porque quem os tenha queira enganar, mas por estar enganado ele próprio. E, como os sinais e efeitos não estão em consonância com tão grande graça, fica esta desacreditada, o mesmo acontecendo — neste caso, com razão — com as pessoas a quem o Senhor concede esse favor. Seja Ele para sempre bendito e louvado. Amém, amém.

CAPÍTULO 5

Dá prosseguimento ao mesmo assunto e mostra como Deus eleva a alma por um voo de espírito diferente do que ficou dito. Enumera algumas das razões pelas quais é preciso ânimo. Afirma logo dessa graça que o Senhor concede de modo saboroso. É muito proveitoso.

1. Há outra maneira de arroubo, ou, como eu o chamo, voo do espírito. Ainda que se trate da mesma coisa na substância, no interior sente-se de forma muito diferente[1]. Às vezes percebe-se de repente um movimento tão acelerado da alma que parece que o espírito é arrebatado com uma velocidade que causa grande temor, em especial no princípio. Por isso, eu vos dizia[2] que é necessário um grande ânimo a quem Deus concede essas graças, assim como ardorosa fé, confiança e resignação para que Nosso Senhor faça da alma o que quiser.

Pensais que é pequena perturbação estar uma pessoa de plena posse de seus sentidos e de súbito ver a alma arrebatada? E até lemos em alguns autores que o corpo a segue, sem saber para onde, ou quem os leva, e como. Porque, no princípio desse repentino movimento, não há tanta certeza de que venha de Deus[3].

2. Haverá, pois, algum remédio para se poder resistir? De modo algum; é até pior procurá-lo. Disse-me uma pessoa[4] que Deus parece querer mostrar à alma — já que esta tantas vezes e de modo tão verdadeiro se tem entregado a Suas mãos, bem como se oferecido a Ele de espontânea vontade — que não é mais dona de si. O Senhor então a arrebata com um movimento notavelmente mais impetuoso.

A própria pessoa de que falei já decidira não fazer mais do que faz uma palha quando levantada pelo âmbar, coisa que sem dúvida conheceis. Ela se deixava ir nas mãos Daquele que é todo-poderoso, pois via que o mais acertado é transformar a necessidade em virtude. E, tendo eu falado da palha, digo que se passa exatamente assim: com a facilidade com que um homem forte pode arrebatar uma palha, este nosso grande e poderoso Gigante arrebata o espírito[5].

3. Recordai-vos daquele reservatório de água de que falamos (parece-me que nas quartas moradas, não me lembro bem[6])? Dissemos que com muita suavidade e mansidão — isto é, sem nenhum movimento — ele se enchia. Neste caso, o poderoso Deus — que detém os mananciais das águas e não deixa o mar sair de seus limites[7] — parece abrir as represas de onde a água vem a esse reservatório. Com um grande ímpeto, levanta-se uma onda tão forte que faz subir muito alto

---

17. Ela o disse nos n. 4-5; cf. cap. 2, n. 1.

1. Sobre a relação existente entre *arroubo e voo do espírito*, veja-se *Vida*, cap. 20, n. 1, e cap. 18, n. 7, esclarecidos em *Rel.* 5, n. 10.

2. Ela o disse no cap. 4, n. 1 (cf. nota).

3. Veja-se o relato autobiográfico em *Vida*, cap. 20, 3-7.

4. Cf. *Vida*, cap. 20, n. 5-6.

5. Veja-se a passagem paralela em *Vida*, cap. 20, n. 4 e cap. 22, n. 13.

6. Nas M. IV, cap. 2, n. 2 s.

7. Alusão a Provérbios 8,29.

o barquinho da nossa alma. Nem o piloto nem os que manejam um navio conseguem manter-lhe o equilíbrio quando o mar está bravio. O mesmo acontece aqui. O interior da alma não pode deter-se onde quer, tampouco conseguindo dominar seus sentidos e faculdades e retirá-los da esfera do impulso que os move. Quanto ao corpo, aqui não se faz caso dele.

4. É certo, irmãs, que só de escrevê-lo, já me encho de espanto ao ver como se mostra aqui o grande poder desse grande Rei e Imperador. O que não sentirá então quem o experimenta! Creio que, se Sua Majestade se revelasse assim aos que andam muito perdidos pelo mundo, estes — ainda que não fosse por amor, mas por medo — não O ousariam ofender.

Oh! Quão obrigadas devem sentir-se as almas que aprendem, por caminho tão elevado, a empregar todas as suas forças em não desgostar esse Senhor! Por Ele vos suplico, irmãs, àquelas a quem Sua Majestade tiver concedido essas graças ou outras semelhantes, que não vos descuideis, limitando-vos a receber. Olhai que muito deve dar quem muito recebeu[8].

5. Também aqui é necessário grande ânimo, pois se trata de algo que acovarda muito. E, se Nosso Senhor não o desse à alma, esta andaria sempre com grande aflição, porque, ao olhar o que Sua Majestade faz com ela, e voltando o olhar para si, vê quão pouco serve para o que está obrigada. E o pouquinho que faz costuma estar cheio de faltas, interrupções e frouxidão.

Assim, a alma considera melhor procurar esquecer as obras que faz — se é que as faz — para não se lembrar da imperfeição com que as realiza. Tenta também ter diante dos olhos os seus pecados e esconder-se na misericórdia de Deus, a fim de que, não tendo com que pagar, supram essa falha a piedade e a misericórdia que Ele sempre demonstra pelos pecadores.

6. Talvez o Senhor lhe responda como o fez a uma pessoa que, diante de um crucifixo, se afligia muito pensando que nunca tinha tido nada para oferecer a Deus, nem o que deixar por Ele. Disse-lhe o próprio Crucificado, consolando-a, *que lhe dava todas as dores e sofrimentos que padecera em Sua Paixão; que ela os tivesse como seus para oferecê-los a Seu Pai*[9]. Ficou aquela alma tão consolada e tão enriquecida que, segundo o ouvi dela própria, nunca esqueceu essas palavras; pelo contrário, sempre que se vê tão miserável, lembra-se delas e fica animada e consolada.

Eu poderia contar aqui muitas dessas coisas, porque, como tenho convivido com tantas pessoas santas e de oração, sei de várias. Para que não penseis que falo de mim, não o farei. Esta que contei me parece ser de grande proveito para que entendais como Nosso Senhor se contenta com que nos conheçamos e procuremos examinar e reexaminar a nossa miséria, vendo que nada possuímos que não tenhamos recebido Dele.

Assim, pois, minhas irmãs, para isso e para muitas outras coisas que se oferecem a uma alma a quem o Senhor já trouxe a este ponto, é preciso ânimo. E, a meu ver, ele é ainda mais necessário para esta última graça, caso haja humildade. O Senhor no-la dê por quem é.

7. Voltando a este repentino arrebatamento do espírito[10], passam-se as coisas de tal maneira que este parece de fato sair do corpo; por outro lado, é claro que essa pessoa não morre. Mas, pelo menos por alguns instantes, ela não pode dizer se está no corpo ou não. Parece-lhe ter estado por inteiro numa região muito diferente desta em que vivemos, região na qual vê uma luz muito distinta da luz da terra, bem como muitas outras coisas que jamais imaginaria, ainda que ocupasse toda a sua vida nessa tarefa.

E ocorre que, num instante, lhe ensinam tantas coisas juntas que, mesmo que trabalhasse em ordená-las com a imaginação e o pensamento durante muitos anos, não poderia conceber nem a milésima parte. Isso não é visão intelectual, mas imaginária; nela se vê com os olhos da alma muito melhor do que vemos aqui com os do corpo e dão-se a entender algumas coisas à alma sem

---

8. Alusão a Lucas 12,48, ideia muito repetida pela Santa com referência à profusão de graças místicas por ela recebidas (cf. M. I, cap. 1, n. 8).
9. Graça recebida pela Santa por volta de 1575, provavelmente em Sevilha. Veja-se *Relação* 51.
10. Ela volta ao tema do n. 1.

o uso de palavras. Digo, por exemplo, que, vendo alguns santos, a alma os reconhece como se tivesse convivido muito com eles.

8. Outras vezes, juntamente com essas coisas que capta com os olhos da alma, a pessoa apreende outras por visão intelectual, em especial multidões de anjos que acompanham o seu Senhor. E isso sem nada ver com os olhos do corpo ou da alma. Por um conhecimento admirável que eu não saberia explicar, representam-se-lhe o que digo e muitas outras coisas indizíveis.

Quem receber essas graças e tiver mais habilidade do que eu talvez possa explicá-las, embora me pareça bastante difícil. Se tudo isso se passa estando a alma no corpo ou não, desconheço-o; pelo menos não posso jurar que ela esteja no corpo, nem tampouco estar o corpo sem alma[11].

9. Muitas vezes tenho pensado: não se parecerá isso com o sol, que, estando no céu, desfere raios tão fortes que, não mudando ele de posição, de imediato chegam até nós? Ora, a alma e o espírito são uma mesma coisa, tal como o sol e os seus raios. Assim, não seria possível — pela força do calor que lhe vem do verdadeiro Sol de Justiça — elevar-se a alma acima de si mesma, permanecendo contudo em seu posto? Não poderia ela elevar-se por meio de alguma parte superior do espírito, saindo por cima de si mesma?[12]

Enfim, não sei o que digo. A verdade é que, com a mesma rapidez com que a bala sai de um arcabuz, quando lhe põem fogo, levanta-se no interior um voo — não sei que outro nome lhe dar; ainda que não faça ruído algum, há um movimento tão claro que não pode ser em absoluto imaginação. E, estando a alma já muito fora de si mesma, para tudo quanto possa entender, são-lhe mostradas grandes coisas.

Quando volta a si, ela se vê com tão grandes lucros e tão desapegada de todas as coisas da terra que as considera lixo perto das que viu. Daí em diante, vive muito pesarosa neste desterro, menosprezando as coisas que antes lhe causavam satisfação. Parece que o Senhor quis mostrar-lhe algo do lugar para onde deve ir, tal como os mensageiros do povo de Israel levaram amostras da terra de promissão[13]. É para que possa suportar os sofrimentos deste caminho tão penoso, sabendo onde há de encontrar repouso.

Ainda que coisa tão passageira não vos pareça de muito proveito, são tão grandes os benefícios que deixa na alma que, com exceção dos que passaram por isso, ninguém saberá entender o seu valor.

10. Por aí se vê não ser de fato coisa do demônio ou da imaginação. A primeira não poderia fazê-lo; quanto ao segundo, não seria capaz de representar algo que deixe na alma tanta paz, tranquilidade, bem como tantos benefícios. São particularmente três os frutos que ficam na alma num grau muito elevado. Em primeiro lugar, o conhecimento da grandeza de Deus, pois quanto mais coisas Suas virmos, tanto mais se mostrará ela a nós[14]. Depois, conhecimento próprio e humildade. Ao ver que criaturas tão mesquinhas como nós — em comparação com o Criador de tantas grandezas — têm ousado ofendê-Lo, a alma nem sabe como ainda ousa olhar para Ele. E, em terceiro lugar, o desprezo por todas as coisas da terra, caso não possam ser aplicadas ao serviço de tão grande Deus.

11. São essas as joias[15] que o Esposo começa a dar à Sua esposa, e têm tanto valor que a alma as guarda cuidadosamente. Porque ficam tão esculpidas na memória essas visões que creio ser impossível esquecê-las até que possam ser gozadas para sempre. A menos que, para seu grandíssimo

---

11. Alusão tácita a São Paulo e a seu problema "sive incorpore nescio sive extra corpus…" (2Cor 12,2-4).
12. Sobre a distinção entre alma e espírito, vejam-se as M. VII, cap. 1, n. 11; *Rel.* 5, n. 10; e 29, n. 1 (compare-se com *Vida*, cap. 20, n. 14).
13. Números 13,18-24.
14. A Santa anotou à margem, para maior clareza: *segunda razão*. Frei Luis inclui a anotação no texto, mas modificando toda a passagem (p. 172).
15. *Joias e visões:* a Santa dá prosseguimento à linguagem simbólica introduzida com a alegoria matrimonial (M. V, cap. 4, n. 3).

mal, a alma venha a ser infiel. Mas o Esposo que lhe dá tais joias é poderoso para conceder-lhe a graça de não perdê-las.

12. Voltando agora à necessidade de ter ânimo[16], julgais ser essa uma coisa fácil? A alma parece verdadeiramente afastar-se do corpo, vê-se perdendo os sentidos e não sabe por quê. Por conseguinte, é preciso que Aquele que tudo lhe dá dê-lhe também esse ânimo. Direis que a alma recebe grande recompensa por esse temor; o mesmo digo eu. Seja para sempre louvado Aquele que tanto pode dar. Queira Sua Majestade dar-nos graça para que possamos servi-Lo. Amém.

CAPÍTULO 6

Diz um efeito da oração explicada no capítulo anterior pelo qual se entenderá ser ela verdadeira, e não engano. Trata de outra graça que o Senhor concede à alma para impeli-la a louvá-Lo.

1. Tendo recebido essas imensas graças, a alma fica tão desejosa de fruir por inteiro Aquele que as concede que vive em grande tormento, embora saboroso. Sente grandíssimas ânsias de morrer e, com lágrimas, pede muitas vezes que Deus a tire deste desterro. Todas as coisas do mundo a cansam. Vendo-se a sós, ela tem algum alívio, mas logo lhe sobrevém esse pesar; sem ele, a alma já não se reconhece a si mesma.

Em suma, essa borboletinha não encontra descanso que perdure. Pelo contrário, estando a alma tão repleta de amor, qualquer ocasião capaz de acender mais esse fogo a faz voar. Assim, nesta morada, são muito frequentes os arroubos, não havendo meio de evitá-los, nem mesmo em público. E a isso logo sucedem as perseguições e os murmúrios, pois, mesmo que a alma deseje estar sem temores, não a deixam. São muitas as pessoas que lhe incutem medo, em especial os confessores.

2. E, embora em seu interior a alma pareça ter, por um lado, grande segurança — particularmente quando está a sós com Deus —, por outro anda muito aflita, porque teme ser enganada pelo demônio de maneira a ofender a Quem tanto ama. Os murmúrios perturbam-na pouco, a não ser quando é o próprio confessor quem a repreende, como se ela pudesse agir de outro modo.

A alma não faz senão pedir orações a todos e suplicar a Sua Majestade que a leve por outro caminho — porque lhe dizem que o faça, considerando este muito perigoso. Mas, como se viu tão beneficiada por ele (não podendo deixar de ver o seu lucro) e como lê, ouve e sabe pelos mandamentos de Deus o que leva ao céu[1], não consegue desejar outro, mesmo que o queira. Assim, entrega-se às mãos de Deus.

Não podendo desejar outro caminho, sente pesar, julgando não obedecer ao confessor. Pois considera o obedecer a este e o não ofender a Nosso Senhor todo o seu remédio para não ser enganada. Com efeito, ela não cometeria advertidamente um único pecado venial — segundo lhe parece — mesmo que a fizessem em pedaços. Mas aflige-a muito ver que não pode deixar de cometer muitos sem percebê-lo.

3. Deus dá a essa alma um imensurável desejo de não descontentá-Lo em coisa alguma, por pouquinho que seja, nem de agir com imperfeição, mesmo que possa. Tão grande é esse desejo que basta para que a alma queira fugir das pessoas e passe a invejar os que vivem e viveram nos desertos.

Por outro lado, ela gostaria de introduzir-se no mundo, a fim de contribuir para que ao menos uma alma louve mais a Deus. Se se trata de mulher, aflige-se por não poder fazê-lo, já que está presa à sua natureza. Tem grande inveja dos que são livres para alçar a voz e anunciar a todos quem é este grande Deus das Cavalarias[2].

---

16. Ver os n. 1 e 5; e o cap. 4, n. 2.
1. Alusão a Mateus 19,17. Veja-se a correspondência autobiográfica de toda essa passagem em *Vida*, caps. 27 e 29.
2. *Grande Deus das Cavalarias:* provável alusão bíblica ao "Deus dos Exércitos".

4. Ó pobre borboletinha, são tantos os teus grilhões que não podes voar como gostarias! Tende compaixão dela, meu Deus. Ordenai os eventos de modo a poder ela cumprir em alguma coisa seus desejos, para Vossa honra e glória. Não Vos recordeis do pouco que merece e de sua mesquinha natureza. Poderoso sois Vós, Senhor, para fazer recuar o vasto mar e o grande Jordão, a fim de poderem passar os filhos de Israel[3].

Não a poupeis; ajudada pela Vossa força, ela pode passar por muitos sofrimentos. Está determinada a isso e deseja padecê-los. Estendei, Senhor, o Vosso poderoso braço, a fim de que não viva a alma em coisas tão baixas[4]. Resplandeça a Vossa grandeza em ser tão feminil e mesquinho, para que o mundo entenda que nada vem dela e para que todos Vos possam louvar. Não importa o que isso lhe custe, já que ela quer padecer. Daria mil vidas, se tantas tivesse, para que uma única alma, por seu intermédio, Vos louvasse um pouquinho mais. E as julgaria muito bem empregadas, reconhecendo com toda a razão que não merece padecer por Vós um pequeno sofrimento, quanto mais morrer![5]

5. Não sei a que propósito disse essas coisas, irmãs, nem para quê. Nem eu própria me entendo. Compreendamos que são esses, sem dúvida nenhuma, os efeitos dessas suspensões ou êxtases. Não se trata de desejos passageiros, mas permanentes e firmes. E, quando se oferece ocasião de o mostrar, vê-se que não são fingidos. Quereis saber por que digo permanentes? Às vezes, a alma se sente covarde, até nas menores coisas, e atemorizada, com tão pouco ânimo que não lhe parece possível tê-lo para coisa alguma.

Nesse caso, creio que o Senhor a deixa entregue à própria natureza, para muito maior bem seu, porque a alma pode perceber então que, se teve ânimo para algo, ele lhe foi dado por Sua Majestade. E ela o entende com uma clareza tal que fica aniquilada, passando a conhecer melhor a glória de Deus e a Sua grandeza, demonstradas por Ele em coisa tão baixa. Mas o mais habitual é o estado de que antes falamos[6].

6. Não deixeis de perceber um aspecto, irmãs, nesses grandes desejos de ver Nosso Senhor: eles às vezes oprimem tanto que não deveis alimentá-los, mas vos distrair — isto é, se o puderdes. Há casos, dos quais falarei adiante[7], em que não é possível distrair-se de forma nenhuma. No princípio, às vezes se consegue, porque a razão se conforma inteiramente com a vontade de Deus, repetindo o que dizia São Martinho[8], e pode-se desviar o pensamento para outras coisas quando esses desejos são muito intensos. Convém agir assim porque, sendo esse desejo, ao que me parece, característico de pessoas muito adiantadas, o demônio pode fazer uso dele para fazer-nos crer que o estamos. Por isso, sempre é bom agir com temor.

Mas tenho para mim que o demônio nunca poderá proporcionar a quietude e a paz que esse pesar oferece à alma; apenas conseguirá suscitar alguma paixão, tal como se tem quando, por coisas temporais, sentimos alguma angústia. Mas quem não tiver experiência de uma e outra coisa não o entenderá. Pensando ser grande graça do Senhor, alimentará quanto puder esses desejos, o que lhe causará muito prejuízo à saúde, já que esse pesar é contínuo ou, pelo menos, muito frequente.

7. Percebei também que a compleição fraca costuma provocar tristezas desse tipo, em especial se se trata de pessoas sensíveis, que choram por qualquer coisa. Mil vezes pensarão que choram por Deus, quando não é assim. E isso pode mesmo acontecer (refiro-me às ocasiões em que, a cada palavrinha que ouvem ou pensam ser de Deus, essas pessoas já prorrompem em lágrimas

---

3. Êxodo 14,21-22, e Josué 3,13.
4. Nova alusão bíblica ao episódio de Noé e a pomba (Gn 8,8-9; cf. M. VII, 3, 13).
5. Alusão a Atos dos Apóstolos 5,41.
6. O sentido é: a alma costuma ficar inalterável em sua união com Deus. Esses outros estados ("covarde", "atemorizado"...) são passageiros.
7. No cap. 11, último capítulo das M. VI (cf. o título); cf., além disso, o cap. 8, n. 4; *Vida*, cap. 29, n. 9, e *Cantinho*, cap. 19, n. 9-10.
8. "Senhor, se ainda sou necessário a teu povo, não recuso o trabalho" (do Ofício Litúrgico de São Martinho); cf. *Exclam.* 15, n. 2.

sem fim) por ter-se aproximado do coração algum humor, o qual induz muito mais a esse estado do que o amor por Deus. E, assim, parece que essas pessoas nunca acabarão de chorar.

Como creem que as lágrimas são boas, elas não procuram reprimi-las nem desejam fazer outra coisa que não chorar, entregando-se totalmente a essa atitude. Nesse caso, o demônio pretende que se enfraqueçam de tal maneira que depois nem possam ter oração nem guardar a Regra.

8. Parece-me que vos ouço perguntar o que fareis, se em tudo vejo perigo. E, se em coisa tão boa como as lágrimas me parece poder haver engano, sou eu a enganada. Bem pode ser, mas crede que não falo sem ter visto que pode haver esse engano em algumas pessoas, embora não em mim, pois não sou nada sensível. Pelo contrário, tenho um coração tão duro que às vezes até me dá aflição.

Todavia, quando é grande o fogo que arde no interior, por mais duro que seja um coração, destila como um alambique. Bem entendereis neste caso que as lágrimas vêm de Deus, pois proporcionam conforto e tranquilidade — e não alvoroço —, raras vezes fazendo mal. Um aspecto bom desse engano, quando disso se trata, é prejudicar só o corpo, e não a alma — isto é, se há humildade. E, mesmo quando não há engano, não será mau ter essa suspeita[9].

9. Não pensemos que fazemos tudo derramando copiosas lágrimas. Esforcemo-nos por trabalhar muito e adquirir virtudes, que é o que importa. Quanto às lágrimas, que venham quando Deus as enviar, não nos empenhando para tê-las. As de Deus regarão a terra seca e serão de grande ajuda para que frutifique. Quanto menos importância lhes dermos, mais ajudarão, porque é água que cai do céu.

A água que extraímos cansando-nos em nada se relaciona com essa, pois muitas vezes cavaremos, nos fatigaremos e não encontraremos sequer uma poça d'água, quanto mais um profundo manancial. Por isso, irmãs, creio ser melhor que nos ponhamos diante do Senhor e observemos a Sua misericórdia e grandeza, bem como a nossa pequenez. Que Ele nos dê o que quiser, seja água, seja secura. O Senhor sabe melhor o que nos convém. Com isso ficaremos tranquilas, e o demônio não terá tanta ocasião para nos enganar.

10. Entre essas coisas, a um tempo perturbadoras e saborosas, Nosso Senhor dá algumas vezes certos júbilos e uma oração tão estranha que a própria alma não sabe definir. Refiro-me a isso para que, se Deus vos conceder essa graça, vós O louveis muito e saibais que é coisa que pode acontecer. Trata-se, a meu ver, de uma grande união das faculdades, embora Nosso Senhor as deixe com liberdade para se entregarem a esse gozo, o mesmo fazendo com os sentidos. No entanto, eles não entendem o que fruem e como o fruem.

Embora o que digo pareça incompreensível, é certo que as coisas se passam assim. Trata-se de uma felicidade tão grande da alma que ela não desejaria gozá-la a sós, mas comunicá-la a todos, a fim de que a ajudassem a louvar Nosso Senhor. É para isso que se dirige todo o ímpeto. Oh! Quantas festas faria e, se pudesse, quantas demonstrações daria, para que todos entendessem a sua felicidade! A alma parece ter se encontrado a si mesma e, tal como o pai do filho pródigo, gostaria de convidar a todos e fazer grandes festejos[10], porque se vê em segurança, ao menos nessa ocasião. E creio que ela tem razão; não podem ser do demônio tanto gozo interior, tanta paz e um contentamento que só suscita louvores a Deus.

11. E muito faz a alma, estando com esse grande ímpeto de alegria, ao calar-se e dissimular, atitudes que não lhe causam pequeno pesar. É o que deve ter sentido São Francisco quando o encontraram os ladrões, pois andava pelo campo gritando e lhes disse ser arauto do grande Rei[11];

---

9. Texto difícil, que pôs à prova a paciência dos tradutores. Frei Luis editou: *quando há* a (humildade)... (p. 179). O sentido é: *O bem* (= o menor mal) *neste engano* (= excesso de lágrimas em pessoas sensíveis) consistirá em ocasionar *dano ao corpo; e quando não o houver* (dano do corpo), *não será mau ter essa suspeita* (de que acaba de falar, fim do n. 7: a pretensão do demônio de enfraquecer-lhe pouco a pouco o corpo, para impedir a oração).

10. Lucas 15,22.

11. Provável lembrança de suas leituras dos *Flos Sanctorum* ou da *Legenda mayor de San Francisco y Santa Clara* (Toledo, 1526).

e também outros santos que se retiraram para o deserto, a fim de apregoar, como São Francisco, esses louvores de Deus. Eu conheci um, chamado Frei Pedro de Alcântara (tenho-o por santo, dada a vida que levava). Fazia ele o mesmo e era tido por louco pelos que alguma vez o ouviram[12].

Oh! Que boa loucura, irmãs! Oxalá Deus no-la desse a todas! E que grande graça vos concedeu mantendo-vos num lugar em que, mesmo que Ele vos dê esse favor e vós o demonstreis, achareis quem vos ajude, e não haverá murmúrios. O mesmo não acontece no mundo, onde há tão poucos desses arautos que não admira que haja recriminações.

12. Oh! Desventurados tempos e miserável vida a que hoje vivemos! Ditosas aquelas às quais coube a boa sorte de estar fora do mundo! Algumas vezes, sinto especial contentamento quando, estando juntas, vejo estas irmãs com tão grande felicidade interior. Cada uma dá, na medida de suas possibilidades, maiores louvores a Nosso Senhor pelo fato de estar no mosteiro. E vê-se muito claramente que eles brotam do íntimo da alma. Eu gostaria, irmãs, que fizésseis isso com frequência, porque, quando uma começa, as demais são estimuladas. E em que melhor podeis ocupar vossa língua, quando estais juntas, do que em louvores a Deus, já que temos tantos motivos para fazê-lo?

13. Praza a Sua Majestade dar-nos muitas vezes essa oração, pois é muito segura e suscita grandes benefícios. Adquiri-la, não o podemos, porque é muito sobrenatural. Ela pode durar um dia inteiro; nesse caso, a alma se porta como alguém que bebeu muito, embora não a ponto de ficar fora de si, ou como uma pessoa atacada de melancolia; esta, ainda que não tenha perdido de todo o juízo, não se distrai de uma coisa que se fixou em sua imaginação, nem há quem a tire disso.

Muito grosseiras comparações são estas para coisa tão valiosa, mas minha ignorância não me permite elaborar outras. É justamente assim que acontece: esse gozo faz a alma esquecer-se tanto de si e de todas as coisas que ela não pensa nem consegue falar, a não ser no que diz respeito à sua felicidade, que são os louvores a Deus.

Ajudemos todas a essa alma, filhas minhas. Para que desejamos ter mais juízo do que ela? Onde podemos encontrar maior contentamento? E ajudem-nos todas as criaturas, por todos os séculos dos séculos. Amém, amém, amém.

CAPÍTULO 7

Trata da grande aflição que sentem pelos seus pecados as almas a quem Deus concede as mencionadas graças. Diz o grande erro que é não se exercitar, por mais espiritual que se seja, em ter presente a Humanidade de Nosso Senhor e Salvador Jesus Cristo, bem como a sua sacratíssima Paixão e vida, sua gloriosa Mãe e os santos. É de grande proveito.

1. Talvez vos pareça, irmãs, que as almas com quem o Senhor se comunica de modo tão particular já estejam tão seguras de que O gozarão para sempre, que não têm de temer nem de chorar os seus pecados (especialmente as que não tiverem recebido esses favores deverão evitar esse pensamento; já aquelas que os receberam, e se forem de Deus, verão que é certo o que digo).

É grandíssimo engano pensar assim, porque, quanto mais se recebe de Deus, tanto mais aumenta a dor pelos pecados. E creio que esse pesar nunca nos deixará, até que estejamos no lugar em que nada pode causar dor.

2. É verdade que ela às vezes perturba mais, fazendo-se sentir de modo diferente. A alma não se lembra do castigo que há de sofrer por seus pecados, mas de como foi ingrata para com Aquele a quem tanto deve e que tanto merece ser servido. Com efeito, em meio às grandezas que lhe são comunicadas, ela entende muito mais a de Deus. Espanta-lhe o seu atrevimento; chora o seu pouco respeito. Parece-lhe coisa tão disparatada o seu desatino que não para de lastimá-lo, lembrando-se das miserabilidades pelas quais deixava tão grande Majestade.

---

12. Cf. *Vida*, cap. 27, n. 16-20; cap. 30, n. 2-7.

A alma lembra-se mais disso do que das graças recebidas, embora sejam elas tão elevadas quanto as que se mencionaram e quanto outras a que se fará referência. Parece-lhe que as leva um rio caudaloso — que torna a trazê-las a seu tempo. Mas os pecados assemelham-se a um lodaçal, sempre vivos na memória. E é essa uma cruz bem grande.

3. Sei de uma pessoa[1] que, deixando de querer morrer só para ver Deus, o desejava para não sentir com frequência o pesar por se ver tão ingrata para com Aquele a quem tanto deveu sempre e sempre haveria de dever. Parecia-lhe que as suas maldades ultrapassavam as de qualquer outra pessoa. Acreditava que de ninguém Deus tinha sofrido tanto e que a ninguém tinha concedido tantas graças.

Desaparece aqui, por completo, o medo do inferno. O de perder a Deus às vezes aflige muito; mas não ocorre com frequência. O temor dessa alma é que o Senhor lhe retire Sua mão, vindo ela a ofendê-Lo e voltando assim ao miserável estado de outros tempos. Ela não se importa com a sua própria dor ou glória; e, se deseja não permanecer muito tempo no purgatório, é antes para não se ver privada de Deus enquanto ali estiver do que pelas penas que terá de padecer.

4. Eu não consideraria seguro — por mais favorecida que uma alma estivesse por Deus — que ela se esquecesse de que já se viu em miserável estado. Embora seja algo penoso, essa lembrança pode trazer grandes benefícios. Talvez eu tenha essa opinião por ter sido muito ruim, sendo também essa a causa de o trazer sempre na memória. As pessoas que têm sido boas não terão o que lamentar, embora sempre haja faltas enquanto vivemos neste corpo mortal.

Não é alívio nenhum para essa dor pensar que Nosso Senhor já perdoou e esqueceu nossos pecados. Pelo contrário, antes aumenta-a ver tanta bondade, bem como a concessão de graças a quem não merecia senão o inferno. Penso que foi esse um grande martírio para São Pedro e para Madalena. Favorecidos por um grande amor, pelo recebimento de muitas graças e pela compreensão da grandeza e majestade de Deus, deve ter-lhes sido penoso sofrê-lo, provocando-lhes um terníssimo sentimento.

5. Também pode vos parecer que quem usufrui de coisas tão elevadas não medite nos mistérios da sacratíssima Humanidade de Nosso Senhor Jesus Cristo, porque já se exercita por inteiro no amor. Este é um assunto sobre o qual me detive em outro lugar[2] e, embora nisso tenham me contestado e dito que não o entendo, a mim não farão confessar que se trate de um bom caminho.

Dizem que são caminhos por onde Nosso Senhor leva as almas e que, quando estas já passaram do princípio, é melhor tratar das coisas da Divindade e fugir das corpóreas. Pode ser que eu bem me engane e que estejamos todos dizendo a mesma coisa. Mas vi que o demônio queria enganar-me por esse meio e, assim, estou tão prevenida que penso em repeti-lo aqui, embora já o tenha dito outras vezes[3]. Eu o farei para que tenhais muito cuidado no que se refere a isso.

Olhai: ouso dizer que não acrediteis em quem vos disser outra coisa. Procurarei explicar-me melhor do que o fiz em outra parte. Porque, se alguém que abordar o assunto, como ele o disse[4], se estendesse mais em sua explanação, bem o faria. Mas falá-lo assim por alto a nós que não entendemos tanto pode fazer muito mal.

6. Algumas almas também se julgam incapazes de pensar na Paixão. Se isso for verdade, menos poderão pensar na Santíssima Virgem ou na vida dos santos, cujo exemplo nos traz tanto benefício e alento. Não consigo imaginar o que pensam essas pessoas. Afastar-se de tudo o que é corpóreo e viver sempre abrasado de amor são coisas próprias de espíritos angélicos, e não dos que vivemos num corpo mortal.

---

1. A própria Santa; cf. *Vida*, cap. 34, n. 10, e cap. 26, n. 2; *Rel.* 1, n. 26; 5, n. 12; 53, n. 1.
2. Em *Vida*, cap. 22.
3. Ibid. e cap. 23, n. 2; cap. 23, n. 2-3.
4. Ignoramos a que pessoa alude aqui a Autora. Toda a frase é intencionalmente enigmática. Veja-se *Vida*, cap. 21, n. 1. Aos autores ali mencionados deve-se acrescentar Bernabé de Palma: *Via Spiritus* (ed. de Toledo, 1553; cf. caps. 4, 8, 9).

Devemos pensar nos que, tendo tido corpo como nós, fizeram grandes façanhas por Deus. Deles temos de tratar e nos fazer acompanhar. Que grave engano afastar-se propositalmente de todo o nosso bem e remédio, que é a sacratíssima Humanidade de Nosso Senhor Jesus Cristo. Eu não posso crer que o cometam. Mas parecem não se entender a si mesmos, causando assim muito mal a si e aos outros.

Posso pelo menos assegurar que essas pessoas não entram nestas duas últimas moradas, porque, se perderem o guia — que é o bom Jesus —, não darão com o caminho. Muito já será se ficarem nas outras moradas com segurança. O próprio Senhor nos diz que é caminho, assim como luz, e que ninguém pode chegar ao Pai senão por Ele. "Quem me vê, vê a meu Pai[5]." Talvez se diga que é outro o sentido dessas palavras. Eu não conheço esses outros sentidos. Com este, em que sempre a minha alma encontrou a verdade, tenho ido muito bem.

7. Há algumas almas — e são muitas as que têm abordado o assunto comigo — que, mal Nosso Senhor lhes dá a contemplação perfeita, desejariam permanecer sempre ali, o que não é possível. Mas, com essa graça de Deus, elas ficam de tal maneira que não conseguem mais como antes refletir sobre os mistérios da Paixão e da vida de Cristo. Desconheço a causa, mas sei que isso é muito frequente. O intelecto fica meio incapacitado para a meditação.

Creio que deve ser esta a causa: como na meditação tudo consiste em buscar a Deus, uma vez que a alma O encontra e se acostuma a torná-Lo a buscar por meio da vontade, já não quer cansar-se com o trabalho do intelecto. Parece-me também que, estando já a vontade inflamada, desejaria essa generosa faculdade dispensar o auxílio do intelecto, se isso fosse possível. Não age mal em fazê-lo, mas não o conseguirá — em especial até chegar a estas últimas moradas — e perderá tempo. Porque a alma muitas vezes precisa da ajuda do intelecto para inflamar a vontade.

8. E notai, irmãs, este ponto (por ser importante, quero explicá-lo melhor). A alma deseja aplicar-se toda ao amor e não gostaria de fazer outra coisa, mas não poderá agir assim, ainda que o queira. Embora a vontade não esteja morta, está amortecido o fogo que costuma inflamá-la, sendo necessário quem o sopre para atear novo calor.

Seria caso bom que a alma permanecesse ali com essa aridez, esperando do céu um fogo que consuma esse sacrifício que está fazendo de si a Deus, como aconteceu com Elias, nosso Pai?[6] Não, por certo; tampouco é bom esperar milagres. O Senhor os faz, quando é servido, por amor a essa alma, como foi dito e se dirá adiante. Mas Sua Majestade quer que nos consideremos tão ruins que pensemos não merecer que Ele no-los faça. Deseja assim que nos ajudemos em tudo o que pudermos. E creio que, até que morramos — por mais elevada que seja a oração —, isso será necessário.

9. É verdade que a alma já introduzida pelo Senhor na sétima morada muito poucas vezes — ou quase nunca — precisa recorrer a essa diligência, pelo motivo que direi ao abordar esse aposento[7], se me lembrar. Mas essa alma não deixa de manter-se constantemente unida a Cristo Nosso Senhor. De um modo admirável — divino e humano a um só tempo —, Ele sempre lhe faz companhia.

Assim, pois, quando não se acende na vontade o mencionado fogo[8], nem sentimos a presença de Deus, devemos buscá-la. É esse o desejo de Sua Majestade — como o fazia a Esposa nos Cânticos[9]. Ele também quer que perguntemos às criaturas quem as fez — como diz Santo Agostinho, creio que nas suas *Meditações* ou *Confissões*[10] — e que não fiquemos como bobos, perdendo tem-

---

5. João 14,6; 8,12; 14,6; 14,9. O segundo texto ("o Senhor diz também ser luz") foi acrescentado à margem pela própria Santa. Nós o conservamos no texto. Cf. em M. II, n. 11, as hesitações da Santa ao recorrer a esses textos.
6. *3 Reg.* 18,30-39.
7. Cf. M. VII, cap. 2, n. 3, 9 e 10; cap. 3, n. 8, 10, 11; cap. 4, 1-2.
8. No fim do n. 7.
9. Cântico dos Cânticos 3,3.
10. *Ou Confissões*, foi acrescentado pela Santa à margem. Cf. *Confissões*, L. 10, cap. 6, n. 9-10. Mas é possível que ela aluda de novo aos *Solilóquios* do PseudoAgostinho, cap. 31, editados correntemente junto com as *Meditações* (aqui mencionadas pela Santa) e o *Manual*, ambos também pseudoagostinianos.

po, à espera do que uma vez recebemos. É possível que, no início, o Senhor não repita a mesma graça por um ano ou mesmo por muitos. Sua Majestade sabe o porquê.

Quanto a nós, não devemos querer sabê-lo, nem há razão para isso. Conhecemos o caminho e sabemos como nele contentaremos a Deus: pelos mandamentos e conselhos. Andemos por ele com grande diligência, meditando na Sua vida e morte, bem como no muito que Lhe devemos. E que venha o demais quando o Senhor quiser.

Neste ponto, as pessoas respondem que não podem deter-se nessas coisas[11]; e, pelo que fica dito, talvez tenham razão, de certa forma. Já sabeis que discorrer com o intelecto é uma coisa, enquanto considerar verdades apresentadas ao intelecto pela memória é outra. Direis talvez que não me entendeis, e verdadeiramente poderá ser que não o entenda eu para sabê-lo dizer. Vou, no entanto, expô-lo como souber.

Chamo de meditação o discorrer muito com o intelecto, da seguinte maneira: começamos a pensar na graça que Deus nos concedeu em nos dar o Seu único Filho, e não paramos aí, avançando para os mistérios de toda a Sua gloriosa vida. Ou, meditando na oração do Horto, o intelecto não se detém até a pregação na cruz. Ou ainda escolhemos uma passagem da Paixão — por exemplo, a prisão — e percorremos esse mistério considerando detalhadamente as circunstâncias que nele se oferecem para refletir e sentir, como a traição de Judas, a fuga dos apóstolos e tudo o mais. E essa é uma oração muito meritória e admirável.

11. Creio ser essa a oração que quem foi levado por Deus a coisas sobrenaturais e à perfeita contemplação tem razão[12] em dizer que não a pode fazer. Como eu disse[13], não sei a causa, mas é frequente isso acontecer. Mas essa pessoa não a terá — isto é, razão — se disser que não se detém nesses mistérios nem os traz presentes muitas vezes — em especial quando são eles celebrados pela Igreja Católica. Nem é possível que perca assim a memória a alma que tanto recebeu de Deus em provas de amor tão preciosas, vivas centelhas para inflamá-la mais no amor que tem a Nosso Senhor.

O que acontece é que a alma não consegue meditar porque já entende esses mistérios de modo mais perfeito. O intelecto os representa para ela, e os mistérios ficam de tal maneira gravados em sua memória que só o ver o Senhor caído por terra com aquele espantoso suor no Horto lhe basta não apenas por uma hora, mas por muitos dias.

Um simples vislumbre é suficiente para que ela veja quem Ele é e quão grande tem sido a nossa ingratidão para com esse imenso tormento. Mas logo a vontade interfere, ainda que não seja com ternura, e deseja contribuir em algo para tão grande graça, padecendo um pouco por Quem tanto padeceu. Nesses e em outros desejos semelhantes ocupam-se a memória e o intelecto. E creio que, por esse motivo, essa pessoa não consegue meditar mais detidamente sobre a Paixão, o que a faz crer que não consegue pensar nela.

12. E se não o faz, é bom que procure fazê-lo, porque sei que não será impedida por sua elevada oração. E julgo ruim que ela não se exercita nisso muitas vezes. Se daí o Senhor a enleva, acontecerá isso em muito boa hora, pois, ainda que a alma não o queira, permanecerá no que está meditando. Estou certíssima de que essa maneira de proceder, longe de ser estorvo, é de grande ajuda para todo o bem. Estorvo seria a alma trabalhar continuamente com o raciocínio, do modo como descrevi acima. Penso que não o conseguirá quem chegou a um estado mais elevado.

No entanto, bem pode ser que o consiga, pois são muitos os caminhos pelos quais Deus leva as almas. Mas não se condenem por isso as que não puderem trilhá-lo, nem se julguem incapacitadas a fruir de tão grandes bens como os que estão encerrados nos mistérios do nosso Bem, Jesus Cristo. Ninguém — por mais espiritual que se considere quem o disser — me fará entender que seja bom não pensar Nele.

---

11. Retoma a objeção iniciada no n. 1. *Pelo que fica dito:* alude ao n. 7.
12. Cf. fim do n. 9 e princípio do 10.
13. Ela o disse no n. 7.

13. No princípio, e mesmo quando já estão mais adiantadas, algumas almas, logo que começam a chegar à oração de quietude e a gostar dos consolos e deleites oferecidos pelo Senhor, julgam ser grande coisa ficar sempre ali saboreando-os. Mas que essas almas me ouçam e não se embeveçam tanto — como eu já disse em outra parte[14]. A vida é longa, há nela muitos sofrimentos, e devemos ver como o nosso modelo Jesus Cristo os suportou, assim como Seus apóstolos e santos, para padecermos os nossos com perfeição.

A companhia do bom Jesus é proveitosa demais para que nos afastemos dela, o mesmo acontecendo com a da Sua Sacratíssima Mãe. Ele aprecia muito que nos condoamos de Suas dores, embora deixemos o nosso contentamento e gosto algumas vezes. Tanto mais, filhas, que o deleite na oração não é tão frequente que não deixe tempo para tudo.

Se alguém disser que permanece sempre no mesmo estado, não podendo fazer o que ficou dito, eu consideraria suspeita tal afirmação. Desconfiai também desse estado permanente e procurai sair desse engano. Desembevecei-vos com todas as vossas forças. E, se as distrações não bastarem, dizei-o à superiora, a fim de que vos dê um ofício tão meticuloso que vos afaste desse perigo. Ele será bem grave — ao menos para o juízo e para a cabeça — se durar muito tempo.

14. Creio ter explicado a grande conveniência — por mais espirituais que sejam as almas — de não se fugir tanto das coisas corpóreas a ponto de se temer a Humanidade sacratíssima. Essas pessoas alegam que o Senhor disse a Seus discípulos que lhes convinha que Ele se fosse[15]. Eu não o posso tolerar! Certamente não o disse a Sua Mãe Sacratíssima, porque Ela estava firme na fé e sabia que Ele era Deus e homem. E, embora O amasse mais do que os discípulos, fazia-o com tanta perfeição que isso antes a ajudava. Os apóstolos não deviam estar então tão firmes na fé como depois estiveram — e como temos razão para estar agora. Digo-vos, filhas, que julgo perigoso esse caminho. O demônio pode fazer uso dele para aniquilar a devoção pelo Santíssimo Sacramento.

15. O engano de que fui vítima não chegou a tanto, resumindo-se a não gostar de pensar tanto em Nosso Senhor Jesus Cristo e a permanecer naquele embevecimento, esperando por tal deleite. E vi claramente que ia mal, porque, como não o podia ter sempre, o pensamento ficava perambulando, enquanto a alma, a meu ver, esvoaçava como uma ave, não encontrando onde pousar, perdendo muito tempo e não se beneficiando das virtudes nem se desenvolvendo na oração.

E eu não entendia a causa, nem chegaria a entendê-la, segundo creio, porque aquela atitude me parecia muito acertada. Até que, tratando de minha oração com uma pessoa serva de Deus, ela me alertou para isso. Depois vi claramente que estava errada. Até hoje me lastimo por aquele tempo em que julgava enriquecer-me com tão grande perda. E, ainda que fosse possível, não desejo nenhum bem que não seja adquirido por meio Daquele de quem nos vieram todos os bens. Seja Ele louvado para sempre. Amém.

CAPÍTULO 8

Fala como Deus se comunica com a alma por visão intelectual. Dá alguns
avisos e expõe os efeitos dessa visão, quando é verdadeira. Recomenda
guardar segredo dessas graças.

1. Para que vejais mais claramente, irmãs, que é verdade o que eu vos disse — e que quanto mais adiantada está a alma, tanto mais se faz acompanhar desse bom Jesus —, será bom dizermos que, quando Sua Majestade assim o quer, não podemos andar senão com Ele. Isso se manifesta com nitidez pelas maneiras e modos pelos quais Sua Majestade se comunica conosco e nos mostra o amor que tem por nós, usando para isso de aparições e visões extremamente admiráveis.

---

14. Cf. cap. 4, n. 2 e 9; e M. IV, cap. 3, n. 11-13; e veja-se *Vida*, cap. 22, n. 10.
15. João 16,7.

E para que não fiqueis espantadas se Ele vos conceder algumas dessas graças, quero dizer-vos brevemente — se o Senhor for servido que eu acerte — certas coisas desse tipo. Mesmo que Ele não as conceda a nós, devemos louvá-Lo muito por assim se querer comunicar com uma criatura, possuidor que é de tanta majestade e poder.

2. Estando a alma descuidada de poder receber essa graça, nem nunca tendo se julgado merecedora dela, pode acontecer-lhe de sentir junto a si Jesus Cristo Nosso Senhor, embora não O veja, nem com os olhos do corpo nem com os da alma. Chamam a isso visão intelectual, não sei por quê.

Vi uma pessoa[1] a quem Deus concedeu essa graça (bem como outras que adiante mencionarei) afligir-se muito no princípio. Ela não podia entender o que era aquilo, pois não via Jesus Cristo nem tinha tanta certeza de ser Ele quem assim se manifestava a ela. Mas não tinha dúvidas quanto à realidade da visão.

Embora visse em si grandes efeitos que pareciam provar proceder de Deus essa visão, demonstrava ainda medo, pois nunca tinha ouvido nada a respeito de visão intelectual, nem pensara que a houvesse desse tipo. Contudo, ela entendia com muita clareza ser o Senhor quem lhe falava muitas vezes da maneira que fica dita[2]. Até receber a graça de que trato, essa pessoa não sabia quem lhe falava; apenas entendia as palavras.

3. Sei que, temerosa com essa visão (porque é diferente das imaginárias, que passam depressa; esta dura muitos dias e, às vezes, até mais de um ano), ela procurou seu confessor cheia de aflição. Ele lhe disse que, se não via nada, como sabia ela tratar-se de Nosso Senhor? Pediu-lhe que descrevesse o Seu rosto[3]. A pessoa respondeu-lhe que não o sabia fazer, nunca via rosto, nem podia dizer mais do que tinha dito. Só sabia que era Ele quem lhe falava e que não era ilusão.

Embora lhe incutissem grandes temores, ela muitas vezes não podia duvidar, em especial quando ouvia: *Não tenhas medo, sou eu*[4]. Tinham tanta força essas palavras que não deixavam lugar a dúvidas, ficando a alma muito confortada e alegre em tão boa companhia. Ela via com clareza que isso lhe era de grande auxílio para pensar constantemente em Deus e ter extremo cuidado de não fazer nada que O desagradasse, porque lhe parecia que Ele a estava sempre olhando.

E, sempre que queria tratar com Sua Majestade na oração — e mesmo fora dela —, julgava estar Ele tão perto que não O podia deixar de ouvir. No que se refere ao entendimento das palavras, não se dava quando ela queria, mas a qualquer momento, de acordo com a necessidade.

Essa pessoa sentia o Senhor caminhar à sua direita. Não o fazia, contudo, com os sentidos habituais que nos permitem sentir alguém junto de nós. Aqui as coisas se passam de outro modo, mais delicado, impossível de explicar. A certeza, no entanto, é a mesma, e até muito maior. Com relação às criaturas podemos enganar-nos, mas neste caso não há como.

Este estado suscita grandes lucros e efeitos interiores, os quais não poderiam existir se se tratasse de melancolia. O demônio tampouco causaria tanto bem, não sendo capaz de provocar na alma tanta paz e tão contínuos desejos de contentar a Deus. Com efeito, ela passa a desprezar tudo o que não a aproxime mais Dele. Com o tempo, viu-se claramente que essa visão não procedia do demônio, vindo-o a entender a alma com uma evidência cada vez maior.

4. Sei, contudo, que em alguns momentos ela sentia grande temor; em outros, ficava extremamente confusa, pois não apreendia a fonte de tanto bem. Éramos, ela e eu, de tal maneira uma só coisa que não se passava nada em sua alma que eu ignorasse, e assim posso ser boa testemunha. Podeis crer ser verdade tudo o que eu disse sobre esse assunto. Trata-se de uma graça do Senhor... que traz consigo imensa confusão e humildade.

Se fosse do demônio, tudo se passaria ao contrário. Como é coisa que notavelmente se percebe ser dada por Deus, não bastando artifício humano para produzi-la, quem usufrui disso não pode

---

1. Trata-se da própria Santa; cf. *Vida*, cap. 27, n. 2-5.
2. No cap. 3.
3. Cf. *Vida*, cap. 27, n. 3.
4. Cf. *Vida*, cap. 25, n. 18; *Relações* 4 (n. 10), 35, 53, 55; e *Moradas* VI, cap. 3, n. 5.

de modo algum pensar que é bem seu, mas dado pela mão de Deus. E embora, a meu ver, algumas das graças já mencionadas sejam maiores, esta de que falo envolve um particular conhecimento de Deus.

Dessa companhia tão contínua nasce um amor terníssimo por Sua Majestade, bem como certos desejos — bem maiores do que os que dissemos[5] — de total entrega a Seu serviço e uma pureza de consciência.

A presença que a alma tem junto a si a faz prestar atenção às mínimas coisas. Embora já saibamos que Deus está presente em tudo o que fazemos, a nossa natureza é tal que se descuida de nisso pensar. Essa atitude não é possível aqui, pois o Senhor, que está junto da alma, a desperta para esse pensamento. Estando ela quase sempre em constante exercício de amor para com Aquele que vê ou sente estar junto a si, recebe com mais frequência as graças de que falei[6].

5. Enfim, pelos lucros que lhe ficam, a alma vê tratar-se de imensa graça, sumamente digna de apreço. Agradece ao Senhor por tê-la recebido sem nenhum merecimento de sua parte, e não a trocaria por nenhum tesouro nem deleite da terra.

Assim, quando o Senhor é servido de tirar-lhe essa graça, a alma sente imensa saudade. Contudo, nenhum esforço é suficiente para fazer voltar aquela companhia. O Senhor a dá quando deseja, não podendo ela ser adquirida. Às vezes, pode tratar-se também da presença de algum santo, coisa igualmente proveitosa.

6. Perguntareis: se a alma nada vê, como sabe que é Cristo, ou Sua Mãe gloriosíssima ou um santo? Isso ela não o sabe dizer, nem pode entender como o sabe, mas tem uma grandíssima certeza. Quando é o Senhor que lhe fala, parece-lhe mais fácil conhecê-Lo; mas, quando se trata de um santo que nada diz e que se encontra ali para ajudar e acompanhar aquela alma, é mais de maravilhar que ela o reconheça.

O mesmo acontece com outras coisas espirituais; não se sabem exprimir, mas entende-se por elas quão baixa é a nossa natureza para compreender as imensas grandezas de Deus. Não somos capazes de entender nem mesmo uma dessas pequeninas parcelas.

A alma a quem forem concedidas essas graças receba-as com admiração e louvores a Sua Majestade. E renda-Lhe particular homenagem, pois, não sendo graças que se concedem a todos, devem ser muito apreciadas. Que ela procure também prestar maiores serviços, pois Deus a ajuda nisso de inúmeras maneiras. Disso lhe vem não se ter por melhor do que as outras, parecendo-lhe que, de todas as pessoas da terra, é a que menos serve a Deus. Sente-se a isso mais obrigada do que ninguém; e qualquer falta que comete lhe trespassa as entranhas, e com grandíssima razão.

7. Qualquer uma de vós poderá refletir sobre os mencionados efeitos[7] que ficam na alma e entenderá que não é engano nem ilusão. Porque, como eu disse[8], não julgo possível que uma visão dure tanto sendo coisa do demônio, nem tampouco beneficiaria tanto a alma nem lhe proporcionaria tanta paz interior — não é do seu costume fazê-lo. Por outro lado, coisa tão má como é o inimigo não pode — mesmo que o queira — fazer tanto bem. Logo se ergueriam fumaças de amor-próprio e pensamentos de orgulho pessoal.

O fato de a alma estar sempre tão unida a Deus e com o pensamento tão ocupado Nele suscitaria tanta raiva no demônio que, ainda que o tentasse, este não voltaria à carga muitas vezes. Fidelíssimo é o Senhor; Ele não lhe permitirá ter livre acesso a uma alma que não pretende outra coisa senão agradar Sua Majestade[9] e dar a vida por Sua honra e glória. Pelo contrário, logo faria cessar o engano.

---

5. No cap. 6, n. 1-6.
6. Ela alude às graças místicas mencionadas nos caps. anteriores.
7. Nos n. 3-5.
8. No n. 3.
9. Alusão ao texto paulino "fidelis est Deus" (1 Coríntios 10,13), que marcou a Santa de modo muito profundo (cf. *Vida*, cap. 23, n. 15, e *Relação* 28).

8. Insisto e insistirei sempre que a alma sairá com vantagem se tiver presentes os efeitos decorrentes dessas graças, andando em consonância com eles. Se Deus permitir alguma vez que o demônio se atreva a tentá-la, este sairá vencido e confuso. Por isso, filhas, se alguma de vós trilhar esse caminho — como eu disse[10] —, não ande apavorada.

É bom, contudo, conservar o temor e agir com grande cuidado. Não presumais que, por serdes tão favorecidas, podeis vos descuidar. Se não perceberdes em vós os efeitos a que me referi, considerai-o sinal de não provir de Deus essa visão.

No princípio é bom comunicar essas graças a algum erudito competente, sob sigilo de confissão. São os letrados que nos hão de esclarecer. Pode-se também falar delas com alguma pessoa muito espiritual, se a houver. Se a pessoa não tiver essa característica, melhor é comunicá-las a um erudito. Melhor ainda se os houver os dois.

Se vos disserem que é ilusão, não vos importeis; essa ilusão pouco mal ou bem pode fazer à vossa alma. Encomendai-vos à Divina Majestade, para que não consinta que sejais enganadas. Já se vos disserem que é o demônio, será maior o sofrimento. Mas não o dirá quem seja bom erudito e quando houver os mencionados efeitos. Contudo, se o disser, sei que o próprio Senhor que anda convosco vos consolará e infundirá segurança. Por outro lado, irá iluminando o confessor para que este vo-lo dê a vós.

9. Se se tratar de uma pessoa que, embora tenha oração, não foi levada pelo Senhor por esse caminho, logo se espantará e condenará tudo. Por isso, aconselho-vos a procurar alguém que seja muito erudito e — se se achar —também espiritual.

A superiora deve dar licença para essas consultas, pois, mesmo estando segura da vida virtuosa da irmã, é obrigada a permitir que ela se aconselhe. Assim ficarão ambas com segurança. E, tendo tratado com essas pessoas, a alma deve aquietar-se e não alardear essas coisas.

Digo isso porque às vezes, não havendo razão para temores, o demônio infunde certos medos tão excessivos que forçam a alma a não contentar-se com uma única consulta. Acontece quando ela percebe que o confessor tem pouca experiência e é temeroso; neste caso, ele próprio a induz a falar com outras pessoas.

Dessa forma, divulga-se o que deveria ser mantido em segredo, vindo a alma a ser perseguida e atormentada. Pensando que tudo é sigiloso, ela o vê cair em domínio público. Disso lhe advêm muitos sofrimentos, que podem estender-se à própria Ordem, tão maus andam os tempos. Assim, é preciso muito cuidado com essas coisas. Recomendo-o muito às superioras.

10. E não se pense que, por receber semelhantes graças, uma irmã seja melhor do que as outras. O Senhor leva a cada uma segundo a sua conveniência. Esses favores, quando correspondidos, ajudam a alma a tornar-se grande serva de Deus. Mas, às vezes, o Senhor leva por esse caminho as mais fracas.

Não há nisso motivo para aprovar nem condenar; pelo contrário, devem-se olhar as virtudes e ter por mais santa aquela que serve a Nosso Senhor com mais mortificação, humildade e pureza de consciência. Contudo, pouca certeza se pode ter a respeito das coisas desta vida, até que o verdadeiro Juiz dê a cada um o que merece. Nessa ocasião, nos espantaremos vendo quão diferentes são os Seus juízos daquilo que podemos aqui avaliar. Seja Ele para sempre louvado. Amém.

CAPÍTULO 9

Fala como o Senhor se comunica com a alma por visão imaginária. Recomenda muito que não se deseje ir por esse caminho e dá as razões para isso. É de muito proveito.

---

10. No n. 1.

1. Falemos agora das visões imaginárias: aquelas nas quais, segundo dizem, o demônio pode se envolver mais do que nas já mencionadas[1]; e assim deve ser. Mas, quando são de Nosso Senhor, creio que de algum modo são mais proveitosas, por estarem em maior conformidade com a nossa natureza. Excetuo as que Deus concede na última morada, que não têm comparação com nenhuma outra.

2. Vejamos então — como vos disse no capítulo anterior[2] — como o Senhor se faz presente. É como se num estojo de ouro tivéssemos uma pedra preciosa de grandíssimo valor e virtude. Sabemos com certeza que ela se encontra ali, ainda que nunca a tenhamos visto. Se a trazemos conosco, não deixamos de sentir os seus efeitos benéficos. E, embora nunca a vejamos, atribuímos a ela muito valor, porque vimos por experiência que nos tem sarado de algumas enfermidades para as quais é apropriada[3].

Todavia, não ousamos olhar para ela, nem abrir o relicário. Sequer o podemos; só o dono da joia sabe a maneira de abri-lo. E, ainda que no-la tenha emprestado para que nos beneficiássemos dela, guardou consigo a chave. Sendo a pedra coisa sua, abrirá o estojo quando nos quiser mostrá-la, e até a retomará, quando lhe aprouver, como faz por vezes.

3. Digamos agora que, ocasionalmente, o dono queira abrir o estojo e mostrar a pedra por alguns instantes para beneficiar a pessoa a quem a emprestou. Não há dúvida de que esta ficará depois muito mais contente, lembrando-se do admirável resplendor da pedra, que lhe ficará esculpida na memória. É o que acontece na visão de que falamos agora.

Quando Nosso Senhor é servido de favorecer mais a essa alma, mostra-lhe a Sua sacratíssima Humanidade da maneira que Lhe convém: ou como andava no mundo, ou depois de ressuscitado. E, embora essa visão seja tão rápida que poderia ser comparada a um relâmpago, essa imagem gloriosíssima fica esculpida na memória de modo tal, que considero impossível a alma apagá-la até que a veja onde sempre a poderá fruir[4].

4. Embora eu diga imagem, entenda-se que não aparece pintada a quem a vê, mas verdadeiramente viva[5]. Às vezes fala com a alma e até lhe mostra grandes segredos. Mas deveis entender que, ainda quando dura algum tempo, essa visão é rapidíssima. Não é possível olhar para ela mais tempo do que se fita o sol, o que mostra como ela é breve. E não porque o seu resplendor, como o do sol, magoe a vista interior[6], que é a que vê tudo isso.

No que tange à vista exterior, nada saberei dizer sobre o assunto, porque a pessoa a que me referi não passou por isso[7]; e não se podem dar razões certas daquilo que não se conhece por experiência. Quanto à visão de que falo, seu resplendor é como uma luz infusa, semelhante a um sol coberto por algo tão transparente quanto o diamante, se fosse possível lapidá-lo assim. As vestes parecem de tecido finíssimo da Holanda; e, quase todas as vezes que Deus concede essa graça à alma, fica ela em arroubo, já que a sua fraqueza não suporta tão espantosa visão.

5. Digo espantosa porque, sendo a mais formosa e de maior deleite que uma pessoa possa imaginar (ainda que vivesse mil anos e trabalhasse para entendê-la, pois ela ultrapassa tudo o que cabe em nossa imaginação e em nosso intelecto), a sua presença está impregnada de tão grande majestade que causa enorme espanto à alma.

Evidentemente, não é preciso aqui perguntar como a alma sabe de quem se trata, sem que lho tenham dito, pois percebe-se muito bem ser o Senhor do céu e da terra. O mesmo não ocorre com

---

1. *Mais do que nas intelectuais:* cf. cap. 8.
2. *No capítulo anterior:* acrescentado pela Santa. Cf. cap. 8, n. 2-3.
3. "Na época da Santa, era frequente atribuir a certas pedras propriedades curativas" (S.).
4. Compare-se com *Vida*, cap. 28, n. 1-4 e cap. 37, 4.
5. Ibid., n. 7-8.
6. *Vista interior:* equivale a "olhos da alma" (cap. 8, n. 2; e *Vida,* cap. 28, n. 4) ou sentidos interiores, distintos do intelecto e da *vista exterior,* ou sentido corporal da visão.
7. Cf. *Vida,* cap. 28, n. 4, e *Relação* 4, n. 9, em que a Santa afirma que jamais teve "visões corporais", ou seja, vistas com os olhos do corpo.

os reis deste mundo que, por si mesmos, são tidos em pouco apreço se não se fazem acompanhar de seu séquito ou se não houvesse quem os anunciasse.

6. Ó Senhor, como nós, cristãos, Vos desconhecemos! Que será contemplar-Vos no dia em que nos vierdes julgar! Pois se agora, vindo aqui tão amigavelmente tratar com Vossa esposa, já infunde tanto temor o olhar para Vós! Ó filhas, que será quando, com tão rigorosa voz, Ele disser: *Ide, malditos de meu Pai?*[8]

7. Que nos fique agora gravada na memória essa graça que Deus concede à alma. Isso não será para nós de pouco valor. São Jerônimo, ainda que santo, não a afastava da lembrança. E, assim, não nos parecerá nada tudo o que aqui padecermos no rigor da religião que abraçamos. Mesmo que um sofrimento dure muito, não passará de um momento comparado com a eternidade.

Digo-vos sinceramente que, mesmo sendo tão ruim, nunca tive com relação aos tormentos do inferno um medo que não fosse senão nada em comparação com o que tinha quando me lembrava da ira que os condenados verão nos formosos, mansos e benignos olhos do Senhor. Meu coração não podia suportá-lo; e isso tem acontecido durante toda a minha vida.

Quanto mais o temerá a pessoa a quem Ele favoreceu com essa graça! É tanto o sentimento que ela fica fora de si! Essa deve ser a causa de ficar em suspensão. O Senhor ajuda a sua fraqueza para que se una à Sua grandeza nessa elevadíssima comunicação com Deus.

8. Não creio que se trate de visão quando a alma tem possibilidade de olhar com muito vagar[9] esse Senhor. Será antes alguma veemente consideração, alguma figura fabricada na imaginação. E, neste caso, não passará de coisa morta em comparação com a verdadeira.

9. Acontece a algumas pessoas — e sei que é verdade, pois têm abordado o assunto comigo, e não três ou quatro, mas muitas — terem a imaginação tão fraca, ou o intelecto tão eficaz (ou não sei a que atribuí-lo), que se embevecem na imaginação e creem claramente ver tudo o que pensam. Se, porém, se tratasse da verdadeira visão, perceberiam, sem sombra de dúvida, o engano.

De fato, são elas próprias que vão compondo o que veem com a imaginação. O resultado é não experimentarem efeito algum, ficando frias, muito mais do que se vissem uma imagem devota. Fenômenos assim não devem ser levados em consideração; essas visões são esquecidas com mais facilidade do que se esquece um sonho.

10. Na visão de que falamos, as coisas se passam de modo diferente. Estando a alma muito longe de julgar que verá algo, com o pensamento abstraído, apresenta-se-lhe de repente a visão inteira, transtornando-lhe todas as faculdades e sentidos. Estes, que no início mergulham no temor e no alvoroço, são logo postos por ela naquela ditosa paz de que falamos.

Assim como quando São Paulo foi derrubado, veio do céu aquela tempestade e abalo[10], assim também aqui, neste mundo interior, ocorre grande comoção. E, num instante — como eu disse[11] —, fica tudo sossegado, e a alma passa a compreender verdades tão grandes que não tem necessidade de outro mestre. Sem trabalho de sua parte, a verdadeira Sabedoria tirou-a da ignorância.

Durante algum tempo, a alma fica com tal certeza de se tratar de uma graça de Deus que, por mais que lhe digam o contrário, não conseguem infundir-lhe o temor de ter sido enganada. Mais tarde, se o confessor assustá-la, Deus permite que vacile, receosa de que o engano se introduza em função dos seus pecados. Contudo, não se convence inteiramente. Como escrevi em outro lugar[12], acontece-lhe como nas tentações contra a fé, em que o demônio pode causar alvoroço, mas não consegue abalar a firmeza da alma. Pelo contrário, quanto mais este a combate, tanto mais ela fica com a certeza de que o inimigo não seria capaz de cumulá-la de tantos bens — e isso é verdade,

---

8. Mateus 25,41.
9. Cf. n. 4 e 10.
10. Marcos 9,3.
11. Cf. cap. 8, n. 3 e nota.
12. Ibid., n. 4 e 8.

pois ele não tem tanto poder no interior da alma. O demônio poderá apresentar-lhe alguma visão, mas não com essa verdade e majestade, bem como tão poderosos efeitos.

11. Como os confessores não podem ver tais coisas — nem talvez aqueles a quem Deus concede essa graça lho saibam dizer —, ficam temerosos, e com razão. Assim, é preciso agir com cuidado e esperar até que o tempo mostre os frutos dessas aparições. Examinar pouco a pouco se produzem humildade na alma, assim como força na virtude. Pois, se for o demônio o causador dessa visão, logo se mostrará e será apanhado em mil mentiras.

Se tem experiência e passou por essas coisas, o confessor não precisa de muito tempo para entendê-lo; a própria descrição que a pessoa lhe faz lhe mostrará se se trata de Deus, da imaginação ou do demônio, particularmente se Sua Majestade lhe deu o dom de conhecer os espíritos. Se o possuir e for erudito, mesmo sem experiência, o confessor discernirá muito bem a verdade.

12. O essencial, irmãs, é que sejais muito sinceras e honestas com o confessor. Não me refiro a contar-lhe os pecados, que isso é evidente, mas a relatar-lhe a vossa oração. Se não há essa atitude, não vos posso assegurar que caminheis bem, nem que é Deus quem vos ensina. O Senhor aprecia muito que se trate o Seu representante, aquele que está em Seu lugar, com grande verdade e clareza, como se estivéssemos lidando com Ele mesmo. O confessor deve ouvir todos os nossos pensamentos; o que dizer então das nossas obras, por menores que sejam?

Tendo-o feito, não fiqueis depois perturbadas nem inquietas. Se tiverdes humildade e pureza de consciência, mesmo que não proceda de Deus, essa visão não vos prejudicará. Sua Majestade sabe extrair bem do mal e, pelo caminho por onde o demônio vos queira fazer perder, ganhareis mais. Pensando que Deus vos concede tão grandes graças, se esforçarão por contentá-Lo mais e por ocupar sempre a memória com a Sua imagem.

Como dizia um grande erudito[13], o demônio é grande pintor. Dizia também que, se este lhe mostrasse, de forma bastante vívida, uma imagem do Senhor, não lhe custaria avivar com ela a sua devoção, combatendo assim o inimigo com as suas próprias maldades. Com efeito, mesmo que um pintor seja muito ruim, nem por isso se precisa dizer de reverenciar a imagem que ele faz, se se trata da imagem Daquele que é todo o nosso bem.

13. Esse erudito julgava muito errados os que aconselham a fazer figas diante de alguma visão[14]. Ele dizia que, onde quer que vejamos pintado o nosso Rei, devemos reverenciá-Lo. E vejo que tinha razão. Não se passa assim entre nós? Uma pessoa que quer bem a outra não gostaria de saber que esta faz semelhantes injúrias ao seu retrato. Imaginai então que respeito devemos demonstrar sempre que vemos um crucifixo ou qualquer retrato do nosso Imperador!

Embora já tenha escrito sobre isso em outro lugar[15], alegro-me de repeti-lo aqui, porque vi uma pessoa afligir-se muito por lhe terem mandado usar esse remédio. Não sei quem o inventou! Só serve para atormentar quem não pode senão obedecer. Se o confessor lhe dá esse conselho, a alma se sente perdida se não o segue à risca. Eis minha opinião: nesses casos, mesmo que o confessor vos mande fazê-lo, apresentai-lhe com humildade essas razões e não obedeçais. São muito bons tais motivos; com eles, o erudito que mencionei me convenceu plenamente.

14. A alma se beneficia grandemente dessa graça do Senhor, pois, quando pensa Nele ou em Sua vida e paixão, se recorda de Seu mansíssimo e formoso rosto. Isso consola muitíssimo, dando-nos o mesmo gosto que teríamos se víssemos uma pessoa que nos faz muito bem — principalmente se não a conhecêssemos. Digo-vos que essa lembrança tão saborosa produz grande deleite e imensos benefícios.

Ela ainda traz consigo outros bens. Mas, como já me estendi muito acerca dos efeitos dessas graças, e já que ainda voltarei ao assunto, não quero cansar-me nem a vós. Mas desejo avisar-vos

---

13. Padre Báñez, como ela mesma afirma em *Fund.*, cap. 8, n. 3.
14. Cf. *Vida*, cap. 29, n. 5-6.
15. Em *Fund.*, cap. 8, n. 3.

veementemente do seguinte: quando souberdes ou ouvirdes dizer que Deus concede esses favores às almas, nunca Lhe supliqueis que vos leve por esse caminho, nem aspireis a isso.

15. Ainda que tal caminho vos pareça muito bom, devendo ser apreciado e reverenciado, não convém agir assim por algumas razões. Em primeiro lugar, porque é falta de humildade desejar o que nunca merecestes; portanto, creio que não a tem muita quem assim se comporta. Assim como um pobre lavrador está longe de querer ser rei — parecendo-lhe impossível, porque não o merece —, assim também o deve estar o humilde de favores semelhantes. E julgo que eles nunca ocorrerão, uma vez que o Senhor, antes de conceber essas graças, dá um grande conhecimento próprio. E como entenderá sinceramente quem alimenta tais ambições que já recebe grande misericórdia em não estar no inferno?

Em segundo lugar, porque é muito fácil haver engano, ou risco de o haver. O demônio não precisa senão de uma porta aberta para armar mil embustes. Em terceiro, porque a própria imaginação, quando há um grande desejo, leva a pessoa a acreditar que vê e ouve aquilo que deseja, tal como os que, querendo uma coisa durante o dia e pensando muito sobre isso, sonham com ela à noite.

Em quarto lugar, porque é extremo atrevimento que eu deseje escolher um caminho, já que não sei qual o melhor. Pelo contrário, devo deixar que o Senhor, que me conhece, me leve por aquele que me convém, para em tudo fazer a Sua vontade. E, em quinto, julgais que são poucos os sofrimentos padecidos por aqueles a quem o Senhor concede essas graças? Não, são intensos e se manifestam de diversas maneiras. E sabeis vós se seríeis pessoas para padecê-los? Por último, porque talvez por aí mesmo onde pensais ganhar, perdereis — como ocorreu a Saul, por ser rei[16].

16. Enfim, irmãs, além dessas há outras. Crede-me que o mais seguro é não desejar senão o que Deus deseja, pois Ele nos conhece e nos ama mais do que nós mesmos. E não poderemos errar se, com determinação de vontade, agirmos sempre assim.

Notai bem: o fato de uma pessoa receber muitas graças desse tipo não a torna merecedora de maior glória, antes obrigando-a mais a servir, já que recebeu mais. Quanto a adquirir merecimentos, o Senhor não o impede. Está em nossas mãos fazê-lo. Há muitas pessoas santas que nunca souberam o que é receber uma dessas graças, ao passo que existem outras que, tendo-as recebido, não são santas.

E não penseis que esses favores sejam contínuos. Com frequência, uma vez que o Senhor os conceda correspondem muitos sofrimentos. E, assim, a alma não se lembra de pensar se vai voltar a recebê-los, atentando antes em como servir para retribuí-los.

17. É verdade que essas graças devem contribuir muito para se praticarem as virtudes com maior perfeição. Mas aquele que as adquirir à custa do próprio trabalho muito mais merecerá. Sei de uma pessoa a quem o Senhor tinha concedido essas graças, e até de duas — umas das quais um homem[17] — que estavam tão desejosas de servir a Sua Majestade à própria custa, sem esses grandes deleites, e tão ansiosas por padecer que se queixavam a Nosso Senhor por receberem esses favores. Se pudessem fazê-lo, resistiriam e os recusariam. Falo dos deleites que Deus dá na contemplação, e não destas visões — porque beneficiam muito e são dignos de grande apreço.

18. É verdade que esses desejos também são, a meu ver, sobrenaturais, caracterizando almas muito enamoradas, que gostariam que o Senhor visse que não O servem em troca de um pagamento. E assim, como eu disse[18], elas nunca se lembram de que hão de receber glória como recompensa. Não é esse motivo que as leva a maiores serviços; seguem apenas os impulsos do amor, cuja natureza consiste em agir sempre de mil maneiras. Se pudesse, a alma buscaria invenções para se consumir Nele. E, mesmo que fosse preciso ficar para sempre aniquilada para maior honra de

---

16. As razões 5 e 6 aludem ao episódio dos filhos de Zebedeu (Mt 20,20-22) e à conduta de Saul (*1 Reg.* 15,10-11); os dois fatos bíblicos são mencionados em *Mor.* VI, cap. 11, n. 11, e *Mor.* V, cap. 3, n. 2.

17. Provável alusão a São João da Cruz. A outra pessoa seria a própria Santa.

18. *Mor.* IV, cap. 2, n. 9; cf. o n. 16 deste capítulo.

Deus, o faria de muito boa vontade. Seja louvado para sempre, amém, o Senhor que, rebaixando-se em se comunicar com tão miseráveis criaturas, quer mostrar assim a Sua grandeza.

CAPÍTULO 10

Fala de outras graças, concedidas à alma por Deus de uma maneira que difere das mencionadas. Trata também do grande proveito que elas deixam na alma.

1. Com essas aparições, o Senhor se comunica com a alma de muitas maneiras. Às vezes, quando ela está aflita; outras, quando está para lhe sobrevir algum grande sofrimento; e outras ainda, quando Sua Majestade deseja rejubilar-se com ela e fazê-la rejubilar-se Consigo. Não há motivo para particularizar mais cada coisa. Meu único propósito é mostrar cada uma das diferenças que há neste caminho, até onde eu as entender, para que compreendais, irmãs, como são e os efeitos que produzem. Quero também que percebais que as extravagâncias da imaginação não são visões. E, se fordes genuinamente favorecidas, sabendo que se trata de coisa possível, não precisareis andar perturbadas nem aflitas.

Uma alma aflita e inquieta pode trazer grandes ganhos ao demônio, que gosta muito de vê-la assim. Ele sabe que esse estado a impede de dedicar-se por inteiro a amar e louvar a Deus.

Sua Majestade comunica-se com a alma também de outras maneiras bastante mais elevadas e menos perigosas. Estas não podem ser reproduzidas pelo demônio, creio eu. Assim, mal se podem exprimir, por serem graças muito ocultas. Já as imaginárias podem ser melhor explicadas.

2. Quando o Senhor é servido, acontece de, estando a alma em oração e em seus sentidos, vir-lhe de repente uma suspensão na qual Sua Majestade lhe mostra grandes segredos — de tal forma que ela tem a impressão de vê-los no próprio Deus. Não se trata de visões da sacratíssima Humanidade e, embora eu diga que vê, ela não o faz, porque não é visão imaginária, mas intelectual. Nela, é revelado à alma como se veem todas as coisas em Deus e como Ele as contém em Si[1].

É de grande proveito essa graça, pois, ainda que seja brevíssima, fica gravada na memória. Ela causa grandíssima confusão; vemos mais claramente a maldade que é ofender a Deus, porque no próprio Deus — isto é, estando dentro Dele — fazemos grandes maldades.

Embora isso seja verdade e o ouçamos muitas vezes, ou não lhe damos atenção ou não o queremos entender. Se o compreendêssemos como de fato é, creio que seria impossível sermos tão atrevidos. Para explicar-me melhor, farei uso de uma comparação, se o conseguir.

3. Façamos de conta que Deus é como uma morada ou um palácio muito grande e formoso. Esse palácio — como digo — é o próprio Deus[2]. Pode acaso o pecador, para fazer suas maldades, afastar-se dele? Não, por certo. Pelo contrário, é dentro do próprio palácio — o próprio Deus — que se passam as abominações, desonestidades e malvadezas que nós, pecadores, praticamos.

Oh! Coisa temerosa e digna de grande consideração! E quão proveitosa para nós, ignorantes, que nunca chegamos a nos convencer dessas verdades. Caso contrário, não poderíamos ter atrevimento tão insensato! Pensemos, irmãs, na grande misericórdia e sofrimento de Deus em não nos aniquilar instantaneamente. Rendamos-Lhe infinitas graças e envergonhemo-nos de nossa imensa sensibilidade às coisas que se fazem ou se dizem contra nós. A maior maldade do mundo é ver que Deus, nosso Criador, sofre tantos agravos de suas criaturas dentro de Si mesmo. E pensar que uma única palavra dita em nossa ausência, e talvez sem má intenção, pode nos causar tanto ressentimento!

4. Ó miséria humana! Quando, filhas, imitaremos em alguma coisa este grande Deus? E não imaginemos já fazer algo quando suportamos injúrias! Passemos por tudo de muito boa vontade

---

1. Cf. *Vida*, cap. 40, n. 9.
2. Sobre a origem mística dessa comparação, cf. *Vida*, cap. 40, n. 10.

e amemos quem nos ofende, pois o grande Deus não deixou de nos amar, ainda que O tenhamos ofendido muito. Desse modo, Ele tem razões de sobra para querer que todos perdoem, por mais injúrias que lhes façam.

Eu vos digo, filhas, que, embora seja breve, esta visão[3] é uma grande graça de Nosso Senhor. Quem a receber deve extrair dela todo proveito, trazendo-a presente na memória com muita frequência.

5. Também acontece[4] — de maneira extremamente súbita e inexplicável — Deus mostrar em Si mesmo uma verdade que parece obscurecer todas as que existem nas criaturas. Através disso se compreende com grande clareza que só Ele é a verdade que não pode mentir. E explica-se o que diz David num salmo: todo homem é mentiroso[5]. Nunca compreenderíamos essas palavras tão nitidamente, ainda que as ouvíssemos muitas vezes. Trata-se da verdade absoluta. Lembro-me de Pilatos, do muito que perguntou a Nosso Senhor, em Sua paixão, o que era a verdade. Penso então quão pouco entendemos aqui dessa suma Verdade[6].

6. Eu gostaria de poder explicar-me melhor sobre este assunto, mas é algo impossível de exprimir. Aprendamos daqui, irmãs, que, para nos assemelhar em alguma coisa a nosso Deus e Esposo, deveremos ter sempre essa verdade como guia. Não me refiro só a não mentir — pois nisso, glorificado seja o Senhor, vejo que tendes nessas casas o máximo escrúpulo. Digo que andemos na verdade diante de Deus[7] e das pessoas, de todas as maneiras possíveis. Especialmente não desejando que nos tenham por melhores do que somos e, em nossas obras, dando a Deus o que é Seu, e a nós o que é nosso. Procuremos em tudo a verdade e tenhamos em pouca conta este mundo, que é todo mentira e falsidade — e, como tal, transitório.

7. Certa vez, pensando eu por que Nosso Senhor aprecia tanto a virtude da humildade, deparei logo (a meu ver, sem que eu o considerasse, de modo repentino) com o seguinte: sendo Deus a suma Verdade, e a humildade, andar na verdade[8], eis a razão da sua importância. E é grandíssima verdade o fato de nada de bom proceder de nós; só o fazem a miséria e a insignificância. E quem não entende isso anda na mentira. Quem mais o compreender mais agradará à suma Verdade, porque anda nela. Praza a Deus, irmãs, dar-nos a graça de nunca abandonar esse conhecimento próprio. Amém.

8. Nosso Senhor concede graças desse tipo à alma porque, tendo-a como verdadeira esposa, já determinada a fazer em tudo a Sua vontade, quer mostrar-lhe como fazê-lo e dar-lhe alguma luz sobre as Suas grandezas. Não há razão para tratar de mais coisas; falei dessas duas[9] por julgar de grande proveito. Em favores como esses, não há motivo para temores. Pelo contrário, devemos louvar ao Senhor por assim concedê-los. Pois, ao que me parece, nem o demônio nem a própria imaginação têm aqui grande influência. Dessa forma, a alma fica cheia de satisfação.

CAPÍTULO 11

Trata de certos desejos tão grandes e impetuosos que Deus dá à alma de fruir Dele que a põem em perigo de perder a vida. Fala também do benefício que essa graça do Senhor proporciona.

1. Terão bastado todas essas graças que o Esposo tem concedido à alma para que a pombinha ou borboletinha (não penseis que eu a tenha esquecido) encontre o pouso onde há de morrer?

---

3. *Esta visão:* a mencionada no n. 2; ou talvez ela se refira ao "símbolo do palácio", proposto no n. 3 como simples recurso literário ("Façamos de conta que…"), mas que na realidade provém de uma *visão* mística.
4. Trata-se também de uma experiência pessoal da Santa: *Vida,* cap. 40, n. 1-4.
5. *Salmo* 115,11.
6. João 18,36-38.
7. Alusões veladas a João 14,6.
8. Sobre a origem mística dessa noção, insinuada veladamente na palavra "deparei", veja-se a *Rel. 28 e Vida,* cap. 40.
9. As graças místicas mencionadas nos n. 2 e 5.

Não, por certo. Pelo contrário, ela está muito pior. Ainda que por muitos anos tenha recebido esses favores, sempre geme e anda chorosa, porque de cada um deles lhe resta maior dor. A causa é que, como vai conhecendo mais e mais as grandezas de Deus, e se vê tão longe e afastada de fruí-Lo, a alma sente o desejo crescer com uma força inaudita. Por sua vez, o amor também aumenta, à medida que ela percebe quanto este grande Deus e Senhor merece ser amado.

Nesses anos, o desejo tem pouco a pouco se avolumado, de tal forma que a alma se sente muito aflita, como agora direi. Eu disse anos porque assim se passou com a pessoa a quem tenho me referido aqui[1]. Mas bem entendo que não se devem impor limites a Deus, que num átimo pode levar uma alma ao mais elevado estado, cuja descrição daremos em seguida. Sua Majestade tem poder para tudo o que quiser fazer e deseja realizar muito por nós.

2. Sobrevêm às vezes as ânsias, as lágrimas, os suspiros e os grandes ímpetos de que falei[2]. Tudo isso parece proceder do nosso amor, com grande sentimento; mas não é nada em comparação com o que abordarei, porque este parece um fogo produzindo fumaça, fogo que se pode suportar, ainda que com dificuldade.

Andando, pois, essa alma a abrasar-se em si mesma, ocorre-lhe às vezes, por um pensamento muito breve ou por uma simples palavra sobre a morte que tarda, vir então (não se sabe de onde nem como) um golpe, semelhante a uma seta de fogo[3]. Não digo exatamente seta, mas, seja o que for, vemos claramente que não pode proceder da nossa natureza. Também não é golpe, embora eu tenha usado essa palavra, mas fere agudamente. E, a meu ver, não onde se costumam sentir as aflições, mas no mais íntimo e profundo da alma.

Aí, esse raio, que passa depressa, transforma em pó tudo o que encontra de terreno em nossa natureza. E, pelo tempo em que dura, não podemos lembrar-nos de coisa alguma do nosso ser, porque ele ata de súbito as faculdades. Estas ficam sem liberdade para nada, a não ser para o que possa aumentar essa dor.

3. Eu não gostaria que parecesse exagero, uma vez que ainda digo pouco. São coisas que não se podem expressar por inteiro. Trata-se de um arroubo dos sentidos e das faculdades para tudo o que não se refira, como eu disse, a ajudar a sentir essa aflição. De fato, o intelecto está muito vivo para entender a razão pela qual a alma se angustia vendo-se ausente de Deus. E Sua Majestade auxilia dando de Si tão viva notícia que esse pesar se intensifica muito. Na verdade, quem o sente começa a dar grandes gritos.

Apesar de ser pessoa sofrida e habituada a padecer grandes dores, nesse momento ela não pode fazer outra coisa, já que esse sentimento não se instala no corpo — como eu disse[4] —, mas no interior da alma. Por intermédio disso, a pessoa de quem falamos compreendeu como os sentimentos da alma são mais fortes do que os do corpo, parecendo-lhe ser dessa maneira os que se padecem no purgatório. Lá, a ausência de corpo não impede a alma de sofrer muito mais do que aqui na terra, onde está ligada a ele.

4. Vi uma pessoa nesse estado e verdadeiramente pensei que fosse morrer; e não era grande maravilha vê-lo, porque sem dúvida há grande risco de morte[5]. E assim, ainda que dure pouco, fica-se com o corpo muito desconjuntado e com os pulsos tão fracos como se já se fosse entregar a alma a Deus; e não é para menos. O calor natural se ausenta, e a alma fica de tal modo abrasada que, com um pouco mais, vê cumpridos seus desejos de unir-se a Sua Majestade. Não porque a pessoa sinta pouca ou muita dor no corpo; repito que ele apenas se desconjunta, deixando-a por dois ou três dias sem forças para escrever e com grandes dores.

---

1. Ela própria (cf. cap. 10, n. 2-5).
2. No cap. 2, n. 1; cap. 6, n. 6; cap. 8, n. 4.
3. Veja-se a correspondência biográfica na *Relação* 15, que fala sobre o "êxtase de Salamanca" (1571), suscitado por uma noviça que cantou na recreação: "Vejam-te os meus olhos…"
4. No n. 2.
5. Ela fala de si mesma; cf. *Rel.* 5, n. 14. E compare-se essa descrição do êxtase doloroso com *Vida,* cap. 20, n. 12-13.

Parece-me, contudo, que, depois de passar por esse estado, o corpo lhe fica com menos força do que antes. Se no momento a pessoa não o sente, deve ser porque é muito maior a intensidade do sentimento interior da alma, que a afasta de tudo o que é corporal. É como se tivéssemos uma dor muito aguda num lugar do corpo. Tendo-a, mesmo que haja muitas outras, sentimo-las pouco (isso posso afirmar). Neste caso, não há dor alguma, pequena ou grande, e creio que a pessoa não sentiria nem mesmo se a fizessem em pedaços.

5. Vós me direis ser imperfeição. Se a alma está tão conformada com a vontade de Deus, por que não se rende a ela? Até aqui podia fazê-lo e ia suportando a vida. Agora não o pode, porque sua razão está de tal maneira que já não é senhora de si nem de fixar-se em algo que não seja o motivo do seu pesar. Afastada do seu Bem, para que quer a vida? A alma sente uma estranha solidão, não achando companhia em nenhuma criatura da terra — e creio que tampouco a acharia nas do céu, com exceção Daquele a quem ama.

Tudo a atormenta; sente-se como uma pessoa suspensa no ar, que não encontra apoio na terra nem pode subir ao céu. Abrasada com essa sede, não pode chegar à água. E não é sede que se possa suportar, mas tão excessiva que nenhuma água a aplacaria. A própria alma não deseja aplacá-la, a não ser com a água de que Nosso Senhor falou à samaritana[6]. E essa ninguém lhe dá.

6. Oh! Valha-me Deus, Senhor, como afligis aos que Vos amam! Mas tudo é pouco comparado com o que lhes dais depois. É justo que custe muito o que muito vale. Tanto mais se é para purificar a alma, a fim de que entre na sétima morada — assim como os que entrarão no céu se purificam no purgatório. Se é para esse fim, é tão pequeno esse padecer quanto uma gota de água no mar.

A pessoa a quem me refiro tinha passado por muitas aflições, tanto corporais como espirituais, mas tudo lhe parece insignificante em comparação com essa angústia. Segundo creio, esse sofrimento é o maior de todos quantos há na terra. Contudo, a alma sente que é tão valioso esse tormento que percebe não merecê-lo. Embora esse sentimento não a alivie de forma alguma, padece a sua aflição de muito boa vontade, e a padeceria por toda a vida se Deus nisso fosse servido. E não desejaria morrer de uma vez, mas estar sempre morrendo. Verdadeiramente não é menos que isso.

7. Pensemos agora, irmãs, naqueles que estão no inferno; eles não estão em consonância com a vontade de Deus, não têm esse contentamento e gosto que Ele põe na alma nem veem lucro em seu padecer. Pelo contrário, padecem sempre mais e mais[7]. Sendo os tormentos da alma muito mais aflitivos que os do corpo e os aí padecidos maiores do que os que aqui mencionamos, qual não será o sofrimento dessas desventuradas almas, que sabem que seus males hão de durar para sempre?

E nós, em vida tão curta, o que podemos fazer ou padecer que não seja menos que nada para nos livrar de tão terríveis e eternos tormentos? Eu vos digo que é impossível dar uma noção de como são sensíveis os padecimentos da alma e quão diferentes daquilo que o corpo sofre. Só quem passou por isso pode fazer uma ideia. E o próprio Senhor quer que o compreendamos, para que saibamos a enormidade que Lhe devemos por nos trazer a um estado em que, por Sua misericórdia, temos esperança de que Ele nos livrará do inferno e perdoará os nossos pecados.

8. Retomando o que dizíamos[8] (a alma que deixamos em seu imenso pesar), esse grau de intensidade não dura muito — quando muito, três ou quatro horas, a meu ver. Se tivesse uma duração maior, a fraqueza natural, salvo por milagre, não o poderia suportar. Já tem acontecido não durar mais de um quarto de hora e deixar a mencionada pessoa feita em pedaços.

Certa vez, aconteceu-lhe o seguinte. Sendo o último dia das festas da Páscoa da Ressurreição e tendo-as ela passado em grande aridez, quase não se apercebia de que era Páscoa. Estando a conversar, só de ouvir uma palavra sobre a duração demasiada da vida, perdeu de todo os senti-

---

6. João 4,7-13.
7. A Santa acrescentou à margem: *Refiro-me às penas acidentais*. Frei Luis de León incluiu no texto essa anotação (p. 226), sendo seguido por todos os editores.
8. Ela alude ao mesmo episódio da *Rel*. 15, já mencionado nos n. 2 e 4. Cf. *Conceitos*, cap. 7, n. 2.

dos, tal o rigor com que essa angústia a acometeu. E que não se pense em poder resistir! Isso se assemelharia à situação de alguém que, dentro de uma fogueira, quisesse tirar o calor do fogo para impedir a chama de queimá-lo.

Não se trata de sentimento que se possa dissimular. Quanto aos circunstantes, embora não possam testemunhar o que se passa no interior, percebem o grande risco de vida aí envolvido. Na verdade, eles servem de alguma companhia à pessoa que passa por isso, mas apenas como se fossem sombras. E assim lhe parecem também todas as coisas da terra.

9. Se algum dia vos encontrardes nesse estado, sabei que é possível interferir aqui a nossa fraca natureza. Estando a alma, como vistes, morrendo por morrer, quando a aflição se intensifica tanto que parece não ser já necessária grande coisa para ela sair do corpo, surge um genuíno temor, e a alma preferiria que o tormento se mitigasse a morrer de fato.

Evidentemente, trata-se de temor proveniente da nossa fraqueza natural. Por outra parte, não a deixam suas ânsias, nem é possível haver remédio para anular essa aflição, até ser ela tirada pelo próprio Senhor. Isto quase sempre ocorre em meio a um grande arroubo, ou a alguma visão, na qual o verdadeiro Consolador deleita e fortalece a alma, a fim de que deseje viver, enquanto for de Sua divina vontade.

10. Esse sofrimento é bastante penoso, mas a alma conserva grandíssimos efeitos e perde o medo do que pode ainda vir a padecer, pois, em comparação com o que sentiu, tudo o mais lhe parece insignificante. Ela fica de tal maneira beneficiada que gostaria de padecê-lo muitas vezes. Contudo, isso tampouco é possível, não havendo artifício que o faça retornar, até que o Senhor queira, assim como não o há para resistir a essa aflição ou anulá-la quando sobrevém.

A alma passa a desprezar ainda mais do que antes o mundo (pois vê que nada dele pôde valer-lhe em tal sofrimento). Também se desapega com mais intensidade das criaturas, percebendo que só o Criador pode consolá-la e satisfazê-la. Por outro lado, fica com maior temor e cuidado de não ofendê-Lo, pois vê que, assim como consola, Ele pode também atormentar.

11. A meu ver, há nesse caminho espiritual duas coisas que oferecem perigo de morte. Uma é essa aflição, que tem de fato riscos, e não pequenos. A outra é a felicidade e deleite excessivo, em tão grande grau que pode levar a alma a um genuíno desfalecimento, de forma que não lhe falta nada para acabar de sair do corpo. E, com efeito, quão grande seria a sua felicidade se o fizesse!

Aqui vereis, irmãs, se tive razão em dizer que é preciso ânimo[9]. Vereis também que, ao pedirdes essas graças ao Senhor, Ele terá razão em vos perguntar, como aos filhos de Zebedeu, se podeis beber o seu cálice[10].

12. Creio, irmãs, que todas responderemos afirmativamente, e com muita razão. Sua Majestade dá força aos que dela necessitam e em tudo defende essas almas, respondendo por elas nas perseguições e acusações, como o fazia por Madalena[11]. Não responde, porém, por palavras, mas por obras. Enfim, enfim, antes que morram, paga-lhes tudo junto, como agora vereis. Seja para sempre bendito, e louvem-No todas as criaturas. Amém.

SÉTIMAS MORADAS
CONTÊM QUATRO CAPÍTULOS

CAPÍTULO 1

Trata das grandes graças que Deus concede às almas que chegam a entrar nas sétimas moradas. Diz que, a seu ver, há alguma diferença entre alma e espírito, embora sejam uma só coisa. Há pontos notáveis.

---

9. Ela o disse no cap. 4; vejam-se o título e o n. 1; e cap. 1, n. 2.
10. Mateus 20,22; cf. *Mor.* II, n. 8.
11. Lucas 7,44.

1. Talvez vos pareça, irmãs, que já falamos tanto a respeito desse caminho espiritual que nada mais há a dizer. Grande disparate seria pensar assim. Se a grandeza de Deus não tem limites, tampouco o terão as Suas obras. Quem poderá avaliar suas misericórdias e grandezas?[1] É impossível fazê-lo. Desse modo, não vos espanteis com o que foi dito e com o que se disser, pois não se trata senão de uma parcela de tudo o que há para contar de Deus.

Grande misericórdia tem Ele para conosco ao comunicar tais segredos a alguém de quem podemos vir a sabê-los, a fim de que, quanto mais soubermos que Se comunica com as criaturas, tanto mais louvemos a Sua grandeza e nos esforcemos por ter em alta conta almas com quem o Senhor tanto se deleita. Cada uma de nós tem uma alma; porém, não a prezando como merece uma criatura feita à imagem de Deus, não entendemos os grandes segredos nela contidos.

Praza a Sua Majestade — se assim for servido — dirigir minha pena e fazer-me compreender como explicar-vos algo do muito que há para dizer sobre o inefável revelado pelo Senhor a quem introduz nesta morada. Tenho-o suplicado veementemente a Sua Majestade, pois Ele sabe que o meu propósito é que não fiquem ocultas as Suas misericórdias, a fim de que o Seu nome seja mais louvado e glorificado.

2. Tenho esperança de que — não por mim, mas por vós, irmãs — Ele há de me conceder essa graça. Dessa forma, entendereis a grande importância de não haver impedimento de vossa parte para a celebração do matrimônio espiritual entre o vosso Esposo e as vossas almas. Como vereis, esse matrimônio traz consigo imensos benefícios.

Ó grande Deus! Pareço tremer — eu, criatura tão miserável — ao tratar de coisa tão alheia ao que mereço entender! De fato, tenho estado imersa em grande confusão, pensando se não seria melhor acabar em poucas palavras esta morada, pois creio que podem pensar saber eu do assunto por experiência, o que me causa enorme vergonha. Sem dúvida, sabendo eu quem sou, isso é algo terrível.

Por outro lado, essa atitude pareceu-me tentação e fraqueza, embora façais mais juízos como esse. Seja Deus conhecido e louvado um pouquinho mais e pode gritar contra mim o mundo inteiro! Tanto mais que talvez eu já esteja morta quando este escrito vier a ser lido. Bendito seja Aquele que vive e viverá para sempre! Amém.

3. Quando Nosso Senhor é servido, compadece-se de tudo o que essa alma padece e já padeceu ansiando por Sua presença e amor. Assim, tendo-a já tomado espiritualmente por esposa, antes de consumar o matrimônio sobrenatural, põe-na em Sua morada, que é a sétima.

Assim como o tem no céu, Deus deve possuir na alma um pouso, digamos outro céu, onde só Ele habita. É de importância para nós, irmãs, entender que a alma não é algo escuro (pois, como não a vemos, o mais frequente é parecer que não há outra luz interior além da que vemos). Supomos equivocadamente que dentro de nós reina uma espécie de escuridão.

Admito que realmente é assim quando a alma não está em graça; e não por falta do Sol de Justiça, que está nela dando-lhe o ser, mas por ela se mostrar incapacitada de receber a luz, como creio ter dito na primeira morada. Referi-me a uma pessoa[2] à qual foi dado a entender que essas infelizes almas estão numa espécie de cárcere escuro, atadas de pés e mãos, sem poderem fazer qualquer boa ação que lhes seja de proveito para merecer[3], bem como cegas e mudas. É com razão que nos compadecemos delas, vendo que em certa época também estivemos nessas condições. Também com elas o Senhor pode usar de misericórdia.

---

1. Alusão a Êxodo 18,2-4.

2. *Moradas* I, cap. 2, n. 1-3. Essa pessoa é a própria Santa. Vejam-se as *Relações* 29, n. 1 (visão da presença de Deus na alma), R. 24 (estado da alma em pecado; compare-se com a descrição que vem a seguir nestas *Moradas*), R. 45 (presença de imensidade) etcap. Cf. também o cap. 40 de *Vida*.

3. *Para merecer:* acrescentado pela Santa entre linhas, muito provavelmente cedendo à crítica de Gracián. Nas *Mor.* I, cap. 2, n. I, ele fez uma correção equivalente.

4. Tomemos, irmãs, particular cuidado de suplicá-lo a Deus, empenhando-nos em rogar pelos que estão em pecado mortal. Isso constitui grandíssima esmola, muito maior do que a que agora narrarei.

Suponhamos que víssemos um cristão amarrado a um poste, com as mãos atadas atrás das costas por uma forte cadeia, morrendo de fome. Não por falta de comida, pois tem junto a si delicadíssimos manjares, mas porque, não podendo alcançá-los para levá-los à boca, sente grande fastio e vê que não tarda a expirar e a ser levado pela morte eterna.

Não seria grande crueldade de nossa parte olhar para ele e não lhe aproximar da boca algo de comer? E que seria se, por vossas orações, lhe caíssem das mãos as cadeias? Bem vedes a importância de fazê-lo. Pelo amor de Deus vos peço que vos lembreis sempre dessas almas em vossas orações.

5. Não nos dirigimos agora a elas, mas às que, pela misericórdia de Deus, já fizeram penitência de seus pecados e estão em graça. Não devemos considerar a alma algo isolado e limitado, mas um mundo interior onde cabem tantas e tão lindas moradas quanto as que tendes visto. E é certo que assim seja, pois dentro dessa alma há uma morada para o próprio Deus.

Quando, pois, é servido de conceder-lhe a mencionada graça[4] — do divino matrimônio —, Sua Majestade faz a alma primeiro entrar em Sua morada. E Ele quer que essa vez seja diferente das outras em que a levou a arroubos — nos quais creio de fato que a une Consigo, assim como na oração de união a que me referi[5]. Todavia, a alma não entra em seu centro, como acontece nesta morada, ficando apenas na parte superior.

Mas isso não importa muito. Seja como for, o Senhor une a alma a Si, mas tornando-a cega e muda — como ficou São Paulo em sua conversão[6] — e fazendo-a perder o sentido de como se realiza a graça que então frui. O grande deleite que ela sente no momento é o ver-se junto de Deus. Mas, quando Este a une a Si, a alma não entende coisa alguma, pois se perdem todas as faculdades.

6. Nesta última morada, as coisas são diferentes. O nosso bom Deus quer já tirar-lhe as escamas dos olhos, bem como que veja e entenda algo da graça que lhe é concedida — embora isso se efetue de modo um tanto estranho.

Introduzida a alma nesta morada, mediante visão intelectual[7] se lhe mostra, por certa espécie de representação da verdade, a Santíssima Trindade — Deus em três Pessoas: Primeiro lhe vem ao espírito uma inflamação que se assemelha a uma nuvem de enorme claridade. Ela vê então nitidamente a distinção das divinas Pessoas; por uma notícia admirável que lhe é infundida, entende com certeza absoluta serem as três uma substância, um poder, um saber, um só Deus.

Dessa maneira, o que acreditamos por fé é entendido ali pela alma por vista, se assim o podemos dizer, embora não seja vista dos olhos do corpo nem da alma, porque não se trata de visão imaginária. Na sétima morada, comunicam-se com ela e lhe falam as três Pessoas. Elas lhe dão a entender as palavras do Senhor que estão no Evangelho: que viria Ele, com o Pai e o Espírito Santo, para morar na alma que O ama e segue Seus mandamentos[8].

---

4. No n. 3.
5. *Moradas* V.
6. Segundo Atos 9,8, São Paulo ficou cego, e não mudo. Cf. M. VI, cap. 9, n. 10.
7. Padre Gracián retocou essa passagem no autógrafo: "Mediante visão ou *conhecimento* intelectual *que nasce da fé* |?|" Ribera riscou a correção. Frei Luis, em contrapartida, julgou-se no dever de proteger o texto teresiano com uma longa nota marginal, em sua edição príncipe: "Embora o homem nesta vida, perdendo o uso dos sentidos e elevado por Deus, possa ver de passagem a sua essência, como provavelmente aconteceu a São Paulo, Moisés e alguns outros, a Madre não fala aqui desse tipo de visão, que, mesmo breve, é clara e intuitiva. Ela fala de um conhecimento desse mistério que Deus concede a algumas almas por meio de uma grandíssima luz que lhes infunde, e não sem alguma espécie criada. Mas, como essa espécie não é corporal nem representada na imaginação, a Madre diz que essa visão é intelectual, e não imaginária" (p. 234).
8. João 14,23.

7. Oh! Valha-me Deus! Ouvir essas palavras e crer nelas é uma coisa; entender a sua verdade pelo modo de que falo é algo inteiramente diverso! E cada dia se espanta mais essa alma, porque lhe parece que as três Pessoas nunca mais se afastaram dela. Pelo contrário, vê nitidamente — do modo que dissemos[9] — que estão em seu interior. E, no mais íntimo de si, num lugar muito profundo — que ela não sabe especificar, porque é ignorante —, percebe em si essa divina companhia.

8. Lendo o que digo, pode parecer-vos que ela não fica em si, mas tão embevecida que não dá atenção a coisa alguma. Mas a alma o faz, sim, e muito mais do que antes. Dedica-se a tudo o que é serviço de Deus e, faltando-lhe as ocupações, permanece naquela agradável companhia.

E, se a alma não faltar a Deus, jamais Ele — ao que me parece — lhe faltará ou deixará de comunicar-lhe tão claramente a Sua presença. E ela tem grande confiança no fato de que Deus não a abandonará, pois, se Este lhe concedeu tamanha graça, não permitirá que a perca. E é justo pensar assim, ainda que ela não deixe de agir com mais cuidado do que nunca, a fim de não desagradar o Senhor em nada.

9. Perceba-se que o fato de a alma trazer em si essa presença não se passa de modo tão perfeito, isto é, tão claro como quando se lhe manifesta na primeira vez, ou em algumas outras nas quais apraz a Deus fazer-lhe esse favor. Se assim não fosse, a alma não poderia ocupar-se de qualquer outra coisa, nem mesmo viver com as demais pessoas.

Mas, embora não seja com essa luz tão clara, a alma não deixa de perceber que está na companhia do Senhor. Digamos agora que se assemelhe à situação de uma pessoa que, estando com outras num aposento muito claro, visse fechadas as janelas e ficasse às escuras. Até voltar a luz, ela deixaria de ver as outras pessoas; nem por isso, no entanto, desconheceria que elas se encontram ali.

É caso de perguntar: se quiser, pode a alma tornar a ver as Pessoas divinas ao voltar a luz? Não está em suas mãos fazê-lo. Isso só acontece quando Nosso Senhor quer que se abra a janela do intelecto. Já bem grande misericórdia tem Ele para com a alma em nunca se afastar dela e em desejar que ela o compreenda com tanta clareza.

10. Parece-me que, mediante essa admirável companhia, a divina Majestade quer aqui dispor a alma para coisas mais inefáveis. Está claro que ela será bem ajudada para em tudo avançar na perfeição, bem como para perder o temor que às vezes sentia quando recebia outras graças — conforme ficou dito[10]. De fato, a pessoa de que falamos progrediu em tudo. Parecia-lhe que, por mais sofrimentos e perturbações que tivesse, o essencial de sua alma jamais se apartava daquele aposento.

Assim, ela tinha de certa forma a impressão de haver uma divisão em sua alma. Andando ela com grandes sofrimentos, advindos depois de Deus lhe ter concedido essa graça, queixava-se de sua própria alma, à semelhança de Marta, quando se queixou de Maria[11]. Dizia às vezes que esta se deixava ficar na fruição daquela quietude, sem lhe fazer companhia, enquanto a ela cabiam os inúmeros padecimentos e ocupações.

11. Isto, filhas, vos parecerá disparate, mas verdadeiramente se passa assim. Embora saibamos que a alma forma um todo, não é fantasia o que afirmo, sendo antes coisa muito comum. Por isso, eu dizia[12] que, tendo em vista certas coisas experimentadas em nosso interior, se percebe haver diferença, de certa maneira — e muito conhecida — entre a alma e o espírito. Embora não passem de uma única realidade, vê-se entre eles uma divisão muito sutil que os leva às vezes a agir diferentemente um do outro, de acordo com o sabor que o Senhor lhes confere.

Também me parece que a alma difere das faculdades, não constituindo tudo uma mesma coisa. São tantos e tão delicados os mistérios que existem em nosso interior que seria atrevimento

---

9. Ou seja, por visão intelectual; cf. n. 6.
10. Cf. *Moradas* VI, cap. 3, n. 3 e 17; cap. 6, n. 6; cap. 7, n. 3; cap. 8, n. 3-4.
11. Alusão a Lucas 10,40.
12. Em *Moradas* VI, cap. 5, n. 1 e 9.

empenhar-me em enumerá-los. No céu os veremos, se o Senhor, por Sua misericórdia, nos conceder a graça de levar-nos a esse lugar onde todos os segredos nos serão revelados.

CAPÍTULO 2

Prossegue no mesmo assunto. Mostra a diferença que há entre união e matrimônio espiritual. Declara-o com delicadas comparações.

1. Tratemos agora do divino matrimônio espiritual, ainda que essa grande graça não deva realizar-se perfeitamente enquanto vivermos, pois, se nos afastarmos de Deus, perderemos esse bem tão grande.

Na primeira vez em que Deus concede essa graça, quer Sua Majestade mostrar-se à alma por visão imaginária de Sua sacratíssima Humanidade, a fim de que ela perceba com clareza que recebe tão soberano dom.

É possível que com outras pessoas ocorra de modo diferente; a esta de quem falamos, o Senhor se apresentou quando ela acabava de comungar. Ele se mostrou em forma de grande resplendor, formosura e majestade, como depois de ressuscitado, e lhe disse *que já era tempo de tomar como seus os interesses divinos, enquanto Ele cuidaria dos interesses dela*. Falou ainda outras palavras, que são mais para sentir do que para dizer[1].

2. Talvez julgueis que isso não fosse novidade, pois o Senhor já tinha se apresentado outras vezes a essa alma de tal modo. Todavia, dessa vez foi tão diferente que a deixou desatinada e espantada. Em primeiro lugar, porque a visão se revestiu de grande força; e, em segundo, em função das palavras ditas. No interior de sua alma — onde o Senhor lhe apareceu —, essa pessoa nunca tivera outras visões, a não ser a passada[2].

E entendei que há enorme diferença entre todas as visões passadas e as desta morada. Há tão grande distância entre o noivado e o matrimônio espiritual quanto a que existe entre os que apenas são noivos e os que já não podem separar-se.

3. Eu já disse[3] que, embora eu faça essas comparações — porque não há outras mais adequadas —, devemos entender que aqui não há mais memória do corpo do que se a alma já não estivesse nele. Permanece apenas a do espírito.

No matrimônio espiritual, muito menos, porque essa secreta união se passa no centro mais íntimo da alma, que deve ser onde[4] está o próprio Deus — lugar no qual, a meu ver, não é preciso porta para entrar. Digo que não é necessária porta porque em todas as graças aqui mencionadas, os sentidos e as faculdades parecem servir de intermediários, o mesmo devendo acontecer com esse aparecimento da Humanidade do Senhor[5].

Mas o que se passa na união do matrimônio espiritual é muito diferente! O Senhor aparece no centro da alma sem visão imaginária, mas intelectual, ainda mais sutil do que as mencionadas[6], tal como surgiu aos Apóstolos, sem entrar pela porta, quando lhes disse: *Pax vobis*.

São imensos e elevadíssimos o mistério e a graça que Deus ali comunica à alma num instante. E ela fica com um deleite tão grande que não sei com que compará-lo. O Senhor parece querer manifestar-lhe naquele momento a glória do céu, fazendo-o de um modo mais inefável que em qualquer outra visão ou gosto espiritual.

---

1. Veja-se a correspondência autobiográfica na *Relação* 35.
2. Mencionada no cap. 1, n. 6-7.
3. Ela o disse nas M. V, cap. 4, n. 3.
4. Essa afirmação foi atenuada e quase distorcida por Gracián.
5. A Santa escreveu: *assim devia ser*, referindo-se à visão imaginária. Cf. n. 1, bem como *Rel.* 35.
6. *Mais sutil do que as mencionadas* em caps. anteriores (cf. M. VI, cap. 8), por realizar-se "no íntimo de sua alma" (n. 2), ou "no mais íntimo dela" (cap. 1, n. 7). Toda essa passagem alude à alegoria do "castelo" e ao texto evangélico de João 20,19-21.

Só se pode dizer que — tanto quanto é possível entender — a alma (isto é, o espírito dessa alma) forma como que uma unidade com Deus. Sendo também espírito, Sua Majestade deseja mostrar o Seu amor por nós, dando a entender a algumas pessoas até onde chega esse sentimento, a fim de que louvemos a Sua grandeza. De tal modo quis Ele unir-se à criatura que, tal como os que já não se podem afastar, não deseja apartar-se dela[7].

4. O noivado espiritual é diferente, uma vez que os pretendentes podem se afastar, sendo-o também a união. Porque, embora constitua união duas coisas se juntarem numa só, elas podem apartar-se e subsistir como individualidades. Com efeito, as outras graças do Senhor passam em geral rapidamente, deixando a alma sem aquela companhia — ou seja, sem ter consciência dela. Nesta última graça do Senhor, isso não acontece, ficando sempre a alma com o seu Deus naquele centro.

Equiparemos a união a duas velas de cera ligadas de tal maneira que produzem uma única chama, como se o pavio, a luz e a cera não formassem senão uma unidade. No entanto, depois, é possível separar uma vela da outra — permanecendo então duas velas — e o pavio da cera.

Aqui, todavia, é como se caísse água do céu sobre um rio ou uma fonte, confundindo-se então todas as águas. Já não se sabe o que é água do rio ou água que caiu do céu. É também como se um pequeno arroio se lançasse no mar, não havendo mais meio de recuperá-lo. Ou ainda como se num aposento houvesse duas janelas por onde entrasse muita luz; penetra dividida no recinto, mas se torna uma só luz.

5. Talvez seja isso o que disse São Paulo: *O que se eleva e se une a Deus faz-se um só espírito com Ele*[8]. É possível que se refira a esse soberano matrimônio, onde se pressupõe que Sua Majestade já aproximou a alma de Si, por meio da união. E o Apóstolo também diz: *Mihi vivere Christus est mori lucrum*[9]. Parece-me que o mesmo pode dizer a alma aqui, porque é onde a borboletinha a que nos referimos morre, fazendo-o com grandíssimo deleite, porque sua vida já é Cristo.

6. Isso se entende melhor com o passar do tempo, através dos efeitos. Percebe-se claramente, por meio de algumas secretas aspirações, ser Deus o que dá vida à nossa alma. Muitíssimas vezes são elas tão vivas que de modo algum se pode duvidar[10]. Embora sejam indizíveis, a alma as sente muito bem, e com um sentimento que a leva, em certos momentos, a prorromper em palavras de ternura que não podem ser contidas: Ó vida de minha vida! Ó sustento que me sustentas! Ela profere então essas e outras exclamações semelhantes.

É que brotam do seio divino uns veios de leite que parecem sustentar toda a população do castelo. Parece que o Senhor quer que toda essa gente participe de algum modo do muito que a alma está usufruindo, bem como que daquele rio caudaloso (a que se lançou esta pequenina fonte) corra às vezes um regato, a fim de confortar aqueles que servem materialmente aos noivos.

Essas operações que menciono são percebidas com absoluta certeza, tal como sentiria a água uma pessoa, mesmo descuidada, que nela fosse mergulhada — e ela não poderia deixar de senti-la. O mesmo acontece aqui, e ainda com maior certeza.

Com efeito, assim como não poderíamos ser atingidos por um jato de água desprovido de um manancial (como eu disse), assim também se entende com clareza que há no interior da alma Alguém que lança essas setas e dá vida a essa vida. Um sol de onde provém uma grande luz, enviada do interior da alma às faculdades. Ela — como eu já disse[11] — não sai desse centro nem perde a paz. O próprio Senhor que a deu aos apóstolos, quando estavam juntos, é poderoso para dá-la também a ela.

---

7. Ela risca e emenda, como no fim do n. 2. Tinha escrito: "os que consumaram matrimônio".
8. 1 Coríntios 6,17.
9. Filipenses 1,21.
10. Em função do conhecido escrúpulo teológico, um dos censores — talvez Gracián — riscou "que de modo algum se pode duvidar".
11. No n. 4. Segue-se uma alusão a João 20,19-21.

7. Tenho considerado que essa saudação do Senhor devia ser muito mais do que soa hoje aos ouvidos, o mesmo acontecendo com as palavras que disse à gloriosa Madalena: que se fosse em paz[12]. Porque, atuando as palavras do Senhor em nós como se fossem obras, de tal modo deviam agir naquelas pessoas — já tão bem-dispostas — que as despojavam de tudo o que havia de corpóreo em sua alma. Esta ficava no estado de puro espírito, podendo juntar-se nessa união celestial com o Espírito incriado.

De fato, não há dúvida de que, ao esvaziar-nos de tudo o que é criado e ao desapegar-nos dele por amor a Deus, o próprio Senhor preenche a nossa alma de Si mesmo. E assim, orando uma vez Jesus Cristo, Nosso Senhor, por Seus apóstolos — não sei em que passagem — disse que fossem uma só coisa com o Pai e com Ele, tal como Ele, Jesus Cristo, está no Pai e o Pai Nele[13]. Não sei que maior amor possa haver! Nessa súplica estamos todos incluídos, pois assim o disse Sua Majestade: *Não rogo só por eles, mas por todos aqueles que também hão de crer em mim.* E acrescentou: *Eu estou neles.*

8. Oh! Valha-me Deus! Que palavras tão verdadeiras! E como as entende a alma, que, nesta oração, as sente realizadas em si mesma! E como entenderíamos todas, se não fosse por nossa culpa, já que as palavras de Jesus Cristo, nosso Rei e Senhor, não podem falhar![14] Mas, como nós faltamos em nos dispor e em nos desviar de tudo o que possa obscurecer essa luz, não nos vemos nesse espelho que contemplamos, espelho onde está esculpida a nossa imagem.

9. Voltemos ao que dizíamos[15]. O Senhor introduz a alma nessa Sua morada, que é o centro da alma. Assim como dizem que o céu empíreo — onde está Nosso Senhor — não se move como os outros, assim também parece que, ao entrar aqui, a alma já não sente os movimentos que costuma haver nas faculdades e na imaginação. Estas deixam de prejudicá-la e de tirar-lhe a paz.

Não quero dizer — como pode parecer — que, chegando a receber de Deus essa graça, a alma esteja segura de sua salvação e de não tornar a cair. Não afirmo tal coisa. E, em qualquer lugar em que me referir a esse assunto (a segurança da alma), entenda-se que ela a possui enquanto a Divina Majestade a mantém em Sua mão e ela não O ofende. Pelo menos sei disso com certeza através da pessoa que mencionei; embora se veja nesse estado e este permaneça durante anos, ela não se sente segura.

Pelo contrário, tem mais temor do que antes, evitando qualquer ofensa a Deus (por menor que seja), e com grandes desejos de O servir — como se dirá adiante[16]. Sente continuamente pena e confusão de ver o pouco que pode fazer e o muito a que está obrigada — o que não é pequena cruz, mas enorme penitência, porque, no que diz respeito a esta, quanto maior, tanto mais deleitada fica tal pessoa.

Para ela, a verdadeira penitência ocorre quando Deus lhe tira a saúde e as forças para poder fazê-la. Embora em outra passagem eu já tenha me referido[17] ao grande sofrimento que isso lhe provoca, aqui é muito maior. Tudo lhe vem do lugar onde está plantada a raiz. Se a árvore que cresce junto à corrente das águas tem mais frescor e dá mais frutos, por que surpreender-nos com os desejos dessa alma? Seu verdadeiro espírito forma uma unidade com a água celestial a que fizemos menção[18].

10. Retomando o que dizia[19], não se entenda que as faculdades, sentidos e paixões estejam sempre imersos nessa paz; a alma, sim, é que está. Mas nestas moradas não deixa de haver épocas

---

12. Lucas 7,50.
13. João 17,21. Seguem-se duas citações de João 17,20 e 23.
14. Alusão a Lucas 21,33.
15. No n. 3.
16. No cap. 3, n. 3 e 6; cap. 4, n. 2.
17. Alude provavelmente a M. V, cap. 2, n. 7-11.
18. No n. 4 (comparações da "gota d'água e da fonte", ou do "pequeno arroio e do mar"). É possível que ela se refira à alegoria das M. IV, cap. 2.
19. No princípio do n. 9.

de guerra, de sofrimentos e de fadigas. A diferença é que são de tal maneira que a alma não sai de sua paz nem do seu posto. Isso é o que costuma acontecer[20].

Esse centro da nossa alma — ou seu espírito — é coisa tão difícil de exprimir, e até mesmo de crer, que, por não saber explicar-me, julgo dar-vos a tentação, irmãs, de não acreditar no que digo. De fato, é difícil dar crédito à afirmação de que, embora haja sofrimentos e pesares, a alma permanece em paz. Quero apresentar-vos uma comparação ou duas. Praza a Deus que sejam tais que eu consiga explicar alguma coisa com elas. Mas, mesmo que isso não aconteça, sei que é verdade o que disse.

11. Está o Rei em seu palácio; ainda que haja muitas guerras em seu reino, bem como inúmeras coisas penosas, nem por isso deixa de estar em seu posto. O mesmo ocorre aqui. Conquanto nas outras moradas haja muita confusão e feras peçonhentas, e embora se ouça o ruído, ninguém, tendo entrado nesta última, é afastado daí pelo que quer que seja. Os rumores escutados podem encher a alma de compaixão, mas não a ponto de alvoroçá-la e lhe tirarem a paz. Isso porque as paixões já estão vencidas e não ousam entrar nesta morada, sabendo que sairão ainda mais humilhadas se o fizerem.

Dói-nos todo o corpo; mas, se está sã, a cabeça não doerá por doer o corpo. Estou rindo comigo mesma das comparações que formulei. Elas não me contentam, mas não sei outras. Pensai o que quiserdes; mas é verdade o que eu disse.

CAPÍTULO 3

Trata dos grandes efeitos produzidos por essa oração. Devem-se considerar atenta e cuidadosamente esses efeitos. É admirável a diferença que há entre estes e os anteriores.

1. Dizíamos, pois, que a nossa borboletinha já morreu, infinitamente alegre por ter encontrado repouso. Cristo vive nela. Vejamos que vida tem agora, ou que diferença há de quando ela vivia; porque pelos efeitos veremos se é verdadeiro o que afirmei. Pelo que posso entender, são os seguintes esses efeitos[1].

2. Em primeiro lugar, um esquecimento de si, a ponto de verdadeiramente parecer que já não existe, como fica dito[2]. A alma está tão inteiramente transformada que não se reconhece mais, nem se lembra de que para ela haverá céu, vida ou honra. Ela se dedica por completo a promover unicamente a glória de Deus.

Parece que as palavras que Sua Majestade lhe disse — que zelasse pelas coisas Dele, pois Ele zelaria pelas suas[3] — tiveram sobre ela o efeito de obras. Assim, a alma não se preocupa com nada que possa acontecer, mostrando um estranho esquecimento. Parece não existir, como eu disse, nem pretender ser coisa alguma. Deseja ser tida por nada, a não ser quando percebe que pode fazer algo para aumentar um pouco a glória e a honra de Deus. Por isso ela daria de muito bom grado a própria vida.

3. Ao lerdes isto, não julgueis, filhas, que ela se descuide de comer, dormir (o que não constitui pequeno tormento para essa alma) e de fazer tudo a que está obrigada pelo seu estado. Falamos de coisas interiores, pois das exteriores pouco há a dizer. Pelo contrário, esta é a sua angústia: ver

---

20. Essa frase foi acrescentada pela Santa à margem do autógrafo.

1. A Santa arrolará a seu modo, indicando apenas os "efeitos" 1 e 2. A seguir, vem uma grande quantidade de comentários e digressões. No autógrafo, contudo, cada efeito se distingue claramente dos outros. Ei-los aqui em ordem: 1º) "esquecimento de si" (n. 2); 2º) "desejo de padecer" (n. 4); 3º) "grande deleite interior" (n. 5); 4º) "grande desejo de servir a Deus", e não de morrer (n. 6); 5º) "desapego de tudo" (n. 8); 6º) "o não temor dos disfarces do demônio" (n. 10); por fim, recapitulação de todos no n. 13.

2. A frase fica um tanto obscura. A Autora provavelmente quer dizer que a alma está tão transfigurada que nem parece ser ela, ou não ser ela a que existe "formando já uma unidade com Deus" (cap. 2, n. 3).

3. Alusão à graça "matrimonial" mencionada no cap. 2, n. 1; cf. *Rel.* 35.

que é nada o que podem as suas forças. Ela não deixaria de fazer, por coisa alguma deste mundo, tudo o que pode e entende dizer respeito ao serviço de Nosso Senhor.

4. O segundo efeito é um grande desejo de padecer, mas não de modo a inquietá-la, como costumava. De fato, é tão imensurável o desejo que fica nessas almas de que se faça nelas a vontade de Deus que têm por bom tudo o que Sua Majestade faz. Se Ele quiser que padeçam, sejam bem-vindos os sofrimentos! Caso contrário, não ficam desconsoladas como antes.

5. Essas almas têm também um grande deleite interior quando são perseguidas, fazendo-o com muito mais paz do que nos estados anteriores e sem nenhuma inimizade por aqueles que lhes fazem mal ou desejam fazer. Na verdade, elas passam a ter por essas pessoas um amor todo especial, sentindo ternamente se as veem em algum sofrimento. Fariam qualquer sacrifício para livrá-las deles e encomendam-nas a Deus de muito boa vontade. E se alegrariam em privar-se de parte das graças divinas para que fossem comunicadas a elas, livrando-as assim de ofender a Nosso Senhor.

6. O que mais me surpreende em tudo isso é o seguinte. Vistes os sofrimentos e aflições por que passaram essas almas desejando morrer para fruir de Nosso Senhor[4]; pois agora é tão grande a vontade que têm de servi-Lo, louvá-Lo e beneficiar alguma alma, se o puderem fazer, que não só não desejam morrer como preferem viver muitos anos padecendo grandíssimos tormentos. Isso para que, se possível, seja o Senhor louvado por elas, embora em coisas muito pequenas.

Ainda que soubessem com certeza que, saindo a alma do corpo, logo fruiria de Deus, não dão importância a isso, nem a pensar na glória que têm os santos. Não desejam por enquanto ver-se nela. A sua glória está em poder ajudar em alguma coisa o Crucificado, em especial quando veem que é tão ofendido e que são tão poucos os que de fato se ocupam em zelar pela honra de Deus, desapegando-se de tudo o mais.

7. É verdade que, nas vezes em que se esquece disso, a alma volta a sentir com ternura os desejos de fruir de Deus e de sair deste desterro, em especial vendo que O serve tão pouco. Mas logo volta a si e, percebendo que O tem continuamente consigo, contenta-se com isso e oferece a Sua Majestade o querer viver — a oferenda mais custosa que ela pode Lhe dar.

A alma não sente nenhum temor da morte, não mais do que teria de um suave arroubo. O que se passa é que o próprio Senhor — que lhe dava aqueles desejos com tormentos tão excessivos — lhe dá agora estes. Seja para sempre bendito e louvado!

8. O fato[5] é que os desejos dessas almas já não se dirigem a deleites e gostos. Elas trazem consigo o próprio Senhor, sendo Sua Majestade Quem agora vive. Claro está que a Sua vida não foi senão um contínuo tormento; assim Ele faz que seja também a nossa, pelo menos no que se refere aos desejos. No mais, Deus leva em conta a nossa fraqueza, ainda que nos comunique muito da sua força quando vê que ela é necessária.

Essas pessoas vivem em grande desapego de tudo e com um grande desejo de estar sempre a sós, ou ocupadas em algo que possa beneficiar alguma alma. Não as acompanham nem aridez nem sofrimentos interiores, mas apenas a lembrança de Nosso Senhor, e tal ternura para com Ele que desejariam dedicar todo o tempo aos seus louvores. Quando se descuidam, o próprio Senhor as desperta da maneira acima dita[6]. Vê-se claramente que o impulso com que o faz — ou não sei como chamá-lo — procede do interior da alma, tal como se disse dos ímpetos[7].

Aqui, porém, faz-se com grande suavidade, mas não procede do pensamento, da memória nem de nada que se possa entender que a alma tenha feito de sua parte. Esse fenômeno é tão frequente que, com bastante atenção, pode ser visto com clareza. Porque, assim como um fogo, por

---

4. Alusão global às graças das M. VI; cf. cap. 11.
5. Palavra de difícil leitura no autógrafo. Frei Luis leu: "e assim" (p. 249).
6. Nas M. VI, cap. 2; veja-se o título.
7. Nas M. VI, cap. 11, n. 2; e cf. M. VI, cap. 2, n. 1, onde a Santa falou de "alguns impulsos tão delicados e sutis, provenientes do mais íntimo da alma, que não sei com que compará-los de forma adequada".

maior que seja, não lança a chama para baixo, mas para cima, assim também se entende aqui que esse movimento interior procede do centro da alma e desperta as faculdades.

9. Sem dúvida não seriam necessários outros proveitos neste caminho da oração; seria suficiente entender o particular cuidado que Deus tem em comunicar-se conosco e andar como que rogando — pois não parece outra coisa — que permaneçamos com Ele.

Considero bem empregados todos os sofrimentos que se passa para sentir a intensa felicidade desses toques do Seu amor, tão suaves e penetrantes. Isto, irmãs, já o tereis experimentado; penso que, chegando a ter oração de união, se não nos descuidamos de seguir Seus mandamentos, o Senhor mostra essa preocupação com relação a nós.

Quando isso vos acontecer, lembrai-vos que é dessa morada interior, onde está Deus em nossa alma, que vêm esses toques e louvai-O muito. Por certo é Seu aquele recado ou bilhete escrito com tanto amor, em letras que só vós podeis decifrar e contendo um pedido que apenas vós conseguis interpretar. E de maneira nenhuma deixeis de responder a Sua Majestade, ainda que estejais ocupadas exteriormente ou em conversa com algumas pessoas.

Com efeito, acontecerá muitas vezes de Nosso Senhor querer conceder-vos essa secreta graça em público. E, como a resposta deve ser interior, é muito mais fácil fazer o que digo através de um ato de amor, ou repetir as palavras de São Paulo: *Que quereis, Senhor, que eu faça?*[8]

Ele então vos ensinará de muitas maneiras como haveis de agradá-Lo. Trata-se de um tempo muito aproveitável. O Senhor parece dar a entender que nos ouve, e quase sempre esse toque tão delicado dispõe a alma a fazer o que é agradável a Sua Majestade com vontade determinada.

10. A diferença que há aqui nesta morada é o que já se disse[9]: quase nunca há aridez nem alvoroços interiores como havia, de tempos em tempos, em todas as outras. Pelo contrário, a alma está quase sempre em quietude, liberta do amor de que graça tão elevada possa ser reproduzida pelo demônio, havendo segurança, portanto, de provir de Deus. Isso porque, como foi dito[10], os sentidos e as faculdades não têm entrada aqui. Sua Majestade revelou-se à alma e a introduziu onde, a meu ver, o demônio não ousará entrar, nem o Senhor lhe permitirá fazê-lo. E todas as graças que Deus concede aqui à alma são, como eu já disse[11], sem contribuição desta última, salvo a que ela já deu entregando-se toda a Ele.

11. Passa-se com tanta quietude e silêncio tudo o que o Senhor ensina e comunica à alma que me leva a pensar na edificação do templo de Salomão, durante a qual não se devia ouvir o mínimo ruído[12]. Assim, neste templo de Deus, nesta Sua morada, só Ele e a alma se regozijam em grandíssimo silêncio.

O intelecto não precisa agir nem indagar nada. O Senhor que o criou quer sossegá-lo aqui, permitindo apenas que espreite por uma pequena fresta o que se passa. Embora de tempos em tempos se perca esse vislumbre e ele deixe de poder olhar, é brevíssimo o intervalo. Porque, ao que me parece, aqui não se perdem as faculdades, que, pelo contrário, agem e ficam como que espantadas[13].

12. Também eu estou atônita ao ver que, chegando a alma a esta morada, não está mais sujeita a nenhum arroubo, a não ser uma vez ou outra, e, mesmo assim, sem aqueles arrebatamentos e voos de espírito. E são muito raras essas ocasiões, passando-se quase sempre quando a alma está a sós, ao contrário do que lhe costumava acontecer.

Antes, quando a alma via uma imagem devota, ou ouvia um sermão ou uma música, era quase o mesmo como se não o fizesse; e, como a pobre borboleta andava tão ansiosa, tudo a espantava

---

8. Atos 9,6.
9. No n. 8.
10. No cap. 2, n. 3 e 10.
11. No cap. 2, n. 5-6 e 9.
12. *3 Reg.* 6,7.
13. Recorde-se que, no léxico teresiano, "perder as faculdades" equivale a "ficar em arroubo"; aqui, nestas moradas, as faculdades ficam atônitas, mas não suspensas extaticamente.

e a fazia voar. Agora — quer por ter encontrado seu repouso, por ter visto muitas maravilhas nesta morada ou ainda por não se ver com aquela solidão que costumava sentir — não se espanta com nada, pois usufrui de tal companhia.

Enfim, irmãs, embora eu desconheça a causa, sei que, ao começar o Senhor a mostrar o que há nesta morada e ao introduzir nela a alma, acaba-se para ela essa fraqueza que tanto sofrimento lhe causava e da qual não conseguia se libertar. Talvez Deus a tenha fortalecido, dilatado e capacitado; ou quem sabe quisesse dar a entender em público o que fazia com essas almas em segredo, por motivos que só Ele sabe. Seus juízos estão acima de tudo o que aqui podemos imaginar.

13. Esses efeitos — assim como todos os outros que, nos graus de oração mencionados, descrevemos como sendo bons — são concedidos por Deus quando aproxima a alma de Si, com o ósculo que Lhe rogava a Esposa[14]. Aqui, a meu ver, se cumpre o pedido. Neste ponto, são dadas em abundância as águas a essa corça ferida. Aqui ela se deleita no tabernáculo de Deus. Aqui, a pomba enviada por Noé — para ver se a tempestade tinha acabado — encontra a oliveira, um sinal de que achou terra firme no meio das águas e das tormentas deste mundo.

Ó Jesus! Quem saiba as muitas coisas da Escritura que dão a entender essa paz da alma! Deus meu! Como vedes a grande importância disso, fazei que os cristãos a queiram buscar. Àqueles a quem já a concedestes, não a tireis, por Vossa misericórdia. Porque, enfim, até que deis à alma a verdadeira paz e a leveis ao lugar onde esta não pode se acabar, sempre se vive com esse temor. Digo a verdadeira paz não por considerar que esta que descrevo não o seja, mas porque poderíamos voltar à primitiva guerra se nos afastássemos de Deus.

14. Não obstante, o que sentirão essas almas ao ver que poderiam perder tão grande bem? Essa possibilidade as faz agir com mais cuidado e procurar extrair forças de sua fraqueza, a fim de não perder por própria culpa uma só ocasião de agradar mais a Deus.

Quanto mais favorecidas por Sua Majestade, tanto mais acovardadas e temerosas de si mesmas andam elas. E, como nessas grandezas divinas têm conhecido melhor as suas próprias misérias e visto a gravidade dos seus pecados, essas almas muitas vezes nem ousam levantar os olhos, agindo como o publicano[15]. Outras vezes, consomem-se em desejos de que a vida se finde para se verem em segurança. Mas, com o amor que têm a Deus, logo voltam a querer viver para servi-Lo — como eu disse[16] —, confiando à Sua misericórdia tudo quanto lhes diz respeito.

Em certas épocas, as muitas graças que lhes são concedidas as fazem andar mais aniquiladas, pois temem que lhes aconteça o mesmo que a uma embarcação que vai ao fundo por excesso de carga.

15. Digo-vos, irmãs, que não lhes falta cruz; a diferença é que esta não as inquieta nem as faz perder a paz. Contudo, algumas tempestades passam depressa, como uma onda, e volta a bonança. A presença de Deus que essas almas trazem consigo logo as leva a esquecer tudo. Seja Ele para sempre bendito e louvado por todas as Suas criaturas. Amém.

CAPÍTULO 4

Conclui dizendo o que, a seu parecer, Nosso Senhor pretende ao conceder tão grandes graças à alma. Fala como é necessário que andem juntas Marta e Maria. É muito proveitoso.

1. Não deveis entender, irmãs, que os efeitos a que me referi[1] sejam experimentados sempre com a mesma intensidade. Por isso, quando me lembro, digo "com frequência", porque às vezes

---

14. Cântico dos Cânticos 1,1. Segue-se uma série de alusões bíblicas: corça que, ferida, busca as águas (Sl 41,2); tabernáculo de Deus (Ap 21,3); pomba de Noé (Gn 8,8-9)...
15. Lucas 18,13.
16. No n. 6.
1. No cap. 3, n. 2-10.

Nosso Senhor deixa essas almas entregues à sua natureza. Então parece que todas as coisas peçonhentas dos arredores e das outras moradas deste castelo se juntam contra elas, buscando vingar-se do tempo em que não as podiam incomodar.

2. É verdade que isso dura pouco — um dia, quando muito, ou pouco mais. Esse grande alvoroço geralmente provém de alguma ocasião exterior. E nele se vê o que ganha a alma com a boa companhia que tem, pois o Senhor lhe dá grande inteireza de ânimo, a fim de que não se afaste do serviço divino e de suas boas determinações. Pelo contrário, estas parecem aumentar, não hesitando a alma nem por um momento em suas boas disposições. Repito que esse distúrbio é raro. Mas Nosso Senhor não quer que essa alma se esqueça de seu ser, para que sempre mantenha a humildade e entenda melhor o que deve a Sua Majestade e a grandeza da graça que recebe, louvando-O por isso.

3. Tampouco deveis imaginar que, pelo fato de essas almas terem grandes desejos e determinação de não cometer nenhuma imperfeição por coisa alguma da terra, deixem elas de fazer muitas, cometendo até pecados. Não propositalmente, pois o Senhor as ajuda de modo muito particular nisso. Refiro-me a pecados veniais; quanto aos mortais, estão, ao que lhes parece, livres deles, ainda que não estejam seguras[2]. Receiam ter alguns sem perceber, o que não constitui pequeno tormento para elas.

Também lhe causam grande sofrimento as almas que elas veem se perderem. E, embora tenham de certo modo grande esperança de não ser dessas, quando se recordam de alguns personagens da Sagrada Escritura que pareciam ser favorecidos pelo Senhor — Salomão, por exemplo, que tanto se comunicou com Sua Majestade —, não podem deixar de temer, como tenho dito[3].

E que tema mais aquela de vós que se sentir com mais segurança de si mesma. Porque *Bem-aventurado o homem que teme o Senhor*, diz David. Sua Majestade nos ampare sempre. A maior segurança que podemos ter é suplicar-Lhe que não nos permita ofendê-Lo. Seja para sempre louvado. Amém.

4. Será bom dizer-vos, irmãs, o motivo pelo qual o Senhor concede tantas graças neste mundo. Embora já o tenhais entendido pelos efeitos delas, quero repeti-lo aqui, para que nenhuma de vós pense que é só para deleitar essas almas — o que seria grande erro. Sua Majestade não nos poderia fazer maior favor do que dar-nos uma vida que imite a de Seu Filho tão amado. Assim, tenho por certo que essas graças visam fortalecer a nossa fraqueza — como aqui já tenho dito algumas vezes[4] — para podermos imitá-Lo nos grandes sofrimentos.

5. Temos visto sempre que aqueles que acompanharam Cristo Nosso Senhor mais de perto foram os que mais padeceram. Vejamos os sofrimentos de Sua gloriosa Mãe, bem como de seus santos apóstolos. Como pensais que poderia São Paulo passar por tormentos tão grandes? Por ele podemos avaliar os efeitos da contemplação divina e das visões. Isto é, quando são de Nosso Senhor, e não imaginação ou engano do demônio. Porventura o apóstolo se escondeu com essas graças, a fim de só usufruir de seus deleites e esquecer tudo o mais? A resposta já a sabeis, pois São Paulo não teve um dia de descanso, pelo que podemos entender; e tampouco o deve ter tido à noite, uma vez que nela ganhava o que havia de comer[5].

Gosto muito da passagem em que, ao fugir São Pedro do cárcere, apareceu-lhe Nosso Senhor e lhe disse que ia a Roma para ser crucificado outra vez. Sempre que rezamos o ofício da festa em

---

2. Frei Luis, em sua edição príncipe (p. 256), imprimiu essa passagem sem retoques nem comentários. Mas, ao reeditar as Moradas no ano seguinte (1589), marginou-a com uma advertência importante: "Com essas palavras, a Santa Madre demonstra claramente a verdade e pureza de sua doutrina acerca da certeza da graça. Com efeito, de almas tão perfeitas, favorecidas por Deus e que gozam de sua presença de maneira tão especial — como são as almas deste grau e morada —, ela diz que não estão seguras de terem ou não alguns pecados mortais que não percebem; diz também que o receio disso as atormenta".

3. Alude a M. III, cap. 1, n. 1-4. Cf. também M. VII, cap. 3, n. 13-14.

4. Em M. VI, cap. 9, n. 16-17, e cf. cap. 1, n. 7.

5. Alusão aos textos paulinos propostos como norma na Regra do Carmo (1Ts 2,9 etc.).

que se recordam essas palavras, sinto particular consolo[6]. Como ficou São Pedro com essa graça do Senhor? Que fez? Foi logo ao encontro da morte. E não é pequena misericórdia do Senhor encontrar quem, nessas circunstâncias, a provoque.

6. Ó irmãs minhas! Como a alma a quem Deus concede essa graça deve negligenciar seu descanso! Quão pouco deve se importar com a sua honra, e que longe deve andar de querer ser tida em boa conta, ela em quem o Senhor se encontra de modo tão particular! Porque, se ela está muito com Ele, como deve ser, pouco deve se lembrar de si. Toda a sua lembrança se concentra em contentá-Lo mais, bem como em mostrar-Lhe o amor que tem por Ele. Pois isto é oração, filhas minhas; para isto serve este matrimônio espiritual: para fazer nascer obras, sempre obras!

7. Essa é a verdadeira prova de ser coisa e graça concebida por Deus, como já vos disse[7]. Pouco me beneficio ficando a sós, muito recolhida, a fazer atos de virtude e afeto a Nosso Senhor, propondo e prometendo fazer maravilhas por Seu serviço, se, ao sair dali e se se oferece ocasião, faço tudo ao contrário.

Não me expresso bem dizendo que pouco me beneficio, pois tudo o que se faz, caso se esteja com Deus, é bom. Embora sejamos fracos em cumprir as nossas determinações, algumas vezes Sua Majestade nos dará graça para realizá-las, até mesmo contra a nossa vontade, como acontece muitas vezes. Vendo uma alma muito acovardada, o Senhor dá-lhe um enorme sofrimento que ela não desejaria receber, fazendo-a sair com lucro dessa situação. Daí em diante, percebendo isso, a alma vai perdendo o medo de se oferecer mais a Ele.

Eu quis dizer que o benefício é pequeno em comparação com a grande coisa que é harmonizar as obras com os atos e as palavras. Quem não conseguir fazer tudo de uma vez deve fazê-lo pouco a pouco. Vá dominando a sua vontade, se quer tirar proveito da oração. Dentro destes recantos[8] não faltarão muitas ocasiões para vos exercitardes.

8. Olhai que isso tem muito mais importância do que eu saberei dizê-lo. Ponde os olhos no Crucificado e tudo vos parecerá pouco. Se Sua Majestade nos mostrou o Seu amor com tão espantosas obras e sofrimentos, como quereis contentá-Lo só com palavras? Sabeis o que significa ser de fato espiritual? É fazer-se escravo de Deus, marcado com o Seu selo, o da cruz. Assim nos poderá vender como escravos de todo mundo, como Ele próprio foi. Com isso não nos injuria, mas nos concede imensa graça. Já Lhe entregamos toda a nossa liberdade.

Se não tiverdes essa determinação, não espereis grande benefício. Porque o fundamento de todo este edifício, como eu já disse[9], é a humildade. E se esta não for genuína, até para o vosso bem o Senhor não desejará elevá-lo muito, a fim de que não desabe por terra.

Desse modo, irmãs, para que esse edifício tenha bons alicerces, procure cada uma ser a menor de todas, e sua escrava, vendo como ou em que podeis servi-las e dar-lhes prazer. O que fizerdes neste caso o fareis mais para vós do que para elas. Assentareis pedras tão firmes que o vosso castelo não desabará.

9. Repito que, para que o façais, não deveis assentar vossos alicerces só em rezar e contemplar. Com efeito, se não buscardes virtudes e o exercício delas, sempre ficareis anãs. E praza a Deus que não seja apenas no crescer, porque já sabeis que quem não cresce diminui. Tenho por impossível que o amor, se o houver, se contente em limitar-se a um ser.

10. Talvez vos pareça que falo com os principiantes, podendo os demais descansar. Eu já vos disse[10] que o sossego interior que essas almas apresentam corresponde a um muito menor no

---

6. Alusão à lenda do *"Quo vadis Domine?"*, que figurava no ofício carmelita de São Pedro (29 de junho), cuja antífona do Magnificat dizia: "Beatus Petrus Apostolus vidit sibi Christum accurrere. Adorans eum, ait: Domine, quo vadis? — Venio Romam iterum crucifigi."

7. Ela o afirmou com veemência em M. V, cap. 3, n. 11.

8. Ela se refere aos humildes conventos de carmelitas.

9. A Santa o disse no decorrer das primeiras Moradas (cf. cap. 2, n. 8, 9, 11, 13).

10. Afirmou-o no cap. 3; cf. os n. 3, 5, 6, 8.

exterior. Aliás, elas mesmas não querem tê-lo. Para que pensais que são aquelas inspirações a que me referi — ou, melhor dizendo, aspirações — e os recados que a alma envia do centro interior à população da parte superior do castelo e às moradas que rodeiam aquela em que se encontra? Será para que se deitem e durma?

Não, não, não! Ela agora combate ainda mais os sentidos, as faculdades e tudo o que é corporal, a fim de que estes não fiquem ociosos. Trata-se de uma guerra maior do que a que travava em outros tempos, quando padecia com eles. Porque então ela não entendia o grande ganho trazido pelos sofrimentos, que talvez tenham sido os meios de que Deus se serviu para elevá-la a esse estado.

A companhia que traz em si lhe dá forças maiores do que nunca. Se até aqui na terra David nos diz que com os santos seremos santos[11], não há dúvida de que, formando uma unidade com o Forte por excelência, pela união tão soberana de espírito com espírito, a alma participa da força divina. Por aí vemos a força que tiveram os santos para padecer e morrer.

11. É muito certo que, com o vigor adquirido nessa união, a alma ajuda a todos os que estão no castelo, e até ao próprio corpo, que muitas vezes parece nem ser percebido. As energias advindas da ingestão do vinho dessa adega — onde o Esposo[12] introduziu a alma e da qual não a deixa mais sair — influem sobre a fraqueza do corpo, tal como acontece com o alimento que, recebido no estômago, dá forças à cabeça e a todo o corpo. E, assim, essa alma tem muita infelicidade enquanto vive. Porque, por muito que faça, tudo lhe parece nada diante da força interior muito maior com que a alma lhe faz guerra.

Deviam vir daí as grandes penitências que fizeram muitos santos — em especial a gloriosa Madalena, que vivera sempre em tanto conforto — e a fome que nosso Pai Elias teve da honra do seu Deus[13]. Essa deve ter sido também a origem do empenho de São Domingos e de São Francisco em reunir almas para que o Senhor fosse louvado. E eu vos digo que não deviam ser pequenos os seus sofrimentos, esquecidos que estavam de si mesmos.

12. Desejo, irmãs minhas, que procuremos alcançar exatamente esse alvo. Apreciemos a oração e ocupemo-nos dela, não para nos deleitar, mas para ter essas forças para servir. Não queiramos ir por caminhos não trilhados, pois nos perderemos na melhor altura. E seria caminho bem novo pensar em receber essas graças de Deus indo por vereda diferente da que Ele seguiu e têm seguido todos os seus santos. Não vos passe tal ideia pela cabeça.

Crede-me que Marta e Maria devem andar juntas, para hospedar o Senhor e tê-Lo sempre consigo, não O recebendo mal e negligenciando a sua comida[14]. Como Maria Lhe daria a refeição, assentada sempre aos Seus pés, se sua irmã não a ajudasse? Seu manjar consiste em que, por todos os modos ao nosso alcance, ganhemos almas que se salvem e louvem a Deus para sempre.

13. Talvez me digais duas coisas. Uma é que o Senhor afirmou que *Maria escolhera a melhor parte*[15]. É que já tinha feito o ofício de Marta quando serviu o Senhor, lavando-Lhe os pés e enxugando-os com os seus cabelos[16]. E pensais que terá sido pequena mortificação para ela, uma senhora que era, ir pelas ruas, talvez só (já que o seu fervor a impedia de refletir), entrar onde nunca tinha entrado e sofrer depois as acusações do fariseu, bem como muitíssimas outras coisas?

O fato de uma mulher como ela mudar de repente deve ter dado muito o que falar ao povo — ainda mais sendo gente tão má, como sabemos. Bastava a amizade com o Senhor — tão desprezado por essas pessoas — para que estas relembrassem a sua vida passada e dissessem querer ela passar por santa. Pois está claro que ela logo deve ter mudado de vestes e tudo o mais. Se ainda hoje se fala o mesmo de pessoas menos conhecidas, que dizer daquela época?

---

11. Salmo 17,26.
12. Alusão a Cântico dos Cânticos 2,4.
13. Alusão ao lema do Carmelo: "Zelo zelatus sum", *2 Reg.* 19, 10.
14. Mateus 10,38-39.
15. Lucas 10,42.
16. Lucas 7,37-38.

Eu vos digo, irmãs, que essa "melhor parte" veio já depois de muitos sofrimentos e mortificações, pois só o fato de ver seu Mestre tão odiado terá sido para ela um tormento intolerável. E que dizer dos muitos padecimentos que teve quando da morte do Senhor[17], bem como nos anos que ainda viveu, que devem ter sido bem aflitivos em função da ausência Dele! Vemos então que ela não estava sempre com deleite de contemplação aos pés do Senhor.

14. A outra[18] é que não podeis nem tendes como levar almas a Deus. De boa vontade o faríeis. Mas, não tendo de ensinar nem de pregar como faziam os apóstolos, não sabeis como agir. A essa objeção já respondi por escrito algumas vezes, talvez até neste *Castelo*[19]. Mas, como creio ser coisa que vos passa pelo pensamento, tendo em vista os desejos que o Senhor vos concede, não deixarei de repeti-lo aqui.

Já vos disse em outra passagem[20] que às vezes o demônio nos dá grandes desejos, para deixar de lado ocasiões de servir a Nosso Senhor em coisas viáveis e nos contentar privilegiando aquelas que são impossíveis. Não considerando que na oração ajudareis muito[21], não queirais beneficiar todas as pessoas; concentrai-vos nas que estão em vossa companhia e, assim, será maior a obra, pois a vossa obrigação para com elas é muito maior.

Julgais pequeno ganho abrasá-las a todas com o fogo da vossa grande humildade, da mortificação, do serviço a todas, de uma intensa caridade para com elas e do amor a Deus? Ou se, com as demais virtudes, as encherdes de estímulo? Não, será grande esse serviço e muito agradável a Deus. Vendo que realizais as obras que estão ao vosso alcance, Sua Majestade entenderá que faríeis muito mais e vos recompensará como se tivésseis levado muitas almas a Ele.

15. Direis que isso não é converter, já que aqui todas as almas são boas. E que tendes vós com isso? Quanto melhores forem, tanto mais agradáveis ao Senhor serão os seus louvores e tanto mais sua oração beneficiará as almas que lhes estão próximas.

Em suma, irmãs minhas, concluo dizendo que não edifiquemos torres sem alicerces sólidos, porque o Senhor não olha tanto a grandeza das obras quanto o amor com que são realizados. E, desde que façamos o que pudermos, Sua Majestade nos dará forças para fazê-lo cada dia mais e melhor. Não nos cansemos logo. No pouco que dura esta vida — e talvez seja ainda menos do que pensamos —, ofereçamos interior e exteriormente ao Senhor o sacrifício que pudermos. Sua Majestade o unirá ao sacrifício que ofereceu ao Pai na cruz por todos nós. Assim, conferirá a ele o valor merecido pelo nosso amor, embora sejam pequenas as obras.

16. Praza a Sua Majestade, irmãs e filhas minhas, que nos vejamos todas no lugar onde O louvaremos para sempre. E que me dê graça para que eu faça alguma coisa do que digo, pelos méritos de Seu Filho, que vive e reina por todo o sempre, amém. Afirmo-vos que escrevo cheia de confusão; por isso, peço-vos, pelo próprio Senhor, que não vos esqueçais em vossas orações desta pobre miserável?[22]

---

17. A Santa acrescentou à margem do autógrafo: *Creio que o fato de não ter recebido martírio se deve a ela o ter tido vendo morrer o Senhor.* Frei Luis incluiu no texto essa nota teresiana, fazendo-o de modo bastante incoerente. Todos os editores o seguiram nessa decisão.

18. *A outra:* isto é, a outra coisa que direis... (cf. n. 13).

19. Cf. *Caminho*, caps. 1-3, e *Conceitos*, cap. 7, *passim*.

20. Cf. M. III, cap. 2, n. 13.

21. *Ajudareis muito:* a "aproximar almas de Deus".

22. Segue-se no autógrafo um longo texto com a aprovação autógrafa destas *sétimas moradas*, pelo Padre Rodrigo Álvarez, SJ, escrita no locutório do Carmelo de Sevilha na presença de Maria de San José, no dia 22 de fevereiro de 1582. A seguir vem o "epílogo", que na realidade é uma carta de acompanhamento do livro, dirigida como este às Carmelitas. Primitivamente, precedeu o prólogo das Moradas e foi paginado pelo Padre Gracián com os n. 2 e 3.

JHS

1. Embora tenha começado a redigir estas páginas com a contrariedade a que me referi no princípio[1], depois de conclui-las fiquei muito contente e dou por bem empregado o trabalho; confesso, no entanto, que foi bem pouco.

Considerando a grande clausura em que viveis e as poucas ocasiões de distração que tendes em vossos mosteiros — alguns desprovidos de terreno suficiente —, parece-me que achareis consolo na leitura deste castelo interior. Com efeito, podeis entrar e passear nele a qualquer hora, sem precisar da licença das superioras.

2. É verdade que não podereis entrar em todas as moradas confiando apenas nas vossas forças, mesmo que vos pareça tê-las grandes. Nelas, só sois introduzidas pelo próprio Senhor do castelo. Por isso, se virdes qualquer resistência de Sua parte, segui meu conselho: não façais nenhuma força. Caso contrário, vós O desgostareis de tal modo que Ele nunca vos deixará entrar nelas[2].

Ele aprecia muito a humildade. Se não vos considerardes merecedoras sequer de entrar nas terceiras moradas, mais depressa movereis a Sua vontade para levar-vos às quintas. Então, continuando a frequentar estas últimas, podeis Servi-Lo de tal maneira que Ele vos introduza na própria morada que tem para Si.

Desse recinto do próprio Senhor não deveis sair mais, a não ser a chamado da superiora, cuja vontade deseja Deus que cumprais da mesma forma que a Sua. E ainda que estejais muito tempo fora por obediência, quando voltardes sempre encontrareis a porta aberta. Uma vez acostumadas a deleitar-vos nesse castelo, em todas as coisas achareis descanso, embora elas sejam acompanhadas de muitos sofrimentos. É que sois impelidas pela esperança de voltar a ele, esperança que ninguém vos pode tirar.

3. Embora não se trate senão de sete moradas, cada uma delas comporta muitas outras: por baixo, por cima, dos lados, com lindos jardins, fontes e coisas tão deleitosas que desejareis desfazer-vos em louvores ao grande Deus, que criou esse castelo à Sua imagem e semelhança[3]. Se na ordem que segui para falar-vos dele virdes algum bem, crede verdadeiramente que foi Sua Majestade quem o disse para contentar-vos; quanto às coisas ruins que encontrardes, terão sido ditas por mim.

4. Pelo grande desejo que tenho de ajudar-vos de alguma forma a servir este meu Deus e Senhor, peço-vos que, cada vez que lerdes isto, louveis muito a Sua Majestade em meu nome, pedindo-Lhe o desenvolvimento da Sua Igreja e luz para os luteranos.

Para mim, rogai-Lhe que perdoe os meus pecados e me tire do purgatório. Lá talvez eu venha a estar, pela misericórdia de Deus[4], quando vos derem estas páginas para ler. Isto é, se os eruditos as considerarem adequadas à leitura. Se houver algum erro, isso se deverá à minha ignorância. Em tudo me sujeito ao que ensina a Santa Igreja Católica Romana, em cuja fé vivo, afirmo viver e prometo viver e morrer[5]. Seja Deus Nosso Senhor para sempre louvado e bendito. Amém, amém.

---

1. Prólogo, n. 1.
2. Ela alude aos conselhos dados nas M. IV, cap. 2, e M. VI, cap. 7.
3. Gênesis 1,26 (cf. M. 1, cap. 1, n. 1).
4. *Talvez pela misericórdia de Deus:* acrescentado pela Santa entre linhas e à margem. Seguimos a emenda de Frei Luis (p. 268).
5. Cf. uma declaração idêntica no Prólogo, n. 3. As palavras *Santa* e *Romana* foram acrescentadas pela Santa entre linhas.

Este escrito foi concluído no mosteiro de São José de Ávila, no ano de 1577[6], véspera de Santo André, para glória de Deus, que vive e reina para sempre sem fim. Amém.

---

6. No dia 29 de novembro de 1577. Ela o havia começado no dia 2 de junho do mesmo ano; cf. Prólogo, n. 3.

AS FUNDAÇÕES

INTRODUÇÃO

Composição

Lê-se o livro das *Fundações* com grande prazer. Narrativa de estilo ágil, cheia de imprevistos, brota como rio do coração ardente de Madre Teresa.

A primeira iniciativa deste livro surge na oração. A Santa diz que o Senhor lhe ordenou escrever a fundação dessas casas, dando-lhe a entender a necessidade de registrar a sequência do surgimento dos mosteiros reformados. Essa iluminação se deu em data incerta, antes de 1573 (*Relação* 9). Seguramente em fevereiro de 1570.

Ela submeteu o preceito inspirado a sua habitual prova normativa: a aprovação de um confessor, que dessa vez vem por intermédio de Padre Jerónimo Ripalda três anos depois — 1573 — quando se encontra em Salamanca.

Ela passa a historiar onze anos de atividade fundacional, com o longo ínterim desde São José de Ávila a São José de Medina (1562-1567; *Fundações*, pról. 2), seguido do dinâmico quatriênio de 1567-1571. Foram feitas sete fundações (à parte o primeiro mosteiro dos padres): Medina (1567), Malagón (1568), Duruelo (1568) Valladolid (1568), Toledo (1569), Pastrana (1569), Salamanca (1570), Alba de Tormes (1571).

Desde 25 de agosto de 1573, quando começa em Salamanca, até fevereiro de 1574, quando sai definitivamente dessa cidade para Alba e Segóvia, escreve os primeiros capítulos. Não podemos precisar o quanto foi escrito nesse período. Com segurança, escreveu os nove primeiros capítulos. A saída de Salamanca, que a exime da obediência a Padre Ripalda, e a maré de ocupações que sempre gravita sobre ela provocam uma interrupção, que não será definitiva. Os últimos meses de 1574 passados em Ávila são de relativa tranquilidade. Durante esse tempo, escreve as *Meditações sobre os Cantares*. É possível que também tenha avançado alguns capítulos das *Fundações*, não além do capítulo treze, escrito em 1575, quando, com o mosteiro de Almodóvar del Campo, as fundações de descalços chegavam a dez. Outros capítulos se seguirão, escritos em lugares e datas impossíveis de fixar, até o capítulo vinte, fundação de Alba de Tormes. Seguramente não se sentiu liberada da obediência ao Padre Ripalda, a ponto de suspender inteiramente a tarefa.

Quando a determinação de não avançar na narrativa se acentua, outro preceito, dessa vez do Comissário, Padre Gracián, fará avançar a história, para além do que fora feito até então.

Este é um dos momentos de mais intensa atividade literária de Santa Teresa. Desde o início de outubro até 14 de novembro, escreve sete capítulos, até o vinte e sete.

A Santa dá o trabalho por encerrado em 14 de novembro de 1576. Mas teve de recomeçá-lo, quando de 1580 até sua morte, fez quatro novas fundações: Villanueva de la Jara (1580), Palência (1581), Sória (1581), Burgos (primavera de 1582), no mesmo ritmo de sempre, duas fundações por ano. Ao mesmo tempo das novas fundações ou imediatamente depois ia fazendo sua história, rematada com a de Burgos. É de supor que a presença de Padre Gracián, além de lhe recordar o preceito não suspenso, supunha alento e ajuda para rematar a tarefa.

Conteúdo

O mandato de Padre Ripalda era preciso: escrever a fundação dos sete mosteiros fundados depois de São José de Ávila, junto com o princípio dos mosteiros dos padres descalços. Em segundo lugar, tratar algumas coisas de oração.

O relato das inumeráveis circunstâncias fundacionais multiplica as oportunidades para que se desencadeasse seu irreprimível magistério. Os capítulos 4-8 são uma longa interrupção do relato, que dá lugar a uma exposição sobre a doutrina teresiana da oração, sobre a conduta a manter perante revelações e visões. O capítulo 7 é magistral tratado sobre as distintas formas de neurose — humor, melancolia — frequentes nos mosteiros. Sobre a obediência e sua necessidade na vida do espírito, como chave para evitar riscos, apresentada como segredo para superar a aparente antinomia entre contemplação e ação (caps. 4,2; 5, 6-7). Os conselhos dirigidos às prioras, verdadeiros guias espirituais de suas filhas (caps. 7,8; 8,9). Desmascara sabiamente as diversas formas de mistificação espiritual que, sobretudo nos inícios, limitam com certos fenômenos místicos (cap. 6). A longa experiência teresiana da vida espiritual, dos riscos e embustes que a ameaçam, permite compreender a ênfase com que se redige o cap. 8.

São sapientíssimas as normas de governo que dá a suas prioras (cap. 18), resumidas em uma palavra: discrição (18,7), sobretudo no que diz respeito à mortificação e à obediência. Preocupações constantes são a perseverança na fidelidade dos inícios (caps. 4, 6-7; 24, 6; 27, 12).

Entre outras preocupações e normas, termina o livro com a descrição da delicada passagem das descalças de Ávila à jurisdição da Ordem.

JHS

1. A experiência mostrou-me, sem falar das muitas coisas que li, o grande bem que faz à alma não afastar-se da obediência. Para mim, esse é o meio de progredir na virtude, alcançar a humildade e obter mais segurança, visto que, enquanto vivemos na terra, é bom recear errar o caminho que leva ao céu. Na obediência está também a quietude que as almas desejosas de agradar a Deus tanto apreciam. Porque quem de fato se dedica à santa obediência, tendo entregue a ela o intelecto e só desejando seguir a opinião do confessor — e, quando religioso, a do seu prelado — deixa de ser acometido pelas contínuas inquietações do demônio, pois este vê que antes perde do que lucra.

Além disso, nossos movimentos agitados, amigos de fazer sua própria vontade e até sujeitar a razão aos seus anseios, deixam de se manifestar, pois a alma se recorda de que entregou decididamente, de uma vez por todas, sua vontade à de Deus, por meio da submissão aos seus representantes. Como Sua Majestade, por bondade, me deu luz para conhecer o grande tesouro presente nessa preciosa virtude, esforço-me por adquiri-la, embora de modo fraco e inseguro; às vezes, a pouca virtude que vejo em mim se opõe a essa busca, porque, para certas coisas que me são ordenadas, parece-me não ser suficiente a parca obediência com que me vejo. Que Sua Majestade se digne suprir as carências desta obra presente.

Estando eu em São José de Ávila no ano de 1562, ou seja, no mesmo ano da fundação deste convento, o padre dominicano Frei Garcia de Toledo[1], então meu confessor, mandou-me escrever sobre a fundação do mosteiro e sobre outros assuntos; quem viver verá essas coisas, se este relato for tornado público. Estou agora em Salamanca, no ano de 1573, onze anos depois, confessando-me com um padre reitor da Companhia, chamado Mestre Ripalda[2]. Ele viu esse livro da primeira fundação e, por julgar ser isso um serviço ao Senhor, ordenou-me que falasse também sobre os outros sete mosteiros fundados desde então[3], pela bondade de Deus, bem como sobre o princípio dos Padres Descalços dessa primeira ordem. Devido aos meus afazeres, isso me pareceu tarefa impossível; eu tinha múltiplas ocupações: cartas e outros encargos de que, por serem ordens de prelados, eu não podia deixar de me desincumbir.

Às voltas com isso, comecei a me encomendar a Deus, sentindo uma certa angústia por me ver capaz de tão pouco e com uma saúde tão ruim, já que às vezes eu parecia não poder suportar sequer o trabalho costumeiro, e eis que o Senhor me disse: *Filha, a obediência dá forças.*

3. Queira Sua Majestade dar-me a graça de descrever, para glória Sua, os favores concedidos a esta ordem nessas fundações. Tenham certeza de que direi aqui toda a verdade e, no que estiver ao meu alcance, sem nenhum exagero, tudo o que se passou. Nada deste mundo me faria mentir, mesmo em coisa de importância ínfima, quanto mais numa obra cujo objetivo é servir a Deus! Fazê-lo me poria um grande peso na consciência, e eu consideraria isso não apenas uma perda de tempo como um desrespeito a coisas santas; servindo-me dessas coisas para enganar, eu produziria, em vez de louvores, ofensas. Isso seria grande traição, e Sua Majestade não consinta que eu o faça, nem largue a minha mão para que eu o faça. Falarei de cada fundação separadamente, tentando abreviar, se o souber, visto ser o meu estilo tão prolixo que, embora não o queira, receio

---

1. Padre Garcia de Toledo, o destinatário por antonomásia do *Livro da Vida*.
2. Jerónimo Ripalda (1535-1618) foi reitor dos Colégios de Salamanca, de Villagarcia, de Burgos e de Valladolid.
3. Os sete mosteiros eram: Medina del Campo (1567), Malagón (1568), Valladolid (1568), Toledo (1569), Pastrana (1569), Salamanca (1570) e Alba de Tormes (1571).

cansar e cansar-me. Mas as minhas filhas têm tanto amor por mim, e com elas há de ficar este livro depois da minha morte, que o poderão tolerar.

4. Em nada do que digo procuro beneficiar a mim mesma, nem há razões para isso; busco apenas o louvor e a glória de Deus, pois, como se há de ver, existem fartos motivos para tal. Queira Deus não permitir que me atribuam alguma parte nesta obra, porque isso seria pecar contra a verdade. Melhor será que peçam a Deus que me absolva pelo pouco proveito que tirei das tantas graças recebidas. Há muito mais motivos de queixa contra mim, filhas minhas, do que de agradecimento. Por isso, unamo-nos para dar à Divina Bondade todas as graças pelos muitos favores concedidos. Peço a quem ler isto que reze uma ave-maria para me ajudar a sair do purgatório e chegar a ver Jesus Cristo, que vive e reina eternamente com o Pai e o Espírito Santo. Amém.

5. Como tenho memória curta, provavelmente deixarei de dizer muitas coisas importantes, aparecendo em seu lugar outras menos relevantes. De qualquer modo, isso é parte da minha falta de habilidade e da minha rudeza, refletindo ainda o pouco sossego que tenho para isso. Ordenaram-me, na mesma ocasião referida, que, havendo oportunidade, eu falasse de coisas de oração e de certos enganos que podem impedir o progresso das almas dedicadas à oração.

6. Em tudo me submeto à opinião da Santa Igreja Romana[4]. Gostaria também de ter o escrito examinado por eruditos e pessoas espirituais antes de o fazer chegar às vossas mãos, minhas irmãs e filhas. Começo, em nome do Senhor, com o auxílio de Sua Santíssima Mãe, cujo hábito uso, embora de maneira indigna, e do meu glorioso Pai e Senhor São José, em cuja casa me encontro, pois a ele é dedicado este mosteiro de Descalças, e que me tem ajudado continuamente com suas orações.

7. Ano de 1573, dia 24[5] de agosto, festa de São Luís, rei da França. Louvado seja Deus!

---

4. *Romana:* a Santa o acrescentou à margem em data evidentemente posterior à composição do prólogo. O mesmo ocorre no prólogo (n. 3) e no epílogo (n. 4) *das Moradas.*
5. Engana-se. Era 25 de agosto.

COMEÇA A FUNDAÇÃO DO CARMELO
DE SÃO JOSÉ DE MEDINA DEL CAMPO

CAPÍTULO 1

Fala dos meios mediante os quais começou-se a tratar desta e das outras fundações.

1. Após a fundação do mosteiro, permaneci cinco anos em São José de Ávila. Esses foram talvez os anos mais calmos da minha vida, como agora o percebo; sinto muitas vezes saudade do sossego e da quietude de então. No decorrer desse período, entraram na ordem moças de pouca idade, a quem o mundo, ao que parecia, já tinha conquistado para si, como o revelavam seus adornos e curiosidade. O Senhor as tirou depressa daquelas vaidades, trazendo-as à Sua casa e dotando-as de tamanha perfeição que eu fiquei confusa. Completou-se assim o número de treze — que, como fora determinado, não deveria ser excedido[1].

2. Eu me deleitava toda em meio àquelas almas tão santas e puras que só pensavam em servir e louvar a Nosso Senhor. Mesmo sem que pedíssemos, Sua Majestade nos mandava o necessário e, quando esse faltava, maior era o seu júbilo. Eu louvava o Senhor por ver virtudes tão elevadas, particularmente a despreocupação diante de tudo que não fosse servi-Lo. Mesmo eu, como superiora, não me recordo de ter cuidado muito de outras coisas. Eu tinha a profunda convicção de que Deus não faltaria a pessoas cujo único desejo era agradá-Lo. E se, em certas ocasiões, o alimento não era suficiente e eu dizia que o dessem às mais necessitadas, nenhuma se incluía nessa classificação, e assim ficávamos até que houvesse o bastante para todas.

3. Essas servas do Senhor muito me ensinaram acerca da virtude da obediência, de que sou muito devota, embora não a soubesse praticar na época. Caso tivesse virtude, eu a teria aprendido, porque observei muitos exemplos que poderia contar. Lembro-me agora de um deles: estávamos no refeitório e nos foram servidas porções de pepinos. Na minha porção, vinha um muito ruim, apodrecido por dentro. Disfarçadamente, chamei uma das irmãs que eu considerava de mais compreensão e talentos e, para testar a sua obediência, disse-lhe que plantasse o pepino na pequena horta que tínhamos. Ela me perguntou se o devia pôr de pé ou deitado e eu respondi: deitado. Ela foi e assim fez, sem que lhe ocorresse que o pepino não poderia deixar de secar; a obediência deixou a sua razão natural cega, fazendo que ela considerasse a ordem muito correta[2].

4. Às vezes, ocorria-me encarregar uma irmã de seis ou sete tarefas incompatíveis; ela, sem nada dizer, assumia-as todas, julgando possível executá-las. Tínhamos um poço cuja água, ao que

---

1. Cf. *Vida*, caps. 32-36, que podem ser considerados a primeira parte do livro das Fundações. Sobre o número de monjas, sabe-se que a Santa mudou de opinião, ampliando-o para 21; cf. *Vida*, cap. 36, n. 29. Os nomes das treze monjas da Reforma teresiana está em B. M. C., t. V, p. 7, nota. Sobre uma delas, Maria de Cristo, sabe-se, a partir de certas informações sobre as virtudes, dadas por São João da Cruz, que "Nosso Senhor comunicava-se muito com ela na oração...; Nosso Senhor falou à nossa Madre Teresa de Jesus e disse que aquelas doze religiosas eram aos Seus olhos doze flores muito agradáveis; que Sua Majestade as trazia pela mão" (B. M. C., t. V, p. 8). Essa declaração foi recolhida dos lábios de São João pela Madre Lucia de San Alberto.

2. A religiosa tão exemplarmente obediente foi María Bautista, sobrinha da Santa e, mais tarde, famosa prioresa de Valladolid, destinatária de muitas e belas cartas do epistolário teresiano.

dizia quem a provava, era bem ruim; além disso, por ser ele muito fundo, era difícil tirá-la. Chamei operários para encaná-la e eles riram de mim, dizendo que eu iria jogar dinheiro fora. Consultei as irmãs e uma delas disse-me: "Tentemos. Se Nosso Senhor nos manda pessoas que nos tragam água e recursos para as pagarmos, mais barato sai a Sua Majestade dar-nos água boa em casa; logo, Ele não deixará de fazê-lo". Vendo a grande fé e certeza com que ela falava, acreditei e, contra a vontade do conhecedor de fontes, mandei abrir um poço. O Senhor permitiu que dele tirássemos água potável suficiente para nós. Até agora ainda não secou[3].

5. Não considero isso um milagre; há muito mais coisas semelhantes que eu poderia contar. Refiro-me ao fato somente para demonstrar a fé dessas irmãs e por ser a estrita verdade. Minha intenção principal, contudo, não é louvar as monjas desses mosteiros, que, pela vontade do Senhor, têm sido, até agora, todas assim. Haveria muitas coisas a dizer, mas seria longo descrevê-las, embora não fosse inútil, porque, às vezes, quem vem depois se anima com o exemplo. Se o Senhor desejar torná-las manifestas, os superiores poderão ordenar às prioresas que as narrem.

6. Estava esta miserável entre essas almas de anjos (que em outra conta eu não as tinha, pois elas não ocultavam de mim nenhuma falta, mesmo interior), e eram enormes as graças, os desejos e o desprendimento que o Senhor lhes concedia. Seu único consolo era a solidão, e elas me garantiam que nunca se cansavam de estar sós. Seu tormento eram as visitas, mesmo as de irmãos; e, entre elas, considerava-se mais agraciada aquela que podia passar mais tempo numa capela isolada. Quando passava a considerar o grande valor daquelas almas e o ânimo que Deus lhes dava para padecer e servi-Lo, o que não era próprio de mulheres, eu pressentia, em tantas riquezas, um plano divino. Na época, nem me passavam pela cabeça os eventos futuros, porque, não havendo indícios que me fizessem imaginá-los, eles sequer me pareciam possíveis.

É verdade, contudo, que o tempo fazia crescer em mim o desejo de contribuir para o bem de alguma alma; eu muitas vezes sentia-me como quem tem um grande tesouro guardado e deseja dá-lo para que todos gozem, mas tem as mãos atadas para não poder distribuí-lo. Eu tinha a impressão de estar com as mãos atadas dessa maneira porque eram tantas as graças recebidas naqueles anos que me pareciam mal-empregadas apenas em mim. Eu servia ao Senhor com minhas pobres orações e procurava que as irmãs fizessem o mesmo e valorizassem muito o bem das almas e o progresso de Sua Igreja. Quem com elas se relacionava saía edificado. E nisso se embebiam os meus grandes desejos.

7. Cerca de quatro anos depois, ou mais, recebi a visita de um franciscano, Frei Alonso Maldonado[4], grande servo de Deus, movido pelos mesmos desejos meus com relação ao bem das almas. Tive grande inveja dele ao ver que podia realizá-los. Tendo chegado das Índias há pouco tempo, ele me contou que lá, por falta de doutrina, perdiam-se muitas almas. Depois de nos fazer um sermão e prática, e de nos estimular a fazer penitência, partiu. Sobreveio-me uma profunda tristeza, e fiquei quase fora de mim, diante da perdição de tantas almas. Recolhi-me a uma capela e, coberta de lágrimas, clamei a Nosso Senhor; supliquei-Lhe que me desse recursos para salvar uma única alma, já que tantas o demônio levava.

Pedi-Lhe que fortalecesse a minha oração, pois outra coisa não estava ao meu alcance. Senti muita inveja dos que, por amor a Deus, podiam dedicar-se à salvação de almas, mesmo em meio a mil mortes. Ao ler nas vidas dos santos as conversões que eles fizeram, aumenta muito a minha devoção, ternura e inveja por esses feitos do que por todos os martírios que suportaram. Deus me deu essa inclinação, já que, acredito eu, Ele valoriza mais o esforço e a oração para ga-

---

3. A freirinha "providencialista", que decidiu pela sonda, foi a mesma protagonista da cena anterior do "pepino". O poço recebeu o nome de "poço de María Bautista", ou, mais ao gosto da Santa, "poço da Samaritana".
4. Francisco de Maldonado, nascido em 1510/1516 e falecido em 1597/1600, fora missionário em Nova Espanha no decênio 1551-1561. A partir desta última data, defendeu a causa dos índios em Madri e Roma, diante do rei e do papa. Homem de zelo extremoso, no final da vida foi processado pela Inquisição.

nharmos para Ele uma alma, por Sua misericórdia, do que todos os outros serviços que Lhe possamos prestar[5].

8. Estando eu preocupada com essa angústia, certa noite Nosso Senhor me apareceu, como costumava[6]. Demonstrando muito amor por mim, e querendo consolar-me, disse-me: *Espera um pouco, filha, e verás grandes coisas.*

Essas palavras se imprimiram profundamente no meu coração, e eu, mesmo sem poder, por mais que pensasse, perceber o que elas significavam ou encontrar uma maneira de imaginá-lo, não conseguia afastá-las da mente. Mas fiquei muito consolada e certa de que eram verdadeiras. Contudo, nunca me foi possível vislumbrar o modo como se realizariam. Assim, acredito eu, decorreu mais meio ano e, então, aconteceram os eventos de que agora vou falar.

CAPÍTULO 2
Como veio a Ávila o nosso Padre Geral; consequências de sua vinda.

1. Nossos Superiores Gerais sempre residem em Roma e jamais algum viera à Espanha[1]. Portanto, a sua vinda a essa altura parecia algo impossível. Mas como quando Deus quer, nada é impossível, Sua Majestade ordenou o que nunca ocorrera até então. Creio que fiquei com pesar quando o soube, pois — como já disse ao falar da fundação de São José — aquela casa não estava sujeita aos frades[2]. Eu temia duas coisas: que ele ficasse desgostoso comigo — e com razão, pois não sabia como as coisas se tinham passado; e que me mandasse retornar ao mosteiro da Encarnação, que observava a Regra Mitigada. Tudo isso seria para mim, por muitas razões, um grande desgosto.

Não compensa citar todas as razões, bastando a referência à impossibilidade de observar o rigor da Regra Primitiva e ao fato de sermos em número de cento e cinquenta[3]. Onde há poucas monjas há maior quietude e união. Mas o Senhor fez as coisas de um modo melhor do que eu pensava, porque o Geral é tão bom servo Seu, e tão discreto e tão bom letrado, que reconheceu ser boa a obra, não revelando, quanto ao resto, nenhum desagrado. Chama-se Frei João Batista Rubeo de Ravena[4], pessoa muito justamente respeitada na Ordem.

2. Tendo ele chegado a Ávila, esforcei-me por conseguir que visitasse o mosteiro de São José. O Bispo quis que o recebessem como se à sua própria pessoa. Contei-lhe, em verdade e com franqueza, todas as coisas, pois gosto sempre de agir assim com os prelados, aconteça o que acontecer, visto estarem eles no lugar de Deus, e com os confessores. Do contrário, eu não consideraria

---

5. Interessante documento do zelo missionário da Santa. Gracián comenta: "Quem quiser ver este espírito..., tratando com a Santa Madre Teresa de Jesus encontrará uma oração tão elevada quanto a que está expressa em seus livros, e um zelo pelas almas tão ardoroso que ela mil vezes suspirava por poder ter a liberdade, os talentos e as funções que os homens têm para trazer almas a Deus, pregando, confessando e convertendo gentios até derramar o sangue por Cristo; ela nunca insistia, diante de mim, em outra coisa senão em que continuasse a pregar, dando-me para isso muitos conselhos e inúmeras advertências. Ela me dizia que buscasse resgatar ofensas a Deus e encaminhar almas ao céu, afirmando ser impossível querer bem a Jesus Cristo, crucificado e morto em benefício das almas, quem as visse ir para o inferno e, a pretexto de manter um pouco de quietude de espírito, se mantivesse alheio" (*Scholias y adiciones... a la vida de la Madre Teresa*, de Ribera, *in El Monte Carmelo*, 68 [1960], p. 110). Essa passagem influiu positivamente na história editorial do livro das *Fundações*.

6. *Como costumava.* Com essa expressão, a Santa indica as visões imaginárias da Humanidade do Senhor, ao estilo de *Vida*, cap. 28, n. 3. Cf. *Vida*, cap. 40, n. 5, nota; cap. 29, n. 4.

1. Pequeno deslize histórico da Santa; nunca um Padre Geral tinha ido a Castela. O Geral Juan Alerio presidira em Barcelona o Capítulo Geral de 1324.

2. São José de Ávila foi fundado sob as ordens do Bispo da cidade, Alvaro de Mendoza, pois o Provincial, Padre Angel de Salazar, se recusara. Cf. *Vida*, cap. 32, n. 13-15 *e* cap. 33, n. 16.

3. "Em breve chegaram a ser 180 religiosas", escreve a historiadora do mosteiro, María Pinel (*Noticias del S. convento de la Encarnación de Ávila*, B. M. C., t. II, p. 104).

4. O Padre João Batista Rossi (1507-1578), Vigário Geral em 1562, e eleito Geral em 1564, foi à Espanha em 1566; depois de visitar a Andaluzia e Portugal, chegou a Ávila por volta de 16-18 de fevereiro de 1567, ficando fascinado com a pessoa e a obra teresianas.

a minha alma em toda segurança. Desse modo, prestei-lhe contas dela, e de toda a minha vida, apesar de ser esta muito ruim. Ele muito me confortou, dando-me a certeza de que não me tiraria dali.

3. Ele se alegrou por ver como vivíamos e por encontrar uma reprodução — ainda que imperfeita — dos princípios da nossa Ordem quando se observava com rigor a Regra Primitiva — porque agora todos os mosteiros seguem a Regra Mitigada[5]. E, com grandes desejos de a ver progredir nesse princípio, o Geral me deu amplas patentes para novos mosteiros, fazendo constar delas censuras que impedissem a interferência dos Provinciais[6]. Embora eu nada tenha dito, ele entendeu, pelo modo como eu procedia na oração, que era grande a minha vontade de ajudar as almas a caminhar para Deus.

4. Eu não estava em busca desses meios, julgando um desatino que me fossem concedidos, porque uma mulherzinha tão fraca quanto eu reconhecia que nada podia fazer; mas a alma, quando assaltada por esses desejos, não tem condições de contê-los. A fé e a vontade amorosa de agradar a Deus tornam possível o que, pela razão, não o é. Logo, vendo a grande vontade do nosso Reverendíssimo Geral de que houvesse mais mosteiros, eu já tinha a impressão de vê-los concluídos. Lembrando-me então das palavras que Nosso Senhor me dissera, comecei a perceber um pouco algo que antes não podia entender[7].

Senti muito quando o nosso Padre Geral regressou a Roma. Eu já tinha por ele grande estima e sua partida me fazia sentir desamparo. Ele se mostrava muito solícito para comigo e, nas horas vagas, vinha falar-me de coisas espirituais, parecendo já ter recebido grandes graças do Senhor. Ouvi-lo era uma consolação. O Bispo, D. Alvaro de Mendoza, que gostava muito de ajudar almas que pretendem servir a Deus com maior perfeição, conseguiu que o Geral, antes de voltar a Roma, nos desse licença para fundar no bispado alguns mosteiros de frades descalços da Regra Primitiva. Esse pedido foi feito também por outras pessoas. Não faltou ao nosso Padre Geral a vontade de concedê-la; mas, diante da oposição, ele desistiu por enquanto para não perturbar a Província.

5. Porém, pensando dias depois que, se se fossem fundar mosteiros de monjas, se precisariam de frades da mesma Regra, e vendo tão poucos na Província, e esse pequeno número já com pouca vida, eu encomendei muito o caso a Nosso Senhor e escrevi uma carta ao Padre Geral, suplicando-lhe da melhor maneira que pude. Expliquei as razões por que isso iria contribuir para a glória de Deus, mostrei-lhe que os prováveis inconvenientes não eram motivo suficiente para o abandono de um empreendimento tão santo e expliquei o quanto isso seria serviço de Nossa Senhora, de quem ele era devoto.

A ela por certo se deve o sucesso do negócio, pois o Geral, recebendo a carta em Valência, dali mesmo me concedeu licença para fundar dois mosteiros, mostrando assim com que grande vigor desejava o maior fervor da Ordem[8]. Para evitar oposições, ele tornava obrigatória a concordância do Provincial em exercício e do seu antecessor[9]. Tratava-se de coisa difícil de conseguir, mas, vendo realizado o principal, fiquei com a esperança de que o Senhor faria o resto. E assim foi. Porque, com a ajuda do Bispo, muito interessado no assunto, acabaram por consentir.

6. As licenças me consolaram, mas crescia o meu temor diante da ausência, na Província, de um frade competente para levar a efeito o empreendimento, nem secular desejoso de dedicar-se a dar-lhe começo. Essa ao menos era a minha impressão. Eu ficava suplicando a Nosso Senhor que despertasse alguém. Faltavam-me meios de o conseguir, e até casa. E eis uma pobre monja

---

5. Ao menos no convento de religiosos de Monte Oliveto, perto de Gênova, observava-se a Regra Primitiva. Rossi o visitou quando se dirigia à Espanha.

6. A patente de 27/4/1567 e a de 16/5/1567 podem ser vistas em B. M. C., t. V, pp. 333-335.

7. Cf. cap. 1, n. 8.

8. Não a partir de Valência, e sim de Barcelona, com data de 10 de agosto de 1567: a patente dava licença para fundar dois conventos de frades reformados ("carmelitas contemplativos") em Castela. O texto da patente está em *Regesta Rubei*, do Padre Zimmerman (Roma, 1936, pp. 56-58).

9. Alonso González, Provincial desde 12 de abril de 1567, e Angel de Salazar.

descalça, sem ajuda de ninguém senão do Senhor, cheia de patentes e bons desejos, sem nenhuma possibilidade de os realizar. Não me faltavam o ânimo nem a esperança, porque, tendo dado uma coisa, o Senhor também daria a outra. Como tudo já me parecesse possível, comecei a agir.

7. Oh Grandeza de Deus! Como manifestais o Vosso poder dando ousadia a uma formiga! E como, Senhor Meu, não é por Vossa culpa que não fazemos grandes coisas, nós que Vos amamos, mas pela nossa própria covardia e pusilanimidade! Nunca tomamos uma decisão, cheios de temores e prudências humanas, e, assim, não realizais Vossas grandezas e maravilhas. Quem é mais amigo de dar, se tivesse a quem, ou de receber serviços às suas próprias custas? Quem dera que eu já Vos tivesse prestado algum! Mas queira Vossa Majestade que eu não tenha antes de dar contas dos tantos que recebi! Amém.

CAPÍTULO 3

De que maneira se começou a tratar da fundação do mosteiro de São José em Medina del Campo.

1. Em meio a todos esses cuidados, resolvi recorrer à ajuda dos Padres da Companhia residentes em Medina del Campo, onde gozavam de grande aceitação. Como já contei ao falar da primeira fundação, durante muitos anos tratei com eles dos interesses da minha alma e, devido ao bem que me tinham feito, sempre tive por eles particular devoção[1]. Escrevi ao reitor e narrei o que o Geral tinha mandado nos dizer. Ocorre que ele era o mesmo padre com quem, como eu já disse, me confessei durante alguns anos, não me lembro quantos. Ele se chama Baltasar Alvarez, sendo no momento Provincial. O reitor, ao lado de outros padres, prometeu-me fazer o que pudesse para me auxiliar. E eles de fato muito se empenharam para conseguir o consentimento do povoado e do Prelado[2], já que, quando se trata de um mosteiro de pobreza, há dificuldades em todo lugar. Assim, a negociação demorou alguns dias.

Com esse objetivo, deslocou-se um clérigo muito servo de Deus, deveras desapegado das coisas do mundo, homem de muita oração e com desejos idênticos aos meus. Era capelão do mosteiro em que eu estava, tendo-me ajudado muito, como mais tarde se verá. Chamava-se Julián de Ávila[3].

Embora tivesse a licença, eu não tinha casa nem dinheiro para comprá-la. Não havia como obter crédito, pois, a não ser que o Senhor o desse, não seria uma romeira como eu que iria consegui-lo. E o Senhor o providenciou; uma moça muito virtuosa, para quem não houvera lugar em São José de Ávila, ao saber da fundação de outro mosteiro, pediu-me para ser admitida[4]. Dispunha de algum dinheiro, mas era muito pouco, não sendo suficiente para comprar uma casa. Bastava para um aluguel e para as despesas de viagem. Em busca da casa, saímos de Ávila sem nenhuma outra ajuda. Duas monjas de São José, eu e mais quatro da Encarnação[5] (um mosteiro de Regra Mitigada em que eu estivera antes da fundação de São José) partimos com o nosso padre capelão, Julián de Ávila.

3. Quando se espalhou na cidade, a notícia causou muitos comentários. Uns diziam que eu era louca e outros esperavam o final daquele desatino. O Bispo, como mais tarde me confessou, partilhava muito dessas opiniões, mas não me deixou perceber nada então, nem fazer qualquer coisa que me prejudicasse. Tinha muita estima por mim e não desejava fazer-me sofrer. As pes-

---

1. Ela se refere aos capítulos finais do livro da *Vida*. Veja-se o que está no n. 2 do prólogo das *Fundações*.
2. O prelado era D. Pedro González de Mendoza, bispo de Salamanca, a cuja diocese pertencia Medina.
3. Julián de Ávila (1572-1605), irmão de María de San José (Dávila), uma das quatro fundadoras do primeiro Carmelo teresiano. Acompanhou a Santa em inúmeras viagens e se orgulhava de ser seu "escudeiro".
4. Era Isabel Fontecha, no Carmelo Isabel de Jesús, natural de Ávila.
5. De São José eram María Bautista e Ana de los Angeles; da Encarnação, Inés de Jesús e Ana de la Encarnación (Tapia), e Teresa de la Columna (Quesada) e Isabel de la Cruz (Arias).

soas amigas me disseram muitas coisas, mas eu não as considerava, pois julgava fácil o que lhes parecia duvidoso, não havendo o que me convencesse de que não seria bem-sucedida. Ao sair de Ávila, escrevi a um padre da nossa Ordem, chamado Frei Antonio de Heredia[6], pedindo-lhe que me comprasse uma casa.

Atendendo a meu pedido, Frei Antonio, prior do mosteiro de Santa Ana, da mesma cidade, tratou disso com uma senhora devota sua[7], proprietária de um prédio em ruínas, mas bem situado e com um quarto em bom estado. Essa senhora foi muito bondosa, tendo prometido vendê-lo apenas com a garantia da palavra do padre. O negócio foi fechado nessas condições; ainda bem, porque, se se pedissem outras garantias, tudo iria por água abaixo. Mas o Senhor estava dispondo as coisas. Como as paredes estivessem em péssimo estado, tivemos de alugar outra até que os reparos fossem feitos. Havia muito a fazer.

4. Finda a primeira jornada, à noite, e estando nós exaustas por causa da má aparelhagem dos carros, na entrada de Arévalo, veio ao nosso encontro um clérigo nosso amigo. Ele nos conseguira abrigo em casa de umas devotas. Em segredo, ele me disse que não contasse com a casa de aluguel, porque ela estava situada nas proximidades de um convento de agostinhos, cuja oposição teríamos de vencer[8]. Oh, valha-me Deus! Quando Vós, Senhor, quereis dar ânimo, quão pouco importam todas as dificuldades! Parece-me que aquilo mais me animou, pois indicava que o demônio já começava a se alvoroçar, o que tomei por sinal de que o futuro mosteiro serviria à honra de Deus.

Mesmo assim, pedi-lhe segredo, para não alarmar as duas da Encarnação[9] — porque as outras tudo suportariam por mim. Uma dessas duas era subpriora do lugar, e tinha havido uma enorme oposição à sua saída. As duas pertenciam a boas famílias e vinham contrariando a vontade dos parentes, que consideravam o empreendimento um disparate. Mais tarde vi que lhes sobrava razão; mas, quando o Senhor é servido que eu funde uma casa destas, parece-me que o meu pensamento não admite nenhuma razão que eu julgue suficiente para deixar de levar a efeito a fundação. Depois surgem-me juntas as dificuldades, como depois se verá.

5. Chegando à pousada, soube que estava no lugar um frade dominicano, muito grande servo de Deus, com quem eu me confessara quando estivera em São José. Como naquela fundação falei muito de sua virtude, aqui só direi o seu nome, mestre Frei Domingo Báñes[10]. Ele tem muitas letras e discrição, sendo aquele por cujo parecer eu me governava. O empreendimento não lhe pareceu tão difícil como aos outros, porque quem conhece mais a Deus entende com mais facilidade as Suas obras. Sabedor de algumas graças que Nosso Senhor concedera à minha alma e conhecendo os eventos ligados à fundação de São José, a esse mestre tudo parecia muito possível.

Foi grande a minha consolação ao vê-lo, pois, com o seu conselho, tudo me parecia estar certo. Ele me visitou e, em segredo, contei-lhe a situação. Ele achou que podíamos resolver rapidamente a questão com os agostinhos, mas, a meu ver, qualquer demora era insuportável. Eu não sabia onde abrigar tantas monjas. Passamos toda aquela noite em cuidados, porque na pousada logo se contou a novidade a todos.

6. De manhã bem cedo chegou o prior da nossa Ordem, Frei Antônio. Ele me disse que a casa cuja compra fora ajustada era suficiente para nós, contendo um portal onde era possível fazer uma pequenina igreja, ornamentando as paredes com algumas cortinas. Decidimos fazê-lo, com plena concordância, pois era conveniente agir rápido, já que estávamos fora dos nossos mosteiros e receávamos algum outro contratempo maior, pois eu ainda me lembrava da primeira fundação.

---

6. Antonio de Heredia (na Reforma Teresiana, Antonio de Jesús), 1510-1601, iniciou em seguida a Reforma com São João da Cruz. Vejam-se os números 16-17.
7. Dona María Suárez, senhora de Fuente el Sol.
8. Era o Convento de Nossa Senhora das Graças. O *clérigo nosso amigo* chamava-se Alonso Esteban.
9. Essas duas são Isabel Arias e Teresa de Quesada; a primeira era subpriora.
10. *Naquela fundação*, isto é, na história da fundação de São José de Ávila. Contudo, não é certo que ela tenha falado muito do Padre Báñes; cf. cap. 36, n. 15, e, talvez, cap. 34, n. 14 e cap. 39, n. 3.

Eu pretendia tomar posse antes que a notícia se espalhasse. Combinamos tudo de imediato, com a concordância do padre mestre Frei Domingo.

7. Chegamos a Medina del Campo à meia-noite da véspera de Nossa Senhora de Agosto. Apeamos no mosteiro de Santa Ana para evitar agitação e fomos para a casa a pé. Foi muita a misericórdia do Senhor em não permitir que encontrássemos touros, pois aquela era a hora em que os recolhiam para a corrida do dia seguinte. Íamos tão embevecidas que de nada nos dávamos conta; mas o Senhor, que sempre cuida dos que desejam servi-Lo, de tudo nos livrou, pois por certo não era outro o fim que tínhamos.

8. Quando chegamos à casa, entramos num pátio. Tive a impressão de que as paredes estavam muito arruinadas, mas não tanto quanto depois se viu à luz do dia. Pode-se dizer que o Senhor fechara os olhos do bendito padre para impedi-lo de ver quão inconveniente era pôr ali o Santíssimo Sacramento. Havia no portal um montão de terra a remover, a telha vã, as paredes sem reboque, a noite era curta, e nós só tínhamos uns reposteiros; creio que três. Diante da largura do portal, isso nada era. Eu não sabia o que fazer, pois bem via não ser aquele lugar próprio para um altar. Contudo, como o Senhor não queria delongas, dignou-Se dispor as coisas: o mordomo da senhora[11] tinha muitas tapeçarias e uma colcha de damasco azul de sua ama, e esta, muito bondosa que era, lhe ordenara que nos fornecesse o que quiséssemos.

9. Diante de coisas tão boas, louvei ao Senhor, e o mesmo devem ter feito as outras irmãs. Contudo, não sabíamos como pregá-las e não era hora de comprar pregos. Procuramo-los pelas paredes e, com dificuldade, arranjou-se o que era preciso. Eles punham as tapeçarias e nós limpávamos o chão; tanta foi a nossa pressa que, pela manhã, o altar estava pronto, a sineta estava no corredor e logo se disse missa[12]. Isso bastava para a tomada de posse, mas fomos além: pusemos o Santíssimo Sacramento[13]. Assistimos à missa através das gretas de uma porta que estava em frente, pois não havia outro lugar.

10. Até então eu estava muito contente, porque é para mim um grandíssimo consolo ver uma igreja mais onde esteja o Santíssimo Sacramento. Mas a alegria durou pouco. Terminada a missa, fui a uma janela e olhei o pátio; não havia paredes sem partes desmoronadas. Eram trabalhos para muitos dias. Oh, valha-me Deus! Quando vi Sua Majestade posto assim na rua, num tempo tão perigoso como este que vivemos, por causa dos luteranos, que grande foi a angústia que me assolou o coração!

11. A isso se uniu o temor de todas as dificuldades que os que tanto tinham murmurado podiam pôr no nosso caminho, e com razão, como entendi com clareza. Pareceu-me impossível prosseguir, porque, assim como antes tudo me parecia fácil, considerando-se que era por Deus que se fazia, assim agora a tentação afastava de tal maneira o poder divino que até tive a impressão de nunca ter recebido favor algum. Eu só via minha baixeza e meu pouco poder. Contando com coisa tão miserável, que êxito eu podia esperar? Se eu ao menos estivesse só!

Mas eu pensava nas minhas companheiras, achando duro que elas tivessem de retornar aos seus conventos depois de todas as contrariedades da saída. Também me parecia que, se esse princípio fosse um fracasso, igualmente o seria o que eu compreendera sobre as futuras obras do Senhor, para não falar que logo me vinha o temor de estar enganada no que entendera na oração. E esse não era o menor problema, era o maior, porque eu receava profundamente ver-me enganada pelo demônio.

---

11. Dona María Suárez (cf. o n. 3).
12. "Ao raiar do dia, estando já tudo disposto e vestido o padre prior para a primeira missa..., as religiosas tocaram uma sineta chamando os fiéis para a missa, causando grande espanto na vizinhança devido à inopinada novidade. Apareceram tantas pessoas que os fiéis não cabiam no portal. E, vendo um mosteiro feito da noite para o dia, todos se entreolhavam e, tomados pelo susto, não sabiam o que dizer" (Francisco de S. Maria, *Reforma...*, t. I, L. 2, cap. 5).
13. Equivocadamente, a Santa acreditava então que, sem pôr o Santíssimo Sacramento, não podia haver fundação (cf. o n. 12). Somente anos mais tarde (1570), ao fundar o Carmelo de Salamanca, ela saiu desse erro (cf. cap. 19, n. 3).

Ó meu Deus! Que coisa é ver uma alma que Vós quereis deixar que pene! Quando me lembro desta e de outras angústias passadas nessas fundações, bem percebo que, diante delas, nenhum caso se deve fazer dos sofrimentos corporais, mesmo que tenham sido grandes!

12. Com toda essa fadiga, eu estava perturbadíssima, mas dissimulava diante das minhas companheiras, por recear deixá-las mais perturbadas do que já estavam. Assim atribulada passei a manhã inteira. À tarde, recebi a visita de um padre da Companhia em nome do Reitor. Ele me animou e confortou; mas eu não lhe contei todas as dificuldades, falando apenas do fato de estarmos na rua. Comecei a fazer que nos buscassem uma casa alugada, custasse o que custasse, para ficarmos enquanto durava o conserto. E fui me consolando ao ver quanta gente aparecia ali, sem que ninguém percebesse o nosso desatino, pela misericórdia de Deus, porque seria muito correto que nos tivessem tirado o Santíssimo Sacramento. Agora eu vejo a minha ingenuidade e o fato de ninguém ter falado que não consumimos as Sagradas Espécies. Parecia-me então que, se se fizesse isso, tudo estaria desfeito.

13. Por mais que se procurasse, não se achou no lugar casa de aluguel, o que me fez passar noites e dias muito difíceis. Porque, mesmo deixando alguns homens encarregados do Santíssimo Sacramento, eu sempre me preocupava que eles adormecessem. Por isso, levantava-me durante a noite para vigiá-Lo por uma janela, pois o luar me permitia vê-Lo bem. Durante todos esses dias, acorriam muitas pessoas, que não apenas não consideravam mau ver Nosso Senhor outra vez num portal, como até tinham aumentada a sua devoção. Sua Majestade, como quem nunca se cansa de humilhar-Se por nós, não parecia querer sair dali.

14. Oito dias depois, um mercador[14] que morava numa boa casa, vendo a nossa necessidade, ofereceu-nos a parte de cima da sua moradia, dizendo-nos que nos sentíssemos ali como em nossa própria casa. Havia uma sala muito grande e dourada, que ele nos cedeu para a igreja. Uma senhora, que vivia junto à casa que compramos, chamada dona Elena de Quiroga[15], grande serva de Deus, disse que nos ajudaria para que logo começássemos a fazer uma capela para pôr o Santíssimo Sacramento e para que pudéssemos nos acomodar em clausura. Outras pessoas nos davam muitas esmolas para a nossa alimentação, mas essa senhora foi quem mais me socorreu.

15. Com isso, comecei a ter sossego, porque onde estávamos ficávamos recolhidas e podíamos dizer as Horas. Enquanto isso, o bom prior, que muito sofreu, apressava os reparos, mas a casa levaria dois meses para ficar pronta. Porém, no final, tudo ficou de uma maneira que nos permitiu residir ali razoavelmente por alguns anos. Mais tarde, aos poucos, Nosso Senhor foi melhorando as coisas.

16. Eu, no entanto, não parava de pensar nos mosteiros dos frades, mas não sabia o que fazer porque, como eu disse[16], não havia nenhum que pudesse me ajudar. Resolvi então tratar do caso sigilosamente com o prior de Medina, para obter o seu conselho. Ele se alegrou muito ao conhecer as minhas intenções e me prometeu que seria o primeiro. Julguei que fosse gracejo, e lhe disse; porque, mesmo tendo ele sido sempre um bom frade, que vivia em recolhimento e estudava muito, que gostava da cela e era educado, não me parecia ser pessoa indicada para seguir esse princípio. Eu acreditava que ele não o suportaria nem observaria o rigor necessário, por ser fraco e pouco afeito a isso.

Ele, porém, me garantia que há muitos dias o Senhor o chamava para uma vida mais austera e que, por esse motivo, estava determinado a ir para a Cartuxa, onde, pelo que lhe tinham dito, seria bem recebido. Mesmo assim, não me satisfiz por inteiro, embora me alegrasse ouvi-lo, e pedi-lhe que esperássemos algum tempo e que, enquanto isso, fosse praticando as coisas que havia de prometer. Ele assim fez. E um ano, no qual ele suportou muitas dificuldades e perseguições devido a

---

14. Esse mercador chamava-se Blas de Medina.
15. Era sobrinha do Cardeal Quiroga, tendo tomado mais tarde o hábito de carmelita descalça (1581) com o nome de Elena de Jesús, no Carmelo de Medina, onde, naquela época, já era religiosa sua filha Jerónima de la Encarnación.
16. Cf. cap. 2, n. 5-6.

falsos testemunhos, dando a impressão de que o Senhor desejava pô-lo à prova, se passou. E ele suportava tudo tão bem, e era tal o seu proveito, que eu louvava o Senhor, pois me parecia que Sua Majestade o estava predispondo para isso.

17. Pouco depois, chegou a Medina um padre novo que estudava em Salamanca. Ele veio com um companheiro que me contou grandes coisas da vida deste padre[17]. Chamava-se Frei João da Cruz. Louvei a Nosso Senhor e, falando-lhe, muito me contentei. Ele, segundo me contou, também queria ir para a Cartuxa. Eu lhe disse o que pretendia e muito lhe roguei que esperasse até o Senhor nos dar um mosteiro. Mostrei-lhe que seria grande bem que ele, desejando buscar maior perfeição, o fizesse na própria Ordem; fiz-lhe ver que, assim, serviria melhor ao Senhor. Ele me deu a sua palavra, estabelecendo a condição de que não demorasse muito. Vendo que já tinha dois frades para começar, julguei que a coisa estivesse concluída, porém, não estando ainda muito satisfeita com o prior e não dispondo de meios para começar, esperei mais algum tempo.

18. Aumentava o crédito das monjas entre o povo, que tinha por elas muita devoção — e com razão, penso eu, pois cada uma só se dedicava a ver como servir mais e mais a Nosso Senhor. Elas em tudo seguiam o modo de proceder em São José de Ávila, por serem as mesmas a Regra e as Constituições.

O Senhor começou a chamar algumas para tomar o hábito; e eram tantas as graças que lhes fazia que fiquei cheia de espanto. Seja para sempre bendito Aquele que não parece esperar senão ser amado para amar. Amém.

CAPÍTULO 4

Trata de algumas graças que o Senhor concede às monjas desses mosteiros e dá conselhos às prioresas acerca do modo de proceder nesses assuntos.

1. Pareceu-me que, antes de ir adiante (porque não sei o tempo que o Senhor me dará de vida ou para que lugar me mandará, e porque agora parece que tenho um pouco), seria oportuno dar alguns conselhos para que as prioresas saibam como proceder e ajudem as súditas a ter maior aproveitamento de suas almas, mesmo que talvez não tenham tanto prazer com isso.

Devo alertar para o fato de que, quando me mandaram escrever sobre essas fundações (deixando de lado a primeira, de São José de Ávila, que logo foi narrada), já estavam fundados, com a graça do Senhor, outros sete conventos, incluindo o de Alba de Tormes, que é posterior a eles. E a causa de não se terem fundado mais reside no fato de os prelados me terem prendido a outra coisa, como adiante se verá[1].

2. Vendo as coisas espirituais que ocorriam durante esses anos nesses mosteiros, percebi a necessidade daquilo que quero dizer. Praza a Nosso Senhor que eu saiba me exprimir como vejo que devo. E, como não são enganos, é necessário que os espíritos não estejam amedrontados; porque, como eu já disse em outros lugares[2], dirigindo algumas coisinhas às irmãs, quando se tem a consciência limpa e obediência, o Senhor nunca permite que o demônio tenha poder para nos enganar de uma maneira capaz de prejudicar a alma. Pelo contrário, é o demônio que se vê enganado.

E, como entende isso, creio que ele não faz tanto mal como o podem fazer a nossa imaginação e os nossos maus humores, em particular se houver melancolia, pois a natureza das mulheres é

---

17. Os dois estudantes de Salamanca eram frei Pedro de Orozco e São João da Cruz, na época frei João de São Matias. A Cartuxa considerada pelo segundo era a do Paular (Segóvia).

1. Lembremo-nos de que a fundação de São José (*Vida*, caps. 32-36) situou-se entre 1562 e 1565; data deste ano a redação que possuímos atualmente. Este capítulo das *Fundações* foi escrito nos últimos meses de 1573. Nessa data, a Santa já tinha fundado os conventos de Ávila (1562), Medina (1567), Malagón (1568), Valladolid (1568), Toledo (1569), Pastrana (1569), Salamanca (1570) e Alba de Tormes (1571). *A causa de não se terem fundado mais* foi sua nomeação como Santa Priora do mosteiro da Encarnação de Ávila (outubro de 1571), de onde saiu para Salamanca em julho de 1573.

2. Ela as disse repetidas vezes no *Caminho*; veja-se o cap. 40, n. 4.

fraca, e o amor-próprio que reina em nós, muito sutil. Muitas pessoas, tanto homens como mulheres, ao lado das monjas dessas casas, têm vindo a mim, e eu muitas vezes reconheço com clareza que, sem querer, elas se enganam a si mesmas. Acredito que o demônio deve se imiscuir aqui pretextando zombar de nós. Porém há muitas que, como eu disse, pela bondade do Senhor, não me parecem ter sido abandonadas por Ele. É possível que Ele queira, permitindo esses enganos, apenas submetê-las a prova, a fim de lhes dar mais experiência.

3. Por nossos pecados, as coisas de oração e de perfeição estão em tamanha decadência no mundo que preciso explicar-me assim. Porque, se as pessoas, sem ver perigo, temem trilhar esse caminho, como agiriam se lhes mostrássemos algum? Se bem que, na realidade, em tudo o há e, enquanto vivermos, necessitamos agir com temor, pedindo ao Senhor que nos ensine e não nos desampare. Mas, como eu já disse, segundo creio uma vez[3], se há alguma coisa em que o perigo é muito maior, é a situação daqueles que mais pensam em Deus e procuram aperfeiçoar a sua vida.

4. Se, Senhor meu, vemos que nos livrais muitas vezes dos perigos em que nos colocamos, até mesmo para nos opor a Vós, como acreditar que não nos livrareis quando pretendemos senão contentar-Vos e agradar-Vos? Eu jamais poderia acreditar nisso. Talvez Deus, a partir dos Seus julgamentos secretos, permitisse algumas coisas que haveriam de acontecer; mas o bem nunca trouxe mal. Assim, que isso sirva para nos ajudar a percorrer melhor o caminho e, desse modo, contentar mais nosso Esposo e chegar a Ele mais depressa, mas sem deixar de caminhar; e para nos animar a enfrentar com força desfiladeiros tão difíceis quanto os desta vida, mas não para nos acovardar em seguir. Porque, afinal, marchando com humildade, mediante a misericórdia de Deus haveremos de chegar a Jerusalém, cidade onde tudo aquilo que sofremos vai nos parecer pouco, e até nada, comparado com o júbilo que nos será propiciado.

5. Com o começo da povoação desses pombaizinhos da Virgem Nossa Senhora, começou a divina Majestade a mostrar suas grandezas nessas mulherzinhas fracas, ainda que fortes nos desejos e no desapego das coisas perecíveis, que deve ser a coisa que mais une a alma ao seu Criador, estando ela com a consciência limpa. Nem era preciso destacá-lo, visto que, se o desprendimento é verdadeiro, não me parece possível ofender a Deus. Como tudo o que essas almas praticam e tratam sempre está vinculado com Ele, Sua Majestade também parece não querer deixar de estar com elas. Isso é o que vejo agora e, com verdade, posso dizer. Temam as que estão por vir e lerem isto; e, se não virem o que agora há, não o atribuam aos tempos, pois para Deus conceder grandes favores a quem O serve deveras qualquer tempo é tempo. Procurem ver se há algum defeito nisso e o corrijam.

6. Ouço algumas vezes afirmar-se que, no início das Ordens religiosas, como se tratava dos alicerces, o Senhor concedia maiores graças aos nossos santos antepassados. E assim é. Contudo, devemos sempre nos considerar alicerces dos que vierem mais tarde. Porque, se agora os que vivemos não tivéssemos perdido o fervor dos antepassados e se os que viessem depois de nós fizessem outro tanto, a edificação sempre estaria firme. Que proveito tenho com o fato de os santos antepassados terem sido desta ou daquela maneira se eu for tão ruim depois, se estragar, com maus costumes, o edifício? Porque claro está que os que chegam não se lembram tanto dos que morreram há muito quanto daqueles que veem vivos. É curioso atribuir o mal ao fato de não sermos as primeiras, sem ver a diferença entre a nossa vida e virtude e as daqueles a quem Deus concedia tantas graças.

7. Valha-me Deus! Que desculpas tão esfarrapadas e que enganos tão evidentes! É para mim um peso, meu Deus, ser tão ruim e tão pouco útil ao Vosso serviço; bem sei que a culpa de não me concederdes tantos favores quanto aos meus antepassados é toda minha. Deploro a minha vida, Senhor, quando a cotejo com a deles, e não posso dizê-lo sem lágrimas. Vejo que pus a perder aquilo que eles fizeram e que de modo algum posso queixar-me de Vós. Nem é direito que alguma

---

3. *Caminho,* cap. 21, n. 7 e *passim; Vida,* cap. 20.

se queixe; antes, se vir que a sua Ordem está decaindo em algum ponto, que procure ser uma pedra apta a fazer o edifício erguer-se outra vez, pois para isso o Senhor dará ajuda[4].

8. Voltando ao que dizia[5] — depois de tão grande rodeio —, são tantas as graças que o Senhor concede nessas casas que, se há uma ou duas a quem o Senhor leve agora pela meditação, há outras que alcançaram tamanho progresso que chegam a ter arroubos. A outras o Senhor favorece de modo distinto, permitindo-lhes ter revelações e visões que mostram claramente ser de Deus; em nenhuma casa existente deixa de haver uma, duas ou três dessas irmãs. Reconheço que não reside nisso a santidade, nem tenho a intenção de apenas louvá-las, pretendendo antes fazer entender que as advertências que faço não são fora de propósito.

CAPÍTULO 5

Em que se dão alguns avisos sobre coisas de oração e de revelação. É muito proveitoso para os que têm vida ativa.

1. Não é minha intenção nem pensamento afirmar que o que digo esteja tão correto que possa ser tido por regra infalível. Tratando-se de coisa tão eivada de dificuldades, fazê-lo seria um absurdo. Como há muitas formas de trilhar o caminho do espírito, talvez eu consiga falar com acerto acerca de alguma delas. As almas que porventura não me entenderem por certo seguem outra via. E se o que digo não servir a ninguém, o Senhor há de aceitar a minha boa vontade. Ele sabe que, embora não tenha tido por mim mesma todas as experiências, testemunhei muitas em outras almas.

2. Em primeiro lugar, desejo explicar, nos termos da minha pobre compreensão, a essência da perfeita oração. Porque conheci algumas pessoas que supõem residir tudo no pensamento; se conseguem ocupá-lo muito com Deus, mesmo que com muito esforço, cedo essas criaturas concluem que são espirituais. Porém se, apesar de tudo, se distraem, ainda que por bons motivos, deixam-se abater por uma grande desolação, tendo a impressão de estarem perdidas.

Os letrados não incorrem nesses erros e ignorâncias, embora eu já tenha visto alguns às voltas com essas coisas. Mas nós mulheres precisamos de avisos quanto a isso. Não digo que poder meditar sempre nas obras do Senhor não seja uma graça especial, sendo bom que se procure consegui-lo. Mas cumpre entender que nem todas as imaginações podem, por si sós, aplicar-se a isso. Contudo, todas as almas têm capacidade de amar. Já falei em outra ocasião das causas — de algumas, não de todas, por ser impossível — desses desvarios da nossa imaginação —, razão por que não vou tratar disso agora[1]. Queria, entretanto, esclarecer que a alma não é o pensamento, nem é a vontade governada por ele — do contrário, as coisas não iriam bem. Logo, o benefício da alma não está em muito pensar, e sim em muito amar.

3. Como se há de adquirir esse amor? Decidindo-se a agir e a sofrer, e a fazê-lo sempre que a ocasião se apresentar. É certo que pensar no que devemos ao Senhor, em quem Ele é e em quem somos traz determinação à alma, sendo um grande mérito e, para os principiantes, muito conveniente — desde que, é claro, não estejam envolvidas coisas que interfiram na obediência e no aproveitamento do próximo. Essas coisas exigem muitas vezes que lhes demos o tempo que tanto desejávamos dar a Deus — pois, a nosso ver, deveríamos ficar a sós pensando nele e deleitando-nos com os prazeres que nos dá. É certo, contudo, que deixar esses deleites por qualquer motivo

---

4. No autógrafo, quase todo este número foi incluído entre duas linhas verticais, talvez pela Santa, que anotou à margem, cuidadosamente: *Não me refiro aos que fundam as religiões, pois a estes Deus concedeu mais graças, por tê-los escolhido para uma grande tarefa.* — É provável que a anotação tenha sido motivada pelo mesmo escrúpulo que levou ao corte no n. anterior. Os editores a incluíram, um tanto arbitrariamente, no corpo do texto. Veja-se a passagem paralela de M. V., cap. 4, n. 6.

5. Ela retoma o tema do n. 5.

1. Em *Vida*, cap. 17, n. 5-7; *Caminho*, cap. 31, n. 8. *Moradas* IV, cap. 1, n. 8.

vinculado à obediência e ao dever para com o proveito do próximo é agradá-Lo. Ele mesmo o disse: *O que fizerdes por um desses pequeninos, a Mim o fazeis*. E, quanto à obediência, Deus não há de querer que siga um caminho distinto do Seu quem O amar: *obediens usque ad mortem*[2].

4. Sendo isso verdade, de onde virá o desgosto que sentimos quando não podemos ficar grande parte do dia em muita solidão, embebidos em Deus, embora por estarmos ocupados nessas outras coisas? Há, para mim, duas razões: a primeira — e principal[3] — é um amor-próprio deveras sutil que se imiscui e não nos deixa perceber que queremos contentar antes a nós do que a Deus. Pois está claro que a alma, quando começa a provar *quão suave é o Senhor*, não encontra nada que lhe agrade mais do que deixar o corpo descansando, sem trabalhar, e a alma deliciada.

5. Ó caridade dos que amam verdadeiramente o Senhor e conhecem Sua condição! Esses não descansam quando percebem poder contribuir um pouco para que uma única alma se beneficie e ame mais a Deus, para dar-lhe consolo ou afastá-la de algum perigo! Quão ruim seria o seu descanso se deixassem isso de lado! E, quando não podem fazer coisa alguma com obras, importunam o Senhor, através da oração, pelas almas cuja perda lamentam. Com prazer deixam seus deleites, considerando-os bem perdidos, visto não se lembrarem do que lhes traz contentamento, mas sim do melhor modo de fazer a vontade do Senhor. Assim ocorre também no tocante à obediência. Ruim seria que, dizendo-nos Deus que fôssemos cuidar de alguma coisa que Lhe importa, não desejássemos tirar os olhos dele porque isso nos agrada mais! Bela maneira de fazer avançar o nosso amor por Deus: mantê-lo de mãos atadas porque nos parece que nosso proveito só pode vir de um único caminho!

Tive contato com algumas pessoas (dado que, como já disse[4], não estou me referindo às minhas experiências) que me fizeram compreender essa verdade quando eu ficava desgostosa por dispor de pouco tempo. Eu me lastimava ao vê-las sempre em ação, ocupadas com as imposições da obediência e pensava no íntimo — chegando mesmo a lhes dizer — que, em meio a tanta agitação, elas não podiam crescer na vida do espírito, porque, na época, não se dedicavam muito a isso.

Oh, Senhor! Quão diferentes são os Vossos caminhos daquilo que se manifesta na nossa grosseira imaginação! E como, de uma alma já determinada a Vos amar e conduzida por Vossas mãos, não quereis nada mais que obedeça, se informe bem do que é servir-Vos e deseje fazê-lo! A alma não precisa procurar nem escolher os caminhos, pois a sua vontade já é Vossa. Vós, Senhor meu, tendes esse cuidado de guiá-la pela vereda que lhe traga maior benefício. E mesmo que o prelado não se preocupe com o aproveitamento da alma, buscando antes as conveniências da comunidade, Vós, meu Deus, cuidais disso e dispondes a alma e as tarefas de um modo que, sem entender como, venho-nos com tanto espírito e tanto aproveitamento que não podemos deixar de nos espantar.

7. Assim estava uma pessoa com quem falei há poucos dias. Há quinze anos a obediência a deixava tão ocupada em funções e governos que ela, em todo esse tempo, não se lembra de nenhum dia que tenha tido só para si. Mesmo assim, procurava diligentemente ter uns poucos momentos diários de oração e viver com muita pureza de consciência. Trata-se de uma das almas mais inclinadas à obediência que conheço, levando por isso as pessoas com quem se relaciona a fazer o mesmo. O Senhor a recompensou regiamente, porque essa pessoa, sem saber como, viu-se com a liberdade de espírito tão desejada e apreciada dos perfeitos, onde reside toda a felicidade que se pode desejar nesta vida; porque, não querendo nada, os perfeitos tudo possuem. Nada da terra é temido ou cobiçado por eles; os sofrimentos não os perturbam, nem as alegrias os alteram. Enfim, nada pode lhes tirar a paz, porque esta só depende de Deus. E como nada pode tirar Deus, só o temor de perdê-Lo pode causar-lhes angústia, porque todas as outras coisas deste mundo são,

---

2. Mateus 25,40 e Filipenses 2,8.
3. Ela vai indicar a segunda razão no n. 14.
4. Ela se refere ao que disse no n. 1.

para eles, como que inexistentes, porque em nada aumentam ou diminuem o seu contentamento. Feliz obediência e feliz alheamento que tanto pude alcançar!

8. Não é só essa pessoa, porque conheci outras que passaram pela mesma coisa. Eu não as via há muitos anos, e, perguntando-lhes como os tinham passado, responderam que em ocupações de obediência e caridade. Ao mesmo tempo, eu as via tão avançadas espiritualmente que não podia conter o assombro. Marchemos, pois, filhas minhas! Não nos desconsolemos quando a obediência nos levar a cuidar de coisas exteriores; compreendei que mesmo na cozinha, entre as panelas, o Senhor vos está ajudando interior e exteriormente.

9. Lembro-me de que um religioso me contou que, no íntimo, determinara-se a nunca deixar de fazer o que o prelado mandasse, por mais trabalhoso que fosse. Certo dia, esfalfado, ele já não conseguia trabalhar. Quando estava prestes a sentar-se para descansar, o prelado lhe disse que pegasse a enxada e fosse cuidar da horta. Embora aflito, ele se calou e tomou a enxada; porém, quando percorria um dos caminhos da horta (muitos anos depois de ele ter narrado esses eventos, conheci o lugar, pois aconteceu-me de fundar uma casa ali), Nosso Senhor lhe apareceu com a cruz nas costas, tão cansado e tão cheio de aflição que o religioso compreendeu que os sofrimentos que tinha nada eram comparados aos Seus.

10. O demônio, sabendo que o caminho que leva mais depressa à suma perfeição é a obediência, põe muitos dissabores e dificuldades disfarçados de bem. Observem bem isso e verão que digo uma verdade. Naturalmente, a suma perfeição não se traduz em deleites interiores, em grandes arroubos, nem em visões ou em espírito de profecia; ela consiste em estar a nossa vontade em tamanha conformidade com Deus que jamais deixemos de querer com todas as nossas forças tudo aquilo que percebamos que Ele quer, aceitando com a mesma alegria o saboroso e o amargo e compreendendo que Sua Majestade assim o quer.

Parece sobremodo difícil não o fazê-lo, mas o contentar-nos com coisas que em tudo contradizem a nossa vontade, de acordo com o nosso natural. O amor, contudo, tem tamanha força, se for perfeito, que desprezamos nosso próprio contentamento para contentar aquele a quem amamos. E é isso, na verdade, o que acontece: por maiores que sejam, os sofrimentos logo se tornam suaves quando sabemos que, com eles, agradamos a Deus. Quem chegou a esse ponto ama desse modo as perseguições, as desonras e as ofensas. Isso é tão certo, tão conhecido e tão claro que não é preciso prosseguir.

11. O que pretendo explicar é o motivo de a obediência ser o caminho ou meio mais rápido para chegar a esse estado tão prazeroso. Como de maneira alguma somos senhores da nossa vontade, para empregá-la pura e simplesmente em Deus, enquanto não a tivermos submetido à razão, a obediência é a via régia para essa sujeição. Não alcançamos isso com boas razões, já que a nossa natureza e o nosso amor-próprio as têm em tal número que nunca chegaríamos ao fim. Além disso, muitas vezes o mais razoável é o que não nos agrada, e o consideramos um disparate devido à pouca vontade que temos de fazê-lo.

12. Há tanto a dizer sobre essa batalha interior, acerca de quanto o demônio, o mundo e a nossa sensualidade apresentam para nos fazer perder a razão, que jamais iríamos acabar.

Qual é, então, a solução? Assim como, aqui na terra, se recorre a um juiz quando uma questão apresenta aspectos duvidosos, e as partes em litígio, cansadas de lutar, a entregam a ele, que a nossa alma recorra a um — seja o prelado ou o confessor — com a decisão de encerrar as demandas, deixando de pensar no seu próprio interesse, e passando a confiar nas palavras do Senhor, que disse: *Quem vos ouve a Mim ouve*[5], deixando de lado a própria vontade. É tal a estima que o Senhor tem por essa atitude (e com razão, porque ela significa torná-Lo Senhor do livre-arbítrio que nos deu) que, praticando-a, uma vez desfazendo-nos, outra travando mil batalhas por considerar insensato o julgamento da nossa causa, conseguiremos, mesmo a duras penas, conformar-nos com

---

5. Lucas 10,16.

as ordens que nos dão; e, com dificuldade ou facilidade, terminamos por ter sucesso. E o Senhor ajuda tanto que, precisamente por termos sujeitado a Ele a nossa vontade e a nossa razão, nos faz dominá-las.

Então, senhores de nós mesmos, somos capazes de ocupar-nos de Deus com perfeição, entregando-Lhe uma vontade pura para que una à Sua, pedindo-Lhe que venha do céu o fogo abrasador do Seu amor sobre esse sacrifício, deixando-O livre de tudo quanto possa descontentá-Lo[6]. Porque, nesse ponto, nada teremos deixado de fazer: mesmo com imensos sofrimentos, depositamos sobre o altar tudo o que pudemos, razão por que nenhuma relação temos nós e isso tudo com a terra.

13. Claro está que não se pode dar o que não se tem; para dar, precisamos antes de tudo tê-lo. E, creiam-me, para adquirir esse tesouro, o único meio é cavar e se esforçar para extraí-lo da mina da obediência; quanto mais cavarmos, tanto mais encontraremos, e quanto mais nos submetermos aos homens, tendo como vontade exclusiva a dos nossos superiores, tanto mais seremos senhores dela para torná-la conforme à de Deus.

Vede, irmãs, se o sacrifício do prazer da solidão não será bem recompensado! Eu vos digo: não vai ser por falta dela que deixareis de vos dispor para alcançar a verdadeira união de que venho falando, que consiste em tornar a própria vontade una com a de Deus. Eis a união que quero para mim e desejo para todas vós, em vez de suaves enlevos a que deram o nome de união. E talvez o sejam, mas num nível inferior ao da união a que me refiro. Contudo, se, depois dessa suspensão, a obediência for pouca e a vontade própria muita, eu diria que a união foi feita com o amor-próprio, e não com a vontade de Deus. Queira Sua Majestade permitir que eu o pratique tal como o entendo.

14. A segunda causa[7] do desgosto em deixar a solidão é a meu ver o fato de, como na solidão há menos oportunidades de ofender o Senhor, a alma sentir-se mais pura (algumas oportunidades não deixarão de haver, já que os demônios estão em todo lugar, assim como nós mesmos); e, se receia ofendê-Lo, é um enorme consolo para ela não ter em que tropeçar. Na minha opinião, esta é uma razão melhor para desejar não ter contato com ninguém do que a vontade de muito regalar-se e fruir do Senhor.

15. É aqui, em meio às ocasiões, e não nos recantos, que devemos submeter o amor a prova. E, creiam-me, mesmo que haja mais faltas e mesmo algumas pequenas quebras, o ganho que nos é propiciado é incomparavelmente maior. Vede que sempre suponho que estejais ocupadas por motivos de obediência e de caridade, porque, na ausência deles, sempre julgo melhor a solidão. E, mesmo cuidando de coisas exteriores, devemos desejá-la. Na verdade, esse desejo é permanente nas almas que amam verdadeiramente a Deus. E afirmo haver ganhos aí porque, nas ocasiões, podemos compreender melhor quem somos e até onde vai a nossa virtude. A pessoa que sempre está em isolamento, por mais santa que possa considerar-se, não sabe se é paciente ou humilde, nem tem meios de sabê-lo.

Como saber se um homem é valente se nunca o virmos em batalha? São Pedro se julgava muito aguerrido; mas vejam o que sucedeu quando chegou a ocasião! No entanto, ele saiu do fracasso deixando de confiar em si, mas depositando em Deus toda a sua confiança. Depois disso, suportou o martírio que vimos.

16. Oh! Valha-me Deus! Quem dera entendêssemos quão grande é a nossa miséria! Se não compreendermos isso, em tudo haverá perigo; eis por que é muito benéfico padecer muitas coisas para ver a nossa baixeza. E considero maior graça de Deus um dia de humilde autoconhecimento, mesmo à custa de muitos sofrimentos e aflições, que muitos dias de oração. Ainda mais que o verdadeiro amante em toda parte ama e se lembra do amado! Terrível seria só se poder ter oração em lugares remotos! Sei bem que não pode durar muitas horas; mas, ó Senhor meu, que efeito

---

6. Alusão a 3Rs 18,38.
7. Vejam-se o contexto e a primeira causa no n. 4.

tem sobre Vós um suspiro vindo das entranhas, de dor por ver que não basta estar neste desterro, devendo-se ainda ser impedido de estar a sós comprazendo-se Convosco!⁸

17. Com isso vemos bem que somos escravos Vossos, vendidos por Vosso amor — de boa vontade — à virtude da obediência, por termos por ela deixado, de algum modo, de fruir o próprio Deus. E isso não é nada se levarmos em conta que, por obediência, Ele saiu do seio do Pai para tornar-se nosso escravo. Como será possível pagar ou agradecer por essa graça? Temos de cuidar das obras, mesmo das de obediência ou de caridade, para recorrermos muitas vezes a Deus em nosso interior. E acreditai-me: o que beneficia a alma não é um longo tempo de oração, já que, quando empregamos bem o tempo em obras, isso muito nos ajuda a, em breve, conseguir uma disposição para acender o amor muito superior à alcançada em muitas horas de consideração. Tudo vem das mãos de Deus. Bendito seja Ele para sempre.

CAPÍTULO 6¹

Avisa sobre os prejuízos que podem atingir as pessoas espirituais quando elas não compreendem quando devem resistir ao espírito. Trata dos desejos de comunhão que a alma tem e do engano que pode estar envolvido nisso. Fala ainda de coisas importantes para as encarregadas do governo dessas casas.

1. Tenho me empenhado em compreender a origem de um grande embevecimento que vi em certas pessoas a quem o Senhor favorece muito na oração e que tudo fazem para receber os Seus favores. Não falo dos momentos em que Sua Majestade suspende e arrebata a alma, porque já escrevi muito sobre isso em outros lugares² e porque não há razão para referir-me a isso, já que, se o arroubo é verdadeiro, nada podemos fazer, por mais que nos esforcemos. Observe-se também que, neste caso, tem curta duração o poder que nos tira à força o senhorio de nós mesmos. Porém muitas vezes acontece de começarmos uma oração, à feição de sonho espiritual, na qual a alma fica de tal modo embevecida que, se não compreendermos como devemos proceder, poderemos perder muito tempo e destruir esse poder por nossa culpa e com pouco merecimento.

2. Quisera poder me exprimir com clareza sobre isso; mas é tão difícil que não sei se vou consegui-lo. Mas bem sei que, se quiserem acreditar em mim, as almas que passam por isso hão de me entender quanto a esse engano. Sei de algumas que ficavam nesse estado durante sete ou oito horas — e eram almas de grande virtude —, parecendo-lhes que tudo aquilo era um arroubo. E qualquer exercício virtuoso as arrebatava de tal maneira que elas logo saíam de si mesmas³, julgando não ser correto resistir ao Senhor. Assim agindo, elas poderiam morrer ou ficar bobas caso não procurassem um remédio.

Percebo nisso que, como o Senhor começa a agraciar a alma, e como é da nossa natureza gostar do deleite, empenhamo-nos tanto nesse prazer que não queremos deixá-lo nem perdê-lo por nenhuma razão; porque, na verdade, trata-se de algo mais gostoso do que todas as coisas do mundo. Se isso por acaso atinge alguém que é naturalmente fraco ou cuja atenção (melhor dizendo, imaginação) não consegue se distrair, mas, voltando-se para uma coisa, queda-se nela, sem afastar-se mais (como muitas pessoas que começam a pensar em algo, mesmo que não seja de Deus,

---

8. Com prazer, Gracián comentou a passagem no autógrafo: "Bom consolo para os que se ocupam de obras de caridade!"

1. Ela vai dedicar quase todo o capítulo a desmascarar certa forma de oração que tem aparência mística mas que não passa de pura anomalia psicológica, à qual denominará "embevecimento" (n. 1, 2, 6, 7), "assombro" (n. 5), "modo pausado" (n. 2), "amortecimento" (n. 6), "abobamento" (n. 3).

2. Cf. *Vida*, cap. 20.

3. *Saíam de si mesmas:* "sair de si" ou "abandonar-se" era a atitude passiva de quem anulava sua própria atividade para deixar-se acionar por impulsos divinos; vem daí a designação "abandonados" [ou "deixados"] para uma espécie de pessoas espirituais ou "alumbradas" daquele século.

e ficam embevecidas ou contemplando alguma coisa sem se dar conta do que veem, pessoas de modos pausados que — se diria — esquecem-se por descuido do que vão dizer), pode-se ser levado a mil embustes gostosos, se houver propensão para a melancolia. Os efeitos disso dependem dos temperamentos, da compleição e da fraqueza da alma.

3. Desse humor falarei adiante[4]; mas, mesmo que a alma não tenda à melancolia, acontece o que digo. São atingidas também pessoas desgastadas pela penitência que, como eu disse, quando o amor começa a dar prazer aos sentidos, deixam-se levar por ele. Essas pessoas, a meu ver, melhor amariam se não se deixassem abobar, porque nessa fase da oração podem muito bem resistir. O motivo é que, quando há fraqueza, sobrevém um desmaio que não nos permite falar nem fazer movimentos, o que nos impede de resistir: quando a natureza está fraca, a força do espírito a colhe e submete.

4. Talvez repliquem: que diferença há entre isso e o arroubo, porque, ao menos na aparência, trata-se da mesma coisa. E não faltaria razão para isso. Contudo, se há semelhança na aparência, não o há na essência. Porque, como digo, o arroubo ou união de todas as faculdades dura pouco e produz grandes efeitos e luz interior na alma, com muitos outros benefícios; nele, o intelecto não tem nenhuma ação, sendo o Senhor quem age sobre a vontade. O estado a que me refiro é deveras distinto; porque, embora o corpo esteja preso, a vontade não o está, nem a memória ou o intelecto — que permanecem em sua ação desvairada e que, se porventura forem atraídos por alguma coisa, não se deixarão apreender sem resistência.

5. Não vejo nenhum benefício nessa fraqueza corporal — já que não se trata de outra coisa, mesmo que tenha tido um bom começo. Mas ela deve servir para que se empregue bem esse tempo em que a alma ficou embevecida: há muito mais mérito num ato ou no despertar muitas vezes a vontade para amar mais a Deus do que no deixá-la entorpecida. Por isso, aconselho as prioresas a se dedicarem com vigor a evitar esses assombros tão demorados, que, a meu ver, só servem para tolher as faculdades e os sentidos, para que a pessoa não faça aquilo que sua alma manda; assim agindo, as pessoas a privam dos benefícios que poderiam proporcionar-lhe se se mantivessem alertas. Se perceber que se trata de fraqueza, a prioresa deve proibir os jejuns e disciplinas (refiro-me aos não obrigatórios, embora possa haver situações que justifiquem plenamente a proibição de todos) e dar às irmãs tarefas que as distraiam.

6. E até quem não tem esses amortecimentos, se mantiver a imaginação muito concentrada, mesmo em sublimes coisas de oração, precisa submeter-se à proibição, pois poderá algumas vezes perder o domínio de si. Particularmente quando recebeu alguma graça extraordinária do Senhor ou teve visões, a alma fica de uma maneira que lhe dá a impressão de estar sempre vendo — o que não é verdade, porque a visão só aconteceu uma vez. Quem se vir com esse embevecimento por muitos dias precisa voltar-se para outros assuntos, porque, desde que se trate de coisas de Deus, pouco importa que a alma se ocupe de umas ou outras; agrada tanto ao Senhor o considerarmos Suas criaturas e o Seu poder de criá-las quanto o contemplarmos o próprio Criador.

7. Oh desventurada miséria humana, ficaste de tal maneira depois do pecado que até o bem exige cuidado para que não destruamos a nossa própria saúde e, com isso, fiquemos impedidos de fruir dele! Eis algo que de fato convém a muitas pessoas — especialmente às de pensamento ou imaginação fracos; fazê-lo é servir mais ao Senhor, sendo muito necessário que o entendamos. Quem vir fixado na imaginação um mistério da Paixão, a glória do céu ou alguma coisa semelhante durante muitos dias, a ponto de não poder pensar em outra coisa nem deixar de se embevecer, deve compreender que é conveniente distrair-se disso do modo como puder; se não o fizer, mais tarde se aperceberá do prejuízo e verá que isso nasce do que indiquei: a fraqueza corporal, ou, o que é muito pior, a imaginação.

Porque, assim como um louco, ao voltar-se para alguma coisa, não é senhor de si, não podendo desviar-se dela nem pensar em outra — nem há razões para que o faça, visto não dominar

---

4. No cap. 7. A seguir, ela remete a três passagens anteriores: ao n. 2; ao cap. 5, n. 4; e ao cap. 5, n. 10 e 11.

a razão —, assim também pode suceder no caso a que me refiro, mesmo que seja uma saborosa loucura, em especial se a pessoa tiver tendência à melancolia, podendo sobrevir inúmeros danos. Não consigo encontrar qualquer vantagem nisso, visto que a alma tem condições de se comprazer com o próprio Deus. Logo, se não houver nenhuma das razões a que me referi[5], por que deveria a alma ficar presa a uma única grandeza ou mistério de Deus, tendo tanto de que se ocupar, já que Ele é infinito? Quanto mais numerosas as Suas coisas que tornarmos objeto de nossa consideração, tanto mais descobriremos suas grandezas.

8. Não digo que meditem, numa hora ou mesmo num dia, em muitas coisas, pois isso faria que não se gozasse bem de nenhuma; em assuntos tão delicados, eu não gostaria que se pensasse o que não me passa pela mente dizer, nem se confundissem as coisas. Tem tal importância o bom entendimento deste capítulo que, embora o estilo em que o escrevo pareça pesado, não trago nenhum peso em mim nem queria deixar algum sobre quem não o compreender da primeira vez e tiver de relê-lo, especialmente as prioresas e mestras de noviças, que devem orientar as irmãs na oração. Porque, como se há de ver, se não se tiver cuidado no início, mais tarde será necessário um longo tempo para corrigir semelhantes fraquezas.

9. Se eu descrevesse tudo o que vim a saber acerca desse prejuízo, veríeis que tenho razão em insistir nisso. Falarei apenas de um caso; por meio dele, os outros serão entendidos: num desses mosteiros, encontram-se uma religiosa e uma leiga[6], pessoas muito dedicadas à oração, acompanhada de mortificação, humildade e virtudes, almas muito favorecidas pelo Senhor, a quem Ele comunica Suas grandezas. Há nelas tal desprendimento e estão a tal ponto ocupadas do Seu amor que não parece, por mais que as observemos, que deixem de corresponder, de acordo com a nossa baixeza, às graças que Nosso Senhor lhes concede. Falei tanto de sua virtude para infundir um temor ainda maior em quem não a tiver. Elas foram acometidas por ímpetos e desejos do Senhor de tal intensidade que não podiam se conter; tinham a impressão de que só a comunhão as aplacava e, por essa razão, pediam aos confessores para comungar com muita frequência. Esses anseios aumentaram tanto que elas, se não comungassem todos os dias, tinham a sensação de que iam morrer. Os confessores, vendo almas assim e com semelhantes desejos, julgavam ver nisso um bom remédio para o seu mal, ainda que um deles fosse pessoa muito espiritual.

10. A coisa não parava aí. Uma dessas pessoas tinha tamanhos anseios que precisava comungar pela manhã para manter-se viva, ao menos a seu ver. E não eram almas dadas a fingir, mas sim daquelas que nada deste mundo faria mentir. Eu não me encontrava no mosteiro, e a prioresa[7] me contou o que se passava, dizendo-me que não sabia o que fazer, e que os confessores afirmavam que, se não podiam se conter, que elas conseguissem alívio daquela maneira. Logo percebi o que ocorria, pois o Senhor assim o quis; contudo, calei-me até estar presente, porque temi enganar-me e por não desejar contrariar quem o aprovava antes de lhe dar as minhas razões.

11. Um dos confessores era tão humilde que, assim que fui ao seu encontro e lhe falei, acreditou em mim. O outro não era tão espiritual — em comparação, quase nada — e não houve meio de convencê-lo. Mas não me incomodei com este último, por não lhe dever tantas obrigações. Comecei a conversar com elas e a apontar-lhes várias coisas, a meu ver suficientes para que entendessem que vinha da imaginação pensar que morreriam se não recebessem esse remédio. Porém elas estavam tão presas a isso que nada foi bastante, nem havia razões que chegassem. Resolvi então que era necessário dizer-lhes que eu também tinha aqueles desejos e deixaria de comungar para que elas acreditassem que só deveriam fazê-lo quando todas fizessem; afirmei que, nesse caso, morreríamos as três, pois eu considerava isso mais aceitável do que a introdução de seme-

---

5. No final do n. 6.
6. "Parece provável que a monja de que fala a Santa era M. Alberta Bautista, do Convento de Medina del Campo, que morreu Santamente em 1583, aos 35 anos de idade. A de véu branco pode ser Inés de la Concepción, que fez sua profissão na mesma casa no dia 13 de novembro de 1570" (Silverio).
7. Inés de Jesus.

lhante costume nessas casas, onde havia quem amasse a Deus tanto quanto elas e que gostaria de fazer o mesmo.

12. Era tamanho o prejuízo provocado pelo costume — e nisso também devia haver a mão do demônio — que, com efeito, elas pareciam morrer quando não comungavam. Fui muito rigorosa, porque, quanto mais via que elas não se sujeitavam à obediência (já que elas julgavam que não o suportariam), tanto mais claramente ficava persuadida de que era tentação. Elas passaram o primeiro dia com grandes sofrimentos; o outro, com um pouco menos. Desse modo, o mal-estar foi diminuindo, de tal maneira que, embora eu comungasse, porque me mandavam fazê-lo (elas estavam fracas, caso contrário eu não o faria), elas já suportavam muito bem a privação.

13. Pouco tempo depois, elas e todas compreenderam a tentação e o bem que foi remediá-la enquanto era possível. Logo depois — e voltarei a falar disso — ocorreram naquela casa algumas inquietações com os prelados (não por culpa sua), que não aceitaram semelhante costume, nem o suportaram.

14. Oh, quantas coisas desse tipo eu poderia contar! Falarei somente de uma. Não ocorreu em mosteiro da nossa ordem, mas num de bernardas[8]. Havia uma monja, que não era *menos* virtuosa que as referidas. Com as tantas disciplinas e jejuns que fazia, veio-lhe tamanha fraqueza que toda vez que comungava ou tinha ocasião de enlevar-se em devoção a monja caía e ali ficava por oito ou nove horas, tendo ela e todas as outras a impressão de tratar-se de arroubo. Isso lhe acontecia com tanta frequência que, não se houvesse remediado a situação, creio que teria causado muito mal. Circulava por todo o lugar a fama dos arroubos; eu, ao ouvir falar disso, sentia um peso no coração, porque quis o Senhor que eu percebesse o que era, ficando aflita com o ponto a que aquilo poderia chegar.

O confessor da monja era-me muito dedicado e me narrou o que acontecia. Eu falei o que pensava, dizendo ser perda de tempo, pois era impossível tratar-se de arroubo, sendo antes fraqueza; aconselhei-o a tirá-la dos jejuns e disciplinas e fazê-la distrair-se. Como era obediente, ela assim fez. A partir do momento em que começou a recuperar a vitalidade, ela foi perdendo a lembrança dos arroubos. Se fossem de fato arroubos, nenhuma solução bastaria até que Deus o quisesse; porque a força do espírito é tão grande que as nossas não são suficientes para resistir-lhe. E, como eu disse[9], o verdadeiro arroubo deixa grandes efeitos na alma, ao passo que esse outro estado deixa a alma como se nada tivesse acontecido, além de cansar o corpo.

15. Entenda-se, pois, disso, que tudo aquilo que nos submete a ponto de não deixar livre a razão deve ser visto com suspeita, como um caminho que jamais levará à liberdade de espírito; esta tem como uma de suas propriedades achar-se Deus em todas as coisas e poder a alma pensar nelas. O resto é sujeição do espírito e, além do mal que causa ao corpo, prende a alma, impedindo-a de crescer. É como quem segue um caminho e, deparando com um lamaçal ou atoleiro, não pode passar dali. De certa maneira, acontece isso à alma, que, para seguir adiante, precisaria não apenas andar como voar.

16. Isso também acontece quando a pessoa diz e tem a impressão de estar embebida na divindade a ponto de não poder resistir, de tal modo anda absorta, sem condições de distrair-se. E acontece muitas vezes. Eu repito: por um dia, quatro ou oito não há o que temer, porque nada há de estranho que uma natureza fraca fique assim assombrada por esses dias[10]. Se, no entanto, passar disso, cumpre remediar a situação. O que há de bom nisso tudo é que não existe culpa nem pecado e que as pessoas assim atingidas não perdem seus méritos; há, porém, os inconvenientes de que falei — e muito mais.

---

8. "Talvez ela se refira aqui ao convento de Sancti Spiritus de Olmedo (Valladolid), onde a Santa ficou muitas vezes durante o período das fundações" (Silverio).

9. Ela o disse no n. 4.

10. A Santa anotou à margem: *Entenda-se: de vez em quando.* Isto é, desde que, durante esses dias, o embevecimento não seja contínuo. Não consideramos oportuno introduzir no texto o que ela escreveu como anotação marginal.

No tocante às comunhões, será um grande mal, por maior o amor que tenha a alma, não submeter-se também nisso ao confessor e à prioresa; mesmo que goste da solidão, esta não deve ser tamanha que a impeça de recorrer a eles. É preciso, nisso e em outras coisas, mortificá-las pouco a pouco, mas levando-a a compreender que é mais conveniente não fazer a própria vontade do que buscar consolação.

17. Também pode imiscuir-se aqui o amor-próprio. Aconteceu-me algumas vezes de, acabando de comungar (e estando a hóstia, com toda certeza, ainda inteira) e vendo outras comungando, acometesse-me o desejo de não tê-lo feito para fazê-lo novamente. Como isso ocorria muitas vezes, cheguei a perceber (mais tarde, pois na época não me parecia haver o que perceber) que isso se devia mais ao meu gosto do que ao amor por Deus; atraía-me em fazê-lo o fato de, ao comungar, sentir, na maioria das vezes, ternura e prazer, porque, se fosse para ter Deus em minha alma, eu já O tinha, se fosse para cumprir o que nos é ordenado no tocante à sagrada comunhão, já o fizera e, se fosse para receber os favores do Santíssimo Sacramento, eu já os recebera. Enfim, ficou claro que nisso só havia mesmo o desejo de voltar a sentir aquele prazer.

18. Lembro-me de um lugar em que estive onde havia um mosteiro nosso. Conheci ali uma mulher, grandíssima serva de Deus, ao que todos diziam, e que devia sê-lo. Ela comungava todos os dias e não tinha confessor particular, comungando ora numa ora noutra igreja. Eu notava isto e desejava antes vê-la obedecer a alguém do que fazer tanta comunhão. Penso que ela vivia só e fazia o que queria; mas, sendo ela boa, tudo corria bem. Cheguei a dizer-lhe algumas vezes o que pensava, mas ela não fez caso de mim, e com razão, visto ser muito melhor do que eu, se bem que, nesse ponto, parecesse-me estar errada.

Indo ali o santo frei Pedro de Alcântara, procurei que falasse com ela, mas não fiquei contente com o que ela lhe disse. É possível que nada houvesse de censurável, mas, como somos tão miseráveis, nunca nos satisfazemos muito a não ser com os que seguem o nosso caminho; porque acredito que ela servira mais o Senhor e fizera mais penitência em um ano do que eu em muitos.

19. Aconteceu de ela ser acometida por um mal de morte, e este é o ponto a que quero chegar. Ela tomou a iniciativa de fazer que dissessem missa em sua casa cotidianamente e que lhe dessem o Santíssimo Sacramento. Como a enfermidade durasse, um clérigo muito servo de Deus, que ia lá celebrar muitas vezes, certo dia concluiu que era um abuso comungar diariamente em casa. Deve ter sido tentação do demônio, pois coincidiu com a data de falecimento da senhora. Esta, vendo a missa chegar ao fim sem ter recebido o Senhor, zangou-se e ficou tão encolerizada com o clérigo que ele, escandalizado, veio contá-lo a mim. Fiquei muito pesarosa, porque nem sei se ela teve tempo de se reconciliar; tenho a impressão de que faleceu logo depois.

20. Isso me fez ver o prejuízo que advém de fazer sempre a nossa vontade, em especial tratando-se de coisas tão elevadas. Quem se aproxima com tanta frequência do Senhor deve compreender sua indignidade e não agir somente segundo sua própria opinião, suprindo aquilo que nos falta para chegar a tão excelso Senhor — que forçosamente é de grande monta — com a obediência. A bendita mulher teve a oportunidade de se humilhar muito, e talvez tivesse tido maior merecimento do que comungando se houvesse entendido que o clérigo não era culpado, mas que o Senhor, vendo sua miséria e a indignidade na qual ela se achava, determinara que ele assim agisse para não ter de entrar em morada tão ruim. Assim ocorria com uma pessoa[11] que a prudência dos confessores privava muitas vezes da comunhão, por praticá-la muitas vezes; essa pessoa, embora O sentisse muito ternamente, desejava mais a honra de Deus do que a sua, e vivia a louvá-Lo por ter despertado o confessor para olhar por ela e não permitir que Sua Majestade entrasse em pousada tão ruim. Com essas considerações, ela obedecia com grande quietude de alma, se bem que com terna e amorosa dor. É que nem por todas as coisas do mundo juntas ela iria contrariar as ordens que lhe davam.

---

11. Ela fala de si mesma (cf. *Vida*, cap. 25, n. 14, nota).

21. Crede-me que amor a Deus (não falo do real, mas daquele que julgamos ver) que agita as paixões a ponto de nos levar a ofendê-Lo ou a alterar a paz da alma enamorada de modo a não deixá-la escutar a razão é claramente mero amor-próprio. E o demônio não há de dormir para nos assediar ao pensar que mais prejuízos nos pode trazer, como fez com aquela mulher, o que por certo muito me espantou, embora eu acredite que não tenha sido capaz de estorvar a sua salvação, por ser grande a bondade de Deus; porém a tentação veio de fato em má hora.

22. Eu disse tudo isso aqui para que as prioresas fiquem avisadas e para que as irmãs temam, considerem e se examinem no tocante ao modo como recebem tão grande graça. Se for para contentar a Deus, já sabeis que Ele se alegra mais com a obediência do que com o sacrifício[12]. Pois se é assim, e se mereço mais ao obedecer, que me importa se faço isso ou aquilo? Não quero dizer que deveis ficar sem um humilde pesar, porque nem todas alcançaram a perfeição de não tê-lo para só fazer o que sabem agradar mais a Deus; porque se a vontade estiver muito desapegada de todo o seu interesse próprio, claro está que a alma não sentirá nada e até se alegrará por ser-lhe oferecida uma oportunidade de contentar o Senhor em coisa tão custosa, humilhando-se e ficando satisfeita da mesma maneira ao comungar espiritualmente.

23. Mas como a princípio são graças do Senhor esses grandes desejos de aproximar-se de Deus (e até no fim, mas falo do princípio porque nele são ainda maiores) e como nos demais aspectos da perfeição de que falei as almas ainda se acham bem atrasadas[13], pode ser-lhes concedido sentir ternura e pesar quando afastadas da comunhão, desde que o façam com a alma sossegada e fazendo disso um ato de humildade. Se, porém, a pessoa sentir certa alteração ou paixão ou algum ressentimento contra a prelada ou o confessor, acreditai-me que se trata claramente de tentação. E se alguém comungar, embora o confessor lhe diga para não fazê-lo? Eu não desejaria para mim o mérito daí advindo, porque, em semelhantes coisas, não havemos de ser juízes de nós mesmos; quem tem condições de decidir é quem deve sê-lo. Queira o Senhor dar-nos luz para compreender coisas tão importantes, e que não nos falte com o Seu favor, a fim de que, das graças que nos concede, não tiremos oportunidades de dar-Lhe desgosto.

CAPÍTULO 7[1]

Fala sobre o modo de proceder com as irmãs que têm melancolia. É necessário para as preladas.

1. As minhas irmãs de São José de Salamanca — onde me encontro quando escrevo isto — pediram-me encarecidamente para dizer algo sobre como se deve proceder com as irmãs que têm humor melancólico. E como, por maior que seja o cuidado que temos procurado ter para não aceitar as que o têm, trata-se de algo tão sutil que se faz de morto quando lhe convém, não sendo percebido por nós até que não se possa dar-lhe remédio, parece-me que eu falei algo sobre isso num livrinho[2], não me lembro bem. Mas pouco se perde por dizer-se algo aqui, se o Senhor permitir que eu acerte. Talvez eu esteja me repetindo; e o faria outras cem vezes se acreditasse conseguir dizer alguma coisa proveitosa. São tantas as invenções que esse humor procura para fazer sua vontade que é preciso descobri-las para suportá-las e governar as pessoas que o têm sem prejudicar as outras.

---

12. Alusão a 1 Sm 15,22.
13. Ela se refere ao que disse nos caps. 4 e 5.
1. Ela vai dedicar todo o capítulo às "que têm melancolia" e às "preladas", que devem ser o médico dessa enfermidade. Trata-se de um primoroso capítulo. Veja o leitor que, sob as denominações "melancolia" ou "humor melancólico" a Santa inclui toda uma gama de anomalias difíceis de reduzir a uma categoria determinada. Para os ilustres médicos de antanho, o "humor melancólico" constituía um dos vários humores fundamentais do intrigante composto humano, mescla de bílis negra e outros fluidos. Na linguagem ordinária de hoje, se poderia traduzir "melancolia" por "neurastenia".
2. No *Caminho de Perfeição*, cap. 24.

2. Devo advertir que nem todos os que têm esse humor são tão difíceis de aturar, já que esse mal, quando acomete uma pessoa humilde e de temperamento brando, mesmo que a faça sofrer no íntimo, não prejudica as outras, particularmente se for bom o entendimento. Do mesmo modo, há graus maiores e menores desse humor. Em alguns, é com certeza um recurso do demônio para ver se as ganha para si, intento que realiza se não as encontrar acauteladas. Porque o principal efeito desse humor é subjugar a razão; e, estando esta obscurecida, o que não farão nossas paixões? Ao que parece, quando falta a razão vem a loucura; e isso de fato acontece. Mas, nas pessoas a quem agora me refiro, não faz tanto estrago, mas menos mal seria se o fizesse. Contudo, ter de considerá-las pessoas dotadas de razão, e tratá-las como tal, embora elas não a tenham, é intolerável. Quem se acha dominado de todo por esse mal causa pena, mas não causa prejuízo; e, se há algum meio para controlá-lo, trata-se de levá-lo a sentir temor.

3. Nas que se acham nos estágios iniciais desse flagelo, ainda que este não se encontre tão arraigado — embora, seja como for, tenham esse humor e raiz, vindo da mesma cepa —, temos de recorrer ao mesmo remédio quando outros artifícios não bastarem. Devem as preladas aproveitar as penitências da Ordem e procurar sujeitá-las de uma maneira que as faça compreender que nunca hão de vencer. Porque, se elas perceberem que alguma vez valeram seus clamores e os desesperos que o demônio lhes inspira para ver se as derruba, tudo está perdido, bastando uma única para deixar inquieto o mosteiro. Como a pobrezinha por si mesma não tem condições de defender-se das sugestões que lhe faz o demônio, a prelada precisa governá-la com muita prudência, exterior e interiormente.

A razão, que na enferma está obscurecida, precisa estar mais clara na prelada, para que o demônio não comece a sujeitar aquela alma, tomando-a por meio deste mal. Porque se trata de coisa perigosa, porque, como só às vezes esse humor se apodera dela de modo a sujeitar-lhe a razão (caso em que não podemos culpá-la, tal como não culpamos os loucos, por mais desatinos que cometam; mas como ela não está louca, tendo apenas a razão enferma, ainda há razão nela, sem falar que, em outros momentos, ela está boa), é fundamental que não comece a tomar liberdades quando está mal, pois isso é um terrível ardil do demônio para que quando estiver boa ela não seja senhora de si. Se bem observarmos, o que mais procura quem está assim é dizer tudo quanto lhe vem à cabeça, ver as faltas alheias, encobrir as próprias e regalar-se com o que lhe agrada, agindo, enfim, como quem não sabe dominar-se. Com as paixões não mortificadas, cada pessoa assim busca fazer o que lhe apetece. Logo, que será delas se não houver quem lhes resista?

4. Volto a dizer, por ter visto e tratado muitas pessoas deste mal, que não há remédio para ele além de sujeitá-las de todas as maneiras e com todos os recursos possíveis. Se as palavras não bastarem, usem-se castigos; se não forem suficientes os pequenos, recorram-se aos grandes; se não surtir efeito um mês de cárcere, sejam quatro, pois não há bem maior que se possa fazer à sua alma. Porque, como foi dito[3], e repito (já que é importante que elas mesmas o entendam, embora algumas vezes não consigam controlar-se), não havendo loucura comprovada que justifique que se relevem as culpas — embora às vezes, mas não sempre, haja —, a alma corre grande perigo, dizendo e fazendo, quando a razão não está tão toldada, o mesmo que dizia e fazia quando não podia consigo mesma.

Grande misericórdia de Deus é permitir que quem é acometido por esse mal possa submeter-se a quem o governe, porque nisso reside todo o seu bem, devido ao perigo de que falei[4]. E, pelo amor de Deus, se alguma ler isto, veja que talvez aí esteja envolvida sua própria salvação.

5. Conheço algumas pessoas a quem não falta quase nada para perder de todo o juízo. Mas elas têm almas humildes e tão temerosas de ofender a Deus que, embora se desfaçam em lágrimas, de si para si, não deixam de fazer o que lhes é ordenado, suportando essa enfermidade como

---

3. Nos n. 2-3.
4. No n. 3.

qualquer outra, mesmo que seja um insuportável martírio. Assim agindo, elas alcançarão maior glória, submetendo-se aqui ao purgatório para não passar por ele depois. Mas digo ainda uma vez: as preladas devem obrigar as que não se submeterem voluntariamente, e não devem deixar-se enganar por piedades indiscretas, para que mais tarde não venham todas a se alvoroçar com seus descomedimentos.

6. Além do perigo já referido[5], há outro grande prejuízo disso decorrente: como as veem — julgando pelas aparências — boas, as outras, não compreendendo a força que o mal tem no seu interior, e sendo nossa natureza tão miserável, imaginam-se também melancólicas para serem suportadas. E, de fato, o demônio ajuda na sugestão, produzindo um estrago difícil de remediar quando se vier a percebê-lo. É tão importante que não haja nenhum descuido quanto a isso que, se resistir ao prelado, a melancólica deve pagar como a sã, não lhe sendo perdoada coisa alguma. Se a melancólica dirigir más palavras às irmãs, que se tome a mesma atitude. E isso se aplica a todas as coisas semelhantes.

7. Parece injustiça que a enferma, que não consegue controlar-se, pague como a sã. Se for, também o é amarrar os loucos e açoitá-los, em vez de deixá-los matar toda a gente. Acreditai-me: tentei empregar muitos outros remédios e, a meu ver, não encontrei nenhum além do que recomendo. E a priorisa que por compaixão deixar que as melancólicas tenham liberdades, no final já não o conseguirão suportar e, quando afinal administrarem o remédio, verão que o mal feito às outras é muito grande.

Sim, porque, para que não matem, os loucos são presos e castigados, e isso é bom, embora pareça grande piedade não fazê-lo, visto não serem senhores de si. Logo, maior cuidado devemos ter para que as melancólicas não façam mal à alma das outras com suas liberdades. Ademais, como eu disse[6], por vezes o mal decorre de uma condição rebelde, pouco humilde e indomável, e não prejudica tanto o humor quanto essas características. Refiro-me a "algumas", porque vi que, quando há a quem temer, a maioria faz um esforço e consegue se controlar. E por que não o poderiam, então, por Deus? Temo que o demônio, sob o pretexto deste humor, como eu disse[7], queira ganhar para si muitas almas.

8. Porque agora abusa-se do termo, considerando-se melancolia tudo quanto seja vontade própria e liberdades. Assim, penso que nessas casas, e em todas as casas religiosas, este nome nem devia ser mencionado, pois parece trazer consigo certas liberdades, devendo antes ser tido por enfermidade grave — e quão grave é! — e curado como tal. E há momentos em que, para se suportar o mal, é preciso empregar algum remédio[8] e manter a doente na enfermaria. Deve ela entender que, quando tiver alta e voltar a conviver com a comunidade, deve portar-se com humildade e obedecer como todas; quando não o fizer, o humor não há de lhe servir de justificativa, porque, pelas razões que já apontei, havendo ainda muitas passíveis de ser indicadas, convém que obedeça. Mas as priorisas, sem que as doentes o entendam, devem conduzi-las com muita piedade, como verdadeiras mães, recorrendo a todos os meios possíveis para remediar a doença.

9. Parece que me contradigo, pois até aqui eu dissera que era preciso tratá-las com rigor. Por isso, repito: que não pensem as melancólicas que vão fazer tudo quanto desejarem, nem o façam, sabedoras de que, na ocasião oportuna, haverão de obedecer; pois em sentir que fazem jus a essas liberdades está o dano. Mas a priorisa pode não ordenar que façam algo para que vê que não dispõem de força necessária ao autocontrole, levando-as com jeito, com todo o amor necessário, a fim de que, se possível, submetam-se pelo amor, o que seria muito melhor, e às vezes acontece. Deve a priorisa, por essa razão, mostrar que ama muito, dando-o a entender por atos e palavras.

---

5. *Perigo* para a salvação: n. 4 e cf. n. 3.
6. No n. 5.
7. Nos n. 3-4.
8. Ela se refere ao uso de remédios que façam o organismo recuperar seu temperamento natural. Isso supõe e reflete as teorias médicas do século XVI.

Tenha-se em mente que o melhor recurso de que se dispõe é ocupá-las em muitas tarefas, impedindo-as de dar vazão à imaginação, visto estar nisso todo o mal. Mesmo que elas não sejam perfeitas nos trabalhos, é recomendável perdoar algumas faltas suas para não ter de suportar outras maiores, advindas da sua perda de controle. Entendo ser esse o remédio mais eficaz a ser-lhes administrado. Evite-se também que façam orações prolongadas, mesmo as habituais, porque a maioria delas tem imaginação fraca, o que é deveras prejudicial. E ainda assim virão à sua mente coisas que nem elas nem os que as ouvem conseguem entender. Veja-se que só comam peixe raramente e não jejuem tão continuamente quanto as outras.

10. Parece exagero fazer tantas advertências quanto a esse mal, e não para algum outro, havendo tão graves problemas em nossa miserável vida, especialmente os que são próprios da fraqueza feminina. Faço-o por dois motivos: em primeiro lugar, porque as melancólicas dão a impressão de estar boas, visto não desejarem reconhecer que têm o mal. Como a doença não as faz ficar de cama, porque elas não têm febre, nem leva a chamar o médico, é bom que a prioresa esteja atenta, pois essa enfermidade prejudica mais toda a perfeição do que as que põem a vida em risco ou obrigam a ficar de cama. Em segundo lugar, porque as outras enfermidades são curadas ou levam à morte, ao passo que esta não mata e só por milagre acaba, mas leva à perda de todo o juízo, o que equivale a morrer para matar a todas. O próprio mal já é para elas uma morte, por envolver dolorosas aflições interiores, impressões imaginosas e sentimentos de culpa, o que constitui para elas grande mérito, embora elas sempre os considerem tentações. Se compreendessem que se trata do próprio mal, teriam imenso alívio, desde que não se importassem com as manifestações.

Eu certamente tenho grande piedade por elas, sendo justo que todas as que tratam com elas também a tenham, pensando que o Senhor poderá lhes mandar o mesmo mal. E, como eu disse[9], deve-se desculpá-las sem que elas o percebam. Queira o Senhor que eu tenha conseguido dizer o que convém fazer para tratar de enfermidade tão daninha.

CAPÍTULO 8[1]

Faz algumas advertências acerca de revelações e visões.

1. Parece que algumas pessoas se espantam só de ouvir falar de visões ou revelações. Não entendo por que consideram tão perigoso que o Senhor conduza por esse caminho uma alma, não sei de onde vem esse pasmo. Não quero discorrer agora sobre quais são as boas e más revelações e visões, nem os sinais que me ensinaram pessoas muito doutas para determiná-lo. Falarei do que deve fazer a alma que se vir em semelhante situação, porque poucos são os confessores que não a deixem atemorizada. Por certo não os espanta tanto que se diga que o demônio representa à alma muitos gêneros de tentações e de espírito de blasfêmia, bem como de coisas disparatadas e desonestas quanto os escandaliza dizer-se que se viu um anjo ou que se ouviram palavras dele ou que Jesus Cristo crucificado, Senhor Nosso, apareceu.

2. Tampouco desejo tratar agora das ocasiões em que as revelações são de Deus (pois já se entendem os grandes bens que isso propicia à alma), limitando-me às que o demônio cria para enganar, aproveitando-se da imagem de Cristo Nosso Senhor ou dos seus santos. Quanto a isso, tenho para mim que Sua Majestade não lhe permitirá que engane alguém nem lhe dará poder para que faça isso através de semelhantes figuras, a não ser que esse próprio alguém o permita; será o tentador quem sairá enganado. Por isso, não há motivo de assombro, bastando confiar no Senhor e fazer pouco caso dessas coisas, a não ser para louvá-Lo mais.

3. Sei de uma pessoa a quem os confessores muito afligiram por coisas semelhantes, embora fossem, como depois pude entender, devido aos grandes efeitos e boas obras que disto procede-

---

9. Nos n. 8-9.
1. A Santa vai tratar neste capítulo do tema anunciado no n. 5.

ram, de Deus. Muitas vezes, essa pessoa tinha de benzer-se e fazer figas quando lhe aparecia a imagem do Senhor, por que assim lhe ordenavam. Depois, tratando com um grande letrado dominicano[2], ouviu deste que era ruim que alguém assim agisse, já que onde víssemos a imagem do Senhor deveríamos reverenciá-la, ainda que fosse pintada pelo demônio; porque ele é um grande pintor e, querendo nos fazer mal, antes nos faz boa obra, ao nos apresentar tão vividamente um crucifixo ou outra imagem a ponto de deixá-la fixada no nosso coração.

Agradou-me muito essa explicação, porque, quando vemos uma imagem boa, mesmo que saibamos ter sido pintada por um homem ruim, não teríamos por que deixar de estimá-la nem fazer caso do pintor de modo a abandonar a nossa devoção. Porque o bem ou o mal não está na visão, mas em quem a vê e não se aproveita com humildade dela. Havendo humildade, nenhuma visão poderá prejudicar, mesmo sendo obra do demônio; quando não há, mesmo uma imagem vinda de Deus traz pouco proveito. Com efeito, se a alma fica soberba com o que serviria para humilhá-la, sua ação é como a da aranha, que transforma em peçonha tudo quanto come, enquanto a abelha o converte em mel.

4. Explicando melhor: se Nosso Senhor, por Sua bondade, quer representar-se a uma alma para que esta mais o conheça e ame, ou para mostrar-lhe algum segredo Seu ou conceder-lhe algumas graças e prazeres especiais, e a alma, como eu disse[3], com isso (em vez de confundir-se e entender quão pouco sua baixeza o merece) se tomar por santa e tiver a impressão de que essa graça decorre de algum bem que porventura tenha praticado, claro está que todo o grande bem que poderia advir-lhe daqui se torna, como no caso da aranha, mal.

Digamos então que o demônio, para incitar a arrogância, produza essas aparições; se a alma, pensando que elas são de Deus, se humilhar e reconhecer que não merece tão grande favor, e se esforçar por servir mais, por ver-se rica quando sequer merece comer as migalhas que caem (da mesa das pessoas que ela sabe terem recebido de Deus essas graças, ou seja, quando nem merece ser escrava de uma dessas pessoas), começando a se empenhar em fazer penitência, em ter mais oração e mais cuidado para não ofender esse Senhor — de Quem julga receber essa graça — e em obedecer com mais perfeição, posso garantir que o demônio não retornará, mas fugirá às pressas, sem deixar na alma prejuízo algum.

5. Quando, pois, a alma receber uma ordem ou uma previsão do futuro, é preciso que procure um confessor discreto e letrado e não faça nem creia em nada além daquilo que ele disser. Ela pode comunicá-lo à prioresa, para que esta indique um confessor com essas qualificações. E esteja advertida de que, se não obedecer ao que o confessor lhe disser e não se deixar guiar por ele, ou se trata do mau espírito ou de grave melancolia. Porque, mesmo que o confessor se engane, a alma acertará mais em seguir o que ele disser, mesmo que um anjo de Deus lhe tenha dirigido a palavra. Se ela assim fizer, Sua Majestade lhe dará luz e fará que as coisas se cumpram; fazê-lo não envolve perigos, ao passo que em outras atitudes pode haver muitos riscos e prejuízos.

6. Deve-se levar em conta que é grande a nossa fraqueza natural, sobretudo na mulher, o que se revela especialmente no caminho da oração. Por conseguinte, deve-se evitar pensar que tudo quanto nos venha à imaginação seja uma visão, porque, acreditai-me, quando o é, dá-se bem a entender. Quando há melancolia, o cuidado deve ser redobrado, porque eu soube de coisas sobre isso que me deixam espantada por não compreender como é possível que pareça a alguém, tão verdadeiramente, ver o que não está vendo.

7. Certa feita, veio a mim um confessor, muito admirado. Ele confessava uma pessoa que lhe dizia ver muitos dias Nossa Senhora, que se sentava sobre a cama e ficava lhe falando por mais de uma hora, dizendo-lhe coisas futuras e muito mais. Em meio a tantos disparates, acertava algumas previsões e, por isso, tinha-se por certa. Vi logo de que se tratava, embora não me atrevesse a dizê-

---

2. À margem, a Santa anotou: *o mestre Frei Domingo Báñez*. Ela se refere a si mesma: cf. *Vida*, cap. 29, n. 5ss.; e *Moradas*, VI, cap. 9, n. 12-13.

3. No n. 3.

lo, visto estarmos num mundo em que é preciso considerar o que podem pensar de nós, a fim de que as nossas palavras produzam efeito. Por esse motivo, eu lhe disse que esperasse para verificar a verdade daquelas profecias, perguntasse sobre outros efeitos e se informasse sobre a vida da pessoa. No final, ele veio a compreender que tudo não passava de imaginação.

8. Eu poderia contar muitos casos disso, pois bem serviria para comprovar o que tento dizer: que a alma não acredite logo em si mesma. É necessário esperar algum tempo, entendendo-se bem que depois de comunicar o evento, para não enganar o confessor sem pretender, visto que, não tendo ele experiência delas, por mais douto que seja, não lhe será possível entendê-las com facilidade. Faz muito pouco tempo que um homem confundiu sobremaneira pessoas bem letradas e espirituais com coisas dessa espécie, até tratar com alguém que tinha experiência das graças de Deus, ocasião em que essa pessoa viu com clareza ser loucura associada a ilusão, mesmo estando tudo muito dissimulado, pois o Senhor logo manifestou a verdade — depois, porém, de ter sofrido muito a pessoa que o descobriu, por não lhe terem dado crédito[4].

9. Por essas e outras razões, é recomendável que cada irmã preste claras contas de sua oração à prioresa, e que esta esteja bem atenta para examinar o temperamento e a perfeição de cada qual e avisar o confessor, a fim de que este possa julgar melhor, escolhendo um competente, caso o ordinário não possa dar conta do caso sozinho. Deve-se ter o cuidado especial de não comunicar coisas dessa espécie, mesmo que sejam verdadeiramente de Deus ou até graças reconhecidamente milagrosas, a pessoa de fora nem a confessores incapazes de ter a prudência de calar. Até entre si as irmãs devem evitar referir-se a isso. Isso é fundamental, por menos que se possa compreender.

E a prioresa, com prudência, deve inclinar-se mais a louvar quem se distingue na humildade, na mortificação e na obediência do que as que Deus conduzir por esse caminho da oração muito sobrenatural, ainda que tenham todas essas virtudes. Porque, se for espírito do Senhor, trará consigo humildade para a alma gostar de ser menosprezada e, não lhe causando danos, beneficiará todas. A razão é que, como nem todas podem chegar a isso, que é dado por Deus a quem Ele quer, quem não o tiver pode perder a coragem de lutar para obter as outras virtudes. Estas outras, embora também sejam concedidas por Deus, têm de ser adquiridas, tendo um grande valor para a religião. Que Sua Majestade no-las conceda, pois não as negará a quem tiver exercício, cuidado e oração e, confiante em Sua misericórdia, procurar obtê-las.

CAPÍTULO 9

Trata de sua partida de Medina del Campo para a fundação de São José de Malagón.

1. Como me afastei do meu propósito! E talvez tenha sido mais a propósito dar alguns desses avisos que dei do que falar das fundações.

Eu estava, pois, em São José de Medina del Campo, muito consolada por ver como aquelas irmãs seguiam os passos das de São José de Ávila, vivendo com toda a religião, irmandade e espírito, e como Nosso Senhor ia provendo o necessário à Sua casa, tanto à igreja como às irmãs. Entraram mais algumas, parecendo que o Senhor escolhia as que conviam para alicerces de semelhante edificação. Estou convencida de que nesses princípios reside todo o bem futuro, porque quem vem depois segue o caminho que encontra.

2. Havia em Toledo uma senhora, irmã do duque de Medinaceli[1], em cuja casa eu estivera por ordem dos prelados, como narrei mais longamente ao tratar da fundação de São José. Desde

---

4. Ela alude a um camponês chamado Juan Manteca, que tinha grande fama de pessoa espiritual e místico nos anos 1565. Apresentado à Santa, ele terminou por confessar seus embustes (cf. a deposição de Isabel de S. Domingo no Processo de Zaragoza, 1595; B. M. C., t. 19, p. 81).

1. Trata-se da irmã da Duquesa de Medinaceli, dona Luisa de la Cerda, que assistiu a Santa em 1562, e de quem esta falou "mais longamente ao tratar da fundação de São José", ou seja, em *Vida*, cap. 34.

essa época, ela nutria por mim especial afeição e, em parte, esse deve ter sido o motivo para ela fazer o que fez, pois Sua Majestade muitas vezes recorre a esses meios que, aos que não conhecemos o futuro, parecem pouco férteis. Sabendo que eu tinha licença para fundar mosteiros, a referida senhora começou a insistir comigo para fazê-lo numa vila sua chamada Malagón. Eu não o pretendia de forma alguma, por ser o lugar tão pequeno que nos obrigaria a ter renda para manter o mosteiro, coisa a que eu me opunha terminantemente.

3. Falei com letrados e com o meu confessor[2], que me disseram que eu agia mal, posto que, havendo para isso licença do Santo Concílio, não era bom deixar de fazê-lo devido a uma opinião minha, se tanto se podia servir ao Senhor. Uniram-se a isso as instâncias da senhora, o que me obrigou a admiti-lo. Foi grande a renda a reunir; porque sempre prefiro que os mosteiros sejam ou totalmente pobres ou dotados de recursos suficientes para que as monjas não importunem ninguém para obter o que for necessário[3].

4. Empenhei-me com vigor para que nenhuma irmã tivesse posses, e guardasse em tudo as Constituições como nos outros mosteiros pobres. Com todas as escrituras assinadas, mandei vir algumas irmãs para fundar o mosteiro de Malagón, e fomos com aquela senhora para a cidade, onde a casa ainda não tinha condições de ser ocupada. Por isso, detivemo-nos por mais oito dias num aposento da fortaleza[4].

5. No dia de Ramos do ano de 1568, fomos com o povo em procissão. Com os véus caídos sobre o rosto e capas brancas, dirigimo-nos à igreja do lugar, onde houve uma pregação, levando-se a partir dali o Santíssimo Sacramento ao nosso mosteiro. Isso despertou em todos muita devoção. Permaneci ali por alguns dias. Num deles, quando eu estava em oração depois de comungar, Nosso Senhor me deu a entender que seria servido naquela casa. Creio que não fiquei ali nem dois meses, pois sentia meu espírito apressado para fundar a casa de Valladolid, pela razão de que vou falar agora.

CAPÍTULO 10

Trata da fundação da casa de Valladolid, do mosteiro da Conceição de Nossa Senhora do Carmo.

1. Quatro ou cinco meses antes da fundação do mosteiro de São José de Malagón, um jovem fidalgo[1], falando comigo, disse desejar fazer um mosteiro em Valladolid e que daria de bom grado uma casa sua com uma horta espaçosa e boa onde havia uma grande vinha. Ele quis fazer imediatamente a doação da propriedade, que era de grande valor. Eu aceitei, se bem que não estivesse bem resolvida a fundar ali, pois a casa ficava a quase um quarto de légua da povoação. Contudo, pareceu-me que, tomando posse ali, eu poderia mais tarde transferir o mosteiro para a cidade. E, como ele o fazia de tão boa vontade, não quis deixar de aceitar sua boa ação nem prejudicar-lhe a devoção.

---

2. O Padre Domingo Báñez (a quem ela vai mencionar explicitamente mais tarde, no cap. 11, n. 3), que sempre se opusera ao programa de pobreza absoluta (cf. *Vida*, cap. 36, n. 15). Sua objeção desse momento estava fundada no decreto *De Regularibus* do Concílio de Trento, sessão 25, cap. 3; cf. *Fundações*, cap. 20, n. 1).

3. A fundação foi dotada de, além de outros recursos estáveis, 8.500 ducados (cf. B. M. C., t. 5, pp. 375-382).

4. Também esse terceiro mosteiro foi consagrado a *São José, tal* como os de Ávila e de Medina. Como fundadoras, a Santa levou duas monjas de Medina e cinco da Encarnação de Ávila. — Elas estiveram 8 dias na "fortaleza" ou castelo de Dona Luisa, em Malagón. Inauguraram a nova fundação no dia 11 de abril. Não possuímos dados muito confiáveis sobre o itinerário e o diário da Santa: ela saiu de Medina no final de 1567 ou início de 1568, passou por Madri (visita à Corte!), deteve-se em Alcalá de Henares (convento da Imagem, cf. *Vida*, cap. 36, n. 28) e em Toledo, em casa de Dona Luisa; chegou a Malagón em 1° ou 2 de abril, partindo definitivamente em 19 de maio.

1. D. Bernardino de Mendoza, irmão do Bispo de Ávila, Dom Alvaro de Mendoza, e de dona Maria de Mendoza: os três personagens entrarão em ação neste capítulo. — A propriedade oferecida para a fundação era Rio de Olmos, a pouco mais de um quilômetro da porta do Carmo, ao sul da cidade, junto ao rio. O único vestígio da passagem da Santa por lá é uma ermida abandonada.

2. Dentro de mais ou menos dois meses, o fidalgo foi acometido de uma doença tão grave que perdeu a fala e quase não conseguiu confessar-se, embora desse muitas indicações de que pedira perdão a Deus. Ele logo faleceu, bem longe do local onde eu me encontrava[2]. O Senhor me disse que a sua salvação estivera por um fio e que tivera misericórdia dele por causa do favor feito à Sua Mãe com a casa que dera para o mosteiro de Sua ordem; disse ainda que ele só sairia do purgatório quando se dissesse no local a primeira missa. Eu me preocupava tanto com as graves penas dessa alma que, apesar do desejo de fundar em Toledo, adiei a obra e me apressei como pude para fundar de qualquer maneira em Valladolid.

3. Não pude agir com a rapidez desejada, porque me vi obrigada a parar em São José de Ávila, então a meu cargo, por muitos dias, tendo ainda ido a Medina del Campo, onde tinha de passar. Neste último convento, disse-me o Senhor em oração que me apressasse porque aquela alma estivesse padecendo muito. Por isso, embora as condições fossem precárias, pus mãos à obra e tomei posse de Valladolid no dia de São Lourenço[3]. Ao ver a casa, veio-me uma angústia, porque percebi ser loucura ter as monjas ali antes de fazer grandes gastos. E embora fosse agradável, por ter uma bela horta, o lugar era insalubre, devido à proximidade do rio.

4. Mesmo cansada, tive de assistir à missa num mosteiro da nossa Ordem[4] que vi à entrada do lugar, e que era tão longe que aumentou o meu sofrimento. Mas nada disse às irmãs para não as desanimar. Embora cansada, tinha fé que o Senhor, depois de dizer o que contei, o remediaria. Muito em segredo, fiz vir operários e mandei começar a fazer paredes de taipa para garantir a vida de recolhimento e outras coisas necessárias.

Estava conosco o clérigo de que falei, Julián de Ávila[5], e um dos dois frades que, como eu já disse, queriam ser descalços; ele se informava da maneira de proceder nessas casas. Julián de Ávila encarregou-se da obtenção da licença do Ordinário, que antes da minha chegada já dera um parecer promissor. Mas a licença não veio tão depressa que não tivesse passado um domingo. Entretanto, permitiram-nos dizer missa no lugar destinado à igreja, e assim se fez.

5. Eu sequer desconfiava de que ali se cumpriria o que me tinha sido dito daquela alma[6]; porque, embora eu tivesse ouvido "a primeira missa", pensei que seria a que marcasse a entronização do Santíssimo Sacramento. Quando o sacerdote chegou ao lugar onde iríamos comungar, com o Santíssimo Sacramento nas mãos, e eu me aproximei para recebê-Lo, vi ao seu lado o cavalheiro de que falei[7], com o rosto alegre e resplandecente; de mãos postas, ele me agradeceu o que fizera para que saísse do purgatório, e aquela alma partiu para o céu.

Certo é que da primeira vez que soube que sua alma estava em vias de salvar-se, eu não ficara muito segura disso. Tinha muita pena dele, parecendo-me ser necessária, para sua salvação, outra morte, considerando-se seu modo de vida, já que, embora dotado de muitas qualidades, estava muito envolvido com as coisas do mundo. É verdade que dissera à minhas companheiras pensar muito na morte. É muito bom que qualquer serviço prestado à sua Mãe agrade a Nosso Senhor, e grande é a Sua misericórdia. Seja sempre louvado e bendito, pois paga com vida e glória eternas a baixeza de nossas obras, fazendo-as grandes quando são de pouco valor.

---

2. Morreu em Ubeda, no início de 1568, enquanto a Santa estava no convento da Imagem, em Alcalá.

3. 10 de agosto de 1568. Etapas de sua viagem: no dia 19 de maio, ela sai de Malagón; no dia 29, vai de Toledo para Escalona; entre 2 e 30 de junho, fica em Ávila, onde é prioresa. Neste último dia, sai de Ávila, passa por Duruelo e Medina, onde fica entre 1° e 9 de agosto, c, no dia 10, entra em Valladolid.

4. O de Carmelitas Calçados. A Santa estava na companhia de três monjas fundadoras.

5. Ela falou de Julián de Ávila no cap. 3, n. 2; o frade descalço era São João da Cruz, que se submeteu, em Valladolid, a uma delicada aprendizagem da vida carmelita, sob a direção e o magistério da reformadora.

6. Cf. n. 2.

7. D. Bernardino (cf. n. 1). Julián de Ávila, ator da cena, diz: "… e quando dei o Santíssimo Sacramento à Madre, vi-a com grande arroubo, o que ocorria muitas vezes, antes ou depois de recebê-Lo" (*Vida de la Santa*, p. 2, cap. 8, p. 263 e cf. B. M. C., t. 18, p. 221). Rubens imortalizou a cena.

6. No ano de 1568, chegado o dia de Nossa Senhora da Assunção, que é 15 de agosto, tomamos posse do mosteiro.

Ficamos ali pouco tempo, pois quase todas adoecemos gravemente. Vendo isso, uma senhora do lugar, chamada dona Maria de Mendoza, mulher do comendador Cobos e mãe do marquês de Camarasa, muito cristã e caridosa (suas abundantes esmolas o deixavam muito claro), que já me socorrera muito antes de eu a conhecer pessoalmente — porque era irmã do bispo de Ávila, que, no primeiro mosteiro, fizera grandes coisas em nosso favor e em prol de tudo o que toca à Ordem —, revelou sua grande caridade e percebeu que não poderíamos ficar no lugar sem muitos problemas, tanto por estar distante para receber o auxílio das esmolas como por ser insalubre, razão por que nos disse para deixar aquela casa e ofereceu-se para nos comprar outra. Ela assim o fez, dando-nos uma que valia muito mais. Além disso, quis nos dar tudo o que era necessário até o momento, dispondo-se a continuar a fazê-lo enquanto vivesse.

7. No dia de São Brás[8], fizemos a mudança, com uma grande procissão e muita devoção do povo, que sempre a tem, porque o Senhor faz muitas misericórdias naquela casa, tendo-lhe levado almas cuja santidade se manifestará a seu tempo para louvá-Lo, pois Ele deseja, por esses meios, engrandecer suas obras e fazer graças às criaturas. Ali entrou uma alma que deu bem a entender o que é o mundo, ao desprezá-lo em tão tenra idade. Pareceu-me oportuno dizê-lo aqui para que se confundam os que amam muito as coisas terrenas e para que sirva de exemplo às moças a quem o Senhor der bons desejos e inspirações, a fim de que as transformem em obras.

8. Mora neste lugar uma senhora, chamada Dona Maria de Acuña, irmã do Conde de Buendía[9]. Ela foi casada com o Adiantado de Castela. Morto este, ficou com um filho e duas filhas, ainda muito moça. Começou a levar uma vida de tanta santidade e a criar os filhos em tanta virtude que mereceu que o Senhor os quisesse para Si. Não expliquei bem. Ficaram-lhe três filhas: uma logo se fez monja; outra não quis se casar, e acompanhava a mãe numa vida de grande edificação[10]; o filho cedo começou a entender o que é o mundo e foi chamado por Deus para ser religioso, com uma determinação que ninguém conseguia amainar. A mãe comprazia-se muito com isso e com certeza intercedia por ele junto a Nosso Senhor, embora nada demonstrasse, por causa dos parentes. Enfim, quando o Senhor quer para Si uma alma, têm pouca força as criaturas para estorvá-Lo; assim aconteceu nesse caso, pois o menino, detido durante três anos na tentativa de o persuadirem, terminou por entrar na Companhia de Jesus. Disse-me um confessor dessa senhora que ela afirmara que nunca tivera na vida um dia tão feliz quanto o da profissão do filho.

9. Ó Senhor! Que grande graça fazeis àqueles a quem dais pais assim, que amam tão verdadeiramente seus filhos que preferem que seus domínios, morgadios e riquezas estejam na bem-aventurança, que não há de ter fim! Deve-se lastimar muito o fato de no mundo haver tanta desventura e cegueira que os pais acreditem que a honra resida em que não se acabe a lembrança desse esterco dos bens do mundo, não havendo honra, para eles, no fato de que, cedo ou tarde, isso há de se acabar; porque tudo o que tem fim, embora dure, se acaba, sendo preciso dar pouca importância a isso.

Esses pais desejam, às custas dos pobres filhos, sustentar suas vaidades e roubar de Deus, com muito atrevimento, as almas que Ele quer para Si; assim fazendo, as privam de bem tão

---

8. 3 de fevereiro de 1568.
9. As edições antigas, até a de 1572, suprimiram todo o restante deste capítulo e o seguinte: todo o episódio de Casilda de Padilla. Para facilitar a compreensão do relato, são suficientes os dados a seguir: dona María de Acuña, viúva de Dom Juan de Padilla e Manrique, Adiantado Maior de Castela, teve quatro filhos: Dom Antonio, herdeiro dos títulos, María de Acuña, Luisa de Padilha e *Casilda de Padilha*. O primeiro tornou-se jesuíta (foi noviço em Valladolid sob a direção do Padre Baltasar Alvarez, confessor da Santa); dona Luisa tornou-se franciscana; dona María, dominicana; Casilda, aos doze anos, tomou por noivo (não se casou) seu tio, Dom Martín de Padilha, mas em seguida abandonou o noivo e tornou-se carmelita. Para salvar o título, a irmã franciscana, dona Luisa, teve de sair do seu convento (com dispensa pontifícia) para casar com o fracassado Dom Martín.
10. A Santa vai falar da terceira protagonista desta história, no n. 13.

grande, já que, mesmo que não durasse para sempre, como Deus as convida para ficar Consigo, constitui uma grande graça, pois que as almas se veem livres dos cansaços e leis do mundo, que são tanto maiores quanto mais posses se têm. Abri-lhes, Deus meu, os olhos; dai-lhes a entender que é amor que estão obrigados a ter pelos filhos, para que não lhes façam tanto mal e não se queixem deles diante de Deus no juízo final, onde, mesmo que não queiram, haverão de compreender o valor de cada coisa.

10. Como, por Sua misericórdia, Deus tirou do mundo esse cavalheiro, filho de Dona María de Acuña (seu nome é dom Antonio de Padilla) aos 17 anos, mais ou menos, os bens ficaram com a filha mais velha, Dona Luisa de Padilla; porque o Conde de Buendía não teve filhos, e Dom Antonio era herdeiro do condado e do título de Adiantado de Castela. Por não me parecer a propósito, não vou me referir ao muito que o rapaz padeceu junto aos parentes até realizar o que pretendia. Bem o compreenderá quem entender o quanto os do mundo apreciam que haja sucessor para suas casas.

11. Ó Filho do Pai Eterno, Jesus Cristo, Nosso Senhor, Rei verdadeiro de tudo! Que deixastes no mundo! Que podemos herdar de Vós os Vossos descendentes? Que possuístes, Senhor meu, além de sofrimentos, dores e desonras, e não tivestes mais do que um madeiro para sorver o trabalhoso trago da morte? Enfim, Deus meu, os que quisermos ser de fato filhos Vossos e não renunciar à herança não devemos fugir do padecimento. Vossas armas são cinco chagas. Eia, pois, filhas minhas! Esta há de ser a nossa divisa, se quisermos herdar o Seu reino; não com descansos, não com prazeres, não com honras, não com riquezas haveremos de ganhar o que Ele adquiriu com tanto sangue. Ó gente ilustre! Abri por amor de Deus os olhos; vede que os verdadeiros cavalheiros de Jesus Cristo e os príncipes de Sua Igreja, um São Pedro, um São Paulo, não trilhavam o caminho que seguis. Pensais porventura que haverá um novo caminho para vós? Não o acrediteis. Vede que o Senhor começa a vo-lo mostrar por pessoas de tão pouca idade quanto aquelas de que agora falamos.

12. Vi algumas vezes esse Dom Antonio e com ele falei; ele desejava ter muito mais para tudo deixar. Bem-aventurado mancebo e bem-aventurada donzela, que mereceram tanto junto a Deus ao menosprezar o mundo na idade em que este costuma assenhorear-se dos seus moradores. Bendito seja Aquele que lhes concedeu tanto bem.

13. Os bens ficaram, pois, com a irmã mais velha, que fez deles tão pouco caso quanto o irmão; desde criança, ela se dedicava tanto à oração — que é onde o Senhor dá luz para que se entendam as verdades — que os estimou tão pouco quanto o irmão. Oh, valha-me Deus! A que trabalhos, tormentos e pleitos, e até o risco de vida e da honra, se lançaram tantos para herdar esse legado! Mas os irmãos não sofreram pouco para que lhes fosse permitido deixá-lo. Assim é este mundo, como o dão bem a entender seus desvarios se não estivéssemos cegos. A irmã mais velha de bom grado renunciou em favor da outra irmã, para que a deixassem livre dessa herança; esta última, que era a única, tinha 10 ou 11 anos. Imediatamente, para que não se perdesse a negra memória da família, os parentes obrigaram a menina a desposar um tio seu, irmão de seu pai; conseguiram a dispensa do Sumo Pontífice e celebraram o noivado.

14. O Senhor, porém, não quis que uma filha de tal mãe e irmã de tais irmãos ficasse mais enganada do que eles, e assim sucedeu o que agora narro. A menina começou a usar os trajes e atavios do mundo, que, como é natural, deveriam seduzir alguém de tão pouca idade; porém, mal completados dois meses de noivado, ela começou a receber do Senhor luz, embora então não o entendesse. Quando passava um dia muito alegre com o noivo, a quem queria com uma dedicação pouco típica de sua idade, a menina depois padecia de uma grande tristeza, ao ver que aquele dia acabara e que assim terminariam todos os outros. Ó grandeza de Deus, que do próprio contentamento pelos prazeres das coisas perecíveis geraste o aborrecimento! Adveio à menina uma tristeza tão grande que ela não foi capaz de ocultá-la do noivo; ela não sabia a causa nem o que explicar, embora ele lhe perguntasse.

15. Por essa época, teve ele de fazer uma viagem a um lugar distante dali. Ela, como o queria muito, ficou deveras sentida. Mas logo o Senhor lhe revelou a causa do seu sofrimento, que era inclinar-se a sua alma para aquilo que nunca há de se acabar; ela começou a considerar que seus irmãos tinham preferido o mais seguro, deixando com ela os perigos do mundo. Isso por um lado; por outro, como pensava que sua situação não tinha remédio (porque só depois ela soube que o simples noivado lhe permitia tornar-se monja, e assim mesmo por tê-lo perguntado), ela ficou muito aflita; e, sobretudo, o amor que tinha pelo noivo a impedia de decidir-se, razão por que vivia em estado lastimável.

16. O Senhor, como a queria para Si, foi-lhe tirando esse amor e aumentando o desejo de tudo deixar. Na época, só a movia o desejo de salvar-se e de buscar os melhores meios, pois lhe parecia que, mais imersa nas coisas do mundo, se esqueceria de procurar o que é eterno, pois esta sabedoria Deus lhe infundiu em tão pouca idade, a sabedoria de buscar como ganhar aquilo que não se acaba. Ditosa alma que saiu tão rápido da cegueira em que acabam muitos velhos!

Vendo-se com a vontade livre, a menina determinou-se de todo a empregá-la em Deus, o que até então não dissera a ninguém, e começou a consultar a irmã. Esta, julgando tratar-se de criancice, tentou dissuadi-la dizendo-lhe, entre outras coisas, que ela bem podia salvar-se sendo casada. Em resposta, perguntou-lhe a menina por que então ela não o tinha feito. Passaram-se alguns dias. Seu desejo ia sempre crescendo, embora ela não ousasse dizer nada à mãe, e talvez fosse esta, com suas santas orações, a causa dessas lutas.

CAPÍTULO 11

Continua o assunto começado, narrando os recursos de que se valeu dona Casilda de Padilla para conseguir a realização dos seus santos desejos de ser religiosa.

1. Por aquela época, aconteceu de tomar hábito[1] uma monja do mosteiro da Conceição, cujo chamamento talvez eu venha a contar, porque, mesmo sendo de condição social distinta — era uma simples camponesa —, ela foi tão elevada pelas imensas graças que o Senhor lhe concedeu que é justo fazer-lhe a memória, para o louvor de Sua Majestade. Indo dona Casilda (que assim se chamava essa amada do Senhor) com a avó assistir a essa tomada de hábito — tratava-se da mãe do seu noivo —, foi despertada nela uma forte afeição pelo mosteiro; pareceu-lhe que o lugar, por contar com poucas monjas, e pobres, permitia-lhes melhor servir a Deus — embora ela ainda não estivesse decidida a deixar o noivo, sendo isso, como eu disse[2], o que mais a detinha.

2. Ela pensava consigo que, antes de casar, deveria ter períodos dedicados à oração; porque a bondade e a santidade da alma de sua mãe as tinha criado, e ao filho, com esse costume, pois desde os 7 anos os fazia ir ao oratório em horas fixadas, ensinando-os a meditar a Paixão do Senhor, além de fazer que confessassem com frequência; e eis que ela viu coroados de sucesso os seus desejos, pois só os queria para Deus. Disse ela que sempre os oferecia ao Pai, suplicando-Lhe que os tirasse do mundo, porque ela já sabia quão pouco se deve estimá-lo.

Por vezes penso: quando esses filhos se virem fruindo os gozos eternos, sabendo que a mãe foi o meio, quantas graças lhe darão e quanta glória ela terá ao vê-los! E quão distinto será o caso dos que, não sendo criados pelos pais como filhos de Deus (pois que o são mais Dele que seus), se encontrarão com aqueles no inferno e lançarão maldições e terão imenso desespero.

3. Voltando ao que dizia, como visse que até o rosário já rezava sem vontade, a menina teve grande temor de que ficasse cada vez pior; ela viu claro que, refugiando-se nesta casa, teria assegurada sua salvação. Por isso, decidiu-se de vez. Certa manhã, vindo ela, a irmã e a mãe — que

---

1. Tratava-se de Estefanía de los Apóstoles, que tomou o hábito em 2 de julho de 1572 e foi famosa entre as Descalças primitivas.
2. No cap. 10, n. 15.

nem desconfiavam de que ela faria o que fez —, tiveram oportunidade de entrar na clausura. Encontrando-se ali, não permitiu que nada deste mundo a fizesse sair. Foram tantos os apelos e lágrimas para que a deixassem ali que todos ficaram tomados de espanto. Sua mãe, embora se alegrasse interiormente, temia a família, não desejando que se pensasse dever-se aquilo a ações suas; o mesmo ocorria com a prioresa, que a considerava muito moça e necessitada de passar por uma prova maior.

O evento começou pela manhã e prolongou-se até a tarde, quando mandaram chamar seu confessor e o padre Mestre Frei Domingo, muito amigo meu, o dominicano que mencionei antes, embora eu não me encontrasse então aqui[3]. Este padre logo percebeu que se tratava do espírito do Senhor e a ajudou muito, tendo passado maus bocados com os seus parentes (assim haveriam de agir todos os que pretendem servir: quando virem uma alma chamada por Deus, não levar muito em consideração as prudências humanas!). Ele prometeu dar-lhe auxílio para voltar noutro dia.

4. Diante desses argumentos, e para que não lhe culpassem a mãe, ela cedeu, se bem que os seus desejos fossem cada vez maiores. A mãe começou a contar aos parentes, em segredo, o que acontecera; o sigilo servia para que a coisa não caísse nos ouvidos do noivo. Os parentes diziam que era criancice e que ela devia esperar até ter idade para decidir, pois ainda não completara 12 anos. Ela replicava: como a consideraram com idade para casá-la e deixá-la entregue ao mundo, como podiam dizer que não a tinha para entregar-se a Deus? Ela fazia afirmações que em tudo demonstravam não ser ela quem falava.

5. O segredo não foi bem guardado e alguém avisou o noivo. Assim que o soube, ela achou que não era conveniente esperar o seu regresso e, no dia de Nossa Senhora da Conceição, estando em casa de sua avó e futura sogra, que nada sabia disso, pediu-lhe muito que a deixasse ir ao campo com a aia espairecer um pouco. Para agradá-la, a avó consentiu e fê-la ir num carro com os criados. A menina deu dinheiro a um deles e implorou-lhe que a esperasse na porta deste mosteiro com uns molhos de lenha ou de sarmento e, usando de artifícios, fez que o carro acabasse por passar por aqui. Chegando à portaria, mandou que batessem à roda e pedissem água, sem dizer para quem, apeando-se muito depressa.

Eles disseram que lhe trariam, mas ela recusou. Os molhos de lenha já se encontravam ali. Ela então mandou dizer aos do convento que viessem à porta buscar a lenha e ficou ali por perto. Quando a porta se abriu, ela correu para dentro e, abraçando-se com uma Nossa Senhora[4], chorou e rogou à prioresa que não a pusesse fora. Os criados chamavam, batendo na porta com força. Ela foi até a grade e lhes disse que nada a faria sair, e que fossem contar à sua mãe. As aias se lamentavam muito, mas ela se importava pouco. A avó, ao saber da notícia, quis ir de imediato ao mosteiro.

6. No final, nem a avó, nem o tio, nem o noivo, que, tendo regressado, tentou convencê-la falando-lhe junto à grade, conseguiram mais do que atormentá-la, deixando-a ainda mais decidida. O noivo, depois de muito lamentar-se, disse-lhe que ela poderia servir mais dando esmolas, ao que ela retrucou que ele próprio as desse. Aos outros argumentos, ela respondia que se sentia obrigada, antes de tudo, a garantir a própria salvação e que, como sabia que era fraca, percebia que não iria se salvar se permanecesse no mundo. Além disso, ela não ofendia o noivo, nem ele deveria queixar-se, pois ela só por Deus o deixara. Percebendo que nenhuma resposta o satisfaria, ela se levantou e deixou-o.

7. A única impressão que lhe ficou da conversa com o noivo foi o desgosto, porque à alma a quem Deus dá a luz da verdade as tentações e empecilhos do demônio mais ajudam, já que é Sua

---

3. A prioresa era María Bautista, sobrinha da Santa e uma das mais privilegiadas em termos de correspondência epistolar com esta última. O confessor da madre era o Padre Báñez. Não se podendo datar com precisão o episódio, não é fácil determinar onde se achava a Fundadora; é provável que tenha coincidido com sua permanência em Salamanca, que durou do final de julho de 1573 a janeiro do ano seguinte.

4. Essa imagem da Virgem ainda preside o coro da Comunidade.

Majestade quem por ela luta, como se pôde ver aqui claramente, pois não parecia que fosse ela quem falava.

8. Vendo o pouco êxito da tentativa de tirá-la daqui por bem, o noivo e os parentes tentaram usar a força; para isso, vieram com uma provisão real para tirá-la do mosteiro e pô-la em liberdade. Durante todo esse tempo, que durou da Conceição ao Dia dos Inocentes[5], quando a levaram, ela não recebeu o hábito do mosteiro, mas fez todas as coisas da religião como se o tivesse, e com enorme contentamento. Nesse dia, levaram-na à casa de um cavalheiro, vindo os oficiais de justiça em sua busca. Ela foi debulhando-se em lágrimas, dizendo que nenhum proveito havia em atormentá-la. Muitas pessoas, religiosas e seculares, tentaram persuadi-la; porque uns pensavam ser coisas de criança e outros desejavam que ela gozasse de sua posição no mundo. Eu me alongaria muito se falasse das discussões que ela teve e da maneira como se livrava de todos. Ela os deixava espantados com as coisas que dizia.

9. Vendo que nada conseguiam, puseram-na na casa de sua mãe para detê-la por algum tempo; esta, já cansada de tanto desassossego, não a ajudava nada e, ao que parecia, até se opunha a ela. Talvez o fizesse para prová-la mais; ao menos foi o que me disse depois; e sendo ela tão santa, não há por que não acreditar nisso. Mas a menina não o entendia. Também um sacerdote que era seu confessor se opunha terminantemente a isso, de modo que ela só contava com Deus e com uma moça que servia a sua mãe, que era com quem descansava. Ela assim ficou, com muito sofrimento e fadiga, até fazer 12 anos. Nesse momento, percebeu que os parentes, já que não podiam impedi-la, estavam tentando levá-la a ser monja no mosteiro em que estava sua irmã, por não haver nele tanta austeridade[6].

10. Vendo isso, ela decidiu empregar qualquer meio para buscar a felicidade levando a efeito a sua intenção. Assim, certo dia, indo à missa com a mãe, e estando já na igreja, pediu à sua aia, quando a mãe entrou no confessionário, que fosse encomendar uma missa a um dos padres. Assim que a aia se foi, ela pôs os sapatos na manga, arregaçou a saia e correu com todas as forças na direção do nosso mosteiro, que era muito longe. Quando voltou, a aia, não a vendo, foi em seu encalço e, ao aproximar-se dela, pediu a um homem que a detivesse. Este disse depois que não conseguiu se mover e deixou-a ir. Tão logo transpôs a porta exterior do mosteiro, ela a fechou e começou a chamar; quando a aia chegou, ela já entrara. Deram-lhe logo o hábito, e ela pôde realizar os tão bons princípios que o Senhor pusera em sua alma. Dentro de pouco tempo, Sua Majestade começou a recompensá-la com graças espirituais, e ela a servi-Lo com enorme contentamento, humildade e desapego de tudo.

11. Seja para sempre bendito Aquele que dá satisfação com nossas pobres vestes àquela que tanto gostava de vestidos ricos e luxuosos. Ainda assim, isso não encobria sua formosura, pois Deus lhe deu tanto graças naturais como espirituais. Seu comportamento e compreensão são tão agradáveis que ela a todas desperta para louvar Sua Majestade. E praza ao Senhor que muitas almas respondam assim ao seu chamamento.

CAPÍTULO 12

Trata da vida e da morte de uma religiosa que Nosso Senhor trouxe a esta casa. Ela se chamava Beatriz de la Encarnación; e teve uma vida de tanta perfeição, bem como uma morte tão inspiradora, que é justo fazer-lhe memória[1].

---

5. De 8 a 28 de dezembro de 1573.
6. Convento de monjas dominicanas de Valladolid.
1. No autógrafo, o título deste capítulo não está escrito pela mão da Santa, mas pela mesma mão que escreveu o índice dos capítulos do *Caminho*, autógrafo do Escorial.

1. Foi monja deste convento uma moça chamada dona Beatriz Oñez, aparentada de dona Casilda; ela entrou alguns anos antes[2]. Sua alma deixava todas espantadas por ver que o Senhor operava nela grandes virtudes; afirmam as monjas e a prioresa[3] que em tudo quanto fez em vida jamais perceberam nela algo que se pudesse considerar imperfeição, além de nunca a terem visto com qualquer diferença no semblante, trazendo sempre uma modesta alegria que bem dava a entender o gozo interior que trazia na alma. Mantinha um silêncio livre de peso que, apesar de constante, não se dava a perceber como coisa singular.

Não há quem possa dizer que essa alma um dia tenha dito palavras repreensíveis, nem alimentado manias ou usado desculpas, embora a prioresa, para a provar, por vezes a acusasse de coisas de que não tinha culpa, como é costume fazer nessas casas para mortificar. Ela nunca se queixou de nada nem de nenhuma irmã, nem deu desgosto a alguma, quer por atitude quer por palavras, fosse qual fosse a tarefa a seu cargo, além de jamais dar ensejo a que se pensasse haver nela alguma imperfeição, não havendo nada de que acusá-la num capítulo, mesmo que as faltas encontradas no convento, de acordo com as zeladoras, já fossem, por si sós, bem insignificantes. Em todas as coisas, era espantosa sua compostura interior e exterior, vinha isso do fato de ela ter muito presente a eternidade e a razão por que Deus nos criou. Trazia permanentemente na boca louvores a Deus e um enorme agradecimento; enfim, vivia em perpétua oração.

2. Em questões de obediência, nunca cometeu faltas, fazendo com disposição, perfeição e alegria tudo quanto lhe era ordenado. Demonstrava muitíssima caridade com os próximos, a ponto de dizer que se deixaria fazer em mil pedaços para que nenhum deles perdesse a alma e deixasse de gozar do seu "irmão Jesus Cristo", pois ela assim chamava Nosso Senhor. Ela suportava seus sofrimentos — terríveis enfermidades, de que falarei adiante[4], bem como grandes dores — com uma vontade e um contentamento tamanhos que eles pareciam grandes regalos e deleites. Ela os devia receber de Nosso Senhor interiormente, porque não é possível menos do que isso, tal a alegria com que os aguentava.

3. Aconteceu de levarem a queimar em Valladolid uns condenados por grandes crimes. Ela devia saber que eles não caminhavam para a morte tão bem aparelhados quanto deveriam, ficando por isso com uma enorme aflição que a fez dirigir-se, muito angustiada, ao Senhor, para suplicar-Lhe fervorosamente pela salvação daquelas almas. Disse que, em troca do que eles mereciam ou para que ela pudesse alcançar isso — não me recordo de suas exatas palavras —, Ele lhe desse por toda a vida todos os sofrimentos que ela pudesse suportar. Na mesma noite, veio-lhe a primeira febre, mal de que ela, enquanto viveu, nunca deixou, a partir de então, de padecer. Eles morreram bem, o que parece indicar que Deus ouviu sua oração.

4. Ela foi acometida por um grave problema intestinal que envolvia dores tão intensas que ela bem precisava, para suportá-los com paciência, do que o Senhor lhe punha na alma. A inflamação era interna, razão por que os tratamentos empregados de nada serviam; o mal só amainou quando o Senhor quis que o abcesso estourasse por dentro e se dissipasse. Com sua vontade de padecer, ela não se contentava com pouco; assim, ouvindo um sermão num dia de Santa Cruz, cresceu-lhe tanto esse desejo que, findo o ato, ela foi, soluçando, lançar-se sobre a cama. Quando lhe perguntaram o que tinha, disse a irmã que rogassem a Deus para dar-lhe muitos sofrimentos, porque só assim ficaria satisfeita.

5. Essa monja tratava com a prioresa de todas as coisas interiores, obtendo disso consolação. Durante toda a doença, nunca deu trabalho a ninguém, nem fazia mais do que a enfermeira queria, mesmo que fosse beber um copo de água. É muito comum a almas que têm oração desejar sofri-

---

2. Ela tomou o hábito em Valladolid no dia 8/9/1569 e fez profissão em 17/9/1570. Morreu três anos depois, em 5/5/1573 (?).

3. Madre María Bautista; cf. cap. 11, n. 3, nota.

4. No n. 4ss.

mentos, desde que não os tenham; contudo, padecê-los e alegrar-se por isso não é atitude de muitas. E ela, que de tão mal pouco tempo viveu, tendo tido dores excessivas, além de um abcesso na garganta que não lhe permitia engolir, disse à prioresa (que a estava consolando e animando para enfrentar tão grandes tribulações), tendo junto dela algumas irmãs, que nada sofria nem trocaria sua situação pela de qualquer das irmãs de boa saúde. Era tão cônscia da presença do Senhor por Quem padecia que disfarçava sempre que podia para que não se soubesse quanto padecia. Assim, a não ser quando a dor chegava a extremos, ela pouco se queixava.

6. Parecia-lhe não haver na terra coisa pior do que ela, razão pela qual era grande a sua humildade, em tudo quanto se podia perceber. Alegrava-se muito ao tratar de virtudes de outras pessoas, sendo extremada em coisas de mortificação. Sutilmente, afastava-se de tudo quanto fosse recreação, o que só era percebido por quem estivesse de sobreaviso. Estava tão distante das coisas materiais que nem parecia viver com criaturas, nem tratar com elas. Encarava os acontecimentos, fossem quais fossem, com tanta paz que ninguém jamais a via alterar-se — a ponto de uma irmã lhe dizer que ela se assemelhava a certas pessoas de muito brio que preferem morrer de fome a revelar a estranhos o que passam, porque não se podia acreditar que nada sentisse, se bem que nada mostrasse.

7. Cumpria todas as tarefas e responsabilidades com uma atitude meritória; assim, dizia às irmãs: "A coisa mais ínfima que se faça por amor de Deus tem valor incalculável; sequer deveríamos mover os olhos a não ser por esse motivo, e para agradá-Lo." Nunca se intrometia no que não lhe competia, não vendo as faltas alheias, mas só as suas. Perturbava-se tanto ao ser elogiada que tomava o cuidado de não louvar nenhuma pessoa presente para não ferir suscetibilidades.

Nunca buscava consolo nas coisas criadas, sequer num passeio pela horta; porque, segundo ela, seria grosseiro procurar alívio para as dores que Nosso Senhor lhe dava. Isso a levava a não pedir nada, passando com o que lhe dessem. Afirmava ainda que seria para ela uma cruz consolar-se com coisa que não fosse de Deus. O fato é que, tomando informações com as irmãs da casa, eu não encontrei nenhuma que tivesse visto nela alguma coisa que não fosse de uma alma muito perfeita.

8. Chegado o momento em que Nosso Senhor a quis levar desta vida, cresceram-lhe as dores, ao lado de muitos outros males, e ela os suportava com tanta consolação que as irmãs por vezes a visitavam tão-somente para ter ocasião de louvar a Deus. O capelão, confessor do convento, que é muito servo de Deus e, como ele mesmo confessou, a considerava santa, teve o especial desejo de estar presente em sua morte. Quis o Senhor que o realizasse. Embora ela permanecesse lúcida e já ungida, ele foi chamado para que, caso fosse necessário, a reconciliasse ou ajudasse a morrer. Pouco antes das nove horas da noite, estando ele e todas as irmãs com ela, cerca de um quarto de hora antes de ela expirar, todas as dores desapareceram e ela, com grande paz, levantou os olhos.

Seu rosto assumiu uma expressão de tamanha alegria que parecia um resplendor. Ela parecia alguém que contempla uma coisa prazerosa, porque sorriu por duas vezes. Foi tão grande o gozo e o contentamento espiritual que as irmãs e o sacerdote perceberam que a sua impressão foi não menos de estar no céu. E ela, com essa alegria que descrevi, expirou, os olhos postos no céu, como um anjo. Podemos, pois, crer, a partir da nossa fé e de sua vida, que Deus a levou para descansar como recompensa pelo muito que quisera sofrer por Ele.

9. Afirma o capelão, que o disse a muitas pessoas, que, no momento de o corpo baixar à sepultura, sentiu nele um odor penetrante e suave. A sacristã também diz que toda a cera que ardeu durante o sepultamento e as exéquias não diminuiu. No tocante à misericórdia de Deus, tudo se pode crer. Falando com um confessor seu da Companhia de Jesus, com quem ela se confessara por muitos anos e que a dirigira, disse-me ele que não o considerava exagero nem causa de admiração, porque sabia que Nosso Senhor tinha muita comunicação com ela.

10. Minhas filhas, queira Sua Majestade que saibamos extrair benefícios de tão boa companhia como esta e muitas outras que Nosso Senhor nos concede nestas casas. Talvez eu venha a fa-

lar mais delas, para que quem tem dificuldades se esforce para imitá-las e para que todas louvemos ao Senhor, que assim faz resplandecer a Sua grandeza numas fracas mulherzinhas.

CAPÍTULO 13

Trata de como e por quem foi começada a primeira casa da Regra Primitiva dos Carmelitas Descalços. Ano de 1568.

1. Antes de ir para esta fundação de Valladolid, eu combinara com o padre Frei Antonio de Jesus, então prior em Medina, do Convento de Santa Ana, que é da Ordem do Carmo, e com Frei João da Cruz — como eu já disse[1] — que eles seriam os primeiros a entrar caso se viesse a fazer um mosteiro de Descalços da Regra Primitiva. Mas, como não tinha condições de conseguir casa, eu apenas encomendava a questão a Nosso Senhor; porque, como afirmei, eu estava satisfeita com esses dois padres[2]. O Padre Antonio de Jesus já fora bem provado por Deus durante o ano decorrido desde que eu tratara do assunto com ele, por meio de sofrimentos que ele suportara com toda perfeição. Quanto ao Padre João da Cruz, não havia necessidade de provas, porque, embora estivesse com os do pano, os Calçados, sempre levara uma vida de muita perfeição e contrição. Quis Nosso Senhor conceder-me, depois do principal, isto é, frades que começassem, tudo o mais.

2. Um cavalheiro de Ávila, D. Rafael[3], com quem eu nunca tinha falado, não sei como — pois não me lembro — veio a saber que se queria fazer um mosteiro de Descalços. Ele me ofereceu uma casa sua num lugarejo de muito poucos habitantes[4], ao que parece menos de vinte — não me recordo agora —, na época ocupada por um rendeiro que recolhia a renda do trigo que havia ali. Embora logo imaginasse como devia ser a casa, louvei Nosso Senhor e agradeci muito o oferecimento. Disse-me ele que a casa ficava no caminho de Medina del Campo, por onde eu iria passar para ir à fundação de Valladolid, que o caminho era direito e eu o veria. Respondi que o faria, e o fiz, partindo de Ávila em junho com uma companheira e com o padre Julián Dávila, o sacerdote de que falei[5], capelão de São José de Ávila, que me ajudava por esses caminhos.

3. Embora partíssemos pela manhã, erramos, por não conhecê-lo, o caminho; e, como o lugar era pouco conhecido, não se encontravam muitas informações dele[6]. Assim, andamos aquele dia com sérias dificuldades, porque o sol estava inclemente. Quando julgávamos estar certos, víamos outro tanto a ser percorrido. Nunca me esqueço do cansaço e do desespero que passamos naquele caminho; chegamos pouco antes de anoitecer.

Ao entrarmos na casa, vimos que se achava num tal estado que não nos atrevemos a passar a noite ali — devido à pouca limpeza e à enorme quantidade de parasitas do verão. Tinha um portal razoável, uma câmara com alcova, um sótão e uma pequena cozinha. O nosso mosteiro consistia nesses poucos cômodos. Pensei fazer a igreja no portal, o coro no sótão e o dormitório na alcova.

Minha companheira, se bem que muito melhor do que eu e amiga das penitências, não conseguia suportar a ideia de que eu fizesse ali um convento, e me disse: "Madre, com certeza não há espírito, por melhor que seja, capaz de resistir a isso. Desisti disso!" O Padre que me acompanhava, apesar de ter a mesma opinião, não me contradisse quando lhe manifestei minha intenção. Passamos a noite numa igreja, pois não queríamos, dado o nosso cansaço, ficar em vigília[7].

---

1. No cap. 3, n. 16-17.
2. Na verdade, ela só estava satisfeita com o frei João da Cruz. Por duas vezes, a Santa afirmou não estar tão segura no tocante a frei Antonio (cf. cap. 3, n. 16 e 17).
3. Chamava-se Dom Rafael Mejía Velázquez, como constava do livro original de Duruelo.
4. Gracián anotou, à margem: "O lugar chamava-se Duruelo".
5. Cf. cap. 3, n. 2 e cap. 10, n. 4.
6. De Duruelo a Ávila havia 8 ou 9 léguas de distância. Eram mais conhecidos os *Duruelos* de Segóvia e Sória.
7. A *companheira* era Antônia do Espírito Santo, uma das "quatro primitivas" de São José de Ávila. O *padre* era Julián de Ávila, a quem a casa pareceu "muito pobre, uma espécie de casa de granja": *Vida de Santa Teresa* (Madri, 1881, parte 11, cap. 8, p. 265).

4. Chegando a Medina, falei logo com Frei Antonio, dizendo-lhe o que se passava e perguntando-lhe se ele teria coragem para ficar ali algum tempo. Garanti-lhe que Deus logo remediaria a situação e que o problema era começar (parecia-me ter diante de mim o que o Senhor fez, e tão garantido, por assim dizer, quanto tenho agora que o vejo; quando escrevo isto, há dez mosteiros de Descalços[8], pela bondade de Deus), além de afirmar que nem o provincial atual nem o anterior nos dariam licença se nos vissem numa casa muito boa, para não falar da impossibilidade de a obter, mas que, naquele lugar e em semelhante casa, eles não se importariam de consentir. Deus pusera nele mais ânimo do que em mim, pois o padre Antonio disse-me que estaria ali mesmo que fosse uma pocilga. O mesmo pensava São João da Cruz.

5. Faltava-nos então cair nas boas graças dos padres de que tenho falado, pois essa fora a condição estabelecida pelo nosso Geral. Eu esperava em Nosso Senhor alcançá-la e deixei a cargo de Frei Antonio as providências cabíveis para angariar recursos para a casa, partindo para a fundação de Valladolid[9] com Frei João da Cruz. Ficamos uns dias sem clausura para que os operários reparassem a casa; tive então oportunidade de informar ao padre João da Cruz sobre o nosso modo de proceder, para que ele entendesse bem tudo quanto se referia à mortificação, ao estilo de nossa irmandade e à recreação em comum. Porque fazemos tudo com tal moderação que a recreação serve apenas para que as irmãs reconheçam suas falhas e tenham um pouco de alívio para suportar o rigor da Regra. Ele era tão bom que mais podia eu aprender com ele do que ele comigo. Minha intenção, porém, não era essa e sim mostrar-lhe a maneira de proceder das irmãs.

6. Foi Deus servido que estivesse ali o Provincial da nossa Ordem, Frei Alonso González, que me havia de favorecer. Tratava-se de pessoa de idade, muito bom e sem malícia. Falei-lhe de tantas coisas e das contas que prestaria a Deus se obra tão boa se perdesse, e Sua Majestade — como queria que se fizesse — o dispôs de tal maneira que, quando lhe pedi, ele estava muito brando. Chegaram depois dona María de Mendoza e o Bispo de Ávila, seu irmão, que sempre nos favoreceu e amparou; eles acabaram de convencê-lo e ao Frei Angel de Salazar, o provincial anterior, de quem eu temia virem todas as dificuldades. Mas, na época, este último precisava atender a certa necessidade em favor da qual era bem-vindo um esforço de dona María de Mendoza, e creio que isso muito ajudou, para não dizer que, mesmo sem esse evento, Nosso Senhor lhe teria tocado o coração, como o fizera ao Padre Geral, que estava bem longe de o desejar.

7. Ó, valha-me Deus! Quantas coisas que pareciam impossíveis vi nessas coisas, e com que facilidade Sua Majestade as sanou! E que confusão a minha ao ver o que vi, por não ser melhor do que sou! À medida que vou escrevendo, aumenta o meu espanto e o desejo de que Nosso Senhor mostre que tudo quanto acontece nessas fundações não se deve à ação de nós, criaturas, mas foi determinado pelo Senhor. Só Ele poderia, partindo de bases tão frágeis, levar essa obra às alturas em que ora se encontra. Bendito seja Ele para sempre, amém.

CAPÍTULO 14

Continua a falar da fundação da primeira casa dos Carmelitas Descalços.
Diz algo sobre a vida que ali levavam e dos favores que Nosso Senhor começou a fazer naqueles lugares para honra e glória de Deus.

1. Obtido o consentimento dos dois provinciais[1], pareceu-me não faltar coisa alguma. Ordenamos que Frei João da Cruz fosse à casa e desse um jeito nela para poderem entrar de qualquer maneira[2]. Eu estava muito ansiosa para vê-los começar, pois temia que viesse algum empecilho, e

---

8. A saber: Duruelo (transferido para Mancera em 11 de junho de 1570), Pastrana, Alcalá de Henares, La Roda, Granada, La Peñuela, Sevilha e Almodóvar del Campo, este último fundado em março de 1575. Suprimindo-se Duruelo, eram nove conventos, e não dez.

9. Cf. cap. 10, n. 4.

1. A licença que era condição para as fundações. Cf. cap. 13, n. 6 e cap. 2, n. 5.

2. Ele foi para Duruelo no final de setembro de 1568.

assim se fez. O padre Frei Antonio já providenciara parte do necessário, e nós o ajudamos como pudemos, embora fosse pouco. Ele foi me falar, muito contente, em Valladolid, prestando-me contas do que conseguira — que era muito pouco: só de relógios ia bem provido, pois levava cinco. Achei muito engraçado, mas ele disse que, para saber as horas certas, era bom ir prevenido. Parece-me que sequer tinham onde dormir.

2. A arrumação da casa demorou pouco, porque, mesmo que se quisesse fazer mais, não havia dinheiro para isso. Quando ela ficou pronta, Dom Antonio renunciou com muita alegria ao priorado e fez promessa de observar a Regra Primitiva, pois, embora lhe dissessem que o experimentasse antes, ele não o quis. Ele ia para a sua casinha com o maior contentamento do mundo. Frei João já estava lá.

3. Disse-me Frei Antonio que, ao divisar o lugarejo, veio-lhe um grande gozo interior e a impressão de que já deixara de todo o mundo ao mergulhar naquela solidão. Nem ele nem Frei João viram defeitos na casa; parecia-lhes viver imensas delícias[3].

4. Ó, valha-me Deus! Quão pouco importam os prazeres e edifícios exteriores para a vida interior! Por amor de Deus vos peço, irmãs e padres meus, que nunca deixeis de ter moderação quando se tratar de casas grandes e suntuosas. Tenhamos diante dos olhos os nossos verdadeiros fundadores, os santos padres de quem descendemos, pois bem sabemos que, seguindo o caminho da pobreza e da humildade, eles gozam de Deus.

5. Na verdade, tenho observado que há mais fervor, e até alegria interior, quando parece que não há nem mesmo o suficiente para acomodar o corpo do que quando se tem uma casa espaçosa e comodidades. Por maior que seja a edificação, que grande proveito nos dá se só gozamos continuamente de uma cela? Que nos importa se esta for muito grande e bem cuidada? Sim, porque não devemos ficar olhando as paredes. Considerando que não é a casa que há de durar para sempre, mas apenas o breve tempo da nossa vida, por maior que seja, tudo ficará suave para nós se virmos que quanto menos tivermos na terra tanto mais gozaremos na eternidade, onde as moradas seguem o critério do amor com o qual tivermos imitado a vida do Nosso bom Jesus.

Se dizemos que esses são os princípios da renovação da regra da Virgem Sua Mãe, Senhora e Padroeira Nossa, não a ofendamos, nem aos santos padres nossos antepassados, deixando de nos conformar a elas. Como, por nossa fraqueza, não podemos fazê-lo em tudo, cuidemos ao menos de fazê-lo nas que pouco contribuem para sustentar a vida. Porque tudo é um pouco de sofrimento saboroso, como aconteceu com esses dois padres; quando nos decidimos a sofrer, a dificuldade se acaba, porque todo o padecer se manifesta um pouquinho no princípio.

6. No primeiro ou segundo domingo do Advento deste ano de 1568 (não me lembro qual), foi dita a primeira missa naquele portalzinho de Belém, pois não me parece que fosse melhor do que o próprio[4]. Na Quaresma seguinte, passei por lá, a caminho da fundação de Toledo. Cheguei pela manhã. Frei Antonio estava varrendo a porta da igreja, com o ar alegre de sempre. Eu lhe disse: "Que é isto, meu Padre? Que é feito da honra?" Ele, muito satisfeito, respondeu: "Maldigo a época em que a tive!"

Ao entrar na igreja, fiquei espantada ao ver o espírito que o Senhor ali pusera. E não só eu me espantei, mas também dois mercadores amigos meus, que me acompanhavam desde Medina: eles não paravam de chorar. Havia tantas cruzes! Tantas caveiras!

7. Nunca vou me esquecer de uma cruzinha de madeira que estava perto da água benta. Tinha pregada uma representação de Cristo em papel. Ela me parecia produzir mais devoção do

---

3. Frei Antonio chegou a Duruelo em 27/11/1568.
4. Provavelmente no primeiro domingo do Advento (29/11/1568). Na frase seguinte, datando a própria visita aos Descalços de Duruelo, a Santa começou a escrever: *na primeira semana*, palavras que logo riscou. Contudo, a visita aconteceu por volta da *primeira semana* da Quaresma de 1569: em 22 de fevereiro, ela saiu de Valladolid para Toledo, passando por Medina, Duruelo e Ávila. O dia 23 deste mês foi, naquele ano, Quarta-Feira de Cinzas; portanto, os fundadores de Duruelo foram surpreendidos em pleno fervor de sua primeira Quaresma reformada.

que se fosse uma peça bem lavrada. O coro era no sótão, cuja metade era alta; podia-se recitar as horas, mas era preciso que as pessoas se abaixassem muito para entrar e para ouvir missa. Nos dois cantos laterais da igreja, havia duas ermidas onde só se podia ficar deitado ou sentado; estavam cheias de feno, porque o lugar era muito frio e o telhado quase lhes tocava a cabeça, contendo dois postigos que davam para o altar e duas pedras por cabeceiras, ficando ali, ainda, as cruzes e as caveiras.

Eu soube que eles ficavam ali das Matinas até a Prima, quedando-se em oração, e tão elevada, que por vezes levavam nos hábitos muita neve, ao irem para a prima, sem que o tivessem sentido. Diziam suas Horas com outro padre, este Calçado, que foi ficar com eles, embora não tivesse mudado de hábito, por ser muito doente, e um jovem frade não ordenado que também estava no lugar[5].

8. Eles iam pregar em muitos locais da comarca sem nenhuma doutrina, e por isso também gostei de que se fizesse ali um convento. Tinham-me dito que perto dali não havia nenhum mosteiro, o que era sobremodo lamentável. Num tempo tão curto, era tamanho o crédito que tinham que, quando isso chegou ao meu conhecimento, fiquei muitíssimo consolada. Eles iam — como eu dizia pregar a uma distância de légua e meia ou duas léguas, descalços (porque na época não tinham alpargatas, as quais só mais tarde os mandaram usar), enfrentando muita neve e frio; depois de terem pregado e confessado, voltavam bem tarde para comer em sua casa. Com o contentamento que tinham, isso nada representava para eles.

9. Eles dispunham de abundantes víveres, porque vinham dos lugares da comarca mais do que lhes era necessário; vinham confessar-se ali cavalheiros que moravam nas adjacências, e já começavam a lhes oferecer melhores casas e lugares. Entre estes, surgiu um Dom Luis, Senhor das Cinco Vilas[6], nobre fidalgo que fizera uma igreja para uma imagem de Nossa Senhora, na verdade bem digna de veneração. Seu pai a enviara de Flandres para a sua avó ou sua mãe (não me lembro qual) por meio de um mercador. Ele se afeiçoara tanto à imagem que a conservou durante muitos anos e, mais tarde, quando chegou a sua hora, mandou que a levassem. Trata-se de um retábulo grande, e não vi na vida (e o mesmo dizem várias outras pessoas) coisa melhor. O padre Frei Antonio de Jesus, indo ao local a pedido do cavalheiro, viu a imagem; gostou tanto dela, e com toda razão, que aceitou transferir para lá o convento[7]. O lugar chama-se Mancera. Embora não tivesse água de poço, nem parecesse poder tê-la ali de alguma maneira, o cavalheiro fez-lhes um mosteiro compatível com a sua profissão, modesto, e lhes deu paramentos. Fez muito bem.

10. Não quero deixar de contar o modo semelhante a um milagre pelo qual o Senhor lhes proporcionou água. Estando Frei Antonio, que era prior, após a ceia, falando na clausura dos seus padres da sua necessidade de água, eis que se levantou, tomou de um bordão que trazia e fez com ele o sinal da cruz, ao que parece, pois não me lembro bem se foi uma cruz que ele fez, mas, enfim, designou um dado lugar com o bordão e disse: "Agora cavai aqui". Tão logo começaram a cavar saiu tanta água que até para limpar era difícil esgotar o poço. E havia uma água de beber muito boa. Ela foi usada para a construção e nunca, como eu disse, se esgotou. Depois de cercarem a horta, também aí procuraram água; fizeram uma nora e gastaram muito, mas até agora não conseguiram achar sequer uma gota.

11. Ao ver aquela casinha, pouco antes inabitável, com um ambiente que, para onde quer que olhasse, achava motivos para me edificar, e compreender como viviam, com que mortificação e oração, e o bom exemplo que davam — porque recebi ali a visita de um casal meu conhecido que vivia perto e não cessava de falar de sua santidade e do grande bem que faziam naquelas redondezas —, eu não me fartava de dar graças a Nosso Senhor, com imenso gozo interior, porque me

---

5. O padre era Lucas de Celis; o frade, José de Cristo.
6. *As cinco vilas* eram: Salmoral, Naharros, San Miguel, Montalvo e Gallegos. Dois filhos de Dom Luis foram carmelitas: Enrique e Isabel.
7. A transferência para *Mancera de Abajo* ocorreu em 11 de junho de 1570.

parecia ver um princípio deveras proveitoso para a nossa Ordem e para o serviço de Nosso Senhor. Queira Sua Majestade que sigam adiante, da maneira como agora vão, e o meu pensamento será bem verdadeiro.

Os mercadores que foram comigo me diziam que por nada deste mundo gostariam de ter deixado de ir ali. Que coisa é a virtude; mais lhes agradou aquela pobreza que todas as riquezas que possuíam, e eles se fartaram de consolar a alma!

12. Depois de tratarmos, os padres e eu, de alguns assuntos, eu lhes roguei em especial — por ser fraca e ruim — que, nessas coisas de penitência, não fossem tão rigorosos, pois era demais; e como me custara tanto em desejos e orações que Deus me desse quem começasse a obra, e como eu via um tão bom começo, veio-me o temor de que o demônio buscasse um meio de acabar com eles antes de se concretizar o que eu esperava. Sendo imperfeita e de pouca fé, eu não via que era obra de Deus e que Sua Majestade a iria levar adiante. Eles, tendo essas coisas que me faltavam, não deram importância às minhas palavras e não deixaram as penitências. Parti então muitíssimo consolada, se bem que não desse a Deus os louvores que tão grande graça merecia.

Que Sua Majestade, por Sua bondade, me permita ser digna de servi-Lo em alguma coisa pelo muito que Lhe devo, amém. Porque eu bem entendia ser aquela uma graça muito maior do que a que Ele me fazia na fundação de casas de monjas.

CAPÍTULO 15

Trata da fundação do convento do Glorioso São José na cidade de Toledo, no ano de 1569.

1. Vivia na cidade de Toledo um homem honrado e servo de Deus, mercador, que nunca quis casar-se, mas levava sua vida como muito bom católico, homem sobremodo honesto e verdadeiro. Ele reunira sua fortuna por meios lícitos, pretendendo fazer dela uma obra que muito agradasse o Senhor. Deu-lhe o mal de morte. Chamava-se Martín Ramirez. Um padre da Companhia de Jesus, de nome Pablo Hernández — com quem eu me confessara quando tratava da fundação de Malagón —, sabendo do seu estado, e desejando muito que se fizesse um desses mosteiros no lugar, foi falar com ele; disse-lhe que essa fundação seria um grande serviço a Nosso Senhor; que ele poderia deixar os capelães e capelanias que desejava instituir no convento, onde seriam feitas certas solenidades e tudo o mais que ele pretendia deixar a cargo da paróquia do lugar[1].

2. O mercador estava tão mal que viu não haver tempo para acertar tudo isso, deixando tudo nas mãos de um irmão, chamado Alonso Alvarez Ramirez — e Deus o levou[2]. Foi correta a escolha, porque Alonso Alvarez era homem muito discreto e temente a Deus, muito justo, de bom-senso e amigo de dar esmolas. Posso dizer isto dele, com toda a verdade, como testemunha que o viu, pois tive muito contato com ele.

3. Quando da morte de Martín Ramirez, eu ainda estava na fundação de Valladolid, e o padre Pablo Hernández, da Companhia, e o próprio Alonso Alvarez me escreveram, contando o que se passava e dizendo que, caso quisesse aceitar essa fundação, me apressasse em vir; assim, parti pouco depois de feitas as obras na casa. Cheguei a Toledo na véspera de Nossa Senhora da Encarnação[3] e fui para a casa de dona Luisa — onde eu estivera outras vezes —, que era a fundadora de Malagón. Ela me recebeu com alegria, pois tem muita afeição por mim. Eu levava duas

---

1. A Santa respondeu ao interesse do Padre Hernández pela fundação enviando-lhe uma autorização para tratar do assunto em seu nome (veja-se B. M. C., t. 5, pp. 411-412). A cronologia das efemérides aqui referidas pode ser fixada da seguinte maneira: em 21/2/1569, a Santa sai de Valladolid; ela se detém em Ávila, de onde parte em meados de março; no dia 24 deste, chega a Toledo.

2. Morreu em 31 de outubro de 1568.

3. Hoje, diz-se *"Anunciação"*; era o dia 24 de março de 1569. Ela se hospedava na casa de dona Luisa de la Cerda (cf. cap. 9, n. 4).

companheiras de São José de Ávila[4], muito servas de Deus. Deram-nos logo um aposento, como de costume, onde tínhamos o recolhimento de um convento.

4. Comecei logo a tratar do assunto com Alonso Alvarez e com um seu genro, de nome Diego Ortiz, que era, embora muito bom e teólogo, mais apegado à sua própria opinião do que aquele, não se rendendo com facilidade à razão. Eles me impuseram muitas condições, que eu não considerava conveniente aceitar. Enquanto essas negociações seguiam, procurou-se uma casa para alugar a fim de se tomar posse, mas nunca se conseguiu — mesmo procurando bastante — uma que servisse. Além disso, eu não conseguia que o governador me desse a licença (na época, não havia arcebispo)[5], apesar do grande empenho da senhora que me hospedava e de um cavalheiro que é cônego desta igreja, chamado Dom Pedro Manrique[6], filho do Adiantado de Castela.

Dom Pedro era muito servo de Deus — e o é, porque ainda vive — e, embora tivesse pouca saúde, entrou, anos depois desta fundação, na Companhia de Jesus, onde está agora. Era pessoa muito importante no lugar, porque tem muito entendimento e valor. Mesmo assim, a questão da licença ficava pendente, porque, quando o governador se abrandava, os membros do Conselho não eram favoráveis[7]. Por outro lado, eu e Alonso Alvarez não chegávamos a um acordo devido ao seu genro, a quem ele muito seguia. No final, tudo se desfez.

5. Não sabendo o que fazer, pois só viera para aquele fim, percebi que seria muito notado o meu retorno sem ter fundado. Mas sentia muito mais a não concessão da licença do que todo o resto; pois percebia que, se tomássemos posse, Nosso Senhor proveria, como fizera noutros lugares. Por isso, decidi ir falar com o governador; fui para uma igreja próxima de sua casa e mandei suplicar-lhe que por favor falasse comigo. Há mais de dois meses que o procurávamos e cada dia era pior. Quando me vi em sua presença, eu lhe disse que era absurdo haver mulheres que queriam servir com tanto rigor, perfeição e recolhimento e que quem não passava por nada disso, vivendo em meio aos prazeres, ficasse impedindo obras que tanto serviriam a Nosso Senhor. Disse-lhe essas e muitas outras coisas com a grande determinação que o Senhor me dava. Deus lhe comoveu de tal modo o coração que, antes de eu me despedir, concedeu a licença.

6. Saí dali toda contente, parecendo-me já ter tudo, embora nada tivesse; dispunha de apenas três ou quatro ducados, com os quais comprei duas estampas em tela[8] (porque não tinha imagem para pôr no altar), dois enxergões e uma manta. Da casa, nem lembrança; as tratativas com Alonso Alvarez tinham dado em nada. Um mercador amigo meu, pessoa do mesmo lugar, que nunca quisera casar-se e só pensava em fazer boas ações junto aos presos do cárcere e muitas outras obras de caridade, dissera que eu não me afligisse, pois ele mesmo procuraria casa — seu nome é Alonso de Ávila —, mas caiu doente.

Dias antes, viera a Toledo um frade franciscano, Frei Martín da Cruz. Ficou ali alguns dias e, ao partir, enviou-me um rapaz que ele confessava, de nome Andrada, nada rico, até muito pobre, a quem recomendou que fizesse tudo o que eu dissesse. O moço, estando certo dia na missa, veio me dizer o que o bendito homem lhe falara. Garantiu-me que por certo faria por mim tudo o que estivesse ao seu alcance, embora só pudesse oferecer sua pessoa. Agradeci-lhe e achei muito curioso — minhas companheiras ainda mais — ver a ajuda que o santo nos enviava, porque seus trajes não eram adequados para tratar com Descalças.

---

4. Isabel de São Paulo e Isabel de São Domingos; esta última muito famosa (cf. *Epistolario*): foi prioresa em Toledo, logo depois em Pastrana (1569), onde enfrentará a terrível princesa de Éboli (cf. cap. 17, n. 17), transferindo-se com monjas, móveis e roupas para Segóvia (1574), numa retirada épica. Mais tarde, ainda foi prioresa de Zaragoza (1588) e Ocaña (1598).

5. Era arcebispo o célebre Bartolomé Carranza, então envolvido no tristemente famoso processo inquisitorial.

6. D. Pedro Manrique era tio de Casilda de Padilha, cuja história nos foi relatada pela Santa; cf. caps. 10-11.

7. Esse *Governador* era o presidente do *Conselho* eclesiástico de governo, que administrava os bens da diocese de Toledo. O da época era Dom Gómez Tello Girón.

8. Esses dois quadros (de 1,30 x 1,07 e de 1,12 x 0,82) ainda são venerados pela comunidade e representam, respectivamente, Jesus caído sob a cruz e o Senhor sentado, mergulhado em profunda meditação.

7. Vendo-me com a licença e sem ninguém para ajudar-me, eu não sabia como agir nem a quem pedir que me conseguisse uma casa alugada. Lembrei-me do rapaz enviado por Frei Martín da Cruz e disse-o às minhas companheiras. Elas riram muito de mim e disseram-me que não fizesse isso, pois só serviria para revelar o nosso plano. Eu não lhes dei ouvidos, porque o rapaz, sendo enviado por aquele servo de Deus, merecia a minha confiança de que faria algo, além de eu ter a impressão de que aquilo não acontecera por acaso.

Mandei chamá-lo, contei-lhe o que se passava e, pedindo o máximo de segredo, solicitei-lhe que conseguisse uma casa de aluguel, que eu conseguiria fiador — seria o bom Alonso de Ávila, que, como eu disse[9], caíra doente. O rapaz achou muito fácil e afirmou que o faria. No outro dia, logo pela manhã, quando ouvíamos missa na Companhia de Jesus, veio dizer-me que já encontrara uma casa, bem perto dali, e que fôssemos vê-la, pois trazia as chaves. Assim fizemos. Era uma casa tão boa que nela moramos por quase um ano[10].

8. Muitas vezes, quando penso nessa fundação, fico espantada com os caminhos de Deus. Há quase três meses — ao menos mais de dois, não me lembro bem — varriam Toledo, em busca de casa, pessoas muito ricas que, como se não houvesse casas na cidade, não a conseguiam. E veio o rapaz, que era muitíssimo pobre, e quis o Senhor que logo a achasse. E, podendo-se ter fundado sem muito trabalho, bastando chegar a um acordo com Alonso Alvarez, que não se chegasse, estando-se, na verdade, longe disso, para que a fundação envolvesse pobreza e esforço.

9. Como a casa nos agradou, logo ordenei que se tomasse posse antes que surgisse algum estorvo. Em breve chegou Andrada dizendo que a casa estava livre e levássemos nossas coisas. Eu lhe disse que pouco havia a fazer, pois só tínhamos dois enxergões e uma manta. Ele deve ter ficado espantado. Minhas companheiras se afligiram com a minha franqueza: vendo-nos tão pobres, ele não iria querer continuar a nos ajudar! Eu sequer pensara nisso e não dei importância, porque Quem lhe dava aquela disposição a manteria até que a Sua obra estivesse completada.

De fato, diante da vontade do rapaz de ajeitar a casa e trazer operários, parecia-me que ele tinha tanto interesse quanto nós. Pedimos adereços emprestados para celebrar a missa e, acompanhadas de um operário, partimos à noitinha para tomar posse. Levávamos uma campainha, das que se usam para a elevação, pois não tínhamos outra. E, com muito temor de minha parte, passamos a noite em preparativos. Não havia onde fazer a igreja, exceto numa sala a que se chegava pela porta de uma pequena casa, ao lado da nossa, que também fora alugada a nós, mas onde ainda havia algumas mulheres.

10. Perto do amanhecer, tudo estava em ordem. Não tínhamos nos atrevido a dizer palavra às mulheres para não ser descobertas. Começamos a abrir a porta, que era um tabique e dava acesso a um pequeno pátio. As mulheres, ouvindo o barulho, levantaram-se apavoradas. Deu-nos muito trabalho acalmá-las, e já chegava a hora de dizer missa, que foi celebrada de imediato. Embora tenham ficado irritadas, elas não nos prejudicaram e, quando viram de que se tratava, foram aplacadas pelo Senhor[11].

11. Depois vi o mal que fizéramos, porque no momento, com o entusiasmo que Deus nos dá para que se faça a obra, não nos demos conta dos inconvenientes. Quando a proprietária da casa soube que tínhamos instalado uma igreja, começaram os problemas, pois se tratava da esposa de um morgado. Pensando a mulher que compraríamos a casa, e por bom preço, quis o Senhor que se acalmasse. Quando os membros do Conselho souberam que o convento estava feito, apesar de sua relutância em conceder a licença, a indignação foi geral; eles se dirigiram à casa de um eclesiástico

---

9. No n. 6.
10. Do dia 14 ao final de maio de 1570.
11. Um episódio delicado: naquela manhã, entrou na igreja um menino "da rua" e, ao vê-la tão arrumada e asseada, exclamou, em voz alta: "Bendito seja Deus e que lindo isto está!" E disse a Santa às suas monjinhas: "Só por este ato de glória de Deus realizado por este anjo, dou por empregado o esforço dessa fundação" (Francisco de S. M., *Reforma de los Descalzos*, t. I, p. 11, cap. 24, p. 285).

— a quem eu contara em segredo os eventos[12] — e disseram estar dispostos a fazer e acontecer. Tendo o governador se ausentado depois de me ter concedido a licença, eles foram contar o caso ao eclesiástico, aturdidos com o atrevimento de uma mulherzinha que, contra a sua vontade, fizera um convento. O homem fez de conta que de nada sabia e os acalmou da maneira que pôde, dizendo que em outros lugares eu o havia feito, e sempre com as devidas licenças.

12. Não sei quantos dias mais tarde, eles nos enviaram uma excomunhão para que só se dissesse missa depois de mostrar a licença com que fundáramos. Repliquei com bastante calma que faria o que mandavam, embora estivesse desobrigada de fazê-lo. Pedi a Dom Pedro Manrique[13], o cavalheiro de quem falei, para falar com eles e mostrar-lhes as licenças. Ele conseguiu sossegá-los, poupando-nos um imenso trabalho.

13. Ficamos alguns dias só com os enxergões e a manta, sem mais nenhuma roupa e sem um graveto para assar uma sardinha. Não sei em quem Nosso Senhor instilou a ideia de pôr um pequeno feixe de lenha na igreja, com que nos remediamos. À noite passávamos algum frio, embora nos abrigássemos com a manta e as capas, que às vezes prestam bons serviços. Pode parecer impossível que, estando na casa daquela senhora que tanto me queria, entrássemos com tamanha pobreza! Não sei o motivo, só sei que Deus quis que experimentássemos o benefício desta virtude. Eu não tinha pedido ajuda a ela porque não me agrada ser um peso e ela talvez não tenha sequer atentado para isso. Na verdade, devo-lhe mais do que tudo quanto ela poderia ter dado[14].

14. Tudo isso nos fez um grande bem, porque era tanto o nosso consolo interior e a nossa alegria que muitas vezes me lembro do quanto o Senhor encerra nas virtudes. A privação que sofremos me parecia uma suave contemplação, que durou pouco, pois logo nos forneceram mais do que desejávamos, o próprio Alonso Alvarez e outras pessoas. E fiquei muito triste, como se, possuindo muitas joias de ouro, tivesse sido privada delas e ficado pobre. Lamentei que a minha pobreza e de minhas companheiras estivesse acabando. Vendo-as acabrunhadas, eu lhes perguntei o motivo, e me disseram: "Que havemos de fazer, Madre? Parece que já não somos pobres!"

15. A partir daquele momento, cresceu muito em mim o desejo de sê-lo bastante, ficando fortalecida a determinação de fazer pouco caso dos bens temporais, cuja falta faz aumentar o bem interior, que com certeza traz consigo outra fartura e quietude.

Na época em que eu tratara da fundação com Alonso Alvarez, muitas pessoas me censuravam por isso, e me diziam, por terem a impressão de que sua família, embora muito boa em termos de sua condição — como eu disse[15] — não era de fidalgos nem ilustres e que, num lugar tão importante quanto Toledo, não me faltaria ajuda melhor. Eu não me incomodava muito com isso, porque, Deus seja louvado, sempre estimei mais a virtude do que a linhagem. Mas tinham dito tanta coisa ao governador que ele só me concedeu a licença com a condição de fundar como em outros lugares.

16. Eu não sabia o que fazer, porque, logo depois de fundado o mosteiro, Alonso Alvarez voltara a tratar do assunto; mas como a coisa já estava feita, resolvi dar-lhes a capela-mor e, quanto ao convento, deixar tudo como até agora está. Mas uma pessoa importante também queria a capela-mor e as opiniões eram muitas, o que me deixava sem saber que decisão tomar. Nosso Senhor decidiu me dar luz quanto a isso, dizendo-me certa feita quão pouca importância teriam, aos olhos de Deus, essas questões de linhagens e condições. Ele me repreendeu muito por eu ter dado ouvidos a quem me falava disso, já que essas não são coisas próprias dos que desprezamos o mundo[16].

17. Por essas e outras razões, fiquei muito confusa e tomei a resolução de concluir o que começara, dando a capela a Alonso Alvarez — e nunca me arrependi: ficou muito claro que de outro

---

12. O mencionado Dom Pedro Manrique (cf. n. 4).
13. Nos n. 4 e 11.
14. Dona Luisa de la Cerda.
15. Cf. n. 2 e 1.
16. A Santa fala dessa mesma intervenção do Senhor, em termos mais precisos, na *Relação* 8.

modo não teríamos tido condições de comprar a casa. Com a sua ajuda, adquirimos a atual, que é das melhores de Toledo, tendo custado doze mil ducados. O povo e as monjas estão contentes, pois há ali muitas missas e solenidades. Se eu tivesse seguido as vãs opiniões do mundo, pelo que é possível prever, teria sido impossível ter tamanha comodidade, além de termos ofendido quem com tão boa vontade nos fez essa caridade.

CAPÍTULO 16
Trata de algumas coisas que se passaram neste Convento de São José de Toledo para honra e glória de Deus.

1. Julgo oportuno discorrer um pouco acerca do modo como algumas monjas deste mosteiro se exercitavam no serviço de Nosso Senhor, a fim de que as vindouras procurem sempre imitar essas boas primícias.

Antes da compra da casa, entrou aqui uma monja chamada Ana de la Madre de Dios, de 40 anos, que dedicara toda a vida a servir Sua Majestade. Embora em casa não lhe faltassem prazeres, porque vivia só e tinha meios, ela preferiu a pobreza e a sujeição à Ordem, vindo-me falar disso. Sua saúde era muito fraca; mas, como vi alma tão boa e determinada, pareceu-me um bom começo para a fundação, razão por que a admiti. Quis Deus dar-lhe muito mais saúde na aspereza e na sujeição do que a tivera na liberdade e em meio aos prazeres.

2. O que nela me causou devoção, sendo o motivo pelo qual a ela me refiro aqui, foi que, antes de fazer profissão, deu todos os seus bens, e era muito rica, como esmola à casa. Preocupei-me e não quis consentir, argumentando que ela poderia vir a se arrepender ou nós poderíamos não querer deixá-la professar (se bem que, se isto acontecesse, nós não a deixaríamos sem o que nos dava); eu quis dar à coisa a maior gravidade[1], não apenas para evitar alguma tentação como para provar ainda mais o seu espírito. Ela me disse que, se assim acontece, iria pedir esmola pelo amor de Deus e nunca pude persuadi-la do contrário. Ela viveu ali muito contente e com muito mais saúde[2].

3. Nesse mosteiro, as irmãs muito se exercitavam na mortificação e na obediência, de modo tal que, quando estive nele, observei que, às vezes, mesmo o que a prelada falava descuidadamente era levado por todas muito a sério. Certa feita, quando estavam olhando um tanque de água, ela disse: "Que faria você (dirigindo-se a uma irmã que estava ao seu lado) se eu lhe dissesse para deitar-se ali?" Nem bem acabara de dizê-lo e a monja já estava lá, sendo preciso trocar de roupa. Outra vez, na minha presença, estavam confessando e a irmã que esperava a vez foi falar com a prelada[3]; ela ouviu desta a pergunta sobre se se tratava de uma boa maneira de recolher-se; que metesse a cabeça no poço e pensasse em seus pecados. A monja entendeu, por haver perto dali um poço, que devia atirar-se a ele e apressou-se tanto a fazê-lo que, se não a acudissem de imediato, ela teria se lançado ali, pensando estar prestando a Deus o maior serviço.

Outras coisas semelhantes, e de grande mortificação, poderiam ser contadas, tanto que houve necessidade de pessoas letradas explicarem às monjas os limites da obediência, e controlá-las, porque em alguns casos se excediam a tal ponto que, se a intenção não as salvasse, teriam antes desmerecido do que merecido. E isso não sucedeu somente nesse mosteiro; falei dele por ter tido

---

1. O modo de "dar à coisa a maior gravidade" foi bem ao estilo teresiano; tinha tal desejo de dar tão boa noviça ao convento que exclamou: "Filha, não me traga mais coisas, porque junto com elas te expulsarei de casa" (Francisco de Santa Maria, *Reforma...*, t. 1, liv. 2, cap. 25).

2. Ana de la Madre de Dios professou em 15/12/1570; renunciara aos bens em favor da Santa em 22/5/1570. Faleceu no Carmelo de Cuerva em 2/11/1610.

3. A Santa escrevera: *foi falar comigo*, mas depois escondeu sua intervenção sob o anonimato do termo *prelada*. É evidente, portanto, que se refere a episódios vividos por ela mesma. Pode-se perceber a razão dessas e de outras correções no final do número: "eu gostaria de não ser parte interessada para poder narrar...", isto é, para poder falar livremente, como no caso de Casilda de Padilla.

ocasião. Em todos os outros, houve tantas coisas que eu gostaria de não ser parte interessada para poder narrar alguma coisa, a fim de que se louve Nosso Senhor em suas servas.

4. Numa das vezes em que estive na casa, uma das irmãs adoeceu gravemente. Depois de receber os Sacramentos e a Unção dos Enfermos, ela ficou com tal alegria e contentamento que, como se ela fosse fazer uma viagem, poderíamos ter-lhe pedido que nos recomendasse a Deus e aos santos da nossa devoção. Pouco antes de expirar, estando eu ao lado dela, depois de ter ido ficar diante do Santíssimo Sacramento para suplicar ao Senhor que lhe desse uma boa morte, vi de súbito Sua Majestade à cabeceira da cama. Com os braços abertos, como se a estivesse amparando, disse-me *que tivesse a certeza de que Ele ampararia todas as monjas que morressem nesses mosteiros tal como então o fazia e que elas não tivessem medo de tentações na hora da morte*. Fiquei muito consolada e em recolhimento. Pouco depois, falei com ela[4], que me disse: "Ó, Madre, que grandes coisas hei de ver!" E morreu como um anjo.

5. Percebi em outras que morreram depois grande quietude ou sossego, como se lhes desse, nessa hora, um arroubo ou recolhimento de oração, sem mostras de tentação. Assim, espero na bondade de Deus que nos há de conceder esta graça, pelos méritos do Filho e de Sua gloriosa Mãe, cujo hábito envergamos. Por isso, filhas minhas, esforcemo-nos por ser verdadeiras carmelitas, porque breve se acabará a jornada. E se considerássemos a aflição que muitos têm nessa hora, e as sutilezas e enganos com que o demônio os tenta, valorizaríamos ao extremo essa graça.

6. Lembrei-me de algo que desejo dizer, porque conheci uma pessoa, que era até aparentada de alguns parentes meus. Vivia a jogar e tinha feito alguns estudos, dos quais se serviu o demônio para enganá-lo, levando-o a crer que de nada valia regenerar-se na hora da morte. Ele acreditava nisso com tanta firmeza, que ninguém conseguia fazê-lo confessar-se, por mais argumentos que lhe fossem apresentados. O pobre, muito aflito e arrependido, dizia que de nada lhe valeria confessar-se, pois bem via estar condenado. Um frade dominicano, seu confessor, e pessoa letrada, não se cansava de instar com ele, mas o demônio punha-lhe na boca tantas sutilezas que nada funcionava. Durante alguns dias ele assim esteve, e o confessor não sabia o que fazer. Mas devia ter pedido muito por ele ao Senhor, ao lado de outros, porque Sua Majestade teve misericórdia.

7. A doença, que produzia dores nas costas, agravou-se, e o confessor, por certo com novos argumentos para convencê-lo, retornou; e isso nenhum resultado teria se o Senhor não tivesse dele piedade, abrandando-lhe o coração. Enquanto o confessor começava a falar-lhe e a apresentar-lhe argumentos, ele se sentou na cama, como se não estivesse mal, e disse: "Dizeis então que a confissão pode me beneficiar? Pois bem, desejo fazê-lo". Fez chamar o escrivão ou notário, não me lembro bem, e fez um juramento muito solene de que não mais jogaria e emendaria a vida, com a presença de testemunhas; fez uma bela confissão e recebeu os Sacramentos com tal devoção que, pelo que a nossa fé permite julgar, alcançou a salvação. Queira Nosso Senhor, irmãs, que levemos a vida como verdadeiras filhas da Virgem e respeitemos nossa profissão para que Nosso Senhor nos faça a graça que nos prometeu. Amém.

CAPÍTULO 17

Trata da fundação dos conventos de Pastrana, um de frades e um de monjas. Foi no mesmo ano de 1570, digo 1569.

1. Passamos uns quinze dias, entre a fundação da casa de Toledo e a véspera da Páscoa do Espírito Santo[1], arrumando a igreja, pondo grades e muitas outras coisas, porque havia muito a fazer (já que, como eu disse, ficamos quase um ano nessa casa). Eu estava cansada de lidar com os operá-

---

4. Trata-se de Petronila de S. Andrés, falecida em 1576 (ver, sobre ela, B. M. C., t. 5, pp. 444-446).

1. Devemos levar em conta este pequeno quadro de datas: era o ano de 1569; no dia 8 de maio, o governador eclesial autoriza a fundação de Toledo; no dia 14, esta é realizada; no dia 28 ("uns quinze dias" depois), chega a Toledo a mensagem da princesa de Éboli; no dia 30, a Santa parte de Toledo na direção de Pastrana, ficando entre oito e dez dias em Madri.

rios, mas tudo estava pronto. Naquela manhã, quando nos sentamos no refeitório para comer, senti um grande consolo ao ver que nada havia para fazer e poderia passar um pouco de tempo daquela Páscoa com Nosso Senhor, fiquei quase sem poder comer, tal o contentamento da minha alma.

2. Não fui muito digna desse consolo, porque, naquele momento, vieram me dizer que estava ali um criado da princesa de Éboli, mulher de Ruy Gómez da Silva[2]. Fui vê-lo e soube que a princesa solicitava a minha presença; há muito estávamos tratando da fundação de um mosteiro em Pastrana, mas não pensei que a coisa se passasse com tanta rapidez. Fiquei triste, porque o convento recém-fundado fora tão combatido que era muito perigoso deixá-lo; por isso, decidi não ir logo e disse ao criado. Ele me respondeu que isso não era possível porque a princesa já estava lá e só com esse intuito; seria uma afronta fazê-lo. Apesar de tudo, nem me passava pela cabeça ir; assim, eu lhe disse que fosse comer e que eu escreveria à princesa, deixando-o ir. Tratava-se de um homem muito honrado que, embora achasse que eu agia mal, nada me disse quando eu lhe apresentei os meus motivos.

3. As monjas que iam ficar no convento acabavam de chegar; eu não via um modo de partir tão depressa. Fui pôr-me diante do Santíssimo Sacramento para pedir que o Senhor me ajudasse a escrever de modo a não ofender a princesa, porque o momento era muito ruim para começar com os frades e porque por tudo convinha estar bem com Ruy Gómez, pessoa muito respeitada junto ao Rei e, na verdade, junto a todos — não sei bem se pensei nisto, mas sei que não queria desgostá-la. Disse-me o Senhor que não deixasse de ir, pois aquilo envolvia mais coisas do que a fundação, e que levasse a Regra e as Constituições.

4. Ouvindo isso, embora visse muitas razões para não ir, não ousei deixar de fazer o que costumava nesses casos, que era guiar-me pelo conselho do confessor[3]. Mandei que o chamassem, sem dizer o que ouvira em oração (porque assim sempre fico mais satisfeita), mas suplicando ao Senhor que ilumine os confessores para que decidam segundo a razão natural. Sua Majestade, quando quer que se faça alguma coisa, o põe em seu coração. Isso me tem acontecido muitas vezes. Assim ocorreu nesse caso; o confessor, analisando tudo, julgou oportuno que eu fosse e, com isso, decidi fazê-lo.

5. Saí de Toledo no segundo dia da Páscoa do Espírito Santo. O caminho passava por Madri e eu e minhas companheiras passamos a noite num mosteiro de franciscanas com uma senhora, que o construiu e nele vivia, dona Leonor Mascareñas, ex-aia do Rei e muito serva de Deus. Eu já ficara ali em outras ocasiões em que passara pelo lugar e sempre era bem recebida[4].

6. Disse essa senhora que ficava contente com a minha chegada naquele momento, porque estava ali um ermitão que tinha muito desejo de me conhecer e acreditava que a vida que ele e seus companheiros levavam se conformava muito com a nossa Regra. Eu, tendo só dois frades, vi-me pensando que, se pudesse, seria grande coisa ter esse também; assim, supliquei a dona Leonor para fazer que conversássemos. Ele se encontrava num aposento por ela cedido com outro irmão, um jovem frade chamado João da Miséria[5], grande servo de Deus e muito simples nas coisas do mundo. No decorrer da nossa conversa, ele me revelou o desejo de ir a Roma.

No dia 28 de junho, funda o Carmelo de Pastrana. Em 13 de julho, é fundado em Pastrana o convento de Descalços. No dia 21 do mesmo mês, a Santa já está de regresso a Toledo.

2. Os dois personagens que agora entram na cena teresiana são Ruy Gómez da Silva, nobre português, favorito de Filipe II, e sua esposa, Ana de Mendoza, mais conhecida como Princesa de Éboli, mulher inquieta, voluntariosa e insistente. A boa Madre Fundadora terá de se haver com ela.

3. O confessor era o Padre Vicente Barrón (cf. *Vida*, cap. 7, n. 17).

4. Era o Convento das Descalças Reais (cf. *Vida*, cap. 32, n. 10). Dona Leonor, também portuguesa, fora aia de Filipe II; ela fundou o mosteiro em 1564, com franciscanas procedentes das Gordillas de Ávila. A Santa tivera várias ocasiões de alojar-se em seu palácio.

5. João da Miséria era italiano e pintor, discípulo de Sánchez Coello, autor do retrato da Santa realizado em Sevilha por ordem do Padre Gracián (1576). Cf. Padre Gracián, *Scholias y Addiciones*, editadas pelo Padre Carmelo de la Cruz em *El Monte Carmelo*, 68, 1960, p. 154.

7. Antes de prosseguir, quero dizer o que sei desse padre, chamado Mariano de São Bento[6]: era italiano, doutor, homem de talento e capacidade. Ele estava com a Rainha da Polônia, como intendente da casa real — nunca se inclinara a casar, mas tinha uma comenda da Ordem de São João[7] —, foi chamado por Nosso Senhor a tudo deixar, a fim de melhor procurar sua salvação. Isso acontecera depois de ele ter passado dois anos no cárcere por causa de uma falsa acusação que lhe fizeram como participante na morte de um homem. Durante esse período, ele não quisera advogado nem defensor além de Deus e da própria justiça, embora houvesse testemunhas que afirmassem ter sido chamadas por ele para assassinar o homem — mais ou menos como os dois velhos de Santa Susana. Interrogados separadamente sobre o lugar onde se encontravam na hora do crime, um dos homens disse estar sentado sobre um leito e o outro que estava perto de uma janela; por fim, confessaram que mentiam. E o padre me garantiu que ainda gastara muito dinheiro para livrá-los do castigo. Do mesmo modo, embora dispondo de certa informação sobre um seu inimigo, tudo fizera para não lhe causar dano.

8. Essas e outras virtudes — porque ele é homem puro e casto, inimigo de tratar com mulheres — deviam ter-lhe granjeado junto a Nosso Senhor o conhecimento do que é o mundo, para buscar afastar-se dele. Assim, ele começou a refletir sobre que Ordem escolheria; examinando umas e outras, em todas encontrava inconvenientes para o seu temperamento, pelo que me disse. Soube que perto de Sevilha estavam juntos alguns eremitas, perto de um deserto chamado "el Tardón", tendo por maior um homem muito santo a quem chamavam de Padre Mateo[8]. Cada qual tinha uma cela separada, não rezavam o Ofício Divino, mas ouviam missa juntos num oratório. Não tinham renda e não queriam receber esmola, nem a recebiam; em vez disso, se mantinham com o labor de suas mãos e cada qual comia à parte, muito pobremente. Ao ouvir isso, tive a impressão de ver o retrato dos nossos santos Padres. Ele seguiu essa maneira de viver por oito anos. Com a vinda do Santo Concílio de Trento, que determinou a filiação dos eremitas às Ordens religiosas, ele queria ir a Roma pedir que os deixassem continuar assim, e essa era a sua intenção quando falei com ele[9].

9. Quando me falou do seu modo de vida, mostrei-lhe a nossa Regra Primitiva e lhe disse que, sem tanto esforço, poderia observar tudo aquilo, pois era equivalente, em especial no tocante a viver do trabalho das próprias mãos, pois a isso ele muito se inclinava, dizendo-me que o mundo estava perdido devido à cobiça, o que induzia os religiosos a nada terem de seu. Como eu pensava o mesmo, nisso logo nos entendemos, e, na verdade, em tudo. Quando lhe dei razões acerca do muito que poderia servir a Deus em nosso hábito, ele ficou de refletir a respeito aquela noite.

Eu já o via quase decidido, e entendi que o que ouvira em oração, que "aquilo envolvia mais coisas do que a fundação" referia-se àquele empreendimento. Isso me deu muito contentamento; tive a impressão de que muito serviria ao Senhor a entrada do ermitão na Ordem. Sua Majestade, que o desejava, o comoveu de tal maneira aquela noite que, pela manhã, já convencido, e até espantado por ter sido levado tão rapidamente a mudar de opinião, e por uma mulher — ele ainda me diz isso algumas vezes, como se a causa fosse eu e não o Senhor, que pode mudar os corações —, ele me chamou[10].

---

6. Mariano Azaro, depois Mariano de São Bento, é personagem importante na história da Reforma Teresiana: napolitano ardente e impetuoso, recebeu cartas terríveis da Madre Fundadora, mas sempre conservou grande afeto por ela (cf. *Epistolado*).

7. O Padre Mariano fora intendente do palácio de Catarina de Áustria, esposa de Sigismundo II da Polônia. Era Cavalheiro da Ordem de São João de Jerusalém.

8. Padre Mateo de la Fuente, então Maior ou Superior dos Solitários, foi mais tarde restaurador dos Basílios na Espanha.

9. *Filiação dos eremitas às Ordens religiosas:* desautorização da vida eremítica sem votos; provável alusão, não ao Concílio de Trento, mas à Constituição de Pio V, *Lubricum genus*, de 17/11/1568, que concedia um ano de prazo para aplicação. Por essa razão, no ano seguinte os eremitas do Padre Mateo queriam "ir a Roma pedir que os deixassem continuar assim", sem votos solenes.

10. Sob essas frases se esconde uma delicada alusão ou, talvez, uma das sutis reticências empregadas pela Santa: não faltou entre aqueles insignes primeiros frades quem se ressentisse de seguir a *Reforma de uma mulher*... Evidentemente, isso chegou ao conhecimento da Santa, que até riu um pouco dos brios masculinos exagerados daqueles filhos precoces.

10. Grandes são os juízos de Deus; o homem, que andara tantos anos sem saber o que fazer quanto ao seu estado religioso (porque o que então tinha não o era, porque não havia votos, nem qualquer coisa que constituísse uma obrigação, a não ser ficar afastado do mundo), de repente foi movido pelo Senhor, que lhe explicou o muito que haveria de servir nesse estado e disse que Sua Majestade dele precisava para levar adiante o que tinha sido começado; e ele tem ajudado muito, e até agora já passou por muitos sofrimentos, e ainda os passará antes de tudo ficar assentado (pelo que nos é dado ver a partir das contradições que têm afetado a Regra Primitiva)[11]; porque ele, com sua habilidade, talento e santa vida, tem influenciado muitas pessoas, que nos favorecem e amparam.

11. Ele me contou que Ruy Gómez lhe dera, em Pastrana, lugar para onde eu ia, uma boa ermida, bem como terreno para estabelecer um eremitério, e que ele queria que fosse um convento de nossa Ordem, para ali tomar hábito. Eu lhe agradeci e louvei muito a Nosso Senhor; porque, tendo duas licenças enviadas pelo nosso Reverendíssimo Padre Geral para fundar mosteiros, só instalara um[12]. Dali mesmo enviei pedidos aos dois padres citados, o que era provincial e o que fora[13], instando-os a me conceder licença, visto não ser possível fundar sem o seu consentimento. Além disso, escrevi ao Bispo de Ávila, que era Dom Alvaro de Mendoza, pessoa que muito nos favorecia, para que fizesse gestões junto a eles.

12. Quis Deus que eles assentissem. Pareceu-lhes que uma fundação em lugar tão distante não poderia causar-lhes prejuízo. O Padre Mariano comprometeu-se a ir lá tão logo chegasse a licença. Com isso, fiquei extremamente contente. Fui ter com a princesa e o príncipe Ruy Gómez, que me deram muito boa acolhida. Ofereceram-me um aposento separado, onde ficamos mais tempo do que eu pensara; porque a casa era tão pequena que a princesa mandara demolir e reconstruir boa parte dela — não as paredes, mas muitas coisas.

13. Fiquei ali por três meses[14], onde tive muitos sofrimentos, porque a princesa me pediu coisas que não convinham à nossa Religião e decidi voltar sem fundar a ter de fundar com semelhantes concessões. O príncipe Ruy Gómez, com sua prudência, que era muita, e seu bom senso, conseguiu levar a mulher a moderar-se; além disso, eu aceitei algumas coisas, porque desejava mais que se fizesse um convento de frades do que de monjas, percebendo quão importante isso era, o que mais tarde seria confirmado.

14. Naquele momento, chegaram Mariano e seu companheiro, os eremitas de que falei[15]; e, chegada a licença, aqueles senhores decidiram passar a doação de um eremitério para um mosteiro de Padres Descalços. Mandei chamar o padre Frei Antonio de Jesus, o primeiro, que estava em Mancera, para começar a fundação do convento. Enviei hábitos e capas e tudo fiz para que logo tomassem o hábito.

15. Na mesma época, mandei vir[16] mais irmãs do convento de Medina del Campo, porque não levava mais de duas comigo. Estava ali um padre, chamado Frei Baltasar de Jesus[17], excelente pregador, nem muito velho nem muito moço, que, sabendo dos planos de fundação daquele mosteiro, fora procurar-nos com a intenção de tornar-se Descalço; e assim fez quando veio, e eu, ao ouvir as suas palavras, louvei a Deus. Foi ele que deu o hábito ao padre Mariano e ao seu companheiro, os dois como irmãos leigos, porque nem o padre Mariano quis ser ordenado, dizendo que

---

11. Quando a Santa escrevia isso (1574-1576?), já começara a oposição à sua obra reformadora.
12. O de Duruelo, transferido para Mancera quando ela escrevia isso (cf. n. 14).
13. *Era* provincial o Padre Alonso González e o *fora* o Padre Angel de Salazar.
14. Nem dois meses: ela partiu de Toledo em 30 de maio e estava de volta em 21 de julho.
15. N. 6s.
16. Fez vir de Medina Isabel de San Jerónimo e Ana de Jesus; da Encarnação de Ávila, Jerónima de San Agustín.
17. Padre Baltasar de Jesus (Nieto), 1524-1589, foi o primeiro Superior de Pastrana; foi um homem de vida inquieta, cheia de incidentes, nada gloriosa. É significativo que a Santa, tão pródiga no título "muito servo de Deus" ao falar dos personagens de sua história, o apresente como frade, nem velho nem novo, bom pregador, e que não quisesse que os novos descalços ultimassem a fundação antes da chegada de Padre Antonio (13 de julho).

desejara entrar para ser o menor de todos — e nunca o fiz mudar de ideia. Mais tarde, ele o fez, por ordem do nosso Reverendíssimo Padre Geral[18]. Depois da fundação dos dois conventos e da chegada de Frei Antonio de Jesus, começaram a entrar noviços — e tão bons, como mais tarde se verá quando eu falar de alguns —, e a servir Nosso Senhor tão verdadeiramente que — se Deus for servido — deve contá-lo quem tenha mais capacidade do que eu, pois nesse caso por certo fico aquém.

16. Quanto às monjas, seu mosteiro alcançou as boas graças dos príncipes, tendo a princesa grande cuidado em agradá-las e tratá-las bem — até a morte do príncipe Ruy Gómez. O demônio, ou talvez o Senhor o tenha permitido — Sua Majestade tem Suas razões —, fez que a princesa, muito abalada com o evento, entrasse ali como monja[19]. Magoada como estava, ela não podia ter muito prazer com as coisas a que não estava acostumada no tocante ao isolamento; ao mesmo tempo, a prioresa estava proibida pelo Santo Concílio de lhe conceder as liberdades que ela queria.

17. A princesa se encolerizou com a prioresa, e com todas as irmãs, de tal maneira que, mesmo depois de deixar o hábito e voltar para casa, ainda não podia suportá-las. As pobres monjas estavam tão inquietas que eu procurei, por todos os caminhos possíveis, suplicando aos prelados, que se tirasse dali o convento, fundando-se um em Segóvia, como vou contar adiante, para onde elas se transferiram, deixando tudo quanto a princesa lhes dera[20] e levando umas irmãs que ela mandara receber sem dote. Elas só transportaram as camas e uns poucos objetos que tinham trazido.

A população ficou pesarosa, mas eu com o maior contentamento do mundo por ver as irmãs em quietude, porque sabia muito bem que nenhuma culpa tinham tido pelo desgosto da princesa, a quem continuaram a servir com deferência mesmo depois de ela ter tomado o hábito. As circunstâncias de que falei[21] e as dores dessa senhora é que criaram a oportunidade para o que acontecera, mas uma criada que a princesa levou consigo foi, pelo que se veio a saber, a culpada de tudo. Enfim, o Senhor o permitiu, pois devia ver que não convinha ter ali o convento, pois grandes são os seus juízos, e contrários ao nosso entendimento. Eu não me atreveria a tomar por mim mesma semelhante decisão; eu o fiz a partir da opinião de pessoas de letras e santidade.

CAPÍTULO 18

Trata da fundação do Convento de São José de Salamanca, que ocorreu no ano de 1570. Dá alguns avisos, importantes para as prioresas.

1. Acabadas essas duas fundações, voltei à cidade de Toledo, onde permaneci alguns meses até comprar a casa de que falei e deixar tudo em ordem. Quando eu tratava disso, escreveu-me um reitor da Companhia de Jesus, de Salamanca, dizendo-me que ficaria muito bem ali um dos nossos mosteiros, dando as razões para isso[1]. Embora, sendo a cidade muito pobre, eu tivesse hesitado em fundar em Salamanca um convento sem renda, Ávila também o era, e nem por isso faltara ao

---

18. Na Quaresma de 1574.

19. Ruy Gómez morreu em 29/7/1573. A princesa viúva e enlutada (de 33 anos) tornou-se descalça imediatamente. *Estava proibida pelo Santo Concílio*, isto é, seguia as leis da clausura promulgadas pelo Concílio de Trento (sessão 25, cap. 5), não podendo transigir.

20. "A Santa, sempre precavida, ordenara, antes de partir para Toledo, que se assentasse tudo quanto se recebesse dos Príncipes, com a anotação do dia, do mês e do ano, e com a assinatura da prioresa, providência muito acertada, como logo se viu" (Silverio). *Como vou contar adiante:* no cap. 21.

21. *As circunstâncias de que falei:* no n. 16, acerca da obrigação da clausura, insuportável para a princesa e inderrogável para a prioresa. A princesa saiu do convento em janeiro de 1574; o êxodo das monjas ocorreu entre 6 e 7 de abril. Para avaliar o alcance desse gesto varonil da Santa, deve-se levar em conta que o livro da *Vida* estava nas mãos da vingativa princesa, que o fez servir de texto de comédia entre suas criadinhas e, mais tarde, de tragédia, no tribunal da Inquisição.

1. Ela voltou a Toledo no dia 22 de julho de 1569. O reitor era Padre Martín Gutiérrez.

mosteiro de lá coisa alguma — nem creio que Deus vá faltar a quem o serve —, e as irmãs, sendo tão poucas, podiam, com o trabalho de suas próprias mãos, manter-se; enfim, ditas as coisas com tanta convicção como o foram, terminei por resolver-me a fazê-lo naquela cidade. E, indo de Toledo para Ávila, dali procurei obter a licença do Bispo da época[2], que a concedeu assim que o Padre Reitor o informou acerca da Ordem, mostrando-lhe que isso seria serviço a Deus.

2. Tudo o mais me parecia tão fácil que eu julgava que, tendo o consentimento do Ordinário, o mosteiro já estava feito. E logo procurei alugar uma casa que me fora indicada por uma senhora conhecida minha[3]; mas era difícil, por não ser época em que se alugam casas e por estar o referido imóvel ocupado por uns estudantes, que terminaram por prometer sair quando chegasse quem devia dele tomar posse. Eles não sabiam para que era, porque tive muito cuidado quanto a isso, para que, até tomarmos posse, nada se percebesse — tenho já experiência do que o demônio faz para perturbar a fundação de mosteiros. E embora Deus não lhe permitisse agir no princípio, porque queria a fundação, mais tarde foram tantos os sofrimentos e contrariedades por que passamos que ainda não acabaram por completo — e já se passaram alguns anos da fundação quando escrevo isto[4]. E creio que muito se serve a Deus ali, já que o demônio nada pode fazer.

3. Obtida a licença e com a casa acertada, confiando na misericórdia de Deus, porque ali não havia ninguém que me pudesse ajudar com coisa alguma para o muito que era necessário a fim de arrumar a casa, parti, levando somente uma companheira[5], para ir com mais segredo, porque achava melhor não levar monjas até ter tomado posse. Eu estava prevenida por causa do que me ocorrera em Medina del Campo, onde me vi às voltas com muitos problemas, e pretendia fazer que, se houvesse empecilhos, só eu sofresse, ao lado da irmã cuja companhia não podia dispensar. Chegamos na véspera de Todos os Santos, tendo percorrido boa parte do caminho à noite, com muito frio, e dormido numa povoação onde fiquei bem mal[6].

4. Não descrevo neste livro das fundações os grandes padecimentos passados pelos caminhos, com frio, com sol, com neve, pois às vezes nevava o dia inteiro, momentos em que nos perdíamos, outros com grandes achaques e febres, porque, glória a Deus, costumo ter pouca saúde, embora visse com clareza que Nosso Senhor me dava forças. Porque me acontecia algumas vezes em que tratava das fundações achar-me com tantos males e dores que chegava a me angustiar muito, pois me parecia não poder ficar, mesmo na cela, senão deitada. Eu me voltava para Nosso Senhor, queixando-me a Sua Majestade e perguntando-lhe como queria que eu fizesse o que não podia; depois disso, mesmo havendo sofrimentos, Deus me dava forças e, com o fervor que me infundia, e o cuidado, eu parecia esquecer de mim mesma.

5. Pelo que me lembro, nunca deixei de fundar por temer sofrimentos, embora pelos caminhos, especialmente nos longos, sentisse muita contrariedade; mas ao começar a andar parecia ter pouca distância a percorrer, vendo a serviço de Quem o fazia e considerando que, na casa a ser fundada, se haveria de louvar o Senhor e abrigar o Santíssimo Sacramento.

É para mim um consolo especial ver mais uma igreja, ao lembrar das muitas que os luteranos destroem: não vejo que sofrimentos se haviam de temer, por maiores que fossem, em troca de um bem tão grande para a cristandade. Porque embora muitos de nós não se deem conta de estar Jesus Cristo, verdadeiro Deus e verdadeiro homem, no Santíssimo Sacramento em muitos lugares, como Ele de fato o está, isso deveria ser para nós motivo de grande consolo.

Por certo sinto isso no coro ao ver almas tão puras louvando a Deus, que isso não se deixa de perceber de muitas coisas, tanto em termos de obediência quanto o claro contentamento que

---

2. Depois de *Bispo*, a Santa deixou um espaço em branco, provavelmente para lembrar-se do seu nome e inseri-lo: era Dom Pedro González de Mendoza.
3. Provavelmente Dona Beatriz Yañez de Ovalle, da família da Santa por parte do seu cunhado Juan de Ovalle.
4. Ela escreve entre 1574 e 1576.
5. Era Dona María del Sacramento.
6. Dia 31 de outubro de 1570.

lhes dá tanta clausura e solidão, bem como a alegria com que se oferecem à mortificação: onde o Senhor dá mais graça à prioresa para exercitá-las nisso, vejo maior contentamento; assim é que as prioresas mais se cansam de exercitá-las do que elas em obedecer, porque, quanto a isso, seus desejos nunca acabam.

6. Embora fugindo do tema da fundação, de que comecei a tratar, creio dever dizer aqui algo acerca da mortificação, e, filhas, quem sabe seja proveitoso para as prioresas; para não esquecer, vou falar agora. Como têm diferentes talentos e virtudes, cada prioresa deseja conduzir suas monjas pelo seu próprio caminho: a que vive muito mortificada julga ser fácil qualquer coisa que mande para dobrar a vontade da irmã, como se ela mesma o fizesse — e quem sabe se ela o faria sem sofrer? Temos de atentar muito para isso e não ordenar o que nós mesmas consideraríamos difícil. A discrição é fundamental para quem deve governar, e nessas casas é muito necessária; estou para dizer "muito mais do que em outras", porque, nelas, as súditas dependem bem mais dos cuidados da prioresa, tanto exterior como interiormente.

Outras prioresas, muito fervorosas, gostariam que tudo se resumisse a rezar; enfim, o Senhor leva por diferentes caminhos. Mas as preladas devem compreender que não são postas ali para escolher o caminho ao seu gosto, mas para que conduzam as súditas pelo caminho de sua Regra e Constituição, mesmo que tenham de forçar-se por desejarem fazer outra coisa.

7. Estive certa vez numa dessas casas com uma prioresa que adorava a penitência e que levava todas a orar e coisas desse tipo. Assim acontecia que, se a prioresa mergulhasse em oração, mesmo que não fosse à hora própria, todas a acompanhavam. Às vezes, a prioresa dava *disciplina*[7] de uma vez a todo o convento, durante os sete salmos penitenciais, com orações e que-tais. Assim acontece também que, embebendo-se a prioresa em oração, fora de hora, depois das Matinas, mantém ali todo o convento, quando seria muito melhor que as outras fossem dormir.

Se — como eu digo — a prioresa gosta de mortificação, não há sossegar, e as ovelhinhas da Virgem se calam como cordeirinhos; é certo que isso me traz muita devoção e confusão, mas às vezes, muita tentação. Porque as irmãs não o entendem, estando tão embebidas em Deus; mas eu temo pela sua saúde e gostaria que seguisse a Regra, que já é suficientemente rigorosa, fazendo as outras coisas com mais suavidade. E essas coisas de mortificação importam muito e, por amor de Nosso Senhor, percebamos, preladas, quão fundamental é a discrição nessas casas[8], procurando conhecer os talentos, porque, se não for grande o cuidado nessas questões, em vez de beneficiar as irmãs, elas acabarão por prejudicá-las muito e deixá-las em desassossego.

8. É preciso considerar que a mortificação não é obrigatória: eis a primeira coisa para a qual atentar. Embora muito necessária para que a alma ganhe liberdade e sublime perfeição, a mortificação não é feita num tempo curto; cada qual há de ser ajudada, a pouco e pouco, segundo o talento de entendimento e de espírito que Deus lhe dá. Tem-se a impressão de que para isso não há necessidade de entendimento, embora se trate de um engano, decorrente do fato de haver algumas que muito padecem até entender a perfeição, e até o espírito da nossa Regra, e talvez venham a ser as mais santas; porém estas não saberão quando é correto desculpar-se, nem quando não o é, desconhecendo alguns outros detalhes que, compreendidos, talvez lhes facilitassem a tarefa. Mas elas não conseguem fazê-lo e, o que é pior, não julgam ser isso perfeição.

9. Há nessas casas uma irmã que é das mais servas de Deus e, tanto quanto posso julgar, é alma de grande espírito, recebe muitas graças de Sua Majestade, é penitente e humilde, mas não consegue entender algumas coisas presentes nas Constituições. Ela julga ser pouca caridade que se acusem as irmãs no capítulo, chegando a perguntar como se poderia falar mal de uma irmã e coisas do gênero. E eu poderia discorrer sobre mais coisas de irmãs muito servas de Deus que, em outros aspectos, vejo superarem em muito as que têm um bom entendimento.

---

7. *Disciplina*: esta palavra foi acrescentada por outra mão.
8. *Casas* ou *cosas; a leitura é* duvidosa no autógrafo.

A prioresa não deve pensar que conhece as almas de imediato; que deixe isso para Deus, o único que tem esse poder, e procure conduzir cada uma por onde Sua Majestade a leva, desde que não falte na obediência nem nas coisas mais essenciais da Regra e da Constituição. Aquela que, dentre as onze mil virgens, se escondeu, não deixou de ser santa e mártir, e talvez tenha padecido mais do que as outras, porque depois ofereceu-se sozinha ao martírio[9].

10. Voltando, pois, à mortificação: a prioresa ordena à irmã uma coisa que, embora pequena, é grave para ela, a fim de mortificá-la. A irmã, embora o faça, fica tão inquieta e tentada que melhor seria que não a tivessem mandado. Isso revela que a prioresa não deve levá-la à perfeição à força, mas dissimulada e vagarosamente, até que o Senhor aja nela, para que a ação destinada a beneficiá-la não seja causa de inquietação e de aflição do espírito, o que é muito terrível, quando ela seria muito boa monja sem aquele ponto específico de perfeição. Vendo as outras, ela pouco a pouco agirá como elas, como já o vimos; quando isso não ocorrer, ela poderá salvar-se sem essa virtude.

Conheço uma que por toda a vida a tem tido muito, e há vários anos, e de muitas maneiras, tem servido a Nosso Senhor; porém há nela algumas imperfeições e sentimentos que por vezes não consegue dominar; e ela se aflige, vindo a mim, e o reconhece. Creio que Deus a deixa cair nessas faltas sem pecado, pois nelas este não está presente, para que ela se humilhe e possa ver que não é perfeita por inteiro.

Assim, algumas suportam grandes mortificações e, quanto maiores sejam as que lhes forem ordenadas, mais gosto terão, porque o Senhor lhes deu forças à alma para sujeitarem a vontade, ao passo que outras não suportam sequer as pequenas, e obrigá-las será como obrigar uma criança a carregar dois fardos de trigo: ela não só não os carregará como se arrebentará e cairá por terra. Por isso, filhas minhas (dirijo-me às prioresas), perdoai-me, mas as coisas que tenho visto me obrigam a ser tão extensa quanto a isso.

11. Outro aviso vos dou, e é muito importante; mesmo que seja para provar a obediência, não ordeneis que se faça algo que possa ser pecado venial. E sei de coisas que, se feitas, seriam pecado mortal. As irmãs ao menos se salvarão com inocência, mas não a prioresa, porque esta nunca diz algo que elas não se ponham logo a fazer; ouvindo e lendo os exemplos dos santos do deserto, tudo elas julgam bom, ou, pelo menos, creem ser bom obedecer. E saibam as irmãs que as coisas que não fariam se não fossem mandadas, por serem pecado mortal, também não devem fazer se mandadas, exceto se se tratar de não assistir à missa ou de não observar os jejuns, porque, nesses casos, a prioresa pode ter suas razões. Mas lançar-se no poço e coisas semelhantes não são admissíveis; porque não penseis que Deus haverá de fazer milagres como o fazia com os santos. Já há muitas coisas em que exercitar a obediência perfeita.

12. Louvo tudo quanto não envolver esses perigos. Certa vez, em Malagón, uma irmã pediu licença para tomar uma disciplina. A prioresa (a quem ela devia ter feito o mesmo pedido outras vezes), disse-lhe: "Deixa-me". Como a irmã insistisse, falou: "Vai passear; deixa-me!" A outra, com grande simplicidade, ficou passeando algumas horas até que uma irmã lhe perguntou a razão de tanto passeio, ou coisa parecida. Ela lhe disse que aquilo lhe fora ordenado. Tocou então a hora das Matinas, e como a prioresa indagasse o paradeiro da irmã, a outra lhe informou o que se passava.

13. Por conseguinte, devem as prioresas ficar atentas, como eu já o disse, com almas que veem ser muito obedientes, vendo bem o que fazem. Outra religiosa foi mostrar à prioresa um grande verme, dizendo-lhe que era lindo. A prioresa, brincando, disse-lhe: "Pois então coma-o!" Ela se foi e fritou-o muito bem. A cozinheira lhe perguntou porque o frigia e ela respondeu que era para comê-lo, e queria fazê-lo. Com seu enorme descuido, a prioresa poderia ter-lhe causado um grande malefício.

---

9. Ela se refere à lenda das onze mil virgens; Santa Córdula, uma das onze mil, num primeiro momento fugiu e se escondeu, entregando-se depois, sozinha e com coragem, ao martírio.

Eu bem que fico feliz que vos excedais em matéria de obediência, porque tenho particular devoção por esta virtude, razão por que tenho feito tudo quanto posso para que a tenhais; mas isso pouco me serviria se o Senhor não tivesse, por sua grandíssima misericórdia, concedido o favor de que todas em geral a isso se inclinassem. Queira Sua Majestade levá-la ainda mais adiante, amém.

CAPÍTULO 19

Continua a falar da fundação do convento de São José da cidade de Salamanca.

1. Desviei-me muito do que dizia. Quando me é oferecida a oportunidade de discorrer sobre alguma coisa que o Senhor desejou que eu entendesse com a experiência, eu me sentiria mal se não o fizesse; e talvez seja bom o que eu não pense que o seja. Sempre vos informai, filhas minhas, junto a quem fez estudos, pois nessas pessoas achareis o caminho da perfeição com discrição e verdade. As preladas precisam especialmente disso, se desejam se desincumbir bem de sua função; confessai-vos com pessoas letradas e evitareis muitas asneiras pensando ser santidade e procurai que também as vossas monjas o façam.

2. Voltando ao que dizia, na véspera de Todos os Santos do ano já indicado, chegamos ao meio-dia à cidade de Salamanca[1]. Numa pousada, procurei informar-me sobre um bom homem dali a quem eu encarregara de desimpedir a casa, Nicolás Gutiérrez[2], muito servo de Deus. Com sua vida virtuosa, ele alcançara de Sua Majestade uma vida de boa paz e alegria nas tribulações que o tinham atingido, pois tivera muitos sofrimentos: tinha tido prosperidade e vira-se pobre, tendo vivido então com a mesma alegria que tivera ao ser rico. Ele chegou e me disse que a casa ainda não fora desimpedida, porque não conseguira fazer que os estudantes a deixassem. Eu lhe disse ser importante que logo no-la dessem, para que não se soubesse que eu me encontrava ali; como eu disse, sempre temo algum estorvo. Ele foi à casa e tanto fez que a desocuparam naquela mesma tarde. Era quase noite quando entramos nela.

3. Foi a primeira casa que fundei sem pôr o Santíssimo Sacramento, porque eu pensava que, se o pusesse, não tomava posse; eu já sabia que não importava pô-lo ou não, o que muito me consolou, visto terem os estudantes deixado a casa em mau estado. Como não eram muito cuidadosos, a casa estava em tal condição que não trabalhamos pouco aquela noite. No dia seguinte, pela manhã, foi dita a primeira missa e eu fiz que fossem buscar mais monjas de Medina del Campo[3]. Eu e minha companheira passamos sozinhas a noite de Todos os Santos. Eu vos digo, irmãs, que quando me recordo do medo de minha companheira, que era María del Sacramento, uma monja mais velha do que eu, e muito serva de Deus, dá-me vontade de rir.

4. A casa era muito grande e mal dividida, com muitos vãos, e minha companheira não conseguia afastar os estudantes do pensamento, tendo a impressão de que, como tinham saído contrariados, algum ficara escondido ali; isso era bem possível, pois lugar para isso havia[4]. Fechamo-nos numa peça onde havia palha, que era a primeira coisa que eu providenciava para fundar uma casa, porque, tendo-a, não nos faltava cama. Nela dormimos essa noite, com umas mantas que nos emprestaram.

No dia seguinte, umas monjas da vizinhança, que pensávamos estar incomodadas com a nossa presença, nos emprestaram roupas para as companheiras que viriam e nos enviaram esmolas. O mosteiro delas chamava-se Santa Isabel[5], e por todo o tempo em que estivemos na casa, prestaram-nos bons serviços e nos deram esmolas.

---

1. No dia 31 de outubro de 1570.
2. Nicolás Gutierrez tinha seis filhas na Encarnação de Ávila, e todas passaram pela Reforma Teresiana.
3. Ela fez vir duas monjas de Medina e uma de Valladolid; e, pouco depois, mais três de Ávila.
4. "A casa, com um pátio central bastante grande, e um corredor desproporcionado, situada na Praça de Santa Teresa, pertence hoje às Servas de São José" (Silverio).
5. Tratava-se de monjas franciscanas.

5. Vendo-se fechada naquele cômodo, minha companheira sossegou no que se refere aos estudantes, embora ainda temesse, pois ficava olhando para um e outro lado; o demônio devia ajudá-la, pondo-lhe pensamentos de perigo para me perturbar; porque, com a minha fraqueza de coração, pouco é preciso para isso. Eu lhe perguntei por que olhava daquele jeito, já que ali ninguém podia entrar. Disse-me ela: "Madre, estou pensando, se eu morresse aqui agora, que faríeis sozinha?" Se aquilo acontecesse, bom não seria; e comecei a pensar um pouco no assunto, chegando a ter medo, porque os corpos mortos, mesmo não me causando nada, me enfraquecem o coração, ainda que eu não esteja a sós com eles.

O dobrar de sinos ajudava nisso, porque, como eu disse[6], era noite de Finados; boa vantagem tinha o demônio para nos fazer perder a cabeça com criancices, porque ele, quando percebe que não o tememos, busca outros artifícios. Eu disse a ela: "Irmã, se isso acontecer, pensarei no que fazer; agora deixe-me dormir". Como tínhamos passado noites difíceis, cedo o sono afastou os temores. No dia seguinte, chegaram outras monjas, dissipando-se todos os receios.

6. Estive com o mosteiro nessa casa durante três anos, ou quatro, não me lembro bem, pois terminei por não tê-lo presente na memória, já que me mandaram ir à Encarnação de Ávila[7]. Eu, por meu gosto, nunca deixaria algum mosteiro, nem o fiz, com casa própria, provida e arrumada. Nisso Deus sempre me concedia muitos favores, fazendo que, nos trabalhos, eu sempre fosse a primeira, procurando, mesmo em coisas menos importantes, tudo fazer para assegurar o bem-estar e a tranquilidade da comunidade como se tivesse de passar a vida inteira na casa, dando-me muita alegria ver que as irmãs ficavam bem instaladas.

Senti muito ao ver o que as irmãs padeceram ali, embora não por falta de sustento (porque disso eu cuidava do lugar onde estivesse, já que a casa estava muito fora do caminho para receber esmolas), mas por insalubridade, sendo o mosteiro úmido e muito frio e, por ser muito grande, difícil de consertar; o pior de tudo era a ausência do Santíssimo Sacramento, o que, para tanto isolamento, é um grande desconsolo. Mesmo não O tendo, elas tudo suportaram com uma alegria que era para louvar o Senhor; e algumas me diziam que parecia imperfeição desejar casa, visto que estavam ali muito contentes, como se tivessem o Santíssimo Sacramento.

O prelado[8], vendo sua perfeição e os sofrimentos por que passavam, e movido pela compaixão, mandou-me vir da Encarnação. Elas já tinham combinado com um cavalheiro da cidade para que ele conseguisse uma casa; mas esta se encontrava em tal condição que foi preciso gastar mais de mil ducados para entrar nela. A casa fazia parte de um morgadio, e ele nos permitiu a transferência para ela, embora ainda faltasse a licença do Rei, dizendo que podíamos construir paredes. Procurei o Padre Julián de Ávila[9], aquele que andava comigo nessas fundações e me acompanhara, e fomos ver a casa para dizer o que se devia fazer; a experiência me fizera conhecer bem essas coisas.

8. Fomos em agosto e, apesar de termos apressado os trabalhos, em São Miguel, época em que se alugam as casas, ela ainda não estava pronta. E como a outra casa que ocupáramos não tinha sido alugada para outro ano, estando entregue a outro morador, tínhamos urgência. A igreja já estava quase pronta. O cavalheiro que a vendera tinha se ausentado. Pessoas amigas nossas diziam que fazíamos mal em correr tanto; mas onde há necessidade mal se podem ouvir conselhos que não trazem solução.

9. Mudamo-nos na véspera de São Miguel, pouco antes do amanhecer[10]. Já fora decidido que no dia de São Miguel se poria o Santíssimo Sacramento e se faria o sermão previsto[11]. Foi Nosso

---

6. No n. 2.

7. Em julho de 1571, ela foi nomeada Prioresa da Encarnação pelo Padre Pedro Fernández (cf. B. M. C., t. 2, pp. 106-107).

8. *O prelado* era o Padre Pedro Fernández, dominicano, nomeado Visitador Apostólico do Carmo por Pio V (20 de agosto de 1569). O *cavalheiro* de que ela falará em seguida era Pedro de la Banda.

9. Cf. cap. 3, n. 2; cap. 10, n. 4 etcap.

10. No dia 28 de setembro de 1573.

11. *O sermão* a cargo do famoso Diego de Estella.

Senhor servido que no dia da mudança, à tarde, caísse uma chuva tão forte que só levávamos as coisas com imensa dificuldade. A capela fora toda reconstruída, mas estava tão mal coberta que chovia em quase toda parte. Eu vos digo, filhas, que naquele dia me vi imperfeita: a notícia da cerimônia já se espalhara e eu não sabia o que fazer.

Prestes a me desfazer, disse a Nosso Senhor, quase em tom de queixa, que ou não me mandasse me envolver nessas obras ou resolvesse aquela situação. O bom Nicolás Gutiérrez, com sua serenidade inabalável, me dizia, como se nada acontecesse, que não me preocupasse, porque Deus haveria de remediá-lo. E assim ocorreu, porque no dia de São Miguel, quando as pessoas viriam, começou a fazer sol, o que me fez muita devoção; e vi quão melhor agira o bendito Nicolás ao confiar em Nosso Senhor do que eu com minhas preocupações.

10. Muitas pessoas acorreram, houve música e pusemos o Santíssimo Sacramento com muita solenidade; e como a casa está em situação boa, os fiéis logo começaram a conhecê-la e a ter devoção. Favorecia-nos muito a Condessa de Monterrey, dona María Pimentel; contávamos ainda com uma senhora, cujo marido era o corregedor do lugar, chamada dona Mariana. No dia seguinte, para temperar a nossa alegria pelo Santíssimo Sacramento, o dono da casa chegou tão irado que eu não sabia o que fazer com ele, e o demônio lhe tirava o juízo, porque tínhamos cumprido tudo o que fora combinado. E de pouco valia tentar fazê-lo ver isso. Ouvindo algumas pessoas, acalmou-se um pouco, mas em breve voltou a irritar-se. Eu já estava decidida a deixar a casa, mas ele não queria isso, e sim que o dinheiro lhe fosse dado imediatamente. Sua mulher, a quem pertencia a casa, tinha resolvido vendê-la para ajudar as duas filhas, e a esse título fora pedida a licença[12], estando o dinheiro em mãos de um depositário por eles escolhido.

11. O fato é que, passados mais de três anos, a compra não se concluiu; e não sei se o convento vai ficar ali, nem onde vai terminar tudo isso[13].

12. Sei apenas que, dentre todos os conventos fundados pelo Senhor na Regra Primitiva, em nenhum as monjas têm passado por sofrimentos semelhantes aos que aqui suportam. Mas elas são tão boas, pela misericórdia de Deus, que tudo enfrentam com alegria. Queira Sua Majestade que assim continuem, porque em ter ou não ter boa casa não há grande importância; na verdade, é um grande prazer estar em casa quando nos podem expulsar dela, porque isso nos faz lembrar que o Senhor não teve nenhuma.

Estar numa casa que não é nossa, como acontece nessas fundações, tem-nos acontecido algumas vezes; e, verdade seja dita, não vi uma única monja ressentir-se disso. Queira Sua Majestade que não nos faltem as moradas eternas, por sua infinita bondade e misericórdia, amém, amém.

CAPÍTULO 20

Trata da fundação do mosteiro de Nossa Senhora da Anunciação, situado em Alba de Tormes. Foi no ano de 1571.

1. Não transcorreram dois meses desde que se tomara posse, no dia de Todos os Santos, da casa de Salamanca, quando fui interpelada pelo contador do Duque de Alba e de sua mulher para fazer nessa vila uma fundação e mosteiro. Eu não estava muito disposta, porque, sendo um lugar pequeno, seria necessário que o convento tivesse renda, quando a minha inclinação era para que nada possuísse.

O padre mestre Frei Domingo Báñez, meu confessor, de quem falei no início das fundações e que por acaso se encontrava em Salamanca, riu de mim e disse que, como o Concílio permitia

---

12. *Fora pedida a licença* porque a casa "fazia parte de um morgadio". Cf. n. 7.
13. Como a mudança ocorreu em 28/9/1573 (cf. n. 9), a Santa não escreveu essas páginas antes de 1576. *E não sei se o convento vai ficar ali:* de fato, em 1579 a Santa já tinha licença do Bispo para mudar-se para outra casa e, em 1582, aquela foi abandonada definitivamente.

ter renda, não seria bom deixar de fazer um convento por essa razão; afirmou ainda que eu devia entender que isso em nada impedia as monjas de ser pobres e muito perfeitas[1].

Antes de mais nada, direi quem era a fundadora e como o Senhor fez que fundasse.

2. A fundadora do Convento da Anunciação de Nossa Senhora de Alba de Tormes, Teresa de Layz, era filha de nobres, fidalgos de sangue limpo[2]. Residiam, por não serem tão ricos quanto o pedia sua nobreza, num lugar chamado Tordillos, que fica a duas léguas da vila de Alba. É muito lastimável que, por se basearem as coisas do mundo em tanta vaidade, prefira-se antes viver no isolamento desses lugares pequenos, privados de doutrina e de muitas outras coisas que são meios para dar luz às almas, a cair um único ponto naquilo que chamam de honra. Quando já tinham quatro filhas, veio a nascer Teresa de Layz, causando aos pais muito desgosto por ser mais uma menina.

3. É deveras triste ver que os mortais, sem entender o que lhes é melhor — já que ignoram de todo os juízos de Deus, não sabendo os grandes bens que podem vir das filhas nem os grandes males dos filhos —, não queiram deixar-se nas mãos Daquele que tudo entende e os cria, mas se matam por causa de algo com que deveriam alegrar-se. Com a fé entorpecida, param no meio da consideração e não se lembram de que Deus dispõe as coisas para que Lhe entreguem tudo.

E se sua cegueira chegou a ponto de não fazerem isso, é grande ignorância não entender o pouco benefício que esses sofrimentos lhes trazem. Valha-me Deus! Quão distintamente encararemos essas ignorâncias no dia em que haveremos de compreender a verdade de todas as coisas! E quantos pais se verão ir ao inferno por terem tido filhos, e quantas mães, assim como outros se verão no céu graças a suas filhas!

4. Voltando ao que dizia, as coisas chegaram a tal ponto que, como se pouco lhes importasse a vida da filha, eles a deixaram sozinha com três dias de idade, sem que ninguém desse pela sua existência da manhã à noite. Ao menos uma coisa boa tinham feito: eles fizeram um clérigo batizar a menina logo ao nascer. À noite, chegando à casa, a mulher que cuidava dela, ao saber do que se passara, foi ver se tinha morrido; com ela correram outras pessoas que tinham ido visitar a mãe e testemunharam o que agora direi.

A mulher a tomou nos braços, chorando, e disse: "Como, minha filha, não sois cristã?" — querendo com isso dizer que fora crueldade deixá-la a sós. A criancinha levantou a cabeça e disse: "Sim, sou!" — e só voltou a falar na idade em que as crianças costumam começar a fazê-lo. Quem ouviu aquilo foi tomado pelo assombro; a partir de então, a mãe começou a ter-lhe amor e a mimá-la, e dizia muitas vezes que gostaria de viver para ver o que Deus faria da menina. Ela criava os filhos com grande honestidade, ensinando-lhes todas as coisas da virtude.

5. Chegando a época de a quererem casar, ela não o queria nem disso tinha desejo. Porém, vindo a saber que Francisco Velázquez, que também é fundador desta casa, seu marido, a pedia, resolveu que se casaria se fosse com ele — embora nunca lhe tivesse posto os olhos, tendo apenas ouvido o seu nome ser dito. Mas o Senhor via que isso era conveniente para que os dois viessem a realizar a boa obra que fizeram para servir a Sua Majestade. Porque, além de virtuoso e rico[3], ele quer tanto à mulher que em tudo a agrada, e com toda razão, já que tudo o que se pode pedir de uma mulher casada, esta o recebeu do Senhor em abundância. À parte seu grande cuidado pela casa, tem ela tal virtude que, como o marido a levasse para Alba, de onde é natural, e tendo os aposentadores do duque lhes dado por hóspede um jovem fidalgo, ficou tão contrariada que começou a desgostar-se com o lugar; porque, sendo tão moça e desejável, embora virtuosa, poderia correr algum risco, pois já o demônio começara a pôr na cabeça do jovem maus pensamentos.

---

1. Padre Báñez já dera esse conselho em outras ocasiões (cf. cap. 9, n. 3 e *Vida*, cap. 36, n. 15). *O Concílio permitia:* ela se refere ao estabelecido pelo Concílio de Trento (sessão 25, cap. 3) acerca da pobreza dos conventos e de sua dotação.
2. *Fidalgos de sangue limpo:* não tinham ascendência judia nem moura.
3. Foi contador e pagador da Universidade de 17 de maio de 1544 a 1º de fevereiro de 1566.

6. Tão logo o percebeu, ela, sem nada dizer ao marido, rogou-lhe que a tirasse dali; ele assim fez, levando-a para Salamanca, onde viviam com muita alegria e abundância, pois ele tinha um cargo que fazia todos desejarem agradá-los, e recebiam muitos presentes. Só tinham uma mágoa, a de não ter Nosso Senhor lhes dado filhos; e, para que Ele lhos desse, eram grandes as devoções e orações que ela fazia, e só suplicava ao Senhor que lhes desse descendência, para que, falecida ela, os filhos louvassem Sua Majestade; pois parecia-lhe ruim não deixar ninguém, depois de sua morte, para louvar Sua Majestade. E ela me dizia que nenhuma outra coisa desejava; e é mulher de grande verdade e tão cristã e virtuosa, como eu disse, que muitas vezes louvo o Senhor ao ver suas obras, uma alma desejosa de sempre contentá-Lo e de nunca deixar de dar bom emprego ao tempo.

7. Ela há muitos anos vinha com esse desejo, encomendando-se a Santo André, que, ao que diziam, intercedia em favor disso, depois de ter feito muitas outras devoções; e eis que uma noite, estando deitada, ela ouviu lhe dizerem: "Não queiras ter filhos, pois te condenarás". Ela ficou muito espantada e temerosa, mas nem por isso o desejo foi-lhe tirado, e ela pensou que, sendo seu fim tão bom, nada poderia haver nisso que a condenasse. Assim, continuava a pedi-lo a Nosso Senhor e, em especial, fazia uma oração especial a Santo André.

Outra vez, pensando nesse mesmo desejo, não sabe se desperta ou adormecida (seja como for, foi uma boa visão, considerando-se o que aconteceu), pareceu-lhe achar-se numa casa em cujo pátio, abaixo do corredor, havia um poço[4]; viu naquele lugar um prado verdejante pleno de flores brancas de tal formosura que ela não poderia exagerar. Perto do poço, apareceu-lhe Santo André em forma de uma pessoa tão venerável e bela que olhá-lo causou-lhe grande contentamento. Ele lhe disse: "Outros filhos são estes, distintos dos que tu queres." Ela não queria que acabasse essa consolação tão grande que vivia naquele lugar, mas esta não continuou. E ela, sem que ninguém lho dissesse, viu ser aquele Santo André e que era vontade do Senhor que ela fizesse um mosteiro. O que também indicava ter sido uma visão ao mesmo tempo imaginária e intelectual, não podendo ter sido fantasia nem ilusão do demônio.

8. Em primeiro lugar, não foi fantasia graças ao grande efeito que produziu, pois desde então ela deixou de desejar filhos — ficou-lhe tão firme no coração ser aquela a vontade de Deus que ela não mais os pediu nem desejou. E começou a pensar no modo como faria a vontade do Senhor. Também se entende não ter sido ilusão do demônio, não só pelo efeito que produziu, já que coisa sua não pode fazer bem, como por que o mosteiro já está feito, servindo muito ao Senhor nele; além disso, a visão ocorreu seis anos antes de fundado o mosteiro, e o demônio não pode conhecer o porvir.

9. Ficando ela muito espantada com a visão, disse ao marido que, se Deus não era servido de dar-lhes filhos, que fizessem um convento de monjas. Ele, como é muito bom e a queria tanto, muito se alegrou; e começaram a pensar em onde o fariam. Ela preferia a sua terra natal; ele opunha razões ponderáveis sobre a inconveniência de fazê-lo.

10. Enquanto tratavam disso, a duquesa de Alba mandou chamá-lo; lá, disse-lhe que regressasse a Alba para ocupar um cargo em sua casa[5]. Ele, tomando ciência do ofício, aceitou, embora fosse menos importante que o de Salamanca. Sua mulher, ao saber disso, muito se afligiu, porque, como eu disse, não gostava do lugar. Ele lhe garantiu que não teriam mais hóspedes e ela se acalmou um pouco, embora estivesse muito fatigada, porque gostava mais de Salamanca. Ele comprou uma casa em Alba e mandou ir a mulher. Ela veio muito indisposta, e mais ficou ao ver a casa; porque, embora bem situada e ampla, não tinha acomodações suficientes. Passou a primeira noite aborrecida; no dia seguinte, ao entrar no pátio pela manhã, viu do mesmo lado o poço onde lhe aparecera Santo André, bem como tudo, sem tirar nem pôr, que vira lhe apareceu como na

---

4. "Ainda existe, perto da cela onde a Santa morreu, embora, devido às obras realizadas nas casas antigas, o que foi o pátio tenha se transformado num amplo quarto" (Silverio).

5. *Contador do Duque*, como ela o disse no n. 1.

visão — falo do lugar, não do santo, nem do prado ou das flores, embora ela os tivesse e os tenha bem presentes na imaginação.

11. Vendo aquilo, ficou perturbada e decidiu fazer ali o mosteiro, e com grande consolo e sossego por não ter de procurar outro lugar; e começaram a comprar as casas próximas até formarem uma propriedade bem grande. Ela procurava com cuidado determinar de que Ordem seria o convento, pois queria que as monjas fossem poucas, e muito recolhidas. Tratando da questão com dois religiosos muito bons e letrados de Ordens diferentes, disseram-lhe eles que fizesse outras obras, porque as monjas, de modo geral, viviam descontentes, e outras tantas coisas; como via que aquilo o prejudicava, o demônio procurava estorvá-lo e, assim, fazia que eles pensassem ser muito razoáveis as razões que lhe apresentavam.

E dizendo eles tanto que isso não ia bem, e com o demônio agindo para mais empecilhos pôr, ela ficou temerosa e perturbada e decidiu desistir, e disse-o ao marido. Parecia-lhes, se pessoas como aquelas diziam não ser bom fazê-lo, e como sua intenção era servir a Deus, de bom alvitre deixar o plano de lado. E combinaram casar um sobrinho dela, filho de uma sua irmã, a quem ela muito queria, com uma sobrinha do marido, dando-lhes boa parte de sua fortuna, empregando o resto em obras para o bem de suas almas; porque o sobrinho era muito virtuoso, embora fosse jovem. E isso ficou combinado e assentado entre eles.

12. Mas como Nosso Senhor decidira outra coisa, isso de pouco serviu, pois nem se passaram quinze dias e o rapaz foi acometido de um mal tão grave que em muito poucos dias o Senhor o levou Consigo. Ela sentiu-se muito culpada pela morte, julgando que a causara por terem eles combinado deixar o que Deus queria para favorecer o rapaz, o que lhes trouxe grande temor. Ela se lembrou do que acontecera ao profeta Jonas[6] por não ter querido obedecer a Deus; e lhe parecia já ter sido castigada, posto que o Senhor lhe tirara o sobrinho de quem tanto gostava.

A partir daquele dia, resolveu que por nada deste mundo deixaria de fazer o convento, o mesmo ocorrendo com o marido, embora não soubessem como agir. Porque parece que Deus a inspirava a fazer o que agora está feito, e as pessoas a quem ela revelava esse desejo e descrevia o mosteiro tal como o queria riam daquilo, parecendo-lhes que ela não acharia o que desejava, especialmente um seu confessor, frade franciscano, homem de letras e de talento. Ela ficava muito desconsolada.

13. Na época, aconteceu de este frade ir a certo lugar, onde lhe deram notícia desses mosteiros de Nossa Senhora do Carmo que então se fundavam. Ele, informando-se bem, voltou a ter com ela e lhe disse ser possível fazer um convento tal como ela pretendia; falou-lhe do que se passava e disse-lhe que me procurasse. Ela assim o fez.

Tivemos muitas dificuldades para chegar a um acordo, pois sempre pretendi que os mosteiros com renda que fundava a tivessem de tal maneira que as monjas não precisassem dos parentes nem de ninguém, e que houvesse o bastante para o sustento e o vestuário, bem como um bom tratamento para as enfermas, porque da falta do necessário decorrem um sem-número de inconvenientes. E para trazer muitos mosteiros de pobreza sem renda nunca me falta coragem e confiança e por certo Deus não permitirá que me faltem; mas, para fazê-los com renda, embora pouca, falta-me tudo e prefiro não fundar.

14. Terminamos por acertar tudo e eles deram renda suficiente para o número de religiosas; e, o que sobremodo me comoveu, eles nos deixaram a própria casa, mudando-se para outra, bem ruim. Pusemos o Santíssimo Sacramento e fundamos no dia da Conversão de São Paulo, no ano de 1571[7], para honra e glória de Deus, um convento onde, a meu ver, Sua Majestade é bem servido. Queira Ele que assim seja cada vez mais.

15. Eu começara a narrar algumas coisas particulares de algumas irmãs desses mosteiros, parecendo-me que, quando isso viesse a ser lido, não estariam vivas algumas que ainda o são,

---

6. Jn 1-2.
7. No dia 25 de janeiro de 1571.

pretendendo com isso que as vindouras se animem a levar adiante tão bons princípios. Depois, julguei que haverá quem o faça melhor, e com mais frequência, e sem o temor que eu tinha de ser considerada tendenciosa pela minha condição de parte interessada[8]; e por isso deixei muitas coisas que aqueles que as viram e vieram a saber não podem deixar de considerar milagrosas, porque são sobrenaturais; destas eu não quis falar, nem das que reconhecidamente Nosso Senhor, como se viu, fez graças às orações das irmãs.

No tocante aos anos de fundação, tenho a suspeita de cometer algum erro, se bem que faço o possível para me lembrar. Como isso não importa muito, porque é possível corrigir depois, digo o que me vem à lembrança; se houver algum engano, a diferença vai ser pouca[9].

CAPÍTULO 21

Trata da fundação do Glorioso Carmo de São José de Segóvia. Ocorreu no próprio dia de São José, no ano de 1574.

1. Já contei que, depois de fundar os mosteiros de Salamanca e de Alba, e antes de mudar aquele para a casa que compramos, o padre Mestre Frei Pedro Fernández, então[1] Comissário Apostólico, mandou-me ficar por três anos na Encarnação de Ávila; mas, vendo a necessidade da casa de Salamanca, ordenou-me ir até lá para que passassem a uma casa própria. Estando ali um dia em oração, disse-me o Senhor que fosse fundar em Segóvia. Pareceu-me coisa impossível, pois eu não iria sem que me mandassem, além de ter percebido que o padre Comissário Apostólico, mestre Frei Pedro Fernández, julgava não ser necessário fundar mais. Por outro lado, não tendo terminado os três anos que eu devia passar na Encarnação, tinha ele muita razão de não o querer. Eu pensava nisso quando o Senhor me disse que lho dissesse, que Ele tudo proveria.

2. O padre encontrava-se em Salamanca e eu lhe escrevi, dizendo que, como era do seu conhecimento, tinha permissão do Nosso Reverendíssimo Geral de não recusar fundação se houvesse oportunidade de fundar, que em Segóvia a população e o bispo gostariam de ter um dos nossos mosteiros e eu estava pronta a fazê-lo se Sua Paternidade me ordenasse; e que lho dizia apenas por desencargo de consciência, ficando tranquila e contente com o que ele me mandasse fazer. Creio que essas eram as palavras, pouco mais ou menos, e que eu julgava ser para a glória de Deus.

Bem parece que Sua Majestade o queria, pois o padre logo me disse que fundasse, dando-me licença; espantei-me muito, pois sabia o que ele pensava a esse respeito. Ainda em Salamanca, procurei que me alugassem uma casa, porque, depois das de Toledo e Valladolid, percebera ser melhor buscar casa própria depois de tomar posse, por muitas razões; a principal era não ter um centavo para comprar. Além disso, estando feito o mosteiro, o Senhor logo o provia; e essa cautela nos permitia escolher um lugar mais apropriado.

3. Vivia em Segóvia uma senhora, viúva de um morgado, dona Ana de Jimena, que já fora me ver uma vez em Ávila. Ela era muito serva de Deus e sempre se sentira chamada à vida religiosa. Quando se fez o convento, ela entrou, com uma filha de vida muito virtuosa; e o descontentamento que ela tivera como mulher casada e viúva Deus lhe deu em dobro na alegria de sua condição de religiosa. Mãe e filha[2] tinham sido sempre muito contritas e voltadas ao serviço de Deus.

4. Essa bendita senhora arranjou a casa, provendo-a do necessário, tanto para nós como para a igreja. Quanto a isso, tive pouco trabalho. Mas, para não haver fundação sem sofrimento, fiz

---

8. Ou seja, ela não fala mais coisas para não dar a impressão de parcialidade, visto ter participado da ação que narra (cf. cap. 16, n. 3).

9. Com toda probabilidade, a Santa acrescentou essa observação ao constatar seus frequentes equívocos; veja-se o curioso engano do título do n. 17. Ela vai voltar a errar a data no título dos três capítulos seguintes.

1. Nos anos 1571-1574. Veja-se o cap. 19, n. 6. A Santa chegou a Salamanca em 31 de julho de 1573.

2. *Mãe e filha*, a saber, Dª Juana Jimena (como religiosa, Ana de Jesús) e María de la Encarnación, que tomaram o hábito do Carmo das mãos da Santa no mesmo dia, quando também professaram: 2 de julho de 1575. A mãe, Ana de Jesús, foi Prioresa da comunidade.

a viagem com muita febre, fastio, males de secura interiores e muitos problemas corporais que muito me afligiriam por três meses; e, no meio ano em que ali estive, passei mal...

5. No dia de São José, pusemos o Santíssimo Sacramento, porque, mesmo com licença do Bispo, eu só quis entrar secretamente na noite anterior...; há muito a licença fora concedida, mas como eu estava na Encarnação e prestava obediência a outro prelado[3] além do Nosso Padre Generalíssimo, não pudera fundá-la antes. Além disso, quando a cidade quis a fundação o bispo da época dera a licença verbalmente a um cavalheiro que o fora procurar em nosso nome, Andrés de Jimena; não se pediu licença por escrito nem me pareceu necessário. Mas me enganei; o Provedor, sabendo que o convento estava feito, apareceu muito contrariado e proibiu as missas, querendo até prender quem dissera a primeira, um frade descalço[4] que viera com Julián de Ávila, e um outro servo de Deus que andava comigo, chamado Antonio Gaytán.

6. Este último era um cavalheiro de Ávila, que Nosso Senhor chamara há alguns anos, quando ele vivia às voltas com o mundo; naquele momento, ele o desprezava tanto que só pensava em servir mais a Deus. Eu disse quem é porque, nas fundações vindouras, ele vai ser mencionado; se tivesse de falar de suas virtudes, tão cedo não acabaria. O que mais nos impressionava era o fato de ele ser muito mortificado; não havia criado que fosse conosco capaz de fazer como ele tudo quanto era preciso.

Homem de muita oração, recebeu de Deus tantas graças que o que para outros seria contrariedade o alegrava, julgando sempre fáceis quaisquer problemas referentes às fundações. Com efeito, parece que ele e o padre Julián de Ávila foram chamados por Deus para tudo isso, embora este último venha me ajudando desde o primeiro convento. Dando-me tal companhia, o Senhor devia querer que tudo corresse muito bem. Ao longo dos caminhos, eles só falavam de Deus, ensinavam as pessoas que nos acompanhavam ou pessoas que encontrávamos; assim, iam de todas as maneiras servindo a Sua Majestade[5].

7. É bom, filhas minhas que ledes estas fundações, que saibais o débito que temos com eles para que — porque, sem nenhum interesse, eles labutaram muito para o bem que fruís vivendo nesses mosteiros — os encomendeis a Nosso Senhor, dando-lhe algum proveito com vossas orações; se soubésseis quantos dias e noites difíceis passaram, e os sofrimentos que tiveram pelo caminho, vós o faríeis com muito boa vontade.

8. O Provedor não quis partir sem deixar à porta da igreja um guarda, não sei bem para quê, já que só serviu para espantar um pouco quem ali estava. Nunca me afligi muito com coisas acontecidas depois da tomada de posse; todos os meus temores estavam no que vinha antes. Mandei chamar algumas pessoas, parentes da irmã que me acompanhava[6], personalidades respeitadas no lugar, para que falassem ao Provedor e o informassem de que tínhamos licença do Bispo. Ele já o sabia, como mais tarde me disse, mas desejara que lhe tivéssemos participado. Quanto a mim, creio que fazê-lo teria sido pior.

No final, ele nos permitiu manter o mosteiro, mas levou o Santíssimo Sacramento. Não nos perturbamos nem um pouco com isso. Ficamos assim alguns meses[7], até comprarmos uma casa, e,

---

3. *O outro prelado* era o Comissário, investido de autoridade pontifícia.
4. O *frade descalço* que a justiça procurava era *São João da Cruz*; contudo, parece que a *primeira* missa não fora dita por ele, e sim por Julián de Ávila.
5. *Antonio Gaytán*, cujo elogio a Santa faz aqui, foi um desses sujeitos que, ao cair na órbita teresiana, criaram um estranho e estupendo fenômeno de amizade incondicional. Depois de uma vida deveras dissipada, chegou a ser dirigido espiritualmente pela Santa (veja-se o *Epistolario*), que teve para com ele a especial deferência de admitir sua filha no Carmelo de Alba de Tormes aos 7 anos de idade; como religiosa, ela se chamou Mariana de Jesús.
6. Isabel de Jesús, irmã de Andrés Jimena.
7. *Ficamos assim alguns meses*, ou seja, de 19 de março a 24 de setembro, período em que a Santa tomou posse das novas casas de acordo com um formoso cerimonial da época: o licenciado Tamayo tomou da mão da "M. Teresa de Jesus, Fundadora, e de Isabel de Santo Domingo, Prioresa, e as conduziu à dita casa; e, em sinal de posse, a referida Teresa de Jesus pôs para fora dela o dito Diego de Porres (o dono cessante), e caminharam por ela de um lado para outro; ela abriu

com ela, várias contendas. Já tivéramos uma com os franciscanos por causa de outra casa, próxima da deles, que pretendêramos comprar; por causa dessa, litigiamos com os religiosos de Nossa Senhora das Mercês e com o Cabido, pois o imóvel estava em sua jurisdição.

9. Ó Jesus! Que trabalho estar às voltas com muitas opiniões! Quando tudo parecia acabado, recomeçava; não bastava dar-lhes o que pediam, porque logo vinham outros inconvenientes. Dizê-lo assim parece fácil; o difícil foi suportá-lo.

10. Um sobrinho do Bispo fazia o que podia por nós; era prior e cônego daquela igreja[8]. Outro tanto fazia um licenciado de nome Herrera, muito grande servo de Deus. Enfim, gastando-se muito dinheiro, tudo terminou. Restava a questão dos Mercedários[9]; para passar à nova casa, foi necessário muito segredo. Vendo-nos lá — mudamos um ou dois dias antes de São Miguel —, eles preferiram negociar em troca de dinheiro. O que mais me afligia em meio a essas dificuldades era que daí a sete ou oito dias terminavam os três anos na Encarnação[10] e eu teria forçosamente de sair na data.

11. Quis Nosso Senhor que tudo acabasse tão bem que todas as contendas terminaram; daí a dois ou três dias, voltei à Encarnação[11]. Seja o Seu nome para sempre bendito, porque tantas graças me tem concedido sempre, e louvem-No todas as suas criaturas. Amém.

CAPÍTULO 22

Trata da fundação do Glorioso São José do Salvador, na localidade de
Beas, no ano de 1575, dia de São Matias[1].

1. Durante o tempo em que estive em Salamanca, depois de ir da Encarnação[2], como me mandaram, entregou-me um mensageiro da vila de Beas várias cartas escritas para mim por uma senhora do lugar, pelo beneficiado e por várias outras pessoas; pediam-me que fosse fundar ali um convento, porque, como já tinham casa para ele, faltava somente isso.

2. Pedi informações ao homem. Ele falou muito bem da terra, e com razão, porque é bela e de temperatura amena. Mas, pensando nas léguas que havia até lá, achei um disparate, especialmente por haver necessidade de licença do Comissário Apostólico, que, como eu disse[3], era inimigo, ou ao menos não era amigo, de que se fundassem mais mosteiros. E pensei, sem nada lhe dizer, em me recusar. Depois me pareceu que, estando ele em Salamanca, não era bom fazê-lo sem a sua opinião, em virtude da determinação do nosso Reverendíssimo Padre Geral de que não deixasse de fundar.

3. Vendo as cartas, o Comissário mandou dizer que não lhe parecia bem desapontar as pessoas, pois sua devoção o edificara; mandou-me escrever que tão logo se obtivesse a licença da Ordem[4] seriam tomadas providências para fundar. Mas afirmou que eu estivesse certa de que não a

---

e fechou as portas, e fizeram um altar e tocaram sua campainha, e cantaram o salmo juntamente com as outras monjas: *Laudate Dominam omnes gentes*, e praticaram outros atos de posse calma e pacificamente, sem perturbação por parte de pessoa alguma" (B. M. C., t. 5, p. 174, nota).

8. D. Juan de Orozco y Covarrubias de Leiva, sobrinho do Bispo, prior do Cabido da Catedral, mais tarde Bispo de Guadix y Baza.

9. *Mercedários [Mercenarios]:* religiosos da Ordem das Mercês.

10. *Os três anos* do Priorato da *Encarnação,* que a Santa ocupava. Cf. n. 1.

11. Ela saiu de Segóvia no dia 30 de setembro de 1574. No dia 6 de outubro terminava seu triênio como prioresa. Lembremo-nos de que a comunidade de Segóvia engrossou suas fileiras com as monjas de Pastrana (cf. cap. 17, n. 17): pouco antes da posse da casa, ocorrida no dia de São José, Julián de Ávila e Gaytán partiram para Pastrana, de onde cinco carros trouxeram as 14 monjas que não tinham se submetido à senhora de Éboli; elas chegaram em Segóvia em 7 de abril de 1574.

1. A Santa escrevera: *1574.* Ela errou sistematicamente a data dessa fundação: vejam-se os n. 4 e 19. Mas, nas três vezes, o 4 final foi substituído por um 5; mantivemos a emenda, embora ela por certo não tenha vindo da pena teresiana.

2. Em 1573, por ordem do Padre Pedro Fernández (cf. n. 2); ela o registrou no cap. 21, n. 1.

3. No cap. 21, n. 1.

4. *Ordem:* a Ordem de São Tiago, a cuja jurisdição Beas pertencia (cf. n. 13). *Comendadores:* os Cavalheiros de São Tiago que formavam o Conselho da Ordem.

dariam, pois ele sabia de outros lugares em que os comendadores não a tinham concedido, embora insistissem durante anos. Recomendou, no entanto, que eu não respondesse mal.

Algumas vezes penso em como o que Nosso Senhor quer, mesmo que não o queiramos, vem a se realizar, e chegamos a servir-Lhe de instrumento, sem o compreender, como aconteceu aqui com o Padre Mestre Frei Pedro Fernández, que era o Comissário; assim, quando as pessoas de Beas conseguiram a licença, eu não pude me negar a fundar. E se fez a fundação.

4. Fundou-se este mosteiro do bem-aventurado São José de Beas no dia de São Matias, no ano de 1575. O seu princípio foi, para honra e glória de Deus, da maneira seguinte[5]:

Havia nesta vila um cavalheiro, chamado Sancho Rodriguez de Sandoval, de linhagem nobre, possuidor de muitos bens temporais. Ele se casou com uma senhora chamada Dona Catalina Godínez. Entre outros filhos que Nosso Senhor lhes deu, havia duas filhas, que foram as fundadoras do dito mosteiro: chamavam-se Dona Catarina Godínez, a mais velha, e Dona Maria de Sandoval, a mais nova. Aos catorze anos[6], a filha mais velha foi chamada por Deus para Si. Até essa idade, ela estava muito longe de deixar o mundo; era tão arrogante que menosprezava todos os pretendentes que o pai lhe apresentava.

5. Estando um dia numa peça contígua àquela em que o pai se encontrava, ainda deitado, ela leu por acaso, num crucifixo, a inscrição que se costuma pôr sobre a cruz; de súbito, foi transformada por inteiro pelo Senhor. Até então, ela estivera pensando num casamento deveras vantajoso que lhe fora proposto, dizendo, de si para si: "Meu pai se contenta com bem pouco, achando que basta um morgadio. Pois a minha linhagem há de começar por mim!" Ela não se inclinava a casar, porque lhe parecia baixeza sujeitar-se a alguém, e não entendia de onde lhe vinha essa soberba. O Senhor percebeu por onde havia de regenerá-la. Bendita seja Sua misericórdia!

6. Ao ler o título, sentiu que uma luz penetrara em sua alma para que ela entendesse a verdade, como se o sol tivesse entrado num cômodo escuro; com essa luz, pôs os olhos no Senhor, que estava na cruz sangrando, e pensou em quão maltratado estava, em Sua grande humildade e no caminho tão diferente que ela, com sua soberba, seguia. Deve ter ficado algum tempo suspensa no espaço pelo Senhor, Sua Majestade lhe deu a conhecer toda a sua miséria, com o forte desejo de que todos tomassem conhecimento dela. Deu-lhe um enorme desejo de padecer por Deus, e tudo que os mártires padeceram ela quisera sofrer junto, uma humilhação tão profunda e desejos de humildade e aborrecimento de si mesma que, se não fosse para não ofender a Deus, quisera ser uma mulher bem perdida para ser desprezada por todos.

Assim, ela começou a menosprezar a si mesma, com grandes desejos de penitência, que mais tarde levou a efeito. Ela prometeu castidade e pobreza e desejou ver-se tão submetida que folgaria em ser levada cativa para terra de mouros. Todas essas virtudes nela duraram de tal maneira que se viu bem ser aquilo um favor sobrenatural de Nosso Senhor, como adiante se dirá para que todos O louvem.

7. Sejais bendito, Deus meu, para sempre e sempre, porque, num momento, desfazeis e tornais a compor uma alma. Que é isto, Senhor? Eu gostaria de perguntar aqui o que perguntaram os Apóstolos quando da cura do cego, dizendo se o era pelos pecados dos pais[7]. Eu digo: quem terá merecido tão soberana graça? — Ela não, porque já vimos de que pensamentos a tirastes quando a fizestes. Oh, grandes são Vossos juízos, Senhor! Vós sabeis o que fazeis, e eu não sei o que digo, visto que as Vossas obras e julgamentos são incompreensíveis. Sejais para sempre glorificado, pois tendes poder para mais. Que seria de mim se assim não fosse? Mas... terá sua mãe merecido?[8]

---

5. Começa aqui o relato da fundação feito pela Santa a partir de um roteiro de redação que tinha diante de si. Vimos outro caso semelhante na fundação de Alba (cap. 20, n. 2).

6. "Acabara de fazer 15" (Silverio).

7. Cf. Jo 9,2.

8. A interrogação é um modo de introduzir com suavidade uma objeção àquilo que se vem dizendo:
Quem mereceu esta graça?
Ela não!

Tão cristã como era? Não teria Vossa bondade, misericordioso que és, desejado que visse em vida tão grandes virtudes nas filhas? Às vezes penso que concedeis graças semelhantes aos que Vos amam, fazendo-lhes o grande bem de indicar maneiras com que Vos sirvam.

8. Quando ela estava nisso, veio da parte superior da peça um ruído tão grande que parecia que tudo vinha abaixo. Todo o rumor parecia vir de um canto até o lugar onde ela estava, e a menina ouviu por um certo tempo alguns bramidos; seu pai, que, como eu disse[9], ainda não se levantara, ficou com grande temor, começando a tremer; e, como se estivesse louco, vestiu-se, tomou da espada e entrou no quarto da filha, perguntando-lhe do que se tratava; ela disse nada ter visto. O pai revistou outra peça mais para dentro e, nada vendo, disse-lhe que fosse ter com a mãe, a quem disse que não deixasse a filha só, contando-lhe o que sucedera.

9. Percebe-se bem com isso o que o demônio deve sentir ao perder uma alma que já considera em seu poder. Sendo tão inimigo do nosso bem, não me espanto que, vendo o Senhor misericordioso fazer tantos favores juntos, se assombrasse e desse semelhante mostra do seu sentimento; ainda mais por entender que, diante da riqueza infundida naquela alma, haveria de ficar sem outras tantas que julgava suas. Porque tenho para mim que o Senhor nunca concede favores tão grandes se não desejar com eles atingir mais pessoas. Ela nunca contou isso aos pais, mas ficou com grandíssima vontade de fazer-se religiosa, suplicando-o muito; eles, porém, nunca lhe permitiram.

10. Passados três anos, durante os quais muito o pedira, a menina, vendo que os pais não queriam, pôs uma roupa modesta no dia de São José[10]. Ela o disse à mãe, de quem seria fácil conseguir a permissão para ser monja. Não ousou revelá-lo ao pai. Com essas vestes, foi à igreja a fim de, sendo vista assim pela população, não ser depois obrigada a tirá-las. E assim aconteceu. Durante alguns anos, tivera horas certas de oração e mortificava-se quanto podia, de acordo com os ensinamentos do Senhor. Sujava o rosto e expunha-se ao sol com vistas a, parecendo feia, afastar as propostas de casamento com que ainda a importunavam.

11. Ficou com tal rejeição de mandar que, como tinha a casa do pai a seu cargo, acontecia-lhe, depois de dar ordens às mulheres, por não poder deixar de fazê-lo, de esperar que fossem dormir para lhes beijar os pés, aflita porque, sendo melhores do que ela, estavam a seu serviço. Como durante o dia ocupava-se dos pais, em vez de dormir passava toda a noite em orações, a ponto de por vezes dormir tão pouco que pareceria impossível, se não fosse sobrenatural. Suas disciplinas e penitências eram muitas, porque não tinha quem a dirigisse, nem tratava disso com ninguém. Além de outras penitências, usou durante toda uma Quaresma uma cota de malha do pai vestida à flor da pele. Ia rezar num lugar afastado, onde o demônio a atacava com inúmeras sutilezas. Muitas vezes começava a rezar às dez da noite e só dava conta de si quando chegava a manhã.

12. Passou uns quatro anos fazendo esses exercícios, começando o Senhor a reclamar maiores serviços, dando-lhe grandes enfermidades, e muito dolorosas, tais como ficar com uma febre contínua, com hidropsia e males do coração, além de um cancro[11] de que foi operada. Essas moléstias duraram quase dezessete anos; raros eram os dias em que estivesse bem. Cinco anos depois de Deus ter-lhe dado essa graça, morreu-lhe o pai[12]; e sua irmã, que tinha catorze anos (um ano mais velha do que Catarina ao converter-se), seguiu o mesmo caminho dela, embora muito gostasse até então de riquezas, e começou a fazer oração.

A mãe as ajudava em todos os seus bons exercícios e desejo, e lhes permitiu dedicarem-se a uma obra virtuosa pouco compatível com sua posição social: ensinar gratuitamente trabalhos manuais e leitura a meninas, com o objetivo exclusivo de ensiná-las a rezar e instruí-las na doutrina

---

Mas não teria sua mãe merecido?
Sendo tão cristã, seria possível.
9. No n. 5.
10. *Dia de São José:* ela o acrescentou nas entrelinhas. Era o dia 19/3/1558.
11. Um câncer no peito.
12. Em 1560. — A mãe, (cf. n. 13), em 1565.

cristã. Isso era muito benéfico, pois acorriam muitas meninas, que até hoje ainda demonstram os bons costumes que aprenderam quando pequenas. Mas pouco durou, porque o demônio, sentindo o peso dessa boa obra, fez com que os pais considerassem menosprezo receberem as filhas aulas gratuitas. Ao lado do agravamento das enfermidades de Catarina, isso fez cessar o trabalho.

13. Cinco anos depois da morte do pai, a mãe faleceu; Dona Catarina, cuja vocação sempre fora ser monja, não concretizada devido à oposição dos pais, logo quis atendê-la. Como não houvesse mosteiro em Beas, seus parentes a aconselharam, já que elas possuíam o bastante para fundar razoavelmente um convento, a fundá-lo ali, servindo mais a Nosso Senhor. Como a localidade está na jurisdição da Ordem de São Tiago, era necessária a licença do Conselho das Ordens; e ela logo se empenhou em pedi-la[13].

14. Foi isso tão difícil que eles passaram quatro anos de sofrimentos e gastos; e até enviaram uma petição ao Rei, suplicando-lhe autorização; tudo fora debalde. Diante das complicações, diziam-lhe os parentes que desistisse daquele disparate; e como ela sempre estivesse de cama com alguma enfermidade, diziam-lhe esses parentes que nenhuma Ordem a aceitaria. Ela disse que, se o Senhor lhe concedesse saúde dentro de um mês, haveria de se perceber que a fundação era do Seu agrado; e ela mesma iria à Corte tentar resolver a questão.

Quando fez essa afirmação, há mais de meio ano não se levantava da cama, e há quase oito anos praticamente não saía dela. Por todo esse tempo, ela tivera febre contínua, ética e tísica, hidropsia e um fogo no fígado que a abrasava a ponto de fazer-se sentir até através da roupa, queimando-lhe a camisa[14]; isso parece incrível, mas eu mesma me informei com o médico sobre as enfermidades que ela então apresentava, estando ele muito espantado. Além disso, sofria de gota artrítica e ciática[15].

15. Numa véspera de São Sebastião[16], sábado, Nosso Senhor lhe recuperou por inteiro a saúde; ela não sabia como ocultar o fato para que não se soubesse do milagre. Ela disse que, quando Nosso Senhor quis curá-la, deu-lhe um tremor interior — sua irmã pensou que sua vida fosse acabar — e ela viu em si uma grandíssima mudança; e foi tal o proveito disso que ela sentiu sua alma de todo mudada. E a saúde lhe dava ainda mais alegria por lhe permitir cuidar da questão do convento do que por deixar de sofrer, já que isso pouco a incomodava, visto que, desde o início do seu chamado por Deus ela se aborrecera tanto de si que pouco a incomodavam as enfermidades. Disse ela que lhe ficou um desejo tão intenso de padecer que suplicava a Deus, de todo o coração, que a fizesse sofrer de todas as maneiras.

16. Sua Majestade não deixou de realizar esse seu desejo, porque nesses oito anos ela sofreu mais de quinhentas sangrias e um imenso número de ventosas, como o comprova o sem-número de marcas que há no seu corpo. Chegaram a aplicar-lhe sal nas feridas, pois um médico acreditava que isso era bom para remover a peçonha responsável por uma dor nas costas — e mais de vinte vezes! O mais admirável é que, tão logo o médico propunha um remédio desses, ela não via a hora da aplicação, sem nada temer, e animava os médicos a fazerem as cauterizações, que foram muitas, tanto para o cancro como para outras moléstias. Ela dizia desejar esses sofrimentos para provar se era verdadeira sua vontade de ser mártir.

17. Vendo-se subitamente sã, ela tratou com seu confessor e com o médico sua ida para outra cidade, pois esperava que dissessem que a mudança de ares era a responsável pela cura. Eles não o quiseram, e até o tornaram público, porque já a tinham por incurável; os médicos achavam que o sangue que ela lançava pela boca, de tão pútrido, eram já os pulmões que se desfaziam. Ela

---

13. *Conselhos das Ordens:* suprema assembleia reitora das Ordens de Cavalaria da Espanha.
14. *Ética:* consumida por uma febre lenta chamada ética pelos ilustres doutores coetâneos. *Ética e tísica* (cf. *Vida*, cap. 5, n. 8).
15. *Gota artrítica e ciática:* gota artrítica era a que atacava os "artelhos" e demais articulações dos membros; *ciática* era a que atacava os quadris e os músculos.
16. 19 de janeiro de 1574.

permaneceu três dias na casa, sem se atrever a levantar, para que não vissem sua saúde restaurada; mas, como a saúde é tão pouco ocultável quanto a doença, isso para nada serviu.

18. Contou-me ela que, no mês de agosto passado, quando suplicava a Nosso Senhor que lhe tirasse aquele desejo tão intenso de ser monja e de fazer o mosteiro ou então lhe desse condições de fazê-lo, recebeu a garantia de que estaria boa a tempo de ir procurar a licença na Quaresma. Por isso, afirma ela, embora os males então se agravassem, ela nunca perdera a esperança de que o Senhor lhe concederia essa graça. E embora tendo recebido por duas vezes a Unção dos Enfermos — e numa delas encontrando-se num tal estado que o médico afirmou que não era necessário buscar o óleo porque morreria antes disso —, ela nunca deixava de confiar no Senhor que haveria de morrer monja. Não digo que ela foi ungida entre agosto e o dia de São Sebastião, e sim antes.

Seus irmãos e parentes, vendo a graça e o milagre que o Senhor fizera ao dar-lhe uma saúde repentina, não se atreveram a impedir sua partida, embora a considerassem um contrassenso. Ela ficou por três meses na Corte, sem conseguir a licença. O Rei, recebendo sua petição, e sabedor de que o convento seria de Descalças do Carmo, mandou que a dessem de imediato[17].

19. Quando veio fundar o convento, bem se viu que chegara a um acordo com Deus, porque os prelados não se opuseram, embora o lugar fosse longínquo e a renda pouca. O que Sua Majestade quer ninguém pode deixar de fazer. As monjas vieram no princípio da Quaresma do ano de 1575. O povo as recebeu com grande solenidade, muita alegria e uma procissão. De modo geral, foi grande o contentamento; até as crianças revelavam ser uma obra em que se serviria a Nosso Senhor. O mosteiro, chamado São José do Salvador, foi fundado na mesma Quaresma, no dia de São Matias[18].

20. No mesmo dia tomaram hábito, radiantes, as duas irmãs[19]. A saúde de Dona Catarina continuava boa. Sua humildade, obediência e desejo de ser tida em pouca conta mostra bem ser verdadeira sua vontade de servir a Nosso Senhor. Glorificado seja Ele para sempre e sempre!²⁰

21. Disse-me essa irmã, entre outras coisas, que, há cerca de vinte anos, deitara-se certa noite com o desejo de encontrar a Ordem mais perfeita que houvesse na terra para nela ser monja. Começou a sonhar, a seu ver, que ia por um caminho muito estreito e apertado, com risco de cair no que pareciam grandes barrancos; e viu um Frade Descalço — ao ver o Frei João da Miséria (um fradinho leigo da Ordem, que foi a Beas quando eu ali me encontrava)[21], disse parecer-se muito com o do sonho — que lhe disse: "Vem comigo, irmã"; e levou-a a uma casa com grande número de monjas, na qual só havia a luz de umas velas acesas que as irmãs traziam nas mãos.

Ela perguntou de que Ordem era e todas se calaram e levantaram os véus, mostrando rostos alegres e sorridentes. E ela afirma que os rostos eram os mesmos das monjas hoje irmãs suas; a prioresa lhe tomou as mãos e disse: "Filha, aqui vos quero!" — e mostrou-lhe as Constituições e a Regra. Ao despertar do sonho, ficou com um contentamento tamanho que lhe pareceu ter ido ao céu; ela escreveu o que se lembrava da Regra, e passou muito tempo sem dizê-lo ao confessor ou a qualquer outra pessoa. E ninguém lhe falava dessa Ordem.

22. Foi ao lugar um padre da Companhia que sabia dos seus desejos. Ela lhe mostrou o papel[22] e ouviu dele que, se achasse aquela Ordem, deveria dar-se por satisfeita porque logo entraria nela. Ele tinha notícia dos nossos mosteiros e lhe contou que aquela era a Regra da Ordem de

---

17. Ela se refere ao que falou no n. 14.
18. 25 de fevereiro. Na viagem, a Santa foi acompanhada por Julián de Ávila, Antonio Gaytán e o sacerdote Gregorio Martínez, que ali mesmo tomou o hábito com o nome de Gregorio de Nazianzo. A prioresa ficou sendo a célebre Ana de Jesús.
19. Como religiosas, chamaram-se Catarina de Jesus (de 33 anos) e Maria de Jesus (de 29). A primeira sucedeu no priorato a famosa Ana de Jesús, tendo todas elas sido esplêndidas discípulas de São João da Cruz.
20. O que segue é uma espécie de apêndice acrescentado ao relato precedente. Cf. n. 3, nota.
21. Cf. cap. 17, n. 6 e 14-15.
22. *O papel* em que ela resumira as Constituições e a Regra vistas em sonhos (n. 21). — O padre da Companhia foi Bartolomé Bustamante, em outra época secretário do Cardeal Pardo de Tavera.

Nossa Senhora do Carmo, quer dizer, deu-lho a entender, porque limitou-se a falar dos conventos que venho fundando. E ela me enviou uma mensagem, como eu disse[23].

23. Quando lhe deram a resposta, ela já estava tão doente que o confessor lhe recomendou que sossegasse porque, se estivesse num mosteiro naquelas condições, seria mandada embora, para não falar de admiti-la tal como se encontrava. Presa de aflição, ela se voltou para o Senhor, cheia de ânsia, dizendo-Lhe: "Senhor meu e Deus meu, sei pela fé que sois O que tudo podeis; pois, vida da minha alma, ou tirai-me esses desejos ou dai-me meios de realizá-los". Ela o falava com grande confiança, suplicando a Nossa Senhora, pela dor que esta teve quando viu seu Filho morto nos braços, que intercedesse por ela.

Nisso, ouviu uma voz interior que lhe disse: "Crê e espera, pois Sou O que tudo pode; tu terás saúde; porque quem foi capaz de suspender o efeito de tantas enfermidades, todas por si sós mortais, pode com mais facilidade livrar-te delas". Essas palavras traziam tal força e certeza que ela não pôde duvidar de que o seu desejo se realizaria, embora as moléstias se agravassem mais ainda até o Senhor lhe restituir a saúde da maneira como falei. Por certo parece incrível o que se passou. Por ser ruim, eu não teria deixado de pensar que havia aí exagero se não tivesse me informado junto aos médicos e às outras pessoas que se encontravam em sua casa.

24. Embora fraca, essa irmã já tem saúde para observar a Regra, e é um bom elemento; tem grande alegria e, como eu disse[24], em tudo revela uma humildade que faz todas nós louvarmos o Senhor. Ela e a irmã deram tudo o que tinham à Ordem, sem impor nenhuma condição, sequer a de o terem de volta caso não fossem aceitas. Têm um grande desapego com relação aos parentes e à sua terra, sempre desejando ir para longe, chegando mesmo a importunar muito os prelados, embora a sua obediência seja tão grande que ali permanecem com algum contentamento.

Também por obediência Catarina tomou o véu, porque ninguém a podia convencer a ser religiosa de coro — ela desejava ser irmã leiga — até que lhe escrevi dizendo-lhe inúmeras coisas e repreendendo-a por não fazer a vontade do Provincial; disse-lhe que isso não lhe aumentava o merecimento, e outras coisas, e tratei-a com aspereza. Se bem que o falarem-lhe assim seja para ela motivo de maior contentamento. E só assim pudemos convencê-la, muito contra a sua vontade. Nada vejo nessa alma que não se volte para agradar a Deus, e assim o é com todas. Queira Sua Majestade ampará-la, aumentando-lhe as virtudes e a graça que lhe deu para maior serviço e honra Sua. Amém.

CAPÍTULO 23

Trata da fundação do Mosteiro do Glorioso São José do Carmo na cidade de Sevilha. Celebrou-se a primeira missa no dia da Santíssima Trindade, no ano de 1575.

1. Eu ainda estava na vila de Beas esperando a licença do Conselho das Ordens para a fundação de Caravaca[1], quando me procurou ali um padre da nossa Ordem, dos Descalços, chamado Mestre Frei Jerónimo de la Madre de Dios, Gracián, que há poucos anos tomara o hábito em Alcalá, homem de muito conhecimento, entendimento e modéstia, por toda a vida muito virtuoso. Parece que Nossa Senhora o escolheu para o bem desta Ordem primitiva, quando ele estava em Alcalá, bem longe de pensar em tomar o nosso hábito, embora não de ser religioso. Porque embora

---

23. No n. 1.
24. No n. 6.
1. Ela a narrará no cap. 27. — O Padre Gracián é personagem importantíssimo na história teresiana e das Fundações. Nascido em Valladolid em 1545, entrou no noviciado de Pastrana em 1572, depois de dois anos de sacerdócio, tendo professado em 1573. Quando se encontrou pela primeira vez com a Santa em Beas, por volta de abril de 1575, já estava investido de cargos de suma importância no Carmelo espanhol e de grande relevância para o futuro da Reforma. Santa Teresa teve por ele uma admiração superlativa e um amor ao mesmo tempo filial e materno. Essas relações estão magnificamente documentadas no *Epistolario* teresiano e em quase todos os escritos do privilegiado padre.

os seus pais tivessem outros planos para ele, por gozarem de muito favor junto ao Rei e por ter o filho grande capacidade, este tinha outras ideias. Desde que começam a estudar, o pai desejava que se dedicasse às leis. Ele, embora tivesse muito pouca idade, sentiu tanto que, à custa de lágrimas, acabou conseguindo permissão para estudar teologia.

2. Recebendo o grau de Mestre, quis entrar na Companhia de Jesus, que o aceitara, mas, por certas circunstâncias, o fizera esperar uns dias. Ele me disse que todo o regalo que experimentava lhe causava tormento, parecendo-lhe não ser um bom caminho para o céu. Tinha sempre horas de oração, sendo bem grandes seu recolhimento e honestidade.

3. Naquela época, entrou como frade na nossa Ordem, no mosteiro de Pastrana, um grande amigo seu, Frei João de Jesus[2], também mestre em teologia. Não sei se por causa de uma carta deste que falava da grandeza e da antiguidade da nossa Ordem, ou por outro motivo qualquer, passou a agradá-lo tanto ler coisas sobre ela em grandes autores que, segundo ele, muitas vezes temia deixar de dedicar-se a outros estudos porque não conseguia deixar de lado essas leituras; sempre que tinha tempo livre, dedicava-se a isso. Ó sabedoria de Deus, e poder! Como é verdade não podermos fugir do que é Sua vontade! Bem via Nosso Senhor a grande necessidade que esta obra, iniciada por Sua Majestade, tinha de uma pessoa assim. Louvo-O muitas vezes pela graça que nisso nos fez; porque, se eu quisesse pedir a Sua Majestade uma pessoa capaz de pôr em ordem todas as coisas da Ordem no seu início, não teria conseguido pedir uma tão boa quanto a que Deus nele nos deu. Bendito seja Ele para sempre.

4. Estando, pois, ele longe de pensar em tomar o nosso hábito, rogaram-lhe que fosse a Pastrana tratar com a Prioresa do nosso Mosteiro, que ainda não saíra dali[3], para que esta recebesse uma monja. Que meios emprega Sua Majestade! Porque, se ele tivesse decidido ir tomar o hábito, talvez tivessem surgido tantas pessoas para o contrariar que ele nunca o fizesse. Mas a Virgem Nossa Senhora, de quem ele é muito devoto, quis pagar-lhe essa devoção com dar-lhe o hábito; penso, pois, que o motivo de ele o ter tomado e se afeiçoado tanto à Ordem foi essa gloriosa Virgem, que não quis que faltasse a quem tanto desejava servi-La ocasiões de o fazer, pois é costume Seu favorecer os que buscam o Seu amparo.

5. Quando criança, estando em Madri, ele ia muitas vezes ver uma imagem de Nossa Senhora pela qual tinha grande devoção; chamava-a de "sua Namorada". Foi por certo Ela quem conseguiu do Seu Divino Filho a pureza com que sempre tem vivido. Disse-me ele que por vezes lhe parecia ver os olhos da Virgem inchados de chorar as muitas ofensas que se cometiam contra Seu Filho. Disso nascia um grande ímpeto e desejo de ajudar as almas e um pesar muito profundo quando via ofensas a Deus. Ele tem tão grande inclinação por favorecer a almas que considera leve qualquer trabalho capaz de produzir algum fruto. Tenho visto isso por experiência nas muitas provações que ele tem suportado.

6. Levou-o pois a Virgem a Pastrana, enganado, porque ele pensava ir cuidar do hábito da monja quando Deus o conduzia para recebê-lo. Ó segredos de Deus! Como, sem que o queiramos, nos ides dispondo para conceder-nos graças e como pagastes a essa alma pelas boas obras que praticara, pelo bom exemplo que sempre dera e pelo muito que desejava servir à Sua gloriosa Mãe! Sua Majestade nunca deixa de recompensar isso com imensa generosidade.

7. Chegando a Pastrana, foi falar com a prioresa para que tomasse aquela monja, mas parece antes ter-lhe rogado que alcançasse junto a Nosso Senhor sua própria entrada. Ao vê-lo, sendo esse padre agradável a ponto de levar quase todos os que com ele tratam a gostar dele (é uma graça que Nosso Senhor lhe deu), sendo ele amado por todos os seus súditos e súditas; porque, embora

---

2. *João de Jesus*. Roca, era catalão (1543), condiscípulo de Gracián na Universidade de Alcalá, tendo entrado no convento de Pastrana (noviciado) alguns meses antes deste (1/1/1572).

3. *Que ainda não saíra dali:* ele se mudaria para Segóvia em abril de 1574; cf. cap. 21, n. 10-11. — Era prioresa Isabel de São Domingos, a mesma que enfrentou com valentia a Princesa de Éboli. — A monja cuja entrada Gracián negociou foi Bárbara do Espírito Santo.

não perdoe nenhuma falta (porque nisso é rigoroso, visto zelar pela perfeição religiosa), tem tanta amabilidade que não parece possível ter-se razão de queixa contra ele...[4]

8. Aconteceu com a prioresa o que acontecia com todos; deu-lhe uma enorme vontade de que ele entrasse na Ordem e disse-o às irmãs, para que elas vissem o quanto era importante que isso acontecesse — porque então havia muito poucos irmãos, ou quase nenhum, iguais a ele — e pedissem, todas elas, a Nosso Senhor que não o deixasse ir sem tomar hábito.

Essa prioresa é grandíssima serva de Deus, e sua oração pessoal, creio eu, já teria sido ouvida por Sua Majestade, quanto mais as de almas tão boas como as que ali estavam! Todas levaram a intenção muito a sério e, com jejuns, disciplinas e orações, pediam continuamente a Sua Majestade, que foi servido de nos conceder essa graça; porque o padre Gracián foi ao convento dos frades e viu tanta contrição e facilidade para servir a Nosso Senhor, sobretudo sendo uma Ordem de Sua gloriosa Mãe, que ele tanto desejava servir, que lhe nasceu no coração o desejo de não voltar ao mundo.

Embora o demônio lhe sugerisse muitos problemas, em especial o desgosto dos pais, que o amavam muito e tinham grande confiança que ele haveria de os ajudar a cuidar dos outros filhos, que eram muitos[5], ele, deixando isso a Deus, por quem deixava tudo, determinou-se a ser súdito da Virgem e tomar o seu hábito. E ele o recebeu, para alegria de todos, em particular das monjas e da priora, que louvavam fervorosamente a Nosso Senhor, parecendo-lhes que Sua Majestade fizera esse favor por suas orações.

9. Ele passou o ano de provação com a humildade de um dos menos importantes noviços. Comprovou-se em especial sua virtude numa época em que, faltando o prior, um religioso jovem, sem letras e de pouquíssimo talento nem prudência para governar ficou na direção. O rapaz se excedeu no modo de os conduzir e nas mortificações que lhes impunha — e cada vez me espanto por ver que suportaram, sobretudo pessoas como aquelas, a quem era bem necessário o ânimo que Deus lhes infundia para poderem sofrer.

Mais tarde ficou provado que aquele superior tinha muita melancolia, e em toda parte, até como súdito, tem feito sofrer os outros, para não dizer o que fez ao governar. É bom religioso, mas o humor melancólico o sujeita[6]; Deus permite por vezes o erro de entregar o governo a pessoas assim para aperfeiçoar a virtude da obediência naqueles a quem ama.

10. Deve ter sido isso o que ocorreu nesse caso; em paga por sua atitude, o Padre Frei Jerónimo de la Madre de Dios recebeu do Senhor grandíssima luz nas coisas da obediência para ensinar a seus súditos, como quem tão bom exercício teve no início. E, para não lhe faltar experiência em alguma das coisas que nos são necessárias, ele teve, três meses antes da profissão, enormes tentações. Como o bom capitão dos filhos de Maria que haveria de ser, ele resistiu bravamente: quando o demônio mais o assediava para deixar o hábito, renovava a promessa de permanecer e de fazer os votos. Ele me deu uma obra que escrevera sobre aquelas tentações que me fez muita devoção e mostra bem a força que o Senhor lhe dava.

11. Pode parecer impertinência ter ele me comunicado tantas particularidades de sua alma; talvez o Senhor o quisesse para que eu as incluísse aqui e Ele fosse louvado por Suas criaturas; porque sei que ele nunca se revelou tanto a confessor ou a outra pessoa. Algumas vezes era levado a isso por acreditar que, com meus muitos anos, e com o que ouvia dizer de mim, eu tivesse alguma experiência. Em meio a outros assuntos de que falávamos, dizia-me essas e outras coisas que não são para escrever porque eu teria de me estender muito.

---

4. Eis outro trecho em que uma frase fica gramaticalmente inconclusa; o pensamento é retomado, em contrapartida, no n. seguinte: *Ao vê-lo...* (segue-se um tropel de incisos), *deu-lhe uma enorme vontade de que ele entrasse na Ordem*.

5. Chegaram a 20; sobreviveram 13.

6. Trata-se do Frei Angel de S. Gabriel, que na época desempenhou o cargo de Mestre de Noviços, exagerando em terríveis austeridades e provas ascéticas; teve de ser desautorizado pelo Padre Báñez e deposto por São João da Cruz, que, com fino tato, corrigiu e encaminhou aqueles fervores despropositados. O *prior* ausente era Baltasar de Jesús (Nieto).

12. Contive-me ao falar disso para que, se isto vier a lhe cair nas mãos, ele não tenha motivos de desgosto. Mas não podia dizer menos, nem julgava justo (porque, se se chegar a ver isto, será dentro de muito tempo) deixar de fazer memória de quem tanto benefício tem feito à renovação da Regra Primitiva. Porque, embora não tenha sido ele quem a começou, seu engajamento ocorreu num momento em que eu por vezes teria me queixado de tê-la iniciado, não fora minha grande confiança na misericórdia de Deus. Refiro-me às casas dos frades, porque as das irmãs, por Sua bondade, até agora foram bem, enquanto as daqueles não iam mal, mas pareciam em risco de cair muito em breve; porque não tinham uma Província própria, sendo eles governados pelos Calçados. Estes não davam autoridade aos que podiam governar, como o Padre Antonio de Jesus, que foi o primeiro; além disso, Nosso Padre Geral não lhes dera Constituições próprias[7] e cada casa implantava o que julgava acertado. Antes de terem Constituições e governo próprio, muitas foram as dificuldades criadas, porque uns queriam isso e outros aquilo. Muitas vezes me deixaram muito aflita.

13. Nosso Senhor corrigiu a situação por meio do Padre Mestre Frei Jerónimo de la Madre de Dios, que foi nomeado Comissário Apostólico; deram-lhe autoridade e governo sobre Descalços e Descalças[8]. Ele fez Constituições para os frades, pois não já as tínhamos recebido do nosso Reverendíssimo Padre Geral, mas só para os frades, com o poder apostólico de que dispunha e com os talentos que o Senhor lhe deu, como eu disse[9]. Na primeira visita que nos fez ele pôs tudo em tanta ordem e razão que bem parecia estar sendo ajudado pela Divina Majestade, e que Nossa Senhora o escolhera para socorrer Sua Ordem. A Ela suplico muito interceder junto ao seu Filho para que sempre o favoreça e conceda graças para se dedicar sempre mais a Seu serviço. Amém.

CAPÍTULO 24
Continua a falar da fundação de São José do Carmo na cidade de Sevilha.

1. Quando, como eu disse[1], o Padre Mestre Frei Jerónimo Gracián foi me ver em Beas, nunca tínhamos nos encontrado antes, embora eu muito o desejasse; mas havíamos mantido correspondência algumas vezes. Fiquei deveras feliz ao saber que ele ali se encontrava, porque desejava muito vê-lo devido às boas notícias que me davam a seu respeito; alegrei-me ainda mais quando comecei a tratar com ele, porque foi tal o meu contentamento que julguei que os que o elogiaram não o tinham conhecido.

2. Na época eu estava muito angustiada e, ao vê-lo, mostrou-me o Senhor, ou assim me pareceu, o grande bem que dele haveria de vir; e fiquei tão consolada e contente aqueles dias que causava espanto a mim mesma. Ele só era então comissário da Andaluzia[2], mas estando em Beas tinha sido chamado pelo Núncio para receber a incumbência de cuidar dos Descalços e Descalças da Província de Castela. Era tamanho o prazer que me invadia o espírito que naqueles dias eu não me cansava de dar graças a Nosso Senhor, nem queria fazer outra coisa.

3. Nesse meio tempo, trouxeram a licença para fundar em Caravaca, mas em termos distintos dos que eu precisava, sendo necessário enviá-la outra vez à Corte. Escrevi por esse motivo às fundadoras, dizendo que, se não fosse aceita certa particularidade, de maneira nenhuma poderia

---

7. A Santa parece negar que os Descalços tivessem recebido de Rubeo constituições próprias. Ela vai repeti-lo no n. 13. Contudo, desde 1568 o Padre Geral redigira ou fizera redigir um texto de constituições calcadas nas feitas pela Santa para as monjas. Desse texto conserva-se apenas a minuta, não se sabendo se foram promulgadas.

8. Gracián foi nomeado por Vargas Visitador Apostólico Delegado em setembro de 1573. No ano seguinte, passou a Vigário Provincial dos Descalços e Visitador Apostólico dos Calçados da Andaluzia. Em 1575, sua autoridade estendeu-se a toda a reforma teresiana.

9. Cf. o prólogo às *Constituições*, p. 1571. Sobre as *Constituições* do Padre Gracián, cf. Francisco de Santa Maria, *Reforma*, t. 1, L. 3, cap. 41, p. 530.

1. Cf. cap. 23, n. 1.

2. *Ele* (o Padre Gracián) *só era então comissário da Andaluzia:* de fato, seu encontro com a Santa em Beas data de abril de 1575; e só em 3 de agosto o Núncio Ormaneto estendeu sua autoridade a todos os Descalços.

fundar, e isso fez que a licença voltasse à Corte³. Era para mim ruim esperar ali e eu desejava voltar a Castela; mas, estando ali o Padre Frei Jerónimo, a quem estava sujeito o mosteiro, por ser ele Comissário de toda a Província de Castela⁴, eu nada podia fazer sem a sua vontade, razão por que lhe participei meu intento.

4. Ele era de opinião que, se eu partisse, estaria comprometida a fundação de Caravaca, e também que seria um grande serviço a Deus fundar em Sevilha, o que lhe pareceu muito fácil, porque algumas pessoas de posses, que podiam providenciar logo uma casa, lhe tinham pedido isso. Além disso, o Arcebispo de Sevilha⁵ favorecia tanto a Ordem que, acreditava o padre, lhe daria boa acolhida; assim, combinamos que a prioresa e as monjas que ela levava para Caravaca fossem para Sevilha.

Eu, embora sempre me tivesse recusado a fazer conventos na Andaluzia, por vários motivos (quando fui a Beas, eu não teria fundado de modo algum se soubesse que estava na Província da Andaluzia; enganei-me⁶ porque a terra andaluza só começa quatro ou cinco léguas depois, mas o lugar já é parte da província), vendo ser essa a determinação do prelado, logo me rendi (pois o Senhor me deu a graça de achar que em tudo acertam), mesmo decidida a fazer outra fundação e tendo graves motivos para não ir a Sevilha.

5. Começamos logo a nos preparar para a viagem, porque os grandes calores já começavam. O Padre Comissário Apostólico, Gracián, partiu a chamado do Núncio e nós fomos para Sevilha com meus bons companheiros, o Padre Julián de Ávila, Antonio Gaytán e um frade descalço⁷. Íamos em carros bem cobertos, pois era esse o nosso costume, e, ao entrar na pousada, tomávamos um aposento, fosse ele bom ou ruim e uma irmã recebia na porta o de que precisávamos, pois os que iam conosco não entravam.

6. Com a nossa pressa, chegamos a Sevilha na quinta-feira anterior à Santíssima Trindade⁸, tendo padecido um grande calor pelo caminho, porque, apesar de pararmos durante as sestas, eu vos digo, irmãs, que como o sol incidia em cheio nos carros, entrar neles era um purgatório. Mas aquelas irmãs, ora pensando no inferno, ora sentindo que faziam e sofriam alguma coisa por Deus, seguiam com grande contentamento e alegria. Porque as seis que iam comigo eram almas tais que eu sinto que poderia ir com elas à terra dos turcos, porque teriam têmpera, ou melhor, Nosso Senhor lhes daria para sofrerem por Ele, para ir até lá, pois esses eram os seus desejos e o objeto de suas conversas, sendo elas muito exercitadas em oração e mortificação — porque, como tinham de ficar tão longe, procurei que fossem as que me pareciam mais preparadas para tanto⁹. E isso foi necessário, tamanhas foram as tribulações passadas; a algumas, as maiores, não me referirei, para não comprometer ninguém.

Um dia antes da Páscoa do Espírito Santo¹⁰, Deus lhes enviou uma grande prova dando-me uma fortíssima febre. Creio que seus clamores a Deus bastaram para que o mal não fosse adiante;

---

3. Cf. cap. 27, n. 6.
4. *De toda a Província...* da Andaluzia, mais do que *de Castela*. A Santa incorre num erro material, porque acaba de afirmar (n. 2) que "só era então comissário da Andaluzia"; Beas "é parte da província" (eclesiástica) da Andaluzia (cf. n. 4).
5. D. Cristóbal de Rojas y Sandobal, filho do marquês de Denia (1502-1580), que fora bispo de Oviedo, de Badajoz e de Córdoba.
6. O erro da Santa foi de relativas proporções: o Padre Geral lhe permitira fundar apenas em Castela. Em termos civis, Beas pertencia a Castela; em termos eclesiásticos, era da diocese de Cartagena e dependia dos prelados da Andaluzia ("averiguou-se que, quanto aos pleitos seculares das Chancelarias, era distrito de Castela, mas, em termos religiosos, era da Província da Andaluzia", explica Gracián nas *Scholias à Vida* de Ribera; cf. *El Monte Carmelo*, 68 (1960), p. 125. A Santa percebeu o seu erro quando o fato já estava consumado).
7. O frade descalço era Padre Gregório de Nazianzo, que já a acompanhara de Malagón a Beas (cf. cap. 22, n. 19, nota).
8. Dia 26 de maio de 1575.
9. Elas merecem menção honrosa: eram Maria de São José (a famosa prioresa de Sevilha e Lisboa), Isabel de São Francisco, Leonor de São Gabriel, Ana de Santo Alberto, Maria do Espírito Santo e Isabel de São Jerônimo; as quatro primeiras foram prioresas em vários carmelos da Regra Primitiva.
10. 21 de maio de 1575.

porque, nunca, em toda a minha vida, Ele me deu uma febre que não passasse bem mais tarde. Foi de tal modo que eu andava numa espécie de entorpecimento, tamanha a minha perda da noção das coisas. Elas me lançavam água no rosto e eu, tão quente do sol, pouco me refrescava.

8. Mas não vou deixar de vos contar sobre a má pousada que encontramos nessa necessidade; deram-nos um pequeno cômodo de telha vã, sem janela. E se abríamos a porta, o sol entrava; e aquele não é como o de Castela, mas muito mais inclemente. Fizeram-me deitar numa casa, mas fora melhor lançar-me ao solo, porque parecia feita de pedras pontudas. Que coisa é a enfermidade! Com saúde, tudo é fácil de suportar. No final, preferi levantar-me e ir embora, pois melhor me parecia suportar o sol do campo que o daquele cubículo.

9. Que será dos pobres que estão no inferno, que nunca podem mudar-se? Mesmo de um sofrimento para outro, uma mudança é sempre um alívio. Já me aconteceu de, tendo uma dor muito forte numa parte do corpo, sua passagem para o outro, mesmo conservando a intensidade, dar-me a impressão de certo alívio. Isso se repetiu nesse caso. Se não me falha a memória, não me afligi muito ao ver-me doente; as irmãs sofriam bem mais do que eu. Quis o Senhor que o sofrimento maior não passasse daquele dia.

10. Pouco antes disso, talvez uns dois dias, passamos por outra dificuldade que implicou algum risco, quando atravessávamos o Guadalquivir[11]: a passagem dos carros não pôde ser feita por onde estava o cabo, mas de viés, embora se usasse o cabo, enviesando-o. Mas, num certo momento, ou porque os que o seguravam o soltaram ou por algum outro motivo, a barca foi rio abaixo, sem cabo nem remos. A aflição do barqueiro me dava mais lástima do que o perigo em si; nós rezávamos; todos falavam em altos brados.

11. Um cavalheiro que, de um castelo próximo, nos observava, compadeceu-se de nós e nos mandou ajuda. O cabo ainda não tinha sido largado e nossos irmãos[12] o seguravam com todas as forças, mas era tal a força da água que eram lançados por terra. Nunca me esqueci de um filho do barqueiro que me fez grande devoção; tinha uns 10 ou 11 anos e era tal a sua angústia ao ver o pai naquela aflição que me fazia louvar Nosso Senhor. Porém Sua Majestade costuma dar sofrimentos com piedade, e foi o que fez aqui. A barca acabou por encalhar num areal, ficando numa parte em que havia pouca água, e o problema foi resolvido. Era noite e, sem que o pessoal do castelo nos guiasse, teríamos tido muitas dificuldades para retomar o caminho.

Não pensei em tratar dessas coisas, que têm pouca importância, pois muito teria a dizer se me pusesse a contar todas as ocorrências desagradáveis dessas viagens. Mas insistiram comigo para que eu me alongasse mais acerca desta.

12. Muito pior do que esses eventos foi para mim o que aconteceu no dia seguinte ao da Páscoa do Espírito Santo[13]. Apressamo-nos muito para chegar pela manhã a Córdoba, a fim de ouvir missa sem que ninguém nos visse. Conduziram-nos a uma igreja que fica depois da ponte, por ser mais isolada. Porém quando íamos transpor a ponte, fomos informados de que os carros só poderiam fazê-lo com permissão do corregedor. Até trazerem a licença, passaram-se duas horas, porque ninguém se levantara ainda. Entrementes, muitas pessoas se aproximavam e queriam saber quem ia nos carros. Isso não nos incomodava muito porque os carros estavam bem cobertos e não era possível nos verem. Chegando a licença, vimos que os carros não passavam pela porta da ponte, e foi preciso serrá-los — ou coisa parecida —, o que demandou ainda mais tempo. No final, quando chegamos à igreja onde o padre Julián de Ávila ia celebrar a missa, encontramo-la cheia, porque era dedicada ao Espírito Santo, o que ignorávamos, e havia ali uma grande festa e sermão.

13. Vendo isso muito me lastimei e, a meu ver, era preferível partir sem ouvir missa a enfrentar aquela barafunda. Padre Julián de Ávila não pensava assim; e, como era teólogo, todos

---

11. Atravessaram o Guadalquivir por Espeluy.
12. *Nossos irmãos:* na comitiva, ela só mencionou um frade descalço, Padre Gregorio de Nazianzo (cf. n. 5); a seu lado estariam Julián de Ávila e Antonio Gaytán (cf. n. 5).
13. Essa passagem do Guadalquivir foi feita no primeiro ou segundo dia da Páscoa. Cf. *Relação* 40, n. 5.

tivemos de concordar com ele; porque os outros companheiros talvez me seguissem, e não teria sido correto, mas não se nesse caso eu só confiasse em meu parecer. Descemos perto da igreja e, embora ninguém pudesse ver o nosso rosto, que trazíamos coberto por grandes véus, o simples fato de nos verem assim, e com as nossas capas brancas e alpargatas costumeiras bastava para causar alvoroço, que de fato aconteceu. O susto foi suficiente para me curar a febre[14], pois foi grande, não só para mim como para os companheiros.

Na entrada, um bom homem abriu caminho entre as pessoas para nos dar passagem. Supliquei-lhe muito que nos levasse a uma capela, o que ele fez, fechando-lhe a porta, deixando-nos até sair da igreja. Poucos dias depois, o homem foi a Sevilha e contou a um padre da nossa Ordem que pensava ter sido recompensado por Deus por aquela boa obra, porque herdara ou ganhara inesperadamente uma grande fazenda.

Eu vos digo, filhas, que embora isto talvez vos pareça insignificante, esse foi para mim um dos maus momentos por que passei, porque as pessoas faziam um alvoroço semelhante ao da entrada de touros. Eu ansiava por me ver fora dali; como não havia lugar próximo para passar a sesta, passamo-la debaixo de uma ponte.

15. Quando chegamos à casa que o Padre Frei Mariano alugara para nós em Sevilha[15], pensei que tudo estava feito; porque, como eu disse, o Arcebispo era muito favorável aos Descalços e me escrevera algumas vezes demonstrando grande afeição. Mas como Deus o quisesse, isso não foi suficiente para me poupar sofrimentos. Esse prelado se opõe muito a mosteiros de monjas sem renda, e tem razão. Isso foi o que nos prejudicou, ou melhor, favoreceu, porque se o tivesse sabido antes, eu com certeza não teria ido. Mas tanto o padre Comissário Apostólico como Frei Mariano (que se alegrou muitíssimo com a minha ida) tinham plena certeza de lhe prestar um serviço com a minha ida; não lhe disseram isso antes, o que a meu ver poderia ter sido um grande erro, embora eles pensassem estar agindo com acerto.

Em todos os outros mosteiros, a primeira coisa que eu procurava era a licença do Ordinário, como manda o Santo Concílio[16], ao passo que, ali, não apenas já a tínhamos como lhe prestávamos um grande serviço, o que era verdade, como ele mais tarde veio a entender. A razão verdadeira, porém, é não ter o Senhor querido fundação sem muito sofrimento meu; umas de um jeito, outras de outro[17].

16. Chegando à casa, que, como eu disse, nos tinha sido alugada, pensei logo em tomar posse, como se costumava, para dizer o Ofício Divino; mas o padre Mariano começou a provocar adiamentos, sem querer dizer a verdade para evitar que eu me afligisse. Contudo, como o que ele dizia não constituía razão suficiente, entendi que a dificuldade estava na não concessão da licença do Bispo. E ele me disse que fizesse um mosteiro com renda, ou coisa parecida, não me lembro bem. O Arcebispo acabou por afirmar, embora seja muito servo de Deus, que não gostava de fazer conventos de monjas com sua licença, e nunca dera tal autorização em seu arcebispado, tanto ali como em Córdoba, em especial mosteiro da pobreza.

17. Isso equivalia a dizer que não se fizesse o convento. Em primeiro lugar, eu não queria fundar um convento com renda numa cidade como Sevilha, mesmo que o pudesse, porque os lugares em que fundei com renda eram pequenos; neles, ou se faz assim ou não se faz, pois não há como sustentar a casa. Em segundo lugar, porque só nos restavam uns centavos depois dos gastos da viagem; só trazíamos a roupa que vestíamos e umas túnicas e toucas e os panos usados para cobrir bem os carros. Para o regresso dos que nos acompanharam, tivemos de tomar dinheiro

---

14. Lembremo-nos de que, no dia anterior, a febre fora fortíssima (cf. n. 7-8).
15. Chegaram a Sevilha no dia 26 de maio (cf. n. 6). A Santa falou da benevolência do Arcebispo no n. 4.
16. O Concílio de Trento, sessão 25, cap. 3.
17. "Segundo Maria de São José, a oposição do Arcebispo procedia do fato de ele ser propenso a que a Santa e suas filhas antes reformassem os conventos de monjas existentes em Sevilha do que fundassem um novo" (Silverio). — Cf. *Libro de Recreaciones*, Recr. 9.

emprestado a um amigo de Antonio Gaytán; para acomodar a casa, o Padre Mariano conseguira algum; não tínhamos casa própria. Logo, fundar com renda era impossível.

18. Com muita insistência do padre citado, o Arcebispo nos deixou dizer missa no dia da Santíssima Trindade[18], a primeira. Ele mandou dizer que não se usasse nem se colocasse campainha — mas esta já estava posta. Fiquei às voltas com isso mais de quinze dias e, não fosse o Padre Comissário e o Padre Mariano, eu provavelmente teria voltado com as minhas monjas, com muito pouco pesar, a Beas, a fim de cuidar da fundação de Caravaca. Muito mais tive naqueles dias — como tenho má memória, não me lembro, mas creio que passaram de um mês —, porque, como o mosteiro já estava ficando conhecido, deixá-lo de lado ia ficando mais difícil do que se eu o tivesse feito logo. Padre Mariano nunca me deixou escrever ao Arcebispo; e, pouco a pouco, o foi abrandando, com a ajuda de cartas que o Padre Comissário enviava de Madri.

19. Eu não me preocupava demais porque tínhamos dito missa com sua licença, e sempre dizíamos o Ofício Divino em coro. Além disso, o Arcebispo mandava-me visitas que diziam que ele logo iria ter comigo, tendo enviado um padre seu para dizer a primeira missa; o que me levava a perceber que o único objetivo de tudo aquilo era me trazer sofrimentos. Mas eu não sofria por mim nem pelas minhas irmãs, e sim pelo Padre Comissário, que, como me mandara ir, estava muito pesaroso — e teria um grande desgosto, com muita razão, se houvesse algum transtorno maior.

20. Naquela época, os Padres Calçados também vieram perguntar com que autorização tínhamos fundado. Mostrei-lhes as patentes do nosso Reverendíssimo Padre Geral[19]. Com isso, eles sossegaram. Se soubessem o que o Arcebispo fazia, isso não teria sido suficiente; mas ninguém sabia dessas coisas, pensando que a fundação era muito do seu gosto e agrado. Foi Deus servido que ele fosse nos visitar. Eu lhe mostrei o mal que nos fazia. No final, disse-me que fizesse o que quisesse e como quisesse; daí por diante, sempre nos agraciou muito, e favoreceu, em tudo o que era preciso.

CAPÍTULO 25

Continua a falar da fundação do Glorioso São José de Sevilha, tratando das dificuldades passadas a fim de ter casa própria.

1. Ninguém poderia imaginar que numa cidade tão grande como Sevilha, e de gente tão rica, houvesse menos condições para fundar do que em todos os outros lugares em que eu estivera. Foi tão pouca a ajuda, que pensei algumas vezes que não valia a pena ter convento naquele lugar. Não sei se é por causa do clima da terra, pois sempre ouvi dizer que ali os demônios têm mais poder para tentar, que Deus lhes deve dar; certo é que fui muito combatida por eles e nunca me vi tão fraca e covarde na minha vida quanto ali me achei, quase chegando a me desconhecer.

É verdade que a confiança que costumo ter em Nosso Senhor não me faltava; mas a minha natureza estava tão diferente do que de modo geral é desde que estou envolvida nessas coisas que eu entendia que o Senhor me tirava em parte Sua proteção para que eu, sendo o que sou, visse que o ânimo que tinha não era meu.

2. Tendo ficado ali da data referida[1] até a Quaresma, não tinha havido condições de comprar casa, nem recursos para tanto ou, ao contrário de outros lugares, quem nos fiasse (as pessoas que tinham dito ao Padre Visitador Apostólico que entrariam no convento, rogando-lhe que levasse monjas para o lugar mais tarde julgaram nossa vida muito austera e sentiram-se incapazes de suportá-la; só uma entrou, como direi adiante)[2]. Era o momento de eu sair da Andaluzia, porque

---

18. 29 de maio de 1575; o *padre citado é* Mariano de São Bento (cf. n. 15). O *Padre Comissário* é Gracián.

19. *Patentes:* uma de 27/4/1567, mencionada no cap. 2, n. 3; e a outra de 6/4/1571.

1. De 26 de maio de 1575 até o começo de fevereiro do ano seguinte; quase nove meses. *Visitador Apostólico:* Gracián.

2. Beatriz de la Madre de Dios; cf. cap. 26.

havia outros negócios a tratar[3]. Pesava-me muito deixar as monjas sem casa, embora bem visse que eu nada fazia ali, porque Deus não me concedia a graça de haver ali, como aqui há, quem me ajudasse nessas obras.

3. Foi Deus servido que viesse então das Índias um irmão meu que lá estava há mais de trinta e quatro anos, Lorenzo de Cepeda[4], que considerava mais grave do que eu o fato de as monjas estarem sem casa própria. Ele nos ajudou muito, em especial empenhando-se para que tomássemos a casa em que elas agora estão. Eu já andava empenhada em obter o favor de Nosso Senhor, suplicando-lhe que não me deixasse ir sem deixar as irmãs com casa, e fazia que elas Lhe pedissem, e ao glorioso São José, a mesma coisa. Fazíamos muitas procissões e orações a Nossa Senhora. Com tanta oração e vendo meu irmão disposto a nos ajudar, animei-me a tentar comprar algumas casas. Mas sempre que as coisas pareciam se encaminhar, tudo ia água abaixo.

4. Estando um dia em oração, pedindo a Deus, pois o caso envolvia Suas esposas e estas tinham muito desejo de contentá-Lo, que lhes desse casa, ouvi Dele: *Já vos ouvi; entregai-o a Mim.* — Fiquei muito contente, crendo que já a tínhamos, e assim foi. Sua Majestade nos livrou de comprar uma que muito nos agradou por estar bem situada, mas tão velha e estragada que só o terreno seria comprado e quase por um preço pouco menor que o da atual. Com tudo combinado, faltando apenas lavrar as escrituras, eu não me sentia nada satisfeita.

Para mim, a situação não correspondia à última palavra ouvida na oração, que parecia ser, a meu ver, sinal de que teríamos uma boa casa. Mas quis Deus que o vendedor, embora muito ganhasse com a operação, criasse dificuldades na lavratura das escrituras, mesmo com tudo acertado. Assim, rompemos sem problemas o acordo. Isso foi uma graça muito grande de Nosso Senhor, porque a vida daquelas irmãs se acabaria e as obras não teriam terminado, havendo muito a fazer e pouco com que pagar.

5. Ajudou-nos muito um servo de Deus que, desde que chegamos, sabendo que não tínhamos missa, ia lá todos os dias dizê-la, embora morasse muito longe e o sol fosse abrasador. Chamava-se Garciálvarez e era pessoa muito de bem, respeitada na cidade por suas boas obras, pois só a isto se dedica; se tivesse muito, nada nos faltaria. Conhecendo bem a casa, ele sabia ser um disparate pagar tanto por ela; dizia-nos isso todos os dias, tendo terminado por nos fazer desistir dela; e ele foi, com meu irmão, ver aquela que ora ocupamos. Eles voltaram muito contentes, e estavam cobertos de razão; Nosso Senhor, que o queria, fez com que as escrituras ficassem prontas em dois ou três dias[5].

6. Não foi pouco o esforço para nos mudar, porque quem a ocupava não queria sair, e os frades franciscanos, que moravam nas vizinhanças, logo vieram nos dizer que não passássemos para lá de modo algum. Não estivessem as escrituras definitivamente lavradas, eu teria dado graças a Deus por poder desfazê-las, já que corremos o risco de pagar os seis mil ducados pela casa sem poder entrar nela. A prioresa[6] não pensava assim, dando graças a Deus por não se poder desfazê-las; Sua Majestade dava-lhe mais fé e ânimo do que a mim no que se refere àquela casa — e ela em tudo o mais o deve ter, pois é muito melhor do que eu.

7. Labutamos com isso por mais de um mês. Foi Deus servido que a prioresa, eu e outras duas monjas fôssemos para lá uma noite, a fim de evitar que os frades percebessem que íamos tomar posse, mortas de medo. Diziam os que iam conosco que, vendo sombras, julgavam ser frades.

---

3. Cf. cap. 27, n. 18-19.

4. Dom Lorenzo de Cepeda (1519-1580), que partira para a América em 1540, regressava depois de trinta e cinco anos de ausência, viúvo mas acompanhado dos três filhos. Francisco, Lorenzo e Teresita, bem como do irmão, Pedro. Ele desembarcou em São Lucas de Barrameda em agosto de 1575, passando em seguida a ser dirigido espiritualmente pela sua Santa irmã. Cf. *Epistolario* e, em especial, a *Relação* 46.

5. As escrituras foram assinadas em 5 de abril de 1576. A casa custou 6.000 ducados, mas, segundo a Santa, em carta a Padre Mariano (9/5/1576), era tal que "todos dizem que foi de graça... hoje não custaria menos de 20.000 ducados".

6. Maria de São José.

Pela manhã, o bom Garciálvarez, que nos acompanhava, disse a primeira missa na casa, e assim ficamos sem temor.

8. Ó Jesus! Quanto tenho passado nessas tomadas de posse! Fico pensando: se nós, que não queremos fazer mal, mas servir a Deus, vamos com tanto medo, como ficarão as pessoas que o vão fazer, opondo-se a Deus e ao próximo? Nem imagino que ganho podem ter nem que prazer podem buscar com tal contrapeso!

9. Meu irmão já não estava ali, tendo se albergado porque queriam prendê-lo[7] por um erro cometido nas escrituras, decorrente de termos agido com muita pressa, e em prejuízo do convento, de quem ele era fiador. E, sendo ele estrangeiro, tivemos muito trabalho; enquanto não lhes deu uma sua propriedade em garantia, os problemas foram imensos. Depois a questão chegou a bom termo, embora com uma grande demanda que muito nos afligiu.

Ficávamos encerradas nuns quartos de baixo, e meu irmão passava o dia ali com os operários; ele nos dava o necessário para comer, e já há algum tempo, porque, como as pessoas não se davam conta de que era um mosteiro, por estar em casa particular, eram poucas as esmolas, exceto as de um santo velho, prior da Cartuxa de las Cuevas, grandíssimo servo de Deus. Era de Ávila, da família dos Pantojas[8]. Deus lhe infundiu tal afeição por nós que, desde que ali chegamos, e creio que durará por toda a sua vida, ele tem nos feito o bem de todas as maneiras. Cumpre, pois, irmãs, que encomendeis a Deus quem tanto nos tem ajudado; estando vivo ou morto, refiro-me a ele aqui, pois podereis estar lendo isto. Devemos muito a esse santo.

10. Passou-se mais de um mês, acredito eu (porque para essas coisas de dias tenho memória fraca, estando sujeita a erros; assim, entenda-me sempre "mais ou menos", o que não importa muito). Durante esse mês, meu irmão labutou muito para transformar alguns cômodos em capela e ajeitar outras peças. Nós nada fizemos.

11. Estando tudo pronto, eu queria pôr discretamente o Santíssimo Sacramento, pois não gosto de criar dificuldades desnecessárias. Eu o disse ao Padre Garciálvarez, que tratou com o Padre Prior de las Cuevas — que cuidava das nossas coisas com mais interesse do que se fossem suas. Eles acharam que, para tornar o convento conhecido em Sevilha, não se podia evitar a solenidade, e foram por isso falar com o Arcebispo. Juntos, concluíram que se devia trazer o Santíssimo Sacramento, solenemente, de uma paróquia. O prelado ordenou que se reunissem os clérigos e algumas confrarias e se ornamentassem as ruas.

12. O bom Garciálvarez ornamentou nosso claustro, que, como eu disse, servia então de passagem[9], e arrumou a igreja com muito esmero, cheia de altares e engenhosos adereços. Havia uma fonte em que a água brotava de uma flor de laranjeira, que, embora não tivéssemos desejado nem imaginado, fez-nos muita devoção. Consolou-nos muito essa festa tão solene, com ruas tão bem ornamentadas, tanta música e menestréis. Disse-me o santo Prior de las Cuevas que nunca se vira aquilo em Sevilha, sendo reconhecidamente obra de Deus. Ele foi na procissão, contrariando seu costume; o Arcebispo entronizou o Santíssimo Sacramento[10].

---

7. *Meu irmão* (Lorenzo) *já não estava ali, tendo se albergado:* ele se esconderá num templo ou lugar sagrado para não ser preso pela justiça, que na época respeitava esse privilégio eclesiástico. O *erro* referia-se ao imposto de transmissão: "O escrivão cometeu um erro quanto ao imposto de transmissão", escreveu a Santa ao Padre Mariano *(loc. cit.)*.

8. Fernando Pantoja, que foi Prior da Cartuxa de Santa Maria de las Cuevas de 1567 a 1580. Sobre os favores por ele feitos às Descalças de Sevilha, veja-se um documento curioso em B. M. C., t. 6, pp. 250-251.

9. *O claustro* era provavelmente um pátio aberto da casa ou as colunas externas com arcadas à feição de claustro; ela vai se referir a isso no n. 13, mas nunca disse que *servia... de passagem.* (No *Epistolario*, trata-se do corredor em torno do pátio interno, que devia servir de cemitério para as religiosas — cf. cartas a Maria de São José, 6/5/1577 e 15/5/1577).

10. Era o dia 3 de junho de 1576. — Terminada a procissão, a Santa se ajoelhou diante do Prelado, que lhe deu a sua bênção; mas quão confusa não terá ela ficado ao ver que o Arcebispo também se ajoelhava e lhe pedia que o abençoasse, diante de tamanha multidão de sevilhanos? Poucos dias depois (15 de junho), ela escrevia a M. Ana de Jesus: "Imagine o que sentiria vendo um Prelado tão importante ajoelhado diante desta pobre mulherzinha, sem querer levantar-se enquanto

Vede aqui, filhas, as pobres Descalças honradas por todos, situação bem distinta da de pouco antes, quando sequer havia água de beber, embora correndo tanto no rio. A gente que veio foi coisa excessiva.

13. Aconteceu uma coisa digna de nota, pelo que dizem todos quantos a viram. Como houve muitos morteiros e foguetes, terminada a procissão, quase noite, decidiram soltar mais e, não sei como, um pouco de pólvora pegou fogo — sendo um grande milagre não ter provocado a morte do homem que a levava. Subiu uma grande chama até o alto do claustro, que tinha os arcos cobertos por tafetás amarelos e carmesim. Pensou-se que estes tinham sido reduzidos a pó, mas o fogo nenhum dano lhes causou. O espantoso é que a pedra que o pano cobria ficou enegrecida pela fumaça e que o tecido que a cobria não teve mais estragos do que o teria se o fogo não tivesse chegado ali.

14. Todos se assombraram ao vê-lo; as monjas louvaram ao Senhor por não terem de pagar outro tecido. O demônio devia estar tão irado com a solenidade que fizéramos, e por ver mais uma casa de Deus, que quisera vingar-se. Mas o Senhor não lhe dera oportunidade. Bendito seja Ele para sempre e sempre. Amém.

CAPÍTULO 26

Prossegue na mesma fundação do Mosteiro de São José na cidade de Sevilha. Refere-se a algumas coisas dignas de nota acerca da primeira monja que nele entrou.

1. Bem podeis considerar, filhas minhas, o consolo que tínhamos naquele dia. O meu, posso dizer que era muito grande, em especial por ver que deixava as irmãs numa casa tão boa e em bom lugar, o mosteiro já conhecido e, na casa, monjas que dispunham de recursos para pagar a maior parte do imóvel, a ponto de, com as que faltavam, poder o valor se completar, por menos que trouxessem, ficando elas sem dívida[1]. Deu-me alegria, sobretudo, o ter gozado dos sofrimentos, indo embora quando deveria ter algum descanso, porque essa festa foi no domingo antes da Páscoa do Espírito Santo, ano de 1576, e parti logo na segunda-feira seguinte[2]; como o calor se intensificasse, eu preferia, se fosse possível, não viajar na Páscoa e passá-la em Malagón, onde bem gostaria de me deter um dia, sendo esse o motivo da minha pressa.

2. Não foi o Senhor servido que eu ao menos ouvisse um dia missa na igreja. Muito se reduziu o contentamento das monjas com a minha partida[3], porque sentiram bastante, já que tínhamos passado aquele ano juntas e em meio a tantos sofrimentos. Como eu disse[4], não falo aqui dos mais graves; a meu ver, deixando de lado a primeira fundação, a de Ávila — que não tem comparação —, nenhuma me custou tanto quanto esta, por serem os trabalhos, quase todos, interiores. Queira Sua Majestade ser sempre servido nela, porque, assim, tudo isso é pouco. E espero que O Seja, já que Ele começou a trazer boas almas àquela casa e as cinco que ficaram das que levei comigo são, como eu já disse, muito boas[5]; isto é, eu disse o que era possível dizer, o que sempre

---

ela não o abençoasse na presença de todas as Ordens e Confrarias de Sevilha!" (B. M. C., t. 18, p. 469; não possuímos o texto original desta carta teresiana).

1. Ou seja, como o número de religiosos do convento não estava completo, os dotes das novas postulantes acabariam por cobrir a dívida. — Sobre os sofrimentos e graças místicas aludidos na frase seguinte, cf. *Relações* 42-62.

2. A festa foi no dia 3 e a Santa partiu no dia 4 de julho de 1576.

3. *Muito se reduziu o contentamento das monjas com minha partida...:* Ainda bem que, para reduzir a lástima, as monjinhas sevilhanas e o Padre Gracián tiveram a feliz ideia de obrigar a Santa a posar para um pintor e ser retratada. Embora a obra tenha sido entregue ao bom leigo Frei João da Miséria, que não tinha qualidades artísticas, o quadro, ainda hoje conservado no mosteiro de Sevilha, é o único retrato "comprovadamente autêntico" que possuímos da Santa Madre. O relato do martírio que o leigo fez a Santa passar pode ser visto na obra do Padre Gracián, *Peregrinación de Anastasio*, Dial. 13 (B. M. C., t. 17, pp. 201-202); ele nos transmitiu a sutil crítica que a Santa fez humoristicamente ao retrato e ao retratista: *Deus te perdoe, Frei João, porque, já que me pintaste, pintaste-me feia e remelosa.*

4. Cf. cap. 18, n. 4-5; cap. 24, n. 6.

5. Cf. cap. 24, n. 6.

é menos do que a verdade. Desejo falar da primeira a entrar aqui, por se tratar de coisas que vos agradarão.

3. É uma moça filha de pais muito cristãos; o pai é montanhês[6]. Quando tinha 7 anos, uma tia que não tinha filhos pediu à sua mãe para ficar com ela. A tia levou-a para casa e a cobriu de atenções e mostras de amor, o que levou as criadas, que até então alimentavam a esperança de herdar os bens da senhora antes da chegada da menina — estando claro que, se a senhora se afeiçoasse à criança, haveria de querer deixar-lhe tudo — a combinarem afastar essa possibilidade por meio de um plano diabólico. E acusaram a jovem de querer matar a tia, dando como prova o testemunho de uma delas, a quem a menina teria encarregado de comprar um corrosivo. Disseram-no à tia, que, vendo as três falarem a mesma coisa, acreditou, o mesmo ocorrendo com a mãe da menina, que é mulher muito virtuosa.

4. Levaram a menina para casa, com a impressão de que surgia ali uma mulher ruim. Disse Beatriz de la Madre de Dios — o seu nome agora — que por mais de um ano a mãe a açoitou e a atormentou diariamente, fazendo-a dormir no chão, para que confessasse tão grande culpa. Como afirmasse que nada fizera e sequer conhecia o tal corrosivo, ela era considerada muito pior, por ter iniciativa para ocultar o malfeito. A mãe se afligia ao vê-la tão teimosa e tão disposta a mentir, ficando com a impressão de que ela nunca iria se emendar.

Grande coisa foi o fato de a criança não acabar por admitir a culpa apenas para ver-se livre de tantos tormentos; mas a mão de Deus a sustentava, em sua inocência, para sempre dizer a verdade. E como Sua Majestade socorre quem não tem culpa, duas das mulheres foram acometidas de um mal muito grave, semelhante à raiva, e, em segredo, pediram à tia que levasse a elas a menina; elas lhe pediram perdão e, vendo-se prestes a morrer, negaram a acusação, o mesmo ocorrendo com a terceira, que morreu de parto. Enfim, as três morreram angustiadas por causa do que tinham feito a inocente passar.

5. Não digo isso apenas por ouvi-lo dela, porque a sua mãe, depois de ela ter se tornado monja, arrependida dos maus-tratos que lhe infligira, pois foram muitos os seus martírios, o confirmou, em meio a outras coisas. Deus permitiu que, sendo tão boa cristã, fosse o carrasco de sua filha, a quem muito amava. Essa mãe é senhora de muita verdade e muito cristã.

6. Com pouco mais de 12 anos, a menina leu um livro sobre a vida de Santa Ana e tomou grande devoção pelos santos do Monte Carmelo; ela soube que a mãe dessa santa ia ter com eles muitas vezes (creio que se chama Merenciana)[7], e foi tal sua devoção pela Ordem de Nossa Senhora que ela prometeu ser monja dela, e manter-se casta. Tinha, quando podia, muitos momentos de isolamento e de oração. Nesta, recebia de Deus e de Nossa Senhora grandes graças, e deveras especiais. Ela queria fazer-se imediatamente monja, mas não se atrevia por causa dos pais e de não saber como encontrar a Ordem — o que é digno de nota, porque, havendo conventos da Regra Mitigada em Sevilha, ela nunca o veio a saber até ter-lhe chegado aos ouvidos a existência dos nossos, e depois de muitos anos.

7. Quando chegou à idade de casar, mesmo sendo muito menina, os pais lhe arranjaram casamento. Seus outros filhos tinham morrido, ficando apenas aquela, a menos querida. Na época em que aconteceu o evento antes narrado[8], ainda havia um irmão, que a defendera, dizendo que não acreditassem no que se dizia dela. Os pais, com o casamento combinado, decidiram dizer-lho, pensando que ela não haveria de se opor; ela, porém, referiu-se ao voto que fizera de não se casar, e disse que não o faria, mesmo que por causa disso a matassem.

8. O demônio os cegava, ou Deus o permitia para que ela fosse mártir (os pais pensaram que ela dera algum mau passo e por isso não queria casar): como já tinham empenhado a palavra, os

---

6. Beatriz de la Madre de Dios, filha de Alfonso Gómez e Juana Gomez; esta também se tornou carmelita, com o nome de Juana de la Cruz (cf. n. 15).
7. *Creio que se chama Merenciana*: a mãe de Santa Ana, segundo o douto livro da jovem andaluza.
8. Nos n. 3-5.

pais a açoitaram impiedosamente, maltratando-a a ponto de quererem enforcá-la, chegando a apertar-lhe o pescoço; não a matando por milagre. Deus, que a queria para mais, conservou-lhe a vida. Disse-me ela que, no final, já não sentia quase nada, porque se lembrava, graças ao Senhor, do que padecera Santa Inês, ficando satisfeita por sofrer alguma coisa por Ele e nunca deixando de a Ele se oferecer. Eles pensaram que ela morreria, porque ficou três meses na cama sem poder mover-se.

9. É espantoso que se tenha podido pensar tão mal de uma moça que nunca se afastava da mãe e tinha um pai tão recatado, como cheguei a saber, porque ela sempre foi santa e honesta e tão caridosa que dava tudo o que podia. Nosso Senhor tem muitos meios disponíveis quando deseja fazer a alguém a graça padecer. Já há alguns anos os pais vinham descobrindo as virtudes da filha, permitindo-lhe dar esmolas quando queria, de maneira que as perseguições tornaram-se um prazer, se bem que a sua vontade de ser monja provocasse muitos problemas, vivendo ela muito contrariada e desgostosa, pelo que me contou.

10. Treze ou catorze anos antes de Padre Gracián ir a Sevilha (onde não havia vestígios de Carmelitas Descalços), ela estava com o pai, a mãe e duas vizinhas quando entrou um frade da nossa Ordem vestido de saial, como agora é comum, e descalço. Dizem que tinha um rosto fresco e venerável, embora fosse tão velho que a barba comprida parecia de fios de prata. O frade se aproximou dela e começou a falar-lhe numa língua que ninguém entendeu; tendo falado, abençoou-a três vezes, dizendo-lhe: "Beatriz, Deus te dê forças", e se foi.

Ninguém se moveu enquanto o frade esteve ali, ficando todos estatelados. O pai lhe perguntou quem era, mas ela pensou que fosse um conhecido dele. Levantaram-se depressa para ir atrás do frade, mas não o encontraram. Ela ficou muito consolada, e todos espantados, pois viram ser coisa de Deus, começando a considerá-la muito, como foi dito. Passaram-se todos esses anos — creio que catorze — servindo ela sempre a Nosso Senhor e pedindo-Lhe que realizasse o seu desejo.

11. Ela estava muito angustiada quando foi para lá o Padre Mestre Frei Jerónimo Gracián. Ela foi ouvir um sermão na igreja de Triana, onde seu pai vivia, sem saber que o pregador era o Padre Gracián. Quando ele saiu para a bênção, ela viu o seu hábito, e que estava descalço, lembrando-se imediatamente do frade que vira, pois o hábito era igual, se bem que o rosto e a idade não o fossem, pois Padre Gracián ainda não fizera 30 anos[9]. Ela me disse que seu contentamento foi tão grande que ficou como desmaiada; porque sabia que tinham fundado um convento em Triana, mas não sabia ser da nossa Ordem. A partir de então, ela procurou confessar-se com Padre Gracián, mas mesmo isso o Senhor quis que lhe custasse muito, tendo ela tentado consegui-lo ao menos doze vezes sem que ele aceitasse. Padre Gracián evitava, por ser muito recatado, ter contato com pessoas como ela: moça e bem-apessoada. Na época, ela não tinha mais de 27 anos.

12. Um dia, porém, estando ela chorando na igreja, pois também era muito tímida, uma mulher lhe perguntou o que acontecia. Ela disse que há muito tentava falar, sem sucesso, com o padre que no momento estava confessando. A mulher a levou lá e rogou ao padre que a ouvisse e ela passou a confessar-se com ele regularmente. Vendo alma tão boa, o padre consolou-se muito e a consolou, dizendo-lhe que provavelmente iriam monjas Descalças para Sevilha e que ele faria que a tomassem logo. E assim aconteceu: a primeira ordem que ele me deu foi de aceitá-la, porque estava muito satisfeito com sua alma, e o disse a ela quando estávamos indo.

Ela insistia muito em ocultá-lo dos pais, porque, se não o fizesse, não haveria meio de entrar. No dia da Santíssima Trindade[10], ela se afastou de umas mulheres que a acompanhavam (pois quando ia confessar não era levada pela mãe, porque o mosteiro dos Descalços, onde costumava fazê-lo — e ao qual dava muitas esmolas, e seus pais por ela — era muito afastado), dizendo —

---

9. Gracián tinha uns 29 anos (ele nasceu em 1545; fundou em Sevilha em 1574). Muito mais equivocada está a Santa quanto à idade da boa Beatriz, que não tinha então os 27 que a Madre lhe deu, mas 36 bem feitos (ela nasceu em 1538). — O convento de Carmelitas Descalços de Triana, denominado dos Remédios, fora fundado em 6/1/1574.

10. 29 de maio de 1575, mesmo dia em que fora dita a primeira missa (cf. cap. 24, n. 18).

pois tinha combinado com uma grande serva de Deus para que a levasse — com quem ia (e essa mulher era muito conhecida como serva de Deus em Sevilha, fazendo grandes obras) e que logo voltava; por isso, elas lho permitiram. Ela então vestiu o hábito e a capa grosseira; e nem sei como podia mover-se, mas a alegria que tinha tornava-lhe tudo leve. Seu único temor era de que alguém, vendo-a agir de modo não habitual, a perturbasse e, vendo a carga que levava, percebesse o seu intento.

O que faz o amor de Deus! Como ela já não pensava nas conveniências, receando apenas que alguém a impedisse de realizar o seu desejo! Abrimos-lhe logo a porta. Mandei avisar a mãe, que veio como se estivesse fora de si, embora reconhecesse a grande graça que Deus concedia à filha. Mesmo muito pesarosa, concordou sem inquietação, não agindo como algumas que chegam a ponto de não querer dirigir-se às filhas. Ela nos dava grandes esmolas.

13. Ela começou a gozar de sua alegria tão sonhada como esposa de Jesus Cristo, sendo tão humilde e disposta a tudo fazer que a nossa dificuldade era tirar-lhe a vassoura das mãos. Tendo vivido cheia de prazeres em casa, seu descanso no convento era trabalhar. Com tanta felicidade, logo engordou muito. Os pais, diante disso, se alegraram por vê-la ali.

14. Na época de professar[11], isto é, dois ou três meses antes, para que não gozasse de tudo sem padecer, teve enormes tentações; não porque não quisesse professar, mas por achá-lo muito difícil. Esquecida de todos os anos que sofrera pelo bem que tinha, ela foi tão atormentada pelo demônio que não podia consigo. Contudo, fazendo um esforço ingente, ela o venceu: em meio aos tormentos, resolveu fazer profissão. Nosso Senhor, que não devia esperar mais nada para provar sua força, três dias antes da profissão a visitou e consolou de modo muito especial, pondo o demônio em fuga. Ela ficou tão consolada que parecia não estar em si de contentamento durante aqueles três dias; e com muita razão, porque a graça fora grande.

15. Dias depois de ter entrado no convento, perdeu o pai. A mãe tomou hábito no mesmo mosteiro[12], dando ali de esmola todas as suas posses. Mãe e filha, contentíssimas, são a edificação de todas as monjas, servindo a Quem lhes concedeu favor tão grande.

16. Ainda não transcorrera um ano e veio outra moça bem contra a vontade dos pais. Dessa maneira, vai o Senhor povoando esta casa com almas tão desejosas de servi-Lo que não veem diante de si nenhum rigor que não possam suportar, nem austeridade. Seja o Senhor para sempre e sempre bendito e louvado por todo o sempre. Amém.

CAPÍTULO 27

Trata da fundação da vila de Caravaca. Entronizou-se o Santíssimo Sacramento no dia de Ano-Novo do mesmo ano de 1576. É consagrado ao Glorioso São José, cujo nome leva.

1. Quando eu estava em São José de Ávila, pronta para ir à fundação aludida de Beas, só faltando encontrar uma maneira de ir, chegou um mensageiro enviado por uma senhora de lá[1], Dona Catarina, dizendo que três moças foram — depois de ouvirem um sermão de um padre da Companhia de Jesus — à sua casa e afirmaram que não sairiam dali enquanto não se fundasse um mosteiro no lugar. Devia ser coisa combinada com essa senhora, que as ajudou na fundação. Elas eram descendentes dos mais ilustres varões da localidade; uma delas ainda tinha pai, Rodrigo de

---

11. Ela professou no dia 29 de setembro de 1576. Cf. a carta da Santa a Maria de São José, datada de 17 de julho do mesmo ano.

12. Professou como irmã de véu em 10/11/1577 com o nome de Juana de la Cruz.

1. *Uma senhora de lá:* de Caravaca. — *Um mensageiro:* era o correio privado empregado para despachar mensagens ou despachos importantes com urgência. — O jesuíta a quem ela se refere a seguir é o Padre Leiva. — As *três moças* foram Francisca de Saojosa, Francisca de Cuéllar e Francisca de Tauste; a primeira retirou-se do grupo pouco antes da fundação, nela ingressando mais tarde (1578). Fizera parte do grupo uma quarta, que logo o abandonou (cf. Julián de Ávila, *Vida de Santa Teresa*, P. 2, cap. 8, pp. 279-280).

Moya[2], muito grande servo de Deus, homem deveras prudente. Juntas, dispunham do bastante para o empreendimento. Tinham sabido pela Companhia de Jesus, que sempre nos ajudou e favoreceu, do quanto Nosso Senhor tem feito ao fundar esses mosteiros.

2. Eu, vendo o desejo e o fervor daquelas almas, que iam buscar tão longe a Ordem de Nossa Senhora, fiquei com devoção e vontade de ajudar sua boa intenção. Informada de que a vila ficava perto de Beas, levei comigo mais monjas do que esperava — porque, a acreditar nas cartas, pareceu-me não ser impossível chegar a um acordo —, com a intenção de, terminada a fundação em Beas, ir para lá. Mas como o Senhor determinara outra coisa, meus planos de nada me serviram, como eu disse ao falar da fundação de Sevilha; porque trouxeram a licença do Conselho das Ordens em termos tais que, embora já estivesse decidida a ir, eu a deixei de lado[3].

3. É verdade que, informando-me da localização de Caravaca em Beas, e sabendo que ficava fora de mão e que o caminho para o mosteiro era muito ruim, o que causaria sofrimentos aos que fossem visitar as monjas, sendo, pois, uma fundação de que os prelados não iriam gostar, eu já não tinha muita vontade de ir fundar ali. Contudo, como me tinham dado boas esperanças, pedi ao Padre Julián de Ávila e a Antonio Gaytán que fossem lá ver como era e que, se julgassem recomendável, desfizessem o acordo. Eles consideraram o negócio muito impreciso, não da parte das que queriam ser monjas, mas da de Dona Catarina, que era peça fundamental de tudo, e que as mantinha num quarto por sua própria conta, como se já estivessem enclausuradas.

4. As monjas estavam tão firmes, duas delas em especial, refiro-me às que o haviam de ser, e souberam tão bem convencer o Padre Julián de Ávila e Antonio Gaytán, que estes, antes de voltar, deixaram as escrituras prontas[4], o que muito as alegrou. E eles vieram tão satisfeitos com elas, e com a terra, que não paravam de falar nisso, e das dificuldades do caminho. Vendo tudo combinado e a licença demorando, voltei a mandar lá o bom Antonio Gaytán, que por afeição a mim tudo suportava com vontade, e eles[5] desejavam que se fizesse a fundação; porque, a bem da verdade, pode-se agradecer a eles essa fundação, já que, se não tivessem ido lá e acertado tudo, eu pouco me teria empenhado.

5. Disse-lhe que fosse para instalar roda e grades onde iríamos tomar posse, para que as monjas ali ficassem até encontrarmos uma casa apropriada. Ele ficou lá por muitos dias; Rodrigo de Moya, que, como eu disse[6], era pai de uma das moças, cedera de bom grado parte de sua casa. Antonio Gaytán esteve vários dias lá fazendo isso.

6. Quando a licença chegou, e eu estava prestes a partir para lá, vim a saber que havia como condição ser a casa sujeita aos Comendadores, devendo as monjas prestar-lhes obediência, o que eu não podia fazer por ser da Ordem de Nossa Senhora do Carmo; assim, a licença foi solicitada outra vez. Tanto nessa fundação como na de Beas, nada se teria conseguido[7]. Mas o Rei me favoreceu tanto que, quando lhe escrevi, mandou que a dessem. É Dom Filipe, tão amigo de agraciar os religiosos que procuram guardar sua profissão; sabedor da maneira de proceder nesses conventos,

---

2. Rodrigo de Moya, pai de Francisca de Cuéllar.

3. Para uma compreensão mais fácil dessa passagem teresiana, tenha-se presente: 1º que ao ir para a fundação de Beas, a Santa levou um número de monjas suficiente para duas fundações (cf. cap. 24, n. 4); 2º que como Caravaca pertencia à Comenda da Ordem de São Tiago, ao conceder a licença para a fundação, o Conselho das Ordens impôs a condição de que o mosteiro se submetesse à Obediência do dito Conselho, coisa inadmissível para a Reformadora (cf. cap. 23, n. 1 e cap. 24, n. 3); 3º que, por este e outros motivos, as monjinhas destinadas a Caravaca foram levadas para a fundação de Sevilha (cf. caps. 22-26).

4. Eles as firmaram em 10 de março de 1575.

5. *Eles:* Julián de Ávila e Antonio Gaytán.

6. No n. 1.

7. *Tanto nessa fundação como na de Beas, nada se teria conseguido:* como as duas povoações pertenciam à Comenda de São Tiago, se o Conselho das Ordens não tivesse aceito as condições impostas pela Santa, "nada se teria conseguido", isto é, não se teria fundado. — A carta da Santa a Filipe II se perdeu; conservou-se, contudo, o despacho régio (cf. B. M. C., t. 6, pp. 257-262) datado de 9 de junho de 1575. Conservou-se também a resposta agradecida da Santa ao Rei (19/7/1575).

que são da Regra Primitiva, em tudo nos tem sido favorável. Assim, filhas, eu vos rogo muito que sempre façais uma oração especial por Sua Majestade, como agora fazemos.

7. Como era preciso tratar outra vez da licença, fui para Sevilha, por ordem do Padre Provincial, que ainda é o mesmo, o Mestre Frei Jerónimo Gracián de la Madre de Dios — como já foi dito[8] —, ficando as pobres moças encerradas até o Ano-Novo seguinte; e estávamos em fevereiro quando sua mensagem chegara a Ávila! A licença logo foi trazida, mas, como eu estava tão longe e com tantos trabalhos, não pude ir socorrê-las, o que muito lastimei, pois elas me escreviam muitas vezes com grande angústia, não me sendo possível fazê-las esperar mais.

8. Como era impossível a minha ida, estando tão longe, já que a outra fundação[9] ainda não estava acabada, o Padre Mestre Frei Jerónimo Gracián, que era Visitador Apostólico — como eu disse —, concordou que fossem as monjas que haviam de fundar ali, mesmo sem a minha presença, enviando-as de São José de Malagón, onde tinham ficado. Fiz que fosse como prioresa alguém que a meu ver se sairia muito bem, por ser bem melhor do que eu[10]; com todas as recomendações, elas partiram com dois Padres Descalços, porque o Padre Julián de Ávila e Antonio Gaytán tinham retornado à sua terra alguns dias antes, não querendo eu que viessem de tão longe, ainda mais com o tempo tão ruim do final de dezembro.

9. Ao chegarem, elas foram recebidas pelo povo com grande contentamento, especialmente pelas que estavam encerradas. Fundaram o mosteiro, instalando o Santíssimo Sacramento no dia do Nome de Jesus do ano de 1576[11]. Duas das candidatas logo tomaram o hábito; a outra, que tinha muito humor melancólico, não, porque se o encerramento já lhe fazia mal, quanto mais tanta austeridade e penitência! Ela concordou em voltar para casa com uma sua irmã.

10. Vede, filhas minhas, os juízos de Deus e a nossa obrigação de servi-Lo, nós, a quem Ele deixou perseverar até a hora da profissão e de ficar para sempre na casa de Deus, e como filhas da Virgem! Sua Majestade aproveitou a vontade dessa moça e sua renda para fazer esse mosteiro; e a ela faltou, no momento em que havia de gozar do que tanto desejara, a força necessária, sendo vencida pelo humor, ao qual muitas vezes, filhas, lançamos a culpa de nossas imperfeições e oscilações imotivadas.

11. Queira Sua Majestade dar-nos com abundância a Sua graça, porque com isso não haverá o que nos impeça de ir sempre adiante em Seu serviço; e a que nos ampare e favoreça a todas para não perdermos por nossa fraqueza uma base tão boa quanto a que Ele quis pôr em mulheres tão ínfimas quanto nós. Em Seu nome vos peço, irmãs e filhas minhas, que sempre o supliqueis a Nosso Senhor e que cada uma que vier faça de conta que nela recomeça a Regra Primitiva da Ordem da Virgem Nossa Senhora, não consentindo de modo algum que haja relaxamento, seja no que for.

Vede que de pequenas coisas se abre a porta para muito grandes e que, sem que o percebais, vai entrando o mundo. Lembrai-vos com quanta pobreza e esforço se fez o que agora gozais com descanso; e, se virdes bem, sabereis que a maioria dessas casas não foi fundada por homens, mas pela mão poderosa de Deus, bem como que Sua Majestade gosta de levar adiante Suas obras, desde que não sejamos empecilho. De onde pensais que uma mulherzinha como eu tiraria forças para tão grandes obras, estando submetida a outras pessoas e sem um centavo, nem quem a favorecesse? Porque o meu irmão[12] que ajudou na fundação de Sevilha, e que tinha algumas posses, ânimo e um bom desejo de ajudar, estivera nas Índias.

---

8. No cap. 24, n. 4. — *Ano-Novo seguinte:* 1º de janeiro do ano seguinte: 1576. — *Quando sua mensagem chegara a Ávila:* não foi em fevereiro, mas, provavelmente, em janeiro de 1575; elas levavam, aproximadamente, um ano de retiro e espera. — *A licença logo foi trazida,* com data de 9 de junho de 1575, quando a Santa *estava tão longe,* isto é, em Sevilha.

9. *A outra fundação:* a de Sevilha. — Ela falou do Visitador no cap. 23, n. 13.

10. A prioresa enviada foi Ana de Santo Alberto, que chegou a ser uma discípula notável de São João da Cruz (cf. o *Epistolario* do Santo). — Os *dois Padres Descalços* foram Ambrósio de São Pedro e Miguel da Coluna, o segundo um leigo tristemente famoso.

11. Chegaram no dia 18/12/1575. Instalaram o Santíssimo Sacramento em 1/1/1576 (cf. n. 1).

12. Lorenzo de Cepeda (cf. cap. 25, n. 3).

12. Olhai, olhai, irmãs, a mão de Deus. Pois não era por ter sangue ilustre que me faziam honras! Seja qual for a maneira como o queirais ver, tendes de reconhecer que é obra Sua. Não há razão para que a diminuíssemos, mesmo que nos custasse a vida, a honra e o descanso, ainda mais tendo tudo isso aqui junto! Porque vida é viver sem temer a morte nem os acontecimentos da existência, e ter essa alegria habitual que agora tendes todas vós, bem como essa prosperidade, que não pode ser maior, que não teme a pobreza, mas até a deseja. Pois a que se pode comparar a paz interior e exterior com que sempre estais?

Está em vossas mãos viver e morrer com ela, como vedes que morrem as que têm morrido nessas casas. Porque, se sempre pedirdes a Deus que Sua obra adiante, e não confiardes nem um pouco em vós, Ele não vos negará a Sua misericórdia; e se tiverdes confiança Nele e vontade firme — coisa de que Sua Majestade muito gosta —, não havereis de temer que vos falte algo. Nunca deixeis de receber as que vierem ser monjas (desde que seus desejos e talentos sejam satisfatórios para vós e que o façam para servir a Deus com maior perfeição e não para se remediarem), mesmo que não tragam fortuna, se tiverem virtude, porque Deus vos dará em dobro aquilo que a fortuna vos haveria de trazer.

13. É grande a minha experiência disso. Bem sabe Sua Majestade que, pelo que me lembro, jamais deixei de receber alguma por falta de riqueza se o resto me contentava; testemunham-na as muitas recebidas só por Deus, como sabeis. E posso vos assegurar que não tinha tanto contentamento em aceitar quem tinha bens quanto quem era recebida apenas por Deus; eu até temia as que dispunham de posses, enquanto os pobres deixavam-me o espírito em festa, dando-me um prazer tamanho que me faziam chorar de alegria. Isto é a verdade.

14. Se, quando as casas ainda não tinham sido compradas nem feitas, demo-nos tão bem com isso, por que não nos daríamos agora que temos onde viver? Crede-me, filhas: quando pensais estar acrescentando, estais perdendo. Quando a que vem tem meios e não tem outras obrigações, e deseja dar a outros que talvez precisem menos, é bom que vos dê o que tem como esmola — porque, confesso, se não o fizessem eu o tomaria por desamor. Mas sempre tende diante de vós o cuidado de ver que quem entra faça do que dispõe aquilo que os letrados lhe aconselharam como sendo mais agradável a Deus; porque seria muito ruim que quiséssemos os bens de quem é admitida se não fosse com esse fim. Ganhamos muito mais quando ela cumpre sua obrigação para com Deus — digo, com maior perfeição — do que com o que ela possa trazer, já que só desejamos, e Deus o permita que o desejemos, que Sua Majestade seja servido em tudo e por tudo.

15. E eu, embora miserável e ruim, digo, para honra e glória Sua, e para que vos alegreis de ver como foram fundadas essas Suas casas, que nunca, em nenhuma circunstância eu fiz, quanto aos bens de alguém, alguma coisa que me parecesse contrariar num único ponto a vontade do Senhor, mesmo quando acreditasse que, para me sair bem, teria de fazê-lo, seguindo o conselho dos meus confessores (que sempre foram, desde que a isso me dedico, como sabeis, grandes letrados e servos de Deus); e, se me lembro bem, sequer me passou pela cabeça semelhante atitude.

16. Pode ser que eu esteja enganada e tenha cometido muitos erros sem o saber, tendo imperfeições sem conta. Sabe-o Nosso Senhor, que é verdadeiro juiz — quer dizer, pelo que me é dado entender. E vejo muito bem que isso não partia de mim, mas do fato de Deus querer que se fizesse a obra e, sendo coisa Sua, me favorecia e me concedia essa graça. E vos digo essas coisas, filhas, para que entendais estar mais obrigadas e saibais que nada foi feito até agora com o prejuízo de alguém. Bendito seja Quem tudo fez, despertando a caridade das pessoas que nos auxiliaram. Queira Sua Majestade sempre nos amparar e dar-nos a graça de não ser ingratas a tantos favores. Amém.

* * *

17. Já vistes, filhas, que suportamos alguns sofrimentos, embora eu creia que sejam os menores aqueles a que me referi; porque, se eu tivesse de contar detalhes, grande seria o cansaço, como o dos caminhos, com águas, neves, extravios e, sobretudo, tê-los percorrido muitas vezes

com pouca saúde. Na primeira viagem de Malagón para Beas, aconteceu-me (não sei se já contei)[13] de ir com tamanha febre e tantos males juntos que, diante do que havia para andar, sentindo-me assim, lembrei-me do nosso Pai Elias que, quando fugia de Jezabel[14], disse: "Senhor, como posso suportar isso? Olhai, Senhor!"

É verdade que, vendo-me tão fraca, Sua Majestade de súbito me tirou a febre e o mal. Tanto que, quando me dei conta disso, pensei que se devia a ter entrado ali um servo de Deus, um clérigo[15], e talvez fosse. Pelo menos o mal interior e exterior desapareceu de repente. E eu, tendo saúde, aguentava com alegria todas as canseiras.

18. Suportar o modo de ser de muitas pessoas com quem tinha de tratar em vários lugares não trazia pouco sofrimento. E deixar minhas filhas e irmãs quando ia de um para outro lugar, eu vos digo que, como as amo muito, não foi a menor provação, em especial quando pensava que voltaria a vê-las e percebia seu grande sentimento e lágrimas. Porque, embora desapegadas noutros pontos, neste o Senhor não lhes concedeu graça, talvez para meu maior tormento, porque também não estou desapegada delas, embora fizesse todo o esforço possível para não demonstrar e as admoestasse — mas isso pouco adiantava, porque é grande a afeição que têm por mim e bem se vê em muitas coisas que é verdadeira.

19. Também já ouvistes como eram feitas as fundações, não somente com licença do nosso Reverendíssimo Padre Geral como também, mais tarde, por ordem sua, dada sob preceito[16]; e não só isso: ele até me escrevia cada vez que se fundava uma casa dizendo-me que ficara muito contente por ter fundado. E por certo o meu maior alívio nos sofrimentos era ver o contentamento que lhe dava, porque me parecia que, sendo ele o meu prelado, eu servia a Nosso Senhor ao agradá-lo; e, afora isso, eu o estimava muito.

Mas, ou porque Sua Majestade quis dar-me algum descanso ou porque pesou ao demônio que eu já tivesse feito tantas casas onde se servia a Nosso Senhor (entenda-se bem que não foi pela vontade do Padre Geral; porque ele me escrevera — quando lhe supliquei que não me mandasse fundar mais casas — dizendo que não o faria, visto desejar que fundasse tantas quantos são os meus fios de cabelo, e isso não há muitos anos), aconteceu de, antes de minha volta de Sevilha, Capítulo Geral no qual, parece-me, se deveria ter considerado serviço prestado o aumento da Ordem —, uma ordem do Definitório dizendo que não fundasse mais e que em hipótese alguma saísse da casa que escolhesse para ficar, como se estivesse encarcerada[17]; porque não há monja que, para coisas necessárias ao bem da Ordem, não possa ser mandada pelo Provincial de um lugar para outro, digo, de um mosteiro para outro. E o pior era que o Padre Geral estava desgostoso comigo, o que eu lastimava, e sem razão, mas por causa de informações fornecidas por pessoas dominadas por paixões. Ao lado disso, levantaram-me dois graves falsos testemunhos.

20. Eu vos digo, irmãs, para que vejais a misericórdia de Nosso Senhor e como Sua Majestade não desampara quem deseja servi-Lo, que não apenas não me angustiei como fui infundida de um gozo tão acidental[18] que eu não cabia em mim, de modo que não me espanto do que o Rei

---

13. Ela o omitiu ao relatar a fundação (cf. cap. 22).
14. 1 Reis 19,3.
15. O *clérigo* foi Gregório Martinez, chamado na Reforma Gregório de Nazianzo.
16. Cf. cap. 21, n. 2. Ela se refere, provavelmente, à patente de 6 de abril de 1571. Cf. também cap. 22, n. 2 e cap. 24, n. 20, nota.
17. Ela se refere ao Capítulo Geral de Plasência, celebrado sob a presidência do Padre Rubeo em maio-junho de 1575. O Definitório do Capítulo impôs à Santa a "ordem" de recolher-se definitivamente a um convento de Castela, sem sair para fazer novas fundações. A Madre quis obedecer imediatamente, mas o Padre Gracián a impediu; na qualidade de Visitador Apostólico, ele tinha autoridade independente do Superior Geral (cf. cap. 25, n. 2). Nas Atas do Capítulo, não consta essa "ordem" dada à Santa.
18. *Um gozo tão acidental:* a Santa usa este último termo em sua acepção teológica (o gozo acidental dos bem-aventurados é o que não provém diretamente da visão facial), mas com uma aplicação bem original: ela possuía, efetivamente, um gozo muito mais profundo, do qual desfrutava permanentemente. Ela se refere em seguida ao episódio de David aludido em *Vida*, cap. 16, n. 3. — Da singular alegria teresiana temos testemunhos interessantíssimos; eis o do Padre Gracián: "Pois

David fazia quando ia diante da arca do Senhor, porque eu não queria fazer outra coisa, por causa do gozo que sentia, e não podia ocultá-lo.

Não sei a causa disso, porque em outros casos de boatos e contradições isso não me acontecera. Mas ao menos uma dessas coisas que disseram tinha muita gravidade. Quanto a não fundar, não fosse o desgosto do Reverendíssimo Geral, era para mim grande descanso, coisa que eu desejava muitas vezes: terminar a vida em sossego — se bem que não pensavam assim os que buscavam impedir as fundações, entendendo antes que me causavam a maior mágoa do mundo. E talvez tivessem outras boas intenções.

21. Também algumas vezes me davam contentamento as grandes contrariedades e afirmações que surgiram nessa questão de fundar, alguns com boa intenção e outros com fins distintos. Mas não me lembro, por mais que tenha sofrido, de ter sentido o que senti nessa ocasião. Confesso que, em outras circunstâncias, qualquer das três coisas que vieram juntas então teria sido uma grande dor para mim. Creio que o principal motivo do meu gozo foi o fato de achar que, se as criaturas me recompensavam assim, o Criador devia estar contente.

Porque tenho para mim que quem levar em conta as afirmações ou louvores dos homens segue caminho muito errado; não falando do pouco proveito que daí advém, os homens hoje dizem uma coisa e amanhã outra; aquilo que elogiam é mais tarde vilipendiado. Bendito sejais Vós, Deus e Senhor meu, que sois imutável por todo o sempre, amém. Quem Vos servir até o fim viverá para sempre em Vossa eternidade.

22. Comecei a escrever essas fundações por ordem do Padre Mestre Ripalda, da Companhia de Jesus, como eu disse no início[19], que era então reitor do Colégio de Salamanca e meu confessor. Estando no mosteiro do glorioso São José daquela cidade, no ano de 1573, escrevi parte delas. Depois, devido às minhas muitas ocupações, eu as deixei de lado e não pretendia prosseguir, pois já não me confessava com o dito mestre por estar em vários lugares, e também pelo grande trabalho, e os intensos sofrimentos que tenho ao escrever, se bem que, como sempre o fiz por obediência, eu os considere bem empregados.

Quando me decidira a interrompê-las, o Padre Comissário Apostólico (que é agora o Mestre Frei Jerónimo de la Madre de Dios) me mandou acabá-las. Contando-lhe eu o pouco tempo de que dispunha e outros tantos afazeres — e, como má obediente, eu lhe disse que isso também me trazia ainda mais cansaço —, ele mesmo assim manteve a ordem, dizendo que o fizesse pouco a pouco e as acabasse como pudesse.

23. Assim fiz, sujeitando-me em tudo aos cortes dos que entendem; que eles retirem o que não é bom, pois talvez o que a mim me pareça melhor esteja mal.

Acabei hoje, véspera de Santo Eugênio, aos catorze dias do mês de novembro, ano de 1576, no Mosteiro de São José de Toledo, onde ora me encontro por ordem do Padre Comissário Apostólico, a quem agora temos, os Descalços e Descalças da Regra Primitiva, por Prelado, sendo ele ainda Visitador dos da Regra Mitigada da Andaluzia, para glória e honra de Nosso Senhor Jesus Cristo, que reina e reinará para sempre. Amém.

24. Por amor de Nosso Senhor, peço às irmãs e irmãos que lerem isto que me encomendem a Nosso Senhor para que Ele tenha misericórdia de mim e me livre das penas do purgatório e me deixe gozar de Si, se eu tiver merecido estar Nele. Como não o vereis enquanto eu for viva, sirva-me de algum proveito depois de morta o cansaço que tive ao escrever isto e o grande desejo que tive de dizer alguma coisa que vos console, se tiverem por bem deixar-vos lê-lo.

---

o único consolo que me restava, que era procurar a própria Madre para me consolar, era para o meu maior tormento; porque, quando eu lhe contava os males que dela se diziam, era tão grande o seu contentamento que ela esfregava as mãos uma na outra em sinal de alegria, como alguém a quem aconteceu um saboroso sucesso, enquanto eu tinha um incrível pesar".

19. No Prólogo, n. 2.

CAPÍTULO 28

A fundação de Villanueva de la Jara[1-2].

1. Acabada a fundação de Sevilha[3], as fundações pararam por mais de quatro anos. A causa disso foi o começo de grandes perseguições contra os Descalços e Descalças; e, embora já tivesse havido muitas, nenhuma teve tal intensidade, ameaçando nossa própria existência. Mostrou-se bem o quanto o demônio se lamentava desse santo princípio começado por Nosso Senhor e que, por ser obra Sua, foi adiante. Os Descalços muito padeceram, em especial os que estavam à frente da Ordem[4], com graves calúnias e contrariedades provocados por quase todos os Padres Calçados.

2. Eles deram ao nosso Reverendíssimo Padre Geral[5], que era muito santo e dera a licença para que se fundassem todos os mosteiros (afora o de São José de Ávila, que foi o primeiro, fundado com a licença do Papa), informações que o levaram a tudo fazer para que os Descalços deixassem de existir, porque com os conventos de monjas sua disposição sempre fora boa. E como eu não concordasse com isso, puseram-no contra mim, sendo essa a maior provação que já passei nessas fundações, embora tendo sofrido tantas; porque deixar de ajudar o avanço de uma obra que eu via servir a Nosso Senhor e aperfeiçoar a nossa Ordem não me era permitido por muitos letrados com quem eu me confessava e me aconselhava, e opor-me ao meu prelado era para mim a morte. Ainda mais que, afora a obrigação que lhe devia por ser ele meu prelado, eu tinha por ele muita ternura, que ele bem merecia. É verdade que, embora eu quisesse dar-lhe satisfação nesse ponto, não me era possível, visto haver Visitadores Apostólicos a quem devia forçosamente obedecer[6].

3. Morreu um santo Núncio que favorecia muito a virtude e estimava os Descalços[7]. Veio outro, que parecia enviado por Deus para que praticássemos o padecer. Era aparentado com o Papa, e deve ser servo de Deus, se bem que começasse a se esforçar para favorecer os Calçados; e, seguindo a informação a nosso respeito que lhe fora dada, manteve-se firme na decisão de não

---

1. Ao retomar o livro, a Santa omitiu a numeração do capítulo, começando diretamente com o título. — Lembramos o leitor que, por causa da interrupção redacional das *Fundações,* ela inseriu entre o capítulo precedente e este os "Quatro Avisos aos Padres Descalços". Omitimo-los aqui por serem alheios a esta obra.

2. [Nota dos tradutores] Para fins de conhecimento dos "Quatro Avisos", incluímo-los aqui:

Quatro Avisos aos Descalços.

Estando na casa de São José de Ávila na véspera da Páscoa do Espírito Santo, nesta casa de São José de Ávila, na Ermida de Nazaré, pensando numa grande graça que Nosso Senhor me fizera num dia como este há vinte anos — pouco mais ou menos —, veio-me um ímpeto e um grande fervor de espírito que me deixou em suspensão. Nesse grande recolhimento, ouvi do Senhor o que agora relato: Que dissesse aos Padres Descalços, de Sua parte, que procurassem observar estas quatro coisas e que, enquanto o fizessem, esta Ordem sempre cresceria; e quando as deixassem, compreendessem que estariam menosprezando seus princípios.

A primeira: que houvesse acordo entre vós.

A segunda: que mesmo que houvesse muitas casas, em cada uma houvesse poucos frades.

A terceira: que tivessem pouco contato com seculares, para o bem de suas almas.

A quarta: que ensinassem mais com obras do que com palavras.

Isso aconteceu no ano de 1579; e, por ser grande verdade eu o firmo com o meu nome.

Teresa de Jesus

3. A fundação de Sevilha foi feita pela Santa em 1575 e 1576. Quase ao mesmo tempo, Ana de Santo Alberto fundava Caravaca. A fundação de Villanueva de la Jara data de 1580: *mais de quatro anos* de intervalo.

4. *Os que estavam à frente da Ordem:* sobretudo São João da Cruz e o Padre Gracián (cf. n. 4). Na frase seguinte, o *quase* foi acrescentado nas entrelinhas pela Santa, que antes o riscara.

5. Juan Bautista Rubeo (cf. cap. 2).

6. Ela se refere aos Padres Pedro Fernández e Francisco Vargas, OP, nomeados Visitadores do Carmo por São Pio V em 1569, e ao Padre Gracián, delegado por este último (1573) e confirmado na função pelo Nuncio Ormaneto (1574).

7. Era Nicolás Ormaneto, falecido em Madri em 18 de junho de 1577. — Foi sucedido no cargo por Felipe Sega, que chegou a Madri em 30 de agosto de 1577, mal predisposto contra a Santa (a quem chamava de "mulher inquieta e andarilha") e contra a sua Reforma por causa dos relatos distorcidos recebidos em Roma antes da sua partida; era parente do Cardeal Filipe Buoncompagni, Protetor dos Carmelitas e sobrinho do Papa Gregório XIII. Por isso, a Santa diz em seguida, de Sega, que "era aparentado com o Papa".

deixar ir adiante esses princípios, começando a agir com grande rigor, condenando os que considerava capazes de lhe resistir, encarcerando-os e desterrando-os.

4. Os que mais sofreram foram o Padre Frei Antonio de Jesus, o que iniciou o primeiro convento de Descalços, e o Padre Frei Jerónimo Gracián, a quem o Núncio anterior nomeara Visitador Apostólico dos do Pano[8]. Com este e com Padre Mariano, foi grande o desgosto do novo Núncio. Eu já disse, ao falar de outras fundações, quem são esses padres; o Núncio castigou outros, dos mais importantes, mas não tanto, pois a estes impôs muitas censuras, impedindo-os de tratar de qualquer coisa.

5. Bem se via vir tudo de Deus, e que o permita Sua Majestade para o maior bem e para que se entendesse mais a virtude desses padres, como ocorreu. O Núncio pôs um prelado do Pano para visitar nossos mosteiros de frades e de monjas[9], e se de fato houvesse o que ele pensava, teríamos tido muitos sofrimentos. E mesmo assim foram imensos, como o descreverá quem o saiba dizer melhor do que eu, pois apenas toco no assunto, para que as monjas vindouras entendam quão grande é a sua obrigação de levar a virtude adiante, já que encontram contornadas as dificuldades, a um grande custo, pelas de agora. Algumas delas padeceram muitíssimo nessa época por causa das grandes calúnias levantadas, o que me dava mais sofrimento do que as minhas próprias provações, que eram para mim uma enorme alegria. Eu tinha a impressão de ser a causa de tudo isso e de que, se me lançassem ao mar, como a Jonas, a tormenta amainaria.

6. Deus, que favorece a verdade, seja louvado. Sucedeu que o nosso católico Rei, Dom Filipe, soube do que se passava e, informado da vida e da contrição dos Descalços, tomou a si a defesa da nossa causa, não permitindo que o Núncio fosse o único árbitro da questão, dando-lhe quatro conselheiros[10], pessoas importantes, todas religiosas, para que nos aplicassem a justiça com ponderação. Um deles era o Padre Mestre Frei Pedro Fernández, homem de vida muito santa e muitas letras e entendimento. Fora Comissário Apostólico e Visitador dos do Pano da Província de Castela, a quem os Descalços também estiveram sujeitos, e conhecia bem a verdade sobre a vida de uns e dos outros: e não queríamos senão que se entendesse isso. Vendo que o Rei o nomeara, dei o assunto por terminado, visto estar nas mãos de Deus. Queira Sua Majestade que seja para honra e glória Sua.

Embora fossem muitos os senhores do reino e os bispos que se apressaram a informar ao Núncio a verdade, nada disso teria surtido efeito se Deus não se encarregasse do assunto por intermédio do Rei.

7. Estamos todas, irmãs, muito obrigadas a encomendá-lo sempre, em nossas orações, a Nosso Senhor, e todos os que favoreceram Sua causa e da Virgem Nossa Senhora, e assim vos recomendo muito.

Já vedes, irmãs, as condições que havia para fundar![11] Todas nos ocupávamos de orações e penitências incessantemente, para que Deus fizesse florescer o que fora fundado se houvesse de ser para Seu serviço.

8. No princípio desses grandes sofrimentos (que contados com tanta brevidade parecem pouco, embora tenhamos padecido por bastante tempo, e muito), estando eu em Toledo, voltando da fundação de Sevilha, no ano de 1576, um clérigo de Villanueva de la Jara levou-me cartas escritas pelo povo desse lugar. Ele fora tratar comigo da entrada num mosteiro de nove mulheres que estavam reunidas numa casa próxima à ermida da gloriosa Santa Ana, já há alguns anos, e que viviam

---

8. 3 de agosto de 1575. — Os *do Pano:* os Carmelitas Calçados. *Mariano de São Bento:* cf. cap. 17, n. 6-16.

9. Sega submeteu os Descalços à autoridade dos Provinciais Calçados de Castela e da Andaluzia com um Breve de 18 de outubro de 1578.

10. Foram: D. Luis Manrique, capelão e esmoleiro-mor do Rei, frei Lorenzo de Villavicencio, agostinho, e os dominicanos Hernando del Castillo e Pedro Fernández. No dia 1º de abril de 1579, elas anularam a autoridade dos Provinciais sobre os Reformados e nomearam em seu lugar Padre Angel de Salazar.

11. O sentido da frase é: "Já podeis imaginar a oportunidade que havia para nos dedicar a fundações!"

com tanto recolhimento e santidade que faziam o povo querer que se realizasse o seu desejo de ser monja. Escreveu-me também o doutor Agustín de Ervías, o cura do lugar, homem douto e muito virtuoso[12] que tudo fazia para ajudar essa santa obra.

9. Pareceu-me que de modo algum convinha admiti-las; e por várias razões. Em primeiro lugar, elas eram muitas e eu, sabendo do seu modo de viver, julgava impossível acomodarem-se à nossa. Em segundo, não tinham quase nada com que se sustentar e, sendo o lugar povoado por menos de mil pessoas, era praticamente inviável viverem de esmolas; o povoado se oferecia para sustentá-las, mas não me parecia coisa duradoura. Em terceiro, não tinham casa. Em quarto, estavam longe de outros conventos. Em quinto[13], embora se dissesse que eram muito boas, eu não as vira, não podendo saber se tinham os talentos que esperamos ver nesses mosteiros. Por tudo isso, resolvi recusar toda a ideia.

10. Para isso, decidi falar antes com o meu confessor, então o Doutor Velázquez[14], cônego e catedrático de Toledo, homem muito letrado e virtuoso que agora é Bispo de Osma, porque tenho sempre o costume de não fazer coisas pelo meu parecer, mas pelo de pessoas como ele. Vendo as cartas e compreendendo o assunto, disse-me ele que não me recusasse, mas aceitasse, já que, quando Deus unia tantos corações numa casa, percebia-se que havia de ser servido nela. Fiz o que ele me ordenou, e não o admiti nem o recusei de todo. Até este ano de 1580, fui procurada por pessoas que, a pedido do povoado, tentavam me convencer, embora eu continuasse a pensar ser um desatino fundar. Mas, quando respondia, eu nunca lhes tirava por inteiro as esperanças.

11. Aconteceu de o Padre Frei António de Jesus ir cumprir o seu desterro[15] no convento de Nossa Senhora do Socorro, que dista três léguas de Villanueva; indo pregar nele algumas vezes com o prior daquele mosteiro, que é atualmente o Padre Frei Gabriel de la Asunción[16], pessoa muito esclarecida e servo de Deus, sendo os dois amigos do doutor Ervías, eles começaram a tratar com aquelas santas irmãs.

Gostando de sua virtude e persuadidos pelo povo e pelo doutor, tomaram a frente do negócio e começaram a me convencer, muito firmemente, por carta. Quando eu estava em São José de Malagón, que fica a mais ou menos vinte e seis léguas de Villanueva, foi o Padre Prior falar comigo, dando conta do que era possível e dizendo que, fundado o mosteiro, o doutor Ervías doaria trezentos ducados de renda, tomados do seu benefício, obtendo para tal licença de Roma.

12. Tudo me parecia incerto, dando-me a impressão de futuro duvidoso depois de feito, embora fosse suficiente, somado ao pouco de que elas dispunham. E indiquei ao Padre Prior muitos inconvenientes contra a fundação, dizendo que ele e o Padre Frei Antonio deviam se acautelar, pois eu entregava a questão à sua consciência, tendo a impressão de que as minhas razões eram suficientes para que não se fundasse.

13. Depois de ele partir, imaginei que, estando tão empenhado no caso, iria conseguir do nosso prelado, o Mestre Frei Angel de Salazar, a licença para a fundação. Por isso, apressei-me a escrever a este último, suplicando-lhe não a concedesse e dizendo-lhe os motivos. Segundo o que me escreveu, ele nunca a daria se eu não julgasse bom.

14. Passou-se cerca de um mês e meio, ou um pouco mais. Quando pensei que já encerrara a questão, o povoado me enviou cartas por um mensageiro. Diziam que proveriam tudo quanto fosse necessário[17], havendo também cartas do doutor Ervías e dos dois reverendos Padres defendendo

---

12. Foi Cônego de Cuenca e, depois, pároco da vila de San Juan de Rojas.
13. *Em quinto* foi escrito pela Santa nas entrelinhas.
14. *Alonso Velázquez* foi confessor e conselheiro da Santa em Toledo (1577), Bispo de Osma em 1578 e Arcebispo de Compostela em 1583. A ela é dirigida a *Relação* VI. Cf. *Fundações*, cap. 30.
15. *Seu desterro:* ela alude ao castigo imposto por Sega (cf. n. 4).
16. *Gabriel de la A.* (1544-1584) foi Prior da Roda de 1576 a 1580 (?). Foi também diretor espiritual de Catarina de Cardona (cf. n. 21ss.). A Santa faz o seu elogio no n. 34. — De acordo com esse texto, este capítulo parece ter sido escrito no mesmo ano da fundação de Villanueva.
17. *Tudo quanto fosse necessário:* cf. n. 11.

ardorosamente a obra. Era tal o meu temor de admitir tantas irmãs, julgando que elas poderiam formar um grupo contrário às que fossem para lá, como costuma acontecer, além da minha descrença nas suas condições de manutenção, pois o oferecido não era coisa de monta, que fiquei deveras confusa. Depois percebi ser obra do demônio, que, embora o Senhor me tivesse dado ânimo, incutia em mim tal fraqueza que eu nem parecia confiar em Deus. Contudo, as orações daquelas almas benditas foram mais fortes.

15. Quando eu acabava de comungar e me encomendava a Deus, como o fazia muitas vezes (porque o que me fazia não lhes responder negativamente era o temor de perturbar o aperfeiçoamento de algumas almas, sendo sempre meu desejo servir de instrumento do louvor do Senhor e para o aumento do número dos que O serviam), Sua Majestade me repreendeu com rigor, perguntando-me com que tesouros fizéramos o que até então estava pronto, e que eu não duvidasse quanto a admitir essa casa, que seria de muito proveito para Ele e grande aproveitamento das almas.

16. Como são poderosas as palavras de Deus! Não só as compreende o intelecto como se vê iluminado por elas para entender a verdade, dispondo a vontade para querer realizá-las! Assim sucedeu comigo: não apenas me agradou admiti-lo como tive a impressão de ser minha culpa tantas delongas e o ter ficado presa a razões humanas embora tivesse visto quão além da razão está o que Sua Majestade tem feito por essa Sagrada Ordem.

17. Decidida a admitir a fundação, julguei necessário acompanhar as monjas que haviam de ficar lá, por muitos motivos que me ocorreram — embora minha saúde nunca andasse boa, tendo chegado a Malagón bem mal[18]. Mas por julgar que isso serviria a Nosso Senhor, escrevi ao prelado pedindo-lhe que me ordenasse o que melhor lhe parecesse. Ele me enviou a licença para a fundação e o preceito de estar presente e levar as monjas que quisesse, o que me deixou cheia de cuidados, porque estas haveriam de conviver com as que lá estavam. Encomendando muito a questão a Nosso Senhor, escolhi duas do mosteiro de São José de Toledo, uma delas para prioresa, e duas do de Malagón, uma delas para subprioresa[19]. E como tanto pedira a Sua Majestade, agi com acerto, o que não considerei pequena graça, porque, nas fundações em que só nós começamos, há entre as irmãs um bom entendimento.

18. Vieram buscar-nos o Padre Frei Antonio de Jesus e o Padre Frei Gabriel de la Asunción. Dadas todas as garantias do povo, partimos de Malagón no sábado anterior à Quaresma, aos treze dias de fevereiro do ano de 1580. Foi Deus servido de o tempo estar muito bom e de eu ter tanta saúde que parecia nunca ter estado mal. E eu me espantava e percebia como importa não considerar a nossa disposição fraca quando se sabe que se serve ao Senhor, por maiores que sejam os empecilhos, pois Ele tem poder para fazer dos fracos fortes e dos enfermos sãos. E quando Ele não fizer isso, o melhor para a nossa alma será padecer; e, com os olhos postos em Sua honra e glória, esquecer-nos de nós mesmos. De que serve a vida e a saúde senão para serem perdidas por um Rei e Senhor tão importante? Crede-me, irmãs, que jamais vos prejudicareis se seguirdes este caminho.

19. Confesso que a minha ruindade e fraqueza muitas vezes me levou a temer e duvidar; mas não me lembro de nenhuma situação, depois que o Senhor me deu o hábito de Descalça, e até alguns anos antes, em que Ele não me favorecesse, por Sua misericórdia, com a vitória sobre as tentações, lançando-me do que era para maior serviço Seu, por mais difícil que se afigurasse. Vejo com clareza que pouco fazia eu, mas que Deus não quer mais do que essa determinação para fazer tudo com a Sua. Seja para sempre bendito e louvado. Amém.

20. Tínhamos de ir ao Convento de Nossa Senhora do Socorro, que, como eu já disse[20], está a três léguas de Villanueva, e detemo-nos ali para avisar sobre a nossa chegada, como ficara

---

18. Chegou a Malagón no dia 25/11/1579.
19. De Toledo, María de los Mártires (para prioresa) e Constanza de la Cruz; de Malagón, Elvira de San Angelo (para subprioresa) e Ana de San Agustín.
20. Cf. n. 11.

combinado, sendo justo que eu em tudo obedecesse aos padres com quem íamos. A casa fica num ermo e num isolamento sobremodo saborosos; quando chegamos perto, saíram frades e o Prior para nos receber com muita compostura. Descalços e com suas toscas capas, fizeram-nos a todos muita devoção, enternecendo-me muito por me dar a impressão de que estávamos na época dos nossos santos padres[21].

No meio daquele campo, os frades pareciam odorosas flores brancas, e creio que o são para Deus, porque, a meu ver, servem-No muito verdadeiramente. Entraram na igreja cantando o *Te Deum*, com vozes muito mortificadas. A entrada fica debaixo da terra, passando-se por uma espécie de gruta como a do Pai Elias. É certo que eu ia com tamanho gozo interior que consideraria muito bem empregado um caminho ainda mais longo, embora tivesse muita lástima por já ser morta a santa por quem Nosso Senhor fundou a casa, não tendo merecido vê-la, apesar de muito o desejar.

21. Parece-me não ser ocioso tratar aqui de sua vida e dos termos em que Nosso Senhor quis que se fundasse ali o convento, de tanto proveito para muitas almas das adjacências, ao que me dizem. Faço-o também para que, vendo a penitência dessa santa, percebais, minhas irmãs, quão atrasadas estamos nós e vos esforceis para mais servirdes a Nosso Senhor. Não há razão para ficarmos aquém, porque não viemos de gente tão delicada e nobre; porque, embora isso não importe, digo-o por ter ela uma vida regalada, de acordo com sua condição de descendente dos Duques de Cardona. Chama-se Dona Catarina de Cardona[22]. Depois de algumas vezes em que me escreveu, assinava-se "a Pecadora".

22. Sobre sua vida anterior ao momento em que recebeu do Senhor graças tão grandes escreverão, e muito há a dizer a seu respeito, os seus biógrafos. Mas como isso pode não chegar até vós, direi aqui o que me foi revelado por pessoas fidedignas que com ela se relacionaram.

23. Estando essa santa entre pessoas e senhores de alta estirpe, sempre levava muito em conta sua alma, fazendo penitências. Cresceu tanto nela o desejo de penitência e de ir para onde pudesse gozar a sós de Deus e entregar-se à penitência sem ser molestada que ela o disse aos confessores. Eles não o consentiam, porque, como o mundo já está tão cheio de discrição e esquecido das imensas graças que Deus concedeu aos santos e santas que O serviram no deserto, não é de espantar que lhes parecesse um disparate.

Mas, como Sua Majestade não deixa de favorecer os verdadeiros desejos para que se realizem, ordenou Ele as coisas de maneira que ela fosse confessar-se com um padre franciscano chamado Frei Francisco de Torres, a quem conheço muito bem e considero santo; tem ele tanto fervor penitencial e de oração que tem suportado todas as perseguições que tem sofrido. Ele deve conhecer bem o favor que o Senhor faz aos que se esforçam por recebê-los; por isso, disse a ela que não se detivesse e seguisse o chamamento que Sua Majestade lhe fazia. Não sei se foram essas as palavras, mas pode-se dizer que sim, posto que ela logo as pôs em prática.

24. Ela o contou a um eremita que estava em Alcalá[23], rogando-lhe que a acompanhasse e que nunca o revelasse a ninguém. Eles foram parar no local onde está o mosteiro, ficando ela numa cova em que mal cabia. Que amor devia ela ter! Porque não se preocupava com o sustento nem com os riscos que podia correr, nem da difamação que poderia ser lançada sobre si quando dessem pela fuga. Que embriaguez a dessa alma toda absorta em gozar do seu Esposo sem que ninguém a perturbasse, e quão determinada estava em deixar o mundo, visto estar fugindo de todas as alegrias deste!

---

21. O convento da Roda (Albacete) foi fundado em abril de 1572 por Catarina de Cardona, que faleceu em 11 de maio de 1577.

22. Os dados da Santa não são muito seguros: Catarina de Cardona (1519-1577) fora aia de Dom João da Áustria, filho de Carlos V, e de Dom Carlos, filho de Filipe II. Em 1563 se retirou para a solidão da Roda e, em 1571, tomou o hábito de Carmelita em Pastrana.

23. P. Piña, sacerdote eremita no monte de Vera Cruz (Alcalá).

25. Consideremos isso bem, irmãs, e percebamos como ela, de um golpe, a tudo venceu; porque, embora não seja menos o que fazeis ao entrardes nesta sagrada Ordem, oferecendo a Deus vossa vontade e professando tão estrito encerramento, não sei se algumas conservam o fervor do princípio, voltando a se sujeitar, em determinadas coisas, ao amor-próprio. Queira a Divina Majestade que não seja assim, mas que, já que imitamos essa santa ao querer sair do mundo, estejamos interiormente bem apartadas dele.

26. Muitas coisas ouvi sobre a grande aspereza de sua vida, e isso deve ser só uma parte; porque, durante os vários anos em que esteve naquela solidão, com tamanhos desejos de penitência e não tendo quem a dirigisse, muito mal deve ela ter tratado do corpo. Direi o que ouviram de sua própria boca algumas pessoas e as monjas de São José de Toledo, onde ela foi vê-las, falando-lhes como as irmãs, com franqueza — que era como agia com as pessoas, porque grande era a sua simplicidade, devendo ser igual sua humildade.

Como quem bem compreendera nada ter de seu, ela estava bem distante da vaidade e gostava de falar dos favores que Deus lhe concedia para que as pessoas louvassem e glorificassem o Seu nome, o que é perigoso para quem não alcançou esse estado, porque, ao menos aos olhos dos outros, pode parecer autolouvação; a simplicidade santa e a franqueza deviam livrá-la disso, porque nunca ouvi ninguém acusá-la dessa falta.

27. Disse que ficara oito anos naquela cova, passando muitos dias com ervas do campo e raízes, porque, acabados os três pães deixados pelo que a levara até ali, só voltou a ter comida quando por lá passou um pastorzinho[24]. Este lhe fornecia pão e farinha, que constituíam a sua alimentação: ela fazia umas tortinhas que comia de três em três dias. Isso é comprovado pelos frades de lá, que são testemunhas; e, na época, ela já estava esgotada. Algumas vezes a faziam comer uma sardinha e algumas outras coisas — quando tratava da fundação do convento —, o que lhe fazia mais mal que bem.

Pelo que sei, nunca bebeu vinho; disciplinava-se com uma grande corrente, durante o exercício, por vezes, uma hora e meia ou duas horas. Os silícios eram aspérrimos; contou-me uma mulher que, voltando da romaria, dormira uma noite na gruta com ela e, fingindo dormir, viu-a tirá-los, cheios de sangue, e limpá-los. O pior, como ela disse às monjas de que falei[25], era o que passava nas mãos dos demônios, que lhe apareciam como grandes cães de fila, que lhe punham as patas no ombro, e como serpentes. Ela, contudo, não os temia.

28. Depois de feito o convento, ainda ia à sua cova, onde ficava e dormia, exceto na hora do Ofício Divino. E, antes disso, ia à missa num convento de Mercedários[26], que fica a um quarto de légua, às vezes de joelhos. Usava um vestido de burel e uma túnica tosca, confeccionados de tal maneira que a tomavam por homem.

Depois dos anos que ela passou aqui tão sozinha, quis o Senhor que a notícia se espalhasse, passaram todos a ter por ela grande devoção, sendo-lhe difícil livrar-se de tanta gente. A todos falava com muita caridade e amor. Quanto mais o tempo passava, maior o número de pessoas que acorriam; e quem conseguia falar-lhe o tinha por muito favor. Ela foi ficando muito cansada disso, dizendo que a estavam matando. Em alguns dias, via o campo quase cheio de carros; depois de o mosteiro ser fundado, os frades não tinham outro remédio além de levantá-la acima de todos, para que desse sua bênção, pois só assim as pessoas se retiravam.

Depois de oito anos que passou na cova, que já era maior, porque as pessoas a tinham ampliado, acometeu-a uma enfermidade muito grave e pensou que ia morrer, mas tudo suportou sem sair de lá.

29. Ela começou a ter desejos de que houvesse ali um convento de frades, e ficou com ele por algum tempo sem saber de que Ordem seria; estando certa vez rezando a um crucifixo que

---

24. Chamava-se Benítez.
25. As Carmelitas de Toledo (cf. n. 26).
26. *Mercenarios* [em vez de *Mercedarios*], escreveu a Santa. Mas eram os Trinitários da Fuensanta.

sempre trazia consigo, Nosso Senhor mostrou-lhe uma capa branca e ela entendeu que fosse dos Carmelitas Descalços, sem que jamais tivesse chegado aos seus ouvidos que eles existissem. Na época, só havia dois mosteiros, o de Mancera e o de Pastrana. Depois da visão, ele procurou informar-se e, sabendo que havia um em Pastrana, além de ser muito amiga da Princesa de Éboli, mulher do Príncipe Ruy Gómez, que estava na cidade, partiu para lá a fim de tratar como fazer o mosteiro que tanto desejava.

30. Ali, no convento de Pastrana, na Igreja de São Pedro — pois assim se chama —, tomou o hábito de Nossa Senhora[27], embora sem querer ser monja nem professar, porque nunca se inclinara a isso, já que o Senhor a conduzia por outro caminho; tinha a impressão de que a obediência lhe tiraria os desejos de asperezas e solidão. Na presença de todos os frades, recebeu o hábito de Nossa Senhora do Carmo.

31. Achava-se ali o Padre Mariano — a quem já mencionei nessas fundações —, que me disse ter tido durante a cerimônia uma suspensão ou arroubo que o deixou alheio a tudo, e que, estando assim, viu muitos frades e monjas mortos: uns sem cabeça, outros com os braços e pernas cortados, como se estivessem sendo martirizados, como o dava a entender a própria visão. E ele não é homem de dizer algo além do que viu e tampouco tem o espírito acostumado a essas suspensões, visto que Deus não o leva por esse caminho. Rogai a Deus, irmãs, que seja verdade e que mereçamos em nossa vida ver tão grande bem e dele participar.

32. Aqui em Pastrana, começou a santa Cardona a procurar meios de fazer o mosteiro, e para isso voltou à Corte que deixara com tanta satisfação. Isso não foi pequeno tormento, porque não faltaram murmúrios e penas: ao sair de casa, e em toda parte onde ia, não conseguia livrar-se da multidão. Uns lhe cortavam pedaços do hábito; outros, da capa. Por essa razão, foi para Toledo, onde ficou com as nossas monjas. Todas elas me disseram que exalava dela um perfume semelhante ao das relíquias dos santos; até o hábito e o cinto, mesmo depois de ela os tirar — já que lhe deram outros —, tinham um aroma que incitava a louvar Nosso Senhor. E quanto mais se aproximavam dela, mais forte o odor ficava, apesar de suas roupas, com o calor que fazia, serem do tipo que deveria produzir o contrário. Sei que elas só podem dizer a verdade, e assim todas ficaram com muita devoção.

33. Na Corte e em outros lugares, deram-lhe recursos para fazer o seu mosteiro; e, como ela levava a licença, isso foi feito. A igreja foi feita no local onde ficava sua cova e fizeram outra para ela, um pouco distante, com um Santo Sepulcro talhado na pedra; ela ali passava a noite e boa parte do dia. Pouco tempo gozou dela, porque, depois de feito o mosteiro, não viveu mais que cinco anos e meio — e, com a vida áspera que levara, até o que viveu parecia sobrenatural. Faleceu, se bem me recordo, no ano de 1577[28].

Seus funerais foram soleníssimos, porque um cavalheiro que chamam frei[29] Juan de León tinha por ela grande devoção e insistiu muito nisso. Está agora sepultada em depósito numa capela de Nossa Senhora, de quem era extremamente devota, até que se faça uma igreja maior do que a atual para pôr o seu corpo da forma devida.

34. É grande a devoção que as pessoas têm por esse mosteiro graças a ela, parecendo, pois, que nele ficou, bem como em toda a região, em especial quando se vê aquele isolamento e aquela cova onde esteve antes de decidir construir o mosteiro. Disse-me ela que, cansada e aflita por ver que tanta gente a ia procurar, desejou ir a um lugar onde ninguém soubesse dela, chegando a mandar procurar o eremita para servir-lhe outra vez de guia — mas ele já tinha morrido. Nosso Senhor, tendo determinado que se fizesse ali essa casa de Nossa Senhora, não lhe permitiu partir; porque,

---

27. Foi em 6 de maio de 1571. Tomou hábito de religiosa. Teve como madrinha a Princesa de Éboli.
28. No dia 11 de maio.
29. Gracián riscou *frei* e pôs *Dom*, anotando, à margem: "Este não é frade, e creio que o há de ser, pois a Madre assim o chamou".

como eu disse[30], vejo que Ele é muito servido no mosteiro. A casa recebe grandes ajudas e vê-se bem nos frades que gostam de ficar afastados do mundo, especialmente o Prior[31], que também foi tirado por Deus de muitos prazeres para tomar este hábito — e o Senhor os recompensou bem, fazendo deles pessoas espirituais.

35. Tiveram ali muita caridade conosco; deram-nos para a igreja que íamos fundar algo do muito que havia na sua; porque, como essa santa era querida de muitíssimas pessoas importantes, estava bem provida de ornamentos. Consolei-me muito enquanto ali estive, se bem que com muita confusão, que ainda permanece em mim, por ver que quem fizera ali tanta penitência era mulher como eu, e mais delicada, por ser quem era e não uma grande pecadora como eu — pois nisso não pode haver comparação entre nós —, embora eu tenha recebido graças muito maiores de Nosso Senhor — não estar no inferno pelos meus grandes pecados é uma imensa. Só o desejo de corrigir a minha vida, se fosse possível, me consolava, mas não muito, visto que passei a vida com desejos que nunca traduzi em obras. Valha-me a misericórdia de Deus, em Quem sempre confiei por intermédio do Seu Filho Sacratíssimo e da Virgem Nossa Senhora, cujo hábito, pela bondade do Senhor, trago.

36. Ao acabar de comungar naquela igreja certo dia, caí em profundo recolhimento, com uma suspensão que me deixou alheia. Em visão intelectual, vi representada essa santa mulher em forma de corpo glorificado na companhia de alguns anjos. Disse-me que não me deixasse vencer pelo cansaço, mas que levasse adiante essas fundações. Entendi, embora ela não me desse sinais, que me ajudava junto a Deus. Disse-me também outra coisa que não é para escrever[32]. Fiquei muito consolada e com vontade de trabalhar; e espero na bondade do Senhor que, com a boa ajuda das vossas orações, eu possa servi-Lo em algo.

Vede aqui, irmãs minhas, como cedo ficou ela livre de sofrimentos e que a glória que tem será sem fim. Esforcemo-nos agora, pelo amor de Nosso Senhor, em seguir essa irmã nossa: aborrecendo-nos de nós mesmas, como ela o fez, cumpriremos a nossa tarefa, pois breve é a jornada e tudo se acaba.

37. Chegamos no primeiro domingo da Quaresma, véspera da festa da Cadeira de São Pedro, dia de São Barbaceano[33], no ano de 1580, a Villanueva de la Jara. Nesse mesmo dia pusemos o Santíssimo Sacramento na igreja da gloriosa Santa Ana, na hora da Missa Solene. Todo o povoado e algumas pessoas que acompanhavam o doutor Ervías saíram para nos receber e paramos na igreja do local, estando ainda bem longe a de Santa Ana. Era tanta a alegria do povo que foi para mim um grande contentamento ver o prazer com que se recebia a Ordem da Virgem Sacratíssima, Senhora Nossa.

De longe já ouvíamos o repicar dos sinos. Quando entramos na igreja, começaram o *Te Deum*, sendo um versículo executado pela capela do canto e outro pelo órgão. Quando acabou, puseram o Santíssimo Sacramento num andor e Nossa Senhora noutro, com cruzes e pendões. A procissão seguia com todo o aparato. Nós, com nossas capas brancas e véus diante do rosto, íamos no meio, perto do Santíssimo Sacramento e, ao nosso lado, nossos frades Descalços, pois foram muitos do mosteiro, e os franciscanos (porque há no lugar um convento de São Francisco), além de um dominicano que se encontrava por lá — era um só, mas ver aquele hábito deu-me muita alegria.

Como era longe, tinham feito muitos altares. Detinham-se algumas vezes, dizendo orações da nossa Ordem, o que nos fazia grande devoção, vendo que todos louvavam o grande Deus que levávamos e que, por Ele, dava-se tanta importância às sete Descalças pobrezinhas que íamos ali. Com tudo o que considerava, eu estava muito confusa, lembrando-me de que estava entre elas quando, se se tivesse de agir de acordo com meu merecimento, todos deviam se pôr contra mim.

---

30. No n. 20.
31. Gabriel de la Asunción; cf. n. 11.
32. Provavelmente são as palavras registradas na *Relação* 23.
33. Era o dia 21 de fevereiro de 1580.

38. Alonguei-me tanto falando da honra que se fez ao hábito da Virgem para que louveis Nosso Senhor e Lhe supliqueis que Se sirva desta fundação; porque meu maior contentamento vem quando padeço muitas perseguições e contrariedades, contando-vos sobre estas com mais disposição. É verdade que as irmãs que estavam aqui as tinham passado durante seis anos, ou ao menos mais de cinco e meio, desde que entraram na casa da gloriosa Santa Ana, sem falar da muita pobreza e da dificuldade que tinham para ganhar o que comer, porque nunca quiseram pedir esmolas (o motivo era não dar a impressão de estarem ali para que lhes dessem de comer) e da grande penitência que faziam: jejuar muito e alimentar-se pouco, cama ruim e casa minúscula, o que, para o enclausuramento em que sempre estiveram, era muito difícil.

39. O maior sofrimento de que me falaram foi terem pensado que o seu imenso desejo de ser monjas — atormentando-se por isso dia e noite — nunca se realizasse, rezando continuamente a Deus para que lhes fizesse esse favor, sempre debulhadas em lágrimas. Vendo algum empecilho, afligiam-se extremamente e crescia a penitência. Do que ganhavam, deixavam de comer para pagar os mensageiros que me enviavam e mostrar a caridade que podiam fazer com sua pobreza às pessoas capazes de dar-lhes alguma ajuda. Bem vejo, depois de ter falado com elas e visto sua santidade, que suas orações e lágrimas tinham conseguido que a Ordem as admitisse. Assim, tenho por muito maior tesouro o estarem almas como essas na casa do que o terem renda, e espero que a casa vá muito adiante.

40. Ao entrarmos na casa, todas estavam à porta, na parte interior. Cada qual se vestia à sua maneira, pois tinham ficado como tinham entrado, nunca querendo usar trajes de beata, esperando o nosso, se bem que o que tinham era muito honesto. Estavam tão mal alinhadas que bem se percebia seu pouco cuidado de si; quase todas tinham tal fraqueza que revelavam ter tido uma vida de muita penitência.

41. Receberam-nos com fartas lágrimas de grande contentamento e mostravam não ser fingidas, assim como era evidente sua grande virtude na alegria que têm e na humildade e obediência à prioresa; do mesmo modo, desdobram-se em fazer tudo o que podem para agradar a todas que foram fundar. Seu único temor era que estas, diante de sua pobreza e pouca casa, mudassem de ideia. Nenhuma dava ordens, mas, com grande irmandade, todas trabalhavam o máximo que podiam. Duas delas, que eram mais velhas, tratavam dos negócios necessários; as outras jamais falavam com alguém, nem o queriam. Nunca tiveram chave na porta, usando só uma aldrava, e nenhuma, a não ser a mais velha, ousava atender à porta. Dormiam muito pouco para ganhar o que comer e não perder a oração, que durava longas horas e, nos dias de festa, o dia inteiro. Governavam-se pelos livros de Frei Luis de Granada e Frei Pedro de Alcântara.

42. No resto do tempo, rezavam o Ofício Divino, com o pouco que sabiam ler, porque só uma lia bem, e com breviários discrepantes. Alguns clérigos tinham dado a umas uns do antigo rito romano, de que já não se serviam, sendo outros conseguidos como era possível. E como não sabiam ler, ficavam muitas horas. Faziam-no em lugar de onde não fossem ouvidas de fora. Deus levava em conta sua intenção e esforço, pois poucas verdades deviam dizer. Quando começou a tratar com elas, o Padre Frei Antonio de Jesus fez que só rezassem o Ofício de Nossa Senhora. Tinham um forno em que coziam o pão, e tudo com uma ordem que parecia terem alguém no governo da casa.

43. Isso me fez louvar Nosso Senhor e quanto mais convivia com eles tanto maior o meu contentamento por ter vindo. Parece-me que, por mais provações que tivesse de passar eu não gostaria de ter deixado de consolar essas almas. As minhas companheiras que tinham ficado me disseram que, nos primeiros dias, as estranharam, mas que, quando as foram conhecendo e entendendo sua virtude, ficaram alegríssimas de estar ali com elas, tendo-lhes muita afeição.

Quão poderosas são a santidade e a virtude! É verdade que as que levei têm tal disposição que, por maiores as dificuldades e sofrimentos, suportariam tudo com a graça do Senhor, já que desejam padecer no Seu serviço — e a irmã que não sentir em si esse desejo não deve considerar-se uma verdadeira Descalça, porque devemos desejar não o descanso mas os padecimentos, a fim de imitar de algum modo o nosso verdadeiro Esposo. Queira Sua Majestade dar-nos graça para isso. Amém.

44. Eis a maneira pela qual começou essa ermida de Santa Ana. Vivia em Villanueva de la Jara um clérigo natural de Zamora que fora frade de Nossa Senhora do Carmo. Devoto da gloriosa Santa Ana, chamava-se Diego de Guadalajara. Ele fez junto à sua casa essa ermida, onde podia ouvir missa; e, com a grande devoção que tinha, foi a Roma e voltou com uma bula contendo muitos perdões para essa igreja ou ermida. Era homem virtuoso e recolhido. Ao morrer, deixou em testamento esta casa e tudo o que tinha para um mosteiro de monjas de Nossa Senhora do Carmo; dizia o documento que, se isso não se realizasse, que houvesse um capelão para dizer algumas missas toda semana, mas que, vindo a fundar-se um mosteiro, não se estivesse obrigado a dizer as missas.

45. Assim, a propriedade esteve com um capelão por mais de vinte anos, o que dilapidou muito a renda; e essas moças, ao entrarem na casa, receberam apenas esta última. O capelão estava noutra casa da mesma capelania, devendo deixá-la agora com o restante, que é bem pouco. Mas é tão grande a misericórdia de Deus que não deixará de fornecer a casa de sua gloriosa Avó. Queira Sua Majestade ser sempre servido nela, e louvem-No todas as criaturas por todo sempre. Amém.

CAPÍTULO 29

Trata da fundação de São José de Nossa Senhora da Rua, de Palência, que foi no ano de 1580, dia do Rei David[1].

1. Tendo vindo da fundação de Villanueva de la Jara, ordenou-me o prelado[2] ir a Valladolid a pedido do Bispo de Palência, que é Dom Alvaro de Mendoza, o que admitiu e favoreceu[3] o primeiro mosteiro, que foi São José de Ávila, e sempre, no que toca a esta Ordem, favorece. E como deixara o bispado de Ávila e passado para Palência, pôs-lhe Nosso Senhor a vontade de ali fazer outro desta sagrada Ordem. Ao chegar a Valladolid, fui acometida de uma enfermidade tão grande que pensaram que eu ia morrer. Fiquei tão indisposta e tão sem condições de fazer alguma coisa que, embora a prioresa de nosso convento em Valladolid[4], que muito desejava essa fundação, me importunasse, eu não conseguia me convencer nem me resolver a começar. Porque o convento deveria ser de pobreza e diziam-me que o lugar, por ser muito pobre, não o poderia sustentar.

2. Há quase um ano que se falava em fazê-lo ao mesmo tempo que o de Burgos, e antes eu não via tantos inconvenientes na fundação; mas, naquele momento, eram[5] muitos os que eu achava, embora não fosse outro o motivo da minha ida a Valladolid. Não sei se isso se devia ao grande mal-estar e à fraqueza que tomavam conta de mim ou se o demônio queria perturbar o bem que mais tarde se fez[6]. É verdade que tenho estado espantada[7] e angustiada, queixando-me muitas vezes ao Senhor, diante da grande participação da alma na enfermidade do corpo. Parece que ela deve respeitar as leis deste, segundo as necessidades e coisas que lhe são apresentadas.

---

1. O título é precedido pelo anagrama *JHS*. Ela omitiu a numeração. Primeiro escreveu: ...*São José de Palência*, riscando em seguida esta palavra para dar por inteiro o título patronal da fundação. Essa forma de combinar o patronato de São José com o da Virgem pode ser visto nas epígrafes dos caps. 21 ("São José do Carmo"), 22 ("São José do Salvador"), 23 ("São José do Carmo") e, em outra combinação, no cap. 31: ("São José de Santa Ana").
2. O prelado: *Angel de Salazar* (cf. cap. 28, n. 6, nota).
3. Cf. *Vida*, cap. 36, n. 2.
4. María Bautista de Ocampo, a dos famosos serões da Encarnação (Cf. *Vida*, cap. 32, n. 10 e nota).
5. *Era*, escreveu a Santa.
6. No dia 20/3/1580, a Santa saiu de Villanueva de la Jara. No dia 26 chegou a Toledo, onde ficou gravemente enferma poucos dias depois, vítima do chamado "catarro universal" que assolou a Espanha naquele ano. Em 7 de junho saiu de Toledo, passando por Madri e Segóvia, a caminho de Ávila, Medina e Valladolid, chegando nesta última em 8 de agosto, onde sofreu uma fortíssima recaída da enfermidade de Toledo. Ela empreendeu a viagem a Palência em pleno inverno: 28/12/1580.
7. Por novo erro material, ela escreveu *espantado*.

3. Um dos grandes sofrimentos e desgraças da vida me parece ser este: a ausência de um espírito forte que o sujeite. Porque ter mal-estares e padecer grandes dores, embora seja ruim, nada é para mim se a alma estiver desperta, porque, assim, está louvando a Deus, sabendo que vêm de Sua mão. Mas padecer de um lado e estar inerte do outro é coisa terrível, em especial quando se trata de alma que se viu com grandes desejos de não descansar interior nem exteriormente, mas dedicar-se por inteiro ao serviço do seu grande Deus.

Não há remédio aqui senão ter paciência, reconhecer a desgraça e entregar-se à vontade de Deus para que Ele dela se sirva no que quiser e como quiser. Assim eu estava então, embora já em convalescença, mas era tanta a fraqueza que mesmo a confiança que Deus costumava me dar quando eu começava essas fundações parecia ter-se perdido. Tudo me parecia impossível e se na época tivesse encontrado alguém que me animasse teria tido um enorme proveito; mas alguns me faziam temer ainda mais e outros, embora me dessem alguma esperança, isso não bastava à minha pusilanimidade.

4. Aconteceu de passar por ali um padre da Companhia chamado Mestre Ripalda[8], com quem eu já me confessara, grande servo de Deus. Eu lhe disse como estava e, tomando-lhe a opinião como se viesse de Deus, pedi-lhe o seu parecer. Ele me animou muito, dizendo que o cansaço era fruto da velhice. Mas eu bem via que não era isso, pois mais velha estou agora e não o tenho; e ele mesmo deve ter percebido, mas disse o que disse para me repreender e para que eu não pensasse que vinha de Deus.

Na época, andavam juntas as fundações de Palência e de Burgos e eu nada tinha para uma nem para outra; mas não era isso, pois costumo começar com menos. Ele me disse que de nenhuma maneira deixasse de fazê-lo. O mesmo me dissera em Toledo, pouco antes, um provincial da Companhia chamado Baltasar Alvarez[9], mas então eu estava bem.

5. Aquilo não bastou para que eu me decidisse, embora me tivesse ajudado muito; não me resolvi logo porque, ou o demônio, ou — como eu disse[10] — a enfermidade me detinha. Mas fiquei muito melhor. A prioresa de Valladolid ajudava o quanto podia, pois desejava muito a fundação de Palência; mas, vendo-me tão indecisa, também temia.

Vem agora o mais importante, porque não bastam as pessoas nem os servos de Deus; nisso vai se perceber que muitas vezes não sou eu quem faz alguma coisa nessas fundações, mas Quem é poderoso para tudo.

6. Estando eu um dia, depois de comungar, envolta nessas dúvidas e sem determinação de fazer nenhuma fundação, supliquei a Nosso Senhor que me iluminasse para que eu em tudo fizesse a Sua vontade; porque a fraqueza não era suficiente para me fazer alguma vez recuar um milímetro nesse desejo. Disse-me Nosso Senhor, num tom de repreensão: *Que temes? Quando te falei Eu? O mesmo que tenho sido sou agora; não deixes de fazer essas duas fundações.*

Ó grande Deus! Como diferem das dos homens Vossas palavras! Com isso, decidi-me e animei-me, e nem o mundo inteiro poderia ter-se oposto a mim. Comecei logo a tratar do assunto e Nosso Senhor começou a me dar meios.

7. Escolhi duas monjas para comprar a casa[11]; já que, embora me dissessem que não era possível viver de esmola em Palência, era como se não o fizessem, pois eu bem via não ser possível, naquele momento, fazer um mosteiro com renda. E como Deus me dizia que o fizesse, Sua Majestade o proveria. Assim, embora não tivesse voltado de todo a mim[12], resolvi ir, apesar do tempo

---

8. O mesmo que interveio na redação desta obra (Cf. Prólogo, n. 2).
9. Ele morreria pouco depois, no dia 25 de julho de 1580.
10. No n. 1.
11. Cf. n. 10.
12. *Voltado de todo a mim:* sarado.

ruim; porque parti de Valladolid no dia dos Inocentes do ano que falei[13], porque um cavalheiro que iria sair do lugar nos dera uma casa que tinha alugado até o São João do ano seguinte.

8. Escrevi a um cônego da cidade, embora não o conhecesse[14]; mas um seu amigo disse-me ser ele servo de Deus, e me pareceu que nos ajudaria muito, porque o próprio Senhor, como se viu nas outras fundações, encontra em cada lugar quem O ajude, vendo Sua Majestade que eu pouco posso fazer. Mandei lhe pedir que desocupasse a casa, com o máximo de segredo, por haver ali um morador, e que não lhe dissesse para que era; porque, embora algumas pessoas importantes tivessem demonstrado desejar a fundação, e fosse grande a vontade do Bispo, eu considerava mais seguro que não se soubesse.

9. O cônego Reinoso (pois esse era o nome daquele a quem escrevi) agiu tão bem que não apenas a desembaraçou como nos proporcionou camas e outras comodidades; e disso precisávamos, porque fazia muito frio e o dia anterior fora difícil, com um nevoeiro tão denso que quase não nos víamos uns aos outros. Na verdade, pouco descansamos até termos conseguido arrumar um lugar onde dizer missa antes que alguém soubesse que estávamos lá.

Sempre achei ser isso o mais conveniente nessas fundações, porque, se começarmos a ouvir opiniões, o demônio a tudo perturba e, embora nada consiga, nos inquieta. Assim se fez; logo de manhã, quase amanhecendo, um clérigo que ia conosco, chamado Porras, grande servo de Deus, disse missa. Também nos acompanhava outro amigo das monjas de Valladolid, Agustín de la Victoria[15], que me emprestara dinheiro para arrumar a casa e nos servido muito pelo caminho.

10. Éramos cinco irmãs, contando comigo, e uma irmã leiga que há dias me acompanhava: é tão grande serva de Deus, e discreta, que pode me ajudar mais que as do coro[16]. Naquela noite, pouco dormimos; se bem que — como digo — o caminho tivesse sido trabalhoso por causa da chuva.

11. Gostei muito de que se fundasse naquele dia, por se rezar o Ofício do Rei David[17], de quem sou muito devota. Na mesma manhã, mandei avisar ao ilustríssimo Bispo, que ainda não sabia ter de ir naquele dia. Ele logo foi ao nosso encontro, com sua grande caridade, que sempre tivera conosco. Disse que nos daria todo o pão necessário, mandando que o Provedor nos desse muitas coisas. Esta Ordem lhe deve tanto que quem ler estas fundações está obrigado a encomendá-lo a Nosso Senhor, esteja ele vivo ou morto, e assim vos peço por caridade.

Foi tanto, e tão generalizado, o contentamento demonstrado pelo povo que foi algo muito especial, porque não houve ninguém que não gostasse. Muito ajudou o saber-se que o Bispo o desejava, por ser ele muito amado no local; mas toda a gente é da melhor têmpera e nobreza que já vi, e a cada dia me alegro mais por ter fundado ali.

12. Como a casa não era nossa, logo começamos a tratar de comprar outra, porque embora aquela estivesse à venda, seu estado era muito precário. E, com a ajuda das monjas que iriam para a fundação, seria possível conseguir alguma coisa que, embora pouco, no que se refere ao lugar, era muito. Se bem que se Deus não nos desse os bons amigos que nos deu, tudo ainda seria nada; o bom cônego trouxe outro amigo seu chamado cônego Salinas[18], de grande caridade e entendimento, e os dois cuidaram das coisas como se fossem para si mesmos, e até mais do que o fariam com as suas, e sempre o fizeram com aquela casa.

---

13. No dia 28/12/1580. *Até o São João do ano seguinte:* a casa fora cedida pelo cônego Serrano até o dia de São João (24 de junho de 1581).

14. Jerónimo Reinoso (1546-1600), mais tarde amicíssimo da Madre.

15. O primeiro, Porras, confessor das Carmelitas de Valladolid; o segundo, insigne benfeitor do Carmelo dessa cidade, onde tinha uma filha carmelita: María de San Agustín. — De Valladolid a Palência, a Santa também foi acompanhada pelo Padre Gracián.

16. Essa leiguinha era a Beata Ana de San Bartolomé, enfermeira e, às vezes, secretária da Santa a partir do Natal de 1577, quando esta machucou o braço esquerdo. As outras quatro foram: Inés de Jesus (Tapia, prima da Madre), Catalina del Espíritu Santo, María de San Bernardo e Juana de San Francisco.

17. No dia 29 de dezembro.

18. Martín Alonso Salinas, grande amigo da Santa.

13. Há no povoado uma casa de muita devoção a Nossa Senhora, como uma ermida chamada Nossa Senhora da Rua. Em toda a comarca e na cidade, é grande a devoção que se tem por ela e as pessoas acorrem para lá. Pareceu a Sua Senhoria e a todos que ficaríamos bem nas proximidades daquela igreja. Não tinha casa anexa, mas havia dois outros imóveis juntos que, se os comprássemos, eram, junto com a igreja, suficientes para nós. Esta teria de nos ser dada pelo Cabido e pelos membros da confraria, e empenhamo-nos nesse sentido. O Cabido logo no-la doou e, embora tivéssemos de muito negociar com os confrades, também eles foram magnânimos, já que, como eu disse[19], se já vi gente virtuosa em minha vida, é a daquele lugar.

14. Como viram o nosso interesse, os donos das casas começaram a valorizá-las mais, e com razão. Eu as quis ver e tive uma impressão tão ruim que de maneira alguma as queria, e o mesmo sentiram as que foram comigo. Depois se viu com clareza que o demônio teve sua participação, porque era-lhe um peso a nossa ida. Os dois cônegos que estavam envolvidos no assunto achavam que ficavam longe da catedral, e assim era, mas situam-se numa parte da cidade em que há mais gente. Por fim, todos resolvemos que aquelas casas não convinham e que devíamos procurar outra. Os dois senhores cônegos começaram a fazê-lo com tanto cuidado e diligência que me faziam louvar o Senhor; eles não deixaram de ver nada que lhes parecesse convir. Terminaram por gostar de uma, que pertencia a um tal Tamayo. O imóvel tinha algumas partes bem boas para nos acomodar e ficava bem perto da casa de um importante cavalheiro, chamado Suero de Vega, que muito nos favorece[20] e que tinha muita vontade, ao lado de outras pessoas do bairro, de nos ver lá.

15. Aquela casa não era bastante, mas davam-nos, com ela, outra, se bem que ainda assim não pudéssemos nos acomodar direito. Enfim, considerando o que dela me diziam, eu desejava que o negócio se realizasse, mas aqueles senhores não quiseram fazê-lo enquanto eu não a visse. Lamento muito ter de andar pela rua e tinha confiança neles, mas não havia alternativa. Terminei indo e fui ver também as de Nossa Senhora, não com a intenção de tomá-las, mas para que o proprietário não pensasse que não tínhamos opção; e pareceu-me tão ruim, como eu disse[21], o mesmo julgando as que iam comigo, que até agora nos espantamos que pudesse nos dar impressão tão ruim. Com isso, dirigimo-nos à outra já achando que não haveria de ser outra. Foram muitos os inconvenientes, mas nós os vencemos, embora mal se pudesse dar um jeito porque, para fazer a igreja, e não muito boa, tínhamos de dispor de todas as acomodações boas para viver.

16. Que coisa estranha é ir ver uma coisa com a decisão já tomada! Na verdade, a vida me ensinou com isso a não confiar muito em mim mesma, se bem que, na época, eu não fosse a única enganada. No fim, fomos já determinadas a tomar aquela e de pagar o preço que se pedia, que era alto, e escrever ao proprietário, que estava fora da cidade.

17. Parece impertinência que eu me detenha tanto na compra da casa, mas não depois de se ver a que ponto o demônio chegaria para não querermos a de Nossa Senhora; cada vez que me lembro disso encho-me de temor.

18. Íamos todos decididos, como eu disse[22], a não tomar outra casa. No dia seguinte, na missa, veio-me a grande preocupação de saber se agia bem e um desassossego que não me deixou ficar quieta a missa inteira. Fui receber o Santíssimo Sacramento e, ao fazê-lo, ouvi estas palavras de uma maneira que me fez desistir de todo de tomar a casa escolhida, preferindo a de Nossa Senhora: *Esta te convém.*

Comecei a julgar a desistência difícil num negócio já tão acertado, objeto de um desejo tão intenso dos que de tudo cuidavam com dedicação.

---

19. No n. 11.
20. Suero de Vega, filho de Juan de Vega, que foi Vice-Rei de Navarra e da Sicília e presidente do Conselho Real. Um dos seus filhos, Juan de la Madre de Dios, foi Carmelita Descalço.
21. No n. 14.
22. Nos n. 15-16.

O Senhor me respondeu: *Eles não entendem o muito que sou ofendido ali, e isto será uma boa solução.*

Passou-me pelo pensamento que eu me enganava, mas não havia dúvida, pois eu bem percebia ser espírito de Deus. Ele logo me disse: *Sou eu.*

19. Fiquei muito sossegada e livre da perturbação que antes me atingia, embora não soubesse como alterar o que já estava feito e as muitas coisas ruins que dissera da casa, inclusive às minhas irmãs, a quem eu falara com ênfase dos seus defeitos, tendo acrescentado que por nada quereria ter ido para ela, a de Nossa Senhora, sem a ter visto primeiro. É verdade que isto não me incomodava tanto porque sabia que as irmãs teriam[23] por bom o que eu fizesse; afligia-me pelos outros que desejavam o negócio acertado: parecia-me que me tomariam por indecisa e volúvel, defeitos de que muito me ressinto, como alguém que logo mudava de opinião. Todos esses pensamentos não me faziam desistir nem por um momento de ver a casa de Nossa Senhora: eu nem me lembrava mais de que não era boa; porque, em troca de as monjas estorvarem um pecado venial, tudo o mais tinha pouca importância e, a meu ver, qualquer delas que soubesse o que eu sabia agiria dessa mesma maneira.

20. Empreguei este meio: eu me confessava com o cônego Reinoso, que era um dos dois que me ajudavam, embora não lhe tivesse comunicado coisas espirituais dessa natureza por não se ter apresentado ocasião em que se fizesse necessário; e, como costumava sempre fazer, nessas coisas, o que o confessor me aconselhasse, para seguir um caminho mais seguro, resolvi dizer a ele sob muito segredo, embora não estivesse decidida a deixar de fazer o que ouvira ser acertado sem padecer de um grande desgosto. Mas, enfim, resolvi-me, confiando no que Nosso Senhor fizera outras vezes, já que Sua Majestade muda a opinião do confessor para que eu faça o que Ele quer.

21. Falei-lhe primeiro das muitas vezes que Nosso Senhor me ensinara assim e que até então tinham ocorrido muitas coisas que me faziam ver ser aquilo espírito de Deus e contei-lhe o que se passava, acrescentando que só faria o que ele quisesse, mesmo com desgosto. Ele é muito prudente e santo, capaz de dar bons conselhos, embora moço[24]; e mesmo vendo que eu seria censurada não me permitiu deixar de fazer o que eu ouvira. Eu lhe disse que esperássemos o mensageiro[25], e ele assentiu; eu confiava que Deus remediaria a situação. E assim foi, porque, embora lhe tivéssemos dado tudo o que queria e pedira, voltou a pedir[26] mais trezentos ducados, o que parecia desatino, porque já recebia demais. Isso nos fez perceber a presença da mão de Deus, porque a venda já era muito vantajosa, e pedir mais, estando tudo acertado, era um contrassenso.

22. Isso foi muito bom, porque lhe dissemos não ser possível chegar a um acordo nessas condições, se bem que não nos justificasse totalmente, já que trezentos ducados não é razão para deixar uma casa que parece conveniente para um mosteiro. Eu disse a meu confessor que não se incomodasse com a minha reputação, pois ele também concordava com a desistência, mas que dissesse a seu companheiro[27] que eu estava decidida a, fosse caro ou barato e estivesse a casa de Nossa Senhora boa ou ruim, comprá-la. Ele tem grande sagacidade e, embora não lhe disséssemos mais nada, deve tê-lo percebido, ao ver mudança tão repentina, não tendo insistido que se mantivesse o acordo anterior.

23. E todos depois vimos com clareza o grande erro que faríamos em mantê-lo, porque agora vemos as grandes vantagens da que compramos, para não falar do principal, que é ver Nosso Senhor e sua Gloriosa Mãe serem servidos ali e as ocasiões evitadas; porque eram muitas as noites, quando só havia uma ermida, em que podiam ser feitas coisas que o demônio muito lamentava perder, e ficamos alegres por poder servir em algo à Nossa Mãe, Senhora e Padroeira. E foi uma

---

23. *Teria*, escreveu a Santa.
24. Reinoso (1546-1600) tinha na época 35 anos.
25. *Esperássemos o mensageiro* enviado ao dono para tratar do contrato (cf. n. 16).
26. O dono *voltou a pedir.*
27. *Que dissesse a seu companheiro:* o cônego Salinas (cf. n. 12-13).

lástima termos demorado a tomar a decisão, sendo esse serviço a única consideração a fazer. Vê-se com clareza que o demônio nos cegava em muitas coisas, por haver ali muitas comodidades que não se acham em outros lugares e grandíssima alegria de todo o povo, que o desejava; e mesmo os que queriam que fôssemos para a outra depois acharam tudo muito bom.

24. Bendito seja Aquele que me deu essa luz, por todo o sempre. É sempre Ele que me inspira quando consigo agir bem em alguma coisa e espanta-me cada dia mais o pouco talento que tenho em tudo. E não se pense que isto é humildade; é que dia após dia vou vendo mais: parece que Sua Majestade deseja que eu e todos entendamos que só o Senhor faz essas obras e que, assim como deu a vista ao cego usando lama, quer que alguém tão cego quanto eu faça coisas de quem não o é. Certamente havia nisso, como falei[28], muita cegueira; cada vez que me lembro disso, quero louvar Nosso Senhor outra vez. Mas nem para isso sirvo e nem sei como Ele me suporta. Bendita seja a Sua misericórdia. Amém.

25. Esses santos amigos da Virgem logo se apressaram a reparar as casas e, a meu ver, pagaram barato. Muito trabalharam, pois o Senhor deseja que, em cada uma dessas fundações, os que nos auxiliam tenham o que merecer. Eu sou a única que nada faz, como já o disse, e nunca quero deixar de dizê-lo, por ser verdade. Eles trabalharam muitíssimo para acomodar a casa, além de terem dado dinheiro para isso, pois eu já não tinha, e ficado como fiadores. Em outros lugares tenho me visto aflita para conseguir quem o seja, e com quantias bem menores; e têm razão, porque, se não confiassem em Nosso Senhor, em mim, que não tenho um centavo, não se podiam fiar. Mas Sua Majestade me tem feito sempre tanto favor que, por me favorecerem, os fiadores nunca perderam nada, sendo pelo contrário muito bem recompensados, o que tenho por grandíssima graça.

26. Como não se contentaram em tê-los como fiadores, os das casas foram procurar o Provedor, que se chamava, se me lembro bem, Prudêncio; disseram-me depois, já que, como era o Provedor, eu não o sabia[29]. É bastante caridoso conosco, sendo muito grande o nosso débito então e agora para com ele. Ele lhes perguntou para onde iam; disseram-lhe que o tinham ido procurar para que assinasse aquela fiança. Ele riu e disse: "E é dessa maneira que me pedis para ser fiador de tanto dinheiro?" E, descendo da mula, logo o assinou, o que é de se pensar nos tempos que correm[30].

27. Eu não queria deixar de louvar muito a caridade geral e particular que encontrei em Palência. É verdade que me parecia coisa da Igreja Primitiva, ou ao menos não muito comum no mundo de hoje: ver que não levávamos renda e que tinham de nos dar de comer, e não só não se oporem como dizerem que Deus lhes concedia com isso uma grande graça! E, vistas as coisas com entendimento, diziam a verdade, porque, se não houvesse outra razão, já seria muito terem outra igreja no local onde está o Santíssimo Sacramento.

28. Seja Ele para sempre bendito, amém! Pois bem se vai vendo que é servido por estar ali e que antes devia haver impertinências hoje ausentes; porque, como muitos velavam ali e a ermida estava só, nem todos iam por devoção. Isso tem sido evitado. A imagem de Nossa Senhora estava posta muito indecentemente. O Bispo Dom Alvaro de Mendoza custeou-lhe uma capela e, aos poucos, vão-se fazendo coisas em honra e glória desta gloriosa Virgem e do Seu Filho. Seja Ele para sempre louvado, amém, amém!

29. Quando a casa ficou pronta, o Bispo quis que a mudança das monjas para lá tivesse grande solenidade; e assim, num dia da oitava do Santíssimo Sacramento[31], o próprio Bispo veio de Valladolid e se uniu ao Cabido e às Ordens, e a quase todo o lugar, tendo havido muita música. Partimos em procissão da casa em que nos encontrávamos, com nossas capas brancas e os véus caídos sobre o rosto, e dirigimo-nos a uma paróquia que ficava perto da casa de Nossa Senhora,

---

28. No n. 23 e n. 14-15.
29. *O Provedor* do Bispo era D. Prudencio Armentia (cf. n. 11).
30. *O que é de se pensar...* foi incluído nas entrelinhas pela Autora.
31. No dia 26 de março de 1581.

cuja imagem também vinha ao nosso encontro, e dali levamos o Santíssimo Sacramento e o pusemos na igreja com muita solenidade e ordem, causando-nos muita devoção. Iam mais monjas, que tinham vindo para a fundação de Sófia, todas seguindo com velas na mão. Creio que o Senhor foi muito louvado naquele dia e naquele lugar. Queira Ele sê-lo sempre por todas as criaturas, amém, amém!

30. Quando eu estava em Palência, foi Deus servido de separar os Descalços dos Calçados. Passamos a ter nossa própria província, que era tudo quanto desejávamos para a nossa paz e sossego. Veio de Roma, a pedido do nosso católico Rei Dom Filipe, um Breve bem copioso para esse fim[32], e Sua Majestade nos favoreceu tanto nesse fim como nos tinha favorecido no princípio. Fez-se um capítulo em Alcalá[33], presidido por um reverendo padre chamado Frei Juan de las Cuevas, então Prior de Talavera. É da Ordem de São Domingos, tendo sido nomeado por Roma a partir de indicação do Rei; era pessoa muito santa e ponderada, como devia ser para coisa tão importante. O Rei tudo custeou e, por ordem sua, a Universidade em tudo os favoreceu. O capítulo foi feito em nosso Colégio de Descalços, o de São Cirilo, com muita paz e concórdia. Foi eleito Provincial o Padre Mestre Frei Jerónimo Gracián de la Madre de Dios.

31. Como esses padres vão escrever em outro lugar o que se passou, não tenho por que tratar disso aqui. Referi-me ao fato porque o Senhor levou a termo uma questão de tal relevância para a honra e a glória de Sua Gloriosa Mãe, pois esta é a Sua Ordem, como Senhora e Padroeira nossa que é. Tive um dos maiores gozos e consolações que podia receber nesta vida, pois havia mais de vinte e cinco anos passava por sofrimentos, perseguições e aflições que seria maçante contar e que só Nosso Senhor pode entender.

E, vendo tudo pronto, só quem sabe dos meus padecimentos pode compreender o prazer que me veio ao coração, bem como o meu desejo de que o mundo inteiro louvasse Nosso Senhor e de que oferecêssemos[34] a este nosso santo Rei Dom Filipe, por intermédio do qual Deus levara a obra a tão bom fim; porque o demônio tinha usado de tanta astúcia que, não fora por ele, tudo teria desabado.

32. Agora estamos todos em paz, Calçados e Descalços; não somos perturbados por ninguém em nosso serviço a Nosso Senhor. Por isso, irmãos e irmãs meus, apressemo-nos em servir a Sua Majestade, que tão bem ouviu vossas orações. Vede, como testemunhas oculares que sois, as graças que Ele nos fez e de que sofrimentos e desassossegos nos livrou; e vós que vierdes depois, encontrando tudo aplanado, não cedais nunca nas coisas da perfeição, por amor a Nosso Senhor. Que não se diga, por vossa causa, o que se diz de muitas Ordens, das quais só se louvam os princípios.

Agora começamos; procurai ir começando sempre de maneira cada vez melhor. Vede que, por meio de coisas minúsculas, vai o demônio solapando o telhado com furinhos pelos quais entram as grandes. Não vos aconteça dizer: "Não nos preocupemos com isto; são exageros!" Oh! filhas minhas, é muito importante tudo quanto vos impeça de progredir!

33. Eu vos peço, pelo amor de Nosso Senhor, que vos recordeis de quão cedo tudo acaba e da graça que nos concedeu Nosso Senhor ao nos trazer para esta Ordem, bem como dos grandes desgostos que terá quem nela introduzir o relaxamento; tende sempre diante dos olhos a estirpe de que descendemos: os santos Profetas. Quantos santos há no céu que trouxeram este hábito!

Assumamos uma santa presunção, com o favor de Deus: a de sermos iguais a eles! Pouco vai durar a batalha, irmãs minhas, e o fim é eterno. Deixemos as coisas que em si não o são e cuidemos das que nos levam a este fim que não tem fim para mais amá-Lo e servi-Lo, pois Ele há de viver por todo o sempre, amém. Amém!

Demos graças a Deus.

---

32. O Breve "Pia consideratione", de Gregário XIII, datado de 22 de junho de 1580.
33. A partir de 3/3/1581. No dia 4, Gracián foi eleito Provincial e São João da Cruz, Definidor.
34. *Oferecêssemos*: encomendássemos.

CAPÍTULO 30

Começa a fundação do mosteiro da Santíssima Trindade na cidade de Sória. Fundou-se no ano de 1581. A primeira missa foi dita no dia do Nosso Pai Santo Eliseu[1].

1. Estando eu em Falência, na fundação de que falei, trouxeram-me uma carta do Bispo de Osma, chamado Doutor Velázquez, com quem, sabendo que era cônego e catedrático da Catedral de Toledo e estando eu ainda com alguns temores, procurei tratar, pois tinha conhecimento de ser homem muito culto e servo de Deus[2]; e assim, muito o importunei para que cuidasse da minha alma e me confessasse. Mesmo sendo muito ocupado, como lhe pedi por amor de Nosso Senhor e como viu a minha necessidade, fê-lo de tão boa vontade que me espantei, e me confessou e cuidou de mim por todo o tempo em que estive em Toledo, que foi muito.

Revelei-lhe a alma com toda a simplicidade, como é meu hábito. Deu-me tão grande proveito que, a partir de então, passei a viver sem tantos temores. É verdade que também houve outro motivo que não cabe citar aqui. Mas, de fato, foi para mim um grande proveito, porque me sossegava com passagens das Sagradas Escrituras, que é o que mais me beneficia quando tenho a certeza de que quem as cita as conhece bem, como ocorria com ele, que une o saber a uma vida virtuosa.

2. Ele me escrevia esta carta de Sória, onde se encontrava naquele momento. Dizia-me que uma senhora que confessava ali lhe falara da fundação de um convento de monjas da nossa Ordem; que ele aprovava a ideia e dissera que me faria ir até lá fundar; que não o deixasse em falta; e que, se me parecesse uma coisa conveniente, eu o informasse para ele me mandar buscar. Fiquei muito contente, porque, além de ser boa a fundação, eu desejava comunicar-lhe algumas coisas da minha alma, bem como vê-lo — já que, graças aos grandes benefícios que me fizera, eu tinha adquirido por ele muita afeição.

3. Essa senhora fundadora chama-se Dona Beatriz de Beamonte y Navarra, porque descende dos reis de Navarra, filha de Dom Francés de Beamonte, de alta linhagem e muito importante. Foi casada por alguns anos, não tendo filhos e tendo ficado com muitos recursos; havia muito que se propusera a fazer um mosteiro de monjas[3]. Tratando disso com o Bispo, este lhe deu notícia desta Ordem de Nossa Senhora de Descalças e a ideia lhe agradou tanto que ela quis levá-la a efeito imediatamente.

4. É uma pessoa naturalmente bondosa, generosa e penitente, em suma, muito serva de Deus. Tinha em Sória uma casa grande, sólida e muito bem situada, que nos daria com tudo o que fosse necessário para fundar, o que de fato fez, acrescentando ainda quinhentos ducados, que dariam uma renda de 25 por mil. O Bispo se ofereceu para dar uma igreja muito boa, toda abobadada, que pertencia a uma paróquia próxima[4] — por meio de um passadiço, ela nos serviria muito bem; e pôde fazê-lo com facilidade, porque era pobre, e ali há muitas igrejas, e assim a transferiu. Tudo isso ele me relatou em sua carta. Falei com o Padre Provincial, que então passou por Palência[5]. Ele e todos os amigos julgaram que eu devia mandar-lhe um mensageiro dizendo que me viessem buscar; porque a fundação de Palência já estava pronta. Eu, pelos motivos que disse, muito me alegrei com isso.

5. Comecei a mandar vir as monjas que me acompanhariam, que foram sete, porque aquela senhora preferia mais do que menos; também foram comigo uma leiga e minha companheira[6].

---

1. Este capítulo também começa com o anagrama *JHS* e sem numeração.
2. Cf. cap. 28, n. 10. Ele dirigiu espiritualmente a Santa em Toledo no período 1576-1577.
3. Dona Beatriz de Beamonte contribuiu também esplendidamente para a fundação do Carmelo de Pamplona, 1583, onde se fez carmelita, no mesmo ano da fundação, com o nome de Beatriz de Cristo; faleceu em 1600.
4. Era a paróquia de Nossa Senhora das Vilas, que, por vontade da Fundadora, mudou de nome, passando a ser da Santíssima Trindade.
5. Gracián, que se encontrava em Palência.
6. As *sete* foram: Catalina de Cristo (eleita Prioresa no dia seguinte ao da fundação: 15 de junho), Beatriz de Jesús, María de Cristo, Juana Bautista, María de Jesus, Maria de San José e Catalina del Espíritu Santo. A *leiga chamava-se*

Veio buscar-nos em diligência uma pessoa muito competente, pois eu dissera que levaria comigo dois Padres Descalços: o Padre Nicolás de Jesús Maria, homem de muita perfeição e discrição, natural de Gênova. Ele tomou o hábito com mais de quarenta anos, se estou certa (ao menos os tem agora e há pouco tempo o tomou)[7], mas o aproveitou tanto em tão pouco tempo que bem parece ter sido escolhido por Deus para ajudar a Ordem nestes dias tão cheios de perseguições, tendo feito muito; porque, dos outros que podiam ajudar, uns estavam desterrados e outros encarcerados. Dele não faziam tanto caso, pois não tinha cargo e só recentemente — como eu disse — entrara na Ordem, ou foi Deus quem o mandou para nos ajudar.

6. É tão discreto que, estando em Madri no mosteiro dos Calçados como se cuidasse de outros negócios, cuidava dos nossos tão dissimuladamente que os Calçados o deixavam ficar. Correspondíamo-nos muito, pois eu estava no convento de São José de Ávila, para tratar dos assuntos que eram convenientes para nós, o que lhe dava muito consolo. Por aqui se vê a necessidade pela qual passava a Ordem, pois se incomodavam comigo, à falta, como dizem, de homem bons[8]. Em todo esse tempo testemunhei sua perfeição e discrição; ele é por isso um dos religiosos desta Ordem que amo muito no Senhor, e que muito considero. Ele e um companheiro leigo foram conosco.

7. Foi pouco trabalhosa essa viagem, pois o enviado do Bispo nos cercou de atenções, ajudando-nos a escolher boas pousadas, porque, quando entramos no bispado de Osma, o Bispo era tão querido que, sabendo que era coisa sua, nos davam boas. O tempo ajudava, as jornadas não eram grandes. Por isso, tivemos poucos problemas e muitas alegrias dessa vez; porque ouvir os elogios que se faziam à santidade do Bispo me alegrava muitíssimo. Chegamos a Burgo na quarta-feira antes da oitava do Santíssimo Sacramento[9].

Comungamos ali na quinta, dia da oitava; tivemos de comer e, por isso, nos atrasamos, deixando para o dia seguinte nossa ida. Passamos a noite numa igreja, pois não havia outra pousada, e não foi ruim. Na sexta-feira, ouvimos missa ali e chegamos a Sória por volta das cinco da tarde. O santo Bispo estava numa janela de casa, pois passamos por ali, de onde nos deu a sua bênção, o que não me consolou pouco, porque muito vale a bênção de um prelado, ainda mais santo[10].

8. Aquela senhora, nossa fundadora, esperava-nos à porta de sua casa, que era onde se iria fundar o convento. Não víamos a hora de entrar nela, pois era grande a aglomeração. Isso não era novidade, pois onde quer que vamos, como o mundo gosta de novidades, o povo é sempre tanto que, se não levássemos véus no rosto, seria um tormento; com eles é mais fácil suportar. A senhora já tinha adereçada uma sala muito grande e muito boa, onde se diria missa até que se fizesse o passadiço[11] para aquela que o Bispo nos dera. No dia seguinte, que era o Nosso Pai São Eliseu, foi dita a primeira missa[12].

9. Aquela senhora fornecera todo o necessário e deixou-nos no quarto, onde ficamos recolhidas até ficar pronto o passadiço, que foi no dia da Transfiguração[13]. Foi dita a primeira missa na

---

María Bautista. A *companheira* era a enfermeira da Santa, Ana de San Bartolomé. Os acompanhantes do grupo foram: Padre Nicolás Doria e Irmão Eliseo de la Madre de Dios; da parte de D. Alvaro, o raçoeiro da catedral, Pedro de Ribera (o prebendado de quem a Santa vai falar adiante, n. 12-13); da parte do Bispo de Osma, um dos capelães, chamado Chacón e um oficial de justiça encarregado da segurança durante a viagem; por fim, da parte de Dona Beatriz, seu capelão, Francisco de Cetina.

7. Pequeno erro: ele contava pouco mais de 38. Nascido em Gênova em 1539, tornou-se carmelita em Sevilha (1577), professando no ano seguinte. Quando morreu, em 1594, era Vigário Geral da Reforma.

8. Ela alude ao ditado: "À falta de homens bons, ao meu marido fizeram alcaide".

9. Dia 26 de maio, grande festa da fundação de Palência (cap. 29, n. 29); dia 29, partida de Palência para Sória; dia 31, chegada a Burgo de Osma; 1º de julho, de novo em marcha, "passamos a noite numa igreja"; e, no dia 2, às cinco da tarde, chegada a Sória. — A passagem toda está um tanto obscura.

10. Ele não apenas deu-lhes a sua bênção como, imitando o gesto do Arcebispo de Sevilha, pouco depois fez a Madre dar-lhe a sua.

11. Para comunicar a casa com a Igreja. A própria Santa dirigiu as obras.

12. Dia 14 de junho de 1581.

13. 6 de agosto.

igreja, com muita solenidade e gente. Pregou um padre da Companhia[14], pois o Bispo já tinha ido para Burgo, pois não para de trabalhar nem de dia nem de noite, embora não estivesse bem, tendo perdido a vista de um olho. Tive ali este desgosto, tendo lamentado muito que se perdesse uma visão tão proveitosa a serviço de Nosso Senhor.

São desígnios Seus. Devia ser para dar mais a ganhar a Seu servo, porque ele não deixava de trabalhar como antes, comprovando sua conformidade com a vontade divina. Dizia-me que não sofria mais por isso do que se tivesse ocorrido com um vizinho, e que algumas vezes achava que não se incomodaria se perdesse a visão do outro, porque ficaria numa ermida servindo a Deus, sem mais obrigações. Essa sempre foi a sua vocação antes de ser Bispo, o que ele me dizia algumas vezes, ficando quase determinado a deixar tudo e ir-se.

10. Eu não aceitava essa decisão, por me parecer que ele era de grande proveito para a Igreja de Deus e desejava que tivesse a dignidade de hoje, se bem que, no dia em que lhe deram o bispado, o que ele logo me mandou dizer desse-me uma inquietação muito grande, pois me pareceu vê-lo com uma grandíssima carga, e não podia me controlar nem sossegar; e fui ao coro encomendá-lo a Nosso Senhor. Sua Majestade logo me acalmou, dizendo-me que ele muito O serviria, e bem parece ser. Com o problema do olho, e alguns outros males bem penosos, além do trabalho, que é muito, jejua quatro dias por semana, e faz outras penitências; come muito frugalmente. Vai visitar a pé, e seus criados, que não julgam isso bom, já se queixaram a mim. Estes devem ser virtuosos ou não ficar em sua casa. Não confia muito em deixar a cargo de Provedores os assuntos importantes; creio até que não há nenhum que não passe pela sua mão.

No início, passou dois anos às voltas com falsos testemunhos que provocaram muitas perseguições, o que me espantava; porque, em questões de justiça, é íntegro e correto. As calúnias já vão desaparecendo; embora seus inimigos até tivessem ido à Corte pensando que lhe podiam fazer mal. Como, porém, vai-se entendendo a sua virtude em todo o bispado, eles têm pouca força e ele tem suportado tudo com tanta perfeição que os confundiu, fazendo o bem aos que sabia que lhe faziam mal. Por mais que tenha a fazer, não deixa de encontrar tempo para ter oração.

11. Parece que me embeveço em falar bem desse santo, e disse pouco; mas, para que se saiba que foi o princípio da fundação da Santíssima Trindade de Sória e se consolem as que nele vierem a entrar, nada se perdeu, como bem o sabem as que ali vivem agora. É certo que não foi ele quem deu a renda; mas deu a igreja e levou aquela senhora — a quem, como eu já disse[15], não falta muita cristandade, virtude e penitência[16] — a fazer a fundação.

12. Depois de passarmos para a igreja e de prepararmos o que era preciso para a clausura, surgiu a necessidade de eu ir ao convento de São José de Ávila, e por isso logo parti com grande calor[17], e o caminho era muito ruim para carro. Foi comigo um prebendado de Palência chamado Ribera[18], que me dera uma grande ajuda na construção do passadiço e em tudo mais, porque Padre Nicolás já se fora logo depois de lavradas as escrituras da fundação: sua presença era necessária em outro lugar. Esse Ribera tinha certo negócio em Sória quando fomos e nos acompanhou. Ali, o Senhor lhe deu tamanha vontade de nos fazer o bem que podemos recomendá-lo a Sua Majestade ao lado dos benfeitores da Ordem.

13. Eu não quis que viesse outro comigo e com minha companheira[19], porque ele é tão cuidadoso que me bastava; e quanto menos chamamos a atenção pelo caminho, tanto melhor me sinto. Nessa viagem paguei a facilidade da ida; porque, embora quem fosse conosco soubesse o caminho até Segóvia, não conhecia o caminho de carro. Assim, o moço nos levava por lugares que

---

14. Francisco de la Carrera.
15. No n. 2.
16. Vem no autógrafo um *y*, e um grande espaço em branco, como se para acrescentar alguma coisa.
17. Dia 16 de agosto.
18. Pedro de Ribera (cf. n. 5, nota).
19. Ana de San Bartolomé.

nos forçavam a descer muitas vezes, e o carro parecia ficar quase suspenso acima de profundos despenhadeiros. Quando conseguíamos guias, estes iam conosco até o ponto em que sabiam ser bom o caminho, deixando-nos pouco antes que viesse o ruim, dizendo que tinham o que fazer.

Antes de chegar a uma pousada, já tínhamos sofrido muito por causa do sol, correndo muitas vezes o risco de o carro virar, pois andávamos um pouco ao acaso. Eu sentia pena de quem ia conosco, porque, depois de nos dizerem que estávamos indo bem, tínhamos de voltar pelo mesmo caminho. Mas ele tinha uma virtude tão arraigada que me parece nunca tê-lo visto aborrecido, o que me deixou muito espantada e me fez louvar Nosso Senhor; porque, onde a virtude fincou raízes, as ocasiões pouca importância têm. E louvo a Deus pelo modo como foi servido de nos tirar daquele caminho.

14. Chegamos a São José de Segóvia na véspera de São Bartolomeu[20]; nossas monjas estavam aflitas com a demora, que, por ser tão ruim o caminho, fora grande. Ali nos regalaram, pois nunca Deus me dá sofrimentos que logo não recompense, e descansei mais de oito dias; mas essa fundação foi tão isenta de trabalho que deste não devemos nos ocupar, porque nada é. Voltei contente por parecer-me o lugar terra onde, espero na misericórdia de Deus, a fundação há de servi-Lo, como já se vai vendo. Bendito seja Ele para sempre, bendito e louvado por todos os séculos e séculos, amém. Deo gratias.

CAPÍTULO 31

Começa a tratar neste capítulo da fundação do glorioso São José de Santa Ana na cidade de Burgos. Celebrou-se a primeira missa aos dezenove dias do mês de abril, oitava da Páscoa da Ressurreição do ano de 1582.

1. Há mais de seis anos alguns bons religiosos da Companhia de Jesus, antigos na Ordem, letrados e espirituais, me diziam que muito se serviria a Nosso Senhor com uma casa desta nossa Sagrada Ordem na cidade de Burgos, apresentando-me alguns argumentos em favor disso que me levavam a desejá-lo. Contudo, devido às muitas tribulações da Ordem e às outras fundações, não tinha havido oportunidade de cuidar disso.

2. No ano de 1580, estando eu em Valladolid, passou por ali o Arcebispo de Burgos[1], então recém-nomeado para o Bispado — ele antes o era das Canárias, de onde agora vinha. Supliquei ao Bispo de Palência, Dom Alvaro de Mendoza (de quem já tenho dito o muito que favorece esta Ordem, porque foi o primeiro que admitiu o mosteiro de São José de Ávila, onde era Bispo, e sempre nos fez muitos favores, tomando as coisas da Ordem como se fossem suas, em especial as que lhe suplico), e ele disse, com muito boa vontade, que a pediria[2]; porque, como lhe parece que se serve a Nosso Senhor nestas casas, ele gosta muito quando se funda alguma.

3. O Arcebispo não quis entrar em Valladolid, ficando hospedado no Convento de São Jerônimo, onde foi muito bem recebido pelo Bispo de Palência. Este foi comer com ele e lhe impôs uma faixa[3], ou fez não sei que cerimônia que deve ser feita por um Bispo. Ali, ele lhe pediu licença para que eu fundasse o convento. O Arcebispo disse que a daria de muito bom grado, porque já desejara ter um desses nas Canárias por saber o quanto Nosso Senhor era neles servido, pois vinha de um lugar onde havia um deles e que me conhecia muito. Disse-me então o Bispo que não me prendesse pela licença e a considerasse dada, já que o Arcebispo tinha dado mostras de grande

---

20. Dia 23 de agosto.

1. Dom Cristóbal Vela, avilês, filho de Blasco Núñez Vela, Vice-Rei do Peru, sob cujas ordens lutaram contra Pizarro os irmãos da Santa (a batalha de Iñaquito, 1546, em que morreu o Vice-Rei e o irmão de Teresa, Antonio de Ahumada). Francisco Núñez Vela, irmão do Vice-Rei, foi padrinho da Santa. — Dom Cristóbal foi Bispo das Canárias a partir de 1575 e de Burgos entre 1580 e 1599, ano de sua morte.

2. Por culpa do longo parênteses, ficou incorporada a frase; *Supliquei a D. Alvaro* que lhe pedisse a licença e *ele disse, com muito boa vontade, que a pediria.*

3. A imposição do pálio.

satisfação e, como o Concilio⁴ não exige que se dê licença por escrito, mas que se funde com o assentimento da autoridade eclesiástica, a licença já fora concedida.

4. Falando da fundação anterior, a de Palência, eu disse que estava profundamente sem ânimo para fundar, por ter sido acometida por uma grave enfermidade, chegando-se a pensar que eu não resistiria, e ainda não tinha me restabelecido⁵, se bem que eu não costume desanimar diante de dificuldades quando vejo que se trata de servir a Deus, razão pela qual não entendo tanta falta de coragem quanto a que tinha então. Porque se fosse por causa das poucas condições, menos eu tinha tido em outras fundações. Parecia-me coisa do demônio, depois que eu vi o que se passou. Em geral, cada vez que vai haver trabalhos em alguma fundação, Nosso Senhor, que sabe ser eu tão miserável, sempre me ajuda com palavras e obras. E já tenho visto que, quando não vai haver dificuldade, Sua Majestade não me dá nenhum aviso. Neste caso, sabendo o que haveria de suceder, Ele logo começou a me animar. Seja Deus por tudo louvado!

Assim foi aqui, como eu já disse ao falar da fundação de Palência, da qual tratávamos juntamente com esta⁶, quando Ele, à maneira de repreensão, perguntou-se porque temia e se já me havia faltado: *Sou o mesmo; não deixes de fazer essas duas fundações*. Como já falei, ao tratar da fundação de Palência, do grande ânimo que essas palavras infundiram em mim, não há motivo para repetir aqui, bastando dizer que a preguiça logo desapareceu, o que parece indicar que a causa não era a doença nem a velhice. Assim, comecei a tratar das duas fundações, como expliquei.

5. Pareceu bem melhor fazer primeiro a de Palência, que estava mais perto e por estar o tempo tão ruim e ser Burgos tão fria, bem como para dar contentamento ao bom Bispo de Palência; e o fizemos tal como descrevi. E como durante minha estada ali surgiu a oportunidade de fundar em Sória, pareceu, visto que já estava tudo feito, ser melhor ir primeiro, e a partir dali, a Sória⁷.

Pareceu ao Bispo de Palência, e eu lho supliquei, ser bom dar conta do que se passava ao Arcebispo, e ele enviou dali, depois de eu ter partido para Sória, um cônego chamado Juan Alonso ao Arcebispo com esse único fim. O Arcebispo me escreveu dizendo que desejava muito amorosamente a minha ida, tratou com o cônego e escreveu a Sua Senhoria, confiando-lhe o assunto e explicou dever-se o que fazia ao fato de conhecer Burgos e de ser preciso obter o seu consentimento.

6. No final, concluiu-se que eu devia ir lá e tratar primeiro com a cidade, e que, se não dessem a licença, não poderiam impedi-lo de ma dar; dizia que estivera presente à fundação do primeiro mosteiro em Ávila e se lembrava do grande alvoroço e das contrariedades que tinha havido e que por isso tomava precauções neste caso, pois não convinha fazer convento sem renda ou sem o consentimento da cidade, nem era bem que eu procedesse de outro modo, razão pela qual me avisava.

7. O Bispo teve-o por certo, e com razão, ao ver que ele me chamava a Burgos, mandando-me dizer que partisse. Eu, contudo, julguei perceber um certo desânimo no Arcebispo e escrevi-lhe, agradecendo a graça que me fazia, mas dizendo que, não querendo a cidade que eu o fizesse, parecia-me pior ir sem lhe dizer, pondo Sua Senhoria em possível contenda (parece-me que adivinhei quão pouco poderia contar com ele em caso de dificuldades). Acrescentei que procuraria obter a licença, embora as coisas se afigurassem complicadas devido às opiniões contrárias que costuma haver em casos semelhantes. Escrevi ainda ao Bispo de Palência, suplicando-lhe que, estando o verão no fim e eu com tantas enfermidades para ir a terra tão fria, adiássemos tudo por um tempo. Não lancei dúvidas acerca da disposição do Arcebispo, pois já estava muito descontente de ver que ele opunha obstáculos depois de ter-se mostrado tão interessado — eu não queria ser causa de discórdia entre eles, que são amigos. Assim, fui de Sória para Ávila, despreocupada, sem

---

4. Referência a Concílio de Trento, sessão 25, cap. 3º: "De reformatione regularium".
5. Cf. cap. 29, n. 1.
6. Cf. cap. 29, n. 6.
7. Ela deveria ter escrito *a Burgos*.

saber que viria tão rapidamente; minha ida àquela casa de São José, para tratar de algumas coisas, era muito necessária[8].

8. Havia em Burgos uma santa viúva chamada Catalina de Tolosa, natural de Biscaia, de cujas virtudes eu muito poderia falar, seja em termos de penitência, de oração, de grandes esmolas, de caridade ou de muito entendimento e valor. Tinha duas filhas monjas no Mosteiro da Conceição, de nossa Ordem, em Valladolid, creio que há quatro anos; tinha outras duas em Palência: esteve esperando que se fundasse lá, tendo-as levado antes de eu partir daquela fundação[9].

9. As quatro são bem filhas de tal mãe; parecem anjos. Sendo muito justa, a mãe deu-lhes bons dotes e tudo o mais com grande perfeição. Tudo quanto faz o faz direito, e pode agir assim, porque é rica. Quando foi a Palência, tínhamos tanta certeza da licença do Arcebispo que não parecia haver empecilhos à fundação. Por isso, pedi-lhe que procurasse uma casa de aluguel para eu tomar posse e que fizesse umas grades e rodas, tudo por minha conta, não esperando que ela fizesse despesas por si, mas emprestasse. Ela o desejava tanto que sentiu muito o adiamento da fundação; e assim, depois da minha ida para Ávila — de que falei[10] —, deixando tudo de lado por algum tempo, ela não se aquietou, mas, julgando estar o problema em obter licença da cidade, empenhou-se em obtê-la, sem nada me dizer.

10. Tinha duas vizinhas, pessoas importantes e muito servas de Deus, que também muito o desejavam, mãe e filha. A mãe chamava-se Dona Maria Manrique; tinha um filho regedor, Dom Alonso de Santo Domingo Manrique. A filha chamava-se Dona Catalina. As duas expuseram a questão a Dom Alonso para que ele pedisse licença ao município; ele perguntou a Catalina que garantias oferecíamos, pois não a dariam sem que as houvesse. Ela disse que se comprometia a nos dar casa se faltasse, e assim o fez, e em nos sustentar; e apresentou uma petição firmada em seu nome[11].

Dom Alonso teve tal habilidade que conseguiu o consentimento por escrito de todos os regedores, levando-a então ao Arcebispo. Tão logo começaram a tratar disso, ela me escreveu dando conta do que negociava. Eu, porém, julguei ser um gracejo, visto saber com que dificuldade se admitem mosteiros pobres, e, não sabendo que ela se comprometia — isso sequer me passava pela cabeça —, tinha a impressão de que ainda havia muito o que fazer.

11. Contudo, estando num dia da oitava de São Martinho encomendando a questão a Nosso Senhor, pensei no que era possível fazer caso a cidade desse licença. Porque, com tantas enfermidades que o frio muito agrava, e estando tão frio, não me parecia suportável ir a Burgos, porque era temeridade percorrer caminho tão longo, logo depois de ter passado por uma viagem tão ruim — como eu disse[12] — na vinda de Sória, nem teria a permissão do Padre Provincial para fazê-lo. Julguei, pois, que a Prioresa de Palência[13] me poderia substituir, se tudo estivesse acertado, nada haveria a fazer.

Estava pensando nisso e muito decidida a não ir, quando o Senhor me disse estas palavras, o que me mostrou que a licença já fora concedida: *Não te incomodes com estes frios, pois Eu sou o verdadeiro calor. O demônio empenha todas as suas forças em impedir aquela fundação; empenha-te em meu nome para que se faça, e não deixes de ir em pessoa, pois te trará grande proveito.*

---

8. A ida a São José de Ávila tinha como alvo resolver alguns pequenos abusos; com a renúncia de Maria de Cristo ao priorato, a Santa foi eleita prioresa de São José.

9. Dona Catalina era viúva de Sebastián Muncharaz; suas duas filhas do Carmelo de Valladolid eram Catalina de la Asunción e Casilda de San Angelo; as duas de Palência eram Maria de San José e Isabel de la Santíssima Trindade. No Carmelo de Burgos entrou a mais nova, Elena de Jesús. Mais tarde (1587), Dona Catalina tomou o hábito no Carmelo de Palência, onde morreu (1608). Também foram carmelitas seus dois filhos, Juan Crisóstomo e Sebastián de Jesús.

10. No n. 7.

11. A petição está datada de 7/11/1581. No dia 4 do mesmo mês, Dom Alonso, na qualidade de Procurador-Mor, tinha intervindo em favor da causa (*Libro de actas del Ayuntamiento de Burgos*, ff. 288-289).

12. No cap. 30, n. 13-14. O Provincial era Gracián.

13. Inés de Jesús.

12. Com isso, voltei a mudar de ideia, embora por vezes os sofrimentos causem repugnância à natureza, mas não a determinação de padecer por este grande Deus; e por isso Vos digo que não leveis em conta meus sentimentos de fraqueza para ordenardes o que quiserdes, porque, com Vosso favor, não o deixarei de fazer.

Havia então neve e frio. O que mais me acovarda é a pouca saúde, porque, se muito a tivesse, parece-me que nenhuma coisa seria demais para mim. Esta me tem afligido muito nesta fundação, pois as enfermidades têm sido muito contínuas. Mas o frio era tão pouco, ao menos o que senti, que me pareceu sentir tanto quanto sentia quando estava em Toledo; bem cumpriu o Senhor Sua palavra naquilo que disse.

13. Poucos dias depois, trouxeram-me a licença, com cartas de Dona Catalina de Tolosa e de sua amiga, dona Catalina[14], apressando-me muito, visto temerem haver algum contratempo, dado que se estabelecera em Burgos a Ordem dos Vitorinos[15], estando a dos Carmelitas Calçados fazendo há muito gestões para lá se instalar; depois, tinham ido os basílios. Tudo isso era um grande problema, bem como coisa de se pensar terem-se juntado tantos de nós ao mesmo tempo, e era também motivo para se louvar Nosso Senhor a grande caridade do lugar, pois a cidade de muito boa vontade deu a todos o seu consentimento, se bem que já não estava com a prosperidade que costuma ter.

Eu sempre ouvira louvores à caridade da cidade, mas não imaginei chegasse a tanto. Uns favoreciam alguns, e outros a outros. Mas o Arcebispo via os inconvenientes que poderia haver e o impedia, parecendo-lhe que a fundação seria uma ofensa às Ordens Mendicantes, que não poderiam manter-se; e talvez estas mesmas o fossem procurar ou o demônio o inventava para evitar o grande bem que Deus faz em lugares onde que há muitos conventos, porque Ele é poderoso para manter tanto a muitos como a poucos.

14. Por isso, era tanta a pressa que essas santas mulheres insistiam comigo, a ponto de eu, pelo meu gosto, ter partido de imediato, não houvesse coisas a fazer; eu me considerava mais obrigada a não perder a oportunidade do que aquelas que via se empenhando tanto.

As palavras que eu ouvira davam a entender muitas contrariedades. Eu não podia saber de quem viriam nem de que lado; porque Catalina de Tolosa já escrevera que tinha garantido a casa em que vivia para tomarmos posse; com a cidade tudo estava acertado e com o Arcebispo também. Eu não podia perceber de onde viriam as contrariedades que os demônios haveriam de causar; porque eu não duvidava de que aquelas palavras eram de Deus.

15. Enfim, Sua Majestade dá mais luz aos prelados, porque, escrevendo ao Padre Provincial dizendo que viajaria diante do que me fora dado entender, ele não se opôs, mas me perguntou se eu tinha licença do Arcebispo por escrito[16]. Escrevi então para Burgos. Responderam-me que tinham tratado do assunto com ele quando do pedido à cidade e que ele tinha aprovado. Diante disso e de tudo quanto falei sobre o assunto, pareceu-me que já não havia lugar para dúvidas.

16. Quis o Padre Provincial ir conosco a essa fundação. Em parte porque, na época, devia estar um tanto desocupado, pois já pregara o Advento e, tendo de visitar o Convento de Sória, onde não pusera os pés depois da fundação, não se desviaria muito; e, em parte, por se preocupar com a minha saúde pelos caminhos, porque o frio era muito intenso, e eu muito velha e enferma e por lhes parecer que a minha vida importa alguma coisa. E por certo foi Deus quem assim ordenou as coisas, já que os caminhos estavam tão ruins, devido aos aguaceiros torrenciais, que foi bem necessária sua ida e dos seus companheiros para ver por onde se ia e para ajudar a tirar os carros dos atoleiros, em especial de Palência a Burgos.

---

14. *Sua amiga, dona Catalina* Manrique (cf. n. 10). A carta e a licença foram recebidas pela Santa em Ávila, no dia 29 de novembro.

15. *Vitorinos:* irmãos menores de São Francisco de Paula.

16. No ano anterior, Padre Gracián já havia estendido a licença de fundação, em Alcalá, a 9 de abril de 1581.

Grande foi o nosso atrevimento ter saído naquele momento. É verdade que Nosso Senhor dissera que podíamos ir e que eu não temesse, porque Ele estaria conosco; mas eu não o dissera ao Padre Provincial, servindo-me, contudo, de conforto nos graves perigos e dificuldades por que passamos, particularmente numa passagem nos arredores de Burgos chamada Pontões. A água era tanta e de tal modo que por vezes transbordava acima desses pontões, não se distinguindo o caminho nem se vendo por onde íamos; de um e de outro lado, era água, e muita. Em suma, era uma enorme temeridade passar por lá, ainda mais com carros, visto que o menor desvio põe tudo a perder, tendo acontecido justamente isso com um deles[17].

17. Numa estalagem que fica antes da ponte, tomamos um guia, porque as pessoas dali deviam conhecer aquela passagem, por certo bem perigosas. E havia as más hospedarias onde nos recolhíamos quando não era possível seguir viagem; muitas vezes os carros ficavam enterrados na lama, sendo preciso, para retirar um, atrelar-lhe as mulas do outro. Grandes esforços fizeram os padres que nos acompanhavam, pois tivemos a má sorte de levar uns carreteiros muito jovens e pouco cuidadosos. Ir com o Padre Provincial era um grande alívio, pois ele de tudo cuidava e tem um temperamento tão pacífico que parece não ser perturbado por nada; assim, o que parecia difícil tornava-se fácil para ele, embora não nos pontões, onde foi impossível não temer muito. Porque não pude deixar de temer, mesmo tendo sido animada por Nosso Senhor, ver que entrávamos num mundo de água, sem saber o caminho e sem barco: que fariam minhas companheiras? Íamos oito: duas que iam voltar comigo e cinco que iam ficar em Burgos: quatro de coro e uma leiga[18].

Creio que ainda não disse como se chama o Padre Provincial. É Frei Jerónimo Gracián de la Madre de Dios, a quem já mencionei outras vezes. Eu ia com um mal de garganta que muito me afligiu, surgido na chegada a Valladolid; a febre não me deixava e quando comia tinha grande dor. Isso me fez não aproveitar tanto os eventos dessa viagem. Este mal durou até agora, fim de junho, embora não tão intenso, mas ainda muito doloroso. Vinham todas muito contentes, porque, passado o perigo, falar nele era um divertimento. É grande coisa padecer por obediência para quem o faz com tanta frequência como essas irmãs.

18. Percorrendo sempre esses caminhos ruins, chegamos a Burgos, depois de ter atravessado a grande quantidade de água que inunda a entrada da cidade. Quis o Nosso Padre que antes de tudo visitássemos o Santo Crucifixo[19], para recomendar-Lhe o negócio, porque anoitecia, já que era tarde quando chegamos; era uma sexta-feira, um dia depois da Conversão de São Paulo, 26 de janeiro. Estava combinado que fundaríamos tão logo chegássemos, e eu trazia muitas cartas do cônego Salinas (aquele de que falei ao tratar da fundação de Palência, e a quem esta não deve menos; ele é daqui e de família importante) pedindo aos parentes que favorecessem o empreendimento, e a outros amigos, com muito empenho.

19. E eles assim o fizeram; no dia seguinte, todos foram me ver e, representando a cidade, disseram que mantinham o que tinham dito e que muito os alegrava ver-nos ali e que estavam à minha disposição para qualquer coisa. Ainda temíamos algo da parte da cidade, mas isso nos tranquilizou. Ainda não se sabia haver no caminho para a casa da boa Catalina de Tolosa uma grande inundação, e por isso pensamos em mandar dizer da nossa chegada ao Arcebispo, para logo ser dita a primeira missa, como o faço em quase todos os outros lugares. Mas por isso não foi possível.

20. Descansamos aquela noite graças aos muitos cuidados que aquela santa mulher teve conosco, embora me saíssem caros: ela acendera uma grande fogueira para que nos secássemos e, mesmo havendo chaminé, o fogo me fez tão mal que no dia seguinte eu não podia levantar a

---

17. O carro que correu perigo foi precisamente o da Santa.
18. Eram Tomasina Bautista (Priorésa), Inés de la Cruz, Catalina de Jesús, Catalina de la Asunción (filha de Catalina de Tolosa) e Maria Bautista, de véu branco. As duas que iriam regressar com a Santa eram Ana de San Bartolomé e sua sobrinha Teresita, de Quito. — A Santa escreve estas páginas em Burgos "no final de junho", como vai dizer em seguida.
19. O Santo Cristo de Burgos, então venerado na igreja dos Padres Agostinhos e que ora se encontra na Catedral.

cabeça, e falei deitada aos que vinham, por uma janela gradeada que cobrimos com um véu; por ser aquele um dia em que tinha de tratar das coisas, muito padeci.

21. Bem cedo, o Padre Provincial foi pedir a bênção ao Ilustríssimo, pois pensávamos não haver nada mais a fazer. Encontrou-o muito alterado; não negava ter mandado me chamar, mas só se referira a mim, para negociar. Mas eu fora com muitas monjas...! Deus nos livre do sofrimento que isso lhe causou! De pouco servia dizer-lhe que, tendo tratado tudo com a cidade, como ele pedira, não faltava senão fundar, e que o Bispo de Palência (a quem eu perguntara se era oportuno ir)[20] me dispensara da obrigação, dizendo que, se ele já dissera ser seu desejo, pouco proveito haveria.

As coisas assim foram porque Deus queria a fundação do convento, como depois o reconheceu o próprio Arcebispo; porque se lhe tivéssemos dito com clareza que íamos, ele nos teria proibido. Ele despediu o Padre Provincial, dizendo que, sem renda e casa própria, de modo algum daria a licença, e que bem podíamos voltar. De fato, os caminhos estavam em excelentes condições para isso, o mesmo ocorrendo com o tempo!

22. Ó Senhor meu! Quão certo é pagardes logo com grandes tribulações quem Vos faz um serviço! E que recompensa tão preciosa seria isso, para quem Vos ama, se logo pudesse entender o seu valor! Mas, naquele momento, não queríamos esse ganho, porque ele parecia impossibilitar tudo, ainda mais que o Arcebispo dizia que tínhamos de ter casa e rendimentos, e não o que as irmãs traziam. Nestes tempos, nem se podia pensar em semelhante coisa. Assim, tudo levava a crer que a situação era incontornável.

Mas não era esse o meu pensamento, porque sempre tive a certeza de que tudo era para o maior bem, bem como astúcias do demônio para evitar a fundação, além de não duvidar de que Deus levaria adiante a Sua obra. Mesmo assim, o Padre Provincial voltou muito tranquilo, pois então não se perturbou. Deus o permitiu, para que ele não se zangasse comigo por não ter a licença por escrito como ele dissera.

23. Logo vieram visitar-me ali alguns amigos e parentes do cônego Salinas, a quem, como eu já disse[21], ele escrevera. Eles julgaram dever-se pedir licença ao Arcebispo para dizer missa em casa, para não termos de andar pelas ruas. Havia muita lama e era inconveniente irmos descalças, havendo na casa uma peça decente que fora igreja da Companhia de Jesus quando esta chegara a Burgos, tendo eles ficado ali por mais de dez anos, e não sendo correto tomar posse ali antes de termos casa.

Nada o fez decidir-se a nos permitir ouvir missa ali, apesar de os cônegos terem ido suplicá-lo. Só conseguimos a licença para fazer a fundação lá até comprarmos casa, desde que houvesse renda, e com a garantia de que a compraríamos e sairíamos daquela. Logo encontramos fiadores, porque os amigos do cônego Salinas se dispuseram a sê-lo, oferecendo-se Catalina de Tolosa para dar renda para que fundássemos.

24. Quanto, como e de onde viria a renda foram questões que nos ocuparam por mais de três semanas, e nós só ouvíamos missa nos dias de festa, bem cedinho, e eu com febre e deveras doente. Mas Catalina de Tolosa fez tudo muito bem: era tão bondosa e tinha tão boa vontade que nos alimentou por um mês, como se fosse a mãe de cada uma de nós, num aposento separado em que estávamos. O Padre Provincial e seus companheiros ficavam na casa de um seu amigo companheiro de escola, chamado Doutor Manso, cônego e pregador da catedral[22], que estava muito contrariado por ver que tínhamos de demorar tanto ali, mas não se resolvia a nos deixar.

---

20. *Se era oportuno ir* "sem levá-lo ao conhecimento de Sua Senhoria", acrescentou Gracián na edição príncipe para completar o sentido.

21. Nos n. 18-19.

22. *O Doutor Manso:* era Cônego Pregador da Catedral; fora condiscípulo de Gracián na Universidade de Alcalá. Foi confessor da Madre quando Gracián se ausentou de Burgos, e, mais tarde (1594), Bispo de Calahorra, onde fundou um convento de monjas (1598) e outro de Padres Carmelitas (1603).

25. Resolvido o problema dos fiadores e da renda, o Arcebispo nos mandou para o Provedor, que logo o despacharia. Mas o demônio não podia deixar de interferir também nisso. Depois de quase um mês para conseguirmos cumprir as exigências do Arcebispo, julgávamos já não haver empecilhos em que se deter. Mas o Provedor enviou-me um memorial dizendo que a licença só seria concedida se tivéssemos casa própria; o Arcebispo já não desejava que fundássemos naquela, considerando-a úmida, e por ficar numa rua barulhenta, além de apontar não sei que obstáculo e outras coisas mais, a fim de se garantir a renda; era como se estivéssemos começando a negociação naquele momento. Mas a casa tinha de agradar ao Bispo e ponto final.

26. Vendo isso, muito se alterou o Padre Provincial, e nós todas com ele; porque, para comprar lugar para um mosteiro, é preciso tempo e ele já estava insatisfeito por nos ver sair para ouvir missa; pois ainda que a igreja não estivesse longe[23] e ouvíssemos missa numa capela, sem sermos vistas por ninguém, para Sua Reverência e para nós, essa situação era um tormento. Creio que ele já pensava ser melhor voltarmos. Eu não podia me conformar, já que me lembrava de o Senhor ter-me dito para agir em Seu nome; e estava tão certa da fundação que nada me afligia. Lamentava-me pelo Padre Provincial, pesando-me muito que tivesse ido conosco, sem saber a grande utilidade que teriam para nós os seus amigos, como adiante direi.

Eu estava com essa aflição, tendo-a muito as minhas companheiras (mas isso não me incomodava e sim a situação do Provincial) e, sem oração, ouvi de Nosso Senhor as palavras: *Agora, Teresa, sê forte*. Com isso, insisti com maior confiança junto ao Padre Provincial (e Sua Majestade também o estava inspirando) que se fosse e nos deixasse; porque a Quaresma se aproximava e era forçoso que fosse pregar[24].

27. Ele e os amigos fizeram com que nos cedessem uns quartos no Hospital da Conceição, onde havia Santíssimo Sacramento, bem como missas diárias. Isso o contentou um pouco. Mas não foi nada fácil consegui-lo; porque um aposento bom fora alugado por uma viúva do lugar que não apenas não quis no-lo emprestar, embora só o fosse ocupar daí a meio ano, como se incomodou que nos dessem uns cômodos na parte mais alta, de telha vã, e que se comunicavam com seu quarto; ela, não contente de haver chave por fora, mandou que pregassem por dentro. Além disso, os confrades julgaram que pretendíamos nos apossar do hospital, algo deveras despropositado, mas que surgira porque Deus queria que merecêssemos mais. Fizeram-nos prometer na presença de um tabelião, ao Padre Provincial e a mim, que, se nos mandassem desocupar as acomodações, nós o faríamos sem delongas.

28. Isso foi o que mais me preocupou, pois eu temia a viúva, que era rica e tinha parentes, podendo fazer-nos sair ao seu primeiro capricho. O Padre Provincial, porém, sendo mais esclarecido, quis que aceitássemos todas as exigências, para entrarmos mais depressa. Só nos davam duas peças e uma cozinha; mas era encarregado do hospital um grande servo de Deus de nome Hernando de Matanza, que nos cedeu outras duas para locutório, além de nos fazer muitas caridades; diga-se de passagem que ele a tem com todos, fazendo muito pelos pobres[25]. Também no-la fazia Francisco de Cuevas, que muito olha pelo hospital, correio-mor da localidade. Ele sempre fez por nós tudo quanto era necessário.

29. Nomeiem-se esses benfeitores da época inicial por que é justo que as monjas de hoje e do futuro se recordem deles em suas orações. E devemos isso ainda mais aos fundadores; e embora quando comecei não fosse minha intenção ter Catalina de Tolosa como fundadora, ela o mereceu pela sua vida tão de agrado de Nosso Senhor, que ordenou as coisas de tal maneira que não se pode negar que ela o seja. Porque, afora pagar a casa para a qual não dispúnhamos de recursos, não é

---

23. Paróquia de São Gil.
24. Em Valladolid (cf. n. 31).
25. *Hernando* era regedor da cidade e irmão do alcaide-mor, Jerónimo de Matanza. *Francisco de Cuevas*, outrora membro da Corte de Carlos V, era casado com a escritora de Toledo Luisa Sigea de Velasco.

possível descrever o que todas essas evasivas do Arcebispo lhe custavam; porque pensar que não seria possível fazer o mosteiro era sua grande aflição e ela nunca se cansava de nos fazer o bem.

30. Esse hospital ficava bem distante de sua casa; e quase todos os dias ela ia nos ver com muito boa vontade, enviando tudo o que era necessário, o que a levou a ser alvo de insinuações que a teriam feito desistir, se não tivesse a disposição que tem. Ver o que ela passava causava-me grande lástima; porque embora de modo geral o ocultasse, nem sempre podia dissimulá-lo, em especial quando tinha atingida a consciência, porque a sua é tão reta que, apesar das muitas situações desagradáveis pelas quais a faziam passar, nunca a vi dizer palavras que ofendessem a Deus.

Diziam-lhe que iria para o inferno e lhe perguntavam como, tendo filhas, podia fazer o que fazia. Ela sempre seguia a opinião de letrados; e, por mais que o quisesse, eu jamais lhe permitiria, por nada deste mundo, fazer coisas que não pudesse, mesmo que se deixassem de fazer mil conventos, quanto mais um! Contudo, como tratávamos de tudo em segredo, não causa espanto que se pensasse mal dela; mas ela replicava com uma mansidão, pois a tem muita, que bem poderia estar Deus ensinando-a a ser engenhosa para contentar uns e suportar outros, dando-lhe ânimo para tudo vencer. Quão mais corajosos são os servos de Deus nos grandes empreendimentos que os de alta linhagem, se isto faltar àqueles! Se bem que seu sangue disso não careça, pois ela é muito fidalga.

31. Voltando ao assunto. Como nos pôs em lugar onde ouvíamos missa e com clausura, o Padre Provincial teve ânimo para ir a Valladolid, onde havia de pregar, embora lamentando muito por não ver no Arcebispo nenhum sinal promissor quanto à concessão da licença; e ainda que eu o animasse, ele não conseguia acreditar. Claro que havia muitos motivos para duvidar, não se devendo tratar deles aqui. E se ele tinha pouca, seus amigos tinham menos, o que lhe aumentava o desalento.

Fiquei mais aliviada ao vê-lo partir, porque, como eu disse[26], meu maior sofrimento era o seu. Deixou-nos a ordem de procurar e adquirir casa própria, o que era deveras difícil, visto que até então não surgira nenhuma ao nosso alcance. Os amigos passaram a cuidar ainda mais de nós, especialmente os dois do Padre Provincial[27]; todos concordaram em nada dizer ao Arcebispo até termos casa. Este sempre dizia desejar mais do que ninguém essa fundação, e acredito, pois é tão bom cristão que só diria a verdade; em termos de obras, não o parecia, pois pedia coisas aparentemente impossíveis diante das nossas condições.

Aí estava a trama armada pelo demônio para que não se fizesse o convento. Mas, ó Senhor, como se vê que sois poderoso! Porque da mesma coisa a que ele recorria para nos perturbar, Vós tirastes a maneira de o fazer ainda melhor! Sejais para sempre bendito!

32. Da véspera de São Matias, quando entramos no hospital, até a de São José, tratamos de várias casas[28]. Eram tantos os inconvenientes que todas as que queriam nos vender não nos serviam. Falaram-me da de um cavalheiro, posta à venda poucos dias antes e, apesar de tantas Ordens estarem procurando casa, quis Deus que esta não lhes agradasse — e todos agora se espantam disso, estando alguns bem arrependidos. Duas pessoas me tinham falado dela, mas eram tantas as que falavam mal que eu, julgando-a algo que não convinha, não lhe dera maior atenção.

33. Certo dia, quando me encontrava com o licenciado Aguiar[29] — amigo do nosso Padre, como eu disse —, que procurava com grande afinco casa para nós, disse-me ele que vira algumas e não encontrara em todo o lugar; e, segundo me diziam, não era possível encontrar. Lembrei-me então desta de que falei, da qual já tínhamos desistido, e pensei: mesmo que seja ruim como falam, recorramos a ela nesta necessidade, pois mais tarde podemos vendê-la. E perguntei ao licenciado Aguiar se me fazia a gentileza de ir vê-la.

---

26. No n. 26.
27. O Doutor Manso (cf. n. 24) e o licenciado Aguiar (cf. n. 33s.).
28. De 23/2 a 18/3/1582.
29. D. Antonio Aguiar, médico, condiscípulo de Gracián em Alcalá. A Santa ainda não falara sobre ele (cf. n. 23 e 25).

34. Ele não julgou errado fazê-lo; ele não vira a casa e embora o dia estivesse tempestuoso, não quis deixar de ir imediatamente. Estava lá um morador que, desejoso de que ela não fosse vendida, recusou-se a no-la mostrar; mas o local e o que o licenciado pôde ver lhe agradaram muito; assim, decidimos negociar a sua compra. O proprietário não se encontrava aqui, mas dera poder de vendê-la a um clérigo servo de Deus, em quem Sua Majestade pôs o desejo de fazer negócio conosco e de nos tratar com muita lisura[30].

35. Ficou combinado que eu fosse ver a casa. Gostei tanto que, se me tivessem pedido o dobro do preço pelo qual eu achava que no-la venderiam, eu ainda a consideraria barata; e não estaria fazendo muito, porque dois anos antes ofereceram ao dono desse montante e ele não a quis vender. No dia seguinte, o clérigo e o licenciado foram me ver, este último, vendo o preço que aceitavam, queria fechar logo o negócio. Eu, porém, tinha falado daquilo a alguns amigos, que me disseram que o preço estava quinhentos ducados além do valor. Eu o disse ao licenciado, que considerava a compra um bom negócio mesmo por esse preço; eu pensava o mesmo e teria ido adiante, por me parecer de graça, mas como se tratava de dinheiro da Ordem era preciso ter cuidado. Essa reunião foi realizada na véspera da festa do nosso glorioso Pai São José, antes da missa. Eu lhes disse que depois dela prosseguiríamos e resolveríamos tudo.

36. O licenciado é homem de grande entendimento e via com clareza que, se o negócio se divulgasse, o preço haveria de aumentar ainda mais, sendo possível que não comprássemos; por isso, empenhou-se e fez o clérigo prometer que voltaria depois da missa. Nós fomos encomendar o negócio a Deus, que me disse: *Em dinheiro te deténs?* Ele dava a entender que a compra nos era vantajosa. As irmãs tinham pedido encarecidamente a São José para ter casa no seu dia e, embora não pensassem que suas orações seriam ouvidas com tanta rapidez, isso se realizou.

Todos insistiram em que se fechasse o negócio, e assim fizemos. O licenciado encontrou um escrivão[31] tão logo chegou à porta, parecendo coisa do Senhor, e veio com ele, dizendo-me ser conveniente concluir e trazendo testemunha; e, fechada a porta da sala, para evitar divulgação (pois este era o seu temor), a venda foi concluída com todas as garantias na véspera, como eu disse, do glorioso São José, graças aos bons esforços e grande compreensão deste bom amigo, o licenciado[32].

37. Ninguém imaginava que o preço da casa fora tão baixo e por isso, quando a notícia se espalhou, começaram a aparecer compradores dizendo que o clérigo fizera um negócio irregular e que era preciso desfazer a operação de venda por ser grande o engano. Muito padeceu o bom clérigo. Logo se fez chegar a notícia aos proprietários, que, como eu disse[33], era um importante cavalheiro e sua esposa; eles ficaram tão felizes de que se fizesse um mosteiro em sua casa que aceitaram tudo, se bem que já não podiam fazer mais nada. No dia seguinte lavraram-se as escrituras, pagando-se um terço do preço e fazendo tudo quanto o clérigo exigira. É verdade que em alguns pontos exigiu mais do que o combinado; mas, em atenção a ele, não fizemos caso.

38. Parece impertinência deter-me tanto na compra desta casa. Contudo, quem seguiu de perto tudo teve a impressão de estar diante de um milagre, não só por ter sido quase de graça como porque todos os religiosos que a foram ver tinham tido uma cegueira que as levou a não pegá-la; e as pessoas, como se a casa nunca tivesse estado em Burgos, espantavam-se quando a viam e culpavam e chamavam de tolos os que não a tinham querido. Estavam todos arrependidos: um mosteiro de monjas que estava em busca de casa, na verdade dois (um deles fora feito há pouco e o outro viera de fora, devido ao fato de a sua casa ter-se queimado), além de uma pessoa de posses desejosa de fazer um mosteiro — todos os que a tinham ido ver e rejeitado.

---

30. O proprietário era Dom Manuel Franco. Eram dois os clérigos que tinham poder de vender a casa: Diego Ruiz de Ayala e Martín Perez de Rozas.
31. Juan Ortega de la Torre y Frías.
32. A venda foi concluída em 16/3/1582. As monjas se transferiram na véspera de São José, dia 18.
33. Nos n. 32 e 34.

39. O rumor na cidade chegou a tal ponto que vimos com clareza a grande razão que tivera o bom licenciado para agirmos sigilosamente, e para empenhar-se como o fizera — na verdade, pode-se dizer que, abaixo de Deus, fora ele quem nos dera a casa. Grande valor tem a sabedoria em todas as coisas. Como ele a tem em alto grau, e teve infundida por Deus a vontade, acabaram por levar a cabo juntos essa obra. Ele ficou por mais de um mês ajudando e vendo que se acomodasse bem a casa e com poucas despesas.

Tínhamos a nítida impressão de que Nosso Senhor a guardara para si, visto que parecia que tudo estava feito. É bem verdade; e parecia-me um sonho vê-la pronta tão depressa, como se tivesse sido feita para nós. Bem nos recompensou Nosso Senhor pelo que havíamos passado ao nos levar para um jardim de delícias; porque, considerando o horto, a vista e a água, não parece outra coisa. Seja para sempre bendito, amém.

40. O Arcebispo logo o soube e muito se alegrou de que tivéssemos acertado tão bem, tendo a impressão de que suas exigências tinham sido a causa, e com muita razão. Escrevi-lhe dizendo ter ficado contente por tê-lo agradado, que eu me apressaria a adaptá-la, a fim de logo obter dele a graça esperada. Feito isso, acelerei a mudança porque ouvi dizer que queriam nos reter na outra até a conclusão de não sei que escrituras. Por isso, embora houvesse na casa um morador[34], cuja saída não deixou de ser uma dor de cabeça para nós, lá fomos e nos alojamos num quarto.

Logo me disseram que o Arcebispo estava descontente com isso. Aplaquei-o como pude, porque, como é bom, ele se encoleriza mas isso logo passa. Ele também não gostou de saber que tínhamos grades e roda, pois pensou que eu desejava agir com autonomia. Eu lhe escrevi não ser essa a minha intenção, que em casa de pessoas recolhidas essas coisas são comuns e que eu sequer me atrevera a pôr uma cruz, o que era verdade, para não parecer mosteiro. Apesar de toda a boa vontade que ele mostrava, não havia como fazê-lo dar a licença.

41. Ele foi ver a casa e ficou muito contente, mostrando muita amabilidade conosco, não a ponto de nos dar a licença, mas permitindo-nos ter mais esperança: é que precisavam ser feitas não sei que escrituras com Catalina de Tolosa. Tínhamos muito medo de que não a desse; mas o doutor Manso, que é o outro amigo do Padre Provincial, de quem já falei, também o era muito do Arcebispo e não perdia oportunidade de lhe lembrar o caso e de insistir com ele, pois muito sofria ao ver como íamos; porque embora a casa tivesse uma capela usada para os donos da casa ouvirem missa, não nos fora permitido celebrá-las ali e tínhamos de sair, nos dias de festa e aos domingos, para ouvi-las numa igreja[35]; para nossa felicidade, ficava perto, já que se passou cerca de um mês até fazermos a fundação. Todos os letrados afirmavam haver motivo suficiente. O Arcebispo, que o é muito, também tinha essa opinião, razão por que a causa de tudo só pode ser o desejo de Nosso Senhor de que padecêssemos, se bem que eu suportasse tudo sem problemas; mas havia uma monja que, vendo-se na rua, tremia pelo desgosto que sentia.

42. A lavratura das escrituras não trouxe poucas aflições; ora aceitavam fiadores, ora queriam o dinheiro, e muitas outras exigências. A culpa disso não era tanto do Arcebispo como de um Provedor que nos moveu uma guerra acirrada que, se Deus não o tivesse afastado dali, ficando outro em seu lugar, nunca teria, parece-me, chegado ao fim[36]. Ai! Nem é possível dizer o que Catalina de Tolosa sofreu nisso! E ela tudo suportava com uma paciência que me espantava, e não se cansava de nos sustentar. Deu-nos todo o necessário para montar a casa — camas e muitas outras coisas —, pois tinha a sua bem provida, e tudo o de que precisávamos; parecia que mesmo que faltasse na sua, a nossa sempre seria provida. Outras fundadoras de mosteiros nossos deram muito mais recursos, mas nenhuma passou por um décimo do que esta sofreu. E, não tendo filhos,

---

34. Jerónimo del Pino e sua mulher, Magdalena Solórzano.
35. A Igreja e o Hospital de São Lucas, situado a poucos metros das casas compradas pela Madre.
36. Cf. n. 25. — Frase um tanto obscura: parece dizer que, se o Provedor não tivesse de fazer uma viagem, de modo que o seu cargo ficasse nas mãos de outra pessoa, a licença nunca teria sido obtida.

dera tudo o que pôde; e queria tanto ver o mosteiro feito que tudo o que fazia com esse objetivo lhe parecia pouco.

43. Vendo que tardava tanto, escrevi ao Bispo de Palência suplicando-lhe que voltasse a escrever ao Arcebispo, com quem ele estava zangadíssimo, tomando como feito a si tudo quanto aquele nos fazia; e, o que muito nos espantava, o Arcebispo nunca via agravo em nada. Supliquei ao Bispo que tornasse a escrever dizendo que, como já tínhamos casa e já fizéramos o que ele queria, pusesse fim à situação. O Bispo enviou-me uma carta aberta dirigida a ele, mas em termos tais que entregá-la era pôr tudo a perder; assim, o douto Manso, com quem eu me confessava e aconselhava, não quis que a entregássemos, porque, embora fosse bem comedida, dizia algumas verdades que, diante da disposição do Arcebispo, seriam suficientes para deixá-lo irado, ainda mais que ele já o estava um pouco por causa de algumas coisas que o Bispo lhe dissera, embora fossem muito amigos. E me dizia que, assim como a morte de Nosso Senhor tornara amigos os que não o eram, assim também eu fizera deles, que eram amigos, dois inimigos. Eu lhe disse que por aí veria quem eu era, visto ter tido, a meu ver, um cuidado especial para que não se desentendessem.

44. Voltei a suplicar ao Bispo, da melhor maneira que pude, que lhe escrevesse outra carta com muita amizade, mostrando-lhe o quanto o mosteiro iria servir a Deus. Ele fez o que lhe pedi, o que não foi pouco; mas, vendo que era serviço de Deus e me fazia uma graça, tendo-me feito sempre muitas, ele terminou por se obrigar. E me escreveu que tudo quanto fizera pela Ordem até então era nada comparado com essa carta.

No final, a carta tinha tal teor que, ao lado das gestões do doutor Manso, nos conseguiu a licença. Ela chegou às nossas mãos por meio do bom Hernando de Matanza, que no-la entregou com imensa alegria. Naquele dia, as irmãs encontravam-se bem mais fatigadas do que de costume, e a boa Catalina de Tolosa num estado tal que não era possível consolá-la, porque parece que o Senhor quis, no momento em que nos ia contentar, dar-nos mais sofrimentos, visto que até eu, que sempre tivera confiança, passara a noite anterior abalada. Seja para sempre bendito o Seu nome e louvado para sempre e sempre. Amém[37].

45. O Arcebispo deu licença ao doutor Manso para dizer missa no dia seguinte e para pôr o Santíssimo Sacramento. A primeira foi dita por ele e pelo Padre Prior de São Paulo[38] (que é dos dominicanos, aos quais esta Ordem sempre deveu muito, tanto quanto aos da Companhia)... ele disse a Missa Solene, o Padre Prior, com muita festa e menestréis que vieram por vontade própria.

Todos os amigos estavam muito contentes; e quase a cidade inteira, que tanto se compadecia ao ver a nossa situação; e parecia-lhes tão ruim o que fazia o Arcebispo que eu por vezes sentia mais o que ouvia dizer sobre ele do que as agruras que suportava. A alegria da boa Catalina de Tolosa e das irmãs era tamanha que me fazia devoção e eu dizia a Deus: "Senhor, que pretendem estas Vossas servas além de Vos servir e se verem encerradas por Vós num lugar de onde nunca hão de sair?"

46. Só mesmo quem passa por isso pode compreender o prazer que temos nessas fundações, quando por fim nos vemos enclausuradas, em lugar onde não entram pessoas seculares; pois por mais que gostemos delas, isso não basta para que não encontremos grande consolo em nos vermos a sós. Isso me lembra dos peixes do rio que, quando apanhados na rede, só podem voltar a viver se lançados outra vez na água; porque assim são as almas que nadam nas correntes das águas do seu Esposo: tiradas dali pelas redes das coisas do mundo, não vivem verdadeiramente senão quando se veem outra vez ali. Vejo sempre isso em todas essas irmãs e o sei por experiência.

As monjas que virem em si o desejo de estar com seculares ou de tratar com eles devem temer não ter encontrado a água viva de que o Senhor falou à Samaritana[39], e que o seu Esposo delas se

---

37. A licença do Arcebispo está datada de 18 de abril de 1582. Está conservada no *Libro de elecciones y profesiones* do Carmelo de Burgos.
38. Foi no dia 19 de abril. O Prior dominicano era Frei Juan de Arcediano.
39. Jo 4,7-15.

ocultou, e com toda razão, porque elas não se contentam em estar com Ele. Receio que isso decorra de duas coisas: ou elas não entraram nesse estado só por Ele ou, depois de terem entrado, não conheceram a grande graça que Deus lhes concedeu ao escolhê-las para Si e livrá-las da sujeição a um homem, que muitas vezes lhes acaba a vida, e queira Deus que não o faça também à alma.

47. Ó verdadeiro Homem e Deus, Esposo meu! Deveremos considerar tão pequeno esse favor? Louvemo-Lo, minhas irmãs, por nos tê-lo concedido, e não nos cansemos de louvar tão grande Rei e Senhor, que tem preparado para nós um reino sem fim em troca de uns sofrimentozinhos envoltos em mil alegrias, dores que logo se acabam. Seja Ele para sempre bendito, amém, amém.

48. Dias depois de fundada a casa, pareceu ao Padre Provincial[40] e a mim que, na renda dada por Catalina de Tolosa, havia certos inconvenientes que poderiam dar origem a demandas e causar-lhe algum desassossego. E preferimos confiar em Deus a lhe dar algum dissabor. Por essas e outras razões, renunciamos, diante de um tabelião, e com a permissão do Padre Provincial, à renda que nos dera e lhe restituímos as escrituras. Isso foi feito com muito segredo, para que o Arcebispo não soubesse e ficasse ofendido, embora o prejuízo fosse apenas da casa. Porque quando se sabe que o convento é de pobreza, nada há a temer, pois todos ajudam; mas quando julgam que tem renda, parece grande o perigo, pois a comunidade corre o risco de ficar sem ter o que comer, ao menos por algum tempo.

Consegui uma solução para quando findassem os dias de Catalina de Tolosa; duas de suas filhas, que iriam professar em nosso convento de Palência naquele ano, tinham renunciado aos bens em favor da mãe, mas esta as fez anular tudo e fazer a doação ao mosteiro de Burgos, que também vai receber a herança legítima de sua outra filha, que quis professar aqui[41]. Tudo junto equivale ao que Catalina de Tolosa tinha nos dado, sendo o único inconveniente o fato de não poderem as monjas gozar logo disso.

Mas sempre tive por certo que nada lhes há de faltar, porque o Senhor, que faz que mosteiros que vivem de esmolas as recebam, despertará as pessoas a fazê-lo aqui ou dará meios com que se mantenham. Contudo, como nunca fundara nessas condições, eu suplicava algumas vezes ao Senhor que, como quisera que se fizesse a fundação, ordenasse as coisas de modo que elas se remediassem e tivessem o necessário; e não tinha vontade de partir dali sem ver se entrava mais alguma monja.

49. Uma vez, depois de comungar, eu estava pensando nisso quando o Senhor me disse: *Por que duvidas? Isto já está terminado e bem podes partir.* Ele me fazia entender que não lhes faltaria o necessário; e tudo se passou como se eu as deixasse com muitos bens, pois nunca mais me preocupei. E logo tratei de minha partida, por me parecer que a única coisa que fazia era me recrear nesta casa, que é muito agradável, ao passo que em outros lugares, se bem que com mais trabalho, eu poderia ser mais útil.

O Arcebispo e o Bispo de Palência continuaram amigos; porque aquele logo se mostrou muito solícito conosco e deu o hábito à filha de Catalina de Tolosa[42] e a outra monja que entrou logo depois[43]. Até agora não faltou quem nos favorecesse, e Nosso Senhor não há de permitir que Suas esposas padeçam, desde que elas sirvam da maneira com que estão comprometidas. Para isto, dê-lhes Sua Majestade, por Sua grande bondade e misericórdia, a graça.

---

40. O Padre Gracián regressara de Valladolid.

41. Elena de Jesús, que por causa da idade só professou em 5 de junho de 1586 e que em 1607 seria eleita a primeira prioresa da comunidade; o presidente da eleição foi seu irmão, o Padre Sebastião, na época Provincial de Castela.

42. Elena de Jesús (cf. n. 48) tomou o hábito em 20 de abril, dia seguinte ao da inauguração. Dom Cristóbal não apenas presidiu a cerimônia como pregou: "E em público, no dito sermão, e com muitas lágrimas, se culpou por não ter dado licença antes à dita Santa... e pediu perdão pelo que fizera padecerem Santa Madre e suas monjas" (depoimento de Teresita de Jesus — Cepeda — nos processos de Ávila, 1610: B. M. C., t. II, p. 328).

43. Beatriz de Arceo y Cuevasrubias (Beatriz de Jesús), viúva de Herando de Venero e irmã de um dos regedores da cidade; obteve a licença do Padre Gracián em 6 de maio e tomou o hábito no dia 24 do mesmo mês.

JHS

Pareceu-me oportuno falar aqui de como as monjas de São José de Ávila, que foi o primeiro convento que se fundou — e cuja fundação está em outro lugar[1], e não neste livro — passaram da jurisdição do Ordinário, na qual o convento foi fundado, à da Ordem.

Na época da fundação, era Bispo Dom Alvaro de Mendoza, que agora o é de Palência, e por todo o tempo em que ele esteve em Ávila, as monjas foram extremamente favorecidas. E quando lhe foi prestada obediência, Nosso Senhor me fez entender que era conveniente que assim fosse, como depois bem se viu, porque recebemos dele um grande apoio não só quando das desavenças da Ordem como em muitos outros casos onde isso ficou patente; ele nunca consentiu visitas de clérigo ao mosteiro e só fazia o que eu lhe suplicava. Assim se passaram mais ou menos dezessete anos[2], não me lembro bem, nem eu pretendia que se alterasse a obediência.

Depois disso, deu-se o Bispado de Palência ao Bispo de Ávila[3]. Na época, eu me encontrava no convento de Toledo e Nosso Senhor me disse que convinha passarem as monjas de São José a obedecerem à Ordem, e que eu o providenciasse, porque, se não o fizesse, logo veria o relaxamento daquela casa. Tendo entendido que era bom prestar obediência ao Ordinário, tive a impressão de que Ele Se contradizia; por isso, não sabia o que fazer[4]. Disse-o ao meu confessor, que era o atual Bispo de Osma[5], homem muito instruído. Disse-me ele que isso não vinha ao caso, pois num momento parecera boa uma coisa e agora era necessária outra; e bem se vê ser isso verdade em muitíssimas coisas. Ele acrescentou que via ser melhor que aquele mosteiro ficasse unido a outros em vez de isolado.

4. Fez-me ir a Ávila tratar do assunto. Encontrei o Bispo com uma opinião bem distinta, pois de maneira nenhuma concordava. Contudo, como eu lhe falasse de alguns prejuízos que poderiam advir para as monjas, e como era muito o seu afeto por elas, ele passou a refletir sobre o caso. Sendo homem de muito bom entendimento, e contando com a ajuda de Deus, o Bispo encontrou motivos ainda mais ponderáveis do que os indicados por mim e resolveu-se a fazê-lo. E embora alguns clérigos lhe dissessem que não convinha, ele não se deixou demover.

5. Era necessário que as monjas fizessem votos. Para algumas isso era uma coisa difícil; mas, como me queriam bem, aceitaram as razões que eu lhes apresentei, especialmente o fato de que, ausente o Bispo, a quem a Ordem tanto devia e por quem eu tinha muita afeição, elas não haviam de me ter mais consigo[6]. Isso foi fundamental, e assim se concluiu coisa tão importante, pois todas e todos viram com clareza quão perdida teria ficado a casa se tivéssemos feito o contrário.

Bendito seja o Senhor, que olha com tanto cuidado o que toca às Suas servas! Seja para sempre bendito. Amém.

---

1. Cf. *Vida*, caps. 32-36.
2. Na realidade, apenas 15: de 1562 a 1577.
3. Ele foi nomeado Bispo de Palência em 28 de junho de 1577. Antes da metade de julho, a Santa já saíra de Toledo para Ávila. No dia 20 do mesmo mês, duas "primitivas" de São José, residentes no Carmelo de Valladolid (María Bautista e María de la Cruz) davam seu voto favorável à mudança de jurisdição. No dia 27 de julho, fazia outro tanto a "fundadora oficial", D. Guiomar, e, em 2 de agosto, Dom Alvaro legalizava a mudança.
4. Cf. *Vida*, cap. 33, n. 16.
5. Alonso Velázquez (cf. cap. 28, n. 10 e nota).
6. Devido ao cansaço e à debilidade da infatigável escritora, há inúmeros "lapsus calami" neste epílogo, como já ocorrera em capítulos anteriores, especialmente no cap. 31 (n. 11, 12, 13, 16, 18, 20, 48 etcap.).

AS RELAÇÕES

INTRODUÇÃO

Pequena e densa autobiografia de Santa Teresa, na qual a Santa vai relatando as misericórdias do Senhor a sua alma. A série de escritos munidos sob a epígrafe *Relações e favores* não constitui um livro com unidade interna. Trata-se de um florilégio de peças heterogêneas, relatos autobiográficos de vivências interiores, consultas espirituais marcadas de segredo, anotações esparsas a modo de instantâneos para uso estritamente pessoal, formulação e motivações do voto de obediência ao diretor espiritual, avisos proféticos aos frades carmelitas descalços...

Os sessenta e sete fragmentos têm uma fibra comum, o dado místico, às vezes matizado de autobiografia, outras concentrado em um intenso esforço para descrever e ordenar as próprias experiências. Há relatos interessados unicamente em destacar a origem mística de um fato interior. Alguns favores divinos, brevíssimos, pretendem apenas fixar o papel da palavra de Deus, núcleo da experiência. Às vezes, acrescenta-se ao simplíssimo dado místico um sóbrio marco de reflexão pessoal.

A composição desse florilégio místico expande-se por um prazo de vinte e um anos, que cobrem quase todo o período literário da Santa. A primeira relação data de 1560, a última, de 1581. Apesar de se ignorar a data exata de grande parte dos acontecimentos místicos relatados e de vários favores, podemos distinguir quatro grupos cronológicos:

1. Anos da fundação de São José de Ávila, 1560-1563, nos quais escreve as três primeiras relações, ao mesmo tempo em que redige o *Livro da Vida*. Elas se dirigem aos primeiros confessores dominicanos, Pedro Ibáñez e Garcia de Toledo.

2. Anos de ingresso nas sétimas moradas; supremas graças místicas; em grande parte sob a direção espiritual de São João da Cruz; 1569-1573.

3. Anos de crise e conflitos: acusações da Inquisição (em Sevilha, ela e sua comunidade; em Madri, o livro de sua *Vida*); a Santa passa à direção espiritual de Padre Gracián: 1575-1577. Destacam-se três grupos: voto de obediência a Gracián: 39-40; duas relações destinadas a Padre Rodrigo Álvarez, motivadas — ao menos a primeira — pela intervenção da Inquisição de Sevilha: *Relações quarta e quinta*; favores referentes à pessoa de Gracián e novas graças místicas: 42-46.

4. Anos finais: 1579-1581. Duas peças de primeira qualidade: quatro avisos aos padres descalços, que contêm a mensagem definitiva da Santa aos responsáveis por sua reforma e última apresentação de sua alma ao diretor Alonso Velázquez, 1581.

São sessenta e seis as Relações conhecidas, mas elas não foram as únicas que a Madre escreveu. Muitas não vieram à luz. Diversas circunstâncias aconselharam não publicar todas elas. Algumas tratavam de temas muito elevados da vida espiritual, outras referiam-se a pessoas ainda vivas quando da publicação dos livros da Santa (1588).

Quanto aos autógrafos, escritos em cadernetas e papéis soltos, existem deles algumas cópias. A mais autorizada está no Carmelo de São José de Ávila.

1*

1. A maneira de proceder na oração que agora tenho é a seguinte: poucas vezes acontece de, estando em oração, eu poder discorrer com o intelecto, porque a alma logo começa a recolher-se e

---

* Data provável 1560, em Ávila, quando ela ainda era monja na Encarnação. Destinatário: o Padre Pedro Ibáñez, dominicano. Esta *Relação* e as duas seguintes, escritas no triênio 1560-1563, embora em diferentes datas, foram reunidas

a ficar em quietude ou em arroubo, de modo tal que não posso em nada recorrer aos sentidos, tanto que, a não ser ouvir — e sem compreender —, para nada mais tenho capacidade.

2. Ocorre muitas vezes (sem que eu esteja querendo pensar em coisas de Deus, mas enquanto trato de outras coisas, e tendo a impressão de que, por muito que procurasse ter oração, não o poderia, por estar com uma grande secura, ajudando nisso as dores corporais) de dar-me tão depressa esse recolhimento e essa elevação de espírito que não consigo resistir; depois, num momento, deixa a alma com os efeitos e proveitos que traz consigo. E isso acontece sem que eu tenha tido visões ou ouvido coisas, e sem que eu saiba onde estou, mas, parecendo-me perder a alma, vejo-a com benefícios que nem em um ano eu poderia obter, mesmo que tudo fizesse para isso.

3. Outras vezes, dão-me uns ímpetos muitos grandes, e me vejo tomada pelo desejo de me desfazer por Deus; a eles também não posso resistir. Parece que a minha vida vai se acabar, o que me faz gritar e clamar por Deus, e com grande furor. Algumas vezes nem posso permanecer sentada, tamanhas as agonias que me atingem, vindo esse sofrimento sem que eu o procure. E ele *é* tal que a alma não quisera sair dele enquanto vivesse. São ânsias que tenho por não viver e parecer que vivo sem poder remediá-lo, porque o remédio por ver a Deus é morrer e isso não posso fazer. Assim, parece-me à alma que todos estão consoladíssimos menos ela, e que todos encontram remédio para seus sofrimentos, menos ela. E isso custa tanto que, se o Senhor não o amainasse com algum arroubo, com o qual tudo se aplaca, ficando a alma com grande quietude e satisfação — algumas vezes por vislumbrar algo do que deseja, outras por entender outras coisas —, e se nada disso houvesse, seria impossível sair desse sofrer.

4. Vêm-me noutras ocasiões desejos de servir ao Senhor, com ímpetos muito grandes, tais que não os sei descrever, e com um grande pesar por ver de quão pouco proveito sou. Então, parece-me que nenhum sofrimento ou empecilho seria posto à minha frente, nem morte nem martírio, que eu não vencesse com facilidade. Isso também ocorre sem que eu esteja fazendo considerações, e se apossa de mim de tal modo que me revira toda, e não percebo de onde me vem tanto esforço. Tenho a impressão de querer falar em altos brados e dar a entender a todos quanto importa não se contentar com coisas poucas e que bem nos dá Deus quando nos dispomos a receber.

Digo que esses desejos têm tal natureza que me desfaço e quero o que não posso. Parece-me que este corpo me aprisiona, não podendo servir a Deus em nada, nem ao estado religioso; porque, se não o tivesse, eu faria coisas muito notáveis na medida das minhas forças; vendo-me assim, sem nenhum poder para servir a Deus, sinto de tal maneira esse padecimento que sequer sei como dar-lhe a devida dimensão. Acabo com regalos, recolhimento e consolos de Deus.

5. Outras vezes ainda me aconteceu de, quando sobrevêm essas ânsias de servi-Lo, desejar fazer penitências; mas não o posso. Fazê-lo muito me aliviaria, e alivia, embora quase nada seja, por causa da fraqueza do meu corpo; se bem que, se me deixassem, eu, com tamanhos desejos, me excederia.

6. Algumas vezes dá-me muito sofrimento ter de tratar com as pessoas, e me aflige tanto que muito me faz chorar, porque todo o meu anseio é estar a sós, e mesmo que em algumas ocasiões eu não reze nem leia, consola-me a solidão; e a conversa, em especial a de parentes e amigos íntimos, me parece pesada, como se eu me sentisse vendida, salvo com aqueles com quem trato de coisas de oração e do espírito, porque com estes me consolo e alegro, ainda que algumas vezes fique farta e nem a eles deseje ver, voltada que estou para a vontade de mergulhar na solidão; mas

---

pela Santa numa espécie de pequeno tratado único, não muito diferente da primeira redação do *Livro da Vida*. Destinada ao Padre Ibáñez, a primeira delas foi transcrita literalmente por este para ser enviada a outros teólogos e confessores da autora (cf. *Relação* 3, n. 13); ele logo a remeteu a esta, que se limitou a acrescentar uma anotação marginal (n. 13), escrevendo em seguida a segunda e a terceira. Ao final desta, ela adicionou, à feição de epílogo, uma nota conclusiva cujo teor dá a entender que foi escrita depois da morte do Padre Ibáñez, portanto perto do último terço de 1565, período em que a Santa revisava e redigia novamente o *Livro da Vida*. — O *texto* destas três Relações foi tomado do Padre Ribera (*Vida de la Santa*, edição príncipe, Salamanca, 1590, pp. 493-511).

isso não é comum, em especial quando estou com aqueles a quem falo da minha consciência, pois eles muito me consolam.

7. Outras vezes sofro muito por ter de comer e dormir, e ver que eu, mais do que todos, não posso deixar de fazê-lo; faço-o para servir a Deus, e assim Lhos ofereço. Todo o tempo me parece curto e me faz falta para rezar, porque de estar só nunca me cansaria. Sempre tenho desejo de ter tempo para ler, porque sou muito afeiçoada a isso. Leio muito pouco, porque, tomando o livro e me contentando, recolho-me, e a lição se torna oração, e é pouco, pois tenho muitas ocupações que, embora boas, não me dariam o contentamento que disso advém; por isso, fico sempre desejando tempo, o que me torna desagradável, creio eu, ver que não se faz o que quero e desejo.

8. Todos esses desejos, além dos de virtude, o Senhor me tem dado, depois de me ter concedido essa oração quieta com arroubos, e me sinto tão melhorada que me parece ter sido antes perdição. Esses arroubos e visões me deixam com os benefícios de que vou falar agora, e afirmo que, se algum bem tenho, daqui me vieram.

9. Tomou conta de mim uma enorme determinação de não ofender a Deus nem venialmente, pois antes morreria mil mortes a fazê-lo, entendendo, porém, que o faço. Determinação de que nenhuma coisa que eu pensasse ser de mais perfeição e de mais serviço a Nosso Senhor, dizendo-me que a faça quem de mim cuida e me dirige, eu deixaria de fazer, sentisse o que sentisse, por nenhum tesouro a deixaria de fazer. E se fizesse o contrário, acredito que não teria cara para pedir algo a Deus Nosso Senhor, nem para ter oração, embora em tudo isso cometa muitas faltas e imperfeições.

Obediência a quem me confessa, mesmo com imperfeição; mas entendendo que quer uma coisa, ou que a manda, creio que não a deixaria de fazer e, se deixasse, julgaria estar muito enganada.

Desejo de pobreza, mesmo com imperfeição; mas parece-me que, embora tivesse muitos tesouros, não teria renda particular, nem dinheiro só para mim, nem nada disso me interessa; só queria ter o necessário. Contudo, sinto muita falta dessa virtude; mesmo nada desejando para mim, queria ter para dar, embora não almeje renda nem coisa alguma para mim.

10. Quase todas as visões que tenho tido me deixam grande proveito, se não forem enganos do demônio. No tocante a isso, remeto-me aos meus confessores.

11. Quando vejo alguma coisa bela, formosa, como água, campos, flores, odores, música etc., parece-me que não as queria ver nem ouvir, tamanha a diferença entre isso e o que costumo ver; e assim, sai-me a vontade delas. E disso surgiu em mim tanta indiferença com relação a essas coisas que, a não ser algum primeiro movimento, pouco me tem ficado delas, e me parece lixo.

12. Se falo ou trato com algumas pessoas profanas, por não poder evitá-lo, e mesmo que seja de coisas de oração, se a conversa se prolonga sem ser necessário, mesmo que seja por passatempo, esforço-me muito, pois me dá grande pesar. Coisas de regozijos, de que costumava gostar, e de coisas do mundo, tudo me incomoda e não posso ver.

13. Esses desejos de amar e servir a Deus, e de vê-Lo, que eu disse que tenho, não recebem a ajuda das considerações, ao contrário de antes, quando me parecia que eu estava muito devota e com muitas lágrimas; mas com uma inflamação e um fervor tão excessivos que, repito, se Deus não me remediasse com algum arroubo, durante o qual, parece-me, a alma fica satisfeita, creio que seria para logo acabar a vida.

14. Amo muito os que vejo mais beneficiados e com essas determinações, desapegados e animados, e com tais pessoas eu gostaria de tratar, e parece que me ajudam. As pessoas que vejo tímidas e que, na minha opinião, se atêm às coisas que, de acordo com a razão, se podem fazer aqui, parece que me angustiam e me fazem clamar a Deus e aos santos que foram acometidos por essas coisas que agora nos espantam; não porque eu valha alguma coisa, mas por ter a impressão de que Deus ajuda àqueles que por Ele se atrevem muito e nunca falta a quem só Nele confia. Portanto, eu quisera encontrar quem me ajudasse a crer Nele assim, sem cuidar o que hei de comer e vestir, mas

entregando-o a Deus. *Não se entenda que esse entregar a Deus o de que preciso seja de maneira que eu não o procure; sucede que eu não estou voltada para isso, não me aflijo por isso, digo*[1]. E depois que o Senhor me deu essa liberdade, contento-lhe com isso e procuro esquecer-me de mim o quanto posso. Não me parece que tenha passado um ano desde que Nosso Senhor mo concedeu.

15. Vanglória, Deus seja louvado, no meu entendimento não há por que ter; porque vejo claro nessas coisas que Deus dá não estar nada ao meu alcance, antes Deus me faz sentir minhas misérias: por mais que eu pudesse pensar, não poderia ver tantas verdades como vejo um único instante disso.

16. De uns dias para cá, quando falo dessas coisas, parece-me como se fossem de outra pessoa. Antes disso, parecia-me, algumas vezes, ser uma afronta deixar que se soubessem essas coisas de mim; agora, contudo, creio que não sou melhor por isso, e sim pior, pois muito pouco me beneficio com tantas graças. Por certo me parece que, em todos os pontos, nunca houve alguém pior no mundo do que eu, e assim as virtudes dos outros me parecem muito mais merecidas, ao passo que eu apenas recebo graças, e que aos outros Deus há de dar de uma vez o que aqui me quer dar; suplico-Lhe que não me queira pagar nesta vida, e assim creio que, por ser fraca e ruim, Deus me conduziu por esse caminho.

17. Estando em oração — e até, quase sempre, podendo considerar um pouco —, ainda que o procure, não posso pedir descanso, nem desejá-lo de Deus, pois vejo que Ele só viveu com sofrimento, e estes Lhe suplico que me dê, dando-me primeiro a graça para suportá-lo.

18. Todas as coisas dessa natureza e outras de muito grande perfeição parece que se imprimem em minha oração, e a tal ponto que me espanto de ver tantas verdades, e tão claras, que me parecem desatino as coisas do mundo. Dessa maneira, preciso ter o cuidado de pensar em como me relacionava antes com as coisas do mundo, pois tenho a impressão de ser disparate sentir as mortes e sofrimentos dele, pelo menos se durar muito a dor ou o amor dos parentes, amigos etc.; digo que ando atenta, considerando quem eu era e o que costumava sentir.

19. Se vejo em algumas pessoas certas coisas que parecem claramente pecados, não consigo me convencer de que tenham ofendido a Deus naquilo e, se me detenho nisso, que é pouco ou nada, nunca consigo me decidir, embora o veja claro; e parecia-me que o cuidado que trago de servir a Deus, todos o têm. E nisso o Senhor me fez um grande favor, pois nunca me detenho em coisa ruim de que venha a me lembrar depois e, se me lembro, sempre vejo outra virtude na pessoa em questão; assim é que nunca me fatigam essas coisas, exceto o mal coletivo e as heresias, que muitas vezes me afligem: quase sempre que penso nelas, tenho a impressão de que só esse sofrimento merece ser sentido. Também sinto isso quando vejo retrocederem alguns que tratavam de oração; isso me dá pesar, mas não muito, porque procuro não me deter aí.

20. Também melhorei em termos das curiosidades que costumava ter, se bem que não de todo, pois não me vejo estar nisso sempre mortificada, embora algumas vezes o esteja.

21. Isso tudo de que falei é que ocorre em geral com a minha alma, pelo que posso entender. O mais comum é ter o pensamento em Deus e, embora tratando de outras coisas, sem querer, como digo, não entendo o que fala quem me desperta desse estado, e isso nem sempre, mas quando trato algumas coisas de importância; e pensar nessas coisas, louvado seja Deus, é algo que me ocorre aos poucos e que não me ocupa sempre.

22. Vêm-me alguns dias — embora não muitas vezes, e durando três, quatro ou cinco dias — em que me parece ter sido privada de todas as coisas boas, e fervores e visões, e até da memória isso me sai, pois mesmo que o queira não sei que coisa boa possa ter havido em mim; tudo me parece sonho ou, ao menos, de nada me posso recordar. Afligem-me todos os males corporais; o intelecto fica perturbado, e em nenhuma coisa de Deus posso pensar, e sequer sei em que lei vivo.

---

1. O texto em itálico foi adicionado pela Santa à cópia feita pelo seu confessor e usada por Ribera, que anota: "Aqui estavam acrescentadas com a letra da Madre estas palavras" (p. 498).

Se leio, não compreendo; parece-me estar plena de faltas, sem nenhum ânimo para a virtude, e o grande ânimo que costumo ter se reduz a isso, parecendo-me que à menor tentação e murmúrio do mundo eu não poderia resistir. Vem-me então a ideia de que não sirvo para nada: é culpa minha o ter-me envolvido com coisas além das comuns; fico triste, tendo a impressão de ter enganado a todos os que acreditam um pouco em mim. Desejo fugir para onde ninguém me veja; nesses momentos não desejo a solidão por virtude, mas por pusilanimidade; parece-me que desejaria zangar-me com todos os que me contradissessem.

Vejo-me às voltas com essa batalha, mas Deus me concede a graça de não ofendê-Lo mais do que costumo, e não Lhe peço que me tire isso, mas digo que, se é de Sua vontade que eu fique assim para sempre, que Ele me conduza por Sua mão para que eu não O ofenda, e conformo-me com Ele de todo o coração, acreditando que o fato de Ele não me manter assim permanentemente é um grandíssimo favor que me faz.

23. Uma coisa me espanta: o fato de que, estando dessa maneira, uma única palavra das que costumo ouvir, ou uma visão, um pouco de recolhimento que dure uma ave-maria ou a comunhão deixem a alma e o corpo tão aquietados, e o intelecto tão saudável e claro, com toda a força e desejos que costumo ter. E tenho experiência disso, pois são muitas vezes, ao menos quando comungo, há mais de meio ano sinto notavelmente uma clara saúde corporal, o que por vezes acontece com os arroubos, em certas ocasiões durante mais de três horas; outras vezes, passo o dia inteiro com grande melhora, e tenho a impressão de que não me engano, pois o tenho verificado e observado bem. Dessa maneira, quando tenho esse recolhimento, não temo nenhuma enfermidade. É verdade que, quando tenho a oração que antes costumava ter, essa melhoria não advém.

24. Tudo isso que eu disse me faz crer que essas coisas vêm de Deus; porque, sabendo quem eu era, que seguia o caminho da perdição, vejo que em pouco tempo, recebendo essas graças, a minha alma não se conhecia, sem entender de onde me vinham essas virtudes. Eu me desconhecia e via ser uma coisa dada, e não ganha por esforço. Entendo com toda a verdade e clareza, e sei que não me engano, que isso serviu não só de recurso para Deus me atrair para o Seu serviço, como também para me tirar do inferno, como o sabem meus confessores a quem tenho feito confissão geral.

25. Também quando vejo alguma pessoa que sabe alguma coisa de mim, queria dar-lhe a entender a minha vida; porque me parece ser honra minha que Nosso Senhor seja louvado, pouco me importando tudo o mais. Isso bem sabe Ele, ou eu estou muito cega, já que nem honra, nem vida, nem glória, nem nenhum bem corporal ou da alma podem me deter, nem penso ou desejo benefícios para mim, mas sim a Sua glória.

Não posso crer que o demônio tenha buscado tantos bens visando ganhar a minha alma para depois perdê-la; não o tenho por tão néscio. Do mesmo modo, não posso crer que Deus, embora pelos meus pecados eu merecesse estar enganada, tenha desprezado tantas orações de almas tão boas quanto as que há dois anos as fazem por mim — pois não faço outra coisa senão rogá-lo a todos — para que o Senhor me permita saber se isto é para a Sua glória ou me conduza por outro caminho. Não creio que Sua Divina Majestade permitisse que essas coisas sempre fossem adiante caso não fossem Suas.

26. Essas coisas e as razões de tantos santos me animam quando tenho esses temores de que elas não sejam de Deus, por ser eu tão ruim. Contudo, quando estou em oração, e nos dias em que tenho pensamento em Deus, ainda que se juntem todos os eruditos e santos do mundo e me deem todos os tormentos imagináveis, não me poderiam levar a crer que isso vem do demônio, pois eu não poderia acreditar, ainda que quisesse. E quando quiseram me levar a acreditar nisso, eu temi, vendo quem o dizia, e pensei que eles deviam estar dizendo a verdade, e que eu, sendo quem era, por certo me enganava; mas, à primeira palavra, recolhimento ou visão, tudo o que tinham dito se desfazia. Eu não podia mais e acreditava que era de Deus.

27. No entanto, posso imaginar que o demônio alguma vez poderia se intrometer — e isso acontece, como eu já disse e vi —, mas, quando isso se passa, os efeitos são diferentes, e quem

tem experiência, creio eu, não se deixa enganar. Com tudo isso digo, embora creia que certamente vem de Deus, que não faria coisa alguma que aqueles que me dirigem julgassem não ser de maior serviço a Nosso Senhor; por nada deste mundo. E nunca deixei de entender que devia obedecer e não ocultar nada, porque isso me convém.

28. De ordinário sou muito repreendida pelas minhas faltas — e de uma maneira que me atinge as entranhas — e recebo avisos quando há ou pode haver algum perigo nas coisas de que trato; essas coisas me têm trazido muito proveito, embora eu muito lastime que muitas vezes me tragam à memória os pecados passados.

29. Muito me estendi, mas ainda assim, no tocante aos bens com que me vejo quando saio da oração, por certo me parece ter ficado aquém do necessário; mais tarde, vejo-me com muitas imperfeições, sem proveito e deveras ruim. E não entendo as coisas boas, e me engano; no entanto, a diferença em minha vida é notória, o que me faz pensar. Em tudo o que disse, falei do que me parece ter sentido verdadeiramente.

São essas as perfeições que sinto ter o Senhor operado em mim, tão ruim e imperfeita. Entrego tudo ao juízo de Vossa Mercê, que conhece toda a minha alma[2].

2[3]

1. Parece-me que há mais de um ano escrevi isto que aqui está. Por todo esse tempo, Deus tem me conduzido pela mão, pois não estou pior e até vejo muita melhoria no tocante ao que direi. Seja Ele louvado por tudo.

2. As visões e revelações não cessaram, e são muito mais sublimes. O Senhor me ensinou um modo de oração que me deixa com muito mais benefícios, com muito maior desapego das coisas desta vida e com muito mais ânimo e liberdade. Os arroubos aumentaram, porque às vezes vêm com tal ímpeto e de maneira tal que, sem que eu possa escondê-los, fazem-se perceber, e mesmo estando na companhia dos outros, porque têm tal natureza que não se pode dissimular a não ser alegando — já que sou doente do coração — que é algum desmaio. Embora eu tenha grande cuidado de resistir no princípio, algumas vezes não posso.

3. No que se refere à pobreza, parece-me que Deus me fez muita graça, porque nem o necessário eu queria ter, a não ser de esmola, desejando ao extremo estar onde não se coma de outra coisa. Tenho a impressão de que estar onde estou, onde não há de me faltar de comer e de vestir, é não cumprir com tanta perfeição o voto e o conselho de Cristo quanto se cumpre em lugar onde não há renda, porque alguma vez faltará; e os bens que se ganham com a verdadeira pobreza parecem-me muitos, e não os quisera perder.

Vejo-me muitas vezes com tão grande fé, tendo o parecer de que Deus não pode faltar a quem O serve, e sem nenhuma dúvida de que não haja nem possa haver momento algum em que as Suas palavras faltem, que não consigo me persuadir de outra coisa, nem posso temer, razão pela qual muito lamento quando me aconselham que tenha renda, e me volto para Deus.

4. Parece-me que tenho muito mais piedade dos pobres do que costumava. Sinto em mim uma grande lástima e desejo de remediar a sua situação, a ponto de, se seguisse a minha vontade, dar-lhes minha própria roupa. Nenhum asco tenho deles; trato com eles e os toco. E isso vejo agora que é um dom de Deus, já que, embora por amor a Ele desse esmolas, eu não tinha piedade natural. Sinto uma reconhecida melhora nesse aspecto.

---

2. Entre esta Relação e a seguinte, Ribera adverte: "Esta Relação estava escrita por mão alheia, embora depois, como veremos, a própria Madre diga que está como ela a escreveu. — O que se segue estava todo escrito com a sua mão e tem o seguinte teor" (p. 504).

3. Foi escrita em 1562. É duvidoso o lugar, podendo ter sido na Encarnação de Ávila (julho-agosto de 1562), embora seja mais provável que tenha sido em Toledo, no palácio de Dona Luisa de Lacerda. Por isso, a Relação (n. 3) registra os últimos ecos da polêmica sobre a pobreza (abril-maio de 1562) e pode lamentar-se: "E a honra que me fazem, muita..." (n. 7). — Foi dirigida, provavelmente, ao Padre Ibáñez.

5. Quanto aos murmúrios de que me fazem objeto, que são muitos e prejudiciais a mim, também me sinto muito melhor; parece que quase não me incomodam mais do que a um bobo, e creio que algumas vezes têm razão, e quase sempre. Sinto-o tão pouco que até penso que nada tenho a oferecer a Deus e, como tenho experiência de que a minha alma muito ganha, antes me parece que me fazem bem, razão por que não guardo nenhuma inimizade para com quem assim age, tão logo me achego à oração.

Assim que ouço essas coisas, tenho um pouco de contrariedade, mas não com inquietude ou alteração; em vez disso, como vejo algumas vezes outras pessoas, tenho pena e, assim, rio de mim para mim, porque todas as ofensas, as desta vida, me parecem tão pouco importantes que não há o que sentir. Julgo ver-me num sonho e sinto que, ao despertar, tudo será nada.

6. Deus me dá desejos mais vivos, mais vontade de solidão, um desapego muito maior — como eu disse —, com visões, porque o Senhor me deu a entender o que é tudo, mesmo que eu deixe todos os amigos, amigas e parentes, pois isso é o de menos, já que me cansam muito os parentes. Tão logo possa servir a Deus um pouquinho mais, deixo-os com toda a liberdade e contentamento, e, assim, em toda parte encontro paz.

7. Algumas coisas que me foram aconselhadas na oração mostraram-se muito verdadeiras. Assim, quanto a receber graças de Deus, acho-me muito adiantada; no tocante a servi-Lo, bem pior. Porque regalos tenho tido mais — pois se têm oferecido ocasiões para isso —, embora muitas vezes sinta imensa pena; a penitência é muito pouca, e a honra que me fazem, muita, com frequência bem contra a minha vontade[4].

3[5]

1. Isto que está escrito aqui com a minha letra, foi feito por mim há mais ou menos nove meses. Depois disso, não voltando atrás nas graças que Deus me concedeu, parece-me que recebi outra vez, pelo que entendo, muito mais liberdade. Até agora, parecia-me que eu precisava dos outros, e eu tinha mais confiança nas ajudas do mundo; agora entendo com clareza que são todos caniços secos e que apegar-se a eles não traz segurança, pois ao mínimo peso dos murmúrios e das contrariedades logo se quebram. Por isso, tenho a experiência de que o verdadeiro remédio para não cair é o apego à cruz e a confiança Naquele que nela Se pôs. Considero-O amigo verdadeiro e acho-me com isso com um domínio tal que me parece que eu resistiria a todos no mundo que fossem contra mim, contanto que Deus não me faltasse.

2. Eu, que costumava ser muito amiga de quem me quisessem bem, entendo essa verdade com clareza; já nada me importo com isso, e até parece que me cansa, exceto no contato com aqueles com quem trato da minha alma ou a quem penso beneficiar, aqueles porque me suportam, e estes para que creiam com mais sentimento no que lhes digo da vaidade que é tudo; essas pessoas, sim, eu quisera que gostassem de mim.

3. Em meio aos grandes sofrimentos, perseguições e contrariedades pelos quais passei nestes meses, deu-me Deus grande ânimo[6]; e quanto maiores, maior o ânimo, sem que eu me cansasse de padecer. E, diante das pessoas que falavam mal de mim, eu não só não ficava mal, como, ao que parece, renovava o meu afeto por elas. Não sei explicar isso, que é um bem concedido pela mão do Senhor.

4. É da minha natureza costumar, quando desejo uma coisa, ser impetuosa em desejá-la. Agora, porém, estão os meus desejos com tanta quietude que, quando os vejo cumpridos, ainda

---

4. Ribera observa: "Aqui estava traçada uma linha como esta [linha horizontal em toda a extensão da página] e em seguida..." (p. 507). Segue-se a *Relação* 3.
5. Escrita nove meses depois da precedente (n. 1), isto é, em 1563, foi destinada muito provavelmente ao Padre García de Toledo.
6. Alusão à fundação de São José de Ávila.

não sei se me alegro ou não. Porque pesar e prazer, se não é em coisas de oração, estão todos misturados, de modo que pareço boba e como tal fico alguns dias.

5. Os ímpetos de fazer penitência, que me vêm algumas vezes, e têm vindo, são grandes, e, se faço alguma, sinto-a tão pouco com aquele grande desejo que algumas vezes me parece — e quase sempre — que é graça particular, embora faça pouca, por ser muito enferma.

6. É grandíssimo [pesar] para mim muitas vezes, e agora mais excessivo, ter de comer, em especial se estou em oração. Deve ser grande, porque me faz chorar muito e dizer palavras de aflição sem quase me dar conta, o que eu não costumo fazer. Por maiores que sejam os sofrimentos que tenho tido nesta vida, não me recordo de tê-las dito, pois não sou nada mulher nessas coisas, tendo antes coração duro.

7. Sinto em mim um desejo enorme, maior do que de costume, de que Deus tenha pessoas que O sirvam com todo o desapego e que em nada das coisas de cá se detenham — porque vejo que é tudo engano —, particularmente letrados; porque, como vejo as grandes necessidades da Igreja, que muito me afligem, pois me parece equívoco ter pesar por outra coisa, nunca deixo de encomendá-los a Deus: é que vejo que seria mais proveitosa uma pessoa perfeita de todo e com verdadeiro fervor no amor de Deus do que muitas fracas.

8. Acho-me, a meu ver, com muito mais força nas coisas da fé. Parece-me que eu me oporia sozinha contra todos os luteranos, para lhes dar a entender seu erro. Sinto muito a perdição de tantas almas. Vejo muitas beneficiadas, e reconheço com clareza que Deus quis que fosse por meu intermédio; reconheço também que, pela Sua bondade, cresce a minha alma em amá-Lo cada dia mais.

9. Tenho a impressão de que, mesmo que com esforço desejasse vangloriar-me, não o poderia, assim como não vejo como seria possível considerar minha alguma dessas virtudes; porque há pouco me vi sem nenhuma por muitos anos, e agora, de minha parte, não faço senão receber graças, sem servir, e sim como a coisa mais sem serventia do mundo. E é assim que considero algumas vezes que todos aproveitam exceto eu, que para nada sirvo.

Isso não é, com certeza, humildade, mas verdade, e verificar que sou tão sem proveito algumas vezes me dá temores, e penso se não estou enganada. Assim, vejo com clareza que dessas revelações e arroubos — que nada devem a mim, nem faço para isso mais do que faria uma tábua — me vêm esses benefícios. Isso me tranquiliza e traz mais sossego; ponho-me então nos braços de Deus e confio em meus desejos, que estes sem dúvida entendo que são morrer por Ele e perder todo o descanso, aconteça o que acontecer.

10. Vêm-me dias em que me lembro infinitas vezes do que disse São Paulo[7] — se bem que em mim por certo não seja assim — e me parece que não vivo, não falo, nem tenho vontade, mas que está em mim Quem me governa e dá forças; e ando quase como fora de mim, razão por que me é um enorme pesar a vida. E a maior coisa que ofereço a Deus como grande serviço é, sendo-me tão penoso estar afastada Dele, querer viver pelo Seu amor. Isto eu queria que fosse com grandes padecimentos e perseguições; já que não sou de proveito, queria ser útil em sofrer, e quantos sofrimentos há no mundo eu passaria por um pouquinho de mérito a mais, digo, em cumprir mais a Sua vontade.

11. Nenhuma coisa tenho ouvido na oração, embora vários anos antes, que não tenha visto cumprida. São tantas as que vejo, o que ouço das grandezas de Deus e o modo como Ele as tem guiado que quase nenhuma vez começo a pensar nisso sem que me falte o intelecto, como quem vê coisas que estão muito além da compreensão, e mergulho em recolhimento.

12. Protege-me tanto Deus em não O ofender que com certeza me espanto algumas vezes, pois me parece que vejo o grande cuidado que Ele tem por mim sem que eu para isso contribua com coisa alguma, sendo um poço de pecados e de maldades antes dessas coisas, e sem me parecer que eu fosse senhora de mim para deixar de cometê-los. E o motivo por que eu queria

---

7. Gl 2,20.

que se soubesse disso é que se entenda o grande poder de Deus. Louvado seja Ele para sempre e sempre, amém[8].

JHS

1. Esta relação, que não é com a minha letra, que está no princípio, é a que dei ao meu confessor, e ele, sem tirar nem pôr coisa alguma, a copiou com a sua. Ele era muito espiritual e teólogo — com ele eu tratava de todas as coisas da minha alma — e falou dela com outros letrados, estando entre eles o Padre Mancio[9]. Nada encontraram aí que não seja muito conforme às Sagradas Escrituras. Isso me faz estar muito sossegada, embora entenda ser necessário, enquanto Deus me levar por este caminho, não confiar nem um pouco em mim, o que sempre fiz, embora sinta muito.

Veja Vossa Mercê que tudo isso vai sob confissão, como o supliquei a Vossa Mercê.

4 A)[10]

JHS

1. Esta monja há quarenta anos tomou o hábito e desde o princípio começou a pensar na Paixão de Nosso Senhor, nos mistérios, e em seus pecados, sem nunca pensar em coisa que fosse sobrenatural, mas nas criaturas ou coisas, a partir das quais percebia quão cedo se acaba tudo, e nisso despendia alguns momentos do dia, sem passar-lhe pelo pensamento desejar mais, pois se tinha por tal que mesmo pensar em Deus via que não merecia.

2. Nisso passou uns vinte e dois anos com grandes securas, lendo também em bons livros. Haverá uns dezoito, na época em que se começou a tratar do primeiro mosteiro de Descalças que fundou em Ávila (uns três anos antes), que passou a ter a impressão de que lhe falavam interiormente algumas vezes e a ter algumas visões e revelações[11]. Ela jamais ouviu ou viu qualquer coisa

4 B)

JESUS

1. Esta monja há quarenta anos tomou o hábito e desde o princípio começou a pensar na Paixão de Nosso Senhor, nos mistérios, alguns momentos do dia, e em seus pecados, sem nunca pensar em coisa que fosse sobrenatural, mas nas criaturas ou coisas a partir das quais percebia quão cedo se acaba tudo; em ver nas criaturas a grandeza de Deus e o amor que nos tem; isto lhe dava muito mais vontade de servi-Lo (que por temor nunca foi levada, nem isso a influenciava), sempre com grande desejo de que fosse louvado e tivesse Sua Igreja aumentada. Era por isso que rezava, sem fazer nada para si, pois lhe parecia que pouco importava padecer no purgatório em troca do crescimento desta, ainda que fosse bem pequeno.

2. Nisso passou uns vinte e dois anos com grandes securas, pois jamais lhe passou pelo pensamento desejar mais, porque se tinha por tal que mesmo pensar em Deus lhe parecia não

---

8. O n. que segue serve de epílogo às três Relações. Ribera adverte: "Acabado isto, começa pondo primeiro *Jesus*, como o fazia sempre que escrevia, desta maneira: JHS" (p. 510). Data provável: final de 1565.

9. Maneio del Corpus Christi, dominicano, famoso professor de Alcalá e Salamanca (1497-1566).

10. Em Sevilha, no final de 1575 (cf. Ribera IV, cap. 7, p. 368), ou talvez no princípio de 1576. O plano de cima contém o texto de Caprarola (autógrafo); o de baixo, o texto de Ribera (IV, cap. 7, pp. 369-375) e do manuscrito de Ávila e Toledo.

11. Ela escreve entre 1575 e 1576. "Há quarenta anos tomou o hábito": 1535-1536. — "Passou uns vinte e dois anos com grandes securas": 1535-1556. — "Haverá uns dezoito, na época em que começou a tratar do primeiro convento… (uns três anos antes)…": 1557-1560.

com os olhos corporais, mas sim na forma de uma representação semelhante a um relâmpago, que, no entanto, as deixava tão impressas nela, e com tantos efeitos, que era como se visse com os olhos corporais, e ainda mais do que isso.

3. Ela era temerosíssima, a ponto de algumas vezes não se atrever a estar sozinha de dia; e como, por mais que fizesse, não pudesse evitar isso, vivia aflitíssima, temendo que fosse engano do demônio. E começou a tratar com pessoas espirituais da Companhia de Jesus, entre elas o Padre Araoz, que por acaso foi ali, e que era Comissário da Companhia, e o Padre Francisco — que foi Duque de Gandía[12] —, com quem tratou duas vezes, bem como um provincial da Companhia — que está agora em Roma, onde é um dos quatro assistentes — chamado Gil González, e também o que agora o é em Castela, se bem que com este não tanto. Baltasar Alvarez, que é agora Reitor de Salamanca, confessou-a por seis anos; o Reitor de Cuenca[13], chamado Salazar, e o de Segóvia, chamado Santander, este não muito tempo; o Reitor de Burgos, que se chama Ripalda, e que estava indisposto com ela até ela tratar com ele; o doutor Pablo Hernández de Toledo, que era Consultor da Inquisição; Ordófiez, que foi Reitor de Ávila. Quando estava nos vários lugares, ela procurava os que, neles, eram mais estimados.

4. Tratou muito com o Frei Pedro de Alcântara, e foi ele quem muito fez por ela.

5. Eles estiveram por mais de seis anos, nessa época, fazendo-a passar por muitas provas, e ela com muitas lágrimas e aflição, e quanto mais provas se faziam, mais as tinha, e suspensões frequentes na oração *e mesmo fora dela*[14]. Faziam-se muitas orações e diziam-se missas para que Deus a levasse por outro caminho, porque era grandíssimo o seu temor quando não estava em oração, embora em todas as coisas referentes ao serviço de Deus se percebesse clara melhoria, e nenhuma vanglória nem soberba, chegando a fugir dos que o sabiam; e sentia mais tratar disso do que se fossem pecados, porque lhe parecia que se ririam dela e que eram coisas de mulherzinhas.

---

merecer; mas acreditava que Sua Majestade lhe fazia muita graça ao deixá-la estar diante de Si rezando, lendo também em bons livros.

Haverá uns dezoito anos, quando se começou a tratar do primeiro mosteiro de descalças que findou em Ávila (três ou dois anos antes, creio que são três), que começou a ter a impressão de que lhe falavam interiormente algumas vezes e a ver algumas visões e revelações interiormente com os olhos da alma, pois jamais viu coisa com os olhos corporais nem a ouviu. Duas vezes, lhe parece ter ouvido falar, mas não entendeu coisa alguma. Era uma representação, quando via essas coisas interiormente, que não durava senão o espaço de um relâmpago, de modo geral, mas ficavam tão impressas nela e com tanto efeito que era conto se as visse com os olhos corporais, e ainda mais do que isso.

3. Ela era então tão temerosa de natural que mesmo de dia não ousava estar só algumas vezes; e como, por mais que se esforçasse, não podia evitar isso, andava muitíssimo aflita, temendo que fosse engano do demônio, e começou a tratar disso com pessoas espirituais da Companhia de Jesus, entre as quais estavam: o Padre Araoz — que era comissário da Companhia —, que por acaso foi ali; o Padre Francisco, que foi duque de Gandía, com quem tratou duas vezes; um provincial que está agora em Roma, e é um dos quatro assistentes, chamado Gil González; e ainda o que agora o é em Castela, se bem que com este não tenha tratado tanto; o padre Baltasar Alvarez, que é agora Reitor em Salamanca e a confessou seis anos nessa época; e o que agora é reitor de Cuenca, chamado Salazar; e o de Segóvia, de nome Santander; o reitor de Burgos, chamado Ripalda, que estava mal com ela por ter ouvido essas coisas até tê-las tratado com ela; o doutor

---

12. *De Buendía*, escreveu primeiro a Santa.
13. *De Sigüenza*, escreveu primeiro.
14. As palavras em itálico foram acrescentadas nas entrelinhas pela autora.

6. Haverá uns treze anos, pouco mais ou menos, que foi ali o Bispo de Salamanca, que era, creio, Inquisidor em Toledo, e o fora aqui; ela procurou falar-lhe para assegurar-se mais e deu-lhe conta de tudo[15]. Ele lhe disse que tudo isso não era coisa que tocasse ao seu ofício, porque tudo o que via e ouvia sempre a firmava mais na fé católica, em que ela sempre esteve e está firme, e com grandíssimos desejos da honra de Deus e do bem das almas, pois por uma se deixaria matar muitas vezes.

Vendo-a tão fatigada, disse-lhe que escrevesse ao Mestre Ávila, que era vivo, uma longa relação de tudo, visto que ele era homem que muito entendia de oração, e que, com aquilo que ele dissesse a ela, sossegasse. Ela assim o fez; e o Mestre lhe escreveu e a tranquilizou muito[16]. Foi de tal maneira essa relação que todos os letrados que a viram — que eram seus confessores — diziam ser de grande proveito para advertir sobre coisas espirituais; e mandaram-lhe que o trasladasse e fizesse outro livrinho para suas filhas, já que era prioresa, no qual lhes desse alguns avisos.

7. Apesar de tudo isso, de quando em quando não lhe faltavam temores, parecendo-lhe que as pessoas espirituais também podiam estar enganadas como ela, desejando tratar disso com grandes letrados, embora eles não fossem muito dados à oração, porque o seu desejo era apenas saber se se conformavam às Sagradas Escrituras todas as coisas que tinha. E algumas vezes se consolava, por parecer-lhe que, embora por seus pecados merecesse ser enganada, Deus não permitiria que se enganassem tantas pessoas boas como as que desejavam dar-lhe luz.

8. Com essa intenção, começou a tratar dessas coisas com padres de São Domingos, pois antes de as ter muitas vezes se confessava com eles. Aqueles com quem ela tratou são: frei Vicente Barrón, que a confessou um ano e meio em Toledo, quando ela foi fundar ali, sendo ele consultor da Inquisição e grande letrado; este muito a tranquilizou. E todos lhe diziam que, se não ofendia a Deus e se se reconhecia ruim, não tinha por que temer. O Mestre frei Domingo Báñes[17] — que

---

Pablo Hernández, de Toledo, que era consultor da Inquisição; o reitor que, quando ela lhe falou, era de Salamanca, o doutor Gutiérrez; e alguns outros padres da Companhia que se diziam ser espirituais, a quem ela procurava nos lugares em que ia fundar.

4. E o padre frei Pedro de Alcântara, que era um santo varão dos descalços de São Francisco, com quem muito tratou; foi ele quem muito fez por ela para que se entendesse que era bom espírito.

5. Eles estiveram mais de seis anos submetendo-a a muitas provas — como tem escrito longamente e se relatará adiante —, e ela com muitas lágrimas e aflições; quanto mais provas se faziam, mais ela as tinha, e suspensões ou arroubos muitas vezes, se bem que sem perda de sentidos.

Faziam-se muitas orações e diziam-se missas para que o Senhor a levasse por outro caminho, porque seu temor era grandíssimo quando não estava na oração, embora em todas as coisas referentes a estar a sua alma com muito mais proveito se visse grande diferença e nenhuma vanglória nem tentação ou soberba por parte dela. Pelo contrário, ela sentia-se afrontada e se envergonhava por ver que o sabiam, e se não fosse com confessores e pessoas que lhe haviam de dar luz, ela jamais tratava nada — e mesmo a estes sentia mais dizê-lo do que se tratasse de grandes pecados —, porque lhe parecia que se ririam dela e que eram coisas de mulherzinhas, o que sempre a aborrecera ouvir.

6. Haverá cerca de treze anos, pouco mais ou menos, depois de fundado São José de Ávila — para onde ela já se mudara do outro mosteiro —, que foi ali o atual bispo de Salamanca, que era inquisidor (não sei se em Toledo ou em Madri; ele o fora em Sevilha), de nome Soto. Ela

---

15. Francisco de Soto e Salazar (cf. *Vida*, 40,16).
16. Alusão *a Vida e* às cartas do B. de Ávila de abril e setembro de 1568 (cf. B. M. C., t. II, pp. 207-210).
17. Em lugar de *Domingo Báñez*: erro evidente em que incorrem Ribera (p. 371) e os amanuenses de Toledo e Ávila.

é agora consultor do Santo Ofício em Valladolid — confessou-a por seis anos, e ela sempre trata com ele por carta quando algo de novo se oferece. O Mestre Chaves. O frei Pedro Ibañez, que era então leitor em Ávila e grandíssimo letrado, e outro dominicano chamado frei García de Toledo. O Padre Mestre frei Bartolomé de Medina, catedrático de Salamanca, que ela sabia estar muito mal com ela por ter ele ouvido falar dessas coisas; pareceu-lhe que este lhe diria de pronto se estava enganada, melhor do que ninguém (isso ocorreu há pouco mais de dois anos), e ela procurou confessar-se com ele, dando-lhe longas contas de tudo quando ali esteve, procurando que ele visse o que escrevera para que entendesse melhor a sua vida. Ele a tranquilizou muito, e mais do que todos, e ficou muito amigo seu.

Também se confessou algum tempo com o Padre Mestre *Frei Filipe de*[18] *Meneses*, quando esteve em Valladolid para fundar, sendo ele o Prior ou Reitor do Colégio de São Gregório, e, tendo ouvido essas coisas, fora falar com ela em Ávila com muita caridade, querendo saber se estava enganada e se havia razão para que murmurassem tanto a seu respeito; e ele se deu por muito satisfeito. Ela também tratou pessoalmente com um Provincial de São Domingos de nome Salinas, homem muito espiritual e grande servo de Deus, bem como com outro que agora é leitor em Segóvia, chamado frei Diego de Yanguas, homem de aguda percepção.

9. E alguns outros, pois em tantos anos e com temor houve lugar para isso, em especial porque, como ia a tantas partes fundar, fizeram-na passar por muitas provas, já que todos desejavam ter sucesso em lhe dar luz, razão por que com isso lhe deram segurança e se asseguraram a si mesmos.

---

procurou falar-lhe para tranquilizar-se mais e deu-lhe conta de tudo; e ele disse que não eram coisas que tocassem ao seu ofício, pois tudo o que ela via e ouvia sempre a firmava mais na fé católica, onde sempre esteve e está firme e com grandíssimos desejos da honra de Deus e do bem das almas, visto que por uma se deixaria matar muitas vezes. Disse-lhe ele também, vendo-a tão fatigada, que escrevesse tudo, incluindo toda a sua vida, sem nada deixar de fora, e o mandasse ao mestre Ávila, que era homem que entendia muito de oração, e que, com o que ele lhe dissesse, ela sossegasse.

E ela assim o fez, narrando seus pecados e sua vida. Ele lhe escreveu e a consolou, tranquilizando-a muito. Esta relação foi de tal natureza que todos os letrados que a viram — que eram seus confessores — diziam que era de grande proveito para advertir sobre coisas espirituais; mandaram-lhe que as trasladasse e fizesse outro livrinho para suas filhas, (pois era prioresa) no qual lhes desse alguns avisos.

7. Com tudo isso, de quando em quando não lhe faltavam temores, e, como lhe parecesse que pessoas espirituais também podiam estar enganadas como ela, disse a seu confessor que queria tratar com alguns letrados, embora não fossem muito dados à oração, porque ela não queria saber senão se tudo o que tinha era conforme às Sagradas Escrituras.

Algumas vezes se consolava por julgar que, embora por seus pecados merecesse ser enganada, Deus não permitiria que tantas boas pessoas como as que desejavam dar-lhe luz fossem enganadas.

8. Com essa intenção, começou a tratar com padres da Ordem do glorioso São Domingos, com quem se confessara antes dessas coisas; e dessa Ordem são aqueles com quem depois tratou: o padre frei Vicente Barrón a confessou um ano e meio em Toledo — onde era então confessor do Santo Ofício — e, antes dessas coisas, se havia comunicado com ele por muitos anos, sendo ele grande letrado. Este a tranquilizou muito, e também os da Companhia; todos lhe diziam que, se não ofendia a Deus e se reconhecia ruim, nada havia a temer. Com o padre presentado Domingo

---

18. O trecho em itálico foi escrito nas entrelinhas pela Santa.

10. Ela sempre esteve sujeita, e o está, a tudo o que diz a santa fé católica, e toda a sua oração e a das casas que fundou pedem que esta cresça. Ela dizia que, quando alguma coisa dessas a induzisse a ir contra o que é fé católica e a lei de Deus, não haveria necessidade de procurar provas, pois logo se veria ser o demônio.

11. Jamais fez qualquer coisa com base no que ouvia na oração. Em vez disso, se seus confessores lhe diziam que fizesse o contrário, logo o fazia, e sempre lhes contava tudo. Nunca acreditou tão profundamente que o jurasse que era Deus — conquanto lhe dissessem que sim —, ainda que, pelos efeitos e pelas grandes graças que isso lhe deixou em algumas coisas, lhe parecesse bom espírito; mas sempre desejava virtudes, e para isso dirigiu suas monjas, dizendo que a mais humilde e mortificada seria a mais espiritual.

12. Isto que escreveu[19] deu ao Padre Mestre Frei Domingo Báñes, que está em Valladolid, que é com quem mais tem tratado e trata. Ela pensa que ele o apresentou ao Santo Oficio em Madri[20]. De todo ele se sujeita à correção da fé católica e da Igreja. Nenhum a inculpou, porque estas são coisas que não estão nas mãos de ninguém, e Nosso Senhor não pede o impossível.

13. Como deu conta disso a tantos, devido ao grande temor que sentia, essas coisas se divulgaram muito, o que foi para ela um enorme tormento e cruz; diz ela que não por humildade, mas porque sempre a desgostavam as coisas que se diziam das mulheres. Extremava-se para não se sujeitar a quem ela julgava acreditar que tudo vinha de Deus, porque temia que o demônio enganasse a ambos. Tratava de sua alma com mais disposição com quem via temeroso, se bem que também sofresse com aqueles que depreciavam de todo essas coisas — *era para prová-la*[21] —, porque a seu ver algumas delas vinham de Deus, e não queria que, por não verem a causa, as condenassem decididamente, como tampouco queria que acreditassem vir tudo de Deus, visto entender muito bem que podia haver engano; por isso, jamais lhe pareceu poder assegurar-se de todo naquilo em que podia haver perigo. Ela procurava o mais que podia em nada ofender a Deus e sempre obedecer, e com essas duas coisas pensava estar livre, mesmo que fosse o demônio.

Báñez — que agora está em Valladolid regendo o Colégio de São Gregório — confessou-se por seis anos, e sempre tratava com ele por carta quando algo se apresentava; com o mestre Chaves; com o padre mestre frei Bartolomé de Medina, catedrático de Salamanca, que ela sabia estar muito mal com ela em função do que ouvira sobre estas coisas, tendo ela a impressão de que este lhe diria de pronto se estava enganada, por ter dela tão pouco crédito, isso há pouco mais de dois anos; procurou confessar-se com ele, dando-lhe de tudo larga relação por todo o tempo em que ali esteve, e mostrou-lhe o que tinha escrito, para que melhor o entendesse, e ele a tranquilizou muito, e mais do que todos os outros, ficando dela muito amigo.

Também se confessou algum tempo com o frei Felipe de Meneses, quando fundou em Valladolid e ele era Reitor do Colégio de São Gregório; ele antes fora a Ávila, tendo ouvido essas coisas, para falar-lhe com grande caridade, querendo ver se ela estava enganada para dar-lhe luz e, se não estivesse, para defendê-la quando ouvisse murmúrios; e ele muito se satisfez. Confessou-se pessoalmente com um Provincial de São Domingos que se chamava Salinas, homem muito espiritual; e com outro presentado chamado Lunar, que era prior em Santo Tomás de Ávila, bem como um outro em Segóvia, o Frei Diego de Yanguas, leitor. E, entre esses padres de São Domingos, alguns, e até talvez todos, não deixavam de ter muita oração.

9. E com alguns outros, que em tantos anos houve lugar para isso, especialmente porque, como andava em tantos lugares a fundar, foi submetida a muitas provas, porque todos desejavam ter sucesso em dar-lhe luz, razão por que lhe deram segurança e se asseguraram a si mesmos.

---

19. O livro da *Vida*.
20. Com efeito, o livro já estava em poder do Santo Oficio de Madri. Báñez tinha firmado sua censura em 7/7/1575.
21. Acrescentou nas entrelinhas.

14. Desde que passou a ter coisas sobrenaturais, o seu espírito sempre se inclinou a buscar o mais perfeito, e quase sempre tinha grandes desejos de padecer, e nas perseguições — pois muitas teve — se achava consolada e com amor especial por quem a perseguia. Grande desejo de pobreza e de solidão, bem como de sair deste desterro para ver a Deus. Por esses efeitos e outros semelhantes, ela começou a sossegar, julgando que o espírito que a deixava com essas virtudes não poderia ser mau, e assim o diziam as pessoas com quem tratava, se bem que não para deixar de temer, mas para não ficar tão aflita. Jamais o seu espírito a persuadia a ocultar alguma coisa, mas sim a obedecer sempre.

15. Nunca viu qualquer coisa com os olhos do[22] corpo, como foi dito, se bem que algumas vezes pensava, a princípio, que se lhe haviam afigurado coisas, enquanto em outras não o podia pensar; o que viu vinha com uma grande delicadeza e era uma coisa muito intelectual. Tampouco ouviu algum dia com os ouvidos corporais, exceto duas vezes, e, nestas, nada entendeu do que lhe diziam, nem soube o que era.

16. Essas coisas não eram contínuas, mas, em alguma necessidade, ocorriam algumas vezes, como sucedeu numa ocasião em que passara alguns dias com alguns insuportáveis tormentos interiores e um desassossego interior advindos do temor de estar sendo enganada pelo demônio, como é explicado mais amplamente naquela Relação[23], onde também estão seus pecados, que assim se tornaram públicos, como essas outras coisas, porque o medo que tinha a fez esquecer seu crédito. E estando assim aflita de maneira indescritível, bastou-lhe ouvir em seu interior as palavras "Sou Eu, não tenhas medo" para a alma ficar tão calma, tão animada e confiante que ela não podia entender de onde lhe viera tão grande bem.

---

10. Ela sempre desejava estar sujeita ao que lhe mandavam, motivo pelo qual se afligia quando não podia obedecer nessas coisas sobrenaturais. E a sua oração e a das monjas que fundou sempre cuidam muito do crescimento da santa fé católica (e foi por isso que começou o primeiro mosteiro), assim como do bem de sua Ordem. Dizia ela que, quando algumas dessas coisas a induzisse a ir contra o que é fé católica e lei de Deus, não haveria necessidade de procurar letrados nem produzir provas, porque logo veria que era demônio.

11. Jamais fez coisa alguma a partir do que ouvia na oração; antes, quando seus confessores lhe diziam que fizesse o contrário, ela o fazia sem nenhum pesar, e sempre lhes dava parte de tudo. Ela nunca acreditou tão determinadamente que era Deus — por mais que lhe dissessem que sim — que o jurasse, se bem que, pelos efeitos e pelas grandes graças que lhe tinham sido concedidas em algumas coisas, lhe parecesse bom espírito; mas sempre desejava sobretudo virtudes, e para isso dirigiu suas monjas, dizendo-lhes que a mais humilde e mortificada seria a mais espiritual.

12. Tudo o que está dito e escrito ela entregou ao padre frei Domingo Báñes, que está em Valladolid e que é aquele com quem tem tratado disso por mais tempo. Ele o apresentou ao Santo Ofício em Madri. Em tudo o que disse, ela se sujeita à fé católica e à Igreja Romana. Ninguém a inculpou, porque essas coisas não estão nas mãos de ninguém, e Nosso Senhor não pede o impossível.

13. A causa de se ter divulgado tanto é que, como ela andava com temor e o comunicou a tantos, uns disseram aos outros; e também houve um descuido com isso que tinha escrito, o que foi para ela grandíssimo tormento e cruz, custando-lhe muitas lágrimas. Disse ela que não por humildade, mas pelo que foi dito; e parecia permissão de Deus para atormentá-la, porque aquele que num momento dizia pior do que os outros haviam dito, de uma hora para a outra dizia

---

22. Do *espírito,* tinha escrito ela, tendo-o riscado.
23. Em *Vida.*

Porque o confessor não fora suficiente, nem o foram muitos letrados, com muitas palavras, para infundir-lhe aquela paz e quietude que com uma só frase nela se manifestaram. E assim aconteceu outras vezes de, com alguma visão, ficar fortalecida; porque, não fosse por isso, ela não poderia ter passado por tão grandes sofrimentos, contrariedades e enfermidades — que foram sem conta —, nem passar como passa, pois jamais vive sem alguma espécie de padecimento. Há mais e menos, mas de ordinário são sempre dores com outras muitas enfermidades, se bem que, depois de fazer-se monja, ela tem sido incomodada ainda mais.

17. Se em alguma coisa serve ao Senhor e as graças que Ele lhe faz lhe passam rapidamente pela memória, embora destas muitas vezes se lembre, ela não pode deter-se aí muito, como se detém nos pecados, que sempre a estão atormentando com um lodo malcheiroso. O ter tido tantos pecados e ter servido a Deus tão pouco devem ser a causa de não ter a tentação da vanglória.

18. Jamais, com coisas do seu espírito, teve persuasão ou coisas que não fossem todas limpas e castas, destacando-se um grande temor de ofender a Deus Nosso Senhor e de não fazer em tudo a Sua vontade. Isso ela Lhe suplica sempre, e a seu ver está tão determinada a não afastar-se daí que aqueles que a dirigem — confessores e prelados — não diriam nada que ela pensasse servir mais a Deus que ela deixasse de pôr em prática, confiando que o Senhor ajuda os que se determinam a Seu serviço e glória.

---

melhor. Ela tinha extremo cuidado de não se sujeitar a quem lhe parecesse crer que tudo era de Deus, porque logo temia que os havia de enganar a ambos o demônio; e com quem via temeroso tratava de sua alma com mais vontade, embora também lhe dessem pesar quando, para prová-la, depreciavam de todo essas coisas. Porque ela considerava algumas muito de Deus e não queria que, já que não via causa, as condenassem tão determinadamente, como tampouco queria que acreditassem que tudo era de Deus, uma vez que entendia muito bem que podia haver engano. Ela nunca conseguia assegurar-se de todo naquilo em que podia haver perigo. Procurava o mais que podia em nenhuma coisa ofender a Deus e sempre obedecer, e com essas duas coisas pensava se livrar, com o favor divino, mesmo que fosse o demônio.

14. Desde que começou a ter coisas sobrenaturais, o seu espírito sempre se inclinava a buscar o mais perfeito, e quase sempre tinha grande desejo de padecer; e nas tribulações que tem tido, que são muitas, se achava consolada e com amor particular por quem a perseguia. Grande desejo de pobreza e de solidão, e de sair deste desterro para ver a Deus. Por esses efeitos e outros semelhantes, começou a sossegar, parecendo-lhe que um espírito que a deixava com essas virtudes não podia ser mau, e assim o diziam aqueles que a dirigiam, se bem que ela não chegasse a deixar de temer, embora não ficasse tão aflita como estava. O seu espírito nunca a persuadia a encobrir alguma coisa, mas a obedecer sempre.

15. Nunca viu nada com os olhos do corpo, como já está dito, mas com uma delicadeza e um caráter tão intelectual que algumas vezes pensava, no princípio, que se lhe haviam afigurado coisas; outras vezes não o podia pensar.

16. E essas coisas não eram contínuas, mas na maioria das vezes, quando de alguma necessidade, como foi uma ocasião em que ela passara alguns dias com tormentos interiores intoleráveis e um desassossego de alma por temer que o demônio a estivesse enganando, como está escrito amplamente naquela relação que tornou tão públicos os seus pecados; porque estão ali como o resto, já que o medo que trazia a fez esquecer seu crédito. Estando assim com essa aflição, de maneira indescritível, bastou-lhe ouvir no seu interior a frase "Sou Eu, não tenhas medo" para a alma ficar tão calma, tão animada e confiante que não podia entender de onde lhe viera bem tão grande, pois não tinham sido suficientes confessores, nem muitos letrados com muitas palavras, para dar-lhe aquela paz e quietude que com uma única frase lhe foram dadas; e assim aconteceu outras vezes de com alguma visão ficar fortalecida, porque, não fosse por isso, não poderia ter

19. Ela não se lembra mais de si, nem do seu proveito — em comparação com isso; é como se ela não existisse, tanto pelo que pode entender de si como pelo que entendem seus confessores. Tudo o que está neste papel é muito verdadeiro, como pode comprovar com eles Vossa Mercê, se o desejar, bem como com todas as pessoas que disso têm tratado há vinte anos. É muito comum que o seu espírito a mova a entoar louvores a Deus, e a desejar que todo o mundo se ocupasse disso, mesmo que a ela custasse muito. Daqui vem o desejo do bem das almas, e é por isso que, vendo quão sujas são as coisas exteriores deste mundo e quão preciosas as interiores — que não têm comparação —, veio a ter em pouco as coisas dele.

20. O modo de visão sobre o qual Vossa Mercê me perguntou é assim: não se vê nada interior nem exteriormente, por não ser visão imaginária; mas, sem que se veja nada, a alma entende o que é e de que lado lhe é apresentado com muito mais clareza do que se o visse. Mas o que lhe é apresentado não é uma coisa particular; é como se uma pessoa sentisse que outra está a seu lado mas, como o ambiente está às escuras, não a visse, embora tenha certeza de que está ali.

Essa comparação não é suficiente, porque o que está às escuras pode, de algum modo, ou ouvindo ruídos ou tendo visto antes a pessoa, perceber que ela está ali, podendo ainda já a conhecer antes. Na visão de que falo, não há nada disso, mas a alma, sem palavras exteriores ou interiores, percebe clarissimamente quem é e de que lado está, e, às vezes, o que quer dizer. Por que ou como o entende ela não sabe, mas tudo se passa assim e, enquanto dura, ela não pode ignorar.

---

passado por tão grandes sofrimentos, contradições e enfermidades (que foram sem conta), pelas quais ainda passa, embora não tantas, pois jamais anda sem alguma espécie de padecimento. Há mais e menos; o comum é sempre ter dores com outras muitas enfermidades, que, depois de ser monja, a têm incomodado mais.

17. Se em alguma coisa serve ao Senhor e lhe passam rapidamente pela memória as graças que Ele lhe concede, se bem que se lembre muitas vezes das graças, não pode deter-se muito aí, como se detém nos pecados, que sempre a estão atormentando, o mais das vezes como um lodo malcheiroso. O ter tido tantos pecados deve ser a causa de não ser tentada pela vanglória.

18. Jamais, em coisas do seu espírito, teve algo que não fosse todo limpo e casto, nem lhe parece, sendo bom espírito e tendo caráter sobrenatural, que pudesse ser de outro modo, porque há total descuido do seu corpo, de que sequer se lembra, empregando tudo em Deus. Ela também tem um grande temor de ofender a Deus Nosso Senhor e deseja fazer em tudo Sua vontade. Isso ela Lhe suplica sempre e, a seu ver, está tão determinada a não ir contra isso que jamais os confessores que a dirigem lhe diriam algo que considerasse mais servir a Deus que ela não fizesse, com o favor de Deus e confiando que Sua Majestade ajuda os que se determinam para Seu serviço e para glória Sua.

19. Em comparação com isso, não se lembra mais de si nem do seu proveito; é como se ela não existisse, pelo que pode entender de si e pelo que entendem seus confessores. É muito verdadeiro o que está neste papel, podendo-se comprová-lo com aqueles e com todas as pessoas que têm tratado disso há vinte anos. É muito comum que a mova seu espírito aos louvores de Deus, e ela queria que todo o mundo se ocupasse disso, mesmo que a ela custasse muito. Daqui lhe nasce o desejo do bem das almas; e, vendo quão sujas são as coisas deste mundo e quão preciosas as interiores, que não têm comparação, veio a ter em pouco as coisas dele.

20. O modo de visão sobre o qual Vossa Mercê deseja saber é que não se vê nenhuma coisa nem exterior nem interiormente, porque não é visão imaginária; mas, sem ver nada, a alma entende o que é e de onde lhe é apresentado, mais claramente do que se o visse, embora não lhe seja apresentada coisa particular, sendo como se uma pessoa — digamos — sentisse que outra pessoa está a seu lado e, por estar o ambiente às escuras, não a visse, mas percebesse sem nenhuma dúvida que ela está ali, se bem que esta comparação não seja suficiente. Porque quem está às escuras

Quando a visão se retira, por mais que a alma a queira imaginar como antes, não o consegue, porque, neste último caso, percebe que é imaginação, e não presença, visto que esta não está em suas mãos, sendo assim todas as coisas sobrenaturais. E disso decorre não se considerar nada a alma a quem Deus concede esse favor, porque ela vê que este é coisa dada e que ela nada pode tirar nem pôr ali; isto a faz ficar com muito mais humildade e amor, disposta a servir sempre a esse Senhor tão poderoso, que pode fazer o que aqui sequer podemos entender. Porque, por mais letras que se tenha, há coisas que não se alcançam.

Bendito seja Aquele que as dá, por todo o sempre.

---

pode, de algum modo, ouvindo ruídos ou tendo visto a outra pessoa antes, perceber que ela ali se encontra, podendo ainda já a conhecer antes. No caso a que me refiro, não há nada dessas coisas; em vez disso, sem nenhuma palavra interior ou exterior, a alma compreende clarissimamente quem é e de que lado se encontra, e, às vezes, o que quer dizer.

Por que ou como o entende não sabemos. Mas isso se passa assim e, pelo tempo que dura, a alma não pode ignorar. E quando a visão se retira, por mais que a alma queira imaginá-la como antes, não o consegue, porque se vê que é imaginação, e não representação, já que esta última não está em suas mãos, sendo assim todas as coisas sobrenaturais. E disso decorre não considerar-se nada aquele a quem Deus faz essas graças, mas sim ter muito maior humildade do que antes, já que vê que é coisa dada e que ela, ali, nada pode tirar nem pôr. E a alma fica com muito mais amor e desejo de servir a Senhor tão poderoso, capaz de realizar o que aqui não podemos compreender, da mesma maneira como, por mais letras que se tenham, há coisas que não se alcançam.

Bendito seja Aquele que as dá, amém, por todo o sempre.

5[24]

1. São tão difíceis de dizer, ainda mais de maneira que se possam entender, essas coisas interiores do espírito, sobretudo porque passam com muita brevidade, a ponto de, se não fosse a obediência, não ser possível atinar, especialmente em coisas tão difíceis. Mas pouco importa se eu disser disparates, pois isso vai ter às mãos de quem outros maiores desatinos terá percebido em mim.

Em tudo o que disser, suplico a Vossa Mercê que entenda não ser meu intento pensar que é acertado, visto que poderei não entendê-lo; mas o que posso assegurar é que não direi nada que não tenha experimentado algumas e muitas vezes. Se é bom ou ruim, Vossa Mercê o verá e me dará conta disso.

2. Parece-me que será dar gosto a Vossa Mercê começar a tratar desde o princípio de coisas sobrenaturais, já que as de devoção, de ternura, de lágrimas e de meditações, que aqui podemos adquirir com a ajuda do Senhor, estão entendidas.

3. A primeira oração sobrenatural que, a meu ver, senti (chamo de sobrenatural algo que não podemos adquirir com nosso engenho e esforço, por mais que procuremos, embora possamos nos dispor a ele, o que é muito importante) é um *recolhimento interior*[25] que se sente na alma, dando a impressão de que ela tem outros sentidos, como aqui tem os exteriores, e de que parece querer

---

24. Em Sevilha, 1576, destinada provavelmente ao próprio Padre Rodrigo Álvarez. — Revisamos o texto de acordo com Ribera (IV, cap. 3, pp. 336-345), que o editou em parte.

25. Veja-se, contudo, no n. 25, um grau anterior ao *recolhimento*.

afastar-se das agitações exteriores; e assim algumas vezes o leva consigo, pois lhe dá vontade de fechar os olhos e não ouvir, nem ver, nem entender senão aquilo de que então se ocupa, que é poder tratar com Deus a sós. Aqui, não se perde nenhum sentido nem faculdade, estando tudo intacto, mas estando-o para ser empregado em Deus. Isso será fácil de entender por parte daqueles a quem o Senhor o tiver concedido; a quem Ele não o concedeu, serão pelo menos necessárias muitas palavras e comparações.

4. Deste recolhimento vêm algumas vezes uma *quietude* e uma paz interior muito jubilosas, ficando a alma com a impressão de que não lhe falta nada; e até o falar a cansa, digo o rezar e o meditar, pois ela não quereria senão amar. Dura um instante, e mesmo vários.

5. Desta oração costuma advir um *adormecimento* que chamam *das faculdades*, que não estão absortas nem tão suspensas que se possa denominar isso arroubo. Se bem que não seja de todo união, alguma vez, e mesmo muitas, a alma percebe que só a vontade está unida e entende muito claramente — digo claramente ao que parece. A alma está toda empenhada em Deus e vê que lhe faltam forças para trabalhar em outra coisa; e as outras duas faculdades ficam livres para negócios e obras do serviço de Deus. Enfim, andam juntas Marta e Maria. Eu perguntei ao Padre Francisco[26] se isso seria engano, porque me deixava confusa, e ele me disse que acontecia muitas vezes.

6. É muito diferente quando é *união de todas as faculdades*, porque então a alma nada pode fazer: o intelecto fica como que espantado, a vontade mais ama do que entende, mas não entende se ama, nem entende o que faz de modo a poder dizê-lo. A memória, a meu ver, desaparece, não havendo também pensamento; na verdade, os sentidos sequer ficam despertos então: é como se eles se perdessem por aquele breve espaço de tempo para a alma mais se dedicar àquilo que goza, penso eu. Isso passa depressa. Pela riqueza que fica na alma, em termos de humildade e de outras virtudes e desejos, compreende-se o grande bem que lhe veio daquele favor, mas não se pode dizer o que é, porque, embora entenda, a alma não sabe como o entende nem como dizê-lo. A meu ver, se é verdadeiro, esse é o maior favor que Nosso Senhor faz neste caminho espiritual, ou, ao menos, um dos grandes.

7. Para mim, *arroubos* e *suspensão* são uma só coisa; eu é que costumo dizer suspensão, para não dizer arroubo, que espanta. Mas também se pode verdadeiramente chamar de suspensão essa união de que falei. Ela difere do arroubo pelo fato de durar mais e ser mais sentida no exterior, porque a respiração vai se encurtando de maneira que não se pode falar nem abrir os olhos. Embora aconteça isso mesmo na união, aqui é com maior força, porque o calor natural vai não sei para onde; quando é grande o arroubo, de que há mais e menos em todos esses modos de oração, as mãos ficam geladas e por vezes esticadas como paus; o corpo, se está de pé ou ajoelhado, assim fica. E é tanto o que a alma se empenha no gozo do que o Senhor lhe apresenta que parece esquecer-se de animar o corpo, deixando-o desamparado; e, se dura mais tempo, os nervos se ressentem.

8. Parece-me que aqui quer o Senhor que a alma entenda mais daquilo que goza do que na união. Assim, são-lhe reveladas comumente algumas coisas de Sua Majestade no enlevo; e os efeitos com que a alma fica são grandes: ela se esquece de si mesma para desejar que tão grande Deus e Senhor seja conhecido e louvado. Tenho para mim que, se isso é de Deus, a alma não pode ficar sem um grande conhecimento de que ali não pode nada, sua miséria e ingratidão por não ter servido a Quem, apenas pela Sua bondade, lhe concede tão grande graça. Porque o sentimento e a suavidade são tão excessivos, estando além de qualquer comparação com coisas daqui, que, se aquela lembrança não passasse, a alma ficaria sempre com asco dos contentamentos do mundo, vindo assim a ter em muito pouca conta todas as coisas deste.

9. A diferença entre *arroubo* e *arrebatamento* é que o arroubo leva a alma, pouco a pouco, a morrer para essas coisas exteriores, a perder os sentidos e a viver em Deus. O arrebatamento vem com um único indício que Sua Majestade dá no mais profundo da alma, com uma velocidade tal

---

26. São Francisco de Borja. Veja-se *Vida* 24,3.

que ela tem a impressão de ser arrebatada para sua própria parte superior e de sair do corpo; eis por que é necessário ânimo, no início, para entregar-se aos braços do Senhor, a fim de que Ele a leve para onde quiser. Porque, até que Sua Majestade a ponha em paz no lugar para onde quer levá-la (digo levá-la a entender coisas elevadas), por certo é preciso, no princípio, que a alma esteja bem determinada a morrer por Ele; porque, no início, a pobre alma não sabe o que há de ser aquilo.

10. A meu ver, as virtudes ficam com isso mais fortes, porque aumentam os desejos e fica mais claro para a alma o poder desse grande Deus, para que ela O tema e ame, visto que Ele, sem que nada possamos fazer, arrebata a alma, agindo bem como Senhor dela. Fica-lhe um grande arrependimento de tê-Lo ofendido, bem como espanto por ter ousado ofender tão grande Majestade, e uma grandíssima ânsia de que não haja quem O ofenda, mas que todos O louvem. Penso que devem vir daqui esses desejos tão imensos de que se salvem as almas e de ter alguma participação nisso, assim como de que esse Deus seja louvado como merece.

11. O *voo do espírito* é um não sei quê, que nem sei como chamar, vindo do mais íntimo da alma. Só me lembro dessa comparação, que escrevi onde Vossa Mercê sabe que estão amplamente relatados esses e outros modos de Oração; e é tal a minha memória que logo me esqueço[27]. Parece-me que a alma e o espírito devem ser uma só coisa, já que, assim como um fogo, se for grande e estiver disposto para arder, assim também a alma, de acordo com a disposição que tem com Deus, é como o fogo, uma vez que imediatamente arde e lança uma chama que chega ao alto, sendo esta coisa tão fogo quanto o é a outra que está embaixo; e não é porque esta chama sobe que o fogo que a produziu deixa de ficar onde está. Assim ocorre com a alma, que parece produzir de si uma coisa tão rápida e tão delicada que se eleva à sua parte superior e vai onde o Senhor quer que vá. O fato é que não se pode dizer mais, parecendo um voo, pois eu não sei com que outra coisa compará-lo. Sei que se entende com clareza e que não é possível impedi-lo.

12. Parece que aquela avezinha do espírito escapou da miséria desta carne e do cárcere deste corpo, podendo desse modo dedicar-se mais ao que o Senhor lhe dá. É algo tão delicado e precioso, pelo que a alma entende, que não lhe parece haver nisso ilusão, nem em nenhuma dessas coisas, quando passam. Depois vêm os temores, por ser tão ruim quem o recebe que de tudo lhe parece ter razão para temer, embora no interior da alma permaneçam uma certeza e uma segurança com que se pode viver, mas não para deixar de se esforçar para não ser enganada.

13. Denomino *ímpetos* um desejo que acomete a alma algumas vezes, sem ser precedido de oração, o que é o mais comum; é apenas uma lembrança repentina de que a alma está ausente de Deus, ou então alguma palavra que ouve a induz a esse estado. É tão poderosa essa lembrança e, por vezes, tem tamanha força que, num átimo, parece que a alma desatina; é como quando se recebe uma notícia ruim repentinamente, sem que se tivesse a mínima ideia do seu teor, ou quando se sofre um grande sobressalto, parecendo que o discurso mergulha no pensamento para que a pessoa se console, ficando ela como que absorta. Assim acontece aqui, mas o pesar é motivado por tal causa que fica na alma a certeza de que vale a pena morrer por ele.

14. Parece que tudo quanto a alma entende então é para mais padecer e que o Senhor não quer que todo o seu ser lhe sirva para outra coisa, nem mesmo recordar-se de que Sua vontade é que viva; a alma tem a impressão de que está em grande solidão e de todo desamparada, a ponto de não se poder descrever. Porque todo o mundo e suas coisas lhe dão pesar, e nenhuma coisa criada lhe faz companhia, nem quer a alma senão o Criador, vendo que isso é impossível se não morrer. E, como não há de se matar, a alma morre por morrer, de tal maneira que corre verdadeiramente perigo de morte, vendo-se como que dependurada entre o céu e a terra, sem saber o que fazer de si.

E, de quando em vez, Deus lhe dá notícia de Si para que ela veja o que perde; fá-lo de uma maneira tão estranha que é impossível descrever, porque nenhuma há na terra, ao menos de quantas passei, que se iguale a ela. É suficiente que isso dure meia hora para deixar o corpo tão des-

---

27. *Vida* 18,2.

conjuntado e os pulsos tão abertos que sequer as mãos ficam em condições de escrever, havendo ainda imensas dores.

15. A alma não sente disso coisa alguma até que passe o ímpeto. Ela tem muito o que fazer em sentir o interior, e não creio que sentiria graves tormentos exteriores, e está com todos os seus sentidos, podendo falar e até ver; andar não, visto estar derreada pelo grande golpe do amor. Mesmo que morra para tê-lo, isso só lhe advém quando Deus o dá. Deixa enorme efeito e ganho na alma. Dizem certos letrados que é uma coisa, e outros, outra; nenhum o condena. O Mestre Ávila me escreveu que era bom[28], e assim o dizem todos. A alma bem compreende ser grande graça do Senhor. Se fosse muito frequente, a vida pouco duraria.

16. O ímpeto comum é o que traz o desejo de servir a Deus, ao lado de uma grande ternura e lágrimas para sair desse desterro. Contudo, como há liberdade para a alma considerar que é vontade do Senhor que ela viva, com isso se consola e Lhe oferece o viver, suplicando-Lhe que não seja senão para a Sua glória. Com isso, o ímpeto passa.

17. Outro modo bem frequente de oração é à maneira de *ferida*, pois a alma tem a impressão de que lhe enfiam uma seta no coração, vindo esta de dentro. Assim, produz-se uma dor grande que a faz queixar-se, mas tão prazerosa que ela nunca quereria que lhe faltasse. Essa dor não atinge os sentidos e tampouco é chaga material; ela fere o interior da alma, sem parecer dor corporal. Contudo, como não é possível explicar a não ser por comparações, escrevem-se essas grosserias, pois diante do que é essa ferida as minhas palavras o são; mas é que eu não sei dizê-lo de outra maneira.

Eis o motivo pelo qual essas coisas não devem ser escritas nem contadas, porque é impossível que as entenda senão quem as tiver experimentado. Refiro-me ao ponto até o qual chega esse pesar, porque as penas do espírito são completamente diferentes dos sofrimentos daqui. Disso percebo o muito que padecem as almas no inferno e no purgatório, muito mais do que é possível perceber aqui através dos sofrimentos corporais.

18. Outras vezes parece que essa *ferida do amor* sai do mais íntimo da alma. Os efeitos são grandes; e quando o Senhor não a dá, não há o que fazer, por mais que se procure, da mesma forma que não é possível deixar de tê-la quando Ele a deseja dar. Vêm como que uns desejos de Deus, tão vívidos e tão delicados que não é possível descrever. A alma, vendo-se presa para não gozar como queria de Deus, aborrece-se muito com o corpo, que lhe parece uma grande parede que a impede de fruir aquilo que então percebe, que, a seu ver, goza em si, sem embaraço do corpo. Ela vê então o grande mal que nos adveio por ter o pecado de Adão nos tirado essa liberdade.

19. Esse modo de oração veio antes dos arroubos e dos grandes ímpetos de que falei. Esqueci-me de dizer que, de modo geral, aqueles grandes ímpetos não desaparecem se não advierem um arroubo e um grande regalo do Senhor, em que Ele consola a alma e a anima a viver para Ele.

20. Tudo isso que eu disse não pode ser imaginação, devido a alguns motivos que seria longo descrever. Se é coisa boa ou não, sabe-o o Senhor. A meu ver, contudo, os seus efeitos e o grande proveito que deixa na alma não se podem deixar de entender.

21. As Pessoas vejo claramente serem distintas, tal como via ontem Vossa Mercê e o Provincial[29] conversando; a diferença é que não vejo nada, nem ouço, como já disse a Vossa Mercê; mas é com uma certeza estranha, e, embora não vejam os olhos da alma, quando falta aquela presença, logo se vê que falta. Como é isso não sei, mas sei muito bem que não é imaginação; porque, embora depois me desfaça para torná-lo a representar, não posso, mesmo já o tendo experimentado. E acontece a mesma coisa com tudo de que falo aqui, pelo que posso entender, já que, em tantos anos, tem-se podido verificar bem para dizê-lo com essa certeza.

22. Verdade é, e atente Vossa Mercê para isso, que a Pessoa que sempre fala bem posso afirmar quem me parece ser, não podendo fazer o mesmo com as outras. Uma delas sei bem que

---

28. Cf. carta de 12 de setembro de 1568 (B. M. C., t. 2, pp. 208-210).
29. Rodrigo Álvarez e Diego de Acosta, SJ.

nunca foi. A causa jamais compreendi, nem me ocupo em pedir mais do que Deus quer, porque logo me parece que o demônio me haveria de enganar, e tampouco o pedirei agora, pois ainda tenho esse temor.

23. A primeira parece-me que alguma vez me falou; mas, como agora não me lembro bem, nem sei o que era, não o ousarei afirmar. Tudo está escrito onde Vossa Mercê sabe[30], e com amplidão maior do que aqui, se bem que não sei se com estas palavras. Embora essas Pessoas distintas se deem a entender de uma maneira estranha, a alma entende ser um só Deus. Não me recordo de ter a impressão de que Nosso Senhor fale, a não ser a Humanidade, e, digo já, isso posso afirmar que não é ilusão.

24. Não sei o que Vossa Mercê disse de água, e tampouco entendi onde está o Paraíso terrestre. Já disse que o que o Senhor me dá a entender, o que não posso evitar, entendo-o por mais não poder. Porém pedir a Sua Majestade que me dê a entender alguma coisa é algo que jamais fiz, pois logo me pareceria que eu o imaginava e que o demônio me havia de enganar; nunca, Deus seja louvado, fui curiosa, desejando saber coisas, nem me interessa saber mais. Muito trabalho me tem custado o que, como eu digo, entendi sem querer, embora pense que foi esse o meio empregado pelo Senhor para a minha salvação, pois me viu tão ruim, já que os bons não precisam de tanto para servir a Sua Majestade.

25. Lembro-me de outra oração, que vem antes da primeira de que falei. Trata-se de uma *presença de Deus*, que de modo algum é visão, mas parece que, de cada vez e todas as vezes (pelo menos quando não há secura) que uma pessoa quer se encomendar a Sua Majestade, mesmo que apenas reze vocalmente, Ele se faz presente.

Praza-lhe que eu não perca tantas graças por minha culpa, e tenha misericórdia de mim.

6[31]

1. Oh, quem pudesse dar bem a entender a Vossa Senhoria a quietude e sossego em que se acha a minha alma! Porque ela já tem tanta certeza de que há de gozar de Deus que lhe parece já gozar da posse que lhe foi dada, apesar de ainda não ter o gozo. É como se alguém tivesse dado a outro uma grande renda, por escrituras muito firmes, para que ele disso gozasse daqui a certo tempo e colhesse os frutos; mas, até que isso aconteça, a pessoa só goza da posse, que já lhe deram, que é garantia de que aproveitará essa renda. E, com o agradecimento que lhe fica, sequer a quereria aproveitar, porque lhe parece que não a mereceu, mas sim servir, mesmo que seja padecendo muito; e até, por vezes, parece-lhe que sofrer daqui até o fim do mundo seria pouco para servir a quem lhe deu essa posse.

Porque, na verdade, ela em parte já não está sujeita às misérias do mundo como costumava; embora sofra mais, não lhe parece que lhe toquem senão a roupa: a alma está como que num castelo, com senhorio, e assim não perde a paz, se bem que essa segurança não lhe tire um grande temor de ofender a Deus e de não deixar tudo aquilo que a impeça de servi-Lo. Com efeito, ela até tem mais cuidado; contudo, anda tão esquecida do seu próprio proveito que lhe parece ter perdido parcialmente o ser, tão esquecida anda de si. Em tudo tem em vista a honra de Deus e o cumprir melhor a Sua vontade e o ser Ele glorificado.

2. Conquanto isso seja assim, no tocante à sua saúde e ao seu corpo, parece-me estar ela mais cuidadosa, com menos mortificação no comer e, na penitência, seus desejos não são os mesmos de antes. Ao que parece, porém, tudo está voltado para poder melhor servir a Deus em outras coisas, oferecendo-Lhe muitas vezes, como um grande sacrifício, o cuidado do corpo, pois isso

---

30. Livro da *Vida*. — A frase seguinte: "e com amplidão *maior* do que aqui..."
31. Palência, 1581. Dirigida ao Bispo de Osma, Dr. Velázquez, o qual escreveu sobre a primeira linha do autógrafo: "Parte de uma relação que a Madre me enviou consultando seu espírito e maneira de proceder." — O autógrafo está conservado nas Carmelitas Descalças de Santa Ana de Madri (Aranaz).

a cansa muito. Algumas vezes, se põe à prova em algo, embora lhe pareça não poder fazê-lo sem prejudicar a sua saúde, só o fazendo ao lembrar-se das ordens dos prelados. Nisso e no desejo de ter saúde também deve se intrometer um grande amor-próprio. A meu ver, contudo, entendo que me daria muito mais gosto, e me dava, poder fazer muita penitência; porque ao menos me parecia fazer alguma coisa, dando bom exemplo, sem viver com esse tormento que é o não servir a Deus em nada. Vossa Senhoria veja o que será melhor fazer quanto a isso.

3. As visões imaginárias cessaram, mas parece que sempre estou com a visão intelectual das três Pessoas e da Humanidade, o que é, a meu ver, coisa muito mais elevada. E agora entendo, pelo que posso julgar, que eram de Deus as que tive, porque dispunham a alma ao estado em que ora se encontra. Mas, sendo tão miserável e tão fraca, Deus a ia levando como via ser necessário; a meu parecer, as visões são muito apreciáveis quando vêm de Deus.

4. As falas interiores não cessaram. Quando é preciso, dá-me Nosso Senhor alguns avisos, e ainda agora, em Palência, se teria feito um disparate, se bem que não de pecado, não fosse por isso[32].

5. Os atos e desejos não parecem ter a força que costumavam, porque, embora sejam grandes, é tão mais potente o desejo de que se faça a vontade de Deus e tudo quanto seja para a Sua maior glória que, como a alma tem bem entendido que Sua Majestade sabe o que para isso convém e está tão afastada do interesse próprio, esses desejos e atos logo se acabam e, a meu ver, não têm força. Daqui vem o medo que me atinge algumas vezes, se bem que não com a inquietude e o sofrimento de antes, de que a alma esteja abobada e eu sem fazer nada, porque penitência não me permitem.

Atos de padecer, de martírio e de ver a Deus não têm força, e o mais comum é que eu não possa praticá-los. Parece que vivo apenas para comer e dormir e não ter pena de nada, pois mesmo esta não me é dada senão algumas vezes, a ponto de, como digo, eu temer que seja engano, embora não o possa crer, porque, ao menos de acordo com a minha opinião, não reina em mim, com força, apego a nenhuma criatura, nem a toda a glória do céu, mas somente a amar a este Deus. Isto não sofre redução, mas, a meu ver, antes cresce, o mesmo ocorrendo com o desejo de que todos O sirvam.

6. Mas, com isso, uma coisa me espanta: os sentimentos tão excessivos e interiores que costumavam me atormentar ao ver as almas se perderem e ao pensar se ofendia a Deus já não posso sentir agora, se bem que, a meu ver, não seja menor o desejo de que Ele não seja ofendido.

7. Deve Vossa Senhoria perceber que em tudo isso, quer no que agora tenho, quer no passado, não tenho podido mais nem está em minhas mãos; servir mais eu poderia, se não fosse ruim. Mas digo que, se agora procurasse, com grande cuidado, desejar morrer, eu não o poderia, o mesmo ocorrendo com praticar os atos como deveria, sentir o sofrimento pelas ofensas a Deus, bem como os tão grandes temores que trouxe em mim por tantos anos por me parecer que andava enganada.

Desse modo, já não preciso procurar letrados nem dizer nada a ninguém: basta que eu me assegure de ir bem e de poder fazer alguma coisa. E tenho falado disso com alguns deles, com quem tratei das outras: o frei Domingo, o Mestre Medina e alguns da Companhia. Com o que Vossa Senhoria me disser agora, acabarei de me assegurar, pelo grande crédito em que o tenho. Cuide muito disso, por amor de Deus.

Tampouco me vi privada de entender que algumas almas que me tocam de perto estão no céu e outras, não[33].

8. A solidão me faz pensar que não se pode dar aquele sentido a "o que se amamenta nos seios de minha mãe"[34]. A ida para o Egito...

9. A paz interior e a pouca força que têm os contentamentos e descontentamentos para tirá-la [a presença] de uma maneira duradoura...

---

32. Vejam-se as *Fundações*, cap. 29, n. 18s.
33. Todo esse trecho foi acrescentado à margem pela Santa.
34. Palavras de Ct 8,1, com que ela alude veladamente alguma graça ou tema conhecidos do destinatário, mas enigmáticos para nós. Ela continua a apontar outros temas sem desenvolvê-los.

Essa presença, tão fora de dúvidas, das três Pessoas, em que claramente se experimenta o que diz São João — "que faria a sua morada na alma"[35] —, e não só por graça, mas porque quer dar a sentir essa presença, que traz tantos bens indescritíveis, é de tal maneira que não é necessário ficar fazendo considerações para perceber que Deus está ali.

E isso ocorre quase sempre, a não ser quando muita enfermidade traz acabrunhamento, pois algumas vezes parece que Deus deseja que se padeça sem Consolo interior; mas nunca, nem num primeiro movimento, a alma distorce a vontade de que nela se faça a de Deus.

Tem tanta força essa entrega à vontade de Deus que a alma não quer nem a morte nem a vida, a não ser por pouco tempo, quando deseja ver a Deus; mas logo lhe é representado que estão presentes essas três Pessoas com tanta força que, com isso, se aplaca o sofrimento dessa ausência, e fica o desejo de viver, se Ele quiser, para mais servi-Lo e de, se pudesse, contribuir para que uma única alma O amasse mais e O louvasse por sua intercessão. Porque, mesmo que por pouco tempo, isso lhe parece ser mais importante do que estar na glória.

TERESA DE JESUS

7[36]

1. Aos dezessete dias de novembro, oitava de São Martinho, ano de 1569, vi que, para algo que sei, se passaram doze anos. Para trinta e três, que é o que o Senhor viveu, faltam vinte e um.

Em Toledo, no convento do glorioso São José do Carmo. Eu por ti e tu por mim.
Vida[37].
Doze por mim, e não por minha vontade, foram vividos.

8[38]

Estando eu no convento de Toledo, e tendo alguns me aconselhado que não concedesse o direito de enterro nele a quem não fosse cavalheiro, disse-me o Senhor: "Muito errarás, filha, se olhares as leis do mundo. Põe os olhos em mim, pobre e depreciado por ele. Porventura serão os grandes do mundo grandes diante de mim? Ou haveis vós de ser estimadas pela linhagem, ou pelas virtudes?"

(Isto era sobre o conselho que me davam de não permitir o enterro em Toledo a quem não fosse cavalheiro.)[39]

9[40]

Acabando de comungar, no segundo dia da Quaresma, em São José de Malagón, representou-se-me Nosso Senhor Jesus Cristo em visão imaginária, como de costume; e, estando eu a contemplá-Lo, vi que na cabeça, em lugar da coroa de espinhos, estava uma coroa de grande resplendor — provavelmente no lugar onde fizeram chaga.

---

35. Jo 14,23.

36. Toledo, 18 de novembro de 1569. Contém a "cifra da morte" da Santa. Mas é indecifrável para nós (cf. B. M. C., 11, p. 43, nota). O autógrafo está conservado nas Carmelitas de Medina del Campo. Transcrevemo-la reproduzindo o fraseado do texto cifrado. — Cf. *Relação* 35.

37. Leitura duvidosa. No autógrafo, o termo *vida* não pertence à proposição anterior e é seguido de um número que parece ser 33. — Padre Ribera informa: "Numa carta sua, encontrei estas palavras: *Hoje é dia de São Maninho, de quem sou devota, porque nesta oitava recebi algumas vezes grandes graças do Senhor; não sei a que atribuir isso*" (IV, 13, p. 427). Uma dessas graças está na *Relação* 35.

38. Toledo, 1569-1570. — A metade do texto (apenas as palavras do Senhor) tem o autógrafo conservado nas Carmelitas Descalças de Lucena. O trecho que as precede foi publicado por Frei Luis (p. 559); o final, por Ribera (II, 14, p. 194). — Ela alude ao referido em *Fundações*, cap. 15.

39. O trecho entre parênteses era o sobrescrito, hoje perdido (cf. Ribera, II, 14, p. 194).

40. Data provável: 9 de fevereiro de 1570, em Malagón. — Texto do manuscrito de Ávila (f. 1v), corrigido por Ribera (II, 11, p. 180), que teve o autógrafo em seu poder. Cf. Frei Luis, p. 552.

Como sou devota dessa estação, consolei-me muito e comecei a pensar que grande tormento deveria ser para ter feito tantas feridas, e a sentir pena. Disse-me o Senhor que não O lastimasse por aquelas feridas, mas pelas muitas que agora Lhe faziam. E eu Lhe perguntei o que podia fazer para remediar isso, pois estava decidida a tudo. Disse-me Ele que este não é o momento de descansar, e que eu me apressasse a fazer essas casas, porque, com as almas delas, Ele tinha descanso; que tomasse quantas me dessem, porque havia muitas almas que, por não terem onde, não O serviam, e que as que fizessem em lugares pequenos fossem como esta, pois nelas as almas poderiam merecer o mesmo pelo desejo de fazer como nas outras.

Disse-me que procurasse que todas andassem sob o governo de um prelado, e que eu me empenhasse muito para que não se perdesse a paz interior por causa da manutenção corporal, pois Ele nos ajudaria para que isso nunca faltasse; que se considerassem em especial as enfermas, e que a prelada que não as provesse e as regalasse era semelhante aos amigos de Jó: Ele dava o açoite para o bem de suas almas, e elas punham em risco a paciência. Que eu escrevesse a fundação dessas casas[41].

Estando eu a pensar que, em Medina, nunca havia encontrado nada para escrever sobre sua fundação, perguntou-me Ele o que mais eu queria para ver que sua fundação fora milagrosa. Quis dizer com isso que Ele o fizera, quando parecia não haver nenhuma condição, determinando-me eu a pô-la em prática[42].

10

Estando eu pensando num aviso que o Senhor me dera para que eu desse e não entendendo nada, embora Lho suplicasse, eu pensava que devia ser o demônio; disse-me que não era e que me avisaria no momento certo[43].

11

Estando eu pensando uma vez que se vive com muito mais pureza quando se está afastado de negócios e que, quando eu me envolvo neles, devo andar mal e com muitas faltas, ouvi: "Não pode deixar de ser, filha; procura em tudo a reta intenção e o desapego, e põe os olhos em mim, para que tudo o que fizeres seja conforme ao que eu fiz"[44].

12

Estando eu pensando qual seria o motivo de agora não ter quase nunca arroubos em público, ouvi: "Não convém agora; bastante crédito tens para o que Eu pretendo. Consideremos a fraqueza dos maliciosos"[45].

13

Estando um dia muito penalizada devido ao que era preciso para remediar a Ordem, disse-me o Senhor: "Faze o que está em teu poder e deixa-Me agir, sem te inquietares com nada; goza do bem que te foi dado, que é muito grande. Meu Pai se deleita contigo, e o Espírito Santo te ama"[46].

---

41. A ordem de escrever o *Livro das Fundações*.
42. Frei Luis de León oferece um texto mais correto: "… eu me determinei a pô-la em prática" (p. 554).
43. Data incerta. Talvez aluda ao texto referido em *Vida* 34, 10 acerca de García de Toledo. — Texto do códice de Ávila. f. 2v.
44. Data incerta (1570?). — Texto de Ribera (11, 18, p. 216). Cf. Frei Luis, p. 549.
45. Data incerta (1570?). — Texto do códice de Ávila, f. 2v. Cf. Frei Luis, p. 549.
46. Data provável: 1570-1571. — Textos dos manuscritos de Ávila (f. 6r) e Toledo (f. 143v). Este último une as graças 13 e 14, datando-as de fevereiro de 1571.

14

Um dia, disse-me o Senhor[47]: "Sempre desejas sofrimentos e, por outro lado, tu os recusas: disponho as coisas de acordo com o que sei de tua vontade, e não de acordo com tua sensibilidade e fraqueza. Esforça-te, pois vês quanto te ajudo. Quero que ganhes esta coroa. Em teus dias, verás muito adiantada a Ordem da Virgem".

Isso ouvi do Senhor em meados de fevereiro, ano de 1571.

15[48]

1. Passei todo o dia de ontem com grande solidão e, a não ser quando comunguei, nada causou em mim ser dia da Ressurreição. À noite, estando com todas, cantaram um copla dizendo como era difícil suportar viver sem Deus[49]. Como eu já estava penalizada, foi tamanho o efeito que isso teve em mim que minhas mãos começaram a se entorpecer e não me foi possível resistir. Porque, assim como saio de mim pelos arroubos de gozo, assim também fica suspensa a alma com o pesar imenso, a ponto de alhear-se. Até hoje eu não tinha compreendido isso.

De uns dias para cá, parecia-me não ter ímpetos tão grandes como costumava, e agora me parece que a causa é o que tenho dito, embora nem saiba se pode ser, pois antes o pesar não chegava a fazer-me sair de mim e, sendo tão intolerável e estando eu em meus sentidos, fazia-me dar imensos gritos sem que eu o pudesse evitar. Agora, como aumentou, chegou a ponto desse trespassamento, e entendo melhor o que Nossa Senhora sentiu, pois até hoje — como eu disse — não tinha entendido o que é trespassamento. O corpo ficou tão alquebrado que escrevo isto hoje com muito sofrimento, pois as mãos estão como que desconjuntadas e doloridas.

2. Vossa Mercê, quando me vir, me dirá se é possível esse alheamento de pesar e se o sinto tal como é ou se me engano.

3. Até esta manhã estive com esse pesar e, estando em oração, tive um grande arroubo e me pareceu que Nosso Senhor me levara o espírito até junto de Seu Pai e lhe dissera: "Esta, que me deste, eu te dou". E parecia-me que me aproximava de Si. Isso não é coisa imaginária, mas vem com uma grande certeza e uma delicadeza tão espiritual que não se sabe descrever. Ele me disse algumas palavras de que não me lembro; algumas falavam de conceder-me graças. Durou algum tempo o ter-me junto de Si.

4. Como Vossa Mercê se foi ontem tão depressa e vejo as muitas ocupações que tem para que me possa consolar mesmo o necessário, pois vejo que são mais necessárias as ocupações de Vossa Mercê, fiquei por algum tempo com aflição e tristeza. Como sentia a solidão de que falei, ela ajudou nisso; e, como não me parece que eu esteja apegada a alguma criatura da terra, deu-me certo escrúpulo, pois temi começar a perder essa liberdade.

Isso foi à noite. Hoje, Nosso Senhor me respondeu, dizendo-me que não me maravilhasse, porque, assim como os mortais desejam companhia para comunicar seus contentamentos dos sentidos, assim também a alma a deseja — quando há quem a entenda — para comunicar seus gozos e sofrimentos, entristecendo-se por não ter com quem fazê-lo. Disse-me: "Ele agora vai bem e me agradam suas obras".

---

47. Essa introdução falta nos códices (Ávila, f. 6v e Toledo, 143v). Tomamo-la de Frei Luis (p. 559). — Data: fevereiro de 1571, em Salamanca ou em Alba.

48. O autógrafo, quase inteiro mas dividido em fragmentos, está conservado atualmente nas Carmelitas Descalças de Locarno. O provável destinatário da Relação foi o Padre Martín Gutiérrez: Salamanca, 15-16 de abril de 1571. O último fragmento (n. 6) talvez não faça parte desta Relação (cf. Frei Luis, p. 551).

49. A cantora da "copla" foi Isabel de Jesús, então noviça. Veja-se o seu testemunho nos processos da Santa (B. M. C., 2, p. 48 e Ribera IV, cap. 10, p. 339); cf. *Moradas* VI, 11, 8 e *Concap.* 7,2. A letra começava: "Vejam-te meus olhos, doce e bom Jesus…"

5. Como Ele esteve algum tempo comigo, lembrei-me de ter dito a Vossa Mercê que essas visões passavam depressa. Disse-me Ele que havia diferença entre estas e as imaginárias e que não podia haver regra certa nas graças que nos faz, porque às vezes convém de umas maneiras, e outras, de outra.

6. Um dia, depois de comungar, pareceu-me clarissimamente que se sentou ao meu lado Nosso Senhor, começando a consolar-me com grandes regalos; e me disse, entre outras coisas: "Aqui me vês, filha, pois sou Eu; mostra tuas mãos", parecendo-me que as tomava e as aproximava do Seu lado. E disse: "Olha as minhas chagas. Não estás sem Mim. A brevidade da vida passa".

Por algumas coisas que me disse, entendi que, depois que subiu aos céus, nunca baixou à terra, a não ser no Santíssimo Sacramento, para comunicar-Se com alguém.

Disse-me que, depois de ressuscitar, fora ver Nossa Senhora, que já estava com grande necessidade, pois o pesar a tinha tão absorta e trespassada que não voltou logo a si para gozar daquele instante (por meio disso compreendi esse meu outro trespassamento, que é bem diferente; qual não devia ser o da Virgem!); e que estivera muito com Ela, pois fora necessário estar até consolá-la.

16[50]

1. Na terça-feira depois da Ascensão, tendo estado algum tempo em oração depois de comungar, aflita, porque me distraía de uma maneira que me impedia de fixar-me numa coisa, queixei-me ao Senhor da nossa miserável natureza. Minha alma começou a se inflamar, parecendo-me que entendia claramente que tinha presente toda a Santíssima Trindade em visão intelectual. Nela, por certa maneira de representação (que era uma figura da verdade para que eu, em minha rudeza, pudesse entender), minha alma entendeu que Deus é trino e uno; assim, parecia-me que as três Pessoas me falavam e se representavam distintamente dentro de minha alma. Disseram-me que, a partir desse dia, eu veria melhora em mim em três coisas, porque cada uma dessas Pessoas me concedia uma graça: na caridade, no padecer com contentamento e no sentir essa caridade com abrasamento na alma. Compreendi as palavras que o Senhor diz — "Estarão com a alma em graça as três Pessoas Divinas" —, porque as via dentro de mim do modo como disse[51].

2. Estando depois agradecendo ao Senhor graça tão grande, e achando-me indigna dela, eu disse a Sua Majestade com grande sentimento que, como me havia de fazer semelhantes favores, por que Sua mão me largara para que eu fosse tão ruim? Fi-lo porque, no dia anterior, tivera grande pesar pelos meus pecados, tendo-os presentes. Eu via claramente o muito que o Senhor fizera, desde que eu era muito pequena, para me aproximar de Si com recursos muito eficazes e que nenhum desses recursos me fora de valia. Com isso, percebi o amor excessivo que Deus nos tem ao perdoar tudo quando nos queremos voltar para Ele, e mais por mim do que por outras pessoas, por vários motivos.

Parece que ficaram tão impressas em minha alma aquelas três Pessoas que vi, sendo Deus um só, que, se durasse assim, seria impossível eu deixar de estar recolhida com tão divina companhia.

Não há por que escrever algumas outras coisas e palavras que aqui se passaram.

17

Uma vez, pouco antes disso[52], indo comungar, e estando a Espécie no relicário — porque ainda não me fora dada —, vi um tipo de pomba que agitava as asas com ruído. Isso me perturbou

---

50. 29 de maio de 1571, em Ávila: data da graça. O relato terá uma data pouco posterior. — Textos dos ms. de Ávila (f. 3r) e Toledo (f. 141v). Cf. Frei Luis, p. 554. Cf. *Moradas* VII, 1,6.
51. Jo 14,23. — Sobre a relação desta graça com o matrimônio místico, ver *Moradas* VII, 1,6.
52. Ávila, maio de 1571: data da graça. O escrito data provavelmente de poucos dias depois. Cf. Frei Luis (p. 555), que une esta Relação com a 22. — Sobre Salcedo, cf. *Vida* 23,6. — Texto do códice de Ávila (f. 4r).

tanto, e me suspendeu, que recebi a Espécie com muita contrição. Tudo isso aconteceu em São José de Ávila. Dava-me o Santíssimo Sacramento o Padre Francisco de Salcedo.

No outro dia, ouvindo sua missa, vi o Senhor glorificado na Hóstia. Disse-me que aceitava seu sacrifício.

18[53]

Essa presença das três Pessoas, de que falei no princípio[54], trago-a até hoje — que é dia da Comemoração de São Paulo — presente em minha alma com muita frequência. E como eu estava acostumada a só trazer Jesus Cristo, sempre me parecia haver algum impedimento em ver três Pessoas, embora entendendo que é um só Deus. E disse-me hoje o Senhor, quando eu pensava nisso, estar errada em imaginar as coisas da alma com a representação das do corpo; que eu entendesse tratar-se de coisas muito diferentes, e que a alma tem capacidade de gozar muito. Pareceu-me que Ele se representou a mim tal como numa esponja a água se incorpora e embebe; parecia-me que a minha alma se enchia dessa maneira com aquela Divindade, gozando e tendo em si, de certo modo, as três Pessoas.

Também ouvi: "Não te esforces para Me teres encerrado em ti, mas para te encerrares em Mim". Parecia-me que, de dentro de minha alma — onde estavam, e eu via, essas três Pessoas —, elas se comunicavam a todas as coisas criadas, não faltando nem deixando de estar comigo.

19[55]

Estando eu, poucos dias depois disto que digo[56], pensando se teriam razão aqueles que julgavam ruim que eu saísse a fundar e que achavam que eu estaria melhor se me dedicasse sempre à oração, eis que ouvi: "Enquanto se vive, o benefício não está em procurar gozar mais de Mim, mas em fazer a Minha vontade".

Parecia-me que, já que São Paulo fala do encerramento das mulheres[57] — como me tinham dito há pouco tempo e como eu ouvira —, essa seria a vontade de Deus. Disse-me Ele: "Dize-lhes que não se conduzam somente por uma passagem da Escritura, mas que olhem outras e vejam se porventura poderão atar-Me as mãos."

20[58]

Estando eu, um dia depois da oitava da Visitação, encomendando a Deus um irmão meu numa ermida do Monte Carmelo, disse ao Senhor, não sei se em pensamento: "Por que se encontra esse meu irmão onde a sua salvação corre perigo? Se eu visse, Senhor, um irmão Vosso nesse perigo, o que não faria para remediá-lo!" Parecia-me que eu não deixaria de fazer o que estivesse a meu alcance.

Disse-me o Senhor: "Ó filha, filha! Irmãs minhas são estas da Encarnação[59], e tu te deténs? Tem, pois, ânimo; vê o que Eu quero, que não é tão difícil quanto te parece, e onde pensas que essas outras casas vão perder, umas e outras ganharão. Não resistas, pois grande é o Meu poder".

---

53. Data: 30 de junho de 1571, em Ávila. Texto do ms. de Ávila, f. 4r.
54. Alusão à *Rel.* 16.
55. Data da graça: por volta de julho de 1571, em Ávila. Texto do ms. de Ávila, f. 4v. Cf. Ribera II, 18, p. 217 e Frei Luis, p. 556.
56. No ms. de Ávila, vêm imediatamente antes as graças 16, 17, 22 e 18.
57. Tt 2,5; 1Cor 14,34.
58. Ávila, 10 de julho de 1571. — O irmão a que ela se refere é Agustín de Ahumada, residente no Chile (cf. Frei Luis, p. 556). — Texto do ms. de Ávila, f. 5r.
59. Ela fora nomeada Priora da Encarnação de Ávila por Padre Pedro Fernández.

21

O desejo e os ímpetos tão grandes de morrer me deixaram, em especial desde o dia da Madalena, no qual decidi viver de boa vontade para muito servir a Deus, embora algumas vezes, por mais que o deseje, não consiga tirar de mim o desejo de vê-Lo[60].

22

Uma vez ouvi: "Tempo virá em que, nesta igreja, se farão muitos milagres e a chamarão de igreja santa". É São José de Ávila, ano de 1571[61].

23

Estando uma vez pensando na grande penitência que fazia Dona Catalina de Cardona[62] e que eu poderia ter feito mais, seguindo os desejos que por vezes o Senhor me dava de fazê-la, se não fosse para obedecer aos confessores, bem como se não seria melhor deixar de lhes obedecer nesse aspecto a partir de então, disse-me o Senhor: "Isto não, filha; bom caminho segues, e seguro. Vês toda a penitência que ela faz? Mais considero tua obediência".

24[63]

Uma vez, estando eu em oração, o Senhor me mostrou, por um estranho modo de visão intelectual, o estado da alma em graça; em Sua companhia vi a Santíssima Trindade em visão intelectual, vindo dela, até a alma, um poder que se assenhoreava de toda a terra. Fizeram-me ouvir as palavras dos Cânticos que dizem: *Veniat dilectus meus in hortum suunt et comedat*[64].

Mostrou-me Ele também o estado da alma em pecado, sem nenhum poder, mas como alguém que estivesse de todo atado e preso, com os olhos tapados, que, mesmo querendo, não pode ver, nem andar, nem ouvir, encontrando-se em grande obscuridade. Causaram-me tanta lástima as almas que assim estão que qualquer trabalho me pareceria leve se servisse para livrar uma delas. Pareceu-me que, se se entendesse isto tal como eu vi — pois mal se pode descrever —, não seria possível que alguém quisesse perder tanto bem nem estar em tanto mal.

25[65]

1. Na véspera de São Sebastião, no primeiro ano em que fui priora na Encarnação, ao começar a Salve, vi na cadeira prioral, onde está Nossa Senhora, descer com grande multidão de anjos a Mãe de Deus e pôr-se ali. Tenho a impressão de que não vi então a imagem, mas essa mesma Senhora. Pareceu-me que se assemelhava um pouco à imagem que me fora dada pela Condessa[66], se bem que eu mal tivesse tido tempo de poder ter certeza, pois aquilo logo me suspendeu muito.

---

60. Ribera (IV, cap. 10, p. 399) relaciona esta graça com a 15 (Salamanca, abril-maio de 1571). — Texto tomado de Ribera.

61. Ribera (IV, cap. 5, p. 360) teve o autógrafo diante de si.

62. Sobre Catalina de Cardona, vejam-se as *Fundações* cap. 28. — Ribera (IV, cap. 18, p. 458) a transcreveu do autógrafo (cf. Frei Luis, p. 557). — Data incerta.

63. Data incerta, provavelmente 1571. — Texto tomado do ms. de Ávila (f. 5v) e corrigido por Frei Luis (p. 557). — Sobre esta graça, cf. *Moradas* I, 2, 2 e VII, I, 3-4.

64. Ct 5,1.

65. Data da graça: 19 de janeiro de 1572, na Encarnação de Ávila. — Texto do códice de Ávila, corrigido por Ribera (III, 1, p. 228) e Frei Luis (p. 550). Veja-se *Rel.* 31, nota 75.

66. Ela se refere a um formoso quadro doado pela Condessa de Osorno e conservado atualmente em São José de Ávila.

Parecia-me ver anjos acima das cornijas[67] dos cadeirais e por sobre os parapeitos, mas não em forma corporal, porque era visão intelectual.

Ela esteve assim todo o tempo da Salve, e disse-me: "Bem acertaste em pôr-Me aqui; Eu estarei presente aos louvores que derdes ao Meu Filho e os apresentarei a Ele".

2. Depois disso, fiquei na oração, que tenho, de estar a alma com a Santíssima Trindade; e parecia-me que a pessoa do Pai me aproximava de Si e dizia palavras muito agradáveis. Entre elas, disse-me, mostrando-me o quanto me queria: "Eu te dei o Meu Filho, o Espírito Santo e esta Virgem. Que podes tu dar a Mim?"

26[68]

1. No dia de Ramos, acabando de comungar, entrei em grande suspensão, de modo que nem podia engolir a Espécie, e, tendo-A na boca, senti verdadeiramente, ao voltar um pouco a mim, que toda ela se enchera de sangue. Parecia-me que o rosto e todo o meu corpo também estavam cobertos dele, como se então o Senhor acabasse de derramá-lo. Parecia-me que estava quente e que era excessiva a suavidade que eu sentia. E disse-me o Senhor: "Filha, Eu quero que o Meu sangue te seja de proveito, e que não tenhas medo de que a Minha misericórdia te falte. Eu o derramei com muitas dores, e tu, como vês, gozas dele com tão grande deleite; bem te pago o convite que me fazias neste dia".

Ele disse isso porque há mais de trinta, se podia, eu sempre comungava nesse dia, procurando preparar a minha alma para hospedar o Senhor; porque me parecia muita crueldade a dos judeus que, depois de tão grande recepção, O tinham deixado ir comer tão longe. Eu fazia de conta que Ele ficava comigo, e em pousada bem ruim, como agora vejo, e fazia umas considerações bobas, que o Senhor devia aceitar; porque essa visão é uma das que tenho por muito certas, razão por que me tem servido na comunhão.

2. Antes disso, eu tinha estado, creio que por três dias, com aquele grande pesar que tenho algumas vezes mais do que outras de estar afastada de Deus. E, nesses dias, ele fora muito grande, parecendo-me impossível suportá-lo. E estando assim tão aflita, vi que era tarde para fazer a refeição, sem no entanto poder deixar de fazê-lo, já que, devido aos vômitos, fico muito fraca se não a fizer um pouco mais cedo. Assim, com muito esforço, pus o pão diante de mim para obrigar-me a comê-lo; logo me apareceu ali Cristo, que me parecia partir o pão e me pô-lo para comer na boca. Ele me disse: "Come, filha, e passa como puderes; pesa-me o que padeces, mas isso te convém agora".

Vi-me liberta daquele pesar e consolada, porque me pareceu verdadeiramente que Ele estava comigo, o que me perdurou por todo o outro dia, satisfazendo-se com isso o meu desejo.

O fato de Ele dizer "pesa-Me" me faz pensar, porque me parece que ele já não pode ter pena de nada.

27

"Com que te afliges, pecadorazinha? Não sou Eu o teu Deus? Não vês quão mal sou tratado ali? Se Me amas, por que não te condóis de mim?"[69]

---

67. *Comas:* coroas dos cadeirais, lê Ribera (p. 228).
68. Data incerta: 8 de abril de 1571 em Salamanca ou 30 de março de 1572 em Ávila. —Texto do códice de Ávila, f. 12r, corrigido por Frei Luis (p. 547).
69. Data incerta. Tomado do códice de Ávila, f. 13r.

28

Sobre o temor de pensar que não se está em graça[70]: "Filha, é muito diferente a luz das trevas. Eu sou fiel. Ninguém se perderá sem o entender. Quem se julgar seguro se enganará por receber regalos espirituais. A verdadeira segurança é o testemunho da boa consciência; mas ninguém pense que pode por si estar na luz, assim como não poderia fazer com que não viesse a noite, porque a graça depende de Mim. O melhor recurso possível para conservar a luz é perceber que não se pode nada e que ela vem de Mim; porque, ainda que se esteja nela, no momento em que Eu me afastar, a noite virá. Esta é a verdadeira humildade: saber o que se pode e o que Eu posso. Não deixes de escrever os avisos que te dou, para que não os esqueças; se queres por escrito os dos homens, por que pensas que perdes tempo em escrever os que te dou? Tempo virá em que terás necessidade de todos eles".

29[71]

Sobre a explicação do que é união:

1. "Não penses, filha, que é união estar muito junto de Mim, porque também o estão os que Me ofendem, embora não queiram. Nem o são os regalos e prazeres da oração, por mais excelsos que possam ser e malgrado venham de Mim; são meios, muitas vezes, para ganhar as almas, mesmo as que não estejam em graça".

Quando ouvi isso, eu estava com o espírito sobremodo elevado. O Senhor deu-me a entender que era espírito, como a alma estava então e como se devem entender as palavras do Magnificat: *Exultavit spiritus meus*[72]. Não o sei dizer; parece-me que me foi dado a entender que o espírito é a parte superior da vontade.

2. Voltando à união, entendi que era esse espírito limpo e elevado acima de todas as coisas da terra, não ficando nenhuma parte sua que deseje apartar-se da vontade de Deus. É de tal maneira a união que o espírito e a vontade ficam em conformidade com a Dele e, num desapego de tudo, empregados em Deus, não havendo lembrança de amor a si mesmo nem a nenhuma coisa criada.

3. Pensei: se isso é união, de uma alma que sempre tem essa determinação podemos dizer que sempre está em oração de união, embora seja verdade que essa oração só pode durar muito pouco. Ocorreu-me então que, enquanto andar com justiça, merecendo e ganhando, a alma receberá a união, mas não se pode dizer que ela viva unida como na contemplação. Parece-me que entendi, embora não por palavras, que é tanto o pó da nossa miséria, das faltas e estorvos em que voltamos a nos enredar que não seria possível estar com a pureza que tem o espírito quando se junta com o de Deus, visto que já se mostra fora da nossa indigna miséria e elevando-se acima dela. E parece-me que, se é união estarem a nossa vontade e o nosso espírito em tal sintonia com o de Deus que só a pode ter quem estiver em estado de graça, ao contrário do que me tinham dito. Assim, parece-me que será bem difícil entender quando é união, a não ser por uma graça particular de Deus, visto não se poder saber quando estamos nela.

4. Escreva-me Vossa Mercê sua opinião e me indique o ponto em que digo disparates, voltando a me enviar este papel[73].

---

70. Data incerta. Segundo Silverio, "na Encarnação, no ano de 1572". — Texto do códice de Ávila, f. 13v. No título, coincide com o ms. de Toledo, f. 147v.

71. Data incerta. Texto tomado do códice de Ávila (f. 14r; cf. Ribera IV, 20, p. 470).

72. Lc 1,47.

73. Ela alude provavelmente a Padre Martín Gutiérrez, Reitor do Colégio da Companhia em Salamanca (cf. Ribera IV, 4, p. 349 e *Rel.* 15, nota 48).

30[74]

Tendo lido num livro que era imperfeição ter imagens curiosas, eu não queria ter na cela uma que eu tinha, e, mesmo antes de ler isso, me parecia de mais pobreza não ter nenhuma, a não ser de papel; depois que li isso um dia destes, eu já não queria tê-las de nenhum outro tipo. E entendi, estando descuidada disso: que não era boa mortificação. Qual era melhor: a pobreza ou a caridade? Que o melhor era o amor, que eu não deixasse tudo aquilo que me despertasse para ele, nem o tirasse das minhas monjas. Que o livro falava das muitas molduras e coisas curiosas nas imagens, e não da imagem. Que o que o demônio fazia aos luteranos era tirar-lhes todos os meios para mais despertarem a devoção, o que os fazia perder-se. "Meus cristãos, filha, hão de fazer, agora mais do que nunca, o contrário do que eles fazem".

Entendi ter muita obrigação de servir a Nossa Senhora e a São José, porque muitas vezes, estando eu totalmente perdida, Deus voltava a me dar saúde graças aos seus rogos.

31

Na oitava do Espírito Santo, fez-me o Senhor uma graça, e me deu esperança de que esta casa iria melhorando, digo, as almas que há nela[75].

32

No dia da Madalena, voltou o Senhor a confirmar uma graça que me fizera em Toledo, elegendo-me, na ausência de certa pessoa, em seu lugar[76].

33

1. Um dia depois de São Mateus[77], estando eu como costume depois que tive a visão da Santíssima Trindade e vi como Ela está com a alma que está em graça, foi-me dado a entender muito claramente isso, de modo que, por intermédio de certos recursos e comparações, eu o vi numa visão imaginária. E se bem que outras vezes me tivesse sido dada a entender a Santíssima Trindade por meio de visão intelectual, a verdade não ficava em mim depois de alguns dias como esta de que agora falo, de maneira a que eu pudesse pensar nisso e com isso me consolar. E agora vejo do mesmo modo como o ouvi de letrados, não o tendo entendido como agora, embora sempre acreditasse sem hesitação, porque não tenho tido tentações da fé.

2. A nós, pessoas ignorantes, parece que as três Pessoas da Santíssima Trindade estão — tal como vemos representado — numa só Pessoa, à feição de quando se pintam num corpo três rostos; e assim nos espanta tanto, porque parece coisa impossível e que não há quem ouse pensar nisso, já que o entendimento fica obscurecido e teme duvidar dessa verdade, privando-se assim de um grande benefício.

3. Representaram-se a mim três Pessoas distintas, pois a cada uma se pode ver e falar individualmente. E depois pensei que só o Filho tomou carne humana, o que prova essa verdade.

---

74. Data e lugar incertos. Segundo Silverio, "na Encarnação, 1572". — Texto do códice de Ávila, f. 15r. Cf. Frei Luis, p. 548.

75. Data provável: 1º de junho de 1572, na Encarnação de Ávila. Segundo Ribera (III, 1, p. 228), no autógrafo da Santa esta *Rel.* seguia a 25, ambas alusivas à monja da Encarnação. —Texto do códice de Ávila e Ribera.

76. Data, segundo Silverio, de 22 de julho de 1572, na Encarnação de Ávila. Talvez seja possível esclarecer a discreta reticência da Santa por meio do seguinte texto de Yepes: "Como num dia da Madalena a Madre estivesse com uma inveja Santa do muito que o Senhor tinha amado aquela, disse-lhe Ele: 'A esta tive por minha amiga enquanto estive na terra, e a ti tenho agora que estou no céu'. E essa graça foi confirmada pelo Senhor, depois de alguns anos, no mesmo dia da Madalena" (*Vida* 1,19). — Texto do códice de Ávila, f. 7r.

77. Data incerta. Segundo Silverio, "é de 22 de setembro de 1572". — Texto do códice de Ávila, f. 15v.

Essas Pessoas se amam, comunicam-se e se conhecem. Mas, se cada uma existe por si só, como podemos dizer que as três são uma mesma essência, e acreditar nisso, tomando-a por grande verdade, sendo eu capaz de morrer por ela mil vezes? Em todas essas três Pessoas não há senão um querer, um poder e um domínio, de modo que nada pode uma sem a outra: de quantas criaturas há, é só um o Criador. Poderia o Filho criar uma formiga sem o Pai? Não, pois o poder é todo um, e o mesmo ocorre com o Espírito Santo; assim é que há um só Deus todo-poderoso, e todas as três Pessoas são uma só Majestade.

Porventura se poderia amar o Pai sem gostar do Filho e do Espírito Santo? Não; quem contentar a uma dessas três Pessoas divinas contentará as três, e quem ofender uma delas desagradará a todas. Poderá o Pai estar sem o Filho e o Espírito Santo? Não, porque há uma só essência, e onde está uma estão as três, pois não se podem separar. Como, então, vemos que são distintas as três Pessoas, e como tomou carne humana o Filho, e não o Pai nem o Espírito Santo? Isso eu não entendi, mas sabem-no os teólogos. Bem sei eu que, naquela obra tão maravilhosa da Encarnação, estavam as três, e não me ocupo em pensar muito nisso. Logo meu pensamento se conclui ao ver que Deus é todo-poderoso e que pôde fazê-lo do modo como quis, podendo assim fazer tudo o que quiser. E quanto menos o entendo, mais o creio e maior devoção tenho. Seja para sempre bendito. Amém.

34[78]

Se Nosso Senhor não me tivesse feito as graças que me fez, não me parece que eu teria tido ânimo para as obras realizadas nem forças para os sofrimentos que se têm passado, as contradições e maus julgamentos. Assim, depois que se começaram as fundações, foram-me tirados os temores que eu antes tinha de estar enganada, sendo infundida em mim a certeza de que era Deus, o que me fazia lançar-me a coisas difíceis, se bem que sempre seguindo conselhos e submetendo-me à obediência. Por isso percebo que Sua Majestade Nosso Senhor, como quis despertar o princípio desta Ordem e, por Sua misericórdia, me tomou como instrumento, foi obrigado a suprir o que me faltava, que era tudo, para que tivesse efeito e se mostrasse melhor a Sua grandeza em coisa tão ruim.

35

Estando eu na Encarnação, no segundo ano do priorado, na oitava de São Martinho[79], em comunhão, o padre frei João da Cruz, que ia me dar o Santíssimo Sacramento, partiu a Hóstia para outra irmã. Pensei que não era falta de Hóstia, mas que ele queria me mortificar, porque eu lhe tinha dito que gostava muito quando as Hóstias eram grandes (não porque eu não entendesse que não importava para o Senhor estar lá inteiro mesmo que fosse num pedacinho bem pequeno). Disse-me Sua Majestade: "Não tenhas medo, filha, que alguém tenha poder para afastar-te de Mim". Assim, Ele me dava a entender que isso não importava.

Então o Senhor me foi representado numa visão imaginária, como em outras vezes, bem no meu íntimo; dando-me Sua mão direita, disse-me: "Olha este prego, que é sinal de que serás Minha esposa de hoje em diante. Até agora não o tinhas merecido; doravante, defenderás Minha honra não só como Criador, como Rei e como teu Deus, mas como verdadeira esposa Minha: Minha honra é a tua, e a tua, Minha".

Teve tal efeito em mim esse favor que eu não podia caber em mim; fiquei como que desatinada e disse ao Senhor que ou aumentasse a minha baixeza ou não me concedesse tão infinita graça, pois certamente não me parecia que a minha natureza a pudesse suportar. Passei assim todo o dia

---

78. Data incerta. — Texto tomado no códice de Ávila (f. 21v) e corrigido de acordo com as antigas edições do *Epistolario*, feitas com base no autógrafo (t. IV, Madri, 1771, p. 497).

79. Por volta de 18 de novembro de 1572. — Texto do códice de Ávila (f. 7v; cf. Ribera IV, 10, p. 406). Cf. *Rel.* 7.

muito embevecida. Mais tarde senti ter obtido um grande proveito, e maior confusão e aflição ao ver que em nada correspondo a tão grandes graças.

36[80]

1. Isto me disse o Senhor outro dia: "Pensas, filha, que o merecimento está no gozar? Ele não está senão em trabalhar, em padecer, em amar. Não terás ouvido que São Paulo estivesse fruindo os gozos celestiais mais de uma vez, e muitas que padeceu. E vês a Minha vida toda cheia de padecimentos, e só no Monte Tabor terás ouvido sobre o meu gozo. Não penses, quando vês Minha Mãe tendo-Me nos braços, que Eu gozava daquelas consolações sem grave tormento. Desde que Simeão Lhe disse aquelas palavras, Meu Pai deu-lhe clara luz para que visse o que eu haveria de padecer. Os grandes santos que viveram nos desertos, sendo guiados por Deus, faziam grandes penitências, além de travar grandes batalhas com o demônio e consigo mesmos, tendo passado muito tempo sem nenhum consolo espiritual.

Crê, filha, que Meu Pai dá maiores sofrimentos àqueles que mais ama, e que a estes responde o amor. Em que te posso demonstrá-lo mais do que ao querer para ti o que quis para Mim? Vê estas chagas, e nunca chegarão a este ponto as tuas dores. Este é o caminho da verdade. Assim me ajudarás a chorar a perdição em que vivem os do mundo, entendendo tu que todos os seus desejos, cuidados e pensamentos são empregados em como conseguir o contrário".

2. Quando comecei a ter oração, estava com uma dor de cabeça tão grande que me parecia quase impossível conseguir suportá-la. Disse-me o Senhor: "Por meio disso verás o prêmio do padecimento, pois, como tu não tinhas saúde para falar Comigo, Eu falei contigo e te regalei". E é certo que foi assim, porque estive recolhida por uma hora e meia ou pouco menos. Nesse tempo de recolhimento, Ele me disse essas palavras e tudo o mais. Nem eu me distraía nem sei onde estava — e com tão grande contentamento que nem sei dizê-lo. E a minha cabeça ficou boa, o que muito me espantou, surgindo em mim um grande desejo de padecer.

É verdade que eu ao menos nunca ouvi que o Senhor tivesse outro gozo na vida a não ser dessa vez, o mesmo se aplicando a São Paulo. Sua Majestade também me disse que tivesse muito vívidas na memória as palavras que o Senhor disse a Seus apóstolos: "Que o servo não havia de ser maior do que o Senhor"[81].

37[82]

Vi uma grande tempestade de sofrimentos e que, assim como os egípcios perseguiam os filhos de Israel, assim também haveríamos de ser perseguidos; mas Deus nos faria passar por isso ilesos, e os inimigos seriam envolvidos pelas ondas.

38[83]

Estando eu um dia no convento de Beas, disse-me Nosso Senhor que, como eu era sua esposa, prometia conceder-me tudo quanto eu Lhe pedisse. E como penhor deu-me um anel formoso, com uma pedra semelhante a uma ametista, mas com um resplendor muito diferente dos daqui, pondo-o no meu dedo. Escrevo isto devido à minha confusão ao ver a bondade de Deus e a minha

---

80. Data incerta; talvez em Ávila, 1572. — Texto do códice de Ávila, f. 8r; cf. Frei Luis, p. 545.
81. Jo 13,16.
82. Data provável: 1572-1573 (cf. Ribera IV, 5, p. 359; Maria de S. José, *Libro de recreaciones*, Burgos, 1913, p. 95; carta da Santa a Gracián, 5 de outubro de 1576).
83. Conservamos esta graça no lugar que lhe foi concedido pelo Padre Silverio em sua edição crítica, apesar de considerá-la quase certamente espúria. — Tomamos o texto do ms. incompleto conservado nas Carmelitas Descalças de Zaragoza. — A Santa esteve em Beas entre fevereiro e maio de 1575.

vida ruim, que me faz merecer estar no inferno. Mas ai, filhas! Encomendai-me a Deus e sede devotas de São José, que muito pode. Escrevo esta tolice...[84]

39 (= 41)*

JHS

1. Alguém, no dia da Páscoa do Espírito Santo[85], estando em Ecija, se lembrou de uma grande graça que recebera de Nosso Senhor numa véspera dessa festa, e desejou fazer uma coisa muito especial em Sua honra. Pareceu-lhe bem prometer não encobrir nenhuma coisa de falta ou pecado que fizesse em toda a sua vida desde aquele momento a um confessor a quem tinha em lugar de Deus, porque essa obrigação não se tem para com os prelados. Embora essa pessoa já tivesse feito voto de obediência, isso lhe parecia ser mais. Ela também prometeu fazer tudo quanto o confessor lhe dissesse, desde que não fosse contra a obediência que tinha professado, naturalmente em coisas graves. E, ainda que no início isso fosse uma dificuldade para ela, ainda assim o prometeu.

2. A primeira coisa que a fez decidir isso foi entender que prestava algum serviço ao Espírito Santo; a segunda, ter por muito serva de Deus e letrada a pessoa que escolheu, a qual daria luz à sua alma e a ajudaria a mais servir a Nosso Senhor.

Disso nada soube a pessoa escolhida até depois de alguns dias de feita a promessa. Essa pessoa é o padre frei Jerônimo Gracián de la Madre de Dios[86].

São coisas de consciência.

40 (= 39 – 40)

É coisa de minha alma e consciência. Ninguém a leia, mesmo que eu venha a morrer, mas a entregue ao Padre Mestre Gracián[87].

---

84. Seguem-se algumas palavras ilegíveis.

* As três *Relações* a seguir contêm três redações diferentes do "voto de obediência" feito pela Santa ao seu superior e diretor Padre Jerónimo Gracián. A primeira é uma espécie de rascunho escrito de forma impessoal. As outras duas são provavelmente a redação definitiva; uma delas se destina a Gracián e a outra é reservada para a Autora. — Os fatos referidos ocorreram em Beas e Ecija entre fevereiro e maio de 1575, apesar da datação da terceira redação (1574). Os textos datam provavelmente dos anos 1576-1577. — Editamo-las de acordo com Os autógrafos, conservados, *o primeiro* nos Carmelitas Descalços de Puebla (México); *o segundo* nas Carmelitas Descalças de Consuegra; *o terceiro* nas Carmelitas Descalças de Chichester (Inglaterra). — Invertemos a ordem numérica das três redações, conservando entre parênteses o número de ordem da edição crítica do Padre Silverio. — Podem-se ver outros dados em *Ephemerides Carmeliticae* (Roma), 15 (1964), pp. 154-176.

85. Provavelmente "*segundo* dia de Páscoa...", como ela afirma nas outras duas redações (cf. 40, n. 1): era o dia 23 de maio de 1575. Veja-se o relato de *Fund.*, cap. 24.

86. Esta última frase de esclarecimento foi escrita pela Santa em data posterior ao texto precedente. A seguir, Padre Gracián acrescentou: "Este voto de obediência que a Madre diz aqui, e escreveu isto para fazer uma consulta sobre ele, está escrito com todas as particularidades que o cercaram num papel que a Madre deixou que me fosse dado depois de sua morte". Gracián se refere a um dos relatos a seguir.

87. O texto em cursivo é o sobrescrito; falta atualmente no autógrafo. Tomo-o da cópia notarial de J. Vázques del Mármol (Archivo de Padres Carmelitas de Ávila).

JHS

1. No ano de 1575, no mês de abril, estando eu na fundação de Beas, foi por acaso ali o Mestre frei Jerónimo de la Madre de Dios Gracián[88], e, tendo eu confessado com ele algumas vezes, embora não o tendo no lugar em que tinha tido outros confessores para em tudo me governar por ele, estando um dia comendo sem nenhum recolhimento interior, minha alma começou a se suspender e recolher, de modo que pensei que me queria vir algum arroubo, e foi-me representada esta visão com a brevidade costumeira, que é como um relâmpago.

2. Pareceu-me ter junto a mim Nosso Senhor Jesus Cristo sob a forma que Sua Majestade costuma se representar a mim, tendo a Seu lado direito o mestre Gracián, e eu ao esquerdo. Tomou-nos o Senhor a mão direita e, juntando-as, disse-me que queria que eu tomasse o mestre Gracián em Seu lugar enquanto vivesse, e que chegássemos a um acordo em tudo, porque assim convinha.

3. Fiquei com uma segurança tão grande de que era de Deus que, embora se pusesse na minha frente a lembrança de dois confessores que eu tivera por muito tempo e a quem seguia e muito devia, e que me faziam muita resistência (especialmente um deles[89], que a fazia de modo muito intenso, a ponto de eu julgar que ele se ofendia; eram grandes o respeito e o amor que eu tinha por ele), a segurança que isso me deu foi a de que me convinha aquilo, ficando ainda o alívio decorrente da impressão de que minha obrigação de seguir, em cada lugar para onde ia, diferentes pareceres tinha chegado ao fim. Ainda mais que alguns [confessores] me faziam padecer muito por não me entenderem, embora eu jamais tenha deixado nenhum deles, parecendo-me que a culpa era minha, até que ele se fosse ou eu me fosse. Por duas outras vezes o Senhor repetiu, com palavras diferentes, que eu não temesse, porque Ele mo dava. E assim me decidi a não fazer outra coisa e propus, de mim para comigo, levá-lo adiante enquanto vivesse, seguindo em tudo o seu parecer, desde que não se opusesse notavelmente a Deus, o que estou bem certa de que não acontecerá, já que o mesmo propósito que eu tenho de em tudo seguir o mais perfeito creio que ele também tem, como tenho visto por algumas coisas.

JHS

1. Ano de 1575, mês de abril. Estando eu na fundação de Beas, foi por acaso ali o mestre frei Jerónimo de La Madre de Dios Gracián. Comecei a confessar-me com ele algumas vezes, embora não o tendo no lugar em que tinha tido outros confessores para em tudo me governar por ele. Estando eu um dia comendo, sem nenhum recolhimento interior, começou minha alma a se suspender e recolher, de modo que pensei que me queria vir algum arroubo, e foi-me representada esta visão com a brevidade costumeira, que é como um relâmpago:

2. Pareceu-me ver junto a mim Nosso Senhor Jesus Cristo sob a forma que Sua Majestade costuma se representar a mim, tendo a Seu lado direito o mestre Gracián; o Senhor tomou sua mão direita e a minha e, juntando-as, disse-me que queria que eu tomasse este em Seu lugar por toda a minha vida e que chegássemos a um acordo em tudo, porque assim convinha.

3. Fiquei com uma segurança tão grande de que era Deus que, embora se pusesse na minha frente a lembrança de dois confessores que eu tivera por muito tempo, a quem seguira e a quem muito devia (em especial a um deles, por quem tenho grande afeto, que me fazia uma terrível resistência), não poderiam me persuadir de que essa visão fosse engano, dados o grande efeito e a grande intensidade que em mim deixou, [4] além de [o Senhor] me dizer duas outras vezes que

---

88. Ela escrevera 1574 nos dois textos, e só corrigiu no primeiro. — Gracián chegou a Beas no final de fevereiro de 1575.

89. Provavelmente Báñez. — O trecho contido nos parênteses foi anotado pela Santa à margem deste original.

4. Fiquei com uma paz e um alívio tão grandes que me espantaram e me certificaram de que o Senhor o quer; porque essa paz tão grande da alma e o consolo não me parece que o demônio pudesse infundir. Parece-me que isso ainda permanece em mim, de uma maneira que não sei dizer, mas o fato é que cada vez que me recordo louvo de novo Nosso Senhor e me lembro do versículo que diz: "Qui posuit fines suos in pace"[90], e queria me desfazer em louvores a Deus.

Parece-me que há de ser para glória Sua, e assim volto a propor de nunca mais tornar a mudar[91].

5. No segundo dia da Páscoa do Espírito Santo[92], depois dessa minha decisão, indo eu a Sevilha, ouvimos missa numa ermida em Ecija e nela ficamos durante a sesta; estando minhas companheiras na ermida e eu sozinha numa sacristia que ali havia, comecei a pensar no grande favor que me fizera o Espírito Santo numa véspera de Páscoa[93], e isso me suscitou grandes desejos de prestar-Lhe um serviço especial. E eu não achava nada que não tivesse feito. E cheguei à conclusão de que, embora o voto de obediência já tivesse sido feito, eu não o fizera da maneira mais perfeita possível; e veio-me a ideia de que Lhe seria agradável o que eu já me tinha proposto a fazer com o Padre frei Jerónimo. Se por um lado me parecia que isso nada representava, por outro me parecia uma coisa dificílima, considerando-se que aos prelados não se revela o interior da alma e que, afinal, eles mudam e, se com um a pessoa não se sentir bem, vem outro, razão por que fazer isso significava ficar sem nenhuma liberdade interior e exterior por toda a vida[94]. E acometeu-me um pouco, e até muito, o desejo de não o fazer.

6. Essa mesma resistência da minha vontade me causou vergonha e deu-me a impressão de que havia algo que eu não fazia por Deus, sendo-me oferecida a oportunidade, uma coisa de que sempre fugi. O fato é que a dificuldade me afligiu de tal maneira que não me parece que eu tivesse feito coisa alguma em minha vida, nem ao fazer profissão, que gerasse maior resistência em mim, salvo quando saí da casa de meu pai para ser monja. E a causa disso é que me esqueci de quanto o amava e das qualidades que tinha para isso, considerando-o então como um estranho, o

---

não temesse, com palavras diferentes, pois Ele queria isso, terminando por me decidir a fazê-lo, entendendo que era vontade do Senhor que eu seguisse aquele parecer enquanto vivesse, o que jamais acontecera com relação a ninguém, mesmo tendo eu tratado com inúmeras pessoas de muitas letras e santidade e que cuidavam de minha alma com grande empenho. Mas tampouco eu ouvira coisa semelhante para não mudar de confessor, tendo tomado alguns por confessores por ter compreendido que me convinha, assim como a eles.

5. Decidida a isso, fiquei com uma paz e um alívio tão grandes que me espantaram e certificaram-me de que o Senhor o quer; porque essa paz e consolo tão grandes da alma não me parece poder ser infundidos pelo demônio. E assim, quando me recordo, louvo ao Senhor e represento a mim aquele versículo: "qui posuit fines suos in pace", e queria me desfazer em louvores a Deus.

6. Mais ou menos um mês depois dessa minha decisão, no segundo dia da Páscoa do Espírito Santo, indo eu à fundação de Sevilha, ouvimos missa numa ermida em Ecija, e ali ficamos durante a sexta. Estando minhas companheiras na ermida, fiquei sozinha numa sacristia que nela havia; comecei a pensar num grande favor que me fizera o Espírito Santo numa véspera desta festa, e veio-me grande desejo de prestar-Lhe um serviço muito especial. E não achava coisa que não tivesse feito ou ao menos decidido fazer, mas achava que devia haver falha. E concluí que,

---

90. O salmo 147,14 diz: *Qui posuit fines tuos pacem.*
91. Todo este trecho foi acrescentado pela Autora em data posterior. Com ele, ela concluía o relato.
92. 23 de maio de 1575. Ermida de Santa Ana.
93. Vejam-se *Vida* 38, 9 e a graça 67,1.
94. Veja-se a carta a Gracián de 9/1/77, último número.

que me espantou; minha preocupação era se seria bom fazer aquilo pelo Espírito Santo. Creio que me detinham as dúvidas que em mim afloravam sobre se isso seria ou não serviço de Deus. [7] Depois de algum tempo de batalha interior, o Senhor me deu uma grande confiança, parecendo-me que eu fazia aquela promessa pelo Espírito Santo, que ficava obrigado a dar-lhe [a Gracián] luz para que ma desse, além de me lembrar de que Jesus Cristo Nosso Senhor mo havia dado; com isso, pus-me de joelhos e prometi fazer tudo quanto ele me dissesse por toda a vida, desde que não fosse contra Deus nem contra os prelados com quem eu estava obrigada. Fiz a restrição, para me tirar os escrúpulos, de só fazê-lo em coisas importantes, deixando de lado situações em que, importunando-o eu em alguma coisa, ele me dissesse que não mais falasse disso, ou coisas referentes ao meu prazer ou ao seu, que são bobagens nas quais não se quer deixar de obedecer, prometi que de todas as minhas faltas e pecados não lhe ocultaria nada conscientemente, o que também é algo além do que se costuma fazer nos contatos com os prelados. Enfim, prometi tê-lo em lugar de Deus interior e exteriormente.

8. Não sei se mereci, mas grande coisa me parecia ter feito pelo Espírito Santo, ao menos considerando tudo quanto eu sabia; e assim fiquei com grande satisfação e alegria, e tenho estado

---

embora o voto de obediência já tivesse sido feito, eu o podia fazer com mais perfeição; veio a mim a ideia de que Lhe seria agradável que eu prometesse o que eu já me tinha proposto, a obedecer ao padre mestre frei Jerónimo. E, por um lado, me parecia que isso nada representava, porque eu já me decidira a fazê-lo. Por outro, isso me parecia coisa dificílima, considerando-se que aos prelados não se faz voto nem se revela o interior da alma, porque eles mudam e, se com uma pessoa não se sente bem, vem outro; fazê-lo era ficar sem nenhuma liberdade exterior e interior por toda a vida. E deu-me uma grande vontade de não o fazer.

7. Essa mesma resistência de minha vontade me envergonhou e deu-me a impressão de que, como se oferecia algo que fazer por Deus e eu não o fazia, grande risco corria a minha determinação de servi-Lo. O fato é que a dificuldade me afligiu tanto que me pareceu que eu não tinha feito coisa alguma em minha vida, nem ao fazer a profissão, que gerasse maior resistência em mim, salvo quando saí da casa do meu pai para ser monja. E a causa disso é que me esqueci de quanto o amava e das qualidades que tinha para isso, considerando-o então como um estranho, o que me espantou; meu grande temor era que não fosse serviço de Deus, e a natureza, que é amiga da liberdade, devia fazer o seu trabalho, se bem que eu há anos não goste de tê-la e tivesse a impressão de dever fazê-lo, como na verdade o devia.

8. Depois de um tempo de batalha interior, o Senhor me deu uma grande confiança, parecendo-me ser cada vez melhor quanto mais sentia, visto que eu fazia aquela promessa pelo Espírito Santo, que ficava obrigado a dar-lhe [a Gracián] luz para que ele ma desse, além de eu me lembrar de que me fora dada luz por Nosso Senhor. Com isso, ajoelhei-me e prometi fazer tudo quanto ele me dissesse por toda a vida, para prestar esse serviço ao Espírito Santo, desde que não me opusesse a Deus e aos prelados com quem tenho mais obrigação. Fiz a restrição de que não me obrigava a coisas de pouca monta, como o é a situação em que o importuno em uma coisa e ele me diz que o deixe, mas me descuido e volto, bem como no tocante a coisas referentes a meu prazer; enfim, isso não se aplicava às insignificâncias que se fazem sem perceber. Prometi que de todas as minhas faltas e pecados, e movimentos interiores, nada lhe encobriria conscientemente, o que também é fazer mais do que se costuma nos contatos com os prelados, e, em suma, tê-lo em lugar de Deus, exterior e interiormente.

9. Não sei se é assim, mas me parecia grande coisa a se fazer pelo Espírito Santo, ao menos considerando tudo o que eu sabia, sendo isso bem pouco diante daquilo que Lhe devo. Louvo a Deus, que criou uma pessoa tão satisfatória; fiquei confiadíssima de que Sua Majestade lhe há de

assim desde então. Pensando ficar limitada, fiquei com mais liberdade e muito confiada de que Nosso Senhor lhe há de conceder novos favores por esse serviço que Lhe prestei, a fim de que me caiba uma parte deles e em tudo me dê luz.

Bendito seja Aquele que criou uma pessoa que me satisfizesse de tal maneira que eu me atrevesse a fazer o que tenho dito.

---

conceder novas graças, além de muito alegre e contente, tendo a impressão de que, em todos os aspectos, eu ficara livre de mim. E, pensando ficar limitada com a sujeição, fiquei com efeito com muito mais liberdade. Seja o Senhor por tudo louvado.

42

Estando eu, no dia da Madalena[95], considerando a amizade que estou obrigada a ter a Nosso Senhor de acordo com as palavras que Ele me disse sobre essa santa, e tendo grandes desejos de imitá-la, o Senhor me fez uma grande graça e me disse que doravante me esforçasse, pois havia de servi-Lo mais do que servira até então. Deu-me o desejo de não morrer tão cedo, a fim de haver tempo para eu me dedicar a isso, e fiquei com grande determinação de padecer.

43

Estava eu um dia muito recolhida, recomendando a Deus Eliseu[96], quando ouvi: "É Meu verdadeiro filho; não deixarei de ajudá-lo" — ou alguma coisa parecida com isso, não me lembro bem.

44

1. Acabando de comungar na vigília de São Lourenço[97], eu estava com o pensamento tão distraído e disperso que não conseguia me recolher, e comecei a ter inveja dos que vivem no deserto, parecendo-me que, como não ouvem nem veem nada, estão livres dessa distração. Ouvi: "Muito te enganas, filha; eles antes têm ali tentações mais fortes dos demônios. Tem paciência, que enquanto dura a vida não se pode evitá-las".

2. Estando nisso, veio-me de súbito um recolhimento com uma luz interior tão grande que me pareceu que eu estava em outro mundo. Meu espírito achou-se dentro de si numa floresta e horto muito deleitoso, a tal ponto que me fez lembrar do que se diz no *Cântico*[98]: *Veniat dilectus meus in hortum suum*. Vi ali meu Eliseu[99], é certo que um pouco escuro, mas com uma estranha formosura; trazia na cabeça como que uma grinalda de ricas pedrarias; e muitas donzelas iam à sua frente com ramos nas mãos, todas cantando louvores a Deus. Eu não fazia senão abrir os olhos para ver se me distraía, mas isso não bastava para me tirar essa atenção; parecia-me haver uma música de passarinhos e de anjos de que a alma gozava, embora eu não a ouvisse: é que via a alma naquele deleite. Eu percebia que ali não havia outro homem. Disseram-me: "Este mereceu estar

---

95. Dia 22 de julho, ano incerto. Para a compreensão desta *graça,* veja-se a nota à *Relação* 32. — Texto do ms. de Ávila.

96. *Eliseu:* pseudônimo do Padre Gracián. Tomamos esta *graça* e as outras que se referem ao Padre Gracián (44, 55, 58, 59 e 60) da cópia notarial de Juan Vázquez del Mármol (Archivo de PP. Carmelitas de Ávila), que manuseou os autógrafos da Santa.

97. Data provável: 9 de agosto de 1575, em Sevilha. — Texto tomado de J. V. Mármol.

98. Ct 5,1.

99. *Eliseu:* Padre Gracián.

entre vós, e toda esta festa que vês haverá no dia que estabelecer em louvor da Minha Mãe; apressa-te se queres chegar aonde ele está".

3. Isso durou mais de uma hora e meia — sem que eu pudesse me distrair. Trouxe-me um grande deleite, coisa diferente de outras visões; e o que tirei daqui foi amor a Eliseu e tê-lo mais presente naquela formosura. Fiquei com medo de que fosse tentação, porque imaginação não é possível.

45

Uma vez ouvi que o Senhor está em todas as coisas e em nossa alma; apresentou-se a mim a comparação de uma esponja que se embebe de água[100].

46[101]

Como viessem meus irmãos e eu deva tanto a um[102], não deixava de estar com ele e de tratar do que convém à sua alma e à sua residência — e tudo me dava cansaço e pesar. E estando a oferecer isso ao Senhor e tendo a impressão de que o fazia por estar obrigada, veio-me à lembrança o que está nas nossas Constituições, que nos dizem que nos afastemos dos parentes; e, quando pensava se estava obrigada, disse-me o Senhor: "Não, filha, pois vossos Institutos não devem seguir senão a Minha Lei". É verdade que a intenção das Constituições é de que não nos apeguemos a eles; e isso de tratar com eles a meu ver antes me cansa e mais me desfaz.

47

Tendo acabado de comungar no dia de Santo Agostinho[103] — não sei dizer como —, foi-me dado a entender, e quase a ver (se bem que tenha sido coisa intelectual e que passou depressa), que as três Pessoas da Santíssima Trindade, que trago esculpidas em minha alma, são uma só e mesma coisa. Isso me foi dado a perceber por uma representação tão estranha e por uma luz tão clara que teve em mim um efeito bem distinto do que se manifesta quando se crê somente pela fé.

A partir daquele momento, não mais pude pensar em nenhuma das três Pessoas divinas sem entender que estão presentes todas as três; de maneira que eu estava hoje considerando que, sendo Elas uma só coisa, só o Filho tinha tomado carne humana, e o Senhor me deu a entender que, embora fossem uma só, as Pessoas são distintas.

Elas têm tal grandeza que mais uma vez a alma deseja sair deste embaraço que é o corpo para gozar delas, embora pareça não ser para a nossa baixeza entender algo delas; e embora passe num instante, fica na alma um benefício que é maior, incomparavelmente maior, do que aquele que se obtém com muitos anos de meditação — e sem que se possa entender como.

48

No dia de Nossa Senhora da Natividade[104] tenho particular alegria. Quando chega esse dia, parece-me bem renovar os votos. E, querendo-o fazer, foi-me representada certa feita, numa visão

---

100. Data incerta. Cf. *Relação* 18. Texto do ms. de Ávila (f. 27r).
101. Data provável: segundo semestre de 1575, em Sevilha. — Texto do códice de Ávila (f. 27r; cf. Ribera IV, 10, p. 402).
102. Na primeira quinzena de agosto de 1575, tinham regressado da América D. Pedro de Ahumada e D. Lorenzo de Cepeda com seus filhos. A Santa se refere em particular a este último. Cf. *Fundações*, cap. 25.
103. Data provável: 28 de agosto de 1575. — Texto tomado do códice de Ávila (f. 27v), corrigido pelo códice de Toledo (f. 152v) e Ribera (IV, 4, p. 350).
104. Data provável: 8 de setembro de 1575, em Sevilha. — Texto do códice de Ávila.

iluminativa, a Virgem Nossa Senhora; pareceu-me fazê-lo em Suas mãos e que Lhe era agradável. Essa visão ficou comigo por alguns dias, como se Ela estivesse junto a mim, perto do lado esquerdo.

49

Um dia, quando acabava de comungar, pareceu-me verdadeiramente que a minha alma se tornava uma só coisa com o Corpo Sacratíssimo do Senhor, cuja presença me foi representada, tendo em mim grande efeito e aproveitamento[105].

50

Certa vez, eu estava pensando se me haviam de mandar reformar certo mosteiro[106], e fiquei pesarosa. Ouvi: "Que temes? Que podes perder senão a vida, que tantas vezes me tens oferecido? Eu te ajudarei". Foi numa ocasião em que muito me satisfez a alma.

51[107]

Tendo um dia falado com uma pessoa que havia deixado muito por Deus e lembrando-me de que nunca deixara nada por Ele, e de que em nada O tenho servido como estou obrigada, além de ver as muitas graças que Ele concedeu à minha alma, comecei a ficar muito aflita. Disse-me o Senhor: "Já sabes o desposório que há entre ti e Mim e, havendo isso, o que Eu tenho é teu, e assim te dou todos os sofrimentos e dores que passei; com isso, podes pedir a Meu Pai como se fossem coisas próprias tuas".

Embora eu tenha ouvido dizer que somos participantes disso, agora passei a ver a coisa de outra maneira, parecendo-me que fiquei com grande domínio, porque a amizade com que Sua Majestade me fez esse favor não pode ser descrita aqui. Tive a impressão de que o Pai o admitia, e desde então olho de modo muito diferente o que o Senhor padeceu — como coisa própria —, o que me dá grande alívio.

52[108]

Estando eu certa feita desejando fazer algo em serviço de Nosso Senhor, pensei em quão pouco poderia servi-Lo, dizendo dentro de mim: "Para que, Senhor, quereis Vós minhas obras?" Disse-me Ele: "Para ver tua vontade, filha".

53[109]

Deu-me uma vez o Senhor uma luz numa coisa que eu gostei de entender, e me esqueci em pouco tempo e não pude mais voltar a lembrar o que era. E ao fazer esforços para me lembrar, ouvi: "Já sabes que te falo algumas vezes; não deixes de escrevê-lo; porque, embora a ti não aproveite, poderá beneficiar outros". E fiquei pensando se, pelos meus pecados, não haveria de aproveitar a outros e perder-me eu. Disse-me Ele: "Não tenhas medo".

---

105. Segundo Silverio, "provavelmente em Sevilha, ano de 1575".
106. "Acredita-se que ela fale das Carmelitas Calçadas de Paterna, cuja reforma as transformou efetivamente em Descalças de Sevilha", anota Manuel de S. Maria no ms. de Ávila (f. 28v), de onde tomamos o texto. Data: segundo semestre de 1575, em Sevilha.
107. Data: segunda metade de 1575, em Sevilha (cf. Ribera IV, 10, p. 406). — Texto do códice de Ávila, f. 25r. Cf. *Moradas* VI, 5, 6.
108. Data provável: 1575, em Sevilha. — Texto do códice de Ávila, (f. 29r).
109. Data incerta; talvez 1575 em Sevilha. — Texto do ms. de Ávila (f. 29r).

54[110]

Estava eu uma vez recolhida com esta companhia que sempre trago na alma quando tive a impressão de estar Deus nela de tal maneira que me lembrei de quando São Pedro disse: "Tu és Cristo, Filho de Deus vivo"[111]. Porque assim estava Deus vivo em minha alma. Não foi como outras visões, porque isso traz em si a força com a fé, de modo que não se pode duvidar de que a Trindade está em nossa alma por presença, por potência e por essência. Traz um grandíssimo proveito compreender essa verdade.

E estando eu espantada de ver tanta majestade em coisa tão baixa quanto a minha alma, ouvi: "Não és baixa, filha, pois és feita à Minha imagem". Também ouvi algumas coisas sobre a razão pela qual Deus se deleita mais com as almas do que com outras criaturas. Mas são coisas tão delicadas que, embora o intelecto as tenha apreendido naquele momento, eu não as sei descrever.

55

Tendo estado com tanta pena do mal de Nosso Padre[112] que não sossegava, e suplicando ao Senhor muito encarecidamente, depois de comungar, que, como Ele mo havia dado, não mo tirasse, disse-me Ele: "Não tenhas medo".

56[113]

Estando eu uma vez com a presença das três Pessoas que trago na alma, era tanta a luz que não se podia duvidar de que estava ali o Deus vivo e verdadeiro; e, ali, me davam a entender coisas que depois não sei dizer. Entre elas estava a razão de a Pessoa do Filho, e não as outras, ter tomado carne humana. Como eu disse, não sei explicar coisa alguma disso, pois algumas se passam tão no segredo da alma que parece que o intelecto compreende como alguém que, dormindo ou meio adormecido, tem a impressão de ouvir o que se diz.

Eu estava pensando em quão difícil é o viver, que nos priva de estar sempre naquela admirável companhia, e disse intimamente: "Senhor, dai-me algum meio para que eu possa suportar esta vida". Disse-me Ele: "Pensa, filha, que, depois de acabada a vida, não Me podes servir como o fazes agora. E come por amor a Mim e dorme por amor a Mim, e tudo o que fizeres seja por Mim, como se já não fosses tu que vivesses, mas sim Eu, que é o que dizia São Paulo"[114].

57[115]

Uma vez, acabando de comungar, foi-me dado a entender como este Santíssimo Corpo de Cristo é recebido pelo Seu Pai dentro de nossa alma. Entendo e tenho visto que estas divinas Pessoas estão em nossa alma e quão agradável é ao Pai essa oferenda de Seu Filho, porque Se deleita e goza com Ele — digamos assim — aqui na terra, pois a Sua humanidade não está conosco em nossa alma, mas só a Divindade, e por isso ela é tão aceita e agradável ao Pai, que nos faz tão grandes favores.

Entendi que Ele também recebe esse sacrifício quando o sacerdote está em pecado, embora não se comuniquem as graças à sua alma como se comunicam aos que estão em graça. Não porque essas influências deixem de estar na sua força, visto procederem da comunicação com que o Pai

---

110. Data provável: 1575 em Sevilha. — Texto do códice de Ávila (f. 29v), corrigido pelo ms. de Toledo (f. 153v).
111. Mt 16,16.
112. Gracián. Data provável: 1575-1576. — Texto de J. V. del Mármol.
113. Em Sevilha, 1575. — Texto do códice de Ávila (f. 30r; cf. Ribera IV, 4, p. 350).
114. Alusão a 1Cor 10,31.
115. Data provável: 1575 em Sevilha. — Texto do códice de Ávila, f. 30v.

recebe esse sacrifício, mas por culpa de quem as há de receber. Do mesmo modo, não é culpa do sol não brilhar do mesmo jeito sobre um pedaço de pez e um de cristal. É muito importante saber como isso acontece, porque há grandes segredos no interior quando se comunga. É uma pena que esses corpos não nos deixem gozar deles.

58[116]

1. Na oitava de Todos os Santos, tive dois ou três dias muito trabalhosos com a lembrança dos meus grandes pecados e temores de perseguições que só se fundavam na possibilidade de me levantarem falsos testemunhos — e me faltava todo o ânimo que costumo ter para padecer. Embora eu quisesse me animar e fizesse atos interiores, além de perceber que isso seria um grande benefício para a minha alma, pouco me aproveitavam, pois não saía o temor e era uma guerra desabrida.

Encontrei uma carta em que o meu bom Padre[117] diz que São Paulo falou: "Não permita Deus que sejamos tentados além do que podemos suportar." Isso muito me aliviou, mas não foi suficiente, pois no dia seguinte deu-me uma grande aflição por me ver sem ele, porque, como eu não tinha a quem recorrer nessa tribulação, tinha a impressão de viver numa solidão muito grande. Contribuía para isso perceber que já não encontrava quem me desse alívio senão ele, que está ausente na maior parte de tempo, o que era para mim um grande tormento.

2. Na noite seguinte, ao ler num livro outro dito de São Paulo que começou a me consolar, fiquei pensando que antes sempre trouxera presente Nosso Senhor, que tão verdadeiramente me parecia ser Deus vivo. Pensando nisso, disse-me Ele, aparecendo a mim bem no íntimo, como ao lado do coração, por visão intelectual: "Aqui estou, mas quero que vejas o pouco que podes sem Mim."

3. Logo me senti segura e desapareceram todos os temores. E, estando nessa mesma noite em matinas, o Senhor, por visão intelectual tão grande que quase parecia imaginária, se pôs nos meus braços à maneira como se pinta a "Quinta Angústia". Essa visão causou-me um grande temor, porque era muito patente e tão junto de mim que me fez pensar que fosse ilusão. Disse-me Ele: "Não te espantes com isso, pois numa maior união, e sem comparação, está Meu Pai com a tua alma".

E, assim representada, ficou até agora essa visão. O que disse de Nosso Senhor durou em mim mais de um mês. Já me foi tirado.

59

1. Estando uma noite com muito pesar porque fazia tempo que nada sabia do meu Padre[118], que não estava bom quando me escrevera da última vez (embora o pesar não fosse como o primeiro que me deu o seu mal, pois era com confiança e de um modo que não mais tive depois; mas o cuidado impedia a oração), tive de repente a impressão, e de tal modo que não pode ter sido imaginação, de que no interior me era apresentada uma luz. E vi-o percorrendo o caminho, alegre e de rosto branco, embora a luz que vi é que tornasse seu rosto branco, pois assim me parece que estão todos no céu. E pensei se não é do resplendor e da luz que saem de Nosso Senhor que vem o estarem eles brancos. Ouvi: "Dize-lhe que sem temor comece logo, pois é sua a vitória"[119].

---

116. "Foi em Sevilha, no ano de 1575", anota o Padre Manuel no ms. de Ávila, f. 31v. Portanto, em 8 de novembro. A graça está relacionada com as acusações da Santa à Inquisição. — Texto tomado da cópia de 1. V. del Mármol.

117. Padre Gracián. — 1Cor 10,13.

118. Padre Gracián. — "Isso aconteceu em Sevilha", anota o Padre Manuel (ms. de Ávila, f. 32r); por volta de novembro de 1575. Texto de J. V. del Mármol.

119. "Isso aconteceu no tempo em que eu tinha conseguido o Breve do Núncio Ormaneto com cartas do Rei para a Visita aos Calçados da Andaluzia e vinha a Sevilha apresentá-lo, tendo tido uma enfermidade, embora não muito grave". Gracián, *Peregr. de Anastasio*, diálogo 16.

2. Um dia depois de ele[120] ter vindo, estando eu à noite louvando Nosso Senhor pelas tantas graças que me tinha concedido, disse-me Ele: "Que Me pedes que Eu não faça, filha Minha?"

60

1. No dia em que se apresentou o Breve[121], como eu estivesse com grandíssima atenção[122], estando toda perturbada, sem sequer poder rezar, porque me tinham dito que o nosso Padre estava em grande aflição por não o deixarem sair, além de haver grande barulho, ouvi estas palavras: "Ó mulher de pouca fé, sossega, que muito bem se está fazendo!"

2. Era dia da Apresentação de Nossa Senhora, no ano de mil quinhentos e setenta e cinco. Propus interiormente que, se a Virgem alcançasse de Seu Filho que nos víssemos, o nosso Padre e nós, livres destes frades, lhe pediria que ordenasse que em todos os lugares se celebrasse com solenidade esta festa nos nossos conventos de Descalças.

3. Quando propus isso, eu não me lembrei das palavras que tinha ouvido segundo as quais o Padre haveria de estabelecer uma festa — na visão que tive[123]. Agora, voltando a ler este caderninho, pensei se não há de ser essa a festa.

61

Estando um dia em oração, senti estar minha alma tão dentro de Deus que não me parecia haver mundo, mas que estava embebida Dele. Foi-me dado ouvir o versículo do Magnificat: *Et exultavit spiritus*. Isso ocorreu de uma maneira que não posso esquecer[124].

62

Eu estava uma vez pensando sobre o quererem desfazer este mosteiro de Descalças[125], e se a intenção não era de, pouco a pouco, ir desfazendo todos eles, quando ouvi: "Isso pretendem, mas não o verão, senão muito pelo contrário".

63

Tendo começado a me confessar com uma pessoa[126] na cidade em que estou no momento, ela, apesar de ter muita amizade por mim e de continuar a tê-la depois que aceitou governar minha alma, se esquivava de vir ter comigo. Estando uma noite em oração, pensando na falta que me fazia, percebi que Deus a detinha para que não viesse, por ser conveniente que eu tratasse da minha alma com uma outra pessoa do lugar.

Isso muito me custou, por me obrigar a conhecer uma nova mentalidade, pois podia ser que essa nova pessoa não me entendesse e me inquietasse, e por ter afeição àquele que me fazia essa caridade — se bem que, sempre que via e ouvia esta outra pessoa pregar, eu tivesse contentamento espiritual —, além de levar em conta que esta última pessoa tem muitas ocupações, o que parecia não me convir. Disse-me o Senhor: "Eu farei com que te ouça e te compreenda. Declara-te a ele, que será algum remédio para os teus sofrimentos".

---

120. O mesmo Padre Gracián.
121. Veja-se a *Rel.* 59, nota 119. — 21 de novembro de 1575.
122. *Atenção: alteração*, como se lê no códice de Consuegra.
123. Provável alusão à Graça 44.
124. Em Sevilha, 1575 ou 1576. Cf. a graça 29, 1 e Ribera IV, 4, p. 349. — Texto do códice de Ávila, f. 25r.
125. Provavelmente o de Sevilha; na primavera de 1576 (cf. Ribera III, 8, p. 264). — Texto do ms. de Ávila, f. 25r.
126. Data: agosto-setembro de 1576, em Toledo. O confessor cessante é Frei Diego de Yepes, futuro bispo de Tarazona. O novo diretor, o cônego Alonso Velázquez, mais tarde bispo de Osma. Para a compreensão desta graça, veja-se a carta da Santa a Gracián de 5 de setembro de 1576. — Texto tomado do códice de Ávila, f. 22v.

Esta última parte decorreu, segundo penso, do fato de eu então me achar aflitíssima por estar ausente de Deus. Também me disse na ocasião Sua Majestade que bem via o sofrimento que eu tinha, mas que, enquanto eu vivesse neste desterro, não podia ser de outro modo e que era para o meu maior bem, consolando-me muito. Assim aconteceu: a pessoa gosta de me ouvir, busca tempo para fazê-lo, me compreendeu e trouxe-me um grande alívio. É muito letrada e santa.

64

Estando eu, num dia da Apresentação, encomendando muito a Deus uma pessoa[127], parecia-me que ainda era inconveniente ela ter renda e liberdade para a grande santidade que eu lhe desejava; pensei em sua pouca saúde e na muita luz que dava às almas e ouvi: "Muito Me serve, mas grande coisa é seguir-Me liberto de tudo como eu Me pus na cruz. Dize-lhe que confie em Mim". Esta última parte decorreu do fato de eu me lembrar de que a pessoa não poderia, com sua pouca saúde, manter tanta perfeição.

65

Estando uma vez pensando no pesar que me dava o comer carne e não fazer penitência, entendi que algumas vezes isso era mais amor-próprio do que desejo de fazer penitência[128].

66

Estando uma vez com muito pesar de ter ofendido a Deus, disse-me Ele: "Todos os teus pecados são, diante de Mim, como se não existissem; no futuro, esforça-te, que teus sofrimentos não acabaram"[129].

Estando em São José de Ávila, na véspera da Páscoa do Espírito Santo[130], na ermida de Nazaré, considerando uma grandíssima graça que Nosso Senhor me concedera num dia como este, há vinte anos[131] pouco mais ou menos, começaram a tomar conta de mim um ímpeto e um grande fervor de espírito que me puseram em suspensão. Nesse grande recolhimento, ouvi de Nosso Senhor o que agora direi:

Que dissesse aos Padres Descalços, de Sua parte, que procurassem observar estas quatro coisas e que, enquanto as observassem, esta Ordem sempre teria maior crescimento, bem como que, quando a elas faltassem, compreendessem que estavam menosprezando o seu princípio.

A primeira, que as cabeças estivessem em conformidade.

A segunda, que, embora eles tivessem muitas casas, em cada qual houvesse poucos frades.

A terceira, que tivessem pouco contato com seculares, e isto para o bem de suas almas.

A quarta, que ensinassem mais com obras do que com palavras.

Isso aconteceu no ano de 1579. E como é grande verdade, eu o firmo com o meu nome.

---

127. Provavelmente em Toledo, 1576-1577. Talvez se refira ao cônego Velázquez. —Texto do ms. de Ávila, f. 23v.
128. Data provável: primeiros meses de 1577, em Toledo. — Texto de Ribera IV, 18, p. 458. Cf. ms. de Ávila, f. 23v.
129. Provavelmente na mesma data da graça 65. — Texto do códice de Ávila, f. 24r.
130. Data: 6 de junho de 1579. — O autógrafo encontra-se no códice das *Fundações*, f. 96v.
131. Cf. *Vida*, cap. 38, n. 9.

CONCEITOS DO AMOR DE DEUS

INTRODUÇÃO

Um comentário ao Cântico dos Cânticos nos anos sessenta-setenta do século XVI! Escrito por uma monja!! Não é de estranhar que tenha tido história tão acidentada. Redigido, como outros livros, não apenas com o consentimento do confessor, mas por estrita obediência, foi lançado às chamas por ordem de outro confessor, Padre Diego Yanguas, OP em 1580. Santa Teresa o fez, "sem replicar, nem mostrar mudança no rosto" (B. M. C., t. 18, p. 320).

Felizmente o livro foi várias vezes copiado, antes que se cumprisse a sentença do precavido e temeroso Yanguas. Padre Báñez afirmava que ele não continha nada que o ofendesse e aprovou o livro pela cópia de Alba de Tormes.

Não há certeza de que atualmente possuamos o texto na íntegra. O testemunho do Padre Ribera afirma que a Santa escreveu muito, redigindo-a várias vezes (quatro, segundo parecer de alguns).

A Santa não o intitulou, nem lhe deu divisões. Para ela estas anotações são meditações, desabafo familiar escrito com toda liberdade. O título *Conceitos de amor de Deus* e a divisão de capítulos ficou a cargo de Padre Gracián, seu primeiro editor (Bruxelas, 1661).

O conteúdo doutrinal, além dos inumeráveis conselhos e ensinamentos, centra-se em duas formas de oração tratadas já na *Vida* e nas *Moradas:* a oração de quietude e de união. O grau mais alto de oração descrito é o de suspensão das potências (cap. 6).

Na presente edição, conservamos o título dado por Gracián. O texto é o da cópia de Alba de Tormes, completado com o de Baeza. Em nota, assinalam-se as variantes das cópias de Consuegra e do Deserto de Las Nieves.

PRÓLOGO*

1. Vendo eu as misericórdias que Nosso Senhor faz às almas que trouxe a esses mosteiros que Sua Majestade foi servido que se fundassem na Regra Primitiva de Nossa Senhora do Monte Carmelo, e as tantas graças que o Senhor concede a algumas em particular, percebo que somente as almas que entenderem as necessidades que têm de quem lhes diga algumas coisas do que se passa entre as almas e Nosso Senhor poderão ver o sofrimento que se padece se não se tiver luz.

Tem me dado o Senhor, de alguns anos para cá, um gosto muito grande cada vez que ouço ou leio algumas palavras dos *Cânticos* de Salomão, e isto de modo tão extremado que eu, sem entender com clareza o latim em língua vulgar, me recolhia mais e tinha minha alma mais movida do que pelos livros muito devotos que compreendo; e isso é uma coisa quase comum e, ainda que me declarassem em vernáculo, eu tampouco o entenderia mais... que sem entendê-lo minha... apartar a alma de si[1].

2. Há mais ou menos dois anos me parece que o Senhor me permite entender, para meu propósito, algo do sentido de algumas palavras. E parece-me que serão para o consolo das irmãs que Nosso Senhor leva por este caminho, e até para o meu, pois algumas vezes o Senhor me dá tanto a entender que eu fico com o desejo de não esquecer, mas não tinha coragem de pôr coisa alguma por escrito.

3. Agora, com a opinião de pessoas a quem estou obrigada a obedecer, escreverei alguma coisa daquilo que o Senhor me dá a entender, que se encerra em palavras de que a minha alma gosta, palavras referentes a este caminho da oração por onde, como eu disse, o Senhor leva essas irmãs destes mosteiros e filhas minhas[2]. Se for para que o vejais, tomareis este pobre donzinho de quem deseja para vós, como para si mesma, todos os do Espírito Santo, em cujo nome começo. Se eu acertar algo, não o será por mim. Queira a divina Majestade que eu acerte[3]...

---

* À margem, Padre Báñez escreveu: "Esta é urna consideração de Teresa de Jesus. Não encontrei nela coisa alguma que me ofenda. — *Fr. Domingo* Báñez" (Cf. cap. 7, n. 10, nota 8).

1. Lacuna de cinco linhas no códice de Alba. Por causa dela, o sentido da frase fica suspenso.

2. *E filhas minhas:* emendamos a leitura errada do amanuense (*e as minhas*); restauramos o texto por seu paralelismo com os *subtítulos* de *Caminho* e *Moradas*.

3. Nova lacuna no manuscrito.

CAPÍTULO 1

Trata da veneração com que devem ser lidas as Sagradas Escrituras e da dificuldade que as mulheres têm para compreendê-las, principalmente no que se refere ao "Cântico dos Cânticos".

Beije-me o Senhor com o beijo da sua boca, porque mais valem os teus peitos do que o vinho etc... (Ct 1,1)

1. Tenho notado muito que parece que a alma está, pelo que aqui se dá a entender, falando com uma pessoa e pedindo a paz de outra; porque diz: *Beije-me com o beijo da sua boca.* E logo parece que está falando àquela com quem está: *mais valem os teus peitos.*

Isto eu não entendo como é, e o não entendê-lo me dá grande prazer; porque verdadeiramente, filhas, a alma não há de olhar tanto, nem a fazem olhar tanto, nem lhe fazem ter tanto respeito pelo seu Deus as coisas que aqui parece podermos alcançar com nosso intelecto tão inferior quanto aquelas que de nenhuma maneira se podem entender. E assim vos recomendo muito que, quando lerdes algum livro, ouvirdes sermão ou pensardes nos mistérios de nossa sagrada fé, não vos canseis nem gasteis o pensamento em tentar decifrar o que não puderdes entender com facilidade; muitas dessas coisas não são para mulheres, e nem mesmo para homens.

2. Quando o Senhor quer dá-lo a entender, Sua Majestade o faz sem trabalho nosso. A mulheres digo isso, e aos homens que não têm de sustentar com suas letras a verdade; porque aos que o Senhor tem para no-la declarar, já se entende que hão de trabalhar nisso e o que nesse trabalho ganham. Quanto a nós, tomemos com simplicidade o que o Senhor nos der, e com aquilo que Ele não nos der não nos cansemos, mas alegremo-nos por considerar que Deus e Senhor tão grande temos, Deus de Quem uma só palavra traz em si mil mistérios, o que faz que não entendamos o seu princípio. Se estivesse em latim, em hebraico ou em grego, não era de espantar; mas, em nosso vernáculo, quantas coisas há nos salmos do glorioso rei David que, ditas apenas neste vernáculo, se mostram tão obscuras para nós como se estivessem em latim!

Desse modo, guardai-vos sempre de gastar o pensamento com essas coisas, bem como de cansar-vos com elas, porque mulheres não necessitam de mais do que aquilo que lhes permite o seu entendimento. Com isso Deus vos fará favores. Quando Sua Majestade nos quiser dar a entender essas coisas, nós as saberemos sem cuidado nem trabalho. Quanto ao mais, humilhemo-nos e, como eu disse, alegremo-nos por ter tal Senhor, cujas palavras, mesmo ditas em nossa língua, não podem ser entendidas.

3. Parecerá a vós que há nestes *Cânticos*[1] algumas coisas que se poderiam dizer com outro estilo. É tanta a nossa torpeza que eu não me espantaria; e até ouvi algumas pessoas dizerem que antes fugiam de escutá-las. Oh, valha-me Deus, que grande miséria a nossa! Que assim como as coisas peçonhentas transformam em veneno tudo quanto comem, assim também acontece conosco, que, de graças tão grandes quanto a que nos faz aqui o Senhor ao permitir que entendamos o que possui a alma que O ama e animá-la para que possa falar e regozijar-se com Sua Majestade, temos de ter medo e dar sentido de acordo com o pouco sentido do amor de Deus que temos.

---

1. *Cânticos:* o *Cântico dos Cânticos.*

4. Ó Senhor meu, como nos aproveitamos mal de todos os bens que nos dais! Vossa Majestade buscando modos, maneiras e artifícios para mostrar o amor que nos tendes; nós, pouco experientes em amar-Vos, temos-Vos em tão pouco que, de tão mal exercitados nisso, permitimos que os pensamentos vão para onde estão sempre e deixam de pensar nos grandes mistérios que esta linguagem, dita pelo Espírito Santo, encerra em si. Que mais seria necessário para nos acender em Seu amor e pensar que boa razão tivestes para empregar esse estilo?

5. Eu por certo me lembro de ter ouvido um religioso fazendo um sermão muito admirável que se dedicou em especial a falar dos regalos com que a Esposa tratava com Deus. E houve tantos risos e o que ele disse foi tomado tão mal, porque falava de amor (embora fosse sermão do Mandato², que não é para tratar de outra coisa), que eu fiquei espantada. E vejo com clareza ser o que tenho dito: praticamos tão mal o amar a Deus que não nos parece possível que uma alma trate dessa maneira com Ele.

Contudo, conheço algumas pessoas que, assim como outras não entendiam bem — porque, é verdade, não o entendiam, nem creio que pensassem senão que eram coisas vindas da cabeça do pregador —, tiraram disso tão grande bem, tanto prazer, tão grande libertação de temores que tiveram de dar louvores particulares a Nosso Senhor muitas vezes, esse Senhor que deixou um remédio saudável para que as almas que O amam com amor ardente entendam e vejam que é possível Deus se rebaixar a tanto. A estas últimas não bastava sua experiência para deixar de temer quando o Senhor lhes concedia grandes favores. Elas veem aqui demonstrada a sua segurança.

6. E sei de uma que ficou muitos anos com muitos temores, não havendo coisa que lhe desse segurança até que o Senhor fosse servido de que ela ouvisse algumas coisas dos Cânticos, e nelas entendesse que a sua alma estava no caminho certo³. Porque, como eu disse, ela percebeu ser possível à alma enamorada passar por seu Esposo todos esses regalos, desmaios, mortes, aflições, deleitos e gozos com Ele depois de ter deixado todos os do mundo por Seu amor, estando inteiramente posta e deixada em Suas mãos. Isso não da boca para fora, como acontece com alguns, mas com toda a verdade, confirmada por obras.

Ó filhas minhas, Deus é muito bom pagador, e tendes um Senhor e um Esposo que não deixa de entender e ver o que quer que se passe! E assim, mesmo em coisas muito pequenas, não deixeis de fazer por Seu amor o que puderdes. Sua Majestade vos pagará, não olhando senão o amor com que as fizerdes.

7. Concluo, pois, com isto: jamais, em coisas que não entendais da Sagrada Escritura ou dos mistérios da nossa fé, vos detenhais mais do que eu disse, nem vos espanteis com as palavras enfáticas que nela ouvirdes em descrições do que Deus passa com a alma. Espanta-me muito mais, e me desatina, o amor que Ele teve e tem por nós, sendo quem somos.

Porque, tendo Ele esse amor por nós, entendo que não haja exagero de palavras com que no-lo mostre que já não nos haja mostrado mais com obras. Assim, ao chegardes aqui, eu vos rogo, por amor de mim, que vos detenhais um pouco pensando no que Ele nos mostrou e fez por nós e vendo com clareza com que amor tão poderoso e forte Ele o fez, a ponto de tanto padecer. Logo, com que palavras poderá Ele mostrar isso a ponto de nos espantar?

8. Voltando ao que comecei a dizer⁴, grandes coisas e mistérios deve haver nessas palavras, pois dizem coisas de tanto valor que, disseram-me os letrados (rogando-lhes eu que me declarassem o que o Espírito Santo quer dizer e o verdadeiro sentido dessas palavras), os doutores têm escrito muitas exposições e ainda não conseguiram atribuí-lo⁵. Parece demasiada soberba a minha,

---

2. *Sermão do Mandato:* o da Quinta-feira Santa, sobre o preceito do amor: "mandatum novum" (Jo 13,34).
3. Ela mesma. Segue-se uma bela confidência autobiográfica. — *Como eu disse:* no n. 5.
4. *Comecei a dizer:* no n. 1.
5. *Não conseguiram atribuí-lo:* atribuir o sentido genuíno às palavras. Ela se refere à variedade de interpretações clássicas desse livro bíblico.

sendo isso assim, querer dizer-vos algo; e não é minha intenção, por menos humilde que eu seja, pensar que encontrarei a verdade.

O que pretendo é que, assim como eu me regalo com o que o Senhor me dá a entender quando ouço algumas dessas palavras, o dizer-vos talvez vos console como a mim. E se o que eu disser não for a propósito daquilo que Ele quer dizer, tomo-o eu a meu propósito; porque, sem fugir ao que dizem a Igreja e os santos (e, para isso, primeiro o examinarão bons letrados que disso entendem antes que o vejais), licença nos dá o Senhor, segundo penso, assim como no-la dá para que, pensando na sagrada Paixão, pensemos em muito mais coisas de fadigas e tormentos que ali deve ter padecido o Senhor do que as que os evangelistas escrevem.

E não agindo por curiosidade, como eu disse no início, mas tomando o que Sua Majestade nos der a entender, tenho por certo que não Lhe pesa que nos consolemos e deleitemos em Suas palavras e obras, assim como um rei folgaria que um pastorzinho que amasse, que estivesse em suas graças, ficasse embevecido ao olhar para um brocado, pensando no que era aquilo e em como fora feito. Assim, nós, mulheres, também não haveremos de ficar tão longe de gozar das riquezas do Senhor, fiquemos fora, sim, de entrar em disputas a seu respeito e de ensiná-las com a impressão de acertar, sem consultar letrados.

Assim, eu não penso acertar naquilo que escrevo (bem o sabe o Senhor), mas sim, como esse pastorzinho de que falei, consola-me, como a filhas minhas, dizer-vos minhas meditações, que apresentarão bastantes tolices; e desse modo começo com o favor deste divino Rei meu e com licença do meu confessor. Queira o Senhor que, assim como quis que eu acertasse em outras coisas que vos disse[6] (ou Sua Majestade por mim, talvez por ser isto destinado a vós), eu acerte nestas; e, caso contrário, dou por bem empregado o tempo que ocupar em escrever e tratar com meu pensamento de uma matéria tão divina que eu nem mesmo merecia ouvir.

9. Parece-me, nisso que falei no princípio, que fala uma terceira pessoa, mas que é a mesma: que dá a entender que há em Cristo duas naturezas, uma divina e outra humana. Nisso não me detenho, porque a minha intenção é falar daquilo que me parece possível ser aproveitado por nós, que tratamos de oração, embora tudo sirva para animar e fazer admirar uma alma que ama o Senhor com ardente desejo. Bem sabe Sua Majestade que, embora algumas vezes eu tenha ouvido a explicação de algumas palavras destas e, pedindo eu, me tenham explicado, se bem que poucas vezes, de pouco me lembro, porque tenho uma memória muito ruim; assim, só poderei dizer aquilo que o Senhor me ensinar e for a meu propósito, e deste princípio nunca ouvi algo de que me lembre.

Beije-me com o beijo da sua boca.

10. Ó Senhor e Deus meu, que palavras são estas para que as diga um verme ao seu Criador! Bendito sejais Vós, Senhor, que de tantas maneiras nos tendes ensinado! Mas quem ousaria, Rei meu, dizer essas palavras se não fosse por Vossa permissão? É coisa que me espanta e assim espantará dizer eu que a diga alguém. Dirão que sou uma néscia, que não quer dizer isto, que tem muitos significados, que está claro que não haveríamos de dizer essas palavras a Deus, que por isso é bom que as pessoas simples não leiam essas coisas. Reconheço que elas têm muitos sentidos[7]; mas a alma que está abrasada de um amor que a desatina não quer saber de nenhum deles, mas apenas de dizer essas palavras. Sim, porque o Senhor não o impede.

Valha-me Deus! O que nos espanta? Não é de admirar mais a obra? Não nos aproximamos do Santíssimo Sacramento? E eu pensava se a Esposa pedia essa graça que Cristo depois nos concedeu. Também pensei se pedia aquela união tão grande, como foi Deus fazer-se homem, aquela amizade que Ele fez com o gênero humano. Porque claro está que o beijo é sinal de paz e

---

6. Alusão *ao Caminho* e talvez a *Vida* e a outros escritos seus.
7. *Sentidos:* no autógrafo, *"entendimentos"*.

de grande amizade entre duas pessoas. Quantas maneiras de paz existem! O Senhor nos ajude a que o entendamos.

11. Antes de prosseguir, quero dizer uma coisa que a meu ver é digna de nota, embora fosse melhor dizê-lo em outro momento; mas faço-o para que não esqueçamos. Tenho por certo que haverá muitas pessoas que se aproximam do Santíssimo Sacramento (e queira o Senhor que eu me engane) com graves pecados mortais e que, se ouvissem uma alma morta por amor a seu Deus dizer essas palavras, se espantariam e o considerariam grande atrevimento. Eu ao menos estou certa de que estas não as dirão, porque essas palavras e outras semelhantes dos *Cânticos* são proferidas pelo amor; e, como elas não o têm, bem podem ler os *Cânticos* todos os dias e não se exercitar nessas palavras, sequer se atrevendo a pronunciá-las.

Porque, em verdade, o simples fato de ouvi-las produz temor, porque essas palavras trazem consigo uma imensa majestade. Grandíssima trazeis Vós, Senhor meu, no Santíssimo Sacramento; mas, como não têm fé viva, e sim morta, tais pessoas Vos veem muito humilde sob as Espécies de pão. E não lhes dizeis nada, porque elas não merecem ouvir, e o fato de se aproximarem do Santíssimo Sacramento é um enorme atrevimento.

12. Assim é que essas palavras suscitariam verdadeiramente temor se quem as diz estivesse em si, mesmo tomadas ao pé da letra. Mas a quem Vosso amor tirou de si, Senhor, bem perdoareis que diga isso e mais, embora seja atrevimento. E, Senhor meu, se significam paz e amizade, por que não Vos pediriam as almas que as tenhais com elas? Que melhor coisa podemos pedir que o que Vos peço, Senhor meu: que me deis essa paz *com o beijo de Vossa boca?* Essa, filhas, é elevadíssima petição, como depois vos direi[8].

CAPÍTULO 2

Trata de nove maneiras de falsa paz que o mundo, a carne e o demônio oferecem à alma. Declara a santidade do estado religioso, que leva à verdadeira paz, desejada pela Esposa nos *Cânticos*[1].

1. Deus vos livre de muitas maneiras de paz que têm os mundanos; que Deus nunca nos deixe prová-las, pois é para guerra perpétua. Quando alguém do mundo anda muito quieto, envolto em grandes pecados e tão sossegado em seus vícios que nada lhe remói a consciência, essa paz, como já havereis lido, é sinal de que ele e o demônio estão com amizade. Enquanto essas pessoas vivem, o demônio não as quer combater porque, como são más, para fugir desse combate, e não por amor a Deus, elas se aproximariam um pouco Dele.

Mas os que seguem esse caminho nunca perduram em servi-Lo. Porque o demônio, assim que o percebe, lhes volta a dar o gosto do prazer, e elas retomam sua amizade, até que ele as tenha no ponto em que dá a entender quão falsa era a sua paz. Nem vale a pena falar dessas pessoas; elas devem resolver seus próprios problemas. Quanto a mim, espero no Senhor que não se achará entre vós tanto mal, embora o demônio possa começar por outra paz em coisas pequenas. Sempre, filhas, enquanto vivermos, temos de temer isso.

2. Quando a religiosa começa a relaxar em coisas que em si parecem de pouca monta, e persevera nelas muito sem que lhe doa a consciência, trata-se de uma má paz, da qual o demônio pode levá-la a mil males[2]: ora um desrespeito às Constituições, que em si não é pecado, ora não cuidar do que recomenda o prelado, mesmo que sem malícia (mas, enfim, ele está em lugar de Deus, e é bom que sempre fiquemos atentas ao que ele quer, pois para isso estamos aqui), em suma, muitas coisinhas que se oferecem, coisas que em si não parecem pecado, mas que afinal são faltas, e há

---

8. No cap. 2, n. 16.
1. Breve título marginal do códice de Alba: *Paz do inundo.*
2. *A mil males:* corrigido de *a muy malísima.*

de as haver, pois somos miseráveis[3]. Eu não digo que elas não existam. O que digo é que sintais quando as fizerdes e entendais que as haveis cometido; porque, do contrário, como eu digo, o demônio pode se alegrar com isso e ir aos poucos tornando a alma insensível a essas coisinhas.

Eu vos digo, filhas, que quando o demônio chegar a alcançar isso, que não é pouco, ele — temo eu — passará adiante. Por isso, vigiai-vos muito, pelo amor de Deus; guerra há de haver nesta vida, porque, com tantos inimigos, não é possível ficar de braços cruzados, devendo sempre ter cuidado com relação à nossa situação interior e exterior.

3. Eu vos digo que, mesmo que na oração o Senhor vos conceda graças e vos dê o que depois direi[4], quando sairdes dali não vos faltarão mil tropeçozinhos, mil ocasiõezinhas: violar por descuido uma regra, não cumprir bem outra, perturbações interiores e tentações. Não digo que isso ocorra sempre nem com muita frequência. É grandíssima graça do Senhor; com essas coisas, a alma avança. Não é possível ser aqui anjos, pois não é essa a nossa natureza.

Assim é que não perturba ver uma alma com grandíssimas tentações, porque, se há amor e temor de Nosso Senhor, ela há de sair com muito proveito. Eu o sei. E se a vejo andar sempre quieta e sem nenhum conflito (pois tenho encontrado algumas pessoas assim), mesmo que não ofenda a Deus, sempre tenho medo, nunca acabo de me assegurar, de prová-la, de tentá-la, se puder, já que o demônio não o faz, para que veja o que é. Encontrei poucas pessoas assim; mas isso é possível quando o Senhor leva a alma a muita contemplação.

4. São modos de proceder, e as almas ficam num contentamento habitual e interior, embora eu tenha para mim que elas não o entendem e, averiguando bem, vejo que algumas vezes têm seus conflitozinhos, embora poucos. Mas eu é que não tenho inveja dessas almas, e venho observando isso com atenção, e percebo que avançam muito mais nas coisas da perfeição, pelo que podemos entender aqui, as que estão às voltas com a dita guerra, mesmo sem ter tanta oração.

Não falo de almas que já se beneficiaram muito e estão muito mortificadas depois de terem passado inúmeros anos nessa guerra. Nosso Senhor costuma dar-lhes a paz, como a quem já está morto para o mundo, mas não de maneira que elas não sintam as faltas que cometem e fiquem muito pesarosas por isso.

5. Assim é, filhas, que por muitos caminhos conduz-nos o Senhor, mas sempre temei, como eu disse[5], quando não vos doer nada a falta que cometerdes. Porque já se entende que o pecado, mesmo que seja venial, não há de chegar até a vossa alma, como, glória a Deus, creio e vejo que o sentis agora.

Observai uma coisa e disto vos lembrai por amor a mim: uma pessoa viva, por menos que a piquem com um alfinete ou com uma agulhinha, não o sente? Pois se a alma não está morta, mas tem vivo um amor a Deus, não é grande graça Dele que qualquer coisinha que se faça contra o que professamos e a que estamos obrigadas seja sentida? Oh, Sua Majestade faz uma cama de rosas e flores para Si na alma[6] à qual dá esse cuidado, e é impossível que Ele deixe de vir regalá-la, mesmo tarde!

Valha-me Deus, que fazemos os religiosos no mosteiro? Para que deixamos o mundo? Para que viemos? A que coisa melhor podemos nos dedicar além de fazer aposentos em nossas almas para nosso Esposo e chegar a tempo para Lhe poder dizer que *nos dê o beijo da sua boca?* Venturosa será a alma que fizer tal pedido; e, quando vier o Senhor, que não encontre sua lâmpada morta, nem se vá depois de chamá-la tanto em vão[7]. Ó filhas minhas! Temos um grande estado, pois não há quem nos impeça de dizer essas palavras a nosso Esposo, pois O tomamos como tal quando fizemos profissão, a não ser nós mesmas!

---

3. Alusão a Jó 7,1.
4. Nos capítulos 4-7, em que a Santa vai falar das graças místicas.
5. No n. 2.
6. Alusão a Ct 1,15.
7. Alusão à parábola das virgens, Mt 25,1.

6. Entendam-me as almas das que forem escrupulosas, pois não falo de alguma falta cometida alguma vez — ou faltas, pois nem todas podem se entender ou sentir sempre —, mas de quem as comete muitas vezes sem fazer caso, tendo a impressão de que não é nada, sem arrepender-se nem procurar emendar-se. Repito ser essa uma paz perigosa, contra a qual deveis estar advertidas.

Pois o que será dos que têm essa paz vivendo com muito relaxamento a sua Regra? Não permita Deus que haja alguém nessa condição! O demônio deve dar essa falsa paz de muitas maneiras, e Deus o permite devido aos nossos pecados. Não temos por que ficar tratando disso; falei um pouquinho para vos alertar. Falemos da amizade e da paz que o Senhor começa a nos mostrar na oração e vos direi o que Sua Majestade me der a entender.

7. Pareceu-me depois que seria bom falar-vos um pouco da paz que o mundo e a nossa própria sensibilidade nos dão; porque, embora isso esteja muito melhor escrito em inúmeros lugares do que eu o direi, talvez não tenhais com que comprar os livros, pois sois pobres, nem quem vos faça esmola deles. O que escrevo tendes em casa e está aqui tudo junto.

Poderíeis enganar-vos na paz que o mundo dá de muitas maneiras. De algumas que eu fale deduzireis as outras: [8] pensemos nas riquezas. As pessoas, quando têm em abundância aquilo de que precisam e muito dinheiro na arca, julgam que basta se guardarem de cometer pecados graves para tudo estar feito. Gozam daquilo que têm, dão uma esmola de vez em quando; não veem que os bens não são seus, mas lhes foram dados pelo Senhor, como a mordomos Seus, para que repartissem com os pobres, nem percebem que haverão de dar contas estritas do tempo durante o qual os mantêm de sobra, na arca, privando deles os pobres, se estes estão padecendo. Isso só nos serve para que supliqueis ao Senhor que os ilumine para que não fiquem nesse embevecimento e tenham o destino do rico avarento[8], bem como para que louveis a Sua Majestade, que vos fez pobres, tomando isso por graça particular Sua.

9. Ó filhas minhas, que grande descanso não ter essas cargas, mesmo para se descansar aqui! Porque, quanto ao dia final, não o podeis imaginar. Aqueles são escravos, e vós, senhoras; até por isso o vereis. Quem tem mais descanso, um cavalheiro a quem lhe põem na mesa quanto há de comer e lhe dão tudo o que há de vestir[9], ou o seu mordomo, que lhe há de dar conta do último centavo? O primeiro gasta sem medida, como bens seus; o pobre mordomo é que a tem, e quanto maior a riqueza, tanto mais a tem, porque é obrigado a estar cuidando de quando tiver de dar contas. Especialmente quando é mordomo há muitos anos e se descuida um pouco, pois a falta tem grande alcance; não sei como fica sossegado.

Não passeis por isso, filhas, sem louvar muito a Nosso Senhor e sempre ir adiante no que agora fazeis — o não possuir nada em particular —, pois sem cuidados comemos o que nos envia o Senhor e, como Sua Majestade faz com que não nos falte nada, não temos de dar contas do que nos sobra. Sua Majestade cuida para que não seja coisa que nos obrigue a tê-los no repartir[10].

10. O que é necessário, filhas, é nos contentar com pouco, pois não temos de querer tanto quanto os que dão estritas contas, como as há de dar qualquer rico, embora não as tenhas de dar aqui, cabendo isso aos seus mordomos. E quão estreitas! Se o rico o compreendesse, não comeria com tanto contentamento nem se poria a gastar o que tem em coisas impertinentes e de vaidade. Assim vós, filhas, vede sempre o mínimo com que puderdes passar, tanto em termos de vestes como de alimentos, porque, do contrário, sereis enganadas, pois Deus não vo-lo dará e ficareis descontentes.

Procurai sempre servir a Sua Majestade de maneira a que não comais o que é dos pobres sem servi-Lo, embora mal possa servir o sossego e descanso que vos dá o Senhor em não terdes de dar conta de riquezas. Bem sei que o entendeis, mas é necessário que por isto deis de tempos em tempos graças particulares a Sua Majestade.

---

8. Nova alusão bíblica: Lc 12,20.
9. As palavras destacadas foram tomadas do ms. de Baeza.
10. *Obrigue a tê-los* [cuidados] *no repartir.*

11. Quanto à paz que o mundo dá em honras, nada tenho para vos dizer, porque pobres nunca são muito honrados[11]. No que vos pode causar muito dano, se não estiverdes alertas, é nos louvores, que, quando começam, não têm fim, para depois vos rebaixarem mais. O mais comum é dizerem que sois santas e com palavras tão eloquentes que parece que o demônio ensina. E assim deve ocorrer às vezes, porque, se as dissessem na ausência, seria aceitável, mas dizê-las na presença que fruto pode trazer, a não ser prejuízo se não tiverdes muita advertência?

12. Eu vos peço por amor de Deus que nunca vos apazigueis com essas palavras, que pouco a pouco vos podem prejudicar, nem acrediteis que são verdadeiras ou penseis que tudo já está feito e que já trabalhastes. Nunca deixeis passar uma palavra sem mover uma guerra em vosso próprio interior, o que se faz com facilidade quando se tem o costume. Lembrai-vos de como o mundo tratou Cristo Nosso Senhor depois de tê-Lo recebido bem no dia de Ramos. Vede a estima em que tinham São João Batista, querendo-o tomar pelo Messias, e com que rapidez e por que o degolaram.

13. O mundo nunca exalta senão para rebaixar, se os exaltados forem filhos de Deus. Eu tenho muita experiência disso. Costumava afligir-me muito ao ver tanta cegueira nesses louvores, mas hoje rio disso como se ouvisse palavras de um louco. Recordai-vos de vossos pecados e, mesmo que em alguma coisa o que vos é dito seja verdade, sabei que o mérito não é vosso e que estais obrigadas a servir mais. Despertai em vossa alma o temor, para que ela não se acomode nesse beijo de paz tão falsa que o mundo dá. Acreditai que é o de Judas: embora alguns não o deem com essa intenção, o demônio está olhando, pois poderá obter algo se não vos defenderdes.

Acreditai ser necessário estar aqui com a espada empunhada; embora vos pareça que os louvores não vos fazem dano, não deveis confiar nisso. Pensai em quantos estiveram no auge e hoje estão no mais profundo. Enquanto vivermos, não haverá segurança, e por isso, irmãs, por amor de Deus, sempre recebei com guerra interior esses louvores; porque assim saireis disso lucrando em humildade, enquanto o demônio, que tem os olhos postos em vós, assim como o mundo, será expulso.

14. Da paz e do prejuízo que a nossa própria carne nos pode trazer haveria muito o que dizer. Falarei a vós de alguns pontos e, a partir deles, como eu disse[12], — concluireis o resto. A carne é muito amiga de regalos, como o sabeis, e é grande o risco de que se aplaque com eles. Ah, se o entendêssemos! Penso muitas vezes e não posso chegar a uma conclusão sobre como pode haver tanto sossego e paz nas pessoas muito regaladas. Porventura merece o corpo sacratíssimo do nosso modelo e luz menos prazeres do que os nossos? Terá Ele feito alguma coisa para ter tantos sofrimentos? Teremos lido sobre santos — que são os que já sabemos que estão no céu com certeza — que tiveram vida regalada? De onde vem esse sossego da vida? Quem nos disse que ela é boa? Como pode ser que se passe tão sossegadamente os dias comendo bem, dormindo, buscando recreações e todos os descansos que algumas pessoas podem ter — o que me deixa boba quando vejo? Nem parece que vá haver outro mundo e que naquilo haja qualquer perigo.

15. Ó filhas, se soubésseis o grande mal que aqui está contido! O corpo engorda, a alma enfraquece; se a víssemos, perceberíamos que já parece estar prestes a expirar. Em muitos lugares vereis descrito o grande prejuízo que há em comprazer-se nisso, pois se ao menos se entendesse que é ruim, teríamos esperança de remédio; mas temo que isso nem lhes passa pelo pensamento. Como isso é muito frequente, não me espanto. Eu vos digo que, embora vossa carne sossegue nisso, movei em mil frentes a guerra se desejais vos salvar, e nos valeria mais entender isso e tomar pouco a pouco a penitência que vos há de vir de uma vez.

Falei-vos disso para que louveis muito a Deus, filhas, por estardes num lugar em que, embora queira, vossa carne não pode aplacar-se nisso. Ela pode, contudo, prejudicar-vos dissimuladamente, com o pretexto da enfermidade; e tereis de estar muito atentas para isso, pois um dia vos fará

---

11. Cf. *Caminho* 2,6 e 13,5, nota.
12. No n. 7.

mal seguir a disciplina e daí a oito dias talvez não; uma vez, o não vestir linho* — que podeis usar por alguns dias, mas que não deve ser um costume — e outra, o comer peixe — até que a pessoa se habitue, e o estômago aceite esse alimento e não lhe faça mal. Em algum momento, tereis a impressão de estar tão fracas *que não podeis passar sem comer carne, quando basta não jejuar um dia para que essa fraqueza passe*[13].

De tudo isso, e de muito mais, tenho experiência, e não se entende o quanto é importante fazer essas coisas embora não haja necessidade delas. O que digo é: não sosseguemos no que é relaxamento, mas ponhamo-nos à prova algumas vezes; pois sei que esta carne é muito falsa e que é necessário compreendê-la. Que o Senhor nos dê luz para tudo, por Sua bondade. Grande coisa é a discrição e o confiar nos superiores em vez de em nós mesmas.

16. Voltando ao meu propósito[14]: o fato é que a Esposa assinala a paz que pede, dizendo: *Beije-me com o beijo da sua boca*, quando o Senhor tem outras maneiras de fazer as pazes e de mostrar amizade. Quero vos falar agora de algumas para que vejais que pedido tão alto é esse e a diferença que há entre umas e outras.

Ó grande Deus e Senhor nosso, que sabedoria tão profunda! A Esposa bem podia dizer *Beije-me*, concluindo o seu pedido com menos palavras. Por que diz *com o beijo da sua boca?* Pois com certeza não há palavras em demasia. Não sei por que, mas vou falar algo sobre isso. Pouco importa se não for a esse propósito, como eu disse[15], se isso nos servir de proveito.

Assim é que o nosso Rei trata a paz e a amizade com as almas de muitas maneiras, como vemos todos os dias, tanto na oração como fora dela. O problema é que nós as temos com Sua Majestade de passagem, como dizem[16]. Tendes de olhar, filhas, o ponto central da questão para que possais pedir o que pede a Esposa se o Senhor vos aproximar de Si; se Ele não o fizer, não desanimeis, pois com qualquer amizade que tenhais com Deus ficareis muito ricas, se não houver falta de vossa parte, mas é de lastimar e sofrer muito se, por nossa culpa, não chegamos a essa amizade tão excelente e nos contentarmos com pouco.

17. Ó Senhor, não nos lembraremos de que é grande o prêmio, e sem fim, e que, chegadas já a tanta amizade, aqui no-la dá o Senhor, bem como que muitos que poderiam subir ao cume permanecem no sopé da montanha? Em outras coisinhas que escrevi para vós[17], eu vos tenho dito isso muitas vezes. E agora repito e rogo: que vossos pensamentos sejam sempre fervorosos, pois disso virá a concessão da graça pelo Senhor para que fervorosas sejam as obras.

Acreditai que isso é muito importante, já que há algumas pessoas que alcançaram aqui a amizade do Senhor, porque confessaram bem seus pecados e se arrependeram, mas não passam dois dias sem voltar a eles. Com certeza não é essa a amizade que a Esposa pede. Ó filhas, procurai sempre não ir toda vez ao confessor falar de uma falta[18].

18. É verdade que não podemos estar sem elas, mas ao menos mudemo-las, para que não finquem raízes, ficando mais difíceis de arrancar e até, quem sabe, fazendo que nasçam outras tantas. Porque, se plantarmos uma erva ou um arbusto e o regarmos todos os dias, ele ficará tão grande que, para arrancá-lo depois, precisaremos de pá e enxada. Assim me parece o cometer todo dia uma falta, por menor que seja, se não nos emendarmos dela; se a cometermos um dia ou dez e logo a arrancarmos, é fácil. Na oração o haveis de pedir ao Senhor, pois por nós mesmas pouco podemos, e antes acrescentaremos outras faltas do que tiraremos as existentes. Vede que no es-

---

* Em suas Constituições, Santa Teresa ordenou que as túnicas e lençóis fossem de tecido grosseiro, usando-se o linho somente em caso de enfermidade.

13. O texto destacado foi tomado do ms. de Baeza.
14. Ela retoma o tema deixado no n. 6.
15. No cap. 1.
16. Superficialmente, por obrigação, formalmente.
17. *Caminho*, cap. 18, n. 2; cap. 32, n. 7; cap. 41, n. 8; *Moradas* II, cap. 1, n. 6; VI, cap. 4 e cap. 5, n. 1, 6, 12.
18. Quer dizer, de uma mesma falta.

pantoso juízo da hora da morte isso não será pouco, especialmente no tocante àquelas que o Juiz tomou por esposas nesta vida.

19. Ó grande dignidade, capaz de nos despertar para andar com diligência no contentar este Senhor e Rei nosso! Mas como as pessoas pagam mal a amizade, pois muito depressa se tornam inimigas mortais. É certo que é grande a misericórdia de Deus: que amigo tão dedicado acharemos? E até mesmo quando acontece uma ingratidão dessas entre dois amigos, a lembrança nunca se esvai, e eles não conseguem ter uma amizade tão fiel quanto a de antes. Mas quantas vezes serão as que faltamos a Nosso Senhor dessa maneira, e há quantos anos não nos espera Ele com a mesma amizade?

Bendito sejais Vós, Senhor Deus meu, que com tanta piedade nos conduzis que parece que esqueceis Vossa grandeza para não castigardes, como seria justo, traição tão traidora quanto essa! Isso me parece um perigoso estado, porque, embora a misericórdia de Deus seja a que vemos, também vemos muitas vezes pessoas que morrem nesse estado sem confissão. Livre-nos Sua Majestade, por Quem é, filhas, de ficar num estado tão perigoso!

20. Há outra amizade, maior do que essa, de pessoas que se guardam de ofender mortalmente o Senhor; está de tal maneira o mundo que os que chegarem aqui muito terão alcançado. Essas pessoas, embora se guardem de pecar mortalmente, não deixam de cair de quando em quando, pelo que vejo; porque elas não levam em conta os pecados veniais, embora cometam muitos por dia, e, assim, vivem bem próximas dos mortais. E dizem: "Fazeis caso disto?" De muitas ouvi: "Para isso há água benta, e os remédios que tem a Igreja, Madre nossa". Isso é por certo coisa para muito lastimar.

Pelo amor de Deus, ponde nisso grande atenção, para nunca vos descuidardes e cometerdes pecado venial, por menor que seja, considerando a garantia da existência de um remédio para isso, porque não é razoável que o bem nos sirva de ocasião para fazer o mal. O que podemos, isto sim, é lembrar-nos, depois de cometido o pecado, desse remédio, procurando-o de imediato.

21. É coisa muito importante ter sempre a consciência tão limpa que nada vos impeça de pedir a Nosso Senhor a perfeita amizade que a Esposa pede. Pelo menos essa amizade não é do tipo que acabei de mencionar, pois esta é bem suspeita por muitas *razões*[19]; e chegada a regalos e preparada para muita tibieza. E, com ela, *sequer* sabereis se é pecado venial ou mortal o que cometeis. Deus vos livre dela! Porque, tendo a impressão de que não tendes os grandes pecados que vedes nos outros, *parece que ficais asseguradas*, e não é um estado de perfeita humildade julgar os outros, por essa razão, muito ruins. Talvez eles sejam muito melhores do que vós, porque choram o seu pecado, e com grande arrependimento, e quem sabe tenham um propósito melhor do que aqueles que se ocupam de nunca ofender a Deus, nem muito nem pouco. Porque estes, tendo a impressão de que não fazem nenhuma coisa daquelas, vão mais longe em seus contentamentos. A maioria deles fará suas orações vocais não muito bem porque falta perfeição ao seu bordado.

22. Há outro modo de amizade e paz que Nosso Senhor começa a dar a pessoas que de maneira alguma queriam ofendê-Lo em algum ponto. Essas pessoas, embora não se afastem tanto das ocasiões, têm seus momentos de oração, recebem de Nosso Senhor ternuras e lágrimas, mas não gostariam de deixar os contentamentos desta vida, e sim tê-la boa e organizada, pois lhes parece que isso é necessário para se viver aqui com descanso.

Esta vida traz consigo muitas mudanças. Muito terá sido alcançado se essas pessoas persistirem na virtude. Porque, não se afastando dos contentamentos e gostos do mundo, cedo voltarão a relaxar no caminho do Senhor, pois há grandes inimigos que se dedicam a nos impedir a jornada. Não é esta, filhas, a amizade que a Esposa deseja, nem vós deveis querê-la. Afastai-vos sempre de qualquer ocasiãozinha, por ínfima que seja, se desejais que a alma vá crescer e viver com segurança.

---

19. Os textos destacados indicam correções do texto feitas a partir do ms. de Baeza.

23. Não sei para que vos estou dizendo essas coisas, se não for para que entendais os perigos que há em não nos desviar com determinação de todas as coisas do mundo, já que assim evitaríamos muitas culpas e imensos sofrimentos. São tantos os modos pelos quais Nosso Senhor começa a buscar a amizade das almas que seria um nunca acabar — parece-me — se eu dissesse os que conheço, embora sendo mulher. E o que não fariam os confessores e as pessoas que deles tratam de maneira mais particular? E é por isso que algumas pessoas me deixam confusa, porque parece que nada lhes falta para serem amigas de Deus.

Vou contar em especial o caso de uma pessoa com quem há pouco tratei muito particularmente. Ela gostava de comungar com muita frequência, nunca falava mal de ninguém, tinha ternura na oração e vivia em contínua solidão, já que morava sozinha numa casa. Era tão pacífica que nada do que lhe fosse dito a fazia ficar irada ou dizer palavras ruins, o que não era pouca perfeição. Nunca se casara e já não tinha idade para isso, tendo suportado muitas contradições com essa mesma paz. Eu, vendo isso, tinha a impressão de que ela fosse uma alma muito avançada e de grande oração, e a prezava muito no início, pois não via ofensa a Deus e percebia que ela se guardava disso.

24. Em meus contatos com ela, comecei a perceber que tudo estava em paz se não lhe tocasse o interesse; mas, quando isso acontecia, a consciência não fiava tão fino, mas bem grosso. Vi que, embora sofresse todas as coisas que lhe diziam com essa atitude, ela tinha um ponto de honra e, por culpa sua, não perderia nem um pouquinho dessa sua honra ou estima. Ela estava tão mergulhada nessa miséria e era tão amiga de saber e entender uma coisa e outra que eu me espantava em ver que aquela pessoa pudesse ficar uma única hora sozinha, e bem amiga do seu regalo.

Ela fazia tudo isso, e o dourava, o que a livrava do pecado. E, considerando as razões que apontava em algumas coisas, eu, se a julgasse, também a teria absolvido. Mas em outras coisas a culpa era bem evidente, embora talvez não se percebesse por não se entender bem.

Isso me deixava desatinada, e quase todos a tinham por santa. É que percebi que nas *perseguições*[20] que ela contava devia haver alguma culpa sua. E não tive inveja do seu modo de viver e de sua santidade; ela e outras duas almas que eu vi nesta vida, pelo que agora me lembro, santas na aparência, me infundiram mais temor do que todas as almas pecadoras que conheci, depois de tratar com elas e fazer que suplicassem ao Senhor que nos dê luz[21].

25. Louvai-O muito, filhas, pois Ele vos trouxe a um mosteiro em que, por mais que faça, o demônio não pode tanto vos enganar como às que estão em suas casas; porque há almas a quem parece não faltar nada para irem ao céu, já que em tudo seguem a perfeição, de acordo com o que pensam, faltando na verdade quem o entenda, ao passo que nos mosteiros nunca vi que se deixasse de entender o que são, já que aí não fazem o que querem, mas o que lhes é ordenado.

No mundo, mesmo que se quisesse verdadeiramente entendê-las, não se poderia; porque, afinal, elas fazem o que fazem por sua vontade e, embora por vezes a contradigam, não se exercitam tanto na mortificação. Deixemos algumas pessoas a quem há muitos anos Nosso Senhor deu luz, pois estas procuram ter quem as entenda e a quem se sujeitar; e, com sua grande humildade, têm pouca confiança em si, por mais letradas que sejam.

26. Há outras que deixaram tudo pelo Senhor, e não têm casa nem renda e tampouco gostam de regalos ou das coisas do mundo. Elas são antes penitentes, porque o Senhor já lhes deu luz sobre quão miseráveis são essas coisas. Têm, contudo, muita honra. Não gostariam de fazer uma coisa que não fosse bem aceita pelos homens e pelo Senhor, são dotadas de grande discrição e prudência. Mas essas duas coisas nunca são muito compatíveis, e o problema disso é que quase sempre, sem que elas entendam sua imperfeição, o partido do mundo ganha do de Deus. A essas almas, em sua maioria, dói-lhes tudo quanto se diga delas; e não abraçam a cruz, mas a levam

---

20. O termo consta no ms. de Baeza. No de Alba, há *perfecciones*.
21. Vejam-se *Fundações*, cap. 6, n. 9, 18 etc.

arrastando, e assim são magoadas por ela, ficam cansadas e se fazem em pedaços. Porque a cruz, quando é amada, é suave de carregar. E disso tenho certeza.

27. Tampouco é esta última a amizade que a Esposa pede. Por isso, filhas minhas, atentai muito (pois tereis feito o que eu disse aqui em primeiro lugar): não falteis nem vos detenhais no segundo. Tudo será cansaço para vós. Se deixastes tudo o mais, deixais o mundo, os regalos, os contentamentos e riquezas suas, que, embora falsos, no final agradam, que temeis?[22] Vede, pois não o entendeis: para vos livrardes de um dissabor que vos pode dar um dito, sobrecarregai-vos de mil cuidados e obrigações. São tantos os que existem, se quisermos contentar as pessoas do mundo, que seria insuportável dizê-los, pois muito me estenderia, se é que eu saberia fazê-lo.

28. Há outras almas — e com isto acabo, já que, se seguirdes o que aqui alerto, entendereis muitas vias pelas quais se começa a aproveitar e se acaba ficando pelo caminho —, digo que há outras que pouco se importam com os ditos dos homens ou com a honra. Mas elas não estão exercitadas na mortificação e em negar sua própria vontade, e assim parece que o medo não lhes sai do corpo. Dispostas a sofrer tudo, têm a impressão de já terem feito tudo; entretanto, em negócios graves, que envolvem a honra do Senhor, a sua volta a viver e elas não o entendem.

Não lhes parece que temam o mundo, mas sim a Deus. Encontram perigos, o que bem pode acontecer[23], para fazer com que uma obra virtuosa se transforme em muito mal, pois parece que o demônio as ensina; mil anos antes profetizam, se for necessário, o que pode vir a ocorrer.

29. Essas almas não são da espécie que fará o que fez São Pedro — atirar-se ao mar[24] — nem muitos outros santos. Em seu sossego, poderão trazer almas para o Senhor, mas não expondo-se a perigos; do mesmo modo, a *fé* também não *opera*[25] muito em suas determinações. Uma coisa tenho percebido: poucos vemos no mundo, fora da religião, que confiem a Deus seu sustento; conheço apenas duas pessoas.

Porque na religião já sabem que nada lhes há de faltar, se bem que quem entra de verdade só por Deus creio que não se lembrará disso. Mas quantos haverá, filhas, que não teriam deixado o que tinham se não tivessem essa garantia! Em outros lugares em que vos tenho dado aviso, muito falei dessas almas pusilânimes e expliquei o prejuízo que isso lhes faz, e que enorme bem é ter grandes desejos, já que não podem ter as obras; por isso, não me refiro mais ao assunto, embora nunca me cansasse de fazê-lo[26].

Como o Senhor vos traz a tão grande estado, servi a Ele e não vos acovardeis; pois embora sejais religiosas, se não puderdes beneficiar o próximo com obras, especialmente sendo mulheres, com grande determinação e vivos desejos de almas, vossa oração terá força. E até talvez quererá o Senhor que, na vida ou na morte, aproveiteis, como faz agora o santo frei Diego[27], que era leigo e não fazia mais que servir e, depois de tantos anos de morto, tem ressuscitada pelo Senhor sua memória para que nos sirva de exemplo. Louvemos Sua Majestade.

30. Assim, filhas minhas, já que o Senhor vos trouxe a este estado, pouco vos falta para chegardes à amizade e à paz que a Esposa pede; não deixeis de pedi-las com lágrimas muito contínuas e desejos. Fazei o que puderdes de vossa parte para que Ele vo-las dê; porque sabei que não são essas a paz e a amizade pedidas pela Esposa, embora o Senhor conceda grande graça a quem leva a esse estado, porque isso só acontece depois de a pessoa ter-se ocupado de muita oração, penitência, humildade e muitas outras virtudes. Seja sempre louvado o Senhor que tudo dá, amém.

---

22. No manuscrito de Baeza lê-se: *Se o haveis deixado, o mais deixais: o mundo, os regalos... agradam. Que temeis?*
23. O ms. de Baeza é mais claro: *Encontram perigos no que pode acontecer...; o demônio as ensina.*
24. Mt 14,29.
25. Os textos destacados são do ms. de Baeza.
26. Cf. *Caminho*, cap. 42, n. 3-4; *Vida*, cap. 13, n. 3, 4,6; *Moradas I*, cap. 2, n. 10. — Veja-se o n. 17, nota 17.
27. S. Diego de Alcalá (falecido em 1463), então muito popular por causa da cura prodigiosa do príncipe D. Carlos, 1563.

CAPÍTULO 3

Trata da verdadeira paz que Deus concede à alma, de Sua união com ela e dos exemplos de caridade heroica de alguns servos de Deus*.

Beije-me com o beijo da sua boca. (Ct 1,1)

1. Ó santa Esposa! Cheguemos ao que pedis, que é a santa paz que faz a alma aventurar-se a guerrear com todos os do mundo, enquanto conserva toda a segurança e tranquilidade. Oh, que sorte tão grande será alcançar essa graça! Porque isso equivale a unir-se com a vontade de Deus, de maneira que não haja divisão entre Ele e ela, mas que haja apenas uma vontade; não por palavras, nem só por desejos, mas por obras, e de uma maneira que, entendendo ela que serve mais a seu Esposo numa dada coisa, ame-O tanto e deseje tanto contentá-Lo que não escute as razões que o intelecto lhe dirá, nem os temores que lhe porá, mas deixe a fé operar de modo que ela não procure proveito nem descanso, mas perceba de uma vez por todas que em servi-Lo está todo o seu proveito.

2. Parecerá a vós, filhas, que isso não vai bem, pois é muito louvável fazer as coisas com discrição[1]. Tereis de dar atenção a um ponto, que é entender que o Senhor (digo, segundo o que podeis compreender, porque com certeza não é possível saber) ouviu vosso pedido *de beijar-vos com o beijo da Sua boca*. Porque, se perceberdes isso pelos efeitos que deixa, não há por que vos deterdes em coisa alguma, mas esquecer-vos de vós mesmas para contentar a esse Esposo tão doce.

Sua Majestade se dá a sentir de muitas maneiras aos que gozam desse favor. Uma delas é menosprezar todas as coisas da terra, tê-las pelo pouco que são, não querer os seus bens por já ter entendido que são vãos, só se alegrar com os que amam a seu Senhor, cansar-se da vida, ter pelas riquezas a estima que merecem e outras coisas semelhantes a essas, ensinadas por Aquele que conduziu as almas a esse estado.

3. Tendo chegado aqui, a alma não tem de temer senão não merecer que Deus queira servir-se dela, dando-lhe sofrimentos e ocasiões para que possa servi-Lo, embora seja muito à sua custa. Assim é que aqui, como eu disse[2], operam o amor e a fé, e a alma não quer aproveitar daquilo que o intelecto lhe ensina, porque essa união que há entre o Esposo e a Esposa lhe ensinou outras coisas que ele não alcança, e ela o traz sob os pés[3].

Façamos uma comparação para que o entendais. A pessoa está cativa em terra de mouros. Ela tem um pai pobre ou um grande amigo e, se este não a resgata, ela não tem remédio. Para poder resgatá-la, não basta o que o amigo tem, devendo ele ir servir por ela. O grande amor que ela tem pelo amigo exige que deseje mais a liberdade deste do que a sua; mas logo vem a discrição com muitas razões e diz que ela está mais obrigada a olhar por si mesma, pois pode ser que tenha menos força que o amigo e que a façam deixar a fé, e que não é bom pôr-se nesse perigo, para não falar de tantas outras coisas.

4. Ó amor forte de Deus! E como quem ama tem a impressão de não haver coisa impossível! Ó ditosa alma que tiver chegado a alcançar essa paz do seu Deus, que estiver com o domínio sobre todos os sofrimentos e perigos do mundo, pois a nenhum teme, desde que possa servir a tão bom Esposo e Senhor, e com *mais* razão do que a tem o parente ou amigo de que falamos![4] Pois já lestes, filhas, sobre um Santo que, não por um filho nem por um amigo, mas porque devia ter

---

* Os mss. de Las Nieves e Consuegra têm como título: "Da verdadeira paz que pede a esposa; para que se animem os que pretendem a perfeição".

1. Nos mss. de Las Nieves e Consuegra, segue-se um breve parágrafo.
2. No n. 1.
3. *Que ele*, o intelecto, *não alcança*.
4. Para dar sentido à frase, acrescentamos o *mais*, de acordo com a anotação do Padre Manuel S. M. no ms. de Alba. Os dois mss. de Consuegra e Las Nieves modificam o texto e explicitam, na frase seguinte: "Pois já lestes, filhas, sobre S. Paulino Obispo…".

alcançado essa ventura tão boa de receber de Deus essa paz, bem como para contentar Sua Majestade e imitá-Lo em algo pelo muito que Ele fez por nós, se ofereceu para ficar no lugar do filho de uma viúva, que a ele recorreu aflita, em terra de mouros. Já deveis ter lido acerca do sucesso que ele teve e do lucro com que voltou[5].

5. "Creio que seu intelecto não deixaria de apresentar-lhe mais razões do que as de que falei, porque era bispo e tinha de deixar suas ovelhas, e talvez tivesse temores. Atentai para uma coisa que me ocorreu agora e que vem a propósito para os de natureza pusilânime e de ânimo fraco (mulheres em especial); nestes, mesmo que suas almas tenham de fato chegado a esse estado, sua fraca natureza teme. É fundamental estar de sobreaviso, porque essa fraqueza natural nos fará perder uma grande coroa. Quando vos achardes com essa pusilanimidade, recorrei à fé e à humildade e não deixeis de acometer com fé, que Deus tudo pode, e, assim, pôde dar forças a muitas crianças santas, e suficiente para passarem todos os tormentos que se determinaram a passar por Ele."

6. "A partir dessa determinação, Ele quer nos fazer senhores desse livre arbítrio, pois não precisa do nosso esforço para nada; Sua Majestade antes gosta que Suas obras resplandeçam em gente fraca, pois esta dá mais ensejo a que Ele faça operar Seu poder e cumprir o desejo que tem de nos fazer graças. Para isso, será de proveito as virtudes que Deus vos tiver dado, para agirdes com determinação, desprezando as razões do intelecto e vossa fraqueza natural, e não dando condições para que esta cresça ao pensardes 'será ou não será', 'talvez pelos meus pecados eu não mereça que Ele me dê forças como já deu a outros'. Este não é o momento de pensar em vossos pecados; deixai-os de lado, pois este não é um momento que justifique essa humildade: vivemos uma má conjuntura."

7. "Quando vos quiserem dar uma coisa muito honrosa ou quando o demônio vos incitar a uma vida de prazeres e a outras coisas semelhantes, temei que, por vossos pecados, não o possais fazer com retidão. E quando tiverdes de padecer algo por Nosso Senhor ou pelo próximo, não tenhais medo de vossos pecados. Podeis fazer uma obra dessas com tanta caridade que Ele vos perdoe todos, e isso teme o demônio, razão por que nesses momentos traz à memória esses pecados. Tende por certo que Deus nunca abandonará os que O amam quando estes só por Ele se aventurarem. Se tiveram outras intenções voltadas para o interesse próprio, cabe-lhes refletir, porque só falo dos que pretendem contentar o Senhor com a maior perfeição."

8. Agora, em nossa época, conheço uma pessoa — e vós a vistes, pois veio me visitar — movida pelo Senhor com uma caridade tão grande que muitas lágrimas lhe custou não poder ser trocado por um cativo. Ela tratou disso comigo; era dos Descalços de Frei Pedro de Alcântara[6]. E, depois de muita insistência, conseguiu licença do seu Geral. Quando estava a quatro léguas de Argel, onde ia cumprir o seu bom desejo, o Senhor o levou Consigo. E bem certo é que obteve uma boa recompensa! E quantos discretos havia que lhe diziam ser disparate! E assim parece a nós, os que não chegamos a amar tanto ao Senhor. E que disparate muito maior é o acabar-se o sonho desta vida com tanto siso, que queira Deus mereçamos entrar no céu, quanto mais ser como os que tanto avançaram em amar a Deus!

9. Bem vejo que é necessária uma grande ajuda Sua para coisas semelhantes. E por isso vos aconselho, filhas, que sempre peçais, com a Esposa, essa paz tão regalada que tem senhorio sobre todos esses temorezinhos do mundo, que com todo sossego e quietude a combate. Não está claro que uma alma a quem Deus conceder tão grande graça de uni-la Consigo em tanta amizade ficará bem rica de Seus bens? Porque, naturalmente, essas coisas não podem ser nossas. Pedir e desejar que nos faça esse favor está a nosso alcance, e mesmo assim com a Sua ajuda. Quanto ao mais,

---

5. Os três n. a seguir (5-7) só estão nos mss. de Consuegra e Las Nieves. Tomamo-los daquele, introduzindo alguma melhora do segundo. Esta mesma advertência se aplica aos n. 10-12.

6. Ela se refere a Frei Alonso de Cordobilla, natural do povoado desse nome (província de Badajoz). Ele embarcou em Cádis e morreu em Gibraltar no dia 28 de outubro de 1566.

que há de poder um verme, tão acovardado e miserável pelo pecado, que imagina todas as virtudes com a limitação característica da nossa natureza inferior?

Qual o remédio, pois, filhas? Pedir com a Esposa. Se uma lavradorazinha se casasse com o rei e tivesse filhos, não ficariam estes com sangue real? Do mesmo modo, de uma alma a quem Nosso Senhor faz tantas graças, unindo-se tão sem divisão com ela, que desejos, que efeitos, que filhos de obras heroicas não poderão nascer se não houver o empecilho de sua culpa?[7]

10. "Por isso, torno-vos a dizer: se para coisas semelhantes o Senhor vos fizer a graça de que se ofereçam ocasiões para fazerdes por Ele, não vos importeis com o terdes sido pecadoras. É fundamental aqui que a fé domine a nossa miséria, e não vos espanteis se a princípio, depois de vos determinardes, e até depois, sentirdes temor e fraqueza, nem façais caso disso, se não for para vos avivardes mais; deixai a carne fazer seu ofício[8]. Vede o que disse o bom Jesus na oração do Horto: *A carne é fraca*; e lembrai-vos do Seu tão admirável e lastimoso suor.

Pois se daquela carne divina e sem pecado diz Sua Majestade que é fraca, como queremos a nossa tão forte que não sinta a perseguição que lhe pode advir, e os sofrimentos? E, uma vez neles, a alma verá como a carne já se submete ao espírito. A alma, tendo sua vontade unida com a de Deus, não se queixa."

11. "Ocorreu-me agora que nosso bom Jesus mostra a fraqueza de Sua humanidade antes dos sofrimentos da Paixão e, em meio a eles, uma força tão grande que não apenas não se queixa como sequer revela no semblante algo que pudesse indicar que padecia com fraqueza.

Quando se dirigia ao Horto, Ele disse: *A minha alma está envolta numa tristeza mortal*[9]; e, estando na cruz, o que era estar passando pela morte, não se queixou. Quando da oração no Horto, ia despertar Seus apóstolos; pois com mais razão se queixaria à Sua Mãe e Senhora nossa quando esta estava ao pé da cruz, e sem dormir, mas padecendo em sua santíssima alma, morrendo dura morte — e sempre nos consola mais queixar-nos aos que sabemos que sentem os nossos sofrimentos e nos amam mais."

12. "Assim, não nos queixemos de temores, nem nos desanime ver a fraqueza dos nossos esforços e natureza; procuremos antes fortalecer-nos na humildade, entender claramente o pouco que está em nosso poder e o fato de que, se Deus não nos favorece, nada somos. Devemos, além disso, desconfiar sempre de nossas forças e confiar em Sua misericórdia, pois apoiar-se nelas já é toda a nossa fraqueza.

Porque Nosso Senhor mostrou temor, mas com muita razão para isto, pois claro está que Ele não o tinha, por ser a mesma força, tendo-o feito para consolo nosso e para que compreendêssemos quanto nos convém exercer os nossos desejos com obras. Observemos bem: no princípio, a alma, ao mortificar-se, sente tudo como um peso; se começa a deixar os prazeres, sente pena; se tem de deixar a honra, sente tormento; e suportar uma única palavra ruim é para ela intolerável. Enfim, nunca lhe faltam tristezas até a morte. Quando decidir-se a morrer de vez para o mundo, ela vai se ver livre dessas penas e, numa mudança radical, não haverá medo de que se queixe, tendo alcançado a paz que a Esposa pede."

13. Com certeza penso que, se nos chegássemos ao Santíssimo Sacramento com grande fé e amor, uma única vez bastaria para nos deixar ricas, quanto mais tantas! Mas parece ser demasiado difícil aproximar-nos Dele e por isso é tão grande a nossa pobreza. Ó miserável mundo, que assim tens tapado os olhos dos que vivem em ti para que não vejam os tesouros com os quais poderiam obter riquezas perpétuas!

14. Ó Senhor do céu e da terra! Como é possível que, estando-se ainda nesta vida mortal, se goze de Vós com amizade tão particular! E que o Espírito Santo o diga tão às claras nessas pala-

---

7. Os n. 10-12 foram tomados do ms. de Consuegra.
8. O ms. de Consuegra diz: *...para vos avivardes mais a deixar a carne fazer...* Corrigimos segundo o ms. de Las Nieves. — Segue-se uma citação de Mc 14,38.
9. Mt 26,38.

vras, e que mesmo assim não queiramos entender como são os prazeres com que tratais as almas nesses *Cânticos?* Que delicadeza, que suavidade! Deveria bastar-nos uma só palavra destas para nos desfazer em Vós. Sede bendito, Senhor, que de Vossa parte não perderemos nada!

Por que caminhos, de que maneiras, com que modos nos mostrais o amor! Com sofrimentos, com morte tão dolorosa, com tormentos, sofrendo a cada dia injúrias e perdoando. E não apenas com isso, mas com umas palavras que muito ferem a alma que Vos ama, como são as palavras que dizeis nesses *Cânticos*, ensinando-as para que a alma Vo-las diga, e nem sei como ela poderia suportá-las se Vós não ajudásseis a suportá-las quem as sente, não como as palavras merecem, mas de acordo com a nossa fraqueza.

15. Pois, Senhor meu, não Vos peço outra coisa nesta vida a não ser que me beijeis *com o beijo da Vossa boca*, e que seja de uma maneira que, embora eu queira me afastar dessa amizade e união, esteja sempre, Senhor da minha vida, com a minha vontade sujeita a não se afastar da Vossa. E que não haja nada que me impeça de dizer, Deus meu e glória minha, com sinceridade, que *mais valem os teus peitos do que o vinho*[10].

CAPÍTULO 4

Fala da oração de quietude e de união e da suavidade e gostos que causam ao espírito. Em comparação com isso, os deleites da terra nada são.

**Mais valem teus peitos do que o vinho, fragrantes
como os mais preciosos bálsamos.** (Ct 1,1-2)

1. Ó filhas minhas, que segredos tão grandes há nestas palavras! Permita-nos Nosso Senhor senti-los, pois descrevê-los é algo que se faz muito mal.

Quando Sua Majestade quer, por Sua misericórdia, realizar esse pedido da Esposa, começa a tratar com a alma com tal amizade que só quem o experimentar poderá entendê-lo, como eu digo. Escrevi muito sobre isso em dois livros[1] (que, se o Senhor for servido, vereis depois da minha morte), com detalhes e amplamente, porque vejo que tendes necessidade disso e, assim, apenas tocarei aqui no assunto. Não sei se o conseguirei com as mesmas palavras que, naqueles, quis o Senhor declará-lo.

2. Sente-se no interior da alma uma suavidade tão grande que bem se percebe que Nosso Senhor está próximo dela. Isso não é somente uma devoção que move a muitas lágrimas, que dão satisfação, ora pela Paixão do Senhor, ora por nosso pecado. Nesta oração de que falo, que chamo de oração de quietude devido ao sossego que infunde em todas as faculdades, parece que a pessoa o tem muito à sua vontade, se bem que algumas vezes se sinta isso de outro modo quando a alma não está tão engolfada nessa suavidade; parece que todo o homem, interior e exterior, é confortado, como se lhe pusessem na medula uma unção suavíssima, à feição de um forte perfume, ou como se entrássemos de repente num lugar em que o odor fosse intenso, e não apenas de uma coisa, mas de muitas, sem que saibamos do que é nem de onde vem aquele aroma, senão que penetra em todo o nosso ser. [3] Assim parece ser este amor suavíssimo de nosso Deus. Ele penetra na alma com grande suavidade, e a contenta e satisfaz, e ela não consegue entender como nem por onde entra aquele bem. Ele deseja não perdê-lo, deseja não se mover, nem falar, nem mesmo olhar, para que ele não se vá. *E é isso o que, a meu ver, a Esposa diz ao falar que os peitos do Esposo são fragrantes como os mais preciosos bálsamos*[2].

---

10. Ct 1,1.

1. Ela se refere às passagens de *Vida* (caps. 14-15), *Caminho* (caps. 30-31), em que trata da oração de quietude; além disso, cf. *Moradas* IV.

2. O texto destacado foi tomado do ms. de Baeza.

Porque nos livros que indiquei³, digo o que a alma deve fazer aqui para ter proveito. E o que digo agora só serve para dar a entender um pouco aquilo de que estou tratando, pois não quero me alongar mais no tocante a essa amizade (que o Senhor já mostra aqui à alma, uma vez que quer ter com ela uma amizade tão particular que não haja conflitos entre ambos), na qual são comunicadas à alma grandes verdades; porque essa luz que a deslumbra, por não entender ela o que é, a faz ver a vaidade do mundo.

A alma não vê o bom Mestre que a instrui, embora compreenda que Ele está com ela; mas fica tão bem instruída e isso tem tão grandes efeitos, e infunde tamanha força, no tocante às virtudes, que a alma não se reconhece depois nem quer fazer ou dizer outra coisa além de louvar ao Senhor. Quando está nesse gozo, tão embebida e absorta, ela não parece estar em si, mas numa espécie de embriaguez divina em que não sabe o que quer, nem o que diz, nem o que pede. Enfim, ela não sabe de si; contudo, não está tão fora de si que não entenda um pouco daquilo que lhe acontece.

4. Mas, quando esse Esposo riquíssimo a quer enriquecer e regalar mais, converte-a tanto em Si que ela, como alguém que desmaia devido a um grande prazer e contentamento, tem a impressão de estar suspensa naqueles braços divinos e encostada àquele sagrado lado e àqueles peitos divinos. Ela não sabe mais que gozar⁴, sustentada por aquele leite divino que o Esposo vai criando para ela, melhorando-a para poder regalá-la e para que ela mereça cada dia mais.

Quando desperta daquele sonho e daquela embriaguez celestial, a alma fica como que espantada e abobada, num santo desatino. Parece-me que então ela pode dizer estas palavras: *mais valem os teus peitos do que o vinho*.

Porque, quando estava naquela embriaguez, parecia-lhe não haver nada mais para subir, mas quando se viu no grau mais alto e toda embebida naquela grandeza incomparável de Deus, vendo-se ficar tão sustentada, ela faz delicadamente uma analogia e diz: *mais valem os teus peitos do que o vinho*.

Porque, assim como uma criança não entende como cresce, nem sabe como mama, pois até sem mamar nem fazer nada muitas vezes lhe deitam o leite na boca, assim também é aqui, pois a alma se vê privada por inteiro da faculdade de saber de si e de fazer coisas, e não sabe como nem de onde (nem o pode compreender) lhe veio aquele bem tão grande⁵. Ela sabe que ele é o maior de quantos se podem provar na vida, ainda que se juntem todos os deleites e gostos do mundo. Vê-se a alma alimentada e melhorada sem saber quando o mereceu, instruída em grandes verdades sem ver o Mestre que a instrui, fortalecida nas virtudes, regalada por Quem tão bem o sabe e pode fazer. A alma não conhece termo de comparação, exceto talvez o carinho da mãe que ama muito o filho e o alimenta e regala⁶.

5. "Pois esta comparação vem a propósito, já que a alma está elevada e tão sem poder recorrer a seu intelecto que, em parte como uma criança, ela recebe aquele carinho e com ele se deleita, mas não consegue compreender como aquele bem lhe vem. No adormecimento passado da embriaguez, a alma não está tão sem ação, pois algo compreende e faz, visto entender estar próxima de Deus e, assim, com razão diz: *mais valem os teus peitos do que o vinho*."

6. "Grande é, Esposo meu, esse favor, saboroso convite, precioso vinho que me dais que, com uma só gota, me faz esquecer todas as coisas criadas e fugir das criaturas e de mim, deixando de querer os contentamentos e prazeres que, até agora, a minha natureza queria. Grande favor é este; eu não o merecia.

Depois que Sua Majestade o tornou maior, e aproximou-a mais de Si, a alma com razão diz: *mais valem os teus peitos do que o vinho*.

---

3. No n. 1; cf. nota 1.
4. No autógrafo: *más de*.
5. Sobre esta comparação, cf. *Caminho*, cap. 31, n. 9, e o correspondente cap. 53, n. 5 da primeira redação. Veja-se também *Moradas* IV, cap. 3, n. 10. Ela a desenvolve no n. seguinte.
6. Seguem-se dois n. (5-6) tomados do ms. de Las Nieves.

Grande graça era a anterior, Deus meu, mas muito maior é esta, porque, nela, faço menos ainda e, assim, ela é de todas as maneiras melhor. Grande gozo é, e deleite da alma, quando esta chega aqui[7]."

7. Ó filhas minhas! Dê-nos Nosso Senhor a entender, ou, melhor dizendo, a provar (pois de outra maneira não se pode entender), o que é o gozo da alma quando assim se encontra. Fiquem os do mundo com seus domínios, riquezas, deleites, honrarias e manjares; porque, se pudessem gozar de tudo sem os sofrimentos envolvidos (o que é impossível), nem em mil anos alcançariam o contentamento que, num momento, tem uma alma a quem o Senhor trouxe até aqui. Diz São Paulo que *todos os sofrimentos do mundo não são dignos da glória que esperamos*[8]; eu digo que não são dignos nem podem merecer uma hora dessa satisfação que Deus dá aqui à alma, desse gozo, desse deleite.

A meu ver, isso não tem comparação, nem se pode merecer um afago tão carinhoso de Nosso Senhor, uma união tão unida, um amor tão dado a entender e a provar com prazer, com as baixezas das coisas do mundo. Ridículos são os seus sofrimentos para serem com isso comparados! Porque, se não são passados por Deus, não valem nada, e, se o são, Sua Majestade os dá tão de acordo com as nossas forças que, de pusilânimes e miseráveis que somos, nós os tememos muito.

8. Ó cristãos e filhas minhas! Despertemos já, por amor ao Senhor, desse sono e percebamos que Ele não guarda para a outra vida a recompensa do amor que Lhe temos; o pagamento começa ainda nesta. Ó Jesus meu, quem pudesse dar a entender o ganho que há em nos lançarmos nos braços deste Senhor nosso e fazer um contrato com Sua Majestade; *que eu pertença ao meu bem-amado, e meu bem-amado a mim*, pois meu bem-amado é meu, e eu dele![9] Não nos queiramos tanto a nós mesmas que nos arranquemos os olhos, como se diz.

Volto a dizer, Deus meu, e a suplicar-Vos, pelo sangue de Vosso Filho, que me concedais esta graça: *beije-me com o beijo da sua boca*. Porque, sem Vós, que sou eu, Senhor? Se não estou junto a Vós, que valho? Se me afasto um pouquinho de Vossa Majestade, onde vou parar?

9. Ó Senhor meu, e Misericórdia minha e Bem meu! Que bem maior quero eu nesta vida além de estar junto a Vós, que não haja divisão entre Vós e mim? Com esta companhia, o que pode tornar-se difícil? O que não se pode fazer por Vós, tendo-Vos tão perto? Que há para me agradecer, Senhor meu? De que me culpar, sim, há muito, porque não Vos sirvo. E assim Vos suplico, com Santo Agostinho, e com toda a determinação: "Dai-me, Senhor, o que me mandardes, e mandai-me o que quiserdes"[10]. Não Vos darei jamais as costas, com Vosso favor e ajuda.

10. "Já vejo, Esposo meu, o que *Vós sois para mim*; não o posso negar[11]. Por mim viestes ao mundo, por mim passastes tão grandes sofrimentos, por mim suportastes tantos açoites, por mim Vos quedastes no Santíssimo Sacramento e, agora, me concedeis tão grandes prazeres. Pois, Esposa santa, como disse eu que Vós dizeis: que posso fazer pelo meu Esposo?"

11. "Por certo, irmãs, não sei como passo daqui. E que serei eu para Vós, meu Deus? Que pode fazer por Vós quem tudo fez para perder as graças que me tendes concedido? Que se poderá esperar de seus serviços? E mesmo que, com o Vosso favor, faça algo, que pode fazer um verme? E para que necessita dele um Deus poderoso? Ó amor! Eu em muitos lugares queria dizer esta palavra, porque só ele se pode atrever a dizer: *que eu pertença ao meu bem-amado*. Ele nos dá a permissão para que pensemos que tem necessidade de nós esse verdadeiro Amante, Esposo e Bem meu."[12]

12. "Como Ele nos dá licença, repitamos, filhas: *meu bem-amado é meu, e eu dele*. Sois meu, Senhor? Se Vós vindes a mim, por que duvido de poder servir-Vos muito? Assim, doravante,

---

7. Segue-se uma longa variante do mesmo ms.
8. Rm 8,18.
9. Ela se refere a Ct 6,3 e 2,16. — Compare-se com *a Relação* 35, n. 2.
10. *Confissões*, L. 10, cap. 29. — Seguem-se três n. (10-12) tomados do ms. de Consuegra.
11. Ct 2,16.
12. Corrijo o texto deste n. de acordo com o ms. de Las Nieves.

Senhor, desejo esquecer-me de mim mesma e ver apenas em que Vos posso servir, e não ter vontade senão a Vossa. Mas o meu querer não tem força; Vós sois o poderoso, Deus meu. Naquilo que posso, que é decidir-me, a partir de agora o faço para pô-lo em prática."

CAPÍTULO 5

Continua a falar da oração de união e se refere às riquezas que a alma adquire nela pela mediação do Espírito Santo e a quão determinada está ela a suportar sofrimentos pelo bem-amado*.

À sua sombra, como desejei, estou sentada, e seu fruto é doce à minha boca. (Ct 2,3)

1. Perguntemos agora à Esposa; saibamos desta bendita alma, já próxima da boca divina e alimentada por esses peitos celestiais, o que temos de fazer ou como temos de estar, o que havemos de dizer, se o Senhor nos elevar alguma vez a graça tão grande.

O que ela nos diz é: À *sua sombra, como desejei, estou sentada, e seu fruto é doce à minha boca. Ele me introduziu no celeiro do vinho e o estandarte erguido sobre mim é o amor*[1].

Diz: À *sua sombra, como desejei, estou sentada*.

2. Valha-me Deus, que a alma está abrasada pelo próprio sol! Diz que se sentou à sombra como tinha desejado. E ela o compara aqui com a maçã e diz que o seu fruto *é doce à minha boca*. Ó almas que tendes oração, saboreai todas estas palavras! De quantas maneiras podemos considerar o nosso Deus! Que variedade de manjares podemos fazer dele! Ele é maná, que tem o gosto de acordo com o que queremos que tenha[2].

Oh, que sombra tão celestial, e quem dera eu soubesse dizer o que sobre isso o Senhor dá a entender! Lembro-me de quando o anjo disse à Virgem sacratíssima, Senhora nossa: *A virtude do Altíssimo te cobrirá com a sua sombra*[3]. Quão amparada se vê uma alma quando o Senhor a eleva a essa grandeza. Ela com razão pode sentar-se e sentir-se segura.

3. Agora observai que, na maioria das vezes e quase sempre (a não ser a alguma pessoa a quem Nosso Senhor quer fazer um chamado particular, como fez a São Paulo, a quem pôs logo no ápice da contemplação, e a quem apareceu e falou de uma maneira que o deixou desde o início exaltado)[4], Deus dá esses regalos tão elevados e concede graças tão grandes a pessoas que muito trabalharam em Seu serviço, desejaram Seu amor e procuraram dispor-se a ser agradáveis a Sua Majestade em todas as coisas. Já cansadas desses grandes anos de meditação e de terem buscado este Espaço, e cansadíssimas das coisas do mundo, assentam-se na verdade, não buscam seu consolo, nem seu sossego ou descanso, a não ser onde entendem que, com verdade, o podem ter, põem-se sob o amparo do Senhor, e a outro não desejam.

E como agem bem ao confiar em Sua Majestade, pois assim como o desejaram o realizam! E quão venturosa é a alma que merece estar debaixo dessa sombra, até mesmo para coisas que se podem ver aqui! Porque para o que a alma a sós pode compreender é outra coisa, pelo que entendi muitas vezes.

4. Parece que, estando no deleite de que falei, a alma sente-se estar toda engolfada por uma sombra, uma espécie de nuvem da Divindade, de onde vêm influências e um aconchego tão deleitoso que com boa razão lhe tiram o cansaço que lhe fora infundido pelas coisas do mundo. A alma sente ali um modo de descanso em que até a cansa o ter de respirar, e as faculdades ficam em

---

* O ms. de Consuegra intitula o capítulo: "Sobre alguns pontos dos Cânticos. Contém algumas coisas da perfeita contemplação." — O ms. de Las Nieves o reproduz com pequenas variantes.
1. Ct 2,3-4.
2. Alusão a Sb 16,20.
3. Lc 1,35.
4. At 9,3-11.

um sossego e quietude tamanhos que a vontade não gostaria de admitir sequer um pensamento, mesmo que seja bom, nem o admite em termos de inquiri-lo ou procurá-lo.

Não há necessidade de menear a mão nem de levantar-se — falo da consideração — para nada; porque, cortada e cozida, e até mastigada, o fruto da macieira, com que ela compara o seu bem-amado, lhe é dado pelo Senhor, e ela diz que o seu fruto *é doce à minha boca*. Porque aqui tudo é prazer, sem nenhum trabalho das faculdades, e nessa sombra da divindade (que podemos bem dizer que é sombra, visto que com clareza não a podemos ver aqui), sob essa nuvem, está aquele sol resplandecente que envia, por meio do amor, a notícia de que está tão perto de Sua Majestade que não se pode descrever nem é possível. Eu sei que quem tiver passado por isso entenderá quão verdadeiramente é possível dar aqui este sentido às palavras que a Esposa diz[5].

5. Parece-me que o Espírito Santo deve ser o mediador entre a alma e Deus, e o que a move com tão ardentes desejos que a fazem incendiar-se no fogo soberano que está tão próximo dela. Ó Senhor, que grandes são aqui as misericórdias que usais com a alma! Bendito sejais, e louvado, para sempre, pois tão bom amante sois. Ó Deus meu e Criador meu! Será possível que haja alguém que não Vos ame? Oh, triste de mim, e como sou eu mesma a que por muito tempo não Vos amou, por não ter merecido conhecer-Vos! Como baixa seus ramos essa divina macieira para que, algumas vezes, a alma colha seus frutos, considerando suas grandezas e a multiplicidade de suas misericórdias, e veja e saboreie o fruto que Jesus Cristo Nosso Senhor tirou de Sua Paixão, regando essa árvore com Seu sangue precioso, com tão admirável amor!

Antes disso, a alma diz que goza da nutrição dos Seus peitos divinos; como principiante na recepção dessas graças, ela era sustentada pelo Esposo. Agora está mais crescida, e Ele a vai habilitando para dar-lhe mais. *Ele a mantém com maçãs*[6], quer que vá entendendo o que está obrigada a servir e a padecer. E não se contenta com tudo isso. Coisa maravilhosa e de muito admirar: o Senhor, ao perceber que uma alma é toda Sua[7], sem outro interesse nem outras coisas que a movam por Aquele que é seu Deus e pelo amor que Lhe tem, não cessa de comunicar-se com ela de muitas maneiras e modos, como Quem é a própria Sabedoria.

6. Parecia que não havia mais o que falar da primeira paz, e isso que foi dito é uma graça muito maior[8]; e fica dita de maneira deficiente, pois não fiz senão apontá-lo. No livro de que vos falei, filhas, achareis uma explicação com muita clareza, se o Senhor for servido que venha à luz[9].

Pois que mais poderemos desejar além disso que agora foi dito? Oh, valha-me Deus, pois nada são os nossos desejos para chegar a Vossas grandezas, Senhor! Quão baixos ficaríamos se o Vosso dar seguisse a medida do nosso pedir!

Agora vejamos o que diz depois a Esposa.

CAPÍTULO 6

Trata de como os benefícios dessa união amorosa sobrepujam todos os desejos da esposa. Fala da suspensão das faculdades e diz como algumas almas chegam em pouco tempo a essa oração tão elevada[1].

Ele me introduziu no celeiro do vinho e o estandarte erguido sobre mim é o amor. (Ct 2,4)

1. Estando a Esposa já descansada sob a sombra tão desejada, e com tanta razão, o que mais tem a desejar uma alma que chega aqui a não ser que nunca lhe falte aquele bem? Ela tem a im-

---

5. Corrigimos este n. pelo ms. de Baeza.
6. Alusão a Ct 2,5.
7. O ms. de Alba repete: *sua sua.*
8. Corrigimos este n. de acordo com ms. de Baeza.
9. Provável alusão a *Vida* ou talvez a *Caminho,* aos quais ela já se referiu no cap. 4, n. 1. Cf. várias outras alusões: cap. 1, n. 8; cap. 2, n. 17 e 29.
1. Cf. cap. 5, n. 6 e cap. 2, n. 17.

pressão de que não há nada mais; mas a nosso Rei sacratíssimo falta muito a dar, e não quereria fazer outra coisa se achasse a quem. E, como eu disse muitas vezes, desejo, filhas, que nunca vos esqueçais de que o Senhor não se contenta em dar-nos o pouco que pedem os nossos desejos, como eu já pude ver em algumas coisas em que alguém começa a pedir ao Senhor; Ele dá-lhe em que mereça e com que padeça algo por Ele, não pretendendo que a pessoa vá além daquilo que lhe parece que suas forças alcançam. Como as pode fazer crescer, como recompensa daquela pequena determinação de servi-Lo que a pessoa demonstrou, o Senhor dá-lhe tantos sofrimentos, tantas perseguições e enfermidades que a pobre nem sabe o que fazer de si.

2. A mim mesma já aconteceu em plena mocidade dizer algumas vezes: Ó Senhor, que eu não queria tanto! Mas Sua Majestade dava-me força e paciência de modo tal que ainda agora me espanto como podia suportar, e eu não trocaria aqueles sofrimentos nem por todos os tesouros do mundo.

Diz a Esposa: *ele* [o Rei] *me introduziu*. E tão bem Ele preenche esse nome, Rei poderoso, que não tem quem o supere e cujo reinado durará pelos séculos sem fim! A uma alma que está assim com certeza não falta fé para conhecer muito da grandeza desse Rei, porque tudo quanto Ele é, é impossível nesta vida mortal[2].

Ela diz que Ele a *introduziu no celeiro do vinho* e que o estandarte erguido sobre ela *é o amor*. Entendo por isso que é imensa a grandeza dessa graça, porque se pode dar a beber mais ou menos, de um vinho bom e de outro melhor, e embriagar e embebedar alguém mais ou menos. E assim ocorre nas graças do Senhor, que a um dá pouco vinho de devoção, a outro dá mais, a outro aumenta tanto a dose que começa a fazê-lo sair de si, de sua sensibilidade e de todas as coisas da terra; a uns dá um grande fervor em Seu serviço; a outros, ímpetos; a outros ainda, grande caridade com o próximo, e de uma maneira que, de tão embevecidos, eles não sentem os grandes sofrimentos que aqui padecem.

Mas o que a Esposa diz aqui é muita coisa junta. O Senhor a põe no celeiro para que dali ela possa sair rica além de toda medida. Não parece que o Rei queira deixar qualquer coisa por lhe dar, mas que ela beba de acordo com o seu desejo e se embriague bem, bebendo de todos os vinhos que há na despensa de Deus. Ele quer que ela usufrua todos esses gozos, que se admire de Suas grandezas, que não tema perder a vida por beber tanto que vá além de sua natureza, que morra nesse paraíso de deleites.

Bem-aventurada essa morte que assim faz viver! E verdadeiramente assim o faz; porque são tão grandes as maravilhas que entende, sem entender como o entende, que a alma fica tão fora de si como ela mesma diz ao afirmar: *o estandarte erguido sobre mim é o amor*.

4. Ó palavras de que a alma a quem Nosso Senhor regala nunca havia de esquecer. Ó soberana graça, que não poderíamos merecer se o Senhor não nos desse caridade para isso! Bem que a Esposa deixa entrever aqui que estava fora de si, porque até para amar não se acha desperta; mas bem-aventurado sonho, ditosa embriaguez que faz suprir ao Esposo o que a alma não pode, que é pôr ordem tão maravilhosa que, estando todas as faculdades mortas ou adormecidas, o amor fique vivo, e que, sem que a alma entenda como, ordene o Senhor que opere tão maravilhosamente a ponto de formar uma só coisa com o próprio Senhor do amor, que é Deus, com grande pureza. Porque não há quem lho impeça, nem sentidos, nem faculdades, digo intelecto e memória, e tampouco a vontade, subentenda-se.

5. Fiquei pensando agora se há alguma diferença entre a vontade e o amor. E parece-me que sim, mas não sei se é disparate. O amor me parece uma seta enviada pela vontade que, se for com toda a força que esta tem, livre de todas as coisas da terra, voltada apenas para Deus, deve ferir muito seriamente Sua Majestade, de modo que, cravando-se no próprio Deus, que é amor, volta dali com enormes ganhos, como direi.

---

2. Corrigimos a frase final de acordo com o ms. de Baeza.

E é assim que, informada de algumas pessoas a quem Nosso Senhor conduziu a tão grande graça na oração, pessoas a quem Ele leva a esse santo embevecimento com uma suspensão que mesmo no exterior se vê que elas não estão em si, perguntei-lhes o que sentem. Elas de nenhuma maneira o sabem explicar, nem o souberam nem puderam entender qualquer coisa sobre como opera ali o amor.

6. Entendem-se bem os enormes benefícios que a alma tira dali pelos efeitos, pelas virtudes e pela viva fé que lhe fica, e pelo desprezo do mundo. Mas, como esses bens e o que a alma aqui goza lhe foram dados, nenhuma coisa se entende a não ser no princípio, quando começa, porque é muito grande a suavidade. Assim, está claro ser o que diz a Esposa: a sabedoria de Deus supre aqui em lugar da alma, e Ele ordena que ela obtenha favores tão enormes naquele momento. Porque, estando ela tão fora de si e tão absorta que nada pode fazer com as faculdades, como o havia de merecer? Seria possível que Deus lhe fizesse graça tão grande para que ela perdesse tempo e nada ganhasse Nele? Não é de acreditar.

7. Ó segredos de Deus! Aqui não há senão entregar o intelecto e pensar que, para compreender as grandezas de Deus, ele de nada vale. Convém nos lembrar do que fez a Virgem Nossa Senhora, com toda a sua sabedoria, perguntando ao anjo: *Como se fará isso?* E quando o anjo lhe disse: *O Espírito Santo virá sobre ti: a virtude do Altíssimo te cobrirá com a sua sombra*[3], ela não tratou de mais disputas. Como quem tinha grande fé e sabedoria, percebeu algo que, diante da intervenção dessas duas coisas, nada mais havia para saber ou de que duvidar.

Ela não foi como alguns letrados (a quem o Senhor não leva por este modo de oração, nem têm princípio de espírito) que querem entender a coisa com tanta razão e tão medidas pelo seu intelecto que não parece senão que, com suas letras, eles haverão de compreender todas as grandezas de Deus. Se eles aprendessem um pouco da humildade da Virgem Sacratíssima!

8. Ó Senhora minha, com que certeza se pode entender por Vós o que se passa entre Deus e a Esposa tal como o dizem os *Cânticos!* E assim podeis ver, filhas, no Ofício de Nossa Senhora que rezamos todas as semanas, o muito que há deles em antífonas e lições. Outras almas poderão entender isso de acordo com a vontade de Deus; cada qual poderá ver muito claramente se chegou a receber algo dessas graças que se assemelhe ao que diz a Esposa: *o estandarte erguido sobre mim é o amor.* Porque não sabem onde estiveram, nem como contentaram o Senhor em regalo tão excelso, assim como não sabem o que fizeram, pois não Lhe davam graças por isso.

9. Ó alma amada por Deus! Não te aflijas, porque quando Sua Majestade te leva até esse ponto e te fala com tanto carinho, como verás em muitas palavras ditas nos *Cânticos*[4] à Esposa (tais como: *Toda bela és, ó minha bem-amada*[5], bem como outras muitas, como digo) em que mostra o contentamento que tem com ela, é de crer que não consinta que ela ao mesmo tempo o descontente, e que a ajude naquilo que ela não souber para comprazer-se ainda mais dela. O Senhor a vê fora de si, alheada para amá-Lo, e percebe que a própria força do amor lhe tirou o intelecto para que ela O amasse mais. Sim, porque Sua Majestade não vai suportar, nem costuma, nem pode deixar de dar-se a quem a Ele se dá por inteiro.

10. Parece-me que Sua Majestade vai esmaltando esse ouro — que Ele já tem preparado com Seus dons e tocado de mil maneiras e modos que a alma que chega aqui pode dizer — para ver de que quilate é. A alma, que é o ouro, a essa altura está imóvel e nada faz por si mesma, como se fosse o próprio ouro; e a Divina Sabedoria, contente por vê-la assim (e como há tão poucas almas que A amem como tal intensidade) vai assentando nesse ouro muitas pedras preciosas e esmaltes delicadamente trabalhados.

---

3. Lc 1, 34, 35.
4. O ms. de Baeza apresenta como variante: *nos Cânticos, em que há tantas e tantas palavras tão ternas.*
5. Ct 4,7.

11. E o que fez a alma nesse momento? Isso é o que não se pode entender nem saber nada além do que a Esposa diz: *o estandarte erguido sobre mim é o amor*. Ela, pelo menos, se ama, não sabe como, nem compreende o que ama; o enorme amor que o Rei tem por ela, que a conduziu a uma condição tão elevada, deve ter unido a Si o amor da alma de um modo que o intelecto não merece entender: esses dois amores se tornaram um só e mesmo amor.

E estando o amor da alma posto tão verdadeiramente ao lado do de Deus, como poderia alcançá-lo o intelecto? A alma o perde de vista nesse momento — que nunca dura muito, mas passa com brevidade —, no qual Deus ordena as coisas de modo que ela passa a saber como contentar Sua Majestade, então e até depois, sem que o intelecto, como eu disse, o entenda. Mas este o entende bem depois de ver a alma tão adornada e cheia de pedras preciosas e pérolas de virtudes que o deixam espantado, podendo dizer: *Quem é essa que se eleva como a aurora, bela como a lua, resplandecente como o sol?*[6]

Ó verdadeiro Rei, quanta razão teve a Esposa de dar-Vos este nome! Pois num momento dais a uma alma riquezas que se podem gozar para sempre! Quão bem ordenado Sua Majestade deixou o amor na alma!

12. Posso dar bons testemunhos disso, porque tenho visto alguns exemplos. Lembro-me agora de uma pessoa a quem o Senhor deu em três dias bens que, se a minha experiência de alguns anos, nos quais fui sempre melhorando, não me fizesse crer, eu teria julgado impossível, e de outra que os recebeu em três meses[7]; e eram de pouca idade. Vi outras a quem concedeu essa graça depois de muitos anos. Falei daquelas duas e poderia falar de mais algumas, porque, como escrevi aqui, são poucas as almas que, sem ter passado muitos anos de sofrimento, recebem do Senhor essas graças para que se entenda que há algumas.

Não se podem impor limites a um Senhor tão grande e tão desejoso de fazer favores. Acontece, e é coisa quase comum, de o Senhor, ao aproximar-se de uma alma, conceder-lhe essas graças. (Falo de graças de Deus, e não de ilusões, melancolias ou tentativas feitas pela própria natureza.) O tempo vem mostrar o que são, bem como o outro benefício, o de as virtudes ficarem tão fortes e amor tão inflamado que não é possível esconder, porque outras almas, mesmo sem querer, disso obtêm proveito.

13. *O estandarte erguido sobre mim é o amor.* E o é de tal modo que o amor que a alma tinha ao mundo desaparece e o amor-próprio se torna desamor; aos parentes, ela só quer por Deus; o amor ao próximo e aos inimigos — e não se pode crer sem ter experimentado — aumenta muito. E o amor a Deus fica tão sem medidas que a aflige algumas vezes mais do que o pode suportar sua baixeza natural. A alma, vendo que já desfalece e vai morrer, diz: *Amparai-me com bolos de uva, reanimai-me com maçãs, pois estou doente de amor*[8].

CAPÍTULO 7

Fala dos grandes desejos da Esposa de sofrer muito por Deus e pelo próximo, e dos frutos abundantes que essas almas favorecidas pela união com Deus e desapegadas do interesse pessoal dão na Igreja*.

Amparai-me com bolos de uva, reanimai-me com maçãs, pois estou doente de amor. (Ct 2,5)

---

6. Ct 6,10.

7. *E outra em menos de quinze dias:* assim está no ms. de Consuegra. O texto é omitido no ms. de Las Nieves e está truncado no de Baeza.

8. Ct 2,5. — Corrigido de acordo com o ms. de Baeza.

* O ms. de Consuegra dá como título: "Capítulo que fala de outras palavras da Esposa e de outros efeitos que faz o bom espírito".

1. Oh, que linguagem tão divina para o meu propósito! Como, Esposa Santa, a suavidade vos mata? Porque — pelo que sei — algumas vezes a suavidade parece tão excessiva que desfaz a alma de maneira tal que parece já não haver alma para viver. E pedis bolos de uva? Que bolos serão esses? Porque isso não é remédio, a não ser que os peçais para acabar logo de morrer, pois, na verdade, quando chega aqui, a alma não deseja outra coisa. Mas não pode ser, porque dizeis: *Amparai-me com bolos de uva*. E o amparar não me parece ser pedir a morte, mas sim servir um pouco, com a vida, Àquele a Quem vê que tanto deve.

2. Não penseis, filhas, que exagero ao dizer que a alma morre, porque, como já vos falei, isso é a pura verdade. O amor age por vezes com tanta força, dominando de tal maneira as forças do sujeito natural, que até sei de alguém que, estando em semelhante oração, ouviu cantar uma bela voz e garante que, a seu ver, se o canto não cessasse, a alma já lhe ia sair do corpo, graças ao grande deleite e suavidade que Nosso Senhor lhe permitia experimentar.

E, assim, Sua Majestade determinou que quem cantava deixasse o canto, porque quem estava nessa suspensão bem poderia morrer, mas não dizer que parasse: todo o movimento exterior era impossível; ela não podia se mexer nem agir de modo algum. E o perigo em que se via era bem perceptível, mas ela estava de uma maneira semelhante a alguém num sonho profundo com algo de que quer ver-se livre e, mesmo desejando, não consegue falar[1].

3. Nesse caso, a alma não queria sair dali, nem lhe seria penoso ficar, mas um grande contentamento, por ser isso o que deseja. E que ditosa morte seria essa, nos braços desse amor! Se bem que, por vezes, Sua Majestade lhe dá luz para ela ver por que é bom que viva e ela percebe que sua natureza fraca não resistiria se esse bem lhe fosse dado muitas vezes, pedindo um outro bem para sair desse tão grande: *Amparai-me com bolos de uva*.

Esses bolos têm um gosto distinto dos da terra. Entendo eu que ela pede ao Esposo que a deixe fazer grandes obras a serviço de Nosso Senhor e do próximo, razão pela qual se alegra em perder aquele deleite e contentamento; embora isso seja vida mais ativa do que contemplativa, parecendo que a alma perderá se esse seu pedido for atendido, quando ela se encontra nesse estado, nunca deixam de agir juntas Marta e Maria.

Porque no que é ação e parece exterior age o interior, e as obras ativas que saem dessa raiz são admiráveis e suculentíssimos bolos de uva, visto advirem da árvore do amor de Deus, e só por Ele, sem nenhum interesse próprio, estendendo-se o aroma desses bolos — duradouro aroma, que não passa depressa e produz grandes efeitos — para beneficiar muitos.

4. Quero explicar melhor para que me entendais. Um pregador faz um sermão pretendendo beneficiar as almas; mas não está tão desapegado de proveitos humanos para não ter alguma pretensão de contentar ou de obter honras ou crédito, pois tem como alvo obter um canonicato por pregar bem.

Assim são outras coisas que se fazem em proveito do próximo, muitas coisas. E com boa intenção! Mas com muito cuidado para não se perder por elas nem descontentar. Teme-se a perseguição; deseja-se ter a gratidão dos reis, dos senhores e do povo; observa-se a discrição que o mundo tanto honra e que é o abrigo de muitas imperfeições, porque lhe dão o nome de discrição — e queira o Senhor que o seja!

5. Estes servirão Sua Majestade e serão muito úteis. Mas, a meu ver, não são assim as obras que a Esposa pede, nem os bolos de uva. Trata-se, antes, de em tudo buscar a honra e a glória de Deus. Porque creio que as almas que o Senhor verdadeiramente traz aqui — pelo que entendi de algumas — não se lembram mais de si, para ver se perderam ou ganharam, do que o fariam se estivessem mortas; elas buscam apenas servir e contentar o Senhor.

---

1. Ela se refere ao êxtase de Salamanca (1571), que teve ao ouvir o cântico "Vejam-te os meus olhos". Cf. *Moradas* VI, cap. 11, n. 8 e *Relação* 15.

E como conhecem o amor que Ele tem por Suas criaturas, gostam de deixar de lado o próprio gosto e bem-estar para contentá-Lo servindo-as e dizendo-lhes verdades para que suas [das criaturas] almas aproveitem da melhor maneira que possam. Elas não se lembram, como digo, se virão a perder ao fazê-lo, pois a única coisa que lhes importa é o benefício do próximo.

Para contentarem mais a Deus, esquecem-se de si em favor do próximo e perdem a vida nos conflitos, como fizeram muitos mártires. E, com suas palavras envoltas em tão elevado amor de Deus, embriagadas daquele vinho celestial, de nada se recordam — e, se o fazem, pouco lhes importa descontentar os homens. Almas assim obtêm grandíssimo proveito.

6. Lembro-me agora do que muitas vezes tenho pensado daquela santa Samaritana. Quão ferida ela devia estar dessa seta e quão bem tinha compreendido em seu coração as palavras do Senhor, pois deixou que Ele bebesse para que os do seu povo ganhassem e aproveitassem, o que bem explica o que tenho dito. E, em paga por essa caridade tão grande, ela mereceu ser acreditada e ver o grande bem que Nosso Senhor fez naquele lugar[2].

Parece-me que alguém ver almas beneficiadas por seu intermédio deve ser um dos maiores consolos que há na terra. Então se comem, parece-me, aqueles gostosíssimos bolos de uva. Felizes aqueles a quem o Senhor concede essas graças; bem obrigados a servi-Lo estão! Ia a santa mulher, tomada pela embriaguez divina, dando gritos pelas ruas. O que me espanta é ver como acreditaram nela, numa mulher, e que não devia ser de muita categoria[3], já que tinha ido buscar água. De muita humildade, sim, ela era, pois quando o Senhor lhe falou de suas faltas, não se ofendeu (ao contrário do que se faz agora no mundo, em que não se suporta a verdade) e disse que Ele devia ser profeta. O fato é que lhe deram crédito, e só pelo que ela disse muita gente da cidade foi ao encontro do Senhor.

7. Assim, digo que muito se beneficiam os que, depois de já virem falando com Sua Majestade há alguns anos, como o mostra o fato de receberem regalos e deleites Seus, não querem deixar de servir nas coisas penosas, mesmo que estas atrapalhem esses prazeres e contentamentos.

Digo que esses bolos e obras saídos e produzidos de uma árvore de tão fervoroso amor têm um aroma que dura muito mais. Uma alma dessas aproveita mais, com suas palavras e obras, do que muitos que façam obras com o pó da nossa sensibilidade mundana e com algum interesse próprio.

8. Dessas procede a fruta[4]. São as maçãs a que a Esposa logo se refere: *reanimai-me com maçãs*; dai-me, Senhor, sofrimentos, dai-me perseguições. Ela os deseja verdadeiramente e ainda se sai bem deles. Porque, como já não busca seu contentamento, mas o de Deus, a Esposa se compraz em imitar em algum ponto a dolorosíssima vida que Cristo viveu.

Para mim, a macieira é a árvore da Cruz, porque está escrito, em outra passagem dos *Cânticos: sob a macieira eu te despertei*[5-6]. E isso é, para uma alma rodeada de cruzes de sofrimentos e perseguições, um grande remédio para não ficar muitas vezes entregue ao prazer da contemplação; tem-no muito em padecer, mas a virtude não a consome e desgasta — como o deveria — se for muito frequente essa suspensão das faculdades na contemplação. E ela tem outra razão para pedir isso; é que não há de viver a gozar sem servir e trabalhar em alguma coisa.

Vejo isso com atenção em algumas pessoas (porque, devido aos nossos pecados, não existem muitas delas). Quanto mais avançadas estão nessa oração e nos regalos de Nosso Senhor, tanto mais cuidam das necessidades do próximo — em especial das da alma, porque, como eu disse no princípio, parece que dariam muitas vidas para tirar uma só do pecado mortal.

---

2. Cf. Jo 4.
3. No original: *de mucha suerte* — fortuna ou categoria.
4. Gracián editou: *Dessas procede a força*.
5. Ct 8,5.
6. No original: *Debajo del árbol manzano te resucité* (= Sob a macieira te ressuscitei.) (N. dos T.)

9. Quem fará crer nisso aquela a quem o Senhor começa a dar regalos? Talvez até pense que essas de que falei estragam a vida e que o importante é ficar cada qual em seu canto gozando os regalos. É a providência do Senhor, a meu ver, que não entenda aonde chegam aquelas outras almas; porque, com o fervor dos começos, ela logo quereria dar um salto até esse ponto, o que não lhe convém, pois ela ainda não cresceu e precisa se sustentar por mais dias com o leite de que falei no início[7]. Que ela se mantenha junto aos divinos peitos; o Senhor terá o cuidado, quando ela já tiver forças, de levá-la a avançar mais — do contrário, em vez de obter o proveito que imagina, ela só se prejudicaria.

E como no livro de que vos falei[8] achareis detalhes sobre quando uma alma há de querer beneficiar os outros e sobre o perigo que é fazê-lo antes da hora, não o desejo declarar aqui nem me alongar mais no assunto. Ao começar, a minha intenção era dar-vos a entender como podeis regalar-vos quando ouvirdes algumas palavras do *Cânticos* e pensardes — embora ao vosso ver essas palavras sejam obscuras — nos grandes mistérios que encerram, e alongar-me em demasia seria atrevimento.

10. Queira o Senhor que não o tenha sido o que eu disse, embora eu o tenha feito para obedecer a quem mo ordenou. Sirva-se Sua Majestade de tudo, porque se houver aqui algo de bom, bem podeis crer que não vem de mim; as irmãs que estão comigo sabem com que pressa o escrevi, devido às muitas ocupações. Suplicai a Sua Majestade que eu o compreenda por experiência. Quem julgar que tem algo disso louve Nosso Senhor e Lhe suplique que não seja para si o benefício.

Queira Nosso Senhor nos sustentar com Sua mão e nos ensinar a cumprir sempre a Sua Vontade. Amém[9].

---

7. Veja-se cap. 4, n. 4-5.
8. Provável alusão a *Vida*, cap. 13, n. 8-10. — Cf. cap. 5, n. 6, nota 9.
9. Padre Báñez escreveu, no manuscrito de Alba, sua censura favorável: "Vi com atenção estes quatro caderninhos, que ao todo têm oito folhas e meia, e não encontrei nada que seja má doutrina, mas sim boa e proveitosa." — No colégio de S. Gregório de Valladolid, 10 de junho de 1575. *Frei Domingo Báñez*.

EXCLAMAÇÕES DA ALMA A DEUS

INTRODUÇÃO

A esta série de breves e fervorosos desabafos teresianos, escritos sem nenhuma preocupação de ordem ou sistema, enlaçados pelo fio interior e secreto da fogueira eruptiva que os provoca, Frei Luis deu o seguinte título: *Exclamações ou meditações da alma a seu Deus escritas por Madre Teresa de Jesus em diferentes dias, conforme o espírito que Nosso Senhor lhe comunicava depois de haver comungado, ano de mil quinhentos e sessenta e nove* (Edição príncipe, Salamanca, 1588, pp. 269-304).

Trata-se de um diário sem data. Pelo que sabemos dessas anotações: forma e ocasião em que foram escritas, data de composição aceita não sem divergências pelos teresianistas, estranha que um escrito com essas características se interrompa em data tão precoce, sem nenhuma ampliação posterior...

O original não foi conservado, tampouco as numerosas cópias. A situação e as circunstâncias em que a Madre escreve definem a forma e a estrutura deste breve e inflamado texto teresiano. Como expressão de seus sentimentos, não segue um plano orgânico. Alguns editores buscam imprimir-lhe ordem, pondo títulos aproximadamente descritivos.

Percebem-se os mesmos sentimentos reiteradamente presentes em seus escritos: sentimento pela ausência de Deus, pelo tempo em que viveu afastada Dele, tempo perdido, a misericórdia e a grandeza de Deus, a vida, barreira que retarda a chegada definitiva do encontro, a adorável Humanidade de Cristo, que sofre e busca as almas, Deus justo juiz, o tormento das almas que se perdem...

I

1. Ó vida, vida! Como podes sustentar-te estando ausente de tua Vida? Em tanta solidão, a que te dedicas? Que fazes, se todas as tuas obras são imperfeitas e falhas? Que te consola, ó alma minha, nesse tempestuoso mar? Lastimo a mim, e mais ainda ao tempo que não vivi lastimosa. Ó Senhor, quão suaves são os Vossos caminhos! Mas quem caminhará sem temor? Temo estar sem Vos servir e, quando Vos vou servir, não encontro nada que me satisfaça para pagar algo do que devo. Parece que eu gostaria de me dedicar toda a isso, mas, quando bem considero a minha miséria, vejo que não posso fazer nada que seja bom se Vós não mo concedeis.

2. Ó Deus meu e misericórdia minha! Que farei para não desfazer as grandezas que fazeis comigo? Vossas obras são santas, são justas, são de inestimável valor e de grande sabedoria, porque são Vós mesmo, Senhor. Se delas se ocupa o meu entendimento, queixa-se a vontade, porque queria que ninguém a perturbasse em amar-Vos, já que o intelecto não pode alcançar, em tão grandes grandezas, quem é o seu Deus, e se Dele deseja gozar, a alma não vê como, posta em cárcere tão penoso como é esta mortalidade. Tudo a perturba, se bem que antes tenha sido ajudada na consideração das Vossas grandezas, onde se veem melhor as inúmeras baixezas minhas.

3. Para que eu disse isso, meu Deus? A quem me queixo? Quem me ouve senão Vós, Pai e Criador meu? Pois para entenderdes o meu sofrer, que necessidade tenho de falar, se vejo tão claramente que estais dentro de mim? Este é o meu desatino. Mas, ai, Deus meu! Como poderei saber ao certo que não estou apartada de Vós? Ó vida minha, então hás de viver com tão pouca segurança em coisa tão importante! Quem te desejará se o ganho que de ti se pode tirar ou esperar, que é contentar em tudo a Deus, é tão incerto e cheio de perigos?

II

1. Muitas vezes, Senhor meu, considero que, se com alguma coisa se pode sustentar o viver sem Vós, é com a solidão, porque a alma descansa com o seu descanso, posto que, como não se goza com inteira liberdade, com frequência se duplica o tormento; mas o tormento advindo do ter de tratar com as criaturas e deixar de se entender a sós com o seu Criador faz a alma tê-lo por deleite. Mas o que é isso, meu Deus, então o descanso cansa a alma que só pretende Vos contentar? Ó amor poderoso de Deus, como diferem teus efeitos do amor do mundo! Este não quer companhia por julgar que lhe hão de tirar o que possui; o do meu Deus, quanto mais amadores entende que há, mais cresce, e assim os seus gozos arrefecem ao ver que não gozam todos daquele bem.

Ó bem meu, que isto faz, de modo que, nos maiores regalos e contentamentos que se têm Convosco, lastima-se a alma com a lembrança dos muitos que existem que não querem esses contentamentos e daqueles que os hão de perder para sempre! E assim a alma procura meios para buscar companhia, e de bom grado deixa o seu gozo quando pensa que isso será alguma contribuição para que outros o procurem gozar.

2. Mas, Pai celestial meu, não seria melhor deixar esses desejos para quando a alma estiver com menos regalos Vossos, dedicando-se agora por inteiro a fruir-Vos? Ó Jesus meu! Quão grande é o amor que tendes aos filhos dos homens, a ponto de o maior serviço que se pode fazer a Vós seja deixar-Vos por seu amor e lucro, situação em que sois possuído mais plenamente. Porque, embora não se

satisfaça tanto a vontade em gozar, a alma se compraz em contentar a Vós, vendo que os gozos da terra são incertos, ainda que pareçam dados por Vós, enquanto vivermos nesta mortalidade, se não estiverem acompanhados do amor ao próximo. Quem não o amar não Vos ama, Senhor meu, pois vimos demonstrado com tanto sangue o amor tão grande que tendes aos filhos de Adão.

III

1. Considerando a glória que tendes, Deus meu, preparada para os que perseveram em fazer a Vossa vontade, e os muitos sofrimentos e dores com que Vosso Filho a ganhou, quão mal a tínhamos merecido e quanto Ele é merecedor da nossa gratidão pelo grande amor que tão custosamente nos ensinou a amar, minha alma se afligiu sobremaneira. Como é possível, Senhor, que se esqueça tudo isso e que tão esquecidos de Vós estejam os mortais quando Vos ofendem? Ó Redentor meu, e quão esquecidos de si!

E que seja muito grande a Vossa bondade, e ainda assim Vos recordeis de nós, e que, tendo caído por serdes ferido por um golpe mortal, Vos esqueçais disso e volteis a dar a mão, despertando-nos de frenesi tão incurável, para que procuremos e Vos peçamos salvação! Bendito seja tal Senhor! Bendita tão grande misericórdia! E louvado seja para sempre por tão generosa piedade!

2. Ó alma minha, bendize para sempre Deus tão grandioso! Como alguém se pode voltar contra Ele! Oh, que aos ingratos a grandeza da graça traz a danação! Remediai-o Vós, meu Deus. Ó filhos dos homens, até quando sereis duros de coração[1], e o endurecereis para vos opordes a esse mansíssimo Jesus? Que é isso? Porventura permanecerá a nossa maldade contra Ele? Não, que a vida do homem se acaba como a flor do feno, e o Filho da Virgem há de vir para dar aquela terrível sentença[2].

Ó poderoso Deus meu! Se, ainda que não queiramos, nos haveréis de julgar, por que não vemos quanto nos importa ter-Vos contente para aquela hora? Mas quem não haverá de querer Juiz tão justo? Bem-aventurados os que naquele temeroso momento se alegrarem Convosco, ó Deus e Senhor meu! Mas que fará aquele que Vós levantastes e que sabe quão miseravelmente se perdeu para ganhar um contentamento muito breve e está determinado a contentar-Vos sempre — desde que o ajude o Vosso favor —, pois não faltais, bem meu de minha alma, aos que Vos querem nem deixais de responder a quem Vos chama? Que remédio há, Senhor, para depois poder viver, que não seja morrer com a lembrança de ter perdido tanto bem como o que teria estando na inocência em que ficou no batismo? Sim, a melhor vida que pode ter é a de ir morrendo sempre com esse sentimento. Mas a alma que Vos ama ternamente, como o poderá suportar?

3. Mas que disparate Vos pergunto, Senhor meu! Parece que me esqueci de vossas grandezas e misericórdias, do fato de terdes vindo ao mundo em favor dos pecadores, de que pagastes por nós um preço tão alto[3], tendo pago pelos nossos falsos contentamentos suportando açoites e tormentos tão cruéis. Remediaste minha cegueira permitindo que vossos divinos olhos fossem tapados, e minha vaidade, com tão cruel coroa de espinhos.

Ó Senhor, Senhor! Tudo isso é mais lastimado por quem Vos ama. Meu consolo é que vossa misericórdia será louvada para sempre quando se souber da minha maldade; e mesmo assim não sei se esta dor passará antes que, vendo-Vos eu, sejam tiradas de mim todas as misérias desta mortalidade.

IV

1. Parece, Senhor meu, que a minha alma descansa pensando no gozo que terá, se por vossa misericórdia lhe for concedido gozar de Vós. Mas ela queria primeiro servir-Vos, porque haverá

---

1. Salmo 4,3.
2. Salmo 102,15; Mt 16,27.
3. Salmo 88,50; Mt 9,13; 1Pd 1,19.

de ganhar daquilo que Vós, servindo a ela, a fizestes ter. Que farei, Senhor meu? Que farei, meu Deus? Ah! Quão tarde se incendiaram meus desejos e quão cedo andáveis, Senhor, granjeando-me e chamando para que eu me dedicasse por inteiro a Vós![1] Porventura, Senhor, desamparais o miserável ou te afastas do pobre mendigo quando este deseja aproximar-se de Vós? E porventura, Senhor, têm fim vossas grandezas ou vossas magníficas obras?

Ó Deus meu e misericórdia minha! E como as podereis agora mostrar em vossa serva! Poderoso sois, grande Deus. Agora se pode entender se minha alma compreende a si mesma vendo o tempo que perdeu e como num instante podeis, Senhor, fazer que volte a ganhar. Parece-me que desatino, pois é costume dizer que tempo perdido não se torna a recuperar. Bendito seja o meu Deus!

2. Ó Senhor! Reconheço vosso grande poder. Se sois poderoso, como o sois, o que há de impossível para Quem tudo pode? Querei, Senhor meu, querei! Porque, embora miserável, creio firmemente que podeis o que quereis, e quanto maiores as maravilhas vossas de que ouço falar, e considero que podeis fazer mais, tanto maior se torna a minha fé, e com maior determinação creio que fareis o que Vos peço. E de que se admirar do que faz o Todo-poderoso? Bem sabeis, Deus meu, que, em meio a todas as minhas misérias, nunca deixei de reconhecer vosso grande poder e misericórdia. Que isto em que não Vos ofendi me valha.

Recuperai, Deus meu, o tempo perdido dando-me graças no presente e no futuro, para que eu me apresente diante de Vós com vestes de bodas, pois se quiserdes podeis[2].

V

1. Ó Senhor meu! Como Vos ousa pedir graças quem tão mal Vos tem servido e sabido guardar o que lhe destes? Como se pode confiar em quem muitas vezes traiu? E o que farei, consolo dos desconsolados e remédio de quem desejar remediar-se convosco? Porventura será melhor que eu não fale de minhas necessidades, esperando que Vós as remedieis? Certamente não. Pois Vós, Senhor meu e deleite meu, sabendo a grande quantidade delas e o alívio que é para nós contá-las a Vós, dizeis que Vo-las peçamos e que não deixareis de as dar[1].

2. Recordo-me por vezes da queixa daquela santa mulher, Marta, e penso que não se queixava só da sua irmã[2]. Antes tenho por certo que seu maior sentimento decorria do fato de não Vos condoerdes, Senhor, do sofrimento por que ela passava, nem reconhecerdes o seu estar convosco. Talvez ela tenha pensado que o amor que lhe tínheis não era tanto quanto o que tínheis à sua irmã. Isso devia fazer-lhe muito mal, e não o servir Àquele por Quem tinha tanto amor, já que isso faz do sofrimento descanso. Percebe-se isso no fato de ela nada ter dito à irmã, queixando-se antes a Vós, Senhor; o amor a fez atrever-se a dizer que isso não Vos preocupava. Na própria resposta se vê procedente o que digo: só o amor dá valor a todas as coisas. E o mais necessário é que seja grande o bastante para que nenhuma o estorve.

Mas como o poderemos ter, Deus meu, de acordo com o que merece o Amado, se o que nos tendes não se junta ao nosso? Deverei me queixar com essa santa mulher? Não, porque não tenho razões para isso, já que sempre vi em mim muito maiores e imensas mostras de amor, bem além do que tenho podido pedir e desejar! Só poderia me queixar do muito que a vossa benignidade me tem suportado. Pois que poderá pedir uma coisa tão miserável como eu. Que me deis, Senhor, com Santo Agostinho, meios com os quais eu Vos dê, para pagar algo do muito que Vos devo[3]. Que vos recordeis de que sou criatura vossa e que eu sabia Quem é o meu Criador para Amá-Lo.

---

1. Reminiscência de Santo Agostinho, *Confissões* L. X, 27. PL 32, 795 ou dos *Solilóquios* pseudoagostinianos, cap. 31, n. 4, 13.
2. Mt 22,11.

1. Mt 22,11.
2. Mt 7,7.
3. *Confissões*, L. 10, cap. 29, PL 32, 809.

VI

1. Ó deleite meu, Senhor de toda a criação e meu Deus! Até quando terei de esperar por vossa presença? Que remédio dais a quem o tem tão pouco na terra para conseguir algum descanso fora de Vós? Ó vida longa, vida penosa! Ó vida que não se vive! Ó que grande solidão! Que falta de solução! Pois quando, Senhor, quando, até quando?[1] Que farei, Bem meu, que farei? Porventura desejarei não desejar-Vos?

Ó Deus meu e meu Criador! Então feris e não pondes o remédio, chagais e não se vê a chaga, matais deixando com mais vida? Enfim, Senhor meu, fazeis o que quereis, poderoso que sois.

Quereis que um verme tão depreciado sofra essas contrariedades? Que assim seja, meu Deus, porque o quereis, já que não desejo senão desejar-Vos.

2. Mas, ai, ai, Criador meu, que a grande dor faz que eu me queixe e diga que não tem remédio até que o queiras! Uma alma tão encarcerada deseja a liberdade sem querer afastar-se sequer um milímetro daquilo que quereis. Querei, glória minha, que cresça o seu sofrimento, ou remediai-o de todo. Ó mestre, morte, não sei quem te pode temer, pois em ti está a vida! Mas quem não te temerá tendo passado parte da vida em não amar o seu Deus? E como sou assim, que peço e que desejo? Porventura o tão merecido castigo de minhas culpas? Não o permitais, bem meu, porque muito Vos custou o meu resgate.

3. Ó alma minha! Deixa que se faça a vontade do teu Deus! Isso te convém! Serve e espera em Sua misericórdia que Ele remediará o teu sofrer quando, com a penitência de tuas culpas, tiveres ganho algum perdão delas. Não queiras gozar sem padecer. Ó verdadeiro Senhor e Rei meu! Não sirvo sequer para isso se a vossa mão e grandeza não vem em meu auxílio — porque, com isso, tudo poderei.

VII

1. Ó esperança minha, meu Pai e Criador, verdadeiro Senhor e Irmão meu! Quando considero que dizeis que vossas *delícias são com os filhos dos homens*[1], muito se alegra minha alma. Ó Senhor do céu e da terra! Que palavras estas, para nenhum pecador desconfiar! Falta-Vos, porventura, Senhor, com quem Vos deleiteis, para buscardes um vermezinho tão malcheiroso quanto eu? A voz que se ouviu no Batismo disse que Vos *comprazeis com vosso Filho*[2]. E haveremos de ser todos iguais, Senhor? Ó que grandíssima misericórdia, que favor tão imenso que não o podemos merecer! E pensar que nós, mortais, possamos nos esquecer disso! Lembrai-Vos, Deus meu, de tanta misericórdia, e vede vossa fraqueza, pois de tudo sois sabedor.

2. Ó alma minha! Considera o grande deleite e o imenso amor que tem por nós o Pai em conhecer seu Filho, e o Filho em conhecer seu Pai, bem como o ardor com que o Espírito Santo se junta a eles. Pensa que nenhuma dessas pessoas pode se apartar, por serem todas uma só e mesma coisa. Essas soberanas pessoas se conhecem, se amam, deleitando-se umas com as outras. Para que serve, pois, o meu amor? Para que o quereis, Deus meu, o que ganhais? Oh, bendito sejais Vós! Oh, bendito sejais Vós, Deus meu para sempre! Louvem-Vos todas as coisas, Senhor infinitamente, pois não pode haver fim em Vós.

3. Alegra-te, alma minha, porque há quem ame o teu Deus como Ele merece. Alegra-te, pois há quem conheça Sua bondade e valor. Dá-lhe graças por Ele nos ter dado na terra quem assim O conhece, como o Seu Filho único que é. Com esse amparo poderás chegar-te a Ele e suplicar-Lhe que, com Sua Majestade se deleita contigo, nem todas as coisas da terra sejam o bastante para afastar-te do deleitar-se e alegrar-te na grandeza do teu Deus e em como merece ser amado e louvado.

---

1. Reminiscência agostiniana, *Confissões*, L. VIII, 12. PL 32, 762.
1. Pr 8,31.
2. Lc 3,22.

Pede-Lhe que te ajude para que tenhas alguma pequena participação em bendizer o Seu nome e para que possas dizer, sinceramente: *A minha alma engrandece e louva o Senhor*[3].

VIII

1. Ó Senhor, Deus meu, como tendes palavras de vida[1], nas quais os mortais encontram o que desejam, se Vos quisermos buscar! Mas que espantoso, Deus meu, o esquecermos vossas palavras com a loucura e a enfermidade causadas pelas nossas más ações! Ó Deus meu, Deus, Deus autor de toda a criação! E o que são as coisas criadas se Vós, Senhor, desejardes criar mais? Sois todo-poderoso, vossas obras são incompreensíveis[2]. Assim, Senhor, fazei que não se apartem do meu pensamento as Vossas palavras.

2. Dizeis: *Vinde a mim vós todos que estais oprimidos de trabalhos e sobrecarregados e eu vos aliviarei*[3]. Que mais queremos, Senhor? Que pedimos? Que buscamos? Por que os do mundo estão perdidos a não ser por buscar descanso? Valha-me Deus, ó, valha-me Deus! Que é isso, Senhor? Oh, que lástima! Oh, que grande cegueira o Vos buscarmos naquilo em que é impossível achar-Vos!

Tende piedade, Criador, dessas pobres criaturas vossas, vede que não nos entendemos, nem sabemos o que queremos, e sequer nos damos conta do que pedimos. Dai-nos, Senhor, luz; vede que esta nos é mais necessária do que ao cego de nascença, que queria ver e não podia[4]. Agora, Senhor, não se quer ver. Oh, que mal tão incurável! Aqui, Deus meu, há de se mostrar vosso poder, aqui vossa misericórdia.

3. Oh, que coisa difícil Vos peço, verdadeiro Deus meu: que queirais a quem não vos quer, que abrais a porta a quem não Vos chama, que deis saúde a quem gosta de ficar doente e procura a enfermidade! Dizeis, Senhor meu, que vindes buscar os pecadores[5]; esses, Senhor, são os verdadeiros pecadores. Não percebais nossa cegueira, meu Deus, mas o sangue que vosso Filho derramou por nós. Resplandeça vossa misericórdia em meio a essa maldade tão grande; vede, Senhor, que somos criaturas vossas. Valha-nos vossa bondade e misericórdia.

IX

1. Ó piedoso e amoroso Senhor de minh'alma! Também dizeis: *Vinde a mim todos os que tendes sede, que eu vos darei de beber*[1]. E como pode deixar de ter grande sede aquele que está ardendo em vivas chamas na cobiça dessas coisas miseráveis da terra? Ele tem enorme necessidade de água para não se consumir por inteiro nela. Eu já conheço Vossa bondade, Senhor meu, e sei que lhe dareis; Vós mesmo o dizeis e vossas palavras não podem falhar. Porque, se devido ao costume de viver nesse fogo e por serem criados nele, já não o sentem nem dele se dão conta, tão desatinados estão, não percebendo sua grande necessidade, que remédio existe, Deus meu?

Viestes ao mundo para remediar necessidades tão difíceis quanto estas. Começai, Senhor: nas coisas mais difíceis se há de mostrar vossa piedade. Vede, Deus meu, que vossos inimigos têm ganho muito. Tende piedade dos que não a têm de si, já que sua desventura os deixa em tal condição que não querem vir a Vós, vinde Vós a eles, Deus meu. Eu Vo-lo peço em seu nome e sei que, se se entenderem e caírem em si, começando a gostar de Vós, esses mortos ressuscitarão.

---

3. Lc 1,46.
1. Jo 6,64.
2. 2Rm 11,33 e Jó 9,10.
3. Mt 11,28.
4. Jo 9 e Lc 18,41.
5. Passagem repleta de reminiscências bíblicas: Pr 8,17; Mt 7,7; 9,13; Salmo 137,8.
1. Jo 7,37; Mt 11,28 (cf. *Caminho*, 19, 15).

2. Ó vida, que a dais a todos! Não me negueis essa água dulcíssima que prometeis aos que a querem. Eu a quero, Senhor, e Vos peço, venho a Vós. Não Vos escondais de mim, Senhor, pois sabeis da minha necessidade e que ela é o verdadeiro remédio para a alma chagada por Vós. Oh, Senhor, quantas espécies de fogo há nesta vida! Oh, com quanta razão se há de viver com temor! Uns consomem a alma, outros a purificam para que vivam para sempre gozando de Vós. Ó fontes vivas das chagas do meu Deus, jorrareis eternamente com grande abundância para aplacar a nossa sede, e quão seguro estará, diante dos perigos desta vida, aquele que procurar manter-se com esse divino licor!

X

1. Ó Deus de minha alma, como nos apressamos em Vos ofender, e como Vos apressais ainda mais em nos perdoar! Qual a causa de tão desatinado atrevimento? Será o termos entendido vossa grande misericórdia e termos esquecido de que é justa vossa justiça?

Cercaram-me as dores da morte[1]. Oh! Oh! Oh! que grave coisa é o pecado, pois bastou para matar a Deus com tantas dores! E quão cercado estais, meu Deus, deles! Onde podeis ir sem que eles Vos atormentem? Em toda parte os mortais Vos causam feridas.

2. Ó cristãos, é chegado o momento de defender vosso Rei e acompanhá-Lo em tão grande solidão. Pois são muito poucos os vassalos que Lhe restaram e grande a multidão que acompanha Lúcifer. E o pior é que se mostram amigos em público e o vendem em segredo; quase não há em quem se fiar. Ó amigo verdadeiro, quão mal Vos paga o que é traidor! Ó cristãos verdadeiros, ajudai vosso Deus a chorar, porque não são só por Lázaro essas lágrimas[2], mas pelos que não haveriam de querer ressuscitar mesmo que Sua Majestade os chamasse em altos brados.

Ó bem meu, como tínheis presentes as faltas que cometi contra Vós! Que elas se acabem, Senhor, que estejam acabadas, bem como as de todos. Ressuscitai esses mortos; que Vossas vozes sejam tão fortes que, mesmo que eles não Vos peçam vida, Vós lha deis para que depois, Deus meu, saiam da profundidade de seus deleites.

3. Lázaro não Vos pediu que o ressuscitásseis; tu o fizestes por uma mulher pecadora. Vede-a aqui, Senhor, e muito mais pecadora. Que vossa misericórdia resplandeça. Eu, embora miserável, Vos peço por aquelas que não Vo-lo querem pedir. Já sabeis, Rei meu, o quanto me atormenta vê-los tão esquecidos dos grandes tormentos que hão de padecer eternamente se não se voltarem para Vós.

Ó vós que estais acostumados a deleites, contentamentos e regalos, tende piedade de vós mesmos! Recordai-vos de que tereis de estar sempre sujeitos, eternamente, às fúrias infernais. Vede, vede, que vos roga agora o Juiz que vos há de condenar e que não tendes a vida segura em nenhum momento. Por que não quereis viver para sempre? Ó dureza dos corações humanos! Abrande-os a Vossa imensa piedade, meu Deus!

XI

1. Ó, valha-me Deus, valha-me Deus! Que grande tormento é para mim considerar o que vai sentir uma alma que sempre foi considerada, querida, servida, estimada e regalada aqui na terra quando, acabando de morrer, se vir perdida para sempre e entender com clareza que aquilo não há de ter fim (porque ali não vai lhe valer a recusa em pensar nas coisas da fé, como faz aqui) e se vir afastada do que lhe parecerá que ainda não tinha começado a gozar (e com razão, porque tudo o que se acaba com a vida é como um sopro), bem como ao ver-se rodeadas de companheiros dis-

---

1. Salmo 17,5-6.
2. Jo 11,35 e 43.

formes e impiedosos com os quais há de padecer mergulhada no lago hediondo cheio de serpentes (que quanto maiores tanto mais sofrimentos vão lhe infligir), na miserável escuridão em que só verá o que lhe vai causar tormento e pesar, e apenas a luz de uma chama tenebrosa! Ó, quão aquém da real dimensão disso é esta descrição!

2. Ó Senhor, quem pôs tanta lama nos olhos da alma para que ela não enxergue isso antes de estar nessa situação? Ó Senhor, quem lhes tapou os ouvidos para não escutarem as muitas vezes em que se fala disso e a eternidade desses tormentos? Ó vida que não se acabará! Ó padecer sem fim! Ó padecer sem fim! Como podem não Vos temer os que temem dormir numa cama dura para não maltratar o corpo?

3. Ó Senhor, Deus meu! Choro o tempo em que não o entendi. E como sabeis, meu Deus, o quanto me aflige ver os muitos que não o querem entender, permiti que ao menos um, um pelo menos, por quem agora Vos peço alcance a luz para que a tenham muitos. Não peço por mim, Senhor, porque não o mereço, mas pelos méritos do vosso Filho. Vede Suas chagas, Senhor, e como Ele perdoou as que lhe foram infligidas, perdoai-nos.

XII

1. Ó meu Deus e minha verdadeira fortaleza! Que é isso, Senhor, que para tudo somos covardes, menos para ir contra Vós? Aqui se empregam todas as forças dos filhos de Adão. E se a razão não estivesse tão cega, não bastariam as de todos juntos para terem o atrevimento de tomar armas contra o seu Criador e sustentar guerra contínua contra quem os pode lançar num átimo nos abismos. Mas como há essa cegueira, eles ficam como loucos, buscando a morte, porque em sua imaginação eles julgam que com isso ganham a vida. Enfim, agem como gente sem razão.

Que podemos fazer, Deus meu, aos que estão com essa enfermidade de loucura? Dizem que esse mesmo mal os faz ter muita força. E assim são os que se afastam de Vós: gente enferma, porque toda a sua fúria se volta para Vós, Aquele que mais bem lhes fazeis.

2. Ó Sabedoria que não se pode compreender! Como foi necessário todo o amor que tendes a vossas criaturas para suportardes tanto desatino! Para aguardar que saremos, procurando promovê-lo de mil maneiras e com mil remédios! Muito espantada fico ao considerar que falta o esforço para conseguirem uma coisa muito pequena e como verdadeiramente se convencem de que não podem, ainda que quisessem, livrar-se de uma ocasião e afastar-se de um perigo em que perdem a alma, ao mesmo tempo em que têm esforço e ânimo para lançar ataques a uma Majestade tão excelsa como sois.

Que é isso, bem meu, que é isso? Quem lhes dá essas forças? Por acaso o capitão a quem seguem nessa batalha contra Vós não é vosso servo e está posto em fogo eterno? E como se levanta contra Vós? Como dá ânimo ao vencido? Como seguem quem é tão pobre, já que privado das riquezas celestiais? Que pode dar quem nada tem para si, a não ser muita desventura? Que é isso, meu Deus? Que é isso, meu Criador? De onde vêm essas forças contra Vós e tanta covardia contra o demônio? Ainda se Vós não favorecêsseis aos vossos, Príncipe meu, mesmo que devêssemos algo a esse príncipe das trevas, não valeria a pena segui-lo diante do que Vós tendes reservado para nós, vendo-se todos os gozos e promessas falsos e traidores dele. Que poderá fazer conosco quem se opõe a Vós?

3. Oh grande cegueira, Deus meu! Oh que grande ingratidão meu Rei! Oh que incurável loucura servirmos ao demônio com aquilo que nos dais, Deus meu! Pagarmos o grande amor que nos tendes com amar quem vos aborrece e há de aborrecer para sempre! Diante do sangue que derramastes por nós, dos grandes açoites e sofrimentos que suportastes e dos imensos tormentos por que passastes, em vez de vingarmos vosso Pai Eterno (já que Vós não quereis vingança e perdoastes o grande desacato com que trataram vosso Filho), termos por companheiros e amigos os que assim O trataram! Porque seguimos seu capitão infernal, ficando claro que temos de ser todos

um e viver para sempre em sua companhia, a não ser que vossa piedade nos remedie, devolvendo-nos o juízo e perdoando-nos o passado.

4. Ó mortais, recuperai, recuperai os sentidos! Contemplai vosso Rei, pois agora O encontrareis manso; acabe-se já a maldade; voltem-se vossas fúrias e forças contra quem vos faz a guerra e vos quer tirar vossos direitos. Voltai, voltai à razão, abri os olhos, pedi com grandes clamores e lágrimas luz a quem a deu ao mundo. Entendei-vos, pelo amor de Deus, pois ides matar com todas as vossas forças Aquele que, para vos dar vida, perdeu a Sua; vede que é Ele quem vos defende dos vossos inimigos.

E se tudo isso não bastar, baste-vos reconhecer que nada podeis contra Seu poder e que, cedo ou tarde, havereis de pagar com o fogo eterno tão grande desacato e atrevimento. É porque vedes essa Majestade tão atada e ligada com o amor que nos tem? Que mais faziam aqueles que Lhe deram a morte senão, depois de tê-lo atado, dar-Lhe golpes e feri-Lo?

5. Ó, meu Deus, como padeceis por quem tão pouco se condói de vossos sofrimentos! Tempo virá, Senhor, em que se haverá de dar a entender vossa justiça e se é igual à vossa misericórdia. Vede, cristãos, consideremos bem, e jamais poderemos acabar de compreender o que devemos a Nosso Senhor Deus, nem as magnificências de Suas misericórdias. Pois se for tão imensa a sua justiça, ó dor, ó dor, que será dos que tiverem merecido que ela se execute e resplandeça neles?

XIII

1. Ó almas que já gozais sem temor do vosso gozo e estais sempre embebidas em louvores a meu Deus! Venturosa foi a vossa sorte. Que grande razão tendes para vos ocupardes sempre desses louvores e que inveja tem de vós a minha alma, visto já estardes livres da dor que provocam as tão grandes ofensas que se fazem nesses desventurados tempos a meu Deus, e de ver tanta ingratidão, bem como a multidão de almas, que não se quer ver, levada por Satanás. Ó bem-aventuradas almas celestiais! Ajudai a nossa miséria e intercedei por nós diante da Misericórdia Divina, para que nos seja dado algo do vosso gozo e para que seja repartido conosco um pouco desse claro conhecimento que tendes.

2. Dai-nos, Deus meu, a entender o que é dado aos que lutam varonilmente no sonho que é esta miserável vida. Fazei, ó almas que amais, que possamos entender o gozo que vos dá ver a eternidade dos vossos gozos e como é coisa deleitosa o ter certeza de que não se hão de acabar. Ó, Senhor meu, desventurados de nós! Bem o sabemos e cremos, mas, com o hábito tão difundido de não as considerarmos, essas verdades já se tornaram estranhas às almas, que não as conhecem nem as querem conhecer.

Ó gente interesseira, cobiçosa de seus gostos e deleites, gente que, por não esperarem um breve tempo e os gozarem em tanta abundância, por não esperarem um ano, por não esperarem um dia, por não esperarem uma hora, que talvez não sejam mais do que um momento, perdem tudo para gozar daquela miséria que têm diante de si!

3. Oh! Oh! Oh! Quão pouco confiamos em Vós, Senhor! Quantas riquezas e tesouros nos confiastes, já que por trinta e três anos cheios de grandes sofrimentos, rematados por morte tão intolerável e lastimável, nos destes vosso Filho, e tantos anos antes do nosso nascimento! E mesmo sabendo que não iríamos pagar, não quisestes deixar de nos confiar tesouro tão inestimável, para não serdes Vós a causa de não ganharmos aquilo que, granjeando com Ele, poderemos obter Convosco, pai piedoso.

4. Ó almas bem-aventuradas que tão bem soubestes aproveitar e adquirir herdade tão deleitosa e permanece com esse precioso preço! Dizei-nos: como granjeastes com Ele bem tão sem fim? Ajudai-nos, pois estais bem perto da fonte; colhei água para que nós não pereçamos aqui de sede.

XIV

1. Ó Senhor e verdadeiro Deus meu! Quem não Vos conhece não Vos ama! Oh que grande verdade é essa! Mas, ó dor, ó dor, Senhor, dos que não Vos querem conhecer! Temível coisa é a hora da morte. Mas, ai, ai, Criador meu, quão espantoso será o dia em que se haja de executar a vossa justiça! Muitas vezes considero, Cristo meu, quão saborosos e deleitosos se mostram vossos olhos a quem Vos ama e a quem Vós, bem meu, quereis olhar com amor. Parece-me que às almas que tender por vossas basta um só desse olhar suave como recompensa por muitos anos de serviço. Oh, valha-me Deus, quão mal se pode explicar isso a não ser a quem compreendeu *quão suave é o Senhor!*[1]

2. Ó Cristãos, cristãos! Vede a irmandade que tendes com esse grande Deus; conhecei-o e não o deprecieis, porque assim como é agradável para os que O amam, esse olhar é terrível, cheio de fúria espantosa, para os que O perseguem. Oh, não entendemos que o pecado é uma guerra campal de todos os sentidos e faculdades da alma contra Deus! Quem mais pode mais traições inventa contra seu Rei. Já sabeis, Senhor meu, que muitas vezes me causava mais temor imaginar que veria o vosso divino rosto irado comigo nesse espantoso dia do Juízo Final do que todas as penas e furores do inferno que me surgiam em mente; e eu Vos suplicava que me valesse vossa misericórdia contra coisas tão lastimosas para mim; e é isso que Vos suplico agora, Senhor!

Que me pode suceder na terra que equivalha a isso? Tudo junto aceito, meu Deus, mas livrai-me de tão grande aflição. Que eu não deixe, Deus meu, não deixe de gozar em paz tanta formosura. Vosso Pai deu-Vos a nós; não perca eu, Senhor meu, joia tão preciosa. Confesso, Pai Eterno, que a tenho guardado mal, mas ainda há, Senhor, remédio, remédio há, enquanto vivermos neste desterro.

3. Ó irmãos, ó irmãos e filhos desse Deus! Esforcemo-nos, pois sabeis o que disse Sua Majestade: se nos arrependermos de O ter ofendido, Ele não se recordará de nossas culpas e maldades[2]. Ó piedade tão sem medida! Que mais queremos? Por acaso há quem não tivesse vergonha de pedir tanto? Esta é a hora de tomar o que nos dá esse Senhor tão piedoso e Deus nosso. Ele quer amizade. Quem a negará a quem não se recusou a derramar todo o seu sangue e a perder a vida por nós? Vede: o que Ele pede não é nada; para nosso proveito vale a pena fazê-lo.

4. Oh, valha-me Deus, Senhor. Que dureza! Que desrazão e cegueira! Que nos aflija perder uma coisa, uma agulha ou um gavião — que não serve para nos dar gosto o vê-lo cortar o ar —, e não nos afete o perdermos a águia real da majestade de Deus e um reino cuja fruição não há de ter fim! Que é isso? Que é isso? Não o entendo. Remediai, Deus meu, tão grande desatino e cegueira.

XV

1. Ai de mim, ai de mim, Senhor, que é muito longo este desterro, e é passado com grandes penas com o desejo de meu Deus. Senhor, que fará uma alma atirada neste cárcere? Ó Jesus, longa é a vida do homem, embora se diga que é breve! Breve é, meu Deus, para ganharmos com ela a vida que não pode acabar; mas demasiado longa para a alma que deseja ver-se na presença do seu Deus. Que remédio dais a esse padecer? Não há remédio, a não ser que se sofra por Vós.

2. Oh, meu suave descanso dos que amam o meu Deus! Não falteis a quem Vos ama, porque por Vós há de crescer e mitigar-se o tormento que o Amado causa à alma que o deseja. Desejo eu, Senhor, contentar-Vos. Mas bem sei que o meu contentamento não está em nenhum dos mortais. Sendo assim, não me culpareis pelo meu desejo. Eis-me aqui, Senhor; se é necessário viver para Vos prestar algum serviço, não recuso todos os sofrimentos que me possam vir da terra, como dizia vosso amador São Martinho[1].

---

1. Salmo 33,9.
2. Ez 18,22.
1. Cf. *Moradas* VI, cap. 6, n. 6.

3. Mas, ó dor, ó dor que tenho de mim!, porque ele tinha obras e eu tenho só palavras, pois não valho para mais! Valham meus desejos, Deus meu, diante de vosso divino beneplácito, e não atentai para o meu pouco merecimento. Mereçamos todos amar-Vos, Senhor; já que se tem de viver, viva-se para Vós, acabem-se já os desejos e interesses nossos.

Que coisa maior se pode ganhar além de Vos contentar? Oh contentamento meu e Deus meu! Que farei para Vos contentar? Miseráveis são meus serviços, ainda que prestasse muitos ao meu Deus. Pois para que tenho de estar nesta miserável miséria? Para que se faça a vontade do Senhor. Que ganho maior, alma minha? Espera, espera, pois *não sabes quando virá o dia nem a hora*[2]. Vigia com cuidado, que tudo se passa com brevidade, embora o teu desejo torne o certo duvidoso e o tempo breve longo. Vê que quanto mais pelejares tanto mais mostrarás o amor que tens ao teu Deus e tanto mais gozarás com teu Amado com um prazer e um deleite que não podem ter fim.

XVI

1. Ó verdadeiro Deus e Senhor meu! Grande consolo é para alma a quem aflige a solidão de estar ausente de Vós ver que estais em toda parte. Mas quando aumenta a intensidade do amor e dos grandes ímpetos dessa pena, de que adianta, Deus meu? Porque então o intelecto fica perturbado e a razão se esconde para conhecer essa verdade, de modo que não se pode compreender nem conhecer. A única coisa que a alma sabe é estar afastada de Vós; e nenhum remédio admite, já que o coração que muito ama não aceita conselho nem consolo, a não ser que venham de quem o feriu — espera que daí venha o remédio para o seu padecer. Quando quereis, Senhor, cedo curais a ferida que fizestes. Antes disso, não se há de esperar saúde nem gozo, exceto os que vêm de um sofrimento tão bem empregado.

2. Ó verdadeiro Amador, com quanta suavidade, com quanto deleite, com quanto regalo e com quantas mostras de amor curais essas chagas, feitas por Vós com as próprias setas do amor! Ó Deus meu e descanso de todas as minhas penas, quão desatinada me encontro! Como poderia haver meios humanos para curar quem se vê adoentado pelo fogo divino? Quem há de saber o alcance dessa ferida, de onde procedeu ou como é possível aplacar tão penoso e deleitoso tormento?

Seria um contrassenso que mal tão precioso pudesse ser sanado por coisa tão baixa como os meios a que podem recorrer os mortais? Com quanta razão diz a Esposa nos *Cânticos: Meu bem-amado é meu e eu dele*[1]. Porque semelhante amor não pode ter como início coisa tão ínfima como o meu.

3. Mas se é baixo, Esposo meu, porque não para em coisa criada até chegar ao seu Criador? Ó, meu Deus! Porque *e eu dele?* Vós, meu verdadeiro amador, começais essa guerra de amor, já que outra coisa não parece um desassossego e desamparo que alcançam todas as faculdades e sentidos, que saem pelas praças e pelos bairros pedindo às filhas de Jerusalém que digam onde está o seu Deus[2].

E então, Senhor, começada essa batalha, a quem haverão de combater senão quem se fez senhor da fortaleza em que moravam, que é a mais importante da alma, que os lançou fora dela para que voltassem a conquistar o seu conquistador? E as almas, já cansadas de se verem sem Ele, logo se dão por vencidas e, perdendo todas as suas forças, se empenham e lutam melhor e, ao se darem por vencidas, vencem o seu Vencedor.

4. Ó alma minha, que batalha tão admirável travaste neste padecer e como isso se passa bem ao pé da letra! Pois se *meu bem-amado é meu e eu dele*, quem se atreverá a separar e a extinguir dois fogos tão acesos? Tentá-los é esforçar-se em vão, pois esses fogos já se tornaram um só.

---

2. Mt 25,13.
1. Ct 2,16.
2. Ct 3,2.

XVII

1. Ó Deus meu e minha sabedoria infinita, sem medida, sem limites, acima de toda a compreensão angélica e humana! Ó Amor que me amais mais do que posso amar a mim mesma, ou compreender! Para que quero, Senhor, desejar mais do que me dais? Para que me cansar em pedir-Vos coisa ordenada pelo meu desejo se tudo quanto o meu intelecto pode alcançar e meu desejo desejar já teve os seus fins entendidos por Vós, enquanto eu não sei como aproveitar isso?

Talvez naquilo em que a minha alma pensa ganhar esteja a minha perdição. Porque se Vos peço que me livreis de um sofrimento cujo fim é minha mortificação, o que estou pedindo, Deus meu? Se Vos suplico que mo deis, talvez não convenha à minha paciência, que ainda é fraca e não pode suportar tão rude golpe. E se o suporto com paciência mas não estou forte na humildade, posso pensar que fiz algo, quando Vós é Quem tudo fazeis, meu Deus. Se desejo padecer mais, não o desejaria, contudo, em coisas que não pareçam convenientes ao vosso serviço perder o crédito, visto que, de minha parte, não há sentimento de honra, além de ser possível que da mesma causa em que penso que se há de perder se ganhe mais para aquilo que pretendo, que é Vos servir.

2. Muitas coisas mais eu poderia dizer sobre isso, Senhor, para dar a entender a mim mesmo que não me entendo. Mas como sei que Vós o entendeis, para que falo? Para ver se, quando a minha miséria se revelar, Deus meu, e minha razão ficar cega, eu o possa encontrar escrito aqui com as minhas mãos. Pois muitas vezes me vejo, meu Deus, tão miserável, fraca e pusilânime que me ponho a procurar aquela vossa serva que já julgava ter recebido de Vós graças suficientes para enfrentar todas as tempestades deste mundo. Não, meu Deus, não; não mais confiarei em coisas que eu possa querer para mim. Querei de mim o que quiserdes, porque isso quero, pois todo o meu bem está em Vos contentar. E se Vós, Deus meu, contentar-me, realizando tudo o que pede o meu desejo, vejo que estaria perdida.

3. Que miserável é a sabedoria dos mortais, e incerta sua providência![1] Provede pela vossa os meios necessários para que a minha alma Vos sirva mais ao vosso gosto do que ao meu. Não me castigueis dando-me o que quero e desejo se vosso amor (que em mim viva sempre) não o desejar. Morra já esse eu, e viva em mim outro que é mais do que eu e, para mim, melhor do que eu, para que eu O possa servir. Que Ele viva e me dê vida; reine, sendo eu a cativa, pois minha alma não quer outra liberdade. Como será livre quem estiver distante do Sumo Bem? Que maior e mais miserável cativeiro pode haver do que estar a alma solta das mãos do seu Criador? Ditosos os que, com fortes grilhões e correntes dos benefícios da misericórdia de Deus, se virem presos e incapacitados a fim de serem poderosos para se soltarem. *Forte como a morte é o amor, e duro como o inferno*[2].

Ó, quem se visse já morto às vossas mãos e arrojado nesse divino inferno de onde já não esperasse poder sair, ou melhor, já não temesse ver-se expulso! Mas, ai de mim, Senhor! Enquanto dura esta vida mortal, a vida eterna sempre corre perigo!

4. Ó vida inimiga do meu bem, quem tivesse permissão para acabar contigo! Suporto-te, porque Deus te suporta; mantenho-te porque és Dele; não me traias nem seja ingrata a mim.

Apesar disso tudo, ai de mim, Senhor, quão longo é o meu desterro![3] Breve é todo o tempo para dá-lo por vossa eternidade; muito longo é um só dia, e mesmo uma hora, para quem não sabe e teme Vos ofender. Ó livre arbítrio, tão escravo de tua liberdade se não viveres ancorado no temor e no amor de quem te criou! Ó quando virá o ditoso dia em que te hás de ver afogado no mar infinito da Suma Verdade, onde já não serás livre para pecar nem o quererás ser, porque estarás protegido de toda miséria, familiarizado com a vida do teu Deus!

---

1. Sb 9,14.
2. Ct 8,6.
3. Sl 119,5.

5. Ele é bem-aventurado porque Se conhece, Se ama e goza a Si mesmo, sem ser possível outra coisa; não tem nem pode ter, nem seria perfeição Divina, liberdade para esquecer-Se de Si mesmo e deixar de Se amar. Então, alma minha, entrarás em teu descanso quando te entranhares nesse Sumo Bem e entenderes o que Ele entende, amares o que ama e gozares do que goza. Quando tiveres perdido tua mutável natureza, deixarão de haver mudanças; porque a graça de Deus terá podido tanto que te fez partícipe de Sua divina natureza[4], e com tamanha perfeição que já não poderás nem quererás poder esquecer-te do Sumo Bem nem deixar de gozá-Lo juntamente com o Seu amor.

6. Bem-aventurados os que estão inscritos no livro desta vida[5]. Mas tu, alma minha, se o estás, porque estás triste e me perturbas? Espera em Deus, que ainda agora confessarei a Ele meus pecados e reconhecerei Suas misericórdias[6]. E, de tudo junto, farei um cântico de louvor com suspiros perpétuos a meu Salvador e Deus. Pode ser que venha algum dia em que eu Lhe cante a minha glória[7], e que a minha consciência, na qual já terão cessado todos os suspiros e medos, não seja compungida. Nesse momento, a minha força estará na esperança e no silêncio[8].

Mas quero viver e morrer aspirando e pretendendo a vida eterna, que possuir todas as criaturas e todos os seus bens, que haverão de se acabar. Não me desampares, Senhor, porque em Ti espero; que a minha esperança não seja confundida[9]. Que eu Te sirva sempre, e faz de mim o que quiseres.

---

4. 2Pd 1,4.
5. Ap 19,9; 21,27.
6. Sl 41, 6 e 9.
7. Cf. Sl 41,3 e 29,13.
8. Is 30,15.
9. Sl 30,2.

CONSTITUIÇÕES

INTRODUÇÃO

Estas *Constituições* "foram extraídas das Constituições antigas da Ordem, e dadas pelo Reverendíssimo Padre nosso, mestre frei Juan Bautista Rubeo de Rávena, prior geral. Depois, o reverendíssimo Padre frei Pedro Fernández, visitador apostólico desta Ordem por nosso santíssimo Padre Pio V, acrescentou algumas atas e declarava algumas das Constituições; eu também acrescentei algo visitando com comissão apostólica esta congregação dos carmelitas descalços…" (Padre Gracián, na dedicatória da edição príncipe, Salamanca 1581, B. M. C. VI, Burgos, 1919, p. 412).

Em virtude do breve pontifício de 2 de fevereiro de 1562, a Santa não apenas dá impulso a sua tarefa fundacional, mas se vê autorizada a determinar o estilo de vida religiosa da nova comunidade. Difunde mais que rapidamente alguns Estatutos, brevíssimos mas bem pensados. São núcleo primeiro das Constituições de seus Carmelos, redigidas em Ávila antes de 1567, ano em que as submete à aprovação do Geral da Ordem. Serão essas as páginas que, no ano seguinte (1568), servirão de base a frei João da Cruz e a seus companheiros para pôr em marcha a vida reformada em Duruelo.

A evolução do texto primitivo — hoje perdido — é por demais acidentada. Por um lado, o desenvolvimento da Ordem e a crescente experiência da Santa aconselhavam mudanças e acréscimos. Por outro, os Visitadores dos Carmelos teresianos, especialmente os Padres Pedro Fernández, Gracián e Roca, foram introduzindo "atas" e modificações, nem sempre do agrado da Autora. E para arrematar, não faltaram inconsequentes arbitrariedades de alguma priora, que, pensando nada fazer, tira e põe o que lhe dá na veneta, ao transcrever as cópias enviadas pela Santa. Consequência: os textos "andam diferentes", levando os diversos Carmelos à tentação de inquietude e desconcerto.

Tudo isso implicava para o texto primigênio da Reformadora sério risco, que ela procura remediar por todos os meios, urgindo a elaboração de uma redação definitiva.

Pode-se seguir esse angustioso desejo teresiano através da intensa correspondência mantida com Gracián nos primeiros meses de 1581: "Nesse caso não pretendo entrar em entendimento com ninguém além de vossa Reverência" (Carta de 17/2/1581). Em março de 1581, conseguirá que finalmente o Capítulo de Alcalá dê o último retoque a seu texto constitucional e que Gracián o publique o quanto antes.

Publicamos aqui o texto teresiano anterior aos retoques dos capitulares de Alcalá. Na falta de um autógrafo, seguimos o texto preferido por Padre Silvério de Santa Teresa em sua edição crítica, que procede de uma cópia oficial conservada no arquivo dos carmelitas descalços de Madri.

CONSTITUIÇÕES

Da ordem que se há de manter nas coisas espirituais

1. As Matinas serão rezadas depois das nove, não antes nem tão depois, a fim de que, no fim delas, se possam recolher por quinze minutos para fazer o exame sobre o modo como passaram o dia. Para este exame, deverá se tocar a campainha, e a que for encarregada pela Madre Priora lerá em vernáculo um breve trecho sobre o mistério que deverão meditar no dia seguinte. O tempo seja regulado de tal modo que, às onze em ponto, toque-se a campainha para que as irmãs se retirem para dormir.

Para esse exame e oração, todas se unirão no coro, e nenhuma irmã se ausentará sem licença depois de começados os ofícios.

2. No verão, levantem-se às cinco e estejam em oração até as seis. No inverno, deverão levantar-se às seis e ficarão em oração até às sete. Acabada a oração, rezem a seguir as Horas até Noa, exceto se for solenidade ou festa de um santo pelo qual as irmãs tenham particular devoção; neste caso, deixarão para cantar Noa antes da Missa. Nos domingos e dias de festa, cantarão a Missa, as Vésperas e as Matinas. Nos dois primeiros dias de Páscoa e nos outros dias de solenidade, especialmente no dia do glorioso São José, poderão cantar Laudes.

3. O canto jamais seja com modulações, mas em tom uníssono. Habitualmente seja tudo rezado, e também a Missa. O Senhor providenciará para que reste um pouco de tempo para ganhar o necessário.

4. Ninguém falte ao coro por motivos superficiais. Terminadas as Horas, deverão dirigir-se aos seus ofícios. A missa será rezada às oito horas no verão e às nove no inverno. As que comungarem deverão ficar um pouco no coro.

Em que dias se há de receber o Senhor

5. A comunhão será em todos os domingos e dias de festa, dias de Nosso Senhor e de Nossa Senhora, de nosso pai Santo Alberto, de São José, e em outros dias segundo o parecer do confessor, conforme a devoção e espírito das irmãs, com licença da Madre Priora. Comungarão também no dia do padroeiro da casa.

6. Pouco antes do jantar, a campainha deverá ser tocada para o exame do que tiverem feito até aquela hora; deverão propor emendar-se da falta mais grave que tiverem cometido, e rezar um pai-nosso para que Deus lhes dê graça para isso. Cada uma deve se ajoelhar onde se encontrar e fazer o seu exame com brevidade.

Rezarão Vésperas às duas da tarde, exceto durante a Quaresma, quando as rezarão às onze horas.

Depois das Vésperas, no tempo em que se reza às duas, se fará uma hora de leitura. Durante a Quaresma, a hora de leitura começará a partir das duas, devendo-se sempre, às duas horas, tocar para as Vésperas. Na vigília das festas, essa hora de leitura será feita depois das Completas.

7. As Completas serão rezadas às seis no verão, e às cinco no inverno. No verão e no inverno, às oito horas, será dado o sinal de silêncio, que será observado com todo o cuidado até o fim da Prima do dia seguinte. Isto se guarde com muito cuidado. No resto do tempo, uma irmã não poderá falar com outra sem licença, a não ser que se trate de coisas necessárias ou de ofício. Essa licença

a dê a Madre Priora quando, para mais avivar o amor que têm ao Esposo, uma irmã quiser falar com outra sobre Ele, ou consolar-se em caso de necessidade ou tentação. Isto não diz respeito a uma pergunta ou resposta, ou poucas palavras, o que poderá ser feito sem licença.

Uma hora antes das Matinas, se tocará para a oração. Durante essa hora de oração, poderá ser feita a leitura, se na hora indicada depois das Vésperas se acharem com espírito para ter oração. Façam isso conforme virem que mais as ajuda a se recolher.

8. A Priora cuide de que haja bons livros, especialmente os *Cartuxos*, *Flos Sanctorunz*, *Contemptus mundi*, *Oratório dos religiosos*, os de frei Luis de Granada e do Padre frei Pedro de Alcântara, porque esse alimento é tão necessário para a alma quanto a comida para o corpo[1].

Todo o tempo em que não se encontrarem com a comunidade ou ocupadas em ofícios da casa, cada uma esteja na própria cela ou na ermida que a Priora lhe designar. Numa palavra, estejam no lugar de seu recolhimento, empenhadas em algum trabalho, salvo nos dias de festa, conformando-se nesse retiro ao que prescreve a Regra, isto é, que cada uma esteja sozinha.

Nenhuma irmã pode entrar na cela de outra sem licença da Priora, sob pena de culpa grave. Nunca haja casa de trabalho.

Do temporal

9. Há de se viver de esmola sempre, sem nenhuma renda, e, enquanto se puderem sustentar, não peçam nada. Somente em caso de grave necessidade pedirão esmolas. Do contrário, como fazia São Paulo, valham-se do trabalho das próprias mãos, e o Senhor lhes proverá o necessário. Não ambicionando mais e contentando-se em viver sem superfluidade, não lhes faltará o necessário para se sustentar. Se com todas as forças procurarem contentar o Senhor, sua Majestade terá cuidado de que não lhes falte o necessário.

Para viver não façam trabalhos requintados, mas o fiar e o coser, ou coisas que não sejam tão primorosas que de tal modo ocupem o pensamento que impeçam de o ter em Nosso Senhor. Não trabalhem em ouro ou prata.

Não se discuta o preço do trabalho, mas aceitem simplesmente o que lhes derem, e, se virem que não lhes convém, não façam esse trabalho.

10. As irmãs não possuam nada de seu, nem se lhes consinta, quer para comer quer para vestir; nem tenham arca, nem arquinha, nem gaveta, nem armários, salvo as que têm os ofícios da comunidade; nem para nada em particular, mas tudo seja em comum. Isto é muito importante, porque em pequenas coisas pode o demônio ir relaxando a perfeição da pobreza. Por isso tenha muito cuidado a Priora em que, quando vir a irmã apegada a algo, seja livro, cela, ou qualquer outra coisa, tire-lho.

Dos jejuns

11. Deverão jejuar desde o dia da Exaltação da Santa Cruz, que é em setembro, até a Páscoa da Ressurreição, exceto aos domingos. Conforme o que prescreve a Regra, não se há de comer carne perpetuamente, exceto em caso de necessidade.

12. O hábito seja de xerga ou de saial preto, e para confeccioná-lo se empregue o menos saial possível. A manga seja estreita, não mais larga numa extremidade que noutra. O hábito seja sem

---

1. Os livros recomendados pela Santa são: os *Cartuxos, ou seja*, os quatro volumes da *Vita Christi* de Landulfo de Saxônia, cartuxo, traduzidos ao castelhano por Ambrósio de Montesinos (Alcalá 1502-1503); o *Flos Sanctorum*, santorais e legendas daquele tempo (um dos últimos impressos em Zaragoza é de 1556; ou o de frei Martín de Lilio, impresso em Alcalá em 1566); o *Contemptus mundi*, a "Imitação de Cristo" atribuída a Th. de Kempis; o *Oratório dos religiosos*, de Antônio de Guevara (Valladolid 1540 e edições posteriores); os livros do Padre Granada mais provavelmente aludidos são o *Litro da oração e meditação* (Salamanca 1554), o *Guia de pecadores* (Lisboa 1556) e talvez o *Memorial da vida cristã* (Lisboa 1561); Os livros do Padre frei Pedro de Alcântara são provavelmente o controverso *Tratado da oração e meditação* (Lisboa 1556-1557) e os opúsculos espirituais indicados em *Vida* 30, 2.

pregas, redondo, não mais comprido atrás que na frente, e chegue até os pés. O escapulário seja do mesmo tecido, quatro dedos mais curto que o hábito. A capa do coro da mesma xerga, branca, do comprimento do escapulário, e para confeccioná-lo empregue-se o menos xerga possível, atendendo sempre ao necessário, nunca ao supérfluo.

Tragam o escapulário sempre sob as toucas. As toucas sejam de cânhamo ou linho grosso e sem pregas.

As túnicas e os lençóis sejam de estamenha. Por calçado, alpargatas, e, por modéstia, meias de saial ou estopa.

Os travesseiros sejam de estamenha, e, em caso de necessidade, de linho.

13. As camas não tenham colchão, mas um enxergão de palha; provado está que é suficiente para pessoas fracas e com pouca saúde. Nada suspenso à volta a não ser por necessidade; use-se então alguma esteira de esparto ou cobertor simples ou cortina de burel ou coisa semelhante que seja pobre. Cada uma tenha a sua cama.

Não haja tapete, a não ser para a igreja, nem almofadas para sentar. Isso tudo é de religião, e há de ser assim. Tudo isso é nomeado aqui porque, com o relaxamento, algumas vezes se esquece o que é de religião e de obrigação. No hábito ou nas roupas de cama, nunca haja nada de cor, nem mesmo uma pequena faixa. Nunca há de haver samarras; se alguma estiver doente, poderá usar um roupão de saial.

14. Tragam os cabelos cortados para não gastar tempo em penteá-los. Jamais há de haver espelho, nem objetos curiosos, mas total esquecimento de si.

A clausura

15. A ninguém se mostrem sem véu, a não ser ao pai, à mãe, aos irmãos, salvo no caso em que se apresentem motivos justos para algum fim. E isto com pessoas que nos possam edificar e ser de ajuda nos exercícios de oração e de consolação espiritual, nunca por recreação. Salvo em conversas relativas a coisas da alma, esteja sempre presente uma terceira.

A Priora tenha a chave da grade e da portaria. Quando entrar o médico, o barbeiro ou outras pessoas necessárias e o confessor, sejam sempre acompanhados por duas terceiras. Quando alguma doente se confessar, esteja sempre presente uma terceira, distanciada de modo a que possa ver o confessor, com o qual não fale, a não ser alguma palavra necessária. Com ele converse somente a enferma.

16. Nas casas que tiverem coro com o Santíssimo Sacramento dentro e capelães e possibilidade de ornamentar a igreja, não haja porta para esta. Onde não houver isso, e a porta se tornar indispensável, a Priora conservará a chave e abrirá a porta somente na presença de duas irmãs; e mesmo assim quando a isso não se possa omitir. E havendo possibilidade para o que foi dito, se houver porta, esta se feche.

17. As noviças recebam visitas como as professas, porque se deseja que fiquem de própria vontade, e se por qualquer motivo estiverem descontentes e não quiserem ficar, tenham possibilidade de manifestá-lo.

18. Não se ocupem de assuntos do mundo nem tratem deles, exceto se forem coisas a que possam dar remédio ou ajudar aos que lhes venham falar, pô-los na verdade e consolá-los em suas penas. E, se não se espera tirar fruto, concluam com brevidade, como ficou dito. É importante que quem nos vem visitar parta com algum proveito e não seja perda de tempo para eles como para nós. A terceira preste muita atenção a que isso seja observado e, se não for cumprido, tem a obrigação de avisar a Priora; se não o fizer, que sofra a mesma pena da culpada. Esta pena lhe será infligida após a segunda advertência da terceira e consiste em ficar nove dias no cárcere; e, ao terceiro dia, receberá uma disciplina no refeitório. Trata-se de coisa muito importante para a religião.

19. Tanto quanto possível, evitem comunicar-se muito com os parentes, porque, além de que as suas coisas nos tocam muito, será difícil não misturar na conversa algumas coisas do mundo.

20. Tenha-se grande cuidado ao conversar com os de fora, ainda que sejam parentes muito próximos; e, se não são pessoas que gostam de se ocupar com as coisas de Deus, vejam-nas muito poucas vezes e concluam com brevidade.

Aceitação das noviças

21. Atente-se muito às que tiverem de receber, que sejam pessoas de oração e que pretendam toda a perfeição e o menosprezo do mundo. Não tenham menos de dezessete anos. Porque, se não vêm desapegadas do mundo, dificilmente poderão suportar o nosso gênero de vida; é melhor assegurar-se disso antes do que as despedir depois.

Tenham saúde, inteligência e capacidade para rezar o Ofício divino e ajudar no coro.

Não se admita à profissão aquela que, durante o ano de noviciado, não tiver dado mostras de possuir os requisitos de temperamento e demais qualidades necessárias para o que aqui se há de praticar. Se lhe faltar alguma dessas coisas, não se aceite, a não ser que seja pessoa tão serva do Senhor e útil para a casa, que se entenda que por ela não há de vir nenhuma inquietação, e que será servido Nosso Senhor em condescender a seus santos desejos. Se estes não forem tais que se entenda que o Senhor a chama a esse estado, de nenhuma maneira se a receba.

Satisfeitas com a pessoa, se não tem qualquer esmola para dar à casa, nem por isso se a deixe de receber, como até aqui se tem feito. Se ela possuir bens e quiser dá-los à casa, mas depois por algum motivo não o faça, não se lhe mova litígio, nem por essa causa deixem de admiti-la à profissão. Tenham grande cuidado em não se deixar guiar pelo interesse porque pouco a pouco a cobiça poderia introduzir-se, a tal ponto que se olhe mais para a esmola do que para a bondade e qualidade da pessoa. Isto de nenhuma maneira se faça, pois seria grande mal. Tenham sempre diante dos olhos a pobreza que professam, para difundir seu perfume em toda a parte. Considerem que não é isto que as deve sustentar, e sim a fé e a perfeição, a confiança em Deus. Esta constituição seja tida na devida consideração e ponham-na em prática, porque assim convém, e leiam-na às irmãs.

Quando se admitir alguém, seja sempre com o parecer da maior parte da comunidade; o mesmo vale para a profissão.

As conversas que se houver de receber sejam fortes e pessoas que se mostrem desejosas de servir ao Senhor. Fiquem por um ano sem receber o hábito, para que se constate se são idôneas para o que foram recebidas, e elas vejam se o poderão suportar. Nem tragam véu sobre o rosto nem se lhes dê o preto. Façam a profissão dois anos após a vestição, exceto se a sua grande virtude mereça que sejam admitidas antes. Sejam tratadas com toda a caridade e fraternidade, e provejam-nas de comer e vestir como as demais.

Ofícios humildes

22. A tábua com os nomes das que devem varrer comece com o da Madre Priora, para que em tudo dê bom exemplo.

Atente-se muito para que as que tiverem o ofício de roupeira e provisora provejam as irmãs com caridade, quer na comida quer no restante. Não se dê mais a Priora e às mais antigas do que às outras, mas, como prescreve a Regra, atenda-se às necessidades e à idade, e mais à necessidade, porque muitas vezes as mais idosas têm menos necessidade. Tenha-se muito cuidado em observar isto, porque convém por muitas razões.

Nenhuma irmã fale se se lhe dá muito ou pouco para comer, se está bem ou malcozido. A Priora e a provisora cuidem de que, quanto o Senhor manda, seja bem preparado, de modo que possam passar com o que se lhes dá, pois não possuem outra coisa.

As irmãs estão obrigadas a dizer à Madre Priora as necessidades que tiverem, e as noviças à sua Mestra, tanto nas coisas de vestir como nas de comer, e se necessitam mais do que o costume, ainda que não seja grande a necessidade. Antes porém encomendem-se a Nosso Senhor, porque muitas vezes a nossa natureza pede mais do que o necessário, e às vezes o demônio contribui para que se tenha medo da penitência e do jejum.

As enfermas

23. As enfermas sejam tratadas com muito amor, magnanimidade e piedade, segundo a nossa pobreza. Louvem a Deus, nosso Senhor, quando forem largamente providas. Em lhes faltando os alívios que os ricos podem permitir-se em suas doenças, não se desconsolem, pois a isso hão de vir determinadas. Isto é ser pobres: carecer de algo no tempo de maior necessidade.

A Madre Priora ponha todo o cuidado em que antes falte o necessário às sãs, do que alguns alívios às enfermas. Sejam visitadas e consoladas pelas irmãs. Seja enfermeira uma irmã que tenha a habilidade e a caridade exigidas para esse ofício.

As enfermas procurem então mostrar a perfeição que adquiriram quando tinham saúde, tendo paciência e importunando o menos que puderem, quando o mal não for grave. A enferma obedeça à enfermeira para que possa tirar proveito da doença, lucrar com ela e edificar as irmãs. As doentes tenham roupa de linho, camas com colchões e sejam tratadas com grande asseio e caridade.

24. Nunca se dê às irmãs trabalho com prazo fixo; cada uma procure trabalhar para alimentar as outras. Tenham grande apreço pelo que diz a Regra: QUEM QUISER COMER DEVE TRABALHAR, como o fazia São Paulo[2]. Se alguma quiser, por vontade própria, empenhar-se num trabalho com prazo, para o realizar cada dia, faça-o livremente. Porém, não se lhe imponha uma penitência caso não o termine.

25. Todos os dias após a ceia ou colação, no momento em que todas as irmãs estiverem reunidas, a rodeira dirá o que tiver recebido de esmola naquele dia, nomeando as pessoas que lho enviaram, para que todas tenham o cuidado de encomendá-las a Deus.

26. A hora de comer não pode ser determinada, porque há de ser conforme o Senhor enviar. Quando houver o necessário, no inverno, será às onze e meia, nos dias de jejum estabelecidos pela Igreja; e às onze, quando for jejum da Ordem. No verão, às dez horas se tocará para comer.

Se o Senhor inspirar alguma mortificação a uma irmã, peça ela licença; não se perca tão boa devoção, fonte de muitos proveitos. Porém, seja com brevidade para não impedir a leitura. Fora das refeições, as irmãs não comam nem bebam sem licença.

Acabada a refeição, a Madre Priora poderá permitir que conversem sobre o que mais lhes agrade, desde que não se trate de coisas inconvenientes à conversação de uma boa religiosa. E, durante todo esse tempo, trabalharão com a roca.

27. De modo algum se permitam jogos. O Senhor concederá a uma a graça de recrear as outras. Fundadas nisso, todo tempo é bem empregado. Procurem não ser pesadas umas às outras; que as brincadeiras e palavras sejam com discrição. Terminada a hora que passam juntas, no verão poderão dormir uma hora. Quem não quiser dormir guarde silêncio.

28. Depois das Completas e da oração, como acima foi dito[3], no inverno e no verão a Madre poderá permitir que as irmãs conversem, tendo todos os seus trabalhos, pelo tempo que a Madre Priora julgar oportuno.

Nenhuma irmã abrace a outra, nem lhe toque o rosto ou as mãos; não tenham amizades particulares, mas todas se amem reciprocamente, como Cristo recomenda muitas vezes a seus Apóstolos[4]. Pois [sendo] tão poucas, isso será fácil. Procurem imitar seu Esposo, que deu a vida por nós. Esse amar-se umas às outras indistintamente, e não em particular, é muito importante.

29. Nenhuma repreenda a outra pelas faltas que a vir cometer; se forem grandes, seja avisada a sós com caridade; se após três repreensões não se emendar, avise-se a Madre Priora, sem falar

---

2. 2 Ts 3,10, citado na Regra.
3. Cf. n. 7.
4. Jo 15,12.

com nenhuma outra irmã. Como há zeladoras, encarregadas de observar as faltas, descuidem-se, deixem passar as que virem, ocupando-se bem mais com as próprias. Não se intrometam com quem falte aos próprios ofícios, a não ser em coisa grave, em que estão todas obrigadas a avisar, como se disse. Tenham grande cuidado em não se desculpar, a não ser quando necessário, e terão grande proveito nisso.

30. As zeladoras prestem muita atenção às faltas e, por ordem da Priora, repreendam às vezes publicamente, ainda que sejam as mais novas às mais antigas, para que se exercitem na humildade; assim nada respondam, mesmo que não tenham culpa.

Nenhuma irmã pode dar nem receber nada, pedir algo, ainda que seja aos pais, sem a licença da Priora, a quem se mostrará tudo o que for trazido em esmola.

Nunca a Priora, nem qualquer outra irmã sejam chamadas por algum título nobiliárquico.

31. Como quase tudo o que é estabelecido de acordo com a nossa Regra, o castigo pelas culpas ou faltas eventualmente cometidas contra o que se determinou seja uma das penas determinadas no fim destas Constituições para culpa maior ou menor. A Madre Priora pode dispensar em todas essas coisas, conforme o que for justo, com discrição e caridade. A obrigação de observá-las não seja sob pena de pecado, mas sob pena corporal.

32. A casa, salvo a igreja, não seja adornada com sofisticação; não haja coisas requintadas, mas madeira tosca; a casa seja pequena e os aposentos, baixos. Corresponda às necessidades, evitando-se o supérfluo. Sólida, o mais possível; o muro da cerca seja alto, e dentro haja terreno suficiente para se construir ermidas, onde as irmãs possam retirar-se em oração, conforme o faziam nossos santos Padres.

As defuntas

33. Os sacramentos sejam administrados conforme o prescrito pelo Ordinário.

Pelas defuntas façam-se as exéquias e o ofício de sepultura com uma vigília e missa cantada; no fim de um ano faça-se uma vigília e missa cantada. E, se for possível, mande-se celebrar as missas de São Gregório; e se não, como puderem. Pelas monjas do mosteiro, toda a comunidade reze o Ofício dos Defuntos; pelas outras, isto é, por todas as monjas da Regra primitiva, rezem um Ofício dos Defuntos e, se houver [possibilidade] uma missa cantada.

Pelas outras monjas da Regra mitigada, rezem um Ofício dos Defuntos.

Deveres de cada uma no próprio ofício

34. É ofício da *Madre Priora* cuidar que em tudo se observem a Regra e as Constituições, vigiar com grande zelo pelo bom nome e pela clausura das casas, velar como se cumprem todos os ofícios e também prover às necessidades quer espirituais, quer temporais, com amor de mãe. Procure ser amada para ser obedecida.

A Priora designará como porteira e sacristã pessoas de sua confiança, e que possa mudá-las quando lhe aprouver, a fim de que não haja qualquer apego ao ofício. Proveja também os demais ofícios, exceto o cargo de Subpriora, que será eleita, e os das clavárias [que serão eleitas por votos]: pelo menos duas destas devem saber escrever e contar.

35. É ofício da *Madre Subpriora* cuidar do coro, a fim de que a oração e os cantos sejam bem executados, com pausa. Nisto se tenha todo o cuidado. Faltando a Prelada, preside em seu lugar; andará sempre com a comunidade, corrigindo as faltas que se fizerem no coro e no refeitório, não estando presente a Prelada.

36. As *clavárias*, a cada mês, na presença da Priora, examinarão as contas apresentadas pela recebedora. A Priora escutará o parecer delas nas coisas graves. As escrituras e os depósitos do mosteiro serão conservados na arca de três chaves, uma das quais será guardada pela Prelada, e as outras duas pelas clavárias mais antigas.

37. É ofício da *sacristã* cuidar de todas as coisas da igreja, e velar para que o Senhor nela seja servido com grande respeito e limpeza. Cuidará de que as confissões se sucedam em ordem, e que não se vá ao confessionário sem licença, sob pena de culpa grave, exceto para confessar-se com quem foi designado.

38. O ofício de *recebedora* e *primeira rodeira* (que devem ser confiados à mesma pessoa) é providenciar a tempo tudo o que se deve comprar para a casa (se o Senhor conceder os meios necessários). Na roda fale em voz baixa e de modo edificante, provendo com caridade às necessidades das irmãs e anotando entradas e saídas. Quando comprar alguma coisa, não discutir nem regatear o preço, mas, depois de ter proposto duas vezes o preço que quer pagar, pegue ou deixe. Não permitirá que alguma irmã venha à roda sem licença, e chamará logo a terceira quando alguém deve ir à grade. Não comentará com ninguém o que se passa na roda, exceto com a Priora, a quem entregará as cartas para que leia antes. Não transmitirá nenhum recado às irmãs sem antes tê-lo dito à Priora, nem os passará para fora, sob pena de culpa grave.

39. As *zeladoras* observem com cuidado as eventuais faltas que virem, que é ofício importante, e avisem à Priora, como ficou dito.

40. A *mestra de noviças* seja pessoa de grande prudência, oração e espírito; tenha muito cuidado em ler as Constituições para as noviças e em ensinar-lhes tudo o que devem fazer, tanto nas cerimônias como na mortificação. Ocupe-se mais com o interior do que com o exterior e ouça-as diariamente procurando saber o proveito que conseguiram na oração, como se comportam diante do mistério que hão de meditar e os benefícios que tiram. Também lhes ensine como devem comportar-se nesse e nos períodos de aridez e como devem mortificar a própria vontade, mesmo nas pequenas coisas.

A encarregada desse ofício seja atenta, sem nada negligenciar, pois se trata de formar almas onde mora o Senhor. Trate-as com piedade e amor e não se escandalize de suas faltas, porque hão de progredir pouco a pouco. Vá exercitando na mortificação, de acordo com o que cada uma suportar. Dê mais importância a que não haja falta nas virtudes do que ao rigor da penitência.

A Priora mande alguém ajudar a Mestra a ensinar as noviças a ler.

41. Todas as irmãs, uma vez por mês, deem conta à Priora de como têm caminhado na oração e como o Senhor as conduz: sua Majestade lhe dará luz para guiar, caso não forem bem. Fazer isto é humildade e mortificação e causa de muito proveito.

Quando a Priora vir que não há ninguém suficientemente apta para o ofício de mestra de noviças, ela mesma assuma esse ofício, em se tratando de coisa tão importante, escolhendo alguma irmã para ajudá-la.

42. Quando as encarregadas de algum ofício estiverem ocupadas durante as horas destinadas à oração, façam-na em outra hora mais livre; entenda-se, no caso em que não tenham podido dizer a oração inteira ou a maior parte dela.

O capítulo das culpas graves

43. Uma vez por semana, haverá o capítulo das culpas graves, no qual, segundo a Regra, as culpas das irmãs serão corrigidas com caridade. Será feito sempre em jejum. Após o toque do sino, e achando-se todas reunidas no capítulo, ao sinal da Prelada ou da que preside, a irmã que tem o ofício de leitora lerá estas Constituições e a Regra, dizendo antes de começar: *Jube Domine benedicere*, e a que preside responderá: *Regularibus disciplinis nos instruere digneris Magister caelestis*. Todas responderão: *Amen*.

Então a Madre Priora, se considerar oportuno dizer brevemente algumas palavras sobre o que foi lido ou para a correção das irmãs, antes de tomar a palavra, diga: *Benedicite*, ao que as irmãs responderão: *Dominus*, prostrando-se até receberem ordem de levantar. Uma vez de pé, tornem a sentar-se. Em seguida, começando pelas noviças e pelas conversas e continuando pelas mais antigas, dirijam-se ao meio do capítulo, duas a duas, e digam suas culpas e negligências manifestas à que preside. Antes que as mais antigas se acusem, as noviças, as conversas e as que não têm lugar nem voz no capítulo deixarão o capítulo.

As irmãs não falem no capítulo, exceto em dois casos: para dizer com simplicidade as próprias culpas e as das irmãs e para responder à que preside o que lhes for perguntado. A acusada abstenha-se de acusar outra por simples suspeita que dela tenha. Se alguma o fizer, seja punida com a pena estabelecida para o crime que acusou. Deverá se proceder do mesmo modo no caso de alguma denunciar uma culpa que já tenha sido satisfeita. Todavia, para evitar que vícios e defeitos permaneçam encobertos, a irmã poderá revelar à Madre Priora ou ao Visitador o que tiver ouvido ou visto.

44. Seja também castigada aquela que disser alguma coisa falsa da outra, com a obrigação de fazer o possível para restituir a boa fama à caluniada. A acusada não responda, exceto no caso em que lhe for ordenado responder. Então dirá com humildade: *Benedicite*. Se responder com impaciência, seja castigada com maior rigor, a juízo da que preside. A pena, porém, só será infligida depois de aplacada a paixão.

45. As irmãs evitem divulgar e publicar de qualquer modo as deliberações e os segredos do capítulo. Uma vez terminado o capítulo, nenhuma irmã fale dele, a modo de murmuração, sobre as coisas que a Madre castigar ou decidir, porque é daqui que nascem as discórdias e se tira a paz de um mosteiro, que se constituem partidos e se usurpa o ofício dos superiores.

46. A Madre Priora ou a que preside, com zelo de caridade e amor de justiça, e sem dissimulação, corrija legitimamente as faltas reconhecidas claramente ou confessadas, de acordo com o que já se disse aqui.

47. A Madre poderá mitigar ou abreviar a pena estabelecida para uma culpa cometida sem malícia, pelo menos na primeira, segunda ou terceira vez. Mas deve impor as penas estabelecidas, sem omitir ou mitigar, salvo quando autorizada pelo Visitador, às que forem indisciplinadas por malícia ou mau costume. As que tiverem o costume de cometer faltas leves, que recebam a penitência estabelecida para uma culpa mais grave. Sejam igualmente agravadas as penas estabelecidas, quando as faltas forem cometidas por costume.

48. Ouvidas as culpas, ou corrigidas, rezem — como prescreve o Ordinário — o salmo *Miserere mei* e o *Deus misereatur.* No fim do capítulo, a que preside diga: *Sit nomen Domini benedictum.* Responda o mosteiro: *Ex hoc et usque in saeculum.*

Da culpa leve

49. É culpa leve não se preparar com a devida rapidez ou prontidão, para ir ao coro quando necessário, bem ordenadas e compostas, logo que seja dado sinal; entrar no coro depois de começado o ofício, ler ou cantar mal ou se ofender e não se humilhar diante de todas; não preparar a leitura no tempo estabelecido; esquecer por descuido o livro em que deve rezar, rir no coro ou provocar as outras ao riso; chegar atrasada ao Ofício divino ou ao trabalho; menosprezar e não observar diligentemente as prostrações, inclinações e outras cerimônias; fazer barulho no coro, nos corredores e na cela, causando incômodo às irmãs; não ir diligentemente na hora marcada ao capítulo, ao refeitório e ao trabalho; falar de coisas inúteis, ocupar-se ociosamente e comprazer-se nisso; fazer grande barulho; não cuidar bem dos livros, do vestuário e de outras coisas do mosteiro; quebrar ou perder objetos em uso da casa; comer ou beber sem licença.

Às que forem acusadas ou se acusarem dessas ou de outras faltas semelhantes se imporá a penitência de rezar uma ou mais orações, de acordo com a natureza da culpa; ou algum ato de humildade; ou ficar em silêncio por algum tempo, principalmente se não tiverem observado o prescrito pela Ordem; ou de privar-se de algum alimento no jantar ou na ceia.

Da culpa média

50. É culpa média não entrar no coro depois que se rezou o primeiro salmo; quem chegar tarde ao coro deve prostrar-se e esperar que a Madre Priora dê o sinal de levantar-se; presumir de cantar ou ler de modo diferente daquele que é de uso entre nós; não prestar atenção ao Ofício divino, não ter os olhos baixos, mostrando leviandade de ânimo; tratar sem a devida reverência os paramentos do altar; não participar do capítulo, do trabalho, da pregação e da refeição comum; transgredir advertidamente uma ordem dada a toda a comunidade; mostrar-se negligente no cumprimento do próprio ofício; falar no capítulo sem licença; levantar a voz para desculpar-se de uma acusação; vingar-se, acusando alguém da mesma culpa de que foi acusada naquele mesmo dia; mostrar-se desordenada no vestuário e nos gestos; jurar ou falar descomedidamente; ou, o que é mais grave, ter o costume de fazê-lo; brigar com as outras ou dizer palavras ofensivas às irmãs; negar o perdão a uma irmã que, após tê-la ofendido, pedisse perdão; entrar nas oficinas do mosteiro sem licença.

Esses e outros semelhantes defeitos serão punidos em capítulo com uma disciplina, que será infligida pela que preside ou por uma irmã por ela encarregada. Nunca a acusadora infligirá o castigo à acusada, ou as mais novas às antigas.

Da culpa grave

51. É culpa grave contender descomedidamente uma irmã com outra; insultar, imprecar, xingar, usar palavras inconvenientes, indignas de uma religiosa, encolerizar-se com outra; jurar falso ou lançar em rosto de uma irmã culpas passadas, pelas quais já tenha feito penitência, ou seus defeitos naturais ou de seus pais; defender as próprias faltas ou das outras; faltar habitualmente ao silêncio; ter o hábito de contar, no trabalho ou em outros lugares, novidades do século; transgredir sem justa causa ou licença os jejuns da Ordem e principalmente os da Igreja; pegar algo que pertença a outra ou à comunidade; mudar de cela, ou as vestes em uso, ou trocar com outra; entrar na cela de outra na hora do descanso, ou em qualquer outro tempo, sem licença ou sem inegável necessidade; ir à roda, ao locutório ou onde há seculares sem especial licença da Madre Priora; ameaçar com ira uma irmã; levantar a mão ou qualquer outra coisa para bater.

A pena da culpa grave seja dobrada.

As culpadas dessas ou de semelhantes faltas, se pedirem perdão antes de serem acusadas, receberão no capítulo duas disciplinas e jejuarão a pão e água durante dois dias, comendo no fundo do refeitório, na presença da comunidade, sem mesa e sem talher. As que forem acusadas receberão uma disciplina a mais e outro dia de jejum a pão e água.

Da culpa mais grave

52. É culpa mais grave brigar com ira ou dizer advertidamente grosserias à Madre Priora ou à que preside; bater com maldade em outra; nesse a caso a culpada incorre em excomunhão e deve ser evitada por todas; semear discórdia entre as irmãs e ter o costume de murmurar e de falar mal das outras secretamente; tentar falar com pessoas de fora sem licença da Madre Priora ou sem uma companheira para que possa ouvir claramente e ser testemunha de tudo.

A irmã que for acusada e convencida de uma dessas culpas prostre-se imediatamente, peça perdão com humildade e descubra as espáduas para receber o merecido castigo de uma disciplina, quando a Madre Priora julgar oportuno. Tendo recebido a ordem de levantar-se, dirija-se à cela designada pela Madre Priora, e nenhuma irmã tenha a ousadia de visitá-la, ou de dirigir-lhe a palavra, ou enviar-lhe coisa alguma, para que conheça estar segregada da comunidade e banida do consórcio dos anjos. Enquanto durar a penitência, não poderá comungar, não será proposta para nenhum ofício, não lhe será dada nenhuma obediência, nem cargo algum confiado; ao contrário, será privada do ofício que ocupa, não terá voz nem lugar em capítulo, exceto para acusar-se. Será a última de todas, até ter satisfeito plenamente a pena. Não se sentará à mesa com as outras, mas no chão, no meio do refeitório, vestida com a capa, alimentando-se de pão e água, a não ser que por misericórdia a Madre Priora ordene que lhe seja dado algo mais. Esta, porém, a tratará com compaixão, permitindo que outra irmã a console. Se a culpada manifestar sinais de humildade de coração, seja favorecida em seus desejos, ajudada e assistida pelas irmãs, e a Madre Priora, mais ou menos, cedo ou tarde, use de misericórdia, segundo a natureza da culpa.

Se alguma se levantar abertamente contra a Madre Priora e contra os Superiores ou inventar contra eles coisa ilícita ou desonesta, fará penitência no modo mencionado por quarenta dias, e será privada de voz e lugar em capítulo e de todos os ofícios que possua.

Se, por causa de uma conspiração ou más intrigas desse gênero, acontecer que, de certa maneira, intrometam-se pessoas seculares, com desonra e infâmia para as monjas do mosteiro, as culpadas serão metidas no cárcere e mantidas aí por um tempo mais ou menos longo, conforme a gravidade do escândalo provocado. Se, por esse motivo, surgirem divisões e facções no mosteiro, tanto as responsáveis como as que as apoiam incorrerão na sentença de excomunhão e serão levadas ao cárcere.

53. Se alguma procurar impedir a instauração da paz e impuser obstáculos à correção dos abusos, acusando os Superiores de agir por ódio, parcialidade ou outros motivos, será castigada com a mesma pena reservada a quem conspira contra a Madre Priora.

54. Se alguma ousar receber, enviar ou ler cartas sem licença da Madre Priora, ou mandar algo para fora, ou reter para si o que lhe tenha sido dado, e escandalizar com suas faltas alguma pessoa de fora, além das penas estabelecidas por estas Constituições, deverá prostrar-se diante da porta da igreja quando as irmãs passarem para rezar as Horas Canônicas e para dar graças depois de jantar.

Da culpa gravíssima

55. É culpa gravíssima a incorrigibilidade de quem não tem medo de cometer culpa e recusa fazer penitência.

A culpada de apostasia, ou a que sair dos limites da clausura incorre na sentença de excomunhão.

Comete culpa gravíssima a irmã que desobedece ou recusa, com aberta rebeldia, submeter-se a uma ordem do Prelado ou do Superior dada a ela particularmente ou toda a comunidade.

Comete culpa gravíssima (Deus, fortaleza de quem nEle espera, jamais o permita) a irmã que cai em pecado de sensualidade e disso esteja convencida (quero dizer, gravemente indiciada); como também se possuir algo, ou confessar que possui: se isso for descoberto após a morte, seja privada de sepultura eclesiástica.

Constitui também falta gravíssima pôr com violência as mãos sobre a Madre Priora ou sobre qualquer outra irmã; revelar aos outros, de algum modo, uma grave culpa de irmã ou da comunidade; revelar aos seculares ou a outras pessoas estranhas os segredos do mosteiro, causando dano à boa fama das irmãs; procurar, para si ou para outra, ofícios ou ambicionar algo contra as Constituições da Ordem.

As culpadas dessas faltas serão levadas ao cárcere e castigadas com jejuns e abstinências, por um período de tempo mais ou menos longo, conforme a natureza e a gravidade da culpa, segundo o parecer da Madre Priora ou do Visitador das irmãs.

Seja quem for a culpada, as demais têm o dever, sob pena de rebeldia, de levá-la imediatamente ao cárcere, tão logo seja dada a ordem pela Madre Priora. Ninguém pode falar com a encarcerada, exceto as que tiverem de cuidar dela, e nada lhe enviem, sob pena de incorrer no mesmo castigo. Se a que estiver no cárcere conseguir fugir, a irmã que tomava conta dela, ou a que lhe proporcionou os meios para a fuga, uma vez que isso se tenha constatado, seja levada ao mesmo cárcere e punida segundo os delitos da fugitiva.

56. Haja cárcere para esse tipo de culpadas, e as que nele estiverem detidas por motivo de escândalo só poderão ser libertadas pelo Visitador.

Permaneçam perpetuamente no cárcere: a apóstata, a que cair no pecado da carne, a que cometer um crime para o qual, no século, se prevê a pena de morte, quem não quiser humilhar-se nem reconhecer as próprias culpas, a não ser que o arrependimento e sua paciência sejam tão evidentes, durante o castigo, que venha a merecer, conforme o parecer e a intercessão da comunidade e com o consenso da Madre Priora, que o Visitador a tire da prisão.

A irmã castigada com a pena do cárcere estará privada para sempre de lugar e voz, quer ativa quer passiva, e inábil para ato legítimo ou ofício. Ao ser libertada, não pode considerar-se integrada aos mencionados direitos, a não ser que lhe sejam explicitamente restituídos. Se o lugar lhe for restituído, isso não significa ter-lhe sido restituída também a voz em capítulo; se lhe concederem a voz ativa, não deve supor que lhe tenha sido concedida também a passiva, a não ser, como ficou dito, que lha deem expressamente.

Todavia, aquela que cometeu essas faltas não seja reabilitada até poder ser escolhida para um ofício, ou dada como escuta à roda ou a outro lugar.

Aquela que cometer pecado de sensualidade, ainda que, arrependendo-se, volte espontaneamente e peça perdão e misericórdia, de nenhum modo seja mais recebida, a não ser por motivo razoável e com o parecer do Visitador.

Se ficar demonstrado perante a Madre Priora que uma irmã testemunhou falsamente, ou tem o costume de difamar as irmãs, fará penitência do seguinte modo: na hora do jantar deverá apresentar-se sem capa, vestida com um escapulário sobre o qual tenham sido costuradas de diversas maneiras, na frente e atrás, duas línguas de pano branco e vermelho; comerá no chão, no meio do refeitório, pão e água, a fim de que se saiba que é punida pelo grave vício da língua. Depois será encerrada no cárcere; e se, mais tarde for libertada, permanecerá privada de voz e de lugar.

Se a Priora (Deus não o permita!) cometer alguma dessas faltas, será imediatamente deposta e severissimamente punida.

57. Em cada mosteiro se conservará, na arca de três chaves, uma cópia destas Constituições, e outras que possam ser lidas semanalmente a todas as irmãs reunidas, no tempo em que a Madre Priora julgar oportuno, e cada irmã as tenha bem impressas na memória; pois é isto que, com a graça de Nosso Senhor, as fará caminhar com muito progresso. Procurem lê-las algumas vezes. Para tanto o mosteiro disponha de mais cópias além das mencionadas, para que cada uma, quando quiser, as possa levar à sua cela.

58. A esmola que o Senhor lhes mandar em dinheiro seja imediatamente depositada na arca de três chaves, exceto se for menos de nove ou dez ducados, que então serão entregues à clavária designada pela Priora, que por sua vez entregará à Procuradora quanto a Priora lhe disser que gaste. Cada noite, antes de ser dado o toque de silêncio, (a procuradora) dará conta pormenorizada à Priora ou à dita clavária. Feitas as contas, restringe-se o total no livro que há no mosteiro, para que anualmente se prestem contas ao Visitador.

Deo gratias

59. Algumas das disciplinas que se hão de tomar são prescritas pelo Ordinário: quando se diz o ofício ferial, na Quaresma e no Advento, todos os dias em que se reza o ofício da féria; durante os outros tempos, nas segundas, quartas e sextas-feiras, quando nestes dias reza-se o ofício ferial.

Além disso, se tomará a disciplina todas as sextas-feiras do ano nas seguintes intenções: pelo aumento da fé, pelos benfeitores, pelas almas do purgatório, pelos presos, por quantos se encontrem em pecado mortal [durante] um Miserere e as orações pela Igreja e pelos fins mencionados.

Essas disciplinas, cada uma as dará a si mesma, depois das Matinas, no coro. As outras, deverão ser tomadas com varinhas, como prescreve o Ordinário. Ninguém tome outras disciplinas nem faça outras penitências sem licença.

MODO DE VISITAR OS CONVENTOS

INTRODUÇÃO

O presente opúsculo foi escrito em Toledo, no verão de 1576, por ordem de Padre Gracián, que declara:

"Escreveu a minha instância uns avisos que hão de ser observados pelo prelado que quiser produzir fruto em suas visitas às monjas descalças, pelos quais me guiei todo o tempo em que durou o ofício" (Jerônimo de São José, *História dei Carmen Descalzo*, L. 5, cap. 12, p. 876).

Iniciado pela Autora com a costumeira resistência, logo mereceu plena dedicação. O destinatário o acolheu com veneração, leu e praticou, retocou e anotou moderadamente, sem chegar a editá-lo.

Em 3 de outubro de 1612, a Consulta, órgão supremo da Reforma teresiana, decretava sua edição. Entretanto, o autógrafo fora discretamente requisitado por Filipe II para sua Biblioteca do Escorial, utilizando-se dos serviços de Padre Dória, que, em junho de 1592, escrevia uma carta bem ilustrativa ao Dr. Sobrino, professor da Universidade de Valladolid:

"Sua Majestade deseja ter em São Lourenço Real os livros originais da boa Madre Teresa de Jesus, e nossa religião alegra-se muito com isso. E visto que vossa mercê tem dois deles *[Fundações* e *Modo de visitar]*, ordenaram-me escrever a vossa mercê seja servido mandar-nos entregar à pessoa que o reverendíssimo frei Diego de Yepes, prior de São Lourenço, assinale, para que se cumpra o intento de Sua Majestade e estejam os livros guardados onde tão bem e para maior honra da boa Madre se guardarão. Pelo bem que vossa mercê demonstrou querer-lhe, entendo lhe será motivo de muita alegria... de Madri, 3 de junho de 1592" (Antônio de São Joaquim, *Año teresiano*, t. VII, Madri 1758, p. 145).

Pouco depois, em 18 de agosto do mesmo ano, os dois autógrafos eram oficialmente entregues à Biblioteca Régia.

Ali nosso livrinho foi descoberto pelo mais famoso discípulo de Dória, Alonso de Jesús Maria: "Achei muito conveniente mandar imprimir este breve tratado das visitas, que achei no Escorial entre os originais da mão de nossa Santa Madre, que ali mantém guardados o Rei nosso Senhor" (carta-prólogo à edição príncipe).

Em 1613, é impresso por Alonso Martín de Madri, com flamante introdução de Padre Alonso, em formato pequeno (10 x 7cm), 43 folhas. Gracián ainda vivia, mas não só omitiram seu nome, como manipularam habilmente as alusões a sua pessoa (n. 45, 49) e suprimiram a carta-epílogo a ele dirigida (n. 54-55). Só em meados do século seguinte os críticos tentaram fazer justiça a Gracián e à Santa. Mas a depuração do texto só se deu por completa na edição crítica de Padre Silvério (Burgos 1919, tomo VI da Biblioteca Mística Carmelitana).

Como de costume, a Santa não intitulou o escrito. "Avisos" foi como o chamou singelamente Gracián. Uma mão tardia escreveu no autógrafo:

Modo de visitar os conventos de religiosas escrito pela Santa Madre Theresa de Jesus, por mandado de seu superior provincial, frei Gerónimo Gracián de la Madre de Dios.

E este título coincide quase materialmente com o da edição príncipe, passando a ser mantido por todos os editores.

O conteúdo do livro é um elenco de sugestões brindadas com fragrante simplicidade e suave fineza aos visitadores dos Carmelos. Páginas de nítida transparência e soberana eficácia. Nada de voejos místicos nem tresnoitado adorno monacal. Espontaneidade franca e puro senso comum;

penetração psicológica e potente realismo. A Santa Fundadora quer mão firme no mando, um superior que seja cabeça de suas súditas, que não se dobre, mas que seja compreensivo, com visão certeira e critério na exata medida. Tais são os valores substanciais desta obra.

A presente edição reproduz diretamente o autógrafo com a esperada correção da pontuação, numeração de parágrafos e modernização ortográfica.

JHS

1. Confesso, em primeiro lugar, a imperfeição que tive no tocante à obediência ao começar isto, porque, embora deseje mais do que nenhuma outra coisa ter essa virtude, ele me tem sido de grande mortificação e me causado grande repugnância.

Queira Nosso Senhor que eu acerte em dizer algo, visto que só confio em Sua misericórdia e na humildade de quem me mandou escrever, e por ela Deus, poderoso que é, o fará e não me levará em conta.

2. Embora não pareça conveniente começar pelo temporal, tive a impressão de que, para o espiritual sempre estar em aumento, é mister falar do temporal, se bem que, no caso de mosteiros de pobreza, a questão se afigure distinta. Mas é fundamental que em toda parte haja acordo e em tudo sejam levados em conta o governo e a ordem.

3. Pressupondo-se antes de tudo ser conveniente ao prelado comportar-se com as súditas de maneira tal que, se de um lado é afável com elas e lhes mostra amor, de outro dá a entender que nas coisas substanciais há de ser rigoroso, sem nunca abrandar, não creio que haja no mundo algo que mais prejudique um prelado do que o não ser temido e o dar ensejo a que os seus súditos lhe falem como a um igual, em especial quando se tratar de mulheres; porque, se uma vez perceberem que há no prelado tanta brandura que ele há de deixar passar suas faltas e mudar de opinião para não descontentar, será muito difícil o governá-las.

4. É vital que elas entendam que há uma cabeça, e não piedosa, para tudo o que seja menosprezo da religião, e que o juiz seja tão reto na justiça que as convença de que não há de ceder no que for mais serviço ao Senhor e maior perfeição, mesmo que o mundo venha abaixo. Ele deve ser afável e amigo delas, mas só até quando entender que não há falta nisso. Porque assim como é fundamental que o prelado se mostre benigno e demonstre amá-las como pai, o que é muito importante para o seu consolo e para não o verem como estranho, também o é a atitude de que falo. E se ele tiver de faltar em alguma dessas coisas, que seja antes na última do que na primeira.

5. Isso porque, como as visitas não são feitas mais de uma vez por ano, se as monjas não compreenderem que as faltas têm de ser aos poucos corrigidas e castigadas com amor as que as cometerem ao cabo do ano, passa-se um ano e outro e a Religião fica relaxada. Porque ainda que a falta seja da priora e mesmo que depois outra seja mandada, as monjas podem habituar-se ao relaxamento e — por ser terrível coisa o costume advindo da nossa natureza — aos poucos, e em pequenas doses, vir a causar à Ordem danos irreparáveis. O prelado que não o remediar a tempo dará terríveis contas a Deus.

6. Parece-me que prejudico esses mosteiros da Virgem Nossa Senhora ao tratar de semelhantes coisas, já que, pela bondade do Senhor, eles estão longe de precisar desse rigor. Mas, temerosa com o relaxamento que o tempo costuma introduzir nos mosteiros por não se observarem esses princípios, dispus-me a falar disso, sendo outra razão o ter visto que a cada dia os nossos mosteiros avançam mais, bem como o fato de que talvez tenha havido quebra da ordem em alguns se os prelados não tivessem feito o que aqui digo no tocante ao rigor, remediando pequenas coisas e substituindo as preladas que eles entendiam não servir para isso.

7. Nisso particularmente é preciso não ter nenhuma piedade, porque muitas serão muito santas e não servirão para preladas, sendo necessário remediá-lo de imediato, porque onde se trata de tanta mortificação e exercícios de humildade isso não será tido por ofensa. E se o for, claro se verá

que a irmã não serve para o cargo, visto não poder governar almas que tanto cuidam da perfeição quem a tiver tão pouca que queira ser prelada.

8. É mister que o visitador tenha Deus muito presente, e a graça que faz a essas casas, para que, por sua causa, esta não venha a se reduzir, e que não dê mostras de piedade, que na maioria das vezes é introduzida pelo demônio para causar grande mal, além de constituir a maior crueldade que um prelado pode ter com suas súditas.

9. Não é possível que todas as que se elegerem para preladas tenham talento para isso. Quando isso for observado, de nenhuma se deve deixar passar o primeiro ano sem tirá-las do cargo. Porque num não podem causar muito dano, mas em três podem destruir o convento ao tornarem habitual a imperfeição. E tem tal importância essa atitude que o prelado, mesmo que se desfaça por pensar que determinada pessoa é santa e não erra intencionalmente, tem de obrigar-se a não deixá-la com o cargo. É só isso que peço, pelo amor de Nosso Senhor. E quando vir que as que se hão de eleger têm alguma pretensão ou paixão, qualquer coisa que Deus não queira, que se anule a eleição e indiquem nomes de candidatas de outros mosteiros, porque de uma eleição realizada dessa maneira jamais poderão vir bons frutos.

10. Não sei se isso de que falei é temporal ou espiritual. O que eu quis começar a falar[1] é que se vejam com muito cuidado e atenção os livros de gastos, não se trate disso levianamente.

Particularmente nas casas de renda convém muito que os gastos sejam compatíveis com a renda, embora se passe como se puder. Porque, glória de Deus, todos os de renda têm o bastante para, se gastarem com moderação, passar muito bem. E se assim não for, se pouco a pouco começarem a se endividar, se perderão, porque, havendo muita necessidade, os prelados julgarão ser desumano não lhes dar o ganho dos seus trabalhos ou impedir que cada uma seja provida pelos parentes ou coisa semelhante entre as que agora se usam[2] — sendo meu desejo, sem sombra de dúvida, antes ver o mosteiro desfeito do que vê-lo nesse estado. Por isso eu disse[3] que das coisas temporais costumam vir grandes danos ao espiritual, o que torna importantíssima essas recomendações.

11. Nos de pobreza, deve-se atentar e providenciar muito para que não se contraiam dívidas. Porque, se há fé e se servem a Deus, não lhes há de faltar. Logo, que não gastem em demasia.

Saber nuns e noutros[4] muito particularmente a ração servida às monjas e o modo como são tratadas, e as enfermas, e fazer que se dê suficientemente o necessário, porque para isso nunca deixa o Senhor de dá-lo, desde que haja ânimo e diligência por parte da prelada; bem se vê isso pela experiência.

12. Acompanhar nuns e noutros o trabalho que se faz e contar o que se ganha com as próprias mãos serve para duas coisas: animar as monjas e agradecer às que fizeram muito, de um lado e, de outro, para que nos lugares em que não haja tanto cuidado em trabalhar — por não haver tanta necessidade — seja dito às monjas quanto se auferiu alhures, pois essa consideração pelo trabalho para tudo é muito proveitosa, mesmo se deixarmos de lado o proveito temporal.

E lhes é de consolo, quando trabalham, perceber que o prelado vai tratar disso, já que, embora isso não seja coisa importante, é preciso às vezes, no governo de mulheres tão enclausuradas, que muito se consolam em contentar o prelado, condescender com suas fraquezas.

13. Informar-se se dão demasiados presentes, em particular em casas de renda, onde pode ser mais frequente e costuma vir a destruir os mosteiros, apesar de parecer coisa de pouca monta. Se acontece de as preladas serem gastadoras, pode ser que, para dar, deixem as monjas sem comer, como se vê em alguns lugares, razão porque é preciso ver o que se pode fazer e a esmola que se pode dar de acordo com a renda. Em tudo é preciso haver controle, peso e medida.

---

1. Cf. n. 2.
2. Nos mosteiros de monjas, não precisamente em seus carmelos. Para evitar equívocos, Gracián emendou o autógrafo: "não *se usam*"; a edição príncipe traz: "*agora se usam* em outros lugares" (f. 8).
3. No n. 2.
4. Nos conventos de renda (n. 10) e nos de pobreza (n. 11).

14. Não consentir que as casas sejam demasiado grandes e que, para as construir ou aumentar, a não ser por grande necessidade, se endividem. Para isso é necessário ordenar que nada se construa sem avisar o prelado, dando conta do que se há de fazer, para que, de acordo com o seu parecer, ele dê ou não licença. Não se tome isso por insignificância, visto poder ela causar muito prejuízo, além de ser melhor passar apertos por estar numa casa não muito boa do que ficarem as monjas desassossegadas ou em má situação por causa de dívidas, bem como sem o que comer.

15. É muito importante que sempre se veja toda a casa para observar o recolhimento que há. Porque é bom evitar as ocasiões e não confiar na santidade que vir, por maior que seja, já que não se conhece o futuro. Por isso é mister pensar em todo o mal que poderia acontecer para, como digo, evitar as oportunidades. É particularmente necessário que os locutórios tenham duas grades, uma por dentro e outra por fora, e que em nenhuma delas caiba uma mão. Isso é fundamental, bem como verificar os confessionários, que devem ter os véus pregados e uma pequena janela de comunhão. A portaria deve ter dois ferrolhos, e duas chaves a clausura, como o determinam as Atas[5], ficando uma com a porteira e a outra com a priora. Sei bem que já se age assim, mas digo-o aqui para que não se esqueça, porque todas essas coisas são dignas de receber a nossa atenção constante, devendo as monjas ter conhecimento de que se está atento, a fim de que não descuidem.

16. É muito importante informar-se com o capelão e com quem as confessa (não devendo haver muita comunicação, mas só o necessário), buscando-se saber muito particularmente sobre as monjas e o recolhimento da casa. Se houver alguma tentada, deve-se ouvi-la com muita atenção, porque, embora muitas vezes esta pense ser o que não é e o encareça, pode-se partir disso para saber das outras a verdade, impondo-lhes preceito, e repreendê-la mais tarde com rigor, para que todas fiquem espantadas e não voltem a fazê-lo.

17. E quando, sem culpa da priora, alguma viver cuidando de minudências ou exagerar as coisas, é mister haver rigor, dando-se a entender sua cegueira para que se acalme, porque, vendo que isso não lhe será de proveito, mas que foi percebido tal como é, sossegue. Porque, não sendo coisas graves, sempre se há de favorecer a prelada, mesmo que as faltas se remediem, pois para a quietude das súditas seria muito boa a simplicidade da perfeita obediência, que impede que o demônio induza alguma a pensar que julga melhor do que a prelada e ficar atentando para coisas que não importam, causando a si mesma muitos prejuízos.

Isso fica a cargo da decisão do prelado para deixá-las com proveito, embora no caso das melancólicas haja muito a fazer. É vital não mostrar brandura com as que forem assim, porque se pensarem que poderão se sair bem, jamais cessarão de inquietar e não sossegarão; que entendam sempre que serão castigadas e que, nisso, se há de favorecer a prelada.

18. Se por acaso alguma tratar de transferência de convento, deve-se dar-lhe uma resposta inequívoca sobre a necessidade de entender de uma vez por todas que é impossível. Porque ninguém pode entender, exceto quem já viu, os enormes inconvenientes que há e a porta que se abre para as tentações no pensar que é possível sair de sua casa, por mais relevantes que sejam as razões por ela apresentadas. E mesmo que se tenha de fazer isso, não devem elas entendê-lo, e muito menos perceber que se fez em função de sua vontade; porque a diretamente envolvida não se assentará em parte alguma e muito se prejudicarão as outras.

Devem todas entender que a monja que pretender sair de sua casa não receberá do prelado crédito em coisa alguma e que mesmo que a tivesse de tirar dali, por esse motivo não o faria, refiro-me a tirar para alguma necessidade ou fundação. E é bom que se aja assim, porque essas tentações só costumam acometer as melancólicas e as que não servem para coisas de muito proveito. Na verdade, talvez fosse bom falar sobre isso antes mesmo de alguma se referir à questão, aproveitando alguma prática, para dizer quão ruim isso é e quão mal se pensaria de quem tivesse

---

5. Ela se refere provavelmente às *Atas* ou disposições estabelecidas nos carmelos pelos Visitadores Apostólicos (cf. cartas).

essa tentação, bem como falar das causas e dizer que nenhuma pode sair, porque até agora havia motivos para se ter necessidade disso[6].

19. Informar-se se a priora tem amizade particular com algumas, fazendo mais por ela do que pelas outras, porque se não houver isso não se deve fazer caso da amizade, desde que não seja nenhuma coisa exagerada. Porque as prioras sempre precisam tratar mais com as que entendem melhor e são mais discretas. E como a nossa natureza não nos deixa que nos tomemos pelo que somos, cada qual pensa merecer atenções especiais, podendo assim o demônio introduzir essa tentação em algumas, porque o inimigo, na ausência de graves ocasiões de fora, sempre acha detalhezinhos dentro de casa para que sempre haja guerra e mérito em resistir, e assim haverá a impressão de que aquela ou aquelas dominam a priora.

É vital procurar que esta seja moderada, se houver alguma demasia, pois isso é muita tentação para as fracas; mas que não se proíba, já que, como eu disse, pode se tratar de pessoas que tornem isso necessário. Contudo, é preciso enfatizar sempre muito que não haja excessiva intimidade com nenhuma. Logo se entenderá como são as coisas.

20. Há algumas tão demasiado perfeitas[7], a seu ver, que tudo o que veem parece falta, e essas costumam ser as que mais faltas têm, mas não as veem em si, lançando toda a culpa na pobre priora ou em outras, podendo levar um prelado a cometer o desatino de tornar adequado o que já o é. Eis por que não se deve acreditar numa só, como eu disse[8], para remediar alguma coisa; deve-se obter informações com as outras, porque se já houver o correto rigor seria insuportável que cada prelado, a cada visita, impusesse novos mandatos.

Trata-se de coisa deveras importante, razão por que, se em nada houver gravidade, não se devem deixar mandatos. Como eu digo, informe-se bem com a própria priora e com as outras acerca do que se quer remediar, sobre os porquês e o costume. Porque pode ocorrer de haver tamanha sobrecarga que as monjas, sem poderem cumprir tanta coisa, deixem de lado o importante da Regra.

21. Merece todo o empenho do prelado a observância das Constituições. E onde houver priora que tenha tanta liberdade que as castigue por qualquer motivo ou tenha se habituado a fazê-lo, parecendo-lhe que pouco importa esse ou aquele ponto, entenda-se ser isso causa de grandes danos para a casa — o que o tempo prova, caso já não seja evidente. Eis a causa de estarem os mosteiros, e até as ordens, tão perdidos em alguns lugares: faz-se pouco caso mesmo de coisas poucas, vindo-se então a cair nas muito grandes. Avise-se, pois, em público, que todas devem dizer quando houver falta nisso no convento, e que, se não se vier a saber, no caso de a haver, será muito castigada aquela que não tiver informado. Com isso, as prioras haverão de temer e terão todo o cuidado.

22. É preciso não contemporizar com elas, sintam ou não pesadume. Devem as prioras entender que sempre será assim e que a principal razão do seu cargo é fazer observar a Regra e as Constituições e deixá-las de lado e tirar coisas da própria cabeça, bem assim que há de haver quem o observe e o avise ao prelado. A priora que fizer alguma coisa contrária a isso, vindo o prelado a tomar conhecimento, me parece impossibilitada de realizar o seu oficio, porque isso é sinal de que não segue um caminho muito reto no serviço de Deus quem não quer que aquele que está em seu lugar o saiba. Por isso, deve o prelado ver se há delicadeza e verdade nas coisas com ele tratadas; caso não haja, deve ele repreender com grande rigor procurando meios junto à priora ou oficiais ou tomar outras medidas; porque, mesmo que não mintam, podem encobrir algumas coisas, e não há razão para que, sendo o prelado a cabeça sob cujo comando se deve viver, deixe de saber de tudo — porque um corpo bom sem cabeça só pode produzir mal, porque não passa disso o fato de lhe ocultarem o que há de ser remediado.

---

6. Por ocasião da instauração da Reforma.
7. Gracián anotou à margem: C. 2; nota que repetirá no princípio dos nn. 42 e 43.
8. No n. 16.

23. Concluo que se se respeitarem as Constituições, tudo irá bem. E se não houver muito cuidado nisso, e na observância da Regra, de pouco servirão visitas. Porque estas devem servir a esse fim; se não o conseguirem e se nisso já houver hábito, mesmo tendo-se trocado de priora e removido monjas, o que Deus não permita, refaça-se a casa com outras que guardem por inteiro os regulamentos da Ordem, nem mais nem menos do que como se se fundasse outra vez, pondo cada uma num outro convento e separando-as, porque uma ou duas não podem fazer muito dano numa casa bem organizada.

24. Atente-se para o fato de poder haver prioras que peçam alguma liberdade para fazer algumas coisas contrárias às Constituições; elas talvez apresentem várias razões que, ao seu ver, são muito relevantes; porque talvez não entendam mais e desejem fazer o prelado entender que convém. E mesmo que não sejam coisas contrárias às Constituições, podem ter tal natureza que sua aceitação seja danosa; como o prelado não está presente, não sabe o que de fato pode haver, e sabemos enfatizar aquilo que queremos conseguir.

Por isso, o melhor é não dar ensejo a coisa alguma que não siga o modo como as coisas ora estão ordenadas — que, como se vê, estão indo bem, além de se ter experiência em sua prática. Mais vale o certo do que o duvidoso. E, no tocante a esses casos, deve o prelado ser intransigente e não se incomodar de dizer não, devendo porém ter a liberdade de que falei no princípio[9], e o senhorio santo de pouco se importar em contentá-las ou descontentá-las — sejam prioras ou monjas — naquilo em que, com a passagem do tempo, possa haver algum inconveniente. Basta ver novidade para não se começar.

25. No tocante às licenças para admitir monjas, coisa importantíssima, que não as conceda o prelado sem que lhe deem uma boa explicação e, estando num lugar em que isso seja possível, procure informar-se pessoalmente. Porque pode haver prioras muito amigas de aceitar monjas, a ponto de se contentarem com pouco. Quando uma tal priora o quer e diz que está informada, é frequente que as monjas concordem com ela e poderia ser que, por amizade, parentesco ou por outras razões, a priora se afeiçoasse a uma postulante e pensasse acertar quando erra.

26. Sua admissão poderá ser facilmente remediada; professá-las, porém, requer inúmeros cuidados e, no tempo das visitas, deve o prelado informar-se se há noviças e como são, para que ele fique de sobreaviso se não convier dar a permissão; porque é possível que a priora se dê bem com a monja, ou goste muito dela, e as súditas não ousem dizer-lhe o que pensam, embora o digam ao prelado.

Em consequência, quando for possível, será acertado que se adie a profissão, se for próxima, até a visita do prelado; e se julgar oportuno, deverá ele dizer que lhe enviem os votos em segredo, como numa eleição. É sobremaneira importante não haver na casa quem possa dar trabalho e trazer inquietude a vida inteira, de modo que qualquer medida que se tome para evitá-lo será bem empregada.

27. Na admissão de irmãs conversas, é fundamental ter grande cuidado, porque quase todas as prioras gostam muito de fazê-lo, o que sobrecarrega a casa, por vezes com quem pouco pode trabalhar. Grande motivo é para não condescender logo com elas se não vir necessidade; informe-se sobre as que estão na casa, visto que, como não há um número determinado, se não houver bom senso pode-se provocar muitos danos[10].

28. É recomendável procurar sempre não preencher o número de irmãs em cada casa, deixando-se alguns de reserva, porque pode aparecer uma monja que seja bom admitir e não se possa fazê-lo por falta de vaga. Isso porque ultrapassar o número de modo algum deve ser admitido, por ser um precedente tão grave quanto a própria destruição dos conventos.

Eis por que vale mais tirar o proveito de um do que fazer mal a todos. Caso algum mosteiro não estivesse completo, se poderia passar para lá uma monja para permitir a entrada de outra; e, se

---

9. Cf. nn. 3-4.
10. Sobre o número de monjas admissíveis em cada carmelo, cf. *Vida*, 32, 13, nota.

a que vai tiver trazido algum dote, deixar que o leve para o novo mosteiro, porque vai para sempre, remediando-se assim a situação. Porém, na impossibilidade disso, perca-se o que se perder, não se deve iniciar prática tão daninha para todas. Quando lhe pedirem a licença, o prelado deve informar-se do número existente para ver o que convém fazer, porque em coisa de tamanha importância não há razão para confiar nas prioras.

29. É fundamental saber se as prioras fazem acréscimos às obrigações, tanto em termos de oração como de penitência. Porque poderia acontecer de cada uma acrescentar ao seu gosto coisas particulares tão pesadas que as monjas, sobrecarregadas por isso, perdessem a saúde e não pudessem fazer o obrigatório. Não falo de alguma necessidade que eventualmente surja em algum dia, mas sim de coisas tão indiscretas que sejam praticamente tomadas por costume, o que é comum, não ousando as monjas falar, por julgarem que dizê-lo é pouca devoção, exceto quando falam com o prelado.

30. Ver o que se recita no coro, tanto em cantos como em orações, e informar-se se há um bom andamento e, no caso dos cantos, se é feito em voz baixa, como manda a nossa profissão, e se edifica; porque, se for em voz alta, haverá dois prejuízos: parece mal, por não seguir uma regra, e faz perder a modéstia e o espírito do nosso modo de viver. Se não se der muita atenção a isso, haverá excessos e será tirada a devoção dos que ouvem; mas que as vozes sejam antes mortificadas do que deem a impressão de desejar parecer bem aos que ouvem — o que é uma falta quase geral que talvez não mais venha a ter remédio, se levarmos em conta como andam os costumes, razão pela qual é mister dar muita atenção a isso.

31. Quanto às coisas importantes que o prelado ordenar, seria muito oportuno que ele mandasse uma monja, diante da priora, que, por obediência, lhe escreva caso isso não se faça; e que a priora entenda que essa monja não poderá deixar de fazê-lo. Isso em parte equivaleria a estar o próprio prelado presente, porque todas terão mais cuidado e advertência para não faltar em nada.

32. Antes de começar a visita, deve-se alertar claramente que é ruim que as prioras fiquem desagradadas com as irmãs que apontarem ao prelado as faltas que julguem haver. Mesmo que elas não tenham a mesma opinião da priora, estão obrigadas pela própria consciência a fazê-lo; e no tocante à mortificação, que deveria dar contentamento à priora, por ajudá-la a cumprir melhor a sua função e a servir a Nosso Senhor, se a priora se desgostar com as irmãs, temos um sinal certo de que não serve para governá-las. Porque, se assim ocorrer, da próxima vez elas não ousarão falar, por virem que o prelado vai embora e elas têm de enfrentar o problema, podendo por isso haver relaxamento em tudo. Dessa maneira, por mais santidade que haja nas preladas, não há por que confiar nelas, porque a nossa natureza tem um caráter tal que o inimigo, não tendo outras coisas a que recorrer, carregará a mão nesse ponto e talvez venha a ganhar o que perde em outros.

33. Convém que o prelado mantenha segredo em tudo, que a prelada não venha a saber quem lhe dá avisos. Porque, como eu digo, ainda estão na terra, para não lembrar que, se outras razões não houvessem, isso serve para afastar outras tentações, ainda mais porque pode causar muitos malefícios.

34. Se forem ditas das prioras coisas sem importância, fazendo-se alguns rodeios é possível alertá-las sem que percebam que a informação veio das monjas, porque quanto mais se puder dizer que elas nada informam, tanto mais conveniente. Mas quando se tratar de coisas importantes, mais vale remediá-la do que dar gosto à priora.

35. Informe-se sobre a entrada de algum dinheiro em poder da prelada sem que o saibam as clavárias, o que é muito importante, pois, sem se darem conta, podem fazer. Também não deve a priora possuir dinheiro, mas seguir as Constituições. Isso também é fundamental nas casas de pobreza. Tenho a impressão de já ter me referido a isso[11], o que deve acontecer com outros assuntos; é que os dias passam e, por não tornar a ler, esqueço-me.

---

11. Cf. nn. 10 e seguintes.

36. É muito trabalhoso para o prelado dar atenção a tantos detalhes como os aqui aludidos, mas maior terá ele se houver prejuízos irremediáveis por não tê-lo feito, porque, como eu disse, por mais santas que sejam, isso é vital. Como afirmei no início[12], no tocante ao governo de mulheres, é mister que estas entendam haver uma cabeça que não transigirá por nada deste mundo, mas há de guardar e cumprir tudo o que for parte da religião e castigar tudo que não o seja, e vejam que ele tem particular cuidado com isso em cada casa e que não vai se limitar a uma visita anual, devendo também saber tudo o que se passa cada dia. Com isso, a perfeição vai antes aumentando do que diminuindo, porque as mulheres, em sua maioria, são briosas e temerosas.

37. Importa muito o que eu disse para não se descuidarem e que alguma vez, quando necessário, não haja só o dizer, mas o fazer, porque a punição de uma servirá a todas. E se por piedade ou por outros motivos se fizer o contrário no início, quando ainda há pouco a corrigir, mais tarde se terá de fazê-lo com maior rigor e essas piedades serão uma enorme crueldade da qual se terá de dar contas detalhadas a Deus Nosso Senhor.

38. Há algumas monjas com tanta simplicidade que consideram grande falta de sua parte falar das prioras em coisas que se devem remediar, e mesmo que elas o considerem deslealdade, cumpre adverti-las que estão obrigadas a isso, bem como a, com humildade, chamar a atenção da priora quando virem que ela falta às Constituições ou a alguma coisa importante. É possível que ela nem se dê conta do que faz e que até as próprias monjas lhe digam que faça e depois, se ficarem desgostosas com ela, a acusem. As irmãs ignoram muito o que se há de fazer nessas visitas, razão por que o prelado há de, com discrição, adverti-las e ensiná-las.

39. É extremamente importante informar-se sobre o que se faz com o confessor; e não com uma ou duas, mas com todas, e o modo como ocorre a sua entrada na casa. Porque, se não é vigário — nem o há de ser, afastando-se as oportunidades de se intrometer onde não deve —, é necessário que não haja comunicação com ele, a não ser com grandíssima moderação, e quanto menor melhor. Atente-se muito para os obséquios e presentes, se não forem bem poucos, embora por vezes não se possa evitar alguma coisa. E é preferível que lhe paguem mais pela capelania a ter esse cuidado, que está eivado de inconvenientes.

40. Também é vital avisar as prioras que não sejam muito mão aberta e presenteadoras, devendo antes ter presente a obrigação de ver bem como gastam. Porque elas não passam de mordomos e não têm de gastar como se os recursos fossem seus, senão como manda a prudência, com muito cuidado para não cometer excessos. Tudo isso para não mencionar que ela não deve dar mau exemplo, estando obrigada em consciência a não fazê-lo, e à guarda do temporal, bem como a não ter, tanto quanto as outras, coisas particulares, exceto alguma chave de escrivaninha do escritório para guardar papéis, isto é, cartas, que — especialmente se forem do prelado — não devem ser vistos por todos, ou coisas desse gênero.

41. Observem-se as vestes e apetrechos usados nos cabelos, para ver se respeitam as Constituições. E se houver, que Deus não o permita, alguma coisa em algum momento que seja curiosa ou pareça não ser de tanta edificação, deve-se fazer queimar diante da que a usar; porque obrigá-las a uma coisa como essa deixa-as espantadas e elas se emendam e se lembram do fato para o dizerem às que vierem depois.

42. Outro ponto que merece atenção é o modo de falar, que deve ser simples, cortês e religioso, tendo mais estilo de ermitãos ou pessoas afastadas do mundo do que de linguagem cheia de vocábulos da moda e afetados, ou que nomes tenham, que se usam no mundo, onde sempre há novidades. No tocante a isso, valorize-se mais o serem humildes do que curiosas.

43. Tanto quanto possível, deve-se evitar que tenham litígios se não for indispensável, porque o Senhor lhes dará por outro lado o que perderem por um. Deve-se levá-las sempre a guardar

---

12. Números 3-4.

a maior perfeição e ordenar que não se apresente nem sustente nenhum litígio sem avisar o prelado e com ordem expressa deste.

44. Assim, vão-se admoestando as que forem admitidas que valorizem mais os talentos das pessoas do que o dote que trouxerem, e que não se devem admitir postulantes em função de algum interesse, mas sim de acordo com o que mandam as Constituições, especialmente se faltar alguma condição.

45. Deve-se dar prosseguimento ao que faz agora o prelado que o Senhor nos deu[13], de quem aprendi muito do que digo aqui vendo as suas visitas, em particular no tocante a este ponto: não ter com nenhuma irmã intimidade maior do que com todas, não estar com ela a sós, nem lhe escrever, mas sim, como verdadeiro pai, mostrar igual amizade a todas.

Porque no dia em que houver amizades particulares em conventos, mesmo que seja como a de São Jerônimo e Santa Paula, jamais ficaremos livres de boatos, como com eles sucedeu. Isso não faz dano apenas à casa em que ocorrer, mas a todas, porque o demônio logo torna o fato conhecido para obter algum proveito. E como por nossos pecados o mundo está tão perdido quanto a isso, se seguirão a isso muitos inconvenientes, como agora se vê.

46. Pelo mesmo motivo, o prelado passa a merecer menor consideração e perde a estima geral que todas devem ter sempre, como agora têm, ficando elas com a impressão de que a sua amizade se restringe a um só objeto, quando é muito proveitoso que seja estimada por todas. Não estou me referindo por eventuais ocorrências advindas de situações em que se imponham certas necessidades; falo antes de coisas que chamem a atenção ou se notabilizem pelo exagero.

47. Quando for entrar na casa, digo nos conventos, para visitar a clausura (o que deve fazer sempre, visto estar a seu cargo observar muito bem toda a casa, como já foi dito[14]) que tenha o cuidado de ir com o seu companheiro, e sempre com a priora e algumas monjas. E de modo algum, ainda que seja pela manhã, fique para comer no convento, mesmo que insistam muito; que veja o que tem de ver e se vá logo, porque, para falar, é melhor através da grade. Porque, embora fosse possível fazer isso com toda a bondade e respeito, é ensejo para que, com o passar do tempo, venha algum ao qual não convenha dar tanta liberdade e que, mesmo que não se queira, venha a tomar mais. Queira o Senhor não o permitir, mas que se façam sempre essas coisas de edificação e tudo o mais que agora se faz, amém, amém.

48. Não consinta o Visitador exageros nas comidas que lhe derem nos dias em que estiver visitando, mas apenas o que for conveniente. Se se agir de outra forma, que ele muito recrimine, porque não convém nem para a profissão dos prelados, que é a de pobreza, nem para a das monjas, nem serve para nada, se não comem só o que lhes basta, além de não se dar a edificação recomendável às monjas.

49. Quanto a isso, por agora, creio que haveria pouco remédio a dar, mesmo que houvesse excessos, porque o prelado que temos não percebe se lhe dão pouco ou muito, nem bom ou ruim, nem sei se daria alguma atenção a isso se não fosse o particular cuidado que tem com tudo.

Ele o tem muito em fazer o escrutínio sem o companheiro, porque não quer, se houver alguma falta nas monjas, que este o perceba. Isso é admirável para que não se saibam as ninharias das monjas, se bem que, neste momento, glória a Deus, se houvesse alguma pouco dano causaria, já que o prelado as vê como pai e guarda-as como tal; e Deus lhe mostra a importância das faltas porque ele está em Seu lugar. Quem não está talvez considere muito o que é pouco e, como não se importa, não tem cuidado com o que diz e termina por fazer que se perca sem causa o crédito do mosteiro. Queira o Senhor que os prelados vejam esse exemplo e procurem agir sempre assim.

50. Não convém ao prelado mostrar que quer muito à prioresa, nem que se dá muito bem com ela, ao menos diante de todas, porque lhes dificultará o dizerem das faltas daquela. E que

---

13. O Padre Jerônimo Gracián, destinatário do livro sobre visitas.
14. No n. 15.

deixe bem claro para elas que ele não a desculpa e, se houver necessidade, a repreende e corrige. Porque não há desconsolo que mais afete uma alma zelosa de Deus e da Ordem do que, estando cansada de ver as coisas caindo e esperando a vinda do prelado para que este resolva o problema, percebe que se fica na mesma. Ela se volta para Deus e decide que a partir de então vai se calar, mesmo que tudo venha abaixo, devido ao pouco proveito de falar.

51. Como as pobres monjas só são ouvidas uma vez, quando chamadas, e as prioras têm bastante tempo para desculpar faltas, apresentar razões, minimizar e talvez acusar a pobre de ser apaixonada (porque mesmo que não lhe digam quem é, ela mais ou menos o percebe); e como o prelado não pode ser testemunha e as coisas ditas são tais que não se pode desprezá-las, fica tudo como estava. Pois o prelado, se pudesse ser testemunha, em poucos dias entenderia a verdade, e as prioras não pensam que não a dizem, e esse nosso amor-próprio tem tal natureza que, como por milagre, livramo-nos das culpas e não nos conhecemos.

52. Isso me aconteceu inúmeras vezes, e com prioras muito servas de Deus a quem eu dava tanto crédito que jamais teria acreditado. Passando uns dias na casa, eu ficava espantada de ver tudo ao contrário do que me fora dito, e em coisas importantes, o que me fazia entender que era paixão; era quase metade do convento e era ela quem não o percebia, como depois vim a compreender. Creio que o demônio, por não ter muitas ocasiões em que tentar as irmãs, tenta a priora para que tenha divergências com elas em alguns pontos — e ver como suportam tudo é coisa para louvar Nosso Senhor.

Por essas razões, adquiri o hábito de não acreditar em nenhuma até informar-me bem para mostrar à que está errada como o está, porque, se não for dessa maneira, o remédio não será eficaz. Não que todas as ocorrências disso envolvam coisas graves; mas das pequenas coisas podemos chegar às grandes, se não se agir com muito cuidado.

53. Espanto-me de ver a sutileza do demônio e como faz cada uma crer que diz a maior verdade do mundo. Eis o motivo de eu dizer que não se dê pleno crédito à priora ou a uma monja em especial, mas que se tenha o cuidado de tomar informações adicionais quando se tratar de coisas importantes, para administrar adequadamente o remédio.

Ajude-nos Nosso Senhor dando-nos sempre um prelado atento e santo, porque, se assim for, Sua Majestade lhe dará luz para que aja em tudo com acerto e nos conheça bem, o que são condições para que tudo seja muito bem governado, crescendo as almas em perfeição para honra e glória de Deus[15].

54. Suplico a Vossa Paternidade, como recompensa pela mortificação que me deu fazer isso, que a tenha agora escrevendo algumas advertências aos Visitadores. Se se acertou em alguma coisa aqui, pode-se ordenar melhor, o que vai ajudar, porque agora começarei a acabar as Fundações[16], se poderá incluir ali, o que seria de grande proveito. Embora eu tenha medo de que não haja outro tão humilde como quem me mandou escrever que deseja tirar algum proveito disso, se Deus o quiser quem vier não poderá deixar de fazê-lo.

Porque se se visitarem essas casas como é de costume na Ordem[17], o fruto obtido será muito pouco e talvez cause mais prejuízo que proveito. Ainda mais que há necessidade de outros elementos além daqueles a que aludi; não falei deles porque não os entendo ou não me lembro agora. Só no princípio será preciso maior cuidado, pois uma vez que entendem que as visitas hão de ter essa natureza, pouco trabalho haverá no governo.

---

15. Ela conclui aqui a série de avisos ou sugestões. Segue-se uma espécie de carta-epílogo ao P. Gracián, destinatário do escrito.
16. A Santa se refere ao livro das *Fundações*. Por ordem do próprio P. Gracián, ela retomou a redação no verão do ano de 1576. No dia 31 de outubro, ela escrevia ao referido padre: "As *Fundações* já estão em andamento... é coisa prazerosa".
17. Santa Teresa se refere às Visitas Canônicas na Ordem do Carmo, que estavam fora da Reforma.

55. Faça Vossa Paternidade o que está em suas mãos para deixar esses avisos que dei da maneira como Vossa Paternidade procede nessas visitas[18]. O Senhor proverá as outras coisas por Sua misericórdia e pelos méritos dessas irmãs, cujo intento é somente acertar em Seu serviço e ser para isso instruídas.

---

18. Provável alusão às recomendações que a Santa pediu a Gracián (n. 54) que fizesse aos visitadores que viessem a sucedê-lo no cargo.

CERTAME

INTRODUÇÃO

Durante a oração, Santa Teresa ouviu as palavras: "Busca-te em mim", que remeteu a seu irmão, Lorenzo de Cepeda, para que as meditasse. Ele levou isso tão a sério, que, sentindo-se incapaz de penetrar seu sentido, buscou o conselho de seus amigos e fez uma séria e solene consulta no locutório de São José, da qual tomaram parte Julián de Ávila, Francisco de Salcedo, São João da Cruz e as monjas do mosteiro. As respostas foram enviadas à Madre Teresa, que se encontrava em Toledo. Não se conserva nenhuma delas, exceto a de Lorenzo de Cepeda. Conserva-se o parecer da Santa às respostas neste escrito intitulado *Certame*, jargão literário de seu tempo.

A Santa formula ironicamente seu parecer, a partir de um critério original. Sua graça e ironia folgazã transbordam em cada palavra. Antecede uma breve introdução e segue, em ordem, o ditado da sentença contra os quatro: Salcedo, Julián de Ávila, São João da Cruz e Lorenzo de Cepeda.

O texto autógrafo da Santa se conserva nas Carmelitas Descalças de Guadalajara, exceto a resposta a Lorenzo (n. 8-9). Sobre ele se baseia nossa edição. Os últimos números, nós os tomamos da primeira edição do *Certame*, feita por Palafox no tomo I das cartas da Santa (Zaragoza 1658, pp. 54-59), corrigida pelo ms. 12.674 da Biblioteca Nacional de Madri.

INTRODUÇÃO

JHS

Sobre as palavras "busca-te em mim"

1. Se não fosse por obediência, eu com certeza não responderia nem aceitaria a judicatura, por algumas razões; não porém pelo motivo alegado pelas irmãs daqui, que é estar meu irmão entre os opositores, como se a afeição levasse a torcer a justiça. A todos quero muito, por me terem ajudado a levar meus trabalhos. Meu irmão chegou já ao fim para beber do cálice, embora tenha alcançado alguma parte e alcançará ainda mais, com o favor do Senhor. Ele me dê graça para não dizer algo que possa ser denunciado à Inquisição, pois não sei como me anda a cabeça, depois das muitas cartas e negócios que escrevi de ontem à noite para cá. Mas a obediência tudo pode e assim farei o que vossa senhoria manda, bem ou mal. Tive desejo de divertir-me um pouco com os papéis e não pude deixar de fazê-lo.

De Francisco de Salcedo

2. Ao que parece, o mote é do Esposo de nossas almas, que diz: "Busca-te em mim". Sinal de que o senhor Francisco de Salcedo erra quando insiste em pôr Deus em todas as coisas. Sabido é que está em todas elas.

3. Também fala muito de entendimento e de união. Já se sabe que na união o entendimento não atua. Se não atua, pois, como há de buscar? Aquilo que diz David: *ouvirei o que Deus fala em mim* contentou-me muito, porque isto de paz nas potências — que é o que entendo por povo — é muito de estimar.

Mas não tenho intenção de falar melhor do que já falaram; e assim digo que não está bem, porque a letra não diz "ouçamos", mas "busquemos".

4. E o pior de tudo é que, se não se desdiz, terei de denunciá-lo à Inquisição, que está perto. Porque depois de encher todo o papel dizendo: isto se diz de São Paulo e do Espírito Santo, afirma ter assinado tolices. Emende-se logo; senão verá o que acontece.

Do Padre Julián de Ávila

5. Começou bem e acabou mal; e por isso não merece elogio. Porque não se lhe pede que diga como se junta a luz incriada e criada, e sim que nos busquemos em Deus. Nem lhe perguntamos o que sente uma alma quando está tão unida com o seu Criador. Se está tão unida com ele, como entende se se diferencia ou não? Pois ali, penso eu, não há entendimento para essas disputas; porque se o houvesse, bem se poderia entender a diferença que há entre o Criador e a criatura. Também diz: quando está "purificada". Creio que não bastam aqui virtudes nem purificações, porque é coisa sobrenatural dada por Deus a quem Ele quer; e, se algo dispõe, é o amor. Mas eu lhe perdoo, seus erros, porque não foi tão longe quanto o meu Padre frei João da Cruz.

Do Padre João da Cruz

6. Dá muito boa doutrina em sua resposta, para quem quiser fazer os exercícios que se fazem na Companhia de Jesus, não para o nosso propósito. Caro seria não poder buscar a Deus senão quando estivéssemos mortos para o mundo. Não o estava a Madalena, nem a Samaritana, nem a Cananeia, quando O encontraram.

Também fala muito de fazer-se uma mesma coisa com Deus em união; mas quando isso vem a acontecer e Deus faz essa mercê à alma, não diz que O busquem, pois já O encontraram.

7. Deus me livre de gente tão espiritual que de tudo quer fazer contemplação perfeita, dê no que der. Contudo lhe agradecemos de nos ter dado tão bem a entender o que não perguntamos. Por isso é sempre bom falar de Deus que, de onde não pensamos, nos vem o proveito.

Do Sr. Lorenzo de Cepeda, seu irmão

8. O mesmo aconteceu ao Sr. Lorenzo de Cepeda, a quem agradecemos muito suas estrofes e respostas. Disse mais do que entende. Mas pela recreação que nos deu com elas, perdoamos-lhe a pouca humildade em meter-se em coisas tão subidas, como diz a sua resposta, e pelo bom conselho que dá — sem que lhe tenha sido pedido — que tenham oração de quietude, como se estivesse em seu poder!

Já se sabe a pena a que se obriga quem isso faz. Praza a Deus se lhe pague algo em estar junto do mel, que muito consolo me dá, embora veja que teve muita razão de se envergonhar. Aqui não se pode julgar melhoras pois em tudo há falta sem haver injustiça.

9. Mande vossa senhoria que se emendem; que eu me emendarei em não me parecer pouco humilde, como meu irmão. Todos esses senhores são tão divinos, que perderam por carta a mais; porque — como tenho dito — Deus não dirá a quem alcança o favor de ter a alma unida com Ele que O busque, pois já O possui.

Beijo as mãos de vossa senhoria, muitas vezes pelo favor que me fez com sua carta. Para não cansar mais vossa senhoria com esses desatinos, nada escrevo agora.

Indigna serva e súdita de vossa senhoria,

TERESA DE JESUS, CARMELITA.

RESPOSTA A UM DESAFIO

INTRODUÇÃO

Brevíssimo escrito, espécie de versão literária, para o campo espiritual, dos antigos torneios ou justas de cavalaria, muito difundida nos primeiros tempos da Reforma.

Um cavaleiro (talvez Padre Gracián, jovem noviço em Pastrana), secundado por outros "cavaleiros e filhas da Virgem", envia um desafio às monjas da Encarnação. Elas aceitam o repto e respondem, dispostas a entrar na liça.

Desconhecemos o texto do desafio, que sem dúvida incluía arrogantes penitências, alheias à discrição e ao estilo pedagógico teresiano. As respostas se situam num nível menos espetacular e mais autêntico. São vinte e quatro, das quais vinte e duas correspondem ao empenho espiritual das monjas da Encarnação; a última, a mais humorística da série, é a resposta da Madre Priora, Teresa de Jesus, precedida em alguns números por um "aventureiro" que se dirige ao "mestre de campo", que com toda probabilidade oculta a figura de frei João da Cruz, então confessor do mosteiro.

O escrito data provavelmente de fins de 1572 ou princípios de 1573.

Até o século XVIII, o autógrafo se conservava no mosteiro das Carmelitas Descalças de Burgos e de Guadalajara. Perdido em data e circunstâncias desconhecidas, resta uma cópia na Biblioteca Nacional de Madri, ms. 6615, obtida do original já incompleto.

Damos o texto da Biblioteca Nacional de Madri.

RESPOSTA A UM DESAFIO

1. Tendo visto o desafio, parecia que nossas forças não seriam suficientes para poder entrar em campo contra tão valorosos e esforçados cavaleiros. Eles certamente alcançariam vitória e nos deixariam completamente despojadas de nossos bens, além de acovardadas para não fazer esse pouco que podemos. Diante disso, nenhuma assinou; Teresa de Jesus muito menos. Essa é a verdade sem disfarce.

2. Combinamos fazer o que nossas forças permitissem e, exercitando-nos alguns dias nessas gentilezas, pode ser que, com o favor e ajuda dos que quiserem tomar parte delas, possamos dentro de alguns dias firmar o desafio.

3. Nossa condição é que o mantenedor não dê as costas enquanto estiver metido nessas covas, mas que venha ao campo deste mundo onde estamos. Pode ser que — vendo-se sempre em guerra onde não possa baixar armas nem descuidar-se um só instante para descansar em segurança — não fique tão furioso. Porque há grande distância entre um e outro e entre falar e agir. Entendemos um pouco a diferença que há nisso.

4. Saia, saia dessa vida deleitosa, ele e seus companheiros. Pode ser que comecem a tropeçar e a cair tão cedo que seja preciso ajudá-los a levantar-se. É terrível estar sempre em perigo e carregados de armas e sem comer. E visto que o mantenedor providenciou isso tão abundantemente, com presteza envie o mantimento que promete. Se ganhar de nós pela fome, ganhará pouca honra e nenhum proveito.

5. Qualquer cavaleiro ou filhas da Virgem que a cada dia rogar ao Senhor que tenha em sua graça irmã Beatriz Juárez, levando-a a não falar inadvertidamente e só o que sirva para Sua glória, lhe dá dois anos do que mereceu cuidando de enfermas muito graves.

6. Irmã Ana de Vergas promete que, se os cavaleiros e irmãos mencionados pedirem ao Senhor que a livre de uma contradição que a persegue e lhe dê humildade, lhes dará todo o mérito que com isso ganhar, se o Senhor conceder-lhe.

7. A Madre Superiora diz que os mencionados peçam ao Senhor que lhe tire sua vontade própria, e lhes dará o que tiver merecido em dois anos: chama-se Isabel de la Cruz.

8. Irmã Sebastiana Gómez promete aplicar a qualquer um dos mencionados que mirar o crucifixo três vezes ao dia pelas três horas em que o Senhor esteve na cruz, para que ela alcance vencer uma grande paixão que lhe atormenta a alma, o mérito que ganhar (se o Senhor a atender) do vencimento da paixão.

9. Madre María de Tamayo dará a qualquer dos mencionados que rezar todo dia um pai-nosso e uma ave-maria para que o Senhor lhe dê paciência e conformidade para sofrer a enfermidade, a terça parte do que padece no dia em que rezarem; e vive em estado muito grave, não podendo falar há já um ano ou mais.

10. Irmã Ana de la Miseria promete dar a quem, dentre os cavaleiros e filhas da Virgem, considerando a pobreza em que Jesus Cristo nasceu e morreu, pedir a sua Majestade que lhe dê espiritualmente o que lhe prometeu, todo o mérito que tiver diante do Senhor, excetuando as faltas que comete em Seu serviço.

11. Irmã Isabel de Santángelo dá parte dos trabalhos de alma que tem enfrentado a quem, dentre os cavaleiros e filhas da Virgem, acompanhar o Senhor nas três horas em que esteve vivo na cruz, para que ela alcance de sua Majestade lhe dê a graça de guardar os três votos com perfeição.

12. Irmã Beatriz Remón promete dar a qualquer irmã ou filha da Virgem um ano do que merecer, se a cada dia pedir que ela alcance humildade e obediência.

13. Irmã María de la Cueva dá a qualquer cavaleiro ou filha de Nossa Senhora três anos do que mereceu (sei que é bastante, porque passa por grandes trabalhos interiores) a quem pedir por ela fé e luz, todo dia, e graça.

14. Irmã María de San José promete dar um ano do que mereceu a qualquer dos mencionados que pedir por ela ao Senhor humildade e obediência.

15. Irmã Catalina Alvarez promete dar a quem pedir por ela ao Senhor conhecimento próprio um ano dos que padeceu, que é bastante.

16. Irmã Leonor de Contreras promete rezar por qualquer cavaleiro ou irmã que peça a Nossa Senhora lhe alcance graça de seu Filho para que O sirva e persevere, três salves a cada dia enquanto viver, e assim hão de pedir por ela todo dia.

17. Irmã Ana Sánchez diz que rezará, todo dia, por qualquer cavaleiro ou filha da Virgem que peça cada dia ao Senhor lhe dê seu amor, três ave-marias e a limpeza de Nossa Senhora.

18. Irmã Maria Gutiérrez promete dar a cada um dos mencionados parte de tudo o que merecer diante do Senhor, desde que peçam por ela amor de Deus perfeito, e perseverança.

19. Irmã María Cimbrón diz que os mencionados tomem parte no que padecer, e que cada dia peçam boa morte para ela; e está sem poder levantar-se da cama, e até o fim.

20. Irmã Inés Diaz promete rezar, todo dia, por qualquer um dos mencionados que pedirem por ela parte do sentimento que a Virgem teve aos pés da cruz, cinco pais-nossos e cinco ave-marias, se a cada dia o pedirem.

21. Irmã Juana de Jesus promete dar a qualquer dos cavaleiros e irmãs mencionados que pedirem ao Senhor, cada dia, contrição de seus pecados, parte dos muitos trabalhos e afrontas que por eles padeceu, que são certamente muitos.

22. Irmã Ana de Torres promete dar aos mencionados o que merecer este ano, para que peçam a cada dia [ao Senhor] que pelo tormento que padeceu quando o cravaram, lhe dê graça para que acerte em servir, e obediência.

23. Irmã Catalina de Velasco promete dar a qualquer dos mencionados que pedir ao Senhor, pela dor que sofreu quando O cravaram na cruz, que lhe dê a graça de não ofendê-Lo e que se vá aumentando nossa Ordem, os momentos em que permanece com Nossa Senhora a cada dia: são certamente muitos.

24. Irmã Jerónima de la Cruz promete rezar por qualquer um dos mencionados que pedir por ela humildade e paciência e luz para servir ao Senhor, três credos todo dia e um ano dos trabalhos que padeceu. Peça-se todos os dias.

25. Um aventureiro diz que se o Mestre de campo lhe alcançar do Senhor a graça de que precisa para perfeitamente servi-Lo em tudo o que a obediência mandar, lhe dará todo o mérito que ganhar este ano, servindo-O nela.

26. Irmã Estefanía Samaniego promete rezar, todos os dias, por qualquer cavaleiro e filhas da Virgem que pedir a Nosso Senhor que O Sirva e não O ofenda e lhe dê fé viva e mansidão, a oração do Nome de Jesus e os méritos de um ano das enfermidades e tentações por que passar.

27. Irmã Antonia del Aguila promete dar a qualquer cavaleiro e filhas da Virgem que a cada dia se recordar de suas angústias, cada dia um pouco, e pedir: remédio para uma grande necessidade que leva em su'alma, pela vida de nossa Madre Priora Teresa de Jesus e pelo aumento de nossa Ordem, a terça parte de seus trabalhos e enfermidades por toda a sua vida.

28. Teresa de Jesus promete dar a qualquer cavaleiro da Virgem que fizer um só ato a cada dia, determinado a satisfazer, durante toda a sua vida, por um prelado néscio, vicioso, glutão e mal preparado, no dia em que o fizer, a metade do que merecer naquele dia, tanto na comunhão como nas grandes dores que suporta: tudo enfim, o que será ainda muito pouco. Há de considerar a humildade com que o Senhor esteve diante dos juízes e como foi obediente até a morte de cruz. Esse é um contrato de um mês e meio.

POESIAS

Colaboração:
Durval de Morais e Manuel Bandeira

INTRODUÇÃO

A própria Madre confessa não ser poeta, mas sabe por experiência que há uma presença de Deus que "desatina e embriaga" e desencadeia a torrente milagrosa dos versos:

"Sei de alguém [ela mesma] que, não sendo poeta, improvisava estrofes muito sentidas, declarando seu penar, não usando para isso o intelecto" (*Vida* 16, 4). Mas os seus contemporâneos testemunham que é poetisa, não apenas quando o transe misterioso desencadeia esses ímpetos. O gosto pela poesia é qualidade bem característica de sua personalidade rica, pronta, aberta ao estímulo de mil situações nas quais pressinta o despertar da beleza.

Na poesia, dá-se o mesmo que ocorre na prosa: ela não tem preocupações acadêmicas. Escreve com simplicidade e espontaneidade, na mais apurada lírica popular, cuja temática conhece e consegue verter para o divino. Os temas de suas poesias são os mais variados: místicos, humorísticos, canções de Natal, dedicatórias familiares, formando um *corpus* poético muito limitado, mas com certeza anteriormente muito mais amplo e copioso.

O caráter ocasional dessas composições e sua destinação às celebrações domésticas da comunidade fizeram com que os autógrafos não chegassem até nós.

As edições modernas seguem baseando-se na cópia realizada no século XVIII por Padre Andrés de la Encarnación, atualmente conservada no ms. 1400 da Biblioteca Nacional de Madri.

I
Aspiraciones de Vida Eterna

Vivo sin vir en mí,
Y tan alta vida espero,
Que muero porque no muero.

Vivo ya fuera de mí,
Después que muero de amor;
Porque vivo en el Señor,
Que me quiso para sí:
Cuando el corazón le di
Puso en él este letrero,
Que muero porque no muero.

Esta divina prisión,
Del amor con que yo vivo,
Ha hecho a Dios mi cautivo,
Y libre mi corazón;
Y causa en mí tal pasión
Ver a Dios mi prisionero,
Que muero porque no muero.

¡Ay, qué larga es esta vida!
¡Qué duros estos destierros!
Esta cárcel, estos hierros
En que el alma está metida!
Sólo esperar la salida
Me causa dolor tal fiero,
Que muero porque no muero.

¡Ay, qué vida tan amarga
Do no se goza el Señor!
Porque si es dulce el amor,
No lo es la esperanza larga:
Quíteme Dios esta carga,
Más pesada que el acero,
Que muero porque no muero.

Sólo con la confianza
Vivo de que he de morir,
Porque muriendo el vivir
Me asegura mi esperanza;
Muerte do el vivir se alcanza,
No te tardes, que te espero,
Que muero porque no muero.

I
Aspirações à Vida Eterna[1]

Vivo sem em mim viver,
E tão alta vida espero,
Que morro de não morrer.

Já fora de mim vivi
Desde que morro de amor;
Porque vivo no Senhor,
Que me escolheu para Si.
O coração lhe rendi,
E nele quis escrever
Que morro de não morrer.

Esta divina prisão
De amor, em que sempre vivo,
Faz a Deus ser meu cativo,
E livre meu coração;
E causa em mim tal paixão
Deus prisioneiro em mim ver,
Que morro de não morrer.

Ai! como é larga esta vida
E duros estes desterros!
Este cárcere, estes ferros
Em que a alma vive metida!
Só de esperar a saída
Me faz tanto padecer,
Que morro de não morrer.

Ai! como a existência é amarga
Sem o gozo do Senhor!
Se é doce o divino amor,
Não o é a espera tão larga:
Tire-me Deus esta carga
Tão pesada de sofrer,
Que morro de não morrer.

Só vivo pela confiança
De que um dia hei de morrer;
Morrendo, o eterno viver
Tem, por seguro, a esperança.
Ó morte que a vida alcança,
Não tardes em me atender,
Que morro de não morrer.

---

1. Esta poesia é a conhecida "Glosa de S. Teresa".

Mira que el amor es fuerte;
Vida, no me seas molesta,
Mira que sólo me resta,
Para ganarte, perderte;
Venga ya la dulce muerte,
El morir venga ligero,
Que muero porque no muero.

Aquella vida de arriba,
Que es la vida verdadera,
Hasta que esta vida muera,
No se goza estando viva:
Muerte, no me seas esquiva;
Viva muriendo primero,
Que muero porque no muero.

Vida, ¿qué puedo yo darle
A mi Dios, que vive en mí,
Si no es perderte a ti,
Para mejor a El gozarle?
Quiero muriendo alcanzarle
Pues a El solo es el que quiero,
Que muero porque no muero.

Estando ausente de ti,
¿Qué vida puedo tener?
Sino muerte padecer
La mayor que nunca vi:
Lástima tengo de mí,
Por ser mi mal tan entero,
Que muero porque no muero.

El pez que del agua sale
Aun de alivio no carece,
A quien la muerte padece
Al fin la muerte le vale:
¿Qué muerte habrá que se iguale
A mi vivir lastimero?
Que muero porque no muero.

Cuando me empiezo a aliviar
Viéndote en el Sacramento,
Me hace más sentimiento
El no poderte gozar:
Todo es para más penar,
Por no verte como quiero,
Que muero porque no muero.

Olha que o amor é bem forte!
Vida, não sejas molesta;
Vê: para ganhar-te resta
Só perder-te: — feliz sorte!
Venha já tão doce morte;
Venha sem mais se deter,
Que morro de não morrer.

Lá no Céu, definitiva,
É que a vida é verdadeira;
Durante esta, passageira,
Não a goza a alma cativa.
Morte, não sejas esquiva;
Mata-me, para eu viver,
Que morro de não morrer.

Ó vida, que posso eu dar
A meu Deus, que vive em mim,
A não ser perder-te, a fim
De o poder melhor gozar?
Morrendo o quero alcançar,
E não tenho outro querer;
Que morro de não morrer.

Se ausente de meu Deus ando[2],
Que vida há de ser a minha
Senão morte, a mais mesquinha,
Que mais me vai torturando?
Tenho pena de mim, quando
Me vejo em tanto sofrer,
Que morro de não morrer.

Já de alívio não carece
O peixe em saindo da água,
Pois tem fim toda outra mágoa
Quando a morte se padece.
Pior que morrer parece
Meu lastimoso viver,
Que morro de não morrer.

Se me começo a aliviar
Ao ver-te no Sacramento,
Vem-me logo o sentimento
De não te poder gozar.
Tudo aumenta o meu penar,
Por tão pouco assim te ver,
Que morro de não morrer.

---

2. Em alguns manuscritos antigos encontram-se mais estas estrofes.

Cuando me gozo, Señor,	Quando me alegro, Senhor,
Con esperanza de verte,	Pela esperança de ver-te,
Viendo que puedo perderte,	Penso que posso perder-te,
Se me dobla mi dolor:	E se dobra a minha dor:
Viviendo en tanto pavor,	E vivo em tanto pavor,
Y esperando como espero,	Sem na espera esmorecer,
Que muero porque no muero.	*Que morro de não morrer.*
Sácame de aquesta muerte,	Oh! tira-me desta morte,
Mi Dios, y dame la vida,	E dá-me, Deus meu, a vida;
No me tengas impedida	Não me tenhas impedida
En este lazo tan fuerte:	Por este laço tão forte.
Mira que muero por verte,	Morro por ver-te, de sorte
Y vivir sin ti no puedo,	Que sem ti não sei viver,
Que muero porque no muero.	*E que morro de não morrer.*
Lloraré mi muerte ya,	Choro a minha morte já;
Y lamentaré mi vida,	E lamento a minha vida,
En tanto que detenida	Enquanto presa e detida
Por mis pecados está.	Por meus pecados está.
Oh, mi Dios, ¿cuando será,	Ó meu Deus, quando será
Cuando yo diga de vero,	Que eu possa mesmo dizer
Que muero porque no muero?	*Que morro de não morrer?*

II

En las Manos de Dios

II

Nas Mãos de Deus

Vuestra soy, para Vos nací,	*Sou vossa, sois o meu Fim:*
¿Qué mandáis hacer de mí?	*Que mandais fazer de mim?*
Soberana Majestad,	Soberana Majestade
Eterna Sabiduría,	E Sabedoria Eterna,
Bondad buena al alma mía;	Caridade a mim tão terna,
Dios, alteza, un ser, bondad,	Deus uno, suma Bondade,
La gran vileza mirad	Olhai que a minha ruindade,
Que hoy os canta amor así:	Toda amor, vos canta assim:
¿Qué mandáis hacer de mí?	*Que mandais fazer de mim?*
Vuestra soy, pues me criastes,	Vossa sou, pois me criastes,
Vuestra, pues me redimistes,	Vossa, porque me remistes,
Vuestra, pues que me sufristes,	Vossa, porque me atraístes
Vuestra, pues que me llamastes,	E porque me suportastes;
Vuestra, porque me esperastes,	Vossa, porque me esperastes
Vuestra, pues no me perdí.	E me salvastes, por fim:
¿Qué mandáis hacer de mí?	*Que mandais fazer de mim?*
¿Qué mandáis, pues, buen Señor,	Que mandais, pois, bom Senhor,
Que haga tan vil criado?	Que faça tão vil criado?
¿Cuál oficio le habéis dado	Qual o ofício que haveis dado
A este esclavo pecador?	A este escravo pecador?

Veisme aquí, mi dulce Amor,
Amor, dulce, veisme aquí.
¿Qué mandáis hacer de mí?

Veis aquí mi corazón,
Yo le pongo en vuestra palma,
Mi cuerpo, mi vida y alma,
Mis entrañas y afición;
Dulce Esposo y redención,
Pues por vuestra me ofrecí.
¿Qué mandáis hacer de mí?

Dadme muerte, dadme vida:
Dad salud o enfermedad,
Honra o deshonra me dad,
Dadme guerra o paz crecida,
Flaqueza o fuerza cumplida,
Que a todo digo que sí,
¿Qué mandáis hacer de mí?

Dadme riqueza o pobreza,
Dad consuelo o desconsuelo,
Dadme alegría o tristeza,
Dadme infierno, o dadme cielo,
Vida dulce, sol sin velo,
Pues del todo me rendí.
¿Qué mandáis hacer de mí?

Si queréis, dadme oración,
Si no, dadme sequedad,
Si abundancia y devoción,
Y si no esterilidad.
Soberana Majestad,
Sólo hallo paz aquí,
¿Qué mandáis hacer de mí?

Dadme, pues, sabiduría,
O por amor, ignorancia,
Dadme años de abundancia,
O de hambre y carestía;
Dad tiniebla o claro día,
Revolvedme aquí o allí
¿Qué mandáis hacer de mí?

Si queréis que esté holgando,
Quiero por amor holgar.
Si me mandáis trabajar,
Morir quiero trabajando.
Decid, ¿dónde, cómo y cuándo?
Decid, dulce Amor, decid.
¿Qué mandáis hacer de mí?

Amor doce, doce Amor,
Vede-me aqui, fraca e ruim:
Que mandais fazer de mim?

Eis aqui meu coração:
Deponho-o na vossa palma;
Minhas entranhas, minha alma,
Meu corpo, vida e afeição.
Doce Esposo e Redenção,
A vós entregar-me vim:
Que mandais fazer de mim?

Morte dai-me, dai-me vida;
Saúde ou moléstia dai-me;
Honra ou desonra mandai-me;
Dai-me paz ou guerra e lida.
Seja eu fraca ou destemida,
A tudo direi que sim:
Que mandais fazer de mim?

Dai-me riqueza ou pobreza,
Exaltação ou labéu;
Dai-me alegria ou tristeza,
Dai-me inferno ou dai-me céu;
Doce vida, sol sem véu,
Pois me rendi toda, enfim:
Que mandais fazer de mim?

Se quereis, dai-me oração;
Se não, dai-me soledade;
Abundância e devoção,
Ou míngua e esterilidade.
Soberana Majestade,
A paz só encontro assim:
Que mandais fazer de mim?

Dai-me, pois, sabedoria,
Ou, por amor, ignorância;
Anos dai-me de abundância,
Ou de fome e carestia;
Dai-me treva ou claro dia,
Vicissitudes sem fim:
Que mandais fazer de mim?

Se me quereis descansando,
Por amor o quero estar;
Se me mandais trabalhar,
Morrer quero trabalhando.
Dizei: onde? como? e quando?
Dizei, doce Amor, por fim:
Que mandais fazer de mim?

Dadme Calvario o Tabor, Desierto o tierra abundosa, Sea Job en el dolor, O Juan que al pecho reposa; Se viña frutuosa O estéril, si cumple así. ¿Qué mandáis hacer de mí?	Dai-me Calvário ou Tabor; Deserto ou terra abundante; Seja eu como Jó na dor, Ou João sobre o peito amante; Seja vinha luxuriante Ou, se quereis, vinha ruim: Que mandais fazer de mim?
Sea José puesto en cadenas, O de Egipto Adelantado, O David sufriendo penas, O ya David encumbrado, Sea Jonás anegado, O libertado de allí, ¿Qué mandáis hacer de mí?	Ou José encarcerado, Ou José Senhor do Egito; Ou David sofrendo, aflito, Ou David já sublimado; Ou Jonas ao mar lançado, Ou Jonas salvo, por fim. Que mandais fazer de mim?
Esté callando o hablando, Haga fruto o no le haga, Muéstrame la Ley mi llaga, Goce de Evangelio blando; Esté penando o gozando, Sólo Vos en mí vivid, ¿Qué mandáis hacer de mí?	Já calada, já falando, Traga frutos ou não traga, Veja eu na Lei minha chaga, Ou goze Evangelho brando; Quer fruindo, quer penando, Sede a minha vida, enfim! Que mandais fazer de mim?
Vuestra soy, para Vos nací, *¿Qué mandáis hacer de mí?*	*Pois sou vossa, e Vós meu Fim:* *Que mandais fazer de mim?*

III

Sobre aquellas Palabras:
"Dilectus meus mihi"

III

Sobre aquelas Palavras:
"Dilectus meus mihi"[1]

Yo toda me entregué y dí, *Y de tal suerte he trocado,* *Que mi Amado para mí.* *Y yo soy para mí Amado.*	*Entreguei-me toda, e assim* *Os corações se hão trocado:* *Meu amado é para mim,* *E eu sou para meu Amado.*
Cuando el dulce Cazador Me tiró y dejó rendida, En los brazos del amor Mi alma quedó caída Y cobrando nueva vida De tal manera he trocado, *Que mi Amado para mí* *Y yo soy para mi Amado.*	Quando o doce Caçador Me atingiu com sua seta, Nos meigos braços do Amor Minh'alma aninhou-se, quieta. E a vida em outra, seleta, Totalmente se há trocado: *Meu Amado é para mim,* *E eu sou para meu Amado.*
Tiróme con una flecha Enerbolada de amor,	Era aquela seta eleita Ervada em sucos de amor,

---

1. Ct 2,16.

Y mi alma quedó hecha
Una con su Criador;
Ya yo no quiero otro amor,
Pues a mi Dios me he entregado,
Y mi Amado para mí
Y yo soy para mi Amado.

IV
Coloquio Amoroso

Si el amor que me tenéis,
Dios mío, es como el que os tengo;
Decidme ¿en qué me detengo?
O Vos ¿en qué os detenéis?
— Alma ¿qué quieres de mí?
— Dios mío, no más que verte.
— Y ¿qué temes más de ti?
— Lo que más temo es perderte.

Un alma en Dios escondida
¿Qué tiene que desear,
Si no amar y más amar,
Y en amor toda encendida
Tornarte de nuevo a amar?
Un amor que ocupe os pido,
Dios mío, mi alma os tenga,
Para hacer un dulce nido
Adonde más la convenga.

V
Feliz el que Ama a Dios

Dichoso el corazón enamorado
Que en sólo Dios ha puesto el pensamiento,
Por Él renuncia todo lo criado,
Y en Él halla su gloria y su contento.
Aun de sí mismo vive descuidado,
Porque en su Dios está todo su intento,
Y así alegre pasa y muy gozoso
Las ondas deste mar tempestuoso.

VI
Ante la Hermosura de Dios

¡Oh Hermosura que excedéis
A todas las hermosuras!
Sin herir dolor hacéis,
Y sin dolor deshacéis
El amor de las criaturas.

E minha alma ficou feita
Uma com o seu Criador.
Já não quero eu outro amor,
Que a Deus me tenho entregado:
Meu Amado é para mim,
E eu sou para meu Amado.

IV
Colóquio Amoroso

Deus meu, se o amor que me tendes
É como o amor que vos tenho,
Dizei: por que me detenho?
Ou Vós, por que vos detendes?
— Alma, que queres de mim?
— Deus meu, não mais do que ver-vos.
— E tu temes? Como assim?
— O que mais temo é perder-vos.

Uma alma em Deus escondida,
Que mais tem que desejar?
Senão sempre amar e amar,
E, no amor toda incendida,
Tornar-vos de novo a amar?
Oh! dai-me, Deus meu, carinho!
Oh! dai-me amor abrasado,
E eu farei um doce ninho
Onde for de vosso agrado.

V
Feliz o que Ama a Deus

Ditoso o coração enamorado
Que só em Deus coloca o pensamento;
Por Ele renuncia a todo o criado,
Nele acha glória, paz, contentamento.
Vive até de si mesmo descuidado,
Pois no seu Deus traz todo o seu intento.
E assim transpõe sereno e jubiloso
As ondas deste mar tempestuoso.

VI
Ante a Formosura de Deus

Formosura que excedeis
A todas as formosuras,
Sem ferir, que dor fazeis!
E sem magoar desfazeis
O amor pelas criaturas!

Oh ñudo que así juntáis
Dos cosas tan desiguales,
No sé por qué os desatáis,
Pues atado fuerza dais
A tener por bien los males.

Juntáis quien no tiene ser
Con el Ser que no se acaba:
Sin acabar acabáis,
Sin tener que amar amáis,
Engrandecéis nuestra nada.

VII
Ayes del Destierro

¡Cuán triste es, Dios mío,
La vida sin ti!
Ansiosa de verte,
deseo morir.

Carrera muy larga
Es la de este suelo,
Morada penosa,
Muy duro destierro.
¡Oh dueño adorado!
Sácame de aquí.
Ansiosa de verte,
deseo morir.

Lúgubre es la vida,
Amarga en extremo;
Que no vive el alma
Que está de ti lejos.
¡Oh dulce bien mío,
Que soy infeliz!
Ansiosa de verte,
deseo morir.

¡Oh muerte benigna,
Socorre mis penas!
Tus golpes son dulces,
Que el alma libertan.
¡Qué dicha, oh, mi amado,
Estar junto a Ti!
Ansiosa de verte,
deseo morir.

El amor mundano
Apega a esta vida;
El amor divino

Ó Laço que assim juntais
Dois seres tão diferentes,
Por que é que vos desatais
Se, atado, em gozos trocais
As dores as mais pungentes?

Ao que não tem ser, juntais
Com quem é Ser por essência;
Sem acabar, acabais;
Sem ter o que amar, amais;
E nos ergueis da indigência.

VII
Ais do Desterro

Sem Ti como é triste,
Meu Deus, o viver!
Com ânsias de ver-te,
Desejo morrer!

Ai! como na terra
Longa é a nossa estrada!
É duro desterro,
Penosa morada;
Leva-me daqui,
Senhor de meu ser!
Com ânsias de ver-te,
Desejo morrer!

Ai! mundo tão triste
Em que me perdi!
Pois a alma não vive
Se longe de ti.
Meu doce Tesouro,
Que amargo sofrer!
Com ânsias de ver-te,
Desejo morrer!

Ó morte benigna
Põe termo a meus males!
Só tu, com teus golpes
Tão doces, nos vales.
Que ventura, ó Amado,
Contigo viver!
Com ânsias de ver-te,
Desejo morrer!

O amor que é mundano
Se apega a esta vida;
Mas o amor divino

Por la otra suspira.
Sin ti, Dios eterno,

¿Quién puede vivir?
Ansiosa de verte,
deseo morir.

La vida terrena
Es continuo duelo;
Vida verdadera
La hay sólo en el Cielo.
Permite, Dios mío,
Que viva yo allí.
Ansiosa de verte,
deseo morir.

¿Quién es el que teme
La muerte del cuerpo,
Si con ella logra
Un placer inmenso?
¡Oh! sí, el de amarte,
Dios mío, sin fin.
Ansiosa de verte,
deseo morir.

Mi alma afligida
Gime y desfallece.
¡Ah! ¿Quién de su amado
Puede estar ausente?
Acabe ya, acabe
Aqueste sufrir.
Ansiosa de verte,
deseo morir.

El barbo cogido
En doloso anzuelo,
Encuentra en la muerte
El fin del tormento.
¡Ay! también yo sufro,
Bien mío, sin ti,
Ansiosa de verte,
deseo morir.

En vano mi alma
Te busca, oh mi dueño;
Tú siempre invisible
No alivias su anhelo.
¡Ay! esto la inflama
Hasta prorrumpir:
Ansiosa de verte,
deseo morir.

À outra nos convida.
Sem Ti, Deus eterno,

Quem pode viver?
Com ânsias de ver-te,
Desejo morrer!

A vida terrena
É engano bem triste;
Vida verdadeira
Só no Céu existe.
Deus meu, lá, contigo,
Oh! dá-me viver!
Com ânsias de ver-te,
Desejo morrer!

Quem é que ante a morte,
Deus meu, teme, aflito,
Se alcança por ela
Um gozo infinito?
Oh! sim o de amar-te
Sem mais te perder!
Com ânsias de ver-te,
Desejo morrer!

Ai! minha alma geme
Tristissimamente…
Quem de seu Amado
Pode estar ausente?
Acabe depressa
Tão duro sofrer!
Com ânsias de ver-te,
Desejo morrer!

O peixe colhido
No anzol fraudulento
Encontra na morte
O fim do tormento.
Ai! gemo e definho,
Bem meu, sem te ver,
Com ânsias de ver-te,
Desejo morrer!

Em vão te procuro,
Pois nunca te vejo;
Jamais alivias,
Senhor, meu desejo.
Ah! isto me inflama
E obriga a gemer:
Com ânsias de ver-te,
Desejo morrer!

¡Ay! cuando te dignas Entrar en mi pecho, Dios mío, al instante El perderte temo. Tal pena me aflige, Y me hace decir: *Ansiosa de verte,* *deseo morir.*	Ai! quando a meu peito Vens na Eucaristia, Deus meu, logo temo Perder-te algum dia; Tal pena me aflige E impele a dizer: *Com ânsias de ver-te,* *Desejo morrer!*
Haz, Señor, que acabe Tan larga agonía; Socorre a tu sierva Que por ti suspira. Rompe aquestos hierros Y sea feliz. *Ansiosa de verte,* *deseo morir.*	Põe termo a estas penas, Senhor, e retira Do exílio esta serva Que por Ti suspira. Quebrados meus ferros, Feliz irei ser. *Com ânsias de ver-te,* *Desejo morrer!*
Mas no, dueño amado, Que es justo padezca; Que expíe mis yerros, Mis culpas inmensas. ¡Ay! logren mis lágrimas Te dignes oír *Que ansiosa de verte,* *deseo morir.*	Mas justo é que eu sofra Por tantas ofensas, E expie meus erros E culpas imensas. Ai! logre meu pranto Fazer-te entender *Que em ânsias de ver-te,* *Desejo morrer!*

VIII

Buscando a Dios

Alma, buscarte has en Mí,
Y a Mí buscarme has en ti.

De tal suerte pudo amor,
Alma, en mí te retratar,
Que ningún sabio pintor
Supiera con tal primor
Tal imagen estampar.

Fuiste por amor criada
Hermosa, bella, y así
En mis entrañas pintada,
Si te perdieres, mi amada,
Alma, buscarte has en Mí.

Que yo sé que te hallarás
En mi pecho retratada,
Y tan al vivo sacada,
Que si te ves te holgarás
Viendote tan bien pintada.

VIII

Buscando a Deus

Alma, te buscarás em Mim,
E a Mim me buscarás em ti.

De tal sorte pôde o amor,
Alma, em mim te retratar,
Que nenhum sábio pintor
Soubera com tal primor
Tua imagem estampar.

Foste por amor criada,
Bonita e formosa, e assim
Em meu coração pintada,
Se te perderes, amada,
Alma, te buscarás em Mim.

Porque sei que te acharás
Em meu peito retratada,
Tão ao vivo debuxada,
Que, em te olhando, folgarás
Vendo-te tão bem pintada.

Y si acaso no supieres
Donde me hallarás a Mí;
No andes de aquí para allí,
Sino, si hallarme quisieres
A *Mí buscarme has en ti.*

Porque tú eres mi aposento,
Eres mi casa y morada,
Y así llamo en cualquier tiempo,
Si hallo en tu pensamiento
Estar la puerta cerrada.

Fuera de ti no hay buscarme,
Porque para hallarme a Mí,
Bastará sólo llamarme,
Que a ti iré sin tardarme,
Y a Mí buscarme has en ti.

IX
Eficacia de la Paciencia

Nada te turbe,
Nada te espante,
Todo se pasa,
Dios no se muda,
La paciencia
Todo lo alcanza;
Quien a Dios tiene
Nada le falta:
Sólo Dios basta.

X
Hacia la Patria

Caminemos para el cielo,
Monjas del Carmelo.

Vamos muy mortificadas,
Humildes y despreciadas,
Dejando el consuelo,
Monjas del Carmelo.

Al voto de la obediencia
Vamos, no haya resistencia,
Que es nuestro blanco y consuelo,
Monjas del Carmelo.

La pobreza es el camino,
El mismo por donde vino
Nuestro Emperador del cielo,
Monjas del Carmelo.

E se acaso não souberes
Em que lugar me escondi,
Não busques aqui e ali,
Mas, se me encontrar quiseres,
A Mim, me buscarás em ti.

Sim, porque és meu aposento,
És minha casa e morada;
E assim chamo, no momento
Em que de teu pensamento
Encontro a porta cerrada.

Busca-me em ti, não por fora…
Para me achares ali,
Chama-me, que, a qualquer hora,
A ti virei sem demora,
E a Mim me buscarás em ti.

IX
Eficácia da Paciência

Nada te turbe,
Nada te espante,
Pois tudo passa
Só Deus não muda.
Tudo a paciência
Por fim alcança.
Quem a Deus tenha,
Nada lhe falta,
Pois só Deus basta.

X
Para a Pátria

Vamos para o Céu tão belo,
Monjas do Carmelo!

Vamos mui mortificadas,
Humildes e desprezadas,
Sem no gozo pôr o anelo,
Monjas do Carmelo!

Eia! ao voto de obediência,
Jamais haja resistência,
Que é nosso fim, nosso anelo,
Monjas do Carmelo!

A pobreza é a estrada real
Que o Imperador celestial
Trilhou com todo o desvelo,
Monjas do Carmelo!

No deja de nos amar Nuestro Dios, y nos llamar, Sigámosle sin recelo, *Monjas del Carmelo.*	Nunca nos deixa de amar Nosso Deus, nem de chamar. Sigamos o seu apelo, *Monjas do Carmelo!*
En amor se está abrasando Aquel que nació temblando, Envuelto en humano velo *Monjas del Carmelo.*	De amor está se abrasando O que nasceu tiritando, — Homem e Deus, num só elo —, *Monjas do Carmelo!*
Vámonos a enriquecer, A donde nunca ha de haber Pobreza ni desconsuelo, *Monjas del Carmelo.*	Vamo-nos enriquecer Onde jamais há de haver Pobreza ou qualquer flagelo, *Monjas do Carmelo!*
A el Padre Elías siguiendo Nos vamos contradiciendo Con su fortaleza y celo, *Monjas del Carmelo.*	Do Pai Elias no bando, Vamo-nos contrariando, Com sua força e seu zelo, *Monjas do Carmelo!*
Nuestro querer renunciado, Procuremos el doblado Espíritu de Eliseo, *Monjas del Carmelo.*	Duplo espírito busquemos Como Eliseu, e neguemos Nosso querer, com desvelo, *Monjas do Carmelo!*

XI

Al Nacimiento de Jesus

¡Ah, pastores que veláis,
Por guardar vuestro rebaño,
Mirad que os nace un Cordero,
Hijo de Dios Soberano!

Viene pobre y despreciado,
Comenzadle ya a guardar,
Que el lobo os le ha de llevar,
Sin que le hayamos gozado.
— Gil, dame acá aquel cayado,
Que no me saldrá de mano,
No nos lleven al Cordero:
— ¿No ves que es Dios Soberano?

¡Sonzas! que estoy aturdido
De gozo y de penas junto.
— ¿Si es Dios el que hoy ha nacido.
Cómo puede ser difunto?
¡Oh, que es hombre también junto!

XI

Ao Nascimento de Jesus[1]

Ó pastores que velais,
A guardar vosso rebanho,
Eis que vos nasce um Cordeiro,
Filho de Deus soberano.

Vem pobre, vem desprezado,
Tratai logo de o guardar,
Porque o lobo o há de levar
Sem que o tenhamos gozado.
— Gil, dá-me aquele cajado,
Vou tê-lo nas mãos todo o ano,
Não se nos leve o Cordeiro:
Não vês que é Deus Soberano?

Sinto-me todo aturdido
De gozo e pena. E pergunto:
— Se é Deus o que hoje é nascido,
Como pode ser defunto?
É que é homem e Deus, junto;

---

1. Nas poesias que tratam do nascimento do Menino Deus, Santa Teresa figura os pastores (Gil, Vicente, Pascoal, Brás, Menga etc.) falando entre si.

La vida estará en su mano;
Mirad, que es este el Cordero,
Hijo de Dios Soberano.

No sé para qué le piden,
Pues le dan después tal guerra.
— Mía fe, Gil, mejor será
Que se nos torne a su tierra,
Si el pecado nos destierra,
Y está el bien todo en su mano.
Ya que ha venido padezca
Este Dios tan Soberano.

Poco te duele su pena;
¡Oh, cómo es cierto, del hombre
Cuando nos viene provecho,
El mal ajeno se esconde!
¿No ves que gana renombre
De Pastor de gran rebaño?
Con todo, es cosa muy fuerte
Que muera Dios Soberano.

XII

Al Nacimiento de Jesus

Hoy nos viene a redimir
Un Zagal, nuestro pariente,
Gil, que es Dios Omnipotente.

Por eso nos ha sacado
De prisión a Satanás;
Mas es pariente de Bras,
Y de Menga, y de Llorente,
¡Oh, que es Dios Omnipotente!

Pues si es Dios, ¿cómo es vendido
Y muere crucificado?
— ¿No ves que mató el pecado,
Padeciendo el inocente?
Gil, que es Dios Omnipotente.

Mi fe, yo lo vi nacido,
De una muy linda Zagala.
— Pues si es Dios, ¿cómo ha querido
Estar con tan pobre gente?
— *¿No ves, que es Omnipotente?*

Déjate desas preguntas,
Muremos por le servir,
Y pues El viene a morir

Governa o destino humano;
Olha que o nosso Cordeiro
Filho é de Deus Soberano.

Não sei para que é que o pedem,
Pois lhe dão depois tal guerra.
— Olha, Gil, melhor será
Que se torne à sua terra...
Mas se todo o bem encerra,
E apaga o pecado humano,
Já que é nascido, padeça
Este Deus tão Soberano.

Pouco te dói sua pena!
Tanto é certo que esquecemos
O que os outros por nós sofrem,
Se proveito recebemos!
Não vês que um dia o teremos
Pastor do gênero humano?
Contudo é coisa tremenda
Que morra Deus Soberano.

XII

Ao Nascimento de Jesus

Hoje nos vem redimir
Um Zagal, nosso parente,
Gil, que é Deus Onipotente.

— Por isso nos há tirado
Da prisão de Satanás;
Mas é parente de Brás
E de Menga e de Vicente:
Porque é Deus Onipotente!

— Pois se é Deus, como é vendido
E morre crucificado?
— Não vês que mata o pecado,
Padecendo, Ele, inocente?
Gil, é Deus Onipotente!

Palavra! que o vi nascido;
E a Mãe é linda Zagala.
— Pois se é Deus, como há querido
Estar com tão pobre gente?
— *Não vês que Ele é Onipotente?*

Deixa-te dessas perguntas,
Tratemos já de o servir.
E pois à morte quer ir,

Muramos con El, Llorente; *Pues es Dios Omnipotente.*	Morramos também, Vicente, *Pois é Deus Onipotente.*

<table>
<tr><td>

XIII
Para Navidad

Pues el amor
Nos ha dado Dios,
Ya no hay que temer,
Muramos los dos.

Danos el Padre
A su único Hijo:
Hoy viene al mundo
En un pobre cortijo.
¡Oh, gran regocijo,
Que ya el hombre es Dios!
No hay que temer,
Muramos los dos.

Mira Llorente
Qué fuerte amorío,

Viene el inocente
A padecer frío;
Deja un señorío
En fin, como Dios,
Ya no hay que temer,
Muramos los dos.

Pues ¿cómo, Pascual,
Hizo esa franqueza,
Que toma un sayal
Dejando riqueza?
Mas quiere pobreza,
Sigámosle nos;
Pues ya viene hombre,
Muramos los dos.

Pues ¿qué le darán
Por esta grandeza?
Grandes azotes
Con mucha crudeza.
Oh, qué gran tristeza
Será para nos:
Si esto es verdad,
Muramos los dos.

Pues ¿cómo se atreven
Siendo Omnipotente?

</td><td>

XIII
Para a Natividade

Já Deus nos há dado
O amor: assim, pois,
Não há que temer,
Morramos os dois.

Seu Único Filho
O Pai nos envia:
Nasce hoje na lapa,
Da Virgem Maria.
O homem — que alegria!
É Deus: assim pois,
Não há que temer,
Morramos os dois.

— Olha bem, Vicente:
Que amor! e que brio!

Vem Deus, inocente,
A padecer frio;
Deixa o senhorio
Que tem; assim, pois,
Não há que temer,
Morramos os dois.

— Mas como, Pascoal,
Tem tanta franqueza,
Que veste saial,
Deixando riqueza?
Mais quer à pobreza!
Sigamo-lo pois:
Se já vem feito homem,
Morramos os dois.

Mas qual sua paga
Por tanta grandeza?
— Só grandes açoites
Com muita crueza.
— Que imensa tristeza
Teremos depois!
Ah! se isto é verdade,
Morramos os dois.

— Mas como se atrevem,
Sendo Onipotente?

</td></tr>
</table>

Ha de ser muerto
De una mala gente.
Pues si eso es, Llorente;
Hurtémosle nos.
— No ves que él lo quiere,
Muramos los dos.

— Será morto um dia
Por perversa gente.
— Se assim é, Vicente,
Furtemo-lo pois:
— Não vês que o deseja?
Morramos os dois!

XIV
Al Nacimiento del Niño Dios

Mi gallejo, mira quién llama.
— Angeles son, que ya viene el alba.

Hame dado un gran zumbido
Que parecía cantillana,
Mira Bras, que ya es de día,
Vamos a ver la zagala.
Mi gallejo, mira quién llama.
— Angeles son, que ya viene el alba.

¿Es parienta del alcalde,
U quién es esta doncella?
— Ella es hija de Dios Padre,
Relumbra como una estrella.
Mi gallejo, mira quién llama.
— Angeles son, que ya viene el alba.

XIV
Ao Nascimento do Menino Jesus

Galego, quem chama aí fora?
— São Anjos, à luz da aurora.

— Grande rumor ouço ao longe
Que parece cantilena,
— Vamos ver, Brás, — que amanhece —
A Zagala tão serena.
— Galego, quem chama aí fora?
— São Anjos, à luz da aurora.

Será do alcaide parenta?
Ou quem é esta donzela?
— É filha do Eterno Padre
E reluz como uma estrela.
— Galego, quem chama aí fora?
— São Anjos, à luz da aurora.

XV
A la Circuncision

Vertiendo está sangre,
¡Dominguillo, eh!
Yo no sé por qué.

¿Por qué, te pregunto,
Hacen dél justicia,
Pues es inocente
Y no tiene malicia?
Tuvo gran codicia,
Yo no sé por qué,
De mucho amarme;
¡Dominguillo, eh!

¿Pues luego en naciendo,
Le han de atormentar?

— Sí, que está muriendo
Por quitar el mal;
¡Oh, qué gran Zagal

XV
À Circuncisão

Ele está sangrando,
Dominguinhos, eh!
E eu não sei por quê...

— Por que — te pergunto —
Deram tal castigo
A Deus inocente,
Se é tão nosso amigo?
— Quis ter-me consigo,
Eu não sei por quê...
Quis amar-me muito,
Dominguinhos, eh!

Mas logo em nascendo
Tem suplício tal?

— Sim, que está morrendo
Por dar fim ao mal.
Que grande Zagal

¡Será por mi fe!
¡Dominguillo, eh!

¿Tú no lo has mirado,
Que es niño inocente?
— Ya me lo han contado
Brasillo y Llorente;
Gran inconveniente
Será no amalle,
¡Dominguillo, eh!

XVI
Otra a la Circuncision

Este Niño viene llorando;
Mírale, Gil, que te está llamando.

Vino del cielo a la tierra
Para quitar nuestra guerra;
Ya comienza la pelea,
Su sangre está derramando,
Mírale, Gil, que te está llamando.

Fue tan grande el amorío,
Que no es mucho estar llorando,
Que comienza a tener brío,
Habiendo de estar mandando;
Mírale, Gil, que te está llamando.

Caro nos ha de costar,
Pues comienza tan temprano,
A su sangre derramar,
Habremos de estar llorando;
Mírale, Gil, que te está llamando.

No viniera El a morir
Pues podía estarse en su nido,
¿No ves, Gil, que si ha venido
Es como león bramando?
Mírale, Gil, que te está llamando.

Dime, Pascual, ¿qué me quieres,
Que tantos gritos me das?
— Que le ames, pues te quiere,
Y por ti está tiritando,
Mírale, Gil, que te está llamando.

Será ele! crê!
Dominguinhos, eh!

Não vês que o coitado
É Infante inocente?
— Assim mo hão contado
Brasinho e Vicente.
Não amá-lo a gente
É vileza até!
Dominguinhos, eh!

XVI
Outra à Circuncisão

Este Infante vem chorando;
Olha-o, Gil, que está chamando.

Veio do Céu a esta terra
Para acabar nossa guerra;
Já deu começo à peleja,
Seu sangue está derramando;
Olha-o, Gil, que está chamando.

Pois tem amor tão ardente,
Não é muito estar chorando.
Já tem brio, que é valente,
Pois um dia há de ter mando;
Olha-o, Gil, que está chamando.

Caro nos há de custar.
Pois cedo está começando
A seu sangue derramar;
Justo é ficarmos chorando!
Olha-o, Gil, que está chamando.

Antes não tivesse vindo!
Ficasse do Pai no seio!
Mas não vês, Gil, que, se veio,
É como leão bramando?
Olha-o, Gil, que está chamando.

— Pascoal, que queres comigo,
Que tanto grito estás dando?
— Que ames a esse teu amigo
Que por ti vês tiritando.
Olha-o, Gil, que está chamando.

XVII

En la Festividad de los Santos Reyes

Pues la estrella
Es ya llagada,
Vaya con los Reyes
La mi manada.

Vamos todos juntos
A ver al Mesías,
Que vemos cumplidas
Ya las profecías;
Pues en nuestros días,
Es ya llegada,
Vaya con los Reyes
La mi manada.

Llevémosle dones
De grande valor,
Pues vienen los Reyes
Con tan gran hervor.
Alégrese hoy
Nuestra gran Zagala,
Vaya con los Reyes
La mi manada.

No cures, Llorente,
De buscar razón,
Para ver que es Dios
Aqueste Garzón;
Dale el corazón,
Y yo esté empeñada,
Vaya con los Reyes
La mi manada.

XVIII

A la Cruz

Cruz, descanso sabroso de mi vida,
Vos seáis la bienvenida.

Oh, bandera, en cuyo amparo
El más flaco será fuerte;
Oh, vida de nuestra muerte;
Qué bien la has resucitado;
Al león has amansado,
Pues por ti perdió la vida,
Vos seáis la bienvenida.

XVII

Na Festividade dos Santos Reis

Pois a nova estrela
É já chegada,
Aos Santos Reis siga
Minha manada.

Vamos, todos justos,
Ver nosso Messias,
Que cumpridas vemos,
Hoje, as profecias.
Pois, em nossos dias,
A estrela é chegada,
Aos Santos Reis siga
Minha manada.

Levemos presentes
De grande valor,
Pois chegam os Magos
Com tanto fervor.
Exulte de amor
Nossa grande Amada!
Aos Santos Reis siga
Minha manada.

Para ver que é Deus
Este infante, não
Procures, Vicente,
Nenhuma razão.
Dá-lhe o coração,
E a alma enamorada.
E aos Santos Reis siga
Minha manada.

XVIII

À Cruz

Gostosa quietação da minha vida,
Sê bem-vinda, cruz querida.

Ó bandeira que amparaste
O fraco e o fizeste forte!
Ó vida da nossa morte,
Quão bem a ressuscitaste!
O Leão de Judá domaste,
Pois por ti perdeu a vida.
Sê bem-vinda, cruz querida.

Quien no os ama está cautivo
Y ajeno de libertad;
Quien a vos quiere allegar
No tendrá en nada desvío.
Oh, dichoso poderío,
Donde el mal no halla cabida,
Vos seáis la bienvenida.

Vos fuistes la libertad
De nuestro gran cautiverio;
Por vos se reparó mi mal
Con tan costoso remedio
Para con Dios fuiste medio
De alegría conseguida,
Vos seáis la bienvenida.

Quem não te ama vive atado
E da liberdade alheio;
Quem te abraça sem receio
Não toma caminho errado.
Oh! ditoso o teu reinado,
Onde o mal não tem cabida!
Sê bem-vinda, cruz querida.

Do cativeiro do inferno,
Ó cruz, foste a liberdade;
Aos males da humanidade
Deste o remédio mais terno.
Deu-nos, por ti, Deus Eterno
Alegria sem medida.
Sê bem-vinda, cruz querida.

XIX
El Camino de la Cruz

En la Cruz está la vida
Y el consuelo,
Y ella sola es el camino
Para el cielo.

En la cruz está el Señor
De cielo y tierra,
Y el gozar de mucha paz,
Aunque haya guerra,
Todos los males destierra
En este suelo,
Y ella sola es el camino
Para el cielo.

De la cruz dice la Esposa
A su Querido
Que es una palma preciosa
Donde ha subido,
Y su fruto le ha sabido
A Dios del cielo,
Y ella sola es el camino
Para el cielo.

Es una oliva preciosa
La santa cruz,
Que con su aceite nos unta
Y nos da luz.
Alma mía, toma la cruz
Con gran consuelo,
Que ella sola es el camino
Para el cielo.

XIX
O Caminho da Cruz

O consolo está, e a vida,
Só na cruz;
E ao Céu é a única senda
Que conduz.

Está na cruz o Senhor
De céus e terra,
E o gozar de muita paz
Em plena guerra.
Todos os males desterra
Do mundo, a cruz.
E ao Céu é a única senda
Que conduz.

Da cruz é que diz a Esposa
A seu Querido,
Que é a palmeira preciosa
Aonde há subido;
Cujo fruto lhe há sabido
Ao seu Jesus.
E ao Céu é a única senda
Que conduz.

A santa Cruz é oliveira
Mui preciosa,
Seu óleo nos unge e inunda
De luz radiosa;
Ó minh'alma, pressurosa,
Abraça a cruz:
Pois ao Céu é a única senda
Que conduz.

Es la cruz el árbol verde
Y deseado
De la Esposa, que a su sombra
Se ha sentado
Para gozar de su Amado,

El Rey del cielo,
Y ella sola es el camino
Para el cielo.

El alma que a Dios está
Toda rendida,
Y muy de veras del mundo
Desasida,
La cruz le es árbol de vida
Y de consuelo,
Y un camino deleitoso
Para el cielo.

Después que se puso en cruz
El Salvador,
En la cruz está la gloria
Y el honor,
Y en el padecer dolor
Vida y consuelo,
Y el camino más seguro
Para el cielo.

XX

Abrazadas a la Cruz

Caminemos para el cielo,
Monjas del Carmelo.

Abracemos bien la Cruz
Y sigamos a Jesús,
Que es nuestro camino y luz,
Lleno de todo consuelo,
Monjas del Carmelo.

Si guardáis más que los ojos
La profesión de tres votos,
Libraros de mil enojos,
De tristeza y desconsuelo,
Monjas del Carmelo.

El voto de la obediencia,
Aunque es de muy alta ciencia,
Jamás se le hace ofensa
Sino cuando hay resistencia:

É o madeiro verdejante
E desejado
Da Esposa, que à sua sombra
Se há sentado,
A gozar de seu Amado,

O Rei Jesus.
Pois ao Céu é a única senda
Que conduz.

A alma que a Deus totalmente
Está rendida,
Bem deveras deste mundo
Já desprendida,
Árvore de gozo e vida
É a santa Cruz,
E ao Céu é o doce caminho
Que conduz.

Desde que na Cruz foi posto
O Salvador,
Só na cruz se encontra glória,
Honra e louvor;
Vida e consolo na dor
Dá-nos a cruz,
E ao Céu é a estrada segura
Que conduz.

XX

Abraçadas à Cruz

Vamos para o Céu tão belo,
Monjas do Carmelo.

Abracemos bem a Cruz
sigamos a Jesus,
Que é nosso caminho e luz,
Fartura do nosso anelo,
Monjas do Carmelo.

Sereis livres de cuidados,
Desconsolo e mil enfados,
Se os três votos professados
Observardes com desvelo,
Monjas do Carmelo.

O voto da obediência,
Ainda que de alta ciência,
Jamais se lhe faz ofensa
Só o quebra a resistência:

De ésta os libre Dios del cielo,
Monjas del Carmelo.

El voto de castidad
Con gran cuidado guardad:
A solo Dios desead,
Y en El mismo os encerrad,
Sin mirar cosas del suelo,
Monjas del Carmelo.

El que llaman de pobreza,
Si se guarda con pureza,
Está lleno de riqueza
Y abre las puertas del cielo,
Monjas del Carmelo.

Y si así lo hacemos,
Los contrarios venceremos
Y a la fin descansaremos
Con el que hizo tierra y cielo,
Monjas del Carmelo.

XXI

A San Andrés

Si el padecer con amor
Puede dar tan gran deleite,
¡Qué gozo nos dará el verte!

¿Qué será cuando veamos
A la eterna Majestad?
Pues de ver Andrés la cruz
Se pudo tanto alegrar.
¡Oh, que no puede faltar
En el padecer deleite!
¡Qué gozo nos dará el verte!

El amor cuando es crecido
No puede estar sin obrar,
Ni el fuerte sin pelear,
Por amor de su Querido.
Con esto le habrá vencido,
Y querrá que en todo acierte,
¡Qué gozo nos dará el verte!

Pues todos temen la muerte
¿Cómo te es dulce el morir?;
¡Oh que voy para vivir
En más encumbrada suerte!
¡Oh mi Dios! que con tu muerte

Aparte Deus tal flagelo,
Monjas do Carmelo!

O voto de castidade
Com muito cuidado guardai
E só a Deus desejai;
E nele vos encerrai,
Sem do mundo ouvir o apelo,
Monjas do Carmelo.

Nosso voto de pobreza,
Se guardado com pureza,
Está cheio de riqueza
E nos abre o Céu tão belo,
Monjas do Carmelo.

Fazendo assim, venceremos
Tudo, e enfim descansaremos
No Criador, que, em seus extremos,
Fez a terra e o Céu tão belo,
Monjas do Carmelo.

XXI

A Santo André

Se quem ama sofre alegre,
E acha tal gozo na dor,
Que será ver-te, Senhor?

Que será quando nós virmos
A suprema Majestade,
Se André a Cruz avistando
Sente tal felicidade?
Oh! que não pode em verdade
Faltar deleite na dor!
Que será ver-te, Senhor?

O amor, quando já crescido,
Não pode ocioso ficar;
Nem o forte sem lutar;
Por amor de seu Querido.
Deus, de seu amor vencido,
Sempre o fará vencedor.
Que será ver-te, Senhor?

— Se todos temem a morte,
Como te é doce o morrer?
— É que vou para viver
De outra mais subida sorte.
Morrendo, ó meu Deus, tão forte

Al más flaco hiciste fuerte:	Ao fraco deste vigor.
¡Qué gozo nos dará el verte!	*Que será ver-te, Senhor?*

¡Oh Cruz! madero precioso,	Ó Cruz, madeiro precioso,
Lleno de gran majestad,	De sublime majestade,
Pues siendo de despreciar	Pois jazendo na humildade,
Tomaste a Dios por esposo,	Tomaste a Deus por esposo!
A ti vengo muy gozoso,	Sem merecer tanto gozo,
Sin merecer el quererte:	Venho a ti, cheio de amor
Esme muy gran gozo el verte.	*Ao ver-te, ó Cruz do Senhor!*

XXII

A San Hilarion

XXII

A Santo Hilarião

Hoy ha vencido un guerrero	*Venceu hoje um cavaleiro*
Al mundo y sus valedores,	*Ao mundo e seus valedores.*
— Vuelta, vuelta, pecadores,	*Voltai! voltai! pecadores!*[1]
Sigamos este sendero.	*Sigamos este guerreiro.*

Sigamos la soledad,	Busquemos a soledade,
Y no queramos morir,	E não queiramos morrer

Hasta ganar el vivir	Até ganhar o viver.
En tan subida pobreza.	Em tão subida pobreza.
¡Oh, qué grande es la destreza	Oh! como é grande a destreza
De aqueste nuestro guerrero!	Do nosso audaz cavaleiro!
Vuelta, vuelta, pecadores,	*Voltai! voltai! pecadores!*
Sigamos este sendero.	*Sigamos este guerreiro.*

Con armas de penitencia	Com armas de penitência
Ha vencido a Lucifer,	Soube a Lúcifer vencer;
Combate con la paciencia,	Combateu pela paciência
Ya no tiene que temer.	E já não tem que temer.
Todos podemos valer	Todos podemos vencer,
Siguiendo este caballero,	Seguindo este cavaleiro.
Vuelta, vuelta, pecadores,	*Voltai! voltai! pecadores!*
Sigamos este sendero.	*Sigamos este guerreiro.*

No ha tenido valedores,	Não encontrou protetores,
Abrazóse con la cruz:	Abraçou-se à santa Cruz.
Siempre en ella hallamos luz,	Sempre nela achamos luz,
Pues la dio a los picadores.	Pois foi dada aos pecadores.
¡Oh, qué dichosos amores	Oh! que ditosos amores
Tuve este nuestro guerrero!	Teve o nosso cavaleiro!
Vuelta, vuelta, pecadores.	*Voltai! voltai! pecadores!*
Sigamos este sendero.	*Sigamos este guerreiro.*

---

1. Parece alusão ao: Revértere, revértere, Sunamitis, revértere, revértere… do Cântico dos cânticos. Cânt. 6,12.

Ya ha ganado la corona,
Y se acabó el padecer,
Gozando ya el merecer,
Con muy encumbrada gloria.
¡Oh venturosa victoria
De nuestro fuerte guerrero!
*Vuelta, vuelta, pecadores,
Sigamos este sendero.*

Coroa e eterna memória,
Gozo sem fim mereceu.
Acabou-se o que sofreu...
Já reina em sublime glória.
Oh! venturosa a vitória
De nosso forte guerreiro!
*Voltai! voltai! pecadores,
Ao caminho verdadeiro.*

XXIII

A Santa Catalina Martir

*¡O gran amadora
Del Eterno Dios,*

*Estrella luciente,
Amparadnos vos!*

Desde tierna edad
Tomastes Esposo,
Fué tanto el amor,
Que no os dio reposo:
Quien es temeroso,
No se ilegue a vos
Si estima la vida
Y el morir por Vos.

Mirad los cobardes
Aquesta doncella,
Que no estima el oro.
Ni verse tan bella:
Metida en la guerra
De persecución,
Para padecer
Con grau corazón.

Mas pena le da
Vivir sin su Esposo,
Y así en los tormentos
Hallaba reposo:
Todo le es gozoso,
Querría ya morir,
Pues que con la vida
No puede vivir.

Las que pretendemos
Gozar de su gozo,
Nunca nos cansemos,
Por hallar reposo,
¡Oh engaño engañoso,

XXIII

A Santa Catarina Mártir

*Ó grande amadora
Do Eterno Senhor,*

*Dai-nos, clara estrela,
Amparo e fervor.*

Desde tenra idade
Tomastes Esposo.
Vosso amor tamanho
Não vos deu repouso.
A vós não se chegue
O que, em vez da Cruz,
Ama a vida e teme
Morrer por Jesus.

Olhai, ó covardes,
A santa donzela:
Não faz caso do ouro,
Nem de ser tão bela.
Na luta vê-se ela
Da perseguição;
Mas nas dores mostra
Grande coração.

Mais pena lhe dava
Viver sem o Esposo,
E, assim, nos tormentos
Achava repouso.
Tudo lhe era gozo,
Quisera morrer;
Pois já nesta vida
Não pode viver.

Nós que pretendemos
Gozar de seu gozo,
Nunca nos cansemos
A buscar repouso.
Oh! engano enganoso!

Y que sin amor,
Es querer sanar,
Viviendo el dolor!

XXIV

A la Vesticion de la H.ª Jeronima de la Encarnacion

¿Quién os trajo acá doncella,
Del valle de la tristura?
— Dios y mi buena ventura.

XXV

Al Velo de la H.ª Isabel de los Angeles

Hermana, porque veléis,
Os han dado hoy este velo,
Y no os va menos que el cielo:
Por eso, no os descuidéis.

Aqueste velo gracioso
Os dice que estéis en vela,
Guardando la centinela
Hasta que venga el Esposo,
Que, como ladrón famoso,
Vendrá cuando no penséis:
Por eso, no os descuidéis.

No sabe nadie a cuál hora,
Si en la vigilia primera,
O en la segunda o tercera,
Todo cristiano lo ignora.
Pues velad, velad, hermana,
No os roben lo que tenéis;
Por eso, no os descuidéis.

En vuestra mano encendida
Tened siempre una candela,
Y estad con el velo en vela,
Las renes muy bien ceñidas.
No estéis siempre amodorrida,
Catad que peligraréis;
Por eso, no os descuidéis.

Tened olio en la aceitera
De obras y merecer,

Que falta de amor!
Querer só regalos
Sem pena e sem dor!...

XXIV[1]

À Tomada de Hábito da Irmã Jerônima da Encarnação

Quem do vale da amargura,
Aqui vos trouxe, donzela?
Meu Deus e minha ventura.

XXV[1]

À Tomada de Véu da Irmã Isabel dos Anjos

Irmã, para que veleis
Sois velada, e nesse véu
Em jogo está vosso Céu:
Assim, não vos descuideis.

Diz este véu tão gracioso
Que estejais sempre de vela,
Vigilante sentinela,
Aguardando vosso Esposo,
Que, como ladrão famoso,
Virá quando não penseis...
Assim, não vos descuideis.

Vem, mas ninguém sabe a que hora...
Se na vigília primeira,
Na segunda ou na terceira.
Todo cristão isto ignora.
Velai, Irmã, desde agora:
Não roubem o que trazeis...
Assim, não vos descuideis.

Vossa candeia empunhando,
Bem acesa e espevitada,
Velai, pois estais velada,
Os rins cingindo e apertando.
Não vos fiqueis dormitando,
Porque muito arriscareis...
Assim, não vos descuideis.

Tende óleo na almotolia,
Trabalhando e merecendo,

---

1. Esta estrofe é provavelmente mote ou estribilho de alguma poesia maior que não se conserva.
1. Esta poesia é toda referente à parábola das dez virgens (Mt 25).

Para poder proveer	Para a lâmpada ir provendo,
La lámpara, que no se muera;	Que não morra de vazia.
Porque quedaréis de fuera	Se nisto fordes vadia,
Si entonces no lo tenéis:	Às bodas não entrareis.
Por eso, no os descuidéis.	*Assim, não vos descuideis.*
Nadie os le dará prestado;	Não tereis óleo emprestado,
Y si lo vais a comprar,	E, se o fordes a comprar,
Podríaseos tardar,	Poderei vos retardar;
Y el Esposo haber entrado;	E, uma vez o Esposo entrado,
Y desque una vez cerrado,	Havendo a porta cerrado,
No hay entrar aunque llaméis:	Não abre, embora clameis…
Por eso, no os descuidéis.	*Assim, não vos descuideis.*
Tened continuo cuidado	Tende contínuo cuidado
De cumplir con alma fuerte,	De cumprir, com alma forte,
Hasta el día de la muerte,	Até o instante da morte,
Lo que habéis profesado;	O que hoje haveis professado;
Porque habiendo así velado	Porque, tendo assim velado,
Con el Esposo entraréis:	Com vosso Esposo entrareis:
Por eso, no os descuidéis.	*Assim, não vos descuideis.*

XXVI

A la Profesion de Isabel de Los Angeles / À Profissão de Isabel dos Anjos

Sea mi gozo en el llanto,	Seja meu gozo no pranto;
Sobresalto mi reposo,	Sobressalto, meu repouso;
Mi sosiego doloroso,	Meu sossego, doloroso;
Y mi bonanza el quebranto.	Minha ventura, quebranto.
Entre borrascas mi amor,	Nas borrascas, meu amor,
Y mi regalo en la herida,	Meu regalo, o ser ferida;
Esté en la muerte mi vida,	Na morte encontre eu a vida;
Y en desprecios mi favor.	Nos desprezos, meu favor;
Mis tesoros en pobreza,	Meus tesouros, na pobreza;
Y mi triunfo en pelear,	Meu triunfo, em pelejar;
Mi descanso en trabajar,	Meu descanso, em trabalhar;
Y mi contento en tristeza.	Meu consolo, na tristeza;
En la escuridad mi luz,	Na escuridão, minha luz;
Mi grandeza en puesto bajo.	Meu trono, em posto mesquinho;
De mi camino el atajo	O atalho de meu caminho,
Y mi gloria sea la cruz.	Minha glória seja a cruz.
Mi honra sea el abatimiento,	Seja-me honra o abatimento;
Y mi palma padecer,	Minha palma, o padecer;
En las menguas mi crecer,	Nas mínguas, o meu crescer;
Y en menoscabos mi aumento.	Nas perdas, o meu aumento;

En el hambre mi hartura,	Na fome, a minha fartura;
Mi esperanza en el temor,	A esperança, no temor;
Mis regalos en pavor,	Meus regalos, no pavor;
Mis gustos en amargura.	E meus gostos, na amargura;
En olvido mi memoria,	No olvido, minha memória;
Mi alteza en humillación,	Meu trono na humilhação;
En bajeza mi opinión,	No opróbrio, minha opinião;
En afrenta mi vitoria.	Na afronta, minha vitória;
Mi Lauro esté en el desprecio,	Minha coroa, a humildade;
En las penas mi afición,	As penas, minha afeição;
Mi dinidad sea el rincón,	Um cantinho, meu quinhão;
Y la soledad mi aprecio.	Meu apreço, a soledade;
En Cristo mi confianza,	Em Cristo, a minha confiança,
Y de El sólo mi asimiento,	E d'Ele só meu sustento;
En sus cansancios mi aliento,	Seu langor seja-me alento;
Y en su imitación mi holganza.	Gozo, sua semelhança.
Aquí estriba mi firmeza,	Nisto encontro fortaleza,
Aquí mi seguridad,	Encontro tranquilidade;
La prueba de mi verdad,	Prova de minha verdade,
La muestra de mi firmeza.	Penhor de minha firmeza.

XXVII

A una Profesa

¡Oh! dichosa tal zagala
Que hoy se ha dado a un tal Zagal,
Que reina y ha de reinar.

Venturosa fué su suerte
Pues mereció tal Esposo:
Ya yo, Gil, estoy medroso,
No la osaré más mirar,
Pues ha tomado marido
Que reina y ha de reinar.

— Pregúntale qué le ha dado
Para que lleve a su aldea;
— El corazón le ha entregado
Muy de buena voluntad:
— Mi fe poco le ha pagado
Que es muy hermoso el Zagal,
Que reina y ha de reinar.

XXVII

A uma Professa[1]

Oh! que zagala ditosa
De hoje um Zagal desposar
Que reina e que há de reinar!

— Venturosa a sua sorte,
Pois mereceu tal Esposo!
Eu, Gil, me sinto medroso,
Nem a ousarei mais olhar!
Pois tal Esposo há tomado,
Que reina e que há de reinar.

— Que lhe deu ela por dote,
Para viver a seu lado?
— Um coração entregado.
De muito boa vontade.
— Só isso? É pouco pagar:
Que é Zagal muito formoso,
Que reina e que há de reinar!

---

1. Entram de novo em cena os pastores.

— Si más tuviera más diera:
— ¿Por qué le avisas, carillo?
Tomemos el cobanillo,
Sirva nos deja sacar,
Pues ha tomado marido,
Que reina y ha de reinar.

— Pues vemos lo que dio ella.
¿Qué la ha de dar el Zagal?
— Con su sangre la ha comprado;

¡Oh qué precioso caudal,
Y dichosa tal zagala
Que contentó a este Zagal!

— Mucho la debía de amar,
Pues le dio tan gran tesoro;
— ¿No ves que se lo da todo
Hasta el vestir y calzar?
Mira que es ya su marido
Y reina y ha de reinar.

— Bien será que la tomemos,
Para este nuestro rebaño,
Y que la regocijemos
Para ganar su amistad,
Pues ha tomado marido,
Que sin fin ha de reinar.

XXVIII

En una Profesion

¡Oh qué bien tan sin segundo!
¡Oh casamiento sagrado!
Que el Rey de la Majestad,
Haya sido el desposado.

¡Oh que venturosa suerte,
Os estaba aparejada,
Que os quiere Dios por amada,
Y haos ganado con su muerte!
En servirle estad muy fuerte,
Pues que lo habéis profesado,
Que el Rei de la Majestad,
Es ya vuestro desposado.

Ricas joyas os dará
Este Esposo, Rey del cielo
Daros ha mucho consuelo,

— Mais daria se tivera…
— Rapaz, não sejas mesquinho!
Dá-lhe o nosso cabazinho
Para o seu gosto tirar,
Porque hoje há tomado Esposo
Que reina e que há de reinar!

— Já vimos o que deu ela,
E o Zagal como a prendou?
— Com seu sangue a resgatou…

— Que precioso cabedal!
E que zagala ditosa,
Que contenta a este Zagal!

— Pois deu tão grande tesouro,
Muito a deve ter amado…
— Não vês que roupa e calçado
E tudo mais lhe há de dar?
Olha que é já seu Esposo,
Que reina e que há de reinar!

— Para este nosso rebanho
Bem será que hoje a tomemos,
E, alegres, a festejemos
Para seu amor ganhar,
Pois tomou tão grande Esposo,
Que sem fim há de reinar.

XXVIII

Para uma Profissão

Oh! que bem tão sem segundo!
Oh! casamento sagrado!
O Rei dos Céus e da terra
Quis ser hoje o desposado!

Oh! que venturosa sorte
Vos estava aparelhada!
Deus que vos quis por amada
Vos ganhou com sua morte!
Em servi-lo sede forte,
Porquanto o haveis professado.
Sim, que o Rei dos Céus e da terra
É já vosso desposado.

Ricas joias vos dará
O Rei do Céu, vosso Esposo,
E também consolo e gozo

Que nadie os lo quitará,
Y sobre todo os dará
Un espíritu humillado,
Es Rey y bien lo podrá,
Pues quiere hoy ser desposado.

Mas os dará este Señor,
Un amor tan santo y puro,
Que podréis, yo os lo asiguro,
Perder al mundo el temor,
Y al demonio muy mejor
Porque hoy queda maniatado;
Que el Rey de la Majestad,
Ha sido hoy el desposado.

XXIX

Para una Profesion

Todos los que militáis
Debajo desta bandera,
Ya no durmáis, ya no durmáis,
Pues que no hay paz en la tierra.

Si como capitán fuerte
Quiso nuestro Dios morir,
Comencémosle a seguir
Pues que le dimos la muerte,
Oh qué venturosa suerte
Se le siguió desta guerra;
Ya no durmáis, ya no durmáis,
Pues Dios falta de la tierra.

Con grande contentamiento
Se ofrece a morir en cruz,

Por darmos a todos luz
Con su grande sufrimiento.
¡Oh, glorioso vencimiento!
¡Oh, dichosa aquesta guerra!
Ya no durmáis, ya no durmáis,
Pues Dios falta de la tierra.

No haya ningún cobarde,
Aventuremos la vida,
Pues no hay quien mejor la guarde
Que el que la da por perdida.
Pues Jesús es nuestra guía,

Que ninguém vos tirará.
Em vossa alma infundirá
Um espírito humilhado.
É Rei, bem o poderá,
Pois quer ser hoje o esposado.

Dará a vós este Senhor
Um amor tão santo e puro,
Que podereis, asseguro,
Perder ao mundo o temor;
E ainda mais ao tentador,
Porque ficou maniatado;
Que o Rei do Céu e da terra
Hoje foi o desposado.

XXIX

Para uma Profissão

Vós todas que militais
Sob este pendão de guerra,
Ah! não durmais, ah! não durmais,
Porquanto não há paz na terra.

Nosso Deus, capitão forte,
Por nós se quis imolar.
Comecemo-lo a imitar,
Pois lhe demos nós a morte.
Oh! que venturosa sorte
Se lhe seguiu desta guerra!
Ah! não durmais, ah! não durmais,
Pois vai faltando Deus na terra[1].

Com grande contentamento
Prestou-se a morrer na cruz,

Para dar a todos luz
Com seu atroz sofrimento.
Oh! glorioso vencimento!
Afortunada esta guerra!
Ah! não durmais, ah! não durmais,
Pois vai faltando Deus na terra.

Não haja, entre nós, covarde!
Aventuremos a vida:
Não há quem melhor a guarde
Que o que a deu por já perdida.
Jesus comanda a investida,

---

1. Isto é: o conhecimento e amor de Deus, a obediência a seus divinos preceitos.

Y el premio de aquesta guerra;	E prêmio será da guerra;
Ya no durmáis, ya no durmáis,	*Ah! não durmais, ah! não durmais,*
Porque no hay paz en la tierra.	*Porquanto não há paz na terra.*

Ofrezcámonos de veras	Correi, corramos ligeiras
A morir por Cristo todas	A morrer por Cristo, todas:
Y en las celestiales bodas,	E nas celestiais bodas
Estaremos placenteras;	Estaremos prazenteiras.
Sigamos estas banderas,	Sigamos estas bandeiras:
Pues Cristo va en delatera,	Cristo vai na frente à guerra!
No hay que temer, no durmáis,	*Longe o temor! Ah! não durmais*
Pues que no hay paz en la tierra	*Porquanto não há paz na terra.*

XXX

En una Profesion / Para uma Profissão

Pues que nuestro Esposo	*Pois que nosso Esposo*
Nos quiere en prisión,	*Nos quer em prisão,*
A la gala gala	*Oh! que bela vida*
De la Religión.	*A da Religião!*

Oh qué ricas bodas	Oh! que ricas bodas
Ordenó Jesús;	Ordenou Jesus!
Quiérenos a todas,	Quer-nos a nós todas,
Y danos la luz;	E dá-nos a luz.
Sigamos la Cruz,	Sigamos a Cruz,
Con gran perfección;	E com perfeição!

A la gala gala	*Oh! que bela vida*
De la Religión.	*A da Religião!*

Este es el estado	Este é o nosso estado
De Dios escogido	Por Deus escolhido,
Con que del pecado	Com que do pecado
Nos ha defendido;	Nos há defendido.
Hanos prometido	Tem-nos prometido
La consolación,	Dar consolação
Si nos alegramos	Se nos alegrarmos
En esta prisión.	Em nossa prisão.

Darmos ha grandezas	Na suprema glória
En la eterna gloria;	Dará a nós grandezas
Si por sus riquezas	E eternas riquezas,
Dejamos la escoria,	Em troca da escória
Que hay en este mundo,	Mundana e ilusória,
Y su perdición	Que é só perdição.
A la gala gala	*Oh! que bela vida*
De la Religión.	*A da Religião!*

Oh que cautiverio	Grande liberdade
De gran libertad,	Este cativeiro!

Venturosa vida	Viver prazenteiro
Para eternidad;	Para a eternidade!
No quiero librar	Dou-lhe de verdade
Ya mi corazón,	Todo o coração.
A la gala gala	*Oh! que bela vida*
De la Religión.	*A da Religião!*

XXXI

Contra un Ganadillo Impertinente

Pues nos dáis vestido nuevo,
    Rey celestial,
Librad de la mala gente
    Este sayal.

La Santa: Hijas, pues tomáis la cruz,
    Tened valor,
Y a Jesús, que es vuestra luz,
    Pedid favor.
El os será defensor
    En trance tal.

Todas: Librad de la mala gente
    Este sayal.

La Santa: Inquieta este mal ganado
    En oración,
El ánimo mal fundado,
    En devoción;
Mas en Dios el corazón
    Tened igual.

Todas: Librad de la mala gente
    Este sayal.

La Santa: Pues vinisteis a morir
    No desmayéis,
Y de gente tan cevil[1]
    No temeréis.
Remedio en Dios hallaréis
    En tanto mal.

XXXI

Contra um Flagelo Impertinente

Pois nos dais vestido novo,
    Rei celestial,
Livrai da praga importuna
    Este saial[2].

A Santa: Filhas, pois tomais a Cruz,
    Tende valor,
E a Jesus que é vossa luz
    Pedi favor.
Será vosso defensor
    Em transe tal.

Todas: Livrai da praga importuna
    Este saial.

A Santa: Inquieta este mal, durante
    Nossa oração,
Ao ânimo vacilante
    Na devoção.
Mas em Deus o coração
    Mantende igual.

Todas: Livrai da praga importuna
    Este saial.

A Santa: Pois por Deus morrer viestes,
    Não desmaieis;
E tal praga em vossas vestes
    Não temereis.
Remédio em Deus achareis
    A tanto mal.

---

    1. Antigamente a palavra *civil* se tomava na acepção de ruim, de baixa condição, sórdido, inurbano etc. (Nota do M. R. Pe. Frei Silverio de Santa Teresa).
    2. Tela muito grosseira e pobre.
    Nota: Estes singelos versinhos recordam um fato dos tempos primitivos da Reforma, todo impregnado da alegre simplicidade teresiana. Tinham as Carmelitas de São José de Ávila, para maior penitência, feito túnicas do mais grosseiro saial que acharam. Temendo, porém, que viesse a ser infestado por insetos imundos, organizaram, uma noite, uma procissão com cruz alçada e foram ter com Santa Teresa, cantando: *Pois nos dais vestido novo* etc. A Santa, com sua graça habitual, logo se incorporou à procissão de suas filhas, improvisando algumas estrofes. Foi tanto do agrado do Senhor esta singela procissão, que, segundo a tradição constante da Ordem, a Santa alcançou então para todos os Conventos de sua Reforma a preservação da praga importuna (no original: *la mala gente*).

Todas: Pues nos dáis vestido nuevo,
    Rey celestial,
Librad de la mala gente
    Este sayal.

APÊNDICE I
Saudades de Deus

Véante mis ojos,
Dulce Jesús bueno,
Véante mis ojos,
Muérame yo luego.

Vea quien quisiere,
Rosas y jazmines,
Que si yo te viere
Veré mil jardines.

Flor de serafines,
Jesús Nazareno,
Véante mis ojos,
Muérame yo luego.

Véome cautivo
Sin tal compañia.
Muerte es la que vivo
Sin vos, vida mía.

Cuando vendrá el día
Que alcéis mi destierro?
Véante mis ojos
Muérame yo luego.

No quiero contento,
Mí Jesús ausente,
Que todo es tormento
A quien esto siente.

Todas: Pois nos dais vestido novo
    Rei celestial,
Livrai da praga importuna
    Este saial.

APÊNDICE I
Saudades de Deus[1]

Vejam-te meus olhos,
Doce e bom Senhor;
Vejam-te meus olhos,
E morra eu de amor.

Olhe quem quiser,
Rosas e jasmins:
Que eu, com a tua vista,
Verei mil jardins.

Flor de serafins,
Jesus Nazareno,
Vejam-te meus olhos,
E morra eu sereno.

Sem tal companhia
Vejo-me cativo.
Sem ti, vida minha,
É morte o que eu vivo.

Este meu desterro
Quando terá fim?
Vejam-te meus olhos
E morra eu, enfim.

Prazeres não quero,
— Meu Jesus ausente:
Que tudo é suplício
A quem tanto o sente.

---

1. É esta a cantiga — o "cantarcillo" — que provocou em Santa Teresa um êxtase doloroso, segundo se vê na Relação XV e no capítulo 11 das Sextas Moradas do Castelo Interior.

CARTAS

INTRODUÇÃO

Destas Cartas haveria muito a dizer. Desde o Pe. Jerónimo Gracián de la Madre de Dios — báculo da velhice (Tb 10,4) da Santa — até nossos dias, largamente se tem escrito sobre elas, e coisas interessantes e acertadas. Diremos apenas algumas palavras que parecem necessárias, quer para melhor compreensão, quer para maior apreço desta correspondência que, à primeira vista, pode não revelar todo o seu valor aos leitores que não conhecem as Obras, e a vida da Santa Reformadora do Carmelo.

Na realidade, as Cartas põem o selo à santidade de Teresa. Guiada pelo Espírito de Deus, escreve não por gosto ou passatempo, mas para tratar sempre dos interesses de seu Senhor, no que há de mais ingente e no que há de mais pequenino. É a realização de seu estribilho predileto: "Que se me dá a mim, Senhor, de mim, senão de Vós?"

Dirige-se a irmãos e parentes. São cartas familiares e despretensiosas, como os que qualquer pessoa escreve. Trata de saúde, de negócios, de toda sorte de acontecimentos; mas, em poucas palavras salpicadas aqui e ali, mais os guia e encaminha para Deus através de todas as vicissitudes da vida, melhor do que o faria com longos sermões.

Escreve às filhas; com ternura, graça, sabedoria e fortaleza! Não tem necessidade de dissertar com elas longamente sobre assuntos espirituais. Já lhes disse tudo — não só às contemporâneas mas a todas as vindouras através dos séculos — em suas *Obras*, nas quais tantas vezes repete: filhas minhas, minhas filhas, amigas etc. Os assuntos são os mais variados: é mãe, mestra, luz, fogo de caridade, vela sobre tudo, nada esquece.

Dirige-se a toda sorte de pessoas: tanto às altamente situadas — benfeitores, fundadores, Prelados, e até à própria Majestade de Filipe II — como aos modestos, humildes e pobres. Até o fim da vida, sempre que tinha portador, escrevia algumas linhas e mandava um presentinho a uma pobre mulher que lhe arranjara um ovo numa fundação. E com todos é sempre a mesma, dando a cada um o que lhe é devido.

Dela se pode dizer que fez tudo para todos, para ganhar todos a Cristo, a exemplo de S. Paulo (1Cor 9,22).

Com seus confessores é de uma reverência, sujeição, amor sobrenatural que bem mostram como neles vê o próprio Cristo. Que solicitude maternal! Vela sobre a saúde, a hospedagem, o agasalho, a montaria, o sono, o trabalho, enfim sobre todas as necessidades e vantagens no temporal e no espiritual.

Com os Descalços, seus filhos, em particular com Pe. Gracián, trata dos negócios da Reforma, da perfeição da Ordem, da santidade individual e geral, dos diversos pontos de observância, sem esquecer os cuidados com a saúde e os temores de que se prejudiquem pelo demasiado rigor da penitência.

E é de notar a despreocupação total de escrever bem e de parecer santa. Diz o que se passa — a verdade que tanto ama —, jamais faltando à prudência, à caridade ou a qualquer virtude, mas com santa liberdade, como quem já vive mais no céu que na terra.

Quando é preciso, sabe repreender e reprovar fortemente o que foi malfeito, sobretudo naqueles que mais ama, porque os quer santos e todos de Deus.

E é de ver essa alma tão sublime — que nem um instante, ainda no meio do maior rebuliço, perde de vista a seu Deus, e vive a consumir-se nos ardores de um amor seráfico — acudir a todas as necessidades humanas, sem distinguir entre amor de Deus e amor do próximo. Alegra-se com uns, chora com outros; anima, aconselha, encaminha e guia mesmo em negócios temporais; pede um auxílio ou emprego para um; solicita uma carta de recomendação para outro; trata de vocações religiosas e de casamentos; de compras, vendas, empréstimos, modo de aplicar o dinheiro, doenças, remédios... em suma de tudo quanto ocorre na vida.

Parece muito; entretanto as cartas autênticas chegadas até nós são apenas uma parcela, talvez mínima, das que a Santa Madre escreveu, e isto, além do uso das "cifras", ou nomes previamente convencionados, torna obscuras e difíceis de entender certas passagens, por falta de esclarecimentos contidos em cartas anteriores ou posteriores. Nem é de admirar que não se tenha conservado a correspondência em tempos de tanta perseguição, quando corria perigo de ser violada e ocasionar gravíssimos males. Por outro lado, a própria Santa Madre, assim como ordenou a Ana de Jesús, conforme esta declara, terá ordenado a suas filhas e a outras pessoas, que rasgassem suas cartas, apenas lidas. O que mais nos desola, porém, é não terem chegado até nós as cartas, certamente numerosas, dirigidas a S. João da Cruz. Conta seu biógrafo, o Pe. Jerónimo de San José, que um dia, no Convento do Calvário, aquele admirável amante do despojamento e do nada, temendo apegar-se a uma trouxinha de cartas da Madre Teresa que levava consigo por toda parte aonde ia, lançou mão delas e, na presença do mesmo Pe. Jerónimo, atirou-as ao fogo.

Esta tão grande atividade epistolar, que lhe era por demais penosa e muitas vezes se prolongava até a madrugada, é inexplicável sem especial assistência divina, se considerarmos seu organismo débil e doentio desde a adolescência; suas muitas e graves enfermidades; seus trabalhos e viagens, tudo unido à observância de uma Regra austera e a penitências e macerações voluntárias.

Nada iguala a sua solicitude de Mãe e Reformadora. Hoje, com tantos meios rápidos de comunicação, não seria tão difícil; mas naquele tempo, em que era preciso aguardar o *almocreve* ou o *arrieiro*, ou expedir *um próprio*, malgrado a pobreza do mosteiro, a Santa Madre estava sempre à testa de tudo. Dirigia compras de casas ou terrenos, construções, aceitação de fundadores, admissão de noviças e dotes, contratos e todos os mais negócios, com mão firme e saber lúcido.

Nas Sétimas Moradas, aliás, a Santa explica como a alma chegada ao matrimônio espiritual pode tratar das coisas materiais sem distração nem prejuízo, e até melhor do que antes.

Onde, porém, mais avulta nas Cartas a personalidade assombrosa da Fundadora é na guerra de morte feita durante mais de quatro anos à sua Reforma, com o fim de aniquilá-la ou ao menos reduzi-la a proporções ridículas.

O Senhor poderia dizer-lhe, então, como a S. Pedro: "Satanás vos pediu para vos joeirar como ao trigo..." (Lc 22,31).

Por permissão divina, embora erradamente, o próprio Geral da Ordem, que fora pai da Reforma e da Santa, a quem chamava "la mia figlia", determinou extinguir o que antes aprovara tanto.

S. João da Cruz é raptado e metido no cárcere do Carmo Calçado, em Toledo, onde penou durante nove meses.

Os principais Descalços, perseguidos, malvistos — presos e excomungados alguns deles —, perdem a cabeça, deixam cair as armas, e com suas imprudências agravam a situação.

O exército de Maria está em desordem, em debandada. Só a Santa Madre, mais atingida que todos e com ordem de retirar-se a um mosteiro de onde nunca mais saia a empreender novas fundações, conserva-se como generalíssima no seu posto, defendendo não a sua obra, não os seus interesses, mas os interesses e a obra de Deus.

Logo às primeiras ameaças da borrasca, traçara o plano a seguir; mandar a Roma Descalços que solicitassem do Padre Geral e, em caso de necessidade, do próprio Papa, a separação canônica entre a antiga Observância e a nova, que formaria Província autônoma sob a dependência do Generalíssimo da Ordem. Para garantia de sucesso, alcançar que o Rei, sempre favorecedor da Reforma, encarregue de patrocinar a causa da Madre Teresa a seu Embaixador em Roma.

Quanto dissabor evitado, quantas pedras de escândalo removidas do caminho se houvessem os soldados obedecido à voz de comando da chefe! Mas a Santa clamou no deserto.

Desencadeou-se a tempestade. Teresa já idosa, sozinha, tendo contra si e os seus o próprio Núncio e os mais altos representantes da Ordem, enfrenta sem temor os adversários, com a humildade singela que lhe é própria.

Escreve a uns e a outros; defende, aconselha, anima, traça planos e consegue reunir um punhado de amigos que, sob sua direção, pugnam pela Reforma. O eminente Frei Silvério de Santa Teresa calcula em cinco mil as cartas nesse período tenebroso.

Empregava todos os meios humanos, mas não se estribava só neles: orava, fazia penitência, chorava com o Senhor, como outrora ao ter notícia dos estragos produzidos pelos luteranos na Igreja de Deus. Em todos os mosteiros da Reforma fazia-se o mesmo.

Finalmente esta Santa admirável, em cujas veias parecia correr o sangue heroico dos Macabeus, salva do extermínio a sua Ordem.

O Breve pontifício pelo qual o Carmelo Descalço foi constituído em Província traz a data de 22 de junho de 1580, mas só pode executar-se em 3 de maio do seguinte ano. A Santa ainda viveu até 15 de outubro de 1582, e, nesta última fase de sua vida, continuou a manejar a pena — uma das principais armas com que promoveu a glória de seu Senhor.

Antes de morrer, tem o supremo consolo de ouvir da boca de S. Luís Beltrão, dominicano, a profecia de que dentro de cinquenta anos sua Ordem será uma das mais ilustres da Igreja de Deus.

Esta edição das Cartas de Sta. Teresa baseia-se nos autógrafos da Madre e nas cópias mais autorizadas feitas por carmelitas descalços nos séculos XVII e XVIII. Oferecemos ao leitor as cartas em ordem cronológica, numa transcrição que evita tecnicismos e atualiza a grafia, a partir das cartas autenticadas por frei Tomas Alvarez.

Louvemos a Deus, admirável em seus santos (Sl 67,36).

1. A D. ALONSO VENEGRILLA, EM GOTARRENDURA

Encarnação de Ávila, 12 de agosto de 1546. Pagamento de dez fanegas[1] de trigo. Remessa de uns pombinhos.

Senhor Venegrilla[2]: Santos García trouxe dez fanegas de trigo. Faça-me o favor de pagar o trigo, porque não tenho com quê, e o senhor Martín de Guzmán ficará satisfeito e lho pagará, pois assim costuma fazer.

12 de agosto.

Sua serva,

D. TERESA DE AHUMADA.

Faça-me o favor de enviar-me uns pombinhos.

2. A D. LORENZO DE CEPEDA, EM QUITO

Ávila, 23 de dezembro de 1561. Agradece a D. Lorenzo uma remessa de várias quantias. Oportunidade com que chegou esse dinheiro, para ela, e para suas irmãs D. María e D. Juana. Projeto da Reforma do Carmo. Elogio de Antonio Morán e de D. Juana de Ahumada.

Jhs

Senhor:

Esteja o Espírito Santo sempre com vossa mercê, amém! e pague-lhe o cuidado que teve de socorrer a todos com tanta diligência. Espero na Majestade de Deus que vossa mercê muito há de ganhar do Senhor; porque, asseguro-lhe, a cada um em particular chegou o seu dinheiro em tão boa hora, que para mim serviu de grande consolação. E creio que foi vossa mercê movido por Deus, para enviar-me tanto, porque a uma pobre monja como eu, que já tenho por honra — glória a Deus! — andar remendada, bastava o dinheiro trazido por Juan Pedro de Espinosa y Varrona (creio que assim se chama o outro negociante), para prover às minhas necessidades durante alguns anos[1].

Mas, como já escrevi bem longamente a vossa mercê, por muitas razões e causas, às quais não me pude furtar por serem inspiração de Deus — de modo que não são para cartas, — tem parecido a pessoas santas e letradas que estou obrigada a não ser covarde, e fazer o que puder para realizar esta obra. Só lhe posso dizer que é fundar um mosteiro, onde há de haver só quinze monjas — sem se poder aumentar o número —, com grandíssimo encerramento, assim de nunca saírem como de não verem senão com véu diante do rosto, fundadas em oração e mortificação, conforme a vossa mercê já escrevi mais largamente e escreverei ainda por Antonio Morán, quando for.

---

1. Medida para secos, equivalente a 100 kg.
2. *Alonso Venegrilla:* encarregado do pombal que a família da Santa possuía em Gotarrendura, de 1546 a 1549. Supõe-se que a carta foi escrita em 1546, pelas instruções da Santa, desnecessárias a quem já tem experiência no ofício. *Santos García*: algum lavrador de Gotarrendura. *Martín de Guzmán:* cunhado da Santa, casado com María de Cepeda.

1. São quatro os mercadores que trazem dinheiro de D. Lorenzo de Cepeda para sua irmã: Pedro de Espinosa, Varrona, Antonio Morán e Alonso Rodríguez. No total foram mais de duzentos ducados enviados por D. Lorenzo para a fundação de São José de Ávila. A Santa os considerou providenciais (cf. *Vida* 33,12).

Estou sendo ajudada por essa senhora D. Guiomar, que também escreve a vossa mercê. É viúva de Francisco d'Ávila, de Salobralejo, não sei se vossa mercê dele se recorda. Há nove anos lhe morreu o marido, que tinha um conto de renda, e, além do que dele herdou, tem por sua parte um morgado. Embora tenha ficado viúva aos vinte e cinco anos, não se casou mais e tem-se dado muito a Deus. É bem espiritual. Há mais de quatro anos há entre nós mais estreita amizade do que se fôssemos irmãs. Conquanto muito me ajude, porque dá grande parte da sua renda, por ora está sem dinheiro, e, no tocante a fazer e comprar a casa, faço-o eu, com o favor de Deus. Recebi o dote de duas noviças, antes de começar, e com isto comprei a casa, ainda que secretamente; mas para as obras indispensáveis não tinha de que lançar mão. Ainda assim, confiando só em Deus — pois se quer que o faça, a tudo proverá, — contratei os oficiais. Parecia desatino. Vem Sua Majestade e move a vossa mercê para que forneça os meios. Sabe o que mais me espantou? É que me faziam grandíssima falta os quarenta pesos acrescentados por vossa mercê; e quem fez que não faltassem, creio, foi S. José, pois assim se há de chamar a casa. E, sei que o pagará a vossa mercê. Enfim, ainda que pobre e pequena, tem lindas vistas e terreno, e com essa quantia de vossa mercê se concluirá.

Foram buscar as Bulas em Roma, porque, embora seja da minha mesma Ordem, prestamos obediência ao Bispo. Espero no Senhor que será para muita glória sua, se nos permitir realizá-lo; e penso que sem falta assim fará, porque vão almas que bastam para dar grandíssimo exemplo: muito escolhidas, e dadas à humildade, penitência e oração. Vossas senhorias o encomendem a Deus. Quando Antonio Morán partir, com o favor divino já estará acabado.

Esteve aqui, e muito me consolei com ele, por me parecer homem de bem, verdadeiro entendido, e saber dar tão particulares notícias de vossas senhorias. Certamente uma das grandes mercês que o Senhor me tem feito a mim é ter-lhes dado a entender o que é o mundo, para que deste modo tenham querido viver sossegados. Vejo que estão no caminho do céu, e é o que mais desejava saber, pois até agora sempre estava em sobressalto. Glória seja Àquele que tudo isso faz. Praza ao mesmo Senhor vá progredindo sempre vossa mercê no seu serviço; e, pois não há medida no galardão, não há de haver paradas, senão procurar servi-lo, e ir cada dia, sequer um pouquinho mais adiante, e com fervor. Pareça-nos sempre, como de fato é, que estamos em guerra e que, até ganhar vitória, não há de haver descuido.

Os que me têm trazido dinheiro, da parte de vossa mercê, têm sido homens dignos, de caráter, mas Antonio Morán assinalou-se, não só em trazer bem vendido o ouro e sem cobrar nada, segundo verá vossa mercê, como em ter vindo, com bem pouca saúde, de Madri a Ávila para mo entregar. Hoje está melhor, foi coisa passageira. Vejo que tem deveras amor a vossa mercê. Trouxe também o dinheiro de Varrona, e com muito cuidado. Também esteve aqui Rodríguez, e tudo fez muito bem. Por ele escreverei a vossa mercê, pois talvez parta primeiro. Mostrou-me Antonio Morán a carta que vossa mercê lhe escreveu. Creia que tanto cuidado não foi só virtude de sua parte; era o próprio Deus quem o movia.

Ontem enviou-me minha irmã D. María[2] essa carta que vai inclusa. Quando ela receber esta nova remessa de dinheiro, escreverá outra. No tempo de maior necessidade chegou-lhe o auxílio. É muito boa cristã e passa grandes trabalhos; e se Juan de Ovalle[3] lhe movesse pleito, ficaria com seus filhos arruinados. E afinal não é tão grande o prejuízo, como a ele parece; ainda que foi tudo muito mal vendido, e desbaratada a herança[4]. Mas também Martín de Guzmán levava bons intentos (Deus o tenha no céu!) e a justiça decidiu em seu favor, embora indevidamente. Tornar-se

---

2. Filha do primeiro matrimônio de D. Alonso Sánchez de Cepeda com D. Catarina del Peso y Henao, e irmã de Teresa por parte de pai. Foi casada com Martín de Guzmán y Barrientos, já falecido na data em que a Santa escreve.

3. Marido de D. Juana de Ahumada, irmã mais nova de Sta. Teresa.

4. Fala da herança de seu pai D. Alonso, que falecera em 24 de dezembro de 1543, deixando em mau estado seus negócios, o que deu ocasião a um pleito entre D. María de Cepeda, única filha sobrevivente de D. Catarina del Peso y Henao, e os filhos do segundo matrimônio, excetuada a Santa que, sendo professa solene, não herdava.

agora a pedir o que meu pai (que esteja na glória!) vendeu, eis o que não o posso sofrer. O demais, como digo, seria dar a morte a D. María, minha irmã; e Deus me livre de interesse que redunde em tanto mal para os parentes; conquanto por aqui estejam as coisas de tal sorte, que por maravilha há pai para filho, e irmão para irmão. Assim pois não me espanto de Juan de Ovalle; até portou-se bem, pois por amor de mim, deixou-se de pleitos por enquanto. Tem boas qualidades, mas, em todo caso, convém não confiar muito; por isso quando vossa mercê lhe enviar os mil pesos, mande-os sob condição, firmada com escritura, e esta venha dirigida a mim, estipulando que no dia em que tornarem ao pleito, sejam quinhentos ducados para D. María.

A venda das casas de Gotarrendura ainda não está concluída; porém Martín de Guzmán já havia recebido por conta das mesmas trezentos mil maravedis[5], e é justo que sejam devolvidos a Juan de Ovalle. Com mais os mil pesos que lhe enviar vossa mercê, ficará ele remediado e poderá viver em Ávila. Assim fez, e atualmente está aqui por certa necessidade que houve. Se daí lhe não vier essa quantia, não poderá ficar sempre, senão passar de vez em quando umas temporadas, e mal.

São muito bem casados, mas posso afirmar a vossa mercê que D. Juana deu uma mulher tão honrada e de tanto valor, que é para louvar a Deus: uma alma de anjo. Eu é que saí a pior de todas, a quem vossas senhorias não haviam de reconhecer por irmã, do jeito que sou; não sei como me querem tanto. Isto digo com toda a verdade. Grandes trabalhos têm ela passado, e sofre tudo muito bem. Se vossa mercê, sem se pôr em aperto, puder enviar-lhe alguma coisa, faça-o com brevidade, nem que seja aos poucos.

As quantias que vossa mercê mandou foram entregues, como verá pelas cartas inclusas. Toribia[6] morreu, assim como também seu marido. Os filhos que deixaram são pobres, e muito lhes valeu a esmola. As Missas foram celebradas; (algumas, creio, antes de chegar a espórtula), pelas intenções que mandou vossa mercê; e pelos melhores sacerdotes que achei, realmente muito virtuosos. Causou-me devoção ver as intenções determinadas por vossa mercê.

Encontro-me em casa da senhora D. Guiomar durante todas estas negociações, e isto tem me consolado, por estar mais vezes com pessoas que me falam de vossa mercê. Também me sinto à vontade, porque vim com uma filha desta senhora, monja em nosso mosteiro, a quem me mandou o Provincial acompanhar para passar uns tempos com sua mãe; e aqui me acho com muito mais liberdade que em casa de minha irmã para tudo quando quero. Só tratamos de Deus e há muito recolhimento. Assim ficarei até me mandarem outra coisa; mas para tratar de negócio em questão, melhor seria estar aqui.

Falemos agora de minha querida irmã, a senhora D. Juana[7], que, embora seja aqui a última, não o é na minha amizade; e tenha por certo, e assim é, que, embora não no mesmo grau que a vossa mercê, muito a encomendo a Deus. Beijo a Sua Mercê mil vezes as mãos, por tantas provas de estima que me dá. Não sei como retribuir, a não ser fazendo com que o nosso menino[8] seja muito encomendado a Deus. Assim fazemos, e muito a seu cargo o tem o santo Frei Pedro de Alcântara, que é um Frade descalço, sobre o qual já escrevi a vossa mercê; e também os Teatinos[9] e outras pessoas às quais atenderá o Senhor. Praza a Sua Majestade fazê-lo ainda mais virtuoso que os pais, pois, por bons que sejam, mais quero eu para ele. Sempre que me escrever vossa mercê, fale do contentamento e concórdia que tem com sua esposa. Com isto muito me consolo.

Prometi enviar-lhe, quando for Antonio Morán, uma cópia da carta executória, que, segundo dizem, não pode estar melhor; e isto farei com todo cuidado. E se desta vez se perder no caminho, enviarei outra até que alguma lhe chegue às mãos. Não sei como deixaram de enviá-la a vossa

---

5. Antiga moeda gótica, usada em Portugal e na Espanha.
6. Alguma antiga doméstica da família de D. Alonso.
7. Esposa de D. Lorenzo, D. Juana de Fuentes y Espinosa, filha de Francisco de Fuentes, um dos conquistadores do Peru.
8. Alude ao primeiro filho de D. Lorenzo, falecido em 1513.
9. Nome com que geralmente aparecem os jesuítas na correspondência da Santa.

mercê, mas, porque toca a terceira pessoa, e esta não a quis dar, não lhe conto o caso. Vou remeter-lhe também algumas relíquias que tenho; a guarnição é de pouco valor. Pelo que a mim me envia meu irmão, mil vezes beijo-lhe as mãos; se fora no tempo em que eu usava ouro, cobiçaria não pouco a medalha; achei-a extremamente linda. Deus nos guarde a Sua Mercê por muito tempo, e a vossa mercê igualmente, e lhes dê boas entradas, que amanhã é véspera do ano de 1562.

Por demorar com Antonio Morán, comecei a escrever tarde, e não posso estender-me ainda, como quisera, porque ele quer partir amanhã, e assim vou escrever agora a meu Jerónimo de Cepeda, mas não importa: muito brevemente escreverei de novo a vossa mercê; sempre leia vossa mercê minhas cartas. Fiz questão de empregar boa tinta, mas a carta foi escrita tão às pressas, e, como digo, a tal hora, que não a posso tornar a ler. Estou melhor de saúde que de costume. Deus a dê a vossa mercê, no corpo e na alma, como desejo. Amém!

Aos senhores Fernando de Ahumada e Pedro de Ahumada deixo de escrever por falta de tempo; tão logo possa o farei. Saiba vossa mercê que algumas pessoas muito boas, que estão a par do nosso segredo — refiro-me ao negócio da fundação —, tiveram por milagre o enviar-me vossa mercê tanto dinheiro a tal tempo. De Deus espero que, em havendo necessidade de mais, ainda que vossa mercê não queira, Ele lhe porá no coração que me socorra.

De vossa mercê muito fiel serva,

D. TERESA DE AHUMADA.

3. AO PE. GARCÍA DE TOLEDO, EM ÁVILA (?)

São José de Ávila. Em fins do ano de 1565. Remete-lhe o *Livro da Vida* para que o veja e corrija, e logo o envie ao Mestre Ávila.

Jhs

O Espírito Santo seja sempre com vossa mercê. Amém. Não seria mau encarecer a vossa mercê este serviço, por obrigá-lo a ter muito cuidado de encomendar-me a Nosso Senhor. Bem o poderia eu fazer, tal foi meu sofrimento ao me ver retratada e ao trazer à memória tantas misérias minhas; embora com verdade possa dizer que mais senti o ter de escrever as graças que tenho recebido do Senhor, do que minhas ofensas contra Sua Majestade.

Obedecendo ao que vossa mercê me mandou, fui extensa, mas com a condição de que cumprirá de seu lado o que me prometeu, rasgando o que lhe parecer mal. Não o tinha acabado de ler, depois de escrito, e já vossa mercê o manda buscar. Pode ser que algumas coisas estejam mal explicadas, e outras repetidas, porque disponho de tão pouco tempo, que não podia reler à medida que escrevia. Suplico a vossa mercê que o emende, e o mande copiar no caso de o remeter ao Pe. Mestre Ávila, porque alguém poderia conhecer a letra.

Desejo muito que faça de modo que ele o veja, pois foi com esta intenção que o comecei a escrever, e se parecer que estou em bom caminho, ficarei muito consolada, tendo feito o que está a meu alcance. Em tudo ordene vossa mercê como lhe parecer, vendo o que está obrigado a fazer por quem lhe confia sua alma.

A de vossa mercê encomendarei toda a minha vida a Nosso Senhor. Dê-se pressa em servir a Sua Majestade, em atenção a mim, pois verá vossa mercê, pelo que aqui vai, quão bem empregado é dar tudo e a si mesmo — como vossa mercê já o começou a fazer — a Quem tão sem medida se dá a nós.

Seja Ele bendito para sempre! De sua clemência espero que nos veremos onde mais claramente, vossa mercê e eu, compreendamos as grandes misericórdias com que nos cumulou, e onde para todo o sempre o louvemos. Amém.

Acabou-se este livro em junho do ano de 1562[1].

---

1. Esta frase se refere à primeira redação da *Vida*; não faz propriamente parte da carta.

4. AOS SENHORES DO CONSELHO DE ÁVILA, EM ÁVILA

Ávila, 5 de dezembro de 1563. Ermidas para louvar a Deus e rezar pela cidade. Com pesar, prescindiriam desse consolo.

Ilustríssimos senhores: como nos informamos de que não causaria nenhum dano ao edifício das águas as ermidas que aqui se fizeram e como a necessidade era muito grande, nunca pensamos (veja vossa senhoria, a obra que foi feita, que serve apenas de louvor ao Senhor e para que nós tenhamos um lugar afastado para a oração) causar pesar a vossa senhoria, pois ali pedimos particularmente a Nosso Senhor pela conservação dessa cidade em seu serviço.

Visto que vossa senhoria o toma com desgosto (o que muito nos penaliza), suplicamos a vossa senhoria que examine o caso. Temos em mãos todas as escrituras e fianças e censo que os letrados de vossa senhoria ordenarem para segurança de que em nenhum tempo haja dano. E a isso sempre estivemos determinadas.

Se com tudo isso vossas senhorias não se satisfizerem, que de imediato se deixe. Mas seria necessário que vossas senhorias vissem antes o proveito e não o dano que causam. O que mais queremos é que vossa senhoria não esteja descontente, pois todo consolo que ali se alcança é espiritual e nos causaria pesar dele prescindir.

Que Nosso Senhor guarde e conserve em seu serviço as ilustríssimas pessoas de vossas senhorias, amém.

Indignas servas, que as mãos de vossa senhoria beijam.

AS POBRES IRMÃS DE SÃO JOSÉ.

5. A JUAN DE SAN CRISTÓBAL, EM ÁVILA

Ávila, 9 de abril de 1564. Compra uma cerca de pombal.

Hoje, domingo, oitava de páscoa deste ano de 1564, acordou-se entre Juan de San Cristóbal e Teresa de Jesus a venda desta cerca de pombal, a cem ducados livres de décima e alcabala[1].

Forma de pagamento será a seguinte: dez mil maravedis no ato e mais dez mil na páscoa do Espírito Santo. O restante será pago em São João deste corrente ano.

Por ser verdade, assino:

TERESA DE JESUS.

6. A D. ALVARO DE MENDOZA

Ávila, julho de 1567. Alegria com que esperavam a ida de D. Alvaro a Ávila. Reza o Ofício. García de Toledo, mestre de noviços. ... a algum seja tido, em especial de en...

Todas estas Irmãs beijam as mãos de vossa senhoria muitas vezes. Há um ano estávamos esperando que viesse vossa senhoria a ver a minha senhora D. María, que assim no-lo havia dito o senhor D. Bernardino[1], e nos sentíamos muito alegres. Não o quis Nosso Senhor. Praza a Sua Majestade veja eu a vossa senhoria onde não há de haver ausência. Os ofícios foram rezados este ano nos dias próprios, e assim faremos sempre de muito boa vontade. Nosso Senhor tenha vossa senhoria sempre em sua Mão, e o guarde muitos anos para seu maior serviço.

O senhor Frei García está muito bem, Deus louvado! Sempre nos favorece, e é cada vez mais servo de Deus. Assumiu, a mandado do provincial, o ofício de mestre de noviços, o qual para um

---

1. *Ducado*: moeda que valia 375 maravedis. *Alcabala*: tributo que o comprador pagava ao fisco num contrato de compra e venda.
1. D. María e D. Bernardino, irmãos do bispo D. Alvaro de Mendoza (um dos maiores protetores da Reforma), foram fundadores do mosteiro de Valladolid.

homem de sua autoridade é cargo bem baixo, ainda que não lho tenham dado senão tendo em vista o proveito da Ordem, para que ele, com seu espírito e virtude, crie aquelas almas à sua semelhança. Tomou-o com tanta humildade, que a todos edificou muito. Tem não pouco trabalho. É hoje dia 6 de julho.

Indigna serva de vossa senhoria,

TERESA DE JESUS.

Faça-me vossa senhoria a mercê de despachar com brevidade este Padre. Poderá ser que uma carta de vossa senhoria dê bom resultado.

7. AO MESTRE GASPAR DAZA, EM ÁVILA[1]

Toledo, 24 de março de 1568. As relíquias dos Santos Justo e Pastor. Que não falem as religiosas umas com as outras sobre a oração que têm. Está em vésperas de sair para Malagón.

...as relíquias dos Santos Pastorzinhos que traziam a Alcalá; é para louvar a Nosso Senhor. Seja bendito por tudo! Por certo, Senhor, tão fácil é a Sua Majestade fazer santos, que não sei como estão lá tão espantados de que se digne conceder algumas graças por intercessão de almas que viveram tão apartadas de tudo. Praza ao Senhor o saibamos servir, que muito bem sabe Ele pagar.

Muito me alegrarei que lhe tenha caído em graça... pois não gostará dela senão quem houver entendido deveras, ao menos em parte, quão suave é o Senhor. Praza a Ele guardar-me vossa mercê muitos anos para benefício dessas Irmãs.

Não consinta que tratem umas com as outras da oração, que têm, nem se intrometam nisso, nem falem em Conceição, pois quererá cada uma dizer sua tolice. Deixem-na: quando não puder trabalhar tanto, poderá se tomar outra, repartindo-se o trabalho; e Deus lhes dará de comer, como... da mi...

Parece que sua irmã e sua mãe pouco se lembram de mim.

À abadessa escreverei, se puder. Deus lhe dê saúde.

Já escrevi para Madri acerca do saial. Não sei se me esqueci de alguma coisa; ao menos não me esquecerei de encomendar a Deus vossa mercê.

Faça o mesmo, e, para o serviço do Senhor, peça-Lhe que se comece esta casa.

Terça-feira que vem penso que partiremos sem falta. Hoje é véspera de Nossa Senhora da Encarnação.

Ao Padre La... e ao Irmão Cristóvão diga muito de minha parte, e à Maridias.

Indigna serva e filha de vossa mercê,

TERESA DE JESUS, carmelita.

8. A D. LUISA DE LA CERDA, EM ANTEQUERA

Malagón, 18 de maio de 1568. Fala a D. Luisa sobre as Descalças de Malagón e pede-lhe que remeta o *Livro da Vida* ao Mestre Ávila.

Jhs

Jesus esteja com vossa senhoria. Quisera eu ter mais tempo e alongar-me aqui; mas, esperando tê-lo hoje para escrever, deixei até o último dia, pois vou amanhã, 19 de maio, e foi tanta a lida, que não me sobrou tempo. Pelo Pe. Pablo Hernández escreverei; ainda que nada tenha sabido dele depois que se foi daqui, poderei lhe dizer o que manda vossa senhoria. Louvei a Nosso Senhor de que a viagem tenha sucedido bem; muito Lho suplicamos por cá. Praza a Sua Majestade seja assim em tudo o mais.

---

1. Carta encontrada na catedral de Guadiz, depois de pronta a edição crítica de Frei Silverio de Santa Teresa.

Vou bem de saúde e cada dia mais satisfeita com esta vila; o mesmo acontece a todas. Já não há quem tenha algum dissabor, antes cada dia estou mais contente com elas. Asseguro a vossa senhoria que das quatro que vieram, três têm alta oração, e ainda vão além. São de tal sorte que pode vossa senhoria estar segura: ainda que eu me vá, não faltará um ponto na perfeição, especialmente com os confessores que lhes ficam…[1] Deus o tenha muitos anos aqui, pois, com ele, bem descuidada vou de tudo. O Cura beija as mãos de vossa senhoria, mas é tão não sei como, que nem recomendações lhe mandou; mas eu, com a autorização que tenho de vossa senhoria, lhas dei de sua parte. É muito o que lhe devemos.

Não posso entender por que razão deixou vossa senhoria de enviar logo minha encomenda ao mestre Ávila. Não faça assim, por amor do Senhor, rogo-lhe que sem demora, por um mensageiro, lho envie, pois segundo ouvi dizer é jornada de um dia e não mais; e ficar à espera de Salazar é absurdo, pois, sendo Reitor, não poderá sair nem para visitar a vossa senhoria, quanto mais ao Pe. Ávila. Suplico a vossa senhoria: se o não remeteu ainda, mande-o logo, que, sinceramente, isto me tem feito sofrer. Parece arte do demônio. Também contra o senhor Licenciado fiquei muito tentada, porque eu lhe havia pedido que o levasse quando fosse; mais, creio, tudo isso é o demônio, a quem pesa de que o veja esse santo. A causa não a alcanço eu… Suplico a vossa senhoria, sem mais detença lho remeta, e faça o que supliquei a vossa senhoria em Toledo; olhe bem, que importa isto mais do que pensa…

9. A D. LUISA DE LA CERDA, EM ANTEQUERA

Toledo, 27 de maio de 1568. Consola D. Luisa em seus trabalhos. Viagem da Santa a Toledo. Deseja fundar em Malagón uma escola onde se ensine a doutrina cristã. Insiste em que seja enviado o manuscrito da *Vida* ao mestre Ávila. Morte da duquesa de Medinaceli.

Jesus esteja com vossa senhoria. Hoje, dia da Ascensão, o Licenciado[1] entregou-me a carta de vossa senhoria. Mesmo antes de a ler, tive não pouco pesar ao saber que ele tinha voltado, pois logo imaginei o acontecido. Glória seja a Nosso Senhor, que vossa senhoria vá bem de saúde, assim como também o senhor D. Juan e todos esses meus senhores.

No demais, não se aflija vossa senhoria com o que sucedeu. Quanto a mim, embora lhe aconselhe isto, fiquei contrariada e disse ao Licenciado que procedeu mal. Está bem confuso, ao que me parece, mas o certo é que ele mesmo não se entende. Por uma parte deseja servir a vossa mercê e diz que lhe quer muito, e assim é; por outra, não se sabe vencer. Também sofre um pouco de melancolia, como Alonso de Cabria. Mas que diferenças nas coisas deste mundo! Este, que podia estar servindo a vossa senhoria, não o quer; e eu, que tanto gostaria de fazê-lo, não o posso! Por estes e outros piores casos temos de passar, nós mortais; e ainda não acabamos de entender o mundo, nem queremos saber de deixá-lo.

Não me espanto de que tenha pesar vossa senhoria; já eu estava prevendo que havia de sofrer bastante, conhecendo a condição de vossa senhoria, que não é para se entender com qualquer um; mas, pois se trata do serviço do Senhor, passe por isso vossa senhoria e entenda-se com Ele, que a não deixará sozinha. Aqui, ninguém há de interpretar mal a ida de vossa senhoria; pelo contrário, ficarão com pena. Procure esquecer, e veja bem quanto nos importa a sua saúde. A minha tem sido bastante ruim ultimamente. Não achasse eu nesta casa o presente que vossa senhoria me deixou preparado, ainda pior seria; e realmente foi preciso, porque, com o sol do caminho, cresceu de tal sorte a dor que eu tinha quando vossa senhoria estava em Malagón, que, apenas cheguei a Toledo, tiveram de sangrar-me duas vezes. Não me podia mexer na cama, com uma dor nas costas que ia até o cérebro; e no outro dia tomei um purgante. Assim me detive aqui oito dias, que se comple-

---

1. Aqui faltam sete ou oito linhas no original.
1. *Licenciado:* Velasco. *D. Juan:* Juan Pardo Tavera de la Cerda, filho de D. Luisa.

tarão amanhã, pois vim sexta-feira; e parto bem enfraquecida, porque me tiraram muito sangue. Felizmente já estou boa. Não poucas saudades senti por me ver aqui sem minha senhora e amiga; seja em tudo servido o Senhor! Todos foram muito bons para comigo, inclusive Reolín[2]. Asseguro-lhe que gostei de ver como, estando vossa mercê tão longe, me regalava aqui. Muito a encomendo ao Senhor. Vou pôr-me a caminho já restabelecida, embora ainda fraca.

Quem me leva é o Cura de Malagón; não sei dizer o muito que lhe devo. Quanto a Alonso de Cabria, tão bem se dá com seu Administrador, que não quis saber de ir comigo; disse que o Administrador sentiria demais sua falta. Eu, como vinha em tão boa companhia e ele estava cansado da recente viagem, não insisti. Saiba vossa senhoria que o Administrador faz tudo o melhor possível; dizem que é acima de todo elogio. Alonso de Cabria não se cansa de exaltá-lo, como todos, aliás; o senhor D. Hernando também está muito contente com ele[3].

Carleval se foi, e não creio que volte...[4]; se disserem que para o mosteiro de Malagón quis o Senhor que trabalhasse Alonso de Cabria, e o pagasse o hospital, dirão a verdade, porque o irmão de Carleval veio. Eu digo a vossa senhoria que venho contentíssima de o deixar lá; a não ser meu Pe. Pablo, não sei eu quem poderia lá ficar de igual merecimento. Foi grande ventura! É de alta oração e grande experiência dela. Está muito satisfeito; somente é mister preparar-lhe uma casinha. Porque deixei tudo isto por escrito a vossa senhoria em Malagón, não digo mais. Grandes elogios tenho ouvido aqui deste Padre de que falei.

As Irmãs estão contentíssimas. Deixamos combinado que se traga uma mulher muito teatina, e a casa lhe dê de comer, pois temos de fazer esmola a alguém, seja a ela! Ensinará de graça trabalhos às meninas, e, em troca, as instruirá na doutrina e no modo de servir ao Senhor, o que é de grande proveito. Também mandou Carleval buscar um rapaz, além do outro, por nome Huerna, que os serve a ele e ao Cura; e tomaram à sua conta ensinar a doutrina. Espero em Deus há de resultar grande bem. Verdadeiramente venho contentíssima, e vossa senhoria também o esteja na certeza de que não fará falta minha presença à religião desta casa, pois, com a muita que têm as Irmãs, e ficando-lhes com tal confessor e o Cura, que não as olvidará, espero em Deus irão cada dia mais adiante; disto não tenho dúvida.

Ao outro capelão não há quem lhe queira dizer que não continue a celebrar a Missa. Vossa senhoria mande-lhe um aviso por escrito. Embora Pe. Pablo ande procurando quem lho diga, não quisera eu que ficasse no esquecimento. O Administrador promete colocá-lo tão bem que ficará muito melhor do que está; mas, para não ter de consolá-lo, não lho quer dizer. Suplico a vossa senhoria não se descuidar neste ponto. Já deram por conta a terça parte ao Licenciado[5]; Miranda lha entregou, mas vossa senhoria mande escrever quem há de dar a Miranda essas prestações. Não aconteça urdir o demônio algum enredo para virmos a perder um homem como este, pois certamente trabalhará o maligno quanto puder para este fim, sabendo que ele lhe há de fazer guerra. Ponha-se vossa senhoria a par de todo o negócio e não o consinta.

Tem sido tanta a ocupação hoje, que não me deixaram fazer o que pretendia; agora é já noite, bem tarde, e estou muito fraca. Levo comigo o silhão que tinha vossa senhoria na fortaleza (suplico a vossa senhoria o haja por bem), e outro bastante bom que comprei aqui. Não tenho dúvida: vossa senhoria se folgará de que me aproveite dele para o caminho, pois estava fora de uso, e assim ao menos irei em coisa sua. Espero no Senhor servir-me dele na volta; e se não, assim que vossa senhoria chegar, lho enviarei.

---

2. Gabriel de Reolín, vizinho de Toledo.
3. *Cura de Malagón:* licenciado Juan Bautista. *Administrador:* Juan Huidobro de Miranda, administrador de D. Luisa. *Hernando:* D. Hernando de la Cerda, irmão de D. Luisa e comendador da Ordem de Alcântara.
4. Sentido confuso pela falta de algumas linhas no original. *Carleval:* Dr. Bernardino Carleval, discípulo de S. Juan de Ávila.
5. *Terça parte:* pagamento quadrimestral. *Licenciado:* o licenciado Velasco, que parece ter cobrado seus direitos antes de despedir-se.

Na carta deixada em Malagón, já escrevi a vossa senhoria o que penso: é o demônio quem estorva que esse meu escrito seja visto pelo mestre Ávila; não quisera eu que ele morresse antes de o ver. Seria grande transtorno. Suplico a vossa senhoria, pois está tão perto, lho remeta, selado, e em mão própria, e escreva-lhe vossa senhoria insistindo muito com ele para que o examine. Vontade não lhe falta, e lerá assim que lhe for possível. Frei Domingo[6] acaba de escrever-me, recomendando-me que, ao chegar a Ávila, arranje mensageiro seguro que lho vá entregar. Dá-me pena e não sei o que fazer; pois, como já disse a vossa senhoria, será de prejuízo grande para mim, se chegar ao conhecimento das pessoas que vossa senhoria sabe. Por amor de Nosso Senhor, trate disso depressa vossa senhoria; veja que é serviço de Sua Majestade, e tenha vossa senhoria ânimo para andar por essas terras estranhas, lembrando-se de como viajou Nossa Senhora quando foi ao Egito, e também Nosso Pai S. José.

Vou por Escalona, porque aí está a marquesa e mandou buscar-me. Respondi-lhe que vossa senhoria é tão generosa para comigo, que não me era necessário auxílio de sua parte, mas passaria por lá. Ficarei só meio dia, não mais, se depender de mim, e isto porque mo mandou pedir encarecidamente Frei García, dizendo que o prometera e que não é fora de mão. O senhor D. Hernando e a senhora D. Ana honraram-me com sua visita; assim como também D. Pedro Niño, a senhora D. Margarita e os demais amigos e conhecidos; alguns muito me cansaram. Os da casa de vossa senhoria estão bem recolhidos e recatados. Suplico a vossa senhoria escreva à senhora Reitora; veja quanto lhe deve. Mandou-me alguns presentes, porém não estive com ela porque passei de cama a maior parte do tempo. A senhora Priora terei de ir ver amanhã, antes da partida, porque muito o deseja[7].

Não quisera eu falar na morte de minha senhora a duquesa de Medinaceli, pelo receio de que vossa senhoria o ignore. Pareceu-me depois que, até que esta lhe chegue às mãos, o saberá. Quereria que não se entregasse ao pesar, pois o Senhor usou de misericórdia com todos os que a amavam, e com ela ainda mais, levando-a tão depressa, porque, com o mal que tinha, mil vezes a veríamos morrer. Era Sua Senhoria tal, que viverá para sempre, e vossa senhoria e eu juntamente com ela; e esta esperança me faz aceitar a privação de tão grande bem. A meus senhores todos beijo as mãos; e Antonia beija as de vossa senhoria. Ao Senhor D. Juan, vossa senhoria diga muito em meu nome; com instância o encomendo ao Senhor. Sua Majestade me guarde vossa senhoria e a tenha em sua Mão sempre. Já estou muito cansada, e assim não digo mais[8].

Indigna serva e súdita de vossa senhoria,

TERESA DE JESUS, carmelita.

A nosso padre eterno[9] já deram licença. Quanto a mim, pesa-me por uma parte; por outra, vejo que o Senhor quer que assim seja e que vossa senhoria passe sozinha seus trabalhos. Ele por certo escreverá a vossa senhoria, em havendo mensageiro. Esta carta deixo bem recomendada a D. Francisca. Se tiver possibilidade, procurarei escrever de Ávila. Ia-me esquecendo de falar de uma pretendente da qual me disse Nosso Padre que é muito culta e tem qualidades que a ele contentam. Não traz mais de duzentos ducados, mas ficam tão sozinhas as Irmãs e é tanta a necessidade, que, para mosteiro que se começa, sou de opinião que a recebam. Mais a quero receber eu do que trazer noviças bobas, e se puder encontrar outra como esta, nenhuma trarei de fora. Fique vossa senhoria com Deus, minha senhora, que eu não quisera acabar, nem sei como vou para tão longe de pessoa a quem tanto quero e devo[10].

---

6. Pe. Domingo Báñez.

7. *Marquesa de Escalona:* D. Juana de Toledo. *Frei García:* Frei García de Toledo. *D. Hernando de la Cerda* e *Ana de Thienlloye,* sua mulher. *D. Pedro Niño* de Conchillos y Rivera. *D. Margarita* de Centellas y Borja, irmã de S. Francisco de Borja. *Reitora:* D. Ana de Silva, reitora do colégio de Donzelas do cardeal Siliceo. *Priora:* priora de São Paulo das Jerônimas.

8. *Duquesa de Medinaceli:* D. Juana Manuel de Portugal. *Antonia* del Espíritu Santo. *D. Juan* Pardo Tavera.

9. Apelido gracioso dado ao Pe. Pablo Hernández, pela sua respeitabilidade.

10. Provavelmente Juana Bautista, que professou em Malagón no dia 1º de setembro de 1569.

10. A D. LUISA DE LA CERDA, EM ANTEQUERA

Ávila, 9 de junho de 1568. Anuncia à D. Luisa sua chegada a Ávila. Entrada em religião de D. Teresa de Toledo, filha da marquesa de Velada.

Jesus esteja com vossa senhoria. Cheguei aqui a Ávila quarta-feira antes de Pentecostes, bem cansada; porque, como a vossa senhoria escrevi, estive tão ruim, que não me achava em condições de pôr-me a caminho, e assim viemos devagar, e o Cura conosco, o que me serviu de grande alívio, pois ele para tudo tem graça. Chegou de jornada um parente meu que, sendo menino, teve pedra, e com a água dessa fonte sarou e nada mais teve. Folguei-me muito de tão boas novas, porque, espero em Nosso Senhor, há de acontecer assim ao senhor D. Juan. Faça-o Sua Majestade, como aqui lhe suplicaremos. Beijo a Sua Mercê as mãos, e muito as de todos esses meus senhores[1].

Soube que entrou no Convento para ser monja, D. Teresa, filha da Marquesa de Velada, e está muito contente. Com a marquesa de Villena estive domingo passado. Tratou-me o melhor possível; mas, como não tenho necessidade de mais ninguém que de minha senhora D. Luisa, pouco me alegra. Traga-a o Senhor, como lho rogo, como muita saúde e prosperidade. Acerca daquele meu negócio, torno a suplicar a vossa mercê: não se descuide, pelas causas que lhe escrevi, pois me importa muito. Como em Malagón deixei uma longa carta para vossa senhoria, e em Toledo outra, esta é apenas para que saiba vossa senhoria que cheguei bem; e portanto nada mais digo[2].

É hoje quarta-feira.

Indigna serva e súdita de vossa senhoria,

TERESA DE JESUS, carmelita.

11. A D. LUISA DE LA CERDA, EM ANTEQUERA

Ávila, 23 de junho de 1568. Próxima viagem da Santa a Valladolid. Pede a D. Luisa lhe envie quanto antes o manuscrito da Vida. Assuntos do Convento de Malagón.

Jesus esteja com vossa senhoria. É tanta a pressa do mensageiro, que ainda nem sei como escrevo isto; é que a vontade me fez achar tempo. Ó senhora minha, com que frequência me lembro de vossa senhoria e de seus trabalhos! e com que cuidado a encomendamos a Nosso Senhor! Praza a Sua Majestade ser servido de dar saúde bem depressa a esses senhores; e não me veja eu tão longe de vossa senhoria! Se eu ao menos soubesse que está em Toledo, penso que já me daria por contente. Estou boa, glória a Deus! Irei daqui a Valladolid, passada a festa de S. Pedro.

Veja vossa senhoria, pois lhe encomendei a minha própria alma[1], que ma devolva com segurança, o mais cedo possível, e não venha sem carta daquele santo homem, para sabermos seu parecer, conforme vossa senhoria e eu combinamos. Estou com o coração nas mãos, pelo receio de chegar de repente o Presentado Frei Domingo; pois, se neste verão aparecer por aqui, segundo ouvi dizer, vai descobrir o furto que fiz[2]. Por amor de Nosso Senhor, quando vir aquele santo, devolva-me vossa senhoria o manuscrito, pois não faltará tempo para que o vejamos, vossa senhoria e eu, quando eu voltar a Toledo. Quanto a Salazar, se não houver muita oportunidade, não faça questão de que o veja; o que mais importa é recuperá-lo.

No mosteiro de vossa senhoria, segundo me escrevem, vão indo muito bem, com grande aproveitamento, e assim o creio. Tiveram todos aqui por tão grande ventura ficar-lhes tal confessor, pois é bem conhecido, que se espantam, e eu também. Nem sei como o guiou para lá o Senhor;

---

1. *Cura:* licenciado Juan Bautista. *Parente:* talvez seu sobrinho Luis de Cepeda, vizinho de Torrijos. *Essa fonte:* Fuentepiedra, perto de Antequera. *D. Juan* Pardo de Tavera.
2. *D. Teresa* de Toledo, que ingressara no mosteiro de Santa Ana de Ávila. *Marquesa de Velada:* D. Juana de Toledo. *Marquesa de Villena:* D. Juana Lucas de Toledo, marquesa de Villena e duquesa de Escalona.

1. O *Livro da Vida. Santo homem:* Juan de Ávila.
2. Secretamente mandara o manuscrito ao Pe. Ávila; a isto chama furto.

deve ser para o bem das almas daquele lugar, segundo o proveito que resultou, como ouvi dizer; e o mesmo tem feito por toda parte onde tem estado. Creia vossa senhoria que é um homem de Deus. É tida aqui em grande conta a casa de Malagón, e os Frades estão muito contentes. O Senhor me torne a levar para lá, junto de vossa senhoria[3].

A estas Irmãs encontrei extremamente aproveitadas. Todas beijam as mãos a vossa senhoria, e eu ao senhor D. Juan[4] e a essas minhas senhoras. Não me dão tempo para mais. Amanhã é dia de S. João, a quem muito encomendaremos a nossa Patrona e Fundadora e o nosso Fundador.

Indigna serva de vossa senhoria,

TERESA DE JESUS.

Para aqui venham endereçadas as cartas de vossa senhoria e a minha encomenda, se não quiser que passem adiante à Superiora.

12. A CRISTÓBAL RODRIGUES DE MOYA, EM SEGURA DE LA SIERRA[1]

Ávila, fins de junho de 1568. Sobre a fundação de Descalças em Toledo.

Jhs

…ocio. Aí me tinham vossas mercês mais perto, pois parti desse lugar para cá em maio. Nosso Senhor, que assim ordenou, deve ter visto ser o melhor. Se pusermos todas as coisas em suas divinas Mãos — os desejos de vossas mercês e os meus —, pois não temos outro fim senão sua glória, ordenará Sua Majestade que se ponham por obra como for mais conveniente.

Por este mensageiro escrevo ao senhor Licenciado Juan Bautista, que é Cura de Malagón, que, no tempo que lá passei, sempre usou de bondade para comigo, ajudando-nos no espiritual e no temporal com os talentos que lhe deu para isso Nosso Senhor, suplicando-lhe que procure vossa mercê, entenda bem suas intenções e o informe sobre o nosso modo de vida, pois, tendo sido nosso confessor, está a par de tudo. Assim, em negócio tão importante, não andaremos sem luz. Creio que ele não deixará de fazer esta caridade.

Com o senhor Licenciado poderá vossa mercê tratar tudo o que lhe aprouver, como com pessoa bem conhecedora de todos os meus intentos; e assim pode crer como se o dissesse eu o que ele disser e combinar em meu nome. Em tudo ponha Nosso Senhor a mão, e o faça tão servo seu quanto daqui em diante suplicarei a Sua Majestade. A isto me obrigam as notícias que me deu o Padre Guardião dos Franciscanos de Toledo acerca das obras que Nosso Senhor tem feito por meio de vossa mercê. Também fica vossa mercê mais obrigado a encomendar a Nosso Senhor o Padre Guardião…

Feito em Ávila no mosteiro de S. José…

…dias de junho de 1568

Indigna serva de vossa mercê,

TERESA DE JESUS.

13. A D. ALVARO DE MENDOZA, EM OLMEDO

Medina del Campo, 6 de julho de 1568. Alegria com que esperavam a ida de D. Alvaro a Ávila. Reza do Saltério. García de Toledo, mestre de noviços. Suplica atenda bem a Julián de Ávila.

…até agora alguma se teve, veja-se especialmente…[1]

---

3. *Mosteiro de V. Sª:* Carmelo de Malagón. *Os frades:* Carmelitas Calçados.
4. *D. Juan* Pardo de Tavera.
1. Em algumas edições, esta carta aparece endereçada a D. Alonso Ramírez, em Toledo. Sua primeira parte (n. 1-9) é excluída da Correspondência por ser considerada apócrifa e manipulada por alguém interessado em elogiar os jesuítas (cf. Tomas Alvarez, *Cartas*, Burgos, El Monte Carmelo, 1979, pp. 1062-1063).
1. Faltam várias linhas.

Todas essas irmãs beijam muitas vezes as mãos de vossa senhoria. Há um ano esperávamos que vossa senhoria viesse aqui ver minha senhora D. María, quando D. Bernardino nos deu a notícia, e ficamos muito alegres. Nosso Senhor não o quis. Permita-me Sua Majestade que eu veja vossa senhoria onde nunca mais haja ausência[2].

Os saltérios foram rezados neste ano no mesmo dia, e assim se fará sempre, com muito boa vontade[3].

Nosso Senhor tenha vossa senhoria sempre em sua mão e o guarde muitos anos para seu serviço.

O senhor frei García vai muito bem, glória a Deus. Sempre nos faz mercê e é cada dia mais servo seu. Aceitou um encargo ordenado pelo provincial: mestre de noviços. É coisa bem pouca para sua autoridade, mas ele não se altera, porque em seu espírito e virtude aproveita a ordem para criar aquelas almas conforme a si. Tomou o encargo com tanta humildade, que muito edificou. Tem muito trabalho. Hoje é o dia 6 de julho[4].

Indigna serva de vossa senhoria.

TERESA DE JESUS, carmelita.

Faça-me vossa senhoria o favor de me despachar com brevidade esse padre. Pode ser que uma carta de vossa senhoria sirva[5].

14. A D. FRANCISCO DE SALCEDO[1], EM ÁVILA

Valladolid, fins de setembro de 1568. Recomenda-lhe S. João da Cruz, que se dirigia a Ávila, de passagem para Duruelo, onde ia dar começo à Reforma dos Religiosos.

Jesus esteja com vossa mercê. Glória a Deus, que, depois de sete ou oito cartas de negócios que não pude escusar, resta-me um pouco de tempo para descansar delas, escrevendo a vossa mercê estas linhas, a fim de que entenda que recebo muito consolo com as suas. E não pense que é tempo perdido escrever-me, pois sinto, por vezes, necessidade das suas cartas; mas há de ser com a condição de não me dizer tanto que está velho, porque me penaliza muito profundamente. Como se na vida dos moços houvesse alguma segurança!... Conserve-o Deus até que eu morra. Depois, para não estar lá sem vossa mercê, hei de procurar que o leve Nosso Senhor bem depressa.

Fale vossa mercê com este Padre[2], eu lhe peço, e favoreça-o neste negócio; pois, embora pequeno de estatura, entendo que é grande aos olhos de Deus. Sem dúvida nos vai fazer muita falta, porque é prudente e próprio para nosso modo de vida, e assim, creio, o chamou Nosso Senhor para esta obra. Não há Frade que não diga bem dele, porque tem tido vida de grande penitência, conquanto haja entrado há pouco tempo. Mas parece o tem o Senhor em sua Mão, pois, embora tenha havido aqui algumas ocasiões difíceis por causa dos negócios, e eu — que sou a mesma ocasião — me tenha por vezes contrariado, jamais notamos nele imperfeição alguma. É animoso, mas como está só, tem necessidade do que Nosso Senhor lhe dá... para que tome a fundação tão a peito. Ele dirá a vossa mercê como vamos por aqui.

Não me pareceu pouco o encarecimento dos seis ducados, mas eu poderia ir além e dar muito mais para ver vossa mercê. Verdade é que merece mais apreço, pois, uma pobre monjazinha, quem a há de apreciar? Vossa mercê, que pode dar *aloja*[3] e biscoitos, rabanetes e alfaces — porque tem

---

2. *D. María* de Mendoza. *D. Bernardino* de Mendoza.
3. Refere-se ao ofício divino ou ofício de exéquias. Também se chamava assim o rosário completo de 150 Ave-marias.
4. *Frei García* de Toledo. *Provincial:* Juan de Salinas.
5. *Este padre:* Julián de Ávila, que interveio nos preparativos da fundação de Valladolid e necessitou de cartas de recomendação de D. Alvaro para conseguir licença do abade daquela cidade.

1. O Cavaleiro Santo, um dos maiores amigos da Santa (*Vida*, 23).
2. João da Cruz, ainda Calçado, que daria início à vida reformada sob a direção da Santa (Cf. *Fundações*, 10).
3. Bebida composta de água, mel e várias especiarias.

horta, e sei que para nós se faz até carregador de maçãs —, vale ainda muito mais. Por falar em *aloja*, dizem que há muito boa por aqui; mas, como me falta Francisco de Salcedo, não sei que gosto tem, nem acho meios de sabê-lo. Mandei Antonia escrever a vossa mercê, pois não me posso alargar mais. Fique-se com Deus. À minha senhora D. Mencía beijo as mãos, e também à senhora Ospedal[4].

Praza ao Senhor continue a melhorar de saúde esse cavaleiro recém-casado. Não seja vossa mercê tão incrédulo, que tudo pode a oração; e o ter o mesmo sangue que vossa mercê de muito lhe valerá. Aqui o ajudaremos com o nosso ceitilzinho. Assim o faça o Senhor, pois tudo pode. Asseguro-lhe que tenho por mais incurável a enfermidade da esposa. A tudo pode dar remédio o Senhor. Quando vir Maridíaz e a Flamenga e D. María de Ávila — a quem muito quisera escrever e, esteja certo, não a esqueço —, suplico a vossa mercê dizer-lhes que me encomendem a Deus e rezem por este negócio do mosteiro. Sua Majestade me guarde vossa mercê muitos anos, amém. Estou vendo que este ano vai passar sem eu tornar a ver a vossa mercê, tal a pressa da princesa de Éboli[5].

Indigna serva — e verdadeira — de vossa mercê,

TERESA DE JESUS.

Torno a pedir como esmola a vossa mercê que por amor de mim fale a esse Padre, e lhe aconselhe o que julgar melhor para seu modo de vida. Fiquei muito animada ao ver o espírito que lhe deu o Senhor, e sua virtude no meio de tantas ocasiões; penso que levamos bom princípio. Tem muita oração e bom entendimento; leve-o o Senhor sempre adiante na virtude.

15. A D. LUISA DE LA CERDA, EM TOLEDO

Valladolid, 2 de novembro de 1568. Alegra-se pela volta de D. Luisa e família a Toledo e por lhe haver devolvido o *Livro da Vida* com uma carta do mestre Ávila. Negócios diversos da Reforma.

Jesus esteja com vossa senhoria, minha senhora e amiga — pois minha senhora é esta D. Luisa, por onde quer que ande. Mandei Antonia escrever a vossa senhoria tudo o que há por aqui, tanto acerca de minha pouca saúde como das demais coisas, pois minha cabeça está de tal jeito que, ainda este pouco, sabe Deus como estou escrevendo; mas foi tanta a minha consolação ao saber da volta de vossa senhoria e desses meus senhores, todos com saúde, que não meço esforços. Seja o Senhor bendito por tudo; bastante lhos recomendei. Também me consola muito estar vossa senhoria satisfeita com seu mosteiro. E, vejo, tem grande razão, porque sei como ali se serve muito deveras a Nosso Senhor. Praza a Ele possam as Irmãs retribuir a vossa senhoria como devem, e guarde-me Nosso Senhor a vossa senhoria e me deixe tornar a vê-la, já que não morri desta vez.

Quanto ao livro, tão bem o negociou vossa senhoria que não pôde ser melhor, e assim me fez esquecer as raivas passadas. O mestre Ávila escreveu-me longamente, está contente de tudo; só diz que é preciso explicar mais certos assuntos, e em outros mudar as expressões; coisa fácil. Boa obra fez vossa senhoria; o Senhor lhe pagará, assim como as demais mercês e benefícios que me tem feito vossa senhoria. Muito folguei com parecer tão favorável, porque tem grande importância; bem se vê quem me aconselhou a enviar-lho.

A meu Pe. Pablo Hernández quisera muito escrever, mas de todo não posso; creio será ele mais servido de que não me prejudique com o esforço. Suplico a vossa senhoria dizer-lhe o que há por

---

4. *Antonia* del Espíritu Santo, Henao, uma das quatro primeiras Descalças. *D. Mencía* del Aguila, mulher de D. Francisco de Salcedo. *Sra. Ospedall:* governanta de D. Francisco, a quem estranhamente se chama senhora, devido a suas virtudes e fidelidade.

5. *Maridíaz:* Maria Díaz, penitente recolhida à casa de D. Guiomar de Ulloa, onde a Santa a conheceu. *Flamenga:* D. Ana Wasteels, mais tarde Carmelita Descalça com o nome de Ana de São Pedro. *D. María de Ávila:* filha da anterior, depois Ana de los Angeles.

aqui, para que me encomende, com todos estes negócios, ao Senhor, assim como faço eu por Sua Mercê. E também suplico a vossa senhoria envie a carta de Irmã Antonia à Priora de Malagón, no caso de ter vossa senhoria mensageiro para lá; do contrário, mande vossa senhoria avisá-la de que não trate mais do negócio de que falei na carta levada por Miguel. Tornou a escrever-me o Geral, e parece que vão indo melhor as coisas. Veja vossa senhoria que importa muito dar-lhe este recado[1].

Ao senhor D. Juan e a essas minhas senhoras beijo as mãos muitas vezes; sejam Suas Mercês muito bem-vindas, e vossa senhoria também. Torno a dizer quanto me alegrei por estarem de volta. Ao senhor D. Hernando e à senhora D. Ana muito me recomende vossa senhoria, assim como a Alonso de Cabria e a Alvaro de Lugo. Já sabe vossa senhoria que comigo há de descer de sua nobreza e subir na humildade. Praza ao Senhor me deixe ver vossa senhoria, como tanto o tenho desejado. Passo melhor de saúde e de tudo aí nessa sua terra, do que por cá[2].

Quanto a mudar o Convento, é preciso olhar bem que o lugar seja saudável, porque já vê vossa senhoria como por falta disto, andamos agora, apesar de ser a casa tão aprazível.

Gostei de ter dado vossa senhoria dote a essa jovem[3]; em sendo ordem de vossa senhoria, haverá sempre vagas, pois tudo é seu. A senhora D. María de Mendoza beija as mãos de vossa senhoria muitas vezes; já mo tinha recomendado, antes mesmo de receber os recados de vossa senhoria. Agora não está em casa, mas eu lhe direi o que vossa senhoria manda, que bem lho deve. A nosso Padre Licenciado Velasco diga vossa senhoria em meu nome o que achar conveniente, e fique-se com Deus. Ele a faça tal como a desejo. Amém.

É hoje o dia seguinte ao de Todos os Santos.

Indigna serva de vossa senhoria,

TERESA DE JESUS, carmelita.

16. AO PE. PABLO HERNÁNDEZ, EM TOLEDO

Valladolid, 7 de dezembro de 1568. Poderes para negociar a fundação.

Eu, Teresa de Jesus, priora de São José de Ávila, afirmo: porquanto o reverendíssimo geral, o mestre frei Juan Bautista Rubeo, me tenha concedido bastantes patentes para fundar e admitir mosteiros desta primeira e sagrada Ordem de Nossa Senhora do Monte Carmelo, fui informada de que na cidade de Toledo, movidos pela graça do Senhor e ajudados pela Santa Virgem Padroeira nossa, querem fazer esmola de uma casa à citada Ordem, com igreja e quatro capelães e tudo o mais que se fizer mister para o serviço da Igreja. Entendendo que Nosso Senhor há de ser servido e louvado com isso, por esta, firmada com meu nome, digo que a admito como obra de tamanha caridade e esmola.

Se for preciso tratar alguns pormenores para esse trâmite, como de costume, digo que se o padre prepósito e o Pe. Pablo Hernández quiserem fazer-me a caridade de levar isso avante, desde agora me obrigo a cumprir tudo o que suas mercês combinarem. Se não o quiserem, quem eles nomearem, para que não se deixe de fazer o negócio enquanto o Senhor não for servido de deixar-me ir a essa terra[1].

Sendo esta minha vontade, por esta, firmada com meu nome, afirmo que o cumprirei.

Dada em Valladolid, em 7 de dezembro de 1568.

TERESA DE JESUS, Priora de São José de Ávila, Carmelita.

---

1. *Priora de Malagón:* Ana de los Angeles, Gómez. *Miguel* Lezcano, mensageiro. *Geral:* Juan Bautista Rubeo, geral da Ordem do Carmo.
2. *D. Juan* Pardo Tavera, filho de D. Luísa. *D. Hernando* de la Cerda e *D. Ana* de Thienlloye, sua mulher. *D. Alonso de Cabria* Pellecin, capelão de D. Luisa em Paracuellos. *Alvaro de Lugo,* clérigo de Granada, administrador do Hospital Tavera de Toledo.
3. María de las Vírgenes de la Torre.
1. Padre prepósito: Luis de Guzmán, SJ.

17. A D. LUISA DE LA CERDA

Valladolid, 13 de dezembro de 1568. Lamenta estar longe de D. Luisa. Alguns conselhos sobre a fundação de Toledo.

Jesus esteja com vossa senhoria. Nem oportunidade nem forças tenho para escrever muito, e a poucas pessoas o faço agora de próprio punho. Não há muito tempo escrevi a vossa senhoria. Não tenho passado bem. Perto de vossa senhoria e em sua terra melhoro de saúde; conquanto não tenho queixa da gente daqui, glória a Deus. Mas como o coração está aí, assim o quisera estar o corpo.

Que lhe parece a vossa senhoria do modo pelo qual vai ordenando as coisas Sua Majestade, tão para meu descanso? Bendito seja seu Nome, que assim o quis dispor por mãos de pessoas tão servas de Deus, que, segundo penso, muito se há de servir Sua Majestade nessa fundação. Vossa senhoria, por amor de Sua Majestade, vá trabalhando para obter a licença. Acho bom não dizerem ao Governador[1] que é para mim, senão para casa destas Descalças; e contem-lhe o proveito que fazem onde estão estabelecidas. Ao menos por nossas monjas de Malagón não perderemos crédito, glória a Deus; e verá vossa senhoria que breve terá lá esta sua serva, que parece querer o Senhor não nos apartemos. Praza a Sua Majestade assim o seja na Glória, com todos esses meus senhores, a cujas orações me encomendo muito. Escreva-me vossa senhoria como vai de saúde, que muito preguiçosa está em conceder-me este favor. Estas Irmãs daqui beijam as mãos de vossa senhoria.

Não imagina as indulgências e os favores espirituais que temos obtido para as fundadoras desta Ordem; são sem número. Esteja o Senhor com vossa senhoria.

É hoje dia de S. Luzia.

Indigna serva de vossa senhoria,

TERESA DE JESUS, carmelita.

18. A DIEGO DE ORTIZ[1], EM TOLEDO

Valladolid, 9 de janeiro de 1569. Fundação de Descalças em Toledo. Promete ir à Cidade Imperial assim que terminar em Valladolid.

O Espírito Santo esteja sempre na alma de vossa mercê e lhe dê seu santo amor e temor. Amém. O Pe. Doutor Pablo Hernández escreveu-me dando-me notícia do benefício e esmola que vossa mercê me faz em querer fundar casa desta sagrada Ordem. Creio que por certo Nosso Senhor e sua gloriosa Mãe, patrona e Senhora minha, moveram o coração de vossa mercê para tão santa obra, na qual, espero, se há de servir muito a Sua Majestade, saindo vossa mercê com grande lucro de bens espirituais. Praza a Deus fazê-lo, como eu e todas estas Irmãs lho suplicamos, e como daqui em diante o fará toda a Ordem. Foi para mim grandíssima consolação, e assim tenho desejo de conhecer a vossa mercê para oferecer-me pessoalmente por sua serva, e como tal desde já me considere vossa mercê.

Foi Nosso Senhor servido de curar-me das febres. Apresso-me o mais possível para deixar tudo aqui a meu gosto, e, penso, com o favor de Nosso Senhor, acabar breve. Prometo a vossa mercê não perder tempo nem fazer caso de meus males; ainda que me voltem as febres, não deixarei de ir logo. É justo que, pois vossa mercê faz tudo, eu de minha parte faça este nada, que é abraçar alguns trabalhos. Não haveríamos de procurar outra coisa, aliás, nós que pretendemos seguir Àquele que tão sem o merecer sempre viveu neles.

Neste negócio não penso ser só uma vantagem, pois, segundo me escreve meu Pe. Pablo Hernández, será muito grande o lucro de conhecer a vossa mercê. Tenho sido até aqui sustentada pelas orações que por mim fazem, portanto — peço por amor de Nosso Senhor a vossa mercê — não me esqueça nas suas.

---

1. D. Tello Gómez Girón, governador eclesiástico de Toledo.
1. Genro de Alonso Ramírez, principal agente da fundação de Toledo.

Parece-me, se Sua Majestade não ordenar outra coisa, que o mais tardar estarei aí em Toledo no fim da segunda semana da Quaresma; porque, embora não demore aqui, como irei passando pelos mosteiros que o Senhor foi servido de fundar nestes últimos anos, terei de deter-me neles alguns dias. Será o menos possível, pois vossa mercê assim o quer; e estando eles tão bem organizados e perfeitos, não terei senão que olhar e louvar a Nosso Senhor. Sua Majestade tenha vossa mercê sempre em sua mão, e lhe dê a vida e saúde e aumento de graça que peço em minhas orações. Amém.

É hoje 9 de janeiro.

Indigna serva de vossa mercê,

TERESA DE JESUS, carmelita.

19. A ALONSO ALVAREZ RAMÍREZ, EM TOLEDO

Valladolid, 19 de fevereiro de 1569. Fala-lhe da dificuldade de ir a Toledo com a pressa que desejava. Alguns trabalhos passados na fundação de Valladolid são antes muito bom sinal de que se há de servir a Deus naquela casa. Exorta-o a levar com ânimo os que possam surgir na fundação de Toledo.

Jhs

Esteja com vossa mercê o Espírito Santo e lhe pague a consolação que me deu com sua carta. Chegou-me em tempos em que eu andava com muito cuidado buscando mensageiro por quem dar conta a vossa mercê de mim, pois é preciso que não esteja eu em falta com vossa mercê. Pouco mais tardarei do que disse em minha carta; e asseguro a vossa mercê que não me parece perder uma só hora. Ainda nem passei quinze dias em nosso mosteiro, depois que nos mudamos para a casa nova, o que se fez com procissão muito solene e devota. Por tudo seja bendito o Senhor.

Acho-me desde quarta-feira em casa da senhora D. María de Mendoza, que, tendo estado tão doente não pôde encontrar-se comigo mais cedo, e eu tinha necessidade de tratar com ela algumas coisas. Pensei ficar aqui só um dia, mas tem feito tão mau tempo, com frios e neves e gelos, que parecia impossível pôr-me a caminho, e assim demorei até hoje, sábado. Segunda-feira, sem falta, com o favor de Nosso Senhor, partirei para Medina. Aí e em São José de Ávila, por muito que me apresse, terei de deter-me mais de quinze dias, em consequência de alguns negócios necessários, e assim, penso, tardarei mais do que havia dito. Vossa mercê perdoará, pois, por esta conta que lhe dei, verá que não posso agir de outro modo; não será muita a demora. Suplico a vossa mercê que não se apresse em comprar casa até minha chegada, porque gostaria que fosse adequada para mosteiro, já que vossa mercê e o seu irmão — que esteja na glória! — nos fazem esta esmola.

Quanto às licenças, a do Rei tenho por fácil alcançar, com o favor do Céu. Algum trabalho não faltará, pois tenho experiência: o demônio não suporta essas casas, e sempre nos persegue; mas o Senhor tudo pode, e ele terá de fugir com as mãos na cabeça.

Aqui temos sofrido grandíssima contradição, e de pessoas muito principais, mas tudo se resolveu bem. Não pense vossa mercê que há de dar a Nosso Senhor só o que tenciona agora: dará muito mais. É que Sua Majestade recompensa as boas obras proporcionando ocasião de fazer sempre maiores; e nada é dar só reais, porque isto pouco dói. Quando nos apedrejarem — a vossa mercê, ao senhor seu genro e a todos nós que tratamos dessa fundação —, como quase fizeram em Ávila quando se fundou São José, então irá bem o negócio; e terei fé de que não haverá prejuízo para o mosteiro, nem para os que passarmos o trabalho, senão muito lucro para todos. O Senhor guie tudo como vê ser conveniente. Vossa mercê não se preocupe com isso. Tive pesar de não estar aí meu padre[1]; se for necessário, procuraremos chamá-lo. Enfim, já começa o demônio. Seja Deus bendito, que, se não Lhe faltarmos nós, Ele não nos faltará.

---

1. Pablo Hernández, por cujo conselho Martín Ramírez deixou sua fortuna para fundação de um mosteiro da Reforma.

Por certo, desejo não pouco ver já vossa mercê; espero consolar-me muito e então responderei às boas palavras que me diz em sua carta. Praza a Nosso Senhor encontre eu vossa mercê muito bem, assim como a esse cavaleiro seu genro, a cujas orações e às de vossa mercê muito me encomendo. Veja quanto preciso delas para viajar por esses caminhos, com tão má saúde, embora as febres não me tenham voltado. Tenho e terei cuidado do que vossa mercê me recomenda, e o mesmo farão estas Irmãs. Todas pedem as orações de vossa mercê. Tenha-o Nosso Senhor sempre de sua mão. Amém.

Hoje, sábado, 19 de fevereiro. De Valladolid.

Indigna serva de vossa mercê,

TERESA DE JESUS, carmelita.

Esta carta mande vossa mercê dar à minha senhora D. Luisa, por caridade, com muitas recomendações minhas. Ao senhor Diego de Ávila não posso escrever; até a carta de minha senhora D. Luisa não vai de minha letra. Diga-lhe vossa mercê como vou de saúde — que isto lho suplico, e espero no Senhor vê-lo breve. Não tenha vossa mercê preocupações com as licenças, porque tenho esperança que tudo se fará muito bem.

20. A D. MARÍA DE MENDOZA, EM VALLADOLID

Toledo, março de 1569. Dá-lhe conta da viagem a Toledo e diz o muito que sente sua ausência. Manifesta os desejos que tem de tomar parte nos trabalhos de D. María. Fama de santa que esta piedosa senhora deixara em Toledo, e o que deve fazer para justificá-la.

Jhs

O Espírito Santo esteja com vossa senhoria. Muitas provações realmente tenho tido nesta viagem. Já estava sentida por afastar-me tanto de Valladolid, e agora ainda me escreve o Senhor Bispo que vossa senhoria está com uma grande tribulação, sem me dizer do que se trata. Se eu não estivesse nas vésperas da partida, procuraria não vir com esta penosa incerteza; mas foi bom saber, porque assim muito tenho encomendado o caso a Nosso Senhor. Não sei por que motivo me veio ao pensamento que seria coisa do Administrador contra minha senhora a Abadessa; isto me consolou um tanto, porque, embora tenha ela de sofrer, porventura o permite Deus para que mais se enriqueça na alma. Sua Majestade ponha em tudo as mãos, como Lho suplico[1].

Muito contente estava eu, porque me diziam estar vossa senhoria com muito mais saúde. Oh! se lhe fosse concedido ter tanto domínio no seu interior como o tem no exterior!, em pouco teria já vossa senhoria isto a que damos o nome de trabalhos! Meu receio é o prejuízo que lhe hão de causar à saúde. Suplico a vossa senhoria mande escrever-me (que muitos mensageiros haverá para esta terra), contando-me muito particularmente o que aconteceu, pois, asseguro-lhe, ando muito preocupada. Cheguei bem aqui, na vigília de Nossa Senhora. Alegrou-se muito a senhora D. Luisa com a minha vinda. Bastante tempo gastamos em falar de vossa senhoria, o que para mim não me é pequeno prazer; e ela, como quer muito a vossa senhoria, não se cansa.

Permita-me dizer que por aqui deixou vossa senhoria tal fama que, praza ao Senhor, assim o sejam as obras. Só fazem chamar santa a vossa senhoria e apregoar seus louvores a cada passo. Seja o Senhor bendito por lhes ter dado vossa senhoria tal exemplo. E como o realiza vossa senhoria? Com os muitos trabalhos que está padecendo; em atenção aos quais já começa Nosso Senhor a fazer que o fogo do divino amor, que Ele ateia em sua alma, vá abrasando a outros. Portanto, esforce-se vossa senhoria; considere o que passou o Senhor neste tempo da Quaresma. Curta é a

---

1. *Senhor Bispo:* D. Alvaro de Mendoza, bispo de Ávila. *Administrador:* D. Juan Bernaldo, administrador e contador de D. María de Mendoza. *Abadessa:* segundo Pe. Silverio, seria D. Ana Quixada de Mendoza, abadessa das Huelgas Reales de Valladolid e prima de D. María de Mendoza (*BMC*, 7).

vida; um momento nos resta de trabalho. Ó Jesus meu, e como Lhe ofereço o sacrifício de estar longe de vossa senhoria, sem poder saber de sua saúde como eu quisera!

Os meus fundadores daqui são gente boa e capaz. Já andamos procurando a licença. Quisera dar-me muita pressa, e, se não demorarem com o despacho, creio que tudo irá muito bem. À minha senhora D. Beatriz e às minhas senhoras as condessas quisera dizer muita coisa. Frequentemente me lembro do meu anjo — D. Leonor; faça-a o Senhor sua serva. Suplico a vossa senhoria dê ao Padre Prior de São Paulo minhas recomendações, e também ao Padre Prepósito. O provincial dos dominicanos está pregando aqui; há muita concorrência e com razão. Ainda não pude falar-lhe. Nosso Senhor me tenha a vossa senhoria de sua mão e a guarde muitos anos. Amém[2].

De vossa Senhoria indigna serva e súdita,

TERESA DE JESUS, carmelita.

21. A D. JUANA DE AHUMADA, EM ALBA DE TORMES

Toledo, 23 de julho de 1569.

...da. A essas senhoras, beijo-lhes as mãos. Foi sorte encontrar lugar para isso. Nada digo ao senhor Juan de Ovalle, apesar de esta ser também para ele.

Acho que hoje é 23 de julho; ontem foi dia da Madalena.

Estive várias vezes com a princesa de Portugal, alegrando-me de que seja serva de Deus...[1]

22. A SIMÓN RUIZ[1], EM MEDINA DEL CAMPO

Toledo, 18 de outubro de 1569. Entrada de Isabel de los Angeles nas Descalças de Medina, e outros negócios daquela casa.

Jhs

O Espírito Santo esteja sempre com vossa mercê. Amém. Já me escreveu a Madre Priora, além de outras pessoas, contando como correu tudo bem. Seja Nosso Senhor louvado para sempre. Fiquei muito consolada, e, mais que tudo, contentaram-me as boas notícias que a Madre me dá da Irmã Isabel de los Angeles. Praza a Nosso Senhor tê-la de sua mão, assim com a Irmã San Francisco, que ambas estão muito felizes[2].

Não me maravilho de ter o fato causado tanto barulho e devoção; pois, por nossos pecados, tal está o mundo, que são raras aquelas que, tendo meios para nele viverem com descanso, segundo imaginam, abraçam a cruz de Nosso Senhor. E todavia terão muito maior cruz permanecendo nele. Ao que tenho visto, também nos hão de aproveitar a nós, penso, essas mesmas notícias que daí nos vieram. Do contentamento de vossa mercê e da senhora D. María[3] muito me alegro. Às orações de Sua Mercê me recomendo.

Bem parece ter estado em companhia tão boa Irmã Isabel, pois tão acertadamente entendeu a verdade. No demais, é muito certo que nas coisas do serviço de Nosso Senhor sempre há de provar o demônio seu poder debaixo das melhores aparências. Bastante tem ele manobrado por aqui. Estão dizendo — e de algum modo têm razão — que o povo se retrairia se visse que pessoas

---

2. *Fundadores:* Alonso Alvarez Ramírez e Diego Ortiz. *Beatriz* de Mendoza. As condessas: D. Leonor de Castro, mulher de D. Diego de Rivadavia, e D. Beatriz de Castro, mãe do anterior. *Meu anjo — D. Leonor:* D. Leonor Sarmiento de Mendoza. *Prior:* Frei Alonso de Hontiveros, prior dos dominicanos de Valladolid. *Prepósito:* Pe. Juan Suárez. *Provincial dos* dominicanos: Pe. Juan de Salinas.

1. Antes de chegar a Toledo, a Santa se detivera dez dias em Madri. Hospedou-se com as Descalças Reais (F, 17,5). Ali pôde tratar com D. Juana de Portugal, irmã de Filipe II.

1. Negociante de Medina, tio e pai adotivo da Irmã Isabel de los Angeles.

2. *Priora*: Inés de Jesús, priora de Medina. *Isabel de los Angeles:* sobrinha de Simón Ruiz, por ele educada ao tornar-se órfã. *San* Francisco: María de San Francisco, que fora criada de Isabel de los Angeles e que a acompanhou ao Carmelo.

3. *D. María* de Montalvo, primeira mulher de Simón Ruiz.

abastadas nos ajudam, e, pois nestas casas se há de viver de esmolas, poderíamos vir a passar necessidade. Nos princípios poderia suceder assim; mas com o tempo se virá a entender a verdade. Em todo caso, são negócios graves, e não se podem resolver com precipitação. Glória seja ao Senhor, que tudo se realizou tão bem. Praza a Sua Majestade guardar vossas mercês muitos anos, para que o gozem e edifíquem morada a tão grande Rei, que, espero eu em Sua Majestade, a pagará com outra que não terá fim.

Muito boas novas me dão do Pe. Frei Juan de Montalvo; ainda não avistei carta sua depois de minha chegada; pensei que andava por aí. Muita é a caridade de vossa mercê por deixar em tão boas mãos o que diz respeito ao Capelão. Se aquele que vossa mercê propõe tem as qualidades convenientes, pouco importa que seja moço. Disponha tudo Nosso Senhor neste negócio, como fez nos demais.

No que vossa mercê diz acerca das pretendentes, tem muita razão, e convém que assim se faça. Agora só podemos receber duas, conforme escrevo à Madre Priora, porque nosso número é de treze, e com essas duas estará completo. Sua Majestade as escolha, e tenha vossa mercê sempre em Sua mão. Amém. Suplico a vossa mercê mande levar logo essas cartas à Madre Priora.

É hoje dia 18 de outubro, e hoje mesmo recebi a carta de vossa mercê.

Indigna serva de vossa mercê,

TERESA DE JESUS, carmelita.

23. A D. JUANA DE AHUMADA, EM ALBA DE TORMES

Toledo, 19 de outubro de 1569. Próxima volta à Espanha de D. Lorenzo de Cepeda. Confiança em Deus.

Jhs

Esteja com vossa mercê o Espírito Santo. Tendo escrito para Ávila, incluí algum dinheiro para que lhe mandem em mão própria estas cartas[1], porque não poderão deixar de causar-lhe grande contentamento. O meu foi extremo, e espero no Senhor que a vinda de meu irmão há de dar algum remédio a seus trabalhos — e até muito —, porque tão santos intentos como ele traz não podem deixar de resultar em muito bem. Prefiro vê-lo com seus filhos, sossegados em sua casa, do que ocupado em cargos importantes nos quais vejo sempre algum senão. Bendito seja o Senhor que assim o faz. Eu lhe digo que, pelo que toca ao senhor Juan de Ovalle e à vossa mercê, foi para mim esta notícia, repito, de particular contentamento. Enfim, para alguma coisa servem as minhas cartas, ainda que as de vossa mercê devam ter ajudado um pouco.

A Gonzalito escrevi por meio do Inquisidor Soto; não sei ainda se lhe foi entregue a carta; não tenho sabido dele. Não estão agora vendo como é Deus que move a Lorenzo de Cepeda? Mais me parece que tem ele em vista os meios de salvação para seus filhos, do que a ambição de acumular muito dinheiro. Ó Jesus! por quantos lados Lhe sou devedora, e quão pouco o sirvo! Não há contentamento para mim que iguale o de ver aqueles a quem tanto quero, como são meus irmãos, terem luz para abraçar o melhor caminho. Não lhes dizia eu que deixassem tudo a Nosso Senhor, e Ele teria cuidado? Assim o repito agora; ponham seus negócios nas mãos de Sua Majestade e tenham certeza de que fará tudo como nos for mais conveniente[2].

Não escrevo agora mais largamente porque escrevi hoje muito, e já é tarde. Fico alegre de verdade quando penso no seu contentamento. O Senhor no-lo dê onde não terá fim, pois nesta vida todos são suspeitos. Estou boa e muito apressada em comprar a casa; vai tudo bem encaminhado. A Beatriz recomende-me[3].

---

1. Cartas de Lorenzo de Cepeda, anunciando seu regresso da América.
2. *Gonzalito:* Gonzalo de Ovalle, sobrinho da Santa, filho de Juan de Ovalle e Juana de Ahumada. *Soto:* Francisco de Soto Salazar, inquisidor de, respectivamente, Córdoba, Sevilha e Toledo.
3. Beatriz de Ovalle y Ahumada, sobrinha da Santa e filha do casal mencionado.

É hoje 19 de outubro.
De vossa mercê,

TERESA DE JESUS.

Abri esta carta de meu irmão para...[4] Saiba que a ia ler, mas tive escrúpulo. Se houver nela alguma coisa nova, peço avisar-me.

24. A D. JUANA DE AHUMADA, EM ALBA DE TORMES

Toledo, dezembro de 1569. Alegra-se com a ida de Juan de Ovalle a Toledo. Cumprimenta D. Juana pela festa do Natal, que se aproxima. Adverte-lhe que não a deve procurar para proveitos do mundo, senão somente para que a encomende a Deus.

Jesus esteja com vossa mercê. Seria bobagem privar vossa mercê do contentamento que lhe causaria minha carta, se, para não gastar tempo, não escrevesse por tão bom mensageiro. Bendito seja Nosso Senhor que tudo fez tão bem. Praza a Sua Majestade assim continuar até o fim.

Não estão vendo como, sem o pensarmos, se apresentaram coisas necessárias para vir aqui meu irmão? E talvez tenha de vir outra vez para buscar o dinheiro; contudo poderá haver alguém que se encarregue de levá-lo, então lhe dará notícias de seu filho. Em matéria de contentamentos, tudo vai bem; assim aconteça quanto ao aproveitamento da alma. Confesse-se para o Natal e encomende-me a Deus.

Não vê como, por mais que eu faça, não quer Sua Majestade que eu seja pobre? Digo-lhe sinceramente: em parte tenho muito desgosto; a única vantagem é que me tira o escrúpulo quando tenho de gastar em alguma coisa. Assim, pretendo agora pagar algumas ninharias para levar-lhe, e o resto, talvez a maior parte, será em benefício da Ordem, e terei cuidado de assentar tudo, para não andar com receios de exceder no que possa gastar. Com efeito, se tiver dinheiro na mão, vendo a grande necessidade que há na Encarnação, nada poderei pôr de lado; e, por mais que faça, não me darão cinquenta ducados para a obra, que, segundo lhe disse, tem de ser feita; e não por meu prazer, mas em vista do maior serviço de Deus. Isto é certo.

Sua Majestade nos tenha de sua mão, e a faça santa e lhe dê Boas Festas.

Estes contratos de que fala meu cunhado não me agradam nada. Será para ele ocasião de andar fora de casa, ter mais despesas do que lucros, ficando vossa mercê sozinha e todos desassossegados. Vamos agora esperar o que determinará o Senhor. Procurem dar-Lhe gosto, que Ele se encarregará desses negócios. Não se esqueçam de que tudo terá fim; nem tenham medo de que venha a faltar o pão a seus filhos, se tiverem cuidado de contentar a Sua Majestade. A Beatriz me recomendo. O Senhor mos guarde, a todos. Amém.

Uma coisa lhe peço, por caridade: não me queira para negócios do mundo, mas sim para que a encomende a Deus; porque no demais (diga o que quiser o senhor Godínez), de nada lhe poderei servir e é muito penoso para mim. Tenho quem governe minha alma, e não me posso guiar pela cabeça de um e de outro. Isto digo para que saiba responder quando lhe tocarem neste assunto; e entenda vossa mercê que, em vista do que vai agora pelo mundo, e do estado em que me pôs o Senhor; quanto menos pensarem que faço por vossa mercê, melhor me ficará; e assim convém para o serviço do Senhor. A verdade é que, embora nada faça, se imaginassem a mínima coisa, diriam de mim o que ouço dizer de outros; e assim, ocupando-me eu agora com essa insignificância, é preciso cautela.

Creia que lhe quero bem, e, em havendo possibilidade, farei alguma coisinha para lhe dar gosto. Mas é preciso, quando lhe falarem a esse respeito, fazer que todos entendam que à Ordem pertenço e com ela hei de gastar tudo quanto tiver. E que têm os do mundo a ver com isto? Creia:

---

4. Original ilegível.

quem está tão em evidência quanto eu, mesmo em matéria de virtude, é preciso ver como age. Vossa mercê não poderá crer o trabalho que tenho; e, pois o faço para servir a Deus, Sua Majestade em meu lugar cuidará de vossa mercê e de seus interesses.

Ela ma guarde, que me estendi muito, e já tocaram as Matinas. Asseguro-lhe, com toda verdade, que, ao ver uma coisa boa nas noviças que entram aqui, penso logo em vossa mercê e em Beatriz, porém nunca ousei tomar, nada, nem ainda pagando com meu dinheiro.

Sua,

TERESA DE JESUS, carmelita.

25. A D. LORENZO DE CEPEDA, EM QUITO

Toledo, 17 de janeiro de 1570. Alegra-se com a próxima viagem de D. Lorenzo à Espanha. Dá-lhe notícias dos Conventos fundados até aquela data. Facilidade que encontrará em Ávila para educação de seus filhos. Agradece o dinheiro chegado em ocasião oportuna. Santa morte da esposa de D. Lorenzo.

Jhs

Esteja sempre o Espírito Santo com vossa mercê. Amém. Por quatro vias escrevi a vossa mercê; em três delas ia também carta para o senhor Jerónimo de Cepeda, e, como é impossível que alguma não lhe tenha chegado, não responderei a tudo o que vossa mercê me pergunta na sua carta. Por isso nada mais direi agora a respeito da boa resolução que Nosso Senhor lhe pôs na alma. Pareceu-me muito acertado e fez-me louvar a Sua Majestade. Em suma, pelas razões que vossa mercê me diz, entendo pouco mais ou menos os outros motivos que pode haver, e, espero em Nosso Senhor, será sua vinda muito para a glória de Deus. Em todos os nossos mosteiros temos feito oração muito particular e contínua neste sentido; e, pois o intento de vossa mercê é servir a Nosso Senhor, Sua Majestade no-lo traga com segurança e disponha o que for mais proveitoso à sua alma e a desses meninos.

Como escrevi a vossa mercê, são seis os Conventos já fundados, além de dois de frades, também Descalços, de Nossa Ordem. Considero isto grande mercê do Senhor, porque vão muito adiante na perfeição, tanto estes como os de monjas, todos com o mesmo espírito de São José de Ávila, que parecem uma só coisa. E muito me anima ver como em todos Nosso Senhor é louvado de verdade e com grande pureza de alma.

Presentemente estou em Toledo. Fará um ano, nas vésperas de Nossa Senhora de Março, que cheguei aqui; apenas tive de ir a uma vila de Rui Gómez, que é príncipe de Éboli, onde fundamos um mosteiro de frades e outro de monjas, que vão muito bem. Voltei para terminar o que faltava e deixar esta casa bem organizada, que, segundo vejo, será uma das principais. E tenho passado bem melhor de saúde este inverno, porque o clima desta terra é admirável; e, a não haver outros inconvenientes (porque não conviria estabelecer-se vossa mercê aqui por causa de seus filhos), dá-me vontade algumas vezes de o ver morar aqui em Toledo, por ser tão bom o clima. Mas há lugares em territórios de Ávila onde vossa mercê poderá passar os invernos, como assim fazem alguns. Quanto a meu irmão Jerónimo de Cepeda, penso que estará aqui com mais saúde, quando Deus o trouxer de volta. Tudo é como Sua Majestade quer, pois, creio, de quarenta anos para cá nunca tive tanta saúde, apesar de cumprir a Regra como todas e jamais comer carne, a não ser em grande necessidade.

Há cerca de um ano tive umas febres quartãs, que até me deixaram melhor. Estava na fundação de Valladolid, e só me faltava sucumbir sob o peso dos agrados da senhora D. María de Mendoza, viúva do Secretário Cobos[1], que me quer muito. Deste modo, o Senhor, quando vê que

---

1. Francisco de Cobos, secretário do imperador Carlos V.

é necessário para nosso bem, dá saúde; e quando não, manda enfermidade. Seja por tudo bendito. Tive pena de estar vossa mercê doente dos olhos, pois é coisa penosa. Glória a Deus que tenha melhorado tanto.

Juan de Ovalle já escreveu a vossa mercê, dando-lhe conta de como foi daqui a Sevilha. Um amigo meu encaminhou tão bem o negócio, que no mesmo dia de sua chegada recebeu a prata e trouxe-a para aqui, onde será trocada em moeda corrente até o fim deste mês de janeiro. Em minha presença, fizeram a conta dos impostos a pagar; junto com esta carta lha enviarei. Não pouco trabalho me deu, mas, com estas casas de Deus e da Ordem, fiquei tão sabida e esperta em negócios, que já entendo de tudo, e assim trato dos de vossa mercê como se fossem da Ordem, e folgo de com isto lhe ser útil[2].

Antes que me esqueça. Saiba que, depois de minha última carta a vossa mercê, morreu, há pouco, o filho de Cueto[3], bem moço. Não há que fiar desta vida; assim me consolo de cada vez que me lembro de como vossa mercê já está bem convencido desta verdade.

Terminando minhas ocupações aqui, é meu desejo voltar a Ávila, porque ainda sou Priora de lá, para não contrariar o Bispo[4], a quem devo muito, assim como toda a Ordem. Não sei o que o Senhor fará de mim, talvez tenha de ir a Salamanca, onde me oferecem uma casa. Deveras me canso, mas é tanto o proveito que fazem estes mosteiros nos lugares onde estão fundados, que sou obrigada em consciência a fundar quantos puder. O Senhor me tem favorecido, e com isto me animo.

Esqueci-me de escrever nas outras cartas a boa oportunidade que há em Ávila para educar esses meninos. Os Padres da Companhia têm colégio, onde ensinam gramática, confessam os alunos de oito em oito dias e os criam tão virtuosos que é para louvar a Nosso Senhor. Também há curso de filosofia e depois de teologia em Santo Tomás, de modo que não há necessidade de ir a outra parte para o que diz respeito a virtudes e estudos. Há muita cristandade em todo o povo, e assim as pessoas que vêm de fora se edificam, achando muita prática de oração e de confissões, e pessoas seculares que levam vida de muita perfeição.

O bom Francisco de Salcedo vai bem. Muito me penhorou ter vossa mercê enviado tão valiosa lembrança a Cepeda[5]. É um santo. Creio não exagerar chamando-o assim; ele não sabe como agradecer-lhe. Pedro del Peso, o Velho, morreu haverá um ano: aproveitou bem da vida. Ana de Cepeda apreciou muito a esmola que vossa mercê lhe mandou; com isto ficará rica, pois outras pessoas também a protegem por ser tão virtuosa. Não lhe faltaria onde estar, mas é de gênio esquisito e não serve para viver com outros. Deus a leva por esse caminho, e por isso nunca me atrevi a recebê-la em algum destes nossos conventos; não por falta de virtude, mas por ver que seu modo de vida é o melhor para ela. Não ficará nem com a senhora D. María[6] nem com outra pessoa; sozinha como está, vive muito bem. Parece que nasceu para ermitã, mas sempre com aquela bondade que lhe é própria, vivendo com grande penitência.

O filho da senhora D. María, minha irmã, e de Martín de Guzmán, professou e vai adiante na santidade de seu estado. D. Beatriz e sua filha morreram ambas, como já escrevi a vossa mercê. D. Madalena, que era a mais nova, está num mosteiro, como secular. Muito quisera eu que a chamasse Deus para monja. É muito linda. Há muitos anos não a vejo. Há pouco propuseram-lhe um casamento com um morgado, viúvo; não sei em que vai parar[7].

---

2. Juan de Ovalle foi a Sevilha retirar 2.020 pesos de prata enviados por D. Lorenzo de Quito para suas irmãs, Teresa de Jesus e Juana de Ahumada. O documento da doação está em Alba de Tormes, datado em Quito, 23 de novembro de 1568.

3. *Cueto:* Diego Alvarez de Cueto, vizinho de Alba de Tormes. Não há notícias do filho aqui mencionado.

4. D. Alvaro de Mendoza.

5. Algum primo da Santa, residente em Ávila.

6. *D. María* de Cepeda, monja na Encarnação.

7. *O filho de D. María:* Frei Juan de Jesus, religioso alcantarino. *Beatriz* de Guzmán e *Madalena* Guzmán, irmãs do anterior e sobrinhas da Santa.

Já escrevi a vossa mercê dizendo como veio em boa hora seu presente à minha irmã. Tenho-me admirado dos trabalhos que, por falta de meios, lhe tem dado o Senhor e tudo sofreu tão bem que agora lhe quer Sua Majestade dar algum alívio. Quanto a mim, nada me falta, antes tenho de sobra; e assim, da esmola que vossa mercê me envia para mim, parte será para minha irmã, e o demais se empregará em boas obras, tudo em intenção de vossa mercê. Por certos escrúpulos que eu tinha, veio-me em boa hora a sua oferta; porque, com estas fundações, apresentam-se alguns casos a resolver, e eu, embora tenha muito cuidado de tudo gastar só com os mosteiros, talvez pudesse não ter sido tão pródiga em remunerar as consultas aos letrados, aos quais sempre recorro nas dúvidas de consciência. Enfim, são ninharias; contudo foi para mim grande alívio o não ter de recorrer a outros e, embora não faltasse a quem, prefiro ter liberdade com esses senhores para lhes poder dizer meu modo de pensar. Está o mundo tão perdido em matéria de interesse, que aborreço totalmente qualquer tipo de propriedade, e, assim, nada guardarei. Dando uma parte à Ordem, ficarei com liberdade de dar o resto, como disse acima, pois tenho ampla licença do Geral e do Provincial, tanto para receber postulantes, como para mudá-las, e para ajudar a uma casa com o que é das outras[8].

Não sei como explicar o crédito que tenho com esta gente; é tanta a confiança, ou, por melhor dizer, a cegueira, que chegam a me fiar mil e até dois mil ducados. E assim, tendo eu agora aborrecimento, tanto a dinheiros como a negócios, quer o Senhor que não trate de outra coisa; e não é pequena cruz. Praza à Sua Majestade Lhe preste eu algum serviço, pois tudo algum dia terá fim.

Deveras me parece que, estando vossa mercê aqui, hei de ter alívio; é o que não encontro em quase todas as coisas da terra. Quer porventura Nosso Senhor conceder-me este: que nos juntemos para procurar sua maior honra e glória e algum proveito das almas. Isto é o que muito me faz sofrer: o considerar quantas se perdem, em particular esses índios, que não me custam pouco. O Senhor lhes dê luz. Por aqui como por lá, há muita desventura. Como ando por tantos lugares e muitas pessoas me falam, não sei muitas vezes o que pensar, senão que somos piores que animais, pois não entendemos a grande dignidade de nossa alma, rebaixando-a a coisas tão baixas como são as da terra. O Senhor nos dê luz!

Com o Pe. Frei García de Toledo, que é sobrinho do Vice-rei[9] — pessoa que me faz muita falta aqui para minhas consultas —, poderá vossa mercê tratar. E, se tiver necessidade de algum favor do Vice-rei, saiba que é muito cristão, e foi grande felicidade para nós ter ele querido ir às Índias. De todas as vezes em que escrevi a vossa mercê, incluí uma carta para Frei García, e em cada uma enviei relíquias para a viagem de vossa mercê; muito desejo que lhe tenham chegado às mãos.

Não tencionava alongar-me tanto. Desejo que entenda que foi mercê de Deus dar tal morte à senhora D. Juana[10]. Aqui a temos encomendado a Nosso Senhor, e fizeram-se exéquias em todos os nossos mosteiros. Espero em Sua Majestade que já não terá mais necessidade de sufrágios. Muito procure vossa mercê não se entregar à dor. Veja bem: é próprio de quem não se lembra de que há vida para sempre o sentir tanto a partida dos que na realidade vão viver, saindo de tantas misérias.

A meu irmão o senhor Jerónimo de Cepeda muito me recomendo, pedindo-lhe que tenha por sua esta carta. Muito me alegrou o dizer-me vossa mercê que também ele se prepara com intenção de vir para cá, daqui a alguns anos, se puder. Quisera eu que, se houvesse possibilidade, não deixasse lá seus filhos, a fim de nos reunirmos aqui, e nos ajudarmos mutuamente até um dia estarmos juntos para sempre.

É hoje 17 de janeiro. Ano de 1570.

Indigna serva de vossa mercê,

TERESA DE JESUS, carmelita.

Das Missas encomendadas, muitas já foram ditas; as demais também o serão.

---

8. *Geral:* Juan Bautista Rubeo. *Provincial:* Alfonso González.
9. D. Francisco de Toledo, com quem frei Garcia tinha ido ao Peru em 1569.
10. *D. Juana* Fuentes de Espinosa, mulher de D. Lorenzo, falecida em 14 de novembro de 1567.

Recebi uma noviça sem dote, e até a cama lhe quis dar, oferecendo a Deus esta esmola para que me traga com segurança a vossa mercê e a seus filhos. A eles me recomendo. O mesmo vou oferecer pelo senhor Jerónimo de Cepeda. Muitas recebo assim, desinteressadamente, só fazendo questão de que sejam espirituais; e o Senhor provê mandando outras com cujo dote se vão fazendo as obras.

Em Medina entrou uma jovem que trouxe oito mil ducados[11]; e outra, que tem nove mil, está querendo entrar aqui. Da minha parte nada peço; e são tantas que é para louvar a Deus. Em começando alguma a ter oração, já não quer outra coisa, a modo de dizer, senão enclausurar-se nestas casas. São apenas treze em cada Convento, porque sem fazer peditório como é de Constituição, e vivendo apenas das esmolas que espontaneamente nos trazem à portaria — e já é ter muita confiança! —, não é admissível serem muitas. Creio que vossa mercê há de gostar de ver estas casas. Ninguém pede conta nem tem que ver com as esmolas que recebemos, a não ser eu, e assim é mais trabalho para mim.

Ao senhor Pedro de Ahumada envie vossa mercê, da minha parte, muitas recomendações; e, porque saberá de mim por vossa mercê, e disponho de tão pouco tempo, não lhe escrevo hoje. Estou muito preocupada com Agostinho de Ahumada, por não saber como vai indo com Nosso Senhor, estes mesmos cuidados ofereço em sua intenção. Ao senhor Hernando de Cepeda me recomendo. Uma filha de sua irmã casou-se agora vantajosamente.

26. A FREI ANTONIO DE SEGURA, GUARDIÃO DOS FRANCISCANOS DESCALÇOS (ALCANTARIANOS) DE CADALSO DE LOS VIDRIOS

Toledo, na Quaresma de 1570. Queixa-se de que a tenha esquecido o Padre Guardião. Recomenda-lhe Frei Juan de Jesús, seu sobrinho.

Jhs

Esteja com vossa mercê o Espírito Santo, Padre meu. Não sei como encarecer quão pouco se há de ter apoio em coisa que ainda é deste mundo, e contudo não me acabo de convencer. Falo assim porque nunca pensei que vossa mercê se viesse a esquecer tanto de Teresa de Jesus; e, estando tão perto, não se lembre dela. Bem o mostra vossa mercê porque, tendo passado por aqui, não veio lançar a bênção a esta sua casa.

Escreveu-me há pouco o Pe. Julián de Ávila, que está vossa reverência como Guardião aí em Cadalso, de modo que, se vossa reverência tivesse algum interesse de saber de mim, de vez em quando teria minhas notícias. Praza ao Senhor não me esqueça também em suas orações, se eu tiver certeza delas, passarei por cima do resto; quanto a mim, ainda que miserável, não deixo de pedir por vossa reverência.

Escreveu-me igualmente o Pe. Julián que meu sobrinho[1] vai para aí, embora só de passagem. Se ainda não partiu, suplico a vossa reverência que lhe mande escrever-me extensamente contando-me como vai, interior e exteriormente, pois, segundo o ocupa em viagens a obediência, ou estará muito aproveitado, ou distraído. Deus lhe dê forças, pois não o tratam como eu esperava que fizessem por ser gente minha. Se for necessário interceder junto de algum Prelado, avise-me vossa mercê, pois, tendo eu a amizade da senhora D. María de Mendoza e de outras pessoas semelhantes, será fácil providenciar para que haja cuidado de deixá-lo sequer por algum tempo sossegar um pouco.

Se, de caminho, vossa reverência tiver de passar por aqui, veja bem que não deixe de visitar esta sua casa. Para o Céu nos encaminhe o Senhor. Eu estou bem e tudo vai correndo a contento,

---

11. Isabel de los Angeles, sobrinha do famoso Simón Ruiz.
1. Juan de Jesús, franciscano alcantarino, filho de Maria de Cepeda, irmã da Santa.

glória a Deus. Por não saber se ele aí está, não escrevo a Frei Juan de Jesús. Sua Majestade lhe dê forças interiores, de que bem necessita, e esteja com vossa mercê.

Indigna serva de vossa reverência e filha,

TERESA DE JESUS, carmelita.

Nosso Padre Fr. Bartolomé de Santa Ana durante toda esta Quaresma estará com a senhora D. Luisa em Paracuellos[2].

27. A DIEGO DE SAN PEDRO DE PALMA, EM TOLEDO

Toledo, 15 de julho de 1570. Dá-lhe notícia da tomada de hábito de suas duas filhas. Diz-lhe que deve dar graças a Deus por este benefício.

Jhs

Esteja sempre com vossa mercê o Espírito Santo. Sabendo eu que estas nossas Irmãs, filhas de vossa mercê, desejam há tempos o sagrado hábito de Nossa Senhora e que vossa mercê não é contrário ao desejo delas, determinei-me hoje a admiti-las, vendo o espírito e fervor com que mo pediam. Entendo que será para glória de Nosso Senhor[1].

Suplico a vossa mercê, por caridade, o haja por bem e considere a graça que lhe faz Sua Majestade em escolher por esposas suas as filhas que lhe deu. Estão cheias de consolação; só as preocupa o pesar de vossas mercês. Por amor de Nosso Senhor, não deem demonstração de algum sentimento que sirva para inquietar estas almas tão próprias para este nosso santo estado. Vossas mercês as terão aqui para seu consolo, talvez melhor que em outra parte, e a todas as Irmãs desta casa considerar por servas e capelãs.

Esteja Nosso Senhor com a alma de vossa mercê para sempre e o tenha de Sua mão. Amém.

Indigna serva de vossa mercê,

TERESA DE JESUS, carmelita.

28. A DIEGO ORTIZ

Toledo, em meados de agosto de 1570. Sobre algumas cláusulas demasiadamente pesadas, com que este cavaleiro onerava a fundação de Descalças, especialmente em relação ao canto.

Jhs

Nosso Senhor dê a vossa mercê sua divina graça. Muito tenho desejado estar com vossa mercê nestes últimos tempos, como lho mandei pedir; mas, visto vossa mercê não me ter feito esta caridade, e aproximando-se minha partida, que penso será amanhã, determinei dizer a vossa mercê o que outro dia começamos a tratar acerca das Missas cantadas nos domingos e festas. Reparei mais tarde que não tinha prestado bastante atenção a este ponto quando falei a vossa mercê, por não julgar necessário entrar em pormenores. Pareceu-me estar claro o fim que eu tinha visado quando se fez esta escritura; mas dizem-me agora que tudo deve ficar bem declarado.

Foi minha intenção que os senhores Capelães tivessem o encargo de cantar Missa nos dias de festa, porque nestes já assim mandam as nossas Constituições, não porém forçando as monjas a cantá-las, pois, por sua Regra, podem ou não fazê-lo, e as Constituições não obrigam sob pena de pecado. Veja agora vossa mercê se lhes posso impor este peso. Por coisa nenhuma o farei; aliás, nem vossa mercê nem outra qualquer pessoa exigiu tal condição: fui eu mesma que assim deixei assentado, para nossa comodidade. Se no que escrevi houve erro, não é razoável exigir delas à força aquilo que são livres de fazer ou não; e, pois todas têm vontade de servir a vossa mercê, e

---

2. *D. Luisa* de la Cerda. Frei Bartolomé de Santa Ana; religioso alcantarino, duas vezes provincial.
1. *Filhas de vossa mercê:* Juana del Espíritu Santo e Isabel Bautista.

de cantarem de ordinário as Missas, suplico, a vossa mercê que, em algum caso justo, haja por bem deixá-las gozar de sua liberdade. Suplico a vossa mercê perdoe escrever-lhe por mão alheia; deixaram-me enfraquecida as sangrias, e a cabeça não dá para mais nada. Nosso Senhor guarde a vossa mercê.

Muito me contentou o senhor Martín Ramírez. Praza ao Senhor fazê-lo grande servo de Deus, e guarde a vossa mercê para remédio de todos. Grande favor me fará vossa mercê deixando claramente explicado este ponto das Missas; e, já que se cantam quase diariamente sem haver obrigação por parte das Irmãs, razão será que vossa mercê nos livre de qualquer escrúpulo e dê gosto a essas Irmãs e a mim em coisa de tão pouca importância, na certeza de que todas temos desejos de servir a vossa mercê.

Indigna serva de vossa mercê,

TERESA DE JESUS.

29. A D. CATALINA HURTADO[1], EM TOLEDO

Ávila, 31 de outubro de 1570. Agradece a manteiga, marmelos e outros presentes enviados ao Convento.

Jhs

A graça do Espírito Santo esteja com vossa mercê e a guarde à minha afeição, amém! pagando-lhe ao mesmo tempo o cuidado que tem de agradar-me. A manteiga era ótima, como vinda da mão de vossa mercê, que em tudo me favorece; aceito-a e espero que se lembre de mim quando tiver dessa tão boa, que me faz muito proveito. Estavam também muito bonitos os marmelos; poderia se dizer que não tem vossa mercê outro cuidado senão de me agradar. Maior agrado foi para mim receber a carta de vossa mercê e saber que está bem; eu agora não estou muito bem, pois me deu uma dor de dentes e fiquei com o rosto um pouco inchado. Por este motivo não escrevo do próprio punho. Penso que não terá importância.

Encomende-me vossa mercê a Deus, e não pense que me dá pouco prazer o ter tal filha; assim a tenho considerado até agora e a considerarei sempre, e não me esquecerei de encomendá-la a Deus; as Irmãs fazem o mesmo. Desta casa todas beijam as mãos de vossa mercê, em particular a Madre Subpriora[2], que lhe é muito grata. Encomende-a a Deus, que não anda com saúde. O Senhor me guarde a vossa mercê e lhe dê seu santo espírito.

De outubro, no último dia do mês.

Às orações dessas senhoras suas irmãs me recomendo muito. Ao enfermo, praza Deus dar saúde, como lhe suplicarei; e o mesmo peço para vossa mercê, minha filha.

Indigna serva de vossa mercê,

TERESA DE JESUS.

30. A ALONSO ALVAREZ RAMÍREZ, EM TOLEDO

Alba de Tormes, 5 de fevereiro de 1571. Alegra-se de que a capela das Descalças tenha ficado tão bem provida de Capelães. Sobre a transladação dos restos de Martín Ramírez. Não se esqueça de pôr S. José sobre a porta da capela.

Jesus esteja com vossa mercê. Tivesse eu tanto tempo quanto vossa mercê para escrever, não teria tão pouco cuidado de fazê-lo, pois de encomendar vossa mercê ao Senhor não me descuido. Tenho-me conformado, porque por outras vias me dão notícias de sua saúde. Nosso Senhor lha dê,

---

1. Esposa de Diego de San Pedro de la Palma e mãe de duas Carmelitas: Inés Bautista e Juana del Espíritu Santo.
2. María de San Jerónimo.

conforme seu poder e meu desejo, e conserve vossa mercê, o senhor Diego e a senhora Francisca Ramírez, para gozarem de obra tão decorosa como, me dizem, está agora essa igreja com os seus capelães. Seja Deus louvado para sempre!

Alegrei-me por ter nosso Reverendíssimo Geral feito o negócio tão sabiamente. É sábio e santo. Deus o guarde. Sua Majestade vê como de boa vontade me teria demorado mais tempo nessa casa. Desde que parti, asseguro a vossa mercê, não sei se tive algum dia sem muitos trabalhos. Dois mosteiros se fundaram, glória a Deus!, e isto foi o menos. Praza a Sua Majestade contribuam eles de algum modo para seu serviço[1].

Não entendo a causa de não transladarem para aí o corpo do senhor Martín Ramírez — que esteja na Glória, como desejo e suplico ao Senhor. Faça-me vossa mercê saber a razão, eu lho rogo, e também se foi adiante o que vossa mercê tinha combinado fazer, segundo me participou há algum tempo. Ó Senhor, quantas vezes, nos contratos que se me oferecem aqui, tenho tido saudades de vossa mercê! Ponho-me a bendizê-lo, juntamente com os seus, porque quando dizem vossas mercês alguma coisa, ainda que seja de brincadeira, pode-se ter por certa! Nosso Senhor os guarde muitos anos, e permita-me vê-los para minha consolação, porque os amo deveras no Senhor.

Seria justo que o senhor Diego Ortiz me escrevesse uma vez por outra. Quando vossa mercê não quiser, mande-lhe que o faça em seu lugar. Beijo-lhe muito as mãos, e à senhora Francisca Ramírez, e recomendo-me aos nossos anjinhos[2]. Guarde-os Nosso Senhor, especialmente o nosso patrono, e tenha a vossa mercê de Sua mão, dando-lhe todos os bens, como lhe suplico. Amém.

É hoje 5 de fevereiro.

Esquecia-me de dizer que Juan de Ovalle e minha irmã beijam as mãos de vossa mercê. Não se cansa Juan de Ovalle de dizer o que a vossa mercê deve. Que direi eu?

Indigna serva de vossa mercê,

TERESA DE JESUS, carmelita.

Da caridade que vossa mercê me faz em regalar tanto a Isabel de São Paulo, nada digo, porque é tanto o que a vossa mercê devo, que ao Senhor confio a gratidão e a paga. Grande esmola é essa; por tudo bendito seja o Senhor. Ao senhor Diego Ortiz peço dizer que suplico a Sua Mercê não se descuide tanto de pôr a meu Senhor S. José na porta da igreja.

31. A DIEGO ORTIZ

Salamanca, 29 de março de 1571. Sobre a fundação de Toledo e a igreja em construção para as Descalças. Piedosas lembranças para a família de Diego Ortiz.

Jhs

O Espírito Santo esteja na alma de vossa mercê e pague-lhe o favor e a caridade que me fez com sua carta. Não seria perder tempo escrever-me vossa mercê com mais frequência, pois talvez fosse de proveito para nos animar no serviço de Nosso Senhor. Sua Majestade sabe que bem quisera eu estar por essas bandas; por isso me dou muita pressa em comprar casa aqui, mas embora haja muitas e baratas, não é coisa fácil. Espero, em Nosso Senhor, concluir breve, e não me havia de dar pouca pressa, se unicamente atendesse ao meu gosto e ao desejo de ver o senhor Alonso Ramírez. A Sua Mercê e à senhora D. Francisca Ramírez beijo as mãos.

Não é possível que vossas mercês não tenham muita consolação com a sua igreja, porque a mim me cabe aqui grande parte, pelas boas notícias que me têm chegado. Permita Nosso Senhor

---

1. *Geral: Juan Bautista Rubeo. Negócio:* Pe. Rubeo aprovara o acordo entre a Santa e D. Alonso Alvarez para a fundação. *Dois mosteiros:* Salamanca, em 1º de novembro de 1570, e Alba de Tormes, em 25 de janeiro de 1571.

2. Os filhos de Diego Ortiz e Francisca Ramírez. O maior chamava-se Martín. Por levar o nome de seu avô, fundador do Carmelo de Toledo, a Santa o denomina "meu patrono".

que dela gozem muitos anos, servindo-O tão bem quanto Lho suplico. Entregue tudo vossa mercê a Sua Majestade, e deixe-o fazer; não queira tão depressa ver tudo pronto. Já não é pouco o que nos permitiu realizar nestes dois anos.

Não entendo o que me escrevem sobre o pleito entre os capelães e o cura; este deve ser o de Santa Justa[1]. Suplico a vossa mercê me informe do que se trata.

Não escrevo ao senhor Alonso Ramírez por não haver motivo para o cansar, tendo-me eu entendido com vossa mercê. A Nosso Senhor suplico (já que não posso retribuir o que devo a vossas mercês) que a todos pague e os guarde muitos anos; e a esses anjinhos faça muito santos, em especial ao meu patrono, pois é preciso que o seja; e a vossa mercê tenha sempre em sua Mão. Amém.

É hoje dia 29 de março.

Indigna serva de vossa mercê,

TERESA DE JESUS, carmelita.

32. A DIEGO DE ORTIZ, EM TOLEDO

27 de maio de 1571. Trata de regular algumas obrigações que tencionava impor às Descalças na fundação de Toledo.

Jhs

A graça do Espírito Santo seja com vossa mercê. Amém. Faz-me vossa mercê tanta caridade e graça com suas cartas, que ainda mesmo no caso de ser muito mais rigorosa a sua última, eu lhe ficaria agradecida e ainda com maior obrigação de o servir. Diz vossa mercê haver-me escrito pelo Pe. Mariano[1] para me convencer das razões que lhe assistem no que pede. Vossa mercê as sabe dar muito boas e encarecer bem o que quer, e por isso não me iludo: as minhas terão pouca força. Sendo assim, não pretendo defender-me com argumentos, senão, como quem tem um pleito malparado, sujeitá-lo a um árbitro, e pô-lo nas mãos de vossa mercê, lembrando-lhe que está mais obrigado a favorecer sempre as suas filhas, que são órfãs e menores, do que aos Capelães. Pois, em suma, tudo é de vossa mercê, e muito seu; e o mosteiro com as que nele estão mais lhe pertence do que esses, que, segundo vossa mercê refere, vão com vontade de acabar depressa, e alguns deles não têm lá muito espírito.

Muito favor me faz vossa mercê em haver por bem o que lhe escrevi acerca das Vésperas; é um ponto em que eu não o poderia contentar. No demais, já escrevi à Madre Priora[2], enviando-lhe juntamente a carta de vossa mercê, para que ela execute o que nela está determinado. Talvez deixando tudo nas suas mãos e nas do senhor Alonso Álvarez, lucraremos mais. Lá o combinem entre si. Beijo a Sua Mercê as mãos muitas vezes. Grande pena tive de saber da dor de lado que teve; aqui a oferecemos ao Senhor, rezando ao mesmo tempo por vossas mercês e esses anjos. Deus os faça seus, e os guarde.

Uma coisa me parece notavelmente prejudicial e pesada às Irmãs: é que nos dias em que alguém manda celebrar alguma Missa festiva, seja esta antes da nossa conventual, que é solene; especialmente se houver sermão na primeira, não sei como se há de obedecer ao nosso horário. Para vossas mercês não importa muito que nestes dias a Missa da festa seja a principal, e a da capelania seja rezada e um pouco antes; isto, aliás, é raro. Ceda vossa mercê em algum ponto do que tinha em vista e, mesmo que seja em dia festivo, faça-me esse favor, desde que não se trate daquelas que vossas mercês mandam celebrar. Vejam que é coisa sem importância; assim farão às Irmãs esmola e benefício, e a mim obrigarão muito.

---

1. *Santa Justa:* igreja toledana em que se enterrara Martín Ramírez. Havia-se estipulado seu traslado para a igreja das Carmelitas.
1. Ambrosio Mariano de San Benito.
2. Ana de los Angeles, priora de Toledo.

Depois de ter despachado a carta de Nosso Padre Geral, lembrei-me: não havia necessidade de lhe ter escrito, porque é muito mais firme qualquer coisa que o Padre Visitador[3] determinar: é como se o fizesse o Sumo Pontífice, e nenhum Geral, nem mesmo o Capítulo Geral, o pode desmanchar. É muito avisado e letrado o Padre Visitador, e gostará vossa mercê de tratar com ele. Penso que neste verão, sem falta, fará visita canônica; então se poderá assentar com toda firmeza as cláusulas que vossa mercê quiser; e o mesmo lhe suplicarei eu aqui. Enfim, não me apartarei de tudo quanto vossa mercê vir que é melhor para ficar mais firme, e no que estiver em minhas mãos darei gosto a vossa mercê. Lastimo não estar aí para de mais perto lhe mostrar minha boa vontade. Às orações da senhora D. Francisca Ramírez muito me encomendo. Estou já sem febre, glória a Deus.

Bem pode vossa mercê escrever-me o que lhe aprouver, pois, como conheço a intenção com que o diz, só fico pesarosa quando dou pesar a vossa mercê; porque, asseguro-lhe, não quisera que nem eu nem alguma desta casa lhe fosse motivo de desgosto. Aliás não me dei por ofendida, nem me darei jamais por coisa que vossa mercê me diga. Dê-lhe Nosso Senhor tantos bens espirituais quanto suplico a Sua Majestade, e tenha sempre vossa mercê em sua Mão.

É hoje domingo depois da Ascensão.

Indigna serva de vossa mercê,

TERESA DE JESUS.

33. AO SENHOR GARCÍA DE SAN PEDRO, EM TOLEDO

Medina del Campo, setembro de 1571. Felicita a uma religiosa pela sua tomada de véu. Como deve proceder a porteira nos conventos das Descalças.

...havia de dar os parabéns ...ta parte com vossa mercê, e, assim, tanto me alegrei com uma coisa quanto com a outra. A Irmã que recebeu há pouco o véu visite vossa mercê quando puder, em meu nome; fale bem demoradamente com ela e peça-lhe que me encomende ao Senhor e reze por estes negócios da Ordem. Nosso Senhor atenda às minhas orações e a faça muito santa, e a senhora D. Catalina também... Vossa mercê minhas saudações[1].

É causa de singular mortificação para mim ver a fama que corre de nossa pobreza e estarmos muito regaladas, pois, como saberá pelas Irmãs, estamos deveras enquanto ao comer, e muito v... (e a casa) bem acomodada. Algumas coisinhas..., não de maneira, quisera eu a façam muito...; de tudo nos há de sobrar, que muito... e o enviamos aos Irmãos... Frei Gregorio[2] que está... aí... dizem... saúde; não era preciso.

Creio que Beatriz há de fazer honra a vossa mercê que tanto se interessa por seu aproveitamento. Muito me consolo por vossa mercê e a Madre Priora dizerem que ela não lhes dá preocupação. Disse-me Sua Reverência, que ela na roda é de poucas palavras. Diga-lhe vossa mercê, pois me esqueci de escrever-lhe, que a deixe assim: é grande virtude para as porteiras destas casas. Aqui tirei a Alberta toda liberdade de falar: só pode ouvir e responder; e quando lhe dizem ou perguntam outra coisa, responde que não tem licença. Com isto se edificam mais os seculares do que com muito falatório[3].

Como acabo de escrever extensamente à Madre Priora, porque tive hoje a felicidade de não ter outras cartas e assim o pude fazer, e ela... Vossa mercê o que aqui falta, apenas lhe su(plico)

---

3. *Padre Geral:* Juan Bautista Rubeo de Pávena. *Padre Visitador:* Pedro Fernández, dominicano, nomeado Visitador por bula de 26 de agosto de 1569.

1. Há vários estragos no original. *Irmã que recebeu há pouco o véu:* Juana del Espíritu Santo, filha de Diego de San Pedro e Catalina Hurtado.

2. *Frei Gregorio* Nacianceno.

3. *Beatriz* de San Miguel. *Priora:* Ana de los Angeles, priora de Toledo. *Alberta* Bautista.

não me deixe de escrever alguma vez, que me… muito. Dê o Senhor a vossa mercê o que desejo. Amém.

Indigna serva e filha de vossa mercê,

TERESA DE JESUS, carmelita.

34. A D. CATALINA BALMASEDA

Medina del Campo, 5 de outubro de 1571. Anuncia-lhe que foi admitida para receber o hábito nas Descalças de Medina.

Jhs

Filha minha e senhora minha: mais vale quem Deus ajuda, do que quem cedo madruga. Anuncio a vossa mercê a sua admissão nesta casa, com muito gosto de todas as Irmãs. Quisera eu dar-lhe o hábito antes de minha partida, porém não é possível, porque partirei muito cedinho. Depois nos veremos.

Serva de vossa mercê,

TERESA DE JESUS.

35. A D. GUIOMAR PARDO DE TAVERA, EM PARACUELLOS

Encarnação de Ávila, 22 de outubro de 1571. Consola D. Guiomar por desgostos de família recentemente ocorridos. Recados a Luisa de La Cerda, sua mãe.

Jhs

O Espírito Santo seja com vossa mercê. Não quis o Senhor que fosse completa a minha alegria ao receber a carta de vossa mercê, pois o assunto dela tirou-me o contentamento. Por tudo seja Deus bendito!

Bem se deixa ver que Ele nessa casa é amado, pois de tantas maneiras lhes envia trabalhos para que, pela paciência com que os suportam, possa fazer-lhes maiores mercês. Destas, uma das principais será que vão entendendo o pouco apreço que se há de ter por vida tão perecedora, como a toda hora estamos vendo, e com isto amem e procurem a que nunca há de acabar. Praza a Nosso Senhor dê saúde à minha senhora D. Luisa e ao senhor D. Juan[1], segundo aqui Lho suplicamos.

A vossa mercê rogo que, em havendo melhoras, me tire o pesar que me deu agora. Às orações de minhas senhoras D. Isabel e D. Catalina me recomendo. A vossa mercê suplico tenha ânimo a fim de o infundir à minha senhora D. Luisa[2]. Por certo que permanecer mais tempo nesse lugar seria tentar a Deus.

Sua Majestade tenha a vossa mercê de sua Mão e lhe dê todo o bem que lhe desejo, e ao mesmo Senhor suplico, amém. E à minha senhora D. Catalina igualmente.

É hoje 22 de outubro.

Neste mesmo dia recebi a carta de vossa mercê.

Indigna serva de vossa mercê,

TERESA DE JESUS.

36. A D. MARÍA DE MENDOZA, EM VALLADOLID

Encarnação de Ávila, outubro de 1571. Acerca de alguns assuntos de suas fundações. Elogio do Padre Visitador das Descalças. Priorado do Pe. Báñez.

Jesus esteja com vossa senhoria. Quando me deram a carta de vossa senhoria já lhe tinha eu escrito esta que vai inclusa. Beijo as mãos de vossa senhoria muitas vezes pelo cuidado que tem de

---

1. *D. Luisa* de la Cerda e seu filho, *D. Juan* Pardo de Tavera.
2. Irmãs de D. Luisa: D. Isabel Manuel de la Cerda e D. Catalina de la Cerda.

me honrar com suas notícias; não é coisa nova. Muito pouca saúde tenho tido depois que aqui me acho, mas já estou boa, e como tenho aqui a sua senhoria D. Alvaro, tudo vai bem. Todavia melhor fora se, além desta consolação, tivesse eu a de estar também com vossa senhoria, com quem tivera a tratar muitas coisas para meu alívio. Não creio, porém, que o possa fazer com a brevidade que imaginava, e isto por algumas causas.

Pelo que me disseram, vossa senhoria tudo poderá tratar com o Padre Visitador, e disto muito me alegro. É muito dedicado a vossa senhoria; gostei de ver a afeição com que fala a seu respeito, e assim, creio, em tudo fará quanto vossa senhoria mandar. Suplico a vossa senhoria lhe mostre muita benevolência e o trate com o favor de que costuma usar com pessoas de tal categoria; porque atualmente o temos por nosso Prelado maior, e sua alma deve merecer muito diante de Nosso Senhor.

No que diz respeito a conservarmos essas noviças, já vejo o benefício que vossa senhoria me faz. Como me escreve o Pe. Suárez, da Companhia, que está encarregado de falar com elas e dar-lhes informações sobre a nossa religião, se forem próprias para nossa vida não há por que protelar a entrada: peçam licença ao Padre Provincial, e vossa senhoria mande que sejam admitidas. Se julgarem melhor, podem pedi-la ao Padre Visitador, que a dará logo. Com ele me entendo melhor do que com o Padre Provincial[1], que não me quer responder, por mais que lhe escreva.

Fiquei pesarosa com o que sofre minha senhora Abadessa. Seja Deus bendito, que, de um ou de outro modo, nunca falta a vossa senhoria algum penar. Aqui todas pedimos a Deus, tanto por ela como por vossa senhoria; e não tem necessidade de o mandar, havendo despertador tão bom quanto o é o amor. Praza a Nosso Senhor que nada seja, e que vossa senhoria bem depressa fique boa. Estas Irmãs todas beijam as mãos de vossa senhoria muitas vezes.

Tenho sabido que anda vossa senhoria muito espiritual; não foi novidade para mim, porém folgaria de estar mais perto, e, se eu não fosse quem sou, teria gosto de tratar das coisas de Deus com vossa senhoria. Este Padre Visitador me dá vida; penso que não se enganará a meu respeito, como fazem os outros, porque aprouve a Deus dar-lhe a entender como sou ruim, e a cada passo me apanha em imperfeições. Isto muito me consola, e até procuro dar-lhas a entender. Grande alívio é andar com clareza perante aquele que está em lugar de Deus; e como tal o considerarei durante todo o tempo em que o tiver por Prelado.

Saberá vossa senhoria que levam Frei Domingo como Prior a Trujillo onde foi eleito, e os de Salamanca mandaram emissário ao Padre Provincial com empenhos para que o não remova. Não se sabe ainda em que dará. É terra pouco propícia para sua saúde. Quando vossa senhoria vir o Padre Provincial dos Dominicanos, ralhe com ele porque passou tanto tempo em Salamanca e não me visitou. É verdade que não é dos meus maiores amigos. Já me estendi muito e receio cansar vossa senhoria. Pois lhe remeto, juntamente com esta, a outra carta, não há necessidade de mais; nem caí na conta disto, tanto me consola falar com vossa senhoria.

Indigna serva e súdita de vossa senhoria,

TERESA DE JESUS, carmelita.

37. A D. LUISA DE LA CERDA, EM PARACUELLOS

Encarnação de Ávila, 7 de novembro de 1571. Consola D. Luisa em seus trabalhos. Recolhimento que reina na Encarnação de Ávila. Vaidade das coisas do mundo.

Jhs

A graça do Espírito Santo esteja com vossa senhoria. Três vezes escrevi a vossa senhoria desde que estou nesta casa da Encarnação, isto é, há pouco mais de três semanas: parece-me que nenhuma chegou às mãos de vossa senhoria. É tanta a parte que tomo aqui em seus trabalhos, que, juntando esta pena com os muitos que atualmente me afligem, já não preciso pedir mais a Nosso

---

1. Frei Angel de Salazar, Calçado, que geralmente favoreceu a Reforma.

Senhor. Seja bendito por tudo! Bem se deixa ver que está vossa senhoria no número dos que hão de gozar de seu Reino, pois lhe dá a beber de seu cálice, com tantas enfermidades de vossa senhoria e dos que lhe são caros.

Li uma vez num livro que o prêmio dos trabalhos é o amor de Deus: por tão precioso ganho, quem não os amará? Assim suplico a vossa senhoria que o faça; considere como tudo acaba depressa, e com isto se vá desenganando de todas essas coisas que não hão de durar para sempre.

Já eu sabia quanto vossa senhoria estava passando mal, e ainda hoje procurei meios para saber de sua saúde. Bendito seja o Senhor, que vossa senhoria está melhor. Volte desse lugar, por amor de Deus, pois claramente se vê como para todos é contrário à saúde. Quanto à minha, está boa — seja Ele bendito! — em comparação do que costuma ser; é porque, sendo tantos os trabalhos, impossível seria aguentar os sofrimentos se não houvesse melhora no meu estado habitual. São tantas e tão forçosas as ocupações de fora e de dentro de casa, que ainda para escrever esta carta tenho bem pouco tempo.

Nosso Senhor pague a vossa senhoria o favor e consolo que me proporcionou com a sua, pois lhe asseguro que bem necessidade tenho de algum alívio. Ó senhora! quem se viu no sossego de nossas casas e agora se acha metida nesta barafunda[1]. Não sei como se pode viver; de todas as maneiras encontro padecimento! Entretanto, glória a Deus! há paz — o que não é pouco, indo-lhes eu aos poucos tirando seus passatempos e liberdade, pois, embora sejam tão boas e por certo haja muita virtude nesta casa, mudar de costume é morte, como dizem. Levam-no bem e mostram-me muito respeito; mas, onde há cento e trinta, bem entenderá vossa senhoria o cuidado que será necessário para ordenar todas as coisas segundo a razão. Alguma preocupação me dão nossos mosteiros; mas, como vim para cá forçada pela obediência, espero em Nosso Senhor que não consentirá que eu faça falta, e terá cuidado deles. Parece que não está inquieta minha alma com toda esta Babilônia; e isto tenho por mercê do Senhor. O natural se cansa, mas tudo é pouco para o muito que ofendi a Sua Majestade.

Tive pesar com a notícia da morte da boa D. Juana[2]. Deus a tenha consigo; e certamente o fará, pois era muito Dele. Por certo, não sei como sentimos a partida dos que vão para terra segura, livrando-os Deus das vicissitudes e perigos deste mundo; é antes amar a nós mesmos do que àqueles que vão gozar do maior bem. A essas minhas senhoras me encomendo muito.

Asseguro a vossa senhoria que a trago bem presente; não era preciso fazer-se lembrada com sua carta, antes quisera eu estar um pouco menos atenta para não me ver tão imperfeita em sentir e partilhar as penas de vossa senhoria. Nosso Senhor lhe dê o descansar nos contentamentos eternos, já que aos desta vida, há muito tempo disse vossa senhoria adeus, conquanto intimamente ainda não esteja muito convencida de que é boa paga o padecer. Dia virá em que vossa senhoria entenderá o lucro, e por nenhuma coisa o quisera ter perdido.

Muito consolada me sinto de estar aí meu Padre Duarte[3]. Já que não posso eu servir a vossa senhoria, alegro-me de que tenha quem tão bem a ajude a suportar seus trabalhos. Está o mensageiro esperando, e assim não me posso alargar mais senão para beijar a essas minhas senhoras muitas vezes as mãos.

Nosso Senhor tenha a vossa senhoria nas Suas, e a livre depressa dessas febres; Ele lhe conceda fortaleza para contentar em tudo a Sua Majestade, como Lho suplico. Amém.

Da Encarnação de Ávila, a 7 de novembro.

Indigna serva e súdita de vossa senhoria,

TERESA DE JESUS.

---

1. Pe. Pedro Fernández mandara Sta. Teresa como Priora ao mosteiro da Encarnação, de Calçadas, obedecendo ao Pe. Angel Salazar, que, com isso, pensava impedir o progresso da Reforma.
2. D. Juana de Toledo Pacheco, marquesa de Velada, filha do segundo conde de Oropesa.
3. Da Companhia de Jesus.

38. A D. ISABEL DE JIMENA, EM SEGÓVIA

Encarnação de Ávila, janeiro de 1572. Dá-lhe parabéns por sua resolução de tomar o hábito de Descalça e deixar seus haveres ao Convento onde professar.

Jhs

O Espírito Santo seja sempre com vossa mercê e lhe dê graça para entender o muito que deve ao Senhor, pois em riscos tão perigosos quanto o são a idade pouca, fortuna e liberdade, lhe dá luz para querer evadir-se deles; e o que a outras almas costuma espantar, isto é, penitência e encerramento e pobreza, foi ocasião para vossa mercê entender o valor deste último caminho, e o engano e perda que, de seguir o primeiro, lhe poderia vir. Seja o Senhor por tudo bendito e louvado!

Com isto facilmente me poderia vossa mercê persuadir de que é muito boa e própria para filha de Nossa Senhora, entrando nesta sagrada Ordem que lhe é consagrada. Praza a Deus vá vossa mercê tão adiante em seus santos desejos e obras, que não tenha eu de me queixar do Pe. Juan de León[1], de quem recebi informações que me satisfizeram, e não quero outras; e tão consolada estou em pensar que há de ser vossa mercê uma grande santa, que só com a sua pessoa me daria por satisfeita.

Pague o Senhor a esmola que determinou fazer ao convento onde entrar; é bem grande, e pode vossa mercê ter muita consolação, pois cumpre o conselho do Senhor, dando-se a si mesma, e tudo quanto possui, aos pobres, por seu amor. E para o muito que vossa mercê tem recebido, não me parece teria correspondido fazendo menos do que faz; e, pois dá tudo o que pode, não dá pouco, nem será pequena a paga.

Pois vossa mercê já viu nossas Constituições e nossa Regra, não tenho mais a dizer senão que, se persistir vossa mercê nesta determinação, venha quando houver por bem e escolha aquela de nossas casas que lhe aprouver, pois nisto quero servir ao meu Pe. Juan de Léon. Verdade é que por meu gosto tomaria vossa mercê o hábito no Convento onde eu estivesse, pois desejo deveras conhecê-la. Tudo encaminhe Nosso Senhor como for mais para seu serviço e glória sua. Amém.

Indigna serva de vossa mercê,

TERESA DE JESUS, carmelita.

39. A D. JUANA DE AHUMADA, EM GALINDUSTE, ALDEIA DA JURISDIÇÃO DE ALBA DE TORMES

Encarnação de Ávila, 4 de fevereiro de 1572. Achaques e ocupações da Santa na Encarnação. Assuntos da família Ovalle em Alba e dos irmãos da Santa na América.

Jesus esteja com vossa mercê. Parece que estão no outro mundo quando se retiram a esse lugar. Deus me livre dele, e também deste onde estou, pois tenho pouca saúde quase desde minha chegada, e para não dar essa notícia a vossa mercê, gostei de não ter tido ocasião de lhe escrever. Antes do Natal deram-me umas febres; passei mal da garganta e por duas vezes fui sangrada e tomei purga. Desde antes de Reis tenho tido febres quartãs; contudo não sinto fastio, nem deixo de andar com a comunidade, nos dias em que não tenho o acesso, e assim vou ao coro e algumas vezes ao refeitório; espero não hão de durar. Como vejo quanto o Senhor tem feito e melhorado nesta casa, esforço-me para não ficar de cama, a não ser quando me dá a febre, a qual dura toda a noite. Os calafrios começam às duas horas da madrugada. mas não são violentos. No mais tudo vai bem, por entre tantas ocupações e trabalhos que não sei como se pode dar conta. O pior são as cartas. Para as Índias escrevi quatro vezes, pois está em vésperas de partir a frota.

---

1. Jesuíta.

Espanta-me ver como se descuida de mim vossa mercê, vendo-me com tantos trabalhos. Tendo sabido que o senhor Juan de Ovalle estava para chegar, esperava-o cada dia, porque, se ele fosse a Madri, seria boa oportunidade para remeter por seu meio o que meu irmão[1] me mandou pedir. Já não há tempo, nem sei o que pensar. Dir-se-ia que tudo lhes há de vir às mãos sem trabalho: por certo que isso a ninguém parece bem.

Disseram-me que o senhor Juan de Ovalle e o senhor Gonzalo de Ovalle se opõem a que se faça ao mosteiro cessão de uma ruelazinha; não o posso crer[2]. Não quisera eu que começássemos a inventar questões; sendo com mulheres parece mal, mesmo havendo ocasião, e seria de muito desdouro para esses senhores, especialmente tratando-se de religiosas minhas. Não creio, aliás, que elas conscientemente tenham dado motivo de queixa, a não ser que por simplicidade não se tenham sabido exprimir. Avise-me vossa mercê de como vão as coisas, porque, como digo, as Irmãs são novas e poderiam enganar-se. E não se aflija com minhas doenças, pois espero que não será nada; ao menos, pouco me estorvam, embora eu o pague caro.

Muita falta me faz aqui vossa mercê; sinto-me só. Como do Convento só aceito o pão, e mais nada, terei necessidade de alguns reais; procurem me enviar. A esses senhores beijo as mãos, e à minha Beatriz. Muito me alegraria se a tivesse aqui. Gonzalo já sei que está bem. Deus os guarde. Agustín de Ahumada está com o Vice-rei, assim me escreveu Frei García. Meu irmão casou duas sobrinhas, e muito vantajosamente; antes de seu regresso as deixará remediadas. Já vai dar meia-noite e estou bem cansada, e assim termino. Foi ontem dia de S. Brás; e anteontem de Nossa Senhora[3].

De vossa mercê muito serva,

TERESA DE JESUS.

40. A D. MARÍA DE MENDOZA, EM VALLADOLID

Encarnação de Ávila, 7 de março de 1572. Pede desculpas a D. María por não lhe haver escrito antes, devido a seus achaques. Pobreza extrema da Encarnação e edificante recolhimento de suas monjas. Recusa, cortês e engenhosamente, receber nas Descalças duas jovens recomendadas.

Jhs

A graça do Espírito Santo esteja sempre com vossa senhoria. Amém. Muito me tenho lembrado de vossa senhoria neste tempo tão rigoroso, com receio de que o frio tenha feito mal a vossa senhoria; e penso que não o terá deixado de fazer. Seja Deus bendito, que havemos de nos ver na eternidade, onde não haverá mudanças de tempo. Praza a Sua Majestade passemos esta vida de maneira que possamos gozar de tão grande bem. Quanto a mim, tenho sido provada de tal maneira nesta terra, que não pareço ter nascido nela: creio que só tive mês e meio de saúde, logo ao princípio, por ver o Senhor que sem isto não se podia por então assentar coisa alguma; agora Sua Majestade faz tudo em meu lugar. Não me ocupo senão em regalar-me, especialmente de três semanas para cá, porque, além das quartãs, deu-me uma dor no lado e tive angina. Bastava um desses males para matar, se Deus assim fosse servido; mas não parece que algum haja capaz de fazer-me este benefício. Com três sangrias melhorei. Deixaram-me as quartãs; mas a febre não passa, e, assim, tomarei purgante amanhã. Estou já enfadada de me ver tão imprestável, que, a não ser para a Missa, não saio de meu canto, nem posso. Uma dor de dente, que tenho há cerca de mês e meio, é o que me faz sofrer mais.

---

1. D. Lorenzo de Cepeda.
2. Parece que o cunhado da Santa, Juan de Ovalle, e seu irmão Gonzalo opunham-se a que o município concedesse às Carmelitas de Alba uma ruela entre as casas dos Ovalle e o convento.
3. *Beatriz* de Ovalle y Ahumada. *Gonzalo* de Ovalle. *Agustín de Ahumada,* irmão da Santa, conseguira estar com o vice-rei do Peru, D. Francisco Alvarez de Toledo, graças à mediação de frei García de Toledo. *Duas sobrinhas:* D. Lorenzo conseguiu casamento para Leonor e Juana, filhas naturais de dois irmãos da Santa, Agustín e Jerónimo.

Conto a vossa senhoria todos esses males para que não me julgue culpada por não ter escrito a vossa senhoria, e veja que tudo são mercês que o Senhor me faz, dando-me o que sempre Lhe peço. Certo é que a mim me parecia impossível, logo que aqui cheguei, aguentar tanto trabalho com minha pouca saúde e natureza fraca. Com efeito, há ordinariamente muitos negócios de assuntos que dizem respeito a esses mosteiros, além de outras muitas coisas, que, mesmo sem falar nesta casa, já me traziam cansada. É bem verdade, como diz S. Paulo, que tudo se pode em Deus. Dá-me este Senhor habitualmente pouca saúde, e com isto quer que eu faça tudo; chego a rir-me algumas vezes. Deixa-me sem confessor, e tão sozinha que nas minhas necessidades não tenho com quem tratar de modo a ter alívio; preciso andar com muita circunspecção.

Só para o que diz respeito ao conforto do corpo, não tem faltado quem me proveja, e com muita piedade; e do povo tenho recebido muitas esmolas, de sorte que da casa só aceito pão, e ainda isto não o quisera fazer. Já está se acabando a esmola que nos deu D. Magdalena; com esta, até agora, e com o que nos dão Sua Senhoria e algumas outras pessoas, temos custeado uma refeição para as mais pobres[1].

Como já as estou vendo tão boas e sossegadas, tenho pena de presenciar seus sofrimentos, que são bem reais. É para louvar a Nosso Senhor a mudança que operou nelas. As mais duras são agora as mais contentes e muito minhas amigas. Nesta Quaresma não se recebe visita nem de homem nem de mulher, ainda que sejam os próprios pais, o que é muito novo para esta casa. A tudo se submetem com inteira paz. Verdadeiramente temos aqui grandes servas de Deus, e quase todas vão melhorando. Minha Priora[2] faz estas maravilhas. Para que se entenda que realmente é assim, ordenou Nosso Senhor esteja eu de tal sorte, que, poderia se dizer, só vim para aborrecer a penitência e não tratar de outra coisa senão de meu regalo.

Agora, para que eu de todos os modos padeça, escreve-me a Madre Priora[3] dessa casa de vossa senhoria, que quer vossa senhoria admitir nela uma noviça, e, segundo souberam, está descontente, porque eu a recusei. Pedem-me licença para recebê-la, assim como outra apresentada pelo Pe. Ripalda[4]. Aí deve haver engano. Pesar teria eu se fosse verdade, pois vossa senhoria tem poder para repreender-me e dar-me suas ordens; e não posso crer que esteja desgostosa comigo sem me manifestar seu descontentamento, a não ser que assim proceda para ver-se livre desses Padres da Companhia, empenhados neste caso. Muito consolo teria eu se assim fosse, pois com estes Padres bem sei me entender. Não tomariam eles alguém que não fosse conveniente para sua Ordem, só em atenção a mim. Contudo se vossa senhoria absolutamente quer mandar assim, não há para que falar mais nisso; pois está claro que nessa casa e em todas as nossas tem vossa senhoria direito de mandar, e eu seria a primeira a obedecer. Mandarei pedir licença ao Padre Visitador, ou ao Padre Geral, já que é contra as nossas Constituições admitir alguma noviça com o defeito que essa tem; e sem recorrer a algum deles não será válido o que eu contra a lei fizer. E elas terão de aprender a ler corretamente o latim, porque está ordenado que não se receba pretendente alguma que não o saiba[5].

Por desencargo de minha consciência, porém, não posso deixar de dizer a vossa senhoria o que faria eu neste caso, depois de o ter encomendado ao Senhor; não, já se vê, no caso de o querer vossa senhoria, repito; pois, só para não a contrariar, a tudo me sujeitaria sem dar mais uma palavra. Só suplico a vossa senhoria que o veja bem e seja mais exigente para sua casa[6]; não aconteça que mais tarde, vendo vossa senhoria que as coisas não vão muito bem, venha a ter pesar. Se fosse convento de muitas monjas, melhor se poderia revelar algum defeito; mas onde são tão poucas,

---

1. *D. Magdalena* de Ulloa Toledo Osorio y Quiñones. *Sua Senhoria:* o bispo D. Alvaro.
2. A imagem de Nossa Senhora da Clemência, por ela entronizada na cadeira prioral ao assumir a Encarnação.
3. *Priora:* Maria Bautista.
4. *Ripalda:* Pe. Jerónimo Ripalda, SJ.
5. *Visitador:* Pe. Pedro Fernández, OP. *Geral:* Pe. Juan Bautista Rubeo.
6. O Carmelo de Valladolid.

pede a razão que sejam bem escolhidas, e sempre vi esta intenção em vossa senhoria; tanto que para todos os outros acho monjas que me satisfazem, mas para essa casa jamais ousei enviar alguma, por desejar que fosse tal e tão completa, que jamais a encontrei a meu gosto. E assim, a meu parecer, nenhuma das duas deveria ser recebida, porque nelas nem vejo santidade, nem valor, nem tanto cabedal de juízo e talentos que redundem em proveito da casa. Sendo assim, há de querer vossa senhoria que se aceitem, se hão de causar prejuízo? Se é para as amparar, bastantes mosteiros há onde, como digo, por serem muitas, se revelam melhor as falhas; mas aí, nesse convento cada uma que se admitisse deveria ter capacidade para exercer o ofício de Priora e qualquer outro de que fosse incumbida.

Por amor de Nosso Senhor, pense bem vossa senhoria e veja que sempre se há de considerar antes o bem comum que o particular; e, pois estão enclausuradas e hão de viver umas com as outras, suportando mutuamente suas faltas, além de outros trabalhos da religião — e este de não acertar nas admissões é o maior —, favoreça-as vossa senhoria neste ponto, assim como em tudo nos mostra benevolência. Deixe vossa senhoria que eu chame a mim o negócio, se lhe apraz ordenar assim, pois, como digo, com os padres me entenderei. Entretanto, se vossa senhoria insiste, será feito o que manda, repito, e a responsabilidade será de vossa senhoria se não suceder bem. Essa de que fala o Pe. Ripalda não me parece má para outro convento; mas aí, onde se está principiando, convém ter cuidado, a fim de não resultar desdouro para a casa. Tudo ordene o Senhor como for para sua glória e dê a vossa senhoria luz para fazer o que mais convier. Ele no-la guarde muitos anos, como Lhe suplico, que disto não me descuido, por pior que esteja passando.

À minha senhora a duquesa, beijo as mãos de Sua Excelência muitas vezes, assim como à minha senhora D. Beatriz, e às minhas senhoras a condessa e D. Leonor. Escreva-me vossa senhoria, ou antes, ordene o que em tudo isto é servida que se faça. Quanto a mim, creio que, deixando a decisão à consciência de vossa senhoria, terei segura a minha; e não julgo mostrar-lhe nisto pouca estima, pois em nenhuma de nossas casas se achará monja com tão notável defeito, e eu por nenhum empenho a receberia. Será, a meu ver, causa de contínua mortificação para as demais, por andarem sempre tão juntas; e como se querem tanto, sempre andarão penalizadas. Basta a boa Magdalena, que já têm aí; e prouvera a Deus fossem assim as de vossa senhoria![7]

É hoje 7 de março.

Indigna serva e súdita de vossa senhoria,

TERESA DE JESUS, carmelita.

A Madre Subpriora[8] beija as mãos de vossa senhoria muitas vezes. Dou-me bem com ela.

41. A D. MARÍA DE MENDOZA, EM VALLADOLID

Encarnação de Ávila, 8 de março de 1572. Sobre a próxima entrada no convento das Descalças de uma jovem recomendada pela duquesa de Osuna e por D. María. Quer a D. María de Mendoza muito senhora de si mesma.

Jhs

O Espírito Santo esteja sempre com vossa senhoria. Amém. Como ontem escrevi a vossa senhoria, esta é apenas para comunicar a vossa senhoria que me trouxeram hoje cartas da duquesa de Osuna e do Dr. Ayala, pedindo recebermos com urgência uma daquelas jovens; e um Padre da Companhia que as examinou escreveu-me dando boas referências sobre uma delas. A outra parece que se espantou com o rigor, pois não falam mais nela; por este motivo é bom que sempre

---

7. *Duquesa:* D. Leonor Ana de Guzmán y Aragón, duquesa de Osuna. *Condessa:* D. Beatriz de Castro, condessa de Lemus. *D. Leonor* de Castro y Portugal. *Magdalena:* D. María Magdalena Gutiérrez.

8. Isabel de la Cruz (Arias, superiora da Encarnação).

sejam informadas por quem as saiba esclarecer bem. Respondi que podiam levar sem demora a pretendente, tendo eu já escrito a vossa senhoria sobre o que se havia de fazer para logo lhe darem o hábito; e avisasse a vossa senhoria assim que chegassem a Valladolid[1].

Já escrevi a nosso Padre Visitador dizendo a vontade que tem vossa senhoria de recebê-la e suplicando a Sua Paternidade que remeta a licença junto com esta minha carta. Espero que o fará; no caso contrário, torne vossa senhoria a escrever logo a Sua Paternidade, e o ordene de tal modo que não imaginem que houve nisto engano; porque, tanto quanto posso entender, não deixará o Padre Visitador de contentar vossa senhoria naquilo que puder. Dê-nos Nosso Senhor o contentamento que há de durar para sempre, e a vossa senhoria tenha constantemente em sua Mão e a guarde para nosso bem[2].

Hoje me mandou dizer o senhor Bispo que estava melhor e viria cá: portanto não se preocupe vossa senhoria. Quando me será dado ver vossa senhoria mais livre? Assim o faça Nosso Senhor. A verdade é que precisamos fazer nossa parte. Praza a Deus, quando nos virmos, encontre eu a vossa senhoria mais senhora de si, pois tem ânimo e disposição para o conseguir. Creio que faria proveito a vossa senhoria o ter-me junto de si, como faz a mim o estar junto do Padre Visitador; porque ele, como Prelado, me diz as verdades; e eu, como atrevida e acostumada à benevolência de vossa senhoria, que sempre me sofre, faria o mesmo. Às orações de minha senhora a duquesa me encomendo. Estas Irmãs, nas suas preces, muito se lembram de vossa senhoria[3].

Indigna serva e súdita de vossa senhoria,

TERESA DE JESUS, carmelita.

Nunca me diz vossa senhoria como vai com o Padre Frei João Gutiérrez; algum dia lho direi eu. Dê-lhe vossa senhoria minhas recomendações. Não soube se a sobrinha dele professou. O Padre Visitador dará licença para as que houverem de emitir seus votos. Mande vossa senhoria avisar disto à Madre Priora, pois me esqueci[4].

42. A D. JUANA DE AHUMADA, EM ALBA DE TORMES

Encarnação de Ávila, março de 1572. Exorta D. Juana a levar com paciência os trabalhos e a confessar-se frequentemente. Pede-lhe uns perus para a Encarnação.

Jhs

Esteja o Senhor com vossa mercê. Este almocreve … a carta quando se quer. (Assim) não tenho tempo de me estender … Pense bem vossa mercê, senhora minha, que, de um ou de outro modo, os que se hão de salvar padecem trabalhos, e não os deixa Deus à Nossa escolha; e, quem sabe? a vossa mercê, como mais fraca, os dá mais pequenos. Melhor os conheço eu do que vossa mercê os sabe ou pode referir quando me escreve; e assim a encomendo a Deus com muito cuidado. Parece-me querer-lhe agora mais do que antes, embora sempre lhe tenha querido muito.

Vai receber ainda outra carta minha. Creio que não tem piorado, conquanto assim lhe pareça. Que se confesse sempre: eis o que lhe peço por amor de Deus e de mim. Ele esteja em sua companhia. Amém. O demais lhe dirá o senhor Juan de Ovalle, que tão depressa se foi. Venham os perus, já que os tem tantos.

Indigna serva de vossa mercê,

TERESA DE JESUS.

---

1. *Duquesa de Osuna:* D. Leonor Ana de Guzmán. *Um padre da Companhia:* Pe. Juan Alvarez.
2. *Padre Visitador:* Pe. Pedro Fernández.
3. *Bispo:* D. Alvaro de Mendoza, bispo de Ávila.
4. *Sobrinha:* María Magdalena Gutiérrez, sobrinha do dominicano Pe. Juan Gutiérrez, que professou em 15 de agosto de 1571. *Priora:* María Bautista.

43. A MADRE MARÍA BAUTISTA, EM VALLADOLID

Encarnação de Ávila, em meados de junho de 1572. Morte edificante de
D. Leonor de Cepeda, irmã de María Bautista.

Na véspera de sua morte entendi quão ditoso seria seu fim, e creio que não entrou no purgatório.

44. A D. JUANA DE AHUMADA

Encarnação de Ávila, 27 de agosto de 1572. Trata da saúde de Juan de
Ovalle e dá notícias de como está. Cartas das Índias.

Jesus esteja com vossa mercê. Estou boa, mas tão ocupada que nem quisera escrever-lhe isto agora. Bendito seja Deus, que está com saúde o senhor Juan de Ovalle. De nenhum modo lhe consinta vossa mercê vir cá; seria temerário. Pela mesma via por onde seguiram as encomendas foram mais seguramente as cartas para as índias; as de vossa mercê até agora nunca chegavam lá. À senhora D. Magdalena diga, por favor, quanto me alegro de que esteja melhor; e a esses meus meninos me encomendo...[1]

Está aqui Frei Diego, mas pouco o tenho visto; se ele puder, irá também aí. A Madre Priora está boa, assim como a minha companheira; e eu tão melhor que me espantarei se continuar assim. Faça o Senhor o que for de seu agrado, e esteja com vossa mercê[2].

Hoje é véspera de Sto. Agostinho. Grande erro será empreender o senhor Juan de Ovalle qualquer viagem.

Na Encarnação...
De vossa mercê,

TERESA DE JESUS.

45. A D. JUANA DE AHUMADA, EM ALBA

Encarnação de Ávila, 27 de setembro de 1572. Sobre assuntos de família
e das Descalças de Alba de Tormes.

Jesus esteja com vossa mercê. Bendito seja Deus de ter dado saúde ao Senhor Juan de Ovalle; a fraqueza lhe há de passar. Essas terças têm sido gerais; aqui não se vê outra coisa, embora a mim me tenham deixado. Tudo vai indo cada dia melhor, glória a Deus. Tenho passado bem este verão; não sei como será o inverno, que já me começa a fazer um pouco de mal; mas não havendo febre, tudo se aguenta.

Acerca da compra da casa, quisera saber em que ficou. De Oropesa escreveram-me que, embora não haja muita certeza, consta que a frota está em Sanlúcar; não soube mais. Se tiver alguma notícia de meu irmão, avisarei a vossa mercê. Para recebê-lo conto com a casa de Perálvarez[1].

Desgostam-me esses jejuns da Priora. Diga-lhe isto e que por esta razão não lhe quero escrever, nem ter negócios com ela. Deus me livre de quem antes quer fazer a sua vontade do que obedecer. No que eu puder servir à senhora D. Ana, em atenção ao senhor D. Cristóbal, poderei fazê-lo de boa vontade; havíamos combinado que ela ficaria na casa onde morava D. Sancha, mas está de tal jeito que não é possível. Aqui, a não ser na portaria, ninguém pode entrar, nem pode sair da clausura servente alguma; e duas irmãs dela, embora quisessem ajudá-la, penso que pouco

---
1. *D. Magdalena* de Toledo, monja beneditina em Alba de Tormes. *Meus meninos:* Beatriz e Gonzalo de Ovalle.
2. *Frei Diego* de Cepeda. *Priora:* María de San Jerónimo. *Minha companheira:* Isabel de la Cruz. Subpriora da Encarnação.

1. *Meu irmão:* Lorenzo de Cepeda, que não chegou nessa armada. *Perálvarez:* Pedro Alvarez Cimbrón, primo da Santa, filho de D. Francisco Alvarez de Cepeda.

poderão fazer, pois como do Convento há cinco anos só recebem pão, estão desprovidas, e D. Inés quase sempre enferma. Muito sentem ambas a pouca possibilidade que têm para tudo, e, estando elas tão atadas com preceitos, que posso eu fazer?[2]

À Subpriora recomende-me muito; não me dão tempo para escrever-lhe nem para me estender mais. Isabel Suárez é a que veio de Malagón, e de muito má vontade, segundo confessa; mas, como algumas vezes mostrou desejo de vir, enviou-a a Priora, e também esta algum dia, creio, há de voltar para cá. Tenho não pouca preocupação; Deus nos dê remédio. Ao senhor Juan de Ovalle minhas recomendações, e aos meus meninos. Não me contou de que esteve Beatriz tão doente. Deus esteja aí com todos[3].

É 27 de setembro.

Sua

TERESA DE JESUS.

Grande bem está fazendo este Descalço que é confessor aqui; chama-se Frei João da Cruz.

46. A D. INÉS NIETO[1]

Encarnação de Ávila, dezembro de 1572. Consola em seus trabalhos a essa senhora. Sentimento pela morte da marquesa de Velada.

Jhs

A graça do Espírito Santo esteja com vossa mercê. Uma carta de vossa mercê recebi, e também me veio falar o Capelão que a trouxe. Pague Nosso Senhor a vossa mercê o muito que sempre faz por mim. Cabe-me tanta parte dos trabalhos de vossa mercê, que se com isto os pudesse remediar, já estariam acabados. Mas, como sou tão ruim, mereço pouco diante de Nosso Senhor. Por tudo seja Ele louvado, e, pois assim o permite, devem ser convenientes, para que vossa mercê tenha mais glória. Ó minha senhora, quão grandes são os juízos deste nosso grande Deus! Virá tempo em que preze vossa mercê mais esses trabalhos do que todos os descansos que teve nesta vida. Agora nos dói o presente; mas se considerássemos o caminho que neste mundo trilhou Sua Majestade e todos aqueles que sabemos gozarem de seu Reino, não haveria coisa que mais nos alegrasse do que o padecer; assim como não deve haver meio mais seguro para nos certificarmos de que vamos bem no serviço de Deus.

Estes pensamentos agora me consolaram na morte, que senti muito ternamente, dessa santa senhora, minha senhora a marquesa de Velada, cuja vida na maior parte foi só cruz; de modo que, espero em Deus, já está gozando, naquela eternidade que não tem fim. Anime-se vossa mercê, pois, passados estes trabalhos — e será depressa, com o favor de Deus —, folgará vossa mercê, juntamente com o senhor Albornoz, de os haver sofrido, e sentirão o proveito resultante para suas almas. A Sua Mercê beijo as mãos. Muito quisera eu achar vossa mercê aqui, pois de todos os modos haveria vantagem. Faça Nosso Senhor a vossa mercê muitas graças, como Ele pode e eu Lhe suplico.

É hoje 7 de dezembro de 1572.

Indigna serva de vossa mercê,

TERESA DE JESUS.

---

2. *Priora:* Juana del Espíritu Santo, priora de Alba de Tormes. *Cristóbal* Chacón, velho amigo do pai da Santa e uma das testemunhas do seu testamento. *Ana:* filha de Cristóbal Chacón. *Sancha e Inés:* monjas da Encarnação, filhas de Cristóbal Chacón.

3. *Subpriora:* María del Sacramento, subpriora de Alba de Tormes. *Meus meninos:* Beatriz e Gonzalo Ovalle.

1. Esposa de D. João de Albornoz, secretário do famoso Duque de Alba, D. Fernando de Toledo.

47. A MARTÍN DAVILA MALDONADO, EM SALAMANCA

Encarnação de Ávila, 1º de fevereiro de 1573. Agradece-lhe umas aves que enviara Francisco de Salcedo para as enfermas do Convento de Encarnação.

Jhs

A graça do Espírito Santo esteja sempre com vossa mercê, e pague-lhe a caridade e desvelo com que nos enviou a esmola feita pelo senhor D. Francisco. Praza a Nosso Senhor guardar a Sua Senhoria muitos anos e confirmar a melhora que já começa a ter.

Por não ter sabido para onde endereçar a carta, não pedi mais cedo a vossa mercê que me remetesse as aves. É tanta a necessidade desta casa, sobretudo das enfermas, que vieram em boa hora. Tenho estado doente várias vezes, mas já estou boa. Consolei-me muito com mais esta esmola que agora nos chegou. Por tudo seja Deus bendito. Quem as trouxe deu muito boa conta de si.

Por estas linhas declaro que recebi hoje, véspera de Nossa Senhora da Purificação, ano de 1573, sessenta e duas aves. E, porque assim é verdade, o firmo com meu nome. Tenha sempre Nosso Senhor vossa mercê em sua mão, e dê-lhe Sua Majestade tantos bens quanto está em seu poder. Amém.

Serva de vossa mercê,

TERESA DE JESUS, priora.

Já escrevi ao senhor D. Francisco[1] contando-lhe a solicitude de vossa mercê e como chegaram bem as aves.

48. AO PE. GASPAR DE SALAZAR[1], EM CUENCA

Encarnação de Ávila, 13 de fevereiro de 1573. Obediência e recolhimento das monjas da Encarnação. Edificação do Padre Visitador. Ofícios exercidos pelos Descalços nos mosteiros dos Calçados de Ávila. Fala da entrada em religião de uma jovem.

Jhs

Ao meu magnífico e reverendo senhor Gaspar de Salazar, reitor da casa da Companhia de Jesus em Cuenca, meu senhor e pai.

A graça do Espírito Santo esteja sempre com vossa mercê. Amém. Gostei de que se me ofereça ocasião para fazer saber a vossa mercê notícias minhas, já que vossa mercê tanto se desvela em dar-me as suas. Praza a Nosso Senhor esteja com a saúde que lhe desejo e a Deus suplico.

Há muitos dias, e até meses, recebi uma carta de vossa mercê cheia de bons conselhos e avisos. Veio em tempo em que me animou bastante, conquanto mais me devam ter aproveitado as orações de vossa mercê; porque lhe faço saber que nesta casa tem feito o Senhor tantos favores e graças, que verdadeiramente lhe digo: coisa que me dê pesar em matéria de resistir à obediência ou faltar ao recolhimento, não encontro aqui mais do que em São José havia. Parece que vai o Senhor fazendo tantas mercês a todas estas almas, que fico espantada; e o mesmo aconteceu ao Padre Visitador, que, fazendo a Visita, haverá um mês, nada achou a emendar. Dê vossa mercê a Nosso Senhor graças por tudo isto. No mosteiro dos Calçados do Carmo desta cidade, nomeou ele Prior, Subprior, porteiro e sacristão descalços, e já há algum tempo pôs como confessor aqui um deles, muito santo. Tem feito grande bem, e todos os outros me satisfazem muito[2].

Grande coisa foi esta; e se ficasse completamente entregue a eles esta casa, como espero no Senhor, não teria eu necessidade de continuar aqui. Peça-o vossa mercê, porque daria remédio a

---

1. *D. Francisco* de Fonseca, senhor de Coca y Alaejos, grande favorecedor da Santa.
1. Reitor do Colégio dos Jesuítas em Cuenca (cf. *Vida*, 33).
2. *Visitador:* Pedro Fernández. *Prior:* Pe. Antonio de Jesús. *Confessor:* João da Cruz.

tudo. Trabalhos grandes, até agora, e ocupações não me têm faltado, além de pouquíssima saúde em cada inverno, por ser contrária a meus males esta casa. Dou tudo por bem empregado, depois que vejo as mercês que me tem feito Sua Majestade. Desejava muito que tivesse vossa mercê estas notícias, e se me fosse dado vê-lo, ficaria muito consolada. (Passe vossa mercê para a outra página porque o papel não presta). Faça o Senhor em tudo o que for servido.

Aqui o senhor Corregedor, a quem muito desejo contentar, veio uma e outra vez instar comigo para que alcance de vossa mercê a admissão, como religiosa, de uma filha de João de Buedo e de Leonor de Hermosa num mosteiro daí, se não me engano, de Descalças; em suma, é um onde vossa mercê tem muita autoridade. Dizem que a jovem e os pais têm todas as qualidades requeridas. Informe-se vossa mercê se realmente assim é, e, por amor de Deus, rogo-lhe que a favoreça, é do serviço de Deus, e com isto me fará grande benefício, pois não posso admiti-la em nenhum dos nossos mosteiros, por algumas razões.

Tudo vai muito bem em Malagón; Brianda de San José já lá está por priora, e a outra voltou para aqui, pois é sua casa. Porque tenho certeza de que me favorecerá vossa mercê em tudo que puder, nada mais acrescento. Estou agora com mais saúde que de costume. Não me esqueça vossa mercê em suas orações, que o mesmo faço eu, embora miserável. Confesso-me atualmente com o Pe. Lárez[3].

É hoje 13 de fevereiro, ano de 1573.

De vossa mercê serva e filha,

TERESA DE JESUS.

49. A MADRE INÉS DE JESÚS, EM MEDINA

Encarnação de Ávila, março de 1573. Envia S. João da Cruz para que examine o espírito de uma religiosa.

Minha filha, causa-me pesar a enfermidade da Irmã Isabel de S. Jerónimo. Aí lhes envio o santo Frei João da Cruz, a quem fez Deus mercê de dar-lhe graça para expulsar os demônios das pessoas possessas. Agora mesmo aqui em Ávila acaba de tirar de uma pessoa três legiões de demônios, e a cada um mandou em virtude de Deus declarar seu nome, e no mesmo momento obedeceram...

50. A D. JUANA DE AHUMADA, EM ALBA

Encarnação de Ávila, 9 de março de 1573. Próxima viagem de D. Lorenzo de Cepeda à Espanha. Vários encargos que, antes de partir das Índias, dá a sua irmã.

Jesus esteja com vossa mercê. Não pretendia escrever por este mensageiro, mas gostei de saber que ainda não partiu para lhe enviar esta carta de meu irmão, que me entregaram à hora de Vésperas. Glória a Deus, está com saúde e já podemos ter por certa a sua vinda, como verá vossa mercê. Praza a Sua Majestade esteja passando bem o senhor Juan de Ovalle. Teria sido bom se, aproveitando este mensageiro tão certo, me tivessem escrito algumas linhas para me dar notícias dele. Quanto a mim, estou boa, e penso que tudo vai indo bem, glória seja dada a Deus! É justo que empreguem logo toda diligência para haverem à mão o que lhes é destinado, de modo a assegurarem a posse.

Essa cidade de que fala meu irmão não sei onde é, nem se é muito longe. Lá o saberá meu cunhado, e buscará meios de agir com brevidade. Como aí, "a cada credo", segundo se costuma dizer, há correio para Madri de... buscando ativamente esse senhor, que deve andar ocupado em

---

3. Antonio Lárez, SJ, reitor do colégio de San Gil de Ávila.

demandas, depressa se conseguirá tudo. Em todo esse negócio, ponha o Senhor sua Mão, e a vossa mercê faça muito santa.

Parece-me que esta outra carta é de um cunhado do filho de nosso tio Ruy Sánchez. Por meio dele procurarei escrever-lhe, que é portador seguro. Vossa mercê, de seu lado, trate de o fazer por lá[1].

É hoje 9 de março.

A meus meninos muito me encomendo.

De vossa reverência[2],

TERESA DE JESUS.

51. AO REI FILIPE II

Encarnação de Ávila, 11 de junho de 1573. Diz como em suas orações encomenda todos os dias Sua Majestade. Pede-lhe proteção para a Reforma.

À sacra católica cesárea real majestade do rei nosso senhor.

Jhs

A graça do Espírito Santo esteja sempre com Vossa Majestade. Amém. Bem creio tem Vossa Majestade entendido o ordinário cuidado com que encomendo Vossa Majestade a Nosso Senhor em minhas pobres orações. E ainda que isto, por ser eu tão miserável, seja pequeno serviço, presto outro maior estimulando para que assim façam estas Irmãs dos mosteiros de Descalças de Nossa Ordem, porque sei quanto servem a Nosso Senhor. Nesta casa em que estou agora, faz-se o mesmo; e juntamente pedimos pela rainha nossa senhora e o Príncipe, a quem Deus dê vida muito longa. No dia em que Sua Alteza foi jurado herdeiro, fizemos particular oração[1].

Isto se fará sempre, e, por conseguinte, quanto mais adiante for esta Ordem, maior ganho será para Vossa Majestade.

E por esta razão atrevo-me a suplicar a Vossa Majestade nos favoreça em certos negócios de que lhe falará o Licenciado João de Padilla, que faz as minhas vezes. Vossa Majestade digne-se dar-lhe crédito. Por ver seu bom zelo, resolvi confiar a ele esse negócio; porque, a ser divulgado, haveria prejuízo; e o que nele se pretende é unicamente a glória e honra de Nosso Senhor. Sua Divina Majestade o guarde tantos anos quantos necessários para o bem da cristandade. Grandíssimo alívio é que para os trabalhos e perseguições que nela se veem, haja Deus Nosso Senhor suscitado tão grande defensor e amparo de sua Igreja quanto o é Vossa Majestade.

Desta casa da Encarnação de Ávila, 11 de junho de 1573.

Indigna serva e súdita de Vossa Majestade,

TERESA DE JESUS, carmelita.

52. AO PE. JUAN ORDÓÑEZ DEL CAMPO, SJ, EM MEDINA

Encarnação de Ávila, 27 de julho de 1573. Continua a fazer-lhe mal à saúde a estada no Convento da Encarnação. Comenta o projeto de fundação em Medina de um colégio para meninas, dirigido pelas Descalças. Fala da entrada de D. Jerónima de Quiroga no Convento de Medina.

Jhs

A graça do Espírito Santo esteja com vossa mercê. Quisera ter bastante tempo e saúde para me estender sobre algumas coisas, importantes a meu parecer. Mas desde a partida do moço, tenho

---

1. *Ruy Sánchez:* irmão do pai da Santa.
2. A Santa seguramente diria: "De vossa mercê". Descuido do copista.
1. *A rainha:* D. Ana de Áustria. *Príncipe:* D. Fernando, jurado herdeiro em maio de 1573.

passado tão mal, sem comparação, pior que antes, que já é muito conseguir escrever isto; e sou tão prolixa, que, embora muito queira encurtar o assunto, serei longa. Está bem provado que esta casa da Encarnação me faz grande mal. Praza a Deus seja com merecimento.

Como este nosso negócio parece já estar perto de concluir-se, fiquei muito mais preocupada, especialmente depois de ver hoje a carta do Padre Visitador, na qual entrega a decisão de tudo ao Pe. Mestre Frei Domingo e a mim. A este último escreveu que neste caso nos encarrega de fazer as suas vezes, e sempre me sinto tímida quando tenho de dar algum voto, parecendo-me logo que hei de errar tudo. Verdade é que antes o encomendei ao Senhor, e o mesmo fizeram aqui[1].

Parece-me, Padre meu, que temos necessidade de considerar muito todos os inconvenientes, porque, se não der certo, a vossa mercê e a mim hão de lançar a culpa, tanto Deus como o mundo; disto não tenha dúvida. Portanto não faça questão vossa mercê de que se demore mais uns quinze dias. Gostei de vossa mercê ter dito em sua carta que a Priora só se tem de envolver nos dois pontos mencionados; pois, creia, que é muito preciso organizar tudo de maneira que, para fazer uma boa obra, não se prejudique a outra, como diz vossa mercê.

Quanto a serem tantas as alunas, como vossa mercê queria, sempre fui contrária; porque, entendo: há tanta diferença entre ensinar e manter em ordem muitas mulheres juntas, e ensinar rapazes, como entre o preto e o branco. E para fazer alguma coisa boa há tantos inconvenientes em serem muitas, que eu nem os posso dizer agora; digo somente que convém fixar o número. Mais de quarenta seria demasiado, viraria uma confusão, estorvando-se umas às outras para nada se fazer de bom. Em Toledo, informei-me: são trinta e cinco, e não podem exceder este número. Repito a vossa mercê que de nenhuma maneira convém que haja tantas moças e tanto ruído. Se alguns por esta razão não quiserem dar esmola, vá indo vossa mercê pouco a pouco, não há pressa; faça que sua Congregação seja santa, e Deus ajudará; mas por causa de esmola não havemos de ceder em pontos de substância.

Será também mister que, para escolher as educandas e ver se convém aceitá-las, sejam necessários, além do voto da Priora, mais dois, e estes de pessoas muito capazes. Se o Prior de San Andrés quisesse aceitar este encargo, não seria mau, juntamente com algum Regedor, ou dois Regedores; e tomarão conta dos gastos, pois nisto não há de se meter a Priora, nem o há de ver ou ouvir, como ficou assentado desde o princípio. Será mister examinar as qualidades que hão de ter as que quiserem entrar, e quantos anos hão de permanecer. Sobre este ponto lá se entenderá vossa mercê com o Padre Mestre, e tudo o que se referir a isto há de ser antes consultado com o Padre Provincial da Companhia, e com o Padre Baltazar Álvarez[2].

Muitas outras coisas serão necessárias. Aí já tratamos de algumas, especialmente de não haver saídas; porém as que me parecem de maior importância são as duas primeiras, porque tenho experiência do que são muitas mulheres juntas. Deus nos livre!

No que diz vossa mercê — e, segundo me parece, o mesmo escreve a Priora — de se não remir agora o censo, entenda vossa mercê que a não ser assim, não pode entrar a senhora D. Jerónima, nem tenho eu licença para admiti-la, a menos que a senhora D. Helena o tome sob sua responsabilidade, nada gastando o Convento e ficando livre de pagar réditos. Estou certa de que se o Padre Provincial deu a licença foi só sob esta condição, e o contrário seria, a meu ver, usar de fraude. Em suma, não o posso fazer. Bem vejo que tudo junto ficará muito pesado para a senhora D. Helena, mas arranje-se algum meio: ou adiar as obras da igreja, ou não entrar tão depressa a senhora D. Jerónima; e é o melhor, pois entrará com mais idade[3].

---

1. *Visitador:* Pedro Fernández, OP. *Frei Domingo* Báñez, OP.
2. *San Andrés:* convento dos dominicanos em Medina del Campo. *Padre mestre:* Frei Domingo Báñez. *Provincial:* Pe. Juan Suárez.
3. *D. Jerónima* de Villarroel y Quiroga. *Elena de Quiroga:* mãe da anterior. *Provincial:* Angel de Salazar, provincial dos Carmelitas.

Tive um pensamento: não seja isto porventura edificar demais sobre alicerce que venha a cair, pois não sabemos se essa senhora há de perseverar. Vossa reverência pondere tudo com muito cuidado. Mais vale fundar no espaço de alguns anos uma obra duradoura, do que fazer coisa de que venham a rir; e pouco importaria isto se não fosse de desdouro para a virtude.

Ainda cumpre advertir: se a Comunidade agora admite esse meio, é preciso ficar determinado com quem se há de contar, porque no momento não parece haver segurança, e perguntará o Padre Visitador: que... vimos nós para passar escrituras? Tudo isto ficaria eu livre de considerar se o Padre Visitador o tomasse para si; agora terei de mostrar-me competente, sem o ser.

Rogo a vossa mercê dê muitas recomendações minhas ao Senhor Asensio Galiano[4], e faça que leia esta carta. Sempre me favorece ele em tudo, e gostei muito de saber que minhas cartas lhe chegaram às mãos com segurança. Esta minha pouca saúde me faz cair em numerosas faltas. Ana de S. Pedro não estima tão pouco suas filhas que as leve para aí; nem lhe passa isto pelo pensamento. Partirei depois de amanhã se não tiver nova crise de enfermidade; mas há de ser grande para o estorvar. Já levaram todas as cartas a S. Gil; ainda não trouxeram resposta; amanhã, terça-feira, mandarei buscá-la.

Indigna serva e filha de vossa mercê,

TERESA DE JESUS.

Às orações de meu Padre Reitor, me encomendo muito.

53. A D. PEDRO DE LA BANDA, EM TOZAS (SALAMANCA)[1]

Salamanca, 2 de agosto de 1573. Pede-lhe que volte a Salamanca para lavrar o contrato da casa que desejava comprar a esse cavaleiro.

Jhs

A graça do Espírito Santo esteja sempre com vossa mercê. Amém. Vim a este lugar com desejo de realizar logo meu intento de deixar essas Irmãs em boa casa. Disponho de pouco tempo, e assim, por este motivo e porque vai passar a época mais própria para fazer paredes, tive pesar de não ter achado aqui vossa mercê. Trouxeram a cédula do Rei, e convém fazer logo a verificação.

Suplico a vossa mercê faça-me o favor de vir quanto antes, pois é negócio de tanta importância, e espero em Deus que vossa mercê não se dará mal comigo. Encaminhe tudo o Senhor, como for mais de seu serviço, e a vossa mercê tenha sempre em sua Mão.

Parece-me boa a casa, conquanto seja preciso despender mais de quinhentos ducados para adaptá-la. Contudo estou contente e espero em Nosso Senhor que também assim ficará vossa mercê ao ver tão bem empregada sua propriedade. Guarde o Senhor a vossa mercê muitos anos. Considere vossa mercê que é de grande lucro começar as obras com bom tempo, e os dias vão passando.

Por amor de Deus, favoreça-nos vossa mercê vindo sem demora; e, se tardar, rogo que tenha por bem começarmos a fazer as divisões de taipa, que são necessárias mais de duzentas, e isto nenhum prejuízo faz à casa; ainda que depois de feitas falhe o contrato, o prejuízo será nosso, mas espero em Deus que tudo se concluirá brevemente.

A vinda de vossa mercê trará remédio a tudo. Dê a vossa mercê Sua Majestade muito larga vida, a fim de ir sempre ganhando para a eterna.

É hoje 2 de agosto.

Indigna serva de vossa mercê, que lhe beija as mãos,
Indigna,

TERESA DE JESUS.

---

4. Negociante de Medina, amigo da Santa.
1. Proprietário da casa ocupada pelas Descalças em Salamanca (cf. *Fundações*, cap. 19).

54. A PEDRO DE LA BANDA, EM SALAMANCA

Salamanca, 8 de outubro de 1573. Dificuldades que opunha este cavaleiro à fundação das Descalças na casa que a Santa desejava comprar-lhe.

Tudo o que vossa mercê diz no seu memorial é tomado em consideração. Segundo dizem todos, até que chegue a autorização, não sou obrigada a tanto, mas o fato de já estarmos na casa muito me move a fazer o que vossa mercê manda; e praza a Deus consigamos com tudo isso contentar a vossa mercê.

Dê Nosso Senhor a vossa mercê sossego, para que O possa servir melhor, e tenha sempre a vossa mercê de sua Mão.

É hoje 8 de outubro.

Indigna serva de vossa mercê,

TERESA DE JESUS.

55. A D. JUANA DE AHUMADA, EM ALBA DE TORMES

Salamanca, 14 de novembro de 1573. Dá conta a D. Juana de sua saúde e dos negócios do convento de Salamanca.

Jhs

Esteja com vossa mercê a graça do Espírito Santo. Louvei a Nosso Senhor por estar melhor o senhor Juan de Ovalle, apesar deste tempo úmido. Praza a Sua Majestade vá sempre melhorando. As minhas quartãs continuam, e o pior é que tem voltado a dor que tive nestes últimos invernos; a noite passada dormi bem pouco, devido a isto. Creio que me vão sangrar de novo. Deus assim o deve dispor, para que não pareça que era tudo causado por minha permanência na Encarnação; verdade é que ali se originou esta doença, e desde então nunca fiquei sem algum vestígio dela. Quiçá aí nesse lugar[1] passasse eu melhor, mesmo aqui a dor, até agora, está muito longe de ser tão forte quanto lá; e ainda que o fosse, seria mais fácil de suportar, não havendo tanto trabalho.

Os negócios de Pedro de La Banda andam bem encaminhados; contudo, receio que demore algum tempo, porque lhe é forçoso ir a Madri. Terminada a averiguação, terei de tratar com os operários, que ainda não acabaram, e Deus, ao que parece, me quer aqui, porque entre as Irmãs não há quem entenda de obras nem de negócios.

Ontem demos o hábito a uma moça de muito boas qualidades, e, creio, traz alguma coisa, e até muito, com que nos poderá ajudar. É talhada para nós, glória a Deus! Filha de Martín de Ávila Maldonado e tem por mãe D. Guiomar de Ledesma. Foi uma sorte para nós. Está muito contente conosco, e nós com ela[2].

Ao senhor Juan de Ovalle rogo que tenha esta carta por sua; dê muitas recomendações a ele e às minhas filhas. D. Antonia se recomenda; já está boa, sem quartãs; o mesmo faz a Priora, e eu a essas Irmãs e à caçula, pois não tenho esperança de poder escrever, nem me resta a dizer agora senão que me recomendem a Deus. Sua Majestade ma faça santa[3].

Sua serva,

TERESA DE JESUS.

O Senhor pague a vossa mercê o favor que me faz, pois muita razão tem vossa mercê de dizer que assim convém. Muito me alegrei de saber que está melhor o senhor Juan de Ovalle, e vossa mercê e esses anjos têm saúde.

---

1. Alba de Tormes, onde morava D. Juana.
2. *Filha de Martín:* Leonor de Jesús.
3. *Antonia* del Aguila, monja da Encarnação que acompanhou a Santa a Salamanca. *Essas Irmãs:* as carmelitas de Alba. *A caçula:* Inés de la Cruz (Arias), a mais jovem professa da comunidade de Alba.

56. AO PE. DOMINGO BÁÑEZ, EM VALLADOLID

Salamanca, janeiro de 1574. Sente não ouvir os sermões do Padre. A princesa de Éboli em Pastrana; os desgostos que dá às Descalças. Trato com o Pe. Medina.

Jhs

A graça do Espírito Santo esteja com vossa mercê e em minh'alma. Não sei como não lhe chegou às mãos uma carta bem longa que lhe escrevi estando adoentada, e enviei por via de Medina. Nela dava boas e más notícias a meu respeito. Agora também quisera alongar-me, mas tenho de escrever muitas cartas e sinto alguns calafrios, por ser dia de quartã. Tinham-me as febres deixado durante dois dias, mais ou menos; mas como não me voltou a dor que sentia antes, tudo parece nada.

Louvo a Nosso Senhor pelas notícias que me têm chegado de seus sermões; estou com muita inveja, e dá-me grande desejo de estar aí agora, por ser vossa reverência Prelado dessa casa. Aliás, quando o deixou de ser meu? Vê-lo nesse cargo, parece-me, seria para mim novo contentamento; mas, como tal não mereço, louvo a quem me dá sempre cruz.

Deu-me gosto essa troca de cartas entre o Padre Visitador e meu Padre; realmente não só é santo aquele seu amigo, mas sabe mostrar que o é; e, quando não estão em desacordo suas palavras e suas obras, age com muita prudência. Mas, embora seja verdade o que ele diz, não deixará de admiti-la porque de senhores a senhores há muita diferença.

A princesa de Éboli[1] transformada em monja era de fazer chorar. Quanto a esse anjo[2] pode causar grande proveito a outras almas, e quanto mais barulho fizerem os mundanos, melhor; não vejo inconveniente. Todo o mal que pode suceder é que ela tenha de sair do convento; ainda nesse caso terá o Senhor feito resultar outros bens, como digo, e porventura moverá alguma alma, que, se não fora por esse meio, talvez se condenaria. Grandes são os juízos de Deus, e quem o ama tão deveras vivendo entre tanto perigo como anda toda essa gente ilustre, não há razão para nos negarmos a admiti-la, nem para nos deixarmos de expor a algum trabalho e desassossego a troco de tão grande bem. Meios humanos e cumprimentos com o mundo se me afigura o detê-la e atormentá-la por mais tempo; pois está claro que, em trinta dias, ainda que se arrependesse, não o haveria de dizer. Mas se, com essa demora em retê-la no mundo, se hão de aplacar os parentes e reconhecer a justiça de sua causa e do procedimento de vossa mercê, repito: será apenas adiar alguns dias. Deus estará com ela, pois não é possível que, tendo deixado muito, não lhe dê muito o Senhor, que tanto dá a nós que nada deixamos.

Muito me consola que esteja vossa mercê aí para confortar a Priora[3], a fim de que em tudo acerte. Bendito seja Ele, por assim haver ordenado os acontecimentos. Espero em Sua Majestade que tudo terminará bem. Este negócio de Pedro de la Banda é um não acabar; penso que antes de concluí-lo terei de ir a Alba, para não perder tempo, porque há perigo na transação, pelo fato de estarem em desacordo ele e sua mulher.

Sinto grande lástima das monjas de Pastrana; embora a Princesa tenha regressado à sua casa, estão como cativas; a tal ponto que há pouco tempo passou por lá o Prior de Atocha[4], e nem ousou ir visitá-las. Já está também de mal com os frades, e não acho motivo para que se sofra aquela escravidão. Com o Pe. Medina vou indo bem: creio que se me fosse dado falar-lhe mais, depressa se

---

1. Fundadora de um mosteiro de Descalços e de outro de Descalças em Pastrana, vila de seus domínios. Morrendo o príncipe Rui Gómez da Silva, seu marido, teve a fantasia de entrar no mosteiro e fazer-se monja, mas, no pouco tempo que aí esteve, fez tanta desordem e oprimiu tanto a comunidade, que Sta. Teresa, depois de se ter bem aconselhado, secretamente saiu junto com todas as filhas para a fundação de Segóvia. Antes de partir, chamou um notário e fez-lhe entrega de tudo quanto da Princesa tinha recebido. (cf. *Livro das Fundações*, cap. 17).
2. Casilda de Padilha, filha do Adiantado de Castela (cf. *Fundações*, cap. 10 e 11).
3. María Bautista, priora de Valladolid, sobrinha ou antes prima em segundo grau, da Santa.
4. *Prior de Atocha:* Pe. Hernando del Castillo.

aplacaria. Está tão ocupado, que o não vejo quase... Dizia-me D. María Cosneza que não quisesse tanto bem a ele quanto a vossa mercê...

D. Beatriz está boa. Na sexta-feira passada ofereceu-me muito seus serviços; mas, glória a Deus, já não tenho necessidade de seu auxílio. Contou-me quanto recebeu de vossa mercê. Muito suporta o amor de Deus, pois se houvesse alguma coisa que não procedesse dele, já tudo estaria acabado. Poderia se dizer que a dificuldade que vossa mercê tem em ser extenso, tenho eu em ser concisa. Contudo, é muito o que faz por mim vossa mercê, livrando-me da tristeza de receber cartas e não ver letra sua. Deus o guarde; não parece que esta carta vá ter... Praza a Deus que lá não se mitigue meu gosto com o silêncio de vossa mercê[5].

De vossa mercê serva e filha,

TERESA DE JESUS.

57. A MADRE ANA DA ENCARNAÇÃO, EM SALAMANCA

Alba de Tormes, janeiro de 1574. Encontra-se contente em Alba, gozando das vistas do rio. História de uma truta. Interesse pela saúde de algumas monjas.

Jesus esteja com vossa reverência. Faça-me saber como está, e como vão todas, e dê-lhes minhas recomendações. Bem quisera eu poder gozar da companhia das de lá e das de cá ao mesmo tempo. Creio que hei de achar aqui menos embaraços; tenho uma ermida de onde se vê o rio, e onde também durmo; até da cama posso gozar da vista, e é muita recreação para mim. Hoje me tenho achado melhor que de costume. D. Quitéria continua com sua febre; diz que tem saudades daí. Saiba que levaram daqui um médico para a senhora D. Jerónima, que ainda está mal. Encomendem-na a Deus aí, que o mesmo fazemos por cá; estou preocupada. Tenha Deus a vossa reverência de sua Mão[1].

Esta truta, mandou-me hoje a Duquesa; parece-me tão boa, que arranjei este mensageiro para enviá-la ao meu Padre o Mestre Frei Bartolomé de Medina. Se chegar antes do jantar, vossa reverência lha mande levar logo por Miguel, juntamente com esta carta; e se mais tarde, nem por isso deixe de enviar-lha, para ver se ele quer responder-me algumas linhas[2].

Vossa reverência não se esqueça de me escrever como está, e não deixe de comer carne estes dias. Informem de sua fraqueza ao Doutor, e deem-lhe muitas recomendações minhas. Em todo caso, esteja sempre Deus com vossa reverência. Amém.

Ao meu Pe. Osma muito me recomende e diga-lhe que grande falta sentirei dele aqui; e a Juana de Jesus, que me faça saber como está, porque estava com uma cara muito murcha no dia em que vim.

É hoje quarta-feira, depois da meia-noite, e eu de vossa reverência,

TERESA DE JESUS.

Como estão a Condessa e a esposa do Corregedor? Mande de minha parte indagar de ambas e faça-mo saber. Escreverei a vossa reverência sobre o estado de sua irmã; não quis despachar Navarro antes de ter notícias dela, para enviar-lhe também alguma coisa. Levará este portador os dezesseis reais, se amanhã me lembrar, porque hoje me esqueci. Se Lezcano pedir algum dinheiro,

---

5. As reticências indicam, aqui como em outros lugares, pontos ilegíveis no original. *Medina:* Bartolomé de Medina, OP, catedrático em Salamanca que, em princípio, desaprovou as ações da Santa, especialmente suas saídas de clausura para fundar conventos, mas que, depois de a conhecer pessoalmente, tornou-se seu grande defensor e amigo. *Cosnega:* filha espiritual de Pe. Báñez. *D. Beatriz* Sarmiento de Mendoza, irmã de D. María de Mendoza.

1. D. Quitéria Dávila, monja da Encarnação, acompanhou a Santa na fundação de *Salamanca. D. Jerónima de Villarroel y Quiroga.*

2. *Duquesa:* D. María Enríquez, duquesa de Alba. *Miguel* Lezcano.

dê-lho, e eu pagarei, pois disse-lhe que, se tivesse alguma necessidade, recorresse a vossa reverência. Penso que nada pedirá³.

58. A D. ALVARO DE MENDOZA, BISPO DE ÁVILA

Alba de Tormes, fevereiro de 1574. Tem frequentes notícias de D. Alvaro pela Priora de Valladolid. Fala à duquesa de Alba de um assunto que interessa ao senhor Bispo. Queixa-se a D. Alvaro de a ter tão esquecida.

Jhs

A graça do Espírito Santo esteja sempre com vossa senhoria. Deus seja bendito por estar vossa senhoria com saúde. Praza a Sua Majestade continue sempre assim, como Lhe suplico.

Fora consolação para mim dispor de tempo para me alargar nesta carta; mas tenho tão pouco que nem sei como a começo. María Bautista dará conta a vossa senhoria de como estou passando, já que não posso fazê-lo por mim mesma. Ela me fala de vossa senhoria quando me escreve, dando notícias tais como eu desejo, glória a Deus! Com isto aguento passar tanto tempo sem ver letra de vossa senhoria. Algumas cartas lhe tenho escrito: uma já soube que, por certa causa, não foi entregue a vossa senhoria; as demais não sei que fim levaram. Só uma recebi de vossa senhoria depois que aqui cheguei; ou antes: recebi em Salamanca.

Já disse à Duquesa o que vossa senhoria me mandou falar. Contou-me ela o negócio, afirmando-me que nunca imaginou que vossa senhoria estivesse envolvido no caso; por certo merece ela que não se perca sua amizade. À minha senhora D. Maria também não posso escrever. Beijo a Sua Senhoria as mãos muitas vezes, mas fazendo-lhe ver que Nossa Senhora parece defender melhor suas filhas do que ela a suas súditas, pois, segundo me disseram, conservou-se calado Sua Senhoria em todos esses negócios. O Senhor ajude aquele anjinho! Coisa bem nova é agora no mundo o que Nosso Senhor faz por ela. Penso que para melhor o dar a entender, permite que a deixem, sem defesa, no meio de tais combates. Muito me faz louvar a Sua Majestade¹.

Já, senhor, como vossa senhoria tem muitas santas, vai entendendo as que não o são, e assim se esquece de mim; contudo creio que no Céu há de ver vossa senhoria que deve mais a esta pecadora do que a elas. De melhor vontade daria à minha senhora D. María e à minha senhora a Condessa parabéns por outro motivo, que não o desposório; contudo fiquei consolada de haver se realizado tão depressa².

Praza a Nosso Senhor seja para seu serviço, e gozem-no vossa senhoria e minha Senhora D. María por muitos anos. À minha senhora D. Beatriz e à minha senhora a Duquesa beijo as mãos muitas vezes. Nas Suas tenha sempre Nosso Senhor a vossa senhoria³.

Indigna serva e súdita de vossa senhoria,

TERESA DE JESUS.

Suplico a vossa senhoria me mande avisar se conseguiu do Padre Visitador licença para eu passar em S. José alguns dias; a Priora me transmitirá a resposta⁴.

---

3. *Condessa:* D. Maria de Pimentel, condessa de Monterrey. *Esposa do Corregedor:* D. Mariana. *Sua irmã:* Inés de Jesús, priora de Medina del Campo.

1. Alude ao fato de D. Fadrique de Toledo ter tentado casar com D. Magdalena de Guzmán, o que originou uma série de desencontros entre o rei e os duques de Alba. *Duquesa:* María Enríquez. *D. María* de Mendoza; com quem trata da entrada de Casilda de Padilla no Carmelo de Valladolid. *Anjinho:* Casilda de Padilla.

2. *Santas:* as carmelitas de Valladolid. *Pecadora:* a própria Santa. *Condessa:* D. Leonor de Castro, a quem cumprimenta por seu casamento com Diego de Sarmiento de Mendoza, conde de Rivadabia e irmão de D. María de Mendoza.

3. *D. Beatriz* Sarmiento de Mendoza. *Duquesa:* D. Leonor Ana de Guzmán y Aragón, duquesa de Osuna.

4. *Visitador:* Pedro Fernández, OP. *Priora:* María Bautista, priora de Valladolid.

59. A MADRE MARÍA BAUTISTA, EM VALLADOLID

Segóvia, 14 de maio de 1574. Assuntos do Convento de Valladolid. Favorável acolhimento em Andaluzia aos Padres Gracián e Mariano. Pouca importância que dá a Santa aos desdéns do Pe. Medina.

Jesus esteja com vossa reverência, filha minha. Tem tão boas pernas esse seu criado, que pensei só amanhã chegasse de Madri, aonde o enviei por não saber de quem me fiar nesses negócios; e eis que chega hoje, quinta-feira. Juntamente com esta, terei de responder a algumas cartas de Ávila, e assim não poderei despachá-lo até amanhã ao meio-dia, porque meus olhos e minha cabeça não estão dando para nada; e ainda praza a Deus possa ele ir amanhã. Quisera escrever-lhe bem longamente, e também à senhora D. María. Já estou quase boa, porque o xarope, como escrevo a nosso Padre, me tirou aquele tormento de melancolia, e penso que até a febre, inteiramente[1].

Como eu já estava sem esses padecimentos, fez-me rir algum tanto a carta do Pe. Frei Domingo, de próprio punho; mas não lho diga, porque vou escrever-lhe uma carta muito engraçada, e talvez ele lha mostre. Asseguro-lhe que me alegrei muito com a dele e com a de vossa reverência; e até muitíssimo com esta última, por saber que já descansou aquela santa, e teve tal morte. Espanto-me de que possa alguém ter pesar de seu grande bem; é antes motivo de ter-lhe inveja. Pena sinto eu do grande trabalho que vossa reverência, filha minha, terá tido, e ainda tem com esses negócios tão grandes e tantos; bem sei no que isso dá; mas creio que não teria mais saúde — e talvez menos! — se estivesse no sossego que deseja. Isto tenho por muito certo porque conheço seu temperamento, e assim tolero que trabalhe tanto, pois de um modo ou de outro há de ser santa, e mais bem lhe faz desejar soledade do que viver nela[2].

Oh! se visse que barafunda anda por cá, embora secretamente, em favor dos descalços! É coisa para louvar ao Senhor, e tudo isto devido aos dois Padres que foram à Andaluzia: Gracián e Mariano. Diminui não pouco o meu prazer, o pensamento de pena que há de isto causar a nosso Padre Geral, a quem tanto quero; por outra parte, vejo que a não ser assim, estaríamos perdidos. Encomendem o caso a Deus. O Padre Frei Domingo lhe dirá o que se passa, e lhe entregará uns papéis que lhe envio. O que me escrever, não o remeta senão por pessoa segura, de absoluta confiança, pois é coisa importantíssima, ainda que seja preciso demorar alguns dias. Muita falta nos faz o Padre Visitador, estando tão longe; em certos negócios, ainda que o estivesse mais, terei de mandar-lhe, creio, mensageiro, pois aqui o Prelado não tem autoridade bastante para aquilo de que se trata. Praza a Deus seja ele muitos anos nosso Superior[3].

A respeito do Pe. Medina, ainda que venha a fazer muito mais, não tenha medo que eu me incomode, antes me tem feito rir; mais sentira eu meia palavra de Frei Domingo; porque o outro nada me deve, nem faço muita questão de que me estime. Ele nunca tratou com estes mosteiros, e não sabe o que há; nem poderia igualar-se sua amizade com a que nos tem Frei Domingo, o qual os considera como coisa própria sua, e verdadeiramente os tem sustentado. Bastantes aborrecimentos têm havido aí com esses negócios, mas também qualquer Priora os aceitaria para a sua casa.

Dê um grande recado a D. María de Samago por mim, e diga-lhe que assim é este mundo: só mesmo em Deus podemos confiar. Creio tudo o que vossa reverência escreve acerca dela e de sua irmã. Foi bom não se ter feito mais, pois devemos ser agradecidos, e seria grande ingratidão, ainda em relação ao Bispo. Com o correr dos tempos, ordenará o Senhor as coisas de outra maneira, e então se poderá fazer alguma coisa para consolo dessas senhoras, pois bem vi não seria do gosto da senhora D. María. Pensei em escrever a ela, mas creio que não poderei. Saiba que D. María Cibrián é falecida; encomende-a a Deus. Envie um recado meu muito carinhoso à Priora da Madre

---

1. D. María de Mendoza. *Nosso padre:* Pe. Domingo Báñez.
2. *Aquela Santa:* Beatriz de la Encarnación, falecida em 5 de maio de 1574.
3. *Gracián:* Pe. Jerónimo Gracián. *Pe. Mariano* de San Benito. Padre Geral: Juan Bautista Rubeo. *Padre Visitador:* Pe. Pedro Fernández.

de Deus, porque por seu meio aqui nos fazem muita caridade; como eu não estou passando bem e os olhos não estão bons, perdoe-me ela se não lhe escrevo. Vossa reverência olhe por sua saúde; com todo esse trabalho e noites em claro como tem tido, não quisera eu que o viesse a pagar[4].

Oh! que desejo tenho de poder chegar até aí algum dia, pois não estamos longe! Mas não vejo meios. Se a vossa reverência parecer bem, insista com minha Casilda para que leia esta carta de sua tia, a quem enviei a que ela me escreveu. Tenho muito boas relações com essa senhora, desde algum tempo, e nela confiaria para qualquer negócio. Devo ter esquecido alguma coisa necessária. Deus esteja com vossa reverência e ma guarde, pois sabe ter extremos de amizade; não sei eu como sofro que tenha tanta com meu Padre. Por aqui verá como me traz enganada, e como a tenho em conta de muito serva de Deus. Santa a faça Ele![5]

É hoje 14 de maio.

A minha boa María da Cruz muito desejo tenho de ver; diga-lhe muito de minha parte, e a Estefanía. Pablo Hernández veio espantado com ela, e tem razão[6].

Sua,

TERESA DE JESUS.

Soube agora dos conselhos que lhe dá Isabel de S. Paulo[7], não pude deixar de rir com seus mosteiros. Fez-me reviver nesta enfermidade, porque me alegrou com sua jovialidade e contentamento, e, para ajudar-me a rezar o Ofício, deu-me vida. Eu lhe asseguro que será também assim de muito valor para tudo, e, a ter saúde, bem se lhe podia confiar o governo de uma casa.

60. A FREI DOMINGO BÁÑEZ, EM VALLADOLID

Segóvia, maio de 1574. Elogio de uma postulante enviada pelo Pe. Báñez às Descalças de Segóvia e de Frei Melchior Cano, sobrinho do célebre teólogo do mesmo nome.

Jhs

A graça do Espírito Santo esteja com vossa mercê e com minha alma. Não é de espantar que muito se faça por amor de Deus, pois tanto poder tem o de Frei Domingo, que se uma coisa lhe parece bem, logo a mim parece; e aquilo que quer, eu também quero; e não sei em que há de parar esta espécie de fascinação.

Estamos satisfeitas com a sua Parda[1]. Está tão fora de si de contentamento depois que entrou, que nos faz louvar a Deus. Creio que não terei coração para deixá-la ser conversa, vendo o quanto vossa mercê fez por ela; estou determinada a mandar ensinar-lhe a ler, e, conforme o seu aproveitamento, veremos o que se fará.

Bem entendeu meu espírito o dela, embora eu não lhe tenha falado; e até há monja que não sabe como distrair-se desde que ela entrou, tanta é a oração que nos causa a sua vista. Creia, Padre meu: é um deleite para mim, cada vez que recebo alguma pretendente que nada traz e é aceita só por amor de Deus, ao ver que não tem dote e deixaria de ser monja por falta de meios. Vejo que me faz Deus particular mercê tomando-me por instrumento para remediá-la. Pudesse eu receber todas assim, e teria grande alegria; aliás não me recordo de ter deixado de receber por não ter dote alguma que me contentasse.

---

4. *Samago:* Samaniego. No autógrafo, lê-se "Samago", abreviatura ou distração. *O bispo:* D. Alvaro de Mendoza. *Priora da Madre de Deus:* D. María de Léon, prima das dominicanas de Valladolid.

5. *Casilda* de Padilla. *Sua tia:* conhecem-se os nomes de três irmãs do pai de Casilda de Padilla, a uma das quais a Santa se refere. D. Angela, D. Isabel e D. Luisa Manrique de Padilla.

6. *Estefanía* de los Apóstoles, de quem a Santa fala nas *Fundações*.

7. *Isabel* de San Pablo (de la Peña), filha de Francisco Cepeda, primo da Santa, e educada sob seus cuidados no mosteiro da Encarnação. Professou em S. José de Ávila aos dezessete anos.

1. Postulante recomendada pelo Pe. Báñez, da qual não se conserva memória.

Tem sido para mim particular contentamento o ver como faz Deus a vossa mercê tão grandes favores, empregando-o em semelhantes obras; e ver como vossa mercê encaminhou esta vocação. Está feito pai dos que não têm recursos; e a caridade que o Senhor lhe infunde neste ponto me traz tão alegre, que tudo farei para ajudá-lo nessas obras, quando estiver ao meu poder. Era de ver o choro da que a veio acompanhando! pensei que não acabasse. Não sei para que a mandou aqui.

O Padre Visitador já deu licença para uma fundação, e com isto abre porta para autorizar outras mais, com o favor de Deus; então poderei quiçá receber essa "choramingas"[2], se contenta a vossa mercê, pois para Segóvia já tenho gente demais.

Bom pai achou a Parda em vossa mercê. Diz que ainda lhe parece mentira estar aqui. É para louvar a Deus seu contentamento. Igualmente O louvei por ver aqui o sobrinhozinho de vossa mercê, na companhia de D. Beatriz, e gostei de conhecê-lo; por que não me avisou antes?

Também fiquei contente por saber que esta Irmã conviveu com aquela minha santa amiga. Muito mais me parece querer-lhe agora, do que lhe queria quando viva. Escreveu-me sua irmã oferecendo-se muito a ajudar-me. Asseguro-lhe que me enterneceu. Já terá sabido que teve vossa mercê um voto para Prior em S. Estêvão; todos os outros recaíram sobre o que foi eleito para este cargo; fez-me devoção vê-los tão conformes.

Estive ontem com um Padre de sua Ordem, chamado Frei Melchior Cano. Eu lhe disse que, a haver na Ordem muitos espíritos como o dele, poderiam fazer mosteiro de contemplativos.

Escrevi para Ávila, animando os que o pretendiam fundar, para que não se entibiem se não acharem facilidade aqui; desejo muito que se dê começo. Por que não me conta o que tem feito? Deus o faça tão santo como desejo. Vontade tenho de falar-lhe algum dia sobre esses temores com que anda; só servem para fazer perder tempo, e, de pouco humilde, não me quer dar crédito. Melhor faz o Pe. Frei Melchior, de quem lhe falei; diz que só de uma vez que tratei com ele em Ávila, tirou proveito, e parece-lhe que a toda hora me traz presente. Oh! que espírito e que alma tem Deus ali! Consolou-me sumamente. Poderia se dizer que não tenho outra coisa a fazer senão falar-lhe dos espíritos alheios.

Fique-se com Deus, e peça-Lhe que me dê a mim graça para não me apartar de coisa alguma que seja de sua Vontade. Estou escrevendo domingo à noite.

De vossa mercê filha e serva,

TERESA DE JESUS.

61. A MADRE ANA DA ENCARNAÇÃO, EM SALAMANCA

Segóvia, 30 de maio de 1574. Suplica-lhe que encomende a Deus os negócios de D. Fadrique[1], duque de Huéscar. Viagem dos irmãos da Santa.

...encomendar a Deus seus negócios e os de D. Fadrique. De meus irmãos não tenho notícia. Muita caridade me faz em ter tanto cuidado com eles; a esta hora devem estar vindo por mar. Isabel de Jesus dirá alguma coisa que faltar, e assim não escrevo mais.

É hoje dia da Santíssima Trindade, e eu de vossa reverência,

TERESA DE JESUS, carmelita.

---

2. A amiga e companheira da "Parda". Esta fora da casa da marquesa de Velada, que é a santa amiga mencionada por Sta. Teresa um pouco abaixo.

1. D. Fadrique de Toledo, filho primogênito dos Duques de Alba, intentara contrair matrimônio com D. Madalena de Guzmán, sem a necessária permissão régia. Por esta razão foram ambos, pai e filho, encarcerados por Filipe II, um no Castelo de Uceda e o outro no da Mota. Em Uceda, o grande Duque de Alba tinha por leitura predileta a Autobiografia da Reformadora do Carmelo.

62. A MADRE MARÍA BAUTISTA, EM VALLADOLID

Segóvia, junho de 1574. Morte exemplar de Isabel de los Angeles. Desapego e liberdade de espírito. Recomenda D. Guiomar.

Jhs

Esteja com vossa reverência, minha filha, o Espírito Santo. Com pesar estaria eu pensando que vossa reverência não me escreve há tanto tempo por falta de saúde, se não soubesse que está boa, por uma carta da Priora de Medina. Seja Deus bendito, que muitíssimo lhe desejo saúde. Se Deus é servido de que essas outras estejam doentes, seja como Ele quer; assim terão em que merecer.

Saiba que Isabel de los Angeles — aquela que foi objeto de tantas contendas em Medina, — levou-a o Senhor consigo. Foi tal sua morte, que poderia ser tido por santo quem assim morresse. Certamente foi-se com Deus, e eu aqui fiquei, como uma criatura sem proveito. Durante três semanas tive um resfriado terrível, acompanhado de muitas indisposições. Embora ainda não tenha passado de todo, já estou melhor, e bem alegre com as notícias que escrevo ao Pe. Frei Domingo; deem graças a Nosso Senhor, que assim o temos feito cá. Por tudo seja Ele bendito.

Esta carta mande à Priora da Madre de Deus[1], juntamente com o remédio que aí vai; parece ter-me feito bem. Muita pena me dá sua doença, como quem tanto sofreu do mesmo nestes últimos anos: é impiedosa essa dor. Não sei para que teve o trabalho de enviar-me escorcioneira![2] Quase não a comi, porque fiquei com terrível fastio de coisas doces; mas estou muito grata pelo seu cuidado e por tudo o que mandou às Irmãs, especialmente a Isabel. Esta já parece gente; é sensata, amorosa, uma moça perfeita.

Que bobagem é a sua, com tantas satisfações que me dá sobre o lavor de mãos e outras coisas! Até que nos vejamos não ouso dizer-lhe minha intenção a esse respeito. Saiba que cada dia estou com mais liberdade. O principal é que essa pessoa esteja segura de não ofender a Deus; não são outros meus temores, porque tenho visto grandes quedas e perigos em casos semelhantes. Quero muito a essa alma (parece que o próprio Deus me infundiu esse cuidado) e quanto mais é simples, mais temo por ela. Por esta razão muito estimo que goste de estar em lugar seguro, conquanto, absolutamente certo não o haja nesta vida; nem é bom nos julgarmos em segurança, pois estamos em tempo de guerra e rodeados de muitos inimigos.

Olhe, minha filha, quando estou sem aquele tão grave mal que tive aqui, o mínimo primeiro movimento[3], em qualquer coisa que seja, me assusta muito. Isto seja só para vossa reverência, pois a quem nunca chega a entender-me, é mister levar conforme seu temperamento. E é verdade que se alguém aí nessa casa me faz experimentar este pouquinho, é aquela a quem o escrevo; mas, ainda esse pouquinho, muito faz sofrer uma alma livre. Porventura quer Deus que o sinta, para que Lhe fique assegurada a parte necessária a seu divino serviço. Ó filha minha, estamos em um mundo de tal natureza, que, mesmo se vossa reverência tivesse meus anos, não o acabaria de entender! Não sei para que escrevo isso sem ter pessoa certa que lhe leve a carta. Pagarei bem o mensageiro.

Tudo o que fizer por D. Guiomar será bem feito, pois é mais santa do que pensam, e cheia de trabalhos. Grande coisa foi para nós ter saído tão em paz esta outra noviça. Praza a Deus que melhor nos suceda com a que recebemos, — não sem bastante receio de minha parte; porque estas que foram donas de suas casas nunca se acham bem de todo nas nossas; contudo por enquanto parece não ir mal. Isabel lho escreverá melhor.

Tinha escrito até aqui, sem achar mensageiro; agora acabam de dizer-me que há um, e que preciso entregar logo as cartas...

---

1. *Priora da Madre de Deus:* D. María de León, priora das dominicanas de Valladolid.
2. Erva medicinal.
3. Da vontade, ou da sensibilidade.

63. A ANTONIO GAYTÁN[1], EM ALBA

Segóvia, junho de 1574. Dá a esse cavaleiro alguns conselhos acerca da oração. Compra de uma casa para as Descalças de Segóvia.

Jhs

Esteja com vossa mercê o Espírito Santo, filho meu. Não tenho a dita de dispor de tempo para lhe escrever longamente; mas asseguro-lhe que a vontade é grande, e também o contentamento que me dão suas cartas, por saber as mercês, cada dia maiores, que lhe faz o Senhor. Assim lhe paga o que tem trabalhado aqui.

Vossa mercê não se canse em querer pensar muito, nem faça questão de meditar. Se não está esquecido, muitas vezes lhe tenho dito como há de proceder, e como é maior mercê do Senhor essa, de perseverar sempre em seu louvor; e querer que todos o façam é grandíssimo efeito, próprio das almas ocupadas com Sua Majestade. Praza ao Senhor que o saiba servir vossa mercê, e eu também, para pagarmos um pouquinho do que Lhe devemos, e nos dê muito em que padecer, nem que sejam pulgas e duendes e caminhos trabalhosos.

Antonio Sánchez nos vinha já ceder a casa, sem mais falatórios, mas não sei onde vossa mercê e o Pe. Julián de Ávila tinham os olhos, quando quiseram comprar tal coisa. Foi uma sorte não ter ele querido vendê-la. Agora estamos querendo comprar uma perto de S. Francisco, na rua Real, no melhor ponto do bairro, junto ao mercado. É muito boa. Encomendaremos a Deus este negócio.

Todas se recomendam muito a vossa mercê. Estou melhor; quase ia dizendo que estou boa, pois quando tenho apenas os males ordinários, considero-me com muita saúde. O Senhor a dê a vossa mercê, e no-lo guarde.

64. A D. TEUTONIO DE BRAGANÇA[1], EM SALAMANCA

Segóvia, junho de 1574. Felicita-o por sua volta a Salamanca. Elogio da Priora de Segóvia. Morte do Rei de França. Oportunidade de uma fundação de Descalços em Salamanca. Lastima a pouca saúde do Padre Reitor da Companhia.

Jhs

A graça do Espírito Santo esteja com vossa senhoria; e seja muito bem-vindo. Foi para mim de muito contentamento saber que está com saúde, ainda que, após tão larga viagem, curta me tenha parecido a carta; nem ao menos me diz nela vossa senhoria se conseguiu o que vossa senhoria ia fazer. Que esteja descontente de si, não é coisa nova; nem se perturbe vossa senhoria se, em consequência do trabalho do caminho e de não poder ter o tempo tão bem ordenado, sentir alguma tibieza. Assim que vossa senhoria tornar a seu sossego, também o tornará a gozar a alma.

Tenho agora alguma saúde, em comparação de como estive. Soubera eu tão bem queixar-me com vossa senhoria, nada lhe pareceriam suas penas. Foi extremo o grande mal que tive durante dois meses, e era de sorte que redundava no interior, pondo-me como uma criatura incapaz. Quanto ao que toca ao interior, já estou boa; no exterior, com os males ordinários, e bem regalada com o presente de vossa senhoria.

Nosso Senhor lho pague. Foi suficiente para mim e para outras enfermas, algumas vindas bem doentes de Pastrana, porque a casa de lá era bastante úmida. Estão melhor e são muito boas almas; vossa senhoria gostaria de tratar com elas, especialmente com a Priora[2].

---

1. Amigo da Santa, muito aproveitado, graças a ela, no caminho da oração. Acompanhou-a às fundações de Segóvia, Beas e Sevilha, e, com Julián de Ávila, preparou a de Caravaca. Sta. Teresa faz seu elogio em *Fundações*, 21.

1. Da família real de Bragança, depois arcebispo de Évora. Confiou a própria alma à Santa. Mais tarde, publicou o *Caminho de perfeição*, primeiro livro da Santa dado a público.

2. Madre Isabel de Santo Domingo.

Já eu sabia da morte do Rei da França[3]. Grande pena me dá ver tantos trabalhos, e quantas almas vai ganhando o demônio. Deus acuda com o remédio, pois, se fossem de proveito nossas orações, asseguro-lhe que não há descuido em pedi-lo a Sua Majestade, a quem suplico igualmente pague a vossa senhoria o cuidado que tem de fazer mercês e favores a esta Ordem.

O Padre Provincial tem andado tão longe (digo: o Visitador), que, ainda por cartas, não pude tratar deste negócio. O que sugeriu vossa senhoria, de fazer aí casa destes Descalços[4], seria muito bom, se, justamente porque assim é, o demônio não o estorvar. A benevolência que nos mostra vossa senhoria é grande vantagem, e agora há facilidade, porque os Visitadores foram confirmados nos seus cargos, e não por tempo limitado. Creio que têm mais autoridade em vários pontos do que antes, e podem permitir fundações de novos mosteiros. Sendo assim, espero no Senhor que há de ser aprovado nosso projeto. Vossa senhoria não desista, por amor de Deus.

Brevemente, penso, estará perto o Padre Visitador, e eu lhe escreverei. Ouvi dizer que irá aí. Vossa senhoria me fará a mercê de falar-lhe, dizendo-lhe em tudo seu parecer. Pode usar de toda confiança, que é muito bom e merece que se trate assim com ele; e, em atenção a vossa senhoria, talvez se determine a fazê-lo. Até ver isto realizado, suplico a vossa senhoria não abandone o projeto.

A Madre Priora se encomenda às orações de vossa senhoria. Todas têm tido cuidado, e de encomendá-lo a Nosso Senhor, e o mesmo farão em Medina, e em qualquer outra parte onde me quiserem causar prazer. Dá-me pena a pouca saúde com que anda nosso Padre Reitor. Nosso Senhor lha dê melhoras, e a vossa senhoria tanta santidade como a Ele suplico. Amém.

Mande vossa senhoria dizer ao Padre Reitor[5], que estamos empenhadas em pedir ao Senhor sua saúde, e que me vou dando bem com o Pe. Santander[6]. O mesmo não me acontece com os Frades Franciscanos; íamos comprar uma casa muito acomodada para nós, e por ser um tanto perto deles, puseram-nos demanda: não sei em que irá parar.

Indigna serva e súdita de vossa senhoria,

TERESA DE JESUS, carmelita.

65. A D. TEUTONIO DE BRAGANÇA, EM SALAMANCA

Segóvia, 3 de julho de 1574. Queixa-se do tratamento de Ilustríssima que lhe dá D. Teutonio. Compra casa em Segóvia. Conselhos sobre a oração e a melancolia. Próxima chegada do Padre Visitador.

Jhs

A graça do Espírito Santo esteja com vossa senhoria. Eu lhe digo, e é muito certo: se outra vez me sobrescritar do mesmo modo sua carta[1], não responderei. Não sei por que me quer dar desgosto, — que de cada vez o é para mim, — e eu ainda não tinha caído na conta: só hoje o percebi. Indague vossa senhoria do Padre Reitor como ele costuma fazer, e saiba que não há de pôr outro título, pois é muito fora de minha Religião aquele tratamento. Alegrei-me de que esteja ele com saúde, pois me fez andar cuidadosa. Suplico a vossa senhoria lhe dê minhas recomendações.

Impróprio me parece agora o tempo para vossa senhoria tentar a sua cura. Praza ao Senhor tenha bom resultado, como eu Lho suplicarei. Sua Majestade dê boa viagem à comitiva de vossa senhoria; isto já Lho tenho suplicado, mas quisera que vossa senhoria não se afligisse tanto: de

---

3. Carlos IX, falecido em 30-5-1574.
4. Em Salamanca.
5. Pe. Jerónimo Ripalda, Jesuíta.
6. Jesuíta.
1. Nas Constituições que fez para suas monjas diz a Santa: "Não se use com a Priora, nem com outra qualquer religiosa, de termos honoríficos, como Dona ou Senhora ou outros semelhantes que se costumam dar por honra, mas todas se tratem com palavras humildes; de sorte que à Priora e Subpriora e à que tiver sido Priora chamem Madre e Vossa Reverência; e às mais religiosas Irmãs e Vossa Caridade".

que servirá tanta aflição para sua saúde? Oh! se entendêssemos estas verdades, quão poucas coisas nos afligiriam na terra!

Enviei logo a carta, e escrevi ao Padre Reitor[2] dizendo-lhe quanto tomo a peito que se faça isto com diligência; devo-lhe muito. Ele tratou da compra de uma casa para nós, e já é nossa, glória a Deus! E muito boa, junto da que agora ocupamos; ficam bem situadas. Conte-o vossa senhoria ao Padre Reitor. Era de um cavaleiro chamado Diego de Porras. O Pe. Acosta[3] dirá que tal é. Também suplico a vossa senhoria que lhe dê minhas recomendações; diga-lhe que suas noviças estão cada dia mais contentes, e nós com elas. Recomendam-se às orações de vossa senhoria, assim como todas. Mas quão malcriada estou em rogar a vossa senhoria que transmita estes recados! A verdade é que, por ser tão humilde, sofre tudo.

Disso que vossa senhoria tem de querer deixar pelo meio a oração, não faça caso; antes louve ao Senhor pelo desejo que habitualmente nutre de fazê-la, e creia que sua vontade o quer e gosta de estar com Deus. É a melancolia que o aflige, com a impressão de que o hão de obrigar à força. Procure vossa senhoria algumas vezes, quando se vir nesses apertos, ir a algum lugar de onde veja o céu, e andar passeando, que nem por isso deixará de fazer oração; e é mister levar esta nossa fraqueza de modo a não afligir por demais o natural. Tudo será buscar a Deus, pois é por Ele que andamos à procura desses meios, e é preciso levar a alma com suavidade. Para isto e para tudo, melhor entenderá meu Padre Reitor o que lhe convém.

Estão à espera do Padre Visitador, que já vem próximo. Deus pague a vossa senhoria o cuidado que tem de sempre nos fazer benefícios. Escreverei ao Padre Visitador assim que souber onde está; o mais importante é que vossa senhoria lhe fale, quando ele aí for. Já fiquei boa; praza ao Senhor, também o esteja vossa senhoria, e tire muito proveito do tratamento que vai empreender.

É hoje dia 3 de julho.

Indigna serva de vossa senhoria e súdita,

TERESA DE JESUS, carmelita.

66. A MADRE MARÍA BAUTISTA

Segóvia, 16 de julho de 1574. Responde a certas queixas da Madre María Bautista. Diz que deve ser fixo o número de Irmãs leigas em cada Convento. Achaques da Santa. Assuntos das Descalças de Valladolid e de Segóvia.

Jesus esteja com vossa reverência, filha minha. Achei graça nos seus enfados; pois eu lhe digo que não é por falta de vontade que deixarei de vê-la; pelo contrário, desejo-o tanto, que me pareceu não seria perfeição tratar eu disso, não vendo necessidade que o exija. Com efeito: onde está o Padre Mestre[1], que falta posso eu fazer? Por conseguinte, se mo mandarem irei, e se não, não tocarei nesse ponto. Bem me parece que algum proveito se tira nas casas aonde vou, embora aparentemente nada haja a fazer; mas, como vossa reverência é tão prudente, pode ser que eu aí nada tenha a fazer senão folgar-me: aliás já não devo servir para outra coisa.

Nesse caso da Irmã leiga não vale a pena falar, pois é fato consumado; mas confesso que é coisa bem errada para meia dúzia de monjas, como se costuma dizer, ter tantas Irmãs leigas; é muito sem cabimento. Julgo necessário procurar que o Padre Visitador determine o número fixo para elas, como para as monjas. Não sei dizer quanto fico triste por não me contar vossa reverência como está doente, dá-me muita pena. É grande bobagem andar com escrúpulos sobre perfeições no que toca ao seu tratamento, pois vê quanto nos importa a sua saúde. Não sei que faz esse meu Padre... Olhe que me zangarei muito se não obedecer a María da Cruz neste ponto.

---

2. Santander.
3. Diego de Acosta, mais tarde provincial da Companhia de Jesus.
1. Frei Domingo Báñez.

Quanto a mim, estou muito moderada em semelhantes matérias. A falar verdade, sempre tive nisto pouca perfeição, e agora parece-me haver mais motivo, pois tão velha e cansada estou que se espantaria de ver-me. Tenho andado estes dias com o estômago relaxado e em boa ocasião vieram as nozes, embora ainda restem das que me tinham enviado para cá; estão ótimas. Coma vossa reverência as que aí ficaram, por amor de mim, e dê um grande recado de minha parte à Condessa de Osorno[2]. Só uma carta, segundo me parece, recebi de Sua Senhoria, e escrevi outra; tornarei a escrever-lhe, mas quando puder, pois hoje me chegaram três pacotes de cartas, e não poucas ontem; além disto meu confessor está na grade, e, como preciso despachar depressa este moço, não me poderei alargar.

Oh! quão melancólica vem a carta de meu Padre! Indague logo vossa reverência se há documentos que provem as faculdades do Padre Visitador, pois me cansam estes Cônegos[3], e agora pedem licença do Prelado para sermos obrigadas a pagar o censo. Se meu padre tal autorização pode dar, é preciso que a dê por escrito e perante tabelião que verifique os poderes que ele tem; e, se assim for, mande-me logo o papel, por caridade, se não quer que eu apodreça. Já estaríamos na casa se não fosse a questão desses miseráveis três mil maravedis que faltam; e talvez me sobrasse tempo para me mandarem ir a Sevilha. Ainda que só fosse para ver que tal é essa sua monja, eu gostaria. Diga a María de la Cruz que folguei com sua carta, e o regalo que dela quero agora é que regale a vossa reverência.

Não deixe de tratar com o Reitor dos Teatinos, pois eu lhe digo, talvez seja ele mais seu amigo que nenhum outro; e, enfim, é proveitoso o trato com esses Padres. O Reitor daqui fez a compra da casa, e concluiu o negócio com o Cabido, e tudo muito bem-feito. Boa faça Deus a vossa reverência, filha minha, e não se aborreça comigo, pois já lhe expliquei o que me impede de ir aí. Seria mentira dizer que não quero. Muito me hei de cansar, se aí for, no meio de tanta gente fidalga e tanta barafunda; mas tudo sofrerei a troco de vê-la.

Escrevi ontem à noite a vossa reverência algumas linhas, e já é muito o que lhe escrevo agora, tanta é a minha pressa. Todas as Irmãs se lhe recomendam. Deus ma faça santa. Muito engraçadas são as respostas que põe vossa reverência na carta de meu Padre; não sei a qual dos dois dê crédito. Não se canse em exortá-lo a escrever-me; contanto que vossa reverência me diga como vai ele de saúde, muito bem sofrerei seu silêncio.

Diga-me qual é sua terra[4], porque se é Medina, muito mal fará em não passar por aqui. Este moço chegou hoje, 16 de julho, às dez horas. Despachei-o às quatro do mesmo dia. Por que não me informa dos negócios da senhora D. María? Dê-lhe muitos recados de minha parte. Deus me guarde a vossa reverência.

Sua,

TERESA DE JESUS.

67. A MATEO DE LAS PEÑUELAS[1], EM ÁVILA

Segóvia, ano de 1574. Sobre a pobreza das monjas da Encarnação de Ávila. Compadece-se da enfermidade de Francisco de Salcedo.

Jhs

A graça do Espírito Santo esteja com vossa mercê. Asseguro-lhe que causou muito prazer a sua carta, que, aliás, não tinha outro fim senão dar-me gosto. Deus pague a vossa mercê, pela honra que me fez por meio dela e por tudo o que me escreveu. No demais, há dias em que nem

---

2. *Condessa de Osorno:* María de Velasco y Aragón.
3. Os cônegos de Segóvia exigiam que lhes fosse pago o censo a que tinham direito sobre as casas adquiridas pela comunidade a Diego de Porras.
4. Do Pe. Báñez. Depois de muita controvérsia, verificou-se ser ele de Medina del Campo.
1. Benfeitor e talvez administrador do mosteiro da Encarnação.

me lembro de mim: quanto mais de comida. Se tenho algum tempo livre, para pensar, posso dizer a vossa mercê que me preocupo mais com esse Convento da Encarnação do que nos tempos em que aí estava. Não sei como me diz que eu lhe infundia ânimo; era antes vossa mercê quem no-lo dava, a todas nós; e assim lhe suplico que o mesmo faça agora.

Tenho muito pesar de que se comece a gastar do trigo. Era minha intenção pagar as fianças com o resultado de sua venda, pois não posso contar com outra coisa, e tenho receio de que se perca por uma parte o que se ganha pela outra. Já mandei dizer que comprem o necessário para fazer o pão; convém que seja pago com o que se vender do nosso trigo. Ando por aqui a ver se consigo alguns auxílios, para levar comigo quando for. Enfim, espero no Senhor que não nos faltará; por isso, continue vossa mercê a favorecer-nos como é seu costume. Eu lho retribuirei recomendando-o ao Senhor; o mesmo faça por mim. Estou boa, e com tantas cartas a escrever, que não posso dizer mais.

De vossa mercê,

TERESA DE JESUS.

Por caridade visite em meu nome o senhor Francisco de Salcedo e diga-lhe quanto me deu pesar sua doença, e quanto me alegrei ao saber por este moço que ele não está dando importância à demanda. Depois de minha última carta, tinham-me contado que andava contrariado, e isto me causou pesar. Provavelmente não a recebeu. É preciso ter muito cuidado com as cartas para as aldeias; veja que assim convém.

68. A MADRE MARÍA BAUTISTA, EM VALLADOLID

Segóvia, 11 de setembro de 1574. Participa-lhe que não pode ir a Valladolid. Não é possível ir à Encarnação com as mãos vazias, e não possui um ceitil. Duas jovens abastadas desejam entrar nas Descalças de Segóvia. Assuntos do Pe. Báñez e da Ordem Dominicana.

Jhs

Esteja com vossa reverência o Espírito Santo, filha minha. Pela carta que escrevi ao Pe. Mestre Frei Domingo verá o que sucedeu, e como ordenou o Senhor as coisas de maneira que não posso ir vê-la. Asseguro-lhe que me dá muito, muito pesar, porque é uma das coisas que neste momento me dariam gosto e consolação. Mas viria também a passar, como passam todas as coisas da vida; e quando disto me lembro, qualquer dissabor é fácil de levar.

À minha querida Casilda muito me recomende (não poder vê-la também me faz pesar), e a María de la Cruz. De outra vez ordenará o Senhor que eu fique aí mais demoradamente do que agora poderia ser. Trate de sua saúde (já vê o quanto é importante e a pena que me dá qualquer notícia de que não a tem), e igualmente de ser muito santa; que eu lhe asseguro: de tudo isto precisa para levar o trabalho que aí tem. Já me passaram as quartãs. Quando o Senhor quer empregar-me em alguma coisa, logo me dá mais saúde.

Partirei daqui no fim deste mês, e estou com receio de que não hei de deixar ainda as Irmãs em sua casa; porque nos comprometemos com o Cabido que entraríamos logo com seiscentos ducados, mas, embora tenhamos um censo muito bom de uma Irmã, no valor de seiscentos e trinta, não achamos quem o queira por caução, nem o tome, nem nos empreste quantia alguma. Encomende isto a Deus, pois muito folgaria de as deixar em casa própria. Se a senhora D. María tivesse dado o dinheiro, muito bem lhes ficaria tomarem aí o censo, pois é muito bom e seguro. Avise-me se lhe é possível fazer este negócio, ou se sabe quem o queira, ou quem no-lo empreste; daremos boa caução no valor de mais de mil ducados; e encomende-me a Deus, pois vou empreender tão longa caminhada em tempo de inverno.

No fim deste mês, ao mais tardar, irei à Encarnação. Se até lá quiser mandar-me alguma coisa, escreva-me, e não se entristeça por não me ter aí. Talvez sofresse mais se me visse tão velha e cansada. A todas dê minhas recomendações. Bem quisera ver Isabel de S. Pablo. A todas nos mortificaram estes Cônegos. Deus lhes perdoe.

Veja se tem por lá quem me empreste alguns reais; não os quero dados, é só enquanto não me pagam os que meu irmão me enviou. Até ouvi dizer que já foram cobrados. É porque estou completamente sem dinheiro; e ir assim à Encarnação não é admissível. Aqui não há possibilidade agora, por ser preciso acomodar a casa: portanto pouco ou muito, procure arranjar-me algum.

Propuseram-nos agora duas pretendentes muito vantajosas, que desejam entrar aqui e trazem mais de dois mil ducados; com isto se poderá pagar a casa, que custou quatro mil, além desses seiscentos, e ainda sobrará. Para que louve ao Senhor lhe conto isto, pois foi uma grande graça, e também por serem tão boas as que vamos receber. Nada tenho sabido acerca dos negócios da senhora D. María; dê-me notícias. Mande-lhe um recado de minha parte, para ver se me envia alguma coisa.

Glória seja a Deus, que chegou com saúde meu Pe. Frei Domingo. Se por acaso o Pe. Mestre Medina passar aí, mande entregar-lhe a minha carta, pois, segundo me disse o Padre Provincial, imagina que estou aborrecida com ele por uma que me escreveu e antes achei nela motivo para lhe ser grata do que para me zangar. Deve estar pensando também que eu sei o que ele falou àquela pessoa, embora eu nada lhe tenha dito. Nosso Padre Visitador me disse que ela já é noviça, e só levou mil ducados de dote. Escreva-me contando como vai ela e o que diz Nosso Padre a esse respeito. Enfim, como é em sua Ordem, terá paciência.

Há pouco escrevi a vossa reverência uma carta; não sei se lha entregaram. Faz mal de passar tanto tempo sem me escrever, pois sabe quanto gosto me dão as suas cartas. Esteja Deus com vossa reverência. Sinto uma pena extraordinária de não poder ir vê-la, pois ainda tinha alguma esperança.

É hoje dia 11 de setembro.

De vossa reverência,

TERESA DE JESUS.

69. A D. TEUTONIO DE BRAGANÇA, EM SALAMANCA

Segóvia, 15 de setembro de 1574. Sobre diversos assuntos de particulares e da Reforma.

Jhs

A graça do Espírito Santo esteja sempre com vossa senhoria. Muito grande consolo me deu saber que está com saúde vossa senhoria. Praza a Nosso Senhor vá sempre melhor. Pague-me agora o muito que encomendei vossa senhoria a Sua Majestade fazendo outro tanto por mim, que tenho bastante necessidade para as longas caminhadas que tenho de andar.

Ao Padre Reitor escrevo o que deixou ordenado o Padre Visitador a meu respeito; vossa senhoria lho pergunte. Mandou-me igualmente escrever a vossa senhoria contando-lhe como deixou determinado que permanecesse eu em S. José. Também me disse que o Padre Prior de Atocha lhe tinha escrito contando que o Núncio prometera dar licença para o mosteiro, no caso de estar de acordo Sua Paternidade. Não me mandou escrever isto a vossa senhoria; provavelmente por pensar que já o tinha sabido pelo próprio Núncio. Conheci que tem desejo de dar a vossa senhoria contentamento em tudo, o que muito me alegrou; e assim gostarei de que fique esse clérigo a serviço de vossa senhoria, se dele se agradar.

O Pe. Gómez[1] tem estado aqui várias vezes; parece-me muito boa pessoa. Disse-me que desejava saber se vossa senhoria tinha ficado com aquele outro que foi daqui, pois soube que está aí nessa cidade. Insisti muito com ele que recomendasse vossa senhoria a Deus, pois estava doente, e

---

1. Jesuíta.

ele o tomou a seu cargo. O mesmo faremos no negócio pelo qual vossa senhoria nos manda rezar, pedindo que determine Nosso Senhor aquilo que for mais para seu divino serviço. Faça-o Sua Majestade como pode, e tenha a vossa senhoria de sua Mão. Não tive hoje tempo bastante para escrever, e assim não me alargo mais.

É hoje 15 de setembro.

Indigna serva de vossa senhoria e súdita,

TERESA DE JESUS, carmelita.

70. A MADRE MARÍA BAUTISTA, EM VALLADOLID

Segóvia, setembro de 1574. Terminada a fundação de Segóvia, dispõe-se a regressar a Ávila. Próxima fundação de Beas de Segura. Propõe Ana de Jesus para Priora desta fundação.

Jhs

Esteja com vossa reverência, filha minha, o Espírito Santo. Parece-me que me consolou, no pesar que me dá o ter de partir sem ir vê-la, saber que vossa reverência sente o mesmo. Mas, afinal, pode o Senhor muito em breve arranjar as coisas de algum modo que agora não entendemos, para me demorar eu mais tempo aí. Enquanto aqui estive, é certo que isto não seria possível, e o ver-nos tão pouquinho é grande cansaço; todo tempo se vai em visitas e em perder sono para falar, e, como é tanta a vontade, não faltará alguma palavra ociosa. Entretanto há muitas coisas que gostaria de dizer a vossa reverência, e não o posso fazer por carta: uma delas é que não quero desagradar ao Mestre Medina. Creia que não me faltam motivos, e com este modo de agir já tenho visto algum proveito; por isso, não deixe de enviar-lhe a carta, nem se aflija de que ele não seja muito amigo, pois nem tem muita obrigação, nem tem importância o que disser de mim; e por que vossa reverência não me conta tudo?

Saiba que eu disse ao Padre Provincial que haviam negociado bem para tirar-nos a jovem Samanó. Sabe o que estou vendo? É que Deus as quer pobres honradas, e assim lhes deu Casilda que o é e vale mais que todos os dinheiros. Parece que o Padre Visitador reconheceu isto, e quis dar-me satisfações; ao menos desculpou muito ao Pe. Orellana[1], e, assim, creio que ela mesma o quis. Já estou cansada de falar nessa bendita.

Escrevi a vossa reverência uma carta que foi por um Teatino, ou não sei por quem, depois daquela à qual já me respondeu. Foi pelo mensageiro que costuma levá-las à Priora da Madre de Deus. Nessa carta lhe contava como havíamos conseguido o dinheiro e como tudo está acabado, glória a Deus. Estou apressando os preparativos para fazer a mudança antes da minha partida; não sei se entregarão a casa. Há pouco que fazer, por ser junto da nossa. Com isto não se aflija. Deus lhe pague os conselhos. Creio ter entendido o que está riscado na carta. Saiba que Beas não é em Andaluzia, é cinco léguas antes e já sei que não posso fundar na província andaluza[2].

Está em minhas mãos o livro[3]; recebi-o dois ou três dias, se não me engano, após a partida do Bispo para a Corte; devia remeter-lho para lá, mas não soube onde está hospedado. Remeto-o a vossa reverência para que lho entregue em mão própria, assim como está, quando ele partir, mas antes de tudo dê-lhe esta carta que vai endereçada a Sua Senhoria e não sofre demora. Nela incluo um recado para a senhora D. María.

Levo para a Priora Ana de Jesus, que é uma de Placência, que tomamos em S. José, e tem estado, e ainda está em Salamanca. Não vejo agora outra que convenha para ali. E saiba que dizem

---

1. Dominicano.
2. Em *Fundações*, 24, Sta. Teresa contou como se enganou nessa ocasião, porque Beas estava no território de Castela, mas estava sob jurisdição eclesiástica da diocese andaluza de Cartagena.
3. Sua Autobiografia.

maravilhas da santidade e humildade de uma daquelas duas senhoras fundadoras[4], ambas, aliás, são boas, e é mister não levar quem lhe pegue imperfeições, pois está aquela casa em lugar onde há de ser princípio para muito bem, segundo esperamos. Digo isto por causa daquela sua monja.

Muito breve, com o favor de Deus, fundaremos outra; mas quem não se dá bem com vossa reverência será mau elemento para principiar uma fundação; bem quisera eu tirá-la daí. Das de Pastrana hão de ir quatro, e ainda acho poucas; pois, com duas que entrarão brevemente, completaremos o número de vinte e duas. A dos mil e quinhentos ducados entra sábado e tem admirado a todos com seu fervor; não sei até onde irá; as que estão aqui, asseguro-lhe, são extremamente boas. Indo seis, com a Priora, que não é daqui, e a Subpriora, fica um número razoável. Temos quatro Irmãs leigas que verdadeiramente são ótimas. Forçosamente havemos de tirar daqui outras monjas, porque acho que vão entrar muito boas pretendentes. Veja se era possível deixar agora de lado a fundação de Beas; até precisamos ainda de outro mosteiro.

Pensava vossa reverência, minha filha, fazer-me grande honra dizendo-me que eu não fosse. Terei de ir este inverno, porque assim Deus determinou; não sei como poderei passá-lo nessas terras frias, que me fazem tanto mal. Sem terem em nenhuma conta o que tenho passado aqui. Poderá ser que assim como…

71. AO PE. DOMINGO BÁÑEZ, EM VALLADOLID

Ávila, 3 de dezembro de 1574. Sofrimentos interiores da Santa. Assuntos de suas Descalças.

…Eu lhe digo, meu Padre, que já meus prazeres, ao que me parece, não são deste mundo; pois o que quero não o tenho, o que tenho não o quero. E o pior é que a consolação que costumava ter com os confessores já não encontro; preciso de quem seja mais do que confessor. Coisa que seja menos que contato de alma, não satisfaz seu desejo. Asseguro-lhe entretanto que, em lhe escrever esta, achei alívio. O mesmo conceda sempre Deus a vossa mercê em amá-lo.

Diga a essa sua freirinha, tão preocupada em pensar se as Irmãs lhe vão dar, ou não, os votos, que é adiantar-se demais e ter pouca humildade; deixe por conta de vossa mercê e dos que olhamos o bem dessa casa, o ver a monja mais conveniente para o cargo, pois isso mais nos interessa a nós do que a elas. É mister dar-lhes a entender estas e outras coisas semelhantes. Quando vir a senhora D. María, recomende-me muito a ela, que há bastante tempo não lhe escrevo. Não é pouco estar passando melhor, com tanto gelo. Creio que é dia 3 de dezembro, e eu filha e serva de vossa mercê,

TERESA DE JESUS.

72. A ANTONIO GAYTÁN, EM SALAMANCA

Valladolid, dezembro de 1574. Dá conselhos sobre a oração e contemplação.

Jesus esteja com vossa mercê e lhe pague a esmola do livro, que está muito a meu gosto. Para responder ao que vossa mercê pergunta, precisaria eu ter mais tempo (refiro-me ao que diz respeito à oração); mas em substância digo-lhe que, para as almas que chegaram à contemplação, é muito ordinário esse modo de proceder. Tenho-o dito a vossa mercê muitas vezes, mas vejo que se esquece. Saiba que, assim como neste mundo há variedade de tempos, o mesmo acontece no interior, e não pode deixar de ser; por isso, não se aflija, não é por sua culpa.

No demais, não tenho voto, porque sou parte interessada; e também, por inclinação natural, prefiro sempre o estado de soledade — embora não tenha merecido gozar dele —, e, sendo isto o

---

4. D. Catalina Godínez e D. María de Sandoval, irmãs, que fundaram o mosteiro de Beas. Seus nomes de religiosas: Catalina de Jesús e María de Jesús (cf. *Fundações*, 22).

que se professa em nossa Ordem, poderia aconselhar vossa mercê sob o meu ponto de vista e não segundo o que lhe convém. Trate-o claramente com o Padre Reitor[1], e sua Mercê verá o que for melhor; e por outro lado vá considerando qual o pendor de seu espírito. Deus o guarde. Escrevo tantas cartas, que nem sei como lhe pude dizer isto, e o portador está à espera.

Sobre minha ida, por enquanto nada sei, nem vejo como seja possível este ano; mas Deus tudo pode. Encomende-me muito vossa mercê a Sua Majestade, que o mesmo lhe prometo eu; e faça-me sempre saber de si.

Indigna serva de vossa mercê,

TERESA DE JESUS.

73. A D. ANA ENRÍQUEZ, EM TORO

Valladolid, 23 de dezembro de 1574. Sentimento por não estar D. Ana em Valladolid. Elogio do Pe. Baltazar Alvarez e de algumas Descalças desta casa. Um sermão do Pe. Báñez.

Jhs

A graça do Espírito Santo esteja sempre com vossa mercê. Muito consolo fora para mim achar a vossa mercê neste lugar, por bem empregado dera o caminho para gozar de vossa mercê mais de assento que em Salamanca. Não mereci de Nosso Senhor esta graça. Seja Ele para sempre bendito. Esta Priora gozou tudo; aliás, é melhor que eu, e grande servidora de vossa mercê.

Muito me alegrei de que tenha vossa mercê aproveitado de meu Pe. Baltazar Álvarez alguns dias, achando nele alívio para seus muitos trabalhos. Bendito seja o Senhor, que dá a vossa mercê mais saúde que de costume. A minha está agora muito melhor do que em todos estes outros anos passados, o que é muito de admirar com este tempo. Encontrei nesta casa tais almas, que me fazem louvar a Nosso Senhor. E ainda que, a meu parecer, Estefanía certamente é santa, não menos me satisfez ver o talento de Casilda e as mercês que Deus lhe faz, desde que ela tomou o hábito. Sua Majestade o leve adiante; são muito de prezar essas almas que ele tão cedo toma para si.

A simplicidade de Estefanía para tudo, exceto para Deus, é coisa que me espanta, quando vejo a sabedoria com que, a seu modo, fala da verdade.

Visitou o Padre Provincial[1] esta casa, e presidiu à eleição. Escolheram a mesma Priora que tinham[2]. Para Subpriora trouxemos uma de S. José de Ávila, que foi eleita e se chama Antônia do Espírito Santo[3]. A senhora D. Guiomar a conhece; é de muito bom espírito.

A fundação de Zamora parou por enquanto, e vou tornar à longa jornada que pretendia fazer[4]. Já eu havia pensado em procurar meu contentamento passando por essa cidade a fim de beijar as mãos de vossa mercê. Há muito não recebo carta de meu Pe. Baltazar Álvarez, nem lhe escrevo; e não, por certo, com o fim de me mortificar, que neste ponto nunca faço progresso, e até, penso, posso dizer o mesmo em todos os outros; mas vivo tão atormentada com estas cartas, que, em sendo alguma só para minha consolação, sempre me falta tempo. Bendito seja Deus, que havemos de gozar d'Ele com segurança eternamente; mas cá na terra, com tantas ausências e variedades a toda hora, pouco apreço podemos fazer de todas as coisas. Com este esperar o fim, vou passando a vida; dizem que com trabalhos, mas a mim não me parece.

A Madre Priora aqui tem me falado do meu "guarda"[5], não está menos encantada com seus encantos do que eu. Nosso Senhor o faça muito santo. Suplico a vossa mercê lhe dê minhas reco-

---

1. Pe. Ripalda.
1. Fr. Ângelo de Salazar.
2. Madre María Bautista.
3. Uma das quatro primeiras que professaram em S. José de Ávila. V. *Livro da Vida*, 35.
4. A fundação de Beas.
5. Provavelmente algum filho de D. Ana.

mendações. Eu o entrego a Nosso Senhor muitas vezes, assim como também ao senhor D. Juan Antonio. Vossa mercê não me esqueça, por amor do Senhor, que sempre vivo necessitada. Da senhora D. Guiomar já nos podemos descuidar, segundo diz vossa mercê, e ela o confirma. Muito gostarei de ter alguma pequena notícia por onde possa atinar qual o sucesso de que se trata, a fim de me alegrar, partilhando o contentamento de vossa mercê. Nosso Senhor lhe dê a vossa mercê tão grande alegria de alma, neste Natal, como lho suplicarei.

Neste dia de S. Tomé[6] fez aqui o Pe. Frei Domingo um sermão, onde elevou tanto o valor dos trabalhos, que muitos quisera eu ter tido, e que ainda o Senhor mos dê no porvir. Extremamente me têm contentado seus sermões. Elegeram-no por Prior. Não se sabe se será confirmado. Anda tão ocupado que muito pouco me foi dado gozar dele, mas, se outro tanto pudera eu ver a vossa mercê, já me daria por contente. Assim o ordene o Senhor, e dê a vossa mercê tanto descanso e saúde como lhe for necessário para ganhar aquele que não tem fim. Amanhã é vigília de Natal.

Indigna serva e súdita de vossa mercê,

TERESA DE JESUS.

74. A UMA SENHORA

Dezembro de 1574. Diz quando poderá recebê-la e falar-lhe de assuntos espirituais.

Jhs

A graça do Espírito Santo esteja sempre com vossa mercê. Não foi preciso ver a vossa mercê para me considerar muito favorecida em querer vossa mercê proporcionar-me o prazer de beijar-lhe as mãos; porque desde que entendi como vossa mercê compreende bem tudo o que é bom, teria eu mesma procurado este contentamento, se me fosse possível. E assim, suplico a vossa mercê: tenha por certo que me fará grande honra quando vier cá; e tanto maior quanto a hora lhe permitir demorar bastante. Dispunha eu de tão pouco tempo no dia de S. Tomé, que gostei de aparecer um motivo para vossa mercê deixar sua vinda para outro dia.

A respeito do que diz vossa mercê, antes fora acrescentar contentamento que impedi-lo; porque não havia ensejo para tratar das coisas da alma, e todos os outros assuntos dariam em muita perda de tempo. Assim o deve vossa mercê fazer no serviço de Nosso Senhor, pois goza de tão boa doutrina. Bem parece que o mereceu vossa mercê. Praza a Nosso Senhor não se prejudique com esta serva tão ruim que quer tomar. Veja pois vossa mercê o que faz, porque, uma que me receba por tal, está obrigada a si mesma a não me despedir. Em todas as coisas é de grande proveito olhar bem os princípios, para que os fins sejam bons. Para mim não o pode deixar de ser; e assim, no dia em que vossa mercê mandar e à hora que lhe aprouver, será muito favor para mim a sua visita.

Seja sempre Nosso Senhor luz e guia de vossa mercê.

Indigna serva de vossa mercê,

TERESA DE JESUS.

75. A D. INÉS NIETO

Valladolid, 28 de dezembro de 1574. Dificuldades que tem a Santa para admitir sem dote uma jovem recomendada por D. Inés.

Jhs

A graça do Espírito Santo esteja com vossa mercê. Embora não lhe tenha podido escrever mais cedo, pode vossa mercê estar certa: não a esqueço diante de Nosso Senhor em minhas pobres orações, e muito me alegrei com o contentamento de vossa mercê. Praza a Nosso Senhor assim o

---

6. 21 de dezembro.

goze muitos anos em seu serviço. Espero em Sua Majestade que nada servirá de impedimento a vossa mercê, embora não lhe faltem estorvos. São deste número todos os chamados bens desta vida miserável; e assim, de muito aproveitará a vossa mercê o ter vivido empregada em Deus nos anos passados, para dar a cada coisa o justo valor estimando-a como merece o que tão breve há de acabar.

A senhora Isabel de Córdova, há já muito tempo, trata com a Priora desta casa, que a tem na conta de muito serva de Deus, e por esta razão procurei falar-lhe. Soube que é parenta próxima do senhor Albornoz, o que me fez desejar sua entrada aqui. Todavia, como está ainda por fazer esta casa, da qual é fundadora a senhora D. María de Mendoza, é preciso, para a recebermos, que contribua com alguma esmola. Contou-me ela que o senhor Albornoz lhe prometera ajudá-la para fazer-se monja, e eu lhe disse que, segundo me parece, de melhor vontade o fará Sua Mercê quando souber que é para o ser neste mosteiro. Realmente, ainda que eu quisesse recebê-la de outro modo não o poderia fazer, tanto por causa da senhora D. María como em atenção às monjas, pois, estando elas necessitadas, sendo tão limitado o número e havendo tantas pretendentes, não seria justo privá-las de receber quem as possa ajudar. D. Isabel tem uma propriedade, segundo me disse, mas é de tal natureza, que não sei se poderá ser vendida. Se houver alguma solução — ainda que seja trazer menos do que outras poderiam trazer, — farei o que estiver em minhas mãos, pois, pode estar certa, desejo servir, como é de meu dever, a vossa mercê e ao senhor Albornoz, a cujas orações me recomendo; e eu nas minhas, embora miserável, farei o que manda Sua Mercê.

Pague-lhe Nosso Senhor a imagem; reconheço que a mereci. Suplico a vossa mercê que a deixe aí bem guardada, até que eu lha peça, o que será quando eu estiver mais de assento em algum mosteiro, do que estou agora, a fim de a poder gozar. Faça-me vossa mercê a graça de não me olvidar em suas orações. Dê Nosso Senhor a vossa mercê todo o bem espiritual que Lhe suplico. Amém. É hoje dia dos Santos Inocentes.

Indigna serva de vossa mercê,

TERESA DE JESUS, carmelita.

76. A D. TEUTONIO DE BRAGANÇA, EM SALAMANCA

Valladolid, 2 de janeiro de 1575. Congratula-se com D. Teutonio por sua boa saúde e pelos seus trabalhos em benefício da Descalcez. Zamora e outras fundações de Descalças. Elogio da Irmã Estefanía. Fundação de Madri. Mais fundações. A casa de Salamanca.

Jhs

A graça do Espírito Santo esteja sempre com vossa senhoria e lhe dê tantos e tão bons princípios de ano, com muita santidade, como eu desejo e suplico. Estava ansiosa por ver letra de vossa senhoria e saber se já estava em Salamanca, pois não sabia para onde escrever a vossa senhoria; e agora não sei se dará o tempo para poder alongar-me, como desejo, por aproveitar um mensageiro muito certo, que vai levar esta carta. Louvo a Nosso Senhor por estar vossa senhoria passando bem. Quanto a mim, estou com saúde e geralmente a tenho tido, o que é de admirar nesta estação.

Sua Majestade pague a vossa senhoria o bom desempenho que deu a tudo que lhe supliquei; parece-me verdadeiramente que tomou a vossa senhoria a Virgem Nossa Senhora por valedor de sua Ordem. Consola-me pensar que Ela lho pagará melhor do que eu saberei pedir, embora sempre o faça.

O mosteiro de Zamora por enquanto está de lado; de uma parte por não haver tempo, pois agora mais convém fundar em terras de muito calor; de outra parte, porque a pessoa que nos dava a casa parece não estar muito disposta e foi para fora, conquanto não tenha desistido de todo. Aliás, tenho também considerado que, para mosteiro de pobreza, é ocasião de muitos dissabores ser fundador quem não pode ajudar suficientemente, sobretudo se exigir o padroado. Melhor será, ao que me parece, fundar de outro modo, comprando nós a casa; mas para isso precisaremos de mais tempo. O Senhor proverá quando for servido de que se faça a fundação.

Muita mercê me fez vossa senhoria de ter trabalhado tanto para obter a licença. Quando se oferecer mensageiro, poderá mandá-la, mas não há necessidade de despachar um próprio só para isso.

A respeito de Torrijos[1], não se incomode vossa senhoria, pois, asseguro-lho, o lugar não é nada de meu gosto. Só aceitaria por obediência a vossa senhoria; pois receber pessoas de cujos bens tenhamos tanta necessidade, que se não servirem para a Ordem não as possamos despedir logo, é condição que nestas casas não se pode admitir.

Tenho pesar de que não tenha logrado inteiramente vossa senhoria o fruto de seus intentos; contudo, espero no Senhor que não deixarão de ter proveito as palavras de vossa senhoria, ainda que não se veja logo o resultado. Praza ao Senhor se resolva bem o negócio de Roma. Muito Lho suplico, se há de reverter em seu serviço; e assim espero que será, se o Senhor o determinar, pois tanto Lho temos pedido.

Acerca do mosteiro da Condessa, não sei que dizer, porque, embora há muito tempo se fale nisso, confesso a vossa senhoria: antes quisera fundar, desde o começo, quatro dos nossos de monjas, porque em quinze dias fica assentado nosso modo de viver, e as que entram não fazem mais do que seguir o que veem nas que já estão. É mais fácil do que adaptar essas benditas, por santas que sejam, à nossa maneira de proceder. Falei a duas em Toledo; vejo que são boas, e, no seu gênero de vida, vão indo bem; além disso, asseguro, não sei como me atreveria a tomá-las a meu cargo, porque me parece vão mais por via de aspereza e penitências que por mortificação e oração, ao menos em geral; contudo, se aprouver ao Senhor, colherei mais informações, pois vossa senhoria assim o julga conveniente.

Muito grande coisa foi ter vossa senhoria tão a seu favor o Marquês; é de suma importância. Praza a Deus venha bom despacho, pois, nos negócios de cá, estando vossa senhoria interessado, espero no Senhor que tudo se fará bem. Poderei dispensar-me de escrever cartas que prejudiquem ao Pe. Olea[2], já que é a vossa senhoria que agora se deve escrever. Tive pesar, pelo que se lhe deve; mas, a meu parecer, foram as minhas cartas parar em outras mãos. Deve ter havido descuido por parte da Priora de Segóvia, por não julgar que fossem tão importantes. Gosto de saber para onde hei de escrever quando for necessário; e prouvera a Deus que em algumas destas minhas saídas se me oferecesse ocasião de falar a vossa senhoria. Por certo, são das coisas que mais me cansam na vida e das que maior trabalho são para mim; e vejo que, ainda por cima, o levam a mal! Muitas vezes tenho pensado quanto melhor seria para mim ficar no meu sossego, se não fosse ter preceito do Geral; por outro lado, quando vejo como é servido o Senhor nestas casas, tudo me parece pouco. Sua Majestade me encaminhe a fazer sua vontade.

Digo a vossa senhoria que neste convento há almas que me têm despertado a louvores de Deus quase de contínuo, ou pelo menos muito ordinariamente. Ainda que Estefanía é grande coisa e, a meu parecer, santa, asseguro-lhe que a Irmã Casilda de la Concepción é tal, tanto no exterior como no interior, que me causa espanto. Se Deus a guardar assim, há de ser grande santa, porque se vê claramente a ação divina em sua alma. Tem muito talento (para sua idade, parece incrível) e muita oração, tendo-a o Senhor favorecido desde a tomada de hábito. Grandes são o seu contentamento e a sua humildade; é coisa fora do comum. Ambas prometem encomendar muito particularmente vossa senhoria a Nosso Senhor.

Não quis deixar Casilda escrever a vossa senhoria: primeiro, porque andamos com cuidado para não transparecer que se faz caso dela, embora certamente não haja perigo; pois é muito

---

1. As fundações de Zamora e de Torrijos não se realizaram.
2. Padre de muito prestígio na Companhia.

singela: em certas coisas é um Frei Junípero. Segundo, porque não quero que vossa senhoria dê importância ao que nós outras, mulherezinhas, lhe dissermos, tendo vossa senhoria tão bom pai que o estimula e ensina e tão bom Deus que lhe tem amor.

No que se refere a Madri, não lho sei explicar: apesar de ver que convém a estas casas ter uma ali, sinto estranha repugnância; deve ser tentação. Ainda não vi carta do Prior Covarrubias[3]. Dificultoso seria fazer essa fundação sem licença do Ordinário, porque assim o mandam, tanto a patente que tenho como o Concílio; mas se não houver outro obstáculo, creio que conseguiremos. O Senhor o encaminhe.

Partirei daqui, após o dia de Reis. Vou a Ávila, passando por Medina, onde, penso, não me deterei mais de um a dois dias; nem tão pouco demorarei em Ávila, pois irei logo a Toledo. Quisera pôr de lado este negócio de Beas. Por onde quer que eu vá, escreverei a vossa senhoria sempre que ache mensageiro. Por caridade, encomende-me a Nosso Senhor.

Sua Majestade pague a vossa senhoria o cuidado que tem com essas Irmãs; é bem grande caridade, pois não lhes faltam trabalhos. Muito gostaria eu de me achar aí, mas, como não é caminho para a fundação, seria penoso para mim; e, a não ser que assim me ordenem, não o farei, nem hei de fazer mais do que os letrados declararem ser lícito. Creio que se derem mais ao proprietário, ele se contentará; e vale a pena, porque o lugar é muito bom, pode-se aumentar o terreno, e é bonita a igreja. Quanto ao que vossa senhoria propõe, acho-o fora de mão. Enfim, o local é o que mais importa, do resto não faço questão, mesmo que se tivesse de perder o que já está feito. Vossa senhoria olhe tudo isso, junto com o Padre Reitor, como coisa de Nossa Senhora; e conforme o que decidirem, faremos. Até que eu volte de Beas, de um ou de outro modo, gostaria que esperassem, para não surgir alguma novidade. Se me for possível, virei por todo o mês de abril.

Das imperfeições de vossa senhoria não me espanto, que muitas vejo eu em mim, conquanto aqui tenha eu tido muito mais ocasião de estar só do que de muito tempo para cá —, o que foi para mim grande consolação. A mesma dê Nosso Senhor à alma de vossa senhoria, como eu Lho suplico. Amém. Dos exageros de que me fala vossa senhoria, já tinha entendido alguma coisa, e também outros pontos, mas sou tão agradecida por natureza e é tão grande o zelo daquela pessoa, que me vejo obrigada a passar pelo que está bem longe de ser verdade. Contudo fico de sobreaviso. A Priora se encomenda muito às orações de vossa senhoria, e, agora que o conhece, sente pesar de não ter entendido bastante a mercê que lhe fazia Deus com a visita de vossa senhoria.

É hoje dia 2 de janeiro.

Serva indigna de vossa senhoria,

TERESA DE JESUS.

77. A D. ALVARO DE MENDOZA, EM ÁVILA

Beas, 11 de maio de 1575. Elogio do Pe. Gracián. Fundação de Sevilha.
Bons serviços de Julián de Ávila.

Jhs

A graça do Espírito Santo esteja sempre com vossa senhoria. Cada dia entendo mais a mercê que me faz Nosso Senhor por ter me convencido do bem que há no padecer, para levar com ânimo tranquilo o contentamento tão escasso que há nas coisas desta vida, pois são de tão pouca duração.

Saiba vossa senhoria que me dei muita pressa para ter um bom verão este ano, aí em Ávila ou Valladolid; mas veio aqui o Pe. Gracián[1], Provincial de Andaluzia, por comissão do Núncio,

---

3. D. Diego de Covarrubias e Leyva, bispo de Segóvia e Presidente do Conselho de Castela.
1. Em Livro das *Fundações*, 32 conta Sta. Teresa o seu primeiro encontro com Pe. Gracián, destinado a ser o báculo de sua trabalhosa velhice.

o qual o enviou para cá depois de o Contrabreve...² ...boas³, e é tal, que eu me folgaria muito se ele lhe fosse beijar as mãos, para ver vossa senhoria se me engano. Muito o deseja ele, porque lhe relatei a benevolência que sempre mostra vossa senhoria à Ordem. Ver nela um homem tão capaz, muito me tem consolado.

Finalmente, partiremos para Sevilha na segunda-feira da semana que vem. A distância é de cinquenta léguas. Bem creio que o Prelado não me obrigaria a ir, mas vi nele tanta vontade, que se eu não o fizesse, ficaria com muito escrúpulo de não cumprir a obediência, como sempre desejo. De minha parte tive pesar, e até não gostei muito de ir com este fogo passar o verão em Sevilha. Praza ao Senhor seja para seu serviço; o resto pouco importa. Suplico a vossa senhoria me lance a sua bênção e não se esqueça de me encomendar a Nosso Senhor.

Conforme ouvi dizer, acharei lá mensageiros — o que neste lugar faltam por ser muito retirado —, e escreverei a vossa senhoria. Praza a Nosso Senhor dar-lhe saúde, como sempre Lho suplico. O mesmo faz o Pe. Julián de Ávila; ajuda-me muito bem. Beijo as mãos de vossa senhoria muitas vezes. Sempre temos a vossa senhoria presente, e a ... e penso no descanso que eu encontraria aí. De tudo seja o Senhor servido, e guarde-me a vossa senhoria muito mais do que a mim.

É hoje véspera da Ascensão.

Indigna serva e súdita de vossa senhoria,

TERESA DE JESUS.

Tenho tido saúde aqui, e até muito mais que de costume, glória a Deus.

78. A MADRE INÉS DE JESÚS MEDINA

Beas, 12 de maio de 1575. Grata impressão recebida da visita do Pe. Gracián em Beas. Elogios deste Padre. Fundações de Sevilha e Caravaca.

Jhs

A graça do Espírito Santo esteja com vossa reverência, filha minha. Bendito seja Deus! Chegaram aqui suas cartas, que eu não pouco desejava. Sempre me parecem curtas, e nisto vejo que lhe quero mais que a outras parentas muito próximas. Fiquei muito consolada por saber que está com saúde; o Senhor lha dê, como suplico. Sinto muita pena por vê-la sempre com esse tormento, como se não fossem poucos os que o ofício da Priora traz consigo; e está sendo tão ordinária agora, que há necessidade de tomar muito remédio. O Senhor faça acertar com o que lhe convier.

Ó Madre minha, como desejei tê-la comigo nestes últimos dias! Saiba que, a meu parecer, foram os melhores de minha vida, sem encarecimento. Passou aqui mais de vinte dias o Pe. Mestre Gracián. Eu lhe asseguro que, embora tenha tratado tanto com ele, ainda não entendi todo o valor deste homem. A meus olhos é perfeito, melhor do que o saberíamos pedir a Deus para nós. O que agora há de fazer vossa reverência, e todas, é suplicar a Sua Majestade que no-lo dê por Prelado. Se assim for, posso descansar do governo destas casas, pois, tanta perfeição com tanta suavidade, nunca vi. Deus o tenha de sua Mão, e o guarde; por nenhuma coisa do mundo quisera eu deixar de o ter visto e tratado com ele.

Ficou à espera de Mariano; e nós muito contentes de que este tardasse tanto. Julián de Ávila está perdido por ele, e o mesmo acontece a todos. Prega admiravelmente. Creio que tem progredido muito desde o tempo em que vossa reverência o viu; os grandes trabalhos que passou lhe foram

---

2. Em 4 de agosto de 1573 Pe. Gracián foi nomeado Visitador dos Carmelitas Calçados de Andaluzia, por delegação do Pe. Baltazar de Jesus e do Pe. Vargas. Descontente, o Padre Geral do Carmo, em 3 de agosto de 1574, alcançou de Gregório XIII um Contrabreve, pelo qual, revogadas as patentes dos Visitadores, não poderiam eles visitar em Espanha as casas já antes visitadas pelo mesmo Padre Geral ou seus delegados. Filipe II, porém, e o Núncio Ormaneto, que tinha poderes especiais para a reformação das Ordens religiosas, vendo de mais perto as necessidades do Carmo andaluzo, alcançaram, a 22 de setembro do mesmo ano, que fosse revalidada a comissão do Pe. Gracián.

3. Original ilegível.

de grande proveito. Tantas voltas deu o Senhor, que parto na próxima segunda-feira, com o favor de Deus, para Sevilha. Ao Pe. Frei Diego escrevo, explicando mais particularmente as razões.

No fim de contas descobriu-se que está esta casa em Andaluzia, onde é Provincial o Pe. Mestre Gracián, de modo que, sem mesmo o entender, eis-me feita sua súdita, e como a tal teve autoridade para me mandar. Além disso já estávamos com intenção de ir a Caravaca, tendo dado o Conselho de Ordens a licença; mas veio esta em tais termos, que nada adiantou, e assim ficou determinado fazermos logo a fundação de Sevilha. Muito me consolaria de levar vossa reverência comigo; mas vejo que tirá-la daí agora seria a ruína dessa casa, sem falar em outros inconvenientes.

Penso que o Pe. Mestre[1] irá vê-la antes de voltar para cá, porque o mandou chamar o Núncio; estará em Madri quando vossa reverência receber esta minha carta. Estou com muito mais saúde que de costume, e assim sempre tenho estado aqui. Como passaria eu melhor o verão junto de vossa reverência que no fogaréu de Sevilha! Encomende-nos ao Senhor, e diga-o a todas as Irmãs, dando-lhes minhas recomendações.

Em Sevilha haverá mais mensageiros e poderemos ter correspondência com mais frequência; e assim nada mais acrescento do que lhe pedir que me recomende muito ao Padre Reitor e ao Licenciado; conte-lhes o que se passa e diga-lhes que me encomendem a Deus. A todas as Irmãs, minhas lembranças. O Senhor a faça muito santa.

É hoje dia da Ascensão.

San Jerónimo[2] se recomenda a vossa reverência. Vai para Sevilha com outras cinco de muito bons talentos; e a que será Priora é muito própria para o cargo.

De vossa reverência serva,

TERESA DE JESUS.

Não sei para que tanta pressa em fazer professar Juana Bautista. Deixe-a esperar um pouco mais, que é muito mocinha; se lhe parece outra coisa, e se está contente com ela, faça-o; mas não me pareceria mal o prolongar-lhe a provação, pois me pareceu enferma.

79. A UMA PESSOA DE ÁVILA

Sevilha, 4 de junho de 1575. Pede entregar a Julián de Ávila o dinheiro que ele gastara no seu regresso de Sevilha.

Jhs

A graça do Espírito Santo esteja sempre com vossa mercê. Grande coisa é ter tão bom depositário para o tempo da necessidade. Agora é grande a que tenho, e por isso suplico a vossa mercê, desse dinheiro que tem em sua mão, dê ao senhor Julián de Ávila o que vossa mercê puder; é para pagar as despesas da viagem, porque o tomou emprestado. Por este papel, firmado de meu nome, o dou por recebido; e encomende-me a Nosso Senhor, que eu, embora tão ruim, lho pago; o mesmo dia ao Pe. Mestre e à minha boa irmã, a senhora Catalina Daza[1].

Muitas saudades me causa estar tão longe de uma pessoa a quem quero tanto bem; assim se há de passar esta vida. Se eu já não estivesse determinada a jamais viver sem cruz, seria custoso. Dê Nosso Senhor a vossa mercê o descanso que lhe desejo, com muita santidade.

Em data de 4 de junho, ano de 1575.

Desta casa de S. José de Sevilha.

Indigna serva de vossa mercê,

TERESA DE JESUS, carmelita.

---

1. *Padre Mestre:* Jerónimo Gracián.
2. San Jerónimo: Isabel de San Jerónimo.
1. Fala do Padre Mestre Gaspar Daza e de sua irmã, D. Catalina.

80. AO REVMO. PE. FREI JUAN BAUTISTA RUBEO, GERAL DO CARMO EM ROMA

Sevilha, 18 de junho de 1575. Carinho filial da Santa para com o Pe. Geral. Dá-lhe conta de algumas fundações. Desculpa os Padres Gracián e Ambrosio Mariano contra os quais estava indisposto o Pe. Geral. Vida exemplar dos Descalços primitivos.

Jhs

A graça do Espírito Santo esteja sempre com vossa senhoria. A semana passada escrevi a vossa senhoria longamente, por duas vias, sobre o mesmo assunto, porque desejo que lhe chegue às mãos a carta. Ontem, 17 de junho, entregaram-me duas de vossa senhoria, as quais muito desejava: uma com data de outubro e a outra de janeiro. Ainda que não eram tão recentes como eu quisera, consolei-me muitíssimo com elas, sobretudo por saber que está vossa senhoria com saúde. Dê-lha Nosso Senhor, como todas nós, suas filhas, suplicamos, que é muito contínuo este cuidado nestas casas de vossa senhoria. Todos os dias fazemos particular oração no coro para este fim, e, além disto, todas se desvelam, pois, como sabem quanto amo a vossa senhoria e não conhecem a outro por Pai, consagram a vossa senhoria grande amor; e não é muito, pois não temos outro bem na terra. Como todas vivem muito contentes, não sabem como agradecer a vossa senhoria ter-lhes dado princípio.

Escrevi a vossa senhoria contando a fundação de Beas e como, em Caravaca, haviam pedido outra, mas deram licença com tal inconveniente que não a quis admitir. Já tornaram a dá-la nas mesmas condições da de Beas, que é estarem sujeitas a vossa senhoria; e assim faremos para todas, se o Senhor for servido. Escrevi também a vossa senhoria as causas pelas quais vim fundar o mosteiro de Sevilha. Praza a Nosso Senhor consiga eu explicar o caso destes Descalços a vossa senhoria, para que isto não lhe seja motivo de contrariedade. Deus me faça a mercê de ver tudo aplanado. Saiba vossa senhoria que tomei muitas informações antes de minha vinda a Beas, com o fim de me certificar de que não era Andaluzia, onde eu de nenhum modo pensei em vir, pois não desejava viver entre esta gente. Acontece, porém, que Beas, embora não seja terra andaluza, está situada na província de Andaluzia. Só vim a sabê-lo quando havia mais de um mês estava fundado o mosteiro. Como já me achava ali com outras monjas, pareceu-me não dever abandonar a fundação; e daí se originou também minha vinda para Sevilha. Meu principal desejo, entretanto, é, como escrevi acima a vossa senhoria, deslindar os negócios tão complicados destes Padres. Embora eles justifiquem sua causa — e posso assegurar que os tenho em conta de filhos verdadeiros de vossa senhoria, desejosos de não lhe causar desgosto —, não posso deixar de culpá-los. Parece que já vão entendendo como fora melhor outro caminho, a fim de não contrariarem a vossa senhoria. Muito temos discutido, especialmente Mariano e eu, pois é muito arrebatado. Quanto a Gracián, é como um anjo; se fosse só por ele, tudo se teria feito de outra sorte; e veio para cá por ordem de Frei Baltasar, que era então Prior da Pastrana. Posso dizer a vossa senhoria que, se o conhecesse, gostaria de o ter por filho, e verdadeiramente entendo que o é, como, aliás, o próprio Mariano.

Este Mariano é homem virtuoso e penitente, notado de todos pelo seu engenho, e creia vossa senhoria que, certamente, só agiu movido pelo zelo de Deus e o bem da Ordem; mas, como já disse, foi exagerado e indiscreto. Ambição não entendo que haja nele; é o demônio, como vossa senhoria diz, que arma esses enredos, e move-o a dizer muitas coisas sem refletir. Tem-me feito sofrer bastante algumas vezes, mas, como vejo que é virtuoso, vou passando por cima. Se vossa senhoria ouvisse como eles se justificam, não deixaria de aplacar-se. Disse-me hoje mesmo que, enquanto não se lançar aos pés de vossa senhoria, não terá descanso. Já escrevi a vossa senhoria como ambos me rogaram que escrevesse a vossa senhoria, apresentando-lhe suas desculpas, pois não ousam fazê-lo; e assim não direi aqui senão aquilo a que me parece estar obrigada, pois já escrevi a vossa senhoria sobre este assunto.

Em primeiro lugar, entenda vossa senhoria, por amor de Nosso Senhor, que todos os Descalços juntos nada são para mim, em comparação da mínima coisa que atinja as vestes de vossa senhoria. Isto é a pura verdade; dar a vossa senhoria algum desgosto é ferir-me na menina dos olhos. Eles não viram, nem hão de ver estas cartas; apenas disse a Mariano que, tenho certeza, desde que eles sejam obedientes, vossa senhoria usará de misericórdia. Gracián não está aqui; foi chamado pelo Núncio, como a vossa senhoria escrevi; e, creia vossa senhoria: se eu os achasse desobedientes, não os quisera mais ver nem ouvir; porém não posso ser mais filha de vossa senhoria do que eles se mostram.

Direi agora meu parecer e, se for bobagem, perdoe-me vossa senhoria. A respeito da excomunhão, o que Gracián escreveu da Corte a Mariano, é o seguinte: o Padre Provincial Frei Ángel declarou não poder tê-lo no convento por estar excomungado, de modo que teve de ir para a casa de seu pai. Soube-o o Núncio e, mandando chamar ao Pe. Frei Ángel, repreendeu-o muito, dizendo que se sentia afrontado, pois, estando aqui esses Padres por sua ordem, os chamam excomungados; e, portanto, quem tal disser será castigado. Logo voltou Gracián ao mosteiro, e aí está, e prega na Corte.

Pai e senhor meu, não estão agora os tempos para estas coisas. Este Gracián tem um irmão que está sempre com o Rei; é seu secretário, e muito querido dele; e o Rei, segundo tenho sabido, não está longe de intervir em favor da Reforma. Os próprios Calçados dizem que não sabem como vossa senhoria trata assim a homens tão virtuosos; gostariam de conviver com os contemplativos por verem sua virtude, e vossa senhoria com esta excomunhão os privou desse bem. A vossa senhoria dizem uma coisa e por aqui dizem outra. Vão ao Arcebispo e alegam que não ousem castigá-los por temor de que logo recorram a vossa senhoria. É uma gente esquisita. Eu, senhor, tenho-os diante dos olhos, tanto a uns como a outros — sabe Nosso Senhor que digo a verdade —, e creio que os mais obedientes são, e hão de ser os Descalços. De lá não vê vossa senhoria o que se passa aqui; eu o vejo e relato as coisas como são, porque bem conheço a santidade de vossa senhoria e quanto é amigo da virtude. E como, por nossos pecados, as coisas da Ordem chegaram por aqui a tal ponto, parecem-me agora muito bons os frades de Castela, depois que vejo os de cá. Ainda depois de minha chegada aqui, aconteceu uma coisa muito desagradável: no meio do dia achou a Justiça dois frades numa casa mal frequentada; e publicamente foram levados presos. Foi isto muito malfeito; quisera eu que se tivesse mais cuidado em não lhes tirar a honra; quanto a fraquezas humanas, não me espantam. Isto aconteceu depois que escrevi a vossa senhoria. Contudo, dizem que fizeram bem em prendê-los.

Alguns vieram visitar-me. Fiquei bem impressionada; especialmente o Prior é muito boa pessoa. Veio requerer que lhe mostrasse eu as patentes com que havia fundado. Queria levar cópia. Respondi-lhe que não intentasse pleito, pois bem via como tenho faculdade para fundar. De fato, a última patente, redigida em latim, que me enviou vossa senhoria, depois que vieram os Visitadores, dá ampla licença para que eu possa fundar em qualquer lugar. Assim o entendem os Letrados: já que não assinala vossa senhoria coisa alguma, nem reino, nem províncias, estende a licença a todas as partes. E até vem com preceito, e foi isto o que me tem feito esforçar-me além da minha possibilidade, velha e cansada como estou. Até mesmo o cansaço que sofri na Encarnação, tudo me parece nada. Nunca tenho saúde, nem mesmo vontade de a ter; minhas grandes ânsias são de sair já deste desterro; isto, sim, tenho, embora cada dia me faça Deus maiores mercês. Por tudo seja Ele bendito.

Sobre esses Frades que receberam, já falei a Mariano. Diz ele que esse Peñuela usou de astúcia para tomar o hábito: foi a Pastrana e declarou que o havia recebido das mãos de Vargas, que é o Visitador aqui; e, vindo a saber-se a verdade, ele mesmo o vestiu. Já há tempo estão querendo mandá-lo embora, e assim o farão; o outro já não está com eles. Os mosteiros foram feitos por mandado do Visitador Vargas, com a autoridade apostólica que tinha, pois as fundações de casas de Descalços aqui são tidas em conta de principal meio de reforma. E assim, quando o Núncio mandou como reformador a Frei Antonio de Jesús, deu-lhe licença para fazer as visitas e fundar mosteiros; mas ele procedeu melhor, nada fazendo sem pedir a vossa senhoria. E se aqui estivera Teresa de Jesus, porventura teriam olhado mais o que faziam; porque nunca se tratou de fazer casa sem licença de vossa senhoria, que eu não me pusesse muito brava. Neste ponto procedeu muito bem Frei Pedro Fernández, Visitador de Castela, e sou-lhe muito devedora porque era sempre solícito em não desgostar a vossa senhoria. O Visitador aqui tem dado tantas licenças e faculdades a estes Padres, rogando-lhe que usem delas, que se vossa senhoria as vir entenderá que não são tão culpados. Dizem até que jamais quiseram admitir a Frei Gaspar nem ter amizade com ele, por mais que lhes pedisse, e o mesmo fizeram com outros; e o convento que tinham tomado aos Calçados, logo o restituíram. Estas e muitas outras coisas dizem para se justificar, por onde vejo que não agiram com malícia; e, quando considero os grandes trabalhos que passaram e a penitência que fazem, realmente entendo que são servos de Deus e tenho pesar de transparecer que vossa senhoria não os favorece.

Os mosteiros foram feitos pelo Visitador, que os mandou para lá com grandes preceitos de não saírem; e o Núncio deu patentes de reformador a Gracián, encarregando-o de cuidar das casas dos Descalços. Por ordem de vossa senhoria, devem estes observar o que mandam os Visitadores; e o mesmo, como vossa senhoria sabe, manda o Papa no Breve, livrando-o de qualquer intervenção. Como agora se há de desfazer, não entendo. Além de tudo, segundo ouvi dizer, mandam as nossas Constituições, que se estão imprimindo, haver em cada província casas de frades reformados. Se toda a Ordem já o está, não sei, mas aqui não o julgam assim; enquanto a estes, são tidos em conta de santos, todos eles, e verdadeiramente vão bem, com grande recolhimento e vida de oração. Há entre eles pessoas principais, e mais de vinte fizeram cursos, ou não sei como se diz: uns de direito canônico, outros de teologia, e há muito bons talentos. E, entre esta casa, a de Granada e a Peñuela, parece-me ter ouvido que há mais de setenta. Não compreendo o que se haveria de fazer de todos estes, nem o que pensaria agora o mundo, pois os tem em tão boa opinião. Talvez viéssemos todos nós a pagá-lo caro; porque junto ao Rei têm crédito, e o Arcebispo aqui diz que só eles merecem o nome de Frades. Saírem agora da Reforma — se vossa senhoria os não quer —, creia-me: ainda que vossa senhoria tivesse toda a razão do mundo, a ninguém pareceria justo. Privá-los vossa senhoria de seu amparo, nem eles o querem, nem é razão que vossa senhoria o faça, nem Nosso Senhor ficará contente. Encomende-o vossa senhoria a Sua Majestade, e, como verdadeiro pai, olvide o passado. Veja vossa senhoria que é servo da Virgem, e que Ela não levará a bem que vossa senhoria desampare aos que, com seus suores, querem aumentar a sua Ordem. Estão já as coisas de sorte, que é mister muita consideração...[1]

81. A D. INÉS NIETO, EM MADRI

Sevilha, 19 de junho de 1575. Agradece uma imagem que D. Inés lhe ofereceu. Recorda-lhe o negócio da postulante de Valladolid de que lhe falou em outra carta.

Jhs

A graça do Espírito Santo esteja sempre com vossa mercê.

Não tenho esquecido o favor que me fez vossa mercê em dar-me a imagem de Nossa Senhora, que certamente é muito bonita, pois contentou ao Senhor Albornoz, e assim rogo a vossa mercê que a mande entregar a quem for buscá-la a mandado do Pe. Mestre Gracián, pois Sua Reverência se encarregará de remetê-la para mim com segurança.

Terei cuidado de pedir à mesma Senhora que faça a vossa mercê muito sua, assim como também ao senhor Albornoz. Como vim para tão longe, não soube se continuou a se tratar do negócio

---

1. Não se conservou o final desta culminável carta.

sobre o qual vossa mercê me escreveu quando eu estava em Valladolid. Tenho tido saúde, glória a Deus, e sinto-me bem nesta terra para onde me trouxe a obediência. Muito desejo que vossa mercê também esteja com saúde e vá progredindo no bom caminho que começou a trilhar no serviço de Nosso Senhor.

Praza a Sua Majestade fazê-la ir muito adiante e tirá-la da barafunda da corte, conquanto a quem deveras ama a Deus, nada sirva de estorvo.

É hoje 19 de junho. Desta casa do glorioso S. José de Sevilha.

Indigna serva de vossa mercê,

TERESA DE JESUS, carmelita.

82. A ANTONIO GAYTÁN, EM ALBA

Sevilha, 10 de julho de 1575. Boa disposição do Arcebispo para ajudar as Descalças. Fundação de Caravaca. Recomendações a várias pessoas de Alba.

Jhs

A graça do Espírito Santo esteja com vossa mercê, meu bom fundador. Até ontem não tinha chegado o almocreve. Praza a Deus tenha o Licenciado remetido com segurança a encomenda, como tanto me prometeu. Eu tornarei a dar-lhe aviso, pois ando bem cuidadosa. No invólucro mando uma moeda de dois dobrões para a Priora, dizendo-lhe que pague o que faltar. Já estamos ricas e, para falar a verdade, nunca nos faltou dinheiro, exceto quando eu mais o quisera, que foi quando vossa mercê partiu daqui.

O Arcebispo veio cá, e em tudo fez minha vontade. Tem-nos dado trigo e algumas esmolas, com muita benevolência. Oferecem-nos a casa de Belém[1], com sua igreja; não sei o que faremos. Está bem encaminhado; não se preocupem. Diga-o às nossas monjas e à minha irmã, à qual não tenciono escrever até que tenha alguma boa notícia de nossos irmãos a enviar-lhe. Vossa mercê não deixe de escrever-nos, pois sabe quanto consolo me dão suas cartas. Estou passando bem, assim como também a Priora e todas as Irmãs. Está um calorzinho bem forte, contudo mais suportável que o sol da venda de Albino[2]. Temos um toldo no pátio, o que é grande coisa. Já lhe escrevi contando como a licença de Caravaca está dada nos mesmos termos que a de Beas; por conseguinte, já que vossa mercê empenhou sua palavra, arranje meios.

Asseguro-lhe que se os fundadores não trouxerem de Segóvia as monjas, nada se fará. Até ver em que param os negócios da corte, não podemos agir. Muito hábil e dedicado tem sido nosso bom amigo D. Teutonio; e, ao que parece, o resultado será satisfatório. Peça a Deus por ele e por mim. À Madre Priora, a Tomasina e a S. Francisco dê minhas recomendações.

Escreva-me que tal achou sua casa, e se não estava caída; e como encontrou a nossa "bichinha"[3], e também a sua ama. A quem julgar conveniente, dê recomendações minhas; e fique-se com Deus; confesso-lhe que já estou desejosa de vê-lo, ainda que me custasse outros tantos trabalhos. Faça-o Sua Majestade tão santo como peço em minhas orações. Amém.

É hoje 10 de julho.

Indigna serva de vossa mercê,

TERESA DE JESUS.

---

1. Ermida de Nossa Senhora de Belém.
2. Refere-se a uma grande briga entre homens embriagados e furiosos que, sob o sol escaldante da Andaluzia, presenciara o mesmo Antonio Gaytán quando acompanhava Sta. Teresa e suas filhas à fundação de Sevilha, realizada nesse mesmo ano de 1575.
3. Antonio Gaytán era viúvo e deixara aos cuidados da ama a sua filhinha, mais tarde Carmelita. A esta dá a Santa no original o nome de sabandijita, sevandijazinha. Perguntar se achou a casa caída é alusão às excessivas preocupações que lhe manifestara seu bom amigo durante a viagem.

83. A FILIPE II

Sevilha, 19 de julho de 1575. Pede-lhe seu amparo para ser a Descalcez constituída em província independente dos Calçados. Recomenda o Pe. Gracián para Superior. Dá graças a Sua Majestade pela licença de fundar em Caravaca.

Jhs

A graça do Espírito Santo esteja sempre com Vossa Majestade. Estando eu a encomendar muito aflita a Nosso Senhor os negócios desta sagrada Ordem de Nossa Senhora, e considerando a grande necessidade que tem de não virem a decair estes princípios que Deus nela realizou, ocorreu-me que o melhor meio para nosso remédio é entender Vossa Majestade qual o modo de assentar definitivamente este edifício, remediando, com seu aumento, também os Calçados.

Há quarenta anos vivo entre eles, e, consideradas todas as coisas, vejo claramente que se não se fizer com brevidade província dos Descalços autônoma, será grande o mal, e tenho por impossível poderem ir adiante. Como tudo está nas mãos de Vossa Majestade — e vejo que a Virgem Nossa Senhora o quis tomar por amparo e remédio de sua Ordem —, atrevo-me a escrever para suplicar a Vossa Majestade, por amor de Nosso Senhor e de sua gloriosa Mãe, ordene Vossa Majestade que assim se faça; porque o demônio está tão interessado em estorvá-lo, que não deixará de opor muitos inconvenientes, quando na verdade nenhum existe, senão muito bem, sob todos os pontos de vista.

Seria de muito proveito para nós se, nestes primeiros tempos, se entregasse o governo a um Padre Descalço chamado Gracián, o qual conheci há pouco. Embora moço, muito me tem feito louvar a Nosso Senhor pelos dons que depositou naquela alma, e as grandes obras realizadas por seu meio, em benefício de muitos; e assim, creio o escolheu para grande bem desta Ordem. Encaminhe Nosso Senhor as coisas de sorte que Vossa Majestade queira prestar-nos este serviço, ordenando o que acabo de sugerir.

Pela mercê que Vossa Majestade me fez, concedendo licença para fundar mosteiro em Caravaca, beijo a Vossa Majestade muitas vezes as mãos. Por amor de Deus, suplico a Vossa Majestade me perdoe, pois bem vejo sou muito atrevida; mas, considerando como o Senhor ouve os pobres, e vendo que Vossa Majestade está em seu lugar, não penso ter sido importuna.

Conceda Deus a Vossa Majestade tanto descanso e tantos anos de vida como de contínuo Lhe suplico e é necessário à cristandade.

É hoje dia 19 de julho.

Indigna serva e súdita de Vossa Majestade,

TERESA DE JESUS, carmelita.

84. A D. JUANA DE AHUMADA, EM ALBA

Sevilha, 12 de agosto de 1575. Chegam os irmãos e sobrinhos da Santa a Sanlúcar de Barrameda. Morte de D. Jerónimo de Cepeda em Nome de Deus. Sobre a viagem de Juan de Ovalle a Sevilha. Lembranças a seus amigos de Alba.

Jhs

A graça do Espírito Santo esteja com vossa mercê, amiga minha, e a deixe gozar de seus irmãos, que, glória ao Senhor, estão já em Sanlúcar. Hoje escreveram para cá, ao Cônego Cueva y Castilla, para ele nos avisar — ao senhor Juan de Ovalle em Alba e a mim —, em Ávila, onde pensam que estou. Creio que se hão de alegrar muito quando me acharem aqui; mas os contentamentos desta vida são todos mesclados de trabalhos, para que não nos embebamos neles.

Saiba que em Nome de Deus[1] morreu o bom Jerónimo de Cepeda como um santo. Chegou também Pedro de Ahumada, que, segundo me disseram, perdeu sua esposa[2]. Não há de que ter pena, porque sei como ela vivia: há muito tempo se entregava à oração, e foi tal sua morte, que deixou admirados a todos. Assim contou quem me trouxe a notícia. Também morreu outro menino; trazia três, e mais a Teresita. Chegaram com saúde, glória a Deus; vou escrever-lhes hoje, e enviar-lhes algumas coisinhas.

Dizem-me que dentro de dois a três dias estarão aqui. Alegro-me em pensar no contentamento que terão de me acharem tão perto. Admiro os caminhos de Deus, trazendo agora aqui os que eu julgava tão distantes. Escrevi hoje a nosso Pe. Gracián em Madri, e pela mesma via, por ser muito certa, remeto esta carta; assim vossas mercês saberão logo a notícia. Não chorem pelo que está no Céu; deem antes graças ao Senhor, que trouxe os outros.

Não me parece conveniente que o senhor Juan de Ovalle se ponha a caminho até que eu fale a meu irmão, tanto por estar o tempo muito quente, como porque preciso saber se ele pretende deter-se aqui para tratar de seus negócios. Se a demora for muita, talvez queira que venha vossa mercê com seu esposo, para voltarem todos juntos. Escreverei de novo a meu irmão, o mais depressa possível, dizendo-lhe como lhes aconselhei a não virem até ficar mais temperado o calor. Dê vossa mercê os parabéns de minha parte ao senhor Juan de Ovalle e peça-lhe que tenha por sua esta carta.

Saiba também que deram poder ao Pe. Gracián sobre todos os Descalços e Descalças, tanto de Andaluzia como de Castela. Não nos podia suceder coisa melhor. Creia que é uma pessoa de raros predicados, como lhe terá contado o senhor Antonio Gaytán. A este diga de minha parte muitas coisas boas, e que tenha esta por sua, pois não posso escrever mais; e à Madre Priora[3] me encomende muito, assim como a todas. Visite de minha parte a senhora Marquesa[4], e diga a Sua Senhoria que estou bem; à senhora D. Mayor[5] dê os parabéns pela vinda do senhor Pedro de Ahumada, que, se bem me lembro, lhe era muito dedicado; e a todas dê muitas recomendações. À Madre Priora de Salamanca[6] mande estas notícias, e diga-lhe que o Senhor levou outra irmã sua.

Sua Majestade me guarde a vossa mercê, senhora minha. Prometo tornar a escrever-lhe extensamente. Há bem razões para estarem sossegados e alegres.

É hoje 12 de agosto.

Na carta que escrevi agora para ser enviada por vossa mercê, pus a data de dez, e parece-me que é doze, dia de S. Clara. Se passar por aí o Pe. Gracián, tudo quanto vossa mercê lhe fizer em regalos e carinhos, será fazê-los, e muito grandes, a mim.

Serva de vossa mercê,

TERESA DE JESUS.

85. A MADRE MARÍA BAUTISTA, PRIORA EM VALLADOLID

Sevilha, 28 de agosto de 1575. Chegam das Índias os irmãos da Santa. Virtude de D. Lorenzo de Cepeda. Assuntos do Convento de Medina e de algumas Descalças. "Desgosta-me que lhes pareça não haver quem olhe pelas coisas tão bem como vossa reverência." Apreço em que tem o Pe. Gracián. Sobre o *Caminho de Perfeição*. Conselhos espirituais em uns caderninhos.

Jesus esteja com vossa reverência, filha minha. Coisa estranha é que quase todas as cartas me cansam, a não ser as suas (isto não se entende dos confessores), e responder a elas ainda muito

---

1. *Nome de Deus:* Antigo nome da cidade do Panamá.
2. D. Ana Pérez.
3. *Priora:* Juana del Espíritu Santo, priora de Alba de Tormes.
4. *Marquesa* de Velada: D. Juana de Toledo.
5. *D. Mayor* de Ovalle: irmã de Juan de Ovalle, monja benedictina.
6. *Priora de Salamanca:* Ana de la Encarnación.

mais; e uma e outra coisa me servem de alívio quando se trata de vossa reverência, sobretudo agora, pois diz que está melhor. Seja Deus bendito por tudo.

Já terá sabido como vieram meus irmãos nesta frota. Lorenzo de Cepeda é a quem mais quero; e, posso dizer-lhe: ainda que não fosse meu irmão, por ser tão virtuoso e servo de Deus é muito digno de ser amado. Que bela alma a sua! Vai recuperando a saúde, pois chegou muito fraco. Foi providência de Deus achar-me eu aqui; de modo que não acaba de alegrar-se com isto. Por muitas coisas lhe tem sido...[1] Enfim, sofro isto melhor. A Teresa[2] terá uns oito... muito gentil e formosa.

Ele quer passar aqui este inverno, para não se separar de mim. Providenciei para que venham encontrar-se com ele minha irmã e seu marido, e ficarão em sua casa quando ele for à corte, pois forçosamente há de ir. Trouxe meios suficientes para passar, e está bem desenganado de tudo. Seu contentamento seria viver na solidão. Faz-lhe Deus muitas mercês. Peçam lá que lhe dê o Senhor um lugar para se estabelecer onde melhor O sirva... que me... Quero ir respondendo à sua carta, pois eu... tenho a responder muitas que me chegaram; especialmente preciso escrever a Medina.

É esta a casa que sempre me atormenta; agora andam pedindo a Asensio que tome a si a capela-mor, para que D. Elena possa construir a igreja; e é tanto o que a ele devemos, e, por outro lado, têm as monjas tão grande necessidade de sair daquele coro, que não sei o que dizer, nem por que há tanto quem se meta em negócios alheios.

Por mais presumida que vossa reverência esteja com a sua noviça[3], faço-lhe saber que, se tiver compromisso com a outra de quem tanto fala, não poderá deixar de tomá-la, porque muito mais importa o que já está feito; e não seja vossa reverência tão astuta. Basta que se ocupe de sua casa; poderia ter causado muito prejuízo protelar tanto essa entrada.

Creia que onde se tem em vista o proveito de muitas almas, pouca importância se dá a essas considerações —, pois, só com o fato de mandar a noviça para onde não a conheçam, ficará tudo acabado. Não pense que em todos os mosteiros se encontre tudo o que vossa reverência deseja: em alguns não haveria monjas se houvesse tanta exigência; e, para os começos e negócios, alguma concessão se há de fazer, como aconteceu em S. José de Ávila, e aliás em todas as partes; e mesmo aí terão de fazer assim sob pena de ficarem sem noviças... Se eu o tivesse entendido ao princípio, não a teria admitido, mas já não havia remédio; e vossa reverência não deveria sem me ter consultado perturbar as monjas, sabendo que a noviça já estava aceita por mim. Claro é que eu havia de saber se o número estava, ou não, completo. Não tenha medo de que falte casa para onde a levarmos.

Não é direito pensar que sabe tudo. E diz que é humilde! Vossa reverência só tem em vista a sua casinha; não olha o que é essencial para todas. É começo para introduzir desassossegos, até darmos com tudo no chão. Não era essa a pretendente que eu queria mandar para aí, e sim uma parenta do próprio Olea[4], mas desistiu. Será possível que, havendo de realizar-se um negócio, venha a falhar por ser vossa reverência tão intransigente, como nenhuma Priora se mostrou jamais comigo, nem tampouco as que não o são? Se assim fosse, asseguro-lhe, seria quebrar a amizade.

Fique sabendo: desgosta-me que aí lhes pareça não haver quem olhe pelas coisas como vossa reverência; e é, como digo, porque não se preocupa senão com essa casa, e não vê o que importa para muitas outras. E não lhe basta ser independente, e quer ensinar o mesmo às demais? Talvez venha a ser essa noviça a mais santa de todas. Não sei como conciliar tanto espírito com tanta vaidade. Se visse o que se passa neste Convento: como fazem os ofícios, ganham com os trabalhos de suas mãos e se têm em baixa conta, ficaria espantada. É bom ponderar as coisas, mas não as tomar tanto a peito; isso ninguém me convencerá de que nasça de humildade; e põe toda a culpa sobre mim, por não me ter informado dele mesmo, para saber ao certo quem era. Como ele me

---

1. Original ilegível.
2. *Teresa:* Teresita de Ahumada, filha de Lorenzo.
3. Provavelmente Casilda de Padilla, mais notável por seu espírito que pela nobreza de sangue.
4. *Olea:* Francisco de Olea, jesuíta.

tinha enviado outra extremamente boa, pensei que essa também o fosse. Tudo foi bem empregado, porque é certo, lhe devemos muito.

No que toca à amizade que com ele[5] tenho, ficaria espantada do que se passa. Não pude agir de outro modo, nem estou arrependida. Se nele achar faltas, será porque as tem vossa reverência e porque o conhece pouco. Posso afirmar-lhe que é santo e longe de ser imprudente, é muito circunspecto. Já disto tenho experiência, e podemos deixar em seu poder não só livros, senão qualquer outra coisa. Diz vossa reverência que depois que o tenho, não me recordo de meu Frei Domingo[6]. Será talvez por ser um tão diferente do outro, que me tem…, amizade que a nenhuma coisa se apega, a não ser à alma. É como tratar com um anjo, que assim o é e tem-no sido sempre[7]. E ainda que o outro também o seja, — não sei que tentação é esta! — acho uma diferença enorme. Dê-lhe minhas recomendações. Bendito seja Deus, que está melhor.

Oh! que vida lhe estará dando aí essa de quem me diz vossa reverência que é pior do que eu![8] Mas bem vejo que, afinal, tudo em mim se reduz a temores; principalmente temor de que venha vossa reverência a perder sua liberdade santa. Estivesse eu tranquila a este respeito, e, a não ser a ingratidão de sua parte, sei que absolutamente nada me preocuparia, assim como não me preocupa essa tal que agora aí está. Saiba que depois de minha estada em Valladolid, mais do que nunca vim convencida de que vossa reverência não é ingrata, e isto me causou proveito, assim como também ver que, a cada dia que passa, vossa reverência…[9] dor. Quanto à outra amizade de que falei[10], antes infunde liberdade. É coisa diferentíssima; e a sujeição não vem da vontade própria, senão da certeza de estar fazendo a de Deus, como já lhe disse.

Por que não me contou se aquela pessoa[11] que deu por aprovado o livro grande[12], achou bom o livro pequeno? Faça que ele assinale o que devo tirar, pois muito me alegrei de que não o tenham queimado, e ficaria muito contente… o grande ficasse para quando… sabendo o que sei… aproveitar a muitas almas, pois, a mim, que outra coisa pode interessar? A glória de meu Senhor quero, e que haja muitos que o louvem; e gostaria, certamente, que conhecessem minha miséria.

E uma das coisas que me faz aqui estar contente e deverá me fazer demorar mais é não haver vestígio dessa farsa de santidade que havia por lá. Isto me deixa viver e andar sem medo de que essa torre de vento um dia caia sobre mim…

Também disso teria pesar, se fosse por outra coisa pior. Diga-lhe[13] muito de minha parte. Asseguro-lhe que me custa bastante não lhe escrever. Não tenha medo de que alguém tire de mim essa amizade, que tem custado tanto.

No que se refere a Catalina de Jesús, já terá estado aí o Pe. Gracián, a quem escrevi que a examinasse bem; e vossa reverência também lhe terá falado. Estou consoladíssima de que seja ele o encarregado de… Vossa reverência.

No demais, digo que é dia de Santo Agostinho. Para que não tenha que buscar a data, torno a pô-la.

Está querendo entrar uma pretendente rica e boa. Se for recebida, logo trataremos de procurar casa. Saiba que muitas destas Irmãs bordam, e a que entrou tem mãos primorosas.

De vossa reverência,

TERESA DE JESUS, carmelita.

---

5. Parece tratar-se de Pe. Gracián.
6. *Frei Domingo* Báñez, dominicano.
7. Frei Jerónimo Gracián de la Madre de Dios.
8. Talvez queira dizer que a exercita mais na virtude que a Santa Madre.
9. Palavras indecifráveis no autógrafo.
10. Ao próprio Pe. Gracián.
11. Pe. Domingo Báñez, que pouco antes aprovara o *Livro da Vida* e, depois, também o *Caminho de Perfeição*.
12. *Livro grande: é* o de sua *Vida*, delatado à Inquisição e aprovado pelo P. Domingo Báñez. *Livro pequeno: Meditações sobre os Cantares*, também aprovado posteriormente pelo P. Báñez.
13. Refere-se ao Pe. Domingo Báñez.

Esses cadernos guardem muito. Em alguns há coisas boas para antes da profissão, e também sobre o modo de proceder quando sobrevêm tentações. Faça que o leia minha Casilda, e depois em... Enviem com segurança essa carta a D. Guiomar; não faço senão escrever-lhe, e as cartas se perdem e ela logo se queixa... com. À Subpriora... da Cruz quereria escrever... acudido tantas car... estou cansada. Diga..., que há de sabê-lo mie... uma maneira ou outra procurarei saia, ainda que não me posso persuadir...

86. AO PE. JERÓNIMO GRACIÁN

Sevilha, 27 de setembro de 1575. Boa disposição que aparentaram os Calçados de Andaluzia em relação à Visita do Pe. Gracián. Dá o hábito à sua sobrinha Teresita de Cepeda. Recomenda a S. João da Cruz para o cargo de Vigário da Encarnação. Sente a Santa a ausência do Pe. Gracián.

Jhs

A graça do Espírito Santo esteja com Vossa Paternidade, Padre meu. Como certamente estará já Vossa Paternidade em caminho para cá, e não o achará já esta carta em Madri, não me alargarei. Ontem esteve aqui o Padre Provincial dos Calçados, com um Padre Mestre, e logo veio o Prior e depois outro Mestre. O dia anterior tinha estado aqui Frei Gaspar Nieto. Achei a todos determinados a obedecer a Vossa Paternidade e a ajudá-lo em tudo que seja eliminar qualquer pecado, esperando que não exija demasiado sobre outros pontos. Pelo conhecimento que tenho de Vossa Paternidade, assegurei-lhes que tudo fará com doçura; e, conforme lhes disse, assim me parece.

Não me descontentou a resposta que deram acerca do *Motu*[1]. Espero em Nosso Senhor que tudo se há de fazer muito bem. Pe. Elias[2] está mais calmo e animado. Digo a Vossa Paternidade que, se começar sem ruído e com suavidade, creio que seu trabalho será muito frutuoso; mas não imagine que num só dia se há de conseguir tudo. Verdadeiramente pareceu-me que entre eles há gente sensata; prouvera a Deus houvera o mesmo por lá! Saiba que Macário[3] está tão terrível, segundo me dizem, que fiquei muito penalizada, por ser coisa que toca à sua alma. Escreveram-me que tencionava agora ir a Toledo. Passou-me pela ideia que seu intento será porventura voltar à sua guarida, por já estar visitada, e desse modo não se encontrar com meu Eliseu[4]. Se assim fosse, não o acharia mau, até que fique mais acomodado. Realmente faz-me temor ver almas boas tão enganadas.

Chamamos para resolver o caso da Teresita o Dr. Enríquez, que é dos melhores letrados da Companhia. Diz ele que, entre outras determinações do Concílio, que recebeu, há a decisão de uma junta que fizeram de Cardeais sobre este ponto, e foi esta: não se pode receber o hábito com menos de doze anos; mas criar-se no mosteiro, sim. O mesmo disse Frei Baltasar, dominicano. Já ela está aqui com seu hábito, que parece um duende dentro de casa; seu pai não cabe em si de contente, e todas gostam muito dela; tem uns modinhos de anjo, e sabe entreter bem as Irmãs nas recreações, contando histórias dos índios e do mar, melhor do que eu seria capaz. Alegro-me vendo que não lhes será pesada. Já estou desejando que Vossa Paternidade a conheça. Foi grande mercê de Deus para ela, e bem o pode agradecer a Vossa Paternidade. Penso que será do divino agrado não se criar esta alma no meio das coisas do mundo. Compreendo bem a graça que Vossa Paternidade me fez; foi grande, e tornou-se maior por ser de maneira a não me causar escrúpulo.

Tem-me parecido agora que possuo alguma caridade, porque, sendo-me tão penosa a ausência de Vossa Paternidade, gostaria que se detivesse mais um mês, a troco de se remediarem as

---

1. *Motu:* o breve de 3 de agosto de 1575 dado pelo Núncio Ormaneto, pelo qual nomeara o P. Gracián comissário das carmelitas na Andaluzia e dos Descalços de Castela.
2. Desta carta em diante, por prudência, a Santa começa a usar pseudônimos: Elias, Macário, Eliseu e outros. *Elias:* P. Juan Evangelista.
3. *Macário:* talvez Baltasar Nieto.
4. Pe. Gracián.

necessidades da Encarnação; e até mesmo que fosse encarregado do governo daquela casa. Penso que só oito dias seriam suficientes se deixasse ali a Frei João[5] por Vigário; sei o pé em que estão as coisas, e, se virem cabeça, depressa se renderão, embora a princípio gritem muito. Causam-me grande lástima; se o Núncio quer fazer uma grande obra, deveria agir deste modo. Acuda-lhes Deus com o remédio, pois só ele o pode fazer.

Nos confessores, Lorencia[6] não consegue achar o mesmo que costumava achar outrora; e como era esse o único alívio que tinha, já não tem mais consolo algum. Como sabe Nosso Senhor mortificar delicadamente! Até o confessor que Ele mesmo lhe deu[7] tem tantos afazeres, que ela receia gozar pouco dele.

Aqui está fazendo tanto calor como aí em junho, e ainda mais. Bem fez Vossa Paternidade de protelar sua vinda. Ao bom Padilla escrevi sobre o negócio da Encarnação. Suplico a Vossa Paternidade que o conte ao meu Pe. Olea e lhe dê um grande recado meu. A ele escrevi três cartas; indague Vossa Paternidade se as recebeu. Ó Jesus, e como se poderiam remediar tantas almas com pouco trabalho! Estou admirada de ter agora este desejo, sendo que antes uma das coisas que mais me contrariava era ver a Vossa Paternidade metido em casos tão difíceis. Agora acho tudo mais fácil. Deus o tome à sua conta e guarde a Vossa Paternidade.

É hoje dia 27 de setembro.

Indigna serva e súdita de Vossa Paternidade,

TERESA DE JESUS.

87. AO PE. JERÓNIMO GRACIÁN

Sevilha, outubro de 1575. Sobre alguns assuntos do governo das Descalças.

Para a organização da casa, melhor é, a meu ver, pôr qualquer uma, do que trazê-la de fora... Em se tratando da saúde da alma, convém passar por cima de tudo; mas para a do corpo, há grandes desvantagens em abrir precedentes; e são tantos, que respondi há pouco citando os muitos que no momento se me apresentaram à memória.

88. AO PE. JERÓNIMO GRACIÁN

Sevilha, outubro de 1575. Assuntos de Malagón e Toledo. Não convém mudar monjas de um convento para outro. S. João da Cruz acha em Gracián excelentes condições para Prelado. Pouca destreza de Gracián para andar a cavalo.

[1] ...se ela quisesse, faria Vossa Paternidade muito bem à casa se a deixasse ali; se não, mande-a para cá; poderia vir na companhia das monjas até Malagón. Por certo que nunca me fará Vossa Paternidade este prazer. Não há casa mais necessitada de pessoas de talento que a de Toledo. Aquela Priora breve acabará o triênio; mas não creio que haja outra melhor para ali; na verdade está muito mal de saúde, mas é cuidadosa e, embora amiga dos gatos[2], tem muitas virtudes. Se Vossa Paternidade achar bom, ela poderá renunciar, e fazer-se eleição; pois todos sabem que o clima quente quase a faz morrer. Mas não entendo quem possa substituí-la no priorado, pois na quase totalidade lhe querem tanto, que não se ajeitariam com outra, penso eu. Contudo nunca faltará alguma tentada, e é certo que há.

---

5. Propõe que João da Cruz, além de confessor, fosse vigário, ou seja, superior imediato no mosteiro da Encarnação, de Carmelitas Calçados.
6. A própria Sta. Teresa.
7. Frei Jerónimo Gracián.
1. Original ilegível.
2. Os Calçados. A Santa escreve muitas vezes por código.

Vossa Paternidade, Padre meu, preste atenção; creia que entendo melhor as variações das mulheres do que Vossa Paternidade. De nenhum modo convém, nem às Prioras nem às súditas, dar Vossa Paternidade a entender que é possível mudar a alguma de casa, a não ser por motivo da fundação. E a verdade é que, ainda mesmo neste caso, vejo resultar tanto prejuízo de haver esta esperança, que muitas vezes chego a desejar que tenham fim as fundações, para que todas acabem de ficar de assento em seus mosteiros. Creia de mim esta verdade (e se eu morrer, não se esqueça): de monjas tão encerradas não quer o demônio mais do que lhes meter na cabeça que alguma coisa é possível. Muito teria eu a dizer a este respeito; e, embora tenha licença de Nosso Pe. Geral, pedida por mim, para quando alguma se der mal numa terra, poder mandá-la para outra, tenho visto depois tantos inconvenientes, que, a não ser em algum caso para proveito da Ordem, não me parece tolerável. Melhor é que morram umas, do que ficarem todas prejudicadas.

Em nenhum mosteiro dos nossos está completo o número; em alguns há muitas vagas; em Segóvia, creio, três ou quatro, pois a meu parecer, tenho tido muito cuidado neste ponto. Em Malagón dei não sei quantas licenças à Priora para receber noviças, porque trouxemos de lá algumas e ficaram poucas, mas recomendei-lhe muito que o fizesse com grande circunspecção. Peço que lhe tire essas licenças, pois mais vale recorrerem a Vossa Paternidade, e creia-me, Padre meu — agora que não estou tentada —, como vejo o cuidado com que Vossa Paternidade olha por nós, grande consolo será para mim se me tirar essa responsabilidade. Agora, no ponto em que estão as casas, poderá haver mais rigor, mas quem precisou de uns e de outros para fundá-las do nada, forçosamente teve necessidade de contentar algumas vezes os benfeitores.

Sêneca[3] está contentíssimo; diz que achou em seu Prelado mais do que teria podido desejar. Dá muitas graças a Deus; quanto a mim, não quisera fazer outra coisa. Sua Majestade nos guarde Vossa Paternidade por muitos anos.

Quero dizer-lhe que me dão aborrecimento essas suas quedas; seria bom que o amarrassem ao animal, para não poder cair. Não sei que qualidade de burrico é esse, nem para que há de andar Vossa Paternidade dez léguas num dia, e numa albarda: é para acabar com a vida! Estou preocupada: quem sabe se lembrou de agasalhar-se mais? O tempo está frio. Praza ao Senhor não lhe tenha feito mal. Olhe, pois é tão amigo do proveito das almas, o prejuízo que a muitas resultaria de sua falta de saúde e, por amor de Deus, tome cuidado consigo.

Elias[4] já está mais sem medo. O Reitor[5] e Rodrigo Álvarez têm grande esperança de que tudo se há de fazer do melhor modo. Da minha parte, todo o medo que tinha antes desapareceu, e não posso mais tê-lo, ainda mesmo que o queira. Mal de saúde passei uns dias atrás; graças a um purgativo estou boa, o que não me acontecia há quatro meses ou mais; já não podia aguentar.

Indigna filha de Vossa Paternidade,

TERESA DE JESUS.

89. A UM SEU CONFESSOR, EM SALAMANCA[1]

Sevilha, 9 de outubro de 1575. Compra de uma casa para as Descalças de Salamanca.

Jhs

A graça do Espírito Santo esteja com vossa mercê, Padre e senhor meu. O Pe. Julián de Ávila, e também o senhor Padre Mestre[2] escreveram-me que está à venda a casa de João de Ávila da

---

3. S. João da Cruz. Algumas vezes Senequita, isto é: Sêneca pela sabedoria, com diminutivo pela sua pequena estatura.
4. *Elias:* Pe. Juan Evangelista, subprior do Carmelo de Sevilha.
5. *Reitor:* Pe. Francisco Arias, reitor da Companhia em Sevilha.
1. O Pe. Baltasar Álvarez, reitor da Companhia em Salamanca, é o destinatário mais provável desta carta.
2. Gaspar Daza.

Veiga. Quadra-nos muito bem, quer pelo preço — pois me diz o Pe. Julián de Ávila que será pouco mais de mil ducados — quer pelo local ótimo para nosso fim. Basta estar perto de vossa mercê.

Bem creio que, sendo tão velhas as ditas casas, será preciso fazer obras quanto antes, mas isto pouco importa, desde que tenham bastante terreno e poço. Suplico a vossa mercê que se trate logo disto, mas sem dar mostras de gostar muito, para não acontecer aumentarem o preço.

Meu irmão[3] vai a Madri, e ali poderá vossa mercê avisá-lo para que mande a vossa mercê a autorização. O Senhor o encaminhe; grande vantagem seria passar para casa própria. Porque tenho muitas cartas a escrever, não me posso alargar. Deus me guarde a vossa mercê muitos anos, concedendo-me a graça de ainda o ver.

Parece-me haver tanto mais a fazer aqui do que por lá, que penso hei de demorar bastante. Estou boa; meu irmão beija as mãos de vossa mercê muitas vezes.

É hoje dia 9 de outubro.

Indigna serva e verdadeira amiga de vossa mercê,

TERESA DE JESUS.

90. A UMA PARENTA, EM ÁVILA[1]

Sevilha, 24 de outubro de 1575. Chegada a Sevilha de D. Juana de Ahumada e seu marido. Estadia de Beatriz de Jesus em Malagón. Lembranças a seus parentes de Ávila.

Jhs

A graça do Espírito Santo esteja com vossa mercê. Chegaram hoje minha irmã, com seu marido e filhos, para verem a meu irmão Lorenzo; mas já tinha partido para a corte, embora deixando aqui seus filhos. Foi com intenção de voltar a fim de passar em Sevilha este inverno; logo depois irá diretamente a Ávila. Veio bem fraco e adoentado, porém já está melhor. Muito temos falado em vossa mercê. Agostinho ficou por lá.

A Irmã Beatriz de Jesus cobrou tal amor à Priora de Malagón, que me pediu muito não a tirar dali, embora não tenha tido saúde. Praza ao Senhor conceder-lha; muito contentes estão todas com ela e com seu bom gênio. Eu é que não estou muito com o senhor Luís de Cepeda; pois seria bom que alguma vez me fizesse saber de si. De Isabel de S. Pablo recebi carta hoje. Deus as faça suas servas, e a vossa mercê guarde por muitos anos. Tenho aqui mais saúde que por lá. A todas essas senhoras me encomendo muito.

É hoje dia 24 de outubro.

Indigna serva de vossa mercê,

TERESA DE JESUS.

91. A D. INÉS NIETO, EM MADRI

Sevilha, 31 de outubro de 1575. Recomenda seu sobrinho Gonzalo de Ovalle para o lugar de pajem do Duque de Alba.

Jhs

A graça do Espírito Santo esteja com vossa mercê. Tendo escrito há alguns dias a vossa mercê, escrevo de novo para rogar ao senhor Albornoz que em tudo o que puder favoreça a Gonzalo, meu sobrinho, como se o fizesse a mim. Espero que será ele protegido em atenção a esta serva de vossas mercês; e assim torno a suplicar que me ajude muito neste negócio.

---

3. Lorenzo de Cepeda.
1. Presume-se que a destinatária seja sua sobrinha María de Cepeda.

É que escrevo à minha senhora a Duquesa[1], suplicando a Sua Excelência que o admita como pajem; e, embora me pareça já muito crescido, sei que o senhor Albornoz poderá fazer não pouco em seu favor. Como andam esses rapazes uns com os outros, receio muito que lhe digam que é grande demais para pajem, e com isso ele vá por este mundo afora. E, se eu entendesse que seria ocasião de servir ao Senhor, não ficaria preocupada, mas as coisas pela Itália andam perigosas. Sua Majestade o guarde, como pode, e a vossa mercê dê um parto feliz.

Gostei de receber, por minha irmã, mais particulares notícias de vossa mercê e desse anjo[2] que tem. Deus no-lo guarde e dê a vossas mercês o que Lhe suplico. Quanto mais olho a imagem, mais me parece linda, e a coroa muito graciosa. Tenciono levá-la comigo, se voltar para Castela.

É hoje o último dia de outubro.

Indigna serva de vossa mercê,

TERESA DE JESUS, carmelita.

92. AO PE. JERÓNIMO GRACIÁN, EM SEVILHA

Sevilha, meados de novembro de 1575. Está escrupulosa a Santa e pede um confessor Descalço. Assuntos das Descalças de Castela. Sobre a obediência ao Visitador dos Calçados de Andaluzia.

Jhs

A graça do Espírito Santo esteja com vossa mercê, Padre meu. Oh! se visse quão atrapalhada e escrupulosa estou hoje! Asseguro-lhe que sou bem ruim, e o pior é que nunca me emendo. Disse hoje ao Bispo[1] o que fez Frei Ángel em Alba, mas não ligou importância, e perguntou-me: que mal nos havia de vir de governar ele estes mosteiros? Que poderia fazer contra nós? Contei-lhe também algumas coisas sobre o de Medina parecendo-me não cometer falta; pois já que eles não fazem segredo, convinha informá-lo de certos fatos, porque, a meu ver, não está a par do mais importante. Apesar disto, fiquei tão escrupulosa, que, se não vier amanhã alguém daí confessar-me, não comungarei. Olhe que acréscimo para os muitos cuidados que agora tenho com vossa reverência.

Falei também ao Bispo sobre o outro caso, e ele pensou que Padilla mo havia escrito. Eu deixei passar. É de opinião que: — venha quanto Prelado houver, e até mesmo o Arcebispo de Granada de quem são muitos amigos —, ninguém os fará obedecer, se não tiver jurisdição sobre eles[2]. Quando ao Bispo contam alguma coisa, é para ver se o dobram a seu parecer, pois nenhum caso fazem do que lhes diz; portanto não está obrigado ele a intervir para os fazer obedecer e se não quiser tratar disso, a ninguém faz agravo. E por que haveriam de fazer caso dele? A sua intervenção não resolveria o negócio; para isto outros meios seriam precisos.

Pareceu-me, por uma coisa que ele me disse, que se os ameaçarem com censuras, obedecerão. Não mo disse claramente, nem se deve isto levar em conta, pois talvez eu me tenha equivocado. Muito recomendamos a Deus este negócio; e, bem recomendado, melhor seria que obedecessem, para impedir o escândalo na cidade, pois devem ter muita gente a seu favor. Deus os esclareça!

Não seja fácil Vossa Paternidade em fulminar sentenças de excomunhão, ainda que não obedeçam; é bom dar-lhes tempo para pensarem. Assim me parece. Aí o saberão fazer melhor do que digo; mas quisera eu que não fosse como se os afogassem com um xeque-mate.

Disse-me ainda o Bispo que o Frade enviado à corte seguiu para Roma, sem falar ao Núncio. Já devem ter compreendido que não terão ganho de causa.

---

1. *Duquesa:* D. María Enríquez, duquesa de Alba.
2. *Anjo:* um neto de D. Inés.

1. D. Frei Diogo León, Carmelita Calçado.
2. Refere-se aos Carmelitas Calçados.

Diga-me vossa reverência como está; bem vejo que não lhe faltam dissabores, nem a mim tampouco, com esses Padres; e a ajuda que Vossa Paternidade tem em mim é ser tão ruim como está vendo. Deus me faça melhor e guarde Vossa Paternidade para meu bem.

Contudo, acerca do Frei Ángel — pois ao outro caso não deu muita importância —, falou livremente, aconselhando-me que informasse ao Núncio, já que se trata de um Superior maior. Quanto mais penso, melhor me parece Vossa Paternidade escreva ao Geral, com a maior reverência que puder; e creio que a ninguém parecerá mal. Já basta estarem fazendo as coisas contra a sua vontade, sem ao menos lhe dirigirem uma boa palavra, dando-lhe mostras de apreço à sua autoridade. Olhe, meu Padre, que a ele prometemos obediência: procedendo deste modo nada haverá a perder.

Filha indigna de Vossa Paternidade,

TERESA DE JESUS.

Esta carta que lhe remeto foi trazida por meu irmão. Diga-me vossa reverência como está o seu, que nunca se lembra de me dar notícias; e faça que amanhã venha alguém que me confesse. Há muitos anos não tenho tanto trabalho como depois que começaram estas reformas[3]; e aqui e ali sempre digo mais do que quisera, e nem tudo o que desejaria dizer.

93. A DIEGO ORTIZ, EM TOLEDO

Sevilha, 26 de dezembro de 1575. Assuntos particulares da família dos fundadores das Descalças de Toledo.

Jhs

A graça do Espírito Santo esteja com vossa mercê. Amém. Seja Deus Bendito, que a vossa mercê, e a todos de sua casa, tem dado saúde. O mesmo muitíssimo desejo ao senhor Alonso Álvarez, pois asseguro-lhe que o amo ternamente no Senhor e o recomendo a Deus, assim como a vossa mercê; e insisto com estas Irmãs para que também o façam.

A Sua Mercê beijo as mãos, pedindo que tenha por sua esta carta, e saiba que, onde quer que eu esteja, tem em mim uma verdadeira serva. À senhora D. Francisca Ramírez, rogo a vossa mercê dizer o mesmo. Como sei notícias de todos pela Madre Priora, não tenho achado necessário escrever; e, verdadeiramente, não o consigo, tantas e tão frequentes são as minhas ocupações. Aqui tenho passado bem de saúde, glória a Deus! No demais, melhor me dou com a gente da sua terra; com a daqui não me entendo muito.

A Nosso Padre Provincial[1] falei sobre o negócio que vossa mercê recomenda. Disse-me que seria necessária a sua presença; e, como vossa mercê agora há muitos dias está com um irmão muito mal de cama, não se pode fazer nada. Tratei do negócio por cá; acham duvidoso realizá-lo, portanto, se pode contar aí com a Justiça e se há prejuízo na demora, não se descuide vossa mercê, pois em matéria de interesse tenho pouca influência na corte; contudo faremos o que estiver em nossas mãos. Praza ao Senhor levá-lo a termo, Ele que conhece a nossa necessidade, pois já vejo quanto é importante para nós. É muito trabalho esse que lhes sobrevém agora, além dos muitos que já têm vossas mercês nesse negócio. Sua Majestade guarde a vossa mercê e o tenha de sua Mão, amém, assim como também ao senhor Alonso Álvarez.

É hoje dia 26.

Indigna serva de vossa mercê,

TERESA DE JESUS, carmelita.

---

3. Dos Calçados andaluzes.
1. *Provincial:* Pe. Jerónimo Gracián.

94. A MADRE MARÍA BAUTISTA, EM VALLADOLID

Sevilha, 30 de dezembro de 1575. Elogia os conselhos dados pela Priora de Valladolid. Comunica-lhe que, por ordem do Reverendíssimo, vai recolher-se a um mosteiro de Castela. Os irmãos da Santa em Sevilha. Fala de um protegido do Pe. Báñez para servir de pajem aos filhos de D. Lorenzo. Perigos da Reforma. Não se sente disposta a fazer coplas.

Jesus esteja em sua alma, filha minha, e lhe dê tantos e tão bons anos como Lhe suplico. Deixe-me dizer-lhe que me faz rir, quando escreve que de outra vez me dará seu parecer sobre algumas coisas: já sei que tem conselhos a dar. No último dia das festas do Natal entregaram-me sua carta que veio por Medina, e, antes desta, outra com a de meu Padre[1]; não tive por quem responder. Gostei muito desta última, por trazer notícias da senhora D. María; tinha sabido pelo Bispo que ela estava com febre e fiquei muito cuidadosa. Todas a temos encomendado muito a Deus. Diga-lhe isto, com um grande recado de minha parte. Seja Ele bendito, por lhe haver restituído saúde, e também à sua filha. Recomende-me a todas as Irmãs.

A tal carta foi escrita mais por afeição e devotamento que por dever. Prouvera a Deus não sentissem tanto, e fossem meros cumprimentos algumas coisas que lhe digo. É coisa estranha: a amizade que tenho a Nosso Padre[2] não influiu sobre meu modo de julgar; é como se ele não fosse parte interessada. Ele agora não está bem a par do que lhe escrevo. Tem gozado de boa saúde. Oh! quantos trabalhos passamos com estas suas reformas! delas me tem cabido muito mais pesares que contentamentos, desde que ele veio para cá; muito melhor me sentia antes.

Se me fosse permitido, já estaria eu com vossa reverência, porque me notificaram o mandamento do Reverendíssimo Geral, no qual me ordena não mais fundar e escolher uma casa onde resida sempre[3], pois, de acordo com o Concílio[4], não posso sair. Bem se vê que é descontentamento de minha vinda para cá[5]. Imaginam fazer-me muito mal; e é tanto bem para mim, que até penso que não hei de vê-lo realizado. Quisera escolher esse mosteiro por algumas razões que não são para carta, a não ser esta: que é ter aí a meu Padre[6] e a vossa reverência. Não me deixou o Padre Visitador[7] sair daqui; e por enquanto a sua autoridade é maior que a de nosso Reverendíssimo Geral; não sei em que irá parar.

Para mim muito bom fora não estar agora cercada destas barafundas de reformas; mas não quer o Senhor livrar-me destes trabalhos que tanto me desgostam. Diz Nosso Padre que no verão me deixará partir. Pelo que toca a esta casa, no que se refere à fundação, nenhuma falta farei. Para minha saúde é claro ser mais favorável esta terra, e em parte até para meu descanso por não haver aqui nem rasto do vão apreço que aí fazem de mim; mas há outras causas que me fazem crer que melhor será ficar por lá, e uma delas é por estar mais perto dos nossos mosteiros. O Senhor tudo encaminhe. Minha intenção é não dar parecer: aonde quer que me mandarem, ficarei contente.

Meu irmão chegou, e muito enfermo, mas já lhe passou a febre. Nada conseguiu, porém com o que possuía aqui já está seguro, tem bastante com que passar. Voltará no verão; agora o tempo não é próprio. Está contentíssimo com minha irmã e Juan de Ovalle e eles ainda mais! Não sabem o que hão de inventar para o regalar e satisfazer. Veio aqui só um instante, e assim não lhe falei so-

---

1. Frei Domingo Báñez.
2. Ao Pe. Gracián.
3. Mal informado e sem poder julgar acertadamente por causa da distância, o Geral Rubeo, que antes chamava Santa Teresa "la mia figlia", ordenou-lhe que elegesse um dos mosteiros da Reforma onde fixasse residência, quase prisioneira, sem mais sair a fundar, ou a visitar as casas já fundadas. A Santa escolheu Toledo.
4. De Trento.
5. Para a Andaluzia, aonde fora por equívoco. Aliás, como diz acima, os letrados haviam decidido ser lícito, pois a patente para fundar era ampla, sem limitação alguma de província.
6. O Padre Báñez.
7. Como Visitador Apostólico, Pe. Gracián tinha autoridade superior ao do próprio Geral da Ordem.

bre o desejo de vossa reverência; mas penso que bastará dizer-lhe uma palavra para que ele aceite o tal pajem[8], embora eu ache desnecessário para esses meninos.

Se o aceitar, diz minha irmã que pode a mãe dele ficar segura como se o conservasse em sua companhia; e, no caso de se dar bem e ser virtuoso, estudará com eles em S. Gil ficando assim melhor que em qualquer outra parte. E Juan de Ovalle, como lhe contei que era do agrado de vossa reverência, prometeu tomar o negócio muito a peito; o que me fez rir, porque basta meu irmão imaginar que eu quero uma coisa, para logo ter gosto em fazê-la. Aproveitei-me disto para estreitar tanto a amizade entre eles, que, espero em Deus, D. Juana e seu marido hão de ganhar muito; e ele nada perde, porque descansará sobre os dois.

Juan de Ovalle tem sido extremamente bom para com meu irmão; meus sobrinhos não se cansam de louvá-lo. Digo assim porque de todos só terá que aprender virtudes esse menino, se acaso vier para cá, ou antes, para Ávila —, se lá estiverem no mês de abril. Se eu pudesse remediar tudo, muito me alegraria, por livrar a meu Padre desse cuidado, pois, dado o seu temperamento, admiro-me de que tenha tomado isso tão a peito, e deve ser obra de Deus, já que não há outra solução. Muito me pesará se ele for para Toledo. Não sei como gosta mais de estar ali que em Madri; receio que tudo venha a dar em nada. Deus ordene o que for mais para seu serviço, que é o essencial. Pelo que toca a vossa reverência, terei pesar, e até em parte perco a vontade de residir nesse seu mosteiro. Bem creio, como disse, que me darão ordem para estar onde houver mais necessidade.

A respeito da irmã do pajem, não vale a pena falar, até que vá aí o Nosso Padre. E, asseguro-lhe, tenho receio de que nós, querendo poupar-lhes trabalho, lhes demos outros maiores; pois, tendo sido ela criada toda a sua vida em lugar tão diferente, não sei como há de se acostumar aqui, e, segundo ouvi dizer, parece que não se dá bem com suas irmãs. Penso que se guia um tanto por sua cabeça. Permita Deus não seja santidade de melancolia! Em suma, Nosso Padre se informará de tudo, e até então não há que falar no assunto.

Já lhe terão dado uma carta minha em que lhe contava como enviei daqui uma Irmã para ser Priora em Caravaca. Ela admitiu com muita alegria a sua pretendente, e esta, segundo me escreve a Priora de Malagón onde se hospedaram, está contente. Parece-me que deve ser uma boa alma; escreveu-me desejosa de saber suas notícias; encarece muito o que lhe deve, e com muito amor fala em vossa reverência. Penso que a casa estará fundada até antes do Natal; não tenho sabido de mais nada.

Creio que será bom não dar resposta a meu Padre acerca do menino, até que eu fale a meu irmão. Escreva-me dizendo que idade tem, e se sabe ler e escrever, porque é conveniente que vá à escola com os meus sobrinhos. À minha María de la Cruz, e a todas recomende-me muito, assim como à Doroteia. E por que não me diz que tal é o capelão? Conservem-no, que é bom homem. Conte-me se deu certo o quarto planejado e se nele, tanto no inverno como no verão, ficam bem. Para lhe falar verdade, apesar do que me diz da Subpriora, não creio que vossa reverência lhe esteja mais submissa. Ó Jesus, como não nos conhecemos! Sua Majestade nos dê luz, e a guarde à minha afeição.

Sobre os negócios da Encarnação, pode escrever a Isabel de la Cruz, que eu aqui muito mais posso fazer por elas do que estando lá; e assim o faço, e espero em Deus, que, se der vida um ou dois anos ao Papa, ao Rei e ao Núncio e a Nosso Padre, estará tudo muito remediado. Qualquer deles que falte, ficamos perdidos, por se achar tão indisposto contra nós Nosso Padre Reverendíssimo; mas Deus o remediaria por outra parte. Agora pretendo escrever-lhe e ser-lhe mais dedicada do que antes, pois é muito o que lhe quero e lhe devo. Tenho grande pesar de ver como procede, em consequência de más informações.

Todas se recomendam muito a vossa reverência. Não estamos agora para coplas. Pensa que se pode tratar disso agora? Encomendem muito Nosso Padre a Deus, que hoje disse uma pessoa

---

8. Pe. Báñez queria que um rapazinho seu protegido fosse pajem dos filhos de D. Lorenzo.

grave ao Arcebispo que há perigo de o matarem; estão que é uma lástima! Se visse as grandes ofensas de Deus cometidas neste lugar por monjas e frades! Sua Majestade dê remédio a tudo e me livre, a mim, de o ofender, pois aí não sei...[9] visitar Nosso Padre, que é lástima ... or seria na Encarnação; mas de Deus de algum modo se há de servir disso, pouco seria dar minha vida: antes quisera ter muitas. É amanhã véspera de ano-novo.

De vossa reverência,

TERESA DE JESUS.

A ideia que meu irmão teve de ser frade não foi adiante, nem irá.

95. AO PE. JERÓNIMO GRACIÁN

Sevilha, dezembro de 1575. Dificuldade de encontrar postulantes com o dote e as demais condições para Descalças.

Não pense Vossa Paternidade, como de outras vezes tenho lhe escrito, que seja fácil achar dinheiro e juntamente todas as outras qualidades requeridas. Não me tivesse eu acomodado às circunstâncias, asseguro-lhe que não teria Vossa Paternidade agora monjas para este mosteiro nem para enviar a outro, tão poucas são as pretendentes.

96. A FREI LUÍS DE GRANADA, EM LISBOA

Sevilha, dezembro de 1575. Elogio dos escritos do Padre. Desejo de conhecê-lo. Encomenda-se às suas orações.

Jhs

A graça do Espírito Santo esteja sempre com Vossa Paternidade. Amém. Sou uma das muitas pessoas que no Senhor amam a Vossa Paternidade por ter escrito tão santa e proveitosa doutrina, e dão graças a Sua Majestade que nos concedeu Vossa Paternidade para tão grande e universal bem das almas. E julgo poder afirmar: por receio de nenhum trabalho me privaria de ir ver aquele cujas palavras dão tanto consolo, a quem as ouve, se assim fosse possível ao meu estado e à minha condição de mulher. Além disto, tenho tido motivos de buscar pessoas semelhantes a Vossa Paternidade, para me assegurarem acerca dos temores em que minha alma tem vivido de alguns anos para cá. E, já que não mereci a graça de falar a Vossa Paternidade, consola-me escrever-lhe esta carta a mandado do senhor D. Teutonio, pois por mim não teria tal atrevimento. Fiada, porém, na obediência, espero em Nosso Senhor que será para meu proveito, e servirá para Vossa Paternidade recordar-se de encomendar-me alguma vez ao mesmo Senhor. Disto tenho grande necessidade, por andar com pouca provisão de virtude, posta diante dos olhos do mundo, e sem merecimento algum para tornar verdadeiras algumas coisas que imaginam de mim.

Se Vossa Paternidade entendesse quão grande é este trabalho para quem tem vivido tão mal como eu, seria o bastante para fazer-me esta mercê e esmola, pois tão bem conhece o que vai pelo mundo. Apesar de tão ruim, tenho-me atrevido a pedir a Nosso Senhor que muito longa seja a vida de Vossa Paternidade. Praza a Sua Majestade conceder-me esta mercê, e que vá sempre Vossa Paternidade crescendo na santidade e no divino amor. Amém.

Indigna serva e súdita de Vossa Paternidade,

TERESA DE JESUS, carmelita.

O senhor D. Teutonio, creio, é um dos que estão enganados a meu respeito. Tem-me dito que quer muito a Vossa Paternidade. Em paga disto, está Vossa Paternidade obrigado a visitar a Sua Senhoria: não pense que sejam inúteis tais visitas.

---

9. Original ilegível.

97. A MADRE MARÍA BAUTISTA, EM VALLADOLID

Sevilha, princípios de 1576. Obediência da Santa. Achaques do Pe. Domingo Báñez e conselhos para os remediar. Boas qualidades de uma postulante de véu branco.

Jesus esteja com vossa reverência, filha minha. Quisera eu estar mais folgada para escrever-lhe; mas é tanto o que tenho lido e escrito, que me espanta de como pude aguentar, e por isso estou determinada a ser breve. Praza a Deus que o consiga.

A respeito de minha ida para aí: onde estavam com a cabeça quando imaginaram que havia eu de escolher algum lugar, em vez de ir para onde quer que me mandassem? É certo que se falou em assinalarem para mim esse mosteiro. Nosso Padre assim queria por certas causas que presentemente já não existem, mas nunca foi sua intenção, segundo creio, que eu aí ficasse para sempre; eu sim, pensei nisso. E eis que me manda dizer agora o Núncio que não deixe de fundar como antes. Parece que Nosso Padre lhe disse as coisas de tal maneira que Sua Senhoria deu mostras de concordar, e depois de assim informado, está nas disposições que lhe digo. Quanto a mim, acho-me bem determinada a não fundar a não ser por sua ordem expressa. Basta o que está feito… que agora é tempo de começar Nosso Padre, sem demora, a Visita dos Frades, que ainda não começou.

Meus irmãos estão movendo mundos e fundos para eu ir com eles; especialmente Lorenzo, que diz esperará aqui a decisão de Nosso Padre; o qual parece estar um tanto abrandado. Por mim, não faço senão calar e rogar ao Senhor lhe ponha no coração aquilo que for melhor para seu serviço e me dê ocasião de fazer o que for de seu agrado, pois só isto me dará contentamento. O mesmo façam aí, por caridade. Diga isto a essas minhas filhas, e também que Deus lhes pague o seu regozijo. Contudo, creiam-me: nunca ponham seu contentamento em coisas que passam, pois ficarão logradas. À minha Casilda dê o mesmo recado, pois não lhe posso escrever.

Por Medina, numa carta que a Priora deve ter-lhe enviado, dizia a vossa reverência como recebi suas cartas e o porte; agora não me mande mais dinheiro até que eu lho diga…[1] Agostina… aqui até que eu escreva, e o direi… digo falar-lhes. A quantia é muito pouca, e se dela tirarem o dote que lhe deram e as despesas para a alimentação, nada sobrará. E assim tornou a me escrever a mãe dela, certificando-me não ser esse o motivo, e sim o desejo da menina. Levo também em conta esse desejo, e talvez convenha assim. Se for de Deus, Ele nos dará luz.

Não sei como deixei para só no fim dizer-lhe a pena que me causou a doença de meu Padre[2]; receio que ele tenha feito alguma penitência das suas no Advento, como deitar-se no chão, pois não costuma ter essa enfermidade. Faça que ele agasalhe os pés. Verdade é que não é forte essa dor, mas quando se torna habitual é coisa muito incômoda, e dura muito tempo. Veja se ele tem agasalho suficiente. Bendito seja Deus por já estar melhor! Não há coisa que me faça tanta pena como ver alguém com uma dor violenta, ainda meus inimigos… eu sentira se a houvesse quanto mais numa pessoa a quem tanto quero. Dê-lhe minhas recomendações e um grande recado.

O pajenzinho é pequeno demais, se tem apenas onze anos; melhor fora que tivesse doze. Gostaria que aprendesse a escrever antes de vir, a fim de ir com estes meus sobrinhos ao Colégio de S. Gil e iniciar, também ele, seus estudos. Diz meu irmão que, sendo recomendado do Pe. Frei Domingo, ainda mesmo sem necessidade o tomará, porque lhe contei quanto devo a este Padre. A bondade de es… respondesse que não há lugar para essa pretendente.

A pretendente leiga bem quisera eu que fosse recebida aí, mas não vejo meio: porque o bom Asensio nos rogou que tomássemos uma sua criada, e sou obrigada a tirar uma de Medina para que haja vaga. Tão santa é como Estefanía (e ainda antes de receber o hábito!); se quiser, pergunte a

---
1. Original ilegível.
2. Pe. Báñez.

Alberta se não é assim. Se aceitar aí essa santa, eu cobraria nova vida. Sem dúvida, se soubesse a senhora D. María quem ela é, havia de pedi-la para seu mosteiro. Poderia vossa reverência tomá-la em lugar de D. Mariana, e eu arranjaria lugar para essa recomendada de Nosso Padre.

Estranho que não me tenha dito sua opinião, e deve ser por não ter percebido que eu a estava aguardando... que não era para isso. Ponha muito empenho em ver que tal é; e se for boa, ainda que não haja vaga havemos de tomá-la. Aqui temos lugar para uma, e bem quisera eu que nos viesse daí, mas é tão longe que não vejo possibilidade. Saiba que Nosso Padre[3] tem grande número de irmãs e muito pobres, e, pois a Virgem o tomou a seus pais, que o tinham por seu amparo, justo é que as amparemos nós.

98. AO PE. JUAN BAUTISTA RUBEO, GERAL DOS CARMELITAS EM ROMA

Sevilha, fevereiro de 1576. Dá-lhe conta da fundação de Descalças em Beas, Caravaca e Sevilha. Suplica ao Geral tenha os Descalços na conta de filhos bons e obedientes. Pede-lhe benevolência para com o Pe. Gracián. Acata a decisão do Capítulo que lhe ordena retirar-se a um convento de Castela. Procedimento do Pe. Ángel de Salazar. Inquietação das monjas da Encarnação.

Jhs

A graça do Espírito Santo esteja sempre com vossa senhoria. Amém. Depois que cheguei aqui a Sevilha, escrevi a vossa senhoria três ou quatro vezes; e não escrevi mais, porque, de volta do Capítulo, me disseram estes Padres que andava vossa senhoria a visitar os Mantuanos[1] e não estava em Roma. Bendito seja Deus, que se acabou este negócio. Nas mesmas cartas dava a vossa senhoria conta dos mosteiros que se fundaram este ano, que são três: em Beas, em Caravaca e aqui. Tem neles vossa senhoria súditas que são grandes servas de Deus. Os dois primeiros se fundaram com rendas; o desta cidade é de pobreza. Ainda não temos casa própria, mas espero no Senhor se há de fazer. Porque tenho certeza de que algumas destas cartas terão chegado às mãos de vossa senhoria, não lhe dou aqui mais particular conta de tudo.

Nelas dizia que diferença há entre falar a estes Padres Descalços, e ouvir o que por lá se conta deles. Refiro-me ao Pe. Mestre Gracián e a Mariano, porque, não há dúvida, são filhos verdadeiros de vossa senhoria, e, no substancial, ousarei afirmar: nenhum dos que muito presumem de o ser, lhes faz vantagem. Como eles me puseram por medianeira para alcançar de vossa senhoria que lhes restitua as suas boas graças, pois já não ousavam escrever-lhe, suplicava eu a vossa senhoria nessas cartas, com todo o encarecimento possível, o mesmo que agora lhe suplico. Por amor de Nosso Senhor, faça-me vossa senhoria esta mercê, e dê-me algum crédito, pois não tenho motivo para falar senão toda a verdade. Teria, aliás, por ofensa de Deus não agir assim, e, ainda que não fora ir contra Ele, consideraria grande traição e maldade proceder de outro modo com o Pai a quem eu tanto quero.

Quando estivermos, um dia, ambos diante de Deus, verá vossa senhoria o que deve à sua verdadeira filha Teresa de Jesus. Só isto me consola nestes transes porque, bem sei, deve haver quem diga o contrário. Faço tudo por vossa senhoria quando está em minhas mãos, como entendem — e quanto eu viver entenderão sempre — todos os que julgam desapaixonadamente, pois só a estes me refiro.

Já escrevi a vossa senhoria acerca da comissão que Pe. Gracián recebeu do Núncio, e como este agora tinha mandado lhe chamar. Já terá sabido vossa senhoria que de novo lha tornaram a dar, para visitar a Descalços e Descalças e a província de Andaluzia. Sei com muita certeza que

---

3. Pe. Gracián.
1. Ramo reformado da Ordem do Carmo.

este último encargo recusou ele o mais que pôde, embora não o digam assim. Esta é a verdade, e seu irmão, o Secretário[2], também o não queria, porque o resultado é só grande trabalho.

Mas, pois estava feito, se me tivessem dado crédito estes Padres[3] tudo se teria executado sem publicidade e muito como entre irmãos. Fiz tudo o que foi possível de minha parte para este fim, porque, além de ser conforme à razão, eles desde que aqui estamos nos têm socorrido em tudo; e, como a vossa senhoria já escrevi, acho entre eles pessoas de bom talento e letras. Bem quisera eu os houvesse semelhantes em nossa província de Castela.

Sou sempre amiga de fazer da necessidade virtude, como dizem; e assim quisera que, em vez de resistir, vissem primeiro se poderiam sair com a vitória. Por outra parte, não me espanto de que estejam cansados de tantas visitas e novidades como por nossos pecados têm havido nestes últimos anos. Praza ao Senhor nos saibamos aproveitar de tudo, pois é bem certo que muito nos sacode Sua Majestade. Agora, porém, como são do mesmo hábito, não parece ser tão em desdouro da Ordem; e espero em Deus se vossa senhoria favorecer este Padre de maneira a entender ele que recuperou as boas graças de vossa senhoria, de tudo há de resultar muito bem. Escreve ele a vossa senhoria, e tem grande desejo, repito, de não lhe dar qualquer desgosto, porque se preza de ser filho obediente de vossa senhoria.

O que torno agora a suplicar a vossa senhoria, por amor de Nosso Senhor e de sua gloriosa Mãe (a quem vossa senhoria tanto ama, assim como também a ama este Padre, que por lhe ser muito devoto entrou nesta sua Ordem), é que vossa senhoria lhe responda, com brandura, deixando em esquecimento as coisas passadas, embora tenha havido alguma culpa, e recebendo-o generosamente por filho e súdito, pois na verdade o é; e o mesmo digo do pobre Mariano, conquanto algumas vezes não avalie bem as coisas. E não me espanto de que tenha escrito a vossa senhoria de modo tão diferente do que ele na realidade quer. Não terá sabido exprimir-se, pois declara que jamais teve a intenção de contrariar a vossa senhoria, nem por palavras nem por obras. Como o demônio ganha tanto com esses mal-entendidos e os faz servir a seus fins, deve ter ajudado para que, involuntariamente, esses Padres tenham faltado de tino nesses negócios.

Mas olhe vossa senhoria, dos filhos é próprio o errar, e dos pais o perdoar e não se deter nas faltas. Por amor de Nosso Senhor, suplico a vossa senhoria: faça-me esta mercê. Veja que assim convém por muitos motivos, que talvez aí vossa senhoria não os entenda, como eu aqui; e, ainda que nós mulheres não prestemos para dar conselho, alguma vez acertamos. Não entendo que prejuízo possa vir de vossa senhoria proceder assim, e, como digo, proveitos pode haver muitos. Que mal pode resultar de acolher vossa senhoria estes filhos que de muito boa vontade se lançariam a seus pés, se estivessem em sua presença, pois Deus não deixa de perdoar? Convém que todos entendam como é do agrado de vossa senhoria ser a Reforma promovida por um súdito e filho seu, e como, a troco disto, se sente feliz de perdoar.

Se houvera muitos a quem encomendar tal obra! mas já que, tanto quanto se pode julgar, nenhum há com os talentos deste Padre — e tenho por certo, se vossa senhoria o visse diria o mesmo —, por que não há de mostrar vossa senhoria que se alegra em ter tal súdito, de modo a entenderem todos que esta reforma, se se levar a bom termo, procede de vossa senhoria e de seus conselhos e avisos? E, se virem que vossa senhoria é favorável, todos se aplacarão. Muitas outras coisas quisera eu dizer sobre este caso; parece-me, porém, mais eficaz suplicar a Nosso Senhor dê a entender a vossa senhoria o que será mais conveniente, porque, de tempos para cá, não faz vossa senhoria caso de minhas palavras. Bem segura estou que, se nelas há algum erro, não erra minha vontade.

O Pe. Frei Antonio de Jesus está aqui; não pôde deixar de vir, embora também tenha procurado escusar-se, como esses outros Padres. Escreveu a vossa senhoria; quiçá terá mais sorte do que

---

2. D. Antonio Gracián, secretário de Filipe II.
3. Calçados.

eu, encontrando crédito em vossa senhoria acerca de tudo que sugeri como sendo conveniente. Faça-o Nosso Senhor como pode e vê que é necessário.

Tive conhecimento da ata vinda do Capítulo Geral, determinando que fique eu numa casa sem mais dela sair. Mandou-a para cá o Padre Provincial, Frei Ángel, ao Pe. Ulloa, encarregando-o de ma notificar. Pensou que me causaria muita pena, pois a intenção desses Padres foi de magoar-me, e por isso a tinha guardado. Deve haver pouco mais de um mês, procurei que me chegasse às mãos, porque o soube por outra parte.

Asseguro a vossa senhoria: certamente, tanto quanto posso entender de mim, poderia ser de grande regalo e contento se vossa senhoria mo tivesse escrito pessoalmente, e eu visse que, por compaixão dos muitos trabalhos (grandes ao menos para mim, pois não sou capaz de muito padecer) que nestas fundações tenho passado, e em prêmio deles, me mandava vossa senhoria descansar. E, ainda mesmo entendendo de onde procede a ordem, tem-me dado muito consolo poder estar em meu sossego.

Como tenho tão grande amor a vossa senhoria, não deixei de sentir, na qualidade de filha outrora tão amada, esta ordem, porque veio como dirigida a pessoa muito desobediente, em tais termos que o Pe. Frei Ángel pode publicá-lo na corte antes de chegar a meu conhecimento. Pensava ele que era fazer-me muita violência, e assim me escreveu que eu podia apelar para a Câmara do Papa. Como se não fosse um grande descanso! Por certo, ainda no caso de não ser gozo para mim o fazer o que vossa senhoria manda, senão grandíssimo trabalho, não me passaria pelo pensamento deixar de obedecer, nem permita Deus jamais que eu procure contentamento contra a vontade de vossa senhoria. Posso dizer com verdade, e isto sabe N. Senhor, que, se algum alívio tinha nos trabalhos e desassossegos e aflições e murmurações que passei, era por entender que fazia a vontade de vossa senhoria, e lhe dava gosto. O mesmo terei agora em fazer o que vossa senhoria me manda.

Quis obedecer imediatamente, mas vinha próximo o Natal, e, como é tão longo o caminho, não me deixaram, entendendo não ser da vontade de vossa senhoria que eu aventurasse a saúde. Por esta razão ainda estou aqui, não com intento de ficar sempre nesta casa, mas só até passar o inverno; porque não me entendo com a gente de Andaluzia. E o que suplico muito a vossa senhoria é que não me deixe de escrever aonde quer que eu esteja, porque não havendo já ocasião de tratar de negócios (e isto certamente me dará grande contentamento), receio que vossa senhoria se esqueça de mim. De minha parte não darei a vossa senhoria possibilidade de esquecer-me, e ainda que se canse, não deixarei de lhe escrever para minha consolação.

Por aqui nunca se entendeu, nem se entende, que o Concílio[4] — nem tampouco o *Motu proprio* — tire aos Prelados o direito de mandar as monjas de uma a outra casa, para o proveito e os interesses da Ordem, que muitas vezes se podem oferecer. Não digo isto em relação a mim, que já não presto para nada, nem por ter de ficar numa só casa, pois é tão bom ter algum sossego e descanso; e mesmo num cárcere, sabendo que vossa senhoria se satisfaz com isso, estarei de boa vontade toda a vida. Digo-o para que não tenha vossa senhoria escrúpulo do passado. Embora estivesse eu munida de patentes, jamais saí para fundar em parte alguma — pois para os demais, claro está que não podia —, sem ordem por escrito, ou licença do Prelado. Com a do Pe. Frei Ángel, fui para Beas e Caravacas, e com a do Pe. Gracián vim para Sevilha, porque naquele tempo tinha este a mesma comissão que recebeu agora do Núncio, embora não usasse dela. Entretanto disse o Pe. Frei Ángel que vim para cá como apóstata e estava excomungada. Deus lho perdoe! Vossa senhoria é testemunha de como sempre procurei que estivesse vossa senhoria bem com ele, e lhe fizesse a vontade (quando não importava em desagradar a Deus); e contudo nunca se decide a ficar bem comigo.

---

4. Concílio de Trento.

Prouvera a Deus tomasse ele a mesma atitude com Valdemoro![5] Este, como é Prior de Ávila, tirou da Encarnação os Descalços, com não pouco escândalo do povo; e, estando antes a casa que era para louvar a Deus, de tal modo tratou aquelas monjas, que é lástima vê-las em tão grande desassossego. Elas me têm escrito que para o desculparem a ele lançam sobre si a culpa! Já voltaram para lá os Descalços, e, segundo me escreveram, mandou o Núncio que não as confesse nenhum outro Padre do Carmo.

Muito me tem penalizado a aflição daquelas monjas; por alimento só recebem pão, e de outro lado tantas inquietações sofrem, que me causam grande lástima. Deus dê remédio a tudo; e a Vossa Paternidade nos guarde muitos anos. Disseram-me hoje que vem cá o Geral dos Dominicanos. Ah! se me fizesse Deus mercê de acontecer vir também vossa senhoria! Contudo, por outra parte, sentiria eu o trabalho de tão longa viagem, e assim terá de ficar meu descanso para aquela eternidade que não tem fim, onde verá vossa senhoria o que me deve.

Praza ao Senhor, por sua misericórdia, que assim o mereça eu. A esses meus Reverendos Padres, assessores de vossa senhoria, muito me recomendo, pedindo as orações de Suas Paternidades. Estas súditas e filhas de Vossa Paternidade suplicam que lhes dê sua bênção, e eu o mesmo peço para mim.

99. A D. RODRIGO DE MOYA[1], EM CARAVACA

Sevilha, 19 de fevereiro de 1576. Gratidão da Santa a D. Rodrigo. Pequenas dificuldades da fundação de Caravaca.

Jhs

A graça do Espírito Santo esteja com vossa mercê. Grande consolo me deu a carta de vossa mercê, bem diferente do que se dizia por aqui. Seja Deus em tudo bendito, pois eu muito me espantava da Madre Priora[2], e ficaria descontente se ela fizesse alguma coisa contra a vontade de vossa mercê. Pouco mais ou menos entendo o que devia mover essa pessoa que lhe falou, pensando dizer a verdade. Quanto a mim, custei a crer tal coisa, e por isso mandei perguntar a vossa mercê o que viu; porque a Madre Priora sempre me diz quanto lhe deve e quanto se consola com vossa mercê, pois a favorece em tudo.

Com o preço da casa não estou descontente, nem vossa mercê o esteja; porque, a troco de fundar em bom local, jamais faço questão de dar a terça parte mais do valor, e até me tem acontecido dar a metade a mais; porque é tão importante para um mosteiro estar bem situado, que seria erro fazer caso de minudências. Só em consideração da água e das vistas que essa tem, tomaria eu casa em qualquer parte, pagando muito mais e de muito boa vontade. Glória a Deus, que assim nos deu tão bom acerto.

Em relação ao Provisor[3], não tenha vossa mercê a menor inquietação, pois, como vossa mercê diz muito bem, não é a primeira autoridade. O mosteiro está fundado com licença do Conselho das Ordens e a mandado do Rei. Se não o mandara Sua Majestade — que nisto me testemunha muita benevolência pela estima que tem desses mosteiros —, seria difícil, pois doze anos andou a fundadora do Convento de Beas[4] procurando obter licença para fazê-lo de outra Ordem (que ainda não tinha chegado à sua notícia a existência desta nossa) sem nada conseguir. E não se desfaz tão facilmente um mosteiro, depois de fundado; neste ponto não há que temer. Creio que agora

---

5. *Valdemoro:* Alonso Valdemoro, prior dos Carmelitas Calçados de Ávila, que em dezembro de 1575 tinha mandado prender São João da Cruz e um companheiro.

1. Pai de uma das três primeiras noviças, fundadoras de Caravaca. Dele diz a Santa no Livro das *Fundações,* 27: "Uma tinha pai, chamado Rodrigo de Moya, grandíssimo servo de Deus e de muita prudência."

2. Ana de San Alberto.

3. *Provisor:* a sé de Cartagena estava vacante desde o falecimento de D. Gonzalo Arias Gallego.

4. Catalina de Jesús (Godínez).

levarão todos os despachos, exceto um, como explico na carta ao senhor Miguel Caja[5]; mas breve o enviarei. Se assim não fizer, é que o Bispo, como me assegura numa sua carta que hoje recebi, irá aí pessoalmente e está com tão boas disposições, que admitirá logo o mosteiro, porque é muito fidalgo e tem parentes e outras pessoas que nos farão toda sorte de favores. Portanto sobre este ponto não há dúvida.

O erro foi não mo dizerem logo; e eu, como tinha escrito tantas vezes que não o fundaria sem licença do Ordinário, estava certa de que já a tinham, pois de outro modo não me teria descuidado. Será necessário obtê-la; porque eu aqui havia dito que, segundo me informou a Madre Priora, contam com setecentos ducados de renda. Assim o haviam escrito ao Bispo e verifiquei ser verdade; e, se ainda faltar alguma coisa, com alguma noviça que se receba, mesmo com dote pequeno, ficará completa a soma. Tudo se fará bem; não se aflija vossa mercê, pois quer N. Senhor que padeçamos um pouquinho. Até andava receosa com esta fundação, por se ter realizado tão em paz. Com efeito, em todas as casas em que Nosso Senhor há de ser muito bem servido, sempre há alguma tribulação, porque desagrada ao demônio. Muito me folguei por estar melhor nossa Irmã e senhora[6]. Praza a Deus que assim se conserve por muitos anos, e guarde a vossa mercê e à senhora D. Constanza. Beijo muitas vezes as mãos de Suas Mercês.

É hoje domingo da Septuagésima.

Indigna serva de vossa mercê,

TERESA DE JESUS.

100. A MADRE MARÍA BAUTISTA, EM VALLADOLID

Sevilha, 29 de abril de 1576. Transladação à nova casa em Sevilha. Bons serviços de D. Lorenzo de Cepeda. Trabalhos do Pe. Gracián e das Descalças. Elogio de María de S. José, Priora de Sevilha. Sobre o título de Dom em relação aos sobrinhos da Santa. Assuntos do convento de Valladolid.

Jhs

A graça do Espírito Santo esteja com vossa reverência, filha minha. Amanhã parte o correio, e eu não tencionava escrever-lhe por não ter coisa boa a contar. Esta noite, pouco antes de fecharmos a porta, mandaram-me dizer que o inquilino da casa consente em passarmos para lá amanhã, dia de S. Filipe e S. Tiago; por onde entendo que já vai o Senhor querendo mitigar nossos trabalhos.

Envie esta carta, logo que puder, à Madre Priora de Medina, que deve estar aflita com uma que lhe escrevi; e contudo, longe de encarecer nela os nossos trabalhos, ainda lhe disse pouco. Saiba que, sem falar na fundação de S. José[1], tudo tem sido nada em comparação dos que tenho passado aqui. Quando os souberem, hão de ver que tenho razão. Só por misericórdia de Deus sairemos bem deles; e já se pode dizer que assim será. É coisa espantosa as injustiças que abundam nesta terra, a falta de verdade, e os fingimentos. Posso dizer-lhe que é com razão a fama que tem. Bendito seja o Senhor que tira bem de tudo; e eu, no meio de tantos males juntos, tenho sentido um contentamento estranho. Se aqui não estivera meu irmão, absolutamente nenhuma coisa se poderia fazer.

Ele tem padecido não pouco, e é generoso em gastar e arrostar tudo. Faz-nos louvar a Deus. Com muita razão lhe querem bem estas Irmãs, pois nenhuma ajuda tiveram fora dele, antes acharam quem lhes desse mais trabalho. Agora, por nossa causa, teve de ocultar-se, e foi grande felicidade não o terem metido no cárcere, que é aqui semelhante a um inferno; e tudo contra a justiça, por nos pedirem o que não devemos, e ser ele o nosso fiador. Isto acabará indo dar na corte; é coisa sem pés nem cabeça, e ele gostou de o sofrer por Deus.

---

5. Regedor de Caravaca, irmão de uma das religiosas.
6. Francisca de Cuéllar, filha de D. Rodrigo.
1. *Fundação de S. José:* o Carmelo de Ávila.

Está no Carmo com Nosso Padre; caem sobre ele tantos trabalhos, que parece chuva de pedras. Enfim, vejo obrigada a disfarçar os nossos, porque são os que mais o atormentam, e com razão.

Para lhes dar a entender alguma coisa, saibam que as falsidades que levantou aquela noviça[2] quando saiu, segundo lhes escrevi, nada foram em comparação das acusações que nos fez depois. Imaginem! Vinha fora de hora, sem motivo algum, repetindo seus ditos a um e outro. Pela própria pessoa que foi chamada, soubemos claramente com que intenção assim procedia. De minha parte, confesso-lhe que me fez Deus mercê de estar em tudo como num deleite. A lembrança do grande prejuízo, que a todas estas casas podia resultar, não bastava para diminuir em mim o excessivo contentamento. Grande coisa é ter segurança de consciência e sentir-se livre.

A outra ingressou em outro mosteiro. Ontem me certificaram de que está fora de seu juízo, e não por outra causa, senão por ter saído daqui. Veja como são grandes os juízos de Deus, e como acode em defesa da verdade! Agora se entenderá que tudo não passava de desatinos. E tais eram os que espalhavam por aí, que chegavam a acusar-nos de atar pés e mãos às monjas e açoitá-las; e prouvera a Deus fora só isto! Sobre este negócio tão grave, acrescentaram outras mil coisas; vi claramente que o Senhor queria apertar-nos tanto para fazer acabar tudo bem; e assim foi. Por isso fiquem sem nenhuma pena. Espero no Senhor que até poderemos partir brevemente, depois da mudança para a nova casa; porque não apareceram mais os Franciscanos, e, mesmo que venham, uma vez tomada a posse, o mais não importa.

Grandes almas são as deste mosteiro. Esta Priora tem tal ânimo, que me espanta; muito mais do que eu. Parece-me que contribui para isto o me terem aqui, porque sobre mim se descarregam os golpes. Ela tem muito bom entendimento. Posso dizer-lhe que foi feita para a Andaluzia, a meu parecer. E como foi conveniente tê-las trazido tão escolhidas! Agora estou passando bem; antes nem por isso. Este xarope me dá vida. Nosso Padre anda achacado, mas sem febre. Não sabe que lhe estou escrevendo. Recomende-o a Deus, e peça que nos faça sair bem de todos estes negócios. Creio, sim, que o fará. Oh! que ano este que passei aqui!

Venhamos a seus conselhos. Quanto ao primeiro, acerca do título de *Dom*, assim chamam nas Índias a todos os que têm vassalos. Contudo, apenas chegaram os meninos, pedi eu ao pai que não usassem tal tratamento, dando-lhe minhas razões. Concordou, e ficaram quietos e sossegados; mas Juan de Ovalle e minha irmã[3], quando chegaram, não me atenderam —, quiçá para salvaguardar o *Dom* do filho deles. Como meu irmão não estava aqui e demorou muito tempo, e eu não os seguia de perto, encheram-lhe tanto os ouvidos quando chegou, que nada mais consegui. A verdade é que já em Ávila não se usa outra coisa; é uma vergonha. E, asseguro-lhe, fico vexada, por se tratar deles; pois de mim, penso poder dizer com verdade, nunca me lembrei, nem se preocupe comigo, porque nada é em comparação de outras coisas que dizem a meu respeito. Tornarei a falar ao pai, por amor de vossa reverência; mas creio que não haverá remédio por causa dos tios e por já estarem tão acostumados ao título. Fico muito contrariada cada vez que o ouço.

Quanto a escrever Teresa a Padilla, não creio que o tenha feito; só escreveu à Priora de Medina e a vossa reverência, para contentá-las, e a mais ninguém. A ele, se não me engano, escreveu uma vez duas ou três palavras. Vossa reverência se convenceu de que eu estou por demais encantada com ela e com meu irmão, e não há quem lho tire da cabeça; e eles são tais, que assim deveria ser, se eu fora outra; mas olhe: apesar do muitíssimo que a ele devo, tenho gostado de que esteja foragido, para não vir tanto aqui. Na verdade atrapalha-me um pouco; embora, dizendo-lhe eu que se retire apenas chega Nosso Padre ou outra pessoa, obedeça como um anjo. Não é que eu deixe de lhe querer muito; quero sim, mas desejaria ver-me só. É a pura verdade; pensem lá o que quiserem: pouco importa.

---

2. Uma famosa beata, santa na opinião de muitos, não tendo podido adaptar-se à vida do Carmelo, saiu e pôs-se a difamar e atacar violentamente a comunidade, denunciando-a por último ao Tribunal da Inquisição.

3. *Minha irmã:* Juana de Ahumada.

O ter dito Padilla que era Visitador, certamente foi gracejando. Já o conheço. Apesar de ser assim, ele nos ajuda bastante, e é muito o que lhe devemos. Ninguém há sem falta. Que quer vossa reverência? Gostei muito de saber que a senhora D. María[4] está contente com essa licença. Assegure-a de minha grande amizade e diga-lhe que por ser muito tarde não lhe escrevo, e, embora com pesar da partida da senhora Duquesa[5], vejo ser vontade do Senhor que ela só em Deus encontre companhia e consolação.

De Ávila sei apenas o que vossa reverência me escreve em sua carta. Deus esteja com vossa reverência. Recomendo-me a Casilda e a todas, e a meu Pe. Frei Domingo muitíssimo. Bem quisera que ele deixasse para ir a Ávila quando eu aí estivesse; mas, se é preciso que tudo para mim seja cruz, assim seja! Não deixe de escrever-me. Essa noviça que vossa reverência me diz ser tão boa, não a despeça. Oh! quem me dera quisesse vir para cá! Bem desejaria eu trazer algumas daí, se fosse possível. Vejam que, a meu parecer, agora não há mais motivo de preocupação, pois creio há de se fazer tudo bem.

Não se esqueça de enviar esta carta à Madre Priora de Medina, recomendando-lhe que a remeta à de Salamanca; e todas três a tenham por sua. Deus as faça santas para minha consolação. Confesso que esta gente daqui não combina comigo, e desejo ver-me quanto antes na Terra da Promissão[6], se assim Deus for servido; contudo se eu entendesse que melhor O serviria ficando aqui, sei que o faria de boa vontade, conquanto os abomináveis pecados que há por estas bandas sejam muito de lamentar. Ficariam espantadas. O Senhor ponha termo a isto.

É hoje Dominica in Albis.

De vossa reverência,

TERESA DE JESUS.

À minha María de la Cruz e à Subpriora muitas recomendações. À minha María de la Cruz leia vossa reverência esta carta. Todas nos encomendem a Deus.

101. AO PE. AMBROSIO MARIANO, EM MADRI[1]

Sevilha, 9 de maio de 1576. Esquecimentos do Pe. Mariano. Excelentes condições da nova casa das Descalças. Questões com os Padres Calçados. Torna a Castela o Pe. Gracián.

Jhs

A graça do Espírito Santo esteja com vossa reverência. Oh! valha-me Deus! Que gênio esse seu, próprio para exercitar os outros! Eu lhe digo: muita deve ser minha virtude, para lhe estar escrevendo como faço; e meu maior receio é que pegue esse seu modo a meu Padre, o senhor Licenciado Padilla, pois também ele não me escreve, nem me manda lembranças —, tal qual como vossa reverência. Deus lhes perdoe, a ambos; mas é tanto o que devo ao senhor Licenciado Padilla, que, por mais que se descuide de mim, não poderei eu descuidar-me de Sua Mercê, a quem suplico tenha como sua esta carta.

Quando considero em que negócios emaranhados me deixou vossa reverência, e como está tão descuidado de tudo, não sei o que pensar, a não ser: maldito o homem etc.[2]. Mas, como se deve pagar o mal com o bem, quis escrever a vossa reverência para comunicar-lhe que no dia de S. Tiago foi a tomada de posse da nova casa, e os Frades ficaram calados[3], como mortos. Nosso Padre falou a Navarro, e penso ter sido este que lhes impôs silêncio.

---

4. D. María de Mendoza, fundadora do Carmelo de Valladolid.
5. Provavelmente a Duquesa de Lessa, filha de D. María.
6. Castela.
1. Um dos primeiros e principais padres descalços, cuja vocação é narrada em *Fundações*, 17.
2. "Maldito o homem que confia em outro homem" (Jr 17,5).
3. Os Franciscanos, que antes se opunham.

A casa é tão boa que não acabam as Irmãs de dar graças a Deus. Por tudo seja Ele bendito. Dizem todos que foi de graça, e certificam que não o compraríamos agora nem com vinte mil ducados. O local, segundo ouvi dizer, é dos melhores de Sevilha. O bom Prior de las Cuevas está contentíssimo; veio cá duas vezes, e Frei Bartolomé de Aguilar[4] uma, antes de partir, pois ia para o Capítulo como já escrevi a vossa reverência. Foi uma fortuna muito grande acharmos tal casa. Temos tido grande contenda a respeito da alcabala. Enfim, creio que acabaremos por pagar tudo, emprestando-nos meu irmão o dinheiro. Ele anda dirigindo a obra, e poupa-nos muito trabalho. O erro acerca da alcabala foi por causa do escrivão. Nosso Padre está contentíssimo com a casa, e geralmente todos. O Pe. Soto[5] tem conceitos muito elevados; esteve aqui agora e diz que não lhe há de escrever porque vossa reverência não me escreve a mim. A Igreja será feita no portal; ficará muito bonita. Tudo vem a calhar. Até aqui, o que se refere à casa.

Quanto à questão do Tostado[6], acaba de chegar um Frade conventual daqui, e diz que em março o deixou em Barcelona; traz uma patente dada por ele na qualidade de Vigário Geral de toda a Espanha. Cota[7] veio ontem. Está escondido em casa de D. Jerónimo à espera de Frei Agostino Suárez[8], que, segundo dizem, chega hoje. Estas duas primeiras notícias são verdadeiras, pois vi a patente e sei também que esse outro está aqui. Igualmente dão por certo o que se diz do Provincial, isto é, que vem reassumir seu ofício e traz um *Motu* do Papa, tão favorável aos Calçados que eles nada mais terão a pedir. Assim consta; e até o próprio Prior me assegurou hoje que o sabe com certeza por meio de pessoa de sua confiança.

Pareceu bem a Sua ilustríssima Senhoria, nosso bom Arcebispo, assim como também ao Assistente e ao Fiscal, que Nosso Padre, antes que lhe fizessem alguma notificação, lhes furtasse o corpo, até saber do Ilustríssimo Núncio o que lhe ordena. Por muitas razões julgaram ser assim conveniente, de modo que ele vai para aí, por caminho diferente e não para visitar os conventos. Disto não há agora possibilidade, porque estão alvoroçadíssimos. Deus perdoe a quem impede tanto bem; contudo tenho por certo que é graça do Senhor para maior glória Sua. Praza a Sua Majestade mereçam eles remédio; quanto a deixarem de ir muito adiante os Descalços, nenhum temor tenho, antes penso que tudo ordena o Senhor para maior proveito. Deixou Nosso Padre por Vigário Provincial o Pe. Evangelista[9], Prior do Carmo, que está a cada hora esperando o golpe; mas, pode estar certo, como não é cabeça, não será notificado. Bom ânimo tem ele, e o Assistente está muito disposto a socorrê-lo se houver algum perigo.

Amanhã o Prior e o Subprior dos Remédios vão a Umbrete, a chamado do Arcebispo, que lá está. Se os Calçados não conseguirem anular os atos do Padre Visitador — e penso que o não conseguem — muito teremos ganho. O Senhor tudo encaminhe para seu serviço, e a vossa reverência livre do canto da sereia assim como a meu Padre e o Licenciado Padilla, a quem meu irmão beija as mãos muitas vezes, e também as de vossa reverência. Quisera sumamente ter a vossa reverência aqui, porque, penso, gostaria muito de ver como fomos bem-sucedidas.

Viemos três dias antes de partirem o Tenente e sua mulher, e ficamos grandes amigos. Todos nos deram de comer, com largueza, e nos mostraram muito agrado. Diz o Tenente que em Sevilha não há melhor casa que a nossa, nem em melhor situação. Parece-me que nela não se há de sentir calor. O pátio dir-se-ia feito de açúcar confeitado. Atualmente todos penetram nele, e podem ver todo o mosteiro, porque, até que se faça a igreja, a Missa é celebrada numa sala. No interior, dando para o pátio de serviço há bons aposentos, onde estamos melhor que na outra casa. O jardim é

---

4. Dominicano, que muito ajudou a Santa na fundação de Sevilha.
5. *Soto:* sacerdote benfeitor das carmelitas de Sevilha.
6. Carmelita da Observância nomeado pelo Geral da Ordem para, com a energia que o caracterizava, executar as determinações contrárias aos Descalços. Gozava da inteira confiança, aliás merecida, do Geral Rubeo.
7. Prior dos Calçados de Córdova.
8. Provincial dos Calçados de Andaluzia.
9. Pe. Evangelista submeteu-se humildemente a Pe. Gracián.

muito gracioso; há vistas lindas. Custou-nos muito trabalho; mas dou tudo por bem empregado, porque nunca pensei obtermos coisa tão boa. A Madre Priora e todas as Irmãs muito se recomendam às orações de vossa reverência e de meu Pe. Padilla, e eu às do Padre Provincial Frei Ángel; fiquei espantada de saber como chegou este tão depressa aí. Praza a Deus seja para sua glória o Capítulo; e assim será se se fizer como vossa reverência diz. Deus o guarde, com todas as suas faltas, e o faça muito santo.

É hoje dia 9 de maio.

Mande Vossa Paternidade avisar-me do que houver, pois vê que não está aqui Nosso Padre e portanto não terei meios de saber notícias. Não quereria eu que saísse vossa reverência daí, até ver em que param estas coisas. Asseguro-lhe que sinto muita falta de vossa reverência, que em tudo é entendido. Agora andaremos todos aqui com muita atenção e cuidado. Ao Pe. Frei Vicente minhas recomendações, e parabéns por já estar professo.

Indigna serva de vossa reverência,

TERESA DE JESUS, carmelita.

Oh! quantas mentiras circulam por cá! É de entontecer. Agora mesmo acabam de dizer-me que está em Carmona o Visitador (que assim chamam) dos Calçados, e em muitos Conventos lhe prestaram obediência. Contudo tenho medo desses negócios de Roma, à lembrança do que aconteceu no passado; mas não receio que resulte mal para nós, senão, pelo contrário, tudo ficará melhor. Eles devem ter alguma coisa em seu favor; de outro modo não seriam tão néscios de vir para aqui, pensando encontrar Nosso Padre, pois ignoram sua partida. Temos recebido grandes parabéns; há muito regozijo entre o povo. Quisera ver concluídos os negócios de nossos Descalços, pois, afinal de contas, não há de sofrer sempre o Senhor estes abusos, e hão de ter fim tantas desventuras.

102. AO PE. JERÓNIMO GRACIÁN

Malagón, 15 de junho de 1576. Sobre a fundação de Descalças em Paracuellos. Chega, após feliz viagem, a Malagón, e muito se entretém com sua sobrinha Teresita. História de uma lagartixa. A Priora de Malagón muito alinhada. Nos locutórios não se deve dar de comer, nem tampouco tolerar extensas conversações.

A graça do Espírito Santo esteja com Vossa Paternidade, meu Padre. Muito me alegrei de ter encontrado hoje este arrieiro, pois é alívio para mim o poder escrever-lhe por mensageiro tão seguro. Creia: o pensamento de que Vossa Paternidade já está em Sevilha, pela pressa com que o tornaram a enviar para lá, não pouco me aflige; e vejo que o melhor meio para me tranquilizar seria estar eu aí presente. Quando penso que só de longe em longe hei de saber de Vossa Paternidade, não sei como poderei aguentar. Deus nos dê remédio e me faça a grande mercê de ver a Vossa Paternidade livre dessa gente.

Não sei com que intento querem a Vossa Paternidade e a todos tão aperreados aí. Como se já não bastasse terem excomungado o Pe. Mariano e o Padre Prior[1]. Nenhum outro alívio acho senão em ver que tem Vossa Paternidade a seu lado o senhor Doutor Arganda[2]. Dê-lhe muitas recomendações minhas. Bem quisera eu tornar a vê-lo; e não se esqueça de suplicar-lhe, da minha parte, que não tenha tanta confiança nessa gente, pois não deixarão de fazer tudo para recuperar a liberdade, mesmo à custa das vidas alheias. Assim, dizem eles, hão de fazer se Vossa Paternidade voltar para lá; e, ainda no caso de não chegarem a tanto, sempre é bom andar prevenido para o que der e vier, estando no meio de gente tão cega pela paixão.

---

1. Frei Antonio de Jesús, um dos primeiros Descalços.
2. Fiscal da Inquisição em Sevilha.

Saiba, meu Padre, que senti grande contentamento no dia em que o vi, e nunca lamentarei o fato de não ter Vossa Paternidade presenciado os disparates que por aqui tem havido. Sim, eles não teriam sido mais comedidos em sua presença, e seria desacato à autoridade de seu ofício e de sua pessoa.

Muito desejo saber se Vossa Paternidade está bem, depois de andar de novo tão largo caminho. Procure Vossa Paternidade, por amor de Nosso Senhor, escrever-me sem tardança, enviando suas cartas por diversas vias. Eis outra aflição para mim: ver a pouca facilidade que há em Ávila para saber notícias de Vossa Paternidade, a não ser muito de longe em longe, porque a correspondência tem de ir por Madri, Segóvia e, alguma vez, por Toledo. Veja que rodeio para as necessidades em que andamos atualmente, quando até esperar algumas horas para saber de Vossa Paternidade parece longo! Pois Vossa Paternidade isto sabe, muita crueldade será descuidar-se; se não me puder escrever largamente, ao menos ponha-me a par de sua saúde. Esta lhe dê Nosso Senhor, conforme a necessidade da Ordem.

Faça-me saber como estão os negócios e diga-me se gostou Vossa Paternidade de ver a casa de S. José[3] já acabada, e tão conhecida do povo em consequência da festa que se fez na inauguração. Já eu sabia que havendo comodidade para gozar de algum descanso, não me havia o Senhor de deixar aí. Bendito seja para sempre! Aqui as Irmãs estão mal acomodadas, e, como eu vinha de tão boa casa, pareceu-me esta ainda pior.

A Madre Priora tem melhorado, embora não esteja de todo boa; muita pena me dá sua doença, e maior teria se me faltasse a esperança de que há de sarar, por ser perigoso o mal. Perderíamos nela a melhor Priora que tem a Ordem. Das faltas que tinha, está já tão escarmentada, segundo me diz, que não há de dar mais um passo sem refletir bem. Muito lhe quero, e fico mais cativa dela por ver quanto quer a Vossa Paternidade, e o cuidado que tem de sua saúde. Não se esqueça de encomendá-la muito a Deus; se ela faltasse, ficaria, por assim dizer, perdida esta casa.

Mandei logo mensageiro a D. Luisa, e, enquanto espero, se ela não providenciar satisfatoriamente, determinada estou a procurar que passem as monjas à casa que ela tem em Paracuellos, até ficar pronta a daqui. É um lugar a três léguas de Madri e duas de Alcalá, ao que me parece, e lugar inteiramente sadio. Desejei muito que se fizesse aí o mosteiro, e D. Luisa não quis. Agora, já estando ele aqui, preferiria não sair, pois é lugar de trânsito; mas, se não é possível, praza a Deus que ela concorde; e Vossa Paternidade o tenha por bem. Não aguardarei outra licença, porque penso que a dará e, aliás, não há outro remédio, pois suprimir o mosteiro, como o de Pastrana, de nenhum modo convém. Em suma, se ela agora não responder favoravelmente, irei a Toledo para mover algumas pessoas a lhe falarem em nosso favor, e de lá não sairei até que, de um ou de outro modo, fique tudo resolvido. Não se preocupe Vossa Paternidade.

Cheguei com saúde e bem regalada por meu irmão; foi mais acertado vir com ele que em carros cobertos, por caminharmos às horas que nos convinham. Ele muitas vezes beija a Vossa Paternidade as mãos. Chegou bem e ainda o está; é muito bom homem. Prouvera a Deus quisesse ele deixar-me em Toledo, e retirar-se até ficar tudo aí sossegado! Assim teria eu mais notícias de Vossa Paternidade; mas não há jeito de consegui-lo. Teresa nos divertiu por todo o caminho e não foi pesada a ninguém.

Ó meu Padre! Que desastre me aconteceu! Estávamos bem satisfeitos sentados sobre uns feixes de trigo, junto a uma venda, por não se poder estar nela, eis senão quando entra-me uma grande salamandra ou lagartixa pelo braço acima, entre a túnica e a carne. E foi misericórdia de Deus não ser em outra parte, pois creio, morreria, tal foi o que senti, apesar de meu irmão tê-la logo pegado e atirado longe, dando com ela na boca a Antonio Ruiz. Este nos serviu muito bem durante a viagem, e Diego não ficou atrás; por isso dei-lhe já o hábito: é um anjinho. Penso ter

---

3. De Sevilha, recentemente inaugurada.

sido ele quem nos trouxe uma noviça, a qual muito mais quisera eu levar daqui do que a Catalina, como era minha intenção; porque esta embora tenha melhorado, ao que parece, é doente e, com a ânsia de mudar de casa está com a cabeça inteiramente perdida. Bem pode Vossa Paternidade estar certo de que já estava assim quando fez aquela proeza. E gaba-se de o ter feito para honrar mais a Ordem!

A Madre Priora se encomenda muito a Vossa Paternidade. Diz que não escreve para poupar-lhe o cansaço. Está de pé, e, como é tão alinhada e amiga de não faltar aos atos de comunidade, creio que isto lhe servirá de impedimento para sarar depressa. Quando Vossa Paternidade for à nossa casa, faça muita festa por mim a S. Gabriel, que ficou muito saudosa; é um anjo de singeleza e ótimo espírito. Devo-lhe muito.

Mande Vossa Paternidade que a ninguém se dê de comer no locutório por motivo algum, porque é muita inquietação para as Irmãs; e, a não ser com Vossa Paternidade (que não há de entrar nesta conta, quando é preciso), fazem-no de muito má vontade. Pior ainda a tenho eu, e assim deixei recomendado que não o façam. Há muitos inconvenientes. E basta dizer que não terão com que sustentar-se se o fizerem; porque as esmolas são poucas, e, embora calem, ficarão sem ter de comer. Isto é o menos. Quando eu lá estava, via que não lhes faltasse o necessário, e não deixava gastar do dinheiro do Convento. Todas as coisas vêm do modo pelo qual principiaram, e é esse um princípio de que pode provir muito mal; por isso entenda Vossa Paternidade que importa muito e que a elas dará grande consolo saber que Vossa Paternidade quer que se guardem as atas feitas e confirmadas pelo Pe. Frei Pedro Hernández. Todas são moças, e creia-me, Padre meu: o mais seguro é que não tratem com Frades. Nestes mosteiros, de nenhuma outra coisa tenho tanto medo como disso; porque, ainda que agora é tudo santo, não sei no que virá a parar, se não for logo atalhado; por isso sou tão rigorosa neste ponto. Perdoe-me, Padre meu, e fique-se com Deus. Sua Majestade mo guarde e me dê paciência para ficar tanto tempo sem ver letra sua.

No segundo dia de Páscoa cheguei aqui, e estamos na sexta-feira seguinte. Vim por Almodóvar; fez-me muita festa Frei Ambrosio[4]. Estou contrariada com a ida do Pe. Frei Baltasar[5] a Toledo; não sei como o Pe. Mariano o torna a meter em ocasião de perigo, que mesmo de longe não falta... Praza a Deus suceda bem aquela ca...[6] sar creio há de ser muito boa...

Tinha chegado a este ponto quando veio a resposta de D. Luisa. Diz que enviará um oficial muito competente esta semana. Deu-me pesar.

Esquecia-me de dizer que estando eu aí falou-me o Pe. Subprior, Frei Alonso, sobre uma dor que está sofrendo no rosto; tencionava pedir a Vossa Paternidade que o transferisse a outro lugar. É bom homem; será conveniente atendê-lo. Em Almodóvar, penso que passaria bem, pois terá boa alimentação; e, como está ausente o Prior, seria bom nomear algum Vigário. Frei Gregório poderia substituí-lo, e, penso, andaria tudo muito bem. Quanto mais trato com este Padre, melhor me parece. Aí verão se não é assim.

O que mais suplico a Vossa Paternidade é que se trate bem, por amor de mim; não quisera que se descuidasse tanto de sua saúde, para não virmos a dar com tudo no chão. Tenho certeza: o que for preciso, aí o fará a Madre Priora, que é filha desta casa, provendo-o de tudo; e a mim também não me faltará a quem recorrer. Digo assim porque enviaremos agora dinheiro à priora para que Vossa Paternidade quando precisar lho peça, e o mesmo faremos com qualquer outra coisa que lhe for necessária. Não sei quantos reais deixei nas mãos de S. Gabriel: o que havia restado, era muito pouco. E olhe que não é minha intenção estender a mesma licença a estes outros Frades. Não estranhe isto Vossa Paternidade, porque é evidente a necessidade que tem; e até mesmo estou com bastante receio de vê-lo passar aí este verão. E estas diligências de prover de cá às suas

---

4. Frei Ambrosio de S. Pedro, vigário do convento dos Descalços.
5. Descalço.
6. Autógrafo ilegível.

despesas não é porque não o façam aí com a máxima boa vontade a Priora, a Subpriora, e todas as outras; senão porque talvez disponham de poucas esmolas, e Vossa Paternidade, à vista disso, ficará receoso de pedir.

Praza a Deus lhe dar saúde e no-lo guardar. Toda ausência aceitaremos, embora nos custe.

Indigna serva de Vossa Paternidade e súdita,

TERESA DE JESUS.

103. A MADRE MARÍA DE S. JOSÉ, PRIORA DE SEVILHA

Malagón, 15 de junho de 1576. Assuntos diversos do Convento de Sevilha. Recomenda à Irmã S. Francisco exatidão histórica nas crônicas. Tristezas de Teresita.

Jhs

A graça do Espírito Santo esteja com vossa reverência, filha minha. Oh! como quisera escrever-lhe bem longamente! Mas, tendo outras cartas, não é possível. Ao Pe. Frei Gregorio recomendei que lhe escrevesse extensamente sobre toda a nossa viagem. A falar verdade, não há muito a contar. Viemos otimamente, e não com muito calor; e chegamos todos bons, glória a Deus, no segundo dia da páscoa de Pentecostes. Achei melhor a Madre Priora[1], embora não esteja de todo restabelecida; sejam muito cuidadosas de encomendá-la a Deus. Tenho gostado não pouco de estar com ela. Sempre me tenho lembrado dos compromissos com que aí ficaram. Praza a Deus não tenha havido falta.

Por caridade peço-lhe que me escreva por todas as vias que puder, para que eu saiba sempre como estão. Não deixe de escrever por Toledo; avisarei à Priora que me envie as cartas prontamente. Terei talvez de deter-me aqui algum tempo, pois receio que não me hão de faltar trabalhos até concluir este negócio com D. Luisa. Encomendem-no aí a Deus. À Madre Subpriora e a todas as Irmãs dê muitas lembranças minhas. Tenha cuidado de regalar por mim a S. Gabriel[2], que ficou muito boba com a minha partida. Recomende-me muito a Garcia Álvarez e dê-nos notícias do pleito e de tudo, e ainda mais de Nosso Padre, se já chegou. Escrevi a ele insistindo muito para que não consinta a pessoa alguma tomar aí refeição. Olhe que não abra precedentes, a não ser para ele que tem tanta necessidade e a quem poderá fazê-lo sem dar a entender; e, ainda que o venham a saber, há muita diferença de Prelado a súdito, e tão importante é para nós sua saúde que tudo o que pudermos fazer será pouco. A Madre Priora mandará pelo Pe. Gregorio algum dinheiro para este fim e para outras necessidades que se apresentem; verdadeiramente ela muito o estima e assim faz de boa vontade. E é bom que ele entenda isto: porque, repito, aí recebem poucas esmolas, e se derem de comer a outros, poderão ficar sem ter para si. Desejo extremamente que não haja inquietações em nenhum ponto, para que muito sirvam a Nosso Senhor. Praza a Sua Majestade assim seja, como não deixarei de suplicar-lhe.

Diga à Irmã S. Francisco que seja fiel cronista dos acontecimentos dos Frades. Como vim dessa casa tão boa, ainda achei esta pior. Muito trabalho têm aqui estas Irmãs. Teresa, especialmente no primeiro dia, veio bem tristezinha, dizendo que era por ter deixado as Irmãs. Mas, em aqui chegando, foi como se toda sua vida tivesse estado com estas; de tão contente, quase não ceou na noite de nossa chegada. Alegrei-me com isto, porque vejo que é muito enraizada sua afeição por todas. Pelo Pe. Frei Gregorio tornarei a escrever. Por enquanto nada acrescento; só peço ao Senhor que a guarde e a faça santa, a fim de que todas o sejam. Amém.

É hoje sexta-feira de Pentecostes.

---

1. Brianda de San José.
2. Leonor de S. Gabriel, superiora, que servira de enfermeira à Santa Madre em Sevilha.

Entregue esta carta em mão a Nosso Padre, e se ele não estiver aí, não a envie senão por pessoa muito segura, pois é importante.

De vossa reverência,

TERESA DE JESUS.

Teresa não lhe escreve porque está muito ocupada. Diz ela que é Priora, e muito se recomenda.

104. A MADRE MARÍA DE S. JOSÉ, PRIORA DE SEVILHA

Malagón, 18 de junho de 1576. Solicitude da Santa pela comunidade de Sevilha. Uma postulante. Teresita não se esquece de suas monjas.

Jesus esteja com vossa reverência, filha minha. Asseguro-lhes que se lhes causa saudades a minha ausência, são bem pagas. Seja o Senhor servido de aceitar tantos trabalhos e penas que sinto por deixar filhas tão queridas, e permita que vossa reverência e todas tenham passado bem. Quanto a mim, estou boa, glória a Deus.

Já devem ter recebido as cartas que foram pelo arrieiro; esta será bem curta, porque tencionava demorar-me aqui, mas domingo é dia de S. João, e por isso abreviei minha partida e disponho de pouco tempo. Como o Pe. Frei Gregório será o mensageiro, não tem muita importância.

Ando com cuidado de que vossa reverência se veja em dificuldades para pagar os censos deste ano, pois no ano próximo já o Senhor terá trazido quem os pague. A Santángel[1] deste Convento, além de uma Irmã que é noviça aqui, tem outra muitíssimo louvada pela Madre Priora, que a considera a melhor de todas. Diz ela que do dote da nossa, que completa em agosto seu ano de noviciado, dará trezentos ducados para ajudar a vossa reverência. A mesma quantia levará a mais nova para aí, e com o total poderão pagar os censos deste ano. É bem pouco, mas se é verdade o que dizem, até sem dote é boa. Por ser ela daqui, tratem da admissão com Nosso Padre, e se não puderem lançar mão de outro recurso, usem deste. Só há um mal, é que ela não tem mais de quatorze anos, e por este motivo digo que só a tomem se não houver outro remédio; aí julgarão.

Seria bom, parece-me, se Nosso Padre ordenasse que Beatriz fizesse logo profissão, por muitas causas, e uma delas é para acabar com suas tentações. Recomendem-me a ela e à sua mãe, à Madre Subpriora e a todas as Irmãs, especialmente à minha enfermeira, e em geral a todos e todas que vossa reverência vir. Deus a guarde para mim, filha minha, e a faça muito santa. Amém.

Meu irmão lhes escreveu há poucos dias, recomendando-se muito às orações da comunidade. Mais cordato é ele que Teresa: a esta não há quem faça querer mais bem a outras monjas do que às de Sevilha. Porque a Madre Priora, com quem muito me consolei, pode crer, vai escrever-lhe, e Frei Gregório contará o resto, não vou adiante. Tenciono ficar algum tempo em Toledo; escrevam-me para lá.

Ontem foi dia da Santíssima Trindade.

Procure enviar-me carta de Nosso Padre e notícias pormenorizadas, pois nada tenho sabido dele. Deus as faça santas.

De vossa reverência,

TERESA DE JESUS.

A respeito da pretendente, informe-me melhor, por enquanto não se trate disso.

---

1. Elvira de Santángel.

105. AO PE. JERÓNIMO GRACIÁN, EM SEVILHA

Toledo, fins de junho de 1576. Sobre alguns negócios dos Calçados de Andaluzia.

[1]...to que está Vossa Paternidade nesse lugar. Por aqui passou hoje o Prior de Carmona com outro Presentado; o Pe. Frei Gregorio lhe contará algumas coisas das que nos sucederam. Disse-me que Cota somente se havia retirado ao Carmo, e o Fiscal do Concelho Real tinha tomado a seu cargo o pleito, o qual está sendo agora julgado pelo Concelho. Medida é esta muito branda, a meu parecer, em vista dos disparates cometidos. Bem entende este Padre que agiram mal, e diz que os admoestou muitas vezes. Tenciona ir pedir ao Núncio que só castigue os culpados, e não o paguem todos, e nomeie o Visitador que lhe aprouver, não, porém, Vossa Paternidade, porque ninguém lhe obedecerá.

Pensei comigo que seria bom Vossa Paternidade, de sua parte, pedir o mesmo ao Núncio e ao Rei, contando como estão obstinados e com tanta inimizade, que pouco proveito lhes poderá fazer Vossa Paternidade. A eles parecerá... bem, e seria dar satisfação a todo mundo; e, mesmo no caso de não aceitarem suas razões, ao menos ficaria eu consolada por ter Vossa Paternidade feito o que está em suas mãos para deixar o cargo. É morte para mim o pensar que hão de voltar à obediência de Vossa Paternidade, e que tudo vai recomeçar. Pense bem nisto, meu Padre; e, se não puder desvencilhar-se do cargo, indo já fortalecido pela obediência, o Senhor tomará conta.

Dizem eles: fiquem-se lá com seu Provincial! que nós temos o Tostado![2] O Senhor nos acuda, e, pois vossa reverência já deixa tudo encaminhado, seria bom tomar alguma medida séria com essa gente tão desesperada. Ó Jesus! como custa estar longe para todas estas coisas! Asseguro-lhe que é grande cruz para mim.

Estou de partida para Toledo e tenciono não sair de lá até D. Luisa dar alguma providência sobre esta casa. Agora promete enviar um oficial, a quem... mas não mostra muita vontade. Boa estou...

106. A MADRE MARÍA DE S. JOSÉ, PRIORA DE SEVILHA

Toledo, 2 de julho de 1576. Amor mútuo entre a Santa e María de S. José. Assuntos do Convento de Sevilha, e alegria que lhe causam as cartas que de lá recebe.

Jesus esteja com vossa reverência. Asseguro-lhe que lhe pago bem as saudades que diz ter de mim. Depois de escrita a carta que vai com esta, recebi as suas. Alegrei-me tanto, que fiquei enternecida e achei graça nos perdões que me pede. Contanto que me queira tanto como eu lhe quero, perdoo-lhe o que fez e o que possa fazer. Até agora a maior queixa que tenho de vossa reverência é que gostava pouco de estar comigo; mas bem vejo — e assim o disse à Madre priora de Malagón — não ser sua a culpa, e sim determinação do Senhor que, tendo querido dar-me aí tantos trabalhos, houve por bem tirar-me o alívio que eu encontraria em vossa reverência. Por certo que, a troco de terem ficado vossa reverência e essas irmãs com algum descanso, dou tudo por bem empregado, ainda que fosse muito mais. E creia-me que lhe quero muito, e, se vir correspondência de sua parte, o demais é ninharia, não há que fazer caso; contudo, quando eu aí estava, como aos outros trabalhos se ajuntou esse, e eu a tratava como a filha para mim muito querida, custou-me bastante não receber de sua parte a mesma franqueza e amor. Mas com esta sua carta já esqueci tudo, pode estar certa, e a amizade permanece; e o pior é não ter eu agora essa defesa para não se tornar demasiada a afeição.

Sumamente me alegrei de que tudo se tenha feito tão bem. Não deixe de fechar o contrato, embora não ofereça muita segurança para o futuro; porque é desagradável andar com demandas,

---

1. Original ilegível.
2. *Tostado:* Jerónimo Tostado, visitador das carmelitas em nome do Geral.

especialmente no princípio de uma fundação. Procuraremos pagar quanto antes a meu irmão; refiro-me ao dinheiro da alcabala, pois tenho muita preocupação com essa casa, mais do que tinha aí, ou, pelo menos, tanto. Oh! como ele se alegrou com suas cartas! Não se cansa de falar na sua prudência. Achei-as boas, somente acontece que vossa reverência quando quer melhorar a letra a faz pior. Como meu irmão e Teresa lhe escrevem, nada digo sobre eles. Tinha escrito a meu Padre, Prior de las Cuevas, e hoje tenho de escrever a Malagón acerca de negócios, e a Nosso Padre; e assim dificilmente poderei responder às Irmãs. Além disso não me deixam as visitas[1].

Creio bem nos benefícios que lhes faz o bom Garcia Álvarez, pois conheço sua caridade. Diga-lhe muito de minha parte. Com a carta do Padre Prior fiquei contente. Muitas obrigações fico devendo a meus amigos pelo bem que lhes fazem. Não deixe de conservar essas amizades, e, em havendo ensejo, façam alguma coisa, embora com moderação, por Mariano e Frei Antonio, pois não quero que tenham queixa de vossa reverência. Deus perdoe a quem tal barafunda fez com esses Frades! Bem se poderia evitá-la, e concluir de outro modo; muito pesar com isto tem Nosso Padre. Está bom, e ao Núncio pareceu bem que não volte para aí.

Não pode dizer que não lhe escrevo com frequência. Faça o mesmo, que me alegro muito com suas cartas. Nada sabia do que se estava passando por aí; Nosso Padre escreve-me muito pouco, certamente por não poder fazer mais. Deus esteja com vossa reverência e a faça muito santa. Soube que não está passando bem, por carta de Gabriela, mas só a li depois de ter escrito a maior parte desta; diz que vossa reverência tem tido dor de estômago. Praza a Deus não vá adiante. Não me recordo a quem encomendei o velar sobre sua saúde. Fique sendo a Subpriora; olhe que não deixe de lhe obedecer, e tenha cuidado consigo, por amor de mim, que terei infinito pesar se a souber doente. Praza ao Senhor dar-lhe saúde, como Lhe suplico. À mãe de Beatriz e a Delgado muito me recomendo; e a Priora daqui, a vossa reverência. Todas se alegraram de saber como aí vão bem. Assim continue sempre.

Creio já ter dito que é dia da Visitação.

O clérigo chegou durante a Missa e, depois de ter também celebrado, partiu. Falei com ele; se houvesse permanecido mais tempo, poderia ter lhe feito algum agrado, mas disse-me que vinha com outros e por isso precisava partir.

De vossa reverência,

TERESA DE JESUS.

Escreve-me também Gabriela que traz vossa reverência a casa muito alinhada. Bem quisera vê-la agora. Até este momento não pude ainda verificar de quem eram as cartas. Alegrei-me com a do nosso bom Padre Garciálvarez. De boa vontade vou escrever-lhe; quanto a essas minhas filhas, que me perdoem, pois preciso retribuir a quem lhes faz bem.

107. A MADRE MARÍA DE S. JOSÉ, PRIORA DE SEVILHA

Toledo, 11 de julho de 1576. A Santa fica em Toledo. D. Lorenzo e sua filha
a caminho de Ávila. Assuntos das Descalças de Sevilha e da Reforma.

Jesus esteja com vossa reverência. Não poderá dizer que não lhe escrevo com frequência; talvez lhe chegue esta primeiro que outra que lhe escrevi, há três ou quatro dias, se não me engano. Saiba que por ora fico aqui, e que anteontem partiu meu irmão. Fiz que levasse Teresa, porque não sei se me mandarão fazer algum rodeio, e não quero menina nas minhas costas. Estou boa e fiquei descansada, livre de tanto ruído, pois, embora queira muito a meu irmão, dava-me cuidado vê-lo fora de sua casa. Não sei até quando ficarei aqui, porque ainda estou pensando qual será o melhor modo de fazer as obras de Malagón.

---

1. Seu irmão, Lorenzo. *Prior de las Cuevas:* Hernando de Pantoja. *Nosso Padre:* Jerónimo Gracián.

Deu-me pesar sua enfermidade, e o ter-se purgado fora de tempo não me pareceu bem. Avise-me de sua saúde, e dê-lha Nosso Senhor, como eu desejo a vossa reverência e a essas minhas filhas. A todas me recomendo muito. Causaram-me grande prazer com suas cartas. A algumas já respondi; vou escrever agora à minha Gabriela e a S. Francisco, que sabem ambas encarecer bem as coisas. Praza a Deus não haja alguma mentira! Para outra vez, quando uma me contar um fato, não o repita outra; digo-o porque todas três me contaram a oitava do Santíssimo Sacramento, quero dizer, a festa. Contudo não me enfadei, antes me alegrei muito de que tudo tenha corrido tão bem. Deus o pague a Nosso Padre Garciálvarez. Beije-lhe as mãos por mim; escrevi-lhe outro dia.

De que se tenha concluído o acordo sobre o alcabala, muito nos alegramos, meu irmão e eu; é fora do comum o bem que lhes quer, e pegou-o em mim. Também fiquei contente com os livros que ele lhes enviou, e com os benefícios que aí recebem de meu santo Prior. Deus o recompense.

Muito quisera me contasse bem detalhadamente que tais andam esses pobres Frades, isto é, se há esperança de apaziguá-los; e como se portam os Franciscanos. A Nosso Padre encomendem a Deus, que tem muitos trabalhos. Praza ao Senhor tenham sido acertadas tantas medidas de rigor com esses Padres! Ao Pe. Frei Antonio de Jesus e ao Pe. Mariano dê minhas recomendações; diga-lhes que já quero imitar a perfeição que eles têm de não me escreverem; e ao Padre Mariano, que estamos muito amigos, o Pe. Baltazar e eu.

Ontem passou aqui Juan Díaz[1], vindo de Madri. Nem se pensa em fazer mosteiro aqui[2], porque Juan Díaz volta para a corte. Mandou o Rei a Nosso Padre que para estes negócios da Ordem se dirija ao Presidente do Concelho Real e a Quiroga. Praza a Deus dê certo! Acredite no que lhe digo: é preciso muita oração. Também encomendem a Deus Nosso Padre Geral[3], que caiu de uma mula e quebrou a perna; e fiquei bem pesarosa, por ser já velho. A todos os meus amigos e amigas, muitos recados meus. Façam o que determino neste papel incluso.

Oh! como me sinto bem com as túnicas que fiz do lençol! Por aqui dizem que parece linho. Deus as faça santas para minha consolação, e a vossa reverência dê saúde.

Tome muito cuidado consigo; mais vale regalar-se do que ficar doente.

É hoje dia 11 de julho.

De vossa reverência serva,

TERESA DE JESUS.

108. A D. LORENZO DE CEPEDA, EM ÁVILA

Toledo, 24 de julho de 1576. "O mestre de cerimônias". Linda cela a de Toledo. Zelos de Juan de Ovalle. Os manuscritos das *Fundações*. Uma cópia da *Vida*. Marmelos e marmelada. A educação dos filhos de D. Lorenzo.

Jhs

A graça do Espírito Santo esteja sempre com vossa mercê. Oh! quão longos me parecem estes quinze dias! Bendito seja Deus, que vossa mercê está com saúde. Foi grande consolo para mim. Sobre o que me contou de sua casa e criadagem não me parece haver demasia. Fez-me rir gostosamente o mestre de cerimônias[1]; asseguro que achei muita graça. Bem pode confiar nela, que é muito boa e muito sensata. Quando vossa mercê a vir, dê-lhe minhas recomendações, que muito lhe devo, assim como a Francisco de Salcedo.

Fico triste com a sua indisposição. Já começa o frio a fazer-lhe mal. Estou melhor do que de uns anos para cá, a meu parecer, e tenho uma cela muito linda, completamente isolada, com uma

---
1. Discípulo de Juan de Ávila, apóstolo da Andaluzia.
2. De Descalços.
3. Pe. Rubeo, com 68 anos nessa ocasião.
1. Provavelmente a Senhora Ospedal, mordoma da casa de D. Francisco de Salcedo.

janela que dá para um jardim. Visitas muito raras. Se não fossem tantas as cartas e me deixassem sossegar, tão bem estaria, que não fora possível durar muito, pois assim costuma acontecer quando estou bem. Tivera eu vossa mercê aqui, e nada me faltaria; mas, se Deus me fizer a graça de lhe conceder saúde, o resto não custa passar. Deus lhe pague o cuidado que tem com a minha, consolei-me da sua ausência, vendo que vossa mercê também sofre por estar eu aqui. Espero em Deus não ficarei tanto tempo que me deixe de alcançar o frio de Ávila. Ao menos, pelo mal que me havia de fazer não deixaria de ir; nem me deterei um dia mais; pois, quando Deus quer, em qualquer parte dá saúde. Oh! para meu contentamento, quanto mais desejo a de vossa mercê! Deus lha dê, como está em suas Mãos.

Juan de Ovalle escreveu-me uma carta muito longa, encarecendo a amizade que tem a vossa mercê e quanto está pronto a servi-lo. Toda a sua tentação foi o parecer-lhe que Cimbrón[2] lhe era preferido, mandando e desmandando no que a vossa mercê toca e sendo causa de que não viesse minha irmã. Todo o seu sentimento não é mais que ciúme; e é fora de dúvida, creio, porque é ciumento de natureza, e não foi pouco o que passei com ele por sermos amigas D. Guiomar[3] e eu. Todas as suas queixas são contra Cimbrón. Em certas coisas é muito criança, mas portou-se bem com vossa mercê em Sevilha e tem-lhe grande afeição; portanto, por amor de Deus, vossa mercê revele essas coisas.

Respondi-lhe dizendo meu parecer. Assegurei-lhe que vejo quanto vossa mercê lhe quer e que, portanto, antes se deve ele alegrar de que Cimbrón trate dos interesses de vossa mercê. Insisti muito, aconselhando-o a contentar vossa mercê e a enviar-lhe, assim que lho pedisse, o dinheiro. Acrescentei que melhor estava cada um em sua casa, e talvez Deus o tivesse ordenado assim. Em suma, lancei a culpa sobre ele e desculpei a Perálvarez. O pior é que estou prevendo sua vinda, e de nada valerá tudo quanto fiz para impedi-la. Certamente tenho muita pena de minha irmã e por amor dela havemos de sofrê-lo assim; quanto à sua vontade de contentar a vossa mercê e servi-lo, posso jurar que é muita. Deus não o favoreceu com maiores dons. Por outro lado, fez a outros bem acondicionados, para que sofram os que têm desses gênios. É o que deverá fazer vossa mercê.

Acho que o Agnus Dei[4], se não estiver no baú, junto com os anéis, está na arquinha. Já disse à Subpriora que envie esta a vossa mercê, para que de dentro tire os manuscritos das "Fundações", e lhos devolva, envoltos num papel, e selados. Ela os remeterá a mim, junto com não sei que objeto de minha companheira, e um manto meu, que fomos precipitadas em mandar para aí antes de tempo. Não sei que outros papéis estarão na arquinha, e não quisera que alguém os visse; e nem tampouco as "Fundações", por isso lhe faço este pedido. Quanto a vossa mercê não me importa que os veja.

Quebrou-se a chave da arquinha; abra-a vossa mercê e, depois de ter tirado a fechadura, guarde-a em alguma arca, até que seja substituída. Dentro dela achará a chave de um porta-cartas que por minha ordem vão enviar a vossa mercê, no qual estão também alguns papéis, se não me engano, de coisas de oração. Bem os pode ler, e tirar umas folhas com algumas notas sobre a fundação de Alba. Remeta-me vossa mercê tudo junto, porque me mandou o Padre Visitador terminar as "Fundações", e tenho necessidade desses apontamentos para ver o que já ficou dito e escrever a fundação de Alba. É muito penoso para mim, porque o tempo que me sobra das cartas, preferia passar na solidão e descansar. Não parece que assim o queira Deus. Praza a Ele seja para seu serviço.

Saiba vossa mercê que me escreveu a Priora de Valladolid contando como D. Maria de Mendoza mandou tirar uma cópia do livro[5] que estava nas mãos do Bispo, e ele agora lha tomou. Pelo

---

2. Perálvarez Cimbrón, primo-irmão de D. Lorenzo.
3. D. Guiomar de Ulloa.
4. *Agnus Dei*: lâmina de cera, recolhida dos círios pascais de anos passados, que o papa abençoa no primeiro ano de seu pontificado e depois a cada sete anos.
5. A *Vida*.

que toca a vossa mercê, fiquei contente; assim quando eu estiver aí, poderei pedi-lo para que o veja. Não o conte a ninguém. Se acontecesse ir aí o Bispo, bem lho poderia vossa mercê pedir.

Escreverei para Sevilha dando seu recado, pois não sei se as cartas lá chegaram. Por que fazer caso de quatro reais? Eles não pagaram o porte porque se o mensageiro entendesse que ia alguma coisa dentro, não as teria entregue. Muito bem está passando a Priora daqui, em comparação do que estava antes; ela e todas beijam as mãos de vossa mercê. Muito o temos encomendado a Deus, pedindo que lhe dê saúde. Envio-lhe uns marmelos para sua criada fazer uma compota que lhe sirva de sobremesa; e duas caixas de marmelada, sendo uma para a Subpriora de S. José, a qual ouvi dizer que anda muito fraca. Diga-lhe que a coma, e a vossa mercê suplico que da sua não reparta: coma-a toda por amor de mim. Avise-me quando acabar, pois aqui são baratos os marmelos, e não é dinheiro do Convento. De fato, mandou-me o Pe. Gracián, por obediência, fazer o que costumava, pois o que tinha não era para mim, e sim para a Ordem. Por um lado tive pesar, mas, por outro, gostei; porque surgem tantas necessidades aqui onde estou — ainda só falando em portes para cartas —, que me dá pena o gastar tanto, e são muitas as ocasiões que se apresentam...

MEMORIAL SOBRE A EDUCAÇÃO DOS FILHOS DE DOM LORENZO

Quero que vossa mercê não o esqueça, e por isso o ponho aqui. Tenho grande receio de que, se desde já não tiver grande cautela com esses meninos, bem depressa poderão juntar-se aos mais presunçosos de Ávila; e é preciso quanto antes mandá-los vossa mercê ao Colégio da Companhia. Neste sentido escrevo ao Reitor, como aí verá; e, se ao bom Francisco de Salcedo e ao Mestre Daza parecer bem, usem bonés. A filha de Rodrigo teve seis filhos, dos quais só um foi homem, e — feliz dele! — sempre o aplicaram aos estudos, e ainda agora está em Salamanca; e tanto este como o filho de D. Diego del Aguila andavam assim. Em suma, lá combinarão o que for mais acertado. Praza a Deus não criem meus irmãos com muitas vaidades os seus filhos.

Não poderá vossa mercê ver com muita frequência a Francisco Salcedo, nem ao Mestre se não for pessoalmente às suas casas, porque moram longe de Perálvarez, e essas conversas espirituais se devem fazer em particular. Não se esqueça vossa mercê de não tomar, por enquanto, confessor certo, e em sua casa tenha o menor número de criados que puder ser; é preferível tomar outros, mais tarde, a despedir os que já tem. Vou escrever a Valladolid para que venha o pajem. Ainda que saiam sem ele alguns dias, não importa, pois são dois e podem andar juntos; vou escrever que venha quanto antes.

Vossa mercê é inclinado a muito fausto, e até se acostumou a ele. É mister mortificar-se neste ponto e não dar ouvido a todos. Tome o parecer destes dois amigos em tudo, e também o do Pe. Muñoz da Companhia, se achar bom. Para as coisas mais graves, porém, bastam os dois, e siga o que aconselharem. Veja que nos começos não se entende logo o mal que resultará de certas coisas; e vossa mercê ganhará mais, aos olhos de Deus e até aos do mundo, e ganharão também seus filhos, se tiver mais para fazer esmolas. Por ora acho melhor não comprar mula; basta-lhe um cavalo ordinário, que sirva para montaria e para carga. Não vejo motivo agora para não passearem a pé esses meninos; deixe-os estudar.

109. AS DESCALÇAS DE BEAS

Toledo, julho de 1576. Confiança em Deus para suportar a pobreza do Convento.

Parece-me falta de confiança em Nosso Senhor pensar que nos há de faltar o necessário, pois Sua Majestade tem cuidado até do mínimo bichinho, provendo-o de sustento. Filhas minhas, ponham sua solicitude e diligência em nosso bom Jesus e procurem servi-lo, que eu lhes asseguro que não nos há de faltar nem retirará de nós o seu amparo.

Também, havendo tão pouco tempo que se fundou essa casa, não parecerá bem tirá-la daí; aguardem alguns anos, e se Nosso Senhor não der remédio, será sinal de ser sua vontade que se mudem, e então se poderá fazer, conforme parecer aos Prelados.

110. AO PE. JERÓNIMO GRACIÁN

Toledo, agosto de 1576. Pobreza de espírito nos Conventos. Confiança em Deus. Assuntos da Reforma.

...Os seculares, em se tratando de seus interesses, pouco atendem à razão. Essa Madre Priora[1] não sofre penúria, mas, como se acostumou a ter de sobra em Pastrana, ficou-lhe pouca pobreza de espírito, e isto me causava pena, e ainda causará de cada vez que o perceba. Estas casas, glória a Deus! só com a confiança posta n'Ele se fundaram; e assim temo que, se começarmos a confiar em meios humanos, venham-nos a escassear os divinos, ao menos em parte. Isto não o digo em relação a esse negócio; mas sei que não poria esse senhor aí a sua filha, se não fora nestas condições; mas a ele se deve tão pouco, que Deus deve querer que assim se faça. O modo de visitar as Descalças está saindo como ensinado por Deus. Seja Ele por tudo bendito!

Não é preciso Vossa Paternidade mandar-me positivamente; dou a ordem por recebida e obedecerei[2]. E verdadeiramente far-me-á prazer, livrando-me deste cansaço; só tenho medo de haver em algumas casas mais cobiça do que eu quisera; e praza a Deus não enganem a Vossa Paternidade mais facilmente que a mim. Com isto fiquei mais sentida, a meu parecer, do que com tudo mais. E, tanto quanto posso entender, era minha determinação, não receber noviça sem dar parte a Vossa Paternidade, mesmo que não fosse Prelado, quando estivesse perto, e até creio, estando longe. É impossível acertar em tudo. O tempo o mostrará; e se andarmos atrás de dotes, pior para nós.

Esta é a informação que recebi da Priora. Se desejo muitas informações é para bem das casas e dos negócios delas. Não sei como o podem levar a mal. Deus o aceite e dê luz para que daqui em diante se acerte melhor. Mas quanta desculpa estou dando! O pior é que estou tentadíssima com a pessoa de quem falei...

111. AO PE. JERÓNIMO GRACIÁN

Toledo, 5 de setembro de 1576. Escolhe por confessor o Doutor Velásquez. Consulta o Pe. Salazar. Ninguém como Paulo[1] para confessor.

...Agora quero dizer a Vossa Paternidade uma coisa, pois o mensageiro é de confiança. Já sabe como Ángela tomou por confessor ao Prior da La Sisla[2], porque, pode crer, para muitas coisas não convém estar sem ter quem dê conselho: nem eu acertaria, nem teria sossego. O dito Prior costumava muitas vezes ir vê-la, mas desde que começou a confessá-la, quase nunca aparecia. Não podíamos entender a causa, nem a Priora nem eu. Estando a pobre Ángela a falar uma vez com José, ouvi dele: que o detinha por ser melhor para ela o Doutor Velásquez, Cônego muito douto e grandíssimo letrado daqui; com este teria algum alívio. Ele faria que a ouvisse e entendesse (porque havia a dúvida de ser muito ocupado). E por ser José pessoa tão grave, como Vossa Paternidade sabe, e quando lhe aconselha coisas semelhantes sempre resultar bem, não sabia ela o que fazer, por estar já tratando com o outro, e dever-lhe tanto; por outra parte, temia contrariar a José.

Nisto passou alguns dias; custava-lhe não poder tomar o parecer de Vossa Paternidade; e também tinha receio de desassossegar-se e de tratar com tantos. Acontecendo vir aqui o Pe. Sa-

---

1. Isabel de S. Domingo, priora de Segóvia.
2. A ordem era de não receber postulante alguma sem licença de Pe. Gracián.
1. Por receio de as cartas se extraviarem, a Santa usa pseudônimo: José e Jésus, Paulo e Eliseu, Gracián; Ángela e Lourença, a própria Santa etc.
2. Pe. Diego de Yepes, religioso Jerônimo, mais tarde Bispo de Tarazona.

lazar, determinou-se a fazer o que ele dissesse, conquanto não lhe sorrisse a mudança. Quase se queixava de José por não a ter avisado antes. Relatou, pois, ao Pe. Salazar tudo o que se passava; e note-se que, de outra vez que havia estado aqui, ele mesmo lhe havia sugerido o Prior de La Sisla. É o Pe. Salazar, como Vossa Paternidade sabe, uma pessoa com quem se pode falar abertamente, porque já está informado de tudo. Respondeu que fizesse como José havia dito; assim se fez, e ao pé da letra se vão cumprindo as palavras de José. Com efeito, tendo vindo cá o Prior e perguntando-lhe a Madre como fazia assim com ela, respondeu que não o sabia explicar, pois, não havendo coisa que mais desejasse, e vendo que muito o havia de chorar mais tarde, não era senhor de si neste ponto, nem podia reagir, e ficava muito espantado de não conseguir dominar-se.

Quanto ao outro[3], não se fez esperar nem um dia; disse logo que, por maiores ocupações que tivesse, viria cada semana, tão grande é sua bondade. Tal contentamento mostrou como se lhe dessem o Arcebispado de Toledo, e até, penso, não o apreciaria tanto. Frei Fernando de Medina[4] contará a Vossa Paternidade de quem se trata; não deixe de perguntar-lho. Para que veja Vossa Paternidade como o toma a peito o Doutor Velásquez, envio-lhe um bilhete que me escreveu, tendo-o eu chamado para consultar sobre algumas dúvidas. Por serem coisas longas, não repito; aliás não eram de oração.

Assim pois, meu Padre, confessou-se Angela com ele e está muito contente; e o melhor é que, depois de ter conhecido a Pablo[5], em ninguém achava alívio nem contentamento para sua alma, e agora, embora não seja tanto como com ele, tem sossego e satisfação e sente a vontade inclinada a obedecer-lhe. É isto grandíssimo alívio para ela, que, pelo costume de toda vida estar sujeita, em se vendo sem Pablo, não se sente satisfeita em nada que faz; nunca lhe parecia estar acertando, e, por outro lado, queria sujeitar-se a outro e não podia. Creia: o mesmo Senhor que tolheu a um, moveu a outro. Tão espantada ficou ela com a novidade, como o Prior por sentir-se atado, sem fazer o que queria.

Asseguro a Vossa Paternidade que pode alegrar-se muito, se deseja dar algum alívio a Ângela. Já não é pouco o não ser tanto — refiro-me ao contentamento — como sentia com Paulo, mas ao menos não anda sem arrimo a alma. O Dr. Velásquez não ignorava a amizade que há entre ela e José; já tinha ouvido falar muito e não se espanta porque, sendo tão letrado, confirma-o com a autoridade da Sagrada Escritura. É grandíssimo alívio para a pobre, que de todas as maneiras a mantém o Senhor desterrada de tudo aquilo que ama. Seja bendito para sempre!

Resta agora não nos indispormos com o primeiro, nada lhe dando a entender. Pensará que por vir raramente, algumas vezes será feita a confissão com o outro. Ordene Vossa Paternidade que ela faça o que este lhe disser, como se Vossa Paternidade mesmo lho tivesse dito, para que ande sua alma com merecimento; pois, creia-me, são tão grandes os desejos que tem esta mulher e seus ímpetos de servir a Deus de algum modo, que, não podendo fazer coisas grandes, sente necessidade de buscar ocasiões para mais contentá-lo naquilo que está em suas mãos.

Indigna serva e filha de Vossa Paternidade,

TERESA DE JESUS, carmelita.

---

3. Cônego Dr. Velásquez, mais tarde Bispo de Sória e promotor da fundação de um Carmelo na sua diocese.
4. Carmelita da Observância, ao qual profetizou a S. Madre que passaria à Descalcez e, como Descalço, converteria uma certa alma, como efetivamente aconteceu. Mais tarde voltou à Observância.
5. *Pablo:* pseudônimo que a Santa aplica ao Pe. Jerónimo Gracián.

112. AO PE. JERÓNIMO GRACIÁN

Toledo, 5 de setembro de 1576. O Pe. Tostado em Portugal. Necessidade de clareza nos negócios dos Descalços em Roma. Instrução acerca das cartas endereçadas a Madri.

Jhs

A graça do Espírito Santo esteja com Vossa Paternidade. Remeti hoje umas cartas a Vossa Paternidade pelo correio-mor. É preciso não se esquecer de dizer-me se as recebeu, mas penso que foram com muita segurança daqui a Sevilha, por ser ele irmão de uma nossa monja.

Contava a Vossa Paternidade como o Tostado[1] partiu para Portugal no mesmo dia em que Vossa Paternidade chegou aqui; assim soube porque o Infante[2] e outro pregador de Andaluzia, que o estavam esperando, mandaram um mensageiro a Madri, que lhes trouxe esta notícia. Bendito seja o Senhor que assim houve por bem ordená-lo!

Saiba que os do Concelho dizem que se a licença depender do processo, não será dada, porque é preciso mais documentação de nossa parte; mas se virem uma letra do Núncio declarando que a dá, logo a concederão sem mais demanda. A este respeito D. Pedro González[3] recebeu aviso de um Ouvidor de sua amizade. Escreva-me Vossa Paternidade pelos Padres que voltarem do Capítulo[4], dizendo o meio a tomar; e se conviria recorrer a algumas pessoas da corte, como o Duque[5] ou outros.

Vem-me a suspeita de que por meio de cartas vindas de Roma impedem o Núncio de dar estas licenças, pois ao Pe. Frei Antonio[6] as deu facilmente, se não me engano. Tenho pensado também que, se apresentarem ao Papa essas informações não verdadeiras sem que haja lá quem nos defenda, alcançarão quantos Breves quiserem contra nós. É, pois, importante e urgente que alguns dos nossos estejam lá, porque, vendo seu modo de vida, logo se conhecerá a paixão dos acusadores, e penso que sem isto nada se fará; na volta, trariam licença para fundar algumas casas. Creia que é grande coisa estarmos apercebidos para o que der e vier.

Escrevo às pressas; apenas digo que todas se recomendam às orações de Vossa Paternidade, e eu às de todos esses meus Padres, especialmente o Padre Prior dos Remédios, embora esteja eu zangada com ele[7]. Desejo saber se já chegou o Pe. Mariano. Deus guarde a Vossa Paternidade e o tenha de sua Mão. Amém.

Muito me alegra ver como faz bom tempo para viajar. Estou à espera de Antonio[8]. Não esqueça Vossa Paternidade de escrever-me como se chama aquele criado de seu pai a quem devo remeter as cartas para Madri. Olhe, não se esqueça, e diga-me como hei de pôr o sobrescrito, e se é pessoa a quem se podem dar os portes.

É hoje 5 de setembro.

Estamos boas, e parece que vou cobrando algum alívio por ver que terei aqui meio seguro para escrever a Vossa Paternidade.

Indigna filha e súdita de Vossa Paternidade,

TERESA DE JESUS.

Olhe, meu Padre, não perca o papel que lhe dei; disse-lhe que o guardasse na pasta, e não o fez. Gostaria que tivesse outra cópia dele na arquinha, pois causaria muito embaraço se viesse a perdê-lo.

---

1. *Tostado:* Jerónimo Tostado, visitador dos carmelitas espanhóis em nome do Geral.
2. Frei Juan de las Infantas, Prior de um convento da Observância.
3. Cônego de Toledo.
4. Capítulo reunido pelos Descalços em Almodóvar del Campo.
5. De Alba.
6. Para fundar em Almodóvar.
7. Frei Antonio de Jesús.
8. Antonio Ruiz, já mencionado.

113. AO PE. FREI JERÓNIMO GRACIÁN

Toledo, 6 de setembro de 1576. Os Calçados andaluzos. O Núncio a favor da Descalcez. Enfermidade da Priora de Malagón e dificuldade de substituí-la no cargo.

Jesus esteja com Vossa Paternidade. Acaba de chegar agora o mensageiro que leva esta carta, e, como disponho de bem pouco tempo, não me estenderei. Louvo ao Senhor por ter Vossa Paternidade chegado bem. Por duas vias já lhe escrevi que Peralta[1] partiu para Portugal na mesma quinta-feira em que Vossa Paternidade aqui chegou. Santelmo[2] escreveu-me hoje (e remeto inclusa a sua carta) dizendo que nada temos a temer, pois é fora de dúvida que Matusalém[3] está muito resolvido a cumprir nosso desejo de separar as águias[4]; já viu que assim convém.

De Sevilha escreveram-me hoje contando o barulho e regozijo que há por lá com a publicação das patentes de Peralta; apregoam por todo o povo que hão de sujeitar as mariposas[5]. Por certo, foi conveniente o que fez o Senhor. Bendito seja para sempre! Infante veio falar-me; queria carta para Paulo. Respondi-lhe que por mim nada conseguiria, e ele mesmo lhe falasse; acha que em nada teve culpa. Penso que se houvesse esperança da volta de Peralta, não estaria tão submisso.

Acerca do que diz Vossa Paternidade da Priora de Malagón, já escrevi a Vossa Paternidade sobre o assunto. Mas coisa tão grave não a deve descarregar Vossa Paternidade sobre mim; não tem cabimento, nem eu consciência para estorvá-lo, vendo que Vossa Paternidade o quer. Suplico-lhe portanto: faça o que lhe parecer melhor, e veja quem servirá, pois para aí há de ser mais do que simples Subpriora. Não vejo outra senão a Priora de Salamanca. A que Vossa Paternidade propõe, não a conheço, e é muito nova; mesmo a outra preencherá bem mal o lugar de Priora. Estou muito preocupada. Vossa Paternidade o encomende a Deus, e deixe ordenado debaixo de preceito o que houver por bem. Muito imprópria ocasião é para levar e trazer monjas. O Senhor o encaminhe, que a necessidade não tem lei.

É hoje 6 de setembro, quinta-feira.

Não tenho tempo para escrever a meu Pe. Frei Antonio, nem para dizer mais.

Serva e filha de vossa reverência,

TERESA DE JESUS.

114. A MADRE MARÍA DE S. JOSÉ, PRIORA DE SEVILHA

Toledo, 7 de setembro de 1576. O Tostado e os Descalços. Sobre a segurança das cartas. Teresita em S. José de Ávila. Desapego dos parentes. Dotes e outros assuntos das Descalças de Sevilha. A Priora de Malagón e várias pessoas conhecidas da Santa.

Jesus esteja com vossa reverência. Asseguro-lhe que folgo tanto com suas cartas, que chego a desejá-las. Não sei o motivo desse particular amor que tenho a essa casa e às que nela estão; talvez porque aí passei tantos trabalhos. Já estou boa, glória a Deus; as febres foram dar num grande defluxo.

Bem via o trabalho que teriam com esses ditos e feitos desses Padres[1]; por aqui também não nos tem faltado. Mas, assim como nos livrou Deus do Tostado[2], espero em Sua Majestade, que em tudo nos há de favorecer. Por certo que a ele não levantaram falso, pois deu boas mostras de como

---

1. Refere-se a Pe. Tostado.
2. Pe. Olea.
3. O núncio Ormaneto.
4. Os Descalços.
5. As Descalças.
1. Da Observância.
2. *Tostado:* ver carta anterior.

vinha mal-intencionado contra os Descalços e contra mim. Precisamos sempre de muita oração, a fim de que Deus livre desses homens a Nosso Padre, e lhes dê luz, de modo a ficarem bem assentadas todas estas coisas, pois enquanto o Reverendíssimo Geral estiver assim desgostado, creia-me: teremos bem ocasião de merecer.

Como por Nosso Padre saberá tudo, nada lhe direi agora sobre este assunto; só lhe rogo, por caridade, que tenha muito cuidado de me pôr a par dos acontecimentos, quando Nosso Padre não puder, e que lhe entregue minhas cartas e se encarregue das dele. Bem sabe o que passei, com sobressaltos, ainda estando eu aí; que será de tão longe? O correio-mor aqui é primo de uma das nossas monjas de Segóvia. Veio ver-me e diz que, em atenção a ela, fará maravilhas. Chama-se Figueredo. É, repito, o correio-mor da cidade. Ficamos combinados; promete que, se vossa reverência tiver cuidado de entregar as cartas ao correio-mor daí, em oito dias, pouco mais ou menos, poderei receber suas notícias. Veja que grande coisa seria! Assegura que, se puserem sobre o pacote das cartas um papel dizendo que são para Figueredo, correio-mor de Toledo, mesmo que sejam muito importantes, nenhuma há de se perder. Tudo é trabalho para vossa reverência; mas sei que outros maiores tomaria por mim, assim como eu também os tomaria por todas essas minhas filhas.

Saiba que me dão às vezes tantos desejos de vê-la, que pareço não ter outro pensamento; é a pura verdade. Lá se informe, se ao correio-mor hei de dar o título de Magnífico, ou qual outro. Ele está muito bem colocado. Por esta razão gostei de ficar aqui por enquanto, pois em Ávila há falta de comodidade para correspondência, e mesmo para outras coisas. Só tenho pesar por estar longe de meu irmão, que o sente muito. Vossa reverência faz mal de não lhe escrever de vez em quando. Por esta carta dele verá como está mal da saúde; contudo louvo a Deus por não ter febre.

Nunca me lembro de guardar as cartas em que me falam de Teresa[3]. Escreveram-me que todas se sentem confusas por ver sua perfeição e gosto para os ofícios baixos. Diz que ninguém pense que por ser sobrinha da fundadora hão de fazer mais caso dela, senão menos. Querem-lhe muito e tecem-lhe grandes elogios. Louvem a Deus, pois lhe deram a ganhar tanto bem, e por esta razão lho estou contando. Muito me alegro de que a encomendem a Sua Majestade. Quero extremamente a ela e a seu pai; mas creio e posso dizer-lhe com verdade que me sinto aliviada por estarem longe. Eu mesma não entendo a causa; só pode ser porque os contentamentos da vida já são cansaço para mim. Deve ser pelo medo que tenho de me apegar a coisa da terra; e, assim, o melhor é fugir da ocasião. Contudo, neste momento, para não ser desagradecida a meu irmão pelo que tem feito por nós, quisera estar junto dele, porque está à minha espera para assentar algumas coisas.

Não deixem de avisá-lo acerca da alcabala; e a mim também, de acordo com o papel que lhes envio. Bem vejo que lhes há de faltar dinheiro, e por isso tenho tratado da candidata apresentada por Nicolau, para ver se lhes dão quanto antes os quatrocentos ducados. Já eu a tinha despedido, por ouvir dizer que tem não sei que sinal, mas escreveu-me Nicolau outra vez esta carta, que lhe remeto. Nosso Padre diz que não nos convém. Contudo, não tornei a rejeitá-la, porque sendo tal a necessidade do convento, podem ver se dará certo fazer a experiência. Talvez seja boa. Trate-o lá com Nosso Padre, se estiverem apertadas, e informem-se das faltas que ela tem, que eu pouco lhe falei sobre este assunto. Vejo que aí não contam com muitos recursos. Com efeito, admirei-me de que a mãe de Beatriz não tenha dado mais de mil e quinhentos ducados; mas é tão boa, que até de graça seria grande lucro recebê-la. Gostei de saber das meias e dos trabalhos que fazem para vender: ajuda-te, e Deus te ajudará.

Em resposta ao que me propõe de remir os censos mediante a venda desses outros, claro está que seria grandíssimo bem ir aos poucos diminuindo a carga que pesa sobre o convento. Se a eles ajuntasse o dote de Bernarda — refiro-me à filha de Pablo —, e o total completasse três mil ducados, não deveria deixar de assim fazer. Consulte primeiro algumas pessoas de autoridade. Quando impuseram essa condição, disse-me o Pe. Mariano que não havia importância e ainda assim havia

---

3. Teresita, filha de D. Lorenzo.

de se aceitar, porque seria contra a justiça agir de outro modo. Informe-se de tudo; antes de remir o censo, é preciso estar com o dinheiro em casa. O Pe. Garcia Álvarez fale com uns e com outros, e tratem-no com Nosso Padre, que, estando ele aí, não vejo para que acudir a mim com negócios, senão a ele. Praza a Deus não diminuam o dote de Leonor; digam-me como anda e se, de sua parte, se esforça, que eu não estou nada satisfeita de seu entendimento.

Sobre a pretendente de Fanegas, é muito arriscado receber neste momento alguma postulante sem dote; só poderá ser se a recebermos unicamente por amor de Deus, pois aí nunca se tomou alguma por esmola. Ele nos ajudará, e talvez traga outras, para que no futuro possamos ainda fazer isto por Ele; bem entendido quando importunarem muito a Nosso Padre e ele assim mandar a vossa reverência. De sua parte não diga uma palavra; e cuide muitíssimo, amiga, em não ser precipitada no receber noviças: importa tanto quanto a vida entender se servem para nós. Essa de Nicolau não deve ter mais do que ser gentil.

A sobrinha ou prima de Garciálvarez é tal qual eu lhe falei, se não me engano. O mesmo me assegurou Callabar. Não creio que seja D. Clemencia, e sim a outra. Pode contar francamente a Garciálvarez como ouviu dizer que ela já esteve atacada de grande melancolia. A mim disseram claramente que esteve louca; por isso, não falei mais nela, ao que me parece, e creio não me enganar. As outras têm pai vivo, e antes que recebam alguma coisa, não faltará trabalho. Ainda que assim não fora, é preciso atualmente não sobrecarregar a casa, a não ser para nos livrar logo da dívida. Esperemos um pouco; com tantos enredos desses Padres, não me espanto de não entrar noviça alguma.

Tudo o que gastar em portes ponha por escrito, para descontar dos quarenta ducados que lhe enviaram de S. José de Ávila; e olhe bem! não faça outra coisa, pois não seria generosidade, senão tolice. Não é à toa que lhe digo isto. Como tem a presunção de já estar me enviando dinheiro! Achei graça, por estar eu aqui com tanto cuidado, pensando como se poderão remediar. Contudo veio em boa hora e servirá também para pagamento de portes. Deus lhe pague, e também a água de flor de laranja, que chegou muito bem; e a Juana de la Cruz, o véu. Entretanto, de outra vez não se adiantem a fazer tais coisas, pois quando eu tiver alguma necessidade as avisarei, podem estar certas, e, segundo me parece, com mais franqueza e amizade, ou pelo menos tanta, como àquelas em quem mais confio, na certeza de que vossa reverência e todas me servirão de boa vontade.

A tal de boa voz nunca mais apareceu. Tenho muita preocupação de ver se acho alguma que lhes convenha.

Oh! que desejo tenho de que a cidade lhes dê água! É tanto que nem ouso esperá-lo. Alguma confiança me dá o pensar que poderá o Pe. Mariano, ou Nosso Padre, ter alguma influência sobre Frei Buenaventura, que é agora Guardião dos Franciscanos. Deus o permita, pois grande descanso seria para nós. Agora acreditarão, estando aí Nosso Padre, que mais quisera eu ver-me lá do que aqui, ainda mesmo que tivesse de passar maus bocados com o Bispo. Até me espanta o contentamento que me dá a ideia de ir para aí, mas Deus viu que assim é melhor. Por tudo seja bendito, e guarde-me Ele a vossa reverência muitos anos.

Para não lhe causar pena, não quisera falar-lhe no que sofro com a nossa Priora de Malagón; mas curá-la é o menos, para Deus que a criou. Sem falar no bem que lhe quero, é terrível a falta que faz numa ocasião como esta. Quis trazê-la; mas disse-me este doutor que trata de nós que, se lá houvesse de viver um ano, não viveria aqui nem um mês. O Senhor nos acuda com o remédio. Encomendem-na muito a Sua Majestade. Está completamente desenganada pelos médicos; dizem que é tísica. Guardem-se de beber água de salsaparrilha, embora tire dor de…[4] A priora e as Irmãs recomendam-se a vossa reverência.

Muito pesar tem me dado a doença de meu santo Prior[5]; já o encomendamos a Deus. Faça-me saber dele, e Delgado, que fim levou? Conte-me se a mãe de Beatriz deixou a ele e a sua irmã

---

4. Original ilegível.
5. Da Cartuxa.

alguma coisa e se reverte em benefício da casa. Dê minhas lembranças a quem julgar conveniente, e a todos em geral; e fique-se com Deus, que muito me alonguei. Gostei de saber que estão boas, especialmente vossa reverência, pois vivo assustada com estas Prioras, pelo que tem havido. Deus a guarde para mim, filha minha.

De Caravaca e Beas recebo cartas algumas vezes. Trabalhos não faltam em Caravaca, mas espero em Deus que a tudo dará remédio.

É hoje 7 de setembro.

De vossa reverência,

TERESA DE JESUS.

Agora nos escreveremos mais vezes. Olhe que não se descuide, e não deixe de regalar, uma vez por outra, a Nosso Padre. Ele pensa inteiramente como nós: não convém obsequiar Frades aí. Já insistimos tanto sobre este ponto, que receio algum exagero[6], pois vossa reverência bem vê a necessidade que ele tem e quanto nos importa sua saúde.

Como não me dá notícias de Frei Gregorio? Recomende-me muito a ele, e diga-me como vão esses Padres, pois, se vossa reverência não me informar de tudo, ninguém o fará. E como vai vossa reverência com o Pe. Frei Antonio de Jesus?

Não responderei a Nicolao até que vossa reverência me avise. Meio real há de dar de porte, quando não forem senão três ou quatro cartas, aumentando-o quando forem mais.

Como sei o que é ver-se em necessidade e como é difícil achar dinheiro aí, não me atrevi a desenganar de todo a Nicolao. É mister informar bem a Nosso Padre de cada coisa em particular quando lhe pedir parecer, pois, como anda tão ocupado, não pode atender a tudo.

115. A MADRE MARÍA DE S. JOSÉ, PRIORA DE SEVILHA

Toledo, 9 de setembro de 1576. Prazer que lhe causam as cartas da Priora de Sevilha. Sobre algumas postulantes e noviças e outros assuntos desta casa. Teresita se lembra de Sevilha. Atum, tolas e marmelos. Saias de estamenha.

Jhs

A graça do Espírito Santo esteja com vossa reverência, filha minha. Eu lhe digo de verdade que me dão tanto consolo suas cartas, que, tendo lido uma e pensando não haver mais, ao deparar com a outra senti tanto gosto como se nenhuma tivesse recebido; de maneira que me espantei de mim mesma. Por isso entenda que sempre me servirão de alegria suas cartas. Envie-me sempre em um papel à parte os pontos aos quais preciso responder, para não ficar esquecida alguma resposta.

Quanto ao referente às monjas, acho que Nosso Padre já deixou ordenado que entre a mãe de Beatriz, com o que folguei muito; portanto faz bem em recebê-la, e pode dar-lhe o hábito em muito boa hora. Para mim é particular contentamento; diga-lhe que eu gostaria de estar na mesma casa que ela. Quanto a Beatriz, pode fazê-la professar, como lhe escrevi, e eu falarei a Nosso Padre. Encomende-me muito a ela; e diga-lhe que, no dia, não se esqueça de mim.

Acerca das primas de Garciálvarez, não sei se está lembrada de como me disseram que uma andou extremamente melancólica, chegando a perder o juízo. Não creio que seja D. Constanza. Trate esse negócio com clareza. Da sobrinha nada sei; qualquer parenta sua é vantajosa, se for própria para nossa vida. Informe-se bem e, quando estiver inteirada de tudo, mande pedir licença a Nosso Padre, que deve estar em Almodóvar, pois já terá sabido vossa reverência como lá se reuniram em Capítulo os Descalços, o que é grande bem para nós. Por que não me fala da doença do Pe. Frei Gregorio? Fiquei verdadeiramente penalizada.

---

6. Da parte de Pe. Gracián, em recusar até o necessário à sua saúde.

Voltando às noviças: uma de boa voz, segundo lhe escrevi, nunca mais voltou. Trata-se agora da admissão da outra, bem recomendada por Nicolao[1], e deste último diz o Pe. Mariano que há de fazer muito por esta casa. Além do enxoval, levará pouco mais de quatrocentos ducados de dote; mas serão entregues já, e isto é o que nos convém, para que aí possam pagar os juros, e não andem preocupadas; e talvez mesmo o alcabala, conforme combinamos. Foi pena não ficar o negócio concluído antes de morrer aquela pessoa; mas talvez tenha sido em vista de maior bem.

Sempre esteja certa de que melhor será entrar em acordo; não se esqueça disto, porquanto, segundo me escreveu Nosso Padre, um grande letrado da corte foi de parecer que a justiça não está do nosso lado; e ainda que estivesse, não se esqueça: é detestável andar com demandas.

Asseguram-me que a tal noviça é muito boa. Recomendei com instância a João Díaz que a examine, e se bastar para desfigurá-la um certo sinal, que, ouvi dizer, tem no rosto, não a recebam. Pôs-me água na boca esse dinheiro pago à vista no momento em que quisermos, porque prefiro que não toquem no da mãe de Beatriz e nem no de Pablo, deixando estes para o pagamento principal. Se o forem diminuindo com outras despesas, ficarão com uma dívida pesadíssima, e por certo, é coisa terrível; por isso quisera eu que por este modo se remediassem. Vou informar-me bem desta moça; muitos a elogiam, e, afinal, é das bandas de cá. Procurarei vê-la.

Alegrou-me extremamente que o Bispo esteja com saúde. Nessas ocasiões a que vossa reverência alude, faça o que lhe dizem; mas depois é preciso cortar e guardar nossas obrigações, por mais que se aborreçam conosco.

Torno a dizer-lhe: não quisera que fossem vendendo os censos trazidos por essa Irmã; busquem outra solução, pois ficaríamos muito sobrecarregadas. Será uma salvação pagar tudo junto com o dinheiro dela e o de Pablo, e ficarão muito aliviadas.

Oh! como veio a meu gosto a carta de minhas filhas! Confesso-lhe que me pareceu ótima. Encomende-me muito a elas; não lhes respondo para escrever a nosso bom Garciálvarez. Agrada-me ter ele esse gênio. Contudo andem recatadas, pois é tão perfeito que talvez venha a escandalizar-se do que a nosso ver lhe causa devoção. Não é terra essa em que se possa usar de muita simplicidade.

Alegrei-me extremamente com as boas notícias do Bispo e tenho dado graças ao Senhor. Diga-lho quando o vir; e, ainda que não receba muitas vezes sua visita, não se importe. Desta vez estavam muito boas as cartas: cada uma me dava conta de uma coisa. Causaram-me grande prazer.

Teresa vai indo muito bem. É para louvar a Deus a perfeição que mostrou por todo o caminho: causou espanto. Nem uma noite quis dormir fora do mosteiro. Posso dizer-lhe: se tiveram trabalho com ela, agora as está honrando. Nunca poderei agradecer-lhes bastante a boa educação que lhe deram, e nem seu pai tampouco. Está bom. Rasguei uma carta que dela recebi e que nos fez rir. Sempre a encomendem a Deus, por caridade; especialmente o peço à sua Mestra. Escreveram-me que Teresa ainda tem saudades de Sevilha, e sempre as louva muito. Pretendo enviar umas cartas para o Assistente, junto com estas. Se não forem agora, irão depois.

Hoje escrevi ao Conde de Olivares em Madri, pedindo-lhe que escreva para aí. Se o fizer, será grande auxílio para nós. Deus o mova! Farei o que puder da minha parte, praza a Deus consiga eu alguma coisa. Consola-me muito saber que essa casa é fresca; a troco disto, aceito de bom grado o calor que faz aqui. Não me enviem mais presente algum, por caridade, pois se paga mais de frete do que vale. Alguns poucos marmelos chegaram perfeitos; as tolas, boas. O atum ficou em Malagón, em boa hora! Como vão escrever-lhe, não preciso falar nos trabalhos que há por lá e na pouca saúde da Priora, embora, Deus louvado, lhe tenham cessado as hemoptises. Ele as guarde para minha consolação, minhas filhas, e as faça santas. Amém.

---

1. *Nicolao:* Pe. Nicolás Dória.

Não me parece que se atrevam a dar resposta à sua carta. Contudo, digo que, pois trazem túnicas de estamenha, sem nenhuma imperfeição podem trazer dela também as saias. Mais as quisera eu assim que de bom pano.

É hoje 9 de setembro.

Eu de vossa reverência,

TERESA DE JESUS.

116. AO PE. JERÓNIMO GRACIÁN

Toledo, 9 de setembro de 1576. Queixas contra um Provincial. Quiroga sente-se feliz por ter uma sobrinha na Descalcez. D. Juana Dantisco, sua filha, nas Descalças.

Jhs

O Espírito Santo guie a vossa mercê e lhe dê luz, e sua Virgem o acompanhe.

Quero dizer-lhe, a meu ver, será preciso Vossa Paternidade lançar mão dos menos culpados entre esses Padres[1] para que executem suas ordenações. Esse Provincial, se não tivesse dado tantos passos errados, não seria mau para verdugo[2]. Sinto muito mais ânimo agora que da outra vez.

Saiba que está aqui meu bom amigo Salazar[3]. Apenas lhe escrevi que tinha necessidade de falar com ele, veio, apesar de lhe ser preciso rodear muitas léguas; é amigo deveras. Muito me alegrei de estar com ele; contou-me que o Anjo Maior[4] está muito ufano de ter uma sobrinha entre as mariposas[5] e as considera muito. Por sua vez, lhe falou Salazar sobre as águias[6]; não se cansa de louvá-las.

A Priora e estas Irmãs mandam muitos recados a Vossa Paternidade e sempre o recomendam a Deus. A minha Isabel está muito bonita. Leia esta carta, que incluo, de minha senhora D. Juana[7]; muita consolação nos dará ela com sua visita, embora seja terrível mortificação para mim não ter nesta casa acomodação para executar o que Vossa Paternidade manda. Mas como não avisou a esse Roque[8] a respeito de minhas cartas? Vejo que é este o nome que eu queria saber. Perdoe o comprimento desta carta: serviu-me de descanso. Deus acompanhe a Vossa Paternidade.

Ontem foi dia de Nossa Senhora.

Hoje chegou Antonio[9].

Indigna filha,

TERESA DE JESUS.

Escreveu-me Rodrigo Álvarez[10] falando muito de Vossa Paternidade. Rogo-lhe, por caridade, não deixe de manter relações com esses Padres, como tem feito sempre.

---

1. Da antiga Observância do Carmo.
2. Para corrigir os merecedores da penitência.
3. Pe. Gaspar de Salazar, jesuíta.
4. Cardeal Quiroga.
5. *Mariposas:* as carmelitas.
6. *Águias:* os carmelitas.
7. Dona Juana, mãe, e Isabel, irmã de Pe. Gracián.
8. Roque de Huerta, um dos notários do rei.
9. Antonio Ruiz.
10. Jesuíta, a quem a Santa dá conta de seu espírito nas *Relações* IV e V.

117. A D. FRANCISCO DE SALCEDO, EM ÁVILA

Toledo, 13 de setembro de 1576. Consola D. Francisco em suas necessidades materiais. Agradece as esmolas que, apesar de tudo, faz às monjas de S. José. Deus é bom pagador.

Jhs

A graça do Espírito Santo esteja sempre com vossa mercê. Parece-me que trata Nosso Senhor a vossa mercê como a varão forte, ... tirando-lhe a renda... por tudo seja bendito, Ele que assim enriquece aqueles que ama, exercitando-os no padecer.

Logo que o soube, fiquei penalizada...[1] Contei-o a Nosso Padre Visitador, que já o tinha ouvido do Ilustríssimo Presidente do Concelho Real. Depois pensei ser isto o melhor, porque não é possível que... Vossa mercê, vendo que não tem com que viver. Nosso Senhor encaminhe o que há... para que vossa mercê mais o sirva; só isto havemos de querer, todos nós que o amamos no Senhor, pois é o que mais lhe convém. Muito suplico a Deus, e estas Irmãs fazem o mesmo, e as de lá não se descuidarão, e é impossível... o que for mais conveniente a vossa mercê, por isso esteja confiado e alegre.

Eu assim também estou; disseram-me... de vossa mercê que... um ano... a par... muito bem... os achaques que... que a Madre Priora ainda não me escreveu. Seja (Deus bendito) e pague a vossa mercê a caridade que sempre faz às Irmãs como verdadeiro pai... pois vossa mercê é incansável.

Sua Majestade, não há dúvida, é muito bom pagador. Não faço..., e assim não foi consagrado o cálice. Dizem que não tardará a chegar; procurarei, assim que vier, mandar-lho; conserte-o por lá. No mais, suplico a vossa mercê: não se esqueça de encomendar-me no Santo Sacrifício da Missa a Deus, o qual o guarde muitos anos com a santidade que a vossa mercê desejo. Amém.

É hoje 13 de setembro.

Indigna serva de vossa mercê,

TERESA DE JESUS, carmelita.

118. AO PADRE JERÓNIMO GRACIÁN, EM SEVILHA

Toledo, 20 de setembro de 1576. Excelentes qualidades de D. Juana Dantisco e amizade que contraiu com a Santa. Entrada no Carmelo de algumas filhas de D. Juana. Pleito de amor entre D. Juana e a "a pobre Lorencia". O Capítulo de Almodóvar e os assuntos dos Descalços. A Priora de Malagón e sua sucessora. Isabelita Gracián, linda e gordinha.

Jhs

A graça do Espírito Santo esteja com Vossa Paternidade. Não pense, meu Padre, aperfeiçoar as coisas de um só golpe. Que fruto poderá fazer Vossa Paternidade nos dois ou três dias que passa nesses conventinhos, que outro tanto não faça o Pe. Frei Antonio? Com efeito, ainda bem não saiu o Visitador, quando tornam a ficar como estavam; e é expor-se a mil perigos.

A senhora D. Juana está muito convencida de que Vossa Paternidade faz sempre o que lhe peço. Praza a Deus neste caso que seja assim! Três dias passou aqui Sua Mercê, mas não gozei dela tanto quanto quisera, porque teve muitas visitas, especialmente do Cônego; ficaram grandes amigos. Posso afirmar a Vossa Paternidade: os dotes que ela recebeu de Deus são dos mais raros; talento e amenidade como poucas vezes vi semelhantes em minha vida, e até, creio, nunca; suma franqueza e simplicidade —, coisa pela qual sou perdida. Muitas vantagens faz a seu filho neste ponto. Grandissimamente me consolaria de estar em algum lugar onde pudesse tratar muitas vezes com ela e suas filhas. Estávamos tão amigas, como se toda a vida houvéssemos estado juntas.

---

1. Original ilegível.

Diz que muito gostou daqui. Permitiu Deus que se achasse perto um aposento em casa de uma senhora viúva que mora só com as suas criadas. Ficou muito a seu gosto e aqui pertinho, o que lhe pareceu grande felicidade. De cá iam preparadas as suas refeições; cobri vida com o que Vossa Paternidade me ordenou de poder dispor de algum dinheiro, para não estar dependendo do convento; do contrário seria para mim muito penoso. Apesar de quase nada, fiz tudo mais a meu gosto.

Achei graça de me dizer Vossa Paternidade que abrisse a ela a cortina; dir-se-ia que não me conhece. As entranhas quisera eu abrir-lhe! Até o último dia esteve com a senhora D. Juana sua filha do mesmo nome, que me pareceu muito bonita. Causa-me grande lástima vê-la ir para o colégio de jovens, porque, segundo disse, e de fato é verdade, mais trabalho tem lá do que acharia aqui. De boa vontade lhe daria eu o hábito, assim como a esse meu anjinho, sua irmã que está tão bonita e gordinha, a ponto de não se poder desejar mais. A senhora D. Juana não cabia em si de espanto ao vê-la e Periquito[1], seu irmão, que veio cá, afirmava seriamente que não a reconheceria. É toda a minha recreação aqui. Aconselhei muito a senhora D. Juana[2], já no último dia; pareceu um pouco abalada, segundo me disse Ana de Zurita a quem ela contou ter passado nessas disposições aquela noite e não estar muito longe de atender ao que lhe disse, mais ia pensar mais. Deus a mova! Reze nesta intenção, pois, como se parece tanto com Vossa Paternidade, muito a quisera eu comigo.

Viu a senhora D. Juana, sua mãe, o contentamento e modo de tratar de todas, e vai determinada a procurar com brevidade que seja recebida a senhora D. María[3] em Valladolid; e até, penso, estava arrependida de haver encaminhado a outra parte a senhora D. Adriana[4]. Muito contente partiu, ao que me parece, e, creio, absolutamente não é fingida.

Ontem recebi de Sua Mercê uma carta com mil carinhos, dizendo-me que no tempo que passou aqui esqueceu suas penas e tristezas. Rasgaram-me juntamente com outras pois cheguei a ficar atordoada, nestes últimos dois dias, com as cartas sem conta que recebi. Estou muito pesarosa, porque tencionava mandá-la a Vossa Paternidade. Contou-me que, no dia em que ela partiu daqui, ficou livre das terças o senhor Lucas Gracián, e já está curado. Oh! que encantadora criatura é Tomás de Gracián! Contenta-me plenamente; também veio cá. Escrevi hoje a Sua Mercê dando-lhe notícias de Vossa Paternidade. Estava bom.

Andei pensando a qual das duas quereria mais bem Vossa Paternidade, e pareceu-me o seguinte: a senhora D. Juana tem o amor de seu marido e de seus outros filhos, e a pobre Lorencia não tem outra coisa na terra, senão esse Pai. Praza a Deus guardar-lho, amém; quanto a mim, muito a consolo. Disse-me ela que José tornou a sossegá-la, e com isto vai passando a vida, embora com trabalhos e sem alívio neles.

Tratemos agora do Capítulo. Os Padres vieram contentíssimos[5], e eu o estou não menos com o bom resultado que se alcançou, glória seja a Deus! Por certo que desta vez não escapa Vossa Paternidade de grandes louvores. É tudo obra sua, conquanto as orações, como Vossa Paternidade diz, tenham talvez contribuído muito. Gostei extremamente de haver quem zele sobre as casas: é ótima medida, muito proveitosa. Insisti para que se exija muito o trabalho de mãos, que é de suma importância. Respondeu-me que escreveria sobre este ponto a Vossa Paternidade, pois não se tratara dele no Capítulo. Fiz-lhe então ver que já está nas Constituições e Regra, e qual o fim do Capítulo senão fazê-las guardar? Outra coisa que também me contentou tanto, que nem ousava crê-lo, foi o haverem despedido da Ordem aqueles que mereciam ser expulsos. Terem podido fazê-lo, foi grande coisa.

---

1. Pedro Gracián.
2. Refere-se à filha, não à mãe.
3. Chamou-se María de San José, no Carmelo.
4. Monja da Ordem de São Jerônimo. Os pais de Pe. Gracián tiveram vinte filhos.
5. Algum deles foi dar conta do resultado à Santa Madre, que a este se refere no que diz um pouco adiante. O Capítulo de Almodóvar, como logo se viu, foi um grande erro e originou gravíssimas consequências para a Reforma.

Outro motivo de satisfação para mim foi o alvitre de procurarem fazer Província à parte por via de Nosso Padre Geral, usando de todos os modos possíveis; porque andar desavindos com o Prelado é guerra intolerável. Se, para o conseguir, houver necessidade de dinheiro, Deus proverá para os dois que vão a Roma; e, por amor de Deus, use Vossa Paternidade de diligência para que partam quanto antes. Não considere coisa acessória, pois é o principal; e se esse Prior da Peñuela conhece tanto o Padre Geral, seria bom companheiro para o Pe. Mariano. Se nada puderem conseguir, recorram ao Papa; porém muito melhor seria o primeiro alvitre, e agora é ótima ocasião. E visto Matusalém[6] estar tão bem-disposto, não sei o que aguardamos; seria ficarmos sem nada aqui, e na hora mais necessária ver-nos perdidos.

Saiba que um clérigo, amigo meu, trata comigo das coisas de sua alma e hoje me disse: tem toda a certeza de que Gilberto morrerá muito breve, e até, segundo me afirmou, este ano. De outras vezes tendo entendido o mesmo acerca de algumas pessoas, nunca saiu errado. Embora não se deva fazer caso de pressentimentos, pode acontecer, e é bom admitir essa possibilidade, por dizer respeito a nossos negócios. Traga-a sempre diante dos olhos, Vossa Paternidade e trate da visita como de coisa que há de durar pouco. Frei Pedro Hernández para tudo o que determinou executar na Encarnação tomou por instrumento Frei Ângelo, ficando ele sempre de longe, e nem por isso deixava de ser Visitador e de fazer seu ofício. Sempre me recordo do que fez esse Provincial[7] em favor de vossa reverência quando o teve com os outros Padres em sua casa; e quisera eu, se fosse possível, não se mostrasse desagradecido. Queixam-se de que Vossa Paternidade se deixa reger pelo Padre Evangelista; também neste ponto convém ir com advertência, pois não somos tão perfeitos que nos escusemos de ter prevenção contra alguns e afeição a outros, e é preciso ter cuidado em tudo.

A Priora de Malagón está um pouco melhor, glória a Deus; contudo não se deve fazer muito caso de tais melhoras, segundo dizem os médicos. Muito me espantei de que Vossa Paternidade quisesse deixar-me livre sobre a minha ida a Malagón, sem decidir positivamente; e isto por muitas causas. Uma delas é que não vejo motivo, pois nem tenho bastante saúde para tratar de enfermas, nem bastante caridade. Pela casa, ou antes, pelas obras, muito mais faço aqui; pois, estando ali Antonio Ruiz, as monjas nada terão a fazer, e, ainda que houvesse grande motivo, o tempo não é favorável como Vossa Paternidade vê.

Outra coisa interessante: diz-me Vossa Paternidade que nem mo ordena nem lhe parece bem que eu vá; portanto faça o que melhor me parecer. Que perfeição engraçada seria chegar eu melhor meu modo de ver que o de Vossa Paternidade! Como me disseram que a Priora não estava mais consciente e havia perdido a fala — no que houve bastante exagero —, mandei Juana Bautista tomar conta da casa, pois, a meu parecer, era a melhor. É que tenho tanta repugnância de trazer monjas de longe, que, até não haver remédio, vou protelando. Escrevi logo à Priora — no caso de poder ler a carta — que era essa a minha opinião; mas, se julgava melhor outra coisa, poderia nomear a que quisesse, porquanto a Ordem assim o permite.

Deixou de lado Juana Bautista e escolheu Beatriz de Jesús[8], dizendo que era muito melhor; talvez o seja, mas não me parece. Para mestra de noviças — e estas são tantas que me trazem muito preocupada —, também não quis Isabel de Jesus, que já o tem sido e não criou mal as noviças porque, embora não seja perspicaz, é boa monja. Assim pois, nem ela nem o Licenciado[9] concordaram comigo; confiaram tudo a Beatriz, que está com isto muito amargurada. Se não der boa conta do cargo, outras poderão substituí-la e, para o bem da casa, melhor é qualquer de lá; a

---

6. Matusalém e Gilberto: pseudônimos do Núncio Ormaneto.
7. Frei Agostín Suárez, Calçado, que hospedara muito fraternalmente os Descalços, no Convento da Observância, quando eles foram fundar em Sevilha. A gratidão foi um traço característico de Sta. Teresa, que o legou à sua dupla família de Descalços e Descalças.
8. Prima da Santa.
9. Gaspar de Villanueva, confessor da comunidade de Malagón.

meu parecer, do que trazer gente de fora, enquanto Deus conservar a vida à Priora. Bem vi eu que Vossa Paternidade agiu assim para contentar a esta; mas, se me tivesse dado alguma tentação de ir, teria sido bem desagradável. Com efeito, ainda bem não me passou pela cabeça — por assim dizer — ir a algum lugar, quando todo o mundo sabe; e, se fosse seguir meu querer, confesso a Vossa Paternidade que gostaria, por algumas razões, de passar lá alguns dias.

Ontem esteve aqui D. Luisa. Penso conseguir dela que dê quatro mil ducados este ano, embora só se tenha comprometido a dar dois mil; e, se os der, promete o mestre de obras entregar dentro de um ano, a contar deste Natal, uma parte do convento onde possam estar as monjas; isto é: poderão mudar-se para lá nessa época. Enfim, é bem manifesto que Vossa Paternidade é guiado por Deus, porquanto minha estadia aqui há de ser muito proveitosa, até mesmo para meu contentamento, pois não é pouco o de me ver livre de tratar com parentes, sendo Priora em Ávila.

Que natureza estranha, a minha! Ao ver que Vossa Paternidade, não levando em conta minha vontade de não estar aqui, mandou-me ficar, senti grandíssimo contentamento e mais liberdade para lhe manifestar meus desejos e dizer tudo o que me parece, pela certeza de que não faz caso de meu modo de ver.

Mandei à mestra de Isabel[10] escrever a Vossa Paternidade; se não está lembrado de seu nome, saiba que é dela a carta inclusa. Oh! como se vai tomando cada vez mais lindinha! Como é gordinha e bonita! Deus a faça santa, e me guarde a Vossa Paternidade muito mais do que a mim. Perdoe-me ter-me alargado muito, e tenha paciência, já que está por lá, e eu por cá. Estou boa, e é hoje véspera de S. Mateus. A respeito do negócio de Roma, suplico a Vossa Paternidade que ande depressa, não esperem pelo verão, o melhor tempo é agora, e creia que assim convém.

Indigna serva e súdita de Vossa Paternidade,

TERESA DE JESUS.

Com essas monjas não se mate Vossa Paternidade, pois há de ser por pouco tempo, segundo diz Matusalém. As próprias aves noturnas[11] assim o pensam; e dizem que ele está apressando a Peralta para que venha dentro de dois meses. Até corre como muito certo o boato de que ele assumirá o governo de todos. Oh! quem me dera ver terminado nosso negócio! em boa hora o seja; e tire-nos Sua Majestade deste sobressalto, a todos nós.

119. A MADRE MARÍA DE S. JOSÉ, PRIORA DE SEVILHA

Toledo, 20 de setembro de 1576. Quatro reais para um boticário. Recomenda com encarecimento à Priora que trate bem do Pe. Gracián.

Jhs

A graça do Espírito Santo esteja com vossa reverência, filha minha. Por Nosso Padre já lhe escrevi longamente, e assim não tenho agora outro assunto; apenas desejo saber de vossa reverência e dizer-lhe que a Madre Priora de Malagón está um pouco melhor.

Pergunta meu irmão se recebeu vossa reverência umas cartas suas, juntamente com quatro reais para pagar um boticário que mora aí junto do convento, um unguentozinho que lhe ficou devendo; deve ter sido quando esteve doente da perna. Se aí não chegaram, pague-os vossa reverência e não deixe de responder-lhe, pois me parece repara nisso, conquanto eu lhe dê sempre seus recados. Recomendo-me muito a todas, e a Priora a vossa reverência; ela lhe escreverá pelo arrieiro, pois não a deixei fazê-lo agora tencionando diminuir o porte; porém vieram mais cartas do que pensei, e foi preciso aumentá-lo.

Desejo saber do meu Padre Prior de las Cuevas. E acerca do negócio da água conseguiu alguma coisa? Faça-o Deus como está em suas Mãos, e guarde-as todas para mim. Dê-lhes minhas

---

10. Irmã mais nova de Pe. Gracián, ainda menina.
11. As Carmelitas Calçadas.

recomendações, e, por caridade, procure sempre avisar a Nosso Padre que tenha cuidado consigo. Vossa reverência trate bem dele e vá fazendo as despesas por conta dos quarenta ducados. Não seja boba: faça o que lhe digo, e também vá cobrando os portes, que eu o verificarei. Aqui insisto com todas para que a encomendem muito a Deus, embora veja não ser necessário.

É hoje véspera de S. Mateus, e eu, de vossa reverência,

TERESA DE JESUS.

120. A MADRE MARÍA DE S. JOSÉ

Toledo, 22 de setembro de 1576. Saúde de D. Lorenzo. Pede à Priora notícias frequentes do Pe. Gracián. Lembranças às monjas.

Jesus esteja com vossa reverência. Escrevi há dois dias a vossa reverência por via do correio-mor, e assim não me resta agora a dizer, senão que meu irmão já está bom — pois me havia esquecido — e a estamenha não a querem tão cara. A que serve para fazerem aqui as saias é como a que se usava para Teresa, e até mais grosseira; e quanto mais grosseira a acharem, melhor. Por caridade, tenha cuidado de dar-me notícias de Nosso Padre[1], pela via mencionada na carta que Sua Paternidade levou. Tenho grande desejo de saber se ele chegou com saúde, e como tem passado. Bem vê: se estando ele perto eu andava tão cuidadosa, que será agora?

Muito quisera eu que fossem muito rigorosas em não encher de noviças a casa; não tomem senão as que forem próprias para nós e ajudem a pagar as obras. Também desejaria que tivessem entrado em acordo acerca do alcabala. Asseguro-lhe que me traz muito preocupada ver quantos trabalhos vossa reverência tem aí. Praza a Deus que eu a veja bem depressa sem nenhum, e com a saúde que lhe desejo. A todas as Irmãs me recomendo, especialmente à minha enfermeira[2], de quem, ao menos de noite, não me esqueço.

A Nosso Padre não torno a escrever agora, porque, repito, escrevi largamente a Sua Paternidade anteontem, e creio estará tão ocupado que é bom não lhe tomar o tempo com assuntos não necessários. Muito o encomendamos a Deus. Aí não se descuidem de fazer o mesmo; e ao Pe. Frei Gregorio dê um grande recado meu. Por que não me diz se já ficou bom?

Foi ontem dia de S. Mateus.

Eu sou de vossa reverência,

TERESA DE JESUS.

Estamos boas.

121. A MADRE MARÍA DE S. JOSÉ, PRIORA DE SEVILHA

Toledo, 26 de setembro de 1576. O Pe. Mariano em Toledo. Sobre uma postulante e as garantias de seu dote. Lembranças a Garciálvarez e aos Descalços.

Jesus esteja com vossa reverência. Está com tanta pressa quem leva a presente carta, que apenas posso dizer: estou boa, e ontem, já bem tarde, chegou o Pe. Mariano. Alegrei-me com a carta de vossa reverência. Glória a Deus, que estão com saúde.

Quanto à filha do português (ou coisa que o valha)[1], não a receba se não depositar primeiro em mão de alguma pessoa o que há de dar como dote. É sabido que de outro modo não lhe arrancarão vintém, e não é tempo agora para se receber gente de graça. Olhe bem: não faça outra coisa.

---

1. *Nosso padre:* Jerónimo Gracián.
2. Leonor de São Gabriel.

1. Branca de Jesus Maria, filha de Henrique Freile e Leonor de Valera, todos portugueses.

Dê essas cartas a Nosso Padre Provincial, em mão própria, e diga-lhe que não se preocupe, pois aqui estamos tratando, o Pe. Mariano e eu, sobre esses casos daí, em busca de algum remédio; e faremos tudo o que for possível. Depois de escritas, estando já o bom Antonio Ruiz de partida para Madri, entra o Pe. Mariano e muito me alegrei com sua vinda, por saber que de tal modo está o Senhor dispondo os negócios, que esses Padres se vão retirando antes de serem despedidos.

Escreva-me vossa reverência logo, por caridade, contando particularmente o que se estiver passando; não se fie em Nosso Padre, que não terá tempo. Ao senhor Garciálvarez muitíssimas saudações; bem desejaria vê-lo. Olhe que desejo este, aparentemente tão impossível de se realizar! Deus lhe pague, a ele, a caridade que em tudo nos faz, e o guarde, assim como a nosso bom Prior, que muito temos encomendado a Deus, alegrando-nos de que esteja um pouco melhor. Fale-me também sobre a saúde de vossa reverência e a de Nosso Padre. Bem quisera eu que tivesse esperado por ele o Pe. Mariano.

Recomende-me às minhas filhas e fique-se com Deus, amiga minha. As Irmãs de Caravaca estiveram doentes; soube que escreveram a vossa reverência. Agora estão boas e já tratam de comprar casa. Não lhe envio a carta que delas recebi por não ter ainda respondido; com a de Beas fiquei contente, e também com as contas[2] enviadas pelo P. Frei Gregório, a quem vou escrever. A Madre Priora de Malagón está bem mal.

Se não me engano, é hoje 26 de setembro.

Eu de vossa reverência,

TERESA DE JESUS.

122. AO PE. JERÓNIMO GRACIÁN

Toledo, 5 de outubro de 1576. Sobre as perseguições contra a Descalcez e o Pe. Gracián. Reata a história das *Fundações*.

A graça do Espírito Santo esteja com Vossa Paternidade, meu Padre. Se não houvera chegado a carta que Vossa Paternidade mandou pela corte, como estaria eu! Já foi ontem festa de S. Francisco e ainda não chegou Frei Antonio, de modo que eu, até receber sua carta, nem sabia se Vossa Paternidade tinha chegado sem novidade.

Bendito seja Deus, que está bom, e Pablo[1] também, e com interior tranquilidade. Por certo, parece coisa sobrenatural essa melhora tão completa; tudo isso deve ser necessário a esta nossa natureza, porque muito contribuem semelhantes vicissitudes para nos humilharmos e conhecermos a nós mesmos. Instantemente pedia eu aqui ao Senhor essa bonança, por parecer-me que já bastavam os outros trabalhos que ele tem; Vossa Paternidade assim lho diga, de minha parte.

Agora estou sem sofrimento; nem sei em que há de parar. Deram-me uma cela apartada, parece uma ermida; muito alegre, tenho saúde e estou longe dos parentes, conquanto ainda se comuniquem comigo por meio de cartas. Só o cuidado que tenho daí me dá pena. Asseguro a Vossa Paternidade: se o fez para estar eu muito a meu gosto, acertou bem em deixar-me aqui; até mesmo sobre a pena de que lhe falei, estou mais sossegada que de costume.

Ontem à noite estava lendo na história de Moisés os trabalhos que dava com aquelas pragas ao Rei e a todo o reino; e nunca puseram as mãos nele! Verdadeiramente espanta-me e dá-me alegria ver que ninguém é poderoso para prejudicar quando o Senhor não o quer. Gostei de ler o caso do Mar Vermelho, recordando-me de como é muito menos o que pedimos; e deliciei-me de ver aquele Santo em tão grandes contendas por mandado de Deus. Alegrava-me de ver a meu Eliseu[2] na mesma situação; e oferecia-o de novo a Deus. Recordava-me das mercês que me fez o Senhor,

---

2. Contas do rosário.
1. O próprio Gracián.
2. *Eliseu:* o Pe. Gracián.

e da promessa de José³: "Ainda muito mais hás de ver, para honra e glória de Deus". Desfazia-me em desejos de achar-me em mil perigos por seu serviço. Nisto e em outras coisas semelhantes vou passando a vida. Também escrevi essas bobagens que aí verá.

Vou recomeçar agora a história das "Fundações", que, disse José, será de proveito para muitas almas. Se Ele me ajudar, assim creio; e, mesmo sem esta promessa, já me tinha resolvido a fazê-lo, em obediência à ordem recebida de Vossa Paternidade. Folguei muito de ter Vossa Paternidade apresentado tão longo relatório ao Capítulo. Não sei como não se envergonham do que escreveram em contrário. É muito bom que se vão retirando espontaneamente os que talvez teriam de se retirar contra a vontade. Nosso Senhor, parece, vai encaminhando os negócios. Praza a Sua Majestade se concluam para glória sua e proveito dessas almas. Muito bem fará Vossa Paternidade de ficar em seu mosteiro, e daí ordenar o que se houver de fazer; assim não terão que olhar se vai ao coro, ou não. Asseguro-lhe que todas as coisas se farão melhor. Por aqui não lhe faltam orações, que são armas superiores às que usam esses Padres.

Por intermédio do correio-mor escrevi largamente a Vossa Paternidade, e até saber se recebeu, não escreverei mais por essa via, e sim por Madri. Sobre o negócio de nosso David, creio que ele há de impor-se ao Pe. Esperanza, como tem acontecido, pois tão juntos estão; mas seu irmão já tinha partido. Muito contribuirá para o bom êxito estar no meio Frei Buenaventura⁴. Ambos já sabem do negócio, o que é grande felicidade. Deus me perdoe: quisera eu que ele tornasse à sua primeira vocação, pois temo que só venha a servir de embaraço. Nada mais tenho sabido até agora.

De Vossa Paternidade filha e serva,

TERESA DE JESUS.

123. AO PE. JUAN DE JESÚS (ROCA)

Toledo, outubro de 1576. Melancolia do Pe. Antonio. Assuntos do Capítulo de Descalços de Almodóvar. Enfermidade de Frei Gabriel.

Jhs

A graça do Espírito Santo esteja com vossa reverência, Padre meu. Está fora de mão essa casa, que, embora eu queira, não tenho por quem responder, por esta razão tive de aguardar a ida destes Padres.

Com a retirada do Pe. Frei Antonio¹, talvez nos tenha Deus feito mercê, porque já entendi que tinha grande melancolia, e com a nossa alimentação iria de mal a pior. Deus esteja com ele, pois certamente é boa alma, e essas suas coisas mais devem proceder de falta de saúde. O caso não pode deixar de ser sabido, porque terão de nomear outro pregador em Almodóvar. Praza a Deus volte à sua Ordem; mas quer o faça, quer não, a Nossa nada perde.

Pensei que vossa reverência na sua volta passasse por aqui; pouco teria de rodear. Não deve ter muito desejo de dar-me gosto, pois quando aqui esteve vossa reverência, só muito brevemente lhe pude falar. Saiba que tenho pouca influência, e até pouquíssima no que me escreve vossa reverência sobre a ida a Roma. Há tempos estou pedindo em vão, e nunca fui poderosa para alcançar que ao menos escrevam uma carta a quem tanta razão temos para escrever². Com efeito, façamos nós o que devemos, e depois suceda o que suceder. E não depende de Nosso Padre Visitador, porque já tem feito de sua parte, mas são tantos os que o aconselham de modo diferente, que minhas palavras não têm valor. Muito me pesa não poder fazer mais. Pensei que tinha ficado determinada

---

3. Jesus.
4. Visitador apostólico dos franciscanos.
1. Frei Antonio de la Madre de Dios, que, tendo passado da Ordem dos Jerônimos à Descalcez, tornará à sua primeira vocação.
2. Ao Padre Geral da Ordem.

a viagem, pois assim me haviam dito. Deus o permita, e vossa reverência, por caridade, não deixe de recomendar pressa, que melhor o poderá fazer do que eu.

Remeti as cartas a Sevilha e a Almodóvar, mas penso que, embora as tenha mandado logo, o Padre Prior já havia partido para Madri, onde ainda está. Também enviei a de Caravaca, que por felicidade ia para lá um mensageiro, e há poucos para aquela terra. Com a doença do Pe. Frei Gabriel, fiquei muito triste. Diga-lhe isto vossa reverência e também que o encomendamos a Deus aqui, e dê-lhe minhas recomendações. É um Padre a quem tenho muita estima, embora ele pouca tenha a mim.

Escreveu-me Nosso Padre[3] que chegou bom e que se tinham retirado alguns Padres do Pano[4] e que ele dera plena satisfação ao Capítulo. No momento não havia mais notícias senão de que estão brandos aqueles Padres, e recorrem a intercessores. Se Deus no-lo guardar, creio que há de fazer muito bem. Vossa reverência não deixe de velar para que o recomendem a Deus; e rezem também por mim. A todos esses Padres, meus respeitos; a Priora se recomenda a vossa reverência, a quem Nosso Senhor torne tão santo como Lho suplico. Amém.

Indigna serva de vossa reverência,

TERESA DE JESUS.

124. A MADRE MARÍA DE S. JOSÉ, PRIORA DE SEVILHA

Toledo, 5 de outubro de 1576. Inveja as Descalças de Sevilha por terem ali o Pe. Gracián. A quinta de La Serna. O Agnus Dei e os anéis de Teresita. Aconselha às Descalças que se confessem alguma vez aos da Companhia. O Franciscano Frei Buenaventura. As Prioras de Malagón, Caravaca e Beas.

Jesus esteja com vossa reverência. Não sei como deixa vir o almocreve sem carta sua, especialmente estando aí Nosso Padre, de quem quiséramos receber notícias cada dia. Bastante as invejo de o terem por aí. Por caridade, não faça assim, não deixe de contar-me o que se passar, pois Nosso Padre escreve pouco, por conseguinte quando ele não o fizer, não deixe vossa mercê de fazê-lo. Já lhe disse por onde me pode remeter as cartas com frequência.

Folguei-me com a que veio pelo Pe. Mariano, por saber que vossa reverência e todas estão boas, e que se concluiu o acordo do alcabala. Frei Antonio não veio.

Meu irmão já está bom. Sempre gosta de ter notícias de vossa reverência. Não deixe de lhe escrever alguma vez, como já lhe recomendei. Adquiriu uma propriedade, do que já se tratava quando aí esteve, perto de Ávila creio que légua e meia, e talvez nem tanto. Tem pastos, trigal e bosques. Custou-lhe quatorze mil ducados, mas ainda não se lavraram as escrituras. Diz que está escarmentado com o sucedido aí, e não quer pleitos, portanto se não estiver tudo muito seguro e claro, não fechará o negócio. Encomendem-no sempre a Deus, para que O sirvam, ele e seus filhos. Estes já pensam em casamento.

Saiba que, logo após a nossa chegada, pensando não demorarmos aqui, mandei por um arrieiro o baú e todos os embrulhos que vieram; e — não sei se ao descarregá-los, ou de outra sorte — o certo é que não aparece o Agnus Dei[1] grande de Teresa, nem os dois anéis de esmeraldas, e não me recordo onde os guardei, nem mesmo se me foram entregues. Realmente fiquei penalizada por ver como sucedeu tudo ao revés da alegria que ela esperava pensando ter-me lá consigo; e, realmente, para muitas coisas lhe faço falta. Procurem lembrar-se se estavam conosco esses objetos, na ocasião de nossa vinda. Pergunte a Gabriela se está lembrada de onde os guardei, e peçam a Deus que apareçam.

---

3. *Nosso Padre:* Jerónimo Gracián.
4. *Padres do pano:* Carmelitas Calçados.
1. *Agnus Dei:* lâmina de cera, geralmente abençoada pelo Papa.

Muito me espantei do que diz vossa reverência praticar-se na Companhia. Eles estranham e acham rigorosa a nossa vida, como aquela pessoa lhe contou. Bom seria que lhes falasse nosso Pe. Garciálvarez. Encomende-me muito a este e a todas as minhas filhas, e também ao Padre Prior de las Cuevas, cuja saúde pedimos sempre a Deus. Praza a Sua Majestade restituir-lha, que muita pena me causa sua doença; até saber se está melhor, não lhe escreverei. Avise-me a esse respeito, em havendo mensageiro.

Malgrado tudo isso, é bom procurar algumas vezes que as confesse algum Padre da Companhia; servirá muito para eles perderem o medo; e se fosse o Pe. Acosta[2] seria o melhor, havendo possibilidade. Deus lhes perdoe! Se era tão rica como dizem essa pretendente, com seu dote acabaríamos as obras; contudo, pois Sua Majestade não a trouxe, Ele mesmo nos proverá. Talvez fosse mais necessária aonde foi.

Pensei que, estando aí Frei Buenaventura[3], se arranjasse melhor o negócio da água; mas parece não são lá muito prestativos. Deus nos permita pagar a casa, pois, em havendo dinheiro, tudo se conseguirá. Por enquanto vão passando assim, já que têm bons poços. Quem nos dera aqui um deles, pois com falta de água sofremos não poucos trabalhos.

Diga-me como vai sucedendo a Frei Buenaventura na visita, e o que há a respeito do mosteiro que destruíram perto de Córdova. Nada mais soube. Estou boa, e sempre às suas ordens, como se costuma dizer. Diga-me também se Nosso Padre vai tomar sua refeição aí alguma vez, e se lhe podem dar algum regalo; pois no seu próprio convento é quase impossível, nem penso, lhe ficaria bem. Peço-lhe informar-me de tudo, e fique-se com Deus, que bastantes vezes agora teremos de escrever uma a outra, e assim é preciso.

Achei muita graça no caso da velha[4], e em como foi de proveito a escada. Diga-me se ainda está aí o rapazinho, ou se é outro o que as serve. Escreveu-me a Madre Priora de Malagón: está melhor mas é tão grave a sua doença que não me alegro com qualquer melhora pouca. Sempre a recomendem a Deus. Sua Majestade a guarde, filha minha, e ma faça muito santa, e assim como a todas. Amém.

Por essa carta da Irmã Alberta verá como vão indo em Caravaca. Muito me folguei por receber uma de Beas, de onde há tempos não tinha notícia, e por ter lá entrado aquela noviça, tão rica. Tudo vai correndo bem, glória a Deus. Sempre peçam muito por Nosso Padre, e por mim, que preciso.

Foi ontem dia de S. Francisco.

Aqui dentro vai o porte, porque é elevado; e veja bem: se não dispõe de algum dinheiro para quando tiver de tratar de Nosso Padre, avise-me; não tenha ponto de honra, que é bobagem, e eu lho posso enviar. Vossa reverência olhe por sua saúde, ao menos por não me matar a mim, que lhe asseguro: já me custa caro esta minha Priora de Malagón. Deus nos valha restituindo-lhe a saúde. Amém.

De vossa reverência,

TERESA DE JESUS, carmelita.

Como o portador é o arrieiro, pode-se incluir aqui o porte. Quando não é ele, já sabe o que os outros costumam fazer, e é pôr em perigo as cartas; digo-lhe isto para que jamais o faça.

---

2. *Acosta:* Diego de Acosta, jesuíta.

3. *Buenaventura:* Diego Buenaventura, visitador dos franciscanos.

4. Assim narra o caso a própria Madre María de S. José no seu Livro de Recordações: "Tínhamos uma boa velha na portaria, a qual atendia às nossas necessidades; irmã de nossa caríssima Juana de la Cruz, que por ter sido nossa benfeitora a nomeio, e depois direi o que dela herdamos. Era muito serva de Deus e por isso, não podendo ser monja como sua irmã e sobrinha, quis recolher-se à nossa portaria onde era encarregada de fechá-la. Certa noite, passando-lhe a Irmã porteira a chave para fechar a porta da rua, ao acabar a velha de pôr tranca, deu-lhe uma apoplexia e caiu sem sentidos e sem fala. Vendo a Irmã porteira que ela tardava e nem chamada com a campainha respondia, e ao mesmo tempo, ouvindo-a roncar, foi ter comigo, que estava de cama, bem doente. Levantei-me e não tive remédio senão abrir a porta da clausura e sair à portaria. Encontramo-la caída no chão sem fala nem sentido, e fazendo-lhe ali uma cama, a deitamos; e foi Nosso Senhor servido

125. A MADRE MARÍA DE S. JOSÉ

Toledo, 13 de outubro de 1576. Cuidado com a salsaparrilha. Segurança das cartas entregues ao correio Figueiredo. Os sermões do Pe. Gracián. Hábitos e Profissões. Recomendações ao Pe. Acosta. Outros encargos.

Jhs

A graça do Espírito Santo esteja com vossa reverência, filha minha. Bastante pena me deu sua doença; não sei que fazer para não sentir tanto o que padecem estas Prioras. A de Malagón está melhor, Deus louvado. Vossa reverência olhe por si, e guarde-se da água de salsaparrilha que para ninguém presta. Por amor de Deus, quando tiver febre não se descuide de tomar remédio, embora não use purgativos. Consolou-me um tanto a lembrança de que algumas vezes aí as monjas a julgavam com febre, e eu via que não era assim. Deus me guarde vossa reverência com a saúde que Lhe suplico. Amém.

Muito bem chegaram os pacotes, como sempre, por intermédio de Figueredo[1]; nunca deixe de incluir o porte — que assim vem seguro — e pode escrever por fora quanto vai dentro. Não deixe de me dizer qual a via por onde recebe melhor minhas cartas, porque estou agora em dúvida se lhe chegaram as que lhe enviei por este mesmo Figueredo. Aqui não há perigo, pois está avisado, e é muito boa pessoa. É verdade que vossa reverência me respondeu a algumas de minhas perguntas, mas não me lembro em qual das minhas cartas as fiz; e não é preciso, penso, copiá-las nas suas respostas, pois é muito cansaço. Deus a guarde; que muito bem desempenha tudo vossa reverência.

Oh! que inveja lhes tenho desses sermões[2], e que desejo de ver-me agora nessa casa! Aqui dizem que mais quero às Irmãs daí que a todas as outras, e, a verdade é — não sei qual a razão — que lhes cobrei muito amor. Não me admiro, portanto, de que vossa reverência o tenha a mim, que sempre lhe tive, mas regalo-me de o ouvir de sua boca. Já não vale a pena falar no passado; creio, e tenho até por certo que não estava em suas mãos. Acho graça em ver o ânimo que tem vossa reverência; e espero que assim Deus a ajudará. Praza a Ele dar-lhe saúde, como suplico.

Muito me alegrei com a notícia do hábito e da profissão; dê-lhes parabéns de minha parte, e a S. Francisco diga que me folgo muito com suas cartas, e com as das outras; só peço que me perdoem o não responder. As cartas que eu aí recebia nada eram em comparação com as que recebo aqui. É coisa terrível.

A respeito das parentas de Garciálvarez faça o que julgar acertado; pois merece crédito, e gente sua não pode ser má. Se achar tempo, poderei lhe escrever para lhe pedir que não deixe de confessar as Irmãs, pois me tem dado pena seu afastamento; e se não puder, diga-lho vossa reverência de minha parte. Muito me entristeço com a doença de nosso bom Padre Prior; a Deus o encomendamos. Estou com receio de que o correio não espere, e por isso não escrevo a ele. Muita falta lhes há de fazer se o perderem; mas Deus, que dura para sempre, lhes ficará.

No que diz respeito à oração dessas Irmãs, escrevo a Nosso Padre; ele falará a vossa reverência. Quando a S. Jerónimo[3] suceder alguma coisa[4], escreva-o a mim. Com Rodrigo[5] absolutamente não trate desse assunto; com Acosta[6] sim. Mande a este um grande recado de minha parte, que, deveras, estou muito bem com ele, e é muito o que lhe devemos.

---

de que um menino que servia na sacristia e ajudava a Missa tivesse ficado nas dependências externas. Foi o que nos valeu, porque sendo estrangeiras e quase desconhecidas dos vizinhos, estes não nos acudiram. Demos logo aviso ao Cura, e trouxeram-lhe os santos óleos; veio o médico, e também o barbeiro, e gastou-se aquela noite em aplicar-lhe sem proveito vários remédios, porque não falou mais, e ao romper do dia expirou" (*Recreação* IX).

1. *Figueredo:* Antonio Figueredo, correio-mor de Toledo.
2. Do Pe. Gracián.
3. *S. Jerónimo:* Isabel de San Jerónimo.
4. Alguma graça sobrenatural.
5. *Rodrigo:* Rodrigo Álvarez, jesuíta.
6. *Acosta:* Diego de Acosta, jesuíta.

Alegrei-me extremamente com a solução do alcabala, porque meu irmão comprou o sítio de La Serna, propriedade isenta de foros, perto de Ávila, excelente em pastos, campos de trigo e matas, obrigando-se a pagar quatorze mil ducados por ele, e, como não tem tanto dinheiro em mão, pois no momento lhe falta, não seria ocasião própria para essa comunidade deixar de pagar-lhe o terço que aí lhe estão devendo. Assim terá com que viver, e espero em Deus, nada lhe faltará. Se vossa reverência for cobrando pouco a pouco o que lhes derem da casa, será grande coisa.

Por que não me dá notícias da filha do Tenente? Dê minhas recomendações a ambos, assim como a todas as Irmãs, e a quem mais vir, sem esquecer Delgado e Brás; e fique-se com Deus. A Frei Gregorio mande um recado, pedindo-lhe que me faça sempre saber de sua saúde. Deus a dê a vossa reverência; achei graça nos seus trabalhos de mão. Contudo não se ocupe em fiar estando com essa febre; de outro modo nunca passará, porque vossa reverência fia muito e mexendo demais com os braços. A Margarida, lembranças.

Se houverem de tomar alguma Irmã conversa, olhe que uma parenta de Nosso Padre não nos dá sossego; avise-me se poderá tomá-la. A Priora de Valladolid já a viu, e diz que para leiga é boa; provavelmente não sabe ler. Nosso Padre não quer externar-se a este respeito. A irmãzinha dele é especial, e de gênio mais brando que Teresa; tem uma habilidade espantosa. Muito me divirto com ela. É hoje 13 de outubro.

De vossa reverência serva,

TERESA DE JESUS.

126. AO PE. AMBROSIO MARIANO DE S. BENITO

Outubro de 1576. A saúde de Padilha. Questões com os Padres Calçados. Pede notícias do Pe. Gracián.

Jhs

Esteja com vossa reverência o Espírito Santo e pague-lhe as boas notícias que me deu de nosso bom Padre, o senhor licenciado Padilla. Praza a Deus seja por muitos anos! Como é que deu agora em me intitular Reverenda e Senhora? Deus lhe perdoe! dir-se-ia que vossa mercê Reverendíssima e eu nos tornamos Calçados. Achei graça na amizade do Reverendo que foi pedir a vossa reverência sua intercessão; o mesmo tratou comigo em Ávila. Deus lhe dê, a ele, melhor saúde. É bem certo: há doze horas no dia! Talvez esteja mudado[1].

Saiba que me contaram, e é verdade, que o Tostado mandou aqui um correio trazendo cartas ao Provincial, e este quer enviar para lá[2] um Frade. Parece-me estão fazendo grandes diligências. Tenho pena de que volte o Pe. Frei Buenaventura[3], perdendo-se o proveito que poderia ter causado. Se tão bem se saiu, apesar dos disparates que fazem, conhecerão todos que Deus está com ele. Vossa reverência não me falou mais em que deu aquele desastre que houve. Ó Jesus, e em quantas coisas consentes!

Muito desejo ver já adquirido esse conventinho; o resto se fará depois, querendo Deus; pois nem quisera eu olhar as paredes dos que tão pouco se mostram nossos amigos. Já tenho dito que bastaria uma letra do senhor Núncio para concluir tudo. Meu padre, apressemo-nos o mais possível, e vossa reverência, se puder, trate dessa questão da Província, pois não sabemos o que está por vir, e com isto nada se perde, antes se ganha muito. Por caridade, logo que souber notícias de Nosso Padre, escreva-me vossa reverência, que estou preocupada. Ao senhor licenciado Padilla e ao Pe. Frei Baltazar minhas saudações e as da Priora, que também se recomenda a vossa reve-

---

1. Fala provavelmente do Pe. Valdernoro, Calçado.
2. Para Madri.
3. Visitador dos franciscanos.

rência. Gostei de saber que está aí esse bendito Padre. Deus esteja sempre com ele, e com vossa reverência.

Indigna serva de vossa reverência,

TERESA DE JESUS.

127. AO PE. JERÓNIMO GRACIÁN, EM SEVILHA

Toledo, 21 de outubro de 1576. Visita do Pe. Gracián aos Calçados de Sevilha. Sobre a faculdade de fundar mosteiros de Descalças. Fundação de Descalços em Salamanca. Isabelita boa e agradável.

Jhs

A graça do Espírito Santo esteja com Vossa Paternidade. Já ontem lhe escrevi como estão cordatos e apaziguados estes Padres. É para louvar a Deus. Saiba que ainda não estavam a par do mandamento e do *Motu*. Eu temia bastante o que sucedeu. Hoje esteve um comigo e disse-me que se alteraram de modo estranho, parecendo-lhes ter alguma razão; está claro que hão de movimentar-se. Alegam o que eu disse muitas vezes ao Pe. Mariano, e nem sei se o escrevi também a Vossa Paternidade: mandar como Prelado, se antes mostrar o documento que confere autoridade, está claro que nunca se faz.

Na carta ao Pe. Mariano, dizia Vossa Paternidade as razões de não enviar o Breve; mas o certo é: se há alguma dúvida a esclarecer, melhor seria fazê-lo antes. Prouvera a Deus que fosse de modo a livrar Vossa Paternidade desse trabalho, deixando-o inteiramente para nós, Descalços e Descalças.

O Pe. Padilla contará a Vossa Paternidade como Melquisedec[1] diz que não posso sair a fundar em consequência do Concílio e da declaração de Nosso Reverendíssimo. Muito quisera eu que Vossa Paternidade verificasse se é possível haver tal declaração. Diz que sempre levo monjas comigo, mas, se o faço, é com licença dos Prelados. Aqui tenho a patente que me deu o mesmo Melquisedec para Beas e Caravaca, autorizando-me a levar monjas. Como não o considerou então, se essa declaração já estava feita? Oxalá me deixassem descansar!

Deus conceda a Vossa Paternidade, Padre meu, o descanso que lhe desejo. Talvez esses tais vomitem agora a peçonha, e fiquem melhores; aliás, segundo me parece, estavam muito dispostos a obedecer. Não me desagradou essa refrega, antes alegro-me de tanta contradição, por ser sinal de que Deus há de ser muito bem servido.

Envio a Vossa Paternidade a carta inclusa, por se tratar do negócio de Salamanca; parece-me que já sobre ele escreveram a Vossa Paternidade. Da minha parte respondi que não era ocupação própria de Frades Descalços[2]. Que eles para aí encaminhem as recolhidas, sim; mas que sirvam de vigários, não; e, parece, é isto o que se pretende. Não bastaria ficarem lá dois meses; e aliás não foram chamados pelo Bispo, nem tampouco os Superiores os querem enviar, nem eles são para semelhantes negócios. Quisera eu que ali aparecessem os Descalços como gente do outro mundo, e não indo e vindo como capelães de mulheres. Sem isto fazer, já ganhamos o Bispo à nossa causa; e desse modo talvez viéssemos a perder sua benevolência. O bom D. Teutonio não sei se fará alguma coisa, pois tem pouca possibilidade e não é muito entendido em negócios. Se eu estivesse lá, daria andamento e bem creio que tudo se faria bem; e talvez mesmo ainda assim se faça, se Vossa Paternidade o aprovar. Tudo isto lhes escrevi.

A Priora e as demais se recomendam às orações de Vossa Paternidade e às desses Padres; eu às de Frei Gregorio. A minha Isabel está boa e bem agradável, e a senhora D. Juana e os de sua casa igualmente vão bem. Ao senhor fiscal e ao Arcebispo apresente algumas vezes meus respeitos, por

---

1. Pe. Ángel de Salazar, provincial dos Calçados de Castela.
2. Casa de penitência para mulheres arrependidas.

caridade, e também à senhora Delgada e às amigas de Vossa Paternidade, especialmente Bernarda. Digo-lhe isto uma vez por todas. Fique-se Vossa Paternidade com Deus, que já é muito tarde.

É hoje dia de meu Pai Santo Hilarião.

Serva e súdita de Vossa Paternidade,

TERESA DE JESUS.

128. AO PE. AMBROSIO MARIANO DE S. BENITO, EM MADRI

Toledo, 21 de outubro de 1576. Rejeita as postulantes recomendadas pelo Pe. Olea e Nicolás Doria. Não são fáceis de conhecer as mulheres. Para suas Descalças quer jovens de bons talentos. Projeto de fundação de Descalças em Madri e Salamanca. Várias pretendentes ao hábito em Beas.

Jhs

A graça do Espírito Santo esteja com vossa reverência. Bem parece que ainda não entendeu vossa reverência quanto devo e quero ao Pe. Olea[1], pois me escreve recomendando um negócio de que trata, ou já tratou Sua Reverência. Já sabe, creio, que não sou desagradecida, e, por conseguinte, posso dizer-lhe: se neste negócio me fora preciso perder descanso e saúde, já estivera concluído; mas em intervindo coisa que afete à consciência, não basta amizade, porque devo a Deus mais que a ninguém. Prouvera a Deus fosse falta de dote, pois bem sabe vossa reverência — e se não sabe informe-se da verdade — quantas há nestes mosteiros que nada trouxeram. Essa, aliás, traz bastante, pois lhe dão quinhentos ducados, e com isto pode ser monja em qualquer convento.

Como meu Pe. Olea não conhece as monjas destas casas, não me espanto de que esteja em dúvida. Posso afirmar que são servas de Deus, e, conhecendo eu, como conheço, a limpeza de suas almas, jamais acreditarei que tirem o hábito a alguma noviça, não havendo muitas causas, porquanto sei o escrúpulo que costumam ter nessa matéria. Se assim se determinam, deve haver grave motivo. Como somos poucas, é tal a inquietação causada pelas que não são próprias para a nossa vida, que a uma consciência malformada daria escrúpulo pretender fazê-lo, quanto mais a quem deseja em nada descontentar a Nosso Senhor.

Diga-me vossa reverência: se lhe negam os votos — e efetivamente não lhos dão —, como posso eu, ou algum Prelado, obrigá-las a tomar à força uma noviça? E não pense vossa reverência que o Pe. Olea tenha algum interesse pessoal; escreveu-me que para ele é como uma pessoa que passa pela rua. São os meus pecados que lhe infundiram tanta caridade em coisa que não se pode fazer, nem está em minhas mãos servi-lo; e isto me tem afligido muito. E, por certo, ainda que fosse possível, não seria caridade para com ela o fazê-la ficar no meio de gente que não a quer.

Neste caso até fui além do que era conforme à razão: determinei, muito contra a vontade das monjas, que fizesse outro ano de noviciado, para ser mais provada; e assim, quando eu for a Salamanca, se passar por lá, poderei me informar melhor de tudo. Isto faço para servir ao Pe. Olea, e para lhe dar mais satisfação; mas bem vejo que não mentem as monjas, pois ainda em coisas muito leves sabe vossa mercê quão longe de fazê-lo estão nossas Irmãs; assim como sabe não ser coisa rara nestas casas despedir alguma noviça, senão muito ordinário. Nada perdem em dizer que não tiveram saúde bastante para aguentar nossos rigores, e nunca vi que alguma tenha ficado valendo menos por esta causa.

Escarmentada com o que sucedeu, vou olhar muito o que fizer daqui por diante, e assim não será recebida a pretendente do senhor Nicolao[2], por mais que contente a vossa reverência. Estou informada por outros lados, e não quero, para prestar serviço a meus senhores e amigos,

---

1. Este Jesuíta, muito amigo da Santa, fizera entrar uma pretendente, a qual se reconheceu imprópria para a Descalcez.
2. *Nicolao:* Nicolás Doria.

criar inimizades. Estranho que pergunte vossa reverência para que tantas indagações, pois a fazer assim, não se receberia noviça alguma... Desejava eu servi-lo, e havia-me feito uma relação bem diferente do que soube depois; mas tenho certeza de que o senhor Nicolao mais quer o bem destas casas, que o de uma pessoa particular, tanto assim que já está de acordo comigo.

Vossa reverência não trate mais disso, por amor de Deus. É bom o dote que lhe dão, pode entrar em outra parte; não entre onde, por serem tão poucas, devem ser bem, bem escolhidas. E, se até aqui não apuramos isto com tanto extremo — embora sejam muito raros os casos —, deu tão mau resultado, que o faremos daqui adiante. Não nos ponha com o senhor Nicolao no desassossego que será o termos de recusá-la novamente.

Achei graça em dizer vossa reverência que lhe bastará olhar para ela, e logo a conhecerá. Não somos tão fáceis de conhecer, nós mulheres: há Padres que tendo-as confessado muitos anos depois se espantam de as terem entendido tão pouco. A causa é porque elas mesmas não se conhecem para acusar devidamente suas faltas, e eles julgam pelo que ouvem. Meu Padre, quando quiser que nestas casas aceitemos suas candidatas, dê-nos bons talentos, e verá como pelo dote não deixaremos de entrar em acordo. A não ser assim, de nenhum modo posso servi-lo neste ponto.

Saiba vossa reverência que eu achava fácil termos assim uma casa onde se aposentassem os Frades; e não me parecia muito que, embora sem ser mosteiro, lhes dessem licença para aí dizer Missa, como dão para celebrá-la em casa de um cavalheiro secular, e isto mesmo mandei dizer a Nosso Padre. Respondeu-me que não convinha; seria pôr a perder o negócio, e parece-me que acertou bem. Vossa reverência, sabendo, neste particular, sua vontade, não se deveria determinar a reunir aí tantos e aprontar a igreja como se tivesse licença. Fez-me rir. Nem casa eu comprava sem a ter alcançado do Ordinário! Em Sevilha, por não ter feito assim, bem viu como paguei caro.

Cansei-me de dizer a vossa reverência que enquanto não tivesse autorização escrita do senhor Núncio, nada se fizesse. Quando D. Jerónimo me disse que vossa reverência vinha pedi-la aos Frades[3], fiquei pasma. E, porque não me fio tanto deles como vossas reverências, não estou disposta, ao menos por enquanto, a falar a Valdemoro, pois suspeito que amizade e desejo de fazer-nos bem, não terá; o que ele quer é ver se apanha alguma coisa para avisar a seus amigos. Quisera eu que vossa reverência também estivesse de sobreaviso e não se fiasse nele, nem pretendesse levar a termo esse negócio por meio de semelhantes amigos. Deixe-o a seu Dono, que é Deus, e Sua Majestade poderá fazê-lo a seu tempo; e não se dê tanta pressa, que só serviria para pôr tudo a perder.

Saiba vossa reverência que D. Diego Mejía[4] é cavalheiro muito distinto e cumprirá o que prometeu. Se ele se determinou a dizê-lo, deve ter entendido de seu primo que não lhe faltará, e creia: se este o não fizer, em atenção a ele, ainda menos o fará por amor da tia. Não vejo para que escrever a ela ou a alguma outra pessoa, visto que são primos muito chegados, e o parentesco e amizade de D. Diego Mejía é muito de estimar. E também é bom sinal dizer o Arcediago que ele mesmo daria um relatório a nosso respeito; porque se não tencionasse fazer-nos bem, não tomaria tal encargo. O negócio está em bons termos; vossa reverência não se mexa mais, pois será pior. Vejamos o que fazem D. Diego e o Arcediago. Eu da minha parte procurarei aqui informar-me se há alguém que possa interceder por nós; e se o Deão tiver alguma influência, D. Luisa o alcançará dele.

Tudo isto tem sido muito de meu gosto, e faz-me crer, ainda mais, que essa fundação contribuirá grandemente para o serviço de Deus; mas nenhuma dessas coisas está em nossas mãos. É muito bom terem casa, pois a licença, mais cedo ou mais tarde, alcançaremos. Se o senhor Núncio a tivesse dado, já estaria concluído. Praza a Nosso Senhor conceder-lhe saúde, que bem vê quanto nos é necessária. Asseguro-lhe que o Tostado absolutamente não desistiu, nem tenho esperança de que deixará de apoiá-lo quem deu começo a tudo isso.

---

3. Aos Calçados. Valdemoro era um deles.
4. D. Diego Mejía de Ovando Dávila, conde de Uceda.

Voltando ao caso de Salamanca[5]: o Pe. Frei Juan de Jesus está tão atacado de suas quartãs, que não sei de que será capaz, e por outro lado vossa reverência não se declara a respeito do que hão de fazer lá nossos Padres. Em relação a fundarmos ali um colégio, comecemos pelo principal, que é alcançar do senhor Núncio a licença. Se a tivesse dado, já estaria feito; porque se os princípios vão errados, todo o resto vai mal. Penso que o Bispo[6], tendo sabido o que está fazendo o senhor Juan Díaz em Madri, pretende e pede alguém que possa fazer outro tanto na sua diocese; mas não sei se é tolerável ficarem como vigários os de nossa profissão. Não me parece conveniente, e, no caso de aceitarmos por dois meses, isto só serviria para deixar o Bispo mais contrariado. Nem sei como acertariam com esse governo os nossos Padres; seriam capazes de exigir muita perfeição, o que não convém para tal gente. Nem mesmo sei se o Bispo gostará de Frades.

Posso afirmar a vossa reverência que há mais a fazer do que se pensa; e por onde imaginamos ganhar viremos talvez a perder. Nem acho que dê crédito à Nossa Ordem apresentarem-no, com esse ofício de vigários — pois não os quer para outra coisa —, Padres que devem dar a quem os vir a impressão de eremitas contemplativos, e não gente ocupada em idas e vindas a serviço de mulheres semelhantes. A não ser para arrancá-las à sua má vida, não sei se parecerá bem.

Exponho os inconvenientes, para que lá vejam e façam vossas reverências o que lhes parecer, que eu me rendo; talvez acertarão melhor. Leiam isto ao senhor licenciado Padilla e ao senhor Juan Díaz, que não sei outra coisa senão o que disse. A licença do Bispo sempre podemos ter por certa. Sem ela, não tenho lá muita confiança de que seja o senhor D. Teutonio hábil negociador. Boa vontade tem ele, e grande; mas possibilidade, pouca.

Esperava achar-me aí para dar andamento a esses negócios, nos quais sou muito ladina (meu amigo Valdemoro que o diga!); e não quisera que se deixasse de fazer a fundação por falta de acerto da nossa parte, pois a casa de Salamanca e essa de Madri são as que mais tenho desejado. O fato de deixarem de lado a fundação de Ciudad Real até haver mais meios, antes me alegrou, porque absolutamente não acho que possa dar bom resultado. Mal por mal, muito melhor seria em Malagón, pois D. Luisa deseja-o muito, e, com o andar do tempo, fará tudo em condições vantajosas. Há muitas povoações grandes na redondeza; penso que não lhes faltará de comer.

Para haver algum pretexto de não mais tratarem dessa outra casa[7], podem tratar da de Malagón; e por enquanto não deem a entender que o projeto fica de todo abandonado, senão que esperam até terem casa pronta, porque parece falta de ponderação fazer uma casa num dia e desmanchá-la no outro.

A carta a D. Diego Mejía dei a D. Jerónimo, para que a enviasse com outra dirigida ao Conde de Olivares. Tornarei a escrever-lhe, quando vir que há necessidade. Não deixe vossa reverência que ele se esqueça. E repito-lhe: se ele disse tão claramente que o daria, e que o tratou com o Arcediago e o tem por feito, pode crer: é homem de palavra.

Escreveu-me agora sobre uma pretendente, cujas qualidades prouvera a Deus tivessem as que rejeitamos, pois não as teríamos deixado de receber. A mãe do Padre Visitador tomou informações sobre ela. Neste momento vem-me a ideia de que será bom, com pretexto de entreter-me com D. Diego sobre essa noviça, falar-lhe do nosso negócio e tornar a recomendar-lho, e assim vou fazer. Mande vossa reverência entregar-lhe esta carta, e fique-se com Deus, que me alarguei bastante. Poderia se dizer que não tenho outra coisa a fazer!

Ao Padre Prior[8] não escrevo por ter agora outras muitas cartas a responder, e porque esta pode ter Sua Paternidade por sua. A meu Pe. Padilla, muitas recomendações; de todo o coração louvo a Nosso Senhor por lhe conceder saúde. Sua Majestade esteja sempre com vossa reverência.

---

5. Volta a tratar do asilo para mulheres arrependidas.
6. De Salamanca.
7. Em Ciudad Real.
8. Dos Calçados de Madri, em cujo convento estava hospedado o Pe. Mariano.

Procurarei a cédula, ainda que seja preciso falar com Valdemoro; e não o posso encarecer mais, porque não creio que faça por nós a mínima coisa.

É hoje dia das Virgens.

Indigna serva de vossa reverência,

TERESA DE JESUS.

Outras cartas entregaram-me hoje de vossa reverência antes que chegasse Diego. Na primeira oportunidade envie vossa reverência essa carta inclusa a Nosso Padre, que é para lhe pedir umas licenças. Não lhe toquei nesses negócios, por isso não deixe vossa reverência de informá-lo.

Para que veja se minhas monjas são capazes de mais do que vossas reverências, envio-lhe este pedaço de uma carta da Priora de Beas. Veja se ela conseguiu ou não uma boa casa para os Padres da Peñuela. Verdadeiramente causou-me grande prazer. Por certo, não o teriam feito vossas reverências tão depressa. Receberam uma noviça cujo dote vale sete mil ducados. Outras duas estão para entrar com outro tanto, e já receberam uma senhora das principais, sobrinha do Conde de Tendilla, que tem dado objetos de prata de mais valor ainda: candelabros, galhetas, relicário, cruz de cristal e outras coisas, que seria por demais longo referi-las.

E agora intentam às monjas uma demanda, como verá nas cartas juntas. Olhe vossa reverência o que se pode fazer, o melhor seria falar a esse D. Antonio e dizer-lhe como estão altas as grades, assegurando-lhe que nada desejamos mais do que não lhes causar contrariedade. Em suma veja o que se pode fazer[9].

129. AO PE. JERÓNIMO GRACIÁN, EM SEVILHA

Toledo, 23 de outubro de 1576. Boa saúde de D. Juana Dantisco e de Isabelita. Testemunho falso contra o Pe. Gracián. em que consiste a verdadeira oração. Segredos de espírito entre José e Lorencia (Jesus e a Santa). Remédios para uma monja fraca de cabeça. Viagem do Pe. Gracián a Granada.

Jhs

A graça do Espírito Santo esteja com Vossa Paternidade, Padre meu. Recebi hoje três cartas de Vossa Paternidade, das mãos do correio-mor, e ontem as trazidas por Frei Alonso. Bem me pagou o Senhor o tempo que esperei por elas. Seja Ele para sempre bendito, por estar com saúde Vossa Paternidade. Primeiro tive um bom susto, porque, ao abrir os pacotes de cartas da Priora, em nenhum dos dois vi a letra de Vossa Paternidade. Bem pode imaginar meu sentimento. Mas passou logo. Diga-me sempre Vossa Paternidade se recebe as minhas, pois muitas vezes só responde a algumas coisas, e ainda em cima não se lembra de pôr a data.

Numa e na outra de suas cartas pergunta-me como me dei com a senhora D. Juana; e eu já o tinha escrito por meio do correio daqui. Penso virão as outras respostas na carta que me diz ter escrito por Madri, e assim não me importei muito. Estou boa, e a minha Isabel é toda a nossa recreação. É fora do comum seu gênio aprazível e alegre. Recebi ontem carta da senhora D. Juana. Todos estão bons.

Muito louvei ao Senhor pelo bom andamento dos negócios, mas fiquei atônita com as coisas que, segundo me contou Frei Alonso, estão dizendo de Vossa Paternidade. Valha-me Deus, quão necessária foi a ida de Vossa Paternidade! Ainda que não fizesse mais, parece-me que em consciência estava obrigado a isso para honra da Ordem. Não sei como puderam publicar falsos testemunhos tão graves. Deus lhe dê luz! Se Vossa Paternidade tivesse alguém em quem pudesse confiar, muito bom seria dar-lhes o gosto de nomear outro Prior; mas já que não o tem, espantei-

---

9. Refere-se ao pleito que os clérigos de Beas haviam movido às monjas porque estas, com as devidas licenças, tinham mandado abrir uma espécie de tribuna com grades na parede que dava para a Igreja paroquial a fim de poderem ouvir os sermões.

me de lhe haverem dado tal parecer: nada adiantaria. Considero grande coisa estar aí quem não nos é contrário em tudo; e muito penoso seria se, correndo tudo bem, recusasse ele continuar no cargo. Enfim, não estão afeitos a desejar ser pouco estimados.

Não é maravilha. Mas me admiro de que, tendo tantas ocupações, consiga Pablo[1] ocupar-se com José[2] tão sossegadamente. Dou muitos louvores ao Senhor. Diga-lhe Vossa Paternidade que, uma vez por todas, fique satisfeito com sua oração, e não dê importância ao trabalho do entendimento quando Deus lhe fizer mercês de outro gênero. Quanto a mim, estou muito contente com o que ele escreveu. O fato é que nestas coisas interiores de espírito a oração mais aceita e segura é a que deixa melhores efeitos. Não me refiro a inspirar logo muitos desejos, pois estes, embora apreciáveis, nem sempre são como os pinta aos nossos olhos o amor-próprio. Chamo efeitos quando são confirmados por obras, e os desejos da honra de Deus se traduzem em trabalhar por ela muito deveras e empregar a memória e o entendimento em investigar os meios de agradar ao Senhor e mostrar-lhe melhor o grande amor que se lhe tem.

Oh! é esta a verdadeira oração, e não uns gostos que só servem para nosso deleite e nada mais, pois quando se oferecem as ocasiões de que falei, há logo muita frouxidão, temores e susto de que nos faltem com a estima. Outra oração não quisera eu, fora da que me fizesse crescer nas virtudes. Se fosse acompanhada de grandes tentações, securas e tribulações, porém me deixasse mais humilde, a essa teria eu por boa, pois consideraria mais oração aquilo que mais agradasse a Deus. Ninguém pense que não está orando aquele que padece: já que se está oferecendo a Deus, ora incomparavelmente melhor, muitas vezes, do que outro na solidão, a quebrar a cabeça, imaginando ter oração quando consegue espremer algumas lágrimas.

Perdoe-me Vossa Paternidade dar-lhe tão largo recado para transmitir a Pablo, pois sei o amor que lhe tem. Se lhe parecer bem o que escrevi, diga-lho, e se não o aprovar, não diga; mas, asseguro-lhe, é o que eu quisera para mim. Creia-me que grande bem é pureza de consciência acompanhada de boas obras.

Achei graça no caso de Pe. Juan[3]: quem sabe queria o demônio fazer algum mal, e Deus tirou algum bem de tudo isso. Mas é mister andar muito de sobreaviso, pois tenho por certo que o inimigo não deixará de buscar quantas invenções puder para prejudicar a Eliseu, e assim faz bem de suspeitar que são artes do capeta. E até, creio, não seria mau não dar muito ouvido a tais coisas; porque se é para que Juan *faça* penitência, não poucas já lhe deu o Senhor, e não a ele só: os três que provavelmente lho aconselharam bem depressa tiveram de pagar.

Por certo o que disse então José foi o seguinte[4]: Clemente estava sem culpa; se tinha era devido à enfermidade, e naquela terra para onde o enviaram achara descanso. Antes que intentassem dar-lhe trabalho, fora ele avisado por José. Este nada disse a Lorencia[5]; ela soube por outro lado o que se falava entre o povo. Não me parece que José comunique seus segredos dessa sorte, pois é muito prudente. Tenho para mim que o inventam, e quanto mais ouço dizer que Ele fala a outros o que a ela não fez saber, mais ma parece invenção do capeta. Por onde vai ele agora deitar suas redes até acho graça! Com que fim havia José de revelar seus segredos a essas beatas[6], para proveito daquela alma? Acho bom pedir essa libertação ao Anjo[7]; ainda que eu preferisse que se procurasse expulsar o capeta dessa casa por meio dos remédios que se costumam usar em tais circunstâncias[8]. Andem com cuidado: o inimigo dará mostras de que é ele. Vou recomendar esse negócio a Deus; e

---

1. *Pablo:* Pe. Jerónimo Gracián.
2. *José:* Jesus Cristo.
3. Supõem os comentadores ser também pseudônimo do Pe. Gracián.
4. Parece tratar de Pe. Elias de S. Martín, que mais tarde foi Geral da Ordem.
5. *Lorencia:* a própria Santa.
6. Trata de falsas revelações provenientes do demônio para prejudicar a Descalcez.
7. O Inquisidor.
8. Exorcismos.

Ángela[9], em outra carta, dirá o que houver pensado sobre este caso. Foi boa medida de prudência tratar desse negócio sob sigilo de confissão.

Sobre a Irmã S. Jerónimo, será preciso dar-lhe a comer carne alguns dias, além de tirar-lhe a oração e determinar que não trate senão com Vossa Paternidade. A não ser assim, ela me escreva, pois tem a imaginação fraca, e pensa estar vendo e ouvindo aquilo que medita. Contudo algumas vezes pode ser verdade, e já tem sido, que é muito boa alma.

De Beatriz parece-me o mesmo, embora aquilo que me escrevem ter-lhe acontecido no tempo da profissão, não o tenho eu por fantasia, senão por grande graça; é preciso deixá-la jejuar pouco. Mande assim Vossa Paternidade à Priora, e que não as deixe ficar na oração todo o tempo, antes as ocupe a ambas em outros ofícios, para não nos vir a acontecer maior mal. Creia-me, é preciso fazer assim.

Fiquei pesarosa com a perda das cartas; não me disse Vossa Paternidade se tinham importância as que caíram em mãos de Peralta. Saiba que ele agora mandou um mensageiro. Muita inveja tenho tido às monjas pelos sermões, que têm gozado, de Vossa Paternidade. Bem se deixa ver que elas merecem consolações, e eu trabalhos; e, apesar de tudo, quero eu muitos outros que Deus me dê a sofrer por seu amor. Tenho pena de ser preciso ir Vossa Paternidade a Granada, quisera saber quanto tempo vai demorar-se lá, como hei de lhe escrever, e para onde. Por amor de Deus, deixe-me essas informações.

Papel em branco com sua assinatura, não veio nenhum; mande-me Vossa Paternidade uns dois. Penso que não serão necessários, mas, como vejo o trabalho que tem, quisera poupar algum a Vossa Paternidade até que venham tempos mais sossegados. Deus lhe dê o descanso que desejo, com a santidade que só Ele pode dar. Amém.

É hoje 23 de outubro.

Indigna serva de Vossa Paternidade,

TERESA DE JESUS.

130. A MADRE MARÍA DE S. JOSÉ, PRIORA DE SEVILHA

Toledo, outubro de 1576. Deseja notícias da Madre Priora, de Gracián e do Pe. Pantoja. O atum chegou em boas condições. As relações da filha de D. Luisa de la Cerda. Alegra-se do bom tratamento que dão as Descalças ao Pe. Gracián.

Jhs

Esteja com vossa reverência, filha minha, o Espírito Santo. Já respondi a suas cartas, que chegaram muito bem pelo correio; e muito me alegrei com elas, conquanto me sinta penalizada com sua doença. Por caridade escreva-me depressa dando notícias de sua saúde e do que souber a respeito de Nosso Padre[1]. Fiquei com inveja da sua confissão geral; quero dizer, por ver que não tinha tanto a confessar como eu, pois de outro modo não a fizera tão facilmente. Bendito seja Deus que a todos quer bem!

Meu irmão contou-me, em uma carta recebida hoje, que lhe havia escrito, mandando procuração para receber aí o terço que a ele é devido. Está bom e já efetuou a compra. As monjas de S. José não ficaram mal aquinhoadas. Aí lhe escreve Teresa[2]. O Agnus Dei[3] e os anéis apareceram, graças a Deus, pois a princípio fiquei preocupada. Estou boa, mas, como vai dar uma hora, não me alargarei. Desejo saber do meu bom Prior de las Cuevas.

---

9. *Ángela:* a própria Santa.
1. *Nosso Padre:* Jerónimo Gracián.
2. *Teresa:* sobrinha da Santa.
3. *Agnus Dei:* objeto já mencionado nas cartas anteriores à mesma destinatária.

O atum que mandaram de Malagón na semana passada veio cru; estava ótimo e muito bem nos soube. Eu não faltei um só dia ao jejum, desde a Exaltação da Santa Cruz; veja como estou boa. A nossa Priora de Malagón, quando me escreveu, dizia-se melhor. É santa, e assim o faz para não me dar pena, pois a melhora era quase nada. Hoje recebi dela nova carta; está muito mal e com grande fastio, que é o pior para tanta fraqueza. Bastante a recomendamos a Deus, mas grandes são meus pecados. Já vejo que não há necessidade de pedir que aí façam o mesmo, como insisto em todas as partes.

D. Guiomar casou-se hoje. Muito se alegra por saber que vossa reverência vai bem, assim como também D. Luisa. Esta nunca me quis tanto como agora, e tem cuidado de regalar-me, o que não é pouca a honra para mim. Encomende-as a Deus, como é nosso dever, e encomende-me muitíssimo a todas as Irmãs.

Grande é meu cuidado com esses mosteiros que Nosso Padre tem a seu cargo; já lhe ofereci Descalças, e até a mim mesma ofereceria de muito boa vontade; asseguro-lhe que tenho grande lástima. Contou-me ele quanto aí o regalam. Deus me conserve a vossa reverência. Aconselhe-o a não comer com esses Frades, por caridade. Não sei para que vai lá, senão para nos dar preocupação, a todas. Já disse a vossa reverência que os gastos ponha na conta do dinheiro que lhe mandaram de S. José. Olhe que é bobagem fazer outra coisa; eu sei por que o estou dizendo, e deste modo o pagarão sem sentir. Não faça outra coisa. Tenha cuidado a boa Subpriora de assentar tudo; não receie cobrar até a água. Diga-lhe isto; e à minha Gabriela dê muitas lembranças. Deus esteja com todas.

O mais depressa possível procure pagar a casa com o que trouxe a noviça e com tudo o mais que puder juntar, para não terem de pagar tantos juros, pois fica muito pesado, e, ainda que não queiram...

131. AO PE. JERÓNIMO GRACIÁN, EM SEVILHA

Toledo, 31 de outubro de 1576. Anuncia que está acabando o *Livro das Fundações*, e é leitura saborosa. Obediência humilde. Zelos do bom velho Frei Antonio. Desgostos por causa das exigências de alguns que lhe apresentavam jovens sem qualidades para Descalças.

Jhs

A graça do Espírito Santo esteja com Vossa Paternidade. *As Fundações* vão chegando ao fim. Creio que há de gostar quando as vir, porque é leitura saborosa. Veja se não obedeço bem! Cada vez que me examino, parece-me ter esta virtude, porque se de brincadeira me mandasse Vossa Paternidade alguma coisa, teria gosto em fazê-la de verdade, e com maior prazer do que o trabalho destas cartas, pois mata-me tanta barafunda. Não sei como achei tempo para o que escrevi, e isto sem deixar de ter algum para José[1], que é quem dá forças para tudo.

Também eu estou jejuando, pois nesta terra há pouco frio, e assim não me sinto mal como em outros lugares. A meu Pe. Frei Antonio dê um grande recado meu, por caridade; ainda que melhor seria, sendo possível, escusá-lo, para não ver que a Vossa Paternidade escreve tanto, e a ele tão pouco. Talvez agora lhe faça algumas linhas.

Se tivesse Santelmo[2] tomado o negócio de sua noviça como Nicolao[3] tomou, não me tivera custado tanto. Asseguro-lhe que não sei o que dizer: o certo é que não acabamos de ser santos nesta vida. Se visse os elogios que faz à noviça, para a receberem, e como pensa de outro modo a Priora! Meu Padre, praza a Deus que só dele tenhamos necessidade. Ao menos comigo, de pouco serviria: ainda que o mundo viesse abaixo não faria eu uma coisa se visse — como vejo — que é

---

1. *José:* Cristo.
2. *Santelmo:* Francisco de Olea, jesuíta.
3. *Nicolao:* Nicolás Doria.

contra a consciência. E, entretanto, diz que não se interessa mais por ela que por qualquer pessoa que passe pela rua. Olhe que vida! E que seria se se interessasse! Estou com medo de termos de tomar gente dele.

Mariano está intimidado, e, como penso que vai escrever a este respeito a Vossa Paternidade, dou-lhe aqui este aviso para que não faça caso, pois já se fez mais do que era razoável. Por fim ele virá a entender a verdade; e, se assim não acontecer, pouco importa. No que está todo o meu descanso, é que me guarde Deus a Vossa Paternidade com santidade sempre maior.

É hoje véspera de Todos os Santos. No dia de Finados recebi o hábito.

Peça Vossa Paternidade a Deus que me faça verdadeira monja do Carmelo, pois mais vale tarde do que nunca. Ao Fiscal, a Acosta e ao Reitor, minhas saudações.

Serva indigna e verdadeira súdita de Vossa Paternidade. Bendito seja Deus: que sempre o serei, venha o que vier.

TERESA DE JESUS.

132. A MADRE MARÍA DE S. JOSÉ, PRIORA DE SEVILHA

Toledo, 31 de outubro de 1576. Extravio de cartas dirigidas ao Pe. Gracián. Apareceram o Agnus Dei e os anéis de Teresita. Saúde de Brianda de S. José. O uso da salsaparrilha.

Jesus esteja com vossa reverência, filha minha. Por amor de Deus, indague de Nosso Padre[1] para saber quando recebe carta minha, conquanto eu quase nunca deixe de escrever ao mesmo tempo a ele e a vossa reverência. E eis que hoje me entregam uma carta de Sua Paternidade, com data de 22 de outubro, na qual me diz que há muito tempo não recebe notícias minhas, quando não faço outra coisa senão escrever-lhe. Especialmente pelo almocreve escrevi uma bem longa, e não quisera que fosse cair em mãos alheias, pois só com o extravio não me importaria tanto. Se não é que fiquem detidas aí na casa do correio-mor, daqui vão bem seguras. Seria bom vossa reverência mandar lá algumas vezes a ver se haverá cartas minhas.

Antes que me esqueça: já apareceram o Agnus Dei[2] grande e também os anéis. Em Ávila estão todos bons, como verá pelas cartas juntas. Diz-me meu irmão que se folgou e riu muito com as suas, e as deu a ler em San José; escreverá outro dia. Ele lhes é muito afeiçoado, e, asseguro-lhe: também eu não fico atrás.

Diz que Nicolao há de fazer muito por esse convento, e também lhes servirá de confessor; é muito boa pessoa. Mostre-lhe amizade e escreva-me se já está boa; não com rodeios, senão a pura verdade.

Sobre a saúde da Priora de Malagón, não sei o que lhe diga; o certo é que está bem mal. Tratava-se agora de trazê-la para cá, mas afirma o médico que será acabar com ela mais depressa. A doença é de tal sorte, que só Deus é o verdadeiro Médico; mudança de terra não faz nem desfaz para aquele mal. Torno a avisar-lhe que não bebam água de salsaparrilha.

Já escrevi a Garciálvarez, e também a respeito dele, uma longa carta a Nosso Padre. Conte-me muito minuciosamente como estão passando aí, em todos os pontos. Por que não faz Nosso Padre comer carne alguns dias? Fique-se com Deus; há tão pouco tempo lhe escrevi, que não tenho mais a acrescentar senão que a todas dê muitas lembranças minhas.

É hoje véspera de Todos os Santos.

De vossa reverência serva,

TERESA DE JESUS.

---

1. *Nosso Padre:* Jerónimo Gracián.
2. *Agnus Dei:* ver nota à carta anterior.

133. A MADRE MARÍA BAUTISTA, PRIORA DE VALLADOLID

Toledo, 2 de novembro de 1576. Enfermidade da Madre María Bautista, de Covarrubias, do Núncio e de Frei Pedro Fernández. É raro o verdadeiro amor. A verdade em tudo. Conselhos à Madre Priora e lembranças aos amigos.

Jhs

A graça do Espírito Santo esteja na sua alma. Se vossa reverência alguma vez tivesse querido dar crédito ao que lhe digo, não chegaríamos a tanto mal. Não é verdade que, ainda há poucos dias, numa carta lhe roguei que não se deixasse mais sangrar? Não sei que destino é esse de vossa reverência, ainda mesmo que lho tenha mandado o médico. Muita pena tive de sua doença por ser na cabeça. E que me diz de Catalina? Muito deve lembrar vossa reverência às Irmãs que a encomendem a Deus; não só porque ela deseja ir para aí, sabendo quanto a estimam, mas porque, pode crer, é grande coisa essa mulher. Praza a Deus não pague vossa reverência agora o ter tanta particularidade com ela! Isto me passou pelo pensamento, e para que vossa reverência se arrependa, lho digo.

Recebi todas as suas cartas; chegam bem por esta via, e não há para que enviar dinheiro de porte, que eu o tenho, dado por meu irmão, a quem de todas as maneiras devo muito. O Padre Visitador está bom; há dois dias deram-me carta sua. Tem grande cuidado de escrever-me, e até agora vai indo muito bem com aquela gente; mas é que os leva com grande discrição e suavidade. Já terminou há tempos o incidente dos Franciscanos, e não mataram o Visitador.

O que lhe referiram do Bispo Quiroga é verdade[1], e muito nos alegramos, porque é extremamente amigo de Nosso Padre. Quem anda agora muito mal é o Bispo, e também o Núncio. Aí os encomendem a Deus, que ambos nos fariam muita falta; e o Bispo a faria até mesmo a todo o Reino. Peçam igualmente a Deus por D. João de Áustria, que seguiu para Flandres, disfarçado em criado de um flamengo.

Oh! que prazer me deu com as notícias da saúde do Pe. Frei Pedro Fernández! Andava pesarosa, sabendo-o enfermo e ignorando seu restabelecimento. Posso dizer-lhe que em não ser ingrato não se parece com seu amigo[2]: com todos os afazeres que tem, não lhe falta o cuidado de escrever-me, e bem mo deve, conquanto, em matéria de dívida, muito mais me deve o outro. E fique sabendo: a dedicação deste último para com vossa reverência durará até encontrar outra que lhe caia em graça; quando assim for, não tenha medo: logo a deixará, por mais que vossa reverência presuma de si.

Não me tivesse Deus sustentado, há muito teria eu feito o que vossa reverência queria fazer; mas Ele não me deixa de sua Mão. Vejo aliás que é servo de Deus, e por isto é justo ter-lhe amor, que o merece. E não só a ele, mas a quantos há neste mundo. Bem tolas seremos se esperarmos receber mais deles; contudo, não é razão imitá-lo, antes sempre sejamos gratas pelo bem que nos tem feito. E assim, deixe-se vossa reverência de melindres, e continue a escrever-lhe; mas procure adquirir, pouco a pouco, liberdade de espírito — que eu, glória a Deus, já tenho muita —, e não pense estar tão livre como diz. Bendito seja Ele, que é sempre verdadeiro Amigo, quando queremos sua amizade. A carta será remetida a Luís de Cepeda.

Já escrevi a vossa reverência como este perdeu também o pai, e quanto o encomendamos aqui, todo o tempo que esteve doente. Mande-me a conta que me diz ter para meu irmão, porque já lhe entreguei a que me deu a senhora D. María de Mendoza. Envie-me também essas outras, com todos os seus apontamentos e, quando estiver disposta, uma relação de Estefania, como a que me remeteu a Ávila, que estava muito bem-feita; mas seja com boa letra, para que eu não tenha aqui necessidade de copiar. Não encarregue disso a Juliana, que as bobagens e desatinos que dizia na notícia sobre Beatriz de la Encarnación eram intoleráveis, de tão encarecidas; vossa reverên-

---

1. Fora nomeado Arcebispo de Toledo.
2. Pe. Báñez. Chama-lhe graciosamente ingrato, por escrever pouco à Santa, que tanto o amava.

cia mesma, quando estiver muito bem, escreva agora aquilo que sabe, pois assim me ordenou o Provincial.

Eu estou boa, glória a Deus. Não há meios de poder persuadir a vossa reverência que use esse xarope do "Rei dos Medas", quando houver de tomar purgativo; a mim deu nova vida e nenhum mal lhe pode fazer. Não mande contas pelo correio ordinário, nem lhe passe pelo pensamento mandá-las a não ser pelo almocreve, mesmo que haja demora; se não for assim, aqui não chegará coisa alguma.

Sobre o que diz de suas provações interiores, quanto mais as tiver, menos caso deve fazer. Claramente se vê que procedem de fraqueza de imaginação e de maus humores; o demônio o percebe, e deve ajudar um bom pedaço. Mas tenha não medo; pois como diz S. Paulo, não permite Deus que sejamos tentados além do que podemos sofrer; e ainda quando lhe pareça ter dado consentimento, não é assim, antes sairá de tudo isto com mérito. Acabe já de tratar-se, por amor de Deus, e procure comer bem e não estar só; nem fique pensando nessas coisas. Entretenha-se em algum trabalho, no que puder e como puder. Bem quisera eu estar aí, que havia de tagarelar bastante para distraí-la.

Como não me informou dos trabalhos de D. Francisco?[3] Eu lhe teria escrito, que lhe devo muito. Quando vir a Condessa de Osorno, dê-lhe minhas recomendações, assim como à minha María de la Cruz, a Casilda, a Dorotea e à Subpriora e sua irmã. Não sei o que se há de fazer dessa noviça cega; asseguro-lhe que é grande provação.

Verdadeiramente bom amigo é Prádamos[4]; faz bem de tratar com ele, conquanto tenham agora mudado o Prepósito. Muito quisera eu para vossa reverência o Pe. Domeneque[5], se o mandassem de novo para aí. Escreva-me depressa como está, e fique-se com Deus. A Priora tem pesar de sua doença, e todas nós a recomendaremos a Sua Majestade. Sempre que escrever a Frei Domingo, mande-lhe recados meus; diga-me como vai ele.

É hoje dia das almas, e eu de vossa reverência,

TERESA DE JESUS.

134. AO PE. AMBROSIO MARIANO DE S. BENITO

Toledo, 3 de novembro de 1576. Valdemoro, perseguidor da Reforma, solicita a amizade da Santa e a admissão de um irmão seu na Descalcez. A saúde do Pe. Padilla. Alegria da Santa à vista de uns colegiais Descalços muito fervorosos que a saudaram em Toledo.

Jesus esteja com vossa reverência. Hoje esteve aqui o bom Valdemoro[1], e creio que é sincero no que diz de sua amizade, porque assim lhe convém agora. Discorreu largamente sobre quanto S. Paulo perseguiu os cristãos, e o que fez depois. Se ele fizer por Deus a décima parte do que fez S. Paulo, por certo lhe perdoaremos o já feito e o que venha a fazer. Encarregou-me de pedir a vossa reverência que receba na Ordem a um seu irmão.

Se este for verdadeiramente como ele diz, não há dúvida que, pela necessidade atual de pregadores, poderia nos ser útil; mas como Nosso Padre[2] costuma despedir nas visitas canônicas os que vêm de outras ordens, tenho medo de que não há de querer admiti-lo. Penso que melhor corresponderei à sua amizade, encomendando-o a Deus. Aí decidirão o que for mais conveniente.

Muito estamos rogando pela saúde desses senhores; Deus a conceda como vê lhes ser necessária.

---

3. D. Francisco de Salcedo.
4. Jesuíta, um dos primeiros confessores da Santa, a quem fez grande bem.
5. Jesuíta, também confessor da Santa.
1. *Valdemoro:* Alonso Valdemoro, prior do Carmo de Ávila, famoso por sua atuação contra os Descalços.
2. *Nosso Padre:* Jerónimo Gracián.

Sinto-me bem preocupada com os trabalhos do nosso bom Pe. Padilla. A tão grandes obras não há de deixar o demônio de fazer guerra. Deus lhe conceda fortaleza e saúde, e a vossa reverência e ao Padre Mestre faça muito santos.

Nada mais soube acerca dos negócios; penso que lá o saberão primeiro do que eu. Amanhã vou dar uma carta para vossa reverência, a Valdemoro, que irá procurá-lo; se nela lhe suplicar em favor de seu irmão, minha última vontade é que façam o que for mais do serviço de Deus. Estes Fradezinhos me deram impressão de santos; grande consolo é ver tais almas, para enfrentar quantos trabalhos nos puderem ocorrer.

É hoje 3 de novembro.

De vossa reverência,

TERESA DE JESUS.

135. AO PE. JERÓNIMO GRACIÁN, EM SEVILHA

Toledo, 4 de novembro de 1576. Licença para admitir à profissão Casilda de Padilla. Os arrependimentos de Perucho. Sobre a escolha do convento onde deveria residir a Santa. Temores acerca da enfermidade do Presidente do Concelho de Castela e do Núncio.

Jhs

A graça do Espírito Santo esteja sempre com vossa reverência. Várias vezes tenho escrito, ultimamente; praza a Deus lhe cheguem as minhas cartas, pois me desconsola o ver quantas escrevo e quão poucas diz Vossa Paternidade ter recebido.

Trouxeram-me estas hoje de Valladolid, dizendo-me que veio dispensa de Roma para a profissão de Casilda[1], e que ela está alegríssima. Não me parece conveniente demorar Vossa Paternidade a conceder licença, pelo desejo de dar-lhe pessoalmente o véu, porque não sabemos os sucessos desta vida, e o mais certo é o mais seguro. Em consequência disto, por caridade, peço a Vossa Paternidade que me remeta logo por mais de uma via, para acabar com a ansiedade daquele anjinho, pois lhe custa muito a espera. Já terão dito a Vossa Paternidade, ou vão dizer-lhe, a que pessoas foi dirigido o relatório; uma delas foi Frei Domingo. Contudo, se tiver tempo, lerei as cartas, porque, se nelas não vier o mesmo que na minha, informarei a Vossa Paternidade.

Saiba que há dois dias esteve aqui Perucho[2]; diz que assim como S. Paulo perseguia os cristãos, e Deus o tocou, assim pode fazer a ele virar a página. Creio que o cumprirá enquanto lhe convier. Tem por certíssimo que Paulo há de ir contra eles, mas está disposto a ser o primeiro a fazer-lhe bom acolhimento. Tem um irmão que foi despedido pelas aves noturnas; grande santo, grande pregador, enfim, sem faltas, antes era Dominicano, e ele agora o quer ver entre as águias[3]. A ser verdade, não causaria prejuízo, pois tão importante é esse ofício. O pior é que tudo me parece uma farsa. Oh! que grande amigo tenho nele! Deus nos livre!

A pessoa que dá o sítio para o mosteiro promete aprontar seis boas celas, mas quer em troca uma Missa cada semana, em sua intenção; respondi-lhe que Vossa Paternidade não aceitaria. Creio se contentará com menos, e talvez mesmo desista de tudo.

Ando com medo de vir a faltar-nos Matusalém[4]. Pelo sim ou pelo não, diga-me: se assim acontecer, como fará Ángela?[5] Logo lhe virão escrúpulos sobre a ordem que recebeu de ir para onde deve permanecer. Bem vejo que é fora de mão, e aí estará ela muito pior do que onde se acha agora Lorencia, ao menos em relação à saúde; mas é onde a necessidade é maior, e portanto não

---
1. Foi necessária a licença pontifícia por contar Casilda apenas dezesseis anos.
2. Gracioso diminutivo de Pedro. Refere-se a Valdemoro.
3. Como já se disse: aves noturnas são os Calçados; águias, os Descalços.
4. *Matusalém:* o Núncio Ormaneto.
5. *Ángela:* a própria Santa.

há que pensar em contentamento, pois neste mundo seria erro fazer caso disto. Enfim, o melhor para ela é estar com seu confessor Pablo[6], se aí se fizer o mosteiro; e haverá mais facilidade para tratar de negócios, pois tem visto que onde se acha atualmente é ainda mais difícil que em Ávila. De uma ou de outra maneira, mande Vossa Paternidade dizer o que ordena, pois bem a conhece; e, no caso de se cumprirem seus pressentimentos, se aqui lhe aconselharem outra coisa, é capaz de nem esperar resposta; e mais tarde viria a lamentá-lo.

Também estude Vossa Paternidade se, para assinalar ou escolher lugar, deve ela levar em conta a determinação do visitador antigo, pois além da necessidade que há naquela casa, talvez seja mais perfeição obedecer-lhe do que escolher por si mesma. Olhe muito, meu Padre, o que é mais conveniente; há de ser coisa pública o errar ou acertar, e, creio, não durará muito essa situação, porque virá outro Matusalém; contudo poderá ser que dê certo.

Oh! valha-me Deus, e que liberdade tão grande tem esta mulher em todos os sucessos! Nada acontecerá, segundo me parece, que redunde em mal, nem para ela nem para seu Paulo. Como são eficazes as palavras de José, que produzem tal efeito! Mas também quanto são para admirar as letras e o púlpito de Paulo! É para louvar a Deus, Vossa Paternidade encomende-Lhe isto, e responda-me por caridade, que nada se perde em prever, e poderia perder-se muito em seguir outros pareceres. Muito encomendamos a Deus Matusalém e o Anjo Mor[7], que é de quem tenho mais pena, não sei qual a razão. Sua Majestade lhe dê saúde, e a Vossa Paternidade me guarde muitos anos com grande santidade. Amém, amém.

É hoje 3 de novembro.

Indigna súdita de Vossa Paternidade e filha verdadeira,

TERESA DE JESUS.

136. A D. LORENZO DE CEPEDA, EM ÁVILA

Toledo, novembro de 1576. Cobrança de algum dinheiro de D. Lorenzo. Atenções com Antonio Ruiz, de Malagón. Gratidão a Francisco de Salcedo, ao qual aconselha paciência em certo pleito que tinha sobre interesses materiais. Quão conveniente é o desapego dos bens terrenos.

…A vossa Mercê posso dizer que se deve ter rompido…[1] erro, como há tanta barafunda por lá, que não (se pode) encobrir. Agora me diz que tem em casa, já cobrado, o dinheiro de vossa mercê, mas não ousa enviá-lo até que vossa mercê determine alguém a quem o possa entregar mediante carta sua; por isso tenha cuidado, quando partir daí o arrieiro, porque, se for de confiança, será o melhor portador para levá-lo, ou, antes, trazê-lo. Antonio Ruiz há de ir… não podia, iriam desde Malagón. Ele ficará contente, pois como não há tempo para adiantar as obras da casa, não tem que fazer lá, e melhor é que se trate tudo no próprio local. É grande esmola o que se faz por ele, porque terá algum meio para começar a remediar-se, e vossa mercê nada perderá. Quando pensei em escrever isto a vossa mercê, mais me lembrei, ao que me parece, do proveito desses pobres, tão bons, do que do lucro de vossa mercê, conquanto também o tenha em vista e deseje vê-lo muito rico, pois tão bem emprega seus haveres. Ainda esta manhã me veio ao pensamento que não convém casar tão depressa esses meninos, a fim de poder vossa mercê fazer mais em benefício de sua alma; porque, em começando com outros gastos, não poderá dar tanto, e, afinal, isto é o que há de levar para a outra vida, do que adquiriu com tanto trabalho. Melhor é gastar o mais que puder no serviço de quem lhe há de dar seu reino, sem que a morte lho tire. Sua Majestade o…

---

6. *Pablo:* Jerónimo Gracián.
7. *Anjo Mor:* Inquisidor-mor, Gaspar de Quiroga.
1. Original comprometido.

Muito mais aparelhado está vossa mercê para os trabalhos interiores e as coisas do espírito, graças a seu natural e ao ânimo que tem. É preciso mostrar a ele[2] sempre muito agrado, para que não se julgue logo importuno. Não sei se poderei afirmar que é a pessoa a quem mais devo na vida, de todas as maneiras, porque foi para mim o princípio de grande luz, e assim lhe quero muitíssimo. Dá-me bastante pena não ver nele mais ânimo para essa provação do pleito que Deus lhe dá, pois não me posso convencer de que lhe venha de outra parte esse abatimento.

Rogue vossa mercê ao Senhor que o dê a entender a D. Francisco, para pôr fim à sua inquietação. Eis o resultado de não estarmos desprendidos de tudo: o que mais nos dá a ganhar, que é perder a fortuna tão pouco duradoura e digna de tão pouca estima em comparação dos bens eternos, isso nos inquieta e priva de todo lucro. Mas convém levar em conta que estas considerações não consolam a quem Deus não concedeu tal desapego; preferem ver que nos compadecemos de seus sofrimentos.

Estando eu a pensar hoje como reparte Deus os bens segundo lhe apraz, e como um homem desses, que há tantos anos o serve tão deveras, cujos haveres são mais dos pobres do que seus, se aflige tanto em perdê-los; e, parecendo-me que a mim pouco se me daria, lembrei-me do muito que senti quando em Sevilha vimos vossa mercê em risco de perder o que trouxera. É que nunca nos conhecemos. Assim pois, o melhor deve ser fugir de tudo pelo Tudo, para que nosso natural não nos faça escravos de coisas tão baixas; e os que não chegam a tanto, considerem esta verdade muitas vezes. Assim o faça vossa mercê, e lembre-se disto quando seu natural o levar…[3]

137. A MADRE MARÍA DE S. JOSÉ, PRIORA DE SEVILHA

Toledo, 8 de novembro de 1576. As parentas de Garciálvarez. Torna a falar sobre seu amigo Antonio Ruiz. Negócios do convento de Sevilha. Sinais convencionados para o sobrescrito das cartas.

Jesus esteja com vossa reverência. Não tenho tempo para dizer-lhe o que quisera. Deram-me hoje sua carta, vinda pelo almocreve. As suas, quanto mais longas, mais me alegram. São tantas as que recebi hoje, que ainda para escrever brevemente não tenho tempo, nem também para ler as que têm vindo das Irmãs. Dê-lhes muitas lembranças.

Já lhe escrevi que recebesse as irmãs de Garciálvarez. Parece-me que lhe deve ter chegado a carta. Se são tão boas, não há para que esperar. Dá-me pena o ver que o convento se sobrecarrega de monjas e não melhora de condições. Veja se estas entram ao menos com os trezentos ducados que vossa reverência tem de pagar este ano. Não deixe de dar ao pobre do Antonio Ruiz o dinheiro que lhe deve, pois é com este que há de ganhar de comer, negociando com seu gado, em Malagón. Estou procurando quem lhe dê mais, para remediá-lo um pouco, e recomendei-o a meu irmão, que, de seu lado, também lucrará. Asseguro-lhe que me parece ser obrigação de consciência, por ver como ele custa a se manter ali.

Quanto à pretendente de Nicolao, ainda que não seja muito a nosso gosto, eu não a despediria. Recomende-me a ele e diga-lhe que seu primo veio visitar-me e mandou-nos uma esmola.

Sobre o negócio de Pablo[1] não sei o que lhe diga; ainda não entendi bem, vou tornar a ler a carta. Como está agora vossa reverência com tanta pressa se ainda a noviça não completou o ano? Se dessem ao convento dois mil e quinhentos ducados e a contribuição que se há de pagar este ano, renuncie vossa reverência em boa hora aos bens futuros, porque nunca são convenientes para nós essas heranças, que por fim vêm a dar em nada. Ele que tome sobre si pagar essa parte que se há de dar pela casa; mas herdade não aceitem, nem lhes passe tal coisa pelo pensamento: digam

---

2. Francisco de Salceda.
3. Carta inconclusa.
1. *Pablo:* Pablo Matías queria que sua filha Bernarda de S. José professasse, mas sem dote e renunciando a seus bens em troca de boas promessas para o futuro.

que não podem, pois não devem ter renda. Em suma, não há necessidade de me escreverem sobre esses pormenores; vejam lá o que for melhor. Não quisera eu que tirassem quantia alguma do dote dessa noviça, nem do de Beatriz: convém juntá-los para saldar toda a dívida, pois não aguentarão pagar tantos juros cada ano, e, a troco de se livrarem desse peso, não hesitem em fazer grandes sacrifícios. Acerca da Irmã conversa escreverei a Valladolid e darei a resposta. Breve tornarei a escrever-lhe. Estou boa.

É hoje 8 de novembro.

As cartas de Nosso Padre[2] mandarei sem endereço; porei o sobrescrito para vossa reverência, com duas ou três cruzes, ou melhor: só duas, ou uma, pois aí vão muitas. E vossa reverência o industrie: quando me escrever, não ponha ele o sobrescrito, e sim vossa reverência, assinalando-as do mesmo modo. Assim ficará mais disfarçado, e é melhor meio do que o outro que lhe dei. Praza a Deus diga vossa reverência a verdade quando me afirma que está boa; e fique-se com Ele.

Sua,

TERESA DE JESUS.

Já lhe escrevi que entregaram as cartas a meu irmão, e ele muitíssimo se alegrou. Está passando bem, e a Madre Priora de S. José como de costume.

138. A MADRE MARÍA DE S. JOSÉ, PRIORA DE SEVILHA

Toledo, 11 de novembro de 1576. Sobre a saúde da Madre Priora e o pouco que de si cuida. Brianda de S. José. Tísica. Sobre o dote de algumas pretendentes de Sevilha. Mortificações indiscretas em Malagón.

Jesus esteja com vossa reverência. Sempre me mande escrito num papelzinho à parte aquilo que precisar de resposta, porque, sendo tão compridas as cartas — conquanto não me pareçam longas no que toca a meu contentamento —, para as tornar a ler inteiramente quando tenho que responder depressa, tomariam tempo.

Pelo correio lhe escrevi, há dois, três, ou quatro dias, que pusesse duas cruzes nas cartas de Nosso Padre[1], e vossa reverência mesma escrevesse o sobrescrito. Diga-me se recebeu este aviso, porque sem ter em mão sua resposta, não o farei.

Creia que me dá grande pesar essa sua febre. Para que me diz que está boa? Isso é que me aborrece. Veja se não provirá de opilações; e tome algum remédio antes que se tornem crônicas. Desconfio muito que alguma vez a deixa a febre, e isto me consola. Penso que algumas fomentações ou tratamentos para mitigar esse calor darão bom resultado; não deixe de dizê-lo ao médico. Vossa reverência costuma sangrar-se uma vez por ano, ao que me parece; talvez lhe fizesse bem uma sangria, como diz a Subpriora. Peço-lhe que não fique assim, pois, quando quisermos tratá-la, não haverá remédio. Melhor o faça Deus!

Há tempos não tenho notícias de Malagón. Estou com cuidado, e quase sem esperança da saúde da Priora, pelo que dizem estes médicos, porque todos os sintomas e sinais são de tísica. Deus é vida, e lha pode dar. Sempre Lhe peçam esta graça e rezem também por uma pessoa a quem devo muito. Diga-o a todas, e dê-lhes minhas recomendações; muito me alegro com as cartas daí. Não sei se terei tempo para lhes escrever.

Asseguro-lhes que tenho muita inveja da boa e descansada maneira com que gozam de Nosso Padre; não mereço eu tal sossego, e portanto não tenho razão de me queixar. Muito me folgo de que tenham esse alívio; a não ser assim, não sei como poderiam aguentar. Contudo, torno a dizer-lhe que de minha parte mande à Subpriora que vá assentando todo o gasto por conta dos quarenta ducados do mosteiro de S. José; e não faça outra coisa, porque ficarão prejudicadas; pelo que nos

---

2. *Nosso Padre:* Jerónimo Gracián.
1. *Nosso Padre:* Jerónimo Gracián.

toca, dê o negócio por liquidado, e descontem dessa dívida tudo o que gastarem com ele. Faz-me rir a ideia de que a boa Subpriora há de assentar até a água; e fará bem, pois assim o quero. Excetuo os regalinhos que receberem de esmola. Ficarei contrariada se fizerem outra coisa.

Nunca me dizem quem é o companheiro de Nosso Padre; é essa a única preocupação que tenho agora, pois estou muito contente de que se faça tudo tão bem e em tanta paz. Quisera não soubessem nos Remédios onde ele come, porque não se pode tolerar que fique porta aberta para nenhum outro Prelado. Creiam-me: é mister considerar o futuro, para que não tenhamos de dar contas a Deus, nós que o começamos a fazer.

Estou preocupada por ver que essas noviças que recebem não as ajudam em nada. Já terá recebido o Pe. Garciálvarez a carta em que lhe digo que serão recebidas suas parentas; ao mesmo tempo a vossa reverência escrevi que veja se levam algum dinheiro para ajudar a pagar os juros, porque a tal herança não deve ter valor. Não quisera eu que esperasse até não poder mais com a carga: melhor é que se vá precavendo antes de ficar afogada. Dei licença para entrar em Salamanca uma noviça que, segundo me disseram, trazia consigo o dote; deste era minha intenção enviar trezentos ducados por conta do que lá devem ao convento de Malagón e pagar os cem de Asênsio Galiano; mas até hoje ela não se apresentou. Roguem a Deus que a traga. Asseguro-lhe que me deve muito vossa reverência pelo desejo que tenho de vê-la livre desses cuidados.

Por que não procuram dar logo esse dinheiro de Juana de la Cruz, para não ficarem tão sobrecarregadas? Olhe que não é coisa essa para se descuidarem; e procure que traga essa Anegas[2] ao menos com que pagar a Antonio Ruiz, pois, como já lhe disse, é contra a consciência não satisfazer logo essa dívida; bem sabe quanto é necessitado.

Tornei a ler o negócio de Pablo[3]; não creia que os pais pretendem reter sua filha; o que pretendem é que ela renuncie. E fique certa: assim é melhor, por muitas razões, e uma é que esses negociantes um dia têm muito, e no outro perdem tudo. Ainda mais: melhoram os filhos que têm em sua companhia, e pouco deixam. O mais conveniente é que ele pague a parte da casa pela qual se responsabilizou, se chegar a mil e quinhentos ducados; no mais, não aceitem herança; nem é razoável que ele entre com menos, antes, se puderem, tirem mais. Procurem alguém que lhe faça ver que seria ocasionar dissensões entre seus filhos, deixando ao mosteiro a herança. Ainda que ele desse dois mil ducados, não seria muito.

Dessa outra, portuguesa, dizem que sua mãe poderia dar o dote; será preferível, creio, às outras. Enfim, Deus não nos há de faltar; e, quando menos pensarem, dará uma que traga mais do que precisam. Se o Capitão resolvesse tomar a capela-mor, não seria mau. Não deixem de mandar-lhe alguns presentinhos, mostrando-se agradecidas, ainda que não haja de quê.

Antes que me esqueça. Saiba que me contaram aqui certas mortificações usadas em Malagón: manda a Priora, sem mais nem menos, que alguma Irmã dê uma bofetada na outra e esta lha retribua; e dizem que foi aprendida aqui essa invenção. O demônio parece que ensina, sob capa de perfeição, a pôr as almas em perigo de ofender a Deus. De nenhum modo mande nem consinta que bata uma na outra (e também — dizem — dão beliscões); nem leve as monjas com o rigor que viu em Malagón, pois não são escravas, e a mortificação não há de ser senão para proveito da alma. Eu lhe digo, minha filha, que é mister olhar muito essas coisas que as Priorinhas inventam de sua cabeça. Quantas coisas vim agora a descobrir! Causa-me grande pesar. Deus a faça santa para minha consolação. Amém.

Meu irmão está bom, e também Teresa[4]. A carta que vossa reverência lhe escreveu, onde falava dos quatro reais, não lhe chegou às mãos; todas as outras têm recebido. Muito se alegra com elas e quer mais às monjas daí que às de cá.

---

2. Irmã Mariana de los Santos, cujo apelido era Vanegas.
3. *Pablo:* ver nota à carta anterior.
4. *Teresa* de Ahumada, sobrinha da Santa.

É hoje 11 de novembro.
Eu de vossa reverência,

TERESA DE JESUS.

Procure vossa reverência que Nosso Padre me dê resposta sobre os negócios de que trato na carta inclusa. Recomendo-lhe que lho lembre muitas vezes, para que não se esqueça.

139. AO PE. JERÓNIMO GRACIÁN, EM SEVILHA

Toledo, novembro de 1576. Louva o procedimento de Gracián na visita dos Calçados. Inveja as Mariposas (as Descalças) de Sevilha por gozarem do trato e bom conselho desse Religioso. Uma obra pia de D. Elena de Quiroga.

Jhs

A graça do Espírito Santo esteja com Vossa Paternidade, meu Padre. A semana passada, que foi do oitavário de Todos os Santos, escrevi a Vossa Paternidade quanto me tinha alegrado com sua carta, a última que recebi, embora tão curta. O que vossa reverência me diz ter escrito a Roma, praza a Deus dê bom resultado, e não haja outros pareceres.

Entre outras coisas, dizia eu a Vossa Paternidade o muito que me deleitei com suas cartas ao Pe. Mariano, que mas enviou a meu pedido; é uma história que muito me fez louvar a Deus. Não sei como sua cabeça descobre invenções tão engenhosas. Bendito seja Aquele que lho dá, pois bem parece obra Sua! Por isso ande Vossa Paternidade sempre com cuidado de considerar as mercês que Deus lhe faz, e presuma pouco de si. Uma coisa lhe digo: por assim estar o Buenaventura, parecendo-lhe tudo fácil — que até me espantei de ouvi-lo —, não conseguiu proveito algum.

Quer este grande Deus de Israel ser louvado em suas criaturas; e assim é necessário trazer sempre diante dos olhos sua honra e glória, como faz Vossa Paternidade, empregando todas as diligências possíveis, sem querer honra para nós, porquanto Sua Majestade, se for para nosso bem, chamará a Si esse cuidado. Quanto a nós, o que nos convém é que se entenda nossa baixeza, e que nela seja exaltada a grandeza de Deus. Mas, como estou boba! e como estará rindo meu Padre quando ler isto! Perdoe Deus a essas Mariposas o gozarem com tanto consolo daquilo que eu aí desfrutei com tanto trabalho. A inveja não se pode escusar, mas é grande compensação para mim o meio industrioso que lhes sugeri, para que Paulo tenha algum alívio, e de modo a não chamar a atenção.

Já lhe escrevi muitos conselhos bobos; pode tomar desforra de mim. Haveria Vossa Paternidade de negar-me esse alívio que tenho, de poder proporcionar-lhe algum conforto, pois anda com tanta necessidade e tão grandes trabalhos? Mais, muito mais virtude do que isso tem meu Paulo[1], e melhor me entende agora do que antes. Para evitar ocasiões de faltas, uma coisa lhe peço: se não for para esse fim, não seja Vossa Paternidade capelão delas. Assim convém, porque, asseguro-lhe: se todo o trabalho que passei nessa fundação só tivesse esse fruto, por muito bem empregado o daria eu; e torno novamente a louvar ao Senhor que me fez esta mercê de proporcionar a Vossa Paternidade o modo de respirar aí livremente, sem estar no meio de seculares. Causam-me grande prazer essas Irmãs, em me darem suas notícias tão minuciosamente; e faz-me com isto Vossa Paternidade grande favor, pois, segundo me disseram, manda-lhes que me escrevam. E é grande regalo para mim ver que não me esquece.

D. Elena juntou a legítima de sua filha ao que ela vai trazer, se entrar; e diz que hão de receber, juntamente com ela, outras duas noviças coristas e duas leigas. Depois de inteiramente construído o mosteiro, o que sobrar será destinado a uma obra pia, semelhante à de Alba. Verdade é que tudo deixa ao critério de Vossa Paternidade, do Pe. Baltazar Álvarez e também ao meu. Foi este Padre que me enviou este memorial, pois não quis responder a D. Elena antes de saber a minha opinião.

---

1. Jerónimo Gracián.

Eu tive muito em vista a intenção que notei em Vossa Paternidade, e assim, depois de muito pensar e consultar, escrevi a resposta que vai inclusa. Se não parecer bem a Vossa Paternidade, avise-me; e lembre-se que, por minha vontade, as casas já fundadas em pobreza não as quisera eu ver com rendas. Deus me guarde a Vossa Paternidade.

De Vossa Paternidade indigna filha e serva,

TERESA DE JESUS.

140. AO PE. JERÓNIMO GRACIÁN, EM SEVILHA

Toledo, 19 de novembro de 1576. Queixa-se dos visitadores que fazem atas supérfluas, ordenando o que já está nas Constituições. Sobre a recreação da comunidade. A fundação de Granada. A famosa noviça do Pe. Olea.

Jesus esteja com Vossa Paternidade. Veja como são cansativas as atas que agora deixou feitas o Pe. Frei Juan de Jesús. A meu entender, torna ele a mandar o que está nas Constituições de Vossa Paternidade; não entendo para quê. Isto é o que temem as minhas monjas: que venham Prelados austeros que as oprimam e sobrecarreguem. Isto para nada serve. Estranha coisa é que julguem não conseguir o fim das visitas se não inventam regulamentos. Se as Irmãs não hão de ter recreações nos dias em que comungam, eles, os Padres, que dizem Missa cada dia, nunca a deveriam ter. E se os sacerdotes não observam isto, para que o hão de observar os pobres dos outros?

Escreve-me ele que foi mister fazer tanto porque nunca se tinha feito visita àquela casa; e deve ser assim. Em algumas coisas talvez tenha feito bem, mas se fiquei cansada só de ler tantas atas, que seria se as tivesse de cumprir? Creia que não aguenta nossa Regra pessoas austeras: ela por si já o é bastante.

Salazar vai a Granada a pedido do Arcebispo, que é grande amigo seu. Deseja muito que se faça lá uma casa destas, e eu não seria contra, pois se poderia fazer, mesmo não indo eu em pessoa. Somente quisera que primeiro se desse satisfação a Cirilo[1], pois não sei se os visitadores podem dar licença para as casas de monjas como dão para as de frades. Resta-nos o perigo de se anteciparem a nós os de S. Francisco[2], como fizeram em Burgos.

Saiba que Santelmo[3] está contrariadíssimo comigo, por causa da noviça, que já saiu. Em consciência não pude agir de outro modo, nem Vossa Paternidade tampouco o poderia. Fez-se tudo quanto se pôde neste caso; mas como se trata de agradar ou não a Deus, venha o mundo abaixo. Nenhuma pena senti, nem a sinta Vossa Paternidade. Nunca nos venha algum proveito a troco de irmos contra a vontade de nosso Bem. Posso afirmar a Vossa Paternidade que, se fosse irmã de meu Pablo[4] — e não é possível encarecimento maior —, não teria feito mais em seu favor. Não quis atender à razão alguma e a zanga é comigo porque dou crédito às minhas monjas, e ele imagina que é paixão por parte da Priora, parecendo-lhe tudo invenções e falsidades. Decidiu que a noviça entrará num mosteiro de Talavera, como outras que vão da corte, e para este fim mandou buscá-la.

Deus nos livre de ter necessidade das criaturas. Praza a Ele abrir-nos os olhos, e permita que não tenhamos necessidade senão só d'Ele. Diz Santelmo que assim fiz por não precisar mais agora de sua ajuda, e acrescenta: bem lhe disseram outros que uso dessas tretas. Veja se eu algum dia tive mais necessidade dele do que ao se tratar de despedir sua noviça. E como me interpretam mal! Praza ao Senhor me aplique eu em fazer sempre sua vontade. Amém.

É hoje 19 de novembro.

Indigna Súdita de Vossa Paternidade,

TERESA DE JESUS.

---

1. Pe. Gracián.
2. Os mínimos de São Francisco de Paula.
3. *Santelmo:* Francisco de Olea, jesuíta.
4. *Pablo:* Jerónimo Gracián.

141. AO PE. JERÓNIMO GRACIÁN, EM SEVILHA

Toledo, novembro de 1576. Reprova a demasiada singeleza do Pe. Gracián. Em si é boa, porém há pessoas ruins que a interpretam mal. Procedimento da Santa. Não quer que leia em público o Pe. Gracián as cartas que dela recebe.

O tempo tirará a Vossa Paternidade um pouco da singeleza que tem. Compreendo eu, e estou certa, que é de santo, mas, como o demônio não quer que todos sejam santos, aqueles que são ruins e maliciosos como eu, quereriam tirar Vossa Paternidade de certas ocasiões. Posso tratar com Vossa Paternidade e ter-lhe muito amor por muitos motivos, mas nem todas o poderão fazer, e nem todos os Prelados serão como meu Padre, para que os tratemos com tanta simplicidade. E, pois Deus lhe confiou esse tesouro, não há de pensar que todos o possuirão como Vossa Paternidade; posso assegurar-lhe, e é certo, que muito mais medo tenho do que lho venham a roubar os homens, do que os demônios. O que as monjas me virem dizer e fazer — porque sei a quem me dirijo e já me é lícito em razão de meus anos —, julgarão que também elas o pedem, e terão razão. E isto digo não por falta de amor, senão, pelo contrário, por querer-lhes muitíssimo.

E posso dizer em verdade: embora sendo tão ruim, depois que comecei a ter filhas tenho andado com muito recato e circunspecção, evitando tudo aquilo em que o demônio as poderia tentar contra mim, e, graças a Deus, penso terem sido poucas as faltas muito graves que terão notado em meu procedimento, porquanto Sua Majestade me favoreceu neste ponto. Confesso que tenho procurado encobrir delas minhas imperfeições; contudo, por serem tão numerosas, não poucas terão recebido, assim como também o amor que tenho a Paulo, e meus cuidados com ele. Acerca disto, muitas vezes lhes faço ver que assim procedo para o bem da Ordem, e por ser grande a necessidade; e, ainda que se tratasse de outro, que não ele, não o deixaria eu de fazer.

Mas como lhe estou sendo pesada! Todavia não lhe pese, meu Padre, ouvir estas coisas, pois temos, Vossa Paternidade e eu, de responder por um grandíssimo cargo, e havemos de dar contas a Deus e ao mundo. Pois Vossa Paternidade entende o amor com que lhe falo, queira perdoar-me, e faça-me a mercê que já lhe supliquei de não ler em público as cartas recebidas de mim. Veja que são diferentes os modos de julgar, e nunca os Prelados hão de falar tão abertamente de certas coisas. Poderá acontecer que eu lhe escreva falando de terceira pessoa, ou de mim mesma, e não será conveniente que alguém o venha a saber, pois há muita diferença entre falar de mim com Vossa Paternidade ou com outras pessoas, ainda que seja minha própria irmã. E, assim como não quisera eu que alguém ouvisse o que trato com Deus, ou me estorvasse de estar com Ele a sós, o mesmo digo de Pablo...

142. AO PE. JERÓNIMO GRACIÁN, EM SEVILHA

Toledo, novembro de 1576. Sobre as belas qualidades de Isabelita, irmã de Gracián. Seu comportamento nas Descalças de Toledo.

Minha Isabel está cada dia melhor. Em entrando eu na recreação, como isto não acontece muitas vezes, deixa seu trabalho e começa a cantar:

> A Madre Fundadora
> Vem à recreação;
> Cantemos e bailemos
> Com satisfação[1].

Isto é num momento. E quando não é hora de recreação, fica em sua ermida, tão embebida em seu Menino Jesus e seus pastores, e seu trabalho, que é para louvar a Deus ouvi-la dizer o que pen-

---

1. O último verso em espanhol é: "y hagamos son".

sa. Diz que manda lembranças a Vossa Paternidade e o encomenda a Deus e deseja vê-lo, porém não assim à senhora D. Juana, nem a ninguém, pois — transcrevo suas palavras — são do mundo. Muita recreação me dá, mas este meu contínuo escrever pouco tempo me deixa para gozar dela.

143. AO PE. JERÓNIMO GRACIÁN, EM SEVILHA

Toledo, novembro de 1576. Isabelita é como um anjo. Um episódio divertido.

…A nossa Isabel está que é um anjo. É para louvar a Deus o bom gênio desta criatura e seu contentamento. Hoje, por acaso, saiu o médico por uma sala em que ela estava, e por onde não é costume passar. Percebendo que tinha sido vista, ainda que deitou a correr, ficou em prantos, dizendo que estava excomungada e que a haviam de expulsar do convento. Muita recreação nos dá, e todas lhe querem grandemente, e com razão.

144. A MADRE MARÍA DE S. JOSÉ, PRIORA DE SEVILHA

Toledo, 19 de novembro de 1576. A data das cartas escrita em letras. Não presumam minhas filhas de latinistas. Mais as quero santas que retóricas. Uma confissão geral. Assuntos particulares do convento de Sevilha. O vestido das Descalças.

Jhs

Esteja com vossa reverência o Espírito Santo, filha minha. Sua carta, com data de 3 de novembro, recebi. Asseguro-lhe que vossa reverência nunca me cansa, antes me descansa de outros cansaços. Achei muita graça de pôr vossa reverência a data em letras. Praza a Deus não a tenha escrito em algarismos por fugir à humilhação.

Antes que me esqueça. Muito boa teria eu achado sua carta ao Pe. Mariano se não fosse aquele latim. Deus livre a todas as minhas filhas de presumirem de latinistas. Nunca mais lhe aconteça isto, nem consinta. Muito mais quero que se prezem de parecer simples — o que é muito próprio de santas — do que de tão retóricas. Eis o que ganha vossa reverência de enviar-me abertas suas cartas. Mas já, como se confessou com Nosso Padre, estará mais mortificada. Diga-lhe que, por estes dias, fiz uma confissão quase geral com quem já lhe escrevi[1], e não senti a vigésima parte da pena que sentia quando tinha de me confessar com Sua Paternidade. Veja que negra tentação, esta!

Encomendem a Deus este meu Confessor, que me traz muito consolada, e não é pouco para mim achar quem me contente. Oh! como vossa reverência fez bem em não chamar aquele que tanto me atormentava aí — para que eu em nenhuma coisa tivesse satisfação nesse lugar![2] A que achava em Nosso Padre, bem sabe como era mesclada de soçobros; e vossa reverência, que me daria alívio se quisesses, porque me caiu em graça, se retraía. Alegro-me de que agora compreenda minha amizade. Quanto à outra, de Caravaca[3], Deus lhe perdoe; também esta agora sente pesar. Que força tem a verdade!

Hoje mesmo recebi dela um hábito feito de um saial que é o melhor que já usei, por ser muito leve e ao mesmo tempo grosseiro. Fiquei-lhe muito grata, porque para o frio, o nosso estava muito roto. E para camisas e o mais elas tecem. Aqui, porém, não usamos camisas no verão, nem se pensa nisso, e o jejum é rigoroso. Já me vou fazendo monja; roguem a Deus que dure.

---

1. O cônego Dr. Velásquez.
2. Em Sevilha. Ignora-se quem seja esse confessor que tanto fez sofrer à Santa.
3. Ana de Santo Alberto, priora do Convento.

Mandei dizer a meu irmão que vossa reverência já tem nas mãos o dinheiro. Pelo almocreve de Ávila mandará cobrá-lo, e vossa reverência faz bem em não o querer entregar sem carta dele. Tenha cuidado de lembrar a Nosso Padre que não deixe de fazer, junto ao Duque[4], a diligência de que me falou, porque, no meio de tantos negócios e tão só, não sei onde buscará forças bastantes, se Deus não lhas conceder milagrosamente. Nem me passou pelo pensamento, creio, dizer que ele não coma nesse mosteiro, porque vejo como é grande sua necessidade; o que digo é que, a não ser para esse fim, não vá aí muitas vezes, para não acontecer causar reparo e sermos obrigados a suprimir tudo. Pelo contrário, muita caridade me fazem com esse cuidado que têm de regalar a Sua Paternidade, e nunca o poderei pagar. Diga-o às Irmãs, porque minha Gabriela teve a presunção de alegar-me isso em sua carta. Recomende-me muito a ela e a todas as Irmãs, e geralmente a todos os amigos, e mande um grande recado meu ao Pe. Frei Antonio de Jesus, dizendo que por aqui o encomendaremos a Deus para que lhe aproveite o tratamento, e muita pena temos tido, tanto a Priora como eu. A Frei Gregorio e Frei Bartolomé também me recomende.

A Madre Priora de Malagón está ainda pior que de costume; contudo sinto-me um pouco mais consolada, por ter sabido que a chaga não é nos pulmões, e não está tísica. Ana da Madre de Deus, monja deste convento, diz que esteve assim e sarou. Deus o pode fazer. Não sei que pensar de tantos trabalhos como Deus manda àquela casa, e, além dos males, há grande necessidade, pois nem têm trigo, nem dinheiro, e estão com um mundo de dívidas. Os quatrocentos ducados que deviam em Salamanca a essa casa, e que eu, com a aprovação de Nosso Padre, mandara pagar-lhes, ainda no caso de lhes serem pagos, praza a Deus bastem para as remediar. Já mandei reclamar parte, ao menos, desse dinheiro. Têm sido muitos os gastos feitos ali[5] de muitas maneiras. Por isso não quisera eu que as Prioras das casas que possuem rendas fossem muito mãos abertas; e aliás nenhuma, porque no fim vem a perder-se tudo.

A pobre Beatriz se viu com toda a carga, porque só ela tem andado boa, e aguenta com todo o peso da casa, de que a encarregou a Priora, em falta de homens bons, como se costuma dizer[6]. Muito me folgo de que aí nada lhes falte. Não seja boba, não deixe de mandar cobrar aqui os portes das cartas, e assente aquilo que lhe disse; o contrário seria perderem outro tanto, além de ser bobagem. Tive pesar de saber que o companheiro de Nosso Padre é Frei Andrés, pois o julgo incapaz de saber calar; e ainda mais me pesou de que vá tomar suas refeições no Carmo. Por amor de Deus, recomende-lhe sempre que vá aos Remédios[7] em acabando o que tem de fazer aí. Tenho a impressão de que é tentar a Deus. Sua Majestade a guarde, e a todas faça santas para meu consolo, que tenho muito que escrever.

É hoje 19 de novembro.

De vossa reverência,

TERESA DE JESUS.

Vire a página. As cartas, inclusive as das Índias e de Ávila, já lhe disse que recebi. Desejaria que indagasse quem lhas trouxe, e quando partirá a armada, porque pretendo responder.

Folgo-me de que levem tão bem a pobreza e de que assim as proveja meu Deus. Bendito seja Ele para sempre! Fez muito bem de dar a Nosso Padre as túnicas; não preciso mais delas. O mais importante para todos é que não deixem Sua Paternidade comer com essa gente; e que ele ande de sobreaviso nesse ponto, já que nos faz Deus tanta mercê que lhe conserva a saúde entre tantos trabalhos. Quanto a usarem tecido mesclado de linho e lã, prefiro que usem linho, quando for preciso, pois seria abrir a porta para nunca se cumprirem as Constituições, ao passo que usar

---

4. Provavelmente o Duque de Alba.
5. No mosteiro de Salamanca.
6. "Na falta de homens bons, a meu marido fizeram alcaide", ditado da época. Fala de Beatriz de Jesus, que Madre Brianda pusera à frente da comunidade como vigária. Era Cepeda y Ocampo, prima da Santa.
7. Convento dos Calçados.

linho, em caso de necessidade, é cumpri-las. Com esse tal tecido, que aliás faria quase o mesmo calor, nem se cumpriria uma coisa nem outra, e acabariam por ficar com ele.

Está mandando serem de estopa ou de saial as meias, e isto nunca se guarda, o que me contraria. Avise-o a Nosso Padre quando houver ocasião, para que, onde nas Constituições se trata deste ponto, não mais se determine que hão de ser; basta dizer que se empregue coisa pobre ou, sem assinalar a fazenda, somente que usem meias. Dê-me conta disso. Assim é melhor; e não o esqueça. Vá ele adiando a visita à Província[8] o mais que puder, até que se veja em que param certas coisas. Não vê como é encantadora a carta de Sua Paternidade a Teresica?[9] Não se cansam de falar dela e de sua virtude. Julián apregoa maravilhas, o que para ele é muito. Leia a carta que minha Isabel escreve a Sua Paternidade.

145. A MADRE MARÍA DE S. JOSÉ, PRIORA DE SEVILHA

Toledo, 26 de novembro de 1576. Isabelita recebe o hábito em Toledo. Reforma das Carmelitas Calçadas de Paterna. Desatinos de Garciálvarez em matéria de confissões. Comunicação espiritual com os da Companhia. Melhoras de Brianda de S. José.

Jesus esteja com vossa reverência, filha minha. Duas cartas suas me foram entregues no dia da Apresentação de Nossa Senhora, juntamente com as de Nosso Padre. Nunca deixe de contar-me alguma coisa por Sua Paternidade me ter escrito, porque ele o não faz, e até me espanto de que me escreva, tendo tão numerosos afazeres. Não chegaram as cartas que ele mandou por Madri, nas quais vinham um memorial ou cédula, em que narra as inquietações que passou. Creio que nenhuma carta se perdeu, a não ser a primeira com a notícia da tomada de hábito da minha Isabelita, e da alegria que tive de estar com sua mãe D. Juana. Como iam também cartas da Priora e das Irmãs, com algumas perguntas a Nosso Padre[1], e não veio resposta, penso que se perderam. Na primeira ocasião diga-me o que há. Contava-lhe eu que, por gracejo, perguntei a Isabelita se estava desposada. Respondeu-me logo, muito séria, que sim. Indaguei: Com quem? E ela imediatamente: Com Nosso Senhor Jesus Cristo.

Muita inveja tenho tido das que foram a Paterna[2], não por irem com Nosso Padre, que disso nem me lembrei, mas pensando no que haviam de padecer. Praza a Deus seja princípio para se servir Ele de nós. Sendo tão poucas, penso que não hão de sofrer muito lá, a não ser fome, pois soube que nem têm o que comer. Deus esteja com elas; que muito o pedimos aqui. Envie-lhes com a maior segurança esta carta; e se alguma receber delas, mande-as para eu ver como vão indo. Escreva-lhes sempre, animando e aconselhando. Não é pouco sofrimento ficarem tão isoladas. De nenhum modo acho conveniente cantarem elas no coro até serem mais numerosas, pois seria desacreditar-nos a todas. Muito me alegrei de que tenham boas vozes as parentas de Garciálvarez; será bom tomá-las, embora tragam pouco, porque essa comunidade está muito reduzida.

Fiquei atônita com tão grande desatino: de pretenderem que o confessor possa trazer outro a seu arbítrio. Que bom costume seria esse! Como não vi o papel de Nosso Padre, não posso pronunciar-me. Pensei em escrever a Garciálvarez, e pedir-lhe que, no caso de querer fazer alguma consulta, não queira saber de mestres de espírito; busque, sim, grandes letrados, que estes me tiraram de muitos trabalhos. Não me espanto de padecerem com isto: bastante padeci eu, de alguns que me julgavam sob a ação do demônio. Escreverei a ele assim que tomar conhecimento do dito papel, e enviarei a vossa reverência a carta aberta, para que a leia, assim como também o

---

8. Província dos Calçados Andaluzos.
9. *Teresica:* Teresa de Ahumada, sobrinha da Santa.
1. *Nosso Padre:* Jerónimo Gracián.
2. O Pe. Gracián enviou duas Descalças de Sevilha ao convento de Carmelitas Calçadas de Paterna (Sevilha), com o objetivo de reformá-lo, mas a missão não teve sucesso.

Padre Prior de las Cuevas. Quando puder tratar com Acosta, creio que será o melhor. Envie-lhe esta carta depois de a ter lido.

Não será pequeno lucro se o Reitor daí se quisesse encarregar da comunidade, como prometeu; para muitas coisas seria grande ajuda. Mas eles exigem obediência; portanto, obedeçam. Embora alguma vez não seja muito bom para nós o que dizem, vale a pena, por ser muito importante para nós a assistência deles. Procure assunto para consultar; são muito amigos disso e têm razão, pois tomam a peito qualquer coisa de que se encarreguem, e assim costumam fazer em tudo o que está confiado a seus cuidados. Isso é muito importante nesse fim de mundo, porque, em voltando para cá Nosso Padre, ficarão muito sozinhas.

Nunca me passou pelo pensamento querer que se aceitasse a pretendente de Nicolao, senão por me parecer que havia aí muita necessidade de dinheiro. Se esses mil ducados das de Garciálvarez forem pagos à vista, podem ser aceitas. Convém que esperem, mas, a meu parecer, não se hão de rejeitar por trazerem pouco.

Achei graça no pretexto com que me querem enviar às índias. Deus lhes perdoe! O maior bem que nos podem fazer é acumular tantas falsidades que não mereçam o menor crédito. Já escrevi a vossa reverência que não mande o dinheiro a meu irmão até que ele lho peça. Procure que Nosso Padre faça o que disse a Acosta em relação àquele que vier como Reitor da Companhia. Virá breve. Encomendei a Salazar, que esteve aqui de viagem para Granada onde vai ficar — pois disse-me que talvez passe por Sevilha —, que aí falasse ao Provincial. Se ele for, mostre-lhe muito agrado e fale com ele o que quiser. Bem podem fazê-lo, que é muito competente.

A Madre priora de Malagón está melhor, graças a Deus, e eu com muito mais confiança de que recupere a saúde, pois disse-me um médico que, embora tenha uma chaga, não sendo nos pulmões, viverá. Deus o faça segundo a necessidade que vê; não deixem de pedir-Lho. Encomende-me a todas, e fique-se com Ele, que tenho muitas cartas a responder. Outro dia escreverei ao meu Prior das Covas, cuja melhora me causou muita alegria. Deus no-lo guarde, e também a vossa reverência, minha filha, que nunca me diz se está boa; dá-me muita preocupação. A Delgado dê minhas lembranças, assim como a todos.

É hoje 26 de novembro.

Sua serva,

TERESA DE JESUS.

Sempre me escreva como está o Pe. Frei Antonio; a ele e a Frei Gregorio e a Frei Bartolomé, minhas recomendações. Muito louvo a Nosso Senhor por ver quanto faz Nosso Padre; praza a Deus conceder-lhe saúde! Nele espero que minhas filhas tudo farão bem.

146. A D. LUÍS DE CEPEDA, EM TORRIJOS

Toledo, 26 de novembro de 1576. A caridade de D. Luís. Governo de Beatriz de Jesus em Malagón. Desculpa a falta de recolhimento de D. Luís na oração, atribuindo-o aos seus muitos negócios.

Jhs

A graça do Espírito Santo esteja sempre com vossa mercê. Amém. Recebi as cartas de vossa mercê e os quatro ducados, que serão remetidos esta semana. Pague Nosso Senhor a vossa mercê o cuidado que tem de nossa Irmã de la Encarnación, que é a mais necessitada. A Irmã Beatriz de Jesus, por doença da Priora, tem agora a seu cargo o governo da casa de Malagón e está cheia de trabalhos. Cumpre o cargo extremamente bem, glória a Deus; não pensei que desse para tanto.

Não se admire vossa mercê de não andar muito recolhido no meio de tantos embaraços, pois não é possível; contanto que, depois de terminados os negócios, retome a boa organização que tinha, poderei dar-me por satisfeita. Praza a Deus que o resultado seja o melhor! Quanto a vossa mercê, por um pouco mais, ou um pouco menos, não faça muito caso, pois, ainda no caso de restar grande lucro, tudo há de acabar bem depressa. Às orações dessas senhoras me recomendo; e a Madre Priora às de vossa mercê.

É hoje 26 de novembro.

Indigna serva de vossa mercê,

TERESA DE JESUS.

147. AO PE. JERÓNIMO GRACIÁN, EM SEVILHA

Toledo, novembro de 1576. Torna a louvar o procedimento suave e discreto do Pe. Gracián na visita aos Calçados. As Cigarras e as Mariposas. Melhoras do Núncio Ormaneto. Repreende a Gracián o demasiado amor que tem aos trabalhos.

Jhs

A graça do Espírito Santo esteja sempre com Vossa Paternidade, meu Padre, e mo guarde muitos anos. Amém. Asseguro-lhe que, se não me desse Deus a entender como todo o bem que fazemos vem de sua Mão e quão pouco de nossa parte, não seria muito ter eu alguma vanglória pelo que Vossa Paternidade está realizando. Seja para sempre bendito e louvado seu santo Nome; para sempre, jamais, amém! Realmente são de atordoar as coisas que aí se passam. E o que mais me admira é ver como Vossa Paternidade tudo vai fazendo com tanta paz, deixando amigos e inimigos, e conseguindo que eles mesmos sejam os autores, ou por melhor dizer, os executores das reformas.

A eleição do Pe. Evangelista foi de meu agrado; por favor dê-lhe Vossa Paternidade minhas recomendações e diga ao Pe. Pablo[1] que Deus lhe pague a recreação que nos deu com suas coplas e com a carta dirigida a Teresa[2]. Fiquei contente por não ser verdade o que se dizia das Cigarras[3], assim como também pela ida das Mariposas[4]. Espero em Deus que resultará grande proveito, e penso que para ali bastarão elas. Muitas ficaram com inveja, pois, em matéria de padecer, todas temos grandes desejos. Deus nos ajude a realizá-los.

Penoso seria se lá reinasse mau espírito. Agora se vê o estado lamentável da gente espiritual dessa terra. Seja Deus bendito por haver estado Vossa Paternidade aí na ocasião dessas balbúrdias. Sem a sua presença, que seria dessas pobres? Apesar de tudo, são venturosas, pois já vão aproveitando, e tenho por muitíssimo importante o que Vossa Paternidade me escreve acerca do visitador nomeado pelo Arcebispo. Não é possível que deixe de ser de grande proveito essa casa, pois tão caro nos custou. Parece-me nada o que está passando agora Paulo, em comparação com o que sofreu por medo dos Anjos.

Muita graça achei nesse seu andar esmolando durante a viagem; e afinal nunca me conta quem é seu companheiro. Diz Vossa Paternidade que me enviava no tal maço de cartas a de Peralta; e nada de chegarem. As que remeteu pelo Pe. Mariano não me foram entregues, nem ele me escreveu uma linha. Há muito não o faz. Outro dia enviou-me uma carta de Vossa Paternidade sem acrescentar uma palavra; talvez tenha ficado com a outra e com o papel de Garciálvarez. Remeteu-me também para Segóvia uma ou duas cartas que pensei eram de Vossa Paternidade, embora os sobrescritos não fossem de sua letra; depois vi que não. As novidades de cá são que Matusalém está já muito melhor, glória a Deus, e até sem febre. É estranho o que sinto em mim: nenhum acontecimento é capaz de perturbar-me —, tão arraigada tenho na alma a certeza do bom êxito.

No dia da Apresentação recebi duas cartas de Vossa Paternidade; depois uma pequeníssima, juntamente com outra para D. Luisa de la Cerda, que está não pouco satisfeita com a dela. Vinha num desses invólucros a licença para Casilda; já a remeti a seu destino.

---

1. *Pablo:* Jerónimo Gracián.
2. *Teresa* de Ahumada, sobrinha da Santa.
3. *Cigarras:* Carmelitas Calçadas de Patema.
4. *Mariposas:* Carmelitas Descalças de Sevilha.

Oh! quão de boa vontade teria Ángela[5] dado de comer — segundo ela mesma me disse — a Pablo, quando ele estava com essa fome de que falou! Não sei para que busca ele mais trabalho além dos que o senhor lhe dá, e inventa pedir esmolas; dir-se-ia que tem sete almas e, em dando cabo de uma vida, lançará mão de outra. Vossa Paternidade ralhe com ele, por favor, e agradeça-lhe de minha parte a mercê que me faz em ter tanto cuidado de me escrever. Seja tudo por amor de Deus.

TERESA DE JESUS.

Creio que Esperanza terá dito o que se está passando agora...

148. AO PE. JERÓNIMO GRACIÁN, EM SEVILHA

Toledo, novembro de 1576. Alenta o Pe. Gracián nas perseguições que padecia. Aconselha-lhe que tenha cuidado com uma embusteira de Sevilha. Pode ser caso de Inquisição. "Como sou maliciosa!"

Realmente causou-me muita pena, mas de outro lado faz-me grande devoção, saber como Vossa Paternidade procedeu com prudência, por entre tantas infâmias. Asseguro-lhe que Deus lhe quer muito, meu Padre, e que Vossa Paternidade o vai imitando bem de perto; esteja muito alegre, pois recebe o que costuma pedir, que são trabalhos. Deus com sua justiça tomará em mão a causa de Vossa Paternidade. Seja Ele bendito para sempre.

No que diz respeito a essa jovem, ou senhora, estou muito convencida de que não é tanto melancolia, mas o demônio, que entrou nessa mulher e a move a esses embustes — pois não são outra coisa —, para ver se engana a Vossa Paternidade, assim como a traz enganada. É mister, portanto, andar com grande recato nesse negócio, não indo Vossa Paternidade à sua casa de modo algum. Não lhe aconteça como a Santa Marina, creio eu, a quem atribuíram um menino, e teve muito que sofrer. Não é agora tempo de padecer Vossa Paternidade em tal matéria. Se quer seguir meu pobre parecer, aparte-se Vossa Paternidade desse negócio; outros haverá que ganhem essa alma; e tem Vossa Paternidade muitas outras a quem fazer proveito.

Advirta, meu Padre, que o demônio tece mil enredos. Se essa carta que ela lhe confiou não foi sob sigilo de confissão ou durante a mesma, é caso de Inquisição. Já outra rapariga foi condenada à morte pela mesma causa, segundo chegou a meu conhecimento. Verdade é que não creio ter estado tal carta em poder do demônio, pois ele não lha tornaria a entregar tão depressa; nem dou crédito a tudo o que ela diz; deve ser, penso eu, alguma embusteira — Deus me perdoe! — e gosta de importunar a Vossa Paternidade. Talvez mesmo tenham partido dela as calúnias. Seja como for, bem quisera eu ver a Vossa Paternidade fora de onde está, a fim de melhor se atalhar o mal.

Mas como sou maliciosa! É preciso de tudo nesta vida. De nenhum modo presuma Vossa Paternidade remediar isso em quatro meses, a modo de dizer. Olhe que é coisa perigosíssima. Lá se avenham. Se houver alguma denúncia a fazer contra ela (bem entendido, não sendo matéria de confissão), esteja alerta, porque temo que o caso se torne mais público, e lancem a culpa a Vossa Paternidade, dizendo que o soube e calou. Já vejo: deve ser bobagem o que digo; Vossa Paternidade sabe melhor que eu...

149. AO PE. JERÓNIMO GRACIÁN, EM SEVILHA

Toledo, novembro de 1576. Inimigos visíveis e invisíveis do Pe. Gracián.

Escrevi à semana passada pelo correio daqui e respondi à consulta de Pablo[1] sobre aquilo das línguas. De conversa com José[2] disse-me que avisasse a Vossa Paternidade que Pablo tem muito

---

5. *Ángela:* a própria Santa.
1. *Pablo:* Jerónimo Gracián.
2. *José:* Jesus Cristo.

inimigos visíveis e invisíveis, e portanto guarde-se deles. Por esta razão não quisera que se fiasse tanto nos Egípcios[3]; nem nas Aves Noturnas[4]. Vossa Paternidade dê-lhe este recado.

150. A MADRE MARÍA DE S. JOSÉ, PRIORA DE SEVILHA

Toledo, 3 de dezembro de 1576. Sobre a visita às monjas projetada pelo Arcebispo e o Pe. Gracián. As Calçadas de Paterna. Enfermidade da Priora de Malagón e de Antonio Ruiz. D. Luisa de la Cerda e os presentinhos das Descalças.

Jhs

A graça do Espírito Santo esteja com vossa reverência, minha filha. Pouco há que respondi a suas cartas, não tão numerosas como as minhas a vossa reverência. Nunca me escreveu como foi a visita feita por Nosso Padre; conte-me tudo, por caridade. Praza a Deus dê bom resultado o plano do visitador deputado pelo Arcebispo! É o mesmo que usa Nosso Padre com as monjas, segundo me referiu Sua Paternidade. Seria muito proveitoso. Não é possível que, estando ele animado de tão bom zelo, Sua Majestade não o ajude.

Muito desejo saber de minhas monjas de Paterna; creio que tudo lhes há de correr muito bem. Com as notícias que lhe dará Nosso Padre de não nos poder mais atingir o Tostado, não se limitará somente a esse mosteiro a reforma efetuada pelas Descalças. Deus guarde a Nosso Padre! Parece milagre ver o modo pelo qual as coisas se vão encaminhando.

Muito me satisfez o papel que Sua Paternidade escreveu tratando de Garciálvarez; não há mais que dizer depois do que nele está. Ainda não soube quem vai ser Reitor; praza a Deus tenha as mesmas vistas do Pe. Acosta. Porque lhe escrevi há pouco tempo, não o faço agora, nem digo mais, pois nada sei.

Da Priora de Malagón não tive outra notícia além do que lhe escrevi; naquela ocasião disseram-me que estava melhor. Tampouco soube de Antonio Ruiz; teve uma recaída, mas penso que se tivesse morrido, já eu o saberia.

A todas essas minhas filhas recomendo-me muito, e fique-se com Deus, que nada mais tenho a dizer. A carta que vai junto é para que saiba notícias de sua Teresa, e todas a encomendem a Deus. Sua Majestade me guarde a vossa reverência.

Alberta escreveu a D. Luisa, enviando-lhe uma cruz. É de admirar quanto se alegra com o menor presentinho de suas monjas, e vossa reverência ainda não lhe escreveu, nem a D. Guiomar, que já está casada. Não seja ingratinha, e fique-se com Deus.

É hoje 3 de dezembro.

Sua serva,

TERESA DE JESUS.

151. A MADRE MARÍA DE S. JOSÉ, PRIORA DE SEVILHA

Toledo, 7 de dezembro de 1576. Louva o esmero de Madre María De S. José em cuidar do Pe. Gracián. Bom governo do Padre. Estado de saúde da Priora e da Subpriora de Sevilha e da Priora de Malagón. D. Lorenzo de Cepeda contemplativo e esmoler. Pusilanimidade do Prior dos Remédios. Imagens para as Descalças de Caravaca.

Jesus esteja com vossa reverência. Hoje, véspera da Conceição, envia-me suas cartas o arrieiro, pedindo com grande pressa a resposta; portanto, terá de perdoar-me, minha filha, ser esta

---

3. *Egípcios:* Carmelitas Calçados.
4. *Aves noturnas:* as Carmelitas Calçadas de Paterna.

tão escassa, quando em nada o quisera eu ser com vossa reverência, sendo tão ampla a minha afeição. Sim, asseguro-lhe que lhe quero muito. E agora aí me trazem tão cativa com esse cuidado de regalar Nosso Padre, segundo ele mesmo me diz, que lhes cobrei ainda mais amor. Estou contente de que o faça tão discretamente; pois, creio, nem agora, nem nunca, haverá outro com quem se possa tratar assim. É porque, tendo-o escolhido o Senhor para estes princípios — o que não acontecerá cada dia —, penso não haverá outro semelhante. Quando os Prelados não são tais como ele, tudo o que é abrir porta será para maior mal do que se poderá imaginar. Também jamais haverá tanta necessidade, pois agora, como em tempo de guerra, temos que andar com maior cautela. Deus pague a vossa reverência, minha filha, o cuidado que tem com as cartas; com isto vou aguentando a vida.

Esta semana chegaram-me às mãos as três que vossa reverência dizia ter escrito; mesmo quando vêm juntas, não são mal recebidas. Causou-me devoção a carta de S. Francisco[1], poderia imprimir-se; e quase não se pode crer como Nosso Padre[2] faz bem as coisas. Bendito seja Deus que lhe deu tanto talento. Quisera eu ter muita capacidade para dar ao Senhor graças em relação com as mercês que nos faz, particularmente pela de no-lo ter dado por pai.

Já vejo de cá, minha filha, o trabalho que aí têm e como estão sós. Praza a Deus não tenha importância a doença da Subpriora; ainda que não fosse senão pelo acréscimo de trabalho de vossa reverência, me daria muito pesar. Alegrei-me de coração por ter feito bem a vossa reverência a sangria. Se esse médico acertou, gostaria que não se tratasse com outro. Deus o proveja.

Incluo uma carta recebida hoje da Priora de Malagón; não é pouco o não estar ela pior. Faço tudo o que é possível para sua melhora e contentamento, porque, sem falar no que lhe devo — bem devido —, tenho muito interesse por sua saúde; e muito mais pela de vossa reverência, e isto tenha por certo. Por aí verá quanto a desejo.

Por esse papel que vai incluso saberá que recebeu Mariano sua carta. A de meu irmão, à qual vossa reverência se refere, já lhe disse, em uma das minhas, que a devo ter rasgado de envolta com outras; como ainda estava aberta, é provável que o tenha feito. Tive muito pesar e procurei-a bastante, porque estava muito a meu gosto. Agora recebi dele carta em que me diz que escreveu a vossa reverência pelo almocreve de Sevilha; por isso só digo que anda com a alma bem aproveitada na oração e faz muitas esmolas. Sempre o encomende a Deus, e a mim também, e fique-se com Ele, minha filha.

Muito mais pesar tive de que não faça bem seu ofício esse Prior, do que de sua pusilanimidade. Seria muito conveniente que Nosso Padre o sacudisse, fazendo-lhe ver como está procedendo mal; e por certo não deixará de o fazer. A todos me recomende, especialmente a Frei Gregorio e a Nicolao, se ainda não voltou daí, e a essas minhas filhas. Com as cartas de Gabriela fiquei contente. Recomende-me a ela e à Subpriora. Ah! quem pudera dar-lhe das muitas pretendentes que por aqui temos de sobra! Mas Deus lhas dará. O negócio da frota já encomendei a vossa reverência. Bem vejo os trabalhos que aí tem, e fico não pouco preocupada, mas espero em Deus que dará remédio a tudo; o principal é que vossa reverência tenha saúde. Sua Majestade ma guarde e a faça muito santa. Amém.

Muito gostei de ver que vai entendendo o tesouro que aí tem em Nosso Padre. Quanto a mim, logo o entendi, desde Beas. Daí deram-me hoje umas cartas, e também uma de Caravaca; esta última envio-lhe aqui para que Nosso Padre e vossa reverência a leiam e pelo mesmo almocreve ma devolvam; preciso dela porque trata de alguns dotes. Escreveram também à Priora daqui, queixando-se muito de vossa reverência.

Agora vou mandar para Caravaca uma imagem de Nossa Senhora que tenho para elas, muito perfeita e de bom tamanho, e não é vestida; e também me estão fazendo para lá um S. José; e não

---

1. Isabel de S. Francisco.
2. *Nosso Padre:* Jerónimo Gracián.

lhes há de custar nada. Muito bem faz vossa reverência seu ofício; e ainda melhor foi o que fez avisando-me dos beliscões. São manhas que aprenderam na Encarnação.

É hoje como já o disse. E eu de vossa reverência,

TERESA DE JESUS.

152. AO PE. JERÓNIMO GRACIÁN

Toledo, 7 de dezembro de 1576. Aconselha a Gracián que trate com o Inquisidor. Sobre o modo de governar usado pelo Prior dos Remédios. O Tostado não visitará as casas das Províncias da Ordem. Elogios feitos por Esperanza (Salazar) ao Pe. Gracián. Defende Eliseu. Intenta-se uma fundação de Descalças em Aguilar de Campo e Burgos. Gracián entre as Cigarras.

Jesus esteja com Vossa Paternidade, meu Padre. Cada vez que vejo tão frequentemente cartas de Vossa Paternidade, quereria beijar-lhe novamente as mãos, porque, tendo-me deixado aqui neste lugar, não sei o que seria de mim sem este alívio. Seja Deus por tudo bendito. Sexta-feira passada respondi a algumas cartas de Vossa Paternidade; outras recebi agora, escritas de Paterna e de Trigueiros, sendo que esta última está bem cheia de cuidados, e com muita razão.

Apesar de todos os motivos alegados por Vossa Paternidade para ficar aí, quisera eu que, em vista da carta do Anjo[1] tão encarecida, não deixasse de ir, mesmo à custa de algum trabalho, assim que acabasse de atender a esses senhores Marqueses. Com efeito, ainda que ele não acertasse, mal se podem comunicar por cartas certas coisas, e, como lhe devemos tanto e parece que Deus o escolheu para nossa ajuda, até seus erros se converterão em bem para nós se lhe obedecermos. Olhe, meu Padre, não o contrarie, por amor de Deus, pois está aí muito só, sem um bom conselho. Dar-me-ia muito pesar.

Também senti por saber que esse "santo"[2], segundo me diz a Priora, não faz bem seu ofício; muito mais o sinto do que a falta de ânimo que tem. Por amor de Deus, Vossa Paternidade o admoeste de modo a dar-lhe a entender que também para ele haverá justiça, como para os outros.

Estou escrevendo com tanta pressa, que não poderei dizer o que quisera, pois, quando a ia começar, sobreveio uma visita urgente, e agora é muito tarde, de noite. Tem de ser levada ao almocreve, e, para aproveitar mensageiro tão seguro, não quero deixar de repetir-lhe o que já lhe tinha escrito, isto é: deu provisão o Concelho Real para o Tostado não mais visitar as quatro Províncias. Leram-me uma carta de uma pessoa que afirmava ter visto a dita provisão. Quem ma leu foi próprio destinatário, que não tenho por muito verdadeiro, mas creio que neste ponto não faltou à verdade, e, por várias causas, não tinha motivo para mentir. De um ou de outro modo, espero em Deus que tudo se fará bem, pois Ele assim vai dando a Paulo esse dom de todos atrair a si.

Ainda quando eu não tivesse motivos para servir a Sua Majestade, só esta mercê bastava. Por certo que é digno de admiração ver como se vão fazendo as coisas. Saiba que há muito tempo Esperança não louvava a Paulo; agora mandou-me dizer dele maravilhas, recomendando-me que daqui lhe lançasse a minha bênção. Que será quando souber de que modo está agindo em Paterna? Por certo, que me admira constatar como vai o Senhor entremeando contentamentos e penas: é este verdadeiramente o caminho reto por onde executa seus desígnios.

TERESA DE JESUS.

Saiba, meu Padre, que de algum modo é para mim grande regalo quando me conta seus trabalhos; contudo aquele testemunho falso me magoou muito, não pelo que toca a Vossa Paternidade, mas pela outra parte. Como não acham quem sirva de testemunha, buscam alguém que, segundo

---

1. *Anjo:* o Inquisidor Gaspar de Quiroga.
2. *"Santo":* Antonio de Jesús.

lhes parece, não há de falar; e será esta, mais que ninguém neste mundo, quem defenderá a si e a seu filho Eliseu.

Recebi ontem carta de um Padre da Companhia, e também de uma senhora de Aguilar del Campo, que é uma boa vila, a treze léguas de Burgos. É viúva, de sessenta anos de idade e sem filhos. Numa grave doença, querendo fazer uma boa obra com a sua fortuna, que consta de seiscentos ducados de renda além de uma boa casa e terreno, o Padre deu-lhe notícia desses mosteiros. Agradou-se tanto, que por testamento deixou tudo para uma fundação nossa. Afinal veio a escapar, mas ficou-lhe grande vontade de fazê-la, e por isso escreveu-me sobre o assunto, pedindo resposta. Parece-me muito longe, contudo talvez queira Deus que se realize.

Também há em Burgos tantas candidatas desejosas de entrar, que é lástima não haver onde. Enfim, não rejeitarei a proposta; somente quero informar-me melhor sobre a terra e o demais, até ver o que manda Vossa Paternidade, e saber se poderá, com o Breve que tem, admitir mosteiros de monjas. Mesmo que eu não vá, pode Vossa Paternidade mandar outras. Não se esqueça de dizer-me o que me ordena fazer neste caso.

Em Burgos tenho bem de quem me informar. Se ela der tudo — e penso que o fará —, podemos contar com nove mil ducados, além das casas; e de Valladolid para lá a distância não é considerável. A terra deve ser muito fria, mas dizem que é bem protegida.

Ó meu Padre! quem me dera poder partilhar esses cuidados de Vossa Paternidade! E quão bem faz em queixar-se a quem tanto se dói de suas penas! E quanto gosto de o ver tão ocupado com as Cigarras! Grande fruto se há de fazer aí. Espero em Deus que Ele as proverá, pois são tão pobres. Saiba que me escreveu S. Francisco uma carta muito sensata. Deus esteja com elas; fico muito contente por quererem tanto bem a Paulo; e de que ele o retribua alegro-me, embora não tanto. Mas a essas de Sevilha, se eu já lhes queria muito, cada dia lhes quero mais, pelo cuidado que têm daquele a quem eu quisera, com o maior desvelo, estar sempre regalando e servindo. Seja Deus louvado que lhe dá tanta saúde. Olhe, por amor de Deus: tome cuidado com o que lhe dão a comer por esses mosteiros. Estou boa e contente por saber de Vossa Paternidade tão frequentemente. Sua Majestade mo guarde e faça tão santo como Lhe suplico. Amém.

É hoje vigília da Conceição de Nossa Senhora.

Indigna filha de Vossa Paternidade,

TERESA DE JESUS.

153. AO PE. JERÓNIMO GRACIÁN
Toledo, dezembro de 1576. Zelos do Pe. Antonio de Jesus.

…Folgo-me de que não esteja em companhia de Vossa Paternidade o Pe. Frei Antonio, porque, vendo tantas cartas minhas a Vossa Paternidade e nenhuma para ele, fica muito sentido, segundo me confessou. Ó Jesus, que coisa é entender-se uma alma com a outra: nunca falta o que dizer, nem dá cansaço.

154. AO PE. JERÓNIMO GRACIÁN, EM SEVILHA
Toledo, dezembro de 1576. Agradece em termos afetuosos as cartas recebidas. Graça do Pe. Jerónimo para a correspondência epistolar. Um falso testemunho. Reforma das Calçadas de Paterna. As casas da Descalcez "espelhos de Espanha". Informação a Roma para a separação entre Calçados e Descalços. Fundação de Caravaca. Torna a falar sobre a de Paterna. Os melhores dias da Santa foram os passados em Beas com Pablo. Enfermidade da Madre María de S. José. Brandura de gênio de Isabelita.

Jesus esteja com Vossa Paternidade, meu Padre. Oh! que dia bom tive hoje! Enviou-me o Pe. Mariano todas as cartas de Vossa Paternidade para ele! Não é preciso que lhe recomende fazer assim, pois já lho pedi, e, embora custe a mandá-las, trazem-me muito consolo. E ainda tão caridosamente relata-me Vossa Paternidade em resumo as coisas sucedidas! Segundo já lhe disse, as outras cartas demoram a chegar, exceto quando o Pe. Mariano tem alguma em seu poder para mim, porque então ma envia logo. Estamos grandíssimos amigos.

Tem-me feito louvar a Nosso Senhor a maneira e a graça com que Vossa Paternidade escreve, sobretudo quando fala sobre a perfeição. Ó Padre meu, que majestade em suas palavras quando toca neste assunto, e quanto consolo dão à minha alma! Quando não fôssemos fiéis a Deus pelo bem que daí nos resulta, senão pela autoridade que comunica a seus representantes — tanto mais quanto mais de perto o representam —, seria grandíssimo lucro para nós; bem deixa Vossa Paternidade ver que lhe vai bem com Sua Majestade. Seja Ele por tudo bendito, que tantas mercês me faz, e lhe dá tanta luz e tantas forças. Não sei quando hei de determinar-me de todo a servi-lo.

Posso assegurar-lhe que estava muito boa a carta que Vossa Paternidade escreveu de Trigueiros sobre o Tostado; e fez bem em rasgar as que lhe mostraram com um pedido acerca do mesmo. Enfim, meu Padre, Deus o ajuda e ensina, a bandeiras despregadas, como dizem; não tenha medo que deixe de sair com êxito de tão grande empresa. Oh! que inveja tenho de Vossa Paternidade e do Pe. Antonio pelos pecados que conseguem impedir, enquanto eu aqui não tenho mais que desejos!

Faça-me saber em que se basearam para levantar um falso testemunho contra a honra daquela monja virgem, e mãe[1]. Parece-me grandíssima insensatez levantar um falso como este. Mas nenhum chega ao que Vossa Paternidade me conta em sua carta, há poucos dias. Pensa que é pequena mercê de Deus levar Vossa Paternidade estas coisas como as leva? Eu lhe digo que Ele lhe vai pagando os serviços que aí Lhe presta. E não é só isto.

Estou pasma de tanta desgraça que se vê, especialmente no que se refere a essas Missas; fui ao coro pedir a Deus remédio para essas almas. Não é possível consentir Sua Majestade que vá adiante tanto mal, já que o começou a desvendar. Cada dia vou entendendo mais o fruto da oração, e quanto deve ter valor diante de Deus uma alma que só pela honra de Sua Majestade pede remédio para outras. Creia, meu Padre, penso que se vai realizando o fito com que se deu começo a estes mosteiros, que foi para pedir a Deus sua assistência para aqueles que defendem sua honra e trabalham em seu serviço, porquanto, nós, sendo mulheres, de nada valemos. Quando considero a perfeição destas monjas, não me espantarei de qualquer coisa que alcançarem de Deus.

Gostei de ver a carta que a Vossa Paternidade escreveu a Priora de Paterna, e o tino que Deus infunde a Vossa Paternidade em todas as coisas. N'Ele espero que haverá grande fruto; com isto vieram-me ânsias de que não cessem as fundações. Há projeto de uma acerca da qual já escrevi a Vossa Paternidade; e agora sobre o mesmo assunto escreve-me essa carta, que lhe envio, a Priora de Medina. Não são mil ducados os que ela dá, senão seiscentos; bem pode ser que tenha resolvido ficar com o demais. Consultei o Doutor Velásquez sobre este negócio, porque tinha escrúpulo de tratar disso contra a vontade do Geral. Insistiu muito em que devo procurar que D. Luisa escreva ao Embaixador, a fim de que este alcance a licença do Reverendíssimo Geral, e prometeu dar a informação que será preciso mandar. No caso de não se obter, aconselhou recorrer ao Papa, informando Sua Santidade de como são espelhos de Espanha estas casas. Assim o penso fazer, se a Vossa Paternidade não parecer outra coisa.

Respondi a Medina pedindo que me explicassem melhor as condições, e já escrevi ao mestre Ripalda, até pouco tempo Reitor em Burgos e meu grande amigo da Companhia, para que tomasse informações e depois me desse conta, pois se fosse coisa conveniente, enviaria eu alguém em meu lugar para que o visse e tratasse. De fato, se parecer bem a Vossa Paternidade, poderão ir Antonio Gaytán e Julián de Ávila, quando vier a estação favorável. Vossa Paternidade poderá lhes dar plenos poderes para que façam um acordo, como o de Caravaca, e a fundação poderá realizar-se sem a minha presença. Mesmo no caso de se ter de lançar mão de maior número de monjas para

---

1. A Santa alude a uma grosseira calúnia contra a comunidade de Paterna.

reformar conventos, não faltará quem vá, contanto que a cada um vão poucas, como aí em Paterna. Parece-me, contudo, que em outros, que sejam maiores, não conviria irem só duas; e até mesmo aí não teria por mau que houvesse uma Irmã conversa, já que as temos, e muito boas!

Estou persuadida de que nada se consegue em mosteiros de monjas se não há quem de portas adentro as mantenha na disciplina. A Encarnação está que é para louvar a Deus. Oh! que desejo tenho de ver todas as monjas livres da sujeição aos Calçados! Quando me for concedido ver separada deles a nossa Província, darei até a vida para este fim, porque do mau governo vem todo o dano, e é sem remédio. Com efeito, ainda que outros mosteiros estejam relaxados, não é em tanto extremo; refiro-me aos que estão sob a jurisdição dos frades; quanto aos sujeitos aos Ordinários, nem é bom falar. E se os Prelados entendessem a responsabilidade que lhes pesa sobre os ombros e tivessem a solicitude de Vossa Paternidade, agiriam de outra maneira; e não seria pouca misericórdia de Deus haver tantas orações de boas almas em favor de sua Igreja.

Muito bem me parece o que Vossa Paternidade me diz sobre os hábitos, e, dentro de um ano, poderão todas estar assim vestidas. Uma vez estabelecido, estabelecido fica. Será questão de gritarem alguns dias; mas castigadas umas, calarão as demais, pois as mulheres são assim: pela maior parte, temerosas. Essas noviças não continuem aí, por caridade, pois receberam tão maus princípios. Importa-nos muito sairmo-nos bem dessa reforma, por ser a primeira. Eu lhe asseguro que a amizade que lhe tinham, bem o mostram com as obras.

Achei graça no rigor de nosso Padre Frei Antonio. É certo que com alguma não seria mau, antes importa muitíssimo que eu as conheço todas. Talvez desse modo se houvesse impedido mais de um pecado por palavras, e estariam agora mais rendidas; pois há de haver brandura e rigor, que assim Nosso Senhor nos leva; e para essas muito obstinadas não há outro remédio. Torno a dizer: aquelas pobres Descalças estão muito sozinhas e, se alguma ficar doente, será grande contratempo. Deus, que vê a necessidade, lhes dará saúde.

Todas as filhas de Vossa Paternidade — as de cá — vão bem; as de Beas é que só faltam morrer com tantos pleitos; mas não é muito padecerem um pouco, já que lhes faltaram trabalhos na fundação daquela casa. Nunca terei dias melhores do que os passados ali com meu Pablo[2]. Gostei de que se tenha assinado "seu filho querido". Como eu estava só, exclamei logo: "Quanta razão tem!" Muito me folguei de ouvi-lo de Vossa Paternidade e mais me folgaria se visse os negócios daí em tão bons termos, que pudesse voltar a ocupar-se dos de cá. Espero em Deus que tudo há de vir a parar em suas mãos.

Muito sinto a doença dessa Priora, pois seria difícil achar outra como ela para aí. Faça Vossa Paternidade que seja bem tratada e tome algumas drogas para essa febre contínua. Oh! como me dou bem com o confessor! Para me obrigar a fazer alguma penitência, manda-me comer, cada dia, mais do que costumo, e quer que me regale. A minha Isabel está aqui; pergunta se está Vossa Paternidade brincando com ela e não lhe responde?

Dei-lhe uma fatia de melão; disse que está muito frio, e lhe atroa a garganta. Asseguro-lhe que tem ditos engraçadíssimos e uma alegria constante, unida a uma brandura de gênio que a torna muito parecida com meu Padre. Deus mo guarde muito mais que a mim. Amém, amém.

Saiba que aí têm as monjas um medo extraordinário da Priora, e também um costume de não dizer as coisas aos Prelados como elas são. Essa questão dos estudantes que as servem, é preciso ser bem examinada.

Filha de Vossa Paternidade,

TERESA DE JESUS.

---

2. *Pablo:* Jerónimo Grácian.

155. AO PE. AMBROSIO MARIANO DE S. BENITO

Toledo, 12 de dezembro de 1576. Inveja a Santa aos que trabalham pelos próximos. A Reforma de Paterna. Bom exemplo das Descalças. Deseja que entrem pessoas de bons talentos. Acerca da Descalcez completa de pés. O trabalho de mãos. Sou amiga de apertar nas virtudes, porém não no rigor.

Jesus esteja com vossa reverência. Estas cartas, entre as quais a da Priora de Paterna, chegaram-me às mãos. As outras que, segundo me diz, devem chegar talvez amanhã, quinta-feira, virão com segurança por essa via; não hão de perder-se. Muitíssimo folguei com estas, e também com a de vossa reverência. Seja Deus bendito por tudo.

Ó Padre meu! e que alegria me vem ao coração quando vejo que por algum dos membros desta Ordem (onde o Senhor tem sido tão ofendido) se faça alguma coisa para sua honra e glória, e se evitem alguns pecados! Só me dá grande pena e inveja por ver o pouco valor que tenho para isso; desejaria andar no meio de perigos e trabalhos, para que me coubesse parte desses despojos dos que andam metidos na peleja. Algumas vezes, ruim como sou, alegro-me de ver-me aqui sossegada; mas, em vindo à minha notícia quando estão trabalhando por lá, sinto-me consumida e tenho inveja a essas que foram para Paterna. Estou alegríssima por Deus começar a servir-se das Descalças, e muitas vezes, quando vejo almas tão animosas nestas casas, parece-me que não seria possível dar-lhes Deus tanto se não fosse para algum fim. Ainda que não fizessem mais do que estão fazendo naquele mosteiro — porque enfim terão evitado ofensas de Deus —, estaria contentíssima; quanto mais que espero em Sua Majestade hão de ir muito além.

Não esqueça vossa reverência: de acrescentar, na declaração acerca dos Frades, que também possa dar licença para fundar mosteiros de monjas. Saiba que me confesso aqui com o Doutor Velásquez, Cônego desta Igreja, grande letrado e servo de Deus, como poderá informar-se. Não se conforma com a ideia de não mais se fundarem mosteiros de monjas, e ordenou-me tomar por intercessora a senhora D. Luisa para, por intermédio do Embaixador, alcançar licença do Geral, e, em último caso, do Papa[1]. Recomenda informar a Sua Santidade de como são espelhos de Espanha, e promete indicar os trâmites a seguir. Já mandei falar a vossa reverência de uma fundação que se nos oferece; responda-me a estas duas coisas.

Com o último bilhete que me enviou, fiquei muito consolada. Deus o pague a vossa reverência, conquanto já esteja bem assentado em meu coração tudo o que me escreveu. Como não me diz nada do Pe. Frei Baltazar? A todos dê minhas encomendas.

Achei graça no que alega o Pe. Frei Juan de Jesús a respeito de andarem inteiramente descalços. Como diz que é por minha vontade, se fui eu que sempre o proibi ao Pe. Frei Antonio? E, a tomar ele meu parecer, teria errado. Era meu intento e desejo que entrassem bons talentos e temia que, vendo muita aspereza, se haviam de assustar; mas tudo foi necessário para se distinguirem dos Calçados. O que talvez tenha dito é que tanto frio teriam assim, como de pés no chão.

O que eu disse — e daí deve ter vindo o engano —, quando se tratou da má impressão que dariam os Descalços montados em boas mulas, foi que não se havia de consentir, a não ser para longo caminho e com grande necessidade; pois uma coisa não assentava bem com a outra. Ora, têm passado por aqui uns Descalços mocinhos, que tinham, aparentemente, pouco a andar, e vinham de jumento quando poderiam vir a pé. E assim torno a dizer: não dão boa impressão esses jovens; descalços, por um lado e por outro em mulas com boas selas. Quanto à outra questão, nem me passou pelo pensamento: já andam descalços demais. Avise vossa reverência que não o façam; voltem ao que costumavam; e escreva a Nosso Padre.

No que insisti muitíssimo com Sua Paternidade foi que lhes fizesse dar muito bem de comer; porque trago sempre diante dos olhos o que vossa reverência diz, e muitas vezes tenho bastante pesar. Ainda ontem ou hoje, antes de ler sua carta, o estava sentindo, parecendo-me que daqui a

---

1. *Papa:* Gregório XIII.

dois dias tudo irá por água abaixo, tal o modo com que se estão tratando. Voltei-me para Deus a buscar consolação, porque Ele, que o começou, dará jeito a tudo; e assim alegrei-me por ver que vossa reverência pensa como eu.

Outra coisa que lhe pedi muito foi que exigisse o lavor de mãos, ainda que só fosse fazer cestas, ou qualquer outra coisa; e seja na hora da recreação, quando não houver outro tempo, porque, nas casas que não são de estudos, é importantíssimo. Entenda, meu Padre, que sou amiga de apertar muito nas virtudes, porém não no rigor, como se poderá ver nestas nossas casas. Deve ser porque sou pouco penitente. Muito louvo a Nosso Senhor de que dê a vossa reverência tanta luz em pontos tão importantes. É grande coisa em tudo desejar sua honra e glória. Praza a Sua Majestade nos dar graça para morrermos mil vezes por esta causa. Amém, amém.

É hoje quarta-feira, 12 de dezembro.

Indigna serva de vossa reverência,

TERESA DE JESUS.

De muita caridade usa vossa reverência para comigo enviando-me as cartas, que recebe de Nosso Padre, pois quando ele me escreve é sempre muito breve; e não me admiro, antes pelo contrário lhe rogo que o faça assim. Verdadeiramente louvo ao Senhor quando as leio, e vossa reverência está muito obrigado a fazer o mesmo, pois deu princípio àquela obra. Não deixe de insistir com o Arcediago. Temos também por nós o Deão e outros Cônegos, e já vou granjeando outros amigos.

156. A MADRE MARÍA DE S. JOSÉ, PRIORA DE SEVILHA

Toledo, 13 de dezembro de 1576. Remédios contra as febres. Morte de uma piedosa senhora, amiga das monjas. Um fio de água para as Descalças. D. Agostino de Ahumada. Torna a falar das monjas de Paterna.

Jhs

Esteja com vossa reverência, filha minha, o Espírito Santo. Enquanto não me escreverem que está sem febre, estarei sempre com muito cuidado. Olhe que não seja anemia, como costuma dar em sangues fracos. Eu, sem ter este motivo, sofri muito disto. Meu remédio era usar umas fumigações com erbatum e coentro, cascas de ovos, com um pouco de azeite, um pouquinho de alecrim e um pouco de alfazema, depois de deitada. Asseguro-lhe que ficava outra. Guarde isto só para si; mas não me pareceria mal que o experimentasse alguma vez. Numa ocasião, tive febre quase oito meses, e com isto sarei.

Não me canso de dar graças a Deus de ter ficado aí o Blasico na noite em que morreu a boa velha. Nosso Senhor a tenha consigo, como aqui lhe temos suplicado. Parece-me não ser necessário consolar nem a irmã nem a sobrinha. Dê-lhes minhas recomendações, dizendo-lhes que antes é razão estarem contentes, pois foi gozar de Deus; mas Beatriz não faz bem de desejá-lo, e, olhe lá!... não haja, em dizer essa bobagem, algum pecado. Muita caridade me fez de escrever-me contando-o tão minuciosamente, e muito gostei de que lhes tenha deixado tão boa herança. Parece-me que a vossa reverência não apertou o demônio, como a mim, tentando-a com pusilanimidade; agora vejo era ele, pois aqui tornei a ficar como era antes. Que quer dizer isto? O bom Prior de las Cuevas escreveu ao Pe. Mariano que lhes alcance um fio de água, fazendo tanto empenho como se fosse para si. Não entendo como o alcançará, mas asseguro-lhe que muito me alegraria. Bendito seja Deus, por estar Sua Paternidade com saúde; entregue-lhe a carta que aí vai.

Recomende-me muito a todas, e a minha Gabriela diga que aprecio deveras suas cartas. Faça-me saber se ela faz bem o ofício de porteira, e nunca se esqueça de dar minhas lembranças a Delgada. Diga-me também se está bom Frei Bartolomé de Aguilar. Não sei como vossa reverência anda assim doente, tendo aí Nosso Padre[1]. Cada dia dá Deus a dois etc.

---

1. *Nosso Padre:* Jerónimo Gracián.

É no Peru que está meu irmão mas penso que agora já deve ter passado adiante. Vou indagar de Lorenzo. Para o que vossa reverência quer lá, ele não serve, pois ainda não é casado, e não tem domicílio certo; hoje está aqui e amanhã ali, como se diz. A meu irmão Lorenzo enviei a carta de vossa reverência. Se disseram a vossa reverência em que terra está esse tal homem, talvez conheça ele alguém a quem o possa encomendar. Informe-se de tudo, e escreva-me de novo.

Seria bom que com o dinheiro de Beatriz se pagasse a casa, pois ela contribuiu, se não me engano, para nos fixarmos aí. Sempre diga a Gabriela que me avise de como vão as coisas em Paterna, para poupar a vossa reverência o cansaço. Não é de maravilhar que não estejam muito sossegadas. Pergunte a meu Padre se não seria bom Margarida ir ficar com elas; sim, pois me parece estão muito sozinhas, e ela terá ânimo para isso. Creio que já poderia fazer profissão, conquanto não esteja certa de quando tomou o hábito. Se alguma lá caísse doente, seria muito desagradável; e quanto a vossa reverência, não lhe faltarão Irmãs conversas. Esteja Deus na sua alma. Amém.

É dia de Santa Luzia.

De vossa reverência,

TERESA DE JESUS.

Pela carta inclusa, verá como está passando a Priora de Malagón; é do médico.

Leias essas outras duas cartas, das quais uma, dirigida a S. Francisco[2], vai aberta para que vossa reverência evite o que recomendo a ela não fazer, e a feche em seguida. Se o Padre Prior lhe entregar as estampas, não tomar alguma, que ele aí lhes dará quantas quiser.

157. A UM BENFEITOR DE TOLEDO[1]

Toledo, 16 de dezembro de 1575. A santa diz ter estranhado as coisas que ele lhe dizia numa carta. Imagens da Virgem e de S. José para as Descalças de Caravaca.

Jesus esteja com vossa mercê e lhe pague o consolo que me dá de todas as maneiras. Asseguro-lhe que certas coisas de sua carta nunca ouvi, nem me passaram pelo pensamento. Seja Deus bendito por tudo. Quanto a seu receio de vir cá, e de haver nisso matéria de confissão, mais me parece escrúpulo que virtude. Muito me descontenta isto da parte de vossa mercê, mas alguma falta sempre havia de ter, porque, em suma, é filho de Adão.

Consolou-me extremamente o ter chegado tão depressa meu Pai S. José, e por ser vossa mercê tão seu devoto. Muito contentes ficarão aquelas Irmãs, que estão ali fora de sua terra e longe de quem as possa consolar; conquanto creia eu —, e é certo, o verdadeiro consolo está bem junto delas. Por caridade, faça-me vossa mercê o favor de mandar tomar-lhe as medidas na altura e largura; e convém que seja sem demora, a fim de se fazer amanhã a caixa. Na terça-feira não será possível, por ser festa, e na quarta-feira de manhã partem os carros.

E não faço pouco em deixar partir assim tão prontamente a imagem de Nossa Senhora, que me deixa grandíssima saudade; por isso, vossa mercê, por caridade, a compense com a que tenciona dar-me no Natal. De bom grado pediremos a Nosso Senhor Boas Festas para vossa mercê e esses senhores. Beije-lhes as mãos por mim, e fique-se vossa mercê com Deus.

Indigna serva de vossa mercê,

TERESA DE JESUS.

As três fundadoras de Caravaca professarão no dia de Ano-Bom, e será consolo para elas se tiverem lá as imagens.

---

2. Isabel de S. Francisco.
1. Parece que o destinatário é Diego Ortiz, que costumava encarregar-se dos assuntos da fundação de Toledo.

158. A MADRE MARÍA DE S. JOSÉ, PRIORA DE SEVILHA

Toledo, 27 de dezembro de 1576. Felicita a Nicolás Dória. Assuntos do convento das Descalças de Sevilha. Pede confeitos à Madre Priora. Lembranças aos conhecidos.

Jesus esteja com vossa reverência, filha minha. Vão dar duas horas, e assim não posso alongar-me; digo, duas da noite. Pela mesma razão não escrevo ao bom Nicolás; dê-lhe os Bons Anos de minha parte e diga-lhe que hoje esteve aqui a mulher de seu primo. Quanto ao mosteiro, aquela pessoa continua em seu bom propósito, como ele deixou, mas até chegar a decisão da corte para admiti-lo, como aqui não vem o Pe. Mariano, ficará tudo parado.

Alegrei-me de terem recebido tão boa noviça; recomendem-me muito a ela e a todas. Fiquei contente com as cartas que me enviou, de meu irmão. O que me contraria é nada me dizer vossa reverência sobre sua saúde; Deus lhe dê como desejo. Grandíssima mercê nos faz em dá-la também a Nosso Padre. Seja para sempre bendito! Trouxe-me o almocreve as cartas que vossa reverência envia a Malagón; não sei se trouxe o dinheiro. Grande bobagem seria não aceitar o que lhe dá meu irmão; prouvera a Deus fosse mais. Fará bem de mandar-me os confeitos de que falou; se são tão bons, gostaria de tê-los para certa necessidade¹.

Estou com saúde, embora nos últimos dias antes do Natal tenha passado adoentada, e cansadíssima com a demasia dos negócios. Contudo não quebrei o jejum do Advento. A todas as pessoas que julgar conveniente dê minhas recomendações, especialmente ao Pe. Frei Antonio de Jesus; e pergunte-lhe se fez promessa de não me responder. Também a Frei Gregorio me recomendo. Muito me folgo de que tenha o convento o necessário para pagar a contribuição deste ano. Deus dará o demais. Sua Majestade a guarde. Já estava desejando ver carta sua.

É dia de S. João Evangelista.

Eu de vossa reverência,

TERESA DE JESUS.

159. A MADRE BRIANDA DE S. JOSÉ, PRIORA DE MALAGÓN

Toledo, dezembro de 1576. Unidade espiritual das enfermidades. Gastos e dotes de Casilda de Padilla. Enxoval de sua prima Beatriz de Cepeda e Ocampo¹.

Jhs

Esteja com vossa reverência o Espírito Santo, filha minha, e dê-lhe neste Natal um grandíssimo amor de Deus para que não sinta tanto o seu mal. Seja Deus bendito! A não poucos parecerá que por andarem com saúde, contentamentos e regalos têm muito Boas Festas, e entretanto serão más para o dia em que hão de dar contas a Deus. Sobre este ponto pode vossa reverência agora estar bem sossegada, que está ganhando nessa cama glória e mais glória.

Muitíssimo é não ter piorado com tão mau tempo; de sentir fraqueza não se admire vossa reverência, pois de tão longa data está passando mal. A tosse deve ser algum resfriado que tenha tido… sem se apurar de onde procede, não é prudente dar remédios… que os médicos daí o digam.

Atualmente não tenho noviça alguma para entrar… as via com necessidade de… seria… tomar uma que está em Medina, que dizem é muito boa; mas já que vossa reverência escreve que se remediará com estes cem ducados, melhor é não tomar nenhuma até que tenham casa.

Estou pasma de a mandarem levantar-se com tal tempo. Por caridade não o faça, seria capaz de matá-la… Até para os gordos e sãos é penoso…

---

1. Para oferecê-los a D. Luisa de la Cerda, que os apreciou.
1. Há na carta muitas lacunas e palavras mutiladas, em consequência de estragos no original.

À... minhas recomendações, e faço-lhe saber que anda muita balbúrdia para que a Irmã Casilda faça a renúncia. Escreveu-me D. Pedro[2] a este respeito. O Doutor Velásquez, que é com quem me confesso, diz que não podem tecer-lhe a vontade. Enfim, deixei tudo sobre a consciência de D. Pedro; não sei em que vai parar. Querem dar-lhe quinhentos ducados e o gasto com a festa do véu. Veja que enorme despesa para ser levada em conta[3]; e, ainda assim, não o querem pagar já. Por certo, pouco deve esse anjo à sua mãe. Pelo sofrimento da menina, que é muito, quisera eu já ver tudo acabado, e por isso a ela escrevo pedindo que, se nada lhe derem, não faça caso.

Escreve-me Beatriz que está boa, e não tem tido trabalho. Vendo que assim o quer vossa reverência, mesmo que estivesse doente lhe pareceria ter saúde. Nunca vi tal coisa... Licenciado diz que ainda pre... pai diz... a outra monja... como hei de... mar agora. Eu estou boa, praza ao Senhor e... o é... vossa reverência bem depressa. Amém.

Era tão pouco o enxoval trazido por Beatriz, que dele me mandaram uma lista. Determinei que tragam ao menos os cobertores e dois lençóis, e alguma roupinha velha para Antonio Ruiz; e até creio: será mais o porte do que o valor. Aqui o pagarei, se assim manda vossa reverência. Os colchões e outras ninharias que pede a irmã dela... se leia, pois não se pode trazer mantas para Frei Francisco meu... Realmente, me contrariou que ande indi... olhando agora se é perfeição pedir, ou não...

160. A D. ANTONIO DE SÓRIA[1]

Uma esmola. Telas de "ervas", damascos e tecidos de ouro.

Jhs

O Espírito Santo esteja com vossa mercê. Amém. Os cem reais e o demais que o portador de sua carta trazia chegaram-me às mãos. Nosso Senhor guarde muitos anos a quem o envia, com a saúde que Lhe suplico.

O mesmo portador leva a cama, e se está aí o Senhor Sotomayor, rogo a vossa mercê que lhe diga que a mande examinar, para certificar-se de que não sofreu nenhum estrago. Eu vi como foi despachada e tive todo o cuidado, como é justo. Estou bem contrariada de que seja tão ruim esta cidade, e que não se ache em toda ela o que vossa mercê me pede. Procuraram cuidadosamente, por toda parte, como dirá a vossa mercê este bom homem, e não se acharam senão três retalhos que aí vão; e praza a Deus se tenha acertado, porque não foi possível entender um trecho da carta de vossa mercê, em que explicava como haviam de ser. Por aqui, o de melhor qualidade chamamos "erva"; os outros nada valem. Asseguro-lhe: andei excogitando o que poderia enviar-lhe que aí não houvesse, e não achei coisa alguma que faça vantagem. Muito contentamento teria, e será para mim grande gosto, se vossa mercê me avisar se posso servi-lo de algum modo, sem que o entenda o senhor D. Francisco[2].

Nosso Senhor tenha a vossa mercê de sua Mão sempre e o faça muito seu. Serva de vossa mercê,

TERESA DE JESUS.

Vão sete retalhos: dois de damasco verde e cinco de tela de ouro.

161. A MADRE MARÍA BAUTISTA, PRIORA DE VALLADOLID

Toledo, dezembro de 1576. Sobre o dote de Casilda Padilla e renúncia de seus bens. "Em havendo interesse não há santidade." A grande perfeição

---

2. D. Pedro Manrique de Padilla, tio paterno de Casilda, Cônego de Toledo.
3. Casilda era filha do Adiantado de Castela, um dos maiores senhores de Espanha.
1. Carta com local e data indeterminados.
2. Provavelmente D. Francisco de Salcedo.

do Pe. Prádanos. Profissão da Irmã Casilda. Mais conselhos acerca dos negócios desta monja.

...Folgar-me-ei de que o deixe, como deixou o demais. Olhe bem como fala com ela sobre tudo isto que lhe escrevo, porque o dirá à sua mãe, e parecerá mal, depois do que escrevi a D. Pedro. Bem poderá dizer-lhe que o deixe sobre a consciência dele; de outro modo não me meteria eu nesse negócio, como é verdade.

Acho graça. O Doutor Velásquez é de opinião que D. Pedro não pode tomá-lo sobre sua consciência; entretanto não faltará, por certo, quem lhe diga o contrário. Há muito quem pense que os da Companhia têm interesse nisso, e há tanto comentário, que eles mesmos acharam bom esse alvitre, fazendo mais caso de minha fama do que vossa reverência, que põe sobre mim tanta responsabilidade. Deus lho perdoe; e ma guarde, e lhe dê bons anos.

Muita questão faço de que não descontente vossa reverência à senhora D. María[1]; por isso tenha cuidado.

Estamos passando bem. Enviei ao Padre Provincial sua carta, na qual vossa reverência conta como D. María[2] já quer que seja a renúncia feita em favor da casa. Não sei o que dizer deste mundo: o certo é que em havendo interesse, não há santidade. Isto me faz desejar aborrecer tudo. Não sei como escolheu por intermediário um teatino, pois esse Mercado o é (segundo me afirma Catalina), sabendo como eles são parte interessada. Prádanos satisfez-me plenamente; tenho-o na conta de homem de grande perfeição. Deus no-la dê a nós; e a eles, seus dinheiros.

A todos me recomendo, particularmente a Casilda; e dê-lhe depressa a profissão; não demore mais, que seria matá-la. Esta sua carta enviarei ao Padre Provincial. Bem imaginava eu que D. María estava à espera da resposta de D. Pedro sobre o negócio. Ando bem desgostosa. Pensa que lho disse? Creio que não; teria escrúpulo de dizê-lo, porque em suma, tendo vossa reverência Prelado, acho melhor não abrir mão sem ouvir seu parecer, e portanto não faça caso do que eu lhe disse, a não ser para ter alguma luz sobre o melhor modo de agir. Também não quisera eu metê-la em dificuldade, que bastantes trabalhos já tem. Escreva sobre tudo isso ao Pe. Mestre[3]; e por Arellano, da Ordem de S. Domingo, poderia avisar-me se estão em paz. A senhora D. María providenciará para que ele venha...

162. A D. FRANCISCO DE SALCEDO[1]

Toledo, dezembro de 1576. Sobre algumas jovens de Ávila que pretendiam o hábito, e certos negócios dos irmãos da Santa.

...essas jovens são muito lindas,... conhecerá bem a filha de R(odrigo),... eu conheço a da Flamenga... Tem boa condição, e fala a verdade... sempre se me agradou. Mas ela pensa se a (le)gítima para a outra e para a pequena... sem outros intentos, e quando... creio, ainda que assim fosse, seria bre(ve).

...de aluguel e, queria eu, fosse perto de S. José, para Lorenzo..., casa de autoridade para Francisco..., ainda que pouco lavrada; à flamenga..., oratório mas não pequeno..., e deixemo-lo que pouco a pouco, senão que se determinará... e vossa mercê dessas palavras... que eles se pagam. Quando são palavras sem obras... espantar-se-ia do que há nisto... um homem que se irrita não... podem dar de coices, eles não têm... grosseria Pedro de Ahumada, se o... ainda que aproveita pouco, para isso fez... nos néscios de outros bem acondicionados...: isto é ser cristãos ...cabeça estes membros... terrível coisa para ele o parecer que... e não há que fazer caso disso...

---

1. Provavelmente a fundadora, D. María de Mendoza.
2. De Acuña, mãe de Casilda.
3. Frei Domingo Báñez.
1. Original muito fragmentado.

163. A D. DIEGO DE GUZMÁN Y CEPEDA[1], EM ÁVILA

Toledo, dezembro de 1576. Pêsames pela morte da esposa de D. Diego. Conselhos espirituais.

Jhs

A graça do Espírito Santo esteja com vossa mercê, dando-lhe o consolo de que tem necessidade para essa perda tão grande, como neste momento nos parece. Mas o Senhor, que o determina, e nos quer mais do que nós mesmos, fará vir tempo em que entendamos que era esse o maior bem que podia fazer à minha prima, e a todos quantos a ela queremos bem; pois sempre leva a alma no melhor estado.

Vossa mercê não imagine ter vida muito longa, pois é curto tudo o que se acaba tão depressa; antes pense bem: não é mais que um momento a soledade em que vai ficar, e ponha tudo nas Mãos de Deus, que Sua Majestade fará o que for mais conveniente. Consolo grandíssimo é ver morte que tão certa segurança nos dá de se tornar vida para sempre. E creia vossa mercê que, se agora a leva o Senhor, terão, vossa mercê e suas filhas, maior ajuda estando ela diante de Deus.

Sua Majestade nos ouça, como muito lhe pedimos, e a vossa mercê dê conformidade com tudo o que houver por bem fazer, e luz para entender quão pouco duram, quer os descansos, quer os trabalhos desta vida.

Aí vão dois melões que achei, não tão bons como desejaria.

Indigna serva de vossa mercê,

TERESA DE JESUS.

164. A D. DIEGO DE GUZMÁN Y CEPEDA, EM ÁVILA

Toledo, dezembro de 1576. Sobre o aluguel de uma casa para seu irmão D. Pedro[1]. Condolências pela morte de uma filha de D. Diego.

Jhs

A graça do Espírito Santo esteja com vossa mercê. A carta inclusa escreveu-me o Senhor Ahumada; remeto-a a vossa mercê para que veja o que nela pede e não se descuide de atendê-lo a tempo. Como vossa mercê, com a mágoa em que está[2], pode olvidar, diga-o à senhora D. Madalena[3], para que tome à sua conta. Seria muito desagradável, se vossa mercê tomasse a casa, não tendo dela necessidade, ou a deixasse, precisando dela. Dê a D. Madalena muitas recomendações minhas, e diga-lhe que desejo saber também como ela está.

Parece-me que Nosso Senhor quis levar aquele anjinho para a companhia de sua mãe no céu. Seja por tudo bendito, pois, segundo me disseram, andava doentinha. Muita mercê fez Deus a todos, e a vossa mercê em particular, por ter junto de seu trono tantos que o ajudem para os trabalhos que há nesta vida. Praza a Sua Majestade guardar a D. Catalina[4], e a vossa mercê tenha sempre de sua Mão. Amém.

Indigna serva de vossa mercê,

TERESA DE JESUS.

165. A D. LORENZO DE CEPEDA, IRMÃO DA SANTA

Toledo, 2 de janeiro de 1577. Manda a D. Lorenzo que não leia as cartas dela a Francisco de Salcedo. Fala novamente na casa para D. Pedro.

---

1. Filho de D. María de Cepeda, irmã mais velha da Santa.
1. Irmão da Santa.
2. Pouco depois de perder a esposa, perdeu uma filha pequenina.
3. Irmã de D. Diego.
4. A única filha que restava a D. Diego.

> A arquinha dos papéis. Cuidado com as promessas que se fazem. Boa compra foi a da quinta de La Serna. Galanteria de D. Lorenzo. Vilancetes de Natal. Conselhos sobre a oração. Dificuldade de achar em Toledo o necessário a quem guarda abstinência de carne. Coplas nas recreações. Coplas da Santa.

Jesus esteja com vossa mercê. Está Serna[1] com tanta pressa, que não quereria alongar-me, mas não sei acabar quando começo a escrever a vossa mercê, e, como ele nunca vem, preciso de algum vagar.

Quando eu escrever a Francisco[2], nunca leia vossa mercê a carta; tenho receio, porque está um tanto melancólico, e já é muito de admirar abrir-se ele comigo. Talvez lhe dê o Senhor esses escrúpulos para livrá-lo de outras coisas; mas, para seu remédio, a felicidade é acreditar no que digo.

O papel, claro está que não o enviei, mas fiz mal em não lho dizer. Entreguei-o a uma Irmã para que o copiasse, e ela não o encontrou mais. Até que de Sevilha mandem outra cópia, não será possível remeter-lho.

Penso que terão dado a vossa mercê uma carta que lhe mandei por via de Madri; mas, como pode ter-se extraviado, repetirei aqui o que dizia, embora me custe bastante embaraçar-me nestas coisas. Primeiramente é que veja bem essa casa que vossa mercê alugou de Fernando Álvarez de Peralta: parece-me ter ouvido dizer que tinha um quarto prestes a desabar; examine-o cuidadosamente.

Segundo: envie-me a arquinha, e veja se mais alguns papéis meus foram no maço, pois, ao que me parece, ia uma bolsa com papéis; venha tudo muito bem cosido, e se D. Quiteria[3] mandar por Serna um embrulho que tem para mim, meta-o dentro e virá bem. Mande meu sinete, que não suporto selar com esta caveira, e sim com aquele que eu quisera estivesse no meu coração, como no de Sto. Inácio[4]. Ninguém abra a arquinha — pois penso estar nela aquele papel sobre a oração —, a não ser vossa mercê, e seja de modo que, se ler alguma coisa, a ninguém o conte. Olhe, não lhe dou licença para tal, nem convém; pois, embora a vossa mercê pareça que seria para glória de Deus, há outros inconvenientes que o desaconselham; e basta isto: se eu entender que vossa mercê contou alguma coisa, não o deixarei ler mais nada.

Mandou-me dizer o Núncio que lhe envie cópia das patentes com que se fundaram estas casas, juntamente com a relação de quantas há, em que lugares, quantas são as monjas, de onde saíram, a idade de cada uma, e quantas me parecem servir para Prioras; e estes apontamentos estão na arquinha, ou talvez na bolsa. Em suma, tenho necessidade de tudo o que aí está. Dizem que o motivo desse pedido é por querer formar Província. Tenho medo: não queira ele que nossas monjas reformem outros conventos! Já se tratou disso de outra vez, e a nós não fica bem; só mesmo nos mosteiros da Ordem seria tolerável. Diga isto vossa mercê à Subpriora; e ela me mande os nomes das Irmãs dessa casa, os anos das que aí estão agora, e há quanto tempo são monjas; tudo escrito com boa letra, em caderninho de bom tamanho, e assinado com seu nome.

Agora me lembro que sou eu Priora daí, e que o posso fazer; portanto não é preciso que ela assine: mande-me os apontamentos, mesmo de sua letra, e eu passarei a limpo. Não é preciso que as Irmãs o saibam. Olhe vossa mercê como o envia; cuidado para não se molharem os papéis; e mande-me a chave.

O que disse estar no livro, é no do *Pater Noster*[5]. Aí achará vossa mercê muita coisa sobre a oração que tem, embora não tão extensamente como está no outro[6]. Parece-me que está no

---

1. É preciso distinguir entre Serna, mensageiro, e La Serna, quinta comprada por D. Lorenzo.
2. D. Francisco de Salcedo.
3. D. Quiteria de Ávila, prima da Marquesa de Velada, monja da Encarnação. Auxiliou S. Teresa nos primeiros tempos da Reforma, e depois voltou ao seu primitivo convento.
4. Santo Inácio mártir, em cujo coração foi encontrado, depois de morto, esculpido, o nome de Jesus.
5. Assim costumava chamar o *Caminho de Perfeição*.
6. O *Livro da Vida*.

Adveniat regnum tuum. Torne vossa mercê a ler, ao menos, o *Pater Noster*, e talvez ache algum esclarecimento que o satisfaça.

Antes que me esqueça: como faz promessa, sem me consultar? Que obediência engraçada! De um lado fiquei contente por ver sua determinação, mas de outro preocupei-me, pois me parece arriscado. Pergunte-o a alguém, porquanto, em consequência da promessa, poderia uma venialidade vir a ser pecado mortal. Perguntarei também a meu confessor, que é grande letrado. A meu ver, é bobagem, porque, se eu o prometi, foi com certas condições. Isso que vossa mercê fez[7] não ousaria eu prometer, porque sei que até os Apóstolos tiveram pecados veniais. Só Nossa Senhora não os teve. Bem creio que terá Deus levado em conta sua intenção; mas julgo mais acertado comutarem-lhe a promessa, quanto antes, em outra coisa. Se bastar para isso tomar uma Bula, faça-o logo. Este jubileu[8] que findou teria sido boa ocasião. Em matéria tão fácil, que ainda sem advertir se pode cair muitas vezes, Deus nos livre! Ele que bem conhece nosso natural não o tem em conta de grave culpa. A meu parecer convém remediar logo, e nunca mais lhe aconteça fazer promessa, que é perigoso. Não vejo inconveniente em tratar vossa mercê alguma vez de sua oração com os seus confessores, pois, enfim, estão perto e melhor o advertirão. Nada haverá a perder.

O arrependimento de ter comprado La Serna vem-lhe do demônio, para o desviar de agradecer a Deus a mercê, e tão grande, que lhe fez em comprá-la. Convença-se de que foi o melhor, por muitos motivos, e com isso deu a seus filhos mais que fortuna: deu honra. Ninguém o sabe que não o tenha por grande ventura. E pensa que em cobrar censos não há trabalho? É um andar sempre às voltas com oficiais de justiça. Olhe que é tentação; não lhe aconteça mais tal coisa; antes louve a Deus por tudo, e não pense que teria mais oração se lhe sobrasse muito tempo. Desengane-se disso, pois tempo bem empregado, como é administrar os bens de seus filhos, não impede a oração. Em um momento, muitas vezes, concede o Senhor mais que em muitos anos: pois suas obras não se medem pelo tempo.

Procure, logo que passarem as Festas, ter algum vagar para cuidar das escrituras e pô-las em ordem. O que gastar em La Serna é bem empregado, e, quando chegar o verão, gostará de passar lá algumas temporadas. Não deixou Jacó de ser santo por se ocupar com seus rebanhos, nem tampouco Abraão e S. Joaquim.

Como queremos fugir do trabalho, tudo nos cansa. Assim acontece a mim, e por isso permite Deus haver tanta coisa que me estorve. Todos esses negócios trate com Francisco de Salcedo; no tocante ao temporal, dou-lhe as minhas vezes.

Grande mercê de Deus é que o canse aquilo que para outros seria descanso. Mas não o há de deixar por isso, pois havemos de servir a Deus como Ele quer, e não como queremos nós. O que me parece poder escusar é esse negociar em gado. Por esta razão, alegrei-me, até certo ponto, de que não tenha mais sociedade com Antonio Ruiz, pois, ainda sob o ponto de vista do mundo, mais vale perder um pouco. Melhor será, penso eu, moderar vossa mercê um pouco a sua generosidade, já que Deus lhe deu o necessário para viver e ainda dar esmolas, embora já não possam ser tantas. Não me refiro ao que pretende fazer em La Serna, que isto está muito bem; senão a esses outros negócios. Repito-lhe: em todas as coisas siga o parecer de Francisco de Salcedo, e não andará com esses pensamentos. Sempre me recomende muito a ele e a quem mais achar conveniente, sobretudo a Pedro de Ahumada, a quem gostaria de ter tempo para escrever a fim de receber resposta, pois me folgo muito com suas cartas.

A Teresa[9] diga vossa mercê que fique sem medo de eu querer tanto a alguma como lhe quero; reparta as imagens, dando umas a seus irmãos, e separe as que escolhi para mim. Tenho

---

7. Pelo contexto entende-se que D. Lorenzo, sem consultar a sua santa irmã, a quem tomara como guia espiritual, fez voto de praticar sempre o mais perfeito, sob pena de pecado venial. O mesmo voto fizera a Santa, mas sob as vistas de teólogos eminentes e sem se obrigar debaixo de pecado, em meio muito mais seguro e com outro cabedal de virtude, sensatez e graças especialíssimas do seu Senhor.

8. Jubileu decretado por Gregório XIII em 1576 para todo o mundo católico.

9. *Teresa:* Teresita de Ahumada, sobrinha da Santa.

desejo de vê-la. Causou-me devoção o que escreveu vossa mercê sobre ela em suas cartas para Sevilha; mandaram-nas para cá e alegraram não pouco as Irmãs — pois as li na recreação — e a mim também. Quem tirar a meu irmão a galanteria, será tirar-lhe a vida; mas, como é com santas — que, bem o creio, o são estas monjas —, tudo lhe parece justo. A cada passo, me fazem elas ficar confusa.

Grande festa tivemos ontem com o Nome de Jesus; Deus pague a vossa mercê. Não sei que lembrança lhe poderei enviar por tantas que me dá, a não ser esses vilancetes, que fiz porque me mandou o confessor alegrar as Irmãs. Passei com elas a recreação estas noites, e não achei outro modo senão esse. A toada é graciosa; seria bom se Francisquito[10] atinasse a cantá-la. Veja se ando bem aproveitada! E apesar de tudo, muitas graças me tem feito o Senhor estes dias.

Das que faz a vossa mercê estou espantada. Seja bendito para sempre. Entendo agora por que motivo deseja devoção, e faz bem. Mas uma coisa é desejá-la, e outra pedi-la; e, creia, o melhor é o que faz: deixar tudo à vontade de Deus, e pôr a causa de vossa mercê em suas divinas Mãos. Ele sabe o que nos convém; mas sempre procure ir pelo caminho que lhe tracei; olhe que é mais importante do que entende.

Não será mau, quando alguma vez despertar com esses ímpetos de Deus, sentar-se na cama algum tempo; contanto que sempre tenha o sono necessário à sua cabeça, pois, embora não sinta, pode tornar-se incapaz de ter oração; e olhe: procure não sofrer muito frio, que, para essa dor de lado, não é bom. Não sei para que deseja aqueles terrores e medos, já que o leva Deus por amor. Outrora era necessário. Não pense que é sempre o demônio quem estorva a oração; algumas vezes é misericórdia de Deus quando Ele no-la tira; e penso até que é tão grande mercê como quando dá muita, por várias razões que não tenho tempo para dizer a vossa mercê. A oração que Deus lhe dá é maior sem comparação que o pensar no inferno; e assim, este pensamento, não poderá ter ainda que o queira; nem o deseje, que não há motivo para isso.

Fizeram-me rir algumas das respostas das Irmãs. Outras estão excelentes e deram-me luz sobre o assunto; pois não pense que eu o entenda. Não fiz mais que dizer por alto a vossa mercê aquilo que lhe contarei quando o vir, se Deus for servido.

A resposta do bom Francisco de Salcedo fez-me achar graça. É sua humildade de uma feição estranha, pois o leva Deus por via de temor, de sorte que até poderia não lhe parecer bem o falar em coisas deste gênero. É mister acomodar-nos com o que vemos nas almas. Posso assegurar-lhe que é santo, mas não o leva Deus pelo mesmo caminho que a vossa mercê. Em suma, a ele trata como a forte, e a nós como a fracos. É bem conforme a seu gênio a resposta que deu.

Tornei a ler agora a sua carta. Não entendi o que me dizia sobre querer levantar-se no meio da noite; pensei que fosse apenas para ficar sentado na cama. Até me parecia demais, porque importa não diminuir o sono. De nenhum modo se levante, por mais fervor que sinta, sobretudo se estiver dormindo; e não se assuste com sonhos. Se ouvisse o que dizia Frei Pedro de Alcántara sobre este assunto — mesmo quando se está acordando —, não se espantaria.

Não me cansam as cartas de vossa mercê, antes me consolam muito, e, da minha parte, gostaria de poder escrever-lhe frequentemente, mas é tanto o trabalho, que não poderá ser com mais frequência. Ainda esta noite estorvou-me a oração. Nenhum escrúpulo me causa; só me dá pena não ter tempo. Deus no-lo dê para gastá-lo sempre em seu serviço. Amém.

A falta que há nesta terra em matéria de pescado é uma lástima para estas Irmãs; e assim gostei de receber os besugos. Penso que poderiam ter vindo sem pão, porque o tempo está frio. Se houver deles, quando vier Serna, ou algumas sardinhas frescas, dê vossa mercê à Subpriora com que no-los enviar, pois os outros vieram muito bem. Terrível lugar é este para quem não come carne; até um ovo fresco não se encontra. Apesar de tudo, ainda hoje estive pensando que há anos não me acho tão bem quanto agora; e guardo a Regra como todas, o que é grande consolo para mim.

---

10. Filho mais velho de D. Lorenzo.

As coplas que não vão de minha letra, não são minhas; achei que serviriam para Francisco. Assim como fazem as monjas de S. José as suas, aqui uma Irmã fez estas. Tem havido muito disto durante estas recreações de Natal.

É hoje o segundo dia do ano.

Indigna serva de vossa mercê,

TERESA DE JESUS.

Pensei que nos enviaria vossa mercê o seu vilancete, porque os daqui não têm pés nem cabeça; mas tudo elas cantam. Agora me lembro de um que fiz certa vez, estando com muita oração, e parecia-me achar descanso nisso. Eram assim mais ou menos. Veja como daqui lhe quero dar recreação:

> Formosura que excedeis
> A todas as formosuras,
> Sem ferir, que dor fazeis!
> E quão sem dor desfazeis
> O amor pelas criaturas!
>
> Ó Laço que assim juntais
> Dois seres tão diferentes,
> Por que é que vos desatais
> Se, atado, em gozos trocais
> As dores as mais pungentes?
>
> Ao que não tem ser, juntais
> Com quem é Ser por essência;
> Sem acabar, acabais;
> Sem ter o que amar, amais;
> E nos ergueis da indigência.

Não me lembro o resto. Que cabeça de fundadora! Mas asseguro-lhe que me parecia estar bem em meu juízo quando isto fiz. Deus o perdoe, que me faz gastar tempo; mas penso que hão de enternecê-lo estas coplas e causar-lhe devoção. Não o conte a ninguém. D. Guiomar[11] e eu andávamos juntas nesse tempo. Dê-lhe minhas encomendas.

CERTAME[12]

Sentença humorística dada por Sta. Teresa a várias composições sobre as palavras "Busca-te em Mim", em obediência ao Bispo D. Alvaro de Mendoza, a quem se dirige.

Jhs

Se eu não tivesse sido forçada pela obediência, certamente não responderia, nem aceitaria a incumbência de julgar; e isto por algumas razões. Não por ser meu irmão um dos competidores — como insinuam as Irmãs daqui, achando que a afeição me fará torcer a justiça —, porque muito bem quero a todos, como aos que me têm ajudado a levar meus trabalhos. Meu irmão veio ao fim do beber do cálice, embora lhe tenha cabido alguma parte, e ainda mais lhe caberá, com o favor de Deus. O mesmo Senhor me dê graça para que eu não diga coisa por onde mereça ser denunciada à Inquisição — tal é o estado de minha cabeça, pelos muitos negócios e cartas que escrevi de ontem

---

11. *D. Guiomar* de Ulloa.
12. Tendo Santa Teresa ouvido do Senhor, na oração, estas palavras: *"Busca-te em Mim"*, mandou o Bispo D. Alvaro de Mendoza que sobre elas escrevessem Francisco de Salcedo, Pe. Julián de Ávila, S. João da Cruz e Lorenzo de Cepeda, e encarregou a mesma Santa de dar uma sentença propositadamente chistosa sobre cada uma das composições. É o que se chamava *Certame* nas universidades da época.

à noite para cá. Mas a obediência tudo pode, e, por conseguinte, bem ou mal, farei o que manda vossa senhoria. Desejo não me faltou de alegrar-me um pouco mais com estes papéis, mas não houve tempo.

De Francisco de Salcedo

Ao que parece, o mote é do Esposo de nossas almas, que diz: *Busca-te em Mim*. Isto quer dizer que erra o senhor Francisco de Salcedo em frisar tanto que Deus está em todas as coisas, pois sabedor é Ele de que em todas está. Também discorre muito sobre entendimento e união. Ora, é sabido que na união o entendimento não age. Se, pois, não age, como há de buscar? Aquilo que diz David: Ouvirei o que fala Deus em mim, contentou-me não pouco, porque é muito de estimar a paz nas potências — as quais, entendo, são aqui figuradas pelo povo. Mas é minha intenção não dizer bem de coisa alguma de quantas escreveram, e portanto declaro que não acertou, porque não diz a letra que *ouçamos*, e sim que *busquemos*.

E o pior de tudo é que, se não se retratar, terei de denunciá-lo à Inquisição, que está bem perto. Sim, porque depois de encher de citações o papel, dizendo: "Isto é dito de S. Paulo; isto é do Espírito Santo", termina afirmando que escreveu tolices. Venha logo a emenda; se não, verá o que lhe acontece.

Do Padre Julián de Ávila

Começou bem e acabou mal, e assim não há de se lhe dar a coroa. Porque ninguém lhe pede aqui uma dissertação sobre a Luz incriada e a luz criada, e o modo pelo qual se juntam; e sim que nos busquemos em Deus. Nem lhe perguntamos o que sente uma alma quando tão unida está a seu Criador, porquanto: se está unida com Deus, como pode discernir se há ou não diferença entre Ele e ela? Ali não há entendimento para essas disputas, penso eu, porque se o houvera, bem poderia entender a diferença que há entre o Criador e a criatura. Também diz: "Quando está purificada". Creio eu que não bastam aqui virtudes nem purificações, porque é coisa sobrenatural, dada por Deus a quem quer; e, se alguma disposição pode haver, é o amor. Contudo perdoo-lhe seus erros, porque não foi tão extenso como meu Padre Fr. João da Cruz.

Do Padre Frei João da Cruz

Muito boa doutrina dá em sua resposta para quem se quiser entregar aos Exercícios que fazem na Companhia de Jesus; não, porém, para o nosso propósito. Caro custaria se não pudéssemos buscar a Deus a não ser depois de mortos para o mundo. Não o estava a Madalena, nem a Samaritana, nem a Cananeia quando O encontraram. Também trata muito de fazer-se a alma uma mesma coisa com Deus em união; mas, quando isto vem a ser, quando faz Deus esta mercê à alma, não lhe dirá que O busque, pois já O encontrou.

Deus me livre de gente tão espiritual que de tudo quer fazer contemplação perfeita — dê no que der! Contudo lhe agradecemos por nos ter tão bem dado a entender o que não perguntamos. Por isso é bom falar sempre de Deus, pois donde não pensamos nos vem o proveito.

Do senhor Lorenzo de Cepeda, meu irmão

O mesmo aconteceu ao senhor Lorenzo de Cepeda, a quem muito agradecemos suas coplas e a resposta. Se falou mais do que entende, perdoamos a pouca humildade de que deu mostras metendo-se em coisas tão subidas —como diz em sua resposta —, pela recreação que nos proporcionou com elas e pelo bom conselho que nos dá de termos oração quieta (como se estivesse em nossas mãos). Ninguém lho pediu, e ele sabe a pena a que está sujeito quem assim procede. Praza a Deus que se lhe comunique alguma doçura por estar junto do mel, pois bastante consolo me dá, embora eu veja que teve muita razão de envergonhar-se.

Aqui não se pode julgar de primazia, pois, sem fazer injustiças, em todos há faltas.

Mande vossa senhoria que se emendem; que eu, de minha parte, me emendarei em procurar não me parecer com meu irmão, sendo pouco humilde. Todos são tão divinos, esses senhores, que perderam por jogar com carta de mais; pois, como disse, a quem conceder Deus esta mercê de ter a alma unida a Si, não lhe dirá que O busque, pois já O possui.

Beijo muitas vezes as mãos de vossa senhoria pela mercê que me fez com a sua carta. Por não aumentar a vossa senhoria o cansaço que lhe terão causado estes desatinos, não respondo agora.

Indigna serva e súdita de vossa senhoria,

TERESA DE JESUS.

166. A MADRE MARÍA DE S. JOSÉ, PRIORA DE SEVILHA

Toledo, 3 de janeiro de 1577. Felicita-a pelo Natal. Sobre a saúde das Prioras de Sevilha e de Malagón. Recados às Descalças de Paterna, ao Pe. Antonio e a outros conhecidos.

Jesus esteja com Vossa Reverência, filha minha. Certamente, terão tido Boas Festas e Bons Anos, pois têm aí a meu Padre; o mesmo teria acontecido comigo. Parece que não hão de se acabar essas coisas daí tão depressa, e já me estou afligindo com a solidão em que estou aqui. Oh! que gelos nesta terra! pouco falta para ser como em Ávila; contudo estou boa, embora com desejo de ver carta daí, que a meu parecer há muito não recebo. Também tardam os correios para cá e para lá. Na verdade, tudo parece tardar a quem deseja.

No sobrescrito de sua carta, dizia Vossa Reverência estar melhor depois que se sangrou; se está sem febre, é o que mais quero saber. Muito me alegrei com sua carta, e ainda mais me alegraria se pudesse ver Vossa Reverência. Sobretudo agora seria para mim particular contentamento; parece-me que havíamos de ser muito amigas, há poucas com quem eu gostaria tanto de tratar de várias coisas, porque, asseguro-lhe, Vossa Reverência é muito de meu gosto; e alegra-me muito entender por suas cartas que já o compreendeu. Se Deus fosse servido que nos tornássemos ainda a ver, Vossa Reverência não seria boba, tendo já entendido quanto lhe quero. Isto me faz sentir seu mal muito ternamente.

A doença da Madre Priora de Malagón[1] não há quem entenda. Dizem que está um pouco melhor, mas sempre com febre bem alta; nem pode levantar-se. Muito desejo que fique em condições de a trazermos para cá. Não deixem de encomendá-la muito a Deus; como sei que não é mister encarregar-lho, não o repito em cada carta.

Não reparou como sempre que escrevo a meu Padre, gosto de escrever a Vossa Reverência, por mais ocupações que tenha? Asseguro-lhe que eu mesma me espanto. Assim escrevesse eu à minha Gabriela[2] algumas vezes! Encomende-me muito a ela, a Beatriz e a sua mãe, e a todas.

A meu Padre escrevo que, visto que em Paterna há necessidade de monjas, quero dizer leigas, grande coisa será enviar das nossas; ajudariam muito às outras já que são tão poucas. Envie-lhes minhas encomendas, e sempre me diga como vão. Disse-me Frei Ambrosio que nosso Padre está bem forte. Agradeço isto muito a Vossa Reverência, pois penso que em grande parte é devido a seus regalos. Bendito seja Deus, que tantas mercês nos concede. Ao Pe. Frei Antonio dê muitos recados por mim; como nunca me responde, não lhe escrevo. Quando for possível, veja que não saiba de tantas cartas; diga a meu Padre que não lho conte. A Garciálvarez, e a quem mais vir, dê minhas recomendações. Aqui imaginamos quanto terão feito na noite de Natal. Faça-mo saber, e fique-se com Deus. Sua Majestade a faça santa, como Lhe suplico[3].

É 3 de janeiro.

---

1. Brianda de San José.
2. *Gabriela:* Leonor de San Gabriel. *Beatriz* de la Madre de Dios. *Sua mãe:* Juana de la Cruz.
3. *Leigas:* irmãs que não são de aro. *Paterna:* comunidade de Carmelitas Calçadas à qual foram enviadas duas Descalças como reformadoras. *Frei Ambrosio* de San Pedro. *Frei Antonio* de Jesús, Heredia.

Meu irmão escreveu-me ontem; nenhum mal lhe fazem os gelos. É para louvar a Deus as mercês que recebe na oração; ele o atribui às orações das Descalças. Tem progredido muito e faz benefícios a todas nós. Não se esqueçam de rezar por ele.

Sua,

TERESA DE JESUS, carmelita.

Vire a folha.

Dei a uma Irmã, para copiá-lo, o papel de nosso Padre, aquele que escreveu acerca do negócio de Garciálvarez, por ser muito útil para cada casa; o que foi para Ávila, parece, o demônio o fez desaparecer. Em todo caso, mande-me outro igual, de boa letra; não se esqueça.

167. AO PE. JERÓNIMO GRACIÁN, EM SEVILHA

Toledo, 3 de janeiro de 1577. Alegra-se de que Pe. Antonio de Jesús não esteja com ele.

Alegro-me de que Pe. Antonio[1] não esteja com Vossa Paternidade, porque, ao ver tantas cartas minhas e nenhuma para ele, muito sofre, segundo diz. Oh! Jesus, que coisa é uma alma entender-se com outra: nem falta o que dizer, nem dá cansaço.

168. AO PE. JERÓNIMO GRACIÁN, EM SEVILHA

Toledo, 9 de janeiro de 1577. Enfermidade e convalescença do Pe. Gracián. Aconselha-o a entregar-se com mais moderação ao trabalho. De tanto trabalhar, há muitas cabeças perdidas na Companhia. Necessidade de bons confessores para a Reforma dos conventos. Quanto quer a Paulo, em Deus.

Jhs

A graça do Espírito Santo esteja com Vossa Paternidade, meu Padre. Oh! quantas bênçãos lhe lançou esta sua velha filha pela carta que me enviou o Pe. Mariano hoje, 9 de janeiro! Tinha recebido na véspera de Reis uma de Vossa Paternidade, além de várias outras de Caravaca, e dois dias depois achei mensageiro certo; com isto muito me alegrei. A de Vossa Paternidade, na qual me falava de sua doença embora com moderação, me tinha deixado bem aflita. Bendito seja Deus, que me fez a grande mercê de lhe restituir a saúde. Tinha escrito logo aos mosteiros que pude, para que o encomendassem a Deus juntamente comigo; agora terei de tornar a dar-lhes a boa notícia, pois não há outro remédio. Foi muitíssimo bom ter chegado essa outra carta tão depressa. Cada dia lhe fico mais obrigada pelo cuidado que tem Vossa Paternidade de me dar contentamento; e espero em Deus que lho há de pagar.

Creia que achei graça em ocupar-se Vossa Paternidade agora em lavrar um confessionário, como se não tivesse outro trabalho; parece-me muito sobrenatural a sua atividade. Contudo, não havemos de pedir a Deus milagres, e é bom Vossa Paternidade considerar que não é de ferro e que há muitas cabeças perdidas na Companhia por excesso de trabalho. Quanto ao que diz sobre a ruína dessas almas que entram para servir a Deus, há muito tempo o deploro. O que há de causar grande proveito é proporcionar-lhes bons confessores. Se para os mosteiros aonde houverem de ir as Descalças[1] não buscar Vossa Paternidade remediar este ponto, tenho medo de que não haja tanto fruto quanto seria possível; porque verem-se as monjas apertadas no exterior sem haver quem no interior as ajude, é grande trabalho. Assim o verifiquei na Encarnação enquanto não lhes deram confessores Descalços[2].

---

1. *Pe. Antonio* de Jesús, Heredia.
1. Certos bispos queriam que as Descalças reformassem mosteiros não muito regulares.
2. S. João da Cruz e Frei Germano de S. Matias.

Já que Vossa Paternidade o quer fazer somente para remediar as almas, é preciso agir assim e procurar quem as ajude nesta necessidade; e ponha preceito: onde houver mosteiro de Frades[3], não possa ir ao das monjas algum que as inquiete. Em Antequera, parece-me, está Millán[4]; talvez sirva; pelo menos suas cartas, isto é, as que escreve a Vossa Paternidade, são muito de meu agrado. Praza ao Senhor encaminhar tudo. Amém.

Oh! como me contenta a perfeição com que escreve Vossa Paternidade a Esperança![5] Com efeito, cartas que hão de ser vistas, é bom serem assim, mesmo pelo que diz respeito a Vossa Paternidade. Grandíssima razão tem em dizer que para levar a termo a reforma, não se hão de conquistar as almas à força armada, como os corpos. Deus me guarde quem tanta alegria me dá! Para encomendá-lo muito a Deus, quisera eu ser muito boa; quero dizer, para que se tornem realidade os meus desejos. O ânimo, jamais o acho covarde, glória a Deus! a não ser quando se trata de Paulo[6].

Oh! quanto se regalou Ángela com o sentimento que lhe testemunha Paulo nas costas de uma carta que a ela escreveu! Diz que lhe quisera beijar as mãos muitas vezes. Pediu-me dizer a Vossa Paternidade que bem pode estar sem cuidados: o Casamenteiro foi tal[7] e deu o nó tão apertado, que só com a vida se romperá; e ainda depois da morte estará mais firme, pois nenhuma bobagem de perfeição poderá desatá-lo, antes, pelo contrário, esta memória a ajuda a louvar ao Senhor. Foi a liberdade interior que ela costumava ter, que lhe fazia guerra; agora, com a sujeição em que está, já se julga mais livre, e é muito agradável a Deus, porque acha quem a ajude a ganhar almas que o louvem. Isto é grandíssimo alívio e gozo para ela, e também tenho muita parte nisto. Seja por tudo bendito.

Indigna filha e súdita de Vossa Paternidade,

TERESA DE JESUS.

169. AO PE. AMBROSIO MARIANO DE S. BENITO

Toledo, janeiro de 1577. Alegra-se da saúde do Padre. Bons ofícios de Doria para com as Descalças de Sevilha. Quiroga nomeado Arcebispo de Toledo. Assuntos dos Carmelitas Descalços. Fala novamente sobre Doria e as Descalças.

Jesus esteja com Vossa Reverência. Oh! que grande contentamento tive por saber que está bom! Seja Deus bendito para sempre, pois andava penalizada ultimamente por sua causa. Cuide de si, por amor de Deus, pois estando bom, tudo se fará bem. A verdade é que entendo melhor o muito que lhe quero no Senhor quando o vejo enfermo ou com algum sofrimento.

Antes que me esqueça: de nenhum modo trate Vossa Reverência da ida de Nicolao agora, até que entre aquela viúva; causaria muito prejuízo àquela monja, porque, segundo me escreve a Priora, anda o demônio querendo estorvar a entrada, e Nicolao está muito empenhado neste negócio. Ela tem grande vontade, mas há quem lhe ponha escrúpulos; e Vossa Reverência vê quanto lhes importa esta pretendente, pois com seu dote pagam a casa[1].

Muito me alegrei com o bom Arcebispo que Deus nos mandou para aqui. Esses falatórios de Frades não me preocupam: acontecerá como com as demais coisas que inventam. Enchem as mãos ao cobiçoso[2].

---

3. Calçados.
4. Um Carmelita Calçado.
5. Este nome parece designar a própria Santa, embora geralmente se refira com ele ao Pe. Gaspar de Salazar.
6. *Paulo:* Deus.
7. Nosso Senhor tinha unido Sta. Teresa e o Pe. Gracián para trabalharem na Reforma da Ordem, como se vê na Relação XXXIX. *Ángela:* a própria Santa.

1. *Nicolao:* Nicolás Doria. *Priora:* María de San José, priora de Sevilha.
2. *Arcebispo:* Gaspar de Quiroga, arcebispo de Toledo. *Falatórios de frades:* calúnias dos Calçados de Andaluzia contra Pe. Gracián.

Assim que recebi hoje as cartas de Vossa Reverência, enviei logo ao Arcediago a que vinha para ele. Penso que nada fará, e acho melhor não lhe sermos mais pesadas. Uma vez que já temos Arcebispos, estive pensando se não seria conveniente, pois o caso já está público, procurarmos com ele que o participasse aos daqui[3].

Se fizeram com o Tostado o que diz Vossa Reverência, não tenha medo de que eles — refiro-me aos Frades — continuem a estorvar-nos. Alegro-me de que vá ver a senhora D. Luisa, a quem por todos os modos somos muito devedores. Escreveu-me a mim que tinha esperança de Vossa Reverência ir visitá-la. Prometeu o Arcediago procurar que respondessem depressa à carta e vir ele mesmo falar-me. Terei cuidado com a resposta; mas estes últimos dias não foram para negócios[4].

Não ousei falar tão abertamente nas outras cartas. Agora lhe faço saber que fiquei ansiosa por ver a hora de tirar das mãos desses benditos homens o negócio que lhes confiou o Pe. João Díaz. Com efeito, um deles, Córdoba, é primo do Pe. Valdemoro, o outro é amigo do Prior e do Provincial, e a tudo que estes lhes diziam — e não era pouco — davam crédito. Bem creio que não seriam capazes de fraude se o entendessem, porque ambos são homens de bem; mas quando alguém julga negociar contra a justiça, não o pode fazer com muito ardor. Tanto quanto podemos avaliar, estará agora Nosso Padre em Granada, porque o Arcebispo lhe tinha rogado que voltasse para lá, segundo me contou a Priora de Sevilha. Nada mais sei[5].

Agradeça Vossa Reverência a Nicolao o que faz pelas monjas e, por caridade, deixe-o ir se Deus o chamar a negócios maiores que os do Arcebispo. Deus proverá dando-lhes outro que o substitua. Asseguro-lhe, porém, que qualquer trabalho que a ele sobrevenha me dá pesar; e não é demasiado, pois é muitíssimo o que lhe devemos. Há tempos já, tenho por certo que será Arcebispo daqui o Inquisidor-mor; é grande bem para nós, e ainda que em certas coisas parece que não é tão...[6]

170. A MADRE MARÍA DE S. JOSÉ, PRIORA DE SEVILHA

Toledo, 9 de janeiro de 1577. Recomenda-lhe Frei Bartolomé de Aguilar. Madre María de S. José, "raposa" e "semiprovincial". Coplas de Natal. Comparação entre Teresita de Cepeda e Isabel Dantisco. Habilidade e brandura de gênio da segunda. Sobre algumas peças de vestuário das monjas em Andaluzia. Lembranças aos amigos de Sevilha.

Jesus esteja com Vossa Reverência, filha minha. Antes que me esqueça: como é que nunca me dá notícias de meu Pe. Frei Bartolomé de Aguilar, o dominicano? Pois eu lhe asseguro que lhe devemos muito; o ter falado tão mal da outra casa, que tínhamos comprado, foi princípio para sairmos dela; e cada vez que penso na vida que aí teriam, não me canso de dar graças a Deus. Seja Ele por tudo louvado. Creia que é muito bom Padre, e para coisas de religião sua experiência excede a de qualquer outro. Não quisera que aí deixassem de chamá-lo alguma vez, pois é muito bom amigo e bastante prudente; e para mosteiro nada se perde em ter pessoas tais. Incluo para ele uma carta que peço enviar-lhe.

Antes que me esqueça: achei graça na lista de esmolas que me enviaram, e quanto apregoam ter ganho. Praza a Deus seja verdade! Muito me alegraria, mas, como Vossa Reverência é *raposa*, penso que vem com algum rodeio; e até das notícias de sua saúde receio o mesmo, tal é meu

---

3. *Arcediago:* Francisco de Ávila, arcediago de Toledo. *Comunicasse aos daqui: isto é,* que o próprio Arcebispo comunicasse ao Cabido o projeto de fundação de Descalços que estavam planejando.
4. *Tostado:* Jerónimo Tostado, vigário geral da ordem na Espanha. Uma provisão real havia tirado dele os poderes que tinha para extinguir os Calçados. *D. Luisa* de la Cerda.
5. *Valdemoro:* Alonso Valdemoro. *Prior:* Alonso Maldonado, prior de Toledo. *Provincial:* João Gutiérrez de la Magdalena, provincial de Castilla.
6. *Nicolao:* Nicolás Doria. *Negócios maiores:* admitido ao hábito do Carmo, ele se dirigira nesses dias ao noviciado de Pastrana. *Inquisidor-mor:* D. Gaspar de Quiroga, preconizado nesses dias arcebispo de Toledo. O autógrafo estava incompleto.

contentamento!¹ Nossa Priora de Malagón está assim, assim. Muito pedi a Nosso Padre que me escreva se a água de Loja conservaria seu efeito sendo levada para tão longe; porque neste caso mandaria buscá-la. Lembre-lhe isto Vossa Reverência. Hoje enviei a Sua Paternidade uma carta por meio de um clérigo que ia somente a falar-lhe sobre um negócio. Alegrei-me bastante com esta oportunidade, e assim não lhe escrevo agora. Muita é a caridade de Vossa Reverência em enviar-me as cartas dele; mas fique bem entendido: quando nenhuma houver, sempre as de Vossa Reverência serão bem recebidas. Disto não duvide².

Já enviei a D. Juana Dantisco toda a sua encomenda, mas ainda não houve tempo de vir resposta. Para pessoas semelhantes, embora o convento tenha algum pequeno gasto, não faz mal, especialmente não havendo agora a mesma necessidade que nos princípios; porque, caso haja, mais obrigada está Vossa Reverência a socorrer as suas filhas.

Oh! como estará Vossa Reverência ufana por ser agora semiprovincial! E como me fez achar graça em dizer com tanto desdém: "Aí lhe enviam as Irmãs essas coplas", quando certamente foi Vossa Reverência a alma de tudo. Não creio que seja mau. Digo-lhe isto por alegar Vossa Reverência que aí não tem quem lhe censure coisa alguma, e pedir que o censure eu de cá, para que não se desvaneça. Pelo menos não quer dizer nem tampouco fazer tolices, como bem o dá a entender. Praza a Deus ponha sempre os olhos em seu serviço, e, então, não há grande mal. Estou rindo por ver-me carregada de cartas e detendo-me assim em escrever coisas pouco importantes. De coração lhe perdoarei a jactância com que presume atrair a si a pretendente das barras de ouro, se o conseguir, porque desejo extremamente vê-las sem cuidados; conquanto esteja meu irmão tão adiantado na virtude, que de boa vontade as socorreria em tudo.

Está Vossa Reverência engraçada, não querendo que haja outra como Teresa. Pois saiba e esteja certa de que esta minha Bela, se tivesse a graça natural da outra, e ainda a sobrenatural (pois verdadeiramente víamos que Deus agia em Teresita algumas vezes), quanto ao entendimento, habilidade e brandura, seria a melhor: dela se pode fazer o que se quiser. É extraordinária a habilidade dessa criaturinha: com uns pastorezinhos desditosos, umas freirinhas e uma imagem de Nossa Senhora, que tem, não há festa em que não invente com eles alguma surpresa em sua ermida, ou na recreação, cantando com tão boa voz alguma copla feita por ela, que nos causa espanto. Só me dá um trabalho: é que não sei como ajeitar-lhe a boca porque a tem excessivamente fria; ri-se com muita frieza, e sempre anda rindo. Umas vezes faço que a abra, outras que a feche; outras que não se ria. Ela diz que a culpa é da boca, não é dela; e fala a verdade. Quem viu a graça de Teresa no corpo e em tudo, repara mais nesse defeito, como acontece aqui; eu, embora não o confesse, a Vossa Reverência o digo reservadamente. A ninguém o conte, mas gostaria que visse o trabalho que tenho para endireitar-lhe a boca. Quando for maior, espero, não será tão fria; ao menos, não o é nas palavras³.

Eis aqui pintadas as suas meninas, para que não pense que minto quando digo que Bela excede a outra. Para que se ria escrevi isto. Quanto ao muito trabalho que dou a Vossa Reverência de trazer e levar cartas, não tenha medo de que a desencarregue.

Foram muito de meu agrado as coplas que daí vieram; enviei a meu irmão as primeiras, e só algumas das outras, porque nem todas prestavam. Creio que poderão mostrá-las ao santo velho, contando-lhe que desse modo passam as recreações, nas quais tudo é linguagem de perfeição, pois é justo proporcionar qualquer entretenimento a quem tanto devemos. Espanta-me ver tantas provas de caridade que ele nos dá⁴.

Saiba que nosso Pe. Garciálvarez está malparado; dizem as monjas que ele as faz aí ficar muito soberbas; conte-lhe isto. Agora estão com receio, pensando no que lhes hão de escrever,

---

1. *Raposa:* símbolo da astúcia.
2. *Priora de Malagón:* Brianda de San José. *Nosso Padre:* Jerónimo Gracián. *Água de Loja:* cidade a 8 léguas de Granada, de águas famosas.
3. *Teresa:* Teresita de Ahumada. *Bela:* Isabel Dantisco.
4. O Prior da Cartuxa de Sevilha.

porque meu irmão lhes enviou a carta de Vossa Reverência para elas responderem. Fiquem sabendo que nenhuma Irmã aqui usa nem jamais usou seriguilha, a não ser eu, que, apesar de todos os gelos que tem havido, ainda agora não pude usar outra coisa por causa dos rins, pois receio muito este mal; mas falam tanto, que até me faz escrúpulo. Como Nosso Padre me tomou a saia já muito velha, de meu uso, que era de grossa xerga, não sei o que fazer. Deus lhe perdoe. Contudo, digo que com o calor daí não se aguenta outra coisa; é preciso usarem saias leves. Este ponto não tem muita importância; mas quanto aos hábitos, não haja diferença. Até me entregarem o que me enviou meu santo Prior, não sei como escrever-lhe, porque não posso dizer que o recebi; poderei lhe escrever quando for o arrieiro.

Quantas obrigações a ele devo, ó Jesus!, pelo que faz em benefício desse mosteiro! E quanto nos rimos com a carta de minha Gabriela! Fez-nos grande devoção a diligência que empregam esses santos, e a mortificação de meu bom Garciálvarez! Muito os encomendo a Deus. Dê muitas recomendações minhas a ele e a todas as Irmãs. Quisera escrever a cada uma, tanto é o amor que lhes tenho. É certo que lhes quero muito particularmente; não sei qual a razão! Recomendo-me à mãe da portuguesa e à Delgada. Como nunca me dá notícias de Bernarda López? Leia essa carta dirigida às monjas de Paterna e se alguma coisa não lhe parecer bem, emende-a, como Superiora daquela casa. Vossa Reverência está em melhores condições que eu para acertar o que convém. Deus lhe pague o que faz por elas; muito me consola; falo agora deveras. O pior é que não sei acabar. Praza a Deus não tenha Vossa Reverência adquirido, como Nosso Padre, o dom de encantar. Deus a encante e a arrebate em Si mesmo. Amém, amém[5].

De vossa Reverência serva,

TERESA DE JESUS.

Abra essa carta dirigida à Priora de Paterna, que fechei por inadvertência, e leia; assim como também essa outra para o Prior das Covas a quem afinal escrevi, mas com tanta pressa que nem sei o que disse; e feche-a também[6].

171. A D. LORENZO DE CEPEDA, EM ÁVILA

Toledo, 17 de janeiro de 1577. As sardinhas e os confeitos chegaram bem. A obediência de D. Lorenzo à Santa em coisas espirituais. Não quer arroubos em público. Conselhos a D. Lorenzo sobre a oração e o uso de cilício, e pastilhas olorosas para defumar a sua habitação. Uma postulante com bom dote. Um livro da Santa. "Bolinha" para esquentar as mãos.

Jesus esteja com vossa mercê. Já disse na carta que levou o portador de Alba que as sardinhas chegaram bem e os confeitos em boa hora; contudo gostaria mais se ficasse vossa mercê com os melhores. Deus lhe pague tudo. Não me mande mais coisa alguma: quando eu quiser, pedirei. Estimei muito que se mudasse para nosso bairro. Entretanto, examine cuidadosamente o que lhe falei sobre o quarto; se não o consertar, haverá perigo, e terá bem que fazer! Olhe tudo isso com grande atenção.

Quanto a guardar segredo sobre o que me diz respeito, não é minha intenção ser de modo que o obrigue sob pena de pecado: sou muito inimiga disso, e poderia acontecer-lhe descuidar-se; basta saber que me causará desgosto. O voto de vossa mercê, já meu confessor me tinha dito não ser válido, com o que muito me alegrei, pois andava preocupada. Também o consultei sobre a obediência que vossa mercê me presta, dizendo-lhe que não me parecia razoável. Respondeu que está bem, contanto que não seja com promessa, nem a mim, nem a outro qualquer; portanto só a aceito deste modo, e, ainda assim, constrange-me; mas, como é para seu consolo, deixo passar, com a condição

---

5. *Gabriela:* Leonor de San Gabriel. *Garciálvarez:* García Alvarez. *Mãe da portuguesa:* Leonor Valera. *Portuguesa:* Blanca de Jesús. *Delgada:* Inés Delgado.
6. Priora de Paterna: Isabel de San Francisco.

de que não a prometa a mais ninguém. Alegrei-me por vossa mercê ter verificado que Frei João, por ter experiência, o entende; mesmo Francisco tem alguma, porém não sobre o que Deus faz em vossa mercê. Bendito seja Ele para sempre, sem fim. Bem liberal está agora para conosco.

Como Nosso Senhor é bom! Parece-me querer mostrar sua grandeza em levantar e fazer tantos favores a gente ruim, porque não sei o que pode haver de pior que nós dois. Saiba que há mais de oito dias ando de tal sorte que, se durasse, quase não poderia acudir a tantos negócios. Desde antes de minha carta a vossa mercê, voltaram-me os arroubos, e fico pesarosa, porque algumas vezes é em público; assim aconteceu uma vez durante as matinas. Nem é possível resistir, nem se pode dissimular. Fico tão extremamente envergonhada, que me queria meter nem sei onde. Vivo pedindo a Deus que me tire isso em público; peça-o também vossa mercê, pois traz muitos inconvenientes, e não julgo ser mais oração. Tenho andado estes dias, em parte, como embriagada; ao menos, entende-se claramente que a alma está em bom lugar; e assim, como as potências não estão livres, é penoso ocupá-la em outra coisa do que ela quer.

Antes, passei quase oito dias em grandíssima aridez: muitas vezes nem um bom pensamento era capaz de ter; e, asseguro-lhe: em parte dava-me isto grande gosto, porque tinha andado uns tempos antes como estou agora, e é grande prazer ver tão claramente quão pouco podemos por nós mesmos. Bendito seja Aquele que tudo pode! Amém. Já falei bastante. O demais não é para carta, nem para ser dito. Justo é louvarmos a Nosso Senhor um pelo outro; ao menos vossa mercê por mim, que não tenho capacidade para dar-lhe as graças devidas, e assim preciso de muita ajuda.

Do que vossa mercê teve, segundo me conta, não sei o que lhe diga, pois certamente é mais do que pode entender, e princípio de muito bem se não o perder por sua culpa. Já passei por esse gênero de oração; costuma depois repousar a alma, que então se entrega, às vezes, a algumas penitências. Especialmente se é ímpeto muito forte, não lhe parece possível deixar de empregar-se em fazer por Deus alguma coisa, porque é um toque de amor que Ele dá à alma e, se for aumentando, fará vossa mercê entender o que, segundo me escreveu, não entende da copla. É um grande penar, uma dor saborosíssima, sem se saber de quê. E embora seja de fato ferida verdadeira que o amor de Deus produz na alma, não se sabe de onde vem nem como, nem se é ferida, nem que coisa é; só se sente uma dor saborosa, que a faz prorromper em queixumes; e, assim, diz:

> Sem ferir, que dor fazeis!
> E quão sem dor desfazeis
> O amor pelas criaturas!

Com efeito, quando a alma está realmente tocada por este amor de Deus, sem pena alguma se lhe tira o afeto que tem às criaturas, quero dizer, o apego a qualquer delas. Isto não se produz não havendo este amor de Deus: pois qualquer coisa das criaturas, quando são muito amadas, dá pena, e o apartar-se delas a dá muito maior. Como se apodera Deus da alma, vai-lhe dando senhorio sobre todo o criado e ainda quando lhe tira aquela presença e gosto — e é disto que vossa mercê se queixa —, deixando-a como se nada tivesse experimentado enquanto à parte sensitiva, à qual lhe aprouvera fazer participar do gozo da alma, não se aparta, e assim fica ela muito rica de mercês, como se vê depois pelos afetos, com o andar do tempo.

Dessas sensações, que depois lhe vêm, nenhum caso faça; embora eu nunca o tenha experimentado, porque sempre me livrou Deus, por sua bondade, de tais paixões, entendo que deve ser o deleite da alma que, por ser tão grande, redunda sobre o corpo. Irá passando, com o favor de Deus, se não fizer caso. Algumas pessoas têm tratado comigo sobre este assunto.

Também passarão esses tremores; é que a alma, diante de uma novidade, espanta-se, e tem bem que se espantar. Quando lhe acontecer mais vezes, terá capacidade para receber esses favores divinos. Quanto vossa mercê puder, resista a esses estremecimentos e a qualquer manifestação exterior, para que não o tome por costume, pois mais estorva do que ajuda.

Esse calor que sente, como me diz, nem faz nem desfaz, e até poderá causar algum prejuízo à saúde, se for frequente; mas pode ser também que vá passando, como o tremor. Essas coisas, creio eu, são conforme a compleição de cada um. Como vossa mercê é sanguíneo, o grande movimento do espírito, com o calor natural que se concentra na parte superior e chega ao coração, pode causar isto; mas, repito, nada acrescenta à oração.

Penso ter respondido ao que alega: de ficar depois como se nada se houvera passado. Não sei se é Sto. Agostinho que diz assim: Passa o espírito de Deus sem deixar sinal — como a seta, que não deixa no ar vestígio de sua passagem. Só agora me lembro: já respondi a este ponto. É que tenho recebido grande quantidade de cartas depois que me chegaram as de vossa mercê, e ainda agora me restam muitas a responder, por não ter tido tempo para fazê-lo antes.

Outras vezes fica a alma de modo que não pode tornar a si durante muito tempo; é semelhante ao sol, cujos raios dão calor mesmo quando não aparece. Assim a alma: dir-se-ia tem seu assento em outro lugar, e, embora anime o corpo, não está nele, porque tem suspensa alguma das potências.

Vai muito bem vossa mercê no estilo de meditação que leva, glória a Deus; bem entendido, quando não tem quietude. Não sei se respondi a tudo, pois sempre torno a ler suas cartas — nem sei como acho tempo —, e agora não o fiz, apenas reli alguns trechos. Não tome vossa mercê igualmente esse trabalho de tornar a ler as que me escreve. Eu nunca o faço. Se faltarem letras, ponha-as lá, e o mesmo farei eu às suas; pois logo se entende o sentido, e é perder tempo sem proveito.

Para usar nas ocasiões em que não se puder recolher bem durante a oração, ou para quando tiver vontade de fazer algum sacrifício pelo Senhor, envio-lhe esse cilício, que estimula muito o amor, com a condição de jamais o pôr depois de vestido, nem para dormir. Pode assentá-lo sobre qualquer parte do corpo, usando-o de modo a causar-lhe incômodo. Mando-lhe isto com algum receio.

Como vossa mercê é tão sanguíneo, qualquer coisa lhe poderia alterar o sangue; mas é tanto o contentamento que dá o fazer alguma coisa por Deus quando a alma está possuída desse amor, que não é justo o deixemos de experimentar, ainda que seja uma ninharia como essa. Quando passar o mesmo, fará alguma outra coisinha, não me descuidarei. Escreva-me como se deu com essa bagatela, pois lhe asseguro que, por mais que nos queiramos castigar a nós mesmos, recordando-nos do que passou Nosso Senhor, tudo é nada. Faz-me rir ver que vossa mercê me envia confeitos, presentes e dinheiro; e eu, cilícios.

Recomende-me a Aranda, e diga-lhe que ponha algumas dessas pastilhas no aposento de vossa mercê, ou as lance no braseiro quando estiver aceso. São muito sadias e purificam o ar, feitas pelas Descalças, e tudo delas é pobre; por mais mortificado que queira ser, pode usá-las. Para resfriados e dores de cabeça são muito eficazes. Esse pacote pequeno mande vossa mercê entregar a D. María de Cepeda na Encarnação[1].

Saiba que está em vésperas de entrar para seu mosteiro de Sevilha uma noviça muito boa, que tem seis mil ducados sem nenhum embaraço. Já antes de entrar deu umas barras de ouro, no valor de dois mil e está com tanto empenho para que se comece a pagar com eles a casa, que a Priora assim está fazendo, e, segundo me escreveu, pagará agora três mil. Muito me alegrei, porque era pesadíssimo o compromisso que tinham assumido. Em suma, quando professar ficará tudo pago, e até mesmo antes. Encomende-o vossa mercê a Deus e dê-lhe graças, que assim ficará terminada a obra a que vossa mercê deu princípio.

Nosso Padre Visitador tem intervido nesses contratos; anda visitando as casas e está com saúde. É coisa que admira ver como traz sossegada a Província, e o quanto lhe querem. Bem se vê nele o efeito de tantas orações; assim como também a virtude e os talentos que Deus lhe deu.

---

1. *Aranda:* Jerónima de Aranda, a empregada de D. Lorenzo.

Esteja o Senhor com vossa mercê e para mim o guarde; asseguro que não sei acabar quando lhe falo. Todos se encomendam muito a vossa mercê, e eu também. A Francisco de Salcedo sempre dê muitos recados por mim. Tem razão de querer-lhe bem; é um santo. Estou com ótima saúde.

É hoje 17 de janeiro.

Indigna serva de vossa mercê,

TERESA DE JESUS.

Ao Bispo mande pedir o livro, porque talvez me aventure a acabá-lo, acrescentando as graças que desde então me deu o Senhor. Chegariam para fazer outro livro, e grande, se ao Senhor aprouvesse fazer-me acertar relatá-las; e se não, pouco se perde.

Vieram umas coisinhas pertencentes a Teresa, na arquinha, aí vão. Essa bolinha é para Pedro de Ahumada esquentar as mãos, pois, como fica muito tempo na igreja, deve sentir frio. Nosso Senhor pague a vossa mercê seus cuidados comigo, e para mim o guarde. Amém. Pode seguramente confiar à Priora de Valladolid o que diz respeito ao dinheiro; ela o fará muito bem, pois está em relações com um comerciante, grande amigo daquela casa e também meu, e bom cristão[2].

172. A MADRE MARÍA DE S. JOSÉ, PRIORA DE SEVILHA

Toledo, 17 de janeiro de 1577. A rica postulante que pretendia o hábito nas Descalças de Sevilha. Procedimento das Descalças na reforma do convento de Paterna.

Jesus esteja com Vossa Reverência. Ó minha filha, que boa carta me mandou, cheia de alegres novas, tanto de sua saúde como dessa noviça que nos faz tão grande benefício, como será pagar a casa! Praza a Deus não surja algum contratempo; muito Lho suplico, pois teria grandíssima satisfação em vê-las sossegadas. Se ela entrar, releve alguma pequena coisa, por amor de Deus, que bem o merece. Quisera bastante tempo para lhe escrever longamente; mas escrevi hoje para Ávila, Madri e outros lugares, e a cabeça está que é uma desgraça. Suas cartas, das quais me falou, recebi. Uma, dirigida a meu Padre o Prior das Covas, que lhe mandei aberta para que a lesse Vossa Reverência, deve ter-se extraviado, pois nada me diz sobre ela. Como terão ficado sozinhas sem nosso bom Padre![1]

Diga ao Senhor Garciálvarez que ele precisa agora ser mais pai do que até aqui. Alegrei-me de ter entrado aí a parenta dele, à qual me encomende muito, assim como às de Paterna. Bem quisera escrever-lhes. Mande-lhes esta carta para ficarem sabendo que estou boa e fiquei alegre com a carta que me escreveram, e com a notícia de irem para lá Margarita e um confessor. Não se espantem de que elas não fiquem logo como nós: pretender isto é desatino. Nem insistam tanto para que não falem umas com as outras; o mesmo digo de certas coisas que em si não são pecado; com gente acostumada a outro gênero de vida, seria antes ocasionar mais faltas do que evitá-las. É preciso tempo, e deixar que Deus atue nelas: o contrário seria desesperá-las. Muito rezamos aqui nesta intenção[2].

O sofrer a Priora que a injuriem é mau, salvo se puder fazer como se não o entendesse. As que governam precisam entender que, exceto quanto à clausura, devem levar as almas com grande suavidade: o demais há de ser obra de Deus. Ele esteja com Vossa Reverência, filha minha, e a guarde à minha afeição, assim como todas as outras, às quais dê minhas recomendações.

À Priora de Paterna, que em todas as suas cartas não faz mais caso de S. Jerônimo do que se ali não estivesse — talvez seja esta quem mais faça —, diga que me dê notícias de como vai; e a

---

2. *Priora:* María Bautista. *Comerciante:* Agustín de Vitoria.
1. *Prior das Covas:* Hernando de Pantoja. *Bom Padre:* Pe. Gracián.
2. *Garciálvarez:* García Alvarez. *Margarita* de la Concepción.

S. Jerónimo que me escreva o mesmo. Ambas ponham em Deus sua confiança, a fim de acertarem em tudo; e não se julguem capazes de fazer por si mesmas coisa alguma³.

Estou boa; a Madre Priora de Malagón, como de costume. Escreva-me se Nosso Padre levou dinheiro para a viagem, pois me pareceu que não. Remeta-lhe a carta inclusa, com muito cuidado e sem demora, por caridade; mas que seja por mensageiro certo. Tive muito pesar de retirar-se daí o Fiscal. Deus parece querer que se veja como só Ele é quem faz tudo. Ao Prior do Carmo dê minhas recomendações, e a meu bom Frei Gregorio; a este diga que me escreva⁴.

É hoje 17 de janeiro, e eu de Vossa Reverência serva,

TERESA DE JESUS.

Gostei de saber das suas Matinas de Natal. Creio que tudo terá corrido bem, pois sempre ajuda o Senhor quando há maior necessidade. Não deixe de escrever-me, ainda que não esteja aí Nosso Padre. Eu não o farei tantas vezes, embora não seja senão para diminuir os portes.

173. A MADRE MARÍA BAUTISTA, PRIORA DE VALLADOLID

Toledo, 21 de janeiro de 1577. Profissão de Casilda de Padilla. A licença de Roma. Nas aspirantes prefere as qualidades ao dote. Projeto de fundação de Descalças em Aguilar de Campo.

Jesus esteja com Vossa Reverência, filha minha. Muito felicito a Vossa Reverência e a sua filha velada. Praza a Deus a goze por muitos anos, e ambas O sirvam com a santidade que Lhe tenho pedido em todos estes dias. Amém.

Muito quis responder a sua carta, e por certo é agora boa ocasião; mas poderia fazer-me muito mal o escrever, e mesmo o demorar-me nesta, porque me sinto muito cansada. Pensei até em deixar para quando dispuser de mais tempo; faço-o apenas para lhe dizer que recebi todas as suas cartas, chegadas com muita segurança por esta via. Não remeto a licença do Papa porque está em latim e ainda não tive quem ma traduzisse; depois lha enviarei. Foi-me entregue ontem, dia de S. Sebastião. Causou muito consolo às Irmãs, e a mim também. Bendito seja Deus, que assim concluiu tudo. De que a senhora D. María esteja satisfeita, muito me alegro. Dê-lhe um longo recado de minha parte, e à minha Casilda um grande abraço, dizendo-lhe que de boa vontade o envio. Muito gostaria de achar-me presente. Fez bem de usar de deferência com os Frades; assim tudo se fez com mais autoridade¹.

Nas informações de Vossa Reverência sobre o dote da outra noviça, disse-me que dele ia tirar cinquenta ducados para a viagem. Respondi-lhe que, se assim é, para que dizer que o dote é de seiscentos? Não está direito. Acerca do enxoval, não me lembro. Se ela é como apregoam, pouco importa que não dê tanto, pois, asseguro-lhe, temos bem necessidade de monjas de talento. Creia que ela trará o que possuir; e, bem sabe Vossa Reverência: quando as noviças são muito próprias para nós, não havemos de olhar tanto para o dote. Sua ama, segundo ouvi dizer, quase morre de paixão com a ideia de perdê-la; e deve ser verdade, de modo que a ajudará pouco. Já todos estão bem prevenidos de que a haverão de receber de novo, se não for tal como se diz. Tenho sido tão avessa a receber essa pretendente, que cheguei a pensar se não terá sido tentação.

Leia a carta inclusa, feche-a, ponha o selo e recomende-a a Agostinho de Vitória ou a quem vir que a entregará com brevidade; porque não é possível pagar porte, e é preciso que seja entregue com segurança.

---

3. *Priora de Paterna:* Isabel de San Francisco. *S. Jerónimo:* Isabel de San Jerónimo.
4. *Fiscal:* D. Francisco de Arganda. *Prior do Carmo:* Juan Evangelista. *Gregorio* Nacianceno.
1. *Licença do papa:* dispensa que a Santa recebeu, no dia de S. Sebastião, para que Casilda de la Concepción (Padilla) pudesse professar aos 14 anos. A dispensa foi concedida por Gregório XIII. *D. María* de Acuña, mãe de Casilda de Padilla, que professou em 11 de janeiro de 1577.

O Padre Visitador está tão empenhado em que se tome essa casa, que, se Vossa Reverência está de acordo, mandarei Antonio Gaytán, levando comissão do Padre Visitador para lavrar as escrituras. Uma vez dada a ordem, trataremos de como receber essa senhora, à qual, sendo velha e muito enferma, alguma coisa se há de tolerar, porque é grande a necessidade das almas naquela região. Deus o encaminhe, e me guarde Vossa Reverência, que tão bem se saiu de seu negócio. Bendito seja Aquele que tudo faz, pois Vossa Reverência não presta para muita coisa.

É hoje 21 de janeiro.

Sua serva,

TERESA DE JESUS.

174. A MADRE MARÍA DE S. JOSÉ, PRIORA DE SEVILHA

Toledo, 26 de janeiro de 1577. A Santa recebeu todos os presentes enviados pela Priora de Sevilha. O *Agnus Dei*. Remédios para a enfermidade de Brianda de S. José. Ordem do Geral para que a Santa não mais funde conventos. As "pastilhas de açúcar rosado".

Jhs

Esteja com Vossa Reverência o Espírito Santo, filha minha. Asseguro-lhe que poderia repetir aqui alguns dos grandes elogios que com tanta verdade aí fazem a Nosso Padre. Não sei que tentação me deu de querer tanto a Vossa Reverência; já vou acreditando que me paga na mesma moeda. Praza ao Senhor que o fruto seja o muito nos encomendarmos mutuamente a Sua Majestade.

Ontem, dia da conversão de S. Paulo, entregou-me o almocreve suas cartas e o dinheiro, e tudo o mais; vinha tão bem arrumado, que fazia gosto ver; e, assim, chegou tudo perfeito. Deus lhe pague o contentamento que me deu com o presente que enviou à mãe de Nosso Padre; nenhuma Priora fez tanto, e ele fica muito agradecido. Como não hei de lhe querer muito a Vossa Reverência, se não faz senão proporcionar-me prazeres? Só o *Agnus Dei* cobicei um pouco, porque há tempos estava desejando alguma coisa para oferecer ao Administrador. Não se apresenta ocasião em que ele não nos sirva muito bem; especialmente trabalhou bastante nas obras de Malagón e continua trabalhando, mas é tanta a míngua da casa, que não tenho um presente para dar-lhe, e isto para meu gênio é muito desagradável. Em cada uma há um pouquinho de cruz, e não me pesa ser assim[1].

É tanta mercê de Deus que tenham passado as tribulações desse seu convento, que não sei de que me posso queixar, vendo como tudo aí vai tão bem; especialmente com a esperança de se pagar em parte a dívida, pois quando penso na obrigação de pagarem mais de um ducado por dia, não posso deixar de sentir pena. A vantagem é que me faz pedir a Deus que as livre dessa carga. Praza a Sua Majestade ao menos diminuí-la. Amém.

Tornando ao *Agnus Dei*: como vi para quem era, não quis deixar de enviá-lo, porque valorizava os demais presentes, aliás muito bons. Do bálsamo tirei aqui um pouco, porque, segundo me disse a minha Isabelita, aí o têm em grande quantidade; e três doces para ela, pois não pense que é filha de madrasta e que não lhe havia eu de dar alguns, sendo bastantes os que vão. Deus lho pague, minha filha, amém, amém, amém! assim como também as batatas, que chegaram numa ocasião em que ando muito sem vontade de comer e eram excelentes, e as laranjas, que regalaram algumas Irmãs enfermas, cuja doença, aliás, é sem importância. Todo o resto está muito bom, inclusive os confeitos, que chegaram bem e em grande quantidade[2].

Hoje esteve aqui D. Luisa, e dei-lhe alguns; se soubesse que os apreciaria tanto, poderia ter lhes enviado em nome de Vossa Reverência. Com qualquer coisa fica muito contente, e para nós

---

1. *Sua mãe:* Juana Dantisco. Nosso padre: Jerónimo Gracián. *Administrador:* Juan Huidobro de Miranda, administrador de D. Luisa de la Cerda.

2. *Isabelita:* Isabel Dantisco.

assenta mais que sejam pobres as lembranças oferecidas a essas senhoras. Meu irmão tinha mandado para mim a melhor caixa deles, que Vossa Reverência lhe enviou. Gosto de saber que nada lhe custaram. Bem pode, a quem vir que não há inconveniente, pedir alguma coisa para alguém, conforme lhe parecer, ou, se lho derem, dizer que o aceita para Fulana, ou para outra pessoa. Fazer isto não é dar do que pertence ao convento[3].

Dos confeitos que meu irmão me ofereceu, eu não tinha mandado à Priora de Malagón, porque, tendo sempre muita febre, seria matá-la; do mesmo modo não quisera que lhe enviasse Vossa Reverência coisas quentes, por regalo; mas outras, assim como laranjas doces, aprovo muito, pois sente grande fastio; em suma, coisas para enferma. Muito quisera trazê-la para aqui. Agora estou com esperança na água de Loja; escrevi a Nosso Padre que nos avise se vai demorar-se lá, porque farei que a mandem buscar. Creio que a enferma é bem tratada, porque eu o encomendo muito. Uns tijolinhos de manteiga e açúcar é o que agora mais lhe apetece.

Gostaria de responder muito largamente às suas cartas; recebi todas, mas amanhã parte o almocreve, e bem vê o que aí vai para Nosso Padre. Perdoe o porte a pagar, pois, sendo coisa tão importante, era preciso garantir bem. Igualmente rogo a Vossa Reverência: procure logo com o Pe. Gregório — pedindo-lho em meu nome — que mande levá-la por alguma pessoa de confiança, que as entregue. Poderia ser Diego, se estiver aí, e com urgência; ele o fará de boa vontade por amor de mim. Se não for por pessoa muito segura e que vá logo, não as dê a ninguém, pois vão algumas cartas que, a não ser por almocreve consciencioso, não as ousaria enviar.

Outra coisa: viram aqui o mandamento que me trouxeram do Geral, quando aí esteve. Nele nos proíbe sair da clausura, a mim e a todas as outras monjas, de modo que não poderão ser mandadas como Prioras, nem por qualquer outra necessidade. Será grande destruição para nós se acontecer findar a comissão de Nosso Padre, pois, embora estejamos sujeitas aos Descalços, isto não basta, se ele o não declarar enquanto é comissário. Tanto para elas como para mim, bastará sua declaração, mas de uma hora para outra pode suceder que fiquemos sem ele[4].

Sendo assim, use de diligência, por caridade; e quem levar as cartas pode esperar que ele dê a declaração por escrito — pois não tomará muito tempo —, e entregar a mesma a Vossa Reverência. A não ser pelo arrieiro e pondo bom porte, não as envie. Diga a Nosso Padre que escrevi a Vossa Reverência sobre este assunto e peço que a resposta lhe seja enviada. Como fomos bobos! É coisa estranha. O Administrador, que é grande canonista, e o Doutor Velázquez estudaram o caso e dizem ambos que se pode fazer, e enviam-me a instrução. Deus determine o que for mais conveniente para seu serviço; mandaram-me tratar disso com urgência, e assim o faço[5].

Foi uma felicidade não ter dado a Antonio Ruiz o dinheiro, porque está aqui o Alcaide que o havia de levar. Eu já tinha a quem pagar por mim os portes, que desse os vinte reais, a fim de evitar pequenas dívidas; mas o que Vossa Reverência disser será feito. Da resina também tirei um pouco, pois já lha queria mandar pedir; serve para fazer umas pastilhas com açúcar rosado, que me fazem muito bem aos resfriados. Sobrou bastante; na quinta-feira que vem, serão os seus presentes levados com segurança[6].

Muito me alegrei por me dizer Vossa Reverência que está boa; olhe que não se trate como sã, para não nos dar mais que fazer, pois já me fez passar maus bocados. À Subpriora, assim como a todos e a todas, me recomendo. Pelo correio escreverei brevemente, e, assim, apenas acrescento que Casilda já professou[7].

---

3. *D. Luisa* de la Cerda. *Meu irmão:* Lorenzo de Cepeda.
4. *Geral:* Juan Bautista Rubeo.
5. *Velázquez:* Alonso Velázquez.
6. *Alcaide:* parece tratar-se do administrador Juan Huidobro de Miranda.
7. *Subpriora:* María del Espíritu Santo, subpriora de Sevilha.

Deus a guarde para mim, minha filha, e a faça santa. Amém.
De Vossa Reverência serva,

TERESA DE JESUS.

A Garciálvarez e sua prima dê muitas lembranças, e a todos.

175. AO PE. AMBROSIO MARIANO DE S. BENITO, EM MADRI

Toledo, 6 de fevereiro de 1577. Mais simplicidade nos sobrescritos. O visitador Frei Buenaventura. Bom governo do Pe. Gracián. Confiança em Deus nos negócios da Descalcez. Um convento em Madri. Novo Núncio para a Espanha. Firmeza no que se professou. Assuntos de Caravaca.

Jhs

A graça do Espírito Santo esteja com Vossa Reverência, meu Padre. Amém. Por caridade, não me ponha "Senhora" no título, que não é nosso modo de tratar. Grande lástima tenho dessas cutiladas que deram em Andaluzia[1].

Nada me escreve Nosso Padre, senão que está bom, embora tenha às vezes algumas indisposições. Agora vai sarar de todo com as águas da fonte perto de Antequera. Ele não deve ter entendido o negócio do Pe. Frei Boaventura, pois, se não me engano, Vossa Reverência me escreveu que tinham tirado a este Padre a comissão. Mas se lha tiraram, como tem mandado prender Frades? Será que lha restituíram? Grande mercê nos faz Deus de que Nosso Padre tenha feito as coisas com tanta paz; e, se não lhe atarem as mãos, melhor alcançará tudo por este caminho. Assim o espero de Sua Majestade. A Vossa Reverência, meu Padre, Deus nos guarde[2].

Causa-lhe preocupação a vinda de Tostado? Deixe Nosso Senhor agir, pois se trata de sua glória, e de tudo tirará muito bem. A mim nenhuma pena me dá, porque vejo que todos os nossos negócios parecem ir contra a corrente, e vão melhor que outros aparentemente levados pelo curso natural. Assim vai Deus ostentando seu poder. O mais duro, a meu ver, é que, se o Núncio se retirar, expira imediatamente a comissão de Nosso Padre[3].

Saiba que o Núncio mandou chamar Tostado há tempos, e aqui os Padres do Pano não compreendem como demora tanto a vir. Creio que vão mandar-lhe mensageiro, se já não o fizeram; dizem que todo o mal foi não ter ido alguém sem outro fim mais que a chamá-lo[4].

Venha, em boa hora; veremos em que pára esta aventura. Se o Rei continuar com as mesmas disposições em que estava, assim como os demais, ele pouco nos prejudicará; e se mudarem de parecer, será para nosso maior bem.

Não dê importância, meu Padre, a meu conselho. Vossa Reverência ficará com a casa que aí lhe deram; deixe de buscar outros lugares. Não posso sofrer estas perdas de tempo, abandonando o certo pelo duvidoso, pois não há nada como um dia depois do outro. Por enquanto continue como está. Creio que teria sido melhor fazer a fundação de monjas, pois elas melhor negociam para os Frades do que eles mesmos; disto não tenha dúvida. Já tive ocasião de o observar nessa corte nos oito dias que aí passei. Não nos afobemos, pois são negócios graves, e, como Vossa Reverência diz, o melhor que há neles é a perseguição; e, pois não se podem concluir sem ela, tudo agora vai bem.

Muito me alegro de que não esteja Nosso Padre em Sevilha. Como escreve Vossa Reverência, melhor seria vir ele para aqui, mais perto; todavia há casa de Descalços em Granada, onde pode ficar. E ainda mais: se expirar sua comissão e o Pe. Tostado o substituir no poder, é bom não se encontrarem os dois. Os de cá não fazem senão dizer que este há de ir diretamente à corte, mas

---

1. Desmandos entre os religiosos por ocasião da Reforma.
2. *Nosso Padre:* Jerónimo Gracián, *Frei Boaventura:* Diego de Buenaventura, visitador dos franciscanos em Andaluzia.
3. *Tostado:* Jerónimo Tostado, vigário geral da Espanha por parte do Pe. Juan Bautista Rubeo, geral da Ordem.
4. *Núncio:* Nicolás Ormaneto. *Padres do Pano:* Carmelitas Calçados.

a mandado do Núncio; e que na verdade foi expedida provisão real, mas devem ter considerado melhor as coisas, e assim mudaram de parecer.

Disse-me ontem D. Pedro González que tinha visto por carta de Roma a nomeação de outro Núncio. Creio, meu Padre, que virá bem prevenido contra os Descalços; mas se Deus é por nós etc[5].

Aqui está o Padre Mestre Frei Pedro Fernández. Veio visitar-me. Creio que passará um mês por aqui, antes de ir a essa corte. Creio, Padre meu, que não irá contra as atas dos Visitadores apostólicos. Por certo devemos servir e obedecer ao Pe. Tostado, mas se tocar nelas, não, pois importaria em destruição total. Portanto se ele vier, por mais brando que se mostre, mantenha-se Vossa Reverência firme nesse ponto; ninguém o dobre ou o faça ceder. Isto não atinge a Nosso Padre Geral, uma vez que continuamos sob sua obediência. Contanto que conservem essas Atas — e assim farão — seria dar-nos nova vida se tomassem a peito a Reforma. Bom proveito lhes faça! Mas receio, meu Padre, que não nos concederá Deus esta mercê.

Praza a Sua Majestade tudo encaminhar para seu maior serviço, e depois, — venha o que vier!

Ao Pe. Juan Díaz escrevi rogando que me faça a caridade de intervir em certo negócio de Caravaca. Vossa Reverência verá do que se trata, pois aí envio o relatório e cartas de recomendação para o Bispo de Cartagena... duquesa, de minha parte, que mande um criado... também diz que é muito de Sua Senhoria... se lhe disser a aflição em que estão, e tão distantes por vê-las... assim lhe mando pedir. Não deixe de ajudá-lo, por amor de Deus.

Sua Majestade esteja com Vossa Reverência sempre. Amém[6].

É hoje 6 de fevereiro. Ao Padre Prior minhas recomendações.

Indigna serva de Vossa Reverência,

TERESA DE JESUS.

176. A D. LORENZO DE CEPEDA, EM ÁVILA

Toledo, 10 de janeiro de 1577. Notícias de sua saúde. Cilícios e disciplinas. Oração de D. Lorenzo. Conselhos sobre assuntos espirituais. A amizade com Julián de Ávila. Tempo que deve dar ao sono. Eficácia da água benta. Sobre o juízo do *Certame*. Negócios de família. As pratarias e tapetes de D. Lorenzo.

Jesus esteja com vossa mercê. Já fiquei boa da fraqueza experimentada há pouco tempo. Depois, parecendo-me ter muita bile, e com receio de não estar boa para jejuar por ocasião da Quaresma, tomei um purgante. Justamente naquele dia foram tantas as cartas e negócios, que fiquei escrevendo até as duas da manhã, e fez-me muito mal à cabeça; mas penso que foi uma boa lição, porque me ordenou o Doutor nunca escrever além da meia-noite, e algumas vezes não de próprio punho.

Realmente foi excessivo o trabalho neste inverno; e tenho bastante culpa, porque, para não ser estorvada pela manhã, quem pagava era o sono; e, como escrevia depois do vômito, tudo se juntava. Nesse dia do purgante, foi notável o mal, mas parece que vou melhorando; por isso não se aflija vossa mercê; estou sendo muito regalada. Quis dizê-lo porque, se receber vossa mercê aí alguma carta minha não de próprio punho, ou mais breve, saiba ser este o motivo.

Muito me regalo, na medida do possível, e fiquei contrariada com os seus presentes, pois quero que vossa mercê o coma. Coisas doces não são para mim, contudo comi e ainda comerei;

---

5. *Pedro González* de Mendoza. *Outro núncio:* Felipe Sega. *Se Deus é por nós* etc.: quem será contra nós? (cf. Rm 8,31).

6. *Bispo de Cartagena:* D. Gómez Zapata, eleito em 10 de fevereiro de 1576. *Duquesa:* D. Ana de Guzmán y Aragón, duquesa de Frias.

mas não o faça outra vez, que me aborrecerei muito. Não basta que não lhe envie eu nenhum presente?

Não sei que pais-nossos são esses durante os quais toma disciplina, segundo me conta; eu nunca disse tal coisa. Torne a ler minha carta e por ela o verá; de nenhum modo faça mais do que lhe prescrevi, isto é: disciplina apenas duas vezes na semana, e na Quaresma porá um dia o cilício, com a condição de o tirar se vir que o prejudica, pois, como vossa mercê é tão sanguíneo, tenho muito receio. Por fazer mal à vista tomar muita disciplina, não lho permito mais vezes; aliás, é maior penitência usar de moderação depois de ter começado, pois é quebrar a vontade. Não deixe de dizer-me se se sente mal com o cilício, quando o põe.

Essa oração de sossego, de que fala, é oração de quietude; dela se trata nesse livrinho. Quanto a essas emoções dos sentidos, já lhe expliquei tudo isso; bem vejo que não tem importância, e o melhor é não fazer caso. Contou-me certa vez um grande letrado que tinha vindo consultá-lo um homem aflitíssimo, pois cada vez que comungava vinha-lhe um grande abalo — muito mais do que isso de vossa mercê —, e lhe haviam mandado não comungar senão de ano em ano, por ser de obrigação. Esse letrado, embora não fosse espiritual, entendeu ser fraqueza; disse-lhe que não fizesse caso e comungasse de oito em oito dias. Assim o fez, e, tendo perdido o medo, passou tudo. Por conseguinte, vossa mercê não dê importância a essas coisas[1].

Qualquer dúvida que tiver pode falar com Julián de Ávila, que é muito bom. Contou-me que se entende bem com vossa mercê, e folgo com isto. Visite-o vossa mercê algumas vezes, e quando quiser fazer-lhe algum presente, faça-o por esmola, pois é muito pobre, e bem desapegado de riquezas e, a meu parecer, um dos bons clérigos que há por aí. É proveitoso manter relações semelhantes, pois tudo não há de ser oração.

Acerca do sono, digo a vossa mercê, e até mando que não seja menos de seis horas. Veja bem: nós, que já temos idade, precisamos levar esses corpos de modo a não derrubarem o espírito, pois é terrível sofrimento. Não pode imaginar os desgostos que me tem dado o corpo nestes últimos tempos: não ouso rezar nem ler, embora, como disse, já esteja melhor. Poderá me servir de correção, isto lhe asseguro. Portanto, faça o que lhe é mandado, e com isto agrada a Deus. Que bobagem a sua pensar que essa oração que tem é como a que não me deixava dormir! Uma nada tem que ver com a outra, pois eu muito mais me esforçava para dormir do que para estar desperta.

Por certo que me faz louvar muito a Nosso Senhor ver as mercês que lhe concede, e os efeitos que produzem na sua alma. Por aí verá como Ele é grande, pois o deixa com virtudes que não seria capaz de alcançar a custo de muito exercício. Saiba que a fraqueza de cabeça não provém do comer nem do beber; faça o que lhe digo. Graça muito grande me faz Nosso Senhor em dar-lhe tanta saúde. Praza a Sua Majestade que seja por muitos anos para que a gaste em seu serviço.

Esse temor, de que me fala, penso que deve provir de que seu espírito sente o mau espírito; embora com os olhos corporais não o veja, a alma o deve perceber ou, pelo menos, sentir. Tenha água benta junto de si: não há coisa que mais o afugente. Isto me tem sido de proveito, a mim, muitas vezes. E olhe que, em certas ocasiões, não se limitava só a aterrar-me: atormentava-me muito; isto guarde só para si. Mas quando não se acerta atingi-lo com a água benta, não foge; e portanto, é preciso lançá-la em derredor.

Não pense que Deus lhe faz pouca caridade em deixá-lo dormir tão bem: saiba que é muito grande; e, torno a dizer, não procure impedir o sono, pois não está em idade para isso.

Muita caridade é, a meu ver, esse querer tomar trabalhos para si, e dar regalos aos outros; só pensar em fazê-lo é grande mercê de Deus. Mas, por outra parte, é muita tolice e pouca humildade pensar que, sem oração, poderá alcançar as virtudes que tem Francisco de Salcedo, ou as que Deus concede a vossa mercê. Creia-me, e deixe o Senhor da vinha fazer o que lhe aprouver, pois sabe o que a cada um é necessário. Nunca Lhe pedi trabalhos interiores; entretanto Ele me tem dado

---

1. *Caminho de Perfeição*, caps. 30 e 31.

bastantes e bem duros, nesta vida. Muito contribui a condição natural e os humores para essas aflições. Gosto de que vá entendendo o temperamento desse santo, pois é meu desejo que leve muito em conta o seu gênio e condição[2].

Saiba que já tinha pensado o que havia de resultar da sentença, e que ele ficaria sentido; mas não era admissível responder com seriedade, e, se bem o considerar vossa mercê, verá que não deixei de louvar de algum modo a sua resposta. Acerca do que escreveu vossa mercê, para não mentir, não pude dizer outra coisa. Posso afirmar-lhe com verdade: estava de tal jeito a cabeça, que ainda aquilo não sei como pude escrever, tão sobrecarregada estava naquele dia de negócios e cartas. Algumas vezes parece que os junta o demônio, como aconteceu na noite do purgativo, fazendo-me bastante mal. Foi milagre não ter mandado ao Bispo de Cartagena uma carta dirigida à mãe de Pe. Gracián. Imagine que errei o sobrescrito e estava já no envoltório! Não me canso de dar graças a Deus, pois nela contava como tinha procedido com as monjas de Caravaca o seu Provisor, que aliás nunca vi, chegando a ponto de proibir que lhes dissessem Missa. Parecia loucura. Já isto foi remediado, e o demais, isto é, que o Bispo admita o mosteiro, creio que se conseguirá. Não pode agir de outro modo, pois, juntamente com as minhas, iam algumas cartas de recomendação. Veja como foi bom, e do que me livrei![3]

Ainda estamos com medo desse Tostado, pois vai tornar à corte; encomende a Deus este negócio. Leia a carta, que aí vai, da Priora de Sevilha. Gostei de uma que me enviou de vossa mercê, juntamente com a que escreveu às Irmãs; de fato tinham graça. Todas beijam repetidas vezes as mãos a vossa mercê, e muito se alegraram com suas palavras, inclusive a minha companheira, a Irmã de cinquenta anos, que veio conosco de Malagón. Tem-se mostrado extremamente boa e é bem cultivada. Ao menos, no que se refere a meu regalo, é como eu digo porque tem grande cuidado comigo[4].

Escreveu-me a Priora de Valladolid contando como empregava toda a diligência possível no negócio, e que lá estava Pedro de Ahumada. Saiba que o comerciante que se ocupa disso fará tudo bem, creio eu; não se aflija. Encomende-me a meu irmão e a meus meninos, especialmente Francisco; desejo vê-los. Fez bem em despedir a criada, ainda sem ela lhe ter dado ocasião para isso, pois não fazem senão embaraçar-se umas às outras, quando são tantas. A D. Juana, a Pedro Alvarez e a todos, dê sempre muitas lembranças minhas. Saiba que sinto bem melhor a cabeça agora do que ao começar a carta; não sei se é do prazer que tenho de falar com vossa mercê[5].

Hoje esteve aqui o Doutor Velázquez, que é meu confessor. Consultei-o sobre o que me diz vossa mercê de seu desejo de privar-se da prataria e dos tapetes, pois não quisera eu que, por falta minha, deixasse de ir muito adiante no serviço de Deus, e assim, no que lhe diz respeito, não me fio de meu parecer. Ele pensou como eu. Diz que isso não faz nem desfaz, contanto que vossa mercê procure ver o pouco que importa e não esteja apegado a tais coisas; mas, é justo, pois há de casar seus filhos, ter moradia conveniente. Por enquanto tenha paciência, porque sempre costuma Deus proporcionar tempo oportuno para cumprir os bons desejos, e assim fará com vossa mercê. Deus o guarde à minha afeição e o faça muito santo. Amém[6].

É hoje 10 de fevereiro.

E eu serva de vossa mercê,

TERESA DE JESUS.

---

2. *Santo: Francisco* de Salcedo, que, embora altamente virtuoso, era melancólico e um tanto esquisito.

3. *Sentença:* Refere-se ao *Certame*. Era uma espécie de concurso literário, no qual o juiz devia dar a cada composição uma sentença propositadamente humorística. *Bispo de Cartagena:* D. Gómez Zapata. *Mãe de Pe. Gracián:* Juana Dantisco.

4. *Minha companheira:* Ginesa de la Concepción, Guevara.

5. *Priora de Valladolid:* Maria Bautista. *D. Juana* de Ahumada. *Pedro Alvarez* Cimbrón.

6. *Doutor Velázquez:* Alonso Velázquez, canonista de Toledo.

177. AO PE. AMBROSIO MARIANO DE S. BENITO, EM MADRI

Toledo, 11 de fevereiro de 1577. Elogia a Diego Pérez. Dificuldades para fazer em Madri uma fundação de Descalços. História de um suposto Breve.

Jesus esteja com Vossa Reverência. À espera da carta do Prior do Carmo, dei graças a Deus quando recebi a resposta de Vossa Reverência, dizendo que não tinha mandado mensageiro. Foi muito bom, porque é o Senhor Diego Pérez que leva esta, e ao vê-lo já livre, muito louvei a Nosso Senhor. Bem parece ele verdadeiro servo de Deus, pois assim o tem exercitado Sua Majestade com padecimentos; mas é lástima considerar como anda o mundo[1].

Se houver necessidade de alguma carta da senhora D. Luisa de la Cerda para esse negócio dele, disseram-me que não está aqui, e sim em Paracuellos, aí perto, à distância de apenas três léguas. Sim, muito me satisfaz este Padre; deve ter grande talento para toda espécie de bem.

A resolução tomada pelo Prior do Carmo, segundo disse hoje o Mestre Córdoba diante do senhor Diego Pérez, é que até ver carta de Nosso Reverendíssimo Geral em contrário, porá em jogo tudo quanto puder para impedir que se faça mosteiro, porquanto, diz ele, não há reformador, e o Senhor Núncio nada pode fazer senão por sua pessoa. E estava tão persuadido disto e de que os Descalços andam contra a obediência e não estão obrigados a seguir os Visitadores, senão a seu Geral, que pouco aproveitaria dizer-lhe eu o contrário, se o Pe. Diego Pérez o não tivesse persuadido. Acrescentou que, vendo o Rei como andam os Descalços tão sem obediência, mandou lavrar uma cédula, por meio do Conselho[2].

Asseguro a Vossa Reverência que é coisa para louvar a Deus a atitude destes Padres: por pouco fariam crer que têm em mão novo Breve, como afirmaram; e não é mais que a decisão do Capítulo Geral, de há ano e meio, segundo hoje verificou o próprio Mestre Córdoba. Parece-me que é primo de Frei Alonso Fernández, e não sei como Vossa Reverência, tendo-o aí tão perto, não os avisa do estado real das coisas.

Se eu tiver recebido a resposta do Prior para Sua Senhoria, antes que siga este pacote, pô-la-ei aqui junto; se não, escreva-me se ele vai dar a carta ao Arcediago. Enquanto o decreto do Rei não for promulgado, é inútil fazer algo; mas, uma vez publicado, deveremos agir imediatamente: não nos cansemos tanto. Pe. Diego Pérez poderá repetir a Sua Senhoria o que ouviu. Parece-me que o Arcediago não responderá tão depressa, e que é melhor dar aviso do fato. Queira Deus que Vossa Reverência esteja melhor, pois ando muito preocupada a seu respeito[3].

É hoje segunda-feira, 9 de fevereiro.

Indigna serva de Vossa Reverência,

TERESA DE JESUS.

178. AO PE. AMBROSIO MARIANO DE S. BENITO, EM MADRI

Toledo, 16 de fevereiro de 1577. Enfermidade de Pe. Mariano. Conveniência de ter em Roma alguém que trate dos negócios dos Descalços. Jurisdição de Tostado e dos Visitadores Apostólicos.

Jhs

A graça do Espírito Santo esteja com Vossa Reverência, meu Padre. Não me espanto de que esteja passando mal, e sim de como ainda está vivo, sendo tanto o que aí deve ter passado interior e exteriormente. Deu-me infinita pena saber que estava de cama, pois conheço Vossa Reverência.

---

1. *Prior do Carmo:* Francisco Ximénez, prior do Carmo de Madri.
2. *Geral:* Juan Bautista Rubeo. *Núncio:* Nicolás Ormaneto. *Mestre Córdoba:* Carmelita Calçado, parente do famoso Alonso Valdemoro, prior de Ávila.
3. *Arcediago* de Toledo: D. Francisco de Ávila.

Como a doença não é perigosa, embora o faça sofrer, muito me consolei. Veio-me o pensamento de que será algum resfriado, por ter andado tanto. Mande-me Vossa Reverência muito minuciosamente dizer como está, por amor de Deus. Ainda que seja com a letra do Pe. Miséria, ficarei contente; e diga se precisa de alguma coisa. Não se aflija com acontecimento algum; quando as coisas parecem ir melhor, costumo ficar mais descontente do que estou agora. Bem sabe como sempre quer o Senhor que vejamos em tudo Sua Majestade a agir segundo nos convém. Para que melhor se entenda isto e se reconheça que é obra sua, costuma permitir mil reveses, e é então quando melhor sucede tudo[1].

Nada me diz de meu Pe. Padilla; e isto me tem afligido, ele também não me escreve; quisera vê-lo com saúde para olhar por Vossa Reverência. Já que vai partir o Pe. Frei Baltasar, queira a Nosso Senhor servir-se de que Vossa Reverência se restabeleça depressa. A esses meus Padres escrevo o que tem sucedido, e parece-me que não tem outra incumbência este mensageiro[2].

Saiba, meu Padre, que tenho considerado quão grande falta nos há de fazer o bom Núncio, porque, enfim, é servo de Deus, e sentirei muito se ele se retirar. Penso que, se deixa de fazer alguma coisa por nós, é que talvez tenha as mãos atadas, mais do que imaginamos. Tenho grande medo de que durante este tempo estejam negociando contra nós em Roma; e, como estão estabelecidos lá e continuamente agindo, teremos de sofrer. Recordo-me de que o bom Nicolao, quando por aqui passou, disse que deviam os Descalços escolher um Cardeal que fosse Protetor da Ordem. Outro dia, falando eu a um seu parente, muito boa pessoa, disse-me que tem em Roma um membro da Cúria muito competente, o qual fará quanto precisarmos, pagando nós as custas. Já disse a Vossa Reverência para que fim desejo que tenhamos lá quem trate de nossos interesses com Nosso Padre Geral. Veja se será bom interceder junto dele o Embaixador em benefício dos Descalços[3].

Saiba que esteve aqui o Pe. Frei Pedro Fernández. Disse que, se Tostado vier com poderes sobre os Visitadores, continuarão a ser válidas as Atas; mas se vier investido de poder, não há mais que falar, senão obedecer e buscar outro caminho. É de padecer que os Comissários não podem erigir Províncias, nem nomear Definidores, se não têm agora mais autoridade do que antes tinham; e portanto é bom recorrermos a outros meios. Valha-nos Deus — pois só ele há de fazer tudo — e dê bem depressa saúde a Vossa Reverência, por sua misericórdia, como todas Lho suplicamos.

Este mensageiro não tem outra incumbência senão ver o que aí querem que se faça, e saber notícias de Vossa Reverência.

Por caridade, informe o Pe. João Díaz de como há de dar as cartas ao Pe. Olea, pois são muito importantes; ou mande-o Vossa Reverência chamar, e lhas entregue em mãos com muito segredo, se não puder remetê-las de outro modo.

É hoje 16 de fevereiro.

Indigna serva de Vossa Reverência,

TERESA DE JESUS.

179. A D. LORENZO DE CEPEDA, EM ÁVILA

Toledo, 27 e 28 de fevereiro de 1577. Tem necessidade de penas de escrever vindas de Ávila, bem aparadas. Aridez de espírito e achaques físicos. Discrição no uso da disciplina e do cilício. Quiroga louva a Autobiografia da Santa. A água benta. De novo Tostado. Donativo para Juan de Ovalle. As prioras de vários conventos enviam presentes à Santa.

Jesus esteja com vossa mercê. Antes que me esqueça, como de outras vezes: mande vossa mercê a Francisco que me remeta umas penas boas, bem aparadas, pois as daqui não prestam, e

---

1. *Miséria:* Frei Juan de la Miseria.
2. *Padilla:* Juan Calvo de Padilla. *Frei Baltasar* Nieto.
3. *Núncio:* Nicolás Ormaneto. *Embaixador:* D. Juan de Zúñiga.

deixam-me aborrecida e cansada. Nunca o prive de me escrever; talvez tenha necessidade, e contenta-se até com uma letra que eu lhe responda, e isto não me custa fazer¹.

Penso que o meu mal redundará em bem, pois começo a exercitar-me a escrever por mão alheia, o que já poderia ter feito em coisas de pouca importância. Conservarei este costume. Estou muito melhor depois que tomei umas pílulas. Penso que me fez mal ter começado os jejuns da Quaresma; não foi só a cabeça que se ressentiu, mas até o coração. Deste já estou muito melhor, e também da cabeça melhorei há dois dias; e era o que mais me incomodava, e não pouco. Meu receio for ficar inutilizada para tudo. Em tal estado, seria grande imprudência procurar ter oração, e bem vê Nosso Senhor quanto mal me faria. Com efeito, nenhum recolhimento sobrenatural tenho — é como se nunca os houvera tido, o que muito me admira —, e se algum me sobreviesse não estaria em minhas mãos resistir. Não se aflija vossa mercê, que, pouco a pouco, irá a cabeça cobrando força. Regalo-me tanto quanto reconheço ser necessário — e não é pouco — e até em mais alguma coisa do que usamos aqui. Por enquanto não poderei ter oração.

Sinto grande desejo de ficar boa. Como é esmola de vossa mercê vou consentindo, pois é tal minha consciência, que, para não ser pesada, é preciso ser assim, e faz-me tanto mal a carne de carneiro, que sempre tenho necessidade de alguma ave. Tudo vem da fraqueza, por ter jejuado desde a Santa Cruz de setembro, sem falar nos trabalhos e na idade; em suma, sou tão incapaz para tudo, que me aborreço. A verdade é que este corpo sempre me tem feito o mal e estorvado o bem. Não é tanto, porém, que me impeça de escrever a vossa mercê com minha letra; esta mortificação não lhe darei agora, porque vejo por mim que será grande para vossa mercê.

O desprazer que lhe causo não permitindo o cilício, há de perdoar-me, visto que não se há de fazer o que lhe parecer melhor. Saiba que hão de ser curtas as disciplinas; com isto mais se sentem, e causam menos mal. Não as tome com muita força, que isto pouco importa, embora lhe pareça grande imperfeição. A fim de que vossa mercê em parte realize os seus desejos, envio-lhe este cilício, para que o use dois dias na semana; mas entenda: é desde que se levantar até se deitar, e não durma com ele. Achei graça em contar vossa mercê os dias tão minuciosamente. É moda nova; não creio que tenham chegado a tanta habilidade as Descalças. Olhe, nunca ponha o outro; agora deixe-o guardado.

A Teresa envio um cilício e uma disciplina, que ela me mandou pedir; e bem rigorosa; veja vossa mercê que lhe seja entregue, juntamente com minhas lembranças. Muitas coisas boas escreve-me sobre ela Julián de Ávila, que me fazem louvar ao Senhor. Ele a tenha sempre em suas mãos, pois grande mercê lhe fez, não só a ela, mas a nós todas que lhe queremos bem².

Na verdade, desejei ultimamente que experimentasse vossa mercê alguma aridez; de modo que fiquei bem satisfeita quando o li em sua carta, conquanto isso que tem não se possa chamar propriamente aridez. Creia que por muitos motivos é de grande proveito. Se esse cilício abranger toda a cintura, ponha um pedaço de linho sobre o estômago, que de outro modo causa muito dano; e olhe: se lhe fizer mal aos rins não o use, nem tome disciplina, porque lhe será muito prejudicial. Fique certo: mais quer Deus sua saúde e docilidade do que sua penitência. Recorde-se do que foi dito de Saul, e não faça senão o que lhe é mandado. Não se mortificará pouco se souber relevar o gênio dessa pessoa, porque tenho para mim que todos esses grandes trabalhos e penas provêm da melancolia que o domina fortemente; e assim, nem é culpado, nem há motivo para nos espantarmos, senão antes para louvar ao Senhor, que não nos dá esse tormento³.

Tenha grande conta em não deixar de dormir e de fazer colação suficiente, pois, com o desejo de fazer alguma coisa por Deus, não sentirá o mal até não haver remédio. E eu lhe asseguro que fui provada, por mim e pelos outros. O cilício, em parte, cada dia incomoda menos, porque, com

---

1. *Francisco* de Cepeda, filho de D. Lorenzo.
2. *Teresa:* Teresita de Ahumada, filha de D. Lorenzo.
3. *Saul:* cf. 1Rs 15.

o costume de o trazer, não se sente a estranheza de que fala vossa mercê. Seria conveniente não o apertar tanto nos ombros como costuma. Em tudo veja que não lhe faça mal. Grande mercê de Deus é levar vossa mercê tão bem a falta de oração. É sinal de que está rendido à sua Vontade, e é este, creio, o maior bem que a oração traz consigo.

De meus papéis há boas notícias. O próprio Inquisidor-Mor encarregou-se de os ler; é coisa rara. Deve ter ouvido elogiá-los, e disse a D. Luisa que ali não havia coisa em que eles tivessem de intervir; longe de haver mal, havia bem. Chegou a perguntar-lhe por que razão não tinha eu fundado mosteiro em Madri. Está muito a favor dos Descalços, e foi nomeado agora Arcebispo de Toledo. Creio que D. Luisa esteve com ele — não sei em que lugar —, a qual tomou muito a peito este negócio, e são grandes amigos, segundo ela me escreveu. Está para voltar, e então saberei o resto. Conte-o vossa mercê ao Senhor Bispo, e à Subpriora, e a Isabel de S. Paulo, e a ninguém mais; com muito segredo, para que não o digam a ninguém e o encomendem a Deus. São ótimas notícias. Para tudo foi-me proveitoso o ter ficado aqui, exceto para a minha cabeça, que tenho tido mais cartas que em nenhum outro lugar[4].

Por essa da Priora de Sevilha, que lhe envio, verá como pagaram a metade da casa, e sem tocar no que é de Beatriz e sua mãe. Breve pagarão tudo, com o favor de Deus. Muito me alegrei com isso, e também com essa carta de Agustín, por não ter ido para o tal lugar; e tive pena de ter vossa mercê enviado sua carta sem esperar pela minha. Vou obter uma recomendação da Marquesa de Villena para o Vice-Rei, de quem é sobrinha muito querida, para quando houver portador seguro. Tenho muito pesar de vê-lo ainda metido nesses negócios. Encomende-o a Deus, que eu faço o mesmo[5].

Sobre o que diz da água benta, não sei a razão; falei a alguns letrados acerca da experiência que tenho, e não me contradisseram. Basta, aliás, ser aprovada pela Igreja, como diz vossa mercê.

Apesar de tudo o que sofrem, as que foram reformar têm feito evitar bastantes pecados.

É grande verdade o que Francisco de Salcedo diz a respeito da Ospedal; ao menos no que toca à minha semelhança com ela nesse caso. Dê a ele grande recado de minha parte, e também a Pedro de Ahumada. Não quero escrever mais; só lhe peço que veja se pode dar a Juan de Ovalle com que comprar algumas ovelhas: será de muito auxílio para o casal e grande esmola, caso vossa mercê o possa fazer sem se prejudicar.

Tantas vezes mudei de pena no curso desta carta, que a letra lhe parecerá pior do que de costume; mas não é devido à pouca saúde, e sim pela razão dita. Escrevi ontem, e hoje me levantei melhor, glória a Deus; creio que pior é o medo de ficar sempre assim, do que o próprio mal.

Achei graça nos elogios da minha companheira ao calceteiro; contou-me dele tantas habilidades, que lhe mandei que as relatasse a vossa mercê. Contudo penso que, se a Priora o abona como a pessoa de confiança, deve estar informada de que não trabalha mal. De minha parte, entendi sempre que Vitoria era o mais entendido no assunto, porém ela conhece a um e a outro. Praza a Deus saia tudo bem-feito, e a vossa mercê guarde, como Lho suplico, para seu serviço. Amém[6].

É hoje 28 de fevereiro.

O Padre Visitator está bem. Dizem que Tostado agora vai voltar; realmente esses nossos negócios servem para nos fazer conhecer o mundo: não parece outra coisa senão uma comédia. Contudo desejo muito ver Nosso Padre livre deles. Assim o faça o Senhor, como vê ser necessário. A Priora e todos se recomendam a vossa mercê. A de Sevilha e a de Salamanca tratam muito de

---

4. *Meus papéis: Livro da Vida*, que estava na Inquisição. *Inquisidor-mor:* Gaspar de Quiroga. *D. Luisa* de la Cerda. *Arcebispo de Toledo:* Gaspar de Quiroga. *Bispo:* D. Alvaro de Mendoza. *Subpriora:* Maria de San Jerónimo, subpriora de Ávila.

5. *Priora de Sevilha:* María de San José. *Beatriz* de la Madre de Dios. *Sua mãe:* Juana de la Cruz. *Agustín* de Ahumada. *Marquesa de Villena:* D. Juana Lucas de Toledo. *Vice-Rei:* D. Francisco de Toledo, vice-rei do Peru.

6. *Minha companheira:* Ginesa de la Concepción. *Priora:* María de San José, priora de Sevilha. *Vitoria:* Agustín de Vitoria.

meu conforto; e até a de Beas e de Caravaca não têm deixado de fazer o que podem; em suma, dão provas de sua bondade[7].

Gostaria de estar perto de vossa mercê, para que visse o que mandaram e também para eu ter o gosto de repartir algo com vossa mercê. Recebi há pouco de Sevilha uns sáveis metidos em pão, prontos para comer. Gostei porque é muita a esterilidade deste lugar. Ver o carinho com que o fazem é o que mais me comove.

Indigna serva de vossa mercê,

TERESA DE JESUS.

180. A MADRE MARÍA DE S. JOSÉ, PRIORA DE SEVILHA

Toledo, 28 de fevereiro de 1577. Notável melhora da Santa. Agradece à Priora os presentes que lhe enviou, e diz como chegaram bem a Toledo.

Jesus esteja com Vossa Reverência, filha minha. Pela indisposição que tive, segundo verá neste papel que vai à parte, não tenho escrito mais vezes, esperando melhorar, a fim de não lhes causar tristeza. Agora estou muito melhor, mas ainda não sou capaz de escrever senão pouquinho, porque logo me sinto muito mal; contudo, em comparação de como estava, estou muito, muito melhor, glória a Deus. Ele lhe pague as boas notícias que me escreveu. Asseguro-lhe que foram de extremo consolo para mim, ao menos as que se referem à casa, pois sinto grande alívio em vê-la descansada. Muito o tenho pedido aqui ao Senhor, e assim de muito boa vontade Lhe darei as alvíssaras.

Praza a Deus ouvir-me, porque Vossa Reverência agora, com a riqueza, e o cargo, e sucedendo-lhe tudo tão bem, precisa de muita ajuda para ser humilde. Parece-me que Deus lho concede, de envolta com as mercês que lhe faz. Seja Ele para sempre bendito, pois pode estar muito segura de que tudo lhe vem de suas mãos.

A mesma segurança quisera eu ter a respeito de S. Jerónimo. Verdadeiramente preocupo-me com essa Irmã. Creia que ela não devia sair de junto de mim, ou de alguém que lhe inspirasse temor. Permita Deus não nos enrede de algum modo o demônio, dando-nos que fazer. Avise Vossa Reverência à Priora que nem uma letra deixe S. Jerónimo escrever, e a esta diga, enquanto não lhe chega minha carta, que estou convencida de ser ela vítima de muito maus humores, e, se assim não for, pior ainda. Como segunda-feira que vem parte o almocreve, por ele escreverei longamente; por isso não me estendo aqui[1].

Valha-me Deus! Como está poderosa! Causou espanto a estas monjas o que me enviou. O que era de comer chegou bem, e tudo o mais era muito lindo, sobretudo os relicários. O grande, é melhor dar à senhora D. Luisa, porque está muito bem adornado; quebrou-se o vidro, mas pusemos outro, e no pé um suporte novo. De tudo isto falarei mais quando lhe escrever como prometi. Fique-se com Deus[2].

Muito desgosto me deu estar Nosso Padre apurando os ditos contra nós, especialmente sendo tão desonestos; são disparates, e o melhor é rir-se deles e deixar falar. Quanto a mim, em parte me dão gosto. Muito me contenta saber que está Vossa Reverência com saúde. Deus guarde para mim, amém, assim como a todas. Encomendem-me a Deus.

Como esta carta talvez lhe chegue primeiro que a outra, não quis deixar de escrever por este mensageiro. À Madre Subpriora também escreverei, porque achei graça em suas queixas. A Priora de Malagón está muito mal.

---

7. *Priora:* Ana de los Angeles, priora de Toledo.
1. *S. Jerónimo:* Isabel de San Jerónimo. *Priora:* Isabel de San Francisco, priora de Paterna.
2. *D. Luisa* de la Cerda.

É hoje o último dia de fevereiro[3].
Indigna serva de Vossa Reverência,

TERESA DE JESUS.

Há dias tenho em mãos a resposta da mãe de Nosso Padre; irá segunda-feira, a mim me escreveu longamente sobre o muito prazer que teve[4].

181. A MADRE MARÍA DE S. JOSÉ, PRIORA DE SEVILHA

Toledo, 1º e 2 de março de 1577. Agradece "as lindas coisas" enviadas pela Madre Priora, cuja oração aprova. Procedimento a seguir com certas religiosas. Recomenda o Pe. Acosta. Lamenta não ter meios para corresponder à generosidade da Priora. Fala novamente sobre o *Certame*. Virtudes de D. Lorenzo.

Jhs

A graça do Espírito Santo esteja com Vossa Reverência, filha minha. Tendo recebido tão boas notícias e tantos presentes, como há pouco me enviou, seria justo que eu me alongasse muito; pelo menos teria grande contentamento, mas, como lhe escrevi ontem, o trabalho que neste inverno me têm dado as cartas veio a enfraquecer-me a cabeça, de sorte que fiquei bem mal. Tenho melhorado bastante, e, contudo, quase nunca escrevo de próprio punho, porque dizem ser assim preciso para sarar de todo.

Oh! quanto me alegrei com tão lindas coisas que me enviou Vossa Reverência pelo Administrador! Quanto ele trabalha em favor de Malagón, e em tudo quanto tenho necessidade, não o pode imaginar. E não pense que é mister pouca dedicação para levar a termo a obra: surgem mil dificuldades, com os operários. Dei-lhe o relicário pequeno. Ambos estão muito lindos, e o grande ainda é melhor, especialmente depois de consertado aqui, porque, tendo-se quebrado o vidro na viagem, como lhe escrevi, foi substituído por um muito bom. O pé veio torcido, e fiz pôr um suporte de ferro; seria bom fazer sempre assim. Também lhe dei a jarra, isto é, a tigelinha, que nunca vi outra tão graciosa. Não pense que, por estar eu usando xerga menos grossa, seja tanto o meu mal que haja de beber em vasilha tão boa. Também lhe dei a fruta, preparada como veio. Deu muito apreço a tudo. É homem de autoridade. Enfim, Vossa Reverência, donde está, ajudou a sua casa de Malagón. A água de flor de laranjas não me deixaram oferecer-lhe, porque dá vida à Priora; mesmo a mim faz bem, e não havia mais em casa. Peça mais um pouco à mãe da portuguesa, em meu nome, e no-la envie, com a condição de que seja por caridade[1].

Oh! como estou alegre de que tenham pago parte da casa! Mas, até que professe essa noviça, ainda não nos deveríamos alegrar tanto. Verdade é que, se isso não acontecer, Deus no-lo dará por outra parte. Peçam-lhe muito que seja servido de tirar-me isto que sinto na cabeça. Já lhe enviei uma relação do que a motivou, isto é, contei-lho em parte, pelo correio que partiu hoje.

Muito me contenta seu modo de oração. O reconhecer que a tem e que Deus lhe concede favores, não é falta de humildade, contanto que entenda que não é coisa sua, como o faz, e isto se dá a entender quando a oração é de Deus. Muito O louvo de que vá bem, e procurarei dar as alvíssaras que pede. Rogue a Deus seja eu tal que Ele me ouça.

Quanto à oração de Beatriz, é boa; mas, quanto puder, evite que falem dessas coisas em conversa e em tudo o mais. Saiba que depende muito das Prioras. Não tratou aqui S. Jerónimo desses assuntos, porque logo a atalhou a Priora, repreendendo-a e fazendo-a calar; e lembre-se: quando

---

3. *Madre Subpriora:* María del Espíritu Santo, subpriora de Sevilha. *Priora de Malagón:* Brianda de San José.
4. *Mãe de nosso padre:* D. Juana Dantisco.
1. *Administrador:* Juan de Huidobro. *Mãe da portuguesa:* D. Leonor de Valera, mãe de Blanca de Jesús María.

estive aí, não a deixava estender-se muito. Não sei se fizemos mal em permitir-lhe sair de junto de nós. Praza a Deus que dê bom resultado!²

Imagine se outras achassem o papel que a Priora achou! Que teria sucedido? Deus perdoe a quem lho mandou fazer! Nosso Padre quisera que eu lhe escrevesse com rigor sobre esse caso. Leia essa carta junta e, se lhe parecer acertada, remeta-lha. Faz muitíssimo bem em não consentir que estejam fazendo consultas. De Beas escreve-me a Priora que tem um confessor ao qual acusam apenas os pecados, confessando-se todas em meia hora; e acrescenta que assim deveriam fazer em todos os conventos. Com isto andam consoladíssimas e têm grande amor à Priora, tratando tudo com ela. Poderá Vossa Reverência dizer às suas monjas que, pois neste caso tenho alguma experiência, para que hão de buscar quem talvez não tenha tanta? Melhor será que me escrevam. E nessa terra ainda é mais preciso agir desse modo, do que em nenhuma outra. Faça que S. Francisco dê carne a essa Irmã apenas terminada a Quaresma, e não a deixe jejuar³.

Quisera eu saber que significa dizer ela que lhe faz Deus tanta violência; por que não dá explicações? Veja que coisa desagradável andar agora com esses prantos diante das outras, e viver escrevendo a cada passo à vista de todas. Procure esses seus escritos e remeta-os a mim; e tire-lhe a esperança de tratar com alguém, a não ser com Nosso Padre; porque os outros lhe arruinaram a alma. Saiba que aí os confessores entendem esta linguagem ainda menos do que Vossa Reverência pensa; contudo, sendo em confissão, e com o Pe. Acosta, não pode fazer-lhe mal. Mas eu sei bem que, a ela menos que a ninguém, não são convenientes estes desabafos. Isso que se estabeleceu em Paterna de terem alguma liberdade está bem; mais valera entretanto não ter começado, determinando logo o que deveria ser para o futuro. Com efeito, em matéria de reforma, se à força de brados alcançam alguma coisa, logo lhes parece que pelo mesmo modo hão de alcançar tudo. Fez muito bem em avisar que todas sigam a comunidade⁴.

Não entreguei as cartas nem o relicário à senhora D. Luisa, porque não estava aqui, chegou anteontem, e vou esperar que diminuam as visitas. Encomende-a, e também D. Guiomar, a Deus, pois sofrem grandes trabalhos⁵.

Como não escrevi de uma vez esta carta, não sei se terei esquecido de dar alguma resposta. Mando-lhes estes ferrolhos, iguais aos de nosso coro; não me parece haver necessidade de outros mais bem lavrados. Bem vejo que não serão de seu gosto, mas vá passando com eles, como fazemos neste convento, onde as Irmãs não se têm por mais grosseiras que as daí. Mais vale ter esses ferrolhinhos que outra coisa; não entendo que fechaduras Vossa Reverência pede. Estão fazendo os crucifixos; creio que ficará cada um por um ducado.

Todas se encomendam a Vossa Reverência, e Isabel se alegrou muito com os docinhos e a xerga. Deus lhe pague tudo: estou muito bem vestida. Pensa que não me custa não ter algum presente para lhe enviar? Sim, por certo. Mas é de espantar a esterilidade desta terra; só há marmelos, quando é tempo; e, ainda assim, muito melhores são os daí. Com as especiarias muito se alegraram, e também com a catamaca. Não me deixaram reparti-la, como eu bem quisera, porque várias Irmãs precisam muito dela⁶.

Aí vão essas respostas dadas a uma pergunta que propus a meu irmão. Os competidores, cujos nomes aí lhes envio, combinaram responder em S. José, para que lá as Irmãs julgassem. Achou-se presente o Bispo e mandou que me enviassem tudo e eu servisse de juiz. Isto numa ocasião em que a pobre cabeça nem era capaz de ler. Mostre-o ao Pe. Prior e a Nicolau; mas hão de contar-lhes antes do que se trata, e não deixar que leiam a sentença antes de verem as respostas.

---

2. *Beatriz* de la madre de Dios. *S. Jerónimo:* Isabel de San Jerónimo. *Priora:* Ana de los Angeles.
3. *Priora:* Ana de Jesús, priora de Beas. *S. Francisco:* Isabel de San Francisco.
4. *Acosta:* Diego de Acosta.
5. *D. Luisa* de la Cerda. *D. Guiomar* Pardo de Tavera.
6. *Isabel* Dantisco. *Catamaca:* metátese de *tacamaca*, produto resinoso, aromático, semelhante ao incenso e de sabor amargo. É calmante.

Se puder, devolva-as, porque Nosso Padre gostará de lê-las; e foi para este fim que as remeteram de Ávila, apesar de não ficar no caminho do arrieiro.

Incluo uma carta recebida de meu irmão. São muitos os favores como esses que recebe de Deus, e tudo me escreve. Vai esta que achei à mão, porque penso ficará Vossa Reverência contente, pelo bem que a ele quer. Rasgue-a logo, e fique-se com Deus, pois com Vossa Reverência não tenho vontade de acabar, e prejudica-me à saúde. Sua Majestade a faça santa para minha consolação.

Acabo de receber uma carta de Nosso Padre escrita de Malagón, há quinze dias, que amanhã se completam. Está bom, glória a Deus.

É hoje 2 de março.

A todos me recomende, e mande-me notícias da saúde de Frei Bartolomé[7]. Serva de Vossa Reverência.

TERESA DE JESUS.

Agradeça-me ter escrito esta com minha letra, pois nem ainda para S. José de Ávila o tenho feito. Ontem escrevi a Vossa Reverência e a Nosso Padre pelo correio, por isso não vai agora pela mesma via.

182. AO PE. AMBROSIO MARIANO DE S. BENITO, EM MADRI

Toledo, março de 1577. Conselhos ao Padre sobre suas relações com o Núncio e os Calçados. Memoriais contra os Descalços. Fraqueza de cabeça da Santa.

Jesus esteja com Vossa Reverência, meu Padre. Escreveu-me hoje o Senhor D. Teutonio, atualmente em Madri, que o Núncio não vai retirar-se já. Se assim é, a não ser que fique Vossa Reverência em Alcalá com pretexto de estar doente, de nenhum modo se pode tolerar que aparentemente deixe de obedecer-lhe[1].

Saiba, meu Padre, que, tanto quanto posso entender, esses Padres já estão querendo nossa amizade, e, até ver o que Deus ordena, é bom ir contemporizando, como Vossa Reverência tem feito. Por certo não lanço a culpa ao Núncio; a bateria do demônio deve ser tal, que nada me espanta. Não tenha medo de que alguém ouse enfrentar Vossa Reverência, o Senhor é sua guarda; e, já que nos tem feito caridade de haver Vossa Reverência até hoje contido sua cólera, continue assim e seja esta agora a sua cruz, que não deve ser pequena. Se o Senhor não o tivesse ajudado de modo particular, creio que não o poderia ter aguentado.

No que toca à resposta do Concelho, nada temos a esperar. Não vê que são meros cumprimentos? Para revogar esse decreto, que necessidade há de ser remetido daqui, pois aí está a cópia, e todos sabem que é verdadeiro? A ocasião não é propícia; esperemos um pouco, pois melhor sabe o Senhor o que faz do que nós o que queremos.

Que lhe parece de como nos rebaixam nesse escrito? Não sei para que Nosso Padre anda apurando essas coisas. Faz mal: não passa tudo de grandíssima baixeza. Por amor de Deus, não o mostre Vossa Reverência a pessoa alguma, pois tacharão de pouca prudência o fazermos caso desses desatinos e até mesmo o falarmos neles. Considero isso muita imperfeição; o melhor é rir-se de tudo.

Saiba, meu Padre, que as muitas cartas e ocupações que tenho, sem haver quem me ajude, foram parar em causar-me ruído e fraqueza na cabeça. O resultado foi mandarem-me que, a não ser muito necessário, não escreva de próprio punho, e assim não me alongo. Só lhe digo: no tocante a procurar conseguir aquilo que diz do Rei, nem lhe passe pelo pensamento tal coisa; pense muito

---

7. *Frei Bartolomé* de Jesús.
1. *D. Teutonio* de Bragança. *Núncio:* Nicolás Ormaneto.

bem antes, pois, segundo entendo, seria perder grande crédito. Deus o fará de outro modo. Ele me guarde Vossa Reverência.

De Vossa Reverência serva,

TERESA DE JESUS.

183. AO PE. AMBROSIO MARIANO DE S. BENITO, EM MADRI

Toledo, 15 de março de 1577. Roga-lhe que se retire a um convento durante a Semana da Paixão e a seguinte.

Jesus esteja com Vossa Reverência, meu Padre. Não sei qual a razão de não me ter escrito por este correio, dizendo-me se recebeu a resposta do Concelho que lhe remeti quinta-feira passada. Desejo que me explique: como está Vossa Reverência nessa cidade sem ficar com os Frades, quero dizer, no convento do Carmo, havendo o Núncio insistido tanto neste ponto? Justo é não o descontentar em coisa alguma, e absolutamente não nos convém. Bem quisera eu falar pessoalmente a Vossa Reverência, porque há coisas que se podem dizer, mas não escrever.

Até agora, como esperávamos fundar em Madri, parece que ainda seria tolerável conservarem-se aí de qualquer modo; mas tanto tempo quatro Frades Descalços numa casa, creia, meu Padre, que a ninguém dá boa impressão, e causa muito reparo, mesmo sem falar nos do Pano, dos quais não há que fazer caso. E nas coisas que provocam murmurações, quisera eu evitássemos qualquer ocasião. Quanto a dizer o marquês a Vossa Reverência que não o levará a mal o Núncio, não dê crédito[1].

Também rogo a Vossa Reverência que fale com muita cautela quando tiver queixa de alguém; tenho medo que se descuide nisto, por ser tão franco, até já o fez, e praza a Deus que não lhe chegue aos ouvidos. Olhe que nos fazem guerra todos os demônios; temos de esperar amparo só de Deus, mas há de ser obedecendo e tendo paciência, porque então Ele tomará nossa defesa.

Teria por muito acertado que Vossa Reverência e os outros, em chegando o Domingo da Paixão, se fossem a Pastrana ou a Alcalá, pois não é tempo de tratar de negócios; e, se os houver, basta o senhor licenciado Padilla estar aí para tratar deles, como sempre fez. Não são dias estes para andarem religiosos fora de seu mosteiro: a ninguém parecerá bem, e muito menos ao Núncio, que é tão recatado. Muitíssimo me consolaria eu se assim fizessem. Reflita bem Vossa Reverência e creia que é conveniente; ou fiquem com os Frades do Pano, conquanto me pareça pior[2].

De falar com o Arcebispo, guarde-se muito, uma vez que Vossa Reverência já o informou; não convém, por mais facilidade que tenha de abordá-lo. Ele tomou a seu cargo o negócio; e, sendo assim, o melhor modo de negociarmos é calar e falar com Deus[3].

Esta carta vai escrita com muita advertência; não sem alguma razão, e até muita. Não posso dizer-lhe do que se trata, mas vejo ser muito conveniente proceder Vossa Reverência como peço. Disto nenhum mal nos pode vir, e do demais poderia vir muito; e, quando vemos que os outros têm razão, é preciso não dar motivo a comentários. Nosso Senhor nos dá bastantes ocasiões em que merecer, e bem avalio as que Vossa Reverência aí tem tido e ainda tem; asseguro que me espanto de como o sofre, com seu temperamento colérico; mas agora é preciso prudência, e assim Deus lha concede, como fez na questão do Bispo. Seja Ele por tudo bendito, pois, em suma, será favorecer a sua obra.

Dão como certo que Tostado vem por Andaluzia. Traga-o Deus logo, seja como for. Creio seria melhor contender com ele do que com esses outros como até agora. Deus nos dê luz, e a Vossa Reverência guarde e também a esses Padres. Estou um pouco melhor.

É hoje 15 de março.

De Vossa Reverência,

TERESA DE JESUS.

---

1. *Marquês:* D. Luis Hurtado de Mendoza, marquês de Mondéjar. *Núncio:* Nicolás Ormaneto.
2. *Padilla:* Juan Calvo Padilla.
3. *Arcebispo:* D. Gaspar de Quiroga, arcebispo de Toledo.

184. A MADRE MARÍA DE S. JOSÉ, PRIORA DE SEVILHA

Toledo, 9 de abril de 1577. Envia à Priora os crucifixos. Conselhos sobre a direção de várias monjas. O Prior da Cartuxa deseja um livro da Santa. Água de flor de laranjas. Doria no noviciado. Um expulso da Companhia. Elogio de Frei Bartolomé de Aguilar.

Jesus esteja com vossa reverência, filha minha. Por via do correio mandei-lhe uma carta; creio que chegará mais depressa do que esta. Agora vão os crucifixos, nem mais nem menos perfeitos que os nossos aqui; custam apenas nove reais cada um, e até, segundo me parece, menos um quartilho; e tinham-me dito que não o fariam por menos de um ducado. Mande um torneiro abrir os furos; vão assim porque os trouxeram agora na Páscoa, e por esta razão não os puderam abrir, mas é coisa fácil. São de ébano as cruzes, e não estão caras; até quisera enviar-lhas em maior número.

Muito desejo tenho de saber da boa Bernarda[1]. Já escrevi a vossa reverência como nos levou Deus uma Irmã[2] desta casa; senti muito.

No que toca a falar vossa reverência a Garciálvarez de sua oração, não há razão para o deixar de fazer, pois nela não há coisa que possa inquietar; o mesmo digo de alguma outra das que vão pelo mesmo caminho. O contrário causaria estranheza, especialmente tendo assim determinado Nosso Padre Visitador. Recomende-me muito a ele.

Oh! como quisera enviar meu livrinho ao santo Prior das Covas, que o mandou pedir![3] É tanto o que lhe devemos, que gostaria de dar-lhe este contentamento. Mesmo a Garciálvarez não faria mal ver o nosso modo de proceder e muitas coisas de nossa oração, e se o livrinho estivesse aí, eu assim o mandaria. Não temos em que servir a esse santo em proporção do que lhe devemos, a não ser fazendo o que pede. Talvez possamos contentá-lo algum dia. O de hoje foi tão cheio de ocupações para mim, que não me posso alargar mais.

Já escrevi a vossa reverência como recebi a encomenda trazida pelo almocreve; mas não chegou em bom estado; já o tempo não é favorável, por causa do calor. Nada mais me envie, a não ser água de flor de laranjas, por se ter quebrado o vidro; e também um pouco das próprias flores de laranja, secas se puder achar, de pétalas inteiras, cristalizadas; e eu pagarei o que custarem. Se não for possível, mande-as em confeitos; conquanto eu preferisse as pétalas, custem o que custarem, mesmo que não seja muita a quantidade.

Já lhe contei que se nos foi para o céu uma das nossas monjas, e os trabalhos que temos tido; e quanto me alegrei com a entrada de Nicolao[4]. É muito o que lhe devo pelo que ajuda as de Paterna, segundo me escreveram. Creia que foi providência de Deus ficar aí em Sevilha quem tenha a caridade e o espírito de vossa reverência, para nos fazer bem a todos. Espero que de tudo lhe há de provir muitos acréscimos.

Não creio poder escrever ao Pe. Prior das Covas; fá-lo-ei outro dia. Não saiba ele destas cartas. A todas as Irmãs me recomendo, e muito em particular à minha Gabriela[5], a quem gostaria de escrever. Oh! que desejo tenho de ver já no convento, e professa, essa viúva! Deus o permita e me guarde a vossa reverência. Amém. Envio-lhe também uma carta de D. Luisa[6].

É hoje o último dia de Páscoa.

Indigna serva de vossa reverência,

TERESA DE JESUS.

---

1. Bernarda de San José, que professou em 21 de março de 1577 "in articulo mortis", e faleceu pouco depois. Quando a carta da Santa chegou a seu destino, ela já havia morrido.
2. Refere-se provavelmente à morte de Catalina de San Miguel.
3. *Caminho de Perfeição*, que estava nas mãos de D. Lorenzo. *Prior das Covas:* Hemando de Pantoja.
4. Nicolás Doria, que tomou o hábito no convento dos Remédios, em Sevilha, e foi mais tarde o 1º Geral da Reforma.
5. Leonor de San Gabriel.
6. D. Luisa de la Cerda.

Saiba que despediram da Companhia o irmão de S. Francisco[7], e isto me tem penalizado. Não ousei escrever a ela para não a magoar, mas talvez seja melhor que ela o saiba por nosso meio. Vossa reverência se certificará da verdade. Por esse papel o verá, pois o indaguei, na Companhia, de um seu amigo que está em Salamanca, e aí vai a resposta da Priora[8]. Gostei de saber que ele já tem meio de vida; e talvez seja melhor, até para servir a Deus. Se lhe parecer bem, dê a notícia à Irmã, entregando-lhe esta carta e a que vai inclusa.

O Pe. Frei Bartolomé de Aguiar diz que poderia ir mais vezes a esse mosteiro, mas não lho pedem, e, como é súdito, precisa ser chamado. Não deixe de encomendar-lhe algum sermão e de mandar visitá-lo, que é muito bom. Bem pode ler as cartas... como não...

185. AO PE. AMBROSIO MARIANO DE S. BENITO

Toledo, 9 de abril de 1577. Melhora relativa da Santa. Aconselha que viva em Madri com os Carmelitas da Observância e tenha cuidado com suas palavras. Procure sempre contentar o Núncio.

Jesus esteja com vossa reverência. Oh! como quisera alargar-me nesta carta, porque a sua me deu grande contentamento; mas ontem fui sangrada, e hoje mandaram-me sangrar de novo, e por esta razão não tenho podido escrever. Não pensei que o mensageiro partisse tão cedo, e agora me estão apressando. Com a sangria cobrei nova vida, porque me melhorou a cabeça. Breve estarei boa, se Deus quiser.

Do que muito me alegrei é de que vossa reverência vá para a companhia dos Calçados, já que lhe é forçoso permanecer aí; mas lembre-se, meu Padre, que lhe hão de contar as palavras. Por amor de Deus, ande com grande cautela e não seja muito aberto. O que dizem do Tostado[1] creio que seja verdade; se ele for prudente, não virá até obter o sim daquele de quem tudo depende[2]; por isso queria ele alcançá-lo por meio de vossa reverência. Nunca vi coisa tão engraçada. Já recebi as cartas que vossa reverência me enviou, segundo me tinha dito; e ontem uma de Nosso Padre.

No que toca ao Pe. Frei Baltasar, esteja certo de que lhe escrevi, até mais de uma vez. Ficando vossa reverência na companhia dos Frades, está muito bem aí. Sempre continue como está fazendo, contentando ao Núncio, que em suma é nosso Prelado, e a todos dá boa impressão a obediência. Não tenho mais tempo.

De vossa reverência,

TERESA DE JESUS.

186. A MADRE MARÍA DE S. JOSÉ, PRIORA DE SEVILHA

Toledo, 6 de maio de 1577. Morte exemplar de uma Descalça em Sevilha. Achaques das religiosas. Lugar do enterro. Boa Companhia de Madre Brianda de S. José.

Jesus esteja com vossa reverência e lhe pague tantos e tão lindos presentes; tudo chegou perfeitamente e muito bom. Como ainda falarei deste assunto quando for o almocreve, aqui direi só as coisas que mais nos importam.

Desse anjo[1] senti inveja; seja Deus louvado, pois tão depressa mereceu gozar d'Ele, que isto tenho por certo, sem dúvida alguma. Todas as outras coisas, creia, claramente procederam de

---

7. Isabel de S. Francisco, Priora de Paterna.
8. Ana de la Encarnación, priora de Salamanca.
1. Jerónimo Tostado, visitador dos carmelitas da Espanha em nome do geral, que não obteve permissão do Conselho Real para fazer a visita.
2. A autorização do Conselho Real, ou do próprio Rei.
1. A Irmã Bernarda de S. José, falecida no mosteiro de Sevilha, após um ano apenas de vida religiosa.

delírio. Nenhum caso faça delas, nem as conte, nem tampouco o que disse Beatriz[2], cuja grande caridade muito apreciei. Recomende-me a ela, agradecendo-lhe de minha parte; e também à sua mãe[3] e a todas me recomende.

Muito cuidadosa ando com essa febre de vossa reverência e com a enfermidade da Subpriora[4]. Bendito seja Deus, que assim quer exercitar-nos este ano, dando a vossa reverência tantos trabalhos juntos; e o pior é a pouca saúde, pois, quando esta é boa, tudo se aguenta. Mande-me dizer, quanto antes, que febres são essas de vossa reverência; e fale-me da Subpriora também. Praza ao Senhor não seja o mal tão difícil de ceder como de costume, pois são tão poucas aí, e não se hão de valer. Deus proveja a tudo, como pode; estou bem preocupada.

Sobre os enterramentos, saiba que está muito bem o que fizeram. Aqui enterramos no claustro, e pretendo falar com Nosso Padre para que assim deixe determinado; os outros sistemas são de monjas muito pouco encerradas. Teve, portanto, grande razão o Pe. Garciálvarez, a quem dê minhas recomendações, e igualmente fez bem em entrar para essa necessidade. Outro não entre; seria melhor ser sempre o Pe. Garciálvarez. O mosteiro está tão longe, que não sei como poderia ser de outro modo, e aliás, tenho por melhor escolher o Pe. Garciálvarez, pois, além de ser quem é, habitualmente as confessa. Tratarei agora deste assunto com Nosso Padre, e enviarei a vossa reverência uma autorização. Espero vê-lo antes de Pentecostes, sendo Deus servido, porque já o mandou chamar o Núncio, e parece que vão bem os negócios. Imagine como estou alegre. Ele esteve em Caravaca e Beas. Envio-lhes esta carta de Alberta[5], para que saiba como estão passando; ainda não acabou a lida com aquele mosteiro. Encomendem-no a Deus, assim como as monjas de Beas, que me causam muita pena com seus pleitos.

Ontem, apenas recebi sua carta dirigida a Nosso Padre, achei por quem enviá-la; e agora, enquanto ele estiver por aqui, pagarei a vossa reverência o cuidado que teve com as minhas. A noviça para leiga receba-a[6]; e, ainda, praza a Deus que se possam valer só com ela. Já disse a Nosso Padre que escreveria a vossa reverência mandando aceitá-la.

No que diz respeito à renúncia da boa Bernarda, fique sabendo que o mosteiro não herda, porque, tendo pais, são eles os herdeiros. Se tivessem morrido antes dela, então herdaria o mosteiro. Isto é certo, que o ouvi de bons letrados; porque pais e avós são herdeiros forçados, e só na falta deles é que herda o mosteiro. Por seu lado, estão obrigados os pais a dar o dote da filha, se não estiverem a par de seus direitos, louvarão a Deus e terão por dita que vossa reverência queira entrar em acordo com eles. Se dessem ao menos o que se comprometeram a pagar, seria grande coisa. Veja por lá o que se pode fazer neste caso; pois deixarem de dar algum dote não é justo. O Pe. Nicolao[7] verá o que é melhor.

Recomende-me muito a ele e ao Pe. Frei Gregorio[8], e a quem vossa reverência quiser; e fique-se com Deus. Embora há alguns dias me sinta bem melhor da cabeça, nunca deixo de ouvir bastante ruído, e faz-me muito mal o escrever. A Madre Priora de Malagón[9] vai fazer-me boa companhia; contudo tenho muita pena por ser tal a enfermidade que não dá esperanças, embora tenha melhorado bastante, pois alimenta-se melhor e já se levanta. Como, porém, não passa a febre, não há que fazer grande caso da melhora, segundo diz o Doutor. Deus é onipotente e poderia fazer-nos mercê de curá-la: peçam-lho muito. Ela vai escrever-lhe e por isso não me estendo mais.

---

2. Beatriz da Mãe de Deus.
3. Juana de la Cruz.
4. María del Espíritu Santo.
5. Ana de San Alberto, Priora de Caravaca.
6. Juana de San Bernardo.
7. Nicolás Doria.
8. Fr. Gregorio Nacianceno.
9. Brianda de San José.

É hoje 6 de maio.

Indigna serva de vossa reverência,

TERESA DE JESUS.

À minha Gabriela[10] dê um grande recado. Muito me alegrei com sua carta e folgo de saber que está com saúde. A mesma conceda Deus a todas, como está em suas Mãos. Amém, amém.

187. A PE. AMBROSIO MARIANO DE S. BENITO, EM MADRI

Toledo, 9 de maio de 1577. Dificuldades para a fundação de Descalças em Madri e Salamanca. Aconselha-lhe muita discrição nas palavras. Saúde da Madre Brianda. Assuntos de Caravaca.

Jesus esteja com vossa reverência, meu Padre, e o recompense pelas boas notícias que me deu. Parecem bem favoráveis a nós, por várias razões. Deus tudo encaminhe como for mais para sua glória, pois todas nós não pretendemos outra coisa. O rapazinho[1] partiu sem esperar.

Gosto de saber que vossa reverência se está dando bem com esses Padres, conquanto descuidados não estejam eles de nos criarem estorvos, pois alguém me contou que o Pe. Frei Angel[2] escreveu ao Bispo de Salamanca que não desse licença para a fundação, e intentaram processo, como os daqui, nem mais nem menos. Ó meu Padre, como esses Descalços tratam mal desses negócios! A fundação estaria feita se tivessem sabido agir, e no entanto só serviu para desacreditá-los! Creia que as coisas fora de tempo nunca têm bom sucesso. Por outra parte, penso que é ordenação do Senhor, e envolve grande mistério. Isto se verá algum dia; — e desde já, se fizerem o que vossa reverência me diz. Deus lhe pague a boa opinião que tem de meu parecer; praza ao Senhor que dure! Parece que onde há outros tão bons, de mim pouco se há de fazer caso. Muito me consola que estejam os negócios em tão boas mãos. Bendito seja Aquele que tudo faz. Amém.

Como nunca me fala do Pe. Frei Baltasar?[3] Nem sei onde está; dê-lhe vossa reverência muitas recomendações, assim como ao meu Pe. Padilla[4] e ao Pe. Juán Díaz. A Priora daqui e a de Malagón[5] recomendam-se a vossa reverência. Brianda tinha melhorado depois que chegou, mas esta noite passou pior. Alguma esperança resta de seu restabelecimento. Deus lho dê como vê que é necessário, e guarde a vossa reverência.

Olhe, meu Padre, esteja sempre advertido para não se descuidar em nada, pois essas amizades poderiam ser fingidas. O verdadeiro amigo com quem podemos contar é Deus, e se procurarmos sempre fazer sua Vontade, não há que temer. Muito quisera saber aquela resposta, e também gostaria que Vossa Paternidade e o Padre Mestre[6] pudessem estar em lugar onde tivessem certeza de serem acolhidos de boa vontade. Não nos há de faltar cruz nesta vida, por mais que façamos, uma vez que somos do bando do Crucificado.

No que toca a Antonio Muñun: ele está enganado, D. Catalina de Otálora não é monja entre nós, e nunca o foi; é uma viúva que ajudou naquela fundação[7] e, penso, agora não está lá. Não a conheço, nem convém tampouco à minha profissão tratar dessas coisas. Vossa reverência lhe diga isto; até fiquei com escrúpulo do pedido que fiz a vossa reverência sobre este caso, porque mal conheço esse cavalheiro — isto é só para vossa reverência — e, embora seja meu parente tão

---

10. Leonor de San Gabriel.
1. Juanico, garoto de recados.
2. Fr. Angel de Salazar, provincial dos Calçados. *Bispo:* D. Francisco de Soto Salazar.
3. Baltasar Nieto.
4. Juan Calvo de Padilla.
5. *Priora daqui:* Ana de los Angeles, Ordóñez, priora de Toledo. *Priora de Malagón:* Brianda de San José, que reside em Toledo, devido a sua grave enfermidade.
6. Juan de Jesus, Roca.
7. Caravaca. Ver *Fundação* c. 27, do tomo II.

próximo, só o vi uma vez e não sei qual o cargo mais próprio para o bem de sua alma. Suplico portanto a vossa reverência que, em todo esse negócio, nada faça em atenção a mim, senão conforme às qualidades pessoais que nele vir.

De tudo isto nada lhe diga vossa reverência, para o não entristecer, pois faz-me pena; dê-lhe minhas recomendações, dizendo-lhe que não lhe escrevo por estar passando mal da cabeça. Com efeito, ainda está bem ruim, e escrevi há pouco à senhora D. Beatriz[8], sua mulher. Não se esqueça de dizer-lhe que não é monja essa senhora de quem fala.

Guarde Deus a vossa reverência como temos necessidade. Amém.

É hoje 9 de maio.

Indigna serva de vossa reverência,

TERESA DE JESUS.

188. A MADRE MARÍA DE S. JOSÉ, PRIORA DE SEVILHA

Toledo, 15 de maio de 1577. Agradece a água de flor de laranjas e outros objetos que a Priora lhe ofereceu para a igreja. Alguns negócios. Sobre a herança de Irmã Bernarda. O Núncio chama o Pe. Gracián. Um xarope para Teresita de Cepeda.

Jhs

A graça do Espírito Santo esteja com vossa reverência, minha filha. Muito mais quisera notícias de sua saúde, do que todos esses presentes que me enviou, embora dignos de uma rainha. Nosso Senhor lhos pague. A água de flor de laranjas está excelente; veio em grande quantidade e a boa hora; agradeço-lhe sumamente. Os corporais são lindos. Parece inspiração de Deus, porque desde quando aí estive — não sei se vossa reverência se recorda — tinha-me mandado a Priora de Segóvia[1], a meu pedido, uma pala, toda de ponto de cadeia, com aljofares e pequenas granadas, cujo feito, dizem, valeria, só por si, trinta ducados, e combina, até na cruzinha, com os corporais feitos por Beatriz[2]. Faltavam alguns para encher a caixa, e são lindos estes, que, para meu gosto, me parecem os melhores de todos. A água veio muito boa, e agora tenho bastante. Por certo foi vossa reverência que a acondicionou, pois veio muito bem.

Só quisera retribuir-lhe de algum modo o que me envia, pois, afinal de contas, é mostra de amor; mas nunca em minha vida conheci terra mais escassa do que esta em coisas de bom gosto. Como eu vim daí, ainda sinto mais esta escassez.

Já providenciei a fim de que sejam quanto antes remetidos para cá os cem ducados de Asensio Galiano, segundo a ordem de pagamento que me foi entregue aí em Sevilha. Não sei se se lembra: cinquenta ducados são para Mariano[3], pelo que gastou com essa casa quando fomos para ela, e os outros cinquenta para os aluguéis. Como ele morreu, estou aflita por cumprir essas suas disposições e assim estarei até ver vossa reverência inteiramente livre desses cuidados. Bastam-lhe os trabalhos que o Senhor lhe dá, pois ando muito penalizada neste princípio de verão, por saber enferma a vossa reverência e a Subpriora[4]. Deus nos dê remédio, pois não sei como se hão de arranjar.

Pelo correio já lhe escrevi que admitisse a Irmã leiga[5] e deixasse o corpo dessa santinha[6], no coro, onde está, pois no claustro nos havemos de enterrar, e não na igreja. Também lhe escrevi que, tendo pai e mãe essa santa, são eles os herdeiros, mesmo que ela tenha renunciado em favor

---

8. Esposa de Antonio Muñoz.
1. Isabel de Santo Domingo.
2. Beatriz de la Madre de Dios.
3. Ambrosio Mariano de San Benito.
4. María do Espíritu Santo.
5. Juana de San Bernardo.
6. Bernarda de San José.

da casa; só herdaria o convento se tivessem morrido antes dela. Contudo estão obrigados a dar o dote competente; veja, portanto, que se faça justiça, conforme puder. Se desse a quantia pela qual prestou fiança[7], seria grande coisa; e deixe-se dessas perfeições[8], pois, por mais que façamos, sempre nos terão por interesseiras. Enfim, o que Nosso Padre mandar se há de fazer. Escreva-lhe, e trate muito bem de si, por amor de Deus e de mim.

Faz-me pena a Madre Brianda, embora pareça ter melhorado depois que veio para cá. Gosto muito de estar com ela. Como vai escrever-lhe, segundo me disse, não dou mais notícias.

Já terá sabido como o Núncio mandou chamar Nosso Padre[9]. Parece que vão bem os negócios; encomendem-no a Deus. Sua Majestade ma guarde e a faça muito santa. Tenho tido inveja da boa Bernarda; muito a encomendamos a Deus nestas casas, conquanto, a meu ver, não tenha necessidade.

É hoje véspera da Ascensão.

De vossa reverência,

TERESA DE JESUS.

À Madre Subpriora, à minha Gabriela[10] e a todas, minhas recomendações.

Mande-me vossa reverência receita do xarope que usava a Irmã Teresa[11]; é o pai dela que o está pedindo. Veja bem que não se esqueça, é o que tomava durante o dia.

189. A MADRE MARÍA DE S. JOSÉ, PRIORA DE SEVILHA

Toledo, 28 de maio de 1577. O Pe. Gracián em Toledo. "Chegou bom e gordo." O Tostado passa por lá rapidamente. Venda difícil de um linho. Encomendem a Deus os negócios da Reforma.

Jhs

A graça do Espírito Santo esteja sempre com vossa reverência, filha minha. Espero que lhe tenha dado tão boas Páscoas[1] como lhe desejo. Aqui foram boas as nossas, com a vinda de Nosso Padre, que vai à corte a chamado do Núncio[2]. Chegou bom e gordo, bendito seja Deus! Saiba vossa reverência que agora é preciso encomendar muito ao Senhor os negócios da Ordem, e com muito grande[3]… e com muito cuidado, porque a necessidade é grandíssima.

O Tostado está já na corte. Há quatro ou cinco dias passou por aqui, tão apressadamente que não se demorou mais de três ou quatro horas. Praza ao Senhor, em tudo se faça o que for mais conveniente para sua honra e glória, pois não desejamos outra coisa, e encomende a Deus esta minha cabeça, que ainda está ruim.

Má sorte tivemos com o lindo de vossa reverência: levaram-no a meio Toledo, oferecendo-o pelas casas e mosteiros, e não se pode vender, porque todos acham demasiado dar quatro reais por ele; e vendê-lo por menos parece contra a consciência. Não sei que fazer. Veja vossa reverência o que quer. Nosso Senhor esteja com vossa reverência.

Último dia de Páscoa.

Nosso Padre hoje não está aqui; foi pregar no colégio de sua irmã[4], e assim não poderá escrever porque o correio vai partir.

---

7. Referência ao pai de Bernarda de San José, Pablo Matías, fiador na compra da casa de Sevilha juntamente com D. Lorenzo.
8. Deixando de cobrar o que por justiça era devido ao convento.
9. *Núncio:* Nicolás Ormaneto. *Nosso Padre:* Jerónimo Gracián.
10. Leonor de San Gabriel.
11. Teresita de Ahumada, sua sobrinha.
1. De Pentecostes.
2. Já referidos na nota n. 9 da carta anterior.
3. Original ilegível.
4. *Nosso padre:* Jerónimo Gracián. *Sua irmã:* Juana Dantisco, no colégio de Donzelas Nobres, fundado pelo cardeal Silíceo.

Desejo saber como está vossa reverência e como vão todas. Há muito não vejo carta sua. Deus ma guarde. A Madre Brianda⁵ continua muito doente e recomenda-se a vossa reverência; e eu a todas, e em particular a meu Pe. Frei Gregorio⁶. É tempo agora em que há necessidade da oração de cada uma.

A Frei Gregorio envie prontamente esta carta; e estejam alerta, porque, com o favor do Senhor, veremos tudo resolvido bem; ou talvez o contrário. Nunca houve tanta necessidade de oração. Deus ma guarde.

De vossa reverência,

TERESA DE JESUS.

190. AO PE. JERÓNIMO GRACIÁN

Toledo, 13 de junho de 1577. Contentamento da Santa com as cartas que recebe do Padre. Enfermidade de Diogo Gracián. A alcabala das Descalças de Sevilha. Outros negócios da mesma cidade.

Jesus esteja com Vossa Paternidade.

Ontem recebi as cartas: com o contentamento que me deram, pagou-me o Senhor o que me fizeram sofrer ultimamente as outras, trazidas por quem leva esta. Não pensamos que ele voltasse tão depressa à roda; e, assim, não disponho de tempo para alargar-me.

À senhora D. Juana¹ também não posso responder. Praza a Nosso Senhor não seja nada a doença do senhor Gracián²; causou-me pena.

Hoje pregou aqui o Pe. Frei Baltasar³, por ser Oitava do Santíssimo Sacramento. Diz que andam todos muito alvorotados na comunidade onde está⁴, por quererem os Descalços fundar ali. Fiquei espantada com o caso da excomunhão⁵.

Penso que terei de mandar brevemente um mensageiro especial a Vossa Paternidade, para que assine estes contratos, pois creio se concluirão hoje.

Meu irmão beija as mãos de Vossa Paternidade e pede-lhe que mande tratar com muita diligência do pleito da alcabala, e adiante dinheiro ao Procurador. Ele lho enviará, para que se dê com brevidade andamento ao processo, de modo a terminar antes de agosto, por causa do inconveniente que relatei a vossa mercê, o qual é bem grande.

Alegra-me muitíssimo de que o amigo de Elias⁶ se vá chegando à razão Saiba Vossa Paternidade que, em minha estadia aí, fiz o possível para esclarecer o Fiscal⁷, com o fim de que ele mandasse dizer a vossa mercê que não se fosse; e assim consegui. Não sei se entregaram as cartas. Não posso dizer mais.

Indigna serva de Vossa Paternidade,

TERESA DE JESUS.

---

5. Brianda de San José, priora de Malagón.
6. Frei Gregorio Nacianceno.
1. Juana Dantisco.
2. D. Diego Gracián de Alderete.
3. Baltasar Neto.
4. Convento dos Calçados em Madri.
5. Alusão difícil de identificar. Efrén-Steggink supõem que havia sido dada pelo núncio Ormaneto contra os Calçados de Ávila depois do primeiro atentado de Valdemoro contra os confessores Descalços da Encarnação.
6. Juan Evangelista.
7. D. Francisco de Arganda.

191. A MADRE MARÍA DE S. JOSÉ, PRIORA DE SEVILHA

Toledo, 28 de junho de 1577. Enfermidade de algumas religiosas. D. Lorenzo de Cepeda em Toledo. Admissão de uma escravinha e de outra postulante. Discrição nas mortificações. "Não passem fome".

Jhs

A graça do Espírito Santo esteja na alma de vossa reverência, filha minha. Muito pesar tenho de que ande com tantos trabalhos e com febres; mas quem deseja ser santa ainda mais do que isso há de passar.

Remeteu-me Nosso Padre a carta de vossa reverência, escrita a 10 deste mês. Eu continuo ruim de minha cabeça, e todos estes dias tenho estado desejosa de saber de sua saúde e de ter notícias da Madre Subpriora[1]; sinto muita pena de estarem doentes. A Madre Brianda melhora uns tempos, e logo torna a passar muito mal de seus achaques. Em relação à minha cabeça, estou melhor por não ter tanta fraqueza; posso escrever e trabalhar com ela mais do que antes, porém o ruído continua o mesmo, e é muito penoso. Escrevo por mão alheia a todos, a não ser coisa secreta ou cartas forçosas e urgentes às pessoas a quem devo obrigação. Tenha paciência, portanto, nisto como em tudo o mais.

Tinha escrito até aqui quando chegou meu irmão. Recomenda-se muito. Não sei se escreverá a vossa reverência. Refiro-me a Lorenzo. Está bom, graças a Deus. Vai a Madri, a negócios. Oh! quanto sentiu seus trabalhos! Posso dizer-lhe: verdadeiramente Deus a quer muito boa. Tenha ânimo, que atrás deste tempo virá outro, e vossa reverência julgar-se-á feliz de ter padecido.

Quanto à entrada dessa escravinha[2], de nenhum modo resista; nos princípios das casas fazem-se muitas coisas que não se hão de fazer depois. E não precisa tratar com ela de perfeição, basta que sirva bem, pois para leiga pouco importa; e poderá ficar sem fazer profissão toda a vida, se não tiver capacidade para mais. Pior é o caso da irmã dela; mas também a esta não deixe de receber, e consiga de Deus que seja boa. Nem a uma nem a outra aperte, exigindo perfeição; é suficiente guardarem bem o essencial. A comunidade muito lhes deve, pois vêm tirar-nos de grande aperto. Alguma pequena coisa se há de sofrer; assim fazemos aos princípios em todas as partes; não há outro remédio.

Essa outra noviça, se é tão boa, receba, porque precisa de muitas, já que têm morrido tantas. Vão para o céu, não fique triste. Bem vejo a falta que lhe há de fazer a boa Subpriora[3]. Procuraremos que voltem as que foram para Paterna, apenas estejam concluídos os negócios.

Oh! que carta escrevi a vossa reverência e ao Pe. Frei Gregorio![4] Praza a Deus lhes tenha chegado às mãos. E como lhes falei fortemente acerca da mudança da casa! Não entendo como puderam pôr em discussão tão grande disparate.

Recomende-me a ele e a todos os amigos, e às minhas filhas. Como meu irmão acaba de chegar, não quero deixá-lo esperar mais tempo. Deus a guarde para meu bem, pois mais pena que dá sua doença que todo o resto; e, por caridade, trate de si e da minha Gabriela[5]. Usem linho, e deixe-se de rigor em tempo de tanta necessidade. Por aqui há bem pouca saúde. Recomende-me a todas.

Deus ma guarde; não sei como lhe quero tanto.

Brianda[6] se recomenda a vossa reverência. Apesar de tão doente, faz-me muita companhia.

É hoje 28 de junho.

Tomem dinheiro emprestado para comer; depois o pagarão. Não passem fome, que fico muito penalizada. O mesmo fazemos aqui, e Deus logo provê.

De vossa reverência,

TERESA DE JESUS.

---

1. María del Espíritu Santo.
2. Nos livros de Sevilha não são mencionadas essas escravinhas às quais alude a Santa.
3. María del Espíritu Santo.
4. Frei Gregorio Nacianceno.
5. Leonor de San Gabriel.
6. Brianda de San José.

192. A MADRE ANA DE SAN ALBERTO, PRIORA DE CARAVACA

Toledo, 2 de julho de 1577. Deseja ver-se entre as marrecas de Caravaca. Avisos para a direção das religiosas. Morte do Núncio. O Pe. Gracián continua como Visitador. Achaques de algumas religiosas. As saias de pano. D. Catalina de Otálora.

Jesus esteja com vossa reverência, minha filha. Grande consolo deu-me o saber que é tão fresca essa casa, e não vão sofrer como faz agora um ano. Muito gostaria de ver-me aí com vossa reverência alguns tempos, se assim aprouvesse a Deus; não seria achada tão à mão para negócios e cartas, e gozaria dessas águas com suas marrecas. Deve parecer vida de ermitãs. Não o mereço, mas alegro-me muito de que o goze vossa reverência por mim.

Saiba que não pensava querer-lhe tanto. Dá-me grande vontade de vê-la, talvez assim o permita Deus. Encomendo-a bastante a Ele, e tenho a convicção que há de ajudá-la em tudo. Nenhuma inquietação tenho, pela certeza de que vossa reverência há de contribuir para que essas almas sejam muito perfeitas; mas veja bem, que não há de levar a todas pela mesma bitola. Essa Irmã, a quem deu Nosso Padre o hábito, é preciso ser levada como enferma[1]. Não se preocupe de exigir dela muita perfeição; basta que faça de boa mente o que puder, como se diz, e não ofenda a Deus.

Em toda parte se tem muito que passar, especialmente nos começos; até fundar a casa tomamos as que podemos, se têm meios, para que se possam receber outras. Especialmente essa, que deu começo à fundação, é justo conservá-la. Leve-a como puder, minha filha. Se ela tem boa a alma, considere que é morada de Deus.

Louvo ao Senhor cada vez que me lembro de como voltou contente daí Nosso Padre. Para que vossa reverência o realize, digo-lhe que ele me afirmou ser vossa reverência uma das melhores Prioras que temos. Como está tão sozinha, Sua Majestade a ajudará. Pela quantia que deve a Malagón, não se aflija; basta pagar quando puder.

Nosso Padre está bom, glória a Deus, e com bastantes trabalhos, porque saiba que morreu o Núncio[2], e está em Madri o Tostado, Vigário Geral, enviado por Nosso Reverendíssimo Padre Geral[3]. Conquanto até agora não tenha querido o Rei autorizá-lo a visitar os conventos, não sabemos em que irá parar.

A comissão de Nosso Padre não acabou, embora tenha morrido o Núncio; e, portanto, fui informada de que é Visitador, como antes. Creio está agora em Pastrana. É preciso muita oração para que se acerte com o que for de maior serviço de Deus; assim fazemos por aqui, e temos organizado procissões. Não se descuidem, que é grande neste momento a necessidade; contudo, ao que parece, o resultado há de ser bom.

Com todos os trabalhos que tem tido, não deixou Nosso Padre de tratar do negócio dessa sua casa; falou duas vezes ao Bispo[4], o qual lhe mostrou muita benevolência e prometeu-lhe ajudá-lo do melhor modo, escrevendo nesse sentido àquela senhora. Na semana passada enviou-me aqui uma carta, dizendo-me que estava esperando não sei o quê. Bem contente está Nosso Padre, e assegura que tudo se fará muito bem. Não fiquem preocupadas se ele demorar um pouco, pois posso dizer-lhe que tem tido muito trabalho. Achou suficientes os rendimentos, e portanto não se aflija; breve tudo se concluirá! Se está satisfeita com essas noviças — refiro-me às filhas da velha[5] —, não tem outra coisa a fazer senão dar-lhes profissão, embora sofram de algum achaque, pois não há mulher que não o tenha. O que sinto na cabeça está um pouco melhor; mas não a ponto que

---

1. Francisca de la Madre de Dios, sobrinha de D. Catalina de Otálora. Tendo dado princípio à fundação de Caravaca, saiu do convento por "melancolia", mas voltou e professou mais tarde. Ver *Fundações*, cap. 27.
2. Nicolás Ormaneto, falecido em 18 de junho de 1577.
3. Juan Bautista Rubeo, geral da Ordem do Carmo.
4. D. Gómez Zapata, bispo de Cartagena.
5. Inés de Jesús e Ursula de San Angelo, filhas de Martín Robles e Catalina Cuello.

possa escrever muito de próprio punho; a nenhum mosteiro, a não ser alguma coisa particular, escrevo senão por mão alheia, e assim será o fim desta.

Que lhe direi das atrapalhações de pouca saúde que tem havido por aqui, especialmente em Sevilha? De cá lho contarão. Tenho pesar da doença de Encarnação[6], mas são males que com a idade vão passando. Recomende-me a ele e a todas, muitíssimo especialmente à Subpriora e às fundadoras[7].

A Presidente[8] em Malagón chama-se Ana de la Madre de Dios; é muito boa religiosa e faz muito bem seu ofício, sem se apartar um ponto das Constituições. Em Sevilha estão com muitos trabalhos: a Subpriora ungida, a Priora[9] com febre e assim não convém pedir-lhes nada por enquanto. Lembre-se que elas pagaram a viagem de vossa reverência de Sevilha para aí. Agora vão receber noviças, e lhes pagarão o que devem.

Trazer peixe para cá parece brincadeira, a não ser que vossa reverência o envie, pois mandá-lo buscar seria grande despesa para nós. No que toca às saias de pano, segundo diz Nosso Padre, pouco a pouco vão se desfazendo delas, até que não reste mais, se não há dinheiro para comprar agora por junto para todas. Venda-as o melhor que puder.

Porte-se muito bem em tudo com D. Catalina Otálora, e procure dar-lhe pleno contentamento, pois vê quanto lhe deve, e não fica bem ser ingrata. Se ela escrever a qualquer monja, entregue as cartas e mande que lhe responda. Nosso Senhor a faça muito santa.

A Madre Brianda se recomenda a vossa reverência. Continua passando mal.

É hoje 2 de julho.

A mãe[10] e a irmã de vossa reverência estão boas.

Indigna serva de vossa reverência,

TERESA DE JESUS.

193. A MADRE MARÍA DE S. JOSÉ, PRIORA DE SEVILHA

Toledo, 11 de julho de 1577. Partilha os sofrimentos da comunidade de Sevilha. Admissão de algumas postulantes. Alegria que lhe causam os cocos enviados pela Madre Priora. Torna a falar sobre as aspirantes ao hábito. Recomendações.

Jesus esteja com vossa reverência, minha filha. Pois me diz que está um tanto melhor, parece que todo o resto suporto de boa vontade. Praza ao Senhor continue a melhorar! Ele recompense a esse médico, ao qual estou verdadeiramente agradecida.

Grande coisa tem sido ainda estar viva a Subpriora[1]. Bem pode Aquele que a conserva dar-lhe saúde, pois a criou do nada. Realmente Ele está exercitando com padecimentos a vossa reverência e a todas. Agora há pessoas que vão para a Guiné, e ainda mais longe. Apesar disso, quisera eu já ver tudo acabado, que muita pena me causa.

Como disse à Madre Brianda[2] que lhe escrevesse o que se passa aqui, direi apenas o que for necessário. As estampas, que vossa reverência afirma ter enviado para D. Luisa[3], não chegaram, nem também a carta; e vossa reverência não me diz se recebeu o linho e os crucifixos. Avise-me de outra vez, e recomendem todas a Deus a saúde de Brianda, que estou muito alegre de vê-la tão melhor.

---

6. Irmã da Encarnação.
7. *Subpriora:* Barbara del Espíritu Santo. *Fundadoras de Caravaca:* Francisca de la Cruz, Cuéllar, Francisca de San José, Tauste e Francisca de la Madre de Dios, Sahojosa.
8. A que governava em lugar da Priora Brianda de S. José, enferma e ausente. Ver *Fundações*, cap. 16.
9. *Subpriora:* María del Espíritu Santo, subpriora de Sevilha. *Priora:* María de San José.
10. Ana de Salcedo.
1. María del Espíritu Santo.
2. Brianda de San José, priora de Malagón, que esteve doente em Toledo.
3. D. Luísa de la Cerda.

A noviça⁴ receba-a em boa hora, que não é mau o dote que tem, segundo ouvi dizer. Quisera eu que essa viúva⁵ entrasse já. Há poucos dias lhe escrevi que tome a escrava⁶ em boa hora, que não as prejudicará; e tome também a irmã. Não me respondeu tampouco se recebeu essa minha carta. A doença de Garciálvarez fez-me pesar; não se esqueça de dizer-me como ele está, e se a melhora de vossa reverência tem continuado. Recebi os cocos; é coisa interessante. Pretendo enviá-los a D. Luísa. O que veio para mim está excelente; deixe-o para Nosso Padre amanhã abri-lo. Diz ele que a respeito de Paterna nada se trate, até que ele mesmo vá ver. Hoje lhe falamos muito sobre isso. É de opinião que seria alvorotar a todos, pois estão pensando que não é Visitador. Acho que tem razão.

Deus pague a vossa reverência todos os presentes que me manda, e também o porte que enviou. Parece estar sonhando que é alguma rainha. Por caridade, olhe muito por si e trate-se bem, que isto receberei como feito a mim. As Irmãs gostaram muito de ver o coco, e também eu. Bendito seja Aquele que o criou, pois certamente é digno de ser visto. Acho graça: como com todos os seus trabalhos têm disposição para essas coisas! Bem sabe o Senhor a quem os dá. Há pouco falei a Nosso Padre sobre a postulante do Arcebispo. Estou bem desgostosa por ver que tanto importunam a vossa reverência, e a ele pouco se lhe dá. Diz Nosso Padre que a seu ver é uma beata melancólica, e já devíamos estar escarmentadas, pois será pior mandá-la embora depois de recebida. Procure falar-lhe algumas vezes e entender que tal é; e se vir que não convém, não me parece mal que o Pe. Nicolao fale ao Arcebispo⁷ e diga-lhe a má sorte que temos tido com essas beatas; se não for assim, vá protelando.

Ao Pe. Frei Gregorio há muito tempo escrevi esta carta inclusa; enviei-a a Nosso Padre para que lha remetesse, e ele agora a devolveu. A data vai atrasada, mas não a deixe de ler, para que não lhes volte tentação tão desatinada como é quererem mudar de casa. Estou com pena do grande trabalho que terão com essa Irmã, e muito sinto o que padece a pobrezinha. Deus lhe dê remédio. A todas e a todos minhas recomendações. Muito consolo teria eu em ver a vossa reverência, porque acho poucas que sejam tão a meu gosto, e quero-lhe muito bem. Tudo pode o Senhor.

Ao Pe. Garciálvarez, muitas recomendações, e também a Beatriz, à sua mãe⁸ e às demais. Diga-lhes que precisam ser muito perfeitas, pois começa o Senhor com elas essa fundação e as privou de todo auxílio: nem entendo como podem viver. Verdade é que pior fora se, em lugar dessas, tivessem Calçadas, como em outras partes tem acontecido. Enfim, acabarão por fazer o que se lhes manda. O mais penoso é ter vossa reverência de trabalhar com pouca saúde, que já passei por isso; com saúde, tudo se aguenta. Deus lha conceda, filha minha, como desejo e suplico. Amém.

É hoje 11 de julho.

Eu de vossa reverência,

TERESA DE JESUS.

Como Nosso Padre estava aqui, abriu o maço e deu-me as cartas, ficando com as estampas; deve ter-se esquecido de que eram para mim, pois por acaso soube hoje que ele e o Pe. Frei Antonio⁹ estavam porfiando sobre elas. Vi duas e achei-as lindas.

194. AO LICENCIADO GASPAR DE VILLANUEVA¹, EM MALAGÓN

Toledo, julho de 1577. Assuntos internos das Descalças de Malagón. As Irmãs Beatriz e Ana de Jesus. A comunicação com as monjas seja pouca. Falta de sinceridade entre o Licenciado e a Presidente.

---

4. Trata-se provavelmente de María de Jesús, Ruiz e Ojeda.
5. D. Ana de Vaena.
6. Uma escrava negra para servir no convento de Sevilha, já mencionada na *Carta* 183.
7. *Nicolao:* Nicolás Doria. *Arcebispo:* D. Cristóbal de Rojas.
8. *Beatriz da* Mãe de Deus. *Sua mãe:* Juana de la Cruz.
9. Frei Antonio de Jesus, Heredia, prior de los Remedios em Sevilha.
1. Confessor da comunidade.

Jhs

A graça do Espírito Santo esteja com vossa mercê. Muita pena me deram suas cartas; porque pensar que em algumas dessas casas andam as coisas pior que entre as Calçadas de Andaluzia é morte para mim. Tenho tido pouca sorte nesse convento. Não sei que males faz a Presidente[2] para que as monjas estejam como vossa mercê refere na carta à Madre Priora; bastava o que lhe disse um Prelado tal como é Nosso Padre, para que se tivessem sossegado. Bem mostram o pouco entendimento, e não posso deixar de atribuir a culpa a vossa mercê, porque sei: é tanta a sua influência sobre elas que, se fizesse como nas ocasiões em que se tentavam com a Madre Brianda, estariam já de outra maneira.

O fruto que hão de tirar de tudo isso é que não a verão mais[3], mesmo se Deus lhe der saúde. E ficarão também sem vossa mercê, pois assim paga Deus a quem o serve mal; e vossa mercê verá em que vai parar gente tão porfiada e que tal vida me tem dado. Peço-lhe que assim o diga de minha parte a essa Beatriz. Estou de tal jeito com ela, que não lhe quisera ouvir o nome. Suplico a vossa mercê que lhe diga: se ousar contradizer a Presidente ou alguma coisa do governo da casa, e eu o vier a saber, caro lhe há de custar. Ensine-as vossa mercê, como sempre tem feito, por amor de Deus a abraçar-se com Ele, e a não andar tão desassossegadas, se querem ter paz. Tem receio vossa mercê de que haja outras como Ana de Jesus?[4] Por certo mais as quisera eu em pior estado do que ela esteve, do que desobedientes; porque para ver uma Irmã ofender a Deus, não tenho paciência; e para tudo o mais, vejo que o Senhor me dá muita.

Acerca de ser lícito Ana de Jesus comungar, esteja certo de que foi bem examinado o caso; e agora, já tendo podido fazê-lo, continue assim um mês até se ver o resultado. Remeto-me neste ponto ao que a vossa mercê escreve a Madre Priora. Não terem avisado a vossa mercê foi muito mal feito; e portanto, não tendo sido informado, fez bem em dar-lhe a comunhão.

No que diz respeito ao Cura, era por causa dele que eu temia a partida de Frei Francisco, pois nem o Provincial[5] quer que se confessem sempre a um só confessor, nem a mim me parece bem. Como já disse a vossa mercê, contraria-me a muita comunicação com as monjas. Eu o avisarei, porque é necessário ter muito cuidado. Num certo ponto escreveu-me outro dia a Presidente que vossa mercê não procede muito bem com ela. Deu-me a entender que, segundo lhe parece, vossa mercê não usa de sinceridade. Se ela também não é sincera com vossa mercê, acho que é muito malfeito. Vou escrever-lhe sobre isto e sobre outras coisas, mas de tal maneira, que não perceberá que estou informada de tudo. Seria bom que vossa mercê lhe falasse francamente, queixando-se do que fez com Ana de Jesus. Se vossa mercê não desfizer as malhas que o demônio começou a urdir, a situação irá de mal a pior e lhe será impossível sofrê-lo com sossego na alma. Sentirei muito se vossa mercê vier a sair daí, mas vejo que está mais obrigado a pôr a salvo a sua tranquilidade do que a me prestar serviços. O Senhor nos dê paz como Ele pode. Amém.

A esses senhores beijo muitas vezes as mãos.

Dizem que, embora tenha morrido o Núncio, não terminou a comissão de Nosso Padre; portanto continua como Visitador, o que, em parte, me contraria muito.

Indigna serva de vossa mercê,

TERESA DE JESUS.

---

2. Ana da Mãe de Deus, presidente de Malagón.
3. Madre Brianda.
4. Ana de Jesus (Contreras), primeira professa de Malagón, deu que fazer nos Superiores pelos muitos trabalhos espirituais.
5. *Frei Francisco* de la Conceptión, Espinel. *Provincial:* Jerónimo Gracián.

195. A ROQUE DE HUERTA[1], EM MADRI

Toledo, 14 de julho de 1577. Agradece os bons serviços que prestou entregando a correspondência da Santa ao Pe. Gracián, e oferece-lhe os seus.

Jhs

Esteja com vossa mercê o Espírito Santo. Nosso Padre, o Mestre Frei Jerónimo Gracián, falou-me da amizade que tem a vossa mercê, e de como está certo de que em toda ocasião que se apresentar de me favorecer, vossa mercê o fará, sem se ter por molestado; e isto não é pouco, tendo eu tantos negócios. Assim, de ora em diante, acudirei a vossa mercê com as cartas que precisar escrever a Nosso Padre, pois é para mim o mais importante. Há de ser, porém, com a condição de não contribuir vossa mercê mais do que com o seu trabalho; com toda clareza sejam contados os portes, porque a não ser assim não aceitarei este favor.

Em qualquer coisa que me seja dado servir a vossa mercê, fá-lo-ei com o maior gosto, se estiver ao meu alcance.

Estas cartas suplico a vossa mercê enviar aos destinatários.

É hoje 14 de julho.

Indigna serva de vossa mercê,

TERESA DE JESUS.

196. AO PE. JERÓNIMO GRACIÁN

Toledo, julho de 1577. Diz como nos princípios das fundações não pode fazer-se tudo de modo perfeito.

…Pensa, meu Padre, que, para as casas que tenho fundado, são poucas as coisas a que me acomodei, contra a minha vontade? Não, foram muitas: um pouquinho se há de tolerar para dar remédio a uma necessidade como esta…

197. AO PE. JERÓNIMO GRACIÁN

Toledo, julho de 1577. Pouco trato com as Carmelitas, e ainda menos em pequenas localidades…

Se algum frade vai ficar ali[1], advirta-lhe Vossa Paternidade que tenha pouco trato com as monjas. Olhe, meu Padre, que é necessariíssimo. E mesmo o Licenciado[2] não quisera eu tivesse tanto; pois, embora seja tudo tão virtuoso, desse bem costumam proceder maus juízos nos maliciosos, especialmente nesses lugarejos, e até mesmo em toda parte.

Creia Vossa Paternidade: quanto mais vir as suas filhas apartadas de tratos particulares, ainda que estes sejam muito santos, é o melhor — até mesmo para a quietação interior do convento. E isto quisera eu nunca lhe saísse da memória…

198. AS CARMELITAS DE TOLEDO

Ávila, julho de 1577. Envia às Descalças uma postulante de raras qualidades: María de Jesús.

…Filhas, eu lhes envio esta postulante com cinco mil ducados de dote, porém faço-lhes saber que é tal, que cinquenta mil dera eu por ela de muito boa vontade. A esta olhe não como às demais, porque espero em Deus que há de ser um prodígio…

---

1. Secretário do Conselho Real, em Madri.
1. Em Malagón, como confessor da comunidade.
2. Gaspar de Villanueva.

199. A MADRE MARÍA BAUTISTA, PRIORA DE VALLADOLID

Ávila, julho de 1577. Assuntos das Descalças de Valladolid. Mérito dos trabalhos.

…Muito pesar me causa e grande pena me dá, porque o demônio, bem vejo, procura por todos os meios a seu alcance fazer-nos mal. Nosso Senhor dê remédio e favoreça-me dando saúde a vossa reverência, que é o mais importante. Tem me afligido a doença de María de la Cruz. Deve Sua Majestade querer a vossa reverência muito santa, pois de tantas maneiras lhe manda cruzes. Nunca os doentes dessa enfermidade, que julgam ser a dela, têm febre, nem esses fastios; senão antes boas forças e muita saúde.

Muito mal lhe causou não a ter entendido o confessor; eu logo vi. Avise vossa reverência de minha parte ao capelão e dê-lhe muitas recomendações minhas; e não consinta a Estefania tanta solidão e pouco alimento, se não quer que lhe aconteça outro tanto.

Há pouco escreveu-me D. Ana Enríquez lamentando-se muito dos trabalhos que tem. O certo é que têm de ir por este caminho os que hão de gozar daquele Senhor que o trilhou. Esteja Ele com vossa reverência e a guarde para mim. Amém.

200. A D. ALVARO DE MENDOZA, BISPO DE ÁVILA, EM OLMEDO

Ávila, agosto de 1577. Agradece-lhe ter conseguido ceder à Ordem a jurisdição do convento de S. José. Amor que a Dom Alvaro têm as Descalças e o Pe. Gracián. Um casamento. Canonicato para Daza.

Jhs

A graça do Espírito Santo esteja com Vossa Senhoria sempre. Amém.

Já estou boa do mal que tinha, ainda que não da cabeça, que sempre me atormenta com o mesmo ruído. Mas sabendo eu que tem vossa senhoria saúde, passarei de muito boa vontade ainda maiores males.

Beijo a vossa senhoria muitas vezes as mãos, por me favorecer com suas cartas, que nos dão grande consolação, assim como também a estas Madres[1], que mas vieram mostrar muito penhoradas, e com razão.

Se vossa senhoria soubesse a vantagem de ser feita a Visita por quem saiba explicar as Constituições e as conheça por tê-las observado, creio que sentiria muito contentamento, e entenderia que grande serviço prestou a Nosso Senhor. Quanto bem fez vossa senhoria a esta casa, não a deixando sob a autoridade de quem mal saberia entender por onde podia e já começava a entrar o demônio. Contudo até agora ninguém teve culpa, antes agiram com boas intenções. Asseguro-lhe que não me farto de dar graças a Deus.

Da necessidade e falta que sentiremos quando vier Bispo que nada faça por nós, não se preocupe vossa senhoria, pois melhor remediarão uns mosteiros aos outros do que um Prelado, que nunca nos terá o mesmo amor que vossa senhoria. Prouvera a Deus não nos faltasse aqui vossa senhoria para gozá-lo! Só isto nos dá pesar; no demais nenhuma mudança parece ter havido, porque estamos tão sujeitas como antes a vossa senhoria, assim como também todos os Prelados, especialmente o Pe. Gracián, a quem se diria pegamos o amor que a vossa senhoria temos.

Enviei-lhe hoje a carta de vossa senhoria, pois não está aqui; for a Alcalá despedir-se dos Padres que vão para Roma[2]. Muito contentes ficaram com ele as Irmãs, e na verdade é grande servo de Deus. Contribui muito para a comunidade estimá-lo, o ver que em tudo seguirá o que mandar vossa senhoria.

---

1. As monjas de S. José de Ávila.
2. Por decreto do capítulo de Almodóvar (1576) deviam ir a Roma Fr. Pedro dos Anjos e Fr. Juan de San Diego.

No que diz respeito àquela senhora, procurarei fazer o que ordena vossa senhoria, quando se apresentar ocasião, pois quem me falou não é pessoa que costume vir a esta casa. Não me deu a entender que se tratasse de casamento, mas depois que vi a carta de vossa senhoria, pensei que talvez tivesse a intenção de impedir o ajuste[3]. Contudo, não posso entender que interesse tenha nesse caso, antes o atribuo a zelo do bem geral e da glória de Deus. Sua Majestade tudo encaminhe como for mais de seu agrado. As coisas estão em tal ponto, que meterão vossa senhoria no meio, ainda contra sua vontade. Muito me consolo de ver que está vossa senhoria tão desapegado, a ponto de não se afligir. Pense vossa senhoria se seria bom avisar a Abadessa[4], e mostrar desprazer de o terem envolvido nisso, a fim de ver se pode dar algum remédio. Asseguro a vossa senhoria que o tenho tomado muito a peito.

No negócio do Mestre Daza[5], não sei o que diga, tanto desejo tenho que vossa senhoria faça alguma coisa por ele; porque vejo que vossa senhoria deve retribuir-lhe a estima, e, mesmo que depois nada fizesse, gostaria que lhe desse esperança. É tanta a estima que ele tem a vossa senhoria, que chegou a dizer-me: que se reconhecesse ser-lhe pesado pedindo-lhe benefício, procuraria jamais solicitar favor algum, e nem por isso deixaria de servir a vossa senhoria.

Ele mesmo escreve a vossa senhoria o que há acerca do canonicato; e, se tiver certeza de ser lembrado no caso de alguma vaga antes de vossa senhoria partir, ficará contente; e eu também. Creio que a Deus e ao mundo parecerá bem, e verdadeiramente vossa senhoria lho deve. Praza a Deus haja algum lugar, a fim de vossa senhoria a todos deixar satisfeitos; mesmo sendo menos que um canonicato, penso que aceitará. Enfim, nem todos têm um amor tão desinteressado a vossa senhoria como nós Descalças, pois só desejamos que nos queira bem, e que no-lo guarde Deus por muitíssimos anos.

Bem pode entrar nesta conta meu irmão[6]. Está agora no locutório. Beija muitas vezes a vossa senhoria as mãos, e Teresa os pés. Todas nós ficamos mortificadas quando de novo nos manda que o encomendemos a Deus, porque já deve vossa senhoria estar tão certo disto, que nos faz agravo em repeti-lo. Estão a pedir-me depressa a carta, de modo que não me posso alargar. Parece-me que, se vossa senhoria disser ao Mestre que no caso de vagar algum benefício lho dará, ficará contente.

Indigna serva e súdita de vossa senhoria,

TERESA DE JESUS.

201. A FREI JERÓNIMO GRACIÁN

Ávila, agosto de 1577. Roga-lhe que permita admitir nas Descalças de Alba a filhinha de Antonio Gaytán.

...Antonio Gaytán esteve aqui. Veio pedir-me que seja recebida em Alba sua menina, que deve ser mais ou menos da idade de minha Isabelita. Escreveram-me as monjas que é extremamente gentil. Seu pai proverá à alimentação e dará mais tarde tudo o que tiver livre. Montará, dizem, a seiscentos ou setecentos ducados, e talvez mais; e o que tem feito por aquela casa e trabalhado pela Ordem não se pode pagar.

Rogo a Vossa Paternidade não deixe de enviar-me licença, por caridade, e depressa. Asseguro-lhe que esses anjinhos nos edificam e recreiam. Se houvesse uma em cada casa, e não mais, não veria inconveniente, senão antes proveito...[1]

---

3. Trata-se do projeto do casamento entre o Duque de Sessa e D. María Sarmiento, filha de D. María de Mendoza e sobrinha do Bispo D. Alvaro.
4. D. Ana Quixada de Mendoza, abadessa de las Huelgas Reales de Valladolid.
5. Gaspar Daza, que suplica uma prebenda de seu bispo por meio da Santa.
6. Lorenzo de Cepeda.
1. Na Reforma foram recebidas apenas três meninas: Teresa, filha de Lorenzo de Cepeda; Isabel, irmã do Pe. Gracián; e Mariana de Jesus, da qual se trata nesta carta.

202. A D. ALVARO DE MENDOZA, BISPO DE ÁVILA

Ávila, 6 de setembro de 1577. Felicita-o pelo casamento de sua sobrinha D. María Sarmiento. Não é grande inconveniente ser ela jovem e ele não muito moço. Gratidão pelas esmolas e extrema generosidade de D. Alvaro.

Jesus esteja sempre com vossa senhoria. Muito prazer me deu o casamento da senhora D. María[1]; e posso dizer com verdade que, pela muita alegria que me deu, não acabava de crê-lo inteiramente; e assim, foi grande consolo para mim vê-lo confirmado na carta de vossa senhoria. Seja Deus bendito que me fez tão grande mercê, pois, especialmente nesses últimos tempos, tenho andado bem desassossegada e cuidadosa pelo grande desejo de ver vossa senhoria livre de tão grave preocupação e com pouco trabalho o conseguiu, segundo me dizem, pois é casamento bem honroso. No demais, não pode tudo ser perfeito; muito maior inconveniente seria se ele fosse muito moço. Sempre é mais regalada a esposa quando o marido tem alguma idade; especialmente o será esta, que tantos predicados tem para ser querida. Praza a Nosso Senhor assim seja, em muito boa hora. Não sei que acontecimento poderia vir agora que me desse tanta alegria. Fiquei pesarosa com a doença de minha senhora D. María[2]. Praza a Nosso Senhor que não seja como de costume. Aqui mais particular cuidado teremos que de ordinário de rezar por ela.

Pague Nosso Senhor a vossa senhoria a esmola; chegou em muito bom tempo, porque já não tínhamos a quem recorrer, embora isso não me desse muita preocupação. Mais sentia Francisco de Salcedo do que nós — acostumadas como estamos a confiar em Deus. Disse-me ele, outro dia, que ia escrever a vossa senhoria e dizer só na carta: Senhor, não temos pão. Não consenti, porque tenho tanto desejo de ver a vossa senhoria sem dívidas, que prefiro padecer necessidade, a contribuir para aumentar despesas a vossa senhoria. Mas, visto dar-lhe Deus tanta munificência, espero em Sua Majestade que lhe acrescentará os haveres por outra parte. Seja do divino agrado guardar a vossa senhoria muitos anos, e a mim levar-me aonde possa gozar da presença de vossa senhoria.

Muito determinado está o Pe. Gracián a não me deixar ir à Encarnação; mas só a Deus temo, apesar de não haver neste momento coisa pior para nós. Muito me alegro de que vossa senhoria, em vista de sua condição tão generosa, tenha resolvido apartar-se de ocasiões, como é a feira[3]. Praza a Deus que lhe seja de proveito, e, mais que a mim mesma, guarde a vossa senhoria à minha afeição.

É hoje 6 de setembro.

Indigna serva e súdita de vossa senhoria,

TERESA DE JESUS.

Teresa beija a vossa senhoria as mãos, e faz o que ela lhe ordenou; por sua vontade, bem quisera ir com vossa senhoria.

203. A SUA MAJESTADE FILIPE II, EM MADRI

Ávila, 18 de setembro de 1577. Defende o Pe. Gracián por ocasião de certos memoriais que contra ele haviam apresentado a sua Majestade. Virtude do Pe. Gracián. Proveito espiritual resultante de suas visitas canônicas. É "homem enviado por Deus e sua bendita Mãe". O Tostado e o Pe. Baltasar de Jesus.

Jhs

A graça do Espírito Santo esteja sempre com Vossa Majestade. Amém. A meu conhecimento chegou que apresentavam a Vossa Majestade um memorial contra o Pe. Mestre Gracián. Causam-

---

1. D. María Sarmiento y Pimentel, filha de D. Maria de Mendoza, que se casou com D. Gonzalo Fernández de Córdoba, duque de Sessa.
2. D. María de Mendoza.
3. Festejos que se faziam em Ávila em honra de Nossa Senhora, no dia 8 de setembro.

me espanto os ardis do demônio e também dos Padres Calçados, porque, além de infamarem a este servo de Deus — que verdadeiramente o é e a todas nós grandemente tem edificado, e em suas visitas deixa as casas com novo espírito, como sempre me escrevem —, procuram agora deslustrar estes conventos onde tanto se serve a Nosso Senhor. Valeram-se para isto de dois Descalços[1], um dos quais antes de ser frade serviu nestes mosteiros[2], e fez coisas por onde deu bem a entender que muitas vezes lhe falta o juízo. Deste Descalço, e de outros, apaixonados contra o Pe. Mestre Gracián, porque a ele pertence o castigá-los, lançaram mão os frades do Pano, fazendo-os assinar desatinos. Não fosse o medo que tenho de poder o demônio tirar de tudo isso grande mal, seria recreação para mim ver o que atribuem às Descalças. São coisas que para meu hábito seriam monstruosas.

Por amor de Deus, suplico a Vossa Majestade não consinta que andem de tribunal em tribunal falsos testemunhos tão infames; porque o mundo é de tal sorte que, por mais que se prove o contrário, pode acontecer ficar alguma suspeita de termos dado porventura alguma ocasião; e não é conveniente pôr mácula à reforma no pé em que está. Pela bondade de Deus, tudo anda tão reformado que, se Vossa Majestade for servido, poderá verificá-lo numa declaração acerca destes mosteiros, assinada por pessoas graves e santas que tratam com estas monjas, feita a pedido do Pe. Gracián, por certos motivos particulares.

E como é fácil averiguar o motivo que os leva a escrever os ditos memoriais, considere-o Vossa Majestade, por amor de Nosso Senhor, como negócio que atinge à Sua honra e glória; porque se os do Pano virem levar em consideração seus falsos testemunhos aleivosamente acusarão de herege ao Visitador com o fim de impedir a visita; e onde não há muito temor de Deus, fácil será prová-lo.

Faz-me lástima ver o que padece este servo de Deus, que em tudo age com toda lealdade e perfeição; e isto me obriga a suplicar a Vossa Majestade que o favoreça, ou mande tirá-lo de tantas ocasiões e perigos, pois é filho de servos[3] de Vossa Majestade, e ele por si mesmo merece estima. Sim, verdadeiramente, tenho-o na conta de homem enviado por Deus e por sua bendita Mãe, pois a grande devoção que tem à Virgem o trouxe à Ordem para ajuda minha; porque havia mais de dezessete anos padecia eu sozinha com estes Padres do Pano, e já não sabia como o sofrer, que não bastavam minhas débeis forças.

Suplico a Vossa Majestade me perdoe o ter-me alargado, porque o grande amor que tenho a Vossa Majestade me fez atrever-me a tanto, considerando que, pois sofre o Senhor minhas indiscretas queixas, também as sofrerá Vossa Majestade.

Praza a Ele ouvir todas as orações que nesta Ordem se fazem, de Descalços e Descalças, para que guarde a Vossa Majestade muitos anos, pois nenhum outro amparo temos na terra.

Feita em S. José de Ávila, a 18 de setembro de 1577.

Indigna serva e súdita de Vossa Majestade,

TERESA DE JESUS, carmelita.

Receio que, se o Tostado conservar a atitude em que está agora, ficará sem fruto a visita, e até produzirá muito dano, especialmente tendo-se juntado a ele esse pregador que antes foi Calçado[4]. Sobre a vida do Pe. Gracián suplico a Vossa Majestade mande tomar informações; e, se for necessário, todas as monjas Descalças jurarem que nunca lhe ouvimos palavra, nem vimos nele coisa que não fosse para edificar-nos; e em não penetrar nos mosteiros tem tido tão grande extremo, que nos capítulos, quando pareceria forçoso entrar, ordinariamente os faz através das grades.

---

1. Miguel de la Columna, leigo, e Baltasar de Jesús, Nieto.
2. Miguel de la Columna.
3. O pai de Gracián foi Secretário de Carlos V e Filipe II. O mesmo cargo ocupou Tomás Gracián, irmão do Pe. Gracián.
4. Frei Baltasar Nieto, que, depois de algum tempo passado na Reforma, voltou à Observância.

204. AO PE. JERÓNIMO GRACIÁN

Ávila, outubro de 1577. Aconselha ao Pe. Gracián moderação no trabalho e sono suficiente.

...Asseguro-lhe que tem razão José[1] em deixar Vossa Paternidade dormir. Achei muita graça, porque, desde a partida de Vossa Paternidade, isto mesmo pedi e roguei encarecidamente ao Senhor, parecendo-me coisa necessária. E, por pouco, penso que o fez em atenção a mim; e até creio de todo que assim foi, por ter-me eu empenhado tanto para consegui-lo. Talvez com esse dormir dê conta de seu trabalho. Contudo acho pouquíssimo o sono que toma depois de Matinas, porque, assistindo a elas e levantando-se de manhã, não sei quando acha tempo para dormir o suficiente...

205. A JUAN DE OVALLE

Ávila, 20 de outubro de 1577. Quiroga toma posse do Arcebispado de Toledo. Assuntos particulares da família Ovalle-Ahumada. As monjas da Encarnação privadas de ouvir Missa.

Jesus esteja com vossa mercê. Deram-me ontem de noite uma carta do Pe. Mestre Gracián na qual me diz terem chegado as Bulas do Arcebispo de Toledo[1]. Pensa que já estará lá; e certamente deve estar, porque terá ido tomar posse. Justamente achei logo este mensageiro, o que muito me contentou. Prometeu-me entregar-lhe esta carta na terça-feira ao meio-dia; e é hoje domingo, dezenove de outubro, se não me engano.

Por ser noite e já tarde não digo mais, nem disse nada a meu irmão de que vai este portador, porque não poderá escrever nem que queira. Dei-lhe três reais, e quando tornar lhe darei aqui outros dois. Aí lhe deem mais dois para a volta, pois ajustei a viagem por sete, e tenho um pouco de escrúpulo de pagar tudo, sem ter consultado a alguém.

Oh! que trabalho dão esses apertos de nossa pobreza! Praza a Nosso Senhor remediá-lo por outra parte; está em suas mãos, já que por minha nada posso fazer. Terminarei a tempo minha carta para que vossa mercê não seja obrigado a deter-se aqui, pois grande vantagem será achá-lo em Toledo[2]. Tornei ontem a escrever para lá, suplicando à senhora D. Luisa que não se esqueça e à Priora que esteja bem atenta. Se Deus quiser, faremos bastantes diligências e não nos faltará proteção. Escolha animal que ande bem e não trote, para não cansar a vossa mercê.

As monjas continuam sem ouvir Missas[3], e nada há de novo sobre elas nem sobre os demais negócios, que aliás vão bem. Mandem avisar à Priora[4] que há este mensageiro, para o caso de desejar escrever-me.

Minha irmã tenha esta por sua, a Beatriz minhas lembranças. Se fôssemos adivinhos, teria sido conveniente vossa mercê ter ido daqui para Toledo, mas não faltará ocasião. O Senhor o permita; e por ser tão tarde, não digo mais.

Indigna serva de vossa mercê,

TERESA DE JESUS.

---

1. Jesus.

1. D. Gaspar de Quiroga.
2. S. Teresa promete uma carta de recomendação que Juan de Ovalle achará pronta e levará ao Arcebispo, de quem pretendia algum favor.
3. As monjas da Encarnação severamente castigadas pelos Calçados por terem eleito Santa Teresa como Priora.
4. Juana del Espíritu Santo, priora de Alba de Tormes.

206. A MADRE MARÍA DE S. JOSÉ, PRIORA DE SEVILHA

Ávila, outubro de 1577. Bom andamento dos negócios da Descalcez Desdizem-se os acusadores do Pe. Gracián. Ruidosa eleição de Priora na Encarnação. Teresita boa e bonita.

Jesus esteja sempre com vossa reverência, filha minha. No mês passado escrevi a vossa reverência por um arrieiro desta cidade, pelo qual também escreveu meu irmão. Contava-lhe eu que andavam os negócios um tanto agitados, como vossa reverência já terá sabido pelo Pe. Frei Gregório, mais minuciosamente do que lhe pude escrever então. Agora, Deus seja bendito, vão muito bem, e cada dia melhor. Nosso Padre está bom e conserva ainda sua comissão. Contudo bem quisera eu vê-lo livre desta gente, pois tantas coisas inventam, que não se podem escrever; e o melhor é que tudo recai sobre eles e redunda em vantagem para nós.

Já terá sabido vossa reverência como Frei Miguel e Frei Bartolomé se desdisseram. Jura Frei Miguel que não escreveu uma palavra do memorial: com violência e ameaças o obrigaram a assinar. Isto e outras coisas declarou, apresentando testemunhas, perante escrivão e na presença do Santíssimo Sacramento. O Rei compreendeu ser tudo maldade, e assim o resultado é que fazem mal a si mesmos. Tenho andado ruim de cabeça. Encomendam-se a Deus, e peçam também por esses Irmãos para que Deus lhes dê luz, e salvem as suas almas.

Devo dizer a vossa reverência que se passa aqui na Encarnação uma coisa, que, penso, nunca se viu outra semelhante. Por ordem do Tostado, veio aqui o Provincial dos Calçados[1] fazer a eleição, completam-se hoje quinze dias; e trazia grandes censuras e excomunhões para as que me dessem voto. E, apesar de tudo isto, não se importaram e, como se nada lhes houvessem dito, votaram em mim cinquenta e cinco monjas. A cada voto que entregavam ao Provincial, ele as excomungava e maldizia, e, com o punho fechado, amarrotava os votos e os socava e jogava ao fogo. Deixou-as excomungadas, faz hoje quinze dias, sem ouvir Missa nem entrar no coro, ainda quando nele não se reza o Ofício Divino; mandando que ninguém lhes fale, nem os confessores, nem seus próprios pais. E o mais engraçado é que, no dia seguinte após esta eleição amarrotada, tornou o Provincial a chamá-las dizendo que viessem fazer eleição; e elas responderam que não tinham outra eleição a fazer, já a tinham feito. Ele, quando isto viu, tornou a excomungá-las, e, chamando as quarenta e quatro restantes, elegeram outra Priora[2], e mandou pedir ao Tostado a confirmação.

Já foi confirmada; as demais estão firmes, dizendo que não lhe querem obedecer senão na qualidade de Vigária. Dizem os letrados que não estão excomungadas, e que os Frades estão indo contra o Concílio, elegendo Priora com minoria de votos, como fizeram. Mandaram elas dizer ao Tostado que me querem por Priora. Respondeu que não: se eu quiser ir para lá ficar recolhida, sim; mas como Priora, não o podem tolerar. Não sei em que vai parar esse caso.

É isto, resumidamente, o que se está passando agora; todos ficam espantados ao ver uma coisa como esta, que a todos escandaliza. De boa vontade lhes perdoaria eu se quisessem deixar-me em paz, pois não me apetece ver-me naquela Babilônia, sobretudo com pouca saúde; e quando estou naquela casa, ainda tenho menos. Deus resolva tudo como for mais de seu agrado, e me livre delas.

Teresa[3] está boa e recomenda-se a vossa reverência. Está muito bonita e tem crescido muito. Recomende-a a Deus para que a torne sua serva. Faça-me vossa reverência saber se entrou a viúva[4], como desejo; e a irmã dela, se voltou às Índias.

Muita vontade tenho tido de poder tratar com vossa reverência várias coisas, seria consolação para mim; mas, algum dia, espero dispor de tempo e de mensageiro certo para fazê-lo, melhor do

---

1. Juan Gutiérrez de la Magdalena.
2. D. Ana de Toledo, que na votação obteve 34 votos contra 54 obtidos pela Santa.
3. Sua sobrinha.
4. D. Ana de Vaena.

que agora. Muito nos ajuda a senhora D. Luísa, favorecendo-nos em tudo. Recomende-a, assim como o Arcebispo de Toledo, a Deus; e do Rei nunca se esqueça.

Sobrescrito: Para a Madre Priora de Sevilha.

207. A ALONSO DE ARANDA[1], EM MADRI

Ávila, 10 de novembro de 1577. Favorável solução de um pleito. Afeição da Santa para com Aranda. O conflito da Encarnação de Ávila. Recomenda o assunto ao Licenciado Padilla.

Jhs

Esteja com vossa mercê o Espírito Santo, meu Padre; e pague-lhe Nosso Senhor o consolo que me dá com suas cartas. Grandíssimo foi o que tive com a sentença favorável do pleito; tenho dado muitas graças a Nosso Senhor. Não sei se será muita perfeição sentir tanto prazer por uma coisa temporal. Penso que o de vossa mercê deve ter sido muito grande e que posso dar-lhe os parabéns; e assim faço. Há de causar-me saudades ausentar-se vossa mercê em tal tempo desse lugar[2]. Permita Deus que melhorem as coisas, de maneira a não termos necessidade da proteção de minha senhora a marquesa[3] e das boas diligências de vossa mercê.

Saiba, meu Padre, que estas monjas estão no mesmo, o que me causa muita pena; refiro-me às da Encarnação. Desejo muito que obedeçam na qualidade de Priora à que foi eleita; pois só lhe estão obedecendo como a Vigária. Elas, por lhes parecer que o bem daquela casa está no que fizeram — e quiçá se enganam, e hão de ver logo a perda, já que tornam para lá os Frades[4] —, dizem que estão determinadas a esperar até onde puder ser. Por caridade, veja vossa mercê se consegue serem elas absolvidas pelo Tostado ou pelo Provincial, ou se o Núncio vai visitá-las.

O principal é que não se toma providência, e, se durar muito, é triste coisa estar assim. Trate-o vossa mercê também com o Senhor Licenciado Padilla[5]; e, conforme vir ser conveniente, escreva vossa mercê ao Pe. Julián de Ávila, que se empenhará muito junto delas e talvez consiga que obedeçam a D. Ana. Quanto a mim, como sabem que não quero ir para lá, dão-me escasso crédito.

À minha senhora a marquesa suplico favorecer este negócio tanto quanto puder. Se eu as visse já sossegadas, seria grande consolação para mim. Ao Senhor Licenciado Padilla não escrevo para não cansar a Sua Mercê; basta o que está passando com tantos trabalhos. Desejo muito saber que fim levou o Tostado. Leia-lhe vossa mercê o que toca em particular a estas monjas.

Suplico-lhe intervir, pois não é possível ficarem as coisas assim muito tempo; nem mesmo pouco, pois é grande a inquietação, e não pode deixar de haver ofensas de Deus. Guarde Sua Majestade a vossa mercê, a quem estas suas filhas se recomendam.

É hoje véspera de S. Martinho.

Depois de informar-se vossa mercê de tudo e de tratar com o Senhor Licenciado Padilla, se não achar mensageiro que venha imediatamente, minha senhora a marquesa porá um moço às ordens de vossa mercê. E se vossa mercê vir que será incomodá-la, mande-me um próprio, e aqui será pago; porque não é possível esperar mais do que até a próxima semana, sob pena de ficar em confusão a comunidade, como vossa mercê verá por este bilhete que me escreve hoje Frei Juan[6]. E se vossa mercê mandar mensageiro, avise ao senhor Licenciado Padilla e ao senhor Roque de Huerta, pois talvez tenham cartas de Nosso Padre a enviar-nos.

---

1. Sacerdote de Ávila, amigo da Santa.
2. Ausentar-se de Madri em tempo de tanta necessidade.
3. D. Juana de Bragança, marquesa de Elche.
4. Quer dizer que, não podendo manter como confessores os Descalços, tendo sido estes substituídos por Calçados, de nada adiantaria a sua volta à Encarnação.
5. Juan Calvo de Padilla.
6. S. Juan de la Cruz, que ainda permanecia temporariamente como confessor na Encarnação.

O Senhor encaminhe este negócio e guarde a vossa mercê. Asseguro-lhe que fico penalizada com estas coisas.

É hoje véspera de S. Martinho.

Indigna serva de vossa mercê,

TERESA DE JESUS.

Escrevo ao Licenciado Padilla; portanto basta vossa mercê tratar com ele sobre a atitude que convém manter, porque o negócio não sofre demora. Mostre-lhe vossa mercê o bilhete incluso.

208. AO PE. JERÓNIMO GRACIÁN

Ávila, novembro de 1577. Virtude e integridade do Pe. Gracián nas perseguições. Não faça Pablo (Gracián) alguma coisa que torça a vontade de Deus.

…Tenho por grandíssima mercê de Deus, que, entre tantas tempestades, esteja Pablo tão forte, com tão grandes determinações. Tê-las ainda uma só hora no mês já seria muito, havendo tantas ocasiões para tirar-lhe a paz. Glória seja dada Àquele que o conforta.

Se cumprir aquele contrato[1], nada mais tenho a desejar para meu consolo; porque, em suma, todos os demais trabalhos hão de ter fim; e se o não tivessem, pouco importaria. Vossa Paternidade o informe de que eu hei de guardar aquela escritura, a fim de exigir dele o cumprimento da palavra se algum dia faltar.

Veio em bom tempo a sua carta para os temores em que vivo; pois toda a minha aflição é que não faça Pablo coisa alguma em que torça a Vontade de Deus. A este respeito muito assegura José a Ángela, dizendo-lhe que Pablo vai bem e merecendo mais e mais.

209. A MADRE MARÍA BAUTISTA

Ávila, novembro de 1577. Devoção da Madre a S. Martinho.

É hoje dia de S. Martinho, de quem sou devota porque nesta oitava, não sei qual a razão, tenho recebido várias vezes grandes mercês do Senhor.

210. A D. MARÍA ENRÍQUEZ, DUQUESA DE ALBA

Ávila, 2 de dezembro de 1577. Felicitações pelos desposórios de D. Fadrique com D. María de Toledo. Agradece-lhe ter patrocinado o Pe. Fernández, para o despacho favorável dos negócios da Descalcez.

Jhs

A graça do Espírito Santo esteja sempre com Vossa Excelência. Amém. Por aqui deram-me umas novas que muito me têm regozijado: de se terem efetuado os desposórios do senhor D. Fadrique e de minha senhora D. María de Toledo. Entendendo eu o contentamento que será para Vossa Excelência, foi tal minha alegria que esqueci todos os meus trabalhos. Embora não o tenha sabido de pessoas às quais possa dar inteiro crédito, tem muita aparência de verdade o que disseram. Suplico a vossa Excelência se digne confirmá-lo, para que minha alegria seja completa. Praza a Nosso Senhor redunde em muita honra e glória sua, como espero que acontecerá, pois há tanto tempo rezamos nessa intenção.

Disseram-me aqui quanto Sua Excelência o Duque de Alba nos favorece a todos. Asseguro a Vossa Excelência que é tão grande mercê que…[1]

---

1. Em todo esse parágrafo alude ao voto que fizera e escrevera o Pe. Gracián, obrigando-se a praticar sempre o que fosse mais do agrado de Deus.

1. Faltam duas linhas no original.

Se Sua Excelência nos amparar neste ponto[2], será como livrar-nos do cativeiro do Egito. Disseram-me que Sua Excelência mandou chamar ao Pe. Mestre Frei Pedro Fernández para tratar deste negócio. É o maior bem que nos pode acontecer, porque ele conhece os interessados de uma e de outra parte. Parece uma solução vinda do céu. Praza a Nosso Senhor guardar a Sua Excelência para remédio dos pobres e aflitos.

Muitas vezes beijo a Sua Excelência as mãos por tão grande mercê e favor, e a Vossa Excelência suplico fazer-me a graça de interessar-se por tudo e insistir muito para que vá a essa corte o Pe. Frei Pedro Fernández. Considere Vossa Excelência que este negócio pertence à Virgem Nossa Senhora, e Ela precisa agora ser amparada por pessoas desse valor na guerra que o demônio move à sua Ordem; pois muitos e muitas não teriam entrado nela se julgassem vir a estar sujeitos à autoridade que agora se lhes impõe.

Atualmente estamos muito mais consoladas, desde que nos governam nossos Padres; e assim espero em Nosso Senhor que tudo acabará bem.

Praza a Sua Majestade nos guarde a Vossa Excelência muitos anos com a santidade que sempre Lhe suplico. Amém.

Feita em S. José de Ávila, a 2 de dezembro.

Serva de Vossa Excelência,

TERESA DE JESUS.

211. AO PE. JERÓNIMO GRACIÁN

Ávila, dezembro de 1577. Perfeição do Pe. Gracián. Recomenda-lhe de novo que durma o tempo suficiente. Confiança em Deus.

…Louvo a Nosso Senhor que dá a Vossa Paternidade essa paz e desejo de contentar a Ele em tudo. Essa luz que lhe concede de vez em quando, sobre coisas tão espirituais e tão altas, é grande misericórdia Sua. Afinal de contas, cumpre a Sua Majestade dar a ajuda em proporção aos trabalhos, e, como estes são grandes, também são grandes as mercês. Bendito seja seu nome para sempre, sem fim.

Creia, meu Padre, será bom que Vossa Paternidade durma o suficiente. Olhe que tem muito trabalho, e a fraqueza não se vem a sentir até estar a cabeça de modo a não se poder remediar; e bem vê quanto é importante a sua saúde. Siga nisto o parecer alheio, por amor de Deus, e deixe-se de urdir planos — por mais necessários que sejam — e de fazer oração nas horas de dormir. Veja que não me deixe de fazer este favor, pois muitas vezes o demônio, quando vê fervor de espírito, representa coisas de suma importância para o serviço de Deus, com o fim de atalhar o bem por este meio, já que o não pode por outro…

212. A SUA MAJESTADE FILIPE II

Ávila, 4 de dezembro de 1577. O Rei Prudente — amparo da Descalcez. Defesa de S. Juan de La Cruz. Falta de tranquilidade na Encarnação de Ávila.

Jhs

A graça do Espírito Santo esteja sempre com Vossa Majestade. Amém. Creio muito firmemente que houve por bem Nossa Senhora valer-se de Vossa Majestade e tomá-lo por amparo e remédio de sua Ordem, e assim não posso deixar de acudir a Vossa Majestade no que nos diz respeito. Por amor de Nosso Senhor, suplico a Vossa Majestade perdoar-me tanto atrevimento.

---

2. Na ereção da Província dos Descalços.

Bem creio tem Vossa Majestade conhecimento de como estas monjas da Encarnação têm procurado levar-me para lá, pensando por este meio achar algum remédio para libertar-se dos Frades; pois, é certo, lhes servem de grande estorvo para o recolhimento e religião que elas têm em vista, e são responsáveis por toda a culpa das faltas de observância no passado. Estão, porém, muito enganados, porque enquanto lhes estiverem sujeitas, tendo-os por confessores e visitadores, de nenhum proveito, ao menos duradouro, é minha ida para lá. Assim o afirmei sempre ao visitador dominicano[1], e ele estava bem convencido disto.

Para melhorar a situação, enquanto Deus fazia sua obra, pus ali numa casa um Frade Descalço[2], tão grande servo de Nosso Senhor, que as tem edificado muito, juntamente com um seu companheiro[3]. Espantada está a cidade com o grandíssimo proveito que resultou, de modo que o têm por santo; e em minha opinião o é e o tem sido toda a sua vida.

Informado disto o Núncio passado, e também do prejuízo que faziam os do Pano — por larga informação que lhe foi apresentada da parte da cidade —, promulgou um mandamento com excomunhão para que fizessem voltar os confessores Descalços, que haviam expulsado com muitos insultos e escândalo do povo. Além disso, mandou, sob pena de excomunhão, que nenhum Padre do Pano fosse à Encarnação a tratar de algum negócio, ou a dizer Missa, ou a confessar, só o permitindo aos Descalços e Padres seculares. Com isto ficou em bom estado a casa, até que morreu o Núncio, e voltaram os Calçados sem mostrarem com que autoridade o podiam fazer. Com eles voltou a inquietação.

E agora, um Frade[4] que veio absolver as monjas tanto as maltratou, e tão sem ordem e justiça, que estão bem aflitas, e não livres das penas que antes tinham, segundo me disseram. Ainda por cima, tirou-lhes os confessores Descalços, dizendo-se nomeado Vigário provincial — e assim deve ser, porque tem mais capacidade do que outros para fazer mártires —, e levou-os presos ao seu mosteiro, depois de arrombadas as celas e tomados os papéis que tinham.

Está todo o lugar bem escandalizado, por verem como, não sendo Prelado nem mostrando com que autoridade assim agiu — pois os Calçados estão sujeitos ao Comissário Apostólico[5] —, atrevem-se a tanto, nesta cidade que tão perto está de onde reside Vossa Majestade. Poderia se dizer que não temem a justiça, nem a Deus. Da minha parte fico muito aflita por ver os nossos em mãos de seus contrários, que há bastante tempo o premeditavam; mais quisera eu vê-los entre mouros, pois talvez usassem de mais piedade. E esse Frade, tão servo de Deus, está de tal modo fraco, do muito que tem padecido, que temo por sua vida[6].

Por amor de Nosso Senhor suplico a Vossa Majestade mande que o mais breve possível o libertem, e que se deem providências para não sofrerem tanto, com os do Pano, todos estes pobres Descalços, que não fazem senão calar e padecer. Ganham muito, mas de tudo isto resulta escândalo entre o povo. Este mesmo Calçado que está aqui[7], neste verão prendeu sem nenhuma causa, em Toledo, Frei Antonio de Jesus, que é um bendito velho, o primeiro que professou. E andam dizendo, por aí, que hão de perder a todos, porque assim lhes mandou o Tostado. Seja Deus bendito, pois os que haviam de servir de meio para impedir que o Senhor fosse ofendido, são ocasião de tantos pecados; e cada dia procederão pior.

Se Vossa Majestade não manda remediar o mal, não sei onde iremos parar, porque nenhum outro apoio temos na terra. Praza a Nosso Senhor no-lo conservar muitos anos. Nele espero que

---

1. Pedro Fernández.
2. S. Juan de la Cruz.
3. Germán de San Matías.
4. Frei Hernando Maldonado, por comissão recebida do Padre Tostado.
5. Pedro Fernández.
6. S. Juan de la Cruz.
7. Frei Maldonado.

nos fará esta mercê, pois se vê este Senhor tão destituído de quem olhe por sua honra. Continuamente Lho suplicamos, todas nós, estas servas de Vossa Majestade, e eu.

Feita em S. José de Ávila, a 4 de dezembro de 1577.

Indigna serva e súdita de Vossa Majestade,

TERESA DE JESUS, carmelita.

213. AO PADRE GASPAR DE SALAZAR[1], EM GRANADA

Ávila, 7 de dezembro de 1577. Dá-lhe conta dos negócios da Reforma. Incidentes da eleição da Santa para Priora da Encarnação. A Autobiografia teresiana louvada pelo Inquisidor. Outra joia (*As Moradas*) de mais delicados esmaltes que a Autobiografia.

Jhs

Esteja com vossa mercê o Espírito Santo, meu Padre. Hoje, véspera da Conceição, entregaram-me uma carta de vossa mercê. Pague-lhe Nosso Senhor o consolo que me deu. Bem necessitada estava eu dele, porque saiba: há mais de três meses parece haverem-se juntado muitas hostes de demônios contra Descalços e Descalças. São tantas as perseguições e calúnias que levantaram, tanto de nós como do Padre Gracián, e tão difíceis de engolir, que só nos restava acudir a Deus. Creio terem sido ouvidas tantas orações, pois, enfim, são almas boas as que pedem. O certo é que se retrataram aqueles[2] que apresentaram ao Rei memoriais cheios de lindas façanhas inventadas contra nós. Grande coisa é a verdade: estas Irmãs até sentiam gozo. Quanto a mim, não é de admirar, pois pelo costume já não é muito que seja insensível a estas coisas.

Agora, para remate, lembraram-se as da Encarnação de dar-me votos para Priora. Tive quatorze ou quinze a mais; e, ainda assim, tanta habilidade tiveram os Padres, que elegeram e confirmaram outra com minoria de votos. Grande benefício me teriam feito, se fosse com espírito de paz.

Como não quiseram as monjas obedecer a tal senão em qualidade de Vigária, excomungaram-nas todas. Eram mais de cinquenta. Conquanto de fato e na verdade não fosse válida a excomunhão, segundo dizem os letrados, deixaram-nas dois meses em grande aperto, sem ouvir Missa nem falar com os confessores; e ainda agora o estão, embora o Núncio[3] as tenha mandado absolver. Imagine que vida a minha, vendo tudo isto!

Está correndo o pleito ante o Conselho Real, e, ainda que me seja grande sofrimento ver isto, muito maior será se para lá me levarem. Encomendo-o vossa mercê a Deus, por caridade. Até conseguirmos ter Província à parte, penso que jamais havemos de acabar com estes desassossegos; mas o demônio o estorva quanto pode.

Oh! quem me dera poder falar agora a vossa mercê para dar-lhe conta de muitas coisas! É uma verdadeira história o que se está passando e o que se tem passado, e não sei em que há de parar; quando houver outras notícias lhe escreverei longamente, pois me diz vossa mercê que vão seguras as cartas. Muito me teria valido saber que tem vossa mercê tal amigo em Madri, e mesmo agora, talvez me sirva dele.

De Toledo escrevi a vossa mercê uma grande carta; não me diz se a recebeu. Sou tão feliz que não será de admirar se vossa mercê for para lá, estando eu agora aqui. Na verdade, seria não pequeno alívio para minha alma[4].

Peralta ficou muito grato a Carrillo[5] pelo que fez em favor de sua parenta; não propriamente por causa dela, mas por reconhecer em tudo como a amizade que a ele tem lhe é retribuída. Se vos-

---

1. Jesuíta, grande amigo da Santa e um de seus diretores.
2. Miguel do Amparo e Baltasar de Jesús, Nieto.
3. *Confessores:* San Juan de la Cruz e Germán de San Matías. *Núncio:* Felipe Sega.
4. Supra-se: o estarmos ambos em Toledo.
5. Segundo a opinião muito verossímil do eminente tradutor inglês das *Obras completas* de Sta. Teresa, o Professor Allison, neste texto e nos seguintes, a Santa designa-se a si mesma pelo pseudônimo de Peralta, e não ao Padre Tostado ou

sa mercê o vir, diga-lhe isto, e que, afinal de contas em nenhum outro amigo acha tanta constância. Bem se vê quem armou esta amizade⁶.

Faz-lhe saber Peralta que o negócio, sobre o qual escreveu de Toledo àquela pessoa⁷, nunca se realizou. Já é certo que está em seu poder aquela joia; muito a tem louvado, e, enquanto não se cansar de vê-la, não a restituirá, pois diz que a está examinando com muito interesse. Se viesse cá o Senhor Carrillo, veria outra⁸, que, tanto quanto se pode entender, é muito mais linda, porque não trata de outra coisa, senão do que Ele é...⁹ São mais delicados os esmaltes e lavores, porque o ourives que lavrou a prata não sabia tanto naquele tempo; agora o ouro é de mais subidos quilates, embora não estejam tão à vista as pedrarias nesta segunda joia como na primeira. Foi feita por ordem do Lapidário; e bem mostra que assim foi, ao que dizem.

Não sei quem me meteu em escrever tanta coisa. Sempre sou amiga de ir avante, ainda que seja à minha custa, e não será penoso a vossa mercê dar-lhe estes recados, já que ele é tão seu amigo.

Também diz que não escreveu a vossa mercê por aquela pessoa, porque só poderia fazê-lo como por cumprimento, e nada mais. Sempre me informe vossa mercê se está com saúde. Em parte fiquei contente por vê-lo sem cuidados. O mesmo não me acontece; nem sei como tenho sossego e, glória a Deus, nenhuma coisa é capaz de privar-me dele. Faz-me sofrer este ruído na cabeça, e sempre o tenho.

Não se esqueça vossa mercê de recomendar-me, e toda esta Ordem, a Deus, que temos muita necessidade. Sua Majestade guarde vossa mercê com a santidade que Lhe suplico. Amém.

Estas Irmãs se recomendam instantemente a vossa mercê; são almas muito boas. Todas se têm por filhas de vossa mercê, especialmente eu.

Indigna serva de vossa mercê,

TERESA DE JESUS.

214. A D. JUAN DE OVALLE E D. JUANA DE AHUMADA

Ávila, 10 de dezembro de 1577. Pouco espera da recomendação de D. Luisa de la Cerda. Algum presente ao irmão desta para que atenda ao casal Ovalle. O inverno em Galinduste. As monjas da Encarnação absolvidas.

Jesus esteja com Vossas Mercês. Tenho pouco tempo para escrever, e, assim, só direi que ando bem cuidadosa com esse negócio¹. Duas vezes escrevi à senhora D. Luisa, e tenciono escrever-lhe de novo; já, me parece, tarda a responder. Asseguro-lhes que me tenho empenhado e ainda me empenho, tanto quanto está em minhas mãos. Faça Deus o que for melhor para a salvação de Vossas Mercês, que é o mais importante. Não há necessidade de mandar presentes a D. Luisa, pois receio que tudo se tenha extraviado; até me pesa do que se gastou na viagem a Toledo, da qual não vejo resultado. Ao irmão dela² não seria mau fazer algum agrado, porque, enfim, é o chefe da família, e não se perde nada; e essa gente não sabe favorecer quando não espera tirar algum proveito.

---

a qualquer outro. Talvez por receio de ser lida a sua carta, transmite recados como de terceira pessoa, quando na realidade é ela que fala. Quanto a Carrillo, todos estão de acordo que é o próprio Padre Salazar.

6. Refere-se talvez, atribuindo tudo a Deus, à confiança e certeza de ser compreendida e ajudada que sentiu apenas se ajoelhou no confessionário para dar conta de sua alma ao Padre Salazar, em tempo de grandes contradições, quando por muitos era julgada iludida pelo demônio. (*Vida*, c. XXXIII).

7. Peralta (a Santa) escreveu sem resultado a D. Gaspar de Quiroga, em cujas mãos estava o manuscrito da *Vida*, a que ela chama joia. Ver Carta 171.

8. *O Castelo Interior*, ou *As Moradas*.

9. Quer dizer que, direta ou indiretamente, sempre se refere a Ele, ao seu Senhor, a quem mais abaixo dá o nome de Lapidário (no original *Vidriero*). Diz que as pedras não estão à vista porque na primeira joia — o *Livro da Vida* — fala de si e claramente relata os extraordinários favores e graças sobrenaturais de que foi alvo da parte de Deus; e na segunda — *As Moradas* — fala em tese ou como de terceira pessoa.

1. Trata-se, ao que parece, de buscar alguma colocação para seu cunhado Juan de Ovalle.
2. D. Fernando de la Cerda.

Todos os cavaleiros costumam no inverno retirar-se às suas aldeias; não sei por que fazem tanta questão agora. Como já vossa mercê — dirijo-me à minha irmã — terá a companhia da senhora D. Beatriz, a quem muito me recomendo, não me preocupo tanto. Não estou pior que de costume, e já é bastante.

As monjas foram absolvidas, embora continuem tão firmes como antes; e mais à sua custa, pois lhes tiraram os confessores Descalços. Não sei em que irá parar. Causam-me grande compaixão, pois vejo que andam desatinados estes Padres.

Meus irmãos[3] estão bons. Não sabem que vai esta carta, isto é, o mensageiro; a não ser que o tenham sabido por outro meio. Teresa também, embora resfriada, está sem febre.

Deus seja sempre com Vossas Mercês.

É 10 de dezembro.

Indigna serva de Vossas Mercês,

TERESA DE JESUS.

215. A MADRE MARÍA DE S. JOSÉ, PRIORA DE SEVILHA

Ávila, 10 de dezembro de 1577. O Agnus Dei guarnecido de pérolas. As Descalças que foram a Paterna. Padecimentos das monjas da Encarnação. Prisão de S. Juan de la Cruz e German de S. Matias. A nova casa das Descalças de Sevilha.

Jesus esteja com vossa reverência, minha filha.

Oh! há quanto tempo não vejo carta sua, e quão longe me parece estar, aqui em Ávila! Ainda que estivesse perto, dificilmente me seria possível escrever, tantas barafundas tem havido nestes últimos tempos, como daqui lhe contarão. Asseguro-lhe que pouca folga me concede o Senhor. Antes que me esqueça: o *Agnus Dei*, quisera eu que fosse guarnecido de pérolas. Coisa que a vossa reverência dê gosto, nem precisa pedi-la a mim: o mesmo tenho eu de a ter contentado. Faça como pensou, e seja para seu bem.

Muito quisera eu que entre essas atrapalhações — pois soube que se tornou a revolucionar a Província — se tivessem apressado em fazer voltar as monjas de Paterna[1], o que desejo extremamente. Escreveu-me Nosso Padre que tinha ordenado a vossa reverência que o fizesse, com o parecer do Arcebispo. Procure alcançá-lo com jeito, antes de surgir algum contratempo que o estorve.

Aqui me estão lembrando que lhe peça um pouco de caranha, porque me faz muito bem; mas há de ser a boa. Não se esqueça, por caridade. Pode enviá-la para Toledo, bem acondicionada, que a remeterão para mim; ou esperar o mensageiro daqui.

Não deixe de empregar muita diligência nesse caso de Paterna; não somente pelas monjas o desejo, mas também por vossa reverência, que não sei como tem podido passar aí sem elas. Agora vai a minha companheira relatar-lhe a história dos nossos trabalhos[2].

Informe-me vossa reverência se já está paga essa casa; se sobrou algum dinheiro, e qual a razão da pressa que tem em trasladar-se a ela. Avise-me de tudo, pois o Prior das Covas[3] escreveu-me a este respeito.

Saiba vossa reverência que as monjas da Encarnação foram absolvidas, depois de haverem estado quase dois meses excomungadas e em grande aperto, como já terá sabido vossa reverência, Ordenou o Rei que o Núncio[4] as fizesse absolver. O Tostado e os demais, que o aconselham,

---

3. Lorenzo de Cepeda e Pedro de Ahumada.
1. Já tinham voltado em 4 de dezembro, mas o fato não chegara ao conhecimento da Santa.
2. Daqui em diante serve-se de uma secretária.
3. Hernando de Pantoja.
4. Felipe Sega.

mandaram para este fim um Prior de Toledo[5] que as absolveu, mas por entre tantas contrariedades, que seria largo de contar. Em suma, deixou-as mais apertadas que antes, e mais desconsoladas; e tudo por quererem a mim por Priora, e não a que eles querem. E tiraram-lhe os dois Descalços que ali tinham sido colocados pelo Comissário Apostólico[6] e pelo Núncio passado, levando-os presos como a malfeitores. Isto me põe muito aflita até que os veja fora do poder desta gente; mais os quisera eu ver em terra de mouros.

No dia em que os prenderam, dizem que os açoitaram duas vezes; maltrataram-nos o mais que puderam. O Padre Frei Juán de la Cruz, levou-o o Maldonado, que é o Prior de Toledo, para o apresentar ao Tostado; e o Frei Germán foi conduzido a S. Pablo de la Moraleja pelo Prior daqui[7], o qual na sua volta disse às monjas do seu partido, que deixava aquele traidor bem guardado. Dizem que Frei Germán ia deitando sangue pela boca.

Disto ficaram as monjas mais sentidas que de todos os seus trabalhos, embora sejam muitos. Por caridade, encomende-as a Deus, e também esses santos prisioneiros. Faz amanhã oito dias que estão presos. Afirmam as monjas que são uns santos, e nunca viram neles, em tantos anos que lá passaram, coisa que não seja de verdadeiros apóstolos. Não sei em que hão de parar os disparates desta gente. Deus, por sua misericórdia, acuda com o remédio, pois vê a necessidade.

Ao Padre Frei Gregorio[8] muito me recomendo, pedindo-lhe que faça recomendar a Deus todos estes trabalhos, pois causa grande compaixão o que passam estas monjas: são mártires. Não escrevo a ele porque há pouco lhe escrevi uma carta que seguiu com a de vossa reverência. À minha Gabriela e a todas, muitas recomendações. Deus esteja com todos.

É hoje 10 de dezembro.

Não posso compreender com que dinheiro querem comprar outra casa; nem me lembro se acabaram de pagar essa. Parece-me ter ouvido dizer que já estavam livres do censo; mas se aquela pessoa não entrou para ser monja, claro está que exigirá o dinheiro que adiantou, especialmente se fizer o casamento da irmã. De tudo me avise, por caridade, extensamente. Por meio do Padre Padilla chegam as cartas com segurança sendo entregues ao Arcebispo ou a Nosso Padre; e vêm mais depressa que por Toledo.

Se está com tanto dinheiro, não se esqueça do que deve a meu irmão, que paga quinhentos ducados cada ano por uma herdade que comprou. Poderia lhe ser de grande ajuda; ao menos duzentos ducados, pois das Índias nada lhe trouxeram.

Faça-me também saber se anda revolucionada a Província e a quem fizeram Vigário; recomende-me ao Padre Evangelista e diga-lhe que boas ocasiões lhe dá Deus para ser santo. Dê-me notícias exatas de sua saúde e da de todas; se não tiver tempo, minha Gabriela me escreverá.

Muitos recados a Beatriz e ao Senhor Garciálvarez[9], cuja doença senti bastante. Recomende-me muito a todas e ao Padre Nicolao. Deus me guarde vossa reverência.

Sua serva,

TERESA DE JESUS.

Trate de olhar muito por sua saúde; bem vê quanto importa. Quiçá irão mudar-se para onde se queimem vivas. Veja que essa casa onde estão oferece grandes comodidades, além de ser nova, e eu, tanto podem porfiar que acabe por consentir, pois bem sabe quanto desejo ver vossa reverência descansada; mas lembre-se de como também nos gabavam a outra casa.

---

5. Hernando Maldonado.
6. Pedro Fernández.
7. *Germán* de San Matias. Prior daqui: Alonso Valdemoro.
8. Frei Gregorio Nacianceno, Descalço.
9. García Alvarez.

216. A MADRE MARÍA DE S. JOSÉ, PRIORA DE SEVILHA

Ávila, 19 de dezembro de 1577. Chegaram em bom estado os limões e batatas e o pipote. Recomenda às orações das religiosas os dois Descalços presos e as monjas da Encarnação. Lembranças aos conhecidos de Sevilha. Recomenda à Priora que cuide de sua saúde.

Jesus esteja sempre com vossa reverência, minha filha. Recebi sua carta, e com ela as batatas, o pipote e sete limões. Tudo chegou muito bem, mas é tão custoso o transporte, que não convém vossa reverência me enviar mais coisa alguma; dói-me a consciência.

Por via de Madri escrevi a vossa reverência, haverá pouco mais de oito dias, de modo que hoje não serei extensa porque nada há de novo nos negócios que nos fazem sofrer tanto, como lhe contei. Com efeito, ainda que há dezesseis dias estão presos dois de nossos Frades, não sabemos se os soltaram, mas temos confiança em Deus, que o há de remediar.

Como agora vem o Natal e não se pode tratar de negócios de justiça até depois de Reis, se não cuidarmos disto agora, será prolongar o tormento dos que estão padecendo. Muita pena também me causa ver estas monjas da Encarnação apertadas com tantos trabalhos, sobretudo por lhes haverem tirado seus santos confessores, trazendo-os tão oprimidos. Por caridade, peço que os encomendem todos a Deus, pois faz grande lástima o que padecem.

Alegra-me que vossa reverência esteja boa, e também todas as Irmãs, e de que se tenha descoberto a boa obra que nos estava fazendo Bernarda[1]. Praza a Deus faça a viúva o que diz vossa reverência, e não exija o dinheiro. Ao Padre Prior das Covas escrevi na mesma ocasião que a vossa reverência. Enviei a carta por Madri, como digo; e porque não sei se será certo este mensageiro, não me estendo mais.

Ao Padre Garciálvarez dê minhas recomendações, e também ao Padre Frei Gregorio, cuja carta me deu grande prazer, embora eu não lhe responda pela razão já dita. Procurarei saber se há aqui alguém que conheça esse Reitor, e farei que lhe escrevam[2]. À minha Gabriela muito me recomendo; folguei com sua carta. A todas as Irmãs, minhas lembranças, e a D. Leonor[3] dê também vossa reverência de minha parte todos os recados que quiser, em particular diga-lhe que muito me consolo de saber de sua grande caridade com essa casa. Para que saiba o que se passa, conto-lhe que doze reais me cobraram para trazer o que vossa reverência enviou; e vinha o embrulho muito frouxo. Não sei a causa.

Fique-se vossa reverência com Deus, o qual lhes dê tão Boas Festas como lhes desejo.

É 19 de dezembro.

Teresa e todas se lhe recomendam muito. Eu estou muito ruim desta cabeça (não sei como dizem que não), e com tantos trabalhos juntos, que às vezes me cansam. Não sei quando chegará aí esta carta, nem mesmo se chegará. Meu irmão está bom. Olhe que dê muitos recados meus a todas, inclusive às de Paterna, que me divertem com seus cantos. Tanto quanto podemos entender, breve serão frustradas suas esperanças[4], e verão tudo muito às claras. Quanto quiser dizer de minha parte, dou licença.

Indigna serva de vossa reverência,

TERESA DE JESUS.

Olhe que mando muito deveras: no tocante a seu tratamento, obedeça a Gabriela; e esta tenha cuidado com vossa reverência, pois vê quanto nos importa sua saúde.

---

1. Uma *beata* que, mostrando-se amiga do mosteiro, desviara dele as esmolas.
2. Alguma carta de recomendação.
3. D. Leonor de Valera.
4. Nada havendo conseguido em Paterna, tornaram a seu convento de Sevilha as reformadoras, com intenção de mais tarde tentarem de novo Reforma, o que não se realizou. A Santa as dissuade.

217. AO PADRE FREI JERÓNIMO GRACIÁN

Ávila, dezembro de 1577. Deve dar ao sono o tempo necessário. Conselhos sobre a oração.

Tornei agora a ler a carta de Pablo, onde diz que para traçar planos deixa de dormir; creio o diz pelo embevecimento da oração. Não se acostume a deixar tão grande tesouro — diga-lhe isto Vossa Paternidade —, a não ser para dar ao corpo o sono que lhe é necessário. São grandíssimos os bens que na oração dá o Senhor, e não seria de espantar que os quisesse impedir o demônio. E, como não está em nossas mãos receber essa mercê quando a queremos, cumpre estimá-la muito quando Deus a dá. Num momento representará Sua Majestade melhores planos para servi-lo, do que pode o entendimento excogitar privando-se de tão grande lucro. E creia-me que lhe digo a verdade, excetuando alguma ocasião em que haja de concluir algum grande negócio. Mas, neste caso, os próprios cuidados impedirão o sono, e, se este vier, sempre haverá algum tempo para considerar o que convém. Li num livro que se deixamos a Deus quando Ele nos quer, quando o quisermos, não o acharemos mais...

218. A D. TEUTONIO DE BRAGANÇA

Ávila, 16 de janeiro de 1578. Felicita-o por sua elevação ao episcopado e anima-o a trabalhar pela Igreja. Resume as perseguições contra a Descalcez. Virtude do Padre Gracián em suportá-las. As pobres monjas da Encarnação. S. Juan de la Cruz. São interrompidas as fundações. Propostas do Tostado.

Jhs

A graça do Espírito Santo esteja com Vossa Ilustríssima Senhoria. Amém. Uma carta de vossa senhoria recebi há mais de dois meses, e muito desejei responder logo; mas, aguardando alguma bonança nos grandes trabalhos que desde agosto temos tido, Descalços e Descalças, para dar a vossa senhoria notícias de tudo, como me ordena em sua carta, fui protelando, e até agora vai indo cada vez pior, como depois direi a vossa senhoria.

Nada quisera mais do que ver-me agora com vossa senhoria, pois escassamente poderei escrever-lhe o contentamento que me deu a carta de vossa senhoria que recebi esta semana, por meio do Padre Reitor[1]. Com mais clareza[2] recebi certa notícia referente a vossa senhoria há mais de três semanas, e depois soube o mesmo por outra parte. Não sei como pensa vossa senhoria que há de ficar em segredo coisa semelhante. Praza à Divina Majestade seja para Sua santa glória e honra, e sirva de ajuda a vossa senhoria para ir crescendo em muita santidade, como penso há de suceder. Creia vossa senhoria que uma coisa tão encomendada a Deus e por almas que só desejam que Ele seja servido em tudo quanto lhe pedem, não as deixará de ouvir o Senhor; eu, embora tão ruim, muito continuamente Lho suplico, e o mesmo fazem estas servas de vossa senhoria em todos estes mosteiros, onde acho cada dia almas que, asseguro-lhe, me causam grande confusão. Poderia se dizer que anda Nosso Senhor a escolher as que traz a estas casas, de terras onde nem sei quem lhes dá notícias nossas.

Portanto anime-se muito vossa senhoria, e nem lhe passe pela ideia não ter sido essa escolha ordenada por Deus, porque foi, tenho certeza. O que Sua Majestade quer é que vossa senhoria ponha agora por obra seus grandes desejos de servi-lo. Já levou muito tempo ocioso, e Nosso Senhor está grandemente necessitado de quem, em seu Nome, favoreça a virtude. Nós, gente baixa e pobre, de pouco somos capazes; é preciso suscitar Deus a quem nos ampare, a nós que nada mais queremos senão a Sua glória. Com efeito, está a malícia tão grande, e a ambição e honra, em muitos que a haviam de trazer debaixo dos pés, tão canonizada, que até parece querer o mesmo

---
1. Gonzalo Dávila, reitor da Companhia em Ávila.
2. Na sua carta, D. Teutonio encobria sua elevação ao Episcopado.

Senhor valer-se de suas criaturas, embora seja poderoso para sem elas fazer triunfar a virtude. É porque os mesmos que havia tomado para ampará-la falharam, e assim escolhe pessoas que tem por capazes de O ajudar.

Procure vossa senhoria empenhar-se nisto como, estou certa o fará; que Deus lhe dará forças e saúde e graça — assim o espero de Sua Majestade — para que acerte em tudo. Por aqui serviremos a vossa senhoria em suplicar o mesmo muito continuamente; e praza ao Senhor dar a vossa senhoria pessoas dedicadas ao bem das almas, para que possa vossa senhoria descansar sobre elas. Muito me consola que a Companhia seja tanto de seu peito; é grandíssimo bem para tudo.

Das boas notícias da minha senhora a Marquesa de Elche[3], muito me alegro, pois andei com grande pena e preocupação com aquele negócio, até que soube ter sido concluído tão bem. Seja Deus louvado! Sempre, quando envia tanta multidão de trabalhos juntos, costuma o Senhor dar boa solução, porque, conhecendo-nos por tão fracos, e tudo ordenando para nosso bem, mede o padecer, de acordo com as nossas forças. E assim, penso, nos há de acontecer também a nós nestas tempestades tão dilatadas. Com efeito, se eu não tivesse certeza de que procuram estes Descalços e Descalças cumprir sua Regra com retidão e verdade, chegaria algumas vezes a temer que os nossos êmulos façam triunfar sua pretensão de acabarem com este princípio, ao qual a Virgem Sacratíssima deu começo. Tais astúcias inventa o demônio, que se diria lhe outorgou Deus licença para empregar seu poder contra nós.

São tantas as coisas e diligências inventadas para nos desacreditar, especialmente ao Padre Gracián e a mim, que somos alvo de todos os golpes; são tantos os testemunhos falsos levantados a esse Padre, e os memoriais gravíssimos apresentados ao Rei contra ele e estes mosteiros de Descalças, que, asseguro a vossa senhoria, se o soubesse, se espantaria de como foi possível inventar tanta maldade. Penso que redundou em muito lucro para nós. Estas monjas sofriam com tanto regozijo, como se não lhes dissesse respeito; e o Padre Gracián, com uma perfeição que me espanta. Grande tesouro tem Deus encerrado naquela alma; faz oração especial por quem o difama; e tudo tem sofrido com alegria, como um S. Jerónimo.

Só o que tocava às Descalças o afligia. Como ele as conhece, por ter sido Visitador delas durante dois anos, não o pode sofrer, porque as tem em conta de anjos, e assim as chama. Foi Deus servido que, no tocante a nós, se desdissessem os que nos haviam desacreditado. De outras coisas que diziam do Padre Gracián fez-se inquérito por mandado do Conselho, e tirou-se a limpo a verdade. De outras calúnias também se desdisseram os autores; e vieram todos a entender como estava a corte cheia de prevenções. E creia vossa senhoria: a pretensão do demônio foi impedir o proveito que resulta destas nossas casas.

Agora, como falar no que fizeram com essas pobres monjas da Encarnação, que por seus pecados me elegeram Priora? Foi um dia de juízo. Está espantada toda a cidade com o que padeceram e padecem; e ainda não sei quando se há de acabar, porque tem sido fora do comum o rigor do Padre Tostado para com elas. Deixaram-nas mais de cinquenta dias sem ouvir Missa; até agora não veem pessoa alguma, apesar de já se terem passado três meses; e ouvem grandes ameaças cada dia. Diziam que estavam excomungadas, mas todos os teólogos de Ávila afirmam que não. A excomunhão era para que não elegessem pessoa de fora, mas não lhes disseram por então que assim faziam por minha causa. A elas pareceu que, sendo eu professa daquela casa, onde estive tantos anos, não era de fora; tanto assim que, poderia, se quisesse, voltar para lá agora, por estar ali meu dote e não ser Província à parte. Por fim, confirmaram outra Priora[4] com minoria de votos. Está correndo no Concelho o caso das penitenciadas; não sei em que vai parar.

Tenho sentido muitíssimo dar motivo a tanto desassossego e escândalo da cidade e ver tantas almas inquietas; pois as excomungadas foram mais de cinquenta e quatro. Só me consolei por ter feito tudo quanto pude para não me elegerem; e certifico a vossa senhoria que um dos grandes

---

3. D. Juana de Bragança.
4. D. Ana de Toledo.

trabalhos que me podem vir na terra é ver-me ali, tanto assim que no tempo que lá passei, não tive uma hora de saúde.

Conquanto tenha muita pena daquelas almas, das quais algumas há de grandíssima perfeição, como mostraram no modo pelo qual sofreram tantos trabalhos, o que me aflige de tudo é que, por ordem do Padre Tostado, há mais de um mês, prenderam os do Pano[5] os dois Descalços, que as confessavam, apesar de serem eminentes religiosos, que edificaram toda a cidade nos cinco anos que ali passaram. Foram eles que mantiveram a casa no mesmo fervor em que a deixei. Ao menos um, chamado Frei Juan de la Cruz, é tido por todo o povo e por todas as religiosas em conta de santo; e creio que não erram. Na minha opinião, é um grande homem; e, tendo sido ambos postos ali pelo Visitador Apostólico, Dominicano, e pelo Núncio passado, e estando sujeitos ao Visitador Gracián, é um desatino que espanta. Não sei em que vai parar. Minha aflição é que os levaram, não sabemos para onde; mas teme-se que os tenham muito oprimidos, e eu até receio algum desastre. Corre também perante o Concelho esta questão. Deus nos dê remédio.

Perdoe-me vossa senhoria alargar-me tanto; é porque desejo pôr vossa senhoria a par da verdade em todos estes acontecimentos, para o caso de ir aí o Padre Tostado. O Núncio o favoreceu muito, logo que chegou, e disse ao Padre Gracián que suspendesse as Visitas. Este, embora não tenha deixado com isso de ser Comissário Apostólico — pois nem o Núncio mostrou seus poderes nem, segundo diz, o demitiu —, retirou-se logo a Alcalá, e aí e em Pastrana, tem vivido numa cova, padecendo, como referi, abomináveis testemunhos falsos. Não mais usou de sua comissão, e, com sua ausência, suspendeu-se tudo. Ele deseja grandemente não recomeçar as Visitas, e todos desejamos o mesmo, porque resulta muito mal para nós; a não ser que nos fizesse mercê de sermos constituídos em Província à parte, pois, de outro modo, não sei como há de acabar. Ao partir para lá, escreveu-me que estava resolvido a obedecer ao Padre Tostado se este fizesse a Visita Canônica; e recomendou que todas fizéssemos o mesmo.

O Padre Tostado, porém, nem foi lá nem veio cá. Creio que o deteve o Senhor, pois estava tão mal-intencionado, como depois mostrou, que, penso, nos teria feito muito mal. Dizem, contudo, os do Pano, que ele tem todos os poderes e está tratando da Visita, eis o que mais nos aflige. Esta é a pura verdade: não há outra causa senão a que referi a vossa senhoria, e, realmente, estou descansada por estar vossa senhoria a par de toda esta história, ainda que se tenha cansado um pouco em ler-me, pois tão obrigado está vossa senhoria a favorecer esta Ordem. Também verá por aqui vossa senhoria os inconvenientes que há, no caso de querer que vamos fundar em Évora[6], além de outra barafunda, que agora direi.

Como não posso deixar de empenhar-me por todos os meios ao meu alcance para que não se desfaça este bom princípio, e nenhum dos letrados que me confessam aconselha outra coisa, estão muito desgostosos comigo esses Padres[7]. Tal informação mandaram de nós a Nosso Padre Geral em Roma, que reuniu um Capítulo Geral e nele foi ordenado, por decreto de Sua Senhoria[8], que nenhuma Descalça pudesse sair de sua casa, especialmente Teresa de Jesus, e por conseguinte, escolhesse eu um mosteiro para residência, sob pena de excomunhão. Vê-se claramente que é para não se fazerem mais fundações de monjas; entretanto faz lástima a multidão de pretendentes que clamam por estes mosteiros; mas, como em cada um deles o número é tão limitado e não se fundam novos, é impossível recebê-las. Embora o Núncio anterior me tenha mandado depois disso não deixar de fundar, e eu possua amplas patentes do Visitador Apostólico para novas fundações, estou muito determinada a não mais fazê-las, a não ser que Nosso Padre Geral ou o Papa ordenem outra coisa. Como não as interrompo por minha culpa, considero mercê recebida de Deus, pois

---

5. Carmelitas Calçados.
6. D. Teutonio queria um mosteiro de Descalças em Évora, Portugal, sua diocese.
7. Os Calçados.
8. O mesmo Padre Geral Juan Bautista Rubeo.

já estava muito cansada. Contudo, para servir a vossa senhoria, antes me fora descanso[9], pois é muito duro pensar que eu não mais o verei; e se mo mandassem, poderiam dar-me grande consolo. Mas, ainda sem esse último decreto do Capítulo Geral, eram somente para os Reinos de Castela as patentes que eu tinha de Nosso Generalíssimo, e portanto seria preciso nova licença.

Tenho por certo que por enquanto não o concederá Nosso Padre Geral. Do Papa seria fácil alcançá-lo, especialmente se lhe fosse apresentada uma sindicância mandada fazer pelo Padre Gracián sobre o modo de procederem nestes mosteiros, a vida que neles se leva e o proveito que fazem a todos, nos lugares onde estão. Pessoas graves atestam, que, por esse documento, poderiam ser canonizadas as Descalças. Não o li, pelo receio de terem dito demasiado bem de mim; porém muito quisera que, no caso da fundação de vossa senhoria, recorressem a Nosso Padre Geral, pedindo-lhe juntamente que haja por bem permitir fundações em Espanha; pois, sem sair eu, há monjas capazes de o fazer. Quero dizer depois de feita a casa, podem elas ser enviadas para lá; pois o contrário será impedir grande proveito das almas. Se vossa senhoria conhecesse o Protetor de Nossa Ordem, que, segundo dizem, é sobrinho do Papa[10], ele o alcançaria de Nosso Padre Geral; e julgo que fará vossa senhoria valioso serviço a Nosso Senhor empenhando-se nisto, ao mesmo tempo grande mercê a esta Ordem.

Outro inconveniente lhe aponto, pois quero que esteja vossa senhoria avisado de tudo: o Padre Tostado está já admitido como Vigário Geral nesse Reino[11], e seria muito duro cairmos em suas mãos, especialmente eu; pois, creio, estorvaria nosso bem com as suas forças. Ao que parece, não terá o mesmo cargo em Castela. Como usou de seu ofício sem ter mostrado suas faculdades, especialmente no caso da Encarnação — o que a todos pareceu muito mal —, obrigaram-no a entregar seus poderes ao Concelho, por meio de uma provisão real. Mediante outra provisão já lhe haviam notificado o mesmo no verão passado, e não lhe foram restituídos os títulos, nem penso que os restituam.

Temos também, em relação a estes mosteiros, cartas dos Visitadores Apostólicos, para não sermos visitados senão por quem Nosso Padre Geral mandar, com a condição de ser Descalço. Aí[12], faltando-nos tudo isso e sujeitas aos do Pano, bem depressa decairá a perfeição. Já eles começavam aqui a fazer-nos grande dano, e o teriam feito se não viessem os Comissários Apostólicos. Vossa senhoria verá como se poderão remediar todos estes inconvenientes, certo de que boas monjas não faltarão para servir a vossa senhoria. O Padre Julián de Ávila, que parece já querer pôr-se a caminho, beija as mãos de vossa senhoria. Ficou muito alegre com as notícias, de que aliás já era sabedor antes que eu lhas dissesse, e muito confiado de que vossa senhoria há de merecer muito diante de Nosso Senhor com esse encargo.

María de S. Jerónimo, que foi Subpriora desta casa, também beija as mãos de vossa senhoria. Diz que irá de muito boa vontade tornar-se súdita de vossa senhoria, se Nosso Senhor assim o ordenar. Sua Majestade encaminhe tudo como for mais para sua glória e guarde vossa senhoria com muito aumento em seu amor.

Não é de maravilhar que não possa vossa senhoria ter agora o recolhimento que deseja, com semelhantes novidades. Poderá dar-lhe o dobro Nosso Senhor — como costuma fazer quando O deixamos para atender a seu serviço; contudo sempre desejo que procure vossa senhoria tempo para sua alma, porque nisto está todo o nosso bem.

Desta casa de S. José de Ávila, a 16 de janeiro.

Suplico a vossa senhoria não me atormente com tais sobrescritos[13], por amor de Nosso Senhor. Indigna serva e súdita de vossa senhoria Ilustríssima,

TERESA DE JESUS.

---

9. Fundar em Évora.
10. Cardeal Felipe Buoncompagni. O Papa era Gregório XIII.
11. Portugal.
12. Em Évora.
13. Sobrescritos em termos honoríficos, que não se usam entre as Descalças.

219. AO PADRE JERÓNIMO GRACIÁN

Ávila, janeiro de 1578. Alegra-se a Santa de que o Padre Gracián louve as Descalças.

A elas quero ternamente, assim me alegro quando Vossa Paternidade as louva em suas cartas. E a mim o agradece, como se eu o tivesse feito!...

220. AO PADRE JUAN SUÁREZ, PROVINCIAL DA COMPANHIA DE JESUS

Ávila, 10 de fevereiro de 1578. Sobre a passagem do Padre Salazar à Descalcez. Nem revelações nem desvelações. Amiga antiga do Padre Salazar. Jamais intentou a Santa fazê-lo mudar de hábito. Tem a peito as coisas da Companhia. A Companhia não pode ir contra a Ordem da Virgem. "Trabalhos e perseguições sobre esta pobre velha."

Jhs

A graça do Espírito Santo esteja sempre com Vossa Paternidade. Amém. Uma carta de Vossa Paternidade entregou-ma o Reitor, que, asseguro-lhe, me causou muito espanto, por dizer-me nela Vossa Paternidade que estou tratando de fazer o Padre Gaspar de Salazar sair da Companhia de Jesus e passar à nossa Ordem do Carmo, porque Nosso Senhor assim o quer e o revelou.

Quanto à primeira acusação, sabe Sua Majestade, e é a verdade pura, que nunca o desejei, e muito menos procurei persuadi-lo; e, quando chegou aos meus ouvidos alguma notícia a esse respeito, e não por carta dele, fiquei tão alterada e senti tão grande pena, que até me fez mal, estando eu com pouca saúde nessa ocasião. E foi isto há tão pouco tempo, que o devo ter sabido muito depois de Vossa Paternidade, segundo penso.

Quanto à revelação de que fala Vossa Paternidade, já que o Padre não me tinha escrito nem eu sabia coisa alguma de tal determinação, também não podia saber se ele teve revelação sobre esse caso.

Ainda quando eu tivesse tido a *desvelação* que Vossa Paternidade me atribui, não sou tão leviana que por tal razão quisesse persuadir-lhe mudança tão grande; nem mesmo lha comunicaria. Glória a Deus, tenho aprendido com muitas pessoas o pouco valor e crédito que se há de dar a essas coisas; e não creio que o Padre Salazar fizesse caso disso se não houvera outro motivo nesse negócio, porque é muito sensato.

O alvitre de Vossa Paternidade de averiguarem o fato os Prelados será muito acertado, e Vossa Paternidade o pode ordenar; porque é muito claro que ele[1] nada fará sem licença de Vossa Paternidade, a quem dará conta de tudo, tanto quanto posso prever. A muita amizade que há entre mim e o Padre Salazar, e sua benevolência para comigo, jamais o negarei; contudo tenho por certo que mais o moveu a fazer-me bem o serviço de Nosso Senhor e de sua bendita Mãe, do que outro qualquer motivo de amizade; porque, segundo me parece, tem acontecido em dois anos não vermos carta um do outro. Por ser muito antiga essa amizade, é evidente que em outros tempos me viu ele com mais necessidade de ajuda, quando tinha esta Ordem só dois Frades Descalços. Com mais razão teria ele procurado então esta mudança, do que atualmente, pois, glória a Deus, já temos mais de duzentos, creio eu, e, entre eles pessoas competentes para nossa pobre maneira de proceder. Jamais me passou pelo pensamento que para a Ordem de sua Mãe estaria a mão de Deus mais abreviada que para as outras.

Quanto a me acusar Vossa Paternidade de ter eu dito em cartas que Vossa Paternidade o estorvava, não escreva Deus meu nome em seu livro se tal coisa me passou pelo pensamento. Perdoe-me encarecê-lo tanto, mas parece-me que o posso fazer para Vossa Paternidade convencer-se

---

1. Padre Salazar.

de como meu trato com a Companhia é de quem tem a peito seus interesses, pelos quais daria a vida, exceto no caso de ser do serviço de Nosso Senhor fazer o contrário. Grandes são os segredos divinos; e, como neste negócio não tive mais ingerência do que afirmei — e disto é Deus testemunha —, tampouco desejo ter parte no que está por vir. Se me lançarem a culpa, não será a primeira vez que terei de padecer sem ela; mas tenho experiência de que Nosso Senhor, quando está satisfeito, tudo traz à luz. E jamais crerei que, mesmo em coisas muito graves, permitirá Sua Majestade que vá contra a Ordem de sua Mãe a Sua Companhia, a qual tomou por meio para a reparar e renovar. Muito menos o permitirá por coisa tão leve; e, se o permitir, receio e é possível que se perca por outras partes aquilo que se pretende ganhar por esta.

Do mesmo Rei somos todos vassalos Praza a Sua Majestade que, os do Filho e os da Mãe, sejamos tais que, à semelhança de soldados esforçados, só olhemos em direção à bandeira de nosso Rei, para seguirmos sua vontade; e se nós, os Carmelitas, o fizermos de verdade, está claro que não se poderão apartar de nós os que trazem o nome de Jesus, como tantas vezes tenho sido ameaçada.

Praza a Deus guardar Vossa Paternidade muitos anos.

Não me esqueço do bem que sempre nos está fazendo, e assim, embora miserável, o recomendo muito a Nosso Senhor; e a Vossa Paternidade suplico faça o mesmo por mim, que há meio ano não cessam de chover trabalhos e perseguições sobre esta pobre velha; e este negócio, agora, não o considero dos menores. Contudo, dou a Vossa Paternidade palavra de não dizer ao Padre que o faça, nem encarregar alguém dizer-lho da minha parte; e jamais o fiz.

É hoje dez de fevereiro.

Indigna serva e súdita de Vossa Paternidade,

TERESA DE JESUS.

221. AO PADRE GONZALO DÁVILA, REITOR DA COMPANHIA

Ávila, fevereiro de 1578. Sobre o mesmo assunto do Padre Salazar. "Fiz aquilo a que estava obrigada pela nobreza e cristandade." Cumpra-se a Vontade de Deus.

Jhs

Esteja com vossa mercê o Espírito Santo. Tornei a ler a carta do Padre Provincial mais de duas vezes, e sempre acho nela tão pouca sinceridade para comigo e vejo-o tão certo do que nem me passou pelo pensamento[1], que não deve espantar-se Sua Paternidade de me ter feito sofrer. Isto pouco importa e, não fosse eu tão imperfeita, tomaria como regalo que Sua Paternidade me mortificasse, pois, como a súdita sua, tem direito de fazê-lo. E já que o Padre Salazar também lhe está sujeito, penso que melhor remédio seria se o atalhasse diretamente, do que escrever-lhe eu o que me foi sugerido por vossa mercê, não me devendo ele sujeição. Já que este ofício cabe a seu Prelado, razão teria de fazer pouco-caso de minhas palavras.

E, asseguro, não entendo o que poderia eu dizer, nem que encarecimento é esse com que vossa mercê diz que escreva a ele, porque, se não for afirmar que recebi mensagem do Céu para impedi-lo, nenhuma outra coisa deixei de fazer. Contudo, como fiz notar a vossa mercê, não convém contá-lo a todos: seria fazer muito agravo a quem devo boa amizade, especialmente porque, segundo disse a vossa mercê, assegura ele, e eu creio, que nada fará sem comunicá-lo ao Padre Provincial. Disto estou certa, e portanto se nada disser ou escrever a Sua Paternidade, é que não fará. E se Sua Paternidade lho pode estorvar e negar-lhe licença, seria de minha parte ofender a uma pessoa tão grave e tão serva de Deus, se fosse infamá-la por todos os nossos mosteiros[2] — no

---

1. Isto é, de induzir o Padre Salazar a fazer-se Descalço, deixando a Companhia.
2. O Provincial da Companhia sugeriu a Santa Teresa escrever a todos os mosteiros de Descalços recomendando-lhes que não recebessem o Padre Salazar, o que a Santa se escusa de fazer porque seria revelar o que estava oculto e trair a amizade devida ao seu bom amigo Salazar.

caso de me darem crédito —, pois é grande desonra dizer que esse Padre pretende fazer aquilo que não pode realizar sem ofensa de Deus.

Tenho falado a vossa mercê usando de toda a verdade, e, a meu parecer, fazendo tudo a que estava obrigada pela cristandade e nobreza. Sabe o Senhor que digo isto com verdade; e fazer mais do que fiz seria, penso, ir contra uma e contra outra.

Já disse a vossa mercê: em qualquer emergência, fazendo eu o que julgo ser de meu dever, deu-me o Senhor ânimo para, com sua ajuda, enfrentar todas as más consequências que sobrevierem. Ao menos, não me queixarei de não ter sido avisada, nem de haver deixado de fazer o que estava em minhas mãos, como já disse. Poderá ser tenha vossa mercê mais culpa de me ter mandado isso, do que eu se não houvesse obedecido.

Também estou certa: se não suceder o negócio como vossa mercê quer, ficarei tida por tão culpada como se nenhuma diligência tivesse feito em contrário. Basta, aliás, haver-se falado no caso, para que se comecem a cumprir as profecias[3]. Se forem trabalhos para mim, sejam muito bem-vindos. Muitas ofensas tenho feito à Divina Majestade, e mereço mais do que tudo quanto me possa sobrevir.

Parece-me, no entanto, que não merecia recebê-los da parte da Companhia, ainda no caso de estar envolvida neste negócio; pois, enquanto ao que a ela toca, não importa em lucro nem prejuízo. De mais alto vêm seus fundamentos. Praza ao Senhor esteja eu fundada em jamais torcer quando se trata de fazer sua Vontade; e a vossa mercê dê sempre luz para o mesmo. Muito me consolaria se viesse aqui nosso Padre Provincial, pois há muito tempo não me tem concedido o Senhor a consolação de ver Sua Paternidade.

Indigna serva e filha de vossa mercê,

TERESA DE JESUS.

222. AO PADRE JERÓNIMO GRACIÁN

Ávila, 16 de fevereiro de 1578. A Santa passa bem o inverno. "Sempre acerta em mandar" o Padre Gracián. Relação do ocorrido com o Padre Suárez no assunto do Pe. Salazar. Situação difícil deste religioso. As monjas de Beas. Ardapilla. Negócios das Descalças de Sevilha. Uma carta para o Padre Salazar.

Jhs

A graça do Espírito Santo esteja com vossa mercê, meu Padre, e lhe dê saúde nesta Quaresma para os trabalhos que, certamente, há de ter. Imagino se não está andando de um lugar para outro. Por amor de Deus, veja não caia por esses caminhos; mais me preocupo com isto depois que tenho assim este braço[1]. Ainda está inchado, e também a mão; e envolvidos num emplastro de açafrão, que parece um arnês. Pouco me sirvo dele.

Tem havido muita geada por aqui, como só houve no princípio do inverno; mas está tão bom o tempo, que muito mais frio se sentia em Toledo, ao menos eu. Não sei se a causa é a porta que Vossa Paternidade deixou ordem de fazer na salinha junto da que designou para enfermaria. Depois de feita, ficou uma estufa. Em suma, tenho passado extremamente bem em matéria de frio. Sempre acerta Vossa Paternidade no que manda. Praza ao Senhor que assim acerte eu em obedecer-lhe. Desejo saber se a melhora do Padre Antonio de Jesus tem continuado, e em que se ocupa o Padre Mariano[2], deixando-me tão esquecida. Dê-lhe Vossa Paternidade minhas recomendações, assim como ao Padre Frei Bartolomé[3].

---

3. Parece aludir às supostas revelações, que lhe eram atribuídas pelo Padre Provincial. Pode também referir-se a alguma predição acerca dos trabalhos que atingiriam a Descalcez.
1. Na vigília de Natal do ano anterior, Sta. Teresa tinha caído de uma escada e quebrado o braço esquerdo.
2. Mariano de San Benito.
3. Bartolomé de Jesus.

Inclusa envio a Vossa Paternidade uma carta que me escreveu o Provincial da Companhia sobre o negócio de Carrillo. Desgostou-me tanto, que teria querido responder-lhe pior do que respondi, pois sei que estava informado de não ser eu responsável por esta mudança, como é verdade; antes, segundo escrevi a Vossa Paternidade, quando veio a meu conhecimento, deu-me grande pesar e muito desejo de que não fosse adiante. Isto mesmo escrevi a ele[4] o mais encarecidamente que pude, e afirmei-o sob juramento na minha resposta ao Provincial, porque estão de tal sorte[5] que me pareceu não me dariam crédito se eu não usasse de termos tão fortes. E importa muito que me creiam, por causa do boato que espalharam, a fim de não se pensar que, devido a *desvelações*, lho persuadi, pois é grandíssima mentira. Mas asseguro a Vossa Paternidade: tenho tampouco medo de ameaças que me espanto da liberdade que Deus me dá; e, assim, afirmei ao Reitor que, em se tratando, a meu ver, de coisa do serviço de Deus, nem toda a Companhia nem o mundo todo seria bastante para impedir-me de levá-la adiante, mas neste negócio nem tive influência alguma, nem tampouco a terei para o estorvar.

Rogou-me então que ao menos escrevesse uma carta ao Padre, dizendo-lhe, como nessa inclusa lhe digo, que não o pode fazer sem ficar excomungado.

Perguntei-lhe se ele tinha conhecimento desses Breves. Respondeu-me: "Melhor que eu". Tornei-lhe então: "Se assim é, estou certa de que não fará coisa na qual entenda há ofensa de Deus". Insistiu, dizendo que todavia poderia enganar-se, deixando-se levar pela muita inclinação que tinha. Atendendo a isto, escrevi-lhe uma carta pela mesma via de que ele se serviu para me enviar esta sua que vai inclusa.

Veja, meu Padre, que ingenuidade! Por certos indícios entendi claramente, embora o não tenha dado a entender ao Reitor, que haviam lido minha carta, na qual dizia que não se fiasse de seus irmãos, pois também irmãos eram os de José. Assim fiz porque sabia que haviam de lê-la. Seus mesmos amigos o devem ter denunciado, e não me admiro, porque o sentem com demasia. Devem temer que seja abrir precedente.

Perguntei-lhe ainda se alguns deles não se tinham feito recoletos. Respondeu-me que sim entre os Franciscanos; mas primeiro haviam sido despedidos, e depois alcançaram licença. Lembrei-lhe que se podia fazer o mesmo agora. Mas não estão dispostos a isso, nem eu a dizer ao Padre que o não faça; apenas posso expor-lhe tudo, como fiz, e deixar o resto a Deus, pois, se for obra sua, eles consentirão. Se não o permitirem — como digo em minha carta e já o tenho consultado —, é certo não ser lícito. Esses que dizem o contrário, devem ater-se apenas ao Direito Comum; assim fez um legista que me persuadia a mim, na fundação de Pastrana, que podia receber uma Agostiniana[6], e estava errado. Quanto a dar o Papa licença, não o creio, pois terão armado emboscadas. Vossa Paternidade também se informe e o avise, pois me daria muita pena se viesse a acabar em alguma ofensa de Deus. Bem creio que advertidamente não o fará!

Muito cuidado me dá, porque, se permanecer entre eles depois de sabida a vontade que tem de outra coisa, não terá o crédito que antes tinha; ficar entre nós, a não ser que se possa fazê-lo com satisfação de ambas as partes, não é admissível. Além de tudo, lembro-me sempre do que devemos à Companhia, e, creio, não permitirá Deus que resulte prejuízo para nós. De outro lado, não o recebermos por medo, podendo ser, é agir mal com ele, e pagar com ingratidão sua amizade. Deus encaminhe tudo e estou certa de que o há de guiar; contudo receio que o Padre Salazar se tenha deixado mover por essas coisas de oração de que fala, pois lhes dá demasiado crédito. Muitas vezes lho tenho dito, mas não bastou.

Também estou desgostosa porque essas monjas de Beas devem ter-lhe falado alguma coisa a esse respeito, a julgar pelo desejo que disto mostrava Catalina de Jesús. O bem que há em todo este

---

4. A Carrillo, isto é, ao Padre Salazar.
5. Estão de tal modo prevenidos os Padres Jesuítas...
6. Catalina Machuca, levada a Pastrana pela Eboli.

negócio é que, sem nenhuma dúvida, ele é servo de Deus; se está enganado é pensando ser esse o divino querer; portanto Sua Majestade o tomará à sua conta. Mas em que barulhada nos meteu! Se não fora o que de José[7] escrevi a Vossa Paternidade, creia que teria eu tudo posto em jogo para estorvá-lo. Todavia sinto em mim grande contradição a este respeito, embora não dê tanto crédito como ele a essas coisas. Com efeito: sei eu se será impedir algum grande bem para aquela alma? Sim, porque, a meu ver, creia Vossa Paternidade, ele não tem o espírito da Ordem onde está; sempre me pareceu que devia entrar.

Sobre este assunto escreveu-me Ardapilla que seria conveniente se dirigirem os corvos a Joanes[8], solicitando alguém aqui que tomasse conhecimento desta causa. Isto me contentaria muito, desde que não fosse por meu intermédio; mas ocorreram-me muitos inconvenientes, e desculpei-me o melhor que pude. Reconheço que mo aconselhou para fazer-nos bem, mas creia Vossa Paternidade: se não se cortar o mal pela raiz, as coisas não se poderão remediar de outro modo a não ser pelas mãos de Pablo[9]. Assim o faça o Senhor, como tanto desejo, afligindo-me por ver que sou o tropeço que a todos faz padecer; e, como tenho dito algumas vezes, quiçá o remédio seria lançarem-me ao mar como a Jonas, para fazer cessar a tormenta, devida talvez a meus pecados.

Escreve-me a Priora de Sevilha[10] que suplique a Vossa Paternidade permita-lhe tomar outra irmã da portuguesa Blanca[11]; não tem a idade requerida, deve faltar-lhe muito para atingi-la. Se a tivesse, seria uma boa ajuda para se libertarem do censo da casa, que nem me lembro quanto ainda estão devendo. Se quando pagarem o dote da primeira, quiserem emprestar-lhes o que hão de dar à outra no caso de entrar, ou comprometerem-se a pagar todo o censo em vez de dar a pensão à filha, não será mau, porque as monjas não se cansam de dizer o muito que devem a essa portuguesa. Vossa Paternidade o verá, e fará o que melhor lhe parecer.

Não sei acabar quando lhe escrevo. Meu irmão sempre me diz que dê recados seus a Vossa Paternidade. Receba-os agora por junto, com os de todas as Irmãs. Nosso Senhor guarde a Vossa Paternidade e o traga depressa para cá, pois tenho muita necessidade para minha alma e para várias coisas. Isto não quer dizer que haja alguma coisa que Vossa Paternidade não saiba. D. Guiomar[12] anda mal; pouco vem aqui, porque aquele humor doente acaba com ela.

O mais depressa que Vossa Paternidade puder, envie essa carta ao Padre Salazar por via do Prior de Granada[13], recomendando-lhe muito que a entregue sem que outros a vejam. Temo que ele me torne a escrever pela Companhia, a mim ou a alguma destas Irmãs, e seus códigos são muito fáceis de entender. Também irá com segurança por via da corte se puser bom porte e recomendar muito a Roque[14] a entregue em mão ao arrieiro. Olhe, meu Padre, não se descuide; é preciso enviar-lha, para que não tome alguma decisão, se é que já não tomou; e Vossa Paternidade, a meu parecer, vá contemporizando em dar a licença, porque tudo é para maior bem dele.

O mesmo conceda o Senhor a vossa reverência, meu Padre, como desejo. Amém.

É primeiro domingo da Quaresma.

Essa carta do Padre Provincial e a resposta poderão ser-nos necessárias algum dia. Se for do mesmo parecer não as rasgue.

Indigna serva e filha de Vossa Paternidade,

TERESA DE JESUS.

---

7. Nosso Senhor, a quem dá o nome de José, talvez lhe houvesse dito que não se metesse em tal negócio.
8. O Licenciado Padilla aconselhava que os Jesuítas escrevessem ao Padre Gracián.
9. Padre Gracián.
10. María de San José, Salazar.
11. Blanca de Jesus.
12. D. Guiomar de Ulloa, que muito a auxiliou no começo da Reforma.
13. *Salazar:* Gaspar de Salazar. *Prior de Granada:* Francisco de Jesús, Capela.
14. Roque de Huerta.

223. AS CARMELITAS DESCALÇAS DE TOLEDO

> Ávila, fevereiro de 1578. Sobre a profissão de María de Jesús, noviça carmelita de Toledo.

...Olhem, filhas minhas, o que fazem, pois se não derem profissão a María de Jesus eu a trarei a Ávila comigo, certa de que será o mais feliz de todos os conventos que a possuir; porque, ainda quando seja para ficar numa cama toda a vida, quero tê-la em minha casa.

224. AO PADRE JERÓNIMO GRACIÁN

> Ávila, 2 de março de 1578. Gracián adiantado em mística teológica. Práticas quaresmais em S. José de Ávila. Gracián pregando pela Alcarria. O negócio de Carrillo. Gracián escrupuloso. Rebuliço entre as Descalças por causa do Pe. Salazar. Viagem a Roma. Debilidade do Pe. Mariano.

Jhs

Seja com Vossa Paternidade, meu Padre, o Espírito Santo. Duas cartas de Vossa Paternidade recebi há pouco; a que escreveu no dia de carnaval e a outra, onde vinha o escrito sobre o Divino Pastor[1], para as Irmãs. Praza a Deus nos revistamos dele tão bem como Vossa Paternidade o pinta; porém muito mais, creio, Ele nos dará do que nós lhe daremos. O caderninho também está muito bom.

Não sei como diz Pablo que não entende de uniões: aquela escuridão clara, acompanhada de ímpetos, dá a entender o contrário; mas, como passa e não é o ordinário, não se deixa entender plenamente. Bastante inveja tenho de quem trabalha em proveito das almas, e fico triste de ver-me aqui nada fazendo senão comer e dormir e falar sobre esses Padres, nossos Irmãos. Para isto sempre aparece ocasião, como verá por esse papel que mandei a Irmã Catalina[2] escrever-lhe, pondo-o a par do que se está passando, para não me cansar, que é tarde e temos logo sermão do Mestre Daza, muito proveitoso. Os Dominicanos usam de grande caridade conosco; fazem-nos prática duas vezes por semana, e os da Companhia uma.

Muito me lembro das de Vossa Paternidade. Não sei que tentação é essa que lhe dá de andar daqui para ali, e realmente fiquei triste com essas calúnias que lhe levantaram. Deus o guarde, meu Padre; mas andam os tempos tão perigosos que é muita temeridade percorrer lugares e mais lugares, pois em todas as partes se encontram almas. Praza a Deus, o que parece muito zelo, não seja alguma tentação que nos custe caro. Para essa localidade bastaria um gato[3], e, creio, há nela Dominicanos e Franciscanos. Contudo não consigo pensar que seja bom pregador esse bendito Padre. Dê-lhe minhas recomendações, e faça-me saber se ele encontra auditório. Veja que curiosidade! Não me responda, e rasgue esta; não aconteça cair-lhe nas mãos, por mal de meus pecados! Vossa Paternidade fez-nos rir com suas refeições no hospital, e suas terríveis empadas de bacalhau. Mas isso que disseram de Vossa Paternidade faz-me desejar que não ande tão descuidado.

Bem diz Carrilo que tenho pouco ânimo. Respondeu à minha primeira carta na qual lhe escrevi, além de outras muitas coisas, que tudo procedia do demônio. Respondeu-me que o fiz rir, porém não mudou, nem pouco nem muito. Diz que pareço uma ratazana com medo dos gatos. Contou-me que, tendo nas mãos o Santíssimo Sacramento, lho prometeu, e todo o mundo não será bastante para dissuadi-lo. Asseguro a Vossa Paternidade que me causa espanto, pois afirmam seus Irmãos que ele e quem lhe der o hábito ficarão excomungados. Alegou-me que já tem licença de seu Provincial, e recebeu de Vossa Paternidade uma carta na qual vê que, embora tema como homem, escreve como anjo; e tem razão, pois a carta era mesmo angélica.

---

1. Alusão à carta que Pe. Gracián escreveu às carmelitas em 22 de outubro de 1577.
2. Catalina del Espíritu Santo.
3. Presume-se faça alusão a algum Calçado.

Coisa dura é essa que pedem os seus para não o recebermos; deve ser por estarem convencidos de não ser lícito fazê-lo. Creio terão já escrito a Vossa Paternidade para que dê aviso aos conventos, tal é a diligência deles. A mim apertaram tanto, que lhes disse tinha escrito a Vossa Paternidade sobre o caso.

Por certo, se isso há de acontecer e pode fazer-se como ele afirma, muito melhor seria tê-lo feito de uma vez, antes de inquietar com esses avisos aos conventos, que nem sei como há de proceder Vossa Paternidade, porque, se é lícito, parece contra a consciência o não admiti-lo. Creio que, se é como ele o pinta, ninguém poderá estorvá-lo; e assim o melhor seria ir contemporizando, a não ser fato já consumado. O Senhor o encaminhe. Quanto mais o combatem, mais me parece que será do serviço de Deus, e o demônio o quer impedir. Devem temer que não fique só nele; mas são tantos[4], que ainda no caso de saírem também os que Vossa Paternidade nomeou, não farão muita falta. Sobre o que me escreve dos escrúpulos de Pablo acerca de se pode ou não usar de suas faculdades, pareceu-me que estava com alguma melancolia quando escreveu aquela carta, e quando os tem, porque, nas mesmas razões que alega, claramente se vê a verdade, e portanto deliberei não fazer novas consultas a este respeito. Segundo diz Ardapilla, pouco durarão estas dúvidas, porque, diz ele, já foi dada a Gilberto a notificação do Anjo Maior[5], e cada dia esperam o resultado.

Gostei de saber dos temores de Elias[6] sobre o ausentar-se Vossa Paternidade: tudo é de temer a quem anda em tais perigos. Praza ao Senhor livrar deles a Pablo. É tanta a cegueira, que não me espantarei de sucesso algum; o que me espanta é haver quem ande sem temor e viva de cá para lá sem grandíssima necessidade.

Tornando ao que dizia: há bastante tempo já escrevi a Pablo que um grande letrado dominicano, contando-lhe eu tudo o que havia acontecido com Matusalém[7], respondeu, e creio é assim, que o ato tinha sido de nenhum valor, pois não mostrou, como era de sua obrigação, com que autoridade procedia; portanto agora nem há que tratar disso.

Queria enviar a Vossa Paternidade a carta da Priora de Valladolid[8] em que fala no rebuliço que houve por causa do negócio de Carrillo. Finalmente já estão, diz ela, os da Companhia muito satisfeitos comigo e com as Descalças; por isso me parece que todas as ameaças hão de dar em nada. Do que faço muita questão, e causa-me temor — e quisera que Vossa Paternidade o visse e tirasse muito a limpo —, é se se pode fazer o que ele diz, sem ofensa de Deus nem excomunhão; pois se é verdade o que os outros afirmam, Vossa Paternidade de nenhum modo pode recebê-lo. Se o Conde de Tendilla for a Roma, e mesmo não indo, se mandar o relatório que está organizando, creio e tenho por certo que será concedida a licença.

Muito me alegrei com essa viagem dele[9] a Roma. É uma fortuna para nossos Frades, que assim irão na sua companhia. O Senhor encaminhe todo esse negócio e guarde Vossa Paternidade, para minha consolação. Não sei se respondi a tudo, porque me falta o tempo; mas, para quem não o tem, quão longe estou de ser breve!

Todas se recomendam muito a Vossa Paternidade e estão alegres com os ofícios que lhes deu. D. Guiomar[10] não tenho visto; vem cá raramente, pois anda muito adoentada.

É hoje 2 de março.

Indigna serva e verdadeira filha — e quão verdadeira! — de Vossa Paternidade. Quão pouco me acho com outros Padres!

TERESA DE JESUS.

---

4. Eram muitos os de outras ordens que queriam passar-se à Descalcez.
5. Gilberto, pseudônimo do novo Núncio Sega. Anjo Maior, o Presidente do Conselho de Castela.
6. Frei Elias de S. Martín, Reitor do Colégio de Alcalá, e depois Geral da Reforma.
7. Dá ao Núncio Felipe Sega o nome de Matusalém, que antes costumava dar a seu antecessor, o Núncio Ormaneto.
8. María Bautista.
9. Do mesmo Conde de Tendilla.
10. D. Guiomar de Ulloa.

Muito me pesa de que esteja tão fraco o Padre Mariano; faça-o comer bem, e de nenhuma maneira tratem de mandá-lo a Roma, pois mais nos importa sua saúde. Oh! como tarda a vir a irmã[11] de Vossa Paternidade e como é desejada! Minha Isabelita está muito bem, assim me escrevem.

225. A MADRE MARÍA DE S. JOSÉ, EM SEVILHA
Ávila, março de 1578. Firmeza de juízo da Santa.

Para me fazerdes mudar de opinião, haveríeis de dizer-me que era ofensa de Deus pensar eu assim; porque nenhuma outra coisa, nem ameaça alguma do mundo, será capaz de desviar-me e fazer-me deixar este modo de pensar.

226. A ROQUE DE HUERTA, EM MADRI
Ávila, 9 de março de 1578. Suplica-lhe que defenda no Conselho de Ordens as monjas da Encarnação e os Descalços.

Jesus esteja sempre com vossa mercê. Amém. Amanhã, segunda-feira, completam-se oito dias desde que escrevi a vossa mercê por um carreteiro daqui, a fim de o pôr a par do que se havia passado com o Provincial Magdaleno, e remetendo-lhe juntamente a provisão e notificação[1] que a este se fez. Não sei se vossa mercê recebeu; quisera muito que me desse aviso, porque estou preocupada. O que depois sucedeu verá vossa mercê por estes bilhetes. Muita compaixão me causam estas monjas a ponto de não saber o que diga: penso que Deus lhe quer muito, pois tanto e tão dilatados trabalhos lhes dá!

Nestes últimos dez dias, desde que estão aqui, o Provincial e Valdemoro[2] não fazem outra coisa senão descarregar sobre elas diligências e ameaças. Mandam por várias pessoas dizer-lhes os castigos que hão de receber se não obedecerem votando contra o memorial que fizeram ao Concelho, firmando-o com seus nomes[3]. Depois de ter feito o que pretendia, muito apressado está agora para ir a essa corte. Já se entende que é para apresentar ao Concelho as firmas das monjas. Por caridade, suplico a vossa mercê faça de modo que se entenda a verdade, mostrando como usaram de violência, pois será de grande bem para estas pobres monjas. Não pensem os do Concelho que é verdadeira a informação desses Padres, pois foi tudo tirania; e se o Senhor Padilla puder ver estes bilhetes, mostre-lhos vossa mercê.

Por aqui afirmou o Magdaleno como sendo muito certo que trazia provisão real para, no caso de o achar[4] nesta cidade, mandá-lo prender, e que já vinha duas léguas distantes de Madri quando o chamaram para dar-lhe esta ordem. Disse também que o Tostado tem poderes sobre Calçados e Descalços, e que o Padre Frei Juan de la Cruz já foi enviado a Roma[5]. Deus o tire de tais mãos, por quem Ele é, e a vossa mercê dê sua santa graça.

É 9 de março.

Indigna serva de vossa mercê,

TERESA DE JESUS.

---

11. María Dantisco.

1. *Magdaleno:* Frei Juan Gutiérrez de la Magdalena, Provincial dos Calçados de Castela. *Provisão e Notificação:* a provisão real de 19 de novembro de 1577, notificada ao provincial pelo notário Juan Chacón. A Santa expediu cópia de ambos os documentos a Roque de Huerta (cf. Nicolás González, *El Monasterio de la Encarnación de Avila,* t. 2, pp. 312-317).

2. Prior dos Calçados de Ávila.

3. As monjas que elegeram Sta. Teresa, por maioria de votos, tinham recorrido a Conselho Real.

4. O mesmo Licenciado Padilla, muito zeloso da reformação das Ordens religiosas.

5. San Juan de la Cruz, aprisionado em dezembro do ano anterior, achava-se no cárcere conventual de Toledo.

Por amor de Deus, suplico a vossa mercê procure com brevidade que esses senhores do Concelho sejam informados da violência usada contra as monjas. Será de grande proveito para tudo, pois não há quem se compadeça destas mártires.

Esta carta há três dias está escrita, e ainda continua aquele Provincial a atormentar as monjas.

227. AO PADRE JERÓNIMO GRACIÁN, EM ALCALÁ

Ávila, 11 de março de 1578. Padecimentos das monjas da Encarnação. Trabalhos de S. Juan de la Cruz. "Terrivelmente trata Deus a seus amigos." Postulantes ao hábito. Desejos de confessar-se com o Padre Gracián.

Jesus esteja com meu Padre e o livre destes Egípcios[1], pois asseguro-lhe: fico espantada do que se faz contra essas pobres monjas. Tenho-lhes aconselhado que obedeçam por ser já grande o escândalo; e aqui geralmente são do mesmo parecer, especialmente os Dominicanos. Isto me tem feito pensar que se apoiam uns aos outros e aliás, em relação a esta reforma, todos se ligavam e eu andava farta de ouvir tantos clamores. Na verdade, estão elas padecendo há muito tempo; mas apesar de tudo, se eu não lhes tivesse mandado dizer que não seria em prejuízo de seus justos direitos, não creio que cedessem.

Desde que faltaram ali os Descalços, pouco andamento se tem dado ao processo e, a falar verdade, eu mesma escrevi a Roque e a Padilla que, se não houvesse esperança de serem restituídos à Encarnação os Descalços, antes continuassem como Visitadores os Calçados, não apressassem o negócio perante o Concelho. É que julgo desatino, no caso de ser a sentença em favor delas, ir eu para lá; por outro lado padeceria muito malfeito se eu não fosse, e as abandonasse depois de terem padecido tanto por amor de mim. Contudo, creio que não me escusarei, por mais que veja não ser razoável, e apesar de estar certa de que o Senhor há de buscar algum meio para remediar aquelas almas. Muita compaixão tenho delas; estão aflitas, como verá pelos bilhetes inclusos.

Peço enviá-los, por caridade, ao Pe. Germán[2], para que as encomende a Deus. Por felicidade ele está livre. De Frei Juan [de la Cruz] tenho grandíssima pena e temor de inventarem alguma culpa contra ele. Terrivelmente trata Deus a seus amigos; mas em verdade não lhes faz agravo, pois assim procedeu com seu Filho.

Leia Vossa Paternidade essa carta trazida por um cavaleiro de Ciudad Rodrigo, o qual não veio a outra coisa senão a tratar desta pretendente. Faz muitos elogios dela; se forem verdadeiros, servirá muito para nós. Traz quatrocentos e cinquenta ducados e, além disto, um bom enxoval. Pedem-me de Alba que lhes mande alguma noviça. Esta quer ir a Salamanca, mas irá a Alba, ainda que haja mais necessidade em Salamanca pelas más condições da casa. Para onde Vossa Paternidade mandar, pode ir. Eu me encarrego de falar com ela, e parece-me servir para qualquer destes dois mosteiros.

Aqui para esta casa temos em vista duas candidatas[3] de Burgos, que trazem mil e quinhentos ducados; e são, dizem, muito boas. Estamos bem precisadas desse auxílio para as obras e para os muros, e com outra noviça que se receba, ficará tudo acabado. Dê Vossa Paternidade licença.

Olhe que barafunda de um Padre da Companhia por causa da irmã[4] da Priora de Beas. Pedi à Priora de Medina [Inés de Jesús] que tomasse informações. Por aqui verá a resposta; e deve haver muito mais; por isso veja Vossa Paternidade o que faz, pois, asseguro-lhe, essa espécie de temperamento nunca se modifica. Penso que devem tê-lo dito a Ana de Jesus, que só a viu duas ou três

---

1. Os Carmelitas Calçados.
2. Pe. Germán, companheiro de San Juan de la Cruz, como confessor na Encarnação, tinha conseguido evadir-se do cárcere em que estava no Carmo Calçado de S. Pablo de la Moraleja.
3. Catalina de Asunción e Casilda de San Angel, filhas de D. Catalina de Tolosa.
4. Supõe-se que se trate de alguma prima, pois a Venerável Ana de Jesús só teve um único irmão Jesuíta, Cristóbal de Lobera.

vezes. Respondi como se já soubesse o que vim a saber depois; por ver que havia pressa, e que nem o irmão nem a irmã haviam tratado com ela. O irmão é da Companhia, e parece-me bem que esses Padres se ajudam uns aos outros.

Muito estou sentindo já estar tanto tempo sem me confessar a Vossa Paternidade. Aqui não acho a mesma facilidade que há em Toledo para as confissões, e isto me é muito penoso. Até aqui escrevi ontem; agora dizem-me tantas coisas das injustiças que fazem a estas monjas, que sinto grande lástima. Penso que algumas desta casa estão com medo de cair nas mãos deles; e não me espanto de que o temam, porque é mesmo para temer.

Deus lhes dê remédio, e guarde a Vossa Paternidade. Já é tarde da noite, e o mensageiro parte amanhã.

É hoje 11 de março.

Indigna serva de Vossa Paternidade,

TERESA DE JESUS.

228. A D. LUÍS DE CEPEDA, EM TORRIJOS

Ávila, março de 1578. Dá notícias de sua saúde. Compadece-se da morte de uma pessoa da família e aconselha-lhe resignação.

Jhs

A graça do Espírito Santo esteja com vossa mercê. Foi Deus servido de que o braço quebrado não tenha sido o direito, e assim posso escrever-lhe isto. Estou melhor, glória a Deus; posso guardar a Quaresma, e, com os regalos que sempre me envia vossa mercê, poderei aguentar bem. Pague-o Nosso Senhor a vossa mercê; mas saiba que, embora a mim o faça, é tal a tentação de Isabel de S. Pablo[1] em querer-me bem, que o presente é muito mais para ela. Bastante consolo me dá estar em sua companhia: parece um anjo. O mesmo tenho de que estejam com saúde vossa mercê e essas senhoras, cujas mãos beijo muitas vezes. Continuamente as apresento diante de Nosso Senhor, e a vossa mercê igualmente.

Grandíssima lástima causou-me a morte dessa senhora[2]. Pouco antes tinha eu escrito ao Senhor D. Teutonio [de Braganza], a quem muito devo, em resposta a uma carta sua, dando-lhe os parabéns pelas boas notícias do desposório[3]. Grandes trabalhos têm sobrevindo a esses senhores. Bem parece que são servos de Deus, pois esse é o maior presente que nos pode dar enquanto vivemos; e, se é boa para alguma coisa vida tão breve, é para com ela ganharmos a eterna.

Louvo a Nosso Senhor, por não estar vossa mercê esquecido destas verdades. Assim, lhe suplico o faça sempre, e o mesmo peço a essas senhoras, cujas mãos beija Lorenzo de Cepeda, e eu as de vossas mercês muitas vezes.

Indigna serva de vossa mercê,

TERESA DE JESUS.

229. AO PADRE JERÓNIMO GRACIÁN

Ávila, março de 1578. Conceito que o Padre Gracián tem de Nosso Senhor. Intenção reta. Discrição nos negócios.

Extremamente alto é o conceito em que se tem firmado Pablo acerca da grandeza de José; contudo há mais e menos nas obras que se fazem por Ele, e nem sempre entendemos se é reta a nossa intenção. Sendo assim, é preciso ir com muito tento em todas as coisas, e confiar pouco em nós.

---

1. Irmã de D. Luís de Cepeda, e ambos primos da Santa.
2. Uma filha de D. Juana de Braganza, marquesa de Elche.
3. Da filha de D. Juana de Braganza, já mencionada, que residia em Torrijos.

Como se há de rir meu Padre com estas bobagens, parecendo-lhe que traz tudo isto muito presente à memória; mas, com outros cuidados, poderia esquecê-lo, e é bom que lho recorde; pelo menos nada se perde.

230. A D. MARÍA DE MENDOZA, EM VALLADOLID

Ávila, 26 de março de 1578. Consola a D. María em seus desgostos. Admirável doutrina para levar por Deus os trabalhos deste mundo.

Jhs

A graça do Espírito Santo esteja sempre com vossa senhoria Ilustríssima e lhe dê forças para sofrer tantos trabalhos. Este último, é fora de dúvida, foi duro golpe[1]; e muita pena me deu pelo que vossa senhoria terá sofrido. Contudo, considerando as mercês que Nosso Senhor faz a vossa senhoria, estou confiada de que não a deixará de consolar nessa dor, trazendo-lhe à memória as que Sua Majestade e sua gloriosa Mãe padeceram neste santo tempo. Se as sentíssemos como é razão, todas as penas da vida passaríamos com grande facilidade.

Muito quisera estar onde pudesse acompanhar vossa senhoria e confortá-la, partilhando sua pena, embora aqui me tenha ela atingido em grande parte. Não tive outro consolo senão suplicar a S. José que estivesse ao lado de vossa senhoria, e também a Nosso Senhor. Em nossas orações, todas nós não nos temos descuidado de suplicar por vossa senhoria e por aquela alma santa, que espero em Deus a tenha já consigo, pois antes que entendesse as coisas do mundo, quis tirá-la dele. Tudo há de acabar tão depressa que, se tivéssemos a razão atenta e bem iluminada, não nos seria possível lamentar os que morrem no conhecimento de Deus; antes folgaríamos com seu bem.

O Conde[2] causou-me também lástima, considerando apenas o lado humano; mas os juízos de Deus são grandes e seus segredos não os podemos entender; talvez esteja para ele a salvação no ficar destituído de seu estado. Penso que de tudo quanto diz respeito a vossa senhoria, tem Sua Majestade particular cuidado: é Amigo muito verdadeiro. Tenhamos fé de que teve em vista o mais conveniente para as almas; e, em comparação com isto, não há de fazer caso de tudo o mais. O bem ou mal eterno, eis o que nos importa; e assim suplico a vossa senhoria, por amor de Nosso Senhor: não pense nos motivos que há para ter pena, senão nos que nos podem consolar. Com isto se ganha muito, e com o demais se perde, além de lhe prejudicar talvez a saúde; e está vossa senhoria obrigada a olhar por ela, pelo muito que a todos nos interessa. Deus a conceda a vossa senhoria por muitos anos, como todas Lhe pedimos.

Estas Irmãs e a Madre Priora[3] beijam as mãos de vossa senhoria muitas vezes; eu as de minha senhora D. Beatriz[4].

É hoje quarta-feira da Semana Santa.

Não escrevi há mais tempo porque me pareceu não estaria vossa senhoria em estado de ler cartas. Indigna serva e súdita de Vossa Ilustríssima Senhoria,

TERESA DE JESUS.

231. A MADRE MARÍA DE S. JOSÉ, EM SEVILHA

Ávila, 28 de março de 1578. Carinho para com as Descalças de Sevilha. Não recebam noviças que não tenham bom entendimento. Conselhos de espírito. "Não sei quem são os assírios." Achaques da Santa. Lembranças às suas filhas.

---

1. A morte de sua sobrinha, D. María de Sarmiento de Mendoza.
2. D. Diego Mejía de Ovando, conde de Uceda.
3. María de Cristo, priora de San José de Ávila.
4. D. Beatriz Sarmiento de Mendoza, condessa de Salvatierra, irmã da D. María de Mendoza.

Jesus esteja com vossa reverência, filha minha, e dê-lhe, assim como a todas as suas filhas, tão boas Páscoas como a Ele suplico. Para mim foi de muita consolação saber que estão com saúde. Vou indo como de costume, com o braço muito ruim, e a cabeça também; não sei de que jeito rezam por mim. Na verdade, deve ser isto o melhor para minha alma. Bem grande seria meu consolo se tivesse mais saúde, para lhes escrever largamente, e a todas mandar grandes recados. Dê-lhos vossa reverência de minha parte; e à Irmã S. Francisco diga que nos deu prazer com as suas cartas. Creia que aprendeu a voar naquele tempo que foi Priora[1]. Ó Jesus! e que saudade me faz o tê-las tão longe! Permita a Ele estejamos juntas naquela eternidade; só me consolo vendo que tudo acaba bem depressa.

No que diz sobre as Irmãs de Frei Bartolomé, achei interessante a falta que aponta. Nem no caso de se pagar inteiramente a casa com o dote delas, seria tolerável. De nenhum modo as tome se não tiverem bom entendimento: é contra as Constituições, e é mal incurável. Quanto à outra pretendente, acho treze anos muito pouco, porquanto com a idade se dão mil voltas; estudem aí o caso. Creia que tudo que lhes é proveitoso também o desejo eu.

Antes que me esqueça: não aprovo que essas Irmãs escrevam coisas de oração; há muitos inconvenientes que eu gostaria de assinalar-lhes. Saiba que, ainda se não houvera outro, seria perder tempo; quanto mais que é estorvo para andar a alma com liberdade e pode abrir porta para imaginarem muitas coisas. Se me lembrar, poderei dizê-lo a Nosso Padre; e se não, diga-o vossa reverência. Quando são graças de tomo, nunca se esquecem; e se caem no esquecimento, não merecem ser escritas. Quando as Irmãs falarem com Nosso Padre, bastará dizerem o que lhes ficou na memória. Estão indo seguramente, a meu parecer, e se alguma coisa pode prejudicá-las é o fazer caso do que veem ou ouvem. Em matéria de escrúpulos, falem a vossa reverência, pois eu a tenho em conta de tão capaz, que, se elas tiverem confiança, Deus lhe concederá luz para guiá-las. Faço tanta questão disso porque entendo os inconvenientes que há em andar pensando no que hão de escrever, e o demônio pode sugerir-lhes assunto. Se for coisa muito importante, vossa reverência o pode anotar, mesmo sem elas saberem. Se eu tivesse feito caso das revelações de S. Jerónimo[2], seria não acabar; e, apesar de algumas me parecerem certas, ainda assim não me dava por achada. Creia-me: o melhor é louvar ao Senhor que dá essas graças; e, depois de passadas, não se preocupar mais, pois a alma é que há de sentir o lucro.

Achei bom o escrito sobre Elias[3], mas, como não sou tão letrada como vossa reverência, não sei quem são os assírios. Encomende-me muito a ela[4], que lhe quero muito, e a Beatriz, e à sua mãe[5] também. Muito folgo quando vossa reverência me fala nela e quando tenho boas notícias de todas. Deus perdoe a esses Frades que nos põem em tantos apertos[6].

E não creiam em tudo o que por aí dizem; melhores esperanças nos dão aqui, e com elas nos alegramos, ainda que na escuridão, como diz a Madre Isabel de S. Francisco. Com o braço doente tenho passado bem mal do coração, de uns dias para cá. Mande-me um pouco de água de flor de laranjas, mas de maneira que não se quebre a vasilha; com este receio não o pedi há mais tempo. A água de anjos era tão fina, que tive escrúpulo de gastá-la; dei-a para a igreja, e honrou-me na festa do glorioso S. José.

Ao Prior das Covas transmita um grande recado de minha parte: é muito o que quero a esse santo, e também ao Padre Garciálvarez e à minha Gabriela[7]. *"Por certo, com razão a chama Nossa*

---

1. Isabel de S. Francisco ocupara este cargo durante um ano em Paterna.
2. Isabel de San Jerónimo.
3. Juan Evangelista.
4. Parece referir-se à Irmã S. Jerónimo, de quem acabou de falar.
5. Juana de la Cruz.
6. Daqui em diante Isabel de S. Pablo serve de secretária; só as duas últimas linhas são da Santa.
7. A Santa, muito grata por natureza, guardara especial carinho à Irmã Leonor de S. Gabriel, que lhe servira de enfermeira em Sevilha. Costumava dar-lhe o nome de "minha Gabriela". O trecho grifado é um parênteses intercalado pela secretária, no qual se dirige a Madre María de S. José, Priora.

Madre sua Gabriela; até nos faria inveja se não fosse tanto o amor que no Senhor nos temos, e o ver que em vossa reverência e suas filhas está tão bem empregado. E quanto se esforça por nos dar a entender esta predileção a Madre Isabel de S. Francisco! Ainda que sua ida a essa casa não tivesse servido senão para pôr a vossa reverência e a todas nas nuvens, teria sido bem empregada; aliás onde vossa reverência estiver, minha Madre, sempre será louvada. Bendito seja Aquele que lhe deu tanto cabedal, tão bem empregado por vossa reverência".

À minha Madre S. Francisco diga que me recomendo às suas orações (não posso escrever mais) e às de todas, especialmente às da Irmã S. Jerónimo. Teresa às de vossa reverência. O Senhor Lorenzo de Cepeda está bom.

Queira Deus, minha Madre, que o consiga ler, pois com tinta e pena que não prestam e muito apressada, que pode sair de bom?

É hoje Sexta-Feira Santa.

A água de flor de laranjas mande em muito pequena quantidade, até ver como chega.

De vossa reverência,

TERESA DE JESUS.

232. AO PADRE JERÓNIMO GRACIÁN, EM ALCALÁ

> Ávila, 15 de abril de 1578. Província própria de Descalços. Meios para consegui-la de Roma. As monjas de S. José cobiçam para seu convento uma irmã do Pe. Gracián que vai para o mosteiro de Valladolid. Pede permissão para D. Lorenzo ver no convento um "fogãozinho" muito interessante para a cozinha. Enfermidades e desgraças. D. Guiomar chora a ausência de S. Juan de la Cruz em Ávila.

Jesus esteja com Vossa Paternidade, meu Padre. Desde que partiu o Padre Prior de Mancera, tenho falado ao Mestre Daza e ao Doutor Rueda[1] sobre a separação da Província, porque não quisera eu que vossa reverência fizesse coisa que a alguém parecesse mal. Mais pena me causaria isso — mesmo no caso de dar bom resultado — que todas as coisas que se fazem contra nosso bem sem culpa nossa.

Dizem ambos que lhes parece ousadia se a comissão de Vossa Paternidade não tem alguma cláusula particular que o autorize a agir assim; sobretudo o Dr. Rueda, a cujo parecer me sujeito porque em tudo vejo seu tino. Além disto, é muito letrado. Diz que, tratando-se de matéria de jurisdição, é dificultoso fazer eleições, porque, a não ser o Geral ou o Papa, absolutamente ninguém o pode fazer, e os votos seriam sem valor. Seria o bastante para esses outros Frades acudirem ao Papa e clamarem que os nossos sacodem o jugo da obediência, escolhendo para si superiores sem faculdade para isto. Daria má impressão, e julga ele mais difícil o alcançar confirmação de tal ato do que dar licença o Papa para separar a Província, pois isto fará de bom grado por uma linha escrita pelo Rei a seu Embaixador, e é coisa fácil de alcançar, desde que seja informado de como os outros têm tratado os Descalços. Poderia-se recorrer ao Rei, e este o faria com gosto; e até para a Reforma seria de grande ajuda, porque os Calçados lhes teriam mais respeito e dariam de mão ao plano que têm de exterminá-los.

Não sei se seria bom consultar Vossa Paternidade o Padre Mestre Chaves[2], levando-lhe a minha carta que mandei pelo Padre Prior. É muito sensato, e, atendendo à nossa confiança em sua proteção, talvez o alcançasse do Rei. Com suas cartas de recomendação, aqueles de nossos Frades já escolhidos iriam a Roma, como está combinado. De nenhum modo quisera eu que deixassem de ir, pois, como diz o Doutor Rueda, caminho e meio reto é o recurso ao Papa ou ao Geral.

---

1. *Prior de Mancera:* Juan de Jesús, Roca. *Daza:* Gaspar Daza. *Rueda:* Fernando de Rueda.
2. Diego de Chaves.

Asseguro que, se o Padre Padilla e todos nós houvéssemos concentrado nossos esforços em alcançá-lo do Rei, já tudo estaria feito; e até Vossa Paternidade mesmo poderia tratar disto, interessando o Arcebispo[3] em nosso favor. Com efeito, se o Rei tiver de confirmar e favorecer o Provincial eleito, melhor poderá fazê-lo agora, e se não o fizer não fica desairoso e feio para nós, como seria se, depois da eleição, não o confirmasse. Seria uma nódoa; e, por ter feito o que não podia nem entendeu ser ilícito, perderia Vossa Paternidade muito crédito.

Diz o Doutor que, se a eleição fosse promovida pelo Visitador dominicano[4] ou outro, ainda seria mais tolerável, do que os próprios Descalços fazerem Prelados para si. Estas matérias de jurisdição, como notei acima, são muito sérias, e é coisa importante que a cabeça tenha recebido autoridade, para poder governar. Eu, quando penso que hão de lançar a culpa a Vossa Paternidade e não sem algum motivo, sinto-me acovardada; o que não me acontece quando o acusam sem razão, antes me crescem então as asas; por isso, não sosseguei até escrever-lhe isto, para que tome muito cuidado.

Sabe o que pensei? Não é impossível que dos presentes que mandei a Nosso Padre Geral — e eram muito valiosos — se tenham aproveitado contra nós, oferecendo-os a alguns Cardeais; e passou-me pelo pensamento que o melhor é nada mais enviar até se deslindarem estes negócios. Bom seria, em se oferecendo ocasião, dar alguma coisa ao Núncio. Vejo, meu Padre, que Vossa Paternidade, quando está em Madri, faz muito num dia. Falando com uns e outros dos conhecidos que Vossa Paternidade tem no palácio, e o Padre Frei Antonio recorrendo à Duquesa[5], poderia fazer-se bastante para consegui-lo do Rei, pois ele deseja a nossa conservação. Também o Padre Mariano, já que fala com ele, podia dar-lho a entender e suplicar-lho, e lembrar-lhe há quanto tempo está preso aquele santinho de Frei João; pois, com a raiva que têm da Visita, andam fazendo desatinos, o que não ousaram se os nossos tivessem cabeça à sua frente. Enfim, o Rei a todos dá ouvidos: não sei para que hão de deixar de falar-lhe e pedir-lhe amparo, especialmente o Padre Mariano.

Mas quanto falatório! e quantas bobagens escrevo a Vossa Paternidade, que de mim tudo suporta. Asseguro que me estou consumindo por não ter liberdade para poder fazer eu o que digo que façam. Agora, como o Rei vai para longe, quisera que alguma coisa ficasse decidida. Faça-o Deus como está em suas mãos.

Com grande desejo estamos esperando essas senhoras e as Irmãs aqui muito resolvidas a não deixarem passar adiante a irmã de Vossa Paternidade sem lhe dar o Hábito. É incrível de quanto Vossa Paternidade lhes é devedor, pois é muito de ponderar que sendo a comunidade numerosa e necessitada, pelo desejo de possuírem quem tão de perto toca a Vossa Paternidade, não hesitam em recebê-la. Oh! que dizer de Teresita! se eu fosse contar as coisas que diz e faz! Também eu gostaria de ter aqui uma irmã de Vossa Paternidade, porque esta, no Convento para onde vai, não a poderei gozar tanto, e talvez nunca, por ser muito fora de mão. Contudo, fico firme e desengano as Irmãs, porque ela já foi aceita em Valladolid, onde ficará muito bem, e detê-la seria dar muito desgosto à comunidade de lá, especialmente a Cacilda [de Padilla]. Fique o lugar aqui para Juliana[6] (embora nada fale a este respeito), porque mandá-la para Sevilha, acho muito penoso para a senhora D. Juana, e ela mesma talvez o venha a sentir quando crescer. Oh! que tentação a minha contra sua irmã, a que está nas Donzelas![7] Por falta de tê-lo entendido deixa de estar remediada e com mais descanso do que lá.

Meu irmão Lorenzo leva esta carta, porque vai à corte e dali, creio, a Sevilha. Haja Vossa Paternidade por bem que ele entre no mosteiro a fim de ver um fogãozinho que a Priora mandou

---

3. D. Gaspar de Quiroga, Arcebispo de Toledo.
4. Frei Pedro Fernández.
5. Duquesa de Alba.
6. Refere-se à mais moça das irmãs do Padre Gracián, que foi mais tarde recebida pelas Descalças de Sevilha, em 1582, aos oito anos de idade.
7. Colégio das Donzelas Nobres em Toledo; esta irmã do Pe. Gracián, à qual se refere, não foi Carmelita, o que lamenta a Santa.

fazer para cozinhar a comida; dele dizem maravilhas, e se meu irmão não o vir, não se poderá fazer aqui. A ser tal como apregoam, será um tesouro para todos nós, Frades e Monjas. Vou escrever à Priora que o deixe entrar para este fim. Se a Vossa Paternidade não parecer motivo suficiente, avise-me, que ele vai demorar em Madri alguns dias. Mas se visse o que escrevem desse fogãozinho, não se espantaria de o desejarmos; dizem que é melhor que o jumentinho de Soto, e dizendo isto não o posso encarecer mais. Penso que a Priora lhe está escrevendo, por isso apenas digo que Deus me guarde Vossa Paternidade.

A Priora de Alba[8] está muito mal. Encomende-a a Deus, pois, por mais que falem dela, seria grande perda porque é muito obediente; e, havendo esta virtude, basta um aviso para tudo se remediar. Oh! quanto não têm passado as de Malagón por falta de Brianda! Mas faz-me rir a ideia da sua volta para lá.

Morreu a filha mais nova de D. Luisa de la Cerda[9]; causam-me grande compaixão os trabalhos que envia Deus a esta senhora. Não lhe fica senão a vitiva[10]. Acho bom Vossa Paternidade escrever-lhe consolando-a, pois muito lhe devemos.

Reflita sobre o caso de ficar aqui sua irmã: se a Vossa Paternidade parecer melhor, e também se a senhora D. Juana gostar de tê-la mais perto de si, não o estorvarei. Receio que, tendo espontaneamente resolvido ir a Valladolid, venha a sentir depois aqui alguma tentação ao ouvir coisas de lá que não temos nesta casa, nem que seja a respeito da horta, porque a terra aqui é miserável.

Deus mo guarde, meu Padre, e o faça tão santo como suplico a Sua Majestade. Amém, amém. O braço vai melhorando.

É hoje 15 de abril.

Indigna serva e filha de Vossa Paternidade,

TERESA DE JESUS.

D. Guiomar[11] está aqui, bem melhor; com muito desejo de ver a Vossa Paternidade. Chora a seu Frei João da Cruz, e o mesmo fazem todas as monjas. Dura provação foi esta. A Encarnação está voltando ao normal.

233. AO LICENCIADO GASPAR DE VILLANUEVA, EM MALAGÓN

Ávila, 17 de abril de 1578. Sobre alguns assuntos de uma irmã de D. Gaspar. Profissão da Irmã Mariana. Indicações acerca da comunidade de Descalças de Malagón.

Jesus esteja com vossa mercê, meu Padre. Asseguro-lhe que, se a minha cabeça estivesse em relação com a vontade que tenho de alargar-me, não seria tão breve esta carta. A de vossa mercê muito me penhorou.

No que diz respeito à sua irmã e minha filha[1], alegro-me de que não dependa o negócio nem dela nem de vossa mercê. Não sei que atrapalhação é esta, nem em que se funda a Madre Presidente[2]. Escreveu-me sobre o assunto a Madre Brianda[3], Priora, e vou responder-lhe. Sou de opinião que se faça o que esta decidir, se vossa mercê estiver de acordo; no caso contrário, faça-se o que vossa mercê determinar, pois não quero mais falar a esse respeito.

---

8. María del Sacramento, priora de Alba de Tormes.
9. D. Catalina Pardo de Tavera.
10. D. Guiomar Pardo de Tavera, que mais tarde contraiu segundas núpcias com o Conde de Alba de Liste, e foi agraciada com o título de Marquesa de Malagón.
11. De Ulloa.
1. Ana de los Angeles. Não se sabe qual o negócio em questão.
2. Beatriz de Jesús, parenta da Santa, governava temporariamente a comunidade, com esse título.
3. Madre Brianda, Priora de Malagón, estava em Toledo, e deixara em seu lugar, como Presidente, Irmã Ana de la Madre de Dios.

Quanto à Irmã Mariana[4], desejo que faça profissão a seu tempo; desde que saiba recitar os salmos e esteja atenta ao Ofício, sei que é o suficiente, pois outras profissões se fizeram assim, por parecer de letrados. Isto mesmo vou escrever à Madre Presidente, se a vossa mercê não parecer outra coisa; e se discordar, rendo-me ao que vossa mercê decidir.

À Irmã Juana Bautista e a Beatriz, suplico a vossa mercê dar minhas recomendações. Diga-lhes que, tendo a vossa mercê, não há necessidade de ir à Madre com suas coisas interiores, já que, parece, não ficam consoladas. Acabem já com essas queixas, pois essa mulher não as está matando; não admite falta de recolhimento em casa, nem deixa de dar-lhes o que precisam, porque tem muita caridade. Bem as entendo; mas até que o Padre Visitador vá por lá, nada se pode fazer.

Ó meu padre, que provação é ver tantas mudanças nas dessa casa! E que de coisas lhes pareciam insofríveis na outra Priora, que hoje em dia adoram! Têm a perfeição da obediência mesclada com muito amor-próprio, e assim as castiga Deus no mesmo em que elas têm falta. Praza a Sua Majestade aperfeiçoar-nos em tudo, amém. Estão muito principiantes ainda essas Irmãs; se não tivessem a vossa mercê, não me espantaria tanto. Nosso Senhor o conserve. Não deixe de escrever-me, que é para mim consolo, e tenho tampoucos!

17 de abril.

Pensei em responder à Irmã Mariana, mas, asseguro-lhe, a cabeça não está aguentando. Suplico a vossa mercê dizer-lhe que, se suas obras correspondem ao que me escreveu, embora ainda não leia muito bem, nós o relevaremos. Muito me consolou ela com sua carta; em resposta envio-lhe a licença para que faça a Profissão. Ainda que não seja nas mãos de Nosso Padre, não a deixe de fazer se ele tardar muito; a menos que a vossa mercê pareça outra coisa. Boas são as mãos de vossa mercê para dar-lhe o véu; e ela não há de pensar que professa em outras mãos que não as de Deus, como é na realidade.

Indigna serva e filha de vossa mercê,

TERESA DE JESUS.

234. AO PADRE JERÓNIMO GRACIÁN, EM ALCALÁ

Ávila, 17 de abril de 1578. Desculpa os perseguidores da Descalcez. Sobre a viagem do Pe. Gracián a alguns conventos de Castela, e a de D. Juana Dantisco a Valladolid. Conselhos e precauções. Estado do mosteiro de S. José de Ávila.

Jesus esteja com Vossa Paternidade, meu Padre. Oh! como fez mal em escrever tampouco, tendo tão bom mensageiro como João, a quem realmente gostei de vê-lo e de saber detalhadamente de Vossa Paternidade. Já havia respondido, na carta levada pelo Padre Prior de Mancera[1], a alguns pontos sobre os quais se digna consultar-me Vossa Paternidade, e asseguro-lhe que me mortificou muito, mostrando fazer tanto caso de mim, sendo o mais acertado aquilo que a Vossa Paternidade parecer bem.

Estou tão medrosa, desde que vejo como de todo bem o demônio tira mal, que até nos vermos livres destes Padres[2] não quisera déssemos ocasião para mais palavras e obras contra nós. Efetivamente, como tenho dito de outras vezes, de tudo se aproveitam, e não me espantarei de coisa alguma que façam. Eles julgam não ir contra Deus, porque têm a seu favor os Prelados. Com o Rei não se importam, vendo como a tudo quanto fazem cala. Se porventura se atrevessem a algum atentado contra Vossa Paternidade, seria em muito má ocasião, porque, sem falar na grande pena e aflição que a todos causaria, ficariam os nossos desanimados e perdidos. Deus nos livre, como

---

4. *Mariana* del Espíritu Santo, irmã de Madre Brianda.
1. Padre Juan de Jesús Roca.
2. Carmelitas Calçados.

tenho fé de que há de fazê-lo; mas quer Sua Majestade que trabalhemos de nossa parte. Isto, com as outras coisas que a Vossa Paternidade escrevi, me obrigam a não lhe suplicar que passe por aqui, embora seja este o meu desejo.

Está muito mal a Priora de Alba, e é onde mais necessidade há da presença de Vossa Paternidade. Quisera eu que lá fosse com mais sossego do que pode ter agora, e não saísse até as coisas estarem com mais assento e ter partido esse Peralta[3]. Lembro-me do que fizeram quando o Rei mandou chamar o Padre Mariano; contudo em Madri não se atreverão a tanto como por estas bandas. De outra parte, acho duro não podermos dar contentamento à sua mãe — e tal mãe! Não sei o que dizer, senão que já não se pode viver neste mundo.

Ao que pergunta Vossa Paternidade: — se será melhor ir por outro caminho, pois para cá há muitos rodeios —, digo-lhe que desejo muito ver essas senhoras, mas, se Vossa Paternidade vai acompanhar Suas Mercês, poderá fazê-lo mais secretamente por aí, onde não há mosteiros desses benditos[4]. A não ser por esta razão, seria muito duro, por um rodeio de oito léguas, deixar de fazer-me este favor, descansando aqui ao menos um dia, e dando-nos esse contentamento, que todas estas Irmãs tanto esperam, segundo escrevi a Vossa Paternidade por intermédio de meu irmão, que partiu hoje para Madri.

À terceira coisa que Vossa Paternidade me diz, que é vir a Senhora D. Juana com sua filha, acho muito penoso pôr-se agora Sua Mercê a andar oitenta léguas, podendo evitá-lo e sendo tão importante para nós a sua saúde. Eu fiz essa jornada, e, apesar de ir com muita comodidade e na boa companhia da Senhora D. María de Mendoza, pareceu-me muito comprido o caminho.

Saiba Vossa Paternidade que estou determinada a não deixar passar adiante a Senhora D. Juana, porque verdadeiramente não é necessária sua ida, desde que vá alguma mulher com a Senhora D. María e seu irmão[5]. Em Valladolid está tudo combinado, e é grande erro tomar tanto trabalho, tendo visto agora sua filha[6]. Melhor será deixar para ir por ocasião da tomada de véu, pois, se Deus quiser, não estarão as coisas tão perigosas e poderá Vossa Paternidade, com mais segurança que agora, acompanhá-la. É muito importante para nós a saúde de Sua Mercê[7]: a não ser assim, eu não me atreveria a dar este parecer; ao menos, farei tudo para que não prossiga a viagem, porque até aqui, estando tão bom o tempo, não era muita a distância. Agora me recordo: se ela vem de carro, melhor é pelo caminho de Ávila, pois, creio, não terá de passar por entre as montanhas como na outra estrada.

Estive pensando: no caso de não vir a Senhora D. Juana, senão só o Senhor Tomás Gracián para acompanhar sua irmã, talvez não fosse mau vir com eles o Padre Frei Antonio de Jesús, pois já está restabelecido. Dirá a Vossa Paternidade que também é Descalço; mas suas cãs o livram de todas as murmurações, e, desde que não seja Vossa Paternidade, não farão caso dele, pois em Vossa Paternidade é que estão agora fixos todos os olhos. Por outro lado, poderei me folgar de ver Frei Antonio ressuscitado. Isto pensei agora; se não é razoável, despreze-o como bobagem, porque só sei dizer o que ficou dito.

Asseguro-lhe que muito me alegraria de estar com a senhora D. Juana; mas parece que nos atrevemos a muito, especialmente se ela quiser continuar a viagem. Deus me livre de mim mesma, que tão pouca importância dou a meu repouso. Praza ao Senhor dar-me algum em que possa descansar minha alma demoradamente com Vossa Paternidade.

Por meu irmão lhe escrevi como o Doutor Rueda e o Mestre Daza acham difícil eleger Prioras sem faculdade recebida do Papa ou do Geral, por ser matéria de sua jurisdição; e, por já lhe ter escrito longamente sobre este assunto, apenas digo que o considere bem, por amor de Deus.

---

3. Maldonado.
4. Calçados, que poderiam prendê-lo.
5. D. María era irmã do Padre; Tomás Gracián, secretário de Filipe II.
6. A menina Isabel, que estava em Ávila.
7. D. Juana Dantisco.

Muito trabalho é para Vossa Paternidade ter de examinar tanto cada coisa em particular. Deus nos dará melhores tempos. Por enquanto, meu Padre, havemos de andar de modo que Deus o guarde. A Priora e a Subpriora escreveram por meu irmão. Este é meu amigo do Ouvidor Covarrubias[8], e, se precisarem, poderá dar algum empenho para com ele.

Esteja o Senhor com Vossa Paternidade e o guarde para meu bem muitos anos e com muita santidade.

É hoje 17 de abril.

Indigna filha de Vossa Paternidade,

TERESA DE JESUS.

Saiba, meu Padre, que estou contrariada, pois não pensei que viesse tão depressa a senhora D. Juana, e estamos com o coro destelhado, grande rebuliço de operários e tiradas as grades, através das quais estava eu muito contente de poder ver a Sua Mercê. Olhe que vida esta! Mas não se podia estar nele, tanto no frio como no calor; vai ficar muito bom. Veja se é possível a senhora D. María trazer licença para entrar aqui. Está tudo muito em desordem, mas assim ela achará ainda melhor o convento para onde vai.

235. A D. JUANA DANTISCO, EM MADRI

Ávila, 17 de abril de 1578. Felicita D. Juana por sua viagem a Valladolid, acompanhando uma filha que entrava para as Descalças. Não há maior dita que a vocação. Conselhos acerca da viagem. Lembranças.

Jhs

A graça do Espírito Santo esteja sempre com vossa mercê e lhe pague o favor que me fez com sua carta e com as boas notícias que nela me dá da vinda de vossa mercê e da senhora D. María. Seja ela muito bem-vinda[1].

Tem vossa mercê muita razão de estar contente, pois, a meu ver, não pode haver maior dita para ela do que ser chamada por Deus a um estado onde ao mesmo tempo serve a Sua Majestade e vive com muito mais descanso do que se pode imaginar. Espero no Senhor que será muito para seu serviço.

A vinda de vossa mercê desejo muitíssimo, por uma parte, pois há bastante tempo não encontro alegria em coisa alguma; por outro lado, acho penoso andar vossa mercê agora tão longo caminho, podendo-o evitar, porque desejo mais sua saúde que meu consolo. A Nosso Padre Visitador escrevo sobre o mesmo assunto e sobre os grandes inconvenientes de vir ele com vossa mercê. O que ordenar Sua Paternidade será o melhor.

Praza ao Senhor livrar-nos de tais tempos, em que ainda o muito bom se há de temer, por haver sobre nós olhos que nos observam com tanta paixão.

A carta que vossa mercê diz ter-me escrito não me foi entregue.

Todas estas Irmãs e a Priora beijam as mãos de vossa mercê; desejam muito sua vinda e a da senhora D. María[2].

O Senhor o encaminhe como for mais servido, pois em Valladolid já andavam buscando saial para o hábito.

Sua Majestade guarde a sua mercê e ao senhor secretário. Beijo-lhe as mãos e as de todas essas senhoras, em especial da senhora D. Adriana, embora sua mercê ande muito esquecida de mim[3].

---

8. Diego de Covarrubias.

1. *D. María* Dantisco y Gracián.

2. *Priora:* María de Cristo, priora de Ávila.

3. *Secretário:* D. Diego Gracián de Alderete. *D. Adriana* Dantisco, irmã do Padre Gracián, que mais tarde professou nas Jerônimas de Madri.

É hoje 17 de abril.
Indigna serva de vossa mercê,

TERESA DE JESUS.

Minha Isabel de Jesús já me escreve, e todas não se fartam de dizer como estão contentes com ela, e têm razão[4].

236. AO PADRE JERÓNIMO GRACIÁN, EM ALCALÁ

Ávila, 26 de abril de 1578. Gracián, Pai e "Prelado" da Santa. D. Juana Dantisco em Ávila. Teresita e María Dantisco. A jovem Dantisco quer ir para Valladolid. D. Juana em casa de D. Lorenzo de Cepeda.

Jesus esteja com Vossa Paternidade, meu Pai e meu Prelado, como diz em sua carta, o que não pouco me fez rir e achar graça. Cada vez que me lembro, diverte-me a sua expressão tão grave: "que não julgue eu a meu Prelado".

Ó meu Padre! quão pouco era preciso Vossa Paternidade jurar; nem mesmo como santo, quanto mais como carroceiro! Bem convencida estava eu! A quem Deus dá zelo e desejo do bem das almas, como a vossa mercê, por certo não há de tirar-lho quando se trata de seus súditos. Quero agora deixar isto de lado, lembrando a Vossa Paternidade que me tem dado licença para que o julgue, e pense a seu respeito quanto quiser.

A senhora D. Juana chegou aqui ontem, vinte e cinco de abril, já tarde, quase noite, e muito bem de saúde, glória a Deus! Folguei muito com Sua Mercê, a quem cada dia mais amo, parecendo-me sempre melhor e mais sensata; e também com a nossa noviça, tão contente que não se descreve seu regozijo. Logo que entrou, parecia ter estado aqui toda a sua vida. Espero em Deus há de dar uma grande coisa; tem lindo engenho e muita habilidade[1].

Bem quisera eu que a senhora D. Juana não passasse adiante; mas Vossa Paternidade afeiçoou tanto este anjo a Valladolid, que não bastaram nossos rogos para que ficasse aqui conosco[2].

Oh! que não fez e disse Teresa! D. María, ainda que o aceitou bem, como discreta, declarando-se pronta a fazer o que eu quisesse, logo se entendia muito bem que não queria ficar[3].

Falei com ela em particular, elogiando muito esta casa, contando-lhe como se tinha feito por milagre, e outras coisas. Respondia que não se lhe dava mais de estar aqui do que lá. Já imaginávamos ter conseguido abalar sua vontade; contudo eu via que estava ficando triste. Por fim, falou à senhora D. Juana em segredo e pediu-lhe que, sem dar a entender que ela o queria, não deixasse de levá-la a Valladolid.

Achou Sua Mercê, e também eu, que não era possível contrariá-la, e que poderia dar-lhe ocasião de descontentamento tomar aqui o hábito e ir depois para lá. Afinal disse-me claramente que teria pesar, pois não julgava conveniente tornar a sair do convento onde tivesse entrado; e, assim, creio que amanhã partirá, depois do jantar, a senhora D. Juana levando sua filha. Quisera eu que ficasse ao menos até segunda-feira, mas, vendo quanto lhe custa, não importunei muito a Sua Mercê.

Está hospedada em casa de meu irmão; e muito bem a trata Aranda. Deus a acompanhe; sinto-me preocupada, embora haja chegado muito bem e já tenha feito a pior parte do caminho. Deus há de permitir que não lhe faça mal, pois é sadia e de boa compleição. Abracei-a à porta, que lhe quero muito, na ocasião em que entrava a senhora D. María. Deus a restitua do melhor modo à sua casa, pois é digna de todo apreço[4].

---

4. Isabelita Gracián.
1. *D. Juana* Dantisco. *Monja:* María Dantisco y Gracián.
2. *Anjo:* María Dantisco.
3. *Teresa* de Ahumada.
4. *Aranda:* Jerónima Aranda, empregada de D. Lorenzo.

237. AO PADRE JERÓNIMO GRACIÁN, EM ALCALÁ

Ávila, 7 de maio de 1578. D. Juana em Valladolid. Toma o hábito nas Descalças sua filha María. Negócios da Reforma. Uma curandeira de Medina trata do braço da Santa. Cansa-se o corpo com tanto trabalho, porém "a vontade está pronta".

Jesus esteja com Vossa Paternidade, meu bom Padre. Anteontem tive notícias de como a senhora D. Juana chegou bem a Valladolid, e, na vigília ou no dia de Santo Ângelo, deram o hábito à senhora D. María. Praza a Deus seja para honra Sua! Ele a faça muito santa! Também em Medina, segundo me escreve a Priora, de boa vontade a receberiam se ela quisesse; mas não creio que aceitasse. Como escrevi a Vossa Paternidade, de fato muito sentiram em Valladolid não ir Vossa Paternidade com elas. Já lhes escrevi que irá brevemente, com o favor de Deus, e, asseguro-lhe, é muito necessário. Uma vez que é partido o Tostado, não há já que temer[1].

Ao Padre Mariano escrevo que, se vier com o Siciliano, procure venha também Vossa Paternidade; porque é necessário assim, no caso de se fazer algumas das coisas que ele diz na sua carta. Asseguro a Vossa Paternidade que, se é como diz este Frade, há muita esperança de concluir por esse modo os negócios com Nosso Padre Geral. Qualquer outro alvitre me parece importar em grandes demoras, e se depois de feito isto virmos que não era conveniente, ainda nos resta tempo. O Senhor o encaminhe[2].

Se esse Padre não vier cá, eu quisera que Vossa Paternidade fosse ter com ele. Para tudo creio necessário que nos falemos; entretanto o que fizer Vossa Paternidade será o mais acertado. Há pouco escrevi a Vossa Paternidade longamente, e assim não me estendo agora, porque hoje me trouxeram cartas de Caravaca e tenho de responder e de escrever também para Madri.

Ó meu Padre! já me ia esquecendo! Veio tratar de meu braço a mulher mandada pela Priora de Medina, que fez muito bem em mandá-la e não lhe custou pouco a despesa, nem a mim o tratamento! Eu tinha o pulso esquecido, e, como já vai há tanto tempo, foi terrível a dor que me causou. Contudo alegrei-me por experimentar um pouquinho do que passou Nosso Senhor. Parece que estou curada, mas são tais as dores, que por enquanto não se pode verificar se foi completa a cura; entretanto mexo bem com a mão e posso levantar o braço até a cabeça; porém muito lhe falta para estar bom de todo. Creia Vossa Paternidade que, se demorasse um pouco mais, ficava aleijada. Na verdade não me causaria muita pena, se assim Deus determinasse. Foi tanta a gente que acudiu a consultar a mulher; em casa de meu irmão, que não sabiam como fazer[3].

Creia, meu Padre, desde que Vossa Paternidade partiu daqui, não me tem faltado a ventura de padecer de todas as maneiras. Às vezes parece cansar-se o corpo, e sente alguma covardia a alma quando vem uma coisa sobre outra; contudo a vontade está bem-disposta, a meu parecer.

Esteja Deus sempre com Vossa Paternidade, a quem se recomendam estas suas filhas.

É hoje véspera da Ascensão. D. Guiomar anda melhor; está aqui.

Indigna filha de Vossa Paternidade,

TERESA DE JESUS.

238. AO PADRE JERÓNIMO GRACIÁN, EM ALCALÁ

Ávila, 8 de maio de 1578. Procedimento pouco sensato do Pe. Antonio na Visita às Descalças de Malagón. Dificuldades no governo deste Convento. Pequenas falas e murmurações. Isabel de S. Domingo seria excelente Priora para esta casa.

---

1. *Santo Ângelo:* Mártir Carmelita, cuja festa se celebra aos 5 de maio. *Priora de Medina:* Inés de Jesús, Tapia.
2. *Mariano* de San Bento. *Siciliano:* P. Mariano de Leone, procurador-geral da ordem em Madri. *Geral:* Juan Bautista Rubeo.
3. *Mulher mandada pela priora:* uma mezinheira enviada para curar o braço esquerdo da Santa.

Jesus esteja com Vossa Paternidade. Depois de escrita a carta que vai com esta, trouxeram-me hoje, dia da Ascensão, pela via de Toledo, as cartas de Vossa Paternidade, as quais me causaram muito pesar. Asseguro-lhe, meu Padre, que é coisa temerária. Rasgue Vossa Paternidade imediatamente esta minha.

Já se deixa ver que ele anda a repetir todas as queixas que tem de mim, e isto muito me cansa; porque, embora eu lhe queira muito, muitíssimo, e o tenha em conta de santo, não posso deixar de ver que Deus não lhe deu talento para estas coisas. Não vê Vossa Paternidade quanto crédito deu agora àquelas Irmãs movidas pela paixão, e como, sem mais informações, quer fazer e desfazer? Bem entendo que a Priora tem faltas no governo; mas são incidentes domésticos, e não coisas que desonrem a Ordem. Eu já lhes tinha escrito que Vossa Paternidade iria lá, e tudo ficaria remediado; e que, em matérias de tentações, falassem com o confessor, e não com ela[1].

Querer que Isabel de Jesús governe, fazendo-a Subpriora, é grande disparate; pois quando, durante alguns dias, teve este cargo no tempo de Brianda, as próprias monjas contavam dela tantos casos engraçados, que era um não acabar; e por coisa alguma hão de querê-la de novo. É boa, porém não para esse cargo; e tirar o governo a Ana de la Madre de Dios por dois dias é desatino. Digo dois dias, porque, segundo a pressa que ele tem da volta de Brianda, muito breve a levará. A mim parece coisa bem difícil essa volta, porque, a não ser com o fim de tirá-la pouco depois, em se oferecendo alguma fundação, receio muito vê-la naquele lugar, estando ali quem está[2].

O que ele diz — isto é, que a Presidente nada faz pelos Descalços —, é em obediência ao mandamento dado por Vossa Paternidade. Quanto a murmurações acerca do demais, não dou atenção, nem acredito que lamente o que fazem comigo, pois a conheço, e não é nada apertada, senão muito franca. Quando contam os fatos, dizem uma coisa por outra. Já sabe Vossa Paternidade que me escreveu Brianda pedindo-me que lhe proibisse dar presentes a algum dos Descalços; e disse-me outra monja que mais haviam gastado com eles que com todas as enfermidades, embora naquele ano tenham sido muito numerosas. Parece-me a mim, meu Padre, que ainda que Santa Clara fosse governá-las — continuando quem lá está e não desistindo as monjas de sua teima —, achariam nela muitas faltas.

A acusação de não tratar bem das enfermas é um grande falso, pois é muita a sua caridade. Eu me vi apertadíssima, meu Padre, com a Priora passada, porque tudo é nada quando o bom nome da comunidade não é atingido, sobretudo ali, por onde passa tanta gente. Isso que murmuram de Brianda é torcer a verdade, pois ela veio por ordem dos médicos para tratar de sua saúde. Realmente não sei como deva agir Vossa Paternidade neste caso[3].

Gostei de saber que o Padre Frei Antonio aconselha nem tomarem na boca o nome de Brianda: era o melhor que ele podia fazer. Vossa Paternidade o considere bem, por caridade. A fazer o que convém, seria a solução levar para lá uma como Isabel de S. Domingo, com uma boa Subpriora, e tirar algumas dessas. É preciso Vossa Paternidade escrever quanto antes ao Padre Frei Antonio, que não faça mudanças até que Vossa Paternidade estude bem o caso. Da minha parte escreverei a ele que nada posso decidir até ver o que Vossa Paternidade ordena; ao mesmo tempo quero desenganá-lo sobre algumas coisas.

O negócio da casa deu-me pena; é lástima não ter havido alguém que se tivesse compadecido. Devem ter feito alguma parte da casa, e eu quisera que se acabassem dois quartos e se fizessem os muros; assim, se não tiverem agora dinheiro para mais, não ficará tudo perdido, e melhor estarão ali, por pouco tempo que seja, do que onde estão. Vossa Paternidade lhes escreva isto mesmo[4].

---

1. *Ela:* Ana de la Madre de Dios, presidente em Malagón.
2. Refere-se ao Licenciado Gaspar de Villanueva, Capelão e Confessor no mosteiro de Malagón, que, embora animado das melhores disposições, estava causando prejuízos ao bom espírito da comunidade.
3. *Priora passada:* Beatriz de Jesús.
4. *Casa:* O novo mosteiro que se estava edificando em Malagón. *Quartos:* Usa a palavra "quartos" com a significação de dormitórios, isto é, corredores para onde dão diversas celas, como é costume haver nos Carmelos.

Não sei como meu Padre deu comissão a Frei Antonio para a Visita de Malagón sem dar-lhe antes muitos avisos. Saiba que estou como boba; e, por outra parte, parece-me que tirar e pôr tão sem critério quem governe ali é grande deslustre para a casa. Ainda se eu soubesse que N. havia de emendar-se, seria o melhor que ela voltasse a seu Priorado e o concluísse; mas já perdi a esperança de sua emenda; aliás, o Padre Frei Bartolomé de Jesus, Frei Francisco de la Concepción e Antonio Ruiz insistiram tanto em que não voltasse para lá, que, a meu ver, seria temeridade. Vossa Paternidade tome informações e faça o que o Senhor lhe inspirar, que isso será o mais acertado. Pedirei a Ele luz para Vossa Paternidade; mas é muito preciso escrever logo ao Padre Frei Antonio a esse respeito, a fim de que não martirize aquela santa, que, por certo, o é[5].

Seja Deus com Vossa Paternidade sempre.

Indigna serva de Vossa Paternidade,

TERESA DE JESUS.

Não creio que Isabel de S. Domingos fique contrariada de ir para lá. Seria o remédio para aquela casa, e Brianda, ou María de S. Jerónimo, poderiam ir a Segóvia. Deus nos acuda com o remédio! Para a saúde de Isabel de S. Domingo faz bem terra quente; e as tais monjas não se atreveriam a falar dela, sendo tão considerada. Esta carta abri para riscar o que nela falava de Mariano, pelo receio de que se extraviasse. Estou tentadíssima contra ele.

239. AO PADRE JERÓNIMO GRACIÁN, EM ALCALÁ

Ávila, 14 de maio de 1578. Alegria com que recebe as cartas do Padre. Deseja ver Gracián em Ávila. Tomada de hábito de María Dantisco. O Pe. Gracián, consolo e auxílio da Santa. Sobre as eleições da Encarnação de Ávila. Precauções a tomar na visita canônica das monjas. Assuntos de Villanueva de la Jara e Madri.

Jesus esteja com Vossa Paternidade. A carta inclusa já estava escrita e ia despachá-la quando chegaram os Irmãos Descalços e me entregaram as de Vossa Paternidade. Posso dizer-lhe que me trouxeram saúde; pois, desde ontem à noite, tendo recebido essas de Malagón, piorei de um grande resfriado que tinha, em virtude do cansaço do muito ler e escrever. Porém, as cartas de Vossa Paternidade deram-me tanta consolação, que fiquei muito aliviada. Seja Deus bendito por me ter cansado em ler e escrever; e agora as de conceder a Vossa Paternidade saúde para tanto trabalhar no seu serviço e fazer bem a tantas almas; isto me consolou extremamente. Contudo quisera já vê-lo por estas bandas, porque será impossível que, não tendo chovido há tanto tempo nessa terra, deixe de haver muitas doenças, e eu não sei por que prefere ficar aí a vir para cá. Deve ser o Senhor, que, conhecendo os acontecimentos, esperava essa ocasião para melhorar aí essas almas, pois não pode Vossa Paternidade deixar de ter feito grande fruto.

Esqueci-me de dizer na outra carta o desgosto que tive de terem escolhido Frei Hernando Medina para dar o hábito à nossa noviça. Não sei que tentação tem aquela Priorinha de agradar a esses Frades! Por essa carta inclusa, de Frei Angel, verá como já estavam pensando que Vossa Paternidade havia de acompanhar sua irmã. Eu gostei de que não tivesse ido; agora poderá vir com segurança. Já escrevi a Ardapilla rogando-lhe que faça Vossa Paternidade vir, e dizendo-lhe algumas bobagens minhas pelas quais, ainda que não queira, por fim terá de vir: não poderá escusar-se[1].

Tenho pensado como seria boa para meu descanso a minha filha María de S. José; pela letra, habilidade e alegria, poderia me dar algum alívio. Deus a poderá trazer depois de professa, embora as moças não se sintam muito bem com as velhas. Até me espanto de como Vossa Paternidade não se cansa de mim; mas é Deus que assim faz para me ser possível aguentar a vida que Ele me

---

5. *N.:* parece referir-se a Brianda de San José.
1. *F. Fernando:* Carmelita Calçado que por algum tempo havia abraçado a Descalcez, tornando depois à Observância. Nossa noviça: María de San José. *Priorinha:* María Bautista, Priora de Valladolid. *Ardapilla:* licenciado Padilla.

dá, com tão pouca saúde e contentamento a não ser neste ponto. Por outro lado penso que uma alma, que recebe favores de Deus e verdadeiramente O ama, não deixará de alegrar-se com quem O deseja servir.

Muito me pesaria se Ardapilla viesse com esse estribilho da Encarnação. Já mandei perguntar a Vossa Paternidade se ele, com os poderes que tem, mo pode ordenar, e não recebi resposta. Saiba que farei tudo o que está em minhas mãos para não ir, porque sem os confessores Descalços, e sem estar ainda mudada a jurisdição, é desatino; mas se me obrigarem a ir debaixo de pecado, já vê que não posso resistir.

Por caridade, escreva-me determinadamente o que devo fazer e o que me é lícito; pois não são coisas que se escrevam tão obscuramente; e recomende-me sempre muito a Deus, que estou já bem velha e cansada, embora não nos desejos. Darei às Irmãs as lembranças que lhes mandou. Quisera eu que viesse Vossa Paternidade com o Prior de Mancera, pois repito-lhe: parece-me que permanecer aí agora é perder tempo, por já ser passada a época dos sermões[2].

Que barafunda a dessas Irmãs por causa dos cem reais! Veja se tenho, ou não, razão de dizer que é mister em tudo andar com muito cuidado nestas Visitas; porque virá outro Prelado, e é grande coisa não haver por onde se pegue. Fiquei contrariada, pois a Priora que os deu tinha todo o direito de assim agir; por conseguinte não há que fazer caso disso. Sendo com Frei Antonio, não dou importância, mas se me tocam no mínimo ponto em meu Pablo, não o posso sofrer. Quanto a mim, pouco se me dá[3].

Deus o guarde, meu Padre, que muito gosto tive em saber que está tão gordo apesar de todo o trabalho, segundo me contaram estes Padres.

Seja Ele para sempre bendito. Muito se alegrará D. Guiomar com a carta. Está boa.

É hoje 14 de maio, e eu filha verdadeira de Vossa Paternidade,

TERESA DE JESUS.

Estou certa de que não me fará mal tudo isto que escrevi agora, como aconteceu quando escrevi a Malagón. Aproveito para lhe dizer que o negócio daquele mosteiro, isto é, de Villanueva, de nenhuma maneira convém, se os Franciscanos se meteram no meio. Para eles é próprio o esmolar, e quererão ensiná-las a fazer o mesmo. Vossa Paternidade tem razão e nesses lugarejos é coisa terrível. A fundação de Madri é o que nos deve interessar, e há muito quem ajude para se realizar logo que seja possível. Creia que é importante, assim como também darmos algum presente a Huerta. Quando eu estiver com Vossa Paternidade, trataremos disto[4].

240. AO PADRE JERÓNIMO GRACIÁN, EM ALCALÁ

Ávila, 22 de maio de 1578. Procedimento dos Descalços e Jesuítas no assunto do Padre Salazar. "Tanto eles como nós temos deixado não pouca terra entrar neste negócio." O Padre Mariano conserta uma fonte do Colégio da Companhia em Ávila. Os assuntos da Descalcez em Roma. Nada de novas atas: bastam as Constituições.

Jesus esteja com Vossa Paternidade. Vai pôr-se a caminho este Padre, e assim não me poderei alargar. Muito pesar tenho de que não me tivesse avisado ontem de sua partida. Estou melhor, e o braço também melhorou.

No tocante ao que Vossa Paternidade teve de sofrer do gato, fiquei espantada da falta de consideração com que ele falou sobre Esperança. Deus lho perdoe; se fosse tão mau como diz, por certo não fariam tanta questão de ficar sem ele. Fiquei bem contente de Vossa Paternidade não

---

2. *Prior de Mancera:* Juan de Jesús, Roca.
3. *Cem reais:* quantia que o Padre Gracián tomara emprestada a certa Priora para os gastos de viagens nas Visitas Canônicas aos mosteiros. *Pablo:* Jerónimo Gracián.
4. *Negócio daquele mosteiro:* O de Villanueva de la Jara, fundado em 1580 (Cf. *Fundações*).

ter mandado a carta de Sevilha, porque acho melhor tratá-los com toda humildade, pois verdadeiramente lhes devemos grandes favores pelo passado, e a muitos deles ainda agora. Esse Padre parece-me pouco avisado, pelas coisas que tenho visto, de modo que não quisera que se alargasse muito Vossa Paternidade com ele[1].

Também de Toledo escreveram-me que se queixam muito de mim; e a verdade é que fiz tudo quanto pude, até mais do que era justo; e, assim, tenho pensado que a causa de se queixarem de Vossa Paternidade e de mim é por termos sido tão cuidadosos em não lhes causar desgosto. E creio que, se todos nós só houvéssemos posto os olhos em Deus, fazendo só por seu serviço o que tão bom desejo merecia, já estariam mais contentes e tudo em paz, porque o mesmo Senhor o haveria de facilitar. Pelo contrário, quando nos deixamos levar por respeitos humanos o fim que se pretende por esses meios nunca se consegue; antes sucede tudo ao revés, segundo se vê agora. Como se fosse uma heresia o que ele queria fazer! Conforme já lhes disse, estão sentidos por se ter tornado público o fato. O certo é, meu Padre, que tanto eles como nós temos deixado não pouca terra entrar neste negócio. Apesar de tudo, estou contente com o resultado; só queria que Nosso Senhor também o estivesse.

Já escrevi a Vossa Paternidade quanto insistem os Padres da Companhia daqui para que venha o Padre Mariano examinar uma fonte. Há muito que o importunam neste sentido. Agora escreveu ele que virá por todo este mês. Suplico a Vossa Paternidade que lhe escreva para que de nenhum modo deixe de vir. Não se esqueça[2].

Estou espantada desse encantamento de Frei Juan de la Cruz, e da demora desses negócios. Deus nos acuda com o remédio! Escrevem-me de Toledo que já se foi embora o Tostado, porém não o creio. Dizem que deixa Frei Angel em seu lugar[3].

Não sei que pensar acerca de Vossa Paternidade não vir por aqui. Bem vejo que deve ter razão; mas vai passando o tempo sem enviarmos Religiosos a Roma, e, com essas esperanças que duram mil anos, acabaremos todos perdidos. Eu não entendo, nem sei a causa de Nicolao deixar de ir, pois uma coisa não impede a outra. Bem sei: Vossa Paternidade tem mais cuidado que ninguém, mas nenhum prejuízo pode causar prestarmos homenagem a Nosso Padre Geral, e o tempo agora é propício. Se não o fizermos, não teremos garantia para o futuro, e multiplicar as diligências nunca faz mal[4].

Muito acertado será dar a esse colégio o nome de S. José. Deus o pague a Vossa Paternidade, e também a dedicação com que está tratando daquele negócio; seria de grandíssima vantagem para a Ordem. O caso de Toledo está indo muito bem, porque a monja está inteiramente resolvida, e muito boba é a Priora em consultar a Vossa Paternidade para saber se deve ir a juízo, tratando-se de tão grande quantia pertencente à casa. D. Guiomar alegrou-se com a carta de Vossa Paternidade e eu também; não me espanto[5].

Esse Padre sente a diferença que fazem em Guadalajara entre ele e Pablo, mas é muito grande a que há entre os dois; e este nosso natural nos domina. Muito quisera eu que Vossa Paternidade se vencesse mostrando-lhe benevolência, pois achei um tanto altivas as palavras dele, e levar a cada um segundo sua fraqueza é grande coisa. Conceda-nos Deus a fortaleza precisa para em tudo contentá-lo. Amém[6].

---

1. *Gato:* provavelmente um jesuíta. *Esperança:* o Pe. Gaspar de Salazar, SJ, que por este tempo fez muitas diligências para passar da Companhia à Descalcez. Isso foi origem de muitos dissabores para a Santa, que se viu injustamente acusada de o ter induzido a fazê-lo. *Esse padre:* um jesuíta, que poderia muito bem ser o "gato" mencionado nesse parágrafo; todos os indícios fazem pensar que se trata do provincial P. Juan Suárez.

2. *Padre Mariano:* Ambrosio Mariano de San Benito, famoso por seus conhecimentos de engenharia.

3. *Encantamento:* sumiço, como por encanto, de San Juan de la Cruz, depois de cinco meses e meio, ainda se desconhecia o lugar de sua prisão. *Frei Angel* de Salazar.

4. *Enviarmos Religiosos a Roma:* insiste a Santa que sejam enviados dois religiosos a Roma, tal como se determinou no capítulo celebrado em Almodóvar.

5. *Colégio:* o colégio de Descalços de Salamanca, que afinal veio a receber o título de Santo Elias.

6. *Esse padre:* não se sabe a quem alude.

Não sei que resposta me dará Vossa Paternidade sobre o negócio destas noviças. Quatrocentos ducados para vinte! Nem ainda seiscentos eu aceitaria. Vamos esperar para ver como procede D. María de Mendoza, que não deixará de fazer tudo bem. Sinto muito quando vejo questões acerca de rendas[7].

Referiu-nos Antonia[8] tantas coisas que Vossa Paternidade havia ordenado lá, que nos escandalizou a todas; até mandei indagar como foi. Creia, meu Padre, que estas casas vão bem, não precisam ser sobrecarregadas de cerimônias; qualquer coisa que se lhes acrescente é peso, não se esqueça disto, por caridade. Aperte sempre na guarda das Constituições; e nada mais, que muito farão se as guardarem bem. Em ponto que diga respeito a estas monjas, pode Vossa Paternidade dar-me crédito, pois pelo que vejo aqui, compreendo o que se passa lá. Embora se acrescente pouco, o que se manda além das obrigações torna-se muito pesado, e eu seria a primeira a achá-lo, salvo se fosse Vossa Paternidade que o mandasse em nome de Deus.

Ele o guarde muitos anos.

É hoje 22 de maio.

Indigna serva e filha de Vossa Paternidade,

TERESA DE JESUS.

241. A MADRE MARÍA DE S. JOSÉ, EM SEVILHA

Ávila, 4 de junho de 1578. Agradece vários presentes da Madre Priora. Chegou a explicação sobre o fogãozinho econômico para S. José de Ávila. Recomenda à Madre Priora que cuide mais de si. Procedimento que deve observar com uma enferma caprichosa e muito excitada. Estas coisas não me causam tanta pena como "se visse imperfeições ou almas irrequietas". Comam carne "as duas monjas de muita oração". Discrição e tino em qualificar as coisas do espírito. Teresita contentíssima com os presentes da Priora de Sevilha. Procura a Santa uns livros para um amigo.

Jhs

Esteja com vossa reverência, filha minha, o Espírito Santo. Recebi duas cartas suas: uma por Madri, outra que veio esta semana pelo almocreve daqui; mas este demora tanto que me amofino. Tudo o que vossa reverência me enviou veio ótimo e em bom estado, inclusive a água, que é excelente, mas por enquanto basta, não é preciso mais. Gostei muito das jarrinhas que me mandou; também já bastam. Como estou melhor, não tenho mais necessidade de tanto regalo; ao menos algum dia hei de ser mortificada.

O braço tem melhorado, porém não a ponto de me poder vestir; dizem que brevemente, quando entrar o calor, ficará são. A caixa está muito boa, assim como também o demais. Não pense que eu coma tantas compotas; para falar a verdade, não sou amiga delas, mas este costume que tenho de dar, não o perderei enquanto for viva. Nunca faltam negócios; e a caridade dos benfeitores não é tão grande no fazer-nos bem, como a de meu Padre o Prior das Covas e a do Padre Garciálvarez, de modo que temos necessidade de tudo.

Veio tão bem explicado o fogãozinho, que, penso, não poderá sair errado. Já se está fazendo. Todas admiram sua inteligência e lho agradecem muito, muitíssimo, e eu da mesma forma. Bem mostra o amor que me tem, pelo contentamento que procura dar-me em tudo. Estou bem certa dele; e posso dizer-lhe que ainda me deve mais, pois eu mesma me espanto de quanto lhe quero. Não vá pensar que, neste ponto, alguma leve vantagem a vossa reverência, porque nem todas

---

7. *Para vinte:* para, com o rendimento deles, sustentar vinte Irmãs. Parece referir-se ao Mosteiro de Valladolid.

8. Antonia del Espíritu Santo, uma das quatro principais Descalças, que acabava de passar quatro anos no mosteiro de Valladolid.

combinam tão bem com meu gênio. O pior é que pouco lhe posso fazer bem, por ser tão ruim, mas tenho muito cuidado de encomendá-la a Deus.

Fiquei pesarosa com esse sofrimento de coração, de que me fala; é muito penoso, e não me espanto, porque esses trabalhos daí têm sido terríveis, e estão sofrendo muito sozinhas. Mesmo quando o Senhor nos faz mercê de conceder virtude e ânimo para levá-los, o natural se ressente. Com uma coisa se alegre: é que na alma está muito mais aproveitada. Creia que não lho digo para consolá-la, mas assim o estou vendo; e isto, filha, jamais se alcança sem que nos custe muito. O que estão sofrendo agora causou-me grande pena, por ser motivo de tanta inquietação para todas: já é muito haver alguma melhora. Tenho esperança em Nosso Senhor que há de curá-la, porque outras pessoas têm isso e saram; e se ela se deixar tratar, é grande coisa. Deus assim fará; talvez queira dar esta cruz por pouco tempo, e de tudo isso tirar muito bem. Com instância o estou suplicando.

Preste atenção no que lhe vou dizer agora: Procure-a vossa reverência o menos que puder ser, porque para seu coração é tão perigoso que poderia vir a fazer-lhe muito mal; e olhe que lho mando. Escolha duas das mais animosas, que tenham cuidado com ela; as demais quase nunca precisam vê-la. Não deixem de andar alegres, nem se estejam afligindo; façam como se fosse qualquer outra enfermidade. Em parte, há menos motivo de pena, porque os que assim estão não sentem o mal como os que têm outras doenças.

Aqui lemos, há poucos dias, que num mosteiro de Nossa Ordem, onde era monja S. Eufrasina, havia uma no mesmo estado que essa Irmã, e só se sujeitava à Santa, a qual finalmente a curou. Quiçá haverá aí alguma que lhe infunda temor. Se nestes nossos mosteiros não houvesse trabalhos de pouca saúde, seria o céu na terra, e não haveria em que merecer. Com disciplina-la, talvez não dê mais esses gritos; e isto não lhe fará mal. Bem faz em guardá-la com segurança; tenho pensado se não será demasia de sangue, pois andava, se não me engano, com dores nas costas. Deus lhe dê remédio![1]

Saiba que, embora causem sentimento estas coisas, não têm comparação com a pena que me daria se visse imperfeições ou almas inquietas; e, pois aí não há disso, de coisas corporais e enfermidades não me aflijo muito. Já sabe: quem há de gozar do Crucificado, há de passar cruz; e nem é preciso pedir-Lho — ainda que meu Padre Frei Gregorio aconselhe fazê-lo —, pois aos que Sua Majestade ama, como a seu Filho os leva.

Outro dia escrevi a meu Padre Prior das Covas; dê-lhe agora um grande recado meu. Leia essa carta que envio ao Padre Garciálvarez, e, se lhe parecer bem, entregue-lha. Por causa de minha cabeça, que está melhor mas ainda com muito ruído, não lhes escrevo sempre, mas é muito o que os amo. Cumprimente sempre a todos por mim.

Gostei de Nosso Padre ter mandado comer carne às duas que têm muita oração. Asseguro-lhe, minha filha, que elas me têm preocupado; se estivessem perto de mim, não haveria tanto rebuliço. O fato de serem tantas essas graças faz-me duvidar, e, ainda que algumas sejam certas, o mais acertado é fazer pouco-caso de todas. Nem vossa reverência nem Nosso Padre mostrem muito apreço; antes desfaçam nelas; mesmo se for verdade, nada se perde com este modo de proceder. Repito: desfaçam, dizendo que são caminhos por onde Deus leva, umas de um modo, e outras de outro; e esse não é o mais santo, como é verdade[2].

Alegrei-me do que me referiu acerca de Acosta, e de saber que a tem em tal opinião. Quisera eu que não lhe dissessem muitas coisas, para que não perca esse bom conceito se alguma não sair verdadeira, como me aconteceu a mim com ela. Não digo que o tenha perdido, pois, bem sei: embora muitas vezes sejam de Deus as revelações, podem algumas proceder da imaginação.

---

1. *Santa Eufrasina:* refere-se à vida desta santa relatada por Surio em sua *Vitae sanctorum ab Aloysio Lippomano olim conscripta*; escrita em 1570 e adaptada para o espanhol por Alonso Villegas, cujo primeiro volume foi publicado em Toledo em 13 de maio de 1578, com o título: *Primeira parte de Flos Sanctorum nuevo, hecho por el licenciado Alonso de Viegas, capellán en la capilla de los Moçarabes de la Santa Iglesia de Toledo.*

2. *Duas que têm muita oração:* Isabel de San Jerónimo e Beatriz de la Madre de Dios.

Esqueci-me de quando se havia de cumprir o que a outra profetizou; avise-me, tanto do que der certo, como do que não der; que por este mensageiro chegam seguras as cartas. Pensei agora: não devo responder a Garciálvarez até que vossa reverência me diga se ele sabe algumas dessas coisas, para que eu lhe escreva de modo conveniente; dê-lhe apenas um grande recado meu, dizendo que me alegrei com sua carta e vou responder-lhe[3].

No que toca a essas noviças que pretendem entrar, veja bem o que faz. Tenho em muito que contentem ao Padre Nicolao. Com o favor do Senhor, irá aí Nosso Padre em setembro, e talvez antes, que já lhe mandaram, como o terão sabido, e o que ele mandar, faça. Tenho muito pesar de vê-lo entre essa gente. Como é necessário rezarmos! Todas se recomendam muito a vossa reverência.

Oh! se visse que saltos deu Teresa com o que lhe enviou! É de espantar ver quanto lhe quer. Creio que deixaria o pai para ficar com vossa reverência. Quanto mais cresce, mais virtude tem: é mesmo um cordeirinho. Já comunga, e não com pouca devoção. Minha cabeça é que está cansada, por isso digo apenas que Deus ma guarde, como Lho suplico.

A todas me recomende muito, em particular à portuguesa e à sua mãe. Procure disfarçar as penas e diga-me que mal é esse que tem no coração. O óleo de flor de laranjas é muito bom. Ando melhor do coração, de uns dias para cá; é que não quer o Senhor dar tanta coisa junta[4].

É hoje 4 de junho.

Olhe isto que lhe suplico neste papel: é um pedido meu. Por amor do Senhor, use de muitíssimo cuidado, porque se trata de coisa que me foi encomendada por uma pessoa a quem devo muitas obrigações; e eu lhe disse que, se vossa reverência não conseguir, ninguém o conseguirá. Sim, porque a tenho em conta de habilidosa, e sai-se bem em tudo o que intenta! Empenhe-se, portanto, com o maior desvelo, que será dar-me grandíssimo contentamento. Quiçá o Padre Prior das Covas poderá ajudá-la; ainda que mais confio no Padre Garciálvarez. Dificultoso parece, mas quando Deus quer, tudo é fácil. Poderia dar-me muitíssimo consolo, e creio mesmo que seria grande serviço de Nosso Senhor, pois é para proveito de algumas almas, e a ninguém pode prejudicar.

O que se há de procurar obter é um ano inteiro de sermões do Padre Salucio, da Ordem de S. Domingos; e sejam dos melhores que se puderem achar. Se não for possível tantos, arranje a maior quantidade que puder, contanto que sejam muito bons. Um ano de sermões quer dizer: sermões de uma Quaresma e de um Advento; das festas de Nosso Senhor e de Nossa Senhora e dos Santos do ano; das domingas desde Reis até Advento, e desde a Páscoa do Espírito Santo até o Advento[5].

Recomendaram-me segredo, e por isso desejaria que só o tratasse com quem a possa servir. Praza ao Senhor seja feliz neste negócio, e quando os remeter, seja por este homem e com bom porte. Sempre dirija para aqui, a S. José, as cartas, enquanto eu aqui estiver; é melhor e mais seguro, mesmo que sejam para meu irmão, porque pode acontecer estar ele ausente. Enfim, se não puder mandar todos os sermões, mande o maior número que puder. Muito consolo me dá o bem que dizem de vossa reverência e suas filhas o Padre Garciálvarez e o Padre Frei Gregorio. Mas, sendo confessores, como poderiam dizer outra coisa? Praza a Deus seja verdade.

De vossa reverência serva.

242. AO PADRE GONZALO DÁVILA, REITOR DA COMPANHIA DE JESUS, EM ÁVILA

Ávila, junho de 1578. Queixa-se carinhosamente de uma carta do Padre. Responde a vários extremos espirituais da dita carta. Bom talento para Prelado tem o Pe. Dávila, e com efeito o é da consciência da Santa. É mui-

---

3. *Acosta:* Diego de Acosta, SJ. *A tem em tal opinião:* deve referir-se a Beatriz de la Madre de Dios, Isabel de S. Jerónimo ou Margarida de la Concepción, sujeitas a fantasias na oração.

4. *Portuguesa:* Blanca de Jesús. *Sua mãe:* D. Leonor Valera.

5. *Salucio:* Agustín de Salucio. *Desde Reis até Advento:* por distração diz Advento em vez de Quaresma.

to agradável a Deus "o que faz o Superior para o melhor desempenho de seu ofício". Quer que seja muito perfeito o Padre Gonzalo.

Jesus esteja com vossa mercê. Há tempos não me contraria tanto uma coisa como hoje a carta de vossa mercê, porque não sou tão humilde que me resigne a ser tida por tão soberba; nem há de querer vossa mercê mostrar sua humildade tão à minha custa. Nunca pensei em rasgar carta de vossa mercê de tão boa vontade. Asseguro-lhe que sabe bem mortificar e dar-me a entender o que sou, pois a vossa mercê parece que me julgo capaz de ensinar a outros. Deus me livre! preferia que nem se lembrassem de mim. Compreendo minha culpa; mas não sei se devo antes atribuí-la ao desejo que me dá de ver santo a vossa mercê. Pode ser que desta minha fraqueza proceda tanta bobagem como digo a vossa mercê e também do amor que lhe tenho, o qual me faz falar com liberdade, sem reparar nas palavras. Certo é que depois fiquei com escrúpulo de ter tratado algumas coisas com vossa mercê, e se não fora o receio de faltar à obediência, não responderia ao que vossa mercê pergunta, pois me causa muita repugnância. Deus aceite o sacrifício. Amém.

Uma das minhas grandes faltas é julgar os outros por mim nestas coisas de oração; e, assim, não faça caso vossa mercê do que lhe disser, porque lhe dará Deus talento superior ao de uma mulherzinha como eu. A mim me tem feito Nosso Senhor mercê de O trazer presente a cada instante, e, apesar disso, quando tenho a meu cargo muitos negócios, que hão de passar por minha mão, mais me estorvam eles do que todas as perseguições e trabalhos. Por esta razão tem-me acontecido, e é muito ordinário, sendo coisa que posso fazer depressa, deitar-me à uma e às duas da madrugada, e até mais tarde, para evitar à alma a obrigação de acudir no dia seguinte a outros cuidados, a não ser àquele Senhor que tenho presente. Deve ser tentação, pois à saúde tem-me feito muito mal; mas por outro lado parece-me ficar mais livre a alma. É como quem tem um negócio necessário de grande importância e conclui depressa os outros negócios, de maneira a não servirem de impedimento ao que entende ser mais necessário. E assim, tudo quanto posso deixar a cargo das Irmãs, dá-me grande contentamento, embora de algum modo se fizesse melhor por minha mão; mas, como não é por comodismo, Sua Majestade supre, e eu me acho tanto mais aproveitada no interior, quanto mais procuro apartar-me de todas as coisas. Apesar de ver isto claramente, descuido-me muitas vezes, deixando de fazê-lo, e o prejuízo é certo; e compreendo que poderia tirar mais fruto para minha alma se tivesse usado de mais diligência neste ponto.

Não me refiro a coisas graves, que se não podem escusar, e nisto deve estar também meu erro; porque deste gênero são as ocupações de vossa mercê, e seria mau deixá-las em poder de outrem. Bem o compreendo, mas, vendo vossa mercê com tão pouca saúde, quisera que tivesse menos trabalhos. E asseguro-lhe: faz-me louvar a Nosso Senhor o constatar como toma vossa mercê a peito as coisas que dizem respeito a sua casa; e não sou tão boba a ponto de não entender a grande mercê que Deus lhe faz em dar-lhe esse talento, do qual resulta grande mérito para vossa mercê. Causa-me muita inveja; quisera eu que fosse assim meu Prelado. Já que Deus me deu a vossa mercê como Superior, desejaria eu que cuidasse tanto da minha alma como da tal fonte, da qual gostei muito de ter notícias. É coisa tão necessária num mosteiro, que tudo quanto vossa mercê fizer para este fim é bem empregado[1].

Não me resta mais a dizer. Tenho certeza de tratar com vossa mercê como com Deus, usando de toda verdade; e entendo que toda diligência do Superior para melhor desempenho de seu ofício é tão agradável a Deus, que muito em breve lhe dá o que lhe daria em muito tempo, se estivesse menos ocupado. E tenho tanta experiência disto como do que afirmei acima. Contudo, vendo a vossa mercê tão ordinariamente ocupadíssimo, passou-me pelo pensamento o que a vossa mercê escrevi; depois, quanto mais penso, compreendo, como já lhe disse, que há diferença de vossa mercê a mim. Vou emendar-me, não externando logo meus primeiros movimentos, pois tão caro

---

1. *Fonte:* os jesuítas queriam fazê-la em seu colégio de San Gil, e para isso esperavam poder contar com os conhecimentos do Pe. Mariano de San Benito.

me custa. Vendo eu a vossa mercê muito bom, cessará minha tentação. Faça-o Senhor como Ele pode e eu desejo.

Súdita de vossa mercê,

TERESA DE JESUS.

243. A MADRE MARÍA DE JESÚS, EM TOLEDO

Ávila, julho de 1578. Sobre a fundação de algumas obras pias.

Já sei como Nosso Senhor lhe deu a entender a mesma coisa; mas quer Sua Majestade que Vossa Caridade saiba que mo deu a entender, também a mim. Olhe que dessas obras pias muito se há de servir seu Esposo; e também muito de que eu com os cinco mil ducados de seu dote possa desempenhar minha palavra, solvendo o compromisso que tenho de os pagar em determinado dia, pela compra dessa casa em que hoje vivem minhas filhas…

244. A PADRE DOMINGO BÁÑEZ, EM SALAMANCA

Ávila, 28 de julho de 1578. Aconselha-lhe que não vá passar as férias em Ávila, findo o curso, a não ser que assim julgue conveniente. "Não quer o Senhor que eu tenha nesta vida senão cruz e mais cruz, e o mesmo acontece a todos os que desejam dar-me contentamento." Um dissabor sofrido pelo Pe. Padilla. "Vou razoavelmente de saúde".

Jhs

Esteja com vossa mercê o Espírito Santo, meu Padre. Uma carta recebi de vossa mercê, cheia de benevolência e caridade como sempre; e é a tal ponto que não sei que fazer, senão suplicar a Deus que lhe pague este e os demais benefícios.

No tocante à vinda de vossa mercê para cá, digo-lhe que me deu tanta pena o ter de vê-lo em companhia de quem era tão pesado e em lugar onde geralmente goza de pouca saúde, que, a menos de ter eu muita necessidade, não lhe suplicaria que, só para me fazer bem, tivesse férias tão à sua custa. Mas atualmente, glória de Deus, não estou necessitada, e nunca faltam ocupações e trabalhos a me impedirem de tomar junto de vossa mercê o consolo que quisera; por conseguinte, antes lhe suplico que não venha. Veja em que lugar poderá ter mais descanso, e esse escolha, pois bem precisa refazer-se quem trabalha todo o ano. Aliás, se acontecesse vir o Padre Visitador ao mesmo tempo, bem pouco fruto poderia eu tirar da presença de vossa mercê aqui[1].

Creia, meu Padre, estou convencida de que não quer o Senhor dar-me nesta vida senão cruz e mais cruz; e o pior é que todos os que desejam dar-me contentamento, têm a sua parte. Vejo que quer atormentar-me por este meio. Seja Ele por tudo bendito!

Muito sinto o que aconteceu ao Padre Padilla, porque o tenho na conta de servo de Deus. Praza ao Senhor mostrar a verdade! Quem vive cercado de tantos inimigos tem muitos trabalhos, e todos nós andamos nessa expectativa; mas pouco é perder a vida e a honra por amor de tão bom Mestre. Vossa mercê nos encomende sempre a Ele, que eu lhe digo: anda tudo bem mal parado[2].

De saúde vou razoavelmente; o braço, embora ruim, pois não me posso vestir, vai melhorando; melhora quisera eu em amar a Deus.

Sua Majestade guarde a vossa mercê e lhe dê toda a santidade que Lhe suplico. Amém.

É hoje 28 de julho.

Indigna serva e verdadeira filha de vossa mercê,

TERESA DE JESUS.

---

1. *Padre Visitador:* Pe. Gracián.
2. *Padilla:* preso pela Inquisição durante alguns dias.

Estas servas de vossa mercê todas se lhe recomendam muitíssimo. À Priora não consinta vossa mercê deixar de comer carne, e mande que não se descuide da saúde.

245. AO PADRE JERÓNIMO GRACIÁN, EM PEÑARANDA

Ávila, agosto de 1578. Perseguições contra a Reforma e o Pe. Gracián.
"Responda a tudo: pois se está tornando muito biscainho".

Esteja com Vossa Paternidade, meu Padre, o Espírito Santo, dando-lhe forças para atravessar esta batalha, pois, hoje em dia, haverá poucos aos quais com tanta fúria permita o Senhor serem acometidos dos demônios e do mundo.

Bendito seja seu Nome, por ter querido que mereça Vossa Paternidade tanto e tão por junto. Asseguro-lhe que, não fora o natural tão sensível, a razão nos daria bem a entender quão grande motivo temos de estar alegres. Estou descansada por saber que está Vossa Paternidade livre de qualquer suspeita de excomunhão, embora eu nunca tenha tido receio de que estivesse excomungado...

Deus guarde a Vossa Paternidade, e me deixe vê-lo com sossego algum dia, sequer para alentar-nos a tornar a padecer. Todas se lhe recomendam muito.

Praza a Deus me responda a tudo, pois está ficando muito biscainho. Bem vejo que não é sem motivo; mas em tão grande ocasião de sofrimento para mim, nada lhe deverá servir de empecilho...

246. A D. JUANA DE AHUMADA, EM ALBA DE TORMES

Ávila, 8 de agosto de 1578. Seus sobrinhos Gonzalo e Lorenzo. Recrudesce a perseguição contra a Reforma. Lembranças.

Jesus esteja com vossa mercê. Por aqui e por lá, a todos nós dá Deus trabalhos; seja Ele para sempre bendito! Vossa mercê não se aflija pensando na ida de D. Gonzalo com Lorencico, pois meu irmão não o consentirá: não julga conveniente. Não escrevi a vossa mercê, porque já tinha partido o moço quando me entregaram a sua carta. Esteja certa de que os recomendo a Deus[1].

Saiba vossa mercê que agora chovem sobre nós os trabalhos, a mais não poder, porque obtiveram Contrabreve, e vamos ficar todos sujeitos ao Núncio. Não me causa muita pena, porque talvez seja este o melhor caminho para fazer-se Província à parte; e assim não se verá o Padre Gracián entre essa gente[2].

Estou com tanta pressa que ainda isto não sei como escrevo. Tenho que enviar certos avisos a essas casas, e por isso não digo mais, senão que me recomendem a Deus. Não estou pior que de costume; na verdade os trabalhos são para mim saúde e medicina.

Ao senhor Juan de Ovalle e à senhora D. Beatriz muitas saudações; as Irmãs saúdam daqui a vossa reverência. Meus irmãos estão bons; ainda não sabem que Pedro vai para aí[3].

É hoje 8 de agosto, e eu de vossa mercê,

TERESA DE JESUS.

---

1. *D. Gonzalo com Lorencico*: sobrinhos da Santa, os quais planejavam ir fazer fortuna nas Índias. D. Gonzalo era filho de D. Juana.

2. *Contrabreve*: em 23 de julho, o núncio Felipe Sega aboliu as patentes dadas por seu antecessor (cf. *Regesta Rubei*, pp. 268-272). *Essa gente*: Carmelitas Calçados.

3. *Vossa Reverência*: por distração, em vez de Vossa Mercê. *Pedro*: fiel e virtuoso servo que acompanhou a Santa em várias fundações, e fez-se Carmelita Descalço aos setenta anos, em 1618.

247. AO PADRE JERÓNIMO GRACIÁN, EM PEÑARANDA

Ávila, 9 de agosto de 1578. Sofrimentos causados à Santa pela situação do Padre Gracián. Os Descalços sujeitos imediatamente ao Núncio. Um Contrabreve. Sua promulgação nos Conventos. Mérito dos trabalhos sofridos por amor de Deus. Ida de Julián de Ávila a Madri. Ninguém me tirará a meu Pablo, nem "o que tenho prometido a esse santo".

Jesus esteja com Vossa Paternidade, meu Padre. Ontem lhe escrevi por via de Mancera, e enviei a carta ao Subprior para que indagasse se Vossa Paternidade estava em Penharanda, como me escreveu. Recomendei-lhe que ninguém soubesse do paradeiro de Vossa Paternidade, nem mesmo um Irmão leigo, senão só ele. Enviei juntamente duas cartas de Roque, nas quais insiste muito para que Vossa Paternidade vá sem demora a Madri, e embora afirme que escreveu a Vossa Paternidade, dando-lhe parte dos acontecimentos, torno a contar-lhe o que se passa, pelo temor de terem sido apreendidas as cartas. Como Vossa Paternidade pode não ter ido para onde pretendia, segundo me escreveu, mando-lhe novo mensageiro, que vai também com o fim de avisar à Madre Priora sobre o modo de responder, pois Roque faz muita questão de haver conformidade entre as respostas. O contrário seria destruir-nos. Enviou-me uma norma por escrito, redigida nos mesmos termos que a dela. Já tenho dado o mesmo aviso por outros lados. Praza a Deus não seja necessário, pois é grande lástima ver estas almas sujeitas a quem não as compreende[1].

Contudo, é só meu Pablo que me dá cuidado e pena. Ah! se o vir livre! Por certo, não sei a causa, mas ainda que o quisesse, não me poderia perturbar com o demais. O Senhor proverá; e se Vossa Paternidade se guardar por aqui, sem ir para as bandas de lá, dou-me por satisfeita. Contudo tenho grande medo, porque, no ir e vir para dizer Missa, não pode deixar de haver perigo.

Estou espantada das voltas que estão dando os acontecimentos. Já quisera ser Vossa Paternidade fora daí, em algum lugar onde possamos estar seguros a seu respeito; mas avise onde está, por caridade, para eu não andar às tontas quando lhe quero comunicar alguma coisa, como o estou com as cifras que Vossa Paternidade mudou, sem prévia combinação. Muito quisera eu andasse sempre com algum companheiro, ao menos um Irmão leigo.

Ontem esteve aqui o Prior de Santo Tomás. Não lhe parece mau que Vossa Paternidade, antes de ir à corte, espere a resposta de Joanes, a fim de ver no que pára isto. O Reitor pensa do mesmo modo, e também meu irmão, pois lhes contei que Vossa Paternidade escreveu a Joanes. Já que levam os Breves ao Presidente, não sei a razão de tanta pressa. Só duas coisas me fazem querer que Vossa Paternidade vá: uma é o medo grande de o aprisionarem aqui, e, neste caso (Deus o livre!), mais lhe valeria esquivar-se; a outra, que antes de dirigir-se Vossa Paternidade ao Rei, víssemos qual a atitude do Núncio. Para tudo isto será útil a sua presença[2].

O que fica acima escrevi ontem a Vossa Paternidade. Aí o verá, e creio lhe dará o Senhor luz para decidir, assim como lhe dá paz para suportá-lo, segundo tenho visto por suas práticas com Ele. Acontece o seguinte: no domingo passado, dia 3 do corrente, notificaram ao Padre Mariano um Breve, o qual, penso, é o que levavam para aí, embora Roque pouco se tenha explicado. Só disse que é muito completo e revoga os atos do Núncio passado; deve ser o mesmo de que fala Vossa Paternidade, porém nada se sabe ao certo. Afirma que é do Papa, mas creio ser apenas do Núncio, porque Mariano, em sua resposta, declara que serão obedecidas as ordens de Sua Senhoria; e manda que não se tenha a Vossa Paternidade por Prelado, a obediência há de ser prestada ao Núncio, e a mais ninguém[3].

---

1. O Núncio resolvera sujeitar a Descalcez aos Calçados. O bom amigo da Reforma, Roque de Huerta, notário de Filipe II, industriava as Descalças sobre o modo de procederem nessa emergência.

2. *Prior de Santo Tomás:* prior dos dominicanos de Ávila. *Joanes:* ainda que se refira com este nome, no mais das vezes, ao Pe. Gracián, neste caso parece referir-se a Santa ao Pe. Juan de Jesús, Roca. *Reitor:* Gonzalo Dávila, reitor dos jesuítas em Ávila. *Os Breves*, que nomeavam Pe. Gracián Visitador, iam ser entregues ao Presidente de Castela D. Maurizio de Pazos, que diria a última palavra, provavelmente favorável, sobre o conflito de jurisdições.

3. *Núncio passado:* Nicolás Ormaneto.

Disto me alegrei, pois talvez Sua Senhoria não dê tanta mão a esses lobos como eles pensam; e, em todo caso, há de querer contentar ao Rei. Bem creio, como diz Vossa Paternidade, que andam procurando impedir as reformas; disto não duvido, nem haverá maior contentamento para mim do que ver a Vossa Paternidade livre desse encargo. Mais tarde tudo se fará bem[4].

Nada nos foi notificado, nem em Mancera, porque o Provincial não saiu daqui; devem estar à espera de alguma coisa. Roque assegura que a notificação há de ser feita a todos os mosteiros; mas não explica se por meio dos Frades ou não. Já escrevi à Priora de Alba, que receba aquela Irmã; e a Teresa de Laiz, que o tenha por bem. Consolo-me tanto com a mercê que Deus faz a Vossa Paternidade dando-lhe algum tempinho de contentamento no meio de tantos trabalhos, que não sei como posso entristecer-me[5].

Neste momento está chegando à porta o Reverendo Padre Rioja com um notário, a notificar o Breve. Não me chamaram a mim, senão à Madre Priora; e, segundo entendo, é o mesmo que deviam levar-lhe aí, pois dizem estar correndo o processo. Deus me perdoe; mas ainda não posso crer que o Núncio haja mandado tal coisa; quero dizer: que o tenha redigido naqueles termos. Se Vossa Paternidade não houvesse seguido o parecer de tantos letrados, não me espantaria de que tivesse muita aflição: mas, como em tudo tem agido com tanta justiça, abstendo-se de visitar durante quase um ano até ser informado de que o Núncio não lhe havia tirado a jurisdição — não compreendo como agora se podem dizer tais coisas. Na verdade, embora me dê muito pesar, por outra parte causa-me grande devoção, por saber a intenção com que Vossa Paternidade tem procedido, e ver que lhe respondem com tantas infâmias. Posso dizer-lhe que Deus lhe quer muito, meu Padre, e que Vossa Paternidade O imita bem de perto. Esteja muito alegre, pois o que pede ao Senhor — que são trabalhos —, isto lhe dá. Mas Deus é justo e tomará a defesa de Vossa Paternidade. Seja ele bendito por tudo[6].

Os letrados, por aqui, dizem todos que Vossa Paternidade não estaria obrigado a obedecer ao Núncio se este não provasse com que autoridade lho ordena. Oh! que bons tesouros são estes, meu Padre! Não se compram por nenhum preço, pois por eles se ganha tão grande coroa. Quando relembro que o mesmo Senhor Nosso e todos os seus Santos foram por este caminho, não me resta senão ter inveja de Vossa Paternidade, porque eu agora já não mereço padecer, senão apenas sentir o que padecem aqueles a quem quero bem — o que é, aliás, maior trabalho.

Amanhã trataremos de mandar quanto antes Julián de Ávila a Madri, a reconhecer por nosso Prelado ao Núncio e procurar ganhar sua benevolência, suplicando-lhe que não nos entregue aos Calçados. Ao mesmo tempo escreverei a algumas pessoas para que o aplaquem a respeito de Vossa Paternidade, dando-lhe várias razões e contando-lhe como Vossa Paternidade nenhum convento visitou, até que veio a seu conhecimento a declaração de Sua Senhoria; e de boa vontade lhe obedeceria sempre, se não tivesse sabido que o Tostado nos vinha exterminar. E certamente, sem faltar à verdade, posso testemunhar contentamento ao Núncio, pois, a troco de não estarmos sujeitas a estes Frades do Pano, tudo darei por bem empregado[7].

Julián lhe pedirá licença para as coisas necessárias nestes mosteiros, como: entradas de operários, e coisas semelhantes; porque, segundo me disseram, logo, pelo fato de lhe prestarmos obediência, se torna nosso Prelado.

O Senhor nos ajude, pois, como não podem fazer que O ofendamos, o santo Pablo em casa me fica, e ninguém me pode tirar a obediência que prometi a este santo[8].

---

4. *Esses lobos:* Os Carmelitas Calçados. *Reformas:* as atas de Gracián destinadas a manter a Observância nos conventos de Calçados que visitara.
5. *Provincial:* Juan Gutiérrez de la Magdalena. *Teresa de Laiz:* fundadora do mosteiro de Alba.
6. *Padre Rioja:* um Carmelita Calçado de Ávila.
7. *Tostado:* Jerónimo Tostado, vigário do padre geral e visitador dos carmelitas da Espanha. A Santa está convencida de que sua intenção era destruir a obra de sua Reforma.
8. O voto de obediência feito ao Padre Gracián (V. Relação XL).

Estas Irmãs sentiram o Breve, acima de tudo, pelo que diz contra Vossa Paternidade, a quem muito se recomendam. Fazemos fervorosa oração. Não há que temer, meu Padre; senão antes louvar a Deus, que nos leva por onde Ele foi.

Sua Majestade me guarde Vossa Paternidade, e seja servido de que o vejamos livre dessas contendas.

É hoje véspera de S. Lorenzo.

Indigna serva e verdadeira filha de Vossa Paternidade,

TERESA DE JESUS.

248. A ROQUE DE HUERTA, EM MADRI

> Ávila, agosto de 1578. Resumo do ocorrido com a Visita do Pe. Gracián aos conventos de Calçados e Descalços. Dúvidas sobre a jurisdição do Pe. Gracián e a do Núncio. Gracián suspende as Visitas. Divergências entre o Rei e o Núncio acerca deste extremo. Justificação do procedimento do Padre Gracián.

Quando morreu o Núncio passado, tínhamos por certo que cessaria a Visita. Tratado o caso com teólogos e legistas de Alcalá e de Madri e alguns de Toledo, disseram que não, porque estava já começada, e portanto, embora Ormaneto tivesse morrido, não cessava, antes devia prosseguir-se; se não estivesse começada, então, sim, acabaria com a morte de quem dera os poderes. E o Presidente Covarrubias repetiu ao Padre Gracián que não a deixasse, porque não estava terminada. Sobre isto ficaram todos de acordo.

Vindo depois este Núncio atual, mandou ao Padre Gracián que lhe apresentasse os documentos comprovando seus poderes, e os processos. Ele queria deixar tudo, mas avisaram-no de que se aborreceria o Rei, porquanto a Visita era também feita a seu mandado. Foi relatar o que se passava ao Arcebispo, o qual ralhou com ele e disse-lhe que "tinha ânimo de mosca! Fosse dar conta de tudo ao Rei!" E como o Padre lhe apresentasse os inconvenientes que havia, em razão da deferência ao Núncio, respondeu que ao Superior todos podem recorrer[1].

O Rei lhe mandou voltar a seu mosteiro, prometendo que o faria averiguar. Alguns letrados e até o Presentado Romero, a quem consultei aqui, diziam que, não havendo o Núncio mostrado as faculdades que tinha para agir neste caso, o Padre não estava obrigado a cessar a Visita, por muitas razões que davam. Efetivamente, nem então as havia mostrado, nem agora, a não ser que o tenha feito de dez dias para cá; e sei com certeza que da parte do Rei lhe haviam requerido que as mostrasse.

Apesar de todos estes pareceres, esteve o Padre Gracián mais de nove meses, pouco mais ou menos, sem usar de seus poderes nem para dar uma assinatura, embora soubesse que o Núncio dizia e jurava não lhe haver dito que não visitasse. Disto há muitas testemunhas, e também do seguinte fato: rogando-lhe um Frade que tirasse ao Padre Gracián o ofício de Visitador, respondeu que não tinha poderes para isso.

Depois desses meses, mandou o atual Presidente chamar o Padre Gracián e ordenou-lhe que recomeçasse a Visita. Ele muito lhe suplicou que não lhe desse tal ordem. Recebeu por resposta que não era possível, por ser essa a Vontade de Deus e do Rei; também ele, Presidente, não quisera exercer o ofício que tinha, e ainda acrescentou outras coisas. Perguntou-lhe o Padre Gracián se devia ir ao Núncio? Respondeu que não: quando houvesse alguma necessidade, acudisse a ele; e entregou-lhe muitas provisões do Conselho para que, em qualquer emergência, se valesse do braço secular[2].

Sempre se pensou, pelo que falava o Núncio, que ele não tinha poder sobre as Ordens religiosas. Com efeito, desde que o Rei se mostrou descontente pelo que, de uma hora para outra e sem

---

1. *Arcebispo:* D. Gaspar Quiroga, Arcebispo de Toledo.
2. *Presidente:* D. Maurizio Pazos, Bispo eleito de Ávila.

lhe dar satisfação, fez a Gracián, nunca mais manifestou autoridade. Agora estamos pensando que deve ter recebido alguma comissão especial do Papa, visto estar fazendo o que faz; não, porém, que a tenha apresentado ao Concelho, nem a pessoa alguma, que se saiba.

O Padre Gracián viu-se muito perplexo, porque, se acudisse ao Núncio e não fizesse o que o Rei mandava, ficávamos perdidos, sem o favor real, que é atualmente nosso sustentáculo e defesa perante o Papa. Tinha sabido com certeza que o Núncio procurava encarregar da Visita ao Tostado, Religioso dos do Pano e Vigário deputado pelo Generalíssimo, o qual, bem sabíamos, vinha com ânimo de desfazer todas as casas, porque fora determinado em Capítulo Geral que só se deixassem aos Descalços dois ou três mosteiros, com proibição de receber noviços e ordem para vestirem o mesmo hábito que os Calçados. À vista disto, só com o fim de sustentar a nossa causa, consentiu o Padre Gracián em continuar a Visita, embora com muita relutância[3].

Também era duríssimo para ele entregar os documentos relativos às culpas dos Calçados da Andaluzia; porque não poucos lhe falavam debaixo de segredo, e seria revolucionar a todos e infamar a muitos; e isto na incerteza de ser Prelado o Núncio e poder dar remédio, pois jamais mostrou suas faculdades.

Esta é a inteira verdade, além de outras coisas, pelas quais verá claramente, quem de tudo estiver bem informado, quão sem justiça o tratam tão mal nesse Breve. Nenhum passo deu sem ouvir o parecer de bons letrados; porque, embora ele também o seja, nunca se guia pelo seu modo de julgar. Isto de não mostrar os poderes, dizem, é coisa nova em Espanha, pois sempre os têm apresentado os Núncios.

Veja vossa mercê se será bom enviar a algumas pessoas em Madri esta informação, copiada com boa letra.

TERESA DE JESUS.

249. A ROQUE DE HUERTA, EM MADRI

Ávila, agosto de 1578. Audiência do Padre Gracián com o Rei no Escorial.

Hoje, penso que deve ter falado ao Rei o Padre Gracián, pois ontem chegou ao Escorial. Tomem muito cuidado, para que haja segurança se ele se puser sob o poder do Núncio; porque vejo: muitas coisas mais vão pelo feito que pelo direito. A separação constituindo Província, eis o que mais devemos procurar… irmão, suplico a vossa mercê mande dar em mão própria.

250. AO PADRE JERÓNIMO GRACIÁN, EM MADRI

Ávila, 14 de agosto de 1578. Pesar da Santa por ver sofrer o Pe. Gracián. O Rei e os Descalços. Conselhos ao Pe. Gracián, acerca de seu cargo de Visitador. O que há de dizer ao Núncio, ao Rei e ao Presidente do Concelho de Castela. As monjas penalizadas com os trabalhos do Pe. Gracián. Nas festividades da Virgem "vêm os trabalhos e os alívios".

Jhs

A graça do Espírito Santo esteja com Vossa Paternidade, meu Padre. Se Vossa Paternidade não tivesse passado por aqui, pouco teria eu merecido com estes trabalhos, porque era quase nenhum meu pesar; mas depois paguei por junto. Posso dizer-lhe que foi tão excessiva a minha pena ao ver Vossa Paternidade, que todo o dia de ontem, quarta-feira, estive com o coração magoado e não me podia conformar de vê-lo tão acabrunhado, e com tanta razão, por em tudo encontrar perigo e andar, como malfeitor, à sombra de telhados. Contudo nem por um momento perco a confiança no bom êxito. O caso é, meu Padre, que buscou o Senhor o melhor meio para me dar a padecer, determinando que se descarreguem os golpes onde me doem mais do que em mim.

---

3. *Capítulo Geral:* em Placência em 1575.

Hoje, véspera de Nossa Senhora, mandou-me cópia da Provisão o bom Roque, e ficamos muito consoladas. Já que o Rei o toma a peito de tal maneira, Vossa Paternidade estará livre de perigo, e era isto o que a nós todas atormentava, pois para tudo o mais vejo bom ânimo nestas Irmãs. Quis o Senhor que pouco me tenha durado a pena; e acertou bem Vossa Paternidade indo no tempo em que foi, e pelo caminho do Escorial[1].

Por este mensageiro, que é Pedro, peço dizer tudo o que aí se passou e ainda se está passando. Mande notícias a Valladolid, que lá estão aflitas, e enviaram mensageiro, por terem sabido o que está acontecendo com o Padre Frei Juan de Jesús[2].

E, juntamente, não se esqueça de ver se se pode fazer alguma coisa por Frei João da Cruz. Previna-me se convém recorrermos ao Núncio, para lhe darmos mostras de sujeição, nós, Descalços, já que lhe havemos prestado obediência. Estudaremos também aqui o caso, e, se Vossa Paternidade não estiver aí, faremos o que melhor nos parecer. Uma vez que já nos sujeitamos, isto não deve prejudicar a justiça de nossa causa. Recebi hoje carta de Valladolid e Medina; nada lhes foi ainda notificado. Não creio que tenham sido preguiçosos esses meus Irmãos, portanto devem ter sabido o que por aqui se passa[3].

Meu Padre: muito me preocupa o fato de que esta Provisão e todo esse rebuliço não atinja a outro Visitador, senão a meu Padre Gracián; pois não quisera que de Roma viesse alguma coisa contra ele. E, assim, acho bom Vossa Paternidade lembrar-se da luz vista por Pablo —, a qual parece ter sido confirmada pela que viu Angela —, e portanto aparte-se Vossa Paternidade tanto quanto puder desse fogo, por mais que lhe diga o Padre Mariano, com a condição, porém, de que não contrarie o Rei. A consciência de Vossa Paternidade não é para andar metida em coisas sobre as quais se dividem os pareceres, pois ainda quando não há que temer fica atormentado, como esteve nesses últimos tempos; e a todo mundo parecerá bem a sua atitude. Lá se avenham os outros com suas contendas[4].

Quando, porém, estiver tudo perfeitamente firme e seguro, muito bem fará de expor-se ao perigo, sem andar com escrúpulos. Posso dizer-lhe, com certeza, que a maior pena que tive em todo esse conflito é ter cá por dentro — não sei de onde me vem — um medo de que não se há de livrar dessas Visitas. Se o Senhor o quiser, Ele o guardará, como tem feito até aqui; mas não será sem tormento de minha parte.

Para esse conselho, que lhe dei, de apartar-se, é necessária toda prudência de Vossa Paternidade, para que não pareça medo senão somente de ofender a Deus, pois assim realmente é. E se Vossa Paternidade falar ao Núncio, justifique-se sobre este ponto — se ele se dignar ouvi-lo —, dando-lhe a entender que gostará sempre de estar sob sua obediência; mas havia em contrário o saber que o Tostado pretendia sufocar um princípio de renovação como este, sobre o qual pode Sua Senhoria tomar informações. Estas e outras coisas semelhantes convém dizer-lhe. E trate Vossa Paternidade da Província por todos os meios que puder, aceitando as condições que impuserem, porque daí depende tudo, inclusive o futuro da Reforma.

E isto se havia de tratar com o Rei, o Presidente, o Arcebispo e todos, pondo-os a par dos escândalos e da guerra que há, por falta de Visita, especialmente entre os Calçados de Castela. Como não há para eles Visitador nem justiça, fazem o que querem. Melhor o saberá dizer Vossa Paternidade, pois muito boba sou eu de escrever isto; mas é que, no meio de tantos outros cuidados, poderá esquecer-se. Não sei se será Pedro o portador desta carta, porque não há meio de

---

1. *Provisão* real anulando o Contrabreve do Núncio e confirmando Gracián no cargo de Visitador.

2. Tendo ido tratar a respeito da fundação de um mosteiro de Descalços em Madri com o próprio Núncio, este o mandou ficar detido por dois meses no Convento dos Calçados.

3. *Frei Juan de la Cruz:* nesta mesma data, por intercessão de Nossa Senhora, conseguiu o Santo evadir-se milagrosamente do cárcere, onde estava metido, no Carmo Calçado de Toledo.

4. *Angela:* a própria Santa. *Padre Mariano* era muito ardoroso e defendia a continuação das Visitas, não obstante a contradição do Núncio.

arranjar mula; em todo caso irá por mensageiro certo. De tudo me avise, por caridade, ainda que tenha pouco tempo; e diga-me como está o Padre Mariano[5].

Estas Irmãs se recomendam muito a Vossa Paternidade. Se visse quanto estão sentidas, e tudo por causa de meu Padre, ficaria contente. Das de Beas e Caravaca tenho pena, pois estarão aflitas com as primeiras notícias que lhes mandamos, e tão cedo não terão outras. Verdade é que nas cartas lhes dei muita esperança, exceto no que dizia respeito aos trabalhos de Vossa Paternidade, a fim de que o encomendassem mais a Deus. Se houver por aí meio de avisá-las, por caridade, encarregue disto a Roque; a este envio mil reais para as custas, além dos cinquenta ducados que lhe mandei há dias. Muita pena me dará se houver de ficar Vossa Paternidade por lá com este calor, e com o que ainda virá; porque em averiguar estes negócios levará muito tempo, e seria bom se viesse a Mancera. Pense nisto, por caridade, pois ficaria mais perto de nós.

Avise-me do que foi feito dos presos de Pastrana. Oh! se fosse compensado o tormento da vista daquele dia com outra melhor vista! Permita-o Deus, e a mim conceda a mercê de ver Vossa Paternidade de modo a não andar eu com tantos medos. Amém[6].

É véspera de Nossa Senhora de agosto. É certo que em suas festas vemos trabalhos, e também os alívios, como dons de sua mão.

Indigna súdita e filha de Vossa Paternidade,

TERESA DE JESUS.

251. AO PADRE JERÓNIMO GRACIÁN, EM MADRI

Ávila, 19 de agosto de 1578. Temores da Santa até que Gracián fale ao Sr. Núncio. Morte do Rei de Portugal D. Sebastián. Antes de tudo, a Província separada de Descalços. Ninguém procura a liberdade daquele Santo Frei João. O Padre Mariano e a fonte do Colégio dos Jesuítas em Ávila. Gratidão a D. Diego de Peralta. Uma carta do Geral do Carmo. Deseja a Santa que termine de uma vez a Visita do Padre Gracián.

Jhs

A graça do Espírito Santo esteja com Vossa Paternidade, meu Padre. Muito nos alegramos com a carta trazida por Pedro, tão cheia de boas esperanças, que, segundo parece, não deixarão de se realizar. Faça-o Nosso Senhor, como melhor for servido. Contudo, não ficarei sem cuidado enquanto não souber que Pablo falou com Matusalém, e qual o resultado da entrevista. Por caridade, se tiver alguma notícia, escreva-me.

Muito pesar me causou a morte de tão católico Rei como era o de Portugal, e não posso desculpar os que lhe permitiram ir meter-se em tão grande perigo. Por todas as partes nos dá a entender o mundo a pouca segurança que havemos de ter em qualquer contentamento, se o não buscamos no padecer[1].

De todas as maneiras possíveis e debaixo de quaisquer condições, se for preciso para o conseguir, procure Vossa Paternidade a separação da Província, pois, ainda que não faltarão outros trabalhos, grande coisa será estarmos já com segurança. Se agora os do Pano também apertassem com o Núncio para o mesmo fim — e creio o farão de boa vontade —, seria grande ajuda. Não quisera que deixassem de intentá-lo, pois, se não vir contradição, mais facilmente o fará o Núncio.

Achei muita graça no que respondeu este aos Calçados, acerca do que eles já estão tramando em Medina, onde procuram persuadir as monjas de obedecerem ao Provincial do Pano. Está ali Valdemoro por Vigário. Não tendo reunido suficientes votos para ser Prior, deixou-o o Provincial

---

5. *Arcebispo*: D. Gaspar de Quiroga.
6. *Presos de Pastrana*: Não há notícia deles.
1. *Rei*: D. Sebastião de Portugal, que morreu em Alcazarquivir em 4 de agosto de 1578.

nesse cargo para olhar por aquela casa, e ele, desde as desavenças passadas, está muito mal com a Priora Alberta. Andam dizendo os Calçados, entre muitas outras coisas, que hão de ver as monjas debaixo de seu domínio; e com isto elas ficam morrendo de medo. Já as tranquilizei[2].

Quando vossa reverência achar bom darmos ao Núncio algum testemunho de nossa submissão, avise-nos; e conte-me sem demora, por caridade, como ele o recebeu. Enquanto o não souber estarei preocupada, mas espero no Senhor que lhe hão de aproveitar tantas orações para que tudo corra bem. Muito me alegrei de que tenha Vossa Paternidade tão boa pousada; bem o necessita depois de tantos trabalhos que passou. Gostaria que Vossa Paternidade, ao visitar o Núncio pela primeira vez, fosse acompanhado do Conde de Tendilla, porque, se este quiser defender Vossa Paternidade, poderá justificá-lo plenamente de tudo o que lhe assacam[3].

Asseguro-lhe e tenho por certo: se alguma pessoa grave pedisse por Frei Juan ao Núncio, dizendo-lhe que se informe do valor desse Padre e de quão injustamente o conservam preso, logo o mandaria voltar a algum dos nossos Conventos. Não sei que ventura é a deste santo, que nunca há quem se lembre dele. A Princesa de Éboli seria capaz de fazê-lo, se Mariano lhe falasse[4].

Grande pressa têm da vinda do Padre Mariano os da Companhia e muito necessitados estão dele. Se aí não faz muita falta, por caridade, suplico-lhe que o mande, pois há bastante tempo o andam pedindo. Agora escreveram uma carta ao Núncio para que dê licença. Não ficará mais de cinco ou seis dias, entre ida e volta; para estar aqui, basta só um dia, ou talvez meio. Não vá esquecer-se Vossa Paternidade por causa desses outros negócios. Olhe que há vantagem em carregá-lo deste, embora aparentemente de pouca importância; eles aqui estão muitíssimo interessados[5].

Não sei com que pagaremos a D. Diego o muito que lhe devemos por tanta caridade; do Alto lhe há de vir a paga. Dê-lhe um grande recado de minha parte, dizendo-lhe que suplico a Sua Mercê não abandone Vossa Paternidade até vê-lo a salvo, pois ando aterrorizada com essas mortes pelas estradas. Deus livre a Vossa Paternidade, por sua divina Misericórdia. Às orações da senhora D. Juana me recomendo; dê um grande recado por mim ao senhor Secretário e a essas senhoras. Muito desejo que não mais sejamos causa de tantos trabalhos para todos[6].

Saiba Vossa Paternidade que escreveu Nosso Padre Geral uma carta a D. Quitéria, como verá por essa, que vai inclusa. Perdoe Deus a quem o tem informado tão mal. Se Sua Majestade nos fizer mercê da separação da Província, é preciso logo nos dirigirmos a ele; creio que viremos a ser seus filhos mais queridos. Que o sejamos de Sua Majestade! e venha o que vier. Ele nos guarde a Vossa Paternidade. Amém[7].

Tocam a Matinas, e por isso nada mais digo senão que a Priora e as Irmãs estão boas e muito consoladas, e recomendam-se às orações de Vossa Paternidade, como também meu irmão. Todas ficaram muito contentes de saber como se vão encaminhando os negócios. O maior, para mim, é que se acabe essa malfadada Visita, e Vossa Paternidade não tenha mais que ver com ela, pois tão caro me custa. É tão intenso o meu desejo, que ainda estou com medo de não nos durar muito tão grande bem.

É hoje 19 de agosto.

Indigna serva e filha de Vossa Paternidade,

TERESA DE JESUS.

---

2. *Valdemoro:* Alonso Valdemoro. *Desavenças passadas:* ocorridas em 1571. *Alberta* Bautista.

3. *Pousada:* na residência de D. Diego de Peralta, grande amigo da Descalcez. *Conde de Tendilla:* D. Luis Hurtado de Mendoza, filho do marquês de Mondéjar; ambos foram benfeitores da Reforma.

4. *Frei Juan:* San Juan de la Cruz, preso em Toledo desde dezembro de 1577, e que acabava de escapar-se. *Princesa de Éboli:* D. Ana de Mendoza.

5. *Companhia:* Desde o dia 22 de maio os jesuítas solicitaram a presença do P. Mariano de San Benito para assessorá-los na construção da fonte para o colégio de San Gil.

6. *D. Diego* de Peralta.

7. *D. Quitéria* Dávila, monja da Encarnação, muito devotada a Santa Teresa.

252. A ROQUE DE HUERTA

Ávila, agosto de 1578. Deseja saber se o Padre Gracián visitou o Núncio. Compaixão pelo bom velho Frei Antonio. Gratidão ao Conde de Tendilla.

...tenha pena de nada, pois o Senhor o remediará quando menos pensar. A maior aflição que tenho agora, e vem de longe, é o receio de que Nosso Padre tenha ido meter-se nas mãos do Senhor Núncio. Muito mais quisera eu vê-lo nas mãos de Deus, e exposto aos perigos da jornada de Roma — por grandes que sejam —, fazendo parte do grupo dos que vão para lá; mas talvez nem saiba o que digo[1].

Por caridade, vossa mercê o mais breve possível avise-me do que se passa, pois todas estamos preocupadas; e diga-me como está o Padre Frei Antonio, cujos sofrimentos muito me têm afligido, porque foram grandes os golpes para quem estava tão doente e debilitado. É santo, e Deus o trata como tal!

Extremamente consolou-me a carta do Conde. Tenho a impressão de que Deus o tomou por meio para nosso remédio. Aí lhe respondo; é carta muitíssimo importante, e não quisera que sucedesse algum contratempo. Se Sua Senhoria estiver aí, vossa mercê lha entregue em mão própria; se não, remeta-lha por mensageiro especial. Veja bem: importa muito que não haja extravio[2].

Indigna serva de vossa mercê,

TERESA DE JESUS.

253. AO PADRE JERÓNIMO GRACIÁN, EM MADRI

Ávila, agosto de 1578. Gracián melancólico e escrupuloso. Palavras de consolo. Assuntos das Descalças de Malagón. Quem serve à Virgem nada deve temer.

Jesus esteja com Vossa Paternidade, meu Padre. Muita vontade tinha de escrever-lhe largamente, em resposta àquela carta que me escreveu tão cheia de tristeza e melancolia; mas tive muitas outras, e agora já a cabeça nem pode engatinhar. Mande pôr sobrescrito na carta do Núncio — o que não faço por receio de errar: uma dessas senhoras, a que tiver a letra mais parecida com a minha, escreverá[1].

Antes de tudo: está meu Pablo muito bobo com tantos escrúpulos. Vossa Paternidade lho diga. A Vossa Paternidade não há que dizer. Todos os letrados asseguram: até que lhe seja notificado o Breve, está Vossa Paternidade agindo com muito boa consciência; e pôr-se nas mãos do Núncio, sem que o Presidente o tenha aplacado, seria desatino. Conviria, se fosse possível, falar-lhe Vossa Paternidade da primeira vez diante do Presidente.

Não ande profetizando tantos males em seus pensamentos, por caridade, pois Deus fará tudo bem. Agora entendo a razão de me ter dito José quando se ausentou Ardapilla, que assim era conveniente para nossos negócios; e se ele está tão malquisto, não há dúvida. Desses outros ermitões não há que fazer caso, porque assim como Deus quer que se descubra o mal, igualmente descobre o bem. Acerca da Missa, Vossa Paternidade não está obrigado; como bem o sabe, e eu, da minha parte, também o perguntei. O que deve, sim, é estar aí com muito segredo; esta é a minha preocupação. Se levando vida tão boa está deprimido, que seria se passasse pelo que sofreu Frei João?[2]

O dinheiro devido a Antonio Ruiz tem de ser pago. Se ele ainda está aí, diga-lhe que já tenho quase cem fânegas, e é preciso mandarem logo o dinheiro de Malagón, para onde remeterei tam-

---

1. ...*tenha pena de nada*: original ilegível.
2. *Conde* de Tendilla. *Sua Senhoria*: o próprio conde de Tendilla.
1. *Uma dessas senhoras*: parentas de D. Diego Peralta, em cuja casa se hospedava o Padre Gracián.
2. *José*: Nosso Senhor. *Ardapilla*: Licenciado Padilla. *Ermitões*: fala de certos ermitões cuja hipocrisia tinha sido descoberta e castigada. Temia o Padre Gracián que, por falsas denúncias, viesse a acontecer o mesmo aos Descalços. *Frei João*: S. João da Cruz, durante nove meses duramente encarcerado no Carmo Calçado de Toledo.

bém a parte de grão que lhes cabe. Não há cabeça para mais, meu bom Padre, fique-se com Deus; e, pois serve tal dama como a Virgem, que intercede em seu favor, não se aflija com os acontecimentos, embora, bem vejo, não lhe faltem ocasiões. À senhora D. Juana um grande recado.

TERESA DE JESUS.

Mande dizer ao Presidente que pedimos muito a Deus sua saúde.

254. AO PADRE FREI JERÓNIMO GRACIÁN, EM MADRI

> Ávila, agosto de 1578. Trabalhos de S. João da Cruz no cárcere. Deles tenho "grandíssima inveja". Devem informar de tudo ao Núncio.

Asseguro-lhe que trago presente à memória o que fizeram a Frei João da Cruz. Não sei como sofre Deus coisas semelhantes; Vossa Paternidade nem sabe de tudo. Todos estes nove meses esteve num carcerezinho, no qual nem cabia direito, embora tão pequeno de estatura; e em todo este tempo não mudou de túnica, apesar de ter estado à morte. Três dias antes de sair de lá, deu-lhe o Superior uma camisa sua e umas disciplinas muito ásperas; e ficou sem ver pessoa alguma[1].

Tenho-lhe grandíssima inveja. Por certo achou Nosso Senhor nele capacidade para tal martírio; e é bom que se saiba, para se guardarem mais dessa gente. Deus lhes perdoe. Amém.

Uma informação se deveria lavrar do acontecido, para provar ao Núncio o que fizeram com esse santo Frei João, inocente de toda culpa. É coisa digna de lástima. Diga-o a Frei Germán e ele o fará, pois está bravíssimo...[2]

255. AO PADRE FREI JERÓNIMO GRACIÁN, EM MADRI

> Ávila, setembro de 1578. Recomenda-lhe com extremo que cuide muito de Frei João da Cruz, por ter saído extenuado do cárcere.

Muita pena me tem causado a vida que levou Frei João. E como o deixaram ir logo por aí, estando tão doente? Praza a Deus o não percamos. Procure Vossa Paternidade, em atenção a mim, que seja bem tratado em Almodóvar, e não saia de lá; não deixe de dar-me notícias; cuide para não se esquecer. Eu lhe digo que, se vier a morrer, poucos restarão a Vossa Paternidade como ele[1].

256. A MADRE MARÍA DE S. JOSÉ, EM SEVILHA

> Ávila, setembro de 1578. Sobre o procedimento que devia observar a Madre Priora em relação a Garcia Álvarez.

...Por amor de Nosso Senhor, peço-lhe, filha, que sofra e cale, e não tratem de mandar embora esse Padre — por mais trabalhos e pesares que com ele tenham —, não sendo coisa que chegue a ofensa de Deus. Não posso sofrer que nos mostremos desagradecidas com quem nos fez bem, porque me lembro: quando nos queriam enganar na venda de uma casa, ele nos esclareceu; e jamais pude esquecer o benefício que então nos fez e o trabalho de que nos livrou. Sempre, aliás, pareceu servo de Deus e animado de boas intenções. Bem vejo que não é perfeição em mim, isto que tenho de ser agradecida; deve ser natural, mas com uma sardinha que me deem me subornarão...

---

1. *Superior:* Pe. Alonso Maldonado.
2. *Frei Germán* de S. Matías, preso juntamente com S. João da Cruz, conseguira evadir-se. Foram levados cativos pela única razão de os haver posto a Santa Madre como confessores das monjas da Encarnação, com grande proveito espiritual para elas.

1. *Ir logo por aí:* para a reunião dos Descalços em Almodóvar.

257. AS JOVENS INES E ISABEL DE OSÓRIO, EM MADRI

Ávila, setembro de 1578. Desejam o hábito da Reforma. Louva-lhes os bons intentos. Aguardem o momento oportuno para cumpri-los.

Jesus esteja com vossas mercês. Recebi a carta que me escreveram. Sempre me dá muito contentamento saber notícias de vossas mercês e ver como as conserva Nosso Senhor em seus bons propósitos — o que não é pequena mercê, estando nessa babilônia, onde sempre ouvirão coisas mais próprias para divertir a alma que para recolhê-la. Verdade é que, para bons entendimentos, ver tantos e tão diferentes sucessos contribuirá para dar a conhecer a vaidade e a pouca duração de todas as coisas[1].

Os negócios de nossa Ordem há mais de um ano andam de tal sorte que, se não entendêssemos ser tudo traçado por Nosso Senhor, teríamos muito que sofrer. Vendo, porém, que tudo é para se purificarem mais as almas e que, por fim, favorecerá Deus a seus servos, não há motivo de pena, senão de muito desejo de que os trabalhos cresçam e de louvores a Deus, que nos fez tão grande mercê como é padecer pela justiça. Façam vossas mercês o mesmo e confiem n'Ele, que verão cumpridos seus anelos quando menos pensarem.

Sua Majestade as guarde com a santidade que Lhe suplico. Amém.

258. AO PADRE JERÓNIMO GRACIÁN, EM MADRI

Ávila, setembro de 1578. Necessidade de enviar dois Descalços a Roma para os negócios da Reforma. Queixas de Frei Antonio. Desaparece Frei Juan de la Miseria. Descalços mal-agradecidos. Um Jesuíta amigo do Conselho de Castela.

...tudo seria grande coisa, e se não puder ser, vá um; conquanto fosse melhor os dois juntos[1]. Ambos são muito amigos da Companhia, o que não pouco ajudaria para o êxito de nossos negócios. Em todo caso escreva-me logo Vossa Paternidade, e não fiquemos só em esperanças, por amor de Deus. Todos se espantam de não termos lá quem trate de nossos negócios; a consequência é que os outros fazem tudo quanto querem. Levarão os nossos um memorial pedindo que os Descalços tenham para si um Protetor próprio[2].

Agora é o caso de agir com brevidade, e é pouquíssimo o tempo, como Vossa Paternidade está vendo. Daí pode avisar-me se é já tarde demais; porque, penso, por maior que seja a pressa, precisamos de um mês. Faz-me rir: estou falando como se os que hão de ir estivessem na hora da partida, e com meios para a viagem; mas o certo é: se não se der começo, nunca se fará, e desde que obedecemos ao Breve, logo se devia ter feito isto.

Queixa-se terrivelmente Frei Antonio de que nada lhe havíamos dito, e tem razão. Espanto-me de Roque, havendo tantos mensageiros daí a Granada. Alega que Vossa Paternidade o devia ter avisado, porquanto, nada sabendo do ocorrido, continuava a usar sem escrúpulo de seus poderes. Não sei o que é feito da carta; se a achar, poderei enviá-la a Vossa Paternidade. Confesso-lhe que me entristeço de ter Vossa Paternidade tais Descalços, tão esquecidos da lei da gratidão; refiro-me àquele que se foi com Frei Baltasar. Melhor procederam os carcereiros dos Calçados. Praza a Deus não faça ele das suas em se vendo livre; quanto ao demais, melhor é ter saído[3].

---

1. *Babilônia:* Madri, de onde eram as duas irmãs.

1. Faltam palavras, provavelmente: Irem dois, para etc.
2. *Protetor próprio:* um cardeal protetor que não o dos Calçados, Felipe Buoncompagni, o qual supõe seja contrário aos Descalços.
3. *Espanto-me:* espanta-se de Roque não ter avisado a Frei Antonio que, em vista da atitude do Núncio, não poderia mais usar dos poderes que lhe tinham sido delegados pelo Padre Gracián. *O que se foi:* Frei Miguel da Colina, que tornou à Observância. *Melhor procederam os carcereiros:* quando, por ordem do Núncio, Pe. Gracián ficou detido no Carmo de Madri.

Não sei se os do Pano terão prendido a Frei Juan de la Miseria, pois nunca mais apareceu desde que o viram pela última vez, segundo afirmam. O Senhor dê remédio a tudo, e guarde-nos a Vossa Paternidade, como eu e estas suas filhas lhe suplicamos. Amém[4].

Minha saúde está razoável.

Já recebi carta da Priora de Salamanca dizendo-me que havia escrito a Vossa Paternidade sobre a admissão da noviça[5].

É hoje dia de S. Miguel.

Indigna serva de Vossa Paternidade e filha,

TERESA DE JESUS.

Ao Padre Mariano diga Vossa Paternidade o que lhe parecer do conteúdo desta carta, e dê minhas recomendações a ele e ao Padre Frei Bartolomé. Responda-me Vossa Paternidade bem depressa sobre a ida a Roma. Saiba que está aí um Padre da Companhia, muito meu amigo, a serviço do Presidente, segundo ouvi dizer; se não me engano são ambos da mesma terra. Chama-se Pablo Hernández; se julgar conveniente, poderei lhe escrever.

Esta carta ia por um carteiro, mas ficou doente e devolveu-a. Abri, para ver o que lhe dizia; e parece-me que Vossa Paternidade a deve ler, mesmo que se canse.

259. A ROQUE DE HUERTA, EM MADRI

Ávila, outubro de 1578. Deve-se informar o Geral do Carmo com toda a verdade acerca do procedimento de Teresa de Jesus. Convém que o próprio Geral nomeie Descalços para o governo das monjas, pois são os que melhor conhecem seu modo de viver. A não ser assim, é preferível dar o dito governo aos Ordinários, antes que aos Calçados. Apesar de tudo, as Descalças desejam ser súditas do Geral do Carmo. Os conventos costumam ser regidos pelos Provinciais; os das Descalças poderiam sê-lo pelo Pe. Gracián, considerando o bem que neles faz. Se o Geral não o quiser, pode nomear o Pe. Frei Antonio de Jesus ou Frei João da Cruz. As monjas enviarão cuidadosamente ao Padre Geral as taxas ordinárias, que serão dobradas se for nomeado o Pe. Gracián. Autorizações que deve ter o Prelado que governar as monjas. Como fundava seus conventos a Madre Teresa.

...verdade de quantas lhe escreve, costumando ser tudo o contrário, pois lhe escrevia frequentemente e com benevolência. Também não escreve nem trata com os demais mosteiros: é como se não fosse Prelado. Bem se entende que lhe devem ter dito coisas que o levam a tão grandes extremos[1].

O que se pretende de Sua Paternidade Reverendíssima são três coisas bem importantes para estes mosteiros. A primeira: se fosse possível, persuadir-lhe que não dê crédito ao que lhe disseram de Teresa de Jesus, porque, verdadeiramente, nunca fez coisa que não fosse de filha muito obediente. É a pura verdade, contra a qual ninguém achará o que dizer; e, pois sabe Sua Paternidade que ela por nenhum bem da terra seria capaz de mentir, e, por outro lado, conhece como costumam agir pessoas que estão apaixonadas e que não costumam tratar com ela — pois por si mesmo o verificou —, permita ser informado, e, como pastor que é, não condene sem justiça e sem ouvir as partes interessadas. E se, apesar de tudo, não há de valer senão o que lhe disseram, consinta Sua Senhoria em castigá-la e dar-lhe penitência, mas restitua-lhe suas boas graças, pois qualquer castigo será mais suave para ela do que vê-lo desgostado. Mesmo grandes culpas costumam os pais perdoar aos filhos, quanto mais não havendo culpa, senão antes muitos e grandes trabalhos

---

4. *Frei Juan de la Miseria:* também voltou à Observância.
5. Ana de la Encarnación.
1. *Quantas lhe escreve:* o Padre Geral Rubeo a Sta. Teresa.

para fundar estes mosteiros, por entender ela que lhe dava contentamento, pois, além de o ter como Prelado, lhe consagra muito e grandíssimo amor. Por lhe ter Sua Paternidade retirado seu valimento, não padeçam tantas servas de Deus, as quais ninguém culpa; tenha-as de novo por filhas, como sempre as teve, e conheça-as por tais, porquanto não o desmerecem com suas obras.

Segundo: já que atualmente terminou o mandato do Visitador Apostólico e estão estes mosteiros de Descalças imediatamente sujeitos ao Generalíssimo, nomeie Sua Senhoria Prelados aos quais recorram, assim para as visitas como para outros muitos assuntos que se apresentam, e sejam eles dos Descalços da Regra Primitiva. Não as mande governar pelos Mitigados, assim por ser assaz diferente em muitos pontos a maneira de proceder que levam — e é impossível, a quem assim não vive, poder entender e remediar as faltas que há —, como porque Sua Senhoria sabe quão mal as governam. Se Sua Senhoria desejar, poderá informar-se do prejuízo que ia causando aquele que nomeou ultimamente, apesar de ter sido escolhido pelas monjas como sendo o melhor. Talvez não tenha tido culpa e seja antes falta de experiência, como já disse; mas isto é muito prejudicial. Além disso, os dois Visitadores Apostólicos fizeram atas, e com preceito, para que estejam elas sujeitas a Sua Senhoria ou a algum delegado seu, com a condição de serem dos da Regra Primitiva, isto é, dos Descalços, visto o prejuízo que resultou do contrário[2].

Se Sua Paternidade Reverendíssima não concordar, pode-se dar-lhe a entender — não como dito pelas Descalças, senão como coisa mais ou menos provável — que elas antes se entregarão à jurisdição dos Ordinários do que consentirão em ser visitadas e governadas pelos Calçados, estando Sua Senhoria tão longe; pois, primeiro que se remediasse o dano, poderiam eles fazer muito mal, como não ignora que já tem acontecido. Isto contribuiu em parte para estas casas não recusarem os Visitadores, como podiam fazer por não necessitarem de reforma; mas, já escarmentadas, os aceitaram com o intuito de se livrarem da dominação dos Calçados.

Isto não se há de falar a não ser depois de haver tratado das outras coisas muitas vezes; e evite fazê-lo, porque verdadeiramente seria para elas terrível tormento o deixarem de ser súditas do Generalíssimo, excetuando o caso de se verem perdidas, porque então em alguém hão de achar favor. Sim, pois além de serem tidas em muita conta, graças à sua virtude, assim pelo Rei como por pessoas principais, há entre elas monjas de famílias importantes; e para o que lhes toca não lhes falta dinheiro nem passam necessidade, porque todos estes mosteiros são como um só, e alguns foram fundados por pessoas principais. Não permita Deus que venha tempo em que se vejam nessa contingência e apartadas de tão bom pastor. Deus perdoe a quem semeou esta cizania. Isto é coisa importantíssima, na qual vossa mercê há de empregar muito empenho, por amor de Nosso Senhor.

Feita a Província dos Descalços, ao Provincial sempre se encomendam os mosteiros de monjas; mas como nestes o trato é só com Deus, muito mais proveitoso seria, se fosse possível, para o que se refere à perfeição, confiar a direção deles ao Padre Mestre Frei Jerónimo de la Madre de Dios Gracián. Ele os tem visitado nestes últimos anos e, por seu espírito e discrição e modo de proceder tão suave e com tanta perfeição e honestidade, parece ter sido escolhido pela Virgem para fazer que estas monjas vão muito em progresso, pois, segundo dizem elas, a cada Visita se lhes renovam os desejos e ficam aproveitadíssimas.

Se isto se pudesse fazer seria o mais conveniente, e entre todas nenhuma será de outra opinião. Entretanto parece coisa impossível, por estar muito desgostoso o Reverendíssimo Geral também com ele, assim como com Teresa de Jesus, e ainda muito mais, pelas causas mencionadas nessa outra informação. Foi ele Visitador Apostólico por delegação do Núncio passado e do Rei, e são tais os falsos que lhe levantam, que não é de espantar esteja malvisto do Geral.

Seria grande serviço de Nosso Senhor se isto se pudesse conseguir, mas parece impossível; e assim é preciso nomear outros, que serão ou o Padre Presentado Frei Antonio de Jesus, ou o Padre Frei Juan de la Cruz. Estes dois Padres foram os primeiros Descalços e são grandíssimos

---

2. *Sua Senhoria:* o Padre Geral.

servos de Deus. E, se também não quiser estes, seja o que Sua Senhoria mandar, contanto que não tenha pertencido aos Calçados, nem seja andaluzo. Faça-se o que for possível, pois com o andar do tempo se poderá alcançar melhor solução, com a ajuda do Senhor. Muito será se primeiramente ficarmos livres dos Calçados.

Qualquer destes que for Provincial terá cuidado de enviar cada ano as taxas ordinárias, pois é justo, por ocasião das Visitas, prestar este ato de reconhecimento ao Reverendíssimo Geral; se houver descuido (mas por certo não haverá, porque está obrigado a isto) os mosteiros as enviarão. Se pusesse as monjas sob a autoridade do Padre Mestre Frei Jerónimo Gracián, dariam taxas dobradas; e ainda que dessem muito mais, ficariam com grande lucro, pelo muito que isto lhes importa. Esta última proposta não convém repetir, a não ser a algum companheiro do Reverendíssimo Geral, indagando antes qual é o de sua maior confiança. E até o mais acertado seria tratar com este primeiramente tudo quanto ficou dito; e seria ótimo ganhar a benevolência dos que estão a seu lado, com palavras e obras, para que se fizesse bem o negócio.

A terceira coisa é que haja por bem Sua Senhoria não atar mais as mãos ao Prelado que governar estes mosteiros do que o estão os de todas as outras Religiões, os quais, se alguém lhes dá um mosteiro ou casa religiosa, ou eles próprios a adquirem para as monjas, têm poder de levar algumas para começar a fundação, pois, sem isto, dificilmente se pode implantar a vida religiosa. Jamais houve Geral que o tenha estorvado em sua Ordem; pelo contrário: todos ajudam e se alegram de que se multipliquem as casas, como costumava fazer o Reverendíssimo Geral do Carmo antes de estar tão mal informado. Não se compreende que falsidade lhe possam ter dito de gente tão religiosa, que tão bom exemplo deu e sempre tem dado, e com tanta honestidade e religião iam povoando os mosteiros, para que se lhes tenha tirado o privilégio que desfrutam todas as Religiões, como ficou dito.

No Capítulo Geral, sob pena de excomunhão, mandou o Reverendíssimo Geral que monja alguma saísse, nem o consentissem os Prelados, especialmente Teresa de Jesus. Esta, estando preparada a casa, ia com algumas monjas dar princípio a cada novo mosteiro, com a maior observância que se podia levar, e o admitia como da Ordem, conforme as patentes que lhe tinha dado o Reverendíssimo Geral. Muito se edificavam os que as viam, como se provará, se necessário for, por uma informação...

260. AO PADRE PABLO HERNÁNDEZ, EM MADRI

Ávila, 4 de outubro de 1578. Perseguição contra os Descalços. Suplica-lhe que defenda perante o Núncio a inocência do Padre Gracián. Da Santa dizem seus inimigos que é "uma vagabunda e irrequieta"; e a Reforma apelidam de "Ordem nova e invenções". Pede-lhe falar também ao Padre que confessa o Núncio. Razões que tem a Companhia para defender a obra da Santa.

Jhs

A graça do Espírito Santo esteja com vossa mercê, Padre meu. Haverá oito dias recebi uma carta da Priora de Toledo, Ana de los Angeles, na qual me diz que está vossa mercê em Madri. Deu-me consolo, por parecer-me que levou Deus a vossa mercê para aí a fim de que eu tenha algum alívio em meus trabalhos; pois asseguro a vossa mercê que, em agosto passado fez um ano, têm sido tantos e de tantas maneiras, que seria para mim grande consolo poder estar com vossa mercê para descansar, contando-lhe alguns, que todos seria impossível. Para remate deles, estamos agora na situação que dirá a vossa mercê o portador desta carta, que é pessoa a quem, por ter-nos amor, cabe grande parte e em quem podemos confiar[1].

---

1. *O portador:* Roque de Huerta, como se deduz da carta 252.

O demônio não pode tolerar estes Descalços e Descalças por servirem tão deveras a Nosso Senhor, porque, digo a vossa mercê: poderia se consolar de saber a perfeição com que vivem. Há já nove casas de Descalços, com muitos Religiosos de valor. Como não temos Província própria, são tantas as opressões e trabalhos com os do Pano, que se não podem descrever[2].

Agora todo o nosso bem, ou mal, abaixo de Deus, está nas mãos do Núncio; e, por nossos pecados, está informado de tal modo pelos do Pano, e lhes dá tanto crédito, que não sei em que isto há de parar. De mim dizem-lhe que sou vagabunda e irrequieta e que os mosteiros que tenho feito foram fundados sem licença do Papa e do Geral. Veja vossa mercê se podia haver maior perdição e falta de cristandade[3].

Outras muitas coisas, que nem se podem repetir, espalham de mim esses benditos. Contra Nosso Padre Gracián, que foi Visitador deles, levantam falsos testemunhos tão intoleráveis, que é uma lástima; e entretanto, certifico a vossa mercê, é um dos grandes servos de Deus com que tenho tratado, de mais honestidade e limpeza de consciência. Creia vossa mercê que falo a pura verdade. Em suma, mostra ter sido criado na Companhia toda sua vida, como pode vossa mercê verificar.

De Alcalá veio notícia de que está o Núncio contrariadíssimo com ele, por certos motivos; mas se o interrogasse, veria como tem bem pouca culpa, e até nenhuma. E também o está comigo, sem que eu tenha feito coisa alguma contra suas disposições; pelo contrário, obedeci, de todo o coração, a um Breve que mandou aqui e escrevi-lhe uma carta com a maior humildade que pude[4].

Penso que vem lá de cima: quer o Senhor que padeçamos, e não há uma pessoa que se levante em defesa da verdade e diga alguma boa palavra em meu favor. Sinceramente confesso a vossa mercê que nenhuma perturbação ou pesar sinto pelo que a mim toca, senão antes particular contentamento. Parece-me, porém, que, se fosse averiguado não ser verdade o que dizem de mim esses Padres, talvez não desse o Núncio crédito às acusações contra Nosso Padre Gracián, e é o mais importante para nós. Por esta razão remeto a cópia das patentes que me conferem autoridade para fundar, porque diz o Núncio que estamos errados, tendo feito estas casas sem licença. Bem vejo que o demônio emprega todas as suas forças para desacreditar os nossos mosteiros; e quisera eu houvesse servos de Deus que as defendessem. Ó meu Padre, quão poucos amigos se encontram no tempo da necessidade!

Contaram-me que vossa mercê é muito querido pelo Presidente, por cuja causa está aí vossa mercê. Creio que ele está mal informado pelo Núncio acerca de todas essas coisas, e ainda outras. Grande benefício nos faria vossa mercê se lhe abrisse os olhos, já que o pode como testemunho de vista, pois tão bem conhece minha alma. Creio que prestará um grande serviço a Nosso Senhor. Diga-lhe também vossa mercê quanto importa que vão adiante estes princípios de renovação desta Sagrada Ordem; pois, como sabe vossa mercê, estava tão decaída.

Dizem que é Ordem nova, que são invenções. Leiam nossa Regra primitiva: é simplesmente o que guardamos, sem mitigação, no rigor com que a deu o Papa a primeira vez; e não creiam senão no que virem. Informem-se de como vivemos nós e de como vivem os Calçados, para não lhes dar ouvidos; pois não sei de onde tiram tantas coisas que não existem para com elas nos fazerem guerra.

E também suplico a vossa mercê que, de minha parte, fale ao Padre que confessa o Núncio, e, apresentando-lhe meus respeitos, informe-o vossa mercê de toda a verdade, para que possa orientar a consciência de Sua Senhoria, fazendo-lhe ver que não deve publicar coisas tão prejudiciais sem as haver antes averiguado. Diga-lhe que na verdade sou muito ruim, mas não a ponto de me atrever ao que dizem. Isto faça vossa mercê se lhe parecer bem, e no caso contrário, não.

---

2. *Nove casas de Descalços:* na realidade, já eram dez: Mancera, Pastrana, Alcalá de Henares, Altomira, La Roda, Granada, La Peñuela, Sevilha, Almodóvar del Campo e El Calvario.

3. *Vagabunda e irrequieta:* alusão aos termos com os quais o Núncio refere-se à Santa, chamando-a "mulher inquieta e andadeira, desobediente e rebelde".

4. *Uma carta:* extraviou-se essa carta à qual alude a Santa.

Poderá vossa mercê mostrar-lhe, se lhe parecer bem, as patentes que me autorizam a fundar, uma das quais é com preceito para que não deixe de aceitar as fundações. E, numa carta que me escreveu Nosso Padre Geral, tendo-lhe eu pedido que não me mandasse mais fundar, diz ser de sua vontade que eu funde tantos mosteiros quantos cabelos tenho na cabeça. Não é razoável ficarem desacreditadas tantas servas de Deus por falsos testemunhos, e pois, como diz vossa mercê, foi na Companhia que me criaram e deram o ser, seria justo, penso eu, declarar a verdade, a fim de que pessoa tão grave como o Núncio — que vem reformar as Ordens, e não é natural daqui — seja informado, para saber a quem lhe cumpre reformar e a quem favorecer, e castigue a quem lhe vai dizer tantas mentiras. Vossa mercê verá o que deve fazer[5].

O que lhe suplico, por amor de Nosso Senhor e de sua preciosa Mãe, é que, pois vossa mercê nos tem protegido desde que nos conhece, nos valha nesta necessidade. Eles muito liberalmente lho pagarão, e vossa mercê mo deve, para retribuir a amizade que lhe tenho e para tomar a defesa da verdade, do modo que achar mais conveniente. Suplico a vossa mercê que me informe de tudo, e principalmente de sua saúde. A minha tem sido precária, pois de todas as maneiras me apertou o Senhor este ano; mas, pelo que me diz respeito, pouca pena me daria se não fosse a que tenho de ver como por meus pecados padecem estes servos de Deus. Sua Majestade esteja com vossa mercê e o guarde. Faça-me saber se vai ficar residindo nesse lugar muito tempo; disseram-me que sim.

É hoje dia de S. Francisco.

Indigna serva e verdadeira filha de vossa mercê,

TERESA DE JESUS, carmelita.

261. AO PADRE JERÓNIMO GRACIÁN, EM PASTRANA

Ávila, 15 de outubro de 1578. Sente muito a morte do Geral do Carmo. Sofrimentos do Pe. Gracián. Não é conveniente, havendo morrido o Geral, enviar logo Descalços a Roma. A morte de Covarrubias, verdadeira desgraça para a Reforma. O Capítulo de Almodóvar.

Jhs

Esteja com vossa reverência o Espírito Santo, meu Padre. Como o vejo apartado de tanto rebuliço, o resto não me faz pesar; venha o que vier. Grandíssima dor me causaram as notícias que me escrevem de Nosso Padre Geral. Estou sentidíssima, e no primeiro dia foi só chorar e mais chorar, sem poder fazer outra coisa[1].

Tenho o maior pesar pelos trabalhos que lhe demos, pois, é certo, não os merecia; e se tivéssemos ido a ele, tudo se teria amainado. Deus perdoe a quem sempre o estorvou, pois com Vossa Paternidade eu me arranjaria, conquanto não me tenha dado muito crédito neste ponto. O Senhor fará resultar bem de tudo: mas sinto o que lhe digo e o que tem padecido Vossa Paternidade, pois, não há dúvida, o que me escreveu na primeira carta, das duas escritas depois de sua visita ao Núncio, foram para mim tragos da morte[2].

Saiba, meu Padre, que eu me estava consumindo, por não ter logo apresentado Vossa Paternidade ao Núncio aqueles papéis; mas deve ter sido aconselhado em contrário por quem pouco se dói do que Vossa Paternidade padece. O que me consola é que ficará bem experimentado para levar os negócios pelo caminho que devem seguir, e não contra a corrente, como eu sempre dizia. E, na verdade, tem havido coisas que nos tolhiam todos os passos, e portanto não falemos mais nisto, porque ordena Deus os acontecimentos de modo a dar a padecer a seus servos.

---

5. *Uma das quais é com preceito:* a patente de 6 de abril de 1571.
1. Faleceu o Geral do Carmo Frei Juan Bautista Rubeo na noite de 4 para 5 de setembro.
2. *Sempre o estorvou:* Pe. Mariano de San Benito, acusado de desobediência e rebeldia contra as patentes do geral no Capítulo Geral de Piacenza (1575).

Bem quisera ser mais extensa, porém as cartas hão de ser levadas esta noite, e já está quase anoitecendo porque escrevi largamente ao Bispo de Osma, pedindo-lhe que trate destes mesmos assuntos com o Presidente e Padre Mariano e envie a Vossa Paternidade a minha carta. Há pouco estive com meu irmão; manda-lhe muitas recomendações[3].

Todos aqui achamos que já não devem ir Frades a Roma, especialmente tendo morrido Nosso Padre Geral. Eis os motivos: primeiro, não ficará secreto, e, antes mesmo de saírem daqui, podem ser apanhados pelos Frades; será expô-los à morte. Segundo: podem perder os documentos e o dinheiro; terceiro: não têm experiência dos negócios de Roma; quarto: quando lá chegarem, faltando agora Nosso Padre Geral, serão presos como fugitivos, porque, afinal de contas, terão de andar pelas ruas, e ficarão sem defesa, como tenho dito ao Padre Mariano. Quando em nossa terra, com todo o favor de que gozamos, não pudemos livrar a Frei Juan, que será em Roma? A todos aqui parece mal que vão os frades, sobretudo a meu irmão, que está muito penalizado de ver como os tratam; mas somos de opinião que vá alguém tratar do negócio, particularmente ele, por estar bem informado. Diz que é muito importante que assim se faça, e convém ir tudo encaminhado à pessoa sobre a qual escrevi a vossa mercê. Tanta confiança nela tem o Doutor Rueda, que lhe parece desnecessária qualquer outra diligência[4].

Examine Vossa Paternidade tudo maduramente. E, se a Vossa Paternidade e ao Padre Mariano parecer bom, enviem um mensageiro a Almodóvar, para que não se trate mais da ida dos frades; e com brevidade me informem de tudo. O Padre que vai daqui é muito bom, somente as despesas serão maiores; mas, se arranjassem agora o dinheiro, depois cada Convento daria sua contribuição. Dessa herança de Alcalá poderiam tomar um empréstimo que será pago mais tarde, porque assim, de uma hora para outra, certamente, não haverá, aqui, outro meio. Isto mesmo escrevo ao Padre Mariano, como verá Vossa Paternidade.

Só quero que tenha saúde, meu Padre; quanto ao mais, Deus saberá prover a tudo. Praza a Ele concordemos alguma vez, e não se faça agora outro erro que seja ocasião de nos martirizarem os frades.

Guarde-o Deus. Amém.

Indigna serva de Vossa Paternidade,

TERESA DE JESUS.

É coisa terrível ver como anda tudo agora e como os ajuda o demônio. Asseguro-lhe que boa façanha fez este em proveito próprio tirando-nos o Anjo-mor e pondo em seu lugar o *Descansado* que agora está. Não sei como suceder este desatino; mas creio: se Ardapilla estivesse por estas bandas, as coisas teriam sido piores. Já vejo, meu Padre, como Vossa Paternidade foi mártir, entre tantos pareceres contrários; pois, se o deixassem livre, bem se vê que Deus o guiava. Todas estas filhas se recomendam muito a Vossa Paternidade[5].

Estou contente com a ordem que deu de não falarem a ninguém sobre este caso. Vamos devagar, até concluir-se este negócio de Roma, pois o tempo endireita as coisas; no mais, lá se avenham, como diz Vossa Paternidade. Só quisera estar mais perto, para nos vermos com frequência; com isto muito se consolaria minha alma, mas não o mereço, senão só cruz e mais cruz. Contanto que Vossa Paternidade esteja sem ela, seja muito bem-vinda!

A saúde está razoável, só esta minha cabeça é que anda bem ruim. Deus esteja sempre com Vossa Paternidade. Não se canse escrevendo muito, por amor de Deus. Alegrei-me extremamente de não terem feito eleição de Provincial; foi muito acertado, visto o que diz Vossa Paternidade.

---

3. *Bispo de Osma:* D. Alonso Velázquez, seu antigo confessor em Toledo, mais tarde fundador do Convento de Sória. *Meu irmão:* D. Lorenzo de Cepeda.

4. *Pessoa sobre a qual escrevi:* provavelmente fala do Padre Pablo Hernández, da Companhia. *Rueda:* Fernando de Rueda, jurista e posteriormente bispo de Canarias.

5. *Anjo-mor:* o Presidente Covarrubias. *Descansado:* D. Antonio Maurizio Pazos e Figueroa, homem de valor, mas pouco diligente em despachar negócios.

Contudo não contrariei a Frei Antonio, porque me declarou que, sob pena de pecado, não se podia agir de outro modo. Pensei que ficasse tudo concluído aqui; mas se é preciso irem Padres a Roma para pedir a confirmação, os mesmos poderão tratar da Província. De tudo mande-me amplas informações, dizendo o que pretende fazer, no caso de terem de passar por cá[6].

É hoje 15 de outubro.

Eu de Vossa Paternidade súdita e filha,

TERESA DE JESUS.

262. A ROQUE DE HUERTA, EM MADRI

Ávila, outubro de 1578. Dificuldades para o governo da Descalcez.

Vossa Mercê não deveria fazer tanto caso da minha opinião, porque sou pouco entendida em pleitos e gostaria de ver tudo em paz; mas nesse ponto, creio, se nós cedermos, resultará maior guerra. Basta aliás ser desse parecer o senhor Conde de Tendilla[1].

263. AO PADRE JERÓNIMO GRACIÁN, EM PASTRANA

Ávila, outubro de 1578. Consola o Pe. Gracián em seus trabalhos. Dissuade-o de deixar a Ordem da Virgem. Temores de que confirmem a Gracián no cargo de Visitador.

…para estar firme na justiça, ainda que se veja em grandes perigos. Bem-aventurados trabalhos quando, por graves que sejam, em nada desviam da justiça. Os que têm amor a Vossa Paternidade, não me espanto de que o desejem ver livres deles, e busquem meios para isso, mas não era justo deixar a Virgem em tempo de tanta necessidade. Por certo não lho aconselhará a senhora D. Juana, nem consentirá em tal mudança. Deus nos livre! Nem seria fugir, senão meter-se em novos trabalhos; porque estes nossos passarão depressa, com a graça do Senhor, e os de outra qualquer Ordem durariam talvez toda a vida. Vossa reverência reflita bem.

Quanto mais penso na possibilidade de restituírem a Vossa Paternidade o cargo de Visitador, pior me parece. Para mim será andar cada dia em sobressalto, e ver a Vossa Paternidade em mil contendas, de mil maneiras; e verifico, afinal, que o fruto dessas Visitas não dura mais que o tempo de comer um bocado de pão, e poderia durar-nos sempre o receio de ver a Vossa Paternidade em algum grande perigo. Por amor de Deus lhe suplico: ainda no caso do mesmo Núncio lho mandar, renuncie.

264. AO PADRE JERÓNIMO GRACIÁN

Ávila, dezembro de 1578. Quadra bem ao Pe. Gracián o nome de Pablo.

Oh! como assenta bem a meu Pablo este nome! Ora está muito levantado, ora no profundo do mar[1]. Asseguro-lhe que há bem de que nos gloriarmos na cruz de Nosso Senhor Jesus Cristo…[2]

---

6. *Eleição de provincial:* esta notícia não fora exata: a eleição havia sido feita, sendo eleito Provincial o Padre Frei Antonio de Jesús.

1. O Conde de Tendilla, Roque de Huerta e outros amigos da Reforma protestaram perante o Conselho contra o Breve do Núncio, no qual sujeitava a Descalcez aos Calçados. Sta. Teresa, que a princípio opinara pela sujeição, vendo finalmente que seria origem de maiores discórdias e de perder o favor de Filipe II, rende-se ao parecer de seus ilustres e denodados protetores.

1. *Ora (…), ora (…)* cf. 2Cor 12,2; 11,25.
2. Cf. Gl 6,14.

265. A ROQUE DE HUERTA, EM MADRI

Ávila, dezembro de 1578. Envia-lhe uma carta para o confessor do Rei. Dinheiro para os Descalços que hão de ir a Roma. Os Calçados em S. José de Ávila. Cartas de vários Conventos de monjas. Boatos sobre a mudança da Madre Teresa a outro Convento.

Jhs

A graça do Espírito Santo esteja com vossa mercê. Aqui vai para o Padre Mestre Chaves uma carta na qual lhe digo que vossa mercê mesmo lhe contará o estado em que estão os negócios. Procure ocasião de falar-lhe e entregar-lha em mão própria, e conte-lhe vossa mercê como nos tratam estes benditos Padres. Creio será de algum efeito essa carta, porque lhe suplico encarecidamente que fale ao Rei e lhe refira alguns dos prejuízos que nos vieram a nós quando estávamos debaixo da jurisdição deles. Deus lhes perdoe, que tanto trabalho dão a vossa mercê; não sei como aguenta[1].

Penso que será grande a despesa, e tenho muito pesar de não poder fazer o que desejaria; mas a que tenho aqui é tanta, que, embora querendo ajudar a esses Padres para a ida a Roma, não vejo possibilidade. É porque estes mosteiros têm de pagar os gastos das negociações que lá estão fazendo por nossa conta, e não serão poucos; mas se conseguirmos nosso intento, tudo darei por bem empregado. Mais tarde, se tivermos sossego, poderá se fazer o que desejo em relação àquele a quem tanto devemos.

Por essa informação verá vossa mercê o pouco valor de uma provisão real para esses Padres. Ao próprio Rei não sei se teriam respeito; pois, como estão habituados a conseguir tudo quanto querem — e têm medrado por esse caminho —, asseguro a vossa mercê que atualmente deve ser esse o mais perigoso dos escolhos para quem precisa tratar com eles. Diz-me vossa mercê que obedeceram em Pastrana e Alcalá, mas não sei se responderam o mesmo que nós; peço informar-me de tudo por caridade, pois Nosso Padre nada me escreve sobre este assunto. Provavelmente lá não foi[2].

Recebi todos os documentos de vossa mercê. A essas outras casas não chegaram a tempo. Faça-nos saber para que nos podem eles servir e se a justiça recebeu ordem de desterrar os nossos Padres, ou coisa semelhante. Foi um dia de juízo; todos saíam espantados — a justiça, os letrados e os cavaleiros, que ali estavam — de ver modos tampouco religiosos. Eu me vi bem aflita, e de bom grado lhes diria algumas coisas, mas não ousávamos falar[3].

Creia vossa mercê que eles com verdade não podem dizer que nos tenham visto fazer alguma coisa; porque Pedro estava à porta e, assim que os viu, foi avisar a meu irmão. Fiquei contrariada porque este trouxe o Corregedor; mas é tudo em vão, porque darão talvez mais crédito às imaginações dele que às nossas verdades. Por caridade, relate vossa mercê a Nosso Padre tudo o que se tem passado, porque não tenho tempo de escrever-lhe, e avise-me vossa mercê de como estão as coisas.

A carta de Valladolid, que outro dia disse a vossa mercê que lesse e enviasse a Nosso Padre, por engano foi trocada, aqui ficando a que devia ir, na qual lhe contava o sucedido com os Frades, e o demais. Já escrevi mandando que o relatem a vossa mercê, e o mesmo mandei às monjas de Medina.

Diga-me se tem notícias de Frei Baltasar, e de sua visita ao Núncio; e se esses Padres têm poder para notificar aos nossos o Breve, pois este só autoriza o próprio Provincial, e não algum substituto. É o que dizem por aqui; não sei se acertam.

---

1. *Mestre Chaves:* Diego de Chaves, confessor de Felipe II.
2. *Esses padres:* os padres Calçados.
3. *Dia de juízo:* os Calçados apresentaram-se no Convento de S. José de Ávila e com grande desabrimento notificaram às monjas o Breve em que o Núncio Sega lhes entregava o governo dos Descalços e Descalças.

Saiba que espalham o boato de que me hão de levar a outro mosteiro. Se fosse dos Calçados, como me dariam pior vida que a Frei Juan de la Cruz! Pensei que me tinham mandado hoje alguma excomunhão, porque com o outro papel vinha um menor. Não tenho os merecimentos de Frei Juan, para padecer tanto. Extremamente me alegrei que fosse em tão boa ocasião aquele...[4]

266. A ROQUE DE HUERTA, EM MADRI

Ávila, 28 de setembro de 1578. Muito reconhecida pelas notícias que a Corte lhe mandava. Dinheiro para as despesas dos Descalços em Roma. Recomenda que remeta com muita segurança as cartas.

Jesus esteja sempre com vossa mercê e lhe dê tão boas saídas das festas de Natal e entradas no Ano Novo, como as deu a mim com a tão boa notícia. Nos dois primeiros dias estive muito aflita, com as que vieram por Pedro Ríes; mas no dia de S. Juan, logo cedo, veio este outro carreteiro, e ficamos extremamente consoladas. Bendito seja Deus por tão grande mercê. Asseguro-lhe que, em comparação dela, tudo o mais não me dá tanta pena; embora fosse de muita consolação para mim se já visse livres os dois Padres. Espero no Senhor que, assim como nos concedeu esta mercê, nos concederá todas as outras[1].

A separação da Província, faça-a Sua Majestade segundo vê que é preciso. Deus pague a vossa mercê o favor que me fez avisando ao Licenciado acerca do dinheiro, e todos os mais favores que me tem feito. Ainda quando se houvesse gasto maior quantia, não acharia demasiado, mas até que tenhamos resposta, basta o que deu. Assim que vossa mercê fizer o pagamento aí, me avise, que lhe remeterei logo o dinheiro, sem falta[2].

As cartas que vão com esta, suplico a vossa mercê mande entregar em mão própria, pois assim convém; e sempre me avise quando receber as que envio a vossa mercê, porque fico preocupada e não sem causa. Olhe vossa mercê que importa muito que todas estas cartas sejam entregues secretamente. Veja eu livres a nossos Padres, com o demais pouco me aflijo, porque Deus fará tudo do melhor modo, já que é obra sua.

À senhora D. Inés e a essas senhoras dará vossa mercê minhas recomendações[3].

É domingo dos Inocentes[4].

Indigna serva de vossa mercê,

TERESA DE JESUS.

267. A D. JUANA DANTISCO, EM MADRI

Ávila, 28 de dezembro de 1578. O Pe. Gracián pede trabalhos em sua oração. Padecimentos de D. Juana pela Descalcez. A Província de Descalços será conseguida. As Descalças se veem privadas das cartas de Gracián, as quais costumavam ler na recreação, por serem edificantes como sermões.

Senhora minha, saiba vossa mercê que há muito tempo toda a oração dele era pedir a Deus trabalhos, com grandes ânsias. Eu via que Sua Majestade o estava assim dispondo para os que

---

4. Texto incompleto.

1. *Tão boa notícia:* anunciara-lhe que o Rei e o Núncio haviam dado boas esperanças de terminarem satisfatoriamente os negócios da Descalcez. *Dois padres:* alude aos dois que estavam reclusos em Madri, Fr. Antonio de Jesús e Fr. Gabriel de la Asunción.

2. *Licenciado:* trata-se provavelmente do cônego Diego de Montoya, avilês que trabalha em Roma. *Dinheiro:* as casas deviam contribuir para o custeio dos gastos daqueles que eram enviados a Roma a fim de cuidar dos trâmites da separação.

3. *D. Inés* Benavente, esposa de Roque de Huerta.

4. 28 de dezembro de 1578.

lhe havia de dar. E que trabalhos! Bendito seja seu nome! Agora estará ele com tanto proveito na alma, que não se conhecerá a si mesmo. A todos nós fez merecer bastante. Muito me lembrei do que terão sofrido vossas mercês; mas terão igualmente tirado lucro[1].

Contanto que eu veja livres também os restantes — e assim espero, porque não terão tantos acusadores —, meu contentamento será completo; pois, como já disse, o negócio principal tenho por certo que Nosso Senhor, em atenção a almas boas que Lho suplicam, poderá tomá-lo particularmente à sua conta, e fará o que for mais para sua glória e seu serviço[2].

Sua Majestade tenha a vossa mercê de sua Mão e a guarde, e ao senhor Secretário, cujas mãos beijo, assim como a todas essas senhoras[3].

Estas Irmãs beijam as de vossa mercê; muito contentes estão com a graça que recebemos. Eu muitíssimo satisfeita pelo que já falei; contudo faremos todas alguma penitência ficando privadas das cartas de Nosso Padre porque sempre eram de proveito para nossas almas, e, como se fossem sermões, eram lidas a toda a comunidade. Ainda isto nos quer tirar o demônio, mas Deus está acima de tudo[4].

É hoje dia dos Inocentes.

Indigna serva de vossa mercê,

TERESA DE JESUS.

268. A ROQUE DE HUERTA, EM MADRI

Ávila, 28 de dezembro de 1578. Recomenda-lhe várias cartas muito secretas e comprometedoras.

Jesus esteja sempre com vossa mercê. Amém. Recebi a carta de vossa mercê, e, como por outra via já lhe enviei a resposta, nesta não serei extensa; apenas suplico a vossa mercê que me avise por este mensageiro se as recebeu, e quantas eram; porque são muito importantes e não quisera eu que se perdessem. Ficarei preocupada até saber se chegaram às mãos de vossa mercê. Portanto avise-me pelo primeiro portador, e faça-me o favor de entregar a que vai, de meu irmão, endereçada ao Capitão Cepeda. Tenha cuidado de que cheguem seguramente, e de tudo me informe por via de quem lhe levou as primeiras, pois creio dará mais certo[1].

Nosso Senhor encha vossa mercê de sua santa graça.

À senhora D. Inés e a essas senhoras apresente vossa mercê minhas recomendações.

É domingo 28 de dezembro.

Indigna serva de vossa mercê,

TERESA DE JESUS.

269. A MADRE ANA DE JESÚS, EM BEAS

Ávila, novembro de 1578. Frei Juan de la Cruz, excelente confessor e diretor de almas. "Não achei em toda Castela outro igual." Usem de toda confiança no trato com ele.

Achei graça, filha, de ver como se queixa sem razão, pois tem aí a meu Pe. Frei Juan de la Cruz, que é um homem celestial e divino; pois eu lhe digo, minha filha, que desde sua partida para

---

1. *O que terão sofrido vossas mercês:* alude ao padecimento dos padres de Jerónimo Gracián pela reclusão que este amargava em Alcalá, por ordem do núncio Felipe Sega.
2. *Os restantes:* os Descalços ainda presos: Ambrosio Mariano de San Benito, Antonio de Jesús e Gabriel de la Asunción.
3. *Secretário:* Diego Gracián de Alderete, marido de D. Juana.
4. *Nosso padre:* Jerónimo Gracián.
1. *Capitão Cepeda:* seu primo Hernando de Cepeda.

aí, não achei em toda Castela outro como ele, que tanto afervore no caminho do céu. Não pode imaginar a saudade que me causa sua falta. Olhem, que é um grande tesouro o que aí têm nesse santo. Todas as dessa casa tratem e comuniquem com ele acerca de suas almas, e verão quanto proveito tiram, e como se acharão muito adiantadas em tudo o que é espírito e perfeição; porque lhe deu Nosso Senhor para isto particular graça…

Estejam certas de que eu estimaria de ter por aqui a meu Padre Frei Juan de la Cruz, que deveras é Pai de minha alma e um daqueles que mais bem me faziam com sua comunicação. Façam-no assim, minhas filhas, com toda a confiança, pois asseguro-lhes que a podem ter como comigo mesma, e isto lhes servirá de grande satisfação, porque é muito espiritual e de grandes experiências e letras. Por aqui sentem muita falta dele as que se tinham acostumado à sua doutrina. Deem graças a Deus, que permitiu o terem aí tão perto. Vou escrever-lhe pedindo que as assista, e sei de sua grande caridade que o fará em se oferecendo qualquer necessidade[1].

270. A MADRE MARÍA DE S. JOSÉ, EM SEVILHA

Ávila, dezembro de 1578. Excelente informação que os Bispos deram das Descalças.

Tenho vergonha e grande confusão, filha, de ver o que estes senhores disseram de nós. Deixaram-nos muito obrigadas a sermos tais como nos pintaram, para que não os façamos mentirosos…[1]

271. A D. HERNANDO DE PANTOJA, EM SEVILHA

Ávila, 31 de janeiro de 1579. Desgostos das Descalças de Sevilha com Garcia Álvarez. Recomenda-lhe um moço de boa letra e entendido em contas que estivera a serviço de um Cônego de Ávila. A Priora de Sevilha deposta de seu ofício. Falsidades e calúnias contra as Descalças. Mais de seis horas de interrogatório para algumas Religiosas. "O demônio não pode sofrer que haja Descalços nem Descalças".

Jhs

A graça do Espírito Santo esteja com Vossa Paternidade, Padre meu. Que pensa Vossa Paternidade acerca do modo por que anda aquela casa do glorioso S. José, e de como trataram e tratam aquelas suas filhas, que há já tanto tempo padecem trabalhos espirituais e desconsolos, por parte de quem as havia de consolar? Parece-me que, se muito pediram sofrimentos a Deus, foram bem ouvidas: Seja Ele por tudo bendito.

Das que lá estão e foram comigo, tenho bem pouca pena, por certo, e algumas vezes até sinto alegria por ver o muito que hão de ganhar nessa guerra que lhes faz o demônio. Pelas que depois entraram aí é que me aflijo, pois, quando haviam de exercitar-se para adquirir quietação e aprender as coisas de sua Ordem, vivem em tanto desassossego, e, como são almas tenras, pode causar-lhes muito prejuízo. O Senhor nos dê remédio. Asseguro a Vossa Paternidade: há muito tempo anda o demônio procurando perturbá-las. Escrevi à Priora que comunicasse a Vossa Paternidade todos os seus trabalhos. Penso que não ousou fazê-lo. Grandíssima consolação seria para mim mesma se

---

1. Escreve Pe. Jerónimo de S. José na sua *Vida de S. Juan de la Cruz:* "Com isto, consolada e animada, a Madre Ana escreveu ao Venerável Padre Frei Juan, rogando-lhe que tomasse a seu cargo as almas daquele Convento e fosse para todas mestre e guia". Assim fez o admirável Doutor místico, com imenso proveito das Religiosas, especialmente da Venerável Madre Ana de Jesús, a cujo pedido comentou mais tarde o Cântico espiritual.

1. Com o fim de esclarecer o Papa e os Cardeais indispostos contra a nova Reforma, organizaram na Espanha um relatório ou informação sobre a vida e as virtudes das Descalças. Entre muitas pessoas ilustres que o promoveram, salientou-se D. Alvaro de Mendoza, Bispo de Palência, grande protetor e defensor da Descalcez, que tomara sob sua jurisdição e amparo o primeiro Convento em 1562, quando Bispo de Ávila.

pudesse falar a Vossa Paternidade claramente; mas, como é por carta, não o ouso; e se o mensageiro não fosse tão seguro, nem isto teria dito[1].

Este moço veio perguntar-me se conhecia nesse lugar alguém que o pudesse favorecer e abonar para encontrar serviço; porque sendo fria esta terra, faz-lhe mal à saúde, e não pode viver nela, embora seja natural daqui. A pessoa a quem serviu, que é um Cônego de Ávila, amigo meu, assegura-me que é virtuoso e fiel, tem boa letra e entende de contas. Suplico a Vossa Paternidade, por amor de Nosso Senhor, se achar meios de empregá-lo, faça-me esta mercê, que é também serviço de Sua Majestade; ficando Vossa Paternidade por fiador das boas qualidades referidas, se for preciso, pois quem me deu estas informações é incapaz de dizer coisa que não seja muito verdadeira.

Fiquei contente quando ele me falou, por me dar ocasião de eu poder me consolar com Vossa Paternidade, e de lhe pedir que arranjasse modo de lerem esta minha carta à Priora passada, e também às monjas que foram daqui. Vossa Paternidade já terá sabido como lhe tiraram o ofício, e o deram a uma das noviças que aí entraram, além de outras muitas perseguições que as fizeram sofrer. Chegaram ao ponto de as obrigar a entregarem as cartas que eu lhes tinha escrito, as quais foram parar nas mãos do Núncio. As pobres tiveram muita falta de quem as aconselhasse, e os letrados daqui estão espantados das coisas que as obrigaram a fazer pelo medo de serem excomungadas[2].

Medo tenho eu de que hajam resultado não poucos embaraços para as almas. Devem ter agido inconscientemente, porquanto no processo de seus ditos há coisas que são grandíssima falsidade, pois eu estava então presente, e nunca tal se passou. Mas não me espanto de que as tivessem posto desatinadas, porque houve monja cujo interrogatório durou seis horas; e alguma de pouco entendimento seria capaz de firmar tudo o que eles quisessem. Isto nos serviu para pesarmos bem o que havíamos de assinar, e assim nada tiveram a dizer contra nós.

De todas as maneiras nos tem apertado Nosso Senhor, de um ano e meio para cá; mas estou confiadíssima de que há de tomar Sua Majestade a defesa de seus servos e servas, e de que se hão de vir a descobrir as patranhas que urdiu o demônio nessa casa. O glorioso S. José há de tirar a limpo a verdade, mostrando quais são essas monjas que foram daqui; quanto às daí, não as conheço; só sei que encontram mais crédito que as outras da parte de quem trata com elas, e isto tem sido grande mal para muitas coisas.

Suplico a Vossa Paternidade, por amor de Nosso Senhor, não as desampare, ajude-as com suas orações nesta tribulação, porque só têm a Deus por si; e na terra não há um só com quem se possam consolar. Mas Sua Majestade, que as conhece, há de ampará-las, e dará a Vossa Paternidade de compaixão para que faça o mesmo.

Envio juntamente uma carta aberta, para que, se lhes tiverem posto preceito de entregar ao Provincial as que de mim receberem, arranje Vossa Paternidade meios de lhes ser lida por alguma pessoa, pois talvez lhes dê algum alívio ver letra minha. Há quem pense que o Provincial tencionava expulsá-las do mosteiro; as noviças queriam vir com elas[3].

Tanto quanto entendo, é o demônio que não pode sofrer que haja Descalços nem Descalças, e assim lhes dá tal guerra; mas confio no Senhor que de pouco lhes servirá. Olhe que é graças a

---

1. *E foram comigo:* María de San José, Isabel de San Francisco, María del Espíritu Santo, Isabel de San Jerónimo, Leonor de San Gabriel e Ana de San Alberto. *Pelas que depois entraram:* nessa época haviam entrado já treze novas religiosas na comunidade sevilhana.

2. *Priora passada:* Madre María de S. José fora deposta pelo Provincial dos Calçados, aos quais o Núncio havia sujeitado as Descalças. *Uma das noviças que aí entraram:* Beatriz de la Madre de Dios, a quem o próprio provincial nomeou vigária.

3. Tendo-se os Calçados apoderado do governo do Convento de Sevilha, coligaram-se com Garcia Álvarez e com duas Religiosas de cabeça fraca e pouca virtude, e sujeitaram a comunidade a um regime tirânico. A Priora Madre María de S. José, deposta e encarcerada, foi substituída por uma das duas Religiosas alucinadas, ainda noviça. Ambas, depois de terem levantado muitos falsos testemunhos, acabaram por arrepender-se e retratar-se publicamente. *Provincial:* P. Diego de Cárdenas.

Vossa Paternidade que elas se conservaram aí; agora, que o aperto é maior, ajude Vossa Paternidade ao glorioso S. José.

Praza à Divina Majestade guardar a Vossa Paternidade para amparo das pobres — pois sei como tem favorecido Vossa Paternidade a esses Padres Descalços —, muitos e muitos anos, com o aumento de santidade que sempre Lhe suplico. Amém.

É hoje último dia de janeiro.

Indigna serva e súdita de Vossa Paternidade,

TERESA DE JESUS.

Se Vossa Paternidade não se cansar, bem pode ler essa carta que vai para as Irmãs.

272. AS CARMELITAS DESCALÇAS DE SEVILHA

Ávila, 31 de janeiro de 1579. Admiráveis conselhos para o tempo de tribulações em que estavam. Inveja a Santa o que padecem por Deus. Muita oração e confiança no Senhor. "Saiam-se com honra as filhas da Virgem." Todas as Descalças lhes estão unidas. Calúnias contra o Padre Gracián.

Jhs

A graça do Espírito Santo esteja com Vossas Caridades, filhas e irmãs minhas. Saibam que nunca as amei tanto como agora, porque jamais tiveram tanto em que servir a Nosso Senhor como neste momento em que lhes faz a tão grande mercê de poderem saborear alguma parcela de sua Cruz, e de terem alguma parte no sumo desamparo que Sua Majestade nela padeceu. Ditoso o dia em que entraram para esse lugar, pois lhes estava aparelhado tão venturoso tempo. Muita inveja lhes tenho, na verdade, pois bem encarecidamente me contaram tudo, e, quando soube de todas essas mudanças, de como as queriam expulsar dessa casa, além de algumas outras particularidades, em lugar de pena, experimentei um gozo interior grandíssimo ao ver que, sem terem atravessado o mar, aprouve a Nosso Senhor descobrir-lhes essas minas de tesouros eternos, com os quais, espero em Sua Majestade, hão de ficar muito ricas e repartir conosco que por aqui estamos. Muita confiança tenho em sua Misericórdia; Ele as há de favorecer para que tudo sofram sem O ofender em nada; e se o sentirem muito, não se aflijam: porventura quer o Senhor dar-lhes a entender que não são para tanto como pensavam quando sentiam tantas ânsias de padecer.

Ânimo, ânimo, filhas minhas. Lembrem-se: a ninguém dá o Senhor mais trabalhos do que podem sofrer[1]; e está Sua Majestade com os atribulados[2]. Pois isto é certo, não há motivo de temer, senão antes de esperar em sua Misericórdia, que há de descobrir a verdade de tudo e dar a entender algumas patranhas com que o demônio encobertamente as inquietou, as quais me causam mais pesar do que tudo quanto estão passando agora. Oração, oração, Irmãs minhas, e resplandeça mais que nunca a vossa humildade e obediência em não haver quem mais sujeição tenha à Vigária que lhes impuseram do que Vossas Caridades, especialmente a Madre Priora passada.

Oh! que bom tempo esse para colher o fruto das determinações que têm tido de servir a Nosso Senhor! Olhem, que muitas vezes quer Ele provar se as obras concordam com os desejos e as palavras. Saiam-se com honra as filhas e irmãs da Virgem, nessa grande perseguição, pois, se se ajudarem a si, também as ajudará o bom Jesus, que, embora dormite no mar, em crescendo a tormenta, faz parar os ventos. Quer Ele que Lho peçamos; e ama-nos tanto que sempre busca meios de nos fazer progredir. Bendito seja seu nome para sempre! Amém, amém, amém[3].

Em todas estas casas, muito as encomendam a Deus, e assim, espero em sua bondade, bem depressa há de remediar tudo. Procurem, pois, estar alegres e considerar como, olhando bem as

---

1. 1Cor 10,13.
2. Sl 90,15.
3. *Embora dormite no mar...*: Mt 8,27.

coisas, é pouco tudo quanto se padece por tão bom Deus, por quem tanto passou por nós, que ainda não chegamos a derramar sangue por Ele. Entre suas irmãs estão, e não em Argel. Deixem agir seu Esposo, e verão como, antes de muito tempo, tragará o mar os que nos fazem guerra — como aconteceu ao Rei Faraó —, e deixará livre seu povo, e todos com desejo de tornar a padecer, pelos muitos frutos com que se acharão das lutas passadas.

A carta, que me escreveram, recebi, e bem quisera que não tivessem queimado o relatório, porque teria sido de utilidade. As minhas, que entregaram, poderiam ter-se escusado de fazê-lo, segundo dizem os letrados de cá; mas pouco importa. Prouvera à Divina Majestade que todas as culpas recaíssem sobre mim; assim como recaíram pesadamente as penas dos que padeceram sem culpa![4]

O que me causou muito pesar foi ver no Processo de informação, feito pelo Padre Provincial, algumas coisas que são grande falsidade, como sei porque estive aí presente. Por amor de Nosso Senhor, examinem muito se alguma, por medo ou perturbação, as disse, porque, não havendo ofensa de Deus, tudo é nada, mas mentiras, e em prejuízo alheio; muito me contristam. Contudo não chego a acreditar, porque todos sabem a limpeza e virtude com que o Padre Mestre Gracián trata conosco, e o muito que nos tem aproveitado e ajudado a ir adiante no serviço de Nosso Senhor. E, pois assim é, mesmo em coisas de pouca importância é grande culpa acusá-lo falsamente. Advirtam disto, por caridade, a essas Irmãs, e fiquem-se com a Santíssima Trindade, que a todas guarde. Amém[5].

Todas as Irmãs daqui se lhes recomendam muito. Estão esperando que, em se dissipando essas nuvens, tudo saberá relatar a Irmã S. Francisco. À boa Gabriela me recomendo e peço que esteja bem contente; muito me tenho lembrado da aflição que terá tido em ver tratar assim à Madre S. José. Da Irmã S. Jerónimo não tenho pena, se são verdadeiros seus desejos, e se o não fossem, mais teria dela que de todas[6].

É amanhã véspera de Nossa Senhora da Candelária.

Ao senhor Garciálvarez, antes quisera falar que escrever, mas, como não posso dizer por carta o que desejaria, não escrevo a Sua Mercê. Às demais Irmãs, se lhes ousarem falar desta carta, minhas recomendações.

Indigna serva de Vossas Caridades,

TERESA DE JESUS.

273. A D. INÉS NIETO, EM ALBA DE TORMES

Ávila, 4 de fevereiro de 1579. Resignação que deve ter nos trabalhos, pela prisão do Senhor Albornoz, seu marido, secretário do Duque de Alba[1]. "Tempo virá em que não trocará o dia dos grilhões por quantas cadeias de ouro há na terra".

Jhs

A graça do Espírito Santo esteja com vossa mercê sempre, dando-lhe força para que saia com lucro desses trabalhos. A mim causaram pesar, e muito encomendo o caso a Nosso Senhor, embora entenda, por outra parte, que são mercês de Sua Majestade àqueles que muito ama. Assim nos desperta para que em nenhuma conta tenhamos os acontecimentos desta vida, cheios de tantas mudanças e tampouco estáveis, e procuremos ganhar a eterna.

---

4. *As minhas, que entregaram:* intimidadas pelo Visitador, haviam entregado todas as cartas que guardavam da Santa Madre.

5. *Padre Provincial:* Calçado.

6. *Gabriela:* Leonor de San Gabriel.

1. Estando preso o Duque de Alba por ter feito, sem o consentimento de Filipe II, o casamento de seu Filho D. Fadrique, o Senhor Albornoz, secretário do Duque e marido de D. Inés, incorreu na mesma pena.

Tem sido este ano de tantas tempestades e falsos testemunhos, que, logo à primeira notícia, senti muito mais a prisão do Senhor Albornoz; mas, tendo sabido depois que se trata do negócio do Senhor D. Fadrique, espero em Deus que o trabalho durará pouco. A Sua Mercê beijo as mãos. Tempo virá em que não trocará o dia dos grilhões por quantas cadeias de ouro há na terra. Praza a Deus conceder-lhe saúde, pois, com ela, melhor se passam os trabalhos.

De vossa mercê não tenho tanta lástima, porque, penso, lhe deu Nosso Senhor virtude para passar outros maiores. Sua Majestade vá aumentando a graça a vossa mercê e a guarde muitos anos. Amém.

É hoje 4 de fevereiro.

Indigna serva de vossa mercê,

TERESA DE JESUS.

274. AO PE. JERÓNIMO GRACIÁN, EM MADRI

Ávila, 20 de fevereiro de 1579. Necessidade de irem a Roma os Descalços. Não quer que vá Gracián. Ao Capítulo dos Calçados devem ir Descalços dignos e capazes. "Própria de velha pouco humilde, vai esta carta tão cheia de conselhos".

...Não quisera eu que, pela vontade de concluir as negociações, se propusesse alguma coisa impossível de ser muito bem cumprida. Também é necessário refletir e ver se será bom fundar casa em Roma enquanto não estamos mais fortalecidos, mesmo no caso de haver oportunidade; porque, se os de lá tomam inimizade aos Descalços, estando perto do Papa, seria terrível erro para todos. Mas se enviar a carta ao Cônego do Rei, é preciso sugerir-lhe vossa reverência quem deve ser nomeado Provincial[1].

Por enquanto não quisera eu que fizesse vossa reverência esta jornada, pois vai tudo tão bem encaminhado que não parece necessário; e não é justo ficarem aqui todos penitenciados sem ter a quem recorrer. Se houver de ir, muito acertado seria aguardar o Capítulo Geral; e então irá como Provincial, se Deus no-lo der, pois como tal terá obrigação de comparecer. Neste caso, os que vão teriam de esperar. É preciso serem pessoas que reparem a vergonha passada. Tudo guie Nosso Senhor como for para sua maior glória, e a vossa reverência guarde com aumento de santidade[2].

Não tive tempo de dizer coisa que a vossa reverência seja ocasião de maior sentimento e contrariedade. Quanto ao Padre Mariano, tenho bastante receio de que não hão de sentenciá-lo; trata-o Deus como a fraco. Sua Majestade nos faça fortes para morrermos por Ele, pois, certamente, foi misericórdia sua esta refrega.

É hoje 20 de fevereiro.

Indigna serva de vossa reverência,

TERESA DE JESUS.

Mas como está própria de velha pouco humilde esta carta cheia de conselhos! Praza a Deus em algum ponto acerte, e, se não: — tão amigos como dantes.

275. A ROQUE DE HUERTA, EM MADRI

Ávila, 12 de março de 1579. Interesse deste cavalheiro pelos negócios da Reforma. Cumpra-se a Vontade de Deus. É grande coisa padecer sem culpa. O Núncio, muito servo de Deus. Não quero coisa por favor, senão por justiça. Sua Majestade há de fazer tudo. Remessa de várias cartas re-

---

1. *Cônego do rei:* o Cônego Montoya, agente da Inquisição geral em Roma.
2. *Vergonha passada:* assim diz porque Frei dos Anjos, que fora, tempos antes, defender os interesses dos Descalços, ao chegar a Roma passou-se aos Calçados, como lhe havia profetizado a Santa.

servadas e importantes. Não quer que Gracián seja Visitador por mais tempo.

Jhs

A graça do Espírito Santo esteja com vossa mercê. Tive pena de ver o trabalho que dão a vossa mercê nossos negócios. Saiba que não os tomo eu tão a peito, porque entendo que são de Deus. Sua Majestade tem mais solicitude com eles do que nós mesmos; portanto, suceda o que suceder, estarei contente, tanto mais que tudo lhe foi muitíssimo encomendado, e por boas almas. E, assim, é porventura mais conveniente para seu serviço aquilo que a nós parece mais contrário; não se aflija, pois, vossa mercê com nenhum revés, ainda não é o fim do mundo.

Contanto que estejam em segurança esses Padres e que lhes guardem justiça, não há que temer; e, mesmo no caso de não a guardarem, nenhum tempo melhor nos pode vir, do que é o de padecermos sem culpa. Disseram-me, aliás, que o Senhor Núncio é muito servo de Deus, de modo que irá tomando informação de tudo; e o mesmo farão os demais juízes. Já que não se pode falar a esses nossos Padres nem entregar-lhes cartas, não vale a pena escrever-lhes. Bem gostaria eu de consolá-los e dizer a inveja que deles tenho[1].

Já recebi a carta que veio por Toledo e a outra trazida por Pedro Ríes; esta última tão apreensiva, que me fez rir e ao mesmo tempo louvar a Nosso Senhor por ver a caridade com que vossa mercê toma a peito nossos negócios. Algum dia, espero, teremos ocasião de retribuir-lho.

Os juízes têm sobrada razão em dizer que não farão coisa por empenho, pois não seria boa justiça a que se movesse por qualquer outro motivo que não a verdade[2].

A senhora D. María de Montoya não tem razão em cuidar que nos passe pelo pensamento que as cartas ao Senhor Cônego serão suficientes para concluir o negócio; pois isto quem o há de fazer é Sua Majestade. Contudo, aos mesmos que intercedem costumam aproveitar tais cartas para os acreditar como a pessoas que tratam de religião e são tidas nesta conta em Espanha; e isto quanto mais se diz a respeito delas, melhor.

Essas cartas pediu-me o senhor Doutor Rueda que as enviasse a Sua Majestade o Rei; vossa mercê mesmo lhas entregue, com as minhas homenagens. Bem quisera responder à do Conde. A Sua Senhoria beijo as mãos muitas vezes. Tivemos grande contentamento com a saúde de seu filho. Vossa mercê diga-lhe isto, e que nos consolamos de saber da presença de Sua Senhoria nesta corte.

A carta endereçada ao Padre Prior de Santo Agostinho, mande-a vossa mercê por quem lha entregue em mão própria, sem dar a entender que vai da minha parte nem da de vossa mercê; creia que o contrário nos poderia prejudicar. Envie também vossa mercê por pessoa certa a que vai para o Padre Descalço de S. Francisco, que é um Padre muito meu amigo. A outra é de meu irmão. Suplico a vossa mercê entregá-la a quem é dirigida, pedindo-lhe que lhe enderece a resposta, a qual vossa mercê me transmitirá; e perdoe-me. A não ser esta última carta, as demais são importantes para os nossos interesses.

Sempre tenho observado que estes carteiros entregam com segurança as cartas a vossa mercê e também a mim; não precisamos de outros rodeios, porque estes Padres, como alcançaram o que queriam, já não andam tão diligentes. Mande vossa mercê a carta bem selada[3].

Creia: se eu vir a Nosso Padre Gracián sem o ofício de Visitador, tudo mais me parecerá suportável. Isto era sempre o que me trazia atormentada; e se nos nomearem outro de qualquer Ordem, estarei bem contente, contanto que não sejam destes nossos Padres Calçados.

---

1. *Esses padres:* os que estavam presos em Madri, Fr. Antonio de Jesús e Fr. Gabriel de la Asunción.
2. *Os juízes:* D. Luis Manrique, P. Hernando del Castillo e Fr. Lorenzo de Villaucencio, nomeados assessores do Núncio na causa dos Descalços.
3. *Estes padres:* os Calçados.

Faça-o Deus como pode, e guarde a vossa mercê e a essas senhoras, a cujas orações muito me recomendo.

É hoje 12.

Indigna serva de vossa mercê,

TERESA DE JESUS.

276. AO PE. JERÓNIMO GRACIÁN, EM ALCALÁ

Ávila, abril de 1579. Lamenta o ocorrido com o Pe. Gracián em Alcalá.

Espantei-me e fiquei muito contrariada com as cartas de Alcalá, especialmente a que Vossa Paternidade escreveu. Oh! valha-me Deus, como não nos conhecemos! Pois afirmo a Vossa Paternidade, como já de outra vez lho escrevi: apesar desse fato, tenho tanto medo, que não o quisera ver ali, e, creio, virá a acontecer-lhe algum mal. Oxalá voltasse para a companhia dos gatos! A ameaça é boa...[1]

277. AO PE. JERÓNIMO GRACIÁN, EM ALCALÁ

Ávila, abril de 1579. Deseja falar ao Pe. Gracián em Ávila. Frei Gregorio Nacianceno e María de S. José devem ser restabelecidos em seus cargos. Cartas ao Rei, a seu embaixador em Roma e ao Vigário Geral do Carmo. Como se há de tratar do negócio da Província. Convém que se vejam Descalços de peso em Roma.

Jhs

A graça do Espírito Santo esteja com vossa reverência, meu Padre, e lhe pague o consolo que me deu com a esperança de poder ver a vossa reverência, a qual será, por certo, muito grande para mim; e, assim, peço a vossa reverência, por amor de Nosso Senhor, dê providências para isto se realizar; porque perder um contentamento que não se espera mais, não custa tanto como perder o que se esperava. Creio que será para o serviço de Sua Majestade.

Com esta alegria aceitei bem a nomeação do novo Prelado. Praza a Nosso Senhor goze pouco tempo do ofício! Não digo perdendo a vida, pois, em suma, é o que tem mais talento entre eles, e para conosco será muito comedido, especialmente porque, sendo tão prudente, entenderá como há de terminar bem para nós. Em parte esta eleição contraria tanto a esses Padres como a nós mesmas. Para pessoas que tratam de perfeição, não podíamos desejar melhor instrumento do que o Senhor Núncio, porque a todos nós tem dado ocasião de merecer[1].

De que esteja o Padre Frei Gregorio já em sua casa, louvo a Nosso Senhor; e o mesmo farei se vossa reverência conseguir que a Priora de Sevilha volte a seu posto, pois certamente assim convém. E a não ser ela, só Isabel de S. Francisco; pois conservar a Vigária atual é coisa ridícula, e o suficiente para destruir a casa. O Senhor o encaminhe como for servido e pague a vossa reverência o cuidado que tem de olhar por aquelas pobres estrangeiras. Contanto que não as governe o Provincial do Pano, estarão com grande alívio, porque poderão escrever e receber cartas. Por intermédio do Prior das Covas escrevi a elas, e não me pesaria de que fosse parar a carta às mãos do Provincial, pois com este intento a escrevi[2].

---

1. *Apesar desse fato:* tendo sido Gracián bem tratado no mosteiro dos Calçados de Madri, para onde o mandara preso o Núncio. *Virá a acontecer-lhe algum mal:* com efeito, transferido depois, para cumprir a sua sentença, aos Descalços de Alcalá, estes o denunciaram ao Núncio, porque, por ordem do Prior enfermo, presidiu algumas vezes ao Capítulo. Foi isto origem de novo conflito.

1. *Novo Prelado:* Frei Angel de Salazar, nomeado pelo Núncio Sega para governar a Descalcez.

2. *Vigária atual:* Beatriz de la Madre de Dios. *Pobres estrangeiras:* alude às fundadoras do convento de Sevilha.

O Padre que vai a Roma está já com tudo muito em ordem; e quanto mais trato com ele, mais esperança tenho de que há de dar muito boa conta do negócio. Por aqui temos estudado o caso. Eu quisera que se tirasse cópia da carta ao Rei para enviá-la pelo primeiro correio ao Cônego Montoya, com uns papéis que vou remeter-lhe agora por intermédio de sua mãe. Escrevi a ele avisando-o de que essa cópia irá inclusa, e, se não for, será levada pelos dois Padres que vão prestar obediência a Nosso Padre Vigário Geral. Pareceu-me que, sendo negócio tão grave, convém ir por duas vias, porquanto não estamos certos do bom êxito da viagem, e seria prejudicial, nas condições atuais, ter de aguardar outro mensageiro. Por outro lado, já que o Cônego se interessou por nós, é conveniente não dispensarmos a sua ajuda, pois para muitas coisas, com o correr do tempo, será bom amigo, e não é negócio tão fácil que os empenhos sejam demasiados. Acharia até melhor que ele tratasse de tudo, e esses Padres fossem diretamente ao Padre Vigário Geral, porque tenho pouca esperança de ficar tudo em segredo; e se eles andarem negociando com uns e com outros, e o Prelado o vier a saber, talvez se desgostasse de não terem acudido primeiramente a ele, o que não sucederá em relação ao Cônego[3].

Alega o Padre Frei Juan que se é o outro quem vai negociar não há necessidade de sua ida; mas, pelo contrário, há tanta, que talvez seja preciso lançar mão de ambos. Prouvera a Deus achasse ele o negócio concluído! Ainda assim, não seria de pouca vantagem se em Roma se conhecessem Religiosos nossos de mais religião e peso do que os outros que por lá foram vistos; e dariam conta de tudo ao Padre Vigário Geral. Parece-lhe também é que os…[4]

278. AO PE. JERÓNIMO GRACIÁN, EM ALCALÁ

Ávila, abril de 1579. Sobre os desgostos dos Descalços de Sevilha. "Precisamos ter malícia, deixando-nos de tanta simplicidade".

Ando espantada e triste com aquelas duas almas; Deus lhes dê remédio! Poderia se dizer que todas as fúrias infernais ali se juntaram para enganar, tanto a comunidade como a gente de fora[1].

Saiba Vossa Paternidade: minha maior aflição, quando me escreveu sobre o processo que aí corre, foi ver logo diante de mim, como agora estou vendo, que haviam de levantar a Pablo alguma calúnia. Há tempos andava eu com esta pena; e afinal essa infeliz Vigária acabou por forjar tão grandes falsidades. Ó Jesus! e como me afligiu! Todos os trabalhos que temos passado nada foram em comparação a este[2].

Bem nos ensina Deus o pouco-caso que havemos de fazer das criaturas, por boas que sejam, e como é preciso ter malícia, deixando-nos de tanta simplicidade. Praza a Deus que baste esta lição para Pablo e para mim!

279. AO PE. JERÓNIMO GRACIÁN, EM ALCALÁ

Ávila, 21 de abril de 1579. Sente falta a Santa da Comunicação espiritual com o Pe. Gracián. Profissão de María Dantisco nas Descalças de Valladolid, e dote desta. Breve terão Província os Descalços. As Carmelitas de Sevilha em paz. Nicolás Doria, homem discreto. Não aprova a Santa os desejos de sofrimento que tem o Pe. Gracián.

---

3. *O Padre que vai a Roma:* Frei Juan de Jesus (Roca) e Frei Diego de la Trinidad foram enviados a Roma com o fim de prestar obediência em nome dos Descalços ao novo vigário geral da Ordem, o Padre Juan Bautista Caffardo. *Montoya:* Diego de Montoya. *Sua mãe:* D. María de Montoya.

4. Perdeu-se o resto da carta.

1. A Irmã Beatriz de la Madre de Dios e Margarita de la Concepción, uma Irmã conversa, que haviam levantado graves falsos testemunhos no Convento de Sevilha. Mais tarde fizeram pública retratação.

2. A mesma Beatriz, nomeada Vigária, ainda noviça, pelo Superior Calçado.

Jesus esteja com Vossa Paternidade, meu Padre. Já tinha escrito esta página quando recebi as cartas de Vossa Paternidade, a quem tenha dado Nosso Senhor tão boas festas de Páscoa como desejo, e todas essas suas filhas Lhe suplicam.

Seja Deus bendito, que vai fazendo os negócios de maneira a breve terem fim essas ausências. Assim poderá a pobre Angela tratar de sua alma, pois desde que Vossa Paternidade anda por fora, nunca pôde achar quem lhe desse alívio. Na verdade, de todos os modos, temos tido bastante em que nos ocuparmos, com tantas provações. Parece-me que Vossa Paternidade alcançou a melhor parte, já que tão depressa lho pagou Nosso Senhor permitindo-lhe fazer bem a tantas almas.

A senhora D. Juana acaba de escrever-me uma carta sobre o negócio de nossa Irmã María de S. José. Não tocou no nome de Vossa Paternidade; e embora diga Sua Mercê que estava escrevendo à pressa, não basta para que eu me deixe de queixar disto. Escrevi à Priora de Valladolid para que a profissão seja feita logo que se cumpra o ano de noviciado. Respondeu-me que nunca lhe havia passado pelo pensamento outra coisa, até que eu lhe mandei que esperasse. Realmente, parecia-me não ter importância adiar um pouco a profissão, a fim de Vossa Paternidade poder estar presente; mas é melhor assim, pois, como já temos esperança tão certa de alcançar a Província, penso, como a Priora, que tudo correrá bem[1].

Meu irmão beija as mãos a Vossa Paternidade; Teresica sempre muito contente; é a mesma criança de outrora.

Estou com algum alívio a respeito do caso de Sevilha, porque já os Calçados não têm que ver com a comunidade. Segundo me escreveu o Arcebispo, quando chegou a notícia estavam muito angustiados os Descalços, e alegraram-se muitíssimo. Já podem ir confessar as monjas, e diz o Vigário Frei Angel que daqui a um mês irá Nicolao, e então serão restituídos a voz e o lugar a S. José e poderá se fazer a eleição[2].

Pelas cartas que me escreve o Padre Nicolao, entendo que as monjas devem ter sido muito prudentes, e tudo há de redundar em proveito da Ordem. Antes de partir, virá ele visitar-me. É necessário, para eu entender melhor o que ali se passou e dar-lhe certos avisos que transmitirá a S. José no caso de a tornarem a eleger. Garciálvarez já não vai mais ao mosteiro; diz que assim lho mandou o Arcebispo. Deus dê remédio a tudo e seja servido de que eu possa falar a Vossa Paternidade, com bastante tempo, sobre várias coisas. Com o Padre José entendo que Vossa Paternidade deve estar muito bem. Isso é o principal[3].

Achei graça ao saber que de novo está agora Vossa Paternidade a desejar trabalhos. Deixe-nos em paz, por amor de Deus, pois não os há de padecer sozinho. Descansemos algum tempo. Bem vejo que é este um manjar que, uma vez saboreado deveras, entende a alma que não pode haver melhor sustento para ela; mas, como não sei se envolverá a outros, além do mesmo que o pede, não o posso desejar. Quero dizer que entre padecer um, por si só, ou ver padecer a seu próximo, deve haver muita diferença. Eis uma dúvida sobre a qual pedirei a Vossa Paternidade que me esclareça, quando nos virmos.

Praza a Nosso Senhor acertemos em seu serviço, seja por onde Ele quiser; e guarde a Vossa Paternidade muitos anos, com a santidade que Lhe suplico. Amém.

Escrevi a Valladolid, dizendo que não convinha escrever à senhora D. Juana sobre a entrega do dote, pois só se efetuaria depois da profissão, e esta, no momento, ainda estava em dúvida. Aliás, se tinham recebido a noviça sem ele, nada teriam as monjas a dizer se não lhes fosse entregue, pois em outros conventos levantariam as mãos a Deus. Nada mais quis acrescentar, e enviei

---

1. *María de S. José:* irmã do Padre Gracián, que estava nas vésperas de professar.
2. *Os Calçados não têm que ver com a comunidade:* por novo Breve, tirara o Núncio a jurisdição aos Calçados e nomeara Vigário Geral de Descalços e Descalças o Padre Angel de Salazar, Prelado reto e bem-intencionado, também pertencente à Observância.
3. *No caso de a tornarem a eleger:* por ordem do Núncio, examinou o Padre Angel de Salazar o processo e, reconhecendo a virtude e inocência das monjas, restituiu à Madre María de S. José o ofício de Priora. *José:* Nosso Senhor.

à Priora a carta que Vossa Paternidade escreveu à senhora D. Juana. Por enquanto fica bem assim. Não quisera eu que Sua Mercê tocasse neste assunto ao Padre Frei Angel, pois não há para quê, nem é necessário, embora sejam muito amigos. A razão é que já Vossa Paternidade tem verificado como essas amizades podem desfazer-se de uma hora para outra: assim é o mundo. Parece-me que numa carta mo deu a entender Vossa Paternidade, mas talvez não fosse para este fim. Em todo caso, dê-lhe Vossa Paternidade este aviso, e fique-se com Deus.

Não se esqueça de encomendar-me a Sua Majestade, entre as almas que traz presentes em sua oração, pois sabe que há de dar contas a Deus da minha.

É hoje o último dia de Páscoa.

Indigna serva e filha de Vossa Paternidade,

TERESA DE JESUS.

Escreva Vossa Paternidade à senhora D. Juana que a profissão será feita, pois não tenho agora tempo para avisar a Sua Mercê. Escrevo com tanto medo, pelo que ficou dito, que de agora em diante o farei poucas vezes. Já respondi à minha filha María de S. José. Muito alívio me dera tê-la comigo, mas não anda Nosso Senhor querendo aliviar-me em coisa alguma.

280. A MADRE ANA DE JESUS

Ávila, maio de 1579. Agradece-lhe tudo quanto estava fazendo pelo bem da Reforma, sobretudo pelos Religiosos que iam a Roma.

Filha minha e coroa minha, não me farto de dar graças a Deus pela mercê que me fez, a mim, em trazer vossa reverência à Religião. Assim como aos filhos de Israel, quando os tirou do Egito, proveu Sua Majestade de uma coluna que de noite os guiava e lhes dava luz, e de dia os defendia do sol, assim parece o faz com nossa Religião; e vossa reverência, filha minha, é esta coluna que nos guia, nos dá luz e nos defende.

Muito acertado foi tudo o que fez vossa reverência em favor desses Religiosos, e bem transparece que está Deus em sua alma, pois faz com tanta graça e gentileza tudo quanto faz. Pague-lho o Senhor por cujo amor o fez, e a estes negócios dê o sucesso que nos convém.

281. A ROQUE DE HUERTA, EM MADRI

Ávila, 2 de maio de 1579. Partem para Roma dois Descalços. Gratidão a este cavaleiro por seus serviços. Confiança nos assessores que o Núncio nomeara para os negócios da Reforma. Muito lastima os maus exemplos dos Religiosos. Lembranças.

Jhs

A graça do Espírito Santo esteja com vossa mercê. A carta de vossa mercê recebi, juntamente com as de José Bullón[1], a quem tenha Nosso Senhor em sua guarda, pois dá-me pena vê-lo ir para tão longe; mas, sendo tanta a necessidade, algum trabalho se há de passar. Virtude e talentos tem ele para isto e para mais, e muito lhe devemos todos nós. Deus o traga prosperamente. Rogo a vossa mercê informar-me do dia em que partiu, e dizer que tal estava ele.

Estou ansiosa de que saia destas terras, desde que anda assim; não nos aconteça algum contratempo, pois seria em terrível conjuntura.

Pague Nosso Senhor a vossa mercê as boas notícias que me escreveu. Fique sabendo: desde que esses meus dois senhores e Padres Dominicanos estão como assessores, fiquei sem preocupa-

---

1. O Padre Juan de Jesús Roca, em sua ida a Roma para tratar dos negócios da Descalcez, disfarçou-se em guapo cavaleiro e tomou o apelido de Bullón, próprio da casa de seu pai, a fim de não ser reconhecido e preso.

ções sobre os nossos negócios, porque os conheço; e, com pessoas tais como são todos quatro, tenho por certo será para honra e glória de Deus o que ordenarem e nenhuma outra coisa desejamos.

Tenho agora muita preocupação acerca dos Padres, pois casos tão feios são para causar muita lástima, a nós que trazemos o mesmo hábito. Deus nos acuda com o remédio e guarde a vossa mercê, pagando-lhe o amor que tem a esta Ordem e o muito que faz por nós. Asseguro-lhe que me faz louvar a Deus. Onde há caridade, procura Sua Majestade dar ocasião de exercitá-la.

Praza a Ele guardar a Vossa Majestade e a senhora D. María — que em suplicar isto não me descuido, embora miserável —, e lhes dê muita santidade.

É hoje 2 de maio.

Indigna serva de vossa mercê,

TERESA DE JESUS.

282. AS MADRES ISABEL DE S. JERÓNIMO E MARÍA DE S. JOSÉ, EM SEVILHA

Ávila, 3 de maio de 1579. "Dobrou-se-me o amor que lhes tinha" pelo muito que têm sofrido, e tão bem. Lamenta o vexame de Garcia Álvarez, a quem o Arcebispo proibiu falar às Descalças. Duas monjas de fraca imaginação e curto entendimento bastam para alterar a paz da comunidade. Como devem ser tratadas. Tudo se remediará. As religiosas de S. José. Julián de Ávila e Lorenzo de Cepeda sentem os trabalhos das monjas de Sevilha.

Jhs

A graça do Espírito Santo esteja com vossa reverência, filha minha. Sua carta recebi, e também as dessas minhas Irmãs, anteontem. Ó Jesus, e que grande consolo fora para mim ver-me eu agora nessa casa; e quanto me teria dado estar eu aí há mais tempo, a participar dos tesouros que em tanta abundância lhes têm concedido Nosso Senhor! Seja Ele bendito para sempre. Amém.

Extremamente se me dobrou o amor que lhes tinha, embora já fosse tanto; em particular a vossa reverência, por ter sido a que mais padeceu. Saibam e tenham por certo: ao saber que lhe tinham tirado a voz e lugar, e o ofício, deu-me isto particular consolo; porque, mesmo vendo que minha filha Josefa é muito ruim, sei que teme a Deus e era incapaz de ter feito contra Sua Majestade coisa que merecesse tal castigo[1].

Uma carta lhes escrevi por intermédio de meu Padre, o Prior das Covas, para que ele procurasse meio de lhes ser entregue. Desejo saber se Sua Paternidade a recebeu, juntamente com outra para ele, e por quem foi levada a de vossa reverência; responda-me, ainda que lhe seja preciso escrever de novo. Quando o Padre Nicolao soube o que acontecera com a carta de seu irmão, rasgou a dele. Vossa reverência deve-lhe muitíssimo; mais enganado o traz a seu respeito do que ao Padre Garciálvarez.

Tive pesar de que este último não vá mais dizer Missa aí; toda a perda é para essa casa: para ele é antes ver-se livre de um grande trabalho. Por certo é muito o que lhe devemos, mas não sei como proceder; porque o Reverendíssimo Arcebispo, se não atendeu ao Prior das Covas nem ao Padre Mariano, não sei a quem atenderá.

Contrariaram-me não pouco estes bilhetes do Padre Mariano. Não sei como lhe passou pelo pensamento que nesse mosteiro se houvesse procurado tal coisa, e muito menos como ousou dizê-lo. É um fato: o demônio anda furiosíssimo e em tudo nos tem querido oprimir, especialmente no que nos fazem…[2] maior tormento de todos. Já vai parecendo que Nosso Senhor não mais lhe

---

1. *Josefa:* María de San José.
2. Algumas palavras do original não puderam ser decifradas.

quer dar tanta licença, e, espero em Sua Majestade, irá ordenando os acontecimentos de modo a ser descoberta a verdade.

Nessa casa algumas foram pouco verdadeiras. Deu-me a mim muito pesar quando soube de certos depoimentos constantes do Processo daí, e de algumas coisas que eu sabia serem grande falsidade por serem do tempo que aí passei. Agora, depois de ter visto o que tramaram essas Irmãs, tenho dado muitas graças a Nosso Senhor por não lhes haver Ele permitido levantarem ainda maiores falsos testemunhos[3].

Estas duas almas têm me feito sofrer, e é preciso que todas façamos particular oração para que Deus lhes dê luz. Desde que começou a andar assim o Padre Garciálvarez, vivia eu com temor do que agora vejo; e, se vossa reverência está lembrada, em duas cartas lhe escrevi que, a meu parecer, em casa estava a origem do mal. E até lhe nomeei uma delas (pois em Margarida nunca pensei), para que andasse de sobreaviso, porque, na verdade, nunca me satisfez seu espírito, embora me parecesse algumas vezes ser tentação devido à minha ruindade. Cheguei a falar ao Padre Mestre Gracián, que tanto havia tratado com ela, para que prestasse atenção; e por isso agora não me espantei muito. Não é que eu a tivesse em má conta; mas parecia-me iludida e pessoa de fraca imaginação, disposta a ser enganada pelas trapaças do demônio. Foi o que aconteceu, pois muito bem sabe ele aproveitar-se do natural e do pouco entendimento; e assim não há para que lançar-lhe tanta culpa, antes merece grande lástima. Nesse caso hão de fazer-me a caridade, vossa reverência e todas, de não se apartarem do que agora vou dizer-lhes, e creiam que é, a meu parecer, o mais conveniente. Louvem muito ao Senhor, que não permitiu ao demônio tentar a nenhuma das outras com igual violência, pois, se assim fora, convençamo-nos de que faríamos coisas piores, como diz Santo Agostinho. Não queiram, filhas minhas, perder o que nesse tempo ganharam; lembrem-se do procedimento de S. Catarina de Sena com aquela que a tinha caluniado como sendo mulher de má vida; e temamos, temamos, Irmãs minhas, porque, se Deus aparta de nós sua Mão, que males haverá que não façamos? Creiam-me: essa Irmã não tem engenho nem talento para forjar tantas invenções como fez e por isso determinou o demônio dar-lhe essa outra companheira; e era ele mesmo, por certo, quem a ensinava. Deus esteja com essa alma.

Primeiramente digo: tomem muito a peito encomendá-la a Sua Majestade em todas as suas orações, e a cada momento, se possível for — e o mesmo faremos aqui —, para que nos conceda Sua Majestade a graça de dar-lhe luz, obrigando o demônio a deixá-la despertar desse sono em que a tem presa, pois eu, em parte, a considero como quem está fora de seu juízo. De uma coisa estejam certas: sei de algumas pessoas, não destas nossas casas, que têm fraca imaginação; tudo quanto lhes vêm ao pensamento lhes parece que verdadeiramente o veem, e para isto não deixa de contribuir o demônio. Minha maior pena é que a essa Irmã deve ele ter convencido de ver as coisas segundo a ele convinha, e isto com o fim de pôr a perder essa casa. Talvez não tenha ela tanta culpa como pensamos; assim como acontece a um louco, que imagina e pensa verdadeiramente que é Deus Pai, ninguém lho tirará da cabeça. Aqui há de aparecer, minhas Irmãs, o amor que todas têm a Deus: em se compadecerem muito dela, como o fariam se fosse filha de vossos próprios pais, pois o é deste verdadeiro Pai a quem tanto devemos e ao qual a pobrezinha tem desejado servir durante toda a vida. Oração, Irmãs, oração por ela; também caíram muitos santos, e o tornaram a ser, como antes eram. Porventura foi assim preciso para que ela se humilhasse. Se Deus nos concedesse a mercê de a fazer cair em si e desdizer-se do que inventou, todas teríamos tido grande lucro em padecer, e ela da mesma forma, pois sabe o Senhor tirar dos males bens[4].

Segundo: não lhes passe mais pelo pensamento, por enquanto, fazê-la sair dessa casa, porque é um desatino muito grande e de nenhum modo convém: pois imaginando apartar perigos, iriam, pelo contrário, cair neles. Deixem passar os tempos, que agora não é oportuna essa mudança por

---

3. Beatriz de la Madre de Dios e Margarita de la Concepción.
4. *A fazer cair em si:* refere-se a Santa a Beatriz de la Madre de Dios.

muitas razões que eu poderia dar, e espanto-me de que não as tenha entendido vossa reverência. Reflita bem, e Deus lhe dará luz; confie em Sua Majestade e em todos nós, que consideraremos detidamente o que for mais conveniente para essa casa. Neste momento guardem-se de tocar em tal assunto; e, podendo ser, nem ainda pensem nisso.

Terceiro: não lhes deem o mínimo de desamor, antes a que estiver por Prelada a trate com regalo, e todas lhe mostrem carinho e amor fraterno, e à outra também. Procurem esquecer o passado; cada uma olhe como quisera ser tratada, se o fato tivesse acontecido com ela. Creiam que essa alma estará bem atormentada, embora não o dê a conhecer; porque o demônio se vingará dela por não ter alcançado mais. Poderia até arrastá-la a dar cabo de si, fazendo-a perder assim a alma e o juízo, que para perder este último, talvez falte pouco; e todas nos havemos agora de lembrar disto, e não do que ela fez. Quem sabe lhe dava a entender o demônio que era lucro para a sua alma e grandíssimo serviço de Deus? E diante de sua mãe ninguém diga sequer uma palavra; asseguro-lhes que me tem causado lástima. Como é que nenhuma me fala de seu modo de proceder no meio de todas estas coisas? Tenho desejado saber se nada dizia à filha, e também se lhe entendeu as tramas[5].

Receio que agora as assalte de novo o demônio com outras tentações: de que não gostam delas e as tratam mal; e muitíssimo contrariada ficaria se lhes dessem alguma ocasião para isso. Aqui já me escreveram que os da Companhia são de parecer que seria errado se a tratassem mal. Estejam muito de sobreaviso.

Quarto: com nenhuma pessoa a deixem falar sem terceira, e esta a observe bem; nem se confesse a algum que não seja Descalço. Ela pode entre todos escolher aquele que quiser, pois estão autorizados pelo Padre Vigário Geral a confessá-las; e o mesmo façam as outras. Tenham cuidado, sem o dar a entender, que as duas não falem muito uma com a outra. Em nada as apertem — pois nós mulheres somos fracas — até que o Senhor as vá curando, e não seria mau ocupá-la em algum ofício, desde que de nenhum modo tenha ocasião de tratar com os de fora. Com as de dentro de casa, sim, porque a solidão e o andar remoendo muito mal lhe fará; e assim deixe falarem com ela de vez em quando algumas Irmãs que vossa reverência achar capazes de lhe fazerem bem[6].

Creio que nos veremos antes que para aí vá o Padre Nicolao, e bem quisera fosse breve; então falaremos melhor sobre todas essas coisas. Por enquanto façam isto que lhes digo, por caridade. Em todo caso, as que deveras têm desejo de padecer não guardam o menor ressentimento contra quem lhes faz mal, antes cobram mais amor. Nisto verificarão se saíram aproveitadas do tempo da cruz. Espero em Nosso Senhor que tudo se remediará depressa, e ficará a casa como antes estava, e ainda melhor, pois sempre dá Sua Majestade cento por um.

Olhem que lhes torno a rogar muitíssimo que de nenhum modo falem mais no passado umas com as outras; nenhum proveito pode haver, senão muitos danos. Para o futuro cumpre andar com grande cuidado, porque, repito, tenho receio de que induza o demônio a essa pobrezinha de Beatriz a fazer algum desatino ou tentá-la a abandonar a Religião; da outra tenho menos temor, pois é mais sabida. Tenham grande vigilância, especialmente de noite; pois — como o demônio anda trabalhando por desacreditar estes mosteiros — o que parece impossível ele torna possível algumas vezes.

Se essas duas Irmãs se desirmanassem e houvesse alguma ocasião para romperem uma com a outra, saberíamos as coisas mais pela raiz, e seria abrir porta para caírem em si. Vossa reverência veja se o consegue. Enquanto estiverem muito amigas uma da outra, mutuamente se ajudarão a fazer enredos. Muito podem tantas orações, e assim espero no Senhor que lhes dará luz. Causam-me muita pena.

---

5. *Sua mãe:* a mãe de Beatriz, por nome Juana da Cruz, era monja no mesmo mosteiro de Sevilha.
6. *Terceira:* é o nome que se dá àquela que deve acompanhar a religiosa que esteja falando com algum secular na antessala. *Vigário geral:* P. Angel de Salazar.

Se lhes der consolo escrever tudo o que se passou, não será mau, para da experiência tirarem aviso, pois, por meus pecados, não é em cabeça alheia; mas se a historiadora for a Irmã S. Francisco, não exagere, narre muito singelamente os acontecimentos. A letra seja de minha filha Gabriela. A todas quisera escrever, mas não tenho cabeça. Muitas bênçãos lhes tenho lançado. As da Virgem Senhora Nossa e as de toda a Santíssima Trindade desçam sobre cada uma.

Toda a Ordem lhes é devedora; especialmente fica bem provado serem filhas suas, as que ainda não tinham feito profissão. Que o sejam cada vez mais; e recomende-me a elas. As que me escreveram tenham por sua esta carta, conquanto endereçada à Madre María de S. José e à Madre Vigária, foi minha intenção dirigir-me a cada uma em particular.

À minha Irmã Jerónima gostaria de escrever. Digam-lhe que a casa onde faltou o Padre Garciálvarez, com mais razão pode perder o crédito do que ele, pois é bem conhecido em Sevilha. Sobre as pobres estrangeiras recai tudo. É claro, aliás, que, ainda no caso de pensarem ser o rompimento devido a alguma culpa dele, não podiam ficar sem culpa as monjas; mas a este respeito estou segura, pois, repito, é bem conhecida a sua virtude. No demais, livra-se de grande trabalho, pois, é certo, o que padeceu aí e o que todas nós lhe devemos, ninguém pode encarecer nem pagar, senão somente Deus[7].

Deem-lhe muitas recomendações minhas. Deveria eu escrever a Sua Mercê muito extensamente, mas não mo permite a cabeça; e por cartas não exprimiria bem o que lhe quisera dizer. Não o faço, mas poderia queixar-me dele em algumas coisas; pois, sabendo outros os grandes males que, segundo espalhavam essas benditas, se faziam no convento, não seria muito que ele me avisasse alguma vez, como a quem mais havia de doer, em vez de aguardar, para que os remediassem aqueles que nos têm tampouco amor, como todo o mundo sabe. Enfim, enfim, a verdade padece, mas não perece; e portanto, espero, ainda o há de manifestar melhor o Senhor.

Ao bom Serrano deem minhas recomendações; praza a Deus venha ele em tempo em que lhe possamos pagar o muito que lhe devemos. A meu santo Prior das Covas mandem um grande recado. Oh! quem pudera passar com ele um dia inteiro! A todas, Deus mas guarde por mim, e faça tão santas como Lhe suplico. Amém. Estas Irmãs, aqui, têm chorado mais do que eu os trabalhos desse mosteiro, e muito se recomendam a todas. Breve tornarei a escrever; e talvez quando lhes chegar esta minha carta, já esteja resolvido o negócio da Madre S. José que me recomendaram. Agora estão bem, não tenham pressa; nem vejo motivo para se fazer eleição até receberem ordem daqui, pois não haverá descuido em tratar disto[8].

Se o Padre Mariano estiver aí, mandem-lhe esta carta; que ele a leia e devolva; não lhe escrevo agora por pensar que não estará aí. Ao Padre Frei Gregorio, minhas saudações; desejo ver carta sua. Acerca da Missa, não sei como lhes responda; não tenham pressa. Se não houver quem a celebre, não se matem por isso; contentem-se com os domingos, até que o Senhor proveja. Deste modo não lhes faltará em que merecer. Minha saúde está razoável.

O Padre Julián de Ávila tem sentido vossos trabalhos. Creio que se julgasse poder contribuir para impedi-los, iria aí de boa vontade. Recomenda-se muito a todas. Deus lhes dê forças para mais e mais padecerem, pois até agora não derramaram sangue por Aquele que todo o Seu verteu por nós; eu lhes digo que, pelas bandas de cá, não temos estado ociosas.

É hoje dia da Cruz.
Indigna serva de Vossas Reverências,

TERESA DE JESUS.

Oh! quanto tem compartilhado meu irmão esses trabalhos daí! Tive que consolá-lo! Encomendem-no a Deus, que bem lho devem. À Madre Vigária Isabel de S. Jerónimo digo que todos os conselhos de sua carta me pareceram muito bons e de mais ânimo que os da Madre S. José. À Ir-

---

7. *Jerónima* de la Madre de Dios.
8. *O negócio da Madre S. José:* a reintegração no cargo de Priora. Efetuou-se em 28 de junho desse mesmo ano de 79.

mã Beatriz de la Madre de Dios recomende-me: folguei muito de que já esteja sem trabalho, pois em uma carta sua me dizia quanto lhe custava dar conta desse ofício; e à Irmã Juana de la Cruz muito digam de minha parte.

283. AS CARMELITAS DE VALLADOLID

>Ávila, maio de 1579. Pede-lhes dinheiro para os Descalços que negociam em Roma a ereção da Província. Todas devem concorrer para esta obra com o que puderem. Fala do dote de María de S. José, irmã do Padre Gracián, e da pobreza de D. Juana Dantisco. As monjas de Toledo admitem Isabelita Dantisco sem dote, cama e enxoval. Espera ajuda das Descalças de Valladolid para o dito negócio.

Jhs

A graça do Espírito Santo esteja com vossa reverência, Madre minha, e com todas essas minhas queridas Irmãs. Quero trazer-lhes à memória como, desde a fundação dessa casa, nunca lhes pedi, se bem me recordo, que recebessem noviça sem dote, ou alguma coisa de muita importância. O mesmo não tenho feito com outras, pois houve uma em que receberam onze que nada trouxeram, e nem por isso está pior, antes é mais folgada. Hoje quero pedir-lhes uma coisa que estão obrigadas a fazer pelo bem da Ordem além de algumas outras causas; e, embora seja para o proveito dessa comunidade, quero tomá-lo à minha conta, e peço que o façam como se fosse a mim. É porque estou com muito cuidado de que venha a falhar por falta de dinheiro, o que tanto importa para o serviço de Deus e para nosso descanso.

Por essas cartas de Roma que lhes remeto, de um Padre Descalço Prior do Calvário, que lá chegou, verão a pressa com que pede duzentos ducados. Os Descalços, como atualmente não há cabeça que os governe, nada podem fazer. Para Frei Juan de Jesús e o Prior de Pastrana, que também foram para lá, e ainda não sei se já chegaram, puderam tampouco, que só levaram o que eu lhes dei, e cento e cinquenta ducados de Beas. Grande mercê é de Nosso Senhor que algumas de nossas casas tenham podido remediar esta necessidade, pois, afinal, é coisa que acontece uma vez na vida[1].

Em Madri achou o Padre Nicolao uma pessoa que, por grande apreço para com ele, adiantará esses duzentos ducados. Só exige que dessa casa lhe deem como fiança o dote da Irmã María de S. José, e lhe enviem um documento prometendo a paga. Com isto se contenta, embora tão cedo não possa cobrá-los. Achei ótimo negócio, e assim lhes peço por caridade que, em chegando esta, chamem um escrivão que, pelo modo mais válido, testifique como está professa, porque sem isto nada se pode fazer, e remetam-me logo a dita certidão, juntamente com a promessa de pagar a dívida. Não há de vir tudo junto num só documento, senão cada coisa de per si. Já estão vendo quanto importa a brevidade.

Se lhes parecer muito, e perguntarem por que não contribuem todas as casas, responderei que cada uma faz conforme a sua possibilidade; e a que nada pode dar, como esta nossa, nada dê. Por isso trazemos todas um mesmo hábito: para que os conventos se ajudem uns aos outros, pois o que é de um é de todos; e muito dá aquele que dá tudo quanto pode. E, além disso, são tantos os gastos, que se soubessem ficariam espantadas. A Irmã Catalina de Jesus que o diga! Se as casas não proviem às necessidades, eu não posso ganhar dinheiro porque estou aleijada; e muito mais sinto o ter de andar pedindo e angariando aqui e acolá. Asseguro-lhes; para mim é um tormento que só por Deus é suportável.

Além do que fica dito, tenho ainda de arranjar duzentos ducados que prometi a Montoya, o Cônego, pois nos salvou a vida; e praza a Deus que bastem, e só com isto se acabe! Grande

---

1. *Prior dos Calvários:* Frei Pedro de los Angeles fora mandado a Roma pelo Capítulo de Almodóvar a tratar da separação da Província dos Descalços. *Prior de Pastrana:* Diego de la Trinidad.

misericórdia é que possa contribuir o dinheiro para granjear tanta tranquilidade. O que disse até aqui é indispensável. O que vou dizer agora é se quiserem; mas parece-me justo, e será agradável a Deus e ao mundo.

Já sabem que a Irmã María de S. José foi recebida aí de graça, por ser irmã de Nosso Padre Gracián. A mãe deles, como anda muito necessitada, protelou o ingresso da filha até arranjar esses quatrocentos ducados, segundo me contaram, pensando que a caridade feita em atenção ao Padre Gracián fosse mais longe, e ela pudesse remediar-se com a dita quantia, pois, repito, tem bastante em que a empregar. Agora não me espanto de que lhe tenha feito falta; mas é tão boa que, apesar de tudo, não se cansa de agradecer o bem que aí lhe fizeram. Desses quatrocentos ducados, já sabe vossa reverência pela carta que lhe enviei do Padre Mestre Gracián, cem hão de ser deduzidos para pagar a D. Juana todos os gastos que fez com a filha. É o que ele diz, e por isso a promessa de pagamento há de vir de trezentos ducados.

Da legítima a herdar não façam muito caso, porque tudo o que eles têm são larguezas do Rei, e não renda. Em morrendo o Secretário, ficam sem coisa alguma, e, ainda quando lhes ficasse, são tantos os irmãos, que não se haveria de levar em conta. Isto mesmo me escreveu depois D. Juana. Não sei se guardei a carta; se a achar, poderei enviá-la. Em suma, no documento hão de constar ao menos trezentos ducados.

O que seria bom, como lhes disse, é que abrissem mão dos quatrocentos. Nem por isso deixará ela de enviar os outros cem, quando os cobrar; e, ainda no caso contrário, bem os tem merecido pela participação nos sofrimentos de seu filho — os atuais e outros —, que têm sido terríveis desde que ele anda fazendo estas Visitas. Isto sem falar no que devemos a Nosso Padre Gracián. Por conseguinte, se já temos recebido nesta Ordem tantas noviças sem dote, muito mais razão há que se faça alguma coisa em atenção a ele.

Para a outra irmã que está em Toledo, nem cama, nem enxoval, nem hábito, nem coisa alguma pediram as monjas; nem a mãe deu. E do mesmo modo acolheriam ainda essa, de muito boa vontade, se quisesse entrar lá, porque todas receberam de Deus tais qualidades e talentos, que são preferíveis à que traz dote. A respeito dos cem ducados, repito, façam o que lhes parecer, no restante não podem agir de outro modo, porque a necessidade é muita[2].

O que se há de fazer, terminados os negócios, é ver quanto deu cada casa, e restituir o excedente às que houverem dado mais. Assim se fará com esse mosteiro. Socorramo-nos agora como pudermos. À Madre Priora rogo que não impeça o que essas Irmãs quiserem fazer, pois estou muito confiada de que não são menos filhas da Ordem que as demais, que dão segundo sua possibilidade.

Deus as faça tão santas como Lhe suplico. Amém.
Sua serva.

TERESA DE JESUS.

Em todo caso, leia a Irmã Catalina de Jesus toda esta carta, porque muito me pesará se omitirem dela qualquer coisa; e também essas outras cartas de Roma, que vão inclusas.

284. A MADRE MARÍA BAUTISTA, PRIORA DE VALLADOLID

Ávila, junho de 1579. Modo de governar da Santa. Tudo vai com amor.

Saiba que no governar não sou a que era: tudo vai com amor. Não sei se é por não me darem ocasião, ou porque entendi que assim melhor se dá remédio às coisas.

---

2. *Para a outra irmã que está em Toledo:* Isabel de Jesús Dantisco. *A que traz dote:* Juliana de la Madre de Dios.

285. A MADRE MARÍA BAUTISTA, PRIORA DE VALLADOLID

Ávila, 9 de junho de 1579. Agradece-lhes o dinheiro para os negócios de Roma. Espera visitar vários conventos e vê-las breve. O Colégio de Descalços de Salamanca. A fundação de Villanueva de la Jara. A barafunda sobre o dote de Casilda.

Jhs

Esteja com vossa reverência o Espírito Santo, e lhe pague, assim como a todas essas Irmãs, as boas festas de Pentecostes que me deram, enviando de tão boa vontade a fiança; e chegou a tempo, porque ainda não tinha partido o mensageiro de Madri, e já me haviam escrito pedindo-a com urgência. Considerei-o grandíssima felicidade.

Asseguro-lhe que, se esse dinheiro fosse todo para meu sustento, não o agradeceria mais. Procederam como generosas e com muita gentileza. O Espírito Santo o pague a todas. Espero que Deus lhes dará muito mais, pelo que deram. Leia este trecho às Irmãs. A todas muitíssimo me recomendo. Como lhe disseram, escrevi a Madri, contando o caso, para que lá vejam o que é para nós essa comunidade.

Hoje escrevi tanto e é tão tarde, que pouco poderei aqui dizer. Em primeiro lugar, peço, por caridade, que se trate bem, para que eu a ache com saúde, se Deus me levar por essas bandas, como já me deu a entender numa carta o Padre Vigário Frei Angel, deixando-me com alguma esperança; mas será tão de passagem que eu preferia não ir; porque será caminhar muitas léguas para ter maior pesar, tendo de deixá-la tão depressa. Escreveu-me o seguinte: "Seu pensamento é dar-me a merecer mediante uma confirmação, com a qual me enviará a Malagón, onde merecerei mais do que se fundasse de novo aquele convento; e de caminho irei consolar esses senhores, como lhe estão pedindo". Remeteu-me juntamente a carta do Bispo, com ordem de na volta passar por Salamanca e comprar a casa. E saiba, filha minha, que ali estão na maior necessidade, e calam como se estivessem mortas, obrigando-me com isto a fazer mais por elas. Imagine agora a pobre velhinha! e logo para Malagón! Fez-me rir, mas, confesso-lhe: ânimo tenho ainda para mais. Deus tome conta de tudo[1].

Poderá ser que, antes de terminar minha incumbência em Salamanca, venha nosso despacho; se assim for terei ocasião de deter-me mais aí, pois em Malagón outra pode substituir-me. Não faltam suspeitas de que os Frades Calçados gostarão talvez de que eu vá para tão longe; há motivos para se pensar assim, e a Sua Paternidade não deve pesar que eu esteja distante da Encarnação. Para atender às necessidades desses mosteiros é preciso tempo, e não haverá tanta ocasião de murmurarem de minha ida, como se fosse agora, sem razão. O Senhor o guie como for mais de seu serviço[2].

Diz-me ele, na dita carta, que tome suas palavras apenas como um esboço da pintura, porque primeiramente vai entender-se com o Padre Frei Pedro Fernández, e até resolverem de comum acordo, nada se fará. Nessa carta que ele escreve ao Senhor Bispo, deve explicar-se melhor. O certo é que deseja dar-lhes prazer; e verdadeiramente não sabe dizer não, pois tem boníssimo gênio[3].

Admitiu o Colégio dos Descalços, porém não o mosteiro das monjas, embora não fosse contrário, mas a Frei Antonio de Jesus e ao Prior de la Roda não pareceu conveniente a fundação. Fiquei muito contente, porque já o tenho recusado diversas vezes, em razão de haver lá oito beatas: mais quisera eu fundar quatro mosteiros[4].

---

1. *Esses senhores:* refere-se a D. Alvaro de Mendoza e sua irmã D. María, que esperavam a Santa em Valladolid, onde chegou em 3 de julho.
2. Frei Angel de Salazar. *Encarnação:* aí estavam em vésperas de eleições e havia perigo de elegerem de novo a Madre Teresa. Convinha, pois, que ela estivesse longe.
3. D. Alvaro de Mendoza.
4. *Colégio dos Descalços:* deu licença o Padre Angel para a fundação de Descalços em Salamanca. *Oito beatas:* em Villanueva de la Jara. Mais tarde a Santa fez esta fundação.

O Padre Frei Pedro Fernández insiste muito em não se fazerem fundações, mesmo havendo licença, até que tenhamos Província à parte; e dá boas razões, segundo há pouco me escreveram. Com efeito, como o Núncio está tão vidrento e há quem o instigue, poderia resultar prejuízo para nós. Tudo será bem considerado.

Tem-me contristado tanta barafunda por causa do dote de Casilda; o que vai acontecer é que não lhe darão nada. Mas eu lhe digo: não deviam deixar de dar os dois mil e quinhentos ducados, conforme tinham prometido, ou pelo menos dois mil. De que serve tanto barulho? Nunca, por tampouco, deveriam fazer tanto...[5]

286. AO PE. JERÓNIMO GRACIÁN

Ávila, 10 de junho de 1579. Manifesta sua alegria pelo bom rumo que vão tomando os negócios. O Padre Salazar quer enviá-la como Priora a Malagón. Gracián já não deve estar na terra. Por obediência iria a Santa ao fim do mundo. Escrevendo coplas, consolam-se as monjas da Encarnação. Generosidade de María Bautista para com a Santa e a família do Padre Gracián.

Jhs

A graça do Espírito Santo esteja com Vossa Paternidade, meu Padre, e, nesta Páscoa de Pentecostes, o tenha cumulado tanto de seus dons e bens, que possa servir com ele a Sua Majestade, pagando-lhe o muito que lhe deve por ter querido que Vossa Paternidade, tão à sua custa, veja remediado o seu povo. Seja Deus por tudo louvado, pois, certamente, há bem que pensar e escrever acerca desta história.

Embora eu não saiba as particularidades nem o modo pelo qual se conclui, entendo que deve ter sido muito bem-feito. Ao menos, se o Senhor nos permitir vermos feita a Província, penso que jamais se fez isto em Espanha com tanta autoridade e cuidadoso exame. Dá assim a entender o Senhor como quer os Descalços para mais do que pensamos. Praza a Sua Majestade guardar muitos anos a Pablo, para que o goze e continue a trabalhar. Quanto a mim, desde o céu o verei — se merecer ir para lá.

Já trouxeram de Valladolid a ordem de pagamento. Muito folgo de que vá agora esse dinheiro. Praza ao Senhor ordenar que tudo se conclua com brevidade; porque, embora seja muito bom o Prelado atual, é de outro que precisamos para assentar-se tudo como convém, porque afinal de contas é emprestado[1].

Por esta carta sua, verá Vossa Paternidade o que se ordena a respeito da pobre velhinha. Segundo os indícios — pode ser mera suspeita —, o verdadeiro motivo é mais o desejo que estes meus irmãos Calçados devem ter de ver-me longe de si, que a necessidade de Malagón. Isto me deu um pouco de pesar; quanto ao demais, isto é, de ir a Malagón, nem tive primeiro movimento, conquanto o ter de ir como Priora me cause pena, pois não estou capaz, e receio cometer faltas no serviço de Nosso Senhor. Vossa Paternidade Lhe suplique que neste ponto seja eu sempre íntegra, e, no demais, venha o que vier, pois quanto mais trabalhos, mais lucro! Em todo caso, rasgue Vossa Paternidade imediatamente esta carta.

Muito consolo me dá o saber que está Vossa Paternidade com tão boa saúde; contudo não o quisera ver no tempo de calor nesse lugar. Oh! que soledade se faz cada dia maior em torno de minha alma, por estar tão longe de Vossa Paternidade, ainda que do Padre José sempre me pareça estar perto, e com isto, bem sem contentamentos da terra e em muito contínuo tormento, vou passando esta vida. Vossa Paternidade já não deve estar nela, de tal modo o livrou o Senhor das ocasiões, dando-lhe graças às mãos cheias para que esteja no céu. Na verdade, quanto mais penso

---

5. *Casilda* de Padilla.
1. O Padre Frei Angel pertencia à antiga Observância e estava governando provisoriamente.

nesta tormenta, mais fico boba, vendo os meios tomados pelo Senhor; e, se houvesse por bem Sua Majestade que esses andaluzes de algum modo melhorassem, teria eu por muito particular mercê que não fosse por mãos de Vossa Paternidade, para não ter de apertá-los, pois se usou de rigor foi para remédio deles, e é só isto o que sempre tenho desejado. Gostei do que me escreveu o Padre Nicolao sobre este assunto, e por esta razão o envio a Vossa Paternidade[2].

Todas estas Irmãs muito se lhe recomendam. Sentem não pouco, só com o pensamento de que as vou deixar. Avisarei a Vossa Paternidade do que houver. Recomende-o muito a Nosso Senhor, por caridade. Estará lembrado de como murmuram, a cada uma destas minhas caminhadas, e quais são os que o fazem. Olhe que vida! Mas isto pouco importa.

Escrevi ao Padre Vigário sobre os inconvenientes que há em ser eu Priora, pois não posso andar com a comunidade; quanto ao resto, de nenhum modo me aflijo. Irei ao fim do mundo, contanto que seja por obediência; e até, creio, quanto maior trabalho fosse, mais folgaria, por fazer sequer alguma coisinha por este grande Deus a quem tanto devo. E tenho para mim: maior é o serviço quando feito somente por obediência; pois com o meu Pablo, por Prelado, bastava sabê-lo contente para fazer qualquer coisa com satisfação. De muitas poderia falar, que me deram contentamento, mas temo tratar disto em carta, sobretudo sendo coisas da alma[3].

Para que Vossa Paternidade ria um pouco, envio-lhe estas coplas que me mandaram da Encarnação; mas é antes para chorar ver como está aquela casa. Entretendo-se deste modo, vão passando as pobres. Hão de sentir grande abalo se eu me ausentar daqui, pois ainda têm esperança — e eu não estou sem ela — de que se há de remediar aquela casa.

De muito boa vontade deram os duzentos ducados as monjas de Valladolid; e a Priora da mesma forma, dizendo que se não os tivesse os tomaria emprestados. Ao mesmo tempo enviou a quitação de todos os quatrocentos ducados. Apreciei-o muito, porque, verdadeiramente gosta de ajuntar para sua casa; mas foi tal a carta que lhe escrevi...

Achei graça na senhora D. Juana, e ao mesmo tempo espantei-me por ver como conheceu a Priora. Escreveu-me que está apreensiva, porque ela abriu mão do dinheiro sem dizer uma palavra; mas a verdade é que, no tocante à Irmã María de S. José, sempre tenho visto nela grande benevolência, mostrando nisto, em suma, a afeição que tem a Vossa Paternidade.

Deus o guarde, meu Padre. Amém, amém.

Ao Padre Reitor minhas recomendações, assim como ao Padre que me escreveu há pouco[4].

Foi ontem o último dia das festas do Espírito Santo. A minha ainda não chegou.

Indigna serva de Vossa Paternidade,

TERESA DE JESUS.

287. A MADRE ANA DE LA ENCARNACIÓN, EM SALAMANCA

Ávila, 18 de junho de 1579. Anuncia-lhe sua próxima viagem a Salamanca para negócios daquela casa. Entrevista com André de Jimena. Isabel de Jesús.

Jhs

A graça do Espírito Santo esteja com vossa reverência. Hoje, dia de *Corpus Christi*, enviou-me o Padre Vigário Frei Angel essa carta para vossa reverência, e a mim um mandamento com preceito de ir a essa casa. Praza a Deus não seja trama de vossa reverência, pois se disseram que assim determinou a pedido do senhor D. Luís Manrique. Contanto que seja para fazer eu alguma coisa que contribua para o descanso de vossa reverência, de boa vontade o farei, e quisera ir pron-

---

2. Nosso Senhor e Salvador Jesus Cristo.
3. *Vigário:* Angel de Salazar.
4. *Padre Reitor:* Elias de San Martín, reitor de Alcalá.

tamente; mas ordena-me Sua Paternidade que vá primeiro a Valladolid. Provavelmente não pôde agir de outro modo, e eu por certo não ajudei de minha parte, antes fiz tudo o que conscienciosamente pude para não ir — isto é só para vossa reverência —, parecendo-me que por enquanto se podia escusar minha ida; mas quem está em lugar de Deus entende mais o que convém[1].

Diz Sua Paternidade que eu me demore pouco ali, mas, por menos que seja, será todo o próximo mês, e praza a Deus seja bastante. Parece-me que, para esse seu negócio daí, não tem muita importância esta demora. É preciso vossa reverência guardar segredo sobre a minha ida, por causa de Pedro de la Banda, que logo nos matará com suas propostas, e o mais conveniente é não entrarmos em acordo. Se houver alguma novidade, pode vossa reverência escrever-me para Valladolid[2].

As cartas não chegaram, e o pai do estudante anda a buscá-lo. Não se aflija vossa reverência, que vou agora para perto de onde está o Padre Baltasar Alvarez. O Bispo desse lugar, segundo ouvi dizer, já está bom; alegrei-me com isto[3].

À Irmã Isabel de Jesús diga que muita pena tenho de seu mal. À Priora de Segóvia escrevi que faça saber ao Senhor André de Jimena que, se me quiser falar, venha depressa; não sei o que fará. Deu-me o Padre Vigário licença para tratarmos do acordo, e desejo que não deixe de vir; não haverá dúvidas sobre o contrato, pois, com o favor do Senhor, desejo muito servi-lo e dar-lhe contentamento[4].

A minha Isabel de Jesús não quisera achar fraca; desejo-lhe a saúde do corpo: com a da alma estou contente. Vossa reverência lho diga. O portador que esta leva está à espera, e assim não posso dizer mais senão que Deus a guarde, e que vossa reverência a todas me recomende.

É hoje dia de *Corpus Christi*.

De vossa reverência serva,

TERESA DE JESUS.

288. A MADRE MARÍA BAUTISTA, EM MADRI

Ávila, 21 de junho de 1579. Alegra-se com a esperança de ver brevemente seus amigos de Valladolid. Suplica-lhe que não a acolham ruidosamente. Até sua chegada não se trate do negócio de Casilda de Padilla.

Jesus esteja com vossa reverência. Por mais que me tenha apressado para despachar este homem, é tarde, por ser dia de Missa de preceito e também porque tive de deter-me um pouquinho com o Padre Nicolao que acaba de chegar, proporcionando-me grande contentamento.

Enviei a carta de vossa reverência a Nosso Padre Vigário, enumerando a Sua Paternidade as causas e comodidades que parece haver para que dê licença, e perguntando-lhe: como não receberam para aí Ana de Jesús? Esteja certa: sempre tenho medo quando vejo muito dinheiro; contudo certas coisas, que Vossa Reverência me diz dessa jovem, dão a pensar que foi trazida por Deus. Praza a Sua Majestade seja para seu serviço. Amém. Dê-lhe um grande recado de minha parte e diga-lhe que folgo de poder ir vê-la tão depressa. O mal da senhora D. María tem-me dado muita pena. Deus lhe conceda saúde, como Lhe suplico, pois, é certo, lhe quero ternamente; e melhor o vejo quando estou longe dela[1].

---

1. D. Luís Manrique: esmoler do Rei. *Carta:* dessa carta desconhecem-se a data e o destinatário. Escreve-se a data de 10 de junho porque o conteúdo é similar ao das duas anteriores. Quanto ao destinatário, poderia ser alguém de confiança, a quem importassem as coisas da Encarnação, como é o caso de sua prima Inés de Jesús.
2. Proprietário da casa ocupada pelas Carmelitas.
3. *Bispo:* D. Jerónimo Manrique, bispo de Salamanca.
4. *Priora de Segóvia:* Isabel de Santo Domingo. André de Jimena: irmão de Isabel de Jesús que muito ajudou a Santa na fundação de Segóvia.

1. *Ana de Jesús*, Valencia. *D. María* de Mendoza, irmã do Bispo D. Alvaro de Mendoza e fundadora do Convento de Valladolid.

Há de saber vossa reverência que no dia de Corpus Christi enviou-me Nosso Padre Vigário um mandamento para que eu vá a essa casa; e isto com tantas censuras, em caso de rebelião, que está bem cumprida a vontade do Senhor Bispo e o pedido que a este respeito fez a Sua Paternidade. Portanto, ao que me parece, partirei daqui um ou dois dias depois de São João².

Por caridade, remeta-me com antecedência a Medina uma carta que lhe enviará Nosso Padre Vigário, porque tenho necessidade de achá-lo quando chegar. Recomende às monjas de lá que não me façam essas recepções ruidosas, segundo costumam, e a vossa reverência peço o mesmo, pois, digo-lhe, e tenha-o por muito certo: que, em lugar de dar-me contentamento, me mortificam. Isto é verdade, porque fico interiormente arrasada vendo quão sem merecimento da minha parte o fazem; e quanto mais passa o tempo, mais o sinto. Veja bem: não façam de outro modo, se não me querem mortificar muito.

Sobre as outras consultas de sua carta nada digo, porque a verei, com o favor do Senhor, brevemente, pois em Medina não me deterei senão três ou quatro dias, havendo de passar por lá novamente em minha ida a Salamanca. Assim me ordena Nosso Padre Vigário e também que aí, em Valladolid, demore pouco.

À senhora D. María e ao senhor Bispo mande dizer isto que se passa. Razão têm eles para se alegrarem por estar o governo nas mãos de Nosso Padre Vigário, que naturalmente deseja servir a Suas Senhorias e passou por cima de todos os inconvenientes que havia; e não deixava de haver bastantes! vossa reverência também: consegue tudo quanto deseja. Deus lhe perdoe. Peça-Lhe que minha ida sirva para vossa reverência não ser tão apegada à sua vontade. Acho impossível, mas Deus tudo pode.

Sua Majestade a faça tão boa como Lhe suplico. Amém.

Ainda não dei seu recado às Irmãs.

No negócio de Casilda, nada se trate até que esteja eu presente; quando entendermos o que sua mãe intenta fazer, daremos conta de tudo a Sua Paternidade. Recomende-me a ela e a todas. Como as terças que ela tem são simples, não há de que se afligir.

É hoje domingo dentro da oitava do Santíssimo Sacramento.

Chegou este homem hoje às cinco da manhã; pouco antes das doze do mesmo dia o despachamos.

Indigna serva de vossa reverência,

TERESA DE JESUS.

289. A MARÍA DE S. JOSÉ, PRIORA DE SEVILHA

Ávila, 24 de junho de 1579. Nicolas Doria, bom elemento para a Reforma. Aconselha à Madre María que aceite o Priorado de Sevilha. Deseja ter notícias das duas Religiosas que tanto davam que fazer. Partida para Valladolid e Salamanca.

Jhs

A graça do Espírito Santo esteja com vossa reverência, filha minha. Não sei como se calam tanto, neste tempo em que eu a cada instante quisera saber como vão. Pois eu lhe digo que não me calo por aqui, no tocante a essa casa.

Saiba que está conosco o Padre Nicolao, que já é Prior de Pastrana; veio visitar-me, e muitíssimo me tenho consolado com ele, louvando a Nosso Senhor por ter dado tal elemento, de tanta virtude, à Nossa Ordem. Parece que Sua Majestade o tomou por instrumento para remédio dessa sua casa, tais são os trabalhos que lhe tem custado. Encomendem-no muito a Nosso Senhor, que bem lho devem.

---

2. *O pedido:* D. Alvaro pedira ao Padre Salazar a ida da Santa a Valladolid.

E vossa reverência, minha filha, deixe-se agora de perfeições bobas, não querendo tornar a ser Priora. Todos nós o estamos desejando e procurando: e vem agora vossa reverência com ninharias — pois não são outra coisa? Não é negócio de vossa reverência, e sim de toda a Ordem. Tanto convém para o serviço de Deus, que já quisera eu vê-lo realizado; e é para honra dessa casa e de Nosso Padre Gracián. E ainda que vossa reverência não tivesse qualidade alguma para este ofício, não convinha outra coisa; quanto mais que, em falta de homens bons, como dizem...

Se Deus nos fizer esta mercê, cale vossa reverência e obedeça; não diga uma palavra; olhe que, do contrário, ficarei muito zangada. Basta o que já fez para entendermos todos que não deseja o cargo; e, na verdade, para quem já o experimentou, não é preciso falar para dar a entender como é pesada cruz. Deus a ajudará, que por enquanto já passou a tempestade.

Muito desejo saber se essas duas monjas reconhecem sua falta, ou levantam alguma oposição, pois me fazem sofrer pelo que toca às suas almas; diga-me como estão procedendo. Por caridade, avise-me extensamente de tudo, enviando a Roque de Huerta as cartas, por meio do Arcebispo; ele mas remeterá para onde eu estiver. Daqui lhes escreverá a Irmã Isabel de S. Pablo dizendo o que se está passando, porque eu não tenho tempo.

À minha filha Blanca dê muitas recomendações; estou contentíssima com ela, e muito agradecida a seu pai e a sua mãe pelo muito que se empenharam em favor de vossa reverência. Agradeça-lhes de minha parte. Considero uma história tudo o que aconteceu nessa casa; fico espantada e com desejo de que me escrevam tudo com clareza e verdade. E digam-me muito particularmente como andam essas duas Irmãs, pois, como já disse, causam-me muita preocupação.

A todas dê muitas lembranças minhas. A Madre Vigária tenha por sua esta carta; à minha Gabriela muito me recomendo. Quanto à Irmã S. Francisco, ainda não consegui entender como se portou nesses negócios.

Já me estão chamando para o Padre Nicolao, e amanhã sigo para Valladolid, porque me enviou Nosso Padre Vigário Geral um mandamento de lá ir imediatamente, e depois a Salamanca. Em Valladolid havia pouca necessidade, mas cedeu ao pedido da senhora D. María e do Bispo. Em Salamanca, pelo contrário, há muita, por estarem naquela casa tão insalubre e passarem muito trabalho com quem a vendeu. A vida que lhes dá, as provações que inventa cada dia, e o que lhes faz passar tem sido muito, e ainda estão sofrendo até hoje. Supliquem a Nosso Senhor que se compre outra, boa e barata; e Sua Majestade a guarde para mim, filha minha, e me deixe vê-la antes de morrer.

É hoje 24 de junho.

Sigo amanhã. Tenho tanta ocupação, que não posso escrever a essas minhas filhas, nem estender-me mais. Façam-me saber se receberam uma carta minha.

Indigna serva de vossa reverência,

TERESA DE JESUS.

290. AO PADRE JERÓNIMO GRACIÁN, EM ALCALÁ

Valladolid, 7 de julho de 1579. Dá-lhe conta de sua chegada a Valladolid e de como encontrou em boas condições aquela casa. Não quer que vá Gracián a Roma. Elogio do Padre Nicolas Doria. Muito espera, para o bem da Reforma, da união deste Padre com Gracián. A casa para as Descalças de Salamanca. A filha do Licenciado Godoy. Visitas das senhoras de Valladolid.

Jhs

A graça do Espírito Santo esteja com Vossa Paternidade, meu Padre. Cheguei aqui a Valladolid há quatro dias, com saúde, glória a Deus, e sem nenhum cansaço, porque o tempo esteve muito fresco. É coisa que me espanta ver como estas monjas se alegraram comigo, assim como também estes senhores; não sei qual a razão. Todas se recomendam às orações de Vossa Paternidade, e a Priora daqui diz que não lhe escreve, porque é muito tagarela e não sabe falar a mudos. A minha María de S. José achei muito bem e contente, e todas igualmente com ela. Gostei de vê-la e de verificar como vão bem estas casas, considerando a pobreza com que principiaram. Seja o Senhor louvado para sempre![1]

Agora tomou aqui o hábito uma noviça boa e talentosa. Equivale a cerca de vinte mil ducados o que ela possui; mas pensamos que, em comparação do que poderia fazer, pouco ao convento deixará, porque está muito apegada a algumas irmãs suas. Contudo será razoável, e, unido ao que a Priora tem juntado, pouco faltará para ter renda suficiente, pois todos querem que a tenham[2].

Quanto a ir Pablo a Roma, é disparate; não há que falar nisso; nem tal nos passe pelo pensamento. Meu receio é que, se for eleito Provincial, seja obrigado a comparecer ao Capítulo Geral, pois do negócio do Concelho se incumbirá esse Padre, que tão resolvido está a ir, embora sem dizer para quê, nem como. No mais nem é preciso falar; vamos antes louvar ao Senhor por ter guiado os negócios de sorte que não seja necessária a ida de Vossa Paternidade. Não nos faltava agora outra coisa, senão inventar novo trabalho para remédio dos passados! Nem ainda esse pensamento quisera eu que o tivesse um instante Vossa Paternidade.

O Padre Nicolao esteve comigo em Ávila três ou quatro dias. Consolei-me muito, por ter já Vossa Paternidade uma pessoa com quem possa tratar das coisas da Ordem, que o possa ajudar, e a mim me satisfaça, pois tinha muita pena ao vê-lo tão só e destituído de auxílio nas coisas da Religião. Por certo, pareceu-me sensato, de bom conselho e servo de Deus, embora não tenha aquela graça e amenidade tão grande que o Senhor concedeu a Pablo, pois a poucos dá tanta coisa junta; mas indubitavelmente é homem de substância, muito humilde e penitente, fundado em verdade e capaz de granjear os ânimos. Saberá conhecer muito bem o valor de Pablo e está muito determinado a segui-lo em tudo, o que me deu grande contentamento, porque, para muitos casos, se Pablo se der bem com ele — como estou certa acontecerá, ainda que não seja senão para dar-me contentamento —, será de grande proveito estarem sempre de acordo, e para mim grandíssimo alívio. Com efeito, cada vez que penso quanto Vossa Paternidade tem passado, sofrendo dos que o haviam de ajudar, considero esta, de certo modo, uma das grandes provações que teve. Assim, pois, meu Padre, não se mostre esquivo, porque, ou estou muito enganada, ou ele há de ser de grande proveito para muitas coisas. Sobre muitas destas falamos e fizemos planos. Praza ao Senhor venha já tempo em que se possam pôr em execução, ficando em perfeita ordem este rebanho da Virgem, que tanto tem custado a Pablo.

Por ter Vossa Paternidade saúde, louvo a Nosso Senhor. Por caridade, peço-lhe: faça-me esta mercê, de estar o menos possível em Alcalá, enquanto fizer este calor. Não sei quanto demorarei aqui, porque estou cuidadosa com o negócio de Salamanca. Para meu contentamento acho-me bem — se é que posso com verdade dizer que tenho descontentamento em alguma parte —, mas procurarei, creio, o mais possível não ficar aqui além deste mês, para não surgir algum contratempo, como seria apresentar-se comprador para a casa que nos oferecem em Salamanca, a qual é ótima, embora cara; mas Deus proverá.

Até agora, para não lhe dar desgosto, não tenho querido comunicar a Vossa Paternidade como é impossível de sofrer a filha do Licenciado Godoy, que está em Alba. Tenho feito quanto está em minhas mãos, mas absolutamente não se pode tolerar, pois, como lhe falta o entendimento, não se rende à razão, e deve estar descontentíssima, porque solta grandes gritos. Diz que é dor no coração; não o creio[3].

---

1. D. Alvaro de Mendoza e sua irmã D. María.
2. *Noviça:* Isabel del Sacramento.
3. *Licenciado Godoy:* advogado de Valladolid, amigo da Santa. Sua filha, doente dos nervos, foi levada a um mosteiro de Bernardas (cf. carta 291).

Escrevi à Priora que me referisse alguma coisa das muitas que me tem dito dela, com o fim de mostrar a carta ao Licenciado. Escreveu-me o que aí vai, mas depois achei melhor não lha mostrar, dando-lhe a entender em geral que não convém para cá. Tenho muita pena, por ser tanto o que a ele devemos, mas em nenhum convento será possível sofrê-la.

Breve passarei por lá e examinarei o caso. Creio, porém, que será de pouco proveito; e, pelas coisas que dela me contaram — muito próprias de quem não tem razão —, vejo que onde melhor estará deve ser na companhia do pai, pelo temor que lhe tem. Ainda não o vi; mas escreveu-me para Ávila, pedindo que ela continue ali até lhe dar outro destino; assim faremos. Sempre tive receio de tomá-la, pelo muito que o pai sentiria se houvesse de sair. Já se fez o possível. Praza a Deus assim o compreenda ele.

Ao Padre Frei Bartolomé muitas recomendações. Não pouco me alegrei com sua carta; mas não se canse em fazer-me essa caridade, pois cansada estou agora para escrever, com tantas senhoras que vêm aqui, e por isso não o faço. Ontem estive com a Condessa de Osorno. O Bispo de Palência está aqui. Deve-lhe muito Vossa Paternidade, e aliás todos nós[4].

Ao Padre Reitor me recomendo. A Vossa Paternidade guarde e conserve o Senhor com a santidade que lhe suplico.

É hoje 7 de julho.

De Vossa Paternidade verdadeira filha,

TERESA DE JESUS.

291. AO PE. JERÓNIMO GRACIÁN, EM ALCALÁ

Valladolid, 18 de julho de 1579. Entendimento com o Licenciado Godoy. Sua filha poderá passar às Bernardas. O Abade de Valladolid amigo da Santa. María de S. José está "uma santinha". Quer ao Pe. Gracián muito sincero em tudo.

Jhs

A graça do Espírito Santo esteja com Vossa Paternidade, meu Padre. Depois que escrevi a Vossa Paternidade, veio cá o Licenciado Godoy, que me pareceu muito boa pessoa. Tratamos do negócio de sua filha, muito largamente. Foi Deus servido de que a aceitem num mosteiro de Bernardas, em Valderas, creio; e chegamos a este acordo: na minha estadia em Alba poderia me informar de tudo, e, se ainda me parecer que não é para ficar, ele a conduzirá a esse outro mosteiro[1].

Fiquei muito contente, pois estava penalizada e, segundo as informações, acho melhor que saia; e é até indispensável para que, pela demora, não se venha a perder esta boa ocasião que se apresenta. Recebeu tudo de modo muito cristão. Logo no outro dia, foi acometido de fortes terças, e, embora sejam simples, está acabrunhado. Recomende-o Vossa Paternidade a Deus.

Saiba que o Abade daqui é muito amigo do Senhor Bispo de Palência; tive ocasião de falar-lhe, e está muito bem comigo, e já foi nomeado outro Provisor. Se Deus nos der os meios, temos por certa a licença de San Alejo. A Priora anda doente; veio cá, e está muito firme. Chegou às portas da morte e nomeou o Licenciado Godoy por testamenteiro, deixando firmes os negócios tratados conosco. Faça-o Sua Majestade como pode, que muito o desejo[2].

---

4. *Frei Bartolomé* de Jesús, secretário do P. Gracián. *Condessa de Osorno:* D. María de Velasco y Aragón. *Bispo de Palência:* D. Alvaro de Mendoza.

1. *Valderas:* nessa localidade nunca houve convento de Bernardas. É provável que a Santa se refira ao que estas religiosas têm em Benavente.

2. *San Alejo:* era uma ermida dedicada a San Alejo, na qual determinara fundar convento de Descalços a senhora que a administrava, à qual, por deferência, dá Santa Teresa, neste e em outros lugares, o nome de Priora, embora se trate de uma leiga. *Abade:* D. Alonso de Mendoza, abade de Valladolid.

A minha Irmã María de S. José está boa, e bem-querida por todas; é uma santinha. Casilda também o é. Todas se recomendam muito às orações de vossa reverência; e a Madre Priora muitíssimo. Ando razoável de saúde e sinto-me bem aqui. Farei tudo o que puder para partir breve, pois ando cuidadosa com o negócio de Salamanca; todavia ainda me deterei aqui este mês.

Quero contar-lhe uma tentação que me deu ontem, e ainda me está durando, acerca de Eliseu, parecendo-me que se descuida alguma vez em não dizer em tudo a inteira verdade. Bem vejo que serão coisas de pouca importância, mas quisera vê-lo andar com muito cuidado neste ponto. Por caridade, peça-lhe isto muito Vossa Paternidade, de minha parte, porque não entendo como haverá inteira perfeição onde há tal descuido. Veja em que me intrometo! Como se não tivesse mais que fazer!

Tenha Vossa Paternidade cuidado de encomendar-me a Deus, que preciso muito, e fique-se Vossa Paternidade com Ele, pois escrevi outras cartas e estou cansada.

É hoje 18 de julho.

Indigna serva de Vossa Paternidade,

TERESA DE JESUS.

Ao Padre Reitor e ao Padre Frei Bartolomé minhas saudações; e Vossa Paternidade, por amor de Deus, me escreva como está passando com esses calores.

292. A MADRE MARÍA DE S. JOSÉ, PRIORA DE SEVILHA

Valladolid, 22 de julho de 1579. María de S. José restituída a seu cargo de Priora. Aconselha-lhe que se entenda com o Padre Doria, que "é muito prudente e a conhece". Tratem as Irmãs sobre suas almas com os Descalços. Fala acerca de algumas postulantes de Sevilha e de outros assuntos daquela casa. Os conventos de Descalças estão "que é para louvar a Deus".

Jhs

A graça do Espírito Santo esteja com vossa reverência, filha minha. E com quanta razão lhe posso chamar assim! Porque, embora já lhe quisesse muito, agora é tanto mais, que me espanta, e assim me vêm desejos de vê-la e abraçá-la muitas vezes. Seja Deus louvado, do qual procede todo o bem, por haver tirado a vossa reverência, com vitória, de batalha tão renhida. Não o atribuo à sua virtude pessoal, senão às muitas orações que se fizeram aqui nestas casas por sua intenção. Praza a Sua Majestade sejamos capazes de dar-lhe graças pela mercê que nos concedeu.

Enviou-me o Padre Provincial a carta das Irmãs, e o Padre Nicolao a de vossa reverência, pela qual vi que já tomou de novo posse de seu ofício. Deu-me grandíssimo consolo, porque tudo o mais era um não acabar de se aquietarem as almas. Vossa reverência tenha paciência; pois lhe deu o Senhor tanto desejo de padecer, alegre-se de ter em que cumpri-lo, pois, bem entendo, não é pequeno trabalho. Se andássemos a escolher os que queremos, deixando os outros, não seria imitar a nosso Esposo, que, apesar de tanto sentir sua Paixão, na oração do Horto, seu remate era: *Fiat voluntas tua*. Esta vontade precisamos cumprir sempre, e faça Ele o que quiser de nós[1].

Ao Padre Nicolao pedi que dê a vossa reverência os avisos convenientes a seu ver, porque é muito prudente e a conhece; e assim remeto-me ao que lhe escrever Sua Reverência. Só lhe peço eu que procure tratar o menos possível com outros, fora de nossos Descalços; refiro-me a tratarem de suas almas — tanto essas monjas como vossa reverência. Não se importem se alguma vez lhes faltarem; e se não puderem comungar tão frequentemente, não se aflijam: o mais importante é não nos vermos em outra situação como a passada. Acerca dos Frades, se a comunidade ou algumas Irmãs quiserem variar algumas vezes, não se oponha. Tenho tão pouco tempo que até pensei não poder escrever-lhe.

---

1. *Provincial*: Fr. Angel de Salazar, que em sua santa visita a Sevilha reinstalou María de San José no cargo de priora.

Recomende-me muitíssimo a todas e agradeça-lhes de minha parte a boa eleição que fizeram. Por terem acertado a dar-me contentamento, também lhes agradeço. A Virgem por mim lhes pague e lhes dê sua bênção e as faça santas.

Creio que não poderão escusar-se de tomar a filha mais velha de Enrique Freile, porque lhe devemos muito. Agirá nisto conforme o que lhe disser o Padre Nicolao, a quem entrego a decisão. A mais nova de nenhum modo convém por enquanto, quer pela idade, quer por não ser bom em mosteiro algum estarem juntas três irmãs, quanto mais nos nossos, onde somos tão poucas. Veja se o vai entretendo, dando-lhe a entender que é pela idade; não o desconsole[2].

Quando puder ir pagando a meu irmão, saiba que tem necessidade, porque lhe ocorreram muitos gastos juntos; bem vê que é justo. Oh! quanto sentiu ele esses seus trabalhos! Deus lhes dê o descanso que mais lhes convier, para ele assim ficar contente. Escreva-me longamente acerca de tudo, especialmente dessas duas pobrezinhas, que me trazem com muito cuidado. Mostre-lhes amizade e, pelos meios que lhe parecer, veja se as faz cair em si. Partirei daqui um dia depois de Sant'Ana, se Deus quiser. Ficarei de assento em Salamanca durante algum tempo. Pode endereçar suas cartas a Roque de Huerta. Todas estas Irmãs se recomendam muito a vossa reverência e a todas. Lembre-se de quanto lhes são devedoras.

Estes mosteiros estão que é para louvar ao Senhor, em tudo. Encomendem a Sua Majestade o de Malagón e o negócio que me leva a Salamanca; e lembrem-se de todos que nos têm feito bem, em especial nestes últimos tempos.

É hoje dia da Madalena.

As ocupações daqui são tantas que ainda nem sei como escrevi esta, embora aos poucos; e por esta causa não escrevo ao Padre Frei Gregorio, como tencionava. Mande-lhe um grande recado por mim, dizendo-lhe que estou contente por lhe ter cabido tão boa parte dessa guerra, pois assim lhe caberá dos despojos. Diga-me como está nosso bom Padre o Prior das Covas, para que eu veja como lhe hei de escrever nestes negócios.

De vossa reverência serva,

TERESA DE JESUS.

293. A D. TEUTONIO DE BRAGANÇA, ARCEBISPO DE ÉVORA

Valladolid, 22 de julho de 1579. Remete-lhe, para serem impressos, o *Caminho de Perfeição* e a *Vida de Santo Alberto*. Sente não achar em Salamanca a D. Teutonio. Recomenda-lhe encarecidamente evitar, quanto estiver em suas mãos, a guerra que se anunciava entre Portugal e Espanha. Prefere morrer a vê-la. Direitos do Rei Prudente ao trono lusitano.

Jhs

A graça do Espírito Santo esteja com Vossa Ilustríssima Senhoria. Amém. Na semana passada escrevi largamente a vossa senhoria remetendo-lhe o livrinho, e assim não me estenderei nesta carta. Só escrevo por me ter esquecido de suplicar a vossa senhoria que a *Vida* de nosso Pai Santo Alberto, que vai num caderninho, a mande vossa senhoria imprimir juntamente com o mesmo livro, porque só existe em latim, e será de grande consolo para todas nós. Traduziu-a, por amor de mim, um Padre da Ordem de S. Domingos, dos bons letrados que há por aqui e grande servo de Deus. Não pensou que fosse para imprimir, por isso não pediu licença a seu Provincial, nem a tem; mas, ordenando-o vossa senhoria e sendo a seu gosto, penso que não haverá dúvida[1].

---

2. *Enrique Freile* e sua mulher, D. Leonor Valera, portugueses, deram três filhas ao Carmelo. A terceira entrou depois da partida da segunda para a fundação em Portugal.

1. *Livrinho: O Caminho de Perfeição*, que D. Teutonio queria imprimir, e de fato se imprimiu, em Évora, no ano de 1583. Um padre: Diego de Yanguas.

Na carta de que lhe falei, dou conta a vossa senhoria de como vão bem nossos negócios, e de como me mandaram ir daqui a Salamanca, onde penso estar algum tempo. De lá escreverei a vossa senhoria.

Por amor de Nosso Senhor, não deixe vossa senhoria de fazer-me saber de sua saúde, sequer para remédio da saudade que me há de dar quando lá não achar a vossa senhoria. Faça-me saber vossa senhoria se há por aí alguma notícia de paz, que ando muito aflita com o que por aqui ouço, como escrevi a vossa senhoria. De fato, se, por meus pecados, este negócio terminar em guerra, temo grandíssimo mal para esse reino, e a este nosso não pode deixar de vir grande prejuízo[2].

Dizem-me que é o Duque de Bragança quem a sustenta, e por se tratar de parente de vossa senhoria dói-me a alma, ainda deixando de lado as outras muitas causas que há, fora desta. Por amor de Nosso Senhor, pois certamente vossa senhoria terá neste caso muita autoridade sobre Sua Senhoria, procure um acordo, pois, segundo me dizem, faz nosso Rei tudo quanto pode neste sentido, e isto justifica muito a sua causa. Ponham diante dos olhos os grandes males que podem vir, como já disse; e saia vossa senhoria em defesa da honra de Deus, como creio o fará, sem ter respeito a outras considerações[3].

Praza a Sua Majestade tomar em suas mãos esta causa, como todas nós Lhe suplicamos, pois, asseguro a vossa senhoria, tão ternamente o sinto que, se há de permitir Deus que chegue a tanto mal, desejo a morte para não o ver.

Por aqui dizem todos que a justiça está do lado de nosso Rei, e que ele tem feito todas as diligências possíveis para averiguá-lo. O Senhor dê luz para que se entenda a verdade, sem tantas mortes como há de haver se tomarem armas; e, em tempos em que há poucos cristãos, acabarem-se uns aos outros, é grande desventura.

Todas estas Irmãs, servas de vossa senhoria e suas conhecidas, estão boas, e, a meu parecer, sempre mais aproveitadas em suas almas. Todas têm cuidado de recomendar a Deus vossa senhoria. Eu, embora ruim, continuamente o faço.

É hoje dia da Magdalena.

Desta casa da Concepción del Carmen de Valladolid.

Indigna serva e súdita de Vossa Ilustríssima Senhoria,

TERESA DE JESUS.

294. A ROQUE DE HUERTA, EM MADRI

Valladolid, 23 de julho de 1579. Instruções acerca de algumas cartas que lhe remete.

Jesus esteja com vossa mercê. A carta de vossa mercê recebi, e deu-me muito contentamento ver a caridade com que nela me trata. As que vão por este mensageiro são dirigidas a meu irmão; se este não estiver aí, recomendai-lhe que as entregasse a vossa mercê. Se assim for, suplico-lhe que abra vossa mercê o pacote a ele endereçado e tire um envelope que vai para Nosso Padre o Mestre Gracián; informe-se de onde está, se em Toledo ou em Alcalá (penso que estará em Alcalá), e onde estiver mande vossa mercê levar-lho por esse homem, pois é negócio importante e o principal motivo de sua ida.

Por amor de Deus, use vossa mercê de diligência para encaminhar essa carta, porque, repito, importa muito, e ele não pode deixar de estar em Toledo ou em Alcalá.

---

2. *Guerra:* morrendo sem sucessão D. Enrique, rei de Portugal, havia diversos pretendentes ao trono, entre os quais o Duque de Bragança, sobrinho de D. Teutonio e Filipe II de Espanha.

3. *Duque de Bragança:* D. Juan de Bragança, sobrinho de D. Teutonio.

Porque não lhe escrevo para outro fim, só acrescento que esteja Deus com vossa mercê e o guarde.

Foi ontem dia da Magdalena.

Indigna serva de vossa mercê,

TERESA DE JESUS.

295. AO PADRE JERÓNIMO GRACIÁN, EM ALCALÁ

Valladolid, 25 de julho de 1579. A saúde do Padre Gracián. Enfim pode falar. María de S. José está que é um anjo.

Jhs

A graça do Espírito Santo esteja com Vossa Paternidade. Tem sido tanta a ocupação depois que veio o mensageiro que leva esta carta, que nem pensei poder escrever-lhe estas linhas, para não deixar as obrigações forçosas.

Disse-me a senhora D. Juana que anda Vossa Paternidade mal de saúde, com urticária, e que o queriam sangrar; mas este Irmão assegurou-me que está muito bem-disposto e gordo, e com isto passou-me a pena. Deve ter sido em consequência do calor. Assustei-me. Por caridade, procure Vossa Paternidade estar o menos que puder em Alcalá. Quanto a mim, vou indo razoavelmente. Quinta-feira que vem, parto daqui para Salamanca.

Estou muito contente de ver como encaminha Nosso Senhor os negócios. Seja Ele para sempre louvado, e quanto antes seja servido de que tenha Vossa Paternidade liberdade para falar, sequer para algum alívio de tantos trabalhos.

Duas vezes escrevi a Vossa Paternidade. Nossa Irmã María de S. José está boa, é um anjo. Muito bem vai tudo aqui; e, com esta noviça que entrou, certamente não lhes faltará renda. É também um anjo, e está muito contente. Assim esteja Nosso Senhor com Vossa Paternidade, que minha cabeça está cansada[1].

Asseguro-lhe que me rio quando vejo que Vossa Paternidade ganhou descanso por penitência, e nos deixou aqui às voltas com o final da batalha. Praza a Deus vejamos já a vitória; e dê a Vossa Paternidade saúde, que é o mais importante.

A Madre Priora se recomenda muito. Diz que não lhe escreverá enquanto Vossa Paternidade não lhe responder. Tem mais juízo do que eu.

É hoje dia de S. Tiago.

De Vossa Paternidade serva e verdadeira filha,

TERESA DE JESUS.

296. A ROQUE DE HUERTA, EM MADRI

Valladolid, 26 de julho de 1579. O Rei e os conselheiros do Núncio favoráveis à Província descalça. D. María de Montoya. Os Descalços chegam a Roma com felicidade. Gosta de que Roque de Huerta lhe dê frequentemente notícias dos negócios.

Jhs

A graça do Espírito Santo esteja com vossa mercê para sempre. Amém. Recebi sua carta, e causou-me muito consolo pelas boas novas que nela me dá vossa mercê da boa resposta de Sua Majestade. Deus no-lo guarde muitos anos, e a todos esses senhores que o assistem[1].

---

1. *Noviça que entrou:* deve estar se referindo a Isabel del Sacramento, Salazar.
1. *Senhores que o assistem:* refere-se aos que firmaram a petição de província para os descalços. Foram os dominicanos Pedro Fernández e Hernando del Castillo, o agostiniano Lorenzo de Villavicencio e o esmoler do rei, Luis Manrique.

Saiba vossa mercê que, ao chegar sua carta em que me dizia estar aqui a senhora D. María de Montoya, já tinha partido para essa corte. Pesou-me extremamente não o ter sabido antes, pois muito a quisera ver[2].

Avise-me vossa mercê em que parou o negócio da fiança; ando preocupada. Praza a Nosso Senhor suceda tão bem como vossa mercê deseja.

Consolei-me com o portador, por saber dos nossos viajantes, sobre os quais eu estava com muito cuidado. Bendito seja Deus que os guardou de tantos perigos, e os fez chegar a porto seguro[3].

Saiba vossa mercê que, embora o Padre Frei Nicolao me dê conta dos negócios, também me alegro de que faça vossa mercê o mesmo; pois não cansa o que tanto contentamento dá, ainda quando ouvido muitas vezes. Sirva-se Nosso Senhor de que vejamos breve o fim desejado, e dê a vossa mercê sua santa graça.

É 26 de julho.

De vossa mercê serva,

TERESA DE JESUS.

297. A D. LORENZO DE CEPEDA, EM ÁVILA

Valladolid, 27 de julho de 1579. Cumpre levar em conta o gênio de cada um. As veleidades de seu sobrinho Francisco de Cepeda. Vão bem encaminhados os negócios de Roma. O chapéu cardinalício do Arcebispo de Toledo. Lembranças a Francisco de Salcedo e outras pessoas.

Jhs

A graça do Espírito Santo esteja com vossa mercê. Verdadeiramente cansou-me a visita desse nosso parente. Assim se há de passar a vida, nós que havíamos de estar tão apartados do mundo, como era razão, temos tantos deveres de civilidade para com ele, que — não se admire vossa mercê —, tendo estado aqui tantos dias, não pude falar às Irmãs, isto é, particularmente, por falta de tempo, embora algumas o desejassem muito, e parto, se Deus quiser, quinta-feira que vem, sem falta. Deixarei um escrito para vossa mercê, embora breve, para que lho entregue o homem que costuma levar-lhe o dinheiro; e também lhe entregará três mil reais, que dizem já estarem cobrados — com o que me alegrei não pouco —, e um cálice muito bom. Não é preciso melhor que este; pesa doze ducados e um real, creio, e pagou quarenta de feitio, o que vem a ser dezesseis ducados, menos três reais. É todo de prata. Penso que há de contentar a vossa mercê.

Da qualidade desse metal de que vossa mercê me falou, mostraram-me um aqui; e, apesar de não ter muitos anos e ser dourado, já dá sinal do que é, e está tão preto por dentro do pé, que faz asco. Logo me determinei a não comprar deste, e parecendo-me que usar vossa mercê à mesa baixela de prata e buscar para Deus outro metal, não é coisa que se sofra. Não pensei achá-lo tão barato e de tão bom tamanho; mas esta ladina da Priora o conseguiu com um amigo que tem, por ser para esta casa. Recomenda-se ela muito a vossa mercê, e, como escrevo eu, não o faz. É para louvar a Deus como traz esta casa, e o talento que tem.

Estou com a mesma saúde que tinha lá, e até um pouco melhor. Acerca dos presentes, o melhor é fazer que não se vê. Mais vale que lhe dê para isso a melancolia — pois deve ser da doença — que para outra coisa pior. Gostei de saber que Ávila não morreu. Enfim, como é bem-intencionado, fez-lhe Deus mercê de que o mal justamente o atacasse onde pôde ser tão bem tratado[1].

De estar vossa mercê desgostoso, não me espanto; o que me espanta é que, tendo tanto desejo de servir a Deus, ache tão pesada essa cruz tão leve. Logo dirá que, para maior serviço de Deus,

---

2. *María de Montoya:* Mãe do Cônego Montoya, defensor da Descalcez em Roma.
3. *Nossos viajantes:* Juan de Jesús, Roca e Diego de la Trinidad.
1. *Avila:* Tomás de Avila, amigo de seu irmão D. Lorenzo de Cepeda.

não quisera isso. Ó irmão; como não nos entendemos! A verdade é que em tudo entra um pouco de amor-próprio.

Das inconstâncias de Francisco não se assuste: são exigências da idade; e, ainda que assim não fosse, não pense que hão de ser todos tão corretos em tudo como vossa mercê. Louvemos a Deus, que ele não tem outros vícios.

Passarei em Medina três ou quatro dias quando muito; em Alba nem oito; dois de viagem de Medina a Alba, e logo irei a Salamanca.

Por essa carta de Sevilha verá como restituíram a Priora a seu ofício, o que muito me alegrou. Se quiser escrever-lhe, envie-me a carta a Salamanca. A ela já recomendei que trate de ir pagando a vossa mercê, pois está necessitado; eu o tomarei à minha conta.

Já está em Roma Frei Juan de Jesus. Os negócios de cá vão bem; breve estarão concluídos. Chegou Montoya, o Cônego encarregado de nossos negócios; veio trazer o chapéu cardinalício ao Arcebispo de Toledo, mas não nos fará falta em Roma[2].

Visite vossa mercê em meu nome o Senhor Francisco de Salcedo, por caridade, e diga-lhe como estou. Fiquei muito alegre por sabê-lo melhor, de maneira a poder já dizer Missa. Praza a Deus esteja inteiramente bom, que estas Irmãs aqui o recomendam ao Senhor. Sua Majestade seja com vossa mercê.

Com María de S. Jerónimo, se estiver disposta, pode falar qualquer coisa. Algumas vezes desejo ter aqui Teresa, especialmente quando andamos pela cerca. Deus a faça santa, e a vossa mercê também. Dê a Pedro de Ahumada minhas lembranças[3].

Foi ontem dia de Sant'Ana.

Lembrei-me aqui de como vossa mercê é seu devoto e tenciona edificar-lhe, ou já lhe edificou uma igreja; e com isto me alegrei.

De vossa mercê serva,

TERESA DE JESUS.

298. AO PADRE JERÓNIMO GRACIÁN, EM ALCALÁ

Salamanca, 4 de outubro de 1579. Deseja cartas mais frequentes do Pe. Gracián. Censura-o por cuidar tão pouco de si que está fraco de cabeça pelo muito trabalhar. Dificuldades da nova casa para as Descalças de Salamanca. Repreende com energia a pretensão da Priora de Sevilha, de passar a outra casa. "É mais sagaz do que pede seu estado".

Jhs

A graça do Espírito Santo esteja com Vossa Paternidade. Ainda não acabou Angela de sossegar-se inteiramente da suspeita que tinha. Não é maravilha, pois como não tem alívio em outra coisa nem sua vontade lho permite, e, ao que diz, tendo muitos trabalhos e a natureza fraca, sente-se aflita quando se vê mal correspondida. Diga Vossa Paternidade por favor, a esse cavalheiro, que, embora de sua natureza seja descuidado, não se mostre assim com ela, porque o amor, onde existe, não pode dormir tanto[1].

Passando a outro assunto: deu-me pena a fraqueza de cabeça de Vossa Paternidade. Por amor de Deus, modere o trabalho, pois se não acudir com tempo verá depois o resultado, quando não o possa remediar embora queira. Saiba ser senhor de si para ir-se à mão, e escarmente em cabeça alheia, pois se trata do serviço de Deus, e Vossa Paternidade vê como precisamos todos de sua saúde. Muito louvo a Sua Majestade pelos bons termos em que estão os negócios: mediante a divina misericórdia já os podemos dar por acabados, e com tanta autoridade que bem se mostra

---

2. *Arcebispo de Toledo:* D. Gaspar de Quiroga.
3. *Cerca:* terreno, chácara das casas religiosas.
1. *Angela:* Sta. Teresa. *Esse cavalheiro:* P. Jerónimo Gracián.

ser Deus quem os encaminhou assim. Deixado o principal, alegro-me por ver Vossa Paternidade o fruto de seus trabalhos — pois eu lhe digo que bem o comprou à custa deles —, mas, depois de tudo sossegado, grande contentamento será, e grande lucro para os que hão de vir depois de nós.

Ó meu Padre, e quanta lida me custa a compra desta casa! Quando estava tudo acabado, meteu-se o demônio, de maneira que ficamos sem ela; entretanto era a que mais nos convinha em Salamanca, e o vendedor fazia muito bom negócio. Não há que fiar destes filhos de Adão, pois, apesar de no-la ter oferecido e de ser cavaleiro dos mais amigos da verdade, segundo aqui dizem, cuja palavra — como apregoam a uma voz — equivale a uma escritura, tendo dado não só palavra, senão assinatura perante testemunhas e letrado trazido por ele mesmo, afinal deu em nada o contrato. Todos estão espantados, exceto alguns cavaleiros os quais, por proveitos próprios ou de seus parentes, o induziram a isso e puderam mais do que todos os outros que o querem fazer chegar à razão, inclusive um irmão seu, que com grande caridade tratou conosco, e está muito contrariado. O negócio foi recomendado a Nosso Senhor, portanto deve ser isto o que mais convém. O que me preocupa é não achar coisa que preste em Salamanca.

Por certo: tivessem estas Irmãs a casa que têm as de Sevilha, cuidariam estar num céu. Muito contrariada ando com o desatino daquela Priora[2], e muito perdeu comigo de seu crédito. Temo que o demônio tenha começado sua obra por aquela casa e a queira destruir de todo. Digo a Vossa Paternidade que me contentou a carta dessa senhora, que vossa reverência me enviou por via da senhora D. Juana. Se contentar também a Vossa Paternidade, pois me disseram ser pessoa de muito valor, tenho vontade de cumprirmos seu desejo, recebendo-a ali, quando Deus quiser que haja quem a receba, pois vejo naquela casa umas criancices que não posso sofrer, e aquela Priora é mais sagaz do que pede seu estado. E assim tenho medo, não[3]... como a ela dizia quando lá estive, nunca usou comigo de franqueza. Muito tem... Creia que muito passei ali por essa causa. Como muitas vezes me escreveu com grande arrependimento, pensei que estava emendada, uma vez que o reconhecia. Pôr na cabeça das pobres monjas que é tão má a casa é o bastante para que a imaginação as faça cair enfermas. Tenho-lhe escrito cartas terríveis, e não é mais que malhar em ferro frio. Veja-o Vossa Paternidade por essa carta recebida há pouco, do Padre Nicolao.

Por amor de Deus, se Vossa Paternidade pensa conseguir mais dela, faça que algum Irmão lhe escreva. Creio conveniente levarmos para ali algumas monjas de mais peso, que deem a devida importância a negócios tão graves. Faça Vossa Paternidade o Padre Nicolao escrever ao Padre Prior, e sem demora, para que não consinta falar a Priora tais coisas, pois deve ser bem culpada; e creio, e mesmo tenho certeza, é falso dizerem que é doentia aquela casa. Mais o será onde houver água de poço, como elas dizem, e ficarão privadas das vistas que tem essa, que são de grandíssima recreação para os olhos, além de ser o que há de melhor no lugar, causando bastante inveja às de cá. Deus nos dê remédio[4].

Um recado de Vossa Paternidade deu-me o Padre Nicolao; mas desejaria eu que não se esquecesse de recomendar-me a Nosso Senhor, pois tantas podem ser suas ocupações, que nem se recorde. Razoável estou de saúde. A Priora e estas Irmãs muito se recomendam a Vossa Paternidade. Deus o guarde, e a mim permita vê-lo, que já vai para mais de três horas da madrugada.

É hoje dia de S. Francisco.

Indigna serva de Vossa Paternidade,

TERESA DE JESUS.

---

2. María de S. José, que estava pertinaz em rejeitar uma casa muito conveniente aos olhos da Santa.
3. Neste lugar e um pouco mais abaixo há palavras indecifráveis no original. Continua a referir-se a María de S. José.
4. *Prior:* Gaspar de los Reyes, prior dos Remédios de Sevilha.

299. A D. ISABEL OSÓRIO, EM MADRI

Toledo, 19 de novembro de 1579. Aconselha a esta jovem demorar sua entrada entre as Descalças até a fundação de Madri, onde convém que tome o hábito. Sua irmã Encarnación, carmelita em Toledo, "é um anjo".

Jhs

A graça do Espírito Santo esteja com vossa mercê. Não pensei poder escrever a vossa mercê, e assim, já que a Madre Priora o fez, direi apenas que o Padre Nicolao está muito empenhado em que vossa mercê não entre em outro algum mosteiro senão no que se há de fundar em Madri, com o favor do Senhor; e, esperamos em Sua Majestade, será breve. Se vossa mercê tiver paciência para esperar o menos, como esperou o mais, é preciso não dar a entender a pessoa alguma a sua determinação, nem o projeto que há de se fundar aí, porque assim importa muitíssimo.

No mosteiro de Salamanca já está vossa mercê admitida pelas monjas. Digo-lhe isto porque, no caso de haver dúvida no outro, aqui tem vossa mercê um lugar certo; contudo, por algumas causas, ao Padre Nicolao parece convir mais para o serviço de Nosso Senhor que vossa mercê ajude a nova fundação. E, pois todos nós não pretendemos outra coisa, brevemente virá de Sevilha o Padre Nicolao, e, enquanto isso, terá vossa mercê escolhido o que lhe der mais contentamento. Sua Majestade o encaminhe de modo que vossa mercê fique satisfeita, e empregue essa sua alma no que for para maior glória e honra do Senhor. Amém.

Muito me consolei por ver a grande alegria de Encarnación, Irmã nossa e de vossa mercê. Seja vossa mercê tão boa com ela, e ficaremos contentes; asseguro-lhe que é um anjo. Muito gostou de estar comigo[1].

É hoje 19 de novembro.

Indigna serva de vossa mercê,

TERESA DE JESUS.

300. AO PE. JERÓNIMO GRACIÁN, EM ALCALÁ

Toledo, novembro de 1579. Repreende a pouca franqueza de uma Priora.

Estou amofinada por ver como essas tais pretendem maiorias. Por essa sua Priora é que lhe digo isto. Acho que não pesa o que faz. Em todo caso, se tem boa intenção, dissimule algum tanto e não a intimide.

301. A ROQUE DE HUERTA, EM MADRI

Toledo, novembro de 1579. Sente não se haver despedido dele e encomenda-se às suas orações. Assuntos delicados de Medina.

Jhs

O Espírito Santo acompanhe a vossa mercê, pagando-lhe a caridade que hoje me fez. Pensei poder falar-lhe; não para murmurar, pois não há razão para tal, senão para consolar-me. Veja, não me esqueça vossa mercê em suas orações, que mais obrigada me deixa agora a retribuir-lhe com a pobreza das minhas.

Essas cartas peço a vossa mercê levar com muito cuidado e entregá-las ao Padre Lárez, que algumas delas tratam de um negócio muito importante.

Vá o Senhor na companhia de vossa mercê. A Nosso Padre Provincial diga que umas cartas que envio aí para Medina, suplico a Sua Mercê não as remeta senão por pessoa muito certa, porque

---

1. *Encarnación:* D. Isabel de Osório tinha uma irmã que era monja no mosteiro de Toledo, chamada Inés de la Encarnación.

tratam dos negócios de que falei no outro dia a Sua Mercê, e poderia sobrevir-nos grande desassossego, e muitos inconvenientes para o serviço de Deus. Se não puder ser, devolva-mas vossa mercê, e se forem, entregue-as ao Padre Ordóñez, que as mande levar logo[1].

De vossa mercê serva,

TERESA DE JESUS.

302. A D. ISABEL DE OSÓRIO, EM MADRI

Malagón, 3 de dezembro de 1579. Insiste no desejo manifestado na carta anterior a respeito de sua entrada na Reforma. Qual a razão de não ter fundado há mais tempo em Madri. Um recado ao Pe. Valentín, Jesuíta.

Jhs

A graça do Espírito Santo esteja com vossa mercê e a faça tão santa como diariamente Lhe suplico. Pelo Padre da Roda recebi duas cartas de vossa mercê; uma, creio, quando estava em Toledo.

Louvo a Nosso Senhor ao ver o desejo que vossa mercê tem de deixar o mundo: tanto desengano não pode vir senão do Alto e, assim, espero em sua divina Misericórdia, há de servi-lo vossa mercê muito deveras, correspondendo a tão bons desejos com obras de verdadeira filha da Virgem, Senhora e Patrona nossa; e, por certo, não quisera eu impedir nem um dia chamamento tão forte. Minha intenção, no seu caso, quero declarar a vossa mercê com toda franqueza, pois já é irmã nossa e senhora minha.

Saiba vossa mercê que, há vários anos, muitas pessoas me têm importunado para que façamos mosteiros nessa corte. Eu, pelo grande cansaço que me causou — nos oito dias que aí passei uma vez, de caminho para o mosteiro de Pastrana — o ter de falar a tantas senhoras, sempre o tenho recusado. Agora, como tivemos tantos trabalhos e vejo que se apresentam negócios nestes outros mosteiros para os quais conviria termos casa aí, estou resolvida a fundá-la. Há, porém, uma grande dificuldade: certificam-me de que o Arcebispo não dará licença se não se fundar com renda; e, conquanto haja aí algumas pretendentes que a poderiam dar, e boa, e há anos o estão desejando, não estão livres para dar o dote antes da entrada. Como vossa mercê pode ajudar muito neste ponto, pareceu-nos, ao Padre Nicolao e a mim, ser conveniente que vossa mercê demore mais algum tempo, o qual, espero, não irá além do que vossa mercê deseja, com o favor do Senhor[1].

Vossa Mercê Lho recomende, e se lhe parecer outra coisa, está muito bem, avise-me vossa mercê e será recebida quando determinar. Somente haverá perigo de não se poder fundar em Madri, e se vossa mercê for instrumento para que tão grande obra se faça por seu meio, considero-o grande coisa. Faça-o Nosso Senhor como for mais para sua glória.

O Padre Prior veio tão tarde que pouco lhe pude falar sobre este assunto; amanhã o consultarei e direi aqui seu parecer, pois estou escrevendo de noite, por ter andado muito ocupada no que ele dirá a vossa mercê. Razoável estou de saúde, glória a Deus, embora tenha chegado cansada; e aqui tem havido ocasiões de trabalhar ainda mais. Sirva-se Sua Majestade de tudo isto e guarde vossa mercê muitos anos para que os empregue todos em servir a este grande Deus e Senhor nosso.

A meu Padre Valentín, suplico a vossa mercê, dê um grande recado de minha parte. Recomendo-o cada dia a Sua Majestade e suplico-lhe que mo retribua; mas, como sou tão ruim, por menos que ele faça em meu favor, estarei bem paga[2].

É hoje 3 de dezembro.

Indigna serva de vossa mercê.

TERESA DE JESUS.

---

1. *Padre Ordóñez:* tanto o Padre Lárez como o Padre Ordóñez pertenciam à Companhia de Jesus.
1. *Nessa corte:* Madri.
2. P. Valentín López, jesuíta de Madri.

Veja vossa mercê que seja só para si o que escrevo, pois não me lembro de ter feito jamais coisa semelhante.

Asseguro-lhe que falamos bem longamente hoje no negócio de vossa mercê, e nada tenho a acrescentar. Muito me consolei com Sua Reverência. Ele dará conta a vossa mercê de tudo; e, conforme o que vossa mercê e o Padre Prior combinarem, avisem, e eu ficarei certa de que será o mais conveniente.

303. AO PADRE JERÓNIMO GRACIÁN, EM ALCALÁ

Malagón, 12 de dezembro de 1579. Transladação das monjas de Malagón à nova casa. Desgostos ocorridos nesta comunidade por causa de confessores. Frei Gabriel de la Asunción e a Santa. Pablo, soberbo? A fundação de Arenas. O que deve a Descalcez a Juan López de Velasco, Frei Pedro Fernández e Dom Luis Manrinque.

Jhs

A graça do Espírito Santo esteja com Vossa Paternidade. Saiba que estava já em Malagón quando me entregaram a carta de Pablo, de modo que não houve possibilidade de deter-me em Toledo, como nela mandava. Foi o melhor, porque no dia de la Concepción passaram estas Irmãs à nova casa. Eu estava aqui havia oito dias, e não foram de menos trabalho que os da viagem, por haver muito que fazer; e, para efetuar a mudança em dia tão solene, cansei-me não pouco. Apesar de tudo, estou agora melhor que de costume.

Do desgosto que ocasionei a Vossa Paternidade tive pesar; não sirvo para outra coisa. Foi a transladação com muito regozijo, porque trouxeram da outra casa em procissão o Santíssimo Sacramento. Estavam muito alegres, pareciam lagartixas que saíam a apanhar o sol do verão. O certo é que lá na outra casa padeceram muito; e, embora aqui nada esteja completamente acabado e só haja onze celas, está muito boa para nela se viver muitos anos, ainda que não se faça mais. Ó meu Padre! e quão necessária foi minha vinda aqui, assim para isto — porque não havia esperança de fazer-se tão cedo — como para o demais! Deus bem o podia fazer, mas neste momento não entendo que outro meio poderia tomar para desfazer este enredo. Compreenderam até que ponto andavam desatinadas; e, quanto mais entendo do governo da que aqui estava substituindo a Priora, mais me convenço de que seria grande temeridade confiar-lhe este cargo em qualquer convento. Este pobre Licenciado parece-me grande servo de Deus, e, creio, é o que tem menos culpa: era aquela pessoa quem tudo trazia em rebuliço e reviravolta. Ele está muito de acordo sobre todos os pontos no que lhe digo ser conveniente fazer-se aqui, e com tanta humildade e pesar de ter dado alguma ocasião, que muito me edificou.

Pablo e eu temos grande culpa. Diga-lhe vossa reverência que se confesse dela, que eu já o fiz, porque abrimos mão para algumas coisas, e não nos havíamos de fiar tanto, nem mesmo pouco, de gente moça. Por santos que sejam, mesmo com boa intenção, farão grandes estragos, porque não têm experiência. É preciso, meu Padre, que a cobremos nós, daqui por diante. Espero em Nosso Senhor, agora ficará tudo muito bem, porque a Priora que trouxemos é muito temente a Deus e prudente e tem uma arte de governar tão boa que todas lhe têm cobrado grande amor. Recomenda-se muito às orações de Vossa Paternidade. É muito sua filha. Creio não se poderia escolher alguma que fosse tão própria para esta casa. Praza a Deus vá sempre assim, pois também a outra parecia governar muito bem[1].

Terrível coisa é o dano que pode fazer nestas casas uma Prelada; porque, embora as Irmãs vejam coisas que as escandalizem — e não poucas houve aqui —, pensam que não devem levar a mal, sob pena de irem contra a obediência. Asseguro-lhe, meu Padre, que é preciso ir com muita

---

1. *Priora:* Jerónima del Espíritu Santo, que em 1590 levou a Reforma à Itália.

circunspecção aquele que fizer a Visita Canônica, para não acontecer que do pouco faça o demônio muito.

Deus tenha no céu a Frei Germán; boas qualidades tinha ele, mas não chegava seu engenho a entender melhor a perfeição. Anda Nosso Senhor de jeito que parece não querer que se passe por cima de certas coisas, dissimulando-as. Praza a Deus não tenha eu culpa alguma por me haver empenhado tanto em trazer o confessor que trouxe, que é Frei Felipe, por mais que ele se escusasse. Como o Padre Vigário finalmente fez a minha vontade, deve ele ter sentido muito desgosto, pois disse a uma pessoa que o visitou, estando mal, que eu o pusera naquela cama. Mas parecia-me que era nada fazer se não trouxesse confessor; e não havia outro. Contudo fez-me temor. Se tenho alguma culpa, escreva-me seu modo de pensar, pois não tenho a quem consultar de modo a satisfazer-me[2].

Pelo Padre Frei Gabriel escrevi, há dias, ao Padre Reitor daí, para vossa reverência saber de mim; não ousei escrever-lhe diretamente, embora, bem creio, pudesse fazê-lo. Veio cá o dito Padre, e não consigo entender de todo qual o motivo; apenas trazia notícias da fundação de Villanueva. Agora, depois de me ter informado bem dele, vejo que é o maior desatino do mundo admiti-la; mas o Padre Frei Antonio de Jesús cismou que se há de fazer. Eu lhes onerei bastante a consciência; não sei o que decidirão[3].

Também trazia outro negócio de D. Isabel Osorio, que é a irmã da noviça que ele fez entrar em Toledo; mas isto ela já tinha tratado comigo e com Nicolao. Deu-me melhor impressão que de costume, mas, em algumas coisas, tem uma simplicidade grande, que me espantou.

O ser nomeado Definidor, segundo me escreve o Padre Vigário, foi por prestarem grande honra aos Descalços; ao menos deu-me a entender alguma coisa a este respeito. E não sei que prejuízo lhes pode isto acarretar, nem que culpa tem ele, uma vez que o elegeram; o certo é que se mantém o fato muito secreto. Contou-lhe D. Luis Manrique que já tinham partido os despachos para Roma. Perguntei-lhe se era para que estivessem lá por ocasião do Capítulo. Respondeu-me que, tendo sido o pedido feito pelo Rei, não aguardariam tanto. Não se demorou aqui senão um dia; pensou que eu estivesse em Toledo, e, como não me encontrou, veio cá[4].

Achei graça na soberba de Pablo. Depois de tanto tempo? Não tenha medo de que eu me preocupe, nem pense que lhe prejudique a alma. Seria grande bobagem — coisa que ele não tem — se não se lembrasse daquela nora de aquedutos e como estes tão depressa estão cheios como vazios. Durante a viagem de Toledo a Ávila, muito me lembrei de como foi bom o caminho e como não me fez mal algum quando o fizemos juntos. Grande coisa é o contentamento; assim parece ter-me feito descansar agora do trabalho a sua carta. Vossa Paternidade o agradeça. Creio, não terei necessidade de ficar aqui todo o mês de janeiro, embora para mim não seja mau este lugar, por não me acharem à mão para tantas cartas e ocupações. É tão grande a vontade do Padre Vigário de que se funde o mosteiro em Arenas e de que nos encontremos lá, que penso me há de mandar acabar aqui depressa; e, realmente, na maior parte, tudo está feito. Não pode Vossa Paternidade imaginar quanto lhe devo. É extrema a benevolência que me mostra. Asseguro-lhe que lhe ficarei muito obrigada, ainda depois de acabar seu ofício[5].

---

2. *Germán:* no ano de 1579 falecia Fr. Germán de San Matías, ao qual essas estranhas palavras da Santa se refere. *Felipe* de la Purificación.

3. *Pelo Padre Gabriel* de la Asunción, Prior da Roda, escreveu ao Padre Elías de S. Martín, Reitor de Alcalá.

4. *Definidor:* no Capítulo Provincial dos Padres da Observância, inaugurado em 15 de novembro de 1579, sob a presidência do Padre Frei Angel de Salazar, por comissão do Vigário geral de toda a Ordem, ao qual compareceram quase todos os Prelados Descalços de Castela, reinando entre todos grande cordialidade, foi eleito definidor o Padre Frei Gabriel de la Asunción, Prior Descalço do Convento da Roda. Era a paz entre Calçados e Descalços.

5. *Soberba de Pablo:* provavelmente se teria acusado de soberba ou pensamentos de vanglória o Padre Gracián, em alguma carta. *Viagem de Toledo a Ávila:* dois anos antes, em 1577, fizera a mesma viagem em companhia dos Padres Antonio de Jesús e Gracián, quando foi pôr o mosteiro de S. José de Ávila sob a jurisdição da Ordem. *Padre Vigário:* Frei Angel de Salazar.

Leia essa carta do bom Velasco e examine bem: se sua irmã não está muito desejosa de entrar e se não é própria para nós, não entre em acordo, pois seria grande pesar para mim se nos sucedesse alguma coisa, pois ao irmão quero muito, e com razão. A ele, e ao Padre Mestre Frei Pedro Fernández e a D. Luis, creio, somos devedoras de todos os bens que temos.

Outros muitos conceda Deus a Vossa Paternidade, meu Padre, como Lhe suplico, e o guarde muitos anos. Amém, amém.

É hoje 12 de dezembro.

As festas de Natal dê o Senhor a Vossa Paternidade com o aumento de santidade que lhe desejo.

De Vossa Paternidade verdadeira filha e súdita,

TERESA DE JESUS.

304. AO PADRE JERÓNIMO GRACIÁN, EM ALCALÁ

Malagón, 18 de dezembro de 1579. Boas notícias de Gracián e de seus sermões. Vão-se aperfeiçoando as monjas desta casa. Pouco trato com os confessores, mesmo santos. Uma lembrança triste da noite de Natal.

Jhs

A graça do Espírito Santo esteja com Vossa Paternidade. Há muito pouco tempo escrevi largamente a Vossa Paternidade por via de Toledo, e assim agora não me estenderei, porque tarde me disseram que parte amanhã antes de romper o dia quem leva esta, que é o cunhado de Antonio Ruiz. Bem quisera que me tivesse trazido algumas linhas de Vossa Paternidade; mesmo sem elas deram-me grande contentamento as notícias que me trouxe da saúde de Vossa Paternidade e de quanto bem está fazendo nesse lugar com sua doutrina. Falaram-me do sermão de Santo Eugênio. Seja Deus louvado, do qual procede todo bem. Grande mercê faz Ele a quem escolhe por meio para aproveitar às almas.

Esqueci-me de escrever a Vossa Paternidade que Ana de Jesús está muito bem-comportada e as demais sossegadas e contentes de tudo, ao que parece. A nenhuma permito falar ou confessar-se àquela pessoa. No demais, a ele mostro muito agrado, porque assim convém, e falo-lhe muitas vezes[1].

Fez-nos hoje uma prática, e, certamente, é uma boa alma, que por malícia a ninguém prejudicará; mas, estou bem convencida: embora sejam santos os confessores, o melhor para estes mosteiros é tratar pouco, seja lá com quem for, que Deus as ensinará. A não ser do púlpito, ainda que seja Pablo, tenho visto: muito trato não é de proveito, senão de prejuízo, por bom que seja, e em parte faz perder a boa opinião que é justo ter de tais pessoas.

Ó meu Padre! quanto tenho sofrido a este respeito, e quantas vezes! E como nestes dias me recordo da noite de Natal que passei por causa de uma carta de Vossa Paternidade, faz agora um ano! Seja Deus louvado, que assim melhora os tempos! Asseguro-lhe que foi tal aquela noite, que, mesmo se eu tiver muitos anos de vida, jamais a esquecerei[2].

Não estou pior que de costume, antes me acho com mais saúde nestes últimos tempos. Estamos bem na casa nova; ficará muito boa depois de pronta, mesmo agora há bastante espaço onde se viver. A Priora e todas as Irmãs muito se recomendam às orações de Vossa Paternidade, e eu às do Padre Reitor. Vai caindo a noite, e assim digo apenas que muito Boas Festas teria eu se pudesse

---

1. *Àquela pessoa:* ao Licenciado Villanueva.
2. *Aquela noite:* naquela noite recebeu notícias tão ruins sobre os negócios da Descalcez, que Ana de S. Bartolomé, sua fiel enfermeira e inseparável companheira nas últimas viagens e fundações, assim escreveu: "Testemunhas são todas as monjas que havia em casa — e eu o vi com meus olhos — como, durante todo o tempo de Matinas, dessa bendita noite, seus olhos eram duas fontes que corriam até o chão".

ouvir os sermões que Vossa Paternidade fará neste tempo. Conceda-lhe Deus bom Natal, este ano e muitíssimos outros, como lhe desejo.

É hoje dia de Nossa Senhora do Ó, e eu de Vossa Paternidade filha e súdita[3].

TERESA DE JESUS.

305. AO PADRE JERÓNIMO GRACIÁN, EM ALCALÁ

Malagón, dezembro de 1579. Gosta do retiro de Malagón, porque não a molestam com visitas.

…Confesso a vossa mercê, há aqui uma grande comodidade para mim, que desejo há muitos anos; pois, embora o meu natural sinta a solidão pela falta de quem lhe costuma dar alívio, a alma está descansada. É que não há memória de Teresa de Jesus, mais do que se não existisse no mundo. E isto me fará procurar não sair daqui, se não me ordenarem o contrário. Aí me via desconsolada algumas vezes por ouvir tantos desatinos; pois quando dizem, sem pés nem cabeça: "é uma santa", por força o há de ser. Riem-se quando lhes digo que façam por lá outra, já que não lhes custa mais do que apregoá-lo…

306. AO PADRE NICOLÁS DE JESÚS MARÍA (DORIA), EM SEVILHA

Visita de Serrano, que lhe traz notícias de Sevilha. Assuntos das monjas de Malagón. Discrição com que mudou um confessor que não era de proveito para a comunidade. Em consequência do mau governo, estava o convento carregado de dívidas. Conselhos à Priora de Sevilha. Confessem-se com os Descalços quando pedirem confessor além do Ordinário. Uma penitência à Priora de Sevilha. A fundação de Descalças em Madri. Recomendações ao Arcebispo. Convém que, no momento, seja Mestra de noviças a Priora.

Jhs

A graça do Espírito Santo esteja com vossa reverência. Hoje, dia de S. Tomé, chegou aqui Serrano. Foi a carta de vossa reverência muito bem recebida por mim, porque desejava saber se havia chegado bem. Seja Deus bendito, que nos concedeu tamanha graça. Praza a ele que o mesmo suceda na volta; mas não será com tanta alegria, e esta muito ajuda para fazer parecer pouco o trabalho.

Pensei que vossa reverência tivesse recebido duas cartas minhas, ao menos uma, que escrevi quase logo após minha chegada no dia de S. Catalina; remeti ambas ao Senhor Francisco Doria[1].

No dia de la Concepción foi Deus servido que nos transladamos à casa nova. Não me custou pouco trabalho, pois havia muito a fazer nela para poderem vir as Irmãs; e assim passei aqui oito dias bem cansada antes da mudança. Dei tudo por bem empregado, porque embora ainda falte muito para ficar pronta, estão muito bem instaladas. A maior parte fez o Senhor, melhor do que eu mereço.

Estou espantada com o estrago que por meio de um mau governo produz o demônio, infundindo temor a estas monjas, ou mantendo-as na ilusão, pois certamente todas são almas boas e desejosas de perfeição, e, nas faltas que havia, a maior parte das Irmãs, até quase todas, andavam com grande desassossego, e não viam como o remediar. Estão bem desenganadas, e, penso, não haveria por certo nenhuma que quisesse outra coisa senão o que há agora, mesmo a irmã de Brianda está muito contente por ela não voltar[2].

---

3. *Dia de N. S. do Ó:* 18 de dezembro de 1579.
1. *Francisco Doria:* irmão do Pe. Nicolás Doria.
2. *Irmã de Brianda:* Mariana del Espíritu Santo.

Creia vossa reverência, meu Padre, é preciso considerar muito a quem se confiam certos ofícios, porque as monjas são tão rendidas, que seu maior desassossego aqui era terem escrúpulo por lhes parecer mau o modo de proceder de sua Prelada, sendo que realmente não era bom. Estão contentíssimas com a nova Priora, e têm razão. O que duas ou três devem ter sentido — que outras ficaram muito contentes, e, creio até, todas as demais — é por lhes ter sido tirado o confessor, pois logo lhes declarei não haver licença para nenhuma se confessar com ele. As demais, repito, ficaram muito contentes. Procurei disfarçar o mais possível o caso. A ele falei com muita franqueza, e verdadeiramente entendo que é alma de Deus e em nada agiu com malícia. Como tem de fazer e o mosteiro é longe, fez-se tudo sem nenhum desdouro para ele; além disso tenho procurado que pregue para nós e falo com ele algumas vezes. Já está aplanado tudo, glória a Deus[3].

Do que tenho muito pesar é das minhas dívidas do mosteiro de Sevilha. Ficou todo estragado pelo mau governo que houve durante tanto tempo. Bem entendem agora as monjas que assim havia de acontecer, mas na ocasião não davam muita importância ao que se ia fazendo, e como a Vigária era noviça havia tão pouco tempo, provavelmente não sabia mais do que isso. Este mal de ser alguém aferrado em fiar-se de seu próprio parecer acarreta grandes danos[4].

Avise vossa reverência à Priora, que agora há de retomar o cargo, que procure inteirar-se muito das obrigações impostas pela Regra, e faça que esta se guarde, e, do mesmo modo, as Constituições. Com isto não poderão errar, e quando outra coisa fazem, as mesmas que são suas maiores amigas permite Deus serem suas acusadoras. Não pensem ter autoridade para fazer e desfazer, como se dá com os casados. Mostre-lhe vossa reverência esta carta. Algumas vezes dá-me aborrecimento contra ela e as demais que levei daqui, por nunca me terem dado uma palavra de aviso; conquanto não houvesse ainda então muito do que houve depois[5].

E no caso de querer alguma confessar-se com outro Padre, que não o Ordinário, deixe vossa reverência determinado que se lhe conceda — contanto que seja dos Remédios — aquele que a vossa reverência parecer. Até nesta tinham aqui grande tormento. Muito têm padecido estas almas, e coisas difíceis de sofrer.

Contaram-me que daí, de Sevilha, escreviam as monjas às de cá, aconselhando-as a ficar firmes em pedir a volta de Brianda, pois o conseguiriam, como elas tinham conseguido. Dê vossa reverência uma boa penitência à Priora, pois deveria ver que não sou tão má cristã que insistisse tanto nesse ponto se não houvesse gravíssimas causas; nem havia de ocasionar tanto gasto por uma coisa de tão pouco interesse pessoal para mim, como a compra de uma casa. Perdoo-lhes os maus juízos que devem ter feito a este respeito. Perdoe-lhes Deus também. Prouvera a Sua Majestade não tivesse eu visto que lhes não convinha tal Priora, porque então procuraria que retomasse aqui o cargo, como procurei aí. Certifico a vossa reverência: se ela voltasse, seria destruir de todo a paz desta casa, sem falar no resto. Em matéria tão grave, não se deveria falar de longe contra o modo de agir de quem seria capaz de sacrificar seu descanso pelo bem e sossego de uma só alma[6].

De Pastrana soube, há tempos, que estavam bem doentes os Frades. Não tive mais notícias, já devem estar bons. Não se aflija vossa reverência, e nem por isso deixe de fazer aí o que for conveniente, mesmo que não esteja acabado até Reis, pois exigirá muito tempo. Quanto aos despachos de Roma, se Deus permitir que os tragam, convém que não deixe vossa reverência de aqui estar quando chegarem.

Antes de la Concepción veio cá o Prior da Roda, Frei Gabriel, a ver-me. Deu-me a entender que era para tratar do negócio da D. Isabel Osorio. Eu a tenho detido até ver se, com o que tem, pode ajudar a fundação de Madri, pois me disse a senhora D. Luisa que não dará licença o Arce-

---

3. *Confessor:* o cura de Malagón.
4. *Vigária:* Beatriz de la Madre de Dios, a quem, sendo ainda noviça, entregaram o governo aos Calçados.
5. *Priora:* a Madre María de S. José.
6. *Tal priora:* a Madre Brianda, que a Santa Madre, antes de estar a par dos fatos, julgava insubstituível.

bispo a não ser com renda. Não sei como se há de fazer, ainda que a pretendente dê tudo quanto possui; porque antes de entrar não pode entregá-lo, e seria preciso quem prestasse fiança de que ela o dará.

Achei graça no segredo que guardaram acerca do despacho de Roma. Disse-me Frei Gabriel que já o tinham mandado e que assim lho havia contado D. Luis. Está bem certo de que, havendo partido do Rei o pedido, virá com brevidade, sem esperarem pelo Capítulo. Praza a Deus assim aconteça! Eu me fiz de novas. Está muito contente, segundo me disse, e assim deve ser. Para a visita fique o resto.

Enviou-me a Priora de Beas cartas para Casademonte, avisando-o de que veja onde quer que lhe sejam entregues os cem ducados, que já os tem em mão. Por conseguinte, sobre este ponto não há que ter cuidado[7].

Do que me diz vossa reverência do Arcebispo, deu-me grande consolo. Faz muito mal em não lhe dar muitos recados meus; dê-lhos agora. Bem lhe pode dizer que particularmente, cada dia em comungando, o recomendo a Nosso Senhor[8].

Sua Majestade guarde vossa reverência e o traga com muito boa saúde; não tenha medo de que o deixe sair daqui tão depressa.

Muito se recomenda a Priora a vossa reverência. Das outras Irmãs, algumas desejam sua vinda.

Indigna serva de vossa reverência,

TERESA DE JESUS.

O Padre Frei Felipe faz bem seu ofício. Ao meu Padre Frei Gregorio dê muitas recomendações minhas e de sua irmã que é extremamente boa e não cabe em si de contente. Veja vossa reverência que por enquanto convirá que a Priora seja Mestra de noviças, para que, depois de tantas mudanças como houve, não fique repartido o amor, e todas o empreguem em sua Prelada. Ela pode ter quem a ajude a instruí-las. Acerca das coisas interiores de orações e tentações, advirta-lhe vossa reverência que não exija além do que lhe quiserem dizer, como está no papel que vossa reverência fez assinar: isto é importante. De que tenha ficado satisfeito o Padre Prior das Covas muito me folguei. Grande coisa é a verdade. Dê-lhe vossa reverência minhas recomendações[9].

307. AO PADRE JERÓNIMO GRACIÁN, EM ALCALÁ

Malagón, dezembro de 1579. Sobre a boa administração das casas. "As casas fundadas em pobreza não as quisera eu ver com renda." Cuidado com as pretendentes que se admitem na Descalcez. Melancólicas, de nenhum modo.

…Digo[1] a Vossa Paternidade, e peço-lho por amor de Deus: esteja sempre de sobreaviso neste ponto, se não quer ver perdidas suas casas: vai crescendo o preço das coisas, de tal maneira que seria preciso o convento ter cerca de trezentos mil maravedis de renda para se manter sem esmolas; e se, com o que lhe dão, ficar essa casa com fama de ter renda, morrerão de fome. Disto não duvide…

Advirta Vossa Paternidade que, por meu gosto, as casas já fundadas em pobreza, não as quisera eu ver com rendas; porque estou certa, e o vejo, e será sempre assim: se as monjas não faltam a Deus, são as mais bem providas; e se a Ele faltam, melhor é que se acabem, pois já não são poucos os mosteiros relaxados…

---

7. *Priora de Beas*: a célebre Ana de Jesús enviava novo auxílio para os gastos dos Descalços em Roma. *Casademonte*: Pedro Juan de Casademonte.
8. *Arcebispo*: de Sevilha, D. Cristóbal de Rojas y Sandoval.
9. *Sua irmã*: irmã de P. Gregorio Nacianceno, Catalina de San Cirilo.
1. Falta o princípio da carta, e ainda há outras lacunas.

Deus perdoe aos que impediram as fundações, pois com elas tudo estaria remediado, e até que as casas estejam mais organizadas, tem sido muito o prejuízo. Sua Majestade o remediará; não é possível deixar de haver alguns contratempos. Mas, até então, é preciso ir Vossa Paternidade com muito tento nas licenças que dá para receber noviças, a não ser com grande necessidade e esperança de muito proveito, porque todo o bem dos mosteiros consiste em não ter monjas além das que se podem sustentar; e, se não houver extremo cuidado com isto, nos veremos em trabalhos que não se poderão remediar…

Muito mais valeria não fundar, do que levar melancólicas que estraguem a casa…

308. A MADRE ANA DE S. ALBERTO, PRIORA DE CARAVACA

Malagón, dezembro de 1579. Promete-lhe a ida de S. João da Cruz para que tratem com ele de seu espírito as religiosas.

Filha, procurarei que o Padre Frei João da Cruz passe por aí. Faça de conta que sou eu; abram-lhe com franqueza as suas almas. Consolem-se com ele, que é alma a quem Deus comunica o seu Espírito.

309. A MADRE ANA DE S. ALBERTO, PRIORA DE CARAVACA

Malagón, dezembro de 1579. Viagem de S. João da Cruz a Caravaca.

Filha, aí vai o Padre Frei João da Cruz; tratem com ele de suas almas com franqueza nesse convento, como se fora eu mesma, porque tem espírito de Nosso Senhor.

310. A MADRE MARÍA DE S. JOSÉ, PRIORA DE SEVILHA

Malagón, janeiro de 1580. Dificuldades em enviar com segurança as cartas. Assuntos de Malagón e Sevilha. Nomeação de Subpriora em Sevilha. Pagamento de dívidas a D. Lorenzo de Cepeda. Esmola do bom Prior da Cartuxa. Dificuldade em achar Prioras experimentadas. Repreende a correspondência da Priora de Sevilha com as religiosas de Malagón sobre certo assunto.

Jhs

A graça do Espírito Santo esteja com vossa reverência, filha minha. Na carta dirigida a meu Padre Frei Nicolao alarguei-me sobre algumas coisas que não repetirei aqui, porque as verá vossa reverência. A sua carta veio tão boa e humilde, que mereceria longa resposta; mas vossa reverência quis que eu escrevesse ao bom Rodrigo Álvarez, e assim o fiz, de modo que não há cabeça para muito mais. Diz Serrano que entregará estas a quem as leve com segurança. Praza a Deus seja assim. Gostei de estar com ele e tive pesar de sua volta para cá, pois tenho-lhe muita gratidão pelo que fez em tempo de tanta necessidade; nem era preciso vossa reverência trazer-mo à lembrança. Hei de procurar que torne para aí, pois nessa terra é grande bem haver em quem se fiar.

Nesta aqui não me acho tão mal de saúde como em outras. Da pouca saúde de vossa reverência, segundo me escreve a Irmã Gabriela, tenho muito pesar. Têm sido tantos os trabalhos que, ainda se fosse de pedra seu coração, lhe teriam feito mal. Quisera eu não ter contribuído para isso. Vossa Excelência me perdoe a mim, mas com aqueles a quem quero bem sou intolerante, porque desejaria que em nada errassem. Assim me aconteceu com a Madre Brianda, à qual escrevia cartas terríveis, mas de pouco valeram.

O certo é que, em parte, tenho por pior o que o demônio tinha urdido nesta casa, do que aí em Sevilha; de um lado, por ter durado mais, e, do outro, por ter sido muito mais prejudicial o escândalo das pessoas de fora. Não sei se ficará tão completamente sanado como aí; creio que não, embora se haja remediado o que havia dentro, fazendo cessar as inquietações. O Senhor endireitou as coisas. Seja este bendito, porque a culpa das monjas era pouca. Com quem mais me aborreci foi com Beatriz de Jesús, porque jamais me disse uma palavra, nem mesmo agora, apesar de ver que todas me falam e que estou a par de tudo. Tem-me parecido muito pouca virtude, ou falta de discrição. Deve ela pensar que é guardar as leis da amizade; e, na verdade, é apego grande que tem, pois a verdadeira amizade não se prova em encobrir o que poderia ter sido remediado sem tanto dano[1].

Vossa Reverência, por amor de Deus, guarde-se de fazer alguma coisa que, se for sabida, possa causar escândalo. Desembaracemo-nos, de uma vez, dessas boas intenções que tão caro nos custam; e a ninguém digam que comeu aí esse Padre da Companhia, nem a nossos Descalços, pois é tal o demônio, que suscitará opiniões entre eles, se o souberem. Não pensem que me custou pouco ter conseguido estar agora mais brando o Reitor; e por cá todos o estão igualmente. Tive muito que fazer, até mesmo escrevi a Roma, donde, creio, veio o remédio[2].

Grandemente agradeci a esse santo Rodrigo Álvarez o que tem feito, e ao Padre Soto também. Dê-lhe minhas recomendações e diga-lhe que, segundo me parece, é mais verdadeiro amigo por obras que por palavras; pois nunca me escreveu nem sequer enviou lembranças[3].

Não sei como afirma que o Padre Frei Nicolao me indispôs a seu respeito, porque não tem vossa reverência outro defensor maior na terra. Dizia-me ele a verdade, para que eu, vindo a entender como ele o dano dessa casa, não estivesse enganada. Ó minha filha, que pouco vale desculpar-se tanto, pelo que a mim toca! porque verdadeiramente lhe digo: não se me dá mais de fazerem caso de mim, que de não fazerem. Só faço questão de que acertem a cumprir aquilo a que estão obrigadas. O engano é este: como, a meu parecer, olho o que lhes diz respeito com tanto cuidado e amor, acho que não fazem o que devem quando não me dão crédito, e que me canso debalde. Foi isto que me contrariou a ponto de quase querer deixar tudo, parecendo-me, como digo, não lhes ser de proveito para nada, como é verdade. Mas é tanto meu amor, que, em vendo algum resultado, não conseguiria desinteressar-me, e portanto não se fale mais nisto.

Disse-me Serrano que receberam agora uma noviça; e, conforme as que ele pensa haver no convento — pois crê são umas vinte —, já estará completo o número. Se o está, ninguém pode dar licença para que se recebam outras; nem o Padre Vigário pode fazer tal coisa contra as atas dos Visitadores Apostólicos. Tome muito cuidado, por amor de Deus; ficaria espantada de ver o dano que é serem muitas nestas casas, ainda que tenham rendas e o suficiente para comer. Não sei como aí se sujeitam a pagar tantos juros cada ano, se têm meios para liquidar a dívida. Muito me alegrei com o que veio das Índias. Seja Deus louvado[4].

No que diz da Subpriora, tendo vossa reverência tão pouca saúde não poderá seguir o coro, e é preciso uma que saiba tudo muito bem. A aparência de menina que tem Gabriela, importa pouco, pois é monja há muito tempo e tem as virtudes necessárias para o cargo. Se para falar com os de fora não for muito capaz, poderá ir com ela S. Francisco. Ao menos é obediente e não se apartará do que vossa reverência quiser; por outro lado, tem saúde, o que é muito preciso para não faltar ao coro; e S. Jerónimo não a tem. Em consciência, a quem melhor se pode dar o ofício é a ela. E, pois esteve encarregada do coro no tempo da malfadada Vigária, já terão visto as Irmãs se o fazia bem, e assim de melhor vontade lhe darão os votos; e para Subpriora mais se há de olhar a habilidade que a idade[5].

Estou escrevendo ao Padre Prior de Pastrana sobre a Mestra de noviças, porque me parece bem o que diz vossa reverência. Quisera eu que fossem poucas; pois o contrário é para tudo grande inconveniente, repito, e não há por onde mais facilmente se venham a perder as casas do que por aqui.

---

1. *Culpa das monjas:* tudo vinha da falta de confessores competentes. Apartou-os discretamente a Santa, confiando o cargo de confessor ao Padre Descalço Frei Felipe de la Purificación.

2. *Reitor:* Diego de Acosta, reitor da Companhia em Sevilha. *Remédio:* alude ao incidente de querer o Padre Gaspar de Salazar abraçar a Descalcez.

3. *Soto:* sacerdote que morreu em 1580; era capelão das Descalças.

4. *Uma noviça:* María de la Cruz, Céspedes.

5. *Ir com ela:* poderá acompanhá-la à roda ou locutório a Irmã Isabel de S. Francisco.

Muito quisera eu que — pois aí há meios para acudir às necessidades da Ordem — do dinheiro que está em Toledo fossem pagando a meu irmão, porque verdadeiramente tem necessidade. Vai fazendo empréstimos para os quinhentos ducados que tem de pagar cada ano, da herdade que comprou; e até vendeu agora a parte correspondente ao que aí lhe devem, no valor de mil ducados. Falou-me nisto algumas vezes, e vejo que tem razão. Se não puderem tudo junto, ao menos paguem alguma coisa; lá verão o que podem fazer.

Grande coisa é a esmola que faz o santo Prior das Covas, fornecendo-lhes pão. Tivesse o mesmo esta casa, e poderiam passar; mas não sei como se hão de haver. Não fizeram outra coisa senão receber monjas sem dote. Acerca do negócio de Portugal, de que me falou, muita pressa me dá o Arcebispo; penso que tão cedo não poderei ir para lá. Vou ver se consigo escrever-lhe quanto antes. Procure vossa reverência remeter a carta com brevidade e segurança[6].

O reconhecer Beatriz sua falta, quisera eu que servisse para retratar o que falou a Garciálvarez, e isto pelo interesse de sua própria alma. Mas tenho grande temor de que não caia em si: só Deus o há de remediar.

Ele faça vossa reverência tão santa como Lhe suplico, e ma guarde; que, por mim que seja, quisera ter algumas como vossa reverência, pois não sei o que fazer, se houver alguma fundação agora. Não acho quem sirva para Priora; deve haver, mas, como não são experimentadas e vejo o que se passou aqui, fiquei com muito temor, pois, com boas intenções, serve-se de nós o demônio para fazer o que quer. E, portanto, é necessário andarmos sempre com temor e apegadas a Deus, fiando pouco em nossos entendimentos; porque, por bons que sejam, se assim não fizermos, seremos deixadas de Deus e erraremos no que mais julgamos acertar.

Do negócio dessa casa — pois já se convenceu — pode tirar experiência. Asseguro-lhe que era intento do demônio pregar alguma peça, e eu ficava espantada com certas coisas que vossa reverência escrevia, como muito importantes. Onde estava seu entendimento? E que dizer de S. Francisco? Oh! valha-me Deus! Quanta bobagem trazia aquela carta, e tudo para conseguir seu fim! O Senhor nos dê luz, pois sem ela não há ter virtude nem habilidade senão para o mal!

Folgo-me de que esteja vossa reverência tão desenganada, porque isso lhe servirá para muitas coisas. De fato, para acertar, aproveita muito haver errado, porque deste modo se toma experiência.

Deus a guarde, que não pensei poder-me alargar tanto.

De vossa reverência serva,

TERESA DE JESUS.

A Priora se recomenda muito a vossa reverência, e também as Irmãs.

311. AO PADRE NICOLAO DE JESÚS MARÍA (DORIA), EM SEVILHA

Malagón, 13 de janeiro de 1580. Lamenta a perda das cartas. Bons ofícios do Padre Doria em Sevilha. Cobrança dos cem ducados. A fundação de Villanueva de la Jara. Vai-se restaurando no espiritual e temporal a comunidade em Malagón. A futura Província da Descalcez. Aconselha uma entrevista do Padre Doria com Velasco. Poderia ser Provincial o Padre Antonio, e com isto se acabariam os bandozinhos. Lembranças.

Jhs

A graça do Espírito Santo esteja com vossa reverência. Três ou quatro dias há, recebi uma carta de vossa reverência, datada de 30 de dezembro, tendo antes recebido as que Serrano trouxe. Respondi-lhe muito longamente, assim como à Madre Priora, e também ao Padre Rodrigo Álvarez. Dei todas a Serrano, que se encarregou delas e, segundo me disseram, certamente foram pelo

---

6. *Negócio de Portugal:* D. Teutonio de Bragança, Arcebispo de Évora, queria que a Santa com urgência fosse fundar mosteiro em sua Arquidiocese.

correio. Além destas, escrevi a vossa reverência outras duas, depois que vim para cá, e enviei-as a Toledo ao Senhor Doria, para que as remetesse a vossa reverência. Realmente deu-me desgosto o ver que todas se perderam. Praza a Deus assim não aconteça com esta, que vai por intermédio de Velasco[1].

Vossa Reverência em tudo se remete à Madre Priora daí, que não me diz palavra. Desde que ela esteja boa, no demais creio que deixará vossa reverência tudo determinado, especialmente com tal mordomo. Quanto faz o amar a Deus! pois quer tomar conta dessas pobres para lhes fazer bem. Às orações do Administrador muito me recomendo. Por que não me dá notícia vossa reverência da nossa Lucrecia? Dê-lhe um grande recado de minha parte[2].

Antes que me esqueça: já mandou a Priora de Beas dizer a Casademonte que tem em mãos os cem ducados, e pergunta onde quer que os deposite. Ele respondeu que em Madri. Já escrevi de outra vez a vossa reverência sobre este assunto, e portanto esteja sem receios.

Creia vossa reverência que este lugar é tão fora de mão, que ninguém conte comigo para expedir avisos. É como se eu estivesse em Sevilha, e aí até o podia fazer muito melhor. Mesmo para Toledo, por onde poderiam ir as cartas, há pouquíssimos mensageiros, e vejo que também se perdem. Digo-lhe isto por me ter vossa reverência pedido que o avisasse quando fosse necessária sua vinda, e lhe desse notícia do que se passa.

A Velasco também preveni que, enquanto eu aqui estiver, ninguém se apoie em mim; e, se vossa reverência demorar muito, poderá acontecer não me achar mais, porque dentro em pouco faremos a fundação de Villanueva, perto de La Roda, e será possível que vá eu com as monjas, porque, se em alguma parte tem havido necessidade de minha presença, é ali. É tanto o afobamento do Padre Frei Antonio de Jesus e do Prior, e há tanto tempo me importunam, que não se poderá deixar de fazer. Nosso Senhor o deve estar querendo. Ainda não sei ao certo; mas, se for, será antes da Quaresma. Teria pesar de não falar a vossa reverência, pois esperava ter esse consolo em Malagón.

Estou boa de saúde, e no que diz respeito a esta casa vai tudo tão bem que não me farto de dar graças a Deus por ter vindo. No espiritual vai do melhor modo e há muita paz e contentamento; e no temporal vão melhorando as coisas, que pareciam perdidas. Por tudo seja Deus bendito!

O que diz vossa reverência do Reverendíssimo, tanto gosto me deu que já o quisera ver feito, e assim escrevi a Velasco e ao que está na Cova. Só faço reparo num ponto: não fique dúvida alguma sobre ser — ou não — válida essa substituição, porque depois da morte do Núncio andavam divergindo as opiniões, achando uns que tinha valor a comissão dada por ele ao Padre Gracián e outros, não; e estamos fartos de pleitos. Portanto, pelo sim ou pelo não, seria bom, se Deus nos fizer mercê de que tudo saia bem, usar de diligência para fazer o que convém em vida do principal interessado. Todas as razões alegadas por vossa reverência me parecem muito boas, pois entende melhor do que eu; assim pois, neste ponto, não há razão de delongas[3].

Ficando vossa reverência aí à espera, poderia fazer-nos falta se não vier tudo conforme queremos. O mesmo escrevo a Velasco, a cujo parecer me remeto. Se não for muito trabalho para vossa reverência, como não está em suas mãos o vir com tanta brevidade, acharia melhor que viesse, embora tendo de voltar depois. Com efeito, apesar de ser verdade que onde está Velasco parece possível dispensar vossa reverência — e assim o escrevi a ele —, muito proveitoso será tratarmos juntos deste negócio. Poderia resultar grande dano de não estar presente vossa reverência; ao menos tudo lhe tocará mais de perto, por muito que nos queiram os nossos amigos. E, embora Nosso Padre Gracián já esteja livre, a ele não fica bem tomar a dianteira, porque, se depois acontecer o

---

1. Juan López de Velasco.
2. *Mordomo:* alude ironicamente a María de San José, priora de Sevilha. *Lucrecia:* pessoa desconhecida, provavelmente alguma serviçal.
3. *Reverendíssimo:* o Geral da Ordem. *Ao que está na cova:* assim chama ao Padre Gracián por se ter refugiado em certas covas ou grutas naturais que havia no convento de Pastrana, durante o desterro a que fora condenado pelo Núncio.

que pretendemos, dirão que era só isso o que tinha em vista. São coisas de pouca importância, mas é bom evitar as ocasiões[4].

Tenho pensado que se não for Provincial o que está na cova, por lhe darem esse outro encargo, serviria Frei Antonio de Jesus, uma vez que já foi nomeado, porque, tendo superior acima de si, certamente procederia bem. Já deu provas disto quando lhe foi encomendado o mosteiro de Salamanca, especialmente se levar bom companheiro. Assim acabaríamos com a tentação dele, e ainda com esse bandozinho — se é que o há —, pois é mal muito pior do que as faltas que ele poderia cometer como Provincial. Digo isto desde já porque não sei quando poderei tornar a escrever a vossa reverência, com a má sorte destas cartas. Esta remeto bem recomendada[5].

Quisera saber de onde nasceu agora essa intriga que vai começando. Praza a Deus acabem com ela nessa terra, e guarde vossa reverência, que estou cansada, de ter escrito muito. Embora ande com mais saúde do que geralmente tinha aí, a cabeça nunca me deixa sossegar.

Ao Padre Prior de Almodóvar, se aí está, dê vossa reverência muitas recomendações de minha parte; diga-lhe que tenho feito muito por seus amigos, e de cada um recebi uma noviça; praza a Deus mo agradeça. Uma de Juan Vázquez; outra de Cantalapiedra, que saiu de Beas, com a qual, segundo me dizem, está Sua Reverência muito satisfeito[6].

A Priora recomenda-se a vossa reverência. Todas o encomendamos a Nosso Senhor, em especial eu, que nunca o esqueço. Não deixo de ter alguma suspeita de que se vossa reverência tivesse algum pretexto para ficar em Sevilha, gostaria; se é falso que levanto, Deus mo perdoe. Sua Majestade o faça muito santo e o guarde muitos anos. Amém.

É hoje 13 de janeiro.

Indigna serva de vossa reverência,

TERESA DE JESUS.

312. AS DESCALÇAS DE SEVILHA

Malagón, 13 de janeiro de 1580. Felicitações por várias tomadas de hábito e profissões. Graças especiais concedidas por Deus às primeiras Prioras das fundações. Conselhos às Religiosas. Não se trate mais das coisas passadas, a não ser com o confessor. "Procurem amar-se muito umas às outras." Pede mais particularmente a Deus por aquelas que julgam tê-la contrariado.

Jhs

A graça do Espírito Santo esteja com Vossas Caridades, irmãs e filhas minhas. Com vossas linhas muito me consolei e bem quisera responder longamente a cada uma de per si; mas falta-me o tempo, embaraçada como estou em tantas ocupações, e portanto perdoem e aceitem minha boa vontade. Muito me consolaria de conhecer as que têm professado e entrado ultimamente. A todas muitos parabéns por estarem desposadas com tão grande Rei. Praza a Sua Majestade fazê-las tais como eu desejo e Lhe suplico, para que, naquela eternidade que não tem fim, se gozem com Ele[1].

À Irmã Jerónima que se assinou Monturo, digo: praza a Deus não seja só de palavras essa humildade; e à Irmã Gabriela: recebi o S. Paulo, que era muito lindo, e, como se parecia com ela por ser pequenino, agradou-me muito. Espero em Deus há de fazê-la grande diante de seus olhos. Na verdade, a todas parece querer Sua Majestade — se não o perderem por sua culpa — fazer melhores que as de cá, pois lhes tem dado tão grandes trabalhos. Seja Ele em tudo bendito, por haverem acertado tão bem na eleição para Priora. Grande consolo foi para mim.

---

4. *O que pretendemos:* que seja Gracián nomeado Provincial.
5. *Outro encargo:* do Superior Geral da Reforma.
6. *Prior de Almodóvar:* Frei Ambrosio de S. Pedro. *Vásquez e Cantalapiedra* eram amigos do Prior.
1. *Têm professado:* Juana de San Bernardo, Cárdenas López y Cavello e Arcángela de San Miguel, Núñez. *Entrado:* seriam María de la Cruz, Óspedes, Juana de la Concepción, Ortega e Jerónima de la Corona, Hervás.

Aqui temos visto por experiência: à primeira que põe o Senhor em uma fundação por Maior, parece Sua Majestade ajudar e dar mais amor pelo bem da casa e de suas filhas, que às que vêm depois; e deste modo acertam a fazer progredir as almas. A meu ver, enquanto não houver coisa notável em contrário na Prelada que deu princípio, não a deveriam mudar nestas casas; porque há mais inconvenientes do que podem imaginar. O Senhor lhes dê luz para que em tudo acertem a fazer sua vontade. Amém.

À Irmã Beatriz de la Madre de Dios e à Irmã Margarita peço o que antes já pedi a todas: não tratem mais de coisas passadas, a não ser com Nosso Senhor ou com o confessor; e, se em algum ponto andaram enganadas, dando informações sem a franqueza e caridade a que Deus nos obriga, tenham muito cuidado para o tornarem a tratar com clareza e verdade. Aquilo que for necessário retratar, retratem, porque, a não ser assim, andarão desassossegadas, e nunca deixará o demônio de as tentar.

Uma vez que tenham contentado ao Senhor, do resto já não há que fazer caso; pois o demônio andou tão furioso, procurando que estes santos princípios não fossem adiante, que não é de espantar, senão de não ter conseguido fazer muito dano em todas as partes. Frequentemente permite o Senhor alguma queda para que a alma se torne mais humilde. E quando reconhece seu erro com retidão e volta ao bom caminho, mais vai aproveitando depois no serviço de Nosso Senhor, como vemos em muitos santos. Assim, pois, minhas filhas, todas o são da Virgem, e irmãs entre si, procurem amar-se muito umas às outras, e façam de conta que nada aconteceu. Dirijo-me a todas.

Tenho tido mais particular cuidado de recomendar a Nosso Senhor as que me julgam aborrecida contra elas; e mais tenho sentido, e sentirei, se não fizerem isto que por amor do Senhor lhes peço. A minha querida Irmã Juana de la Cruz tenho sempre trazido muito diante dos olhos; imagino-a sempre a ajuntar merecimentos, e, pois se tomou o nome da cruz, boa parte teve nela. Peço-lhe que me recomende a Nosso Senhor, e creia que Ele não daria a todas tal penitência, nem por seus pecados nem pelos meus, que são muito maiores.

A Vossas Caridades todas peço o mesmo: que não me esqueçam em suas orações, pois muito mais me devem que as de cá.

Faça-os Nosso Senhor tão santas como eu desejo. Amém.

De Vossas Caridades serva,

TERESA DE JESUS, carmelita.

313. AO PADRE JERÓNIMO GRACIÁN, EM ALCALÁ

Malagón, 14 de janeiro de 1580. Bom confessor de monjas, Frei Felipe. Alegria das Descalças por verem o Padre Gracián livre de seus inimigos. Sobre os principais cargos da futura Província. Pequenos ciúmes sem fundamento. Relações íntimas dos Duques de Alba com a Santa. Uma cópia da *Vida*. Juízo comparativo da Santa e do Padre Báñez acerca da *Vida* e das *Moradas*.

Jhs

A graça do Espírito Santo esteja com Vossa Paternidade. Uma carta recebi há pouco da senhora D. Juana, que vive a esperar cada dia o termo do silêncio de Vossa Paternidade. Praza a Deus, quando esta lhe chegar, tudo haja terminado em Toledo e Medina.

Pe. Frei Felipe parece pintado para o cargo. Passou de um extremo ao outro; só fala em confessar. É muito bom homem.

Oh! que regozijos em Medina, quando lhes disseram que já estava levantada a pena de silêncio de Vossa Paternidade! Não imagina quanto deve a estas monjas. Há aqui freira que tomou cem disciplinas por Vossa Paternidade. Tudo deve contribuir para que faça tanto bem às almas.

Deram-me ontem essa carta do Padre Nicolao. Gostei muito de que se possa fazer o que ele diz, porque algumas vezes ficava preocupada acerca de Salamanca, mas não via solução melhor.

Agora tem Vossa Paternidade bem em que se ocupar, pois, claro está, mais há de acudir às necessidades próprias que às alheias. Falei ao Padre Nicolao, em Toledo, acerca de alguns inconvenientes que havia, embora sem lhe dizer tudo quanto sei. Deu muito bom resultado. Creio que o Reverendíssimo fará tudo do melhor modo para nós. Só me resta uma dúvida: por ocasião da morte do Núncio, que tantos poderes havia dado a Vossa Paternidade, disseram já não ser válida a comissão; ora, ficar sujeito a pareceres, em ponto de tal importância, seria muito desagradável. Diga-me o que lhe parece, pois outro inconveniente não acho. Pelo contrário, parece-me que seria como coisa vinda do céu, se só entre nós, como diz o Padre Nicolao, se acertasse tudo[1], faça-o o Senhor como pode.

Em ficar aí à espera o Padre Nicolao, não sei se será bom, pois no caso de não vir o despacho como queremos, estamos aqui muito sós. Verdade é que muito fará Velasco, mas nada se perde em ter quem o assista, e também em Vossa Paternidade não falar nisso, para, no caso de acontecer o que pretendemos, não o acusarem de o ter procurado para si. Em tudo é preciso andar com aviso, a fim de evitar certas ocasiões, especialmente enquanto Matusalém está de cima, porque ele é um embaraço para dar ofício a Pablo; mas não se pode deixar de assim fazer.

Outra dúvida que me vem agora é: se poderia vossa reverência ser Provincial tendo esse outro cargo; mas não me parece importar muito, pois teria a maior autoridade, e haveria vantagem em poder dar tal ofício a Macário, pondo fim a essa emulação para que ele morresse em paz, já que lhe deu para isso a melancolia. Cessaria esse pequeno bando, e seria conforme à razão, uma vez que foi nomeado; porque, tendo superior acima de si, não poderia prejudicar. Diga-me Vossa Paternidade neste ponto, por caridade, o que lhe parece, pois é negócio que ainda há de vir; e mesmo que fosse para agora, não haveria motivo de ter escrúpulo[2].

Por essa carta de Frei Gabriel verá a tentação que tem comigo, e entretanto nunca deixei de lhe escrever quando tive portador. E veja o que é a paixão: diz aí que, tendo sido encarregado de remeter outras cartas minhas, tem visto que a ele não escrevo. Muito gostaria se estivesse acabado o negócio de Vossa Paternidade quando esta lhe chegar às mãos para que me possa escrever longamente.

Ia-me esquecendo dos Duques. Saiba que na véspera do ano-novo enviou-me a Duquesa um próprio com essa carta e mais outra, só para saber de mim. Assegura-me ter-lhe dito Vossa Paternidade que eu queria mais ao Duque do que a ela. Não concordei; fiz-lhe ver que, tendo-me Vossa Paternidade referido dele tantos bens, encarecendo como era espiritual, deve ter pensado isso; mas, na realidade, eu só a Deus quero por si mesmo, e nela não via motivo para não lhe querer, antes lhe devia maior afeição. Escrevi melhor do que vai aqui.

Parece-me que esse livro que o Padre Medina fez copiar, segundo ela me disse, é o meu grande. Faça-me Vossa Paternidade saber o que há sobre este assunto; e não se esqueça, porque muito me folgaria, por não haver outro senão o que está na mão dos Anjos, e tinha receio de ficar perdido. A meu parecer, a esse leva vantagem o que escrevi depois, embora Frei Domingos Báñez diga que não está bom; pelo menos tinha mais experiência quando escrevi este último[3].

Já fiz duas cartas ao Duque, e fui muito além do que Vossa Paternidade me recomenda.

Deus o guarde. Para ter alguma coisa que me desse contentamento, desejaria agora ver Pablo, mas se Deus não mo quer conceder, seja em muito boa hora, e não tenha eu senão cruz e mais cruz. Beatriz lhe envia muitas recomendações.

Indigna serva e verdadeira filha de Vossa Paternidade,

TERESA DE JESUS.

---

1. Alude ao projeto de fazer o Pe. Gracián Superior Geral.
2. *Macário:* Frei Antonio de Jesús. *Nomeado:* no Capítulo reunido pelos Descalços em Almodóvar, no ano de 1578.
3. *Meu grande:* o *Livro da Vida. Anjos:* os inquisidores. *O que escrevi depois: As moradas.*

314. AO PADRE JERÓNIMO GRACIÁN, EM ALCALÁ

Malagón, 15 de janeiro de 1580. Um Descalço cujos sermões agradam à Santa. Oxalá houvesse muitos de igual valor! Dificuldade em achar superioras para as fundações projetadas.

Jhs

Esteja com Vossa Paternidade, meu Padre, o Espírito Santo. Vendo mensageiro tão certo como este Irmão, não quis deixar de escrever estas linhas, embora o tenha feito ontem, bem longamente, por Juan Vázquez, o de Almodóvar.

Esteve aqui Frei Antonio de la Madre de Dios e pregou três sermões que me contentaram muito: parece boa coisa. Muito me consolo quando vejo semelhantes pessoas entre nossos Frades, e tive pesar da morte do bom Frei Francisco. Deus o tenha no céu![1]

Ó meu Padre, e como ando preocupada por não achar — no caso de se fazer a fundação de Villanueva — Priora e monjas que me satisfaçam! Esta San Angel daqui parece-me ter alguns bons requisitos, conforme escrevi a Vossa Paternidade; mas, como foi sempre criada nas liberdades desta casa e é bastante enferma, tenho muito receio. Diga-me Vossa Paternidade seu modo de pensar. Beatriz não me parece ter as qualidades que eu quisera, embora tenha mantido a paz nesta casa. Ainda bem não havia acabado com as preocupações daqui, e já me aperta outra[2].

Para Arenas creio será boa a Flamenga, que está muito sossegada desde que proveu ao futuro de suas filhas, e é muito bem-dotada. Para Madri, se Deus quiser que se faça a fundação, tenho Inés de Jesús. Recomende-o Vossa Paternidade a Sua Majestade, que importa muito acertar nos princípios, e diga-me por caridade o que lhe parece[3].

Nosso Senhor o guarde com a santidade que eu Lhe suplico. Amém.

É hoje 15 de janeiro.

315. A MADRE MARÍA DE S. JOSÉ, PRIORA DE SEVILHA

Malagón, 1º de fevereiro de 1580. Novos testemunhos de amor às Descalças de Sevilha. Qualidade da roupa a ser usada no verão. Sua próxima viagem a Villanueva de la Jara. Conselhos acerca de uma religiosa. Só se confesse "com Frades da Ordem". Singeleza e veracidade no que se escreve. Sobre os desgostos de Malagón. A experiência, mãe da ciência. Os versos sobre a eleição da Priora. Gratidão ao Prior da Cartuxa. Sobre o pagamento de certas quantias a D. Lorenzo de Cepeda. Elogio da Priora de Malagón.

Jhs

A graça do Espírito Santo esteja com vossa reverência, filha minha. Hoje, véspera de Nossa Senhora da Transfiguração, recebi a carta de vossa reverência e as dessas minhas Irmãs. Gostei muito. Não sei dizer a causa, mas, apesar de todos os desgostos que me dá vossa reverência, não posso deixar de querer-lhe muito: logo passa tudo. E agora, como essa casa progrediu com padecer essas refregas, quero-lhe ainda mais. Seja Deus louvado, que assim se fez tudo tão bem, e vossa reverência deve estar um pouco melhor de saúde, pois suas filhas não estão chorando como de costume[1].

Vestir vossa reverência túnica de lã no verão é coisa disparatada. Se me quiser dar prazer, tire-a assim que lhe chegar esta carta, por mais que lhe custe; pois todas estão vendo a sua necessidade e não ficarão desedificadas. Terá cumprido sua obrigação para com Nosso Senhor, pois assim faz por minha causa; e não aja de outro modo, que já experimentei o calor daí, e mais vale

---

1. Frei Francisco de la Concepción, Descalço.
2. *San Angel:* Elvira de San Angel.
3. *Flamenga:* Ana de S. Pedro, Wasteels.
1. *Transfiguração:* lapso claríssimo da Santa, que empregou essa palavra em lugar de "Purificação".

ter saúde para andar com a comunidade do que tê-las todas enfermas. Até em relação às Irmãs que vossa reverência vir necessitadas, digo o mesmo.

Louvei a Nosso Senhor por ter sido tão bom o resultado da eleição, pois, dizem, quando assim acontece, é por intervenção do Espírito Santo. Alegre-se com esse padecer, e não dê entrada ao demônio quando quiser inquietá-la com descontentamento desse ofício. Posso dizer-lhe agora — e folgará de saber — que a recomendo a Nosso Senhor, e não só eu: há um ano mando que em todos os mosteiros o façam. Porventura é esta a razão de haver tudo corrido tão bem. Sua Majestade o leve adiante.

Já eu sabia que, indo aí o Padre Frei Nicolao, tudo se havia de fazer do melhor modo. Mas se vossa reverência o tivesse pedido antes e lho mandassem, poria todos a perder; porque vossa reverência tinha em vista só a sua casa, e ele estava ocupado em negócios de toda a Ordem, que dependiam de Sua Reverência. Deus tudo fez como quem é. Quisera eu ter Frei Nicolao aí e também cá, até ver de todo concluída coisa tão importante. Bem gostaria que tivesse vindo a tempo de nos termos podido falar. Já não é mais possível, porque saiba vossa reverência que, haverá cinco dias, recebi patente do Padre Vigário com ordem de ir fundar um mosteiro em Villanueva de la Jara, perto de La Roda. Há cerca de quatro anos nos importunam, para este fim, o Ajuntamento da cidade e outras pessoas, em particular o Inquisidor de Cuenca, que lá estava como fiscal. Eu recusava, por achar numerosos inconvenientes. Aconteceu irem àquele lugar o Padre Frei Antonio de Jesús e o Prior de La Roda, e tanto fizeram, que saíram vencedores. É a vinte e oito léguas daqui[2].

Grande felicidade seria a minha se pudesse de caminho passar por aí, a fim de ver vossa reverência e fartar-me de repreendê-la, ou, por melhor dizer, de falar-lhe, pois com tantos trabalhos já deve ter se tornado gente. Hei de voltar aqui antes da Páscoa, se Deus for servido, pois a licença que levo é só até o dia de S. José. Diga-o ao Padre Prior, para o caso de lhe ser possível ir ver-me ali.

Escrevi a Sua Reverência[3] por via da corte, e mais vezes o poderia ter feito daqui a vossa reverência e a ele, mas não ousei, pelo receio de se extraviarem as cartas. Muito gostei de saber que as minhas últimas não se perderam, porque nelas dei meu parecer sobre a escolha da Superiora; contudo, melhor entenderá vossa reverência o que convém à sua casa. Só uma coisa lhe digo: é grande disparate elegerem Priora e Subpriora com pouca saúde; assim como também a Subpriora que não saiba ler bem nem entenda da reza do coro; e é ir contra as Constituições. Quem impede vossa reverência de encarregar de algum negócio a Irmã que lhe parecer capaz? No caso de ficar vossa reverência muito doente, estou certa de que Gabriela não se apartará do que lhe ordenar, e, dando-lhe vossa reverência autoridade e crédito, virtude tem ela para não dar mau exemplo. Por tudo isto folguei de ver vossa reverência inclinada a escolhê-la. Deus ordene o que for melhor.

Achei graça de dizer vossa reverência que não se há de acreditar em tudo o que S. Jerónimo conta. Não lhe tenho eu escrito o mesmo, tantas vezes? E até, numa carta dirigida a Garciálvarez, que vossa reverência rasgou, dizia o suficiente para que não desse crédito a seu espírito. Apesar de tudo, digo-lhe que é boa alma e, se não está perdida, não há motivo de compará-la a Beatriz: errará por falta de entendimento, não por malícia; mas pode ser que eu me engane. Desde que não a deixe vossa reverência confessar-se senão aos Padres da Ordem, acabou-se o perigo. Se ela alguma vez consultar Rodrigálvarez, diga-lhe vossa reverência a opinião em que o tenho; e sempre lhe dê muitas recomendações minhas.

Gostei de ver, por esses bilhetes que me escrevem as Irmãs, o amor que lhe dedicam; tive boa impressão. Sobretudo causou-me deleite e satisfação a carta de vossa reverência. Assim me passasse o desgosto com S. Francisco! Creio que procede de a ter achado muito desprovida de

---

2. *Inquisidor de Cuenca:* D. Francisco de Arganda.
3. Pe. Doria.

humildade e obediência no que me escreveu. Tenha vossa reverência muito desvelo com o aproveitamento dessa Irmã, pois deve ter contraído alguma coisa em Paterna; veja que não se alargue nem exagere tanto. Embora lhe pareça com seus rodeios não estar mentindo, é muito contrário à perfeição empregar tal estilo com quem exige a razão que use de toda a clareza. A não ser assim, farão o Prelado cair em mil disparates. Diga-lhe isto vossa reverência em resposta ao que agora me escreveu; e também que me darei por satisfeita quando se emendar desta falta. A este grande Deus quero que contentemos; de mim, pouco se há de fazer caso.

Ó minha filha, tivera eu tempo e cabeça para alargar-me a respeito das coisas que se têm passado nessa casa, a fim de vossa reverência cobrar experiência e também pedir a Deus perdão de não me ter avisado. Fui informada de que presenciou certos fatos que — ousarei apostar — não se têm passado em toda a Espanha em mosteiros muito relaxados. Em alguns casos a boa intenção poderia servir de escusa; mas em outros, não bastava. Fique vossa reverência escarmentada e ande sempre apegada às Constituições, pois tão amiga é delas, se não quer ganhar pouco com o mundo e perder com Deus.

Agora nenhuma há que não entenda e confesse a perdição em que estavam, a não ser Beatriz de Jesús. Esta, pelo muito que lhes queria, embora o esteja vendo, nunca me avisou no passado, e nada diz agora; com isto perdeu muito na minha estima.

Depois que cheguei não confessou mais as monjas quem antes as confessava, nem, creio, o fará mais, porque assim convém para dar satisfação ao povo. Estava tudo muito terrível. Certamente seria bom se estivesse debaixo de outra influência. Deus perdoe a quem privou dele esta casa, onde tiraria proveito para si e faria aproveitar a todas. Está bem convencido de que há razão para o que se está fazendo; vem visitar-me, e eu lhe tenho mostrado muito agrado, porque assim convém agora; e, na verdade, dou-me bem com sua singeleza. O ser jovem e pouco experiente é ocasião de muitos males. Ó minha Madre, está o mundo tão cheio de malícia, que nada se leva a bem! Se com a experiência que tivemos agora não nos acautelamos, tudo irá de mal a pior. Vossa reverência faça-se de velha desde já, olhando tudo, pois lhe coube tanta parte nos trabalhos. Isto lhe peço por amor de Nosso Senhor; que eu farei o mesmo[4].

Estranhei não me terem mandado nenhum versinho, pois sem dúvida não terá havido poucos na eleição. Sou amiga de se alegrarem em sua casa com moderação e, se alguma coisa disse, foi por algumas razões particulares. A minha Gabriela é que tem a culpa. Encomende-me vossa reverência muito a ela; bem lhe quisera escrever. Levo por Subpriora a San Angel, e de Toledo a Priora, mas não determinei ainda qual será. Recomendem muito ao Senhor que se sirva desta fundação, e rezem por Beatriz, que é digna de lástima. Fiquei contente com o recado de Margarida, se ela se conservar assim. O tempo o irá remediando, desde que vejam amor em vossa reverência.

Não me canso de admirar o que devemos ao bom Padre Prior das Covas. Mande-lhe vossa reverência um grande recado de minha parte. Faça que todas me recomendem ao Senhor, e vossa reverência o faça, pois ando cansada e estou muito velha. Não é muito que me tenha afeição o Padre Prior, porque muito me deve neste ponto. Deus no-lo guarde, pois grande bem temos em possuí-lo, e muito obrigadas estão todas a encomendá-lo ao Senhor. Sua Majestade esteja com vossa reverência, e ma guarde. Amém[5].

A resposta da Madre Priora e de Beatriz não dou, por me sentir cansada.

Saiba que me escreveu duas cartas para cá meu irmão. Pede-me escrever a vossa reverência dizendo-lhe a necessidade que tem; julga-a maior que a de vossa reverência, e teria muito grande favor darem-lhe agora ao menos a metade do que aí lhe devem. Com o fim de enviá-las a vossa reverência, dei essas cartas aqui, para mas guardarem, e agora não as acho; mas esteja certa: se ele não me apertasse, eu não apertaria a vossa reverência. Saiba que vendeu boa parte do censo

---

4. *Quem antes as confessava:* Gaspar de Villanueva, que foi substituído pelo P. Felipe de la Purificación.
5. *Prior:* Pe. Doria, Prior de Pastrana.

que aí lhe dão, e, no momento, qualquer coisa lhe serviria muito. Eu o teria feito por cá, mas estes negócios consomem tudo.

Indigna serva de vossa reverência,

TERESA DE JESUS.

Pelo que me alarguei, verá com que vontade estava de lhe escrever. Bem vale esta por quatro das que escrevo às Prioras de cá, e poucas vezes é de próprio punho. Muito me alegrei com a boa ordem estabelecida pelo Padre Prior nos negócios materiais; pelo que se deve a meu irmão não se prejudiquem, apesar da necessidade que temos. Aqui estão todas contentíssimas, e tem sobrada razão, tal é a Priora. Asseguro-lhe que é das boas que há nestas casas, e tem saúde, o que é grande coisa. O convento está como um paraíso. Quanto às perdas de dinheiro que sofremos, tenho providenciado para que façam aqui algum trabalho de mão com que se possam manter. Praza a Deus deem lucro; ao menos por culpa da Priora nada se perderá; é grande administradora.

Ao Padre Frei Gregorio pergunte como se esqueceu de mim, e dê muitas saudações, a ele e ao Padre Soto, cuja amizade tem valido não pouco a vossa reverência … tão bom em seu lugar…[6] deve essa casa encomendá-lo a Deus; foi feliz nas distribuições. Eu quisera que tornasse a morar aí, porque o tenho em conta de virtuoso e fiel.

316. A MADRE MARÍA DE JESÚS, EM BEAS

Malagón, fevereiro de 1580. Queixa-se de que, assim ela como sua irmã Catalina de Jesus (Sandoval), pouco lhe escrevem. Fundação de Villanueva de la Jara. Lembranças às religiosas.

Jhs

A graça do Espírito Santo esteja com Vossa Caridade, filha minha. Se tivesse Vossa Caridade minha má cabeça e meus negócios, teria desculpa em não me escrever há tanto tempo; mas não sendo assim, não sei como me deixe de queixar de Vossa Caridade e de minha querida Irmã Catalina de Jesús. Pois, decerto, não devem fazer assim comigo. Pudesse eu, e tão frequentemente lhes escreveria que não as deixaria dormir em tanto esquecimento. Consolo-me com saber que ambas têm saúde e estão contentes, segundo me dizem, servem a Nosso Senhor[1].

Praza a Sua Majestade seja assim, que eu muito Lho suplico, e quisera poder agora consolar-me nessa casa dos muitos cansaços e trabalhos que nestes anos tenho sofrido de várias maneiras. Este desejo é conforme à minha sensualidade, mas, quando torno à razão, bem vejo que não mereço senão cruz e mais cruz, e que muita mercê me faz Deus em não me dar outra coisa.

Já terá sabido Vossa Caridade, pela Madre Priora, como me mandam ir a uma fundação, que há anos tenho recusado. Mas como tem havido tanta perseverança e o Prelado é favorável, vou muito confiada de que será para serviço de Nosso Senhor. Vossa Caridade assim Lhe peça, e que me deixe sempre fazer sua Vontade.

Às Irmãs Catalina de Jesús, Isabel de Jesús e Leonor del Salvador dará Vossa Caridade minhas lembranças. Quisera ter tempo e cabeça para alargar-me. Vossa Caridade não seja escassa em escrever-me nem se espante, se não lhes responder logo. Esteja certa de que me alegro com suas cartas e não me esqueço de encomendá-la a Nosso Senhor.

Sua Majestade a faça tão santa como desejo.

Indigna serva de Vossa Caridade,

TERESA DE JESUS.

---

6. Original ilegível.
1. A respeito das duas irmãs Catalina Gordínez e María de Sandoval, leia-se no *Livro das Fundações* c. XXII: "A Fundação do Mosteiro de Beas", uma das mais interessantes.

317. A MADRE MARÍA DE S. JOSÉ, PRIORA DE SEVILHA

Malagón, 8 e 9 de fevereiro de 1580. Lamenta a queda do Prior da Cartuxa. Sinto que "falte um santo na terra". Enfermidade da Subpriora. A "água de rosas". A nova casa que pretendiam as Descalças. Gastos consideráveis de D. Lorenzo de Cepeda. Dinheiro para os Descalços que estavam em Roma. Precaução com o que se dá nos locutórios. Uns corporais. Sobre a viagem do Pe. Doria.

Jhs

A graça do Espírito Santo esteja com vossa reverência, filha minha. Hoje, 8 de fevereiro, recebi a última carta que vossa reverência me escreveu, datada de 21 de janeiro.

Deu-me grandíssima pena o desastre de nosso santo Prior, e se morrer por tão grande acidente, ainda a terei maior; penso que, se por sua idade ou enfermidade Deus o levara, não o sentiria tanto. Já vejo que é bobagem, pois quanto mais padecer, melhor será para ele; mas quando me recordo do que lhe devo e do bem que sempre nos fez, não posso deixar de sentir muito que falte um santo na terra, e vivam os que não fazem senão ofender a Deus. Sua Majestade lhe dê o que for mais conveniente para sua alma; isto havemos de pedir, nós que tanto lhe devemos, deixando de lado o que perde essa casa. Muito o recomendaremos todas a Deus. Entristeço-me também porque não sei por onde me poderá escrever vossa reverência para La Roda, ou Villanueva de la Jara, que é perto, dando-me notícia da saúde dele. Milagre será se Deus no-lo conservar.

Parece-lhe ter havido descuido da parte de nossos mosteiros, por não lhe haverem escrito, mas creia-me: são meras formalidades, que deveríamos escusar. Saiba que tiveram grande cuidado de encomendá-las a Deus, e sentiram muito. Como lhes disse o que o Senhor tem feito, dando já remédio a tudo, ficaram muito consoladas; e têm sido tantas as orações, que, penso, há de começar a comunidade nessa casa a servi-lo muito de novo, pois sempre são de proveito.

Tive pena do mal da nova Subpriora; pensei que estava tão sã como antes, e isto me fez em parte querer que o fosse, para aliviar do trabalho a vossa reverência. Tem sido de muito proveito, por aqui, e é recomendado por bons médicos, beber nesses casos uns goles, quatro ou cinco, de água de rosas. A mim me faz grande bem, e água de flor muito mal; cheirar as mesmas flores de laranja é bom para o coração, porém não beber a água. Recomende-me muito vossa reverência à Madre Subpriora. Apesar de tudo, espero em Deus, há de desempenhar satisfatoriamente seu ofício. Sempre lhe dê autoridade e castigue a quem em sua ausência não lhe obedecer como à sua própria pessoa, que isto lhe dará prestígio, e é muito necessário.

Sempre tive um pouco de desconfiança dessa Leonorzinha. Bem faz de andar de sobreaviso, e até com suspeita de que acudirá à sua parenta. A velha parece muito sã, e foi de quem tive mais pena. Recomende-me muito a ela[1].

Por Serrano escrevi longamente a vossa reverência. Disse-me que brevemente partirá para aí, pois não se pode acostumar nesta terra. Olhe por ele, pois confiou ao Licenciado — e este mo contou — que pretende passar às Índias. Isto me causaria pesar: é um disparate, e nunca poderei agradecer-lhe bastante a dedicação que teve para com esse mosteiro em tempo de tanta necessidade. Também escrevi por ele ao Padre Nicolao, que, penso, ainda não deve ter partido; quisera ter aqui as cartas. Já escrevi a vossa reverência mais extensamente sobre esta fundação que vou fazer.

Numa carta que escrevi ao Padre Prior, penso ter recomendado que não se trate de tomar casa sem que vossa reverência primeiro a veja e examine bem, que para isso logo dará licença o Prelado. Lembre-se do que se passou aí; bem sabe como, neste ponto, entendem mal estes Padres o que nos convém. Todas as coisas requerem tempo; e bem se diz: quem adiante não olha... Traga sempre diante dos olhos quanto se empenhou o demônio por destruir essa casa, e que de trabalhos nos tem custado, a fim de não dar um passo senão com muitos pareceres, e tudo bem ponderado.

---

1. *Leonorzinha:* Leonor de San Angel, prima de Beatriz de la Madre de Dios, que é a parenta em questão.

Do Prior que está aí, pouco me fiaria eu em matéria de negócios. Quanto a vossa reverência, nunca lhe passe pelo pensamento que haja pessoa que tanto se folgue de que aí estejam muito bem como eu. E sempre advirta que ainda é mais necessário ter belas vistas do que escolher bom local; e também cerca, se puderem.

As Descalças franciscanas em Valladolid pensaram muito fazer tomando casa junto da Chancelaria, e mudaram-se de onde estavam. O resultado é que estão muito endividadas, e aflitíssimas, vendo-se metidas como num buraco; e não sabem o que fazer, pois até mexer-se não podem sem que as ouçam. Esteja certa: mais quero a vossa reverência do que imagina: é com ternura, e por isso desejo que acerte em tudo, especialmente em coisa tão grave. O mal é este: quanto mais amo, menos posso sofrer a mínima falta. Já estou vendo que é tolice, pois é errando que se vem a tomar experiência; mas se o erro é grande, nunca se conserta de todo, e portanto convém andar com temor.

Muito me contraria o terem de pagar juros: é grande maçada, e nunca se vai para adiante; mas, se o Padre Prior o aprova, deve ser a melhor solução. Praza ao Senhor remediá-lo depressa, pois dá origem a grande inquietação. Bem quisera eu que meu irmão pudesse dispensar o dinheiro; e estou bem convencida de que, se as visse em necessidade, embora também estivesse em muita, assim o faria; e, esteja certa, nunca lhe falei do que lhes trouxeram das Índias. Ele tem tomado muitos censos e vendeu, dos que aí lhe dão mil ducados, com prejuízo de cem, em Valladolid, e por esta razão se retirou a morar no lugarejo que comprou fora da cidade. Tem muitos gastos, e, como está acostumado a ter de sobra e não tem gênio para pedir aos outros, sente-se acabrunhado. Duas vezes escreveu-me para cá sobre este assunto. Muito gostei do que vossa reverência está fazendo, embora ele não tenha pedido senão que, ao menos lhe pagasse a metade, se fosse possível. Recomende-o muito ao Padre Prior[2].

Foi generosa no que deu para a Ordem. Deus lho pague. Em nenhuma parte chegaram a tanto, a não ser em Valladolid, onde contribuíram com mais cinquenta ducados. Veio em muito boa ocasião, pois não sabia como socorrer a esses Padres que estão em Roma e se queixam de tantos apuros e agora é justamente o tempo em que mais necessário é que lá estejam. Seja Deus por tudo louvado.

Remeti as cartas ao Padre Gracián. Este escreveu, segundo me disse, ao Padre Nicolao sobre este assunto. É grande alívio para mim podermos ao menos escrever-lhe. Se ele for aí, veja, minha filha, como procede; há em casa quem a observe, e já nos vimos em perigo por esses descuidos debaixo de boas intenções; e se não ficássemos emendadas, não sei o que seria, pois nos custa tão caro. E, por amor de Nosso Senhor, peço-lhe: não faça outra coisa. Não sendo mais Visitador, já não há que temer do que lhe dão por comida, nem tem as necessidades de quando o era.

Não sei como diz que adivinho que está fazendo corporais, pois vossa reverência mesma mo escreveu na carta trazida por Serrano. Não nos envie enquanto eu não indagar se são necessários. Deus a guarde — que de tudo tem tanto cuidado — e a faça muito santa.

Não impeça a vinda do Padre Prior, nem fique pesarosa, porque, até estar acabado o que é de tanta importância, não é justo pormos os olhos em nosso proveito particular. Sempre encomendem a Deus, tanto a ele como a mim, que agora terei mais necessidade para que se acerte nesta fundação. Os recados da Priora e das Irmãs dê por recebidos, que me cansa escrever muito[3].

É hoje 9 de fevereiro.

De vossa reverência serva,

TERESA DE JESUS.

Se tiver vindo para cá o Padre Nicolao, rasgue vossa reverência essa carta para ele. Bem a poderá ler se quiser, mas rasgue-a logo.

---

2. *Padre Prior:* Pe. Doria, muito entendido, pois havia sido negociante. *Das Índias:* de uma senhora idosa que morrera nas Índias, como então era chamada a América, havia a comunidade de Sevilha herdado oitocentos ducados.

3. *Nesta fundação:* de Villanueva de la Jara.

318. A D. LORENZO DE CEPEDA, EM LA SERNA (ÁVILA)

Malagón, fevereiro de 1580. As Descalças de Sevilha pagam parte de sua dívida a D. Lorenzo. O Pe. Nicolás Doria em Pastrana e Ávila. Herdam as monjas de Sevilha. Lamenta a queda do santo Prior das Covas.

Jhs

A graça do Espírito Santo esteja com vossa mercê. Embora lhe tenha escrito algumas vezes, em pouco tempo, mais vezes o faria agora se tivesse mensageiro; e, por não saber se o terei em Villanueva, escrevo esta.

Pensei que por estas horas já tivéssemos partido; não tardarão em vir buscar-nos, mas repugna-me viajar durante a Quaresma.

Alegrei-me com o que me escreve a Priora de Sevilha sobre o pagamento a vossa mercê. Diz ela que breve pagará perto de quatrocentos ducados, como verá por esta notinha que vai inclusa, pois, como vão para longe as cartas, não ousei enviá-las todas. Duas recebi de vossa mercê, nas quais me mandava pedir-lhe esse dinheiro. Minha carta teria chegado ao lugar que combinei com vossa mercê, antes que eu tornasse a escrever a ela; aliás já lhe tinha dito que vossa mercê se contentava com a metade, e se a visse em necessidade, preferiria ficar com a sua, sem exigir coisa alguma. Não sei se lá melhor estaria o dinheiro; pois dizia sempre vossa mercê que o destinava à capela, e agora vai gastar tudo. Deus o encaminhe, já que vossa mercê o quer ter para Ele; e permita que tire lucro com esse gado.

Estou, como tenho dito em outras cartas, melhor que estava aí; não, porém, sem os achaques ordinários.

Breve passará por aí o Padre Nicolao. Escreva-lhe vossa mercê, que estará mais perto do que eu. Assim que eu souber que ele está em Pastrana, farei que lhe entreguem esse dinheiro; a Priora de Toledo está encarregada de cobrar o de lá. Agora vou escrever-lhe para que, logo que o cobrar, o entregue a vossa mercê.

Em Sevilha vão prosperamente. Da velha que morreu nas Índias herdaram oitocentos ducados, que já lhes foram trazidos. Não sei de outra novidade, senão que o Prior das Covas está nas últimas, de uma queda que deu. Recomende-o vossa mercê a Deus, que muito lhe devemos. É extraordinário o que faz pelas monjas; vão perder muito.

Praza a Sua Majestade ganhe vossa mercê nessa solidão muitas riquezas eternas, que todas as mais são como dinheiro de contos de fadas; embora não estejam mal em quem tão bem as emprega como vossa mercê… Beijo a vossa mercê muitas vezes as mãos.

É hoje … de fevereiro.

Indigna serva de vossa mercê,

TERESA DE JESUS.

319. AO PADRE JERÓNIMO GRACIÁN, EM ALCALÁ

Malagón, fevereiro de 1580. Frei Ambrosio, homem de bem. Se houve pequenos partidos "estão já desfeitos". Frei João da Cruz com o Padre Gracián. Dá ao Padre Gracián notícias de sua família. Outros negócios.

Jesus esteja com Vossa Paternidade. Saiba que o Padre Frei Ambrosio aqui está esperando para falar a Frei Gabriel, que há de vir buscar-nos, e certamente, meu Padre, tem-me parecido homem de bem e de entendimento. Não é que o tenha consultado sobre alguma coisa, nem pequena nem grande, antes ando em tudo com grande cautela, pelo sim ou pelo não, mas asseguro-lhe: alegrei-me por ter entendido que esses bandos que julgávamos ainda existir, se algum houve, estão já desfeitos. Por Frei João da Cruz sou capaz de jurar que nem lhe passou tal coisa pelo pensamento, antes ajudou os Romanos quanto pôde; e morrerá, se for preciso, por Vossa Paternidade. Isto é verdade, fora de qualquer dúvida[1].

Este Frei Ambrosio tem grande zelo do bem da Ordem, e assim não creio fará coisa que não deva. Vem de Sevilha, e viu o que por lá se passa, e o Padre Nicolao não pouco tem sofrido com aquela gente...

Achei a minha Isabel muito gordinha, com umas cores que são para louvar a Deus. Também estão bons os que residem em Madri, assim como a senhora D. Juana, irmã de Vossa Paternidade, segundo me disseram há pouco.

Não deixe de enviar-me licença para a menina de Antonio Gaytán.

Asseguro-lhe que me aborreço com o Padre Mariano por reter os papéis que Vossa Paternidade me envia. Deus lho perdoe.

A Priora e todas se recomendam às orações de Vossa Paternidade. Como... por certo não digo agora...[2]

O Senhor me guarde a Vossa Paternidade e, pelos benefícios que nos faz Vossa Paternidade, lhe dê o que mais lhe convier, e muita graça no meio de tanta confusão. Amém.

Filha de Vossa Paternidade, indigna,

TERESA DE JESUS.

320. A D. JUANA DE AHUMADA, EM ALBA

Malagón, fevereiro de 1580. Lamenta ver-se tão longe de D. Juana e não poder estar com ela mais frequentemente. Anuncia-lhe sua viagem a Villanueva de la Jara, Medina e Ávila, onde deseja vê-la.

Jhs

Esteja com vossa mercê o Espírito Santo, minha irmã. Eu lhe digo que, se andasse a buscar meu contentamento, seria trabalho para mim estarmos sempre tão longe uma da outra; mas, como vivemos em terra estranha, teremos de sofrê-lo até que Nosso Senhor nos leve àquela que há de durar para sempre.

Escrevi há pouco a vossa mercê dizendo-lhe como estava já sem febre, glória a Deus, juntando a carta a uma que escrevi a meu irmão, ambas endereçadas à Madre Priora de Medina. Creia que tenho tido nesta terra bastante pesar por não saber de mensageiro, para poder escrever algumas vezes. Senti muito; entretanto, segundo me disse o Senhor Licenciado por quem vai esta, muitas vezes, parece, poderia tê-lo feito, por meio dele; mas só agora o conheci, em razão de ter recebido uma cunhada sua numa destas nossas casas. Em todo caso, responda-me logo, que daqui me enviarão a carta para onde eu estiver.

Partirei, com o favor de Deus, na quarta-feira de Cinzas; ficarei oito dias em Medina — e nem sei se tanto, pois não me posso deter; em Ávila outros oito. Muito me consolaria de aí estar com vossa mercê, ao menos um dia...[1]

321. AO PADRE JERÓNIMO GRACIÁN, EM ALCALÁ

Malagón, 12 de fevereiro de 1580. Sai para Villanueva de la Jara. O bom velho Frei Antonio. Os Descalços "engordam com os trabalhos". A fundação de Descalços em Madri.

---

1. *Romanos:* os que tinham ido tratar da separação da Província, em Roma.
2. Original ilegível.

1. *Partirei na quarta-feira de Cinzas:* seus planos falharam porque nesses dias recebeu permissão para fundar em Villanueva de la Jara.

Jhs

A graça do Espírito Santo esteja com Vossa Paternidade, meu Padre. Hoje vieram buscar-nos o Padre Frei Antonio e o Padre Prior da Roda. Trazem um coche e um carro, e, pelas notícias que deram, creio que há de ter bom êxito esta fundação. Recomende-a Vossa Paternidade a Nosso Senhor. Não pode negar o bom Frei Antonio o amor que me tem, pois, com toda a sua idade, veio até cá. Sinto ir para tão longe; já escrevi a Vossa Paternidade a causa. Veio bem-disposto o Padre Antonio e gordo; parece-me que este ano engordam com os trabalhos.

Ao Senhor Velasco diga Vossa Paternidade que recebi suas cartas e quisera responder-lhe; não sei se terei tempo, porque estou muito ocupada.

Pague Deus a Sua Mercê todo o bem que nos fez em deixando-nos livres de poder tratar com Vossa Paternidade. Muito o recomendo a Nosso Senhor, e todas fazem o mesmo; creio que tenho desejo de conhecer a quem tanto nos tem favorecido. Se, entre Sua Mercê e o senhor D. Luis Manrique, se pudesse achar meio de alcançar do Arcebispo licença para fundar aí um mosteiro, poderia eu, na volta de Villanueva, fundá-lo bem depressa, sem que alguém o entendesse até estar feito, porque já tenho quem me dê para a casa. Se o Arcebispo exigir renda, já sabe Vossa Paternidade que entrarão logo as filhas de Luis Guillamas, que têm quatrocentos mil maravedis por ano, o que, para treze monjas, é suficiente; e o Padre Vigário logo me dará licença. Talvez esses senhores conheçam algum amigo do Arcebispo que alcance a dele[1].

Pelo sim ou pelo não, não deixe de tratar disso se for do mesmo parecer, e se acaso o conseguir, é preciso avisar-me sem demora. Vossa Paternidade procure alguém por quem possa escrever-me, para que eu saiba de sua saúde.

Nosso Senhor a dê a Vossa Paternidade, como pode e eu Lhe suplico.

É hoje 12 de fevereiro.

Indigna serva de Vossa Paternidade, e filha,

TERESA DE JESUS.

322. A MADRE MARÍA DE S. JOSÉ, PRIORA DE SEVILHA

Toledo, 3 de abril de 1580. Adoece gravemente a Santa. Doria lhe dá boas notícias de Sevilha. Conselhos à Madre Priora sobre algumas religiosas e sobre a casa que intentavam comprar. A fundação de Villanueva fez-se muito bem. A saúde da Madre Brianda. Gracián em Toledo.

Jhs

A graça do Espírito Santo esteja com vossa reverência, filha minha. Bem pode crer como gostaria de estar capaz de escrever-lhe muito longamente, mas ando estes dias com muito pouca saúde. Poderia se dizer estou pagando a boa que tive em Malagón e Villanueva e pelos caminhos, que há muito tempo, e até anos, creio, não me senti tão bem. Grande mercê foi de Nosso Senhor; agora pouco importa que a tenha ou não.

Desde Quinta-Feira Santa deu-me um acidente, dos grandes que tenho tido em minha vida, de paralisia e coração. Deixou-me até agora com febre — pois ainda não passou — e com tal indisposição e fraqueza, que muito fiz em poder falar com o Padre Nicolao na grade. Está aqui há dois dias; muito me tenho consolado com ele. Pelo menos vossa reverência não foi esquecida. Espanta-me ver como o traz enganado; e eu contribuo para isto, porque me parece não será mau para essa casa que ele assim pense. O pior é que parece ter-me pegado também a mim o seu engano. Praza a Deus, minha filha, que vossa reverência nada faça por onde diminua esse bom conceito, e Ele a tenha de sua mão. Alegrei-me não pouco de ouvir o bem que diz dessas Irmãs; muito quisera conhecê-las. Conte-lhes isto e dê-lhes muitas lembranças. Faça que recomendem a Deus estes ne-

---

1. *Já tenho quem me dê:* talvez D. Isabel de Osorio. Refere-se à fundação em Madri.

gócios de Portugal, e peçam que dê sucessão a D. Guiomar, que é a lástima ver como estão, mãe e filha, por este motivo. Tomem bem a peito esta intenção, como é de nosso dever. É muito boa cristã; mas esta provação lhes causa, a ambas, grande tristeza[1].

Recebi algumas cartas de vossa reverência, das quais a trazida pelo Padre Prior de Pastrana foi a mais longa. Gostei muito de saber como ele[2] deixou prósperas todas as coisas dessa casa; agora, indo para aí o Padre Gracián, nada lhes faltará. Olhe bem, minha filha, pois há quem exagere tudo o que vossa reverência faz; evite toda as ocasiões. Na verdade, ele, creio, está bem de sobreaviso.

Espantei-me com algumas das coisas que me contou o Padre Nicolao. Entregou-me hoje os papéis; irei lendo pouco a pouco. Grande temor sinto a respeito dessa alma. Deus a conserte. Parece-me bom o modo de agir que ele lhe traçou em relação a ela[3].

Nunca se descuide inteiramente dessa, nem tampouco da outra.

Contou-me o Padre Nicolao a generosidade de vossa reverência em depositar dinheiro para os negócios da Ordem. Deus lho pague, pois já não sabia como arranjá-lo por aqui. O principal está feito: os papéis já chegaram lá, e os Padres esperam o despacho de uma hora para outra, e há muito boas notícias. Deem graças a Nosso Senhor. Porque o Padre Prior escreverá contando tudo, nada mais acrescento.

Acerca dessa casa que lhes querem vender, ele fez muitos elogios; diz que tem cerca e boas vistas. Para nossa maneira de viver é grande vantagem, especialmente tendo a comunidade rendimentos; e estes já os vão adquirindo. O estar tão longe dos Remédios parece-me coisa penosa, por causa dos confessores; mas distante da cidade não me disse que esteja; até é junto, por uma parte. De qualquer maneira que seja, vossa reverência não trate de compra alguma sem ver primeiro a casa, com outras duas monjas das que lhe parecerem mais entendidas, pois o Prelado, seja qual for, lhe dará licença para ir vê-la. De Frade nenhum se fie, nem de ninguém; bem viu a compra ridícula que nos queriam impingir. Já lhe escrevi de outra vez sobre o mesmo assunto; não sei se lhe chegou a carta.

A resposta à que vossa reverência escreveu a meu irmão, vai aqui. Abri-a por engano, mas só li o princípio. Vendo que não era para mim, tornei logo a fechá-la. Vai deixar-me o Padre Prior as escrituras para cobrar o dinheiro daqui; mas falta a autorização, está com Roque de Huerta, que anda por aí em cumprimento de seu ofício. Mande-a juntamente com a outra que o Padre Prior mandou pedir para o negócio de Valladolid, e, pelo sim ou pelo não, venham ambas endereçadas à Priora desta casa. Quanto a mim, se Deus me der alguma saúde, pouco mais do que este mês estarei aqui, porque tenho ordem de ir a Segóvia e depois a Valladolid, a fundar uma casa em Palência, que é à distância de quatro léguas.

A notícia sobre a fundação de Villanueva mandei que lhe enviassem, e assim não digo mais nada senão que não ficaram muito bem, e creio se há de servir muito naquela casa a Nosso Senhor. Levei daqui por Priora uma filha de Beatriz de la Fuente. Parece-me muito boa, tão pintada para aquela gente como vossa reverência para a Andaluzia. San Angel, a de Malagón, é Subpriora em Villanueva, e faz muito bem seu ofício; ficaram outras duas com elas, muito santas. Peçam a Nosso Senhor que se sirva destas fundações; e fique-se com Ele, que não estou podendo mais, porque, embora a febre seja pouca, os acidentes do coração e da madre são diversos. Talvez não seja coisa de importância. Recomendem-me a Deus. Agora Beatriz de Jesús vai dar notícias da Madre Brianda[4].

De vossa reverência serva,

TERESA DE JESUS.

---

1. *D. Guiomar:* filha de D. Luisa de la Cerda, fundadora de Malagón.
2. Pe. Doria fora negociante, e, muito hábil em negócios, passou meio ano em Sevilha até consertar o estado financeiro da casa, arruinada pela "negra Vigária", como diz a Santa.
3. *Os papéis:* o relatório que mandara fazer a Santa sobre os tristes acontecimentos de Sevilha.
4. *Outras duas:* Ana de San Agostín, do convento de Malagón, e Constança de la Cruz, de Toledo.

Nossa Madre⁵ chegou aqui na véspera de Ramos, e eu com Sua Reverência. Achamos a Madre Brianda tão mal que lhe queriam dar a Extrema-Unção, pelo muito sangue que tinha deitado pela boca. Algumas vezes o lança e tem contínua febre, mas já está um pouco melhor, e alguns dias se levanta. Imagine vossa reverência o que teria sido se a tivessem levado a Malagón. Ela e a casa ficariam perdidas, e teriam muito a sofrer pela grande necessidade que há por lá.

Nossa Madre já tirou daqui outras duas monjas, e ainda praza a Deus que baste! Faça vossa reverência que a encomendem a Deus, e o mesmo peço para mim, que tenho muita necessidade.

Faça vossa reverência igualmente encomendar a Deus a eleição do Geral; que seja muito para o serviço de Sua Majestade. Aqui achei o Padre Gracián; está bom. Sobre o fogãozinho, saibam que gastamos quase cem reais, e não valeu a pena; tivemos de desmanchá-lo, por ser maior o gasto de lenha do que o proveito da comunidade⁶.

Ao Prior das Covas mande vossa reverência visitar de minha parte e dê-lhe um grande recado, dizendo que, por estar assim, não lhe escrevo; e veja bem vossa reverência que deve agora ter mais cuidado em fazê-lo visitar, para não parecer que, não estando no ofício para nos fazer bem, o esquecemos; parecerá mal a…

323. A D. ISABEL OSÓRIO, EM MADRI

Toledo, 8 de abril de 1580. Anima-a a perseverar em sua vocação. A Santa deseja vê-la, em sua passagem pela corte. O Padre Baltasar, "dos maiores amigos" da Santa. Inés de la Encarnación, irmã de D. Isabel.

Jhs

A graça do Espírito Santo esteja com vossa mercê, senhora minha. Cheguei aqui em Toledo na véspera de Ramos. A viagem foi de trinta léguas, mas cheguei sem cansaço, e até com mais saúde que de costume. De então para cá, tenho tido bem pouca, mas creio que não será nada.

Alegrei-me muito com as notícias que me deram aqui das melhoras de vossa mercê. Tinha já recebido uma carta sua na qual me diz vossa mercê que não foram suficientes os seus males para desviá-la do bom propósito que tinha. Por tudo seja Deus louvado. Espero em Sua Majestade que, em estando vossa mercê já boa de todo para realizá-lo, teremos feito a fundação de que falei. Se assim não for, daremos outro jeito para que o santo desejo de vossa mercê não se deixe de efetuar¹.

Tenho por certo, se Deus me der saúde, que em breve passarei aí por Madri, mas quisera que ninguém o soubesse. Não sei como fazer para me encontrar com vossa mercê; mas secretamente a avisarei acerca do lugar onde estiver. Vossa mercê escreva-me a este respeito, e não se esqueça de me encomendar a Nosso Senhor e dar minhas saudações ao Padre Valentim. Fora dele, a nenhum outro quero que dê vossa mercê notícia desta minha passagem por aí.

Disseram-me que brevemente aí estará, se já não está, um Provincial há pouco nomeado para essa Província da Companhia. Saiba vossa mercê que é dos maiores amigos que tenho; foi meu confessor alguns anos. Procure vossa mercê falar-lhe, que é um santo; e, assim que chegar, faça-me o favor de dar-lhe em mão essa minha carta, que não sei por onde a possa encaminhar melhor. Guie Nosso Senhor a vossa mercê em todos os seus passos. Amém².

A nossa Irmã Inés de la Encarnación achei tão gorda que me admirei, consolando-me ao mesmo tempo por vê-la tão grande serva de Deus. Ele a tenha de sua mão. Na obediência tem extremos de perfeição, e aliás em todas as virtudes.

Indigna serva de vossa mercê,

TERESA DE JESUS.

---

5. Este final é recado da Santa.
6. *Eleição:* foi eleito Geral da Ordem, em substituição ao Pe. Rubeo, o Pe. Juan Bautista Cafardo, que interinamente governara como Vigário Geral.
1. *A fundação de que falei:* refere-se à fundação que tencionava realizar em Madri.
2. *Provincial:* Pe. Baltasar Álvarez, muito mencionado sobretudo no *Livro da Vida*.

O Padre Prior ficou bom. Já lhe dei o recado de vossa mercê. Devo-lhe muito. Suplico a vossa mercê, procure resposta dessa carta inclusa e ma remeta com muita segurança, pois é importante para mim³.

É hoje 8 de abril.

324. A D. LORENZO DE CEPEDA, EM LA SERNA

Toledo, 10 de abril de 1580. D. Pedro de Ahumada consumido pela melancolia. Projeto de viagem de D. Pedro a Sevilha. Recomenda a D. Lorenzo paciência e caridade para com ele. Modo prático de socorrê-lo.

Jhs

A graça do Espírito Santo esteja com vossa mercê. Asseguro-lhe que parece Deus permitir que nos ande a tentar esse pobre homem, para ver até onde chega nossa caridade. E na verdade, irmão meu, tão pouca é a minha para com ele, que muito me aflijo; porque não só não é a que lhe devo como a irmão, mas ainda como a próximo é bem pouca, havendo tanta razão para doer-me de sua necessidade. Meu remédio é pensar logo no que devo fazer para contentar a Deus; e, em entrando Sua Majestade de permeio, a qualquer trabalho me exporia para ajudá-lo. A não ser isto, asseguro a vossa mercê que nem pouco nem muito lhe teria tirado da cabeça seus projetos de viagem; porque era tanto o que desejava vê-lo fora da casa de vossa mercê, que muito mais me deixaria mover pelo contentamento que isto me dava, do que pela pena de seu infortúnio. E, assim, suplico a vossa mercê, por amor de Nosso Senhor e para meu sossego, faça-me este favor de não o hospedar mais em sua casa, por muito que ele rogue e esteja necessitado; porque verdadeiramente, acerca desse desejo de morar com vossa mercê, está louco, embora não o esteja para outras coisas. De vários letrados tenho ouvido que isto pode muito bem acontecer. E a culpa não é a moradia em La Serna — pois antes de haver projeto de ir para lá ele queria fazer o mesmo —, e sim sua grande enfermidade; e, asseguro-lhe: tenho tido grande temor de alguma desgraça¹.

Ele diz que vossa mercê tem razão de ficar muito contrariado, mas que não está em suas mãos. Bem entende que está perdido; e deve sofrer muito, mas diz que tanto sentia aqui estar, que preferiria morrer. Tinha contratado com um arrieiro para ir a Sevilha amanhã; mas não entendo para que, pois está o coitado de tal sorte, que um dia de caminho debaixo de sol o matará; já vinha com dor de cabeça, e lá não terá outro remédio senão gastar o dinheiro que tem, e depois pedir esmola por amor de Deus, pois pensei que tinha alguma coisa no poder do irmão de D. Maior, e não o tem. Achei bom, só por amor de Deus, fazê-lo esperar até me vir resposta disto que escrevo a vossa mercê, embora este esteja muito certo de que nada alcançará. Mas, como já vai entendendo sua perdição, enfim, resolveu esperar. Por caridade, responda-me logo e dirija a carta à Priora, pois vou escrever-lhe que ma remeta pelo primeiro portador².

Essa tristeza tão súbita que acomete vossa mercê a qualquer hora, conforme me escreve, penso que foi causada pela vinda deste, porque Deus é muito fiel; e se este nosso irmão está louco neste ponto, como creio, é claro que estaria vossa mercê mais obrigado, por lei de perfeição, a ajudá-lo como pudesse, não o deixando correr a morte certa. Deve tirar de outras esmolas que faz e dar a ele, como a quem tem mais obrigação por causa do parentesco; pois no demais já vejo que nenhuma tem; porém ainda menos devia José a seus irmãos.

---

3. *Prior:* Frei Gabriel de la Asunción.

1. *Pobre homem:* Pedro de Ahumada, irmão de ambos, que tinha vindo da América na mais profunda neurastenia e teimava em querer voltar para lá, sozinho, sem dinheiro e sem saúde. Sta. Teresa pretendia que ele morasse, mediante uma pensão dada por D. Lorenzo, em casa de algum parente onde, por cerimônia, vivesse com mais comedimento. *Tão pouca era a minha para com ele:* ao contrário do que escrevera, Sta. Teresa amparou e guiou com exímia caridade seu pobre irmão e fez D. Lorenzo assegurar-lhe meios de viver folgadamente até o fim de seus dias.

2. *D. Maior:* monja beneditina, irmã de Juan de Ovalle, cunhado da Santa.

Creia-me: quando a uma alma Deus concede favores como a vossa mercê, é sinal de querer que faça por Ele grandes coisas, e bem grande é esta. E eu lhe digo: se ele morresse nessa viagem, jamais acabaria vossa mercê de chorá-lo, com esse gênio que tem, e talvez mesmo Deus o apertasse com remorsos. Portanto é preferível pensar antes, do que fazer um erro que não se possa remediar; e se vossa mercê puser só a Deus diante dos olhos, como deve fazer, não ficará mais pobre com o que lhe der, pois Sua Majestade lho pagará por outros lados.

Vossa Mercê costumava dar-lhe duzentos reais para vestir-se, além da comida e de outras coisas de que se aproveitava em sua casa; e, embora não pareça, por fim, é mais gasto do que talvez vossa mercê entenda. Com o que lhe deu, ele já tem para comer este ano em qualquer parte, onde quiser. Com outros duzentos reais que vossa mercê lhe dê cada ano para seu sustento, além dos que lhe dava para se vestir, ficará ele com minha irmã, pois, segundo diz, o convidaram, ou com Diego de Guzmán. Deste recebeu cem reais, que gastará nestes caminhos. Será preciso vossa mercê não lhe entregar tudo junto no outro ano o que lhe der; senão pouco a pouco o vá entregando a quem o hospedar; porque, pelo que entendo, não ficará muito tempo em um lugar. É grande lástima. Mas a troco de não estar em casa de vossa mercê, tudo acho bom. Faça de conta que parte disso me dá a mim, como faria se me visse em necessidade; e eu o recebo como se mo desse, e bem quisera poder não ser pesada a vossa mercê de nenhum modo. Asseguro-lhe que, por mim, há muito tempo teria ele saído de sua casa, tal era meu sentimento algumas vezes por ver vossa mercê com esse suplício e com os temores de que lhe falei[3].

Como esta carta não tem outro fim, só acrescento que procurarei haver do Padre Nicolao os despachos, que, penso, traz de Sevilha, e disse que virá falar-me. Muito me alegrei de ainda estar Lourencico tão perto. Deus esteja com ele. Procurarei estar aqui pouco tempo, porque não me acho tão bem de saúde como em outros lugares. Irei a Segóvia, se Deus quiser[4].

Diz Frei Antonio de Jesús que, embora não seja para outro fim senão para ver a vossa mercê, há de passar por aí. O Padre Gracián já partiu. A D. Francisco minhas recomendações.

É hoje domingo de Quasímodo.

Indigna serva de vossa mercê,

TERESA DE JESUS.

325. A D. LORENZO DE CEPEDA, EM LA SERNA

Toledo, 15 de abril de 1580. Roga-lhe que responda com urgência sobre o assunto de D. Pedro. Os negócios de Roma. A quinta de La Serna. D. Pedro não é para viver em convento. Terrível coisa é o humor de melancolia.

Jesus esteja com vossa mercê. Porque já lhe terão dado uma carta minha bem comprida sobre este negócio de Pedro de Ahumada, agora nada mais tenho a dizer; só peço a vossa mercê que responda com brevidade e dê a carta à Madre Priora, pois muitas pessoas daí vêm para cá. Está o pobre aqui; tem gastado e deve estar muito aflito, devido à fraqueza. Terei muito pesar se não vier a resposta antes de minha partida, que penso será breve.

Estou melhor do que antes; afinal tudo deve ser restos de males antigos, e não é de espantar. Só me espanto de não estar pior. O que me dava aí saúde era, penso, estar sem tantas cartas e negócios.

De Roma tornamos a receber notícias. Muito bem vão os negócios, embora não falte contradição. Recomende-os vossa mercê a Deus e reze para saber qual deve ser seu procedimento neste negócio de Pedro de Ahumada, que Sua Majestade lhe dará luz para acertar.

---

3. *Diego de Guzmán:* filho de D. María de Cepeda, irmã mais velha de S. Teresa. *Com os temores de que lhe falei:* morreu D. Lorenzo de Cepeda pouco depois, em 28 de junho. Em seu testamento diz: "Item: mando que se deem a Pedro de Ahumada, meu irmão, enquanto viver, quinhentos reais cada ano para sua manutenção".

4. *Lourencico:* ia partir para a América.

Já disse a vossa mercê que me tinha dado os quatrocentos reais. Ele deve estar gastando do que lhe deu Diogo de Guzmán e talvez já o tenha gasto. Creia que, dado o meu gênio, aflige-me bastante não lhe poder eu dar coisa alguma em boa consciência; ainda que não fosse senão para livrar vossa mercê dessa canseira, ficaria muito contente. O Senhor nos dê remédio.

Acho muito duro vossa mercê só ter Missa nos dias de festa; vivo a pensar que meio haveria para remediá-lo, e não acho. Diz-me Pedro de Ahumada que a casa aí está muito melhor que a de Ávila, especialmente os quartos de dormir, o que me causou muito prazer. Também me parece muita barafunda ter em casa os moços do arado. Se fizesse vossa mercê alguma casinha onde morassem, seria afastar de si grande ruído. Mas por que não dividiu a cozinha, como combinamos? que tagarelice? Afinal de contas vejo que cada um sabe mais no que é seu...

Este Serna, que leva estas cartas, promete voltar de hoje a oito dias. Se vossa mercê não tiver ainda enviado resposta, faça de modo a mandá-la por ele, pois até lá não terei partido; e mesmo que tivesse de ir, ficaria à espera[1].

O que vossa mercê pensou sobre colocá-lo num mosteiro dos nossos, já ele me tinha dito; mas não tem cabimento algum, porque as comidas que usam lhe pareciam intragáveis, e aliás não recebem seculares. Mesmo agora, como não lhe dão carne bem temperada e cozida na hospedaria, não a pode comer; contenta-se com um pastel. Quando posso, mando-lhe alguma coisinha, mas é raro. Não sei quem o há de aturar, e servi-lo tão à medida de seu gosto.

Terrível coisa é esse humor doentio, que faz mal a si e a todos. Deus conceda a vossa mercê o bem que Lhe suplico, e o livre de hospedá-lo de novo em sua casa; no mais, desejo que lance mão de todos os outros meios para que, se ele morrer, não fique vossa mercê com desassossego, nem eu tampouco.

A D. Francisco muitas recomendações, e a Aranda.

Guarde Deus a vossa mercê e o faça muito santo. Amém. Por que não me diz como vai indo nessa solidão?

É hoje 15 de abril.

De vossa mercê serva,

TERESA DE JESUS.

326. A MADRE MARÍA DE CRISTO, PRIORA DE ÁVILA

Toledo, 16 de abril de 1580. Cobrança de algumas somas. Lembranças a várias religiosas. Pede notícias do Padre Angel de Salazar.

Jesus esteja com vossa reverência. Ontem, depois de lhe ter escrito, tive necessidade de escrever a nosso Padre Vigário as cartas que vão inclusas. Para a pobreza de vossa reverência é penoso ter de pagar tão grande porte, mas não pude evitá-lo.

Por caridade, envie vossa reverência esta carta dirigida a meu irmão, juntamente com esta sua, para comunicar-lhe que está aqui o Padre Nicolao. Chegou hoje ao cair da tarde, e logo lhe perguntei pelo dinheiro de vossa reverência. Respondeu-me que me deixará uma ordem autorizando a Priora a cobrar o que mandarem para cá, e enviar a vossa reverência a parte que lhe toca. Ela me disse que a pessoa encarregada deste negócio prometeu entregar-lho sem demora; sendo assim, penso que muito breve se fará a cobrança. Quanto ao dinheiro de Valladolid, contou-me ele que mandaram fazer certas indagações em Sevilha a este respeito; espera que será cobrado, e, quando não, será pago por outro meio; mas tem por certo que não haverá dúvida[1].

---

1. *Serna:* um criado de D. Lorenzo de Cepeda.
1. *Priora:* de Toledo, onde estava a Santa. *Não haverá dúvida:* por determinação de D. Lorenzo, algumas somas que lhe deviam em Sevilha seriam entregues ao mosteiro de Ávila, a título de doação.

Dê à Madre María de S. Jerónimo minhas recomendações e diga-me vossa reverência como ela está; e a Isabel de S. Pablo e a Teresa e às demais dê minhas lembranças. Deus as faça santas! Ele esteja com vossa reverência. Em todo caso, procure enviar-me a resposta do Padre Vigário e a de meu irmão, como já lhe pedi em outras cartas; e se o Padre Vigário já tiver partido, escreva-me onde está e devolva-me essas cartas inclusas.

É hoje 16 de abril.

De vossa reverência serva,

TERESA DE JESUS.

327. AO PADRE JERÓNIMO GRACIÁN, EM SEVILHA

Toledo, 5 de maio de 1580. Sobre diversos assuntos dos conventos. Não quer ver o Padre "entre empestados". Julgou a Santa morrer da enfermidade que teve. Gracián recebe uma comissão do Padre Angel de Salazar. Deseja vê-lo, em sua passagem por Toledo. A fundação de Madri e a admissão de uma irmã de D. Juan López de Velasco.

Jhs

A graça do Espírito Santo esteja com Vossa Paternidade. Ontem recebi as cartas de Vossa Paternidade, que chegaram depois das que se referiam ao negócio do Reitor de Alcalá. Já tinha tratado deste assunto com a senhora D. Luisa, e consultei aqui o Licenciado Serrano, cuja resposta lhe remeto.

Quanto às controvérsias que sustentou, folguei muito que tenha Vossa Paternidade defendido a melhor opinião, pois, embora esses Padres não tenham deixado de apresentar bastantes razões, terrível coisa é naquela hora não fazer tudo o que for mais seguro, e lembrar-se ainda de pontos de honra, quando ali se acaba a do mundo e se começa a entender quanto nos importa só pôr os olhos na honra de Deus. Temeram talvez esses Padres que resultasse maior dano, fazendo reviver a inimizade. Mas a verdade é que Deus socorre com sua graça quando nos determinamos a fazer só por Ele alguma coisa. Vossa Paternidade não tem de que afligir-se nesse caso; mas será bom dar alguma razão que desculpe esses Padres. Mais razão teria eu para afligir-me por ver andar Vossa Paternidade entre esses casos de febre[1].

Bendito seja Deus que lhe dá saúde. Quanto à minha doença, já quase passou, segundo escrevi a Vossa Paternidade. Só me resta fraqueza, porque passei um mês terrível, embora tenha aguentado de pé a maior parte; pois, como estou acostumada a sempre padecer, mesmo sentindo-me muito mal, parecia-me poder fazer assim. Asseguro-lhe que pensei morrer, conquanto não estivesse bem certa; e não se me dava mais de morrer que de viver. Esta mercê faz-me Deus agora, e tenho-a em grande conta, porque me lembro do medo que em outros tempos costumava ter.

Alegrei-me com esta carta de Roma por ver que, embora não venha tão cedo, parece-me que podemos contar com o despacho. Quando este chegar, não entendo que revolução possa haver, nem para quê. É bom Vossa Paternidade aguardar o Padre Vigário Frei Angel, ainda no caso de não haver outra necessidade, para não parecer que, apenas recebeu essa comissão, logo tratou de se ir embora, pois ele em tudo observará o modo de proceder de Vossa Paternidade.

Saiba que escrevi a Beas e a Frei Juan de la Cruz, anunciando a passagem de Vossa Paternidade por lá e a comissão que leva, porque o Padre Frei Angel me escreveu, a mim, que a tinha dado a Vossa Paternidade; e, embora durante algum tempo tenha pensado em calar-me, vi não havia necessidade, uma vez que o tinha sabido por ele próprio. Bem quisera evitar perda de tempo; mas se vierem depressa nossos despachos, é sem comparação melhor aguardar, porque estaremos mais livres para agir, como diz Vossa Paternidade.

---

1. *Controvérsias:* acerca de estar ou não obrigado o ofendido a reconciliar-se com o ofensor, na hora da morte.

Ainda que afinal não venha visitar-me, serviu-me de muito regalo o dizer Vossa Paternidade que virá se eu quiser. Seria para mim de grande consolação; mas temo que estes nossos Irmãos reparem e Vossa Paternidade se canse, pois ainda tem muito que andar. Contentaria-me com a sua passagem por aqui, já que é forçosa; o meu desejo seria que pudesse deter-se algum dia, sossegado, para me dar o alívio de tratar coisas de minha alma com Vossa Paternidade.

Assim que me vir um pouco mais forte, procurarei falar ao Arcebispo, e se ele me der licença para o projeto de Madri, sem comparação, melhor seria levar essa pretendente para lá do que mandá-la a outra parte, pois sentem tanto essas noviças quando não se faz o que elas querem, que me atormentam. Até ver em que dá esse negócio, não escrevi à Priora de Segóvia, nem disse aqui positivamente que a recebam; mas, embora a Priora não faça gosto, creio que todas a aceitarão. O pior é que o tempo vai passando e, de acordo com o que me escreveu o Padre Vigário, não me poderei demorar senão até estar em condições de viajar; e isto me causa escrúpulo. Em Segóvia há muitas monjas, e agora querem receber outra; mas, sendo esta emprestada, pouca diferença lhes fará[2].

Todavia, se lhe parecer conveniente, escreverei à Priora de Segóvia, e Vossa Paternidade também poderá dizer-lho, que terá prazer se a aceitarem, porque muito facilitaria o caso; e aquele convento ajudou pouco, ou quase nada, em todos esses negócios. E muito ajudará a consegui-lo se lhes contar Vossa Paternidade quanto devemos a Velasco. Aqui pagaram agora quinhentos ducados por S. José de Ávila, a meu pedido.

Foi um embrulho, que relatarei a Vossa Paternidade; ninguém teve culpa, de outro modo eu já lho teria contado.

Na verdade, enquanto não falar ao Arcebispo, não sei se convirá tratar dessa admissão em Segóvia. Avise-me logo Vossa Paternidade acerca do que manda, pois há muitos carreteiros daí para cá; o que é preciso é pôr bom porte. Quanto a levá-la sem que as monjas saibam e a queiram, não é coisa que se faça; e a licença que me enviou o Padre Frei Angel — pois já a tenho em mão — vem com esta condição, de que lá a admitam. Não contei a ele de quem se trata. Asseguro-lhe que meu desejo é muito maior que o de vossa reverência. Segundo me parece, entendo que o melhor é falar ao Arcebispo em sua casa. Logo que eu esteja com saúde, irei falar-lhe, entrando por uma capela onde ele ouve Missa, e avisarei a Vossa Paternidade. Agora nada mais acrescento senão que Deus mo guarde, e lhe dê o que suplico para Vossa Paternidade[3].

É 5 de maio.

Indigna serva de Vossa Paternidade,

TERESA DE JESUS.

328. A D. PEDRO DE CASADEMONTE[1], EM MEDINA

Toledo, 6 de maio de 1580. Interesse por sua saúde e a de sua mulher.
Pagamento de uma quantia. Pede notícias do Licenciado Padilla.

Jhs

A graça do Espírito Santo esteja sempre com vossa mercê. Por ter passado mal muito tempo, deixei de escrever-lhe, embora com grande desejo de saber da saúde de vossa mercê. Eu, glória a Deus, já estou melhor, embora fraca e com a cabeça muito ruim, razão pela qual não vai esta de mão própria. Suplico a vossa mercê que me escreva, falando-me de sua saúde e dizendo-me como vai a senhora D. María. A Sua Mercê beijo as mãos.

---

2. *Essa pretendente:* irmã de Juan López de Velasco, grande literato, cronista e cosmógrafo-mor das Índias. Queria a Santa fazê-la ingressar sem dote no mosteiro de Segóvia, ou levá-la à fundação de Madri se não tivesse muito que esperar. Chamou-se na religião Juana de la Madre de Dios.

3. *Admissão em Segóvia:* porque, se o Arcebispo desse licença, a noviça iria para Madri.

1. Rico negociante, que muito favoreceu a Santa.

Saiba vossa mercê que já foram pagos os cem ducados em Madri. Fiquei muito contente, e também por saber que estão bons os de Roma e que nossos negócios vão bem encaminhados[2].

Tenha vossa mercê a bondade de informar-me se tem notícias de nosso amigo, o Licenciado Padilla.

Não sei onde me alcançará a resposta desta, porque penso demorar-me aqui pouco tempo; poderá vossa mercê endereçá-la a Segóvia.

Nosso Senhor guarde vossa mercê com a santidade que desejo. Amém. De Toledo, a 6 de maio.

Indigna serva de vossa mercê,

TERESA DE JESUS.

329. A D. MARÍA ENRÍQUEZ, DUQUESA, EM ALBA DE TORMES

Toledo, 8 de maio de 1580. Felicita-a pelo bom êxito dos negócios da Duquesa. O Duque de Alba em Portugal. A Santa e suas monjas pedem por ele. Romarias e orações. Roga encarecidamente à Duquesa que interponha seu valimento junto ao Condestável de Navarra em favor dos Jesuítas de Pamplona. "Que não seja carta ordinária de recomendação, senão muito insistente".

Jhs

A graça do Espírito Santo esteja sempre com Vossa Excelência. Há muito estou desejando escrever-lhe, desde que tive notícias de estar Vossa Excelência em sua casa; mas tem sido tão pouca a minha saúde, que desde Quinta-Feira Santa não me deixou a febre senão há uns oito dias; e o tê-la era o menor mal, tanto foi o que sofri. Diziam os médicos que estava criando uma postema no fígado; mediante sangrias e purgas foi Deus servido de deixar-me neste pélago de trabalhos. Praza a Sua Divina Majestade servir-se de dá-los só a mim, e não a quem me há de doer mais o ver padecê-los do que sofrer eu mesma. Pelo que se diz aqui, vejo como se resolveram do melhor modo os negócios de Vossa Excelência.

Eu não sei que dizer, senão que entra nos desígnios de Nosso Senhor que não gozemos de contentamento senão acompanhado de pena, pois assim creio deve sentir Vossa Excelência estando apartada daquele a quem tanto quer; mas será servido de que Sua Excelência ganhe agora muito com o mesmo Senhor, e depois venha o consolo por junto. Praza a Sua Majestade tudo fazer, como Lhe suplico; e em todas estas casas de monjas fazem o mesmo, com grandíssimo cuidado. Só este bom resultado lhes encarreguei que tomem agora muito à sua conta, e eu, embora ruim, de ordinário o tenho diante dos olhos; e assim continuaremos até receber as notícias que tanto desejo.

Estou imaginando as romarias e orações em que Vossa Excelência andará agora ocupada, e como muitas vezes lhe parecerá que era mais descansada a vida na prisão. Oh! valha-me Deus, que vaidades as deste mundo! E como é melhor não desejar descanso, nem coisa alguma dele, senão entregar todos os acontecimentos que nos dizem respeito nas mãos de Deus, que Ele sabe o que nos convém, mais do que Lho pedimos!

Tenho muito desejo de saber como vai Vossa Excelência de saúde e em tudo mais; e assim, rogo a Vossa Excelência me mande notícias. E não se importe Vossa Excelência de não escrever de mão própria; como há tanto não vejo letra de Vossa Excelência, até com os recados que da parte de Vossa Excelência recebia pelo Padre Mestre Gracián já me contentava. Não digo aqui para onde irei quando partir deste lugar, nem outras coisas, porque, penso, passará por aí o Padre Frei Antonio de Jesús e dará conta de tudo a Vossa Excelência.

Uma graça me há de conceder agora Vossa Excelência, em todo caso, porque me importa que se entenda como Vossa Excelência me favorece em tudo. É o seguinte: em Pamplona de Navarra foi há pouco fundada uma casa dos Padres da Companhia de Jesus, e começou com muita paz,

---

2. *Os de Roma:* os Padres Juan de Jesús e Diego de la Trinidad.

mas tão grande perseguição levantou-se depois contra eles, que os querem expulsar da cidade. Buscaram amparo do Condestável, e Sua Senhoria os animou do melhor modo e mostrou-lhes muito agrado. A mercê que Vossa Excelência me há de fazer é escrever a Sua Senhoria uma carta, agradecendo-lhe o que fez, e mandando-lhe que continue a favorecê-los em todas as ocasiões que se apresentarem[1].

Como já sei, por meus pecados, a aflição dos religiosos quando se veem perseguidos, tive muita pena deles. Penso que muito ganha com Sua Majestade quem os favorece e ajuda; e este lucro quisera eu coubesse a Vossa Excelência, pois me parece ser tanto do serviço de Deus, que me atreveria a pedi-lo ao próprio Duque, se estivesse perto. Alega a gente do povo que lhes fará falta o que eles gastarem; mas a casa está sendo construída por um cavaleiro que lhes dá muito boa renda, pois não é de pobreza; e, ainda que o fosse, é ter muito pouca fé num Deus tão grande, parecer-lhes que não é poderoso para dar de comer aos seus servos.

Sua Majestade guarde Vossa Excelência e lhe dê nessa ausência tanto amor seu, que possa aguentá-la com sossego, pois sem saudade é impossível.

Suplico a Vossa Excelência mande entregar a quem for buscar a resposta desta minha carta, a recomendação que peço a Vossa Excelência. E há de ser tal que não pareça simples carta de empenho, e dê a entender claramente que Vossa Excelência o quer. E como estou importuna! Mas é tanto o que Vossa Excelência me fez e ainda faz padecer, que não é muito sofra tanto atrevimento de minha parte.

É hoje 8 de abril. Desta casa de S. José de Toledo. Quis dizer, 8 de maio.

Indigna serva de Vossa Excelência, e súdita,

TERESA DE JESUS.

330. AO PADRE JERÓNIMO GRACIÁN, EM MADRI

Toledo, 30 de maio de 1580. As monjas de Segóvia recebem a Juana López de Velasco. Espera a Santa o Padre Gracián em Toledo, passada a festa de Corpus Christi.

Jesus esteja com Vossa Paternidade, meu Padre. Depois que enviei ontem, dia da Santíssima Trindade, uma carta dirigida a Vossa Paternidade, recebi a que me disse haver escrito, juntamente com a do Padre Nicolao, e hoje as outras. Bem foi preciso estarem ali esses Padres, tal foi a barafunda. Bendito seja Aquele que assim o ordena! Para Vossa Paternidade não se afligir julgando que se perderam as cartas, escrevo esta, mas com pesar de que pague tantos portes a senhora D. Juana. Às orações de Sua Mercê me recomendo.

Também recebi hoje carta da Priora de Segóvia, na qual me diz que posso levar Juana López comigo, pois todas se alegrarão com isso; mas eu lhes escrevi de tal maneira que não podiam recusar. Com a Priora não era preciso instar muito, pois tem gosto de dar prazer a Vossa Paternidade e a mim. Bendito Deus, que vão terminar essas necessidades de ter eu de negociar coisas como estas e outras que se apresentam. Asseguro-lhe, meu Padre, que tive de usar de muita indústria, pois cada Priora quer o proveito de sua casa e acha que nas outras nada falta[1].

Haverá necessidade de fornecer cama — que isto não se poderia dispensar, nem, tampouco, dinheiro para o enxoval. Gostaria bem de poupar-lhe toda despesa; mas no momento estou muito pobre, pela razão que direi a Vossa Paternidade quando lhe falar. Se lhe parecer melhor não tratar disto por enquanto, buscaremos algum meio, mas presentemente não vejo outra solução para este caso. Será mais fácil dispensar o dote se se fizer a fundação em projeto[2].

---

1. *Condestável:* D. Francisco Hurtado de Mendoza.
1. *Priora de Segóvia:* a célebre Isabel de S. Domingo.
2. *Dinheiro para o enxoval:* Juan López de Velasco, embora secretário de Felipe II, era pobre. O mesmo acontecia à família Gracián.

Por muitas razões, penso que nada se perderá se vier Vossa Paternidade passar aqui a festa de Corpus Christi. Pouco se cansará Vossa Paternidade se vier de carro, e faremos juntos a viagem. O Padre Frei Antonio não deixará de ir comigo, mas anda tão doente, que muito nos dará que fazer. Nenhuma outra coisa há que nos detenha, passado Corpus Christi, a não ser a resposta do Arcebispo, que nunca se decide. Alegrei-me extremamente com as notícias sobre Beatriz. E que pressa tem o Padre Nicolao que vá Vossa Paternidade para lá! A meu parecer, por isso mesmo não convém; agora ele próprio o está compreendendo. Ainda que não houvesse outro inconveniente, seria matar Vossa Paternidade[3].

Porque a respeito disto e de outras coisas falaremos, se Deus for servido, nada acrescento.

De Vossa Paternidade serva,

TERESA DE JESUS.

331. AO PADRE JERÓNIMO GRACIÁN, EM MADRI

Toledo, 3 de junho de 1580. O Cardeal Quiroga e a fundação de Madri. Enfermidade do Pe. Antonio de Jesús. Queixa-se ao Pe. Gracián por demorar em ir a Madri. A Princesa de Éboli. Negócios de vários conventos.

Jhs

A graça do Espírito Santo esteja com Vossa Paternidade, meu Padre. Não sei que fim tem Nosso Senhor em vista permitindo tantos obstáculos a minha saída daqui para falar com aquele Anjo[1].

Hoje escrevi a ele uma espécie de petição, segundo me aconselharam aqui. Vamos ver o que decide, para eu saber se devo partir ou não, pois há logo outro inconveniente, que é receio de perdermos a ocasião de encontrar pelo caminho a Frei Angel, que escreveu prometendo ir a Madri, passadas as festas. Contudo, se o negócio do Arcebispo estiver concluído, não creio será razão para adiar a viagem, e partiremos na próxima terça-feira.

O Padre Frei Antonio está muito melhor, já diz Missa. Sendo assim, fique-se Vossa Paternidade em boa hora, que aí lhe falarei; e, se não, no céu nos veremos. Esteve tão doente o Padre Frei Antonio, que eu tinha medo de ir só com ele, pensando que ficaria no meio do caminho; e como, por outro lado, havia de dar-me contentamento a vinda de Vossa Paternidade, isto também influía em mim. É que não acabo de entender que, em procurando eu consolação nesta vida, tudo acontece ao revés. Vossa Paternidade tinha motivo para vir visitar o Padre Frei Antonio, que esteve tão mal, e parecia bem a todos; e não seria mau que lhe escrevesse alegrando-se de sua saúde, pois se tem havido muito secamente com ele[2].

Aqui temos conosco o Padre Frei Hernando del Castillo. Disseram que a Princesa de Éboli está em sua casa, em Madri; agora afirmam que se acha em Pastrana. Não sei quem diz a verdade; seja como for, é solução muito boa para ela. Eu vou bem, glória a Deus. Avise-me Vossa Paternidade logo que aí chegue o Padre Frei Angel. Estes carreteiros entregam as cartas mais depressa e com segurança. Já escrevi a Vossa Paternidade duas, nas quais lhe disse que recebi a do Padre Nicolao e as que vinham com ela. A última, datada de terça-feira antes de Corpus Christi, foi-me entregue hoje, sexta-feira, depois de passada a festa[3].

Respondo-lhe por intermédio de um irmão da Madre Brianda; ela está boa, e todas se recomendam às orações de Vossa Paternidade; eu às do Senhor Velasco. Porque escrevi há pouco a Sua

---

3. *Faremos juntos a viagem:* com efeito, acompanhou a Santa de Toledo a Segóvia.
1. Cardeal Quiroga, Arcebispo de Toledo e Inquisidor Geral.
2. *Aí lhe falarei:* finalmente foi Gracián a Toledo, e falaram — ele e a Santa — ao Cardeal.
3. *Fr. Hernando del Castillo:* dominicano, muito amigo da Reforma Carmelitana. *Princesa de Éboli:* veja-se no *Livro das fundações*, c. XVII, como, tendo fundado a Princesa de Éboli o mosteiro de Pastrana juntamente com seu marido o Príncipe Rui Gómez, por morte deste, entrou para ser monja, com algumas de suas damas, e, no pouco tempo que aí esteve, revolucionou de tal modo a casa, por seus caprichos e tiranias, que, após a sua volta ao Palácio, a Santa Madre transferiu

Mercê, não o faço agora. Quanto desejo que não se tenha perdido a carta! É muito importante, para que sua irmã esteja aí quando eu chegar.

Disse-me o Padre Nicolao que deixara em Sevilha em depósito oitocentos ducados que a Priora pôs à nossa disposição para as necessidades que ocorrerem nestes negócios. Isto lhe digo porque a pessoa que emprestar os cem ducados a Vossa Paternidade, os reaverá certos e sem demora. Como já está avisado Casademonte, mandará logo ordem para pagamento se eu lhe escrever pedindo-a, e assim farei no caso de não conseguir Vossa Paternidade aí mesmo o negócio. Deus encaminhe tudo, segundo vê ser necessário, e guarde Vossa Paternidade como Lhe suplico.

De Vossa Paternidade serva,

TERESA DE JESUS.

Remeta Vossa Paternidade essa carta ao Padre Nicolao, e mande perguntar no Carmo o que sabem a respeito do Padre Vigário. Se for possível, avise-me do que há, embora eu tencione sair daqui terça ou quarta-feira, se não sobrevier outra novidade — pois já parece encantamento.

332. A D. LORENZO DE CEPEDA, EM LA SERNA

Segóvia, 15 de junho de 1580. A saúde de D. Lorenzo. Sobre a jovem que poderia convir a seu sobrinho D. Francisco de Cepeda, que desejava casar-se.

Jhs

Esteja com vossa mercê o Espírito Santo. Já me encontro em Segóvia, e com bastante cuidado; e assim estarei até saber da saúde de vossa mercê, porque, logo que se foi Pedro de Ahumada, recebi uma carta de vossa mercê, e desde então nada mais soube de Ávila e não entendo o que possa haver sucedido. Receio que seja falta de saúde de vossa mercê e que por este motivo não me escrevam do mosteiro de S. José. Esta vai por mão do Padre Frei Antonio de Jesús, que visitará vossa mercê, dando-lhe conta de tudo; por isso, e por estar ocupada, não me alargarei. Sua Paternidade o fará por mim.

O casamento, que tinham em vista com o cavaleiro do qual vossa mercê me escreveu, não teve efeito; aqui não o quiseram. Diz-me a Priora tanto bem da moça, que eu teria por grande felicidade se nos coubesse tal sorte. São muito amigas, e ela vem visitar-me; buscaremos rodeios para ver se a Priora toca no assunto, a fim de entendermos se vossa mercê poderia tratar do casamento. O Senhor o faça como melhor for servido, e guarde a vossa mercê[1].

Avise-me com brevidade sobre sua saúde. De Toledo lhe escrevi a este respeito; não sei se terá recebido a carta. A D. Francisco muito me recomendo, assim como também o Padre Gracián, que está aqui. A vossa mercê Deus guarde e faça muito santo. Amém.

Anteontem chegamos aqui.

É hoje 15 de junho.

De vossa mercê serva,

TERESA DE JESUS.

333. A D. LORENZO DE CEPEDA, EM LA SERNA

Segóvia, 19 de junho de 1580. Pressentimentos de D. Lorenzo sobre sua morte próxima. A Santa o dissuade de tal ideia. Melhoras da Santa em Segóvia. Lembranças da Priora, de Gracián e de Ana de S. Bartolomé.

---

secretamente a comunidade ao mosteiro de Segóvia, levando consigo algumas noviças que a Princesa fizera receber sem dote, e restituiu perante tabelião tudo quanto dos fundadores havia recebido.

1. *Tal sorte:* para D. Francisco, sobrinho da Santa.

Jesus esteja com vossa mercê. Dizem-me a tal hora deste mensageiro...[1] deram-me muita pena... s... encubr... do muc... por la... Deus... si. Eu não sei de onde lhe vem esse pressentimento de morrer breve, nem para que pensa nesses desatinos, afligindo-se com o que não há de acontecer. Confie em Deus que é verdadeiro amigo, e nem faltará a seus filhos nem a vossa mercê. Muito quisera eu que estivesse com saúde para vir cá, pois eu aí não posso ir; ao menos faz vossa mercê muito mal em passar tanto tempo sem ir a S. José. Até lhe fará proveito o exercício, pois é bem perto, e assim não ficará tão só. Por caridade, não faça assim, e dê-me notícias de sua saúde.

Sinto-me muito melhor desde que cheguei a este lugar, e fiquei livre das febrezinhas que tinha. Já estou sem cuidado acerca do negócio sobre o qual escrevi a vossa mercê, mas até à partida do Padre Frei Angel, que demorará aqui oito dias, nada poderei fazer[2].

A Madre Priora, o Padre Gracián e S. Bartolomé recomendam-se muito a vossa mercê; e eu a D. Francisco.

Avise-me de sua saúde por caridade, e fique-se com Deus, que não há tempo para mais.

É hoje 19 de junho.

De vossa mercê serva,

TERESA DE JESUS.

Talvez seja necessário mandar vossa mercê um mensageiro, porque já se adiantou um passo naquele negócio, e não está dando mau resultado. Até à partida do Padre Frei Angel, nada se pode fazer.

334. A MADRE MARÍA DE S. JOSÉ, PRIORA DE SEVILHA

Segóvia, 4 de julho de 1580. Vida exemplar e santa morte de D. Lorenzo de Cepeda. Tudo passa neste mundo. Amor de D. Lorenzo à Reforma. Pagamentos. Conselhos acerca do procedimento de algumas religiosas. Fundação de Descalças em Portugal. Sobre a compra de umas casas em Salamanca.

Jhs

Esteja com vossa reverência, Madre minha, o Espírito Santo. Parece-me não querer Nosso Senhor deixar-me muito tempo sem ter em que padecer.

Saiba que foi servido levar consigo a Seu bom amigo e servo Lorenzo de Cepeda. Deu-lhe um fluxo de sangue tão repentino que o sufocou, durando apenas seis horas. Havia comungado dois dias antes, e morreu com plena consciência, encomendando-se a Nosso Senhor.

De Sua divina misericórdia espero que foi gozar d'Ele, porque já estava de tal sorte, que a não ser para tratar das coisas do serviço de Deus, tudo o cansava. Por esta razão aprazia-se em morar naquela sua herdade, que era uma légua de Ávila, envergonhando-se, como dizia, de andar metido em cumprimentos mundanos. Sua oração era contínua; andava sempre na presença de Deus, e Sua Majestade lhe fazia tantas mercês, que eu algumas vezes me espantava. À penitência tinha muita inclinação e fazia além do que eu queria; porque tudo comunicava comigo, e era extraordinário o crédito que dava às minhas palavras em consequência do muito amor que me havia cobrado. Pago-lhe com me alegrar de que tenha saído de vida tão miserável e já esteja em segurança. E não é modo de dizer: realmente dá-me gozo quando penso nisto. De seus filhos tenho pena; mas, em atenção ao pai, penso que Deus velará sobre eles[1].

Dei a vossa reverência conta de tudo porque sei que há de sentir sua morte — e, por certo, bem lho deve, assim como todas essas minhas Irmãs —, para que se consolem. É incrível quanto sentiu esses trabalhos daí, e o amor que lhes tinha. Agora é tempo de lho pagarem recomendan-

---

1. Original ilegível.
2. *Negócio:* o casamento de D. Francisco de Cepeda.
1. *Herdade:* a propriedade de la Serna.

do-o a Nosso Senhor, debaixo desta condição: se sua alma não tiver necessidade de sufrágios — como penso não tem, pois segundo nossa fé assim posso pensar —, sejam aplicados às almas que estiverem mais necessitadas, para que se aproveitem deles.

Saibam que, pouco antes de morrer, me tinha escrito uma carta para S. José de Segóvia, onde agora estou, a onze léguas de Ávila, na qual me dizia tais coisas que parecia estar certo do pouco que tinha de vida. Fiquei espantada.

Parece-me, minha filha, que, passando tudo tão depressa, mais havíamos de trazer o pensamento em como morrer do que em como viver. Praza a Deus, já que me fiquei por cá, seja para servi-lo em alguma coisa, pois sou quatro anos mais velha, e não acabo de morrer; antes estou já boa do mal que tive, embora com os achaques ordinários, especialmente na cabeça.

A meu Padre Frei Gregorio peço que tome esta por sua, e lembre-se de meu irmão, que tanto sentiu os trabalhos da Ordem. Bem vejo quanto há de custar a Sua Reverência o ver-se com esse ofício, mas tenha paciência — e o mesmo lhe digo, filha minha —, pois estamos cada dia à espera dos despachos de Roma, e Nosso Padre se vai demorando aqui porque não convém estar ausente quando chegarem. Vai bem de saúde, glória a Deus! Tem estado aqui visitando esta casa, com o Padre Vigário Frei Angel, e tornará a ir comigo depois de amanhã a Ávila. Não sei quanto tempo me será necessário demorar lá para ver como se resolve a herança de Teresa. Com a morte do pai, o qual lhe queria extremosamente, muito perdeu a pobrezinha, e a comunidade também. Deus dê remédio a tudo![2]

Saiba que a ordem de pagamento dos quatrocentos ducados, que vossa reverência mandou, é o mesmo que nada; porque, pelo menos, o dinheiro de Toledo não será pago, tão cedo, e ainda praza a Deus que o paguem. Lá o deixei recomendado. Sobre o de Valladolid vou escrever ao Padre Nicolao que me envie os documentos, porque, em acabando o negócio de Ávila, penso que me mandarão fazer a fundação de Palência. Até já devia ter ido daqui; então verei se se pode fazer alguma coisa. Mas agora aquele que for nomeado tutor exigirá o pagamento com mais pressa. Vossa reverência veja como há de fazer para pagar; e, no caso de se apresentar uma boa noviça, não seria mau tomá-la e empregar o dote nisto e no auxílio que vossa reverência prometeu para os negócios de Roma.

Deus a tudo dê remédio; que eu bem temia que o santo Prior das Covas havia de fazer muita falta. Contudo, alegro-me de que o tenham deixado descansar do cargo. Vossa reverência lho mande dizer de minha parte, com minhas recomendações e um grande recado, e o mesmo a meu Padre Rodrigo Álvarez. A este agradeça sua carta, toda cheia de louvores aos trabalhos, que em boa hora me chegou, e diga-lhe da minha parte: se, ao que parece, faz Deus milagres por Sua Mercê em vida, que será depois da morte?

Milagre consideraria eu o arrependimento dessa pobrezinha, se fosse tão verdadeiro como vossa reverência diz. O que aí julgam por muito bom — isto é, que ela condene a Garciálvarez —, julgo eu por muito mau e acreditaria pouco no que me dissesse dele, porque o tenho em conta de homem consciencioso, e sempre achei que era ela quem o trazia desnorteado. Ainda que não seja tanta a contrição como desejamos, alegrei-me muito. Grandes orações se têm feito aqui por intenção dela; talvez o Senhor tenha havido misericórdia. Eu ando bem aflita desde que vi os papéis, pois não sei como a deixavam comungar. Meu modo de pensar, Madre, é que não é possível ficarem sem castigo coisas semelhantes. Seria justo condená-la ao cárcere perpétuo, donde nunca saísse, segundo vossa reverência diz e estava já determinado por cá[3].

Com tanto atraso veio ter-me às mãos a carta de vossa reverência sobre este caso, que não creio lhe chegue esta a tempo, pois não sei quando seguirá. A de Vossa Reverência me foi entregue

---

2. *Despachos de Roma:* alude ao breve de separação de Calçados e Descalços, que já havia sido despachado em Roma em 22 de junho, mas do qual os Descalços ainda não haviam tomado conhecimento.

3. *Pobrezinha:* Beatriz de la Madre de Dios.

na véspera de S. Pedro, e era datada de quinze de maio, se não me engano; não sei o que pensar. Mas ficarem esperando que o Padre Gracián vá tratar disso seria desatino: melhor é que Beatriz tenha antes retratado, e desmentido todas as falsidades que afirmou, a fim de não parecer que ele a induziu a fazê-lo. Espanto-me de vossa reverência não o ter compreendido.

Se ela levantou falsos que em algum tempo possam prejudicar a alguém, é mister que meu Padre Rodrigo Álvarez veja o que se há de fazer, e ela, por escrito, se desdiga, assinando-o com seu nome. Praza a Deus, minha filha, seja de sorte que satisfaça a Deus, e essa alma não se perca.

Sua Majestade console a esse pobre do Pablo. Bom homem deve ser, pois Deus lhe dá tantos trabalhos[4].

Pensa que é pequena vantagem ter casa de onde possam ver essas galeras? Por aqui todas lhe têm inveja; pois é de grande ajuda para se louvar Nosso Senhor. Asseguro-lhe que, em se vendo sem ela, sentirão falta.

Acabam de dizer-me que os mouriscos desse lugar de Sevilha estavam conspirando para apoderar-se dela. Boa ocasião para serem mártires! Saibam o que há de certo, e escreva-me a esse respeito à Madre Subpriora.

Alegrei-me por saber que ela está com saúde, mas fiquei triste por ser tão pouca a de vossa reverência. Por amor de Deus, tenha vossa reverência muito cuidado consigo. Dizem que, para essas coisas de rins, é bom colher uns caramujos, quando estão maduros e secos, reduzi-los a pó e tomar a quantidade de meio real todas as manhãs. Pergunte-o a um médico, e não fique tanto tempo sem escrever-me, por caridade.

A todas, particularmente a S. Francisco, muito me recomendo. As de cá e a Madre Priora mandam lembranças. A todas parece muito lindo estarem aí as Irmãs entre essas bandeiras e barafundas, se souberem tirar proveito e espírito de tantas novidades como devem ouvir; terão até necessidade de andar com muita advertência para não se distraírem. Grande vontade tenho de que sejam muito santas. Mas que seria se se fizesse a fundação de Portugal! Escreve-me D. Teutonio, Arcebispo de Évora, que de lá a Sevilha não há mais de quarenta léguas de distância. Por certo, para mim seria de muito contentamento.

Saiba que, pois sou obrigada a viver, desejo fazer alguma coisa em serviço de Deus; e, já que há de ser por pouco tempo, não o quero gastar tão ociosamente como nestes últimos anos, em que todo o padecer foi no interior, e no demais nada houve de notável. Peçam a Nosso Senhor que me dê forças para empregar-me de algum modo em seu serviço. Já disse a vossa reverência: dê a ler esta carta a meu Padre Frei Gregorio, e ele a tenha por sua; é bem certo que o amo no Senhor, e desejo vê-lo.

Morreu meu irmão no domingo depois de S. Juan[5].

Esteja vossa reverência atenta, por caridade, para, quando chegar a armada, procurar com grande cuidado informar-se dos que vêm da cidade dos Reis, se é vivo ou morto Diego López de Zúñiga; e, no caso de ter morrido, arranje o atestado de óbito, passado perante tabelião e, se for possível, duas ou três testemunhas, e mo envie com muita segurança. Façam o melhor que puderem, porque, se for morto, logo compraremos para as monjas de Salamanca umas casas que se comprometeu a vender-lhes quem as herda por sua morte, e é a maior lástima do mundo o que elas padecem na que estão: não sei como não morreram. Esse cavaleiro, digo, Diego López de Zúñiga, é de Salamanca e há muitos anos reside na cidade dos Reis. No caso de ser vivo, é preciso também vossa reverência avisar-me quando tiver de partir a armada, para eu enviar certos papéis a esse mesmo senhor. Olhe que é negócio este de muita importância, e é preciso tomá-lo muito a peito. Tinha setenta e cinco anos e até mais, e era muito enfermo; provavelmente já estará no céu[6].

---

4. *Pablo* Matias, pai de Bernarda de S. José.
5. 26 de junho de 1580, pouco mais de dois anos antes de sua santa irmã.
6. *Cidade dos Reis:* Lima, Peru. Zúñiga: proprietário da casa que as Descalças de Salamanca tentavam comprar.

Por via de Madri pode escrever-me, enviando as cartas à mãe do Padre Gracián, D. Juana de Antisco. Procurarei tornar a lhe escrever breve. Praza a Deus esta não se perca.

Sua Majestade ma guarde, e a faça tal qual a desejo.

É hoje 4 de julho.

De vossa reverência serva,

TERESA DE JESUS.

335. A SENHORA VIÚVA DE JUAN ALONSO DE MEJIA, EM VALLADOLID

Medina del Campo, 5 de agosto de 1580. Consola-a pela morte de um parente muito próximo. Promete suas orações e as de suas monjas.

Jhs

A graça do Espírito Santo esteja com vossa mercê e lhe dê forças na alma e no corpo para suportar tão grande golpe como foi esse trabalho; que, a não ser dado por mão tão piedosa e justa, não saberia como consolar a vossa mercê, tanto me penalizou. Mas como entendo quão verdadeiramente nos ama este grande Deus e sei que vossa mercê já está bem convencida da miséria e pouca estabilidade desta miserável vida, espero em Sua Majestade dará a vossa mercê mais e mais luz para entender a graça que Nosso Senhor faz a quem dela tira, uma alma que O conhece; especialmente podendo haver certeza, segundo a nossa fé, que essa alma foi santa e está onde receberá o prêmio, de acordo com os muitos trabalhos que nesta vida teve, e levou com tanta paciência.

Isso tenho suplicado a Nosso Senhor muito deveras — instando para que o mesmo façam estas Irmãs —, a fim de que Deus conceda a vossa mercê consolo e saúde para recomeçar a peleja neste miserável mundo. Bem-aventurados os que estão já em segurança. Não me parece agora tempo para alargar-me mais, a não ser com Nosso Senhor, a suplicar-Lhe que a vossa mercê console, pois de pouco valem para semelhante dor as criaturas, quanto mais uma tão ruim como eu.

Sua Majestade o faça, como poderoso, e seja Ele, daqui por diante, a companhia de vossa mercê, de maneira a não lhe deixar sentir a outra tão boa que perdeu.

É hoje véspera da Transfiguração.

Indigna serva e súdita de vossa mercê,

TERESA DE JESUS.

336. A MADRE MARÍA DE S. JOSÉ, PRIORA DE SEVILHA

Medina del Campo, 6 de agosto de 1580. Negócios que se oferecem à Santa por morte de D. Lorenzo de Cepeda. Legado para uma capela em S. José de Ávila. Pagamento de dívidas. É concedida a Província de Descalços, por Breve de Sua Santidade. Sobre o dinheiro chegado das Índias para D. Lorenzo.

Jhs

A graça do Espírito Santo esteja com vossa reverência, filha minha. Já terá recebido minha carta, na qual lhe dizia que Deus tinha levado consigo a meu bom irmão Lorenzo de Cepeda, e eu ia a Ávila para olhar por Teresa e seu irmão, que estão muito sós. Já estou em Medina del Campo, de caminho para Valladolid, aonde me mandam ir agora. Estando eu lá, poderá vossa reverência escrever-me com frequência, porque há correio ordinário. Bem sabe quanto me folgo com suas cartas[1].

---

1. *Teresa e seu irmão:* não menciona Lourencico porque este já tinha viajado para as Índias, onde fora tomar posse de certas "encomendas" que lhe havia deixado seu pai, mediante privilégio, concedido por Felipe II em 1º de junho de 1578. Em troca renunciara às heranças materna e paterna. Lourenço contraiu matrimônio com D. María de Hinojosa em Quito, e teve numerosa descendência, que perdura até o dia de hoje; foi rico dos bens da terra e viveu e morreu como bom cristão, honrando o santo pai e a santa tia que tivera.

Trago comigo D. Francisco, meu sobrinho, porque se hão de lavrar umas escrituras em Valladolid, e, até ver o que lhe há de tocar, asseguro-lhe que não faltam trabalhos, nem a mim tampouco. A não ser por me dizerem que Deus é muito servido de que eu os ampare, já teria deixado tudo, tal é a má vontade com que trato desses negócios. Ele é muito virtuoso.

Vossa Reverência me há de ajudar daí, quando se tratar de algum negócio das Índias. Para começar, peço-lhe, por amor de Deus, que, em chegando a frota, tenha cuidado de informar-se se vem algum dinheiro destinado a meu irmão — que esteja na Glória! — e de avisar-me para se fazer a cobrança. Não se descuide de indagar se trazem cartas, e informe-se também acerca do que lhe escrevi, isto é, se já morreu Diego López Zúñiga, que estava na cidade dos Reis.

Para fazer uma capela em S. José de Ávila na qual será enterrado, deixou meu irmão o que nessa casa lhe devem, mas, como já disse a vossa reverência, as ordens de pagamento que daí vêm têm sido tão difíceis de cobrar, que não sei se será possível receber alguma coisa. Pelo menos o dinheiro de Toledo, que deixei bem recomendado, creio que será pago pouco a pouco e tardiamente, e, ainda no caso de darem alguma coisa, pois quem o há de pagar exige um tal ajuste de contas e afirma ter a seu favor documentos, ou coisa que o valha, provando como já o tinha pago em parte, e é funcionário tão grave que não haverá quem ouse apertá-lo em nada. O que se deve em Valladolid vou saber agora, se o Padre Nicolao me enviar os documentos. Como sou testamenteira, vejo-me obrigada a procurar que tudo seja cobrado, mesmo contra meu gosto. Por isso vossa reverência dê algum jeito; e em compensação do que ofereceu para a Ordem, e para pagar esta dívida, não seria mau receber uma noviça, se achar em boas condições[2].

Esta carta, que vai para o Presidente da Câmara de Comércio desse lugar, é do Bispo de Canária, seu amigo; nela pede que, se vier dinheiro das Índias, guarde-o com segurança. Veja que lhe seja entregue em mão própria, por pessoa certa; e vossa reverência faça tudo muito bem-feito, minha filha, como alvíssaras da notícia que lhe vou dar.

Saiba que nosso Irmão, o Padre Jerónimo Gracián, que está agora aqui e me acompanhou na viagem, muito me tendo valido nestes negócios, recebeu de Roma, há cinco dias, uma carta de Frei Juan de Jesus, na qual lhe conta como o Breve já foi entregue ao Embaixador, encarregado de nossos interesses pelo Rei, a fim de lhe ser remetido, e que vem pelo mesmo correio pelo qual ele escreve. Temos portanto certeza de que já está em poder do Rei. Dá em resumo a substância, e é Breve muito amplo. Seja Deus louvado, que tanta mercê nos fez; bem podem aí dar-Lhe graças.

Disse-me o Padre Frei Jerónimo que escreveria ao Padre Frei Gregorio; não sei se poderá, porque vai pregar hoje. Se puder aproveitar do correio, não deixará de escrever; se não, vossa reverência lhe transmita estas notícias, com as minhas recomendações. Praza a Deus esteja ele com saúde, pois fiquei penalizada com seu mal; escreva-me vossa reverência com brevidade se já ficou bom. Até saber de suas notícias, não lhe escreverei, porque também quero suplicar-lhe que ajude a vossa reverência no tomar as informações que lhe pedi. Diga-me que tal está o verão este ano: receio por sua saúde quando vejo tanto calor aqui; e diga-me como vão Beatriz e todas, e dê-lhes muitas recomendações, especialmente à Madre Subpriora. O Padre Nicolao está bom, glória a Deus.

De saúde ando razoável, sempre com muitos cuidados e trabalhos, mas de tudo se me dá pouco. Sua Majestade esteja com vossa reverência e ma guarde. Tenho por tão grande bem-estar vossa reverência aí para esses negócios das Índias, que, a meu ver, tudo se há de fazer bem. Responda-me ainda se no caso de vir algum dinheiro poderá vossa reverência cobrá-lo e guardá-lo nessa casa, mandando-lhe eu autorização para isso. A respeito de sua saúde escreva-me bem extensamente. Conceda-lhe Deus como eu desejo e como vê ser necessário. Amém.

É hoje dia da Transfiguração.

Indigna serva de vossa reverência,

TERESA DE JESUS.

---

2. *Funcionário:* era um ouvidor que por sua altivez ninguém ousava enfrentar.

337. A IRMÃ TERESA DE JESÚS, SOBRINHA DA SANTA, EM ÁVILA

Medina del Campo, 7 de agosto de 1580. Conselho para a aridez de espírito. Tranquiliza seus escrúpulos de menina. Meios para repelir as tentações. D. Francisco, seu irmão, "está como um anjo".

Jhs

A graça do Espírito Santo esteja com Vossa Caridade, filha minha. Muito me alegrei com sua carta; e saber que lhe agradam as minhas é para mim grande contentamento, já que não podemos estar juntas.

No que diz respeito às securas, parece-me que já Nosso Senhor a trata como a quem tem em conta de forte; pois a quer provar para ver se é tão grande na secura como nos gostos seu amor para com Ele. Considero isto como mercê de Deus, e muito grande. Nenhum pesar lhe dê, pois não consiste nisso a perfeição, e sim nas virtudes. Quando menos pensar, voltará a devoção.

No que me diz dessa Irmã, procure não pensar nela, desviando de si tais ideias. E não imagine que, em lhe vindo um pensamento qualquer, logo é mau, ainda que fosse da pior coisa; não, não tem importância. Quisera eu que também essa Irmã experimentasse a mesma secura, porque não sei se o entende, e para seu proveito podemos desejar-lho. Quando algum pensamento mau lhe vier, benza-se ou reze um Pai-Nosso, ou bata no peito e procure pensar noutra coisa; e até ganhará merecimento, por ter resistido.

À Isabel de S. Pablo gostaria de responder, mas não há tempo. Dê-lhe minhas recomendações — que já sabe há de ser Vossa Caridade a mais querida —, e ela as transmita a Romero e a María de S. Jerónimo, sobre cuja saúde quisera que alguém me escrevesse, pois ela mesma não o faz. D. Francisco está como um anjo, e passando bem. Ontem comungaram, ele e seus criados. Amanhã partiremos para Valladolid. De lá ele lhe escreverá; agora não o faz porque não lhe falei neste mensageiro[1].

Deus mos guarde a ambos, minha filha, e a faça tão santa como eu Lhe suplico. Amém. A todos me recomendo.

É hoje dia de Santo Alberto.

TERESA DE JESUS.

338. A D. JUANA DE AHUMADA, EM ALBA DE TORMES

Valladolid, 9 de agosto de 1580. Mercê grande é o padecer. Sobre o casamento de D. Francisco de Cepeda, seu sobrinho. Recomenda-se às orações dos filhos de D. Juana.

Jhs

A graça do Espírito Santo esteja com vossa mercê. Muito aumentou a minha pena a lembrança da que sentirá vossa mercê. Seja Deus louvado, que de tantas maneiras nos favorece. Creia, irmã minha, que grande graça é o padecer. Considere que tudo acaba tão depressa como se vê, e tenha ânimo; olhe que o lucro não tem fim.

Por ser mensageiro desta o Senhor Juan de Ovalle, que lhe dirá o que tratamos, e porque vai dar uma hora da noite, não me alargarei. Se for possível, irá D. Francisco com o Senhor Juan de Ovalle; e, se não for agora, procurarei que vá breve. Em tudo o que estiver em minhas mãos, não há para que instar comigo.

Muito sinto tratar de casamentos. Agora mesmo acabo de envolver-me em tratos e negócios, mas tudo devo fazer por aquele que está na Glória; e asseguram-me que é do serviço de Deus. Peça-Lhe vossa mercê que acertemos. Poderei dar-lhe notícias sobre o que se fizer aqui.

---

1. *Romero:* não foi possível saber de quem se trata.

A meus sobrinhos muito me recomendo, entregando-os a Deus, que é quem pode dar-lhes o que merecem, pois confiar em criaturas é coisa vã.

Sua Majestade esteja com vossa mercê e ma guarde. À Madre Priora dê minhas lembranças e diga que estou boa. Tenho dela aqui algumas cartas, mas ainda não as pude ler, porque, desde que ontem cheguei, têm sido muitas as visitas e ocupações; e pela mesma razão não lhe posso responder[1].

Indigna serva de vossa mercê,

TERESA DE JESUS.

339. A D. DIEGO DE MENDOZA[1]

Valladolid, 21 de agosto de 1580. Agradece a carta que acaba de receber deste cavaleiro e aconselha-lhe resignação ao ver que não é tão favorecido como mereceria por seus serviços. Modo de praticar a caridade. A Santa e suas monjas comungarão no dia do Santo onomástico de D. Diego. Cartas a algumas religiosas.

Jhs

Esteja o Espírito Santo sempre com vossa senhoria. Amém. Asseguro a vossa senhoria que não posso entender a causa de tão ternamente nos termos regalado, tanto eu como estas Irmãs, pela mercê que nos fez vossa senhoria com sua carta; porque, embora haja muitas e estejamos tão acostumadas a receber mercês e favores de pessoas de grande valor, não produzem em nós o mesmo efeito, e portanto alguma coisa secreta deve haver que não entendemos. E é assim, pois com advertência o tenho considerado nestas Irmãs e em mim.

Só uma hora temos diante de nós para responder, porque dizem está a partir o mensageiro; e elas, ao que parece, quereriam dispor de muitas horas. Andam tão cuidadosas com o que vossa senhoria lhes manda, e meteu-se na cabeça da madrinha de vossa senhoria que lhe há de fazer algum bem com suas palavras. Se o efeito correspondesse à boa vontade com que as diz, estou eu bem certa de que lhe seriam de proveito; mas é negócio de Nosso Senhor, e só a Sua Majestade pertence mover as almas. Grandíssima mercê nos faz em dar a vossa senhoria luz e desejos, e estas duas coisas não podem deixar de atuar pouco a pouco em tão grande entendimento como o de vossa senhoria. Posso dizer-lhe com verdade: a não ser os negócios que dizem respeito ao Senhor Bispo, não entendo agora outra coisa que mais pudesse alegrar a minha alma do que ver a vossa senhoria senhor de si. E realmente tenho pensado: a pessoa tão valorosa, só Deus pode fartar os desejos; e assim bem fez Sua Majestade permitindo que na terra se tenham descuidado, os que poderiam de algum modo satisfazer-lhe alguma aspiração. Perdoe-me vossa senhoria que estou ficando boba. Mas é bem certo que assim fazem os mais atrevidos e baixos: em se lhes mostrando um pouco de confiança, logo tomam ousadia![2]

O Padre Frei Jerónimo Gracián folgou-se muito com o recado de vossa senhoria. Sei que ele lhe tem amor e desejo de o servir, como é de sua obrigação, e até creio ainda muito mais; e procura que as pessoas com quem trata — bem virtuosas — o recomendem a Nosso Senhor. Ele de sua parte o faz, com tanta vontade de lhe ser útil que espero em Sua Majestade será ouvido; porque, segundo me disse uma vez, não se contenta de que vossa senhoria seja muito bom, senão santo. Quanto a mim, tenho mais baixos pensamentos. Poderia dar-me por satisfeita se vossa senhoria se contentasse só com o que precisa para si, e não se estendesse a tanto sua caridade em procurar

---

1. *Priora*: a de Alba de Tormes, onde residia D. Juana de Ahumada.
1. Irmão do Bispo D. Alvaro e de D. María de Mendoza.
2. *Bispo*: D. Alvaro de Mendoza, então Bispo de Palência. *Ousadia*: quer dizer que, pela honra que de D. Diego recebera, cobrara, como vilã, atrevimento para meter-se em sua vida e dar-lhes conselhos. Com esta humildade dispunha melhor o cavaleiro para aceitar suas exortações.

fortuna para os outros; e vejo que, se vossa senhoria só buscasse o seu descanso, já o poderia gozar, e ocupar-se em adquirir bens perpétuos e em servir a quem para sempre o há de ter consigo e jamais se fartará de o encher de bens.

Já sabíamos qual o dia do santo a que se refere vossa senhoria. Ficou determinado que todas comungaremos nessa data por vossa senhoria, saldando deste modo a nossa dívida; porque o festejaremos bem, em nome de vossa senhoria, e cada uma passará o dia o melhor que puder. Pelas demais mercês que vossa senhoria me faz, tenho visto que poderei pedir muitas a vossa senhoria se ocorrer necessidade; mas, bem sabe Nosso Senhor, a maior que vossa senhoria me pode fazer é estar onde não me possa conceder nenhuma, ainda que o queira. Contudo, quando me vir em apuros, acudirei a vossa senhoria, como a senhor desta casa.

Estou vendo como se esforçam María, Isabel e a madrinha de vossa senhoria para escrever-lhe; quanto a Isabelita, que é a de S. Judas, como é nova, está calada; no ofício não sei o que dirá. Já resolvi não emendar nem uma palavra, deixando que vossa senhoria as sofra, pois manda que lhe escrevam. É verdade que não o será pouca mortificação ler tolices, nem pequeno exercício de humildade para vossa senhoria contentamento em gente tão ruim. Nosso Senhor nos faça tais, que não perca vossa senhoria essa boa obra por falta de sabermos nós pedir a Sua Majestade que a retribua a vossa senhoria[3].

É hoje domingo, não sei se 20 de agosto.

Indigna serva e verdadeira filha de vossa senhoria,

TERESA DE JESUS.

340. A ROQUE DE HUERTA, EM MADRI

Valladolid, 8 de setembro de 1580. Estado de saúde de Huerta e da Santa. Pede notícias dos negócios de Roma.

Jhs

A graça do Espírito Santo esteja sempre com vossa mercê. Porque o Padre Reitor e a Priora dirão a vossa mercê como, por aqui, temos passado, não me alargarei.

Desejo muito saber da saúde de vossa mercê e de seus negócios. Mais tempo tenho eu aqui, se soubesse aproveitá-lo, para encomendar a Deus vossa mercê, do que nenhuma parte. Praza a Nosso Senhor tenha eu algum valimento, pois desejo não me falta de ver vossa mercê com muita santidade e saúde. A minha está muito melhor do que aí, embora não me deixem os achaques ordinários, especialmente a paralisia; mas, como não tenho febre, nem o fastio que sentia em Segóvia, posso dizer que estou boa.

Quando ia partir de Ávila, disseram que tinham chegado os despachos de Roma, tais como queríamos; depois nada mais soube. Suplico a vossa mercê, pois este mensageiro há de voltar, que me informe de tudo, principalmente de sua saúde.

A Priora está boa. Recomenda-se muito às orações de vossa mercê. Desempenha bem seu ofício[1].

Faça Nosso Senhor vossa mercê muito grande santo.

É hoje 8.

Indigna serva de vossa mercê,

TERESA DE JESUS.

---

3. *María, Isabel, Isabelita*: nomes de diversas Irmãs, da comunidade.
1. *Priora*: sua sobrinha, María Bautista.

341. AO PADRE JERÓNIMO GRACIÁN, EM MEDINA DEL CAMPO

Valladolid, 4 de outubro de 1580. Saúde da Santa. Notícias da família do Padre Gracián. Procedimento a seguir com o melancólico D. Pedro de Ahumada. Francisco de Cepeda quer tomar o hábito da Descalcez. Aconselha o Pe. Gracián a comprar boa cavalgadura e não viajar em quartão.

Jhs

A graça do Espírito Santo esteja com meu Padre. Amém. Hoje, dia de S. Francisco, recebi duas cartas de Vossa Paternidade com as quais muito me alegrei, por saber que continua com saúde. Praza a Deus sempre seja assim, como Lhe suplico. Também me alegrei muito com o acordo, porque nos foi favorável, e ainda que não o fosse tanto, os pleitos não são para nós.

Eu estou já — podemos dizer — boa; alimento-me melhor e também melhorei da fraqueza, e vou cobrando alguma força; contudo não ouso escrever de minha mão. Pouco a pouco ficarei restabelecida. Não tenha Vossa Paternidade pena de meu mal; basta a que já teve.

Oh! como fiquei triste, por não me ter dito a Madre Priora, na carta que escreveu com notícias de D. Luis, que já estava boa a senhora D. Juana! Quanto à nossa María de S. José, já se levanta e está sem febre, e tão alegre que parece nada ter sofrido[1].

No que diz respeito à carta de Pedro de Ahumada, não há que fazer caso; pensei até que fosse pior. Muito mau foi não enviar o que lhe pediam. D. Francisco não se livrará dele enquanto não entregar seus negócios a mim, como à única pessoa a quem tem algum respeito. Provavelmente, muito se há de perder daquela propriedade; mas se ganharmos no principal, pouco importa. Já que estou melhor, não me impressionarão tanto as coisas, pois vejo: a enfermidade muito deve enfraquecer o coração, especialmente a quem o tem como eu. Não pense que tudo me afogue.

Na carta de Teresica achei muita graça, e gostei de saber do contentamento e da saúde de D. Francisco. Deus os tenha de sua mão. Se Pedro de Ahumada for no quartão, D. Francisco faça-o voltar em uma mula de aluguel; mas é tão susceptível esse meu irmão, que, penso, não o aceitará. Realmente não tem necessidade de montaria, é gasto inútil, pois, não havendo de residir em La Serna, cessarão as suas idas e vindas. Isto mesmo lhe diga D. Francisco e leve-o como melhor puder, sem lhe dar coisa alguma, nem assinar algum papel. Diga-lhe que sempre lhe será pago o que meu irmão lhe deixou, e com isso fica bem provido; agora lhe deram os de La Serna cem reais, a pedido da Priora. Não sei como ele pode dizer que nada lhe deram. Difícil é de suportar este seu humor e está minha cabeça de sorte que, ainda sem escrever de minha mão, não posso alargar-me com Vossa Paternidade segundo quisera. Deus o guarde e faça tão santo como Lhe suplico.

A esses senhores dê minhas recomendações, e também à Madre Priora Inês de Jesus. S. Bartolomé se recomenda às orações de Vossa Paternidade, e muito se consola por estar Vossa Paternidade com saúde.

Muito quisera eu que se mostrasse áspero D. Francisco com Pedro de Ahumada, perguntando-lhe por que não se conforma com Perálvarez no tocante ao governo da fazenda. Tanto um como outro nada fazem; porque, embora Pedro de Ahumada se gabe, não faz coisa que preste. O que é preciso é tomar um administrador para isto e para o que legou Francisco de Salcedo às monjas; e deste modo poderão elas despreocupar-se algum tanto.

De nenhum modo mostre D. Francisco indecisão a Pedro de Ahumada; pelo contrário, diga-lhe toda a vontade que tem de mudar de estado, e até exagere, se puder; porque já chegaram as coisas a tal ponto que não se podem mais dissimular, como Vossa Paternidade me diz. Como aquele pajenzinho andou espalhando a notícia, melhor a divulgará por aí, e tem jeito para exagerar. Aqui me disse o Licenciado Godoy que o tinha ouvido de um antigo corregedor de Ávila, e ainda outras pessoas falam sobre o caso: e portanto já é público. Aquilo que há de acontecer não vejo razão para ficar secreto; e, quando souberem que é certo, ninguém mais falará. Não me parece

---

1. *D. Luis e D. Juana*, irmão e mãe do Pe. Gracián.

a mim que essas coisas o atinjam. Escreveu-me uma carta, que me fez louvar a Deus. O mesmo Senhor esteja com Vossa Paternidade[2].

Tenho receio de que esse jumentinho não seja bom para Vossa Paternidade, e julgo conveniente comprar um melhor. Se assim for, não faltará quem lhe empreste dinheiro, e, quando cobrarmos o daqui, poderei lhe enviar o necessário para o pagamento; ou, se Pedro de Ahumada o deixar, poderá se vender o quartão, pois deste não me importo tanto que venha a cair porque é baixinho. Só temo que adquira algum que derrube a meu Padre. Igualmente não me parece bem que D. Francisco não dê ao convento o animal em que estiver montado quando for tomar o hábito. Veja Vossa Paternidade em tudo o que for melhor, e deixe de ser acanhado, que me mata com isso.

Indigna filha de Vossa Paternidade,

TERESA DE JESUS.

Leia Vossa Paternidade a D. Francisco o trecho referente a Pedro de Ahumada. Olhe que a única solução é mandá-lo para mim, e aqui nos aviremos.

342. A PRIORA E MONJAS DE S. JOSÉ DE ÁVILA

Valladolid, 7 de outubro de 1580. Escrituras e testamento de D. Lorenzo. Sobre a distribuição dos bens de seus sobrinhos, caso professem. Instruções acerca do que se devia fazer com o legado de D. Lorenzo, seu irmão. Sente-se cansada de tratar "desses negócios temporais".

Jesus esteja com Vossas Reverências. Amém. Vejo-me com pouca saúde, e, ainda no caso de ter muita, não é sensato ter segurança em vida que tão depressa acaba e, assim, pareceu-me conveniente escrever a Vossas Reverências esta relação sobre o que se há de fazer, se for Deus servido que D. Francisco professe.

As escrituras relativas à herança deixada a essa casa, estão lavradas, e com muita firmeza. Sabe Deus o cuidado e trabalho que me custou o chegar a este resultado. Seja Deus bendito, que assim o fez; estão firmíssimas. Sejam agora guardadas nessa casa na arca das três chaves. Porque me serão necessárias algumas vezes, não envio já as ditas escrituras. Com elas está o testamento de meu irmão — que Deus tenha em sua glória! e todos os demais documentos de que foi preciso lançar mão como provas. Daqui serão enviadas, porque de nenhum modo convém outra coisa, senão que estejam nessa casa, e bem guardadas na arca das três chaves.

Se fizer profissão D. Francisco, será preciso ver como fará o testamento e dar-lhe tudo o que estiver por gastar da renda anual; porque ele não pode dispor por testamento senão da renda deste ano, e, creio, dos bens móveis[1].

Logo se há de repartir a fazenda entre D. Lorenzo e Teresa de Jesus. Até que esta faça profissão, pode determinar o que quiser a respeito da parte que lhe toca. Está claro que fará o que vossa reverência lhe disser; e é justo que se recorde de sua tia D. Juana, pois tem tanta necessidade. Em fazendo profissão, fica tudo pertencendo à casa.

A parte de D. Lorenzo será entregue ao mesmo mordomo, que dará particular conta de todas as despesas. Sobre o modo de o gastar não tem a Priora e as monjas outra coisa a fazer senão cumprirem o que diz o testamento.

Primeiramente, se há de construir a capela projetada por meu irmão, que esteja na Glória! O que faltar, dos quatrocentos ducados que lhe devem em Sevilha, se há de ir tirando da parte de D. Lorenzo, e fazer retábulo e grades, e tudo o que for necessário. Já me mandou dizer a Priora que ao menos duzentos ducados mandará prontamente[2].

---

2. *Pajenzinho:* só a Santa e o Pe. Gracián sabiam que D. Francisco determinara fazer-se Carmelita; mas um pajenzinho deste, tendo-o sabido, ou conjeturado, espalhou por toda parte a notícia. *Corregedor:* D. García Suárez Carvajal.

1. D. Lorenzo, em seu testamento, proíbe que seus descendentes vendam ou dividam La Serna e outra propriedade menor, por estar vinculado a elas o morgado.

2. *Priora:* María de S. José, de Sevilha.

Diz o testamento, ao que parece, pois não me recordo bem, que, na distribuição desses rendimentos de D. Lorenzo, faça eu em algumas coisas o que julgar melhor. Por conseguinte, sabendo que era vontade de meu irmão fazer o arco da capela-mor — e todas viram que ele o tinha traçado —, declaro, por este documento firmado de meu nome, ser minha vontade que, por ocasião de se fazer a capela de meu irmão — que Deus tenha na glória! —, seja feito o dito arco da capela-mor e uma grade de ferro, não das muito caras, porém vistosas e de bom tamanho.

Se for Deus servido de levar D. Lorenzo sem filhos, então a capela-mor seja feita como ordena o testamento. Olhem, não se fiem muito do administrador; procurem que alguns dos capelães daí vão com frequência fiscalizar a propriedade de La Serna, para ver se está prosperando, porque será de valor e, se não tiverem muito cuidado, se perderá dentro em pouco. Em consciência estão obrigadas a não deixar que se perca[3].

Ó minhas filhas, que de cansaços e contendas trazem consigo esses negócios temporais! Sempre pensei isto, e agora o tenho visto por experiência, pois, a meu parecer, todos os cuidados que tenho sofrido nessas fundações, de certo modo não me alteraram nem cansaram tanto como estes: não sei se foi devido à muita enfermidade; ao menos terá contribuído. Vossas Reverências roguem a Deus que tudo tenha sido de seu divino agrado, pois foi principalmente por se tratar dos interesses dessa comunidade que o tenho tão a peito; e recomendem-me muito a Sua Majestade. Asseguro-lhes que nunca pensei querer-lhes tanto. Ele tudo encaminhe como for para sua maior honra e glória, e não permita que a riqueza temporal nos tire a pobreza de espírito.

De outubro, hoje 7, ano de 1580.
De Vossas Reverências serva,

TERESA DE JESUS.

Guarde-se este memorial na arca das três chaves[4].

343. AO PADRE JERÓNIMO GRACIÁN, EM SEVILHA

Valladolid, outubro de 1580. Desgostos das monjas de Alba com D. Teresa de Laiz. Discrição no uso do véu e normas a que devem ater-se. Nobreza do convento de Alba, e bem-estar do de Valladolid[1].

Jesus esteja com vossa reverência. Amém. Por essa carta inclusa verá vossa reverência o que se passa em Alba com a fundadora. As monjas começaram a temê-la porque as obrigou a receber noviças; e devem passar muitas necessidades, porém não vejo remédio para fazê-la render-se à razão. É preciso vossa reverência informar-se de tudo.

Não se esqueça vossa reverência de deixar ordenado em todos os mosteiros o que se refere à cortina dos locutórios, declarando em favor de que pessoas há de ser entendido este ponto das Constituições, a fim de não parecer demasiado aperto. Mais temo que venham a perder o grande contentamento com que Nosso Senhor as leva, do que essas outras coisas, porque sei o que é uma monja descontente; e, enquanto não derem mais ocasião do que têm dado até agora, não há para que apertá-las além do que prometeram.

Aos confessores jamais há motivo para ver sem cortina, nem a Frades de Ordem alguma, e muito menos a nossos Descalços. Poderia se declarar: se uma Irmã tem um tio que lhe fez as vezes de pai em falta deste, ou pessoas de muitíssimo parentesco, é razão que por si mesma se justifica; ou quando se trata de uma duquesa, ou condessa, ou pessoa principal. Finalmente, onde não possa haver perigo e sim proveito; e quando assim não for, não se abra a cortina. Se outro caso se oferecer que apresente dúvida, comuniquem-no ao Provincial e peçam licença; e sem esta, jamais se

---

3. *D. Lorenzo:* como já foi dito, D. Lorenzo não quis aceitar a parte que lhe cabia.
4. Arca onde se guardam as coisas de valor dos conventos.
1. *Teresa de Layz:* fundadora da casa. Ver *Livro das fundações*, c. XX.

faça. Mas tenho medo de que a conceda o Provincial com demasiada facilidade. Para alguma coisa da alma, parece-me que se pode tratar sem abrir a cortina. Vossa reverência o verá.

Muito desejo que lhes venha prontamente alguma noviça que traga com o que se possa pagar em parte o que foi gasto na obra. Deus o guie conforme vê ser necessário. Aqui estão bem, tudo têm de sobra; isto digo quanto ao exterior, pois para o interior contentamento, de pouco servem essas coisas — mais se desenvolve na pobreza. Sua Majestade no-lo dê a entender, e faça vossa reverência muito santo. Amém.

Indigna serva e súdita de vossa reverência,

TERESA DE JESUS.

344. A MADRE MARÍA DE S. JOSÉ, PRIORA DE SEVILHA

Valladolid, 25 de outubro de 1580. Lamenta a falta de saúde da Priora e da Subpriora de Sevilha. Grave enfermidade da Santa. Essa monja "não é bem que fique sem castigo". Assuntos das Índias relativos a D. Lorenzo. Fraqueza de cabeça.

Jhs

A graça do Espírito Santo esteja com vossa reverência, minha filha. Recebi suas cartas e a da Madre Subpriora, e embora, tenham chegado muito atrasadas, folguei de ver letra sua; contudo diminuiu bastante minha alegria o saber de sua pouca saúde. Outra que vossa reverência escreveu ao Padre Nicolao, datada de 1º de outubro, veio consolar-me porque nela diz que está melhor. Praza a Deus vá sempre melhorando. Não pense que essas inchações provenham sempre de hidropisia; por aqui algumas Irmãs sofrem ou sofreram do mesmo, e agora estão boas, e outras vão andando assim mesmo. Contudo não deixe de curar-se, e de abster-se do que, segundo o parecer do médico, lhe faz mal, ainda que não seja senão para dar-me a mim contentamento e não acrescentar trabalhos aos que temos por cá.

É o que não me tem faltado, particularmente pouca saúde, desde que estou em Valladolid. Foi esta a causa de não lhe haver escrito. Tão fraca sinto a cabeça, que não sei quando poderei escrever de minha mão; mas a secretária é tal, que posso confiar nela tanto quanto em mim. Saiba que o mal foi tão grande, que não pensaram que escapasse. Já estou sem febre há alguns dias, e não sei para que me deixa Deus, senão para ver tantas mortes de servos de Deus neste ano, o que é para mim grande tormento. A do Padre Soto não me afligiu muito; mais pena me dá o que sofrem o Padre Frei Gregorio e seus companheiros nos Remédios. Tem sido geral esta tormenta; portanto não nos havemos de espantar, e sim de louvar a Deus, pois, embora tenha havido não poucos trabalhos nestes mosteiros, nenhuma Descalça morreu. A boa María del Sacramento acaba de ser ungida em Alba. Recomende-a a Deus, e por mim peça muito, para que sirva a Sua Majestade de algum modo, já que me deixou aqui embaixo[1].

O que me diz do Padre ex-Prior das Covas causou-me grande lástima. Por amor de Deus, não deixe de consolá-lo em tudo o que puder, e mande-lhe um grande recado de minha parte, dizendo-lhe que por estar tão fraca não lhes escrevo. Para meu Padre Rodrigálvarez faça outro tanto em meu nome, com palavras muito amigas. Como vejo que o Padre Prior de Pastrana lhes quer tanto e não deixará de lhes escrever frequentemente dando as notícias daqui, fico bem consolada.

No tocante a Beatriz, vossa reverência acertou muito bem em queimar aquele papel, e igualmente acertará em não falar sobre esse assunto com ela, nem com pessoa alguma. Se for Deus servido de fazer-nos a mercê de vermos feita esta Província, então se determinará o que se há de fazer dessa Irmã, pois, como lhe tenho dito de outras vezes, não convém ficar sem castigo.

---

1. *Secretária:* Ana de San Bartolomé.

Estou admirada de como nenhuma encomenda tem vindo das Índias para meu irmão — que esteja na glória! Ao menos cartas, acho impossível que tenham deixado de escrever. Faça-me saber quando parte a frota. Lembrou-se do que lhe escrevi de Segóvia, pedindo-lhe que procure informar-se de alguma pessoa vinda da cidade dos Reis, se é vivo um cavaleiro de Salamanca por nome Diego López de Zúñiga? No caso de ter morrido, procure duas testemunhas que atestem o óbito, pois disto depende a venda da casa para as monjas de Salamanca, que ainda não a têm, e estou com medo de que se venha a desmanchar o contrato por falta desta informação.

Ao Senhor Horácio de Oria peça muito que a ajude, suplicando-lhe em meu nome; e diga-lhe que me recomende às suas orações, pois eu nas minhas tenho esse cuidado, e por ser negócio do serviço de Deus, rogo-lhe que se interesse[2].

Olhe que me há de procurar mensageiro certo para eu escrever à cidade dos Reis e para o Peru à cidade de Quito, e não se esqueça de avisar-me a tempo, antes que a frota se vá. Há correio que vem aqui ordinariamente, pois quando eu aí estava recebia com muita frequência cartas dessa casa; ou peça a nosso Padre Nicolao que me informe. Para que me avise, a Sua Reverência envio a carta inclusa, por maior segurança[3].

Tão fraca está a cabeça, que até o ditar me cansa, porque hoje não ditei só esta. Tive tão grande fastio, que me enfraqueceu mais que as febres.

À Madre Subpriora e a todas dê muitas lembranças minhas. Asseguro-lhe que tenho grande desejo de vê-las. A Deus tudo é possível. Sua Majestade a guarde, como Lhe suplico, e a faça muito santa. Avise-me se já lhe vão diminuindo a inchação e a sede.

Todas as Irmãs desta casa muito se recomendam, e acharam graça no caso dos mouriscos. Ainda que não me escreva de sua mão não importa, pois tudo pode fiar da Subpriora.

Outubro, 25.

De vossa reverência serva,

TERESA DE JESUS.

Muitas lembranças à Irmã S. Francisco, cuja carta me serviu de grande recreação; também à Irmã Juana de la Cruz e à portuguesa me recomendo muito. Faça vossa reverência que peçam todas a Deus pelo Padre Frei Pedro Fernández, que está já nas últimas; olhe que lhe devemos muito, e no momento faz-nos grande falta. Meu Padre Frei Gregorio causa-me grande lástima; quisera poder escrever-lhe. Diga-lhe que desse modo se fazem os santos; e a vossa reverência, minha filha, digo o mesmo. Não me acostumo a não lhe escrever de próprio punho.

345. AO PADRE JERÓNIMO GRACIÁN, EM SEVILHA

Valladolid, 20 de novembro de 1580. Dá-lhe conta de várias cartas que lhe escreveu. Seu sobrinho Francisco de Cepeda volta do convento dos Descalços sem tomar o hábito e deseja casar-se. A capela de D. Lorenzo, em S. José. Veleidades de D. Francisco.

Jhs

A graça do Espírito Santo esteja com vossa paternidade. Não vai esta de minha letra, porque sinto cansada a cabeça, em consequência de haver escrito muito: ontem a vossa paternidade, por intermédio da senhora D. Juana de Antisco, e hoje a Ávila. Outra lhe remeti pela mesma via, e bem extensa. Praza a Deus aí tenham chegado, melhor do que as de vossa paternidade aqui — se é que escreveu alguma —, e estou muito cuidadosa, até saber se chegou bem. Esta lhe escrevo agora com o fim de lhe dizer que desse lugar há correio para cá, e pedir-lhe que não me deixe de escrever por ele. Estou boa, glória a Deus, e à Irmã María de S. José também não lhe voltaram as febres.

---

2. *Horacio de Oria:* Cônego de Toledo e irmão de Frei Nicolás de Jesús María (Doria).
3. *Quito:* a Santa pouco sabia acerca das cidades americanas, o que não é de admirar.

O que lhe contava na de ontem era a história de D. Francisco, que nos tem espantado a todas. Poderia se dizer que o desfizeram e tornaram a fazer. Como anda metido com seus parentes, não me admiro; o que me admira é deixar Deus assim uma criatura que O desejava servir. Grandes são os seus juízos! Muita lástima me fez quando o vi. Está grande negociador de sua fazenda, e apegado a ela, com tanto medo de falar a Descalços e Descalças, que, penso, nem nos quisera ver, e muito menos a mim. Diz, segundo me contaram, ter medo de lhe tornar o desejo antigo. Nisto se vê que é grande tentação. Suplico a vossa paternidade que o encomende a Deus e tenha pena dele. Trata de casar-se, porém não fora de Ávila. Muito pobre será, porque não lhe faltarão dissabores. O que deve ter dado muita ocasião para isso foi vossa paternidade e o Padre Nicolao o terem abandonado tão depressa, e aquela casa de Pastrana não fazia questão de recebê-lo. Tenho a impressão de que tiraram de cima de mim um grande peso[1].

Agora vamos de novo dar andamento ao projeto da capela, pois ontem me escreveu a este respeito o Padre Frei Angel. Tudo me cansa muito. Ele não chegou a ir a Madri, e agora vem a San Pablo de la Moraleja. Diz que recebeu do Geral as atas do Capítulo. O Padre Frei Pedro Fernández não morreu ainda; está muito mal. Por aqui estão as Irmãs, na maior parte, com saúde e desejosas de saber de vossa paternidade, e a secretária lhe beija as mãos, assim como também a Madre Inés de Jesús.

Porque, imagino, poderá lhe dar algum cuidado o pagamento feito a Godoy, saiba que dei ordem para figurar como empréstimo, e daí resultou passar a ser nosso devedor, já que lhe emprestamos maior quantia do que ele a nós. Escrevo depois de Matinas, véspera de Nossa Senhora da Apresentação, data que jamais esquecerei, por ter sido neste dia o rebate no Carmo daí, quando vossa paternidade apresentou o Breve. Deus o guarde, e faça tão santo como Lhe suplico. Amém[2].

Indigna serva e filha de vossa paternidade,

TERESA DE JESUS.

Praza a Deus possa decifrar esta carta, tal a pressa com que foi escrita. Muito desassossegado anda este Francisco; soube que está passando muito mal do estômago e da cabeça e com fraqueza no coração. Grande mercê me fez Deus não permitindo que tomasse o hábito. A muitas pessoas confessou em Ávila que ninguém o constrangia. Posso dizer-lhe, meu Padre, que sempre temi o que agora vejo. Não sei o que se tem passado comigo, mas é certo que descansei em não ter mais que ver com ele. Apesar de tudo assegura que no casamento não se apartará de meu modo de ver. Mas tenho receio de que não será muito feliz; por mim, tudo abandonaria se não fora para não parecer contrariada com o acontecido.

Se visse vossa paternidade as cartas que me escreveu de Alcalá e Pastrana, ficaria espantado de seu contentamento e de como pedia que me interessasse para lhe darem depressa o hábito. Brava tentação deve ter sido a dele, porém nada lhe falei a este respeito, porque ficaria muito sentido e estava em companhia de um seu parente. Aliás deve estar envergonhado. Deus o ajude, e a vossa paternidade guarde. A meu parecer, junto dos santos teria sido santo. Espero em Deus que se há de salvar, pois tem temor de ofendê-lo[3].

A companheira de Vossa Paternidade[4], S. Bartolomé, manda-lhe muitas recomendações; tem grande solicitude e desejo de saber como tem passado sem nós vossa paternidade por esses caminhos; aqui vamos tão mal sem vossa paternidade, que se diria ficamos num deserto. A Irmã Casilda de la Concepción recomenda-se a vossa paternidade.

---

1. *D. Francisco* de Cepeda, sobrinho da Santa, que a dois meses de ingressar no noviciado desistiu de ir adiante.

2. *Apresentou o Breve:* quando, em 1575, o Pe. Gracián leu o Breve que o constituía Visitador dos Calçados em toda a Andaluzia. É fácil imaginar a impressão geral, pois Gracián, além de ser Descalço, era muito novo, tanto de idade como de vida religiosa.

3. *Seu parente:* Diego de Guzmán, seu primo. *Se há de salvar:* D. Francisco, depois de uma vida trabalhosa e acidentada, tendo sempre seguido o trilho da virtude, morreu como bom cristão, em Quito, em 27 de novembro de 1617.

4. É a própria Beata Ana quem, deste parágrafo em diante, serve de secretária e por distração assina a carta com seu nome.

Nosso Senhor nos guarde vossa paternidade, e nos permita vê-lo brevemente, amém. Padre meu, para que não se canse, nada mais lhe digo.

Indigna súdita de vossa paternidade, Ana de S. Bartolomé.

Em tendo vossa paternidade alguma notícia do bom Frei Bartolomé de Jesús, faça-me saber, que me dará muito consolo.

346. A MADRE MARÍA DE S. JOSÉ, PRIORA DE SEVILHA

Valladolid, 21 de novembro de 1580. Alegra-se por já ter a Madre Priora em Sevilha o Pe. Gracián. Dinheiro para a capela de D. Lorenzo. Dificuldade em cobrar certa quantia a um ouvidor do Arcebispo de Toledo. Deseja notícias do Pe. Gracián. Lembranças.

Jhs

A graça do Espírito Santo esteja com vossa reverência, minha filha. Amém. Muito desejosa estou de saber da saúde de vossa reverência. Por amor de Deus, vele muito sobre ela, pois ando preocupada. Diga-me que tal se sente e como está consolada agora com Nosso Padre Gracián; eu de minha parte o estou igualmente, por saber o alívio que dará a vossa reverência o tê-lo agora aí para todas as necessidades. Estou melhor, graças a Deus.

Vou tornando ao que era, embora não me falte em que padecer com minhas contínuas enfermidades e as preocupações, que nunca me deixam. Encomendem-me a Deus, e escreva-me o que devo fazer destes papéis que me enviou, pois de nada valem para cobrar o dinheiro. Veja que solução se há de dar, e procure vossa reverência receber alguma noviça para pagar a quantia destinada à capela de meu irmão, pois não se pode deixar de iniciar as obras quanto antes. Com muito pesar, não tenho aqui de que lançar mão; só posso encomendar tudo a Deus, para que nos acuda com seu poder.

Dos negócios da Ordem não há coisa nova a dizer, atualmente; quando houver, por Nosso Padre Gracián o saberão. A todas as Irmãs muito me recomendo. Praza a Deus estejam com a saúde que lhes desejo.

Como já lhe escrevi, quem deve o dinheiro em Toledo está protelando a mais não poder o pagamento; é o ouvidor do arcebispo, e não sei como arrancá-lo dele, a não ser por bem. Se o Padre Nicolao, quando for, quisesse demorar-se ali alguns dias e falar-lhe pessoalmente, talvez consiga alguma coisa. Tinha pensado que, no caso de ir adiante Francisco no seu propósito de fazer-se religioso, poderia me ser possível fazer alguma coisa em favor desse mosteiro, mas tudo me saiu às avessas. Faça-o Deus como pode, e a vossa reverência dê a saúde que Lhe suplico[1].

Já que há correio ordinário para este lugar, não deixe de escrever-me por ele, e avise a Nosso Padre que também o faça. Conte-me a Madre Subpriora como lhes vai com ele e se está bom, e escreva-me tudo longamente, a fim de poupar cansaço a vossa reverência.

Por caridade, andem com minha cautela, pois há em casa quem ache muito aquilo que é nada; e digam-me como está essa pobre, e também o Padre Prior de las Cuevas. Faça que Nosso Padre o vá visitar, e mande-lhe um grande recado de minha parte, assim como ao Padre Rodrigo Álvarez, dizendo-lhe que me alegrei com suas lembranças e não lhe escrevo porque minha cabeça não está capaz. Digam-me como está S. Jerónimo. A ela e à Irmã S. Francisco minhas recomendações[2].

É hoje dia da Apresentação de Nossa Senhora.

Indigna serva de vossa reverência,

TERESA DE JESUS.

Façam muitas orações pelos negócios da Ordem.

---

1. *Ouvidor:* D. Juan Covarrubias y Orozco, mais tarde bispo de Guadix.
2. *Essa pobre:* Beatriz de la Madre de Dios.

347. A MADRE ANA DE LA ENCARNACIÓN, PRIORA DE SALAMANCA

Valladolid, dezembro de 1580. Sobre negócios daquela comunidade de Descalças.

Jhs

Depois de escrita uma carta que vossa reverência verá, enviou-me esta outra o Padre García Manrique, e nisto que Sua Mercê aqui pede, não tem vossa reverência que hesitar, nem que temer. Faça-o, pois quando escrevi a carta, estava espantada com a novidade que inventaram, e pensei que lhes haviam pedido alguma escritura, da parte de Pedro de la Banda, sem terem avisado o Padre García Manrique. É preciso que me informem se há alguma outra coisa nova. Mas para fazer o que Sua Mercê propõe, nenhum inconveniente acho para que se deixe logo de fazer; do mesmo parecer são a Madre Inés de Jesús e a Priora e, portanto, peço por caridade que o façam. E ainda que houvesse algum senão, bastava estar já feito o acordo, para não faltarmos à palavra, porque tão boa não foi a impressão que nos deixaram os cavaleiros de Salamanca quando nos faltaram, para que os imitemos[1].

Como fui extensa na carta a que me referi, só acrescento que Deus dê a vossa reverência muito amor seu.

Indigna serva de vossa reverência,

TERESA DE JESUS.

348. A UMAS JOVENS DE ÁVILA

Valladolid, dezembro de 1580. Aconselha-lhes a não tomarem o hábito da Descalcez antes de obterem o consentimento de seus pais. Promete reservar-lhes lugar nos conventos.

Jhs

A graça do Espírito Santo esteja na alma de vossas mercês, confortando-as para que perseverem nesses tão bons desejos. Parece-me, minhas senhoras, que mais ânimo tem tido D. Mariana, filha de Francisco Juárez, que há perto de seis anos é contrariada pelo pai e pela mãe e quase sempre confinada numa aldeia. Quanto daria ela para ter a liberdade, de que vossas mercês gozam, de confessar-se em S. Gil[1].

Não é coisa tão fácil como lhes parece tomar o hábito nessas condições. Conquanto agora, com esse desejo que sentem, estejam determinadas, não as tenho em conta de tão santas que não venham a afligir-se depois, por terem perdido as boas graças de seu pai. Por isto mais vale encomendar tudo a Nosso Senhor e consegui-lo de Sua Majestade, que pode mudar os corações e proporcionar outros meios; e, quando mais descuidadas estivermos, ordenará os acontecimentos a gosto de todos. Por enquanto deve convir a espera. Diferentes são dos nossos os seus juízos.

Contentem-se vossas mercês com saber que lhes guardamos lugar, e deixem-se nas mãos de Deus para que cumpra sua vontade a este respeito. A perfeição é esta; o demais poderia ser tentação. Faça-o Sua Divina Majestade como vir que mais convém; pois asseguro-lhes que, se dependesse só de minha vontade, logo cumpriria os desejos de vossas mercês; mas temos de considerar muitas coisas, como já disse.

De vossas mercês serva,

TERESA DE JESUS.

---

1. *Pedro de la Banda:* proprietário da casa de Salamanca, o qual, com suas exigências, muito deu que fazer às monjas.

1. Colégio da Companhia, em Ávila.

349. A UM CONFESSOR DAS DESCALÇAS DE SEVILHA

Valladolid, dezembro de 1580. Lamenta que vá tão raramente ao mosteiro das Descalças. Recomenda-se às suas orações.

Jhs

A graça do Espírito Santo esteja sempre com vossa mercê. Amém. Asseguro-lhe que tem habilidade para mortificar! Pensa vossa mercê que, por estar longe, hei de deixar de saber e de sentir o que faz? Não por certo: antes, pelo contrário, me dá mais pena, porque entendo o grande consolo que proporciona vossa mercê a essas Irmãs com o favor que lhes faz, e quão confortadas as deixa quando se confessam com vossa reverência. Isto mesmo me escreve a Priora com muito pesar, e tem razão.

Com efeito, ainda que o Padre Provincial esteja agora aí e as console, nem todas gostarão de haver sempre um só. Quanto a essa jovialidade de vossa mercê não tem importância. Tenho pesar de não ter estado aí em tempo que me fosse dado gozar dos benefícios de vossa mercê, a cujas orações me recomendo muito. Quanto à pretendente, se o Padre Provincial o houver por bem, bastaria que tivesse algum parentesco com vossa mercê para eu a receber com muito gosto; quanto mais sendo em grau tão próximo!

Como por meio da Priora sei de vossa mercê, e vossa mercê de mim, e tenho muitas ocupações — pois aí tinha descanso em comparação do que se passa aqui —, não lhe escrevo mais vezes; porém em minhas pobres orações não me esqueço de vossa mercê, e também lhe suplico lembrar-se de mim nas suas.

Praza… anos com a…[1]

350. A D. LORENZO DE CEPEDA, SEU SOBRINHO, EM QUITO

Valladolid, 28 de dezembro de 1580. Dá-lhe conta da morte cristã de D. Lorenzo. "Grande obrigação tem a Deus, por lhe ter dado tão bom pai." Teresita "o tem levado como um anjo". Muitas queriam casar-se em Ávila com D. Francisco. Casa-se finalmente com D. Orofrisia de Mendoza. É muito bom cristão. Dá-lhe notícias dos demais parentes.

Jhs

A graça do Espírito Santo esteja com vossa mercê, meu filho. Bem pode crer que me dá muito pesar o ter de escrever más notícias a vossa mercê nesta carta. Mas considerando que o há de saber por outros lados e de estranhos que não serão capazes de lhe dar tão boa relação do consolo que pode ter em tão grande trabalho, prefiro que as saiba por mim. E se considerarmos bem as misérias desta vida, seremos felizes pelo gozo que têm os que já estão com Deus.

Foi Sua Majestade servido de levar consigo a meu bom irmão Lorenzo de Cepeda, dois dias depois de S. Juan, com muita brevidade, pois só teve um vômito de sangue; mas tinha-se confessado e comungado no dia de S. Juan, e creio que, para seu gênio, foi uma graça não estar doente mais tempo. Quanto ao que toca à sua alma, sei bem que a qualquer momento a morte o acharia aparelhado. Oito dias antes, tinha-me escrito uma carta na qual me dizia como havia de viver pouco, embora exatamente não soubesse quanto.

Morreu encomendando-se a Deus, como um santo; e assim, conforme nossa fé, podemos crer que esteve pouco, ou mesmo nada, no purgatório. Porque, embora sempre tenha sido, como vossa mercê sabe, servo de Deus, agora o estava de tal modo que não quisera tratar coisa da terra; e a não ser com as pessoas que lhe falavam de Sua Majestade, tudo o mais o cansava tanto, que eu tinha trabalho para consolá-lo. E assim é que se havia retirado à La Serna, para gozar de mais solidão; e aí morreu, ou, por melhor dizer, começou a viver. Pudesse eu escrever-lhe algumas coisas par-

---

1. No original falta quase inteiramente uma linha, e também a assinatura.

ticulares de sua alma, entenderia vossa mercê quanto deve agradecer a Deus por lhe ter dado tão bom pai, e como deve viver de maneira a dar mostras de ser seu filho. Mas em carta não é possível dizer mais do referido, senão, apenas, que vossa mercê se console e creia: desde onde está lhe pode fazer mais bem do que estando na terra.

A mim deixou grande saudade — mais que a ninguém, assim como à boa Teresita de Jesus; embora a esta tenha dado Deus tão boa compreensão que o tem levado como um anjo; e verdadeiramente o é, e muito boa monja, contentíssima com seu estado. Espero em Deus que se há de parecer com o pai. A mim não me têm faltado trabalhos até ver D. Francisco sossegado, como agora está; porque ficou muito sozinho, e sabe vossa mercê como são poucos os parentes[1].

Foram tantas as propostas de casamento para ele em Ávila, que eu estava com medo de sua escolha recair sobre alguma que não lhe conviesse. Foi Deus servido que se desposasse no dia de la Concepción com uma dama de Madri, que tem mãe, e não pai. Foi tanto o desejo da mãe, que nos espantou; porque, sendo quem é, poderia casar-se em muito melhores condições. Embora o dote seja pouco, em Ávila nenhuma das que tínhamos em vista lhe poderiam os pais dar tanto, ainda que o quisessem.

Chama-se a desposada D. Orofrisia e ainda não tem quinze anos; é formosa e muito discreta. Digo: D. Orofrisia de Mendoza y de Castilla. A mãe é prima-irmã do Duque de Albuquerque; sobrinha do Duque do Infantado, e de muitos outros senhores de alta nobreza. Em suma, do lado de pai e de mãe, dizem que nenhuma lhe fará vantagem em Espanha. Tem parentesco, em Ávila, com os Marqueses de las Navas e de Velada, e muito próximo com a mulher de D. Luis, o de Mosén Rubí[2].

Deram-lhe quatro mil ducados. Escreveu-me ele que está muito contente, e é o principal. Também eu estou, pois a mãe, D. Beatriz, é de tanto valor e discrição que os poderá governar a ambos, acomodando-se, segundo me disseram, a não gastar muito. Tem D. Orofrisia só um irmão morgado e uma irmã que é monja. Se não tiver filhos o morgado, será ela a herdeira. É coisa possível[3].

Em tudo não vejo outra falta senão ter D. Francisco tão pouco e estar com a fazenda tão empenhada, que não sei como poderá viver se não lhe mandarem daí depressa o que lhe é devido. Por isso procure vossa mercê fazê-lo, por amor de Deus; já que o Senhor lhes vai dando tanta honra, não falte com que a sustentar.

Até agora tem sido muito virtuoso D. Francisco, e espero em Deus que assim o será, porque é muito bom cristão. Praza ao mesmo Senhor receba eu notícias semelhantes de vossa mercê. Já vê, meu filho, que tudo acaba, e é eterno e durará sem fim o bem ou o mal que fizermos nesta vida.

Pedro de Ahumada está bom assim como também minha irmã e seus filhos; embora passando grandíssima necessidade porque eram muito ajudados por meu irmão — que esteja na Glória! — Pouco tempo há, esteve aqui D. Gonzalo, filho dela. Vossa mercê é muito querido por ele, e por outras pessoas as quais deixou enganadas no bom conceito em que o têm; eu, por mim, o quisera ver melhor. Praza a Deus agora o seja e Sua Majestade lhe dê a virtude e santidade que suplico. Amém.

Ao mosteiro de Sevilha, das monjas, poderá vossa mercê remeter as cartas, que ainda é Priora a que era quando eu lá estava; e terminaram muito bem todas as lutas, glória a Deus. Esta carta lhe escrevo de nosso mosteiro de Valladolid.

A Priora daqui beija a vossa mercê as mãos, e eu as desses senhores e senhoras, nossos parentes.

TERESA DE JESUS.

---

1. *Francisco de Cepeda*, irmão do destinatário e de Teresita de Ahumada.
2. *Orofrisia* de Mendoza e Castilla. *Duque de Albuquerque:* D. Gabriel de la Cueva, quinto duque de Albuquerque. *Duque do Infantado:* D. Iñigo López de Mendoza de la Vega y de Luna y Fonseca, quinto duque do Infantado. *Marquês de las Navas:* D. Pedro Dávila. *Marquês de Velada:* D. Gómez Dávila. *D. Luis Rubí:* D. Luis Rubí de Bracamonte e Dávila.
3. *D. Beatriz* de Castilla y Mendoza.

351. A MADRE MARÍA DE S. JOSÉ, PRIORA DE SEVILHA

Valladolid, 28 de dezembro de 1580. Fundação de Palência. Assuntos de Salamanca, Sevilha e Índias. O dinheiro para a capela de S. José de Ávila.

Jhs

Jesus Maria. A graça do Espírito Santo esteja com vossa reverência, minha filha, a quem tenha dado Sua Majestade tão santas Festas como lhe desejo. Bem quisera eu escrever de mão própria; porém minha cabeça e as muitas ocupações que tenho, por estarmos de partida para a fundação de Palência, não mo permitem. Encomende-nos vossa reverência a Deus, para que seja servido de ser muito para sua glória[1].

Melhor estou, graças a Deus, e consolada porque vossa reverência me diz que também o está. Por amor de Deus, olhe muito por sua saúde e tome cuidado de não beber, pois sabe o dano que lhe causa. Infusão de ruibarbo fez muito bem a duas Irmãs que tinham essas inchações, e o tomaram durante alguns dias de manhã. Consulte o médico, e se vir que serve, tome-o.

Suas cartas recebi ambas; numa delas falava-me do contentamento de ter aí Nosso Padre Gracián. A mim me dá o mesmo de que vossa reverência o tenha e ache com quem descansar e tomar parecer, que há tanto tempo está sofrendo sozinha.

Em outra carta falava vossa reverência do negócio das Índias, e gostei de saber que tem vossa reverência aí quem trate dele com tanto cuidado. Para aquele convento de Salamanca não há outra solução, e se não for antes de terminar o prazo de entregarem a casa em que estão, ficaremos em grande aperto. Por isso rogo-lhe, por amor de Deus, empenhe-se muito vossa reverência para que chegue a seu destino esse maço de papéis que lhe envio, porque nele vai o contrato que se lavrou para a venda da casa. Se porventura tiverem morrido aqueles aos quais vai endereçado o pacote, escreva vossa reverência às pessoas de que me falou, a fim de que se encarreguem do negócio e também tratem dele, ainda no caso de terem entregado as cartas aos destinatários, também. Talvez o façam com mais interesse e sejam mais prontos em enviar-nos resposta com brevidade, o que é muito importante para nós. Assim lhes há de recomendar vossa reverência, enviando-lhes, juntamente com as cartas que escreverem, essa cópia do contrato que vai inclusa; e se for preciso mandar uma a cada um de per si, façam as cópias e as incluam nas cartas, rogando a Deus que cheguem a seu destino e se concluam estes negócios.

Quanto ao que vossa reverência diz sobre o dinheiro para a capela, não se aflija vossa reverência se não o puder enviar com tanta brevidade; se lhe toquei nisso foi em vista do fim para que é destinado.

A carta das Índias recebi, juntamente com a sua. Essa que vai para meu sobrinho D. Lorenzo, também insista muito vossa reverência para que lhe seja entregue.

À Madre Subpriora e às Irmãs muito me recomendo, e alegro-me de saber que já estão boas. Fiquem certas: não foram das que mais sofreram, em comparação do que se passou aqui e de como foram longas as enfermidades. Eu mesma ainda não acabei de voltar inteiramente ao que era.

Essa carta destinada a Lourencico não há de ir com o pacote, pois os lugares são distantes um do outro. Busque vossa reverência quem vá a essa cidade e província, ou não sei o que é. Olhe, minha filha, que faça tudo do melhor modo. No pacote vai outro documento que se refere ao contrato da casa. Não pode imaginar o que passam aquelas monjas, e quantos trabalhos têm tido. Escreva vossa reverência a D. Lorenzo, pondo na carta o endereço que ele disser, e lembre-lhe — pois talvez esteja esquecido — que o dinheiro que vossa reverência há de pagar determinou meu irmão se lhe faça uma capela nesta, ou antes, nessa casa de S. José de Ávila, onde está enterrado. Não há de enviar vossa reverência o dinheiro a D. Francisco, senão a mim, e eu farei que ele dê o recibo, porque temo que o gaste em outra coisa, especialmente agora, estando desposado. Eu não queria

---

1. *Jesus Maria:* este cabeçalho é da secretária da Santa, já que a Santa somente escreve Jhs.

que vossa reverência se preocupasse por minha causa; procure que lhe deem esse dinheiro umas noviças, que, segundo me escreve nosso Padre, estão para entrar aí. Bem quisera eu que tivesse aí uma horta maior, para ter Beatriz mais em que se ocupar. Não posso tolerar essas desculpas dela, pois não pode enganar a Deus, e sua alma o pagará, já que diante de todas levantava falsos, além de outras muitas coisas que me escreveram. Ou as monjas dizem a verdade, ou ela[2].

A Rodrigo Álvarez dê um grande recado de minha parte, e também ao bom Prior de las Cuevas. Oh! que prazer me faz vossa reverência em mostrar-lhe amizade! Ao bom Serrano muitas lembranças, e a todas as minhas filhas.

Deus ma guarde. Não deixe de consultar acerca do ruibarbo; está provado que faz bem.

É hoje o último dia das festas de Natal.

De vossa reverência,

TERESA DE JESUS.

352. AO PADRE JUAN DE JESÚS (ROCA), EM PASTRANA

Palência, 4 de janeiro de 1581. A fundação do Colégio de Descalços de Salamanca; não se inclina a pedir carta de recomendação para esse fim ao Arcebispo de Toledo. As Constituições de Descalças e Descalços. O Tostado não visitará a Descalcez. Sobre algumas postulantes. Funda sem dificuldade em Palência. Licença para fundar em Burgos. Vários Cônegos ajudam a Santa na fundação palentina.

Jhs

Esteja com vossa reverência o Espírito Santo. Muito contente fico sempre que me diz vossa reverência que está bom. Seja Deus louvado, que tantas mercês nos faz. Quisera eu servir a vossa reverência escrevendo ao Arcebispo a carta que me pede, mas saiba que jamais falei nem pouco nem muito à irmã dele, nem a conheço. Já viu vossa reverência como não fez caso o Arcebispo de minha carta quando vossa reverência me mandou escrever-lhe por ocasião de sua ida a Roma, e sou muito inimiga de cansar aos outros com certeza de não tirar proveito. Além disto não passará muito tempo sem que eu tenha de pedir a Sua Senhoria autorização para fundar em Madri. Muito quisera eu fazer ainda mais do que isso para contentar a quem tanto se deve; mas asseguro-lhe que não vejo como[1].

A respeito do que me diz vossa reverência sobre as Constituições, escreveu-me o Padre Gracián que lhe haviam dito o mesmo que a vossa reverência, e ele tem em seu poder as das monjas. O que se houver de modificar, por mais que seja, será tão pouco que bem depressa se poderá corrigir, mas desejo comunicá-lo primeiro com vossas reverências, pois certos pontos que por um lado me parecem convir, por outros apresentam muitos inconvenientes, de modo que não me acabo de resolver. Muito necessário é ter todas as coisas prontas para que por nossa culpa não haja alguma demora.

Escreve-me agora o Senhor Casademonte contando-me como foi ordenado por quem pode que não se consinta ao Tostado imiscuir-se em coisa alguma dos Descalços. É muito boa medida. É fora do comum o cuidado que tem este amigo de vossa reverência de dar-nos qualquer boa notícia que haja e de informar-nos de tudo: realmente é muito o que lhe devemos.

O que, segundo vossa reverência me escreve, possui essa postulante, parece-me pouco, por consistir numa propriedade que provavelmente, se for vendida, dará muito menos, e será mal paga e tardiamente; por isso não me determino a mandá-la a Villanueva, onde a maior necessidade é de dinheiro; pois quanto às monjas, não quisera eu tantas como lá têm. Escreveu-me o Padre Frei Ga-

---

2. *Nosso Padre:* Jerónimo Gracián. *Aquelas monjas:* de Salamanca.
1. *Arcebispo:* D. Gaspar de Quiroga, arcebispo de Toledo. *Sua irmã:* D. María de Quiroga.

briel propondo-me uma parenta sua, a qual é mais justo recebermos, embora não traga tanto, porque a ele devemos muitíssimo. Quando escrevi acerca dessa postulante sua, não me tinham dado ainda a carta em que ele me fala da outra. Vossa reverência não trate mais desse assunto, que em Villanueva acharão quem seja de mais proveito; e se elas se hão de sobrecarregar, melhor é que seja gente do mesmo povoado.

Partimos de Valladolid para Palência no dia dos Inocentes, a fazer esta fundação. Celebrou-se a primeira Missa no dia do Rei David, muito secretamente, por temermos que pudesse surgir alguma contradição; mas o bom D. Alvaro, nosso Bispo, tão bem havia preparado tudo, que não só nada houve, mas não há pessoa desta cidade que não mostre alegria, dizendo que agora Deus lhes há de fazer grandes graças em atenção a estarmos aqui! É a coisa mais admirável que tenho visto. Até o consideraria mau sinal, se não tivesse havido antes a contradição dos muitos que por lá achavam que não seria bom fundar aqui. Eu mesma hesitei muito a resolver-me, até que o Senhor me deu alguma luz e mais fé. Creio que há de ser das boas casas entre as que estão fundadas, e das mais devotas. De fato, compramos a casa junto a uma ermida de Nossa Senhora, no melhor ponto, onde todo o povo do lugar e da comarca acode com grandíssima devoção, e permitiu-nos o Cabido abrir grades dando para a igreja, o que foi considerado extraordinário favor. Tudo fazem em atenção ao Bispo; não se pode dizer quanto lhe deve esta Ordem, e o cuidado que tem do que nos diz respeito. Dá-nos todo o pão para o gasto.

Estamos agora numa casa que um cavaleiro tinha dado ao Padre Gracián quando este aqui esteve. Brevemente, com o favor do Senhor, passaremos à nossa. Pode crer que se hão de folgar quando virem a comodidade que desfrutamos. Seja Deus por tudo louvado.

Já me deu licença o Arcebispo de Burgos. Em acabando os trabalhos daqui, se o Senhor for servido, iremos fundar lá, pois é muito longe de Madri para voltarmos a estas bandas. Também receio que não dê licença o Padre Vigário para lá, e julgo melhor aguardar que venha primeiro o nosso despacho. Assim ganharemos passando justamente o inverno onde faz tanto frio, e o verão onde é maior o calor. Servirá para se padecer um pouquinho; e ainda por cima murmurará de mim o Padre Nicolao, e com sobrada razão, que até achei muita graça[2].

Por caridade, dê-lhe vossa reverência a ler a presente carta, para que saiba desta fundação; e ambos louvem a Nosso Senhor, pois se lhes contasse o muito que recebemos aqui, poderia fazer-lhes devoção, mas ficaria eu cansada. Há cada dia duas Missas instituídas por dotação, na ermida, além de outras muitas que aí se dizem; a gente que ordinariamente a frequenta é tanta, que a princípio achávamos nisso dificuldade.

Por caridade, se vossa reverência tiver por aí mensageiro para Villanueva, informe as monjas de como se fez esta fundação. A Madre Inés de Jesús trabalhou muito; eu já não presto para nada, a não ser para o ruído que faz Teresa de Jesus. Sirva-se Ele de tudo, e guarde a vossa reverência.

Muito se lhe recomenda a Madre Inés; e eu a todos esses meus Irmãos.

É amanhã véspera de Reis.

Três Cônegos tomaram a peito ajudar-nos, especialmente um que é um santo; chama-se Reinoso. Recomendem-no a Deus, por caridade, assim como também o Bispo[3].

Toda a gente principal muito nos favorece. De fato, é geralmente extraordinário o contentamento de todos. Não sei em que irá pagar.

De vossa reverência serva,

TERESA DE JESUS.

---

2. *Despacho*: o despacho de Roma concedendo aos Descalços formarem Província não sujeita ao Provincial Calçado. *Arcebispo*: D. Cristóbal Vela. *Vigário*: Angel de Salazar.

3. *Reinoso*: Jerónimo Reinoso. Os outros dois cônegos foram Martín Alonso de Salinas e Prudencio de Armentia.

353. A D. JUANA DANTISCO

Palência, janeiro de 1581. Sobre a saúde das Irmãs María de S. José e Isabel de Jesús, filhas de D. Juana Dantisco.

Recebi ontem uma carta de Valladolid. Muito bem está passando nossa Irmã María de S. José, e muito contente e alegre. Da minha Isabel de Jesús escrevem-me coisas que são para louvar a Nosso Senhor. E vossa mercê faça o mesmo, pois tem ali dois anjos que sempre a estão recomendando a Sua Majestade.

354. A MADRE MARÍA DE S. JOSÉ, PRIORA DE SEVILHA

Palência, 6 de janeiro de 1581. Diligência no despacho do negócio de Salamanca. Até "as velhas" se entusiasmam em Sevilha com a pregação do Padre Gracián. O dinheiro para a capela de D. Lorenzo em Ávila. Caridade, boa vontade e devoção de Palência com as Descalças. Carestia da vida em Sevilha. Lembranças.

Jhs

A graça do Espírito Santo esteja com vossa reverência, minha filha. Amém. Muita caridade me faz vossa reverência com suas cartas, a todas respondi antes de sair de Valladolid, enviando-lhe juntamente o despacho de Salamanca. Creio que já estará tudo nas mãos de vossa reverência quando esta lhe chegar. Toda diligência que está empregando é necessária para que venha a tempo a resposta. Deus o faça como vê ser preciso, e a vossa reverência dê a saúde que desejo. A este respeito nada me diz em sua carta, e faz mal, pois sabe o cuidado que tenho com ela. Praza a Deus esteja melhor.

Muita graça achamos nos ditos das idosas sobre nosso Padre, e louvo a Deus pelo fruto que faz com seus sermões e santidade; é tanta esta, que não me espanto do que tem obrado nessas almas. Escreva-me vossa reverência contando tudo, pois me dará muito contentamento sabê-lo. Deus o guarde, como precisamos. Razão tem vossa reverência em dizer-lhe que deve moderar-se a respeito dos sermões, pois, sendo tantos, poderiam fazer-lhe mal.

No tocante aos duzentos ducados que vossa reverência promete enviar-me, ficarei contente. Assim poderemos começar a fazer o que meu irmão, que esteja na glória! deixou mandado. Não os envie vossa reverência a Casademonte, nem por meio do Padre Nicolao (isto é só para vossa reverência), porque poderia acontecer darem-lhes outro destino, e a mim fariam falta; o melhor é remetê-los vossa reverência a Medina del Campo. Se lá tiverem algum mercador conhecido a quem enviem um crédito, virá com mais segurança e sem precisar fazer despesas; no caso contrário, remeta o dinheiro para Valladolid. Se assim não for, avise-me com antecedência, para que eu diga por intermédio de quem o há de mandar[1].

Ando razoável de saúde e tão ocupada com visitas, que embora desejasse escrever esta de mão própria, não poderia.

Aí lhe envio a narrativa do que se tem passado nesta fundação. Asseguro-lhe que a mim me faz louvar a Deus ver o que se passa aqui, e a caridade, boa vontade e devoção desta cidade. Graças sejam dadas a Deus, e as mesmas lha rendam todas aí pela mercê que nos faz. A todas as Irmãs dê de minha parte muitas lembranças. As Irmãs aqui se recomendam às orações de vossa reverência, particularmente a secretária que se sente muito consolada por estar vossa reverência bem com ela, e espera que a encomende a Deus. Disto tem muita necessidade.

---

1. *Meu irmão:* D. Lorenzo de Cepeda, irmão de Santa Teresa, deixara para construção de uma capela, onde seria enterrado em S. José de Ávila, quatrocentos e trinta ducados que lhe devia o mosteiro de Sevilha. A Priora María de S. José e o Padre Nicolao Doria, apartando-se das instruções que lhes dá aqui a Santa, mandaram os duzentos ducados por intermédio do Cônego Horacio Doria, que se apoderou deles, embora não lhe fizessem falta, para pagamento de igual quantia que emprestara por ocasião da viagem dos Descalços a Roma.

A nosso Padre escrevo explicando a causa pela qual não quero que esse dinheiro venha ter a outras mãos que não às minhas. Estou tão cansada de parentes, desde a morte de meu irmão, que não quisera ter com eles alguma contenda. Creia, estou penalizada com o que me escreve nosso Padre acerca da carestia aí nessa terra; nem sei como vivem, e sinto serem obrigadas a pagar-me agora esse dinheiro. Mais quisera eu que o recebessem de novo. Deus lhes valha, e dê a vossa reverência saúde, pois com ela tudo se aguenta; mas vê-la adoentada e em apuros, aflige-me muito. Temo que lhe faça mal esse clima, porém não vejo meio de tirá-la daí. O Senhor dê algum remédio — Ele que tão bem tem ouvido sua petição de lhe enviar trabalhos.

Diga à Irmã S. Francisco que nem pelo pensamento já me passa estar desgostada com ela, antes estou tão contente, que tenho pesar de vê-la tão longe. A todas me recomendo muito particularmente, sobretudo à Madre Subpriora; e fique-se com Deus, que esta cabeça me faz ser breve. Não é que me falte motivo para ralhar com vossa reverência, porque achei graça no que disse ao Padre Nicolao. Por uma parte vejo que tem necessidade de receber noviças; por outra, temos cobrado aqui experiência da grande tribulação que é não sermos poucas, e quanto é inconveniente para muitas coisas. Deus traga uma semelhante à que morreu[2] — boa sob todos os pontos de vista —, e Ele me guarde vossa reverência.

É hoje dia de Reis.

As cartas das Índias enviei-lhe pelo correio passado. Ouvi dizer que está de volta Frei García de Toledo, a quem vão dirigidas; portanto é preciso vossa reverência encomendar esse pacote a alguma pessoa de lá, para o caso de ter morrido Luis de Tapia, ao qual vão também endereçadas.

De vossa reverência serva,

TERESA DE JESUS.

355. A D. JUANA DE AHUMADA, EM ALBA DE TORMES

Palência, 13 de janeiro de 1581. Desejaria passar as festas de Natal com seus irmãos. Excelentes condições em que se fundou a casa de Palência. Reveses de D. Pedro de Ahumada. D. Francisco de Cepeda e D. Orofrisia.

Jhs

A graça do Espírito Santo esteja com vossa mercê, irmã minha. Extremamente tenho desejado saber como está vossa mercê e como passaram este Natal. Pode crer que, há muitos anos, nunca neste tempo me lembrei tanto de vossa mercê e dessa sua casa, para encomendá-los a Nosso Senhor, e mesmo para ter pena de seus trabalhos. Seja Ele bendito, que não a pôs no mundo a outra coisa senão a padecer; e, como entendo que mais glória terá quem, guardando seus mandamentos, mais o imitar neste ponto, é para mim grande consolo. Contudo mais quisera eu passá-los, deixando o prêmio a vossa mercê ou estar onde pudesse tratá-la mais de perto; porém, já que o Senhor ordena outra coisa, seja Ele por tudo bendito.

No dia dos Inocentes partimos de Valladolid, minhas companheiras e eu, para virmos a este lugar de Palência, debaixo de muito mau tempo; mas fiquei pior de saúde, e, embora não me faltem muitos achaques, como não há febre, aguento bem.

Dois dias após minha chegada coloquei de noite a campainha, e assim se fundou mais um mosteiro do glorioso S. José. Foi tanta a alegria de todo o lugar, que fiquei pasma. Bem creio, é em parte por verem o contentamento do Bispo, que é muito querido aqui, e favorece-nos muito. Vão indo as coisas de tal sorte, que, espero em Deus, será uma das boas casas que temos.

De D. Francisco só sei que o sangraram duas vezes, segundo me escreveu há pouco sua sogra, a qual está muito contente com ele, e ele com elas. Pedro de Ahumada, como ele mesmo me escreveu, deve ser o que tem menos sorte; porque D. Francisco naturalmente quer morar com

---

2. *A que morreu:* Bernarda de S. José, falecida em 1577.

sua sogra, e será impossível tê-lo em sua casa. Faz pena ver como não acha sossego em parte alguma. Escreveu-me que já estava bom e que, lá para os Reis, iria a Ávila a ver se acha meio de cobrar o tal dinheiro de Sevilha, pois nada lhe dão. Quanto mais notícias me dão do casal os que têm vindo de Madri, mais há de que nos alegrarmos, especialmente pela discrição e bom gênio de D. Orofrisia, que muito elogiam. Deus os ajude e lhes dê graça para que O sirvam, pois todos os contentamentos da terra depressa se acabam[1].

Mandando vossa mercê entregar a carta à Madre Priora de Alba para que a envie a Salamanca, virá segura, pois há aqui correio ordinário. Por caridade, não deixe de escrever-me; bem mo deve, ainda mais nestes dias, que não quisera eu trazer tanto na memória a todos daí.

O Senhor Juan de Ovalle tenha esta por sua; desejo saber como está. À senhora D. Beatriz me recomendo.

Deus os guarde e faça tão santos como Lhe suplico. Amém.

É hoje 13 de janeiro.

Não deixem de escrever a D. Francisco, como é razão; de não lhes haver participado o casamento não tem culpa; foi resolvido de tal sorte, que não houve tempo. A Madre Inés de Jesús está boa e recomenda-se muito a todos[2].

De vossa mercê serva,

TERESA DE JESUS.

356. A MADRE ANA DE LA ENCARNACIÓN, PRIORA DE SALAMANCA

Palência, janeiro de 1581. Religiosas de Salamanca para a fundação de Palência. Agradece-lhe o ter-lhe enviado umas limas e uns missais.

Jhs

Esteja com vossa reverência o Espírito Santo. Muito pesar tenho de que sejam tiradas dessa casa para a fundação as monjas nomeadas a vossa reverência, mas não pode deixar de ser; e, pois em compensação se tira a que lhe dá desgosto, tenha paciência e encomende-as a Deus para que acertem a fazer bem aquilo a que vieram, de modo a não perder essa casa o bom crédito ganho pelas que daí têm saído. Espero que assim acontecerá, porque ficarão na companhia de muito boas monjas[1].

Parece-me que ainda vossa reverência anda com suas indisposições. Já é grande graça de Deus que esteja de pé; trate-se, por amor de Deus. Praza a Ele conceder-me vê-las já fora dessa casa, pois, asseguro-lhe, causa-me muita preocupação. Deve querer Sua Majestade que vossa reverência padeça de todas as maneiras. Seja Ele por tudo louvado, e pague-lhe Sua Majestade as limas, pois tão mal passei na véspera, que me alegrei com elas, e também com o véu. O que eu estava usando tinha sido feito para cima, e são muito lindos os que vossa reverência me ofereceu. Contudo, faça-me a caridade de nada mais enviar-me até que lho peça; mais quero que o gaste com seu tratamento[2].

Nesta fundação tudo nos vai indo tão bem, que não sei onde há de parar. Peçam a Nosso Senhor que nos dê boa casa; já não queremos a ermida. Há muitas excelentes, e várias pessoas se ocupam em procurar uma que nos sirva e o Bispo não cessa de fazer-nos benefícios. Encomendem-no a Deus, por caridade, assim como todos quantos nos ajudam[3].

---

1. *D. Francisco* de Cepeda. *Sua sogra:* D. Beatriz de Castilla y Mendoza.
2. *Inés de Jesús*, Tapia, prima da Santa, que a acompanhou à fundação de Palência, onde ficou como priora.

1. *Dá desgosto:* refere-se às duas religiosas que de Salamanca saíram para a fundação de Palência: Isabel de Jesús, Ximena, para priora, e Beatriz de Jesús, Villalobos, para subpriora. Ambas eram de reconhecida virtude; porém, Beatriz tinha outras duas irmãs no mesmo monastério, e isso causou contratempos de ordem familiar. Por essa razão a Santa não aprovará que haja várias irmãs num mesmo monastério.
2. *Essa casa:* a de Pedro de la Banda, que em 1580 moveu ação judicial contra as monjas.
3. *Ermida:* a de Nossa Senhora de la Calle.

Escreva vossa reverência um bilhete a Frei Domingo, se eu mesma não escrever, para que saiba desta fundação; procurarei fazê-lo, mas se não o conseguir, dê-lhe um grande recado de minha parte.

Tive gosto em ver como proveu às Irmãs perfeitamente de tudo; nem todas as Prioras agem assim, mas é muito justo fazê-lo, especialmente em relação a Isabel de Jesús, a quem tanto se deve. Parece estar contente.

Porque ela e as demais Irmãs darão notícias daqui e eu tenho que escrever outras cartas, só acrescento que Nosso Senhor ma guarde, e lhe dê toda a santidade que suplico. Amém. Os missais estão muito bons; mandou tantos, que não sei quando lhes poderemos pagar.

De vossa reverência serva,

TERESA DE JESUS.

O Padre Mondiago entregará a esses meus Padres Dominicanos essas cartas; vossa reverência lhas confie.

357. AO PADRE JERÓNIMO GRACIÁN

Palência, 17 de fevereiro de 1581. Destino que conviria dar a alguns Religiosos no Capítulo de Alcalá. Insiste com Gracián para que, no caso de sair Provincial, tome por secretário o Padre Doria. Uma fundação de Sancho Dávila em S. José. Compra de uma casa em Palência. Esquisitices do Padre Mariano.

...[1]me faz Macário[2], que não creio há de saber encobrir sua tentação. A respeito de ficar Frei Gabriel em La Roda, já escrevi a vossa reverência. Julgo-o muito necessário ali para a casa das monjas. Comprou-lhes outra, dizem que muito boa, no meio do povoado. Estou preocupada, por pensar que não tem vistas nem terreno. Informe-se vossa reverência de Macário — como coisa sua — e mostre-lhe agrado, pois é bom homem e tem excelentes qualidades; e se alguma desconfiança tem com vossa reverência, creio que são zelos, por achar que vossa reverência quer mais a outros.

Também me ocorreu que, no caso de vossa reverência ficar como Provincial, procure tomar por companheiro o Padre Nicolao; para estes princípios importará muito andarem juntos. Isto não o digo eu ao Comissário, porque, sendo tão enfermo o Pe. Frei Bartolomé, não pode deixar de comer carne, e a alguns já está causando reparo. Ao menos para estes princípios creia que seria muito vantajoso, e o Padre Nicolao é de bom conselho para tudo. E quem, como vossa reverência, sofreu outros, poderá se sentir feliz com um que não lhe dará ocasião de sofrimento[3].

Recomende-me muito ao Padre Frei Bartolomé, que, penso, deve andar bem cansado, por causa desse gênio de vossa reverência, de nunca descansar; é para matar-se a si e a quem o acompanha. Muito me tenho lembrado de como estava feia a sua cor na Semana Santa, faz agora um ano. Por amor de Deus, não acumule tanto os sermões durante a Quaresma nem coma desses peixes, que muito lhe prejudicam a saúde, embora não o sinta. Logo adoece, e isto dá motivo a tentações.

Saiba que ainda não está decidido o negócio da capela de Sancho de Ávila. Há letrados de parecer que, ainda no caso de ser dada, não perdem a herança; bem creio que haverá pleito. Decidi que, até ser nomeado o nosso Provincial, não há que tratar desse negócio. Digo isto aqui, conquanto pareça fora de propósito, porque será preciso vossa reverência advertir aquele que for nomeado, de que nada faça sem ir lá e passar tudo bem, pois é coisa importante para aquela casa. Sancho de Ávila já dá maior quantia, e elas têm tanta necessidade que, a meu ver, se deveria entrar

---
1. Original ilegível.
2. Frei Antonio de Jesús foi inclinado ao ciúme na sua velhice.
3. *Frei Bartolomé:* dissuade-o de guardar por secretário Frei Bartolomé, que, por falta de saúde, não cumpria em tudo a Regra.

em acordo; mas tem muita importância examinar as condições, além de outras muitas coisas, e combinar comigo[4].

Aqui vamos cada dia melhor, glória a Deus. Temos em vista uma casa muito boa, pois a outra junto de Nossa Senhora não oferecia as mesmas vantagens e era muito cara; por isso não a tomamos. Esta agora é muito bem situada. Estou melhor que de costume; e todas vão bem. S. Bartolomé e Inés de Jesús enviam-lhe grandes recados. Dizem que estão certas: por mais que vossa reverência fuja do trabalho, as orações das Descalças hão de ser eficazes para o porem nele. O Senhor tudo encaminhe do modo pelo qual vossa reverência mais o sirva; o demais pouco importa, por muito que lhe custe[5].

Olhe que vida esta! e queria ser breve, mas com vossa reverência não há meio de falar pouco. Discuti muito com Mariano sobre a tentação que tem de eleger a Macário, segundo me escreveu. Não entendo esse homem, nem me quero entender com outro algum, neste caso, a não ser com vossa reverência. Por conseguinte, guarde só para si o que lhe escrevo a este respeito, pois é muito importante, e vossa reverência não deixe de acudir a Nicolao, para entenderem todos que não quer para si o cargo. Quanto a mim, verdadeiramente não sei com que consciência se pode dar voto aos que aí estão, exceptuando a vossa reverência e a ele.

Já remeti sua carta aos mosteiros. Todas estão muito alegres, e eu ainda mais. A vossa reverência remeti os pareceres que me enviaram; se lhe chegarem outros por outras vias, faça o que lhe parecer, e o que não achar bom, não aceite[6].

Deus o guarde e o faça tão santo como Lhe suplico. Amém.

É hoje 17 de fevereiro.

Se nos lembrarmos de mais alguns pontos referentes a estas casas, avisarei a vossa reverência, pois certamente as sessões do Capítulo não terminarão tão depressa que não haja tempo.

Indigna serva e filha de vossa paternidade,

TERESA DE JESUS.

358. AO PADRE JERÓNIMO GRACIÁN

Palência, fevereiro de 1581. Indicações acerca de alguns pontos que deviam ser inseridos nas Constituições das Descalças no Capítulo de Alcalá[1]. Os confessores não sejam Vigários dos mosteiros, nem estejam as monjas sujeitas aos Priores. Não é necessário intervirem todos os Capitulares quando se tratar da legislação das religiosas. Entre os Descalços deve haver Mestres e Presentados em Teologia. Deseja que o Padre Gracián seja eleito Provincial. A não ser assim, o Padre Doria, ou Frei Juan de Jesús María. Recomendações ao Padre Antonio. Limpeza de camas e guardanapos. Nada de Reverenda. Véus em todas as grades.

Faço muita questão de que em tempo algum sejam Vigários das monjas os confessores. É coisa tão importante para estas casas, que apesar de ser tão grande a vantagem de terem por con-

---

4. *D. Sancho* Dávila, filho da Marquesa de Velada e Bispo de Palência, queria fundar uma capela no mosteiro de Alba de Tormes, mas houve diversas dificuldades.

5. *Trabalho:* o Provincialado.

6. *Carta aos mosteiros:* por ordem do Padre Gracián, todas as Prioras deviam remeter a Santa Teresa memoriais assinalando o que lhes parecesse conveniente para maior perfeição das Constituições, que iam ser submetidas ao exame e aprovação do Capítulo a reunir-se em Alcalá.

1. Em 4 de janeiro de 1581 recebeu Felipe II Breve do Papa Gregório XIII, de 20 de novembro de 1580, autorizando Pe. Frei Juan de las Cuevas, Dominicano, a presidir o Capítulo de separação, no qual, depois de constituídos os Descalços em Província própria, dependente apenas do Padre Geral de Roma, seriam aprovadas as Constituições em sua forma definitiva; todos os pontos do governo e observância dos Descalços ficariam assentados; e finalmente se faria eleição do Provincial e de seus auxiliares na direção da Reforma. Os Padres vogais da Descalcez, convocados por Pe. Gracián por aviso de 1º de fevereiro, reuniram-se em Alcalá para este Capítulo no qual foi confirmada a obra de Santa Teresa.

fessores os nossos Frades — como diz vossa paternidade e bem o vejo —, prefiro sofrer que fique tudo como está, e não os possam ter, a ser Vigário cada confessor. Nisto há grandíssimos inconvenientes, como direi a vossa paternidade quando lhe falar. Suplico-lhe que nisto confie em mim, pois, quando se fundou S. José, foi muito estudado este ponto, sendo uma das causas pelas quais parecia bom a alguns, e a mim também, ficarmos sujeitos ao Ordinário, para evitar esse mal. Há grandes inconvenientes, como tenho sabido, onde os há. Para mim basta um: tenho observado que, se o Vigário está contente com uma, não pode a Priora impedir que lhe fale quanto quiser, porque é Superior, e daqui provêm mil dissabores.

Pela mesma razão e por outras muitas é também necessário que igualmente não estejam sujeitas aos Priores. Acontece que um tem pouco saber, mandará coisas que inquiete a todas, porque nenhum haverá como meu Padre Gracián, e temos de prever os tempos futuros — pois há tão grande experiência — e apartar as ocasiões. Com efeito, o maior bem que podem fazer a estas monjas é que não haja conversa com o confessor fora da acusação dos pecados. Quanto a velar sobre o recolhimento, basta ter o cargo de confessores para dar parte aos Provinciais.

Tudo isto digo porque a algum pode parecer outra coisa; e até ao Padre Comissário, mas não creio que este pense diversamente, porque em muitos lugares confessam os de sua Ordem as monjas, e não são Vigários. É de todo essencial para nós o não dar entrada a esses malfadados devotos, destruidores das esposas de Cristo; e convém pensar sempre no pior que possa acontecer, a fim de apartar qualquer possibilidade, porquanto o demônio entra por aqui sem ser percebido. Só disto e de receberem muitas monjas, tenho sempre medo de que nos venha a prejudicar; e portanto suplico a vossa paternidade que insista muito, de modo a ficarem firmíssimos nas Constituições estes dois pontos. Faça-me a mim este favor.

Não sei como diz vossa reverência que nada digamos agora acerca de ouvirem confissões os Frades, pois vê quanto estamos atadas pela Constituição do Padre Fernández e confesso haver necessidade disso. Nem tampouco sei por que não há de falar vossa reverência no que a nós toca. Creia: vai tão encarecido em minha carta o proveito espiritual das monjas quando vossa reverência é Visitador — como é a pura verdade —, que é vossa reverência o indicado para tratar do que quiser em nosso favor; e bem o deve a estas monjas, pois tantas lágrimas lhes custa. Até quisera eu que nenhum outro falasse, a não ser vossa reverência e o Padre Nicolao, pois nossas Constituições ou as ordenações feitas para nós não devem ser discutidas em Capítulo, nem é preciso que se ocupem delas. Assim fez o Padre Frei Pedro Fernández, que esteja na glória! o qual só comigo tratou do que nos diz respeito. Parecerão talvez de pouca importância a vossa reverência algumas dessas oito coisas que pus no princípio; mas saiba que são de muita, e desejaria que nenhuma fosse omitida. No que se refere às monjas posso ter voto, porque tenho visto muitas coisas aparentemente de pouco valor por onde se vêm a destruir[2].

Saiba que era meu intento suplicar ao Padre Prior e Comissário que desse o título de Mestres e Presentados àqueles de Vossas Reverências que tenham letras para isto; porque para algumas coisas julgo necessário, e assim não teriam de recorrer ao Geral. Como, porém, diz vossa reverência que o Comissário não tem poderes senão para presidir o Capítulo e fazer Constituições, desisti do projeto[3].

Parece-me que não concederam tudo quanto se pediu, e entretanto teria sido bom, para não terem que ir a Roma durante alguns anos. Será preciso escrever logo ao Geral uma carta muito humilde, dando-lhe conta do que se está passando e oferecendo-se todos a ele como súditos, pois é obrigação. E escreva também vossa reverência ao Frei Angel, que é de nosso dever, agradecendo-lhe o tê-lo tratado tão bem e pedindo-lhe que sempre o tenha por filho; e olhe: não o deixe de fazer.

---

2. *Padre Fernández:* havia sido visitador apostólico dos Descalços e Descalças, e em 1576 estabeleceu uma série de normas às quais aqui se refere a Santa. *Minha carta:* ao Padre Juan de las Cuevas.

3. *Mestres:* título que nas ordens religiosas se dá aos religiosos que ensinam artes ou teologia. *Presentados:* grau de dignidade.

Agora tratemos do que diz vossa reverência de não o elegerem ou confirmarem. Sobre o mesmo assunto escrevo ao Padre Comissário. Saiba, meu Padre: o desejo que tive de o ver livre — entendo claramente — vinha menos do amor ao bem da Ordem, que do muito que lhe tenho no Senhor. Daqui procede a fraqueza natural de sentir tanto que não entendam todos quanto lhe devem e o muito que tem trabalhado, e de não poder tolerar que se fale contra vossa reverência. Todavia, quando chegou a hora, prevaleceu em mim o interesse do bem geral. Andando sempre vossa reverência com o Pe. Nicolao, no caso de o elegerem, sou de opinião que se atenderia tanto a uma como a outra coisa. Mas bem entendo que, por esta primeira vez, muito melhor seria para todos os efeitos, ter vossa reverência o cargo, e isto mesmo escrevo ao Padre Comissário. A não ser assim, serviria o Padre Nicolao, tendo sempre vossa reverência como companheiro, pela experiência e pelo conhecimento particular que tem dos frades e monjas. Essa mesma experiência temos, segundo lhe escrevi, de que Macário não é próprio para tal ofício. Em tudo lhe dou boas razões, e digo-lhe que o mesmo veio a entender o Padre Frei Pedro Fernández, que a princípio muito quisera confiar-lhe o governo pelas causas que militavam em seu favor. Mas quanto mal faria ele agora!

Também apontei o nome do Padre Frei Juan de Jesus, para não parecer que me limitava só aos dois. Contudo disse a verdade: que não tinha dom de governar, como, a meu parecer, não tem; mas que, escolhendo por companheiro um dos dois, podia passar, porque é chegado à razão e tomaria conselho. Realmente assim creio: andando vossa paternidade com ele, em nada se apartaria de seu modo de ver e assim governaria bem. Mas estou certa de que não terá votos. Encaminhe o Senhor a eleição, como for mais para sua glória e serviço, e, tenho certeza: assim o fará, pois já fez o mais difícil. Grande lástima…[4]

De vossa paternidade ao Padre Frei Antonio muitas recomendações; diga-lhe que não era para ficar sem resposta a carta que lhe escrevi, e por isso prefiro não lhe escrever, porque me parece é falar com um surdo-mudo. Bem contente está ele de repartir com o Padre Mariano os presentes que ganha; sirvam para dar de comer a esses Padres, mais que de costume. Creia vossa paternidade, se não remediarem este ponto em todos os conventos, verão no que vai parar; não deveriam descuidar-se de ordená-lo, pois jamais deixará Deus de fornecer o necessário; mas se pouco lhes derem, pouco dará Ele.

Por amor de Deus, procure vossa paternidade que haja limpeza nas camas e nos guardanapos das mesas, embora se gaste mais. Terrível coisa é falta de asseio; na verdade quisera eu que fosse ordenado por Constituição, e, ainda assim, creio que não bastará, tais são eles…

Oh! como me contrariam esses sobrescritos com título de Reverência! Quisera que vossa paternidade o suprimisse para todos os seus súditos, pois não é necessário para saber a quem vai dirigida a carta. São coisas fora de propósito entre nós, a meu parecer, essas honras dadas e recebidas e não passam de palavras que se podem escusar…

Faça vossa paternidade inserir a obrigação de colocar véus em todas as grades, por caridade. Diga que as mesmas Descalças o pediram, como é verdade, embora haja tanto recolhimento…

Praza a Deus, meu Padre, não venha tanto mal sobre estas casas, que se vejam sem vossa paternidade, porque é necessariíssimo para elas um governo muito minucioso e um Superior que entenda as monjas e as Constituições. São servas de Deus: Sua Majestade olhará por elas.

359. AO PADRE JERÓNIMO GRACIÁN, EM ALCALÁ DE HENARES

Palência, 21 de fevereiro de 1581. Novas instruções para o Capítulo dos Descalços. Liberdade para a pregação nos conventos das monjas. Não convém trazê-las muito atadas no espiritual. Tecido para as toucas e as

---

4. Assim termina a folha conservada em Alcalá; o restante está consignado no Ano Teresiano.

meias. Na Quaresma basta que cumpram "com a obrigação da Igreja, sem que se lhes acrescente outra por cima". Lamenta haver tantas mudanças na reza do Ofício Divino. As casas serão de renda. Sejam impressas as Constituições para evitar alterações. As monjas desejam vivamente que saia eleito Provincial o Padre Gracián.

Jhs

Esteja com vossa paternidade o Espírito Santo, meu Padre. A carta que me escreveu de Alcalá recebi, e muito alegrei-me de tudo o que nela me diz, especialmente de que está com saúde. Seja Deus louvado — que o tenho por muita misericórdia para comigo — depois de tantos caminhos e trabalhos. Eu estou boa.

Escrevi a vossa paternidade por dois lados, e enviei meus memoriais para parecer alguém. Tinha-me esquecido do que agora escrevo nessa carta ao Padre Comissário. Vossa paternidade a leia, pois para não me cansar em repetir lha envio aberta; ponha-lhe um selo parecido com o meu e entregue-lha em mão própria.

Esse ponto que se refere a termos liberdade para ouvir pregadores, que não só os da Ordem, foi-me sugerido pela Priora de Segóvia, e eu tinha deixado de falar nisso por me parecer coisa já estabelecida. Mas não havemos de olhar, meu Padre, só os que agora vivem, porquanto podemos vir a ter Prelados que se oponham a estas e outras coisas. Por conseguinte, faça-nos vossa paternidade a mercê de se empenhar muito para que isto e o que lhe escrevi há poucos dias fique muito claro e positivo ante o Padre Comissário, porque, se ele não nos deixar esta liberdade, teremos de procurar alcançá-la de Roma, tão importante é a meu ver, para o bem e consolo dessas almas. Em outros mosteiros há grandes desconsolações por andarem as monjas assim atadas no espiritual, pois almas oprimidas não podem servir bem a Deus, e o demônio as tenta por esse lado. Quando, pelo contrário, têm liberdade, muitas vezes nem usam dela, nem a querem[1].

No caso de ter o Padre Comissário poderes para emendar as Constituições, e, nas que se vão fazer de novo, inserir alguns números bem estudados, quisera eu que algumas coisas fossem tiradas e outras acrescentadas, segundo o que agora pedimos. Isto ninguém fará se vossa paternidade e o Padre Nicolao não o tomarem muito a peito; pois — como diz vossa paternidade e, creio, lhe escrevi em minha carta — no tocante às monjas não há para que dar parte aos Frades, assim como jamais a deu o Padre Frei Pedro Fernández. Ele comigo conferiu as atas que promulgou, e nenhuma coisa fazia sem me consultar. Disto lhe sou devedora.

Se tiverem poderes para nas Constituições introduzir ou tirar novos artigos, veja vossa paternidade que a respeito das meias não se determine que sejam de estopa ou saial; diga-se apenas que podem usar meias, porque as monjas não sossegam com escrúpulos. E onde se diz que as toucas sejam de cânhamo, diga de linho. Se lhe parecer conveniente, suprima a determinação do Padre Frei Pedro Fernández proibindo comer ovos e pão na consoada, que nunca pude conseguir dele que não o fizesse. A este respeito basta que se cumpra a obrigação da Igreja, sem acrescentar outra por cima, pois andam as Irmãs com escrúpulos e ficam prejudicadas, porque algumas que têm necessidade julgam que não a têm.

Disseram-nos que foram feitas várias ordenações agora no Capítulo Geral acerca da reza do Ofício, e que teremos duas férias cada semana. Se achasse bom, conviria adiantar que não ficaremos obrigadas a tantas mudanças, continuando a rezar como agora. Lembre-se também vossa paternidade dos muitos inconvenientes que existem em pousarem sempre os Descalços nos mosteiros da Ordem, onde os há. Se possível, melhor será dizer que, havendo algum lugar onde eles com toda edificação possam permanecer, não se hospedem com os Calçados.

Dizem nossas Constituições que as casas sejam de pobreza e não possam ter renda. Como estou vendo que todas se vão encaminhando de modo a tê-la, reflita se não será melhor tirar este

---

1. *Priora de Segóvia:* Isabel de Santo Domingo.

ponto e tudo o que nas Constituições se referir a ele, para não parecer a quem as vir, que tão depressa se relaxaram; ou diga o Padre Comissário que, pois o Concílio dá licença, tenham rendas.

Desejaria que imprimíssemos estas Constituições, porque andam diferentes, e há Priora que, sem pensar no que faz, ao copiá-las tira e acrescenta o que lhe parece. Imponham um grande preceito, proibindo que se possa suprimir ou acrescentar alguma coisa nelas, e fique isto bem entendido. Em todas estas coisinhas que dizem respeito às monjas, fará vossa paternidade o que lhe parecer. Consulte também o Padre Nicolao, para que não pareça que só confiamos em vossa paternidade, e ainda o Padre Frei Juan de Jesus, que, penso, olhará com amor pelo que nos toca. Mais quisera alargar-me, porém é quase de noite, daqui a pouco virão buscar as cartas e ainda tenho de escrever aos amigos.

Fez-me devoção o que diz vossa paternidade acontecerá às Descalças. Ao menos será verdadeiro Pai, e, por certo, bem lho devem; e se vossa paternidade vivesse para sempre e elas não tratassem com outros, bem dispensáveis seriam algumas coisas que pedimos. Quantas ânsias têm elas para que saia Provincial! Creio que nenhum outro as há de contentar. Deus no-lo guarde. Todas se recomendam.

É hoje 21 de fevereiro.

Eu de vossa paternidade verdadeira filha,

TERESA DE JESUS.

Esses memoriais recebi; poderei lhe remeter também os outros que me trouxeram. Não sei se estão bons; muito necessário foi vossa paternidade dizer que primeiro passassem pelas minhas mãos. Deus o guarde. Só o de sua amiga Isabel de S. Domingo estava direito e é o mesmo que vai.

360. AO PADRE JERÓNIMO GRACIÁN, EM ALCALÁ

Palência, 27 de fevereiro de 1581. Petições que as religiosas apresentavam ao Capítulo de Alcalá. Fique bem assentado o que se refere à pobreza e a não comer carne. Sufrágios. A clausura. O Padre Antonio candidato de alguns capitulares. Fundação de Descalços em Valladolid e Salamanca.

Jesus esteja com vossa reverência, meu Padre. Bem vejo que terá pouco tempo agora para ler cartas. Praza a Deus saiba eu ser breve nesta.

Aí vão os memoriais que faltavam. Bem fez vossa reverência em dizer que os mandassem aqui primeiro com suas petições. Em S. José de Ávila queriam que se fizessem tais coisas, que nada faltaria para ficarem como a Encarnação. Fico espantada com as artes do demônio, e quase toda a culpa é do confessor. Apesar de ser tão bom, sempre deu para querer que todas comam carne, e era esta uma das modificações pedidas. Olhe que vida![1]

Muito pesar tem-me dado ver como se acha estragada aquela casa, e que trabalho há de ser para fazê-la tornar ao que era, embora haja muito boas monjas. Ainda por cima pedem ao Padre Provincial Frei Angel que as Irmãs de pouca saúde possam ter em suas celas alguma coisa de comer; e dizem-no com tanto jeito, que não me espantaria se lhes fosse concedido. Veja: logo quem ia pedi-lo a Frei Angel! Assim, pouco a pouco, se vem a destruir tudo. Por isso, na lei que se promulgar de que os Prelados não possam dar licença para possuírem coisa alguma, segundo eu mesma pedi, é preciso reforçá-la, até em relação às enfermas. A enfermeira tenha cuidado de deixar de noite algum alimento se for necessário; e isto se faz muito e há grande caridade se é doença que o exija[2].

Esqueci-me de um ponto, mas outras me escreveram lembrando-me que fique determinado pelo Capítulo o que hão de rezar Vossas Reverências por alma de cada monja que falecer. Con-

---

1. *Confessor:* Pe. Julián de Ávila, que tanto ajudou a Santa nas fundações.
2. *Aquela casa:* o primeiro convento, que havia de ser espelho dos demais.

forme o que fizerem, faremos nós, pois até agora, creio, não dizem Missa pelas nossas defuntas, apenas rezam o Ofício. O que entre nós se faz é cantarmos uma Missa e todo o Convento rezar um ofício de Defuntos. Penso que é das Constituições antigas, porque assim se fazia na Encarnação[3].

Não se esqueça disto; e também veja se há obrigação de guardar o *Motu proprio* em não sair à Igreja, nem mesmo a fechar a porta principal. Isto se há de estabelecer em havendo comodidade, ainda que não o mandara o Papa, porque é de maior segurança, e mais vale ficar determinado agora. Nos princípios de fundação onde não for possível, façam como antes, mas creio que em todas o será, se já estiverem cientes de que não podem agir de outro modo. Não deixe de estabelecer este ponto, por caridade. Já em Toledo fecharam a porta que dava para a igreja, e em Segóvia também, até sem me consultarem, e estas duas Prioras são servas de Deus e recatadas; e assim, já que não o sou tanto, gosto que me despertem a atenção. Em suma, para todos os mosteiros encerrados é este o costume[4].

O que pedi acerca de permanecem no novo convento as que saíram a fundar, a menos de serem eleitas em suas antigas casas, fica muito vago. Faça-me vossa reverência a caridade de pôr: "ou por outra causa que seja de notável necessidade".

Penso já ter escrito a vossa reverência que seria bom, se pudessem, juntar todas as atas dos Visitadores apostólicos às Constituições, de modo a formar um todo; porque, em consequência de se contradizerem em algumas coisas, andam desnorteadas as monjas que pouco sabem. Veja que, embora tenha muito que fazer, tome o tempo necessário para deixar isto muito positivo e claro, por amor de Deus. Como o fui escrevendo aos poucos em tantas cartas, receio que vossa reverência se embeba em outros assuntos, esquecendo o melhor.

Vossa reverência não me disse se recebeu as minhas sugestões, nem mesmo carta minha. Daí me veio a tentação de pensar que por alguma trama do demônio não hajam chegado às suas mãos os principais apontamentos e as cartas que escrevi a nosso Padre Comissário. Se por acaso assim for, despache-me logo vossa reverência um próprio, que eu o pagarei, pois seria um grande desastre. Bem creio é tentação, porque o correio daqui é nosso amigo, e eu lhe recomendei muito as cartas.

Saiba: fui avisada de que alguns dos votantes estão desejando que saia eleito o Padre Macário. Se Deus fizer assim depois de tanta oração, será o melhor: são juízos seus. Dos que agora dizem isto, vi um bem inclinado a votar no Padre Nicolao; portanto se mudarem será em favor dele. Deus tudo encaminhe, e guarde a vossa reverência. Por pior que seja a escolha, o certo é que o principal fica feito. Seja Ele louvado para sempre[5].

Quisera que vossa reverência tomasse nota num papelzinho das coisas de substância que lhe escrevi e queimasse minhas cartas; porque no meio de tanta confusão poderiam dar com alguma, e seria desagradável.

Todas essas Irmãs muito se recomendam a vossa reverência, especialmente minhas companheiras[6].

É amanhã o último dia do mês. Creio que é hoje 27.

Vamos bem aqui, e cada dia melhor. Temos em vista uma casa muito bem situada. Já quisera ter acabado minhas ocupações por cá, a fim de não estar tão longe.

Olhe que não se oponha à fundação de San Alejo, pois, embora atualmente seja um pouco longe, não acharão outro lugar tão bom. Contentou-me muito quando passei por ali; e a peso de lágrimas o tem comprado aquela mulher. Esse mosteiro quisera eu que fosse o primeiro, e logo

---

3. *Constituições antigas:* referência às constituições anteriores às de Alcalá; à imitação do que se fazia na Encarnação, a Santa mandava que por todas as religiosas descalças que falecessem se rezasse um ofício de defuntos e cantasse uma missa.
4. *Motu proprio:* o "De sacris Virginibus", de Gregorio XIII, de 30 de dezembro de 1572.
5. *Escolha:* do primeiro Provincial da Descalcez. *O principal:* a Província autônoma.
6. *Minhas companheiras:* Ana de San Bartolomé e Inés de Jesús, Tapia.

o de Salamanca, que são pontos excelentes. Para a tomada de posse não fiquem pensando e escolhendo, uma vez que não têm dinheiro; Deus proverá depois, e em Salamanca estão as casas a peso de ouro, a ponto de não sabermos que meio haverá de achar uma para as monjas. Creiam, por caridade, o que digo, pois tenho experiência; e, repito: Deus vem a fazer tudo bem. Ainda que seja um cantinho, em cidades semelhantes é grande coisa ter onde principiar. Sua Majestade tudo leve a termo como convier para seu serviço. Amém[7].

Indigna serva e súdita de vossa paternidade,

TERESA DE JESUS.

Muito quisera que se fizesse logo a fundação de San Alejo, porque, deixando de parte o principal, viria vossa paternidade para mais perto daqui; porém não hão de vir os Frades enquanto não tiverem obtido a licença do Abade. Já está melhor com ele o Bispo, e a irmã deste a alcançará. Diga-o de minha parte a esses Padres interessados no negócio: se muito andarem escolhendo bons lugares para principiar, ficarão sem nada[8].

361. A D. PEDRO JUAN DE CASADEMONTE, EM MADRI

Palência, março de 1581. Agradece sua pontualidade em dar-lhe notícia dos negócios da Reforma. Espera que fará o mesmo sobre o Capítulo de Alcalá. Lembranças a D. Juan López de Velasco[1].

Jhs

A graça do Espírito Santo esteja com vossa mercê, e lhe dê a saúde espiritual e corporal que todas Lhe suplicamos. Disto temos cuidado, e não há de que nos agradecer, sendo tanta a nossa obrigação. Para a senhora D. María pedimos o mesmo. As orações de sua mercê recomendo-me muito e a vossa mercê pague Nosso Senhor tão boas notícias como sempre me dá.

Agora estou cada dia esperando as que faltam, e por certo não deixarão de vir. Estou bem segura de que não diminuirá a diligência de vossa mercê em no-las enviar prontamente. Asseguro-lhe que nos faz louvar a Nosso Senhor o ver como não se cansa vossa mercê de nos fazer benefícios com tanta caridade.

Já escrevi a vossa mercê que tinha recebido os papéis remetidos por nosso Padre Provincial Frei Angel, a quem respondi e agora torno a escrever. Por caridade, se ele não estiver aí, mande-lhe vossa mercê as cartas com muita segurança quando houver mensageiro. Não é preciso esperar a resposta; se ele a não enviar a vossa mercê, não há necessidade de pedir-lha.

Andei não muito boa dos achaques ordinários. Agora estou melhor, e com alegria por imaginar a que sentirão esses meus Padres. Praza a Nosso Senhor já os veja completamente satisfeitos, e tudo seja para melhor O servirmos[2].

Suplico a vossa mercê que diga ao Senhor Juan López de Velasco, quando o vir, que recebi ontem sua carta, pela via de Valladolid, mas é melhor vir a correspondência pela via ordinária, porque o correio-mor é meu amigo. Diga-lhe também que farei o que sua mercê manda. Creio que há agora bem que fazer aqui por algum tempo; mas, ainda que não o houvera, se a obediência não me mandar outra coisa, não pretendo partir até ver nossos negócios acabados. Faça-o Deus como pode, e guarde vossa mercê, com o descanso temporal e espiritual que eu e todas Lhe suplicamos[3].

---

7. *Aquela mulher:* a ermitã de San Alejo.
8. *Irmã:* D. María de Mendoza, irmã do Bispo D. Alvaro, tão afeiçoado à Reforma.
1. Casademonte foi um dos grandes amigos e protetores da Descalcez.
2. *Meus padres:* os Descalços convocados para celebrar o Capítulo de Alcalá.
3. *Velasco:* secretário de Felipe II. Foi grande benfeitor da Reforma e muito contribuiu para alcançar a Província autônoma dos Descalços, sob a dependência apenas do Geral da Ordem. *Correio-mor:* D. Diego Reinoso, irmão do cônego Reinoso, grande amigo da Santa.

A Madre Inés de Jesús se recomenda às orações de vossa mercê. Por esta vez perdoe não ir de sua letra esta carta; gostei de ter tempo para a escrever de mão própria, e assim o quisera sempre.

De Palência, desta casa de S. José.

De vossa mercê serva,

TERESA DE JESUS.

362. A D. ANA ENRIQUEZ, EM VALLADOLID

Palência, 4 de março de 1581. Participa-lhe a próxima e definitiva conclusão dos negócios da Reforma, com a ereção da Província. Agradece uma imagem oferecida por D. Ana para a fundação de Palência. O Padre Báñez catedrático de Prima em Salamanca. Próximas viagens da Santa.

Jhs

Esteja com vossa mercê o Espírito Santo. Se conforme o desejo que tenho tido de escrever-lhe o tivera feito, não teria esperado até que me favorecesse vossa mercê com sua carta, porque várias lhe teria escrito; mas têm sido tantas nestes últimos dias, com os negócios, sobretudo este da Província, além de minha pouca saúde, que nem sei como tive cabeça para tanto.

Escreveu-me a Madre Priora María Bautista que muito se folgou vossa mercê com a graça que Deus nos acaba de fazer; e não era preciso dizer-mo, pois bem sei que, mesmo se não se tratasse dos interesses de todas nós, que somos tão servas de vossa mercê, bastava ser negócio da glória de Deus para lhe dar alegria, como a pessoa de sua Casa e de seu Reino. Confesso a vossa mercê: foi para mim grande alívio, porque, parece, haverá paz daqui em diante, e é grande coisa; pois ficarão atados os que começaram este caminho com Prelados de tão diferente Observância, e entenderão o que hão de fazer. Seja por tudo bendito![1]

Não sei quando hei de ver vossa mercê gozar de algum contentamento. A meu ver, tudo lhe quer Deus guardar para ser maior o gozo naquela eternidade, onde será sem fim; e a pouca saúde de vossa mercê não é seu menor trabalho. Agora, com a vinda do bom tempo, terá talvez alguma melhora. Faça-o Sua Majestade como pode. Depois que me passou a dor do lado, também melhorei; não sei quanto durará.

Por aqui nos vai muito bem, e cada dia mais se entende como acertado foi fazer esta fundação. É gente cheia de caridade, simples, sem fingimento, e isto me dá muito gosto; e o Bispo, a quem Deus guarde! muito nos tem valido, porque nos favorece de modo extraordinário. Suplico a vossa mercê se lembre algumas vezes de encomendá-lo a Nosso Senhor.

A imagem oferecida por vossa mercê nos honrou muito: está sozinha no altar-mor, e é tão bonita e grande que não precisamos de outras.

Trouxemos para cá uma Priora muito boa e monjas que, a meu ver, também o são, de modo que já está a casa como se há muito tempo estivesse fundada. Não obstante, para as coisas da alma sinto solidão, porque não encontro aqui nenhum dos que conheço da Companhia. Para falar a verdade, em toda parte sinto o mesmo, porque nosso santo, apesar de estar longe, parecia acompanhar-me, e, ao menos por cartas, podia comunicar-lhe algumas coisas. Mas, enfim, estamos no desterro, e é bom sentirmos que assim é[2].

Que lhe parece a vossa mercê acerca de Frei Domingo Báñez, que tão honrosamente conquistou a sua cátedra? Praza a Deus guardá-lo, pois já me restam poucos amigos; trabalho não lhe faltará nela, porque muito caro custam as honras[3].

---

1. *Graça:* a ereção da Província Descalça nesse mesmo mês de março, no Capítulo de Alcalá.
2. *Priora:* Isabel de Jesús. *Nosso Santo:* Baltasar Alvarez, Jesuíta, um dos principais diretores da Santa Madre, que morreu em 25 de julho de 1580.
3. *Cátedra:* a cátedra de Prima, da Universidade de Salamanca, a mais honrosa de toda a Universidade.

À senhora D. María, suplico a vossa mercê dê um recado de minha parte. Muito desejo vê-la com saúde; porém minhas orações poderiam se dizer não valem senão para acrescentar trabalhos; se o duvida, veja-o vossa mercê por si mesma.

Ao Padre García Manrique, se aí está, rogo a vossa mercê dizer que bem o quisera ter aqui, e peço-lhe não me esqueça em suas orações.

Não acabamos de decidir a compra desta casa; e na verdade muito o desejo, porque, se for Deus servido, gostaria de aproveitar o bom tempo, que já vai chegando, para ir a Burgos, a fim de poder voltar depressa e demorar-me mais com vossa mercê.

Faça-o Sua Majestade como pode, e dê a vossa mercê neste santo tempo muito consolo espiritual, já que tão distante parece estar o temporal. Ao senhor D. Luis beijo as mãos, suplicando a Deus que o faça muito santo[4].

Desta casa de S. José.

É hoje 4 de março.

Indigna serva e súdita de vossa mercê,

TERESA DE JESUS.

363. A D. JERÓNIMO REINOSO, EM PALÊNCIA

Palência, março de 1581. Sobre a compra de algumas casas para a fundação definitiva das Descalças.

Jhs

A graça do Espírito Santo esteja com vossa mercê. Peço a vossa mercê dizer ao portador desta carta como passou esta noite, e se está vossa mercê muito cansado. Eu não o fiquei, senão antes muito contente. Quanto mais penso na casa, mais convencida estou de que não nos convém a outra; até mesmo o pátio nos será de proveito e, se nos venderem a contígua, poderemos aí ficar muitos anos, em ótimas condições. Rogo a vossa mercê que trate logo de comprá-la e, se não a venderem, veja se no-la arrendam por alguns anos, porque é necessária para a mulher que nos serve[1].

A Tamayo poderá se dizer que no caso de tomarmos só sua casa daremos mais por ela, porém ficando com as duas, não poderemos pagar tanto, a não ser com o andar do tempo. Se vossa mercê concordar, melhor é não lhe dar a entender que sua propriedade não nos satisfez; é preferível deixá-lo pensar que em algum tempo se poderá adquiri-la. Uma Irmã disse com graça que na Semana Santa eles ficarão de novo amigos, e portanto melhor seria acabar logo com isso[2].

A Priora e todas beijam as mãos de vossa mercê, por lhes ter achado tão boa casa. Estão muito contentes, e têm razão, pois para nós está tudo muito a propósito; e ver que se podem ir alargando e adquirir mais terreno é grande coisa. Muito bom seria se logo depois da Páscoa começassem a derrubar as paredes. O Senhor o permita, e guarde a vossa mercê, como todas Lhe suplicamos.

Indigna serva de vossa mercê,

TERESA DE JESUS.

364. AO PADRE JERÓNIMO GRACIÁN, EM ALCALÁ

Palência, 12 de março de 1581. Instruções acerca de algumas religiosas. D. Francisco de Cepeda e D. Orofrisia pouco ponderados nos gastos. Dificuldades de comprar casa em Palência...[1].

---

4. *D. Luis* Fernandez de Córdoba, esposo de D. Ana Enríquez.
1. *Casa*: trata amplamente a Santa da questão da compra da casa em Palência em *Fundações* 29,12-21.
2. *Tamayo*: Sebastián Tamayo, cônego de Palência.
1. Não se conserva o princípio desta carta.

...Não dar desgosto à Priora, e porque tem suas monjas muito disciplinadas não quisera que as prejudicasse. Em Medina há muitas melancólicas, e em qualquer lugar hão de sentir muito, e não me espanto; mas, em suma, hão de ajudar-se as casas umas às outras, e para princípio de fundação não parece convir. Também pensei em levá-la para Burgos, não como fundadora, mas como penitenciada. Se for Deus servido que se faça esta fundação, penso em deixar por Priora a Inés de Jesús, pois muito mais o quer ser lá do que em Madri — embora mostre, para qualquer parte, muita repugnância, dando-lhe por Subpriora a Subpriora de Valladolid. Elas preferem assim e, como ambas conhecem a enferma, andarão de sobreaviso, conquanto muito tenha de sofrer Inés de Jesús. Vossa reverência, por amor de Deus, pense o que será melhor. É preciso aplicar depressa o remédio antes que ela fique perdida, pois até agora não tem saído da cela, nem convém que saia[2].

Como penso que terá vossa reverência muitas ocupações, acho que não devo alargar-me, e pela mesma razão não deixei a Madre Priora escrever-lhe. Dê vossa reverência por recebida sua carta. Ela muito se recomenda. Eu, ao Padre Mariano e a todos os outros[3].

Penso que gostaria se vossa reverência, no caso de ir a Madri, me fizesse o favor de visitar D. Francisco e sua esposa, pois ele, envergonhado, não ousará procurar vossa paternidade. Escreveu-me que se alegrou muito com a conclusão de nossos negócios, e quisera eu que vossa reverência o animasse a servir a Deus, a fim de não parecer que o ficou aborrecendo por ter deixado o projeto de ser frade. Creio que há de ficar muito arruinado por sua falta de economia; e asseguro a vossa reverência que o casamento foi de prejuízo para elas. Muito me quisera apartar de todos, mas a sogra tomou tanta amizade comigo e pergunta-me tais coisas, que sou obrigada a responder-lhe, o que me cansa muito. E estavam arriscadas a perder tudo, porque lhe deram a entender que ele tinha dois mil ducados de renda. Eu lhe disse a verdade, para verem como gastam. O Padre Frei Angel logo as foi visitar sem que eu lho pedisse, e assim parecerá, como digo, inimizade da parte de vossa reverência se não fizer o mesmo. Nosso Senhor o guarde[4].

Olhe que não me deixe de escrever, e muito extensamente, pois sabe o consolo que me dá, e conte-me como se portou Macário. Rasgue logo esta carta, por caridade.

Não conseguimos ainda comprar casa; andamos em negociações. Recebi duas Irmãs leigas, como costumava fazer, sem mais licença que minhas patentes, a fim de não a solicitar de quem por tão pouco tempo há de presidir. Muito louvo a Deus por ser tão bom este Padre como vossa reverência me diz, e ter cumprido tão bem sua missão[5].

É hoje 12 de março.

De vossa reverência serva e filha e súdita, e de quão bom grado!

TERESA DE JESUS.

Ando bem, a não ser dos achaques ordinários. Não acho a carta de Juliana, mas toda ela se resume em não querer voltar à Encarnação, por parecer-lhe que é tornar atrás; diz que, se escreveu mostrando tal desejo, foi por ver que a Priora e eu o queríamos. Não há que fazer caso de seus ditos.

365. A D. ALONSO VELÁZQUEZ, BISPO DE OSMA
Palência, 21 de março de 1581. Fundações de Palência e Sória.

Jhs

A graça do Espírito Santo esteja com vossa senhoria. Desejava escrever longamente, mas não pude achar tempo, embora o cavaleiro que trouxe a carta e me visitou uma vez não me tenha

---

2. *Priora:* parece referir-se à de Valladolid, María Bautista. *Penitenciada:* Juliana de la Magdalena. *Subpriora de Valladolid:* Dorotea de la Cruz.
3. *Priora:* havia sido chamada de Salamanca para este ofício Isabel de Jesús, Jimena, mas foi de fato nomeada a Madre Inés de Jesús, Tapia.
4. *Elas:* D. Orofrisia e sua mãe.
5. *Duas irmãs:* Juana de San Lorenzo e Jerónima de la Visitación. *Este padre:* o Comissário Frei Juan de las Cuevas.

deixado de avisar de sua partida. Vossa senhoria de todas as maneiras me favorece. Por outro mensageiro escrevi a vossa senhoria e creio terá recebido a carta; agora nada há de novo a não ser um negócio complicado de uma casa, que receio me venha a deter aqui este verão.

No negócio sobre o qual vossa senhoria me escreve, embora muito favorável para todos nós, não sei se desejo vê-lo nos trabalhos que se oferecem nestas fundações, que são terríveis. Encomende-o ao Senhor; Sua Majestade o encaminhe[1].

Estou boa e parece que vão bem os negócios. Praza ao Senhor assim aconteça a vossa senhoria sempre. Apressam-me tanto, que não posso escrever mais. É hoje terça-feira da Semana Santa.

Indigna serva e súdita de vossa senhoria,

TERESA DE JESUS.

366. AO PADRE JERÓNIMO GRACIÁN, EM MADRI

Palência, 23 e 24 de março de 1581. Agradece-lhe o que trabalha para pôr em ordem as Constituições das Descalças. Trata novamente da casa de Palência. San Juan de la Cruz deseja passar de Andaluzia a Castilla. A Priora de San Alejo.

Jesus esteja com vossa paternidade e lhe pague o consolo que me deu com as cartas e papéis, especialmente com a vista do Breve já impresso. Não faltava, para completar minha alegria, senão que o estivessem também as Constituições. Deus o fará; bem vejo que deve ter custado muito. Não terá sido pequeno trabalho para vossa paternidade pôr em ordem tudo isto. Bendito seja Aquele que lhe dá tanta habilidade para tudo. Parece um sonho este negócio; por mais que quiséssemos pensar, não se acertaria a fazer tão bem como Deus o fez. Seja Ele por tudo louvado para sempre[1].

Ainda não li quase nada dos papéis, porque não entendo o que está em latim, e tenho de esperar que haja quem o traduza, passado este santo tempo. Ontem, quarta-feira santa, foram-me eles entregues, e a fim de ter cabeça para ajudar a cantar as Trevas, por sermos poucas, não ousei forçar-me senão para ler as cartas. Desejo saber onde pretende vossa paternidade ir quando deixar Madri, porque terei necessidade agora de saber sempre onde está, para os negócios que se podem oferecer.

Saiba vossa paternidade que tenho andado, e ainda estou andando, a procurar casa por aqui, e nenhuma se acha a não ser muito cara e com bastantes defeitos, e assim penso que iremos para as que estão junto de Nossa Senhora, embora também os tenham. Contudo se o Cabido nos ceder uns pátios grandes de sua propriedade, mais tarde, se houver com quê, poderemos comprá-los e fazer uma boa cerca. A igreja está pronta, com duas capelanias, e do preço da casa abaixaram quatrocentos ducados e, penso, abaixarão ainda mais. Repito a vossa paternidade que me espanta a virtude desta gente. Muita esmola fazem e, como só temos de prover à alimentação sem ter a despesa da igreja, que seria muita, creio será das boas casas que vossa reverência tem sob seu governo. Se derrubarmos umas galerias que estão no alto, dizem que o claustro receberá mais luz. Cômodos há mais do que precisamos. Seja Deus servido nela, e guarde vossa paternidade, pois, sendo Sexta-feira da Cruz, não é dia para alargar-me mais.

Ia-me esquecendo de suplicar a vossa paternidade uma coisa como bolo de Páscoa; praza a Deus me atenda! Saiba que há algum tempo, consolando eu a Frei Juan de la Cruz do desgosto de ver-se em Andaluzia, pois não pode aguentar aquela gente, prometi-lhe que, se Deus nos concedesse a Província, procuraria fazer que voltasse para cá. Pede-me agora o cumprimento da palavra, e tem medo de ser eleito em Baeza. Em sua carta suplica a vossa paternidade que não o confirme.

---

1. *Negócio:* o Bispo convidava a Santa a fundar um mosteiro em Sória, na sua Diocese.
1. *O Breve:* breve de Gregário XIII, *"Pia consideratione"*, de 22 de junho de 1580. *Constituições:* imprimiram-se em Salamanca, em 24 de março de 1581.

Se é coisa possível, justo é consolá-lo, pois está farto de padecer. Asseguro-lhe, meu Padre, é meu desejo que se fundem poucos mosteiros em Andaluzia; receio que venham a prejudicar os de cá[2].

Diz esta Priora de San Alejo[3] que está louca de prazer; dança e dá tais demonstrações de alegria, que, segundo me dizem, faz rir; e todas estas Descalças não põem termos à sua alegria por possuírem tal Pai. Foi para dar um gozo completo. Deus no-lo dê onde não se acabe, e conceda muito boas Páscoas a vossa paternidade. Peço que a esses senhores as deseje de minha parte; e certamente serão boas, se vossa paternidade aí estiver.

Todas se recomendam muito, especialmente as minhas companheiras. Para o demais, remeto-me à carta do Padre Nicolao. Oh! quanto me tenho alegrado, e muito, por ter vossa paternidade tão bom companheiro! Desejo saber que fim levou o Padre Bartolomé. Bem serve para Prior de uma fundação.

De vossa reverência filha e súdita,

TERESA DE JESUS.

367. A D. ANA ENRÍQUEZ, MARQUESA DE ALCAÑICES, EM VALLADOLID

Março de 1581. Caridade do Bispo D. Alvaro. Confissão em honra de S. José. Pleito acerca de um relicário.

Jhs

A graça do Espírito Santo esteja sempre com vossa mercê. Amém. Faço saber a vossa mercê que ontem nos enviou o Bispo doze fânegas de trigo, e, pois de vossa mercê partiu a esmola, é bem que esteja informada, para o caso de se encontrar com ele. Suplico a vossa mercê que me faça saber como está passando, com estes dias tão úmidos, e se já se confessou para a festa deste glorioso Santo, que é muito grande. Certamente lhe dá de ter devoção vossa mercê, pois tão amiga é dos pobres.

A senhora D. María me mandou dizer não se dá por satisfeita acerca do relicário enquanto vossa mercê não mo der. Fala como se fosse dela; mas a mim me parece que também vossa mercê tem sobre ele o mesmo direito. Como é o Senhor que há de pagar esta grande dádiva, além das outras que Vossa Mercê nos faz, por certo chamará a si este pleito, e o julgará conforme a verdade.

Sua Majestade tenha vossa mercê de sua mão e lhe sirva de guia por muitos anos. A Madre Priora e estas Irmãs recomendam-se às orações de vossa mercê.

Indigna serva de vossa mercê,

TERESA DE JESUS.

368. AO PADRE JERÓNIMO GRACIÁN

Palência, março de 1581. Sobre o modo de entender umas palavras acerca da fundação de Burgos.

A meu parecer, jamais ouvi de José que fosse já a minha ida a Burgos; não disse tarde nem cedo, senão que desta fundação não encarregue eu outra monja, como esteve tencionando fazer.

---

2. *Baeza*: em 14 de junho deste ano, S. Juan de la Cruz cumpriu seu segundo ano como reitor de Baeza, e ao terminar foi eleito prior de Granada, apesar dessas súplicas da Santa.

3. A ermitã, já mencionada outras vezes, alegra-se por ver que se vão realizar seus desejos de fundar mosteiro de Descalços na ermida confiada à sua guarda.

369. A MADRE MARÍA DE S. JOSÉ, PRIORA DE SEVILHA

Palência, março de 1581. Participa-lhe sua alegria pelo término dos negócios da Reforma, e seu desejo de ir para o céu.

Agora, minha filha, posso dizer o mesmo que o santo Simeão, pois vi estabelecido na Ordem da Virgem Nossa Senhora o que desejava; e assim lhes peço e rogo não roguem nem peçam a prolongação de minha vida, senão antes que me leve a descansar, pois já não lhes sou de proveito.

370. A D. ANTONIO GAYTÁN, EM ALBA DE TORMES

Palência, 28 de março de 1581. Desculpa-se de não lhe ter escrito com mais frequência. Boatos que corriam em Alba acerca de sua sobrinha Beatriz. Brandura de gênio de D. Juana. A pobreza é ocasião para que todas as tenham em pouco. Sente que Gaytán não a tenha informado antes. Deseja que a filha deste cavaleiro entre para o Carmelo.

Jhs

A graça do Espírito Santo esteja com vossa mercê. Recebi uma carta de vossa mercê, e mais vezes lhe teria escrito se atendesse à minha vontade; mas têm sido tantos os trabalhos e negócios destes anos, que tenho tido bem que fazer com cartas de cumprimentos. Glória a Deus, que de tudo nos tirou com proveito.

Como dirá a vossa mercê a Madre Priora, louvo a Deus de que esteja tão contente com o estado que abraçou. Praza ao Senhor seja para seu serviço, pois também nesse estado há santos como nos outros, e vossa mercê o será se não o perder por sua culpa.

Nos demais negócios, a queixa que eu poderia ter de vossa mercê seria de não me ter avisado logo que o soube; poderiam-se talvez impedir os descuidos, para que não chegasse a tanto mal como o demônio deu a entender que há. Ainda que fosse verdade tudo o que essa senhora imaginou por respeito a si mesma deveria ter agido de outro modo, sem infamar tão à rédea solta. No juízo de Deus se entenderá o que não podemos julgar aqui embaixo sem grave ofensa de Sua Majestade. Onde era tão grande a amizade e tão antiga, se não tivesse malícia essa senhora, não seria capaz de suspeitar tanto mal[1].

O gênio de minha irmã é em relação a todos tão brando que, ainda querendo, parece impossível usar de aspereza com alguém, por ser este seu natural; aliás nunca vi tanta desenvoltura em sua filha que precisasse de severidade; pelo contrário, era muito sossegada. Na verdade, pouco tenho tratado com elas; mas coube-me grande parte nesse desgosto, pelas ofensas que se devem ter feito a Deus, causando tão grande mal. Muito me jura minha irmã que tudo é calúnia, e eu o creio, porque não é mentirosa, e nada fez para que nesse lugar lhe deem tão mau tratamento; mas sua pobreza é ocasião de todos a considerarem tão pouco, e Deus o permite para que de todas as maneiras padeça, pois verdadeiramente é mártir nesta vida. Deus lhe dê paciência.

Asseguro a vossa mercê que, embora falso, se estivesse em minhas mãos, apartaria as ocasiões; mas tão pouco valho que só de encomendá-los a Deus seria capaz, se tivesse algum mérito. Mas como sou tão ruim, minhas orações não lhes servem para mais do que vossa mercê está vendo; nem a mim me valeu ser sua serva, para que vossa mercê, como digo, tratasse este negócio desde logo comigo. Dizer vossa mercê que não sou a mesma que costumava, não sei quais os motivos de assim julgar: nenhuma coisa que lhe toque tem deixado de tocar a mim, e faço por palavras o que não posso por obras, dizendo de vossa mercê o bem que merece. Esta é a pura verdade. Vossa mercê é que se tem esquivado de mim, de um modo que até me tem espantado; mas verdadeiramente não mereço outra coisa.

---

1. *Essa senhora:* a esposa de um amigo dos Ovalle, que, com seu ciúme contra Beatriz, causou um inconveniente ao qual a Santa aludirá em várias cartas.

Escreveu-me a Madre Priora que lhe afirmara vossa mercê ter combinado comigo o dote desse anjinho, que ela tem em casa. Deve ter sido, mas só me lembro de me ter dito vossa mercê que para ela reservava tudo quanto possuía, e livres podia dar-lhe setecentos ducados. E recordo-me disto porque, pela vontade que eu tinha de servir a vossa mercê, gostei de ser tão bom o dote, a fim de melhor assegurar a licença do Padre Visitador, que era então o Padre Gracián. Isto mesmo escrevi a ele, intercedendo o melhor que pude; porque, a não ser Casilda e Teresita e outra irmãzinha do Padre Gracián, nunca entrou menina nestas casas, nem eu o consentiria. Já não tenho mais sobre os conventos os poderes que tinha antes, porque, pelas Constituições que foram feitas, as coisas são decididas pelos votos das próprias monjas. Enquanto não fizer doze anos não se pode lhe dar o hábito, nem a profissão até os dezesseis; e portanto, não há para que falar nisto agora[2].

Procure vossa mercê de algum modo contribuir com os alimentos, porque, tendo atualmente outras coisas em que gastar, não os poderá dar quando quiser. Dizem-me que há não sei quanto tempo não os paga, e são capazes de pensar que assim acontecerá com o dote. Asseguro-lhe que se estivesse em minhas mãos pouco trabalho daria a vossa mercê a esse respeito. Dê-lhe Nosso Senhor o descanso que lhe desejo. Amém.

De S. José de Palência, último dia da Páscoa.

De vossa mercê indigna serva,

TERESA DE JESUS.

371. A UMA RELIGIOSA QUE PRETENDIA PASSAR À DESCALCEZ

Palência, abril de 1581. Não a pode receber porque pedem muitas o mesmo, e as Constituições o proíbem. Convence-a de que em qualquer comunidade onde viver poderá santificar-se.

No principal que vossa mercê deseja, de nenhum modo a posso servir, por termos Constituições, pedidas por mim, de não recebermos monjas de outra Ordem nestas casas. Eram tantas as que queriam vir, e ainda querem atualmente, que, embora alguma nos desse consolo recebê-la, há tantos inconvenientes que não se pode abrir porta neste particular; e assim nada mais tenho a dizer, porque não é possível, e meu desejo de servir a vossa mercê neste ponto não serve para outra coisa senão para contristar-me[1].

Antes de se fundarem estes mosteiros, passei vinte e cinco anos num onde havia cento e oitenta monjas. E, por escrever às pressas, só direi: a quem ama a Deus tudo lhe servirá de cruz e de proveito para a alma. Nada lhe fará mal se andar de sobreaviso, considerando que só Deus e vossa mercê estão nessa casa; e, enquanto não tiver ofício que a obrigue a olhar as coisas, nada se lhe dê de nenhuma delas. Procure antes imitar a virtude que vir em cada Irmã, a fim de mais amá-la e tornar-se melhor, descuidando-se das faltas que nela vir.

Isto me aproveitou tanto, que, sendo tão numerosas como disse, não me distraíam mais do que se nenhuma houvesse, antes me eram de proveito. Porque, enfim, senhora minha, em toda parte podemos amar a este grande Deus. Bendito seja Ele, que não há quem nisto nos possa estorvar.

372. A D. JERÓNIMO REINOSO, EM PALÊNCIA

Palência, 24 de abril de 1581. Sobre a compra de algumas casas para a fundação de Palência.

---

2. *Esse anjinho:* Mariana Gastán, que entre as Descalças se chamaria Mariana de Jesús.
1. Nas *Constituições* do Capítulo de Alcalá se lê: "O Provincial não pode receber nenhuma religiosa para o hábito ou a profissão sem os votos da maioria do convento, nem permitir que religiosas de outra ordem sejam recebidas nos monastérios referidos".

Jhs

A graça do Espírito Santo esteja com vossa mercê. A carta de vossa mercê recebi e comuniquei ao senhor Cônego Salinas; mas este acha que a casa de D. Luis de Osorio, indicada por vossa mercê, está metida muito no ruído da praça e cercada por todos os lados de gente pouco recomendável. Se vossa mercê a arrendou não vale a pena falar mais, pois, não havendo remédio, como diz vossa mercê, passaremos a ela; mas se ainda não concluiu o negócio, detenha-se vossa mercê e não a tome até ver se pode achar outra onde seja a vizinhança mais própria para nós. Especialmente, grande felicidade seria se pudéssemos conseguir na Puebla as casas de Francisco de Burgos, ou as de Agustín de Torquemada[1].

Como estou escrevendo isto no locutório, enquanto falo com o senhor Cônego, nada mais digo senão que a imagem de S. José não se faça já, até vermos o que há por aqui. Estas Irmãs acabarão esta.

É hoje véspera de S. Marcos.

De vossa mercê serva,

TERESA DE JESUS.

À senhora, minha senhora Catalina de Tolosa, beijo as mãos.

373. A MADRE ANA DE SAN AGUSTÍN, EM VILLANUEVA DE LA JARA

Palência, 22 de maio de 1581. Manifesta-lhe o muito que lhe quer. Fará quanto puder para que o Padre Gabriel da Assunción fique em La Roda e continue a dirigir a alma da Madre.

Jesus esteja com vossa caridade e ma guarde, amém, fazendo-a tão santa como desejo. Muito me folgo por me ter vossa caridade assegurado que me encomenda a Deus; também o Padre Frei Gabriel me escreve o mesmo. Praza a Sua Majestade não se esqueça de fazê-lo, pois não sei se me quer tanto como lhe quero, e receio que nos traga enganadas a seu respeito, tanto a mim como ao Padre Frei Gabriel; portanto veja bem o que faz.

Deus lhe perdoe, mas asseguro-lhe que me dão tanto contentamento suas cartas como não imagina. Não me deixe de escrever sempre, e diga-me como vai com o Padre Frei Gabriel, pois creio que por sua causa o fez voltar para aí Nosso Senhor. Eu bem o desejava, e quisera que tornasse como Prior, a fim de o conservarem com mais certeza; mas espero que aí ficará agora com o auxílio de Deus, e penso que tanto bem lhes fará de uma maneira como de outra. Com o amor que Sua Reverência lhes tem, não lhe faltará ocasião para prová-lo por obras. De meu lado farei o que puder para que não o tirem daí, pois verdadeiramente lhe quero muito e teria bastante pesar se o transferissem.

Quando o vir, diga-lhe que S. Bartolomé lhe manda muitas recomendações e contentíssima ficou por sua reverência se ter lembrado dela: roga-lhe que, por caridade, a encomende a Deus, e ela, ainda que pobre e miserável, o faz por sua reverência. A vossa caridade peço o mesmo, e não o deixe de fazer, pois lho deve, uma vez que são tão amigas; e fique-se com Deus. Sua Majestade a faça muito santa.

De Palência. No dia seguinte à festa da Trindade.

De vossa caridade serva,

TERESA DE JESUS.

---

1. *Salinas:* D. Martín Alonso de Salinas. *Puebla:* um bairro central de Burgos.

374. AO PADRE JERÓNIMO GRACIÁN, EM SALAMANCA

Palência, 24 de maio de 1581. Sente que o Padre Gracián não a acompanhe a Sória. Temores de que toquem no seu *Sancta Sanctorum*, em seu novo ofício de Provincial. O virtuoso sacerdote Juan Díaz quer fazer-se Descalço. Assunto de Alba. Saudade da Santa pela ausência do Padre Gracián.

Jhs

Esteja com vossa reverência o Espírito Santo, meu Padre. Não vê agora quão pouco me durou o contentamento que estava contando ter durante a viagem? Creio que teria pesar quando terminasse, pois assim me aconteceu outras vezes, indo eu na companhia que estava esperando. Seja Deus louvado, que já me parece vou ficando cansada. Confesso, meu Padre, que, afinal de contas a carne é enferma e se entristeceu muito mais do que eu quisera. Ao menos até deixar-nos em casa nossa poderia vossa paternidade diferir a sua partida, pois oito dias mais cedo ou oito dias mais tarde, não tinha importância. Muita saudade nos deixou aqui. Praza a Deus aquele, que foi ocasião de ausentar-se vossa reverência, tenha melhores intenções do que eu penso. Deus me livre de tais pressas! e depois ainda faltará de nós![1]

Na verdade não me sinto agora capaz de escrever acertadamente, nem tenho gosto para tal. Só há um alívio: é ver-me sem o temor que poderia ter, e tinha, de me tocarem nesse *Sancta Sanctorum*. Creia que é grande tentação a minha a esse respeito; a troco de o não fazerem, consentirei que tudo chova sobre mim; — e bastante chove agora, e não pouco o tenho sentido. Vou perdendo o gosto a tudo, porque, enfim, a alma sente não estar com quem a governe e alivie. Sirva-se Deus de todas estas coisas, e, se assim for, não há de que nos queixarmos, por mais que doa.

Saiba que nos dias que passou aqui vossa reverência, não pude comunicar-lhe um negócio do Padre Juan Díaz. Deixei-o para quando vossa reverência voltasse, a fim de ter mais tempo de o encomendar a Deus, e estou bastante pesarosa, pois vossa reverência não volta e ele insistiu muito, não veio cá a tratar de outra coisa. Está quase determinado a mudar de estado, ingressando em nossa Ordem, ou na Companhia; e diz que de uns tempos para cá se inclina mais aos Descalços, porém deseja o parecer de vossa reverência e o meu, e quer também que o encomendemos a Deus.

O que eu neste caso sinto — e o mesmo lhe disse — é que lhe ficará muito bem se perseverar; mas se não, será de muito prejuízo, e ocasião de perder crédito para os livros que anda imprimindo. Assim lho repito agora, mas estou com menos receio, porque há muito serve a Nosso Senhor e, em suma, muitas coisas se hão de lhe revelar. Faria bem em tomar decisão. Promete dar tudo o que tem do Mestre Ávila ao convento onde entrar; e, a meu parecer, se for como uns trechos que me deu a ler, seriam de grande proveito os sermões aos que não sabem tanto como vossa reverência. É homem que em qualquer parte dará edificação. Muito haveria que combinar sobre este assunto; vou tratá-lo com o Padre Nicolao. Aqui lho digo para que, se ele ainda não lhe falou nisto, me faça a caridade de dar a entender que já o tratei com vossa reverência, pois teria razão de queixar-se de mim se eu me houvesse descuidado; e assim vossa reverência o encomendará a Deus. Como o conhece melhor que eu, entenderá o que deve responder-lhe. Avise-me do que tiver decidido, se houver meio, que ainda nisto lhe dou trabalho[2].

Inclusa remeto-lhe a carta que me escreveu o Bispo de Osma, juntamente com um papel que escrevi sobre o assunto; não tive tempo para mais[3].

A meu parecer, para tirar a limpo essas contas emaranhadas da esmola que o Beneficiado nos deixou, não deveria vossa reverência ir a Alba sem o Padre Nicolao. Grande favor me fez vossa reverência de enviá-lo para me acompanhar, já que não pôde fazer mais; porque era preciso um

---

1. *Companhia que estava esperando*: Pe. Gracián prometera acompanhá-la a Sória, mas não pôde cumprir a promessa.
2. *Livros*: as obras de San Juan de Ávila. *Mestre Ávila*: San Juan de Ávila.
3. *Bispo de Osma*: D. Alonso Velázquez.

que não fosse mocinho, e tivesse autoridade para falar e impor respeito. Ó meu Padre! louve a Deus que o fez tão agradável em seu trato, que ninguém, parece, enche esse vazio que deixa. Pobre Lorencia! tudo a cansa! Recomenda-se muito a vossa reverência. Diz que não acha paz nem sossego para sua alma a não ser com Deus, e com quem, como vossa reverência, a entende. Qualquer outra coisa é para ela tão grande cruz que nem o pode explicar[4].

San Bartolomé ficou triste. Encomenda-se muito às orações de vossa reverência. Lance-nos a bênção e encomende-nos muito a Sua Majestade.

Ele o guarde, e o tenha de sua mão. Amém.

Saiba que aí as monjas têm um medo desusado à Priora e também costumam nada contar aos Prelados. Acerca de os estudantes as servirem, é preciso olhar bem. Deus o guarde.

Indigna serva e filha de vossa reverência,

TERESA DE JESUS.

375. AO PADRE JERÓNIMO GRACIÁN, EM SALAMANCA

Palência, maio de 1581. Trasladação processional das religiosas à nova casa. Queixa-se de Gracián não estar presente. Em véspera de sair para Sória.

Jhs

A graça do Espírito Santo esteja com vossa paternidade, meu Padre. Estou cansada e é de noite, muito tarde; e assim apenas direi que ontem chegou o Bispo, e hoje ficou marcada para amanhã a procissão, o que não foi pouco. Será pela tarde, com toda a solenidade possível. Vamos daqui a S. Lázaro, somente para tomar o Santíssimo Sacramento, pois o Cabido amanhã não fará a festa. Penso que entraremos por Santa Clara, que está no caminho. Como tudo seria bom se meu Padre estivesse presente; assim como é, não sei o que diga[1].

Também vieram esta manhã de Sória para buscar-nos; mas creio terão de esperar até segunda-feira. Estou boa. O Bispo esteve aqui toda a tarde, com uma vontade de fazer bem a esta Ordem, que é para louvar a Deus.

Sua Majestade esteja com vossa paternidade.

Recomende-me ao Padre Juan Díaz. Todas estas Irmãs se recomendam muito a vossa reverência.

O Padre Nicolao está bom, e eu também; fez-nos hoje uma boa prática.

Gostei de estar com Frei Juan de Jesus. Cada vez que sinto quanto amor tem à vossa reverência, mais lhe quero bem. Não lhe mostre desagrado, pois nos dias de hoje é muito de prezar um bom amigo.

De vossa reverência serva e filha,

TERESA DE JESUS.

A Irmã Isabel de Jesús leva esta carta; em atenção a mim mostrem-lhe muita benevolência, por caridade.

376. A D. GASPAR DE QUIROGA, ARCEBISPO DE TOLEDO

Sória, 16 de junho de 1581. Lembra-lhe que já lhe pediu licença para um convento de Descalças na Corte. A fundação de Sória. Notícias de D. Elena de Quiroga, sobrinha do arcebispo.

---

4. *Lorencia:* a própria Santa. *Beneficiado:* D. Sancho Dávila.

1. *Bispo:* D. Alvaro de Mendoza. *San Lazaro:* igreja paroquial de Palência. *Santa Clara:* monastério de clarissas, muito próximo da igreja paroquial de San Lazaro.

Jhs

A graça do Espírito Santo esteja sempre com vossa ilustríssima senhoria. Tenho esperado resposta de vossa ilustríssima senhoria sobre a mercê que solicitava em uma carta minha entregue a vossa ilustríssima senhoria na Semana Santa, ou pouco depois, segundo me disseram. Suplicava eu a vossa ilustríssima senhoria me concedesse autorização para um mosteiro em Madri. Disse-me vossa ilustríssima senhoria que era de seu agrado esta fundação; se deixava de dar licença por então, era por certo inconveniente; e este já Nosso Senhor tirou. Não sei se vossa ilustríssima senhoria estará lembrado dessas suas palavras e de como me disse que, suprimido aquele impedimento, me faria esta mercê. Assim, tendo-a eu já por certa, fui dispondo algumas coisas para esta fundação, porque haveria maior comodidade para fazê-la antes da volta de Sua Majestade a Madri, por se achar casa mais barata[1].

Atualmente estou em Sória, onde se fundou um mosteiro. O Bispo deste lugar mandou buscar-me, e está muito bem concluído, glória a Deus. Não tenciono sair desta cidade até vossa ilustríssima senhoria me conceder a licença, porque, de outro modo, teria de rodear depois muitas léguas; e, como expus a vossa ilustríssima senhoria, há na Corte algumas pessoas, que esperam e já estão cansadas de esperar. E, pois vossa ilustríssima senhoria sempre ajuda aos que querem servir a Nosso Senhor, e, tanto quanto posso entender, Ele o será nesta fundação, da qual resultará grande proveito para nossa Ordem, suplico a vossa ilustríssima senhoria não dilate para mais tarde o conceder-me esta graça, se assim o houver por bem.

Minha senhora D. Elena está firme em seu propósito; mas enquanto não tiver licença de Vossa Ilustríssima Senhoria, de pouco lhe servirá. Está tão santa e desapegada de tudo, que, segundo me disseram, gostaria de entrar no mosteiro de Madri; mas a verdade é que seria na esperança de ver a vossa ilustríssima senhoria alguma vez. Não é de admirar[2].

Este desejo sempre o tenho eu, e com muito particular cuidado cada dia encomendo Vossa Ilustríssima Senhoria a Nosso Senhor e procuro que nestes mosteiros façam o mesmo.

Praza a Deus nos ouça, e guarde a vossa ilustríssima senhoria muitíssimos anos com o aumento de santidade que Lhe suplico. Amém.

Datada de Sória, nesta casa de Trindade do Carmo, a 16 de junho.

Indigna serva e súdita de vossa ilustríssima senhoria,

TERESA DE JESUS.

377. A MADRE MARÍA DE S. JOSÉ, PRIORA DE SEVILHA

Sória, 16 de junho de 1581. Insiste em que trate muito de sua saúde, encarregando o mesmo a outras monjas. Não a quer penitente, e sim obediente. Sentiria sua falta, mais que a de nenhuma outra Priora.

Por caridade, não se fie nessa gordura, e trate de si. À Madre Juana de la Cruz muito o recomendo e à Madre Subpriora, e a S. Francisco. Elas me avisem se não tratar direito de si. Agora de novo me deu o Padre Provincial uma patente para algumas coisas, e por ela lhe mando que faça o que julgar conveniente para sua saúde, e o que lhe disser a minha querida Juana de la Cruz. Ambas me informem de como vossa reverência o está fazendo e a penitência que darei será não lhe escrever.

Por enquanto não a queremos penitente, e sim que não dê penitência a todas com suas enfermidades, e seja obediente, e não me mate; pois com verdade lhe digo que de nenhuma Priora sentiria falta como de vossa reverência; não sei como lhe quero tanto.

---

1. *Impedimento:* a viagem do rei Felipe II a Portugal para tomar posse daquele reino.
2. *D. Elena* de Quiroga, sobrinha de D. Gaspar de Quiroga, cardeal arcebispo de Toledo.

378. AO PADRE JERÓNIMO GRACIÁN, EM SALAMANCA

Sória, 27 de junho de 1581. Viagem a Ávila e negócios dos conventos.
Inveja o Padre Gracián por viver em Salamanca junto do rio.

Se me fosse preciso ir agora a Ávila, deixando a outra fundação, ficaria de lado para sempre, a meu parecer; e penso que, estando lá Frei Gregorio, e eu como Priora, poderiam passar alguns meses, mesmo não estando eu presente. Muito quisera ter vossa reverência mais perto quando se houver de tomar esta decisão. Praza a Deus lhe chegue depressa esta carta, que por Ávila não pode vossa reverência responder. Disse-me o Padre Nicolao que arranjaria mensageiro; e também por Palência e Valladolid me escrevem, embora tardem as cartas. Não deixe de escrever por um lado, por já ter escrito pelo outro.

Praza a Deus esteja vossa reverência passando bem, pois em tão mau aposento, em tempo de calor, é coisa penosa. Quanto ao estar junto do rio, tenho inveja. Sempre me pareceu bom lugar, ao menos para tomar posse. Aqui por vezes faz bastante calor, especialmente agora, enquanto escrevo esta carta; porém as manhãs e as noites são boas. Todas estão com saúde.

A Priora desempenha muito bem seu ofício. A senhora fundadora aqui é extremamente boa[1]. Deus o leve adiante — pois parece termos acertado em fazer esta fundação — e nos guarde vossa paternidade. Amém.

É hoje 27 de junho.

379. AO PADRE JERÓNIMO GRACIÁN, EM SALAMANCA

Sória, junho de 1581. Conclusão dos negócios de Andaluzia. Pobreza do
Colégio de Salamanca.

Estou contente de que se tenha concluído tão bem o negócio de Andaluzia; contudo será ainda preciso vossa reverência fazer a Visita este inverno, depois que a peste tenha passado de todo. Muito me alegrei porque, segundo me escreve Casademonte, já cessou.

Não imagina quanto quisera poder enviar-lhe muito dinheiro, pois está tão pobrezinho; e verdadeiramente todos haviam de socorrer essa casa, por ser de tanto proveito para a Ordem. Tenho planejado muitas coisas; não sei o que alcançarei, mas será pouco, a meu parecer.

Grande calor faz por cá. Olhe não se embeba no andar fiscalizando a obra, pois o sol já vai ficando abrasador.

De vossa reverência filha e súdita,

TERESA DE JESUS.

380. AO LICENCIADO DIONISIO RUIZ DE LA PEÑA, EM TOLEDO

Sória, 30 de junho de 1581. Defende-se da acusação de ter influído sobre a vocação de D. Elena, sobrinha do Cardeal. Os falsos testemunhos lhe dão alegria, mas não quer passar por ingrata com o Arcebispo. Um voto de D. Elena. A fundação de Madri. Carinho que tem ao Arcebispo.

Jhs

A graça do Espírito Santo esteja com vossa mercê. Um dia depois de ter despachado um próprio que me trouxe uma carta de minha senhora D. Luisa, entregaram-me a de vossa mercê. Fiquei muito pesarosa por já ter ele partido, pois quisera responder-lhe logo; e, como não há correio ordinário neste lugar, não sei quando esta poderá seguir. Gostaria que fosse depressa, para vossa mercê ficar inteirado da pouca ou, por melhor dizer, nenhuma culpa que tenho. É isto tão verdade, que, apesar de todas as diligências que neste caso tenho feito para impedir a entrada nestas casas

---

1. *Priora:* Catalina de Cristo, priora de Sória. *Senhora fundadora:* D. Beatriz de Beaumont y Navarra.

da pessoa de quem vossa mercê fala, não o contei a sua ilustríssima senhoria, em razão do parentesco que há entre ambos. Se fosse vivo o Pe. Baltasar Alvarez, que era Provincial da Companhia nessa Província, seria boa testemunha, de como eu lhe tinha suplicado que o impedisse, porque esta senhora o respeitava mais que a ninguém; e ele me tinha prometido fazê-lo[1].

De alguns anos para cá o tenho estorvado, e isto, creia, não por pensar que sua ilustríssima senhoria não o quisesse, senão por temor de nos acontecer como com outra senhora que, deixando filhas, entrou num mosteiro dos nossos, embora não por minha vontade, pois estava eu longe daquela cidade quando entrou. Confio a vossa mercê que têm sido dez anos de inquietação — e tantos desde que entrou — e trabalhos bem grandes, apesar de ser ela muito serva de Deus. Como não se segue a ordem imposta pela caridade, permite Deus, penso, que elas o paguem, e as monjas também. E de tal maneira tenho dito isto em todos os mosteiros, que — sei com certeza — a Priora de Medina sente muito cada vez que pensa na possibilidade dessa entrada. Olhe vossa mercê como, sendo esta a verdade, inventou o demônio meios para falsamente me acusarem do contrário[2].

Nosso Senhor costuma conceder-me a mercê de alegrar-me com os falsos testemunhos — que não têm sido poucos nesta vida —, mas este verdadeiramente me doeu. Ainda que não devesse outra coisa a sua ilustríssima senhoria senão a honra e o favor que me fez quando aí lhe beijei as mãos, seria bastante; quanto mais, devendo-lhe eu outros muitos benefícios, alguns dos quais nem pensa sua ilustríssima senhoria que os sei. Estando eu já ciente de sua vontade neste negócio, não consentiria agora em tal coisa, a menos que estivesse fora de meu juízo. Verdade é que, alguma vez, como esta senhora chora tanto quando procuro dissuadi-la, deva ter-lhe dado boas esperanças para entretê-la, e talvez por isso tenha pensado que eu o quero, embora não me lembre particularmente de o ter feito.

Por certo tenho muito amor a sua mercê, e muito lhe devo; e assim, deixando de lado o que nos toca, se, por meus pecados, suceder o que digo, desejo extremamente que acerte em tudo. Contou-me ontem a Priora desta casa, que é conventual do mosteiro de Medina e intimamente conhece a dita senhora, que esta lhe havia confiado o seguinte: o voto que fizera fora com a condição de entrar quando pudesse; e não entraria se lhe dissessem ser mais serviço a Deus não entrar. Parece-me que ainda tendo sua mercê filhos por educar, e sendo sua nora tão novinha, não o pode fazer já. Se vossa mercê julgar conveniente, diga isto a sua ilustríssima senhoria, para que entenda como é o voto. Alguns letrados que ela consulta a inquietam; e como é tão santa, basta ouvir qualquer coisa para ficar perturbada[3].

Maior pesar me daria a carta de vossa mercê se me tivesse chegado antes de uma da senhora D. Luisa, na qual me assegurava estar já sua ilustríssima senhoria convencido de que estou sem culpa neste caso. Bendito seja Deus que usa comigo de tanta misericórdia, e, sem o saber eu, manifestou a verdade; porque em toda a minha vida nunca me defenderia, tão inocente estava desta culpa. Beijo as mãos a vossa mercê por me ter avisado; considerei-o por muito particular favor e sinto nova obrigação de servir ainda mais e com maior cuidado a vossa mercê por meio de minhas pobres orações, embora até agora não o tenha deixado de fazer.

No que toca à licença para a fundação de Madri, solicitei-a de sua ilustríssima senhoria por parecer-me do serviço de Nosso Senhor, e pela insistência de Descalços e Descalças, que asseguram ser muito conveniente ter ali casa para o interesse de todos. Mas como sua ilustríssima senhoria está em lugar de Deus, se não lhe parecer bem que se faça, nenhum pesar me dará; acreditarei que assim Deus será mais servido. Só não quero que se deixe de lado por recusar eu o trabalho; e posso afirmar a vossa mercê que há muito em qualquer fundação.

---

1. *D. Luisa* de la Cerda. *Pessoa:* alude a D. Elena de Quiroga, sobrinha do cardeal Quiroga.
2. *Outra senhora:* D. Ana Wasteels, cujo nome de religiosa era Ana de San Pedro. *Priora de Medina:* Alberta Bautista.
3. *Muito lhe devo:* D. Elena residia em Medina e foi grande benfeitora do Carmelo daquela cidade (*Fundações*, c. III). *Priora desta casa:* Catalina de Cristo.

O que me daria muito grande desgosto seria pensar que talvez não esteja sua ilustríssima senhoria muito satisfeito pelo que tão falsamente lhe disseram de mim, porquanto amo com ternura a sua senhoria, no Senhor. Embora isto em nada o afete, é consolo para mim que ele o tenha entendido; pois também não é de importância para Nosso Senhor o ser amado, e no entanto só com o amor se contenta. E, na verdade, se o há, logo se mostra nas obras e no esforço para não se apartar de sua vontade. Nestes dois pontos, em nada sou capaz de servir a sua ilustríssima senhoria, a não ser em cumprimento a sua vontade tanto quanto me for dado entendê-la. Disto pode vossa mercê estar seguro; e não me esqueça em seus santos sacrifícios, segundo ficou entre nós combinado.

Como pela madre priora daí saberá vossa mercê por onde ando, não preciso dizê-lo. Aqui estou agora com mais saúde que de costume, glória a Deus. Muito me consolo quando sei que sua ilustríssima senhoria igualmente a tem[4].

Deus a conceda a vossa mercê, com a santidade que Lhe suplico. Amém.

De Sória, deste mosteiro da Trindade, no último dia de junho.

Indigna serva de vossa mercê,

TERESA DE JESUS.

381. AO LICENCIADO D. DIONISIO RUIZ DE LA PEÑA, EM TOLEDO

Sória, 8 de julho de 1581. Havendo consultado Pe. Alderete, insiste em opor-se à entrada da sobrinha do Cardeal nas Descalças. Elogio do Pe. Alderete.

Jhs

A graça do Espírito Santo esteja com vossa mercê. Não há muito respondi à carta de vossa mercê, mas, como para chegar aí, é tanto o rodeio e talvez lhe chegue esta mais depressa, quis escrever-lhe de novo. Suplico a vossa mercê que fale ao ilustríssimo cardeal, porque não me atrevo a escrever a sua ilustríssima tantas vezes, conquanto o fizesse de boa vontade e fosse consolo para mim. Peço dizer-lhe que, depois de ter escrito a sua ilustríssima senhoria, estive com o padre prior da casa de S. Domingos desta cidade, que é frei Diego de Alderete, e tratamos longamente sobre o negócio de minha senhora D. Elena, contando eu a sua paternidade que a havia deixado, quando há pouco ali estive, com mais escrúpulo do que nunca acerca da realização de seu desejo.

Sua paternidade é tão contrária à sua entrada quanto eu; dizendo isto não o posso encarecer mais. Ficou resolvido que à vista das razões que lhe dei sobre os inconvenientes que podem sobrevir e me causam não pouco receio, muito melhor seria ficar em sua casa. Visto que não a queremos receber, fica livre do voto. Com efeito, este foi de entrar para esta Ordem, e não está obrigada a mais do que a pedir a sua admissão. Tive muito consolo, pois não sabia disto.

Está neste lugar, onde é prior há oito anos, com reputação de muito santo e letrado; e realmente assim me pareceu. É grande a penitência que faz. Eu nunca o tinha visto, e fiquei muito consolada de o conhecer. Neste caso, é da seguinte opinião: dado que tanto eu como toda aquela casa estamos tão determinadas a não a receber, devemos declarar-lhe que é de todo impossível, para que sossegue; porque se contemporizarmos como até aqui sempre andará inquieta. E, verdadeiramente, não convém ao serviço de Deus que ela deixe seus filhos; nisto concordou comigo o padre prior. Contou-me entretanto que ela lhe mandara uma informação de tal sorte, com o parecer favorável de um tão grande letrado, que ele não ousara contradizê-lo. Portanto não se preocupe mais sua senhoria ilustríssima com este negócio[1].

Eu já avisei à comunidade que não a recebam, ainda no caso de sua ilustríssima senhoria dar licença, e o mesmo aviso mandarei ao provincial. Vossa mercê dirá de tudo isto o que lhe parecer

---

4. *Madre priora daí:* Ana de los Angeles, priora de Toledo.
1. *Padre prior:* Diego de Alderete, OP.

não fatigar a sua ilustríssima senhoria; e beije-lhe as mãos por mim. Guarde Deus vossa mercê muitos anos, dando-lhe tanto amor seu como eu desejo e Lhe suplico[2].

De Sória, em 8 de julho.

Indigna serva de vossa mercê,

TERESA DE JESUS.

382. A D. JERÓNIMO REINOSO, EM PALÊNCIA

Sória, 13 de julho de 1581. Dificuldades em ir imediatamente a Burgos. Fundações em Ciudad Rodrigo e Orduña. Dúvidas acerca das boas disposições do Arcebispo de Burgos para a fundação de Descalças. Pede ao Pe. Gracián conselho neste negócio. A volta da fundação de Sória. Elogio do Prebendado de Palência. Assuntos da fundação da mesma cidade.

Jhs

A graça do Espírito Santo esteja com vossa mercê. Muito me consolei com a sua carta. Nosso Senhor lha pague. Não me pareceu nada comprida. Muito quisera eu estender-me nesta, mas acumularam-se tantas, em razão de acharmos raramente mensageiros, que, penso, é melhor estar onde há correio ordinário. Enfim, quando Deus quer que se padeça, não adianta fugir.

Pela minha carta a D. Catalina de Tolosa, que pedi à priora Inés de Jesús mostrasse a vossa mercê, verá quais são as razões públicas. Uma direi já a vossa mercê, deixando à madre priora contar as demais; pois manifesta vossa mercê desejo de saber as causas que há para eu partir deste modo, e diz muito bem. Se fosse coisa tão do interesse da Ordem quanto fazer a Província, seria razão para romper por todas as dificuldades, não poucas, as quais não me alongo em referir em razão de não dispor de muito tempo. E se tivéssemos apenas de rodear mais uma fornada ainda podia passar; mas caminhar tantas léguas a aventurar uma fundação, não pode minha cabeça achar motivo para isto, não estando esta Ordem tão decaída, nem necessitada dessa casa[1].

Depois que aqui estou, já me escreveram propondo mais duas, que também não penso fazer: uma em Ciudad Rodrigo, e outra em Orduña. Confiar desde já no apoio do Arcebispo, a meu juízo, não convém; porque, embora sem querer suspeitar, temos visto claramente as razões em contrário. Que se pode esperar de quem, tendo presenciado o grande bem que resultou do alvoroço que houve em Ávila quando se fundou o primeiro mosteiro, diz que se lembra muito de tudo e, pela experiência que tem, está obrigado a tirar a ocasião para não suceder o mesmo? Assim me escreveu o cônego Juan Alonso. E, se teme o que talvez não aconteça, está muito claro que não daria a licença se o demônio suscitasse grande alvoroço; e a mim acusariam de grande leviandade por me ter metido nesses apuros[2].

A um padre da Companhia disse ele também que a cidade não dera consentimento; e, a menos que consigamos ou tenhamos renda, de nenhuma maneira daria autorização. Já me disseram duas pessoas de crédito que ele é muito acanhado. Sendo assim, o resultado seria pô-lo em maior aperto, e, finalmente nada alcançar, como até agora tem acontecido. Para coisa que não é ofensa de Deus, com as instâncias que o Bispo de Palência fez em nosso favor, devia ele arriscar-se a tudo[3].

Eu, meu Padre, estou dando minhas razões, pois, se é preciso procurar o consentimento da cidade, mais vale tratá-lo de longe e com vagar; porque, sendo coisa que não se pode fazer em oito dias nem mesmo num mês, estar uma pobre fundadora em casa de um secular, não pode deixar de causar muito reparo. Melhor será andar depois muitas léguas e voltar para cá do que os incon-

---

2. *Provincial:* Jerónimo Gracián.
1. *Inés de Jesús*, Tapia, à época, priora de Palência.
2. *Arcebispo:* D. Cristóbal Vela, arcebispo de Burgos.
3. *Bispo de Palência:* D. Alvaro de Mendoza.

venientes que podem suceder. Se essa fundação for da vontade de Deus, iremos assim com mais suavidade; e ela se fará, ainda que pese ao demônio, porém não à força de braços.

Como me parece ter feito da minha parte tudo o que pude, com verdade digo a vossa mercê que nem por primeiro movimento fiquei triste, senão antes alegrei-me; não sei a causa. Só tenho pena dessa bendita Catalina de Tolosa, que tem trabalhado tanto, como vi por suas cartas, e sinto vontade de dar-lhe contentamento.

As ordenações do Senhor não as entendemos nós; talvez convenha mais agora que eu vá a outro lugar; porque tanta resistência da parte do arcebispo, que certamente o deseja, segundo creio, deve encerrar algum mistério. Nada de tudo isto contei ao bispo daqui; porque está tão ocupado, que não tem podido visitar-me ultimamente. Causam-me estas delongas tão grande repugnância, que não sinto necessidade de falar; até me espanto de haver quem aprove tal procedimento, sabendo o que se passou com o Bispo de Palência. Prefiro não falar nestas coisas; digo apenas o que é fora de dúvida. Só dou como razão o frio de Burgos e o mal que fará à minha saúde ir para lá no princípio do inverno. Ao Arcebispo alego que não desejo envolvê-lo em alguma questão; esperarei até haver negociado a licença da cidade, e no entanto agradeço-lhe a mercê que me fez. O Senhor ordene o que for mais para seu serviço[4].

Ao mensageiro que trouxe a carta de vossa mercê não confiei a resposta; assim me aconselhou o prebendado, por certos motivos; tivemos de esperar este outro, que é certo e vai a Valladolid. Escreva-me vossa mercê com franqueza seu parecer acerca das razões que lhe dei, e se não há que fazer caso delas. Ainda muitas outras me ficam por dizer. E, pensando bem, parece-me que, se falasse a vossa mercê, concordaria comigo.

Sinto muito o trabalho que tem vossa mercê para nos obter essa esmola; mas, como tudo é andar pedindo para os pobres, penso que não lhe custa. Além do que vossas mercês nos dão, inspirará Deus o mesmo a outras pessoas, e pouco a pouco irá dispondo tudo. O esmolar nas aldeias quisera eu que não se deixasse, embora tivesse sido melhor se antes fosse pregar nelas algum padre da Ordem. Por falta disto, talvez não se possa alcançar tanto este ano.

Pague Nosso Senhor a vossa mercê o aviso sobre a renda desta casa. Antes que Pe. Nicolao se fosse, ficaram feitas as escrituras, e tão bem as fez que, pensando só receber juros a quatorze por cento — e já seria bom negócio —, alcançou vinte por cento: já foi entregue o documento, e o Pe. Nicolao o levou para registrá-lo em nome do mosteiro.

Agradeça vossa mercê a esse santinho do prebendado o que faz por nós, pois gosta muito de que eu o conte a vossa mercê. Acho que ainda não é bem conhecida esta alma, pois tanta humildade não pode existir sem muita riqueza. De melhor vontade me dará vossa mercê licença para terminar esta carta do que eu a daria a vossa mercê.

Uma coisa lhe suplico: com toda a sinceridade faça-me saber o que lhe parece da priora; diga-me como faz o ofício e se é preciso dar-lhe algum aviso e também como se dá vossa mercê com ela. Não se cansa de dizer-me quanto deve a vossa mercê.

Nosso Senhor o guarde e me permita vê-lo outra vez, se assim for servido. Estou boa.

É hoje 13 de julho.

Indigna serva de vossa mercê e filha, ainda que lhe pese,

TERESA DE JESUS.

Ao senhor D. Francisco beijo as mãos, e a quem mais vossa mercê quiser. A S. Miguel recomende-me, por caridade. Pouco vai na demora em mudar a porta da sacristia. De que se feche cedo a igreja, louvo a Nosso Senhor. A grade bem quisera já ver colocada. Espero em Deus que nessa casa de Nossa Senhora se há de servir para o futuro com mais limpeza a seu Filho e a Ela. Se precisarem, virão mais grades, que poderiam ser trazidas de Burgos; e talvez no caso de se

---

4. *Bispo daqui:* Alonso Velázquez, bispo de Burgo de Osma.

fazer a capelinha de Nossa Senhora, haverá ali necessidade de outra menor. Procurarei meios para pagá-las, se aí não houver com quê. Cada dia tenho mais afeição a essa casa; não sei o motivo[5].

383. AO PADRE JERÓNIMO GRACIÁN, EM VALLADOLID

Sória, 14 de julho de 1581. Sobre a entrada de D. Elena de Quiroga e o descontentamento de seu tio, o Cardeal. Razões para deixar no momento a fundação de Burgos e fazer a de Madri. Negócios de algumas casas. A obediência ao Geral do Carmo. De monja descontente "mais tem medo do que de muitos demônios". Recorda o penoso assunto de sua sobrinha Beatriz de Ovalle y Ahumada.

Jhs

O Espírito Santo esteja com vossa reverência, meu Padre. Recebi uma carta sua, datada do dia de S. João, e depois a que veio com a do Pe. Nicolao; quanto à outra muito comprida, de que me fala vossa reverência, cá não chegou. Conquanto as que recebi fossem bem pequenas, não pequeno foi o contentamento que me deram pela notícia de estar vossa reverência com saúde, pois eu estava com cuidado. Dê-lha Nosso Senhor conforme pode.

Escrevi a vossa reverência algumas cartas: uma, na qual lhe pedia não dar licença a D. Elena para ser monja, quisera eu não se houvesse perdido. Dizem-me agora que é muito certo esse mensageiro para Valladolid, onde, penso, estará vossa reverência, segundo me escreveu. Para lá, por ser tão perto de San Alejo, achei bom enviar-lhe essas cartas de Toledo, para que veja como o arcebispo levou a mal esse negócio. Estou convencida: de nenhum modo nos convém tê-lo contra nós, e aliás, mesmo deixando isto de parte, nunca se fala nessa entrada que eu não me sinta contrariada. É que onde estão mãe e filha e muitos outros parentes, conhecendo eu como conheço esta senhora, receio que o resultado sejam muitas inquietações para nós e para ela pouca satisfação; tanto assim que, antes de falar ao arcebispo, roguei ao Pe. Baltasar Alvarez que se opusesse, e ele mo tinha prometido, porque a conhecia bem e pensava como eu. Veja se tem cabimento dizerem que eu a persuadi a entrar! Escrevi ao cardeal que ficasse sossegado, pois eu avisaria a vossa reverência, para que não a recebesse, e ficaria muito desgostosa se agissem de outro modo[1].

Vossa reverência compreenderá o segredo que pede esta carta; em todo caso, rasgue-a vossa reverência, e ninguém pense que por causa do tio não a recebemos, e sim não é conveniente para ela, nem para seus filhos, como é verdade: já temos bastante experiência dessas viúvas.

Antes que me esqueça: tenho medo de que nunca hão de acabar de imprimir estas Constituições; por caridade, não se descuide vossa reverência, olhe que importa muito. Já se poderia ter impresso uma grande história.

Venhamos agora aos negócios de Burgos. Aí lhe envio a resposta, e estou admirada de haver quem seja de opinião que eu vá para lá, sem mais nem menos. Respondi ao bispo que tenho ordem de vossa reverência de não ir a Burgos se for em tal tempo que me seja preciso passar lá o inverno, por causa de minhas enfermidades, como uma vez me escreveu vossa reverência. Não externei minhas dúvidas sobre a licença, para não suscitar inimizades entre ele, o Bispo de Palência e o Arcebispo de Burgos. Por outro lado, escrevi a este dizendo que suspendia o negócio até obter o consentimento da cidade, porque lhe causaria dissabor se ela não mo concedesse, e é de esperar que não faça caso de mim. Não deve ser chegada a hora desta fundação; primeiro ao que me parece, chegou a de Frei Baltasar: assim anda o mundo![2]

---

5. *D. Francisco* Reinoso. *San Miguel:* possivelmente o arcanjo S. Miguel, a quem se dedicou uma igreja em Palência.

1. *San Alejo:* fundação de Descalços de Valladolid. *Mãe e filha:* D. Elena de Quiroga queria ingressar em Medina, onde já era monja Jerónima de la Encarnación, filha sua.

2. *Bispo:* D. Alvaro de Mendoza, bispo de Palência. *Arcebispo:* D. Cristóbal Vela, arcebispo de Burgos. Frei *Baltasar* de Jesús, Nieto, que muito conseguiu na Corte em favor da fundação dos Descalços.

A de Madri é a que agora convém. Creio que, vendo o arcebispo que lhe fazemos a vontade, depressa dará licença; e o bispo daqui vai para lá em setembro e prometeu alcançá-la. Terei acabado tudo por cá no meado de agosto, com o favor de Deus. Quando passar a festa de Nossa Senhora, se a vossa reverência parecer bem, poderei ir a Ávila, onde me parece não têm as monjas falado com clareza ao Pe. Nicolao. Aqui nada mais tenho a fazer. Contudo, a não ser a extrema necessidade, muito consolo terei se não ficar por priora, que já não estou para essas coisas: é fazer mais do que podem as minhas forças, e andar com escrúpulo.

Se o padre frei Gregório Nacianceno continuar lá, como escrevi a vossa reverência, basta a Priora, pois não há outra de quem lançar mão: contudo embora diga: basta, creio que minto, porque para o governo interno é o mesmo que nada. Lá verá vossa reverência o melhor. É tal o cuidado que tenho com aquela casa, que todo trabalho é pouco para remediá-la, e não deixará de aproveitar de algum modo a minha presença, enquanto Deus encaminha a fundação de Madri. Ao mesmo tempo não deixa a minha natureza de sentir o ter de viver naquele lugar, faltando-me os amigos e meu irmão, e o pior é terem ficado os que ficaram.

No que toca à ida a Roma, considero muito necessário — embora nada mais haja a temer — irem alguns prestar obediência ao Geral, destinando para este fim quem não faça aqui tanta falta. Muito grande a faria a vossa reverência o Pe. Nicolao, embora fosse o mais indicado para aplanar tudo. Se ainda surgir alguma dificuldade, penso que, vendo obediência e de tempos a tempos algumas demonstrações de respeito em sinal de sujeição, nada mais haverá. Isto é muito necessário para que entenda o Geral que são súditos, e eles entendam que têm prelado. Não aconteça como já aconteceu, nem seja o gasto tão grande, pois será muito pesado para as casas[3].

Esqueci-me de dizer que me alegrei com o contrato da capela. Está muito bem-feito; glória a Deus, que tanto aproveitou a demora em concluir-se. Com aquela filha da flamenga, receio que havemos de ter trabalho toda a vida, assim como com a mãe; praza a Deus, não seja pior! Creia que de monja descontente tenho mais medo que de muitos demônios juntos. Deus perdoe a quem tornou a recebê-la. Não dê vossa reverência licença para que ela professe até que eu vá aí, se Deus quiser. Ao padre escrevo que me informe se pode fornecer condução para minha ida, pois cá não vejo muito jeito. Ordene Deus tudo como mais for servido[4].

Permita Ele tenha podido vossa reverência fazer alguma coisa nesse negócio de Beatriz, que nestes últimos tempos muito me tem afligido. A ela e à mãe escrevi cartas que bastavam para alguma emenda, dizendo-lhes coisas terríveis; porque, embora estivessem sem culpa, pus-lhes diante dos olhos os perigos que podiam surgir perante Deus e o mundo. Para mim, não deixam de ter alguma; o pai e a mãe ainda mais, porque se deixam governar por ela. É caso perdido, e, penso, se não apartarem de todo a ocasião, há de dar em maior mal, se o pode haver, pois já é bem grande agora quanto à honra, que está perdida. Isto ainda aceito, embora me faça sofrer; mas quisera que não se perdessem as almas, e vejo-os tão sem juízo, pais e filhos, que não acho remédio. Deus o dê, e conceda a vossa reverência graça para o conduzir a bom termo. Nenhum vejo senão metê-la num mosteiro; mas ainda não sei como, pelos poucos recursos de que dispõem. Se ela pudesse ficar em Ávila, seria grande coisa[5].

Suplico a vossa reverência me escreva o que tem havido, e determine se quer que eu daqui vá a Ávila, pois, sendo raros os mensageiros e vossa reverência escrevendo tão pouco, é preciso avisar-me a tempo. Deus o guarde com a santidade que eu Lhe suplico. Amém, amém.

É hoje 14 de julho.

---

3. *Geral:* Juan Bautista Caffardo.
4. *Filha da flamenga:* Ana de los Angeles.
5. *Beatriz* de Ovalle y Ahumada. *Sua mãe:* D. Juana de Ahumada.

O Bispo partiu daqui no dia 10, sem ter reunido o sínodo. A fundadora pede-me que diga muitas coisas de sua parte a vossa reverência; dê o recado por recebido, assim como os de todas as irmãs. Quanto a mim, estou cansada mas com saúde[6].

Indigna serva e súdita de vossa reverência.

Quão de boa vontade o digo!

TERESA DE JESUS.

384. A D. JUANA DE AHUMADA, EM ALBA DE TORMES

Segóvia, 26 de agosto de 1581. Anuncia-lhe sua próxima chegada a Ávila, onde espera D. Juana e sua filha D. Beatriz.

Jhs

A graça do Espírito Santo esteja com vossa mercê. Cheguei aqui a Segóvia na véspera de S. Bartolomeu, boa de saúde, glória a Deus, embora muito cansada do mau caminho. Estarei aqui seis ou sete dias, descansando, e logo partirei para Ávila, se o Senhor for servido.

Não seria muito se me fizesse o senhor Juan de Ovalle o favor de dar licença a vossa mercê e a sua filha para me irem ver, conquanto haja por aí alguma dificuldade e seja preciso ficar sua mercê guardando a casa. Poderia depois dar-me o prazer de sua visita, ao menos porque venho de tão longe. Vossa mercê insista com ele e peça-lhe que tenha esta por sua, porque... não lhe escrevo, mas quisera muito que me dera este gosto. Ele e Pedro de Ahumada podem pousar aqui, e os animais para a ida e vinda ficam por minha conta. Terei talvez de ir novamente para longe, e não quisera partir sem vê-los.

Porque tenho confiança de que não o deixarão de fazer, digo apenas que os estou esperando para antes da festa de Nossa Senhora.

Ao senhor D. Gonzalo e à senhora D. Beatriz muitas lembranças.

Deus os guarde, e a vossas mercês faça tão santos quanto Lhe suplico. Amém.

É hoje 26 de agosto.

Indigna serva de vossa mercê,

TERESA DE JESUS.

Porque espero em Deus que brevemente nos veremos, nada mais digo. Muitas recomendações à senhora D. Mayor, e a quem mais as quiser dar[1].

385. A MADRE MARÍA DE S. JOSÉ, PRIORA DE SEVILHA

Villacastín, 5 de setembro de 1581. Em boas condições ficou a fundação de Sória. Em Villacastín é visitada pelo Pe. Acácio García. Ida do Padre Doria a Roma. Os ducados para a capela de D. Lorenzo de Cepeda.

Jesus esteja com vossa reverência, minha filha. Cheguei à noite, quatro de setembro, a este lugar de Villacastín, bem cansada de andar, pois venho da fundação de Sória, distante mais de quarenta léguas de Ávila, para onde agora vou. Não poucos trabalhos e perigos tivemos de passar. Contudo cheguei bem, glória a Deus, e deixei em boas condições aquele mosteiro. Praza ao Senhor servir-se de tanto padecer, e se assim for é bem empregado.

Veio aqui visitar-me, na pousada onde estou, Pe. Acácio García, bem conhecido da Irmã S. Francisco, quando já estava tudo pronto para a partida, e disse-me que tinha um mensageiro certo. Para que minhas filhas saibam de mim, escrevo estas linhas[1].

---

6. *A fundadora:* D. Beatriz de Beamonte y Navarra.
1. *D. Mayor* de Ovalle, irmã de Juan de Ovalle, monja beneditina em Alba de Tormes.
1. *S. Francisco:* Isabel de San Francisco. *Epidemia* de tifo.

Estou muito contente por saber que passou a epidemia e todas escaparam; para alguma coisa as reserva o Senhor. Nosso padre está bem, e em Salamanca. Pe. Nicolao espera-me em Ávila; vai a Roma — o que sinto muito — para mais assegurar os negócios, pois assim o quis o rei. Esteve mal, com muita febre, mas já ficou bom. Recomendem-no muito a Deus, que tudo lhe devem.

Minha filha, os duzentos ducados não chegaram a meu poder. Ouvi dizer que estão com o senhor Horacio de Oria. Se assim é, acham-se em boas mãos. Já avisei a sua mercê que mos remeta por Medina. Quisera começar quanto antes a capela de meu irmão, que esteja na glória, porque me dizem ser obrigação de consciência. Dê vossa reverência ordem para que me sejam pagos, porque se não os receber, não os posso levar em conta[2].

Nosso Senhor me guarde vossa reverência e a todas e as faça tão santas quanto Lhe suplico, amém, amém, e me permita revê-las.

De vossa reverência serva,

TERESA DE JESUS.

386. A D. JERÓNIMO REINOSO, EM PALÊNCIA

Ávila, 9 de setembro de 1581. Sente-se só. Cansaço das viagens. Lembranças. Alegra-se com a entrada de uma noviça.

Jhs

A graça do Espírito Santo esteja com vossa mercê. Já estou em Ávila, meu padre, onde de boa vontade voltaria a ser filha espiritual de vossa mercê se estivesse aqui, porque nesta cidade me sinto muito só, sem ter com quem consolar-me nas necessidades da alma. Deus venha em meu auxílio! Posso afirmar-lhe: quanto mais vivo, menos acho em que ter consolo neste mundo.

Cheguei aqui não muito bem, com uma febrezinha que apanhei por qualquer motivo. Já estou boa, e o corpo parece aliviado por não ter de viajar tão cedo; pois asseguro a vossa mercê que essas caminhadas são bastante penosas. O mesmo não posso dizer de quando fui daí para Sória; pelo contrário serviu-me de recreação, por ser plano o caminho e muitas vezes ao longo dos rios, o que me servia de muito deleite. Nosso bom prebendado terá dito a vossa mercê o que passamos em nossa vinda para cá[1].

É muito estranho: quem quer me favorecer nunca escapa de muito trabalho; mas a todos infunde Deus tanta caridade que se alegram com isto, como aconteceu com vossa mercê. Olhe que não deixe de escrever-me algumas linhas quando houver por quem, ainda que se canse; pois, asseguro-lhe, bem pouco acho em que ter alívio, e trabalhos não faltam.

Alegrei-me com a entrada de Dionisia. Suplico a vossa mercê que o diga a seu parente o correio-mor, dando-lhe um recado de minha parte; e a mim não se esqueça de encomendar a Deus[2].

Como cheguei há pouco, não faltam visitas, e assim é escasso meu tempo para aliviar-me em escrever a vossa mercê.

Ao senhor D. Francisco beijo as mãos.

A vossa mercê guarde Nosso Senhor com o aumento de santidade que Lhe suplico. Amém.

É hoje 9 de setembro.

Indigna serva de vossa mercê e filha,

TERESA DE JESUS.

---

2. *Horacio de Oria:* D. Horacio Doria, irmão de Pe. Nicolás Doria.
1. *Prebendado:* Pedro de Ribera.
2. *Dionisia* de la Madre de Dios. *Correio-mor:* D. Diego de Reinoso, correio-mor de Palência.

387. AO LICENCIADO D. DIONISIO RUIZ DE LA PEÑA, EM TOLEDO

Ávila, 13 de setembro de 1581. Suplica-lhe que seja despachada quanto antes a licença do Cardeal Quiroga para a fundação de Descalças em Madri. Se não entrar para as carmelitas, D. Elena irá para as franciscanas, o que a Santa lamenta.

Jhs

A graça do Espírito Santo esteja com vossa mercê; e pague-lhe Sua Majestade a honra e o consolo que me deu vossa mercê com sua carta. Recebi-a quando estava em Sória. Agora vim para Ávila, a mandado do padre provincial, e aqui ficarei até que seja Nosso Senhor servido de que o ilustríssimo cardeal nos mande dar licença para a fundação de Madri. Parece-me por demais longo esperar a ida de sua ilustríssima senhoria à corte; porque, havendo de presidir em Toledo à reunião dos bispos, penso que aí passará a Quaresma. Espero que sua ilustríssima me faça a mercê de conceder antes a licença, ao menos para que eu não esteja durante o inverno em lugar tão frio quanto este, pois costuma fazer-me muito mal. Suplico a vossa mercê não deixe de lembrar-me de vez em quando a sua ilustríssima senhoria. Na carta que me escreveu sua ilustríssima senhoria, estando eu em Sória, não falou em tão longo prazo.

Vou escrever-lhe agora sobre esses negócios da senhora D. Elena, que me têm afligido muito, e incluirei uma carta que ela me escreveu dizendo que, se não a recebermos nesta Ordem, pretende entrar para as franciscanas. Da minha parte, teria pesar, porque aí nunca estará consolada, tanto quanto entendo de seu espírito, que é mais conforme à nossa Ordem. Além de tudo, tem aqui uma filha e está perto dos outros filhos.

Rogo a vossa mercê o recomende a Nosso Senhor e faça o possível para me obter resposta de sua ilustríssima; porque D. Elena está muito aflita, e, como a amo tanto, sinto-o não pouco e não sei que remédio dar.

Isto seja só para vossa mercê, cuja ilustre pessoa guarde Nosso Senhor com o aumento de santidade que Lhe suplico.

De S. José, em 13 de setembro.

Indigna serva de vossa mercê,

TERESA DE JESUS.

388. AO PE. JERÓNIMO GRACIÁN, EM SALAMANCA

Ávila, 17 de setembro de 1581. Saída de Casilda de Padilla das Descalças de Valladolid. "O Senhor me livre desses senhores que tudo podem." Não convém que volte à Ordem. Não se devem fazer mudanças nas relações com os da Companhia. Sente que Pe. Gracián vá para tão longe.

Jesus esteja com vossa reverência, meu padre. Por via de Toledo mandei-lhe uma carta, e eis que me trouxeram hoje a de vossa reverência, datada de Valladolid, a qual no primeiro momento me causou sobressalto, devido à novidade; mas considerei logo que os juízos de Deus são grandes, e ama a esta Ordem; portanto há de tirar disto algum bem, ou evitar algum mal que não supomos. Por amor de Nosso Senhor, vossa reverência não fique triste.

Da pobre menina tenho muita pena: é a mais prejudicada. Até parece brincadeira o dizerem que estava descontente, andando ela com a alegria com que sempre andou. Não deve querer Sua Majestade que nos honremos com senhores da terra, senão com os pobrezinhos, tais como os apóstolos, e, se assim é, não há que fazer caso disto. Como tiraram também de Santa Catarina de Sena, para levá-la consigo, a outra filha, serviu isto para nada perdermos enquanto à opinião do mundo; pois para com Deus, repito, talvez o melhor seja que só n'Ele ponhamos os olhos. Vá-se com Deus[1].

---

1. *Pobre menina:* Casilda de Padilla. A família de Casilda de Padilla retirou-a do Carmelo de Valladolid, e também a sua irmã D. María de Acuña Manrique, do mosteiro de Santa Catarina de Sena, pertencente à Ordem de S. Domingos. Dona Casilda passou às Franciscanas Calçadas, onde foi Abadessa. Conta-se que chorava ao ouvir o sino das Carmelitas.

Ele me livre desses senhores que tudo podem e têm caprichos estranhos. Mesmo que essa pobrezinha não tenha entendido o que fez, uma coisa é certa: recebê-la de novo na Ordem, creio, não nos ficará bem. O único mal a temer é o prejuízo que semelhantes coisas podem causar nesses princípios de fundação. Se ela estivesse descontente, como a outra de cá, não me espantaria; mas tenho por impossível dissimular tanto tempo, se não estivesse satisfeita.

O enredo deve ter surgido desde que a subpriora, vinda de Palência, começou a ficar tentada com a priora. Um padre da Companhia, muito próximo de D. María de Acuña, confessava a ambas; e soube eu que aconselhava as monjas a darem o voto à priora e não à subpriora por não lhe ser afeiçoada D. María de Acuña. Além disso, como esta senhora quer para um colégio a legítima à qual não renunciou Casilda, talvez se tenham juntado todos estes motivos. Entretanto se vissem o contentamento da filha, creio que não agiriam desse modo. Deus nos livre de tanto embuste![2]

Contudo parece-me não convir alterarmos nossas relações com os da Companhia. Por muitas causas não nos ficaria bem, e uma é que na maior parte as noviças que vêm para cá são orientadas por eles, e se pensassem que não os teriam mais, não viriam. Grande coisa seria, entretanto, se tivéssemos nossos padres, porque assim nós iríamos pouco a pouco desapegando dos outros. Deus dê luz a vossa paternidade. Como já vai partir este mensageiro, não digo mais.

Aqui ficou seu crucifixo, e não sei como enviar-lho de modo que não se quebre. Peça outro às monjas de Toledo, e de cá lhes enviaremos este. Faz pena o que aquela pobre Priora está passando, assim como também a nossa María de S. José. Escreva-lhe vossa reverência. Asseguro-lhe que sinto muito vê-lo agora ir para tão longe; não sei o que me deu. Deus o traga com saúde. Ao Pe. Nicolao dê minhas recomendações[3].

Todas as Irmãs de cá as enviam a vossa reverência e a ele.

É hoje 17 de setembro.

De vossa reverência súdita e filha,

TERESA DE JESUS.

D. María de Acuña escreveu à priora dizendo que não pôde agir de outro modo e pedindo muitos perdões, assim como também a conta do que deve de alimentos. Pretende ficar com a legítima da filha, e provavelmente por isso alegam os parentes que a profissão foi feita antes do tempo. Não sei como podem dizer isso, tendo sido autorizada por breve papal. Casilda me causa pena, pois o amor que tinha à Ordem era muito grande. Não sei que demônio a enganou. Deus esteja com ela[4].

389. A D. SANCHO DÁVILA, EM ALBA DE TORMES

Ávila, 9 de outubro de 1581. Dá-lhe conselhos de perfeição. Distrações no Ofício Divino. Remédio para dor de dentes. Deseja notícias da família de D. Sancho. Pede-lhe conselho no assunto de D. Beatriz de Ovalle y Ahumada.

Jhs

A graça do Espírito Santo esteja sempre com vossa mercê. Ainda que tenha sido para mim grande favor e contentamento ver a letra de vossa mercê, contudo, como o estava esperando por

---

2. *Subpriora:* Dorotea de la Cruz. *Priora:* María Bautista.
3. *María de S. José*, Dantisco y Gracián.
4. Assim termina a aventura de Casilda de Padilla entre as Descalças. A Santa dedica dois capítulos de *Fundações* (10 e 11) a narrar essa novelesca vocação. Por ingerência de sua mãe, de familiares e de alguns jesuítas que queriam sua herança para outros fins, ela conseguiu breve de Roma para passar a um mosteiro de franciscanas. A Santa sempre desculpou Casilda, que lhe conservou grande carinho e o manifestou ao testemunhar no processo de beatificação e de canonização de Teresa.

estes dias e vejo que por enquanto não posso ter este contentamento, ficou aguada a alegria que me deu vossa mercê com a sua carta. Louvei Nosso Senhor e tenho por grande graça o que vossa mercê considera falta, porque nenhum proveito para a alma nem para a saúde lhe podia resultar daquele extremo de dor; e assim, deve agradecer a Sua Majestade, pois, tirando-lho, não lhe tira o servir a Nosso Senhor, e é o único necessário. Diz-me vossa mercê que não experimenta em si total determinação de não O ofender. Como, porém, em se oferecendo ocasião de servi-lo ou de se apartar dos perigos de desagradar-lhe vossa mercê se acha forte, é este o verdadeiro sinal, a meu parecer, de que também é forte o seu desejo. E o gostar vossa mercê de chegar-se cada dia ao Santíssimo Sacramento e pesar-lhe quando assim não faz, é prova de amizade com o Senhor, mais estreita do que essa de que fala vossa mercê, comum a todos. Procure sempre vossa mercê entender as graças que recebe da mão de Deus, para ir crescendo no seu amor; e deixe-se de andar catando miudezas e misérias, que estas logo vemos, e bastantes, especialmente eu.

Acerca das distrações na reza do Ofício Divino, embora da minha parte haja talvez muita culpa, prefiro atribuí-lo à fraqueza de cabeça e assim também pense vossa mercê, pois bem sabe o Senhor: uma vez que rezamos, quereríamos rezar muito bem. Confessei-me hoje desta falta ao padre mestre Frei Domingo, e ele me aconselhou a não fazer caso; o mesmo suplico a vossa mercê, pois o tenho por mal incurável.

Das dores de dentes de vossa mercê muito me compadeço, porque tenho não pouca experiência de como faz sofrer. Se tem vossa mercê algum estragado, costuma parecer que todos o estão; quero dizer, todos doem. Para mim, o melhor remédio seria arrancá-lo; mas se for nevralgia não passará. Deus o livre dela, como Lhe suplicarei.

Muito bem fez vossa mercê de escrever vida tão santa; bom testemunho daria eu de como tudo é verdade Beijo a vossa mercê as mãos pela graça que me fez permitindo-me tomar conhecimento dela[1].

Ando melhor de saúde; em comparação do ano passado, posso dizer que estou boa, embora raras vezes sem algum padecimento; mas, como vejo que, pois se há de viver, é melhor assim, de boa vontade o levo.

Quisera saber se está aí o Marquês, e também como estão minha senhora D. Juana de Toledo, sua filha, e a senhora Marquesa. Rogo a vossa mercê dizer-lhes que, embora tenha andado por longe, não me esqueço em minhas pobres orações de encomendar suas senhorias a Nosso Senhor; a vossa mercê não é muito que o faça, pois é meu pai e senhor[2].

Beijo as mãos de vossa mercê, por me ter prometido fazer qualquer coisa que lhe peça, e quero aproveitar-me de seu oferecimento. Estou tão confiada de que vossa mercê me atenderá se julgar conveniente, que, em reserva, só para vossa mercê, quero confessar-lhe uma grande pena que trago comigo há quase um ano; talvez possa vossa mercê dar algum remédio. Penso que vossa mercê saberá — pois, por meus pecados, dizem ser coisa pública — a grande animosidade da mulher de D. Gonzalo, a quem disseram, ou ela imaginou, que seu marido tem um afeto culpado a D. Beatriz, filha de minha irmã; e isto diz e afirma tão publicamente que o povo na maior parte lhe deve dar crédito. Quanto à honra da moça, já deve estar tão perdida que disto não faço tanto caso, como das muitas ofensas que se cometem contra Deus. Sinto extremo pesar de que gente minha dê ocasião a tais coisas, e tenho procurado que os pais a afastem daí, porque, segundo alguns letrados me disseram, estão obrigados a fazê-lo; e mesmo se não o estivessem, parece-me prudência fugir, como de uma fera, da língua dessa mulher apaixonada. Outros aconselham aos pais que seria dar aparência de verdade ao que é mentira, e portanto não devem fazer mudança. Contaram-me que estão desavindos marido e mulher, e por meio de uma irmã desta já se trata disto aqui em Ávila. Dizem e inventam muitas mentiras; até em Salamanca já se sabe; o mal vai crescendo, e não tra-

---

1. D. Sancho escrevera a biografia de sua mãe, D. Juana Enríquez de Toledo, marquesa de Velada.
2. *Marquês:* D. Gómez Dávila y Toledo, segundo marquês de Velada. *Marquesa:* D. Ana de Toledo y Monroy.

tam de remediá-lo, nem de uma parte nem de outra. Os pais não fazem caso do que lhes digo, por mais que fale, e respondem que estou enganada[3].

Suplico a vossa mercê sugerir-me que meio poderia eu empregar a fim de pôr termos às ofensas de Deus; pois, repito, a honra já dificilmente se pode remediar perante a opinião do povo. Tinha pensado uma coisa, mas é difícil de realizar. Se vossa mercê tem alguma comunicação com esse tal D. Gonzalo, poderia conseguir dele que, pois é senhor de uma boa propriedade em outro lugar fora daí e vê o prejuízo que resulta a essa moça por sua causa, se ausentasse ao menos por um ano ou seis meses, até que sua mulher caísse em si. Durante esse tempo Nosso Senhor providenciaria talvez para que, à sua volta, não encontrasse mais Beatriz. A não ser assim, receio que, segundo vão as coisas, resulte um grande mal, e já bem grande é o que agora há.

Suplico a vossa mercê que veja se nisto me pode valer, livrando-me deste trabalho. Faça-o Nosso Senhor como pode, e a vossa mercê dê a santidade que Lhe suplico. Amém.

É hoje 9 de outubro.

Indigna serva de vossa mercê e filha,

TERESA DE JESUS.

Suplico a vossa mercê que ao senhor D. Fadrique e à minha senhora D. María mande dar um recado de minha parte, pois não tenho cabeça para escrever a Suas Senhorias; e perdoe-me vossa mercê, por amor de Deus[4].

390. AO PADRE JERÓNIMO GRACIÁN, EM SALAMANCA

Ávila, 26 de outubro de 1581. Queixa-se por ignorar o paradeiro do Pe. Gracián. Dificuldades para a profissão da Irmã Ana de los Angeles. Se não é própria para nós, não a tomaremos só por sua riqueza. O Doutor Castro y Nero. Ingratidões de algumas monjas. Ordem na visita às enfermas, para não se faltar ao silêncio e à boa ordem da comunidade.

Jhs

A graça do Espírito Santo esteja com vossa reverência. Para não falar das saudades que sinto por não ter há tanto tempo notícias de vossa reverência, é duro nem saber onde está. Para alguma decisão a tomar seria penoso; mas, ainda sem falar nisso, é grande provação para mim. Praza a Deus esteja passando bem. Eu estou, e pareço uma grande Priora, como se nada mais tivesse a fazer! Já estão prontos os caderninhos, e têm agradado a todas.

Saiba que avisei à filha de Ana de S. Pedro que não se considerasse como tacitamente professa, pois a mãe era quem mais me dizia que a filha não é própria para nós. Ela, vendo-me resolvida a só deixá-la professar segundo a Regra Mitigada, embora pudesse depois ficar aqui — pois tínhamos decidido, sua mãe e eu, que daria um dote a nós e outro à Encarnação —, sentiu-o muitíssimo. Pediu que a provem quantos anos quiserem; e compromete-se a aceitar os confessores ordinários; e se determinarem levá-la mais tarde para fora daqui, também ficará contente. Em suma, deu uma reviravolta que a todas nos traz espantadas, embora haja poucos dias, pois não mais de quinze[1].

Desapareceram-lhe quase todos os trabalhos da alma, e anda alegríssima, que se vê bem como está satisfeita e com saúde. Se perseverar assim, em consciência não se lhe poderá negar a profissão. Tomei informações e consultei seus confessores; disseram-me eles que essas inquietações não lhe são naturais; apareceram não há mais de ano e meio, depois de sua entrada. Tinham-me dado a entender que fora sempre assim, e eu nunca havia tratado, nem convivido com ela aqui. Parece usar agora de mais franqueza. Por caridade, encomende-a vossa reverência a Deus. Algumas vezes tenho pensado se é o demônio que a pôs esperta, livrando-a de tudo aquilo para

---

3. *D. Gonzalo González*, filho de Pedro González e Calina Jiménez. *Beatriz* de Ovalle.
4. *D. Fadrique* de Toledo, filho do terceiro duque de Seba. *D. María* de Toledo y Colonna.
1. *Filha de Ana de S. Pedro:* Ana de los Angeles, Dávila.

enganar-nos e se depois nos havemos de ver atormentadas com ela e com a mãe, conquanto esta agora esteja parecendo bem satisfeita. O plano de a filha professar na Encarnação contentava a mãe, e até a ambas. Ela pretendia desfazer a escritura e aumentar a parte que nos deu, e rogou-me que a deixasse falar ao Doutor Castro, sem me dizer para que fim. Foi ele quem mo contou, e viu a escritura e verificou estar muito firme. Ela lhe pediu parecer, mas ele não o quis dar, alegando ser tão amigo dos teatinos quanto desta casa, e a tratar-se do interesse de ambas as partes; pedisse portanto conselho a outro. Minha resposta foi que não convinha mexer nisso, porque nem pela sua fortuna a admitiríamos se não fosse própria para nós, nem a despediríamos, sendo ela boa. Na verdade medi minhas palavras[2].

Diga-me vossa reverência que tal é esse homem, e até que ponto se pode fiar dele; pois me contenta muito ver seu entendimento e graça e pureza de linguagem. Não sei se é em parte por ser tão amigo de vossa reverência. Tem vindo aqui algumas vezes. Num dia da oitava de Todos os Santos vai pregar para nós. Não quer confessar a ninguém; mas, a meu parecer, gostaria de confessar-me a mim, e, ao que suspeito, sendo tão inimigo de confessionário, é por curiosidade. Diz que é inimicíssimo de revelações; não crê nem nas de Santa Brígida. Isto não o disse a mim, mas a María de Cristo. Se fora em outros tempos, logo procuraria tratar com ele da minha alma, pois me afeiçoava aos que sabia terem tal opinião, parecendo-me que, em caso de engano, me haviam de abrir os olhos melhor que outros. Como já estou sem esses temores, não lhe apeteço tanto; um pouquinho sim, e, se me faltasse confessor e vossa reverência o houvesse por bem, eu assim faria; embora já com nenhum trate muito, por estar sossegada, a não ser com os confessores antigos.

Remeto-lhe esta carta de Villanueva, porque me fez pena e lástima ver quanto trabalho aquela priora tem com a subpriora. Quase do mesmo modo estava Malagón. É uma inquietação terrível a desses humores para o sossego de todas, e por isso receio tanto dar profissão a quem os tem. Muito desejo que vá vossa reverência àquela casa; e, se a de Granada se fizer, não seria mau levá-la, com uma ou duas irmãs de véu branco, pois com Ana de Jesus ficariam melhor, por ser cidade grande e haver frades que as confessem. Apesar de tudo, penso que irá adiante aquela casa; há nela boas almas, e, ainda no caso de se tomar as duas parentas do cura, como ele tanto o deseja, se levarem o dote conveniente, ficariam em boas condições[3].

Nicolao tem grande vontade de que vossa reverência vá a Sevilha, por causa do que lhe diz seu irmão, mas deve ser coisa sem fundamento. Já lhe escrevi contando-lhe como tudo vai bem, segundo carta que recebi da priora de lá. Acrescentei que não era possível vossa reverência deixar Salamanca.

Aqui determinei que, havendo alguma enferma, não a visitem as irmãs em conjunto: entrando uma, retire-se a outra, a não ser enfermidade que necessite de ambas; porque, desse juntarem-se muitas, resultam numerosos inconvenientes, tanto em relação ao silêncio como em alterar a boa ordem da comunidade, por sermos poucas; e alguma vez pode haver murmuração. Se lhe parecer bem, estabeleça o mesmo aí, e se não, avise-me.

Ó meu padre! quão desabrido anda Julián. Não há jeito de impedir — a não ser por rogo — que Mariana lhe fale cada vez que lhe apraz. Tudo é santo, mas Deus me livre de confessores de muitos anos! Será uma felicidade se conseguirmos desarraigar isto. E que seria se não fossem almas tão boas? Passei com uma aqui certas coisas que me desgostaram muito, e esta foi a razão de ter dito isto, que não pretendia contar, pois já terminara a carta. O remédio será, no caso de se fazer a fundação de Madri, tirar de cá as duas, pois, embora tudo seja santo, não o posso tolerar. Deus faça a vossa reverência tal como Lhe suplico, amém, e no-lo guarde[4].

---

2. *Castro:* D. Pedro Castro y Nero.
3. *Priora:* María de los Mártires, priora de Villanueva de Jara. *Subpriora:* Elvira de San Angelo. *Ana de Jesús,* Lobera.
4. *Julián* de Ávila. *Mariana* de Jesús, Juárez de Lara. *As duas:* Mariana de Jesús e Ana de los Angeles, Dávila.

É hoje véspera de S. Vicente; amanhã, vigília dos dois Apóstolos.

Indigna serva e súdita de vossa reverência,

TERESA DE JESUS.

Creio que o portador desta carta vai pedir-me amanhã, segundo me escreve a Priora de Toledo, que interceda junto a vossa reverência para lhe dar o hábito. Desde já assim o faço. Mande vossa reverência, onde estiver, rezar por María Magdalena, que a levou Deus, como aí verá, e participe a morte aos mosteiros[5].

391. A D. GASPAR DE QUIROGA, ARCEBISPO DE TOLEDO

Ávila, 30 de outubro de 1581. Toma o hábito nas Descalças de Medina D. Elena de Quiroga. Oferece ao senhor cardeal as orações das monjas e as suas próprias.

Jhs

A graça do Espírito Santo esteja sempre com vossa ilustríssima senhoria. Duas cartas de vossa ilustríssima senhoria recebi, que foram de grande consolo e favor para mim. Beijo-lhe as mãos muitas vezes. Já obedeci ao que vossa ilustríssima senhoria nelas ordenava, de dar o hábito à nossa caríssima irmã Elena de Jesús. Como vossa ilustríssima senhoria verá por esta carta sua que aqui vai, espero em Nosso Senhor há de ser para muita glória de Deus e bem desta sagrada Ordem de sua gloriosa Mãe, onde servirá mais a vossa ilustríssima senhoria com suas orações, pois, quanto mais crescer em santidade, mais aceitas serão elas diante de Deus.

Muitas graças dou a Sua Majestade por saber que está com saúde vossa ilustríssima senhoria. Praza a Ele que assim continue por muitos anos, como todas estas súditas de vossa ilustríssima senhoria Lhe pedimos. Tenho confiança de que, em atenção a elas, nos há de fazer o Senhor esta mercê, pois entendo que são almas boas. Em mim confio pouco, por ser tão ruim, mas trago bem presente a vossa ilustríssima senhoria, especialmente cada dia quando me vejo em sua divina presença.

Nosso padre provincial foi dar o hábito e escreveu-me dizendo o grande contentamento que tinha sido para ele.

De Ávila, desta casa de S. José, em 30 de outubro.

Indigna serva e súdita de vossa ilustríssima senhoria,

TERESA DE JESUS.

392. A D. MARÍA ENRÍQUEZ, DUQUESA DE ALBA

Ávila, novembro de 1581. Agradece a cópia do *Livro da Vida*. Próxima viagem da Duquesa. Interesse por sua saúde e pela de seus filhos. Deseja D. María ser acompanhada em sua viagem pelo Padre Gracián.

Jhs

A graça do Espírito Santo esteja com vossa excelência. Tão grande foi a mercê que vossa excelência me fez com o livro, que não saberei encarecê-la. Beijo muitas vezes a mão de vossa excelência e cumprirei minha palavra, como vossa excelência manda. Contudo, se vossa excelência fosse servida — pois não sei como irá seguro para tão longe — guardaria-o aqui até a volta de vossa excelência a Alba. Se vossa excelência ordenar o contrário, mande vossa excelência dizer à priora que não há por bem atender ao meu pedido, ou por melhor dizer, à minha súplica a vossa excelência, e que ela assim mo notifique. Se ela nada disser, entenderei que vossa excelência quer fazer-me esta mercê[1].

---

5. *Priora de Toledo*: Ana de los Angeles. *María Magdalena*, Tejada.

1. *Priora*: Juana del Espíritu Santo, priora de Alba de Tormes. Confiara a Duquesa à Santa uma cópia que mandara tirar do *Livro da Vida*, ainda detido pela Inquisição, exigindo, porém, que lhe fosse devolvida. Tinha servido de leitura ao duque de Alba em sua prisão de Ubeda.

Praza a Nosso Senhor trazer vossa excelência com tanta saúde quanto eu e todas estas súditas de vossa excelência Lhe suplicaremos. Bem grande sacrifício tenho a oferecer a Sua Majestade, pois Ele sabe quanto sinto ao ver afastar-se vossa excelência sem ter eu a dita de beijar-lhe as mãos. Seja para sempre bendito Aquele que tão pouco contentamento quer que eu tenha na terra. Cumpra-se em tudo sua vontade, que, bem vejo, não mereço mais.

Por muito que eu tenha sentido os trabalhos sobrevindos aí, em parte preferiria achar-me presente a não poder beijar a vossa excelência as… ou saber que tem alguma falta de saúde.

Deus a conceda a sua excelência o duque, como dia a dia Lhe suplico; e a vossa excelência me guarde por muitos anos, mais do que a mim, pelo menos. O resfriado de vossa excelência não me deixou gozar plenamente da mercê que me fez vossa excelência com sua carta. Suplico-lhe não me torne a fazê-la com tanto sacrifício de sua parte; para mim já era demais se mandasse vossa excelência a seu secretário escrever-me alguma palavra. Suplico-lhe: faça-me esta graça de vez em quando, para que eu saiba de sua saúde, e da do senhor D. Fadrique.

Praza a Nosso Senhor concedê-la a sua senhoria e à senhora duquesa; pois, embora suas senhorias se tenham esquecido de mim, não deixo de fazer com minhas pobres orações aquilo a que sou obrigada, particularmente por aquele a quem sei quanto vossa excelência quer bem.

Escreve-me o padre provincial dando boas esperanças do sucesso dos negócios daí, o que me foi motivo de muita consolação. Contou-me também a mercê que vossa excelência lhe faz desejando que ele a acompanhe na viagem. Não seria sem razão se eu lhe tivesse inveja. Sua reverência deseja muito esta honra, segundo me escreve; mas quisera eu suplicar a vossa excelência, pelo amor de Nosso Senhor, que por enquanto não lho mande, porque está imprimindo as Constituições, e fazem grandíssima falta aos mosteiros…[2]

Esteja o Senhor com vossa excelência.

Indigna serva de vossa excelência e súdita,

TERESA DE JESUS.

393. A MADRE MARÍA DE S. JOSÉ, PRIORA DE SEVILHA

Ávila, 8 de novembro de 1581. Pobreza de S. José de Ávila. Enfermidades e remédios. Pílulas muito eficazes. Fervor de Teresita de Cepeda. Alegra-se com a chegada de Frei García de Toledo, vindo das Índias. Sobre a pouca franqueza da Priora e do Padre Doria no entregarem à Santa os ducados que as monjas de Sevilha deviam a D. Lorenzo. Contrariedade no trato com os parentes. Vários pontos de observância regular. Manda à Priora que leia ao Pe. Rodrigo Álvarez as Sétimas Moradas. A casa a que desejavam passar as religiosas.

Jhs

Esteja com vossa reverência o Espírito Santo, filha minha. Muito me consolei com sua carta, e não é novidade, pois canso-me com outras cartas e descanso com as suas. Asseguro-lhe: se me quer bem, pago-lhe na mesma moeda, e gosto de ouvi-lo de sua boca. Quão certo, e próprio de nossa natureza, o querermos ser retribuídas! Isto não deve ser mau, pois também o quer ser Nosso Senhor, embora seja fora de toda comparação o que lhe devemos e o muito que merece Sua Majestade ser querido. Contudo é bom parecer-se com Ele, seja no que for.

De Sória escrevi-lhe uma carta bem longa; não sei se Pe. Nicolao lha remeteu. Sempre tive receio de que não lhe tenha chegado às mãos. Muitas orações fizeram-se aqui por intenção dessa comunidade. Não me admiro de que sejam boas e estejam sossegadas, senão de como ainda não estão santas; porque, pelas muitas necessidades que passaram sempre foram acompanhadas daqui

---

2. Provincial: Pe. Jerónimo Gracián. *Constituições:* as elaboradas para o Capítulo de Alcalá, editadas em 1581 pelo Pe. Gracián, em Salamanca.

por muitas orações. Paguem-nos, agora que estão sem dificuldades, porque para as bandas de cá há muitas, especialmente nesta casa de S. José de Ávila, onde acabam de me fazer priora, de pura fome. Imagine: com meus anos e ocupações, como é possível aguentar!

Saiba que nos legou aqui um cavaleiro certa fazenda, que não dá nem para a quarta parte das necessidades e só será cobrada no próximo ano; logo suprimiram quase todas as esmolas que davam na cidade, ficando as irmãs carregadas de dívidas. Não sei onde irão parar. Recomendem-nos a Deus, tanto a elas como a mim, pois o natural se cansa, especialmente com isso de ser priora no meio de tantas barafundas juntas. Mas, se é para o serviço de Deus, tudo é pouco[1].

Muito me pesa de que se pareça vossa reverência comigo de qualquer modo, porque em mim só vejo mal e mais mal, especialmente no que diz respeito ao corpo. Quando me disseram que não está bem do coração, não me entristeci muito, porque esse mal, embora penoso nas crises, deve impedir outras doenças e, enfim, não é perigoso; e como, segundo me contaram, temiam que fosse hidropisia, achei até bom. Saiba que não convém fazer muitos tratamentos juntos, mas é indispensável aplacar o humor.

Essa receita que aí vai é de umas pílulas louvadas por muitos médicos, que me foram prescritas por um de grande nomeada. Penso que lhe farão muitíssimo proveito se usar delas, ainda que só tome uma de quinze em quinze dias; fizeram-me um bem considerável. Com efeito ando muito melhor, embora nunca esteja boa, e continue com os vômitos e outros achaques; mas serviram-me não pouco, e não fazem mal a outras coisas. Não as deixe de experimentar.

Já eu sabia da melhora de minha Gabriela, e também soube de seu grande mal, pois estava aqui nosso padre quando lhe trouxeram o aviso de vossa reverência; muita pena me deu, e também a Teresa, que até hoje lhes quer muito. Recomenda-se a vossa reverência e a todas. Está que louvariam a Deus se vissem como compreende a perfeição, tem bom entendimento e virtude! Por caridade, peçam a Deus que vá sempre adiante, pois, segundo anda o mundo, não há que fiar. Muito a recomendamos a Deus. Seja Ele em tudo louvado, por tê-la deixado comigo aqui. Peçam muito por ela e por todas. Diga à irmã S. Francisco que folguei com sua carta, e saiba que morreu Acácio García, e o encomende a Deus[2].

Muitíssimo me alegrei por saber que está aí o meu bom padre frei García. Deus lhe pague tão boas notícias, pois, embora já mo tivessem dito, não o acreditava de todo, tanto o desejava. Mostrem-lhe o maior agrado: façam de conta que é fundador desta Ordem, pelo muito que me ajudou, e portanto para com ele não se tolera véu; para todos os demais, sim, tanto em particular como em geral, e sobretudo os Descalços. Assim é costume fazer em todas as casas[3].

Das Índias nada vem. Quando iam enviar o dinheiro, souberam da morte de meu irmão — que Deus o tenha na sua glória! —, de modo que é preciso mandar ordem de D. Francisco para que o remetam. Lorenzo casou-se e está muito bem colocado. Dizem que tem mais de seis mil ducados de renda. Não é de admirar que não lhe tenha escrito, pois acabava de saber da morte de seu pai. Oh! se soubesse os trabalhos de Francisco, seu irmão, e quanto me dão que fazer todos estes parentes! O fato é que ando fugindo de qualquer contato com eles. Tudo isto contei a Pe. Nicolao, estando eu em Palência, e, tendo-me ele mandado pedir meu consentimento para ficar com o dinheiro em paga do que lhe devo — porquanto depois os conventos por cá me dariam outro —, eu lhe respondi que de nenhum modo, e por esta razão avisei a vossa reverência que não o mandasse por Madri. Temi o que veio a suceder; e olhe que não me pareceu nada bem, pois sou amiga de retidão[4].

Agora tornou ele a escrever-me que mandaria cem ducados, e os outros cem cobrasse eu de certa pessoa, a qual tão cedo não os poderá pagar. Respondi-lhe mostrando-me muito contrariada

---

1. *Um cavaleiro:* Francisco de Salcedo.
2. *Gabriela:* Leonor de San Gabriel. *Teresa:* Teresita de Ahumada. *S. Francisco:* Isabel de San Francisco.
3. *Frei García* de Toledo, OP.
4. *D. Francisco* de Cepeda. *Lorenzo* de Cepeda, filho.

com vossa reverência e dizendo que pareciam ter combinado entre si; e de fato isto me passou pelo pensamento, pois, tendo-a eu avisado, fez o que fez. Merecia pagar duas vezes, e assim terá de fazer se não me entregarem a quantia. Mas Horacio não tem razão, pois se vossa reverência lha confiara para que me remetesse, não era bastante ter-lhe sido entregue por seu irmão para se apossar dela sem sua licença.

Diz Pe. Nicolao que, de uma esmola de mil e quinhentos ducados que o encarregaram de distribuir, dará mil a essa casa. Deles poderá vossa reverência tirar alguma parte e pagar o resto que me deve. Escrevi a ele pedindo que reparta um pouquinho com esta casa, porque está realmente em extrema necessidade. Se se apresentar alguma ocasião, solicite alguma esmola para nós, já que o irmão dele agiu assim. Quanto a vossa reverência, lá se avenha; e cobre os duzentos ducados, que estou farta de tratar disso com o Pe. Nicolao e não lhe falarei mais em tal assunto. A capela está por começar, e, se enquanto estou cá não puser mãos à obra ao menos para dar princípios, não sei como nem quando se fará, pois espero, sendo Deus servido, daqui ir para a fundação de Madri.

Saiba que no testamento se faz menção de quatrocentos e trinta ducados, segundo me parece; e, ainda que me recorde de me ter vossa reverência dito que os trinta lhes tinham sido dados, como meu irmão já deixou feito este testamento quando foi para aí e depois não acrescentou outra declaração, não sei se será levada em conta essa dádiva, mesmo que ele a tenha feito. Informe-se por lá. Eu, para não me cansar, não torno a ler o testamento para verificar se fala realmente nesses trinta ducados; vossa reverência o indagará. Creia bem que, se fossem meus ou se estivessem em minhas mãos, eu preferiria nem tratar disso. Se visse quão desbaratado anda o que meu irmão deixou! É lástima, porque aquele rapaz não servia senão para as coisas de Deus. Quero apartar-me de tudo, mas dizem-me que tenho obrigação de consciência; e assim, nada foi perder tão bom irmão em comparação dos trabalhos que me têm dado os que ficam. Não sei em que há de parar.

Se Pe. Nicolao assim procedeu, foi pensando que os conventos aqui me dariam logo o dinheiro para eu sem demora começar a obra; mas o que me desgostou foi terem porfiado tanto comigo e por fim agirem, vossa reverência e ele, contra a minha vontade. Agora é certo: mesmo se eu quiser, não sei que mosteiro poderá dar-me esse dinheiro, embora alguns tenham de pagar a sua parte, uma vez que se dividiram entre todos os gastos da província. Aos poucos vão contribuindo, mas acontece que uns não podem dar tão depressa, e outros já deram muito. Melhor poderia esperar o irmão dele, do que deixar de fazer a capela de que meu irmão me encarregou; e se eu morrer ficará por isso mesmo. Poderá ser que gastem o dinheiro, tais são as necessidades de seu filho; e até, pelo que vejo, se pode ter por certo.

De como vai vossa reverência no espiritual, não me deixe de escrever, que me dará contentamento, pois não pode deixar de ser bem, tendo sofrido tanto. E venham também as poesias. Muito folgo de procurar vossa reverência alegrar as irmãs, pois elas têm necessidade. Avise-me se a madre subpriora vai bem. Já que Deus no-la deixou por aqui, seja Ele para sempre bendito[5].

As Completas e a recreação fazemos como de costume. Consultei vários letrados, dizendo-lhes os inconvenientes; e também ponderando-lhes que a Regra manda guardar silêncio até *Pretiosa*, não mais, e aqui o guardamos o dia todo. A nosso padre não pareceu mau.

Fecham-se com tábuas as portas da sacristia que dão para a Igreja; a esta nunca se pode sair, porque o proíbe com excomunhão o *Motu proprio*; nem tampouco a cerrar a porta da rua. Onde há comodidade, fica dentro a mulher e a fecha. Aqui não é possível; por isto mandamos fazer uma fechadura que abre e fecha por fora e por dentro; e quem nos serve, de noite, tranca por fora a porta e abre de manhã, ficando outra chave conosco, para num caso de necessidade se poder sair. O pior é não ficar a igreja muito bem cuidada, mas não pode ser de outro modo.

Há de haver roda dando para a sacristia, e bom sacristão, pois a excomunhão do papa se refere à igreja e à portaria, e não se pode fazer outra coisa. Bastava aliás ser Constituição, pois já

---

5. *Subpriora:* Leonor de San Gabriel.

está averiguado como é perigoso infringi-la; e se é por costume que se quebranta qualquer uma, é pecado mortal.

Esta carta comecei a escrever há mais de quinze dias. Agora recebi outra de vossa reverência e uma de meu Pe. Rodrigo Álvarez, a quem verdadeiramente devo grande obrigação pelo bem que tem feito a essa casa. Quisera responder-lhe, e não sei como, pois pergunta-me certas coisas que não são para carta. Se eu o visse, nada lhe calaria, como a quem conhece minha alma, e até me alegraria muito, porque não tenho aqui com quem usar dessa linguagem de modo a receber consolo. Muito grande o terei neste ponto se Deus trouxer para cá Pe. frei García. Oh! como vossa reverência me contrariou em não me dar notícias dele nesta sua última carta! Deve ter ido para Madri, segundo me disseram, e por isso não lhe escrevo, embora eu muito o deseje, assim como também ver a vossa reverência. Ficaria admirada se soubesse quanto devo a esse padre.

Tornando ao que ia dizendo: se a vossa reverência parecer bem, já que nosso padre me disse ter deixado aí um livro de minha letra, e certamente vossa reverência não o está lendo, quando Pe. Rodrigo Álvarez for aí, leia-lhe a última morada, debaixo de sigilo de confissão — que assim mo pediu ele com muito comedimento —, de modo a ficar só entre vossa reverência e ele. Diga-lhe que a esse ponto chegou aquela pessoa, gozando da paz ali descrita, e assim vai fruindo vida muito descansada. De grandes letrados tem ouvido que é bom o seu estado. Se não o puderem ler aí, de nenhum modo consinta que o leve, pelo temor de suceder alguma coisa. Enquanto ele não me escrever o que pensa a esse respeito, não lhe responderei. Dê-lhe este recado da minha parte.

No que toca a mudarem-se daí para S. Bernardo, fico espantada ao ver como uma pessoa, que lhes quer tanto, se tenha podido enganar de tal maneira. A todas nós, nesta casa, tinha ele afeiçoado à casa em questão, principalmente a mim, que estava ansiosa de que se passassem para ela. Não deve ter reparado, e talvez nem soubesse dos mouriscos. Eu teria cobrado nova vida, porque muito lhes quero.

Saiba, minha filha, que a mim não me pesará de se mudarem para outra casa se acharem alguma melhor e não ficarem muito endividadas. Mas vi tanta carestia nas casas por aí, que o considero impossível; e talvez outra, que lhes pareça melhor que a atual, terá mais faltas. Para falar a verdade, a mim muito me contentou a casa em que estão. Não há para que falar mais em mudança. Pe. Nicolao não falará mais nisso, pois já lhe escrevi sobre o assunto. Julgou acertar muito; e eu, vendo-as com tanta vontade de sair daí e ele a elogiar a casa, pus-me a louvar a Deus. O Senhor nos dê luz para acertarmos em tudo. Ele tem andado com pouca saúde; encomendem a Deus que o guarde, pois, se nos faltasse, muito perderíamos, e essa casa ainda mais.

Esteja Ele com vossa reverência, minha filha, e com todas, e mas faça muito santas.

É hoje 8 de novembro.

Já me tinham dado as notícias da casa; fiquei pasma. Saiba que se repartiu tanto da caranha, que já me resta muito pouco, e é o remédio que maior bem me faz, e também a outras. Se achar por quem, mande-me mais, por caridade; e todas peçam a Deus que eu tenha com que dar de comer a estas monjas, pois não sei o que fazer. Todas lhe mandam muitas recomendações.

De vossa reverência serva,

TERESA DE JESUS.

394. AO LICENCIADO MARTÍN ALONSO DE SALINAS, CÔNEGO DE PALÊNCIA

Ávila, 13 de novembro de 1581. Deseja que se ative a fundação de Burgos. D. Catalina de Tolosa assim pede com insistência.

Jhs

A graça do Espírito Santo esteja com vossa mercê. Para descansar de outras ocupações penosas, seria bom não deixar vossa mercê de escrever-me alguma vez, pois, asseguro-lhe, quando vejo letra sua, experimento grande consolação e alívio, embora ao mesmo tempo se me renove o sentimento de ver vossa mercê tão longe, e a mim em tanta soledade neste lugar. Seja Deus por tudo louvado. Dou-lhe muitas graças por vossa mercê estar com saúde e esses cavaleiros, irmãos de vossa mercê, terem chegado bem.

Visto que eles estão atualmente em Burgos, não me parece, se vossa mercê está de acordo, que se deixe agora de empregar todo o empenho, já que Deus inspira tanto fervor a essa senhora D. Catalina. Talvez não deixe de haver algum mistério. Ela me escreveu, e agora vou responder-lhe, e escrever à pessoa que me indicou. Suplico a vossa mercê: escreva a carta pedida pela priora, e também outras que vossa mercê julgar úteis. Não há razão de ter medo, porquanto diz D. Catalina que a cidade já deu licença para fundar outros mosteiros depois que começamos a tratar do nosso. Não sei para que tanto barulho por causa de treze mulheres — número tão pequeno —, a não ser por contrariar muito ao demônio. Parece-me inconveniente o que diz vossa mercê, mas não faltarão depois outros meios. Se for obra de Deus e Ele a quiser, por fim, de pouco aproveitarão ao demônio seus esforços[1].

Sua Majestade tudo encaminhe como for para seu serviço, e a vossa mercê guarde com a santidade que, embora miserável, cada dia Lhe suplico.

Por ter tantas cartas a escrever, não me alargo quanto quisera. Estou com mais saúde que de costume, e não sinto que me faça mal o frio, conquanto haja bastante neve.

Desta casa de S. José de Ávila, em 13 de novembro.

Indigna serva de vossa mercê,

TERESA DE JESUS.

Suplico a vossa mercê me faça a caridade de mandar um grande recado de minha parte ao Senhor Suero de Vega e à senhora D. Elvira, assegurando-lhes que tenho cuidado de sempre encomendar suas mercês e esses anjos a Nosso Senhor[2].

395. A D. JUAN DE OVALLE, EM ALBA DE TORMES

Ávila, 14 de novembro de 1581. Recorda-lhe o assunto de sua filha D. Beatriz. Deseja que passem o inverno no povoado de Galinduste, para evitar ocasiões de murmuração. Das Índias chegam cartas, porém não dinheiro. Notícias de seus irmãos e sobrinhos.

Jhs

A graça do Espírito Santo esteja com vossa mercê. Bem pode crer vossa mercê que não estou sem cuidado, nem o estarei enquanto souber que vossa mercê continua em Alba. Desejo saber o que está acontecendo; e vossa mercê não se descuide em tomar alguma providência, porque não está nada morto o caso. Por amor de Nosso Senhor, não vá protelando vossa mercê, pois tão adiantado está o inverno, que não lhe ficará mal ir para um clima melhor, como vossa mercê costuma fazer. Creia, o demônio não dorme, segundo me avisaram. Esta é a verdade e, assim, tenho muito medo de que não haja mais remédio quando quisermos. Quanto ao calar dessa mulher, não o tomem por bom sinal.

E, por certo, senhor, deixadas todas essas coisas tão importantes, que não se podem encarecer, o meio que lhe estou sugerindo é conveniente para o bem da filha de vossa mercê; que esse estar com seus pais não pode ser para sempre. Se, porventura, Gonziáñez não ceder sua casa, não poderão vossas mercês escusar-se de ir a Galinduste, daí vindo para cá, segundo está combinado.

---

1. *D. Catalina* de Tolosa. *Priora:* Inés de Jesús, Tapia, priora de Palência. *Outros mosteiros:* em *Fundações* 31, 13, alude a carmelitas, mínimos de São Francisco de Paula e basílios.
2. *D. Elvira* de Mendoza y Manrique, filha do conde de Osorno, mulher de Suero de Vega.

Seja de um modo ou seja de outro, por amor de Deus, acabem com isso e deixem de me matar. À minha irmã muito me recomendo. Estou razoável de saúde[1].

Saibam vossas mercês que chegaram cartas das Índias, mas sem o dinheiro. As pessoas que iam remetê-lo souberam da morte de meu irmão — que esteja na glória! — e pedem documentos a fim de poder enviá-lo.

Agustín de Ahumada diz que virá daqui a um ano, e nada rico, senão a pedir mercês ao Rei. Dizem que as alcançará, porque prestou muitos serviços e tem a proteção do vice-rei, que também voltou.

D. Lorencio casou-se com uma filha de um ouvidor, para que lhe dessem os direitos sobre os índios, que tem cerca de sete mil ducados de renda, segundo ouvi dizer. A esposa é muito prendada, e ele me escreveu que está muito ajuizado e homem de bem. Na carta a seu irmão recomenda-se a vossas mercês e à senhora D. Beatriz[2].

Diz que por ter feito agora muitos gastos não lhes envia nada; mas não deixará de fazê-lo pela outra armada, quando Agustín vier. Praza a Deus mande alguma coisa, pois, por menos que seja, servirá. Recomendei-lhe muito que lhes escreva. Não será mau que vossas mercês lhe mandem parabéns; a carta remetam para mim.

Ao senhor D. Gonzalo muito me recomendo: ele veja bem o que me prometeu. À senhora D. Beatriz minhas lembranças, dizendo-lhe que não sei quando me há de pagar o muito que a recomendo a Deus.

Sua Majestade esteja com vossas mercês e os faça tão santos quanto Lhe suplico. Amém.

É hoje 14 de novembro.

De vossa mercê serva,

TERESA DE JESUS.

396. A D. PEDRO DE CASTRO Y NERO, EM ÁVILA

Ávila, 19 de novembro de 1581. O livro *Das misericórdias de Deus*. Uma conferência espiritual com D. Pedro para abrir-lhe a alma. Dá-lhe seus escritos para que os leia e dê sua opinião. Louva as "galas" do estilo de D. Pedro.

Jesus esteja com vossa mercê. O favor que vossa mercê me fez com sua carta de tal maneira me enterneceu, que dei primeiro graças a Nosso Senhor com um *Te Deum laudamus*, antes de as dar a vossa mercê, porque me pareceu recebê-la das mãos de que me vieram tantas outras. Agora beijo as de vossa mercê infinitas vezes, e quisera fazê-lo mais que por palavras. Que coisa é a misericórdia de Deus! Minhas maldades fizeram bem a vossa mercê; e tem razão, vendo-me fora do inferno que há tanto tempo tenho merecido. Assim é que intitulei esse livro *Das misericórdias de Deus*.

Seja Ele para sempre louvado, que estava eu longe de pensar nesta graça que agora recebi; e contudo sentia-me perturbada a cada palavra mais forte. Não quisera dizer-lhe mais, por escrito. Suplico a vossa mercê venha ver-me amanhã, véspera da Apresentação, e porei diante dos olhos de vossa mercê uma alma que se desviou muitas vezes, a fim de que faça vossa mercê nela tudo o que julgar conveniente para torná-la agradável a Deus. Espero em Sua Majestade que me dará a graça para obedecer-lhe toda a minha vida. Não pretendo, se houver de ausentar-me, recuperar a liberdade, nem a quero, porque desejar isto seria coisa nova para mim; portanto, não é possível que

---

1. *Sua filha:* D. Beatriz de Ovalle. *Gonzaliáñez:* Gonzalo Yáñez. *Galinduste:* povoado da província de Salamanca, onde os Ovalle passavam os invernos. *Minha irmã:* Juana de Ahumada.
2. *Filha de um ouvidor:* D. María de Hinojosa, filha do ouvidor D. Pedro de Hinojosa. *Seu irmão:* D. Francisco de Cepeda.

me deixe de vir grande bem por seu meio, se vossa mercê de seu lado não me desamparar, e sei que não há de fazê-lo. Guardarei este seu bilhete como penhor deste ajuste, embora tenha outro maior¹.

O que suplico a vossa mercê, por amor de Nosso Senhor, é que sempre tenha presente quem eu sou, a fim de não fazer caso das mercês que recebo de Deus a não ser para considerar-me pior, pois, correspondendo tão mal a elas, está claro que o receber é ficar mais endividada. Vingue antes vossa mercê em mim a honra deste Senhor, já que Sua Majestade não quer castigar-me a não ser com mercês, o que é não pequeno castigo para quem se conhece.

Em acabando vossa mercê de ler esses papéis, poderei lhe dar outros. Se os vir, não é possível deixar de aborrecer a quem deveria ser tão diferente do que sou. Penso que darão gosto a vossa mercê. Dê-lhe Nosso Senhor de Si, como Lhe suplico. Amém.

Nada perdeu vossa mercê para comigo pelo estilo com que escreve; tencionava até falar a vossa mercê nas suas galas: tudo aproveita para Deus, quando a raiz é a vontade de servi-lo. Seja por tudo bendito, amém, que há muito não sinto tão grande contentamento quanto nesta noite. Pelo título beijo a vossa mercê muitas vezes as mãos; mas é muito grande para mim.

397. A D. PEDRO CASTRO Y NERO, EM ÁVILA

Ávila, novembro de 1581. Acerca de um sermão que devia pregar na profissão de uma religiosa de S. José.

Jesus esteja com vossa mercê. Não chega a tanto meu saber, nem ainda pela imaginação me passou ontem à noite o "não" que vossa mercê me dá agora. Muito maior foi a sabedoria de vossa mercê acertando em aliviar a pena desta pobrezinha, que, por certo, passou um dia trabalhoso; e não só um, senão muitos. Com a mãe dela nada mais tenho a falar; só me resta fazer o que vossa mercê manda, pois isto é que é ser súdita. Ainda quando não fora, agiria do mesmo modo, tanto repugna à minha natureza pedir uma coisa que vai contrariando a alguém¹.

Acabo de saber que Ana de S. Pedro rogou a D. Alonso que não deixasse de instar com vossa mercê. Isto foi antes que me chegasse o bilhete de vossa reverência, porque, se fosse depois, eu de nenhum modo consentiria. Fique a festa sem sermão, se o padre provincial não chegar a tempo; e, embora não se convide senão a quem haja de pregar a nosso gosto, às monjas parecerá pior a falta de vossa reverência do que não o poderem servir-lhe as perdizes. Não sei o que farão. Faça Nosso Senhor vossa mercê tão santo quanto Lhe suplico².

Para lhe chegar às mãos este bilhete antes de D. Alonso — pois absolutamente não quero que pense vossa mercê que estou indo contra sua vontade — apenas lhe digo que muito me enfadou esta armadilha.

Filha de vossa mercê,

TERESA DE JESUS.

398. A D. PEDRO CASTRO Y NERO, EM ÁVILA

Ávila, 28 de novembro de 1581. Agradece-lhe o sermão pregado em S. José.

Jesus esteja com vossa mercê, e pague-lhe Sua Majestade o contentamento que hoje me deu ajudando-me tanto, segundo os meus desejos. Se, para os satisfazer, não fizer vossa mercê de sua parte o que estiver a seu alcance, creio que melhor me fora não tê-lo conhecido, tanto o hei de

---

1. *Graça:* de ter o Doutor Castro y Nero examinado e aprovado o *Livro da Vida*.
1. *Pobrezinha:* Ana de los Angeles, Wasteels. *A mãe dela:* Ana de San Pedro, que insistia com Dr. Castro para que pregasse na profissão de sua filha.
2. *D. Alonso* Sedeño. *Provincial:* Pe. Jerónimo Gracián.

sentir. E é trabalhoso para mim, pois não me contento de que vá para o céu vossa mercê; quero que seja muito grande na Igreja de Deus. Com instância pedi hoje a Sua Majestade que não consinta empregar vossa mercê esse entendimento tão bom em coisa que não seja para sua glória.

Essas irmãs beijam as mãos a vossa mercê; ficaram muito consoladas. Faça-me saber se saiu cansado, e como está; e não por carta, pois, embora muito me alegre em ver a letra de vossa mercê, quisera cansá-lo o menos possível, e que, ainda assim, não deixará de ser bastante. Cansada estou eu de falar esta tarde com um padre da Ordem, embora ele me tenha poupado um mensageiro que ia enviar à marquesa, porque passa por Escalona. A carta para Alba vai com muita segurança; e eu, muito certa, filha e serva de vossa mercê[1],

TERESA DE JESUS.

399. A MADRE MARÍA DE S. JOSÉ, PRIORA DE SEVILHA

Ávila, 28 de novembro de 1581. Pede duas religiosas para a fundação de Granada. Insiste no pagamento da dívida de D. Lorenzo.

Jhs

Jesus me guarde vossa reverência. Hoje mesmo escrevi a vossa reverência uma carta muito longa, e assim não me demorarei nesta, pelas muitas ocupações, pois tivemos hoje uma profissão e estou bem cansada.

Para a fundação de Granada determinei tirar daí duas monjas; e confio que vossa reverência não me dará do pior, e assim lho peço por caridade, pois bem vê quanto importa que sejam de muita perfeição e bem prendadas. Deste modo ficará vossa reverência com mais lugares desembaraçados para poder admitir mais monjas e pagar-me mais depressa, pois muito me contraria ter de ir daqui para Burgos e nem ao menos deixar começada a capela de meu irmão; tanto mais que me declararam ser para mim obrigação de consciência. Digo-lhe isto para que veja como não posso demorar muito em dar começo[1].

Por isso faça o possível para enviar-me o dinheiro e recomende-me a Deus, que tenho de ir, passado o Natal, à fundação de Burgos, e é terra muito fria neste tempo do ano. Ainda se fosse para onde está vossa reverência, a troco de vê-la, não me custara; mas Nosso Senhor fará algum dia.

De saúde ando razoável, glória a Deus! Com suas orações e as de todas as irmãs, ajuda-me o Senhor a levar os trabalhos. Teresa se recomenda a vossa reverência e a todas[2].

Sua Majestade me guarde vossa reverência e a faça tão santa como pode. Amém.

Desta casa de Ávila em novembro, 28. A todas as irmãs muitas recomendações.

De vossa reverência serva,

TERESA DE JESUS.

400. A D. JUAN DE OVALLE, EM ALBA DE TORMES

Ávila, 29 de novembro de 1581. Propõe a D. Juan levar sua filha à fundação de Burgos e em seguida à de Madri. Lembranças aos sobrinhos. Instruções a respeito da viagem projetada.

Jhs

Esteja com vossa mercê o Espírito Santo. Amém. Pouco faz, escrevi a vossa mercê, e tenho grande desejo de saber tudo o que se tem passado. Trouxeram-me hoje uma carta com a notícia de

---

1. *Um padre da Ordem:* nesse tempo, estavam em Ávila S. João da Cruz, que queria levar a Santa para Granada, e Pe. Ambrosio de San Pedro, que ia para Salamanca. *Marquesa:* D. Juana de Lucas de Toledo, marquesa de Villena.

1. *Tivemos profissão:* a de Ana de los Angeles, Wasteels. *Duas monjas:* María de Jesús e María de San Pablo. *Meu irmão:* Lorenzo de Cepeda.

2. *Teresa:* Teresita de Ahumada.

que a cidade de Burgos concedeu a licença para eu lá fazer esta fundação. A do arcebispo, eu já a tinha; e creio que fundarei mosteiro antes do de Madri. Tenho pesar de ir sem ver minha irmã, porque talvez de lá siga para a corte[1].

Pensei que seria boa ocasião para levar comigo D. Beatriz — se ela tem intento de ser monja —, dando-lhe aqui o hábito e levando-a depois a Madri. Por certo gostará de andar por estes mosteiros. Será fundadora antes mesmo de professar e, sem sentir, ficará num estado em que não caberá em si de gozo. Depois poderá voltar para aí. Sabe Nosso Senhor quanto desejo vê-la descansada; e a vossa mercê e minha irmã daria grande sossego a sua felicidade. Pense bem e encomendem-no a Deus, que eu o faço continuamente. Praza a Sua Majestade encaminhá-lo segundo for mais para sua glória, amém!, e guarde vossas mercês.

Minha irmã tenha por sua esta carta. A meus sobrinhos muito me recomendo; e Teresa também, assim como a vossas mercês. O mensageiro é um próprio que vai a Salamanca pedir a nosso padre provincial licença para certa renúncia, e mandei-o passar por aí, na ida e na volta. Escreva-me vossa mercê respondendo-me, e entregue a carta à madre priora. Acerca desse negócio de Burgos não falem por enquanto a ninguém[2].

É hoje 29 de novembro.

Indigna serva de vossa mercê,

TERESA DE JESUS.

Vire a página. Se estes planos se realizarem, não é preciso que vossa mercê saia de Alba, pois é causa suficiente ter eu de fazer tão longa viagem para minha irmã vir cá; depois direi que quis levar comigo minha sobrinha, e ninguém aqui terá nada que dizer.

Se lhes parecer bem, avisarei quando estiver marcada a minha ida; mas se viessem antes, não faria mal. Nunca me deram notícia da saúde da senhora D. Mayor, como tanto desejo; nem achei ainda por quem remeter-lhe as toucas, porque são muito pesadas e não há quem as queira levar. Mande-lhe vossa mercê um recado de minha parte e diga-me como está ela. Ando razoável de saúde.

401. AO PE. JERÓNIMO GRACIÁN, EM SALAMANCA

Ávila, 29 de novembro de 1581. Saem de Ávila algumas monjas com S. João da Cruz para Granada. A Santa recebe oito escudos para o Pe. Gracián e tem tentação de ficar com eles. Leva consigo Teresita na viagem a Burgos. Hesita sobre a monja que há de deixar por vigária em sua ausência. As fundadoras de Granada. Por fim duvida qual de suas duas sobrinhas levará a Burgos.

Jesus esteja com vossa reverência. Hoje partiram as monjas, deixando-me bem triste e com muitas saudades, embora elas não levem as mesmas de cá, especialmente María de Cristo, que fez muito empenho em ir. Era coisa já sabida, e a outra não dá para fundação, como saberá vossa reverência. Apesar de tudo, tive muito escrúpulo de não mandá-la como vossa reverência me tinha escrito. Doutor Castro me sossegou[1].

Muito queria Frei João da Cruz enviar a vossa reverência algum dinheiro; fez muitos cálculos, para ver se podia tirar do que trazia para o caminho, mas não foi possível. Creio que procurará enviar alguma coisa a vossa reverência.

---

1. *Arcebispo:* D. Cristóbal Vela, arcebispo de Burgos.
2. *Minha irmã:* Juana de Ahumada. *Meus sobrinhos:* Beatriz e Gonzalo de Ovalle. *Padre provincial:* Jerónimo Gracián. *Priora:* Juana del Espíritu Santo, priora de Alba.

1. *Hoje partiram as monjas:* as que saíram de Ávila para a fundação de Granada foram María de Cristo e Antonia del Espíritu Santo. Abaixo, a Santa afirma terem sido três. *A outra:* provavelmente Mariana de Jesús, Juárez de Lara. *Castro:* Dr. Pedro de Castro y Nero.

Teresa de Jesus, OBRAS COMPLETAS

Antonio Ruiz veio cá, haverá três ou quatro dias, tencionando muito seriamente acompanhar-me na viagem. Esperava ele vossa reverência, com muito desejo de vê-lo, e deixou uma carta e duas moedas — creio que de quatro escudos — para que eu as enviasse a vossa reverência; mas não o farei enquanto não tiver mensageiro certo. Já faço muito em não ficar com esse dinheiro, pois, segundo andam as coisas, não será muito se me der tentação de o furtar.

Incluo esta carta que Inés de Jesús me enviou, juntamente com outras dela. Se formos depois do Natal já será muito. Respondi-lhe dizendo que vossa reverência há de ir lá, e com isto se irão entretendo. Esta bendita Priora faz assim, penso, por ver nessas senhoras tanto fervor; por isso não prometa vossa reverência fazer sermões lá, depois de terminado o Advento, pois por aqui terá muito onde fazê-los. Doutor Castro deseja que venha vossa reverência passar as festas do Natal em sua casa, e eu também; mas pouco se cumprem meus desejos.

Agora creio que não se pode deixar de levar Teresica, pois assim julgou muito conveniente um letrado a quem consultei; aliás ela sente tanto minha ida, por já terem partido essas outras, que penso há de ser necessário. Anda tristezinha, e se lhe sobrevier alguma tentação, não sei o que fará; por isso achei bom dar-lhe alguma esperança, embora me custe muito. Glória a Deus, por querer que tudo chova sobre mim.

Muito tenho pensado em quem poderei deixar em meu lugar aqui, e não acabo de decidir-me; pois, cada vez que me lembro de como foi pública a intenção que Ana de S. Pedro teve de sair, o deixá-la agora governando é coisa terrível; não o posso suportar, conquanto no demais me pareça boa. Essa Mariana, creio que desempenharia bem o cargo, pois tem muitas qualidades para ele, mas seria preciso não estar Julián de permeio, conquanto ele ande atualmente bem apartado, e em nada se intrometa. Deus dará à vossa reverência luz, e aqui resolveremos tudo[2].

A imposição do véu foi ontem; mãe e filha estão como loucas de prazer. Com tudo isto fiquei muito cansada, porque ia deitar-me às duas. As que assinalei para Granada foram: três de cá, outras três de Beas, com Ana de Jesús, que vai por priora, e mais duas de Sevilha, além de duas leigas de Villanueva. Estas são muito boas, mas a Priora de lá me escreveu que assim convinha por serem cinco Irmãs no mesmo mosteiro. Tem razão, e deste modo se contribui para o bem daquela casa e para o dessa outra de Granada, de que tanto se fala. Ana de Jesús não vai ficar contente, pois em tudo quer mandar. Se a vossa reverência parecer bem, esteja firme em que assim se faça, porque não se acharão outras melhores; e se não, diga o que determina; e fique-se com Deus, pois, como me deitei às duas e me levantei cedo, está a cabeça que é uma desgraça. No demais ando razoável[3].

Agora se me representa o inconveniente que pode haver em levar Teresa; e é que, se essa Beatriz quiser acompanhar-me, de nenhum modo convém irem juntas. Dar-me-ia trabalho, conquanto Teresa, por rezar bem, fosse de algum alívio para mim. Por isso nada lhe direi; mas Beatriz está bem longe de dar-me esse incômodo. E, a meu parecer, não convém vossa reverência ir com Tomasina[4].

Indigna serva e súdita de vossa reverência,

TERESA DE JESUS.

---

2. *Ana de San Pedro*, Wasteels, a flamenga. *Mariana* de Jesús, Juárez de Lara. *Julián* de Ávila, capelão de S. José de Ávila.

3. *Mãe e filha:* Ana de San Pedro e sua filha, Ana de los Angeles. *Priora:* María de los Mártires, priora de Villanueva de la Jara.

4. *Teresa* de Ahumada. *Beatriz* de Ovalle. *Tomasina* Bautista, Perea.

402. AO PE. JERÓNIMO GRACIÁN, EM SALAMANCA

Ávila, fim de novembro de 1581. Não encomende a outro o assunto de Burgos.

A meu parecer, eu nunca entendi de José que fosse logo minha ida a Burgos, nem disse tarde nem cedo, mas sim que não o encomende a outra, como pensava fazê-lo[1].

403. AO PE. JERÓNIMO GRACIÁN, EM SALAMANCA

Ávila, 1º de dezembro de 1581. Toma dois escudos, dos oito que tinham dado ao Pe. Gracián. A casa de Salamanca. O Diurnal de Teresita.

Jhs

Os oito escudos que me deu Antonio Ruiz para enviar a vossa reverência vão pelo padre frei Ambrosio. Deles tirei dois, por boas razões; não pude deixar de fazê-lo. Parece que vou aprendendo a pedir; é coisa bem nova para mim, mas não me sinto acanhada. Verdade é que pedir aos religiosos da Ordem não é muito sacrifício. Faça Nosso Senhor vossa reverência santíssimo, como Lhe suplico. Amém.

À madre priora de vossa reverência muitas recomendações. Se esses padres sentem tanto frio na casa que estão comprando, quanto mais elas! Sua fé as salvará; quanto a mim, asseguro-lhe que tenho pouca no tocante a essa casa.

É 1º de dezembro.

Faça-me saber como vai dos pés; bom frio deve sofrer, pois anda com frieiras, que não é outra a causa desse mal. Passo razoavelmente de saúde, apesar de cansada.

Todas se recomendam às orações de vossa reverência; especialmente Teresa, que está muito contente com seu diurnal, e também a outra com seus livros.

De vossa reverência serva e súdita e filha,

TERESA DE JESUS.

404. AO PE. JERÓNIMO GRACIÁN, EM SALAMANCA

Ávila, 4 de dezembro de 1581. A casa para as Descalças de Salamanca. Assuntos de seus sobrinhos. Roga-lhe que venha a Ávila a fim de seguirem logo juntos para Burgos.

...sem um e sem outro, como vossa reverência diz. Empregar o dinheiro em censos não convém; porque forçosamente hão de comprar em breve alguma casa, boa ou má. Não sei por quê, mas não me pode pesar de que não se chegue a um acordo acerca da de Monroy; tenho a impressão de que ali acabariam por perecer. Nem todos os mosteiros estão onde querem, e sim onde podem. Enfim, vossa reverência verá o que é melhor. Não sei como diz que viria com minha irmã, nem como terá tempo para isso.

Essa carta que lhe remeto foi-me escrita pela sogra de Francisco; entregaram-ma há dois dias, e muito me incomodou ver tão maus intentos. Os letrados aqui dizem que, sob pena de pecado mortal, não podem dar por nulo o testamento. Creio que será necessário não tirar de junto de mim esta menina; e, em suma, neste ponto nada poderão fazer, nem nós consentiremos. Que a ponham em liberdade fora do convento, eis o que receio. Está passando mal, com um grande resfriado, e febre. Recomenda-se muito a vossa reverência, e o mesmo fazem todas[1].

---

1. *José:* Jesus Cristo.
1. *Menina:* Teresa de Ahumada. A *sogra de D. Francisco*, D. Beatriz de Castilla y Mendoza, queria tirar Teresita de Ahumada do convento para que renunciasse à herança de D. Lorenzo seu pai. A continuar no convento, a herança deveria ficar para San José de Ávila.

Fique com Deus, que já deu meia-noite; e o que for preciso fazer para a viagem das que hão de vir, ou o determine por lá, ou me avise.

Ana de S. Bartolomeu não pára de escrever; ajuda-me muito. Beija as mãos de vossa reverência.

Saiba que não tenho com quem ir, por isso nem pense em deixar-me só, fazendo tanto frio.

É hoje 4 de dezembro.

405. A D. BEATRIZ DE MENDOZA Y CASTILLA, EM MADRI

Ávila, dezembro de 1581. Desculpa-se de uma acusação que lhe faz D. Beatriz. Razão pela qual se interessa em que seja executado o testamento de D. Lorenzo de Cepeda.

Jhs

A graça do Espírito Santo esteja sempre com vossa mercê. Parece-me que, se supliquei a vossa mercê que não me escrevesse, foi no que diz respeito aos negócios; pois deixar de receber como honra as cartas de vossa mercê seria desatino dizê-lo, que bem entendo como sou favorecida quando vossa mercê me honra com elas. Tenho, porém, muito pesar quando se trata de algumas coisas que não posso fazer, conforme a minha consciência; e de outras que tampouco ficam bem a D. Francisco fazê-las, segundo vejo e assim me dizem. A vossa mercê dirão outra coisa, e por esta razão não pode deixar de ter suspeitas acerca de minha vontade, o que é muito penoso para mim. Portanto desejo extremamente ver já concluídos esses negócios. Assim o faça Nosso Senhor, do modo mais conveniente a seu serviço, pois é isto mesmo o que deseja vossa mercê, e nem por primeiro movimento me ocorreu jamais outro desejo. Sempre tive em vista o descanso de vossa mercê e o muito que merece a senhora D. Orofrisia[1].

A respeito do que diz vossa mercê de ter eu escrito a ela que Nosso Senhor lhe daria filhos, agora o torno a dizer, e espero em Sua Majestade assim acontecerá. Nunca fiz muito caso do que Pedro de Ahumada diz, nem de suas pretensões, e ainda agora penso do mesmo modo; e estou tão cansada de meter-me nessas coisas, que, se não me onerassem a consciência, deixaria tudo. Assim o tinha determinado, mas disse-me Perálvarez que a vossa mercê pareceria desgosto meu, por se tratar de negócio do interesse de S. José.

Como meus pecados me fizeram agora priora dali, vejo que vossa mercê tem razão; e também vejo que a casa deve defender seus direitos, para acabar com essas questões mais depressa do que me disseram alguns letrados. Ainda no caso de os filhos de meu irmão — que esteja na glória! — darem por válido o testamento, como não se pode saber quem o rasgou, tem o convento tanto direito, que daí resultariam muitos pleitos. Vossa mercê tem razão: é preciso declarar tudo, porque é terrível coisa e grande gasto andar às voltas com letrados.

Faça-o Nosso Senhor como pode, e guarde vossa mercê muitos anos, para o bem de seus filhos. Amém.

Indigna serva de vossa mercê e súdita,

TERESA DE JESUS.

Irmã Teresa de Jesus beija-lhe as mãos. Espero em Deus que daqui a poucos dias as beijaremos ambas a vossa mercê pessoalmente. Ela e eu nos encomendamos muito ao senhor D. Francisco.

406. AO PE. JERÓNIMO GRACIÁN, EM SALAMANCA

Ávila, dezembro de 1581. Alegra-se de que venha brevemente a Ávila. Não entende as santidades de alguns religiosos. Sobre a viagem a Ávila

---

1. *D. Francisco* de Cepeda. *D. Orofrisia* de Mendoza y Castilla.

de D. Juana de Ahumada e sua filha. Uns escapulários. Dr. Castro, amigo de Pe. Gracián.

Jesus esteja com vossa reverência, padre meu. Muito me alegrei com sua carta, que me entregaram esta noite juntamente com os escapulários, por ver a vossa reverência já tão determinado a que eu o possa ver breve. Praza a Deus trazê-lo prosperamente, meu padre. Se alguma coisa das Constituições faltar, deixe-a encomendada a alguém, e, por caridade, se pregar no último dia das festas de Natal, não venha logo no dia seguinte, porque pode fazer-lhe mal. Não sei de onde tira tantas forças. Bendito seja Aquele que lhas dá. Achei graça de ver como se faz de rico; Deus torne vossa reverência grande de riquezas eternas[1].

Não entendo agora certas santidades. Refiro-me ao tal que não escreve a vossa reverência, e a outro que tem a pretensão de que tudo se faça por seu parecer; fiquei tentada. Ó Jesus, e que pouca perfeição há nesta vida! Que desatino tão grande! Não me alongarei porque o mensageiro está partindo. Acabo de escrever uma longa carta à marquesa de Villena, e o próprio está à espera.

Creio que será bem vossa reverência avisar-me se, no caso de minha irmã não estar em Alba, é de parecer que mande buscá-la; mas confesso que, se aquela moça há de voltar como vem, nenhum desejo tenho de que venha para cá, nem sei para quê, se não for para cansar-me. Quanto a viver ela na Encarnação, não se pode levar a sério: não creio que lhe faça bem, e o gasto seria terrível. Deus esteja com elas, que tal vida me dão!

Teresa está boa, e penso que podemos estar seguros a seu respeito, pois declarou positivamente suas intenções, como saberá vossa reverência. Estou razoável de saúde.

A Duquesa tornou a escrever-me por meio de um capelão. Respondi-lhe brevemente, dizendo que lhe tinha escrito uma longa carta por meio de vossa reverência. Digo-lhe isto para que lha remeta, embora seja pouco importante, a não ser no pedido que lhe faço de não vir vossa reverência acompanhá-la[2].

Esta carta, mande-a à minha irmã, se lhe parecer; talvez se ela vier disponha Deus melhor a Beatriz, se é que não está querendo ir comigo. Se ficassem sempre na aldeia, eu pouco me inquietaria; mas, chegado o tempo de calor, voltarão a Alba, e recomeçará tudo.

Depois de amanhã vão a Madri, e enviarei o que tenho para vossa reverência. Bem lindos estão os escapulários, chegam a dar devoção. D. Francisco mandou pedir um à sua irmã. Faz-me pena.

Torno a lembrar a vossa reverência: se tiver de dar-me algum aviso sobre a vinda dessa gente, não o deixe de fazer. Fique-se com Deus, que é de noite já muito tarde.

Saiba que lhe preparamos um aposentozinho; mas não creio que Doutor Castro consinta. Dou-me muito bem com ele. Confiei-lhe a parte desse livro que tinha aqui; quanto ao outro, ele não se cansa de dizer o proveito que lhe tem feito. A mim, basta ser amigo de vossa reverência para me agradar em tudo. Creio que para um confessor entender-me e não andar com apreensões, não há melhor coisa do que dar-lhe a ver um desses escritos, e isto me livra de grande trabalho.

Deus conceda a vossa reverência o descanso que Lhe suplico, e o guarde, amém, amém.

De vossa reverência serva e súdita,

TERESA DE JESUS.

Não escrevo à vossa reverência porque o muito contentamento que tive com a notícia de sua vinda não me permite senão dar a vossa paternidade muitas graças e beijar-lhe as mãos pelo grande cuidado que tem com minha saúde e contentamento. Estou boa, com esperança de ver brevemente vossa paternidade, e contentíssima com o diurnal que recebi. Praza a Deus pagá-lo a vossa reverência, como Lhe suplicarei[3].

---

1. *Muito me alegrei:* Gracián está concluindo a impressão das Constituições das Descalças.
2. *Duquesa* de Alba, María Enríquez de Toledo. Ela solicitava a companhia de Gracián numa viagem, ao que a Santa se opunha.
3. Parágrafo de autoria de Teresita de Ahumada.

Achei graça no recado de Teresa. Agora creio que não há melhor remédio que o amor. Deus no-lo dê para com Sua Majestade.

407. A D. LORENZO DE CEPEDA FILHO, EM QUITO

Ávila, 15 de dezembro de 1581. Excelente casamento de D. Francisco, irmão de D. Lorenzo. Congratula-se também com o próprio D. Lorenzo pelo acerto na escolha de novo estado. Teresita muito desenvolvida e muito virtuosa. Uma menina de D. Lorenzo educada pela Santa. Casas fundadas depois que D. Lorenzo passou às Índias. Pede-lhe uma esmola para D. Juana de Ahumada. Projetada viagem de D. Agustín, seu irmão. Lembranças a todos.

Jhs

A graça do Espírito Santo esteja com vossa mercê, filho meu. A carta de vossa mercê recebi, e de envolta com o grande contentamento que me deu a boa sorte concedida por Nosso Senhor a vossa mercê, me reservou a dor ver como vossa mercê está pesaroso, e com tanta razão. Por ocasião da morte de meu irmão — que esteja na glória! —, escrevi a vossa mercê muito extensamente, por isso não quero mais renovar-lhe a mágoa. Não poucas me ficaram a mim por ver as coisas se encaminharem de modo bem diverso do que eu desejava. Contudo o ter acertado D. Francisco tão bem, como escrevi a vossa mercê, deu-me grande alívio; porque, sem falar na nobreza de sua esposa, que de todos os lados é do que há de principal na Espanha, tem tantos dotes pessoais, que só isto bastava. Vossa mercê escreva-lhe com o maior agrado que puder e mande-lhe algum presentinho, pois bem o merece. Asseguro-lhe que, ainda no caso de ter D. Francisco muitos contos de renda, estaria muito bem casado; mas, com os legados feitos por seu pai, que esteja na glória! e com a manutenção de Teresa, além das dívidas que contraiu, tampouco lhe restou que, se Deus não o ajudar, não sei como há de viver.

Seja Ele para sempre louvado, que tanto tem favorecido a vossa mercê, pois lhe deu mulher com quem pode ter muito descanso. Seja muito em boa hora, pois grande consolo é para mim pensar que está feliz. À senhora D. María beijo as mãos muitas vezes. Aqui tem uma serva, e muitas, a rezarem por ela. Bem quiséramos poder gozar de sua companhia, mas se houvera de ser com os trabalhos que há por aqui, prefiro que por lá tenha sossego, a vê-la padecer cá.

Com a Irmã Teresa de Jesús é que tenho alívio; está já moça feita e vai sempre crescendo na virtude. Bem pode vossa mercê tomar seus conselhos; não pude deixar de rir quando vi a carta que lhe escreveu, pois verdadeiramente Deus fala por sua boca, e ela pratica bem o que ensina. Ele a tenha em Sua mão, pois a todas nós edifica. É muito criteriosa e penso há de ter valor para tudo. Está bem sozinha, não deixe de escrever-lhe. Quando me recordo de como era querida por seu pai, e de quantos mimos dele recebia, tenho grande pena de não haver quem se lembre de lhe fazer um carinho. D. Francisco muito lhe quer, mas faltam-lhe os meios.

Diego Juárez se alargou mais do que vossa mercê e do que meu irmão em contar-nos as boas qualidades da senhora D. María e a prosperidade de vossa mercê, que para quem está tão longe escreve muito laconicamente. Grande misericórdia de Deus foi topar vossa mercê com tão boa esposa e casar-se tão cedo, pois, segundo foi precoce em ser travesso, não pouco trabalho nos dera. Nisto vejo quanto lhe quero, porque, apesar de ser coisa que muito me pesa pela ofensa cometida contra Deus, vendo como esta menina se parece tanto com vossa mercê, não posso deixar de acolhê-la e querer-lhe muito. Tão pequenina como é, já se parece com Teresa na paciência, de modo extraordinário[1].

Deus a faça sua serva, que ela não tem culpa; e portanto vossa mercê não se descuide de procurar que se crie bem. Quando tiver mais idade, não convém ficar onde está; melhor se criará com

---

1. *Esta menina:* filha natural que D. Lorenzo de Cepeda, filho, deixou na Espanha ao partir para a América.

sua tia, até ver o que Deus ordenará. Para aqui pode vossa mercê ir enviando algum dinheiro, já que Deus lho deu, e, posto a juros, servirá para os alimentos. Quando tiver doze anos, ordenará o Senhor o que se há de fazer dela, e grande coisa é criar-se em virtude. O rendimento servirá para o que ela houver de ser no futuro. Bem merece: é agradável e, apesar de tão pequenina, não quereria sair daqui.

Não seria preciso concorrer vossa mercê para este fim se não fosse estar agora esta casa em grande necessidade. Morreu Francisco de Salcedo, que esteja na glória! e deixou para a casa um legado que não dá para comer, nem mesmo para a ceia; e logo o povo suspendeu quase totalmente as esmolas. Espero que, com o andar do tempo, as coisas melhorem, mas até agora nada se recebe, e não pouco temos de padecer. O dote de Teresa será um bom auxílio, se Deus permitir que professe, como ela tanto deseja.

Ora mais, ora menos, tenho passado melhor que de costume. Dignou-se o Senhor fundar, depois da partida de vossa mercê, mais um mosteiro em Palência, outro em Sória e outro em Granada, e, passando o Natal, vou daqui fundar um em Burgos. Pretendo voltar sem demora, se Deus for servido.

Neste momento estou à espera de minha irmã e de sua filha. São tão grandes as necessidades delas, que vossa mercê teria muita pena se as visse. Lamento sobretudo a D. Beatriz, pois quer ser monja, e não tem com quê. Grandíssima esmola será, quando vossa mercê puder, enviar-lhes alguma coisa; por menos que seja, será muito. Eu é que não preciso de dinheiro: somente rogue a Deus que me deixe cumprir sua Vontade em tudo e me permita vê-los a todos muito santos, porque o demais depressa acaba.

As irmãs desta casa recomendam-se todas muitíssimo a vossa mercê, especialmente Madre S. Jerónimo; e sempre o encomendamos a Deus. Olhe, meu filho, pois tem o nome de tão bom pai, dele tenha também as obras.

Quando esta lhe chegar, estará meu irmão Agustín de Ahumada em caminho, segundo me escreveu. Praza a Deus trazê-lo com segurança. Se ainda não tiver partido, mande-lhe vossa mercê esta sua carta, porque hoje não tenho cabeça para escrever muito. Previno a vossa mercê que, se ele não trouxer meios para se manter, encontrará muita dificuldade e não achará quem lhe dê de comer; além disso, para mim será grande sofrimento não poder valer-lhe. O vice-rei já voltou, e Pe. García está bom, porém ainda não o vi. Para meu irmão é duro empreender com tanta idade uma viagem tão perigosa por causa de dinheiro, quando já não deveríamos tratar senão de preparar-nos para o céu.

Deus no-lo conceda, e vossa mercê faça tão santo quanto Lhe suplico. Amém, amém.

A todos esses senhores e senhoras beijo as mãos muitas vezes, e nada mais acrescento, porque no resto me remeto à carta de Teresa de Jesús, e se vossa mercê fizer o que ela diz, me darei por satisfeita.

Desta casa de S. José de Ávila, em 15 de dezembro, ano de 1581.

De vossa mercê serva,

TERESA DE JESUS.

408. A UMA PESSOA DESCONHECIDA

Ávila, dezembro de 1581. Lamenta-se por não poder aceder a uma petição da dita pessoa.

Jhs

A ser em outros tempos, quando eu tinha liberdade, bem depressa cumpriria o desejo dessa irmã; mas agora, nem falemos nisso.

409. AS DESCALÇAS DE SÓRIA

Ávila, 28 de dezembro de 1581. Agradece-lhes o muito amor que lhe mostram. Sobre algumas pequenas contradições. Próxima entrada em Sória de D. Leonor Ayanz. Se a subpriora precisa de carne, coma-a, mesmo na Quaresma. Lembranças.

Jhs

A graça do Espírito Santo esteja com vossa reverência e com vossas caridades todas, filhas minhas. Creiam que bem quisera eu escrever a cada uma em particular, mas é tanta a sobrecarga de cartas e negócios que chove sobre mim, que ainda tenho por muito o poder escrever a todas juntas estas linhas; sobretudo por estarmos em véspera de partida, quando ainda há menos tempo. Peçam a Nosso Senhor seja servido de tudo, especialmente desta fundação de Burgos.

Muito me consolo com vossas cartas, e ainda mais com entender, pelas obras e palavras, o muito amor que todas me têm. Bem creio que ainda ficam aquém em pagar o amor que lhes tenho eu, conquanto, no auxílio que me mandaram agora, tenham sido muito generosas. Era grande a necessidade, e fiquei gratíssima. Nosso Senhor lhes dará o prêmio; e bem mostram quanto O servem, pois tiveram meios para poder fazer tão boa obra a estas pobres monjas. Todas lhes agradecem muito, e não deixarão de as encomendar a Nosso Senhor. Eu, como o faço tão continuamente, não tenho o que prometer.

Alegrei-me muito por tudo lhes correr tão bem, especialmente porque, sem darem motivo, sofreram murmurações. É coisa muito linda, já que tiveram tão pouco em que merecer nessa fundação. De nosso Pe. Vallejo digo apenas que os grandes serviços prestados a Nosso Senhor sempre os paga Sua Majestade com maiores trabalhos; e, como é tão grande obra a que ele faz nessa casa, não me espanto de que lhe queira dar ocasião para adquirir mais e mais merecimento[1].

Olhem, minhas filhas, quando entrar essa santa, é conveniente que a madre priora e todas a levem com indulgência e amor, pois onde há tanta virtude não é preciso apertar; será bastante ver o que todas fazem e ter tão bom pai. Penso que até poderão aprender dela. Praza a Deus guardá-las e conceder-lhes saúde, e tão bons anos quanto Lhe suplico[2].

Muito me alegrou saber que a madre subpriora está melhor. Se precisar sempre de carne, pouco importa que a coma, mesmo durante a Quaresma, porque havendo necessidade não é ir contra a Regra; nisto não apertem. Virtudes peço a Nosso Senhor que lhes dê, atendendo a meus rogos, especialmente humildade e amor de umas com as outras, que é o essencial. Praza a Sua Majestade que nisto as veja eu crescidas. Peçam o mesmo para mim[3].

Véspera do Rei David. É hoje o aniversário de nossa chegada à fundação de Palência.

Às minhas meninas deem muitas lembranças; muito folgo de que tenham saúde e sejam tão bonitas. Recomendem-me aos senhores Ayanz. Estou muito contente com a melhora de Madre María de Cristo, assim como também de que tenham tão boas alfaias, já em tão pouco tempo[4].

Sempre que me escrevam deem-me notícias da saúde da sua senhoria.

De vossas caridades serva,

TERESA DE JESUS.

Recomendem a Deus a irmã Teresa de Jesus e a madre subpriora, que estão de cama; e a madre subpriora, bem mal[5].

---

1. *Vallejo:* D. Diego Vallejo.
2. *Essa santa:* Leonor de la Misericordia. *Priora:* Catalina de Cristo, Balmaseda.
3. *Subpriora:* Beatriz de Jesús, de Villalobos.
4. *Meninas:* Isabel de la Madre de Dios, filha de Roque de Huerta, e María de la Trinidad, Gante y Beamonte.
5. *Subpriora:* Isabel de San Pablo.

410. A UMA PESSOA DESCONHECIDA

Ávila, dezembro de 1581. Manifesta sentimento por não poder saudá-la.

Jhs

A graça do Espírito Santo esteja sempre com vossa mercê. Bem vejo que não mereço o favor de vossa mercê, a julgar pelo muito tempo que levei para responder a sua carta; só sei que é grande o meu desejo de ver a vossa mercê muito santa. Nenhuma coisa me escreve agora a priora sobre minha senhora D. Mariana, e, assim, creio que Sua Mercê já deve ter partido.

Espero no Senhor que, onde quer que ela esteja, servirá muito a Sua Majestade. O mesmo desejo eu fazer, e assim nos veremos onde não haverá temor de ausências. Estou desejosa de ver onde sua mercê de...

411. AO LICENCIADO DIONISIO RUIZ DE LA PEÑA, EM TOLEDO

Medina del Campo, 8 de janeiro de 1582. Participa-lhe ter encontrado em Medina Elena de Jesús, sobrinha do Cardeal. Viagem a Burgos.

Jhs

A graça do Espírito Santo esteja sempre com vossa mercê. Cheguei aqui a Medina del Campo na antevéspera de Reis, e não quis passar adiante sem participar a vossa mercê aonde vou, para o caso de me querer mandar alguma ordem. Suplico a vossa mercê que de minha parte beije as mãos a sua ilustríssima senhoria, e diga-lhe como achei com boa saúde a nossa irmã Elena de Jesús e as demais. É tão grande seu contentamento, que me fez louvar a Nosso Senhor; até engordou. Aliás é tão extrema a alegria que reina em todas, que bem se vê terem sido chamadas por Nosso Senhor. Seja Ele para sempre louvado. Beijam as mãos de sua ilustríssima senhoria muitas vezes; e eu e as demais temos particular cuidado de encomendar sua ilustríssima senhoria a Nosso Senhor, para que o guarde muitos anos.

Muito me consolam as boas notícias que por aqui ouço de sua ilustríssima senhoria. A Sua Divina Majestade apraza que vá sempre crescendo em santidade. Tão ajustada achei irmã Elena de Jesús e tão afeita às coisas da religião, como se fosse monja há muitos anos. Deus a tenha em sua mão, assim como as demais parentas de sua senhoria ilustríssima; que, por certo, são de estimar tais almas[1].

De nenhum modo pensei sair de Ávila, a não ser para a fundação de Madri. Foi, porém, Nosso Senhor servido de que algumas pessoas de Burgos tivessem tanto desejo de se fundar ali um destes mosteiros, que alcançaram licença do arcebispo e da cidade, e vou com algumas irmãs fazer essa fundação, que assim o quer a obediência e a Nosso Senhor apraz que me custe mais trabalho. Com efeito, estando eu em Palência, tão perto de Burgos, não foi servido de que então se fizesse, senão depois de minha volta a Ávila, e não é pequeno trabalho fazer agora tão longa viagem[2].

Suplico a vossa mercê peça a Sua Majestade que seja para sua honra e glória, pois se assim for, quanto mais se padecer, melhor; e não deixe vossa mercê de fazer-me saber da saúde de sua ilustríssima senhoria e da de vossa mercê, e tenha por certo: quanto maior for o número dos mosteiros, mais súditas terá sua ilustríssima, que o encomendarão a Deus N. Senhor.

Praza a Sua Majestade guardá-lo, segundo precisamos.

Partimos para Burgos amanhã.

A vossa mercê dê tanto amor seu quanto Lhe suplicamos, eu e estas irmãs.

---

1. *Senhoria:* D. Gaspar de Quiroga, cardeal arcebispo de Toledo. *Elena de Jesús*, Quiroga. *As demais:* Jerónima de la Encarnación, Vilarroel, filha de D. Elena; Ana de la Trinidad, sobrinha; María Evangelista, prima.
2. *Arcebispo:* D. Cristóbal Vela, arcebispo de Burgos.

Não me esqueça vossa mercê nos seus santos sacrifícios, por amor de Nosso Senhor; e faça-me o obséquio, no caso de ver a minha senhora D. Luisa de la Cerda, de dizer a Sua Senhoria que vou bem. Não tenho tempo para dizer mais.

É hoje 8 de janeiro.

Indigna serva de vossa mercê,

TERESA DE JESUS.

412. A IRMÃ LEONOR DE LA MISERICORDIA, EM SÓRIA

Palência, janeiro de 1582. Conselhos acerca da aridez de espírito que lhe sobreveio apenas vestiu o hábito. Já não lhe fazem falta as ternurazinhas. Como Deus prova os santos. Aproveite nas virtudes. D. Josefa, boa alma. Mudança do refeitório.

Jhs

Esteja com vossa mercê o Espírito Santo, minha filha! Oh! como quisera não ter mais cartas a escrever senão esta, para responder longamente à carta de vossa mercê que me veio pela Companhia, e também a última! Creia, minha filha: cada vez que vejo a letra de vossa mercê experimento particular contentamento; portanto não a tente o demônio para deixar de escrever-me.

Nessa tentação que tem vossa reverência — de pensar que anda desaproveitada —, há de achar grandíssimo proveito. Tomo o tempo por testemunha. Vejo que Deus a leva como a quem já guarda em seu palácio, e, sabendo que não O deixará, quer aos poucos dar-lhe mais e mais em que merecer. Pode ser que até agora tivesse mais ternurazinhas; e era preciso, porque assim queria Deus desapegá-la de tudo.

Faz-me lembrar uma santa que conheci em Ávila, e era verdadeiramente santa, segundo se entendia de sua vida. Por amor de Deus dera tudo quanto tinha, reservando apenas um cobertor com que se agasalhava e do qual também se desfez; e, sem mais nem menos, mandou-lhe Deus uma temporada de grandíssimos trabalhos interiores e aridez. Vendo isto, pôs-se a queixar-se muito a Ele e dizia: "Vós sois assim, Senhor? depois de me terdes deixado sem nada, vos retirais?" Portanto, filha minha, Sua Majestade é desses: paga os grandes serviços com trabalhos; e a paga deles não pode ser melhor, porque é o amor de Deus[1].

Eu o louvo, pois vossa reverência vai progredindo nas virtudes interiores. Deixe a Deus o cuidado de sua alma, esposa sua, que Ele dará boa conta e a levará por onde mais lhe convém. Acontece também que, pela novidade da vida e dos exercícios, parece fugir a paz, mas depois vem tudo por junto. De nenhum modo se aflija com isso. Aplique-se a ajudar a Deus a levar a cruz, e não se prenda aos confortos — que é de soldados mercenários o quererem logo a paga. Sirva de graça — como fazem os grandes — ao Rei. Com sua alma esteja o Rei do Céu.

Acerca de minha ida vou responder à senhora D. Beatriz, dando as informações necessárias[2].

Esta sua D. Josefa é boa alma, por certo, e muito própria para nós; mas é de tanto proveito naquela casa, que não sei se fará mal em procurar sair dela; por isso, e também por receio de dar começo a inimizades, oponho-me quanto posso. Se o Senhor o quiser, ela virá[3].

A esses senhores, irmãos de vossa reverência, que eu conheço, minhas recomendações.

Deus a guarde, e a faça tal como desejo.

De vossa reverência serva,

TERESA DE JESUS.

---

1. *Uma santa:* María Díaz.
2. *D. Beatriz* de Beamonte, fundadora de Sofia.
3. *D. Josefa:* monja que queria passar às Descalças, parente de Leonor de la Misericordia.

Esqueci-me de dizer quão satisfeito com vossa caridade ficou nosso padre: não cansa de louvá-la. Também me esqueci de perguntar à madre priora: por que razão não muda o refeitório para o andar de baixo? Se usarem estrados, ficará bom; e para as que tratam da comida é muito trabalho o terem de levar para cima lenha e água e o demais. Parece-me que, desse modo, terão mais comodidade[4].

413. A D. CATALINA DE TOLOSA, EM BURGOS

Palência, 16 de janeiro de 1582. Próxima chegada a Burgos. Antes de mais nada, visitarão o Santo Cristo, e poderão se hospedar depois em casa de D. Catalina. Leva consigo uma filha de D. Catalina, monja de Valladolid. Vão oito irmãs.

Jhs

A graça do Espírito Santo esteja com vossa mercê. Chegando a Valladolid, pedi logo à madre priora de lá que o comunicasse a vossa mercê. Tive de demorar-me ali quatro dias, por estar muito indisposta, pois, além de um grande resfriado que me deu, fui acometida de um pouco de paralisia. Apesar de tudo, assim que me vi melhor, parti; porque tenho medo de fazer vossa mercê esperar, assim como também essas minhas senhoras, cujas mãos beijo muitas vezes, suplicando a suas mercês não me culpem pela tardança, e a vossa mercê peço o mesmo. Se soubessem como estão os caminhos, talvez me culpassem mais por ter vindo. Ainda agora não estou muito boa, mas, espero em Nosso Senhor, não será motivo que me impeça de ir com brevidade, se o tempo melhorar um pouco, pois dizem que o caminho daqui até Burgos é muito penoso, e não sei se o padre provincial vai querer que sigamos, embora muito o deseje, enquanto não me vir melhor. Beija as mãos de vossa mercê e está ansioso por conhecê-la. Sente-se muito obrigado a encomendar vossa mercê a Deus, por tudo o que está fazendo pela Ordem[1].

Se vossa mercê precisar dar-nos algum aviso, faça-me o favor de enviá-lo por um próprio, que pagaremos aqui, pois para coisas semelhantes pouco importam os gastos que se fizerem; e poderia acontecer, se o tempo estiver bom como hoje, partirmos sexta-feira, de manhã, e não chegar a tempo a carta pelo correio ordinário. Se vossa mercê nada tiver enviado, partiremos, sendo o itinerário o que vou dizer.

Sua paternidade não quer que deixemos de ver o Crucifixo de Burgos, e, portanto, dizem que, antes de entrarmos na cidade, havemos de ir lá. Logo mandaremos aviso a vossa mercê, ou um pouco antes, a fim de entrarmos em sua casa com o maior segredo possível, esperando até à noite se preciso for. Logo irá nosso padre pedir ao bispo que nos dê a bênção, para no outro dia celebrar-se a primeira missa; pois, até então, creia vossa mercê, é melhor que ninguém o saiba. Sempre costumo fazer assim, na maior parte das fundações. Cada vez que me lembro o que Deus tem feito por nós, fico pasma, e vejo que tudo é devido às orações. Seja Ele para sempre louvado! Praza a Sua Majestade guardar vossa mercê; seguro tem grandíssimo prêmio pela obra que faz[2].

Não pense que me custou pouco o trazer Asunción comigo, tal foi a resistência da comunidade. Contente vem ela, a meu parecer. Sua irmã ficou boa. Eu lhe disse que voltaríamos depressa. A priora daqui beija a vossa mercê as mãos, assim como as que vão comigo. São cinco para ficarem aí; e minhas duas companheiras e eu. Ao todo vamos oito. Não se preocupe vossa mercê com as camas, que em qualquer parte caberemos até nos acomodarmos. A estes anjos achei alegres e com saúde[3].

---

4. *Priora:* Catalina de Cristo, Balmaseda.
1. *Priora:* María Bautista. *Minhas senhoras:* as filhas de D. Catalina. *Padre Provincial:* Jerónimo Gracián.
2. *Bispo:* D. Cristóbal Vela, arcebispo de Burgos.
3. *Asunción:* Catalina de la Asunción, filha de D. Catalina. *Irmã:* Casilda de San Angelo, filha também de D. Catalina. *Priora:* Inés de Jesús, Tapia; *São cinco:* Tomasina Bautista, Inés de la Cruz, Catalina de Jesús, Catalina de la Asunción e María Bautista. *Duas companheiras:* Ana de San Bartolomé e Teresa de Jesús, Ahumada.

Deus as guarde, e vossa mercê, durante muitos anos; e de nenhum modo se aflija com minha indisposição, pois muitas vezes estou assim, e geralmente passa depressa.

É hoje véspera de Santo Antão.

Indigna serva de vossa mercê,

TERESA DE JESUS.

414. A D. BEATRIZ DE OVALLE, EM ÁVILA

Burgos, janeiro de 1582. Congratula-se por D. Beatriz ter saído de Alba e estar vivendo em Ávila com seus tios.

Bem se vê quão diferentes são os cuidados de vossa mercê e os que eu tenho. Se nada enviei, saiba que foi por não ter podido. Fiquei consolada e tenho dado graças a Deus por se achar vossa mercê tão bem em casa do Senhor Perálvarez, seu tio. Dê-lhe muitos recados de minha parte e agradeça-lhe muito por mim o favor que ele e sua mulher fazem a vossa mercê. Não tenho tempo de escrever-lhes agora; escreverei outro dia em que haja estafeta. Grande misericórdia de Deus foi ter vossa mercê se livrado da peste daquela mulher.

415. A MADRE MARÍA DE S. JOSÉ, EM SEVILHA

Burgos, 6 de fevereiro de 1582. Dificuldades para fundar em Burgos. Pedro de Tolosa, irmão de D. Catalina, é portador da carta. Pela mesma via pede-lhe o dinheiro de D. Lorenzo, de que tinha necessidade. "Teresita está um primor de perfeição." Trabalhos do caminho. Doença de garganta da Santa.

Jesus esteja com vossa reverência, filha minha, e a guarde para mim. Amém. Escrevo esta de Burgos, onde estou agora. Faz doze dias cheguei, e ainda não se deu início à fundação, por haver algumas contradições; é mais ou menos o que aí se passou. Quanto a mim, vou prevendo o muito que se há de servir a Deus neste mosteiro. Tudo o que agora acontece, redundará em nosso maior bem, e tornará mais conhecidas as Descalças. Como este lugar é capital de um reino, talvez nem tivessem notícia de nós se entrássemos em silêncio; de modo que este ruído e contradição não será prejudicial, e até já andam algumas pretendentes querendo entrar, quando ainda nem está feita a fundação. Encomende-o vossa reverência a Deus, juntamente com as irmãs.

Quem entregará a vossa reverência esta carta é irmão de uma senhora que nos hospeda e serviu de meio para virmos a esta cidade. Devemos-lhe muito; tem quatro filhas monjas em nossas casas, e as outras duas que restam, penso, farão o mesmo. Conto-lhe isto para que vossa reverência lhe mostre muito agrado, se ele aí for; chama-se Pedro de Tolosa.

Por seu intermédio, pode vossa reverência responder-me, e até remeter-me o dinheiro; e, por caridade, empregue nisto toda a diligência que puder, e mande toda a quantia, porque me comprometi por escritura a pagar tudo este ano. Não envie o dinheiro pela mesma via que os outros, pois me zangarei com vossa reverência. Por meio de Pedro de Tolosa, virá em segurança: basta entregar-lho, e ele mo dará aqui. Se puder obsequiá-lo em alguma coisa, faça-o por caridade, que nada perderemos, e sua irmã o merece.

Nosso padre aqui se acha, e muito nos tem valido para tudo o que se oferece. Está passando bem sua reverência. Deus o guarde, tanto quanto nos é necessário. Trago também Teresita comigo, pois me disseram que seus parentes queriam tirá-la do convento, e não ousei deixá-la. Está um primor de perfeição. Recomenda-se a vossa reverência e a todas as irmãs. A estas diga muito de minha parte, pedindo-lhes que não deixem de recomendar-me a Deus. As irmãs que trouxe para cá lhes mandam lembranças. São muito boas monjas, e com grande espírito sofrem os trabalhos.

Pelo caminho se nos ofereceram numerosos perigos, porque o tempo estava péssimo, e os arroios e rios, tão cheios que era temeridade viajar. Deve ter-me feito algum mal, pois desde Valladolid vim com uma dor de garganta muito forte, que ainda me dura, e, apesar dos remédios que aplicaram, não passou de todo. Já estou melhor, mas não posso comer coisa de mastigar. Não se aflijam; com a graça de Deus, passará depressa se pedirem por mim ao Senhor. É esta a causa de não lhes escrever de próprio punho. A irmã que me serve de secretária pede a vossa reverência que, por caridade, todas a recomendem a Deus[1].

Ele me guarde vossa reverência e a faça santa. Amém.

É 6 de fevereiro.

Indigna serva de vossa reverência,

TERESA DE JESUS.

Olhe que me responda longamente, pois pelo portador desta o pode fazer. Há muito não vejo letra sua. À madre subpriora e a todas me recomendo[2].

416. AO LICENCIADO MARTÍN ALONSO DE SALINAS, EM PALÊNCIA

Burgos, 1º de março de 1582. As Descalças no Hospital de la Concepción. Dificuldades do arcebispo. Receiam os Padres da Companhia visitar as Descalças até que elas tenham casa própria. Sobre a aquisição de uma casa para convento.

Jhs

A graça do Espírito Santo esteja com vossa mercê. Vamos indo bem no hospital, glória a Deus. Aqui me recordo do muito que vossa mercê merece no seu. Grande coisa é tratar de semelhante obra. Bendito seja Deus que assim se lembra dos pobres; verdadeiramente me sinto consolada.

O arcebispo mandou visitar-me, indagando se desejo alguma coisa. Para minha consolação diz que, em atenção ao Bispo de Palência e a mim e aos que lho têm pedido, por fim dará a licença quando tivermos casa, mas será inevitável voltar para onde estávamos. Isto faz suspeitar que muitos têm intercedido em nosso favor[1].

Esses padres queixam-se de mim pelo que escrevi ao senhor cônego, e defendem-se muito, dizendo que nunca fizeram tal coisa. Não sei quem o pode dizer a eles, mas pelo que me toca não dou muita importância. Foram agora ver Catalina de Tolosa, assim que saímos de sua casa, e mandaram-me dizer que não me cansasse em procurar que nos venham ver; porque, a não ser que o geral de Roma assim o ordene, eles não virão até que tenhamos mosteiro. Não querem, dizem eles, dar a pensar que sua Ordem e a nossa são uma só (veja vossa mercê que ideia!), e alegam que meia Palência anda desassossegada por causa do que eu escrevi. Conto isto para que o saiba o senhor cônego Reinoso; mas suplico a vossas mercês que não me defendam neste negócio. Eles devem ter suas razões; algum dia virão para cá outros de melhor humor[2].

O caso é que, se quisermos fundar, havemos de ter casa, e para adquiri-la estamos à espera das renúncias dessas irmãs. De outra forma, não é possível, por mais que o queira Catalina de Tolosa, e embora nos regale muito aqui onde estamos e tenha grande cuidado de nós. Andamos agora tratando de uma que prometem vender por dois mil ducados; e é baratíssima porque está muito bem construída, e durante longos anos nada quase será preciso fazer nela. O inconveniente é estar muito mal situada. Chama-se Fulano de Mena, o dono. Mas parece que não nos querem ver muito em evidência; e aqui há tanta falta de terrenos que, embora este tenha alguns defeitos, muito o desejamos.

---

1. *Secretária:* Ana de San Bartolomé.
2. *Subpriora:* Leonor de San Gabriel.
1. *Arcebispo:* D. Cristóbal Vela, de Burgos. *Bispo:* D. Alvaro de Mendoza.
2. *Esses padres:* jesuítas de Burgo. *Cônego:* D. Jerónimo Reinoso. *Geral:* Juan Bautista Caffardo.

Tinha acabado de escrever isto quando me mandaram dizer que, além dos dois mil ducados, havemos de pagar nove mil maravedis de censo; e para remir este precisaremos de seiscentos ducados. Isto nos desanimou; conquanto valesse a pena se dispuséssemos dessa quantia, porque em muitos anos nada teríamos que gastar na casa e acharíamos feita uma linda igreja. Diga-me vossa mercê o que lhe parece, e também como está passando, porque eu estava acostumada a ver com frequência cartas de vossa mercê, e não me acostumo.

O senhor cônego Reinoso tenha esta carta por sua. A vossa mercê me guarde Nosso Senhor, como Lhe suplico. Amém.

É hoje 1º de março.

Indigna serva de vossa mercê,

TERESA DE JESUS.

417. AO PADRE NICOLÁS DORIA, EM MADRI

Burgos, março de 1582. Sente "dissabor" por estar sem este religioso, e desculpa ao Padre Gracián por lhe ter dado novo cargo. Em que consiste o acerto do governar. "Não se faça de escrupuloso".

Jesus esteja com vossa reverência, meu padre. Provação é para mim andar por lugares tão apartados; e o estar sem vossa reverência muito dissabor tem-me dado. Praza a Deus conceder-lhe saúde. Muita necessidade deve ter havido nessa casa, para ter nosso padre apartado de si a vossa reverência. Muito me contentou a humildade da carta de vossa reverência, mas nem por isso pretendo fazer o que pede, para que aprenda a padecer. Olhe, meu Padre, todos os princípios são penosos, e assim o será esse por enquanto a vossa reverência[1].

Desse inconveniente que, segundo vossa reverência me diz, trazem consigo as letras, grande desgraça seria se, em quem as tem tão poucas, já se verificasse essa falta. Quem tão depressa dá mostras disso, melhor fora nada saber. Não pense vossa reverência que consista o acerto do governar em conhecer sempre suas faltas: preciso é que se esqueça de si muitas vezes e se lembre de que está em lugar de Deus, para fazer seu ofício. Ele dará o que lhe falta, pois assim faz com todos; e nenhum deve haver inteiramente perfeito. Não se faça de escrupuloso, nem deixe de escrever a nosso padre tudo o que lhe parecer.

Há pouco mandei outro pacote de cartas a sua reverência por meio da senhora D. Juana[2].

Deus guarde vossa reverência e o faça tão santo quanto Lhe suplico. Amém.

De vossa reverência serva,

TERESA DE JESUS.

418. AS IRMÃS ISABEL DE LA TRINIDAD E MARÍA DE S. JOSÉ, EM PALÊNCIA

Burgos, março de 1582. Agradece às duas irmãs por terem renunciado à sua legítima em favor da fundação de Burgos. Grande obra fizeram! Elenita de Tolosa, irmã de ambas, será Descalça.

Jhs

Esteja com Vossas Caridades o Espírito Santo, filhas minhas. Recebi a carta que me enviaram e a escritura. Sempre que me escreverem será consolo para mim; e também teria eu em responder-lhes se não tivesse tantas ocupações que me impedem de o fazer todas as vezes.

---

1. *Nessa casa:* o convento de Pastrana do qual Nicolás Doria fora nomeado prior. *Nosso padre:* Jerónimo Gracián.
2. *D. Juana* Dantisco, mãe de Pe. Gracián.

Alegrei-me de vê-las já fundadoras, porque, asseguro-lhes, a não me acudirem nesta necessidade, não sei de que meio poderia lançar mão para comprar casa, e a senhora Catalina de Tolosa, embora o queira, não pode fazer mais do que faz. E assim, foi ordenação de Deus poderem vossas caridades fazer isto. Com efeito, recusando-se o arcebispo a dar licença sem termos casa própria, sem termos com que principiar a comprá-la, imaginem o que seria de nós. Com essa ajuda, ainda que se vá dando aos poucos, compraremos uma boa, com o favor de Deus[1].

Louvem-no muito, filhas minhas, por darem começo a uma obra tão grande, pois nem todas merecem esta mercê que Ele fez, à mãe e às filhas. Não se aflijam com o que temos passado aqui; nisto se vê quanto pesa ao demônio; e tudo redundará em maior prestígio para esta casa. Espero em Deus que, apenas a tenhamos própria, o arcebispo dará licença. Nunca, minhas filhas, tenham pesar do que padecemos, pois há tão grande lucro.

Saiba que Elenita de Jesús há de ser grande monja. Está conosco e nos dá muito contentamento. Teresa está melhor e recomenda-se muito a vossas caridades; e madre Tomasina e todas nós lhes agradecemos muitíssimo o que fizeram, e as encomendaremos a Deus[2].

Sua Majestade as guarde para mim, amém! e as faça santas.

De Vossas Caridades,

TERESA DE JESUS.

419. A MADRE MARÍA DE S. JOSÉ, EM SEVILHA

Burgos, 17 de março de 1582. O campanário das Descalças de Sevilha. Elogios à Madre Priora. A Santa se sente velha.

Jhs

Achei graça de ver como está importante com seu campanário; e tem razão se ele campeia tanto como diz vossa reverência. Espero em Deus que essa casa há de ir muito adiante, porque padeceram muito. Vossa reverência diz tudo tão bem que, se houvessem de seguir meu parecer, depois de eu morta a elegeriam fundadora; e ainda eu viva, de muito boa vontade o aprovaria, pois sabe muito mais do que eu, e é melhor. Esta é a pura verdade. Em ter um pouco mais de experiência levo-lhe vantagem; mas de mim já pouco se deve fazer caso, pois se espantaria de ver como estou velha, e quase sem préstimos etc.

420. AO PADRE AMBROSIO MARIANO DE S. BENITO, EM LISBOA

Burgos, 18 de março de 1582. Roga-lhe que obtenha do Núncio faculdade para lhe dizerem Missa em casa até completar-se a fundação. O arcebispo avesso a dar licença. Procedimento do Pe. Antonio de Jesús.

Jhs

Esteja com vossa reverência o Espírito Santo, meu padre. Há pouco, escrevi a vossa reverência, e nosso padre já lhe terá relatado o que se passou aqui com o arcebispo, e como este exigiu que comprássemos casa. Glória a Deus, já a adquirimos, e muito boa, e queremos sair deste hospital, por estarmos muito apertadas e irmos entendendo em que há de parar este negócio[1].

A casa pareceu boa ao arcebispo, que manifestou contentamento; mas todos desconfiam que não há de fazer mais do que até aqui. Por isso quisera eu obter licença do núncio para a missa nos ser celebrada em casa, com isto sofreríamos bem essas delongas. É por esta razão que escrevo à duquesa uma carta, que vai com esta, pedindo que nos dê umas palavras de recomendação. Vossa

---

1. *Fundadoras*: concede-lhes este título honorífico por terem contribuído para a compra da casa de Burgos.
2. *Elenita*: Elena de Jesús, filha de D. Catalina de Tolosa e irmã das destinatárias. *Teresa* de Jesús, Ahumada. *Tomasina* Bautista.

1. *Nosso padre*: Pe. Jerónimo Gracián. *Arcebispo*: D. Cristóbal Vela. *Hospital*: Concepción de Burgos.

reverência a leia e lha remeta por caridade, fechando-a primeiro; e empregue diligência para obter a resposta, a qual enviará vossa reverência a Madri, ao Pe. Nicolao ou a Juan López, informando-os do que hão de fazer para com brevidade se alcançar a licença. Olhe que nos fará grandíssima caridade, porque, embora haja igreja perto, é duro ter de sair de casa para ouvir Missa².

Se vossa reverência achar que o duque o faria se lho pedisse em meu nome, seria o meio de com mais brevidade o alcançarmos; e penso ser coisa fácil, pois, conforme digo nessa carta à duquesa, há na casa uma capela que não serviu para outro fim senão para dizer missa. Todavia também na outra onde queríamos fundar tinha estado o Santíssimo Sacramento durante quatorze anos, todo o tempo que lá esteve a Companhia, e jamais consentiu nisso. E se ouvisse vossa reverência suas boas palavras e como assegura quanto o deseja! Poderia se dizer não haver mais necessidade de pedir. Parece que não está em suas mãos. Por certo que pesa muito esta fundação ao demônio, e não é justo deixá-lo conseguir seu intento, pois já temos casa. Enquanto isto, poderíamos esperar muito tempo, e, de cansado, acabaria por dar licença³.

Muito desejo saber se vossa reverência entregou minhas cartas a esses senhores e se alcançou alguma coisa. Em todo caso nada se perde em fazer essa diligência. Por caridade, não se descuide vossa reverência de fazer-me esta mercê.

Fiquei tão desgostosa com o procedimento do padre frei Antonio, que me determinei a escrever-lhe a carta que vai com esta. Se parecer a vossa reverência que não ficará muito tentado, feche-a e remeta-lha com estas outras, porque não sei outro meio para as enviar.

Ao senhor licenciado Padilla muitas saudações, e também ao padre frei Antonio de la Madre de Dios. Estas irmãs as enviam a vossa reverência. Deus o guarde e o faça tão santo quanto Lhe suplico.

De Burgos, em 18 de março.

De vossa reverência serva,

TERESA DE JESUS.

421. A D. ALVARO DE MENDOZA, BISPO DE PALÊNCIA

Burgos, 13 de abril de 1582. Uma carta de D. Alvaro acerca da fundação de Burgos. O arcebispo quer dizer a primeira Missa. Agradece por ter escrito em ocasião tão penosa para ele. Pede a Deus dar-lhe saúde para tanto como trabalha no governo da diocese.

Jhs

A graça do Espírito Santo esteja com vossa ilustríssima senhoria. Alegrou-se tanto o arcebispo com a carta de vossa ilustríssima senhoria, que logo se deu muita pressa em concluir este negócio antes da Páscoa, sem que alguém mais lho pedisse; e quer dizer ele mesmo a primeira missa e benzer a igreja. Por esta causa terá de ficar a cerimônia, ao que me parece, para o último dia de Páscoa, por estarem ocupados todos os outros dias. As diligências exigidas pelo provisor já foram feitas; quase mais nada falta. Todas são bem novas para mim. Indagaram da primeira paróquia, para ver se lhe resultaria prejuízo com nossa vinda. Responderam que, pelo contrário, fariam por nós tudo quanto pudessem. Já tudo está acabado, e escrevi ao arcebispo agradecendo. Seja Deus louvado, que a todos parecia coisa impossível; não, porém, a mim, que sempre o tive por feito; e assim, fui a que menos padeceu[1].

Todas beijam muitas vezes as mãos de vossa ilustríssima senhoria, pois as tirou de tão grande trabalho. Foram tais seus regozijos e louvores a Nosso Senhor, que eu bem quisera as visse

---

2. *Duquesa:* D. María Enríquez de Toledo, duquesa de Alba. *Núncio:* Felipe Sega. *D. Juan Lopéz* de Velasco.
3. *Duque:* D. Fernando Alvarez de Toledo, duque de Alba.
1. *Arcebispo:* D. Cristóbal Vela, de Burgos. *Provisor:* podem ser D. Francisco del Corro ou D. Luis Melgarejo, ambos mencionados no testamento de D. Cristóbal Vela.

vossa senhoria. Seja Ele sempre louvado, que deu a vossa senhoria caridade que foi bastante para vencer-se a ponto de escrever aquela carta ao arcebispo; e, como o demônio via o fruto que havia de produzir, suscitava maior contradição; mas de pouco lhe valeu, porque nosso poderosíssimo Deus sempre há de fazer o que quer.

Praza a Sua Majestade dar a vossa senhoria saúde para tanto trabalho como há nestes dias. Sempre o trago presente, e todas rezamos muito nesta intenção. Por trabalhoso que seja um sínodo, vossa senhoria não recuou, e fez muito bem, que Deus lhe dará forças para tudo. Grande lucro é para as irmãs o terem aí a vossa senhoria. E não falta quem as inveje.

Alegro-me com as boas Palavras que terão. Nosso Senhor as dê a vossa senhoria por muitos anos, e com tanta saúde quanto necessário para toda esta Ordem. Amém.

É hoje Sexta-feira da Cruz.

No último dia de Páscoa será celebrada a primeira missa, com o favor de Deus. E talvez antes, se o arcebispo puder.

Indigna serva e súdita de vossa senhoria ilustríssima,

TERESA DE JESUS.

422. A D. FADRIQUE ALVAREZ DE TOLEDO, EM ALBA DE TORMES

Burgos, 18 de abril de 1582. Alegra-se com a esperança de sucessão do Duque e faz votos para que a Duquesa tenha um feliz sucesso. Toma parte nas alegrias e tristezas dos Duques.

Jhs

A graça do Espírito Santo esteja com vossa senhoria ilustríssima. Do contentamento de vossa senhoria, tanta parte me coube que resolvi dá-lo a conhecer a vossa senhoria; porque, asseguro, foi muito o meu contentamento. Praza a Nosso Senhor completá-lo, concedendo feliz sucesso a minha senhora a duquesa; e a vossa senhoria guarde muitos anos com perfeita saúde[1].

A sua excelência beijo mil vezes as mãos, suplicando-lhe que não tenha medo, senão antes muita confiança, pois Nosso Senhor, que nos começou a fazer mercê, a fará inteiramente até o fim. De pedir esta graça a Sua Majestade terei eu muito particular cuidado, e o mesmo terão as irmãs.

Os trabalhos e pouca saúde em que tenho vivido desde a última vez que escrevi a sua excelência, e o ter recebido por diversos modos notícias da saúde de vossas excelências, lhes dará ocasião talvez de me terem por descuidada; mas a verdade é que não os esqueci em minhas pobres orações — valham elas o que valerem! Pelo contrário, tenho sido muito atenta, e assim o farei sempre; e as enfermidades de vossa senhoria tenho sentido muito ternamente. Praza a Deus tenham acabado, e que o Senhor guarde por muitos anos a ilustríssima pessoa de vossa senhoria.

De Burgos, em 18 de abril.

Indigna serva de vossa senhoria ilustríssima,

TERESA DE JESUS.

423. A MADRE MARÍA DE LOS ANGELES, EM TOLEDO

Burgos, 23 de abril de 1582. Feita a fundação de Burgos, insiste na conveniência de que o Cardeal Quiroga conceda por escrito a licença para a de Madri.

Jhs

…que a vinda do rei parece tardar; e suplico-lhe dar-lhe conta em meu nome de como se fez bem esta fundação, apesar das delongas do arcebispo. Enfim, combine lá o que lhe parecer. E se

---

1. *Duquesa:* D. María de Toledo y Colonna, mulher de D. Fadrique.

não estiver aí a senhora D. Luisa, escreva-lhe isto de minha parte, que não tenho agora tempo para escrever-lhe pessoalmente. Muito sinto seus trabalhos[1].

Deus conceda a vossa reverência o descanso que lhe desejo. Em suma, é amiga velha que, ao me ver atribulada, não o pode sofrer; bem mo deve.

É dia de São Jorge.

De vossa reverência serva,

TERESA DE JESUS.

Recomendo-me muito a madre Brianda de S. José…[2]

424. AO CÔNEGO DIEGO MONTOYA, EM ROMA

Burgos, maio de 1582. Desculpa-se de não lhe ter escrito antes e dá-lhe os parabéns pelo casamento de sua irmã. Não é mau que por entre as prosperidades envie Deus algum trabalho.

Jhs

A graça do Espírito Santo esteja com vossa mercê. Tenho andado, desde que vossa mercê se ausentou da Espanha, com tantas ocupações e pouca saúde que bem posso ter desculpa de não lhe haver escrito; contudo não deixou de caber-me parte do seu contentamento pelo bom cunhado que Nosso Senhor deu a vossa mercê, segundo me comunicou a senhora D. María, mandando ao mesmo tempo encomendar a Deus alguns negócios de vossa mercê, pois, parece, não lhe têm faltado trabalhos. Seja por tudo bendito![1]

Estas irmãs e eu o temos feito, e desejo saber se a tempestade cessou. Eu, apesar de tão ruim, tenho e terei sempre este cuidado, como é de minha obrigação.

Não tenho por mau que, entre as properidades, envie Deus alguma adversidade, pois por este caminho tem levado todos os seus escolhidos. Por aqui agora, parece, estamos em paz, como saberá vossa mercê por Pe. Nicolao de Jesús María, portador da presente carta. E porque de sua reverência saberá tudo o que eu aqui poderia dizer, não me alargo mais com vossa mercê, cuja ilustre pessoa guarde Nosso Senhor e faça progredir em seu serviço[2].

Indigna serva de vossa mercê,

TERESA DE JESUS.

Do bom Bispo de Canárias não tive mais notícia desde pouco antes de embarcar. Estava bom.

425. A D. PEDRO MANSO, EM BURGOS

Burgos, maio de 1582. Desculpa Pe. Gracián por não ter podido despedir-se do Cônego. Com muita graça convida Doutor Manso a visitar as Descalças. Tomada de hábito da primeira noviça carmelita em Burgos.

Jhs

A graça do Espírito Santo esteja com vossa mercê. Mandou-me nosso padre provincial dizer a vossa mercê que recebeu uma carta com a notícia de que seu pai, de caminho para Roma, viria falar-lhe em Sória; e assim teve de partir esta manhã sem mais demora. Muito queria ver vossa mercê, mas ontem esteve tão ocupado que não foi possível. Suplica a vossa mercê o encomende a Deus. Ficamos muito sozinhas; por isso rogo a vossa mercê que se lembre daqui em diante de que

---

1. *Vinda do rei:* Felipe II estava em Portugal por esses dias. *Dar-lhe conta:* ao cardeal arcebispo de Toledo, D. Gaspar de Quiroga. *Arcebispo:* D. Cristóbal Vela. *D. Luisa* de la Cerda.
2. *Brianda de S. José:* antiga priora de Malagón, enferma em Toledo.

1. *Se ausentou da Espanha:* o destinatário fora para Roma, pois era um agente da Inquisição destacado para o caso da reforma do Carmelo. *D. María* de Montoya, mãe de D. Diego de Montoya.
2. *Nicolao de Jesús María:* Nicolás Doria, que ia à Itália prestar obediência ao Geral.

tem filhas, entre as quais estou eu, tão ruim, que tenho necessidade de não ser esquecida. A madre priora beija as mãos de vossa mercê; o mesmo fazem todas[1].

Sexta-feira, dizem, será a tomada de hábito. O ilustríssimo o dará. Deus nos dê a Si mesmo, para que não se sintam essas ausências; e a vossa mercê guarde com muito aumento de santidade. Antes de vossa mercê tratar com algum clérigo para nos servir de capelão, é preciso falar comigo; mas se encontrar algum, aproveite a ocasião[2].

Indigna serva e súdita de vossa mercê,

TERESA DE JESUS.

426. A IRMÃ LEONOR DE LA MISERICORDIA, EM SÓRIA

Burgos, maio de 1582. Aconselha-me que trate com toda sinceridade das coisas de sua alma com Pe. Gracián, que ia a Sória. Sobre o casamento de D. Francés de Beaumont. Lembranças. A fundação de Pamplona.

Jhs

A graça do Espírito Santo esteja com vossa caridade, filha minha. Embora seja perto de uma hora da madrugada enquanto escrevo isto, não quis deixar de enviar-lhe esta carta. Tenho desejado encontrar mensageiro para esse lugar, e até já lhes escrevi, mas não sei que fim levam as cartas, e por aí são bem pouco solícitas em escrever-me. Agora o portador desta é de confiança e dará a vossa caridade relação do que se passa por cá. Eu quisera que vossa reverência desse conta de si ao pai de sua alma, e muito se consolasse com ele, usando de toda sinceridade, porque de todas as maneiras sabe dar alívio. Alegrei-me de saber que vossa caridade o conhece[1].

Como há de voltar o moço que leva esta, avise-me vossa reverência, por caridade, se está contente e de tudo o mais. Muitas vezes ofereço sua alma a Nosso Senhor. Conte-me o que resolveu o Senhor D. Francés, pois me disseram que ele ainda não está determinado a não se casar; fiquei muito admirada, e desejo que acerte em servir a Nosso Senhor[2].

A senhora D. María de Beaumont está mal, já faz algum tempo. Escreva-lhe vossa mercê, e à senhora D. Juana. Agradeça-lhes os benefícios que nos têm feito, e fique com Deus, que a cabeça já não aguenta mais. Ao Pe. Vallejo dê vossa caridade um grande recado meu, pedindo-lhe, em meu nome, que diga a nosso padre tudo o que lhe parecer necessitar de emenda nessa casa[3].

De vossa reverência serva,

TERESA DE JESUS.

Com nosso padre pode vossa reverência tratar do que se refere a Pamplona. O Senhor o guie, se há de ser para seu serviço. No caso de se haver de construir desde o princípio, não me parece conveniente.

427. A PEDRO JUAN CASADEMONTE, EM MADRI

Burgos, 14 de maio de 1582. Trabalhos na fundação de Burgos. Desejos de realizar a de Madri.

Jhs

A graça do Espírito Santo esteja com vossa mercê. Haverá três dias recebi uma carta de vossa mercê, com a qual muito me alegrei por saber que está com saúde. Dê-lha Nosso Senhor como

---

1. *Provincial:* Pe. Jerónimo Gracián. *Seu pai:* D. Diego Gracián de Alderete. *Priora:* Tomasina Bautista, priora de Burgos.
2. *Tomada de hábito:* vestição de D. Beatriz de Arceo pelo arcebispo de Burgos, D. Cristóbal Vela, em 11 de maio.
1. *Portador:* Pe. Jerónimo Gracián.
2. *D. Francés* de Ayanz.
3. *D. Juana* Beamonte. *Vallejo:* Pe. Diego Vallejo, confessor das Descalças de Sória.

Lhe suplico, pois não precisa insistir comigo neste ponto, tendo eu tanta obrigação. Da pouca saúde da senhora D. María nada quero dizer, porque vejo que pretende Nosso Senhor que ela e vossa mercê tirem muito fruto de tão contínuos trabalhos. Ainda que eu tenha tido aqui alguns, esses de vossa mercê me afligiram mais. Com efeito, tenho andado com uma doença que muito me abate, e ainda não estou livre[1].

Bem creio que de todo o bem desta Ordem se folgará vossa mercê: pague-lho Nosso Senhor como pode. Muito mais contente ficaria com o próspero fim deste negócio, se tivesse visto os trabalhos que passamos. Bendito seja Ele que assim fez! À senhora D. María beijo as mãos.

Desejo muito a fundação nesse lugar, e faço as diligências a meu alcance. Quando Nosso Senhor for servido, tudo se arranjará; até então pouco é o que posso fazer[2].

Estas cartas me enviaram de Granada para vossa mercê.

Nosso Senhor guarde a pessoa de vossa mercê por muitos anos.

De Burgos, desta casa de S. José, 14 de maio.

Serva de vossa mercê,

TERESA DE JESUS.

428. A ROQUE DE HUERTA, EM MADRI

Burgos, 18 de maio de 1582. Pede-lhe que entregue a carta acima a Casademonte. Pe. Gracián vai para Sória.

Jesus esteja com vossa mercê. Por não saber a pousada de Casademonte, não posso deixar de dar a vossa mercê este trabalho…

Nosso padre esteve aqui a semana passada e vai bem; foi a Sória e depois terá de dar alguns rodeios, o que me traz penalizada, porque muito tempo se passará sem que saibamos dele…

429. A D. JERÓNIMO DE REINOSO, EM PALÊNCIA

Burgos, 20 de maio de 1582. Desgostos com alguns Padres da Companhia. "Muito interesse deve ter o demônio em nos desavirmos". Corria o boato de que o Geral da Companhia viria à Espanha. Roga-lhe que lhe devolva os manuscritos que lhe confiara.

Jhs

A graça do Espírito Santo esteja com vossa mercê. Sempre que vejo carta sua sinto-me consolada, e tenho pena de não poder descansar muitas vezes escrevendo-lhe, como agora. Já sei que vossa mercê bem o compreende, e contudo pesa-me não poder fazer mais.

Por essa carta que aí vai, escrita ao padre reitor Juan del Aguila, a qual lhe mostrará a madre priora, verá vossa mercê alguma coisa do que se passa com a Companhia. Verdadeiramente parece que se começa a urdir inimizade. Tudo vem do demônio, que faz parecer culpas aquilo que me deviam agradecer; levantam-me acusações bem grandes, e afinal tudo vai parar nesses malfadados interesses! Alguns poderiam dar testemunho até do que eu disse, e quis, e procurei — e já é muito não dizerem que pensei —; e como estou certa de que não dirão mentira, vejo claramente que o demônio deve andar fazendo este enredo[1].

Agora disseram a Catalina de Tolosa que não queriam tratar com as Descalças, para não se contagiarem com nosso modo de oração. Muito interesse deve ter o demônio em desavir-nos, pois tão depressa põe mãos à obra! Também a ela contaram que vinha à Espanha o Geral deles, e já tinha desembarcado. Lembrei-me de que é amigo do senhor D. Francisco. Se por meio deste

---
1. *D. María:* mulher de D. Pedro Juan Casademonte.
2. *Nesse lugar:* Madri, onde a Santa tenta estabelecer por todos os meios uma de suas fundações.
1. *Priora:* Inés de Jesús.

se pudesse desfazer essa trama e impor silêncio, manifestando a verdade, seria grande serviço de Deus; porque vir gente tão grave tratar de ninharias de tal sorte faz pena. Vossa mercê o verá, e, conforme o que lhe parecer, dará remédio².

Já terão cansado bastante a vossa mercê esses papéis. Em qualquer caso, suplico a vossa mercê que mos devolva quando achar portador bem seguro, e me encomende a Nosso Senhor³.

Sua Majestade guarde vossa mercê, como Lhe suplico. Amém.

É hoje 20 de maio.

Ao senhor D. Francisco e a essas senhoras, tias de vossa mercê, beijo as mãos⁴.

Indigna serva de vossa mercê,

TERESA DE JESUS.

430. A MADRE ANA DE JESÚS, PRIORA DE GRANADA, E AS SUAS RELIGIOSAS

Burgos, 30 de maio de 1582. Repreende-lhe o guardar silêncio para com ela e o Pe. Gracián depois da fundação e o ter levado tantas religiosas antes de haver casa própria. Devem ser exatas na obediência e consultar os superiores. A peste em Sevilha; enfermidade de alguns religiosos. Sobre a volta a seus conventos de algumas monjas que tinham ido a Granada. Observância, desapego e humildade. Sobre a estrita guarda da clausura. Gratidão aos benfeitores de Granada.

Jhs

Esteja com vossa reverência o Espírito Santo. Achei graça na barafunda que aí fazem: nas queixas contra nosso padre provincial, e no descuido que tiveram de informá-lo dos seus atos, depois da primeira carta na qual lhe anunciavam a fundação. E comigo procederam do mesmo modo.

Sua paternidade esteve aqui no dia da Cruz, e nenhuma coisa mais havia sabido, além do que eu li numa carta de vossa reverência à priora de Sevilha, dizendo que iam comprar uma casa por doze mil ducados. Havendo tanta prosperidade, não é muito que fossem tão justas as patentes. Mas aí são tão industriosas em achar meio para não obedecer, que isto me deu não pouco desgosto, quer pela má impressão que há de causar em toda a Ordem, quer pelo costume que pode introduzir-se de terem liberdade as prioras, às quais nunca faltarão desculpas. E, já que vossa reverência tanto elogia esses senhores, foi grande indiscrição de sua parte ficarem tantas monjas na casa deles; pois, assim como despacharam essas pobres que acabavam de chegar tendo feito tantas léguas (e não sei que coração pôde fazer isso!), poderiam ter feito voltar a Beas as que vieram de lá, e ainda outras com elas. Foi terrível descortesia estarem tantas juntas, especialmente percebendo o transtorno que causavam; assim como também levaram consigo tantas de Beas, já sabendo que não tinham casa própria. Verdadeiramente admiro-me da paciência delas. Tudo foi errado desde o princípio, e, visto vossa reverência só achar uma solução, convém aplicar o remédio antes que haja maior escândalo; pois faz tanta questão com a entrada de mais uma irmã, que imagina o há de haver. Para cidade tão grande, parece-me excessiva minudência¹.

Fez-me rir o medo que nos querem inspirar de que o arcebispo venha a suprimir o mosteiro. Já sua senhoria não tem que ver com ele, nem sei por que lhe atribuem tanto poder; morreria antes de conseguir tal coisa. E se essa fundação há de ir como agora, introduzindo na Ordem princípios de pouca obediência, muito melhor seria não existir; porque o lucro para nós não consiste em serem muitos os mosteiros, e sim em serem santas as que vivem neles².

---

2. *Geral:* Pe. Claudio Acquaviva. *D. Francisco* Reinoso.
3. *Papéis:* provavelmente as *Contas de consciência.*
4. *Essas senhoras:* D. María e D. Leonor de Reinoso.
1. *Priora de Sevilha:* María de San José. *Esses senhores:* D. Luis de Mercado e D. Ana de Peñalosa.
2. *Arcebispo:* D. Juan Méndez de Salvatierra, prelado de Granada.

Estas cartas que chegaram agora para nosso padre, não sei quando lhe poderão ser entregues. Receio que só dentro de mês e meio, e ainda então não sei como remetê-las com segurança, porque daqui foi a Sória, de onde irá fazer a visita em muitos lugares, de modo que não se sabe ao certo onde estará nem quando teremos notícias dele. Pela conta que fiz, estaria em Villanueva quando aí chegaram as pobres irmãs; e sinto muito o pesar e a vergonha que há de ter tido, porque em lugar tão pequeno não há coisa secreta, e será de muito prejuízo para nós o verem tal disparate. Com efeito, podiam mandá-las para Beas até avisá-lo, pois também não tinham licença de tornarem a Villanueva, uma vez que já eram conventuais dessa casa de Granada por seu mandamento. Seria melhor do que dar-lhe com elas nos olhos. Parece-me que haveria outros meios, e vossa reverência tem toda a culpa por ter levado irmãs de Beas sem lhe dar parte e tomado talvez alguma leiga, não fazendo mais caso dele do que se não tivera o ofício que tem.

Até entrar o inverno, a julgar pelo que ele me disse e pelo que tem de fazer, lhe será impossível ir a Granada. Praza a Deus o possa fazer o padre vigário provincial, pois acabo de receber cartas de Sevilha, e escreve-me a priora que há peste por lá, embora encoberta, e ele foi atingido e o frei Bartolomé de Jesús também, o que me causou muito desgosto. Se ainda não o souberam, encomende-os a Deus, que seria grande perda para a Ordem. O padre vigário escreve na mesma carta umas linhas dizendo que está melhor, embora não fora de perigo. Elas estão muito aflitas, e com razão. São mártires as daquela casa; têm tido outros trabalhos muito piores que esses seus, embora aí se queixem tanto. Onde há saúde e não falta comida, por estarem um pouco apertadas não vão morrer. Estão muito acatadas, graças aos muitos sermões; não sei de que se queixam, pois não havia de ser tudo à medida de seus desejos[3].

Madre Beatriz disse ao padre provincial que aí estão esperando o padre vigário para mandarem as monjas de Beas e de Sevilha regressar a suas casas. Em Sevilha não estão de acordo; é muito longe, e de nenhum modo convém. Se realmente for tão grande a necessidade, nosso padre aí verá. Quanto a tornarem a seu mosteiro as de Beas, é tão acertado que, se não fora pelo medo que tenho de contribuir para ofenderem a Deus por desobediência, assim ordenaria a vossa reverência com um grande preceito, porque para tudo o que toca às Descalças faço as vezes de nosso padre provincial[4].

E, em virtude desta autoridade, digo e mando: quanto antes puderem ter ensejo de enviá-las, voltem a Beas as que de lá vieram, com exceção da madre priora Ana de Jesús; e isto ainda que já se tenham passado à casa própria, exceto no caso de não haver renda suficiente para se valerem nas necessidades que têm; porque para nenhuma coisa é bom dar começo a uma fundação com tantas monjas, e por muitas outras razões assim convém.

Eu o tenho encomendado a Nosso Senhor nestes últimos dias — e por isso não quis responder mais depressa às cartas — e acho que será do serviço de Sua Majestade, tanto mais quanto mais o sentirem; porque é muito alheio ao espírito das Descalças qualquer gênero de apego, ainda que seja com a superiora, e com isto jamais medrarão espiritualmente. Deus quer suas esposas livres, apegadas unicamente a Ele; e não quero que nessa casa comece a acontecer como aconteceu em Beas. Nunca me esqueço de uma carta que me escreveram dali, quando vossa reverência deixou o ofício; nem uma carmelita calçada a escreveria assim. É princípio de bandos e de muitas outras desventuras, embora não se entenda aos princípios. E por esta vez não tenha vossa reverência outro parecer senão o meu, por caridade; quando o mosteiro aí estiver estabelecido, e elas mais desapegadas, poderão voltar, se houver necessidade.

A verdade é que nem sei as que foram, tanto segredo guardaram para comigo e para com nosso padre; nem pensei que vossa reverência levasse tantas daí. Imagino que devem ser as mais apegadas a vossa reverência. Ó verdadeiro espírito de obediência! como em vendo uma pessoa em lugar de Deus não te fica repugnância para amá-la! Por este Senhor peço a vossa reverência: olhe

---

3. *Vigário provincial:* Pe. Diego de la Trinidad, que faleceu vítima da peste.
4. *Beatriz* de Jesús, Cepeda y Ocampo. *Provincial:* Jerónimo Gracián.

que está criando almas para esposas do Crucificado; crucifique-as para que não tenham vontade própria, nem andem com ninharias. Veja que estão principiando num novo reino; e vossa reverência e todas estão mais obrigadas a proceder como varões esforçados, e não como mulherzinhas.

Que é isso, madre minha? Como apura se o padre provincial lhe dá o título de presidente, ou priora, ou Ana de Jesús? Já se entende que se vossa reverência não estivesse em qualidade de maior não haveria razão para mencionar o seu nome de preferência ao de outras que também têm sido prioras. A ele deram tão pouca satisfação de seus atos, que nem sabe se a elegeram priora ou não. Por certo, fiquei envergonhada, vendo que no fim, de tanto tempo deram agora as Descalças para reparar nessas baixezas; e não só reparam mas comentam, e madre María de Cristo lhe dá tanta importância. Ou com os trabalhos ficaram bobas, ou quer o demônio introduzir princípios infernais nesta Ordem. E ainda por cima louvam a vossa reverência por muito valorosa, como se isso do prelado lhe diminuísse o valor. Deus conceda às minhas Descalças a graça de serem muito humildes e obedientes e rendidas, pois sem estas virtudes todos esses outros valores são princípios de grandes imperfeições.

Lembro-me agora de que numa das cartas passadas me escreveram que uma irmã tem parentes aí, e por isso lhes era vantajoso levá-la de Beas. Se foi esta a razão, deixo ao arbítrio da madre priora conservá-la se assim lhe parecer, porém não as demais.

Estou certa de que vossa reverência terá muitas dificuldades nesse princípio. Não se espante, que uma obra tão grande não se há de fazer sem elas, pois o prêmio, dizem, é grande. Praza a Deus que as imperfeições, com que a tenho feito, não mereçam mais castigo que prêmio; ando sempre com este medo. À priora de Beas escrevo dizendo-lhe que ajude nos gastos da viagem. Estão aí tão mal acomodadas! Asseguro-lhe que, se Ávila estivesse a igual distância, muito gostaria de trazer minhas monjas para cá. Com o andar do tempo e o favor do Senhor será possível; e portanto pode dizer-lhes vossa reverência que, uma vez concluída a fundação e não sendo necessárias aí por já se terem recebido noviças, voltarão às suas casas[5].

Pouco tempo há que escrevi longamente a vossa reverência e a essas monjas, e ao padre frei João, dando-lhes conta do que se passa por cá, e assim pareceu-me agora suficiente escrever só esta dirigida a todas. Praza a Deus não se altere vossa reverência, como fez por dar-lhe nosso padre o nome de presidente — tais andam as coisas! Aqui, até vir nosso padre e fazermos eleição, empregávamos esse título, e não o de priora; e tudo vem a dar no mesmo.

Sempre que lhe escrevo me esqueço do seguinte: contaram-me que em Beas, mesmo depois do Capítulo, costumavam as monjas sair para arrumar a igreja. Não posso entender como é isto; nem o provincial pode dar tal licença, porque é *motu proprio* do Papa, acompanhado de severas excomunhões, além de ser um ponto capital das Constituições. Logo no princípio sentíamos, mas agora estamos muito contentes. Nem sair a fechar a porta da rua é lícito fazer; disto bem cientes estão as irmãs de Ávila. Não sei por que não foram avisadas as de Beas. Vossa reverência o observe, por caridade, e Deus providenciará quem cuide da igreja; meios há para tudo...[6]

Cada vez que me lembro como trazem aí em tanto aperto a esses senhores, não posso deixar de sentir. Já lhes escrevi outro dia que procurem casa, ainda que não seja muito boa, nem sofrível, pois, por mal que estejam, não ficarão tão encolhidas. Se o ficarem, mais vale padecerem as monjas do que esses senhores que lhes fazem tanto bem. Vou escrever à senhora D. Ana, e quisera ter palavras para agradecer o bem que nos tem feito. Não será perdido diante do Nosso Senhor, e isto é o essencial[7].

Se querem algum bem a nosso padre, façam de conta que não lhe escreveram; pois, como já disse, passará muito tempo até que eu possa remeter-lhe as cartas. Procurarei fazê-lo. De Villanue-

---

5. *Priora de Beas:* Catalina de Jesús, Sandoval y Godínez.
6. *Motu proprio De sacris virginibus* de 30/12/1572, decretado por Gregório XIII.
7. *Esses senhores:* D. Luis de Mercado e D. Ana de Peñalosa.

va tencionava ele ir a Daimiel a tomar posse daquele mosteiro; depois a Malagón e Toledo, e logo a Salamanca e Alba, a presidir não sei quantas eleições de prioras. Disse-me que pensava não chegar a Toledo antes de agosto. Muita pena me dá vê-lo andar tantos caminhos por terras tão quentes. Encomendem-no a Deus, e procurem achar casa, como puderem, por intermédio dos amigos.

As irmãs bem podiam estar aí até sua reverência ser informado de tudo e decidir o que achar conveniente, já que de nada lhe deram parte e a ninguém escreveram a causa de não levarem aquelas monjas.

Deus nos dê luz — que sem ela pouco se pode acertar — e guarde vossa reverência. Amém. É hoje 30 de maio.

De vossa reverência serva,

TERESA DE JESUS.

À madre priora de Beas escrevo sobre a ida das monjas, recomendando-lhe o maior segredo possível; mas se for sabido, pouco importa. Esta carta que escrevo a vossa reverência, peço que a dê a ler à madre subpriora e às suas companheiras e ao padre frei João da Cruz, que não tenho cabeça para escrever mais[8].

431. AO LICENCIADO DIONISIO RUIZ DE LA PEÑA, EM MADRI

Burgos, 4 de junho de 1582. Insiste na conveniência de fazer quanto antes em Madri o Convento de Descalças.

Jhs

A graça do Espírito Santo esteja com vossa mercê e lhe dê nesta Sua Páscoa muita plenitude de seu amor, como Lhe suplico; e pague a vossa mercê a honra que me faz com suas cartas, que é muito grande. Assim o foi para mim esta última que recebi; e extremo contentamento seria — já que vossa mercê está em Madri — se ordenasse Deus essa fundação, a fim de poder eu ter mais comunicação com vossa mercê e estar mais perto de sua senhoria ilustríssima. Gostei muito de não ter aguardado em Toledo o tempo de calor, e louvo a Nosso Senhor por dar saúde a sua senhoria. Praza a Deus no-lo guardar por muitos anos. Em se fundando uma casa das nossas, logo se começa a rezar nesta intenção[1].

A fundação aqui já está acabada, glória a Deus. Sempre tenho tido pouca saúde neste lugar; contudo quisera não sair de cá senão para Madri, e, se Deus for servido, não dar mais caminhadas, pois estou muito velha e cansada, como escrevi a sua ilustríssima senhoria. Por aqui dizem alguns que o rei quer ir para a corte, quanto antes; outros, pelo contrário, que não virá tão cedo. Para o que nos diz respeito, mais parece convir que já ache fundado o mosteiro quando vier, se o cardeal assim houver por bem. Tenho confiança de que dará Sua Majestade luz a sua ilustríssima para ver o que é melhor, e também desejo de favorecer-me; e não quero mais ser-lhe pesada. Como, porém, sua senhoria ilustríssima tem tantos negócios e vejo que este é para serviço de Nosso Senhor, não quisera que por falta de diligência de minha parte se deixasse de fazer; por isso o lembro a sua senhoria e estou muito certa de que lhe dará Deus luz para que se realize do melhor modo e no melhor tempo[2].

Sua Majestade guarde vossa mercê como Lhe suplico. Amém.

De Burgos, e desta casa de S. José, segundo dia do Espírito Santo.

Indigna serva de vossa mercê,

TERESA DE JESUS.

---

8. *Subpriora:* María de Cristo. *Suas duas companheiras:* Antonia del Espíritu Santo e Beatriz de Jesús.

1. *Sua senhoria:* D. Gaspar Quiroga, cardeal arcebispo de Toledo.

2. *O rei quer ir para a corte:* Felipe II não regressou de Portugal, para onde fora a fim de tomar posse daquele reino, até 1583, quando a Santa já havia falecido.

432. AO PADRE JERÓNIMO GRACIÁN, EM LA RODA

Burgos, 25 de junho de 1582. Aconselha ao Padre que se defenda do calor nas suas viagens. Pede-lhe um religioso que celebre Missa e confesse as monjas de Burgos. A priora de Toledo e outros assuntos de suas fundações.

Jhs

A graça do Espírito Santo esteja com vossa reverência, meu padre. Ainda não recebi resposta das cartas que enviei a vossa reverência por mensageiro próprio, e muito a desejo para saber de sua saúde. Consolo-me por ter feito aqui frio muito contínuo até hoje, esperando que talvez por esses lados não tenha sido tanto o calor como de costume. Deus o determine segundo a necessidade que vê, pois asseguro-lhe que é penoso andar vossa reverência com este tempo. Para nós seria alívio termos notícias suas com mais frequência. Muito quisera eu que não se detivesse; e nem lhe passe pelo pensamento ir a Sevilha, por grandes necessidades que haja, pois é certo que por lá está grassando a peste.

Por amor de Nosso Senhor, não dê ouvidos a alguma tentação de ir: seria pôr-nos a perder a todos, ao menos a mim, ainda no caso de Deus lhe dar saúde, porque bastaria para aqui tirar-me a minha.

…Glória a Deus não… folgaria de vê-la, e com um… as mercês que… de e um amor por sua casa… frade. Suplico… e se, que a desgraça que tinha com… que estão estas almas… demônio, ela não fará pouco… alargar-se, não faz senão… parte. E não hei de ter pouca em buscar dinheiro para o gasto, porque ela quer tudo muito bem-feito, e seu irmão por ora nada nos dará. Veja que alinho, para a pobreza com que todas andamos. Se achar em Malagón quem nos empreste cinquenta ducados — isto é, se a priora os tiver —, de boa vontade os tomarei, pois não será muito para tantas monjas. O principal é que, penso, meu padre, nunca lhes há de faltar aqui o necessário. Mas por enquanto haverá algum trabalho[1].

Acerca de quem nos diga missa, é que não achamos remédio. Por ora será indispensável, e todos os amigos são da mesma opinião, fazer vir algum dos nossos padres. Isto mesmo escreveu-me vossa reverência, e ficamos todas muito satisfeitas. A nenhum acho tão próprio como frei Felipe; sei que anda aflitíssimo e não faz senão escrever-me cartas, de modo que não é possível deixá-lo aí mais tempo, tão desconsolado. Com sua vinda, teremos quem nos confesse, e ele estará melhor que aí, e…[2]

Saiba, meu padre, que a priora de Toledo me escreve que está muito mal, e, asseguro-lhe, pesa-me na consciência o que ali passa, pois verdadeiramente a está matando aquela terra. Pensei, se a vossa reverência parecer bem, que, ainda no caso de a elegerem — pois o contrário seria um dia de juízo —, a mande vossa paternidade a Ávila. Nisto haverá duas vantagens; uma é ver-se melhora de saúde; outra é que deixará a presidente a seu gosto e, como esta não será priora, poderá se ver o que convém fazer. Causará muito embaraço em Ávila, se está tão mal; mas também se ficar boa será de muito proveito, e bem lho devem, pois por seu meio se recebem oito ducados por ano em San José desde a fundação. Em tudo isto não faltarão grandes dificuldades; mas tem trabalhado muito na Ordem, e realmente não me resigno a deixá-la morrer[3].

Lá verá vossa reverência o que é melhor; e saiba que deu para ficar tentada com vossa reverência, pensando que não está bem com ela, por lhe ter escrito que a comunidade não tocasse no capital; com isto imagina que vossa reverência a tem em conta de perdulária. Já lhe escrevi explicando que o intento de vossa reverência é que tenham renda, e com esta vão construindo pouco a pouco a igreja.

---

1. *Seu irmão:* D. Pedro de Tolosa, irmão de D. Catalina. *Priora:* Jerónima del Espíritu Santo, priora de Malagón.
2. *Felipe* de la Purificación.
3. *Priora de Toledo:* Ana de los Angeles. *Está muito mal:* refere-se a Brianda de San José.

Estas monjas dão o que fazer a meu padre; mas bem lhes deve vossa reverência esses trabalhos, porque muito têm sentido os seus, especialmente as de Toledo. Oh! então Teresa…

…porque tão difíceis estão as casas, se não se achar alguma no prazo marcado, ficaremos sem saber o que resolver acerca do mosteiro, e há grande perigo de consumirem o que têm para comprá-la. Finalmente, lhes escrevi que não despeçam a Cristóbal Juárez, até vossa reverência ir, porque então verá tudo e determinará o que melhor convier. As taipas se vão acabando; aliás, só uma delas, a mais alta, é de taipa; as outras são de pedra e cal[4].

Deus me guarde vossa reverência; confesso-lhe que não quisera acabar. Ando com a garganta como de costume; não piorou, o que já é muito. No demais estou boa e tudo vai correndo bem, glória a Deus. Isto não lhe dê pena, pois para o que devo a Sua Majestade pelas mercês que Ele me faz cada dia, é bom padecer um pouco.

Torno a pedir-lhe que mande o frade, e se não for o que apontei, seja outro semelhante, pois estas almas aqui estão muito boas e sossegadas.

É hoje 25 de junho.

Ontem foi dia de S. João.

Os amigos estão bons.

De vossa reverência serva e súdita,

TERESA DE JESUS.

433. A MADRE MARÍA DE S. JOSÉ, PRIORA DE SEVILHA

Burgos, 6 de julho de 1582. Pesar que tem por tantos morrerem de peste em Sevilha. Frei Bartolomé fora de perigo. Aprova a forma de envio das monjas que foram a Granada. A casa de Burgos fica "muito boa e muito assentada, e tudo pago". Teresa, sua sobrinha, "muito santinha e com muitos desejos de ver-se já professa".

Jhs

A graça do Espírito Santo esteja com vossa reverência. Amém, amém. Ontem recebi uma carta de vossa reverência, e, embora só fossem poucas linhas, muito me alegrei com ela, porque estava bem aflita por me dizerem que aí morriam tantos. Muito as encomendo a Deus, e em todas estas casas fazem o mesmo, porque assim lhes pedi. A cada credo fico toda sobressaltada por vê-las entre tantos perigos.

Já eu sabia da morte do padre frei Diego, e louvei a Deus por ter poupado o padre frei Bartolomé; muita pena teria se morresse, por fazer tanta falta a vossa reverência. Seja Deus louvado por tudo o que faz[1].

Quisera que me tivessem avisado antes, pois teria escrito com minha letra, mas só o soube agora, quando o homem está para partir, e sinto a cabeça muito cansada, porque estive escrevendo toda a tarde. Contudo, embora não seja toda de minha letra, não quis deixar de escrever estas linhas.

Não lhe disse ainda como achei graça na queixa da madre priora de Granada, tendo vossa reverência tanta razão. Antes deveria ela agradecer-lhe o que fez, mandando as monjas com tanto recato, e não em burrinhos, à vista de Deus e de todo o mundo. Ainda mesmo em liteira eu não o levaria a mal, se não houvesse outra coisa. Deus ma conserve, minha filha, fez muito bem, e se a alguém não parecer assim, não se aflija, pois são melindres — em consequência talvez de estar ela descontente por não se ter feito a fundação conforme havia planejado; mas creio que tudo acabará bem, e, embora com algum trabalho, nem por isso será pior[2].

---

4. *Cristóbal Juárez* de Solis, cavaleiro salmantino que, ao ficar viúvo, tornou-se sacerdote e cedeu suas casas às Descalças, quando elas tiveram de abandonar as casas de Pedro de la Banda, em 22 de junho de 1582.

1. Pe. Diego de la Trinidad, vigário provincial. *Frei Bartolomé* de Jesús.

2. *Priora de Granada:* Ana de Jesús.

Esta casa fica muito boa, muito assentada e tudo pago, e não haverá necessidade de fazer obras durante largos anos; espero portanto voltar brevemente para Ávila. Encomendem-me a Deus. Estou como de costume da garganta e dos demais achaques.

Ao padre frei Bartolomé dê muitos recados e a todas as Irmãs. Teresa e todas aqui se recomendam a vossa reverência. Peçam a Deus por Teresa, que está muito santinha e com grande desejo de ver-se já professa.

Deus a mantenha em sua mão, e a vossa reverência guarde e faça muito santa.

Desta casa de S. José de Burgos, 6 de julho.

De vossa reverência serva,

TERESA DE JESUS.

434. A IRMÃ LEONOR DE LA MISERICORDIA, EM SÓRIA

Burgos, 7 de julho de 1582. Aconselha-a a tomar sem escrúpulos os alívios que lhe dão as religiosas, enquanto está com a saúde delicada. O Cardeal Quiroga promete a licença de fundar em Madri quando o Rei chegar.

Jhs

Jesus esteja com vossa caridade, minha filha, e a guarde, e lhe dê a saúde que desejo, pois muito me pesou saber que não a goza. Faça-me a caridade de tratar-se bem. O que soube que neste ponto fazem as irmãs com vossa caridade muito me alegra, e se assim não fosse, fariam muito mal. Vossa caridade esteja tão contente com os regalos como sem eles; certamente a obediência vê que tem necessidade, pois assim o faz. Praza a Deus, minha filha, que não vá adiante a doença. Quando houver portador, avise-me se melhorou; até sabê-lo ficarei preocupada.

O que a vossa caridade já disse em outra carta, quereria repetir muitas vezes, se lhe falasse pessoalmente. Mas isto não o poderá ser tão cedo, porque me escreveu o Cardeal que só me dará licença quando o Rei chegar. Já dizem que está para vir, mas, por depressa que seja, não será antes de setembro, ou até mais tarde. Não fique triste vossa caridade, pois o mesmo desejo que tem de ver-me, tenho eu de vê-la. E se não for agora, Deus o ordenará por outro meio. Ando com tão pouca saúde, que nem para lá nem para parte alguma estaria capaz de pôr-me a caminho; contudo sinto-me melhor hoje que nestes últimos dias. Seja Deus louvado[1].

Tomei umas pílulas, e por isso não vai esta de minha letra, que não me atrevo a escrever.

Conceda-lhe Deus muita graça, minha filha, e não me esqueça em suas orações.

É 7 de julho.

De vossa caridade serva,

TERESA DE JESUS.

435. A MADRE MARÍA DE S. JOSÉ, PRIORA DE SEVILHA

Burgos, 14 de julho de 1582. Felicita as monjas por terem sido preservadas de peste. Encomenda às orações de todas D. Catalina de Tolosa e seu irmão, pelo bem que estão fazendo à Ordem. Próxima partida de Burgos, para dar em Ávila a profissão a Teresita de Cepeda. Lembranças. Chega o Padre Doria a Gênova.

Jhs

Esteja o Espírito Santo com vossa reverência, minha filha, e a guarde de todas essas tribulações e mortes.

---

1. *Cardeal:* D. Gaspar de Quiroga. Felipe II só regressou de Portugal em fevereiro de 1583, depois do falecimento da Santa.

Muito consolo me deu sua carta, na qual me diz que não estão passando mal, e nem mesmo lhes dói a cabeça. Não me espanto de que estejam boas — em vista do que se reza em todas as casas — e até deviam estar santas, com tantas rogativas como se têm feito. Ao menos eu tenho sempre cuidado de todas, e não as deixo esquecidas. Creiam-me: não devem estar preparadas, pois não morreram, entre os muitos que Deus tem levado dessa cidade. Ele as guarde para mim, particularmente a vossa reverência, pois é certo que me doeria muito o perdê-la. Muito pesar me deu a morte do padre vigário, e maior seria se fora o padre frei Bartolomé, pela falta que faria a essa casa. Por tudo louvado seja Deus, que de todas as maneiras nos obriga.

Li uma carta de Pedro de Tolosa, que me foi mostrada por sua irmã, na qual diz como vai melhorando essa cidade; trouxe-me notícias mais animadoras que a de vossa reverência. Encarreguei sua irmã de agradecer-lhe de minha parte o que faz por essa casa. Todas aí o encomendem a Deus, juntamente com sua irmã Catalina de Tolosa; é um dever para toda a Ordem, pois, abaixo de Deus, foi graças a ela que se fez este mosteiro, onde penso que muito se há de servir a Deus. Quando ele for aí, dê-lhe muitos cumprimentos em meu nome, e todas me recomendem a Deus. De saúde vou indo como de costume.

Creio que, sendo Deus servido, partirei no fim desse mês para Palência, pois nosso padre empenhou ali sua palavra prometendo que eu passaria um mês naquela casa; e logo terei de partir para dar profissão a Teresa que está a findar o ano do noviciado, e ela deseja ver-se já professa. Vossa reverência e todas, durante este tempo, a encomendem com muito cuidado a Deus, pedindo que lhe dê a sua graça. Olhem que tem necessidade, pois, embora tão boazinha, não deixa de ser menina.

Já enviei a carta de vossa reverência ao padre frei Pedro de la Purificación, que está como vice-reitor em Alcalá, onde o deixou nosso padre quando passou por lá. Penso que lhes há de fazer aí muita falta. Disseram-me agora que nosso padre está em Daimiel; talvez já esteja em Malagón, e vai passando bem, graças a Deus.

A todas as irmãs dê muitas lembranças minhas; e às que têm perdido parentes diga-lhes que muito o sinto, e vou recomendá-los a Deus. À madre subpriora, e a S. Jerónimo, e a S. Francisco recomendo-me particularmente; diga-lhes que gostaria de escrever-lhes se pudesse, mas a saúde não me ajuda, e pela mesma causa não vai esta de minha letra. Não é que esteja pior que de costume, mas tenho a cabeça cansada e não ouso esforçar-me quando se trata de cartas como estas, pois outras há de cumprimento que se não podem escusar[1].

Seja Deus bendito, e a vossa reverência dê sua graça. Amém.

É hoje 14 de julho.

Recebi do bom Pe. Nicolao uma carta que me deu prazer. Está passando muito bem, depois de ótima viagem por mar. Já se acha em Gênova onde, tendo notícia de que nosso reverendíssimo padre geral chegaria dentro de dez dias, aguarda-o e aí mesmo tratará de todos os negócios, podendo assim regressar sem passar adiante. Deu-me grande contentamento. Encomendem-no a Deus, assim como também sua mãe, que morreu; ele o pede muito, e bem lho devem nessa casa[2].

Por caridade, não deixe de escrever-me como estão, pois já veem como ando cuidadosa; daqui me remeterão as cartas. Praza ao Senhor fazer-me a mercê de que vão continuando com saúde, e guarde-me especialmente a vossa reverência. Todas aqui estão boas e fervorosas, e recomendam-se às orações.

De vossa reverência serva,

TERESA DE JESUS.

Ao padre frei Bartolomé dê um grande recado meu.

---

1. *Subpriora:* Leonor de San Gabriel. *S. Jerónimo:* Isabel de San Jerónimo. *S. Francisco:* Isabel de S. Francisco.
2. *Nicolao:* Nicolás Doria. *Padre geral:* Juan Bautista Caffardo. *Sua mãe:* D. María Doria.

436. A MADRE TOMASINA BAUTISTA, PRIORA DE BURGOS

Palência, 3 de agosto de 1582. Instruções acerca do locutório de Burgos. A Santa melhora um pouco da garganta. Modo econômico de lavar. O Geral do Carmo recebe muito bem o Pe. Doria. Ação de graças ao Senhor pelo bom estado em que se acha a Reforma.

Jesus esteja com vossa reverência, minha madre, e a faça santa. Com a carta de vossa reverência muito me alegrei, como se não tivesse visto letra sua há muito tempo. Deus lhe dê saúde e a guarde, assim como a irmã Beatriz de Jesús, de cuja enfermidade tive muita pena. Tenho-a encomendado a Deus. Diga-lho vossa reverência e dê-lhe minhas lembranças[1].

A respeito do locutório, assim que partir Catalina de Tolosa, feche vossa reverência o lugar que se abriu quando houve o dilúvio. E se Catalina de Tolosa continuar aí, deixe-o como está por enquanto, mas não consinta vossa reverência que entre aí outra criatura fora elas. E, como digo, se depois ela quiser voltar aí, pouco haverá a fazer: apenas tirar um tabique e dar-lhe um quarto, se o desejar, mas hão de fazer uma janela de maneira que não dê vista para a horta, pois já basta o que fomos vistas.

Acho-me melhor da garganta; há muito tempo não me sinto tão bem, pois quase não me dói quando me alimento, apesar de ser hoje lua cheia, o que considero muita coisa. O aposento está muito fresco e bom, e toda a casa me tem parecido melhor do que eu pensava. Está tudo tão asseado, que não pode dar má impressão.

Teresa recomenda-se a vossa reverência. Não anda com tão boa aparência como tinha aí. A madre priora e todas as irmãs vão bem. Recomendam-se a vossa reverência; e eu à madre subpriora e a todas, e também à senhora Catalina de Tolosa, a Beatriz e Lesmitos, e a D. Catalina e sua mãe, e a todos os amigos; e S. Bartolomé a vossa reverência, e muito a todas, sem esquecer as mocinhas. A respeito de dar meus cumprimentos aos amigos, sempre o faça vossa reverência, mesmo que eu não lho diga; dou-lhe licença para fazê-lo em meu nome[2].

Tenho reparado como lavam aqui, apesar de serem só duas irmãs, e acho que aí se poderia fazer o mesmo se María entrasse; e sairia mais barato. Examine-o bem vossa reverência, pois eu não quero senão o que lhes for mais proveitoso. A água daí é muito boa; e também Isabel lhes seria de vantagem para ajudar a essa outra María na lavagem[3].

Recebi uma carta do padre frei Nicolao, contando como logo dentro de dez dias, conforme havia dito na outra carta, chegou o Geral e tratou-o muito bem, dando-lhe com muito agrado e boa vontade o despacho que ia solicitar. E assim foi, porque o fez procurador seu para toda a Província de Descalços e Descalças, ordenando que passe por sua mão e parecer todo documento endereçado à cúria generalícia.

Os irmãos do padre frei Nicolao trataram com muita consideração o Geral, deixando-o muito satisfeito. Os Calçados, como viram o padre frei Nicolao ir a pousar no convento deles, pensaram que se queria tomar Calçado, e disseram-lhe que, se ficasse naquela casa, o fariam prior. Que proposta, para quem não quer saber disto! Pode ser que já esteja de volta à nossa terra, pois tencionava partir logo, se achasse lugar em algum navio. Encomendem-no muito a Deus, e deem graças por tanta misericórdia de que usou conosco Sua Majestade, fazendo-nos ficar tão benquistos do Geral. Façam alguma procissão, e digam alguma coisa ao Senhor em ação de graças, que nada já nos falta, senão ser muito santas, e servir a Deus por tantas mercês.

Ele esteja com vossa reverência e lhe dê sua graça.

É 3 de agosto.

---

1. *Beatriz de Jesús*, Arceo y Cuevasrubias, viúva de Benero, que tomara o hábito em 15 de maio em Burgos.
2. *Teresa* de Ahumada. *Subpriora:* Catalina de Jesús. *Beatriz* de Muncharaz y Tolosa. *Lesmitos:* Lesmes de Tolosa. *D. Catalina* Manrique, irmã do regedor D. Alonso de Santo Domingo Manrique. *Sua mãe:* D. María Manrique. *S. Bartolomé:* Ana de San Bartolomé.
3. *Duas irmãs:* Juana de San Lorenzo e Jerónima de la Visitación. *María* de la Concepción. *Isabel* de Santa Ana.

Quando eu escrever aos amigos, terão de perdoar-me usar de mão alheia; e, pois não escrevo a meu Doutor, bem poderá crer vossa reverência como disponho de pouco tempo. Beije-lhe por mim as mãos e dê-lhe nossas notícias, que me trazem muito alegre; e assim o estejam todas, por caridade, pois Deus nos faz tantas mercês[4].

Ele ma guarde, amiga minha, e a faça santa.

De vossa reverência,

TERESA DE JESUS.

437. A D. CATALINA DE TOLOSA, EM BURGOS

Palência, 3 de agosto de 1582. Agradece a carta que dela recebeu. Os anjinhos de D. Catalina. Uns ducados da Abadessa de Santa Doroteia. Pequena melhora da garganta.

Jhs

Esteja com vossa mercê o Espírito Santo. Olhei o sobrescrito e fiquei-lhe grata por tirar o "Ilustríssima"; assim poderei responder-lhe:

Asseguro-lhe que eu e todas nós achamos muita graça no meu Lesmes. Deus o guarde e o faça santo. Alegram-me esses dois anjinhos. A Maruca pedi que me ajude a rezar o Ofício. É porteira e faz tudo bem-feito. Suas filhas desejam ambas ver a vossa mercê, e eu também[1].

O Senhor nos cumpra esse desejo e pague a vossa mercê o favor que me fez com sua carta, que estava receosa a seu respeito. Já estou querendo receber outra com notícias de alguma melhora da minha Beatriz. Deus lha dê. Ainda não entreguei as cartas que trouxe, porque estou esperando que venha... de sua parte... O que eles faziam não era suficiente para terem abandonado tudo. Embora ninguém a tivesse visto nessa novena que vossa mercê fez celebrar em casa, eu lhe disse como tinha causado má impressão na cidade. Muito cuidado terei de entregar as cartas logo que me for possível. Praza a Deus não o tornem a enviar a outra parte. Diga-o a Isabel de Trazanos, e dê-lhe vossa mercê minhas saudações[2].

Saiba que me deu dois ducados a Abadessa de Santa Doroteia sem saber que me dá... Depois que os vi, pareceu... me há... a vossa mercê e Teresa e Beatriz.

Fique-se com Deus, que tenho muito que fazer... cartas. Estou melhor da garganta. Não sei quanto durará.

É hoje sexta-feira. Eu...

TERESA DE JESUS.

438. A D. TERESA LAIZ, EM ALBA DE TORMES

Palência, 6 de agosto de 1582. Pede desculpa de não poder enviar ao seu Convento de Alba a Priora de Burgos, Tomasina Bautista. Ninharias e bagatelas de algumas religiosas de Alba, nas quais tomava parte a própria D. Teresa. Lamenta-se de que transpirem fora do convento. Promete regular tudo, mediante a ida de Pe. Gracián.

Jhs

A graça do Espírito Santo esteja com vossa mercê. Recebi a carta de vossa mercê; mas sobre esse assunto posso fazer muito pouco, pois, quando o trato com madre Tomasina Bautista, fica tão alterada que, diz ela, desde os pés à cabeça se perturba, só com o pensamento de tornar a essa casa; e dá tais razões de que não convém para o sossego de sua alma, que nenhum prelado será

---

4. *Doutor:* D. Pedro Manso.
1. *Lesmes* de Tolosa. *Dois anjinhos:* Lesmes e Beatriz. *Maruca:* María de San José, de Tolosa.
2. *Beatriz* de Jesús, Arceo.

capaz de lho ordenar. Ela vive agora no maior sossego, em muito boa casa, onde se sente feliz. Se vossa mercê lhe quer bem, deve alegrar-se com isto, em vez de querer a seu lado quem não quer estar com vossa mercê. Deus lho perdoe! Quanto a mim, desejo tanto ver contente vossa mercê, que bem quisera me fosse possível satisfazê-la em tudo. Por amor de Deus, vossa mercê não fique triste, pois muitas monjas há na Ordem que poderão suprir a falta de madre Tomasina[1].

Se vossa mercê se aflige por pensar que madre Juana del Espíritu Santo ficará como priora, não se preocupe, porque ela me escreveu que por nenhuma coisa do mundo tornará a exercer esse ofício. Não sei o que diga dessas monjas; temo que aí nenhuma priora dure, porque todas se escusam. A vossa mercê suplico que olhe bem: a casa é sua, e com inquietação não se pode servir a Deus. Convém muito que vossa mercê não as apoie em nada, porque, se elas forem as que devem ser, que mal lhes pode fazer qualquer priora? Por certo são ninharias e apegos, bem alheios do que devem ser as Descalças e do que se vê em todas as outras casas, e, pouco mais ou menos, atino quais são as que inquietam as outras. Se Deus me der saúde, procurarei ir aí logo que puder, a fim de tomar conhecimento dessas maranhas; porque estou muito contrariada, tendo sabido de fonte limpa que a frades de outra Ordem se dá conta de coisas bem inúteis, que são comentadas por seculares fora de Alba. Bem pode acontecer que, por suas ninharias e imperfeições, façam grande prejuízo à Ordem, dando a pensar que todas são como elas[2].

Suplico a vossa mercê que o diga a todas, e procure que haja sossego, este favor me faça a mim. Breve irá aí nosso padre, e seja qual for a priora nomeada, há de servir a vossa mercê. Em atenção a mim, faça este favor. Asseguro-lhe que, se eu tivesse sabido de algumas coisas que me disseram agora, há mais tempo estariam remediadas; e hei de fazer desde já todo o possível para que o sejam.

Suplico a vossa mercê que mostre esta carta ao Pe. Pero Sánchez, apresentando-lhe meus cumprimentos para que ele repreenda as culpadas e não as deixe comungar tão frequentemente. Certamente pensam que nada é inquietar um mosteiro e tratar com os de fora coisas tão prejudiciais para aquelas que o mundo considera tão boas e nas quais tem agora postos os olhos. Ah! senhora, como vão as coisas de outra sorte onde há verdadeiro espírito!

Deus o dê a essas irmãs, e a vossa mercê nos guarde muitos anos com a santidade que desejo.
É hoje dia da Transfiguração.
Indigna serva de vossa mercê,

TERESA DE JESUS.

439. A MADRE TOMASINA BAUTISTA, PRIORA DE BURGOS

Palência, 9 de agosto de 1582. É preciso ter muita caridade com as enfermas. Não convém pedir esmolas em Burgos para as Descalças. Lembranças ao Licenciado Aguiar e a outros amigos. Pe. Gracián deseja que a Santa vá por Salamanca e Alba de Tormes a Ávila.

Jhs

O Espírito Santo esteja com vossa reverência, filha minha. Asseguro-lhe que muito tenho sentido a enfermidade dessa irmã; porque, além de ser muito boa, tenho pena do trabalho de vossa reverência em tal ocasião. Sempre me dê notícias de sua saúde, e tenha cuidado de não se chegar muito à enferma, pois bem pode confortá-la e tratar dela com esta precaução. Já lhe escrevi quanto é necessário ter caridade com as enfermas. Sei que vossa reverência a terá, mas costumo dar este aviso a todas[1].

---

1. *Tomasina* Bautista, priora de Burgos, parente de D. Teresa Laiz.
2. *Juana del Espíritu Santo:* priora de Alba nessa época.
1. *Essa irmã:* Beatriz de Arceo.

Fiquei muito sentida com a sua ideia de pedir esmolas; não sei para que me pergunta se quero que assim se faça, pois tantas vezes, estando aí, lhes disse que não nos convém dar a entender na cidade que não temos renda; quanto mais pedir! E ainda as Constituições dizem, se não me engano, que só se pode esmolar em caso de muita necessidade. Esta aí não existe, pois a senhora Catalina de Tolosa me disse que das legítimas lhes iria dando aos poucos. Se todos soubessem que o convento não tem renda, a coisa seria outra. Não o revelem; e Deus as livre de pedirem esmolas por enquanto, pois não haverá vantagem, e o que ganhar por uma parte se perderá por muitas. O melhor é falarem a esses senhores, em meu nome, dizendo-lhes meu modo de pensar[2].

Dê-lhes sempre minhas recomendações, como já escrevi; desde agora confirmo os recados que lhes der de minha parte, e portanto não é mentira.

O calor aqui está terrível; contudo hoje de manhã fez um pouco de fresco, e alegrei-me por causa da enferma, esperando que também aí haja refrescado. Diga ao licenciado Aguiar que bem pode imaginar quanto sinto de não o ver, sabendo que entra na clausura cada dia. Muito me alegrei com sua carta, mas penso que gostará de não ser obrigado a tornar-me a escrever tão depressa, e por isso não lhe respondo já; e ao meu doutor Manso diga outro tanto, como é verdade. Dê-lhe sempre recomendações minhas, e escreva-me dizendo-me se ele está com saúde; o mesmo digo do padre mestre Mata. As monjas aqui muito lhes invejam tal confessor[3].

Saiba que o clérigo de Arévalo não era o que pensávamos; é outro, mas também diz que irá aí. Falei-lhe ontem e causou-me boa impressão.

À subpriora, a Beatriz, e a minha Gorducha, diga que me alegrei com suas cartas, mas já sabem que me hão de relevar a resposta, quando não há necessidade urgente. Alegrei-me também com a de Pedro; dê-lhe minhas lembranças[4].

Fique com Deus, filha minha, e Sua Majestade a guarde com a santidade que Lhe suplico. Amém, amém.

É véspera de S. Lorenzo.

Nosso Padre escreveu-me de Almodóvar. Está bom, mas é preciso recomendá-lo a Deus para que não vá a Andaluzia, pois está pensando nisto. Disse-me ser seu desejo que eu vá a Alba e a Salamanca antes de ir a Ávila, e por isso escrevi à comunidade de Alba, que talvez passe lá este inverno, como poderá ser; e eu, sem dúvida alguma, sua serva,

TERESA DE JESUS.

440. A D. SANCHO DÁVILA, EM ALBA DE TORMES

Palência, 12 de agosto de 1582. Como se fez a fundação de Burgos. Deseja vê-lo em Alba. Louva-o por ter escrito a vida de sua mãe, a Marquesa de Velada, e manifesta desejo de lê-la. Sua sobrinha D. Beatriz de Ovalle em Ávila.

Jhs

A graça do Espírito Santo esteja sempre com vossa mercê. Soubesse eu que estava vossa mercê nesse lugar, e há mais tempo teria respondido à carta de vossa mercê, pois muito o desejava, para dizer-lhe a grande consolação que me deu com ela. Pague-o a Divina Majestade a vossa mercê com bens espirituais, como sempre Lhe suplico.

Na fundação de Burgos, foram tantos os trabalhos, a pouca saúde e as muitas ocupações, que pouco tempo me deixavam para tomar este alívio de lhe escrever. Glória seja a Deus, que tudo aquilo já está acabado, e satisfatoriamente.

---

2. *As Constituições dizem...:* tanto nas Constituições primitivas da Santa (n. 9), como nas de Alcalá (cap. 7, n. 12), proibia-se pedir.
3. *Aguiar:* Antonio Aguiar. *Manso:* Dr. Pedro Manso.
4. *Subpriora:* Catalina de Jesús. *Gorducha:* Elena de Jesús.

Muito quisera eu ir para onde está vossa mercê; poderia me dar grande prazer confiar-lhe pessoalmente algumas coisas difíceis de exprimir por meio de cartas. Raramente quer Nosso Senhor que eu faça a minha vontade. Cumpra-se a de Sua Divina Majestade, pois é o que importa.

A Vida de minha senhora a Marquesa tenho muito desejo de ver. Deve ter custado a chegar minha carta às mãos de sua irmã a senhora abadessa, e penso que não me enviou o livro porque o estará lendo. Com muita razão quis vossa mercê conservar a memória de tão santa vida. Praza a Deus a tenha feito vossa mercê bem completa, pois há muito que dizer dela, e receio que tenha ficado aquém da verdade[1].

Ó Senhor! e quanto padeci com os pais de minha sobrinha para que a deixassem em Ávila até minha volta de Burgos! Como me viram tão empenhada, acabaram por ceder.

Guarde Deus a vossa mercê, que tão solícito é em fazer-lhes bem em tudo; espero que há de ser vossa mercê a salvação deles.

Guarde Deus vossa mercê muitos anos com a santidade que sempre Lhe suplico. Amém.

De Palência, 12 de agosto de 1582.

Indigna serva e súdita de vossa mercê,

TERESA DE JESUS.

441. A MADRE ANA DE LOS ANGELES, PRIORA DE TOLEDO

Valladolid, 26 de agosto de 1582. Avisa-a que irá a Toledo o Bispo de Palência e recomenda-lhe encarecidamente que lhe faça bom acolhimento. Sobre a compra de uma casa na cidade imperial. A irmã de Brianda de S. José. Viagem a Ávila. Insiste na compra do prédio para igreja das Descalças de Toledo.

Jesus dê a vossa reverência sua graça. Recebi a carta de vossa reverência em Palência, em ocasião que não pude responder. Faço-o agora e com muita pressa, porque o bispo que levará minha resposta está de partida. Por caridade, se ele for aí, todas lhe façam muito bom acolhimento, e mande vossa reverência visitá-lo com frequência, pois tudo lhe devemos[1].

A respeito da casa, parece-me muito bem o que quer fazer Diego Ortiz; e o seu plano, se comprar essa que tem em vista, dará muito certo. E mais lhe interessaria a ele do que a nós não ter de cumprir essa condição. De vê-lo contrariado, absolutamente não se aflija vossa reverência, porque sempre anda assim. Entretenha-o vossa reverência o melhor que puder[2].

No que toca à irmã de madre Brianda de S. José, nem para leiga nem para monja nos serve; não que lhe falte muito bom entendimento, sensatez e bom gosto, antes deu-me muito boa impressão; mas está muito acabada e já não presta para outra coisa senão para o que faz. Ao que ela diz, não a estorvam de se dar a Deus e de rezar tanto quanto quer; e para isto, confessa, não pode ter melhor vida. Se tem alguns trabalhos, em toda parte os há, e até maiores[3].

De minha ida para aí não sei como poderá ser agora, porque se espantariam de ver os trabalhos que tenho por cá, com negócios que acabam comigo; mas Deus tudo pode fazer. Encomendem-no a Sua Majestade.

Deem de minha parte muitas lembranças a todas. Pela pressa não me alargo mais, e por esta mesma razão não escrevo de minha letra.

É hoje 26 de agosto.

---

1. *Marquesa:* D. Juana Enríquez de Toledo, marquesa de Velada. *Abadessa:* D. Teresa de Toledo.
1. *Bispo:* D. Alvaro de Mendoza, bispo de Palência.
2. *Diego Ortiz:* casado com Francisca Ramírez, sobrinha do fundador do convento de Toledo, Martín Ramírez.
3. *Irmã de madre Brianda:* Mariana del Espíritu Santo.

No fim deste mês, se for Deus servido, estarei em Ávila. Muito me contrariou esta ida do padre provincial justamente agora. Deus esteja com ele. Mandei um próprio ao padre frei Antônio de Jesus com as patentes. Se concordar e quiser ir aí, tudo se poderá fazer bem.

Repito: muito me contenta o que estão planejando; apenas não diz vossa reverência com que hão de ajudar a Diego Ortiz na compra da casa; mas, havendo moderação, qualquer quantia será bem empregada, contanto que fique livre a igreja. Este último plano é incomparavelmente melhor que o primeiro, e poderão tratar logo disso. E, embora se vá fazendo a igreja pouco a pouco, só com os rendimentos, conforme quer o padre provincial, ficará contente com isto Diego Ortiz, porque toma muito a peito todo o bem dessa casa. Isto se verá depois. Tudo bem pesado, não sou de opinião que se deixe de comprar a casa, para tratar da igreja. A construção desta melhor se resolverá depois; mas convém primeiro ver quanto ele vai dar, e que seja suficiente.

De tudo me avise em pormenor. Estarei aqui até depois de Nossa Senhora de Setembro, e logo, o restante do mês, estarei em Medina. Para qualquer desses dois endereços pode escrever-me. Recomende-me a todas, que estou com muita pressa.

De vossa reverência serva,

TERESA DE JESUS.

442. A MADRE TOMASINA BAUTISTA, PRIORA DE BURGOS

Valladolid, 27 de agosto de 1582. A Santa, razoável de saúde. Diversos assuntos da comunidade de Burgos. Sairá prontamente para Medina. "Esteja atenta para não apertar as noviças com muitos ofícios".

Jesus dê a vossa reverência sua graça, e a conserve, concedendo-lhe forças para tantos trabalhos como lhe envia o Senhor. Asseguro-lhe, minha madre, que Ele a trata como a forte. Seja Deus louvado por tudo. Estou razoável de saúde e melhor que de costume. Não tenciono demorar-me aqui muitos dias; espero um mensageiro, e logo que chegar, partirei. Encomende-me a Deus, que muito pesar tenho de ir para longe dessa casa e de vossa reverência.

A respeito de Catalina de la Madre de Dios, não se aflija: é tentação: passará. Não lhe dê licença para escrever a pessoa alguma; se o quiser fazer a mim ou a Ana, está muito bem, mas a outros não; e se vossa reverência, para seu consolo, lho permitir, não despache as cartas. Gostei de saber que esteve aí o reitor. Mostre-lhe muito agrado; confesse-se alguma vez com ele, e peça-lhe sermões[1].

Com D. Catalina de Tolosa não se assuste vossa reverência; pelo contrário, é preciso consolá-la, porque está cheia de trabalhos e, se diz isso hoje, amanhã mudará de ideia. Estou muito obrigada ao licenciado sob todos os pontos de vista. Deus o tenha em sua guarda[2].

Por que razão não dá a essas monjas as notícias que tem de nosso padre? Escreve-me a madre subpriora que deseja saber onde ele está. A ela e todas dê vossa reverência minhas lembranças. Tenho pena da doença de María. Bendito seja Deus, que podem lançar mão aí dessa outra, que as ajude. Digam-me como ela se porta[3].

Não sei se poderei escrever ao licenciado; quero-lhe tanto, que seria regalo para mim se houvesse tempo. Diga-lhe muito de minha parte, e também ao senhor doutor, a quem faço saber que estou muito cheia de trabalhos de mil maneiras, e rogo que me encomende a Deus. Confesso a vossa reverência que, embora tenha escapado do sofrimento que me daria se as visse enfermas, não me faltam outros, dos quais lhe contarei alguns, quando tiver ocasião. Olhe que não estarei aqui, segundo me parece, senão até Nossa Senhora, e os livros hão de ser enviados a tempo à priora de Palência, para que ela mos possa remeter[4].

---

1. *Ana* de San Bartolomé. *Reitor:* Gaspar Sánchez.
2. *Licenciado:* D. Antonio Aguiar.
3. *Subpriora:* Catalina de Jesús. *María* de la Concepción. *Dessa outra:* Isabel de Santa Ana.
4. *Doutor:* Pedro Manso. *Priora de Palência:* Inés de Jesús, Tapia.

Deus a guarde; só disponho de uns momentos para pedir a vossa reverência que ande sempre atenta em não apertar as noviças com muitos ofícios, até entender aonde chega o espírito de cada uma. Por causa dessa Catalina, lho digo, pois andava tão sobrecarregada que não me admiro de lhe ter vindo o pensamento de não poder aguentar. E é preciso usar de piedade nas palavras. Pensa que todas hão de ter seu espírito? Engana-se muito; e creia que, embora vossa reverência me leve vantagem na virtude, tenho mais experiência. Por isso, algumas coisas que lhe adverti quisera que não as deixasse no esquecimento. Deus a guarde, e, visto que lhe digo essas coisas como à minha própria alma, gostaria que entendesse que não o faço sem causa[5].

A todos os amigos, repito, dou-lhe minhas vezes para que lhes dê recados por mim.

É hoje 27 de agosto.

De vossa reverência serva,

TERESA DE JESUS.

443. AO PADRE JERÓNIMO GRACIÁN, EM SEVILHA

Valladolid, 1º de setembro de 1582. Sente muito que o Pe. Gracián ande visitando os conventos da Mancha e Andalucia, quando o desejava em Castilla para tê-lo mais perto de si. Sofrimentos em Valladolid com a sogra de seu sobrinho D. Francisco, pela herança de D. Lorenzo de Cepeda. Conselhos a Gracián para o desempenho de seu ofício. Acusações que a este Padre faziam alguns religiosos. Não gosta que demore muito em Andalucia, porque não tem "gênio para andar entre eles". Compra de casas para os Descalços e as Descalças em Salamanca. Assuntos de Alba.

Jhs

A graça do Espírito Santo esteja com vossa reverência. Não me basta receber suas cartas com frequência para tirar-me o pesar, conquanto muito me tenha aliviado o saber que está vossa reverência com saúde, e a terra já livre de epidemia. Praza a Deus assim continue. Todas as suas cartas recebi, penso eu.

As causas que vossa reverência alegou para determinar-se a ir, não me pareceram suficientes, pois tudo se remediaria se vossa reverência daqui regulasse os estudos e mandasse não confessarem beatas. Por dois meses poderiam esperar esses mosteiros, e vossa reverência deixaria os de cá em ordem. Não sei a causa; mas tanto senti esta sua ausência nas circunstâncias atuais, que cheguei a perder o desejo de escrever a vossa paternidade, e por isso só o faço agora, não o podendo evitar. E acontece ser dia de lua cheia, de modo que passei bem mal a noite, e também está ruim a cabeça. Agora já melhorei; e amanhã, penso, passada a lua, ficarei livre desta indisposição. A dor de garganta está melhor, mas não passa.

Aqui tenho padecido bastante com a sogra de D. Francisco. É esquisita; estava muito disposta a intentar demanda para invalidar o testamento, e, embora a justiça não esteja de seu lado, tem muita influência, e alguns a favorecem. Aconselharam-me a entrar em acordo, para que D. Francisco não fique de todo arruinado, e nós não tenhamos de gastar. Será prejuízo para S. José, mas espero em Deus que virá a herdar tudo uma vez provados os seus direitos. Isto acaba comigo, e está acabando, conquanto Teresa se tenha portado bem. Ah! como ela ficou sentida por vossa reverência não ter vindo! Até agora lhe tínhamos ocultado esses negócios. Em parte acho vantagem, para ela ir entendendo quão pouco se pode confiar, a não ser em Deus; e a mim também não me tem feito mal[1].

Aqui vai uma carta que o padre frei Antonio de Jesús me escreveu. Causou-me admiração, pois, visto que torna a ser meu amigo — e na realidade, sempre o tive nesta conta —, havendo ago-

---

5. *Catalina* de la Madre de Dios, noviça com dúvidas acerca da vocação.
1. *Sogra de D. Francisco:* D. Beatriz de Castilla y Mendoza. *D. Francisco* de Cepeda.

ra comunicação entre nós, tudo dará certo. Ainda quando assim não fora, de nenhum modo seria possível nomear outro, que não ele, para as eleições. Não sei como vossa reverência não o tinha compreendido. Veja também que ainda não é chegado o tempo de fazer casa em Roma, porque é grande a escassez que vossa reverência tem de homens, mesmo para as de cá; e Nicolao faz muita falta a vossa reverência, que não poderá por si só acudir a tantas coisas. Assim me dizia frei Juan de las Cuevas, a quem consultei algumas vezes. Muito deseja ele que vossa reverência acerte em tudo, e quer-lhe tanto que verdadeiramente lhe sou obrigada. Disse-me até que vossa reverência estava agindo contra as ordenações, pois estas determinam que, em lhe faltando o companheiro (não sei se afirmou ser necessário o parecer dos priores), elegesse outro; e julgava impossível vossa reverência poder atender a tudo, quando Moisés tinha tomado para ajudá-lo não sei quantos. Eu lhe disse que vossa reverência não tinha de quem lançar mão, muito menos para priores. Respondeu-me que o ponto principal era este[2].

Depois que vim para cá, ouvi dizer uma coisa: notam em vossa reverência que não gosta de trazer consigo pessoa de valor. Vejo que é por não ter outro remédio, mas, como se aproxima o Capítulo, não quero que tenham algum reparo a assacar a vossa reverência. Por amor de Deus, considere isto, e veja também como prega nessa Andaluzia, na qual não me agrada vê-lo aí largo tempo. Vossa reverência escreveu-me há pouco contando os trabalhos que muitos aí têm padecido; não me faça Deus tanto mal, que o veja eu sofrer o mesmo, pois, como vossa reverência diz muito bem, o demônio não dorme. Ao menos, creia que enquanto estiver por aí, andarei bem desassossegada.

Não sei a razão de estar vossa reverência tanto tempo em Sevilha. Disseram-me que não voltará até o Capítulo, o que muito aumentou meu pesar; ainda mais do que se tivesse voltado a Granada. O Senhor o encaminhe conforme for mais para seu serviço, pois muita necessidade há de um vigário para Andaluzia. Se frei Antonio fizer bem o ofício aqui, poderá vossa reverência ver se convém confiar-lhe aí o mesmo. Não pense em fazer-se agora andaluz, pois não tem gênio para viver com eles. Acerca do modo de pregar, de novo rogo muito a vossa reverência: examine bem o que diz, mesmo no caso de pregar raramente.

Do que se passa por cá não se preocupe vossa reverência: o caso do frade não foi tanto como parecia; Deus o remediou do melhor modo, e nada transpareceu. Escreve a priora a vossa reverência como andam enfermos os frades, e pergunta por que não se dá a frei Juan de Jesús a patente, pois seria desumanidade se ele os deixasse, sendo o único que tem saúde e provê a tudo. Passei por lá na minha vinda, e deu-me muito boa impressão. Gozam de grande crédito naquele lugar[3].

Sobre o negócio de Salamanca há bem que dizer. Asseguro a vossa reverência que me tem feito passar maus pedaços; e praza a Deus se acabe de resolver. Devido à profissão de Teresa, foi-me impossível ir lá, porque levá-la comigo não convinha, e deixá-la, ainda menos; e precisaria de mais tempo se houvesse de ir a Salamanca, depois a Alba e finalmente a Ávila. Por felicidade, justamente estavam aqui Pedro de la Banda e Manrique, e arrendei a casa para mais um ano, a fim de sossegar a Priora. Praza a Deus dê resultado![4]

Confesso a vossa reverência que esta priora parece usar de feitiço. É tão senhora de si, negocia como se já tivesse licença de vossa reverência, nem mais nem menos. Ao reitor diz que tudo o que faz é por minha ordem, embora ele não tenha conhecimento da compra, nem a aprove, como vossa reverência sabe; a mim alega que o reitor o faz por ordem de vossa reverência. É um enredo do demônio, e não sei em que se apoia, pois não é capaz de mentir; mas a vontade excessiva que tem de adquirir essa malfadada casa lhe transtorna o juízo[5].

---

2. *Frei Juan de las Cuevas:* comissário apostólico que presidiu o Capítulo de Alcalá de 1581.
3. *Priora:* María Bautista. *Juan de Jesús,* Roca, superior do convento de Valladolid.
4. *Negócio de Salamanca:* compra da nova casa para instalação definitiva das Descalças. *Teresa* de Ahumada, que, no final da viagem, professaria com o nome de Teresa de Jesús, como sua tia. *Priora:* Ana de la Encarnación, Tapia, priora de Salamanca.
5. *Reitor:* Agustín de los Reyes, reitor dos Descalços de Salamanca.

Ontem esteve aqui o irmão frei Diego, de Salamanca, um que acompanhava vossa reverência quando fez neste mosteiro a visita. Contou-me que o reitor de S. Lázaro se tinha visto obrigado a intervir neste negócio, por amor de mim, não obstante dizer que se confessava cada vez que tratava dele, por ser coisa tão contra Deus. Pelas importunações da priora não podia negar-se, mas bem via que toda a Salamanca murmurava contra tal compra, e o doutor Solís lhe tinha dito que em consciência não se podia adquirir uma casa cuja posse não era segura. E fizeram tudo tanto às pressas que, a meu parecer, usaram de ardis para não chegar a meus ouvidos. Por essa carta que aqui vai, verá como, incluindo a alcabala, chega a seis mil ducados. Dizem todos que não vale dois mil e quinhentos, e perguntam: como jogam tanto dinheiro fora, sendo monjas e pobres? E o pior é que não têm com que pagar. Pelo que vejo, é artifício do demônio para desfazer o mosteiro, e assim, o que agora procura é ganhar tempo para o ir desfazendo pouco a pouco[6].

Escrevi a Cristóbal Juárez suplicando-lhe que se suspendesse o negócio até minha ida para lá, que seria em fim de outubro; e Manrique escreveu o mesmo ao mestre-escola, que é seu grande amigo. Ponderei a Cristóbal Juárez que primeiramente queria ver com que dinheiro as monjas hão de pagar, porque me tinham dito ser ele o fiador, não quisera eu que lhe resultasse prejuízo, dando-lhe assim a entender que não tinham com que pagar. Não me respondeu. Ao padre frei Antonio de Jesús também escrevo que vá deslindando essas patranhas. Permitiu Deus que as monjas tivessem emprestado a vossas reverências o dinheiro que tinham: se assim não fora, já o teriam dado, e o de Antonio de la Fuente também. Mas acabo de receber outra carta da priora, na qual me diz que Cristóbal está procurando arranjar mil ducados, até que Antonio de la Fuente os dê, e estou com medo que já os tenham depositado. Recomende-o vossa reverência a Deus; e de nossa parte faremos toda a diligência possível[7].

Outra desvantagem é que: se elas se mudarem para a casa de Cristóbal Suárez, será preciso passarem os estudantes para a casa nova de S. Lázaro, o que equivale a matá-los. Vou escrever ao reitor que não dê seu consentimento, e da minha parte estarei atenta[8].

Acerca dos oitocentos ducados devidos às monjas não se preocupe, pois D. Francisco os dará dentro de um ano; e o melhor de tudo é que atualmente os não possa dar, por não dispor deles. Não tenha medo de que eu os procure cobrar. Mais importante é que os estudantes estejam acomodados, do que terem elas tão grande casa. De onde hão de tirar para pagar agora o censo? A mim, deixou boba este negócio. Com efeito, se vossa reverência lhes deu licença, como o remetem a mim, depois de tudo feito? E se não deu, como estão fazendo gastos? Sim, pois deram quinhentos ducados à filha do cunhado de Monroy? E como dão por tão concluído o negócio, que me escreve a priora já se não pode desfazer? Deus nos dê remédio, e por certo o dará. Vossa reverência não se preocupe, que se fará tudo o que for possível[9].

Por amor de Deus, olhe vossa reverência o que faz por lá. Não se fie de monjas, que eu lhe digo: se têm vontade duma coisa, poderão lhe dar a entender mil vantagens. Mais vale tomar uma casa pequena, como pobres, e entrar com humildade — mais tarde poderão melhorar — do que se carregarem de muitas dívidas. Se algum contentamento me deu desta vez a ida de vossa reverência, é por vê-lo fora desses embaraços, que muito mais os quero eu passar sozinha.

Em Alba deu muito bom resultado a carta que lhes escrevi dizendo quanto estou contrariada e que sem falta irei lá. Será de proveito e, com o favor de Deus, estaremos em Ávila no fim deste mês. Creia que não convinha mais andar de um lado para outro com esta menina. Ó meu padre, quão apertada me tenho visto nestes últimos tempos! Mas com a notícia de que vossa reverência está bom, passou tudo. Praza a Deus continue assim![10]

---

6. *Priora:* Ana de la Encarnación. *Dr. Solís:* D. Cristóbal Juárez de Solís.
7. *Antonio de la Fuente:* vizinho de Salamanca, intermediário na compra da casa de Salamanca.
8. *Estudantes:* os jovens carmelitas de Salamanca. As religiosas se mudaram para casa de Cristóbal Juárez em 22 de junho. Em 16 de agosto foram para o hospital del Rosario, onde permaneceram até a instalação definitiva, em 1614.
9. *D. Francisco* de Fonseca, senhor de Coeca y Alaejos. *Monroy:* D. Alonso de Monroy.
10. *Menina:* Teresa de Ahumada.

À madre priora e a todas as irmãs, minhas recomendações. Não lhes escrevo porque por meio desta carta saberão de mim. Agradou-me saber que estão com saúde e rogo-lhes muito que não se descuidem de vossa reverência, e o regalem. Ao padre frei João da Cruz minhas recomendações. São Bartolomé envia as suas a vossa reverência[11].

Nosso Senhor o guarde, como Lhe suplico, e o livre dos perigos. Amém.

É hoje 1º de setembro.

De vossa reverência serva e súdita,

TERESA DE JESUS.

444. A MADRE ANA DOS ANJOS, PRIORA DE TOLEDO

Valladolid, 2 de setembro de 1582. Sobre a ida a Toledo do Bispo de Palência. Assuntos daquela fundação. A irmã da Madre Brianda de S. José. Projetos de viagem a Salamanca.

Jesus dê a vossa reverência sua graça. A carta de vossa reverência recebi em Palência, numa hora em que não pude responder, porque estava de partida. Daqui o fiz, mas penso que não lhe darão a carta, porque a enviei ao bispo quando já ia saindo para que a mandasse entregar a vossa reverência, e como ia tão cheio de incumbências, não será de admirar que a tenha esquecido. Aqui repetirei tudo quanto disse na outra. Antes de mais nada, peço-lhe que mande visitar o bispo muitas vezes, durante a sua permanência nessa cidade; e se as for visitar, mostrem-lhe todas muita afeição, pois tudo lhe devemos[1].

No que se refere à casa, parece-me muito acertado tudo o que pretende fazer Diego Ortiz, e o plano que ele traçou, se comprar essa, dará muito certo. E mais interesse tem ele em não cumprir essa condição do que nós. Com sua contrariedade não se preocupe vossa reverência, pois vive sempre assim. Vossa reverência o vá entretendo o melhor que puder.

No que toca à irmã de madre Brianda de S. José, não dá nem para leiga nem para monja. Não é que lhe falte muito bom entendimento e sensatez e gênio sossegado, mas já está muito acabada e não serve para outra coisa senão para o que faz. Segundo ela mesma diz, ninguém a impede de dar-se a Deus e de rezar quanto tempo quer, e, sob este ponto de vista, tudo lhe corre à medida de seus desejos. Tem alguns sofrimentos, mas em toda parte os há, e até maiores.

A minha ida para aí não sei como poderá ser, pois se espantariam se vissem os trabalhos e negócios que tenho por cá: são de matar; mas Deus tudo pode.

A todas dê muitas recomendações; pela pressa não me alongo.

Valladolid, aos 2 de setembro.

Estou razoável de saúde e pretendo partir na segunda-feira depois de Nossa Senhora. Passarei apenas por Medina, a fim de chegar a tempo a Ávila; e tenho para mim que pouco poderei demorar-me, porque preciso ir a Salamanca, onde andam atrapalhadas com a compra da casa. É indispensável a minha presença lá. Deus nos acuda com o remédio e me guarde vossa reverência. Amém.

Teresa muito se recomenda a vossa reverência, e também São Bartolomé.

De vossa reverência,

TERESA DE JESUS.

É portador desta o padre frei Juan de las Cuevas. Mostre-lhe vossa reverência muito agrado, pois me prometeu ir visitá-la.

---

11. *S. Bartolomé:* Ana de San Bartolomé.
1. *Bispo:* D. Alvaro de Mendoza, bispo de Palência.

445. A D. PEDRO SÁNCHEZ, EM ALBA DE TORMES

Valladolid, 5 de setembro de 1582. Agradece-lhe, pelas boas informações que de sua caridade dão as religiosas de Alba. Promete ir vê-lo, dentro em pouco, naquela vila. Lembranças a D. Teresa Laiz.

Jhs

A graça do Espírito Santo esteja sempre com vossa mercê, meu padre. Muito me consolou a carta de vossa mercê. Deus o guarde, pois, por sua parte, nada perderá jamais essa casa. Muito desculpa vossa mercê as monjas, e isto não me parece mal, pois faz vossa mercê em tudo o ofício de pai, e bem o deve vossa mercê às irmãs, que tanto bem falam de vossa mercê. Enfim, são boas almas e, embora o demônio as inquiete em certas ocasiões, Deus não as abandona. Seja Seu nome bendito, que em todo tempo usa de misericórdia com suas criaturas. Grandíssimo benefício me fez vossa mercê tirando-me da preocupação que eu tinha por essa casa; pois, como vossa mercê as confessa, mais me satisfaz o que me diz delas, do que tudo o que me poderiam dizer. Sendo Deus servido, irei aí brevemente, e então falaremos à vontade. Recomende-me vossa mercê a Deus, que ando necessitada de tempo, com numerosos negócios que aqui surgiram.

À senhora Teresa de Laiz apresente vossa mercê minhas saudações, pois não creio poder escrever-lhe. Pode-lhe vossa mercê dizer que me alegrei com sua carta e que tudo se fará muito bem, sendo Deus servido. Ele dê a vossa mercê a sua graça.

Valladolid e setembro, 5.

446. A MADRE CATALINA DE CRISTO, PRIORA DE SÓRIA

Medina del Campo, 17 de setembro de 1582. Disposições acerca da cozinha e do refeitório. Uma filha de Roque de Huerta nas Descalças de Sória. A fazer-se a fundação de Pamplona, é preciso que seja de renda. Projeto de viagem. Convém manter boas relações com os Padres da Companhia. Acerca de adiar a Profissão de uma Religiosa de Sória.

Jesus esteja com vossa reverência, minha filha, e a guarde. As cartas de vossa reverência recebi, e com elas tive muito contentamento. No que toca à cozinha e ao refeitório, gostaria que fizessem as obras, mas aí podem-no julgar melhor; façam o que quiserem.

Da filha de Roque de Huerta, alegro-me de que seja tão boa. Acerca da profissão dessa outra irmã, acho conveniente protelarmos, como vossa reverência diz, porque é menina e não importa esperar. Nem se espante vossa reverência de que tenha alguns defeitos, pois na sua idade não é de admirar. Ela se irá amoldando, e depois costumam ser essas mais mortificadas que outras[1].

Diga à irmã Leonor de la Misericordia diga que isso e ainda mais desejo fazer em seu benefício. Oxalá pudesse eu ir assistir à sua profissão! De boa vontade o fizera, e me daria mais gosto do que outras coisas que tenho por cá. Deus assim permita, se for para seu serviço.

Acerca da fundação, não consentirei que se faça se não for com alguma renda. Já estou vendo tão pouca devoção, que nos havemos de sujeitar a isso; e fica tão longe de todas essas outras casas, que não é aceitável a não ser em boas condições, pois as daqui se ajudam umas às outras quando se veem em necessidade. É bom que haja esses princípios e se trate de fundação, a ver se aparece gente devota; e se o projeto for de Deus, Ele moverá os corações para que façam mais do que até aqui[2].

Pouco me demorarei em Ávila, porque não posso deixar de ir a Salamanca, para onde me pode vossa reverência escrever. Se, porém, a fundação de Madri se fizer, como tenho esperança, prefiro ir para lá, por estar mais perto dessa casa. Recomende-o vossa reverência a Deus. Quanto

---

1. *Filha de Roque:* María de la Purificación, Huerta y Benevente. *Outra irmã:* Isabel de la Madre de Dios, Medrano.
2. *Fundação:* refere-se à fundação projetada por Madre Leonor de la Misericordia, em Pamplona.

à noviça de que me fala vossa reverência, se quisesse vir para Palência, poderia me dar gosto, porque há necessidade naquela casa.

Escrevo à madre Inés de Jesús sobre este assunto, para que vossa reverência e ela entrem em acordo. Sobre os teatinos, alegro-me de que faça vossa reverência por eles o que puder, pois é preciso; e o bem, ou o mal e o agrado que lhe mostramos em...[3]

À senhora D. Beatriz diga vossa reverência de minha parte tudo o que lhe parecer; muito quisera eu escrever a sua mercê, mas estamos de viagem e com tantos negócios que nem sei de mim. De tudo seja Deus servido. Amém[4].

Não pense vossa reverência que lhe aconselho a retardar a profissão de Isabel porque uma seja maior e outra menor. São pontos do mundo que muito me ofendem, e não quisera eu que pusesse vossa reverência os olhos em coisa semelhante; mas por ser menina acho bom, e para que se vá mortificando mais; e se outra coisa se entendesse que não esta, logo lhe mandaria dar-lhe a profissão, porque a humildade que professamos deve resplandecer em nossas obras. Foi o que eu disse primeiro, porque entendo da irmã Leonor de la Misericordia que é humilde e não olha nem para um nem para outro desses pontos do mundo. E, sendo assim bem me alegro de que seja adiada por mais tempo a profissão dessa menina[5].

Não me posso alongar porque estamos a caminho de Medina. Vou indo como de costume. Minhas companheiras se recomendam a vossa reverência. Ana escreveu, não há muito tempo, contando o que se passa por cá. A todos muito me recomendo. Deus as faça santas, e a vossa reverência juntamente com elas[6].

Valladolid, 15 de setembro.

De vossa reverência serva,

TERESA DE JESUS.

Já estamos em Medina, e acho-me tão ocupada que apenas posso dizer que fizemos boa viagem. O adiar a profissão da Isabel seja com cautela para não parecer que é por posição, pois não é esta a principal razão que a motiva.

---

3. Inés de Jesús, Tapias, priora de Palência. *Teatinos:* jesuítas.
4. *D. Beatriz* de Beamonte y Navarra.
5. *Uma... e outra:* Isabel de la Madre de Dios e Leonor de la Misericordia, que entrou nas Descalças depois de anular seu matrimônio com D. Francés de Beamonte.
6. *Ana* de San Bartolomé.

ÍNDICE ANALÍTICO

SIGLAS DAS OBRAS DE SANTA TERESA

O primeiro número indica o capítulo; o segundo, o parágrafo. Nas citações do Castelo Interior ou Moradas o primeiro número indica a Morada; o segundo, o capítulo, e o terceiro, o parágrafo.

V	– Livro da Vida
C	– Caminho de Perfeição
M	– Castelo Interior ou Moradas
F	– Fundações
Const.	– Constituições
Cta	– Cartas
CAD	– Conceitos do Amor de Deus
MVC	– Modo de Visitar os Conventos
R	– Relações
E	– Exclamações da alma a Deus
P	– Poesias
A	– Avisos
Cert	– Certame

ÍNDICE ANALÍTICO

A

Abelha: Como as abelhas a alma na oração C 18, 7; como as abelhas a humildade 1M 2, 8; o que come converte em mel F 8, 3.

Abobamento: sonho falso 4 M 3, 11; F 6, 1; almas encapotadas 5 M 3, 11.

Agostinho, Santo: ganho por Santa Mônica C 7, 4; buscou a Deus e encontrou-o em si C 28, 2; 4 M 3, 3; perguntemos às criaturas como ele 4 M 7, 9; dai, Senhor, o que mandais Mc 4,9; dai-me para que vos dê como Santo Agostinho E, 5.

Agravos: não pensar nos agravos sem razão C 13, 1; coisinha que chamam agravos C 36, 3; agravos que se referem a obediência C 36, 4; perdoar todo agravo 6 M 10, 4; são poucas coisas para senti-los CAD 2º, 5.

Água: água viva que se promete a todos C 19, 14; 20 1-2; fonte clara, arroio claro, alma em graça 1 M 2, 1; fontes de água, oração 4 M 2, 2; 6 M 5, 3; cavar e não achar uma poça 6 M 6, 9; água misturada o matrimônio espiritual 7 M 2, 4; água viva das chagas de Cristo E 9; água milagrosa em S. José de Ávila F 1, 4-5; água em Mancera F 14, 9-10; nem água para as monjas em Sevilha F 25, 12; os pontões de Burgos F 31, 16; peixes na água, monjas na clausura F 31, 46; quatro modos de regar o jardim e quatro espécies de oração V 11, 6 ss.; três propriedades da água aplicadas à oração C 19, 3 ss.; dois reservatórios que se enchem de água de modo diferente explicam a diferença entre contentamentos e gostos espirituais 4 M 2, 2.

Água benta: água benta para perdoar os pecados MC 2, 20; excelência e virtudes da água benta V 31, 4; nada temem tanto os demônios como a água benta V 31, 4; no uso da água benta a Santa sentia grande satisfação ib.

Aguiar: Licenciado Dom Antonio que ajudou muito a Santa na fundação de Burgos F 31, 33.

Alba de Tormes: fundação de... F 20, 1 ss; N. Senhora da Anunciação F 20; a fundação de Teresa de Laiz F 20, 2; visão de Santo André F 20, 7; Santíssimo Sacramento e fundação no dia da Conversão de São Paulo, 25 de janeiro de 1571 F 20, 14.

Alegria: no recolhimento C 13, 6; na obediência C 18, 5; em ver virtudes nos outros 5 M 3, 11; nos incômodos F 14, 5; 24, 6; 26, 1; 27, 17; encerrada nas virtudes F 15, 14; de uma monja ao morrer F 16, 3; na mortificação F 18, 5; não seja com risos demasiados A 24.

Alma: retraimento, dignidade C 28, 2-12; 1 M 1, 1-8; 1 M 2, 8-14; 7 M 1, 1 CAD 11º; reside na parte superior da cabeça 4 M 1, 10; centro da alma 4 M 2, 5-6; 7 M 2, 9-10; como Deus entra em seu centro 5 M 1, 2; morada da alma é Cristo e Deus 5 M 2, 4-5; dilatação ou expansão 4 M 1, 12; espírito da alma 6 M 5, 9; diferente das potências 7 M 1, 11; não é o pensamento 4 M 1, 8; F 5, 2; em graça e em pecado 1 M 2, 1; 1 M 2, 14; CAD 9º; riquezas que Deus imprime MC 6, 10-11; efeitos transformantes MC 6, 12. A Santa viu a própria alma como um espelho limpidíssimo refletindo Deus; o pecado recobre o espelho como uma névoa muito densa e o torna negro e não se vê mais Deus; nos hereges o espelho é despedaçado V 40. Grandeza, excelência, riqueza da alma C 28, 9 ss.; 1 M 1 ss. É como um castelo de uma só peça de diamante subdividido em muitas moradas 1 M 1, 1; deformidade da alma em pecado mortal 1 M 1, 2. É grande ignorância não conhecermos a nós mesmos e a preciosidade da nossa alma; a alma imersa nas coisas do mundo, engolfada nos negócios, nos afazeres, nas honras não pode gozar perfeitamente da beleza do castelo 1 M 2, 14; pensamento da Santa a respeito da alma e do espírito 7 M 2, 10 ss.

Almas: as muitas almas que se perdem C 1,2; 5 M 2, 11; CAD 3º, 8; Deus traz muitas por uma que o sirva 1 M 4-6; zelo pelas almas em pecado Mc 7,9; a pena por vê-las se perderem mais acalmada CAD 6º, 6; alma solitária inflamada de zelo E 1; Satanás leva muitas E 13; almas de infiéis que se perdem F 1, 7.

Alpargatas: mandaram colocar mais tarde F 14, 8; o calçado dos carmelitas F 24, 13; Const. 3, 3.

Ambição: é o principal mal dos conventos C 7, 10.

Amizades: santas e não santas C 4, 6...; os melhores amigos Deus envia C 9, 4; amor espiritual C 4, 13; C 6, 1-9; C 7, 1-0; indiscretas suscitam dissensões C 12, 8-9; que não sejam brincadeiras de crianças C 20, 4-6; afeição aos que via aproveitados CAD 1º.13; desafogo natural às vezes oportuno CAD 33,5; afastar amizades particulares MVC 45-46; se a tem o prelado não se livrará de murmurações MVC 45; é loucura do mundo crer ser virtude não romper uma amizade humana quando for de ofensa a Deus V 5; as almas que se dedicam à oração, sobretudo no princípio, devem manter amizade com pessoas que praticam o mesmo exercício V 7, 20; 2 M 1, 6; é raríssimo que amizades muito íntimas sejam ordenadas a ajudarem-se reciprocamente a amar o Senhor, antes parecem que sejam suscitadas pelo demônio para criar partidos na religião C 4, 6; devem se referir especialmente às prioras MVC 19; as amizades particulares devem ser cortadas logo que nascem com grande energia e diligência C 4, 9.

Amor: o amor nunca é ocioso 6 M 9, 18; o amor, quando é perfeito tem a força de fazer esquecer toda satisfação própria para melhor contentar o amado F 5, 10; é nas ocasiões que se prova o amor, não nos recantos F 5, 15; só o amor dá valor às obras E 5, 2; para manter-se aceso tem necessidade sempre de novo combustível, o que fazia a Santa C 30, 20; quando se trata de fazer obras de amor não se deve ter medo P 3, 7 ss.; nem da fraqueza da própria natureza P 3, 10 ss.; o amor é como uma flecha que vai ferir a Deus e depois volta para quem a lançou portadora de gozo P 6, 5.

A virtude convida a ser amada C 4, 10; o que se sofre por amor, por amor se cura C 16, 7; bela troca o nosso amor pelo de Deus C 16, 10; se não olhássemos outra coisa logo chegaríamos C 16, 11-12; para aproveitar, o essencial é amar muito 4 M 1, 7; importa mais fazer amar a Deus do que estar na glória CAD 6º.10; o que vale perante Deus o nosso amor E 7.

Amor de Deus: aqueles que resolvem caminhar pelas vias da oração são servos do amor V 11, 1; chega-se muito tarde ao perfeito amor de Deus porque somos muito lentos em darmo-nos a ele e nunca nos esquecemos de nós mesmos definitivamente V II, 1; o amor de Deus não consiste nas lágrimas, nas delícias, nas ternuras da oração mas em servir o Senhor com justiça, fortaleza e humildade V 11, 13; 4 M 1, 7; quem ama verdadeiramente caminha numa estrada real e apenas encontra o Senhor apressa-se a estender-lhe a mão V 35, 14; disse o Senhor à Santa: "sabes o que quer dizer amar-me de verdade? Persuadir-se de que é mentira tudo aquilo que não me agrada" V 40, 1; o amor de Deus quando é forte, livre de todo apego e superior a todas as coisas é o verdadeiro senhor dos elementos, exemplos: C 19, 4; o amor unido ao temor de Deus é o meio mais seguro para enfrentar as tentações e as tribulações da vida C 40, 1 ss.; o amor e o temor de Deus são como dois fortíssimos castelos dos quais se move guerra ao mundo e ao demônio C 40, 2; não é possível amar a Deus e amar juntamente as vaidades da terra C 40, 3; o amor longe de ser fruto de imaginação deve ser provado com as obras 3 M I, 7; quando o amor de Deus excita as paixões até fazer cair em alguma culpa, procuramos nisso somente a nós mesmos e é amor de Deus apenas em nosso modo de ver F 6, 21; retrato do verdadeiro amante de Deus C 40, 3 ss.; efeitos do verdadeiro amor de Deus P 3, 2; o amor de Deus vai aumentando tanto mais quanto mais amadores e mais numerosos entende que há E 2, 1; queixas que também são amor E 5; como se adquirirá o amor de Deus F 5, 3; amor conformado na união 5 M 2, 12; diferença entre vontade e amor Mc 6, 5; meu amado para mim e eu para ele Mc 4,6; dá grande segurança e liberdade C 40, 3-5; enche a alma de paz Mc 2,18-25; consolação na morte C 40, 7-9; no céu as moradas são conforme o amor F 14, 5; o amor de Deus está na maior determinação em contentá-lo 4 M 1, 7; Deus paga desde esta vida a quem o ama Mc 3,4; amor íntimo de Deus na Trindade E 7.

Amor do próximo: o amor do próximo alimenta-se com santas conversações V 7, 22; ajudar as almas é obra muito meritória, mesmo que se faça por amor de Deus V 15, 8; para agradar os outros a Santa sacrificava a sua própria satisfação V 3, 4; excelente doutrina sobre o amor do próximo C 4, 5 ss.; diversas espécies de caridade e como amar com amor sobrenatural C 4, 12; C 6, 1 ss.; não há coisa aborrecida que não se suporte com facilidade daqueles que amamos C 4, 5; boa coisa é mostrar-se sensível às penas dos outros C 7, 5; é também amor perfeito alegrar-se com as irmãs, particularmente no tempo da recreação, mesmo que não se tenha vontade C 7, 7; como se exercita o amor do próximo C 7, 6 ss.; F 5, 5ss.; o zelo indiscreto pelos defeitos dos outros é uma astúcia do demônio para esfriar a caridade 1 M 2, 17; o sinal mais seguro para conhecermos se amamos a Deus é ver como amamos o próximo 5 M 3, 8; é caridade alegrar-se com as virtudes dos outros, os louvores que recebem, como também sentir pena dos defeitos dos outros como se fossem próprios 5 M 3, 11; é tão grande amor de Jesus pelos homens que o maior serviço que lhe podemos prestar é abandoná-lo para atender a eles E 2, 2; as delícias que pudermos gozar nesta vida, mesmo as que procedem de Deus, serão sempre incertas se não são acompanhadas pelo amor do próximo E 2, 2; a Santa não podendo desculpar as ações do próximo desculpava suas intenções R 1, 10; religiosa que tem escrúpulos de manifestar no capítulo as culpas das irmãs F 18, 9; exemplos de um grande amor ao próximo P 3, 4; P 3, 8; P 7, 6; retrato do verdadeiro amante do próximo P 7, 5.

Amor-próprio: é interesseiro C 6, 6; busca o regalo do corpo C 11, 1; obstáculo na vida espiritual C 36, 3-4; 5 M 3, 6; Mc 2, 24-26; F 6, 17; nas penitências CAD 6º, 2; impede o conhecimento próprio MVC 51; em mulheres é muito sutil F 4, 2.

Ana de la Madre de Dios: F 16, 1 ss.

Ana de Jesús: F 29, 10.

Ana de S. Bartolomé: F 29, 10.

Andrada: o bom jovem que ajudou a Santa na fundação de Toledo F 15, 6.

André, Santo: termina as Moradas na véspera de Santo André M epílogo 5; apareceu à fundadora de Alba F 20, 7; F 20, 10; coplas P 16.

Ânimo: é preciso muito nos contemplativos C 18, 2; para receber algumas mercês 6 M 4; para padecer F 1, 6; pensamentos animosos Mc 2,17; Deus, amigo de ânimos animosos F 27, 12.

Antíoco: mau odor de seus pecados A 6, 3.

Apresentação: ao templo de Maria Santíssima. A Santa propõe fazer celebrar esta festa com especial solenidade R 40.

Aridez: na oração V 11, l0 ss.; V 14, 9; V 37, 7 ss. Deve ser suportada com resignação V 11, 12 ss.; causas 3 M 1, 6 ss.; 3 M 2, 1 ss.; às vezes depende de indisposições físicas V 11, 15; como comportar-se neste caso V 12, 2 ss.; C 18, 4.

Arrebatamento: (arroubo rápido, voo de espírito) velocidade que dá muito medo 6 M 5, 1; 6 M 11, 3…; CAD 33º; parece que a alma sai do corpo CAD 7; a alma fica com grande arrependimento CAD 5º, 9.

Arroubo: arroubo ou suspensão C 32, 12-14; CAD 5º, 7 difere do arrebatamento CAD 5º, 8; é coisa sobrenatural 6 M 6, 13 como são CAD 1º, 1-2; 1º, 8; 1º, 22; outra maneira voo do espírito 6 M 5, 1-11; concluem no desposório 6 M 4, 2…; muito e ainda públicos 6 M 6, 1-2; andam como obcecados 6 M 6, 13; chegando ao matrimônio espiritual são tirados 7 M 3, 12; não confundi-los com abobamentos doentios F 6, 2…; porque os públicos CAD 30º; 6 M 4, 16; não está neles a perfeição F 4, 8.

Assobio: de Deus na "quietação" 4 M 3, 2; no "desposório" 4 M 2, 3.

Ativa: vida, as de vida ativa não murmurem das contemplativas C 17, 5; sem contemplação têm mais trabalho, mais mérito C 27, 2; nas obras ou nos carismas tudo é servir a Cristo C 27, 6; na quietação unem-se às vezes a ativa com a contemplativa C 31, 5; há naturezas às quais convém mais a vida ativa Mc 7, 3; ação e contemplação F 5, 6…; como salvar almas no convento 7 M 4, 14-15.

Auxílio geral: com ele cresce a lagarta da alma 5 M 2, 3.

Auxílio particular: não está assegurado 3 M 2, 3.

Ávila: Fundação do mosteiro de Ávila V 32, 9 ss.; V 32, 14 ss.; V 33, 1 ss.; V 36, 1 ss.; o mosteiro de Ávila passa para a jurisdição da Ordem F 31; Predições a respeito da igreja de Ávila R 22.

Avisos: quatro avisos para os Carmelitas Descalços R 67.

B

Baltasar de Jesús: Padre, Frei… F 17, 15.

Bandos: nos conventos é uma peste C 4, 6; C 7, 10; teme que sejam ocasião de bandos as beatas de Villanueva de la Jara F 28, 15.

Báñez: (Frei Domingo) V 36, 15; F 3, 5; aprova o caminho de perfeição introdução.

Bartolomeu: (São) filho de reis C 27, 6.

Beas: (Fundação de) F 22, 1 ss.; vieram as monjas no princípio da Quaresma de 1575 F 22, 19; fundou-se no dia de S. Matias 22, 4.

Beatriz de la Encarnación: F 12, 1 ss.

Beatriz de la Madre de Dios: sua vida edificante F 26, 2 ss.

Beaumont y Navarra: (Dona Beatriz) Fundação de Sória 3, 3.

Beijo da boca de Deus: sinal de paz Mc 1,10… efeitos que deixa na alma Mc 3,1-11; não pede outra coisa nesta vida Mc 3, 15.

Bens da terra: Não buscá-los C 2, 3-5; não pedi-los a Deus C 3, 7; as almas perfeitas os têm debaixo dos pés C 6, 6; os ricos não são donos mas administradores dos bens que receberam Mc 2,8;

são esterco F 10, 9; senhorio sobre eles da alma justa F 15, 13; não afastar as monjas por falta de bens de fortuna se os tem de virtudes F 27, 12; como se hão de administrar Const. 2, 1; MVC 10-13.

Bicho-da-seda: (ver seda) 5 M 2, 2.
Borja: (São Francisco) V 24, 3.
Burgos: (Fundação de) F 31, 1 ss.
Buscar a Deus: não fora mas dentro 4 M 3, 3; 5 M 1, 12; a meditação é buscar a Deus 7 M 7; nas palavras de Deus encontra-se tudo o que se quer buscar E 8; buscamo-nos a nós mesmos no amor que move as paixões F 6, 21; que nos busquemos em Deus Cert 2.

C

Cabeça: dorzinha impertinente C 10, 6; encurtar e mesmo deixar a oração se dói a cabeça C 19, 13; 6 M 7, 13; fracas de cabeça que veem ilusões 4 M 3, 14; ruídos que tinha na cabeça 4 M 1, 10; na parte superior da cabeça está a alma 4 M 1, 11; algumas de tão fraca cabeça tudo o que pensam parece que veem 4 M 3, 14; que as monjas entendam que há cabeça e não piedosa MVC 4; para governo de mulheres é preciso que entendam que há cabeça MVC 36; que as cabeças da casa estejam conformes CAD 51º; não nos doeu a cabeça quando deixamos de ir ao coro... e queremos inventar penitências de nossa cabeça C 10, 6.
Casilda: Generosidade demonstrada por esta jovem, por seu irmão Antonio e por sua irmã ao abandonar o mundo para se fazerem religiosos F 10, 8 ss.; F 11, 1 ss.
Camarim: para explicar uma visão 6 M 4, 8.
Caminho de Perfeição: mandaram-na fazer outro livrinho para suas filhas... R 4, 3; Tudo o que vos ensinei neste livro é dirigido a... dar-nos de todo ao Criador C 32, 9; em outras partes disse alguma coisinha que para as irmãs escrevi F 4, 2; parece-me que num livrinho pequeno disse algo sobre a melancolia F 7, 1.
Caminho Espiritual: Era o Senhor servido que ficasse nesta infância impresso o caminho da verdade V 1, 4; o que persevera na oração irá entendendo o caminho para o céu V 8, 5; por este caminho de cruz em que foi Cristo hão de ir os que o seguem se não querem perder V 11, 5; a alma que neste caminho de oração mental começa a caminhar com determinação... tem andado grande parte do caminho V 11, 13; pensar em algum passo da Paixão é muito excelente e seguro caminho V 13, 12; se não olhássemos outra coisa senão o caminho chegaríamos logo... erramos o caminho por não pormos os olhos no verdadeiro Caminho C 16, 11; o verdadeiro humilde há de ir contente pelo caminho que o levar o Senhor C 17; a quem Deus muito ama leva pelo caminho de trabalhos C 18, 1; Todos caminhamos para esta fonte... ninguém vos engane indicando outro caminho senão o da oração C 21, 6. Não vos negará o Senhor a contemplação se não ficardes no caminho C 23, 5; quem puder se encerrar neste pequeno céu de nossa alma... creia que irá por excelente caminho C 27, 5; perdemos o caminho... por guardar estes negros pontos de honra C 36, 6; só a ele pertence dar a contemplação e não a negará a quem se esforçar até chegar ao fim e não ficar no meio do caminho C 25, 4.
Caminhos: caminho errado indo a Duruelo F 13, 3; Caminho de Salamanca F 18, 3; Caminho de Segóvia F 30, 14; maus caminhos, por águas F 29, 10; 31, 16-21; caminho de Pastrana por Madri F 17, 5; o de Sória para Ávila, mau para carro F 30, 12.
Campo: muito bom onde há encerramento C 2, 9.
Caravaca: São José F, 27; enviados Julián de Ávila e Antonio Gaytan 27, 3; fundou-se no dia do Nome de Jesus 1º de janeiro de 1576 F 27, 9.
Caridade: importância C 4, 5; M 1, 2; 17-18; caridade e amizades particulares C 4, 6-9; o amor espiritual C 6, 1-9; sentimental desordenado C 7, 2; indiscreto, melindres inquietantes C 12, 8-9; o melhor zelo, caridade M 7, 4, 15; sumo grau, cativeiro Mc 3, 6; corrigir discretamente M 1, 2, 18; zelo indiscreto de principiantes Mc 7,10; fazer bem espiritual a todos M 5, 3, 3; o melhor sinal de boa oração M 5, 3, 8; caridade acusando em capítulo F 18, 9; caridade com as enfermas Const. 7, 1-4; "ordenou em mim a caridade" Mc 5,1; 6,3; 6,13; doutrina excelente sobre a caridade C 4, 5-16; o que pretende o demônio com o zelo indiscreto é esfriar a caridade M 1, 2, 17.
Carmelitas: sua finalidade C 1, 5; seus conventos, castelinhos de Deus C 3, 2-5; são treze C 4, 7; deseja que sejam varões fortes C 7, 8; a que não for para esta vida que o diga C 8, 3; filhas da Virgem e seu hábito C 13, 3; é a casa de Santa Maria C 17, 5; pela Regra hão de orar sem cessar C 21, 10; fundações com renda F 9, 2-4; cada uma separada em sua cela C 4, 9; todas são chamadas à oração e contemplação M 5, 1, 2; Constituições do Padre Geral F 23, 13; santos do Monte Carmelo M 5, 1, 2; gozo interior

das carmelitas M 6, 6, 12; Deus defende os conventos da Reforma CAD 48º; mercês de Deus em seus conventos M pról. 1; quatro avisos aos padres Descalços CAD 51º; primeiros intentos nos frades F 2, 4-6; começo em Duruelo F 21, 1...; 14, 1; grandes perseguições F 28, 1 ss.; separação de Calçados e Descalços F 29, 30.

Casas: grandes e pequenas C 2, 9; em cada uma poucos frades CAD 51º; é Deus nossa morada; casa da alma Cristo M 5, 2, 4; importa muito que se olhe toda a casa para ver com que recolhimento está MVC, 15; Palavras do Senhor a respeito de sua obediência R 23.

Castelo interior: formação e disposição do castelo M 1, 1, 1; M 1, 1, 3; M 1, 1, 7; M 1, 2, 8; a porta para entrar no castelo é a oração M 1, 1, 6: em poucas moradas deste castelo deixam de combater os demônios M 1, 1, 15; fora deste castelo não encontrará segurança nem paz M 2, 1, 4.

Castidade: Não mostra o demônio aparência de amor puro e casto V 28, 10; colocou os olhos no Senhor que estava na cruz correndo sangue, diz D. Catalina Godínez, e... logo prometeu ali castidade F 22, 6; o voto de castidade com grande cuidado guardai P 20, 5.

Catalina de Cardona: sua vida e penitências F 28, 20-36; sua penitência e a obediência da Santa CAD 7º.

Cepeda: (Dona Maria de...) irmã da Santa, como foi preparada por Santa Teresa para bem morrer V 34, 19.
(Lorenzo de...) irmão da Santa F 25, 3 ss.; Santa Teresa critica um escrito seu Cert 8.

Cerda: (Dona Luisa de la...) junto de quem a Santa permaneceu perto de seis meses V 34, 1 ss.; V 35, 9.

Certeza: da presença de Deus na união M 5, 1, 10-11; só com uma palavra destas M 6, 3, 5; certeza de não tomar parte o demônio M 6, 3.12; quando está a alma a sós com Deus M 6, 6, 2; da visão intelectual M 6, 8, 3; certeza e segurança CAD 5º, 11; de que há de gozar de Deus CAD 6º, 1.

Céu: quando outra coisa não houvesse para deleitar a vista no Céu, senão a grande formosura dos corpos glorificados, em particular ver a Humanidade de Jesus Cristo Nosso Senhor, bastaria para causar grandíssima glória V 28, 3; Glória dos Bem-aventurados V 27, 14; C 30, 5; Visão do Céu: V 38, 1 ss.; V 39, 22.

Chagas: não é material a que faz o dardo divino CAD 5º, 15; chagas de Cristo CAD 15º, 4; E 6.9; chagas de amor não se curam E 16.

Chamadas: de Deus à alma M 2, 1, 2-5; atentos, lâmpada acesa, não se canse o Senhor de chamar Mc 2, 5.

Chorar: pela Paixão, por seus pecados M 4, 1-6; de alegria F 27, 13; por qualquer coisinha M 6, 6, 7; não está tudo em chorar muito M 6, 6, 9; ajudai a vosso Deus a chorar E 10.

Clausura: contentamento de ver-se na clausura F 31, 46; regras de clausura Const. 4, 1-6; os prelados hão de vigiá-la MVC 15, 47.

Comida: descuidar-se que Deus não faltará C 2, 1; 34, 4-5; Mc 2, 9; CAD 1º, 14; grande pena de ter que comer CAD 3º, 6; M 7, 3, 3; é preciso quem faça a comida C 17, 6; gratidão para quem dá de comer C 2, 10; trabalhar e ganhar para comer C 34, 4; M 6, 4, 5; comer peixe não faz mal Mc 2,14; as melancólicas comam peixe poucas vezes F 7, 9; quereria já esta alma ver-se livre, o comer a mata V 16, 4; estamos também sujeitas a comer... que é muito trabalho M 4, 1, 11 procure a prelada que durmam bem e comam até que se lhes vá voltando as forças naturais M 4, 3, 13; São Paulo... de noite... ganhava o que havia de comer M 4, 5; Marta e Maria hão de andar juntas para hospedar o Senhor... dando-lhe de comer M 4.1.12.

Comodidades: vi que há mais espírito e ainda alegria interior quando parece que não têm os corpos como estar acomodados F 14, 5.

Companhia de Jesus: grande bem fizeram a sua alma F 3, 1; deve-lhes muito F 31, 45; vários Padres que a ajudaram CAD 4º, 2; CAD 6º, 7; F prol. 2; 3, 1; 3, 12; 15, 1; 15, 4; 15, 12; 18, 1; 27, 1; 31, 1; C 31, 5.

Companhias: Espanta-me algumas vezes o dano que faz a má companhia V 2, 4; grande proveito faz a boa companhia V 2, 5; é excelente maneira de aproveitar... trazer consigo esta preciosa companhia de Cristo V 12, 2; aquele deserto e solidão lhe parece melhor que toda a companhia do mundo V 20, 13; Ei-lo aqui... nosso companheiro no Santíssimo Sacramento V 22, 6; procurai... pois estais só, ter companhia, pois que melhor companhia do que a do mesmo Mestre que ensinou a oração que ides rezar? C 26, 1; grande proveito a recordação daquele Senhor que me faz companhia dentro de mim C 29, 7; Cristo Nosso Senhor... na sua divindade e humanidade, divino e humano juntos, ele está sempre a fazer-lhe companhia M 6, 7, 9; É muito boa companhia o Bom Jesus... e sua Sacratíssima Mãe M 6, 7, 13; faltando as ocupações fica com aquela agradável companhia M 7, 1, 7; passa logo a mercê do Senhor, e depois fica a alma sem aquela companhia M 7, 2, 4; chegando a esta morada... goza de tal companhia M 7, 3, 12.

Compleição: fracas e imaginativas M 6, 3, 10; tão débeis que numa simples oração de quietação parecem morrer M 6, 4, 2; algumas penas a respeito disso M 6, 6, 7 e 8; arroubamentos de compleição fraca M 6, 4, 9; a Priora olhe as compleições F 8, 9.

Comunhão: alimento para o corpo e a alma C 34, 6; em sua pousada o Senhor C 34, 7; é tempo para negociar C 34, 10; fechar os olhos e abrir os da alma C 34, 12; desejos desordenados de comungar F 6, 9-23; preparação A 58; comunhão espiritual quando deixarem a sacramental F 6, 22; a espiritual tem grande proveito C 35, 1; quando comungava sabia que era certo estar ali o Senhor dentro de mim, colocava-me a seus pés V 9, 2; no dia de Ramos acabando de comungar... pareceu-me que a boca se me enchia de sangue R 26, 1; acabando de comungar foi-me dado entender como as três pessoas da Santíssima Trindade são uma só coisa R 47; ardentes desejos da Santa de aproximar-se da comunhão teria passado mesmo entre lanças V 39, 2; seus sentimentos de humildade V 38, 19 ss.; A comunhão é nosso pão cotidiano C 34, 1 ss.; a alma encontrará sempre no SSmo. Sacramento grandes consolações e delícias C 34, 2; da Comunhão C 34 ss.; C 35 ss.; às vezes a Eucaristia é também remédio para as dores corporais, experiência da Santa C 34, 6; R 1, 12; o tempo depois da comunhão é o mais oportuno para tratar com Deus e pedir-lhe graças C 34, 10; a Santa se consolava muitíssimo ao ver uma igreja a mais onde se honrasse o Santíssimo Sacramento F 3, 10; F 18, 5. É horrível receber e administrar indignamente a santa comunhão, visão a propósito V 38, 23; na comunhão o Corpo de Cristo é recebido na alma pelo próprio Pai R 57; tudo sofre o Bom Jesus para encontrar uma só alma que o receba C 35, 2.

Comunidade: Pouco tempo tenho... pois tenho que andar com a comunidade V 14, 8; entenda a melancólica que quando estiver com a comunidade deve ser como todas F 7, 8; muito bem fez em avisá-las que andassem com a comunidade Cta 173; vale mais estar para andar na comunidade Cta 307.

Condenação: Pensava algumas vezes que, estando boa me haveria de me condenar, era melhor estar enferma V 6, 5; grandíssima pena me dá as muitas almas que se condenam V 32, 6; morreu sem confissão mas com tudo isso não me parecia que haveria de se condenar V 38, 24; os desventurados que se condenam não o gozarão na outra vida C 34, 2; temem que se condenam muitos M 5, 2, 10; e pensar que estes que se condenam são filhos de Deus e nossos irmãos M 5, 2, 11 se se pusessem à disposição dos condenados do inferno todos os deleites do mundo em nada encontrariam alívio, antes se lhe aumentaria o tormento.

Confessores: os confessores semidoutos sempre a prejudicaram V 5, 3; importa muito que o confessor seja instruído C 5, 1 ss.; em vinte anos que procurou não encontrou um confessor que a compreendesse V 4, 7; quando se trata de homens virtuosos é melhor que sejam ignorantes, pelo menos não confiam em si V 5, 3; estranha resposta de um confessor V 26, 4; M 5, 1, 10; dotes de um bom Mestre de espírito V 13, 16 ss.; não se devem dirigir as almas segundo seu próprio gosto mas por aqueles caminhos que Deus quer V 39, 12; quem trata com um bom confessor não será jamais enganado pelo demônio V 13, 18; a Santa tratava com os confessores com simplicidade e clareza V 5, 10; V 30, 3; e assim sempre se deve fazer M 6, 9, 12; a necessidade de um confessor douto e experimentado é maior para as almas que se dedicam à oração V 13, 17; o amor de gratidão que a Santa tinha aos seus confessores, seus temores a respeito e a resposta que o Senhor lhe deu V 40, 19; obediência ilimitada que a Santa prestava aos seus confessores R 1, 6; R 1, 14; provações a que certos confessores a submetiam por causa das suas visões V 28, 17; V 29, 4 ss.; V 30, 13; confessores que a tratavam asperamente temendo nela algum apego à sua pessoa V 37, 5; agir com os confessores com prudência e discrição, especialmente se nota nele alguma vã tendência C 4, 13 ss.; menos relações ter com os confessores melhor será MVC 5; quanto aos confessores tenha-se uma justa e santa liberdade C 5, 1 ss.; aos confessores é para se dizer os próprios defeitos e não as próprias virtudes A 14 (Ver: Diretores Espirituais, Doutos, Letrados).

Confiança: Deus nunca falta para quem procura contentá-lo C 2, 1; F 1, 2; Deus dá na medida de nossa confiança C 29, 3; não nega as virtudes a quem as procura e confia em sua misericórdia F 8, 9; M 6, 3, 17; se tendes confiança não vos faltará nada F 27, 2; como se há de confiar F 1,

4; punha toda minha confiança em Deus V 9, 3; pesa-me que tenhamos tão pouca confiança em Deus V 9, 4; as almas fracas... nunca se desesperem nem deixem de confiar na grandeza de Deus V 19, 3; tenho experiência do lucro com que deixais a quem só em vós confia V 25, 17; é muito necessário para este nosso fraco natural ter grande confiança V 31, 18; Deus nunca falta a quem só nele confia R 1, 14; até agora tinha mais confiança nas ajudas do mundo, agora entendo claro serem todas como uns pauzinhos de romanico seco R 3, 1; às pessoas aflitas e desfavorecidas jamais falta, se nele confiam C 29, 2; jamais confiar em nós M 5, 4, 9; ande a alma confiada na misericórdia do Senhor M 6, 3, 17; exemplo de confiança em Deus F 4; acreditava muito não faltar o Senhor às que não traziam outro cuidado senão contentá-lo F 1, 2; se tendes confiança nele não tenhais medo que vos falte nada F 27, 12; valha-me a misericórdia de Deus em quem sempre confiei F 35.

Confissão: com brevidade C 4, 3; não ir com as mesmas faltas Mc 2, 17; procurar letrados C 4, 15; atalhar o afeto no começo C 4, 15; não se prender a um só confessor C 5, 1-2; liberdade para se confessar com pessoas de letras e virtudes C 5, 5; tentação de não confessar pecados graves C 5, 1; ignorância de alguns C 5, 3; trabalhos com os confessores M 6, 1, 8-9; se são de pouca experiência M 6, 8-9; para discernir visões M 6, 9, 10-12; descubram-lhe tentações A 18, 63; relações com o confessor CAD 66º; tratá-lo com toda verdade e simplicidade F 2, 2; sujeitar-lhe em tudo F 6, 16; mau espírito é desobedecer-lhe F 8, 5; 17, 4; 27, 15; pouca comunicação com ele MVC 89; necessidade de um bom diretor V 23, 1 ss.; V 25, 14.

Conhecimento próprio: seja o princípio e o fim da oração C 39, 5; entrem dentro de si e olhem M 1, 1, 2-8; ... de Deus e de nós mesmos M 1, 2.10-11; sempre olhar e olhar de novo nossa miséria M 6, 5, 6; Deus nos prova para que nos conheçamos M 3, 2, 2; pelas faltas conhecemos nossa miséria M 4, 6, 4, 11; antes de dar mercês Deus dá o conhecimento próprio M 6, 9, 15; é maior mercê um dia de conhecimento próprio do que muitos de oração F 5, 16; nunca a alma será tão avançada nas vias do espírito que possa dispensar-se de voltar muitas vezes à meditação da própria miséria V 13, 15; M 1, 2, 9; o próprio conhecimento é o pão com o qual se devem comer todos os alimentos V 13, 15; importância desta prática e até que ponto as almas devem exercitá-lo M 1, 2-8 ss.; é bom conhecer nossa miserável natureza V 36, 8.

Consciência: a primeira pedra a boa consciência C 5, 3; limpa a consciência e vais em bom caminho C 21, 10; tê-la tal que possais comungar frequentemente C 34, 12; mais limpa a consciência maior a santidade M 6, 8, 10; com humildade e boa consciência o demônio não prejudicará M 6, 9, 12; F 2, 4 (Ver: Exame de consciência).

Consolos: nunca faltam no caminho espiritual C 20, 2; se não são exteriores mais regalo interior C 29, 2; consolos que se misturam com as paixões M 4, 2, 1; só Deus consola e farta juntamente M 6, 11, 10; nos santos que depois de serem pecadores o Senhor converteu achava eu muito consolo V 9, 7; a verdadeira pobreza de espírito é não buscar consolo nem gosto na oração... mas consolação nos trabalhos V 11; a monja que desejar ver amigos para sua consolação tenha-se por muito imperfeita C 8, 3; quanto menos consolação exterior mais regalo vos fará C 29, 2; os consolos espirituais algumas vezes vão envolvidos em nossas paixões M 4, 2, 1; de maneira a querer consolar-me, disseme: "Espera um pouco, filha, e verás grandes coisas" F 1, 8; para mim é grandíssimo consolo ver uma igreja a mais F 3, 10; nunca procurava consolação em coisa criada, antes lhe seria cruz ter seu consolo em coisa que não fosse de Deus F 12, 7; ver o Santíssimo Sacramento em muitos lugares, grande consolação nos havia de ser... assim dá a mim... quando vejo estas almas tão puras em louvores a Deus F 18, 5.

Contemplação e oração: C 4, 3; para todas as carmelitas: a oração e contemplação M 5, 1, 2; várias contemplativas em cada convento F 4, 8; difícil de entender o que Deus ali faz M 1, 2, 7; contemplação para tirar de mau estado C 16, 6-9; não levam leve cruz os contemplativos C 18, 5-6; como o alferes na batalha C 18, 5-6; princípio de pura contemplação C 30, 7; o caminho para chegar a... C 16, 1-5; não a nega Deus a quem se esforça por chegar ao fim C 25, 4; pensar na Humanidade de Cristo não se opõe à perfeita contemplação M 6, 7, 6-7; não é porque tratam de oração que todas hão de ser contemplativas C 17, 2; também os contemplativos meditam M 6, 7, 5; a meditação que acaba em contemplação M 6, 7, 7; distingue: discorrer com o entendimento e representar verdades M 6, 7, 10-11; uma contemplação que não é infusa M 6, 7, 11; diferença de meditação e contemplação C 25, 3; aqueles que não sabem discorrer com o entendimento se perseverarem podem chegar à contemplação mesmo antes que os outros V 4, 7; a estes porém é necessária uma maior pureza de consciência V 4, 8; muitas vezes o Senhor não dá a uns a contemplação em vinte anos, enquanto a outros a dá num só V 34, 11; nestas coisas o Senhor pode fazer mais sábia uma velhinha do que os doutos V 34, 12; nem todas as almas são feitas para a contemplação C 17, 1 ss.; discrição dos contemplativos C 38, 9 ss.; os contemplativos não se preocupam mais com a honra C 36, 8; M 6, 1, 4; é muito possível que só com a oração vocal se eleve à contemplação C 25, 1; exemplo disso C 30, 7; aqueles que se elevaram à contemplação perfeita se não estão fortemente decididos a perdoar toda injúria não confiem em sua oração C 36, 8; a Santa nunca encontrou um contemplativo que deixasse a desejar quanto ao perdão das ofensas C 36, 13; os carmelitas são chamados à contemplação em força da sua vocação M 5, 12; as primeiras Carmelitas Descalças atingiam quase todas a contemplação perfeita; F 4, 8; vejo poucos verdadeiros contemplativos que não sejam animosos e determinados a padecer C 4, 2; os contemplativos hão de levar levantada a bandeira da humildade C 4, 5; eu lhe asseguro que enquanto faltar na obediência nunca chegará a ser contemplativa C 4, 8.

Contentamentos: não retê-los na oração C 31, 6; somos amigos de contentamentos mais que da cruz M 3, 1, 9; os contentamentos diferem dos gostos M 3, 2.10; o que são contentamentos M 4, 1, 4; M 4, 1, 1.

Conversações: prejuízos das más conversações V 7, 6 ss.; o Senhor não reprova as conversações com os bons mas quer que sejam medidas e santas V 40, 19; o Senhor gosta que se fale dele V 34, 17; a Santa ouvia sempre com prazer falar de Deus V 3, 1; aborrecimento que sentia ao falar com pessoas do mundo R 1, 7; convida as irmãs a falar muitas vezes da oração e a se guardarem de empregar a linguagem do mundo C 20, 3 ss.; sua linguagem deve ser simples e religiosa MVC 42.

Corpo: amor ao corpo C 10, 5; discrição indiscreta com o... C 10, 5-7; para mais regalos mais necessidades C 11, 12; com medos da saúde não se fará nada C 10, 8; M 3, 2, 8-9; começando a vencer-se não cansa tanto C 11, 4-5; tudo está em perder o cuidado do corpo C 12, 2; não eram de ferro os ermitães C 11, 4; é cárcere da alma C 32, 13; temem dar pena ao corpo os que não temem o inferno E 11; o corpo é o engaste da joia nas muralhas do castelo M 1, 1, 2; com os embevecimentos se perde a saúde M 4, 3, 11-14; ardente a alma, não se sente o corpo M 7, 4, 11; almas muito ternas para com o corpo M 3, 2, 7 ss.; não ter medo da fraqueza da própria natureza quando se trata de trabalhar para Deus P 3, 10 ss. Avisam alguns livros que afastem de si todas as imagens corpóreas, mas... que entre na conta este divino Corpo não posso suportar V 22, 1; contradisseram-me "quanto à doutrina da Sacratíssima Humanidade... e que quando ultrapassaram os princípios é melhor tratar de coisas da Divindade e fugir das coisas corpóreas, a mim não me farão confessar que seja este bom caminho" M 6, 7, 5.

Correção: com humildade C 2, 4; fraterna e caridosa C 7, 4; M 1, 2, 16-18; no convento Const. 4, 4; 6, 11; no Capítulo de culpas Const. 10, 1-12.

Costumes: é ajuda para não ofender a Deus C 41, 4; costumes relaxados, estragos C 13, 4; costumes de falsa devoção F 6, 12; terrível coisa para nosso natural MVC 5, costumes de ermitães C 13, 6; as relaxadas estragam os mosteiros F 4, 6; não introduzir costumes por bons que pareçam MVC 29; destituir as Prioras que introduzirem costumes contra a Regra MVC 23; não é preciso ter forças corporais para a oração mas só amar e o costume V 7, 12.

Credo: particular regalo ao dizê-lo C 22, 1; pensar o que se diz C 24, 2; a cada hora ou momento pensavam que expirava e não faziam outra coisa senão dizer o Credo V 5, 9.

Criador: Ver campo ou água, flores... nestas coisas encontrava eu a memória do Criador V 9, 5; temos de Deus o ser e nos criou do nada e nos sustenta V 9, 5; como é... criador da água, dá-a sem medida V 17, 2; abraçando-nos só com o Criador... Sua Majestade infunde as virtudes C 8, 1; quando Deus leva uma pessoa ao claro conhecimento do que é o Criador e o que é a criatura... amam muito diferentemente C 6, 3; só o Criador pode consolar e fartar a alma M 6, 9, 10.

Critério: a Santa não quer entre suas filhas quem não tem bom critério C 14, 1 ss.; quem tem bom critério se não tem outra coisa pode ser útil à comunidade com seus conselhos C 14, 2.

Cruz: selo dos fortes amigos de Cristo C 17, 7; a do contemplativo C 18, 1; medida da cruz é o amor C 32, 7; quem tiver mais bem aquinhoado M 2, 1, 7; os mais próximos de Cristo a tiveram maior M 7, 4, 5; é o ferro dos escravos de Cristo M 7, 4, 8; cruz em Duruelo para água benta F 14, 7; louvores à cruz F 7; 8, desnudo colocaram-no na cruz M 5, 3, 2; o Senhor toma a cruz da Santa e a restitui adornada de cinco pedras preciosas V 29, 7; com uma cruz na mão a Santa afastava todos os demônios V 25, 19; poesias em honra da cruz P 18, 19, 20.

Culpas: às vezes tomamos o bem por culpa M 4, 1, 9; a melancolia não desculpa a culpa F 7, 4; pena leve Const. 11, 1; pena média Const. 12, 1; culpa grave Const. 14, 1; grande coisa ser condenado sem culpa e calar C 15, 1; padeçamos sem culpa por outras culpas M 4, 1, 14.

D

David: santo era e não esteve seguro M 3, 1, 4; dançava diante da arca F 27, 20; devota do rei David F 29, 11.

Defeitos: jamais fazer a paz com os próprios defeitos P 2, 2; P 2, 18; não falar dos defeitos dos outros M 1, 2, 18.

Demônio: tentações C prol. 2; sutilezas C pról. 3; C 5, 5; pelo confessionário C 4, 14-14; 5, 1; na oração M 1, 2, 11; C 38, 3-5; mistura enganos aos gostos de Deus M 4, 1, 3; nas falas M 6, 3, 11; por contemplação abstrata ataca a Eucaristia M 6, 7, 14; com grandes desejos para que entretanto não façamos nada M 7, 4, 14; C 19, 13; provoca mexericos contra a humildade e caridade C 12, 6, 7; tenta mais aos que se dão à vida interior C 39, 7; a ninguém engana senão é por sua culpa F 8, 2; não ousa atacar ao humilde C 12, 6-7; não pode com almas determinadas C 23, 4; furioso quando pressente o valor de uma alma M 2, 1, 5-6; como penetra nas almas unidas M 5, 4, 7-8; provas exteriores M 6, 1, 14; em poucas moradas deixa de combater M 1, 2, 15; não penetra nos pensamentos M 5, 1, 5; não pode enganar na mercê do matrimônio M 7, 3, 10; conhece-se pelos efeitos M 4, 3, 11; M 6, 8, 4; não pode enganar aos religiosos tanto quanto aos seculares CAD 2, 25; falsa paz que costuma dar CAD 2, 6; a obediência o afugenta F 4, 2; se se alvoroça é bom sinal F 3, 4; tenta sutilmente na morte F 16, 5; rendemo-nos mais facilmente ao demônio que a Deus E 12; alma sai enganando quando resiste M 6, 8, 8; o demônio procura impedir que a alma se dê à oração, sabendo que com isso não é só uma alma que lhe foge, mas muitas V 11, 4; os demônios são os escravos de Deus e não podem fazer dano à alma que de Deus é humilde serva V 25, 19; a Santa com uma cruz na mão afugentava todos os demônios para o inferno V 25, 19; é tão covarde que, vendo-se desprezado, perde a coragem V 25, 20, V 31, l0 ss.; é a mesma mentira que só engana V 15, 10; V 25, 21; os demônios atacam somente as almas fracas que se entregam por si mesmas V 31, 11; é raro que enganem aqueles que recitam o "Pater noster" C 39, 7; o demônio é a própria treva M 1, 2, 1; faz mais empenho em prejudicar uma só alma a que Deus faz muitas graças do que a muitas outras M 4, 3, 10; aparições do demônio V 31, 1 ss.; V 38, 23 ss.; o demônio tenta enganar a Santa com falsas visões V 28, 10; temores da Santa de ser vítima do demônio V 23, 2 ss.; Jesus a certifica do contrário V 32, 2; como vencer o demônio quando produz delícias na oração C 38, 3; em vez de clamar "demônio, demônio" dizer "Deus, Deus" V 25, 22.

Desalentos: alentos e desalentos C 38, 6-7; se há alguma falta… lhes dará um desalento interior e sem propósito M 3, 2, 10; anda a alma nestes dias de combate espiritual com um desalento que se percebe M 6, 1, 13.

Desapego: exterior C 8, 2-4; C 9, 3-5; no Carmelo há de ser depressa C 13, 7; interior, de si mesmo C 10, 1-2; acompanha a humildade C 10, 3-4; forte, na vontade C 12, 3-4; na oração perfeita C 31, 11; produzido por grande ímpeto M 6, 11, 10; desapego das mercês M 4, 2, 10; desapegado de tudo, Deus o enche de Si M 7, 2, 7; é o que mais une a Deus F 4, 5; C 8, 1; doutrina a propósito do desapego C 10, 1 ss.; não há pior ladrão do que nós mesmos C 10, 1; o desapego de si mesma e a humildade são duas irmãs que não se podem separar C 10, 3; desapego de todas as coisas criadas C 9, 1; palavras do Senhor a este respeito V 40, 16; é grande negócio começando as almas a oração desapegar-se de todo gênero de contentamento V 15, 11; é muito importante determinar-se a desapegar-se de tudo V 22, 16; nem é possível haver estas duas virtudes: amor e humildade sem o desapego de todo o criado C 16, 2; quem de verdade humilhar-se e desapegar-se… não deixará o Senhor de fazer estas mercês M 4, 2, 10; poucos há que visem à glória do Senhor desapegados de tudo o mais M 4, 3, 6.

Descuido: o demônio não anda descuidado, não nos descuidemos nós C 19, 7-13; M 1, 2, 15; temo-lo como gente traidora C 23, 4; não descuidar das virtudes nem pouco nem muito M 5, 1, 2; não temos que estar descuidados na oração

V 11, 17; a segurança da alma que tiver oração é descuidar-se de tudo e de todos V 8, 10; quando menos há, mais descuidada estou C 2, 3; é preciso não nos descuidarmos para entender os ardis do demônio M 1, 2, 15.

Desculpar-se: grande virtude não se desculpar C 15, 1-2; consideração para não se desculpar C 15, 3-7; levanta a alma mais que dez sermões C 15, 6; Deus se volta para quem não se desculpa C 15, 7; ganha-se grande liberdade de espírito C 15, 7; é bom saber quando se há de fazê-lo e quando não F 18, 8.

Desejos: desejo de Deus, que não o suporta a natureza C 19, 8; M 6, 11, 1; desejos veementes por natureza C 19, 10; de louvar e servir a Deus M 5, 1, 1; 2, 7-8; 4, 7; 4, 15; 8, 3-4; do desposório espiritual M 6, 1, 1; desejos que não passam M 6, 6, 5; de ver a Deus M 6, 6, 6; 11, 1; ternos e suaves M 7, 3, 7; de morrer M 7, 3, 6; de não morrer M 7, 3, 6; de sofrer F 28, 43; mais perfeito, vontade de Deus M 7, 3, 4; E 17.

Despertadores de Deus: chamadas M 6, 2, 2-7; difere quando é envolvido o demônio M 6, 2, 5-7; falas divinas M 6, 3, l ss.; inflamação deleitosa M 6, 2, 8.

Desposório espiritual: de Deus com a alma M 5, 4, 3-4; M 6, 2, 1; com arroubamento M 6, 4, 2-14; Deus desposa as almas espiritualmente M 5, 4, 3; neste estado de união não está a alma tão forte... como está depois do desposório... o demônio anda com muito cuidado de desviar deste desposório M 5, 4, 5.

Desprezos: olho logo a vida de Cristo e dos santos que eles não iam senão por desprezos e injúrias V 31, 12; foi grande o desprezo que me ficou de tudo da terra V 38, 3; aqueles santos Padres nossos do Monte Carmelo... com tanto desprezo do mundo buscavam este tesouro M 5, 1, 2; se é espírito do Senhor, humildade traz consigo para gostar de ser desprezado F 8, 9.

Determinação: quem a tem chegará ao fim C 20, 2-3; muito vai de começar assim C 21, 1-2; 23, 1-3; nunca falta Deus a quem se determina C 1, 2; 14, 1; nunca perderá por tê-la C 20, 3; dá mais liberdade C 20, 4.6; vence-se melhor o demônio C 23, 4; M 2, 1, 6; peleja-se com mais ânimo C 23, 5; basta dizer com determinação "fiat voluntas tua" C 32, 10; muito aproveitam as almas que se deram de todo CAD 7; as determinações embora fracas Deus as irá amadurecendo M 7, 4, 7; fiz minha Profissão com grande determinação e contentamento V 4, 3; a alma que começa a caminhar com determinação... tem andado grande parte do caminho V 11, 2; grande fundamento é... começar com determinação a levar o caminho da cruz V 11, 13; não penseis que Deus precisa de nossas obras, mas da determinação de nossa vontade M 3, 1, 7; amar... não está no maior gosto mas na maior determinação de desejar contentar em tudo a Deus M 4, 1, 7; ir sempre com esta determinação de antes morrer do que deixar de chegar ao fim do caminho C 22, 2; importa muito e em tudo uma grande e muito determinada determinação C 23; vai muito em começar com grande determinação C 23, 1; diz o muito que importa começar com grande determinação a ter oração C 21.

Deus: a bondade de Deus supera todos os pecados do mundo V 19, 15; a divindade é como um diamante que espelha em si todas as coisas V 40, 10; M 6, 10, 2 ss.; Deus está em toda parte V 18, 15; M 5, 1, 10; R 45; Deus é a verdade: visão a propósito V 10, 1 ss.; Deus não é meticuloso C 23, 3; C 41, 8; Deus é hóspede da alma em graça C 28, 1 ss.; C 28, 9 ss.; desejos de Deus V 20, 10 ss.; M 6, 6, 6; R 1, 2; R 5, 13; em tempo algum deixei de alegrar-me em ouvir falar de Deus V 3, 2; era amiga de tratar e falar de Deus V 6, 2; gostava muito de falar de Deus e era amiga de fazer pintar sua imagem em muitas partes V 7, 2; davam-me grande contentamento todas as coisas de Deus V 7, 17; Deus sempre nos entende e está conosco V 14, 6; jamais acabamos de nos conhecer, se não procurarmos conhecer a Deus M 1, 1, 9; o que podemos fazer por um Deus tão generoso que morreu por nós e nos criou e nos dá o ser? M 3, 1, 8; verdade é estar Deus dentro de nós mesmos M 4, 3, 3; não havia chegado ao seu conhecimento que Deus estava em todas as coisas por presença, potência e essência M 4, 3, 10; é grande a misericórdia de Deus M 5, 2, 10; é a suma verdade M 6, 3, 9; não temos de buscar razões para entender as coisas ocultas de Deus M 6, 3, 7; temos de contentar a Deus pelos mandamentos e conselhos M 6, 7, 9; Deus está presente em tudo o que fazemos M 6, 8, 4; Deus é muito fiel M 6, 8, 7; tudo se pode em Deus Cta 34, 2; só em Deus podemos confiar Cta. 53, 5; ponha tudo nas mãos de Deus que Sua Majestade faça o que mais convier Cta. 156, 2; o verdadeiro amigo de quem temos de fazer conta é Deus Cta. 179, 4; confiem em Deus que é verdadeiro amigo Cta. 325, 1; considerar que só Deus e ela estão nesta casa Cta. 363, 2; é melhor que só nEle ponhamos os olhos 380, 2.

Devoção: a boa se contenta com o Pai-Nosso e a Ave-Maria C 21, 3; com muito livros se perde C 21, 4; o demônio faz crer que se tem mais devoção em outros exercícios do que em estar a sós C 35, 2; devoções que se vão com o fôlego M 5, 3, 11; as prioras não acrescentem devoções MVC 29; devoções sem virtudes são perigosas CAD 2, 26-29; para tê-la a uma imagem não prender-se a quem a pintou F 8, 3; a de uma pequena cruz de madeira F 14, 7; ajudam a tê-la o campo e as ermidas C 2, 9; a Santa nunca pôde suportar certas devoções nas quais entram estranhas cerimônias V 6, 6; Deus nos livre de devoções às tontas V 13, 16; almas a quem parece muito duro não rezar por si mesmas C 3, 6; Mistérios e Santos pelos quais a Santa sentia maior devoção depois de Jesus e Maria: S. José V 6, 6; S. Maria Madalena V 9, 2; Sta. Clara V 33, 13; Jesus e a Samaritana V 30, 19; Santo Rei Davi F 29, 11; Jesus coroado de espinhos R 9; Sto. André P 21, Sto. Hilarião P 22, Sta. Catarina P 23; era amiga de ter oratório e procurar neles coisas que dessem devoção V 7, 2; suplicar ao Senhor que me desse ternura de devoção, a isso jamais me atrevi... é verdadeira devoção não ofender a Deus e estar disposta e determinada para todo bem V 9, 9; umas devoçõezinhas que ao primeiro arsinho de perseguição se perdem, não as chamo devoções V 25, 11; a devoção não a tenha por segura se não ajuda a fortalecer a fé V 25, 13; tenho particular devoção a esta virtude da obediência F 18, 13; procurava solidão para rezar minhas devoções, que eram muitas, especialmente o Rosário V 1, 6.

Diligências: Fazia alguma e muitas diligências para não vir a ofender o Senhor V 8, 3; muitas vezes tornamos a ter cuidado e diligência para que não nos falte... ainda o supérfluo V 11, 2; dá-lhe o Senhor que entenda mais em um credo que nós podemos entender com todas as nossas diligências da terra em muitos anos V 12, 5.

Dinheiro: não quer rezar por rendas e dinheiro C 1, 5; costumam ir junto com honras C 2, 5-6; não deixar de receber monjas por falta de dinheiro se têm virtudes F 19, 12-13; não admitam monjas só pelo dinheiro C 14, 4; não havia dinheiro em Duruelo F 14, 2; deviam ser até três ou quatro ducados que tínhamos na fundação de Toledo F 15, 6; fomos encomendá-lo a Deus e Ele disse: "em dinheiros te deténs?" F 36.

Diretores Espirituais: Há... tão poucos... que não tenham discrição demasiada... creio que é a causa para que os que começam não cheguem mais depressa à grande perfeição V 13, 6; encontrei almas encurraladas por não ter experiência quem as ensinava... porque não entendendo o espírito... estorvam o aproveitamento V 13, 14; dá dois exemplos de um diretor espiritual que governa as almas sem atinar a dar-lhes conselhos oportunos ao estado em que se encontram V 13, 17; há grande trabalho se não há quem o entenda V 14, 7; é conveniente ter um bom diretor de espírito que conheça e saiba dirigir as almas V 14, 6-18; isto sempre tive, tratar com toda clareza e verdade com os que comunico minha alma V 30, 3; quem não tiver espírito — se é letrado — não governe quem o tem, mas entende-se quanto ao exterior e interior que vá conforme a via natural, por obra do entendimento, e no sobrenatural olhe que vá conforme à Sagrada Escritura V 34, 12; procure esforçar a fé e humilhar-se porque nesta ciência o Senhor faz porventura mais sábia uma velhinha do que a ele, embora seja letrado V 34, 12 (Ver: Confessores, Letrados, Mestres).

Disciplinas: mesmo que se faça isso de oração... não se deixarão de cumprir os jejuns e disciplinas C 4, 2; entende a prelada que é fraqueza deixar os jejuns e disciplinas F 6, 5.

Discorrer: Deus não me deu talentos para discorrer com o entendimento V 4, 7; passei dezoito anos... grandes securas... por não poder... discorrer V 4, 9; fala com almas que não podem discorrer com o entendimento C 19; as que não podem ter muito discurso do entendimento... acostumai-vos a trazer Jesus junto de vós C 26, 2; como Nosso Senhor as leva a dar contemplação... não podem discorrer sobre os mistérios da Paixão e da vida de Cristo como antes M 4, 1, 11; discorrer com o entendimento é uma coisa, e representar ao entendimento, à memória as verdades é outra coisa M 4, 1, 10.

Discrição: grande coisa para o governo F 18, 6; tratar com quem a tenha F 19, 1; ainda na caridade com obediência. C 7, 7; na mortificação F 18, 7; C 10, 6; 15, 3; M 5, 3, 7; é preciso muita discrição nos princípios para que vá tudo com suavidade V 29, 9; em tudo é preciso discrição e experiência V 22, 18; V 13, 1.

Disparates: Há pensamentos tão fracos que... se lhes vai a mil disparates C 17, 3; não se podia escrever brevemente os ditos e risos ao dizer que era disparate a fundação do primeiro convento V 32, 14.

Dissipação: grande dano nos faz andar dissipadas... pode haver maior mal do que não nos acharmos em nossa casa? M 2, 1, 9; se não tem grande cuidado com esses meninos, escreve a seu irmão D. Lorenzo, poderão logo intrometer-se com os mais dissipados de Ávila Cta. 51, 9.

Distrações: involuntárias, conhecem-se pelas penas que deixam C 24, 5; F 5, 2; nem sempre deixar a oração quando a grande distração... nem atormentar a alma pelo que não pode V 11, 16; há tempos em que está a alma tão alvoroçada e distraída que não acertaria em concertar uma boa razão V 25, 5; quando não pode... deixar de estar embebida naquele mistério, entenda que lhe convém distrair-se F 6, 7; É preciso andar com muita advertência em Sevilha para não se distrair Cta 326, 16; isso de distrair na oração... quero pensar é fraqueza de cabeça Cta. 381, 2.

Divindade: avisam muito que apartem de si toda imaginação corpórea, e cheguem a contemplar na Divindade V 22, 1; grande é o poder que tem esta sacratíssima Humanidade junto com a Divindade V 28, 9. Como quando numa esponja se incorpora e embebe a água, assim me parecia minha alma que se enchia daquela Divindade R 18; Sua humanidade não está conosco na alma, mas só a Divindade R 57; aqui, na união, não fica... como está no Santíssimo Sacramento... senão só a Divindade M 5, 1, 11; que é melhor tratar em coisas da Divindade e fugir das corpóreas, a mim não me farão confessar que seja bom caminho M 6.7.5 (Ver: Deus).

Domingos, São: ganhou muitas almas M 5, 4, 6; M 7, 4, 11; tratou com muitos religiosos de São Domingos F pról. 2, F 3, 5-6; 8, 3; 16, 6; 28, 3; 31, 45; aquela fome que teve São Domingos de levar almas para que Deus fosse louvado M 7, 4, 11.

Dominicanos: um grande letrado da Ordem do glorioso São Domingos tirou-me dessa dúvida, que me disse Deus estar presente em todas as coisas V 18, 15; vi grandes visões... de grande admiração de dois religiosos da Ordem de São Domingos V 34, 14; os dominicanos nos fazem muita caridade pois pregam dois sermões por semana Cta 216, 1; um padre da Ordem de São Domingos traduziu do latim a vida de Santo Alberto por amor de mim Cta 285, 1.

Dor: Dói-lhe o que ofendeu a Deus V 30, 9; a dor dos pecados cresce mais quanto mais se recebe de Nosso Senhor M 6, 7, 1.

Doutos: a ciência acompanhada da humildade é grande ajuda para a oração V 12, 4; a Santa amou sempre a ciência V 5, 3; V 14, 6; quando encontrava uma pessoa capaz e instruída, desejava ardentemente que se consagrasse a Deus V 34, 7; se os pregadores não têm espírito é melhor que não saiam de suas celas C 3, 3; a Santa exorta suas filhas a rezar pelos doutos e pregadores que são os defensores da Igreja C 1, 2 ss.; quando as orações, as penitências, os jejuns de uma Carmelita Descalça não tenderem para esse fim, não atingirá a finalidade desejada pela Santa ao iniciar a Reforma C 3, 10; pregadores que não obtêm efeito porque muito cheios de humana prudência e vazios do amor de Deus V 16, 7; a doutrina é de grande ajuda antes e depois da oração, mas enquanto se prega, parece à Santa que deve atuar pouco V 15, 7, errada resposta de um semidouto V 18, 15; M 5, 1, 10; convida os doutos a aprender a humildade da Santíssima Virgem P 6, 7 (Ver: Letrados, Diretores Espirituais, Confessores).

Doutrina: o que for bom é do Senhor a doutrina V 18, 8; é excelente doutrina esta e não minha mas de Deus V 19, 13; tende livros... com excelente doutrina... de oração C 19, 1; por esta oração do Pai-Nosso podiam tirar muita doutrina e consolar-se nela C 42, 5; começou-me a contar os muitos milhões de almas que se perdiam nas Índias por falta de doutrina F 1, 7; iam de Duruelo a pregar em muitos lugares que estavam por ali... sem nenhuma doutrina... nem por onde tê-la F 14, 8.

Duruelo: trata de como começou a primeira casa da Regra primitiva F 13. No primeiro ou no segundo domingo do Advento deste ano de 1568 se disse a primeira Missa naquele portalzinho de Belém... vindo à fundação de Toledo vim por ali F 6; trasladação do convento de Duruelo para Mancera F 9-11.

E

Éboli: Príncipe de Éboli, fundadores do convento de Pastrana F 17, 1; F 17, 12 ss.; F 17, 16; Dona Catalina de Cardona tinha muita amizade com a Princesa de Éboli... mulher do príncipe Ruy Gómez F 28, 29; a pressa da Princesa de Éboli para fundar em Pastrana Cta 10, 4; as de Pastrana embora tenha ido a Princesa estão como prisioneiras Cta 10, 6.

Educação: Se eu tivesse de aconselhar diria aos pais que nesta idade (adolescência) tivessem grande cuidado com as pessoas que tratam com os seus filhos, porque aqui está muito mal, o nosso natural vai antes para o pior que para o melhor V 2, 3; pois começando a gostar da boa e santa conversação desta monja gostava de ouvi-la quando falava de Deus (prossegue falando da boa educação recebida com as Agostinianas) V 3, 1 e 2; escrevendo a seu irmão — D. Lorenzo — fala da facilidade que havia em Ávila para educar bem a seus filhos Cta 19, 8; nunca termino por agradecer-lhes, diz às Descalças de Sevilha, a boa educação que deram a Teresita, nem seu pai tampouco Cta 108, 11.

Embevecimento: é perigoso M 4, 3, 11-14; F 6, 2; distraíam-se nos ofícios M 6, 7, 13; a melancolia é uma obsessão perigosa M 6, 6, 13; quando pensam andam embevecidas na Divindade e não podem valer-se, ponha-se remédio F 5, 6-16; embebia-me na leitura V 2, 1; com o embevecimento de Deus que tinha o que mais gosto me dava era tratar das coisas dEle V 5, 4; o ordinário é estar embebidas em louvores de Deus V 20, 20; devia permitir o Senhor que me dessem algum trabalho... para que não me embebesse no regalo V 34, 5; embebem-se de tal maneira na imaginação, que tudo o que pensam, claramente lhes parece que veem M 9, 9; o desgosto que dá quando não se esteve grande parte do dia... embebidas em Deus procede do amor-próprio F 5, 4; esta é a união que eu desejo e não uns embevecimentos muito regalados que há F 13; quem se vir com este embevecimento muitos dias, procure mudar de consideração F 5, 6.

Embriaguez: começadas as potências a embriagar-se e a gostar daquele vinho divino, com facilidade se tornam a perder de si V 18, 13; é preciso sua Majestade dar aos contemplativos vinho para que se embriaguem, não entendam o que passam C 18, 12; anda a alma como alguém que bebeu muito M 6, 6, 13.

Encapotadas: almas encapotadas M 5, 3, 11; C 41, 4-8.

Encarnação: mosteiro da Encarnação — a Santa entra e aí toma o Hábito V 4, 1 ss.; Sai definitivamente daí para ir a S. José de Ávila V 36, 23 ss.; o Senhor a envia para pôr ordem no mosteiro da Encarnação R 20.

Encerramento: diz os danos que há em não ser muito encerrados os mosteiros de monjas V 7; fez-me muito dano não estar em mosteiro encerrado V 7, 3; desejava levar minha profissão e chamamento com mais perfeição e encerramento V 36, 5; tudo o que nesta casa se guarda de encerramento... torna-se em extremo suave V 36, 10; neste cantinho tão encerrado pensei que não se lembrassem mais de mim V 40, 21; estando encerradas pelejemos por Ele C 3, 5; nunca penseis que fique secreto o mal ou o bem que fizeres por encerradas que estejais C 15, 7; não há encerramento tão encerrado onde o demônio não possa entrar M 5, 4, 8; considerando o muito encerramento que tendes vos será consolo deleitar-vos neste castelo interior M Concl. 1; grande consolo me dá vendo o contentamento que lhes dá tanto encerramento e solidão F 18, 5; que pretendem estas vossas servas sem ver-se encerradas por Vós de onde nunca hão de sair? F 31, 45; à parte o encerramento... o mais levar com muita suavidade Cta 164, 3.

Encolhimento: não é humildade C 28, 3; não é coisa boa C 41, 5-6; não deixem encurralada a alma C 41, 8.

Encomendar: sempre fui muito afeiçoada a que me encomendassem a Deus e assim o procurava C 11, 5; que encomendeis a Nosso Senhor os que nos ajudaram F 21, 7; é razão, irmãs, que encomendeis ao Senhor a quem tão bem nos ajudou F 25, 9; estamos todas irmãs muito obrigadas a sempre em nossas orações encomendar a Felipe II F 28, 7; aqui todas a encomendamos a Deus, escreve a D. María de Mendoza Cta 30, 4; tenho ordinário cuidado de encomendar em minhas orações a Nosso Senhor a V. M. Cta. 45, 1; escrevi a todos os mosteiros que pude para que o encomendem a Deus, escreve ao Pe. Gracían Cta 160, 1; parece que os negócios vão bem, encomendo-o a Deus 180, 6; a meus sobrinhos me encomendo muito e os encomendo a Deus Cta 330, 4.

Enfermidade: nela se exercita a mortificação C 11, 1; enfermos pobres que não têm a quem queixar-se C 11, 3; muito penosa se é contínua M pról. 1; Deus envia enfermidades para provar M 6, 1, 6-7; grave enfermidade a melancolia F 7, 8-10; melancólicas virtuosas que vencem chorando sua enfermidade F 7, 5; o espírito se ressente F 29, 2; algumas vezes se curavam com a comunhão C 34, 6; se há trabalhos e enfermidades sofrê-los com contentamento M 5, 3, 7; Diz que a mortificação se há de adquirir na enfermidade C 11; é preciso caridade com as enfermas... sempre o aviso a todas Cta 430, 1; estando nas Agostinianas deu-me uma enfermidade V 3, 3; como era o mal tão grave procurou meu pai levar-me a um lugar onde havia muita fama que curavam ali outras enfermidades V 3, 5; pedia a Deus que dando-me paciência me desse as enfermidades que fosse servido V 5, 2; na mesma enfermidade... é a mesma oração V 5, 12; como sou tão enferma até que me determinei não fazer caso da saúde... sempre estive atada V 13, 7.

Engano: este foi o mais terrível engano... que comecei a temer a ter oração... parecia-me... que enganava a todos V 7, 1; ninguém de oração que trate com letrados, se não quiser se enganar, não o enganará o demônio V 13, 18; o demônio não enganará a alma que não confia em si em coisa alguma e está fortalecida na fé V 25, 12; não tenha medo, se tem humildade, que permita Deus que se engane V 34, 12; dos enganos e ilusões que faz o demônio aos contemplativos C 11, 4; nossos pensamentos muitas vezes nos enganam M 4, 2, 10; não sejam enganadas transformando-se os demônios em anjos de luz M 5, 1, 1; na imaginação faz o demônio seus saltos e enganos M 5, 3, 10; se a alma está tão colocada na Vontade de Deus... como pode enganar-se? M 5, 4, 7; indo com obediência, nunca o Senhor permite que o demônio... nos engane... antes vem ele a ser enganado F 4, 2; o que tiver contentamento nas coisas da terra ou ditos e louvores está muito enganado F 27, 21.

Entender: Se falando estou entendendo inteiramente e vendo que falo com Deus... junto está oração mental e vocal C 22, 1; quando rezais é preciso que entendais o que dizeis C 24, 2; este Senhor nos entenderá por sinais C 29, 6; não via o justo Simeão senão o Menino pobrezinho... mas se lhe deu o mesmo Menino a entender. E assim o entende aqui a alma embora... não entende como o entende C 31, 2; assim como no Céu sem falar se entende... assim é aqui, que se entende Deus e a alma só com o querer Sua Majestade que o entenda... se duas pessoas se querem muito... parece que se entendem só com o olhar V 25, 10.

Entendimento: o melhor dote para ser monja C 14, 1-2; um bom entendimento, se conhece o bem se apega fortemente a ele C 2; gênero de entendimentos desbaratados C 19, 2; não pode compreender as grandezas de Deus CAD 6, 7; E 1; como se entende sem ver, na união M 51, 10; grande coisa um bom entendimento F 31, 39; fala com almas que não podem discorrer com o entendimento C 19.

Entrar dentro de si: M 4, 3, 2.

Ermida: na horta que havia em casa procurávamos... fazer ermidas V 1, 5; fui a uma ermida muito afastada, que há neste mosteiro 39, 3; ajuda a oração e devoção ter algumas ermidas C 2, 9; a que mais tempo tinha para estar numa ermida julgava-se a mais feliz F 1, 6; fui a uma ermida com muitas lágrimas F 1, 7; tinham nos dois cantinhos em Duruelo umas ermidazinhas onde não podiam estar senão deitados ou sentados F 14, 7; tenho uma ermida em Alba de Tormes de onde se vê o rio Cta 51, 1.

Ermitãos: sobre o modo de viver em seus conventos C pról. 1; ordenávamos ser ermitães V 1, 5; lembremos de nossos Padres santos do passado ermitães cuja vida pretendemos imitar C 11, 4; o estilo que pretendemos levar é não só de ser monjas mas ermitãs C 13, 6; havia-se de olhar como ermitães contemplativos os Descalços Cta 21, 13; devem parecer ermitãs as Descalças de Caravaca Cta 184, 1.

Errar: tome ao glorioso São José por mestre da oração e não errará o caminho V 6, 8; se tivesse de dizer os erros que vi suceder fiados na boa intenção V 13, 10; quantos erros existem no mundo por não fazerem as coisas com conselho C 4, 14; erramos o caminho por não colocarmos os olhos no verdadeiro caminho C 16, 11; se erramos no princípio, que firmeza pode levar este edifício? M 2, 1, 8; posso errar em tudo, mas não mentir M 4, 2, 7; é dos filhos errar, e dos pais perdoar Cta. 91, 8; olhemos antes que se faça o erro que não se pode remediar Cta 316, 4.

Escapulário: o escapulário da mesma fazenda ou saial, quatro dedos mais curto que o hábito... o escapulário tragam sempre sobre as toucas Const. 12; muita edificação dão os escapulários, que dão devoção; D. Francisco mandou pedir um para sua irmã Cta. 7.

Escolha de estado: titubeios da Santa V 3, 2; V 3, 5 ss.

Escritos: sobre o modo de viver em seus conventos C pról. 1; nisso que se escreve para que Nosso Senhor seja louvado seria de grande peso de consciência não dizer toda a verdade F pról. 3.

Escritura Sagrada: na Sagrada Escritura que tratam os letrados sempre encontram a verdade do bom espírito V 13, 18; pode ser que se lhes vá o tempo da oração em aplicar Escrituras V 15, 7; que vá conforme a Sagrada Escritura; e como torcesse um pouquinho disso, muito mais firmeza... teria em que é demônio V 25, 13; por qualquer verdade da Sagrada Escritura morreria mil mortes... supliquei-lhe... me dissesse se havia algo contra a Sagrada Escritura... ele me assegurou muito V 33, 5; no sobrenatural olhe que vá conforme a Sagrada Escritura V 34, 11; "todo dano que vem ao mundo é de não conhecer as verdades da Sagrada Escritura com clara verdade; não faltará um til dela" V 40, 1; fiquei com grandíssima fortaleza... para cumprir com todas as minhas forças a menor parte da Escritura divina V 40, 2.

Esforço: não virá o Rei da Glória a estar unido a nossa alma, se não nos esforçamos por adquirir grandes virtudes C 16, 6; mesmo que não sejamos santos… se nos esforçamos poderemos sê-lo C 16, 12; não vos negará o Senhor a contemplação se vos esforçais C 24, 4; se depois que Deus chega a uma alma aqui se esforça para ir adiante, verá grandes coisas M 5, 2, 7; nos esforçaremos para não ter em pouco almas com que tanto se deleita o Senhor M 7, 1, 1.

Esmola: pode livrar do inferno C 2, 10; a move Deus C 2, 2; grandíssima é rogar pelos que estão em pecado mortal M 7, 1, 4.

Esperança: o Senhor… dá prendas às almas para que por elas tenha grande esperança de ir gozar perpetuamente do que aqui lhes dá a sorvos C 30, 6; no silêncio e na esperança procurai viver sempre M 3, 2, 13; esperar na misericórdia de Deus que nunca falta aos que nEle esperam M 6, 1, 13; temos esperança de que o Senhor nos há de livrar e perdoar nossos pecados M 6, 11, 7; "espera um pouco filha e verás grandes coisas" F 1, 8; de tal maneira espero que morro porque não morro P 1, 1; é preciso esperar o amparo só de Deus Cta. 81, 2; estamos todos perdidos com esperanças que duram mil anos Cta 282, 6.

Espírito: render o corpo ao espírito C 12, 1; os regalos do corpo os paga o espírito C 9, 1; suas coisas entendam-se de outra maneira M 6, 2; o espírito e a alma são diferentes M 7, 1, 11; na união une-se o espírito com Deus espírito M 7, 2, 3; não andava o espírito senhor mas escravo V 7, 17; querer levantar o espírito para sentir gostos parece um certo gênero de soberba V 12, 4; não entendendo o espírito, afligem alma e corpo V 13, 14; quando o Senhor dá o espírito escreve-se com facilidade… mas se o espírito falta não há possibilidade de fazê-lo V 14, 8; se é espírito de Deus lança chamas… do grandíssimo amor de Deus V 15, 4; a verdadeira pobreza de espírito é "não buscar consolo nem gosto da oração" V 22, 11; nestas coisas interiores de espírito a que é mais aceita e acertada é a que deixa melhores desejos… confirmados pelas obras Cta 122, 4; não apertar as noviças… até que as entenda até onde chega o seu espírito Cta 433, 2.

Espírito Santo: visão do Espírito Santo V 38, 9 ss.; em tudo me parecia que o Espírito Santo falava em meu confessor V 23, 16; ouvindo aquela língua divina, em quem parecia que falava o Espírito Santo, deu-me um grande arroubamento V 34, 17; entre tal Filho e tal Pai é forçoso estar o Espírito Santo, que enamore nossa vontade C 27, 7; é bem necessário o que fiz, que é encomendar-me ao Espírito Santo e suplicar-lhe que daqui por diante fale por mim M 4, 1, 1; praza a ele que eu acerte em declarar algo… que se Sua Majestade e o Espírito Santo não moverem a pena, bem sei que será impossível M 5, 4, 11, dizem que quando uma eleição é por unanimidade intervém o Espírito Santo Cta 307, 3.

Espirituais: umas ninharias nos dão tão grande trabalho… e em nosso julgamento nos presumimos de espirituais V 8, 4; outra tentação é… desejar que todos sejam espirituais V 13, 8; para gente de oração é preciso mestre espiritual V 13, 19; aconselho-vos que o confessor seja espiritual M 6, 8, 8; sabeis o que é ser espirituais de verdade? fazer-se escravos de Deus. M 7, 4, 8.

Esposo: disse-me Nosso Senhor, que era sua esposa que lhe pedisse… que tudo me concederia R 38; os olhos em vosso Esposo, ele vos há de sustentar C 2, 1; estas palavras amorosas deixem-nas para seu Esposo C 7, 8; ou somos esposas de tão grande Rei, ou não. Se o somos que mulher honrada há que não participe das desonras que fazem a seu esposo? C 13, 2; por muito que nos pareça que nos humilhamos ficamos muito aquém para ser… esposas de tal Esposo C 13, 3; se um esposo é tão zeloso que não quer que sua esposa não trate com ninguém, linda coisa é que não pense em como lhe dará esse prazer! C 12, 8; nunca, filhas, vosso esposo tira os olhos de vós C 26, 3; pedi vós, filhas,… ao Pai que vos deixe hoje vosso Esposo C 34, 3; abraçai-vos com a cruz que vosso Esposo levou sobre si M 2, 1, 7; não deixará Nosso Senhor padecer as suas esposas se elas o servem como estão obrigadas F 31, 49.

Eternidade: impressões que fazia sobre Santa Teresa menina V 1, 4; começou esta boa companhia… a tornar a colocar em mim pensamentos, desejos das coisas eternas V 3, 1; estava tão determinada a ganhar os bens eternos que por qualquer meio me determinara a ganhá-los V 5, 2; pois ver a uma alma para sem fim no sumo trabalho dos trabalhos, quem o há de poder suportar? V 32, 6; Oh! Rei da glória… vosso reino… não tem fim! V 37, 6; quando no Credo se diz; Vosso Reino não tem fim, quase sempre me dá particular regalo… vosso reino durará para sempre C 22, 1; Deus quer que queiramos o eterno C 42, 4; o pecado mortal acarreta males eternos, sem fim M 1, 2, 5; o que aqui padecemos no rigor da religião... é um momento, comparado com aquela eternidade M 6, 9, 7; o que sentirá uma alma... quando, acabando de morrer, se vir já perdida para sempre e entende claro que não há de ter fim E 11, 1; Oh! vida que não se acabará! Oh! tormento sem fim! E 11, 2; gozarás com teu Amado com gozo e deleite que não há de ter fim E 15, 3; preparou-nos um Reino que não tem fim F 31, 47; quem vos servir até o fim, viverá sem fim na vossa eternidade F 27, 21; temos de gozar dele com segurança eternamente Cta 67, 5; estamos em terra estrangeira... Nosso Senhor nos leve àquela que há de durar para sempre Cta 312, 1; é eterno e para sempre o bem e o mal que fizermos nesta vida Cta 342, 9.

Evangelho: afeiçoada, preferível a todo outro livro C 21, 4; a morada de Deus segundo o Evangelho M 7, 16; oh! quantas vezes me lembro da água viva que disse o Senhor à Samaritana! e assim sou muito afeiçoada àquele evangelho V 30, 19; sempre fui muito afeiçoada e recolheram-me mais as palavras dos Evangelhos do que muitos livros bem escritos C 21, 4; dão-me a entender aquelas palavras que diz o Evangelho... que virão... morar com a alma que o ama M 7, 1, 6.

Exame de consciência: antes da oração C 26, 1; antes de comer se fará o exame do que fizeram até aquela hora... faça seu exame com brevidade cada uma onde estiver Const. 6; em qualquer hora examine a consciência A 27; com o exame de cada noite tenha grande cuidado A 57; depois de Matinas esteja um quarto de hora fazendo exame Const. 1.

Exemplo: Bom exemplo e sua eficácia M 7, 4, 14 ss.; prejuízo dos maus exemplos C 13, 4.

Êxtases: o que é, como se diferencia da união e do arrebatamento, quais os seus efeitos V 18, 1 ss.; M 6, 2, 1 ss.; R 6 ss.

F

Falar: ficou-me desejo de tratar e falar em Deus V 4, 4; nunca no mosteiro, me parece, poderiam me convencer de falar sem licença V 7, 2; falava muitas vezes de Deus V 8, 3; pode-se representar diante de Cristo e falar com Ele V 12, 2; seja o Senhor bendito por tudo o que a uma pessoa como eu quer e consente que fale de suas coisas, tais e tão elevadas V 12, 7; está Sua Majestade tão perto da alma, que já não é preciso... senão de falar ela mesma com Ele, e não aos gritos V 14, 5; se falando estou inteiramente entendendo e vendo que falo com Deus... junto está oração vocal e mental C 22.1; se começamos a rezar ... comece a pensar com quem vai falar e quem é o que fala C 22, 3; estamos com quem falamos, sem ter-lhe voltado as costas, que não me parece outra coisa estar falando com Deus e pensando em mil vaidades C 50, 1; quem tiver o costume de falar com a Majestade de Deus como falaria com um escravo... não o tenho por oração M 1, 1, 7; que necessidade tenho de falar pois tão claramente vejo que estais dentro de mim? E 1, 3.

Falas interiores: este falar que faz Deus na alma... são umas palavras muito formadas, mas com os ouvidos corporais não se ouvem, mas entende-se muito mais claro do que se se ouvissem V 25, 1; ouvi que me falava uma voz muito suave, como um assobio V 39, 3; cinco razões pelas quais se poderá conhecer se as falas são do Senhor, ou são palavras formadas pela imaginação ou sugestões do demônio M 6, 2, 12-16; três sinais que se podem ter para conhecer se as falas e locuções são de Deus M 6, 2, 5-7.

Faltas: na oração entendia mais minhas faltas V 7, 17; almas contemplativas têm muitas, mas de não perdoar injúrias nenhuma C 36, 13; exercitar-se nas virtudes contrárias às faltas que veem C 7, 7; aproveitar as faltas para ver as nossas misérias M 6, 4, 11; F 18, 10; as melancólicas dão em olhar as faltas alheias para encobrir as próprias F 7, 3; faltas vistas emendá-las A 27; quereria ter licença para dizer as muitas vezes que neste tempo faltei a Deus V 8, 1; quem tem esta falta de entendimento sempre lhes parece que atinam mais do que lhes convém C 14, 1; olhar as faltas alheias e nunca conhecer as suas... nasce de pouca humildade C 19, 5; olhemos nossas faltas e deixemos as alheias M 3, 2, 13; qualquer faltinha nas irmãs parece-lhe grande quebra... e ainda às vezes poderia ser de não ver as suas M 1, 2, 16; quando virmos alguma falta em alguma, senti-lo... e encobri-lo M 5, 3, 11; Deus a deixa cair nestas faltas para que se humilhe F 18, 10; minha má saúde me faz cair em muitas faltas Cta 46, 10; não há ninguém sem falta Cta 93, 10; alguma falta haveria de ter, pois afinal é filho de Adão Cta 150, 1; uma das grandes faltas que tenho é julgar por mim Cta 234, 2; quanto mais amo, menos posso suportar alguma falta Cta 309, 8; descuidar-se das faltas que vir nos outros Cta 343, 2.

Favores: estes mesmos favores são os que despertam a fé e a favorecem V 10, 6; os favores da terra são todos mentira quando desviam um pouco a alma de estar dentro de si C 29, 3; se são favores do Senhor... olhe se por isso se tem por melhor M 6, 3, 17.

Fé: se for conforme as verdades de nossa santa fé católica... eu a isto me sujeito V 10, 8; jamais teve o demônio força para me tentar de maneira que duvidasse ...em nenhuma coisa da fé; antes me parecia que quanto mais sem caminho natural iam tanto mais firme a tinha V 19, 9; o demônio não enganará... a alma que... está fortalecida na fé ...e com este amor à fé... procura ir conforme o que ensina a Igreja V 25, 12; sabia bem de mim que em coisa de fé... por qualquer verdade da Sagrada Escritura, poderia eu morrer mil mortes V 33, 5; acho-me com uma fé tão grande muitas vezes... não tendo nenhuma dúvida... que faltem suas palavras R 2, 3; quando alguma coisa a induzisse contra o que é a fé católica... logo via que era o demônio R 5; não tive tentações da fé R 33, 1; tinha-lhe o Senhor dado tão viva fé que quando ouvia fazer que quereriam ter vivido no tempo em que verdadeiramente andava Cristo neste mundo, ria-se tendo-o tão verdadeiramente no Santíssimo Sacramento C 34, 6; a fé sem obras que valor pode ter M 2, 1, 11; a fé torna possível tudo o que pela razão natural não o é F 2, 4.

Fênix: assim como faz a fênix, conforme li, e da mesma cinza depois que se queima sai outra V 29, 23; abrasada toda a alma como uma fênix, fica renovada M 6, 4, 3.

Ferida de amor: do amor do Esposo M 6, 1, 1; saborosíssimas não quereria curar M 6, 2, 2; no mais íntimo da alma M 6, 11, 2; a humildade é o unguento de nossas feridas M 3, 2, 6; nas sextas moradas a alma já fica ferida pelo amor do Esposo M 6, 1, 1; Senhor, de todas as partes vos dão feridas os mortais E 10, 1, quando vós quereis, Senhor, curais logo a ferida que fizeste E 16, 1; V 29, 10 ss.; R 15.

Fervor: começam com grandes desejos e fervor V 31, 18; disse-me o Senhor que nesta vida umas vezes teria fervor e outras estaria sem ele V 40, 18; Sua Majestade dava-me forças e com o fervor que me dava... esquecia-me de mim mesma F 18, 4; passa estes fervores do princípio F 28, 25.

Figas: uma figa para todos os demônios! que eles me temeriam V 25, 22; mandam-me que sempre me benzesse quando alguma visão viesse e fizesse figas V 29, 5; dava-me muita pena este fazer figas... não fazia continuamente figas, porque sentia muito V 29, 6; parecia-lhe muito mal a este letrado que fizesse figas quando viesse alguma visão M 6, 9, 13; quando via a imagem de Cristo em alguma visão tinha de fazer figas porque me mandavam assim F 8, 3.

Filhos: meu pai tinha bons livros em romance para que seus filhos lessem V 1, 1; quanto mal fazem os pais que não procuram que seus filhos vejam sempre coisas de virtude... minha mãe era afeiçoada a livros de cavalaria... e porventura o fazia para ocupar seus filhos... para que não andassem perdidos em outras coisas V 2, 1; se eu tivesse que aconselhar diria aos pais que nesta idade tivessem grande cuidado com as pessoas que tratam com os seus filhos V 1, 3; dizeis ser vosso deleite estar com os filhos dos homens, Senhor V 14, 10; quereis que vosso Pai... nos tenha por filhos... Se nos voltamos a Ele como filhos pródigos há de nos perdoar C 27, 2; atrevemo-nos a voar como fazem os filhos das aves quando são ensinados M 3, 2, 1; Deus meu, os que quisermos ser vossos filhos verdadeiros... não nos convém fugir do padecer F 10, 11; por não criá-los seus pais como filhos de Deus... veem-se uns e outros no inferno F 11, 2.

Fogo: assim o amor de Deus na alma C 19, 3-5; chegar-se ao fogo, estar a sós com Deus C 35, 1; dos contemplativos há de dar resplendor de boas obras C 40, 4; ao fogo interior o coração destila como alambique M 6, 6, 8; Deus braseiro aceso M 6, 2, 4; se é amortecido, soprar M 6, 7, 8; toque, como uma seta de fogo M 6, 11, 2; maneiras de fogo E 9; de alcatrão se acende mais com a água C 19, 3; esta centelhazinha... começa a acender o grande fogo V 15, 4.

Fome: jamais por artifícios humanos pretendais sustentar-vos, pois morrereis de fome... se agindo assim morrerdes de fome, bem-aventuradas as monjas de S. José C 2, 1; se não é pela fome não vos podem render. Aqui esta fome não a pode haver que baste a que se rendam C 3, 1; aquela fome que teve nosso Pai Elias da honra de Deus M 7, 4, 11; não andem famintas, diz à Priora de Sevilha, que me dá muita pena Cta. 183.

Forças: não é preciso forças corporais para a oração V 7, 12; filha, a obediência dá forças F pról. 2.

Formosura: minha mãe... apesar de ser de muita formosura, jamais se entendeu que fizesse caso disso V 1, 2; parecerá... que não é preciso muito esforço para ver mãos e rosto tão formoso. São-no tanto os corpos glorificados, que a glória que trazem consigo, e ver coisa tão sobrenaturalmente formosa, desatina V 28, 2; se estivesse muitos anos imaginando figurar-me coisa tão formosa não poderia, nem saberia V 28, 4; tão impressa fica aquela majestade e formosura, que não se pode esquecer V 28, 9; como poderíamos representar a Humanidade de Cristo, ordenando com a imaginação sua grande formosura? V 29, 1; este ouro e pedras... é sua formosura muito diferente do que podemos imaginar aqui V 33, 14; era grandíssima a formosura que vi em Nossa Senhora V 33, 15; Por ver a Cristo ficou-me impressa sua grandíssima formosura... depois que vi a grande formosura do Senhor não via a ninguém que em sua comparação me parecesse bem V 37, 4; Oh! Imperador nosso!... formosura que tem em si todas as formosuras C 22, 6; Este Senhor é a coisa mais formosa que se pode imaginar C 26, 3; não há edifício de tanta formosura como uma alma limpa e cheia de virtudes C 28, 9; não encontro eu coisa com que comparar a grande formosura de uma alma... Basta dizer Sua Majestade que é feita à sua imagem, para que apenas possamos compreender a grande dignidade e formosura da alma M 1, 1, 1; Aquele sol resplandecente que está no centro da alma não perde seu resplendor e formosura... e nada pode tirar sua formosura M 1, 2, 3; a Humanidade sacratíssima é a mais formosa e maior deleite que poderia uma pessoa imaginar M 6, 9, 5.

Fortaleza: quando saí da casa de meu pai... era fazendo sobre mim uma força tão grande, que se o Senhor não me ajudasse, não bastariam minhas considerações V 4, 1; determinei-me a seguir o caminho da oração com todas as minhas forças V 4, 7; olhava o Senhor... com desejos que muitas vezes tinha de servi-lo e a pena por não ter fortaleza em mim para pô-lo em obra V 4, 18, está o amor de Deus... em servi-lo com justiça e fortaleza de alma V 11, 13; conhece bem a alma que a fortaleza vem de outra parte V 14, 4; não quereria eu, minhas filhas, que fôsseis mulheres em nada, nem o parecêsseis, mas varões fortes C 7, 8; as virtudes interiores... fortalecem a alma C 15, 5; embora não sejamos santas, é grande bem pensar, se nos esforçarmos, poderemos sê-lo V 16, 12; pelejai como fortes até morrer C 20, 2; com a força que nos contemplativos coloca o Senhor, não têm força os inimigos C 38, 2; supliquemos sempre a Deus que nos dê a tentação conforme a fortaleza C 41, 1; se os contentamentos e deleites são de Deus, vêm carregados de amor e fortaleza M 3, 2, 11; sua fortaleza não está fundada em terra firme como os que estão já exercitados em padecer M 3, 2, 12; está quase sempre tão junto de Sua Majestade que dali lhe vem a fortaleza M 6, 1, 2; o verdadeiro Consolador a consola e fortalece M 6, 11, 9; isto sirva para animar-nos a andar com fortaleza caminhos de portos tão ásperos F 4, 4; as melancólicas não têm em si fortaleza para fazer força F 7, 9; parece-me que me atreveria a ir com aquelas monjas à terra de turcos, e que tivessem fortaleza para padecer por Ele F 24, 6; o Senhor deu-me fortaleza para... lançar-me ao que entendia ser maior serviço seu F 28, 19; Dê-nos Deus a fortaleza que é preciso para contentá-lo Cta 232, 8; Sua Majestade nos faça fortes para morrer por Ele Cta 266, 3.

Francisco, São: júbilo perante os ladrões M 6, 6, 11; relação com os frades franciscanos F 1, 7; 20, 12-13; 21, 8; 25, 6; 28, 37.

Fraqueza: fracas de cabeça M 4, 3, 14; F 6, 4-16; 8, 5; fraqueza de compleição para chorar M 6, 6, 7; as mercês de Deus para fortalecê-la M 6, 8, 10; muita, especialmente nas mulheres F 8, 6; C 11, 2; M 4, 3, 11.

Frio: nestes arroubos vai-se esfriando o corpo V 20, 3; lembremo-nos de nossos santos Padres passados, o que passaram de frio C 11, 4; ia eu a Burgos com tantas enfermidades, que lhes são muito contrários os frios, sendo tão frio, parecia-me que não era suportável... disse-me o Senhor: "não faças caso desses frios, que eu sou o verdadeiro calor" F 31, 11.

Fuga: fuga de Sta. Teresa para a África com seu irmãozinho Rodrigo V 1, 4; sua fuga da casa paterna para encerrar-se no mosteiro V 4, 1.

Fundações: quase nada as criaturas, quase tudo Deus F 13, 7; 21, 17; não houve fundação sem trabalho F 20, 4; F 24, 15; F 29, 25; trabalhos de caminhos F 18, 4; a primeira sem Santíssimo Sacramento, Salamanca F 19.3; primeiro, palha para a cama F 19, 4; se com renda, tenham bastante F 20, 13; com renda em lugares pequenos F 24, 17; preceito do Geral não deixar fundação F 21, 2 tantas quantos os cabelos de sua cabeça F 27, 29; Deus escolhe em cada parte quem ajude F 29, 8; nossos fundadores aqueles santos padres F 14, 4.

G

Galas: comecei a ter galas V 2, 2; andava algumas vezes varrendo em horas que costumava ocupar-me em regalos e gala V 4, 2; algumas chamou o Senhor de muita vaidade e gala V 35, 12; entraram algumas donzelas como religiosas... a quem o mundo, ao que parecia, tinha já para si, segundo os indícios de sua gala e curiosidade F 1, 1.

Ganho: o demônio ia com perda e eu ficava com ganho V 7, 1; sempre pensava um pouco nessa passagem da oração do Horto, disseram-me que se ganhavam muitos perdões... por aqui ganhou muito minha alma V 9, 4; ainda nesta vida se vê claro o prêmio e o ganho que têm os que o servem V 21, 12; sendo espírito de Deus claro estava o ganho V 23, 5; já tenho experiência do ganho com que pagais a quem só em Vós confia V 25, 17; ver-se condenar sem culpa e calar... traz consigo grande ganho C 15, 1; se fazemos essa força para recolhermos nosso interior se verá claro o ganho C 28, 7; já viu por experiência o grande ganho que lhe vem de sofrer por Deus C 36, 8; em um dia poderá ganhar mais suportando uma grande injúria... do que poderia ganhar em dez anos por trabalhos que tomaria por si C 36, 9; em imitar Jesus Cristo sempre há muito ganho M 6, 1, 7; não entendia o ganho tão grande que são os trabalhos M 7, 4, 10; uma alma com grandíssimas tentações, se há amor e temor de Nosso Senhor, há de sair com muito ganho CAD 2, 3; quanto mais trabalho mais ganho Cta 278, 4.

Generosidade: não acabamos de crer que ainda nesta vida Deus dá cem por um V 22, 15; Cta 274, 13 são estas pessoas almas generosas, almas reais C 6, 4; estas almas são sempre afeiçoadas a dar muito mais que a receber C 6, 7; o Senhor não é nada miúdo, mas generoso C 23, 3; o que podemos fazer por um Deus tão generoso que morreu por nós M 2, 1, 8; o que não dará quem é tão amigo de dar e pode dar tudo o que quer? M 5, 1, 5; não está desejando o Senhor outra coisa senão ter a quem dar M 6, 4, 12; foi generosa, diz a María de San José, no que deu para a Ordem 309, 10.

Glória: onde está Deus está ela C 28, 2; quem fez penitência tem-na já aqui C 40, 9; Deus se obriga a dá-la se guardamos os mandamentos M 4, 2, 9; por receber mercês não se merece mais glória M 6, 9, 16; o justo não olha a glória mas o Crucificado M 7, 3, 6; espantávamo-nos muito o dizer que pena e glória era para sempre V 1, 4; se me dissessem o que prefiro, estar com todos os trabalhos do mundo até o fim dele e depois subir um pouquinho mais em glória, ou sem nenhum ir-me a um pouco de glória mais baixa; de boa vontade tomaria todos os trabalhos para gozar um pouquinho mais V 37, 2; pareceu-me ver abrir os céus... e a glória que então senti em mim não se pode descrever V 39, 22; um dia da Assunção... se me representou a subida ao céu... foi grandíssima a glória que meu espírito teve por ver tanta glória V 39, 26; é para glória e o bem da sua Igreja C 3, 6; paga com a eterna vida e glória a baixeza de nossas obras F 10, 5; a glória que tem será sem fim F 28, 36.

Governo: de que vale governar-se a si quem tem já dada toda sua vontade a Deus? V 22, 12; é proveitoso para as pessoas que tratam de governar almas que têm oração V 13; a discrição é grande coisa para o governo F 18, 6; é preciso que a Priora ande com grandíssimo aviso no governo das melancólicas F 7, 3; não sou a que costumava em governar: tudo vai com amor Cta 276; a Priora que trouxemos a Malagón... tem uma arte de governo tão boa que todas lhe cobraram muito amor Cta 295, 4; estou espantada do estrago que faz o demônio por um mau governo 298, 4; não pense que está o negócio do governo em conhecer sempre as faltas, é preciso que... se lembre que está no lugar de Deus Cta 408, 2.

Gozo: gozos do céu na terra M 6, 1, 2; nas perseguições M 7, 3, 5; quanto menos os tivermos aqui, mais gozaremos naquela eternidade F 15, 5; as noviças pobres me dilatavam o espírito e dava um gozo muito grande F 27, 13; aquelas calúnias que levantavam contra mim davam-me um gozo tão acidental que não cabia em mim F 27, 20; hão de ir por trabalhos os que gozarão de Deus Cta 191, 4.

Graça: não temos certeza de tê-la C 40, 2; por ela nossas obras são agradáveis a Deus M 1, 2, 2; nas águas da vida de Deus M 1, 2, 1; confirmação em graça M 7, 2, 9; sem graça sede do demônio, água hedionda M 1, 2, 2; sem graça como um cárcere escuro M 7, 1, 3; sem a fé cristais quebrados M 1, 1, 2; às vezes se esconde M 6, 1, 2; Deus às vezes concede suas graças também às almas que se acham em mau estado C 16, 6; dá a alguns as suas graças para manifestar neles as suas grandezas M 1, 1, 3; para encorajá-los a sofrer M 7, 4, 4; fim da Santa ao manifestar as graças de Deus M 3, 2, 11; em via geral é bom ter secretas as graças de Deus M 6, 8, 8 ss.; F 8, 9.

Graça santificada: diz o Senhor que estarão com a alma que está em graça as três divinas pessoas R 16; Uma vez... me mostrou o Senhor... como estava a alma que está em graça R 24; sobre o temor de pensar se não estão em graça: "Filha, muito diferente é a luz das trevas. Eu sou fiel, ninguém se perderá sem sabê-lo. A verdadeira segurança é o testemunho da boa consciência" R 28; os regalos e gostos da oração... meios são para ganhar as almas, muitas vezes, embora não estejam em graça R 29, 1; não é possível ter união quem não esteja em estado de graça R 29, 2; vi a visão da Santíssima Trindade e como está na alma que está em graça 33, 1.

Grandezas: não posso dizer o que se sente quando o Senhor dá a entender segredos e grandezas suas V 27, 12; é sua Vontade mostrar sua grandeza em terra que é ruim V 21, 9; tomaria todos os trabalhos por um pouquinho de gozar mais e entender as grandezas de Deus V 37, 2; se não encobrirdes vossa grandeza quem ousará chegar tantas vezes a tão grande Majestade? V 48, 19; o Senhor não quer comunicar suas grandezas senão aos que entende que o desejam muito C 34, 13; as coisas da alma sempre se hão de considerar com plenitude, grandeza e amplidão M 1, 2, 8; Oh! Senhor meu e Deus meu, que grandes são vossas grandezas! M 4, 2, 5; como vai conhecendo mais a grandeza de Deus tem-se já por mais miserável M 1, 3, 9; ficam umas verdades muito fixas da grandeza de Deus M 6, 4, 6; um vermezinho de tão limitado poder como nós, não há de entender suas grandezas M 6, 4, 7; abaixando-se para se comunicar com tão miseráveis criaturas quer mostrar Deus sua grandeza M 6, 9, 18; Nosso Senhor... quer mostrar sua grandeza levantando gente tão ruim Cta 163.

Guerra: é uma guerra tão penosa o querer contentar a Deus e ao mundo que não sei como um mês a pude sustentar V 8, 2; dá-lhe tal guerra a memória e a imaginação que não o pode conseguir (a união com Deus) V 17, 6; deixe os contemplativos com sua guerra que não é pequena C 18, 1; como viver sem muito sobressalto em guerra tão perigosa C 40, 1; amor e temor de Deus são dois castelos fortes de onde se faz guerra ao mundo e aos demônios C 40, 2; as penitências parece que nos fazem guerra, como que sentidas daquela que lhes faziam nossos vícios M 2.1.9; o Rei está no seu palácio e há muitas guerras no seu reino... mas nem por isso deixa de estar no seu posto M 7, 2, 11; é o pecado uma guerra campal contra Deus E 14, 2; nesta vida estamos em guerra e rodeados de muitos inimigos Cta 56, 4.

H

Hábito: tomando o hábito, logo me deu o Senhor a entender como favorece aos que se esforçam por servi-lo V 3, 2; no dia de São Bartolomeu algumas tomaram o hábito V 36, 5; era para serviço do Senhor e honra do hábito de sua gloriosa Mãe V 36, 5; seja tudo para a glória da gloriosa Virgem Maria, cujo hábito trazemos V 36, 28; a Virgem Maria cujo hábito trazemos C 13, 3; confio nos méritos da Virgem... cujo hábito indignamente trago e trazeis vós M 3, 1, 2; não está o negócio em trazer hábito de religião ou não M 3, 1, 6; todas as que trazemos este hábito sagrado do Carmo somos chamadas à oração e contemplação M 5, 1, 2.

Heranças: o que podemos herdar de Vós, vossos descendentes?... os que quisermos não renunciar à herança não nos convém fugir do padecer... Cinco chagas hão de ser nossa divisa, se temos que herdar o reino F 10, 11.

Heredia, Frei Antonio: F 3, 16 ss. encontra água quase milagrosamente para a nova fundação de Mancera F 14, 10; seu encontro com a Santa em Duruelo F 14, 6.

Hipocrisia: nisso de hipocrisia e vanglória, glória a Deus, jamais me lembro de tê-lo ofendido V 7, 1; se vos tiverem por grosseiras, pouco perdereis; se por hipócritas, menos ainda C 20, 5.

Homens: Dizeis ser vosso deleite estar com os filhos dos homens V 14, 10; via que embora fosse Deus, era Homem, que não se espanta com as fraquezas dos homens V 37, 5; o Senhor as fará tão varonis que espantem aos homens C 7, 8.

Honestidade: era meu pai... muito honesto V 1, 1; minha mãe também tinha... grandíssima honestidade V 1, 2; tinha uma irmã de grande honestidade e bondade V 2, 3; elas mais que os homens são obrigadas a ter honestidade V 5, 5; o vigário ou confessor sejam para zelar pelo recolhimento e honestidade da casa C 5, 6; o ofício da Madre Priora é... zelar muito pela honestidade e encerramento das casas Const. 34.

Honras: assim tivesse a fortaleza para não ir contra a honra de Deus. Como ma dava meu natural para não perder... a honra do mundo V 1, 3; eu temia muito a honra V 1, 7; aqui não se teme perder a vida nem a honra por amor de Deus. Que grande bem será para quem está mais obrigado a olhar a honra do Senhor! V 21, 1; Ri-se já entre si algumas vezes quando vê as pessoas graves de oração e religião fazer muito caso de uns pontos de honra, que esta alma tem já debaixo dos pés V 21, 9; e com honras vãs pensamos remediar um desprezo como Ele sofreu para que nós reinemos para sempre? V 27, 13; diz os grandes danos que fazem às almas um ponto de honra se quiserem seguir pelo caminho da perfeição V 31, 20-23; honras e dinheiro quase sempre andam juntos C 2, 5; trata de como se deve ter em pouco a honra C 12; nesta casa tendes já perdida a honra do mundo, porque os pobres não são honrados... nossa honra há de ser servir a Deus C 20, 1; Deus nos livre de pessoas que o querem servir e lembrar-se de honra... a mesma honra se perde com desejá-la C 12, 7; a que lhe parecer é tida entre todas por menos... se o leva como o há de levar, não lhe faltará honra nesta vida nem na outra C 13, 3; não se perde a honra perdoando C 36, 2; pontinhos de honra C 7, 10; não ganhar com honra o que Cristo comprou com sangue F 10, 11.

Humanidade de Cristo: tema sempre de oração M 6, 7, 5-15; mostra-se em visão imaginária M 6, 9, 3; o matrimônio espiritual M 7, 2, 1; pode representar-se diante de Cristo e acostumar-se a enamorar-se muito de sua sagrada Humanidade V 12, 2; há de ser o meio da mais alta contemplação a Humanidade de Cristo V 22; dizem alguns livros de oração que nunca a Humanidade de Cristo impede a contemplação V 12, 1; a causa de muitas almas não aproveitarem mais é por afastar-se da Humanidade de Cristo V 12, 5; para contentar a Deus e para que nos faça grandes mercês quer que seja por mãos desta Humanidade Sacratíssima V 12, 6; não procurar com todas as nossas forças trazer diante de si sempre... esta Sacratíssima Humanidade, isto digo que não me parece bem V 12, 9; disse-me que não pensasse senão na Humanidade V 23, 17; comecei a recobrar de novo amor pela Sacratíssima Humanidade V 24, 2; estando na Missa representou-se a mim toda a Sacratíssima Humanidade... é grandíssima glória ver a Humanidade de Cristo V 28, 3; grande erro é não se exercitar, por muito espirituais que sejam, em trazer presente a Humanidade de Nosso Senhor M 6, 7; todo bem e remédio está na Sacratíssima Humanidade de Nosso Senhor Jesus Cristo M 6, 7, 6; quando Nosso Senhor é servido regalar mais a alma mostra-lhe claramente sua Sacratíssima Humanidade... ou como andava no mundo, ou depois da ressurreição V 9, 3; a primeira vez que Deus faz esta mercê do matrimônio espiritual, quer Sua Majestade mostrar-se à alma por visão imaginária de sua Sacratíssima Humanidade V 7, 2, 1.

Humildade: anda junto com o desapego de si C 10, 3; esconde-se de quem a possui C 10, 4; por ela se mede o aproveitamento C 12, 6; 18, 7; graus de humildade C 15, 1-5; vence o demônio C 12, 6; 38, 4-5; 40, 4; é bom exercitá-la com ofícios baixos; C 12, 7; M 7, 4, 8; a que é tida em menos tenha-se por mais feliz C 13, 3, grande humildade é não desculpar-se C 15, 1-2; a Rainha do xadrez é a humildade C 24, 2; por ela deixa-se Deus vencer ib.; M 4, 2, 9; M 7 Concl. 2; não pode haver humildade sem amor C 24, 2; muito necessária para os que fazem oração C 17, 1; dá grande segurança C 17, 3-7; M 2, 1, 7; os contemplativos, mais humildades C 18, 5; 36, 9, 13; humildades que inquietam não são boas C 39, 1-3; falsa humildade para deixar a oração M 1, 2, 11-13; prejudicial humildade deixar a Deus por se achar indigna C 28, 3; falta de humildade desejar mercês M 6, 9, 15; todo este alicerce da oração está fundado na humildade V 22, 11; a humildade que deixa o mau espírito é falsa, alvoroçada e sem suavidade V 25, 13; aqui está a verdadeira humildade que deixa esta visão na alma de sua miséria V 28, 9; o que ama a verdade vai pelo vale da humildade V 35, 14; espanta olhar esta majestade, mas mais espanta Senhor meu olhar com ela vossa humildade V 37, 6; parece-me não ter havido pessoa pior no mundo do que eu R 1, 17; a humildade é muito necessária para as pessoas que se exercitam na oração... é humildade para ter-se por ditosa em servir a estas servas de Deus C 17, 1; a verdadeira humildade está muito em estar prontos para contentar-se com o que Deus quiser fazer de nós C 17, 6; os contemplativos hão de levar levantada a bandeira da humildade V 17, 5; procurai ter limpa a consciência e a humildade C 21, 10; o Senhor gosta mais da grosseria de um pastorzinho humilde que vê que se mais soubesse mais diria, do que dos muitos sábios e letrados, por elegantes raciocínios que façam, se não são com humildade C 22, 4; procurai, Irmãs, sempre a humildade C 38, 4; o verdadeiro humilde sempre anda duvidoso das virtudes próprias C 38, 9; guardai-vos... de umas humildades que o demônio inspira com grande inquietação da gravidade de nossos pecados C 39, 1; algumas vezes poderá ser humildade ter-nos por ruins e outras grandíssima tentação... a humildade não inquieta, nem desassossega, nem alvoroça a alma... esta outra... creio que pretende o demônio para que pensemos que temos humildade C 39, 2; olhar as faltas alheias e nunca reconhecer as suas nascem de pouca humildade C 19, 5; ponhamos os olhos em Cristo, nosso bem, e ali aprendemos a humildade M 1, 1, 11; humildade, humildade, por esta se deixa vencer o Senhor a quanto dele queiramos M 3, 2, 9; se há humildade, antes terá pena de ver-se louvar M 5, 3, 9; quanto maior mercê lhe faz o Senhor, muito mais em menos se tem a mesma alma M 6, 3, 17; uma vez estava eu considerando por que razão Nosso Senhor era tão amigo desta virtude da humildade e pus-me diante isto: é porque Deus é a suma Verdade e a humildade é andar na verdade M 6, 10, 7; todo o edifício espiritual... é seu fundamento a humildade M 7, 4, 8; entendo que no obedecer está o ir adiantando na virtude, e no ir cobrando humildade F pról. 1; peço que Nosso Senhor me dê virtudes, em especial a humildade Cta 400, 5; muitas vezes permite o Senhor que uma alma caia para que fique mais humilde Cta. 234, 5.

Humores: influem na oração C 24, 4; às vezes humor mais que amor do coração M 6, 6, 7.

I

Ídolos: a desventurada mulher tinha-lhe posto feitiços num ídolo de cobre V 5, 5; veio dar-me um ídolo o qual mandei jogar logo no rio V 5, 6.

Igreja: não sei de que nos espantamos que haja tantos males na Igreja V 7, 5; o que seríamos sem os letrados entre tão grandes tempestades como agora tem a Igreja? V 7, 21; pedir a Sua Majestade mercês e que rogue pela Igreja V 15, 7; contra a menor cerimônia da Igreja que alguém fosse... eu sofreria mil mortes V 33, 5; em tudo isto me sujeito à correção da Igreja R 3, 7; que todas as monjas estejam ocupadas pelos defensores da Igreja C 1, 2; querem pôr sua Igreja no chão C 1, 5; que se ocupem sempre em suplicar a Deus que favoreça aos que trabalham pela Igreja C 3; pedia a Sua Majestade o bem de sua Igreja C 3, 6; oração da Santa ao Pai eterno pela Igreja perseguida e seus ministros C 3, 7-10. Crer firmemente o que tem a Igreja C 21, 10; em tudo nos sujeitemos à Igreja C 30, 4; se alguma coisa disse que não vá conforme à igreja santa, católica, romana será por ignorância e não por malícia M pról. 3; rogar sempre a Deus que vá adiante... o aumento da Igreja M 4, 1, 7; começa a ter vida quando começa a aproveitar-se dos remédios que deixou em sua Igreja M 5, 2, 3; nenhuma coisa da terra a afligirá se não for a morte de quem há de fazer falta à Igreja de Deus M 3, 3; medite-se nestes mistérios.... em especial quando os celebra a Igreja Católica M 6, 7, 11; não seria pouca misericórdia de Deus ter tantas orações de boas almas para sua Igreja Cta 147, 8; do que diz da água benta... basta tê-lo a Igreja Cta 171, 10; quanto ao jejum basta que se cumpra a obrigação da Igreja Cta 351, 5.

Imagens: ajudam a rezar com devoção C 26, 9; os hereges se privam desse consolo C 34, 11; depois da comunhão não deixar a pessoa pela figura C 34, 11; era amiga de fazer pintar a imagem do Senhor em muitas partes V 7, 2; entrando um dia num oratório vi uma imagem... era de Cristo muito chagado e tão devota que olhando-a me perturbei toda V 9, 1; jamais pude representar Cristo em mim por mais que lesse sua formosura e visse suas imagens... por esta causa era amiga de imagens V 7, 6; queria trazer sempre diante dos olhos o retrato ou a imagem de Cristo V 22, 4; procurai trazer um retrato ou imagem do Senhor que seja do vosso gosto, não para trazê-la no seio e nunca olhá-la, mas para falar muitas vezes com ele C 26, 9; embora um pintor seja muito mau, nem por isso se há de deixar de reverenciar a imagem que faz M 6, 9, 12; Deus criou nossa alma à sua imagem e semelhança M Concl. 3; uma cruz pequena de madeira que tinha nela pregada uma imagem de papel com o Cristo dava-me mais devoção do que se fosse de coisa muito bem lavrada F 14, 7.

Imaginação: Deus não me deu talento... de aproveitar com a imaginação tenho-a muito ruim, pois ainda para pensar e representar em mim, como procurava trazer, a Humanidade de Cristo nunca acabava V 4, 7; coisas do Céu nunca pude imaginar V 9, 5; diz o prejuízo que neste terceiro grau de oração faz a imaginação V 17; fala da grande inquietação e guerra que causa a imaginação e a memória no terceiro grau de oração V 17, 5-7; o que faz a fraca imaginação... não ponhamos culpa na alma M 4, 1, 14; pela imaginação, imaginando em si a Deus, isto é bom e excelente maneira de meditação M 4, 3, 3; também pode haver algumas de tão fraca cabeça e imaginação... que tudo o que pensam lhes parece que veem M 3, 3, 14; não é capaz de ver a verdade, mas o que a imaginação lhe apresenta, pois então ela é a senhora M 6, 1, 9; a melancolia faz suas fantasias e as fabrica por meio da imaginação M 6, 2, 7; as *falas interiores* podem ser fantasia em especial em pessoas de fraca imaginação M 6, 3, 1; as *falas...* podem ser de Deus... do demônio ou da própria imaginação M 6, 3, 10; o melancólico não sai de uma coisa que se lhe pôs na imaginação M 6, 6, 13; acontece a algumas pessoas terem tão fraca imaginação... que se embebem de tal maneira na imaginação que tudo o que pensam claramente lhes parece que veem M 6, 9, 9; a mesma imaginação faz entender que vê aquilo que deseja M 6, 9, 15; quando uma vir que se lhe põe na imaginação um mistério... e que embora queira não pode pensar em outra coisa... entenda que convém distrair-se F 6, 7; ocupar muito as melancólicas em ofícios para que não tenham lugar de estar imaginando... porque têm a imaginação fraca e lhes fará muito mal F 7, 9; esta monja tem imaginação fraca e o que medita lhe parece que vê e ouve Cta 122, 9; tinha-a por pessoa de fraca imaginação, preparada para que o demônio lhe fizesse seus ardis Cta 24, 7.

Imitação de Cristo: só há de crer nos que conformam sua vida à de Cristo C 21, 10; na alegria e na tristeza C 26, 4-5; na humildade C 42, 6; M 1, 2, 11; em não desculpar-se C 15, 1; o melhor caminho: o padecer M 6, 1, 7; a melhor preparação para receber mercês M 4, 2, 9; o melhor regalo de Deus, imitar a seu Filho M 7, 4, 4; o mesmo Senhor diz o caminho M 6, 7, 6, nossa divisa suas cinco chagas F 10, 11; será a gloriosa conformidade à imitação de Cristo F 24, 5; por este caminho que foi Cristo hão de ir todos os que o seguem V 11, 5; este modo de trazer Cristo conosco aproveita a todos os estados V 12, 3; o mesmo Senhor mostrou este caminho de perfeição dizendo: "Toma tua cruz e segue-me" V 15, 13; não me veio trabalho, que olhando-vos como estáveis diante dos juízes, não se me tornasse fácil sofrer V 22, 6; é muito bom amigo Cristo pois o olhamos como Homem e vemo-lo com fraquezas e sofrimentos V 22, 10; oh! precioso amor que vai imitando o capitão do amor Jesus, nosso bem! C 6, 9; é de grande humildade ver-se condenar sem culpa e calar e é grande imitação de Cristo C 26, 4; se estais alegres olhai-o ressuscitado que vos alegrará C 26, 4; se estais com sofrimentos ou triste, olhai-o a caminho do Horto C 26, 5; olhai... as vantagens que traz seus trabalhos aos que vós padeceis C 26, 7; há poucas almas que o acompanham e o seguem em seus sofrimentos C 35, 2; pois aprendamos, irmãs, da humildade que nos ensina este bom Mestre C 42, 6; ponhamos os olhos em Cristo, nosso bem, e ali aprenderemos a verdadeira humildade M 1, 2, 11; a verdadeira preparação para receber mercês na oração é o desejo... de imitar o Senhor M 4, 2, 9; eu sempre escolheria o caminho do padecer para imitar a Nosso Senhor Jesus Cristo M 6, 1, 7; ponde os olhos no Crucificado e tudo se vos tornará pouco M 7, 4, 8; Sua Majestade não poderá nos dar maior presente que dar-nos vida imitando a que viveu seu Filho tão amado M 7, 4, 4; Nosso Senhor não veio ao mundo para outra coisa senão para padecer, e... quem mais o imitar nisto mais glória terá Cta 347, 1.

Imperfeições: não podemos estar livres delas M 2, 1, 7; M 6, 1, 8; M 7, 4, 3; muitas sem entendê-las F 27, 16; humilhando-nos podem nos ser de proveito M 6, 4, 11; evitá-las muito os que hão de ensinar C 33; os mundanos veem até as mais sutis nos religiosos C 3, 4; não cometer a todo custo M 6, 6, 3; F 31, 3.

Ímpetos: anda o amor com tão grandes ímpetos e desejo de ver a Deus, como depois direi V 26, 1; Tinha São Pedro de Alcântara... ímpetos de amor de Deus V 27, 17; davam-se uns ímpetos grandes de amor de Deus V 29, 8; quem não tiver passado por estes ímpetos tão grandes, é impossível poder entendê-lo V 29, 9; vendo eu o pouco... que podia fazer para não ter estes ímpetos tão grandes, também temia tê-los V 30, 1; com um ímpeto grande se levanta uma onda tão poderosa, que sobe ao alto esta navezinha de nossa alma M 6, 5, 3; são tão grandes os ímpetos de fazer algo por Deus que já não posso com coisas grandes; é preciso buscar em que contentá-lo mais Cta 104.

Inácio, Santo: ganhou almas para Deus M 5, 4, 6.

Inconstância: é grande providência de Deus deixar às vezes que aja nosso fraco natural para que conheçamos nossa debilidade e inconstância C 38, 6; parecia que me teriam por vã e inconstante, coisa que aborreço muito F 29, 19; olhai bem quão depressa mudam as pessoas, e quão pouco há de se fiar delas, e assim apegar-se bem a Deus, que não muda A 62; saiba que lhe durará o cuidado com ela até que encontre outra que lhe caia em graça, e logo, não tenha medo, ainda que tenha mais presunção Cta 126, 4.

Inconvenientes: achava tantos inconvenientes para ter renda... que não fazia outra coisa que disputar com os letrados V 35, 4; faltando o necessário vêm muitos inconvenientes F 20, 13.

Indiscrição: a nenhuma mova indiscreta caridade, para mostrar compaixão de outra em coisa que toque a estes fingidos agravos C 12, 9; não se enganem... as preladas... com piedades indiscretas F 7, 5.

Inferno: mosteiro de mulheres com liberdade... mais me parece um passo para caminhar para o inferno as que quiserem ser ruins V 7, 3; sendo eu serva deste Senhor e Rei por que não hei de ter eu fortaleza para combater com todo o inferno? V 25, 19; muitas vezes se procura com dinheiros o inferno V 20, 27; e conheçam o muito que devem ao Senhor por tê-los libertado tantas vezes daquele lugar V 26, 5; trata de como o Senhor quis colocá-la em espírito num lugar do inferno V 32; e comecei a considerar o lugar que tinha no inferno merecido por meus pecados V 38, 9; vi quão bem se merece o inferno por uma só culpa mortal V 40, 10.

Ingratidão: quão merecido tinha o inferno por tão grande ingratidão V 7, 9; com regalos grandes castigais minha ingratidão V 7, 19; contei isto para que vejam a misericórdia de Deus e a minha ingratidão V 8, 4; praza a vossa bondade, Senhor, que seja eu só a ingrata e a que tenha tido... tão excessiva ingratidão V 14, 10; basta já ver suas grandes misericórdias, não uma, mas muitas vezes que perdoou tanta ingratidão V 19, 10; oh! ingratidão dos mortais! V 27, 11; tema muito se há de ser ingrato a tão grande mercê M 6, 2, 5; não se lembra... se não de como foi ingrata a quem tanto deve M 6, 7, 2; não sejamos ingratas a tantas mercês do Senhor F 27, 6.

Injúrias: lembrava-me das injúrias que lhe tinham feito os judeus V 29, 6; queremos seguir... a Cristo carregado de injúrias, e queremos muito inteira nossa honra e crédito? V 31, 22; olhai que não são para esquecer tantos açoites e injúrias! C 3, 8; havia razão para que nosso Bom Jesus sofresse tantas injúrias e as fizessem para ele? C 13, 1; os santos se alegravam com as injúrias e perseguições C 36, 2; se não sai muito determinada... a perdoar qualquer injúria por grave que seja, não estas ninharias que chamam injúrias, não confie muito em sua oração V 36, 8; a primeira coisa é estar bem determinada a sofrer injúrias C 36, 11.

Inquietação: da inquietação e distrações nos pensamentos, ninguém se aflija V 11, 17; os cuidados inquietam a oração V 13, 4; se é o demônio deixa inquietação e pouca humildade V 15, 10; guardai-vos de umas humildades que põe o demônio com grande inquietação C 39, 1; das securas não tireis inquietação que é o que deseja o demônio M 3, 1, 9; todas as inquietações e trabalhos vêm desse não se entender M 4, 1, 9; basta uma neurastênica para trazer inquieto um convento F 7, 3; as pobres monjas andavam com tanta inquietação em Pastrana que eu procurei que tirassem dali o mosteiro F 17, 17; com a inquietação não se pode servir a Deus Cta 429, 2; é uma inquietação terrível estas com esses humores, para a quietação de todas Cta 382, 6.

Inspirações: quando acode uma boa inspiração não deixe por medo de a pôr em obra V 4, 2; há pessoas... que está o Senhor... dando inspirações santas... e elas se fazendo de surdas C 31, 12; tomem exemplo das donzelas a quem o Senhor dera bons desejos e inspirações para pô-los por obra F 10, 7; não pude fugir de fazer este mosteiro por ser inspiração de Deus Cta 2, 2.

Intenção: procura sempre, em tudo, a reta intenção R 11; Sua Majestade olha nossa intenção C 38, 4; olhe minha filha... no perigo em que temos estado por esses descuidos com boas intenções Cta 309, 11.

Ira: terrível aos olhos de Deus M 6, 11, 7; nunca sendo superior, repreenda a ninguém com ira, mas quando tenha passado A 59; um espírito tão desgostoso de ira coloca o demônio que parece queria comer a todos V 30, 13.

J

Jacó: temos de sofrer com paciência, como fez Jacó por Lia V 17, 7; quando viu a escada, com ela devia entender outros segredos M 6, 4; não deixava de ser santo Jacó por entender de seus gados Cta. 158, 11.

Jaculatórias: quem não puder ter oração mental, seja vocal e leitura e colóquios com Deus C 18, 4; procurai falar muitas vezes com Ele, que Ele vos dará o que dizer-lhe C 26, 9; ocupar-se um momento... em louvores a Deus, alegrar-se com sua bondade, e que seja Ele quem é, e em desejar sua honra e sua glória M 4, 1, 6; oh! Senhor, que força tem em vós um suspiro saído das entranhas... se não podemos estar a sós gozando de vós! F 5, 16; não descuidar-se de maneira alguma nas obras, embora sejam de obediência e caridade, que muitas vezes acudam ao interior com seu Deus F 5, 17.

Jejuns: se há espírito se cumprirão C 4, 2; tiremnos de cabeças fracas F 6, 5; jejuns no Carmelo Const. 3, 1.

Jesus Cristo: representou-se Cristo diante de mim com muito rigor V 6, 6; entrando um dia em um oratório vi uma imagem... era de Cristo muito chagado V 9, 1; procurava representar a Cristo dentro de mim V 9, 3; eu só podia pensar em Cristo como homem V 9, 6; os que começam a oração hão de procurar tratar da vida de Cristo V 9, 9; muito alegra a Deus uma alma que com humildade põe como intermediário a seu Filho V 9, 11; parecia-me que Jesus Cristo sempre andava a meu lado... e que era testemunha de tudo o que eu fazia V 27, 2; nesta oração vê-se claro que está aqui Jesus Cristo, filho da Virgem V 27, 4; oh! Jesus meu, quem poderia dar a entender a majestade com que vos mostrais? V 27, 8; vi a Cristo com grande amor... me recebia e colocava uma coroa V 36, 24; por ver a Cristo ficou-me impressa uma grandíssima formosura V 37, 4; posso tratar como com amigo, embora seja Senhor V 37, 5; ergui os olhos para o Céu e vi a Cristo... no ar, tinha a mão para mim e dali me favorecia V 39, 17; a fé sem obras e sem estar ligada aos merecimentos de Jesus Cristo, que valor pode ter? M 2, 1, 11; nossa vida está escondida em Cristo M 5, 2, 4; grandes bens estão encerrados nos mistérios de Nosso Senhor Jesus Cristo M 6, 7, 12; é muito boa companhia o bom Jesus M 6, 7, 13; Oh! Filho do Pai eterno Jesus Cristo!... vossas armas são cinco chagas F 10, 11; quanto mais avançada está uma alma mais acompanhada é deste bom Jesus M 6, 8, 1.

Jó: indiscreta caridade de sua mulher e amigos C 12, 9; como seus amigos a Priora que não provê às enfermas R 9; aproveitou muito para ter paciência lendo a história de Jó V 5, 8.

João da Cruz: escolhido para a Reforma F 3, 17; F 13, 1; informado em Valladolid da nova vida F 10, 4; decidido a tudo F 13, 4-5; seu ânimo para dar começo F 13, 1-5; começa em Duruelo a vida reformada F 14, 1-2; na fundação de Segóvia F 21, 5; resposta no *Certame* Cert. 6-7.

Jogos: quem não sabe dispor as peças do jogo de xadrez saberá jogar mal C 16, 1; a Rainha é que faz mais guerra ao Rei neste jogo C 16, 2; no princípio não soube entabular o jogo C 16, 4; é jogo as coisas do mundo 28, 6; fez um juramento muito solene de não jogar mais F 16, 7; jogo de maneira nenhuma se permita Const. 27.

Jonas: um vermezinho que rói a hera de Jonas nos rói as virtudes M 5, 3, 6; infinitas vezes se lembrava certa pessoa de Jonas... quando temia que se perdesse Nínive M 6, 3, 9; lembrava-se de Jonas profeta o que lhe tinha sucedido por não querer obedecer a Deus F 20, 12.

José, São: como tomou por medianeiro a São José V 6; excelências da devoção a São José V 6, 6-8; mandou-me Sua Majestade que procurasse fazer o mosteiro e se chamasse São José V 32, 11; apareceu-me São José meu verdadeiro pai... V 33, 12; vi Nossa Senhora ao meu lado direito e meu pai São José ao esquerdo disse-me que lhe dava muita alegria servir ao glorioso S. José V 33, 14; ficou feito o mosteiro do gloriosíssimo Pai S. José V 36, 5; deu-me grande consolo... outra casa mais neste lugar de meu pai glorioso São José V 36, 6; para aprender a oração tome por mestre a S. José V 6, 8.

Júbilo: algumas vezes Deus dá à alma oração de grande júbilo M 6, 6, 10.

Judas: princípio da tentação de Judas me parece esta de apartar-se da oração V 19, 11; temam que haja algum Judas C 7, 10; tema não seja estar Judas entre os apóstolos C 27, 6; alguns chamados ao apostolado como Judas M 5, 3, 2; considerando minuciosamente a traição de Judas M 6, 7, 10.

Juízo: bastante coisa havia para me tirar o juízo V 28, 18; de um grande desejo de se ver já com Deus... aperta tanto que quase vai tirar o juízo C 19, 11; conheço algumas pessoas que pouco lhes falta para perder o juízo F 7, 5; as melancólicas chegam a perder de todo o juízo F 7, 10; tinha estado tão melancólica que havia perdido o juízo Cta 108, 3.

Juízo final: traz-me o Senhor à memória meus pecados passados... que parece já que a alma vai ao verdadeiro juízo V 26, 2; o que será o dia do juízo ver esta majestade deste Rei e vê-lo com rigor para os maus V 28, 9; o que será o dia do juízo quando esta Majestade se mostrará claramente e veremos as ofensas que fizemos? V 50, 11; que importa que eu esteja até o dia do juízo no Purgatório se por minha oração se salvasse só uma alma? C 3, 6; será grande coisa na hora da morte ver que vamos ser julgadas por quem amamos sobre todas as coisas C 50, 8; o que será naquele dia quando nos vierdes a julgar, pois vindo aqui com tanta amizade a tratar com vossa esposa põe tanto temor? M 6, 9, 6; quando o verdadeiro Juiz der a cada um o que merece nos espantaremos por ver quão diferente é seu juízo, do que aqui podemos entender M 6, 8, 10; que grandes são os juízos deste nosso grande Deus Cta 40, 1.

Justiça: não está o amor de Deus em ter lágrimas... mas em servir com justiça e fortaleza V 11, 13; E gozar lá de Deus, e assim será isso se se anda em justiça V 13, 5; sois justo Juiz e não como os juízes do mundo C 4, 1; não deixa o Senhor de pagar como justo M 3, 2, 9; a perfeição está em quem melhor agir com justiça M 3, 2, 10; nosso Senhor é verdadeiro Juiz F 27, 16; Deus nos fez grande mercê que padeçamos pela justiça Cta 249, 2.

L

Lagartixas: não se contente com que se mostre a alma só a caçar lagartixas V 13, 3; umas lagartixinhas que se metem por toda parte. Aqui por esguias que sejam não podem entrar nesta morada M 5, 1, 5; entrou uma grande lagartixa entre a túnica e o meu braço Cta 95, 9; as monjas pareciam lagartixas que saem ao sol do verão Cta 295, 2.

Lágrimas: se via alguma que tinha lágrimas quando rezava tinha-lhe muita inveja V 3, 1; não posso dizer sem lágrimas a maneira da minha profissão V 4, 3; considerando a ingratidão que temos com o Senhor vêm-me lágrimas V 10, 2; uma lágrima destas... parece-me que todo o trabalho do mundo não pode comprar, pois se ganha muito com elas V 10, 3; não está o amor de Deus em ter lágrimas V 11, 13; não posso dizer isso sem lágrimas, que queirais estar assim conosco, Senhor! V 14, 10; umas devoçõezinhas de lágrimas que ao primeiro ventinho de perseguição se perdem V 25, 11; não podia haver morte mais dura para mim que pensar que tinha ofendido a Deus... suplicava-lhe não o permitisse, toda derretida em lágrimas V 34, 10; olhai Deus meu, meus desejos e as lágrimas com que vô-lo suplico C 3, 9; que apaixonado amor é este, que de lágrimas custa C 7, 1; não são as lágrimas, embora boas, todas perfeitas C 17, 4; a água das lágrimas verdadeiras... ajuda a acender mais... o fogo do amor de Deus C 19, 5; vem uma multidão de lágrimas... que a cada palavrinha que ouve ou pense de Deus não se pode resistir a elas M 6, 6, 7; as lágrimas venham quando Deus as enviar M 6, 6, 9.

Lavor: livrem-se em São José de ter sala de lavor comum C 4, 9; do lavor de suas mãos mantinham-se os eremitas do Tardón F 16.8; nunca tenham sala de lavor Const. 8; ajudem-se com o lavor de suas mãos como fazia São Paulo Const. 9; se alguma vez por sua vontade quiserem tomar um lavor marcado para acabá-lo cada dia, podem fazê-lo mas não se lhes dê penitência se não o acabarem Const. 24; minha Isabel, entrando eu no recreio... deixa seu lavor e começa a cantar Cta 135, 1; e quando não é hora do recreio, em sua ermida tão embebida em... seu lavor Cta 135, 3.

Leituras: juntávamo-nos para ler a vida dos santos V 1, 4; fazia em meu coração grande força a palavra de Deus tanto lida como ouvida V 3, 5; este primeiro ano não tinha lido bons livros, gostava de ler bons livros V 4, 7; lia as cartas de S. Jerônimo V 3, 7; depois de enfermidade fiquei amicíssima de ler bons livros V 4, 4; grande bem foi para mim não ter deixado a oração e a leitura V 8, 10; foi grande bem para que eu tivesse paciência ler o livro de Jó nas *Moralia* de S. Gregório V 5, 8; como comecei a ler as Confissões parece-me que me via lá V 9, 8; sempre tenho desejo de ter tempo para ler, porque a isto me afeiçoei muito. Leio muito pouco porque tomando um livro recolho-me contentando-me e assim vai-se o tempo em oração R 1, 7.

Letrados: bom letrado nunca me enganou V 5, 3; o Senhor me ensinou por experiência, depois tratei com grandes letrados V 10, 9; importa muito ser o mestre avisado... se com isto tem letras é grandíssimo negócio... letrados podem procurar para comunicar-se com eles V 13, 16; minha opinião foi e será que qualquer cristão procure tratar com quem tenha boas letras, se pode, e quanto mais melhor V 13, 17; não se enganem dizendo que letrados sem oração não são para quem a tem. Eu tratei com muitos... e sempre fui amiga deles... pessoa de oração que trate com letrados não será enganada pelo demônio V 13, 18; há opiniões de que os letrados, se não têm espírito, não são para gente de oração... mas se o mestre espiritual não é letrado é grande inconveniente V 13, 19; o Pe. Pedro Ibañez era o maior letrado que então havia em Ávila V 32, 16; procure... humilhar-se de que o Senhor faça nesta ciência mais sábia porventura a uma velhinha do que a ele, embora seja muito letrado V 34, 12; todas ocupadas em oração pelos que são defensores da Igreja... e letrados que a defendem C 1, 2; que mereçamos alcançar de Deus que haja muitos letrados C 1, 5; diz o quanto importa sejam letrados os confessores C 5; procure algumas vezes comunicar suas almas com pessoas que tenham letras C 5, 2; nem eu farei mais do que disserem os letrados Cta 70, 12; busque grandes letrados que estes me tiraram de muitos trabalhos Cta 138, 3; quando em alguma visão diz que faça alguma coisa... é preciso tratá-lo com confessor discreto e letrado F 8, 5 (Ver: Confessores, Diretores espirituais, Doutos).

Letras: sempre fui amiga de letras V 5, 3; se têm letras é um tesouro para este exercício de oração, se são com humildade V 12, 4; é grande coisa letras, porque estas nos ensinam aos que pouco sabemos V 13, 16; grande coisa é saber e as letras para tudo M 4, 1, 5; se o confessor tem letras embora não tenha experiência, conhecerá muito bem se é espírito de Deus M 4, 9, 11; sempre informai-vos, filhas, de quem tenha letras que nessas encontrareis o caminho da perfeição F 19, 1.

Leis: ter por cativeiro ter de tratar e viver conforme as leis do mundo V 16, 8; o demônio também inventa leis C 36, 4; é grandíssimo bem ver-se livre dos cansaços e leis do mundo F 10, 9; participa a pobre alma da enfermidade do corpo, não parece mas há de guardar suas leis F 29, 2; a necessidade não tem lei Cta 106, 3.

Liberdade: liberdade santa C 41, 4-8; C 15, 7; C 19, 4; C 28, 11-12; M 3, 2, 1; F 5, 7: prejudica as melancólicas F 7, 7-8; para comunicar a alma com letrados C 5, 2; suplica aos superiores não a tirem C 5, 6; tem grande inveja dos que têm vozes publicando quem é este grande Deus M 6, 6, 3.

Liberdade de espírito: oh! como sofre a alma, valha-me Deus, por perder a liberdade que tinha de ser senhora! V 9, 8; é imperfeição e não andar com liberdade de espírito desejar ter regalos e devoção V 9, 14; se quer ter liberdade de espírito comece a não se espantar com a cruz V 9, 17; querendo combinar corpo e alma nunca se chega à liberdade V 13, 5; procure andar com alegria e liberdade V 13, 1; com liberdade se há de andar no caminho da oração V 22, 12; aqui me deu o Senhor a liberdade para... deixar tudo por Deus V 24, 7; depois que vi a grande formosura do Senhor... fiquei com tanta liberdade... que tudo o que vejo parece-me que dá asco V 37, 4; o Senhor me ensinou um modo de oração que me encontro com ele... com mais ânimo e liberdade R 2, 2; começa-se a ganhar liberdade e não se importa mais que digam mal ou bem C 15, 7; como é Senhor, consigo traz a liberdade C 28, 11; uma das coisas que tem a liberdade de espírito é achar Deus em todas as coisas e poder pensar nelas V 6, 15; livres quer Deus suas esposas, apegadas a ele só Cta 421, 8.

Lima surda: como lima surda os enganos do demônio M 1, 2, 16.

Linhagens: o muito que importa não fazer caso de linhagens as que deveras querem ser filhas de Deus C 27; nesta casa nunca se lembram destas coisas... todas hão de ser iguais C 27, 6; quando são de família nobre só gostam de o ser se for vantajoso para maior serviço de Deus C 36, 10; sempre preferi a virtude à linhagem F 15, 15; quanto mais ânimo têm para grandes coisas os servos de Deus do que os de grandes linhagens! F 31, 30.

Loucura: suplico a vossa mercê que sejamos todos loucos por quem por nós o chamaram V 16, 6; que não se faça caso da imaginação mais do que de um louco, mas deixá-la com seu tema V 17, 7; já se acabaram os que o povo chamava de loucos por vê-los fazer obras heroicas de verdadeiros amantes de Cristo V 27, 14; a S. Pedro de Alcântara tinham por louco... Oh! que boa loucura! M 6, 6, 11; um louco se lhe dá para determinada coisa, não é senhor de si F 6, 7; mas com as melancólicas não chega a tanto mal, que muito menos mal seria F 7, 2; a melancolia não é loucura confirmada... que desculpe a culpa F 7, 4; escreve à Priora de Sevilha acerca do modo de comportar-se com uma religiosa que havia perdido o juízo Cta 233, 4-7.

Luz: quis o Senhor dar-me luz em tão grande cegueira V 8, 6; os que não podem agir com o entendimento... tenham paciência, até que o Senhor lhes dê... luz V 13, 11; minha alma se achava muito mal afastando-se da Humanidade de Cristo até que o Senhor lhe deu luz V 22, 5; por um ponto de aumento na fé e de ter dado luz em algo aos hereges, perderia mil reinos V 21, 1; este ter verdadeira luz para guardar a lei de Deus com perfeição, é todo nosso bem C 5, 4; o Senhor nos dê luz para acertar em tudo C 10, 8; se vos acabar a vida em pecado mortal, jamais tornareis a gozar desta luz M 1, 2, 4; digamos que seja a união, como se duas velas... se juntassem... que toda a luz fosse uma M 7, 2, 4; praza ao Senhor que para entendermos coisas tão importantes nos dê luz F 6, 23; a oração é onde o Senhor dá luz para entender as verdades F 10, 13; aos filhos de Israel procurou Sua Majestade favorecer com uma coluna que de noite dava-lhes luz e os guiava C 272, 1.

M

Madalena (Maria): era eu muito devota da gloriosa Madalena... e encomendava-me a esta gloriosa santa para que me alcançasse o perdão V 9, 2; o que se devia passar com Madalena... em quem tão crescido estava este fogo de amor de Deus V 21, 7; é um pouco de falta de humildade... querer ser Maria antes de ter trabalhado como

Marta V 22, 9; imite a Madalena, assim que esteja forte Deus a levará ao deserto V 22, 12; nesta oração andam juntas Marta e Maria R 5, 5; vede como respondeu o Senhor por Madalena na casa do fariseu C 15, 7; se estivessem como Madalena embebidas não haveria quem desse de comer ao divino Hóspede C 17, 5; muito menos se colocaria ao pé da cruz com Madalena que via a morte de frente C 26, 8; a Madalena, desde o primeiro dia... começou a entender que estava enferma de amor C 40, 3; acontece não fazer o Senhor as mercês por serem mais santos a quem as faz... como vemos em São Paulo e Madalena M 1, 1, 3; receber mercês de quem tanto tinham ofendido foi um grande martírio para São Pedro e para Madalena M 6, 7, 4; o Senhor defende estas almas e responde por elas como fazia por Madalena M 1, 11, 12; grandes penitências fizeram muitos santos particularmente a gloriosa Madalena, criada com tanto regalo M 7, 4, 11; Marta e Maria hão de andar sempre juntas para hospedar o Senhor M 7, 4, 12.

Mãe: quando morreu minha mãe... fui a uma imagem de Nossa Senhora e lhe supliquei que fosse minha mãe V 1, 7; como uma criança que ainda mama, ele sem esforço lança-lhe o leite na boca para regalá-lo C 31, 9; não tendes que reparar por eu ser tão ruim, pois tendes tão boa Mãe M 3, 1, 3; não estais seguras por terdes tal mãe M 3, 1, 4.

Males: malezinhos que destroem a observância C 10, 6; imperfeição queixar-se de leves males C 11, 1-4; se o mal é grande queixa-se por si mesmo C 11, 1; a Eucaristia, medicina também para o corpo C 34, 6; nunca era inclinada a muito mal V 2, 6; como o Senhor tira o bem do mal V 5; para fazer o bem por grande que seja não se há de fazer um pequeno mal V 5, 6; pois que recebemos o bem das mãos de Deus, por que não recebemos os males? V 5, 8; Oh! grandíssimo mal, grandíssimo mal dos religiosos... onde não se guarda a religião... não sei de que nos espantamos que haja tantos males na Igreja V 7, 5; quem começou a oração por males que tenha, não a deixe V 8, 5; nem é possível deixar tão grande bem como é a oração, sem grande cegueira de muito mal V 15, 2; grupinhos, desejos de ser mais ou pontinhos de honra... é o principal mal dos mosteiros C 7, 10; nunca penseis que ficará em segredo o mal ou o bem que fizerdes C 15, 7; o bem nunca faz o mal C 20, 3.

Malícia: parecia-me ser tão má que todos os males e heresias que se tinham levantado pareciame que eram pelos meus pecados V 30, 8; se alguma coisa disser que não seja conforme ao que ensina a santa Igreja... será por ignorância e não por malícia M. pról. 3; precisamos ter malícia e não tanta simploriedade Cta 273, 3; dessas bondades costumam sortir muitos maus juízos nos maliciosos Cta 189, 1; está o mundo com tanta malícia que nada toma por bem Cta 307, 11.

Mamar: nem há almas tão gigantes que não precisam voltar a ser criança e a mamar V 13, 15; esta alma é como o menino que ainda mama C 31, 9; um menino que começa a mamar se o afastam do peito de sua mãe o que se pode esperar, senão a morte? M 4, 3, 10.

Maná: achando estas virtudes, achareis o maná C 10, 4; Sua Majestade nos deu este alimento e maná da humanidade, que o encontramos como queremos C 34, 2; não são nestas moradas onde chove o maná, estão mais adiante M 2, 1, 7.

Mandamentos: quem melhor os guardar, mais perfeito M 1, 2, 17; são caminho para o Céu M 5, 3, 1; por eles contentamos a Deus M 6, 7, 9; com eles Deus se obriga a dar a glória M 4, 2, 9; Deus habite em quem os guarda M 7, 1, 6; M 6, 3, 9; quem mais imitar a Nosso Senhor no padecer guardando seus mandamentos, mais glória terá Cta 347, 1.

Mãos: comecei a ter vaidades... com muito cuidado das mãos e do cabelo V 2, 2; às vezes perco o pulso e as mãos ficam tão rijas que não as posso juntar V 20, 12; estando um dia em oração quis o Senhor mostrar-me só as mãos V 28, 1; tendo eu a cruz nas mãos m'a tomou o Senhor V 29, 7; vi-lhe nas mãos um dardo de ouro V 29, 13; começou-me a mostrar o Senhor a chaga da mão esquerda e com a outra tirava um cravo grande que nela se tinha metido V 39, 1; viver do lavor de mãos F 17, 9; deu-me sua mão direita R 35, 2.

Mariposa: parecem-se com essas mariposinhas das noites importunas e desassossegadas V 17, 6; a esta mariposinha importuna da memória aqui se queimam as asas V 18, 14; sai do mesmo casulo uma mariposinha branca muito graciosa M 5, 2, 2; vede a diferença que há entre o verme feio e a borboletinha branca, muito graciosa M 5, 2, 7; o desassossego dessa borboletinha é coisa para se louvar a Deus M 5, 2, 8; não acaba esta mariposa de encontrar assento que dure M 6, 4, 1; oh! pobre borboletinha atada a tantas cadeias que não te deixam voar o que querias! M 6, 4, 4; na união é onde a mariposinha... morre...

porque sua vida já é Cristo M 7, 2, 5; esta mariposinha já morreu com grande alegria por ter encontrado repouso M 7, 2, 12.

Marta, Santa: era santa embora não contemplativa C 17, 5-6; queixou-se de Maria M 7, 1, 10; anda junto com Maria M 7, 4, 12-13; tenham-se por ditosas de andar servindo como Marta C 17, 6; não há de querer ser Maria antes que tenha trabalhado como Marta V 22, 9.

Martírio: longo, a vida do bom religioso C 12, 2; antes o martírio do que certas dores M 6, 1, 6; a melancolia é um martírio contínuo F 7, 5; os mártires convertiam almas M 5, 4, 6; Deus os ajudava M 6, 4, 15; vendo os martírios que sofriam por Deus ...desejava morrer assim... combinávamos ir a terra de mouros para que lá nos degolassem V 1, 4; é preciso mais ânimo para levar o caminho de perfeição do que para ser logo mártires V 31, 17; determinava-me a sofrer qualquer martírio por Deus V 35, 7; os mártires não se importavam muito com os tormentos que padeciam porque com a ajuda da parte de Nosso Senhor, é fácil M 6, 4, 15; quando eu sinto tanto ver-me neste desterro... que seria o sentimento dos santos?... devia ser um contínuo martírio V 21, 7.

Matrimônio espiritual: deu-me sua mão direita e disse-me: "Olha este cravo, é sinal que serás minha esposa desde hoje... daqui por diante não só como Criador e como Rei e teu Deus olharás a minha honra, mas como verdadeira esposa minha" R 35, 2; razão será filhas... que entendamos com quem estamos casadas C 22, 7; há grandíssima diferença entre desposório espiritual e matrimônio espiritual M 5, 2, 2; no matrimônio espiritual passa esta secreta união no centro muito interior da alma M 5, 2, 3; explica os efeitos que causa na alma o matrimônio espiritual M 5, 3; disto serve o matrimônio espiritual, de que nasçam sempre obras, obras M 5, 4, 6.

Meditação: Dizia-lhes como teriam meditação e lhes aproveitasse V 7, 13; é princípio para se alcançar todas as virtudes C 24, 3; boa para todo cristão por perdido que seja C 24, 3; o que é oração mental C 16, 6; é trabalhosa se não se praticam as virtudes C 16, 6 e 9; durante catorze anos não pude fazê-la sem livro C 17, 3; é bom buscar a Deus dentro de si e excelente maneira de meditação M 4, 3, 3; chamo eu meditação o discorrer muito com o entendimento M 5, 7, 10; é mercê do Senhor quem sempre pode estar meditando em suas obras e é bom que o procure F 5, 2; oração mental, e quem não puder, vocal e colóquios C 18, 4; tema oportuníssimo para a oração: Pai-Nosso, Ave-Maria e os Evangelhos C 21, 3; C 24, 2; C 26, 4-8; no Pai-Nosso há alimento para todos os estados C 37, 1-5; para entendimentos desbaratados C 19, 2; C 24, 4-5; C 26, 1-3, C 26, 9-10; perigos quiméricos C 21, 5-10; iniciação na oração mental C 22, 3-8; C 24, 1-6; C 26, 1; inseparável da vocal C 24, 6; necessária para agradecer a Paixão de Cristo M 2, 1, 11; nem todos são aptos para meditar, mas sim para amar F 5, 2; fruto do discorrer, os contentamentos M 4, 1, 6; também os contemplativos meditam M 6, 7, 5; os contemplativos que deixarem de meditar em Jesus Cristo não passarão às duas últimas moradas M 6, 76; a meditação que termina em contemplação M 6, 7, 7; distingue-se: discorrer com o entendimento e representar verdades, que é a meditação contemplativa M 6, 7, 10-11; ter presente todo o dia o que se meditou pela manhã A. 31.

Melancolia: se é pessoa que tem melancolia ou fraqueza de cabeça... não podem e nem estão no que dizem C 24, 4; fabrica suas fantasias na imaginação M 6, 2, 7; produz visões do humor M 6, 3, 1-2; o melancólico é um obsessivo M 6, 6, 13; como tratar as melancólicas F 7, 1; curá-las tirando-lhes a oração, mandar comer e dormir M 6, 3, 3; o demônio aproveita este humor F 7, 2-3; o remédio é sujeitá-las F 7, 4; tragédia deste mal F 7, 10; quando são desobedientes F 8, 5; terrível para visões F 8, 6; o encerramento as prejudica F 27, 9; não lancemos a culpa de nossas faltas à melancolia F 27, 10; tentações de mudar de casa MVC 18; uma monja melancólica basta para trazer inquieto o mosteiro F 8, 3; chamam já de melancolia a vontade própria e liberdade F 8, 8.

Memória: tinha pouca memória a Santa M 6, 2, 1; F pról. 5; F 24, 18; F 25, 10; as palavras e segredos do Senhor não se esquecem nunca M 6, 4, 5; M 6, 5, 11; M 6, 6, 5; M 6, 7, 11; se o Senhor me desse mais habilidade e memória poderia aproveitar do que ouvi e li, mas é pouquíssima a que tenho V 10, 7; tenho má memória V 11, 6; diz o dano que fazem a imaginação e a memória neste terceiro grau de oração V 17; faz o Senhor que suas palavras fiquem na memória e não se podem esquecer... embora eu tenha pouquíssima V 25, 7; quis o Senhor... dar-me depois mais memória V 31, 23.

Mentira: ao que posso entender não minto V 6, 9; meu pai... não dizia mentira V 7, 12; o demônio é todo mentira V 15, 10; o que o mundo chama honra vê que é mentira e que todos andamos nela... a verdadeira honra não é mentirosa V 22, 26; seria mentira dizer que não temos pecado C 15, 4; costumamos querer a mentira C 42, 4; posso errar em tudo, mas não mentir, que por misericórdia de Deus antes sofreria mil mortes M 4, 2, 7; M 4, 10, 5; por nada da terra F pról. 3; o mundo todo é mentiroso M 6, 10, 6; C 34, 9; "todo homem é mentiroso" M 6, 10, 5; anda em mentira quem não entende que de si não tem coisa boa M 6, 10, 7; bem vejo que as monjas não mentem mesmo em coisas leves, saiba vossa mercê quão longe está isto destas irmãs Cta 21, 4; Teresa de Jesus... não trataria mentira por coisa alguma da terra Cta 251, 2; ainda com rodeios parece que não mente, é muito fora de perfeição este estilo com quem não tem razão senão de falar claro Cta 307, 8; como eu creio claro que os da Companhia não dirão mentira Cta 420, 2.

Mercês: parece que determinastes que me salve... tantas mercês me tendes feito V 1, 8; ofusquei com minhas más obras as grandes mercês que me começastes a fazer V 4, 4; começou o Senhor a fazer-me tantas mercês nestes princípios que me fazia a mercê da oração de quietação V 4, 7; as melhores mercês, melhores obras há de ser C 5, 2; não será melhor a que mais mercês tiver, mas a mais humilde C 18, 7; o demônio pode remedá-las, mas não as virtudes C 18, 9; as mercês de Deus deixam amor à cruz C 38, 1-2; as mercês hão de acabar em conhecimento próprio C 39, 5; trazem humildade e paz M 6, 8, 4; são ajuda para a virtude M 6, 9-17; finalidade que Deus tem nelas M 7, 4, 3; é falta de humildade desejá-las M 6, 9, 15; quando Deus faz uma mercê quer que seja para proveito dos outros M 5, 3, 1; no começo das Ordens, Deus costuma fazer mais mercês F 4, 6.

Merecimento: mais merece quem mais trabalha em ganhar virtudes M 6, 9, 17; os que estão em pecado mortal não merecem M 7, 1, 3.

Medo: os que temem começar a oração mental, nem sei do que têm medo V 7, 7; não tive mais medo dos demônios, antes parecia-me que o tinham de mim V 25, 20; não entendo estes medos: demônio! demônio! quando podemos dizer: Deus! Deus! e fazê-lo tremer... tenho mais medo dos que têm tão grande medo do demônio V 25, 22; sempre andemos com medo enquanto vivemos neste desterro V 29, 3; ficou-me pouco medo da morte V 38, 5; é coisa prejudicial ir com medo neste caminho de oração C 22, 3; neste caminho de oração não vão muitos e se hão de ir com tantos medos irão muito menos C 39, 6; se os que andam muito perdidos pelo mundo descobrissem Sua Majestade... por medo não ousariam ofendê-lo M 6, 5, 4.

Milagres: não é bom esperar milagres M 6, 7, 8; Deus os fará estando dentro de nós, se temos fé C 34, 8; não se comuniquem mercês milagrosas com os de fora F 8, 9.

Misérias: somos tão miseráveis e tão inclinadas às coisas da terra V 10, 6; são de tão alta dignidade as mercês de Sua Majestade que quer que vejamos antes por experiência nossa miséria V 11, 11; Sua Majestade já sabe nossa miséria e baixo natural melhor do que nós mesmos V 11, 15; enquanto vivemos é bom conhecermos nossa miséria ainda por humildade V 13, 1; onde entra muito sol não há teia de aranha escondida, vê sua miséria V 19, 2; disse-me o Senhor que não me afligisse, vendo-me assim entenderia que miséria eu era, se ele se afastasse de mim V 39, 20; muitas vezes Deus quer que os seus escolhidos sintam sua miséria M 3, 2, 2; como vai conhecendo mais as grandezas de Deus tem-se já por mais miserável M 4, 3, 9; conhece claramente sua miséria e o pouquíssimo que podemos por nós mesmos se nos desampara o Senhor M 6, 1, 10; procuremos sempre olhar e perscrutar nossa miséria e pobreza M 6, 5, 6; nessas grandezas de Deus as almas conheceram mais sua miséria M 7, 3, 14.

Misericórdias: muitas vezes se ameniza o sentimento de minhas culpas a alegria que me dá ao conhecerem a multidão de vossas misericórdias V 4, 3; em quem Senhor, podem assim resplandecer vossas misericórdias como em mim? ... Valha-me agora, Senhor, a vossa misericórdia V 4, 4; jamais desconfiei da misericórdia do Senhor V 9, 7; quanto maior o mal, mais resplandece o grande bem de vossas misericórdias! e com quanta razão as posso cantar para sempre! Suplico-vos, Deus meu, seja assim e as cante eu sem fim V 14, 10; a misericórdia de Deus nunca falta para os que nele esperam M 6, 1, 13; não ande a alma espantada mas com confiança na misericórdia de Deus M 6, 3, 17; confiem na misericórdia de Deus e nada em si M 2, 1, 9; muitas vezes Deus quer que os seus escolhidos sintam sua miséria... isto eu tenho por grande misericórdia de Deus M 5, 2, 10; a misericórdia de Deus não desampara a quem deseja servi-lo F 10, 2.

Missa: cantada Const. 1, 3; missas gregorianas pelas monjas defuntas Const. 8, 2; estando um dia ouvindo Missa vi a Cristo na cruz quando levantaram a Hóstia V 38, 14; comunguei e estive na Missa que não sei como pude estar V 39, 23.

Mistérios: Jacó quando viu a escada… se não tivesse mais luz interior não entenderia tão grandes mistérios M 6, 4, 6; estes mistérios os traz presente muitas vezes quando a Igreja Católica os celebra M 6, 7, 11.

Moisés: Também Moisés não soube dizer tudo o que viu na sarça mas o que quis o Senhor que dissesse M 6, 4, 7.

Monjas: olhem primeiramente seu entendimento C 14, 1-2; grande informação para recebê-las C 14, 2; condições para sua admissão e profissão Const. 5, 1; más condições para monjas C 13, 5; agravos entre monjas C 13, 1-2; se não obedecer é não ser monja C 18, 7; número de monjas C 4, 7; F 1, 1; imperfeita a que desejar ver seus parentes C 8, 3; obrigadas a caminhar na perfeição F 28, 5; muitas chegam à contemplação perfeita F 4, 8; na morte o Senhor as ampara F 16, 4.

Moradas: Há muitas moradas no céu V 13, 13; este cantinho de Deus… é morada em que Sua Majestade se deleita V 35, 12; pois consideremos que este castelo da alma tem muitas moradas M 1, 1, 3; esta é a primeira morada: humildade e conhecimento próprio M 1, 1, 11; desta primeira morada darei bons sinais de experiência M 1, 1, 12; vamos falar quais são as almas que entram nestas segundas moradas M 2, 1, 1; confiem na misericórdia de Deus e nada em si e verão como Sua Majestade as leva de morada em morada M 2, 29; almas que entram nas terceiras moradas há muitas no mundo M 3, 1, 5; para falar das quartas moradas é preciso encomendarmo-nos ao Espírito Santo M 4, 1, 1; para subir às moradas que desejamos não está a coisa em pensar muito, mas em amar muito M 4, 1, 7; como vos poderia dizer as riquezas e tesouros e deleites que há nas quintas moradas? M 5, 1, 1; bem poucas religiosas há que não entrem nesta morada M 5, 1, 2; que Sua Majestade mesmo seja nossa morada! V 2, 5; comecemos a tratar das sextas moradas e vereis como é pouco tudo o que pudermos fazer para nos dispormos a tão grandes mercês M 5, 4, 10; nas sextas moradas a alma já fica ferida pelo amor do Esposo M 6, 1, 1; na sétima morada nada se teme M 7, 1, 2; estas duas moradas… esta e a última poderiam juntar bem, porque de uma para outra não há porta fechada M 6, 4, 4; claro está que, pois Deus está em nossas almas, tem alguma destas moradas M 6, 4, 8; a quem o Senhor coloca na sétima morada… é muito constante não se afastar de andar com Cristo M 6, 6, 9; antes que se consume o matrimônio espiritual o Senhor coloca a alma em sua morada que é a sétima M 7, 1, 3; colocada naquela morada… se lhe mostra a Santíssima Trindade M 7, 1, 6; esta morada do Senhor é o centro mesmo da alma M 7, 2, 9; nesta morada quase nunca há securas e alvoroços interiores M 7, 2, 10; na eternidade serão as moradas conforme o amor F 14, 5.

Morrer: desejava muito morrer mártir V 1, 4; quando morreu minha mãe tinha a idade de doze anos V 1, 7; pensaram que era medo de morrer… meu pai não me deixou confessar… tinham-me às vezes por morta, que até cera encontrei depois em meus olhos V 5, 9; foi coisa de louvar a Deus a morte que morreu meu pai e o desejo que tinha de morrer V 7, 15; este terceiro grau de oração não me parece outra coisa senão morrer quase inteiramente a todas as coisas do mundo V 16, 1; se a alma não quer morrer ao mundo, o mundo a matará V 31, 17; para livrar uma só alma do inferno passaria eu muitas mortes muito de boa vontade V 32, 6; por qualquer verdade da Sagrada Escritura eu sofreria mil mortes V 33, 5; alegrei-me muito pensando que havia de morrer logo V 33, 8; os que deveras amarem a Deus e desprezarem as coisas desta vida, mais suavemente hão de morrer V 38, 5; determinai-vos, irmãs, que vindes para morrer por Cristo C 2, 1; que importa que morramos C 2, 5; pode crescer tanto o amor e o desejo de Deus que… houve pessoas que morreram C 19, 8; não tenhais medo de morrer de sede neste caminho de oração, pelejai como fortes até morrer na demanda C 20, 2; Deus meu, morramos por vós, como diz Santo Tomé, que não é outra coisa senão morrer muitas vezes viver sem vós M 3, 1, 2; quereria morrer antes do que ver ofender a Nosso Senhor M 5, 2, 14; veremos a fortaleza que tiveram os santos para padecer e morrer M 6, 3, 10; disse-me o Senhor "que todas as monjas que morressem nestes mosteiros ele as ampararia assim e que não tivessem medo das tentações na hora da morte" F 16, 4; e algumas que morrem depois aqui, percebi que é com grande quietação e sossego F 16, 5.

Morte: Para seguir-vos aonde fordes, até a morte de cruz V 11, 12; não podia haver morte mais dura para mim do que pensar que tinha ofendido a Deus V 34, 10; ficou-me também pouco medo da morte, a quem eu temia muito V 38, 5; será grande coisa na hora da morte vermos que seremos julgados por quem amamos sobre todas as coisas C 40, 8; que doce será a morte de quem fez muita penitência por seus pecados C 40, 9; o que foi a vida de Jesus senão uma contínua morte, trazendo sempre aquela que lhe haviam de dar tão cruel diante dos olhos? C 42, 1; Nosso Esposo... para livrar-nos da morte a morreu tão penosa como morte de cruz M 5, 3, 12; muito grande consolo é ver morte que tão certa segurança nos dá de que viverá para sempre Cta 156, 2; terrível coisa é naquela hora não fazer tudo o que é mais seguro Cta 319, 2.

Mosteiro: gostava de brincar, com outras meninas, de fazer mosteiros V 1, 6; estive um ano e meio neste mosteiro, muito melhorada V 3, 2; queria ir deste lugar a um mosteiro muito mais encerrado V 31, 13; começa a tratar da maneira e modo como se fundou o mosteiro de S. José V 32; no princípio em que se começou a fundar este mosteiro... deu a entender o Senhor que seria muito bem servido nesta casa C 1, 1; grupinhos, desejos de ser mais pontinhos de honra ou... é o principal mal dos mosteiros C 7, 10; Deus nos livre de mosteiros onde entra esta peste C 7, 11; parece que não viemos para outra coisa ao mosteiro senão para não morrer C 10, 5; também inventa o demônio suas honras nos mosteiros C 36, 4; a que mais puder, mais louvores dê ao Senhor por ver-se no mosteiro M 6, 6, 12.

Mulheres: ajuda a Igreja C 1, 2; Cristo não as desprezava C 3, 7; resplandece mais a grandeza do Senhor na fraqueza das mulheres F 12, 10; fortes nos desejos F 4, 5; propensa a amizades particulares C 4, 6; um amor-próprio muito sutil F 4, 2; ânimo de suas monjas, mais que de mulheres F 1, 6; fracas de compleição M 4, 3, 11; M 6, 4, 9; achareis nelas tanto amor e mais fé que nos homens C 4, 1; as mulheres aproveitam mais nas vias de Deus V 40, 8.

Mundo: inimigo de Cristo C 1, 4; C 29, 4; censor da vida dos religiosos C 3, 4; quem se inclina às suas coisas não vá para o convento C 13, 6; profundo desprezo do mundo efeito dos ímpetos de amor M 6, 11, 10; perdido pela cobiça F 17, 9; amigo de novidades F 30, 8; o único mérito do mundo é não tolerar defeitos nos bons V 31, 17; entretanto esquece toda prática de perfeição V 27.15; intermináveis etiquetas do mundo V 37, 9 ss.; visão do mundo V 39, 17; não é grande coisa abandonar o mundo C 1, 4; apesar de não ter nesse tempo vinte anos, parecia-me trazer o mundo debaixo dos pés V 4, 7; dezoito anos passei nesta batalha... de tratar com Deus e com o mundo V 8, 2; oh! mundo, mundo, como vais ganhando honra por haver poucos que te conheçam V 27, 14; estão no mundo muito esquecidas das coisas de perfeição V 27, 15; não temem as honras... deleites e contentamentos... que chama o mundo V 35, 15; vim a falar das baixezas do mundo, pois o Senhor me fez a mercê de deixá-lo, quero já sair dele V 37, 12; foi-me dado entender a vaidade deste mundo V 40, 4; o mundo está pegando fogo C 1, 5; todos os bens do mundo encerra em si a pobreza C 1, 5; pensais, minhas filhas, que é preciso pouco para tratar com o mundo e viver no mundo e tratar negócios do mundo e fazer-se... à conversação do mundo e ser no interior estranhos ao mundo e inimigos do mundo? C 3, 3; quando vos pedirem coisas que saiba ao mundo... não ouçais C 3, 7; todo esse dizer-nos que fujamos do mundo, que nos aconselham os Santos, claro que é bom C 9, 5; procurai desprezar todas as coisas do mundo C 19, 10; oh! miserável mundo! Louvai muito a Deus, filhas, por terdes deixado coisa tão ruim... quão cegamente passam seu tempo os do mundo C 22, 5; os já perfeitos têm o mundo debaixo dos pés C 37, 4; oh! miserável mundo que assim tendes tapados os olhos dos que vivem em ti! CAD 3, 13; estão muito decaídas no mundo as coisas de oração e perfeição F 4, 3; é muito o que coloca o demônio, o mundo e nossa sensualidade para fazer-nos torcer a razão F 5, 12; é grandíssimo bem ver-se livre dos cansaços e leis do mundo F 5, 9; dá pena ver como está o mundo Cta 169, 1; oh! valha-me Deus que vaidades são as deste mundo! E como é melhor não desejar descanso nem coisa alguma dele! Cta 321, 3.

Murmurações: sofrê-las com paciência é proveitoso M 6, 4, 16; sejamos surdos às murmurações C 26, 7; não falar das faltas que vir para não acostumar-se a murmurar M 1, 2, 18; responde Deus nas perseguições e murmurações como fez com a Madalena M 6, 11, 12; quanto a Santa a odiava, e dizia que onde ela estava todas tinham as costas asseguradas V 6, 3; como ela a suportava R 2, 4; como desculpava os seus detratores V 19, 8; não se deve falar dos defeitos dos outros a não ser com os superiores M 1, 2, 18; não era inclinada a murmurar nem a dizer mal de ninguém V 32, 7; "ou eles hão de louvar a Mim ou murmurar de ti, em qualquer destas coisas ganhas tu" M 6, 4, 16; alegrei-me muito, escreve às monjas de Sória... de que haja alguma ocasião, sem tê-la dado, para que murmurem e as critiquem, que é linda coisa Cta 400, 3.

N

Natureza: comecei a entender as graças da natureza que o Senhor me tinha dado V 1, 8; nosso natural vai mais para o pior que para o melhor V 2, 3; já sabe Sua Majestade nossa miséria e baixo natural melhor que nós mesmos V 11, 15; é bom conhecer nossa miserável natureza V 13, 1; é muito necessário para esta nossa fraca natureza ter grande confiança V 31, 18; nossa natureza leva a alegrar-se por ser amados C 6, 5; esta nossa natureza é fraca C 12, 9 e C 18, 9; se é de tão fraco natural... creiam-me que não a quer Deus senão para a vida ativa M 4, 1, 3; é tal nosso natural que se descuida de pensar que Deus nos vê M 6, 8, 4; há em Cristo duas naturezas CAD 1, 9.

Necessidades: os que vão pelo caminho da oração têm maior necessidade de um diretor letrado V 13, 17; outras vezes parece a alma necessitadíssima, dizendo e perguntando: "onde estás tu, Deus?" V 20, 11; mostrava-me as chagas às vezes na cruz... para... necessidades minhas e de outras pessoas V 29, 4; outra vez e disse o Senhor... assegurando-me que a quem o servia não lhe faltava o necessário para viver V 35, 6; como vejo as grandes necessidades da Igreja... estas me afligem R 3, 7; é muito bom umas apiedarem-se das necessidades das outras C 7, 7; este corpo quanto mais o regalam, mais necessidades descobre C 11, 2; fazei da necessidade virtude C 22, 4; servindo com humildade... o Senhor nos socorre nas necessidades 37, 2; onde há necessidade mal podem receber o conselho se não dão remédio F 19, 8; eu sou sempre amiga de fazer da necessidade virtude Cta 91, 6; parece que é pouca confiança em Nosso Senhor pensar que nos há de faltar o necessário Cta 102, 1; a necessidade não tem lei Cta 106, 3; há poucos amigos em tempo de necessidade Cta 252, 6; seja muita a necessidade que os faça pedir Cta 430, 2.

Negócios: é grande negócio começar as almas oração começando a desapegar-se de todo gênero de contentamentos V 15, 11; disse-me o Senhor... que eu tinha servido muito a Deus e não o tinha ofendido naquele negócio da fundação de S. José V 33, 3; há umas simplicidades santas que sabem pouco tratar de negócios e estilo do mundo e muito para tratar com Deus C 14, 2; não percais tão boa ocasião para negociar como é a hora depois de ter comungado C 34, 10; rezam cheios de mil negócios, o pensamento quase de ordinário nisso M 1, 1, 8; quando vi que já tinha dois frades para começar, pareceu-me que estava feito o negócio F 3, 17.

Noite: tudo é uma noite em má pousada C 40, 9; nas más noites, antes que dormisse... pensava um pouco na... oração do Horto V 9, 4; numa noite pensei que os demônios me afogavam V 35, 14; eu passava muito penosas noites... embora sempre deixasse homens que velassem o Santíssimo F 3, 13.

Notícia: É uma notícia de Deus tão admirável, muito além do que podemos desejar V 20, 11; representa-se Cristo por uma notícia à alma, mais clara que o sol V 27, 3; aqui... sem ver a pessoa de Jesus Cristo, se imprime uma notícia tão clara, que não parece que se possa duvidar V 27, 5; o Senhor quer que de todas as maneiras esta alma tenha alguma notícia do que se passa no céu V 27, 10; representou-se a mim por uma notícia admirável e clara, estar o Filho de Deus no seio do Pai V 38, 17; por uma notícia admirável que se dá à alma, entende com grandíssima verdade ser todas as Três Pessoas uma substância M 7, 1, 6.

Noviciado: a que vir em si que não pode levar o que aqui se costuma que o diga; outros mosteiros há onde se serve também o Senhor C 8, 3; se se inclina a coisas do mundo que se vá... se ainda quer ser monja, para outro mosteiro C 13, 6; há de se olhar que intento tem a que entra, não seja só para remediar-se C 14, 1; é preciso grande informação para receber as noviças e longa provação para fazê-las professas C 12, 2; não darão profissão até... ver se se emendam... as que têm umas condições de ser amigas de ser estimadas... e olhar as faltas alheias e nunca conhecer as próprias C 19, 5; foram entrando algumas que parece o Senhor as escolhia tais como convinha para fundamento de semelhante edifício F 9, 1; fala do noviciado de Pastrana, sendo noviço o Pe. Graciano F 23, 9.10.

O

Obediência: Nisto está a maior perfeição C 39, 3; F 5, 3; não mostrar desgosto no que mandam C 7, 7; quem não a cumprir bem não será bom religioso contemplativo, nem ativo C 18, 8; quem quiser aproveitar bem coloque-se sob a obediência de um confessor C 18, 8; aplaina as dificuldades M pról. F. pról. 1.2; nela se pode alcançar alta contemplação F 5, 7-17; nela se prova a virtude F 6, 20.23; exemplos de obediência F 1, 3; coisas que não se devem mandar F 18, 11; quando a ordem da Priora parece muito dura não se fale com ninguém exceto com a Priora mesma C 7, 7; não poderá ser contemplativo e nem verdadeiro ativo quem não pratica exatamente a virtude da obediência C 18, 8; M 3, 2, 12; se a alma se abandona à obediência o demônio cessa de atormentá-la F pról. 1; a Santa amava muito a obediência e ficava feliz ao vê-la praticada cegamente por suas filhas F 1, 3 ss.; F 5, 9; F 16, 3; F 18, 12 ss.; vantagens da obediência, o Senhor ama muito as almas obedientes F 5, 3 ss.; a obediência é o meio mais eficaz para chegar à perfeita conformidade com a Vontade de Deus F 5, 11 ss.; o Senhor queria que a Santa obedecesse mesmo quando os seus confessores ordenavam que rejeitasse as visões como obras do demônio V 29, 7; obedecer aos confessores também quando mandam o contrário daquilo que Deus lhe dá na oração F 24, 4; para progredir na oração é preciso depender de alguém M 3, 2, 12; as almas que se dão à obediência jamais serão enganadas pelo demônio F pról. 1, F 4, 2; o Senhor prefere a obediência da Santa às penitências de Catalina de Cardona R 23; oh! virtude de obedecer que tudo podes! V 18, 8; disse-me o Senhor que não era obedecer se não estava determinada a padecer V 26, 3; não fazia nada que não fosse com o parecer dos letrados para não ir um ponto contra a obediência V 36, 5; não obedecer é não ser monja C 18, 7; eu não sou obrigada a disputar com o superior senão a obedecer M 3, 2, 11; não há caminho mais rápido que leve à perfeição do que a obediência F 5, 10; Deus se contenta mais com a obediência do que com o sacrifício F 5, 22; Deus me livre de quem quer fazer mais sua vontade do que obedecer Cta 39, 3; é preciso esperar o amparo só de Deus e isto há de ser com obedecer e sofrer Cta 175, 3; Teresa de Jesus nunca fez coisa que não seja de muito obediente filha Cta 251, 2; irei ao fim do mundo por obediência... em especial creio que é mais servir a Deus quando só se faz por obediência Cta 278, 7; agora não a queremos penitente, diz à Priora de Sevilha, mas... que seja obediente Cta 369, 3.

Obras: pregar com as obras C 15, 6; por elas se entende o aproveitamento C 18, 7; obras, obras quer o Senhor M 5, 3, 9-11; a união com Deus não é por palavras nem desejos, mas por obras M 7, 4, 6; as palavras do Senhor são obras V 25, 3 e 18; procurava fazer boas obras exteriores V 30, 15; felizes as pessoas que servem o Senhor com grandes obras V 39, 13; quanto mais mercês o Senhor vos fizer na oração é preciso mais ir bem fundadas as obras C 5, 2; todas temos de procurar ser pregadoras de obras C 15, 6; se está adiantada entenda-se por suas obras C 18, 7; todas as boas obras que fizer estando assim em pecado mortal são de nenhum fruto M 1, 2, 1; uma alma que está em graça daqui lhe vem ser suas obras tão agradáveis a Deus M 1, 2, 2; este Sol dá calor às nossas obras M 1, 2, 5; este amor que temos a Deus há de ser provado por obras; e não penseis que ele precisa de nossas obras M 2, 1, 7; o Senhor não olha a grandeza das obras mas o amor com que se fazem M 7, 1, 15 quando não pode com obras, com oração, importunando o Senhor pelas muitas almas que se perdem F 2, 5; paga o Senhor com a vida eterna e a glória a baixeza de nossas obras, e as faz grandes sendo de pequeno valor F 10, 5; é grande coisa obras e boa consciência Cta 46, 6; se há amor, logo aparece nas obras Cta 372, 7.

Observância: tomar liberdade, fazer coisa sem licença... me parece que nunca poderia fazer isso V 7, 2; em muitas coisas parecem pouco às Irmãs a Regra e guardam outras coisas que, para cumprir a Regra com mais perfeição, parecem necessárias V 37, 27; oremos sem cessar, que se faça tudo com todo cuidado que pudermos, que é muito importante, não se deixarão de cumprir os jejuns e disciplinas de silêncio que manda a Ordem C 4, 2; estas casas vão bem e não precisam mais sobrecarga de cerimônias Cta 232, 10.

Ocasiões: guardar-se delas, mesmo almas favorecidas por Deus C 41, 1; M 2, 2, 10-12; V 45-11; ocasiões de servir a Deus não faltarão M 7, 4, 7; nelas se há de mostrar o amor de Deus F 5, 11; venhamos ao temor de Deus... logo se afastam do pecado e das ocasiões 41, 1; é preciso afastar-nos de todas as ocasiões e companhias que não nos ajudem a achegarmo-nos mais a Deus C 41, 4; pouco me aproveita estar muito recolhida... prometendo fazer maravilhas... se saindo dali, oferecendo-se a ocasião faço tudo ao contrário M 7, 4, 7.

Ofensas de Deus: não quisera que ninguém ofendesse a Deus por mim V 2, 2; verdadeira devoção é não ofender a Deus V 9, 9; é preciso para se livrar de ofender a Deus aproveitar-se das primeiras armas da oração V 15, 12; não podia haver morte mais dura para mim do que pensar se tinha ofendido a Deus V 34, 10; se vissem a Deus os que o ofendem, não teriam coragem nem atrevimento para fazê-lo V 40, 9; o que será no dia do Juízo quando esta Majestade se manifestar claramente e virmos as ofensas que lhe fizemos? V 40, 11; veio-me uma determinação muito grande de não ofender a Deus nem venialmente R 1, 8; tende grande determinação de não ofender o Senhor C 41, 3; que grave coisa é a ofensa de Deus C 41, 4; a vontade determinada... de não ofender a Deus C 41, 8; algumas vezes permite o Senhor que caiamos... para provar se nos pesa muito tê-lo ofendido M 2, 1, 8; que se guarde muito de colocar-se em ocasião de ofender a Deus M 4, 3, 10; ver ofender a Nosso Senhor é tão insuportável que eu preferiria morrer... qual seria o sentimento de Nosso Senhor Jesus Cristo... vendo as grandes ofensas que eram feitas a seu Pai? M 5, 2, 14; este grande Deus não nos deixou de amar... embora o tenhamos ofendido muito M 6, 10, 4; na solidão há menos ocasião de ofender a Deus F 5, 14; quando não há ofensa de Deus tudo é nada Cta 264, 6; não faço caso senão das ofensas que se fazem a Deus Cta 381, 7.

Oferecimento: quem deveras começa a servir o Senhor o menos que lhe pode oferecer é a vida C 12, 2; seu santo Filho deixou tão bom meio para que em sacrifício o possamos oferecer muitas vezes C 35, 3; tenho tão poucas coisas que oferecer, que me haveis de perdoar, Senhor C 36, 2; disse-lhe o mesmo Crucificado consolando-a que Ele lhe dava todas as dores e trabalhos que havia passado em sua Paixão para que os tivesse por próprios para oferecer a seu Pai M 6, 5, 6; oferece a Sua Majestade o querer viver como a oferta mais custosa que lhe pode dar M 7, 3, 7.

Ofício divino: estando certa vez nas Horas com todas, logo se recolheu a minha alma V 11, 5; se começamos a rezar as Horas... comece a pensar com quem vai falar e quem é que fala C 22, 3; o que passa Deus com a Esposa... o podeis ver, filhas, no Ofício de Nossa Senhora que rezamos cada semana CAD 6, 8; isso de distrair-me na recitação do Ofício divino, embora tenha talvez muita culpa, quero pensar que seja fraqueza de cabeça, ...pois bem sabe o Senhor que já que rezamos queríamos que fosse muito bem Cta 381, 2.

Ofícios: procurar tirar-lhes os trabalhos e tomar para si os ofícios da casa C 7, 9; se quereis vingar-vos do demônio... pedi à Priora que vos mande fazer algum ofício baixo, ou como puderdes o façais C 12, 7; Deus reparte os ofícios como vê as forças C 18, 4; acontecia-me encomendar a uma irmã seis ou sete ofícios contrários e calando tomá-los F 1, 4; o maior remédio que há para as melancólicas é ocupá-las muito em ofícios F 7, 9; é preciso olhar muito a quem se coloca nesses ofícios de superioras Cta 289, 5.

Olhos: tinham-me às vezes por morta, que até a cera achei depois nos olhos V 5, 9; abra o Senhor os olhos dos que o lerem V 11, 12; os olhos no verdadeiro e perfeito reino que pretendemos ganhar V 15, 9; vê por vista de olhos que... os faz fechar para as coisas do mundo e os tenha aberto para entender verdades V 20, 29; esta visão da Humanidade de Cristo... nunca a vi com os olhos corporais, nem nenhuma, mas com os olhos da alma V 28, 4; apesar de desejar eu extremamente ver a cor de seus olhos... jamais mereci ver V 29, 2; os olhos nEle, e não tenham medo V 35, 14; nunca vi nada sobrenatural com os olhos do corpo R 4, 9; os olhos em vosso Esposo C 2, 1; estes se amam... põem os olhos nas almas C 6, 8; não tenhais medo que um alçar de olhos nos lembrando dEle, deixe sem prêmio C 23, 3; quem vos impede de volver os olhos da alma a este Senhor? ...pois nunca, filhas, tira vosso Esposo os olhos de vós C 26, 3; ponhamos os olhos em Cristo M 1, 2, 11; ponde os olhos no Crucificado e tudo vos parecerá pouco M 7, 4, 8; é melhor que só nEle ponhamos os olhos Cta 349, 2.

Oração: a oração era para a Santa o maior bem V 7, 10; a sua oração consistia, no começo, em representar na alma Jesus Cristo e pensar na sua Paixão V 4, 7; R 4, 1; passou dezoito anos em contínua aridez V 4, 9; R 4, 1; quem persevera na oração atingirá a salvação, apesar dos pecados e recaídas em que possa se precipitar V 8, 4; vantagens da oração V 8, 1 ss.; a oração é um íntimo relacionamento de amizade com Deus V 8, 5; o essencial da oração não consiste no muito pensar mas no muito amar M 4, 1, 7; F 5, 2 ss.; pode-se fazer oração também no tempo de enfermidade V 7, 12; a oração é a porta pela qual se entra no castelo da alma M 1, 1, 7; quem faz oração e se esforça por chegar à perfeição não vai ao céu sozinho V 11, 4; M 5, 4, 6 ss.; diversas são as vias da oração e pode-se encontrar consolações em todas C 20, 1 ss.; quem não faz oração serve a Deus às próprias custas V 8, 8; a oração deve acompanhar-se da mortificação C 4, 2; é preciso dar-se à oração com determinada determinação, prontos a tudo suportar C 21, 1 ss.; M 2, 1, 6; logo que alguém se dá à oração torna-se alvo de murmurações M 6, 1, 3; nem todas as almas sabem discorrer com o entendimento C 19, 2; àqueles que sabem discorrer com o intelecto parece não haver dia de domingo V 13, 11; a mesma matéria de meditação não pode ser útil para todos V 13, 13; pode ser muito possível que com uma só oração vocal a alma se eleve à contemplação C 25, 1 ss.; meios para recolher-se na oração C 26, 1 ss.; C 28, 4; C 28, 7; não se deve desejar os estados sobrenaturais M 4, 2, 9; M 6, 9, 14 ss.; quem se dá à oração unicamente para contentar a Deus não cairá jamais no engano F 4, 4; convida à prática da oração V 8, 5 ss.; perigoso contar os anos decorridos na oração V 39, 15 ss.; oração mental C 16, 6; mental ou vocal necessária C 21, 7-8; C 22, 2; condições para boa oração: caridade, humildade, desapego C 4, 4; é princípio para alcançar todas as virtudes C 24, 3; para descobrir os enganos do demônio C 21, 9; almas sem oração M 1, 1, 6; a ação de Deus não se entende M 1, 2, 7; a porta do castelo é a oração M 1, 17; as coisas de Deus muito decaídas no mundo F 4, 3-4; a substância da perfeita oração F 5, 2; é para todos M 1, 2, 10; no campo da solidão C 2, 9; nas ermidas como os santos da Ordem Const. 7, 17; pela Igreja C 1, 5; C 3, 2-3; pelos que dão esmola C 2, 10; só por uma alma C 3, 6; que haja muitos letrados e religiosos C 3, 5; não pedir rendas nem coisas do mundo C 3, 7; guardando a Lei reza-se sem cessar C 4, 2; jamais soube começar oração sem um livro V 4, 9; ainda não tinha, ao meu parecer, amor a Deus, como depois que comecei a ter oração V 5, 2; não ousava ter oração porque temia a enorme pena que havia de sentir de haver ofendido a Deus V 6, 4; quem não achar mestre que lhe ensine oração tome ao glorioso São José V 6, 8; este foi o mais terrível engano que o demônio me podia fazer... que comecei a temer ter oração V 7, 1; não é preciso forças corporais para a oração, mas amar e o costume... na mesma enfermidade... é a verdadeira oração V 7, 12; em vinte e seis anos que tenho oração deu-me o Senhor a experiência... V 10, 9; começa a declarar por uma comparação dos quatro graus de oração V 11; começam a ser servos do amor os que vão por este caminho V 11, 1; aplica quatro modos de regar o jardim aos quatro graus de oração V 11, 8; não deixe jamais a oração V 11, 10; não há estado de oração tão alto que muitas vezes não seja necessário voltar ao princípio V 11, 15; começa a declarar o segundo grau de oração V 14; é grande negócio para as almas de oração começar a desapegar-se de todo gênero de contentamentos V 14, 11; para não fazer pecados é preciso aproveitar-se das primeiras armas da oração V 14, 12; trata o terceiro grau de oração V 16; trata do quarto grau de oração V 19; o demônio sabe que lhe está perdida a alma que é perseverante na oração V 19, 4; todo esse fundamento da oração vai baseado na humildade e quanto mais a alma se abaixa na oração mais Deus a eleva V 22, 11; não reservava horas de solidão para a oração, na conversação o Senhor me fazia recolher V 25, 16; muito pode a oração dos que servem o Senhor V 31, 8; o intento que levávamos era de muita perfeição e oração V 36, 6; que todas ocupadas em oração pelos que são defensores da Igreja... ajudássemos no que pudéssemos a este Senhor meu C 1, 2; para ser oração verdadeira há de ajudar-se com a penitência, pois oração e vida regalada não andam juntas C 4, 2; acostumar-se à solidão é grande coisa para a oração C 4, 9; quanto mais mercês o Senhor vos fizer na oração é preciso ir mais bem fundadas suas obras e oração C 5, 2; a oração assenta bem sobre uma boa consciência C 5, 4; não há melhor remédio para descobrir as coisas ocultas do demônio que a oração C 7, 6; a oração perfeita tira todos os ressaibos de pontos de honra C 12, 5; nesta casa o exercício principal é a oração C 17, 1; não deixe a oração e que todas a façam C 17, 2; não se deixem as horas de oração C 18, 4; já sabem que sois religiosas e que vosso trato é de oração C 20, 4; diz que muito importa começar com grande determinação a ter oração C 21; ninguém vos engane mostrando outro caminho que não seja o da oração C 21, 6; quanto importa não voltar atrás quem começou o caminho da oração C 23; já sabeis que ensina Sua Majestade que seja a sós, e assim o fazia Ele sempre que rezava C 24, 4; capítulo muito proveitoso para os que começam a oração C 24; de outro pão não tenhais cuidado nestes tempos de oração em que tratais de coisas tão importantes C 34, 4; quando a alma não sai da oração muito determinada... a perdoar qualquer injúria... não se fie muito de sua oração C 36, 8; soldados de Cristo são os que... tratam de oração C 38, 2; no começo e no fim da oração sempre acabeis com o conhecimento próprio C 39, 5; por este caminho de oração não vão muitos C 39, 6; sempre ouvimos quão boa é a oração, e temos a constituição para tê-la muitas horas M 1, 2, 7; estas segundas moradas é dos que já começaram a ter oração M 2, 1, 2; aqueles momentos que estamos em oração... Deus os tem em muita consideração M 2, 1, 3; a pessoas de imaginação fraca e melancólicas é preciso tirar-lhes a oração M 6, 3, 3; praza a Sua Majestade que muitas vezes nos dê esta oração de louvores de Deus, pois é tão segura e vantajosa M 6, 6, 13; por alta oração que seja é preciso que nos ajudemos com a meditação M 6, 7, 8; tomar um ponto da Paixão... é admirável e muito meritória oração M 6, 7, 10; eu sei que não impedirá discorrer sobre a Paixão a muito subida oração M 6, 7, 12; para isto é a oração... para que nasçam sempre mais obras, obras M 7, 4, 6; vá dobrando sua vontade se quer aproveitar na oração M 7, 4, 7; isto quero eu, minhas irmãs... que desejemos e nos ocupemos na oração M 7, 4, 12; quanto melhores forem... mais sua oração aproveitará para o próximo M 7, 4, 15; na oração haveis de pedir ao Senhor que vos ajude a evitar as faltas CAD 2, 18; quanto mais avançadas estão nesta oração... mais acodem às necessidades do próximo CAD 7, 8; uma noite estando em oração... disse-me o Senhor: "Espera um pouco, filha, e verás grandes coisas" F pról. 8; quando não pode com obras, com oração F 4, 5; quero tratar... em que está a substância da perfeita oração F 4, 2; dura coisa seria que só pelos cantinhos se pudesse fazer oração F 16; na oração é onde o Senhor dá a luz para entender as verdades F 10, 13; tudo pode a oração Cta 10, 4; eu não desejaria outra oração senão a que me fizesse crescer nas virtudes. Se é com grandes tentações e securas e tribulações e isso me deixasse mais humilde, isto teria por boa oração Cta 172; cada dia vou entendendo mais o fruto da oração Cta 147, 5; não pense que quando tiver muito tempo terá mais oração... tempo bem empregado... não tira a oração Cta 158, 10; não pense que sempre é o demônio que estorva a oração, é a misericórdia de Deus tirá-la algumas vezes, e estou para dizer que quase é tão grande mercê como quando a dá muita Cta 158, 16; dá admiráveis conselhos, a seu irmão Dom Lorenzo de Cepeda, sobre o exercício da oração Cta 163, 5-14; o que Deus fizer depois de tanta oração isso será o melhor Cta 352, 9.

Oração mental: não é outra coisa oração mental... senão tratar de amizade estando muitas vezes tratando a sós com quem sabemos que nos ama V 8, 5; não entendo o que temem os que receiam começar oração mental V 8, 7; a alma que neste caminho de oração mental começa a caminhar com determinação... anda grande parte do caminho V 11, 13; a Paixão... é o modo de oração em que todos hão de começar, de mediar e acabar V 13, 12; assim que, irmãs, oração mental e quem esta não puder, vocal C 18, 4; declara o que é oração mental C 22; eu hei de colocar sempre a oração mental e a vocal juntas C 22, 3; pensar e entender o que falamos, e com quem falamos, e quem somos os que ousamos falar com tão grande Senhor, pensar isto e outras coisas semelhantes... é oração mental C 25, 3; no Pai-Nosso ensinou-nos o Senhor todo modo de oração e de alta contemplação, desde os principiantes à oração mental e de quietação e de união C 37, 1.

Oração vocal: pode representar-se diante de Cristo... e falar com ele... sem procurar orações compostas, mas palavras conforme a seus desejos e necessidade V 12, 2; consideremos que somos cada uma de nós a quem ensinou o Senhor esta oração do Pai-Nosso C 24, 5; diz o que importa entender o que se pede na oração C 30; conheço uma pessoa que nunca pôde ter oração a não ser vocal e ligada a esta tinha tudo C 30, 7; a oração vocal por ser oração há de ser com consideração, porque quem não adverte com quem fala, o que pede, quem é que pede, e a quem pede, não a chamo oração embora mexa muito os lábios M 1, 1, 7; com a oração vocal merecerá o que havia de merecer, pela contemplação M 4, 3, 13.

Orações: é coisa importantíssima ajudar-se uns aos outros com suas orações V 7, 20; não... procurar orações compostas, mas palavras conforme seus desejos e necessidades V 12, 2; procuremos ser tais que nossas orações valham para ajudar a estes servos de Deus C 3, 2; as orações de Santa Mônica ganharam para Deus Santo Agostinho C 7, 4; sempre é grande bem fundar vossas orações sobre orações ditas por tal boca como a do Senhor C 21, 3; lembrai-vos sempre em vossas orações das almas que estão em pecado M 7, 1, 4; servia o Senhor com minhas pobres orações, sempre procurava que as irmãs fizessem o mesmo F 1, 6; com razão se lembrem dos benfeitores em suas orações F 31, 29; não me esqueça em suas orações Cta 20, 2; o Senhor ouça todas as orações que se fazem nesta Ordem Cta 195, 6.

Ouvir: este falar que faz Deus à alma... são umas palavras muito belas mas não se ouvem com os ouvidos corporais V 25, 1; jamais pensei que houvesse outra maneira de ouvir... até que o vi por mim V 25, 9; ouvi que me falava uma voz muito suave, como um assobio V 39, 3; pensais que o Senhor está calado, embora não o ouçamos? C 24, 5; está muito junto a quem pedis, não vos deixará de ouvir C 31, 13; o Amado... a chama... com um assobio tão penetrante para que a alma entenda que não o pode deixar de ouvir M 6, 2, 3.

P

Paciência: prova-se nas ocasiões C 38, 8; se Deus dá provações primeiro dá paciência M 6, 1, 6; não pedir trabalhos se não tem paciência para suportá-los E 17; a pessoa solitária não sabe se tem paciência F 5, 15; a paciência tudo alcança P 6.

Padecer: quem muito ama poderá padecer muito C 32, 7; padecer quero, Senhor, pois vós padecestes V 7, 22; valor do padecer M 2, 1, 7; os desejos de padecer dispõem para receber maiores mercês M 2, 1, 9; quisera padecer para imitar em algo a Cristo M 6, 1, 7; determinar-se a padecer é um dos frutos da oração M 6, 2, 3; como se padece no purgatório M 6, 11, 3; o padecer do corpo e da alma M 6, 11, 7; as grandes mercês de Deus para ajudar a padecer M 7, 4, 4; grande coisa é padecer por obediência F 31, 17; o oficio dos contemplativos é padecer como Cristo C 18, 5; já vi por experiência o quanto se adianta uma alma em padecer por Deus C 36, 8; poucos vejo verdadeiros contemplativos que não sejam animosos e determinados a padecer C 18, 2; como se adquire o verdadeiro amor? Determinando-se a agir e padecer e fazê-lo quando se oferece ocasião F 5, 3.

Pai eterno: somos seus filhos C 27, 1-6; não é preciso a alma ir ao céu para falar com seu Pai celestial C 28, 2; acharemos a ele dentro de nós C 50, 3; peçamos ao Pai que receba o nosso Pão celestial C 34, 5; oração ao Pai celestial pela Igreja C 35, 3-5; necessitamos rogar ao Pai celestial C 35, 5; C 39, 6; ninguém subirá ao Pai senão por Jesus Cristo M 2, 1, 1; M 6, 7, 6; ser perfeitos para ser um com o Pai M 5, 3, 7; M 7, 2, 7; "vosso Pai nos deu a Vós" E 14; acabando de comungar foi-me dado entender como este Santíssimo Corpo de Cristo é recebido pelo Pai dentro de nossa alma R 57; disse-me o Senhor... "com maior união... está meu Pai com tua alma" R 58, 2.

Paixão de Cristo: Se lesse toda a Paixão não chorava uma lágrima, isto dava-me pena V 3, 1; vi uma imagem de Cristo muito chagado e tão devota que... representava bem o que padeceu por nós V 9, 1; achava-me muito bem meditando na oração do Horto, ali o acompanhava... se pudesse limpar aquele penoso suor V 9, 3; durante muitos anos, nas más noites, antes de dormir, sempre pensava um pouco na passagem da oração do Horto V 9, 4; a Paixão e Vida de Cristo é de onde nos veio e vem todo o bem V 13, 13; pois voltando ao que dizia, pensar em Cristo na Coluna é bom discorrer um momento e pensar nas penas que ali teve, e por que as teve, e quem é que as teve, e o amor com que as passou V 13, 22; que sempre começasse a oração com um passo da Paixão V 24, 17; se estais com trabalhos ou tristes olhai-o a caminho do Horto..., ou olhai-o atado à Coluna..., ou olhai-o carregado com a Cruz C 26, 5; metida a alma consigo mesma, pode pensar na Paixão C 28, 4; pois se nunca olhamos... a morte que passou por nós, não sei como o podemos conhecer M 2, 1, 11; se começava a chorar pela Paixão não sabia como acabar M 4, 1, 6; a Paixão é utilíssima oração mesmo para os contemplativos M 6, 7, 10-13; para oferecê-la ao Pai M 6, 5, 6.

Paixões: havendo paixão tudo é desconcertado C 4, 13; as boas amizades ajudam a vencer outras paixões C 4, 6; em coisas pequenas pode se ver se somos donos de nossas paixões M 3, 2, 6; de paixões sensuais pouco sabia a Santa Madre M 4, 1, 5; certos consolos espirituais às vezes são envoltos em paixões M 4, 2, 1; F 6, 21; estando sujeita a razão pela melancolia o que não farão as paixões? F 7, 2-3.

Palavras: com a força que tinham em meu coração as palavras de Deus tanto lidas como ouvidas... fui entendendo a vaidade do mundo V 3, 5; as palavras que o entendimento fabrica são como coisa surda... o que fala o Senhor são palavras e obras... suas palavras são obras V 25, 3; as palavras de Deus não podem faltar C 2, 2; C 27, 2; C 7, 2, 8; eficácia da palavra do Evangelho C 21, 4; palavras que não se esquecem M 6, 3, 7; palavras sem ruído C 25, 2; palavras do confessor são certamente de Deus M 6, 3, 11; distingue as palavras de Deus e do demônio M 6, 3, 12-16; as de Deus não se podem duvidar M 6, 4, 3; F 31, 4; as palavras de Deus são obras em nós M 7, 2, 7; as palavras de Deus não só a inteligência as entende mas movem a vontade F 28, 16; as palavras não se entendem quando quer a alma mas quando Deus quer, de repente M 6, 4, 3; sem ruído de palavras está ensinando este Mestre divino C 25, 2; olhai as palavras que diz aquela boca divina, que na primeira entendereis logo o amor que vos tem C 26, 10; fazeis muito mais com uma palavra de quando em quando do Pai-Nosso do que dizê-lo muitas vezes com toda pressa C 31, 13; quando mais se dá a entender pelas obras que não são palavras de cumprimento, mais o Senhor nos atrai a si C 32, 12; em tão poucas palavras como são as do Pai-Nosso estão toda a contemplação e perfeição encerradas C 37, 1; acontecerá que a uma palavra que vos digam para vosso desgosto vá a paciência pelo chão C 38, 8; só com uma palavra sua... tira tudo tão depressa, que parece não houve nuvens naquela alma M 6, 1, 10.

Paraíso: Certa vez me disse o Senhor que esta casa era o paraíso de seu deleite V 35, 12; não sabe onde está o paraíso terreal R 5, 21; não é outra coisa a alma do justo senão um paraíso onde Deus tem o seu deleite M 1, 1, 1; C 29, 4; CAD 6, 3.

Parentes: imperfeição querer vê-los C 8, 3-4; C 9, 2; quando for uma cruz, veja-os C 8, 4; muitos prejuízos lhe trouxeram V 2, 2; V 2, 3; C 4, 12; que as monjas não tenham necessidade de seus parentes F 20, 13; encomendá-los a Deus C 9, 2; C 9, 3; o melhor parente... rezar por eles C 20, 4; estou descansada de estar longe de todos os meus parentes Cta 107, 5; tenho muito contentamento de não me ver com os parentes Cta 111, 4; se hão de receber uma irmã de véu branco veja que uma parenta de nosso Padre nos deu muito o que fazer Cta 118, 9; estou agora... longe de parentes embora ainda me procurem por cartas Cta 115, 3; estou tão cansada de parentes depois que meu irmão morreu, que não quereria nenhuma contenda com eles Cta 346, 6; não foi nada perder tão bom irmão em comparação com o trabalho que me deram os parentes que ficam Cta 385, 11; palavras do Senhor e respeito dos parentes R 46.

Pastrana: F 17; hábito e capa dos Descalços F 17, 14, 15; funda o convento de monjas em 9 de julho e o de frades em 13 de julho F 17, 15; a princesa monja F 17, 16, transferência para Segóvia F 21, 1 ss.

Pater Noster: excelência desta oração C 37, 1 ss.; C 42, 5; explicação que faz a Santa do Pai-Nosso C 21 ss.

Paz: importa muito guardar a Lei para ter paz que tanto nos encomendou o Senhor, interior e exteriormente C 4, 4; no amor mútuo sem particularidades está grande perfeição e grande paz V 4, 7; as virtudes ajudam muito a paz e conformidade umas com as outras C 7, 9; a monja que desejar ter amigos para sua consolação... não terá inteira paz C 8, 3; muitas maneiras de paz CAD 1, 10; CAD 2, 1; que doce será a morte de quem fez penitência de todos os seus pecados! não verá em si temor, mas toda paz C 40, 9; onde há humildade verdadeira, mesmo que Deus nunca dê regalos, dará paz M 3, 1, 9; paz do demônio para depois dar mais guerra M 5, 2, 9; perde-se olhando imperfeições alheias M 1, 2, 18; como é a do "matrimônio espiritual" M 7, 2, 10; a verdadeira paz de Deus... CAD 3, 1; nove maneiras da falsa paz CAD 2, 1 ss.; enfim, ninguém pode tirar a paz porque esta só depende de Deus F 5, 7.

Pecado mortal: não me parece que tenha deixado a Deus por culpa mortal V 2, 3; vi muito bem como se merece o inferno por uma só culpa mortal porque não se pode entender que gravíssima coisa é cometê-la diante de tão grande Majestade V 40, 10; é coisa perigosa ter sossego e contentamento a alma que anda caindo a cada passo em pecado mortal V 32, 7; entendi estar aquela alma em pecado mortal... e quão senhor é o demônio da alma que está em pecado mortal V 38, 23; quando uma alma cai em pecado mortal não há trevas mais tenebrosas... todas as boas obras que fizer estão também em pecado, são de nenhum fruto para alcançar a glória... o intento de quem faz o pecado não é contentar a Deus, mas dar prazer ao demônio M 1, 2, 1; se entendessem como fica uma alma quando peca mortalmente... não seria possível alguém pecar M 1, 2, 2; para tirar uma alma do pecado mortal dariam muitas vidas CAD 7, 8; grande esmola é rezar pelos que estão em pecado mortal M 7, 1, 4; visão de uma alma em pecado mortal R 24.

Pecado venial: nunca deixei coisa por confessar que eu pensasse ser pecado, embora fosse venial V 5, 10; pode-nos vir maior dano de um só pecado venial do que de todo o inferno junto V 25, 20; um pecado venial não atalhado torna-se fonte de outros C 13, 3; Deus nos guarde de pecados veniais advertidos C 41, 3; não faria um pecado venial advertido mesmo que a despedaçassem M 6, 6, 2; nunca cometer um pecado venial por pequeno que seja pensando em remediá-lo CAD 2, 20; uma pessoa viva para a graça sente o menor pecado venial CAD 2, 5; procurar não ir sempre ao confessor com os mesmos pecados CAD 2, 17; pretensos pecados de Sta. Teresa e lamentos que expande: V pról. 1; V 2, 2 ss.; V 2, 6; V 4, 3; V 5, 10; V 7, 1 ss.; M 6, 7.1 ss.; depois de uma culpa era mais penoso à Santa receber graças que castigos V 7, 19; quanto mais a alma está no alto nas vias de Deus mais se descobre carregada de pecados — comparação a propósito V 20, 28; descrição de uma alma em pecado M 7, 1, 3 ss.; não ter medo dos pecados cometidos quando se trata de trabalhar no serviço de Deus CAD 3, 7.

Pecados: quisera ter licença para dizer muito minuciosamente e com clareza meus grandes pecados V pról. 1; se a alma persevera na oração por pecados e tentações que tenha do demônio... tenho por certo que o Senhor a leva a porto de salvação V 8, 4; comecei a considerar o lugar que tinha merecido no inferno pelos meus pecados V 38, 9; é uma das grandes mercês que mais me fizeram confundir e envergonhar, lembrando dos pecados que cometi V 40, 9.

Penas: não ousava ter oração porque temia a grandíssima pena que haveria de sofrer por tê-lo ofendido V 6, 4; era muito mais penoso para minha condição receber mercês... que receber castigos V 7, 19; as penas que dão os pecados públicos... é muito boa V 13, 10; da visão do inferno ficou-me grandíssima pena das muitas almas que se condenam V 32, 6; vem-me uns desejos de servir a Deus... com uma pena de ver de quão pouco proveito sou R 1, 4; se vejo alguém que tratava de oração e depois volta atrás me dá muita pena R 1, 20; disse-me o Senhor que ressuscitando tinha visto Nossa Senhora... que a pena a tinha absorta e transpassada R 15, 4; dá-me mais pena quando muito sobra do que quando nos falta C 2, 3; na pena que dá verá que não é culpa sua C 24, 5; vem-lhe uma grande pena por ver que Deus é ofendido M 5, 2, 7; o grande amor que tenho e o desejo de que se salvem as almas, sobrepujam sem comparação essas penas e as grandíssimas que padeci e padeço M 5, 2, 13; aquela ferida é muita pena, embora saborosa e doce M 6, 2, 2; o bom Jesus gosta muito... que nos condoamos de suas penas M 6, 7, 13; explica os efeitos admiráveis que deixa na alma esta pena e desejo de ver a Deus M 6, 11, 8-10; no princípio ao mortificar-se uma alma tudo é penoso... acabando de determinar-se a morrer para o mundo poderá se ver livre dessas penas CAD 3, 12.

Penitência: penitência e grandes virtudes C 15, 3; penitências desordenadas C 10, 6; M 1, 2, 16; penitências muito comedidas M 3, 2, 7-8; penitência indiscreta, tentação do demônio C 19, 9; demasiadas penitências a Santa Madre não aprova C 15, 3; não se sentem quando há amor M 5, 2, 14; desejos grandes de fazê-las M 6, 4, 15; disse-me Frei Pedro de Alcântara a primeira vez que o vi no céu, que feliz penitência tinha sido a que lhe alcançara tão grande prêmio V 36, 20; desejando uma maneira de fazer penitência... desejava fugir das pessoas V 32, 8; penitências de Duruelo F 14, 12; quando olho as penitências que fazem os Descalços entendo que são verdadeiramente servos de Deus Cta 74, 8; foi sua vida de grande penitência, diz de S. João da Cruz Cta 10, 2; é mais penitência... quebrar a vontade Cta 163, 4.

Pensamento: altos pensamentos ajudam grandes obras C 4, 1; V 12, 4; para ter bem ocupado o pensamento é grande coisa representar na imaginação a divina presença V 28, 9; ocupe sempre o pensamento em Deus para livrar-se de muitos perigos V 37, 10; de maneira nenhuma se ocupe em cuidados materiais o pensamento C 2, 4; pensamentos levianos vão a mil disparates C 17, 3; M 4, 1, 8-14; meios para recolhê-lo C 24, 1; deixemos a taramela do moinho e moamos nossa farinha deixando agir a vontade e o pensamento M 4, 1, 13; o demônio não entende o nosso pensamento M 5, 1, 5; custa recolher o pensamento no princípio... procurar ter o pensamento em quem dirijo as palavras C 24, 6; temos muito acostumada nossa alma e pensamento a andar a seu bel-prazer C 24, 10; se o pensamento se for aos maiores desatinos do mundo ria-se dele... que ele irá e virá C 31, 10; parece que a perfeita oração está no pensamento... a alma não é pensamento F 5, 2.

Pensamentos: antes de dormir pensava um pouco nesse passo da Oração do Horto V 9, 4; sem o favor de Deus não podemos ter um bom pensamento V 9, 9; pôr em Deus seus pensamentos V 15, 10; se não puderem ainda ter um bom pensamento... que não se matem V 22, 11; não estejais falando com Deus e pensando em outra coisa C 22, 8; estes pensamentos de superioridade se vierem é preciso atalhá-los com presteza C 12, 4; muitas vezes quer o Senhor que maus pensamentos nos persigam e nos aflijam sem poder arrancá-los de nós M 2, 1, 8; não está o progresso em pensar muito, mas em amar muito M 4, 1, 7; algumas de tão fraca cabeça e imaginação tudo o que pensam lhes parece que veem M 4, 3, 14; M 6, 9, 9; quando lhes vier algum mau pensamento faça o sinal da cruz, reze um Pai-Nosso ou bata no peito e procure pensar em outra coisa e antes será mérito, pois resiste Cta 329, 3; quando pensares nos mistérios de nossa fé, não gasteis o pensamento em esmiuçá-los CAD 1, 1; pensando na Sagrada Paixão, pensemos muito mais coisas de fadigas e tormentos que ali devia padecer o Senhor CAD 1, 8.

Perdão: encomendava-me à gloriosa Madalena para que me alcançasse o perdão V 9, 2; não uma vez, mas muitas me perdoou tanta ingratidão V 19, 10; nos Santos que depois de serem pecadores o Senhor chamou para Si encontrava eu muito consolo, parecendo-me que como o Senhor os perdoara faria o mesmo para mim V 9, 7; perdoar para ser perdoado C 36, 1; com uma obra de caridade podem ser perdoados todos os pecados CAD 3, 7; os perfeitos hão de perdoar com perfeição C 37, 3; doutrina sobre o perdão C 36, 1 e ss.

Perdição: ninguém se perderá sem entendê-lo R 28; não me deixa de quebrar o coração ver tantas almas que se perdem... C 3, 9; tão grande multidão de almas que se perdiam... que tormento seria na caridade... deste Senhor? C 42, 1; muito grande pena lhe dá as muitas almas que se perdem M 5, 2, 10; o que sentirá uma alma, quando, acabando de morrer, se vê perdida para sempre? E 9, 1; começou a contar-me os muitos milhões de almas que se perdiam nas Índias por falta de doutrina F 1, 7; lástima ver... as muitas almas... que se perdem F 5, 5.

Perfeição: está em guardar os mandamentos M 1, 2, 17; não em pensar muito, mas em amar muito M 4, 1, 7; ser deveras espirituais é fazer-se escravos de Deus M 7, 4, 8; é mais proveitoso à Igreja uma pessoa perfeita do que muitas tíbias C 2, 7; alguns a conhecem para condenar os outros, não para guardá-la C 3, 4; o desejo da honra mata a perfeição C 12, 7; pouca demonstra a que deseja ser prelada MVC 7; no Pai-Nosso encerra-se toda perfeição C 37, 1; uma alma perfeita arrebata muitas almas ao demônio C 39, 7; zelo de perfeição que muitas vezes insinua o demônio M 1, 2, 16; não deixar cair nenhuma coisa de perfeição F 29, 32; guardar a Lei de Deus com toda a perfeição é todo o nosso bem C 5, 4; nesse amor mútuo sem particularidades está grande perfeição C 4, 7; a primeira pedra da perfeição há de ser a boa consciência... e seguir o mais perfeito C 5, 3; a quem o Senhor tiver dado o amor puro espiritual louve-o muito porque deve ser de grandíssima perfeição C 6, 1; estas pessoas perfeitas já têm todos os contentamentos debaixo dos pés C 6, 6; confesso não ter a perfeição que entendo convém C 8, 1; a alma perfeita pode em qualquer estado estar desapegada e humilde C 12, 5; não há tóxico no mundo que mais mate a perfeição como o desejo da honra C 12, 7; os que chegam à perfeição não pedem ao Senhor que os livre de trabalhos C 38, 1; em obedecer está a maior perfeição C 39, 3; a perfeição verdadeira é o amor de Deus e do próximo e com quanto maior perfeição guardarmos estes dois mandamentos mais perfeitos seremos M 1, 2, 17; fazer sua vontade conforme a de Deus nisto consiste a maior perfeição M 2, 1, 8; não está a perfeição nos gostos... mas em quem mais ama e em quem melhor age com justiça e verdade M 3, 2, 10; o que pensais, filhas, que é Vontade de Deus? que sejamos inteiramente perfeitas para sermos um com Ele M 5, 3, 7; não há caminho que mais depressa leve à suma perfeição que o da obediência, está a suma perfeição em estar a nossa vontade conforme com a de Deus F 5, 10; não entendo que haverá inteira perfeição onde há descuido em não dizer toda a verdade em tudo Cta 283, 5; não está a perfeição nos gostos mas nas virtudes Cta 329, 2; deixem-se nas mãos de Deus para que se cumpra sua Vontade nelas, que esta é a perfeição Cta 340, 3.

Perseguição: poucos devem chegar à santidade sem perseguições V 15, 12; é já conhecida a verdade do mérito que se ganha em sofrer perseguições V 34, 14; é um grande ganho M 6, 1, 3-4; gozo interior da alma perseguida M 7, 3, 5; nas perseguições que teve a santa achava-se consolada e com amor particular pela pessoa que a perseguia R 4, 9; os santos se alegravam com injúrias e perseguições C 36, 2; as almas que chegam ao matrimônio espiritual têm um grande gozo interior quando são perseguidas M 7, 3, 5; parece-lhes que não ofendem a Deus quem os persegue, antes que o permite Sua Majestade para seu maior ganho M 6, 1, 5; Sua Majestade responde por elas nas perseguições M 6, 11, 12; meio ano já que não deixam de chover trabalhos e perseguições sobre esta pobre velha Cta 212, 8.

Perseverança: a força de grande determinação C 23, 4; muito importa para chegar ao fim M 2, 1, 1; se perseverar na oração tenho por certo que o Senhor a levará ao porto de salvação V 8, 5; se perseverar, Deus não se nega a ninguém V 9, 4; o demônio sabe que a alma que tem perseverança na oração lhe está perdida V 19, 4; bem sabe Sua Majestade aguardar muitos dias e anos, em especial quando vê perseverança M 2, 1, 3; nesta perseverança está todo nosso bem M 4, 3, 9.

Piedade: é muito bom que umas tenham piedade das necessidades das outras C 7, 7; não se enganem com piedades indiscretas F 7, 5; a Priora que por piedade começar a deixar as melancólicas terem liberdade está prejudicando as outras F 7.7; as enfermas sejam tratadas com muito amor, regalo e piedade Const. 23; é preciso que entendam que não há piedade para desprezo do que é de Religião MVC 4; nisto particularmente é preciso não ter piedade MVC 7.

Pobreza: do bem da pobreza C 2, 1; pobreza e vida cômoda não vão juntas C 11, 3; não temam a pobreza F 27, 12; a verdadeira pobreza de espírito é não procurar gosto nem regalo na oração V 22, 11; a pobreza que Santa Clara tinha em sua casa, tem-se nesta V 33, 13; voltando à oração e vendo Cristo tão pobre e desnudo, não podia suportar ser rica. Supliquei-lhe com lágrimas que ordenasse de tal maneira que eu me visse pobre por Ele V 35, 3; Frei Pedro de Alcântara... como era amante da pobreza e tantos anos a tinha tido e sabia a riqueza que nela havia, me ajudou muito V 35, 5; tinha grande desejo da pobreza R 4, 9; trata do bem que há na pobreza C 2, 1 ss.; o religioso prometeu pobreza, que a guarde sem rodeios C 9, 4; os pobres não são honrados pelo mundo C 20, 1; procurai passar com o mais pobre que puderdes, tanto nas vestes como na comida CAD 10; pobres nunca são muito honrados CAD 11; aqueles santos Padres de quem descendemos sabemos que por aquele caminho de pobreza e humildade gozam de Deus F 14, 4; o Senhor ouve os pobres Cta 77, 4; não deve querer o Senhor que nos honremos com os senhores da terra mas com os pobrezinhos Cta 380, 2.

Potências: sem ruído o Senhor as suspende C 25, 2; na oração de quietação estão sossegadas C 31, 3; são os mordomos do castelo interior M 1, 2, 4; diferença de potência e imaginação M 4, 1, 13; união de todas as potências F 6, 4; este terceiro grau de oração é um sono das potências que nem de todo se perdem nem entendem como agem V 16, 1; chama-se recolhimento porque a alma recolhe todas as potências C 28, 4; quando as três potências se combinam é uma glória 31, 8; quando Deus une a alma consigo as potências todas se perdem M 7, 1, 5.

Pregadores: defendem a Igreja, rezar por eles C 1, 2; C 3, 2; livres de respeitos humanos, dizem a verdade e fazem mais proveito CAD 7, 4; todos pregadores de obras C 15, 6.

Prelados: tendo santo prelado o serão também os súditos C 3, 10; diz o pouco que se nos dá ser favorecidos pelo prelado C 29; se o prelado não agradecer esteja certa de que agradecerá o Senhor C 29, 1; quando o prelado age sem afeição e sem paixão olha o que está bem na casa, creio que nunca Deus o deixará errar C 21, 3; o prelado está em lugar de Deus, é bom sempre andar olhando o que ele quer CAD 2, 2; em minha inclinação... tratar sempre com simplicidade e verdade com os prelados F 2, 2; ir contra o que via que meu prelado queria era-me uma morte F 28, 2; Sua Majestade dá mais luz aos prelados F 31, 5.

Presença de Deus: procurava o mais que podia trazer Jesus Cristo presente dentro de mim... se pensava em algum passo representava-o no interior V 4, 7; posto que sempre estamos diante de Deus, parece-me que os que tratam de oração é de outra maneira, porque estão vendo que os olha V 8, 2; procurava representar Cristo dentro de mim e achava-me melhor V 9, 3; pode representar-se diante de Cristo e acostumar-se a enamorar-se muito de sua Sagrada Humanidade e trazê-la sempre consigo V 12, 2; este modo de trazer Cristo conosco aproveita em todos os estados V 12, 3; sabemos que Deus sempre nos entende e está conosco... mas quer que entendamos aqui... o que faz sua presença V 14, 6; parecia-me sentir a presença de Deus, como é assim, e procurava estar recolhida nEle V 22, 3; para trazer bem ocupado o pensamento, é grande coisa ficar representada e colocada na imaginação tão divina presença V 28, 9; ocupe sempre o pensamento em Deus para livrar-se de muitos perigos V 37, 10; recolheu-se minha alma e no centro dela representou-se-me Cristo Nosso Senhor V 40, 5; não se pode duvidar que está a Trindade por presença e por potência e por essência em nossas almas R 54; esta presença das três pessoas trago na alma R 56; representai o mesmo Senhor junto convosco... o quanto puderdes não estejais sem tão amigo. Se acostumardes a trazê-lo junto de vós e Ele vê que o fazeis com amor, e que andais procurando contentá-lo não o podereis afastar de vós C 26, 1; vede que não aguarda outra coisa senão que O olhemos; se quiserdes O achareis C 26, 3; diz Santo Agostinho que o buscava em muitas partes e que veio a encontrá-lo dentro de si... não é preciso a alma, para falar com o Pai Eterno, ir ao céu... mas colocar-se em solidão e olhá-lo dentro de si C 28, 2; olhai-vos interiormente e achareis vosso Mestre que não vos faltará C 29, 2; muito importa estarmos a sós com Deus C 35, 1; sem cansar-vos em procurar onde está este santo Pai... o achareis dentro de vós C 50, 3; buscar a Deus no interior se acha melhor do que nas criaturas M 4, 3, 3; se a alma não falta a Deus jamais Ele faltará... dá-se a conhecer tão claramente sua presença M 7, 1, 8; trazer esta presença entende-se que não é tão inteiramente... pois se isso acontecesse seria impossível atender a outra coisa, nem mesmo viver entre outra gente M 7, 1, 9; a mercê que Nosso Senhor me fez atualmente é tê-lo presente... quando tenho a meu cargo muitas coisas Cta 234, 2.

Priora: não consinta em pontos de proeminências C 12, 4; qualidades que há de ter MVC 7; MVC 9; evite preferências MVC 19-20; dê poucos mandamentos MVC 20; guarde bem as leis MVC 23-24; não multiplique devoções MVC 29; observe a pobreza MVC 35; MVC 40; como se há de haver com as mercês de suas monjas F 1, 4; como há de levar as melancólicas F 7, 8; não louvem visões mas as virtudes F 8, 9; como há de mandar e tratar as almas F 18, l ss.; seja advertida a Priora a não aperfeiçoar as religiosas a força de braços F 18, 10.

Profissão: vi um frade de nossa Ordem subir ao céu sem passar no purgatório... entendi que era por ter guardado bem sua profissão V 38, 31; não vos peço coisa nova, mas que guardemos nossa profissão C 4, 1; trata o muito que importa não dar profissão a nenhuma que tenha espírito contrário ao que aqui ficam ditas C 14; é preciso longa provação para fazê-las professas C 14, 2; não se dará profissão até que se emendem as que são amigas de ser estimadas e consideradas C 19, 5.

Provas: O Senhor quer provar aos que O amam antes de colocar neles seus grandes tesouros V 11, 11; mesmo os mais elevados na oração, Deus os quer provar algum tempo, parece que Sua Majestade os deixa V 15, 12; algumas vezes permite o Senhor que caiamos... para provar se nos pesa muito tê-lo ofendido M 2, 1, 8; provemo-nos a nós mesmas antes que nos prove o Senhor M 3, 2, 3; sabe Deus provar se não nos provamos a nós mesmos M 3, 1, 7; Deus dá licença ao demônio para provar-nos M 6, 1, 9; Nosso Senhor a quer provar para ver o amor que Lhe tem Cta 329, 2; muitas vezes o Senhor prova para ver se as palavras se conformam com as obras Cta 264, 3.

Purgatório: pedir a Sua Majestade pelas almas do purgatório V 15, 7; não julgueis inútil perseverar nesta súplica em favor dos servos de Deus. Certas almas acham duro não rezar muito pela própria alma. Haverá melhor oração do que esta? Se tendes receio de não descontar as penas do purgatório ficai sabendo que por este meio vos serão descontadas. O que faltar ainda, que falte! C 3, 6; os que cumprem a penitência de seus pecados não passam pelo purgatório C 40, 9; sua maior pena é não ver a Deus M 6, 7, 3; mais duros são os sofrimentos da alma do que os do corpo e representou-se a mim ser desta maneira que padecem no purgatório M 6, 11, 3; peço-vos cada vez que lerdes isto peçais que me tire do purgatório, que lá talvez estarei quando vos derem para ler isto M Concl. 4; uma Ave-Maria peço, por amor de Deus, a quem isto ler para que me seja ajuda para sair do purgatório F pról, 4; disse-me o Senhor que Dom Bernardino de Mendonza não sairia do purgatório até que se dissesse a primeira Missa aqui em Valladolid F 10, 2; junto ao Sacerdote apresentou-se o cavalheiro de que falei... agradeceu-me o que fizera por ele para que saísse do purgatório F 24, 6.

Pusilanimidade: este devia ser meu temor, e não humildade, mas pusilanimidade V 31, 17; não desejo então solidão por virtude, mas por pusilanimidade R 1, 22; outro dia não encontro ânimo para matar uma formiga por Deus C 38, 6; metidos na miséria de nossa terra nunca sairemos... de temores, de pusilanimidade, de covardia M 1, 2, 10; embora me dessem alguma esperança não bastava para minha pusilanimidade F 29, 3.

Q

Quedas: não cai fácil quem foge das ocasiões C 35, 13; não decair com as quedas, pois delas o Senhor tira o bem M 2, 1, 9; C 15, 4; efeitos das quedas na alma M 2, 1, 9-11; piores as recaídas M 4, 3, 10; remédio para não cair: apegar-nos à cruz CAD 3º, 1; se não perdêssemos o fervor primitivo, estaria sempre firme o edifício F 4, 6-7.

Queixas: queixamo-nos sem propósito V 32, 4; parece-me coisa imperfeita este queixarmo-nos sempre de males leves... quando é grave o mal ele mesmo se queixa C 11, 1; mas umas fraquezas e malezinhos de mulheres, esquecei-vos de queixá-los C 11, 2; lembrai-vos de quantos pobres enfermos que não têm a quem se queixar C 11, 3; lembremo-nos de nossos santos Padres passados, ermitães... que de dores passariam e... sem ter a quem se queixar senão a Deus C 11, 4; se é assim, Senhor? que tudo quereis passar por mim... de que me queixo? C 26, 6; este queixar entre monjas... temo que é já costume... tinha uma que queixar da cabeça... vindo a averiguar nem pouco nem muito lhe doía C 15, 7; queixam-se estas almas a sua Majestade quando não se lhe oferece nada em que padecer M 6, 4, 15; de nenhuma maneira posso me queixar de Vós, nem nenhuma é bom que se queixe F 4, 7; nunca, jamais se queixou de nada nem de nenhuma irmã F 12, 1 senão quando a dor era muita, queixava-se muito pouco F 12, 5.

Querer: trazia bem diante como não havia de querer nem dizer de ninguém o que não queria que dissessem de mim V 6, 3; Deus quer a quem o quer, e que bem-querido, e que bom amigo V 22, 17; Deus dá os seus bens quando quer e como quer e a quem quer M 4, 1, 2; o Senhor faz questão que o queiramos M 2, 1, 2; é o mais seguro querer o que Deus quer M 6, 9, 16; não querendo nada, possuem tudo F 5, 7; o que Sua Majestade quer não se pode deixar de fazer F 22, 19; Deus dá os bens como quer Cta 129, 4; o que quero não o tenho, o que tenho não o quero Cta 65, 1; temos de servir a Deus como Ele quer e não como nós queremos Cta 158, 12.

Quietude: o que é oração de quietude C 31, 1-3; CAD 4, 2; às vezes junto vida contemplativa e ativa C 31, 5; dá alguns avisos de como proceder nesta oração de quietação V 15, 1 ss.; se a quietação é do demônio deixa inquietação V 15, 8; oração de quietude é o que agora vou tratar V 14, 1 ss.; a alma entra dentro de si com seu Deus... logo seu divino Mestre vem ensiná-la e lhe dá a oração de quietude C 28, 4; R 1, 1; pode ser que pessoas de fraca compleição fiquem assim embebidas como creio disse na oração de quietação M 6, 4.9; como começam a chegar à oração de quietação... parece-lhes que é muito grande coisa estar ali sempre gozando M 6, 7, 13.

R

Rapto: o que são, como se distinguem da união, e seus efeitos V 20, 1 ss.; V 21, 1 ss.; R 1, 6 ss.; R 5, 7 ss.; M 6, 4, 1 ss.

Razão: razões sem razões C 13, 1 ss.; às vezes o que é muito segundo a razão, se não temos boa vontade, parece-nos disparate F 5, 11; mil razões para tornar a vontade de Deus a nosso propósito C 33, 1; o que não deixa livre nossa razão, tenhamos por suspeito F 5, 15; razão sujeita pelo humor de melancolia F 7, 2-3; esforcemo-nos por amor do Senhor, deixemos nossa razão e temores em suas mãos M 3, 2, 8; gosta mais o Senhor desta rudeza de um pastorzinho humilde do que muitos sábios e letrados por elegantes arrazoados que façam C 22, 4; tirará mil razões para não entender a vontade de Deus, mas o seu propósito C 33, 1; nunca me deram razão para que eu me renda ao que me dizem... pode ser que eu me engane, mas vou por estas razões M 4, 3, 4; temos que deixar estas coisas de buscar razões para ver como foi M 5, 1, 11; coloca cinco razões para ver se as falas são de Deus M 6, 2, 12; as coisas ocultas de Deus, não temos que buscar razões para entendê-las M 6, 4, 7; do que não se tem experiência mal se pode dar razão certa M 6, 9, 4; isto de sujeitar a razão não se faz com boas razões F 5, 11.

Recolhimento: oração de recolhimento C 28, 4-9; M 4, 3, 1; nela não se há de deixar a meditação M 4, 3, 8; é coisa sobrenatural M 4, 3, 1; não é adquirido M 4, 3, 3; prossegue dar meios para procurar esta oração de recolhimento C 29, 1 ss.; grande prejuízo andar dissipados... para tornarnos a recolher M 2, 1, 9; uma pessoa sempre recolhida não sabe se tem paciência nem humildade, nem tem como sabê-lo F 5, 15; todo o tempo que não andarem com a Comunidade estejam no lugar de seu recolhimento Const. 8.

Regalos: do corpo os paga bem o espírito C 9, 1; Deus não admite gente regalada C 18, 2; quem vai à oração não se lembre deles M 2, 1, 7; deixar os regalos de Deus por Deus, servindo bem ao próximo F 5, 3; não temos de ganhar com regalos o que Cristo ganhou com o seu sangue F 10, 11; ainda que Deus nunca dê regalos, dará a paz e conformidade com o que andam mais contentes do que outros com regalos M 3, 1, 9; não é preciso que o Senhor nos faça grandes regalos para ser perfeitos M 5, 3, 7; a suma perfeição não está em regalos interiores F 5, 10; deixar de estarmos a sós pensando nEle e regalando-nos com os regalos que nos dá... pela obediência ou para servir o próximo é regalar a Ele e fazer por Ele F 5, 3; perde a alma seu regalo e o tem por bem perdido, para... fazer mais a Vontade do Senhor F 5, 5.

Regra: Regra de Nossa Senhora e Imperadora C 3, 5; F 14, 5; F 18, 22; de guardá-la e guardá-la há muita diferença C 4, 1; guardando-a se reza sem cessar C 4, 2; quem não tem ânimo se vá para outra parte C 8, 3; não a guardamos e queremos inventar penitências C 10, 6; M 1, 2, 16; M 6, 6, 7; manda-nos orar sem cessar C 21, 10; é meio para guardar o preceito do amor M 1, 2, 17; cumprir bem a regra, o demais com suavidade F 18, 7-9; Regra primitiva e os ermitães do Tardon F 17, 8-9; façamos o que nossos Pais ordenaram na Regra e Constituições completamente C 7, 1; procure a Priora levar cada uma por onde Sua Majestade a leva, pressuposto que não falte em coisas da Regra F 18, 9.

Rei: onde está o rei, aí dizem, está a corte C 28, 2; embora o rei tenha muitos vassalos da terra, não entram todos até sua câmara M 3, 1, 6; encomendo-os muito a Deus V 21, 4.

Rei eterno: Oh! Rei da glória e Senhor de todos os reis, não é vosso reino armado de palitos, pois não tem fim! V 37, 6; somos esposas de tão grande Rei, ou não C 13, 2; não virá o Rei da glória a estar unido com nossa alma, se não nos esforçamos por ganhar as virtudes grandes C 16, 6; Rei sois, Deus meu, sem fim C 22, 1; agora entendo que neste palácio pequeno de minha alma cabe tão grande Rei C 28, 11; oh! Rei da glória não deixareis para sempre de reinar C 37, 6; ponde os olhos no centro do castelo que é o palácio onde está o Rei M 1, 2, 8; onde quer que vejamos pintado o nosso Rei havemos de reverenciá-lo M 4, 5, 13; oh! cristãos, é tempo de defender o vosso Rei e de acompanhá-lo em tão grande solidão E 10, 2.

Reino: dos céus a alma pacífica C 3, 4-6; que seu reino não tem fim C 22, 1; começa a dar aqui o seu reino C 31, 1-3; o dá na oração de "quietação" C 31, 11; no "desposório" ensina uma partezinha M 6, 4, 9; começa a mostrar-lhe coisas do reino que lhe tem preparado V 20, 2; não é vosso reino armado de palitos, pois não tem fim V 37, 6; pois querer ter parte no seu reino e gozar dele, e das desonras e trabalhos querer ficar sem nenhuma parte é disparate C 13, 2; Rei sois, Deus meu, sem fim, que não é um reino emprestado o que tendes. Olhai-o ressuscitado… que vitorioso! que alegre! como quem tão bem saiu de uma batalha onde ganhou tão grande reino C 26, 4; não está aqui o vosso reino C 29, 1; vossas armas são as cinco chagas… esta há de ser nossa divisa, se temos de herdar o seu reino F 10, 11; preparou-nos um reino que não tem fim F 31, 47; bem parece que V. S. é dos que hão de gozar do seu reino, pois lhe dá a beber o cálice Cta 31, 1.

Relaxamento: começa sempre por coisas miúdas MVC 5-6; será muito castigada por Deus quem começar a relaxar a perfeição que aqui o Senhor começou V 36, 29; grande pena terá quem começar algum relaxamento F 29, 33; que não se consinta em nada o relaxamento F 27, 11; para o relaxamento terrível coisa é o costume MVC 5; com o relaxamento esquece-se o que é de obrigação Const. 3, 5.

Religião: delas saem os defensores da Igreja C 3, 2; era afeiçoada por todas as coisas da religião V 5, 1; pensava no que poderia fazer por Deus e pensei que a primeira coisa seria seguir o chamamento de Sua Majestade quando tinha entrado em Religião, guardando minha Regra com a maior perfeição que pudesse V 32, 9; o grande contentamento que lhe dá e o sabor em todas as coisas da Religião C 13, 6; nada será o que aqui se padecer no rigor da religião… comparado com aquela eternidade M 6, 9, 7; não está o negócio em ter hábito de religião ou não, mas em procurar exercitar as virtudes M 3, 2, 6; não é nada o rigor que se padece em religião comparado à eternidade M 6, 9, 7; as almas de grandes virtudes são de grande valor para a Religião F 8, 9.

Rendas: no princípio da fundação de São José não desejava que fosse com rendas C 1, 1; para preocupar-se seria melhor ter renda C 2, 3; os letrados dizem que se o Concílio o autoriza não deve deixar essa facilidade F 9, 3; 20, 1; só queria rendas em lugares pequenos F 24, 17; o arcebispo de Sevilha queria que fosse de renda F 24, 16; em Palência não tinham renda F 29, 27; o arcebispo de Burgos só queria com rendas F 31, 21.

Revelações: tinham-nas algumas de suas monjas F 4, 8; quando são de Deus fazem grande bem F 8, 2; avisos para coisas de oração e revelações F 8, 1 ss.; não tomava mais parte nelas do que se fosse uma tábua R 3, 9.

Reverência: mesmo que um pintor seja muito mau nem por isso se deixa de reverenciar a imagem que fez M 6, 9, 12; onde quer que vejamos pintado o nosso Rei havemos de reverenciá-lo M 6, 9, 13; diante de seu superior… nunca fale senão o necessário e com grande reverência A 42.

Reza: como se há de rezar C 24, 1 ss.; muito se ganha rezando com perfeição, C 25, 1 ss.; com os olhos fechados C 28, 6; com recolhimento interior C 29, 7; haverá muitas pessoas que não podem ter meditação, senão rezando vocalmente, e aqui se detêm mais C 17, 3; trata de como se há de rezar C 24, 1 ss.; diz o muito que ganha uma alma que reza com perfeição C 25, 1 ss.; este modo de rezar falando com Deus como com um pai... é oração que traz consigo muitos bens C 28, 4; muitas pessoas, rezando vocalmente, Deus as leva à alta contemplação C 30, 7; é preciso informar-se se as prioras acrescentam mais do que ao que estão obrigadas tanto na reza quanto nas penitências MVC 29; há prioras que gostariam que tudo fosse rezar F 18, 6; não colocar todo o fundamento em rezar M 7, 4, 9.

Rigor: provais com rigor a quem vos ama, para que no extremo do trabalho se entenda o extremo de vosso amor V 25, 17; o rigor da religião é um momento comparado ao da eternidade M 6, 9, 7; rigor com as rebeldes à obediência F 6, 12; com as melancólicas F 7, 9; nas coisas de penitência não tanto rigor; com as sonhadoras MVD 17; onde não há simplicidade e verdade, rigor MVD 22.

Rosário: minhas devoções eram muitas, em especial o Rosário do qual minha mãe era muito devota V 1, 6; tendo eu uma cruz na mão, que a trazia em um rosário, ma tomou o Senhor V 29, 7; estando uma noite tão mal que me queria escusar de ter oração, tomei um rosário para me ocupar vocalmente V 38, 1 ao rezá-lo pensar com quem falamos C 22, 3.

Ruído: na morada de Deus não há ruídos M 7, 3, 11.

S

Sabedoria: no terceiro grau de oração aprende-se a verdadeira sabedoria V 16, 1; vê-se a alma sábia num ponto V 27, 9; quando vejo uma majestade tão grande dissimulada em coisa tão pequena como é a Hóstia... admiro-me de tão grande sabedoria V 38, 21; que sábio se achará aquele que se alegrou de que o tivessem por louco, pois o chamaram à mesma Sabedoria! V 27, 14; no bicho-da-seda e na abelha podeis considerar as maravilhas e sabedoria de nosso Deus M 5, 2, 2; a Virgem Nossa Senhora com toda a sabedoria que tinha perguntou ao Anjo: "Como se fará isso"... como tinha tão grande sabedoria entendeu logo. CAD 6, 7; vossas obras são santas... e com grande sabedoria, pois a mesma sois Vós, Senhor E 1, 2; oh! Deus meu e minha sabedoria infinita E 17, 1; oh! Sabedoria que não se pode compreender! E 12, 2.

Sacramentos: perdidos tantos sacerdotes, tirados os sacramentos C 35, 3; por que via pode entrar o demônio... estando tão chegadas aos sacramentos? M 5, 4, 7; recebidos os sacramentos era grande sua alegria e contentamento F 16, 4; recebeu os sacramentos com tal devoção que, ao que se pode crer segundo nossa fé, se salvou F 16, 7.

Sacrifício: Todas juntas se oferecem em sacrifício por Deus V 39, 10; seu santo Filho colocou tão bom meio para que em sacrifício o possamos oferecer muitas vezes C 35, 3; ofereçamos ao Senhor o sacrifício que pudermos, que Sua Majestade o juntará com o que fez por nós ao Pai M 7, 4, 15; Deus se contenta mais com a obediência do que com o sacrifício F 6, 22.

Salomão: santo David e ele caiu M 3, 1, 7; na construção de seu templo sem ruídos M 7, 3, 11; a queda de Salomão faz temer M 7, 4, 3.

Salvação: se a alma perseverar em oração... tenho por certo que o Senhor a leva ao porto da salvação V 8, 4; põe Deus... uma segurança com humildade e temor de que há de salvar-se V 15, 14; a quem lhe parecer áspero... vá a outro mosteiro onde se salvará conforme o seu espírito V 36, 29; temi sua salvação pois foi vinte anos prelado V 38, 26; deve vir daqui estes grandíssimos desejos que se salvem as almas R 5, 9; não é necessário para a salvação ser contemplativas C 17, 2; os cristãos... por mal que vivam podem se emendar e salvar-se M 5, 2, 10; de todas as maneiras que pudermos levemos as almas para que se salvem M 7, 4, 12; grande misericórdia é de Deus aos que têm este mal de melancolia sujeitar-se a quem os governe... e olhe que lhe importa talvez a salvação F 7, 4.

Samaritana: o Senhor prometeu-lhe água viva C 19, 2; F 31, 46; não com outra água quer a alma matar a sede M 6, 11, 5; esquece seu cântaro para fazer o bem CAD 7, 6; como buscou a Deus Cert. 6.

Sangue: tudo quanto podemos fazer é asco em comparação com uma gota de sangue das que o Senhor derramou por nós V 39, 16; no dia de Ramos, acabando de comungar... pareceu-me que toda a boca se havia enchido de sangue... R 26, 1; oh! almas redimidas pelo sangue de Jesus Cristo M 1, 2, 4; não olheis nossa cegueira, meu Deus, mas o muito sangue que derramou vosso Filho por nós E 8, 3; não com riquezas se há de ganhar o que Ele comprou com tanto sangue F 10, 11; pus os olhos em Jesus que estava na cruz correndo sangue F 22, 6.

Santidade: não deixeis vossa alma encurralada, metida num cantinho, que em lugar de procurar a santidade tirareis muitas imperfeições C 40, 8; quem com mais mortificação e humildade e pureza de consciência servir a Nosso Senhor, essa será a mais santa M 6, 8, 10; uma pessoa sempre recolhida por santa que pareça não sabe se tem paciência e humildade F 5, 15; grande coisa pode a santidade e a virtude F 28, 43; é mais santo quem tiver mais virtudes M 6, 8, 10; santidade não está em visões e revelações F 4, 8; não se desculpar dizendo, não somos anjos, não somos santos, que o poderíamos ser C 16, 12; olhas nossos santos Padres passados M 5, 1, 2; conformar nossa vida com a sua F 4, 5; quanto mais santos mais afáveis C 41, 7.

Santíssimo Sacramento: ei-lo aqui... nosso companheiro no Santíssimo Sacramento V 22, 6; chegando ao Santíssimo Sacramento... ficava tão bem de alma e corpo, que me espanto V 30, 14; no dia de São Bartolomeu colocou-se o Santíssimo Sacramento 36, 6; lembrava-me daquela grandíssima Majestade... e via que era ele que estava no Santíssimo Sacramento, e muitas vezes o Senhor quer que o veja na Hóstia V 38, 19; quando vejo Majestade tão grande oculta em coisa tão pequena como é a hóstia... admiro tão grande sabedoria V 38, 21; dura coisa é receber este Santíssimo Sacramento indignamente V 38, 25; pedi ao Pai, filhas, que vos deixe hoje vosso Esposo disfarçado nestes acidentes de pão e vinho C 34, 3; já que os olhos do corpo não se podem deleitar em olhá-lo por estar tão encoberto, descubra-se aos da alma C 34, 5; quando ouvia algumas pessoas dizer que quereriam ter vivido no tempo em que Cristo andava no mundo, ria-me, parecendo-me que, tendo-o tão verdadeiramente no Santíssimo Sacramento, que mais queremos? C 34, 6; o corpo de Nosso Senhor Jesus Cristo está no Santíssimo Sacramento, embora não o vejamos M 5, 1, 11; para mim é grandíssima consolação ver uma igreja a mais onde haja o Santíssimo Sacramento F 3, 10.

Saúde: o medo de perdê-la faz que nunca se tenha C 10, 6-8; C 11, 4; imperfeição queixarmo-nos de males leves C 11, 1-3; penitências indiscretas a tiram C 15, 3; C 19, 9; M 1, 2, 16; medo excessivo de perder a saúde pelas penitências M 2, 1, 3; M 3, 2, 7-8; perde-se o temor da saúde M 4, 3, 9; em quarenta anos não teve boa saúde M 6, 1, 7; F 18, 4; F 31, 12; penitência é quando Deus tira a saúde M 7, 2, 9; com saúde tudo se sofre bem F 24, 8; F 27, 17; que as prioras não sobrecarreguem tanto as monjas que lhes acabe a saúde MVC 29; olhe-se muito que as que se hão de receber... tenham saúde Const. 21.

Saul: foi chamado e perdeu-se M 5, 3, 2; onde pensais ganhar perdereis, como fez Saul por ser rei M 6, 9, 15; mais quer Deus... que obedeça, lembre-se de Saul Cta 171, 6.

Secura: tomando o hábito mudou Deus a secura que tinha minha alma em grandíssima ternura V 4, 2; dezoito anos passou em grandes securas V 4, 9; de securas, nem de inquietações e distrações ninguém se aflija V 11, 17; em tempo de securas... é muito amigo Cristo 22, 10; quando o Senhor quer que a alma padeça uma secura e solidão grande... então parece que se esquece de Deus V 28, 9; se fala o Senhor... se estava na secura... parece que se lhe tira com a mão V 25, 3; quando é demônio... deixada a grande secura que fica... é uma inquietação que não se sabe entender V 22, 10; muitas vezes quer o Senhor que nos persigam maus pensamentos e securas M 2, 1, 8; das securas se há de tirar humildade e não inquietação M 3, 1, 9; trata das securas na oração M 3, 2, 1 ss.; vem uma secura que parece que jamais se lembrou de Deus M 6, 1, 8; dê-nos Ele o que quiser seja água seja secura M 6, 6, 9.

Seda, bicho-da-: o bicho-da-seda M 5, 2, 2-9; M 5, 3, 1 e 5; M 4, 1-2; M 6, 4, 1; M 6, 6, 1 e 4; M 6, 11, 1; M 7, 3, 12; a mariposinha já morreu M 7, 3, 1.

Sede: sede quer dizer, desejo de uma coisa C 19, 8; da Samaritana C 19, 2; sede impetuosa, virão tentações de penitências C 19, 10-13; se aqui Deus deixa passar sede, fartará no Céu C 20, 2; a ninguém deixa Deus morrer de sede C 23, 5; sede abrasadora que não se pode saciar M 5, 11, 5.

Segredo: não posso dizer o que sente a alma quando o Senhor lhe dá a entender segredos e grandezas suas V 27, 12; por esta porta da Sacratíssima Humanidade temos de entrar, se queremos que nos mostre a soberana Majestade grandes segredos V 22, 6; disse-me o Senhor; "Ai! filha, se me amassem não lhes encobriria meus segredos!" V 40, 1; há grandes segredos no interior quando se comunga R 56; no centro e no meio de todas estas moradas está a principal, que é onde se passam estas coisas de muito segredo entre Deus e a alma M 1, 1, 3; oh! segredos de Deus, como gostaria de dar a entendê-los! M 5, 1, 4.

Segurança: estando sujeita ao que me mandavam... parecia que estaria com mais segurança V 34, 3; a misericórdia de Deus me dá segurança V 38, 7; na virtude sempre há mais segurança do que nas lágrimas C 17, 4; procurando sempre andar em amor e temor de Deus iremos seguras C 40; segurança não havemos de ter enquanto vivemos C 41, 9; não é por ser religiosas e ter tal Mãe que estais seguras... nem vos assegura o tratar sempre de Deus e exercitar-vos na oração contínua M 3, 1, 4; a segurança que podemos ter é a obediência e não se afastar da Lei de Deus M 5, 3, 2; quando vejo que estava Judas em companhia dos Apóstolos e tratando sempre com o mesmo Deus e ouvindo suas palavras, entendo que não há segurança nisso M 5, 4, 7; quando o confessor lhe assegura aplaca-se M 6, 1, 8; não há segurança enquanto vivemos CAD 13; na obediência e na humildade está a segurança... de não errar o caminho do Céu F pról. 1; se isso não fizesse, dar conta de tudo aos prelados, não me pareceria que tinha segurança a minha alma F 2, 2; bendito seja Deus que havemos de gozar dEle com segurança eternamente Cta 47, 5.

Senhorio: da pobreza C 2, 6; sobre o corpo C 11, 5; dos santos sobre as criaturas C 19, 4; das próprias paixões em coisas pequenas M 3, 2, 6; o que trazem as palavras de Deus M 6, 3, 5; o senhorio de Deus se entende por si mesmo C 22, 4; senhorios vãos do mundo C 22, 4-5; sobre os perigos e temores do mundo CAD 3, 5-7; para dizer verdades CAD 7, 4-5; da própria vontade F 5, 11; um louco não é senhor de si F 6, 7; o que precisam ter os prelados MVC 24.

Sentidos: os que começam a oração hão de cansar-se de recolher os sentidos V 9, 9; perturbam-se com o pecado mortal M 1, 2, 4; retirando-se das coisas exteriores avivam-se os da alma C 28, 6; perdem-se no arroubamento M 6, 4, 2; na união perdem-se e voltam M 5, 1, 9-10; no matrimônio não se perdem, mas não agem, estão como espantados M 6, 3, 10.

Sentimentos: é bom e necessário algumas vezes... sentir alguns trabalhos e enfermidades das irmãs C 7, 5; muitas vezes quer Deus que seus escolhidos sintam sua miséria M 3, 2, 2; não penseis que está a coisa em que se morre meu pai ou irmão... não o sinta M 5, 3, 7; chega-lhe às entranhas esta pena... segundo o sentimento de amor que sente M 6, 2, 4.

Sermão: era afeiçoadíssima a eles... quase nunca parecia tão mau sermão que não o ouvisse de boa vontade V 8, 12; boas leituras e sermões é o remédio para uma alma que está metida em ocasiões M 5, 2, 3; Frei Alonso Maldonado... que vinha das Índias... fez-nos um sermão e prática animando-nos à penitência F 1, 7.

Serviço de Deus: ainda pensava que serviria muito mais a Deus com a saúde V 6, 5; alegro-me muitas vezes com meus males, parecendo-me que em algo se serve ao Senhor V 7, 11; este desejo de que outros servissem a Deus eu o tinha desde que comecei a oração, parecendo-me que não o servia como o entendia e que outros o servissem por mim V 7, 13; Deus nunca falta a quem o serve V 35, 2; outra vez me disse o Senhor... que a quem o servia não faltava o necessário para viver V 35, 6; quando compreendesse que era mais serviço do Senhor, deixaria tudo para o fazer V 36, 5; comecei a lembrar-me de minhas grandes determinações de servir o Senhor V 36, 9; parece-me facílima coisa a morte para quem serve o Senhor V 38, 5; louvo a Sua Majestade... e faz-me crescer o desejo de servi-lo V 39, 5; sinto em mim grande desejo de que Deus tenha pessoas que com todo desapego o sirvam R 3, 7; disse-me o Senhor: "Pensa, filha, como depois de acabada a vida não me podes servir como agora, e come por mim, dorme por mim e tudo o que fizeres seja por mim" R 56; sem ser muito contemplativas poderão estar muito adiantadas no serviço do Senhor C 4, 3; quem de verdade começa a servir o Senhor o menos que pode oferecer é a vida C 12, 2; com simplicidade de coração e humildade servir a Sua Majestade M 5, 1, 8; não é outro meu desejo senão que nos esforcemos por servir a um Senhor que paga tão bem ainda aqui na terra M 5, 4, 11; ter em muito pouco as coisas da terra, a não ser as que possa aplicar para serviço de tão grande Deus M 6, 5, 10; quem com mais pureza de consciência servir a Nosso Senhor, essa será a mais santa M 6, 8, 10; anda a alma com muitos grandes desejos de servir a Deus M 7, 2, 9; o maior serviço que se vos pode fazer é deixar-vos por amor e proveito do próximo E 2, 2; Senhor, se é necessário viver para fazer-vos algum serviço, não recuso todos os trabalhos na terra que me possam sobrevir E 15, 2; não quereis outra coisa, Senhor, senão que a alma obedeça e se informe bem do que é mais serviço vosso F 4, 7; olhai minhas filhas a obrigação que temos de servir a Deus as que nos deixaram perseverar até a profissão F 27, 10; nunca deixei fundação por medo de trabalho... vendo em serviço de quem se fazia F 18, 5; minhas filhas, ponham seu cuidado e diligência em nosso Senhor Jesus Cristo e procurem servi-lo Cta 102, 1; gosto de tanta contradição é sinal de que se há de servir muito a Deus Cta

120, 4; praza a Nosso Senhor que acertemos em servi-lo, seja por onde Ele quiser Cta 271, 8; uma alma apertada não pode servir bem a Deus Cta 351, 3; com a inquietação não se pode servir a Deus Cta 429, 2; o natural se cansa... de ser Priora com tantas barafundas juntas. Se com isso se serve a Deus, tudo é pouco Cta 326, 6.

Simplicidade: há umas simplicidades santas que sabem pouco para negócios e estilo do mundo e muito para tratar com Deus C 14, 2; não me parece que enganará o demônio se anda com humildade e simplicidade V 28, 10; com simplicidade e humildade de coração servir a Sua Majestade M 5, 1, 8; prefiro que presumam de parecer simples que é muito de santas Cta 47, 3.

Soberba: as virtudes que Deus dá isentas de soberba M 5, 3, 9; o demônio procura colocar a soberba C 17, 3; da soberba e da vanglória livre-nos Deus M 4, 3, 10; se o que há de ser para humilhar-se... a ensoberbece, será como a aranha que tudo o que come converte em peçonha F 8, 3.

Sobrenatural: o que é oração sobrenatural R 5, 3; a união C 19, 6; a quietação C 31, 6; das quartas moradas em diante M 5, 1, 1; um recolhimento também sobrenatural M 4, 3, 1; na quietação junta-se o natural com o sobrenatural e pode o demônio intrometer-se M 4, 3, 14; a oração de união não podemos adquiri-la porque é coisa muito sobrenatural M 6, 6, 13.

Sofrimentos: sabei sofrer um pouquinho pelo amor de Deus sem que saibam os outros C 11, 3; grandes enfermidades M 6, 1, 6-7; trabalhos interiores M 6, 1, 8; por ver ofensas de Deus e perderem-se as almas M 5, 2, 14; se se entendesse o que se há de passar para chegar à perfeita união, não se determinariam M 6, 1, 2; os de Cristo seriam grandíssimos M 5, 2, 14; desejo de que aumente a pena E 6; da miséria que nos ficou do pecado de Adão... soframo-lo por amor de Deus M 4, 1, 11; declara os grandes desejos que tem a esposa de sofrer por Deus e pelo próximo CAD 7.

Solidão: procurava a solidão para rezar minhas devoções V 1, 6; se falta a ocupação da vontade dá muita pena a solidão V 4, 7; estar a sós: condição para a oração C 24, 4-5; os que começam a ter oração... precisam ir se acostumando a... estar em solidão V 11, 9; isto é sempre o que hão de pretender, viver a sós com o Só V 36, 29; toda a minha ânsia é por estar só, e embora algumas vezes não rezo, nem leio, consola-me a solidão R 1, 6; nunca me cansaria por estar só R 1, 7; acostumar-se à solidão é grande coisa para a oração C 4, 9; não é preciso asas para buscar a Deus, mas pôr-se em solidão e olhá-lo dentro de si C 28, 2; muito importa este entrarmos a sós com Deus C 35, 1; sem querer se faz isto de fechar os olhos e desejar a solidão M 4, 3, 1; oh! que solidão solitária! E 6, 1; a não ser que a obediência e a caridade estejam em jogo sempre considero que a solidão é melhor F 5, 15; já sabeis que Sua Majestade ensina que seja a sós, que assim o fazia ele sempre que orava C 24, 4.

Sonhar: não sabia se era sonho ou se passava de verdade a glória que havia sentido V 19, 1; os que andam com desejo de uma coisa durante o dia... acontece vir a sonhar M 6, 9, 15; como em sonho parece-lhes que lhes falam e ainda veem coisas e pensam que é de Deus M 6, 3, 10.

Superiores: eu não estou obrigada a disputar com os superiores mas a obedecê-los M 3, 2, 11; grande coisa é... confiar nos superiores CAD 2, 15; ao teu confessor e superior descobre todas as imperfeições e repugnâncias, para que te dê conselho e remédio para vencê-las A 18; diante de teu superior a quem deves ver Jesus Cristo nunca fale senão o necessário, e com grande reverência A 42; grande alívio é andar com clareza com aquele que está no lugar de Deus Cta 30, 5; tudo o que se faz para fazer muito bem o ofício de superior é muito agradável a Deus Cta 234, 4; quem está no lugar de Deus entende mais o que convém Cta 279, 1.

Suspensão: quando o Senhor suspende o entendimento... sem discorrer entende mais num Credo do que nós podemos entender... em muitos anos V 12, 5; estando a alma nesta suspensão o Senhor tem por bem mostrar-lhe alguns segredos M 6, 4, 5; efeitos dessas suspensões M 6, 6, 5; acontece... vir-lhe de repente uma suspensão ou êxtase, onde o Senhor lhe dá a entender grandes segredos M 6, 10, 2.

Sutilezas: as sutilezas do demônio são muitas C pról. 3; conheci pessoas muito avançadas... e com grande sutileza e ardil o demônio tornar a ganhá-las para si M 5, 4, 6; vem o demônio com umas sutilezas muito grandes e sob cor de bem M 5, 4, 8; são tantas as sutilezas do demônio que sabe bem contrafazer o espírito de luz M 6, 3, 16; são muitas as sutilezas e enganos com que tenta o demônio na hora da morte F 16, 5; seu confessor... não fazia senão argui-lo; mas o demônio lhes ensinava tantas sutilezas que não bastava F 16, 6.

T

Talentos: Deus não me deu talento para discorrer com o entendimento V 4, 7; olhem, não escondam o talento V 15, 5; como há diversos talentos e virtudes nas preladas, por aquele caminho querem levar as suas monjas F 18, 6; advirtam as preladas que é coisa muito importante... conhecer os talentos F 18, 7; vão ajudando a cada uma conforme o talento que Deus lhe dá F 18, 8; nas monjas que receberem... tenham em conta mais os talentos das pessoas do que o que trouxerem MVC 44; nunca deixeis de receber as que vierem para ser monjas quando vos contentam os seus desejos e talentos F 27, 12.

Temor de Deus: todos os sinais do temor de Deus me vieram com a oração V 6, 4; sobretudo tem um grande temor de não ofender a Deus Nosso Senhor R 4, 11; procurando sempre andar em amor e temor de Deus vamos sempre seguras C 40, 1; amor e temor de Deus são dois castelos fortes de onde se faz guerra a Deus e ao demônio C 40, 2; temor de Deus bom e falso C 40, 6-7; seu efeito 41, 4; nos pecados veniais 41, 3; perde-se o servil M 4, 3, 9; faz fugir até das imperfeições M 6, 6, 3; impede de voltar a ofender a Deus M 6, 7, 3; delicado temor dos perfeitos M 7, 3, 14; havia tirado da mercê que Deus lhe fez um grandíssimo temor de ofendê-lo M 1, 2, 5; "Bem-aventurado o varão que teme o Senhor" M 3, 1, 1 e 4 e M 7, 4, 3; assim não se aflige com o temor do inferno, porque ainda lhe fica maior de não ofender a Deus M 4, 3, 9.

Tempo: todo o tempo me parece breve e me falta para rezar... sempre tenho desejo de ter tempo para ler... e assim ando sempre desejando tempo R 1, 7; tudo o que tem fim não se há de fazer caso disso e pensando que cada hora é a última, quem não trabalhará? C 12, 2; neste pouquinho tempo que nos determinamos dar ao Senhor, demo-lo livre o pensamento e desocupado de outras coisas C 23, 2; parece-nos que gastamos mal o tempo que estamos diante de Deus M 4, 1, 9; não nos doa o tempo em coisa que tão bem se gasta como em rezar bem C 26, 2; não é longo o tempo o que aproveita a alma na oração F 5, 17.

Tentações: sugeridas pelo demônio na oração C 38, 2-5; sobre virtudes falsas C 38, 8-9; sobre a comunhão C 39, 1; sobre falsa humildade C 39, 2, 3; sobre falsa segurança C 39, 4; sobre indiscretas penitências C 19, 9; de julgar os outros C 41, 6; o demônio atormenta mais os que se dão à oração C 39, 7; atenção às tentações miúdas C pról. 2, 1-2; as carmelitas se livram das tentações na hora da morte F 16, 4; procurando sempre andar no amor e temor de Deus iremos seguras entre tantas tentações C 40.

Tibieza: chegando a este fogo... de verdadeiro amor de Deus... parece que consome o homem velho de faltas e tibieza e misérias V 39, 23; quem ousaria chegar ao Santíssimo Sacramento com tanta tibieza! C 34, 9.

Todo-poderoso: quando o Senhor quer não há poder contra o seu poder V 20, 6; mostra-se o grande poder do Senhor V 20, 7; "o que temes, não sabes que eu sou todo-poderoso?" V 26, 2 e 36, 16; oh! que bom Senhor e que todo-poderoso! V 25, 18; o Senhor... é todo poderoso e pode o quanto quer C 32, 12; é muito prejuízo não crer que Deus é todo-poderoso para fazer obras que não entendem os nossos entendimentos M 6, 3, 7; poderoso sois, grande Deus E 4, 1; como mostrais vosso poder em dar ousadia a uma formiga F 2, 7; "Crê e espera, que Eu sou o que tudo pode" F 22, 23; é muito pouca fé que um Deus tão grande lhes pareça que não é poderoso para dar de comer aos que o servem Cta 321, 6.

Trabalhos: grande trabalho é lançar a caçamba no poço sem tirar água... console-se de trabalhar no horto de tão grande Imperador... não tenha medo que se perca o trabalho V 11, 10; por muito que trabalhe uma alma em aperfeiçoar-se... vê-se toda turba V 20, 28; precisamos trabalhar muito e ajuda muito ter altos pensamentos para nos esforçarmos a que o sejam as obras V 4, 1; se Ele não guarda a cidade em vão trabalharemos M 1, 2, 5; Deus nos deu as potências para que com elas trabalhemos M 4, 3, 2; o amor faz ter por descanso o trabalho E 5, 2; muitas vezes me parecia não poder suportar o trabalho F pról. 2; nenhuma fundação quis o Senhor que se tenha feito sem muito trabalho meu F 24, 15; lembrai-vos que com pobreza e trabalho se fez o que vós gozais com descanso F 27, 11; nunca deixei fundação por medo do trabalho F 18, 5; eu fiquei muito consolada e com desejo de trabalhar F 28, 36; cada vez que há de haver trabalho em alguma fundação Nosso Senhor... sempre me ajuda F 31, 4; o natural em coisas de trabalho às vezes repugna F 31, 12; há poucas almas que acompanham o Senhor e o seguem nos trabalhos C 25, 2; como outros apreciam ouro e joias, os contemplativos apreciam os trabalhos e os desejam porque entenderam que estes hão de enriquecê-los C 36, 9 na verdade não passamos a vida... com tantos trabalhos como

Sua Majestade passou C 72, 4; os trabalhos se os passa por Deus Sua Majestade lhe dará graça para que os sofra com paciência M 4, 3, 9; desejar trabalhos almas que têm oração é muito comum estando sem eles, mas estando com os mesmos trabalhos alegrar-se por padecer, não é de muitos F 12, 5; quanto maior trabalho fosse, mais me alegraria por fazer ao menos uma coisinha por este grande Deus a quem tanto devo Cta 271, 7.

Transverberação: do coração de Santa Teresa V 29, 13 ss.

Tratos: se todo nosso cuidado e trato fosse no céu… muito em breve se nos daria este bem do amor de Deus V 11, 2; para tudo há necessidade de mestre e de trato com pessoas espirituais V 19, 15; está todo o remédio de uma alma em tratar com amigos de Deus V 23, 4; posto já em tão alto grau como é querer tratar a sós com Deus… o mais está feito V 11, 2; procurai ser afáveis com todas as pessoas com quem tratardes C 41, 7; não consentir que diante de vós se trate ou contem semelhantes vontades mundanas C 7, 2; vosso trato e linguagem há de ser em Deus, quem quiser tratar convosco que o aprenda C 20, 4; grandíssima coisa é tratar com os que tratam de virtude M 2, 1, 6; é importante tratar com pessoas experimentadas M 2, 1, 6; como tratei com muitas pessoas santas e de oração, sei muitas coisas M 4, 5, 6; é minha inclinação tratar com simplicidade com prelados aconteça o que acontecer F 2, 2; convém muito que trate com clareza de sua oração com a Priora cada irmã F 8, 9.

Tribulações: todos devem levar a própria cruz se querem seguir a Cristo V 11, 5; benditas as tribulações porque Deus paga soberanamente no fim desta vida V 11, 6 ss.; Deus permite as tribulações para ver se as almas o amam de verdade V 11, 11; V 25, 17; a Santa teria suportado todos os tormentos do mundo para ter no Céu um mínimo grau de glória a mais V 37, 2; não se deve fazer caso das penas que terminam quando se trata do serviço Daquele que sofreu tanto por nós C 3, 6; Deus não admite em sua intimidade almas que não amem o sofrimento C 18, 2; a maior provação é a contradição dos bons V 30, 6; Deus distribui as tribulações conforme o amor que nos tem R 36; C 32, 7; quanto maiores são as graças que Deus dá, tanto maiores são os sofrimentos que nos advêm M 6, 1, 1 ss.; as tribulações são a herança que Jesus nos deixou na terra F 10, 11; o Senhor é cheio de compaixão e não abandona jamais as almas aflitas e desprezadas que confiam nele C 29, 2; os trabalhos dos contemplativos são maiores do que os da vida ativa C 18, 1 ss.; C 36, 8; deve-se suportar as tribulações com resignação V 6, 2; V 33, 4; esplêndido exemplo de resignação V 5, 2.

Trindade Santíssima: vê-se a alma num ponto sábia e tão declarado o mistério da SSma. Trindade …que não há teólogo com quem não se atrevesse a disputar a verdade destas grandezas V 27, 9; estando uma vez rezando o salmo *Quicumque* deu-se a entender a mim como era um só Deus em três pessoas… quando penso ou se trata da SSma. Trindade, parece que entendo como deve ser V 39, 25; vi a Santíssima Trindade… de cuja companhia vinha à alma um poder que dominava toda a terra R 24; fiquei na oração que faço de estar a alma com a SSma. Trindade R 25; não se pode duvidar que esteja a SSma. Trindade por presença, por potência e essência em nossas almas R 54; se lhe mostra a SSma. Trindade todas as três Pessoas… e estas três Pessoas distintas e por uma notícia admirável que se dá à alma, entende com grandíssima verdade ser todas as três Pessoas uma substância e um poder e um saber e um só Deus M 7, 1, 6.

U

União: começou o Senhor a dar-me oração de quietação e alguma vez a união… é verdade que durava tão pouco esta união da vontade V 4, 7; parece-me este modo de oração de união muito conhecido de toda alma com Deus V 17, 3; acontece… muitas vezes, estando unida a vontade… que estão o entendimento e memória tão livres, que podem tratar de negócios V 17, 4; trata da diferença que há entre união e arroubamento V 20 e R 5, 6 ss.; em que consiste a verdadeira união-palavras do Senhor R 29; não está em nosso querer por ser coisa muito sobrenatural esta divina união C 19, 6; fazer minha vontade uma com a de Deus: esta é a união que eu desejo e quereria em todas; e não uns embevecimentos… a que dão o nome de união F 5, 13.

V

Vaidade: comecei a ter galas com muito cuidado das mãos e cabelos, e perfumes e toda a vaidade que nisto podia ter V 2, 2; comecei de vaidade em vaidade… a andar muito estragada a minha alma em muitas vaidades V 7, 1; tão vãs são as coisas deste mundo que parecem brinquedos de crianças V 25, 21; a algumas chamou o Senhor de muita vaidade e galas do mundo V 35, 12; não é possível quem muito ama o Senhor amar as vaidades C 40, 3; coisa de vaidade creio com o favor de Deus estará longe desta casa C 20, 2.

Vanglória: nisto de hipocrisia e vanglória, glória a Deus, nunca me lembro de tê-lo ofendido V 7, 1; se é de verdade a amizade que quer ter com Sua Majestade, não tenha medo de vanglória V 20; é bom andar com aviso, não haja quebra na humildade ou gerar alguma vanglória C 12, 8; nunca estas virtudes fingidas vêm sem alguma vanglória... assim como as que Deus dá estão livres dela M 5, 3, 9.

Velhice: mais velha sou agora e não tenho covardia F 29, 4; por ser eu tão velha e doente F 31, 16; estou velha e cansada Cta 60, 3; própria de velha pouco humilde vai esta cheia de conselhos Cta 265, 6.

Ver: vi a Cristo com os olhos da alma mais claramente do que poderia ver com os olhos do corpo V 7, 6; nunca com os olhos corporais viu nada sobrenatural R 9; se vos faz pena não ver a Jesus na Eucaristia com os olhos corporais, vede que não vos convém, que não haveria quem suportasse vê-lo glorificado C 34, 9; estas moradas chegam mais perto de onde está o Rei, é grande sua formosura, e há coisas muito delicadas para ver M 4, 1, 2.

Veracidade: era meu pai de grande verdade V 1, 1; tudo o que escrevo vai dito com toda verdade V 8, 3; muita confusão é para mim dizer isto com toda verdade V 12, 6; por coisa nenhuma do mundo diria uma coisa por outra V 28, 4; tive sempre tratar com toda clareza e verdade com os que comunico a minha alma V 30, 3; vou tratando com clareza e verdade o que me lembro V 30, 22; tratando com simplicidade e verdade o Senhor sempre dá mais do que se lhe pede C 65, 5; andemos na verdade diante de Deus e das pessoas M 5, 10, 6; pensai o que quiserdes é verdade o que eu digo M 7, 2, 11; esta carta vai com data de dez e parece-me que são doze Cta 78, 8; não entendo que haverá inteira perfeição onde há descuido em dizer toda a verdade em tudo Cta 283, 5.

Verdade: se não for conforme às verdades de nossa fé católica... vossa mercê o queime V 10, 8; na Sagrada Escritura acham a verdade do bom espírito V 13, 18; Sua Majestade foi o livro verdadeiro onde vi as verdades V 26, 5; parece-me que teria em pouco a vida por dar a entender uma só verdade V 21, 2; por qualquer verdade da Sagrada Escritura eu morreria mil mortes V 33, 5; o Senhor é a mesma Verdade C 19, 15; pode mais um homem só ou dois que digam a verdade do que muitos juntos C 21, 9; quem deveras ama a Deus... não ama senão verdades C 40, 3; não está a perfeição em muitos gostos, mas em quem melhor agir com justiça e verdade M 3, 2, 10; excelente maneira de meditação é buscar dentro de si a Deus... por que se funda sobre a verdade M 3, 3, 3; com tanta firmeza fica esta verdade que mesmo que passem anos não se esquece M 5, 1, 9; como é espírito de Deus... é sua verdade M 6, 4, 6; para conformar-nos com nosso Deus e Esposo em algo, será bom que estudemos sempre como andar nesta verdade M 6, 10, 6; Deus é a suma verdade e a humildade é andar na verdade M 6, 10, 7.

Vestição: religiosa e impressões de noviciado V 4, 2; V 65, 1.

Vida: ditosas vidas que se acabaram no serviço da Igreja! V 40, 15; duas horas são a vida C 2, 7; a vida do bom religioso é um longo martírio C 12, 2; que miserável é a vida em que vivemos M 1, 2, 13; nossa vida é Cristo M 5, 2, 4; quereria ter mil vidas para empregá-las todas por Deus M 6, 4, 15; descanso seria que não se acabasse a vida até o fim do mundo, para trabalhar por tão grande Deus M 5, 4, 11; pouco é perder a vida por amor a tão bom Senhor Cta 231, 4.

Vida ativa: as que forem levadas pela vida ativa não murmurem das que muito se embebem na contemplação C 17, 5; pois sim... curar os enfermos e servir nas coisas da casa e trabalhar, seja no mais baixo tudo é servir ao Hóspede... que importa servi-lo numa coisa como na outra? C 17, 6; andar alegres servindo no que se lhes manda... bem-aventurada tal serva de vida ativa C 18, 5; vida ativa e contemplativa vão juntas nesta oração de quietação C 31, 5.

Vida contemplativa: da diferença que há de haver na perfeição da vida dos contemplativos e dos que se contentam com oração mental C 16; embora seja vida mais ativa que contemplativa... nunca deixam de agir juntas Marta e Maria, porque no ativo, e que parece exterior, age o interior CAD 7, 3.

Virgem Santíssima: quando minha mãe morreu... fui aflita a uma imagem de Nossa Senhora e supliquei-lhe fosse minha mãe. Conhecidamente encontrei esta Virgem soberana enquanto me encomendei a Ela V 1, 7; a alma que reconhece suas fragilidades se faz devota da Rainha do Céu para que aplaque a divina Justiça V 19, 5; a Mãe de Deus amava mais a Jesus Cristo do que todos os Apóstolos V 22, 1; numa porta nos guardaria Ele, e Nossa Senhora a outra V 32, 11; vi Nossa Senhora do lado direito e a meu pai São José do esquerdo, que me vestiam com aquela roupa... logo me pareceu Nossa Senhora tomar-me pela mão V 33, 14; era grandíssima a formosura que vi em Nossa Senhora... parecia-me muito menina V 33, 15; pois foi para mim como estar numa glória ver feita uma obra que entendia ser para serviço do Senhor e honra do hábito de sua gloriosa Mãe, que estas eram minhas ânsias V 36, 6; vi Nossa Senhora com grandíssima glória, com manto branco e debaixo dele parecia amparar-nos a todas V 36, 24; guardamos a Regra de Nossa Senhora do Carmo V 36, 26; praza ao Senhor seja tudo para glória e louvor seu e da gloriosa Virgem Maria cujo hábito trazemos V 36, 28; no primeiro ano em que vim para ser Priora da Encarnação, começando a Salve, vi na estala prioral, onde está colocada Nossa Senhora, descer com uma grande multidão de anjos a Mãe de Deus e colocar-se ali R 25; "não penses quando vês minha Mãe que me tem nos braços que gozava aqueles contentamentos sem grave tormento. Desde que lhe disse Simeão aquelas palavras, deu-lhe meu Pai clara luz para que visse o que eu havia de padecer" R 36; pretendi que se guardasse a Regra de Nossa Senhora e Imperatriz com a perfeição que se começou C 3, 5; pareçamo-nos, minhas filhas, em algo à grande humildade da Virgem Santíssima, cujo hábito trazemos, que é confusão chamarmos monjas suas, por muito que nos pareça que nos humilhamos ficamos muito longe de sermos filhas de tal Mãe C 13, 3; a humildade trouxe do céu o Filho de Deus às entranhas da Virgem C 16, 2; não tenho outro remédio senão... confiar nos méritos de seu Filho e da Virgem sua Mãe, cujo hábito indignamente trago... louvai-a, minhas filhas, que o sois desta Senhora verdadeiramente... imitai-a e considerai que tal deve ser a grandeza desta Senhora e o bem de tê-la por patrona M 3, 1, 3; que grande erro é não exercitar-se, por muito espirituais que sejam, em trazer presente a Humanidade de Nosso Senhor... e a sua gloriosa Mãe M 6, 7; os que mais perto andaram de Cristo Nosso Senhor foram os de maiores trabalhos. Olhemos o que passou sua gloriosa Mãe M 7, 4, 5; pois começando a povoar-se estes pombaizinhos da Virgem Nossa Senhora, começou a Divina Majestade a mostrar suas grandezas nestas fracas mulherzinhas F 4, 5; grande coisa é o que agrada a Nosso Senhor qualquer serviço que se faça a sua Mãe F 10, 2; valha-me a misericórdia de Deus em quem eu confiei sempre por seu Filho Sacratíssimo e a Virgem Nossa Senhora, cujo hábito, por bondade do Senhor, trago F 23, 35.

Virtudes: não tiram as forças do corpo e as dão à alma C 15, 3; são garantia da oração C 21, 10; virtudes falsas sugeridas pelo demônio C 38, 5-9; virtudes fundamentais: amor e temor de Deus C 40-41; o adiantamento é segundo as virtudes M 5, 4, 10; M 6, 8, 10; não vale rezar ou contemplar se não tem virtudes M 7, 4, 9; a virtude sempre convida a ser amada C 4, 10; vendo a virtude cobra afeição quem a busca C 6, 1; a virtude se esconde de quem a possui C 10, 4; formosura da alma virtuosa C 28, 9; fazer da necessidade virtude C 3, 4; uma virtude traz após si as demais C 38, 9; onde há virtude de raiz pouco fazem as ocasiões F 30, 13.

Visitadores: Deveres dos visitadores MVC.

Visões: normas para discernirmo-las F 8, 1-4; M 6, 3, 12-16; M 6, 4, 5-9; M 6, 10, 1; visões imaginárias M 6, 4, 5; M 6, 5, 7-8; visão imaginária de Cristo M 6, 9, 1-5; no matrimônio espiritual M 7, 2, 1; passam como um relâmpago M 6, 9, 3; visão intelectual de Cristo M 6, 8, 2-7; realismo das visões intelectuais M 6, 4, 6-7; M 6, 8, 2; as visões imaginárias são as mais proveitosas M 6, 9, 1; grandes segredos M 6, 10, 2-5; da alma em Deus M 6, 10, 3-4; da SSma. Virgem R 24 e 25; da SSma. Trindade M 7, 1, 6; das Três Pessoas e da Humanidade R 6, 3; visões nascidas de veemente consideração M 6, 9, 8-9; diz como via a Cristo junto de si V 27, 2-12; segurança da Santa das visões que tinha, pelas virtudes que deixam na alma V 28, 10; V 29, 1 ss.; nestas visões de Cristo eu desejava muito ver a cor dos seus olhos ou o tamanho que era... jamais mereci vê-lo nem me basta procurá-lo, antes se me perde a visão inteiramente V 29, 2; declara o que é visão imaginária V 28; visão intelectual V 27-30; R 6, 3.

Vistas: primeiras vistas antes do desposório M 5, 4, 4; efeitos e renovação M 6, 1, 1; o resplendor infuso... dá deleite grandíssimo à vista e não cansa V 13, 5; por não haver luz no inferno, o que à vista há de dar pena, tudo se vê V 32, 3; importunando muito ao Senhor para que desse vista a uma pessoa... não creio se passaram oito dias... voltou a vista àquela pessoa V 39, 1; retirar-se os sentidos destas coisas exteriores... para que mais se desperte a vista aos da alma C 28, 6; em que melhor coisa e mais saborosa à vista podemos empregar senão em quem tanto nos ama? C 34, 11.

Viver: Poderia dizer como São Paulo... não vivo eu senão Vós, meu Criador, viveis em mim... não sei como queremos viver, pois é tudo tão incerto! V 6, 9; a vida que tenho vivido desde que comecei a declarar estas coisas de oração, é que vivia Deus em mim V 23, 1; por perfeita que tenham a alma, vivem ainda na terra sujeitos às suas misérias V 35, 6; ainda não tenho cinquenta anos e no que vivi já vi tantas mudanças que não sei viver V 35, 11; determinei viver de boa vontade para servir muito a Deus R 21; pedi, minhas filhas, que Sua Majestade viva sempre em mim M 3, 1, 3; como quem em tudo morreu para o mundo para viver mais em Deus M 5, 1, 4.

Vocação: oh! irmãs, entendei, por amor de Deus, a grande mercê que o Senhor fez que as trouxe aqui... pois entre as doze quis Sua Majestade que fôsseis uma C 8, 2; louvo o Senhor por ver o desejo que vossa mercê tem de deixar o mundo, porque tanto desengano só pode vir de cima Cta 294; é tanto o extremo contentamento que têm todas que me parece bem ser sua vocação de Nosso Senhor Cta 402, 1.

Vontade: se falta a ocupação da vontade e ter com que se ocupe, no presente, o amor fica a alma como que sem arrimo nem exercício V 4, 7; a vontade com sossego e doçura entenda que não se negocia bem com Deus a força de braços V 15, 6; entenda-se que está a vontade atada e gozando... e em muita quietação está a vontade só V 17, 4; de que serve governar-se a si quem já deu toda sua vontade para Deus V 23, 12; Deus... não olha as palavras mas os desejos e a vontade com que se dizem V 34, 9; a vontade ama mais do que entende R 5, 6; "para que, Senhor, quereis minhas obras?" — "Para ver tua vontade, filha" R 52; se a vontade se inclinar mais a uma que a outra... não nos deixemos assenhorear daquela afeição C 4, 7; não consintamos que seja escrava de ninguém nossa vontade, senão de quem a comprou com o seu sangue C 4, 8; quem deveras começa a servir o Senhor, o menos que lhe pode oferecer é a vida, pois lhe deu sua vontade C 12, 2; se uma pessoa pretende chegar à contemplação, precisa deixar sua vontade com toda a determinação num confessor C 18, 8; como Deus não força nossa vontade, toma o que lhe damos C 28, 12; dizer que deixamos nossa vontade em outra parece muito fácil, até que provando-o, se entende ser coisa mais dura que possa haver C 32, 5;

Jesus está nos ensinando a colocar nossas vontades nas coisas do céu C 60, 3; a vontade se inclina a amar para onde viu tão inumeráveis coisas e mostras de amor M 2, 1, 4; não penseis que Deus precisa de nossas obras, mas da determinação de nossa vontade M 3, 1, 7; ocupar-se em louvores de Deus e alegrar-se com sua bondade e que seja ele quem é... porque desperta muito a vontade M 4, 1, 6; forçai a vossa vontade para que se faça em tudo a das irmãs, mesmo que percais o vosso direito M 5, 3, 12; quando é espírito de Deus... mais empregada traz sua vontade... em querer só a honra de Deus M 6, 3, 17; ofereçamos ao Senhor o sacrifício que pudermos que Sua Majestade o juntará com o que fez na cruz por nós ao Pai, para que tenha o valor que nossa vontade tiver merecido M 6, 4, 15; querer o que Deus quer é o melhor E 17; as imperfeições tiram a força da vontade C 4, 5; tratando com Deus a vontade se enobrece M 1, 2, 10; quando sujeitamos a vontade a Deus ele nos faz senhores dela F 5, 12.

Vontade de Deus: norma da oração C 30, 2-3; qual é em nós C 32, 2-12; C 33, 1; fazer da necessidade virtude C 32, 4; como foi em Jesus C 33, 2-5; confiança para viver nela C 34, 4-5; aceitá-la com confiança C 42, 4; a união é não querer sair do que é vontade de Deus R 41; F 5, 13; a suma perfeição é conformar a nossa vontade com a de Deus F 5, 10; cumpra-se em mim, Senhor, de todas as maneiras a vossa vontade V 11, 12; aqui cabe bem... deixar-se de todo nos braços de Deus V 17, 2; não quer a alma fazer outra coisa senão a vontade de Deus V 20, 22; não quero contentamento, nem descanso, nem outro bem senão fazer sua vontade V 25, 19; disse-me o Senhor que de maneira alguma deixasse de fazer o mosteiro pobre, que esta era a vontade de seu Pai e sua V 35, 6; fazer sua vontade conformar com a de Deus... nisto consiste toda a maior perfeição M 2, 1, 8; procurar exercitar as virtudes e render nossa vontade à de Deus em tudo... e não queiramos que se faça a nossa vontade mas a sua M 3, 2, 6; deixar sua alma nas mãos de Deus, faça o que quiser dela, com a maior resignação à vontade de Deus M 4, 3, 6; a verdadeira união pode-se muito bem alcançar... se nós nos esforçamos por procurá-la não tendo a vontade senão presa ao que for vontade de Deus... é muito certa a união de estar resignada nossa vontade à de Deus M 5, 3, 3; o que pensais, filhas, que é vontade de Deus? que sejamos inteiramente perfeitas M 5, 3, 7.

Voo de espírito: Vi claro ser particular mercê no voo de espírito o desapego das criaturas V 18, 7; arroubamento ou elevação ou voo de espírito tudo é uma coisa só V 20, 1; entende-se claro é voo o que dá o espírito para levantar-se de todo o criado e de si mesmo primeiramente, mas é voo suave, é voo deleitoso, voo sem ruído V 20, 24; voo do espírito é um não sei como chama, que sobe do mais íntimo da alma. Dá uma comparação com o fogo, que quando arde, a chama sobe para o alto R 5, 11; explica quando Deus levanta a alma com um voo de espírito M 6, 5; com a presteza com que sai a bala do arcabuz levanta-se no interior um voo, que eu não sei que outro nome dar-lhe M 6, 9; prova com três razões como este voo de espírito não pode ser coisa do demônio, nem efeito da própria imaginação, pelos bons efeitos que deixa na alma M 6, 5, 10.

Voto: quem estiver por voto debaixo da obediência e faltar à perfeição deste voto, não sei para que está no mosteiro C 18, 8; é vontade de Deus que o religioso cumpra os seus votos C 33, 1.

Z

Zelo das almas: a Santa consegue com suas orações que muitas almas abandonem o pecado e adiantem na perfeição V 39, 5; reconduz ao reto caminho dois sacerdotes infelizes V 5, 4; V 31, 7 ss.; estava pronta a sacrificar sua vida por uma só alma C 1, 2; o zelo pela salvação das almas é a inclinação particular que o Senhor lhe deu F 1, 7; seus trechos a propósito de suas ardentes expressões V 21, 5; R 1, 3; C 1, 5; F 1, 6; apostolado do bom exemplo M 7, 4, 14 ss.; seus sofrimentos por ver as almas correrem para a perdição V 32, 6 ss.; felicidade que seus filhos sentiam ao pregar F 14, 8.

Edições Loyola

editoração impressão acabamento

Rua 1822 n° 341 – Ipiranga
04216-000 São Paulo, SP
T 55 11 3385 8500/8501, 2063 4275
www.loyola.com.br

EL CUERPO DE INTENDENCIA DEL EJÉRCITO
EN 15 DE OCTUBRE DE 1916
COLOCÓ ESTOS MEDALLONES EN TESTIMONIO PERENNE
DE VENERACIÓN Y AMOR A SU EXCELSA
PATRONA SANTA TERESA DE JESÚS